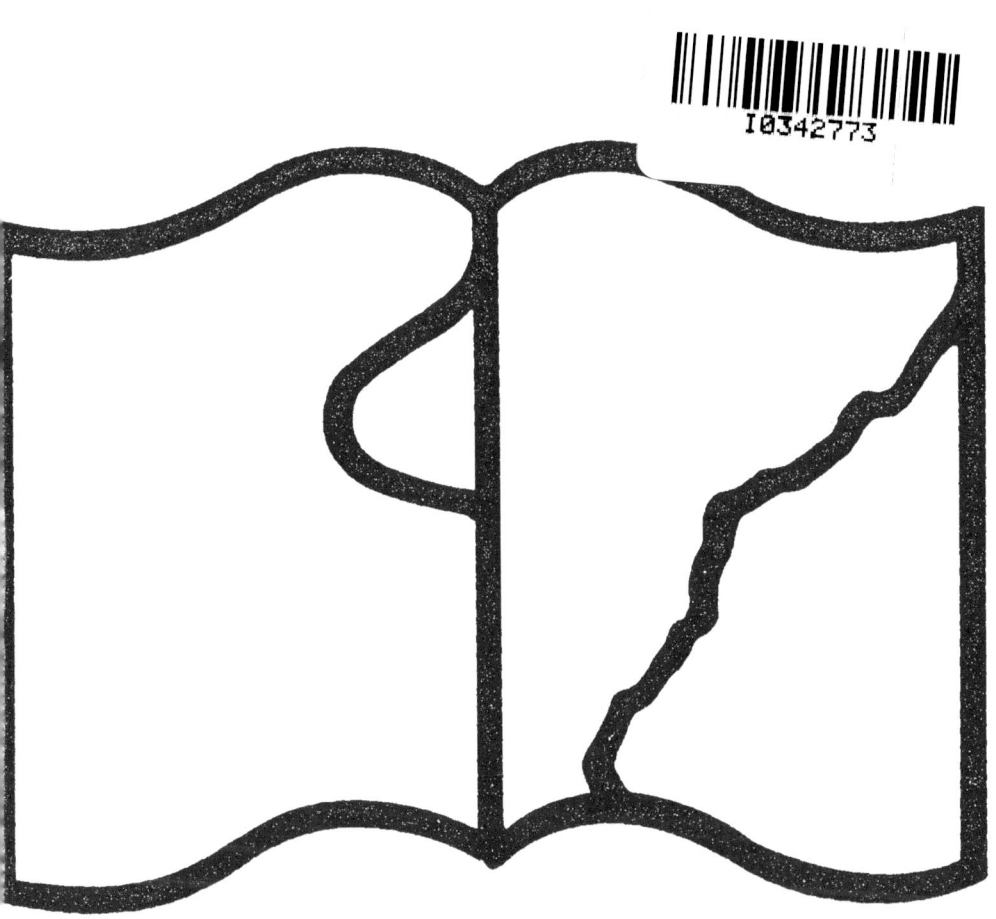

Texte détérioré — reliure défectueuse

NF Z 43-120-11

Contraste insuffisant

NF Z 43-120-14

(a)

ŒUVRES
D'ESTIENNE PASQUIER,

Conseiller & Advocat General du Roy en la Chambre des Comptes de Paris;

DIVISÉES EN DEUX TOMES.

LES
ŒUVRES
D'ESTIENNE PASQUIER,

CONTENANT

SES RECHERCHES DE LA FRANCE;

Son Plaidoyé pour M. le Duc de Lorraine;

CELUY DE Mᵉ VERSORIS, POUR LES JESUITES,
Contre l'Université de Paris;

CLARORUM VIRORUM AD STEPH. PASQUIERIUM CARMINA;
EPIGRAMMATUM LIBRI SEX;

EPITAPHIORUM LIBER;

ICONUM LIBER, CUM NONNULLIS THEOD. PASQUIERII
In Francorum Regum Icones notis.

SES LETTRES;
SES ŒUVRES MESLÉES;

ET

LES LETTRES DE NICOLAS PASQUIER,

FILS D'ESTIENNE.

TOME SECOND.

A AMSTERDAM,
AUX DEPENS DE LA COMPAGNIE DES LIBRAIRES ASSOCIEZ.

M. DCC XXIII.

TABLE DES LETTRES D'ESTIENNE PASQUIER.

DIVISÉES EN VINGT-DEUX LIVRES.

LIVRE PREMIER.

A Monsieur Loisel Advocat en la Cour de Parlement de Paris. *Il rend raison pourquoy il expose ses Lettres en lumiere.* 1

A Monsieur de Tournebu Professeur du Roy, des lettres Grecques en l'Université de Paris. *Sçavoir, s'il est bon de coucher les arts & sciences en François.* 3

A Monsieur Sauvage, Seigneur du Parc. *Que lors que nos Poëtes discourent le mieux de l'amour, c'est lors qu'ils sont moins attaints de maladie.* 7

A Monsieur de Gournay Gendarme. *Il se rit avec un sien parent qui estoit à Rome.* ibid.

Au Chevalier de Montereau. *Si la temperie du Ciel produit les gens doctes en certains pays.* 9

A Monsieur de la Fosse Vendomois. *Il se gausse avec un sien amy qui se vantoit luy avoir escrit.* ibid.

A Monsieur de la Chault Advocat au Parlement de Paris. 11

A Monsieur de Ronsard. *Que le commun de la France se rend fort ayséement singe des autres.* ibid.

A Monsieur le Picart, Conseiller en la Cour des Generaux des Aydes. *Les opinions qui doivent entrer és esprits de ceux qui se veulent marier.* 13

A Madamoiselle de. *Quel contentement on peut recevoir de l'amour.* ibid.

A Monsieur de Fonssomme, Gentilhomme Vermandois. *De la police que tint le feu Duc de Guise dans la ville de Metz, contre le siege de l'Empereur Charles Cinquiesme.* 17

A Monsieur Sebilet, Advocat au Parlement de Paris. *Si les Romains ont esté superieurs aux anciens Gaulois, soit au fait des armes ou des lettres.* 19

A Monsieur de Postel, Conseiller au siege Presidial de Troyes. *Il semond un sien amy de luy escrire.* 21

A Monsieur de Braillon, Conseiller au siege Presidial de Lyon. *Lettre plaisante, par laquelle il semond un sien amy de luy escrire.* ibid.

A Monsieur de Basmaison, Advocat au siege Presidial de Ryon. *Il console un sien amy.* ibid.

A Monsieur de Ronsard. *De l'Eloge La-*

Tome II. ã *tin*

tin & François de Paschal. 23
A Mademoiselle de. Ceste lettre fut faite en faveur d'un sien amy serviteur d'une Damoiselle. ibid.

A Madame de. Ceste lettre est par forme de gayeté seulement à une Dame d'honneur. ibid.

LIVRE SECOND.

A Monsieur l'Illustrissime & Reverendissime Charles Cardinal de Lorraine. Il fait present du premier livre de ses Recherches de la France à Charles Cardinal de Lorraine. 27

A Monsieur Bigot, Seigneur de Tibermeny, Advocat au Parlement de Roüen. S'il est bon de coucher par lettre quelques beaux discours. ibid.

Lettre du Sieur de Tibermeny à Pasquier. 29

A Monsieur de Marillac, Sieur de Ferrieres, Conseiller du Roy, & Maistre en sa Chambre des Comptes de Paris. Il prefere par forme de gayeté la vie des villes à celle des champs. 31

A Monsieur de Marillac, Seigneur de Ferrieres, Conseiller du Roy, & Maistre ordinaire en sa Chambre des Comptes. Il se gausse de quelques folles ordonnances d'amour qu'il avoit fait à un jour des Rois. 35

A Monsieur Cujas, Conseiller au Parlement de Grenoble, & Docteur regent és Loix en l'Université de Bourges. Le fruict que se peuvent promettre envers la posterité les Autheurs qui inventent, au regard de ceux qui translatent des livres. 37

A Monsieur de Ronsard. En quelle recommandation a esté autrefois la Poësie Françoise entre nous. ibid.

A Monsieur Martin Greffier au siege Presidial d'Angoulmois. 41

A Monsieur Bigot, Seigneur de Tibermeny, Advocat au Parlement de Roüen. Il se joüe sur la naissance d'un sien fils. ibid.

Lettre du Seigneur de Tibermeny à Pasquier. Où il est discouru pourquoy les gens d'esprit ne produisent enfans semblables à eux. 43

A Monsieur de Querquifinen Seigneur d'Ardivilliers. Certains paradoxes qu'il propose au Seigneur d'Ardivilliers pour y mettre la main. ibid.

A Monsieur de Querquifinen Seigneur d'Ardivilliers. Quelle est la vraye naïveté de nostre langue, & en quels lieux il la faut chercher. 45

A Madamoiselle du Lis. Il promet tous bons offices à une Damoiselle d'honneur, à laquelle il escrit. 47

LIVRE TROISIESME.

A Messieurs Robert & Fournier Docteurs, Regents és Droicts en l'Université d'Orleans. S'il seroit bon que le consentement des peres & meres fust requis de necessité aux mariages de leurs enfans. 49

A Monsieur de Fonsomme Gentilhomme Vermandois. Si la vefve faisant folie de son corps, doit deschoir de ses conventions matrimoniales. 53

A Monsieur de Querquifinen Seigneur d'Ardivilliers. Sommaire discours des terres que l'on appelle neufves. 55

A Monsieur Ramus Professeur du Roy, en la Philosophie & Mathematique. Sçavoir si l'orthographe Françoise se doit accorder avec le parler. ibid.

A Monsieur Ramus Professeur du Roy, en la Philosophie & Mathematique. De la proprieté de ceste diction de Sens entre nous, d'où est venuë cette maniere de parler, Sens dessus

dessus dessous. 61

A Monsieur de Fonssomme. *Que nulle nation ne peut dire, si elle prononce au vray la langue Latine, comme faisoient les Romains.* ibid.

A Monsieur le General d'Estourmel. *Il recommande un sien amy au General d'Estourmel.* 65

A Monsieur de Tiard, Seigneur de Bissy. *Sommaire recueil des mœurs du Roy Louys XI.* ibid.

A Monsieur de Marillac, Seigneur de Ferrieres, Conseiller du Roy, & Maistre ordinaire en sa Chambre des Comptes de Paris. *Sommaire discours de la fortune de Jacques-Cœur.* 67

A Monsieur de Marillac, Seigneur de Ferrieres. *Pourquoy nous disons Chaperonner pour Bonneter : & aussi d'où vient qu'on fait quitter la ceinture à celuy qui fait cession de biens.* 69

A Monsieur de Marillac, Seigneur de Ferrieres. *Il se gausse par ceste lettre avec le sieur de Marillac.* 71

LIVRE QUATRIESME.

A Monsieur de Fonssomme. *Commencement des troubles de la France.* 73

A Monsieur de Fonssomme. *Suite du voyage du Duc de Guise.* 75

A Monsieur de Fonssomme. *Mort lamentable du bon Roy Henry Deuxiesme du nom.* ibid.

A Monsieur de Fonssomme. *Advenement du petit Roy François à la Couronne.* 77

A Monsieur de Fonssomme. *Suite des troubles d'Amboise.* 79

A Monsieur de Fonssomme. *Voyage du petit Roy François à Orleans, en deliberation d'exterminer l'heresie.* 81

A Monsieur de Fonssomme. *Mort du petit Roy François.* ibid.

A Monsieur de Fonssomme Gentilhomme Vermandois. *Arrest donné en faveur du Prince de Condé, demandeur en declaration d'innocence.* 83

A Monsieur de Fonssomme Gentilhomme Vermandois. *Assemblée des Estats dans Orleans.* ibid.

A Monsieur de Fonssomme Gentilhomme Vermandois. *Edit du vingt-cinquiesme Juillet 1561. sur la souffrance de la Religion nouvelle.* 85

A Monsieur de Fonssomme Gentilhomme Vermandois. *Colloque de Poissy de grand parade & peu d'effect.* 87

A Monsieur de Fonssomme. *Presches des Huguenots, commencent de provigner impunément par la France.* ibid.

A Monsieur de Fonssomme. *Le Minime mené prisonnier au Roy, retourne dans Paris avec triomphe.* 89

A Monsieur de Fonssomme. *Changement de la volonté du Roy de Navarre contre les Huguenots, & pourquoy.* 93

A Monsieur de Fonssomme Gentilhomme Vermandois. *Monsieur de Guise retourne en Cour, ligué avec le Connestable & le Mareschal de S. André.* 95

A Monsieur de Fonssomme Gentilhomme Vermandois. *Feu des troubles de 1561. allumé generalement par la France.* 97

A Monsieur de Fonssomme. *Ruines publiques par la France, sous le pretexte de la Religion.* 99

A Monsieur de Fonssomme. *Siege devant Paris par les Huguenots.* 101

A Monsieur de Fonssomme. *Acheminement au siege d'Orleans.* 103

A Monsieur de Fonssomme. *Mort de Monsieur de Guise.* ibid.

A Monsieur de Fonssomme. *Comme Dieu s'est diversement joué, tant des Catholiques que Huguenots.* 107

A Monsieur de Fonssomme. *Comme toutes choses rioyent aux Huguenots, soudain après la mort du Duc de Guise.* ibid.

A Monsieur de Fonssomme. *Voyage du Roy Charles Neufviesme par la France.* 109

A Monsieur de Fonssomme. *La cause entre l'Université & les Jesuites, traitée au Parlement.*

Tome II. á ij LIVRE

LIVRE CINQUIESME.

A Monsieur de Querquifinen, Seigneur d'Ardivilliers. *Commencement des troubles de la Flandre.* 115

A Monsieur de Querquifinen, Seigneur d'Ardivilliers. *Comme toutes choses se tournerent au desadvantage des Huguenots contre leur opinion.* 117

A Monsieur du Faur, Seigneur de Pybrac, Advocat du Roy au Parlement de Paris. *Cette lettre escrite après les Grands Jours de Poictiers*, 1567. 119

A Monsieur de Querquifinen, Seigneur d'Ardivilliers. *Recit de l'estat des troubles de* 1567. ibid.

Tombeau de Messire Anne de Montmorency, Pair & Connestable de France. 123

A Monsieur de Querquifinen, Seigneur d'Ardivilliers. *Monsieur le Duc d'Anjou, frere du Roy, faict Lieutenant general de France.* 125

A Monsieur de Querquifinen, Seigneur d'Ardivilliers. *Deportemens de nous autres François, pendant la courte Paix de* 1568. ibid.

A Monsieur d'Ardivilliers. *Suite du mesme discours.* 127

A Monsieur de Querquifinen, Seigneur d'Ardivilliers. *Mort de Monsieur le Prince de Condé.* ibid.

A Monsieur de Marillac, Seigneur de Ferrieres, Controolleur general de l'Espargne. *Journée de Montcontour, où la fortune tourne visage aux Huguenots.* 129

A Monsieur de Querquifinen, Seigneur d'Ardivilliers. *Edict de Pacification de l'an* 1570. 131

A Monsieur Loisel Advocat. *Mort de l'Admiral de Chastillon.* 133

A Monsieur de la Bite, Juge general de Mayenne. *Acheminement au siege de la Rochelle.* 135

A Monsieur de la Bite, Juge general de Mayenne. *Siege de la Rochelle, & quel progrez & evenement il eut.* 137

LIVRE SIXIESME.

A Monsieur de Saincte-Marthe. *Il raconte quel fut le motif du plaidoyer, qu'il fit en l'an* 1576. *pour le pays d'Angoulesme.* 139

Plaidoyé pour la ville d'Angoulesme, fait en Parlement à Paris, le quatriesme de Fevrier 1576. 141

A Monsieur Chopin Advocat en Parlement de Paris. *De quel dangereux effect sont les Evocations du propre mouvement des Princes, & comme elles ont pris leur ply par la France.* 155

A Monsieur Buisson, Seigneur de Vaillebresay, Advocat en la Cour de Parlement. *Il se joüe icy avec Monsieur Buisson en se ramentevant de quelques Epistres amoureuses qu'il avoit fait imprimer en sa jeunesse, sans l'inscription de son nom.* 157

A Monsieur Buisson, Advocat en Parlement. *Suite du mesme propos, qu'en la lettre precedente.* ibid.

A Monsieur de Nesmond, Lieutenant general au Siege Presidial d'Angoulmois. *De quelques jours & mois qui ont esté fatalement heureux ou malheureux à uns & autres.* 159

A Madame de Ferrieres, vefve de Messire Guillaume de Marillac, en son vivant, Conseiller d'Estat, & Intendant & Controolleur general des Finances. *Cette lettre ne gist qu'en curialité.* ibid.

A Monsieur Pithou, Sieur de Savoye, Advocat en la Cour de Parlement de Paris. *Il escrit à Monsieur Pithou quel a esté le motif de faire le Poëme de la Pulce, auquel plusieurs nobles esprits s'employerent en l'an* 1579.

1479, les Grands Jours estant à Poictiers. 161
La Pulce de Catherine des Roches. 162
La Pulce d'Estienne Pasquier. 164
A Monsieur Pithou, Seigneur de Savoye, Advocat en la Cour de Parlement de Paris. *Il loüe Mesdames des Roches mere & fille.* 165
A Madame de Ferrieres. *Il s'excuse de n'avoir escrit à la Dame de Ferrieres.* ibid.
A Madame de Ferrieres. *Il accuse la Dame de Ferrieres de ce qu'elle ne luy escrit.* 167
Lettre de la Dame de Ferrieres à Pasquier. *Elle s'excuse avec un bel artifice de n'avoir escrit.* ibid.
A Madame de Ferrieres. *Il respond aux excuses de la precedente lettre.* ibid.
A Monsieur de Boilevesque, Seigneur de S. Liger. *Il promet tous offices au Seigneur de S. Liger.* 169
A Madame de Ferrieres. *Ceste lettre gist en remerciement.* ibid.

LIVRE SEPTIESME.

A Monsieur de Foix, Conseiller du Roy au Conseil d'Estat, & Ambassadeur au S. Siege. *Il recommande un sien fils à Monsieur de Foix, estant lors à Rome.* 171
A Monsieur d'Ossat, en la maison de Monsieur de Foix. *Il recommande à Monsieur d'Ossat son fils.* 173
A Monsieur Morin. *Suite de mesme propos.* ibid.
A Monsieur de Foix, Ambassadeur pour le Roy à Rome. *Il loüe & remercie Dieu, dequoi ce Seigneur a esté receu & promeu à l'Archevesché de Tolose.* ibid.
A Monsieur de Thou, Conseiller au Conseil d'Estat, & Advocat du Roy en sa Cour de Parlement de Paris. *Il rit par ceste lettre avec Monsieur le President de Thou, lors Advocat du Roy.* ibid.
A Monsieur Molé, Seigneur de S. Remy, Conseiller en la Cour de Parlement de Paris. *Il discourt en ceste lettre, combien il estoit malaisé lors des Grands Jours de Clairmont, de reduire toutes choses en bon train, & en rend les raisons.* 175
A Monsieur de Harlay, Conseiller d'Estat, & premier President en la Cour de Parlement de Paris. *Il congratule Monsieur le premier President de sa promotion en cest estat.* 179
A Monsieur l'Archer, Conseiller au Parlement de Paris. *Combien il est bienseant à un homme de ne s'estimer plus haut, pour avoir esté appellé à un grand estat.* 181
A Monsieur de Basmaison, Advocat au Siege Presidial de Ryon. *Il dissuade un sien amy, de quitter l'estat d'Advocat, pour prendre un office de Judicature.* ibid.
A Monsieur de la Bite, Juge general de Mayenne. *Il fait icy recit de la belle vie & belle mort de Monsieur le premier President de Thou.* 183
A Monsieur de Basmaison, Advocat au Siege Presidial de Ryon. *Il se rend Advocat envers le sieur de Basmaison, de son fils.* 191
A Monsieur Loisel, Advocat du Roy en la Chambre de Justice de Guyenne. *Que pendant que nous mettons toute nostre estude de paroistre sçavans dans nos plaidoyers ou harangues, nous corrompons la naïfveté de l'éloquence Françoise.* ibid.

LIVRE HUICTIESME.

A Monsieur Pithou, Seigneur de Savoye, Procureur general du Roy en la Chambre de Justice de Guyenne. *Par ceste lettre il discourt la forme qu'il a tenu, tant en commun cours de ses estudes que exercice de son estat.* 195

A Monsieur Bigot, Seigneur de Tibermeny, President au Parlement de Roüen. *Il desire d'entendre d'où vient l'ancienneté de la Fiertre de Saint Romain à Roüen.* 199

A Mademoiselle de la Herbaudiere. *Toutes les lettres presque qui sont au present Livre, concernent les nobles inventions que l'on avoit fait sur le tableau de Pasquier.* ibid.

A Monsieur de Taix, Abbé de Basse-Fontaine, & Doyen de l'Eglise de Troyes. *Il se gausse avec Mr de Taix, tres-docte homme, auquel il envoye quelques vers qu'il avoit faits.* ibid.

A Monsieur de Pincé, Advocat au Parlement de Paris. *Pasquier ayant fait le premier des Sonnets dessusdits, & le Sieur de Pincé le second, Pasquier rechargea de ce troisiéme, & de l'Epistre qui le suit.* 201

Lettres de Mr Nivelet, Seigneur d'Osche, à Pasquier. ibid.

A Monsieur Nivelet, Seigneur d'Osche, Advocat en la Cour de Parlement de Paris. *En respondant à la lettre, il loüe la beauté de l'esprit de Mr Nivelet.* ibid.

Lettre de Mr de Taix, Abbé de Basse-Fontaine, à Pasquier. *Il s'excuse de ce qu'ayant esté convié par Pasquier à disner, il ne pouvoit s'y trouver.* 203.

A Monsieur de Taix, Abbé de Basse-Fontaine, Doyen de l'Eglise de Troyes. *Il respond à la precedente lettre par forme de gausserie* ibid.

A Monsieur Binet, Advocat en la Cour de Parlement. *Il envoye à Mr Binet, tant l'Apologie, que l'Ode qu'il avoit faite sur sa main.* ibid.

Aux ingenieuses mains, qui ont honoré la main de Pasquier de leurs Vers. 204

Apologie de la main, au Lecteur. 206

A Monsieur de Morsan, Conseiller au Conseil d'Etat, & President au Parlement de Paris. 211

A Monsieur de Tabourot, Procureur du Roy au Bailliage de Dijon. *Il raconte en cette lettre plusieurs gayetez, dont il s'est diversement égayé, quand les occasions s'y sont presentées.* ibid.

A Monsieur Juret, Chanoine en l'Eglise de Langres. *Il s'excuse envers Mr Juret, des deux vers qu'il avoit envoyez à Mr Tabourot.* 219

Lettre de Monsieur le Grand Prieur de France à Pasquier. *Monsieur le Grand Prieur fait cet honneur à Pasquier de celebrer sa main, comme plusieurs autres avoient fait.* ibid.

A Monsieur le Grand Prieur de France, Lieutenant General de Provence. *Responce aux precedentes lettres.* ibid.

LIVRE NEUFVIESME.

A Monsieur Brisson, Conseiller au Conseil d'Estat, & President en la Cour de Parlement de Paris. *Il discourt de la difference qu'il y a entre le Droit de France & des Romains.* 221

A Monsieur de Tolet, Abbé de Plimpie. *Il remercie l'Abbé de Plimpie des bons offices qu'il faisoit dans Rome à deux de ses enfans.* 227.

A Monsieur Taveau, Procureur au Siege Presidial de Sens. *Il prie Monsieur Taveau, sien amy, d'apporter quelque diligence à l'expedition d'un Procez.* ibid.

A Monsieur de Luzarche, Chevalier de l'Ordre, & Lieutenant de la Compagnie de M. de la Chapelle des Ursins. *Il se gausse avec le Seigneur de Luzarche sur sa longue absence.* ibid.

A Monsieur Maillard, Seigneur de Sourche, Conseiller & Maistre des Requestes ordinaire de l'Hostel du Roy. *Il descrit la calamité de ceux qui plaident en leur nom.* 229

A Theodore Pasquier son fils. *En exhortant icy son fils, il monstre de quelle façon doit estre le bon Advocat.* ibid.

A Monsieur Chandon, Secretaire du Roy. *Il combat Machiavel qui a fait un cha-*
pitre

pitre de la Scelerateſſe, par lequel il montre comme un Prince ſe peut maintenir en ſon eſtat par meſchanceté. 231

A Monſieur Chandon, Secretaire du Roy. *Combien le Romain avoit l'eſprit reſolu d'executer ce qu'il ſe projettoit.* 237

A Monſieur de la Croix du Mans. *Il exhorte le Seigneur de la Croix du Mans, qu'il ſe garde d'eſtre ſurpris par les recommandations d'uns & autres, qui deſireront d'eſtre couchez comme Autheurs en ſa bibliotheque des Autheurs de la France.* ibid.

A Monſieur de Mornac, Advocat au Parlement de Paris. *Combien les Romains s'oublierent en la guerre que les Gaulois leur firent ſous la conduite de Brennus, & comme depuis ils taſcherent de couvrir leurs fautes par leurs Hiſtoriographes.* 241

A Monſieur Seve, Seigneur du Pré, Preſident au Siege Preſidial de Melun. *Il ſe gauſſe avec Monſieur le Preſident de Melun qui l'avoit convié à diſner en ſa maiſon du Pré.* 243

A Monſieur de. *Il conſeille à un ſça-vant homme de ce tems de n'eſcrire point contre un autre, qui avoit mis en lumiere une hiſtoire qu'il ne trouvoit vraye.* ibid.

A Monſieur Seve, Docteur en Medecine, demeurant à Melun. *Il eſcrit à Monſieur Seve Medecin, quel eſt ſon naturel, afin que ſur icelui il adviſe quelle Medecine il luy pourra ordonner.* 245.

A Monſieur du Port, Seigneur des Roziers, Conſeiller au Siege Preſidial d'Angoulmois. *Il raconte des morts de quelques Seigneurs de robbe longue, qui advindrent en l'an 1584.* ibid.

A Monſieur Seve, Seigneur du Pré, Preſident au Siege Preſidial de Melun. *Il s'eſgaye avec le Preſident de Melun, & le ſemond à diſner. Cette lettre ſe rapporte à une precedente, où il avoit uſé des termes de pratique.* 247

A Monſieur du Port, Seigneur des Roziers, Conſeiller au Siege Preſidial d'Angoulmois. *Que l'amour de noſtre pays, ne nous retient point tant, que la veuë de nos bons amis.* ibid.

LIVRE DIXIESME.

A Monſieur de Tournebu, Conſeiller en la Cour de Parlement de Paris. *Lettre en forme de Paradoxe pour les beſtes brutes.* 249

A Monſieur Morin. *Il recommande Monſieur de tournebu le jeune, allant à Rome, à M. Morin.* 261

A Monſieur de Gourdan, Chevalier des deux Ordres du Roy, Gouverneur de Calais, & païs circonvoiſins. *Il lui recommande un ſien fils.* ibid.

A Monſieur le Baron de Ramefort. *Il ſe mocque de l'hypocriſie que les Gentils-hommes apportent aujourd'hui pour ſe ſauver d'un démentir.* ibid.

A Monſieur de la Bite, Juge general de Mayenne. *Il s'excuſe d'avoir eſté pareſſeux d'eſcrire à Monſieur de la Bite.* 263

A Monſieur Brulart, Seigneur de Sillery, Preſident en la troiſiéme Chambre des Enqueſtes du Parlement de Paris. *Il déplore la calamité des troubles, & le danger qu'ils traiſnent avec ſoy.* ibid.

A Monſeigneur de Tiard, Seigneur de Biſſy, Eveſque de Chaalons ſur Saone. *Il ſe plaint de quelques ſinges, qui veulent, à fauſſes enſeignes, paroiſtre grands aux deſpens des œuvres d'autruy.* 271

A Monſieur Hennequin, Seigneur de Sarmoiſe, Conſeiller & Maiſtre des Requeſtes ordinaire du Roy. *Il ſe gauſſe avec le Seigneur de Sarmoiſe, ſur les peines qu'ont les peres en mariant leurs enfans.* 273

A Monſieur Maillard, Conſeiller & Maiſtre des Requeſtes ordinaire du Roy. *En recitant l'Edit de pacification, qui fut fait en Juillet 1585. il deteſte l'ambition des François.* ibid.

A Monſieur Regnier, Preſident en l'Election de Soiſſons. *Il raconte comme ſa bonne fortune eſt contrebalancée par la mauvaiſe.* ibid.

A Monsieur Coignet, Seigneur de Congi, Advocat au Parlement. *Il deduit plusieurs anciennetez, privileges, & autres choses de remarque de la Ville de Paris.* 275

A Monsieur Loisel, Advocat au Parlement. *Il discourt de la diversité des jugemens que l'on fera de ses lettres.* 279

LIVRE ONZIESME.

A Messire Jacques de la Guesle, Conseiller d'Estat & Procureur General en la Cour de Parlement. *Il luy remonstre combien on fait peu d'estat de la Mercuriale, & la compare à la censure de l'ancienne Rome.* 283

A Monsieur de Saincte Marthe, Conseiller du Roy & Tresorier General de France en la Generalité de Poictiers. *Il descrit les premiers cmmencemens & progrès de la ligue.* 285

Au Capitaine de la Ferlandiere, Pierre Pasquier son fils. *Il donne des enseignemens à son fils, comme il se doit comporter en sa Charge de Capitaine.* 287

A Monsieur de Saincte Marthe. *Il descrit deux beaux traits de magnanimité; l'un, de la part de Monsieur de Guise; l'autre, du Baron de Ramefort son prisonnier.* 289

Au Pere Jean Canart, Correcteur des Minimes à Nigeon prés de Paris. *Il luy raconte l'occasion pourquoy son fils a pris fantaisie de se faire Religieux, & en quelle sorte il le doit recevoir.* 291

A Monsieur Tournebu, Conseiller en la Cour de Parlement de Paris. *Il represente la difficulté qu'il y a de traduire une langue en une autre; & neanmoins luy promet de traduire l'oraison pour Milon.* 293

Lettre de Monsieur Airault, Lieutenant Criminel au Siege Presidial d'Angers, à Pasquier, lui faisant present du Livre intitulé : l'Ordre, formalité, & instruction judiciaire, dont les anciens Grecs & Romains ont usé aux accusations publiques.* 295

A Monsieur Airault, Lieutenant Criminel au Siege Presidial d'Angers. *Il respond à la precedente, & l'exhorte de distinguer son Livre par chapitres.* ibid.

A Monsieur Airault, Lieutenant Criminel d'Angers. *Il conseille à Monsieur Airault de vendiquer son fils, en quel lieu qu'il le trouve, qui s'estoit rendu Religieux.* 297

A Monsieur de Sainte Marthe. *Recit de la paix entre le Roy & Monsieur de Guise.* 299

A Monsieur de Maugarny, Intendant des affaires de M. Guise. *Il le remercie de ce qu'il luy avoit envoyé une certaine lettre de Monsieur de Guise.* ibid.

A Monsieur de Sainte Marthe. *Quel jugement il fait sur la pacification faite avec la ligue.* 301

A Monsieur de Sainte Marthe. *Grands preparatifs du Roy contre les Huguenots, tournez à neant, avec une description des miseres du tems.* ibid.

A Monsieur de Saincte Marthe. *Il descrit la deffaite & mort de Monsieur de Joyeuse, tué à la bataille de Coutras.* ibid.

A Monsieur de Saincte Marthe, *Sur l'arrivée des Reistres, & leur deffaite.* 303

A Monsieur d'Espesse, Conseiller d'Estat & Advocat General du Roy en sa Cour de Parlement de Paris. *Il le reprend de ce qu'il n'avoit daigné lire certaines Meditations, à cause de l'Autheur.* 305

A Monsieur d'Espesse. *Il descrit la vie & les cruautez de Basilides Roy des Moscovites.* 307

LIVRE DOUZIESME.

A Monsieur d'Espesse, Conseiller d'Estat & Advocat General du Roy en la Cour de Parlement de Paris. *Discours du Plaidoyé que fit M. Pasquier pour Jean Blosset, Seigneur d'Arconville, accusé d'un assassin le plus énorme qui fut oncques, dont il fut depuis absous par Arrest de la Cour de Parlement.* 311

Plaidoyé pour Jean de Blosset, Seigneur d'Arconville & sa femme, appellante du Prevost de Paris, ou son Lieutenant Criminel, de certain decret de prise de corps, & de tout ce qui s'en est ensuivy : *Contre Maistre Simon Bobie, Advocat en la Cour de Parlement, & Bailly de Colommiers, intimé.* 313

A Monsieur de Saincte Marthe. *Il raconte comme la Chambre des Comptes ne voulut entheriner un Edit que le Roy y envoyoit.* 325

A Monsieur de Saincte Marthe. *Dissimulations étranges entre les François.* 329

A Monsieur de Saincte Marthe. *Histoire au long des Barricades, & comme le Roy sortit de Paris.* 331

A Monsieur de Sainte Marthe. *Il remarque les fautes qui furent faites aux Barricades, tant de la part du Roy, que de celle de Mr de Guise.* 335

A Monsieur de Saincte Marthe. *Suite de ce qui se passa après les barricades.* ibid.

A Monsieur de Saincte Marthe. *Il desplore la calamité du tems, & en descrit les miseres.* 337

A Monsieur de Saincte Marthe. *Combien la paix est difficile à faire.* 341

A Monsieur de Saincte Marthe. *Description du progrez de la Ligue, & comment elle prit son accroissement tout d'un coup.* 345

A Monsieur Tournebu, Conseiller au Parlement de Paris. *Recit de l'Histoire de la Papesse Jeanne.* 349

LIVRE TREIZIESME.

A Monsieur Airault, Lieutenant Criminel au Siege Presidial d'Angers. *Il recite le changement merveilleux qui estoit à la Cour.* 357

A Messire Achilles de Harlay, Conseiller d'Estat, & Premier President en la Cour de Parlement de Paris. *Il recite quelque chose des contentions qui furent aux Estats sur les libertez de l'Eglise, puis rend raison pourquoy il ne veut achepter l'estat d'Advocat du Roy.* 359

A Messire Achilles de Harlay, Conseiller d'Estat, & Premier President en la Cour de Parlement de Paris. *Il recite fort particulierement ce qui se passa en la tenuë des Estats, & les prend par le commencement.* 361

A Monsieur Loisel, Advocat en la Cour de Parlement de Paris. *Recit de divers brouillemens d'affaires, & sur tout pour la Ville d'Orleans.* 363

A Monsieur Airault, Lieutenant Criminel au Siege Presidial d'Angers. *Il recite à M. Airault la mort de Monsieur de Guise, & de son frere, avec toutes les particularitez qui s'y passerent.* 365

A Monsieur Airault, Lieutenant Criminel d'Angers. *Discours & considerations diverses sur la mort de Monsieur de Guise, avec les prognostics & advertissemens qui la devancerent.* 367

A M. Pithou, Sieur de Savoye, Advocat en la Cour de Parlement de Paris. *Discours & considerations sur la fin des Estats.* 375

A M. Nicolas Pasquier son fils, Conseiller & Maistre des Requestes ordinaire du Roy. *Il raconte à son fils la mort de la Reyne mere, avec quelques Eloges sur sa vie.* 377

Tome II. ẽ A M.

A M. Nicolas Pasquier son fils, Conseiller & Maistre des Requestes ordinaire du Roy. *Divers discours sur les dereglemens de la Ligue, après la mort de Monsieur de Guise.* 379

A M. Nicolas Pasquier son fils, Conseiller & Maistre des Requestes ordinaire du Roy. *Discours sur les affaires du Roy, après la mort de M. de Guise, & sur tout comme il se trouva estonné.* 381

A Monsieur Airault, Lieutenant Criminel au Siege Presidial d'Angers. *Plusieurs rencontres sur les affaires des uns & des autres.* 385

A Monsieur Chauvet, Prevost de la ville de Blois. *Il recite à M. Chauvet comment le Parlement & la Chambre des Comptes furent establis à Tours & avec quelles ceremonies.* 389

A Monsieur le Comte de Sanzay. *Il raconte au Sieur de Sanzay les trefves d'entre les deux Roys; ce qui se passa à Tours & à Poitiers.* 391

A Monsieur le Comte de Sanzay. *Il discourt sur divers sujets, & commence à entrer en l'acheminement du siege de Paris.* 393

A Monsieur Servin, Conseiller d'Estat, & Advocat General du Roy au Parlement de Paris. *Il descrit à M. Servin les histoires de deux, dont l'un fut fait Roy en riant, & l'autre Empereur en pleurant.* ibid.

A Monsieur Servin, Conseiller d'Estat, & Advocat General du Roy au Parlement de Paris. *Divers accidens & infortunes, arrivez à Andronic Comnene.* 395

A Monsieur Servin, Conseiller d'Estat, & Advocat general du Roy au Parlement de Paris. *Il propose diverses considerations, pour servir d'instruction aux Princes sur les histoires precedentes.* 403.

A Monsieur Servin, Conseiller d'Estat, & Advocat General du Roy au Parlement de Paris. *Remarques sur la fortune du Pape Sixte V.* 405

LIVRE QUATORZIESME.

A Monsieur le Comte de Sanzay. *Il recite au long la mort de Henry III. par le coup fatal d'un Jacobin.* 409

A Monsieur Tambonneau, Sieur du Bouchet, Conseiller d'Estat, & President en la Chambre des Comptes. *Considerations & discours sur la mort & sur la vie de Henry III.* 411

A Madame la Duchesse de Rets. *Il tanse Madame de Rets, de ce qu'elle se monstre trop revesche à se reconcilier avec son fils, puis lui remonstre les moyens de faire la reconciliation.* 417

A Mademoiselle de Guerliere. *Il renvoye à Mademoiselle de Guerliere, son fils, avec quelques parties qu'il avoit fourni pour luy, & luy donne conseil comme elle le doit gouverner.* ibid.

A M. de Guerliere. *Il lui recommande l'obeïssance envers sa mere.* 419

A Madame de Ferriere. *Il luy represente les malheurs qui luy estoient arrivez en peu de temps, tant par la mort de son fils, que par celle de sa femme.* ibid.

A Monsieur de Charmeaux, Conseiller d'Estat, & President en la Chambre des Comptes de Tours. *Il luy raconte son voyage de Congnac, & loüe la fertilité du pays.* 421

A M. du Plessis-Mornay, Gouverneur pour le Roy en la ville de Saulmur. *Il supplie M. Du Plessis d'empescher envers le Roy qu'il n'establisse une Chambre des Comptes en Guyenne.* ibid.

A Monsieur des Aigues, Procureur General du Roy au Parlement de Bordeaux. *Il supplie Monsieur des Aigues de s'opposer à l'establissement d'une Chambre des Comptes en Guyenne, comme il avoit desja fait autrefois.* 423

A Monsieur de Saincte Marthe, Tresorier General de France en Poictou. *Recit au long de la victoire d'Yvry.* ibid.

A Monsieur du Plessis-Mornay, Gouverneur & Lieutenant General pour le Roy en la ville de Saulmur. *Il discourt sur les*

les dons qu'ont coûtume de faire les Roys, & donne certaines regles qu'il faudroit observer. 425

A Monsieur le Comte de Sanzay. *Il raconte comment Monsieur de Guise se sauva de prison.* 427

A Mademoiselle de Forges. *Il la remercie du bon bruit qu'elle fait courir de luy.* 429

A Monsieur Fauchet Conseiller du Roy, & Premier President en sa Cour des Generaux des Monnoyes. *Il luy remonstre comme il ne doit estre fasché d'estre assis en la Chambre des Comptes aprés les Maistres.* ibid.

A Monsieur de Mille. *Comment il ne doit faire precipitation en son mariage.* 433

LIVRE QUINZIESME.

A Monsieur de Souvray, Chevalier des deux Ordres, Conseiller d'Estat, Gouverneur & Lieutenant General pour le Roy en la Ville de Tours & Païs de Touraine. *Protestation de son obeïssance envers luy, & reconnoissance en son devoir.* 435

A Madame de Rez. *Il luy repart sur une lettre qu'elle luy avoit envoyée, où elle l'asseuroit du bon accueil qu'elle avoit receu du Roy.* ib.

A Mrs Loisel & Pithou, Advocats au Parlement, resseant à Paris. *Il escrit en amy, & se plaint de l'injure du temps, qui empesche de faire tenir asseurément des lettres.* 437

A Monsieur Sublet, Abbé de Ferrieres. *Il s'excuse d'avoir tant tardé à escrire, & demande de ses nouvelles.* ibid.

A Monsieur Chalopin, Seigneur de Chavron. *Remerciment honneste de ses bons traittemens.* ibid.

A Monsieur Tambonneau, Conseiller d'Estat, & President en la Chambre des Comptes. *Pourquoy il n'escrit si souvent à ses amis.* ibid.

A Monsieur de Charmeaux, Conseiller d'Estat, & President en la Chambre des Comptes. *Combien son amitié souffre pour son absence.* 439

A Madamoiselle de Il se joüe avec elle, & luy monstre combien il fait estat de son amitié. ibid.

A Monsieur le Comte de Brienne. *Combien il se sent obligé au sieur de Brienne, pour luy avoir fait sortir de Paris quelques moyens.* ibid.

Au Seigneur Abel l'Angelier, Libraire. *Il le remercie du Livre de l'Eloquence*

Tome II.

Françoise qu'il luy avoit envoyé. ibid.

A Madame de Ch. *Il se joüe sur une peinture de la Magdelaine que cette Dame luy avoit envoyée.* 441

A Madamoiselle de Il tanse cette Damoiselle, de ce qu'elle ne luy avoit fait aucune responce à une qu'il luy avoit escrite. ibid.

A Monsieur de Sermoise, Conseiller du Roy, & Maistre des Requestes ordinaire de son Hostel. *Il le remercie de quelques offices qu'il lui avoit rendus à Paris.* 443

Lettre du Seigneur Mornac, Advocat au Parlement de Paris, resseant à Tours, à Pasquier. *Il escrit à M. Pasquier, qu'il a leu quelques escrits qu'il adressoit aux Princes de la Ligue.* ibid.

A Monsieur Mornac, Advocat en la Cour de Parlement, seant à Tours. *Ayant respondu à la sienne, il luy dit le jugement qu'il fait de son Livre de Poësie.* ibid.

A Monsieur de Charlonie, Prevost d'Angoulesme. *Il loüe son Poëme sur le nombre quaternaire.* 445

A M. Theodore Pasquier son fils aisné, Advocat au Parlement de Paris, transferé à Tours. *Il recite comme M. de Vitry prit le party du Roy quittant la Ligue, & ensuite la ville de Meaux.* ibid.

A Monsieur de Serres, Autheur de l'Inventaire general de l'Histoire de France. *Il luy escrit sur la difficulté qu'il y a d'escrire sur l'Histoire de ce temps, & combien ils ont esté broüillez.* ibid.

A M. de Serres, Autheur de l'Inventaire general de l'Histoire de France.

ẽ ij

Table des Lettres

Il discourt sur plusieurs remarques de nostre Histoire, & sur tout du commencement des troubles de France. 447

LIVRE SEIZIESME.

A Thedore Pasquier son fils aisné. *Il raconte l'histoire de la reddition de la ville de Lyon.* 455

A M. Theodore Pasquier son fils aisné. *Ordre de la reddition de Paris, & comme toutes choses y furent restablies.* 457

A M. de Thiart, Seigneur de Bissy, ancien Evesque de Chaalon sur Saone. *Il luy proteste son amitié ancienne, & le prie d'en faire de mesme.* 461

A M. du Cluseau, Capitaine de cinquante hommes d'armes, Gouverneur de la Bastille & Citadelle de Noyon. *Il discourt sur ce que son fils l'estoit allé trouver, & l'en excuse, puis luy dit que son fils de Bussy ne peut aller au siege d'Amiens, à cause de sa blessure.* ibid.

Au Capitaine de la Ferlandiere, Pierre Pasquier son fils. *Il l'avertit de la blessure de son frere de Bussy.* 463

A M. du Cluseau, Capitaine de cinquante hommes d'armes, Gouverneur de la ville & citadelle de Noyon. *Il luy represente ses apprehensions sur la difficulté de la prise d'Amiens.* ibid.

Congratulation sur la paix generale faite au mois de Mars 1599. & sur les benedictions que le Roy a receuës de Dieu, au Roy de France & de Navarre trés-Chrétien Henry IV. de ce nom. 465.

LIVRE DIX-SEPTIESME.

A Monsieur de Saincte Marthe, Tresorier General de France en la Generalité de Poictou. *Il luy raconte au long la conspiration faite contre le President Brisson.* 481

A Monsieur de Saincte Marthe. *Execution à mort du President Brisson, & ce qui se passa depuis à cette occasion.* 485

A Monsieur de Saincte Marthe. *Discours & considerations diverses sur les executions cy-devant escrites.* 493

A Monsieur de Saincte Marthe. *Il represente la mort du Mareschal de Biron.* 499

A Monsieur de Saincte Marthe. *Mort du Mareschal de Biron.* 505

LIVRE DIX-HUITIESME.

A Monsieur de Pelgé, Conseiller du Roy, & Maistre en sa Chambre des Comptes de Paris. *Quel jugement il fait des Essais de Montagne.* 515

A Monsieur de Pelgé, Conseiller du Roy, & Maistre en sa Chambre des Comptes de Paris. *Ayant proposé quatre braves Escrivains Gascons, il s'arrête à loüer le sieur de Montluc.* 519

A Monsieur de Beaurin, Conseiller du Roy, & Maistre en sa Chambre des Comptes. *En se joüant, il rapporte beaucoup de choses remarquables, pour & contre les singularitez des femmes.* 523

Lettres envoyées de Rome à Pasquier par le Sieur de Banon Vivot. Le sieur de Banon escrit à M. Pasquier sur ce qui se passoit à Rome. 527

A Madame de Banon Vivot. *Response à la precedente, & discours sur l'Ambassade du sieur de Breves à Rome.* 529

Lettre du Sieur de la Croix à Pasquier. *Cette*

Cette lettre n'est que pour accompagner un Sonnet. ibid.

A M. Anne d'Urfé, Conseiller d'Estat. Remerciment pour le Sonnet qu'il luy avoit envoyé. 531

A Monsieur de la Croix. Autre remerciment à mesme fin. ibid.

Lettres de M. Honoré d'Urfé, Comte de Chasteau-neuf, à Pasquier. Il s'excuse de ce qu'il ne luy a pas porté son Livre d'Astrée luy-mesme. ibid.

Response de Pasquier au Comte de Chasteau-neuf. Il remercie le Seigneur d'Urfé de son Livre, & luy en donne un jugement fort avantageux. 533

A Monsieur de Neuf-Chel, Chevalier d'honneur de Madame la Duchesse de Nemours. Recit au long de la mort du feu Duc de Nemours. ibid.

A Mademoiselle de Bourgon. Il la console sur la mort de son mari, & luy donne son avis sur ce qu'elle doit faire quant aux études de son fils. 535

A Monsieur Noyau, Procureur du Roy en l'Election & Grenier à Sel de Paris. Que les peres ne doivent estre sous la curatelle de leurs enfans. 537

A Monsieur de Sainte Marthe, Tresorier General de France en la Generalité de Poictou. Il luy dit quel jugement il fait de ses Eloges, & l'avertit comment il les doit manier. ibid.

LIVRE DIX-NEUFVIESME.

A Messire Edoüard Molé, Conseiller d'Estat, & President en la Grand' Chambre du Parlement de Paris. Il discourt sur le subject des Mercuriales. 539

A M. Nicolas de Verdun, Conseiller d'Estat, & premier President au Parlement de Toulouse. Il luy envoye une Epigramme Latine. 543

A Monsieur Petau, Conseiller en la Cour de Parlement de Paris. Que Tacite Historien ne doit estre leu de tout le monde, & de la difficulté de le traduire. ibid.

Meurtre de Pedanius Secundus, Gouverneur de la ville de Rome. Harangue de Caïus Cassius Senateur, & punition esmerveillable sur les serviteurs. 544

A Monsieur Leschassier, Advocat au Parlement de Paris. Il discourt amplement sur le sujet du droit de nature. 551

A Monsieur Petau, Conseiller en la Cour de Parlement de Paris. Il discourt sur le sujet de plusieurs medailles, entre autres sur celle du Duc de Savoye & du Roy. 545

A Monsieur Moreau Advocat en la Cour de Parlement de Bordeaux. Il le remercie de son amitié, & luy dit son advis touchant les Escussons, dont il faisoit un Livre. 547

A M. Il luy respond sur le sujet de quelques-uns qui censuroient quelques passages de ses Recherches. 549

A Monsieur Loisel, Advocat en la Cour de Parlement de Paris. Il raconte les causes pourquoy il ne veut revenir à Paris. 553

A Monsieur Loisel, Advocat en la Cour de Parlement de Paris. Il recite le sujet de sa retraite, & comment il s'estoit rendu solitaire pour conserver sa santé. 555

A M. Loisel, Advocat en la Cour de Parlement de Paris. Il le persuade d'embrasser une commission où il estoit appellé avec le President Molé. 557

A Monsieur Loisel, Advocat en la Cour de Parlement de Paris. Il specifie les occasions pourquoy il avoit fait plusieurs pieces de Poësie trés-belles. ibid.

A Monsieur Loisel, Advocat en la Cour de Parlement de Paris. Il dispute fort profondément sur le droit & les loix des Romains, & en quoy il consistoit. 563

A Monsieur Loisel, Advocat en la Cour de Parlement de Paris. Il discourt fort amplement sur le fait des legitimes deuës aux enfans. 567

A Monsieur Loisel, Advocat en la Cour de Parlement de Paris. Il continuë sur la mesme matiere, & en quel ordre de temps

temps les loix Romaines furent faites, & par qui. 571

A M. Robert, Advocat en la Cour de Parlement de Paris. *Il discourt sur le même sujet des loix & ordonnances, tant de Rome que de France.* 575

A Monsieur Tournebu, Conseiller en la Cour de Parlement de Paris. *Il discourt sur le sujet de la Medecine, & par mesme occasion de la composition du corps humain.* 581

LIVRE VINGTIESME.

A M. de Raimond, Conseiller au Parlement de Bordeaux. *Il soustient que les Jesuites ne doivent avoir l'honneur seuls de soustenir le party de l'Eglise contre les heretiques.* 591

A M. Borbonius, Professeur du Roy és Lettres Grecques en l'Université de Paris, & excellent Poëte Latin. *Il luy envoye la traduction en François de quelques vers Latins, que M. Borbonius avoit faits sur la mort du Roy Henry le Grand.* 595

Au Seigneur Loüis de Saincte Marthe, Lieutenant General en la Connestablie de France. *Recueils de quelques dicts notables du feu Roy Henry le Grand.* 599

A M. Valadier, Abbé de S. Arnoud de Mets. *Il se plaint à luy, de ce qu'il ne luy avoit escrit au long, comme sa reception avoit esté faite à son Abbaye.* 605

A Monsieur de Raimond, Conseiller en la Cour de Parlement de Bordeaux. *Commencement de plusieurs Sectes, & d'où proceda celle de Luther en l'Eglise.* ibid.

A M. Georges Froget, Docteur en Theologie, Curé de Saint Nicolas du Chardonnet, Chanoine de la Sainte Chapelle de Paris. *Il s'excuse sur l'avis de son Medecin, de ce qu'il ne peut sortir le jour de Noël.* 609

A M. Georges Froget, Docteur en Theologie, Curé de S. Nicolas du Chardonnet, Chanoine de la Sainte Chapelle de Paris, son Curé. *Discours en forme de Meditations sur l'histoire des quatre Evangelistes, & ce que chacun a traité particulierement.* 611

Meditation spirituelle sur le Jeusne, Caresme, Pasques & Communion. 613

A M. Gamache, Docteur en Theologie, Professeur du Roy és sainctes Lettres en l'Université de Paris. 619

LIVRE VINGT-UNIESME.

A M. Loüis de Saincte Marthe, Lieutenant General du Roy en la Mareschauffée de France au Palais de Paris. *Discours de l'Auteur sur ce qui le rendit fameux Advocat.* 625

A Monsieur de Saincte Marthe, Lieutenant General de la Mareschauffée de France. *Seconde lettre de l'Auteur, touchant son second Plaidoyé contre les Jesuites.* 631

Au Pere Claude Aquavive, General des Religieux qui se disent de la Societé du Nom de Jesus. 635

A M. du Lys, Conseiller & Advocat General du Roy en la Cour des Aydes. *Genealogie du sieur du Lys, extrait de la famille de Jeanne la Pucelle.* 643

A M. du Lys. *Il luy envoye des vers qu'il avoit faits sur la Pucelle d'Orleans.* 647

A M. de Saincte Marthe. *Il s'excuse de ce qu'il ne luy avoit fait part de sa Poësie.* ibid.

A M. Favreau, estudiant en l'Université de Poictiers. *Il le remercie de la dedicace de son Mercure.* 649

LIVRE

LIVRE VINGT-DEUXIESME.

AU Seigneur d'Atichi, Conseiller d'Estat, & Intendant des Finances. *Il l'invite de venir en sa maison.* 651

A Messire Jean Nicolaï, Conseiller d'Estat, & premier President en la Chambre des Comptes. *Il luy discourt de la Poësie en laquelle le naturel & l'art sont requis.* ibid.

A M. de Lomenie, Conseiller & Secretaire d'Estat. *Il luy envoye des Epigrammes Latins, & un Sonnet François sur la naissance de Monseigneur le Dauphin.* 655

Au Seigneur Antoine Loisel, Advocat en la Cour de Parlement de Paris. *Il luy envoye quelques vers de sa façon, & pourquoy ils furent faits.* 657

A M. Mangot, Conseiller du Roy, & Maistre des Requestes. *Il luy discourt de plusieurs choses remarquables en France, sous le nombre de trois.* 663

A Mademoiselle du Lys. *Il lui envoye un sonnet.* 667

A M. Achilles de Harlay, Conseiller d'Estat. *Il lui envoye un livre intitulé* le Gentil-homme, *composé par Nicolas Pasquier son fils.* ibid.

Responce du Seigneur de Harlay à Pasquier. *Quel jugement il porte du livre intitulé* le Gentil-homme. 669

A M. Achilles de Harlay, Conseiller d'Estat. *Il luy discourt des causes de sa solitude.* ibid.

A M. Nicolas Pasquier mon fils, Conseiller & Maistre des Requestes ordinaire de l'Hostel du Roy. *Il discourt avec son fils sur le mariage de sa petite-fille.* 673

Au mesme. *Sur le mesme sujet.* 675

A M. Cossard, Conseiller du Roy & Auditeur en la Chambre des Comptes à Paris. *Il discourt de l'incertitude qui se trouve en la Medecine.* ibid.

Fin de la Table des Lettres d'Estienne Pasquier du Tome second.

TABLE
DES
OEUVRES MESLÉES
D'ESTIENNE PASQUIER.

Le premier livre du Monophile. 697
Le second livre du Monophile. 755
Colloques d'Amour. 789
Lettres Amoureuses. 805
Les Jeux Poëtiques. 829
Pastorale du Vieillard amoureux. 903

Poësies diverses. 913
Sonnets divers. 919
Epitaphes. 925
La Puce, ou Jeux Poëtiques François & Latins. 949
La Main, ou Oeuvres Poëtiques. 1001

Fin de la Table des Oeuvres Meslées d'Estienne Pasquier du Tome second.

TABLE
DES LETTRES
DE NICOLAS PASQUIER.
DIVISÉES EN DIX LIVRES.

LIVRE PREMIER.

 Monsieur d'Ambleville, Conseiller du Roy en ses Conseils d'Estat & Privé, Capitaine de cinquante hommes d'armes, & Lieutenant General pour le Roy és pays d'Angoumois, Xaintongeois, Aunis, Ville & Gouvernement de la Rochelle. *Mort du Grand Henry, avec plusieurs prognostications qui devancerent sa mort.* 1053

Advis trés-humble à la Royne Mere du Roy, Regente en France. *Il propose à la Royne Mere du Roy divers moyens pour le gouvernement de L'Estat.* 1067

A Monseigneur d'Espernon, Duc & Pair, Chevalier de l'Ordre du Roy, Capitaine de cent homme d'armes, Colonel de l'Infanterie Françoise, Gouverneur pour le Roy és pays d'Angoumois, Xaintonge, Aunis, Ville & Gouvernement de la Rochelle, haut & bas Limousin, Loches, pays Boulonnois & Metzain. *Il discourt qu'elle sera l'issuë de l'assemblée de Saumur.* 1073

A Dessé & Gimeux ses enfans, estans en garnison dans la Citadelle de Metz.
Preceptes de bien vivre qu'il donne à ses enfans. 1075

A Monsieur de Bonouvrier, Gouverneur pour le Roy à Metz, & Capitaine d'une Compagnie au Regiment des Gardes. *Il l'exhorte de dresser une Academie à Metz pour l'institution de la Noblesse.* 1079

A Monsieur Masuyer, Conseiller du Roy & Maistre des Requestes ordinaire de son Hostel. *Il discourt des moyens qu'il faut tenir pour accourcir les procez.* ibid.

A Monseigneur d'Espernon, Duc & Pair, Chevalier des Ordres du Roy, &c. *Il luy presente le Gentilhomme.* 1083

A Monsieur du Harlay, Conseiller du Roy en ses Conseils d'Estat & Privé, & premier President au Parlement de Paris. *Suite.* ibid.

A Madame la Comtesse de Hurtal. *Suite.* ibid.

La Dame Comtesse de Hurtal, au sieur Pasquier. *Remerciement.* ibid.

A Monsieur de Montaigne, Seigneur de S. Genest, Conseiller du Roi & son Lieutenant general au Siege Presidial de Xaintes. *Il l'exhorte de monstrer son courage en son affliction.* 1085

Tome II.   ĩ   A

A Monsieur Pasquier mon pere, Conseiller du Roy, & Advocat General en la Chambre des Comptes. *Il se resiouyt d'une affaire qui a reüssi à son contentement.* ibid.

A Monsieur de la Croix Maron, Capitaine d'une Compagnie de gens de pied. *Le jugement qu'il fait de son fils, avec les preceptes qu'il luy a donnez.* 1087

Le Sieur de la Croix Maron, au Sieur Pasquier. *Responseà la precedente.* ibid.

A Monsieur de Bonouvier, Gouverneur pour le Roy à Metz. *Il loüe la façon avec laquelle il se gouverne dans Metz.* 1089

A I. F. Escolier estudiant à Poictiers. *Il le prie de n'estre point mesdisant.* ibid.

A Monsieur de Roissy, Conseiller du Roy en ses Conseils d'Estat & Privé, & Maistre des Requestes ordinaire de son Hostel. *Il le prie pour son frere de Bussy.* ibid.

A Monsieur de Sailly Gentilhomme. *Il luy donne conseil sur le mariage.* 1091

A Monsieur Pasquier mon pere, Conseiller du Roy, &c. *Il discourt & de la fortune, & de la vieillesse de son pere.* ibid.

A Monsieur d'Ambleville, Conseiller du Roy en ses Conseils d'Estat & Privé, &c. *Qu'il faut pardonner à ses ennemis.* 1093

A Monsieur de Fiebrun, Conseiller du Roy en ses Conseils d'Estat & Privé, & Seneschal en la Seneschaussée de Civray. *Il discourt sur la lettre qu'escrivit le Prince de Condé à la Royne mere du Roy.* 1097

LIVRE DEUXIESME.

AU Lecteur. 1099

L'Abbesse de Fontevrault, à cheres filles & bien-aymées Religieuses, la Prieure & Couvent de nostre Prieuré de Tusson. *Elle leur commande de ne proceder à l'eslection de Prieuré.* ibid.

L'Abbesse de Fontevrault aux Religieuses de Tusson. *Suite.* 1101

Les Religieuses de Tusson, à Madame de Lavedan, Abbesse de Fontevrault. *Elles prient l'Abbesse de leur laisser leur eslection libre.* ibid.

L'Abbesse de Fontevrault, à la Prieure & Couvent du Prieuré de Tusson. *Suite.* ibid.

Le Pere Coppin, Grand Prieur de Fontevrault, au Pere Charpentier, Pere spirituel des Religieuses de Tusson. *Il luy escrit sur l'eslection des Religieuses de Tusson.* 1103

L'Abbesse de Fontevrault, à Frere Pierre Charpentier, Confesseur du Prieuré de Tusson. *De mesme.* ibid.

Procez verbal des Religieuses de Tusson. ibid.

A Madame de Lavedan, Abbesse de Fontevrault. *Il l'exhorte de n'intenter point de procez contre ses Religieuses de Tusson.* 1105

A Monsieur Coppin, Grand Prieur de l'Ordre de Fontevrault. *Il luy monstre que les Religieuses de Tusson sont bien fondées en leur appel comme d'abus.* 1107

Les Religieuses de Tusson, à Madame de Lavedan, Abbesse de Fontevrault. *Elles se plaignent de son Advocat.* 1111

Les Religieuses de Tusson, à Madame de Lavedan, Abbesse de Fontevrault. *Elles la supplient d'estre leur juge.* ibid.

Aux Dames Religieuses & Pieure de Tusson. *Il leur escrit ce qu'elles doivent faire sur l'execution de l'Arrest du Grand Conseil.* 1113

A Monsieur Coppin, Grand Prieur de l'Ordre de Fontevrault. *Il luy donne advis de ce qui est à faire en l'execution de l'Arrest du grand Conseil.* ibid.

Les Religieuses de Tusson, à Madame de Lavedan, Abbesse de Fontevrault. *Elles luy remonstrent leurs soubmissions, & la supplient de permettre l'execution de l'Arrest du grand Conseil.* 1115

Extraict des Regiſtres du grand Conseil. *Arrest du grand Conseil.* 1117

A Monsieur Granger, Conseiller du Roy & Maistre des Requestes ordinaire de son

son Hoſtel. *Il le prie de favoriſer ſon frere de Buſſy.* ibid.

A Madamoiſelle de......... *Il l'exhorte à bien vivre, & fuir tant de ſuperfluitez.* 1119

A Monſieur Paſquier mon pere, Conſeiller du Roy, &c. *Il luy envoye les remonſtrances qu'il a fait au Roy.* ibid.

Remonſtrances tres-humbles au Roy. *Il repreſente les deſordres de l'Eſtat & les remedes.* 1121

LIVRE TROISIESME.

A Monſieur de la Pereuſe, Gendarme de la Compagnie d'Ordonnances du Duc d'Eſpernon. *Il l'exhorte à ne craindre la mort.* 1135

A Monſieur Paſquier mon pere, Conſeiller du Roy, &c. *Il loüe la lettre qu'il luy avoit eſcrite.* 1139

A Monſieur Maſuyer, Conſeiller du Roy, &c. *Il luy eſcrit le contentement qu'il a de mener une vie privée.* ibid.

A Monſieur de S. Germain, Seigneur de S. Germain Monroy & Comporté, Conſeiller du Roy en ſes conſeils d'Eſtat & Privé. *Conſolation ſur la mort de ſon fils.* 1141

A Monſieur Sizé, Principal du College d'Angouleſme. *Il luy eſcrit qu'il a quitté tout deſir de vengeance.* 1145

Le ſieur Maſuyer à Paſquier. *Il luy eſcrit qu'il ſe faut entremeſler des charges publiques.* ibid.

Le ſieur Paſquier au ſieur Maſuyer. *Il luy eſcrit qu'il ſe faut retirer des charges publiques, apres les avoir exercées.* 1147

A Loüyſe & Suſanne Paſquiers ſes filles. *Il donne des preceptes de bien vivre à ſes filles.* 1151

A elles-meſmes. *Il leur monſtre les vices qu'elles doivent fuyr.* 1161

A Monſieur des Ruaux, Conſeiller & Advocat du Roy, au Siege Preſidial d'Angouleſme. *Il deſcrit l'hiſtoire de Coſme, de Roger Athée & ſa fin.* 1167

A Monſieur de Montaigne, Seigneur de S. Geneſt & la Valée, Conſeiller du Roy & Lieutenant General au Siege Preſidial de Xaintes. *Il monſtre que les grandes eaux pronoſtiquent de grands malheurs en un Eſtat.* 1169

LIVRE QUATRIESME.

A Monſeigneur d'Eſpernon, Duc & Pair, &c. *Il l'exhorte de repreſenter au Roy qu'il eſt beſoin de ſecourir ſes voiſins contre l'Eſpagnol.* 1171

A Monſieur Paſquier mon pere, Conſeiller du Roy, &c. *Il donne les moyens à ſon pere d'entretenir ſaine ſa vieilleſſe.* 1177

A Monſieur Mangot, Conſeiller du Roy en ſes Conſeils d'Eſtat & Privé, & Maiſtre des Requeſtes ordinaire de ſon Hoſtel. *Il monſtre qu'il n'eſt derivé aucun fruiſt de l'aſſemblée des trois Eſtats.* 1179

A Deſſé & Gimeux ſes enfans. *Il loüe la ſcience de ſçavoir bien mener un cheval.* 1181

A M. de la Gagnerie, Gentilhomme Limouſin. *Il redemande ſa parole.* 1183

A Monſieur Neſmond, Conſeiller du Roy en ſes Conſeils d'Eſtat & Privé, & premier Preſident au Parlement de Bordeaux. *Il diſcourt des Regences des Roynes Meres.* ibid.

A Monſieur de Sillery, Chancelier de France. *Il diſcourt de l'authorité du Roy & de l'obeïſſance que ſes ſujets luy doivent naturellement.* 1187

A Monſieur Paſquier, Seigneur de Buſſy mon frere, Conſeiller du Roy & Auditeur en ſa Chambre des Comptes. *Il parle de la force & vertu des ſonges.* 1193

Tome II.

A Monsieur Pasquier mon pere, Conseiller du Roy & Advocat General en la Chambre des Comptes. *Il escrit à son pere qu'il a leu ses Recherches, & donne son jugement de ce que luy en semble.* 1195

A Monsieur de Cheronnac, Gentilhomme Angoumoisin. *Il discourt du mal qui arriveroit à ceux de la Religion Pretenduë Reformée, s'ils prenoient les armes, soubs le pretexte que le Roy leur a permis de s'assembler à Grenoble.* ibid.

A Monsieur Loisel, Advocat en Parlement. *Il escrit la mort de son pere.* 1197

A Monsieur de la Leigne, Conseiller du Roy & Lieutenant General au Siege Royal de S. Jean. *Il discourt du plaisir qu'il y a de vivre en temps de paix.* 1201

A Monsieur Pasquier mon nepveu, Gendarme de la Compagnie de la Royne Mere. *Il est d'advis de la paix.* 1203

A Monsieur Tournebus, Conseiller du Roy en la Cour de Parlement de Paris. *D'où vient le langage enflé, l'affeté, & des moyens de bien parler François.* ibid.

LIVRE CINQUIESME.

Remonstrances trés-humbles au Roy. *Il conseille au Roy de donner la paix à ses sujets, & luy ouvre les moyens de la rendre asseurée.* 1207

A Monsieur de Roissy, Conseiller du Roy en ses Conseils d'Estat & Privé. *Les divers bruits du mariage du Roy, & ce qui luy en semble.* 1219

Madamoiselle de la Brangelie au sieur Pasquier. *Elle demande des nouvelles de la maladie de sa bru.* 1221

A Madamoiselle de la Brangelie, vefve de feu Monsieur de la Brangelie, Gentilhomme de Perigort. *Il luy raconte l'estat de la maladie de sa bru.* ibid.

A Monsieur d'Ars, Conseiller du Roy en ses Conseils d'Estat & Privé, & Mestre de Camp d'un Regiment François. *Que les trois Estats n'ont rapporté aucun profit au peuple: là se rapportent les remonstrances de la Cour, faites au Roy sur les desordres de la France.* ibid.

A Monsieur de Monac, Gentilhomme Xaintongeois. *Il monstre d'où procedent les mouvemens qui naissent pendant la minorité de nostre Roy.* 1225

A Monsieur Seguier, Conseiller du Roy en ses Conseils d'Estat & Privé, & President en la Cour de Parlement de Paris. *Moyens pour réunir à l'Eglise Catholique, Apostolique & Romaine, la Religion Pretenduë Reformée.* 1229

A Monsieur de Vaudoré, Lieutenant de la Compagnie des Gensdarmes du Roy. *Le desplaisir qu'il a eu de la mort de sa femme.* 1233

A ma fille de la Brangelie. *Moyens pour paisiblement vivre en mariage.* 1235

A Monsieur Mangot, Conseiller du Roy en ses Conseils d'Estat & Privé, & premier President au Parlement de Bordeaux. *Il le congratule sur l'estat de premier President que le Roy luy a donné.* ibid.

A Madamoiselle........ *Il luy fait des Remonstrances sur ce qu'elle a forfait en son honneur.* ibid.

A Monsieur le Baron de Cause. *Il le console sur la perte de son fils.* 1237

LIVRE SIXIESME.

A Monseigneur de Souvray, Conseiller du Roy en ses Conseils d'Estat & Privé, Chevalier de l'Ordre du Roy, Capitaine de cinquante hommes d'armes de ses ordonnances, Gouverneur au païs de Touraine, & Gouverneur du Roy. *Moyen pour bien instruire notre Roy.* 1241

A Monsieur de Balanzac, Gentilhomme Xaintongeois, Lieutenant pour le Roy en la Ville & Chasteau de Partenay.

nay. *Il discourt des miseres de la France pendant la minorité du Roy.* 1247

A Monsieur de Sainct Legier, Enseigne de la Compagnie de Gensdarmes du Duc d'Espernon. *Prison du Prince de Condé.* 1249

A Monsieur Pasquier, Seigneur de Bussy mon frere, Conseiller du Roy, &c. *Qu'il seroit necessaire aux Princes d'avoir des personnes qui leur dissent la verité.* 1251

A Monsieur de Montigny, Capitaine d'une Compagnie de gens de pied au Regiment des Gardes du Roy. *Il descrit l'accident qui est arrivé à Gimeux son fils.* 1255

A Monsieur du Plessis, Mareschal de Bataille de l'Infanterie Françoise. *Desseins du Mareschal d'Ancre, & le moyen de les destourner.* ibid.

A Monsieur de Bussy mon frere, Conseiller du Roy, &c. *Maladies extraordinaires, nées dans les armées.* 1257

A Monsieur de l'Orme mon nepveu, Capitaine d'une Compagnie de gens de pied. *En quoy consiste la charge d'un Capitaine de gens de pied.* ibid.

A Monsieur le Comte de Curson. *Il s'excuse de ce qu'il ne peut encore marier sa fille.* 1259

A Monsieur Pasquier mon frere aisné, Conseiller du Roy & Advocat General en la Chambre des Comptes. *Il luy remonstre qu'ils doivent tous les deux commencer à bien vivre.* 1261

A Monsieur de Vaudoré, Lieutenant pour le Roy en la Ville & Chasteau de Partenay. *Il s'excuse d'un voyage à cause de sa maladie.* 1263

A Dessé & Gimeux ses enfans. *Le profit que l'on tire de voyager.* ibid.

A Monsieur Pasquier mon nepveu, Gendarme de la Compagnie de la Royne Mere. *Le bien & le mal que l'on retrouve en mariage.* ibid.

A Monsieur de Bussi mon frere, Conseiller du Roy, &c. *Prosperitez de Mangot, avec un discours des Gardes des Seaux.* 1267

A Monsieur Cerveau, Visiteur de l'Ordre de Fontevrault. *Moyens de reformer des Religieux & Religieuses.* 1269

A Monsieur de Montaigne, Conseiller du Roy, & Lieutenant General en Xaintonge. *La fortune du Mareschal d'Ancre, & sa mort.* 1273

A Monsieur...... *Il exhorte son amy à prendre patiemment les afflictions que Dieu luy envoye.* 1281

Le Sieur....... au Sieur Pasquier. *Il raconte d'où luy sont advenuës tant d'infortunes.* 1283

LIVRE SEPTIESME.

A Monsieur de Montaigne, Seigneur de S. Genest & la Valée, Conseiller du Roy & Lieutenant General au Siege Presidial de Xaintes. *Il loüe la richesse de la langue Françoise.* 1285

A Monsieur R. *Il exhorte son amy à ne voir plus une Dame qu'il frequentoit.* 1287

A Dessé & Gimeux ses enfans. *Preceptes qu'il donne à ses enfans allans à la Cour.* 1289

A Monsieur Raoul, Conseiller du Roy en ses Conseils d'Estat & Privé, & Evesque de Xaintes. *Il l'exhorte à reformer son Diocese, & ouvre les moyens de reduire ceux de la Religion Pretenduë Reformée, à la Religion Catholique, Apostolique & Romaine.* 1291

A Madame de S. Germain, veufve de feu Messire de Poulignac, Seigneur de S. Germain de Clan, vivant Conseiller du Roy en ses Conseils d'Estat & Privé. *Consolation sur la mort de son mary.* 1293

A Monsieur Favereau mon nepveu, Conseiller du Roy en la Cour des Aydes. *Il monstre comme un Juge doit vivre en sa charge.* 1297

A Monsieur Blanchard, Seigneur de

la Lojardie, Conseiller du Roy & Lieutenant Particulier au Siege Presidial de Xaintes. 1299

A Monsieur....... Il exhorte son amy à venir à un amandement de vie. 1301

A Monsieur d'Amboise, Conseiller du Roy en ses Conseils d'Estat & Privé, & Maistre des Requestes ordinaire de l'Hostel du Roy. *Contre ceux qui mettent en lumiere des livres fades & sans goust.* 1303

A Monsieur Pasquier, Seigneur de Bussy mon frere, Conseiller du Roy, &c. *La vie & la fin du Mareschal de Biron.* 1305

A Monsieur de Montaigne, Sieur de Sainct Genest & la Valée, Conseiller du Roy, & Lieutenant General au Siege Presidial de Xaintes. *Le soin qu'a eu mon pere pour polir & repolir ses œuvres.* 1309

A Monsieur Pasquier, Seigneur de Bussy, Conseiller du Roy, &c. *Il enseigne le chemin qu'il faut tenir pour l'instruction de ses enfans.* 1311

A luy-mesme. *Il monstre que l'on peut estre longues années sans manger.* 1315

A luy-mesme. *Contre les Plagiaires.* 1317

A luy-mesme. *Paix arrestée à Loudun & les conditions.* ibid.

A Monsieur de la Cheverie, Grand Archidiacre de l'Evesché de Xaintes. *Que nous pouvons vaincre la malignité des influences celestes.* 1319

A Monsieur de la Roche-Posay, Conseiller du Roy en ses Conseils d'Estat & Privé, & Evesque de Poictiers. *Discours des Cometes.* ibid.

A Monsieur de Monthelon, Conseiller du Roy en ses Conseils d'Estat & Privé, & Intendant de la Justice à Lion. *Il escrit ce qu'il luy semble de la fortune du Mareschal d'Ancre.* 1321

LIVRE HUICTIESME.

A Monseigneur d'Espernon, Duc & Pair, &c. *Il lui remonstre les malheurs que produisent les mouvemens en un Estat.* 1323

A Monsieur de Richelieu, Conseiller du Roy en ses Conseils d'Estat & Privé, & Evesque de Lusson. *Il louë la Regence de la Royne Mere du Roy, & declare les maux qui naistront en consequence de ses remonstrances, si elle n'y donne ordre.* 1327

A Monsieur de Montaigne, Seigneur de S. Genest, &c. *Consolation sur la mort de sa femme.* 1331

A Dessé & Gimeux ses enfans. *Il exhorte ses enfans à fuir les dépenses superfluës.* 1333

A Monseigneur du Vair, Garde des Seaux de France. *Il luy represente les desfauts de cet Estat & les remedes.* 1335

A Monsieur de Bussy mon frere, Conseiller du Roy, &c. *Il monstre les effects d'une joye.* 1339

A Monsieur Sizé, Curé de la Parroisse de Gimeux. *Il monstre que la traduction est un labeur ingrat.* 1341

A Monsieur de la Roche-Veron, Docteur en Theologie. *Il n'approuve les disputes qui se font avec ceux de la Religion Pretenduë Reformée.* ibid.

A Messieurs de Vaudoré & des Roches mes nepveux. *Consolation sur la mort de leur pere.* ibid.

A Monsieur Pasquier Sieur de Bussy mon frere, Conseiller du Roy, &c. *Que nous avons des jours heureux & malheureux.* 1343

A Monsieur d'Ars, Conseiller du Roy en ses Conseils d'Estat & Privé, & Mestre de Camp d'un Regiment François. *Consolation sur les afflictions qui luy sont survenuës.* 1345

A luy-mesme. *Il donne son jugement de la Ligue, qui s'est formée en l'an 1620.* 1347

A luy-mesme. *Ce que peuvent esperer les remueurs d'Estats.* 1349

A luy-mesme. *D'où naissent les mouvemens en un Estat, & le remede pour les estouffer.*

eſtouffer. 1351
A Monſieur de Buſſy mon frere, Conſeiller du Roy, &c. *Sa reſolution à la mort.* 1355
A luy-meſme. *Advis, que les armes ſe doivent prendre & ce qu'il eſt neceſſaire que le Roy faſſe.* ibid.
A luy-meſme. *Comme le Roy a diſſipé par ſa diligence les mouvemens qui commençoient à naiſtre dans ſon Eſtat.* 1357

LIVRE NEUVIESME.

A Monſieur de Montaigne, Seigneur de S. Geneſt, Conſeiller du Roy, & ſon Lieutenant General au Siege Preſidial de Xaintes. *D'où naiſſent les mouvemens contre ceux de la Religion Pretenduë Reformée.* 1361

A luy-meſme. *Du malheur qui peut arriver des confiſcations que le Roy donne pendant la guerre.* 1369

A luy-meſme. *Reddition de la ville de Sainct Jean.* ibid.

A Monſieur de Reau, Gentilhomme Angoumoiſin. *Contre les duels & le moyen de les abolir.* 1371

A Mademoiſelle....... *Conſolation ſur la mort de ſon mary.* ibid.

A Monſieur Favereau mon nepveu, Conſeiller du Roy en la Cour des Aydes. *Il l'exhorte à porter patiemment les afflictions que Dieu luy envoye.* 1373

A Monſieur Pavillon, Advocat en la Cour de Parlement de Paris. *Quel eſt noſtre vray pays.* ibid.

A Monſieur de S. Leger, Enſeigne de la Compagnie des Genſdarmes du Duc d'Eſpernon. *D'où procedent tant de maux qui arrivent à ceux de la Religion Pretenduë Reformée, & qu'il eſt neceſſaire de faire la paix.* 1375

A Monſieur de la Chevrie, grand Archidiacre de l'Egliſe de Xaintes. *Il exhorte ſon amy à venir changer d'air en ſa maiſon.* 1383

A Monſieur de Montaigne, Conſeiller du Roy en ſes Conſeils d'Eſtat & Privé, & Lieutenant General au Siege Preſidial de Xaintes. *Qu'il eſt neceſſaire de faire la paix, & touteſois blaſme grandement l'aſſemblée de la Rochelle.* ibid.

A luy-meſme. *Qu'il ne faut forcer perſonne en ſa Religion.* 1385

A Monſieur Raoul, Conſeiller du Roy en ſes Conſeils d'Eſtat & Privé, & Eveſque de Xaintes. *Il luy monſtre le bien qui eſt arrivé à ſon frere en mourant.* 1389

A Monſieur de Sainct Leger, Enſeigne de la Compagnie des Genſdarmes du Duc d'Eſpernon. *Que le Roy doit donner la paix à ceux de la Religion Pretenduë Reformée.* ibid.

A Monſieur de Montaigne, Seigneur de Sainct Geneſt, Conſeiller du Roy en ſes Conſeils d'Eſtat & Privé, & Lieutenant General au Siege Preſidial de Xaintes. *Que chacun en ce monde participe de la Lune.* 1391

LIVRE DIXIESME.

A Monſieur Froger, Docteur en Theologie, Chanoine de la Saincte Chapelle, & Curé de la Parroiſſe Sainct Nicolas du Chardonnet. *Il le prie de luy eſcrire la façon de la mort de ſon pere.* 1395

Le Sieur Froger, au Sieur Paſquier. *Mort d'Eſtienne Paſquier.* ibid.

A Monſieur de Raymond, Abbé de la Frenade. *Il monſtre le meſpris qu'il faut faire d'un livre plein d'injures.* 1397

Au Jeſuite, Autheur du libelle diffamatoire, intitulé, les Recherches des Recherches. *Il remonſtre à ce Jeſuite, qu'il ne devoit eſcrire contre la memoire de ſon pere.* 1399

A luy-meſme. *Reſponce au libelle diffamatoire,*

matoire, intitulé les Recherches des Recherches. 1403

A Monsieur........ Il reprend son amy de ce qu'il a executé une entreprise sans prendre conseil de luy. 1435

A Monsieur D. G. Qu'il ne faut jamais mesdire. ibid.

A Monsieur Pasquier, Seigneur de Bussy mon frere, Conseiller du Roy & Auditeur en sa Chambre des Comptes à Paris. Il se console sur la mort de Gimeux son fils. 1437

A Monsieur de B. Gentilhomme Xaintongeois. Il reprend son amy des excessives despences qu'il fait. 1439

A Monsieur de Montaigne, Seigneur de S. Genest & la Valée, Conseiller du Roy en ses Conseils d'Estat & Privé, & Lieutenant General au Siege Presidial de Xaintes. Moyens pour empescher les partialitez qui naissent des Religions. ibid.

Fin de la Table des Lettres de Nicolas Pasquer du Tome second.

LES
LETTRES
D'ESTIENNE PASQUIER
Conseiller & Advocat General du Roy en la Chambre des Comptes de Paris.

LIVRE PREMIER.

╬╬

LETTRE I.
A Monsieur Loysel Advocat en la Cour de Parlement de Paris.

Il rend raison pourquoi il expose ses lettres en lumiere.

E n'estoit point aux François (afin que sans me flater je descouvre ce que j'en pense) ausquels je devois adresser cet ouvrage: Asseuré que dés l'entrée, un chacun lisant le titre, comme trop bas, le vilipendera à l'instant. Non, que je ne sçache bien que toutes autres nations, qui ont fait profession de bien dire, n'ayent grandement approuvé ceste façon d'exposer au public les lettres que les gens de marque s'entr'escrivoyent privément: car encores au regard des Grecs nous ressentons-nous de celles d'Hipocrate & Platon: & quant aux Romains, de celles de Ciceron & de Pline Second: & sur le declin de l'Empire, de Symmaque, Cassiodore, Sidonius & Ennodius, desquelles nous tirons quelque lumiere de l'ancienneté dans l'obscurité de leur siecle. Voire que lisant celles de Sidonius, Evesque de Clairmont, l'on recueille que la pluspart d'icelles estoient faites à plaisir, dans lesquelles uns & autres desiroyent estre inserez, tout ainsi que si c'eussent esté Epigrammes. Et à la suite d'eux, le Toscan desireux au possible de l'illustration de sa langue, s'est tellement desbordé en ce subject, qu'il apreste quelquesfois plus de risée que d'edification au lecteur. Nous seuls, entre tous les autres, (peut estre d'un esprit plus hautain) ne nous sommes jamais rendus soucieux de mettre nos missives sur la monstre. Aussi pour dire le vray, quel besoin est-il que le peuple entende mes affaires privées? Affaires, dy-je, le plus du temps sans discours, & ausquelles je n'auray voulu que folastrer & donner carriere à ma plume avec mes compagnons & amis. Car d'esventer celles qui importent à ma famille, tout ainsi que ce seroit chose asseurée, aussi sembleroit-il que ce fust un jeu d'enfant. J'adjousteray que mettant la main à cest œuvre, je me delibere de luy oster la teste & les pieds: Je veux dire ces mots de Monseigneur, Monsieur, & autres dont nous faisons les premiers frontispices de nos lettres: & plus encore ceste closture des quatre & cinq lignes de recommandations aux bonnes graces, qui ne servent que de perte de temps, & remplissage de papier. Mais tout ainsi que le Romain quand il prenoit congé d'un homme, fust en presence, ou par lettres, le fermoit de ce mot, *Vale*: pareillement, puisque prenant entre nous congé de nos amis de bouche, nous usons de ce mot, A Dieu, aussi me plaist-il de le mesnager à la fin & conclusion de mes lettres. Chose qui ne plaira pas de prime face au peuple, comme nouvelle & inacoustumée entre nous. C'est pourquoy (amy Loisel) vous me deviez appeller à quelque meilleure entreprise, plustost de m'importuner tant de fois de recueillir mes minutes, esparses çà & là, comme d'un naufrage, pour les hazarder au jugement d'un chacun. Mesmement que je m'asseure que plusieurs lisans ceste excuse ne la digereront d'autre sorte, que comme d'un honneste pretexte que chacun faict contenance de se forger, lors que volontairement il se precipite à quelque ouvrage, faignant de remettre sur les prieres & semonces d'autruy, une chose dont luy mesme est le premier instigateur en sa conscience. Toutesfois à fin que nul ne se trompe, mon intention n'est pas d'employer cecy pour excuse. Puis qu'une fois j'ay passé les bornes de honte, rougisse

rougisse pour moy qui voudra. Je diray seulement ce mot, qu'en toutes choses du monde, auparavant qu'elles se trouvent estre arrivées à leur accomplissement, il faut que premierement il y ait quelque hardy entrepreneur qui face planche aux plus sages. J'entreprens veritablement de publier mes Epistres, subjet non accoustumé à la France. Mais quoy? Uns Erasme & Budé (lumieres de nostre siecle) & devant eux un Politian, n'en ont-ils pas fait tout autant? Mais ils les ont dictées en Latin, me dira quelqu'un, d'adventure. Que peut importer au Lecteur que ce soit Latin ou François, veu que tous les deux sont instrumens pour expliquer nos conceptions? Le Grec estoit le vulgaire à Hippocrate & Platon, le Latin à Ciceron & Pline; cela ne destourna pas toutesfois ceux qui estoient de leurs temps de donner le cours à leurs lettres: voire que je me puis vanter avoir plus d'occasion de ce faire que tous ces modernes, d'autant qu'ils redigerent leurs fantasies par escrit en un langage qui ne leur estoit naturel, & par ce moyen encores qu'ils fussent personnages fort doctes, si nous peurent-ils apprendre plusieurs traits de parler, mal couchez, mal limez, mal appropriez, comme de la part de ceux qui s'accommodoient plus à la liberté de leur esprit, qu'à la pureté du langage, ores que le principal but de ceux qui escrivent en ce genre doive estre l'embellissement de la langue en laquelle ils descouvrent leurs sens. Et de ma part escrivant en mon vulgaire, pour le moins escry-je au langage auquel j'ay esté allaicté dés la mammelle de ma mere. Me promettant que si nostre langue prend pied entre les nations estranges, je leur pourray servir d'exemple non adopté. En tout evenement espere-je de rapporter ceste faveur, d'avoir bien voulu aux miens : entre lesquels puisque pour la conformité de nos estudes & mœurs, vous tenez l'un des premiers rangs, aussi vous en presente-je maintenant des premiers fruicts, ayant pour vous obeïr ramassé non toutes, ains une partie de mes lettres, telles que le hazard me les a peu conserver. Vous en trouverez les aucunes serieuses, les autres gayes, autres folastres, autres accompagnées de discours, & les autres n'avoir plus beau subjet, sinon qu'elles sont sans subjet, & comme flesches descochées à coup perdu : somme, ce sera une denrée meslée, telle que de ces marchands Quinquailliers, lesquels assortissent leurs boutiques de toutes sortes de marchandises pour en avoir plus prompt debit; Ou pour mieux dire un tableau general de tous mes aages, dans lequel vous verrez icy mon Printemps, là mon Esté, puis mon Automne tirez au vif, je veux dire mes lettres moulées sur le patron des aages qui ont diversement commandé à mes opinions : Ne m'estant proposé maintenant de contenter seulement les sages, mais aussi les fols. Ceux là le gaigneront au poids, ceux-cy au nombre. Et paradventure adviendra-il que voulant contenter les uns & les autres, je desplairay à tous deux. Toutesfois puis que je vous ay obey, c'est à vous en contre-change de prendre mon party en main, contre un tas de controlleurs, ausquels je ne seray jamais matry de desplaire en vous complaisant. A Dieu. En Janv. 1586.

LETTRE II.

A Monsieur de Tournebu Professeur du Roy és lettres Grecques en l'Université de Paris.

Sçavoir s'il est bon de coucher les arts & sciences en François.

ET bien, vous estes doncques d'opinion que c'est perte de temps & de papier de rediger nos conceptions en nostre vulgaire, pour en faire part au public : estant d'advis que nostre langage est trop bas pour recevoir de nobles inventions, ains seulement destiné pour le commerce de nos affaires domestiques : mais que si nous couvons rien de beau dedans nos poictrines, il le faut exprimer en Latin. Quant à moy je seray tousjours de la party de ceux qui favoriseront leur vulgaire : & estimeray que nous ferons renaistre le siecle d'or, lors que laissans ces opinions bastardes, d'affectionner choses estranges, nous userons de ce qui nous est naturel & croist entre nous sans main-mettre. Quoy? Nous porterons donc le nom de François, c'est à dire, de francs & libres, & neantmoins nous asservirons nos esprits sous une parole aubaine? N'avons-nous pas les dictions aussi propres, la commodité de bien dire, aussi bien que cest ancien Romain, lequel mesmement ne nous a laissé que quelques livres en petit nombre, par le moyen desquels nous puissions avoir cognoissance de sa langue? J'adjouste que les dignitez de nostre France, les instrumens militaires, les termes de nostre practique, brief la moitié des choses dont nous usons aujourd'huy sont changées & n'ont aucune communauté avec le langage de Rome. En ceste mutation, vouloir exposer en Latin ce qui ne fut jamais Latin, c'est en voulant faire le docte, n'estre pas beaucoup advisé. Je sçay bien que vostre opinion est assistée de plusieurs garents. Parce que ces grands personnages que les siecles passez ont portez, uns Valla, Politian, Picus Mirandula, & de nostre temps Erasme, Budé, Alciat, & infinis autres, nous ont fait part des despouilles de leurs esprits, en Latin, & non en leurs langues maternelles. Et laissant leurs authoritez en arriere, encores pouvez vous adjouster que s'il est ainsi, que ceux qui publient leurs œuvres, le font sous une intention qu'ils ont d'estudier, ou au commun profit du peuple, ou à l'exaltation de leurs noms; il faut que d'une traite l'on vous confesse qu'il est beaucoup meilleur de s'employer du tout au Latin qu'en nostre langue, puis que d'un commun accord de tout le monde, & quasi par un droit de gent, le Latin a desja gaigné tant de païs, qu'il n'y a contrée si estrange ou barbare qui n'en ait quelque cognoissance : Nous esloignans de tant plus de nostre but, quand nous escrivons seulement aux François qui sont cloz & limitez de certaines bornes. Et n'est pas hors de propos pour vous, de dire que le Latin est aujourd'huy comme la monnoye qui fut jadis introduitte pour nous en pouvoir aider & subvenir par tout le monde, pour le fait & communication de toutes sortes de marchandises; aussi qu'il semble que ceste langue par un long succez & prescription de temps ait esté generalement approuvée par toutes les nations politiques, comme un outil & instrument des trafiques de nos esprits, dont nous voulons faire part à tout le monde : mesmes que nous n'avons entre nous, ny orthographe asseurée, (chose toutesfois necessaire pour la perpetuation d'une langue) ny telle varieté de mots, comme eurent jadis & le Romain & le Grec : Estans nez en une Monarchie où l'on s'addonne plus à contenter son Roy par effet, & les Romains en un estat populaire, auquel l'estude principale estoit de contenter le peuple par amadoüement de paroles; de sorte qu'il ne faut point trouver estrange, que leur langue fructifiast plus que la nostre, comme celle qui estoit par eux cultivée davantage pour la necessité publique; Ne se trouvans parmy le monde les choses prendre accroissement, sinon de tant que l'on en reçoit salaire & recompense condigne : brief, que nostre langue estant pauvre & necessiteuse au regard de la Latine, ce seroit errer en sens commun, d'abandonner l'ancienne, pour favoriser ceste moderne. Raisons certes, dignes de vous, & qui ne sont de petite estoffe. Or entendez donc s'il vous plaist, quelle est ma conception en ceste dispute. Mon opinion ne fut oncques d'exterminer de nous, ny le Grec ny le Latin : Je veux que nous nous aidions de l'un & de l'autre, selon que les occasions nous admonesteront de ce faire; mais je pretends que le profit qui en viendra, soit communiqué aux nostres, plustost qu'aux estrangers. Que s'ils ont affaire de nos inventions, qu'ils les viennent chercher chez nous, & qu'ils apprennent nostre vulgaire, si par nos escrits il se rend digne d'estre appris. Si nous voyons les marchands pour leur commun trafiq d'une marchandise perissable, apprendre, qui, l'Allemand, qui, l'Espagnol, qui, l'Anglois, doubterons-nous en ce louable commerce d'esprits, d'apprendre les autres vulgaires, si d'eux nous pouvons espuiser chose qui face à nostre edification? Et si peut estre vous vous defiiez; d'autant que nostre François mis en balance avec le Grec ou Latin se trouve foible & leger de quelques grains: Bien fut vrayement à un Romain necessaire, oster ceste taye de ses yeux: lequel si pour mesme scrupule se fut tenu clos & couvert sans donner vogue à sa langue, pour un respect ou reverence qu'il eust porté au Grec, nous mesmes serions-nous frustrez de mille belles gentillesses & eruditions que nous apprenons du Latin. Cela mesme que vous m'objectez aujourd'huy fut autrefois proposé à Ciceron pour le destourner d'escrire en sa langue, qui ne le destourna toutesfois. Mais je vous prie, dites-moy, en quoy gist ceste pauvreté que regretez en nostre langue? Est-ce que n'ayons les mots propres pour bien & deuëment exprimer les conceptions de nos ames? Je ne vous en passeray condamnation. Est-ce qu'en cinq ou six sortes ne puissions varier un point? Qui nous en empeschera? Vray que ce privilege n'est pas octroyé à chacun, mais à ceux qui avec une bonté de nature ont conjoinct une estude assidue, de ceux qui ont fait estat de bien parler. Donnons que ce defaut soit en nous, & accordons qu'un Ciceron diversifié son langage en autant de sortes comme Roscius le Comedien se deguisoit en divers minois; aussi ne nous est ceste diversité necessaire: nous mettant seulement en bute d'endoctriner nostre peuple, & non de luy imposer. Tels fanfares sont propres en une Democratie, à un Orateur du tout voüé & entendu à la surprise du peuple, par doux traits & emmiellement de sa Rhetorique. Ce qui ne se presenta oncques entre nous. Et neantmoins si vous puis-je dire, que jamais nostre France, anciennement appellée Gaule, ne fut denuée de son eloquence: & celebroient nos anciens aussi bien leur Hercule Gaulois, pour ce subjet, comme les Grecs & Romains, leur Mercure. Et nous resentirons à jamais les loüanges qui nous furent à ceste occasion baillées par les Romains mesmes, quand ils disoient que sur nostre patron, ceux de la grand'Bretagne apprendroient à orner leur langage. Aussi, tant que Lyon dürera, l'on honorera la memoire des declamations que l'on y faisoit tous les ans. Et s'il me faut passer plus bas, encores nous vanterons-nous que le Toscan (par sa confession mesme) mandia de nous les premiers traits & rudimens de la Poësie. Qui me fait penser qu'en quelque temps que c'ait esté, nostre langue ne fut jamais necessiteuse; mais plus que nous usons d'icelle, ainsi que l'avaricieux d'un tresor caché, & ne la voulons mettre en œuvre. Toute terre, ores que grasse, ne rapporte aucun fruict, aussi ne fait une langue, si elle n'est cultivée. Quoy qu'il en soit, je m'advise qu'entre tant de nations elle n'eust receu cest honneur que le Romain luy donna anciennement en ce sujet de faconde, & de fraische memoire les modernes Italiens (sobres admirateurs d'autruy) si elle se fust trouvée si courte d'elegance, comme il y en a quelques-uns des nostres qui la pleuvient. Mais pourquoy dy-je cecy, si nous la voyons aujourd'huy en telle reputation & honneur, que presque en toute l'Allemagne (que dy-je, l'Allemagne, si l'Angleterre & l'Escosse y sont comprises?) il ne se trouve maison noble qui n'ait precepteur pour instruire ses enfansens nostre langue Françoise? Doncques l'Allemand, l'Anglois & l'Escossois se paissent de la douceur de nostre vulgaire, & nous François naturels ne mettrons peine à l'illustrer par escrits, & faire aux autres nations paroistre que ce n'est point un corps sans ame? Doncques la publication du Latin espars par ce grand univers, nous ostera le soing de bien vouloir particulierement aux nostres? Ja à Dieu ne plaise, & tant que ceste main dürera, & que l'ame me battra au corps, je m'esloigneray de ceste ingrate volonté. Lorsque le Romain commença d'escrire en sa langue, la Grecque estoit farcie d'une infinité de grands autheurs qui n'eurent oncques puis, leurs semblables, uns Hippocrate, Platon, Aristote, Xenophon, Theophraste, Isocrate, sans ceux que l'ingratitude des ans nous a perdus, de telle sorte qu'il ne nous en reste que les noms. Leurs noms & leur sçavoir voguoient entre toutes les nations bien polies. Tant s'en faut que l'opinion de ceste grandeur fist perdre cœur aux Romains, qu'au contraire il leur augmenta. Et de fait, combien que Ciceron par une grande estude se fust rendu admirable entre les Grecs de son temps, si est-ce qu'il ne se trouve point, qu'il ait jamais esté guere soucieux d'escrire en ceste langue adoptée, ains en la sienne. Afin que je vous recite que Tibere Empereur abhorra tant les langues estrangeres, qu'ayant par mesgarde usé d'un mot Grec, qu'il pouvoit dire en Latin, luy-mesme le fit par exprés corriger. Et tous les Romains en general s'estudierent à l'embellissement de leur langue. Quoy faisans ils rendirent plusieurs de leurs pays, Philosophes, & donnerent occasion à d'autres gens d'avoir recours à eux, comme à une ancre de seureté. Le Grec s'est fait grand pour escrire en son vulgaire. Tel s'est aussi rendu le Romain, & aprés eux le Toscan. Nous seuls sommes demeurez en ceste superstitieuse ingratitude, de ne rien communiquer aux nostres, si non en paroles dont nous ne pouvons sans truchement estre entendus. Mais laissons les exemples des autres nations à part, & examinons quel fruict on peut rapporter de ma proposition. Je m'asseure que tout homme de bon jugement sera d'accord avec moy, que nous devons estudier les langues, non point à cause d'elles, ains pour les disciplines, pour les beaux discours & sujets dont nous les voyons accompagnées par le labeur de ceux qui y ont dextrement employé leurs plumes. Encores que je sçache bien qu'il se soit formé un certain sçavoir pedantesque entre nous, de plusieurs qui font estat d'apprendre le Grec, non pour tirer la moüelle qui est és œuvres de Platon ou d'Aristote, ains sans plus pour discourir sur le dialecte d'un mot. Or si j'ay cest avantage sur vous, que ces langues Grecque & Latine ne soyent autre chose qu'instrument pour parvenir à une intelligence de la doctrine qu'elles contiennent, vray Dieu! quel profit rapporterions-nous si toutes les disciplines estoient redigées en nostre langage? Nous tous dés nostre moyen aage commencerions à philosopher, enjambans autant dessus nos predecesseurs, que nous employerions le temps à la cognoissance des sciences & de la Philosophie, lequel ils estoient contraints d'employer à la cognoissance des langues; car nous tous estans composez d'un esprit né à la ratiocination, toutesfois brute de soy s'il n'est bien façonné & poly, quantes personnes estimez-vous qui par ce moyen arriveroient à la cognoissance des arts, qui pour le defaut de cela demeurent aujourd'huy en croupe? Par ceste voye, au temps jadis, Cimon Athenien, vieil, & de son mestier corroyeur, par les instructions & journelles leçons de Socrates, vint en tel degré de Philosophie, qu'il en escrivit plusieurs livres. Et Protagore yvrongnant, estant par cas fortuit tombé en la lecture que faisoit Antisthene, disputant du bien & du mal en sa langue, gousta tellement ses propos, que de porte-faix & gaigne-denier qu'il estoit, il se fist desputer entre les siens, tel personnage que nous sçavons. Le semblable advint à Polemon, homme du tout intemperé & adonné à ses plaisirs, lequel tombant à demy yvre en l'escole de Xenocrates, où il faisoit une leçon de la temperance, l'oyant discourir sur ce point, il se convertit tout à fait, de telle façon qu'il luy succeda en mœurs & en doctrine. Et pour ne voyager en la Grece, ains m'heberger quelque peu en la Toscane, nous avons veu en nostre jeune aage dans la ville de Florence, Jean-Baptiste Gello, exerçant avec les lettres, la cousture, homme qui ne sçavoit ni Grec ni Latin, & toutesfois il fit plusieurs livres pleins de bonne Philosophie; ainsi que nous voyons sa Cyrcé, & son livre qu'il nomma Caprices, où il n'y a rien de caprice sinon le tiltre; chose qu'il falloit qu'il eust necessairement espuisé des œuvres de Philosophie,

Philosophie, qui sont diversement semez en langage Toscan. Quoy que ce soit, je ne me puis persuader que la Grece eust produit de si grands Philosophes, qu'elle fit, si on y eust appris les sciences en Chaldée, ou Egyptien; dont les Grecs emprunterent toutesfois une partie de leurs secrets. Ni Rome ne nous eust enfanté de si grands personnages que nous y avons veu, si elle n'eust esté plus soucieuse de sa langue que de l'estrangere. Ce que nous pouvons encore recueillir de Caton le vieil, lequel bien qu'il fust l'un des premiers de sa ville, tant en l'Oratoire, qu'en la Medecine, & qui fit l'histoire de Rome, escrivit plusieurs harangues par luy prononcées, tant au Senat, que devant le peuple, composa un livre de la Medecine, & un autre de la vie Rustique : bref, ores qu'il fust accomply de tout ce que l'on peut achever en un grand personnage, si n'apprit-il jamais la langue Grecque que lors qu'il estoit sur le bord de sa fosse, quasi par maniere d'acquit. Je ne veux pas cependant que vous pensiez que je vouluffe bannir les escoles Grecques ou Latines. Elle nous sont necessaires. Mais je veux dire que si nous avions receu tant d'heur que toutes les fleurs & beautez qui sont en icelles estoient transplantées dans nostre France, nous aurions grandement racourcy nostre chemin. Et parce qu'elles ne le sont aujourd'huy, pour le moins donnons ordre avec le temps d'y satisfaire : excitons ceux qui auront quelque asseurance de soy, d'y mettre la main. Quoy faisant ne faictes doute qu'au long aller nostre langue ne passe les monts Pyrenées, les Alpes & le Rhin, aussi bien qu'uns Petrarque, Bocace, Arioste, Baltazard de Chastillon, lesquels au commencement cogneus seulement par les leurs, se sont ouvert avec le temps voye, en une infinité de nations. Car quant à l'orthographe que l'on dit n'estre bien formée entre nous, vous vous abusez si vous le pensez. Celuy que l'ancienneté nous a produit est trés-bon, quelque nouvelle heresie qui se presente au contraire, de ceux qui veulent faire en tout & par tout conformer l'orthographe au commun parler. Le Romain mesmes n'orthographioit comme il prononçoit. Et la mesme dispute qui est aujourd'huy entre nous par le moyen de Louys Megret & Jacques Pelletier, fut aussi quelquefois entre les Romains, mais de cela un autrefois. Cependant je vous prie m'aimer comme vostre allié, disciple, & amy. A Dieu. 1552.

LETTRE III.

A Monsieur Saulvage, Seigneur du Parc.

Vous me mandez qu'entre autres propos que Monsieur Thiart vous a tenus de mon Monophile, il trouvoit mauvais l'endroit où faisant mention de luy, je soustiens que les nostres Poëtes discourent le mieux de l'amour, c'est lors qu'ils sont moins attaints de maladie. Au moyen dequoy pour le contenter estiez d'advis qu'à la seconde impression je corrigeasse ce passage. Quant à moy, mon intention ne fut oncques donnant air à ces miens premiers fruicts, d'offenser aucune personne : & quant au Seigneur de Thiart, tant s'en faut que j'estimasse avoir rien dict à son desadvantage, l'ayant agregé avec les Sieurs de Ronsard & du Bellay, qu'au contraire je croy que nul ne lira de lieu, qui ne die qu'il a receu sinon honneur, pour le moins recit honorable de moy : & ce, sans esperance (croyez m'en) d'aucun retour. Vray qu'en cest endroit il me semble que j'incline plus sur l'opinion, que ceux qui discourent par leurs escrits plus bravement de l'amour, ne sont ceux qui aiment le plus. Ne sçavez vous quelle est celuy qui met la main à la plume? Telle est mon opinion, ce n'est neantmoins un oracle. Si oracle vous n'appellez, d'autant que je deduis ce poinct si ambiguement, j'en laisse la resolution à l'arbitrage de chacun. Et au fort, si mon opinion n'est vraye, pour le moins est elle vray-semblable, & telle que je la souhaittois. Ainsi à mon jugement le pratiquent ceux qui veulent dialogiser, & specialement aux discours dont on rapporte plus de plaisir que de profit, comme est le sujet de mon Monophile. Car quant à ce que me mandez que sa maistresse luy a par exprés cotté ce passage, pour luy en faire reproche, je ne la pense pas de si pauvre esprit, que l'authorité de celuy qui s'est voüé à elle, ne luy soit de plus grand effect que celle d'un homme estranger. Que si la Damoiselle qui s'est mise en possession de mon cœur, eust voulu faire son profit de ce lieu, à mon dommage, il m'en seroit trés-mal pris. Mais à ce que je voy, vous ne fustes jamais amoureux, & ne sçavez de quelles mignardises (je dirois volontiers hypocrisies) les Dames sçavent entretenir leurs amans, de peur que les propos ne leur faillent. Et pour vous dire en un mot, si n'avez autre raison, que de penser que sur vostre advis je change jamais ce passage : ne m'estant proposé de plaire à un homme ou une femme seulement, ains à toute posterité, si j'y puis toutesfois attaindre. Et à pis prendre, j'en serois quitte pour effacer le nom de Thiart : mais je le cognois homme de si bon entendement, qu'il en seroit grandement marry. Je vous prie me recommander à luy : & s'il vient à propos, luy faire part de la presente. A Dieu. 1554.

LETTRE IV.

A Monsieur de Gournay, Gendarme.

Il se rit avec-ques us n'agueres de son pa-rent qui estoit à Rome.

A Ce que je voy, le papier est à meilleur marché dans Rome que l'ancre. Je le dy, parce que recevant n'agueres de vous une lettre dans une grande fueille de papier, n'y avoit que trois mots escrits : & encores ces trois mots se ressentans de leur ancien citoyen de Rome, je veux dire, du tout haut à la main & superbe. Quoy que vous me deffiez par cartel, en quel sujet prenez vous ce deffy? Est-ce aux armes à toute outrance? Vous sçavez que le peu d'experience qu'en avez, & la longue profession que j'en fais dedans le Palais, vous en doivent oster l'opinion. Est-ce en l'escrime de la plume? Mais vous voyez que vostre lettre qui est si courte, vous faict declarer un coüard. Est-ce au mestier duquel sont affranchis les plus vieux? Si en cestuy, je vous en quitte le champ ; car le vœu de chasteté que j'ay depuis peu de temps juré, m'en donne pareille dispense, qu'aux vieillards, le privilege de leur aage. Mais en bonne foy, que faictes-vous, que dites-vous, brief de quel bois vous chauffez-vous? Car je desire entendre de vos nouvelles, jusques à ces petites particularitez. Quant aux miennes, elles dependent du tout de l'estat des vostres. Parquoy si vous avez envie d'en sçavoir, mandez-moy premierement, quelles sont les vostres. A Dieu. 1554.

LETTRE V.

Au Chevalier de Montereau.

Si la temperie du ciel produit les gens doctes en certains pays.

OStez je vous prie de voftre tefte cefte folle perſuaſion, que la temperie du ciel rende les gens plus ou moins doctes, comme s'il y avoit certains pays aufquels les bonnes lettres fuſſent plus affectées qu'aux autres. Je ne vous denieray point que chaque nation a certaines vertus & vices, qui ſe tranſmettent de l'un à l'autre comme par un droict ſucceſſif & hereditaire : & ne voy nul pays avoir eſté anciennement repris de vice, qui ne ſe ſoit perpetué en la poſterité, encores que l'on l'air repeuplé de nouvelles colonies. Mais quant à ce qui appartient aux ſciences, c'eſt tout un autre diſcours. Cela ſe peut recueillir, par exemples fort oculaires. Y eut-il jamais plus de grands perſonnages en toutes ſortes de ſciences & diſciplines qu'en la Grece ? y eut il jamais tant de Barbarie au monde que celle qui y eſt maintenant ? Conſiderez-moy d'Afrique, en quelle opinion de doctrine avoit-elle oncques eſté ? toutesfois quelque peu aprés l'advancement & progrez de noſtre Chriſtianiſme, il n'y eut pays au monde qui produiſit de plus grands docteurs de l'Egliſe que celuy là, teſmoins Tertulian, Optat, Lactance, S. Cyprian, & S. Auguſtin. En cas ſemblable, y eut-il jamais du temps de la Republique de Rome, nation plus eſlongnée des bonnes lettres que la Germanie ? Laquelle vous voyez aujourd'huy, & depuis cent ou ſix vingt ans en çà, fleurir en toutes ſortes de diſciplines, ſans parangon. C'eſt doncques l'exercice & vigilance que l'on y apporte, & non le naturel des contrées qui nous rend doctes. Voire je vous puis dire, car il eſt vray, que tout ainſi que les Monarchies, auſſi les ſciences & diſciplines changent de domicile & hebergement, ſelon la diverſité des ſaiſons. C'eſt pourquoy du commencement elles florirent aux Chaldéens, puis en Egypte, de là s'acheminerent en la Grece, puis à Rome. Et depuis s'eſtant plantées entre nous par pluſieurs centaines d'ans, une longue Barbarie, par le moyen de ce ravage general que braſſerent pluſieurs nations bruſques à l'Empire Romain, enfin elles ſe vindrent loger, partie en Italie, partie en Allemagne & en France, où elles font encor leur ſejour. Le tout par une œuvre ſuitte de toutes choſes, laquelle faict que vous verrez en certains ſiecles, les armes proſperer en un pays, & les ſciences en aprés. Mais ſur tout j'ay faict une obſervation, dont je ne ſeray deſdit, qu'aux premiers eſtabliſſemens des Monarchies ou Eſtats politiques, vous ne trouverez que les Lettres ayent flory, ains les armes, par leſquelles les braves guerriers prennent pied dedans les pays qu'ils ſe donnent en proye, & les ayans conquis s'y maintiennent par icelles. Et quand les Republiques commencent d'eſtre floriſſantes & en leur grandeur, il advient fort ſouvent que les lettres y entrent en credit, leſquelles avec le declin de la Republique commencent auſſi à decliner. Vray que ce dernier poinct n'eſt pas du tout ſi aſſeuré que le premier, concernant les armes, pour y avoir eu pluſieurs grands eſtats, qui ne ſe ſont jamais amuſez aux lettres, comme vous voyez celuy du grand Seigneur ; eſtant l'opinion de quelques-uns, que tout ainſi que l'homme pour eſtablir ſa fortune met pendant ſa jeuneſſe la main à l'œuvre à bonnes enſeignes, puis eſtant fit ſur ſon vieil aage arrivé au periode qu'il ſouhaittoit, tout le plus beau deduit qu'il ait, eſt, de l'employer en diſcours fondez, tantoſt ſur l'exaltation de ſoy & du temps paſſé, tantoſt ſur le controlle de celuy qu'il voit devant ſes yeux, pour n'avoir plus, ny le corps, ny l'eſprit diſpoſé à l'action : auſſi qu'il en advient tout autant aux Republiques, leſquelles ſur leur premier avenement & croiſſance conſomment tout leur temps aux armes, & lors qu'elles ſe trouvent gorgées d'honneurs, de grandeurs & dominations, elles commencent à s'aſſoupir & ſe nourrir en la delicateſſe des lettres, pour apprendre à en compter : choſe qu'ils diſent eſtre un tres-certain preſage de la vieilleſſe & definement de l'eſtat. Toutesfois je ne leur en voudrois aiſément paſſer condemnation, ſpecialement aux Monarchies, où tous les ſujets ſe compoſent à la volonté de leur Roy, lequel s'addonnant aux bonnes lettres, vous les y verrez tout ſoudain plantées : & ayant un ſucceſſeur d'autre naturel, encores eſpouſe-l'on de nouveau ſes mœurs, ny pour cela les Royaumes ne viennent en decadence. Mais de cecy comme de pluſieurs autres poincts de meſme ſujet, nous en diſcourrons quelquefois de bouche, plus au long. Quant à preſent, il me ſuffit de vous avoir monſtré en paſſant que toute nation eſt capable des diſciplines, ſelon la diverſité des occurrences. A Dieu. 1554.

Aucunement des Monarchies les armes ſont plus en vogue que les lettres.

LETTRE VI.

A Monſieur de la Foſſe, Vendomois.

Il ſe gauſſe avecques un ſien amy qui ſe vantoit luy avoir eſcrit.

JE n'euſſe jamais penſé que dedans ſi petite ville, y euſt eu tant de Rhetorique, pour pallier une pareſſe, encontre un homme diligent. He vrayement j'ay eſté du tout honteux de ce que vous n'eſtiez honteux, trompetant voſtre diligence, au deſavantage de la mienne, & cognois que l'air Vendoſmois eſt fertil en Orateurs & Poëtes. Car outre les autres exemples qui m'en ſont aſſez familiers, vous ſeul me le faictes aſſez paroiſtre par ces figures & fleurs de Rhetorique (que quelques-uns appellent deſguiſement de verité) leſquelles vous ſçavez ſi bien dorer par vos lettres. Comment, que depuis voſtre partement, vous m'ayez eſcrit par ſix fois ſans avoir aucune reſponſe de moy ? O Dieu quelle ſinguliere hyperbole ! & toutesfois par vous ſi dextrement proferée, que la liſant, comme il n'euſſe ſongé, je me ſuis quaſi faict accroire, non que m'euſſiez eſcrit par ſix fois, mais que je ne vous avois reſcrit. Je n'adjouſte à cecy qu'en me mordant dés lors meſme de la morſure m'avez comme le Scorpion par voſtre huile garenty du mal que m'aviez procuré, en m'excuſant ſur la multiplicité d'affaires que nous avons au Palais, pendant que vous aultres Meſſieurs les Damoiſeaux & muguets (ainſi le dites-vous) eſtes, pour tout ſujet, occupez à faire l'amour à vos Dames. Choſe par vous eſcrite de ſi bonne grace, qu'encores n'ay-je refuſé de le croire. Ce neantmoins je vous jure qui riant ainſi par vos lettres, ſoudain m'avez remis en memoire par ceſte nouvelle rencontre, mon ancienne ſervitude : au ſouvenir de laquelle je me ſuis trouvé ſi eſgaré, que quaſi me baignant en larmes, j'ay regretté mille & mille fois, non pas la preſence de ma Maiſtreſſe, mais le temps qui j'y ay perdu. Et faultant d'un diſcours en autre, encore me ſuis-je lamenté de la fortune à laquelle je me ſuis à preſent voüé, qui ſemble avec le temps me pouvoir appeller à quelque plus haut degré, mais dont paravanture un jour je diray tout autant, comme maintenant de l'amour. Car quel moindre tourment je vous prie con-

Les poincts de l'ambition plus fortes que l'amour.

vre l'ambition, que l'amour? Veu qu'en cettuy nous trouvons quelque extremité, qui est le poinct de iouïssance, & en l'autre n'y a nul assouuissement, ne trouuant l'ambitieux iamais fonds ny riue sur lequel il puisse seurement asseoir ses pieds. Ainsi souhaittoit Alexandre aprés auoir subiugué une partie de l'vniuers, en subiuguer d'autres: deplorant sa condition d'auoir employé tant d'années à la reduction d'vn seul monde. Ainsi chacun estant diuersement arriué par son trauail & industrie, au but qu'ils s'estoit proposé, tournant tout à coup ses pensées ailleurs, ne pensant auoir rien fait pour sa famille s'il ne monte plus haut, & en ceste façon mettant sa fortune à l'essor, luy facilite vne voye à vn malheureux precipice. C'est pourquoy, puis que j'en suis tombé si auant par la presente, je vous diray en deux mots, que je me resouls prendre vn vol à toute la teneur de ma vie, qui ne soit trop haut ny trop bas : je veux dire eslongner l'enuie de moy, si je puis, mais aussi bannir le mespris. A Dieu. 1555.

LETTRE VII.

A Monsieur de la Chault, Advocat au Parlement de Paris.

LE present porteur s'estant fort commodement offert, je n'ay voulu laisser perdre l'occasion de vous escrire : Non pour vous mander de mes nouuelles, ains pour apprendre des vostres, & du plaisir dont iouyssez maintenant en vostre maison. Duquel je serois à demy ialoux, n'estoit qu'en estes si bon distributeur, qu'encores que je ne sois auec vous, si en ay-je, neantmoins ma part : non telle comme si estiez present, mais j'espere à vostre retour, me faire payer des arrerages de vostre absence, auec si haut interest, qu'à grand' peine y fournirez-vous. A Dieu. 1555.

LETTRE VIII.

A Monsieur de Ronsard.

Que le commun de la France se rend fort aisément Singe des autres.

EN bonne foy, on ne vit iamais en la France telle foison de Poëtes, comme celle que nous voyons aujourd'huy. Je crains qu'à la longue, le peuple ne s'en lasse. Mais c'est vn vice qui nous est propre, que soudain que voyons quelque chose succeder heureusement à quelqu'vn, chacun veut estre de sa partie, sous vne vaine promesse & imagination qu'il conçoit en soy, de mesme succez. Nostre France du temps du Roy Charles septiesme eut vne fille nommée Ieanne la Pucelle, laquelle poussée d'vne inspiration diuine, se presenta au Roy comme deleguée de Dieu pour restablir son Royaume. Ce qui luy succeda si à propos, que depuis son arriuée, toutes les affaires de France allerent de bien en mieux, iusques à ce que finalement, les Anglois furent totalement exterminez. Pendant ce temps, se trouuerent deux ou trois affronteuses, qui se firent prescher par Paris, comme estans aussi bien enuoyées des cieux à mesme effect que la Pucelle. Toutesfois en peu de temps leur imposture fut halenée, & se tourna tout leur feu, inopinément, en fumée. Ceste maniere de faire est beaucoup plus familiere és choses qui concernent l'esprit. Il n'y a celuy de nous, qui ne sçache combien le docte Rabelais en folastrant sagement sur son Gargantua & Pantagruel, gaigna de grace, parmy le peuple. Il se trouua peu aprés, deux Singes qui se persuaderent d'en pouuoir faire tout autant, l'vn sous le nom de Leon l'Adulfy en ses propos Rustiques, l'autre sans nom, en son liure des fanfreluches. Mais autant y profita l'vn que l'autre : s'estant la memoire de ces deux liures perduë. Nous auons veu en cas semblable le Roman d'Amadis, fait François par le Seigneur des Essards, estre heureusement reüssi à son Autheur, pour la naïfueté du langage qui est en luy, & autres belles considerations qui appartiennent à l'entregent. A la suite duquel nous auons aussi veu, tout soudain, vn Palmerin d'Oliue, vn Palladien, vn Primaleon de Grece, & plusieurs autres de mesme marque, qui ne se sont faits que morfondre de reputation, au regard du sieur des Essards. Autant en est-il aduenu à nostre Poësie Françoise, en laquelle vous & le sieur du Bellay ayans plus heureusement rencontrés que l'on n'auoit iamais esperé entre les nostres, chacun s'est fait accroire à part soy, qu'il auroit mesme part au gasteau, & à tant, vne infinité ont mis la plume à l'enuy. Si bien qu'ie ne diray pas, que la posterité en iugera, mais eux-mesmes le pourront cognoistre, d'autant que nous voyons leurs liures mourir, du viuant de leurs Autheurs, encores qu'ils ne couchent d'autre chose que de l'immortalité de leurs noms. Croyez que vous verrez, au long aller, ce beau nom de Poëte venir au nonchaloir du peuple, ainsi que celuy de Philosophe, que l'on adapte maintenant à ces tireurs de Quint-essence, qui transforment leurs esprits & esperances en rien, en s'amusans, ou pour mieux dire, abusans à la transformation de la pierre Philosophale. Or quelque chose qu'il en aduienne, tout ainsi qu'aux plus riches diamans, l'on donne vn teint lors que l'on les met en œuure, aussi tous ces nouueaux escriuasseurs donneront tant plus de lustre à vos escrits. Lesquels, pour vous dire en amy, je trouue tres-beaux lors qu'auez seulement voulu contenter vostre esprit : mais quand par vne seruitude à demy courtisane estes sorty de vous mesmes pour estudier au contentement, tantost des grands, tantost de la populace, je ne les trouue de tel alloy. Vous me direz qu'vn autre en iugera autrement. C'est ce qui nous perd en la reformation de nos œuures : car pendant que nous estimons que ce qui desplaist à l'vn, plaist à l'autre, nous pensions nous coupper vn doigt, si nous retranchions quelque chose de nos inuentions ; combien qu'il ne faille faire nulle doubte, que ce qui est vne fois bien faict, ores que sur son aduenement ne plaise, peut-estre pour la nouueauté, si faut-il qu'auec le temps il prenne pied ferme entre nous. Et pour ceste cause, je seray tousiours du party de ceux qui suiuront le grand chemin de la raison, sans se detraquer à quartier, pour cuider contenter le vulgaire. Quant à ce que me mandez, qu'en quelques endroits de vos œuures, vous estes souuenu de moy, je vous en remercie, comme celuy qui ne sera iamais marry que l'on sçache à l'aduenir que Ronsard & Pasquier furent de leurs viuans amis. Mais en vous remerciant, je souhaitterois que ne fissiez si bon marché de vostre plume à hault-loüer quelques-vns que nous sçauons notoirement n'en estre dignes. Car en ce faisant, vous faictes tort aux gens d'honneur. Je sçay bien que vous me direz qu'estes contraint par leurs importunitez, de ce faire, ores qu'en n'ayez enuie. Je le croy : mais la plume d'vn bon Poëte, n'est pas telle que l'aureille d'vn Iuge, qui doit donner de mesme balance, audience au mauuais, tout ainsi qu'au bon. Car quant à la plume du Poëte, elle doit estre seulement voüée à la celebration de ceux qui le meritent. A Dieu. 1555.

LETTRE IX.

A Monsieur le Picart, Conseiller en la Cour des Generaux des Aydes.

Les opinions qui doiuent entrer és esprits de ceux qui se veulent marier.

JE n'y avois jamais tant pensé, comme j'ay faict depuis que j'ay receu vos lettres : car & mon aage & mon opinion ne sont, quant à present, aucunement disposez à me marier. Toutesfois puis qu'estes en termes d'entrer en ce vœu, & qu'en voulez fonder mon advis, je vous escriray franchement ce que j'en pense. Je ne vous diray point les incommoditez qu'apportent, tant le Mariage, que le Celibat, ny les commoditez dont ils sont accompaignez ; c'est un lieu commun dont plusieurs personnes se sont voulus joüer pour & contre. De ma part je seray tousjours pour le Mariage, contre la vie Celibe, non seulement parce qu'en general c'est le moyen de nous perpetuer de l'un à l'autre en ceste humaine societé, mais aussi pour autant qu'en particulier, lors que nous n'avons plus affaire de femme, c'est lors que nous en avons plus affaire. Je veux dire pour soustenir les deffauts & impuissances de nostre vieil aage, que nous n'oserions tant commettre à quelques autres personnes, quoy que elles nous attouchent de proximité de lignage, comme à nos femmes, avec lesquelles nous avons voüé l'individuité de nos vies. Mais d'autant que les feries en sont longues, je ne souhaitte point qu'un mariage se poursuive par amourettes pleines de sottie & indiscretion : je laisse telles fleurs sans fruict, aux conjonctions passageres, qui ne prennent traict jusques à la mort. Je ne veux pas cependant qu'il prenne fondement sur une avarice, ny que nous desdaignons tant soit peu celle avec laquelle nous voulons nous lier. Mais que nous accompagnions nos pensemens d'un respect, & considerions s'il y a rien en elle qui nous deplaise, ne voulant toutesfois que ce plaisir soit assaisonné d'une cuisante passion, si elle sera de mœurs compatibles avec les nostres, & quels moyens nous pourrons avoir ensemble pour bannir de nous la necessité. Il n'y a femme si belle soit-elle, qui ne soit indifferente à un homme, quand ils ont couché ensemble un an, ny laideur moderée qui ne se rende aussi tolerable avec le temps, quand d'ailleurs on l'accompagne de douces mœurs, & obeïssance à l'endroit de son mary. Un feu d'amourette s'estaint par un peu d'eau que l'on y apporte. Un mariage composé sur tel fondement que celuy que je vous propose, va toujours de bien en mieux, & produit tel effect, qu'au bout de dix ans on se porte plus d'amitié que l'on ne faisoit la premiere année. Je vous ay dict que nous devions faire entrer en ligne de compte la consideration de la compatibilité de nos mœurs, & bannissement de la necessité. Le premier vient de nostre fonds & estre : le second depend des biens exterieurs de la fortune. Entant que touche les mœurs, encores que par un droit de nature la femme doive ployer souz le mary, pour introduire l'egalité entre eux deux, toutesfois parce qu'il peut eschoir du contraire, de ma part j'estime estre une regle generale que nul mariage ne peut estre en paix ou repos, que la femme ne ploye aux commandemens de son mary, ou le mary aux volontez de sa femme. Tout ainsi que les artisans n'accouplent jamais deux metaux aigus ensemble : car l'acier dessus l'acier se consommeroit fort aisément : au contraire l'airain, mis au dessous du tournant de l'acier, dure infiniment. Ainsi en prend-il au mariage entre deux esprits qui sont primes : & c'est pourquoy Platon ne vouloit que deux personnes fort coleriques fussent mariez ensemble. Nous avons veu de nostre aage quelques personnes d'honneur & bien renommées, avoir faict une separation volontaire de maisons, fondées seulement sur ce qu'ils ne pouvoient compatir ensemble. Je sçay bien que la femme se doit rendre souple aux volontez de son mary ; mais aussi qu'un mary par une prerogative de son sexe, se veuille roidir contre toutes les opinions de sa femme, il perd tout : Car si la femme n'avoit ce privilege de desdire par fois les opinions de son mary, elle ne penseroit en rien, avoir sa condition differente d'avec celle des servantes. Je seray plus hardi & diray qu'encore vaut-il mieux ployer sous une femme testue en choses specialement indifferentes, que vivre en perpetuelle inquietude d'esprit. Vous me direz que je m'abuse, & que par le moyen que je propose pour nourrir paix avec nos femmes, je brasse une guerre intestine en l'esprit du mary. Et je vous respond en un mot, que c'est apporter grand repos à son esprit, quand on vit en repos avec sa femme. Au bout de tout cela, j'estime que quelque sagesse que l'on y apporte, encore est-il impossible d'estre aise en un mariage, si on ne se voit aisé. Tout ainsi que *l'aisé & l'aisé* sont deux mots, par maniere de dire, mariez ensemble : n'y ayant difference entr'eux que de l'E masculin & feminin : aussi si vous estes malaisez en vostre mariage, quelque amitié que vous vous portiez, vous joüez à l'esbahy, vous ressouvenant de la commodité du temps passé, qui vous apporte une repentance du present, & par mesme moyen une haine taisible, non de vous, ains de vostre mariage ; qui est en bon langage, un chemin pour apprendre à haïr sa femme. J'en parle comme un aveugle des couleurs, mais puis qu'allez mettre la voile au vent pour entreprendre ce long voyage, vous nous en compterez, non quand serez arrivé au port, qui ne se trouve que par la mort, mais lors que singlerez en pleine mer. A Dieu.

LETTRE X.

A Mademoiselle de ****

Quel contentement on peut recevoir de l'amour.

COmbien que pour le peu d'habitude & familiarité que j'ay à l'amour, ne luy communiquant aujourd'huy en aucune façon mes pensées, je ne me deusse ingerer de vous rescrire la presente, toutesfois puis que ces jours passez vous & moy sommes entrez en une dispute du contentement que peuvent recevoir deux amans, qui sont asseurez l'un de l'autre, je me suis deliberé pour en tirer plus certaine resolution, vous escrire tout au long ce que j'en pense : esperant par ce moyen que vous & moy, sans passion, feront le procez à l'amour, qui le fait aux Roys, Princes, grands Seigneurs & à tout le monde. Nostre question (comme vous sçavez) estoit sur ce que vous souteniez que quand les deux amans ont réciproquement asseurance de leurs volontez, il n'y a plus que le contentement qui coure entre eux sans aucucune fascherie. Et moy je disois que je ne sçavois sur quoy fonder ceste asseurance, qui nous moyennast un contentement si precis; qu'il n'y eust aux cent mille traverses qui viennent presque au supplément ou contre-poix de tout le plaisir que vous vous pouvez figurer en l'amour. Question vrayement qui n'est pas petite au sujet que nous traictons, en laquelle toutes-fois il me semble que pour parvenir à
nostre

noſtre projet, il faut que vous & moy reſolvions qui eſt celuy que vous eſtimez eſtre aſſeuré en ſes amours. De ma part je ne fus jamais rien moins que jaloux, tant que j'ay aimé, ſi eſt ce que pour le vous trancher court, j'eſtime premierement qu'il n'y eut jamais aſſeurance en amour. Choſe qui me faict dire, que ſi le contentement prend ſes principalles racines de l'aſſeurance que vous propoſez, il n'y euſt jamais ce contentement que vous imaginez. Secondement je ſouſtiens (encores que ce ſoit contre l'opinion du vulgaire) que ſi l'aſſeurance dont vous parlez apporte ce contentement, certainement c'eſt le meſme intereſt de l'amour que l'on banniſſe aucunement ceſte aſſeurance de nos deux amans. Je ſçay bien que l'une & l'autre de ces propoſitions vous ſemblera de prime-face de facheuſe digeſtion, mais j'eſpere les vous faire gouſter par le diſcours de ceſte lettre. Entant que touche le premier poinct, combien que mon opinion ſoit qu'au contentement que l'on reçoit en amour, il ne faille eſtablir une reigle generale ne en forme d'arreſt, (parce que celuy qui eſt d'une humeur Joviale meine l'amour gayement & avec plus d'allegreſſe, & le Saturnien avec une plus grande crainte) en ceſte varieté de plus ou de moins, il me ſemble qu'il y a une reigle touſjours ferme, ſtable & perpetuelle. C'eſt à ſçavoir, que de quelque façon que vous vouliez balancer l'amour, celuy qui aime parfaictement, en une aſſeurance de tout, craint tout : ou bien s'il eſlongne ceſte crainte de luy, il commence ja de diminuer je ne ſçay quoy, de l'opinion & ardente affection qui ſe deſire en tout amant. Qu'il ne ſoit vray, conſiderons noſtre amant, ou devant qu'il ait attaint à ceſte heureux poinct de jouïſſance, auquel il dreſſe tous ſes penſers, ou aprés. Si vous le vous repreſentez devant, ores que luy & ſa maiſtreſſe ayent en eux quelque eſtincelle d'aſſeurance, pour quelques demonſtrations qu'ils ſe font, touteſfois il n'y a point de vraye aſſeurance. Car ou ſa damoiſelle luy refuſe ce dernier point, ou bien peut eſtre luy accorde, mais la fortune ne veut que les occaſions s'y preſentent : ſi elle luy refuſe, cela luy procede, ou d'un defaut d'amitié, qui eſt une ruine d'eſprit : ou qu'elle vueille faire une plus longue preuve & experience de ſon cœur, auquel cas elle n'eſt aſſeurée de ſa foy : ou bien qu'elle craigne que luy ayant fait part & portion de ſon meilleur, il commence ou de la meſpriſer, ou de la vouloir maiſtriſer, qui eſt un autre poinct de deſfiance : ou pour concluſion, qu'elle ait peur du parler du peuple : en quoy elle rend touſjours ſon ſerviteur bien peu aſſeuré de ſa volonté, veu qu'elle a en plus grande recommandation le parler du peuple, que leur ſatisfaction mutuelle. Et ſi paraventure elle luy accorde ce qu'il luy demande, mais que le malheur eſlongne de la jouïſſance, vray Dieu y a-t'il plus grand martyre en ce monde que d'eſtre alteré au milieu des eaux, & qu'il y ait homme qui nous preſente le verre pour boire auquel nous ne puiſſions attaindre ? Tellement que de quelque ſens que vous conſideriez l'amant avant la jouïſſance, vous vous meſcontez, ſi l'eſtimez aſſeuré. Auſſi l'amour n'eſt lors qu'un aveuglé deſir reveſtu d'un eſpoir, d'une crainte & de toutes ſortes de paſſions qui nous apportent plus de meſcontentement en une heure que de contentement en dix ans. Puis donques que vous m'accordez aiſément qu'avant la jouïſſance, l'amant ne ſe peut vanter d'eſtre vrayement aſſeuré, ni conſequemment content, refigurons nous-le, s'il vous plaiſt, comme celuy qui ait obtenu de ſa maiſtreſſe le ſalaire où tout loyal ſerviteur aſpire. Meſnageons encore ce poinct de toutes les façons qu'il vous plaira : donnons luy, qu'il ait une jouïſſance à l'abandon, & en laquelle toutes les facilitez du monde ſe preſentent ſans aucun deſtourbier ; ou bien qu'il l'ait avec les difficultez ordinaires en amour, pour n'y eſtre toutes les occaſions diſpoſées, ainſi que l'on ſouhaiteroit. Je ne vous veux poinct particulariſer toutes ces difficultez : car en cecy le temps me defandroit plutoſt que le ſubject ; mais lors

qu'elles ſe preſentent, je vous ſupplie dites moy combien de tintoins, combien d'algarades nous repaſſent par les eſprits pour n'avoir le temps, les heures & ſaiſons à noſtre apoinct, pour jouyr de noſtre plaiſir que nous ne recognoiſſons plus par imagination, aprés la jouïſſance, comme nous faiſions auparavant, ains par effect : & d'autant que l'effect ſurmonte l'imagination, d'autant ſommes-nous plus affligez pour veoir lors nos opinions demeurer en friche par l'injuſtice du temps. Celuy qui eſt né dans la pauvreté, bien qu'il appete grandement d'eſtre riche, ſi ſupporte-il beaucoup avec plus de patience ſa fortune, que l'autre qui de riche eſt devenu pauvre, ou qui au milieu de ſes grands threſors & richeſſes, ne peut jouyr de ſon bien. Mais faignons que les deux amans ayent toutes heures à leur propos, & que les occaſions leur rient de telle façon, que ſans ſcandale, & ſans crainte du parler du peuple, ils ayent jouyſſance entiere & de leurs corps, & de leurs eſprits, toutes & quantes fois qu'il leur plaiſt : eſtimez-vous que pour cela leur contentement en ſoit de plus avancé ? Si vous l'eſtimez, vous faillez ; & croy en ma conſcience, que tout amant qui ſera vrayement amant, & qui deſirera de ſon amitié prenne traicte, ſe donnera ſoigneuſement garde de tomber en ceſt acceſſoire, encores que la faveur generale des aſtres l'y conviaſt. Sçavez-vous pourquoy ? Parce que, pour ne diſſimuler point ce que je penſe, je voy que nous, tant hommes que femmes, ſommes d'une ſi miſerable nature, que ſi voulons mettre ce contentement à tous les jours, il ſe tournera en contentemment : contentemment qui fait mettre à nonchaloir tout le plaiſir dont nous diſputons : car, comme vous ſçavez trop mieux, és choſes qui ſe tournent ſur l'indifferent, tout ainſi que le deplaiſir en eſt moindre, auſſi le plaiſir ne nous touche point de ſi prés. Ce que l'on ſe peut meſmes repreſenter par exemples és perſonnes mariées, qui ſe ſont portées infinie amitié auparavant leur mariage, mais à la longue, pour avoir jouyſſance à plain drap, leurs attouchemens mutuels ne leur ſont rien, au regard de ceux qui ne jouyſſent de leurs volontez qu'à la deſrobée. Les difficultez qui ſe preſentent entre les amans, apportent je ne ſçay quoy de meſcontentement, qui nous augmente de plus en plus un deſir de nous revoir & rejoindre ; deſir, qui eſt la flammeſche & entretenement de l'amour ; deſir touteſfois, qui ne va jamais qu'en la compagnie d'une infinité de tourmens. Et en effect, voilà les cauſes qui m'ont touſjours induit à penſer que l'amant, de quelque façon que le figurions, ne peut eſtre ſi aſſeuré qu'il reçoive ce parfait & accomply contentement que vous diſcouriez dernierement : & ores meſmement qu'il le peuſt, ſi eſt-ce que l'amour meſmes a intereſt que les choſes n'arrivent à ceſt extreme degré. Vous me direz qu'il ne faut donques point aimer, puis que l'amour, en quelque ſaiſon que ce ſoit, eſt touſjours environné de tourmens. Paraventure ne ſeroit-ce pas le pire party que l'on pourroit prendre, ſi l'aimer ou non aimer dependoit de noſtre choix : mais il eſt ſi malheureux traiſtre, que le plus du temps, lors que nous y penſons le moins, il nous ſurprend. Et neantmoins, ſi quelque Damoiſelle bien appriſe veut aimer, je ſeray tréſaiſe qu'elle n'en ſoit point degouſtée par mon diſcours : car les meſcontentemens de l'amour ſont plus gaillards, que tous les autres contentemens de ce monde. Touteſfois, parce que ce ſeroit ſaulter d'un propos à autre, je ſuis content de n'y entrer, pour vous advertir en fin que tant s'en faut que je condeſcende à voſtre opinion, & que je veüille rendre noſtre amant ſi aſſeuré & content, comme vous le dreſſez, que au contraire je penſe que les deſdaings, les craintes, les faſcheries font une grande & meilleure partie de l'amour ; & à peu dire, qu'en l'amour, le meſcontentement eſt l'aſſaiſonnement du plaiſir. Je m'aſſeure que vous ne demeurerez courte de replique ; mais la verité eſt de mon coſté. A Dieu.

LETTRE XI.

A Monsieur de Fonssomme, Gentilhomme Vermandois.

De la police que tint le feu Duc de Guise, dans la ville de Mets contre le siege de l'Empereur Charles cinquiesme.

VOus avez peu entendre (car je croy que les nouvelles en sont arrivées jusques à Rome) comme les Allemans avoyent appellé le Roy à leur secours contre l'Empereur : ensemble la grande levée d'argent & de gens que l'on a faite en France pour fournir à ceste entreprise. Entendez maintenant comme les choses se sont depuis passées : Le Roy n'estoit presque arrivé au Rhin avecq' son armée, que l'Empereur estonné de ceste nouvelle confederation, se trouva en tel desarroy de ses opinions, qu'il restablit tous les Princes & Potentats d'Allemagne en leurs anciennes prerogatives & libertez. Lesquels pour ceste cause depescherent soudain ambassades pardevers le Roy, pour le remercier de l'aide qu'ils avoient receu de luy : ayans par son moyen recouz la liberté, qui leur estoit plus chere que la vie : & deslors mesmes luy baillerent le tiltre de Protecteur de la liberté Germanique. Le Roy les receut avec un favorable accueil, & à l'instant rebroussa chemin. A son retour, il remit sous son ancienne protection, Mets, Toul, & Verdun, villes Imperiales; quoy faisant, il a grandement flanqué du costé de la Champagne, nostre France, contre les avenuës des estrangers. Je croy que vous serez d'accord, que jamais entreprise ne reüssit plus à souhait que celle-là, que sans coup ferir, nostre Roy n'estant ni veu ni venu, ait atteint au comble de son intention : mais la suite en a encores esté plus belle. L'Empereur fasché que tous ses desseings se fussent, comme un tourbillon, tournez en fumée, & aussi estimant que c'estoit faire bresche à sa memoire, si pendant sa dignité Imperiale, ces trois villes demeuroient sous la protection des François, delibera de poulser de sa reste. Il fait un grand amas de gens ; & pour ne nous donner temps de respirer, vient mettre le siege devant la ville de Mets, sur la fin de l'Automne. Le Roy avoit esté, devant, adverty de ceste entreprise, & à ceste cause y avoit depesché Monsieur de Guise pour son Lieutenant General, qui s'y estoit transporté, suivy d'une bonne troupe de gens de guerre ; & parce qu'il prevoyoit qu'en peu de temps l'orage devoit tomber celle part, il seroit impossible de vous raconter combien de devoir ce gentil Prince apporta à la conservation de la ville : car apres l'avoir fait retrancher & fortifier de toutes parts à suffisance, luy sçachant que la noblesse Françoise est coustumiere de courir à vauderoute, la part où l'on commence une guerre, afin d'oster le desordre, ordonna que tous Gentils-hommes volontaires, & qui y estoient venus pour leur plaisir, eussent à vuider la ville dedans certain temps, ou bien de choisir party sous l'un des capitaines de la Cavallerie ou Infanterie, pour avoir logis dedans son quartier, & le suivre à toutes saillies, coups & entreprises, tout ainsi que s'ils eussent receu la soulde, & fait le serment au Roy, sous leur charge. D'une mesme main il envoya chasques bandes aux quartiers qui leur estoient departis ; celles des gens de pied, prés des murailles, afin d'estre voisins des lieux où ils avoient à faire la garde, & les gendarmes & chevaux legers sur le milieu de la ville : enjoignant trés-estroitement à tous Capitaines, Gentilshommes & soldats, ne faire logis hors leurs quartiers, à peine de punition corporelle. Et à fin que l'on fist plus de diligence de resserrer les grains & vins, qui estoyent encores dehors, il fut par luy ordonné que dedans quatre jours on mettroit tous les vivres & bestail des villages dans la ville, pour en fournir la munition, ou les vendre au marché, à tel prix que l'on trouveroit, sur peine que le temps expiré, les gens de guerre en pourroyent aller prendre impunément à discretion là où ils en trouveroyent. Et pour nettoyer la ville de personnes superfluës, pour l'espargnement des vivres, il fit renvoyer à la gen- darmerie, son train & bagage, en ses garnisons ordinaires, sans reserver au gendarme que deux varlets, & deux chevaux de service ; & à l'archer, un varlet, & un cheval, rengeant la cavalerie legere selon l'ordre des archers : & aux gens de pied, de dix en dix, un goujat, & six chevaux seulement en chaque bande. Faict advertir les citoyens de se retirer où il leur plairoit, transportans avec eux or & argent monnoyé & non monnoyé, & tous leurs meubles, horsmis ceux qu'ils trouveroient estre necessaires pour l'hebergement des soldats ; & neantmoins qu'ils leur baillassent par inventaire aux Seigneurs de Piepape & Saint-Belin, Commissaires des vivres, à ce que le tout leur fust conservé. Et entre autres citoyens, il retint les charpentiers, maçons, ouvriers de fer, pour employer aux remparts, fortifications, & service de l'artillerie : comme aussi mareschaux, boulangers, cordonniers, chaussetiers, certain nombre de chaque mestier ; & par exprés barbiers, & chirurgiens, ausquels il fit avancer argent pour se fournir de drogues & oignemens : que l'on n'eust à sonner nulle cloche, sinon celle de l'Effroy : qu'il n'y eust que deux horloges : que les citoyens n'eussent à sortir de leurs maisons, quand l'alarme sonneroit : à chacun des Capitaines fit departement de chaque quartier, lequel ils auroient à defendre sans en bouger : & luy & ses compaignies seroyent au milieu de la place, pour y subvenir selon que besoin le desireroit : que des prisonniers qu'on prendroit, on tiendroit cest ordre, de ne mettre dans la ville les varlets & garçons de fourrage, desquels on n'esperoit aucune rançon, afin qu'ils ne consommassent les vivres, ains seulement les gens d'apparence, lesquels on boucheroit en entrant dedans la ville, afin qu'ils ne peussent remarquer chose aucune de nostre fortification. Et craignant la longueur du siege, il fit resserrer tout le vin qui se trouvoit au quartier des gens de pied, en une ou deux caves, souz les clefs des Capitaines, pour en distribuer puis apres à chaque soldat deux pintes le jour, ausquels il ordonna aussi deux pains chacun de douze onces. Il reduisit le nombre de douze cents pionniers à six cents : & sous ces belles polices, attendit de pied quoy, l'Empereur, qui se vint heurter contre la ville, presque aux fauxbourgs de l'hyver, voulant, ce sembloit, non seulement combattre les François, mais le temps mesme. La plus grande partie de ses gens estoient logez en des loges de bois ou de cuir, afin que si le siege s'acheminoit à longueur, ils n'eussent à s'atedier. En ceste sorte, la ville demeura assiegée six mois entiers ; pendant lequel temps, Monsieur de Guyse voyant estre deu à ses soldats la soulde de deux mois, & qu'il n'estoit possible que le Roy luy envoyast promptement argent, fit battre de la monnoye, & luy donna beaucoup plus haut prix que sa valeur, souz l'obligation toutesfois à laquelle il se soubmettoit par cry public, de la reprendre pour autant qu'il la bailleroit. Vous pouvez recueillir de tout cecy, quelle a esté la fin du siege : toute telle que vous la pensez. L'Empereur s'en est retourné avec sa courte honte, tout ainsi qu'il estoit venu, sans rien faire ; si fasché, que le bruit commun est, qu'il desire de se demettre de l'Empire entre les mains de Ferdinand son frere, Roy des Romains, & de se despouiller de tous ses Royaumes, entre celles de l'Infant d'Espaigne, son fils, & choisir sur ses vieux jours, une vie solitaire. Au contraire, le Seigneur de Guyse est retourné en ceste ville, plein de gloire & reputation, accueilli du Roy & de toute sa Cour, avecques telle faveur que vous pouvez imaginer. A son retour, il s'est trouvé au mariage de la fille naturelle du Roy, que l'on a solemnisé avec une infinité d'allegresses. La magnificence des nopces a esté

Tome II. faicte

faicte en la grand' salle de Bourbon, environnée d'une infinité de chapeaux & festons de lauriers, apposez en commemoration de tout ce qui s'estoit passé, dans lesquels estoit ce distique:

Herculis optasti longas transire columnas,
Siste gradum Metis, hæc tibi meta datur.

La rencontre se faisoit sur la devise de l'Empereur, qui estoient deux colomnes d'Hercule, entrelassées de ces deux mots, PLUS, OUTRE. Les gens de guerre avoient auparavant aiguisé leurs cousteaux pour la defense de ceste ville de Mets: le siege levé, les Poëtes & gens doctes aiguiserent leurs plumes pour l'illustration & exaltation des tenans, entre lesquels le Seigneur de Ronsard a emporté l'honneur. Je vous mande toutes ces particularitez, & par special, toute la police qui a esté tenuë dans Mets, parce que, comme l'on dit qu'en la conflagration generale de la ville de Corinthe, se fit un tel pesle-mesle de l'airain & autres metaux ensemble, que depuis & long-temps apres; on recherchoit par tout le monde, le cuivre de Corinthe, pour en faire des tableaux de parade: au contraire, en la conservation de la ville de Mets, toutes ces belles ordonnances doivent servir, non de tableaux, ains de miroüers, à tous ceux qui d'oresnavant se delibereront de soustenir le siege d'une ville. Une chose me resjoüit infiniment en ce faict-cy: c'est que l'Empereur ayant failly pour un bon coup à son dessein, je me persuade que ceste ville nous est asseurée pour un long-temps; car je ne voy point en nulle histoire, qu'apres que l'on a failly en un long siege, on ne reprenne puis apres, longue haleine, avant que d'y retourner. Vous voyez comme je ne suis point chiche à vous mander des nouvelles de nostre France: mandez-moy en contr'eschange de mesme liberalité, de celles de l'Italie, & quel jugement on fait dans Rome, de tout ce que je vous escris maintenant. A Dieu.

LETTRE XII.

A Monsieur Sebilet, Advocat au Parlement de Paris.

Si les Romains ont esté superieurs aux anciens Gaulois, soit au faict des armes ou des lettres.

PArce que le jour d'hyer je vous vis soustenir à outrance, que les Romains avoient esté superieurs aux Gaulois, en proüesse & vaillantise, & qu'au regard des bonnes lettres nous n'entrions en nulle comparaison avec eux, ayant depuis à part moy recueilly mes esprits, j'ay pensé de vous en escrire mon advis; non pour une envie que j'aye de vous contredire, mais parce que de vostre opinion est issuë une, de plus dangereux effect entre nous, par laquelle nous autres François estimons n'avoir rien de bon que ce que nous avons emprunté de la ville de Rome: & nous estans par ce moyen donnez en proye à l'estranger, depuis par succession de temps, quelques sots & glorieux Italiens se sont voulus affubler de tel honneur par dessus nous, qu'ils semblent par leurs escrits nous reputer comme chiffres: & neantmoins (permettez je vous prie que dés l'entrée de ma lettre je vous serve de ce mets) tant s'en faut que nous devions rien à ce superbe Romain, que soit pour le regard des armes, soit que nous tournions nostre esprit aux lettres, il nous en devra de retour. Je ne veux pas denier que les Romains n'ayent esté grands, au faict des armes: mais il faut-il que nous recognoissions qu'il n'y eut jamais nation qui les traictast de telle façon, ne qui leur apportast tant de dommage & prejudice, comme la nostre. Je vous allegueray les victoires qu'obtindrent jadis nos Gaulois, en Italie, souz la conduite de Bellovese, quand pour le siege & demeure qu'ils y planterent, fut fait un long espace de temps appellée Gaule Cisalpine, ceste partie d'Italie qui fut depuis envahie & occupée par les Lombards. Je me contenteray de vous representer devant les yeux, le sac & ravage de Rome, qui fut souz la conduite de Brennon, lequel apporta tel effroy au Romain, que depuis que sa Republique dura, il ne se peut asseurer. Desorte qu'à la moindre rumeur de guerre de la part des Gaulois, toute la ville de Rome, à un clin d'œil, se mettoit en armes, sans exception ny d'aage ny de personnes, se rendant nostre nom si celebré & redouté en ce sujet, qu'Antioche Roy de Macedoine deliberant guerroyer les Romains, estima qu'il ne pourroit venir à chef de son entreprise, s'il ne prenoit à sa soulde des Gallogrecs, qui estoient issus de l'ancienne tige des Gaules: ne considerant pas qu'ils ne tenoyent plus de leur ancienne & originaire vertu; & que s'estans habituez dans l'Asie, ils avoyent par une longue traicté de temps, avecques l'air, humé aussi la mollesse & delicatesse des mœurs de ce pays là. Que si nous voulons venir à Jules Cesar, que l'on recite avoir esté subjugateur de noz Gaules, si vous le pensez tel, vous vous abusez: par ce que les Gaulois se subjuguerent eux-mesmes par un malheur qui est presque familier à tous peuples, quand leur estat te doit changer; je veux dire par les guerres civiles & intestines qui lors voguoient dans les Gaules, lesquelles furent tout de mesme façon renversées, comme la ville de Rome, quelque temps apres, par les factions & divisions qui s'y presenterent. Mais encores en ce malheur là, eusmes-nous cest heur, que la fortune n'apresta telle faveur à Cesar, sinon afin qu'ayant reduit souz sa devotion les Gaulois, les tenant en rang non de vaincus, ains de ses confederez; il se preparast puis apres par leur vertu une voye pour ruiner & mettre à fin toute la gloire de Rome. Ce que recognoissant tenir principalement des Gaulois, estant venu à bout ses affaires il donna seance aux chefs & principaux, au Senat de Rome, en recognoissance des bons offices qu'il luy avoient faicts. Et combien que pendant l'Empire nous fussions reduits souz l'obeissance des Empereurs, si est-ce que pendant ce temps nous leur servismes de perpetuel exercice pour les tenir en cervelle: parce que de soixante en soixante ans, nous leur remuasmes tousjours quelque nouveau mesnage, jusques à ce qu'apres plusieurs revolutions d'années, les François s'estans emparez de noz Gaules, enfin l'Empire de Rome tomba en la personne de nostre Charlemaigne, & l'empire ainsi soit que toute la fleur & puissance de l'Empire eust esté long temps auparavant, transportée par Constantin en la ville de Bizance, depuis appellée Constantinople; encores ne se peut ceste ville au long aller garentir de nos forces, par ce qu'elle fut prise par nos Baulduins Comtes de Flandre, qui commanderent l'espace de soixante tant d'ans. Et s'il vous plaist passer plus bas, & descendre à la memoire de noz bisayeux, ne voyez-vous un Roy Charles huictiesme avoir faict trembler une Rome? Afin que je ne vous face recit d'un Bourbon du temps de nos peres. Au contraire vous verrez que quand elle a esté oppressée par nations estrangeres, & qu'elle a imploré nostre ayde, non seulement nous ne luy avons denié, mais qui plus est l'avons restablie en son ancienne dignité & grandeur. Vous advisant, au demeurant, que nostre Gaule ne fut jamais desgarnie de grands personnages, faisans profession de la cognoissance tant de la Philosophie naturelle que morale. En quoy ils furent tant renommez, que plusieurs anciens estimerent que des Bardes & Druydes, qui manioient & la Theologie & la Philosophie des Gaulois, la Philosophie avoir pris sa premiere source & origine: & les autres, que les Grecs mesmes avoient emprunté d'eux, leurs characteres. Accompagnans outre tous leurs discours d'une telle grace, que les Romains mesmes lors qu'ils n'estoient aveuglez de jalousie, celebroient

broyent entre tous les autres pays, la faconde des Gaulois, de telle maniere qu'ils estimoient qu'ils seruoient d'exemple & patron aux nations circonvoisines. Une chose sans plus, en eux me desplaist, qu'ils contemnerent de rediger leurs sens & conceptions, par escrit, donnans à entendre leurs secrets, de main en main seulement ; dont les Grecs & puis les Romains sçeurent fort bien faire leur profit à nos despens. S'il vous plaist de recognoistre sans passion toute l'ancienneté, vous trouverez que je ne dy rien qui ne soit tres-veritable, & en petillent toutes les escholes d'Italie, si bon leur semble. Quant à vous, si vous avez rien à me repliquer sur ce que dessus, la porte vous en est ouuerte. A Dieu.

LETTRE XIII.

A Monsieur de Postel, Conseiller au Siege Presidial de Troye.

Il semond un sien ami de luy escrire.

OVoz precieuses lettres ! car precieuses puis je-bien dire celles quelles qu'en six mois je reçoy de vous avec si grandes ceremonies. Mais dites-moy en bonne foy, depuis quel temps a t'on erigé escole de Rhetorique dans Troye, en laquelle vous ayez si bien appris ces communs traits de Rhetorique que l'on appelle Prevention ? Vous estes un paresseux, me dites-vous. Et vous, quoy ? Vous aurez acte de vos diligences. Mais à bon escient pensé-vous que depuis le commencement de Caresme, j'aye reçeu aucunes lettres de vous ? & si aucunes auparavant, autres que par eschantillons ? Ce neantmoins si vous puis-je bien asseurer que depuis vos dernieres, je vous ay escrit par trois fois ; non point lettres affamées, comme les vostres, ains pleines de longs discours, concernans tant vos affaires, que les miennes : car quant à ce que me mettez au mesme rang de paresse que Monsieur Braillon, vous luy faictes grand tort ; d'autant que je luy cede, & le recognois mon aisné en ce cas, comme en tout autre, vous advisant qu'en matiere d'escrire, il me reste tant en arrerages, que je luy ay mandé, que puis qu'il ne me vent envoyer de ses lettres, il me renvoye les miennes, afin qu'en ce faisant, je pense qu'il a quelque souvenance de moy. Au regard des mille livres de rente dont m'escrivez, si c'estoit chose asseurée, le party ne seroit à negliger, mais que les mœurs s'y accordassent ; car quant à moy, je ne me veux point marier aux uz & coustumes de Paris, & m'enquerir premier du bien, que des mœurs de celle dont on me portera parolle. A Dieu.

LETTRE XIV.

A Monsieur Braillon, Conseiller au Siege Presidial de Lyon.

Lettre plaisante par laquelle il semond un sien amy de luy escrire.

VOus estes doncques resolu tout à fait de ne m'escrire, aprés tant de diverses semonces. Je n'ay point (direz-vous) de subject. Je ne le croy nullement, estant dans une ville de Lyon, embouchure de toutes nouvelles qui viennent tant par la voye de Rome, que de Piedmont. Mais comment, un François estre sans subject ? Escrivez moy seulement que vous n'avez nulles nouvelles, & je prendray cela pour nouvelles toutes nouvelles, veu que le François est de telle nature, qu'il les recherche ambitieusement, s'en repaist, ores qu'elles fussent fausses, & en un besoin, luy-mesmes se les forge pour se contenter. Donnons que vous n'en ayez nulles. Or sus je ne seray facheux creancier, & vous en quitte pour ces deux lignes dont nos ancestres honoroient le commencement de leurs lettres, & que nous avons depuis rejettées sur la fin. Escrivez moy seulement cela : Je me recommande à vos bonnes graces, priant Dieu de vous conserver aux siennes. Ceste lettre sera merveilleusement accomplie : car estant le commencement & la fin, elle representera l'ancienneté & le temps present tout ensemble. Ou si vostre plume est si desdaigneuse que du tout fuyez le travail de m'escrire, renvoyez moy pour le moins mes lettres, à fin qu'en ce faisant je cognoisse que je reçoy de vous quelque chose. A Dieu.

LETTRE XV.

A Monsieur de Basmaison, Advocat au Siege Presidial de Rion.

Il console un sien ami.

EStant en grande devotion d'apprendre de vos nouvelles, je receu dernierement vos lettres : vostres vrayement puis-je dire, pour la grande humanité & courtoisie qu'elles contenoient : mais non vostres pour le regard des longues plaintes dont m'avez fait un gros volume : & ne puis presque m'engarder d'user d'une plus grande plainte contre vous, en ce que desja il semble que vous repentiez de vostre entreprise. Estimez-vous si fortune ne vous a esté soudain aprés vostre retour favorable, que toute la suitte en soit telle ? Comme si vous estiez à cognoistre que les commencemens aspres & fascheux, produisent une fin tres-doulce, & vous mesmes en appelleray-je à tesmoing, au peu de residence que vous fites en ceste ville. Qu'est-il de grands besoin de m'escrire que voulez vous despouiller de toute amitié pour espouser une haine encontre vous ? Vous avez tort & recognoissez tres-mal les dons de grace que nature vous a eslargis pour en estre avare envers les autres. Vous & moy courons mesme risque, vous en la ville de Rion, moy en celle de Paris ; & encores que j'aye mille sujets & argumens de mescontentement, si vy-je en ceste ferme esperance, que le tems nous gardera nos rangs & prerogatives, comme il a faict à ceux qui par priorité de leurs aages tiennent maintenant le devant de nous : moyennant que nous accompagnions nos estudes & bonnes volontez d'une continuë. Vray qu'en la comparaison de nousdeux, je trouve vostre condition meilleure que la mienne : d'autant que du premier coup avez mieux aimé estre le coq en vostre païs, que par une longue traicte de temps, mettre en ceste ville de Paris tous vos pensemens sur une table d'attente, de laquelle neantmoins je chatme mes plus grands ennuis ; Me consolant tousjours de cest ancien Proverbe, que petit à petit on exploite grand chemin. Au demeurant, quant à ce que me mandez avoir rendu l'amour esclave ; comment ? se pourroit-il bien faire ? Si ainsi est, ha pauvre malheureux ! as tu mieux aimé une serve liberté, qu'une franche & libre prison ? Amorty ne l'avez-vous point, quelque chose que m'en escriviez, ains endormy, & à la charge de se resveiller de plus beau, quelque jour, pour vous faire reparer l'injure que vous vantez luy avoir fait. Mais pour ne m'esgarer trop avant, au poinct que j'ay si affecté, & vous departir de mes affaires, j'ay rompu tout le dessein que je brassois, de l'entiere mutation de ma vie : vous sçavez ce que je veux dire. Autre chose de nouveau & dont vous ne serez marry, j'ay fait mon premier coup d'essay à la Cour, en chose peut-estre, triviale (direz-vous) & dont il ne falloit laver que ses mains ? Non, ains en une cause toute publique, qui concernoit la generale reformation du college des Dormans, que l'on appelle de Beauvais, avec grande assistance d'escoliers, qui desiroient de sçavoir quelle fin prendroit ceste affaire, mais elle fut apointée au conseil. Quoy plus ? j'aprend tous les jours combien est folle l'opinion de ceux qui maintiennent qu'il ne faut s'addresser aux Saints ; car au contraire je croy n'y avoir si petit Saint, & mesmement en nostre estat, qui ne desire sa chandelle. Mais de cela & autres choses qui concernent nos affaires particulieres, une autrefois plus à loisir. Cependant je me recommande. A Dieu.

LETTRE XVI.

A Monsieur de Ronsard.

Voyez quel commandement ont vos ouvrages sur moy : à peine estois-je arrivé à Argenteüil que j'ay leu & releu l'Eloge Latin que vous avez fait de Pascal : & l'ay leu de bien bon cœur ; car quelle chose peut venir de vostre lime, qui ne me plaise ? Vray Dieu que vous avez à propos descouvert sa piperie ? Comme non seulement vous avez combatu, ains abatu ce grand monstre ? Si que je me promets (quelque privilege d'impudence qu'il se donne) que desormais il apprendra à se taire, & de ne publier ses inepties devant la face de nostre Prince. Parquoy soudain que j'ay esté de repos, je n'ay eu rien en plus grande recommandation que d'habiller à la Françoise vostre Latin. Ce sera à vous de juger si bien ou mal. D'une chose vous puis-je asseurer, que si je ne vous ay satisfait, je me suis contenté moymesme, pour revanger une juste querelle de nostre France & des gens doctes, entre lesquels combien que je ne me donne nul lieu, si vy-je en ceste esperance, que chacun d'eux tant par vostre exemple que le mien, apprendra à la parfin, de garentir ce Royaume de ceste dangereuse beste. En quoy nous ne faisons rien qui n'ait esté attenté par ce grand personnage Tournebu. A Dieu.

LETTRE XVII.

A Mademoiselle de ***

Ceste lettre fut faire en faveur d'un sien amy, serviteur d'une Damoiselle.

Ayant passé quelques jours en ceste ville de Paris, avec Monsieur de la Croix vostre affectionné serviteur, & l'un de mes meilleurs amis, je pensay ne pouvoir faire chose plus pour mon avantage, que luy donner à entendre par toutes voyes & manieres, de combien s'accroissoit de jour en jour pour mon regard ceste amitié, qui est ja entre luy & moy conceüe de longue main. Or m'ayant descouvert toutes ses particularitez (comme à son plus cher secretaire) mesme de l'entiere servitude qu'il a en vous, j'ay pensé ne luy pouvoir mieux congratuler à son depart, que vous escrivant la presente. Non que je ne fusse bien asseuré que dés l'entrée de ceste lettre ne deussiez trouver fort estrange, voire m'imputer à grande legereté d'esprit, la hardiesse que j'en ay pris : n'ayant de vous aucune cognoissance, que celle que j'en ay peu prendre par les discours qu'il m'en a fait. Mais aussi m'asseure-je bien, que là où il y auroit aucune faute en cest endroit, de ma part, trouvera ce neantmoins quelque excuse & satisfaction en vous. Et ne fut-ce qu'en faveur de celuy, lequel si auparavant j'ay eu en reputation d'homme d'esprit, maintenant l'estimeray-je beaucoup plus & mieux appris, pour avoir addressé ses vœux à l'endroit d'une telle sainte, où repose toute misericorde & pitié. Qui m'a fait plus hazardeusement mettre la plume au papier, esperant que toute ma temerité seroit couverte & effacée, par vostre debonnaireté, soubs la protection de laquelle je suis forcé me rendre : sans pretendre neantmoins faire tort à la Croix, de la volonté duquel, disposez comme de la vostre. Mais vous sçavez que si par un commun accord de nature, les volontez de luy & moy se sont unies ensemblement, que luy s'estant voüé à vous, il me seroit impossible m'exempter de vostre service, à la poursuite duquel j'espere me porter en telle sorte, que cestuy mien amy & moy, diviserons nos offices sans aucune jalousie : luy, en esperance d'un jour avoir en vous telle part comme sa devotion merite : & moy en perpetuelle contemplation & plaisir du contentement que je pense que recevez l'un de l'autre de voz affections reciproques, ausquelles je prie Dieu vous donner tel accomplissement, que tout autre voulant faire estat d'amour, apprenne par vostre exemple, aimer de pensée & de cœur. Duquel, ma Damoiselle, je me recommande du tout à vostre bonne grace. A Dieu.

LETTRE XVIII.

A Madame de ***

Ceste lettre est par forme de gayeté seule-ment à une Dame d'honneur.

Puis que d'une si prompte volonté, avez tant osé entreprendre sus vous & sus vostre honneur, que de solliciter en mon absence ce mien serviteur, lequel mandastes hier querir pour se trouver aujourd'huy du matin à vostre lever (qui est, comme il est facile à voir, & comme je suis tres-seur, pour luy faire part de vostre meilleur) je le vous ay bien voulu envoyer pour ne vous desobeïr, & semblablement la presente comme chevalier d'honneur de toutes Dames, entre lesquelles si par le passé, je vous avois tousjours en bonne estime & reputation,

tation, je vous veux bien à present advifer que je ne trouve ce tour bon, ni honnefte. Et m'en rapporteray à la commune de toutes femmes faifans profeffion de vertu. Ains me femble, puis que fi avant vouliez lafcher les refnes à vos paffions, que deviez choifir heure plus deuë, fans encourir tel fcandale, & vous addreffer à homme de plus grand merite, & d'autre calibre que celuy duquel ne fçauriez recevoir que toute honte & vergogne, Et combien que jamais ne m'entraft en l'efprit, vouloir chofe que je fçeuffe redonder à voftre defadvantage, & où je l'entreprendray, ce fera à mon grand regret: toutesfois voyant que vous oubliez fi avant, auffi m'oublieray-je à ce coup: non fous aucune efperance de maculer voftre honneur, ains pour la feule envie que j'ay de le maintenir contre vous mefmes, que je voy fi advantageufe à le profterner. Je ne doute point fus ces erres, que ne me mettiez en jeu, l'amour n'avoir acception de perfonnes; car telle eft la commune excufe des amans: mais laiffant telles difputes en arriere, qui me femblent gefir plus en la parole qu'en l'effet, je me fuis refolu (pour la grande obligation dont je demeure redevable envers toutes les preud-femmes) prendre la caufe de voftre honneur, à l'encontre de voftre defordonnée volonté, laquelle je maintiendray contre tous, à tres-grand tort vouloir tacher & maculer chofe fi precieufe à l'endroit d'homme de fi peu de valeur. Je ne fçay s'il s'offrira Chevalier qui fe mette de voftre party : toutesfois s'il s'en rencontre, il trouvera en moy, homme qui l'en pourra faire repentir, tant eft ma querelle jufte, en laquelle fi je ne penfois vous porter plus de faveur & d'amitié, que vous mefme ne vous portez, jamais ne me fuffe ingeré à la pourfuivre. Pourtant vous fuppliray-je tres-humblement ne m'en fçavoir maltalent: Car par ce feul effect pouvez-vous affez amplement cognoiftre en quelle forte j'entreprendrois la defenfe de voftre honneur à l'endroit des eftrangers, veu que contre vous mefmes je m'eftudie le defendre. Et fi je ne puis impetrer tant de grace de vous, de penfer que tout ce que je braffe eft feulement moyenné pour voftre advantage, je me foumettray à la mercy du temps, lequel (comme j'efpere) vous pourra quelque jour faire trouver doux, ce qui peut eftre pour le prefent trouverez de trop aigre digeftion. Et de ce, en fuppliray-je le haut Dieu, lequel feul je prieray tefmoigner de ma fincere affection ; vous proteftant, Madame, par celuy mefme Dieu que je viens d'appeller en tefmoin, que ny maligne jaloufie, ny outrecuidée volonté (quelque cas que de prime-face il vous puiffe fembler) ne m'ont appellé à une fi haute entreprife; laquelle je me delibere parfourrir & mettre à fin, fi Dieu plaift, incontinent que m'aurez mis homme fus champ, pour fouftenir voftre querelle. Et fera l'iffuë de ce combat telle, qu'en tout evenement je recevray un extreme contentement: Car où il ne plaira à fortune favorifer le fuccez de cefte mienne volonté, qu'elle extremité de plaifir penfez-vous que je recevray, me voyant vaincu & mis jus, pour retourner cefte victoire à l'illuftration de voftre renom & loüange ? Et là où il plaira à Dieu m'envoyer le deffus, pour le moins vous pourrez-vous vanter en tous lieux, avoir un ferviteur en moy, plus foucieux de voftre honneur que de vous mefmes. Ainfi à bien bon & jufte droit, me retiendrez-vous des voftres. Je m'eftendrois fur ce, en plus long propos, fi je ne craignois encourir en voftre endroit, l'opinion de grand parleur, & petit executeur. Or pour ne demeurer tel envers vous, avifez (Madame) derechef, Chevalier propre pour fe foumettre au hazard de ce combat, auquel je vous penferay defendre : car telle eft la deliberation de celuy qui vous eft deftiné de tous temps. Le Chevalier du parc d'honneur. 1552.

FIN DV PREMIER LIVRE.

LES LETTRES D'ESTIENNE PASQUIER

Conseiller & Advocat General du Roy en la Chambre des Comptes de Paris.

LIVRE DEUXIESME.

LETTRE I.

A Monsieur l'Illustrissime & Reverendissime Charles, Cardinal de Lorraine.

Il fait present du premier Livre de ses Recherches de la France à Charles, Cardinal de Lorraine.

Ombien que pour les grandes affaires que soustenez sur les bras, je me deusse plustost commander un silence, que de vous vouloir inciter à la lecture de ces miennes petites Recherches; toutesfois cognoissant la foy & hommage qu'un chacun diversement vous doit en ce grand theatre de la France, sur lequel le Roy vous a constitué comme souverain aprés luy, j'ay pensé qu'entre tant de Seigneurs, Gentils hommes & autre sorte de gens qui vous sont acquis, je serois trop ingrat, si en recognoissance du bien que nostre France universelle reçoit par vostre moyen, je ne vous faisois particulierement present du plus excellent de mon creu. Non vrayement, sous une sotte opinion que j'aye, de vous distraire ou escarter de vos plus serieuses occupations: mais tout ainsi, qu'en vos maisons de parade, chacun s'estudie de vous apporter quelques anticailles de marque, desquelles paravanture vous repaissez seulement une fois à la traverse, vos yeux, demeurant au surplus, content de les avoir une fois en vostre possession: aussi vous envoyant ces fragmens, que j'ay tirez des anciennetez de nostre France, j'espere, qu'encores que ne les couriez que de l'œil, si en ferez-vous estat comme des vostres. En quoy je me promets avoir la fortune, de tant plus favorable, que la plus part de ceux qui ont par le passé, employé leur entendement à escrire, n'ont eu autre sujet de leur eloquence, que l'histoire des Grecs ou Romains, ne jetans les yeux sur la nostre, combien que nous ne leur cedions rien en gloire de hautes entreprises: & de ma part j'estime vous estre de tant plus agreable, que j'ay rappellé en ce lieu, toute mon estude & labeur en la deduction de la France, principale bute de tous vos discours & pensées. Vous promettant prester telle continue à cest œuvre, (si j'ay le moindre sentiment qu'il vous retourne à gré) qu'avant quelques revolutions d'années, aurez les autres ensuivans: dans lesquels je me delibere poursuivre mon entreprise avec un vœu public & solemnel de despendre desormais ma vie au plaisir de si honorable exercice, tant pour revanger nostre France contre l'injure des ans, que pour trouver, s'il vous plaist, quelque lieu de retenuë en vostre bonne grace, seule ressource à present des bonnes lettres & disciplines. A Dieu.

LETTRE II.

A Monsieur Bigot, Seigneur de Tibermeuil, Advocat au Parlement de Roüen.

S'il est bon de coucher par lettres tres quelques bauaux discours.

Vous en rirez, je m'asseure: Aussi que sçaurions nous maintenant faire parmy ces tumultes qui voguent par la France, sinon à la Diogenique, rouler, tourner, & retourner en nostre vaisseau, je veux dire, feuilleter & refeuilleter nos papiers? Nos plumes nous servent de glaives, toutesfois glaives de telle trempe, que nous sommes

sommes au temps qui court, bien empeschez de sçavoir de quelle sorte les affiler : car d'en user comme d'especes qui coupent à deux trenchans, nous le pourrions entreprendre sans encourir l'opinion d'impieté : si en forme de cimeterre à un trenchant, les uns ont de leur costé la force des gens & des armes, & les autres, les esprits gaillards & non engourdis. Brief, c'est chose fort chatouilleuse de vouloir desployer sa plume à bon escient, & à peu dire, entre tant de picques baissées user de quelques escrits de picque, parquoy le meilleur est de s'en escrimer comme d'une espée rabatuë en un jeu de prix : duquel il faut que je vous confesse rondement que le Seigneur d'Ardivilliers m'a du premier coup, donné la touche, comme pourrez mieux juger par les poësies de luy & de moy que je vous envoye. Tellement que le voyant en matiere de vers avoir si heureusement rencontré dés sa premiere desmarche, je ne puis dire autre chose, fors que luy & moy ressemblons les terres : luy, celle qui est encore neufve, laquelle non accoustumée de nourrir dans son sein les semences, dés son premier depucelage rapporte à son laboureur un fruict avec une usure excessive, comme si de longue main elle eust couvé dans ses entrailles ceste grossesse : & moy, à celle qui pour avoir receu plusieurs chocs de la charuë, est lasse de satisfaire à l'esperance de son maistre. L'envie (mon Bigot) que j'eus de bien faire, me convia à ce noble exercice de Poësie : duquel par frequent usage, j'appris, par advanture, à escrire non impertinemment. (Il me suffit qu'entre vous & moy je me le face accroire) & le bien & souvent escrire, en apres, m'apporta contre tout ordre de nature, une nonchalance & paresse : qui est cause que pour fin de jeu je me suis trouvé comme lourche & despourveu de toute place, entre ceux qui portent le nom de Poëtes. Ce naïf qui tient comme le sage pilote le gouvernail de nos œuvres, me convia à autre sujet, duquel je ne me puis distraire ; c'est pourquoy je trouve Ardivilliers trop mieux né, lequel comme le gentil Romain Pollion a commandement sur ses heures : moy en l'estat auquel je me suis voué, *tanquam servus adscriptitius perpetuæ glebæ additus videor.* Toutesfois pour le mal que je lui veux, je ne seray jamais marry qu'entre ceux qui auront cognoissance de nous deux, l'on die à l'advantage de luy, qu'il y a plus de peuples qui adorent le Soleil levant, que le couchant. Mais je vous prie, voyez ce que je luy ay en cecy conseillé, & vous rendez juge & arbitre de mon conseil. Il me semble que ceste Poësie Françoise, qui depuis dix ou douze ans en çà, s'insinua entre nous, commence de perdre son credit : quoy que soit que ceux qui ont prevenu les derniers, comme fils aisnez des Muses, se sont donnez de grands advantages & precipus sur dessus les autres. Parquoy me suis advisé d'une chose. Vous cognoissez l'esprit de ce Gentil-homme, vous sçavez l'eslite qu'il a de paroles non recherchées, que chacun luy a à poinct, vous sçavez encores les discours qui luy tombent en la bouche par une promptitude d'esprit, à chaque propos; & toutesfois pour autant que tels discours sont poinctes qui contentent ou l'oreille de l'escoutant, ou l'œil de celuy qui les lit tant que peut porter une page, mon advis estoit qu'il se mit à tracer des lettres Françoises, non toutesfois à l'imitation de ceux qui ne nous discourent que les affaires de leurs maisons, dont nous n'avons que faire, mais envoyant ses lettres ou feignant de les envoyer aux uns & autres (car je n'y trouve grand interest) il les accompagne de quelque honorable narré, tiré ou d'un gentil discours, ou d'une notable erudition, ou de la commodité d'une histoire ancienne, ou du temps qui court : entrelassant de fois à autres ces matieres serieuses de quelques gentillesses d'esprit : de la façon que nous en voyons plusieurs & dans Pline & dans Politian. Ceste maniere de faire n'a pas pleu au bon homme Erasme, qui veut que sans fiction, une espistre ait esté envoyée. Et quant à moy, son jugement ne me plaist, parce qu'estant cecy practiqué de la façon que je dis, il apporteroit profit & plaisir ensemble. Je ne veux point icy vous ramentevoir l'aage de nos peres ; nous vismes en nostre enfance uns Longueil, Contareio, Bembe, Sadolet, Pole, Bonamie, & plusieurs tels autres qui s'acquirent le bruit de sçavans parmy le peuple, pour dicter unes lettres en langue Latine, & toutesfois lettres dans lesquelles il n'y a qu'un amas de paroles bien choisies de Ciceron, & proprement rapportées à leur ouvrage, en forme de marqueterie. De ma part je ne voudrois pas qu'on acquist un bruit pour sçavoir seulement bien dire. Mais, pour ne m'esloigner d'exemple fort convenable au cas qui se presente, nous vismes en Italie vous & moy, Claudio Tolomei, qui depuis fut Ambassadeur pour la Republique de Sienne en France, lequel fut grandement estimé entre les siens pour les espistres qu'il fit en son vulgaire : non pour autre raison, que pour ces belles pointes qui sont si familieres à Ardivilliers, que malaisement sçaurions-nous trouver son semblable. Mais vous demandant vostre advis & franc arbitrage, il semble que par mes raisons je vueille prevenir les vostres, & vous offrir les moyens de me desdire. En effect voilà les jeux par lesquels nous essayons de tromper le temps, pendant qu'il plaist à Dieu nous frustrer de vostre presence. Car quant aux affaires publiques, je ne vous en manderay chose aucune ; ayant ceste perpetuelle reigle & observance dans mes lettres, d'employer pour signe de silence, cette lettre de S. que les Romains employoient au dessus de l'inscription des leurs pour signification de Salut, usans de ce charactere presque en la mesme forme que les Lacedemoniens ; d'autant qu'ils le faisoient pourtraire sur les porches & entrées de leurs maisons, pour donner à entendre qu'il falloit contenir sous perpetuel silence les communs devis qui s'estoyent entre-eux passez pendant leur boire & manger. Et de moy je le veux empraindre non seulement dessus mes lettres, ains en moy, pour me commander en tous mes devis & escrits, un silence des affaires esquelles ne sçaurois donner ordre, & ne les puis neantmoins proferer ou ouyr, sans un grand ressentiment de douleur. A Dieu.

LETTRE III.

A Monsieur Pasquier.

Lettre du Sieur de Tibermeny à Pasquier.

J'Ay par plusieurs de mes lettres, faict plainctes à Monsieur d'Ardiviliers de quelques fascheries qui m'estoyent survenuës par deçà ; afin de tirer de luy quelque remede & consolation. Ses lettres m'ont jusques icy soulagé : à coup sus la concurrence de vos odes & missives m'en a du tout deschargé, me rafraichissant la memoire du temps que j'ay autre-fois passé en toute gayeté avec vous, qui me fait esperer d'y en passer encor quelque autre, si je ne puis tout le reste de ma vie. Vous direz tout ce qu'il vous plaira, mais je n'y trouve que rire : je ne voy rien de vous qui ne soit bien faict, non par mon opinion seulement, qui n'y serviroit de gueres, ains par le jugement de ceux qui s'y cognoistrent mieux que moy. J'ay cherché & leu vos œuvres imprimées : mais recevant maintenant ce present de vous, je l'ay leu d'une plus grande devotion, comme gaige & asseurance de nostre amitié. Et si vous me donnez congé de me chatouiller moy-mesme, je m'en tiens un peu plus glorieux. Car par cela, j'ay consequence que vous faites estime de moy & de mon esprit. Autrement, le present seroit inutil. Brief, l'opinion que j'ay de moy, ne prend petit accroissement, de la conjecture que je fais de la vostre. C'est bien dequoy

quoy rire cela, & non pas des beaux fruicts que m'avez envoyé: puis qu'il faut que gens sombres, obscurs & Saturniens pensent quelque chose d'eux. Bien vous diray-je qu'ores que je n'aye de quoy payer, je me mesle de donner jugement des autres. Quant à vostre Bachelier courant, jaçoit qu'il se soit trouvé estonné, si merite-t'il entrer au cours, puis que luy voulez assigner place. Il s'est acquis un sçavoir exquis & divers, par une longue leçon des bons livres. Il a la memoire prompte & presente, l'apprehension vive, la diction Françoise en main; en quelque chose où il se vueille addonner, il luy sera impossible de mal faire. S'il veut suivre le conseil que luy donnez, je le trouve bon: sinon, il me semble que les Dialogues sont fort propres pour communiquer nos conceptions. La Philosophie fournit plusieurs discours, lesquels ont meilleure grace en carmes qu'en prose. S'il se peut addonner à la prose, je ne suis pas d'advis qu'il oublie l'autre, si son naturel l'y pousse. La grandeur des premiers Poëtes ne le doit destourner de faire ce qu'il pourra: la litterature n'est pas comme la tyrannie; cel-te-cy n'endure point de compagnon, celle-là s'en fortifie, pourveu qu'elle ne soit point questuaire. Vous le comparez à une novalle, tres-bien: pour ce qu'elle rapporte apres qu'elle est purgée de broussailles, espines & autres mauvais bois: & encores mieux au Soleil levant. Mais c'est un Soleil du Printemps, qui excite les humeurs, & ne les resout. Une chose ne vous puis-je accorder, que le vostre, soit Soleil couchant, soit un plein Soleil d'Esté, qui par sa chaleur & lueur fait fructifier toutes choses. Plusieurs en toute leur vie ont pensé s'estre advantagez en grande reputation, pour avoir moins fait que vous. Mais aux œuvres que bastissez je suis prest de vous monstrer par certaine demonstration que n'estes encores à vostre Midy. Il n'est pas temps de se retirer: le sçavoir croist, le jugement se renforce, l'experience se multiplie: & vous voulez vous contenter du passé? Je vous promets de vous reveiller, si vous faites semblant de vous endormir; je vous escrits un peu librement, mais je m'asseure sur la chartre de mon païs. D'autres affaires je suis aussi aise de n'en ouir parler, comme vous de vous en taire. A Dieu.

LETTRE IV.

A Monsieur de Marillac, Sieur de Ferrieres, Conseiller du Roy, & maistre en sa chambre des Comptes de Paris.

Il prefere par forme de gayeté la vie des villes à celle des champs.

VOyant que par un bannissement volontaire vous avez choisi un plaisir muet (vous estant confiné aux champs) pour laisser la communication qui se trouve és villes, je me deliberois en contr'eschange vous gouverner à part moy, sans mot dire. Et de fait, ne promenant seul & pensif dans mon estude, il me sembloit, comme si eussions esté ensemble, que je vous voyois fort attentif à faire la ronde en vostre parc de Ferrieres, maintenant esmondant un arbre, maintenant allignant une allée, & ores dressant avec vostre Jardinier un parterre. Et pour vous dire le vray, prenois grand plaisir à toutes telles actions, non pour plaisir que j'y eusse de moy, ains pour vous faire plaisir. Tellement que je n'estois moins content de me nourrir en une contemplation de vous, que vous en une contemplation de vos arbres. Toutesfois puis que par vos lettres, avez voulu destourner vostre esprit du pensement des champs, pour l'acheminer à la ville: aussi veux je faire une saillie de nostre Palais pour rustiquer maintenant avecques vous. Vous estimerez doncques avoir en ceste lettre, affaire non à un Amphion ou Orphée, qui par la douceur de sa voye vous veuille ramener en la ville, ains à vostre frere Chrestien, lequel ayant compassion de vostre fortune vous veut remettre en meilleure voye, encores que ne la desirez. Car pourquoy ne tascheray-je à vous y remettre, puis que je vous voy aujourd'huy si mal advisé de choisir le silence pour le devis, la solitude pour la frequence, la crainte pour la seureté, un air morfondu pour un chaud; brief, au lieu d'une liberté avoir pris les champs pour prisons? Et sur tout n'avoir autre personne maintenant (apres Mademoiselle vostre bonne partie) à qui puissiez communiquer le secret de vos pensées, sinon aux arbres? Et encores arbres qui dés vostre premier abord se sont voulus despouiller de leurs robbes gayes, pour vous donner par signes à entendre combien en leur vegetative ils sont marris de vostre presence. Malheureux est, disent les sainctes lettres, qui choisit la vie solitaire. Je sçay bien que pour vous revanger vous m'objecterez que miserable est la condition de nos villes, qu'en icelles abonde & le vice & l'envie avec trop plus grande prodigalité qu'aux champs. Mais tout ainsi que le vice, aussi y est la vertu plus plantureuse & frequente. Et si l'envie y faict de plus grandes preuves, en contre-balance de ce, nous sommes recompensez d'un plus grand honneur. Honneur qui non seulement fait oublier toute la desfaveur de l'envie; honneur, dy-je, qui est l'ame des bons esprits & cœurs genereux. Je sçay encores, que vous me direz que quelques anciens Philosophes furent d'advis qu'il falloit du tout abandonner la ville & les affaires, pour trouver son repos aux champs. Mais je vous responds que tel estoit paradventure leur advis, parce qu'ils n'estoyent pas employez, & que pour autant, ou que nature, ou la fortune les avoir rendus gens contemplatifs & oisifs, ils vouloient induire & semondre à mesme oisiveté tous les autres. Que si peut-estre vous me couchez les Cincinnats & Curies, qui des affaires de la ville, prindrent la route des champs, comme en une retraite de leurs travaux; je vous diray que ce n'estoit pas qu'ils n'aimassent plus la vie champestre, que la civile, ains parce qu'ils se delectoient plus, de la diversité. Et tout ainsi que celuy qui est de son ordinaire, nourri de viandes delicates & friandes, est quelque fois tres-content de laisser une perdris, pour se prendre à du bœuf salé, ou du lard; aussi ceux-cy & tous ceux qui les ressemblerent, par un attediement que leur apportoit l'accoustumance de manier les grandes affaires, se retiroient par fois aux champs: non qu'ils ne s'estimassent beaucoup plus heureux de negocier dans les villes, que de se rendre oiseaux aux villages; par ainsi toute ceste vie rustique leur estoit tout ainsi qu'une parenthese. Et au surplus, si sans nous arrester aux exemples qui couvrent quelquesfois beaucoup de dissimulation, nous voulons considerer la nature, qui est celle que nous devons nous proposer pour seule & principale bute de nos actions, je vous supplie, dites-moy, quelle est la fin pour laquelle nous sommes establis en ce monde, sinon pour la conservation de ceste humaine societé? Vous m'accorderez doncques, comme je pense, que plus nous approchons de ce but, & plus nous satisfaisons au devoir auquel nous sommes appellez. Je ne veux pas vrayement dire que le laboureur, qui est membre de nostre republique, n'estudie en quelque façon à cest entretenement: mais que son estat y aspire de telle sorte que le nostre, je ne l'estimeray jamais. Et croy, que vous Sindic & Procureur general de la vie Rustique m'en passerez condemnation. Es villes affluent les grandes traffiques, non seulement des marchandises, ains des esprits: és villes sejourne le mechanique industrieux: és villes heberge le grand Magistrat, qui est la bride & retenail de tout le peuple: és villes les bonnes lettres & disciplines, par lesquelles nous nous rendons excellents par dessus tout le commun peuple. Et encores que je sçache bien qu'on puisse estre Philosophe

aux

aux champs, toutesfois que profite ceste belle Philosophie, si en cultivant vostre terre vous tenez vostre sçavoir en friche, sans en faire part à ceux pour lesquels vous estes aussi bien né, comme pour vous? D'avantage, si sans faire estat de ceste generalité, nous voulons nous arrester au contentement de nous seuls, en nostre particulier (parce qu'il semble que ceux qui quittent les villes le facent pour un repos de leurs esprits) considerons, je vous prie, d'où proviennent les ennuis, tribulations & fascheries qui travaillent nos esprits ; & certes vous m'accorderez que c'est de l'apprehension que l'on conçoit pour une chose que nous aimons ou desirons : ainsi le pere se tourmente & afflige d'avoir perdu son enfant, l'Advocat d'estre succombé de sa cause, & le Marchand que sa marchandise ait esté submergée d'une tourmente : je veux doncques dire, ou que le laboureur est du tout sans apprehension, ou que s'aucune apprehension il a au sujet qu'il se propose, il n'est pas moins passionné quand il est frustré de son esperance, que l'Advocat ou le Marchand en leur estat : & mesmes, si l'on me veut dire qui travaille sans passion és hazards qui trompent ses opinions, il faut que tout d'une suitte l'on me confesse qu'il ne reçoit point de plaisir des choses qui luy retournent à souhait ; car les plaisirs & desplaisirs prennent leur origine en nous, d'une mesme source & fontaine. En sorte que celuy qui ne prend à desplaisir le mal, ne prend aussi plaisir du bien, comme luy estant une chose indifferente. Mais donnons, que sans passion l'esprit de l'homme, qui est aux champs, vive en repos, estimerez-vous pour cela qu'il y ait quelque marque sur nous ? Au contraire j'estime que c'est le plus grand bien que nous puissions recueillir des villes, si elles nous apportent le bannissement du repos; car si nos esprits furent faits à la semblance & image de ce haut Dieu, qui est en perpetuelle action, he, vrayement, je ne voy point pourquoy nous voulions nous pourchasser un repos : specialement lors que nous l'assaisonnons de quelque honneste attrempance. Et pour ceste cause quelques grands & sages personnages se conformans à mon dire, disoyent qu'ils n'estoyent jamais moins seuls que quand ils estoyent seuls, ny moins entachez de l'oisiveté que quand ils estoient oisifs. Nous voulans donner à entendre, que non seulement és villes closes, où abonde la frequence du peuple, mais aussi aux hermitages & lieux sombres, nous devons tousjours nous accompagner de quelque belle occupation d'esprit : esprit, dy-je, que l'on ne peut bonnement occuper sans quelque entrelas de passions selon la diversité des objets. Et toutesfois pourquoy bannirons-nous tout à faict du laboureur le travail d'esprit ? Il me souvient à ce propos avoir leu dans Marcellin qu'aupatavant que les Bourguignons se fussent investis d'une partie des Gaules, comme ainsi fust qu'ils fissent seulement profession, ou des armes, ou du labour, consequemment qu'ils deussent avoir l'esprit moins mondanisé que nous tous : toutesfois lors que contre leur esperance la terre leur faisoit faillite, ils entroient en une fureur si estrange, qu'ils chassoient leur Royaume, & en installoient un autre en son lieu, estimans par une opinion barbaresque prendre belle vengeance de Dieu, lors qu'ils s'attachoient à celuy qui representoit sa Majesté sur la terre. Et puis soustenez maintenant que les passions, voire extraordinaires, ne se trouvent aussi-bien aux gens rustiques, comme à nous autres citoyens ? Que dy-je aussi-bien, si par demonstration infaillible je vous monstre qu'il faut qu'ils en soient plus touchez ? Car pour vous parler seulement de mon estat, laissant les autres en arriere, si le malheur se rencontre que travaillant pour autruy, je perde d'adventure ma cause, encore qu'il soit impossible que je n'en sente quelque traverse en mon esprit, si en est-elle beaucoup moindre ; parce que je perds sans rien perdre, lors que j'ay faict mon devoir, voire me flatte-je de ceste opinion, que ma perte

est advenuë pour avoir esté exposé au jugement des hommes, dont les opinions sont peu seures & mal arrestées : au contraire, le laboureur qui laboure son heritage, combien doit-il estre fasché, estant deceu de son attente, quand sur luy seul tombe ceste perte ? Or combien plus, quand il laboure sur autruy, & que par la calamité d'une année, il tombe à la mercy d'un maistre impiteux, qui ne luy corne autre chose dans les oreilles, qu'une fascheuse appreciation de grains, laquelle sortant effect ne luy laisse pour l'advenir nulles esperances de ressource. Afin que je n'entre en nulles autres particularitez, comme de la pillerie du gendarme, cueillette des tailles & subsides, desquelles combien que pour le rang vous soustenez soyez franc & exempt, si ne vous sçauriez-vous exempter d'une affliction commune, voyant tout ce pauvre peuple affligé. Toutes lesquelles choses ne se rencontrent pas si aisément dans les villes, esquelles combien que nous sentions quelquefois la rigueur des daces, si apprenons-nous à le supporter plus doucement par l'industrie de nos estats. Aussi disons-nous le laboureur traine avecques sa charruë, tout le malheur du temps quant & soy. Au demeurant, si laissans toutes ces considerations à part, il vous plaist que nous discourions sur les plaisirs exterieurs que parmy ces adversitez vous pouvez recevoir aux champs : vous me direz (je le sçay bien) que lors que la saison nouvelle s'y addonne, vous oyez sous le couvert d'un arbrisseau la musique des oysillons degoisans à l'envy, leur ramage. Quel plus doux chant demandez-vous, qu'une voix bien organisée, une parole articulée, une harangue bien troussée, soit de la part d'un Professeur des bonnes lettres, ou d'un Prescheur, ou d'un Advocat bien-disant ? Prenez-vous plaisir au deduit de la chasse ? Je chasse plus en un quart d'heure en mon estude, que vous en un jour par les champs. Et puis presque dire de nous ce que disoit anciennement le Roy Edouard d'Angleterre, de nostre Roy Charles cinquiesme. Car tout ainsi qu'il disoit que le Roy Charles prenoit plus de villes & chasteaux, joüant seulement de la plume, que tous ses predecesseurs avec leurs affusts militaires : aussi avec nos escritoires & papiers faisons nous plus grande queste de lievres, lapins, ou de venaison, que tous vous autres Messieurs avecques vos meutes de chiens, panneaux & filets. Afin qu'outre telles questes je ne mette en ligne de compte les amitiez, obligations, & alliances des personnes que nous acquerons tous les jours : ce que les champs ne vous apportent. Voulez-vous passer vostre temps sur les herbes ? Et qui est celuy qui ne sçache qu'un Pline, Dioscoride, & Mathiole nous apprendront plus en une heure, que tous vos jardins en dix ans ? Vous delectez-vous du fruitage ? Et où en est l'abandon sinon aux Hales, où est le grand jardin de Paris ? Et à peu dire, nous recouvrons dans les villes, avecques tout contentement en abondance & à choison, ce que vous, avecques mille travaux & fatigues, recueillez escharsement sur vos lieux. Pour mettre cependant en oubly une infinité d'autres parcelles, esquelles nous devançons en tout. Je ne puis doncques me persuader qu'il y ait aucune seule occasion qui vous induise au delaissement de la ville, si ce n'est qu'ayez crainte que les tuilles de nos maisons ne tombent sur vostre teste, comme il en advint à Pyrrhus Roy des Epirotes. Et de moy je crains qu'il n'y ait encores quelque aigle de la race de celuy qui tua Eschile au milieu des champs, quand il laissa tomber sur sa teste chauve une tortuë, pour la casser, pensant que ce fust un rocher. Parquoy, pour mettre fin à ma lettre, je vous supplie revenir non pas à nous, ains à vous, & recueillir un peu vos esprits. Autrement si estes tant attaché à vostre opinion, je me seray desormais accroire qu'estes possedé par Ferrieres, & non Ferrieres par vous. A Dieu.

LETTRE V.

A Monsieur de Marillac, Seigneur de Ferrieres, Conseiller du Roy, & Maistre ordinaire en sa Chambre des Comptes.

Il se gausse de quelques-sol- les or- donnan- ces d'a- mour qu'il avoit faites à un jour des Roys.

Par ce que pour le present, mettez toute vostre estude à bastir, je vous ay voulu imiter, mais d'une imitation si gaillarde, que je ne puis bien vanter vous passer de tout poinct. Car au lieu que materiellement dressez Palais & Chasteaux pour estre receptacles de vous & de vos amis, j'ay voulu d'un plus haut dessein bastir une republique : & encore republique composée sur un modelle si spacieux, qu'elle ne s'estendra point à un seul peuple, comme est l'ordinaire de toutes loix, ains generalement à tous, de quelque estat, qualité, region, & religion qu'ils soient. Ce sont les ordonnances d'amour que je vous envoye, lesquelles sous l'authorité de Genius Archipreftre d'amour ont esté publiées aux grands Arrests tenus la veille des Roys en ma maison, en presence de nostre Roy, en une bien grande assemblée, tant d'hommes que de Damoiselles. Vous jugerez par la lecture d'icelles, si je suis digne d'estre ou Chancelier d'un grand Monarque, ou grand Escuyer des Dames, ou l'un & l'autre ensemblement. Voilà de grandes & superbes propositions. Pour le regard de la premiere, je vous remets devant le yeux ces belles & magnifiques loix : loix que je puis dire, sous meilleurs gages que Ciceron en sa harangue pour Milon, non dictées, ains nées, lesquelles nous n'avons apprises ; prises, ou par longue lecture acquises, ains qui de la mesme nature se tirent, s'inspirent, & de ses propres mammelles s'espuisent. De maniere que je me vanteray, que toutes les autres ne sont que masques au regard de celles-cy. Partant peut-on à bonne & juste raison dire, selon le vieux Proverbe François, que j'y ay bien planté mes seaux. Consequemment que c'est à moy auquel appartient le grand estat de Chancelier. D'un autre costé si vous considerez le sujet, & de quelle vivacité j'ay enfourné le fait des Dames, il n'y a homme de jugement qui ne me declare digne d'estre leur grand Escuyer. Toutesfois en ceste conclusion & arrest, j'entre en nouvelle perplexité. Par ce que je me tiens asseuré qu'il y aura quelques superstitieux personnages, comme vous, qui me diront que ces deux estats sont incompatibles ensemble. Mais pour ne demeurer longuement en ce scrupule, je sçaurois volontiers qui leur a enseigné ceste leçon. Ne vit-on jamais Chancelier estre serviteur des Dames, ou quelques serviteurs des Dames avoir esté Chancelier ? Au contraire, je soustiens que le service des Dames est la premiere planche pour parvenir aux grands lieux. Chose qui se peut aisément recognoistre par une demonstration oculaire : car qui sont ceux qui conferent tels estats sinon les grands Roys ? Desquels si nous voulons escheler la puissance, qui sont ceux qui ont plus de commandement sur eux que les femmes ? Et de ce, je m'en rapporte au passage exprez de la Saincte Escriture. Je veux donques en cest estrif, conclurre que tant s'en faut que pour parvenir aux honneurs, ce soit chose mal compatible d'estre serviteur des femmes, qu'à l'opposite je pense que leur service est accident inseparable de ceux qui veulent parvenir : car mesmes, si nous voulons peser plus subtilement les choses (mais toutesfois à leur vray poinct) vous trouverez que ceux qui montent aux estats, ou par Vertu, ou par Pecune, ou par leur Diligence, ou par leur Dexterité & Industrie, ou par Importunitez, & Prieres, ou par Faveur, ou par Piperie, encores sont en cecy toutes leurs actions accompagnées du feminin. Je sçay bien que vous me direz, ce me semble, vous voir secouant à demy la teste me dire en paroles douces, comme l'ancien Philosophe. Mon amy il est desormais temps que tu entres en la cognois-

sance de toy, il faut que tu balances tes forces, il y a bien grande difference de coucher, ou en du papier blanc, ou sur des draps blancs, de joüer du plat de la langue, ou bien de l'aigu de la lance. L'un, ressemble à un escrime qui se fait avec l'espée rabatuë, l'autre, à fer esmoulu. Les Dames ne se contentent de paroles, & ne prennent le bon vouloir pour satisfaction de l'effect. Mais à cecy je vous respons, que ces objections viennent de la part d'un homme coüard, & de deshante nature, tel que vous. Au demeurant, je vous advise que je suis tant affectionné serviteur des Dames, que je puis grand traict de sagesse que je puisse jamais faire, est de ne me cognoistre point, à fin qu'elles me cognoissent. Aussi est-ce à elles, de faire poix de mes forces, & non à moy. Que voulez plus ? S'il faut bailler coup de lance ; j'en feray voler les esclats. Les forces croissent par l'object : tirez souvent d'un puys, vous n'y trouverez du jour au lendemain nulle diminution : chommez d'en tirer tout un an, il sera tousjours en un mesme estat. C'est pourquoy je m'estimeray tres-heureux d'user mon corps & mon esprit à leur service, sçachant bien que je n'en empireray en rien. Et toutesfois si par un commandement special que vous avez acquis sur moy, voulez que pour vous complaire je me desplaise, & que par un mesme moyen je quitte, & l'esperance des seaux, & le service des Dames, pour quelque impuissance que jugez assez mal à propos estre en moy par un argument superficiel, c'est-à dire, d'un visage blesme, d'une delicatesse de membres, d'une calote qui me faict bonne compagnie. Or sus, soit contre ma volonté vostre commandement accompli ; mais pourquoy contre ma volonté, si c'est une regle generale que les loix ne lient jamais celuy qui les a faictes & ordonnées ? Je me conformeray doncques en cecy, non à vostre commandement, mais bien au privilege commun des Roys & Princes, lesquels pour estre les premiers ordinateurs de leurs loix, le dodnent loy de n'y obeyr. Et neantmoins (voyez comme facilement je saulte d'un penser à l'autre) afin que par un sinistre exemple je ne sois veu mettre mes pensers à l'esfor, je ne veux point me donner tel passe-droit que les Princes. Veu mesmement que le Prince sage, reduit sa puissance absoluë sous la civilité de la loy. Parquoy pour contenter en partie vostre vouloir, & neantmoins n'estre veu tyranniser sur les miens, je veux en cecy ressembler au grand Legislateur Licurge, lequel aprés avoir accommodé ses Citoyens, de braves & excellentes Ordonnances, les pria de ne les changer jusques à son prochain retour, se feignant de faire un court voyage, qu'il disoit luy estre besoin d'entreprendre. Ce que luy ayant esté accordé, il se bannist à jamais de son pays, en un exil volontaire. Aussi d'un mesme propos, me veux-je rendre absent & bannir de ceste mienne Republique : mais à la charge que mes loix, qui ne cedent en rien à celles de ce grand Licurge, seront à tousjours, mais entretenuës selon leur forme & teneur, non en une contrée seulement, ains generalement par toutes. Et suis si resolu en cecy que je ne veux stipuler l'entretenement d'icelles : m'asseurant que sans aucune stipulation ni promesse, chacun d'eux y tiendra la main de pere à fils & de siecle en siecle. Qui n'est pas un contentement petit, dont je nourris mon esprit, vous priant de me donner telle & si bonne part en vos bonnes graces, comme mes Ordonnances trouveront, voire à l'endroit de ceux & celles qui par dissimulation & hypocrisie, feront contenance de les condamner. A Dieu.

LETTRE

LETTRE VI.

A Monsieur Cujas, Conseiller au Parlement de Grenoble, & Docteur Regent des Loix en l'Université de Bourges.

Le fruit que se peuvent promettre envers la posterité les autheurs qui inventent au regard de ceux qui transportent des livres.

Encores que je n'aye aucune cognoissance de vous, que celle que la commune renommée & la lecture de vos doctes escrits m'en a peu donner, toutesfois ayant trouvé occasion non impertinente, de vous escrire, je ne l'ay voulu laisser escouler, esperant par ceste presente, faire ouverture à une amitié, de laquelle les fondemens seront de tant plus solides, qu'ils auront esté jettez sur la vertu. Monsieur Loisel m'a dit que dernierement, vous arrivé en ceste ville, il vous fit feste des trois derniers livres du Code, mis en vieux langage François, que je luy avois presté, & qu'aviez grand desir d'en avoir communication, d'autant que faisiez quelque commentaire sur iceux. Je suis marri que deslors vous emparastes de vostre privée authorité, & ainsi le faut dire, par main souveraine, sans que mon consentement y fust requis : asseuré qu'ils ne pouvoient estre mieux employez qu'és mains de celuy qui tout d'une main sçaura faire son profit du Grec, Latin & François tout ensemble, pour l'usage du Droit civil. Et combien que de ces livres vous ne rapporties peut-estre, tel profit que desirez, si est-ce chose digne d'estre remarquée, que nos anciens François ayent autrefois apporté ce soing de deffricher en leur langue, les secrets plus cachez des Constitutions Romaines. Et ce que vous verrez en ce traducteur, ne pensez pas qu'il n'ait esté commun à plusieurs autres, qui d'une mesme estude translaterent en nostre vulgaire, la Bible, la plus grande partie des œuvres d'Aristote, Tite-Live, les livres de S. Augustin de la Cité de Dieu, & une infinité d'autres, dont j'ay veu quelques livres entiers en la Librairie que nostre grand Roy François avoit establie à Fontainebleau, & les autres en autres Bibliotheques, selon que les occasions se sont presentées. Vray est que leurs œuvres se sont perduës, & se perdront, plus nous irons avant. Non qu'ils n'eussent tous, bien escrit selon la portée de leurs siecles ; mais c'est le fruict que nous rapportons d'une penible traduction. Je sçay bien qu'une traduction bien faite n'apporte point peu de profit à nos Citoyens, pour les rendre participans des belles & nobles conceptions des estrangers, & qu'il y aille grandement du nostre ; mais je ne puis dire, car il est vray, qu'il n'y a labeur plus ingrat que cestuy, ne qui soit si peu recogneu par nostre posterité. Le traducteur comme un esclave, s'alambique tous les esprits à suivre à la trace les pas de l'Autheur qu'il translate, il y conforme son aage, & y desploye tous les plus beaux traits qu'il pense avoir cours entre les siens, pour se conformer du plus prés, au naïf de l'autre. Cependant petit à petit sa langue maternelle se change de telle façon avec le temps, que comme si nous luy avions baillé une robbe neufve, nous ne voulons plus user de la vieille. Cela est cause que tout ainsi que le vieux vulgaire s'est esvanouy entre nous, aussi quittons-nous les vieilles traductions, & voulons avoir recours aux livres originaires, soyent Grecs ou Latins, qui avoyent esté translatez. Et n'y a que les inventeurs qui se perpetuent. Parce qu'encores que les vulgaires se changent, si est-ce que pour nous servir des sources, nous sommes necessitez de les lire, pour ne pouvoir puiser d'ailleurs leurs conceptions, si elles sont bonnes. Ciceron ce grand Orateur voulut traduire quelques livres Grecs : se sont-ils perpetuez ? Rien moins, encores qu'il fust la pere de bien dire. Je le vous representeray par un exemple fort familier, & qui est de nostre creu. La longue ancienneté nous a-t'elle fait perdre nostre bon Roman de la Rose ? Le premier qui y mit la main fut Guillaume de Lory, qui estoit vers le temps de Philippe Auguste : & l'autre qui le paracheva, Jean Clopinet dict de Mehun, estoit sous le regne de S. Louys. Le plus brave traducteur qui produisit jamais du temps de nos ancestres, la France, fut Maistre Nicole Oresme, auquel le Roy Charles Cinquiesme fit tomber l'Evesché de Lisieux, pour le recompenser de ses labeurs : car ce fut luy qui mit en nostre vulgaire & la Physique, & les Politiques, & les Ethiques d'Aristote, & plusieurs autres livres qui furent lors leus avec un trés-favorable accueil. Toutesfois vous n'en voyez aujourd'huy que quelques demeurans que l'on a recueillis en quelques Bibliotheques, comme fragmens du naufrage d'une longue ancienneté. Au contraire il n'y a homme docte entre nous qui ne lise les doctes escrits de Maistre Alain Chartier, qui fut son contemporain, & qui n'embrasse le Roman de la Rose, lequel à la mienne volonté, que par une bigarrure de langage vieux & nouveau, Clement Marot n'eust voulu habiller à la moderne Françoise. Qui doncques cause de ces deux diversitez ? Il est aisé d'en assigner la raison. Oresme n'avoit presté à ses traductions que le langage de son temps, qui s'est perdu, à maniere qu'il faut avoir recours à l'Autheur mesme. Et quant à Lory, Mehun, & Chartier, ores que leur langage se soit ensevely dans le cercueil de nostre aage, si est-ce que leurs belles sentences & conceptions ne pouvans mourir, ceux qui desirent faire leur profit, comme les abeilles des belles fleurs, les lisent & relisent, parce que la necessité les y contraint de ce faire, & qu'ils ne les trouveroient ailleurs. Je ne veux pas pour cecy, destourner aucuns hommes de nostre temps, de traduire, comme ceux, lesquels en faisant peu pour leurs noms envers une posterité, procurent un grand bien aux vivans. Au demeurant, vous userez de la traduction que je vous envoye, comme faisoit Virgile, des œuvres du bon Ennius *Ex stercore aurum* : à la charge que s'il s'en presente quelque autre de ceste pareure, qui puisse servir à vos estudes de Droit, de ne vous en estre chiche. De moy, je me suis mis à la recherche des anciennetez de la France ; & pour ceste raison j'ay appelé mon œuvre, Recherches. L'entreprise est de grand labeur, & qui requiert de fueilleter plusieurs livres anciens : si vous en avez quelqu'un sur ce sujet, vous me ferez ce bien, de m'en faire part, à la charge de vous le renvoyer, tout de la mesme façon que je vous prie faire de mon livre, aussi-tost qu'en aurez fait. A Dieu.

LETTRE VII.

A Monsieur de Ronsard.

En quel le recommandation a esté au trefois la Poësie Françoise en nous

J'Avois reservé le discours dont m'escrivez, à un chapitre de mes Recherches, auquel je deduits l'origine, progrez & accomplissement de nostre Poësie Françoise : toutesfois je suis trés-aise que nos Princes en ayent le premier advis, par vos mains. Parquoy, puis que l'occasion s'y presente, & que vous estes deliberé de discourir sur nostre

noſtre Poëſie Françoiſe, adjouſtez à voſtre œuvre, par maniere de rempliſſage (ainſi que font les Peintres à leurs tableaux) la recommandation en laquelle quelques-uns de nos Roys eurent les lettres. Pour à quoy parfournir, un Chilperic, petit-fils de Clovis, vous pourra ſervir de garand, lequel eſcrivit pluſieurs Livres en vers Latins; & ores qu'ils ne fuſſent de telle efficace que l'on euſt peu deſirer, ſi ſe rendoyent-ils excuſables, en la perſonne d'un Roy environné de tant d'affaires, & eu eſgard meſmement à la barbarie & infelicité de ſon ſiecle. Et non content de cecy, pour monſtrer en quelle eſtime il avoit noſtre vulgaire, il voulut adjouſter à l'Alphabet des François, ces lettres Grecques doubles, dont il penſoit que noſtre ortographe avoit affaire, θ, χ, ψ, ξ, φ, commandant par tout ſon Royaume à tous Scribes & Maiſtres d'Eſcoles, de les mettre en œuvre, en l'eſcriture Françoiſe. Sous la ſeconde lignée, il eſt certain que Charlemaigne fut fort docte. Le moine Sigebert eſcrit qu'il eſtoit Prince non ſeulement bien entendu au langage particulier de ſon païs, ains de pluſieurs autres, & qu'il eſcrivit pluſieurs vers en ſa langue, par leſquels il celebroit les faits & exploits memorables des Anciens; auſſi fit-il une Grammaire en ſon vulgaire, & donna les noms aux vents. Cecy peut eſtre dit en paſſant, pour la premiere & ſeconde lignée de nos Roys: car quant à la troiſieſme, dés & depuis le temps de Philippe Auguſte, juſques bien avant dans le regne de Louys neufvieſme (duquel nous avons enregiſtré l'ame, au Calendrier des bienheurées) floriternt aſſez heureuſement les bonnes Lettres: & par ſpecial, y eut une grande flotte de Poëtes François (c'eſt ce dont vous m'eſcrivez.) A quoy meſmes les Princes de France voulurent eſtre les premiers guides du commun peuple. Entre autres, l'on fait eſtat du Comte Beranger de Provence, & d'un Raymond Comte de Tholoſe, qui furent environ le regne du meſmu Auguſte, en l'an mil deux cens, que plus que moins.

Les Italiens redevables à noſtre France de leur Poëſie. Ces deux-cy, & leurs courtizans, en faveur d'eux, donnerent tel avancement à noſtre Poëſie, que les Italiens (ores qu'entre autres choſes, ſobres admirateurs d'autruy) ſont contraints de recognoiſtre ne tenir en foy & hommage leur Poëſie que de nous. Ainſi le recognoiſt Bembe, dans ſes Proſes; ainſi Speron Sperone, en ſon Dialogue des langues; ainſi Æquicola en ſes Livres de l'amour; & ainſi (à peu parler) le voit-on à l'œil, dans les œuvres de Dante, lequel embelliſt une partie de ſes eſcrits de pluſieurs traits, mipartis tant du Provençal que François. Auſſi occaſionnerent ces Princes pluſieurs autres à ſuivre puis aprés leurs traces, deſquels je n'ay entrepris de vous faire recit en ce lieu: je me contenteray ſeulement de vous dire, qu'entre les Princes de la France, qui floriſtent en Poëſie ſous la troiſieſme lignée de nos *Les œuvres Poëtiques du Comte Thibault de Champagne.* Roys, nous devons faire grand eſtat d'un Thibault, Comte de Champagne, lequel fit une infinité de chanſons amoureuſes, en faveur de la Royne Blanche, mere de S. Louys, non pour un amour impudique qu'il luy portaſt, ains par honneur, & pour ſe joüer de ſon eſprit. J'en ay le Livre pardevers moy, ſur le commencement duquel vous y verrez une deſcription de ſes paſſions: ſur le milieu, il prend congé de ſa maiſtreſſe, eſtant contraint pour ſon devoir, de prendre le chemin de Jeruſalem, avec les autres Princes croiſez; & ſur la fin, il proteſte de vouloir quitter l'amour, & ſe reduire du tout à la volonté de Dieu. Et pour derniere concluſion de ſon œuvre, il addreſſe quelques chanſons à quelques-uns de ſes amis, dans leſquelles, ou il interroge, ou il eſt interrogé ſur quelques queſtions d'amour. Et me ſouvient, entre les autres, d'une qui eſt aſſez gentille, par laquelle il introduit le Comte Raoul de Soiſſons, qui luy demande, lequel des deux apporte plus de contentement à un amant, ſentir & toucher ſa mie ſans parler à elle, ou la voir & parler à elle ſans la toucher: & comme Thibault ſoit pour le party du parler, Raoul replique, qu'au devis il y a pluſieurs hypocriſies qui mal-aiſément ſe rencontrent au toucher: conclut neanmoins Thibault, que le plaiſir qui n'eſt accompagné du devis, eſt un contentement à taſ-

tons: au demeurant, fort heureux en pluſieurs beaux traits Poëtiques; comme quand il appelle en ſon vieux langage, la Dame, ſa douce amie ennemie, qu'il dit qu'amour l'a tollu à ſoy-meſme, & neantmoins ne fait compte de le retenir en ſon ſervice, ains que la beauté de ſa Dame, pour exalter ſa loy, veut retenir ſes ennemis ſans en avoir mercy, laquelle mercy touteſfois il penſeroit trouver en elle, s'il y en avoit aucune en ce monde : que Dieu mit ſi grande planté de graces en elle, qu'il luy en convient oublier les autres ; qu'il a les beautez d'elle, eſcrites en ſon cœur ; que de mil ſouſpirs qu'il luy doit de rente, elle ne luy en veut remettre & quitter un tout ſeul ; que ſa beauté le rend ſi confus & esbahy, que lorſqu'il penſe venir le mieux apris devant elle, pour luy deſcouvrir ſon tourment, il ne luy peut tenir aucun langage, que du premier jour qu'il la vit, il luy laiſſa ſon cœur en oſtage; que les faveurs ou deſfaveurs d'elle, luy apprennent à chanter; qu'il veut eſtre dans amour, le meilleur cœur qu'il ayt, pour loyaument ſervir. Et une infinité d'autres gentilleſſes d'amour, dont il ſe rend infiniement recommandable. Et d'autant que ces vieux Livres ne ſe laiſſent manier, ſinon par ceux qui prennent plaiſir à l'ancienneté, je vous veux icy reciter quelques beaux couplets de ce Comte, ſans rien changer du langage, à fin que vous jugiez quel il fut:

Cil qui d'amour me conſeille
Que de luy doye partir,
Ne ſçait pas qui me reſveille,
Ne quel ſont mi grief ſouſpir,
Petit a ſens & voidie
Cil qui me veut chaſtier,
N'onequcs n'ama en ſa vie,
Si fait trop nice folie
Qui s'entremet du meſtier
Dont il ne ſe ſçait aider.

Et en une autre chanſon :

De bien amer grand joye attend,
Ce rien eſt ma grignour envie,
Et ſachiez bien certainement
Qu'amour a telle ſeigneurie,
Que double guerre donne rend
A celuy qui en luy ſe fie,
Et cil qui d'amer ſe repend
C'eſt bien travailler pour neant.

Ailleurs diſant qu'il veut quitter l'amour :

Tant ay amour ſervies longuement,
Que deſormais ne m'en doit nuz reprendre,
Si je m'en part, or à Dieu le command,
Qu'on ne doit pas touſiours folie emprendre
Et s'il eſt foz qui ne s'y ſçait deffendre,
Ni ne cognoiſt ſon mal & ſon tourment,
On me tiendroit deſormais pour enfant,
Que chaque temps doit ſa ſaiſon attendre.

Qui ſont couplets extraits de diverſes chanſons ; mais en voicy une toute entiere, qu'il fit au retour de ſon voyage d'outre-mer.

Si j'ay long-temps eſté en Romanie,
Et outre-mer faict mon petit viage,
Souffert y ay moult douloureux dommage,
Et enduré maint grande maladie,
Mais or ay pis qu'onequcs n'oy en Surie,
Que bonne amour m'a donné tel malage
Dont mille fois la douleur n'aſouage,
Ains croiſtades, & double & multiplie,
Si que la face en ay toute pallie.

Car jone Dame, & cointe, & avoiſie,
Douce & plaiſante, belle, courtoiſe & ſage,
M'a miſe au cœur une ſi douce rage,

Que

Que j'en oubly le voir & la ouye.
Si comme cil qui dort en letargie,
Dont nuz ne peut esveiller son courage;
Car quand je pense à son tres-doux visage,
De mon penser aim' mieux la compagnie
Qu'oncques Tristan ne fit Iseul s'amie.

Bien m'a amour feru en droite veine,
Par un regard plain de doulce esperance,
Dont navré m'a la plus sage de France,
Et de beauté la rose souveraine,
Si m'esmerveille que la playe ne saigne,
Qu'oncques ne vy si trenchant fer de lance;
Mais el' ressemble au chant de la Seraine,
Dont la douceur attend douleur & peine.

Si puis-je sentir sa douce haleine,
Et retenir sa simple contenance,
Que je desire s'amour & s'accointance
Plus que Paris ne fit oncques Heleine,
Et s'amour n'aist mie en moy trop vilaine,
J'a sans mentir, n'en feray penitence;
Car sa beauté & sa tres grande vaillance,
M'ont cent souspirs le jour donné d'estraine.

Et sa face qui tant est douce & belle,
Ne m'a laissé qu'une seule pensée,
Et celle m'est au cœur si embrasée,
Que je la sens plus chaude & plus isnelle,
Qu'oncques ne fut ne braize n'estincelle,
Si ne puis pas avoir longue durée,
Si de pitié n'ay Madame navrée,
Quand m' chanson luy dira la nouvelle,
De la douleur que pour ly me flaelle.

Je vous represente ces vers habillez à la vieille Françoise; mais en ceste naïveté, je m'asseure qu'y trouverez plusieurs traits dont nous pourrions aujourd'huy faire nostre profit; & qui est une chose que je vous veux icy dire par excellence, c'est que sur chaque premier couplet, y est la Musique ancienne: qui monstre bien que ces vers estoient lors de grande recommandation, ou pour la bonté d'iceux, ou pour l'authorité de leur Autheur, ou pour tous les deux ensemble. Du commencement que ce Livre tomba en mes mains, je doutois qui l'avoit composé; comme de faict il y a quelques-uns qui estiment qu'il soit faict de diverses pieces. Mais la generale œconomie, telle que je vous ay cy-dessus deduite, m'enseigne que c'est d'un seul Autheur: & au surplus, je voy ce Prince si souvent nommé en des chansons, où il s'introduit parlant avecques uns & autres, que je ne fais nulle doute qu'elles ne soyent toutes de luy. Et si de ce gentil Comte de Champagne, vous voulez sauter jusques à nous, nostre grand Roy François, qui fit de fois autres plusieurs beaux vers, & avec luy, mettre la Royne de Navarre sa sœur, comme nous en porte asseuré tesmoignage ce beau Livre qui court par nos mains, que l'on appelle la Marguerite des Marguerites: car quant aux autres Poëtes qui furent du commun, je ne vous en feray mention, pour n'avoir icy entrepris de vous escrire une histoire, ains une epistre. A Dieu.

LETTRE VIII.

A Monsieur Martin, Greffier au Siege Presidial d'Angoulmois.

JE ne reçoy aucune lettre de Monsieur Jameu, que ce ne soit avec une expresse & singuliere mention des bons offices que me faictes par-delà en vostre estat. Cela provient de vostre bonté naturelle, sans aucun mien merite; & serois digne d'estre couché au chapitre des plus ingrats qui furent oncques, si en defaut de l'effect, pour le moins je ne vous en remerciois affectionnément par lettres, en attendant quelque bonne occasion de m'en revanger. En quoy je proteste m'y employer de si bon cœur, que vous ne serez jamais marry d'avoir-faict plaisir à celuy qui desire vous demeurer tout le temps de sa vie, amy. A Dieu.

LETTRE IX.

A Monsieur Bigot, Seigneur de Tibermeny, Advocat au Parlement de Roüen.

Il se joüe sur la naissance d'un sien fils. Forme ancienne des plaidoiries de France sur leur commencement.

PUer nobis natus est. Il me plaist de commencer ceste lettre par un passage de l'Eglise, à l'imitation de nos anciens Advocats en leurs plaidoyers d'importance. A la charge que si ceste maniere d'escrire vous semble contrevenir au temps qui court, vous l'imputerez au grand aise qui dissipe mes esprits, & ne permet que le peu de mon jugement exerce ses fonctions ordinaires. Je suis donc augmenté d'un enfant, & augmenté de la façon que souhaitoit un ancien Philosophe, c'est à dire, d'un masle, & non d'une fille; je dirois Parisien & non barbare, n'estoit que ce mot, sonne mal aux oreilles de tous. Mais pour trouver remede à cecy, il ne sera point, s'il plaist à Dieu, Parisien, mais né de ce doux air de Paris, auquel abondent toutes sortes de Philosophes. Qui me promet que s'il est venu en ceste commune lumiere, ny femme, ny barbare, encores auray-je cest heur, si Dieu plaist, d'en faire un jour quelque grand Philosophe. Non pas de ces contemplatifs qui ne tirent toutes choses qu'à desdain, ains tel que l'heur ou malheur du temps sous lequel il aura à vivre le desirera. Et si toutes ces particularitez ne vous plaisent, suffisez-vous que j'ay un citoyen du monde. Mais pour vous apprester à rire, c'est le bon. Car estant sa mere en travail, il me souvint que les Romains, voulans sçavoir quel sort leur estoit à venir, l'apprenoient du hazard des vers de Virgile qu'ils appelloient *Sortes Virgilianas*, & aussi que nos premiers peres François, faisoyent le semblable sur les livres de la saincte Escriture. Parquoy me voulant en ceste doute consoler, & si voulez que je die, conseiller avec les livres, je commanday à mon clerc, de m'apporter le premier qui luy tomberoit és mains. Aussi tost dict, aussi tost faict: il m'apporte le livre d'Ovide, dans lequel sont compris ses amours & ses epistres. A donc poursuivant mon entreprise, pour sçavoir si ma femme auroit si prompte delivrance que je desirois, je designe dans moy la douziesme ligne sur laquelle je jette mon sort à l'ouverture du livre. Pour la faire court, je tombe sur ce carme de la lettre de Didon à Ænæe:

Les sorts Virgiliennes.

Nulla mora est, venio.

Et ainsi trompant ma crainte d'un songe, j'ay nouvelles tout aussi tost que ma femme estoit delivrée d'un enfant sain & dru, comme si sur la rencontre de ce vers il fust venu à poinct nommé. Parquoy aprés avoir caressé ce nouvel hoste, ainsi que l'instinct de nature me semonnoit, & fait tous mes tours, je retourne soudain au conseil, sur la longueur de sa vie, & tombe en l'epistre d'Aconte à Cidippe, sur ce vers:

Servetur facies ista fruenda mihi.

Vous mocquez-vous, me direz-vous? Non certes, & si je ne le vous mande à autre intention, si non afin que vous en mocquiez. Mais pour vous achever mon conte, comme vous sçavez que c'estoit la coustume des vieux oracles de tromper tousjours leurs hommes par un mot à deux ententes, voulant m'informer de sa fortune par le nombre septenaire, comme le plus parfait, je trouve pour septiesme vers d'un fueillet de la lettre d'Helene à Paris:

Est virtus placitis abstinuisse bonis.

He vrayement dy-je lors, me voicy payé! Car ou il usera de ceste Dame vertu, en contemnant les richesses, comme les prodigues & dissipateurs de leurs biens, ou bien comme les Philosophes Stoïques, ou Cyniques : & de moy je n'approuve ny les uns ny les autres, ains me plaist en ce bas estre, la sentence du sage-mondain Aristote : jouïr de la vertu en affluence de biens. Voilà comment, petit pere, j'ay commencé à doreloter mon enfant. Vous priant rire de cecy, mais ne croyez de moy, ni de ce que j'en ay fait, ains sans plus, la folie de tels sots, ausquels je n'adjouste nulle foy. Autrement si pretendiez en faire vostre profit par forme de risée contre moy, j'en appellerois de vous, comme de juge incompetent, à cest ancien Roy de Sparte Agesilaus, jusques à ce que vous jouïssiez du privileges des peres. Mais où me pers-je sans y penser? J'ay presque oublié de vous remercier de vostre bon advis, lequel aura telle puissance sur moy, venant de la part non seulement d'un amy, ains d'un amy pourveu d'un parfait jugement, que puis que je voy mes escrits vous venir à gré, je donneray ordre qu'autrez occasion de me reveiller. Mais à la charge que ce sera à vos perils & fortunes, & que là où l'amitié que me portez aura quelque peu surpris en cest endroit vostre jugement, vous me sevirez de garent contre ceux qui ne se rencontreront en mesme opinion que vous. A Dieu.

LETTRE X.

A Monsieur Pasquier.

Lettres du Seigneur de Tiberme ny, où il est discouru pourquoy les gens d'esprit ne produisent enfans semblables à eux.

Gaudeamus &c. Je m'aide aussi mal à propos du service de ces nouveaux Chrestiens, que vous : mais pour ce que je suis fort devot au service ordinaire, je sçay aussi bien employer l'introite d'une Messe au commencement d'une missive, que l'un de Messieurs de Sorbonne au commencement de son sermon, en prenant son theme. Mais laissons la Theologie, quant à present, & nous mettons sur la Physique. Vous avez doncques un garçon, dites hardiment Parisien, & ne craignez pourtant si je suis Normand; car outre que vous sçavez que je suis Parisien par adoption, & de tous autres païs esquels il y a à apprendre, je suis aussi peu Normand, comme vous estes Parisien, si voulez que vostre fils le soit. Il n'est pas qu'à sa naissance vous ne l'en ayez garenty avec quelques exorcismes. C'est grand cas qu'en chaque nation on advise seulement le vice, & partant fait-on honte à mes compatriotes. Les Tholosains ont esté les plus sages en cecy, lesquels n'ont pris le nom de leur pays, mais Philosophiquement se font appellez mondains : vous les avez veus & hantez. Et pour ce, je conclus que vostre Theodore sera mondain : la conclusion n'en est-elle pas tres-bonne? Et si le encores Philosophe. Non Philosophe misanthrope, ains civil. Le Genie & les Fées, qui luy ont assisté à sa nativité, n'ont point tant peu en cest endroit, que son pere. Car laissant la rencontre heureuse de vos vers, il me souvient que vous, estant pour quelques affaires en nostre ville de Rouën, me dites que lors que vostre femme engrossa, vous vous estiez distrait de ses livres & de toutes occupations, plus par hazard, que par conseil. De là je tire une tres-bonne conjecture, car jamais pere qui consomma ses esprits en discours & affaires, n'engendra enfans pareils de luy. Je vous en puis nommer plusieurs exemples, que cognoissez, l'estude grande consomme & espuise le plus subtil sang, duquel & auquel sont les esprits, & n'y reste que le plus terrestre & pesant. Les enfans sont faits de ceste matiere. Pour ceste cause les Physiciens, & par special, Plutarque, ont fort recommandé aux personnes, qui desirent le nom de peres, qu'il ne s'y employassent aprés la viande prise, & sur une indigestion : d'ailleurs qu'ils fussent libres d'affaires & gais d'esprits, non seulement pour la santé d'eux, mais aussi pour la bonne habitude de leurs enfans, tant du corps, que de l'esprit. Je vous remercie de ce qu'il vous a pleu me communiquer ceste joye, & vous asseure que je suis autant aise que je voy que vous en avez, j'en suis autant joyeux que le pere. Faires le nourrir en vostre maison, vous estes en assez bel air, & me croyez de cela, je vous prie. S'il tient de son pere, il sera Philosophe : si de sa mere, *strenuum se hominem & nunquam cessantem præstabit.* J'ay leu le sonnet que Monsieur d'Ardivilliers a fait sur sa naissance, Il me desplaist de mon ignorance; si je pouvois faire chose digne de luy, il ne fust demeuré sans estreinne. A Dieu.

LETTRE XI.

A Monsieur de Querquifinen, Seigneur d'Ardivilliers.

Certains paradoxes qu'il propose au Seigneur d'Ardivilliers pour y mettre la main.

Estant, n'agueres, arrivé en ma maison d'Argenteüil, la plus belle compagnie que j'ay eu, a esté des Offices de Ciceron, & de tous les autres livres qui sont à leur suite. Entre autres choses, j'ay voulu passer sur ses Paradoxes, par lesquels Ciceron se vante terrasser la commune opinion de la populace. Qui n'est pas à mon jugement, œuvre de trop grand merite ; car qu'y a-il rien si aisé, que de combatre sur le papier, telles opinions qui sont ordinairement brusques & sans fondement de raison? C'est pourquoy aprés avoir fait en moy un long divorce du pour & contre de plusieurs choses, il m'est entré en la pensée qu'il y auroit matiere de faire des Paradoxes plus hardis, qui voudroit mettre la main. Et pour le premier je voudrois, par forme d'avant jeu, soustenir que les Paradoxes des anciens n'estoyent Paradoxes, ains que c'est vrayement Paradoxe de faire teste à toutes les anciennes propositions de ceux qui se sont estimez les plus sages. Et par ce que je voy la plus part des hommes qui mettent la main à la plume, le font sous une imagination qu'ils ont empreinte en eux, de rendre leurs noms immortels, je voudrois pour second assault combatre, à mon possible, ceste folle persuasion, & soustenir qu'entre qu'entre toutes les vanitez de ce monde, il n'y en a point de plus grande que ceste cy : à mot, il me semble desja voir tous les Poëtes de nostre temps, me corner la guerre : & que quelque autre qui pensera estre plus discret, dira qu'en ceste proposition il y a de l'impieté. Au contraire je la soustiens comme bon Chrestien. De vous en dire les raisons, je ne me le suis proposé, ains seulement de vous monstrer au doigt ce que je serois d'advis de traiter. Le troisiesme seroit que ce que les sages estiment sagesse terrienne, est une vraye folie : & que tous ces vieux resveurs qui se donneroient le nom & tiltre de Philosophes, n'estoyent gueres sages. J'adjousterois volontiers pour quatriesme, qu'il n'y a point plus grande beste que l'homme, lors qu'il estime estre luy seul entre les animaux, sociable, & que les autres animaux ne le font en leurs especes. Pour cinquiesme, que la nature a esté plus indulgente aux bestes qu'à nous : mesmes en nous donnant cest intellect dont nous nous prevalons dessus elles. Je sçay que le trait est hardy : mais plus y aura-t'il de loüange à celuy qui en viendra à chef. En somme, je vous ay taillé assez de besongne ; il n'y reste plus que l'aiguille. Vous estes si voulez en plain drap : & puis qu'avez le loisir à vostre commandement, aiguisez & vostre esprit, & vostre plume, à tels argumens. Asseuré que le plaisir n'en sera pas moindre qu'à la lecture des discours fantasques de Justin le Tonnelier, dont vous avez entrepris la traduction. A Dieu.

LETTRE XII.

A Monsieur de Querquisinen, Seigneur d'Ardivilliers.

Quelle est la vraye naïfveté de nostre langue, & en quels lieux il la faut chercher

VOus n'estes pas le premier qui estes de ceste opinion, & y en a une infinité en France, qui estiment avec vous, qu'il faut puiser l'Idée, & vraye naïfueté de nostre langue de la Cour de nos Rois, comme sejour & abord general de tous les mieux disans de la France. Si vous me disiez que c'est là où il faut aller pour apprendre à bien faire ses besongnes, je le vous allouërois franchement : mais pour apprendre à parler le vray François, je le vous nie tout à plat. Au contraire (voyez, je vous prie, combien je m'esloigne en cecy de vous) j'estime qu'il n'y a lieu où nostre langue soit plus corrompuë. De cecy la raison est bonne. Car comme ainsi soit que nostre langage symbolise ordinairement avec nos mœurs, aussi le courtisan au milieu des biens & de la grandeur, estant nourry à la mollesse, vous voyez qu'il a transformé la pureté de nostre langage en une Grammaire toute effeminée, quand au lieu de *Roine alloit, tenoit & venoit*, il dict maintenant, *Reine, allet, tenet, & venet.* Je vous passe sous silence dix mil autres particularitez, ne m'estant proposé d'offenser ceux qui ont puissance de nous offenser. Bien puis-je dire que le peu d'estude qu'employent les courtisans à bien parler, fait que je ne les choisiray jamais pour maistres d'une telle escole. Vous penserez paradventure que je vueille donner ceste loüange à nostre Palais. Si vous le pensez, vous vous abusez. Je ne dy pas que le bien-dire ne soit une propriété & vertu qui deust estre annexée à nostre estat : mais je ne sçay comme le malheur veut que la plus part de nous non seulement ne s'estudie d'user de paroles de chois, mais, qui pis est, le faisant, il y a je ne sçay quelle jalousie qui court entre les Advocats mesmes, d'imputer non à loüange, ains à une affectation, l'estude que l'on y veut apporter. Qui est cause que plusieurs, ores qu'ils le puissent faire, font contens mieux penser & mieux dire. Quoy doncques ? est-il impossible de trouver entre nous la pureté de nostre langue, veu qu'elle ne fait sa demeure, ni en la Cour du Roy, ni au Palais ? Vous entendrez, s'il vous plaist, quelle est mon opinion. Ceste pureté n'est restrainte en un certain lieu ou païs, ains esparse par toute la France. Non que je vueille dire qu'au langage Picard, Normand, Gascon, Provençal, Poitevin, Angevin, ou tels autres, sejourne la pureté dont nous discourons. Mais tout ainsi que l'Abeille volette sur unes & autres fleurs, dont elle compose son miel, aussi veux-je que ceux qui auront quelque asseurance de leur esprit, se donnent loy de fureter par toutes les autres langues de nostre France, & rapportent à nostre vulgaire tout ce qu'ils trouveront digne d'y estre approprié. Car mesmes en un besoin voulant representer un esprit tel qu'est celuy du Gascon, je ne doubterois d'emprunter de luy le mot d'*escarbillat*, qui est au milieu de l'air du païs, pour designer ce qu'il est. Et non seulement desire-je que ceste emploite se face és païs qui sont compris dans l'enceinte de nostre France, mais aussi que nous passions tant les monts-Pirenées, que les Alpes, & traffiquions avec les langues qui ont quelque communauté avec la nostre, comme l'Espagnole & l'Italienne. Non pas pour ineptement Italianiser comme font quelques sotars, qui pour faire paroistre qu'ils ont esté en Italie, couchent à chaque bout de champ quelques mots Italiens. Il me souvient d'un quidam, lequel demandant sa *Berrete*, pour son *Bonnet*, & se courrouçant à son varlet qu'il ne luy apportoit, le varlet se sceut fort bien excuser, luy disant qu'il estimoit qu'il commandast quelque chose à sa chambriere Perrette. Et l'autre au lieu du Bon-jour François, faisant un mal façonné *Buongiorno* à un sien voisin, à peine eschapa-il de venir aux mains pour ceste sotte courtoisie, d'autant que l'autre pensoit qu'il l'eust appellé *Bougerrone*. Comme en cas semblable, puis n'agueres, me promenant avec un Gentilhomme accort, l'un de mes compagnons me saluant du *Buon di*, Italien, je pensois, me dit l'autre en se moquant, qu'il voulust dire que vous bondissiez. J'ay usé de propos deliberé en ce lieu de ce mot *Accort*, qui est emprunté de l'Italien, aussi bien que *Reüssir*, mais le temps nous les a naturalisez. Je ne diray pas *imboscade*, comme faisoit le soldat sous le regne du Roy Henry second, pour dire qu'il avoit esté à la guerre de Parme : mais le mot d'*embusche* nous est tres-propre & naturel. Et à mon grand regret diray *cavallerie*, *infanterie*, *enseigne*, *colonnelle*, *esquadrons*, au lieu de *chevalerie*, *pietons*, *enseigne coronelle*, *bataillons* : mais pourtant si en useray-je, puis que l'usage commun l'a gaigné, contre lequel je ne seray jamais d'advis que l'on se heurte. Ce que je vous dy est pour vous monstrer qu'il faut mesnager les autres vulgaires dans le nostre, mais avec telle dexterité que l'on ne s'en apperçoive. Æquicole en son livre de l'amour dict que Petrarque acquit la vogue entre les siens pour ne s'estre seulement arresté au langage Toscan, ains avoir emprunté toutes paroles d'eslite en chaque sujet de diverses endroits de l'Italie, & les avoir sçeu naïfvement adapter à ce qu'il traittoit. Je seray plus hardy que luy, & diray, que tout ainsi que ses amours hebergeoyent au pays de Provence, & qu'il vivoit en la Cour du Pape qui lors sejournoit en Avignon, aussi mandia-il plusieurs mots qu'il sceut fort bien adapter à ses conceptions. Le semblable devons nous faire chacun de nous en nostre endroit pour l'ornement de nostre langue, & nous ayder mesmes du Grec & du Latin, non pour les escorcher ineptement, comme fit sur nostre jeune aage Helisaine, dont nostre gentil Rabelais s'est mocqué fort à propos en la personne de l'escolier Limosin, qu'il introduit parlant à Pantagruel en un langage escorche-latin. Mais avec telle sobrieté, que comme le bon estomach qui ne se charge point mal à propos de viandes les rend morceau pour morceau, ains les digere

&

& transforme en un sang pur, qui s'estend & distribue par toutes les veines, jettant le marc és lieux les plus vils: aussi nous digerions & transformions doucement en nostre langue ce que trouverons pouvoir faire du Grec & Latin, & ce qui sera insolent, que le rejettions liberalement, faisant ce perpetuel jugement en nous, qu'il y a plusieurs choses bien-seantes, en chaque langue, qui seroient de mauvaise grace en la nostre. Mais sur tout, me semble qu'il y a un chemin que nous devons tenir en ce faict-cy. Je veux que celuy qui desire reluire par dessus les autres en sa langue, ne se fie tant en son bel esprit, qu'il ne recueille, & des modernes, & des anciens, soit Poëtes, ou qui ont escrit en Prose, toutes les belles fleurs qu'il pensera duire à l'illustration de sa langue. Nulle terre, quelque fertile qu'elle soit, n'apporte bon fruit, si elle n'est cultivée. Je souhaitte qu'il lise & un Roman de la Rose, & un Maistre Alain Chartier, & un Claude de Seissel, & un Maistre Jean le Maire de Belges, duquel Monsieur de Ronsard tira tous les plus beaux traits de l'Hymne triomphal qu'il fit sur la mort de la Royne de Navarre : & le mesme Jean le Maire se fit riche de quelques belles rencontres des Pierre de Saint Cloct, & Jean le Nivellet, qui escrivirent en vers dedouze syllabes la vie d'Alexandre, que nous avons de là nommez Alexandrins. Non pas pour nous rendre antiquitaires (d'autant que je suis d'advis qu'il faut fuir cela comme un banc ou escueil en pleine mer) ains pour les transplanter entre nous, ny plus ny moins que le bon jardinier, sauvageon, ou vieux arbre, ente des greffes nouveaux, qui rapportent des fruits souefs. Je veux encore que celuy mesme que je vous figure, ne contemne nul quel qu'il soit en sa profession : pour parler du faict militaire, qu'il haleine les capitaines & guerriers; pour la chasse, les veneurs: pour les finances, les thresoriers; pour la practique, les gens du Palais, voire jusques aux plus petits artisans en leurs arts & manufactures : Car comme ainsi soit que chaque profession nourrisse diversement de bons esprits, aussi trouvent-ils en leur sujet, des termes hardis, dont la plume d'un homme bien escrivant sçaura faire son profit en temps & lieu, & peut-estre mieux à propos que celuy dont il les aura appris. Un jour, devisant avec des Veneurs du Roy, & les sondant de tous costez, sur toutes les particularitez de la Venerie, entre autres choses l'un d'eux me dist qu'ils cognoissoient la grandeur d'un cerf, par les voyes, sans l'avoir veu. Ah (dis-je lors) voilà en nostre langue ce que le Latin voudroit dire *Ab unguibus leonem*, & de faict, il m'advint d'en user par exprés au premier livre de mes recherches, au lieu qu'un escolier revenant frais esmoulu des escoles eust dist recognoistre le Lyon par les ongles. Une autrefois devisant avec un mien vigneron que je voyois prompt & dru à la besongne, je luy dis en me riant, qu'il seroit fort bon à tirer la rame. A quoy il me respondit promptement, que ce seroit tres-mal faict: parce que les galeres estoient dediées pour les faineants & vauriens, & non pour luy qui estoit franc au traict. Recherchez telle metaphore qu'il vous plaira, vous n'en trouverez nulle si hardie pour exprimer ce qu'il vouloit dire : laquelle est tirée des bons chevaux qui sont au harnois ; dont je ne me fusse jamais advisé, pour n'avoir esté chartier : un pitault de village me l'apprit. Achetant un cheval d'un Maquignon, & luy disant qu'il me le faisoit trop hault: defendez-vous du prix (me fit-il ? Je marquay dés lors ceste chasse, qui valoit mieux ce me sembloit, que le cheval que je voulois achepter. Quand nous lisons quelquesfois, reprendre nos anciens arrhemens, pour dire que nous retournions à nostre premier propos, de qu'il tenons-nous que de la pratique? Quand sur un mesme sujet nous disons retourner sur nos brisées ou sur nos routes, qu'est-ce autre chose que metaphores tirées de la Venerie? Il y a dix mille autres sortes dont pouvons nous rendre riches en nostre langue par la despouille de toutes autres professions, sans toutesfois les appauvrir : qui est un larcin fort loüable, & dont on n'eust jamais esté repris dedans la ville de Sparte. Qui suivra ceste voye, il attaindra, à mon jugement, à la perfection de nostre langue, laquelle bien mise en usage, est pleine de mots capables de tous sujets. Et n'y a rien qui nous perde tant en cela ; sinon que la plus part de nous, nourris dés nostre jeunesse, au Grec & Latin, ayans quelque asseurance de nostre suffisance, si nous ne trouvons mot apoinct, faisons d'une parole bonne, Latine, une tres-mauvaise, en François : Ne nous advisans pas que ceste pauvreté ne provient de la disette de nostre langage, ains de nous mesmes & de nostre paresse. En quoy il nous en prend presque tout ainsi comme à plusieurs de nos Medecins, lesquels ayans esté nourris en leurs jeunes ans, en Hipocrat, Galien, Avicenne, & autres tels autheurs, vont rechercher les simples au Levant, contemnant ceux qui naissent à leurs pieds, selon la temperie de l'air qui se conforme à la temperature de nos corps. Vous me direz que ceste estude est inutile & non necessaire, veu que les langages vulgaires se changent de siecle en siecle? Vous dites vray, si je ne desirois que la parole, mais je souhaite qu'elle soit accompagnée de sujet qui provienne de nostre fonds & estoc. Bref, ce soit un corps solide, auquel les paroles ne servent que d'accoustrement & de lustre : mais de ceste particularité nous en discourrons une autrefois ensemblement plus à loisir. A Dieu.

LETTRE XIII.

A Mademoiselle de Lis.

Il promet tous bons offices à une Damoiselle d'honneur, à laquelle il escrit.

IL ne falloit me solliciter par vos lettres d'une chose dont je me sollicite moy mesmes: vous sçavez quelle part vous avez en moy ; c'est pourquoy vous-vous pouvez asseurer que sans autre recommandation j'embrasseray non seulement ceste affaire, ains toute autre que je sçauray vous estre agreable. Je croy que Monsieur vostre mary vous a peu mander comme Monsieur le President advertit vostre rapporteur, de s'en appester. C'est un premier acheminement, qui prendra comme j'espere, plus beau traict. Et à la mienne volonté à meilleures enseignes, & en sujet moins fascheux, je vous peusse faire paroistre le desir que j'ay de vous obeir. Toutesfois, par ce que je m'asseure que n'en faictes doubte, je me contenteray de vous escrire, que faciez cest estat en vous, que je n'oubliray rien pendant vostre absence de ce que je penseray vous concerner : mais à la charge aussi que vous ne vous oublierez point de delà, & prendrez temps & mesure de vostre retour, non seulement pour ne permettre que sentions si long-temps eclipsé de vostre Soleil, mais aussi que je suis seur que vostre presence redoublera les forces, aux poursuites qu'il convient faire. Et sur cest advertissement je clortay ma lettre, mais avec une ouverture de mes tres-affectionnées recommandations à vos bonnes graces. A Dieu.

FIN DV DEVXIESME LIVRE.

LES LETTRES D'ESTIENNE PASQUIER

Conseiller & Advocat General du Roy en la Chambre des Comptes de Paris.

LIVRE TROISIESME.

LETTRE I.

A Messieurs Robert & Fournier, Docteurs Regents és Droits en l'Université d'Orleans.

S'il seroit bon que le consentement des peres & meres fust requis de necessité aux mariages de leurs enfans.

'Edict des mariages a esté publié en nostre Cour de Parlement, grand certes & magnifique, mais plus grand si vous entendiez le motif, parce que quelques-uns de ceux qui tiennent des premiers lieux de la France en ont esté cause. L'on dict que la plus part des mauvais exemples provient ordinairement des choses qui furent autrefois sainement & sainctement ordonnées, qui se tournent avec le temps en abus. Au contraire, jamais ne fut bonne loy, qui ne soit provenuë de quelque scandale. Il faut que la maladie soit venuë, avant que l'on trouve le remede. Quant à cest Edict, chacun s'en esjoüit comme beau & digne d'un Roy. Moy seul, comme un autre Timon & Misanthrope, le pleure, gemis, & lamente, non que je ne sois bien aise de l'authorité que l'on donne aux Peres dessus leurs enfans, mais par ce que je suis marry que l'on ne leur en octroye davantage, & que tout ainsi qu'Alexandre le grand estant arrivé en Asie, ne s'amusa de desnoüer les entre-las du nœud Gordien, comme les autres Princes qui y avoient passé devant luy; ains pour en venir plustost à chef, le coupa tout à faict: aussi que l'on eust franchy le pas, & que par une ordonnance faicte du commun consentement de l'Eglise Gallicane, on eust declaré tous mariages des enfans, nuls, esquels il n'y auroit que les simples paroles de present, sans l'authorité & consentement des peres & meres. En cest endroit j'ay pitié de nostre France, qui ne fut jamais lasse de reduire toutes les choses Ecclesiastiques, en une bonne & loüable discipline, &

qu'en ce faict-cy elle n'ait osé y mettre la derniere main. Nos ancestres cognoissans combien c'estoit chose de mauvais exemple, qu'un enfant au dessous de vingt-cinq ans fust estimé marié par les paroles de present au prejudice de l'authorité paternelle, introduisirent en l'action de Rapt (que nous appellons vulgairement *Raptum in parentes*) qui est incogneuë à toutes autres nations; par laquelle on permettroit aux peres & meres, voire aux tuteurs, d'accuser devant le Juge Royal celuy ou celle qui par telle affeterie de paroles auroit attiré & suborné à un mariage, l'un de leurs enfans : & est ceste poursuitte, de telle puissance & effect, que pendant le cours d'icelle, elle suspend & arreste toutes les procedures que l'on pourroit faire pardevant un Official & Juge d'Eglise pour la validité du mariage. Mais quel fruict avez-vous jamais rapporté de ceste accusation? Non autre, sinon que comme vrays François, nous sommes du commencement plus forts que les hommes, mais enfin plus foibles que femmes. Chacun fut à la premiere pointe de ceste poursuitte se remuë chaudement, les Juges mesmes semblent infiniment favoriser ceux qui en font plainte; mais au partir de là, vous ne vites jamais que l'on en ait fait une punition exemplaire, & que pour fin de compte, celuy-là qui a commis le rapt ne demeure victorieux, & de la justice, & de la famille affligée; demeurant avec le temps en pleine possession de celle qu'il a ravie. De ma part j'estime, ou que du tout il ne falloit introduire entre nous ceste occasion, ou qu'il estoit de besoin de la terminer par la mort de celuy qui avoit forfait; afin qu'en la dissolution de sa vie, se trouvast aussi la fin & dissolu-

Ce que l'on appelle entre nous Rapt faict aux parens.

Tome II.   D   tion

tion de son mariage. Maintenant par ce nouvel Edict, on permet d'abondant, aux peres & meres d'exhereder leurs enfans, lesquels auront esté si mal advisez que d'entrer en ce lien de mariage sans leur vouloir. Mais, ô bon Dieu ! n'est-ce une chose cruelle, quand en executant une vangeance, il faut qu'elle retombe sur celuy-mesme qui l'execute ? J'ay donné l'estre à mon enfant, sous une opinion de luy donner le bien estre ; je l'ay nourry, ou aux lettres, ou aux armes, en intention d'en faire un homme de bien : j'ay, si ainsi le faut dire, passé les erreurs d'un Hercule pour dompter en luy les monstres qui envahissent ordinairement une jeunesse forte en bride : enfin, s'il est trouvé vaincu d'une desbordée volupté, masquée d'un faux visage de mariage, est-ce pas rendre ma vieillesse trés-malheureuse, que non seulement je voye ce sot, à demy miserable, pour estre follement lié, mais que pour toute consolation je n'ay recours qu'à le rendre du tout miserable, par une exheredation que la loy met entre mes mains ? Il est forgeron de sa misere (me dira-t'on) mais moy plustost de la mienne, & de la sienne ensemblement (repondray-je.) Quelque autre qui pensera estre plus advisé adjoustera, qu'il vaut mieux y apporter ceste bride, que de laisser voguer & huctuer les mariages, à l'abandon d'une desordonnée jeunesse : car, comme disoit Hipocrat, aux maladies aigues & extremes, il y faut apporter remedes de mesme. O combien il eust esté plus seant de ne tomber en ces extremitez, & par une Ordonnance conciliaire, declarer ces mariages du tout nuls ! Il me souvient de ce que dit ce grand personnage Erasme, en un Colloque, où il fait parler une fille qui avoit voüé perpetuelle virginité. Quelques-uns (fait-il) nomment mariage, ores qu'il ait esté fait au desceu, ou contre la volonté des peres & meres par paroles de present (car ainsi l'appellent-ils) choses toutesfois que ny le sens commun, ny les loix anciennes de Rome, ny la doctrine Apostolique n'approuve. Il pouvoit adjouster, que ny les Canons & saincts Decrets, mais il n'osa : voilà beaucoup de sujets en peu de paroles. Je ne veux pas asseurer que ce qu'il dit soit veritable, mais je souhaiterois qu'il le fust : car en somme, je ne vous escris icy qu'un souhait. Premierement, si l'enfant pour estre procreé de la substance, tant paternelle que maternelle, represente ceste Androgyne, qui fut figurée par les anciens, par ce qu'en luy, se peuvent lire les mœurs & esprit du pere & de la mere, si nous nous marions seulement pour avoir lignée, & que ceste envie provienne d'une plus haute envie, qui est de nous immortaliser en ce bas estre, par provignement de l'un & l'autre, certainement il semble que ce soit pervertir tout ordre de nature, que l'on permette à celuy, auquel j'ay donné la vie, de pourchasser ma perpetuation en autre sujet que celuy que je desire. Je ne vous diray point que du droict ancien des Romains, le consentement du pere y estoit requis. Mais si nous avons emprunté de ce droict que l'enfant mineur d'ans, ne puisse aliener son bien, sans l'authorité de son tuteur, n'est-ce faillir en sens commun de luy permettre l'alienation de son corps, sans le consentement de ses pere & mere ? Si vous considerez ce qui est de la Loy de Dieu, recognoissez les bons Patriarches du vieux Testament, leurs mariages sont bornez en la volonté bien reiglée d'un pere : & là où fut la malediction, comme en Esau, là aussi ne fut interposée l'authorité paternelle au mariage ; mais pourquoy m'arresteray-je seulement au vieux Testament ? Quand S. Paul parle des mariages, en baille-il la jurisdiction aux enfans ? Il s'adresse nommément aux peres : si tu maries ta fille, tu fais bien, si tu ne la maries, tu fais mieux : & si vous descendez plus bas, vous trouverez ceste reigle avoir esté trés-longuement observée entre les Chrestiens, de siecle en siecle. Permettez-moy de favoriser à bonnes enseignes mon souhait. Tertullian au livre qu'il escrit à sa femme, non seulement requiert ceste mesme authorité, mais qui plus est, la confirme de tant ; que si les Payens qui ne voyoient la lumiere de Dieu que dans les tenebres, voulurent le mariage estre nul, s'il n'estoit authorisé du pere ; com-

bien donc ques (dit-il) nous autres Chrestiens qui sommes imbus d'un meilleur enclin, devons-nous avoir ceste proposition empreinte dedans nos poitrines ? Et S. Ambroise confirme mon opinion par l'authorité d'Euripide, la part, où faisant parler Hermione à Orestes ; Mon pere (dit-elle) aura le soin & charge de mes nopces cela ne me regarde en rien. Chose qui fut tant recommandée par ces bons vieux Peres & Docteurs de l'Eglise, qu'ils appellerent plustost une honte & paillardise, que mariages, telles folles conjonctions qui se faisoient contre le gré des peres & meres. Et pour vous monstrer clairement que l'on n'en faisoit nulle doute, c'est qu'il n'y a celuy qui ne sçache que l'Empereur Justinian estoit Chrestien ; du temps duquel il est certain, que ceste mesme authorité estoit essentiellement requise en tous mariages des enfans, comme nous apprenons des loix, ausquelles il donna vogue par l'entremise de Tribonian : ce qui sortit tel effect, que nous trouvons dedans nostre France, non des personnes vulgaires, ains des enfans de Roys, Carloman & Louys surnommé le Faineant, avoir esté tenus pour bastards, non pour autre cause, sinon qu'ils avoyent esté engendrez d'un mariage de Louys le Begue, fait & consommé sans le consentement du Roy Charles le Chauve son pere, comme vous pourrez apprendre de Reginon, qui attoucha presque ce temps-là. Je ne trouve point qu'il y ait eu depuis, Concile qui ait osté ceste belle jurisdiction aux peres à l'endroit de leurs enfans. Bien sçay-je que depuis quelques centaines d'ans, quelques Moines rapetasseurs de vieilles gloses, nous ont insinué ceste barbare & brute opinion, que de Droict Canon, le consentement des peres & meres, n'estoit requis aux mariages de leurs enfans, que par honneur, & non de necessité. Ceux-cy firent perpetuelle profession de celibat. Et à la mienne volonté que tout ainsi que ce sage Roy de Sparte Agesilaüs, estant par quelque lien amy surpris, faisant l'enfant avec ses enfans, le pria de suspendre son jugement de ce qu'il avoir veu jusques à ce qu'il fut pere : aussi que tous ces Moines ne le fussent empeschez d'interposer leur opinion sur le faict des mariages, puis que leur vœu & reigle les dispensoit d'estre peres. Cela a fait qu'ils ont mesuré l'affection paternelle, à la leur propre, je veux dire à l'affection commune & triviale. Mais il convient separer l'honneur, de la necessité. C'est vrayement l'advis de ces gens nourris en l'obscurité d'un cloistre. Je ne vous rameneveray en ce lieu, la noblesse de nostre France, qui sur une pointille d'honneur, fait estat de perdre la vie. Cela tient plus du Paganisme, que du Chrestien. Je vous diray que tout ainsi que le Stoique soustenoit que ceux qui premiers separerent l'utilité d'avec l'honnesteté, gasterent l'ordre de tout cest Univers : aussi firent le semblable ceux-là qui nous desjoignirent l'honneur d'avecques la necessité. Vray Dieu ! quand ce grand Justinian establit trois theoremes generaux de tout le droit, l'honnesteté, ne mesfaire à autruy, rendre à chacun ce qui est sien, mettoit-il pour premiere pointe ceste honnesteté pour la tourner seulement en termes de curialité, & les deux autres preceptes fussent de necessité precise ? Je ne veux combattre ces Moines que par nos Docteurs de l'Eglise : feuilletez les Offices de S. Ambroise, vous cognoistrez combien l'honneur & la necessité fraternisent ensemblement. Mais il ne faut point separer (me direz-vous) ceux que Dieu a liez ensemble par le ministere de son Eglise. Si une proximité de lignage, qui est dans le quatriesme degré, si une simple alliance & affinité, si une cognation spirituelle peuvent empescher tous mariages, nonobstant & les paroles de present, & l'intervention de l'Eglise, qui nous empesche d'en faire autant des mariages, esquels le consentement & authorité paternelle & maternelle a esté negligée ? D'avantage, appellerez-vous conjonction de l'Eglise, une alliance qui se fait contre la volonté du pere, auquel Dieu veut estre aprés luy porté sur toutes choses, obeissance ? Direz-vous conjonction de Dieu, celle qui sera bastie sur un appetit charnel & desordonné, sur une opinion

opinion brutale, qui enyvre ordinairement les effects de nostre raison? Je ne m'ose persuader quand une jeunesse éventée n'a autre guide qu'une demesurée passion, que Dieu se mette de la partie. Or en petille qui voudra, il ne me peut entrer en la teste, que le Droict Canon ait rien en cecy, innové au droit des Romains. Vous trouvez dans les Decretales, que les paroles de present font le mariage, aussi faisoient-elles par les loix de Rome. Mais pour cela n'estoit exclus du mariage des enfans, le consentement paternel. Bien seray-je d'accord que si ces paroles estoyent revestuës de l'attouchement charnel, nous avons textes exprés en nos Decretales, qui ne permettent de denoüer le mariage, ores que le pere n'y eust consenty; mais en cecy encores ne contrevenons-nous rien au Droit des Romains, comme nous apprenons de Paule le Jurisconsulte, au troisiesme livre de ses Sentences. Brief, l'ignorance de nos glossateurs a introduit ceste opinion entre nous : car toutes & quantes-fois qu'ils veulent soustenir le consentement des peres, n'estre requis aux mariages de leurs enfans, ils se prevalent tout aussi-tost du Canon *Sufficiat*, qui n'en parle ny loing ny prés. Parce qu'en ce lieu, il s'agit tant seulement de sçavoir si pour la perfection du mariage, le consentement seul y est suffisant, ou bien qu'avecques iceluy la copulation charnelle y soit requise. A quoy il conclud que le seul consentement y est suffisant. Et le preuve premierement par l'authorité de la loy Civile. Puis venant à ce qui estoit de la loy de Dieu, il authorise sa proposition par l'exemple de la Vierge Marie, qui avoit voüé perpetuelle virginité, & toutesfois l'on ne peut dire qu'elle n'eust esté la vraye femme & espouse de Joseph. Et de faict, aprés que Gratian a deduit amplement ce poinct-là, venant puis aprés en une autre question, à traiter si le consentement des peres & meres estoit necessaire aux mariages de leurs enfans, il soustient que toutes choses degenerent contre tous mariages, ausquels les enfans n'ont interposé la volonté de leurs peres & meres. Je ne veux pas icy combattre une longue ancienneté, j'entreprendrois trop fort party : aussi ne vous ay-je pas dit du commencement de ma lettre, que le consentement des peres & meres y fust requis de necessité, ains seulement que je le souhaiterois. Tout ainsi que l'on ne peut bannir les esperances de nous, aussi ne peut-on oster nos souhaits. Ce sont choses esquelles les plus petits & miserables se flattent & chatoüillent aussi bien comme les plus grands, & sur quoy ils trompent & endorment le deschet de leurs fortunes, se rendans en cecy esgaux avecques les Princes. Je desire que sans replastrer, on ordonnast pour une bonne & stable loy que le mariage des enfans fust nul, auquel les peres & meres n'auroient interposé leur authorité. Si bien ou mal je desire, vous m'en manderez vostre advis, & y adjousterez & soustrairez, ainsi que le bon Arithmeticien : n'ayant en particulier espousé ceste opinion, ains souhaitant sans plus que l'on l'espouse. A Dieu.

LETTRE II.

A Monsieur de Foussomme, Gentilhomme Vermandois.

Si la vefue faisant folie de son corps doit descheoir de ses conventious matrimoniales.

JE le veux, si vous voulez que je le vueille, mais je vous puis dire, que ny le Droict Civil des Romains, ny la raison commune, ne veulent que la vefue faisant folie de son corps, perde son doüaire, tout ainsi comme si elle avoit forfaict contre son mary, pendant & constant le mariage. Je sçay bien que vous pouvez appeller quelques anciens Docteurs à garans, qui furent induits à mesme opinion que la vostre. Pour autant qu'ils estimerent, que s'il falloit de mesme balance compenser la peine avecques l'honneur, selon la proportion des merites ou demerites, il y avoit grande apparence de chastier à bon escient la vefue qui faisoit tort aux cendres de son mary, puis que pendant sa viduité elle joüissoit des privileges de luy. Opinion certes qui semble prendre ses racines sur l'honnesteté publique, qui n'est pas un petit fondement en Droict, voire qu'il n'y a nulles personnes qui ayent tant d'interest à l'entretenement de ceste proposition, que celles mesmes au desavantage desquelles on la veut establir : car la femme estant foible & de corps & d'entendement au regard de l'homme (foible de corps, qui est l'occasion pour laquelle nous la recevons à l'exercice des armes : foible d'entendement, qui faict que l'on luy interdise l'administration de la Republique) elle n'a qu'un seul moyen, par lequel elle demeure forte, & dont elle triomphe des hommes : c'est la conservation de sa pudicité. Bannissez d'elle ce seul poinct, vous la rendez esclave des plus petits, ores qu'elle fust Princesse; au contraire qu'elle la conserve, elle triomphe des Princes, jaçoit que pauvre & petite. Par ainsi, de premiere rencontre, cette opinion a je ne sçay quoy de specieux, ce neantmoins captieux si vous venez à vostre second penser. Parceque quand le legislateur permit au mary d'accuser sa femme d'adultere, il y apporta une infinité de respects qui ne tombent, ny en l'heritier, ny en la vefue. Il estima que la femme forfaisant envers son mary, estoit beaucoup moins excusable que la vefue, pour avoir un moyen honneste de tromper les pointes de sa chair, par l'object qui luy estoit donné par la loy. Il estima encores qu'elle ne pouvoit apporter un enfant faux & dérobé à son mary. Davantage, que le mary ne seroit aisément induit à intenter ceste poursuite, s'il n'estoit outré d'une trés-juste douleur, comme ainsi fut que sa femme estant sa moitié, le des-honneur d'elle redondoit sur luy. Et finalement on mit es mains de la femme une deffense trés-poignante encontre son mary : estant par exprés enjoint aux Juges d'examiner soigneusement si le mary avoit servy de miroüer de bien ou mal faire à sa femme. Estimant chose de pernicieux exemple, de requerir en elle une chasteté estroite, dont il auroit esté le premier infracteur. Toutes ces particularitez se rencontrent-elles en une vefue? Nenny vrayement : car laissant à part, qu'aprés le decez du mary, la femme commence d'estre joüissante de ses droits, encores trouverez-vous, qu'elle n'a ny subject, ny lequel elle puisse apporter refrigere à ses passions naturelles, ny que s'oubliant de son honneur, elle transporte en la famille de son feu mary, un enfant putatif, qui luy se puisse pour ses deffenses, prevaloir contre l'impudicité de l'heritier. Partant si elle estoit assaillie, on luy osteroit les armes naturelles pour parer aux coups. Et à peu dire, le mary ne venant (comme j'ay dict) que timidement à ceste accusation, & aprés avoir quelques-fois sondé tous les moyens pour reconcilier sa femme avec son honneur, si vous y admettiez l'heritier qui n'a en pensement que le bien, en ouvrant la porte à ceste accusation, vous l'ouvririez tout d'une main à la calomnie, & n'y auroit vefve, si femme de bien fust-elle, qui peust faire bouclier de sa conscience contre les calomnieuses poursuites. Brief, il y auroit grandement à craindre que la loy ne fit plus de mal que les femmes. Ce furent (ce me semble) les causes pour lesquelles ce grand Jurisconsulte Papinian traittant de la matiere des adulteres, disoit que si quelque-fois par mesgarde, on avoit compris sous le nom d'adultere, la honte de la fille ou de la femme vefve, c'estoit trés-abusivement parler. Et en un autre passage, il dict que l'heritier n'a nulle reprimende ou esgard sur les mœurs de la vefue du defunct. Chose que l'on tient pour trés-veritable, n'estoit que le mary eust de son vivant fait appeller sa femme en Justice : car lors, l'heritier peut reprendre les arrhemens de ceste poursuite, & non autrement. Et de faict, vous ne trouverez en tout le Droict des Romains aucune peine ordonnée à la vefve, sinon à celle qui se remarioit dedans l'an de son deüil, ou qui ne se remariant, avoit enfant après l'onziesme mois du mesme an. En l'un & l'autre desquels cas, l'heritier gaignoit en pure perte sur elle son augment de dot, & les dons & advantages qu'elle avoit receus de son mary. Ce n'est donc point que par oubliance, la faute des vefves soit passée devant les yeux des anciens. Ils s'en sont fort bien souvenus, mais ils ne penserent rien appartenir à la memoire du deffunct, horsmis ce qui estoit commis par la vefve, dedans le premier an de son vefvage, qu'ils estimerent estre affecté à l'honneur de son premier lict ; mais elle joüit des privileges de feu son mary, dites-vous ? Il ne faut pas pour cela induire qu'elle doive deschoir de toutes ses conventions matrimoniales. Tout ainsi comme la vefve convolant en seconde nopces, perd les privileges dont elle joüissoit, faictes que l'autre forfaisant les perde aussi, afin qu'elle ne soit de plus grand merite & recommandation en son impudicité, que la femme honneste (qui se remarie) en sa chasteté. C'est en effect toute la peine à quoy peut aboutir ceste faute. Ny pour cela je ne veux pas que vous m'estimiez Advocat de l'incontinence des vefves. J'entends sans plus, bannir la calomnie des hommes, & non la chaste honnesteté des femmes : faisant ce perpetuel jugement en moy, que la femme perd beaucoup plus que son doüaire, quand elle faict perte de son honneur, sans lequel elle ne doit souhaiter de vivre. A Dieu.

LETTRE III.

A Monsieur de Querquifinen, Seigneur d'Ardivilliers.

Sommaire discours des terres que l'on appelle neufves.

C'Est grand cas que jamais nos anciens n'ayent eu cognoissance de toute ceste Amerique, que nous appellons Terres neufves. Non qu'elles soyent moins vieilles que les nostres, ains parce qu'elles ont esté seulement depuis cent ans en çà, descouvertes par quelques mariniers Portugais. Et neantmoins vrayement neufves, si vous parangonnez les mœurs brusques de leurs peuples, avecques la civilité des nostres. Quelque Gentil-homme que je rencontray, n'agueres, à Sainct Germain en Laye, qui avoit esté au Brezil, me racontoit qu'en ce pays là, les hommes vont tout nuds, sans cacher leurs parties honteuses, & que ceux qui veulent faire les plus braves, y portent quelques petites feuilles d'arbres. Et que quand ils veulent coucher de la grandeur, ils frottent leurs corps de gomme, qu'ils convrent en après de duvet de Perroquets, & autres telles especes d'oyseaux. Quant à leur administration politique, ils n'ont nuls Magistrats, nulle ville, nulle forme de republique, fors qu'ils sont divisez en familles selon leurs consanguinitez & parentelles, sur lesquelles le plus ancien a toute jurisdiction & esgard. Chaque famille contient environ quatre cens, tant d'hommes que femmes. Leurs maisons sont sans huis, exposées à tous venans & allans. Les biens toutes-fois non communs, non plus que les femmes. Celles qui sont surprises par leurs maris, sont par eux tuées, puis mangées. Ils s'entre-font la guerre de païs à païs, ceux qui sont pris, sont soudain destinez à la mort. Et n'ayans autre prison que de leur foy, on les engresse quelquetemps, puis le temps de les massacrer venu, l'on faict un banquet de parade, où l'on convie les principaux parens & amis, il on enyvre le patient, que l'on faict disner, & puis dancer après le repas, avec les autres, & au milieu de la dance on l'assomme. Son corps mis en pieces, on en faict des presents, comme les veneurs de la venaison. Sa teste est penduë devant la maison de son maistre, pour faire monstre de sa victoire. Des dents, on en faict des chaisnes qu'ils portent autour de leur col. Et n'ont ces Sauvages plus grand' vengeance, que de manger leurs ennemis, ny plus grand tesmoignage d'inimitié contre un homme, que quand ils le menacent de le manger. Supputans, au demeurant, leurs ans, par les Lunes, ainsi que nous, au cours du Soleil. Voylà en somme, ce que j'ay appris de ce Gentil-homme, si vray ou non, je m'en rapporte à ce qui en est. L'on dict que celuy peut impunement mentir, qui vient de loing. Quant à moy je vous debite ceste marchandise pour le prix qu'elle m'a cousté, aymant mieux le croire, que de l'aller veoir : ayant aussi mieux aymé charger le present messager de ce conte, que de le laisser en aller par devers vous les mains vuides. A Dieu.

LETTRE IV.

A Monsieur Ramus, Professeur du Roy, en la Philosophie & Mathematiques.

Sçavoir si l'orthographe François se se doit accorder avec le parler.

OR sus, je vous veux denoncer une forte guerre, & ne m'y veux pas presenter que bien empoint. Car je sçay combien il y a de braves Capitaines qui sont de vostre party. Le premier qui de nostre temps prit ceste querelle en main contre la commune, fut Louys Meigret, & après luy Jacques Pelletier grand Poëte, Arithmeticien, & bon Medecin ; que je puis presque dire avoir esté le premier qui mit nos Poëtes François, hors de page. A la suite desquels vint Jean Antoine de Baïf, amy commun de nous deux, lequel apporta encores des regles & propositions plus estroites. Et finalement vous pour clorre le pas, avez fraischement mis en lumiere une Grammaire Françoise, en laquelle avez encores adjousté une infinité de choses de vostre, plus estranges que les trois autres. Je dy nommément plus estranges ; car plus vous fourvoyez de nostre ancienne ortrographe, & moins je vous puis lire. Autant m'en est-il advenu voulant donner quelques heures à la lecture de vos partisans. Je sçay que vostre proposition est tres-précieuse, de prime rencontre : car si l'escriture est la vraye image du parler, à quoy nous pouvons nous plus estudier que de representer par icelle en son naïf, ce pourquoy elle est inventée : Belles paroles vrayement. Mais je vous dy que quelque diligence que vous y apportiez, il vous est impossible à tous de parvenir au dessus de vostre intention. Je le cognois par vos escrits : car combien que decochiez toutes vos flêches à un mesme blanc, toutesfois nul de vous n'y a sçeu attaindre : ayant chacun son orthographe particuliere, au lieu de celle qui est commune à la France. Comme de faict nous le voyons par l'Apologie que Pelletier a escrit encontre Meigret, où il le reprend de plusieurs traits de son orthographe. Et vous mesmes ne vous rapportez presque en rien par la vostre à celle, ny de Meigret, ny de Pelletier, ny de Baïf. Qui me faict dire que pensant y apporter quelque ordre, vous apportez le desordre : parce que chacun se donnant la mesme
liberté

liberté que vous, se forgera une orthographe particuliere. Ceux qui mettent la main à la plume, prennent leur origine de divers païs de la France, & est mal-aisé qu'en nostre prononciation il ne demeure tousjours en nous je ne sçay quoy du ramage de nostre païs. Je le voy par effect en vous, auquel, quelque longue demeure qu'ayez faite dans la ville de Paris, je recognois de jour à autre plusieurs traits de vostre Picard; tout ainsi que Pollion recognoissoit en Tite-Live, je ne sçay quoy de son Padouan. J'adjouste que soudain que chacun en son particulier se faict accroire estre quelque chose entre nous, aussi nous veut-il servir de mots non meilleurs, ains qu'il nous debite par une fausse persuasion, pour tels. Le Courtisan aux mots douillets, nous couchera de ces paroles, *Reyne, allét, tenét, venét, menét*: comme nous vismes un des Essars, qui pour s'estre acquis quelque reputation par leshuit premiers livres du Roman d'Amadis de Gaule, en ses dernieres traductions de Josephe & de Dom Flores de Gaule, nous servit de ces mots, *Ammonnester, Contenner, Sutil, Calonnier, aministration*, Ni vous ni moy (je m'asseure) ne prononcerons, & moins encore escrirons ces mots de *Reyne, allét, tenét, venét, & menét*, ains demeurerons en nos anciens qui sont forts, *Royne alloit, venoit, tenoit menoit*. Et quant à mon particulier, dés à present, je proteste d'estre resolu & ferme en mon ancienne prononciation, d'*Admonnester, Contemner, Subtil, Calomnier, Administrer*. En quoy mon orthographe sera autre que celle des des Essars, puis que ma prononciation ne se conforme à la sienne. Pelletier, en son dernier livre de l'Orthographe & prononciation Françoise, commande d'oster la lettre G, des paroles esquelles elle ne se prononce, comme en ces mois (dit-il) *Signifier, Regner, Digne*, quant à moy je ne le prononçay jamais qu'avecques le G. En cas semblable Meigret en sa Grammaire Françoise, escrit, *Pouvre & Sarions*; d'autant que vray-semblablement, la prononciation estoit telle, & je croy que celuy qui a la langue Françoise naïfve en main, prononcera, & par consequent escrira, *Pauvre & Sçaurions*. A tant puis que nos prononciations sont diverses, chacun de nous sera partial en son escriture. La volubilité de la langue, est telle, qu'elle s'estudie d'addoucir, ou pour mieux dire, racourcir ce que la plume se donne loy de coucher tout au long par escrit. Et de fait, n'estimez pas que les Romains en ayent usé autrement que nous : car quand je ly dans Suetone, qu'Auguste fust du nombre de ceux qui pensoient qu'il falloit escrire comme on prononçoit, je recueille que l'escriture ne symbolizoit en tout, au parler, ains qu'Auguste, par une opinion particuliere, telle que la nostre, estoit d'un advis contraire à la commune, toutesfois si ne le peut-il gaigner; d'autant que du temps mesmes de Neron, Quintilian nous enseigne que l'on escrivoit autrement qu'on ne prononçoit. C'est une regle generale non seulement en nostre langue, ains en tous vulgaires, que se trouvant une parole close d'une consonante, la consonante perd sa puissance, si le mot qui la suit, commence par une autre, & n'en entendez la force, sinon quand elle est suivie d'une voyelle. Par exemple, je ne *pensez pas que je vous ayme*: le Z de *pensez*, & l'S du *pas* se mangent & elident par les subsequentes consones, & n'y a que l'S de *vous*, qui soit onye & exprimée, pour tomber en une voyelle immediate. Le semblable fut-il aux Romains, comme l'on peut recueillir de ces vers d'Ennius:

Egregie cordatus homo catus Æliu' Sextus.

Où vous voyez à tous les mots qui sont suivis de voyelle, l'S prononcée, & non à celuy d'*Ælius*, parce qu'il estoit recueilly d'un *Sextus*. Ennius escrivoit, vray-semblablement, comme il prononçoit; d'autant que la langue Latine n'estoit encore en sa fleur. Mais la posterité ne trouva pas bonne, ceste maniere d'orthographe, ores que la prononciation fut plus courte. Ostez de nostre escriture les lettres que nous ne prononçons pas, vous introduirez un chaos en l'ordre de nostre Grammaire,

Que les Romains n'orthographioient comme ils prononçoient.

& ferez perdre la cognoissance de l'origine de la plus grande partie de nos mots. Confondant singulier & plurier ensemble: parce qu'en ces mots *Il fait & ils font*, le mot d'*Il* se prononce tout d'une mesme teneur, & represente neantmoins divers nombres. Car quant à ce que vous vantez faire beaucoup par vostre opinion pour l'estranger, qui voudra apprendre nostre langue, pour autant qu'il apprendra en la lisant, à la prononcer, si vous le pensez, vous vous mesprenez grandement. Estimez-vous que pour estre le Latin escrit tout de son long, nous le prononçons à son naïf? De ma part, je croy que si Ciceron, Cesar, Salluste & tous ces grands Autheurs de la langue Latine revenoient en leur premier estre, & qu'ils nous ouyssent parler leur langage, ils ne nous entendroient pas, ains trouveroient nos prononciations agencées, les unes à la Françoise, autres à l'Espagnole, autres à l'Alemande, selon la diversité des nations. Chose que vous mesmes recognoissiez en passant dans vostre Grammaire Françoise, & dont nous fismes ample preuve dans la ville d'Estampe, en l'an mil cinq cens soixante sept, Monsieur Loysel & moy allans aux grands jours de Poitiers, où ayans rencontre un escolier Allemant, qui nous voulut entretenir en Latin, nous n'en entendions pas la moitié, ni luy de nous. Ce que je cogneus à l'œil, provenir de ce qu'en parlant Latin, il ne se pouvoit dispenser de la prononciation de son païs à nous incogneuë, ni nous de la nostre. Aussi faut-il que vous me confessiez qu'il y a quelque naïfveté en la prononciation de toutes langues, que l'on ne sçauroit representer dessus le papier. Je le vous verifieray en peu de paroles sur le sujet mesmes du Latin. Priscian en son premier livre, remarque que Pline disoit que la lettre de L recevoit trois divers sons selon qu'elle se rencontroit diversement avec unes & autres lettres : y a-t'il aucun de nous qui puisse maintenant sentir ceste diversité de sons? Je croy que Priscian mesmes ne le sentoit pas, & que l'intervalle des ans en avoit fait perdre l'usage en son temps, veu qu'au faict de la prononciation de la langue il alleguoit l'autorité de Pline. Le semblable est-il en nostre langue Françoise, en laquelle il y a une infinité de choses qui tombent en nostre parler, que nous ne sçaurions figurer par escrit. Qu'ainsi ne soit, il n'y a lettre qui soit tant solemnisée, ni que nous mettions tant en œuvre, comme l'*E*. Or tout ainsi qu'il nous est familier, aussi en avons-nous faict deux especes; l'un que nous appellons masculin, l'autre feminin. Quant au masculin, nous l'avons accommodé en trois sortes, que je ne vous puis exprimer que par exemples, & encores à ceux qui sont nourris en nostre vulgaire. En la derniere syllabe de *René* vous y voyez un son, usez maintenant de ce mot de *cet*, pour dire, *Cet homme a fait cela*: vous y cognoissez un autre air : passez à ce mot de *c'est*, comme quand nous disons, *c'est un tres-grand homme de bien*, il y a un son beaucoup plus eslevé qu'aux deux autres. Donnez des façons nouvelles qu'il vous plaira, par vostre orthographe à ces trois *E* masculins, encores vous trouverez-vous court de vostre opinion : & beaucoup plus en l'*E* feminin qui n'a qu'un demy son entre nous, incogneu presque à toutes autres nations, & neantmoins à nous si commun, que soit en rime plate ou croisée, il faut pour la grace, que de quatre vers, les deux se terminent en l'*E* feminin. Nous escrivons la derniere personne du plurier, aux verbes de la premiere conjugaison par *ent* comme ils, *aiment, donnent, logent*, & autres. J'advoüe que nous ne prononçons point l'*N*. Ce que Pelletier aussi & Meigret cognoissans, l'ostent; se contentans de marquer ceste troisiesme personne par un *E* feminin conjoint avec un *T*, & disent *Aimet, Donnet, Loget, & Bouget*. Presupposez que leurs livres tombent entre mains des estrangers qui ne soyent nourris en nostre langue, s'adviseront-ils de prononcer c'est *E*? Non vrayement, ains par l'*E* plain & masculin commun à toutes nations : & à tant, il y aura plus d'absurdité, prononçans ces mots de ceste façon, que s'ils les prononçoyent à la Poitevine avecques l'*N*. Mesnagez comme il vous plaira les lettres de

D iij

L & N, que nous appellons mignardes, je meure s'il est en voftre puiffance de vous rendre plus entendible par voftre nouvelle ortographe, que nous par la noftre ancienne, à ceux qui n'ont cognoiffance de ces mignardifes de lettres. Je viens à ces adverbes qui tombent plus que fouvent en nos bouches, *Diligemment*, *Bonnement*, *Ententivement*, *Doucement*, *Mollement*, *Mignardement*, & une infinité d'autres, il ne vous fera poffible de defigner par figure leur derniere fyllabe, ainfi qu'elle eft prononcée. Que nous ne prononçions l'*E* pur, j'en fuis d'accord : il n'y a que le Picard qui le prononce, & par cefte prononciation on cognoift du premier coup qu'on eft extrait de Picardie. Que nous le prononçions en *A*, comme Pelletier l'a voulu efcrire (car il efcrit *Doucemant*, *Diligemmant*) je le nie. Le feul mot de *Nuitamment* le vous fera paroiftre, auquel vous cognoiftrez combien l'*A* de *Tam* eft prononcé d'autre façon que le *Ment*. C'eft donc une prononciation qui naift avec nous entre l'*A* & l'*E*, que l'on ne fçauroit en aucune façon que ce foit exprimer deffus le papier. Afin que je ne paffe fous filence que pendant que voftre vœu eft de nous garentir d'une extremité de vice, vous tombez

Les diphthongues oy & ay Francoises.

en un plus grand vice. Nous avons une diphthongue *Oy*, qui eft née avec nous, ou qui par une poffeffion immemoriale s'y eft tournée en nature. Diphthongue des pieça recogneüe eftre noftre par les eftrangers ; car ce docte perfonnage Erafme l'a fçeu fort bien remarquer en fon livre de la Prononciation. Puis qu'elle nous eft naturelle, & que l'eftranger ne s'en eft pas voulu rendre incapable, quelle faute a t-elle commife depuis pour laquelle il la falle exterminer de la France? Au lieu d'icelle, vous avez introduit un *OE*, & au lieu de ce que nous difons *Moy*, *Toy*, *Soy*, *Roy*, *Loy*, *Foy*, vous dites, *Moé*, *Toé*, *Soé*, *Roé*, *Loé*, & *Foé*. Ce n'eft pas faire conformer l'orthographe à la prononciation, ains vouloir introduire une nouvelle prononciation fous ombre de voftre nouvelle orthographe. Je voy bien qui vous induit à cefte opinion. Vous eftimez que l'*I* fimple, ou l'*Y* Grec ne peuvent produire autre fon, conjoinéts avecque l'*O*, que celuy qui leur eft naturel, eftant feparez. Qui le vous a dit ? Le mefme *v* aux Grecs ne produifit-il point en Grece autre fon que le fien, quand lié & uny avec l'*O* micron on en fit une diphthongue *ω*? Prononcez ceft *v* ou ainfi que Lambin & les modernes font à prefent, du fon de noftre *V* François, ou comme les anciens faifoient en *I* Latin, vous ne trouverez point qu'il face ceft *ω*. Le Grec touteffois ne le trouvera mauvais, & nous ferons fi envieux encontre noftre anciennete, que nous n'admettions le fruict que nous rapporte l'*Y* Grec conjoint avec noftre *O* ? Je voy le femblable eftre advenu en la diphthongue de *ou*, au lieu de laquelle, Monfieur de Baïf a voulu inventer une lettre nouvelle fous cefte forme de diphthongue Grecque *ꙍ*. On pourroit d'une mefme liberté, outre du Grec, ces deux charactères *ω*, fi nous oftons la diphthongue *Oy* qui eft noftre. Et à fin que je vous monftre à l'œil que ce ne fuft pas fans raifon que nos anceftres en la diphthongue d'*Oy* employerent l'*y* Grec, je vous puis dire que c'eft un charactère qui a un fon particulier entre nous, non commun avec toutes autres nations ; quand il eft immediatement fuivy d'une autre voyelle, & qui pour cefte caufe, merite à bonne raifon d'avoir fa place en noftre Alphabet François, autant qu'autre lettre qui foit ; car de ces mots *Moy*, *toy*, *Soy*, nos anciens firent uns *Moyen*, *Toyen*, *Soyen*, *Moyé*, *Toyé*, & *Soyé*. Comme nous voyons dans le Roman de la Rofe, & autres vieux livres que nous avons depuis efchangez en *Mien*, *Tien*, *Sien*, *Mienne*, *Tienne Sienne*. Ne nous eftant refté de cefte antiquité que le mot de *Moitoyen*, que nous approprions aux mœurs, comme fi nous voulions dire qu'il fuft *Mien* & *Tien*. Mais combien que nous ayons perdu l'ufage de telles diétions, fi eft-ce que les mots de *Roy*, *Foy*, *Quoy*, & tels autres, produifent *Royal*, *Loyal*, *Quoye*. Comme auffi voyons-nous femblables derivaifons aux verbes, comme d'*Oüir*, nous difons, *Joy*, puis *l'oye*, de *Voir*, je *Voy*, *Voye*, comme quand

on diét, Dieu vueille que *j'Oye*, que je *Voye*. Sçauriez vous reprefenter le vray fon & energie de noftre prononciation, en pas un de ces mots, quand vous les efcrivez en cefte façon *Loeal*, *Roial*, *Quoée*, *J'oée*, je *Voée* ? C'eft (pardonnez le moy fi je le dy) où n'avoir point d'aureilles pour juger, ou penfer que nous n'en ayons point. Le mefme fe rencontre en l'autre diphthongue, *Ay*, que vous efchangez en un *E* pur : ne confiderant pas que d'un *J'ay*, vienne un *J'aye*, & d'un *Bay* une couleur *Baye*, laquelle s'il vous advient de rendre à voftre façon, vous en ferez une *Bée*, qui eft une prononciation fi ridicule, & que j'appellerois plus volontiers une baye & moquerie, comme approchant plus d'un mot de Bée du Berger de Maiftre Pierre Pathelin, que la couleur Baye que vous voudriez fignifier. Vous voyez doncques que ces deux diphthongues *Oy* & *Ay*, n'ont pas efté introduites par nos anciens, fortuitement, ny fans raifon, comme produifans certaines diétions que l'on ne pourroit autrement prononcer que fous le fon que nous avons donné à la lettre *Y* conjointe avec l'*O* ou *A*. Et mefmement qu'elle a cefte particularité naïfve entre nous autres François, qu'eftant mife au milieu de deux voyelles en un mot, elle produit une prononciation (comme j'ay dit) non commune à toute autre nation, & que vous ne fçauriez defigner par la plume pour en rendre l'eftranger, capable. Cela fe voit en ces mots, *Citoyen*, *Moyen*, *Joye*, *Joyeux*, *Foys*, *Voye*, *Playe*, *Raye*, *Gaye*, *Saye*. Je le vous reprefenteray par exemple afiez familier en ce mot, *Royet*, fi vous l'efcrivez par un *I* en forme de voyelle, vous en ferez trois fyllabes *Roier*, fi en forme de confonante, vous en ferez un *Roger*, comme s'il eftoit efcrit par *G*, fi en voftre maniere, un *Roëer* : & foit lequel des trois qu'il vous plaira, ce n'eft point ce que nous prononçons en y mettant la lettre d'*Y* Grec, qui nous faiét un fon meflé, participant partie de la lettre *O*, partie de la lettre *E*, & ne tient ny de l'une ny de l'autre, faifans de ce mot *Royer*, deux fyllabes, tant feulement. Je veux doncques dire & conclure qu'en vain voulez-vous debuter noftre orthographe de fa vieille poffeffion, fi par voftre innovation vous ne profitez, ny aux voftres, ny aux eftrangers : aux voftres, qui fe trouvent beaucoup plus empefchez à dechifrer voftre nouvelle orthographie, que l'ancienne : à l'eftranger, pour ne luy pouvoir figurer ce que pouvoit noftre commune prononciation. Et fi vous adjoufteray (outre ce que je vous ay difcouru des deux diphthongues, *Oy* & *Ay*) que vous corrigez plufieurs autres particularitez en noftre efcriture, fans raifon. Confiderons ces deux lettres (que les uns appellent mignardes, les autres, molles) L & N, dont la premiere nous eft commune avec l'Efpagnol & Italien ; la feconde avec l'Efpaignol feulement. Celle-là nous eft reprefentée par l'Efpagnol, par deux *LL*, & par l'Italien par *G L*, comme vous voyez en ces mots *Gli figliuoli*. Je vous fupplie oftez-moy, fi je fut jamais plus d'incertitude que vous y apportez ? Par ce qu'oftant noftre vieille orthographe, avez chacun de vous innové divers charactères, efquels je me trouve beaucoup plus empefché à trouver le fon du mol de cefte lettre, que ne je faifois auparavant. Or voyez avec quel foing, & diligence nos anceftres nous voulurent figurer ce fon : car ils ne fe contenterent pas d'accoupler les deux *LL* enfemble, mais devant icelles adjoufterent un *I* en cefte façon *ILL* pour monftrer que cefte *L* contient obliquement en foy un *I* qu'il faut, fi ainfi voulez le die, prononcer fans le prononcer. Par exemple, mettez ces trois mots en avant, *Baller*, qui fignifie dancer, *Ballier*, qui veut dire nettoyer, & *Bailler*, qui eft donner. Au premier, vous prononcez *L* fermement, au fecond vous prononcez le fon de l'*I* entierement, avec *L*, au troifiefme vous entrevefchez l'*I* dedans *L*. Et c'eft pourquoy ils retirerent ceft *I* devant les deux *LL*, pour monftrer qu'il ne falloit pas prononcer avec un fi plein fon qu'en *Ballier*, mais auffi qu'il ne falloit pas oublier, comme en ce mot de Baller, où il n'eftoit point inferé. Le femblable firent-ils en l'*N* mignarde, que les Efpagnols figurent par une feule figure, nous par *Ign*, *Seigneur*, *Poignarder*,

Poignarder, *gaigner*. Si vous dites *Senieur*, vous prononcez l'*S* pleinement avec l'*N*, si *Seigneur*, vous ne le dites qu'à demy. Or de c'est entre-las d'*I* & *N* avec le *G*, vous en avez faict l'*N* mignarde. Il n'est pas qu'il n'y ait quelque raison en une orthographe que nous avons veuë autre-fois en ce mot d'*Un* que l'on escrivoit avec un *G* au bout, lettre qui sembloit du tout superfluë, de quelque costé que l'on voulust tourner sa pensée. Mais cela advint pour autant qu'auparavant l'impression, aux livres que l'on escrivoit à la main, on cottoit les nombres par leurs figures 1. 11. 111. 1111. V. VI. VII. & ainsi des autres suivans : & quand on commença de les corter par leurs noms, on adjousta à l'*Un* le *G* pour oster l'equivoque qui eust peu advenir entre ce mot & le nombre de sept, representé par sa figure de VII. Mais ce dernier poinct soit par moy touché en passant. A quel propos donc tout cela ? Non certes pour autre raison, sinon pour vous monstrer qu'il ne faut pas estimer que nos ancestres ayent temerairement ortographié, de la façon qu'ils ont faict, ny par consequent qu'il faille aisément rien remuer de l'ancienneté, laquelle nous devons estimer l'un des plus beaux simulachres qui se puisse presenter devant nous, & qu'avant que de rien attenter au prejudice d'icelle, il nous faut presenter la corde au col, comme en la republique des Locriens : & à peu dire que tout ainsi qu'anciennement en la ville de Marseille ils executoyent leur haute justice avec un vieux glaive enroüillié, aymans mieux user de celuy-là, que d'en rechercher un autre qui fust franchement esmoulu, aussi que nous devons demeurer en nostre vieille plume : je ne dy pas que s'il se trouve quelques choses aigres, l'on n'y puisse apporter quelque douceur & attrempance, mais de bouleverser en tout & par tout sens dessus dessous nostre orthographe, c'est, à mon jugement, gaster tout. Les longues & anciennes coustumes se doivent petit à petit desnoüer, & suis de l'opinion de ceux qui estiment qu'il vaut mieux conserver une loy en laquelle on est de longue main habitué & nourry, ores qu'il y ait quelque defaut, que sous un pretexte de vouloir pourchasser un plus grand bien, en introduire une nouvelle, pour les inconveniens qui en adviennent auparavant qu'elle ait pris son ply entre les hommes. Chose que je vous prie prendre de bonne part, comme de celuy, lequel, combien qu'il ne condescende à vostre opinion, si vous respecte-t-il & honore pour le bon vouloir qu'il voit que vous portez aux bonnes lettres. A Dieu.

Pourquoy nos anciens escrivoient Un a-vec le G.

Qu'il ne se faut esloigner aisément de l'ancien-neté.

LETTRE V.

A Monsieur Ramus, Professeur du Roy en la Philosophie & Mathematiques.

De la propriété de ceste diction de Sens entre nous, d'où est venuë ceste maniere de parler Sens dessus dessous

J'Attendois une forte responce de vous sur le discours de nostre orthographe, mais puis que n'y avez voulu bailler atteinte, il adviendra paraventure que mes lettres tombans és mains de quelque autre, luy appresteront sujet de parler. Au regard de ce que me mandez que ne pouvez bonnement gouster ceste loquution Françoise *Sens dessus dessous*, dont vous escrivant j'ay usé, vous n'estes pas le premier qui en a faict quelque scrupule : car je voy plusieurs de ceux qui sont en reputation de bien dire, avoir douté d'en user dans leurs traductions : & au lieu d'icelle avoir mis tantost, *Ce dessus dessous*, tantost, *Ce que dessus dessous*. Toutesfois j'espere vous lever fort aisément ce doubte, s'il vous plaist de considerer combien ce mot de *Sens* nous est heureusement familier, quand nous disons que quelque *chose est de tel ou tel sens*, de ceste parole est venuë que nous avons aussi dict, qu'une *Chose est sens dessus dessous*, & encores, *Sens devant derriere*, pour donner à entendre que ce qui devoit estre dessus & dessous, & devant ce qui est derriere. Je croy que par ceste petite demonstration avez occasion d'estre satisfaict. Quant est de moy, je vous asseure que non seulement je ne la rejette, mais au contraire, j'estime que c'est une maniere de parler fort riche, & qui n'a esté rejettée, que par ceux qui n'approfondirent jamais les richesses de nostre langue. A Dieu.

LETTRE VI.

A Monsieur de Fonssomme.

Que nul le na-tion ne peut di-re, si el-le pro-nonce au vray la lan-gue La-tine, comme faisoient les Ro-mains. La di-versité qui s'est rencon-trée en la pro-nocia-tion du C Latin

VOus voulez que je retourne à ma premiere Grammaire, je le feray puis qu'il vous plaist. J'ay dit voirement que combien que nous ayons la langue Latine escrite selon sa naifve orthographe, si croy-je que nulle nation ne prononce le Latin en son naif. Ce que ne devez trouver estrange. Car si le Romain prononçoit autrement qu'il n'escrivoit, comme j'ay discouru par la lettre de Monsieur Ramus, comment est-ce que de son orthographe vous pouvez recueillir la vraye prononciation ? Je franchiray le pas, & vous monstreray piece à piece comme chacun s'en faict accroire ainsi qu'il veut. Nous vismes en nostre jeunesse que les grands maistres du Latin prononçoient le *C* conjoinct avec *E* & *I* en forme d'*S*, puis peu de temps apres qu'ils le prononcerent comme le χ Grec : ne s'avisans pas que pour ne rendre l'*S* inutile ils tomboient en pareil vice, faisans tomber au son d'une seule lettre ce que le Latin voulut exprimer par *C* & *H*. Pour ceste seconde opinion l'on disoit que d'Italien successeur du Romain, faisoit le semblable en sa langue. Il est successeur immediat du Got, qui me faict penser qu'il ne faut pas aisément tirer en exemple. Quoy ? S'il y a une troisiesme opinion qui efface paraventure ces deux autres ? Car si le mot de *Cocus* se devoit escrire par *Cus* ainsi que *Oculus* & *Arcus*, comme nous l'enseigne Priscian en son premier livre ; la rencontre de Ciceron est goffe & froide, quand il rendit le salut au cuisinier devenu Magistrat, *Et tu coce*, où il luy falloit necessairement que ceste lettre de *C* liée avec l'*E*, receut mesme prononciation comme avecques l'*A*. D'ailleurs, pourquoy luy ferons-nous exercer en ces deux voyelles, *E* & *I* autre son qu'en ces trois autres *A O V* ? Veu que le Grec en son κ, que les Latins representent sous leur *C*, usa tout d'un mesme Ton en toutes les voyelles, je dy en α, υ, ι, η, ο, & ω. Et de ceste derniere opinion semble avoir esté Monsieur Ramus en sa Grammaire Françoise, où il s'est contenté d'un seul *C* conjoinct avec toutes sortes de voyelles pour representer ce qu'ordinairement nous faisons avec *Q* & *V*. Car quant au *K* que l'on adjouste en Alphabet soit Latin, soit François, il n'y a homme si peu clair-voyant qui ne juge que c'est une lettre inutile & que l'on y a adjoustée sans propos. Venons au *G*, pourquoy prononçons-nous mollement ces mots *Gnatos*, *Ignavus*, *Ignarus*, si ce n'est à la Françoise ? ou si ce *G* lié avec *N* produise son en ceux-là, pourquoy ne faict-il le pareil en *Gneus* ? Et finalement d'où vient & que l'Allemand & l'Italien le prononcent fortement nous,

& d'une autre sorte que nous? Il faut que ceux-là, ou nous, ayons tort, & n'y a nul qui puisse juger de ce tort. Je vous laisse qu'en ceste mesme lettre l'Alleman apporte tout autre son en ces mots, *Guttur, Gaudeo, Gordius*, les prononçant par *J, Juttur, Jaudeo, Jordius*. Je vous laisse encores qu'il nous est impossible de dire si le Romain prononçoit le *G* és lettres de *E* & *I* autrement qu'en celles de *A, O, V*. Car quant à la lettre de *L*, où recognoistrez-vous en nous les trois divers sons que Pline luy attribuoit? Au regard du *Q* que nous faisons estre suivy naturellement par un *V*, d'où vient que nous prononçons cest *V* avec les lettres de *A, E, & I*, & non avec *l'O*? Et je vous dy qu'il y a grande apparence que l'on le doit aussi bien en *l'A, E & I*. comme en *l'O*, si nous voulons rendre la rencontre de Ciceron de toutes parts accomplie en ce mot de *Coce*, dont j'ay parlé cy-dessus; car si l'on prononçoit *l'U* en la derniere syllabe de *Quoque* adverbe, Ciceron manquoit d'une lettre en son *Coce*. Vous me direz qu'il y a grande apparence que *Cocus* deust estre escrit *Coquus*, & prononcé *Coque*, comme venant de *Coquo, Coquis*; & je vous respons que l'opinion de Priscian estoit que ce mot se devoit orthographier par un *C*, & que les premiers & plus vieux Romains l'escrivans par un *Quu*, c'avoit esté par une licence, ainsi qu'en ces mots, *Arquus & Oquulus*, que la posterité avoit corrigée, escrivant *Arcus, Oculus, Cocus*. Je viens à la lettre de *S*. Auquel des deux adjousterez-vous plus de foy, ou à celuy qui la prononce comme deux *SS* quand elle est entre deux voyelles, *Caussa*, ou à l'autre qui en fait un *Z, Cauza*? Le premier dit que Ciceron en usoit ainsi: l'autre, qu'il a apprit la seconde prononciation de main en main. Pareille difficulté se rencontre en la lettre de *T*, laquelle au milieu d'un mot nous transformons en *TC, Vicium, Convicium*, hormis aux deux genitifs du nombre plurier de *Lis* & *Vitis*, où vous prononcez le *T* pleinement. Pourquoy dessous mesme lettre exerçons-nous divers sons? Ramus prenant ceste consideration en payement, puis quelques ans en çà, a voulu bannir de sa langue ce *TC*; mais tout ainsi que ces genitifs *Litium* & *Vitium*, aussi prononce-t'il *Planities, Convitium*, & tous autres de mesme marque, avec le *T*, plein & naturel: en quoy il est encores repris de tous les autres Regens de nostre Université de Paris. Entant que touche la lettre *V*, il y a beaucoup plus d'obscurité, soit que vous en usiez ou comme d'une consonante, ou bien comme d'une voyelle: si en forme de consonante, les Anciens la prononcerent entre *l'V* & *l'F*, & plus approchant de *l'F*; ce que vous ne faites. Et de fait, le mesme Priscian (que j'ay cy-dessus allegué) expliquant sa valeur, dit, que ceste lettre estant mise au lieu d'une consone, avoit jadis à Rome pareils effects que le digamma Æolique, qu'ils figuroient sous deux *G* Grecs ʃ, & que les Æoliens avoient nommé *Vau*, de la lettre *V*, pour lequel *Vau*, mesmement Jules Cesar avoit voulu mettre la mesme figure ʃ, toutesfois que le long usage surmonta son opinion. Or que la prononciation de ce *Vau* flechissoit plus à *l'F* qu'à *l'V*, la seule figure de ce digamma Æolique nous l'apprend: car mettez deux ʃ Grecs ensemblement, vous en composez l'*F* Latine. Si vous prenez ceste lettre de *V* en sa vraye & originaire nature de voyelle, encores y serez-vous plus empesché de sçavoir s'il la faut prononcer de la façon que nous usons en France, de nostre *U*, ou bien comme font les Italiens, Espagnols, Allemans, en *ou*: la premiere opinion est favorisée d'une raison qui n'est pas petite; car l'on ne fit jamais de doubte que le simple *u* des Grecs, ne se prononçoit selon la diphtongue Grecque *ε*. Or est-il que pour transplanter dans le Latin quelques mots Grecs escrits avec *υ*, ils choisirent la lettre de *U*, comme nous voyons en ces dictions, *ὖς, Sus; μῦς, Mus; ὑπέρ, Super; ὑπέρβιος, Superbus*. Consequemment il y a grande apparence de dire que *l'U* Latin ne se prononçoit, non comme *l'υ* Grec, ains avec la simplicité de son que nous prononçons entre nous. Et de faict, sous

mesme gage, Denys Lambin, Professeur du Roy en la langue Grecque, prononçant *l'υ* Grec, luy donnoit mesme son comme nous faisons à nostre *U* François. Tournez maintenant le feüillet, vous trouverez que quand les Romains voulurent faire Latins quelques mots Grecs qui portoient la diphthongue *ε*, ils y employerent le mesme *U*, comme nous voyons en μοῦσα, *Musa*, & autres. Si *l'U* se fust prononcé ainsi que le simple *υ*, il n'est nullement à presumer qu'ils eussent choisi ceste lettre, pour representer la diphthongue. En ce divorce d'opinions, laquelle des deux prononciations jugerez-vous la meilleure? De ma part, si j'estois en cecy aucunement interposer mes parties, je serois pour la seconde, parce que je voy toutes les nations de l'Europe incliner en ceste opinion, & qu'il n'y a que nostre France, où l'on prononce *l'U* comme nous faisons: lequel concours de tant de volontez ensemble, n'est pas de petit effect & authorité en mon endroit. J'adjouste que combien que le Latin ne porte la diphthongue de *Ou*, toutesfois nostre langage Walon s'estant transformé en Romain, que nous appellasmes Roman, & que nous apprismes plus des Romains, les oyans parler, que pareigles, je voy que la plus grand partie de leurs mots, où se trouve *l'U*, nous en avons fait une diphthongue Françoise, comme nous voyons en ces mots, *Courir, Cour, Ours, Loup, Prou, Four, Tour, Sourd, Tourtre, Couppe, Doulx, Poulx, Poulser, Doubter, Poupée, Doubler, Pouppe*, & infinité d'autres, qu'el on penseroit, de prime face, nous estre naturels François, combien qu'ils soyent empruntez de ces mots Latins, *Currere, Curia, Ursus, Lupus, Multum, Furnus, Turris, Surdus, Turtur, Cuppa, Dulcis, Pulsus, Pulsare, Dubitare, Puppa, Duplicare, Puppis*. Qui me fait penser que les Latins n'ayans point ceste diphthongue *Ou*, ils prononcerent *l'U*, de la façon que nous, les mots, *Courir, Cour*, & autres: & que les prononçant ainsi, nos vieux François, à leur suite, les accommoderent à leur usage, au plus près de la prononciation Latine. Et pour condescendre plus aisément à ceste opinion, il y a deux vers d'Ausone qui m'en asseurent presque de tout poinct; l'un en l'épigramme, où s'estudiant de representer la puissance & valeur des lettres Latines, quand il vient à parler de celle de *U*, il dit:

Cecropiis ignota notis furiale sonans U.

Vers duquel je rapporte deux choses: l'une, qu'il n'y avoit nulle lettre Grecque, qui se rapportast au son de *l'U* Latin; par consequent, que c'est errer, de dire qu'il se prononça comme *l'υ* Grec: l'autre, qu'Ausone eust begayé des aureilles, de dire que la lettre de *U* rapportast un son furieux, si on l'eust prononcé comme le nostre, qui n'est pas moins doux que *l'E* & *I*. Il faut doncques le rapporter à cest υ: chose que luy-mesme donne bien mieux à entendre en termes precis, quand en une epistre qu'il escrit à Paulin, il l'accuse de ce qu'il ne recevoit aucune responce de luy; & apres s'estre diversement jouë sur cela, il luy dit, que s'il estoit tant occupé, qu'il ne peust, ou il desdaigneux, qu'il ne voulust luy respondre, pour le moins qu'il se contentast de luy envoyer une lettre Latine, qui signifie *Non*.

*Una fuit tantùm quâ respondère Lacones
Litera, & irato Regi placuere negantes.*

Par laquelle lettre il entendoit nommément *l'U*, qui se prononçoit en υ, lequel signifie *Non* en Grec, en ce mot *υ*. Mais, comme j'ay dit ailleurs, c'est chose assez familiere aux langues, de ne prononcer toutes les consonantes qui se trouvent à la fin des mots. Si j'estois juge de ceste cause, je serois pour ce party-là; toutes-fois vous voyez qu'il y en a d'autres de contraire advis, comme j'ay cy-dessus deduit: disans en outre, qu'il ne se faut arrester à l'authorité d'Ausone, parce que de son temps, la prononciation du vray *U* avoit peu, par succez de temps, estre transformée en un autre son, par le moyen de la diversi-

té

ré des peuples qui dés pieça couroyent parmy l'Empire de Rome. Ce que je vous dy, est pour vous monstrer qu'il n'y a rien si certain en la proposition que soustenez, que l'incertaineté. Mais il y a quelques anciens Grammairiens (dites-vous) qui nous ont enseigné la valeur des lettres. D'où vient doncques ceste incertitude? Je vous respondray premierement, que l'escriture n'est que comme l'image de la parole: & est impossible à un Peintre de pouvoir parfaictement atteindre par son pinceau, au naïf de celuy qu'il veut figurer en peinture: combien doncques moins à nous, quand par nos plumes, voulons representer une chose qui n'a point de corps, je veux dire la parole? D'ailleurs, je vous pourrois encore dire ce que je disois maintenant d'Ausone, que paraventure ces Grammairiens ont exprimé les lettres selon le son qui s'estoit insinué entre eux, par la corruption de leur siecle, & non selon la pureté qui estoit lors que la Republique de Rome florissoit en son bien parler: car, pour bien dire, il semble que les Grammairiens viennent tousjours après que les langues ont pris leur perfection; d'autant que ceux qui font profession de bien parler, estiment chose trop basse, de vouloir donner regles de la Grammaire, ou bien ils s'en advisent pas, ains se gouvernent selon l'usance commune: ce qui advint par exprés dans Rome, où vous ne trouverez nul Grammairien lors de la fleur de la langue, & long-temps aprés, comme furent uns Servius, Priscian, Donat, Diomede, Phocas, Agrestius,

Les Grammairiens se sont aprés les langues sont parvenues à leur perfection.

Caper, Probus; & le dernier, Laurent Valle: car quant à ceux qui sont solemnisez par Suetone, au Livre qu'il a expressément dedié pour cest effect, ce n'estoyent pas tels Grammairiens que ceux dont nous parlons aujourd'huy, ains comme censeurs, avoyent charge sur les Livres que l'on divulguoit, corrigeans les dictions foibles, en autres plus mettables, ainsi que nous apprenons de Quintilian, en son premier Livre; parce que les regles leur estoient trop familieres, & si domestiques, qu'ils eussent pensé appreter à rire, s'ils en eussent voulu faire des Livres. Et depuis, par succession de temps, se diminuant l'honneur de la langue Latine, ceux qui succederent à ces premiers, estimerent qu'il falloit rediger en preceptes, ce qui estoit de la Grammaire, pour servir de guide aux autres: mais ce fut lors que la beauté & naïveté de la prononciation, aussi bien que du langage, avoit pris coup, & que la langue Latine ne se trouvoit plus que dans les Livres: partant, ne m'alleguez ces Grammairiens, au sujet que nous discourons; ausquels toutes-fois j'adjousterois quelque foy & creance, s'ils eussent sceu si bien exprimer chasque charactere par leurs plumes, comme ils le representoient en parlant. C'est, en somme, ce que j'avois à respondre à vos lettres: si bien ou mal, je vous en fais juge. Tant y a que si je suis fol en cest endroict, je le pense estre avec raison. A Dieu.

❦❦❦❦❦❦❦❦❦❦❦❦❦❦❦❦❦❦❦❦❦❦❦❦❦❦❦❦❦❦❦❦

LETTRE VII.

A Monsieur le General d'Estournet.

Il recommande un sien amy au General d'Estournet.

POur autant que ces jours passez, Monsieur Belut, vostre Procureur, est allé de vie à trespas, & qu'il vous en faut choisir un autre, je me suis advisé de vous escrire la presente en faveur de Monsieur Chauveau: il est homme de bien, & tel que je m'asseure qu'il vous contentera de luy: & encores que je ne face doute qu'une simple lettre venant de sa part, seroit d'aussi & plus grand merite envers vous, que mes recommandations, pour estre homme qui se recommande de soy-mesme, & que vous cognoissez fort bien, pour l'avoir puis n'agueres traitté en vostre logis avec moy, si est-ce que par un droit de priorité, & comme ayant la premiere hypotheque sur vous, je me suis ingeré d'en faire la premiere requeste; laquelle m'estant par vous enterinée, ce me sera un surcroist d'obligation, pour vous obeir en toutes choses où il vous plaira m'employer. A Dieu.

❦❦❦❦❦❦❦❦❦❦❦❦❦❦❦❦❦❦❦❦❦❦❦❦❦❦❦❦❦❦❦❦

LETTRE VIII.

A Monsieur de Tiard, Seigneur de Bissy

Sommaire recueil des mœurs du Roy Louys unziesme.

JAmais courtoisie ne se trouva, qui n'ait esté suivie d'une recompense en une ou autre sorte, & quelquesfois lors que moins on y pense. A quel propos cela? Pour vous dire qu'il y a quatre ou cinq jours que passant devant la maison de l'un de mes compagnons, je le voulus visiter: & aprés avoir fait quelque tours dans sa sale, je demande de voir son estude. Soudain que nous y sommes entrez, je trouve sur son pulpitre un vieux livre ouvert. Je m'enquiers de luy dequoy il traitoit; il me respond que c'estoit l'histoire du Roy Louys unziesme, que l'on appelloit la mesdisante. Je la luy demanday d'emprunt, comme celle que je cherchois, il y avoit long-temps, sans la pouvoir recouvrer. Il me la preste. Hé vrayement (dy-je vous) je suis amplement satisfaict de la visitation que j'ay faicte de vous. Ainsi fusse-je promptement payé de tous ceux qui me doivent. J'emporte le livre en ma maison, je le lis & digere avec la diligence que je fais les autres. En un mot, je trouve que c'estoit une histoire, en forme de papier journal, faite d'une main peu industrieuse, moins diligente & non partiale, qui n'oublioit rien de tout ce qui estoit remarquable de son temps. Tellement qu'il me sembla qu'il n'y avoit que les mesdisans qui la puissent appeller mesdisante. Appellez-vous mesdisance en un historiographe, quand il vous estale sur son papier la verité toute nuë? Nul n'est blessé que par soy-mesme. Le premier scandale provient de celuy qui faict le mal, & non de celuy qui le raconte. Je pensois auparavant, que cest autheur se fust seulement voué à la recherche des vices de Louys unziesme. Il n'en est rien: ayant d'une mesme balance pesé les vertus & vices ensemble. Mais s'il vous plaist rechercher l'histoire mesdisante de Philippe de Commines, vous la trouverez vrayement & sans hypocrisie dans Claude Seissel en l'Apologie de Louys XII. où il met sa vie au parangon de tous les autres Roys de France: & quand il arrive à celle de Louys XI. croyez qu'il faict un fort bel inventaire de ses mœurs. Au contraire Philippe de Commines faict profession expresse de le celebrer, voire le mettre à la veuë de tous les Princes, pour leur servir d'exemple, ainsi que Xenophon un Cyrus, tous deux certes, grands personnages: cestuy-là Evesque de Marseille, & qui par plusieurs beaux livres qu'il a faits, mesme celuy de nostre loy Salique, a monstré combien il avoit de bon sens: cestuy, Seigneur de marque, qui avoit de son temps bonne part à toutes les affaires d'estat de nostre Royaume. Voyez doncques quelle foy historiale nous pourrons recueillir de ces deux autheurs. Et neantmoins l'un & l'autre a dict verité. Car comme Dieu balance en nous les vertus par le contre-

Philippe de Commines & Claude de Seissel sel sur le mesme sujet de Louys unziesme escrivent choses diverses.

Tome II. E poid

poix de nos vices, pour ne nous rendre du tout accomplis, aussi est-il vray que ce Roy se rendit autant considerable en ses vices, comme en ses vertus. S'estant de l'un & l'autre poinct, attaché aux extremitez. Or entendez, je vous prie, quel fruict j'ay tiré tant en bien qu'en mal, de tous ces autheurs. Je trouve en ce Roy un esprit prompt, remuant & versatil, fin & feint en ses entreprises, leger à faire des fautes, qu'il reparoit tout à loisir, au poix de l'or, Prince qui sçavoit par belles promesses donner la muse à ses ennemis, & rompre tout d'une suite, & leurs choleres, & leurs desseins : impatient de repos, ambitieux le possible, qui se joüoit de la Justice selon que ses opinions luy commandoient, & qui pour parvenir à son but n'espargnoit rien ny du sang, ny de la bource de ses sujets; & ores qu'il fit contenance d'estre plein de religion & de pieté, si en usoit-il tantost selon la commodité de ses affaires, tantost par une superstition admirable; estimant luy estre toutes choses permises, quand il s'estoit acquitté de quelque pellerinage. Brief, plein de volontez absoluës, par le moyen desquelles, sans cognoissance de cause, il appointoit & desappointoit les Officiers qu'il luy plaisoit; & sur ce mesme moule, se formoit quelquefois des fadaises & sottises dont il ne vouloit estre dedit ; comme quand il se fit apporter les oyseaux caquetoirs de Paris en sa chambre, pour se donner plaisir de leur jargon : mœurs & façons de faire qui luy cuiderent une fois couster la perte de son Royaume, quand sous le masque du bien public, les Princes se liguerent encontre luy, & qu'il se vit au dessous de toutes affaires à la journée de Montlehery : toutesfois après avoir quelque peu respiré par le bon service que luy fit le Parisien, il dissipa sans coup ferir tous leurs conseils. Et depuis donna tel ordre à ses affaires par une habileté d'esprit qui luy estoit familiere, qu'il rompit, par interposition de personnes, la force & l'orgueil du Bourguignon son ennemy formel & juré : annexa à la couronne, par l'entremise de quelques-uns, le Comté de Provence ; se pourchassa des pretentions sur l'Estat de Bretaigne, lesquelles vray-semblablement il eust faict reüssir, s'il n'eust esté prévenu de mort. A maniere que se trouvans tous ces meslanges de bien & mal en son sujet, ce n'est point sans occasion que ce Roy ayt esté extollé par quelques-uns, & par les autres vituperé : voilà ce que j'ay peu recueillir en brief de toutes ses actions. Mais tout ainsi que les abstracteurs de quinte-essence, ayans alambiqué pour la premiere fois l'eau-de-vie du vin, la rectifient, puis après par un second alambic, d'où ils tirent un esprit plus subtil, aussi de tout cest abregé je tire un discours plus haut: je voy au bout de tout cela un jugement de Dieu, qui court miraculeusement dessus luy. Car tout ainsi que cinq ou six ans auparavant son advenement à la couronne, il avoit affligé le Roy son pere, & qu'il se bannit de la presence de luy, ayant choisi pour sa retraite le Duc de Bourgonge, qui estoit en mauvais mesnage avec nous, aussi sur son vieil aage fust-il affligé, non par son fils, ains par soy-mesmes, en la personne de son fils, qui n'estoit encores capable pour sa grande jeunesse de rien attenter contre l'estat de son pere. Tellement que pour le rendre moins habile aux affaires, il ne voulut qu'en son bas aage il fust institué aux nobles exercices de l'esprit, & encores le confina au chasteau d'Amboise, l'esloignant en ce qui luy estoit possible de la veuë de sa Cour. Davantage, ayant excessivement affligé son peuple, en tailles, aydes & subsides extraordinaires, & tenu les Princes & grands Seigneurs en grandes craintes de leurs vies, ainsi que l'oyseau sur la branche; (car nul ne se pouvoit dire asseuré, ayant affaire avec un Prince infiniement diversifié.) Aussi sur le declin de son aage, commença-t-il à se desfier de tous ses principaux sujets, & n'y avoit rien qu'il l'affligeast tant que la crainte de la mort. Faisant ses recommandations de l'Eglise, plus prier pour la conservation de sa vie, que de son ame ; c'est la plus belle Philosophie que je rapporte de son histoire. Je dirois volontiers que les historiographes se donnent la loy de faire le procez aux Princes ; mais il faut que je passe plus outre, & adjouste, que les Princes se le font à eux-mesmes. Dieu les martelle de mille tintoins, qui sont autant de bourreaux en leurs consciences : ce Roy qui avoit faict mourir tant de gens, ainsi que la passion luy en dictoit les memoires, par l'entremise de Tristan l'Hermite, luy-mesme estoit son triste Prevost, mourant d'une infinité de morts, le jour avant que de pouvoir mourir, estant entré en une generale desfiance de tout le monde : ceste-cy est une belle leçon que je souhaite estre empreinte aux cœurs des Roys, à fin de leur enseigner de mettre frain & modestie en leurs actions. Commines fera son profit de la vie de ce Roy, pour monstrer avec quelle dexterité il sçeut avoir le dessus de ses ennemis ; & de moy toute l'utilité que j'en veux rapporter sera, pour faire entendre comme Dieu sçait avoir le dessus des Roys quand il les veut chastier. A Dieu.

Jugement de Dieu qui court sur le Roy Louys unziesme.

LETTRE IX.

A Monsieur de Marillac, Seigneur de Ferrieres, Conseiller du Roy, & Maistre ordinaire en sa Chambre des Comptes de Paris.

Sommaire discours de la fortune de Jacques Cœur.

IL est ainsi comme vous le dictes : je ne pense point que la France ait jamais porté homme, qui par son industrie, ou faveur particuliere du Prince, soit parvenu à si grands biens, comme Jacques Cœur : Il estoit Roy, Monarque, Empereur en sa qualité. Et tout ainsi que l'on descouvre la grandeur de la vieille Rome par ses ruines, aussi pourroy-je dire le semblable de cestuy-cy.

Jacques Cœur & le Connestable de Luxembourg.

Je dirois volontiers que ce grand Connestable de Luxembourg, sous Louys unziesme, estoit un autre Jacques Cœur entre les Princes ; & Jacques Cœur, sous Charles septiesme entre les gens de moyenne condition, estoit un autre Connestable de Luxembourg. L'un & l'autre commanderent quelquefois aux Princes, se maintindrent diversement chacun endroit soy en leurs grandeurs, enfin receurent le guerdon dont la fortune journaliere recompense ordinairement les plus grands : celuy-là par une mort honteuse, cestuy par une amende honorable, & perte generale de ses biens. Toutesfois ny l'un ny l'autre ne furent si mal appointez, que leur posterité ne se soit trouvée grande. D'autant que le Connestable de Luxembourg eust une fille de son fils aisné, laquelle depuis, alliée par mariage avec l'un des premiers Princes de France, laissa une infinité de grands biens ; & Jacques Cœur eust aussi une petite fille, qui pour la grandeur de ses biens fut conjointe par mariage avec l'une des premieres familles de Paris. Or quant à son procez, si les Juges n'y eussent passé, je dirois presque que c'estoit une calomnie, mais je ne mentiray point, quand je diray que la jalousie des grands qui estoient prés de Charles septiesme, luy trama ceste tragedie. Les principaux chefs de son accusation estoient, qu'il avoit faict transporter dans ses galeres des armes en Egypte, dont il avoit fait present au Souldan, qui depuis en avoit obtenu victoire encontre les Chrestiens ; qu'il avoit faict empoisonner Agnés Sorelle (c'est celle que nos Annales appellent la belle Agnés) que dés l'an mil quatre cens vingt-neuf (voyez où l'on alloit rechercher les fautes, car son procez luy fut fait en l'an mil quatre cens cinquante) estant pensionnier & compagnon à la ferme des monnoyes de Bourges, il avoit faict forger escus à moindre prix & alloy, com-

Causes pour lesquelles Jacques Cœur fut condamné.

me de lxxvj. lxxxiiij. & lxxxix. pour le marc, & à quatorze & xv. carats, combien qu'il les deust avoir forgez à lx. escus pour marc, & vingt & deux carats pour escu : & par ce moyen y avoit eu gaing de xx. & xxx. escus pour marc, au lieu de dix. Plus, qu'en l'an mil quatre cens xlvj. la galere de Sainct Denys, à luy appartenant, estant en Alexandrie sous la conduite de Michelet Teinturier, patron d'icelle, un jeune enfant Chrestien, de l'age de xiiij. à xv. de la terre de Pretejan, detenu esclave, s'estoit venu rendre à ceste galere, & prosterné à deux genoux devant ce patron, criant, *Pater noster*. *Ave Maria*, & protestant qu'il vouloit vivre & mourir Chrestien ; duquel le patron ayant compassion, l'auroit chargé dans son vaisseau, & emmené en France. Chose qui n'auroit esté trouvée bonne par Jacques Cœur, qui l'auroit faict ramener à son maistre, craignant que si le Souldan en eust esté adverty, il n'en eust esté courroucé contre luy. Tellement que l'enfant estant ramené, auroit derechef abjuré le Christianisme. Il y a quelques autres charges, mais celles-cy sont les principales de son procez, pour lesquelles par arrest donné par le Roy Charles septiesme en son grand Conseil, au Chasteau de Lusignen le xxv. de May 1453. il fut condamné en cent mille escus, pour la restitution des choses mal prises au Roy, & trois cens mil escus d'amende, & ses biens declarez acquis & confisquez au Roy és lieux où confiscation avoit lieu : & declara le Roy qu'il luy remettroit la vie, parce qu'il en avoit esté prié par le Pape. Ce neantmoins qu'il seroit inhabile à tenir offices Royaux, & portoit l'Arrest en ces termes : *Qu'il estoit condamné à faire amende honorable en la personne du Procureur general, une teste, sans chaperon & ceinture, à genoux, tenant en ses mains une torche ardente de 10. livres de cire ; en disant, que mauvaisement, indeument & contre raison, il avoit envoyé des harnois & armes au Souldan, ennemy de la foy Chrestienne, & fait rendre aux Sarrazins le susdit enfant, & transporté grande quantité d'argent.* Jugez, je vous prie, si je l'ay mal à propos appellé. Monarque en sa qualité, veu que d'un costé l'un des principaux chefs de son accusation estoit pour quelque correspondance qu'il avoit euë avecque le Souldan d'Egypte : & que d'un autre, le Pape se rendit intercesseur envers le Roy pour luy remettre la vie. Et qui est histoire plus admirable & dont ne se trouve la semblable, soudain qu'il fut condamné, estant au dessous de toutes affaires, il trouva soixante ou quatre-vingts hommes ses anciens serviteurs, qui en luy faisans service estoient parvenus à grands biens, chacun desquels luy presta mille escus, pour supporter plus doucement son infortune, pendant qu'avecques le temps il trouveroit moyen de se rehabiliter en ses biens, sous le bon plaisir du Roy. Prest non fondé sur autre hypotheque que sur la memoire des plaisirs qu'ils avoient receus de luy, quand il avoit le vent en pouppe. N'est

A tant chose moins esmerveillable, qu'un simple citoyen durant sa prosperité eut fait tant de creatures, que de voir tant de creatures avoir recogneu leur bien-faicteur au temps de son adversité, Somme, je veux dire que c'estoit en sa qualité, un autre Roy Alexandre, qui avoit produit plusieurs Roys. Au demeurant, pour ne vous laisser rien de ce qui appartient à son histoire, & luy servir d'un Quinte-Curse, je trouve qu'il eut quatre enfans, Messire Henry qui fut Archevesque de Bourges, Renault, Geofroy & Perrette Cœur, laquelle avoit esté mariée à Jacques Trousseau Seigneur de Mevil & de S. Palez, dés l'an mil quatre cens xlvij. à laquelle en faveur de mariage, ses pere & mere avoient baillé la somme de dix mille livres, moyennant laquelle somme elle renonça à toutes successions futures de pere & mere & de ses freres. L'Arrest ne fut si tost prononcé contre luy que l'on proceda par voye de saisie, & arrest sur une infinité de biens meubles & immeubles à luy appartenans, dont la plus grand' part exposée en vente. Et ceste commission baillée à Jean Briçonnet citoyen de Tours. Depuis il brisa les prisons, qui ne luy estoient pas, à mon jugement, trop fermées, puis que l'on avoit ce que l'on desiroit de luy, & quelque temps aprés, deceda. Nous trouvons aux registres *Composition* de la chambre des Comptes de Paris, la composition que le Roy Charles septiesme, fit avec Ravault & Geoffroy Cœur *des enfans* ses enfans, qui est du cinquiesme Aoust 1457. par laquelle il leur remet les maisons de Bourges & des environs, *Jacques* ensemble celle de Lyon, avec les mines d'argent, plomb *Cœur*, & cuivre de la montaigne des Pompalien & de Cosme, *avec le* & le droit que le Roy avoit és mines de S. Pierre le Palu, *Roy* & de Joz. de la montaigne de Tarare, avec les utensiles, *Charles* terriers & registres, sans aucune reserve, fors du dixiesme *septiesme.* & ancien droict. Leur ceste encores, les biens meubles & debtes actives du defunct, lesquelles n'estoient encore venuës au profit du Roy ou de ceux ausquels il en avoit disposé, sauf & aussi reservé les biens qui estoient à Tours, ou autres esquelles Briçonnet avoit esté commis, & quelques autres particulieres debtes deuës par des Seigneurs courtisans, plus amplement mentionnées dans ceste composition, à la charge que Ravault & Geoffroy Cœur, seroient tenus d'acquiter le Roy de toutes les debtes esquoy Jacques Cœur pouvoit estre tenu. Et aussi qu'ils renonçoient à tous les biens saisis & mis en la main du Roy, encores qu'ils eussent pretendu les aucuns avoir appartenu à leur mere. Cecy me fait souvenir de ceux qui desmenagent, lesquels en desmenageant recognoissent beaucoup plus la quantité de leurs meubles, que lors qu'ils estoient en bonne ordonnance dedans leurs maisons, aussi par ceste composition, qui est comme un desmenagement, du reste des grands biens de Cœur, l'on peut presque recueillir quelle fut l'inestimable grandeur de ses facultez. A Dieu.

LETTRE X.

A Monsieur de Marillac, Seigneur de Ferrieres.

Pourquoy nous disons cha-peronner pour bonneter: & aussi d'où vient qu'on fait quit-ter la ceinture, à celuy

LA particularité de l'arrest de Jacques Cœur, portant qu'il feroit amende honorable sans chaperon, & sans ceinture, m'a fait ramentevoir je ne sçay quoy de l'ancienneté de la France, dont il me plaist vous entretenir par la presente, pendant que vous dispencez dans Ferrieres, d'entretenir vos pensées avecques vos arbres. Quand est du mot de Chaperon, il est certain que nos anciens en usoient au lieu de Bonnets qui l'ont entre-nous en usage. D'où vient que nous disons encores *Chaperonner*, pour *Bonneter*: & que nous avons emprunté de nos ancestres ce vieux adage, *Deux testes en un chaperon*, quand deux personnes s'entendent. Ainsi l'arrest de Jacques Cœur, portoit qu'il feroit amende honorable nuë teste, & sans chaperon. Ce qui se practique ordinairement contre tous ceux qui souffrent pareille condamnation : mais *qui fait* d'y avoir adjousté *sans ceinture*, je ne l'ay jamais leu en *cession* un autre arrest, au moins qu'il me souvienne. Pourquoy *des biens,* donques estimerons-nous que ce mot y fut adjousté ? Je le vous diray, & voyez si ma divination sera allouable. Nos anciens estimoient qu'en la ceinture, gisoit la remembrance generale de tous nos biens. Il faut que nous soyons logez, que nous sustentions par alimens nostre corps, que nous serrions les deniers dont voulons aider le commun cours de nostre vie, que travaillions selon la diversité des estats ausquels nous sommes appellez, d'une espée, s'il fait profession des armes, qui de la plume, s'il est homme de robbe longue. C'est pourquoy nos bons vieux peres considerans ce qui estoit de leur necessité,

& non de piaffe, portoient pendües à leurs ceintures, les clefs (pour entrer dedans leurs maisons) leurs costeaux (pour s'en aider à la table) leurs bources ou gibecieres (pour y mettre leur argent) & encores leurs espées ou escritoires, selon la diversité de leurs vacations. Et de là vint pareillement, que quand un homme vouloit faire cession de biens, il estoit contraint devant la face de son Juge, quitter sa ceinture (ce qu'encores nous practiquons aujourd'huy) non point pour le noter d'infamie, ains pour denoter par sa ceinture, la figure de toute la commodité de ses biens. Mon opinion est doncques, quand on mit *sans ceinture* à Jacques Cœur, que c'estoit pour exprimer d'avantage, qu'on entendoit le denuer de tous biens. Le mot de confiscation, l'emportoit (me direz-vous, avec les grandes & excessives amendes.) Le mesme arrest portoit bien *nuë teste*, qui estoit assez expliquer ce qu'on vouloit dire, & toutefois on y adjousta tout de suite, *& sans chaperon*, par une abondance de paroles, qui sembleroit estre superfluë. Pourquoy n'auroit-l'on peu faire le semblable en adjoustant ces mots, *sans ceinture?* Et puis, dites que je ne sois pas un grand faiseur de commentaire. Je m'asseure que ne demeurerez sans repliques, estant maintenant de grand loisir en vostre maison des champs. Mais je vous declare que si ne prenez ceste explication pour bon & loyal payement, je vous abandonneray ma ceinture, & feray pour ce regard cession de biens envers vous. A Dieu.

LETTRE XI.

A Monsieur de Marillac, Seigneur de Ferrieres.

Il se gausse par ceste lettre avec le sieur de Marillac.

Vous me faites devenir grand chasseur : les autres tracassent par les champs, par les bois, par les broussailles, depuis le matin jusques au soir, le plus du temps sans rien prendre : & moy pensant en mon estude, chasser seulement à mes livres, vous m'avez fait prendre deux lievres, n'estimez pas pour cela en tirer recompense de moy. Encores que je ne sois de l'ordre des Freres Mineurs, si fay-je estat d'en estre quitte pour un grand mercy. A Dieu.

FIN DU TROISIESME LIVRE.

LES
LETTRES
D'ESTIENNE PASQUIER
Conseiller & Advocat General du Roy en la Chambre des Comptes de Paris.

LIVRE QUATRIESME.

LETTRE I.
A Monsieur de Fonsomme.

Commencement des troubles de la France.

JE vous raconte une Metamorphose fort bizarre. L'Empereur Charles, qui tout le temps de sa vie avoit fait vœu & profession admirable des armes, s'est depuis quelques mois en çà, confiné en une religion, où il meine vie solitaire, s'estant desmis de tous ses Royaumes & païs, sur le Roy Philippe son fils. En contr'eschange, le Pape qui dés le temps de sa jeunesse avoit fait contenance d'une religion tres-austere, & qui (comme l'on dit) avoit introduit en l'Italie l'ordre des Theatins, est devenu nouveau gendarme, soudain qu'il a esté appellé à la Papauté. Le Capitaine Carefe, son neveu, a esté par luy, fait Cardinal, lequel il a envoyé soudain aprés par deçà, pour apporter au Roy, non les clefs de S. Pierre, afin de nous ouvrir la porte du Paradis, ains l'espée de S. Paul. Vous estimez que je me mocque. Il a fait voirement au Roy d'une fort riche espée : & quant & quant l'a convié au recouvrement de l'estat de Naples, qui est le jouet des Papes, & amusoir des Princes estrangers. Ce n'est pas cela qui le picque, ains l'envie qu'il a de reintegrer les siens dans les biens de Melphe, dont ils ont esté dés pieça spoliez par l'Empereur. Il promet de fournir gens & argent à ceste entreprise. Messieurs de la maison de Guise tiennent la main à ceste nouvelle legation, comme ayans, ce leur semble, part à la querelle. Que vous diray-je plus ? Mr de Guise est destiné Lieutenant general du Roy pour ce voyage : toute la fleur de la noblesse de France se prepare à sa suite. Chacun y court à l'envy : Monsieur le Connestable seul ne s'en peut resoudre, & dit haut & clair, que nous irons tous à cheval, pour nous en revenir à pied. On se mocque de sa Philosophie, qui n'est pas peut-estre vaine ; parce que je ne voy point que l'Italie nous ait servy d'autre chose que de tombeau, quand nous l'avons voulu envahir. Ceux qui nous facilitent du commencement le chemin pour la commodité de leurs affaires, saignent aprés du nez. Ils sont bien aises de mettre les choses en desordre, pour parvenir à une bonne paix avec ceux qui les affligeoient. S'ils voyent un heureux succez en nous, les Potentats se liguent ensemblement, ne voulans pas aisément permettre qu'un Roy de France, proche voisin de l'Italie, y mette le pied. Brief, tout ce nouveau conseil ne nous promet rien de bon, que celuy qui comme chef de l'Eglise, deust estre le premier pere de la paix, soit le premier autheur & promoteur des guerres entre les Princes Chrestiens. Toutes & quantesfois qu'en l'Eglise, S. Pierre a pris le glaive, Dieu a tout aussi-tost lasché la bride aux schismes & heresies. Suspendons nostre jugement jusques à ce que nous voyons quelle sera la catastrophe de ce beau jeu. Je ne faudray de vous mander comme les choses se passeront quand j'auray messager en main. Escrivez-moy, s'il vous plaist, quel jugement on en faict à Basle : & si ce nouveau remuement de mesnage ne met point la Seigneurie de Berne en cervelle. A Dieu.

Voyage du Seigneur de Guise en Italie, à la semonce du Pape Paule Theatin.

L'Italie, tombeau des François, & pourquoy.

E iij   LETTRE

LETTRE II.

A Monsieur de Fonssomme.

Suite du voyage.

NE le vous avoy-je pas bien escrit? Jamais prophetie ne fut plus vraye que la mienne. Entendez maintenant quelle issuë a eu ce voyage, & quels effets il a produit. Soudain que Monsieur de Guise a passé les monts, ores qu'il pensast que toutes choses luy deussent rire, si est-ce que descheu de son esperance, il a trouvé le Pape tout refroidy. Tellement qu'ils ont commencé d'entrer en une taisible desfiance, les uns des autres. Cela a esté cause que les affaires ont commencé de se tirer en longueur. Vous entendez par là, quelle en a peu estre la suite. *Naturel des François.* Car il n'y a rien qui matte tant le François, que la longueur. Ostez luy une victoire prompte, des mains, vous obtenez sans coup ferir la plus grande partie de la vostre. Ce temps pendant, le jeune Roy Philippe pour nous revoquer de ceste entreprise, pratique tout le mesme conseil que Scipion à l'endroict d'Annibal. Il met le siege devant la ville de S. Quentin, qui estoit à nos portes. Monsieur le Connestable s'estant transporté pour la renforcer de gens, vivres & munitions, est mis en route, & pris le jour de S. Laurent, avec Monsieur de Montpensier & le Mareschal de sainct André. Plusieurs Princes & grands Seigneurs tuez, mesmes Monsieur d'Anguien. *Presches descouvers dans la ville de Paris le jour S. Laurent 1557.* Trois jours apres, a esté descouverte une assemblée qui se faisoit en la rue sainct Jacques dans Paris vis à vis du college du Plessis, en laquelle y avoit une infinité de nobles tant hommes que femmes, & autres du menu peuple, faisans lors leur presche & prieres, en la maniere de Geneve, dont la plus grande partie a esté prise, avec un grand scandale & esmotion populaire. A la suite dequoy, l'Espagnol six semaines apres, apris sainct Quentin, Hen, & le Castellet en Picardie. Cela a esté cause de rappeler *Journée de sainct Quentin.* Monsieur de Guise, lequel à son arrivée, a fait deux exploits fort memorables. Car d'un costé il a repris Calais, qui avoit esté occupé par les Anglois, dés le regne de Philippes de Valois, & quelques peu apres, Tionville, que l'on estimoit auparavant imprenable. Qui nous a fait regaigner beaucoup de la reputation que nous avions perduë par la journée de sainct Laurent, que les courtisans appellent desastre. Le Roy cependant plus fasché d'avoir perdu la presence de Monsieur le Connestable & du Mareschal de S. André, que de toutes ses autres pertes, a brassé une paix à telle condition que l'Espagnol a voulu. Laquelle a esté enfin concluë sous paches grandement desavantageux; car outre plusieurs particularitez que je n'ay entrepris de vous escrire, on a par les capitulations, rendu à Monsieur de Savoye ses pays de Piedmont & de Savoye (fors quatre ou cinq places) au Roy Philippes, Marienbourg, Montmedy, Yvoy, Donvilliers, Tionville: aux Genevois, l'Isle de Corse: a nous pour toute chose, sainct Quentin, Hen & le Castellet. Vray qu'au bout de tout cela l'on a conclud deux mariages: l'un, de la fille aisnée du Roy, avec le Roy Philippes, l'autre de Madame Marguerite, sœur du Roy, avec le Duc de Savoye. O à la mienne volonté que nous fussions demeurez dans la trefve de cinquante cinq, sans la rompre, & que ceste espée fatale, à nous envoyée, pour mettre tout en combustion, fut demeurée en son fourreau, dedans la ville de Rome! Ceste paix n'a peu estre bien goustée par plusieurs, qui dient que nous avions fait un traité, comme si jamais l'on ne devoit avoir guerre, & que les hommes fussent immortels, ou bien leurs volontez perpetuellement stables. Ayans rendu par un trait de plume, toutes nos conquestes de trente ans. Je vous avois par mes precedentes, recité une metamorphose. Par ceste-cy vous pouvez recueillir les vrais effects d'une Tragicomedie. A Dieu.

Beaux succez du Duc de Guise.

Paix faicte avec l'Espagnol.

LETTRE III.

A Monsieur de Fonssomme.

Mort lamentable du bon Roy Henry deuxiesme du nom.

CEste-cy sera maintenant une vraye tragedie, dont je ne parleray par cœur ou par livre, ains de ce que de mes propres yeux j'ay veu avec une infinité de tesmoins. La paix ayant esté jurée telle que je vous ay escrit, l'on a commencé de dresser dedans Paris tous les preparatifs que l'on pouvoit inventer pour honorer les mariages de si grands Princes & Princesses. Et a esté le Roy Philippe, marié par Procureur avec Madame Elizabeth fille aisnée de nostre Roy: & quant au mariage du Duc de Savoye, differé à quelques jours ensuivans. Pendant ce temps, l'on a ouvert le pas à un tournoy, en la ruë sainct Antoine, devant les Tournelles, avec toutes les magnificences & parades que l'on s'est peu adviser: & ce pour autant que le Roy estoit l'un des tenans, suivy de Messieurs de Ferrare, de Guise & de Nemoux. Ce que plusieurs personnes de bon cerveau trouvoient estrange: disans que la majesté d'un Roy estoit pour estre juge des coups, & non d'entrer sur les rangs. Mesme que dans les vieux Romans, les Roys en tels estours, n'avoient appris de faire actes de simples chevaliers, ains ou se desguisoient s'ils avoient envie d'entrer en la lice, ou bien du tout s'en abstenoient. Toutesfois telle a esté la mesadventure du Roy, qu'il a voulu avoir le premier honneur de la jouste. Et croy que le desir qui luy en prit, fut pour faire paroistre aux estrangers combien il estoit à dextre aux armes & duit à bien manier un cheval. De sorte que ceux qui estoient prés de luy, ne l'oserent destourner de ceste entreprise. Chose qui a depuis apporté un miserable spectacle à la France. Car s'estans deux jours du tournoy, passez avec plusieurs allegresses, le troisieme, qui fut le jour & feste sainct Pierre, il a receu un grand coup de lance dans la visiere, dont il est mort quelques jours apres. Et a esté en cecy le malheur tel, que luy mesme envoya à Montgommery Capitaine de ses gardes (pour l'opinion qu'il avoit de luy) la lance dont il a esté feru. Si la joye s'est tournée en deuil, & si la clameur de tout le peuple a esté grande, je le vous laisse à penser. Aussi ne lisez-vous histoire comme je pense digne de telle compassion. Bien trouverez vous quelques Roys au milieu de leurs festins, comme un Philippe de Macedone, avoir esté mis à mort: les autres au milieu des affaires publiques, comme à Rome un Jules Cesar: mais c'estoit par leurs ennemis: & les autres casuellement, comme nous eusmes un Philippe, fils de Louys le Gros, qui par la rencontre d'un pourceau, tombant de son cheval, se rompit le col. Mais qu'un Roy ait esté meurdry au milieu de tant d'allegresses, favorisé des siens, mesmes n'ayant icy nul ennemy que la fortune qui s'estoit mise aux embusches, mal-aisément que l'on le trouve dans les histoires tant anciennes que modernes. Et dit-on que tout ainsi que Montgommery tua par mesgarde ce pauvre Roy, aussi que le feu Roy François son pere, un jour des Roys, en la ville de Blois, fut blecé à la teste, d'un tizon par le Seigneur de Lorges, pere de Montgommery & en grand danger de sa personne. Voilà comment nostre bon Roy Henry, est decedé. Et comme le commun peuple ait naturellement l'œil fiché sur les actions de son Roy, aussi ne s'est pas trouvée ceste mort sans recevoir quelques commentaires & interpretations de quelques-uns. Car pour vous compter tout au long comme les choses se sont passées en ceste France, soudain que la paix fust faite, Monsieur le Cardinal de Lorraine, qui en avoir esté l'un des premiers entremetteurs, declara en plein Parlement, que l'opinion du Roy avoit esté de la faire à quelque prix & condition que ce fust, pour de là en avant vacquer plus à son aise à l'extermination & bannissement de l'heresie de Calvin. Et de faict, le dixiesme jour de Juin il se transporta en personne, au milieu de son Parlement, pour tirer de chaque Conseiller son advis sur la punition des Heretiques. Surquoy fut par plusieurs opiné assez librement; quelques-uns estans d'advis d'en faire surseoir la punition jusques à la decision d'un Concile general qu'ils disoient estre necessaire. Au moyen dequoy le Roy esmeu d'une grande & juste colere commanda dés l'instant mesmes à Montgommery de se saisir de quelques-uns de la compagnie qui avoient opiné plus librement qu'il ne vouloit. Lesquels furent sur le champ, menez prisonniers dans la Bastille. Parquoy, disoient ces nouveaux commentateurs, que ce mal estoit advenu au Roy par un juste jugement de Dieu, pour venger emprisonnemens tortionnaires. Que les opinions devoient estre libres, & non fondées par un Roy, pour puis apres les ayant ouyes, envoyer les Conseillers en une prison close. Que Dieu l'avoit chastié par la main de celuy du ministere duquel il s'estoit aydé pour faire ces emprisonnemens. Mesme que tout ainsi que le dixiesme de Juin, il avoit faict ceste honte à la Cour de Parlement, aussi le dixiesme Juillet ensuivant, jour pour jour, il estoit allé de vie à trespas. Ainsi devisoient les aucuns du peuple selon leurs passions particulieres, de ceste mort: ne cognoissans pas toutesfois que les mysteres de Dieu nous sont totalement cachez, & tels que pour l'imbecilité de nos sens nous les rapportons ordinairement plus à nos opinions qu'à la verité. Mais entre autres, est chose fort digne d'estre remarquée, que tout ainsi que le dixiesme jour de Juillet mil cinq cens quarante-sept, il commença son regne par un combat de Jarnac & la Chastegneraye, pareillement le dixiesme du mesme mois, cinquante-neuf, il finit de regner par un duel. Aussi semble-t'il que long-temps auparavant (combien que je sois d'advis d'adjouster foy à telles illusions & fantosmes) ce malheur luy eust esté taisiblement prognostiqué par Hierosme Cardan, lequel en un projet qu'il dressa de sa nativité, luy promettoit toutes choses aisées sur l'advenement de son regne, mais l'asseuroit au declin de sa vie d'une fin assez fascheuse, & telle que pour la grandeur d'un Roy, il se commande un silence. Aussi a couru un bruit en Cour, qu'au retour du dernier voyage d'Italie de Monsieur le Cardinal de Lorraine, luy avoient esté presentées unes lettres de la part d'un Juif de Rome, grandement expert & nourri en ces fantasques presciences & divinations, qui l'admonnestoient soigneusement de se garder d'un combat d'homme à homme. Desquelles missives, comme illusoires, le Roy apres en avoir ouy la lecture n'en fit compte, ne se pouvant imaginer, veu le grand rang qu'il tenoit, d'entrer jamais en un duel. Ces lettres furent deslors serrées par Monsieur de l'Aubespine, qui depuis la mort de luy, les a exhibées à plusieurs Seigneurs, comme l'on dict. Et de faict, l'on adjouste (je ne veux pas l'asseurer pour vray) que la Royne, memorative de ces lettres, & du temps qui luy avoit esté designé, le supplia par plusieurs fois, que puis que les deux jours precedens s'estoient passez à son honneur & contentement, il voulust ce 3. jour se deporter de la jouste pour eviter à tout inconvenient, & y commettre en son lieu quelque autre Seigneur. A quoy toutesfois il ne voulut condescendre. Comme le jour mesme qu'il fut blecé, la Royne luy eust envoyé de sa loge, Gentil-homme exprés pour le prier de sa part de se contenter de ce qu'il avoit faict, il luy fit responce, qu'il ne courroit plus que ceste fois là, dont le desastre voulut qu'il fut blecé. Son corps, pour la solemnité que l'on celebre aux obseques de nos Roys, a esté exposé en la sale de parade qu'il avoit fait bastir aux Tournelles pour la magnificence des nopces. Monsieur le Connestable (esloigné de la faveur) commis à la garde d'iceluy, & à bien dire, puny de la mesme punition qu'il avoit exercée apres la mort du Roy François, à l'endroit du Cardinal de Tournon, Admiral d'Annebault & autres favoris du Roy François. Quant à Messieurs de Guise, ils possedent tout à fait nostre jeune Roy, comme celuy qui a espousé la Royne d'Escosse leur niepce, & consequemment toutes les affaires de France passent maintenant par leurs mains. Au regard de la Royne mere, elle est grandement esplorée, & tout le peuple estonné. Je prie Dieu qu'il luy plaise recevoir l'ame de ce bon Roy, en son Paradis, & pitié par mesme moyen, de tous les pauvres sujets de la France, qui sont maintenant infiniment suspens & aux escoutes, pour sçavoir quelle traite prendra toute ceste histoire Tragique. A Dieu.

La Mercuriale tennëu Parlement devant le Roy Henry sur la punition des Heretiques.

LETTRE IV.

A Monsieur de Fonssomme.

ENtendez maintenant ce qui est advenu à la suite de ceste lamentable mort du Roy Henry. Je vous ay par mes dernieres, escrit que soudain aprés son decez toutes les affaires de la France ont commencé de passer par les mains de Messieurs de Guise: les obseques du defunct estans faites avec les magnificences & grandeurs à requises & accoustumées, la premiere chose que ces Seigneurs ont eu en recommendation, a esté de faire retourner Monsieur le Chancelier Olivier en l'exercice de son estat, & d'oster les sceaux au Cardinal Bertrand qui en avoit eu la garde sous le regne du Roy Henry. Deslors on a commencé de poursuivre à toute pointe, l'expedition du procez de Monsieur de Bourg Conseiller au Parlement. Pour le vous faire court, il a esté condamné par arrest, à mort, & depuis executé en la place de Greve devant l'hostel de ville. A l'instant mesmes l'on survenu plusieurs Edicts portans inhibitions & defenses de faire assemblées clandestines, sur peine de rasement des maisons. Cela est pour reprimer la hardiesse de ceux qui se dispensent pour le jourd'huy, de faire presches à la guise de la ville de Geneve. Mais pour vous dire ce qui est, ces Edicts non seulement ne les destournent de leur opinion, mais qui plus est, leur accroist la volonté de faire pis: car dés lors ils ont commencé à ourdir nouveaux desseins; & tous autres qu'ils ne s'estoient jamais advisez. D'autant qu'au lieu qu'auparavant ils obeissoient au magistrat, estimans que les feux que l'on allumoit encontre eux, fussent autant de flammeches aux cœurs de leur compagnions, ils ont puis, n'agueres, pensé que le temps estoit venu pour eux, les assoupir. Mais je crains qu'en voulans estaindre les petits, ils en allument un plus grand universel. L'on fait icy courir un bruit que dans la ville de Geneve a esté conclud par un Concil, qu'en matiere de religion, il estoit loisible au sujet, d'avoir recours aux armes pour garentir ses freres du supplice. L'on adjouste cest apentis, specialement quand

Advenement du petit Roy François à la couronne.

Mr de Bourg Conseiller, brulé.

Edicts pour mettre ordre

contre les heretiques qui estoient en la France.

Premiere assemblée, où sur faite la resolution de prendre les armes pour la religion.

un

un Prince souverain n'estant en aage de majorité, dependoit de l'authorité d'autres Seigneurs, que de la sienne. C'est une pierre jettée au jardin de Messieurs de Guise. Ceste resolution envoyée sous main de deçà, l'on dit que depuis a esté faite un assemblée au village de Vaugirard prés Paris, où se sont trouvez plusieurs personnages d'estoffe : & que là il a esté arresté de s'emparer du Roy à quelque prix que ce fust. Que pour directeur de ceste entreprise a esté commis un Gentil-homme nommé la Ranuldie, homme d'esprit, remuant, qui par cy-devant a esprouvé diverses fortunes. Cestuy a couru par tout le Royaume, & trafiqué le cœur de plusieurs. Le point de l'execution venu, ils ont tous conflué de toutes parts en la ville d'Amboise, en laquelle le Roy sejournoit. Il n'y a rien si malaisé en une republique que de mener à fin une conjuration contre l'Estat. Car ou vous la communiquez à peu de gens, & en ce cas vos forces vous manquent pour l'executer ; ou à plusieurs, & lors il est bien difficile que la mine ne s'esvante, & par consequent se tourne en fumée. D'ailleurs ou vous la voulez mettre à effect promptement ; & il est malaisé qu'en peu de temps vous ayez en main les forces requises : ou vous la trainez en longueur, & adoncques ce seroit un vray miracle si vos affaires ne venoient en la cognoissance de ceux contre lesquels vous voulez vous addresser. Ainsi en est-il pris à ceux-cy. Par ce que pendant que la Renauldie faisoit la ronde par la France pour se forger des partizans, meslant l'estat avec la religion ; des Avenelles Advocat, qui avoit esté de ceste partie, advertit Monsieur le Cardinal de Lorraine de ceste conspiration. Il en avoit desja entendu quelques bruits sourds. Et s'en estant rendu asseuré, il fut aisé d'y remedier. La Renauldie & les siens ne sçachans leur entreprise estre descouverte, se vindrent eux mesmes enserrer. La premiere fortune est tombée sur le Seigneur de Castelnau, qui venoit accompagné du Capitaine Mazere & quelques autres Gentil-hommes, lesquels passans par la ville de Tours, ont esté Chevalez par Monsieur de Sanserre, auquel avoit esté commise la garde de la ville. Et depuis furent pris par soupçon au chasteau de Noisé appartenant à un Gentil-homme Tourangeois nommé Ranné, où estoit leur rendez-vous, en attendant leurs compagnons. Ceux-cy furent decapitez dedans la ville d'Amboise. Plusieurs de leurs complices noyez, autres pendus aux creneaux des murailles, & quant à la Renauldie, tué & depuis, son corps mis en quatre quartiers. On a commencé de donner à tout le nouveau monde de ceste faction le nom & tiltre de Huguenaux. D'autant que la premiere descouverte que l'on en a faite a esté en la ville de Tours, où ils ont opinion qu'il y a un rabast qui revient de nuit qu'ils appellent le Roy Hugon, & y appelle-l'on dés pieça Huguenaux tous ceux qui sont de la secte de Calvin, pour faire leurs assemblées, & conventicules de nuit, comme si en cecy ils fussent disciples & sectateurs de cest esprit. Quand je vous escrivy ceste lettre, les choses n'estoient passées plus outre. Qui fait que je mettray aussi fin à la presente, vous priant m'escrire ce que l'on dit à Basle. Car il n'est pas que ne soyez mieux informé que nous, de toutes les deliberations qui se sont passées, dans Geneve, premiere source & seminaire de tous nos maux. A Dieu.

D'où vient le mot de Huguenots que l'on appelloit au commencement Huguenaux.

LETTRE V.

A Monsieur de Fonssomme.

Suite des troubles d'Amboise.

LA conspiration dont je vous ay escrit a bien eu plus longue queuë que je pensois. C'est un fuzeau bien meslé, qui sera fort à devider. Les choses s'estans passées dedans la ville d'Amboise, de la façon que je vous ay adverty, le Roy depuis a fait minuter une abolition generale, par laquelle ont esté les prisons ouvertes à tous ceux qui estoient prisonniers pour la parole. C'est le terme dont nous usons au lieu de dire la religion. Mot certainement lequel fort à propos a peu estre accommodé à plusieurs qui sont par cy-devant morts à credit pour trop parler. Au mesme temps, le Roy pour plus grande asseurance de sa personne, a introduit prés de soy une garde d'Arquebuziers François, outre les anciens. Et par mesme moyen, a commencé de faire rechercher contre les chefs de ceste faction. L'on a constitué prisonnier le Vidasme de Chartres, en la Bastille, sans que l'on en sçache la cause. L'on jette l'œil sur Monsieur le Prince de Condé, qui s'est retiré vers le Roy de Navarre son frere. On informe diligemment contre les autheurs, sans nommer qui, & fortifie-l'on les avenuës d'Amboise & Orleans, de toutes parts, de gendarmes. Le Roy s'est advisé de deux choses : premierement pour se fortifier par nouvelle obligation de plusieurs Capitaines, & grands Seigneurs, il a fait à la sainct Michel dernier, dix-sept Chevaliers de son ordre, estimant que celuy seroit autant de serviteurs, ausquels il aura creance contre ceux que l'on voit sourdement favoriser autre religion que la sienne. C'est à mon jugement un premier desordre que l'on aporte à cest ordre. Car comme vous sçavez, l'on n'avoit auparavant accoustumé de d'en faire un ou deux pour le plus, & encores bien rarement. Quelque temps après il a fait assembler tous les Gouverneurs de ses Provinces avec les Chevaliers de son ordre, tant anciens que nouveaux, à Fontainebleaux, pour deliberer sur les remedes que l'on estimeroit necessaires pour obvier à la confusion des religions. Histoire vrayement digne de vous estre racontée plus que nulle autre. Monsieur le Chancellier de l'Hospital a ouvert le pas, & la parole après luy, prise par plusieurs autres Seigneurs. Aprés lesquels Monsieur l'Admiral s'est mis par pied, & a presenté une requeste pour & au nom des protestans de la France, requerans par icelle, le Roy, qu'il luy pleust de leur permettre avoir temples pour exercer leur religion. Ceste requeste a despleu à Monsieur de Guise, qui a dit qu'elle n'estoit signée de nul homme. A quoy luy a esté respondu par l'Admiral, qu'il la feroit signer par dix mille. Sur ce Monsieur de Guise replique qu'il feroit signer le contraire par cent mille personnes, de leur propre sang, dont il seroit le Capitaine. Cecy nous est un certain prognostic que l'un & l'autre (l'un grand Prince, l'autre grand Seigneur) seront quelque jour conducteurs de deux contraires partis, qui ne sont encores formez. Ainsi s'est departie l'assemblée, sans conclusion; s'estant neantmoins le Roy, par là esclaircy des consciences de chacun. Maintenant commencent à courir parmy le peuple, plusieurs livres, ou, pour mieux dire, libelles diffamatoires, tant d'une part que d'autre : & aussi se sont insinuëz entre nous, deux miserables mots de faction de Huguenot & Papiste, que je crains nous apporter au long les mesmes calamitez & miseres, que les Guelfes & Gibellins dans l'Italie, & la Rose blanche & rouge dedans l'Angleterre. A Dieu.

Assemblée de Fontainebleau sur la police de la France.

Vray & premier prognostic des malheurs qui devient puis sont advenus en la France.

Premier desbord des Chevaliers de l'ordre de S. Michel.

LETTRE VI.

A Monsieur de Fonssomme.

Voyage du petit Roy François à Orléas, en deliberation d'exterminer l'heresie

DE Fontainebleau, le Roy est arrivé à Paris, où il a fait venir par devers soy le Prevost des marchands & Eschevins, leur remonstrant que toute son intention estoit de perdre ceux qui se trouveroyent de ceste nouvelle opinion. Pareilles remonstrances a-t-il faict au Clergé, l'exhortant d'apporter semblable devotion à son entreprise, comme estant une chose qui le concernoit principalement. Sur ce, il a pris le chemin d'Orleans, tant pour estre presque exposé au milieu de son Royaume, que aussi pour autant qu'il a descouvert que la plus part des riches marchands de ceste ville là, ont fourny argent à la conjuration d'Amboise. Et y estant arrivé il a commencé à descouvrir de pleine bouche, que c'estoit contre ceste ville qu'estoit dressée la vengeance. D'un autre costé la populace de la France voyant que le Roy s'armoit contre les Huguenots, a commencé de les abhorrer à mort. A cause dequoy, à son de trompe & cry public, il a esté deffendu dans Paris, à peine de la hard, de n'appeller nul homme Huguenot. Toutesfois ces deffenses n'ont peu rien obtenir sur le peuple, estant le temps disposé à une ruine. Le Roy estant dans Orleans environné de sa Gendarmerie, a escrit par plusieurs fois au Roy de Navarre & Prince de Condé qu'ils eussent à le venir trouver. Ils sont contraints de s'exposer en chemin. On faict le semblable à l'endroit du Connestable & Admiral. Tout cecy c'est un jeu couvert, parce que, suivant la resolution prise à l'assemblée de Fontainebleau, le Roy faict contenance de vouloir convoquer ses trois Estats dedans Orleans. Ceux qui ont plus de sentiment, jugent que c'est pour y attraper les minons; car soudain qu'il est entré dans la ville, il a mis garde aux portes, s'est saisi de toutes leurs armes, mesmes a fait constituer prisonniers le Bailly & le Prevost, & plusieurs Notables Marchands. Le Roy de Navarre & son frere sont arrivez, lesquels dés la ville de Poitiers, ont eu advertissement du mal-talent que le Roy avoit encontre eux: le Mareschal de Termes estoit-là avec une troupe de gendarmes, pour les empescher de rebrousser chemin. Arrivez qu'ils ont esté, ils ont receu le visage du Roy, qu'ils s'estoient promis. A l'instant mesme, l'on a baillé à Monsieur le Prince sa maison pour prison, avecques gardes. Le Roy de Navarre peu respecté; l'un est, pour bien dire, gardé, & l'autre regardé de telle sorte, qu'il luy seroit mal-aisé d'evader quand il l'auroit entrepris: on a envoyé querir Monsieur le President de Tou, pour faire le procez au Prince; toutesfois sagement il ne veut respondre devant luy, disant qu'il n'appartient qu'à la Cour de Parlement de faire le procez à un Prince du sang: je ne sçay qui luy a mis ceste exception fuyarde en la bouche; mais jamais homme ne fut mieux conseillé, parce qu'en toute infirmité nouvelle comme ceste-cy, celuy qui a moyen de tirer les choses en longueur, y gaigne; voylà qui se faict dedans Orleans. D'un autre costé, le Roy ne voulant executer son entreprise à demy, a erigé en nouveau gouvernement, le pais de Maine, Touraine & Anjou, qu'il a baillé à Monsieur de Montpensier, ennemy capital de ceste nouvelle secte, dont l'on disoit plusieurs de la Noblesse, estre infectez en ces lieux-là. Dés sa premiere arrivée, il a faict raser plusieurs Chasteaux. Monsieur de Termes est delegué pour faire le semblable en Perigord. On a aussi estably garnison tant en la ville de Roüen que de Dieppe. Plusieurs se resjoüissent de ce mesnage, estimans que par ce moyen on donnera ordre à l'extirpation de l'erreur. Les autres qui prevoyent la tempeste devoir tomber sur leur teste, s'en affligent; mais ceux qui ont plus de nez, prevoyent que toutes ces nouveautez que l'on introduit pour exterminer une autre nouveauté, sont vrayement les preparatifs d'une calamité generale, dont nul de la France ne sera exempt. A Dieu.

Procez encommencé à faire au Prince de Condé.

Maine, Touraine & Anjou, erigez en Gouvernement.

LETTRE VII.

A Monsieur de Fonssomme.

Mort du petit Roi François.

VIstes vous oncques mutation plus inopinée & estrange que ceste-cy? l'on vouloit proceder à l'instruction du procez de Monsieur le Prince, à toute reste: luy, comme je vous ay mandé, ne vouloit respondre, & mesmement pour se donner plus longue haleine, appela du decret de prise de corps qui avoit esté decerné contre luy par le Conseil privé; rejettant sa cause en tout & par tout au Parlement, Cour des Pairs & Princes du sang. Nonobstant toutes ces remonstrances, Monsieur le President de Tou, ordonne qu'il passera outre; que tel estoit le vouloir & commandement exprés du Roy, seul distributeur & ordinateur de sa Justice. Jamais pauvre Prince n'eut occasion de se voir plus estonné: comme l'on y procedoit sans discontinuation & entre-cesse, il advient sur ces entrefaites, que le Roy deliberant d'aller en la ville d'Amboise, & estant sur le point de partir, commence de se trouver mal. Quoy plus? en moins de quatre ou cinq jours il decede, lors que toutes choses estoient disposées à la ruine, tant du Prince que de ceux de sa Religion. O changement esmerveillable, & digne d'estre corné aux aureilles, de nostre posterité! Ce jeune Roy estoit né l'an 543. sur le poinct de ceste grande eclipse qui apparut cest an là; qui fut cause que quelques babouïns courtisans, pensans flater sa fortune, luy baillerent, par une inepte rencontre, pour devise, *Inter eclipsis exorior*: figurant, en image, le Soleil d'un costé, & la Lune de l'autre, & un lis au milieu de deux: ne s'advisans pas toutesfois que s'il faut adjouster foy à ces vains discours des Astrologues judiciaires, il n'y a nativité qui soit tant à craindre que de celuy qui naist durant une eclipse, comme estant un certain presage d'une fortune sinistre. Toutesfois sans s'arrester à telles sorties, ains à l'histoire, tout ainsi que ce jeune Roy nasquit au milieu des eclipses, aussi fut-il marié au milieu d'une aigre & violente guerre que nous avions avec l'Espagnol, en l'an 558. en temps du tout esloigné des mariages; & de mesme suite, mourut au milieu de plusieurs & divers supplices qu'il alloit preparer par la France, si la mort n'eust prevenu sa deliberation: estant sa mort en cecy diverse de celle du Roy Henry son pere, qui mourut au milieu d'une allegresse de la France, & celuy au milieu de plusieurs troubles sombres & mornes; en cecy toutesfois communs, qu'au Roy Henry, la sale qui avoit esté preparée pour faire les festins des nopces, servit de reposoir à son corps; & celle qui avoit esté destinée dans Orleans pour faire le procez à plusieurs, servit de pareil reposoir au petit Roy François, son fils. Mais pour ne m'esloigner de ma route, jamais entreprise n'avoit esté conduite plus hardiment

Discours sur la nativité du petit Roy François.

Opinions des hommes renversées inespérément. hardiment ny de plus haute luire que ceste-cy: car ce qui avoit esté attenté par le Roy Henry, estoit vrayement quelque chose, de s'attacher à quelques particuliers Seigneurs du Parlement. Icy la poursuite estoit contre un Prince du sang; en l'autre, s'il ne fust decedé, on y eust besongné par l'authorité de la Cour de Parlement: icy par l'advis des trois estats, que l'on n'a point accoustumé d'assembler, sinon lors qu'il s'agit de l'Estat general de la France. Toutesfois en un clin d'œil par ceste derniere mort toutes choses ont changé de face; on delaisse Messieurs de Guise, lesquels durant ce regne court, ont eu tout le gouvernement de la France entre mains. La Royne commence de manier les affaires à meilleures enseignes qu'elle n'avoit faict, le Roy de Navarre est suivy. Les Juges du Prince de Condé s'en retournent sans passer plus outre; on luy veut ouvrir les prisons. Luy qui auparavant delayoit, demande que son procez luy soit faict & parfaict, mais par devant Juges competens. Il ne se trouve ny Juge ny partie; ils ont tous esté ensevelis dans le cercueil du petit Roy François; & non content de cela, bravant ceux qu'il pensoit luy avoir pourchassé ceste prison, il se constitue demandeur en declaration d'innocence; chose qui n'avoit jamais esté veuë, ny ouye en ceste France. Le Connestable, qui auparavant mandé, venoit à fort petites journées, ne sçachant à quelle fin on l'avoit envoyé querir, soudain qu'il est adverty de ceste mort, commence de presser ses pas; & dés son arrivée comme chef des armes, veut casser tous ces nouveaux gardes que l'on avoit mis prés du Roy. Ceux de la Religion nouvelle (qu'ils appellent maintenant Reformée) commencerent de lever les crestes, vray qu'avec quelque sobrieté, attendant l'issuë du procez de Monsieur le Prince, duquel je vous escriray plus amplement par mes premieres. Grande chose & digne d'estre remarquée, pour monstrer combien Dieu se jouë maintenant de la fortune de nos Princes. L'on avoit fait exprés venir le Roy de Navarre & son frere, avec un ferme propos de les ruiner, comme on en voyoit ja voler les esclats, & leur venuë a esté le fondement principal de la grandeur de ce Roy. Car pour bien dire, ceux qui discourent sur ses actions, se font accroire que si on ne l'eust faict venir par force, à peine que jamais il s'y fust acheminé puis après; & pendant son absence, en ceste mutation de regne il eust esté fort aisé aux Princes qui estoient presens, de faire passer les choses tout autrement qu'elles n'ont faict. A Dieu.

LETTRE VIII.

A Monsieur de Fonssomme, Gentilhomme Vermandois.

Arrest donné en faveur du Prince de Condé demandeur en declaration d'innocence. IL en est advenu tout ainsi que je le pensois. Le procez de Monsieur le Prince, demandeur en declaration d'innocence, a esté jugé en plein Parlement. L'arrest prononcé par Monsieur le President Baillet en robes rouges, toutes les Chambres assemblées, & s'y sont trouvez le Roy de Navarre, les Cardinaux de Bourbon, Lorraine, Guise, Chastillon, les Seigneurs de Montpensier, la Roche-sur-Yon, de Guise, Connestable & Admiral. Et a esté, par cest arrest, le Prince declaré innocent, & avec luy la Dame de Roye la belle mere, & le Seigneur de la Haye, Conseiller au Parlement, l'un de ses plus fideles serviteurs. Vous ne vistes jamais tel spectacle: chacun couroit auparavant pour le condamner, maintenant chacun, non pas pour l'absoudre, car ceste parole eust sonné mal, veu que nul ne l'accusoit, & l'absolution presuppose l'accusation, ains pour le declarer (tel qu'il se desiroit) innocent; n'ayant lors, si ainsi le faut dire, autre partie que soy-mesme, & estant demandeur & defendeur tout ensemble. Ce Prince estant, ce luy semble, au dessus du vent, se ressent de sa prison, & ne se peut taire du tort qu'il dit luy avoir esté procuré: bref, il en rejette le faict sur Monsieur de Guise. Chacun a de grands amis & partizans; car encore que Monsieur de Guise ne tienne tel rang qu'il tenoit sous le petit Roy François, si ne se rabat-il en rien de ce qu'il est. La Royne ne craint que l'on en vienne aux prises, & pourchasse une reconciliation entre eux. Monsieur de Guise condescend à toute composition, moyennant que son honneur ny soit engagé: il a esté arresté qu'en la presence du Roy & des Seigneurs de son Conseil, Monsieur le Prince proposeroit ce qu'il vouloit dire, & luy en a esté le formulaire prescrit. Il a dit & proposé, que celuy qui avoit esté cause & motif de sa prison estoit meschant: Monsieur de Guise luy a fait responce, qu'il le croyoit, & au surplus, que ceste parole ne le concernoit en rien. Sur cela ces deux Seigneurs se sont embrassez comme reconciliez; Monsieur le Prince comme estant satisfaict, & Monsieur de Guise comme ne s'estant prejudicié. Ceux qui portent cestuy-là, se persuadent que Monsieur de Guise luy a fait quelque reparation; parce qu'ils le pensent avoir esté cause de ceste prison. Ceux qui favorisent cestuy, dient qu'il a tressagement respondu; comme celuy qui vouloit dire qu'il n'y avoit nul autre qui eust esté cause de cest emprisonnement, que celuy mesme que l'on disoit avoir commis le peché: cela regarde le particulier de ces deux Princes, quant au general de la France, on donne ordre d'assembler à la file, les estats dans la ville d'Orleans, suivant ce qui avoit esté resolu sous le feu Roy. A Dieu.

LETTRE IX.

A Monsieur de Fonssomme, Gentilhomme Vermandois.

Assemblée des Estats dans Orleans. ENfin les Estats ont esté tenus dedans la ville d'Orleans; mais considerez, je vous prie, combien Dieu se jouë de nous, poursuivans les arrhemens de la lettre que receustes dernierement de moy. Celuy qui premier, mit en advant cest advis de tenir les Estats, fut Messire Charles de Marillac Archevesque de Vienne, personnage qui avoit esté employé à plusieurs grandes legations pour son bon sens & suffisance, & dont M. le Cardinal de Lorraine faisoit grand estat. Cestuy en l'assemblée de Fontainebleau (fust ou pour ce que les affaires de France ne se gouvernoyent à son desir, ou pour quelque autre occasion) par une belle boutée de nature, fit une forte remonstrance, par laquelle, après avoir promené toutes sortes d'advis en son esprit, il dict qu'il ne trouvoit remede plus prompt au mal qui se presentoit, que de convoquer les Estats. C'est une vieille follie qui court en l'esprit des plus sages François, qu'il n'y a rien qui puisse tant soulager le peuple, que telles assemblées: au contraire, il n'y a rien qui luy procure plus de tort, pour une infinité de raisons, que si je vous deduisois, je passerois les termes & bornes d'une missive. Ceste opinion, du commencement, arresta un peu Monsieur le Cardinal de Lorraine, qui craignoit que par ce moyen on ne voulust bailler une bride au Roy, & oster l'authorité que Monsieur de Guise & luy *Quel apporte en France l'assemblée des Estats.*

luy avoient lors fur le gouvernement, pendant la minorité du jeune Roy leur nepveu. Et de faict, depuis ce tems-là, il ne vit jamais de bon œil cest Archevesque, lequel se bannit volontairement de la Cour : toutesfois, après avoir examiné avec ses serviteurs, de quelle consequence pouvoit estre ceste convocation des Estats, & qu'elle ne pouvoit apporter aucun prejudice au Roy, que luy & son frere avoyent rendu le plus fort, non seulement il ne rejetta, ains tres-estroitement embrassa ceste opinion, voire estima que ce luy estoit une planche pour exterminer avec plus d'asseurance & solemnité tous les Protestans de la France ; de sorte que pendant que l'on faisoit le procez à Monsieur le Prince dedans la ville d'Orleans, il choisit le mesme lieu, pour faire l'assemblée des Estats ; en laquelle il y avoit grand danger, que tout d'une main il n'y allast de la condamnation du Prince, & de tous les adherans de ceste nouvelle secte. Sous ceste esperance, se tramoit lors ceste assemblée : toutesfois Dieu dissipe en un instant, comme un estourbillon, ces conseils, par le decez d'un jeune Roy, que l'on disoit auparavant ne servir que de masque : tellement qu'il est advenu, qu'en ces Estats, ceux que l'on vouloit chasser, y ont tenu les premiers lieux, & (si ainsi me permettez de le dire) donné la loy, pour leurs pratiques & menées : c'est là, où ils se sont faits grands, & ont commencé depuis, les Ministres & Predicans, se monstrer en jour à face descouverte. La Regence a esté lors accordée à la Royne mere, qu'au Roy de Navarre, comme plus proche Prince du sang : mais leurs Charges aucunement divisées ; parce qu'il a esté advisé, que la Royne pourvoiroit aux choses tant Ecclesiastiques que seculieres, qui provenoient de la nuë liberalité du Roy ; le tout toutes-fois sous le nom du Roy : & pareillement qu'elle ordonneroit des finances : & quant au Roy de Navarre, il auroit la Charge sur tous gens de guerre, pourvoiroit aux villes frontieres, avec le nom & titre de Lieutenant General du Roy par toute la France. Il y a aussi plusieurs autres articles, qui sont passez pour restablir la France en son ancienne dignité, tant au fait Ecclesiastique, que de la Justice, & autres ordres. Mais pour general refrain, on a accordé pour cinq ans, au Roy, un subside de cinq sols pour chaque muis de vin entrant dedans les villes closes : c'est presque le but & conclusion de telles assemblées, de tirer argent du peuple, par une honneste stipulation du Roy avec ses trois Estats : & ne trouve rien qui me plaise tant en tout cecy, qu'une honneste contention, qui s'est trouvée entre la Cour de Parlement, & celle des Generaux de la Justice, sur le faict des Aides ; car estant l'Edict de l'imposition de ces cinq sols, apporté au Parlement pour l'Enmologuer, il le refusa tout-à-fait, comme regardant les subsides qui ne sont de sa cognoissance : & quant aux Generaux, ils disoient que combien que ce fust un subside, toutesfois il procedoit de l'advis des trois Estats ; partant falloit avoir recours au Parlement. Estant cest Edict ainsi promené d'une Cour à autre, par l'espace de sept ou huit mois, sans sortir effect, enfin il a esté publié par les Generaux, vaincus des longues importunitez de ceux qui commandent : s'ils ne l'eussent point du tout publié, quelques mutins dient qu'ils eussent esté, non Generaux, ains Genereux. A Dieu.

Contention entre la Cour de Parlement, & la Cour des Generaux Aides, sur la publication de l'Edit de l'imposition des cinq sols pour muy.

LETTRE X.

A Monsieur de Fonssomme, Gentil-homme Vermandois.

Edict du vingt-cinquiesme Juillet 1561 sur la souffrance de la Religion nouvelle.

IL ne faut plus appeller Huguenots, ceux qui vacquent à l'exercice de la Religion pretenduë reformée, si ce nom leur est donné parce qu'ils exerçoient nuitamment leurs prieres : maintenant ils preschent en plusieurs endroits, à huis ouvert : pour le moins, depuis mes dernieres, ont-ils presenté requeste au Roy, à fin qu'il leur fust permis faire une Eglise separée de la nostre. Le Roy a renvoyé ceste requeste au Parlement, pour, avec les Seigneurs de son Conseil, y adviser : là il a esté opiné fort librement d'une part & d'autre ; les uns, pour le party Catholic, les autres, pour ceux de la Religion : le Catholic a emporté le dessus de trois voix, estant sa resolution, qu'il falloit ou suivre l'Eglise Romaine, avec nos ancestres, ou vuider le Royaume, avec permission de vendre ses biens. Quand c'est venu à la rellection des voix, le murmure n'a pas esté petit ; parce que les autres soustenoient qu'en matiere de telle importance, n'estoit pas la raison qu'à l'appetit de trois voix, toute la France entrast en combustion, comme estant ce bannissement impossible à executer ; & au surplus, que demeurans dans la France, de les reduire à la Religion Romaine contre leur conscience, il y avoit en cecy ; tres-grande absurdité, qui valoit autant qu'une impossibilité. L'Admiral, & quelques autres Seigneurs ne s'en peurent taire. Monsieur de Guise, à l'opposite, bien que le temps semble combattre contre son intention, declara haut & clair, que, puis qu'il avoit esté ainsi conclud, il falloit passer par ceste determination, & que son espée ne tiendroit jamais au fourreau, quand il seroit question de faire sortir effect à cest arresté. Les choses en cet estrif, se passerent sans conclusion. Mais grandement est loüable, ce qui a esté faict par la Royne mere ; d'autant qu'elle s'est fait apporter le scrutin des voix, & sans vouloir sçavoir les opinions des uns & des autres, les a fait brusler en sa presence, afin que la liberté dont quelques-uns avoient usé en opinant, ne leur peust estre, en un changement de regne, prejudiciable. Chose qui se conforme avec ce que fit Pompée, après qu'il eut defait Sertorius ; & encores plus, au Conseil de Constantin le Grand, après la conclusion du Concil de Nice. Depuis, pour contenter les uns & les autres, par forme de neutralité, l'on a fait publier un Edict, au mois de Juillet dernier, dont la substance est telle : Que defenses sont faites à toutes personnes, de faire assemblées publiques ou privées, ni d'administrer les saincts Sacremens, d'autre façon que l'on a fait de toute anciennté, par la France : Mais en contr'eschange, il est aussi prohibé à tout homme, de s'enquerir ou informer de ce que l'on fera en la maison de son voisin : semblablement, de ne se mesfaire ou mesdire pour le fait de la Religion, le tout sur peine de la hard : au demeurant, qu'aucune irrotulation ne sera faite, de la conscience d'autruy ; ce dernier article par exprés adjousté, parce que peu auparavant, le Prevost des Marchands, & Eschevins de ceste ville, avoyent presenté requeste au Roy, afin d'aller par les maisons, pour s'enquerir de la Foy de chacun, & en faire roolles : & porte davantage l'Edict, que tout cecy se fait par provision, en attendant qu'autrement en soit decidé, au prochain Colloque qui se doit tenir entre les Prelats & les Ministres. Les francs Catholics se plaignent de cest Edict, & dient que ceux de la Religion nouvelle ou pretenduë reformée, ne pouvans estre recherchez en leurs maisons, c'est, en bon langage, rendre le premier article de l'Edit, illusoire, & neantmoins les affranchir de la puissance du Magistrat : qui leur donnera puis après, occasion de vouloir secoüer tout-à-fait le joug de leur teste. Certainement, ces affranchissemens graduels, & par lesquels on saulte d'un degré à l'autre, *nescio quid monstri alunt*. A Dieu.

LETTRE XI.

A Monsieur de Fonssomme.

Colloque de Poissy de grāde parade & de peu d'effet.

LA suitte de ce que je vous ay par cy-devant mandé, les Prelats se sont assemblez de toutes parts en la ville de Poissy, lieu destiné pour conferer avec les Ministres. Monsieur le Cardinal de Tournon, vieux routier en affaires d'Estat, ne pouvoit nullement gouster ce dessein, & disoit que le plus grand mal que l'on pouvoit pourchasser à la France, estoit l'ouverture de ce Colloque : en quoy l'on ne se pouvoit excuser de double faulte ; l'une, de revoquer en doubte, & ramener en dispute les articles de Foy qu'il falloit tenir pour tout arrestez ; l'autre, d'apparier à soy les Ministres, que l'on sçavoit n'avoir, par succession de la primitive Eglise, l'imposition de la main. Toutesfois Monsieur le Cardinal de Lorraine, que l'on avoit cislou pour porter la parole, s'en fait croire. Theodore de Beze a proposé pour le contraire party, le tout en la presence du Roy, de la Royne sa mere, & plusieurs grands Princes & Seigneurs, & gens du commun peuple. Quelle issuë a pris ce concert, je ne le vous ose escrire. Les uns & les autres s'en sont retournez, aussi sages & edifiez comme ils y estoyent arrivez : mais depuis, les Ministres pensans avoir eu cest advantage d'avoir esté ouys en public, se pensans par cela aucunement authorisez, parlent plus haut qu'ils n'avoyent fait : car au lieu où auparavant ils demandoient seulement qu'il leur fust permis de faire assemblées, ils adjoustent maintenant, qu'avec ce, on leur baille des temples pour l'exercice de leur Religion ; & desja eux-mesmes s'en sont donnez en quelques villes, de leur privée authorité, sans attendre la permission du Roy. Ceux du grand marché de Meaux y ont donné la premiere ouverture : à leur exemple, ceux de Blois se sont saisis de l'Eglise de saincte Souberenne ; ceux d'Orleans, des Carmes ; & dit-on qu'à Montauban l'on a fait le semblable. Monsieur le Prince de Condé & l'Admiral, portent en toutes choses ce party-là : Monsieur de Guise & le Cardinal son frere, le contraire : le Roy de Navarre se rend moitoyen, & comme reconciliateur des deux. C'est une en paille ; chacun veut estre diversement le maistre, qui deçà, qui delà. Je vous mandois par l'une de mes lettres, que le feu Roy avoit fait dix & sept Chevaliers de l'Ordre. Ceux qui commandent maintenant, se persuadent que se sont autant d'obligez à la maison de Guise. Pour ceste cause, à la sainct Michel derniere soixante-un, on en a fait dix & huit ou vingt autres, à la poursuite & instigation du Roy de Navarre, pour faire contrecarre aux premiers. Ce mesme jour, la Royne de Navarre, à

Commencement d'exercice à porte ouverte de la nouvelle religion.

la veuë de tout le peuple, a fait solemniser, à l'usage de Geneve, le mariage d'entre le jeune Rohan & la Brabançon, niepce de Madame d'Estampes, au Bourg d'Argenteuil, par Beze : là, se sont trouvez Messieurs les Prince de Condé, & l'Admiral. Cest acte ainsi fait, presque aux portes de Paris & de sainct Germain en Laye, où le Roy sejournoit, n'ayant esté controulé, a grandement accreu le cœur des Ministres : & de fait, au mois d'Octobre ensuivant, ils ont presché hors des murs de la ville de Paris, joignant le Monastere S. Antoine des Champs, assistez de huit à neuf mille personnes. A leur retour, s'est excitée une sedition populaire, qui a esté aisément estanchée sous l'authorité du Roy de Navarre. Ils ont depuis passé plus outre : car la veille de la Toussainct, fur faicte une autre assemblée devant les yeux de tout le monde, dans le logis de la Comtesse de Senigan, qui fut remparée de la presence des Prevosts des Mareschaux & de leurs archers, pour empescher qu'il n'y eust émotion du peuple. Peu de jours après, sans se remettre aux Edicts du Roy, & enfraignans celuy de Juillet, ils ont entrepris desfaire deux presches alternatifs, l'un aux Faux-bourgs de S. Marcel, au lieu dict le Patriarche ; l'autre hors la porte S. Antoine, au lieu appellé Popincourt. Il seroit incroyable de dire quelle affluence de peuple à ces nouvelles devotions : à quoy Gabaston, Chevalier du Guet, & ses archers, fait escorte. A Popincourt, preschent l'Aulnay & l'Estang : au Patriarche, Malo & Viret. Voyans, les Seigneurs Catholics, qu'il leur est de necessité caller la voile à la tempeste, Monsieur de Guise, tout courroucé, s'est retiré en sa maison de Nanteüil ; le Cardinal de Lorraine, en son Archevesché de Reims ; Monsieur de Nemoux, en Savoye ; le Connestable, à Chantilly ; le Mareschal de S. Andre s'estoit quelque peu auparavant absenté de la Cour, pour quelques paroles d'argu qu'il avoir eu avec le Roy de Navarre. Le bruit court que Monsieur de Nemoux, quelque peu auparavant son partement, avoit sollicité, sous main, Monsieur le Duc d'Anjou, frere du Roy, de s'en venir avecques luy. La Royne mere, le Roy de Navarre, Monsieur le Prince, Messieurs de Montpensier & de la Roche-sur-Yon, freres, sont demeurez en la Cour. Monsieur le Chancelier & Monsieur l'Admiral manient presque toutes les affaires ; cestuy-là, sage politic ; cestuy, fauteur & promoteur de la nouvelle Religion. Tout cela, pour vous dire en un mot, n'est qu'un acheminement à nouveaux troubles.

Mariage du jeune Rohan à Argenteüil, avec la Brabanson.

Mescontentemens des Princes & Seigneurs Catholics.

LETTRE XII.

A Monsieur de Fonssomme.

Presches des Huguenots commencent de provigner impunément par la France.

JE vous veux dire derechef, que vous ne croiriez pas aisément combien de gens vont à ces presches ; les aucuns, par devotion ; autres, par esprit de contradiction ; autres, par curiosité ; autres, par amour de la nouveauté : & eux tous (si je l'ose dire) par une fatalité qui semble non seulement disposer, ains pousser, bon-gré mal-gré, nostre Estat à une proche ruine. La ville de Paris, domptée de la façon que je vous ay escrit, a servy de miroüer aux autres villes, desquelles il y en a peu qui n'ayent aujourd'huy deux formes d'Eglises, l'ancienne & la nouvelle. Geneve est la seminaire dont on tire les Ministres : ceux qui s'estoient retirez en ceste ville-là, depuis dix-huit ou vingt ans, pour fuir les feux, ont fait cependant fonds & magasin de ceste marchandise qu'ils nous estalent & debitent maintenant par la France : sur tout, je vous veux reciter, entre les signalez exemples de changement de conscience, celuy d'Antoine Carracioli, extrait de la famille des Melfes, lequel a quitté son Evesché de Troye, pour se faire Ministre : mais escoutez, vous ne trouverez pas ceste mutation trop estrange, quand vous entendrez tous ses autres deportemens ; d'autant que sur ses premiers ans, il fit profession des armes ; depuis, se rendit Religieux à sainct Victor, où il servit quelque temps aux autres, d'exemple d'austerité : mais soudain qu'il fut faict Abbé, il mena vie fort dissoluë ; & pour se diversifier en toutes les façons, comme un Polype, en l'an cinq cens quarante

Mutations diverses de la vie de Carracioli Evesque de Troye.

rante-quatre, lors que l'on craignoit dans Paris, la venuë de l'Empereur Charles cinquiesme, il se fit Capitaine, & fit sonner le tambour par la ville, pour lever gens: puis estant Evesque de Troyes, il abandonna ceste dignité, pour se revestir de celle de Ministre. Combien que les Catholics ne puissent resister à la violence du temps, nos Prescheurs toutesfois ne se taisent dans leurs chaires, ains animent le peuple, par leurs sermons, à prendre les armes, puis que les plus grands connivent. Il y a un petit Religieux de l'Ordre des Freres Minimes, nommé Frere Jean de Hans (il est natif de vostre ville de S. Quentin) lequel semble seul, faire teste à tous les Ministres: car il n'y a jour qu'il n'ait presché deux fois, pendant les Advents, d'une grande facilité de langue & d'esprit, n'oubliant rien de ce qui faict à nostre cause. Il n'est pas qu'un Bachelier en Theologie, n'ait, entre autres articles de ses positions, mis cestuy en sa tentative, sçavoir, s'il estoit en la puissance du Pape, d'excommunier un Roy, & donner son Royaume en proye, & d'affranchir ses sujets, du serment de fidelité qu'ils ont en luy, quand d'ailleurs il se trouve qu'il favorise les heretiques. Ceste position extraordinaire, tombée és mains de Monsieur de la Roche-sur-Yon, Gouverneur de Paris, il en a faict plainte à la Cour de Parlement, laquelle, par son Arrest du quatriesme Decembre soixante & un, declara ceste proposition seditieuse: & pour ce que ce Bachelier n'a peu estre pris au corps, pour avoir gaigné le devant, il a esté ordonné, que le Bedeau de la Sorbonne, habillé d'une chappe rouge, en presence de l'un des Presidens de la Cour, & de quatre Conseillers, & des principaux de la Faculté de Sorbonne, declareroit, que follement & temerairement ceste proposition avoit esté soustenuë: & au demeurant, qu'en haine d'icelle, l'on ne disputeroit publiquement de la Theologie, quatre ans ensuivans, au College de Harcour, où ceste question avoit esté debatuë. Quelque cas qu'il y ait, ceste grande Cour retient tousjours sa dignité, en quelque temps que ce soit; & la retenant, il seroit impossible de dire combien cela sert à la manutention de la grandeur de nos Roys. A Dieu.

Frere Jean de Hans Minime faict teste aux Ministres.

Proposition soustenuë par un Bachelier de Theologie.

LETTRE XIII.

A Monsieur de Fonssomme.

EUssiez-vous jamais en vostre jeunesse, estimé veoir quelquefois en ceste France, telle desbauche, que dans une mesme ville il y eust exercice de deux diverses Religions, mesmes dans la ville capitale de France, & non seulement dans icelle, mais que ce soit celle où l'on y ait faict la premiere bresche? Oyez comme les choses se passent encores. Je vous avois n'agueres mandé, que Frere Jean de Hans faisoit rage de maltraiter nos Reformez: Rouge-aureille, Prevost des Mareschaux de l'Isle de France, l'enleve, un grand matin, & par commandement de ceux qui commandent, le meine lié & garoté, à S. Germain en Laye, pour avoir presché trop licentieusement encontre eux. Plusieurs notables bourgeois, irritez de ceste indignité, se transportent en grande troupe à S. Germain, demandant que leur Prescheur leur soit rendu; ce qu'ils ont obtenu: que voulez-vous plus? Ce Religieux est rentré dedans nostre ville, avec tel applaudissement & compagnie de gens de pied & de cheval, comme si c'eust esté un grand Prince; & le lendemain de son retour, a esté faite une grande procession en l'Eglise S. Barthelemy, pour louer Dieu en sa faveur. Cestuy, si je ne m'abuse, n'est pas un petit heurt encontre ceux de la Religion: grande pitié, que j'use maintenant de ce mot, pour dire ceux de la ligue. Ce Frere faict tous les jours, en ses sermons, plusieurs grands trophées de sa prison; donne à entendre fortement, que ceux qui commandent, ne sont si zelateurs des autres, comme l'on se persuadoit; qu'il ne faut doubter de leur faire teste. Nul des autres ne s'en ose plus remuer, voyant que leur premier project non seulement n'a porté aucun coup, mais s'estoit tourné à leur honte & confusion: Or comme le temps semble se disposer à nouvelles calamitez, il me plaist de vous raconter cecy. Les Ministres n'avoient encore eu permission de prescher, sinon les jours ouvrables, craignans que si aux jours de festes ils preschoient, pendant que le peuple chommoit, ce n'eust esté faire ouverture à nouvelle sedition. Il n'y a homme d'entendement, qui ne die que ceste ordonnance estoit fort sage & politique, veu la necessité du temps: toutesfois les Ministres impatiens de nostre repos, commencent à crier aux aureilles des grands, que la moitié de leurs oüailles estoit affamée de la parole de Dieu; c'estoient les pauvres manœuvres, qui ne pouvoient, aux jours ouvriers, exercer la manufacture dont ils vivoient, & frequenter leurs sermons. Monsieur de la Roche-sur-Yon, sage Prince, prevoyant les inconveniens qui en pouvoient sourdre, leur resiste fortement: enfin, voyant qu'il ne pouvoit avoir du meilleur, il quitte volontairement son Gouvernement de Paris, & le remet entre les mains de Monsieur le Mareschal de Montmorency, qui le reprend comme Gouverneur de l'Isle de France, avec de grandes prerogatives, mesmes avec gardes, tant pour la seureté de sa personne, que pour garentir la ville, de seditions: & pour ceste mesme raison, a esté estably dans Paris, un Guet perpetuel de soixante Archers à gages de soixante livres par an, ausquels commande Gabaston, vaillant soldat de sa personne, lequel, pour sembler un peu favoriser l'autre party, acquiert de jour à autre grandement la haine du peuple. Leur requeste leur a esté enterinée, vers les festes de Noël; pendant lesquelles, les Ministres voulans vacquer à l'exercice de leur Religion, le lendemain du jour de Noël, voicy l'argument d'un nouveau tumulte, qui sourdit inopinément: assez prés du Patriarche, estoit l'Eglise S. Medard, en laquelle, pour la solemnité du jour, on carillonne, pendant que Malo preschoit: les Protestans estimans que cela se fist de propos deliberé, pour empescher que leur Ministre ne fust entendu, commencent à s'esmouvoir, & envoyent quelqu'un d'entr'eux, pour les prier de faire taire les cloches: ne voulans cesser, on s'eschauffe: on vient aux mains dans l'Eglise S. Medard: ceux de la Religion estoient assistez du Guet & des Prevosts des Mareschaux, pour garder qu'on ne leur mesfist; ceux-cy se mettent de la partie. Le tumulte a esté estrange: plusieurs hommes qui navrez, qui tuez; l'Eglise sainct Medard rompuë, les vitres brisées, images jettées bas: j'ay horreur de vous raconter tout au long, toutes les particularitez que l'on dict avoir passé: cela n'estoit point encore advenu en nos Eglises. Il y a pis: car il est battu & payé l'amende: les gens de Gabaston & Rouge-aureille ont mené par troupes, prisonniers les Catholics, comme autheurs de ceste sedition, nuls des autres. Les Bourgeois de Paris en crient, disans que l'on les a taillez, pour payer les gages de ce nouveau Guet à leur ruine: presentent requeste à la Cour de Parlement, afin de leur estre faict droict sur les meurdres, emprisonnemens, vols de chappes, calices & ornemens de l'Eglise. La Cour bien empeschée de ce faict, commet deux des Conseillers, Monsieur Gayant Catholic, & Monsieur fumée de la Religion, pour en informer conjointement: sur ces entrefaictes, on a pris au corps, deux de la Religion nouvelle, nommez les Cagers, pere & fils en ceste confusion, il est advenu que les Catholics recusent par autre requeste, tous les Conseillers Huguenots: au contraire, les Huguenots recusent

Le Minime mené prisonnier au Roy, retourne dans Paris avec triomphe.

Commencement dans Paris de la ruine des Huguenots.

Journée S. Medard.

tous

tous les Catholics : j'useray desormais de ces deux mots, pour estre le plus court, & parce que je voy desja les deux partis formez de nostre France. Pour obvier au scandale, la Cour a sagement ordonné que l'une & l'autre requeste seroit lacerée en la presence de ceux qui l'avoient presentée. L'Eglise Sainct Medard, chôme aujourd'huy, sans que l'on y fasse le service divin, comme ayant esté profanée : pour éviter à pareil inconvenient, on a enjoint aux Ministres, de se choisir autre lieu que le Patriarche. Voylà, quant à la ville de Paris : mais pour le regard du general de la France, pour autant que l'Edict du mois de Juillet estoit seulement provisional, le Roy, à l'instigation de ceux qui luy assistent maintenant de conseil, a envoyé Mandemens par tous les Parlemens, afin qu'ils eussent à envoyer en Cour, trois ou quatre des plus suffisans de leurs compagnies, pour donner leur advis sur la closture & resolution finale du total. A ceste assemblée se sont trouvez les Connestable, Mareschal de sainct André, & Cardinal de Tournon, qui s'estoient peu auparavant absentez. Ils se sont assemblez, le troisiesme Janvier. Et là Monsieur le Chancelier de l'Hospital a remonstré comme ceste nouvelle Religion avoit petit à petit provigné les Edicts par le grand Roy François, par Henry son fils, par François Second, pour la supprimer : toutesfois que nul de ces trois Princes n'y avoit sceu parvenir, quelques punitions exemplaires qu'ils eussent faites contre ceux qui la suivoyent : que pour ces causes, nostre jeune Roy desiroit trouver les moyens comment il pourroit tranquilliter toutes choses, & que chacun d'eux devoit estimer qu'il estoit venu en ce lieu, pour establir une Republique, & non une Religion. Estant le vouloir & intention du Roy de passer toutes choses quoyement : & que l'on ouvrist les moyens de bannir ceste nouvelle Religion, sans troubles, ou bien que les uns vesquissent avec les autres, sous un mesme Prince, en amitié & fraternité. C'estoit une proposition fort mal-aisée à resoudre. Toutesfois apres plusieurs & divers discours, il a enfin arresté, que ceux de ceste Religion qui s'estoient emparez des Eglises, les rendroient, & aussi vuideroient des maisons, biens, & revenus, appartenans aux gens d'Eglise : pourroient faire assemblées hors les villes, tant seulement pour exercer leur Religion, avec deffences toutesfois de bastir Temples ; à la charge que toutes & quantesfois que les Officiers du Roy voudront aller à ces assemblées, pour voir quelle doctrine y seroit annoncée, qu'ils y seroyent receus & respectez, selon la dignité de leurs charges : qu'aucuns Synodes ou Consistoires ne seront faits, sinon en la presence, ou par le congré de ces Officiers, ny semblablement aucuns Magistrats créez, ny Loix, Statuts, ou Ordonnances par eux faites ; mais que s'ils estiment chose necessaire de constituer entr'eux quelques reiglemens pour l'exercice de leur Religion, qu'ils les communiquent aux Officiers du Roy, qui les authoriseront, s'ils voyent qu'il se puisse & doive faire raisonnablement, sinon en advertiront le Roy pour en avoir de luy congé : ne pourront faire aucuns enroulemens, soit, ou pour se fortifier, ou aider les uns aux autres, ou pour offenser autruy, ne pareillement impositions, cueillettes & levées de deniers sur eux ; & quant à leurs charitez & aumosnes, elles se feront, non par cotization & imposition, ains volontairement : qu'ils seront tenus de garder les loix politiques, mesmes celles qui estoyent receuës en l'Eglise Catholique Romaine, en fait de festes & jours chommables, & de mariages pour les degrez de consanguinité & affinité, afin d'eviter aux debats & procez, qui s'en pourroyent ensuivre : aussi seront tenus les Ministres se retirer par devers les Officiers du Roy, pour juger, entre leurs mains, l'observation de l'Edict, & promettre de ne prescher doctrine qui contrevienne à la pure parole de Dieu, selon qu'il est contenu au Symbole du Concile de Nice, & és livres Canoniques du vieil & nouveau Testament : leur enjoignant de ne proceder par convices, en leurs Presches contre la Messe, & les ceremonies receuës en nostre Eglise Catholique, & de n'aller de lieu à autre, & de village en village, pour y prescher contre le gré & consentement des Seigneurs, Curez, Vicaires, & Marguilliers : & en semblable, à tous Prescheurs de n'user en leurs sermons, d'injures contre les Ministres, & ceux de leur suite. Cest Edict a esté arresté & conclud, le dixseptiesme Janvier dernier passé : & depuis envoyé par tous les Parlemens, qui l'ont tous unanimement receu & publiez, hormis deux, celuy de Paris & de Provence. Ceux ordinairement qui pensent bien discourir sur le fait d'une Republique, sont d'advis que tout ainsi que le fondement general d'icelle, depend principalement de l'establissement de la Religion, par la crainte & reverence de laquelle, tout sujet est autant & plus retenu, que par la presence du Prince : aussi qu'il faut sur toutes choses que le Magistrat empesche, ou mutation de Religion, ou diversité sous un mesme Estat : comme ainsi soit que cela apporte partialitez & discordes intestines, qui se tournent en guerres civiles, lesquelles apportent les fins & periodes des Republiques. Si oncques ceste proposition fut bravement disputée, certainement, ç'a esté lors que l'on a envoyé cest Edict au Parlement de Paris, aidé mesme en cecy du privilege de l'ancienneté de nostre Religion, qui avoit esté continuée de main en main, depuis onze ou douze cens ans en çà, de la mesme forme comme nous l'observons par tout ce Royaume. Sous ces persuasions & plusieurs autres, la Cour n'a voulu verifier cest Edict. Et à ceste fin pour en faire remonstrances au Roy, ont esté deputez, Monsieur le President de Tou, & Monsieur Faye, Conseillers : lesquels ayans deduit particulierement devant le Roy, tout ce qui induisoit le Parlement à ne recevoir cest Edict, Monsieur le Chancelier, pour la dignité de son estat, & bas aage de nostre Roy, a pris la parole, leur disant, qu'il ne doubtoit point que toutes les raisons par eux representées, ne fussent de grande efficace, mais qu'il les prioit de penser qu'elles n'avoyent esté oubliées en ce grand Consistoire de S. Germain : que la question qui se presentoit, estoit du nombre de celles en laquelle y avoit à penser de quelque façon qu'on voulust tourner son esprit : & à vray dire, qu'en la resolution d'icelle, y avoit lieu pour excuser le Magistrat de sa faute, soustenant ou l'un ou l'autre party. Accordoit que le fondement d'une Republique estoit de n'y avoir qu'une Religion : mais quand les choses estoyent arrivées à tel desbord, comme on les voyoit lors par la France, qui n'admettroit cest Edict, il falloit de deux choses l'une : ou faire passer tous les adherans de la nouvelle Religion par le fil de l'espée, ou les exterminer tout à fait, avec permission de se desfaire de leurs biens. Le premier poinct ne pouvoit estre executé, pour estre ce party, trop fort, tant en chefs, qu'en partisans : & ores qu'il le peust estre, de souiller la jeunesse du Roy dedans le sang de tant de ses sujets, par adventure que devenu grand & en aage de cognoissance, il les redemanderoit à ses Gouverneurs. Et au regard du second, il estoit aussi peu faisable : & quand bien il succedroit selon nostre intention : c'estoit bastir par ce Conseil, autant d'ennemis desesperez, que de bannis. Et quant à l'Edict de Juillet, ores qu'il eust quelque beau pretexte, c'estoit induire les gens à un Atheïsme, en leur permettant de ne frequenter les Eglises Catholiques, & neantmoins leur tollisant l'exercice de leur Religion. Parquoy pour obvier à ces defaux, il avoit esté trouvé bon d'establir en France deux Eglises, jusques à ce que Dieu nous eust reünis en mesmes volontez : & qu'ainsi avoit esté autre-fois practiqué par Galere Maximian & Constance, Empereurs, pour composer les divisions qui estoyent entre les Chrestiens & Ethniques, leur remonstrant & priant de caller la voile, à la necessité presente : bref, de tolerer ce scandale pour eviter un plus grand : & que si en cecy on failloit, c'estoit à l'imitation des Nations circonvoisines, lesquelles en pareille necessité avoyent esté contraintes faire le semblable. Ceste response rapportée au Parlement, & les Chambres de rechef assemblées, on ne change toutesfois d'advis, & qui est chose à remarquer, combien qu'en l'Edict de Juillet le party Catholic n'euſt paſſé que de trois voix, en ceſte derniere deliberation il paſſa de xxiiij. S'eſtans, à mon jugement, faits ſages par les nouveaux departemens & inſolences des autres, combien il importoit au public de ne relaſcher rien de l'ancienne Religion. Cela a apporté nouvelle rumeur entre les Seigneurs de Cour. Par ce que le Roy de Navarre, bien qu'il ne tienne aujourd'huy le gouvernement que par la faction de ceux de la Religion, ſi ſemble-t'il avoir tourné ſa robbe & favoriſer l'ancienne Religion. Le Prince de Condé luy fait teſte ouverte pour la nouvelle. D'un autre coſté, les Pariſiens ſont arrivez à S. Germain en Laye, partialiſez en deux ligues, les uns pour l'une, les autres pour l'autre Religion, l'on peut dire que c'eſt à beau jeu, beau retour. Finalement par la pluralité des voix, encores a-il paſſé pour l'Edict. Et a eſté commis le Prince de la Roche-ſur-Yon pour le faire publier au Parlement, avec commandement exprés, que là où l'on ſeroit refuſant, ou delayant de ce faire, il le feroit publier ſans forme judiciaire, aſſiſté ſeulement de quelques particuliers, Conſeillers, tels qu'il pourroit choiſir. Ceſte commiſſion eſtoit violente : mais luy ſage Prince l'a executée fort doucement, remonſtrant que l'intention du Roy eſtoit fondée ſur la neceſſité du temps, que la Cour de Parlement pouvoit bien cognoiſtre ce qui ſe paſſoit devant ſes yeux en une ville de Paris, mais n'eſtoit informée des plaintes qui venoyent de toutes pars du Royaume, journellement aux aureilles du Roy & de ſon Conſeil, la priant d'adviſer ſommairement & ſans aucun long diſcours du Ouy, ou du Nenny, qu'elle avoit à reſpondre. Sur cela il a eſté par commun accord adviſé que tous ceux qui avoyent aſſiſté au Conſeil de Sainct Germain, auroient voix deliberative en ce fait-cy, comme les autres : tellement qu'enfin il a eſté ordonné que l'Edict paſſeroit. Vray, qu'en l'execution, ils ont bien monſtré que c'eſtoit par un conſentement forcé. Par ce que le Vendredy vingt-ſixieme de Mars, jour extraordinaire de plaidoyerie, il a eſté emologué avec toutes les demonſtrations de contraintes. D'autant qu'avec l'Edict ont eſté auſſi publiées toutes les juſſions du Roy. Ce que l'on n'a pas appris de faire en telles publications. Davantage, le Procureur General n'a rien requis publiquement, ains declaré qu'il avoit baillé ſes concluſions par eſcrit. Au moyen dequoy il a eſté ordonné par la Cour, que ſur le reply des lettres, il ſeroit mis qu'elles avoyent eſté leuës, publiées & enregiſtrées, oüy le Procureur General du Roy, ſans approbation touteſfois de la nouvelle Religion, le tout par maniere de proviſion, & juſques à ce que par le Roy en euſt eſté autrement ordonné. Ainſi s'eſt paſſé ceſt Edict dans Paris : car quant au Parlement de Provence, Monſieur d'Uzez y avoit eſté quelques mois auparavant envoyé avec commiſſion trés-ample, pour le contraindre de le publier. Il y a du commencement trouvé quelque obſtacle par le moyen d'un Gentilhomme, nommé Clichan, aſſiſté d'un Cordelier : mais enfin tout cela s'eſt eſvanoüi en fumée, & y eſt l'Edict publié. Les Huguenots ont par ce moyen tout ce qu'ils demandent : & devant qu'ils l'euſſent, ils s'en eſtoient fait croire : car eux-meſmes s'eſtoient donné la loy de preſcher aux Fauxbourgs de Paris en deux endroits, & preſque par toutes les villes de France, auparavant que d'en avoir permiſſion par Edict. Si les Catholics ſont autant contens, je m'en rapporte à ce qui en eſt. Le temps, peut-eſtre, nous fera ſages, mais ce ſera à nos propres couſts & deſpens. A Dieu.

LETTRE XIV.

A Monſieur de Fonſſomme.

Changement de la violenté du Roy de Navarre contre les Huguenots & pourquoy

Y Eut-il jamais hiſtoire qui portaſt de ſi eſtranges regards que ceſte-cy? Mon Dieu que je ſouhaiterois maintenant entre nous quelque Tite-Live Chreſtien, qui d'une plume bien hardie, nous enſeignaſt comme Dieu a voulu manifeſter les effects de ſa puiſſance cachée, contre toute la prudence des hommes! Car ainſi que les affaires ſe paſſent entre nous, vous trouverez dans un abyſme & confuſion de toutes choſes, tous les Princes avoir pour ſouſtenement de leurs partis, apporté tout ce que l'on pouvoit ſouhaiter de la ſageſſe humaine, & au bout de cela, que lors qu'ils ont penſé eſtre arrivez à chef de leurs deſſeins, toutes leurs eſperances ſe ſont tournées à neant. Meſmes que ce ſur quoy ils avoyent eſtably leur grandeur, a eſté le fondement de leur ruine.

Comme Dieu diverſement rendus illuſoires les conſeils des Princes en ce nouveau remuement de religion.

Y eut-il oncques embuſche mieux dreſſée que celle qui fut faicte ſouz le regne du Roy Henry, au Parlement de Paris, ou que l'autre d'Orleans, ſous le petit Roy François, pour chaſſer & bannir ceſte Religion nouvelle, que l'on voyoit prendre trop longues racines entre nous? Touteſfois lors que les entrepreneurs d'icelles penſerent eſtre au comble de toutes leurs affaires, ils ſe trouverent tout auſſi-toſt ſupplantez par les morts inopinées & caſuelles de ces deux Roys. Et en ceſte derniere nommément, ce que l'on eſtimoit devoir eſtre la ruine du Roy de Navarre, fut ſa grandeur : car ſi (comme je vous ay eſcrit) à la mort du petit Roy François, il ne ſe fuſt trouvé à tiltre, voire que les trois Eſtats que l'on avoit deliberé lors d'aſſembler à la confuſion & ruine des Huguenots, leur fut aprés le decez du petit Roy François, un inſtrument de leur aſſeurance. Or voyez maintenant comme la chance eſt tournée. Les Huguenots avoient toute leur confiance ſur luy. Permettez-moy encores derechef une fois pour toutes, & pour abregement de langage, que j'uſe envers vous de ce mot, au lieu de ceux de la Religion Nouvelle, ou de la Religion Pretendue Reformée. Je ſuis devenu avaricieux en paroles, & les plus courtes me ſont les meilleures. Ce ſeroit perte d'encre & de papier, de mettre trois mots pour un ſeul. D'oreſnavant les Huguenots & Catholics, ſeront les termes de nos lettres, diſcourans entre nous deux les calamitez de ce temps. Sans que pour cela entendions blaſonner les uns ou les autres. Ils avoient (dis-je) toute leur confiance ſur ce Roy, comme ſur celuy, qu'ils avoient porté ſur les eſpaules, & entre les mains duquel ils avoient fait tomber le gouvernement de la France, par leurs brigues & menées en l'aſſemblée des trois Eſtats. Et de faict en recognoiſſance de ce, il avoit permis par une connivence bien grande, que les Preſches fuſſent faits à huis ouvert, non ſeulement dans Paris, ains dans la Cour meſme du Roy, à ſainct Germain en Laye. Auſſi eſtoit-il fort mal-aiſé qu'il ſe maintint en ſa grandeur, ſinon par le moyen de ceux, leſquels au reciproque avoient à ſe ſouſtenir par l'appuy & faveur de luy-meſme. Touteſfois changeant de propos, il fut le premier outil par lequel les Catholics s'armerent encontre les autres. Mais parce que ce ſont lettres cloſes à pluſieurs, & que peut-eſtre n'avez entendu comme ces practiques ſe ſont menées, ſçachez que le Pape voyant le remuement de menées qui ſe faiſoit entre nous, a envoyé Monſieur le Cardinal de Ferrare, oncle de Madame de Guiſe, Legat en France, avec trés-amples facultez. Cela par un trés-ſage conſeil, afin que ſi quelques-uns vouloient devenir pareſſeux, d'aller à Rome en ceſte nouvelle face d'affaires de la Religion, il y euſt un Prelat entre nous, lequel pourroit ſupléer par la facilité, & de ſa preſence,

Quels furent les motifs pour leſquels le Roy de Navarre changea d'opinion contre les Huguenots.

& de sa faveur, l'absence de sa Saincteté. Aussi avons-nous par deçà, le Seigneur de Charantonneau, fils du feu Chancelier Gravelle. Cestuy Ambassadeur du Roy Philippe, est ainsi que l'on dict, gaigné par quelques grands Princes des nostres, ausquels ne plaisoit ceste diversité de Religions. Luy, suivant la capitulation prise entr'eux, se transporte trois ou quatre fois, en habillement desguisé, pardevers le Roy de Navarre, l'asseurant de la part de son Maistre, que là où il voudroit prendre la protection de l'Eglise Romaine, il luy rendroit son Royaume de Navarre, ou bien l'équivalent en assiette de pays Souverains, aussi riches & plantureux. Ceste tresme commençant d'estre tissuë, le Legat se mest aussi de la partie : luy promettant de la part du S. Siege, le Comté de Venisse, & encores luy moyenner envers le Roy Catholic, le pays de Sardaigne, que le Pape erigeroit en Royaume, là & au cas qu'il ne luy voulust rendre le pays Navarrois. On dit qu'à toutes ces promesses, Monsieur le Connestable & Mareschal de S. André, tenoient la main pour les luy faire gouster. Que cela soit veritable comme l'Evangile, je ne suis pas si osé de le vous mander. Mais tant y a, que le bruict universel estoit tel. Bien, vous puis-je dire qu'en un instant on a veu & son visage & sa volonté, s'estre eschangée à l'endroit des Huguenots : car il deffendit aux Ministres de plus prescher au Chasteau, comme ils s'estoient donnez loy & permission de ce faire, cinq ou six mois auparavant. Mesmes en l'assemblée de S. Germain, où furent concluës les deux Eglises, il s'y opposa tant qu'il peut, mais le Prince de Condé, l'Admiral, & autres, qui lors ne tenoient pas des derniers grades prés du Roy, luy firent contre-carre, & l'emporterent pour le regard de la publication de l'Edict. Vray qu'il n'a pas esté si-tost publié, que dés sa naissance il est mort, estant (si ainsi voulez que je le die) un vray avorton de la France, mais qui par sa mort, produira plusieurs tranchées dans les entrailles de celle qui l'a produit. Le Roy de Navarre assisté de Monsieur le Connestable & du Mareschal de Sainct André, a mandé Monsieur de Guise, qui est pour le jour-d'huy à Joinville, pour se venir joindre avec eux, & faire casser tout ce qui s'estoit fait, au prejudice de l'Edict du mois de Juillet. Sur ces mescontentemens, la Cour du Roy, qui avoit l'espace de six ou sept mois sejourné à Sainct Germain, s'est rompuë pour prendre la route de Fontainebleau. Les uns joyeux, les autres fachez de ce nouveau remuëment, & tous les sages, grandement estonnez, pour ne sçavoir sur qui, en cest orage public, tombera le tonnerre. A Dieu.

LETTRE XV.

A Monsieur de Fonßomme Gentilhomme Vermandois.

Monsieur de Guise retourne en Cour, ligué avec le Connestable & le Mareschal de S. André.

Monsieur de Guise aprés avoir receu les lettres du Roy de Navarre, a rebroussé son chemin en Cour, & à son retour, passant par la ville de Vassy, les siens pretendans avoir receu quelque injure par les autres, ont fait passer plusieurs au fil de l'espée, lors qu'ils vacquoient à l'exercice de leur Religion. Beze en a voulu faire instance : mais silence luy a esté imposé par le Roy de Navarre. Quelques jours aprés, Monsieur de Guise est arrivé dans Paris, costoyé des Connestable & Mareschal de Sainct André, avec une grande troupe de Gend'armes. Il a esté receu magnifiquement, & avec un grand appareil par les Parisiens, le Prevost des Marchands & Eschevins, sont allez au devant de luy pour le bienveigner. Ce mesme jour, le Prince de Condé, qui estoit en la ville, est allé au Presche avec grande compagnie, en une maison des Faux-bourgs Sainct Jacques, que l'on appelle Jerusalem ; deux jours aprés est arrivé le Roy de Navarre, & le lendemain jour de Pasques Fleuries, a esté faire quelque procession generale, où il est été ; qui a donné quelque asseurance au peuple, de voir establir les choses en leur ancien estat. Pour cela, les Ministres ne laissent de prescher ; c'est un vray chaos & confusion. Toutes sortes de gens, tant de l'un que de l'autre party, s'assemblent dans la ville, leurs Chefs & principaux Capitaines y estans. Les coups de pistolets & canons, ne servent de carillon. Ces armes nous ont esté renduës, lesquelles peu auparavant avoient esté portées en l'Hostel de Ville, par le commandement du Prince de la Roche-sur-Yon. Quelque jours aprés, il a esté capitulé entre ces Seigneurs, que le Prince de Condé vuideroit le premier de la ville pour éviter aux seditions, & que le lendemain de son partement, le Roy de Navarre & ses Partisans feroient le semblable. Le Prince s'est retiré à Meaux, où aprés avoir fait la Cene, il a faict un grand amas de gens. Le semblable ont faict l'Admiral, les sieurs d'Andelot, la Roche-Foucault. Grammont remuë toute la Guyenne, & Montgommery la Normandie. Quelques-uns avoient conseillé à la Royne mere de se retirer de Fontainebleau, dans la ville d'Orleans, avec le Roy & Messieurs ses freres, & là se tenir close & couverte contre tous, jusques à ce qu'ils fussent entrez en quelque bonne reconciliation ; elle n'y a voulu ou osé entendre. Tellement que le Roy de Navarre l'a retrouvée à Fontainebleau. Lequel adverty que le Prince de Condé estoit passé le Lundy de Pasques au rez des murailles de Paris, avec quinze cens chevaux, & s'estoit logé à Sainct Denis, prit resolution de retourner dans Paris, encores que l'opinion de la Royne ne fust telle. Le Prince de Condé prend sa argument & pretexte de son entreprise, disant que le Roy estant detenu prisonnier par les autres, il a chargé les armes pour le delivrer de ceste captivité. S'il m'estoit permis de juger des coups, je vous dirois que c'est le commencement d'une tragedie, qui se jouëra au milieu de nous, à nos despens, & Dieu vueille qu'il n'y ait que de nos bources. Mais tout ainsi que tous les spectateurs, cognoissent aisément les bien ou mal-seances de ceux qui jouent, aussi si j'osois bonnement juger des coups, entre vous & moy, je dirois volontiers, que le Prince a fait icy plusieurs fautes. Je ne vous diray point d'avoir changé de religion, & moins encores d'avoir prins les armes : ce sont fautes qui sont trop lourdes : Mais puis qu'il luy estoit advenu de franchir le Rubicon, il ne devoit desemparer, ny la ville de Paris, ny la presence de son Roy ; car celuy qui demeurera en possession de l'un ou de l'autre, aura de grands advantages sur son ennemy. Le premier pas de Clerc que fit Pompée, en la guerre civile qu'il eut contre Cesar, fut quand il quitta la ville de Rome, pour la laisser à son ennemy. Le Prince recognoist aucunement qu'il s'est en cecy, mespris, & pour y donner ordre, a surpris la ville d'Orleans, dans laquelle il pourra fort aisément assembler ses forces : ville vrayement à luy fatale, en ce que peu auparavant, il s'y estoit presque veu au dessous de toutes affaires, & maintenant il y tient rang de souverain. Cela a estonné aucunement les Princes & sieurs Catholiques. Qui a esté cause que le Roy estant à Melun, ils ont resolu de l'amener dans Paris. Monsieur le Connestable y est arrivé le premier à basse noise, & le lendemain de son arrivée, qui a esté le quatriesme Avril, cinq cens lxij. il a faict faire monstre aux Citoyens avec bien grande joye & allegresses de tous, *Dulce bellum inexpertis*. Ce mesme jour il a fait brusler tous les bancs, sieges & chaires de Popincourt & Jerusalem. En ce tumulte, la maison de Popincourt, mesmes a esté bruslée. Et dessors ont cessé les Presches des Huguenots dans la ville de Paris. Le tout, non sans grandement affliger ceux

Fautes commises par le Prince de Condé, au commencement des troubles.

ceux de la Religion, l'espace de quatre ou cinq jours: pendant lesquels le Roy est entré dans Paris, sans forme d'entrée Royale, parce que les affaires presentes ne le portoient pas. On ne parle plus que de guerre. Chacun fourbit son harnois. Monsieur le Chancelier s'en contriste. Tous les autres y prennent plaisir. Quand il en a voulu parler, Monsieur le Connestable luy a dict, que ce n'estoit à gens de robe longue, d'opiner sur le faict de la guerre; mais il luy a respondu, que combien que telles gens ne sçeussent conduire les armes, si ne laissoient, ils de cognoistre quand il en falloit user : response qui ne me semble pas moins vraye, que hardie, & car il n'y a rien tant à craindre en une Republique, qu'une guerre civile, ny entre les guerres civiles, que celle qui se faict souz le voile de la Religion : mesmement pendant qu'un Roy pour son bas aage, n'a puissance de commander absoluëment. Il y a trois choses que l'on doit craindre infiniment en toute principauté, immensité de debtes, minorité d'un Roy, & remuement de Religion : car il n'y a celle de ces trois, qui ne puisse particulierement apporter mutation d'un Estat. Combien doncques ces trois se trouvans aujourd'huy concurrer ensemble, nous doivent-elles appréster de peur ? Je sçay bien que tous ceux qui ont pris en main la deffense du party Catholic, n'apportent en ceste cause qu'une sincere devotion: toutesfois en tels accidens de guerres civiles, on doit craindre de tous costez les evenemens d'une victoire absoluë. Celuy qui obtient une bataille, soit pour ou contre son Roy, en affoiblissant son ennemy, gaigne de grandes authoritez & prerogatives, non seulement sur tout le peuple, ains sur son maistre mesmes. Et c'estoit la raison pour laquelle ce bon Citoyen Caton d'Utique, aprés avoir fait tout ce qu'il peut pour rompre les troubles d'entre Pompée & Cesar, & n'y ayant sceu attaindre, s'estant par jeu forcé, rendu partisan de Pompée, qui soustenoit l'autorité du Senat de Rome; toutes-fois il redoubtoit autant, que Pompée vint au dessus de Cesar, comme Cesar de Pompée, prevoyant que de quelque costé que fust la victoire, c'estoit non seulement la desolation & ruine de la Republique de Rome, mais aussi le preparatif de nouvelle tyrannie, à celuy qui seroit le victorieux. Je croy que ces mesmes considerations, font que Monsieur le Chancelier ne peut trouver bon, que l'on prenne maintenant les armes; mais il ne considere pas, que quand il s'agit de la mutation d'une Religion ancienne, chacun y court comme au feu, pour empescher la nouvelle : l'on estime que c'est pecher contre le Sainct Esprit, de vouloir en cecy mesnager toutes les propositions politiques, & qu'il faut hazarder l'Estat pour le garantir d'un plus grand hazard, qui frappe au corps & à l'ame, & à peu dire, que c'est une vraye folie, d'y vouloir apporter attrempance. Certainement, lors que tels malheurs nous adviennent, c'est-là où les plus sages mondains perdent le pied : aussi ne les voyons-nous jamais, que quand il plaist à Dieu de nous toucher vivement pour nos pechez. Au demeurant, ceux qui conduisent entre nous, principalement le party Catholic, sont le Roy de Navarre, les Seigneurs de Guise, Connestable, & Mareschal de Sainct André : & pour le parti Huguenot, Monsieur le Prince, l'Admiral, les Seigneurs d'Andelot, & de la Roche-Foucaut : & combien que tout se face de deçà sous le nom, ou du Roy, ou bien du Roy de Navarre, toutesfois Monsieur de Guise a la plus grande part au gasteau ; comme en cas semblable de delà, l'Admiral, ores que Monsieur le Prince soit le chef. Ce sont en somme, deux grands Princes du sang, freres, dont les autres (chacun en son endroit) se tergent pour parvenir au-dessus de leurs intentions. A Dieu. 1561.

Combien les guerres civiles sont dangereuses, & mesmes pour la Religion.

Que le Prince mineur doit tout craindre pendant une guerre civile.

+++

LETTRE XVI.

A Monsieur de Fonssomme, Gentilhomme Vermandois.

Feu des troubles de 1561. allumés generalement par la France.

MAintenant ce ne sont que cartels. Chacun pour pallier son entreprise, & donner le tort à son ennemy, envoye des declarations telles qu'il veut. Monsieur le Prince declare qu'il avoit esté contraint de prendre les armes, non pour le soustenement de sa religion, ains pour delivrer le Roy & la Royne sa mere de la captivité en laquelle ils estoyent. Les Catholics d'un autre costé ont fait publier une declaration envoyée par le Roy à son Parlement, par laquelle il declaroit qu'il advoüoit tout ce qui estoit fait par les Princes & Seigneurs qui l'environnoient, tant s'en faut qu'il soit par eux detenu en captivité : & qui plus est pour mettre ceux d'Orleans en leur tort, du jour au lendemain, on a publié autres lettres, par lesquelles le Roy veut & entend que l'Edict de Janvier sorte effect par tout son Royaume, fors en la ville & banlieuë de Paris, & és autres villes où il n'y a eu exercice de ceste religion. Le Prince de Condé a protesté au contraire, & fait courir un ample manifeste, par lequel il declare que ce n'est aucune passion particuliere qui le pousse, ains la seule consideration de ce qu'il doit à Dieu, & à la Couronne de France sous le gouvernement de la Royne ; sous laquelle opinion il s'estoit voüé de remettre en pleine liberté le Roy, & maintenir l'observation de ses Edicts sans aucune dissimulation, mesmement celuy de Janvier : protestant que tant & si longuement que ceux qui s'estoient emparez du Roy seroyent en sa Cour, il ne reputoit aucunes lettres, mandemens ou depesches venir de luy, quelque emprunt que l'on fit de son nom : qu'il n'entend toutesfois comprendre sous ceste generalité le Roy de Navarre. Et l'unziesme jour d'Avril les Huguenots ont passé une association ensemble (ils ne l'ont pas voulu nommer ligue) par laquelle ils ont promis vivre & mourir ensemblement jusques en l'aage de la pleine majorité du Roy, permettoient aux Seigneurs du Conseil privé d'y entrer, fors à ceux lesquels pour asservir le Roy, avoient nouvellement pris les armes, qu'ils reputoyent criminels de leze-Majesté, s'il ne les despouilloient promptement. Ceste declaration & association apportée à Paris, il y en avoit quelques-uns qui estoyent d'advis que Monsieur de Guise, le Connestable & Mareschal Sainct André s'eslongnassent de la Cour ; mais ils ne les ont voulu croire, estimans que celuy qui laisse la partie, la perd. Contre ceste declaration, ceux de deçà ont couché d'une protestation pour eux première, parce qu'ils dient qu'ils seroient à l'advenir, declarez deserteurs de l'honneur de Dieu, infidelles à leur Roy, & ennemy de leur patrie, si par eux n'estoit donné prompt remede aux invasions & entreprises de ces nouveaux Chrestiens & liberateurs de leur Roy : parquoy estimoient necessaire non seulement pour l'acquit de leurs consciences, ains de celle du Roy, suivant le serment qu'il avoit fait à son sacre, & pour ne confondre tout ordre divin & humain, dont s'ensuivroit aprés la fin du Royaume ; que le Roy ne devoit authoriser diversité de Religion par la France, ains la seule Eglise Catholique Apostolique, Romaine, receuë de tous ses predecesseurs & de luy ; qu'il falloit que tous Officiers & Beneficiers tinssent la mesme Religion, & en fissent expresse profession ; & pareillement ceux qui avoient chargé les armes sans l'exprés consentement du Roy, & du Roy de Navarre, representans sa personne par tout le Royaume, se deposassent, à peine d'estre declarez rebelles ; que les forces assemblées par le Roy de Navarre seroient entretenuës pour quelque temps, dans

lequel

lequel on esperoit trouver le fruit de tout ce que dessus. Et ce fait & accomply, ils estoyent prests de se retirer non non seulement dedans leurs maisons, ains se confiner au bout du monde si besoin estoit, après avoir donné ce contentement à leurs ames d'avoir rendu à Dieu, au Roy, à leur patrie, & à leurs consciences, l'honneur, le service, l'union, la charité, & tout autre fidelle office qu'ils leur devoyent en si evident peril & necessité. Pour auquel obvier, ils estoyent prests de sacrifier leurs vies & tout ce qu'ils avoyent de plus precieux en ce monde. Voilà comme les uns & les autres jouent leurs roolles, & à vray dire, c'est à beau jeu beau retour. La Royne cependant ne s'endort point pour pacifier toutes choses, mais elle n'y peut attaindre; parce que le Prince s'est fermé en ces trois points, en l'observation de l'Edict de Janvier, sans restriction : que les Sieurs de Guise, Connestable & Mareschal, qui ont premiers pris les armes, les quittent aussi les premiers : & finalement qu'ils desemparent la presence du Roy. Chose que feroit en cas semblable le Prince, pour ce fait estre par le Roy & la Royne rappellez ceux qu'il leur plairoit. Il est impossible de les accorder, car qui accorderoit le premier article, se feroit offenser la ville de Paris, à laquelle on ne veut desplaire: de quitter les premiers les armes, c'est se mettre en la misericorde & mercy de son ennemy. Aussi que le Connestable & Mareschal disent, qu'estans constituez aux premieres dignitez de la France, il n'y avoit nul propos, ni apparence que premiers ils posasent les armes. Et quant à l'eslongnement, Monsieur de Guise soustenoit que ses Offices de Grand Maistre & Grand Chambellan luy commandoyent d'estre prés du Roy. Mais pour apporter quelque moyen entre ces deux extremitez, ils offrent que tous delaissent les armes & qu'elles demeurent és mains du Roy de Navarre frere aisné du Prince de Condé & Lieutenant General du Roy. Pour ce fait estre resolu qui avoit du tort, non par la Cour de Parlement suspecte aux Huguenots, ains par la resolution & decret des trois Estats de la France. Le Prince de Condé A n'a pas voulu accepter ces offres. Il a opinion qu'on le veut tromper. Les autres font pareil jugement de luy, & paradvanture ne sont en cecy les uns ny les autres trompez. L'on depesche commissions de tous costez pour lever gens. En celles du ban & arriereban l'on donne à entendre à la Noblesse que c'est pour delivrer Monsieur le Prince de Condé, qui est detenu captif par quelques ames seditieuses. C'est à bien parler, troc pour troc, & payer les autres en mesme monnoye. Le Roy de Navarre a enjoint aux Prevosts des Marchands & Eschevins de Paris de nous faire assembler en chaque dizaine pour eslire un Capitaine & un Lieutenant, sous le commandement desquels nous serons tenus de tous gader les postes. Celuy qui a esté autheur de ceste discipline, est le Seigneur de Brissac Mareschal de France, aujourdhuy Lieutenant General pour le Roy dedans Paris. Et parce que les Ministres gaignoient auparavant le peuple par presches & exhortations, aussi Monsieur le Cardinal de Lorraine a voulu faire le semblable entre nous. Il a premierement presché en l'Eglise Nostre-Dame, ouy d'une incredible affluence d'auditeurs : & depuis en l'Eglise Sainct Germain de l'Auxerrois toutes les feries & octaves de la Feste-Dieu par entresuite de journées, luy preschant un jour, & le lendemain le Minime, dont je vous ay cy-dessus escrit : admonnestant sur toute chose le peuple qu'il falloit plustost mourir, & se laisser espuiser jusques à la derniere goute du sang, que de permettre contre l'honneur de Dieu & de son Eglise, qu'autre Religion eust cours en la France, que celle que nos ancestres avoient si estroitement & religieusement observée. Ce m'a esté chose aussi nouvelle de veoir prescher un Cardinal, comme peu auparavant un Ministre. Il a excité grandement le peuple aux armes. Il n'est pas que les plumes mesmes des Poëtes ne s'en meslent. Brief, on ne corne autre chose que feux, guerres, meurdres & saccagemens. Si Dieu ne nous regarde d'un œil de pitié, nous sommes taillez de voir bien tost cruellement jouer des cousteaux. A Dieu.

LETTRE XVII.

A Monsieur de Fonssomme.

Ruines publiques par la France, sous le pretexte de la religion.

GRande & esmerveillable pitié! Nul ne couche que de la Religion de Dieu, du service de son Roy, de l'amour & pieté envers sa patrie : & je n'en voy un tout seul qui sous ces beaux pretextes ne ruine totalement le Royaume de fonds en comble. Tout est en trouble & confusion. Plusieurs villes se sont prises d'elles-mesmes en faveur des Huguenots, Tours, Blois, Angers, Saulmur, le Mans, Poitiers, Bourges, Meaux, Roüen, Lyon, Mascon, le Havre de Grace, Valence, Montauban; mesmes en la ville de Tholose a esté fait un cruel estour entre le Catholic & Huguenot, toutesfois le dessus nous est demeuré. Il seroit impossible de vous dire quelles cruautez barbaresques sont commises d'une part & d'autre; où le Huguenot est le maistre, il ruine toutes les images (ancien retenail du commun peuple en la pieté) demolit les sepulchres & tombeaux, mesmes passant par Clery, il n'a pas pardonné à celuy du Roy Lonys unziesme; enleve tous les biens sacrez & voüez aux Eglises. En contr'eschange de ce, le Catholic tuë, meurdrit, noye tous ceux qu'il cognoist de ceste secte, & en regorgent les rivieres. Il n'est pas que parmi cela quelques-uns n'executent leurs vengeances privées sur leurs ennemis aux despens de la querelle publique. Et combien que les chefs facent contenance d'en approuver tels deportemens, si ils passent-ils par connivence & dissimulation. La paix vaut mieux que la guerre. Celle qui est faicte contre l'ennemy estranger est beaucoup plus tolerable, que l'autre qui se faict de citoyen à citoyen. Mais entre les guerres civiles, il n'y en a point de si aiguë, & qui apporte tant de maux, que celle qui est entreprise pour la Religion, comme je vous escrivois par les dernieres. Il y a deux grands camps par la France. On s'est assemblé à Baujency, pour voir s'il y auroit moyen de pacifier ces troubles. Mais ceux qui s'en sont meslez s'en sont revenus aussi peu resolus comme ils y estoient allez. Il est bien malaisé en telles affaires de pouvoir asseurer ceux qui craignent tout. Après la rourure de ce pourparler, tout ainsi que plusieurs villes s'estoient facilement diverties de l'obeïssance du Roy, aussi y ont-elles esté puis après d'une mesme facilité reduites. La ville de Blois a esté reprise. Monsieur de Montpensier a remis és mains du Roy, Tours, le Mans, Angers & Saulmur. Le Mareschal de Saint André; celle de Poitiers, & peu après Bourges, où il a trouvé plus de destourbier & resistance. Au pays de Lyonnois, Masconnois & Beaujoulois, le Baron des Adrés, Huguenot, commet toutes sortes de cruautez contre les Catholics; qui ne luy donne pas petit avantage pour l'execution de ses entreprises. Montbrun & Mouvant, de la mesme Religion, font plusieurs grands exploits d'armes en Dauphiné. La Cour de Parlement, par son Arrest du vingt-sixiesme jour de Juin dernier passé, a declaré tous les Huguenots portans armes, rebelles & criminels de leze-Majesté divine & humaine. Contre cest Arrest les Huguenots crient & protestent que ceux qui possedent le Roy ont forcé la Cour de ce faire. Et disans cela, ils cognoissent qu'ils ont esté envoyez à l'escole, quand ayans pris les armes ils se joignirent au Roy, lors qu'il estoit à Fontainebleau, donnans

donnans le loisir aux ennemis de le faire. On s'est depuis acheminé au siege de la ville de Rouen, dans laquelle Montgommery commandoit pour le Prince. Ceste ville a esté prise d'assaut, par le bon conseil & magnanimité du Seigneur de Guise (à tout le moins, le bruit commun luy en baille l'honneur.) Le Roy de Navarre y est mort d'un coup de bale, qui n'est regreté des uns ny des autres. Ceste mort a augmenté l'authorité de Monsieur de Guise, lequel a, en peu de temps, gaigné telle vogue & credit entre les Catholics, qu'il peut soustenir sa querelle de soy-mesme, sans l'interposition du nom d'un Prince du sang, dont il avoit fait jusques alors pretexte. Il fait contenance d'obeir aux commandemens du Connestable premierement, puis du Mareschal de Saint André, pour estre leurs estats affectez aux armes, mais pour en dire ce qui en est, il leur commande. Vous attendrez plus amples nouvelles de moy selon que les affaires se passeront, & que le temps m'apportera plus amples instructions & memoires. A Dieu.

LETTRE XVIII.

A Monsieur de Fonssomme.

Siege devant Paris, par les Huguenots.

Depuis mes dernieres, le Mareschal de Hes Allemand a amené grande quantité de Reistres au Prince de Condé, lequel se voyant augmenté de forces, a pris son chemin vers Paris. Vray qu'auparavant que d'y arriver il a assiegé la ville de Corbeil, dans laquelle il a trouvé le Mareschal de Sainct André, qui luy a faict teste. Au moyen dequoy, contrainct de lever le siege, il s'est venu camper devant Paris, où il a trouvé Monsieur de Guise & tous les autres Seigneurs qui l'ont receu en bonne devotion d'estre protecteur de la ville. On s'est mocqué de ceste entreprise, que luy qui avoit failly de prendre Corbeil, se vint aheurter contre Paris : & pour ceste cause, court maintenant un commun proverbe, prendre Paris pour Corbeil, quand apres n'avoir peu venir à chef d'une petite entreprise, on se promet de parvenir à une plus grande. Le siege y a esté mis le premier jour de Decembre. Les Huguenots campez aux villages de Laï, Herueuil, Cachant, Gentilly, & autres des environs. On a remis sus, plusieurs propos de paix, mais pour neant. Pendant tous ces pour-parler, les Gascons & Espagnols sont venus au secours des Catholics. L'Anglois est arrivé en Normandie pour les Huguenots, qui luy ont livré pour gages & asseurance le Havre de grace. Depuis, les Huguenots ont levé le siege en deliberation d'aller recueillir les Anglois & les joindre à eux. Monsieur de Guise ne les a voulu perdre de veuë, ains les a suivy à la trace. Le dix-neufiesme de Decembre, se trouvans les deux armées proches, ils se sont baillez une bataille fort cruelle, prés de la ville de Dreux : en laquelle d'entrée, les Huguenots voyans que nostre artillerie jouoit, & qu'en peu de temps elle les pourroit mettre en desordre, le Seigneur de Mouy, accompagné de soixante chevaux, s'est debandé de ses esquadrons, & avec une esmerveillable resolution, s'est venu jetter pesle mesle, non dans l'avantgarde, ains droit à la bataille où commandoit Monsieur le Connestable; qui a faict cesser l'artillerie. Ce que voyant le Connestable, & que tout le fort de la Cavallerie le venoit charger, ils s'advança avec grande hardiesse pour les recevoir, mais la charge a esté si furieuse, que quelque devoir de vaillant Capitaine qu'il y ait apporté, son cheval a esté tué, luy blessé & pris, & le Seigneur de Beauvais avecques luy. Le Seigneur de Montberon, son quatriesme fils, le Seigneur Duc de Nevers, le Seigneur de Givry, tuez; Monsieur d'Aumale porté par terre & fort froissé, l'artillerie prise. Toutes les troupes de la bataille tant de cheval, que de pied mises en route, mesmes les deux regimens de Monsieur d'Aumale & du Mareschal d'Ampville. Les Huguenots enorgueillis de cest heureux succez poursuivent leur victoire jusques au logis de quelques fuyards, & pillent le bagage. Quelques-uns dient que la vaisselle de Monsieur de Guise y a esté perduë, mais je n'en sçay rien au vray. De là ils rechargent le bataillon des Suisses, qui s'estoient ralliez. Cela donne occasion à Monsieur de Guise (qui commandoit à l'avant-garde, & qui pour ne mettre ses gens en desordre, les avoit tenus quoy serrez en rang de bataille) de debusquer de furie contre les Huguenots, où la charge a esté si à propos, qu'ils ont esté rompus & le Prince de Condé pris par Monsieur le Mareschal d'Ampville. Ses Lansquenets estonnez, qui estoient en nombre de deux mille, se sont rendus à la merci de Monsieur de Guise, lesquels s'estoient peu paravant retirez en une cour entourée de murailles. En quoy est allé tant de temps, que la Cavallerie des Huguenots a eu quelque loisir de se rallier & de recharger leurs pistoles dedans un vallon couvert d'un petit taillis. Et ayant esté rapporté à Monsieur de Guise, qu'ils pouvoient estre de quatre ou cinq cens, il delibera de les aller rompre avec le Mareschal de Sainct André ; mais comme ils marchoient, ils voyent sortir beaucoup plus grand nombre montans de quinze à seize cens chevaux en deux troupes : qui sont vivement soustenus : mesmes nos harquebuziers Catholics arrivent tout à poinct pour les recueillir. En ceste rencontre ont esté tuez plusieurs grands Seigneurs d'une part & d'autre : le Seigneur de la Brosse, vieux Capitaine, bien aimé de Monsieur de Guise : davantage, le Mareschal de Sainct André, qui avoit apporté de ceste journée-là de trés-grands devoirs, y a esté pris, puis mis à mort, de sang froid. Le Malheur a voulu qu'il soit tombé entre les mains d'un Gentil-homme, duquel il s'estoit, pendant sa grand vogue, fait donner la confiscation pour un homicide commis : & combien que ce don ne luy eust reüssi pour les empeschemens qui s'y trouverent, toutesfois ce Gentil-homme couvant de longuemain dans sa poitrine une vengeance, Dieu a permis que ce grand Seigneur soit tombé lors à point nommé entre les mains de son ennemy, qui l'a traité de ceste façon que je vous escris ; qui est une belle leçon aux grands de n'abuser de leur credit contre les petits, lors qu'ils ont le vent en pouppe. Que voulez plus? L'obstination du combat a duré par diverses charges & recharges avec variables & doubteux succez, depuis midy jusques presques à la nuict close, quand les Huguenots quittans du tout la campagne, avec la perte de leur chef & de leur artillerie, & laissans plus de huit mil des leurs, que morts, que pris, que blessez sur la place: ceux qui restoient se sont retirez à deux lieuës de là, ne permettant l'obscurité que Monsieur de Guise les ait peu poursuivre. Ni pour cela, l'Admiral ne perd le cœur, ains met (comme l'on dit) le lendemain en deliberation de retourner au combat ; mais les Reistres qui viennent en France pour s'enrichir, & non pour mourir, n'y ont voulu entendre ; occasion pour laquelle ils ont repris le chemin d'Orleans. Or voyez je vous prie combien chacun est aujourd'hui aheurté à sa propre ruine. Tout ainsi que les Catholics se sont fait accroire d'avoir eu le dessus de leurs ennemis ; aussi les Huguenots se flattent de mesme opinion de victoire : disans que si le Prince de Condé leur chef a esté pris, le semblable en est advenu à Monsieur le Connestable, chef des Catholics. Et en outre, que Monsieur le Mareschal de Sainct André est demeuré sur la place, avec plusieurs autres grands Seigneurs. Parquoy, tout ainsi que les Catholics ont fait procession generale dedans la ville de Paris, aussi ont faict les Huguenots

Bataille de Dreux.

Mort du Mareschal de S. André.

guenots dedans Orleans prieres publiques, rendans action de graces à Dieu, de ce qui leur estoit advenu. Toutesfois s'il y a aucun qui ait rapporté quelque victoire, j'estime en ma conscience que c'a esté Monsieur de Guise, en deux sortes, tant la prise de Monsieur le Connestable sien amy, que de Monsieur le Prince son ennemy. J'adjousteray encores, si voulez, par la mort de Monsieur le Mareschal de Sainct André, parce qu'il n'aura desormais aucun compagnon & persönnier de ses victoires. A Dieu.

LETTRE XIX.
A Monsieur de Fonssomme.

Acheminement au siege d'Orleans.

LE Duc de Guise est retourné victorieux dedans Paris, avec un applaudissement general de tout le peuple. Jamais Prince n'y fut accueilly de meilleur œil qu'il a esté. Il ne s'endort pas cependant sur ceste heureuse defaicte. Mais voyant qu'il avoit maintenant derriere soy le Prince de Condé, & qu'il estimoit que la seule presence & authorité de l'Admiral, ne seroit assez forte pour retenir ceux de sa suitte, il a faict dresser un Edit, par lequel le Roy rappelleroit à soy tous ses subjets, baillant la main à tout le peuple qui l'avoit laissé, avec une promesse d'impunité & de favorable traittement. Mais pour cela il y en a peu qui ayent pris occasion de retour. Chacun a estimé que c'estoit un artifice pour les attrapper. Tellement que la seule peur ou doute, les a retenus. L'Admiral qui a cela de peculier de ne se rendre jamais aux adversitez, reprend ses premieres brisées de Normandie pour se joindre avec l'Anglois, duquel il doit recevoir argent pour souldoyer ses Reistres & gens de guerre. Monsieur de Guise, qui a eslevé ses esprits plus haut qu'auparavant, voyant que l'impunité proposée aux autres ne les excitoit au retour, delibere de pousser de sa reste: & par ce que la principale ressource & magasin des forces de ses ennemis est en la ville d'Orleans, où l'Amiral a laissé Monsieur d'Andelot son frere pour y commander, il delibere d'y mettre le siege. L'on fait grands preparatifs pour cela. Et croy que vous ne recevrez pas si-tost de mes lettres, que ce sera fait ou failly. A Dieu.

LETTRE XX.
A Monsieur de Fonssomme.

Mort de Mr de Guise.

O Admirable changement & mutation de fortune! Celuy dont je vous ay tant escrit, sur lequel le peuple fichoit principalement ses yeux, ce guerrier inexpugnable, est mort, & a esté tué le plus poltronnement que l'on sçauroit dire, par un portant le nom de Poltrot. Mais entendez, je vous prie, comment tout ce malheur s'est passé. Voyant que les forces de ses ennemis estoient divisées, une partie estant allée avec l'Admiral en Normandie, & l'autre demeurée avec Monsieur d'Andelot pour la garde d'Orleans, il met le siege devant la ville, où les choses luy succederent si à propos qu'il prit d'emblée la fauxbourg du Porterceau, qui estoit un hebergement fort commode pour ses gens, par le moyen duquel il pressoit grandement le Seigneur d'Andelot, quoy qu'il fust tres-vaillant Capitaine. Quant à luy, il estoit logé au village de S. Mesmin. Or voicy un nouveau dessein que l'on brasse encontre luy. Dedans la ville de Lyon commandoit sous l'authorité du Prince, Monsieur de Soubize, qui avoit à sa suite un Gentilhomme Angoulmoisin, natif d'Aubeterre, nommé Jean Poltrot, Seigneur de Meré. Cestuy avoit de longue main, precogité la vengeance generale de tout son party, laquelle il n'estimoit pouvoir accomplir que par la mort du Seigneur de Guise. Il s'en descouvrit à son maistre, qui l'envoya vers l'Admiral avec lettres de creance. Si cela est vray ou non, je m'en rapporte à ce qui en est. Mais pour le moins le bruit commun est tel: dont l'Admiral ne s'est pas eslongné grandement; encores que par un Manifeste il s'en soit voulu depuis excuser. Ayant communiqué avec luy, & le conseil pris entre eux, Poltrot vint trouver devant Orleans, Monsieur de Guise: & luy ayant fait une reverence profonde, luy dit que mal conseillé il avoit suivy Monsieur le Prince; Mais que maintenant à une juste repentance, il se venoit rendre à luy, avec un ferme propos de faire un bon service au Roy. Monsieur de Guise estimant que ceste parole vinst du fond du cœur, le recueillit d'un œil favorable, & mesmes luy donna tel accez en sa maison, que souventesfois il beuvoit & mangeoit à sa table. L'on dit (je ne l'asseure pas pour vray) que la debonnaireté de ce Prince eut tant de puissance sur l'autre, que pour ce premier coup il perdit le cœur, & retourna tout court devers l'Admiral beaucoup moins resolu que devant, mesmes en deliberation d'en oublier le retour, n'eust esté qu'il fut redressé par un Ministre plein d'entendement & de persuasion. Sous la parole duquel après qu'on luy eut fait present d'un bon cheval d'Espagne, & de cent escus, & d'une bonne pistole, il reprit le chemin d'Orleans, où, pour le faire court, il sceut si dextrement jouër son personnage, que ce pauvre Prince retournant du Porterceau, après avoir passé la riviere du Loiret, accompagné du Seigneur de Rostaing, il le choisit si à propos par derriere au lieu le moins armé, à la jointure de l'espaule, que ce vaillant Prince tombant de son cheval fut emporté grandement navré, à son logis, où Madame de Guise sa femme estoit. Poltrot jusques là estoit demeuré en cervelle, mais soudain qu'il eut fait le coup, se trouva tellement esperdu, qu'ayant pris la guarie pour se sauver, quelque tracassement qu'il fit toute la nuit, qui fut de plus de dix lieuës, il se trouva le matin au milieu du camp des Suisses, où s'estant blotti l'espace de trois jours entiers en une cassine d'un pauvre vigneron dans les vignes, le Scurre secretaire du Seigneur de Guise, qui s'estoit mis en queste, le prit par un soupçon violent, tant pour l'avoir veu souvent au logis de son maistre, que pour le trouver vestu d'une mandille de couleur perse, telle que le Seigneur de Rostaing avoit figurée celle du meurdrier. Cependant ce pauvre Seigneur blessé à la mort, est allé de vie à trespas, après que la Royne a recherché tous moyens pour le garentir. Mourant il a fait plusieurs belles remonstrances & exhortations au Seigneur Prince de Joinville son fils aisné. Son corps apporté dans Paris avec grandes lamentations au mois de Mars cinq cens lxij, à une quatre prés de celle qu'il y estoit, l'année precedente, entré tres-glorieusement, on luy a fait une grande pompe funebre. Son corps porté à Joinville, tombeau ancien de ses predecesseurs, & pour recognoissance des bien-faits qu'il avoit procurez à l'Eglise, les Doyens, Chanoines & Chapitre de l'Eglise Nostre-Dame, luy ont ordonné pour trophée, un obit annuel qui se celebrera tous les ans, le septiesme jour de Mars, qui fut le jour de son decez. Ainsi est mort ce grand Capitaine & guerrier, aimé & hay d'uns & autres, d'une mesme balance, accompli certes de plusieurs grandes parties tant de la fortune que de sa valeur. Car quant à la fortune, il me semble qu'il eut en tout le cours & teneur de sa vie, un heur qui l'accompagna jusques au dernier soupir. Parce qu'estant appellé aux plus grandes affaires du Royaume sous le Roy Henry second, jamais il n'en entreprit une qu'il n'en retournast avec son honneur. Quelques ans après l'advenement de ce bon Roy à la couronne, il luy conserva la ville de Mets contre un long & obstiné siege de l'Empereur Charles cinquiesme, acculant toutes ses victoires de telle façon que honteux d'avoir failly à une promesse qu'il avoit faite en une dietre aux Princes d'Allemaigne, de ne lever jamais le siege qu'il n'eust pris la ville, il se despoüilla des ornements & joyaux de l'Empire, choisissant une vie solitaire & privée. Depuis ayant esté par le mesme Roy compris pour le voyage d'Italie, ores qu'il n'en rapportast tel fruit, comme il esperoit, si ramena-t'il son armée saine & sauve. Ce qui n'estoit auparavant advenu à autre François que luy: estant l'Italie un pays qui alleche les François à sa conqueste, pour puis leur servir de cimetiere. A son retour il reduisit sous l'obeissance du Roy, Calais, ville auparavant estimée inexpugnable. Tout d'une suitte prit Tionville, que l'on estimoit aussi imprenable: monstrant qu'il ne luy estoit rien impossible. Puis pendant nos guerres civiles, reprit les villes de Bourges & Roüen, combien que ses ennemis eussent estably en l'une & l'autre l'un des principaux magasins de leurs forces; gaigna la journée de Dreux, qui luy vint si propos, que d'une mesme defaite il eut victoire de deux; ne luy estant pas la prise de Monsieur le Connestable, corrival de ses loüanges, moins advantageuse que celle de Monsieur le Prince, contre lequel il faisoit profession d'hostilité toute ouverte. Et au bout de tout cecy, comblé de toutes ces victoires, il mourut d'un coup de bale, proditoirement, ne l'ayant ny son ennemy, ni la fortune, osé tuer de bonne guerre. Car mesmes au recouvrement de Bologne contre l'Anglois, il receut un coup de lance entre le front & le nez, qui luy outrepeça la bouche, dont toutesfois il s'eschappa. Afin cependant que je n'oublie que ce ne fut pas peu d'heur pour luy de mourir en ce periode, lors qu'il estoit au dessus du vent, & que la fortune journaliere ne luy avoit encores joüé aucun tour dont elle sçait escorner les plus braves. Et s'il eut un heur qui luy fit perpetuelle compagnie en toutes ses actions, encores l'en avoit nature rendu plus digne. Car il fut Seigneur fort debonnaire, bien emparlé tant en particulier qu'en public, vaillant & magnanime, prompt à la main, quand le besoing le requeroit, ne sçachant que c'estoit de crainte, & neantmoins si attrempé en toutes ses actions, que jamais la temerité ne luy fit outrepasser les bornes de ce qu'il devoit. Comme de fait, il en fit preuve tres-ample en la prise de Roüen: mais beaucoup plus en la journée de Dreux, en laquelle il se donna le loisir de voir mettre ses ennemis en desordre d'eux mesmes, en pourchassant la victoire qu'ils avoient du commencement obtenuë. Lesquels il chargea de telle furie, quand il vit son appoint, que le champ de bataille luy demeura. Et qui est un poinct de prudence admirable, sçachant que c'estoit contre luy que les Huguenots jettoient principalement leur visée, & qu'il ne faisoit nulle doubte que son armée ne fust pleine d'espions, le soir de devant la bataille, il declara en plein souper sur quel cheval il vouloit monter, & de quelles armes & appareil il seroit le lendemain. Toutesfois avant que de venir au joindre, il resigna & le cheval & l'accoustrement dont il avoit parlé, à son escuyer. Dont bien luy prit; car son escuyer fut tué, & quant à luy il reschappa pour ce coup. Au surplus, Prince qui sçavoit choisir & user des occasions, à propos, ne les laissant aisément escouler quand il les avoit en main. Comme il monstra bien, lors qu'il maria la Royne d'Escosse sa niep-

ce au Roy Daulphin, & quand il vint saluer le Roy à Fontainebleau au commencement de ces troubles. Toutes lesquelles parties le firent infiniment reluire entre les Princes & grands Seigneurs. Or encores qu'il fust tel, si ne se peut-il pas garentir des mesdisances de ses ennemis; d'autant qu'ils luy improperoient que le voyage d'Italie par luy brassé, avoit esté le commencement; & son dernier retour en la Cour du Roy, l'accomplissement de nos maux: disans que tout ainsi que sa venuë nous avoit apporté les troubles, aussi sa mort nous avoit tout aussi tost moyenné une paix. Mais ceux qui sans exception & reserve vouloient faire trouver ses œuvres loüables, disoient que pour le regard du voyage d'Italie, il n'en avoit esté l'autheur, ains le Pape, & qu'il n'avoit esté que l'executeur en cecy des commandemens du Roy. Et quant à ses deportemens derniers, ceux qui en faisoient mal leur profit, ne consideroient pas que si par une nouvelle liberté de leur conscience, ils s'estoient dispensez d'exercer à huis ouvert par tout le Royaume leur religion, auparavant qu'il y eust Edict qui leur en donnast la permission, & contre les inhibitions expresses de celuy du mois de Juillet, il ne falloit pas trouver estrange que ce Prince pour la manutention de l'ancienne, n'y eust esté oublié en arriere. Mais pour laisser les particularitez qui le concernoient, m'estant sans y penser mis à l'essor, l'on a fait le procez à Poltrot, lequel par arrest a esté condamné à estre tiré à quatre chevaux en la Greve. Aussi quelque peu après le decez du Sieur de Guise on a mis en deliberation de faire une paix, pour à laquelle parvenir il n'y a pas eu grande resistance. Parce que Monsieur le Prince & Monsieur le Connestable prisonniers n'apprehendoient point tant la querelle du public, que leur liberté ne leur fust plus chere. La paix a esté faite dans la ville d'Amboise le dixneufiesme de Mars cinq cens soixante & deux, verifiée au Parlement le vingt-septiesme, par laquelle toutes les injures provenans des troubles sont remises & pardonnées, tous arrests & jugemens donnez contre ceux de la religion, cassez, chacun d'eux remis en ses biens, prerogatives & dignitez. Le Prince de Condé, l'Admiral, & autres Seigneurs de leur association, tenus pour bons & loyaux sujets du Roy: & tous les deniers par eux levez, pour le deffroy de la guerre, allouez. Qu'ils remettroient és mains du Roy toutes les villes par eux prises, esquelles toutesfois il leur seroit loisible d'exercer leur religion; & quant à autres, leur seroit assigné, en chaque siege Presidial une ville pour l'exercice d'icelle: fors & excepté dans la ville, Prevosté & Viconté de Paris, en laquelle neantmoins nul ne pourroit estre recherché de sa conscience pour le fait de la religion. Pourroient les Barons, Chastelains, Hauts-Justiciers, & Seigneurs tenans plein fief de Haubert, exercer leur religion en leurs maisons avec leurs subjects, qui librement & sans contrainte s'y voudroient trouver, & autres Seigneurs ayans simples fiefs, pour eux & leurs familles seulement. Defenses à ceux de la religion de ne troubler les Ecclesiastiques en leurs benefices, ny en leur service divin. Et prend le Roy les uns & les autres d'une mesme balance à sa protection & sauvegarde, comme ses vrays & loyaux sujets. Cest Edict de Pacification publié, on a diversement delegué par les Provinces uns & autres Conseillers du Parlement, jusques au nombre de deux, en chacune, pour l'executer promptement sur les plaintes qui se pouvoient presenter des particuliers, pour lesquelles un Parlement seul n'eust pas esté suffisant, qui eust voulu tirer les choses au train ordinaire de Justice. Et par mesme moyen ont esté remis en pleine liberté, Messieurs le Prince de Condé & Connestable, ensemble les prisons ouvertes à tous autres prisonniers. Et tous d'un commun accord, tant d'une que d'autre religion, se sont acheminez à la reconste de la ville du Havre de grace, occupée par les Anglois, laquelle leur a esté quelque peu après, renduë. A Dieu.

LETTRE XXI.

A Monsieur de Fonssomme.

Comme Dieu s'est diversement joué tant des Catholiques que Huguenots.

ENcores ne me puis-je estancher, & faut que je discoure derechef avec vous de quelle façon Dieu se joüe entre nous des pensées de nos Princes & grands Seigneurs. Si j'ay bonne memoire, je pense vous avoir, par l'une & miennes, discouru qu'apres la mort du petit Roy François, les Huguenots avoient fiché toute leur esperance dessus le Roy de Navarre, lequel lors, pour plusieurs raisons, estoit en mauvais mesnage avec Monsieur de Guise leur ennemy juré, toutesfois au mesme point qu'ils pensoient avoir obtenu tout ce qu'ils desiroient, (je veux dire que leur religion avoit esté authorisée par l'Edict du mois de Janvier) Dieu permit que le Roy de Navarre changeant d'opinion s'unist avec Monsieur de Guise, & que ce fut le premier pretexte pour les affliger. Maintenant c'est toute autre histoire, qui provient toutesfois d'un mesme mystere; parceque les Catholics (qui avoient, apres Dieu, toute leur fiance sur Monsieur de Guise) pensoient auparavant, que les Huguenots fussent en peu de temps abysmez, maintenant leur protecteur a esté meurdry, & par sa mort se sont anichilez tous les desseins qui estoient prests de sortir effect encontre les autres. Dieu n'a pas permis que la ville d'Orleans fust prise, pour ne reduire les Huguenots au dessous de toutes affaires. Il a encores hebeté les sens de Poltrot apres avoir faict sa tasche, à fin qu'il contast des choses à ses juges lesquelles continueront (comme il vray-semblable) la querelle de pere à fils. A peu dire, nous ne sommes au bout de nos maux.

Madame de Guise demande justice de l'assassin commis en la personne de son mary.

Madame de Guise accompagnée de Messieurs ses enfans & de plusieurs siens parens s'est prosternée devant le Roy, à fin que justice luy fust faite encontre Monsieur l'Admiral, qu'elle disoit avoir esté autheur de ceste proditoire mort. Et a encore presenté requeste à la Cour de Parlement à mesme fin, Chacun s'y trouve bien empesché. Comme nulle cause n'est presque sans Advocat, ceux qui portent le party Huguenot, soustiennent que cela est effacé par l'Edict de Pacification : & qu'il n'y a rien d'insolent, & qui ne soit faisable contre son ennemy : qu'ainsi fut Cesar assassiné à l'impourveu par Cassius & Brutus, ainsi entre nous, le Roy Sigibert dans Soissons par la pratique & menée de la Royne Fredegonde sa belle sœur ; ainsi Holofernes par Judith, meurdre toutesfois tant honoré desjà le vieil testament. Somme, que quand on est constitué en termes de desespoir, on ne dispute plus s'il faut vaincre par vertu, ou par tromperie. Les autres disent, à l'opposite, que cest exemple est indigne d'un cœur genereux, & se prevalent de la response d'Aristides devant le peuple d'Athenes contre le conseil de Themistocles, de celle de Sexte Pompée à son pilote, lors qu'il vid avoir Auguste & Marc Antoine en sa devotion dedans ses navires : de la magnanimité de Fabritius contre le medecin du Roy Pyrrhus, de celle de Camillus, quand il chastia la trahison du pedagogue, des enfans de bonne maison des Faleriens qu'il tenoit assiegez, & d'une infinité d'autres exemples. Et à peu dire, renvoyent ceux qui sont profession de religion, à la lecture des Offices de sainct Ambroise, pour apprendre combien tels actes sont agreables à Dieu & au monde. Monsieur l'Admiral, sur lequel on veut faire tomber ceste reparation, a envoyé un Manifeste en Cour, par lequel il n'advoüe pas franchement avoir consenty à ceste mort, mais aussi s'en defend-il si froidement que ceux qui luy veulent bien, souhaiteroient, ou que du tout il se fust teu, ou qu'il se fust mieux defendu. De luy faire son procez, le rang qu'il tient aujourd'huy & l'Edict semblent le defendre: de passer aussi les choses par connivence, il semble que le sang & les merites du defunct, l'empeschent. Si n'en sera-t-il pas pour ceste heure autre chose : parce que le temps n'est disposé à en avoir reparation. A Dieu.

Si l'assassin commis en la personne de son ennemy est excusable, double opinion.

LETTRE XXII.

A Monsieur de Fonssomme.

Comme toutes choses rioient aux Huguenots soudain apres la mort du Duc de Guise.

IL semble que toutes choses favorisent maintenant ceux de la religion pretenduë reformée, leur fort & puissant ennemy tué, l'Edict de Pacification faict à leur advantage : le Prince de Condé & l'Admiral demeurés sur pieds : la generale surintendance des affaires de France sans controlle, demeurée par devers la Royne, qui ne demande que la paix ; nul ennemy qui semble à face descouverte s'opposer à leur entreprise ; car encores que quelques Seigneurs de poids, ne puissent gouster cest Edit, si est-ce que les calamitez de treize ou quatorze mois, les tiennent aucunement retenus. Et quant au Connestable, bien qu'il n'approuve ce party-là, toutesfois son infortune derniere ne les rend si eschauffé comme auparavant : Joint que le malheur de la guerre luy a osté ses associez, & voir que les chefs de l'autre costé sont ou ses parens, ou ses alliez. Les villes ont esté renduës, les presches diversement establis au vouloir & intention de l'Edict, le Prince de Condé chery & honoré en Cour, les gens de guerre licentiez, le peuple condamné à les defrayer, les cinq Presidens de la Cour de Parlement de Paris ont esté faicts Conseillers du conseil privé, à fin de ne s'esloigner tant des affaires d'Estat, comme ils faisoient auparavant. Tous les Estats de Monsieur de Guise distribuez aux siens: au Prince de Joinville son fils aisné, l'Estat de grand Maistre : à Monsieur de Mayenne son second, celuy de grand Chambellan : à Mr d'Aumale son frere, l'office de grand Veneur. Pour reparer la bresche faicte par les troubles, & fournir au desfroy de la guerre, on faict une autre nouvelle bresche : l'on vend, par Edict, du domaine du bien de l'Eglise jusques à trois millions de livres; chose à quoy dix ans auparavant on n'eust seulement osé penser ; le Parlement en a faict plusieurs refus : enfin il a esté publié. Ce n'est pas un autre petit advantage pour les Huguenots, lesquels estiment qu'en affoiblissant le Clergé, leur cause s'en fortifie. La plus part d'entr'eux court à l'envy aux acquisitions de ce bien. Le Cardinal de Lorraine, ce temps pendant, ne dort pas en la ville de Trente, où le Concil general a esté enfin clos & arresté par sa diligence. Le bruit est qu'il sollicite le Pape, le Roy d'Espaigne, & les Venitiens à la ruine des Huguenots. Entre nous, le peuple qui ne peut aisément tolerer deux religions, se remuë en quelques endroits. Il y a eu quelques seditions au Mans & à Troye : specialement dans Crevant, petite ville de Bourgongne, il y a eu quelques Huguenots tuez & noyez. En ce mesme pays de Bourgongne quelques-uns ont faict contenance de se liguer sous le nom de la confrairie du S Esprit. L'Edict de Pacification estoit en plusieurs endroits de la France, enfraint,

Premier Edict sur l'alienation du bien de l'Eglise.

Restriction sur l'exercice de la religion nouvelle.

fraint. On s'est assemblé dans Paris pour y donner ordre en presence de Monsieur le Prince, & pour donner advis sur l'interpretation de l'Edit. Finalement il a esté arresté, que nul Seigneur ne pourroit faire exercice de la religion nouvelle és terres qu'il auoit de nouuel acquises de l'Eglise, ny pareillement en celle qui tenoient & mouuoient d'elle. Dauantage, combien qu'il eust esté dict en pacifiant les troubles que nul ne pourroit estre recherché en sa conscience, toutesfois l'on n'auoit entendu sous cest article comprendre les Moines ou Nonnains, qui pendant ou depuis les troubles s'estoient desfroquez; ausquels est enjoint sur peine de punition corporelle de retourner en leurs Monasteres, ou vuider de la France: que nul ne pourra estre Ministre en ce Royaume, s'il n'est naturel François. Ceste declaration a apporté quelques nouueaux tintouins en la teste des Huguenots. Le Prince toutesfois y consent, auquel la Royne gratifié par toutes sortes d'agreables faueurs. Quoy faisant, elle y gaigne plus que feu Monsieur de Guise par les armes. Voila quant au fait de la religion. Au regard de la police commune de la France, on s'est adiusé

L'Edit de la subuention des procez.

de plusieurs nouuelitez pour trouuer deniers. On faict l'Edict des hosteliers, de la subuention des procez est passé, qui est que pour chaque procez, dont la demande excede cent liures, on paye cent sols, & au dessous de cent liures, quarante sols. Le Roy a decerné sa commission à quelques Conseillers du Parlement, Maistres de la Chambre des Comptes, & Generaux de la Iustice, pour faire le procez aux Financiers, lesquels, apres l'execution à mort de quelques-uns, pour se redimer, ont obtenu une abolition generale, du Roy (que l'on appelle composition) moyennant quatre cens mille liures qu'il leur

a esté permis d'asseoir au sol la liure sur tous ceux qui auoient manié les Finances dans le temps de la recherche de ceste commission. La connoissance de cecy est renuoyée aux Generaux des Aydes. On vouloit que l'innocent fut cottisable, aussi bien que celuy qui se sentoit coulpable. Il a passé par les arrests que nul ne seroit cottisé, sinon qu'il se voulut ayder du benefice de l'Edict. Les Ecclesiastics offensez du desordre qui auoit esté apporté en la premiere alienation de leur domaine, ont obtenu nouuelle permission de reuendre leurs terres les moins incommodes, pour racheter celles qui auoient esté vendues sur eux, auec une bien grande desbauche. On auoit permis par le premier Edict d'acheter d'eux toutes sortes de terres, fors leurs chefs lieux: en quoy aucunes Eglises se trouuoient foulées à la charge des autres. Il leur a esté permis proceder par également au feur & prorata du reuenu des Eglises. Ils ont esté faire des Syndics Generaux du Clergé pour proceder à l'execution de l'Edict par tout le Royaume, & des particuliers en chasque Euesché: c'est, à bien parler, l'establissement d'une belle police, pour obuier à un mal present, laquelle continuant, leur seruira à la longue de ruine vniuerselle: Cuidans sortir d'un mal passager, il y a danger qu'ils n'engagent eux & leur posterité à iamais, & facilitent la voye aux grands, pour proceder à telles alienations dangereuses: c'est ce que je vous puis debiter pour le present, en bloc & en tasche: un autre plus riche marchand, vous pourra auec plus de parade estaler ceste marchandise tout de son long: encores penserez-vous en vous mesmes que je sois plein de bien grand loisir, d'auoir peu remarquer toutes ces particularitez pour les vous escrire. A Dieu.

LETTRE XXIII.

A Monsieur de Fonssomme.

Voyage du Roy Charles neufiesme par la France.

Comme les affaires de France estoient mesnagées de la façon que je vous ay escrit par mes dernieres, le Roy ayant les oreilles infiniment rebatues des plaintes que luy faisoit tantost le Catholic, tantost le Huguenot à son tour, delibera de se promener dans la France, & voir mes Dames ses deux sœurs. Il est allé premierement en la Lorraine, où il a tenu un sien nepueu sur les fonts. De là il a rebroussé vers le Lyonnois, Daulphiné, Prouence, Languedoc. Sa resolution est de se trouuer à Bayonne auec le Roy Catholique, ou la Royne

Nouuelles polices par la France pour asseurer l'Estat du Roy.

sa femme. L'on donne ordre de demanteler la plus part des villes qui auoient esté occupées par les Huguenots, mesmement celle d'Orleans, en laquelle on a fait eriger une Citadelle, & en la ville de Lyon, pour par ce moyen contenir le peuple en crainte, & obuier à tous nouueaux enuahissemens. Mais je crains qu'à la longue ceste inuention se tourne au dommage de ceux pour lesquels elle a esté mise sus. D'ailleurs, pour asseurer le Roy, on a destiné à sa suite, un Regiment de gens de pied, contenant huit Compagnies, sous la conduite du Capitaine Charier. Je voy de jour à autre, rongner les ongles à ceux

Retranchement des presches des Huguenots.

de la Religion; deffenses leurs ont esté faites de faire presches aux villes esquelles le Roy sejourneroit: par autre Edict, fait à Roussillon, le Roy pour la seconde fois apportant explication à celuy de Pacification, a declaré auoir entendu permettre aux Gentilshommes Huguenots exercer leur Religion en leurs maisons pour eux, leurs familles & subjets seulement: defences à eux d'y admettre aucuns estrangers, & aussi de leuer deniers, & aux Ministres, d'assembler Synodes: veut & ordonne, que tous Religieux & Prestres, qui s'estoient durant les troubles, mariez, retournent à leur ancien estat, dans deux

mois, abandonnans celles auec lesquelles ils s'estoient conjoints par mariages, sur peine de punition corporelle. Pour cela, ils ne laissent de suiure leur trace, & se persuadent qu'il n'est en la puissance du Magistrat, de leur prescrire & limiter temps ny lieu où ils doiuent seulement vaquer à leurs prieres, & pour ceste cause, preschent mesmement dans Paris, vray que c'est en cachette. Enfin le Roy est arriué à Bayonne, où il a esté visité par la Royne d'Espaigne sa sœur, où l'on a exercé d'une part & d'autre plusieurs grandes magnificences. Les Huguenots se persuadent que ceste veüe ne se fait qu'en leur ruine, & pour jurer une ligue Catholique entre ces deux Roys. Si cela est vray, l'on peut dire que Bayonne fut la derniere des villes de la France, qui fut des mains des Anglois, reduite sous l'obeïssance de Charles VII. & la premiere maintenant, dans laquelle se renoüerent les guerres ciuiles, qui pourront apporter la desolation de l'Estat sous Charles IX. Toutesfois, à l'issuë de là, ni le Roy, ny la Royne, n'ont fait aucune demonstration de nouueau dessein à leurs subjets: au contraire, par toutes les voyes à eux possibles, se sont estudiez à la reconciliation de la maison de Guise, auec celle de l'Amiral: & à cest effect, a esté tenuë une assemblée generale dedans la ville de Moulins, où apres auoir donné reglement sur quelques poincts de la Iustice, l'Amiral a esté declaré innocent de la mort de Monsieur de Guise, & enjoint aux deux familles de s'entr'aimer. Monsieur le Chancelier fait ce qu'il peut, & non ce qu'il desireroit: parce qu'il souhaitteroit que toutes choses s'entretinssent de mesme balance à bon escient & sans dissimulation, entre ces sourdes diuisions, afin de n'exciter nouueaux troubles. Je croy que son opinion ne sera suiuie. A Dieu.

La ville de Bayonne fatale à l'Estat.

LETTRE XXIV.

A Monsieur de Fonssomme.

La cause entre l'Université & les Jesuites traitée au Parlement.

Institution & progrez de l'ordre des Jesuites.

VOus avez entendu le voyage du Roi par la France, duquel Monsieur le Prince n'a esté de la partie : entendez maintenant ce qui s'est passé pendant iceluy dans Paris. Il y a une nouvelle dispute meuë entre l'Université de Paris, & des Religieux, qui depuis quelques ans passez ont pris le tiltre de Jesuites, ou de la Société du Nom de Jesus. Mais d'autant que paradventure ayant ouy parler d'eux, vous ignorez leur institution & progrez, & que j'ay fait bonne part de ceste cause, je croy que par faute d'autre sujet, vous ne serez marri que je vous en escrive deux mots. Ignace fut un Gentil-homme Navarrois, qui tout le temps de sa vie avoit suivy les armes. Il fut navré en la ville de Pampelune. Pendant que l'on le pensoit, il s'advisa de lire les vies des Peres, sur le patron desquels il luy prit opinion de former toute la teneur de sa vie. Il s'accoste de quelques-uns & entr'autres, de Maistre Pasquier Brouës, de la bouche duquel j'ay appris le commencement de ceste histoire, estant à Croix-Fontaine, en la maison de Maistre Ange Congner, personnage d'honneur que j'honore, respecte & aime comme un venerable simulacre de la preud'hommie de nos anciens. Tous ceux-cy jurerent une societé ensemble, & estant Ignace guety, ils firent quelques voyages à Paris, Rome, & Hierusalem. Finalement se retirerent dans Venise, où ils hebergerent quelques ans, & se voyans suivis de plusieurs, se transporterent à Rome, où ils commencerent de faire profession publique de leur ordre. Promettans entr'autres articles, deux choses : l'une, que leur principal but estoit de prescher aux payens l'Evangile, pour les convertir à nostre foy : l'autre d'enseigner gratuitement les bonnes lettres aux Chrestiens. Et pour accommoder leur action à leur devotion, ils s'appellerent Religieux de la societé du Nom de Jesus. Ils se presentent au Pape Paule troisiesme de la maison de Farnese vers l'an mil cinq cens quarante. C'estoit lors que l'Allemaigne commençoit de s'armer pour le remuement de la Religion Catholique : & parce que l'une des principales disputes des Allemans estoit de la puissance du Pape, que Martin Luther avoit voulu terrasser, ceux-cy d'une profession toute contraire remonstrerent que le premier veu qu'ils faisoient estoit de recognoistre le Pape par dessus toutes les puissances terriennes, voire par dessus le Concil general & universel de l'Eglise. Le Pape qui du commencement avoit fait doubte de les approuver, & depuis leur avoit permis de se pouvoir nommer Religieux, mais à la charge qu'ils ne pourroyent estre plus de soixante en nombre, commença à ceste promesse, de lever l'aureille, & leur ouvrir pleine porte à leur devotion : & apres luy, Jules troisiesme : jusque à ce que le Pape Paule quatriesme (dit le Theatin) qui a esté des premiers promoteurs de cest ordre, la authorisée de tout poinct, avec toutes sortes de privileges. Or comme leurs affaires se manioient en ceste sorte, il advient que l'Evesque de Clairmont, enfant naturel du Chancelier du Prat, les prit en affection, & eut envie de planter cest ordre dedans Paris, où il emmena Pasquier Brouës avec trois ou quatre autres ; Pasquier Brouës (vous dy-je) qui a esté le premier superieur des Jesuites en nostre ville. Ceux-cy sur leur advenement se logerent & sans grand bruit en une chambre du College des Lombards, & depuis establirent leur habitation en l'hostel de Clairmont, ruë de la Harpe, par la souffrance de celuy qui les avoit le premier introduit entre nous, celebrans leurs Messes & prieres és jours de Dimanches & festes, en une chapelle qui est à l'entrée des Chartreux. Et voyans que leurs affaires leur succedoient à propos, se presenterent par plusieurs fois à la Cour de Parlement, afin que leur ordre fut authorisé par icelle : mais feu Monsieur le Procureur General Brulart s'opposa à toutes leurs Requestes, non qu'il ne favorisast entre tous les autres grandement la Religion Catholique, ains parce qu'il redoubtoit sur toutes choses & craignoit les nouveautez, comme meres de plusieurs erreurs, mesmes en la Religion : parquoy leur remonstroit que s'ils avoient le cœur totalement eslongné du monde, ils pouvoient, sans introduire nouvel ordre, se confiner sous les religions anciennes de Saint Benoist, Clugny, Cisteaux, Grammont, Premonstré, & autres approuvées par plusieurs Conciles, ou sous les quatre mendians : la Cour non contente de ces remonstrances, ne s'en voulut pas croire toute seule, ains eust recours à la Faculté de Theologie, laquelle par son decret les censura, partie pour autant que quelques-unes de leurs propositions derogeoient aux privileges de l'Eglise Gallicane, partie que se qualifians Religieux, ils n'en portoient point l'habit, ni ne se confinoient comme les autres dans des cloistres ; censure qui les eslongna aucunement de leur project. Quelques ans apres deceda l'Evesque de Clairmont, lequel leur legua par son testament plusieurs grands biens ; ce legs par eux recueilly, survinrent les troubles, au commencement desquels fut assemblée l'Eglise Gallicane dans Poissy. Dés lors ils commencerent d'interrompre leur long silence, & presenterent derechef Requeste à la Cour de Parlement pour estre receuz & approuvez, sinon en forme de Religion, pour le moins de simple College : le Parlement estima que cela regardoit les Superieurs de l'Eglise, au moyen dequoy il les renvoya à l'assemblée de Poissy, où presidoit Monsieur le Cardinal de Tournon, comme plus ancien Prelat, lequel dans la ville de Tournon, avoit ja fondé une compagnie de leur nom ; par l'intercession d'iceluy, ils obtindrent d'estre receus en forme de societé & College tant seulement, à la charge qu'ils seroient tenus de prendre autre tiltre que de Jesuites, & se conformer en tout & par tout à la disposition canonique, sans entreprendre chose aucune, ni au temporel, ni spirituel, sur les ordinaires, & qu'au prealable ils renonceroient par exprez, aux privileges portés par leurs bulles : autrement, qu'à faute de ce faire, ou moyen que à l'advenir ils n'en obtinssent d'autres, ceste approbation seroit nulle. Ce decret leur est emologué par la Cour, mot apres mot, & selon sa forme & teneur. Peu de temps apres ils achetent un hostel assis en ceste ville de Paris, ruë Sainct Jacques, que l'on appelloit la Cour de Langres, lequel ils diviserent en deux demeures, l'une pour les Religieux, l'autre pour les escholiers ; en ceste compagnie y avoit lors plusieurs personnages doctes, entre autres frere Esmond Auger & Maldonnat, celuy-là grand Predicateur, & cestuy versé & nourry en toutes sortes de langues & de disciplines, grand Theologien, & Philosophe. Ceux-cy envoyez par deçà pour annoncer leur doctrine furent trés-favorablement accueillis, & attirerent une infinité d'escholiers à soy : & se voyant avoir vent en pouppe, presenterent Requeste au Recteur de Paris, afin d'estre unis & incorporez au corps de l'Université. Lors, fut fait Congregation solennelle aux Mathurins, par laquelle fut conclud qu'ils declareroient, avant que de passer plus outre, s'ils prenoient qualité de Reguliers ou Seculiers ; qui estoit les reduire en une grande perplexité : car de nier qu'ils fussent Reguliers, c'estoit dementir leur veu ; de dire aussi qu'ils le fussent, c'eust esté contrevenir à ce qu'il leur avoit esté enjoint à Poissy. Pour ceste cause ne prenans qualité precise, l'Université les debouta de leur Requeste. Ils ne se rendent pas pour cela, ains ont recours au Parlement, afin de gaigner

gaigner par contrainte, sur l'Université, ce qu'ils n'avoient sceu obtenir de gré. Il fut dit que les parties viendroient, au premier jour, plaider. L'Université me fit cest honneur de me choisir pour son Advocat. La cause fut plaidée par deux matinées, avec telle contention que la grandeur requeroit. Maistre Pierre Versoris plaidant pour les Jesuites, & moy pour l'Université. Enfin, les parties appointées au Conseil, & ordonné qu'elles demeureroient en tel estat qu'elles estoient. C'estoit un coup fourré : car ils ne furent pas incorporez au corps de l'Université, comme ils requeroient ; mais aussi estans en possession de faire lectures publiques, ils y furent continuez. Combien que ceste compagnie porte le tiltre de Religieux, si ne charge-t'elle le froc, ains marche en habit de seculier, ni ne se relegue à perpetuité dans les cloistres, comme les autres. Elle est composée de deux manieres de gens, dont les uns se disent, comme de la grande Observance, & les autres de la petite. Les premiers sont obligez à quatre vœux ; car outre les trois ordinaires, de Chasteté, Pauvreté, & Obeïssance, ils y entrelassent le quatriesme qui est de l'obeïssance particuliere du Pape, telle que je vous ay cy-dessus dire. Les seconds sont seulement adstrains à deux vœux ; l'un regarde la fidelité qu'ils promettent au Pape, & l'autre, l'obeïssance envers le General de leur Ordre. Ceux-cy ne voüent pas pauvreté, ains leur est loisible tenir Benefices, offices, succeder à leurs peres, meres & parens, acquerir terres & possessions, comme s'ils ne fussent obligez à aucun vœu de Religion ; de sorte que le Jesuite peut estre espandu par toute une ville sans scandale. Et gist l'exercice de leur profession en deux poincts : en l'administration de la parole de Dieu, & des Saincts Sacremens, tant de l'Autel, que de Penitence : & en aprés d'enseigner les Arts liberaux. Ils ont doubles hebergemens qui s'attouchent : l'un destiné pour leurs Prestres, l'autre pour leurs escholiers. Il seroit mal aisé de vous dire combien ils s'accroissent de jour à autre, & combien les troubles ont servy à leur accroissement : car ayans par leurs ceremonies, apporté reformation à la dissolution de l'ordre Ecclesiastic, & s'estans directement voüez à maintenir l'authorité du Sainct Siege encontre les Calvinistes, qui font profession expresse de le terrasser, ceux qui sont francs Catholicques, voyans que de leur boutique sortoit & la Religion, & l'erudition tout ensemble, leur ont aumosné de grands biens, mesmes on leur a donné plusieurs maisons pour instituer la jeunesse, qu'ils appellent aujourd'huy Seminaires, voulans sous ce mot, donner à entendre que ce sont pepinieres de la Religion Catholique ; croissans par ce moyen en partie par leurs merites, mais plus par la haine que l'on porte aux Huguenots. Quant à moy je n'estime point que les Huguenots ayent de petits adversaires en ceux-cy : comme ainsi soit qu'entre toutes les Religions, la Chrestienne, se doive gaigner par prieres, exemples, bonnes mœurs, & sainctes exhortations, & non par le trenchant de l'espée. A Dieu.

FIN DU QUATRIESME LIVRE.

LES
LETTRES
D'ESTIENNE PASQUIER
Conseiller & Advocat General du Roy en la Chambre des Comptes de Paris.

LIVRE CINQUIESME.

LETTRE I.
A Monsieur de Querquifinen, Seigneur d'Ardivilliers.

Commencement des troubles de la Flandre.

 Ous estimiez paradventure que les Flamens ne deussent contribuer comme nous aux calamitez & miseres de ce temps ; ils y ont mesme part que nous. Aprés la conclusion du Concil de trente, qui fut en l'an mil cinq cens soixante & quatre, le Roy d'Espagne voulut establir l'Inquisition, & y apporta tous les preparatifs à ce requis : estimant par ceste extremité de servitude de conscience, obvier à l'autre extremité, en laquelle les François, par une relasche trop grande de liberté, estoient tombez. Ceci ne pouvant estre bonnement digeré par plusieurs du pays (car la Religion nouvelle y avoit desjà pris grand pied) le Comte d'Aiguemont fut delegué par la Duchesse de Parme, par devers le Roy, pour luy remonstrer l'inconvenient qui en pouvoit advenir ; lequel rapporta bon visage de son Prince, avec promesse de passer toutes choses doucement & en surseance, en attendant une resolution generale de ce qu'il avoit à faire. Toutesfois par quelque mot du guet qui couroit avec la Duchesse, elle ne laissa de tenir la main à la rigueur du nouveau, mise sus. Chose qui a occasionné une partie de la Noblesse de prendre les armes, & se li-*Le mot de Gueux entre les factieux de Flandre.* guer dedans la ville de Bruxelles : & comme s'ils ne faisoient que se joüer, ils se sont appellez Gueux : d'autant qu'il estoit advenu aux principaux chefs & ministres du Roy Catholic de dire en cholere, qu'il ne se falloit estonner de ce nouveau remuëment ; parce que ceux qui embrassoient ceste querelle n'estoient que Gueux. Ce qui

ne tomba pas à terre ; car les autres se mocquans de ceux qui les avoient ainsi nommez, prindrent ce mesme nom ; & quelques-uns mesmes des plus signalez d'entr'eux s'habillerent de couleur grise convenable à l'epithete qu'ils se donnoient ; disans en leurs festins & banquets, par forme de gausserie : *Vivent les Gueux* ; mot certes de tres-sinistre presage, & qui ne prognostique autre chose que la ruine des Païs-Bas, & qu'à la longue ceste faction les mettra tous à la besace. Cela arresta un peu la Duchesse, & leur permit de n'estre recherchez en leurs consciences : mais pour cela elle n'a pas empesché que les preschez publics ; qui a esté cause que ceste Dame feignant obtenir de gré, ce qui luy estoit jeu forcé, leur a par l'advis des plus sages en Aoust cinq cens soixante-six, accordé presches hors les villes, à la charge qu'ils n'entreprendroient rien sur les Eglises Catholiques. Ce que venu à la cognoissance du Roy Catholic, il a depesché le Duc d'Alve, pour se rendre le plus fort ; lequel à son arrivée a pris la charge & gouvernement du pays, restably l'inquisition, desarmé le peuple, surpris quelques-uns des principaux, faignant de les festoyer, mesme le Duc d'Orne, & le Comte d'Aiguemont, par la sage conduite duquel le Roy son maistre avoit faict de si braves exploits contre nous. Il leur a fait couper la teste : & autant en eust-il faict au Prince d'Orange, s'il ne se fut, plus par hazard, que par conseil, evadé. Le mesme Duc d'Alve, s'est emparé de tous les forts, & principales villes, où il a disposé garnisons à sa devotion. Comme Espagnol, il se persuade par tels moyens extraordinaires, de raquoiser toutes choses en un clin d'œil :

La Flandre pays fatal à n'estre remis sous l'obeissance Françoise.

d'œil : & de faict il a veu quelque esclair de son esperance en ce premier & inopiné estourdissement de chacun : mais je me doubte qu'à la longue, il mettra son maistre au hazard de perdre tout l'Estat de Flandres. Si nous estions bien advisez il y auroit maintenant matiere de le reünir au nostre, pendant ces divisions : mais la folie de ceux qui pensent estre les plus sages, ne le permet pas. Nous le recognoissons estre de l'ancien estoc & Domaine de nostre Couronne : il est, si ainsi me permettez de le dire, aux portes de nostre ville de Paris, & par maniere de dire, un faux-bourg, toutesfois jamais ne s'est preparée occasion pour la recouvrer, que nous ne l'ayons laissée eschapper, pendant que par discours fantasques nous amusions à la conqueste d'Italie, que nature a separée d'avec nous, de mœurs, de langues & d'un haut entrejet de montaignes. A Dieu.

LETTRE II.

A Monsieur de Querquifinen, Seigneur d'Ardivilliers.

Comme toutes choses se tournevent au desavantage des Huguenots contre leur opinion.

LEs cartes sont bien maintenant autrement brouillées, que ceux de la Religion ne se promettoient aprés la mort de Monsieur de Guise. Ils estimoient que ceste mort les avoit mis au dessus du vent, & que toutes choses leur retournoient de là en avant à souhait, toutesfois, ils se sont trouvez grandement esloignez de leur compte, parce que pendant une paix, on leur a plus rongné les ongles par Edits doux & non violens, que Monsieur de Guise n'avoit faict, avec une grande puissance d'Armes : & neanmoins encores s'est à la par fin, l'aposthume crevée. Le voyage de Bayonne avoit tousjours esté suspect aux Huguenots. L'arrivée du Duc d'Alves en Flandres, les en a presque totalement esclaircis ; car soudain qu'il a esté arrivé avec ses forces, au lieu de nous rendre spectateurs de ceste tragedie, comme peut-estre il eust esté tres-expedient, nous sommes voulus entrer sur l'eschafaut pour joüer nostre roolle, ainsi que nos voisins. Et de faict, le Roy a constitué des Centeniers

Commencement de troubles de lxvij

dans la ville de Paris (ce sont Capitaines Generaux de chasque quartier, tirez du corps des Bourgeois) il a fait des nouvelles Compagnies Françoises, remplies les anciennes non complettes, & en outre a fait une levée de six mille Suisses pour le venir joindre : donnant à entendre que c'est pour n'estre surpris de l'Espagnol, ancien ennemy de la France : chose que les Huguenots ne veulent pas croire, estimans que tout cecy se brasse à leur ruine, comme dés piéça ils disent en avoir quelques sentimens, par les modifications de l'Edict de Pacification, demantellemens des villes par eux possedées durant les troubles, edifications des Roques & Citadelles, & pourparler faict à Bayonne. De sorte que depuis ce temps là, ils estoient tousjours demeurez en cervelle, quelque beau semblant qu'on leur fit, ou qu'ils fissent. Pour ceste cause voyans ceste levée de Suisses, ils depescherent lettres en cachette à leurs assemblées (qu'ils nomment comme nous, Eglises) à ce que chacun eust à se tenir prest au jour & feste Sainct Michel dernier, passé environ un mois, depuis l'erection des Centeniers. Tout cecy s'est faict à un couvert. Bien couroient quelques bruits sourds du changement de volonté : qui a occasionné le Roy de depescher par devers l'Admiral quelques Seigneurs, mesmes Monsieur de Toré son cousin, pour le semondre de venir en Cour, afin de donner ordre aux affaires qui se presentoient. Le conte est beau, & qui merite de vous

En quel estat fut trouvé l'Admiral par le Seigneurde Toré.

estre escrit. Il le trouve habillé en mesnagier, deux ou trois jours devant la feste Sainct Michel, faisant les vendanges. L'Admiral, aprés avoir entendu le motif de la negation de Monsieur de Toré, luy fait responce en deux mots, que la France ne portoit point des Comtes d'Aiguemont & Ducs d'Orne, dont la memoire estoit encore toute sanglante. Il vouloit dire en termes de practique, qu'il se garderoit de mesprendre. Quand nostre heure n'est pas venuë, Dieu permet que nous soyons sages & retenus, pour resister aux embusches, qui nous peuvent estre preparées : mais quand elle est arrivée, nous mesmes, de nos propres volontez, nous exposons dans les pieges, quelques-fois plustost que ne le pensoient ceux qui nous les avoient dressez. C'est en quoy l'on peut considerer les admirables effects des secrets de Dieu. Le

Roy estoit lors à Monceaux, accompagné de Messieurs le Cardinal de Lorraine, Duc de Nemoux, & Connestable : Monsieur le Prince, à Valery, où Monsieur d'Andelot & quelques autres Seigneurs le vindrent trouver ; ainsi qu'il avoit esté conclud par ceux de la Religion, (grande pitié que je sois contraint d'user de cemot, pour dire ceux de la ligue ou faction) ainsi a-t'il esté executé, & au mesme jour de Sainct Michel, toute la France s'est trouvée couverte de gendarmes, & compagnies Huguenotes : & en ce changement inopiné, ils se sont emparez diversement de plusieurs villes. Les Seigneurs qui sont prés du Roy, bien qu'ils eussent quelques advis de ces nouveaux troubles, si ne les pensoient-ils si proches. Monsieur le Prince, suivy de quatre ou cinq cens chevaux dedans la ville de Rozoy en Brie, se promettoit de surprendre le Roy, mais il a esté esventé. On a mis en deliberation dans Monceaux, quelle part le Roy se devoit retraire. Monsieur le Connestable a esté d'advis que ce fust dedans Meaux, comme plus voisine, & distante seulement de deux lieües. L'opinion de Monsieur de Nemoux a prevalu, soustenant qu'il estoit non seulement expedient, ains necessaire au Roy pour l'asseurance de luy & de son Estat, de se retirer dans sa bonne ville de Paris, avec laquelle les Roys de France avoient perpetuellement unis leur fortune. Suivant ceste resolution, on a troussé promptement bagage, dés les quatre heures du matin. Jamais conseil ne fut donné plus à propos à son Prince, que cestuy-cy, comme aussi le Roy l'a depuis recogneu par plusieurs fois. Cela s'est fait sur le point que les Suisses sont arrivez, lesquels se sont mis en bataille, & les nostres pareillement, avec telles armes qu'ils ont peu recouvrer. Parmi tout cela, un grand attirail de Dames, qui ne rendoit la partie ni plus forte, ni plus asseurée. Toutesfois, pour ce coup, la crainte a esté plus grande que le mal. Monsieur le Prince a faict contenance de les chevaler, mais il ne les a osé affronter. Le Roy, sur les quatre heures du soir est arrivé dans Paris, grandement harassé de la faim & de la longue traite : receu avec toutes allegresses de son peuple de Paris ; joye, toutes-fois, qui n'a pas longuement duré, parce que la nuit ensuivant, quelques enfans perdus Huguenots, ont bruslé plusieurs moulins, vers la porte de Sainct Denis ; qui a eslevé un chaud allarme dedans la ville : les premiers qui s'en sont apperceus ont commencé de crier aux armes : auquel cry chacun s'esveillant en sursaut (ce qu'on a de feu tres-luisant, dans l'obscurité de la nuit) ceux qui estoient à l'autre bout de la ville, estimoient que les ennemis eussent surpris l'autre costé : je vous laisse à penser, quel a esté l'effroy. Le lendemain chacun a couru aux armes, a chargé la croix blanche sur son chapeau, en danger à celuy qui se trouvoit sans, d'estre tué : les portes gardées par les Bourgeois & nouveaux Capitaines sur eux esleus, suivant la police de l'an cinq cens soixante & deux. Les Huguenots ne s'endorment pas cependant, ains s'investissent de la ville de S. Denis : laquelle pour estre voisine de Paris a tousjours servy de retraite pendant les guerres civiles, à ceux qui nous ont voulu guerroyer. Monsieur le Prince dit qu'il vient pour presenter Requeste au Roy, pour ceux de sa Religion. Les autres

autres luy respondent, que ce n'est la forme, qu'un subject vienne armé, presenter Requeste à son Roy desarmé, si ce n'est en intention de luy vouloir donner la loy. Depuis, le Roy a envoyé par devers luy Messieurs le Chancelier, & de Mourvilliers, pour entendre le motif de son mescontentement. Il leur a faict responce qu'il requeroit trois choses; l'entretenement de l'Edict de Pacification, sans aucune reserve ou limitation; que le Roy n'advançast plus aux honneurs, gens nouveaux & de nulle recommandation; & qu'il retranchast les charges extraordinaires du peuple. Le premier appartient à sa cause, mais les deux & troisiesme, à l'Estat: dont le Roy a fort A bien sceu faire son profit envers les Princes & Potentats estrangers. Car encores que ceux qui favorisent leur parti, soient d'advis que le Prince ne peut empescher la liberté de nos consciences, en ce qui concerne le service de Dieu (qui est une proposition fort chatouilleuse, & qui produit de tres-dangereux effects) si ne veulent-ils, qu'en ce faisant, le subject bride la volonté de son Roy, ne qu'il remuë rien, de ce qui est d'ailleurs de sa Souveraineté. Voilà en quel point nous sommes aujourd'huy, autant eslongnez du repos, comme les Huguenots de leur esperance. Je ne faudray de vous mander la suite de toute ceste miserable & calamiteuse tragedie. A Dieu.

LETTRE III.

A Monsieur du Faur, Seigneur de Pibrac, Advocat du Roy au Parlement de Paris.

Ceste lettre escrite aprés les grands jours de Poitiers 2567.

JE vous supplie n'estimer que ç'ait esté par oubliance de mon devoir que n'ayez depuis mon partement de Poitiers, receu aucunes lettres de moy; car l'occasion de ce defaut est provenuë, ou du tout je n'ay eu messagers en main, ou bien que lors que j'en ay eu, ils m'ont failly de promesse, pour estre partis sans prendre mes lettres. Estant maintenant tres-joyeux d'avoir receu de vos nouvelles, & d'avoir le moyen de vous faire participant des nostres: la presente sera pour vous advertir que graces à Dieu, il n'y a nul de vos amis qui ne se porte bien de deçà, selon la portée du temps, j'entens pour le regard des personnes; car quant aux biens des champs, je me puis vanter avoir eu bonne part à la calamité commune: mais pour autant que je fais peu de compte du bien, je me deporteray de vous en escrire, pour vous advertir que soudain aprés mon arrivée, suivant la resolution que nous avions pris ensemble, je fis la reverence à Monsieur le Chancelier, que je gouvernay teste à teste, environ une bonne heure; lequel receut une infinité de plaisirs du recit que je luy fis de ce qui s'estoit passé aux grands jours, & par special du devoir & contentement que vous aviez rendu à chacun. Plusieurs autres propos se passerent entre nous deux, & entre autre, il estoit d'advis que sortant de Poitiers pour aller à Tholose, prissiez la mesme route que j'ay depuis cogneu par vos lettres avoir esté prise de vous mesmes. Or quant est du retour dont m'escrivez, j'ay ce jourd'huy veu Monsieur le premier President, & disné avec Monsieur l'Advocat du Mesnil (car pour le regard de Monsieur le President Baillet il n'est encores de retour) & leur ay presenté vos recommandations; je vous asseure que Monsieur le premier President les a receuës de fort bonne chere, & ay cogneu à sa façon une amité bien-vueillante particuliere qu'il a en vous: je luy ay fait sommaire recit de vostre faict; comme vous aviez esté surpris quand les nouvelles des troubles vindrent, n'ayant aucuns chevaux, & que d'ailleurs voyant les passages bouchez deçà, mesmes des postes, aviez esté contraint de prendre le chemin de Tholose, parce que la voye des postes y estoit ouverte, avec une grande perplexité touresfois, pour la crainte qu'aviez de faire faute à vostre devoir, specialement à l'ouverture du Parlement; au moyen dequoy vous le priyez de me dire son advis sur ce qu'aviez à resoudre, sur le tost, ou le tard de vostre retour. Surquoy il m'a faict responce, que puis qu'estiez maintenant en lieu seur, vous ne deviez avoir haste de vous exposer au hazard & danger des chemins, & qu'il vous conseilloit de choisir les bons points & aisemens: & l'ayant plus avant sondé vers quel temps il estimoit que pouviez commodement revenir, il me l'a limité à Noël. Au regard de Monsieur du Mesnil il est d'opinion d'une course absence (comme pourrez mesmement entendre les lettres qu'il vous escrit) & neantmoins comme luy-mesme s'explique, il pense que ne deviez estre en ceste ville que vers le temps de Noël: de sorte qu'estans de parole divers en opinions, l'un, pour la retardation, l'autre, pour l'acceleration, ils s'accordent neantmoins par effect: & n'y voy nulle diversité, sinon que le dernier estime que vostre absence importe à vostre dignité, & l'autre non: à quoy, s'il vous plaist, que j'y adjouste du mien, je vous prie estimer que la resolution de cecy ne se peut bonnement faire à l'œil, encores qu'estimiez le contraire par vos lettres, estans toutes choses si turbulentes, confuses & variables, qu'aujourd'huy le plus sage jugera d'un en son fait particulier, d'autant qu'il estimera le commun cours du marché estre tel, & demain il luy en escherra d'un autre: tantost une legere esperance de temps calme, puis tout soudain un orage: maintenant un advis d'une sorte, maintenant d'une autre; & sur tout un murmure general de tout le peuple contre la paix, assisté de la faveur des plus grands: de maniere que ceste grande instabilité de toutes choses, on ne peut determiner à l'œil autre conclusion & arrest, sinon une desolation totale de nostre France. Que si nous commencions seulement à venir, je serois d'advis de nous retirer en pays estrange, par forme de parenthese, & suivre l'ordonnance des Medecins encontre la peste, tost, loin & tard: mais puis que chacun de nous a passé plus de la moitié de son aage, mesmes que vous depuis dix & sept ou dix & huict ans en çà avez esté appelé aux plus belles charges de nostre robbe, il me semble qu'il nous faut resoudre de vivre & mourir, comme bons citoyens, avec nostre Estat. Partant je seray plus hardy, ny que Monsieur le premier President, ny Monsieur l'Advocat du Mesnil. Je suis d'advis que devez, sans aucun delay, retourner à toute bride en ceste ville, pour contribuer avec nous tous à la commune calamité de ce temps.

LETTRE IV.

A Monsieur de Querquifinen, Seigneur d'Ardivillers.

Recit de l'estat destroublés de lxvij.

L'Aposture est enfin crevée; & tout ainsi comme la riviere se desbonde en un torrent & precipice, quand elle a faict voye à la chaussée, qui luy barroit le cours de son eau; ainsi le peuple François ayant donné quelque air aux desdains & rancunes muettes qu'il couvoit dans son estomach par le heurt & rencontre de deux religions, s'est s'eſt eſclaté tout en un coup, avec une fureur indicible. Les Huguenots ſe ſont jettez devant Paris; diſpoſé les gens qui leur venoyent de toutes parts, dedans S. Denis, ſainct Ouïn, Auber-villiers, Buzen-val; pris Argenteuil d'aſſaut, puis le Pont de Charenton. Ils penſent qu'il n'y a point moyen plus prompt pour ruiner Paris, que de l'eſtraindre par les mammelles. Leurs chefs principaux ſont le Prince de Condé, l'Admiral, d'Andelot, la Rochefoucault, Montgommery, Genly, Mouy, le Vidame de Chartres, leſquels font arriver à la file de jour à autre, gens & forces de tous coſtez: & en ceſte ineſperée deſbauche leurs partizans ont ſurpris les villes de Valence, Vienne, Romans, Montauban, Niſmes, Montpellier, Maſcon, Soiſſons, Luſignen, la Charité, Auxerre, Montereau, la Rochelle, qui leur eſt une forte roque, & par ſpecial la ville d'Orleans, nonobſtant la citadelle qui y avoit eſté baſtie. Qui doit apprendre à nos Roys (je vous diray cecy en paſſant) que les villes qui ſont au milieu d'un Royaume, ne ſe contiennent point par les voyes extraordinaires que l'Eſpagnol nous a enſeignées, ains par la fidele devotion des ſubjects & bon traittement de leur Prince. La ville de Lyon failly de tomber en leur mercy, & pendant que les Huguenots veulent apporter quelque attrempance à une ſi bruſque folie, où la prompte main eſt plus deſirée qu'un long examen de conſeil, les Catholiques leur ont fauché l'herbe ſous les pieds; qui depuis ont fait grand ravage des autres, & bruſlé deux temples par eux conſtruits pour l'exercice de leur nouvelle religion: en contr'eſchange dequoy, les Huguenots dans Orleans ont razé à fleur de terre ceſte ancienne & venerable Egliſe de Saincte Croix: c'eſt à beau jeu, plus beau retour. Sur ce general deſbord, le bruit a couru en pluſieurs endroits que le Roy avoit eſté pris, ès autres qu'il avoit failly de l'eſtre, & s'eſtoit ſauvé de viteſſe dans Paris, où les Huguenots le tenoyent eſtroitement aſſiegé. Il n'y a Prince en tout l'Univers (comme vous ſçavez trop mieux) qui ſoit tant aimé de ſa Nobleſſe comme le noſtre; car tout ainſi comme elle eſt d'une nature prompte, gaillarde & ſans fiel, auſſi quelque travail ou ſouffrette qu'elle ait enduré pour ſon Roy, une accolade, un bon œil, un viſage riant, & debonnaire, & une douce boiſſon qui luy face oublier tous les maux paſſez, s'eſtimant condignement ſatisfaite quand elle cognoiſt ſon ſervice avoir eſté agreable à ſon Prince: qui eſt une leçon que les Roys ne doivent pas negliger; car à mon jugement, le plus grand ſecret qu'eurent jadis les Maires du Palais pour s'impatroniſer de l'Eſtat, (ſoit que cela advint ou par hazard ou par diſcours) fut d'accouſtumer nos Roys de ne ſe familiariſer doucement avec leurs principaux ſujets; ains par une inepte reputation, ſe communiquer en haut appareil à leur peuple une fois l'an tant ſeulement: mais pour retourner à mon ſubject, ſoudain que ce bruict a eſté eſpars par tout ce Royaume, il n'y a eu Seigneur ou Gentilhomme de bonne part qui n'ait pris la route de Paris pour le ſecours du Roy, avec telle ſuitte & vaſſelage qu'il s'eſt peu pourchaſſer, les aucuns mandez, les autres de leur propre inſtinct. Si qu'en peu de temps, Paris s'eſt trouvé remply de Gendarmes, & a eſté l'Infanterie logée aux fauxbourgs pour la defenſe des trenchées, & la Cavalerie dans la ville, & au milieu des deux, le Bourgeois, qui ſous l'enſeigne de ſon Capitaine en chaſque dizaine a eſté commis à la garde des portes: le chef principal pour le Roy, c'eſt Monſieur le Conneſtable, aſſiſté des Seigneurs de Nemoux, Aumale, Martigues; & des Mareſchaux de Montmorency, d'Ampville & Coſſé, & d'une infinité d'autres grands Chevaliers & Capitaines. Pour ſubvenir au defroy de ceſte guerre, a eſté la ſuppreſſion des offices revoquée, & tous eſtats remis ſus, qui avoyent eſté eſteints par mort, depuis l'Edit fait en la ville d'Orleans, en l'an mil cinq cens ſoixante & un, autres nouveaux inventez, autres rendus alternatifs. Dieu ſçait comme cependant les affaires de la juſtice iront deſormais; car c'eſt un privilege du droit de nature, de revendre en deſtail ce que nous avons acheté en gros: d'une meſme

A main le party de l'Hoſtel de Ville a eſté ouvert, & permis à chacun d'y apporter argent, dont on luy feroit profit au denier douze: & parce que ceſt Hoſtel eſt infiniment ſurchargé, pour ſeureté de ces rentes nouvelles, & pour les payer, on a obligé les Decimes: & à ceſte fin, on a créé un Receveur general du Clergé à grands gages, lequel a ſes commis diverſement eſtablis par les Provinces, pour en faire venir les deniers à la recepte generale. Chacun en ceſte neceſſité eſt liberal en inventions, & non chiche à ouvrir ſa bource. Mais entendez un heur & malheur qui nous eſt advenu tout enſemble: comme les affaires ſe negocioyent en ceſte façon dans Paris, les Huguenots de leur coſté ne dormoient, auſquels venoit ayde & ſecours de toutes parts en intention d'affamer la ville; & à ceſt effect furent encores envoyez par eux, les Seigneurs d'Andelot, & de Montgommery pour ſe ſaiſir de la ville de Poiſſy, qui eſt ſur la riviere de Seine, afin de nous retrancher les vivres; choſe qu'ils executerent fort aiſément: mais ceſte priſe leur a eſté cher venduë; car Monſieur le Conneſtable eſtant adverty qu'ils avoient paſſé la riviere, commanda des l'inſtant meſmes de s'armer en diligence, & fit ſortir ſon artillerie & les gens en bonne ordonnance la veille de ſainct Martin. Nous avons eſté recueillis par les Huguenots entre la ville de S. Denis & le village de la Chappelle. Là a eſté donné une bataille fort cruelle, où ſont mort en ne part & d'autre, pluſieurs grands Capitaines & guerriers: entre ceux des Huguenots, l'on remarque les ſieurs de Piquigny, de Saux, de S. André, de Suze & Cany: ils n'en pouvoient ſi peu perdre, qu'ils n'en permiſſent beaucoup: des noſtres, le Comte de Chaulne; & ſur tous ſurgrievement navré Monſieur le Conneſtable, par Stuart Eſcoſſois, & en ce piteux equipage rapporté par les ſiens, dedans Paris. Toutesfois afin qu'entendiez en peu, comme ceſte meſadventure luy advint, l'on dict que Stuart le trouvant un peu à l'eſcart, donnant ordre à ſes gens, le ſomma de ſe rendre: & qu'à ceſte parole ce preux vieillard luy donna du plombeau de ſon eſpée, tel horion ſur les maſchoires, qu'il luy fit ſortir deux dents de la bouche: l'Eſcoſſois irrité de ce coup, luy perce les reins d'un coup de piſtole, & luy baille quelques coups d'eſpée, dont peu de jours aprés il mourut. Le champ nous demeura, & le gardaſmes juſques vers la minuit: cependant d'Andelot adverty de ceſt eſtour, rebrouſſe chemin à gì and pas, mais eſtant revenu trop tard, le lendemain à la pointe du jour, l'ennemy ſe preſente au meſme lieu, faiſant contenance de nous provoquer au combat, comme ne ſe tenant pour vaincu. Il fut trouvé bon au conſeil au Roy de ne rien hazarder davantage: Grande pitié! à l'iſſuë de ce luctueux ſpectacle, chacun en ſe flattant, s'eſt donné diverſement la victoire, tout ainſi qu'en la bataille de Dreux: Les Catholics pour autant que le champ leur eſtoit demeuré; les Huguenots parce que le Lieutenant general de noſtre armée avoit eſté emporté navré à mort, & que le lendemain ils s'eſtoient mis ſus les rangs pour faire ſeconde eſpreuve de la fortune. Voulez-vous que je vous die en un mot: il n'y a choſe au monde où il ſoit tant aiſé d'apporter de maſque & hypocriſie, qu'entre gens de guerre. Si les uns & les autres ſe ſont donnez ceſt advantage pour ſe conſerver en reputation, c'eſt ſagement fait à eux. Si du fonds de leur conſcience, malheur ineſtimable pour la France, qu'en ceſte perte publique, nuls d'eux ne penſaſſent que le Roy en y gaignant, ſeul y perdoit. Toutesfois ſi l'opinion du Roy Louys unzieſme eſt vraye, que celuy a l'honneur d'une bataille, qui en rapporte le profit, il y a grande apparence d'eſtimer que le Catholic eſt demeuré victorieux, non pour luy eſtre demeuré le champ, ains parce que l'evenement de ceſte bataille a eſté cauſe que quatre ou cinq jours aprés, le Huguenot changeant d'opinion, a levé le ſiege; qui eſtoit le principal but à quoy nous viſions. Quelques jours aprés eſt decedé Monſieur le Conneſtable, d'une mort qui ne peut eſtre aſſez recommandée à la poſterité; car comme vous ſçavez, il eſtoit né & baptizé au bourg de Montmorency, ſitué au Pariſis. Tel lement

H iij

lement qu'à bonne raison il pouvoit estre nommé Parisien, infiniment aimé & chery du Roy Henry second de ce nom, par la benevolence duquel il acquit une infinité de grands biens & honneurs, fit plusieurs exploits d'armes tant qu'il vesquit, & enfin aagé de quatre-vingts ans ou environ, estant Lieutenant general du Roy, au milieu d'une armée il fut tué combattant pour sa foy & pour son Roy, delivrant le lieu dont il avoit pris naissance, d'un long siege. Recherchez telles histoires qu'il vous plaira, vous ne trouverez Capitaine qui avec tant de belles remarques ait couronné sa vie d'une si illustre fin. La Royne mere voulant honorer d'un mesme trait, & la memoire du Roy son mary, & les services de ce Seigneur, luy a faict faire obseques de Roy: ce qui n'advint encores jamais à nul Seigneur de la France ; parce qu'en son convoy a esté portée son effigie, portant sur le visage la remembrance des playes qu'il avoit receuës. Son corps & son effigie demeurerent, à la Royale, une nuict dans l'Eglise Nostre-Dame : & le lendemain se trouverent toutes les Parroisses & Eglises pour accompagner le convoy; & encores toutes les dizaines en armes, sous leurs enseignes, pour honorer la memoire d'un si grand guerrier: son cœur a esté enseveli prés de celuy du Roy Henry son bon maistre, & son corps au sepulchre de ses ancestres en la ville de Montmorency. Plusieurs Poëtes se sont voüez, à dresser des epitaphes & tombeaux en sa loüange. Moy-mesme y ay voulu avoir part. Je vous envoye celuy que j'ay fait. Vous me manderez ce qu'il vous en semble. A Dieu.

Obseques du Connestable.

Tombeau de Messire Anne de Montmorency, Pair & Connestable de France.

D'Une tremblante main, & d'un œil plein de larmes,
Il faut qu'à mon esprit, je dresse mille allarmes,
Ne pouvant descouvrir sans ineffable deuil,
La perte de haut prix qui couvre ce cercueil:
Ce grand Montmorency, que l'impiteuse guerre
Nous a jalousement ravy de ceste terre:
Montmorency auquel & la vertu, & l'heur,
Jusqu'au dernier souspir ont voulu faire honneur.
Car si (Passant) en peu de sçavoir as envie,
En privé ou public tout le cours de sa vie,
Jamais France ne vit François peut-estre né,
Pour estre à si grand heur si grand heur destiné.
En premier, s'il te plaist repasser son mesnage,
Quarante ans l'ont lié à une Dame sage,
Sage s'il en fut oncq, dont il eut douze enfans,
Deux Mareschaux de France, & les dix Triomphans,
Tant en biens, qu'en honneurs, encores pleins de vie,
Fors deux qui devant luy sont morts pour leur patrie:
L'un gendre, & l'autre fils: Heureux vrayment remords,
Tant des dix survivans, que des deux qui sont morts.
Et si de son privé au public tu veux tendre,
Encor trouveras-tu dés sa jeunesse tendre,
Que sa fortune, ainçois sa vertu, de prin-sault,
Le poussa entre nous au degré le plus hault:
L'ayant ensemble fait Connestable & Grand Maistre,
A fin de faire à tous d'un mesme fil paristre
Par ces deux, qu'il estoit tout aussi bon ouvrier
Des affaires de paix, comme brave guerrier.
Or que ceste grandeur en luy fust bien logée,
Huit fois si il combatit en bataille rangée,
Faisant assez sentir aux Princes plus puissans,
Quels estoient ses efforts, quel estoit son bon sens.
De cinq Roys serviteur, aux quatre il fit service,
Et au dernier il fit de son corps sacrifice,
Sur son octantiesme an : honoré & chery
De chaque en son endroit, mais sur tous de Henry.
Donc cest heureux Seigneur parfaisant sa carriere
N'eut oncq en ses desseins la chance traversiere?
Donc ce gentil cerveau, par un sage discours.
Sans desastre passa de sa vie le cours?
Non: il estoit né homme, & jamais la fortune
Ne se sit aux humains à tousjours opportune.

De l'envie il sentit un coup le desarroy,
S'absentant pour un temps de la Cour de son Roy,
Et le hazard encor qui les plus haut trebuche,
Jaloux de son honneur, luy livra double embusche,
L'une au jour S. Laurent, & l'autre devant Dreux,
Car bien qu'il combatit, comme vaillant & preux,
Si fut-il pourtant pris : mais toutes ces alteres
N'amoindrirent de rien ses fortunes prosperes.
Ce luy fut un malheur qu'une absence de Cour,
Mais son heur luy brassoit un plus heureux retour,
Et pour dire le vray, ce que malheur on pense,
Le fit à son retour, le premier de la France.
Ce luy fut un malheur qu'une double prison,
Mais luy qui oncq ne fut pris que de la raison,
Monstra que ce malheur n'avoit point sur luy prise,
Ourdissant prisonnier toujours quelque entreprise,
Ainsi fit-il deux paix en ce double danger,
L'une entre les subjets, l'autre avec l'estranger :
Estant par tout le cours de sa vie si brave,
Que mesme la fortune il fit sous luy esclave.
Estant pour son pays si heureusement né,
Qu'au profit de nous tous, son danger s'est tourné.
Aussi n'eut-il oncq rien plus cher en sa pensée,
Que voir sa nation sur toute autre avancée.
A tant jusques icy tu as sa vie appris.
Or entends maintenant quelle fin il a pris.
Dedans Paris estoit le Roy & son armée,
Et la Religion que l'on dit reformée,
Au moins ses partisans estoient campez devant :
Montmorency sema maints propos en avant
De paix, pour rallier le sujet à son Prince,
A fin de garentir de degast la Province,
Craignant (comme plusieurs) qu'un plus piteux destin
Ne nous eust apporté ce discord intestin :
Plusieurs fois il jetta, mais en vain ceste pierre,
Car & l'air, & le ciel, ne souffloient qu'une guerre :
Les Astres, les devins cornoient de tous costez,
Carnages, meurdres, morts, sacs, feu & cruautez,
Parquoy voyant la France estre pleine de rage,
l'Estat boulversé d'un forcené courage,
La justice, le bien, l'honneur, le droit banny,
Que par le vice estoit le vertueux honny,
Que le pere à l'enfant, & l'enfant à son pere,
Sous le masque de Dieu dressoit un impropere,
Et que chacun pippé d'un espoir mensonger,
Contre son propre sang appelloit l'estranger.
Pour courir à la fin qui nous est preparée,
Ainsi que le Veneur se trouve à la curée,
Brief que le tout estoit en ce pays renclos,
Peste mesle dedans un abisme & chaos
Sans espoir de concorde. Adonc, dist-il, Encore
Faut-il qu'à ceste fois ma memoire j'honore,
Et qu'on sçache à jamais que tout d'un mesme poids
Montmorency sceut faire, & la guerre, & la paix?
Et puis qu'à ceste fois un chacun se machine,
Par aveuglé discours, à l'envy sa ruine,
Je veux vaincre & mourir : ne pouvant voir deffait
Des ses propres enfans le pays qui m'a fait.
Ce dit, soudain ses gens en bataille il ordonne
De François à François l'escarmouche se donne :
Qui n'avré, qui tué, l'un tombe, l'autre pris,
Le ciel mesme eut horreur des lamentables cris.
O François genereux, vous pouviez vaincre ensemble,
Tout ce que le Levant jusqu'au Ponant assemble.
Là ce noble vieillard monstra d'un cœur hardy,
Qu'il n'avoit lors le bras vieillement engourdy,
Enfonçant esquadrons, or d'estoc or' de taille,
Et sa certain estoit du gain de la bataille,
Ja du sang ennemy le champ estoit baigné,
Quand son heur qui tousjours l'avoit accompagné,
En ce malheur public qui voguoit par la France,
Luy voulut faire encor à ce coup assistance.
Car aussi que pouvoit mieux eschoir à cœur franc,
Tel qu'estoit cestuy-cy, que seeller de son sang
Sa foy, sa prud'hommie, & tesmoigner l'envie

Qu'il

Qu'il avoit d'exposer pour son Prince sa vie ?
D'un coup de coutelas il eut le chef blessé,
Et d'un coup de pistole il eut le dos percé.
Il cheut, mais luy craignant que ceste grande cheute
N'apportast à ses gens quelque douteuse esmeute,
S'enquist premierement de Sanzay, si le champ
(Encor qu'il fust blessé) demeuroit à son camp :
Comme il l'eust asseuré que l'issuë estoit telle,
Il commanda qu'on mit dessus son corps un voile,
A fin de n'estonner par sa blesseure ceux
Qui de vaincre & tuer n'estoient lors paresseux.
    Puis dist : A toy Seigneur, ô mon Dieu, je rends gloire,
De couronner ma fin d'une telle victoire,
Beni sois-tu, Seigneur, dequoy si à propos
Je mets & mon bon Roy, & Paris en repos :
Si non repos total d'une guerre civile,
Faisant au moins lever le siege de la ville.
    Sur ce mot on l'enleve, & comme on l'emportoit
Un gendarme passant demande qui c'estoit.
Montmorency (dit un) mais luy de fortebaleine,
Tu ments, Montmorency combat en ceste plaine.
Ainsi fut ce guerrier dans Paris apporté,
Où de ses mal veillans mesme il fut regreté :
Ainsi deux jours aprés il termina sa vie,

A Vainqueur de l'ennemy, & vainqueur de l'envie.
Heureux Seigneur, heureux, tant que tu as vescu,
Plus heureux que mourant tout contraire as vaincu.
    Comme si le Daimon qui garde nostre France,
Eut fait avec le tien eternelle alliance,
Et que pour tout jamais par compromis juré,
Le tien se fust de luy, luy du tien asseuré,
Tant que la France s'est heureusement trouvée,
Et fortune de toy a esté conservée,
Et tant que ton bonheur t'a aussi conservé,
De la France l'Estat s'est tres-heureux trouvé,
Comme si par commun entrelas, la fortune
De la France & la tienne, eust esté de deux, une.
Et ores que les cieux par un juste courroux,
Se sont ireusement liguez encontre nous,
Tu es mort, & mourant, tout va de telle sorte,
Que nostre France aussi avecques toy est morte.
La France florissant tu ne pouvois mourir,
Et la France, toy vif, point ne pouvoit perir,
Tel est le destin, que d'une mesme course,
La sienne est en toy, en elle ta ressource.
Parquoy pour tout tombeau (Passant) sçache, qu' ICY
GIST LA FRANCE ESTENDUE AVEC MONT-
MORENCY.

LETTRE V.

A Monsieur de Querquisinen, Seigneur d'Ardivillers.

Monsieur le Duc d'Anjou frere du Roy fait Lieutenant general de France.

APrés la mort de Mr le Connestable on a estimé son estat estre de telle consequence pour les troubles où nous sommes exposez, qu'il valoit mieux le tenir en sursceance que d'en pourvoir nul des Princes & grands Seigneurs. Au lieu de cela, le Roy a mis toute l'intendance generale des guerres & des affaires de France, sous Monsieur le Duc d'Anjou son frere. Vous sçavez qu'il est encores fort jeune, & bien qu'il soit accompagné de plusieurs belles promesses de nature, si n'a-t'il l'experience. Ce defaut luy sera suppléé par les sages Seigneurs qui luy assistent. Mais je souhaiterois qu'il y en eust un *L'Edict de Pacification en Mars 1598.* entr'eux qui eust, sous l'authorité de ce jeune Prince, un controlle general sur tous les autres. Cela a aucunement fortifié l'ennemy, qui a pris la route de Champaigne pour accueillir ses Reistres, en deliberation de nous maltraiter. Toutes-fois Dieu nous a regardez d'un œil depitié. La paix a esté faite & concluë entre les sujects du Roy. L'Edict publié le 27ᵉ de Mars tout ainsi que le vingt-septiesme Septembre precedent, les troubles avoient repris leur commencement. Ceux de la religion, remis en leurs biens, dignitez & prerogatives, tant en general que particulier : nonobstant quelques arrests ou jugemens contre eux donnez. En contr'eschange de quoy ils ont rendu au Roy toutes les villes qu'ils avoient surprises, hormis une ou deux. Ce n'est pas un petit trait pour le Roy, d'avoir en espargnant la peau d'une infinité de ses subjects, regaigné par une peau de parchemin, toutes les villes dont les autres s'estoient emparez. A Dieu.

LETTRE VI.

A Monsieur de Querquisinen, Seigneur d'Ardivillers.

Deportemens de nous autres François, pendant la courte paix do 1568.

LE temps n'est encores disposé à une paix bien fermée ; car combien que les Huguenots se soyent despoüillez de leurs forces, & retirez chacun en leur chacune, le Roy depuis la publication de la paix n'a point licentié ses gens de guerre : & qui plus est il a fait mettre garnisons par tous les ponts & passages pour empescher les advenuës. Je ne sçay à quelle fin cecy se fait, mais les plus clair-voyans se persuadent que c'est pour empescher les Huguenots de se reünir. S'il y a en cecy quelque embuche (que je ne croy) certainement ils seront au dessous de toutes affaires & sans esperance de ressource ; Parce que je voy aujourd'huy le Prince de Condé en Bourgongne dans sa maison de Noyers, Monsieur d'Andelot en Bretaigne, Monsieur de la Roche-Foucaut en Angoulmois, Monsieur d'Acier en Languedoc, les Vicomtes de Monglar & Berniquet en Gascongne, les Seigneurs de Genly & Mouy en Picardie, le Comte de Montgommery en Normandie. Ce n'est pas un petit conseil de les avoir en ceste façon escartez les uns des autres. Croyez qu'ils auront prou d'affaires de se rallier, qui les poursuivra chaudement. A Dieu.

LETTRE VII.

A Monsieur d'Ardivilliers.

Suite du mesme discours.
Faute grande d'avoir rompu la paix de 68. ou de n'avoir mieux executé la rupture.

JE ne veux pas dire que ce conseil fut bon ou mauvais. Ja à Dieu ne plaise que j'interpose mon jugement sur affaires d'estat. Bien vous diray-je que s'il a esté tel que l'on le publie, & qu'il eust esté poursuivy sans relasche, jamais les Huguenots ne furent en tel desarroy, comme ils se fussent trouvez : mais comme il advient ordinairement que ses affaires de la France ne se font jamais qu'à demy, le malheur a voulu que nous ayons mis trop vistement des gardes aux ponts & passages, pour puis laisser froidement ralentir nostre entreprise. Et afin que vous entendiez comme les choses sont passées ; toutes les villes n'estoient pas encores renduës, quand les Huguenots s'apperceurent que l'on ferroit ainsi les passages : au moyen dequoy les villes de Montauban & Sanxerre se voulurent obeïr à l'Edit : & quant aux Rochellois, bien qu'ils ayent donné une entrée dans leur ville au Seigneur de Jarnac leur ancien Gouverneur, si n'ont-ils voulu recevoir les garnisons que le Roy y vouloit mettre, encores qu'il ait depesché le Mareschal de Vieilleville (Seigneur tres-politic) pour les induire de recevoir ses commandemens : cependant il a couru un sourd bruit que l'on vouloit investir les Huguenots ; qui a esté cause que l'Admiral, qui s'estoit retiré à Tanlay (comme homme fin & avisé) est venu trouver le Prince à Noyers, suivy de cinquante chevaux ; luy remonstrant que de sejourner plus longuement en ce lieu, c'estoit attendre leur ruine. Vrayement je ne trouve point traict de nostre histoire si esmerveillable que cestuy. Il sembloit que les Huguenots ainsi espars çà & là, & les passages clos, comme je vous ay escrit, qu'il leur seroit impossible de se rallier. Or

Lors que les Huguenots penserent estre au dessous de toutes choses, leurs affaires leur firent à souhait en l'an 1568.

voyez comme Dieu a dissipé en cecy nos conseils. Monsieur le Prince & l'Admiral partent de Noyers le xxj. jour d'Aoust, accompagnez de leurs familles & de telle escorte qu'ils se donnoient la loy de chasser. Les uns montez à cheval, les autres dans des chariots : accueillans nouvel aide, à mesure qu'ils gaignoient pays. Et parce que les passages des ponts leur estoient bouchez, estans arrivez à Bony sur Loire, ils ont trouvé la riviere gayable, prés Sanxerre ; & l'ayant traversée, ont commencé de reprendre leurs esprits, & de marcher avec plus d'asseurance qu'auparavant. Je ne puis penser que ceux qui tiennent la clef des affaires de France, pensassent en fermant les ponts, enfraindre l'Edict de la paix : ou si telle estoit leur intention, il me semble qu'ils ont fait un pas de clerc, d'avoir donné le loisir aux autres d'evader. Mais entendez le surplus : Comme il advient ordinairement qu'aprés avoir failly aux occasions, nous avons accoustumé de nous chatoüiller par quelques nouvelles excuses, aussi ceux qui se donnoient la loy de juger des coups, disoient qu'il les falloit laisser aller & qu'eux mesmes s'alloient mettre dans les filets, s'eslongnans de l'Allemagne, leur secours ordinaire, & allans fondre en un arriere-coing de la Guienne, d'où malaisément ils pourroient sortir. Mais il leur en a pris tout autrement : Par ce que jamais les affaires ne leur vindrent tant à souhait, comme ils firent lors sur une pre-

Le hazard seruit de discours aux Huguenots sans y penser.

miere entrée, plus par hazard, que par discours ; Car comme le Prince de Condé avançoit ainsi chemin sans estre suivy, l'on despescha quelques gens pour surprendre le Cardinal de Chastillon, qui lors estoit à Beauvais, & pareillement autres pour se saisir des Seigneurs de Genly, Mouy, & Morvilliers : tous lesquels toutesfois se sauverent de vistesse. Le Cardinal presque reduit en termes de desespoir s'embarque au Tresport, & fait voile en Angleterre, où il est surgy à port de salut. Les trois autres, aprés s'estre quelque temps cachez, se sont mis à costoyer la frontiere de Picardie, amassans petit à petit, gens, lesquels pour la necessité du temps sont fort joyeux de se retirer sous leurs enseignes. Infortune inesperée, qui leur est retournée à plus grand profit, que si avec un profond discours ils eussent conduit leurs affaires ; car ces trois Seigneurs ont servy puis aprés d'escorte pour introduire les Reistres qui sont venus à leur secours, & les conduire, comme à la main, par toute la France. Et le Cardinal estant prés de la Royne d'Angleterre, a servy d'Ambassadeur aux siens, pour moyenner envers ceste Princesse, argent. Le malheur des Huguenots leur fait à ce coup, coucher de leur reste : Parce que les Seigneurs d'Andelot, Montgommery, la Noüe, Laverdin, & autres de leurs partizans, aprés avoir faict quelques essais de fortune, se sont joints avec le Prince ; comme aussi a faict la Royne de Navarre, suivie de grande noblesse. Ceste premiere glace rompuë, il est impossible de vous dire combien en peu de temps leurs affaires leur ont reüssi à souhait, tout au rebours de ce l'on s'estoit promis d'eux. Leur premier rendez-vous a esté à la Rochelle : Et depuis, ils se sont faits maistres des villes de Cognac, Fontenay, Meslay, Partenay, Niort, Sainct Mexant, Chastelleraut, Angoulesme, Sainct Jean d'Angely, Pons, & Blaye, des unes sans coup ferir, des aucunes par force, & des autres ou par intelligences, ou par composition. Il semble qu'ils aillent avec la craye marquer seulement leurs logis, & attendent de jour à autre nouvelles forces de Languedoc, sous la conduite du Seigneur d'Acier. Et qui est chose que je ne veux oublier de vous escrire, combien qu'ils prennent sans armes sous le pretexte de Religion, si ont-ils donné à leur entreprise, nouveau tiltre, l'appellant *La Cause* ; mot qui s'est infiniё entré aux uns sous forme de Republique populaire, pour monstrer qu'en ceste querelle, chacun devoit contribuer, comme y ayant le petit, en son endroit, pareille part que le plus grand, & à peu dire, que c'est la cause commune d'eux tous, tant en general qu'en particulier. Je ne sçay quelle sera l'issuë de ceste grande tragedie. Encores que m'asseure que Dieu ne permettra pas à la longue que le subjet triomphe de son Seigneur Souverain, si est-ce que je souhaite que ceux qui manient l'Estat, bannissent de la dissimulation & hypocrisie. Et ne vis jamais advenir grand fruit à celuy qui fausse sa parole : specialement quand les choses se sont passées sous le formulaire de la foy publique. A Dieu.

LETTRE VIII.

A Monsieur de Querquifinen, Seigneur d'Ardivilliers.

Mort de Mr le Prince de Condé.

LEs nouvelles sont arrivées en ceste ville, de la mort de Monsieur le Prince : Chacun s'en esjoüit, depuis le grand jusques au plus petit ; Moy seul, au milieu de ceste joye publique, je ne m'en puis resoudre. Je suis doncques devenu Huguenot depuis que ne m'avez veu ? Dieu m'envoye plustost la mort. Le mestier n'en vaut rien,

rien, ny pour celuy qui l'exerce, ny pour celuy contre lequel il est exercé. Il ne nous a apporté que la ruine generale & universelle de nostre estat : mais je vous prie vous ramentevoir comme les choses se sont cy-devant passées. Lors que les troubles commencerent en l'an 1561. il y eust deux grands Capitaines, Monsieur de Guise pour les Catholiques, l'Admiral pour les Huguenots : L'un & l'autre pour s'authoriser, se procurerent deux Princes du sang : celuy-là, le Roy de Navarre, cestuy-cy, le Prince de Condé son frere : car vous sçavez quel rang tiennent les Princes du sang entre nous, & par special pendant les minoritez de nos Roys. Sous ces deux grandes bannieres, chacun donna à ses entreprises, gaignant credit, petit à petit sur ceux qui estoient de sa suite. Mesmes, feu Monsieur de Guise, sur lequel toute la Noblesse Catholique avoit l'œil fiché, ores que tous les mandemens emanassent sous le nom & authorité du Roy de Navarre : lequel il pleut à Dieu d'appeller à soy au siege de Roüen. Et lors, je voyois plusieurs personnes qui s'en lamentoient, comme si nostre cause en fust grandement affoiblie : ausquels par un contraire advis je disois, qu'il ne s'en falloit point affliger : car si du commencement il fust mort, il eust esté mal aisé à Monsieur de Guise, de s'en faire croire ; mais la querelle estant depuis esbranlée, & ayant sous le nom du Roy de Navarre empieté l'authorité, il pouvoit de là en avant sans lanterne, marcher luy seul par la France au milieu de nos tenebres. Comme je le predy, il advint : parce qu'il

A y besongna de sorte, n'estant plus controollé d'aucun, que s'il n'eut esté assassiné devant la ville d'Orleans, je m'asseure que la race des Huguenots fust ores totalement extirpée. Je fais presque pareil jugement, en l'accident de nouvel advenu en Monsieur le Prince. Il falloit du commencement, que l'Admiral conduisit toutes ses affaires, sous le nom d'un grand Patron ; autrement il fust demeuré louésche. La vigilance, l'esprit, & le temps, luy ont depuis apporté authorité sur ses troupes : & neanmoins ne pensez pas que le Prince, qui estoit genereux, magnanime, & dont les actions residoient principalement au cœur, condescendit en tout & par tout aux volontez de l'Admiral. Tellement que c'estoit paradventure une espine au pied de luy, qui l'empeschoit le plus du temps d'aller où il destinoit : laquelle luy estant maintenant ostée, il usera desormais de ses conseils absolument souz le nom des jeunes Princes, qui pour l'impuissance de leurs aages ne le pourront controoller. Vous jugerez par là si par ceste nouvelle mort, nous en demeurons grandement avantagez : & que vous dire en un mot, s'il y a chose pour laquelle je m'en doive resjoüir, c'est que je remarque en l'Admiral une fortune traversiere, laquelle depuis tous ces troubles estoit soustenuë de celle de Monsieur le Prince : & y'a grande apparence qu'avecques la fortune de l'un, celle de l'autre ne commence d'ores en avant à decliner : encores peut-estre que par ceste mort il pense donner plus prompte ressource à ses opinions. A Dieu.

LETTRE IX.

A Monsieur de Marillac, Seigneur de Ferrieres, Controolleur general de l'Espargne.

Journée de Montcontour, où la fortune tourne visage aux Huguenots.

JE balançois entre l'ouy & le nenny : non que je ne fusse asseuré de nostre victoire, mais je craignois que la renommée venant par deçà, ne luy eust augmenté les aisles, quand vos lettres m'en ont rendu le tout certain. Comment ; que chacun soit venu aux prises, ait combatu de main à main, de rang en rang, soit demeuré en cervelle, & qu'il y ait eu telle defaite de l'ennemy, & si peu de perte des nostres ; qui est celuy qui ne voye que Dieu s'est mis pour nous de la partie ? C'est donques à nous maintenant de le loüer & magnifier en ses œuvres, si par le passé nous avons esté paresseux de ce faire : & sur tout bannir de nos esprits l'insolence, je veux dire, apprendre à ne contemner nostre ennemy : estant cela cause que des grandes victoires procedent puis après les grandes routes.

Que les vieux Capitaines qui ont couru rigueur de fortune, doivent craindre de s'abourter aux jeunes.

Or de ma part je me promets que tout ira de bien en mieux, non seulement pour en voir desja voler les esclats à bonnes enseignes, mais aussi que je fais estat, que tout ainsi que le desir de guerroyer, sejourne ordinairement plus en un esprit jeune & gaillard, aussi plus sommes nous vieux, & plus l'heur & fortune de la guerre s'eslongne de nous, ores que pensions estre plus pratics & experimentez en ce subjet. Tellement que je ne voy gueres de vieillesse, quoy qu'elle ait esté longuement aguerrie, qui en telles affaires ne se trouve enfin supplantée par une jeunesse gaillarde. Ainsi se vit cest heureux Cræsus, maistre de tant de victoires, mené à la raison par un jeune Roy Cyrus. Ainsi le viel Darius, par Alexandre, n'ayant encores vingt & huit, ou vingt & neuf ans : & s'il vous plaist, que sans mendier exemples estrangers, nous demeurions dans les bornes de nostre Royaume, & de nostre temps : en ceste façon vismes-nous ce grand Empereur Charles cinquiesme sur son vieil aage avoir en tout cedé la place à la fortune du Roy Henry deuxiesme, pere de nostre Roy : & le Marquis du Gast, ancien Capitaine, deffait à la journée de Cerizoles, par Monsieur d'Anguien jeune Prince : voire que si sans nous flater, nous voulons mettre en ligne de compte nos peres, ainsi furent Monsieur le Connestable, à la journée de Sainct Laurent, & après luy, Monsieur le Mareschal de Termes, tous deux tres-anciens Capitaines, deffaits par un jeune Prince de Savoye. Brief, c'estoit ce que disoit Pompée, encores jeune, à ce grand & vieil Dictateur Sylla, qui estoit venu à fin de tant d'affaires, que plus de nations adoroient le Soleil levant, que le couchant ; & c'est ce que luy-mesme esprouva depuis, enflé d'une infinité de victoires, quand il voulut heurter sa vieille, contre la nouvelle fortune de Jules Cesar : & de mesme façon, Marc Antoine, vieux & experimenté Capitaine, contre le jeune Octavien. Ceste proposition a tant d'exemples particuliers, que je ne douteray jamais d'alambiquer de toutes ces particularitez, une proposition universelle, pour soustenir qu'il n'y a chose que le vieil guerrier doive tant craindre, que de s'attacher à celuy auquel la fortune commence de poindre. Je vous escris cecy nommément, parce qu'il n'y en a point plus bel exemple, que du sujet que nous traittons. Nostre France avoit produit quatre grands Chefs & Capitaines, Monsieur de Guise, Monsieur le Connestable, Monsieur le Prince, & l'Admiral : les deux premiers, qui avoient esté employez en grandes charges sous le defunct Roy Henry, & les deux autres qui s'authoriserent & firent grands, par le remuement de la Religion. Nous avons eu aussi quatre grandes journées les unes encontre les autres : celle de Dreux, de Saint Denis, de Chasteau-neuf, & encores celle de Montcontour, dont m'escrivez : la premiere, sous la conduite des Seigneurs de Guise & Connestable : la seconde, sous celle du Connestable seulement : & combien que nous nous fissions accroire que la victoire estoit nostre en l'une & en l'autre de ces journées, & que pour ceste cause nous fissions plusieurs demonstrations d'allegresse, au milieu d'une ruine & calamité publique, si est-ce que ceux de la Religion n'en faisoient pas moins de leur costé, donnans à entendre à chacun, que si en la premiere bataille le Prince de Condé leur chef avoit esté pris, le semblable estoit-il advenu à Monsieur le Connestable, & qu'outre-ce, y avoit esté tué Monsieur le Mareschal de Sainct André, qui n'estoit pas un petit arc-boutant

Heureux se fortuitraittons ne qui s'estrennent contre nostre Roy portant lors le titre de Duc d'Anjou.

boutant de nostre party : & quant à la seconde, que la mesme Connestable en avoit esté rapporté tellement navré, qu'il en avoit rendu quelques jours aprés, l'ame à Dieu : mais depuis que Monseigneur, frere du Roy, est entré en jeu, la chance s'est tournée de tout point : car en la journée de Chasteau-neuf, non seulement les autres ont esté mis en route, mais qui plus est, Monsieur le Prince est demeuré sur le champ : & en celle de Montcontour y a eu une si grande boucherie des leurs, & si peu de perte des nostres, comme m'escrivez, que quelque hypocrisie que l'on apporte en telles affaires de guerre, l'Admiral est contraint, & de parole, & d'effet, de recognoistre que la victoire nous est pleinement acquise. Je ne puis presque mieux comparer ceste histoire, qu'aux guerres de ce brave Carthaginien Annibal, lequel s'estant dés son enfance opiniastré à la ruine de Rome, se fit quelques années, voye par toute l'Italie, sans trouver resistance à propos : & combien qu'on luy eut diversement opposé, tantost un Marcellus, grand guerrier, tantost un sage Fabius, si n'en peurent ny l'un ny l'autre venir à chef, ains fut la grandeur de sa fortune bouclée en celle du jeune Scipion, avecques une fin fort luctueuse & tragique : autant en est-il pris à l'Admiral, grand & signalé Capitaine en son malheur ; car tout ce que les Seigneur de Guise & Connestable (deux des premiers Capitaines de nostre siecle, & nostre France) n'ont peu obtenir sur luy, a esté reservé à la jeunesse de nostre jeune Duc d'Anjou, & à tant, je me persuade que par luy, se termineront tous nos troubles, tout ainsi que par l'entremise de Scipion, finit le fort de la guerre des Afriquains, encontre les Romains. Je m'estendrois plus amplement sur ce sujet, mais il me semble que je voy desja tout autour de vous, une infinité d'importuns qui me maudissent du temps qu'ils perdent, pendant que vous vous amuserez à lire la presente : toutesfois il est aisé d'y remedier ; car tout ainsi que je le pouvois faire plus courte, si j'eusse voulu, aussi vous pouvez vous dispenser de la lire toute. Parquoy, pour contenter un chacun, il vaut mieux que je sonne la retraite : toutesfois, avant que de me fermer, je vous remercieray humblement de l'honneste offre que me faites pour ma maison de Mainxe, je voulois dire, la vostre ; si vostre chemin s'y addonne, vous y trouverez un fermier, très-homme de bien, lequel à mon jugement, aura eu bonne part à la calamité du temps : si vous le garentissez de plus grande perte, ce sera un nouvel accroissement d'obligation que j'auray en vous. D'une autre chose vous veux-je prier : dedans la ville de Cognac, ma femme a une maison bien meublée, dont les meubles luy appartiennent (c'estoit le sejour de son ayeule paternelle) je me doute que les Huguenots auront faict un bel inventaire de tous ses meubles : je vous prie que sous vostre authorité, le demeurant me soit conservé. Je suis grandement joyeux du contentement que vous rend vostre fils aisné, mais marry que ne m'ayez faict part de l'anagramme qu'il a faict : cela vous doit occasionner de tenir, u. peu plus que ne faites, vostre corps & esprit en espargne, pendant que maniez toutes les affaires de l'Espargne : ces vins vouvrez, dont m'escrivez ; ces chasses, ces travaux des champs, & ces veilles continuës que supportez, me font craindre de vostre personne, comme nous craignons tout en celuy que nous aymons : quant à vos petits mignons, ils se portent bien : vray Dieu Louys a eu quelque petit assaut de fievre : mais il a esté si bien secouru par Monsieur le Grand, que Graces à Dieu il est sain & dru. A Dieu.

LETTRE X.
A Monsieur de Querquifinen, Seigneur d'Ardivilliers.

Edict de la pacification de l'an 1570.

ENfin, la paix a esté concluë & publiée en nostre Cour de Parlement, le dixiéme d'Aoust dernier passé : c'est finir par où nous devions commencer, si nous eussions esté bien sages : mais en telles affaires, il nous en prend comme des procez, ausquels il ne faut jamais parler d'accord, que nous n'ayons premierement espuisé le fonds de nos bources : aussi en ces calamitez publiques, il est impossible de nous pacifier, que lors que nous nous voyons au-dessous de toutes affaires. A la mienne volonté que nous n'eussions les yeux esbloüis, Vray Dieu, que nous verrions de changemens advenus par le moyen de chaques troubles! Les premiers, que l'on appelle d'Amboise, nous apporterent la connivence du Magistrat, aux presches & exercice de la nouvelle Religion, l'erection en gouvernement de quelques Provinces assises au coeur

Combien de novaliez ont esté introduites en France à l'occasion des troubles.

de la France : les seconds furent cause qu'il n'y eut presque ville, où l'on ne creast un Gouverneur particulier, pour faire teste aux Huguenots : & ce qui fut lors introduit par une juste semonce du temps, s'est depuis tourné en police, jusques à huy, à la grande foule & oppression du peuple. Davantage, combien qu'auparavant il n'y eust que le Roy qui eust gardes autour de soy, toutesfois chaque Gouverneur General de Province, pour l'asseurance de sa personne & estat, commence, sous l'authorité du Roy, d'avoir gardes, aux despens de nous : ce qui s'est continué, nonobstant quelque pacification qui ait esté faicte ; s'augmentans par ce moyen, les frais & levées extraordinaires, à mesure que le moyen defailloit au peuple, d'y fournir. J'adjouste, qu'aprés la paix faite, le Roy erigea Roques & Citadelles, en quelques principales villes du Royaume, pour éviter de là en avant, aux surprises : & en outre, furent adoptez au Conseil privé, les cinq premiers Presidens de nostre Cour : & pour comble de malheur, fut par authorité publique, vendu du bien de l'Eglise. Toutes ces choses sont incogneuës à nos ancestres. Et ces derniers troubles de soixante & sept jusques en septante, nous apporterent une confusion & meslange des premiers ordres de la France ; parce que le Roy n'ayant argent à suffire, pour recompenser tous les Gentils-hommes importans qui se presentoient devant luy, on trouva double expedient de les recognoistre en parade ; estans les aucuns faits Conseillers au Conseil privé, aux honneurs tant seulement ; & aux autres, donné l'Ordre de sainct Michel : A maniere que pour le nombre effrené des uns & autres qui furent lors creez, ces deux colleges tomberent presque au mespris & contentement d'un chacun. Je remarque encores un poinct, que pendant que nous faisions contenance de combattre pour l'Eglise de Dieu, on s'est accoustumé de recompenser les Capitaines & Gentils-hommes, en Eveschez & Abbayes, qu'ils tiennent sous le nom de leurs Custodinos & depositaires : & qui est encores une chose pleine de pitié (qui monstre un grand changement & renversement de l'Estat) au lieu où par les paix precedentes, on se contentoit de la foy publique du Roy, & de l'emologation faire aux Cours souveraines de France : en ces derniers troubles, comme si on eut negotié avec un Prince estranger, on demanda certaines villes, par forme d'ostage & depost : c'est le fruit que nous apporta la petite Paix de soixante-huict. Or en quelque façon que les choses se soient passées, je loue Dieu de nous avoir envoyé le repos. J'aime mieux une fievre intermittente, que continue : & quant à moy, je prieray tousjours Dieu, avec l'Eglise, qu'il luy plaise nous donner sa paix *in diebus nostris*. Nos enfans prieront pour eux, en leur saison. A Dieu.

LETTRE XI.
A Monsieur Loysel, Advocat.

Mort de l'Admiral de Chastillon.

CRoyez que la partie est mal faicte, toutes & quantes-fois que nous nous joüons à nos Maistres. Je ne voy point que tost ou tard il ne nous en prenne mal : tesmoing ce grand Connestable de Luxembourg, du tems du Roy Louys unziesme. Vous souvient-il, que quand l'Admiral arriva en ceste ville, en si grand appareil, receu & bien-veigné de tous, je vous dis lors, qu'il eust esté tres-heureux, s'il fust mort en ce periode, le voyant, apres tant de traverses, embrassé, d'un si favorable accueil, de son Prince ? Il sembloit que je previsse ce qui luy

Comme nous ne pouvons fuir nostre malheur, quand nostre heure est venue.

est depuis advenu : mais voyez, je vous prie, comme quand nostre heure est venue, nous ne la pouvons eviter. Sur le commencement des troubles de soixante-sept, Monsieur de Toré ayant esté envoyé pardevers luy, de la part du Roy, pour l'attirer en Cour, on dit qu'il luy respondit, qu'il n'y avoit point de Comte d'Aiguemont en France ; voulant dire qu'il donneroit si bonne police à son faict, qu'il ne seroit point surpris, comme le Comte d'Aiguemont, pour en faire un exemple public. Depuis, ayant passé tant de destours, apres que la paix de septante fut faicte, il fut proposé en un Conseil solemnel, tenu à la Rochelle, sçavoir, si luy & les siens se devoient acheminer pardeçà, avec le Roy de Navarre, à la solemnization de son mariage : auquel lieu il fut soustenu par toute la compagnie, que nul des principaux de la ligue ne s'y devoit trouver, pour une infinité de raisons, qui furent lors amplement deduites : toutesfois luy seul, las paraventure, & recreu des longues guerres civiles, fut de contraire opinion ; disant, que si n'estans en bon mesnage avec le Roy, ils avoient eu de grands advantages sur leurs ennemis, il ne falloit point douter, qu'estans prés de luy, avec une estincelle de sa faveur, ils viendroient aisément à fin de tous leurs projets ; les priant, pour ceste cause, tres-instamment, que tout ainsi que plusieurs fois il estoit passé par leurs opinions, ores que son advis fust autre, aussi maintenant, une fois pour toutes, ils luy rendissent la pareille, & le voulussent croire, jaçoit qu'ils fussent de contraire opinion. Je sçay d'homme de marque, qui estoit lors de la partie, que

Fatalité qui s'est trouvée en nos troubles.

pour luy faire plaisir, il fut suivy. Vous sçavez ce qui luy est depuis advenu, & comme le tout s'est passé. Grande chose, & qui monstre bien, qu'il y a un merveilleux & espouventable jugement de Dieu, qui court contre nous, que tous les premiers chefs de nos premiers troubles, sont decedez de morts violentes : du costé des Catholics, le Roy de Navarre premierement, puis le Mareschal de S. André ; apres luy, Monsieur de Guise ; & finalement, Monsieur le Connestable : du costé des Huguenots, Monsieur le Prince de Condé ; & fraischement, l'Admiral : car quant au Comte de la Roche-Foucault, & infinité d'autres Capitaines de nom, je les escoule de propos deliberé, sous silence, pour vous en avez le registre en vostre memoire, aussi prompt & fidelle que moy : mais sur tout, je m'estonne d'une chose, en ceste derniere execution, comme le coeur ait failly à tant de braves guerriers, qui avoient veu tomber tant de fois une gresle de coups de pistoles devant eux, sans ciller les yeux, & qu'en ce general desarroy, il n'y en ait eu un tout seul qui ait fait contenance de se defendre, pour arrester quelque peu, ou amuser le cours du marché. Un homme

Brave resolution de Taverny homme de robbe longue.

de robbe longue seulement, nommé Taverny, Lieutenant de la Mareschaussée, à la table de marbre, au Palais, accompagné d'un sien serviteur, a acculé la populace devant sa maison, l'espace de huict ou neuf heures ; ayant ceste ferme resolution en soy, apres que les balles luy furent faillies, d'user de poix, jusques à ce qu'estant destitué de tout aide, il fut tué, combattant vaillamment,

apres avoir fait sentir à uns & autres, combien son bras estoit pesant : exemple, certes, digne d'estre engravé sur le front de la posterité, afin que l'on cognoisse que la prouësse provient de nostre fonds, & que l'habit ne faict pas le moine. Deux jours apres ceste grande execution, le Roy est venu au Parlement, & là seant en son lict de Justice, a advoüé tout ce qui s'estoit passé, comme faict par son exprés commandement. Il m'entre au coeur

De Sommaire depor-cours sur la vie & depor-temens de l'Admiral.

de faire icy une saillie, pour philosopher un peu sur la vie de l'Admiral, puis que je vous en escris la mort ; car sur moindre sujet prendrions-nous bien le loisir de discourir : de ma part, j'estime qu'on ne luy peut oster qu'il n'ait esté grand Capitaine, tres-severe observateur de la discipline militaire, dés sa jeunesse, encontre le soldat malgisant, dont encores ne s'esloigna-t'il pendant les troubles, combien qu'il fust lors mal-aisé de la maintenir : personnage bien emparlé, & qui mesmes donna vogue à quelques beaux traits François, qui estoient siens, comme nous en vismes plusieurs dans le Manifeste qu'il fit courir, apres la prise de sainct Quentin, luy estant prisonnier au Païs-Bas : au demeurant, Seigneur de sage conduite & de grand sens aux entreprises qu'il brassoit ; (je n'entre point en cognoissance de merite ou demerite d'icelles) mais nous le pouvons recognoistre, en ce que nous l'avons veu surprendre tant de grandes villes, puis les rendre, selon les occurrences des Edicts de Pacification ; & rendues, les reprendre sans coup ferir, à la moindre rumeur de nouveaux troubles : davantage, qui est celuy qui n'estime grand en luy, d'avoir deux fois combattu en bataille rangée, joüant l'artillerie contre luy, & neanmoins que les victoires tombassent en balance, comme celle de Dreux, & de sainct Denis ; que luy, avec une poignée de gens, ait fait teste à la force d'un Roy de France, assisté d'un Pape, & d'un Roy Catholic ? Je vous puis adjouster la prudence dont il usa en l'an 1567. quand au jour sainct Michel, il fit traverser toute la France à poinct nommé, ayant esté son entreprise presque plustost veuë, que sceuë : & quand encores, apres la paix de soixante-huict, estant (ce sembloit) reduit au-dessous de toutes affaires, il traversa de la Champagne, toute la France, nonobstant les gardes que l'on avoit establis aux ponts, pour luy barrer le passage des rivieres : mesmes qu'il avoit ceste belle resolution en soy, que combien que la fortune luy eust esté reboursé en la decision d'une bataille, si ne perdoit-il le coeur pour cela, ains estoit aussi prest & prompt de combattre le lendemain, comme le jour precedent ; soit que sa deliberation fust telle, ou que ne l'estant, il se voulust par ce moyen, maintenir en reputation avec les siens : qui ne sont point vrayement traits de petit Capitaine. Mais toutes ces particularitez, qui semblent l'avoir rendu recommandable, furent obscurcies d'un seul poinct : car quand il fut question de les mettre en oeuvre à bonnes enseignes, pour la defense de son Roy, jamais rien ne luy réüssit à propos, ainsi que mesmes nous vismes par la prise de S. Quentin, où il commandoit, qui sont le fondement & source de nostre ruine : & commença lors principalement à reluire, quand en une guerre civile il fut question de s'armer encontre son Roy. Au demeurant, qu'il n'ait commis de tres lourdes fautes, il n'en faut faire nulle doubte, quelque sage conduite que l'on die avoir hebergé en luy : je ne parleray point de la querelle qu'il soustenoit ; car, comme bon Chrestien, je seray tousjours pour la Religion Catholique, Apostolique, Romaine : & comme bon citoyen, j'abhorreray le changement de l'Estat, qui advient ordinairement par le changement des Religions : mais puis qu'il s'estoit rendu chef du party contraire à nous, j'ay tousjours toujours estimé qu'il fit deux tres-grandes fautes, dés le commencement des troubles; l'une, d'avoir desemparé Paris; l'autre, la presence du Roy: celuy qui pendant une guerre civile, commande ou dans la ville metropolitaine d'un Royaume, ou qui est assisté de la Majesté de son Prince, n'a pas de petits advantages sur son ennemy: comme Jean, Duc de Bourgongne, le fit bien sentir aux Orleanois & Armaignacs, sous le regne de Charles sixiesme, ores que le Prince vesquit, il y eut quelque obscurité aux victoires, pour sçavoir qui avoit eu le meilleur: mais soudain aprés qu'il fut mort, quelque entreprise que tramast l'Admiral, elle se resolut en rien, voire se tourna à sa perte & confusion; tesmoin le siege de Poitiers; tesmoin la bataille de Montcontour, où deux jeunes Princes l'acculerent: en la bataille de Montcontour, nostre grand Duc d'Anjou: & au siege de Poitiers, Monsieur de Guise fils; l'un & l'autre n'ayans lors attaint à peine l'aage de dix-sept ans: & pour m'estancher en peu de paroles, s'il eut quelque heur en ses entreprises, il provenoit seulement d'un malheur, s'estant rendu Protecteur d'un peuple affligé, lequel pensoit-on le voulust exterminer de la France: qui est une pointe, laquelle ne produit de petits effects, en faveur de celuy qui en entreprend la querelle & protection: Brief, son malheur ne peut porter qu'il fust, lors de sa mort, en bon mesnage avec son Roy & maistre, ores qu'il fist demonstration de ne desirer autre chose: ny pour tout cela, je ne veux, ny ne puis dire, qu'il n'ait esté grand guerrier. Nostre France, pendant nos troubles, porta deux grands chefs de party: feu Monsieur de Guise, pour le Catholic; & l'Admiral, dont nous parlons, pour le Huguenot: tous deux ennemis jurez l'un de l'autre, soit ou que leur naturel, ou la diversité de leurs Religions les y conviast; tous deux toutesfois diversement accomplis de grandes parties: M' de Guise, Capitaine genereux & sans crainte, & neantmoins si retenu, que jamais la temerité ne luy servit de guide en ses actions: l'Admiral, non si preux & hardy, mais si advisé, qu'il faisoit paroistre en ses deportemens, n'avoir nulle peur: celuy-là, qui choisissoit ses apoincts, & ne laissoit passer les advantages que les occasions luy presentoient, fust en temps de guerre, ou de paix; sous laquelle resolution, il se donna de grandes prerogatives, tant sur ses amis, que ses ennemis: cestuy-ci, lequel les ayant laissé escouler, sçavoit toutesfois radouber ses fautes si à propos, qu'il sembloit n'avoir rien perdu de l'occasion: celuy-là, qui eut une fortune favorable, couroit la teneur & cours de sa vie: cestuy-cy, qui par une dexterité d'esprit, couvroit son jeu si à poinct, qu'il sembloit commander à son desastre: l'un, grand Prince; l'autre, entre les Gentils-hommes, grand Seigneur: l'un se targua, du commencement, de l'authorité du Roy de Navarre; l'autre, de celle du Prince de Condé, son frere: l'un, de la ville de Paris; l'autre, de celle d'Orleans; celle-là, ville capitale; ceste-cy, non de si grande marque, mais qui sous la premiere lignée de nos Roys, au partage des enfans de France, avoit son Roy particulier, aussi bien que nostre Paris: d'ailleurs, ville qui est exposée à l'embrocheure de la Celtique & de l'Aquitaine. Le premier besongna sous la puissance ordinaire de France, sous le nom du Roy, & sous son seel; qui n'estoit point un petit avancement pour l'execution de ses entreprises: le second, sous un extraordinaire, & pour un public, lequel, comme desadvoüé de son Prince, estimoit qu'en ceste querelle il y alloit de son bien, de sa vie, & de son honneur; & en tel accident, chacun non seulement bourssille & contribuë volontairement au defroy de la guerre, mais encores, comme soldat, s'expose franchement aux dangers, joüant deux personnages tout ensemble; tellement qu'il advient que le desespoir de telles gens (encores qu'ils soient moins en nombre) leur donne souvent le dessus. Mais comme Monsieur de Guise nasquit d'une maison beaucoup plus illustre que l'autre, aussi estoit sa fortune plus grande & auguste, comme vous pouvez recueillir de toutes ces particularitez: car il ne conchoit en ses desseings, que de la manutention de la Religion ancienne, de l'authorité du Roy, de celle du Roy de Navarre, Lieutenant General de sa Majesté par tout son Royaume, & aisné de la maison de Bourbon, & tout d'une suite, de la faveur de la ville de Paris, qui avoit, aprés Dieu, mis toute sa fiance en luy: & quant à l'Admiral, reduit dedans Orleans, il ne s'employoit que pour la promotion d'une nouvelle Religion, sous l'assistance d'un Prince qui ne tenoit le chef-lieu de sa famille, ains puisné du Roy de Navarre: toutes lesquelles rencontres n'ont nul assortiment avec les premieres. Au demeurant, pour n'oublier rien de ce que je puis appartenir à ce subject, il y avoit en Monsieur de Guise, une courtoisie & debonnaireté admirable, dont il sçavoit captiver & rendre à sa devotion, le cœur de ses gens-d'armes; tellement que Poltrot mesmes douta de le tuer la premiere fois, pour le bon & doux accueil qu'il avoit receu de luy: en l'autre, une severité austere, telle toutesfois, que pour cela le soldat ne prenoit à desplaisir de le suivre; severité, dy-je, qui luy fit compagnie jusques au dernier souspir: de façon que Besme venant en sa chambre, de propos exprés pour le massacrer, l'ayant ouy fortement parler, fut aucunement retenu & espris de ne passer outre, comme il le recognent depuis en quelques endroits. Tous deux sont morts de morts violentes, inesperément, & de guet à pens: mais en ceste conformité de morts, il y a ceste difference, qu'aprés le trespas de Monsieur de Guise, on luy decerna un anniversaire dedans l'Eglise Nostre-Dame de Paris, comme pour un perpetuel trophée de ses merites & valeurs: & à l'Admiral, ce fut tout autre discours. Et pour conclusion, jamais l'Admiral ne fut heureux qu'en son malheur, ny Monsieur de Guise malheureux qu'en son heur: car je ne voy point que le malheur l'eust accompagné, sinon lors que Poltrot l'assassina traistreusement: ce que je mets toutesfois au nombre de ses plus grands heurs; c'est à sçavoir, mourant aprés une suite de plusieurs belles victoires, & lors qu'il estoit au comble de sa fortune, sans avoir senty d'elle aucune entorce; & si puis dire, que s'ils eussent changé de partis, je croy, veu la diversité de leurs fortunes, que Monsieur de Guise n'eust sceu faire ce que fit l'Admiral, ny l'Admiral ce que fit Monsieur de Guise. A Dieu.

Voyez une epistre du troisiesme livre où il discourt la vie & la mort de M. de Guise.

LETTRE XII.

A Monsieur de la Bite, Juge general de Mayenne.

Acheminement au siege de la Rochelle.

L'Issuë de ce piteux spectacle, dont je vous ay escrit par mes dernieres, on se delibere mettre le siege devant la Rochelle, sur le commencement de l'hyver: Dieu veüille que l'on ne s'y morfonde: c'est une chose fort douteuse, de vouloir non seulement combattre une ville, ains le temps. Il me souvient du siege de l'Empereur Charles V. quand suivy d'Espagnols & d'Allemans, qui durent plus au travail que nous autres, il se voulut

heurter

heurter contre la ville de Mets, garny de loges de bois & de cuir, pour temporiser plus longuement contre le froid: toutesfois pour fin de ce jeu, il fut contraint de se retirer aveccques sa courte honte. Il y a plus à craindre en nostre entreprise que nous voulons encommencer, non seulement l'orée de l'hyver, ains contre une ville qui est d'un costé flanquée de la mer, & presque environnée de marests. Puis vous sçavez quelle est la nature du François, qui veut, dés son entrée, estre servy d'une gorge chaude: autrement, à la longue il se rallentit ainsi qu'une femme. Je sçay bien qu'il y a beaucoup de circonstances qui nous semonnent à ce prompt voyage. La peur où les Rochelois doivent estre maintenant reduits, ayans perdu tous leurs chefs de guerre, qu'il ne leur faut bailler loisir de respirer, ny d'avoir secours de l'estranger; que les poursuivant à la chaude colle & sans respir, c'est emporter la plus grande part de la victoire. Je considere bien tout cela; mais si les souhaits avoient lieu, je desirerois que l'on n'engageast point nostre jeune Duc à ce siege, aprés si beaux & heureux succez de guerre qu'il a eu encontre les Huguenots. Les Princes ont à mesnager leur reputation; & pour ce faire, c'est de n'entreprendre chose aucune, dont ils ne viennent à chef. A Dieu.

LETTRE XIII.

A Monsieur de la Bite, Juge general de Mayenne.

siege de la Rochelle, & quel progrés & evenement il eut.

Dieu ne veut pas que nous soyons au bout de nos maux. Il y a quelque peché qui court par la France, lequel empesche que nos entreprises ne sortent effect: seroit-ce point que les Huguenots ruinent seulement nos images, & que nous qui faisons profession publique d'estre Catholics, sapons l'Eglise par le pied; commettans les Charges & Dignitez Ecclesiastiques à gens indignes & varlets pour les garder, à des femmes, à des Gentils-hommes & Capitaines, & autre telle sorte de gens; & que la pluspart des Evesques & Abbez font troc & marchandise des Benefices qui sont en leur collation? Je ne puis deviner que c'est: mais il est aisé de juger que Dieu est courroucé contre nous. Jamais plus beau camp ne fut que celuy qui a esté devant la Rochelle: les plus sages Capitaines des nostres, à leur partement, avoient promis au Roy, qu'ils se feroient voye au milieu de ceste ville, pour passer en la Guyenne & Languedoc: Nous nous y sommes acharnez; l'occasion sembloit estre belle, de tant que toute la confiance qu'ils avoient en leurs grands Capitaines & guerriers, estoit esteinte par leurs morts. Toutesfois ils nous ont fait teste: nos principaux tueurs ont esté tuez; & qui est chose plus admirable, c'est qu'à peine pouvons-nous sçavoir qui estoit le chef qui commandoit dans la ville. Enfin le siege a esté levé, mais, graces à Dieu, sous bons gages; parce que les nouvelles sont venuës à nostre grand Duc, du Royaume de Polongne, que l'on luy avoit deferé en l'assemblée des Estats de ce païs-là.

Chose sale aux Ducs

Entre les Appanages de France, celuy d'Anjou a eu cest heur, de produire, quant & soy, des Roys: le premier qui en fut investi, fut Charles, Comte d'Anjou, frere de S. Louys; auquel le Pape Urbain quatriesme donna les Royaumes de la Poüille & Sicile, dont luy & ses descendans joüirent par plusieurs années; jusques à ce que l'Estat estant tombé és mains de la Royne Jeanne, elle adopta Louys, fils du Roy Jean, qui premier porta le nom & tiltre de Duc d'Anjou; lequel, par le moyen de ceste affiliation, s'intitula, de là en avant, Roy de Naples, & Comte de Provence. Le semblable est-il maintenant advenu à nostre jeune Duc d'Anjou, non par adoption, ains election. Et afin que sçachiez comme toutes choses se sont passées: estant le Royaume de Polongne tombé en quenoüille, par la mort du Roy Sigismond, & plusieurs Princes, de toutes parts, ayans illec despesché ambassades pour parvenir à la couronne, il fut aussi trouvé bon entre nous, d'y envoyer l'Evesque de Valence, lequel accueilly d'un bon œil, aprés avoir dextrement exploité tout ce qui estoit de sa charge, comme personnage de grand sens & suffisance, finalement, au milieu des Estats & d'une infinité de nations, nostre Duc d'Anjou a esté esleu Roy de Polongne, par la voye du S. Esprit, le propre jour de la Pentecoste, du consentement general & universel de tous les peuples qui là estoient; n'ayant lors autre instigateur de sa brigue, que la renommée de ses paradoxes valeurs. Jamais jeune Prince ne receut tant de benedictions que cestuy: la crainte qu'il a de Dieu, benira (comme je m'asseure) de plus en plus ses actions. On dresse maintenant les preparatifs pour l'acheminer en ce païs-là, & attend-on, avec bonne devotion, les Seigneurs Polonois, qui viennent pour luy faire compagnie. A Dieu.

d'Anjou d'estre Roys.

Le Royaume de Polongne deferé à nostre Roy, estant lors Duc d'Anjou.

FIN DU CINQUIESME LIVRE.

LES LETTRES D'ESTIENNE PASQUIER

Conseiller & Advocat General du Roy en la Chambre des Comptes de Paris.

LIVRE SIXIESME.

LETTRE I.
A Monsieur de Saincte-Marthe.

Il raconte quel fut le motif du plaidoyer qu'il fit en l'an 1576. pour le païs d'Angoulesme.

Ussiez-vous jamais estimé, que nostre aage eust porté une cause toute publique, telle que l'on traitoit anciennement dedans Rome? Il est mal-aisé de le croire : nous en avons toutesfois, ces jours passez, traité une avec un merveilleux appareil: & parce que cecy vous pourra sembler tout nouveau, je veux que vous entendiez & le motif, & le sujet, par la presente. La trefve estant concluë entre le Roy & Monsieur, son frere, par l'entremise de la Royne, qui a apporté tous les bons offices que l'on peut desirer, non seulement d'une bonne mere envers ses enfans, mais aussi d'une trés-sage Princesse, pour le soulagement du pauvre peuple, le Roy, par ceste capitulation, promettoit donner cinq cens mille livres, pour le payement des Reistres levez par Monsieur le Prince de Condé, pourveu qu'ils se retirassent, & ne passassent au deçà du Rhin : & pour seureté, tant de ceux de la Religion, que de leurs associez Catholics, il leur donnoit en garde & depost, les villes d'Angoulesme, Bourges, Nyort, Saumur, la Charité, & Mezieres. C'est une nouvelle forme de capitulation, que les sujets ont introduit, avec leur Roy, depuis la petite paix de soixante-huict. Ce depost faict, toutesfois à la charge que Monsieur & les principaux de son party, jureroient rendre ces villes, le temps de la trefve expiré, fust paix ou guerre, en l'estat qu'elles leur seroient consignées : aussi promettoit-il de soudoyer, pour la garnison de ces villes, deux mille hommes de pied, tels que Monsieur y mettroit, cent Gentils-hommes, sa compagnie de Gendarmes, cinquante Suysses, & cent Harquebusiers pour sa garde : plus, que les armées seroient licentiées, tant d'une part que d'autre, si-tost que ces villes auroient esté delivrées. Pour l'execution de ceste trefve, le Roy escrit à Monsieur de Ruffec, Gouverneur du païs d'Angoulmois, de consigner la ville d'Angoulesme entre les mains de Monsieur, ou de ses Deputez : Monsieur de Ruffec s'excuse. Enfin, Monsieur de Montpensier y est envoyé par la Royne, qui se plaint d'avoir trouvé les portes de la ville, fermées, & de ce que l'on avoit presté l'aureille sourde à ses sommations : le Roy despesche un heraut d'armes en Angoulesme, pour faire commandement à Monsieur de Ruffec, & aux habitans, d'obeïr promptement, &. à faute de ce faire, de les declarer rebelles & ennemis : & par ce mesme moyen, la Cour de Parlement decerne un adjournement personnel contre les habitans, à la requeste de Monsieur le Procureur General ; pour l'execution duquel, fut commis l'Huissier Rouget, qui leur bailla assignation de comparoir en personnes, à certain jour. Cependant, Monsieur s'achemine, avec son armée, en la ville de Ruffec, à sept lieuës d'Angoulesme : la Royne mere à Civray, deux lieuës prés de Ruffec : ils parlementent à mi-chemin : Monsieur Nesmond, Lieutenant General d'Angoulmois, y est envoyé par Monsieur de Ruffec, pour leur faire entendre ses excuses : il est accordé, que Monsieur luy bailleroit saufconduit, pour aller à la Cour & à Paris, faire ses remonstrances : & que cependant les villes de Congnac & sainct Jean d'Angely seroient consignées au lieu de celle d'Angoulesme.

lesme. L'on depute trois personnages, representans les trois Estats du païs, l'Eglise, la Noblesse, & le Tiers-Estat, pour venir rendre raison de leur faict, & entre autres, le Lieutenant Nesmond: on les veut ouyr au Conseil privé, comme estant une cause d'Estat: ils demandent estre renvoyez au Parlement, pour la consequence de la cause, & parce qu'il s'agissoit icy de l'engagement du domaine du Roy: ils y sont renvoyez: ils me font cest honneur, de me choisir pour leur Advocat. Au jour qui leur est donné pour estre ouys à huis clos, on assemble la Chambre de la Tournelle, avec la grand' Chambre: chose qui se fait rarement. Là, je me presente pour estre ouy, costoyé de ces trois Deputez: & comme je me veux ouvrir, Monsieur l'Advocat de Thou, pour Monsieur le Procureur General, l'empesche, & soustient qu'ils sont prevenus de crime de leze-Majesté, partant qu'ils doivent respondre par leur bouche. Monsieur Nesmond (tres-habile homme, & qui pour sa suffisance a esté pieça employé aux plus grandes Charges du païs) prend la parole, disant que tant s'en falloit qu'ils pensassent estre criminels de leze-Majesté, qu'au contraire ils estimoient avoir faict un tres-signalé service au Roy, & que de leur part, ils n'avoient charge de parler que par l'organe d'un Advocat; qu'aprés leur declaration, ils se remettoient à la prudence & religion de la Cour, d'en ordonner ainsi que bon luy sembleroit. Sur cela, on nous fait retirer, pour en deliberer au Conseil: & quelque peu aprés remandez, il est ordonné que je plaideray: je suis ouy premierement, puis Monsieur le Procureur General: enfin les parties sont appointées au Conseil, & ordonné que l'on verroit les chartres & privileges de la ville. La grandeur, nouveauté, & solemnité de la cause, fait que je vous envoye mon plaidoyé, afin d'y avoir part, aussi bien que quelques autres, qui me l'ont demandé, lesquels n'ont tel commandement sur moy, comme vous. A Dieu.

Playdoyé pour la ville d'Angoulesme, faict en Parlement, à Paris, le 4. Febvrier 1576.

Messieurs, il a couru un bruit par la France, qu'au traicté de Trefves, qui s'est passé entre le Roy & Monsieur le Duc son frere, les manans & habitans d'Angoulesme estoient non seulement refractaires à la volonté du Roy, mais rebelles. Or comme il soit que'entre les plus dangereux accidens, qui puissent advenir à une Republique, il n'y en ait point tant à craindre que la desunion des subjects avec leur Prince, aussi le plus grand crevecœur que puisse avoir un bon subject, c'est d'encourir ceste opinion de rebellion envers son Roy. Si jamais ville fut obeïssante à son Prince, certainement c'est celle d'Angoulesme, laquelle combien qu'elle ait esté quelquesfois envahie par ceux de la nouvelle opinion, si est-ce qu'estant depuis remise sous l'obeïssance du Roy, il ne se trouvera aucune remarque, par laquelle il apparoisse qu'elle ait changé, ou de Religion envers Dieu, ou de devotion envers le Roy: & bien qu'elle soit heurtée de toutes parts d'ennemis, si est-elle toujours demeurée ferme & constante en son devoir, comme un rocher au milieu des flots. Cela vous appresterait à penser (s'il vous plaist) combien il lui est grief & moleste, au milieu de tant d'obsequieux offices, de voir que ceux, dont elle a triomphé en sa perseverance, triomphent pour le jourd'huy d'elle. Toutefois en ceste affliction publique, ils se consolent, & estiment ce jour bien-heureux, auquel ils vous peuvent rendre raison de leur faict: car en vain vous feroient-ils ouverture de leur procez, si par mesme moyen ils ne vous faisoient ouverture de leurs cœurs: je dis vous rendre raison de leur faict, non seulement pour l'assignation, qui leur a esté baillée, à la requeste de Monsieur le Procureur General du Roy, mais pour ce qu'ils vous estiment les vrais Juges & naturels de ceste cause, pour l'authorité qui vous est donnée de tout temps & ancienneté, par nos Roys: authorité en laquelle les Roys vous ont conservez: authorité, par laquelle les Roys mesmes se sont seurement conservez en leur grandeur. Ils vous remercient donc humblement, de la favorable audience, qu'il vous plaist maintenant leur donner. Moy seul, portant la parole pour eux, me trouve aucunement estonné, pour la grandeur & qualité de la cause: car m'ayans d'un costé prié de prendre leur clientelle en main, de les esconduire, j'eusse aucunement failly à mon devoir, ayant imprimé ce perpetuel advertissement en moy de ce grand Senateur de Rome, Thrascas, second Caton de son temps, lequel disoit qu'il y a trois sortes de causes que l'Advocat ne peut refuser: celle de l'amy, ou de l'affligé, ou qui appartient à l'exemple. D'un autre costé aussi, si la volonté de nostre bon Roy, & si celle de la Royne sa mere, (à laquelle la France est tant obligée, si celle de Monsieur le Duc, brief, si l'opinion commune du temps combat ceste cause contre nous, ainsi qu'on faict courir le bruict, certainement ils eussent beaucoup faict pour moy, de me dispenser de ce plaidoyé: & neantmoins, s'il vous plaist considerer quel est l'air general de la cause, je le vous diray en deux mots.

En quels subjects de causes l'Advocat se doit principalement addonner.

Premierement, je proteste qu'en tout le discours de mon plaidoyé, je n'entends nullement toucher à Monsieur le Duc: il est fils & frere de deux bons Roys; Prince de sa nature tout bon, duquel je ne puis promettre que choses bonnes & correspondantes à ses predecesseurs & ancestres. En ceste division publique qui court aujourd'huy par la France, il y a les uns qui se sont esloignez du Roy, sous un pretexte de Religion; les autres, sous le pretexte du bien public: si leur zele est excusable ou non, je m'en rapporte à ce qui en est: nous autres, pour nous vouloir inviolablement conserver sous la fidelité du Roy, sommes reputez rebelles, & appellez pardevant vous, comme criminels de leze-Majesté. J'apporteray donc ce temperament en ceste cause, que tout ainsi que ceste grande & magnanime Princesse la Royne mere n'a rien negocié en ce faict, qui ne soit tres-digne d'elle, c'est-à-dire, d'une bonne mere, qui desire voir une bonne paix, concorde & union entre messieurs ses enfans; d'une tres-vertueuse Princesse, qui veut moyenner un bon repos à ce pauvre Royaume tant affligé: aussi n'avons-nous rien icy faict qui ne se trouve digne de nous, je veux dire, de bons, loyaux, & fideles subjects à leur Roy, & dont le Roy & tous les Princes de France, de quelque qualité qu'ils soyent, ne doivent recevoir contentement.

Soudain aprés le partement de Monsieur le Duc, tout ainsi que ce nouveau changement importoit infiniment à la France, pour le rang & lieu qu'il tient, aussi n'y eut-il celuy qui n'en demeurast grandement estonné. Entre autres, nous receusmes lettres du Roy, le vingt-deuxiesme Septembre dernier, par lesquelles il nous exhortoit de demeurer envers luy en nostre ancienne fidelité. La premiere chose que Monsieur de Ruffec, Gouverneur du païs d'Angoulmois, eut en recommandation, aprés avoir receu ces lettres, ce fut d'assembler les Estats, & suivant le mandement du Roy, prendre le serment d'eux tous unanimement, de demeurer perpetuellement en leur fidelité: le tout envoyé pardevers le Roy, lequel, comme Prince debonnaire qu'il est, nous fit cest honneur de nous remercier d'une chose que nous luy devons naturellement.

Toute la Guyenne & le Languedoc estoient si opprimez de guerres, que plusieurs Gouverneurs diversement firent tresves: nous fusmes sommez de faire le semblable: toutefois le Seigneur de Ruffec n'y voulut jamais entendre, disant qu'il ne luy appartenoit point de faire sans permission expresse du Roy. Depuis ce refus, ceux de la nouvelle opinion commencerent de faire profession plus precise d'inimitié contre nous, qu'ils n'avoient faict par le passé, encores qu'ils ne s'y fussent espargnez. Et de faict, nous avons receu lettres de leurs principaux partisans, par lesquelles ils se vantoient, qu'à quelque condition que ce fust, ils s'empieteroient de nous, comme estant nostre ville un fort & boulevart perpetuel contre leurs entreprises au milieu de la Guyenne. Or estant

Monsieur

Monsieur le Duc party, vous vous souviendrez (s'il vous plaist) que pour asseurer un chacun de son inopiné partement, il envoya un Manifeste par deçà, par lequel il declaroit quel estoit le motif de son absence, qui ne tendoit, comme il disoit, à autre but, qu'à remettre les affaires de France en leur ancienne splendeur; faire que les Cours de Parlement, & signamment ceste-cy, jouyssent de leur dignité, & les trois Estats de la France, de leurs privileges; que par ce moyen il esperoit rendre les subjects du Roy tres-contens, dont aujourd'huy la pluspart prennent tiltre & qualité de Mal-contens. Ces protestations apportees par-deçà, la Royne mere s'achemine en toute diligence, pardevers luy, poussee d'un zele & devotion tres-saincte envers le public, comme elle est en toutes ses autres actions & desportemens : elle entre en pour-parler de paix; & pour n'y estre les affaires presentes bonnement disposees, l'on fait ouverture de Tresves de six mois, par la conclusion desquelles, pour la seureté des gens de Monsieur le Duc, on leur accorde Mezieres, Bourges, Nyort, Saumur, la Charité; & au bout de tout cela, on y adjouste aussi Angoulesme. Ces promesses & capitulations faictes ainsi, la premiere nouvelle que nous en reçevons, est par un nommé la Nouë; mot qui offença du commencement, tout le peuple, soit que par hazard ou discours il nous fust envoyé, & ce pour le lieu & degré que tient le sieur de la Nouë envers ceux du party contraire. Le sieur de Ruffec fit lors assemblee generale, sur ce qu'il avoit de faire sur la reddition de la ville : & ce pour autant que bien que la Trefve fust concluë, si n'estoit-elle verifiee en ceste Cour. Il est resolu, premier que de la rendre, de passer par remonstrances : cependant nous sommes advertis que Langoran rodoit les environs de nostre ville, accompagné de huict compagnies, tant de cheval que de pied : au mesme instant, se presentent aux portes de la ville quelques chevaucheurs, qui se disent estre du train de Monsieur de Montpensier. A la verité, il est lors resolu de ne leur ouvrir les portes, & de ce, la Cour en entendra tantost les occasions. Soudain s'espand un bruict par la France, que nous avions fermé les portes à Monsieur le Duc de Montpensier : & comme il advient ordinairement en telles choses, qu'à mesure que les bruicts court, chacun y adjouste du sien, aussi les aucuns enrichissent le conte à nostre advantage, les autres à nostre desadvantage ; pareillement comme il n'y ait celuy qui ne veüille interposer son jugement sur les affaires d'Estat, aussi trouvent les uns ce refus bon, disans, qu'en un traict de plume, on en accorderoit plus à ceux qui vouloient reformer l'Estat, qu'ils ne pourroient esperer dans dix ans, avecques toute leur force & puissance : les autres au contraire, soustenans que ce refus prenoit une traicte de tres-perilleuse consequence, veu le hazard des estrangers, qui estoient jà sur les frontieres de la France. Voyans ce faux bruict courir contre nous, nous proposons nos excuses, tant envers la Royne, que Monsieur de Montpensier, qui les trouvent si raisonnables, qu'au lieu de la ville d'Angoulesme, on baille Congnac, & S. Jean d'Angely, dont Monsieur le Duc se contente, & y a faict mettre ses garnisons au dedans. Vous aussi cognoissans d'un autre costé, qu'en matiere d'Estat, le seul souspçon tient lieu de crime, ne voulans point que nostre faute, (si faute y avoit) demeurast impunie, depeschez l'Huissier Rouget pardevers nous : estans advertis de sa venuë, nous le recueillons comme un Officier venant de vostre part; luy demandons qu'il nous communiquel'Arrest qu'il avoit, en vertu duquel il nous donnoit assignation : il faict response, qu'il n'avoit qu'un simple extrait d'Arrest, & encores qu'il ne nous en bailleroit copie. Et combien que ces voyes fussent insolites, toutesfois la premiere chose que nous avons pensé appartenir à nostre devoir, a esté de vous obeïr : commettre le Lieutenant General Maistre François Nesmond, personnage qui par ses deportemens du passé, vous peut donner tesmoignage quel est l'interieur de sa conscience, le sieur de la Thibaudiere, ancien Gentil-homme, qui commandoit n'agueres dans la ville de Congnac, où il s'est si sagement & dextrement porté, qu'il n'en est venu nul reproche, & Maistre Jean Garassus, Chantre de l'Eglise d'Angoulesme, homme recommandé de plusieurs bonnes qualitez; le tout pour vous esclaircir de leur innocence.

En effect, voylà l'histoire generale de nostre faict, en laquelle parce qu'il s'agit de la reddition de nostre ville és mains de Monsieur le Duc, à ce que j'ay peu recueillir des objections communes, qui courent contre nous, l'on nous objecte trois choses : en premier lieu, une irreverence à l'endroit de Monsieur le Duc de Montpensier; & qu'arrogamment nous luy avons fermé les portes, venant de la part du Roy : secondement, que quand bien ce faict seroit excusable, toutesfois ce n'est au sujet de disputer contre la volonté de son Prince; que c'est au Roy de declarer son commandement, & à nous d'apporter nostre obeïssance : & finalement, que quand bien nous serions recevables, ce neantmoins nous n'avons aucune raison, pour laquelle nous puissions particulierement nous dispenser de rendre nostre ville. Le premier point regarde le passé, pour nos defences & excuses : le second & le tiers, le futur : sçavoir ce qu'il vous plaira ordonner sur ceste reddition, apres nous avoir pleinement entendus en nos defences.

Pour le regard du premier poinct, je recognoistray que grande est l'accusation, avoir fermé les portes à Monsieur de Montpensier : car qui doute que la seule qualité de ce bon Prince ne porte quand & soy son sauf-conduit general par la France, non seulement pour estre Prince du sang, mais qui plus est, un Prince du sang, accomply de toutes les bonnes parties que l'on sçauroit souhaiter à un Prince; Prince (dy-je) auquel la France est grandement redevable? D'ailleurs, quand sa qualité n'y seroit, qui est celuy qui ne sçait que venant de la part du Roy, les portes ne luy deussent estre ouvertes? Et vrayement, nous sommes tous d'accord, & cognoissons que si les portes luy ont esté fermees, nostre faute est inexcusable, quelque feinte & palliation que nous puissions apporter : mais nous denions qu'elles luy ayent esté fermees : nous soustenons (& est vray) qu'il ne s'approcha jamais de trois quarts de licuë de la ville : nous soustenons avoir deu passer les choses ainsi que nous l'avons faict, & qu'elles se sont passees sans offence du Roy, & de Monsieur de Montpensier. Je vous ay dict qu'il se presenta un train devant les portes de la ville, soy renommant de Monsieur de Montpensier : je vous ay dict que lors Langoran estoit aux environs de la ville, avec ses compagnies. Nous avons fermé nos portes. A qui? Non à autre qu'à Langoran, craignans que sous un nom emprunté de train, il voulust surprendre nostre ville. Je ne voy doc point (sauf vos reverences) de quoy l'on nous puisse accuser de tout ce faict-cy, sinon d'avoir apporté prudence, pour la conservation de nous tous, & fidelité envers nostre Roy. N'avons-nous une infinité d'anciennes histoires, qui nous enseignent comme les villes ont esté surprises? Au recit desquelles, si nous nous voulions amuser, le temps nous defaudroit plustost que la parole. Il n'est point besoin foüiller dans l'ancienneté : quelles autres histoires voulons-nous que celles de ce temps? Vous pouvez souvenir comme la ville d'Orleans fut prise en l'an cinq cens soixante-sept, par le Seigneur de la Nouë & les siens, faisans semblant de venir loger dans la ville pour leurs affaires : comme celle de Castres puis n'agueres a esté surprise, par l'artifice d'un citoyen, qui mit le feu dans une maison; & ainsi que ceux de dedans s'amusoient à esteindre le feu, d'un autre costé les autres, qui avoient intelligence avec quelques-uns de la ville, eurent loisir de s'en investir. Mais pourquoy cherchons-nous exemples si loing, veu que nous avons à nos portes, la ville de Perigueux, laquelle on sçait avoir esté surprise par le mesme Langoran, ayant attiré quelques siens soldats deguisez en marchands revendeurs, lesquels s'estans emparez de l'une des portes, furent puis apres, aidez de la venuë de leur Capitaine? Que pouvions-nous donc moins faire, ayans cest exemple si
frais

frais & si proche de nous, que de nous tenir clos & couverts, pour eviter à mesme sur prise que celle qui estoit recente? De ma part, je m'asseure que M' de Montpensier est si sage Prince, & tant zelateur du public, qu'entendant nostre intention, jamais il ne la trouvera mauvaise. Nous ne luy avons pensé fermer nos portes, ains à celuy qui faict profession de surprendre les villes par ruses & stratagemes. C'est le Sieur de Langoran : & si le bon Prince se fust presenté, nous les luy eussions ouvertes. En voulez-vous plus prompt & evident tesmoignage que celuy que nous avons negotiéavec l'Huissier? Il est venu, non point avec l'espée, ains avec la simple baguette, non point avec un Arrest en forme, ains extraict d'Arrest. Luy avons-nous fermé les portes? Ne l'avons-nous embrassé & recueilli comme Officier du Roy, & Ministre de ceste grande Cour? Nous les luy avons ouvertes, & nous eussions fermées à un Prince? Et encores à un Monsieur de Montpensier venant de la part du Roy; tout sens commun y resiste. S'il y fust venu en personne, nous l'eussions honoré, sinon comme sa grandeur meritoit, pour le moins de tous favorables accueils; & à la mienne volonté qu'il y fust venu, asseuré que nous luy eussions faict remonstrances si pertinentes, que nous ne serions reduicts en la peine en laquelle nous sommes maintenant. Nous luy eussions remonstré, que les choses estoient disposées en tel estat, que nullement nous ne devions lors faire ouverture de nostre ville, telle que l'on demandoit; qu'il estoit question de l'execution d'une tresve, qui traisnoit une grande queuë quand & soy; qu'aux autres on se contentoit d'une mutuelle foy, & en tout evenement d'ostages ; & en ceste-cy on consignoit une ville des plus importantes de la France; que l'ancien ordre de ceste Monarchie portoit, que jamais tresve de telle importance, & jamais paix n'avoir esté executée qu'au preallable elle ne fust verifiée & emologée en ceste Cour, avec grande maturité de Conseil : que ceste-cy ne l'ayant esté, nous avions juste occasion de nous excuser, & dispenser de l'ouverture que l'on demandoit : ceste exception estoit-elle bonne & vallable ? Quant à moy, je n'en feray jamais nul doubte. Vos Regitres en font foy, l'usage est tel, & la loy generale de la France ; laissons vos Regitres à part : quel plus grand jugement voulez-vous de cecy, que de nos Roys, & entre autres, des plus sages & advisez ? Philippes de Commines nous atteste que le Roy Louys onziesme ayant concludla paix avec le Duc de Bourgongne, tint toute chose en surseance, sur la reddition des villes de la riviere de Somme, dont estoit question, jusques à ce que le tout eust esté emologué par la Cour ; parce que c'estoit la coustume de France (dit-il) d'y publier tous accords, autrement seroient de nulle valleur.

Destrois especes de Republ. & d'une quatriesme qui participe des deux ou des trois

Ce lieu m'admoneste, avant que de passer plus outre, de faire ce brief discours devant vous. Ceux qui ont sagement discouru du faict de toute Republique bien-donnée, en ont voulu faire trois especes : la Royale, qui depend du gouvernement d'un seul Prince : la Seigneurie, qui regarde l'administration de plusieurs personnages d'estoffe : & l'Estat populaire, quand par l'advis & entremise du commun peuple, les affaires publiques se manient. Chacune desquelles, bien que diversement reçoive sa perfection en son particulier, si est-ce que ceux qui à meilleures enseignes voulurent repasser ce poinct, furent d'advis qu'il y avoit une quatriesme espece composée, & si ainsi me permettez de le dire, alambiquée des deux, ou des trois ensemble, laquelle ils estimerent, de tant plus excellente, qu'elle participoit de toutes les autres. Entre les Republiques que l'on estime mieux morigenées, l'on couche en ligne de compte, celle de Sparthe, en laquelle y avoit la rencontre de la Majesté de leurs Roys, avec l'authorité des Ephores ; la Republique de Rome est infiniment solemnisée par nos ancestres ; ceux qui ont voulu rendre raison de sa grandeur, la rejettent sur la conference commune de la Seigneurie qui se gouvernoit par les Consuls, avec l'assemblée du peuple qui se manioit par les Conservateurs du peuple qu'ils appelloient Tribuns : voire que les heurts & dissentions des uns & des autres, les rendoient chacun en son endroict infiniment retenus à ce qui appartenoit au profit & utilité du public ; celle mesme de Venise recognoissant ceste proposition pour tres-veritable, ores qu'elle soit gouvernée par un bon nombre de gens d'honneur qu'ils appellent les Magnifiques, si voulut-elle avoir aussi un Magistrat souverain, qui est le Duc, pour apporter és actions publiques ceste contre-balance qui est requise à tout bon Estat. Si jamais ordre policif fut sainement & sainctement observé en quelque Republique que ce soit, je puis dire franchement, & est vray, que c'est en nostre Monarchie : car nos anciens recognois-sans que combien qu'entre les trois premieres especes de Republique, il n'y en ait point de plus digne & excellente que la Royauté, & encores Royauté qui vient par droict successif en ligne masculine, & mesmement à l'aisné, (toutes particularitez qui se trouvent en nostre Estat) toutesfois parce qu'il peut quelquefois advenir que la Couronne tombe és mains d'un Prince foible & imbecille, ils establirent un perpetuel & general Conseil par la France, que l'on appella Parlement, non pour servir de controlle à nos Roys, ains par les humbles remonstrances duquel, se passoient les confirmations des affaires generales : & l'establirent non seulement dans Paris, ville capitale de France : mais qui plus, dans le Palais, sejour ancien de nos Roys, pour monstrer combien les effects de ceste compagnie estoient augustes, sacrez, & venerables : laquelle fut tant estimée & authorisée, que quelque Roy qui vienne à deceder, au milieu des obseques Royales, tous les autres Officiers estans en deüil, elle est revestuë de ses robbes d'escarlate, pour monstrer que la Majesté de la Couronne, qui reside en Justice, ne meurt jamais, ores que nos Roys soient mortels : de la vient que nous ne voyons nulle loy avoir vogue en France, qu'elle ne soit emologuée par la Cour. Et bien que quelques-uns veuillent dire que les affaires d'Estat n'ayent rien de commun avec vous, toutesfois jamais paix ou traité d'importance, n'eut authorité entre nous, qu'il n'ait esté verifié par ceste Cour, comme mesmes nous le voyons avoir esté observé de fraische memoire, lors que nostre Roy s'achemina au voyage de Pologne. Non que pour cecy nos Roys ayent estimé se mettre sous la tutelle d'autruy : mais reduisans par ce moyen leur puissance absoluë sous la civilité de la loy, ils se sont garentis de l'envie publique, & des importunitez de ceux qui pour leurs faveurs particulieres, abusoient de la debonnaireté de leurs Maistres : se rendans par ce moyen aimez de leurs sujets sur tous les Princes de l'Europe : chose qui a conservé leur grandeur successivement, depuis onze cents ans jusques à huy : & a produit cela tel fruict, que tout ainsi qu'il n'y a eu peuple au monde tant obéissant à son Roy que le François, par le passé ; aussi ne se trouveront jamais Princes tant debonnaires & favorables envers leurs sujets, que nos Roys, n'y ayant chose qui les ait tant unis en cest entre-las de volontez, que ce lien general de la France, ce grand & general Parlement : ainsi comme mesme sont contrains de confesser les estrangers, discourans sur nostre Estat. A quel propos donc dire cecy ? Pour vous monstrer que ce n'est point sans grande occasion, que le peuple d'Angoulesme est entré en quelque scrupule, ne voyant ce traité de Tresves, verifié en ceste Cour. Et si l'on me dit que c'est une chose nouvelle de verifier une Tresve qui est passagere, & que la Cour n'interpose ses parties qu'és choses qui semblent prendre traict à perpetuité : A cecy je vous responds en un mot, qu'ils ont pensé (si bien ou mal, vous le jugerez s'il vous plaist) que ceste Tresve n'estoit de moindre consequence qu'un tres-ample traicté de paix ; car par icelle il est permis pendant le temps de la pretenduë Religion nouvelle, d'exercer leur Religion à huis ouvert, és villes qui leur seront consignées : quand il n'y auroit que ce seul poinct, puis qu'il est question d'apporter nouvelle face de Religion en une ville (quelque peu de temps que ce soit) ce faict est de telle importance

Discours sur la Monarchie de France.

L'authorité du Parlement de Paris, qui a faict regner nos Roys.

La religion, fondement de toute Repub. bien ordonnée.

que vous n'y sçauriez assez apporter d'authorité publique : Si tant est que la Religion soit (comme elle est) fondement de toute Republique bien ordonnée. Et de faict, qu'estoient tous vos Edicts de Pacification, qui furent passez depuis l'an mil cinq cens soixante, sinon temporels & provisionnaux ? Et neantmoins l'on n'a jamais revoqué en doute que ceste provision temporelle ne deust passer par l'emologation de la Cour. Et ce, à mon jugement, pour autant que vous ne sçauriez si peu heurter au faict de la Religion, soit pour le regard d'une ville, soit pour si peu de temps que voudrez, que ce ne soit le haut poinct, pour lequel il faut l'interposition de vostre authorité, ou du tout oster de nos testes, en toutes autres choses, telles verifications. Et toutesfois quand nous lairrions ce discours à part, & que nous nous attacherions seulement au mesnage general de ceste France, qui ne voit que par ceste Trefve, on aliene les villes du Roy ? Alienation qui ne peut estre faite, qu'elle ne soit authorisée par la Cour. Mais il y a grande difference (me dira-l'on) d'aliener les villes à jamais, ou bien de les bailler en ostages pour certain temps ? A quoy je responds, que toute chose qui se met en main forte pour quelque temps, n'est pas de moins redoubté effect, que celle que l'on aliene perpetuellement en main foible, quand d'ailleurs celuy qui entre pour certain temps en une possession, s'en peut faire croire puis apres, si bon luy semble. Davantage, en matiere d'alienation du domaine de la Couronne, soit qu'elle soit perpetuelle ou temporelle, nos loix (mesmes les dernieres & modernes) y requierent cognoissance de cause en ce lieu : car par l'Edict qui fut faict en l'an 1565. à Moulins, où estoient tous les Princes & grands Seigneurs assemblez, avec une infinité de Presidens & Conseillers des Cours Souveraines, il est porté par exprés, que toutes alienations faites ou à faire, du domaine, seront nulles, sinon en deux cas, sçavoir est, pour appanage des puisnez de nos Roys, & pour vendition necessaire à deniers contens, pour la necessité de la guerre : & qu'en ces deux cas, lettres patentes seront decernées & publiées és Cours de Parlement : leur estant trés-expressement deffendu, d'avoir aucun esgard à telles lettres, pour quelque autre cause & temps que ce soit, encore que ce ne fust que pour un an : Ce sont les propres mots de l'Edict, qui monstrent assez, que l'on doit faire pareil jugement de l'alienation du domaine qui ne se faict qu'à un an ou demy an, comme de celle qui se faict à perpetuité, laquelle quoy que nous sçavons, quelque perpetuité qu'il y ait, est toutesfois subjette à un rachapt perpetuel. Toutes ces considerations donques, sont passées par les citoyens d'Angoulesmes ; considerations, dy-je, dont ils eussent faict remonstrances, s'ils eussent eu cest heur de joüir dans leur ville, de la presence de Monsieur le Duc de Montpensier.

Domaine de la couronne sacro saint.

Mais la necessité du temps, peut-estre, ne portoit ceste exception & deffence : & comme disent les Medecins, *Acutis morbis acuta remedia* : Ou comme disoit le Poëte Lucain, *arma tenent. Omnia dat qui cuncta negat.* Au contraire, jamais elle ne deust estre proposée, ou c'est en ceste affaire. Contre qui la proposons-nous ? Contre celuy qui (paravanture) veut estre infracteur & perturbateur des anciennes loix de France. Non vrayement : ains contre Monsieur le Duc. Quelle protestation a-t'il faite ? Que son propos & intention estoit de reduire toutes choses en leur bon train, & specialement de maintenir les Cours de Parlemens en leurs dignitez & prerogatives : C'est un bon Prince, qui n'est point menteur, & qui n'apporte nulle hypocrisie en ses actions. Y a-t'il donques homme au Seigneur, aprés le Roy, qui doive prendre plus de plaisir & contentement en ceste excuse, que luy, quand aveque une honneste liberté nous luy remonstrons, qu'estant ses obeïssans serviteurs, nous le voulons honnestement combattre de ses propres armes, & le supplier trés-humblement de se souvenir de sa parole & promesse, de laquelle les Princes doivent estre aussi religieux observateurs, comme de leur propre Couronne ? Mais peut-estre ces excuses, bien qu'elles eussent pleu à Monsieur le Duc, n'eussent esté favorablement acceptées par Monsieur de Montpensier ? Nous nous asseurons du contraire ; il est Prince trop amateur de la venerable ancienneté ; Conseiller Pair en ceste Cour, par le moyen de son Duché ; Conseiller né, dés le ventre de Madame sa mere, par le moyen de sa Principauté du sang : & ne serons jamais desavoüez de luy, quand nous dirons qu'entre toutes les compagnies de France, il honore, & respecte la vostre.

Vous avez donc entendu jusques icy, que de ce qui s'est passé en nostre ville jusques à luy, il n'y a nulle desobeïssance de nostre part, ains toute submission & humilité : & jà à Dieu ne plaise, qu'autres pensemens entrent en nos esprits.

Vous me direz, paravanture, que vous excusez le passé, moyennant que pour l'advenir nous donnions ordre de rendre la ville, eu esgard mesmement que la justice nous estoit à present ouverte en ceste Cour, il semble que le moyen nous soit clos de la verification de la trefve ? Ceste difficulté (comme j'ay dit) depend de deux points : l'un, si le sujet doit estre ouy en telles matieres, s'opposant à la volonté de son Prince ; l'autre, si quand bien il seroit recevable, nous avons particulierement moyens pour empescher la reddition de nostre ville.

Entant que touche le premier poinct, grand est vrayement l'argument. Vostre Roy & Prince Souverain le vous commande ; c'est donques à vous d'obeïr : car si un petit escolier Pythagore, avoit en son escolle, apporté ceste ordonnance sur ses escoliers : Il l'a dit ; voulant par ces mots, leur donner à entendre, que ce n'estoit point à eux de controller son intention, ains seulement de le croire ; combien plus doit estre ceste proposition fichée en l'esprit d'un sujet, à l'endroit de son Prince ? Et c'est la cause pour laquelle Platon, en ses Loix, se moquoit du Legislateur, qui dedans ses ordonnances, rend raison de sa loy, d'autant que combien qu'elle ne deust estre constituée sans raison, si est-ce qu'estant establie, le sujet ne devoit considerer si bien ou mal elle estoit, ains y obeïr quand elle estoit publiée. Et certes suivant le sage precepte de ce grand Philosophe, si la trefve estoit icy publiée, nous nous tairions : mais laissons encore ceste publication en arriere : je ne veux point mettre en memoire toutes ces longues questions des Docteurs du droit civil, quand ils soustiennent, que tout ainsi qu'il n'est point en la puissance du sujet de s'exempter de l'obeïsance de son Seigneur, sans le consentement du Seigneur, aussi n'est-il en celle du Seigneur de mettre son sujet en main estrange, & plus foible que la sienne, sans l'exprés consentement du sujet, comme estans choses relatives & reciproques : Si je m'y voulois amuser, le temps me faudroit plustost, que la parole : ceste cause est de trop grande importance, pour y avoir recours aux Docteurs : mais estant né François, plaidant pour un peuple François, au premier tribunal de la France, je dis que nous sommes recevables, non pas à nous opposer, non à disputer, non à controller la volonté de nostre Prince : ains à luy faire nos trés-humbles remonstrances en justice : & si pour dire cecy, je peche, ma faute provient de la debonnaireté de nos Roys, qui ont ainsi de tout temps & ancienneté, toleré : les anciens voulans nous representer les Empereurs de Rome, leur baillent l'espée nuë au poing, à nos Roys la main de justice, pour nous apprendre & enseigner, qu'une bonne partie de la dignité de l'Empire s'entretenoit par la force : au contraire, que la Majesté de nos Roys s'entretenoit par la douceur & humanité de justice. L'Empereur disoit, *Pour autant que je le veux, il est juste.* Nos Roys d'une parole plus douce & civile, disent, *Pour ce qu'il est juste, nous le voulons.*

Si un sujet de France peut par honnesteté se rendre en quelque cause, s'opposer aux commandemens de son Prince.

Pourquoy nos Rois portent en leurs images la main de Justice.

Et pour ceste cause, ouvrent la porte à toutes honnestes remonstrances de leurs subjets, lesquelles non seulement ont esté favorablement par eux receuës ; mais quelquefois, pour avoir esté suivies, ont apporté une infinité de fruicts

fruicts à la France. Lors de la guerre du bien public, le Roy Louys XI. pour la closture & conclusion d'icelle, accorda à Monsieur son frere, le Duché de Normandie, pour son appanage. Cest accord fut executé sur quelques villes, les autres s'y opposerent, & ne voulurent ouvrir leurs portes à leur Duc destiné par la paix : l'on les veut appeller rebelles ; ouys en l'assemblée des Estats, qui furent tenus à Tours, ils gaignent leur cause : & au lieu de la Normandie, fut Charles, Monsieur, contraint se contenter de la Guyenne. Au traicté de Madrid, faict pour le repos public, le Roy François premier du nom, avoit accordé la restitution totale du pays de Bourgongne : il estoit grand Roy, & pour ceste cause, par commun consentement, nous l'appellons maintenant le Grand ; toutes-fois sa grandeur n'empescha pas que les Estats du païs du Bourgongne ne s'opposassent à la delivrance que l'on avoit promis faire de leur païs : & fut leur opposition trouvée bonne, juste & raisonnable. Ces exemples sont-ils veritables ? Outre ce, que cela s'apprend des Registres de la Cour ; ceux mesmes, qui prés de la personne de Monsieur, procurent & sollicitent de nostre reddition, l'ont faict escrire en un livre par eux intitulé : *Question politique. S'il est loisible aux subjets de capituler avecque leur Prince*. Non toutesfois que nous veuillions tirer ce qu'ils ont faict, en exemple : mais afin qu'ils n'ayent point d'occasion d'irriter contre nous ce bon Prince, & luy faire entendre que nous pratiquons choses nouvelles, de vouloir estre ouys en nos deffences. Et afin que nous ne cherchions point exemples plus loingtains que de nostre temps, à la restitution des villes de Thurin, Chivas, Quiers, & Ville-neufve d'Ast, Monsieur le Mareschal de Bourdillon, Gouverneur de Piedmont s'y opposa, & fut ouy en son opposition : & tant s'en faut que pour cela il fut declaré rebelle, qu'au contraire les villes renduës, s'estant approché de la Cour du Roy, il fut infiniment chery : & en luy principalement, eut le feu Roy Charles, confiance des principales affaires de France : mais tant y a que les deux premieres oppositions de Normandie & Bourgongne furent trouvées bonnes, & non seulement trouvées bonnes, mais l'opiniastreté juste & fidelle du Normand, & du Bourguignon, conserva l'un & l'autre païs, à la Couronne de France, ainsi je croy que nul ne doubte, que nous ne soyons parties capables pour faire nos remonstrances.

Reste donc de voir, s'il plaist à la Cour, si nous avons moyens suffisans, pour empescher que nous ne tombions sous les garnisons de Monsieur le Duc, en quoy nous pensons estre munis & fortifiez de deux poinct. Le premier, de nos privileges ; & quand nous n'aurions privileges, si estimons-nous estre assistez d'une infinité de particularitez, pour lesquelles vous nous en dispenserez s'il vous plaist : au regard de nos privileges, ce n'est point d'aujourd'hui, que nous avons apporté zele à la Couronne de France, & que pour ceste consideration nous

Bons offices presentez par les Citoyens d'Angoulesme à nos Roys.

en avons esté recompensez ; il se trouve par anciennes chartres qu'en l'an 1360. estant le Roy Jean, prisonnier és mains des Anglois, son fils Charles, lors Regent, qui depuis fut Charles cinquiesme, par le traicté de Bretigni fut contraint de leur accorder, & ceder entre autres, la ville d'Angoulesme. La paix confirmée à Calais le 24. Octobre le mesme an, quand il fut question de l'execution, les habitans d'Angoulesme s'opposerent formellement, alleguans à cest effect, leurs raisons & moyens, entre les mains des deputez, pour l'execution de la paix : opposition, qui prit traict d'un an, pendant lequel les choses demeurent en suspens, & fut envoyé par devers eux, Messire Jacques de Bourbon, leur remonstrant que le Roy Jean ne pouvoit estre delivré, si la ville d'Angoulesme ne passoit condamnation de cest article : au moyen dequoy ils aimerent mieux estre perdus és mains des Anglois, que de voir perdre leur Roy : rendus toutes-fois de corps, ils demeurerent François de cœur : & de fait, regnant le Roy Charles cinquiesme en l'an 1336. voyans que le Prince de Galles fils du Roy d'Angleterre, qui jouïssoit de la Guyenne, vouloit lever un foüage

sur les habitans d'icelle, nos ancestres furent les premiers, qui adhererent avecques les Comtes d'Armaignac, Perigort, Comminges & autres Seigneurs, à l'appellation par eux interjectée, des exactions & nouveaux subsides imposez sur la Guyenne : Et encores, dict Froissard au chap. 246. du premier volume, que ceux des basses Marches, de Poitou, Xaintonge, & la Rochelle, s'y fussent accordez, toutes-fois tousjours, maintenoient ceux d'Angoulesme, que jà n'en payeroient, ny jà en leur terre souffrir ne le pourroient : & mettoient en avant, qu'ils avoient ressort en la chambre du Roy de France. Le Roy demeura long-temps à consulter sur la reception de cest appel : Enfin fut persuadé d'ouyr & enteriner leurs requestes, & remonstrances à luy faictes, par les Seigneurs & habitans des bonnes villes, qui requeroient ayde & confort de luy, comme de leur Souverain : & tant insisterent, qu'il fut ordonné que le Prince de Galles seroit adjourné à comparoir à Paris, en la chambre des Pairs de France, pour assister à droict, & respondre aux requestes contre luy faictes : ce sont les propres parolles de l'Autheur, lequel bien qu'en son histoire, soit ennemy profez des François, si ne peut-il oublier le devoir, que les Angoumoisins rendirent à leur Roy. Au demeurant, du remuement des choses susdictes, s'ensuivit le renouvellement de la guerre, en laquelle le Prince de Galles, voyant qu'il n'avoit ennemis plus redoutables que nous, il establit son siege quelque temps chez nous, en esperance de nous tenir plus facilement en bride : toutes-fois si ne peut-il si bien faire, que nous ne le chassassions, & nous rendissions Maistres de la ville, laquelle nous remismes depuis, sous la main & obeïssance du Roy, sans coup ferir. Les Roys non ingrats envers leurs subjects, nous octroyerent pour ceste cause, tous pareils privileges qu'à la ville de la Rochelle ; que nous ne serions tenus de recevoir garnison estrangere dans nostre ville ; qu'ils ne nous pourroient aliener sans nostre consentement ; & plusieurs autres de mesme marque. Nous avons ces privileges verifiez en ceste Cour : Privileges qui nous sont acquis, non point par un don gratuit, si ainsi faut que je le die, ains au prix de nostre sang & de nos vies. Le Roy, s'il luy plaist, nous y maintiendra. Que si l'interest de toute Republique bien ordonnée, est de chastier les mauvais, pour servir d'exemple aux autres ; & honorer les bons, pour exciter un chacun à la vertu ; pour laquelle cause fut introduite la confiscation du bien, faisant par icelle, tomber la peine de la faute du pere, dessus son enfant innocent ; & d'un autre costé la Noblesse, qui se perpetuë à nos descendans, encore que par coüardise, ils degenerent de la vertu de leurs devanciers ; combien plus doit on nous perpetuer en nos franchises & libertez, veu que nous sommes reputez mesmes corps, par la propagation de nos ancestres en nous ? Le Roy doncques encore un coup nous les conservera en leur entier, s'il luy plaist.

Ouy, mais on nous dira en ce lieu, que l'intention du Roy n'est pas de nous aliener, ains de nous bailler en garde pendant une trefve & sursceance d'armes, durant lequel temps, on fera une bonne paix. On ne veut point nous aliener : on faict pis : on nous engage en toutes choses, & specialement en celle où la bonne foy doit exuberer. C'est une Sophistiquerie exquise de laisser la vraye intention des parties, pour s'attacher à l'escorce & superficie des paroles. Quand on a disputé en droit, si celuy qui est prohibé de donner, peut vendre ; ceux qui ont decidé ceste question, n'y ont assis aucune certitude de jugement, parce qu'il se trouve par fois, cas certains, où celuy qui est prohibé de donner, peut neantmoins vendre : & quelquefois est permis à aucuns de donner, non de vendre, selon la diversité des rencontres. Et la raison de telles diversitez provient, d'autant qu'en telles matieres, il faut singulierement peser & considerer le fonds de l'intention de celuy qui fait telles prohibitions. Je vous laisse icy à part que l'engagement equipolle à une alienation. Considerons seulement, quelle fut l'intention des Roys, qui promirent de n'aliener nostre ville ? Non autre certainement, sinon à fin que ceste ville demeurant perpetuellement sous la puissance de nos Roys, elle seroit vray-semblablement mieux traictée, & par mesme moyen eslongnée de toutes oppressions, vexations & molestes. Quel traitement pouvons-nous au cas present esperer, qui ne soit pire, & plus fascheux que si l'on nous alienoit de tout point ? Car nous alienans à Monsieur le Duc, il nous traicteroit comme siens: mais icy nous demeurons comme espaves à la mercy du premier occupant. Celuy auquel nous appartenons par droicture ne nous possedera, & serons és mains des gens de celuy auquel nous n'appartiendrons ? Qui est celuy qui ne voye que ceste occurrence de cas, est de plus dangereux effect, qu'une alienation totale ? L'on ne peut doncques nous objecter, que ceste capitulation ne porte contravention à nos privileges. Davantage, nos privileges ne sont pas seulement de n'estre point alienez; il y a article exprés de ne nous recevoir garnison d'estrangers contre nostre gré, le tout en la mesme forme & maniere que le Rochelois. Le traicté de la trefve qui baille nostre ville, est pour y recevoir garnisons, & quitter & deposer nos armes à la devotion de Monsieur le Duc, ainsi que nous voyons qu'il a disposé par toutes les villes qui luy ont esté accordées. Tellement que quand il n'y auroit que ce seul point, il seroit suffisant, pour faire paroistre de nostre interest.

Je passeray plus outre, & discouray, s'il vous plaist, ceste cause, comme si nous n'estions assistez d'aucuns privileges. Tout ce que l'on nous met en avant, est la necessité presente; qu'il est besoin qu'un membre endure, pour sauver tout le reste du corps: si ceste cause avoit à estre traictée sur les similitudes, que l'on peut tirer des reigles de Medecine, ma cause seroit aisée à gaigner; car j'ay bien souvent ouy dire, que pour sauver un membre sain, il faut retrancher le malade : mais que pour sauver le malade, il faille coupper ou perdre celuy qui est sain, je ne l'ouy jamais dire. Laissons ces similitudes, & disputons politiquement. Il faut, me dit-on, que le particulier, endure pour le general, en matiere de police; partant ce n'est point chose nouvelle, ne inaccoustumée, qu'une ville reçoive quelque affliction, pour garentir tout le demeurant du Royaume; j'en seray d'accord aveques tous, mais aussi faut-il que d'une mesme rondeur l'on m'accorde, qu'il faut en telles affaires, apporter quelque proportion & mesure : & se faut bien donner garde d'affliger de telle façon une ville, que l'on mette en opinion de desespoir. Vray Dieu! n'avons-nous eu nulle part aux troubles ? La playe est encores toute sanglante. Nous avons enduré le siege, rendus par composition, aprés avoir souffert divers assauts. Depuis, nous rachetasmes nos vies, nos biens & nos personnes, pour quarante mille livres, qui furent promptement payées; soudain que le payement en est fait, on se saisit particulierement des principaux de la ville : Maistre Jean Arnaud Lieutenant General de la ville, homme plein d'integrité, pour n'avoir voulu adherer à ceste faction, se trouve estranglé miserablement dans sa maison : la vefve du feu Lieutenant Criminel, aagée de soixante-ans, traînée honteusement par les cheveux au milieu des ruës : deux Cordeliers, pendus pour avoir presché la parole de Dieu : le frere bastard du sieur de Ruffec, qui avoit esté blecé à la deffence d'une breche, honteusement pendu : bref, jamais tant de violences, outrages, & inhumanitez ne furent commises, qu'en ce lieu. Non contens de cela, ils s'attachent aux saincts Lieux & au Tombeau de sainct Jean, quart-ayeul du Roy : principale remarque de la maison de Vallois. Ils y logent & hebergent leurs chevaux, je ne veux point imputer tout cela aux chefs, je sçay quelle est l'insolence du soldat, mesme pendant une guerre civile : au bout de tout cela, on nous veut maintenant exposer au hazard d'un pareil nausfrage. S'il est question qu'une ville endure pour le demeurant, pourquoy faut-il que ce soit perpetuellement la nostre ? Que rejette-l'on part & portion de ce mal, sur les autres ? Avons-nous faict quelque delict, pour le-

Calamitez que la ville d'Angoulesme a souffertes pendant nos troubles.

quel nous devions estre couchez deux fois à ceste torture ? Quand une compagnie de gens de guerre avoit failly à son devoir, les anciens avoient accoustumé la dismer, je veux dire faire mourir le dixiesme, sur lequel le sort tomboit, bien que peut-estre il fust innocent : se trouve-t'il quelque faute en nous, pour laquelle il faille que nous servions non pas de la dixiesme ville, mais de la cent & deux centiesme, deux fois ? N'y a-t'il point d'autres villes en France, qui puissent suppléer nostre defaut & contribuer ainsi que nous, à ceste perte commune ? D'ailleurs, faites-vous tort seulement à nostre ville ? Non. A qui donc ? A toute la Noblesse Catholique Angoumoisine, qui n'a autre resource de toutes ses afflictions, que dans nostre ville. La moitié du Plat-pays est occupée par ceux de la nouvelle opinion. Rendez nostre ville, vous rendez tous les Gentils-hommes Catholiques vagabons. Et en ce faisant, sans aucun leur demerite, les punissez de la punition de Caïn. Ou s'ils font estat de resider en leurs maisons, lesquelles seront à la devotion des autres, il faut qu'ils soient, ou miserables, ou que pour vivre en quelque seureté chez eux, ils se reduisent à la mercy & devotion de ceux ausquels ils n'ont nulle envie de adherer. La crainte de pauvreté ou misere, la peur d'estre spolié de ses biens, produit de merveilleux effects de persuasion en nous, à la longue, encores que du commencement nous n'apprehendions que le public. La suitte doncques de ceste reddition ne va pas tant seulement à la ville, elle concerne tout le Plat-païs. Et jugeans ceste cause chacun par vous-mesmes en vostre particulier, vous pourrez imaginer s'il est raisonnable que facions part de l'engagement & hostage dont est à present question. D'ailleurs, quelle ville veut-on maintenant que nous rendions ? La ville capitale d'un Pays, soit pour la Religion, ou Justice, en laquelle est establi le siege Episcopal, pour le fait & exercice de nostre Religion Catholique : & encores le Presidial, pour l'administration de la Justice ? Tournez vos yeux, s'il vous plaist, aux choses qui se sont cy-devant passées. Au premier Edict de l'alienation du bien d'Eglise, lors que nos esprits n'estoient encores duits à la police de tel sujet, pour la nouveauté d'iceluy, encores y apporta-l'on d'un commun accord, ce respect, que combien que l'on exposast tous les biens de l'Eglise en vente, jusques à la concurrence des deniers que l'on avoit envie de tirer, sauf à regaler puis aprés sur les uns & autres ; si est-ce qu'il fust deffendu de toucher en aucune façon aux chefs lieux.

N'y a-t'il point quelque apparence de l'observer au cas de present, sous meilleur tiltre & condition ? Veu qu'aux lieux où l'on met garnisons nouvelles, on fait ouverture des Presches, au prejudice de nostre Religion ancienne, & prennent ceux que l'on met és villes engagées, plus de dispense & permission, qu'ils n'oserent jamais auparavant esperer ; car si nous voulons nous rementevoir, comment toutes choses se sont passées pour ce regard : par le premier Edict, qui fut celuy de Janvier 1561. bien qu'il leur fust permis prescher par tout, si ne leur fut-il jamais permis de ce faire dans l'enclos & enceinte des villes : ains seulement aux fauxbourgs, & encores fut ceste tolerance par le premier Edict de pacification de l'an 1562. restraincte à certains bourgs & bourgades en chacun Bailliage : jusques à ce que par le dernier du mois d'Aoust 1570. ils se contenterent de deux villettes, en chacun gouvernement. Mais que jamais il entrast en opinion à tous les Capitaines de ce party-là, de demander villes Episcopales, pour y exercer leur Religion, vous ne trouverez nullement ; comme aussi n'estoit-il raisonnable. Bien accorderay-je, que s'ils reduisoient aucune sous leur puissance, ou par surprise, ou par force, ils luy donnoient telle loy que bon leur sembloit comme les estimans de leur conqueste, & non autrement. Comment doncques peut-on maintenant comprendre, qu'on rende nostre ville ? Ville (dis-je) Episcopale, ville (dis-je) Presidiale, ville chef lieu de tout le païs, en laquelle soudain que l'on sera arrivé, l'on

fera

fera un meſlange, & peſle-meſle de deux Religions enſemble?

Je paſſeray encore plus outre, voyons quelle opinion, ceux qui conſeillent Monſieur le Duc, ont de nous demander noſtre ville, avec une ſi grande opiniaſtreté. Eſt-elle expoſée aux paſſages des rivieres, comme Mezieres, Saumur, & la Charité? Il n'y a celuy qui ne ſçache qu'elle eſt aſſiſe en croupe de montagne: & toutesfois c'eſt l'une de leurs principales opinions, pour s'aſſeurer des paſſages, qui leur faict demander villes. D'avantage, ont-ils faute de villes pour leur retraite en noſtre pays & aux environs? Ils tiennent en leur poſſeſſion Boutheville, Ponts, Perigueux, Bergerac, Caſtillon, Saincte Foy, Talmont, Royan, & pluſieurs autres villes. Ceſte conſideration n'eſt pas en la ville de Bourges: car toute la nobleſſe mal contente, ou ceux de la nouvelle opinion de Berry, ou pays circonvoiſins & limitrophes n'ont aucunes villes de retraite à eux: qui eſt la cauſe pour laquelle ils peuvent demander, peut-eſtre, ceſte ville là. Mais quant à nous, puis qu'ils ont tant de villes, & commoditez pour ſe retirer, que meſmes on leur a baillé deux villes en contr'eſchange de la noſtre, celle de Congnac, & Sainct Jean d'Angely, eſquelles ils ont ja leurs garniſons eſtablies, pourquoy jettent-ils encores l'œil ſur nous? S'ils diſent, qu'il y a plus d'aſſeurance de force dans noſtre ville: qui ne ſçait que Sainct Jean d'Angely a ſupporté un ſiege auſſi toſt & redouté que noſtre ville; mais Sainct Jean d'Angely ne s'eſt jamais oppoſé à l'execution de la Trefve, quand il a eſté queſtion de la rendre, me dira-l'on? La raiſon y eſt toute prompte: l'une & l'autre ville ont eſté priſes par deux divers ſieges: celle de S. Jean d'Angely, remiſe entre les mains du Roy, fut traictée comme de ſon bon & naturel Seigneur, avecque toutes les douceurs & humanitez que l'on ſçauroit ſouhaiter: la noſtre miſe en puiſſance eſtrangere, & non naturelle, receut apres la prinſe, toutes les indignitez que l'on ſçauroit excogiter, nonobſtant quelque rançon à quoy elle ſe fuſt rachetée.

Et c'eſt la cauſe pour laquelle, facilement l'une a ouvert ſes portes, & l'autre a craint de les ouvrir, eſtant faicte ſage à ſes propres couſts & deſpens: joinct qu'en matiere de paches & conventions, l'on s'arreſte touſjours aux dernieres, & puis qu'ils ſe ſont contentez de deux villes, qui les peut induire à quereler derechef la noſtre, ſi ce n'eſt un mal-talent particulier qu'ils nous portent, ou quelque garde-derriere, que chacun peut diverſement eſtimer: comme auſſi de ce mal-talent, nous en avons lettres, que nous avons preſentées à la Royne mere?

Mais donnons, que toutes les conſiderations cy-deſſus deduites, fuſſent contres pour parvenir à noſtre project, (combien certes que je m'aſſeure qu'eſtans miſes en la balance, elles ſe trouveront de grand poids contre tout ce que l'on nous peut objecter) quand nous n'aurions que ceſte particularité en noſtre faict, qu'ils ſont d'opinion que nous leur avons faict les premiers, teſte, & reſiſté à leurs deſſeins, que pouvons-nous eſperer quand nous ſerons ſous leur puiſſance, bien qu'elle ne ſoit que temporelle & paſſagere, ſinon une ardeur de vengeance, qu'ils rongent maintenant en eux, un cruel traictement, une ruine generale de nos corps, de nos biens, & de nos familles? Qui eſt celuy qui ne ſe reſolve pluſtoſt à leur faire place nette, & abandonner ſa ville, que d'entendre telles humanitez, qui ſe voyent deſja preparées? Mais ils ſont en la puiſſance d'un bon Duc, qui vous en garentira, direz-vous? Dieu vueille que Monſieur le Duc ne ſoit point en leur puiſſance. D'ailleurs, combien d'inſolences, de meurtres, de maſſacres extraordinaires, faict-on, és guerres civiles, que les Capitaines & chefs generaux ne voyent, ou que bien ſouvent ils ne veulent voir, pour le peu de diſcipline militaire, ou contiennent telles deſbauches publiques? L'on dict que Jules Ceſar, lors qu'il faiſoit guerre contre Pompée, permettoit toutes choſes à ſes ſoldats, voire qu'ils allaſſent maſquez, moyennant que la laſcheté fuſt dehors, quand ce viendroit à jouer des couſteaux. Je me tiens aſſeuré, que l'intention

de Monſieur le Duc, n'eſt pas telle: mais quand le contraire ſeroit advenu, je ne ſçay quelle garentie nous pourrions avoir contre luy. La capitulation de la Trefve, portoit que les Capitaines, qui ſeroient mis, és villes, ſeroient Catholiques, & francs de toute ſuſpicion; ſi cela a eſté obſervé, tant mieux pour nous: s'il ne l'a eſté, tant pis. Permettez donc, Meſſieurs, que nous uſions en ceſte cauſe, non d'une exception politique, je dis d'une exception qui ſoit eſtablie entre nous, par diſcours humain. Permettez-nous, uſer d'une exception de nature, que nous avons de noſtre naiſſance, humée avecque le laict de nos meres, ne vous eſtudiez point de bannir de nous ce que l'on ne peut nous oſter: vous avez puiſſance ſur nos vies, & ſur nos biens, ſelon la diverſité des rencontres? Il n'eſt point en voſtre puiſſance de nous oſter la crainte d'eſtre perdus: crainte non imaginaire, crainte non affectée, crainte fondée ſur une infinité de juſtes occaſions qui vous ont eſté repreſentées. Vous voyez en quel eſtat ſont les affaires de France. Anciennement, tous tant que nous ſommes, n'eſtions qu'un peuple vivant unanimement ſous l'obeïſſance de noſtre Roy. Depuis quinze ou ſeize ans en ça, d'un peuple, on a faict deux: de deux, on en a faict trois: de trois, maintenant on en veut faire quatre. Nous eſtions unis en un Roy, une Foy, une Loy: on nous vient battre, premierement, d'une liberté de conſcience, & avecque ceſte liberté, l'eſprit de diviſion ſe mit de la partie. Dés lors nous commençaſmes à eſtre diviſez en deux, par une eſtrange malediction, & de deux nous miſerables, de faction, partialité & diviſion, les uns appellez Papiſtes, & les autres Huguenots, combien que nous n'ayons autre qualité que celle de Chreſtien, qui nous eſt empraint par le Sainct Sacrement, & charactere de Baptesme. En ce malheur nous avons veſcu pluſieurs ans. Depuis, il eſt venu un tiers de mal contens, qui meſlent en leur querelle, l'Eſtat. Reſtoit une poignée de ſubjects, devots, ſans diſſimulation, ou hypocriſie, à leur Roy, il en faut faire une quatrieſme eſpece, il les faut declarer rebelles, parce qu'ils ſont trop religieuſement affectionnez à leur Prince. Quel nom leur donnerons-nous? Ils ſeront les deſeſperez. Helas! il n'y a que trop d'ennemis volontaires; pour Dieu, n'en faiſons de nouveaux par force. Que nous peut-on imputer en tout ce faict-cy? D'avoir requis ſuſpenſion de la Trefve pour noſtre regard, juſques à ce qu'elle fuſt verifiée en ceſte Cour, avec cognoiſſance de cauſe, & nous ouys. Que demandons-nous? D'eſtre maintenus en nos privileges: mais peut-eſtre ſont nos privileges irreguliers, & apprehendent une licence effrenée contre l'Eſtat: au contraire, de ne ſortir de l'obeïſſance de noſtre Seigneur naturel, & legitime. Quoy plus? De ne tomber en la miſericorde de ceux que nous ſçavons nous eſtre ennemis: de ceux de la nouvelle opinion. Mais peut-eſtre à tort le craignons-nous? Leurs lettres, leurs menaces, leurs deportemens du paſſé, nous rendent aſſeurez de l'advenir. Que ſi toutes ces circonſtances ne vous eſmeuvent, en noſtre faict, à compaſſion & pitié: ſi vous eſtimez nos remonſtrances de peu d'effect, pour le moins repreſentez-vous, que de noſtre ville eſt iſſuë ceſte grande & heureuſe lignée de Valois, qui regne aujourd'huy en la France. Je ne ſuis point ſi ſuperſtitieux, que je vueille aiſement tirer à religion les accidens exterieurs: auſſi ne ſuis-je ſi irreligieux, que je les vueille mettre en nonchaloir. Il me ſouvient avoir leu, que la femme d'Auguſte recueillit des ſerres d'un Aigle, une branche de Laurier, de laquelle (par elle plantée) en ſourdit, au long aller, une pepiniere de Lauriers, dont les Empereurs prenoient leurs Couronnes, quand ils triomphoient. Ce bois fut de telle nature, qu'à meſure que l'un de la lignée d'Auguſte mouroit, auſſi mouroit une parcelle de ce bois, juſques à ce que Neron mourant, qui fut le dernier de ceſte famille, mourut auſſi tout le boccage. Tant qu'Angouleſme a proſperé, auſſi a par meſme moyen proſperé ceſte grande & heureuſe lignée. Et maintenant de l'affliger par ceux-meſmes qui en ſont iſſus & extraits,

Diviſions de la France ſous ce, ſous té de nos partialitaux.

Laurier quiſtoit dans Rome pro-gnoſtic de la grandeur & ruine de la poſterité d'Auguſte.

La ville d'Angoulesme receptacle des ancestres de nostre Roy.

extraits, ce seroit une chose de très-sinistre presage. Si ce subject ne vous contente, jettez vostre veuë plus haut, & vous souvenez de ce grand Sainct, que nous avons en nostre ville, quart ayeul de nostre bon Roy & de Monsieur le Duc. Ne permettez point que pour la seconde fois, il soit mis à l'abandon, & en proye du soldat indiscret: c'est nostre Sainct tutelaire, c'est l'heur & honneur de la maison de Valois. Nous vous prions, supplions, & si voulez, adjurons par les os & reliques de ce grand Sainct, qui reposent chez nous, qu'il vous plaise nous conserver, & nous affranchir des miseres que nous voyons nous estre preparées, si nostre ville est renduë. Et si apres toutes ces remonstrances que nous vous faisons, avec toute humilité, vous trouvez que nous devions nous rendre, apres avoir veus nos privileges, nous ferons tout ce qu'il vous plaira nous commander, asseurez qu'en ceste cause toute publique, vous nous garderez la justice que l'on garde aux moindres de la France.

╬╬

LETTRE II.

A Monsieur Chopin, Advocat au Parlement de Paris.

De quel dangereux effect sont les Evocations du propre mouvement des Princes, & comme elles ont pris leur ply par la France.

L'Edict de Blois a esté enfin parachevé sur les doleances des trois Estats, contenant plusieurs articles, pleins de Religion & Justice. Mais entre les autres, il n'y en a point qui me plaise tant que celuy, par lequel le Roy, d'une magnanimité Royale & digne de luy, borne sa puissance absoluë, en matiere d'évocations, ne veut que l'on obeïsse, à celles qui seront de son propre mouvement. Vray Dieu! que ce Quadrain de Monsieur de Pibrac me plaist.

Je hay ces mots de puissance absoluë,
De plain pouvoir, de propre mouvement:
Aux saincts Decrets ils ont premierement,
Puis à nos loix, la puissance tolluë.

Les Evocations, anciennement, d'un Parlement à autre, estoient du tout incognuës à la France: & les premieres que vous trouvez aux anciens Registres de la Cour, furent du temps de Charles VI. lors qu'un Duc de Bourgongne, qui commandoit à la France, au milieu des divisions civiles, pour gratifier ses partisans, & évoquer quelques causes au Grand Conseil, qui estoit adonc, comme celuy que nous appellons aujourd'huy le Conseil privé. La necessité, depuis, nous apprit qu'il les falloit par fois obtenir, pour obvier aux ports, faveurs, parentelles, inimitiez & rancunes d'un Parlement: & pour ceste cause furent faicts les Edicts de la Bourdaisiere, & de Chanteloup. Mais quant aux Evocations du propre mouvement, elles nous estoient du tout incognuës: & du commencement que je vins au Palais, j'ay veu que si quelqu'un eust esté si osé de demander la retention d'une cause, en vertu de telles lettres, il en eust esté debouté, & condamné en une amende, telle que du fol appel. Les troubles qui depuis survindrent & ouvrirent la porte: qui fut cause que par l'Edict de Moulins, il fut deffendu par exprès d'y avoir esgard, si elles n'estoient signées d'un Secretaire d'Estat: mais maintenant par une consideration trop plus civile & politique, on les extermine tout-à-fait: & certainement non sans cause: car toutes & quantes fois que sous le propre mouvement du Roy, on faict changer d'air à une cause, il advient tout le contraire de ce que pratiquent les bons Medecins, en matiere de longues maladies, lesquels ils font changer d'air au patient pour le guerir: au contraire, remuez une bonne cause d'un Parlement à autre, vous la perdez. La diversité des Contrées, & par consequent des Parlemens, produit diversité de maximes. Il me souvient avoir leu que les Grecs, tout ainsi comme les Romains, avoient accoustumé, pour toute sepulture, de brusler les corps des morts: & les Indiens estimoient ne pouvoir trouver plus honorable tombeau à leurs peres & meres, qu'en eux-mesmes: & pour ceste *Quelles tirannies produisent les coustumes en nos esprits.* cause les mangeoient quand ils estoient decedez. Darius Roy de Perse voulant faire essay combien les coustumes de chaque pays tyrannisoient sur nos esprits, voulut confronter un Grec avec un Indien. Si luy demanda, s'il voudroit manger son pere & sa mere morts? Chose que le Grec abhorra, comme esloignée de toute humanité. De là il addressa sa parole à l'Indien, luy demandant s'il voudroit brusler le corps de son pere mort? Il respondit que pour rien il ne l'entreprendroit, comme chose trop impiteuse & abominable. Je ne m'esloigneray des bornes de nostre France: allez en Dauphiné, Provence, & Bretaigne, vous trouverez que les regrés, en matiere beneficiale a lieu: és autres contrées non. Les premiers penseroient commettre heresie s'ils le rejettoient, comme estans en pays d'obeïssance: les autres simonie, comme vivans sous les privileges & libertez de l'Eglise Gallicane. Evoquez du Parlement de Dauphiné, à celuy de Paris, une cause qui soit fondée en regrés, elle s'y perdra. Renvoyez-là de Paris à Grenoble, elle s'y gaignera. Je sçay bien que vous me direz que les Juges qui jugent en ceste façon ont grand tort: car combien que la cause change de lieu, si doit-elle estre terminée selon les propositions du territoire dont elle est tirée: mais à cecy, je vous responds, que quand ils auroient entrepris de la faire, ils ne le pourroient; parce que tout ainsi que l'Ourse donne la forme à ses petits, à la longue, en les leschant, aussi les loix, qui sont quelque-fois brusquement proposées au peuple, reçoivent avec le temps polisure, à mesure qu'elles sont mises en œuvre. Et c'est *Les loix reçoivent polisure par le temps.* pourquoy l'on a dict, que le vray truchement de la loy c'estoit l'usage. Le testament est favorable, & pour ceste cause, familier en la ville de Thoulouze: sur ceste proposition l'usage a enté une infinité de maximes, que nous ne recognoissons à Paris, comme n'y faisans pas le fait des testamens: au contraire, les successions ab intestat, nous estans recommandées, le long usage nous apprend, que plusieurs choses degenerent en pays coustumier, & contre les testamens. Je vous en representeray icy un exemple, dont je vous puis porter certain tesmoignage: par la coustume de Paris, il est loisible à tout homme & femme d'entendement, de pouvoir tester de tous les biens meubles, acquests immeubles, & quint de ses propres: la Damoiselle de Chamboucey ayant legué à la Damoiselle de Longueil sa fille, une bonne partie de ses meubles & acquests, la legataire demandant delivrance de son legs, à tout le moins par provision, en baillant caution, elle luy est deniée par les autres enfans: je plaidois pour elle, & vous asseure que je n'y oubliay rien de ce que je pensois servir à la faveur de ma cause: d'un autre costé, les autres, apres avoir remonstré combien il estoit favorable que les enfans partageassent également aux biens de la mere, finalement par Arrest, nous fusmes appointez au Conseil. J'avois la coustume, avec la volonté enixe de la mere: mais je n'avois pas l'air general des Juges pour moy, lesquels par deçà inclinent naturellement, plus à une pieté naturelle, qu'ils estiment devoir avoir lieu, en faveur d'une égalité arithmetique pour les enfans, qu'à un jugement d'une mere, qui avoit voulu particulierement, gratifier l'une de ses filles, plus que les autres. Si on a baillé cest Arrest en la cause d'un Parisien, au milieu de sa coustume, qu'est-ce qu'un Thoulousain devra esperer, quand sur la dispute & controverse d'un testament, on evoquera sa cause à un Parlement de Paris? Nous devons aider nostre Roy de nos biens,

selon

Les Roys sont obligez envers Dieu de rendre la justice à leurs sujets.

selon les occurrences de ses affaires : mais en contre-eschange, il nous est debiteur de la Justice, & nous la doit administrer és lieux où nous residons, où là ou nos biens sont assis. C'est une charge fonciere, qui est annexée à sa Couronne : & ce n'est pas proprement nous la rendre, quand on intervertit nostre bon droit, par un changement des Juges, & Parlemens. A la mienne volonté que voulussiez vous esbaucher sur ce subjet, comme avez fait sur la matiere du Domaine de France, sur la Police Ecclesiastique, sur les Privileges des Laboureurs : asseuré que nous enseigneriez plusieurs belles choses, non encores remarquées, mesme d'où sont procedées ces lettres, que nous appellons *du propre mouvement* ; qui est, si je ne m'abuse, non une invention Françoise, ains Italienne, que nous devons aux courtizans de Rome, lors qu'ils se vindrent habituer en la ville d'Avignon, & qu'ils commencerent à mettre toutes les affaires de nostre discipline Ecclesiastique, en desordre & confusion. A Dieu.

D'où nous avons empruntées les evocations du propre mouvement.

✢✢

LETTRE III.

A Monsieur Buisson, Seigneur de Vaillebresay, Advocat en la Cour de Parlement.

Il se joüe ici avec ques Mr Buisson en se ramentevant de quelques Epistres amoureuses qu'il avoit fait imprimer en sa jeunesse sans l'inscription de son nom. Qu'il est bien seant que selon la di-

HE vrayement, vous avez raison de m'improperer maintenant qu'en ma jeunesse, à la suite de mon Monophile, j'aye mis en lumiere, un livre d'Epistres amoureuses : ce qui n'avoit encores esté attenté par nul des nostres ; comme si vous ne sçaviez pas bien, que tout ainsi que chaque saison de l'année, aussi faut-il que chaque aage ait ses fonctions particulieres. J'aimerois tout autant que vous vous plaignissiez du Printemps, qui ne nous produit que des fleurs, & requissiez en luy des fruicts, tels que rapporte l'Automne. L'on dit que le Printemps estant doux, l'Esté chaud, l'Automne entre-deux, & l'Hiver froid & humide, il est malaisé que l'année soit bonne & planturelle. Ainsi est-il de nos aages : car si un jeune homme, par quelque prerogative ou arrogance particuliere de sa nature, pensoit anticiper sur sa jeunesse, & se donner beaucoup d'avantages en sagesse, par dessus ses compagnons, croyez qu'au jugement des plus sages, il ne seroit gueres sage. Jamais bonne farce ne fut joüée sur un eschafaut, que celuy qui represente le fol, ne face la premiere entrée. Jamais vie d'homme ne fut belle & accomplie, qu'elle n'ait produit en nous quelques traits de gaillardise, sur nos premiers avenemens. Le privilege de nos jeunes ans, nous en dispense. Mais laissons la consideration du privilege de la jeunesse, à part. Je ne voy point que s'il est permis aux Poëtes, avec honneur, voire en un aage bien meur, de coucher leurs conceptions amoureuses, en vers, pourquoy il ne doive estre aussi loisible aux autres, de faire le semblable en prose. Ni l'un ni l'autre n'est bien seant, dites-vous, & souhaiterois que l'emploite de vos escrits eust esté faire en œuvre plus meritoire : comme s'il n'estoit bien seant au Peintre de representer que la Vieillesse sur un tableau, entre les aages ; & l'Hiver entre les saisons : au contraire, il adviendra qu'ayant pourtrait d'un costé la Jeunesse verde, gaye, gaillarde & assortie de toutes les couleurs à ce requises ; & d'un autre costé, la Vieillesse, pasle, morne, melancolique & ridée, je m'asseure qu'il n'y a celuy qui ne prenne beaucoup plus de plaisir à repaistre ses yeux du premier tableau, que du second : partant je ne voy point qu'il y ait eu matiere d'accuser en cecy, le temps que j'ay employé en ce subjet, eu esgard à l'aage auquel je dressay ces lettres ; & ores qu'il y en eust eu, je pensois que la faute eust esté couverte par un long laps de temps, & prescription de plus de trente ans. Or pour le vous dire en un mot, je ne sçay si j'ay en cecy failly, mais s'il y a de ma faulte, elle est double : l'une d'avoir failly, l'autre de ne m'en pouvoir repentir. A Dieu.

versité de nos aages nous ressentions diverses fonctions.

✢✢

LETTRE IV.

A Monsieur Buisson, Advocat en Parlement.

Suite du mesme propos qu'en la lettre precedente.

ET bien : pour vous faire plaisir, je vous accorde que ces lettres estoient une vraye folie. Mais pour me rendre la pareille, je veux aussi que vous m'accordiez, que c'estoit une belle folie, dont oiseux, je trompois l'oisiveté de ma jeunesse, par faulte de meilleur subjet. Et afin que je vous descouvre librement, ce qui en est, lors que je les fis imprimer, je ne mis mon nom sur le frontispice du livre, pour toster, avecques moins de hazard de ma reputation, quel en seroit le jugement du peuple. Et de fait, j'ay long-temps depuis, estimé que la memoire en fust perduë, toutes-fois puis, n'agueres, feuilletant quelques livres en la boutique de l'Angelier, je trouvay qu'on les avoit fait rimprimer avec celles de Parabosco Italien, & qui plus est, que l'on avoit mis, contre ma volonté, mon nom ; qui me fit penser qu'elles avoient eu meilleur succés que je ne m'estois promis. Je repasse lors sur aucunes : je voy là, tantost un amour, tantost un desdain, puis tous les deux peslemeslez ensemblement : ores un amant reblandir gayement sa Dame, ores s'en mescontenter : enfin un homme peu resolu se resoudre de quitter l'amour, avecun profond repentir d'avoir aimé. Je commençay, adonc, à me moquer de moy-mesme, & faire ce jugement, que quand je detestois l'amour, je n'estois pas moins amoureux que quand je le reblandissois ; car à bien dire, si j'ay encore quelque ronge & ressentiment de ce mestier là, & que le long-temps ne m'en ait du tout osté la memoire, je suis d'advis que le desdain fait part & portion de l'amour, & que l'amour ne prend fin & conclusion en nous, que lors que nous tournons sur l'indifferent, les opinions que nous avions en nos maistresses. L'on dit que Pline ne lisoit jamais livre, si meschant fust-il, qu'il n'en tirast quelque profit. Aussi ne ly-je jamais, mes jeunes folastries, que je n'en rapporte un grand fruit. Mais sçavez-vous quel ? C'est qu'en l'Automne auquel je suis, il me souvient d'avoir esté autresfois jeune : qui n'est pas un petit secret pour apprendre à excuser les jeunesses de ceux qui nous appartiennent. Ce que plusieurs peres ne font, pour avoir perdu ce beau souvenir. A Dieu.

Discours gaillard sur les passions de l'amour.

Le desdain fait part de l'amour.

LETTRE

LETTRE V.

A Monsieur Nesmond, Lieutenant general au Siege Presidial d'Angoulmois.

<small>De quelques jours & mois qui ont esté fatalement heureux ou malheureux à uns & autres.</small>

CE n'est point chose nouvelle, qu'il y ait quelques jours fatalement heureux ou malheureux à uns & autres, Le bon homme Chassanée, dit en ses Commentaires sur la coustume de Bourgongne, que le mois d'Aoust luy avoit esté heureux, comme celuy auquel il estoit né, avoit eu tonsure, esté fait Docteur és Droicts, Conseiller en nostre Cour de Parlement, & finalement President au Parlement de Provence. Et sans m'eslongner de nostre temps, ni de nostre France, l'on ne peut dire, qu'il n'y ait eu quelque fatalité au mois de Mars pour nos troubles: car dans cestuy, fut descouvert en l'an cinq cens soixante, la conjuration de la Renaudie à Amboise, & en l'année ensuivante, furent prises les armes pour la Religion; en soixante-deux & soixante-huit, deux Edicts de pacification, publiez. En cas semblable, pour les troubles qui se renouvellerent en soixante-sept, se trouve le mois d'Aoust, avoir esté grandement fatal, auquel en l'an cinq cens soixante-neuf, le Roy Charles, seant en son lict de justice, declara ceux de la Religion nouvelle, rebelles & criminels de leze-Majesté divine & humaine; & l'année ensuivante, au mesme mois, fut verifié autre Edict de pacification, & en soixante-douze, fut faite l'execution generale, telle que chacun sçait. Car quant aux jours, les Romains remarquoient en leurs Annales, qu'à mesme jour que les trois cent Fabiens estoient passez au fil de l'espée, à un prés, aussi furent-ils depuis, desconfits par les Gaulois, après plusieurs revolutions d'années. Au contraire les Thebains solemnizoient le troisiesme jour de Juin, auquel, à deux diverses foys, ils avoient obtenu deux victoires, par lesquelles, la Grece avoit esté restablie en ses anciennes franchises & libertez. Nous pourrions de mesme façon, celebrer le vingt-septiesme de Mars, auquel és années soixante-deux & soixante-huit casuellement & sans y penser, furent publiées au Parlement de Paris, deux paix, entre les subjets du Roy. Il n'y a celuy de nous qui ne sçache, que le jour Sainct Matthias fut favorable à l'Empereur Charles cinquiesme, comme celuy auquel il fut Couronné Roy des Romains, sacré Empereur, & obtint victoire de nous, en la journée de Pavie, où nostre grand Roy François, fut pris. Tout cela ce sont remarques dont les Historiographes se peuvent diversement joüer, non toutesfois malaisées à se rencontrer pour les mois: & quant aux jours il ne faut point trop s'esbahir qu'entre plusieurs suites d'années, ils se trouvent quelques jours qui se conforment en heurs ou malheurs. Mais sur tout en ce subjet, y a une chose digne d'estre recommandée à la posterité, par ceux qui d'une plume bien taillée, voudront entreprendre l'histoire de nostre temps: parce que nous trouvons le jour de la Pentecoste avoir esté deux fois fatal à nostre Roy: Car tout ainsi qu'il fut esleu Roy de Pologne ce jour là, en l'an cinq cens septante-trois, aussi l'an d'après, à mesme jour, recueillit il ce Royaume de France, par le decez du Roy Charles son frere; luy ayant ceste grande feste apporté deux grandes couronnes, l'une par le moyen de la vertu, l'autre par un droit de nature. Repassez toutes les histoires qu'il vous plaira, vous ne trouverez un jour si grand & si solemnel que cestuy, avoir par double succez, bien-heuré la fortune d'un Prince. Ce privilege a esté particulierement reservé à nostre Roy, & encores d'un an immediat à l'autre. Cela a esté cause qu'estant de retour de deçà, après avoir appaisé avec une pourvoyance admirable les troubles, il a voulu particulierement honorer la memoire de ceste benediction, par un nouvel ordre de Chevalerie qu'il a voüé au Saint Esprit, l'accompagnant de plusieurs belles & Sainctes ordonnances, en l'honneur de l'Eglise Catholique, Apostolique, & Romaine; & vrayement tout ainsi qu'en la particularité des jours qui nous sont favorables, il a le dessus de tous autres Princes, aussi puis-je dire, que jamais nul ordre de Prince ne se trouva de telle recommandation & merite, que cestuy-cy: car la pluspart des autres furent fondez, les aucuns sur amourettes, les autres, sur une vaine ambition, mais cestuy sur une foy & hommage qu'il a voulu rendre à Dieu, des faveurs qu'il avoit receuës de luy: en quoy l'on ne peut que l'on ne loüe, outre sa devotion, infiniment sa prudence: pour autant que voyant son Royaume partializé en ligues, pour la diversité des Religions, & cognoissant qu'il n'y a plus bel objet sur lequel le peuple jadrece de mouler ses actions, que sur les mœurs de son Roy, & des Seigneurs qui luy assistent, il a voulu non seulement demeurer ferme & stable en la foy de ses ancestres, comme un roc entre les vagues, mais aussi a institué ce beau vœu au milieu de sa Noblesse, qui est un grand lien pour la contenir en la Religion ancienne. Il y a plusieurs privileges qui sont donnez aux Chevaliers de cest ordre, & plusieurs belles & sainctes ordonnances, faites par le Roy. Soudain qu'elles courront par nos mains, je ne faudray de vous en faire part. Je vous prie me mander de vos nouvelles, & me tenir tousjours au nombre de vos meilleurs amis. A Dieu.

<small>Jour de la Pentecoste fatal à nostre Roy.

Institution de l'ordre des Chevaliers du S. Esprit.</small>

LETTRE VI.

A Madame de Ferrieres, vefve de Messire Guillaume de Marillac, en son vivant Conseiller d'Estat, Intendant & Controlleur general des Finances.

<small>Ceste lettre ne gist qu'en cu rialité.</small>

JE ne voy point d'occasion pour laquelle il fust besoing de me remercier par vos lettres, des plaisirs que dictes avoir receus de moy, sinon pour m'exciter à bien faire pour l'advenir, si j'ay peu faict en le passé: telle commemoration, pour bien dire, ne procede d'aucun mien merite, ains d'une honnesteté née avec vous, qui vous fera compagnie tant que vivrez; n'estimant de ma part, que l'on acquiere obligation sur autruy, quand l'on s'acquitte de son devoir: vous mettrez doncques, s'il vous plaist, desormais, tels remerciemens hors ligne de compte, & les tournerez en commandemens sur moy, qui ne me lasseray jamais de m'employer pour vous & les vostres; induit à ce faire, tant par l'ancienne amitié & obligation que j'avois à feu Monsieur de Ferrieres, vostre mary, duquel je faisois fonds & estat comme de moy-mesme, que pour dix mille autres particularitez, au recit desquelles, j'abuserois & du temps, & du papier: & parce que me mandez (en riant, comme je croy) que craignez m'estre ennuyeuse, veu mes grandes occupations, car ainsi le dites-vous; le plus grand empeschement

chement que j'auray, sera quand je ne seray empesché pour vous, si l'occasion se presente qu'en ayez affaire, & que ne me commandiez ; desirant de vous combattre en cest endroit, sinon de courtoisie, pour le moins de bonne volonté ; de laquelle je vous prie, Madame, vous asseurer, de la part de celuy qui desire infiniment demeurer en vos bonnes graces. A Dieu.

LETTRE VII.

A Monsieur Pithou, Sieur de Savoye, Advocat en la Cour de Parlement de Paris.

Il escrit à Monsieur Pithou, quel a esté le motif de faire le Poëme de la Pulce, au quel plusieurs nobles esprits s'employerent en l'an 1579. les grands Jours seans à Poitiers.

LE changement d'air m'a fait presque redevenir jeune, comme j'estois il y a vingt & quatre & vingt & cinq ans, mais d'une fort belle jeunesse, & dont je vous veux faire part, pour resveiller vos esprits, pendant que remuez les vieux Livres pour en rapporter quelque noble ancienneté, & la departir à la France. A peine estions-nous arrivez, Monsieur Loysel & moy, à Poitiers, que je luy donnay advis, pour ne demeurer oiseux (car nos grands Jours n'estoient encores ouverts) d'aller voir mes Dames des Roches, mere & fille, honneurs vrayement, & de la ville de Poitiers, & de nostre siecle : ce conseil trouvé bon par luy, nous nous acheminasmes en leur maison, où apres avoir fait entendre que j'estois à la porte, parce qu'elles avoient quelque cognoissance de mon nom, elles viennent au devant de nous, & seroit impossible de vous dire, avec combien de courtoisie l'une & l'autre nous accueillit : de ce pas, entrons dans la salle, où Monsieur Loisel commence de gouverner la mere, moy, la fille, que je vous puis dire estre l'une des plus accomplies, tant de corps que d'esprit, que je vy jamais : car, afin que je vous die cecy en passant, la mere, pour avoir esté studieuse, a beaucoup leu de bons Livres, qu'elle sçait fort bien mesnager avec ceux qui la gouvernent : mais la fille est les Livres mesmes ; elle a un esprit si naïf & abondant de belles fleurs, qu'il ne faut point qu'elle aille mendier, des Autheurs anciens, leurs authoritez & sentences, pour suppléer le defaut de ses propos. Estant doncques là avecques elles, je commençay à m'en escrimer au moins mal qu'il me fut possible ; & croyez qu'à beau jeu, beau retour ; cela s'appelle une heure & demie pour le moins : & comme nous estions en ces discours, mon bonheur voulut que j'apperceusse une Pulce qui s'estoit parquée au beau milieu de son sein : je vous dy par exprés mon bonheur ; car peut-estre eussé-je esté bien empesché à poursuivre ma premiere route, aprés un si long entretien, sans ce nouveau sujet ; tellement que je m'en sens fort redevable à ceste petite bestiole. Ayant donc ce nouvel object devant moy, je dis à Madame des Roches, par forme de cocq à l'asne, que j'estimois ceste Pulce, la plus prudente & hardie que l'on eust sceu desirer ; prudente, &, entre toutes les parties de ceste Dame, choisi ce bel hebergement ; & tres-hardie, de s'estre mise en si beau jour, parce que, si je me mutinois, je luy donnerois assez tost la loy de l'oster, & en estre le meurtrier, pour la voir prendre la hardiesse de se loger en si haut lieu : & comme ce propos fut rejetté d'une bouche à autre, par une contention mignarde, finalement je luy dis, que puis que ceste Pulce avoit receu tant d'honneur de se repaistre du sang d'elle, & d'estre aussi honorée de nos propos, elle meritoit encore d'estre enchassée dans nos papiers, & que volontiers je m'y employerois, si ceste Dame vouloit faire le semblable ; ce qu'elle m'accorda liberalement. J'avois, du commencement, proferé ceste parole, à coup perdu ; toutesfois soigneusement recüeillie par nous deux, nous mismes la main à la plume en ce mesme temps, pensant chacun à part nous, que son compagnon eust mis en oubly ou nonchaloir sa promesse, paracheuasmes nostre dessein en mesme heure, tombans mesmement en quelques rencontres de mots les plus signalez pour le sujet : & outre ce, pensans nous surprendre l'un l'autre, nous entr'envoyasmes ce que nous avions composé : mais en cecy je fus surpris ; parce qu'en un mesme instant, luy ayant envoyé d'une main ce qui estoit de ma façon, je fus d'une autre main salué par ceste Dame, de ce qui estoit de la sienne. Heureuse, certes, rencontre & jouissance de deux esprits, & qui passe d'un long entrejet, toutes ces autres opinions vulgaires & folastres d'amour. Or voyez, je vous prie, quel fruict nous a produit ceste belle contention, ou, pour mieux dire, honneste symbolization de deux ames : ces deux petits jeux ont commencé à courir par les mains de plusieurs, & se sont trouvez si agreables, qu'à l'exemple de ceux-cy, quelques autres personnages se sont voulu mettre de la partie, & s'employer sur ce mesme sujet, à qui mieux mieux, les uns en Latin, les autres en François, quelques-uns en l'une & en l'autre langue, ayant chacun si bien exploité en son endroit, qu'à chacun, si j'en estois juge, j'en ordonnerois la victoire. Le premier, qui, comme vaillant guerrier, entra en lice, fut Monsieur l'Advocat Brisson, lequel se donna le loisir d'assaisonner ses grandes & serieuses occupations, de ceste gayeté ; ayant, par ses doctes Vers Latins, grandement honoré les nostres. Le pas estant par luy ouvert, quelques-uns de nostre college ont aussi voulu, comme luy, rompre leur boys : mesmement Messieurs Chopin, Loisel, Mangot, Tournebu, & Binet : il n'est pas que Monsieur de Lescale n'ait pareillement voulu faire voler des esclats ; & avec luy, les Seigneurs Rapin, la Couldraye, Machefer, & plusieurs autres. On dira que nous sommes de grand loisir ; au contraire, nous ne fusmes jamais plus empeschez : & parce que Monsieur l'Advocat Brisson (auquel rien n'est impossible és choses qui dependent de son esprit) a preveu que quelques-uns, pour ne pouvoir rien faire de bon, ne servent d'autre chose que de mesdire, pourroient mal faire leur profit de nos Poëmes, il les a voulu prevenir par cest Epigramme :

Nævole non dubito quin nostra hæc dente maligno
Carmina mordebis, ceu minus apta foro.
Has nugas fingi, Pictâ ridebis in urbe,
Desséque clamabis Caussidicis quod agant.
Hæc sibi qui scribunt, aliis scribuntque, caventque,
Voce reos trepidos, consilioque juvant.
Contrà, muta foro lingua est tibi, denique habes nil
Quod scribas, dicas, Nævole nec quod agas.

Vous pourrez recevoir à nostre retour, ce qui a esté faict par les autres : cependant, pour vous appresterà rire, je vous envoye les deux Pulces, celle de Madame des Roches, & la mienne, esquelles si me permettez d'interposer mon jugement, je croy qu'en l'une vous trouverez les discours d'une sage fille ; en l'autre, d'un homme qui n'est pas trop fol ; ayant chacun de nous, par une bien-seance de nos sexes, joüé tels roolles que nous devions. A Dieu.

La Pulce de Catherine des Roches.

Petite Pulce fretillarde,
Qui d'une bouchette mignarde,
Sucçotez le sang incarnat
Qui colore un sein delicat,
Vous pourroit-on dire friande,
Pour desirer telle viande ?
Vrayment nenny : car ce n'est point

La friandise qui vous poingt,
Et si n'allez à l'aventure,
Pour chercher vostre nourriture ;
Ains pleine de discretion,
D'une plus sage affection
Vous choisissez place honorable,
Pour prendre un repas aggreable.
Ce repas seulement est pris
Du sang, le siege des esprits.
Car desirant estre subtile,
Vive, gaye, prompte & agile,
Vous prenez d'un seul aliment
Nourriture & enseignement.
On le voit par vostre allegresse,
Et vos petits tours de finesse,
Quand vous sautelez dans un sein,
Fuyant la rigueur d'une main.

Quelquesfois vous faites la morte,
Puis d'une ruse plus accorte,
Vous fraudez le doigt poursuivant,
Qui pour vous ne prend que du vent.
O mon Dieu ! de quelle maniere
Vous fuyez ceste main meurtriere,
Et vous cachez aux cheveux longs,
Comme Syringue entre les joncs.
Ah ! que je crains pour vous, mignonne,
Ceste main cruelle & felonne.
Hé ! pourquoy ne veut-elle pas
Que vous preniez vostre repas ?
Vostre blesseure n'est cruelle,
Vostre pointure n'est mortelle :
Car en blessant pour vous guerir,
Vous ne tuez pour vous nourrir.
Vous estes de petite vie,
Mais aimant la Geometrie,
En ceux que vous avez espoint,
Vous tracez seulement un poinct,
Où les lignes se viennent rendre.
Encor' avez-vous sceu apprendre
Comment eu Sparte les plus fins
Ne se laissoient prendre aux larcins ;
Vous ne voulez estre surprise :
Quand vous avez faict quelque prise,
Vous vous cachez subtilement
Aux replis de l'accoustrement.

Pulce, si ma plume estoit digne,
Je descrirois vostre origine,
Et comment le plus grand des Dieux,
Pour la terre, quittant les cieux,
Vous fit naistre, comme il me semble,
Orion & vous tout ensemble.
Mais il faudra que tel escrit
Vienne d'un plus gentil esprit.
De moy je veux seulement dire
Vos beautez, & le grand martyre
Que Pan souffrit en vous aimant,
Avant qu'on vist ce changement,
Et que vostre face divine
Prist ceste couleur ebenine,
Et que vos blancs pieds de Thetis
Fussent si gresles & petits.

Pulce, quand vous estiez pucelle
Gentille, sage, douce & belle,
Vous mouvant d'un pied si leger
A sauter & à voltiger,
Que vous eussiez peu d'Atalante
Devancer la course trop lente,
Pan voyant voz perfections,
Sentit un feu d'affections,
Desirant vostre mariage.
Mais quoy ? vostre vierge courage
Aima mieux vous faire changer
En Pulce, à fin de l'estranger,
Et que perdant toute esperance,
Il perdit sa perseverance.

Diane sceut vostre souhait,
Vous le voulustes, il fut fait,
Elle voila vostre figure
Sous une noire converture.
Depuis fuyant tousjours ce Dieu,
Petite vous cherchez un lieu
Qui vous serve de sauve garde,
Et craignez que Pan vous regarde.
Bien souvent la timidité,
Fait voir vostre dexterité,
Vous sautelez à l'impourveuë,
Quand vous soupçonnez d'estre veuë,
Et de vous ne reste sinon
La crainte, l'addresse, & le nom.

La Pulce d'Estienne Pasquier.

PUlce qui te viens percher
Dessus ceste tendre chair,
Au milieu de deux mammelles
De la plus belle des belles,
Qui la picques, qui la poings,
Qui la mords à tes bons poincts,
Qui t'enyurant sous son voile,
Du sang, ains du Nectar d'elle,
Chancelles, & fais maint sault
Du haut en bas, puis en hault :
O que je porte d'envie
A l'heur fatal de ta vie !
Ainsi que dedans le pré
D'un verd esmail diapré,
On voit que la blonde Avette
Sur les belles fleurs volette,
Pillant la manne du ciel,
Dont elle forme son miel :
Ainsi petite Pucette,
Ainsi Pulce Pucellette,
Tu volettes à taston
Sur l'un & l'autre teton,
Puis tout à coup te recelles
Sous l'abri de ses aisselles :
Or' panchée sur son flanc,
Humes à longs traits son sang ;
Or' ayant pris ta pasture,
Tu t'en viens à l'aventure
Soudain aprés heberger
Au milieu d'un beau verger,
Ains d'un Paradis terrestre,
D'un Paradis qui fait naistre
Mille fleurs en mes esprits,
Dont elle emporte le pris,
Paradis qui me resveille
Lors que plus elle sommeille :
Là, prenant ton doux esbat,
Tu luy livres un combat,
Combat qui aussi l'esveille
Lors que plus elle sommeille.
Las ! voulust Dieu que pour moy
Elle fust en tel esmoy,
Toy seule par ton approche
Fais esmouvoir ceste Roche,
Que mes pleurs, ains mes ruisseaux,
Que mes soupirs à monceaux,
Quelque vœu que je remuë,
N'ont jamais en elle meuë.
Ha meschante ! bien je voy
Que j'ay ce malheur par toy ;
Car quand, folle, tu rejoües
Maintenant dessus ses joües,
Puis par un nouveau dessein
Tu furettes en son sein,
Et que tu la tiens en transe,
Madame en toy seule pense,
Et luy oste le loisir
De soigner à son plaisir,

Ou ceste mesaventure,
Pour laquelle tant j'endure,
Ce mal où suis confiné,
Vient d'un astre infortuné,
Qui est entre toy & elle,
Entre la Pulce & Pucelle :
Ayans par un mesme accord,
Toutes deux juré ma mort,
En toy seule elle se fie
Comme garde de sa vie :
Car si en faisant tes jeux
Tu la picques, & je veux
Te tuer fascheuse Pulce
Au lieu où ta sais tu musse,
Ell' craint, pour ne rien celer
Que c'est la despuceler
Et bannir à jamais d'elle
Ce cruel nom de Pucelle.
Ainsi par commun concours
Vous joüez en moy vos tours,
Et faut que pour un tel vice
Mon ame à jamais languisse.
    Mais toy, Pulce, cependant
Te vas grasse, respandant
Dessus le ciel de Madame
Et de là tirant ton ame,
Tout autant que tu la poings
Autant tu luy fais de poincts,
Ains graves autant d'estoilles
En la plus belle des belles.
    Je ne veux ni du Taureau,
Ni du Cygne blanc oiseau,
Ni d'Amphytrion la forme,
Ni qu'en pluye on me transforme,
Puis que ma Dame se paist

Sans plus de ce qu'il te plaist.
Pleust or' à Dieu que je peusse
Seulement devenir Pulce :
Tantost je prendrois mon vol
Tout au plus beau de ton col,
Ou d'une douce rapine
Je succerois ta poitrine :
Où lentement pas à pas
Je me glisserois plus bas :
Là d'un muselin folastre
Je serois Pulce idolastre,
Pinceant je ne sçay quoy
Que j'aime trop plus que moy :
Mais las malheureux Poëte
Que faut-il que je souhaite?
Cest eschange affiert à ceux
Qui font leur sejour aux cieux.
Et partant Pulce, Pucette,
Je veux Pulce pucelette,
Petite Pulce je veux
Addresser vers toy mes vœux,
Quelque chose que je chante,
Mignonne tu n'es meschante,
Et moins fascheuse, & je veux
Pourtant t'addresser mes vœux.
Si tu picques les plus belles,
Si tu as aussi des aisles,
Tout ainsi que Cupidon,
Je te requiers un seul don,
Pour ma pauvre ame alterée,
O Pulce! ô ma Cytherée!
C'est que ma Dame par toy
Se puisse esveiller pour moy,
Que pour moy elle s'eveille,
Et ait la Pulce en l'aureille.

LETTRE VIII.

A Monsieur Pithou, Seigneur de Savoye, Advocat en la Cour de Parlement de Paris.

Il loüe mes Dames des Roches mere & fille.

ENcore ne nous pouvons-nous estancher. C'est une Roche inexpugnable, que celle que je combats par mes vers : car je ne la sçaurois si bien assaillir, qu'elle ne se deffende trop mieux, d'une plume si hardie, que je douteray desormais de luy escrire. Non seulement elle ne veut rien devoir, mais qui plus est, paye ses debtes avec un interest excessif, ny ne demande point de delay pour s'en acquitter. Je ne vis jamais esprit si prompt ny si rassis que le sien. C'est une Dame qui ne manque point de response : & neantmoins il ne sort d'elle aucun propos qui ne soit digne d'une sage fille. Brief, je vous pleuvis sa maison pour une vraye escole d'honneur. Le matin, vous trouverez la mere & la fille, après avoir donné ordre à leur mesnage, se mettre sur les livres, puis tantost, faire un sage vers, tantost une epistre bien dictée. Les après-disnées & souppées, la porte est ouverte à tout honneste homme. Là l'on traite divers discours, ores de Philosophie, ores d'histoire, ou du temps, ou bien quelques propos gaillards. Et nul n'y entre qui n'en sorte, ou plus sçavant, ou mieux edifié. Il n'y a qu'une chose qui me desplaise en ceste maison, qu'estant la fille belle en perfection, tant de corps que d'esprit, riche de biens, comme celle qui doit estre unique heritiere de sa mere, requise en mariage par une infinité de personnages d'honneur, toutesfois elle met toutes ces requestes sous pieds : resoluë de vivre & mourir avec sa mere, ne considerant pas qu'elle, par un privilege de son aage, doit demeurer la derniere, & cela advenant, elle se trouvera toute seule : tellement que lors pressée de l'aage, peut-estre souhaitera-t'elle, ce qu'en vain elle a tant de fois contemné. Mais luy ayant fait ceste remonstrance, encores n'est-elle demeurée sans responce : me disant qu'elle ne pourra jamais estre seule, ayant ses livres & papiers, qui luy feront perpetuelle compagnie. Et puis, dites que nostre France ne produit point de Philosophes, puis que les femmes le sont. A Dieu.

LETTRE IX.

A Madame de Ferrieres.

Il s'excuse de n'avoir escrit à la Dame de Ferrieres.

COmbien que je sçache assez, qu'ayez tres-juste occasion de m'accuser par vos lettres, du peché de paresse, qui m'est assez familier, si est-ce que je suis tant obstiné en ma faute, que je ne m'en puis repentir. Non que les moindres offences que je commettray contre vous, ne me soient grandes, ains par ce que le fruict de ma faute est si beau, que je serois un grand lourdaut de m'en repentir, ayant eu ce bien, en ne vous escrivant, de vous occasionner à m'escrire, & ne fust-ce que pour m'accuser. En quoy je recognoistray franchement prendre l'air de vos lettres à plus grand plaisir, en quelque sujet que ce soit, que de n'avoir de vos nouvelles. D'un cas me suis-je donné peine, voyant que vous vous en donniez, de la rupture du pour-parler qui fut en commencé de deçà : mais au mesme instant consolé, sçachant que jamais vous ne jettastes l'œil sur ce party-là, dés le commencement qu'on vous en parla, voire que vous ne vous y peustes induire, que par une semonse forcée de vos amis, c'est pourquoy il me semble que n'avez nulle occasion de vous en affliger. Il n'y a rien qui presse de la part de Madamoiselle vostre fille, de l'aage & nouriture dont elle est, sinon une amitié interieure que luy portez, à laquelle jaçoit que l'on ne puisse mettre frein, si est-ce que la sçaurez sagement composer en attendant les appoints & commoditez sortables, qui se pourront entre-cy & quelque temps rencontrer. Et à la mienne volonté, que toutes les actions de quelqu'un de vos meilleurs amis se peussent ainsi composer : duquel je croy qu'aurez receu des nouvelles de tous ses deportemens, & entre autres, comme ayant laissé ses premieres amours, il s'est maintenant mis autre sujet en bute : lequel veritablement m'aggrée plus que le premier, pour l'alliance & les biens, moyennant que la fille soit telle qu'il dit, en toutes les autres parties. Et par ce que je pense que voudrez avoir part à ce nouveau dessein, remettant cela à vostre prochain retour, je ne vous en parleray plus amplement, pour me recommander en ce lieu à vos bonnes graces. A Dieu.

LETTRE X.

A Madame de Ferrieres.

Il accuse la Dame de Ferrieres de ce qu'elle ne luy escrit.

SI une longue possession s'estoit en vous tournée en coustume, je vous accuserois d'avoir laissé venir l'un de vos gens par deçà, les mains vuides. Bien vous diray-je qu'encores que je sois marry de n'avoir receu de vos lettres, si n'en suis-je point tant marry pour ce defaut, que pour autant que ce m'est un certain prognostic, que ne projettez encor rien de vostre retour, par deçà. D'autant que nous ne recevons jamais de vos lettres, que quand estes sur le poinct de vostre partement pour nous venir revoir. Or, Madame, à fin que je le vous tranche bien court, ny vos lettres n'augmenteront rien, ny le defaut d'icelles ne diminuera chose aucune de mon devoir en vostre endroit. Ayant faict ceste resolution stable en moy, de vous estre tousjours d'une mesme teneur & façon, je veux dire vostre bien humble serviteur & amy. A Dieu.

LETTRE XI.

A Monsieur Pasquier.

Lettre de la Dame de Ferrieres à Pasquier, où elle s'excuse avec un bel artifice de n'avoir escrit.

JE suis d'accord que le papier ne rougit jamais, mais que l'on ne rougisse sur le papier, je dis que si. J'en ay l'experience maintenant, que j'ay mis la main à la plume, & que je considere qu'il y a deux mois que je suis par deçà, & un, que m'avez faict ceste faveur de m'escrire, & moy par trop paresseuse à mon devoir, ay encore à saluer vos bonnes graces. Je vous dirois, si j'osois, les occasions, mais elles sont frivoles & impertinentes aux grands esprits, comme le vostre, qui n'apprehendent que le public. Toutes-fois je me souviens de quelques-uns de vos traits envers vos enfans, qui m'enhardira de le vous dire, ç'a esté qu'ayant trouvé à mon arrivée deux des miens, ce me semble, suffisamment accomplis, pour gaigner le cœur d'une mere sotte comme moy, j'ay voulu jouyr du plaisir dont je m'estois privée long-temps, pour leur bien & profit, & les ay voulu amener avec moy, contre l'opinion, & quasi contre la volonté de ma mere : où si-tost que je les ay eus, mon petit Benjamain, & sa nourrice, sont devenus malades, de façon que j'ay esté contraincte de le sevrer, & implorer l'aide de celle qui se cognoist mieux que moy à le gouverner, le luy ramenant à pas grand haste, que je ne le lui avois osté. Et croy que sans ce secours je fusse moy-mesme ensevelie : car pour avoir esté mon fils dix ou douze nuits sans dormir, & moy aussi peu, je suis au bout de cela, devenuë malade, qui ne sera rien, si Dieu plaist : au moins je me trouve mieux que je n'ay faict, graces à Dieu. Voilà la plus grand part de mes excuses. Que si elles ne sont suffisantes pour couvrir ma faute, je vous supplie au moins, de lès avoir pour aggreables, & me tenir en vos bonnes graces, que je salue de mes plus humbles & affectionnées recommandations. A Dieu.

LETTRE XII.

A Madame de Ferrieres.

Il respond aux excuses de la precedente lettre.

VOus estes si bonne Rhetoricienne, & avez tant de traits de persuasion, quand vous l'avez entrepris, que lisant vostre lettre, non seulement j'ay pris vos excuses en payement (s'il plus plaist que j'use de la liberté de ce mot) mais qui plus est, suis entré en compassion d'une mere affligée, de mesme balance, tantost d'un aise infiny de la presence de ses enfans, tantost du meschef qui est advenu au petit : car l'une & l'autre appelle-je affliction ; mais ce qui m'a picqué davantage, c'est la maladie, en laquelle estes tombée pour avoir esté trop ententive à secourir vostre enfant. Si j'estois assez sage pour vous conseiller, je dirois que ce n'est pas ainsi qu'il en faut user ; pour autant que si voulez conserver ce qui vous est si cher, c'est de vous conserver vous-mesmes ; n'y ayant plus grand & seur depost de leur santé que la vostre. Toutesfois je loüe Dieu que vostre maladie ait esté courte. Quoy que soit qu'elle n'ait rien alteré en vous la beauté de vostre esprit, laquelle se descouvre si à propos par vostre lettre, que tant s'en faut que l'on la puisse dire proceder d'un malade, qu'au contraire, en un besoin elle serviroit de recepte pour faire guerir les malades. Ceste-cy sera doncques, Madame, non pour recevoir vos excuses, ores qu'il vous plaise que je les reçoive, ains pour vous remercier humblement de la bonne souvenance qu'avez euë de nous. En laquelle je vous supplie vouloir continuer celuy qui est prest de recevoir vos commandemens, d'aussi bon cœur, qu'il vous baise humblement les mains. A Dieu.

LETTRE XIII.

A Monsieur de Boile-vesque, Seigneur de Sainct Liger.

Il promet tous bons offices au seigneur de S. Liger.

IL n'a pas esté dict sans cause, que la temperie du ciel produit les esprits de mesme. Je le dis, parce que faisant vostre sejour en un terroüer fertile & abondant, qui paye son laboureur avec une usure centesime, le semblable ay-je esprouvé de vostre part par vos lettres : car vous ayant assailly par cinq ou six lignes, qui estoit le moins que je devois faire, vous vous en estes revengé par tant d'honnesteté & de courtoisie, que je me recognois franchement vaincu. Si aurez-vous ceste nouvelle recharge, non de propos d'en rapporter le dessus, ains pour vous asseurer que ce dont vous me priez, par la fin de vostre lettre, m'est chose trop recommandée. Je dis à Madame vostre fille, avant qu'elle fust mariée avec feu Monsieur de Ferrieres, quand estoit question d'accorder leurs conventions matrimoniales, que j'estois lors du tout à celuy qu'elle devoit espouser, mais que soudain qu'ils seroient mariez, je diviserois mon amitié par égalité de partage entr'eux ; j'entretiendray ma promesse, & luy garderay une moitié de ceste amitié, & l'autre aux enfans du defunct, la memoire duquel, je respecteray tant que je vivray. C'est pourquoy, encores qu'en ce qui se presente j'y apporte plus de bon vouloir que de pouvoir, si ne defaudray-je à entretenir la paix entre les uns & autres. A laquelle, graces à Dieu, je les voy tous bien disposez. Et ne fais nulle doute que les choses ne se passent, au contentement d'eux tous & de leurs amis communs. Vous asseurant que de ma part, je ne m'y espargneray, & sur ce, je salueray vos bonnes graces. A Dieu.

LETTRE XIV.

A Madame de Ferrieres.

Ceste lettre gist en remerciement.

JE serois trop & trop ingrat, si je ne vous remerciois mille fois de l'honneste commemoration qu'il vous a pleu faire de moy en la compagnie que sçavez. Prenez garde seulement que ne vous rendiez, mal à propos, caution pour celuy qui pourra faire faillite. Ce n'est pas la premiere obligation que j'ay en vous, ny la derniere que j'en espere. S'il y a ce que vous dites, croyez que c'est pour vous faire bien humble service, voulant demeurer à tous les autres par emprunt, & à vous en proprieté. A Dieu.

FIN DU SIXIESME LIVRE.

LES LETTRES D'ESTIENNE PASQUIER

Conseiller & Advocat General du Roy en la Chambre des Comptes de Paris.

LIVRE SEPTIESME.

LETTRE I.

A Monsieur de Foix, Conseiller du Roy au Conseil d'Estat, & Ambassadeur au Sainct Siege.

Il recommande un sien fils à M. de Foix estant lors à Rome.

Ous ayant tousjours honoré & respecté entre tous les Seigneurs de la France, non seulement pour vos vertus, ains je ne sçay quelle obligation de nature qui m'y convie, je me fais aussi accroire que devez avoir quelque instinct & inclination naturelle de me bien vouloir. Cela est cause que plus hardiment je me suis ingeré de vous faire une requeste que je vous prie m'enteriner. Je suis pere: quand je vous dis pere, vous pouvez tout d'une suite juger la tyrannie, que nature exerce sur moy, en faveur de mes enfans. Il a pleu à Dieu de m'en donner cinq masles, dont je destinois le troisiesme à suivre la court: mais comme il advient ordinairement que les peres proposent de la fortune de leurs enfans, & que les enfans en disposent contre l'opinion de leurs peres, aussi est-il advenu, que celuy dont je vous parle, a mis la plume au vent, à mon desceu, prenant son vol en Italie, depuis six mois en ça; & est finalement arrivé à Rome, où luy defaillant le moyen, il est revenu à son mieux penser, & commence de representer la parabole de l'enfant prodigue envers son pere: laquelle je suis tres-aise d'accomplir. Il m'a demandé pardon par lettres, & y a

Les peres proposent de leurs enfans, & leurs enfans en disposent.

par mesme moyen faict interposer l'authorité d'un mien parent nommé Monsieur Morin, parsonnage d'honneur, qui s'est habitué dans Rome, depuis vingt ans passez. J'entends qu'il vous a faict la reverence & que l'avez humainement receu, ayant entendu qu'il estoit mon fils. Et certes puis que sa fortune l'a conduit en ce lieu là, je seray tres-aise, non qu'il voye ces antiquailles de Rome, qui ne me semblent de grande edification, sinon pour enseigner l'incertitude des choses humaines, mais bien qu'il considere les images visves, dont il pourra rapporter un exemple & modelle de bien vivre à l'advenir. C'est la raison pour laquelle je vous supplie me faire tant de faveur, de le prendre à vostre service entre vos domestiques, sans qu'il reçoive de vous aucun privilege, sinon comme le plus petit. Ce faisant, vous acquerrez deux serviteurs tout ensemble, l'un prés de vous dedans Rome, & l'autre dedans Paris pour recevoir vos commandemens. Et s'il vous plaist me faire ce bien, je souhaiterois qu'il pensast que ce fust sans aucune mienne priere, ains seulement de vostre debonnaireté, pour le voir aujourd'huy reduit en l'extremité en laquelle à mon jugement il est, quelque bonne mine qu'il face. Il n'y a remede, vous permettrez s'il vous plaist à un pere, faire un traict de comedie. J'espere que si luy faictes cest honneur qu'il lie sa fortune à vostre suite, estant en une si bonne eschole, sa desbauche luy retournera à bon-heur. Et neantmoins quelque chose que je vous en prie, c'est avecque ce formulaire ancien de Ciceron, *Quod commodo tuo facere possis*. Je ne fais point de doute qu'il n'y en ait d'autres qui vous font pareilles requestes, mais non qui ayent tant d'envie de vous faire service que moy. A Dieu.

LETTRE II.

A Monsieur d'Ossat, en la maison de Monsieur de Foix.

Il recommande à Monsieur d'Ossat son fils.

L'Obligation nouvelle qu'avez acquise sur moy, est de tel effect & merite, que je ne seray jamais à mon aise, que je ne m'en sois revengé. Et suis honteux qu'ayez maintenant sur les bras ce mien fils, auquel je commande de vous obeïr en tout & par tout, comme à moy : vous priant me faire ce bien, d'avoir l'œil sur luy, comme si estiez son pere. Je vous remercie bien fort, des habillemens que luy avez fait faire, & de ce qu'avez payé pour luy. Vous l'accommoderez, s'il vous plaist, du reste de l'argent, ainsi que trouverez estre bon ; car quant à moy, je vous en donne toute bride, puis qu'il vous plaist en prendre la peine. Dieu me fera la grace de le recognoistre. A Dieu.

LETTRE III.

A Monsieur Morin.

Suitte de mesme propos.

JE vous remercie infiniment des bons offices qu'il vous a pleu faire à mon fils. Ce n'est pas le premier compagnon ne meritoit pas de recevoir ceste faveur pour la faulte qu'il avoit commise. Toutesfois vous luy avez esté comme un Pharos, au milieu des tenebres, pour le garentir d'un naufrage auquel il s'alloit, sans vous, submerger. Je ne sçay quelle en sera l'issuë. Dieu veuille que vostre prognostic sorte effect. J'ay prié Mr de Plimpie de communiquer avecque vous, & suppléer ensemblement le default de ma presence, en exhortation : en quoy je vous prie le vouloir seconder, ou pour mieux dire, tenir le jeu, pour le privilege que devez avoir en cest endroit sur luy. Je luy ay aussi baillé argent pour mettre vostre cousin en bon equippage. J'ay prié, par lettres, Monsieur de Foix, de le prendre en sa maison : je croy *Quelle suite por* qu'il ne m'esconduira de ma requeste. Je vous puis dire avoir receu une fascherie tres-grande de la forme de ce voyage. Dieu, peut-estre, permettra que le tout retournera à bien. Mais pour vous dire ce qui en est, je trouve *te avec que soy* qu'il n'y a rien plus veritable que ce que dit Tertullian *l'amour* escrivant à sa femme, que le plaisir que nous prenons de *des pe-* nos enfans, est plein d'amertume : & que ce n'a point *res en-* esté sans cause que Sainct Jerosme a discouru en une epis- *vers* tre, sans prendre pied & resolution certaine, lequel des *leurs en* deux estoit le plus expedient, de soy marier ou non ma- *fans.* rier. Quant à moy, j'estime que ceste question se peut clorre par ceste sentence de Martial :

Ne mets trop ton amour, ou ton cœur sur autruy,
Tu en auras moins d'aise, & aussi moins d'ennuy.

Je croy que celuy qui n'a point d'enfans, ne reçoit tant de plaisir, que celuy qui en a ; mais aussi ne sent-il pas tant de traverses & pointures en son esprit, comme l'autre. A Dieu.

LETTRE IV.

A Monsieur de Foix, Ambassadeur pour le Roy à Rome.

JE loüe Dieu que soyez parvenu à chef de vos affaires, & vous remercie humblement qu'il vous ait pleu me faire part de ces bonnes nouvelles, encores que ne les ayez estallées qu'en gros. Mais la commune renommée nous les a debitees par le menu. Estant chose que nous tenons pour tres-asseurée, qu'avez esté receu & promeu à vostre Archevesché de Thoulouse, par ce grand & Saint Consistoire, avec tous les favorables eloges que vous pouviez souhaiter. En quoy j'estime vostre promotion de tant plus, qué d'estre Archevesque, ce vous est chose commune, avecques plusieurs Prelats, mais d'avoir esté appelé avec tant de prefaces d'honneur, mesme par nostre sainct Pere le Pape, cela ne se communique à nul autre. Cecy m'est un prognostic tres-certain de l'acheminement au Chapeau. Feu Monsieur de la Bordaisiere, & aprés luy, Monsieur de Rambouillet, tenans le mesme rang que vous tenez maintenant dans Rome, rapporterent de leur legation, ceste recompense, qui ne vous est pas moins deuë qu'à eux. Et cela me fait souhaiter que vostre nouvelle dignité ne vous donne point d'envie de retourner si tost en France, ains que supersediez quelque temps de delà : asseuré que ferez plus d'orenavant en un mois, qu'auparavant en un an. Chose que je vous escris, non pour vous donner advis, sçachant bien que n'en avez affaire, ains seulement pour vous faire paroistre, que jamais ne serez si grand que le desire, & que le meritez. A Dieu.

LETTRE V.

A Monsieur de Tou, Conseiller au Conseil d'Estat, & Advocat du Roy en sa Cour de Parlement de Paris.

Il vit par ceste lettre avec ques Mr le Presi-

ENcores que je sçache bien, veu les grandes affaires esquelles estes maintenant plongé, que ce soit grandement pescher contre le public, de vous en distraire : si est-ce que par un privilege qui est familier, non à ceux *dent de* qui sont extraits de Paris, ains à un Parisien, tel que je *Tou, lors* suis, d'estre naturellement mal apptis, je vous prie ne *Advocat du* trouver *Roy.*

trouver estrange, si ayant plus de consideration & esgard à l'estat de mes affaires, que des vostres, je me donne maintenant carriere: Je dy par exprés à l'estat de mes affaires; car estant en pleines vacations, pour estre les affaires de nostre Palais, si non du tout taries, pour le moins diminuées grandement à l'occasion de vos grands Jours de Clairmont; je penserois faire plus de faulte en me taisant, que rompant mon long silence, vous divertir de vos plus serieuses pensées. Et toutes-fois ne pensez pas que recevant la presente, vous y trouviez de grandes nouvelles. Je cognois aujourd'huy par effect, ce que la seule imagination me faisoit par cy-devant accroire, que les nouvelles naissent dedans nostre Palais, avecque la pratique, & qu'elles prennent leur naissance, augmentation, progrés & declinement, selon le croist ou decroist d'icelle. Vous penserez, par-avanture, que je me mocque, mais il est vray: & n'est peut-estre malaisé d'en rendre la raison, si vous considerez que l'affluence des affaires cause la multitude du peuple, laquelle est non seulement mere des nouvelles, mais outre ce, comme l'Ourse, en lechant, ou pour mieux dire, dorelotant, les accommode de toutes les façons que l'on y sçauroit desirer. De là vient que sur un Change de Lyon, à la Realté de Venise, à *ibanchi* de Rome, on ne manque jamais de ce sujet. De là que dans nostre Palais on n'en demeure non plus court, que des causes. Voire que je puis dire, car il est vray, que ce sont choses correlatives. Et que quand le Palais demeure sans causes, il demeure aussi sans nouvelles, & que plus asseuré pied, vous ne sçauriez prendre, pour dire qu'il y a peu de causes, si l'on vous y manque de nouvelles. Je voy bien que jusques icy vous vous estiez gardé de rire, mais que maintenant la patience vous eschappera, & que tout en un coup esclatera, quand considererez que celuy qui vous escrit, est, d'un pauvre malotru Advocat, devenu inopinément Philosophe. Et toutes-fois ce ne me seroit pas petit advantage; encores que je sçache que tous ces Philosophes contemplatifs soient ordinairement baguenau-

Les nouvelles croissent en la saison du Palais, & pourquoy

diers. Mais ma condition est bien pire, estant depuis vostre partement, devenu un oisif, faineant, poltron, *Là medesima dapocagine*, & à peu dire, homme qui ne craint & haist rien tant que vos grands Jours. Craignant qu'à un besoin je fusse maintenant vray sujet & proye d'un Prevost des Mareschaux. Et n'y a qu'un cas qui m'en garentist, c'est que je ne suis vagabond, ains reduit en la solitude de ma maison, hormis quelques deux heures, dont je me dispense tous les matins, au Palais. Je vous en compterois davantage, & me lairrois presque aller à la mercy de ma plume, n'estoit que je ne suis pas si esperdu ni esgaré en mon privilege Parisien, que je ne me ressouvienne assez vous avoir jà, trop fait perdre de temps: toutesfois si je fais faute, vous l'imputerez à vostre debonnaireté. Vous priant prendre jusques-icy, ce que je vous ay escrit, comme un aiguillon, pour vous destourner de vos empeschemens & fascheries. Quant à ce que j'ay à vous escrire cy aprés, tous tant de serviteurs & amis que vous tous, Messieurs, avez en ceste ville, qui ne sont pas en petit nombre, non seulement vous souhaitent, ains se promettent un bon & heureux succez de vostre legation. Vous avez un grand Achilles avec vous (accompagné de plusieurs braves Capitaines) és actions duquel j'ay dés pieça, observé, que quelque difficulté qui se presente sur son advenement, la fin luy en est tousjours bonne & aggreable. Au regard des affaires de nostre Palais, pour vous en parler à bon escient, encores que le temps des vacations, & distraction des affaires que soustenez maintenant sur les espaules, comme un Atlas, le rende plus solitaire que de coustume, si est-ce que les esgousts font paroistre, combien est grand ce Parlement. Aussi que la plus grande partie de nos compagnons estant dehors, fait jouir ceux qui sont demeurez, d'un certain droict d'accroissement. Cependant nous attendons vostre retour avec bonne devotion, & à la charge qu'estant de deçà vous serez bien empesché de recevoir les bonnetades & carresses de ceux qui vous accueilliront. A Dieu.

LETTRE VI.

A Monsieur Molé, Seigneur de S. Remy, Conseiller en la Cour de Parlement de Paris.

Il discourt en ceste lettre combien il estoit malaisé lors de grands jours de Clairmont de reduire toutes choses en bon train, & rend les raisons.

J'Ay veu les lettres qu'avez envoyées à quelques-uns de vos amis de deçà, qui m'ont remis en memoire, la forme que l'on observoit anciennement, lors que l'on ordonnoit des medecines aux malades, esquelles on avoit accoustumé de frotter les bords du gobelet de liqueurs douces & soüefves, pour faire trouver le breuvage moins fascheux à prendre; ainsi les bords de vos missives m'ont semblé infiniment doux & plaisans, je veux dire le commencement plein d'une bien-veuillance admirable, & la fin où j'ay veu vostre nom que je respecte entre les autres: mais à mesure que je suis entré en matiere, j'ay pensé prendre, non une medecine, ains une poison qui m'a frappé jusques au cœur; & ce encores de tant plus, que la maladie m'estoit descouverte, semble hors d'esperance de guerison; car quant à la ville où faictes vostre sejour, je n'y trouve rien de nouveau, elle ressemble proprement à ceux qui pour estre sans leurs merites, montez à hauts degrez, se mescognoissent fort aisément; ainsi ayant cette ville, receu un honneur inesperé, vous ne devez trouver estrange si elle s'oublie pareillement. Mais au regard du desordre qu'avez trouvé au païs, j'ay tous les regrets du monde que je ne suis maintenant des vostres, non pour vous y servir d'autre chose, que de contribuer à la juste douleur avec vous, que je vous y vois apporter. Je ne pensois pas que les affaires fussent en tel desordre, toutesfois je ne desespere, en rien, mon premier prognostic, qui est que la fin vous donnera plus de contentement, que le commencement. Or combien que je ne puisse bonnement digerer ce fait,

comme ceux qui sont presens, si est-ce que puis que le mal court par tout le païs, il ne semble que nous devons au cas qui s'offre, ressembler au bon Medecin, & considerer les causes de la maladie, puis qu'elles sont les occasions pour lesquelles les remedes semblent estre difficiles & obscurs. Si j'ay bien recueilli de vos lettres, le principal desordre qu'avez trouvé au païs, provient de deux sources: l'une, de l'insolence desordonnée des Gentils-hommes: l'autre de la connivence des Juges, qui sont deux maux qui fraternisent ensemblement; car la connivence des Juges peut avoir apporté le desordre qui est en la Noblesse, comme aussi le mesme desordre peut avoir esté cause de la connivence des Juges, qui n'ont peu resister à la force. De ma part, il faut que je vous die librement, que je ne trouve point estranges (ores que j'en sois tres-mary) les deportemens de ceste Noblesse, quand je considere la nature du lieu où elle sejourne, qui est en païs montaignard, esloigné tant de la lumiere du Roy, que de la Cour de Parlement, joint les desbaus qu'ont apporté nos guerres civiles, depuis XXII. ans en çà, pendant lesquelles, les Gentils-hommes ont tousjours eu les armes au poings, sans aucune discipline militaire. L'habitude de l'air, produit quant & soy, les esprits plus doux, ou plus hagards. Et ne voyez les bestes sauvages s'habituer aux campaignes, ains aux montaignes ou forests. Davantage, on dit, que la presence ou absence d'un maistre rend le champ plus gras ou plus maigre, voulant dire qu'il n'y a point de plus seur controolle de nos actions que la veuë de celuy qui a toute intendence

L'insolence des Gentils-hommes, & connivence des Juges fraternisent.

Parquoy il estoit fort aisé à la Noblesse d'Auvergne de licentier extraordinairement.

sur

sur nous. Et finalement, il n'y eut jamais guerre civile qui n'ait produit un Chaos, meslange & dissolution generale de toutes choses. C'est, pour bien dire, rat en paille: chacun y est maistre. Et c'est la cause pour laquelle les plus grands Empereurs furent contraints, en tel desarroy, caller la voile à la tempeste. De sorte que ce grand Auguste, haranguant, au milieu de son camp, ceux qui estoient à sa suitte, il les appelloit, pendant les guerres civiles, ses compagnons: mais quand il en fut dehors, & l'Estat luy estant asseuré, il les nommoit ses soldats. Et tout ainsi qu'un sage Senateur de Rome nommé Alphenus, Varus disoit que durant les troubles les gendarmes se donnoient plus de loy & authorité que leurs Capitaines, aussi veulent faire le semblable les Gentils-hommes, au prejudice des Roys, Princes, & grands Seigneurs. Un Prince juste n'a pas lors assez dequoy pour fournir à tant d'insatiables cupiditez qui sont és armes. Toutes ces considerations ont (si je ne m'abuse) causé le desordre de la Noblesse du païs où vous estes. Et si me permettez de le dire, j'eusse trouvé plus esmerveillable qu'en tant d'occurrences de desbauches ils se fussent contenus en leur ancien devoir, ceste presupposition estant faicte, il faut encores trouver moins estrange le peu d'ordre que l'on y peut apporter maintenant. Car c'est une proposition generale de nature, qui se tourne en reigle de droit, que toutes choses prennent fin par mesme proportion, qu'elles ont pris leur accroissement & progrez. Le champignon croist, & se ternit en une nuict; les ormes qui croissent avec une grande suite d'années, prennent aussi fin, de mesme balance. Passez en la sensitive, celuy qui se colere aisément, est fort aisé à appaiser: au contraire le melancolic qui est d'une humeur lente & froide, tout ainsi que tardivement il entre en ces alteres, aussi s'estant coleré, tardivement bannit-il le courroux de sa fantaisie. Considerez les maladies du corps qui se sont acharnées sur nous à petits traits, si vous les pensez guerir tout à coup, c'est perdre par un mesme moyen, & le patient, & la maladie. Vous pouvez presque recueillir à quel propos je vous fais ceste induction: c'est pour vous dire que ce seroit un grand miracle, qu'une seule seance des grands Jours, qui sont, si ainsi voulez que je le die, passagers & transitoires, peut exterminer tout à faict le desordre, qui a pris ses racines depuis le commencement de nos troubles, tout ainsi que petit à petit ce mal s'est insinué là où vous estes, aussi faut-il avec quelque traite de temps le resoudre. Pareillement ny plus ny moins qu'en la medecine, és maladies desesperées & croniques, il y a certains mois que l'on ordonne pour les baings, comme en May & Septembre, & qui les ordonneroit en autre saison, ce seroit perte de temps: aussi vous puis-je dire qu'à la guerison de ce mal qui se presente devant vous, tout autre temps sembleroit estre plus propre que cestuy-cy. Les troupes qui courent aujourd'huy par la France au voyage de Flandres, pour Monsieur le Duc, servent à tous les mal-gisans, de bois, comme la touffe de bois, au cerf maunené des Veneurs. J'adjouste que l'on leur a baillé temps & loisir de penser à leurs consciences, depuis l'an passé qu'il fut bruit que l'on alloit à Clairmont: & ne les prendrez à l'impourveu comme l'on fit aux grands Jours de Poitiers dans l'an mil cinq cens soixante-dix-neuf. L'Italien, qui fait profession de vengeance, & qui est maistre ouvrier en ce sujet, a un proverbe qui luy est fort familier: *Che le minacci sono gli armi di nimici*. Plus grands ennemis n'avoient ces Messieurs dont escrivez, que la Justice, contre laquelle ils se sont armez en discours, & ont fait leurs preparatifs pour se garentir. Si en telle affaire que ceste-cy, j'avois quelque voix en chapitre, jamais on ne feroit ouverture des grands Jours, en temps de guerre: la Justice ne peut estre bonnement ouye au milieu des clairons & des trompettes: & mesme contre une Noblesse qui a les armes aux poings. Je ne dispute pas si elles sont advouées, ou non, par le Roy; il me suffit que la seconde personne de France les advoüe, pour avoir par cy-apres, une abolition generale en faveur de ceux qui seront contumacez. Tout ce discours

Tome II.

que je vous ay fait, regarde le general de l'affaire: ce que j'entens vous escrire par cy apres, ira, s'il vous plaist, de vous à moy. Je crains que le zele que vous tous aviez, sur vostre advenement, apporté à la punition des crimes, ait nui à vostre intention: je veux dire qu'ayans des memoires & instructions des fautes commises par les plus grands, ayez fait demonstration trop ouverte de vous vouloir attacher à eux. A la verité c'est un remede souverain en Justice, voire en toute affaire d'Estat, de s'attacher aux plus grands, quand ils le meritent; car un seul de ceux là punis, apporte plus de crainte & terreur à tout le demeurant du peuple, qu'une infinité de petits: la punition d'un Seigneur que je ne nomme point, estonna plus, aux grands Jours de LXXIX. tout le Poitou, Anjou & Touraine, que tous les autres qui furent executez à mort. Mais ceste regle ne doit pas estre perpetuellement mise en usage, ains seulement, lors que nous tenons ces grands dans noz rets, & qu'ils ne nous peuvent eschapper. Car si nous ne les tenons, c'est une chose tres-dangereuse de vouloir mettre en œuvre ceste proposition, d'autant qu'ils ont telle suite & vasselage, que non seulement nous ne pouvons mettre en effect encontr'eux ce que nous nous estions promis, mais qui plus est par conseils sombres & couverts, ils prennent la cause des plus foibles, en main, les accommodent de leurs maisons fortes, pour leur servir de retraictes; & ainsi le grand y apportant le poids & authorité, & les moindres le nombre, & faisans une ligue mutuelle entre eux pour se fortifier contre la Justice, il advient que noz entreprises ne reüssissent à telle fin que nous nous estions projettez. Qui eust passé pour quelque temps, par quelque dissimulation, le fait des plus grands, peut-estre eussent-ils aidé à faire exemple des plus petits. Je sçay bien que vous me direz, qu'en se faisant c'est exercer une Justice courtisane, & non celle que vous vous estes tous proposez allans par delà, que c'est rendre à la loy, semblable aux filets de l'araignée, & faire ce que dit Porus au Roy Alexandre, estant pris de luy, que l'on pardonneroit aux grands coursaires, pour prendre punition des petites: mais en un mot, je vous responds que quand en telles affaires, on ne peut ce que l'on veut, il faut vouloir ce que l'on peut. Je crains encores une autre chose, qui me semble estre de grande consideration. Qui est qu'en telle frequence de delicts, qui s'estoient tournez par long usage, en nature, (ayans fait de vice vertu, ou pour le moins chose indifferente) l'on ait voulu rechercher les anciens pechez de ceux qui depuis, avoient vescu quoyement en leurs maisons. Je le vous representeray par exemple. Il se trouvera, peut-estre, Gentilhomme qui avoit mesfait selon la licence du temps, il y a dix ou douze ans: depuis il a vescu en sa maison sans estre recherché, au veu & sceu de tout le monde, accompagnant toute la teneur de sa vie, de preud'hommie: certes encores que je sçache bien que par le formulaire de nos loix, tous delicts, ne se prescrivent & effacent, que par vingt ans, si est-ce qu'en pour une consideration generale du repos de tout un païs, nous devons apporter de tres-grands regards avant que de vouloir refsasir ces vieux pechez. De là viendront les Amnisties & connivences du Magistrat, aux fautes passées, quand elles se trouvent generales. Ceste proposition frappe à l'Estat, direz-vous? Et cela mesmes quisse presente à vos yeux, & y frappe pareillement, puis que le desordre est tel qu'escrivez. Mesmement que, en ces vieilles recherches, il advient ordinairement que pendant que le bon Magistrat, poussé d'un zele de Justice, pense faire ce qui est de son devoir, la vengeance de quelques ennemis cachez, se met souvent de la partie: Se vengeans, par ce moyen, sous le masque du public, de leurs inimitiez privées. Les parties civiles seront, paraventure, tombées d'accord, long-temps auparavant le bruit des grands Jours. On suscitera, sous main, un Procureur du Roy, par devers lequel reside l'effect de la vindicte publique: contre laquelle patrocinoit & la transaction des parties, & la longueur du temps passé, & la preud'hommie dont depuis s'estoit comporté celuy que l'on veut prevenir en Justice. Je diray librement ce que j'en j'en pense : la religion des Juges qui vous envoyent les instructions de cecy, m'est grandement suspecte. Le mal qui advient presque, en matiere de grands Jours, qui n'y prend garde de prés, est que *ut antea flagitiis, ita tum legibus laboramus*. Je ne dy pas que ces vieilles fautes vous ayent esté ramenteuës : mais si cela est advenu, ne faites doute qu'il n'ait faict tenir beaucoup de gens sur leurs gardes, qui sentoient y avoir de l'ordure en leur fait, veu que l'on vouloit faire le procez sur une vieille faute, à celuy qui estoit en reputation d'homme de bien parmy le peuple. Si Dieu m'eust faict ce bien, d'estre des vostres (chose que je regrette infiniment) & que tels objets se fussent presentez, j'eusse volontiers faict comme le novice, lequel estant au derriere la chaire d'un grand prescheur qu'il seconde, quand il le voit par une juste douleur s'exclamer encontre les vices, le tire par le bord de sa robbe, à ce qu'il ne se mette à l'essor, aussi me fusse-je enhardy de vous prier d'apporter quelque moderation à la juste rigueur de justice, & ne mettre point un espouvantement general au pays, afin que chacun fust doucement demeuré en haleine. Voylà, à mon jugement, les obstacles qui naissent dans le corps mesmes de la Noblesse. Celuy que vous cottez par vos lettres, n'est pas moins grand, qui est la connivence des Juges inferieurs : car quel remede pouvez-vous apporter par vos ordonnances & injonctions, si vous ne trouvez ceux qui vous doivent assister, disposez à vous obeïr ? Paradventure que la crainte, aussi tost que la faveur, nous a procuré ce mal. Par ce qu'estans les Juges (aussi bien que le commun peuple) asservis sous la tyrannie des plus forts, ils craignent le retour de marines, lors que vous aurez desemparé le pays. J'adjouste encores je ne sçay quoy qui a peu induire ces Juges à ne se rendre si souples & disposts à recevoir vos commandemens : vous sçavez que l'ancien sejour des grands Jours, au pays d'Auvergne & de Bourbonnois, estoit la ville de Ryon, ou de Moulins, on les a laissées, pour vous loger en un siege, qui lors de la publication de vos grands Jours, n'estoit encores mis entre les Royaux, il n'y a rien qui apporte tant de despit en nos esprits que le mespris. Il y a bien plus : car pour le regard de Ryon, non seulement il estime estre meprisé, ains offencé par le desmembrement que l'on a fait de son siege, pour en accommoder celuy de Clairmont,

Connivences des Juges du pays.

& en ceste opinion, je ne trouve pas trop estrange qu'ils se rendent aucunement lents & refroidis (specialement en ces deux Provinces) à ce qui est de leur devoir. Le Roy, aux grands Jours de Poitiers, sevra sa puissance de toutes abolitions & evocations, je ne sçay si en ceux-cy il a faict le semblable : bien sçay-je, que l'ouverture d'une seule evocation ou interdiction de cognoissance à vous autres Messieurs, est une grande planche & port d'asseurance pour les autres. Le plus fort & asseuré rempart pour la conservation de l'authorité des grands Jours, est quand en commun cours de Justice, la misericorde du Prince, ou sa puissance absoluë n'entre en jeu. Je me veux doncques maintenant estancher, & faire mon profit, si je puis, de tout ce que j'ay deduit cy-dessus : vous avez cy-devant trouvé la Justice en defaut, soit ou par la crainte, ou par faveur : d'un autre costé, la Noblesse, non seulement disposée à ne vous donner nul confort & aide, ains estre celle sur laquelle devoit tomber le principal exemple de vos grands Jours. Et vrayement, il est impossible que vous rapportiez tel contentement de vostre entreprise, que souhaitez. La Republique est comme un horloge, auquel il ne faut que le dereiglement d'une seule roüe, pour desbaucher tout le demeurant ; ou bien comme un basteau, auquel il y en a qui servent, que de joüer des mains, comme ceux qui tirent les avirons, & les autres sont destinez à manier le gouvernail, comme le maistre marinier ; & faut que ces deux parties s'entendent ensemblement, qui voudra faire voguer le vaisseau : aussi en vain vous autres Messieurs, qui tenez le premier gouvernail de nostre justice, pouvez-vous venir à chef de vostre intention, si vous n'estes secondez par les autres. Et neantmoins, quelques discours que nous faisions, encore que pour quelques temps vos desseins demeurent en friche, si est-ce que je m'asseure que vous estans affermiz, vous aurez un meilleur succez que n'esperez. Le semblable en est-il advenu à Monsieur le President de Harlay, aux grands Jours de Poitiers, desquels toutes-fois il sortit avec une fin si heureuse, qu'il est impossible de plus, lequel estant maintenant encores vostre chef, ne pensez pas que sa fortune luy veuille estre maintenant marastre, la sçachant accompagnée de tout ce que l'on peut desirer de vertu & de conseil en un homme de bien & bon Juge. A Dieu.

Qu'en matiere de grands jours il faut craindre les evocations & abolitions.

LETTRE VII.

A Monsieur de Harlay, Conseiller d'Estat, & premier President en la Cour de Parlement de Paris.

Il congratule à Monsieur le premier President de sa promotion de cest estat.

JE ne fais nulle doute que n'ayé estez d'une mesme voye adverty, & de la mort de feu Monsieur le premier President, & de vostre promotion en son estat. Qui a causé douleur & joye tout ensemble, par ce que d'avoir perdu un si grand personnage comme le defunct, si advantageux pour le repos du public, si zelateur des choses bonnes, il n'y a homme de bien qui n'en ait porté un tres-grand regret dedans sa poitrine : mesme, que toutes mutations inopinées, telles que celle-là, apportent ordinairement de grandes craintes & defiances aux esprits des hommes : mais vous n'avez pas si tost esté nommé en cest estat par le Roy, que tout ainsi que les rayons du Soleil nous voyons les nuées chassées, aussi chacun à l'instant mesme a tourné son œil en une extreme resjoüissance. Ne pensez point je vous prie, que je vueille donner cecy, à la servitude que j'ay en vous : si vous avez esté nommé promptement par le Prince, vous avez aussi la voix commune de tout le peuple ; pour vous en ce peu d'entre-jet de temps que nous avons souffert eclipse de cest estat, chacun vous y souhaittoit, & tout aussi tost, a esté le souhait du peuple accomply. Chose qui de tant plus vous doit apporter de contentement, que les autres, pour le jour d'huy, poursuivans ambitieusement les offices, & encores à

gresse d'argent, sans y pouvoir quelquesfois attaindre : vous seulement ne le poursuyvant, mais, qui plus est, absent & ne le sçachant, avez esté appellé à ce haut degré. Et vrayement, vous avez interest tres-grand d'estre envoyé en ceste legation où vous estes (je dirois presque relegation pour les traverses qui avez receuës, & mauvais offices que l'on vous y a faits du commencement) & importoit à vostre dignité vous fussiez hors de ce pays en ce temps cy, pour recueillir de vostre absence un si noble fruit ; car à fin que je laisse à part l'estoffe, je veux dire la grandeur de cest estat, la façon m'en plaist cent & cent fois davantage, parce que quand je mets devant mes yeux la bonne volonté du Roy en vostre endroit, la souvenance qu'il a eu de vous, brief, que combien que n'ayez jamais fait profession de courtier qu'avec dignité, toutes-fois vous seul absent, ayez esté par luy choisi par dessus plusieurs abayans, & mesme sans autre plus grande deliberation que d'un demy jour, quand avec ce, je considere la congratulation commune, non seulement des bons, ains generalement de tout le peuple, il me semble que jamais homme n'eut tant d'occasion de se contenter que vous. Mais encore, le plus beau que j'y voye, c'est que vostre fortune symbolise en cecy, grandement, avec celle

Belle & heureuse promotion à l'estat de premier President

celle de feu Monsieur vostre pere, lequel fut salué de son estat de President, à l'impourveu, & lors que moins il y pensoit: luy, dy-je, par le Roy Henry second, & vous, par Henry iiij. son fils. Ce n'est pas peu que Dieu vous face successeur de ses bonnes adventures, ainsi que de ses loüables vertus. Qui ne cognoistroit l'honneste liberté, dont j'accompagne toute la teneur de ma vie, il penseroit, lisant tout cecy, que je me sois proposé, faire acte de flaterie: tant s'en faut que mon intention soit telle, qu'au contraire je ne vous ay ramentu toutes ces particularitez, sinon pour vous faire aussi souvenir que se trouvans tant de benediction de Dieu, avoir à coup, conflué, comme un grand torrent de fortune, en vostre faveur, si onques par le passé vous feustes retenu en vos actions, vous devez maintenant plus que jamais, apporter de crainte & circonspection en vos affaires, pour la grande obligation dont toutes ces belles rencontres vous rendent redevable au public. La memoire des vertueux deportemens de feu Monsieur vostre pere, est encores empreinte au cœur de plusieurs gens de bien: on sçait de quelle preud'hommie vous-vous estes armé jusques à huy: l'on voit la nouvelle recherche & election qui a esté faite de vostre personne: hé vrayement (je le vous diray comme vostre serviteur tres-humble, laissant toute hypocrisie en arriere) la reputation qu'avez acquise par le passé, conjointe avecques l'expectation que l'on s'est imprimée de vous, pour l'advenir, vous doivent, à mon jugement, apprester plus à penser qu'à nul qui se soit presenté devant vous. Ceux qui discourent exterieurement des affaires de nostre France, mettent l'Estat du Chancelier, au premier rang, & certainement, non sans cause. Mais quant à moy, ores que le vostre ne soit si grand, si ne l'estime-je pas moins beau, pour estre plus stable & arresté, par ce que le premier est exposé à la mercy des vagues de la Cour du Roy, & n'a autre garent de l'envie quels grands peuvent concevoir contre luy, que soy-mesmes. Mais un premier President d'une Cour de Parlement de Paris, tenant tel rang que chacun sçait, peut sagement rejetter toutes ses excuses, & par consequent l'envie, sur un corps qui ne meurt jamais, comme estant le principal nerf de retenail de nostre Royaume. Et de là vient qu'un President subsiste tousjours, jusques à ce qu'il ait pleu à Dieu l'appeller à soy. Vous vivrez doncques en cest honneste contentement, & nous, au vostre: vous asseurant que n'estes pas moins content en vous mesmes, que tous vos serviteurs & amis sont pour vous, entre lesquels je vous supplie humblement me garder un petit coing en vos bonnes graces. A Dieu.

De quels le estoffe & grandeur est l'estat de President de Paris.

LETTRE VIII.

A Monsieur l'Archer, Conseiller au Parlement de Paris.

Combien il est bien seant à un homme de ne s'esleuer plus haut pour avoir esté appellé à un grand estat.

Combien il est mal-aisé de ne se perdre aux premieres nouvelles d'une bonne fortune.

Qu'en temps calamiteux un homme de bien doit envier les grands Estats.

LE bruit commun de ceste ville, dont aussi j'ay eu quelque sentiment par vos lettres, est que Monsieur le Premier President ne s'est eslevé plus haut pour les nouvelles, qu'il a receuës de sa promotion, & qui plus est qu'il fait plusieurs consultations avec ses amis, sçavoir, s'il doit accepter ceste charge. Quant au premier point, je vous asseure que je fais maintenant plus d'estat de son bon jugement, que je n'avois fait par le passé, ores que j'en fusse tres-asseuré, car il n'y a rien si aisé à nous perdre qu'un grand flot de bonne fortune, & toutes & quantes fois qu'en telles occurrences d'affaires, nous ne sortons point hors de nous, c'est un miracle, & chose qui outrepasse non seulement les bornes du commun vulgaire, ains de ceux mesmes qui sont en reputation d'estre les plus sages: & pour le regard du second, je vous puis dire que s'il veut mettre en balance les contentemens de luy seul, je ne fais nulle doubte, qu'il ne fit beaucoup plus pour luy, en s'excusant de ceste charge, que l'acceptant: voire qu'en repudiant cest honneur, il ne s'en procurast un autre infiny, non seulement envers les vivans, ains envers la posterité, que luy seul au milieu de ce siecle pervers, eust mis l'ambition, sous pieds. Toutes-fois ayant ce perpetuel but en moy, que tout citoyen n'est né pour soy, ains pour sa patrie, & que pour l'accommoder en son general, il se doit incommoder en son particulier, je vous trancheray bien court, comme à l'un de ses bons amis, mon opinion est qu'il feroit une faulte infinie s'il ne l'acceptoit. Cest estat desire un homme de bien en tout temps, & specialement en cestuy. Vous sçavez la belle ambition de Caton Vticense, lequel estant aux champs, ayant eu advertissement qu'un homme corrompu, vouloit briguer l'Estat de Preteur de Rome, soudain rebroussa chemin en la ville, & se rendit son competiteur, n'espargnant nulles sortes de brigues, encore son naturel: en quoy les choses luy succederent si à point, qu'estant fait Preteur, il seroit impossible de dire quel bien il apporta au public. Si pour s'opposer à un homme corrompu, à plus forte raison, pour faire teste à un siecle corrompu, tout preud'homme doit souhaiter d'estre appellé à l'administration de la chose publique: il ne faut point qu'il apprehende d'estre successeur d'un grand homme: c'est en ceux-là quelquefois, ausquels sont les plus signalées fautes; balançans, le plus souvent, les affaires, aux poids, sans plus, de leurs opinions; ne se souvenans pas qu'ils sont hommes, c'est-à-dire, fautifs comme tous les autres; & que la plus sage proposition qu'un Chef puisse avoir, c'est de deferer à une compagnie. Quant à moy, je diray franchement, que je ne vis jamais advenir, que s'il y a beaucoup à dire pour ceux que le commun peuple estime bien grands, qu'il n'y ait aussi beaucoup à redire encontre eux: la seule crainte que Monsieur le premier President apporte à ce nouvel changement, me donne une asseurance tres-certaine, qu'il ne fera jamais mal: je ne vis jamais si mal faire qu'à ceux qui se promettent trop d'eux: & vous puis dire particulierement de moy, que, si onques j'ay bien plaidé, ç'a esté la crainte de mal faire, & non l'asseurance que j'ay eu de moy, qui m'en a apporté les moyens. Il faut doncques qu'il oste tous ces scrupules, & fasse estat qu'il est attendu en ceste ville, d'aussi bonne devotion, que jamais autre Seigneur fut. A Dieu.

Les grands hommes font les grandes fautes.

La premiere pointe de nos actions pourbien faire, est la crainte.

LETTRE IX.

A Monsieur de Basmaison, Advocat au siege Presidial de Ryon.

Il dissua de à un sien amy de quitter l'estat d'Advocat pour prendre un office de judicature.

VOstre gendre, present porteur, vous pourra dire en quel estat il m'a trouvé, lors qu'il m'est venu semondre de vous escrire: j'estois en mon lict, entre sept & huit, donnant cours à mes pensées: vray que c'estoit d'un jour de Dimanche. A quel propos tout cela? Pour vous ramentevoir la liberté de nos estats, par le moyen desquels, combien qu'il semble que soyons obligez au public, si ne prenons-nous de ceste obligation, que tant

& si peu qu'il nous plaist, sans estre astraincts à certaines heures, comme sont ceux qui sont appellez aux Estats. Je croy que vous pouvez penser pourquoy je vous escris cecy. Pauvre malheureux que vous estes, quelle opinion nouvelle d'ambition est-ce qui vous a surpris, de vouloir quitter ceste belle qualité d'Advocat, en laquelle vous estes Roy en vostre ville, pour entrer sous un nouveau joug de servitude de Juge? Il y a trente ans & plus, que vous tenez l'un des premiers lieux, entre ceux de nostre ordre en vostre païs ; estant chery & aimé des Grands, respecté du commun peuple, vivant en une honneste liberté, sans alteration de vostre conscience ; & maintenant qu'estes arrivé sur l'aage, ainçois ambitieusement poursuivez, d'estre Lieutenant de Province. C'est pour procurer à ma vieillesse un repos (dites-vous) & advancer ma famille. O imaginaires discours, dont nous nous trompons aisément, quand nous chatouïllons nos pensées de quelque vaine ambition! Que vous pensiez que voguant au milieu des flots, vous soyez arrivé au port! Estant Advocat du commun, vostre fortune dépend de vous, & de vostre fonds : estant appellé à cest estat, vous dependrez desormais des Grands, qui le vous auront octroyé ; & si ne satisfaictes à leurs opinions, vous perdez à un instant, toutes leurs bonnes graces, ainsi que nous voyons un estourbillon estre enlevé par le vent. Quand je vous voy tenir ce party, vous me faites souvenir du Roy d'Egypte, Ptolomée, lequel estant aucunement en mauvais mesnage avecques ses subjets, desira d'aller à Rome, demander secours, estimant avoir plusieurs intelligences avec les Grands & Potentats, par le moyen desquelles il viendroit au-dessus de ses adversaires ; lequel se trouvant dans Chypre avec Caton, il fut par luy dissuadé de ce faire ; luy remonstrant, que quand il seroit dans la ville, tel qui le cherissoit par lettres, ne feroit pas semblant de le cognoistre, & qu'il y trouveroit tant d'espines, qu'enfin il voudroit n'y estre arrivé ; luy conseillant pour ses causes, sans aller à Rome, de se reconcilier avec ses subjets : toutesfois n'ayant voulu croire à ce grand personnage, il prit la route de Rome, où il trouva, mais à tard, que ce qui luy avoit esté predit, luy estoit advenu. Je ne suis point un Caton ; mais je prevoy que si vous sortez de vostre Royaume, il vous adviendra le semblable : pour ceste cause, je seray tousjours d'advis, que vous vous reconciliez avec vous-mesmes, & repreniez vostre vieille route ; & sur tout, estimiez que si vostre estat estoit venal, il y a tel qui en voudroit bailler trois & quatre fois plus d'argent, que de l'office que souhaitez : j'adjousterois volontiers, que c'est un estat nouveau, introduit au mescontentement de tous vos Juges de Ryon, & plusieurs autres particularitez, si ma lettre les pouvoit porter ; mais je me suis levé tard, & le messager me presse : & toutesfois pour vous contenter, j'ay parlé à ceux que je pensois pouvoir faire pour vous, & dont m'avez escrit, entre lesquels l'un des premiers Seigneurs de nostre Cour, vous y faict de bien bons offices : quel sera l'évenement, je ne le puis dire, voyant les obstacles qu'y avez. D'une chose me console-je, parce que de quelque façon que cest affaire tourne, vous demeurerez le victorieux ; car si vous obtenez selon vostre intention, vous avez victoire de ce que vous desirez ; si au contraire vous en estes esconduit, vous rapporterez une autre victoire de ce que devez desirer : advertissement, que je vous prie prendre de moy, vostre ancien amy, comme faict le malade une medecine, qui luy est amere en la prenant, & luy cause, quelque temps, des tranchées, mais en après, produit de beaux effects de guerison. Je seray non seulement vostre Medecin, mais encores passant plus outre, je seray icy l'Astrologue; car voyant que l'on tire les choses en longueur, je prognostique que l'on trouvera tant d'obscuritez en ce nouvel establissement de Siege Presidial de Clairmont, que ceux qui en ont esté les premiers autheurs & promoteurs, trouveront, à la longue, plus expedient de laisser (comme l'on dict) le moustier où il estoit. Le partage estoit beau entre les trois principales villes de vostre païs ; que la ville de Clairmont reluisist par son Eglise, pour y estre estably le Siege de l'Evesché ; celle de Ryon, par le Siege Presidial ; & qu'à la ville de Montferrant, on eust attribué le mesnage & charge des tailles. Au demeurant, je suis tres-aise de la bonne part qu'avez eu en nos grands Jours de Clairmont, & n'en ay esté de rien trompé ; vous remerciant aussi des deniers qu'avez prestez à mon fils, que j'ay remplacez, suivant vostre mandement, pour le vostre. A Dieu.

LETTRE X.

A Monsieur de la Bite, Juge general de Mayenne.

Il fait icy recit de la belle vie & belle mort de Mr le premier President de Tou.

VOus me demandez quelle a esté la vie & la fin de feu Monsieur le premier President de Tou? Je vous responds, belle, heureuse & honorable, tant en particulier que public, depuis le bers jusques au tombeau, & telle que mal-aisément pourriez-vous trouver sa semblable. Il estoit fils de maistre Augustin de Tou, qui estoit l'un des quatre Presidens de la Cour, lequel vesquit dans nostre Palais, en tres-grande reputation de preud'hommie : & combien que la coustume des plus riches familles de Paris, soit de ne donner le loisir à leurs enfans, de se recognoistre, mais dés leur premier retour des Universitez, les promouvoir par argent, aux offices, specialement de Judicature, toutesfois cest homme de bien ne permit que cestuy sien fils, ny son second (qui tient aujourd'huy lieu de premier Advocat du Roy, entre nous) parvinssent par ceste voye, ains par les degrez de vertu, qui sont fondez sur une longue patience ; & voulut que l'un & l'autre suivist le Barreau ; & signamment cest aisné y arriva de iage, qu'à peine avoit-il passé l'aage de dix & huit ans, lors que, comme un autre Jurisconsulte Nerva, il respondit du Droit, & plaida sa premiere cause : auquel estat il continua par plusieurs années, chery & honoré grandement de tous, mesmes de Monsieur Liset, lors premier President, lequel, en propos communs, l'appelloit ordinairement, son fils, pour une amitié speciale qu'il avoit en luy, entre tous les autres Advocats : qui ne luy donna pas petite vogue au Palais, outre ce que de soy-mesme il estoit assez disposé à se faire grand. D'Advocat, il fut fait Prevost des Marchands de Paris, auquel estat, il donna le premier advis & dessein des fortifications de la ville, & encores embellit le port de la Tournelle Sainct Bernard, d'un quay, afin que l'orée de la riviere de Seine, fust de toute part, semblable. Quelquetemps après, la Cour de Parlement prenant nouvelle forme par l'introduction du Semestre, qui fut fait vers l'an 1553. il fut créé par le Roy Henry second lors regnant, l'un des huict Presidens de la Grand'Chambre, car il y en avoit quatre à chasque Semestre. Ce temps-là avoir porté quatre fameux Advocats, Maistres Pierre Seguier, Christofle de Tou, Jacques Aubery, Denis Riant ; lesquels, en moins de six ans, furent diversement appellez aux grands Estats : Seguier & Riant, fais Advocats du Roy, puis Presidens ; Aubery, Lieutenant Civil de ceste ville : mais de Tou, est chose digne d'estre remarquée, que de Tou, de l'estat d'Advocat privé, fut, de plein sault, fait President de la Chambre ; ce qui n'estoit encores advenu à nul autre que luy. Vous diriez que la fortune fust lors grosse de toutes ces dignitez, pour en faire une si ample & feconde portée, que depuis (comme si elle en eust esté recreuë) le passage en a esté presque clos

Quatre grands Advocats appellez aux grands Estats pour leurs vertus.

aux

aux autres. L'on introduisit, vers l'an 1553. le Semeſtre en noſtre Parlement. L'eſprit de ceſtuy que je vous contrais maintenant, eſtoit tellement né & duict à l'action, que voyant qu'il y avoit ſix mois de l'année qui le confinoient à ſa maiſon, il s'adviſa d'un beau ſujet, pour ne demeurer oiſeux au public, qui fut de reformer les Couſtumes; dont il obtint commiſſion : & avec deux notables Conſeillers, Faye & Viole, qu'il aggregea avec ſoy, il entreprit la reformation de la plus grande partie d'icelles, auſquelles il fit inſerer pluſieurs articles nouveaux, extraicts du Droict commun des Romains : meſmes la repreſentation en ligne collaterale juſques aux enfans des freres & ſoeurs. Ceux qui reformerent les Couſtumes en l'an 507. & autres années enſuivantes, bannirent de la France, ceſt article barbare, qui vouloit, que repreſentation n'euſt point de lieu en ligne directe. Ceſtuy-cy apporta police en la collaterale, fort à propos. Et au regard du temps deſtiné à l'exercice de ſon eſtat, il eſtoit dernier Preſident de ſon Semeſtre, & pour ceſte cauſe, dedié au jugement du criminel, en quoy il apporta tant de diligence à la vuidange des procez, que dés lors du premier Semeſtre, les priſons de la Conciergerie ſe trouverent vuides de priſonniers, qui fut cauſe que le Geolier fut contrainct de demander proviſion à la Cour de Parlement, pour nourrir ſes ſerviteurs, & payer leurs gages ; parce que ſes penſionnaires lui failloient. L'Edict du Semeſtre eſtant rompu & anichilé, & les deux compagnies reünies en une, pendant les troubles premiers, mourut Monſieur le premier Preſident le Maiſtre : ceſt eſtat eſt conferé à Monſieur de Tou : de vous en raconter les moyens, je ne l'ay icy entrepris : bien vous diray-je qu'il eſtoit ſi nouveau & eſcolier à faire brigues & menées (je me diſpenſeray de ce mot) qu'il ne s'en meſla que bien peu, ains un ſien ſerviteur domeſtique, qui depuis eſt parvenu à grands biens, tant en ſpirituel que temporel, ſceut ſi dextrement & fidellement conduire ceſte orne, qu'il emporta le deſſus de tous les autres pretendans : quand il fut pourveu de ceſt eſtat, les troubles eſtoient lors grands par tout le Royaume de France, & par eſpecial dans Paris ; auſquels l'on n'apportoit pas tant de police, que peut-eſtre l'on euſt deſiré, contre ceux que l'on appelloit Huguenots, pour un zele chaud & ardent que les chefs portoient à la Religion Catholique : & combien que celuy dont je parle, ne l'euſt pas moindre, ſi y meſla-t'il, dés ſon advenement, je ne ſçay quoy de modeſtie & attrempance, par laquelle les maſſacres commencerent de s'aſſoupir : choſe qu'il executa fort aiſement ; car s'il eſtoit favoriſé du Roy, de la Royne ſa mere, & des Princes qui leur aſſiſtoient, encores avoit-il meilleure part en la bonne grace du peuple ; qui fut paravanture, l'une des premieres raiſons pourquoy l'eſtat de premier Preſident ſe trouvant adonc vacquer, il y fut appellé plus facilement, pour la neceſſité que l'on avoit d'un homme qui manioit le coeur du peuple : ainſi, dés ſon arrivée, ſous ceſte belle creance il oſta doucement des mains de la populace, ceſte licence effrenée, dont elle abuſoit inſolemment contre la vie d'uns & autres, rejettans le tout ſagement à l'authorité & diſcretion du Magiſtrat, pour en prendre tel ſupplice qu'il trouveroit bon de faire : voilà pour le regard du dehors. Quant à ce qui appartient à l'enclos du Palais, la premiere choſe qu'il eut en recommandation, fut d'y apporter reformation, tant au chef, que membres : au chef, parce qu'il s'impoſa une loy à luy-meſme, d'appeller cauſes extraordinairement, aux Lundis & Mardis, voulant que les rolles ordinaires euſſent lors leur cours, ſans aucun deſtourbier ou empeſchement ; reſervant les placets, que l'on appelle cauſes des parties preſentes, aux Jeudis ; loy qu'il obſerva inviolablement : aux membres, d'autant qu'il oſta les excuſes de maladies des Advocats, ſi elles ne ſe trouvoient для bien atteſtées. La liberté du temps, avoit apporté, qu'un Advocat trouvant ſa cauſe mauvaiſe, ſe faiſoit excuſer de maladie, pour gaigner le tour du roolle : c'eſtoit la cauſe qui eſtoit malade, & non luy. Ce Preſident ſe roidit, & ſe rendit ſi rigoureux contre ces excuſes affectées,

qu'en peu de temps il en fit perdre la couſtume : Au moyen de quoy, faiſant tenir un chacun ſur pieds, par l'expedition des cauſes, dont les unes eſtoient plaidées, & les autres jugées rigoureuſement, par defaux encontre les contumax, nous commençaſmes de voir plus de cauſes vuidées & terminées en un an, qu'auparavant, en deux, ny trois. Il fit encore un traict hardy & notable : car eſtant, au precedent, loiſible à l'Advocat, aprés avoir faict ſa premiere propoſition, d'entrer en Repliques & Dupliques, par leſquelles il conſommoit une bonne partie de l'heure, à la retardation de la Juſtice, il les bannit & extermina ; voulant que l'Advocat ordonnaſt de telle façon ſon premier plaidoyer, qu'il ſe fiſt entendre tout au long, en ſon faict ; eſtimant que s'il oublioit quelque choſe du Droict, il ſeroit facilement ſuppleé par les Juges. Ceſte façon de faire, du commencement, ne ſe pouvoit bonnement digerer, & de faict, l'Advocat du Roy, du Meſnil, à quelques ouvertures de Parlement, en ayant fait remonſtrances, il n'y peut rien gaigner, ſinon pour les cauſes de poids : enfin le long uſage en fit oublier le mal-talent ; & parce qu'il eſtoit homme nourry non ſeulement en la loy, ains aux bonnes lettres, eſquelles il prenoit grand plaiſir, auſſi l'on commença ſous luy, à entremeſler les plaidoyeries de l'un & de l'autre : ce qui ne ſe faiſoit auparavant, demeurant la commune des Advocats, dedans les bornes du droit eſcrit. Pour le regard des Procureurs, il n'exerça jamais une grande ſeverité encontre eux, mais au lieu de ce, les fit aſſembler per certains jours du mois, & que là chacun propoſaſt les ſurpriſes des uns & des autres, pour eſtre ufé d'une forme de Mercuriale & cenſure, encontre celuy qui en auroit abuſé, & en un beſoin, en eſtre fait rapport & plainct à la Cour. Quant à ſes moeurs, il eſtoit homme qui commençoit la premiere entrée du Palais par les prieres à Dieu ; car au lieu que tous ſes predeceſſeurs Preſidens ſe reſervoient à la Meſſe generale de dix heures, luy, par une couſtume qui luy fut propre & peculiere, ſoudain qu'il entroit au Palays, oyoit ſa Meſſe : qui eſt la vraye Meſſe des Preſidens, & ainſi appelée par nos anceſtres : & de là accommodoit le reſte du jour à l'expedition des affaires. Il eſtoit homme qui ne ſceut oncq' faire deſplaiſir à ſon eſcient, trés-prompt à faire plaiſir à ceux qu'il voyoit que l'on vouloit affliger indeüement, colere de ſa nature, mais qui ne vouloit point que ſa colere nuiſiſt qu'à ſoy-meſme : car s'il s'eſtoit caſuellement courroucé contre un Advocat, à la premiere audience d'aprés, s'il ſe preſentoit pour plaider, tout ſon ſoing & eſtude, eſtoit de faire paroiſtre par quelque douce contenance, qu'il ne nourriſſoit aucune amertume contre luy. Et à ce propos vous veux-je raconter, en paſſant, une choſe qui m'advint autrefois, en l'an mil cinq cens ſoixante-ſix. Ma belle mere eſtant decedée, & m'eſtant tranſporté, vers la Pentecoſte, à Amboiſe, pour recueillir ſa ſucceſſion, le Jeudy d'aprés les feſtes (que nous appellions le Jeudy des deſconfitures, parce que lors, la pluſpart des Advocats n'eſtans retournez des champs, il ne laiſſoit toutesfois de tenir audience, ſans pardonner aiſément aux abſens.) Ce Jeudy, dy-je, une cauſe eſtant appellée, dont j'eſtois chargé, l'on m'excuſa de maladie : il prit lors, contre ſa couſtume, ceſte excuſe en payement. Les autres Procureurs voyans que ceſte excuſe eſtoit, ce leur ſembloit, pour ce coup, paſſée en forme de choſe jugée, commencent tous à me reclamer pour leur Advocat (je dy ceux qui n'avoient point le leur.) Cela le fit courroucer de telle ſorte, qu'il enjoignit publiquement & par exprés, au premier Huiſſier, de ſçavoir, en ma maiſon, ſi j'eſtois malade, & d'en faire ſon rapport à la Cour. L'Huiſſier n'y faut, & trouva que je n'eſtois vrayement malade, mais que j'eſtois abſent de ma maiſon : pour juſte cauſe : ce qu'il rapporta à la Cour. Le Lundy ſuivant, on appelle une autre cauſe, dont j'eſtois encores chargé ; le Procureur n'eut pas ſi-toſt ouvert la bouche pour dire que j'eſtois l'Advocat, que ce bon perſonnage, luy couppa la parole tout court, & diſt tout haut qu'il ſçavoit bien que j'eſtois malade : à tant luy-meſme

mesme m'excusa. Je vous pourrois reciter une infinité d'autres exemples de mesme estoffe, mais ma plume me semond, à plus haut sujet, pour vous dire que comme il estoit naturellement humain, & qu'il accompagnoit, en sa maison, toutes ses actions d'une si grande douceur & humanité, que nul ne s'en alloit jamais mal content de luy, aussi estoit-il trés-prompt à se reconcilier à ceux qui l'avoient offensé quand ils le venoient reblandir, & de ce en puis-je porter fidelle temoignage, pour l'avoir veu. J'adjousteray que je pense mesprendre quand je dis reconcilier : car il ne sçavoit que c'estoit de haïr, estant (si ainsi voulez que je le die) sans fiel. Au commencement qu'il arriva à cest estat, il y avoit deux grands hommes qui luy sembloient faire teste, & luy à eux ; parce qu'en une volonté commune que tous trois apportoient au bien & repos du public, si ne symbolisoient-ils en proposition. L'on peut dire que cela estoit tout ainsi que dans Athenes, de Themistocles & Aristides. Or de vous dire quels estoient les plus saincts advis, cela n'est de ma jurisdiction ni cognoissance : il y avoit à discourir & pour & contre, de chasque costé. Les deux dont je parle, estoient, Messieurs le Chancelier de l'Hospital, & Mareschal de Montmorency : Chacun estimoit que Monsieur le Premier President nourrissoit quelques rancunes sourdes, au fond cœur encontre eux : toutesfois, soudain qu'il les vit deffavorisez, jamais homme ne leur fit de meilleurs offices que luy : estimant que leurs afflictions provenoient, à l'un, de la misere des troubles, à l'autre de la colere d'un Roy, à laquelle tout homme sage doit caller la voile, quand il tombe en un tel orage. Homme, au demeurant, studieux le possible : car estant en sa maison il se donnoit tous les jours certaines heures pour son estude particuliere, sans exception, s'il n'en estoit distrait par les Princes & grands Seigneurs qui luy venoient recommander quelques affaires. Un an auparavant son decez, comme j'estois, de sa grace, veu de bon œil par luy, je le surpris lisant entientivement les Oraisons de Ciceron contre Verres, ayant d'un costé, le livre, & de l'autre, ses brouïllas, dans lesquels il recueilloit sommairement, les passages dont il se vouloit aider. Une autrefois, il me pria de luy donner les trois Tomes des Adversaires de Tournebus, parce qu'il ne sçavoit qu'estoient devenus ceux que je luy avois fait, autrefois, presenter par les enfans de l'Auteur, qui luy avoient, à mon instigation, dedié le troisiéme : ce que je fis ; mais il ne les eut pas si tost, qu'ils les leur tous, (comme s'il n'eust eu que vingt & cinq ans) en moins de trois semaines ou un mois. Chose certainement trés-émerveillable, qu'au milieu de tant d'affaires publiques, il se peust desrober ce loisir. Et combien de cette estude domestique luy fust trés-agreable, si n'avoit-il rien tant en recommandation, que le Palais. Il y entroit le premier, & en sortoit des derniers, tousjours aussi frais à l'issuë des audiences, comme à l'entrée : cela faisoit qu'il aimoit grandement ceux qu'il voyoit exercer, avecques quelque dignité, leurs estats, tant d'Advocat, que de Procureur : & comme il estoit du tout bon, aussi fit-il plusieurs Clercs, Procureurs, trouvant mauvais qu'aprés avoir usé leurs jeunesses avecque leurs maistres, & passé par tous les degrez de Clercs, on leur voulust fermer la porte à cest estat de Procureur. Finalement, il eut deux choses en quoy il se rendit admirable : l'une à bien dresser & prononcer sur le champ un Arrest ; ne s'estant trouvé President devant luy qui eust un plus beau formulaire d'Arrests : l'autre, en ses opinions. J'ay autrefois appris de feu Monsieur le President de Pibrac, personnage qui se cognoissoit fort bien en hommes, que combien qu'il n'eust pas une eloquence si persuasive comme quelques-uns qui le secondoient & tierçoient, toutesfois il estoit accompagné de tel heur, ou bien de telle facilité d'esprit, pour sortir d'un mauvais passage, qu'aux affaires de consequence, il estoit ordinairement suivy. Jusques icy, vous avez peu entendre, quels ont esté ses avancemens, progrez, & deportemens au public : entendez maintenant ce qui concerne son particulier. Il espousa une Damoiselle, nommée Ja-

queline Tulleu, fille unique, qui luy apporta de grands biens : femme qui se disposa sagement aux volontez de son mary, lesquelles elle sçeut, avec telle douceur, reboucher, qu'elle gaigna par une longue obeïssance, ce poinct sur luy, qu'il ne croyoit tant en autre, qu'a, telle : & non sans cause ; car comme ainsi fust qu'il eust seulement le cœur, ou au Palais, ou à ses livres, ceste bonne Dame prit tout le fait du mesnage en main, mais avec une telle bonté, qu'elle ne changea jamais de fermiers, ni ne leur appretia grain : estans, par ce moyen, tous devenus riches, avec elle : lesquels aux obseques du defunct, monstroient assez combien ils regrettoient sa mort ; d'autant qu'ils se presenterent tous, devant le corps, habillez en dueil, avec les serviteurs domestiques. Sa table & conversation ordinaire, estoit de gens mediocres, avec lesquels il rioit familierement, despouillant soudain qu'il estoit dedans sa maison avec eux, tout ce qui estoit de la grandeur de son estat : ayant, tant qu'il a vescu, apporté ceste reigle, de ne soupper hors sa maison, & de se coucher à neuf heures, & se lever assez matin, le plus du temps sans serviteur, ains n'ayant autre homme de chambre que soy-mesme, ainsi que j'ay appris de sa bonne partie. Ce qui n'est pas mal-aisé de croire ; car il estoit si peu fastueux, que je l'ay veu, quelquefois, retourner seul, en sa maison, quand il sortoit du Palais, devant l'heure. Il ne fut jamais convié, ou de nopces, ou de funerailles de ses amis, encores qu'ils ne fussent de condition grande, que luy ou sa femme n'y allassent, pour n'estre veu les desdaigner ou defaillir à son devoir. De son mariage il eut six enfans ; le Seigneur de Bonneil, fils aisné, Maistre des Requestes ; le Sieur de Sainct Germain, l'un des grands Maistres & reformateurs generaux des eaux & forests de la France, & puis Bailly de Melun ; le Seigneur d'Emery, Conseiller en nostre Cour de Parlement : des filles, trois, dont l'aisnée fut mariée avec Monsieur le Vicomte de Chiverny, Chancelier de France ; la seconde à Monsieur de Harlay, à present premier President, & la troisiesme qui fut renduë Nonnain voilée, à laquelle il devoit une veuë tous les ans, par forme de vœu, le jour & feste Sainct Louys, patron du monastere de Poissy où elle reside. Il a veu, en un mesme temps, deux siens gendres, l'un Chancelier de France, l'autre, troisiéme President ; l'un de ses freres Advocat general du Roy ; l'autre Evesque de Chartres, & l'autre Maistre des Requestes : & ses deux derniers masles promeus aux dignitez que j'ay dit ; car quant à son aisné il deceda devant le pere, & neantmoins il mourut Maistre des Requestes. Et combien qu'il ne fut brigueur, si est-ce que les dignitez le suivoient, sans qu'il les enviast ; car laissant à part toutes autres particularitez, je me contenteray de vous dire que cinq ans auparavant que deceder, Monsieur le Duc d'Alençon, second Prince de France, le pourveut de l'estat de Chancelier de sa maison, auquel il est mort. Ceux qui luy estoient plus seurs amis, eussent souhaité qu'il n'eust accepté ceste charge. Il a vescu soixante & quinze ans, sans user de lunettes, vegete de corps & d'esprit, homme qui apprehendoit de telle façon les affaires, qu'il ne se heurtoit point contre les torrens, ce qui luy a augmenté ses jours ; son mariage fut son premier & dernier, auquel il vesquit l'espace de quarante-neuf ans, vingt-neuf ans President, dont il y en a vingt complets, en l'estat de premier ; sans que jamais, pendant cest entre-jet de temps, nous l'ayons veu malade, quatre jours, qu'il ait volontiers discontinué le Palais, trois jours. Enfin il mourut, le premier jour de Novembre, mil cinq cens quatre-vingts & deux, jour que je veux annombrer à une partie de son heur ; parce que c'estoit le jour de la Toussainct, dont une partie de l'aprédinée, estoit dediée à la Commemoration solemnelle des morts, regretté generalement de tous, & par special, de son Roy, lequel voulant faire paroistre combien il l'avoit aimé en sa vie, luy ordonna des Obseques les plus celebres qui oncques fussent esté veuës à un homme de robbe longue : dont luy-mesme à face ouverte, se voulut rendre spectateur, avec la Royne sa mere & autres

Mr le premier President de Toulouse ne sçavoit que c'estoit de haïr.

Mr le Chancelier de l'Hospital & Mr le premier President de Thou, deux grands personnages divers en propositions politiques.

Estude de Mr le premier President.

Esprit infatigable aux affaires du Palais.

Formulaire d'Arrest. Bon sens

Obseques de Mr le premier President.

trés grands Princes & Princesses, en l'hostel du Prevost de Paris : l'on prit le chemin des Cordeliers ; & de là, de la ruë de la Harpe, on descendit sur le quay jusques en la ruë des Augustins, pour rendre le corps à l'Eglise Saint André des Arts, où est le sepulchre ancien de ses ancestres : la suitte & procession fut telle qu'il y en avoit encores presque en la maison, quand les autres entroient en l'Eglise : & jamais ne vit-on les fenestres & boutiques des maisons tapissées de tant de peuple tout esploré. Le ciel mesme sembla lamenter son decez, par plusieurs pluyes qui furent lors, & le Palais avoir celebré ses funerailles ; *Le Palais chomme par hazard lors de la mort du premier President.* car comme si avec luy, le Parlement fust mort, le hazard du temps voulut qu'il y eut intermission des audiences, quatre mois entiers, pour la difficulté que la Cour faisoit de publier quelques ordonnances : & davantage, une belle liste de gens de nom, tant de la France, qu'Italie, pour derniere closture, voulurent rendre son tombeau immortel, par plusieurs vers François, Latins, & Grecs. Une chose me plaist-il remarquer de luy, qui est digne d'estre recitée : c'est que tout ainsi que de tous les grands Advocats de sa volée, dont j'ay parlé au commencement de ma lettre, qui tous monterent aux honneurs, il attaignit au premier degré : aussi par un privilege special *Epitaphes.* de la fortune demeura-t-il le dernier, les ayans tous survescu. Repassez toutes les fortunes des hommes illustres, *Chose remarquable particulierement en la fortune de ce Seigneur.* vous n'en trouverez point une autre qui ait esté accompaignée de tant de benedictions de Dieu comme ceste-cy, ne qui luy ait faict si longue & fidelle compagnie : les uns montent par leur vertu aux grands honneurs, les autres sont extraits de bas lieux, qui est une tare, en l'opinion de ceux qui ne balancent nos actions, au poids de la seule vertu ; comme les Romains virent un Ciceron, auquel, *Belle & admirable fortune de Monsieur le premier President, tout sens.* ses ennemis objectoient à chasque bout de champ, qu'il estoit un homme nouveau, encores qu'il s'en sceust fort bien deffendre : les autres parviennent, mais c'est par meschanceté, comme la Sicile, Agathocle : Autres, qui ont bel advenement & progrés, mais qui se tourne, par succez de temps, en une mort honteuse & tragique, comme fut celle de Polycrates Samien, qui se disoit l'heureux des heureux ; & d'Anguerrand de Marigny, entre nous : autres, qui ont eu une fin belle, mais qui le commencement trés-honteux, comme en Turquie, autre-fois, *Diversité des fortunes des hommes illustres.* Barbe-rousse, & depuis, Dragut-Reis, qui de la Cadene, où il passa tout le temps de sa jeunesse au milieu des forçats, devint General des Galeres du Grand Seigneur : autres, qui eurent beau commencement & pareille fin, mais le milieu de leur fortune fut traversier, comme les Romains virent un Furius Camillus, & nous un Anne de Montmorency, Connestable de France : autres, qui pour avoir esté heureux, ne receurent jamais si grand heur que d'estre morts jeunes, pour ne donner le loisir à fortune, par ce moyen, de leur tourner le visage, comme Alexandre : aussi ne sentirent jamais plus grand malheur, & Annibal, & Scipion l'Africain, & Pompée (tous trois trésgrands & heureux Capitaines en leur jeunesse) que par la longueur de leur vie : autres, au maniement des affaires publiques eurent des succez trés heureux, mais en leurs domestiques, un ver qui leur rongeoit interieurement la poitrine, comme ce grand Empereur Auguste : bref, il n'y a eu homme si grand & heureux ait-il esté, qui ait eu, prix pour prix, une fortune si accomplie en son tout, comme cestuy-cy ; estre extrait d'une noble famille ; parvenir par les degrez honorables, aux honneurs premierement populaires, puis Royaux ; aimé successivement de tous les Roys qu'il servit ; honoré de tout le peuple ; s'estre maintenu en son estat au milieu des troubles aigus, qui ont couru par la France, sans avoir receu aucune algarades des uns ny des autres ; avec tout cela avoir en sa maison une femme sage & honneste, miroüer de chasteté à toutes les matrones ; une posterité si grande & illustre ; un aage si long, sans maladie ; unes funerailles telles que j'ay recitées pour catastrophe de ceste heureuse comedie : hé, vrayement, je le dis encor un coup, il n'y eut jamais une si heureuse vie, tant en public que privé, ne qui se

trouvast accomplie, suivie d'une si heureuse mort. Je luy dediay, deux ans devant qu'il mourust, mes Epigrammes Latins : maintenant qu'il a pleu à Dieu de faire sa volonté de luy, je luy consacre, d'abondant, à sa memoire, entre vos doctes mains, cest eloge, au bout duquel je veux que l'on appende ce beau vers du Poëte Ausone,

Talis vita illi, qualia vota tibi.

Ceux qui detractent à ses loüanges, luy imputent les *Les faux esquox on impute au decès funct.* fortifications de Paris, qui se sont depuis tournées en une forme de taille ; mais c'est inconsiderément juger des affaires du monde par les evenemens, & non par les conseils. Quelques autres pour ne demeurer muets, dient, que sa diligence estoit plus nuisible que profitable au Palais, comme celuy qui vuidoit les roolles, non les causes : il vuidoit & les roolles & les causes ensemble : mais on ne peut apporter si bonne police au public, que les bons n'en patissent de fois à autre, avec les mauvais : & le Medecin donnant air à la veine du malade pour la guerir, ne peut tirer du mauvais sang, qu'il n'y en passe aussi du bon. La rigueur qu'il apporta en ce faict-cy, fit de telles operations contre les tergiversations des fuyards, qui est une trés-dangereuse maladie en justice, que nous apprismes à faire plus diligemment raison aux pauvres parties languissantes, que l'on n'avoit jamais faict par le passé. Autres arguënt, en la facilité de ses mœurs, la mul- *Multiplicité de Procureurs nuisible au public.* titude effrenée de Procureurs, à laquelle il ouvrit la porte : à quoy je passe condamnation fort volontaire ; car je seray tousjours du party du peu, contre le trop, en telles matieres, aussi-bien que l'Empereur de Rome qui mourant, disoit, que la multitude des Medecins qu'il avoit appellez pour sa guerison, l'avoit mis au lict de la mort. La trop grande multiplicité, produit la confusion & desordre, qu'il est malaisé de policer puis aprés ; mesmes en cest estat de Procureur. Toutes-fois, quand je considere sur quel fondement fut appuyé ce defaut, je le compare à ces erreurs dont fut autre-fois censuré Tertullien ; que j'appelle belles erreurs : car il n'y eut autre chose qu'un zele ardent envers Dieu & son Eglise qui l'y conduisit ; aussi veux-je nommer ceste faute, au milieu des vertus de nostre President, une belle faute, qui ne prenoit son origine que d'une humanité née avec luy, qui l'induisoit d'avoir compassion de tout ce petit peuple. Les derniers jettans leurs pensées plus haut, luy improperent, que ceste mesme facilité le fit tomber en un accessoire de plus dangereuse consequence, parce qu'il promettoit aisément (comme ils dient) plusieurs choses au Roy, dont se trouvant puis aprés, mauvais garant, il vouloit aucunement violenter les opinions de la compagnie, pour ne faillir de promesse : si cela est vray ou *Diversité de propositions entre les Seigneurs de la Cour du Roy, & du Parlement.* non, je ne le sçay : tant y a, qu'il n'y a que ceux qui sont appellez en tel estat que le sien, qui se trouvent empeschez, en la diversité des propositions qui font au mesnagement de la Republique entre les Seigneurs de la Cour du Roy & de la Cour de Parlement ; car pendant que les uns semblent estre un peu trop souples, les autres trop roides, ce sage Seigneur, qui par un long usage, cognoissoit les choses pouvoient tomber selon la necessité du temps, taschoit entre les deux extremitez d'y apporter une voye moyenne, sçachant bien que quelquefois en voulant conserver le ciel par opiniastreté, nous perdons ensemblement le ciel & la terre. Somme, le fruit que je rapporte de ces objections, est, que je tourne ma pensée sur la misere de nostre vie, qui est de telle condition qu'il n'y a si grand homme de bien, qui ne soit sujet au controlle, j'ay cuidé dire à la calomnie des langues. Cela fera que pour m'estancher d'un long discours & *Qu'il n'y a homme si parfait qui n'ait des imperfections.* mettre fin à la presente, vous celebrant ce grand personnage, je ne le vous pleuvray pas, pour le plus parfaict (car ce bas estre n'est capable d'aucune perfection) ains pour le moins imparfait de tous ceux que nous ayons veu de nostre aage. A Dieu.

LETTRE XI.

A Monsieur de Basmaison, Advocat au siege Presidial de Ryon.

Il se rend Advocat envers le sieur de Basmaison, de son fils.

L'Ancienne amitié que j'ay en vous, dés nos premiers ans, & consequemment aux vostres, me commande de vous escrire la presente, pour vous advertir que Basmaison vostre fils, a repris & reprend de jour à autre, de bien en mieux, le train que desirez de ses estudes. Il se fait beau & grand, non seulement de corps, ains d'esprit. Je n'en ay pas voulu croire ce qui m'en a esté rapporté par mes enfans, ains moy-mesme l'ay voulu sonder au vif, de sa leçon, à l'impourveu. Et si le dire des veneurs est vray, qu'on recognoist le cerf par les voyes, je vous promets qu'en aurez un contentement tel que souhaité. Ç'a esté un bon vin qui du commencement pour sa force, rompoit les cercles de son vaisseau : & maintenant qu'il est rassis, il sera des plus soüefs & delicats. C'est pourquoy je vous conseille que, d'oresnavant, (oubliant le passé) vous embrassiez ses actions, comme bon pere. Ce dont je me suis faict tort, est d'estre caution envers vous deux A envers vous, qu'il sera bon fils, qu'il aura le dessus au bien faire, sur ses autres freres & sœurs, comme il a l'advantage de l'aage : envers luy, que le favoriserez desormais, non seulement comme vostre aisné, ains comme le mieux aimé. Ce n'est pas petite victoire à vous, de l'avoir dompté, & reduit selon vostre volonté, aux estudes, aprés avoir, quelque temps; suivy les armes, esquelles il sembloit estre naturellement enclin : aussi n'est-ce autre petite victoire à luy, de s'estre vaincu soy-mesmes, pour vous obeïr. Et certes vous aviez notable interest, qu'il fist ceste faute, pour cognoistre maintenant combien il vous est bon fils. Ceux qui dedans la saincte Escriture, ont esté pecheurs, & sont revenus à une bonne repentance, n'ont pas esté moins recommandez envers Dieu, ains quelque-fois davantage que ceux qui n'avoient point peché. A Dieu.

LETTRE XII.

A Monsieur Loysel, Advocat du Roy en la Chambre de Justice de Guyenne.

Que pendant que nous mettons toute nostre estu- de à paroistre sçavans dans nos plai- doyers ou harangues, nous corrompons la naïfveté de l'eloquence Fran- çoise.

J'Ay receu les remonstrances qu'avez faictes, à l'ouverture de vostre seance d'Agen, & par mesme moyen vos lettres du 22. de Novembre, escrites non de vostre main, ains de celle de vostre clerc: chose qui ne m'a point tant esbahy, (encores que par une courtoisie qui vous est propre, vous vous en soyez excusé) que de la cause de ce changement: ayant entendu que c'est pour un mal des yeux qui vous est de nouveau survenu; car je crains que pendant que vous mettez toute vostre estude à la conservation de vostre honneur, en la charge en laquelle estes maintenant appellé, vous mettiez en oubly le soing de vostre corps & de vostre santé : & ce qui me fait craindre davantage, sont ces belles remonstrances, à la lecture desquelles j'employay, devant hier, une bonne heure : remonstrances, dy-je, pleines de doctrine, images d'une longue estude, & par special, contenans un discours du tout convenable, & au temps & B au personnage que representez : & telles que je m'asseure qu'elles produiront en vous, effect du tout conforme à vostre intention, d'autant que je ne doute point que ne les ayez basties, à fin de pourchasser un repos entre les sujets du Roy, & encores pour les rendre gens de bien : & quant à moy, je vous puis dire qu'elles ont apporté une inquietude en mon esprit, voyant que pendant que faictes de si beaux discours, il faut que je me taise. Vous sçavez ce que disoit Aristote, quand Isocrate estoit suivy d'un grand & assidu auditoire. D'ailleurs, je me doute que contre mon naturel, elles me feront faussaire ou larron ; parce qu'ayant escrit lettres à Monsieur de Montelon, Conseiller, & me chargeant de les luy envoyer avecques vos remonstrances, il y a grand danger que craignant de perdre l'un, je ne soustraye vos lettres, ne me voulant frustrer du fruit de vostre beau labeur. Ne pensez point que je preste cecy à nostre amitié, je suis de vostre opinion, qu'il n'y a rien de comparaison de vostre premiere harangue, avec ceste seconde : & toutes-fois je vous prie prendre de bonne part ce que je vous veux mander maintenant : vos remonstrances seront cause que j'en enteray d'autres en file, ce que vous estimez le plus riche, en icelles, est, à mon jugement, le plus pauvre : je D veux dire, tant de passages Grecs & Latins, tant d'allegations d'autheurs, dont vous reparez vostre discours : je desire que tenant le lieu auquel estes appellé, nous ha- billions un Orateur à la Françoise, si proprement & à propos, que nos actions s'eslongnent le plus qu'elles pourront, de la poussiere des eschoies, puis qu'il nous les faut representer en ceste grande lumiere du Soleil. Et vous puis dire que nos remonstrances plaidoyers, & harangues, que nous faisons aujourd'huy, ce que l'on dit de l'Architecture; suivant laquelle vous trouvez tous les grands bastimens, beaux & riches qui furent faits depuis la venüe de nos Roys, comme vous pourriez dire dans Paris, une grande Eglise de Nostre-Dame, une saincte Chappelle, le Palais, lesquels un commun peuple estime faicts à l'antique : & neantmoins, au jugement des braves Architectes, il n'y a rien d'antique en eux, ains sont bastis à la moderne, pour n'avoir rien de tous ces rares traits, dont les anciens Grecs & Romains usoient en leurs architectures : ains peut-on dire vrayement, un C Louvre avoir esté faict, par feu Monsieur de Claigny, à l'antique, encores qu'il soit nouveau, dans lequel il a exprimé tout ce qui estoit de beau & digne de l'ancien- neté. Je ne sçay comment s'est insinué entre nous ce nouveau genre d'éloquence, par lequel il faut non seulement que nous nommions les autheurs, dont nous empruntons nos embellissemens, mais qui plus est, que nous couchions, tout au long, leurs passages : & ne penserions estre vous sçavoir, ni bien dire, si nous n'accompagnions toute la teneur de nos discours, de ceste curiosité. Les Grecs, ni les Romains, lors qu'ils furent en vogue de bien dire, n'en userent de ceste façon : ni ceux mesmes qui vindrent, sur le declin de leur eloquence, entre les Latins, comme nous voyons par leurs Panegyrics. Brief, nous seuls entre toutes les autres nations, faisons profession de rapiecer, ou pour mieux dire, rapetasser nostre eloquence, de divers passages. Rendans (si ainsi le faut dire) les morceaux, comme un estomach cacochyme & mal affecté, ainsi que nous les avons pris. Quoy faisans, nous ne considerons pas qu'un corps bien sain, tourne ses alimens en nature : aussi sans rendre les passages comme nous les apprenons, nous pourrions estre veus sçavoir assez, en recitans les histoires, & les approprians à nostre sujet, par forme de marqueterie, au fil commun de nostre langue; tout ainsi que firent

ceux

ceux dont nous espuisons l'eloquence, qui furent en reputation, non seulement de bien dire, ains de bien sçavoir. Ceste nouvelle forme de plaider, si je ne m'abuse, est venuë d'une opinion que nous eusmes de contenter feu Monsieur le premier President de Tou, devant lequel, ayans à parler, & voyans son sçavoir, estre disposé à telles allegations, nous voulusmes nous accommoder à l'aureille de celuy qui avoit à nous escouter: tout ainsi comme l'on dit que le bon Cuisinier doit appareiller ses viandes au goust de son maistre. Or puis qu'il a pleu à Dieu l'appeller à soy, je desire aussi qu'avec luy, soit ensevelie ceste nouvelle maniere d'eloquence, en laquelle pendant que nous nous amusons à alleguer les anciens, nous ne faisons rien d'ancien. Je m'asseure, que si par les premieres remonstrances qu'aurez à faire, vous observez ceste leçon, vous recevrez une infinité de contentemens: & que tout ainsi que ces secondes, passent, d'un entrejet, les premieres; aussi les troisiesmes, auront de grands advantages sur les deux autres. Je ne dy pas que, par fois, au milieu d'un long discours, on ne puisse citer une authorité ou passage, mais il faut que cela ne soit affecté, & que soyons si necessitez de le faire, que l'obmettans, nous aurions perdu une bonne partie des nerfs de nostre intention: & quant à ceste pluralité d'allegations, il me semble que nous la devons craindre & fuir, comme le nautonnier, un escueil. Je sçay bien que vous me direz que Monsieur le President de Pibrac, l'une des lumieres de nostre siecle, en a usé comme vous faites, estant Advocat du Roy: je le vous accorde, mais en cecy il s'est laissé aller à la mercy de l'infelicité de nostre aage, & de ce que l'on a trouvé le plus beau, ores qu'il soit tres-laid. Suffise vous, que luy Tolousain, ait exercé ceste eloquence en nostre ville de Paris, & que vous Parisien, ayez faict le semblable, sur les lizieres de son païs, ce n'est en faisant, c'est quitte à quitte. De ma part, je seray tousjours du nombre de ceux qui embrasseront ce qu'ils verront avoir esté approuvé d'une bien longue ancienneté, c'est à dire les œuvres de ceux qui pour leur bien-seance se sont perpetuez jusques à nous. Ne pensez pas que je ne sois quelque-fois tombé sur ce mesme discours, avec Monsieur de Pibrac, non pas si ample que cestuy, lequel pour toute responce me coucha d'un Plutarque, qui semble faire le semblable: mais il y a bien grande difference, entre celuy qui enseigne par livres, ou qui harangue en public: entre celuy qui traite la Philosophie, & en bailles preceptes, & celuy qui parle devant un Senat: entre celuy (dyje) qui veut paroir lettré devant le monde, & l'autre qui veut estre veu Orateur. Et neantmoins encores, ne trouverez-vous Plutarque si prodigue en ses allegations, comme nous. Ce que je vous escris, est par forme de devis, & non que je vueille estre creu; vray que je souhaiterois qu'en voulussiez faire l'essay, vous priant me pardonner l'honneste liberté que j'apporte en vostre endroict, usant de vous, comme d'un autre moy-mesme; car tout ainsi qu'estant avec vous, je ne me lasse jamais, aussi, absent avez-vous ceste puissance sur moy, que vous escrivant je ne me lasse de vous escrire (ores que je sois paresseux en ce sujet, envers les autres) voire jusques à vous rescrire non une lettre, ains un livre, si le sujet s'y presentoit. Mais à propos de livre, il me faut changer de chance. On a, depuis vostre partement, imprimé nostre Pulce de Poitiers; avec tant de diligence qu'il ne fut rient fait de gaillard à nos grands Jours de Poitiers, que l'on n'y ait compris: & en a-l'on fait deux livres: l'un, où l'on comprend seulement les Blasons faits sur la Pulce, qui nous portera, à ce que je voy, sur ses ailes, jusques par dessus les nuës; & en l'autre, la diversité des autres Poësies, qui furent faites à mesure que ceste Pulce picquoit diversement nos esprits. Je ne sçay qui en a esté l'ordinateur (car le Libraire ne me l'a voulu dire) mais je croy que cela vient de la boutique de mes Dames des Roches: tant y a, que vous ne croiriez pas que cest œuvre est bien recueilly, pour avoir esté façonné de tant de nobles entendemens. Quant aux nouvelles de nostre Palais, il est advenu maintenant le contraire de quelques années passées, esquelles nous avons veu continuation de Parlement, pendant les vacations: & maintenant nous avons eu, depuis la S. Martin, continuation des vacations, jusques à huy: cecy s'est fait par le moyen de l'Edict des consignations des procez que l'on a renouvellé, avec clause expresse, que là où un Procureur aura occupé pour une partie, sans avoir consigné, il sera condamné, sans deport, en son propre & privé nom, par emprisonnement de sa personne, de payer la somme de vingt & deux escus, un voulusticrs. Les Procureurs estimans que ceste clause alloit du tout à leur ruine, ont faict protestation publique en pleine Audience, de ne vouloir occuper sous ceste charge: la Cour ordonna que les plaidoyeries fussent ouvertes dès le lendemain, & qu'elle en feroit remonstrances au Roy. Nul Procureur ne s'y est voulu trouver, jaçoit que le premier Huissier ait esté, de banc en banc, advertir les Procureurs, que si aucun d'eux vouloit audience, il l'auroit. Le Roy, d'un autre costé, demeure fiché en son opinion, & dit que les amendes luy sont acquises; voire depuis que l'Edict fut publié, qui fut lors qu'il vint en personne, au Palais: vray qu'il n'avoit esté executé à faute de partisans, lesquels se sont trouvez depuis ces dernieres vacations: vous diriez, proprement, qu'avec la mort de feu Monsieur le premier President, soient aussi mortes les plaidoyeries, & que nous en celebrions maintenant les obseques. Aux derniers grands Arrests qui fermerent le Parlement, on publia l'erection du siege Presidial de Clairmont en Auvergne. Aux premiers grands Arrests qui ont esté publiez en robbe rouge au Parlement où nous sommes, qui fut à Noël dernier, on a verifié une autre erection d'un autre siege Presidial, dedans la ville de Beauvais. Il y a plusieurs autres Edicts qui sont en branfle sur le bureau, mesme celuy de XIII. mil Sergens, par tout ce Royaume: je ne pense pas, qu'il doive passer; car s'il avoit lieu, il effaceroit la memoire des onze mille diables, dont on parloit du temps de nos bons vieux peres. Ce temps pendant, nous attendons avecques grande devotion, Monsieur le premier President, & Monsieur l'Advocat de Tou, ce jourd'huy ou demain, pour le plus tard. Je croy que leur opinion est, d'arriver precisément aux festes de Noël: & demeure chacun grandement suspens, quelle mutation apportera leur retour. Monsieur le Procureur general a esté surrogé en l'estat de President par la promotion de Monsieur le President de Harlay, au premier: & d'une mesme suite, Monsieur du Chault, son fils, entre en l'exercice actuel de celuy de Procureur general. Le bruit commun court que Monsieur le President de Pibrac, se veut demettre du sien, és mains de Monsieur l'Advocat de Tou. Je croy que vous vous contenterez de toutes ces nouvelles pour le present, desirant mettre fin à la presente, par rencontre tout autre que celle qui est au bout de vos lettres, d'autant que m'escrivez que l'audience du lendemain vous fait clorre. Et quant à moy, le loisir où je suis plongé, fait que je ne me puis estancher. A Dieu.

FIN DU SEPTIESME LIVRE.

LES LETTRES
D'ESTIENNE PASQUIER
Conseiller & Advocat General du Roy en la Chambre des Comptes de Paris.

LIVRE HUICTIESME.

LETTRE I.

A Monsieur Piton, Seigneur de Savoye, Procureur General du Roy en la Chambre de Justice de Guyenne.

Par ceste lettre il discourt la forme qu'il a tenuë ant au commun cours de ses estudes que des exercices de son estat.

Uis que la pierre en est jettée, elle ne se peut revoquer. Et quand j'aurois à le refaire, encores ferois-je le semblable. Non que je ne sçache bien que n'estes pas seul qui pouviez trouver mal seant que j'employe quelques heures à faire des Epigrammes Latins ; car aussi l'avois-je dés pieça pressenty. Et de fait, par l'Epistre liminaire que j'addressay à feu Monsieur le premier President, je touchay nommément ceste corde, par forme de preoccupation : ni pour cela je n'ay peu onques me divertir d'en composer, & moins de les mettre en lumiere, quand j'ay estimé que le Livre le meritoit. Ne me

Les fautes de la vieillesse.

nez pas du nombre de ceux qui avec l'aage vueille changer ce naïf que le ciel a infus dans moy ; tout ainsi que les ans ne m'ont, graces à Dieu, apporté surot ni malendre au corps jusques à huy, aussi ne m'ont ils plus apporté ce chagrin qui nous accompagne ordinairement sur le declin de nostre aage. Je ne suis encores de ceux qui se voüent du tout à loüer le temps de leur jeunesse, au desavantage du present. J'excuse fort aisément tout ce qui se faict par les jeunes gens, me souvenant avoir esté autrefois tel qu'ils sont. Je dirois volontiers l'estre encor, mais ma barbe m'en dementiroit. Et quand ces melancoliques discours me viendront assieger l'esprit, pensez que je seray lors sur le poinct de trousser bagage, ores que je me trouvasse bien disposé de tous mes membres ; car j'estimeray, adonc, mon esprit s'affaisser, & par mesme moyen, mon corps, pour la correspondance qu'il y a

de l'un à l'autre. Mais pourquoy, je vous prie, peut-on trouver mauvais que, sur mon Automne, je represente des fleurs, la plupart desquelles sont nées dans mon Prin temps ? Nature ne le permet-elle point ? Au contraire, c'est en quoy les fleurs de nos esprits surpassent celles des saisons de l'année ; car s'il y avoit des fleurs qui creussent dans nos jardins sur la Prime-vere, & qu'elles peussent conserver leur naïfue odeur, jusques en l'Automne ou l'Hiver, vray Dieu ! qui seroit celuy qui ne les cueillist avec grand soing, d'une main mignarde ? Quant aux fleurs qui naissent de nos esprits, plus elles sont gardées, & plus elles se rendent recommandables, comme celles, esquelles, de jour en jour, nous apportons quelque odeur. Ce mot de, jardin, me faict icy ressouvenir, quelle fut ma premiere deliberation lorsque j'arrivay au Palais ; car tout ainsi que nous diversifions nos jardins, de cecosté là d'un parterre & compartiment de fleurs soüefues & odoriferantes, icy d'un plant d'arbres qui rapportent des fruicts, là d'une potagerie qui regarde la necessité du mesnage, meslans par ce moyen, le plaisir avec le profit, aussi ay-je voulu mesnager mes actions, tantost en ce qui appartenoit à la necessité de mon estat, pour subvenir à moy & aux miens, tantost d'estude serieuse, puis de joyeuse, me joüant diversement, de mon esprit : sans que le plaisir m'ait jamais faict mettre en oubly ce qui estoit de mon estat, ny que l'exercice de mon estat m'ait faict oublier rien du contentement que je prens à ces gentillesses & gaillardises d'esprit. Lors que j'arrivay au Palais, ne trouvant qui me mist en besongne, & n'estant né pour estre oiseux,

Les fleurs de nos esprits passent celles des saisons.

Conseil que Pasquier a suivy en ses actions.

je

Le Monophile faict par Pasquier estant fort jeune.

Recherches de la France.

je me mis à faire des livres, mais livres conformes à mon aage, & à l'honneste liberté que je portois sur le front : ce furent des dialogues de l'Amour sous le nom du Monophile, lequel je ne voy point estre vieilly en l'opinion des nostres; car encores court-il aujourd'hui entre les mains de beaux esprits de la France, comme sur son premier advenement : de là meurissans mes conceptions, avec l'aage, je me mis à rechercher les anciennetez de nostre France, en quoy je me fais accroire avoir fait quelque avancement, puis que vous mesmes en avez porté tesmoignage pour moy, en vostre traicté des Comtes de Champagne. Bien puis-je dire que plusieurs, à ma suite, se sont mis à faire le semblable : & croy que vous serez d'accord, qu'il y en a peu, qui n'ayent pris quelque chose de moy, à face ouverte, ce que je n'envie point à ceux qui liberalement le recognoissent, mais quant aux autres qui le taisent ; je le leur donne sur leur conscience, l'imputant à un vray larcin; & à vray dire, cela a esté cause que des six livres que j'avois promis, je n'en ay mis en lumiere que deux, non que je n'aye satisfait à ma promesse ; car j'ay les quatre derniers, par devers moy, je vous ay communiquez, mesme celuy qui concerne la discipline Ecclesiastique de France, & les privileges de nostre Eglise Gallicane, auquel je pense avoir employé tout ce qui estoit de bon & de beau pour ce sujet. Le temps, peu à peu, m'apresta tel lieu & avancement entre mes compagnons, que je puis maintenant tenir. Ni

Quelques causes solenneles & toutes publiques plaidées par Pasquier.

pour toutes ces estudes particulieres, je n'ay laissé de m'employer aux plus belles causes, quand les occasions s'y sont presentées, tesmoin celle des Jesuites, que je plaiday pour l'Université de Paris : tesmoin celle d'Arconville : tesmoin celle de Martigue : tesmoin celle d'Angoulesme de l'an cinq cens septante six. Et encores celle que nous plaidasmes par quatre divers jours pour les Paracelsistes, encontre la faculté de Medecine : afin que je vous en laisse plusieurs autres, que je ne me suis icy proposé de vous bailler par inventaire. Et neantmoins je vous puis dire, qu'au milieu, tant de ces causes, que de l'estude que j'ay mise aux anciennetez de nostre France, je n'ay laissé de faire un vers, tantost François, tantost Latin, selon que l'objet m'en presentoit l'invention, ces vers m'estoient ce qu'aux autres, un jeu de prime, de flux, de glic, de renette, de triquetrac, ou de lourche, voire que lors que l'aage me commanda de m'esloigner aucunement de mes causes, je commençay à baisner

Versquel temps il se mit à faire des Epigrammes Latins.

dedans mon lict, une & deux heures de nuit, à composer des Epigrammes Latins, qui me servoient de resveil-matin, au lieu de mes causes : tellement que si c'est folie de m'estre addonné à ce sujet, encores m'estimerez-vous plus fol quand vous entendrez, depuis quel temps : jamais n'avoit esté depuis mon retour des Universitez, que je n'eusse aucunement aimé la Poësie : le premier qui m'y invita, fut Monsieur Sibilet, nous estans en Italie, quelque temps après qu'il eut mis en lumiere son livre de l'art Poëtique François : toutesfois mes occupations & affaires qui se presentoient en mon estat, ne me permettoient pas d'y vacquer à telles enseignes que j'ay depuis faict. En l'an mil cinq cens soixante-quatorze, j'avois en mon logis, feu Monsieur de Marilhac, jeune homme (depuis, Conseiller en nostre Cour de Parlement) des estudes duquel j'avois esté controlleur, dés sa jeunesse, pour l'amitié qui estoit entre son pere & moy ; par ce que, luy estant au college, je donnois ordre de l'avoir à disner, de fois à autre, chez moy, comme un mien enfant, & luy faisois rendre raison de sa leçon, & de ses compositions : quoy faisant, j'acquis, à la longue, un tel respect de luy à moy, qu'il m'honnoroit comme son pere, & tenoit mes exhortations & remonstrances pour commandemens : dés lors de ses jeunes ans je luy conseillay de s'addonner sur tout autre Poëte, à la lecture d'Horace, comme le plus moüelleux & sententieux, qui ne tomba pas en aureille sourde ; car je vous puis dire qu'il le sçavoit & entendoit autant que nul autre de nostre aage : quand il fut de retour des Universitez, pour tesmoignage plus grand d'amitié que j'avois à sa famille, je le pris,

Monsieur Sibilet donna les premieres instructions de la Poësie Françoise à Pasquier.

de main souveraine, avec moy, encores que Monsieur de Ferrieres son pere y resistast, craignant que cela ne me tournast à importunité, comme il estoit homme respectueux le possible envers ses amis. Il seroit mal-aisé de dire combien ce bel esprit apporta de resveillement au mien. Il n'y avoit jour qu'il ne me saluast de quelque belle question, ores de droict, ores d'histoire, ou de quelque noble invention, tantost en vers, tantost en prose, mais vers du tout Horatiens, m'ostant, par ce moyen, une partie du rouille que la longue habitude du Palais m'avoit apporté, en tel sujet. Sur le moule de son esprit, je veux patronner le mien : le malheur voulut que le Seigneur de la Mole fust executé à mort en l'an mil cinq cens septante quatre, lequel avoit employé une bonne partie de la vie aux delicatesses de la Cour, prés des Princes & grandes Dames : je donne advis à ce jeune homme de faire un Epitaphe Latin de luy, & de se jouer sur son nom, qui se rapportoit aucunement à ses mœurs, & qu'il le fist en vers d'onze syllabes (à la Catullienne) qui sont les plus mols : il met les mains à l'œuvre, faict des vers tels que je luy avois dict, mais d'un stile d'Horace, qui n'a rien de rencontre avec celuy de Catulle, au moyen dequoy, je m'advisay de faire moy-mesme ce que je luy avois conseillé : & de faict je dressay cest Epitaphe, qui est imprimé avec mes autres Epigrammes, j'en fais present à Monsieur de Voulzé Maistre des Requestes, qui le donna à feu Monsieur le premier President, lequel se delectoit de toute chose d'esprit : il passe d'une main à autre, chacun y trouve dequoy se contenter : il n'est pas qu'il ne fust envoyé à Monsieur de Pibrac à Polongne, lequel, à son retour, me le loüa grandement, ne sçachant que je l'eusse faict : je commençay lors à me chatouiller, puis que tant de gens d'honneur me flattoient. Pour le vous faire court, il renaist en moy un nouveau desir de faire des vers Latins. Je n'en avois encores perdu la veine. Le cœur agité mon esprit, l'esprit ma main, la main ma plume. S'il s'offroit, le jour, quelque nouvelle invention, la nuict je la mettois en œuvre, & le matin je la redigeois par escrit. J'en fais un recueil & amas avecq d'autres de ma jeunesse. Qui est en somme, ce dont j'ay faict present au public, dont vrayement je ne me repens, car pourquoy m'en repentirois-je, si ce gen-

Pline second grand Orateur de son temps fit des Epigrammes.

til Orateur Pline second, servir les siens de telles gaillardes inventions ? Ce siecle là, & celuy de devant, & long-temps après, portoit, que les Epigrammes fussent plus lascifs, que nous ne les faisons maintenant, comme nous recueillons de plusieurs Poëmes de Catulle, Virgile, Martial, Ausone : c'est pourquoy ils eurent tous grande peine d'excuser, chacun en son endroit, les pudeurs & hontes de leurs vers.

Les anciens Romains estoient plus lascifs en leurs Epigrammes, que n'ont esté ceux qui leur ont succedé.

Nam castum esse decet pium Poëtam
Ipsum (disoit Catulle) *versiculos nihil necesse est.*

Et Martial.

Innocuos censura potest permittere lusus ;
Lasciva est nobis pagina, vita proba.

Lequel dernier vers, avoit esté premierement trouvé par Pline, comme nous atteste Ausone en ses Idilles. En quoy l'on voit qu'il ne s'y espargna non plus que les autres. Pareille excuse trouvez-vous dans le mesme Ausone :

Nostra simul certant variis Epigrammata nugis,
Stoicus has partes, has Epicurus agit.
Salva mihi veterum maneat dum regula morum,
Ludat permissis sobria Musa jocis.

Vray qu'en cecy il s'abusoit ; car quelque sage & grand personnage qu'il fust, si luy eschapperent de la plume, plusieurs traicts qui eussent esté aussi bons, & meilleurs, teus, qu'escrits. La posterité plusmodeste quitta tels Epigrammes pleins d'ordure, mais en leur lieu, les Poëtes se mirent en bute, des dames qu'ils loüoient & solennizoient, par leurs vers ; tels furent Marulle, Politian, Pontan,

Pontan, Sannazare, Jean Second, Beze, Buccanan, Scaliger & autres : & pour ceste cause, Marulle au premier de ses Epigrammes disoient :

Sit procul à nostris obscœna licentia scriptis,
Ludimus innocua carmina mentis opus.
Utque nec arma virûm, nec magni orientia cœli
Signa, nec immensum mundi aperimus opus,
Quid pluat, unde homines, quæ vis maria inficit alta,
An Deus, manes, an Phlegethontis aquæ :
Sic juvat in tenui, legem servare pudoris,
Et quæ non facimus dicere facta, pudet.
Sit satis atratos crineis laudare Neæra,
Sit satis in duram multa queri dominam.
Et facere iratum sævo convitia amori,
Nec nisi de Scythica credere rupe satum.

Je me suis composé, à l'imitation de ces derniers, m'estant donné une maistresse, pour servir d'assortissement au demeurant de mes Epigrammes. En quoy je ne pense avoir faict folie, non plus que ce grand Petrarque & Bembe Italiens ; & entre les nostres, Ronsard, Bellay, & infinité d'autres gens de nom. Au contraire, je me persuade d'estre, d'icy en avant, compté pour le huictiesme Sage : Car il est certain que Solon ce *Solon &* grand legislateur d'Athenes, que l'on met entre les sept *Platon* Sages de Grece, escrivit livres d'amourettes, en vers ; *ont escrit* & apres luy, ce grand Philosophe Platon, en prose, *des li-* avec lesquels j'aimeray mieux estre mis au rang des fols, *vres* que estre en opinion de sage, au milieu de la populace. A Dieu. *d'amour*

LETTRE II.

A Monsieur Bigot, Seigneur de Tibermenil, President au Parlement de Roüen.

il desire d'entendre d'où vient l'anciennecé de la Fiertre de S. Romain à Roüen.

Quand je vous escrivis, dernierement, pour le Seigneur que sçavez, & ses beaux freres, je ne fis jamais de doute que ma requeste ne fust par vous enterinée, non seulement pour l'amitié qui est dés pieça contractée entre nous, & en l'aage (si ainsi voulez que je le die) de nostre innocence, qui me semble surpasser d'un long entrejet toutes celles que nous avons, depuis, embrassées, mais aussi pour la justice de la cause qui se presentoit devant vous ; car encores que le fait de soy fust irremissible, pour avoir esté commis de guet à pens, à port d'armes, & assemblée illicite, & autres telles circonstances qui rengregoient grandement le meurdre, si est-ce que puis que le privilege de vostre Fiertre est introduit pour acquerir pardon & oubliance de tels actes, je croy qu'entre ceux qui se presentent en vostre ville, il n'y en eut jamais un plus excusable que cestuy, entre les inexcusables ; parce que selon les loix de la Noblesse de France, il sembloit que ceux dont je vous escrivy, devoient une juste vengeance à la memoire de leur pere, qui avoit esté homicidé par celuy que depuis ils tuerent. Mais pour vous dire en un mot, encores que j'aye tracé ceste lettre, pour vous remercier de la faveur que leur avez faite en ma faveur, si ne recevrez-vous de moy une action de graces planiere & absoluë, que ne m'ayez auparavant esclaircy d'où procede ce privilege, & quelle en a esté l'anciennecé & continuation, ne me pouvant bonnement resoudre comment il se peut faire, qu'un si homme de bien, comme fut vostre Sainct Romain, produise un effect contraire à sa saincteté, je veux dire que sa saincteté, soit comme une franchise des meurdres les plus detestables. S'il vous plaist me mander comme cela est arrivé en vostre ville, & l'ordre que vous y tenez, j'en feray un ambleëme, en quelque endroit de mes Recherches. Et avec ce, je souhaiterois aussi, grandement, de sçavoir d'où viennent vos jeux de l'Annonciade, esquels j'entends que faites un jeu de prix, en faveur de ceux qui ont mieux versifié. Voyez, je vous prie, de quelle façon je trafique avecques vous, c'est pis qu'en la maniere des marchands, lesquels acquittans leurs vieilles obligations, prennent nouvelles marchandises, à credit ; car sans m'acquitter des anciennes, je veux que m'en accroissiez de nouvelles. Ce n'est pas par un privilege de vostre Fiertre, que j'en use de ceste façon, ains par celuy de nostre ville de Paris, qui est d'estre, mal à propos, importun. Je sçay bien que la multitude des affaires dont estes accablé ne vous baillera, peut-estre, le loisir de me l'escrire, mais ce sera fait œuvre grandement meritoire, & digne d'un bon Chrestien, de lever ce scrupule de ma conscience. A Dieu.

LETTRE III.

A Mademoiselle de la Herbaudiere.

Il remercie la damoiselle de la Herbaudiere de quelques vers

Je ne me sçaurois assez revanger de l'honneste obligation que j'ay en vous, prenant la peine à exciter par vos vers, un cerveau alengoury, en quoy pour vous dire la difference qu'il y a entre vos belles inventions & les miennes, je recognois les vostres provenans d'un esprit gay, & qui est en sa Prime-vere, ressembler à des fleurs diaprées du Printemps, & les miennes aux fleurs Automnales fennées. Parquoy si en ce que je vous envoye, vous trouvez dequoy contenter vostre esprit, *qu'elle* vous ne m'en imputerez, ains à vous, qui sçavez remuer *luy avoit* en moy des humeurs sourdes & accroupies, lesquelles *envoyez, eux* me commandent dés pieça, mesmes depuis que je suis *estans* arrivé en ceste ville de Troye. Et s'il y a chose mal faicte, *aux* vous la rejetterez aussi bien sur vous, pour avoir mieux aimé *grands* mal faire en vous obeïssant, que de tout ne satisfaire à *Jours de* vos commandemens. A Dieu. *Troye 1583.*

LETTRE IV.

A Monsieur de Taix, Abbé de Basse-fontaine, & Doyen de l'Eglise de Troye.

Il se gausse avec Mr de Taix tres docte homme, au-

Je suis Advocat, le jour, & Poëte, la nuict ; c'est pourquoy ayant, ceste nuict, produict un champignon, je le vous envoye, non pas pour le digerer (car D l'usage des champignons est defendu par les Medecins) *quel il* ains pour le voir tant seulement : vous y adjousterez *envoye quel-* telle polissure que merite une chose brusque, mais à la *ques vers qu'il avoit faits,* charge *&c.*

charge que je veux en contr'eschange, d'une mesme main, vos deux vers, & comme l'on dit, en baillant, baillant : où je vous feray paroiftre que n'avez pas affai- re avec un petit creancier, qui fait l'Advocat & le Poëte tout enfemble. A Dieu.

LETTRE V.

A Monfieur de Pincé, Advocat au Parlement de Paris.

Pafquier ayant fait le premier des fonnets deffufdits & le fieur de Pincé, le fecond ; Pafquier rechargea, de ce troifiefme, & de l'epiftre qui le fuit.

SI ce n'eft un Enigme, & bien, dy moy de grace,
Dy-moy, Pincé, que c'eft, d'autant que tout ainfi
Comme tu le voudras, je le voudray auffi,
Et gay je te fuivray pas à pas à la trace :
Le Peintre voirement d'une meilleure grace
Couvrant dans fes deffeins quelque plus haut foucy,
Nous fit, non un Enigme, ains un miracle icy,
Que la pofterité bruira, de race en race.
C'eftoit un Dieu caché qui guidoit fon pinceau,
Quand il cacha les mains de Pafquier, au tableau,
Pour efclorre de vous cefte celefte envie,
Qui par vos mains fait vivre une main qui n'eft pas,
Qui fait que cefte main, tout d'un mefme compas,
La recevant de vous, donne aux autres la vie.

En ce mot efclorre, je vous envoye ce Sonnet que j'ay efclos, cefte nuict, pour refpondre à celuy qu'il vous avoit pleu de faire, & par lequel refpondez à un autre que j'avois fait auparavant, où je parle de la Venus qui avoit efté peinte par Apelle. Je recognoiftray que ma refponfe devoit eftre plus promptement faite, mais pour ne me faire plus brave que je ne fuis, je vous advife que je ne fuis pas maiftre de mon efprit, il eft mon maiftre, & ne fais que ce qu'il luy plaift, & quand les opinions luy en prennent, auffi que je fçay que vous eftes du nombre de ceux que vous payez de cefte ancienne monnoye, *Sat citò, fi fat bene*. Jufques icy vous & moy avons befongné par demande, defenfes, & replique. Je m'affeure que ne faudrez de m'envoyer bien toft vos dupliques, eftant d'un efprit fertil, & abondant en mille belles inventions, plus que nul que j'aye jamais veu de voftre aage : mais je vous declare, dés à prefent, que je n'y feray nulle refponfe, parce qu'en termes de pratique, on ne permet pas aux parties de fournir de Tripliques. Je vous donne le bon jour, & me recommande à vos bonnes graces. A Dieu.

LETTRE VI.

A Monfieur Pafquier.

Lettre de Mr Neveles feigneur d'Ofche, à Pafquier.

J'Ay tranfcrit les Phaleüces que je vous monftray hier ; c'eft un mien enfant, que je vous envoye, plus pour fatisfaire à voftre volonté, qu'à la mienne : s'il offenfe voftre veuë, prenez-vous en à vous feul : Je n'oferois vous prier de l'agencer plus proprement ; & au lieu de fa lourdife, luy apprendre fon entregent, craignant que cela fuft toucher à l'impoffible : toutesfois s'il vous plaift jetter feulement l'œil fur luy, j'efpere qu'ayant honte de fes imperfections, il apprendra une contenance plus modefte, & plus affeurée ; mais fi vous y mettez tant foit peu la main, je fuis feur que revenant vers moy, je le mefcognoiftray : tout tel qu'il eft, je le vous prefente, ne me fouciant pas beaucoup du traittement qu'il pourra avoir de vous ; car je fçay qu'il fera trop hautement recompenfé de s'eftre offert à vous, fi vous daignez feulement le recevoir. L'efpreuve que ferez de luy, fi tant eft qu'en preniez la peine, fe trouvera plus certaine, que celle que les habitans, au long du Rhin, faifoient de leurs enfans, fi toft qu'ils eftoient venus au monde. Je ne m'ofe promettre que ceftuy, foit pour endurer la froideur de l'eau, & remonter au deffus, s'il n'eft plongé dans la voftre, c'eft à dire, de celle qu'avez puifée dans la fontaine des Mufes. A Dieu.

LETTRE VII.

A Monfieur Nevelet, Seigneur d'Ofche, Advocat en la Cour de Parlement de Paris.

En refpondant à l'autre lettre il loüe la beauté de l'efprit de Mr. Nevelet.

PUis que m'avez permis de ce faire, je vous renvoye vos Phaleüces, aucunement accouftrez de ma livrée. La pauvreté eft fort fupportable quand elle ne procede que d'une trop grande abondance ; auffi difent les Medecins, que la maladie eft beaucoup plus aifée à guerir, qui procede de noftre trop grande repletion, qu'exinanition & vuidange : toutesfois voyez fi le defaut que j'y ay trouvé, ne procede pluftoft de moy, que de vous, & qu'ayant l'eftomach trop foible pour les digerer tout en coup, j'en aye voulu faire trois plats : quant au premier, j'y ay adjoufté quelques traits, qui pafferont derechef par voftre lime : pour le regard du fecond, je n'y ay rien du tout changé : mais quant au tiers, je penfe avoir faict, non feulement, acte d'un bon Poëte, ains d'un bon Advocat, d'avoir non feulement empefché le procez qui s'alloit encommencer entre l'un des chefs de noftre ordre, & vous ; mais de vous avoir faict rencontrer, & fi ainfi voulez que je le die, faict toucher à la main, l'un de l'autre ; Je vous prie me pardonner ce que j'en ay faict, & le rejetter fur vous ; car je ne prens pas grand plaifir d'eftre ingenieux fur les œuvres d'autruy. Et ne l'euffe entrepris, fi ne m'euffiez femonds de ce faire. A Dieu.

LETTRE VIII.

A Monsieur Pasquier.

Lettre de Mr Taix, Abbé de Basse-fontaine à Pasquier, où il s'excuse de ce qu'ayant esté convié par Pas-

LA religion dont j'use en l'observation de la foy que je donne à ceux qui m'honorent de leur amitié, est cause que je ne puis, ce matin, assister à vostre festin. Vous m'en excuserez, s'il vous plaist, & croirez que c'est bien à mon grand regret; car par la lettre qu'il vous pleut, hier, m'escrire, je juge aisément que ce banquet sera accomply de toutes ses parties : vous avez jà encommencé par le choix & nombre des convives, que vous avez fait passer de trois jusques à neuf, & ne fais doute, que les bons propos & viandes ne suivent de mesme. Si, toutesfois, il faut que *sibi omnes sint διωφέλεις καὶ ἀφλεμάντοι*, vous pourrez estre taxé, de servir des aureilles & pieds de pourceau, mais un Medecin Juif se fit Chrestien, pour manger du lard, vous en pourra faire dispenser aisément; car il se donna, au feu Pape Pie IV. & croy qu'il vit encores; s'il ne le fait, mes deux bouteilles de vin blanc, vous en laveront : je prie Dieu que le trouviez bon & meilleur que le petit Distique que je vous envoye; quant au vers Grec, je sçay bien qu'il ne vaut rien, mais je suis bien aise de gazoüiller ainsi, afin de vous faire croire que je parlerois & chanterois, volontiers mieux en vostre loüange, si je pouvois. Mais vous prendrez, en cecy, la volonté pour l'effect. A Dieu.

quier, disner, il ne pouvoit s'y trouver.

Debita Paschasium si quis sibi munera cogat
Sumere, eum centum cogat habere manus.

LETTRE IX.

A Monsieur de Taix, Abbé de Basse-fontaine, Doyen de l'Eglise de Troye.

Il respond à la precedente lettre par forme de gausserie.

VOus n'en serez pas quitte à si bon marché, que deux bouteilles de vin puissent jamais laver la faute, par vous commise. Nous sommes en un temps des Grands Jours, où l'on chastie, aigrement, les vrais contumax, & mesmement, par saisie & annotation de leurs biens. Je sçay bien que voudriez vous prevaloir du privilege ancien des Clercs, qui deffendoit de saisir leurs meubles, mais ceste loy est dés pieça ensevelie dans le cercueil d'oubliance. Attendu mesmement que vostre contumace est tant affectée, que *ne ipsa quidem salus salvum te faciat*. Ce n'est point un Procureur General qui vous attachera, ce sont ceux-mesmes, sur lesquels establistez plus grands fonds d'amitié. Comment ? faillir en un besoin, à son amy, luy denier son assistance, & puis masquer ce defaut d'une religion, dont on se vante user en l'observation de sa foy ? Vray Dieu quelle impieté, de voiler une si grande faute, du masque de religion ! Et vrayement, il y a autant & plus de faute en proposant les faits que pensez servir à vostre justification, comme en la faute mesme, & qui rengrege davantage ce mal, c'est que pensez me charmer, par deux Carmes, qu'avez faits en ma loüange; & davantage, cuidant vous garantir par corruptions, vous m'avez envoyé du vin, estimant que par ceste boisson, comme par un nouveau poison, vous lierez ma langue, estouperez mes aureilles, assoupirez, comme un autre Circé, tous mes sens, pour me faire mettre en oubly, & sous pieds, le tort que vous me tenez : mais il en adviendra tout au rebours de vostre opinion; car de ma partie, je ne dy jamais mieux, qu'à la suite du bon pere qui cultiva premier la vigne.

Fæcundi calices quem non fecere disertum.

Je vous escris maintenant un peu froidement : mais par le seul eschantillon, vous pourrez vous rendre capable, de quelle force seront mes esprits, pour vous assaillir, quand je les auray rechauffez de ceste saincte vegetative, qui fait vivre nostre sensitive : la seule apprehension que j'en ay, donne presque carriere à ma plume, pour taxer justement, un Taxeus, ou pour mieux dire, Saxeus. Toutesfois je me contenteray maintenant d'un *Quos ego? Sed motos*, &c. Quant au surplus, n'attendez aucun remerciement, & moins encores salutation de celuy qui a juré une vengeance contre vous, jusques à ce qu'ayez expié la faute. A Dieu.

LETTRE X.

A Monsieur Binet, Advocat en la Cour de Parlement.

Il envoye à Mr Binet tant l'Apologie que l'Ode qu'il avoit faite sur sa main.

EUssiez-vous jamais estimé, que ma main eust deu servir de si belle bute, sur laquelle tant de nobles mains, eussent voulu decocher leurs fleches ? On raconte que Domitian, pour faire paroistre combien il estoit bon archer, se fit mettre une main devant soy, & les doigts estans ouverts sceut tirer si à poinct, entre deux, que la main ne fut offensée : le contraire m'est icy advenu; car il n'y a celuy qui n'ait dextrement donné atteinte à ma main, & neantmoins non seulement elle n'en est demeurée offencée, ains grandement ennoblie; & d'autant que je sçay que par une beauté d'esprit, qui est née avecques vous, prenez plaisirs aux choses belles, j'espere vous envoyer, par le premier, une bonne partie de tout ce qui en a esté faict : cependant vous recevrez pour le present porteur, mon Ode, ensemble l'Apologie que j'ay faite de la main; mais à la charge que la lisant, vous ne vous mocquerez, si sous le personnage d'un tiers, je me donne plus beau jeu que je ne devrois, parce que lors que je l'ay tracée, j'avois l'esprit espris d'une verve Poëtique, & vous, qui faites profession de Poësie, sçavez combien les Poëtes s'en font accroire, quand il est question de se haut-loüer. Au fort, si je ne suis tel que je dis, vous penserez que je le voudrois bien estre. A Dieu.

AUX INGENIEUSES MAINS QUI ONT honoré la main de Pasquier, de leurs vers.

LE Peintre qui dans son tableau
Cacha mes mains sous le rideau,
Traçant seulement mon visage,
Bien qu'il ait appresté à maints
Subjets de parler de mes mains,

Ne fit onc un si bel ouvrage.
Il ne m'a pas ainsi retrait,
Pour ne pouvoir par ce pourtrait
Figurer une main trop rare
(Comme aucuns ont voulu toucher)
Moins encor voulut-il cacher
La pudeur d'une main avare.

Tout cela ce sont vains escrits
Dont se paissent les beaux esprits
Au despens de ma pourtraiture :
A l'un atteindre je ne puis,
L'autre noblement je le fuis
Comme une detestable ordure.

Mais bien d'un brave jugement
Ce peintre voila sagement
Mes mains flouëttes & non dignes,
Ne les voulant representer
A fin de ne les confronter,
Encontre tant de mains divines.

Ou bien peut-estre le hazard
Mille fois plus sage que l'art
Le reduisit en ceste faute,
Pour sur le tableau de vos vers
Faire courir par l'univers
Quelque pourtraiture plus haute.

C'est pourquoy tant de bons esprits
Ainsi comme en un jeu de prix,
Poinçonnez d'une saincte flame,
Voulurent par leurs beaux desseins
Donner à mon pourtrait des mains,
Ainçois à mon pourtrait rien ame.

Ainsi l'un se donna la loy
De loüer la fievre à part soy :
Et l'autre d'une plume riche
Peut-estre prendra le loisir
De trompetter à son plaisir
Quelques fois une face chiche.

L'autre d'un carme triomphant
Fait d'une mouche un elephant :
Si premier autheur je ne fusse,
Je vous raconterois qu'ainsi
Aux Grands Jours de Poictiers aussi
On voulut celebrer la Puce.

Ainsi vostre ravissant discours
Voulez honorer nos grands Jours
(De Troye la saincte seance)
Ayant seulement pris en main
Par un non usité chemin
De ma foible main la defence.

Vous tous par un loüable jeu,
Vous tous par un loüable veu,
Attachez à ma main des esles,
Pour luy faire prendre son vol
De l'un jusques à l'autre pol,
Ainsi qu'à vos mains immortelles.

Comme par le heurt de l'acier
Encontre le caillou grossier
On tire une courte flammeche,
Laquelle croissant peu à peu
Espand puis aprés un grand feu
Quand elle tombe en bonne meche.

Heurtans vos delicats esprits
Encontre le mien mal appris,
Vous alembiquez des bluettes,
Dont vos beaux papiers allumez,
Vos cœurs chaudement enflammez
Produisent un feu de Poëtes.

Qui d'un meilleur enclin guidez,
Qui en soy hautement guindez,
Pendant qu'ils faignent de pourtraire
La main qui ne l'a meritée,
Gravent dans l'immortalité,
De leurs mains le vif caractere.

Ainsi que la main de Zeuxis
Pour peindre une dame de prix

De mille beautez fut guidée :
Vous aussi d'un mesme discours
A mille mains avez recours,
Pour former d'une main l'Idée.

Ce n'est point sans plus mon pourtraict
Qui à ce sujet vous attrait,
C'est le Dieu, c'est le Dieu Cynthie,
Pere des esprits les mieux nez,
Qui vous a vers moy retournez,
Sous le nom de la loy Cincie.

Heureux vrayment heureux troupeau,
Qui au mont à double coupeau
Puisastes ceste belle envie,
Pour puis au giron de Themis
Faire teste à ses ennemis,
Et à la mal gisante vie.

De Phœbus genereux guerriers
Vous ceignez vos fronts de Lauriers,
Terrassans sous vos pieds le vice,
Monstrans que le brave Advocat
Ne fait point de l'argent estat,
Ains d'une plus noble avarice.

Que de soy-mesme guerdonneur
Il est chiche de son honneur,
Qu'à ce but rien ne le convie
Sinon l'amour qu'il a de soy,
Et non ceste fantasque loy
Que l'on appelloit la Cincie.

Peintre, ainsi comme tu me peins,
L'Advocat doit estre sans mains,
Non pas pour du tout rien ne prendre,
Mais bien par honnestes moyens
En bien defendant ses Cliens,
De la pauvreté se defendre.

APOLOGIE DE LA MAIN.

Au Lecteur.

L'On disoit anciennement que l'Afrique produisoit tousjours quelque chose de nouveau ; quant à moy il me plaist de dire que ce sont les Grands Jours : tesmoins ceux de Poictiers de l'an 1579 : tesmoins ceux de Troye, n'a guere, passez, en l'an 1583. Ceux-là, ayans produit une infinité de belles inventions sur le sujet d'une Pulce ; ceux-cy, sur un objet qui n'estoit point, je veux dire sur une main non peinte : & l'un & l'autre d'un mesme motif. Au regard de la Pulce, elle a pris son vol par la France : quant au Tableau dont est question, l'histoire merite d'estre racontée. La fortune a voulu que Monsieur Pasquier Advocat au Parlement de Paris, estant aux Grands Jours de Troye, sous la conduite de Monsieur le President de Morsan, personnage de tel merite & recommandation que chacun sçait, ayant rencontré un excellent Peintre Flamen, delibera de se faire pourtraire par luy : & comme il dressoit le premier crayon, Pasquier ne sçachant comme il estoit peint, dit au Peintre qu'il luy fist tenir un livre en ses mains, & non des gands, à quoy luy fut respondu par le Peintre qu'il y venoit à tard, & que le coup estoit jà frappé, d'autant qu'il l'avoit representé sans mains, & comme l'esprit de celuy qu'on pourtrayoit n'est gueres oiseux, mais né pour faire son profit de tous argumens qui luy viennent à gré, il dist lors à ceux qui estoient presens, que ce defaut luy avoit, sur le champ, apporté l'invention d'un Distique : & de fait, dés l'instant mesmes, le Peintre le tenant encores arresté, il fit ces deux vers, qu'il pensa devoir faire compagnie, à son Tableau :

Nulla hic Paschasio manus est, lex Cincia quippe
Caussidicos nullas sanxit habere manus.

Tellement qu'il representast, aussi tost, la naïveté de son esprit, comme le Peintre, celle de son visage. Là, quelques-uns ayans veu ce crayon, representer, au vif,
celuy

celuy que l'on avoit pourtrait, dirent au Peintre qu'il avoit si heureusement rencontré, que si ce Tableau estoit mis en monstre, il y en auroit plusieurs autres, ausquels prendroit aussi envie, d'estre peints: luy soucieux de son gain & de son honneur tout ensemble, ayant adjousté la derniere main à ce Tableau, l'expose, un jour, à sa boutique, aux yeux de tous. Ce pourtrait est veu par quelques passans. On y recognoist Pasquier au visage, & son esprit par ces deux vers. Il fait (si ainsi voulez que je le die) une procession, l'espace de vingt-quatre heures: aux uns agreant le visage, aux autres le Distique. Et comme les esprits des hommes sont divers, tout ainsi que Pasquier s'estoit dispensé de se jouër sur son pourtrait, aussi chacun diversement se donna la loy & loisir de le blasonner. Entre autres, Maistre Antoine Mornac Advocat, homme docte & d'une belle promesse, grand amy de Pasquier, donna le premier carriere à son esprit, sur ce Tableau, par une Epigramme, dont la teneur s'ensuit:

Paschasio pictis manus est occulta tabellis,
Ut nec eget sterili muta tabella manu:
Sed qui Paschasium dubia de lite moratur,
Caussidicos binas discit habere manus.

Cest Epigramme est apporté à Pasquier, toutesfois parce que la beauté d'iceluy, despendoit d'une conclusion qui estoit à deux ententes, & qu'en matiere d'Epigrammes de deux sens, celuy qui picque le plus, est tousjours le plus soigneusement recueilly: Pasquier ne voulut pas aisément laisser dormir sa debte, sur le Soleil, mais comme il est homme qui ne craint rien tant, que de se voir couché sur le papier journal des marchands; aussi ne voulut-il demeurer redevable à Mornac, que d'une nuict. A maniere que le lendemain, au matin, il le salüa de quatre autres vers, qui sont tels:

Esse manus nobis, verùm non esse tabellæ,
Carmine dum Mornax ludit in ambiguo.
Luserit an Mornax, an mordax laserit, herclè
Nescio, sed tales vellet habere manus.

Ces carmes ne sont pas si tost veus, que chacun en prend la copie; & comme si par eux on eust sonné le tocsin, il y eut une infinité de beaux esprits qui commencerent, à qui mieux mieux, de jouër des mains, par Pasquier. Il n'est pas que le mesme Mornac ne s'y soit aussi enrollé comme les autres, ayant fait une belle monstre de son esprit, tant en vers Latins que Grecs, Tellement qu'il semble qu'en la ville de Troye se soit trouvé le Cheval Troyen, non pour produire des Capitaines à sa desolation & ruine, mais plusieurs braves Poëtes à son exaltation & honneur, lesquels il semble qu'Apollon, qui favorisa tousjours le party Troyen, eust couvé jusques à luy, pour les esclorre à poinct nommé. Et qui est chose esmerveillable, & qui ne doit estre escoulée sous silence, c'est qu'entre six ou sept vingts, tant Epigrammes, que Sonnets, Odes & Elegies, vous y en trouverez bien peu, qui symbolisent en invention, ores que leurs autheurs ne se soient mis en bute qu'une main: que si, peut-estre, vous y en trouvez, ne pensez pas pour cela que ceux qui ont escrit les derniers, ayent rien emprunté des autres, dont ils n'avoient veu les ouvrages: n'ayans les premiers, sur eux, autre advantage que d'un certain droict de prevention. A maniere que les derniers peuvent icy faire le souhait qu'a fait autresfois le mesme Pasquier, au cinquiesme de ses Epigrammes, sur un propos, sinon en tout & par tout semblable, pour le moins non du tout dissemblable, parlant des anciens avec lesquels, de fois à autres, il s'estoit peu rencontré quelques pointes:

Dij malè perdant
Antiquos, mea qui præripuere mihi.

Je sçay bien que quelques esprits sombres & visqueux, trouveront icy, assez de sujet, pour se jouër, sur la main d'un Advocat, & me semble desjà voir quelque sot, qui voudra contrefaire l'habile homme, lequel dira qu'il ne faut point trouver estrange que ceste compagnie se soit liguée, pour blasonner une main, comme estant matiere qui luy est assez familiere, & dont elle se sçait mieux ayder; & qu'encores ceux qui ont icy escrit, ne tomberont jamais en l'accessoire du Cordonnier, lequel après avoir controllé ses souliers representez dans un tableau d'Apelle, voulant outrepasser ce qui estoit de son art, fut arresté, tout court, par ce grand Peintre luy disant qu'il ne falloit point qu'un Cordonnier jugeast d'autre chose que du soulier: car au contraire, les Advocats sçachans combien vaut la main, auront peu rendre certain jugement du Tableau, si la main y a esté, à bonne raison, oubliée: mais à ces Misanthropes & Lutons, s'ils estoient dignes de nostre colere, je respondrois volontiers qu'il n'y a rien qu'ils doivent tant craindre que la colere d'un Advocat, d'autant qu'il a, comme l'on dit en commun proverbe, bec & ongles pour se defendre. Et combien que telles taupes cachées, ne le meritent, si est-ce que par une charité Chrestienne, je les veux exhorter de prendre conseil de Platon, lequel advertissoit tout homme, de ne s'attacher aisément, à celuy qui avoit l'esprit en main pour se ressentir d'un outrage; disant que ce fut la cause pour laquelle Minos Roy de Crete, fut apres sa mort, representé pour Juge des Enfers, à la posterité: parce que, comme ainsi fut que de son vivant, il eust affligé, par guerres continuelles, la ville d'Athenes, qui abondoit en grands Orateurs & Poëtes, aussi les Atheniens ne pouvans recognoistre, de mieux, l'obligation qu'ils avoient à luy, que par leurs plumes, soudain qu'il fut decedé, ne le peurent honorer de plus beau tiltre, que de le faire Juge des ames damnées: & le semblable firent presque nos Ecclesiastics, contre la memoire de ce grand Advocat du Roy, Maistre Pierre de Congneres, qu'ils logerent en un petit recoin de leur Eglise, sous le nom de Maistre Pierre du Coignet, pour avoir esté le premier autheur de reduire leurs jurisdictions, au petit pied. A quel propos tout cecy? Pour apprendre à ceux qui pour ne pouvoir rien faire de bien, ne sçavent autre mestier que de mal parler, qu'ils examinent trois & quatre fois leurs consciences, avant que de s'habeurter, mal à propos contre la main des Advocats. Le Poëte a la main, seulement pour rediger ses conceptions par escrit. Le Prescheur a pour son sort & partage, la langue; mais l'Advocat, par une prerogative speciale, à l'une & l'autre, pour s'en prevaloir: c'est pourquoy il faut apporter de grandes circonspections & regards avant que de le vouloir attacher. Au demeurant, après avoir remué toutes sortes d'avis, à part-moy, je ne voy nul, en nul estat, qui ne soit bien aise d'exercer sa main, à son advantage. Soyez prés des Rois, Princes & grands Seigneurs, soyez gendarme, tresorier, medecin, marchand, artisan chacun diversement est bien aise de faire sa main, les uns plus, les autres moins. Et ne voy point pourquoy on doive plustost faire mal son profit de la main, au prejudice de l'un que de l'autre; car, pour parler franchement & sans aucune hypocrisie, la main est proprement un Polipe qui se transforme en autant de couleurs en nous, comme sont divers nos esprits, d'autant que nous usons de nos mains comme de nos esprits: qu'elles soyent accompagnées d'un noble entendement: de quelque estat, qualité & condition qu'il soit, il excercera noblement les functions d'icelles: si d'un esprit vilain & avare, tout le contraire. Et le semblable se trouve en elles és loüanges ou improperes qu'elles peuvent recevoir, par ce que le noble esprit trouvera tousjours prou d'argument & sujet pour la solemniser; & le sot, pour la vilipender par ses escrits. C'est comme une espée qui non seulement tranche des deux costez, mais qui peut rapporter autant de bien que de mal. Ce qui est presque commun à toutes choses de merite. És grandes Citez esquelles abondent les vertus, aussi s'y trouvent les grands vices. Y-a-t'il rien au monde qui apporte plus de profit que la langue? Y-a-t'il rien, qui procure plus de nuisance? Et sans m'arrester à un seul

seul membre de l'homme, prenons cest homme, en son general, y a-t'il animal au monde qui produise, ny de meilleurs, ny de pires effets que luy ? Chose qui occasionna mesmement les anciens, de dire que l'homme estoit à l'homme un Dieu, puis tout à coup que l'homme estoit à l'homme un loup: aussi ne faut-il point trouver estrange que la main soit en nous, un outil qui produise du bien & du mal en extremité, puis que ses operations sont extrêmes. Et neantmoins, si faut-il que l'on m'accorde, qu'entre tous les membres de l'homme, il n'y en a point de tant utile & necessaire que cestuy. La main est celle qui prend les armes offensives & defensives pour nous, celle qui est à cher des gardes de nostre corps, & que nous opposons devant le chef pour le garder de mesprendre, quand dans les tenebres de la nuict, nous allons à tastons; celle qui enseigne à l'aveugle les chemins, à l'aide d'un baston: par elle, l'on bastit les maisons: par elle, on cultive les champs & les vignes: elle nous fournit des vestemens, tant en estoffes que façons, nous administre le boire & le manger pendant nostre santé; & en nos maladies, les medecines: sans elle les loix & les sciences liberales demeureroient ensevelies dans le cercueil d'oubliance: par le seul objet de la main, nous trouvasmes la premiere cognoissance des nombres: & sur ce mesme modelle nous apprenons les premiers rudimens de la Musique. Et s'il nous faut jetter l'œil sur la Medecine, il n'y a partie en nous, de laquelle on descouvre tant le temperament ou intemperament de nos corps, que de la paulme de la main; afin cependant, que je ne face estat de ceux qui pensent que dans nostre main, comme dans un miroüer, nous pouvons considerer nos fortunes tant passées qu'à venir (d'où s'est insinué entre nous cest art de Chiromancie) le Prescheur ou Orateur seroit une peinture relevée en bosse seulement, si avec le fredon de sa langue il ne joüoit aussi des mains. Et certainement non sans cause, car la main a je ne sçay quels gestes par lesquels elle represente toutes les passions de nos ames, ores une affliction & douleur, ores un aise & contentement, tantost une menace & colere, tantost une soubmission & obeïssance: brief, elle seule en nous, parle sans parler. C'est, à mon jugement, pourquoy ce grand Orateur Ciceron se reputoit à grand honneur, de pouvoir rendre, en autant de façons de bien dire, tout ce qui estoit diversement representé, par ce grand Comedien Roscius: cestuy-là, usant de sa langue, & cestuy principalement de ses mains. C'est aussi pourquoy Demosthene attribuoit les premieres, secondes & troisiesmes parties de l'Orateur, à l'action, comme si le principal air de l'oratoire despendoit singulierement des mains. Je n'ay pas presentement dit sans cause, qu'elles parloient sans parler; car s'il vous plaist considerer ce qui tombe en commun usage, sans foüiller si avant dedans l'art de ceux qui araguent au public, vous trouverez que par le ministere d'elles, nous pouvons appeller, sans dire ceux que nous voulons venir à nous, & au contraire faire arrester tout quoy, celuy qui s'y acheminoit. Par le mesme aide, l'homme qui a quelque asseurance de soy, se sent estre loüé, & celuy qui en a deffiance, vituperé: le tout sans l'aide & extremité de la langue, lors que l'on le monstre au doigt. Et les anciens par l'applaudissement de leurs mains, donnoient à cognoistre le contentement qu'ils avoyent receus des jeux representez devant eux. Quoy plus? Le muet ne se rend pas moins entendible par les signes de ses deux mains, que celuy qui par un caquet affilé, nous rompt la teste & les oreilles. J'adjousteray à tout cecy que non seulement, és choses temporelles, la main produit effets esmerveillables, mais aussi, aux spirituelles, esquelles nous requerons l'imposition de la main pour la promotion à la dignité Espicopale. D'elle, nous recevons interieurement les benedictions interieures de nos Prelats. & encores que la seule parole de Dieu fust suffisante pour effectuer ses miracles, si y voulut-il apporter, à plusieurs, l'attouchement de la main. Il n'y a celuy de nous qui ne sçache de quelle puissance est le cœur, és prieres qui se font en l'Eglise; & neantmoins encores, y avons-

nous voulu apporter les mains jointes, voire que sans icelles il sembleroit que nos prieres fussent de peu de merite, comme nous apprenons de ce grand amy de Dieu, Moyse, lors qu'au milieu des afflictions publiques de son peuple, il luy falloit soustenir ses bras, las, afin de les tenir tousjours eslevez au ciel, pour ne rendre l'Oraison qu'il faisoit à Dieu, sans effect. Et en ceste miraculeuse guerison des escroüelles, octroyée par Dieu, de tout temps & ancienneté, par une singuliere prerogative à nos Roys, qui est celuy qui ne voye que l'interposition de la main, y faict la principale operation? D'où s'est insinué ce commun parler entre nous, par lequel nous disons nos Roys devoir toucher les malades, lors qu'ils se voüent à les guerir ? Il faut vrayement que nous tous, unanimement, confessions que la langue est de grande efficace en nous, mais non de telle, que la main; car ses effects sont passagers, & se passent, (si ainsi le faut dire) autour de l'oreille: mais quant à la main, c'est le vray instrument par lequel nous enchâssons nos œuvres, au temple de l'immortalité, aussi a-t'elle telle symbolisation avec l'esprit, qu'ordinairement nous confondons les fonctions de l'une & l'autre ensemblement, voire qu'il seroit fort mal aisé de juger lequel des deux est plus redevable, ou de la main à l'esprit, ou de l'esprit à la main, s'entretenans d'une telle liaison ensemble, comme les roües d'une horloge avec les contrepoids de plomb: & qui est une chose qu'il ne faut passer sous silence, c'est que la main a esté trouvée de telle recommandation, qu'en nos plus belles actions, nous les y avons de toute ancienneté, employées: de là vient que pour asseurer, de nostre foy, celuy avec lequel nous contractons, nous mettons nostre main dans la sienne: aussi trouvons-nous aux plus anciennes histoires de Rome, que le Roy Numa ayant basty un temple de la Foy, voulut que les ministres de ce lieu officiassent, les mains toutes enveloppées jusques aux extremitez des doigts, denotans par là (si nous croyons à Tite-Live) que la foy se devoit, tres-estroitement, garder, & que son vray siege estoit estably en la main: de là, que les anciens en leurs gonfanons, par l'entre-las des deux mains signifioient la concorde: & aujourd'huy les amans, l'amour qu'ils ont à leurs maistresses: de là, qu'en la solemnization du mariage, l'on met l'anneau conjugal en l'un des doigts de son espouse: de là, (à peu dire) que quand le Juge veut affermenter une partie, ou tesmoin, pour tirer d'eux une verité, il leur faict lever la main, & ailleurs, que l'on la faict mettre sur les Evangiles: de sorte que si (tout ainsi que l'Egyptien) il nous estoit permis de mettre en usage quelques lettres hierogliffiques, je pense qu'il n'y en eut jamais de plus celebre que la main, par laquelle on peut refigurer la Foy, la Concorde, l'Amour, la Verité, & encore la Liberalité tout ensemble: chose que nos ancestres cognoissans, & specialement combien elle estoit necessaire à l'usage commun, tout ainsi que je vous ay presentement discouru en combien de manieres se diversifioit sa vertu, aussi la diversifierent-ils en une infinité de formulaires de parler: de là est venu que nous disons, tenir la main à une entreprise, pour la favoriser: avoir les mains nettes, pour, estre homme de bien : faire la main, pour, s'enrichir: laver ses mains de quelque faute, pour, s'en excuser: venir aux mains, pour, venir aux prises: joüer des mains, pour, se battre: donner conforte-main, pour, ayder: adjourter la derniere main, pour, perfection d'un œuvre: tenir une chose sous main, pour, cachée: estre en la main de quelqu'un, pour, en la puissance: main mise, pour, saisie: manumission, pour, affranchissement: gens main-mortables, pour, serfs & esclaves: & encores gens de main-morte condition, comme sont les Ecclesiastics, qui ne peuvent prendre immeubles sans le congé de leur Prince, ny les rendre, sans l'authorité de leur Superieur: mettre la main à l'œuvre, pour, s'employer: aller contre un ennemy à main forte, pour, à grande puissance: mettre la main sur le collet d'un homme, pour le constituer prisonnier: tout d'une main, pour, tout d'une suite: baiser la main, pour, saluer. Le temps mesmes, ne s'eſt peu paſſer ſans emprunter d'elle quelque choſe, lors que nous diſons, de longue main, & encores, tenir une choſe de main en main, c'eſt-à-dire, d'une longue traite de temps, ores qu'elle ne ſoit eſcrite, comme ſont les anciennes traditions de l'Egliſe: & s'il faut paſſer plus avant, les chemins luy ſont redevables, quand nous les enſeignons par la main droicte, ou la gauche: brief, le Ciel meſmes y a voulu avoir part, lors que nous recognoiſſons quelques-uns ſentir la main de Dieu, voulans exprimer ſon courroux. Adjouſteray-je que les trois parts de tout le monde, dont les quatre ſont le tout, mandient leurs exercices, des mains, quand nous appellons les artiſans, Manœuvres, & ce qui eſt ſorty de leur art, Manufactures: voire que la Medecine, qui fait part & portion des arts liberaux, ne s'en eſt peu exempter; d'autant que nous appellons une partie d'icelle, Chirurgie, parce qu'elle giſt en l'operation de la main: brief, il n'y a rien qui ſoit deſtiné à exercer, entre nous, tant de liberalitez, ſoit à bien faire, ou bien dire, comme la main: qui fait que nul ne doit trouver de mauvaiſe grace, que tant de perſonnages d'eſprit ſe ſoient ingerez à celebrer une main. Je ne diray point ſi celle pour laquelle on s'eſt employé, le meritoit, ou non: car il y a trente ans paſſez, que la France a peu cognoiſtre ce qu'elle peut faire, en divers ſubjects; bien vous diray-je, que toutes ces nobles inventions eſtans tombées entre mes mains, j'ay penſé de vous en faire part, non tant pour favoriſer la main pour laquelle on a eſcrit, que pour ne faire tort à toutes ces braves mains, qui l'ont voulu honorer: & à tant, tu eſtimeras (Lecteur) que je te les preſente en ce lieu, non ſelon le rang & degré des perſonnes (n'eſtant entré en nulle cognoiſſance de cauſe de leurs grades & qualitez) mais ſelon l'ordre que ces gayetez ont eſté données, ou que j'en ay fait le recueil; t'adviſant, au ſurplus, que je n'entends de te les preſenter, ſinon de tant & entant qu'il te viendra à gré de les lire.

LETTRE XI.

A Monſieur de Morſan, Conſeiller au Conſeil d'Eſtat, & Preſident au Parlement de Paris.

Voyez, je vous prie, quelle authorité vous vous eſtes donné en peu de temps, outre ceſte qui vous eſtoit jà acquiſe. Le Roy vous avoit envoyé pour preſider aux grands Jours de Troye, avec une limitation certaine de territoire; toutesfois, par une puiſſance abſoluë, vous avez eſtendu voſtre juriſdiction juſques dans la ville de Paris, qui ne fut jamais des grands Jours: ſçavez-vous comment? La courtoiſie dont uſaſtes en mon endroit, à mon partement, a eſté de tel effect & merite ſur moy, qu'au lieu du congé que me donnaſtes pour m'en revenir, je devins dés lors, tout-à-fait voſtre priſonnier; tellement qu'il m'a ſemblé, en m'en revenant, que je tenois les chemins pour priſon: priſon que je tiens encores aujourd'huy dans ceſte ville de Paris, & dont je ne veux ſortir, ores que me vouluſſiez bailler pleine main-levée de ma perſonne. Mais entendez ce qui en eſt advenu; une choſe dont vous ne douteriez nullement: car au lieu que faites le procez aux autres, tout priſonnier que je ſuis, je fais le voſtre, par-deçà, meſmes envers Monſeigneur le Chancellier, auquel j'ay fait un ample diſcours de tous vos beaux deportemens, dont il eſt demeuré ſi ſatisfaict & content, que je croy que avez occaſion de vous en contenter grandement; il en eſtoit jà aſſez amplement informé, par les bruits qui luy en avoient eſté apportez, & vous ſervira de bonne & fidele trompette envers le Roy, tant que ſejournerez par-delà: cependant vous adviſerez, s'il vous plaiſt, de conſerver en vos bonnes graces, celuy qui deſire vous demeurer ſerviteur, & qui ne ſe laſſera jamais de recevoir vos commandemens. A Dieu.

LETTRE XII.

A Monſieur Tabourot, Procureur du Roy, au Baillage de Dijon.

Il raconte en ceſte lettre pluſieurs gayetez dont il s'eſt diverſement eſgayé, quand les occaſions s'y ſont preſentées.

JE croy que tout ainſi que nous ſommes conformes en noms (car vous & moy avons ce beau nom d'Eſtienne) auſſi ſymboliſons-nous en penſers; parce que comme je reçeu, le jour d'hier, vos lettres, j'eſtois ſur le point de vous aſſaillir par les miennes: mais vous m'avez prevenu fort à propos, pour celebrer une forme d'anniverſaire de ma main: car mon pourtraict, qui a tant fait parler de ſoy & mes deux Vers de la loy Cincie, ſur leſquels on a en provigné tant d'autres, furent tracez la veille de S. Michel, l'an paſſé, que l'on comptoit 1583. & c'eſt le jour auſſi auquel je vous ay eſbauché la preſente; par laquelle, avant tout œuvre, vous recevrez de moy une action de graces, de l'honneur que me faictes, en me remerciant de vous avoir inſeré dans les gayetez que l'on a faictes ſur ma main. Voſtre Epigramme plein de courtoiſie & d'eſprit, ne meritoit rien moins que d'y eſtre enchaſſé: dés lors que vous me l'envoyaſtes par Monſieur Minos, je fis la reſponſe telle que vous aviez veu au-deſſous, laquelle vous ne receutes, parce que je fus adverty par le meſme Minos, qu'eſtiez party de ceſte ville: car quant aux Vers, par leſquels avez de nouveau remué le meſme ſubjet de ma main, je feray comme font les joüeurs de dez, qui ne veulent hazarder toutes leurs fortunes en un coup, quand on leur couche trop grand jeu: je vous quitteray la main; vous accablez avec trop d'uſures, une bonne volonté que je vous dedie, d'auſſi bon cœur, que j'accepte celle que me preſentez. Au regard de ceux de Monſieur Juret, s'il les a faits à bon eſcient, il a de trés-mauvais eſpies de mes deportemens, n'ayant jamais eu autre but en mon eſtat, que l'avarice de mon honneur: ſi pour ſe jouer, & comme l'on dit, petit ſemblant, il pouvoit, à mon jugement, trouver ſubjet plus ſortable, que de ma main, laquelle ne ſçait pas ſi bien prendre, que rendre à ceux qui luy veulent preſter monnoye de mauvais alloy: c'eſt pourquoy, pour ne demeurer longuement en arrerages envers luy, je le payerois volontiers de ces deux vers qui me viennent de tomber en la plume:

Dum loculos, oculos, toties in carmine verſas,
Omnibus ecce refert Echo tua carmina, culos.

Il ne ſera non plus offenſé des miens, que je ſuis des ſiens: tout cela s'appelle jeu ſans vilennie. Voilà entant que touche vos lettres. Je viendray maintenant à celles que je voulois vous envoyer. J'ay leu vos belles Bigarrures, & les ay leuës de bien bon cœur, non ſeulement pour l'amitié que je vous porte, mais auſſi pour une gentilleſſe & naïveté d'eſprit dont elles ſont pleines, ou pour mieux dire, pour eſtre bigarrées & diverſifiées d'u- *Le livre de Monſieur Tabourot intitulé les Bigarrures.*
ne

ne infinité de beaux traits: j'eusse souhaité qu'à la seconde impression on n'y eust rien augmenté. S'il m'est loisible de deviner, il me semble que l'on y a adjousté plusieurs choses qui ne ressentent en rien de vostre naïf, & croirois fort aisément, que c'eust esté quelque autre, qui vous eust, mal à propos, presté ceste nouvelle charité. Il faut, en tels sujets, que l'on pense que ce soit un jeu, non un vœu, auquel sichions toutes nos pensées. Vous cognoistrez par là que je vous aime & honore, puis que pour la premiere fois je vous parle si librement. Au demeurant, je trouve qu'en ceste seconde impression, vous appropriez à Jacques Pelletier, les Faceties de Bonaventure du Perier: vous me le pardonnerez, mais je croy qu'en ayez de mauvais memoires. J'estois l'un des plus grands amis qu'eust Pelletier, & dans le sein duquel il desploiroit plus volontiers l'escrain de ses pensées: je sçay les Livres qu'il m'a dit avoir faits; jamais il ne me fit mention de cestuy: il estoit vrayement Poëte, & fort jaloux de son nom, & vous asseure qu'il ne me l'eust pas caché; estant le Livre si recommandable en son subject, qu'il merite bien de n'estre non plus desadvoüé par son Autheur, que les Faceties Latines de Poge Florentin. Du Perier est celuy qui les a composées, & encores un autre Livre intitulé, *Cimbalum mundi*; qui est un Lucianisme, qui merite d'estre jetté au feu, avec l'Autheur, s'il estoit vivant. J'adjousteray, à la suite de cecy, que les deux vers François, que vous attribuez à Monsieur l'Official Tabourrot, sont miens.

Les faceties de Bonaventure du Perier.

Vers retrogrades François.

Bien-fait, non dol, los, non faveur,
Fait t'a gaigné trés-grand honneur.

Lesquels estans retournez, vous y trouvez:

Honneur trés-grand gaigner t'a fait
Faveur, non los, dol, non bien-fait.

Il y a plus de quinze ans qu'il les eut de moy, & en prit la copie chez feu Monsieur d'Ampierre, Maistre des Comptes, sien parent, & mon voisin; & croy qu'il ne le desniera pas, quand vous luy en parlerez: il les trouva admirables, non seulement pour estre traduits vers pour vers du Latin de Philelphe, mais aussi que vostre langue n'en est pas bonnement capable, à cause des articles que nous lions, & mettons ordinairement devant les noms François, ne nous estant pas permis de les postposer. Et de fait, j'en ay autresfois voulu faire un autre coup d'essay, tel qu'il s'ensuit; mais je n'ay peu attaindre à la facilité qui s'y trouve en Latin.

Ton ris, non ton caquet, ta beauté, non ton fard,
Ton œil, non ton venin, tes traits, non tes appas,
Ton accueil, non ton art, ta faveur, non tes las,
Surpris, & navré m'ont le cœur de part en part:
Cuisans, ains doux attraits, port lourd, ains gracieux,
Mon malheur, ains mon bien, mon glas, ains, ô ma flame,
De mon cœur, de mon tout, de mon ame,
Un present je veux faire à toy, & non aux cieux.

S'il vous plaist retourner ces huit vers, vous y trouverez le contraire, mais avec une contrainte telle, que je pense toute autre chose qui se trouve au Latin, ne pouvoir entrer en nostre langue, fors ceste sorte de vers, comme vous le pourrez sentir aisément.

Aux cieux, & non à toy, je veux faire un present
De mon ame & de moy, de mon tout, de mon cœur,
O ma flame, ains mon glas, mon bien, ains mon malheur,
Gracieux, ains lourd port, attrait doux, ains cuisant,
De part en part l'esprit m'ont navré & surpris,
Tes las, non ta faveur, ton art, non ton accueil,
Tes appas, non tes traits, ton venin, non ton œil,
Ton fard, non ta beauté, ton caquet, non ton ris.

Vous appellez telle sorte de vers, fort à propos, Retrogrades: & parce que je sçay que vous taschez par vostre Livre, de non seulement rire, ains de rire doctement, je vous donneray en passant, ce petit advis, que le premier qui a parlé de tels vers (au moins dont la cognoissance soit arrivée jusques à nous) fut Sidonius Apollinaris, au neufviesme de ses Epistres, là où il les appelle *Versus recurrentes*: Et dans luy, vous trouverez ces deux, qu'avez cottez, *Roma tibi subito*, &c. *Si bene te tua laus*, &c. & se vante encores d'avoir fait ces deux autres, que vous avez mis dans vostre œuvre:

Qui est l'unique d'entre les Latins qui fait mention des vers retrogrades.

*Præcipiti modò quod decurrit tramite flumen,
Tempore consumptum jam citò deficiet.*

Vous ne serez pas marry que je vous serve de ce mets, comme faisant grandement à vostre intention. Depuis, comme les inventions premieres reçoivent augmentation avec le temps, on y apporta cest embellissement de leur faire contenir deux sens contraires, l'un, en les lisant de leur plain, & l'autre, à l'envers. De quelle marque sont ceux de Philelphe, que vous avez fort bien cottez. Chose qui depuis s'est trouvée fort familiere: & de fait, moy-mesme, qui me recognois le moindre des moindres, en ay fait huit de ceste trempe, au second de mes Epigrammes, contre une paix feinte & courte:

*Mens bona, non nova fraus, pietas, non aulica fecit
Curia, id editum, Rex bone, pacificum:
Plebs pia, non ferat lex, poterit nunc vivere tecum,
Crescere, non tabi vis, puto, sordidulè.
Imperium, Deus, hoc servas, nos perdis, amore
Fervida sit, nec pax hæc tegit insidias.
Magnificè tibi, Rex, succedant optima, nunquam
Prælia sint, immò pax tibi perpetuò.*

Plus hardy est cestuy que j'ay mis au sixiesme Livre, en un vers, qui fait un hexametre & pentametre, sous divers sens; où sous le nom de la Gaule, je fais parler le Catholique & le Huguenot:

Patrum dicta probo, nec sacris belligerabo.

C'est le Catholique qui parle. Tournez ce carme à l'envers, vous y verrez un Pentametre, où le Huguenot:

Belligerabo sacris, nec probo dicta Patrum.

Et comme ainsi soit, que tant en Latin que François, je me sois voulu donner carriere en plusieurs sortes de jeux, aussi vous puis-je dire avoir fait un Echo au second Livre, qui n'est pas peut-estre de moindre grace que celuy qu'avez remarquez.

Forme de vers esquels l'Echo est representé.

*Hic ego dum solus meditans longa avia sector,
En age dic Echo domine quis major honos? NOS.
Ergo Fabulla sonis poterit me perdere multa?
ULTA. Sed heu sodes recita quæ causa mali hujus?
JUS. An quod me etiam volui sacrare Sabinæ.
NÆ. Is fructus binis est inservire puellis?
Is. Sic sum ipse mea fortis miserando lues? ES.
Qua Venus inde meis beret malè sana medullis?
LIS. Saltem ut valeam mene ablegabo peregrè?
ÆGRE. Tandem igitur spes est gaudere Fabulla?
BULLA. Vah pereas, abs te discedimus. IMUS.*

Aux œuvres que l'on a fait imprimer sur ma Main, je me suis aussi voulu esgayer en nostre langue sur un autre Echo en ceste maniere:

Pendant que seul dans ces bois je me plains,
Dy-moy, Echo, qui celebre mes Mains? MAINTS
Y a-t'il point quelque autre gentille ame,
Qui à loüer autres mains les enflame? AME.
Si moy vivant de mon los je jouy,
Ay-je argument d'en estre resjouy? OUY.
Et si ma Main est jusqu'au ciel ravie,

Que me vaudra ce bruit contre l'envie ? VIE.
N'y aura-t'il nul homme de renom,
Qui en cecy soit jaloux de mon nom ? NON.
Mais si quelqu'un mal appris en veut rire,
Que produira dans mes os ce mesdire ? IRE.
Contre ce sot, contre ce mal appris,
Ne rongeray-je en moy que des despis ? PIS.
O sot honneur d'une main mal bastie !
Quel humeur dont vainement me manie ? MANIE.
Las pour le moins Echo si tu peux rien,
Fais que les bons de mes mains parlent bien. BIEN.
Si tu le fais, rien plus je ne demande,
Or sus, à Dieu, va je me recommande. COMMANDE.

Le premier que je pense entre les Poëtes Latins en avoir usé, est Joannes Secundus, en un Epitaphe qu'il insere en son boccage, qui commence :

O quæ Diva cavos colis recessus,
Sylvarúmque regis domos opacas, &c.

Vous pourrez avoir recours au passage qui est long ; & pour ceste cause, je me contenteray de le vous monstrer au doigt seulement. Le premier paradventure entre nos Poëtes François, est du Bellay, par l'Epigramme que vous mesme avez cotté. Au moins ne me souvient-il point en avoir leu dans un autre Poëte de nostre temps. L'on doit au mesme du Bellay, le premier sonnet en vers, que vous appellez Rapportez, qui est le dix & neuviesme de son Olive.

Vers rapportez.

Face, le ciel, quand je voudra revivre
Lysippe, Appelle, Homere, qui le prix
Ont emporté sur tous humains esprits,
En la statuë, au tableau, & au livre :
Pour engraver, tirer, escrire en cuivre,
Peinture, & vers, ce qu'en vous est compris,
Si ne pourroient leur ouvrage entrepris,
Cizeau, pinceau, ou la plume, bien suivre.
Voilà pourquoy ne faut que je souhete
De l'engraveur, du Peintre, ou du Poëte,
Marteau, couleur, ni ancre, ô ma Déesse.
L'art peut errer, la main faut, l'œil s'escarte,
De vos beautez, mon cœur soit donc sans cesse
Le marbre seul, & la table, & la carte.

Sonnet toutesfois que je vous puis dire avoir esté desrobé d'un Italien, & rendu fort fidellement en nostre langue. Depuis, Jodelle se fit grand maistre en ce sujet, & croy que si vous avez ses œuvres, vous y en trouverez d'admirables. Je viendray à vos Rebus, & pareillement à vos Equivoques, esquels, si me permettez de souhaitter, je desire je ne sçay quoy de moins long que ce que vous y avez mis par vostre derniere impression : mesme que tant de figures qui y sont adjoustées en forme de demonstrations de Geometrie ne me plaisent gueres. Celuy qui des premiers, a fait entre nous, ouverture aux Rebus, est Geofroy de Thory, en son livre de Champ-fleury, que je vous souhaite non seulement pour cest argument, ains pour tout le discours de vostre œuvre : d'autant que vous en pourriez recueillir plusieurs belles instructions non esloignées de vostre but. Encores vous veux-je faire present de deux Epitaphes, qui peut-estre meriteront de trouver lieu avec les vostres.

Qui est l'autheur entre nous qui premier a traicté des Rebus.

Ci gist Guillaume Departy,
Qui d'un Duc estoit Secretaire,
Et est de ce monde party
Sans sçavoir qu'il en venoit faire.
Antoine de Saumur nasquit 1529.
Des biens de ce monde il acquit O.
En ce bas terroir il vesquit 30.
A nature il paya l'acquit 1559.

Vous prendrez ma lettre pour un coq à l'asne, en laquelle il n'y a autre ordre, que le desordre. J'avois oublié de vous faire part de l'Anagramme de Ruiner & Reu-

A nir, que je fis en la congratulation de la Paix de l'an 1570. que j'adressay au Roy Charles, pour monstrer combien les guerres civiles estoient detestables, & que ce n'estoit tousjours que ruine, voire en reünissant les villes qui follement s'estoient distraittes de son obeïssance.

Qui voudra REUNIR, avec RUINER mettre
Il verra qu'il n'y a transport que d'une lettre,
Et qu'en reünissant voz villes ruïniez,
Et en les ruinant vous les reünissiez :
Car dans un REUNIR le RUINER se treuve,
Dont vos pauvres sujets ont fait derniere espreuve.

Je vous pourrois encores dire, qu'en l'an cinq cent soixante-huit, devisant avec l'un de mes amis, qui me disoit que tout alloit bien, & que le Roy avoit voulu pacifier toutes choses, je luy fis responce à l'impourveu, qu'il ne falloit pas s'y fier. Entre tous les Anagrammes vous devez, à mon jugement, faire estat de celuy d'Estienne Jodelle, *Io le Delien est né* ; sur lequel Tahureau fit une belle Ode, dont le refrain au bout de chaque huictain ou dixain, estoit celuy-là. Paradventure ne trouverez-vous pas cestuy trop descousu ; mon fils aisné Theodore Pasquier estant escolier, m'envoye au bout d'une Epistre *Thesauros pacis sudo.* Je descouvre soudain que c'estoit l'Anagramme de son nom, qui est en Latin, *Theodorus Paschasius*. Au moyen dequoy je le renvie d'un autre, pris de cestuy-là : *Thesauros pacis duos*. Et d'une mesme main, fis cest Epigramme : THESAUROS PACIS, *verso mihi nomine,* SUDO, *Dicis, dum libris, mi Theodore, vacas,*

Si non mentiris, jam te Theodore, patremque,
Atque ita THESAURO PASCIS, amice, DUOS.

Et puis que j'ay franchy le pas de m'alleguer icy pour Autheur, je ne douteray de vous faire part d'une gayeté que je fis autrefois sous le nom, tantost de Remy Belleau, tantost de Remy de Beleau, pour gage de l'amitié immortelle que je luy portois, faisant ores un Rebus, ores divers Anagrammes de son nom.

Lors que mon Beleau nasquit,
Toute la troupe celeste,
Pour solemniser sa feste,
Vers Helicon se rendit.
Là fut chanté à l'envy,
Un Sol, un Fa, un RE, MI,
Là fut fait main & main tour
Gaillardement à l'entour
De ceste saincte BELL'EAV
Pour cela fut ordonné,
Que cest enfant nouveau né,
Seroit dit REMI BELLEAU.
Les Dieux ayans baptizé
L'enfant de cest' eau sacrée,
Dont ce grand Poëte Ascrée
Fut en la Grece arrousé,
Eux tous d'un commun concours
Voulurent sonder son cours,
Et quel estoit le butin
Que luy forgeoit son destin :
Adonc, dist l'un du troupeau,
Je voy que dés son enfance
Par eternelle ordonnance,
Cest enfant MIRE LE BEAU.
C'est peu d'avoir tout le cours
De l'univers dans sa teste,
Si on ne le manifeste
Par élabourez discours.
Qu'est-ce (respondit l'un d'eux)
De voltiger jusqu'aux cieux,
D'approfondir chacun art,
Si à tous tu n'en fais part ?
Pour le bannir du tombeau
Il faut qu'en prose ou en rime
Ce beau, ce bon il exprime,
Il faut qu'il RIME LE BEAU.

Cest arrest estant donné,
L'on fit d'une mesme estofe
Un Poete & Philosophe,
Puis soudain fut estrené
Des Graces qui à grand pas
S'estoient lancées là-bas,
D'elles fut l'enfant lavé,
D'elles DE MIEL ABREVE'.
Puisque (sont-elles) du ciel
Tant de bien en toy confluë,
Il faut que de par nous fluë
De ta bouche LE BEAU MIEL.
Ainsi dés le bers, Platon
Fut succé par les Abeilles :
Ainsi par ses doctes veilles
S'affranchit-il de Pluton.
Ainsi mon gentil Belleau
De l'ignorance le fleau,
S'est façonné un renom
Sur le moule de son nom.
Ainsi par ses doctes vers,
Malgré le temps & l'envie,
S'est il ouvert une vie
A tousjours par l'univers.

Je feray encores le sot, à bonnes enseignes, puis que jusques icy je me suis laissé aller à la mercy de mes opinions, ou pour mieux dire, à une folle amitié que nous portons à nos œuvres. Tout ainsi que defunct Pelletier voulut autresfois representer, par ses vers, le chant de l'alloüette, que vous avez sceu fort bien cotter, en quoy il rencontra si heureusement, qu'il est impossible de mieux : aussi me suis-je estudié de faire le semblable, tant en Latin que François, pour le degoisement du Rossignol. Au cinquiéme de mes Epigrammes vous y trouverez cestuy-cy,

Ver rediit, glomerantur aves, concentibus auras
Mulcent, & miris tu Philomela modis.
TUTU, TOT, TOTO modularis gutture voces,
Ut Philomela aliis, sis Philomusa mihi.

Et en une chanson que je fis, malade, il y a environ trois ans, oyant le Rossignol desgoiser à pleine gorge son ramage, pour tromper mon mal, il m'advint de faire une comparaison de ma fievre, avec le chaud amour de ce gentil oyseau ; & pour conclusion de ma chanson, je mis ce couplet,

Je requiers sans plus un don,
Tu' tu' tu' moy Cupidon,
Tost, tost, tost, & que je m'en aille,
Il vaut mieux une fois mourir,
Qu'en un desespoir me nourrir,
Qui journellement me tenaille.

Je desire encores vous adjouster le jeu de ces vers, où un seul poinct transposé diversifie le sens :

Porta patens esto nulli claudaris honesto.

Mettez la virgule aprés le mot de, Esto, il n'y a nul vers plus courtois : mettez-la aprés Nulli, il n'y a rien si discourtois. Et c'est pourquoy Alciat (si je ne m'abuse) dist que l'on fist cest autre carme :

Ob solum punctum caruit Martinus Asello.

Disant que c'estoit un Abbé nommé Martin, qui pour avoir mis ce vers sur le portail de son Monastere, avec le poinct au dessous de Nulli, fut pour sa vilenie, privé de son Abbaye nommée Asellus ; d'où aussi est venu entre nous ce proverbe François : Pour un poinct Martin perdit son asne. Je vous puis dire que je me suis encores voulu jouer dans mes Epigrammes sur mesme sujet, en ces deux vers que j'escris à une Damoiselle que je me represente pour Maistresse :

Ecce maritus adest malus explorator amoris.
Virgula fœlicem me facit, aut miserum.

D'où vient ce proverbe, pour un poinct Martin perdit son asne.

A Mettez la virgule aprés le mot de Adest, voilà tout qui se porte bien pour l'amoureux : mettez-la au dessous de Malus, tout va mal. Ce sont en somme, de mes bigarrures dont je vous ay voulu faire part. Je sçay bien que quelque mal habile homme, qui voudra faire le Stoïque, ou pour mieux dire, trancher du sot, estimera la plus grande partie de ce que dessus, bouffonneries, pour n'avoir esté practiquées par l'ancienneté. Mais un autre qui sera mieux né, les estimera belles fleurs. Aussi sçavez-vous que la posterité qui survesquit Virgile, Horace, Ovide, & tous ces braves Poëtes qui florirent sous l'Empire d'Auguste, apporterent certaines rencontres en vers qui ne furent pas rejettées, comme est entr'autres celle de ce Distique, qui fut faict en l'honneur des œuvres de Virgile, & sur le moule duquel nous avons formé en France, tous nos vers rapportez :

Pastor, arator, eques, pavi, colui, superavi,
Capras, rus, hosteis, fronde, ligone, manu.

Il n'est pas dict qu'il faille tousjours mettre la main à œuvres graves & serieuses. Tout ainsi que le corps s'alimente & nourrit de viandes solides, & neantmoins reprend quelquefois goust, par des salades & herbages qui sont de peu de substance : ainsi est-il de nos esprits, lesquels il est bien seant d'assortir de fois à autres d'un doux entremets de gayetez & gaillardises, pour leur estre puis aprés un acheminement à discours bons & serieux. Nous avons l'un de nos compagnons, nommé Maistre Martin Mesnart, personnage qui sçait bien faire le Palais autant que nul autre, & accompagné de toutes les bonnes parties, tant de l'ame que de l'esprit, que vous sçauriez desirer en homme, lequel se jouë en ceste façon de son esprit quand il peut, & le peut toutes & quantes-fois qu'il veut. Lors que les Huguenots chargerent les armes en l'an 1561. pour la deffense de leur Religion, il fit ces deux vers, commençant chaque mot par R.

Rem, regem, regimen, regionem, relligionem,
Restauraverimus relligionicolæ.

Et par ce qu'il appelle ces vers, ascendans, d'autant que par forme de degré, il fait repousser chaque mot d'une syllabe, il a voulu encores representer la beauté de ceste gaillardise par ces six notes, Ut, Re, Mi, Fa, Sol, La, c'est-à-dire qu'on va tousjours en montant :

Ut Regi minimè faucamus, solicitamur
Lamentabilibus sollicitudinibus.

Vous ne croiriez pas combien il a de pareilles gayetez, dont je souhaiterois qu'il vous eust fait part, parce que vostre livre n'en seroit que plus embelly : mais sur tout, je vous veux adviser de deux carmes, dont je ne puis sçavoir l'Autheur, qui me semblent peser, en valeur, un livre gros & accomply :

Quos anguis dirus tristi mulcedine pavit,
Hos sanguis mirus Christi dulcedine lavit.

Voilà, en deux lignes, tout le vieil & nouveau Testament, portant nostre condamnation, & sauvement, presque sous mesmes mots rapportez ; qui est, à mon jugement, un chef-d'œuvre d'esprit, auquel n'est point apprenty en telles beautez d'esprit. Croyez que le souvenir de toutes ces grotesques (appellez-les ainsi s'il vous plaist) m'a tellement regaillardy, qu'au partir de ceste lettre, je m'en vois reprendre mes sacs. Vous direz, que c'est retourner à ma pasture : peut-estre ne mentirez-vous pas. Vous priant, au demeurant, remercier de ma part, Monsieur le President Jannin, du bon souvenir qu'il a eu de moy, & luy dire qu'il se peut asseurer avoir un bon amy & serviteur en moy. Si en recompense de ce qu'il vous a communiqué mes Epigrammes Latins, & le Poëme faict pour ma main, vous luy voulez faire part de la presente, vous ne serez par moy desadvoüé, toutesfois puis qu'elle est vostre, desormais vous en ferez ce qu'il vous plaira, tout ainsi comme de l'Auteur qui desire se perpetuer en vos bones graces. A Dieu.

LETTRE XIII.
A Monsieur Juret, Chanoine en l'Eglise de Langres.

COmbien que je n'aye jamais eu cest heur de vous cognoistre de face, si pense-je vous avoir veu ces jours passez plus à propos. Vous sçavez ce que dict Socrates à un jeune homme qu'on luy presentoit: mon enfant, parle, à fin que je te voye. Les beaux vers Latins & François qu'avez faicts sur mon pourtraict, & lesquels j'ay receus par les mains de Monsieur le Conseiller Gillot, m'ont faict cognoistre qui vous estiez: je veux dire un bel esprit doüé de toutes les graces, gentillesses, courtoisies, & rondeurs que l'on peut souhaiter. Vray qu'en la lecture d'iceux vous m'avez fait revenir en memoire ce que fit autresfois le Philosophe Carneades, lequel estant envoyé des Atheniens, Ambassadeur en la ville de Rome, avant que d'avoir audience du Senat, voulant faire monstre publique de son esprit, loüa un jour la Justice, & le lendemain la vitupera, si à point, que l'on ne sçauroit auquel des deux jours donner l'avantage; qui fut cause que Caton le vieux le fit renvoyer comme il estoit venu, sans estre ouy, comme celuy qui se joüoit de son esprit ainsi qu'il vouloit, & qui par une parole persuasive, eust peu surprendre le Senat s'il luy eust donné audience: ainsi vous en est-il presque pris; car representant fort dextrement & hardiment sur un mesme sujet deux personnages contraires, l'un en haut-loüant ma main en son particulier, l'autre en la blasonnant sur le general de nostre profession, le malheur a voulu qu'ayez esté chastié comme celuy-là: pour le moins que vos beaux vers n'ayent esté enchassez avec les autres, pour estre jà le livre clos & exposé dés pieça en lumiere, avec une vente assez plausible. Or quant à ce qu'il vous a pleu de me celebrer, je vous en remercie: ce n'est pas tant me trompeter que vous tromper. Et quant au demeurant de vos vers, par lesquels vous estes plus voulu esgayer sur la main d'un Advocat en general, que particulierement sur la mienne, & dont vous excusez par vos lettres, il ne faut plus vous excuser, puis qu'on ne vous accuse plus. Je mets quelquefois la main à l'œuvre, & sçay combien, il est fascheux à une main planturueuse telle que la vostre, de la vouloir retrancher, quand quelque belle conception se presente: c'est pourquoy, je vous supplie, en cas semblable, ne trouver mauvais les deux carmes que je fis & escrivis sur le champ, à Monsieur Tabourot vostre cousin, lesquels je condamne comme champignons: voulant que leur mort soit aussi prompte que leur naissance. A quelque chose malheur est bon, & avions, vous & moy, interest que ceste sotte invention tombast de ma plume; car autrement n'eusse-je jouy de toutes les belles fleurs de vostre jardin que vous m'avez envoyées; lesquelles je transplanteray dedans le mien, & à la charge de leur donner air avecques les autres, si on les imprime pour la seconde fois. Et cependant vous ferez estat de moy, s'il vous plaist, comme de celuy qui desire estre enregistré au nombre de vos bons serviteurs & amis. A Dieu.

Il est malaisé de supprimer les inventions.

Il s'exerce sur Mr Juret des deux vers qu'il avoit envoyé à Mr Tabourot.

LETTRE XIV.
A Monsieur Pasquier.

Lettre de Mr le grand Prieur de France, où il fait cest honneur à Pasquier de celebrer sa Main comme plusieurs autres avoient fait.

ENcores que vous n'ayez plus souvenance de vos meilleurs amis, tels que je pense vous estre de longtemps, est-ce qu'ayant icy trouvé vostre livre de la Main, je l'ay caressé de tout le bon accueil qu'il m'a esté possible: estimant tout ce qui procede de son autheur, digne de loüange & d'estime. Et moy & quelques uns qui en sont prés, avons contribué quelques fruicts de nostre Parnasse, afin de luy rendre l'honneur que tous bons jugemens recognoissent meriter. Si vous me faisiez quelquefois part de vos œuvres, je me tiendrois plus asseuré de l'affection que m'avez tousjours promise: & n'en sçauriez faire distribution à personnes de qui elles soient mieux receuës & prisées. Je vous en prieray doncques, & de faire estat de mon amitié, comme vous pourrez faire preuve en toutes occasions. Supplians en cest endroict, Monsieur Pasquier, le Createur vous avoir en sa saincte & digne garde. D'AIX ce VIII. Juillet 1585.

Monseigneur le grand Prieur.

Ceste inmortelle main qui bastit l'univers,
Se cachant à nos yeux, en ses œuvres se monstre:
Ta main, qui ne se voit d'une mesme rencontre,
Se fait plus dignement apparoir en tes vers.

Le Seigneur de Malherbe.

Il ne faut qu'avec le visage
L'on tire tes mains au pinceau,
Tu les monstres en ton ouvrage,
Et les caches dans le Tableau.

M. Mazzai, gran Vicario del Serenissimo Seignore grand Prior de Francia.

L'accorto Depintor a voi ben notó
Grand lopere Pasquier, de la man vostra,
A l'arte anzi l'asconse, & quindi mostra
Quanto più che beltà, la virtù puote.

LETTRE XV.
A Monseigneur le grand Prieur de France, Lieutenant general du Roy au pays de Provence.

Responce aux precedentes lettres.

Combien il est bien-seant d'estre loüé d'un grand Seigneur.

J'Ay receu les lettres qu'il vous a pleu m'envoyer, & vos beaux vers, dont je vous remercie tres-humblement. Cela s'appelle tyranniser, par courtoisie, vos anciens serviteurs. Je ne pensois pas que l'on deust donner de si fortes esles à ma main, qu'elle eust peu prendre son vol jusques à vous, ni que vous luy en voulussiez donner d'autres pour la faire voler jusques au ciel. Ce n'est pas peu, disoit un ancien Romain, d'estre loüé d'un homme loüé; mais c'est chose sans comparaison de plus grande recommandation & merite d'estre honoré par un grand Prince tel que vous, accompagné de toutes les vertus & bonnes parties que l'on peut desirer en ceux qui tiennent les grands & premiers lieux prés des Roys. Vous me faites cest honneur de vous plaindre que je ne vous fais part de mes œuvres: je ne les pensois pas dignes de vous, mais puis que je m'apperçoy que les souhaitez, je donneray ordre d'amender la faute pour l'advenir: & pour premier trait de l'amendement, je vous envoye mes Epigrammes Latins, que j'exposay pour la premiere fois en lumiere, il y a environ deux ans & demy, & que l'on a reimprimez depuis cinq ou six mois en çà. C'est en quoy je passe le temps, quand je me veux donner relasche de mes serieuses heures. Si j'ay le moindre sentiment qu'ils vous ayent pleu, je n'estimeray le temps que j'ay ay mis, pour mal employé: & me serviray d'un autre Phœbus ou Soleil pour reschauffer mes esprits qui commençoient à se refroidir, en ce sujet. Vous sçavez, Monseigneur, que dés pieça je suis couché au nombre de voz bons & anciens serviteurs, je vous prie m'y continuer, comme celuy qui s'estimera tousjours tres-heureux de vous faire tres-humble service. A Dieu.

LES
LETTRES
D'ESTIENNE PASQUIER
Conseiller & Advocat General du Roy en la Chambre des Comptes de Paris.

LIVRE NEUFIESME.

LETTRE I.

A Monseigneur Brisson, Conseiller au Conseil d'Estat, & President en la Cour de Parlement de Paris.

Il discourt la difference qu'il y a entre le droit de France & des Romains.

Il entend du Code-Henry, contenant les ordonnances de France que Mr le President Brisson a eu charge du Roy de mettre par ordre.

Le grand

E l'avois bien entendu de quelques-uns, mais je n'eusse jamais pensé qu'y eussiez apporté une si exacte diligence, comme celle que j'ay trouvée, lisant vostre œuvre. Non que je ne fusse asseuré que viendriez aisément à chef de toutes choses où vous viendriez donner attainte par vostre plume : mais par ce que je n'estimois que les grandes affaires du Palais, esquelles estes plongé pour le rang & lieu qu'y tenez, vous eussent peu dispenser de ce beau loisir. Et certes quand je considere à part moy ce que je vous ay veu faire par le passé estant Advocat simple, depuis Advocat du Roy, & ce que faites maintenant en la charge de President, je ne veux pas dire de vous, ce qu'on disoit d'un ancien Romain, que c'estoit chose esmerveillable, comme ayant presque passé tout le cours de sa vie à la lecture d'une infinité de livres, il eust eu temps suffisant pour tant escrire, ou comme ayant tant leu & escrit, vous ayez peu embrasser si digne- B ment & d'une telle continuë le Palais. Et qui me rend plus esbahy, c'est que la memoire que je voy en vous, admirable, n'offusque de rien, la clarté de vostre jugement, ni la grandeur du jugement ne fait nul tort à la memoire. Combien que quand l'un & l'autre se trouvent extremes en nous, ils ne se facent pas aisément fidelle A compagnie ensemble. J'ay leu autrefois, les doctes livres de Droit que faites dés vostre jeunesse, & depuis quelques mois en çà, ce beau recueil des Formules des Romains qu'avez, de fraische memoire, mis en lumiere : œuvres certainement dignes de vous & du public : mais je n'en trouve nul tant meritoire que ce dernier que vous nommez Code-Henry, par lequel vous François, & President au premier Parlement de la France, nous enseignez à n'estre plus aubains en nostre païs, mettant, (si ainsi faut dire) en campagne d'une si belle ordonnance, nos Ordonnances, qu'elles peuvent maintenant faire teste à toutes celles de Rome. Voilà comme toutes choses prennent avec le temps, leur façon. Ainsi virent les Romains, un Sextus Papirius, rediger en un brief estat, toutes les constitutions des Roys de Rome, esparses auparavant çà & là : & depuis, sous les Empereurs, les ordonnances Imperiales s'estans augmentées & provignées en extremité, plusieurs s'estudierent diversement de les mettre en un abregé. De là vindrent les Codes Gregorian, Hermogenien, & Theodosien : les deux premiers, faits par hommes qui, de leur propre instinct & mouvement, se mirent à ceste entreprise ; & le dernier par commandement exprés de l'Empereur Theodose. Et tout ainsi qu'aux Romains, aussi ce mesme dessein est tombé entre nous, pour le regard de nos ordonnances : car le bon homme Rebuffy, fut le premier des nostres, qui les reduisit en quelque ordre : auquel long-temps aprés est succedé Maistre Antoine Fontanon, Advocat en nostre Cour, lequel, avec une diligence admirable, y apporta un grand supplément ; & depuis peu de jours en çà, Maistre Pierre Guenois, en

ordre

ment & la gran- de me- moire ne s'a- compa- gnent pas sou- vent.

ordre un peu plus racourcy : jufques à ce que vous main-tenant par l'authorité & commandement exprés de noftre grand Theodofe, y apportez la derniere clofture d'une main fi induftrieufe, que je ne fais nulle doubte que ne fermiez le pas à tous autres qui fe voudroient à l'advenir exercer fur mefme fubjet. Il eft deformais temps qu'oftions cefte folle apprehenfion qui occupe nos efprits, par laquelle mettans fous pieds ce qui eft du vray & naïf droit de la France, reduifions tous nos jugemens, aux jugemens des Romains : ne nous advifans pas que tout ainfi que Dieu nous voulut feparer de l'Italie par un haut entrejet de montaignées, auffi nous fepara-t'il prefque en toutes chofes, de mœurs, de loix, de nature & complexions. Il me plaift me donner maintenant carriere fur ce difcours, puis que l'occafion s'y prefente, à la charge d'eftre en voftre endroit, ce que fut autrefois Phormion, envers ce grand Capitaine Hannibal. Repaffez par toutes les principales propofitions des loix, tant de la France que de Rome, & les confrontez les unes aux autres, vous n'y trouverez aucun affortiffement. Les chofes les plus communes & familieres d'entre les hommes, font les mariages, & fucceffions : les fucceffions introduites par la mort, qui nous talonne de jour & autre, laiffans à ceux qui font noftres, le peu de bien que nous avions : & les mariages pour nous perpetuer de l'un à l'autre, par une furrogation en ce bas & mortel eftre. A Rome quand l'on s'y marioit, on ne permettoit ni d'inftituer un heritier, ni de renoncer à une fucceffion, par un contract de mariage ; le mary & la femme fe pouvoient advantager par leurs teftamens ; on ne fçavoit que c'eftoit de douaire, & fignamment, de la couftumier, moins avoit-on de cognoiffance de la communauté d'entre le mary & la femme : en France nous favorifons infiniement les advantages qui font faits par les peres & meres à leurs enfans quand ils fe marient, & aux enfans qui naiftront d'eux, & fur tout embraffons avec un trés-favorable accueil, les renonciations qui font faites dans un contract de mariage par nos filles, à nos fucceffions futures, en faveur & contemplation de leurs freres ; ne permettons, ny au mary, ny à la femme, de s'advantager en aucune forte par leurs teftamens ; avons introduit le douaire comme guerdon & recompenfe de cefte belle fleur de virginité que nous cueillons en nos femmes, lors qu'elles font vierges, & quant aux veufves, pour tefmoignage & recognoiffance de leur chafteté : voire qu'en plufieurs couftumes, dés le jour de la benediction nuptiale, nous le rendons propre aux enfans, de telle façon, que les peres n'en peuvent de là en avant difpofer à leur prejudice : faifons les maris & femmes communs en tous leurs meubles & conqueftes immeubles : & après la diffolution du mariage, continuons cefte mefme communauté en faveur des enfans mineurs, quand le pere ou mere furvivant n'a faict bon & deu inventaire : Jaçoit que la difpofition du Droict commun des Romains, n'admette aucune continuation de focieté, en la perfonne d'un mineur, ores qu'elle euft efté ftipulée. Je ne vous adjoufte la Garde noble & bourgeoife du tout incognee aux Romains. Il n'eft pas jufques aux tutelles & curatelles introduites pour les enfans mineurs après le decez des peres & meres, que nous ne foyons divers ; car dans la ville de Rome, la tutelle teftamentaire eftoit preferée à toute autre, & la Dative mife au dernier lieu : en France nous n'avons authorifé que la Dative, qui fe baille par le Juge des lieux, fous l'authorité de noftre Prince, & banniffons toutes les autres : jettons l'œil fur les fucceffions que nous recueillons, ou par teftament, ou ab inteftat. Il n'y avoit rien plus favorable dans Rome que le teftament ; que le teftateur difpofe (difoient-ils) & ce fera une loy ; le fondement radical & effentiel de tout teftament, eftoit l'inftitution d'heritier ; l'on pouvoit eftre heritier & legataire enfemblement ; par le teftament un pere pouvoit prohiber le rapport d'un advantage par luy fait à l'un de fes enfans : en France nous reftraignons trés-eftroictement les dernieres volontez, ne donnant pleine bride aux teftateurs, en pays couftumier, ains feulement permiffion de difpofer jufques à certaine part & portion de leurs biens, felon la diverfité des Couftumes : & nommément il y a peu de couftumes qui ne portent que l'inftitution d'heritier, n'eft neceffaire pour la validité des teftamens. Davantage, l'on ne peut eftre heritier & legataire : & finalement un pere ne peut faire par fon teftament, que fon enfant ne foit tenu de rapporter ce dont il a efté advantagé par luy, voulant venir à fa fucceffion. Examinons les fucceffions ab inteftat, je crains que la multiplicité des antithefes que je vous propoferay ne vous offenfe. Dans Rome, reprefentation avoit lieu en ligne directe *in infinitum*, & en la collaterale, jufques aux enfans des freres : en France, anciennement l'on ne fçavoit que c'eftoit de reprefentation non plus en l'une qu'en l'autre ligne ; chofe que je recognoiftray avoir efté depuis par nous reformée. Dans Rome pour n'eftre reputé heritier, il fuffifoit de ne s'eftre immifcé aux biens du defunct : à nous, non feulement il ne fuffit de ne s'y eftre immifcé, mais il y faut avec cela une renonciation expreffe. A Rome, il n'y avoit qu'un feul patrimoine, & c'eft ce que l'on dit *Unius unicum effe patrimonium*, excepté entre gens de guerre : à nous, il y en a trois efpeces, les propres, les acquefts, & les meubles. A Rome, on confideroit les fucceffions par la proximité des degrez, fans confiderer de quel eftoc & ligne venoient les biens : en France nous deftinons le bien paternel pour les heritiers paternels, & le maternel pour les maternels. A Rome, les peres & meres pouvoient fucceder aux propres de leurs enfans, par le Tertullian : à nous les propres ne remontent point ; mais au lieu de ce, les peres & meres fuccedent (fi bon leur femble) aux meubles, acquefts & conquefts de leurs enfans. A Rome, on diftribuoit, de mefme balance, le bien des peres & meres, tant aux femelles, comme aux mafles : en France, il y a certains biens, comme les fiefs, efquels en ligne collaterale, le mafle exclud la femelle ; & encores entre les mafles en ligne directe, bien que les filles y ayent part, fi eft-ce que nous adjugeons à noftre premier fils, un preciput par deffus tous les autres enfans, pour fon droit d'aifneffe. Dedans Rome il y avoit quatre manieres pour legitimer nos enfans ; par Teftamens & Ordonnances de dernieres volontez, *Per oblationem curiæ* ; par un fubfequent mariage, & par le benefice du Prince : en France, nous avons feulement les deux dernieres. Tournons les penfées aux contracts, le Retrait lignager incognu à Rome, infiniment receu & authorifé de nous. En donations entre vifs, donner & retenir ne vaut enrre nous : dedans Rome jaçoit que le donateur n'euft faict tradition de la chofe donnée, le donataire pouvoit puis après, intenter la perfonnelle contre luy, afin de luy faire delivrance de ce qu'il luy avoit donné. Encore ne vous veux-je mettre en jeu, plufieurs particularitez qui dependent de nos Edicts : comme d'avoir borné le temps des Reftitutions en entier, contre les contracts à dix ans ; d'avoir ofté la preuve par tefmoings, des promeffes qui excedoient cent livres pour une fois ; que les contracts & teftamens feroient fignez, tant des Notaires, que des parties contractantes, & tefmoings inftrumentaires s'ils fçavoient figner, & s'ils ne le fçavoient, qu'il feroit faicte mention de ce ; le tout fur peine de nullité : que par la conteftation, l'action n'eft perpetuée à quarante ans, au contraire que la peremption d'inftance produict effect de prefcription : tout cecy a efté ordonné par nos Ordonnances modernes, quoy que foit depuis le regne du Roy Louïs douziefme. Ce que je me fuis propofé de deduire en ce lieu, eft du fonds de noftre vieux droit de la France & puis au bout de tout cela, nous alleguons en un barreau, pour le fouftenement de nos caufes, un efchantillon de loy des Jurifconfultes de Rome. Si l'on parle d'un Retrait lignager, il eft odieux & reftrictible : fi des teftamens, ils font favorables, dit-on ; parce qu'ainfi l'un eftoit determiné par le droit commun des Romains. Mon Dieu, que j'ay de honte, que pour fauver nos caufes, nous perdions le droit de la France ! Au contraire les Retraits lignagers font trés-favorables, & les Teftamens trés-

trés-odieux entre nous. D'autant que sur deux divers fondemens, le Romain & le François semblent avoir estably leurs loix ; celuy-là sur une consideration plus œconomique pour la conservation des volontez de chacun en son particulier ; cestuy sur une plus politique, pour l'entretenement des familles en leur entier : de là viennent les coustumes en faveur des masles : (c'est-à-dire, de ceux qui portent le nom & les armes d'une famille :) là les preciputs donnez aux aisnez entre les masles de là les renonciations que l'on faict faire aux filles en les mariant, en faveur de leurs freres, à tout droict successif, tant paternel que maternel, avenir : & à peu dire, sur ce mesme fonds fut enté le Retraict lignager, & par mesme moyen la prohibition de tester, sinon jusques à certaine portion de nos biens. Et en ceste diversité de fondemens du Droit des Romains au nostre, il y a eu aussi diversité de maximes qui sont venuës à la suite de ces premiers principes. Donnez, en une Republique, qu'il faille sur toute chose, s'estudier de conserver les volontez de chasque particulier, en ce qui regarde ses biens & facultez ; tout ce qui desdira ceste proposition, sera odieux : accordez que la conservation des familles en leur entier, soit de plus grande recommandation & privilege que nos volontez, vous trouverez que toutes les regles qui inclinent à ce party là, sont favorables. Je dy donequss que c'est grandement errer, de vouloir, devant la face de nos Juges, confirmer ou infirmer indistinctement le droict de nostre France par celuy des Romains, en une telle, si non contrarieté, pour le moins diversité de propositions generales. Et ce qui m'excite encores plus le courroux, est que s'il y a quelque cas indecis par nos Coustumes, soudain nous sommes d'advis qu'il faut avoir recours au droit commun, entendans par droit commun, le droit civil des Romains. Ceste regle est trés-veritable, si elle estoit bien entenduë. Toutes les Provinces anciennement qui estoient subjettes à l'Empire, avoient, comme il est vray-semblable, diversement leurs loix municipales : en quoy si elles manquoient en quelque cas, qui n'eust esté definy, c'estoit bien la raison que les Provinciaux eussent recours, en l'obmission de tels cas, au droit commun de l'Empire, sous lequel ils estoient assubjettis : mais de nous chausser à ce mesme poinct, ce seroit faire tort à nostre patrie. Nous ne recognoissons en rien le droit des Romains, sinon de tant & entant que leurs loix se conforment à un sens commun, dont nous pouvons faire nostre profit. Comment donequss pouvons-nous mettre en œuvre ceste regle, qui veut que quand nos coustumes nous defaillent en quelques particularitez, nous recourions au droit ancien de Rome ? Il est fort aisé de ce faire sans aucune sophisticquerie, moyennant que nous voulions nous affranchir sagement de ceste superficieuse servitude, dont nous avons nos esprits à la suite de ce droit ancien. Il n'y a Province en France qui n'ait ses Coustumes, & cela, nous tenons d'une bien longue ancienneté, comme nous apprenons des Memoires de Jules Cesar. Sous plusieurs de ces Provinces, il y a des Coustumes que nous appellons locales, en unes & autres villes. S'il y a quelque cas obmis en ces Coustumes locales, qui doute qu'il ne faille avoir recours à la Coustume generale de la Province, qui est le vray droict commun d'icelle ? Et si en ceste Coustume generale, il y a encores quelque obscurité ou obmission de cas, quelle raison y a-t'il de l'aller plustost mendier à Rome, qu'aux Coustumes circonvoisines ? Veu que les Romains mesmes estoient d'advis qu'en telles occurrences d'affaires, il falloit recourir de proche en proche : advis qui fut par eux baillé, non sans grande raison ; car si les Coustumes se forment en chasque pays, petit à petit, de la diversité de nos mœurs, & nos mœurs de la diversité de nos esprits, il y a beaucoup plus d'apparence en telles obscuritez ou defauts, d'avoir recours aux peuples qui nous attouchent de plus prés, lesquels pour le voisinage, symbolisent vray-semblablement plus, de mœurs & d'esprits ; & par consequent plus de Coustumes, avecques nous. Qui est celuy qui puisse revoquer en doute, que les Romains ne fussent dés leur enfance plus retenus, advisez, & resolus en leurs opinions que nous autres ? Recherchez en France un autre Caton, qui en son enfance, voyant les cruautez de Sylla, demanda à son gouverneur, un glaive pour exterminer le tyran & la tyrannie de Rome. Recherchez un autre Papirius, lequel en un trés-bas aage ayant esté mené au Senat, pour apprendre à se façonner, ainsi qu'estoit la commune usance des jeunes Seigneurs, à son retour importuné violentement par sa mere, de luy reveler ce que l'on y avoit decreté, non seulement ne le descouvrit, mais qui plus est luy donna la muse par une noble menterie : malaisément que vous trouviez telles resolutions en la jeunesse Françoise. Nous avons quelques autres proprietez & adresses qui ne nous rendent pas moins recommandables que ceux de la ville de Rome. Je veux donequss qu'il y ait quelque Coustume entre nous, par laquelle l'aage de pouvoir tester n'ait esté determiné ; aurons-nous en cecy recours aux xiiij. ans des Romains ? Quant à moy, je pense que ce seroit errer en sens commun. Et de fait, comme ainsi fust que par la coustume de Paris redigée en l'an cinq cens sept, nos ancestres se ressentans encores de la poudriere des Universitez & Escoles, eussent establi cest aage de quatorze ans pour les masles, & de douze pour les femelles, conformément au droict des Romains ; la necessité, fille du long usage, nous ayant appris que c'estoit mal pratiquer ce vieux droict, & qu'il falloit rapporter les coustumes à nostre droict naturel : nous avons, par la coustume nouvellement reformée, mis, que pour tester des meubles, acquests & conquests, il falloit avoir accomply l'aage de vingt ans, & pour tester du quint de nos propres, l'aage de vingt & cinq ans. Je ne fais nulle doute, que si quelqu'autre que vous, m'oyoit tenir tels discours, il ne les trouvast paradoxes, & contre la commune de nostre barreau, mais discourant avec vous, qui, par dessus les Jurisconsultes François, sçavez mesnager à propos, non seulement tout ce qui est du droict de Rome, mais aussi les lettres humaines, & qui ne jugez des affaires par une superficie & escorce, ains par une vraye & pure raison, je m'assure que fort aisément condescendrez à mon opinion. Je ne veux pas cependant nier qu'en ceste bigarrure de droicts, il n'y ait quelques particularitez entre nous, ésquelles je souhaiterois quelque bonne reformation. Ny le mary, ny la femme ne se peuvent faire aucun advantage par donation entre vifs, pendant & constant leur mariage : loy qui est commune, tant au Romain, comme au François : mais en cecy, je recognoistray franchement que nous cedons au Romain, de tant qu'en ces contracts de mariage, il estoit sobre distributeur de son bien, & reservoit ceste liberalité à un testament, lors que le mary, par une longue & mutuelle conservation, s'estoit rendu asseuré des bons ou mauvais offices de sa femme ; & elle en cas semblable, des favorables traittemens de son mary : nous, au rebours, sommes prodigues par nos contracts de mariage, en faveur de ceux ou celles, qu'à peine nous cognoissons ; & lors que nous sçavons de quels merites ils ont esté en nostre endroict, & que voulons rendre l'ame à nature, l'on nous ferme les mains, n'estant en nostre liberté d'advantager par nos testamens, nos femmes, ni aux femmes faire rien pour leurs maris. Je loüe grandement le douaire coustumier : mais quand je voy qu'en plusieurs coustumes on l'a rendu propre aux enfans, & que pour le regard des biens de la femme, on les laisse en la pleine disposition aprés le decez de son mary, il me semble que nos devanciers, par un jugement bizarre & mal ordonné, se desfierent par trop, ou de la prudence, ou de la pru-d'hommie des hommes ; au contraire, qu'ils se rendirent mal à propos trop asseurez de la suffisance des femmes, lesquelles d'ailleurs nous publions estre beaucoup plus fragiles que nous ; & pour ceste cause, dans Rome, estoient en la perpetuelle tutelle des hommes : au contraire, nous mettons les hommes sous la tutelle de leurs femmes & de leurs enfans, avant qu'ils soient nez, au jour de la solennisation du mariage. S'il y faut quelque reformation, je l'attends principalement de vous, qui outre ce beau

code-Henry, que baſtiſſez, couvez encores en voſtre eſprit; un recueil de toutes les belles deciſions que penſez
pouvoir appartenir au Palais : En quoy je vous veux ſans
plus, prier d'une choſe, qu'en voulant conſerver noſtre
droict de France, adviſiez à vous conſerver vous-meſme.

A Bien que l'exercitation & aſſiduité, tantoſt de lire, tantoſt d'eſcrire, augmente de jour à autre, les forces de
nos eſprits, ſi diminue-elle celles du corps. Et vous ſçavez
combien l'eſprit vif & d'intereſt d'eſtre logé dans un corps
ſain, comme un bon vin dans un fort vaiſſeau. A Dieu.

LETTRE II.

A Monſieur de Tolet, Abbé de Plimpie.

Il remercie l'Abbé de Plimpie, des bons offices qu'il faiſoit dans Rome à deux de ſes enfans.

COmbien que j'aye eſté grandement aiſe du retour de mon ſecond fils, ſi ne l'ay-je point tant eſté, que d'avoir cogneu par voz lettres & la bonne volonté que luy aviez portée, & les bons offices que faites en ma faveur, à l'autre qui eſt demeuré dans Rome, prés de Monſieur l'Ambaſſadeur : me trouvant en cecy conſtitué entre deux extremitez ; car ſi je ne ſouhaite de m'en reſſentir par effect, je me fais tort : Si au contraire je le ſouhaite, je vous fais tort, parce que le plus beau ſouhait que je puiſſe faire pour vous, eſt que vivant en un perpetuel repos d'eſprit, n'ayez jamais affaire de moy, en mon eſtat : & neantmoins en quelque ſorte que ce puiſſe eſtre, je vous preſente tout ce qui eſt de ma puiſſance.

Au demeurant, quant à ce que me repaiſſez de pluſieurs belles eſperances pour celuy qui eſt encores de delà, me mandant qu'il s'adonne à tous nobles exercices, dignes de l'homme qui veut faire profeſſion des armes, je le prends de vous comme d'un amy, qui veut aucunement flater un pere ſot, lequel ſe laiſſe fort aiſément tromper de ſes enfans : mais ſi ſemonds de la verité vous me l'avez figuré pour tel, je loüe Dieu & l'en remercie. Il eſt en l'eſcole d'un ſage ſeigneur, que l'on peut dire un miroüer de vertu. Vos belles exhortations luy ſerviront encore d'eſperon. S'il faict ce que vous me dites, il s'en trouvera tant mieux, lorſqu'il ſera de retour, pour en faire preſent à quelque Prince ou grand Seigneur. A Dieu.

LETTRE III.

A Monſieur Taveau, Procureur au Siege Preſidial de Sens.

Il prie Mr Taveau, ſon amy, d'apporter quelque diligence à l'expedition d'un procez.

CEſte-cy, eſt la cinq ou ſixieſme que je vous ay eſcrite pour ma ſervante, ſans avoir reſponſe. Vous me le pardonnerez ; mais il me ſemble que ſans lettres, la longueur du temps, & la pitié qu'il y a en ceſte pauvre femme, devoient ſuffire pour vous ſervir d'interpellation bonne & vallable. Vous avez eſté bon guerrier du commencement, & obtenu belle victoire, mais il me ſemble qu'avez eſté un autre Hannibal, ne l'ayant pas pourſuivie d'une meſme pointe. On imputoit anciennement aux Gaulois, que ſur leur premiere arrivée, ils eſtoient plus forts que des hommes, mais à la longue, plus foibles que femmes : je vous prie me faire ce bien de vous

C diſpenſer de ce defaut, & que vos livres & eſtudes, que ſçavez meſler avec la pratique, ne vous facent oublier vos meilleurs amis. Monſieur le Lieutenant general m'aſſeura dernierement qu'il ne tenoit à luy, ny aux Juges que n'euſſions la vuidange du procez. Je m'aſſeure que ſi le voulez, nous en aurons la fin, au premier jour. Tout ne depend que d'un poinct de droict. Le preſent porteur m'a promis de vous en ſolliciter, & m'en rapporter reſponſe. Si vous n'enterinez à ce coup ma requeſte, je recognoiſtray librement que je ſeray au bout de mon rollet. A Dieu.

LETTRE IV.

A Monſieur de Luzarche, Chevalier de l'Ordre, & Lieutenant de la compagnie de Monſeigneur de la Chapelle des Urſins.

Il ſe gauſſe avec le Seigneur de Luzarche ſur ſa longue abſence.

NE penſez pas que je vous quite pour cela. C'eſt la Rhetorique des mauvais debteurs, de payer leurs debtes en gibier. Vous me devez vingt eſcus, il y a ſix mois paſſez, c'eſt à dire, depuis voſtre abſence, leſquels j'euſſe gaigné avec vous à la premiere, ou au Glic, ſi euſſiez eſté par deçà. C'eſt argent m'eſt deu de bonne guerre, & n'en rabattray pas une maille : touteſfois par vos fuites & longueurs, je ſuis contrainct de les mettre au chapitre des deniers comptez, non receus. Parquoy adviſez ou de vous venir acquiter en perſonne, au premier jour, ou bien n'attendez pas de moy un ſergent pour vous executer : mais bien, tout ainſi qu'aux emprunts de ville, quand on ne paye à jour nommé, ce à

D quoy l'on eſt cottizé, l'on envoye aux maiſons, des garniſons d'hommes, que l'on appelle Mangeurs : auſſi ſommes-nous cinq ou ſix, qui deliberons d'aller vous prendre d'aſſaut à Luzarche : & Dieu ſçait quelle bonne chere nous ferons, & aux deſpens de qui. Ma debte eſt privilegiée : c'eſt argent de jeu. Je ſçay bien que pour vous excuſer, vous me coucherez tecy, d'une maladie de madame voſtre belle mere, d'une groſſeſſe de voſtre bonne partie, d'un pourparler de mariage de Mademoiſelle de Beaugarnier, & mille autres telles defaites. Mais tout cela n'eſt que vent, que je ne prends pour argent content. Suffiſe-vous une fois pour toutes, que je veux eſtre payé, ſans eſperance d'aucun reſpit. A Dieu.

LETTRE V.

A Monsieur Maillart, Seigneur de Sourche, Conseiller & Maistre des Requestes ordinaire de l'Hostel du Roy.

Il descrit la calamité de ceux qui plaident en leur nom.

NOn: Je n'eusse jamais pensé que le plaider en son nom, apportast tant de benedictions de Dieu, comme il fait. Croyez que ce n'estoit pas sans raison que ce grand plaideur d'Abbé, desiroit de quarante ou cinquante procez qu'il avoit, on luy en laissast deux ou trois pour passer son temps. Estes-vous homme lent & paresseux, ne faites nulle doute que ne trouviez assez de sujet pour destourner les embusches d'oisiveté; il ne vous faut point plus beau resveille-matin qu'un procez. Estes-vous haut à la main, ou desdaigneux, vous aurez assez de loisir pour apprendre à courtiser non seulement vos Juges, ains vos Advocats & Procureurs, voire jusques à leurs clercs. Si d'un esprit engourdi, vous trouverez par force d'invention pour vous garentir des surprises dont on vous voudroit prevenir; si honteux: la necessité vous enseigne d'oster ceste taye de vos yeux, & rendre plustost importun, qu'autre. Si avaricieux, mon Dieu! comme ce beau mestier vous en dispense, car il n'y a marchandise en France qui couste tant que la Justice, tant il faut passer par diverses mains, à toutes lesquelles il faut son offrande: & pour l'envie que nous avons d'atteindre au dessus de nos desseins, nous ne pensons pas que cela nous couste, jusques à ce que nous voyons le fonds de nos bources. J'ay fait espreuve de tout cela. Quand je plaidois seulement pour autruy, je ne voyois Messieurs de la Cour qu'avec dignité, je ne sortois de mon lict qu'à mes bons poincts & aisances, ne remuois mon esprit qu'ainsi comme il me plaisoit: Maintenant je suis tout autre homme, deux procez que j'ay en mon nom m'y ont invité; ce sont de grandes benedictions, je le confesse, mais Dieu vous en vueille garder. C'est assez ry pour un plaideur, il est temps que je vous die à bon escient, que je ne pense point qu'il y ait passion plus aiguë que celle-là, ne qui produise tant de tintoins en nos testes. Je n'en excepteray les trois bourrelles de nos esprits: l'amour, l'ambition, & l'avarice; car en ceste cy, il y a presque un meslange des deux dernieres ensemble, accompagné d'un desir de vengeance, qui produit de merveilleux effets en nous. L'Italien dit que nul ne sçait quel plaisir c'est de se venger, sinon celuy qui a receu l'injure. A Dieu.

LETTRE VI.

A Theodore Pasquier, son fils.

En exhortant icy son fils, il monstre de quelle façon doit estre le bon Advocat.

PUis que Dieu m'a fait tant de bien que j'aye peu vous eslever du bas aage, des escoles pour entrer maintenant en quelque honneste profession, je vous veux escrire la presente, non par forme de lettre missive, ains comme une leçon que je desire estre empreinte en vostre cœur, tout le temps de vostre vie. Dés-lors de vous destiner à l'estat d'Advocat: qui est celuy auquel, graces à Dieu, j'ay acquis quelque degré entre mes compagnons. Ne voulant en cecy ressembler plusieurs autres de nostre ville, lesquels se voyans advancez en quelque estat, n'imaginent autre chose sinon de promouvoir leurs enfans à plus hauts estats: quant à moy, la loy me plaist infiniment que l'on dit avoir esté observée tant en Egypte, que Sparte, esquels lieux il y avoit certaines vacations qui se transmettoient successivement de pere à fils; non toutesfois que je voulusse faire ceste reigle perpetuellement stable, sinon entant que je trouverois les enfans y estre enclins; car sur tout il ne faut forcer leur naturel, autrement ce seroit comme les Geans mal appris, vouloir guerroyer le ciel. Je vous ay destiné à cest estat, non seulement parce que j'y avois receu quelque benediction de Dieu, mais aussi d'autant que dés vostre enfance, vous faisant declamer, je vous y trouvois aucunement disposé. Et aussi qu'il me semble entre tous les estats n'y en avoir que trois, qui doivent estre singulierement solemnisez: celuy de Prescheur, de l'Advocat du Roy en un Parlement, & de l'Advocat des parties, comme ceux ausquels l'homme par un dur fonds peut faire demonstration publique des graces que Dieu a infusé en luy, plus qu'en nuls autres. Vray que je mets au premier rang le Prescheur, non seulement pour le sujet qu'il traite, qui est de la Religion, mais aussi qu'il n'y a celuy des escoutans, de quelque estat & condition qu'il soit, qui ne vienne à son Sermon avec toute submission, & pour y apporter creance: je mets l'Advocat du Roy, au second, lequel conjoignant avec son esprit, la dignité de son office, rend ses opinions beaucoup plus persuasives: & en tiers lieu, l'Advocat simple, que je trouve beaucoup plus penible que les deux autres, pour avoir, le plus du temps, non seulement à combatre l'Advocat de sa partie, ains un Advocat du Roy, & encores un President qui se peut donner permission de le rompre selon que les occasions l'admonnestent. Mais aussi quand il vient à chef de son entreprise, il se rend beaucoup plus meritoire & recommandable que les autres. Et sur tout les trois especes d'estats, on a de contenter & satisfaire aux oreilles d'un grand Theatre, qui n'est pas un petit aiguillon pour nous exciter à bien faire. La premiere recommandation doncques qu'avez entrant au barreau, sera de vous armer de deux choses; d'une bonne volonté; & d'une continuë. J'en ay veu venir au Palais avec une deliberation d'y bien faire, mais la longueur de l'estat se tournant en eux, en langueur, leur faisoit changer de propos, & mettre leurs esprits en sujet: quoy faisant, tout ce qu'ils avoient edifié, s'esvanouissoit en fumée. J'en ay veu d'autres frequenter le Palais avec une longue assiduité, mais d'une volonté si froide, qu'ils sont du tout demeurez en friche. Je desire le mariage de l'un & de l'autre: asseuré que quiconque en usera de ceste façon, s'il n'arrive au premier rang, pour le moins ne sera-t'il des derniers: & parce que l'estat auquel je vous ay voüé, gist, part en la Jurisprudence, part en l'Oratoire. Au regard du premier poinct, encores que les anciens ayent sur tout desiré la memoire au Jurisconsulte, si est-ce que je ne puis condescendre à leur opinion: quant à moy je combats pour le jugement. La memoire sans le jugement n'est rien en l'Advocat: le jugement sans memoire est beaucoup. Nous appellons nostre estude, Jurisprudence: pour monstrer qu'elle consiste plus en la prudence, & par consequent au jugement: vray que qui peut avoir l'un & l'autre ensemble, a un bien grand avantage sur ses compagnons. Ceste prudence ne s'acquiert que par long usage: partant il vous faut

Quand on vient au barreau, y doit apporter une bonne volonté, ne vo- lonté conti- nuë.

Le juge- ment est plus re- quis au I. C. qua la me- moire.

Le jeune Advocat doit avec toute soubmission se rendre auditeur.

faut rendre, sur vostre arrivée, assidu auditeur au barreau, (où l'on digere vrayement les loix) bastir vostre estude sur l'estude de ceux qui plaident, ne vous donner aisément loy de les controller, ains tout ainsi que ce grand pline, en tout livre, aussi trouver tousjours quelque chose dont faciez vostre profit, voire en ceux qui sont de moindre merite. L'admiration qui se loge en un jeune homme, luy est un grand progrez pour l'advenir.

De quel effect est l'admiration au jeune homme.

C'est la mere des sciences. Et je ne vis jamais homme sur lequel il n'y eust beaucoup à redire, qui trouve beaucoup à redire aux autres. Je sçay bien qu'aprés avoir quelque temps presté l'aureille, vous aurez part, avec l'aide de Dieu, comme les autres, aux plaidoiries. Et d'autant que ce noble exercice a plus de participation avec l'ancien Orateur de Rome que Jurisconsulte, vous diray deux mots de ce qu'il m'en semble. N'attendez point icy que je vous enseigne tous ces masques d'oraison qui nous furent representez en ce subjet par les anciens Grecs & Romains, en combien de façons il faut diversifier son bien dire, la maniere de remuer les passions de ceux qui escoutent, la closture aggreable d'une clausule, & une infinité de belles fleurettes dont leurs livres & enseignemens sont farcis. Tout l'artifice que j'entends icy vous donner, est de n'user point d'artifice: je veux que vous soyez prud'homme : quand je dis ce mot, je dis tout. Et ce que Demosthene disoit que la premiere, seconde, & troisieme partie de l'Orateur gisoit en une belle ordonnance de son corps & de son parler, je l'appropie à la preud'hommie. Le but où vise l'Advocat par ses plaidoiries est de persuader ses Juges: & on se laisse aisément mener par la bouche de celuy que l'on estime homme de bien : au contraire soyez en reputation de meschant, apportez tant d'elegances & hypocrisies de Rhetorique qu'il vous plaira, vous delecterez davantage les aureilles de ceux qui vous escoutent, mais les persuaderez beaucoup moins, parce que chacun se tiendra sur ses gardes, pour l'opinion qu'il aura de vous. Ne vous chargez point de cause, que ne la pensez bonne : car en vain penserez vous persuader vos Juges, si vous n'estes le premier persuadé de vostre cause. Combattez pour la verité, & non point pour la victoire. Mais ces deux derniers preceptes sont inutiles, parce que la preud'hommie les apporte tout d'une suite quant à soy. Au demeurant, je ne desire pas que soyez seulement preud'homme, je souhaite que ceste preud'hommie soit armée d'une vifve force, pour terrasser le vice, soustenir vertueusement le pauvre affligé, faire pavois de vostre conscience contre les efforts des plus puissans, qui veulent abuser de leur authorité & grandeur à la ruine des plus foibles. Ostez de vostre teste ceste courtisanie que je voy estre pratiquée par quelques-uns, qui ne se veulent charger de causes contre les grands, pour ne leur desplaire : encores que sur le champ vous leur desplaisiez, si est-ce qu'à une autre occasion, revenans à leur raison meilleure, ils vous prendront pour leur Advocat, voyans qu'aurez bien & fidellement servy vos parties encontr'eux. Ces propositions estans imprimées dans vous, il me semble qu'il y a trois choses que devez soigneusement observer: l'une de contenter au moins mal qu'il vous sera possible, ceux qui vous choisiront pour leur Advocat: l'autre de ne mescontenter trop rudement

La premiere piece de l'Advocat est d'estre prud'homme.

vos parties adverses. Vous devez entretenir vos cliens, d'une douce chere, ne les rudoyer, supporter de leurs importunitez ; faisant ce perpetuel jugement en vous, qu'il n'y a maladie d'esprit plus poignante, que de ceux qui plaident en leurs noms. Non toutesfois que je veuille que liez voz opinions à leurs passions ; si vous pensez pouvoir apporter honnestes remedes à leurs causes, il ne les faut oublier: sinon, c'est pecher contre le sainct Esprit, de les repaistre de vaines esperances en leur administrant je ne sçay quels moyens, plus familiers au Palais que je ne voudrois, pour tenir les choses en longueur: ce sont autant d'artifices de la ruine des pauvres gens. En usant de la façon que je vous dy, vous abonderez moins en pratique, mais elle sera plus solide, & honorable. Entant que touche vos parties adverses, donnez ordre, s'il est possible, d'attremper vos plaidoyers de modestie : jamais la modestie ne fut malseante à nul, & par especial au jeune homme : non toutesfois que je vueille qu'elle se tourne en prevarication: cela depend de la prudence de l'Advocat, de peser ce qui est necessaire de taire ou de dire en sa cause. L'on dit que Philippe Roy de Macedoine ayant à sa suite un Seigneur qui avoit trahy son pays en sa faveur, & le gratifiant de pensions pour le bien qu'il avoit receu de luy, ce Seigneur se plaignit à luy de ce que quelques gentils-hommes Macedoniens l'avoient appellé traistre, dont il esperoit avoir bien grande reputation : ce sage Roy sans s'en aigrir autrement, luy respondit: que les Macedoniens estoient de leur nature, gens rustiques, qui ne pouvoient representer les choses, qu'avec la naïfveté de leurs paroles. S'il y a de la malefaçon exemplaire, je ne pense point qu'il la faille dissimuler : és autres choses, je seray bien d'advis que l'on pardonne à la pudeur des personnes. Vous ne devez vous presenter au public que bien preparé de voz causes : le seul objet de ce grand tribunal vous doit en cecy servir de leçon. Voz plaidoyers ne seront, ni trop briefs, ni trop longs, la briefveté cause souvent l'obscurité : & la longueur attedie ordinairement les Juges. Mais on ne peut dire rien estre trop long, quand l'on dit ce qui sert necessairement à la cause. Encores vous diray-je ce mot : Je sçay que nous choisissons diverses vacations pour passer avec quelque commodité nostre vie. Je veux que soyez avaricieux, mais d'une noble avarice, de l'avarice de vostre honneur & non de l'argent. Les anciens colloquerent le temple d'Honneur joignant celuy de vertu, pour nous enseigner que l'honneur nous est un taisible acheminement à la vertu. Exerçant vostre estat de ceste façon, je remets le demeurant de vostre fortune entre les mains de Dieu, lequel vous devez implorer en toutes vos actions, avec une ferme asseurance qu'il ne laisse jamais ceux qui de cœur devot le reclament. De ma part je n'oublieray rien de ce que je penseray faire à vostre promotion & advancement, comme bon pere : mais au conseil que je vous donne, je ne seray jamais marry que vous oubliez d'estre mon fils: je veux dire que vous pensiez estre fils d'un pere qui n'a moyen de vous pousser, & que conduisiez vostre fortune comme si elle commençoit de prendre ses racines en vous, sans mon aide & ministere. Il n'y a rien qui perde tant le Parisien, que l'opinion qu'il a d'estre fils d'un pere qui a quelques biens & moyens.

Celuy qui plaide n'est aucunement excusable en ses passions.

L'Advocat doit estre modeste & comment.

Qu'il faut estre avaricieux de son honneur.

LETTRE VII.

A *Monsieur Chandon*, Secretaire du Roy.

Il combat Machiavel qui a faict un chap. de la Scelerateße, par lequel il

JE meure, s'il ne falloit faire mourir Machiavel & son livre, dedans un feu, lors que dedans son institution du Prince il fut si impudent, de nous faire un chapitre de la Scelerateße, (ainsi se dit il) par lequel il enseigne comme le Prince peut parvenir à une Principauté, & s'y maintenir par meschanceté. Mon Dieu ! se peut-il faire que ceste proposition monstrueuse soit entrée en la teste d'un qui se disoit Chrestien, & que les Ethniques, qui n'eurent cognoissance de la lumiere de Dieu qu'à tastons, nous ayent appris qu'il ne falloit en nulle affaire separer l'utilité d'avecques l'honneur, entendans par ce mot d'honneur tout ce qui concernoit la vertu ? Je laisse

monstre comme un Prince se peut maintenir en estat par meßchanceté.

que le mot de Scelerateſſe de ſoy eſt honteux, & qu'il n'y a putain ſi deſchevelée en particulier, qui ne ſoit bien aiſe en public de contrefaire la prude femme. Et toutesfois ceſt homme de bien, donne à ce chapitre le frontiſpice de meſchanceté. Je ne penſe point qu'il y ait au monde, diſcours qui contienne plus d'impieté, d'enſeigner à celuy qui doit eſtre la vraye image de Dieu en ce bas eſtre, d'acquerir une ſouveraineté, par mal faire, & de luy vouloir faire accroire, par exemple, qu'il s'y pourra conſerver. Je dy que c'eſt errer en l'hiſtoire, je dy que c'eſt ſe fourvoyer non ſeulement en diſcours, ains en ſens commun. Je ne nie pas que Dieu quelques fois par un jugement caché, ne permette que le Prince ne parvienne à un grand eſtat par ces moyens extraordinaires, & qu'il n'abuſe de ſa puiſſance abſoluë, au prejudice de ſes ſubjets: mais apres qu'il s'eſt ainſi voulu joüer, je ne voy point que l'a fin n'en ait eſté touſjours tragique, & qu'à peu dire, que Dieu ne jette les verges au feu dont il avoit voulu chaſtier, ou le peuple, ou quelques particulieres familles. Et ce qui me rend encores plus courroucé contre ce grand Machiavel, c'eſt que jamais homme ne fut plus nourri en la lecture de Tite-Live que luy, teſmoins les trois livres de Diſcours qu'il fit ſur la premiere Decade; de laquelle combien qu'il peut tirer une leçon telle que je ſouſtiens, voire dés l'entrée de l'œuvre; toutesfois il eſtoit tombé en ſens ſi reprouvé, qu'elle luy paſſa devant les yeux ſans y donner aucune atteinte, s'amuſant à tirer une quinte-eſſence d'autres hiſtoires, & laiſſant celle qui ſervoit à l'édification des Roys & Princes Souverains. Je repaſſeray ſommairement ce que j'en ay leu. Vous trouverez qu'Amulius Roy d'Albe fut tué par Romulus & Remus ſes nepveux: Romulus par les Patrices & Senateurs qu'il avoit inſtituez: Tarquin le vieil par deux paſtres qui faiſoient contenance de s'entrebatre: Servius Tullus par Tarquin l'orgueilleux: & ceſtuy finalement expulſé de ſon Royaume, avec toute ſa famille ſans eſperance de regrés, par Junius Brutus ſon couſin germain. Voilà un piteux fondement d'une ſi grande Principauté. Mais qui conſiderera quels ſont les jugemens de Dieu, il verra que tous ces Princes eſtoient parvenus à leurs eſtats, par ſcelerateſſe, ou que par la meſme voye ils s'eſtoient voulu maintenir: & neantmoins que quelque ſage diſcours humain qu'ils euſſent apporté pour s'y conſerver, Dieu enfin par l'injuſtice des hommes, exerça en eux ſa juſtice. Je commenceray par Amulius: à Numitor ſon frere aiſné appartenoit l'eſtat d'Albe par une prerogative de ſon aage, toutes-fois Amulius luy oſta le ſceptre des mains, luy conſervant ſeulement la vie, pour l'eſtimer homme de peu. Mais craignant que ſa poſterité priſt à l'advenir argument de remuer contre luy nouveau deſſein, il tua toute la lignée maſculine de Numitor; & quant à Rhea ſa fille, la fit rendre Nonnain voilée: eſtimant que le vœu de chaſteté, où elle entroit, & la ſeure & eſtroite garde en laquelle elle ſeroit, luy oſteroit, & l'envie & le moyen d'avoir enfans. Toutes-fois, tout au rebours de ſon intention, Rhea commet un inceſte par lequel elle eut d'une ventrée, deux enfans, ce furent Romulus & Remus. Dont Amulius ſon oncle, adverti, joüé à ce coup-cy, à quitte ou à double, & commande qu'ils fuſſent ſubmergez. Celuy qui en eut la charge, obeït, & non obeït tout enſemble, parce qu'il les expoſa à la miſericorde du Tibre dans une aulge. Et comme le ciel ſe preparoit à une juſte vengeance du tort qui avoit eſté fait à leur ayeul, leurs oncles, & leur mere, comme ſi le Tibre euſt eu quelque ſentiment, il eut pitié d'eux & les chaſſa à bord; encores leur falloit-il nourriſſe pour les ſuſtenter. Une Louve naturellement impiteuſe, les allaite toutes-fois humainement, de ſes mammelles. Enfin, eſtans nourris entre les paſtres, & ayans ſceu leur condition, tout un amas de gens perdus & deſeſperez, & avec ceſt aide, deſpoüillent Amulius leur oncle, tant de ſa vie, que de ſon Royaume, auquel ils reſtabliſſent le bon Numitor, leur ayeul, en la ville d'Albe. Et quant à eux, vont fonder la ville de Rome avec leurs adherans, où Romulus commença de regner.

Voyez avec combien de meſchancetez, Amulius s'eſtoit penſé faire grand, ſelon le ſens humain? & toutes-fois en un inſtant, lors qu'il penſoit eſtre plus aſſeuré, il vit ſa grandeur, & ſon aſſeurance s'éſvanoüir en fumée. Le ſemblable advint-il à Romulus, & ſous meſmes gages; car voyant que Remus ſon frere eſtoit une eſpine à ſon pied, il le tua malheureuſement ſous une querelle d'Alleman, afin d'oſter ceſt corrival de ſa penſée. Il s'eſtoit par ce moyen, eſtably ſeul en ſa Royauté, & ne voyoit plus qu'il y en euſt aucun qui luy peuſt faire teſte: vray qu'il n'avoit attaint au deſſus de ſon intention; parce que nulle femme ne vouloit prendre alliance de mariage avec ces Patrices qui eſtoient gens compoſez de toutes pieces, les uns bannis, les autres fuitifs de leur païs pour la crainte du Magiſtrat, comme ceux qui avoient ſuivi la fortune d'un jeune Prince deſeſperé. Parquoy, pour fonder la Principauté de tout poinct, il fait encores deux traits tres-meſchans: pour le premier, il baſtit un temple qu'il dedie à un Dieu imaginaire nommé Aſile, pour ſervir de retraite à tous les meſchans, ſans que l'on leur peuſt mal faire à l'advenir, apres qu'ils y ſeroient entrez & rendus citoyens de Rome: & afin de trouver mariage aux ſiens, il fait puis apres publier, par tous les environs de la ville, qu'il vouloit faire douer des jeux magnifiques & ſolemnels, auſquels il convia tous les peuples voiſins, meſmes les Sabins par une hoſpitalité qu'ils avoient enſemble, leſquels s'y eſtans tranſportez avec leurs femmes, enfans & familles, à peine furent les jeux ouverts, que les Romains ſe jettent peſle meſle au milieu des pauvres Dames Sabines, leſquelles ils ſe ſaiſiſſent, & enleve chacun ſa chacune qu'il eſpouſe bon gré mal gré peres & meres. Si jamais infidelité fut commiſe, ſi jamais on viola le droit divin & humain tout d'un coup, ce fut lors: auſſi apporta cela pluſieurs guerres entre les Sabin & Romain: pour auſquelles mettre fin, meſme par l'interceſſion des femmes, qui eſtoient poſſedées par leurs nouveaux maris, ſut faite une concluſion generale de paix, par laquelle il fut adviſé que tout ainſi que par le lien & union de tels mariages, les deux peuples ſe trouvoient eſtre incorporez & unis enſemble, auſſi vivroient-ils de là en avant ſous la puiſſance unie de deux Roys. Et deſhors de deux Republiques on en fit une, qui fut regie par l'entremiſe de Romulus Roy des Romains, & Tatius Roy des Sabins; vray que l'un & l'autre avoient leur Senat ſeparé, dont ils prenoient advis, & puis par commune conference ſe rapportoient enſemblement pour ſuivre ce qui ſeroit plus expedient. Ceſt eſtabliſſement paſſa quelque temps, par diſſimulation & connivence de la part de Romulus; mais comme il eſtoit impatient de corrival, auſſi donna-t'il ordre de faire mourir Tatius: quoy que ſoit, jamais il ne prit punition des meurtries, qui monſtre aſſez qu'il y avoit conſenti. Et depuis ſe voyant avoir attaint au ſommet de ſes deſirs, commença deſlors à empieter la tyrannie ſur les Patrices, & de les vilipender, qui les occaſionna enfin de le tuer. Ainſi vous voyez une punition exercée encontre luy, ſur une querelle nouvelle: mais, à mon jugement, provenuë d'une vraye juſtice de Dieu, pour le chaſtier des meſchancetez qu'il avoit exercées pour regner, contre Remus, les Sabins, & Tatius. Ce que j'ay maintenant à vous eſcrire, contient une plus grande chaſne de vengeance que Dieu permit, pour ſervir d'exemple à tous Roys de ne gaigner leurs eſtats par ſcelerateſſe. Tarquin le vieil, eſtranger, homme riche & opulent, pour ſe garentir de l'envie des ſiens, quitta par le conſeil de Tanaquil ſa femme, le pays d'Hetturie où il reſidoit, & ſe vint habituer dedans Rome; où il ſceut ſi bien diſſimuler ſon naturel, par beaux ſemblans, que non ſeulement il gaigna la bonne grace du Roy Ancus Marcius, mais qui plus eſt, entra en opinion envers luy d'une tres-grande preud'hommie. Qui fut cauſe que mourant il luy recommanda ſon Royaume, & le crea tuteur de ſes enfans mineurs, eſtimant qu'il n'y avoit meilleur moyen de leur conſerver ſon eſtat qu'en le deſpoſer ès mains d'un ſi homme de bien. Mais il n'eut pas les yeux ſi toſt clos, que par sourdes pratiques & menées il se fit proclamer Roy de Rome, tant par le peuple que le Senat. Cestuy, sçachant que par voyes indirectes il estoit parvenu à ceste grandeur, estima que pour s'y conserver, il y devoit apporter de l'artifice, crea cent autres Senateurs, pour estre de sa faction; estimant qu'autant de nouvelles creatures de sa main, luy feroient autant de supports contre les conspirations & embusches que l'on pourroit faire contre luy : il amuse le peuple par diversité de jeux annuels qu'il introduisit, donne police de seance en iceux, à uns & autres Magistrats, pour les contenter, fabrique une infinité d'ouvrages publiques pour servir d'amusoir au peuple. Toutes-fois pour fin de la tragedie, après avoir regné plusieurs ans, les deux enfans d'Ancus Martius, le font assassiner des deux pastres, feignans de luy demander justice d'une querelle qu'ils avoient ensemble. Ni pour cela ne furent-ils restablis en l'ancienne dignité de leur pere; car le ciel couvoit une plus notable vengeance contre la memoire de Tarquin le vieil : aussi n'estoit-ce pas une petite perfidie, d'avoir osté la couronne aux pauvres pupils qui luy avoient esté donnez en depost, comme ceux que nous devons avoir en pareille, ainçois plus grande recommandation que nos propres enfans, lesquels nous acquerons aux despens de nostre vegetative seulement, & ceux-cy sous une reputation de preud'hommie que nous avons acquise parmy le peuple. Tanaquil femme de Tarquin, ayant dés sa jeunesse esté nourrie en la science de deviner, fort familiere aux Hetruriens, imagina que Servius Tullus estoit né pour estre grand Roy, ores qu'il fust né d'une femme esclave, & qu'il fust un enfant bastard, qui n'avoit cognoissance de son pere. Et ce d'autant qu'en son dormant on avoit veu reluire un grand feu sur son chef : cela fut cause qu'elle mesme procura le mariage d'une sienne fille & de luy. Comme donc ques Tarquin le vieil eut esté blessé & retiré par la Royne sa femme en une chambre où il mourut tost après, ceste Dame sollicite à l'instant mesme Servius son gendre, de s'emparer des forces, & pour y apporter quelque feuille, a donné à entendre au peuple que son fils mary estoit vif, & qu'il avoit commandé à son gendre de prendre la charge des affaires, en main, pendant qu'il reviendroit en convalescence : ce qui fut fait, & si dextrement, que sans attendre, ni l'authorité du peuple, ni du Senat, luy-mesme par une puissance absolue s'installe Roy : ce qui n'avoit jamais esté fait : & pour fonder à meilleures enseignes son estat, d'un costé il bailleen mariage ses deux filles à ses deux beaux freres Tarquin & Aruns : d'un autre costé après avoir radoubé la premiere faute, & s'estre fait confirmer en sa Royauté, par le Senat & le peuple, il publie une infinité de loix politiques, obtient plusieurs victoires contre les peuples estrangers, & regne quarante-quatre ans. Toutes-fois lors qu'il pensoit son estat estre cloué à cloux de diamant, & que le long laps de temps eust enseveli sous le cercueil d'oubliance la memoire du tort qu'il tenoit à ses beaux freres & gendres, le temps suscite sa fille mesme, qui exhorte son mary Tarquin, à recouvrer l'estat sur son pere, & de le tuer : chose qu'il entreprit, & executa vigoureusement, n'ayant autre instigateur, & promoteur de ceste entreprise que la fille contre le pere, laquelle mesme voyant le corps de son pere mort sur la place, passa avec son char, dessus luy. Voyez, je vous prie, quelle est la piteuse fin de ceste histoire. Tarquin le vieil homme nouvellement adopté dans Rome, se fait couronner Roy. Servius Tullus naturellement esclave, après son decez, obtient pareil tiltre. Cestuy-là au desadvantage de ses pupilles : cestuy au prejudice des enfans mesmes de Tarquin, n'ayant autre plus prompt conseil pour ce faire, que la mere mesme de ceux ausquels appartenoit en droicte ligne, la couronne : &, qui est le comble de ceste miserable histoire, cestuy-là fut tué par deux pastres, à l'instigation des enfans du Roy Martius : cestuy par son gendre, à la suscitation de sa propre fille. Et vrayement, voilà l'execution d'un grand & celebre Arrest, qui doit enseigner à tout Prince de n'entrer point par meschanceté à une Principauté. Ce meurtrier Tarquin dernier, regna depuis avec une façon si estrange, qu'il fut surnommé l'Orgueilleux, desdaignant le conseil des Peres, tyrannisant à outrance le peuple, voire jusques à violer la femme d'un sien parent & Senateur : aussi Dieu permist pour closture de ce jeu, qu'il perdist entierement son Estat, sans esperance de ressource pour luy & les siens : & ce, mesmement par le moyen de Junius Brutus son cousin germain, lequel de la corruption d'une Monarchie, bastit un Estat entremeslé de l'authorité des Potentats & du peuple, qui a esté l'un des plus grands qui jamais ait esté au monde. En effect, voilà la fin des premiers Roys de Rome, qui voulurent ou parvenir ou se maintenir par scelerateste, en leurs Royautez. Au contraire, vous trouverez un Numa, un Hostilius, un Martius, avoir eu fins douces, calmes, & tranquilles, telles qu'avoient esté leurs dignitez, ausquelles ils estoient arrivez, & s'y estoient maintenus par les voyes ordinaires qui font regner les bons Roys. Pleust or' à Dieu que Machiavel, au lieu de plusieurs autres discours, nous eust servy de ce premier mets, comme faict ce grand Tite-Live : je croy que ceste seure leçon, eust mieux vallu pour l'instruction de nos Roys que tout ce qu'il a deduit dedans ses trois livres : ou que le moins cela luy eust servy de bride, pour ne faire point dans son Prince, un chapitre de la meschanceté. Mais que m'amuse-je à vous solenniser ces exemples ? Je ne veux que le Machiavel mesme pour le condamner. Les sages Autheurs voulans bailler quelques instructions & memoires aux Roys, de bien regner, leur representerent des Roys preud'hommes & guerriers, pour leur servir de miroüer & exemple. Ainsi Xenophon dressa sa Cyropedie sur le modelle du Roy Cyrus. Ainsi l'Autheur de Marc Aurelle, nous proposa ce grand Empereur, afin que sur ce patron, les autres Princes formassent leurs deportemens. Machiavel au contraire, nous baille pour exemple d'un grand Prince, le plus meschant qui fut onques, si vous croyez à tous ceux qui escrivirent de son temps après sa mort, ce fut Cesar Borgia. Or au mesme chapitre où il raconte que la scelerateste apporte aux Princes (je suis contrainct d'user souvent de ce mot, comme estant celuy qu'il employe en ce lieu-là) il recite l'histoire de Borgia, qui avoit entrepris durant un souper, faire mourir quelques Cardinaux, personnages d'honneur, qui n'estoient de sa faction, ny du Pape Alexandre son pere : & pour y parvenir, avoit donné charge au sommellier, de leur donner à boire du vin qui estoit en quelques bouteilles qu'il avoit empoisonnées, estimant qu'ayant la fin de ceux-cy, il viendroit puis après aisément à chef de son dessein, qui estoit de se faire Roy de la Toscane : grand conseil, (ce dit ce grand precepteur des Princes) mais il ne voit pas que lors que Borgia pensoit avoir atteint au dessus de son entreprise, Dieu dissipe en un instant ses conseils, & veut que le sommellier mesprenant, donne du vin empoisonné à Borgia & à son pere, qui en moururent quelque temps après : & les autres designez, par ceste malheureuse trahison à la mort, s'en retournerent sains & & sauves. Parlez à un Machiaveliste, il vous dira que c'estoit un brave projet bien tramé : mais un homme de bien, rapportera sagement ceste mort, à une grande providence de Dieu, qui veut que les meschans Princes prennent une fin malheureuse. Nous sommes les joüets des Roys, les Roys sont les joüets de Dieu. Ils font le procez au peuple; le peuple à eux, au semblable, par les benedictions ou maledictions qu'il leur donne selon leurs merites ou demerites : sur lesquels Dieu le grand Juge de nous, intimose puis après, ses parties. Tel Prince pense estre bien assuré en sens humain, lequel, à un cild'œil, voit toutes ses opinions renversées, & se trouve si malheureux que le plus grand Roy qu'il ait, est de prendre de l'eau pour boire dedans le creux de sa main pour estancher sa soif, comme Darius Roy de Perse, après la victoire d'Alexandre : ou bien de rencontrer homme qui le veuille massacrer, pour mettre fin à ses miseres : ce que le cruel & impiteux Neron ne peut trouver après avoir exercé

L'exemple de Cesar Borgia, dont Machiavel fait estat entre les Princes qui se sont maintenir par meschanceté, damne le mesme Machiavel.

Dieu fait le procez aux Roys.

exercé toutes sortes de tyrannies contre son peuple. Je souhaiterois que tous ceux qui approchent les Princes, eussent ces miroüers devant eux, pour le leur representer, & non ce malheureux Autheur que je voy estre chery & honoré presque de tous les courtizans, dont la condition est telle, que tout ainsi qu'ils sont nez pour estre esclaves, aussi ne projettent-ils rien que de rendre les autres esclaves : estimans que c'est un grand secret de A nourrir leurs maistres en ces propositions extravagantes & miserables. Vous approuvez doncques l'Autheur, de l'Antimachiavel (direz-vous?) Il y a des extremitez en luy, comme en l'autre. En ce qu'il se conformera à la Justice, & au repos du bien public, je seray volontiers des siens : mais si par propositions erronées, il veut exciter à murmure, les sujets encontre leur souverain Magistrat, je le condamneray tout à faict. A Dieu.

LETTRE VIII.
A Monsieur Chandon, Secretaire du Roy.

Combien le Romain avoit l'esprit reso-lu au bien ou mal, comme auiour-d'huy insinué entre les Courtisans.

LE discours que je vous escrivy dernierement sur les vengeances que Dieu voulut estre exercées contre les premiers Roys de Rome, qui voulurent appuyer leur grandeur sur voyes extraordinaires & meschantes, m'en a remis un autre en memoire, sur une querelle qu'il ne sçay quel courtizan me dressa, ces jours passez, en vostre presence, quand il m'advint d'appeller un esprit Romain, celuy que l'on appelle maintenant en Cour, homme determiné. Mais advisez, je vous prie, qui m'a semondu à ceste metaphore. Je n'ay jamais veu histoire où j'aye veu l'esprit d'un homme si resolu au bien ou mal, comme au Romain. Je vous repasserois volontiers tous ces premiers Roys, mais ce ne seroit qu'une redite. Toutesfois, s'il vous plaist vous en ramentevoir, vous trouverez que jamais resolution ne fut telle en meschanceté, comme celle que la plus part d'eux, eurent pour regner : aussi s'il vous plaist tourner le fueillet, vous les trouverez tout

Admirables resolutions des Romains.

autant determinez à bien faire (j'useray de ce mot avec nos Courtizans) lors que sous la Democratie, ils entreprindrent non seulement la protection de leur liberté commune, mais aussi de la discipline publique. En ceste façon lisons-nous une resolution admirable en Brutus, quand apres avoir exterminé les Roys de la ville, il jugea non seulement son fils à mort, ains fut spectateur du supplice, pour avoir avec quelques autres jeunes Gentils-hommes Romains, conspiré contre la Republique, en faveur de Tarquin l'Orgueilleux. En ceste mesme façon vit-on en Virginius, tuer en pleine place, sa fille, innocente, Virginia, afin qu'elle ne fust violée par Appius Claudius, lequel abusant de son authorité Decemvirale, exerçoit la tyrannie dans Rome avec ses autres compagnons. Quoy faisant, tout ainsi que la mort de Lucrece fut cause de l'extirpation de la tyrannie des Roys, aussi la mort

Deux adulteres, l'un commis, l'autre que l'on vouloit commettre, furent cause de

B

C

de Virginia, restablit ceste belle liberté, qui avoit esté emblée par l'authorité extraordinaire de ces nouveaux Decemvirs. C'est une chose detestable devant Dieu & devant les hommes, qu'un enfant tuë son pere, ou soit autheur de le tuer, ny que le pere tuë son fils. Le premier fut executé par Servia, contre le Roy Servius son pere, pour faire regner Tarquin son mary. Le second, par Brutus & Virginius, pour la manutention de l'estat de la chose publique. Le premier fut abhominé devant Dieu, par ce que l'occasion en estoit sinistre. Le second honoré & embrassé de chascun, d'autant que c'estoit pour une fin honorable. Le semblable en advint-il pour la conservation de la discipline, en laquelle nous voyons un Manlius avoir condamné son fils à mort, pour avoir esté si temeraire de combattre sans son commandement, ores qu'il eust eu tres-heureux succez & victoire de ses ennemis : mais pour la dangereuse consequence que ce pere rigoureux (mais tres-sage Capitaine) voyoit en pouvoir advenir à l'estat, s'il eust passé par connivence, tel faict. A fin cependant que je vous escoule sous silence, un Horacius, un Scevola, un Decius, qui de propos deliberé s'exposerent à une mort volontaire, pour garantir leur pays, de l'estranger, n'estans pas les deux premiers, de moindre merite & recommandation, sans mourir, que le dernier en mourant. Mille autres nous avons de ceste mesme impression. Et voilà en peu de paroles, pourquoy j'appelle un esprit Romain, celuy que le Courtizan du jourd'huy appelle Determiné : mot auquel je ne trouve pas grand fondement pour luy donner vogue, encore que je le voye authorizé par les bouches de plusieurs gens de Cour, que je n'establiray jamais pour juges du bien parler, combien que le commun peuple se persuade le contraire. A Dieu.

perdre l'estat du Rome à ceux qui le possedoient.

Conservation la discipline ne publique que fut en remonstrance mandation dans Romo.

LETTRE IX.
A Monsieur de la Croix du Mans.

Il exhorte le Seigneur de la Croix du Mans, qu'il se garde d'estre surpris par les recommandations d'uns & autres qui desferent d'estre couchez.

J'Entends que bastissez un livre qu'intitulez, la Bibliotheque, qui est un Cathalogue general de toutes sortes d'autheurs qui ont escrit en François, avec un recit de leurs compositions, tant imprimées, qu'à imprimer. OEuvres, certes laborieux, & digne de celuy qui a beaucoup veu & leu : mais auquel avez à vous garder de plusieurs embuches, de ceux qui, pour ne pouvoir paradventure rien de soy, tascheront de s'advantager en reputation, aux despens, non de leurs plumes, ains de la vostre ; car ne pensez pas que la fosse de Pierre Paschal n'ait produit plusieurs rejettons : quand je vous dis Pierre Paschal, vous sçavez ce que je veux dire. Et neantmoins puis que je suis maintenant de loisir, encore vous en feray-je le conte par maniere de passe-temps. Pierre Paschal estoit un Gascon, qui sur son pretendu advenement, se fit amy & compagnon de la plus part des Poëtes de nom, qui florissoient sous le regne du Roy Henry Second : cestuy, voyant tant de nobles esprits mettre la

D

main à l'œuvre, & qu'il luy eust esté mal seant au milieu d'eux, de se taire, commença de nous repaistre de belles promesses : se vantant de faire l'histoire de son temps, & pareillement le sommaire des vies des gens de marque, qui lors estoient, à l'imitation de Paul Jove : sous ces faux gages, il sollicitoit impudemment nostre & autres Poëtes, de le trompeter par leurs escrits : leur promettant une pareille, & de les arranger entre ses Hommes illustres : ses importunitez & prieres porterent tel coup, qu'estant haut loüé par Monsieur de Ronsard, & quelques autres, le bruit de son nom, en vint jusques aux aureilles du Roy Henry (ce n'est pas un petit secret és affaires du monde, d'envoyer un bon bruit de nous, pour avant-coureur de nos actions) le Roy au son de sa renommée, le fit son Historiographe, aux gages de douze cent livres par an : toutesfois apres son decez, on ne trouva rien si froid que son estude ; car aussi, pour en dire le vray, il ne sçavoit parler, ny Latin, ny François : & le peu de Latin qu'il redigeoit

comme theurt en sa Bibliotheque que des 'authurs de la France, Pierre Paschal homme qui se faisoit valoir par les plumes d'autruy.

geoit par escrit, estoit tiré, piece à piece, des Commentaires de Nizolius, pour dire qu'il estoit Ciceronien. De ce, vous en puis-je asseurer, comme celuy qui l'ay veu de prés. Et qui est le plus beau de ce conte, c'est qu'au mariage de la Royne d'Escosse avecques le Roy Dauphin, il fit imprimer vne longue harangue fort mal bastie, dans laquelle il faisoit parler au Roy, ceste Princesse fort jeune, quand elle arriva en la France, tout ainsi que si elle eust eu trente ans sur la teste. Et portoit le tiltre, que ceste harangue avoit esté extraicte du quatre ou cinquiesme livre de son Histoire, dont il n'avoit encore encommencé le premier. Celuy qui halena premierement son fard, fut ce grand & docte Adrian de Tournebu, personnage aussi aigu & violent en Satyres contre ceux qui le meritoient, comme doux en mœurs & conversation, avecques les gens d'honneur & de lettres : lequel luy fit vne plaisante Epistre sous ceste intitulation. *Ego tibi,* laquelle fut depuis, mise en François, par du Bellay : & à leur suite, Ronsard qui l'avoit tant de fois celebré par ses escrits, chantant vne palinodie, fit vn eloge Latin de luy, que je traduisi en François, & ay encore, entre mes brouïllas. Je vous dirois volontiers que Guillaume Cretin fut presque de ceste mesme trempe, sous le regne du grand Roy François : car je le voy solemnisé par Marot, & quelques autres qui florirent de ce temps-là, comme grand Historiographe du Roy : & neantmoins nous ne lisons rien de ses escrits. A quel propos tout cecy ? Pour vous dire que soudain que l'on aura le vent de vostre livre, je ne fais nulle doubte, que ne soyez courtisé de plusieurs, afin qu'y enchassiez leurs noms. Avez-vous jamais leu les deux Epistres de Ciceron & Pline, par lesquelles ils se recommandoient à face ouverte, cestuy-la, à Luceius, cestuy-cy, à Cornelius Tacitus, afin d'avoir quelque lieu dedans leurs histoires ? Le semblable fera-l'on en vostre endroit. Et neantmoins il me semble, que ne devez vous laisser emporter à telles importunitez. Les livres muets doivent parler pour ceux qui ont escrit. A tous autres il faut avoir l'aureille sourde. Tout ainsi comme l'on dit qu'il n'est point en la puissance d'un Roy, de faire des Princes artificiels, parce qu'ils se font tels dés leur naissance : aussi ne pouvez-vous faire des autheurs, il faut qu'ils se facent d'eux-mesmes. Et en cecy, si je vous pouvois servir de quelques instructions, il me semble que devez apporter double consideration à vostre entreprise : l'vne pour ceux qui, par cy-devant, ont escrit, lesquels ont payé le tribut commun à nature : l'autre pour ceux qui sont vivans. Quant aux premiers, vous en avez plusieurs qui ont fait des œuvres qui ne courent par les mains de tous, pour n'avoir jamais esté imprimez, ains sont és grandes Bibliotheques, ou en autres particulieres : ausquels je suis d'advis que donniez leur place, comme aux autres. Vous avez Monsieur Fauchet premier President aux Monnoyes, personnage qui, sans fard & hypocrisie, s'estudie à ces vieilles recherches, lequel vous y pourra servir d'un bon guide, comme celuy qui en son Recueil de l'origine de la langue & Poësie Françoise, a amassé les noms & sommaire des œuvres de cent vingt-sept Poëtes François, vivans auparavant l'an mil trois cens. Mais sur tout je desire aussi que lors qu'en ferez estat, vous recognoissiez celuy qui vous aura soulagé de peine : car en matiere de livres, je hay mortellement l'homme qui transforme son emprunt, en larcin. Au regard des autres qui courent par les impressions, je m'asseure tant de vostre suffisance, que n'en oublierez vn tout seul : sçachant que vous vous estes soigneusement attaché à ceste estude. Voilà pour ce qui concerne les morts : & pour le regard des vivans, je souhaite que soyez vn peu plus retenu. Il y a des hommes fort doctes, qui ne s'amusent à recommander par escrit, leurs noms à la posterité : encore qu'ils le peussent faire, je croy que ceux-là n'attendent de vous nul Eloge pour le sujet que traictez : quant aux autres, les aucuns ont escrit, & sont leurs escrits publiez, ausquels vous feriez tort & à vous, si vous n'en faisiez honneste commemoration : & neantmoins encore y convient-il apporter quelque attrempance ; car pour avoir fait courir quelque chanson, sonnet, ou epigramme, cela ne me semble digne d'en faire grand compte, s'il n'estoit superlatif en son espece ; par ce qu'il y a bien difference entre faire vne epigramme, ou vn livre : & toutesfois il peut advenir, qu'vn epigramme bien fait, tel que celuy de Vitalis pour la ville de Rome, se parangonnera à vn livre. Au demeurant, quant à ceux qui se vantent avoir fait des livres qu'ils gardent dans leurs maisons, ou qui promettent d'en faire, je loüe l'intention des premiers qui veulent soubmettre leurs œuvres à leur censure de neuf ans : & pour le regard des seconds, nous devons leur sçavoir bon gré de bien vouloir à leur patrie : mais d'autant qu'ils ne me semblent en l'vn & l'autre de ces cas, estre autheurs qu'en herbe, & non en gerbe, certes si vous les y mettez, je les coucheray au chapitre (que l'on appelle en la Chambre des Comptes) de Reprise & deniers comptez non receus. Je seray tousjours de l'advis de Martial, quand il dit:

Non scribit, cujus carmina nemo legit.

Aussi n'estime-je nul homme, devoir estre mis au calendrier des autheurs, sinon pour le regard des livres qu'il aura exposez en lumiere. Quand je vous en parle en ceste façon, je ne me pardonne à moy-mesme. J'avois, au premier de mes Recherches de la France, promis six livres, dont n'ay fait imprimer que les deux premiers : j'ay les quatre autres sous ma clef, que je communique particulierement à tous mes amis, qui me font cest honneur de me visiter : cependant puis que je leur ay ordonné vn silence, pour quelque raison qui m'induit à ce faire, aussi ne seray-je jamais marry que vous n'en faciez d'estat : je ne veux pas seulement que vous croyez que je les aye faits, pour la consequence, & afin que ne soyez trompé des autres qui vous pourroient dire le semblable de leurs compositions, qui se tourneroient aprés en fumée. Brief, si ceux qui ont escrit, vous enregistrez les autres qui peuvent, ou qui promettent d'escrire, & ceux qui se pourront vanter avoir de beaux & grands subjets par devers eux, vous trouverez par vostre livre, qu'il y a aujourd'huy plus d'auteurs vivans par la France, qu'il n'y eut oncques par le passé : qui seroit vne chose du tout inepte & ridicule : c'est pourquoy vous y devez apporter vne grande circonspection, autrement je seray bien empesché de juger si vous leur ferez plus de tort en les inserant dans vostre livre, ou eux à vous, & crains qu'en leur conscience, ils ne se mocquent de vous, ou ne pensent estre mocquez par vous. Davantage, prenez garde qu'en voulant gratifier à ceux qui ne le meriteront pas, ne faciez tort aux autres qui seront de quelque merite. Il y a autant & plus de faute de conferer aux indignes, les offices ou benefices, comme d'en frustrer ceux qui en sont dignes. Je suis seur qu'y apporterez telle prudence que l'on sçauroit desirer de vous. Si le faites, vostre Bibliotheque en sera moins enflée, mais plus solide : & j'aimeray tousjours mieux vn homme fort & nerveux, que boursoufflé de gresle. Je vous escris cecy comme à celuy que j'aime, & desire estre honoré: Qui me fait penser que prendrez cest advertissement de bonne part. A Dieu.

Marginalia:
Guillaume Cretin.
Quelle ordonnance doit tenir le sieur de la Croix dans son livre.
Monsieur Fauchet docte homme en nostre siecle.
Les six livres des Recherches de la France.

LETTRE X.

A Monsieur Mornac, Advocat au Parlement de Paris.

Combien les Romains s'oublierent en la guerre que les Gaulois leur firent sous la conduite de Brennus, & comme depuis ils tascherent de couvrir leurs fautes par leurs Historiographes.

JE ne vous passeray jamais condemnation que la guerre que firent les Gaulois aux Romains lors qu'ils prindrent la ville de Rome, fut telle qu'ils la baptiserent, je veux dire, un tumulte Gaulois, pour tirer ce mot à nostre desavantage, & faire croire que ce fut un estourbillon sans discours. Si le mot Latin de *Tumultus* est composé de *Timor multus*, comme leurs Grammariens nous enseignent, on le pouvoit, sous meilleurs gages, appeller Tumulte Romain ; car jamais il n'y eut guerre en laquelle les Romains se trouverent si esperdus, & où ils ayent perdu tout à un coup, tant de cœur, de conseil & de reputation, comme en ceste-cy, soit que vous consideriez le commencement, progrés, ou la fin : au contraire, il ne se trouvera point entreprise plus gaillarde, ni plus sagement executée, que celle de Brennus, sous la conduite duquel les Gaulois traverserent les monts pour faire nouvelles conquestes. C'estoit une coustume familiere aux nostres, quand ils se trouvoient trop abonder en peuples, d'en descharger le païs, & prendre leur vol, la part où ils pensoient y avoir plus de moyen de conquetter. Les Clusins, au païs d'Italie, possedoient un grand terroir dont ils n'en cultivoient que la moitié, laissans le reste, en landes. Les Gaulois de ce advisez prennent leur route, celle part. Dont les Clusins advertis, appellent à leur secours les Romains, comme leurs confederez, lesquels envoyerent trois Gentils-hommes de Rome, de la Famille des Fabiens, pour s'informer quel estoit le motif de leur venuë : ausquels les Gaulois firent response, qu'ils demandoient seulement le peu de terres, dont les Clusins avoient trop. Et comme ces Ambassadeurs eussent voulu, par vives raisons, leur faire entendre que ce n'estoit la raison d'occuper le bien d'autruy, encore qu'il luy fut oiseux & inutile ; les Gaulois, d'une response gaillarde, leur respondirent, que le droit gisoit à la pointe de leurs espées. Chose dont les Romains irritez mettent à l'impourveu, la main aux armes, & en cest estour, tuent l'un des capitaines Gaulois. Que le Romain n'eust en cecy fait un tour de sot, il n'en faut faire nulle doubte : aussi leurs Historiographes mesme ne peuvent excuser ceste faute, qu'eux venans en qualité d'Ambassades, ils offensassent ceux avec lesquels ils capituloient. Et quant à l'entreprise des Gaulois contre les Clusins, je ne la trouve pas moins juste, que celle des Romains, lesquels faisans semblant de prendre le fait de leurs alliez en protection, après les avoir defendus, les asservissoient eux mesmes ; ausquels de grands à petits, sous leur seigneurie & domination. Mais pour ne m'eslongner de mon but, l'injure qui avoit esté faite aux Gaulois, estoit grande, & telle que tout ainsi que l'un de leurs chefs avoit esté assassiné à l'impourveu, aussi pouvoient-ils, à la chaude-cole, rendre la pareille aux Romains : toutes-fois par commune deliberation, il fut advisé d'envoyer ambassades à Rome, pour demander reparation de l'injure qui leur avoit esté faicte. Toutes-fois les Romains non seulement mirent à nonchaloir ceste ambassade, ains firent capitaines generaux de leur armée, les trois qui avoient commis la faute. Icy vous desirerez & justice, & conseil aux Romains : justice, de n'avoir reparé le tort ; conseil d'avoir commis leur armée à ceux qui les avoient ja esprouvé une insolente temerité : mesme que les opposans aux Gaulois, c'estoit leur donner occasion de n'estaindre le feu qui estoit allumé dedans leurs poictrines. Les Romains en ce temps-là, aux moindres rumeurs de guerres qui se presentoient encontre eux, eslisoient les plus dignes personnages de leur Republique, en l'Estat de Dictateur, ausquels ils donnoient une puissance absoluë pour le repos commun de l'Estat. En ceste cy ils se trouverent si esgarez de leur bon sens, qu'ils donnerent la charge de ceste grande guerre, qui leur tomboit sur les bras, à ces trois Gentils-hommes petulans, & qui pour premier trait de leurs deportemens avoient fait une demonstration tres-certaine que l'on ne devoit rien esperer de bon de leur part. Comme aussi le succez les en rendit sages : par ce que les deux armées venans à se joindre, les Romains se trouverent dés le premier abord, surpris d'une telle frayeur, que presque sans coup ferir, ils se mirent d'eux mesmes, à vauderoute, choisissans pour lieu de plus seure retraite, non la ville de Rome, pour y apporter les nouvelles de leur defaite, ains celle des Veyens qu'ils avoient peu auparavant conquise. Tellement que les Gaulois par leur arrivée és environs de la ville de Rome, en furent presque les premiers messagers : qui redoubla encore une telle crainte au Senat & autres citoyens, qu'ils delibererent ouvrir les portes à leur ennemy, & mettre la jeunesse dans le Capitole avec les reliques de leurs dieux, leurs femmes, & enfans : & quant aux plus vieux, resolurent de demeurer sur le seuil de leurs portes, avec leurs habits de parade, pour recevoir la vie ou la mort telle qui leur seroit octroyée par les nostres. Les Gaulois esmerveillez du peu de devoir que l'on apportoit à la defense de la ville, mesme voyans les portes leur estre ouvertes, douterent trois & quatre fois d'entrer : & ce avec une sagesse bien grande, craignans que ce fust pour les allecher, & que dans l'enclos de la ville on leur eust dressé quelque embuche : toutesfois aprés avoir esté esclaircis de la verité de ce qui estoit, ils y entrerent : & pour dire le vray, en prenant la ville, ils y entrerent en triomphe ; car c'estoit vrayement triompher, de prendre une telle & si ample cité, sans perdre un tout seul des leurs, & mesme que les Seigneurs se rendoient à la misericorde de nous, avec leurs habillemens signalez. Le malheur voulut toutes-fois qu'un soldat voyant un vieux Gentil-homme Romain, assis sur son huis, avec un baston, & sa longue barbe, luy ayant mis doucement la main à la barbe comme le voulant flater (car ainsi le recite l'histoire) le Romain tirant cela à injure, le frappa de son baston, dont le Gaulois indigné, tua l'autre : & de là, comme un feu de paille de peu, s'espand à un instant bien loing : aussi commença tout le demeurant de l'armée à s'eschauffer, & de passer des cousteaux : faisant passer en moins de rien par le fil de l'espée tous ceux qu'ils trouverent en place. Discourez encore sur ce point, jamais crainte ne fut si forte que celle-là, d'abandonner leur ville à la mercy de celuy qui estoit enflé d'une nouvelle victoire, & qu'ils avoient deux fois irrité ; l'une par l'outrage qu'il avoit receu des Ambassadeurs de Rome, l'autre pour n'en avoir faict, non seulement la punition exemplaire, mais gratifié les delinquans de l'enseigne collonnelle de leur armée. Et neantmoins toutes choses se passoient par douceur sans la temerité du vieillard, qui pour defendre la barbe, alluma un feu dans nostre ost, luy qui d'ailleurs n'avoit osé prendre les armes pour la defense de sa patrie. Passons plus outre & venons au Capitole, dans lequel ils avoient enclos tous leurs plus precieux joyaux, mesme la fleur de leur noblesse : encore falloit-il d'estre surpris de nuict, par les nostres, n'eust esté que des Oyes & battement de leurs aisles, les Romains furent resveillez : & vrayement falloit bien qu'ils eussent les sens assoupis, voire qu'ils fussent oysons, vu n'ayant esté leur armée, mise en route, leur ville prise & saccagée, leur ennemy au pied de leur roque, ils furent resveillez par des Oyes. En fin le plus beau, de le renvoyer sur un pont d'or, ceux qui estoient arrivez sur un pont de fer. C'est pourquoy on brasse une paix avec le Gaulois, laquelle

quelle eſtant concluë & arreſtée, comme l'on comptoit les deniers, Camille banny, prenant qualité de Dictateur leur donne à dos & les deſconfit. Ceſte victoire ne peut-eſtre reciteëqu'à la honte & confuſion des Romains: qu'au milieu d'une paix jurée, un homme banny de la ville, ſoit advoüé de courre contre celuy qui avoit mis les armes bas. Et neantmoins je ne ſçay quelle fut ceſte victoire, par ce que quelque palliation & hypocriſie dont le Romain maſque ceſte hiſtoire, la rongnure de l'armée des Gaulois, fut telle, qu'ayant receu partie de ce qui luy eſtoit promis, ils ſe firent voye au travers de l'Italie, & de là, percerent juſques à la Grece, ſe faiſans croire par tout où ils paſſoient, juſques à ce qu'enfin ils eſtablirent leur demeure en la Natolie, qui fut appellée d'un mot miparty, Gallogrece. Je ne trouve donques point guerre plus heureuſement, ny plus dextrement conduire, que celle que firent lors, les Gaulois, ny guerre plus ſiniſtre-ment, malheureuſement & honteuſement maniée que celle de la part des Romains, ny où ils apporterent jamais tant de crainte & frayeur, qui leur fit perdre l'entendement au beſoin: frayeur qui en ceſt endroict leur fit compagnie juſques au dernier ſouſpir de la Republique; car ſoudain qu'ils eſtoient advertis de la deſcente des Gaulois en Italie, encor que ce ne fuſt qu'un faux bruict, toutes-fois chacun couroit lors aux armes, ſans exception de perſonnes. Vray que comme ils eſtoient induſtrieux à deprimer nos victoires, pour donner luſtre aux leurs, ils appellerent telles deſcentes, *Tumultus Gallicos* mot certainement fort mal propre, n'eſtoit qu'ils vouluſſent dire, que telles deſcentes Gauloiſes, *Injiciebant Italiæ in animos eorum, timores multos*. Et en effect voilà ce que j'avois à vous en mander : ſur quoy je vous prie m'eſcrire ce qu'en eſtimerez apres avoir leu la preſente. A Dieu.

Combiē les Romains redoutoient la deſcente desGaulois en Italie.

LETTRE XI.

A Monſieur Serve, Seigneur du Pré, Preſident au Siege Preſidial de Melun.

il ſe gauſſe avec Mr le Preſident de Melun qui l'a-voir con-vié à diſueren ſa maiſon du Pré.

NE penſez pas que je ſois à moy, je ſuis voüé à mes vendanges, mais non telles que les communes, dont je laiſſe le meſnagement à ma femme. Depuis que je ſuis arrivé en ma maiſon du Chaſtelet je me ſuis confiné en ma chambre, avec un contentement plus grand de la cueillette que je fais, que de la pleine vinée que je voy eſtre en ce païs. C'eſt pourquoy vous aurez grande juriſdiction ſur moy, ſi vous m'en pouvez diſtraire. Toutes-fois eſtant dans voſtre reſſort, je ſerois un vray contumax, ſi je ne comparoiſſois à l'aſſignation que me donnez en voſtre maiſon du Pré. Moy-meſme, ſans ſommation, deliberois de m'y trouver. Mais vous recevrez, s'il vous plaiſt pour ce jourd'hui, mon exoine, puis que voulez avoir mary, femme & enfans tout enſemble. Ma femme n'a encore faict qu'une moitié de ſon meſnage : ſes vins ſont aux cuves, ſur le point d'eſtre preſſurez, les miens cuvent dans ma teſte : je crains ſeulement que je ne m'en enyvre, tant eſt le plaiſir doux que je prends à nourir icy mes penſées, dont je vous feray plus amplement part à noſtre premiere veuë. A Dieu.

LETTRE XII.

A Monſieur de * * *

Il con-ſeille à un ſça-vant homme de ce temps de n'eſ-crire point contre un autre qui a-voit mis en lu-miere une hiſ-toire qu'il ne trouvoit vraye. Que c'eſt une cho-ſe pedan-teſque d'eſcrire par li-vres ex-preſſon-tre les œuvres d'au-truy.

J'Ay leu je ne ſçay combien de fueillets du livre qu'avez encommencé contre celuy qui a mis fraiſchement en lumiere l'hiſtoire de & l'ay leu de tant plus ententivement que m'avez faict ceſt honneur de me l'envoyer pour vous en dire mon advis. En un mot, je le trouve beau en ſes membres, je le trouve laid en ſon tout. Voilà un enigme ce ſemble? Rien moins. Quand je l'ay leu, parcelle à parcelle, il n'y a rien qui ne ſoit eſcrit doctement, nettement, religieuſement, & ſelon la foy hiſtoriale, ainſi que vous faites toutes choſes; car ſi j'ay quelque ſentiment aux anciennetez de la France, comme quelques-uns me le font accroire, je vous donneray ce nom, d'avoir autant bien entendu que nul autre, ce qui appartient à noſtre hiſtoire; je ne veux pas dire, mieux, pour n'exciter aucune envie, & contre vous, & contre moy : mais quand je viens à l'œconomie generale de voſtre nouveau ſubjet, je vous ay en telle reputation, que cela ne me ſemble digne de vous. Sçavez vous pourquoy ? J'eſtime que nous devons laiſſer prendre le vol aux plumes d'autruy, tel que le temps leur donnera, ſans nous heurter contre les autheurs : bien les pouvons-nous advertir amiablement par lettres, de ce qu'il nous ſemble (combien que ne les cognoiſſions de face) pour un mutuel traffic & commerce que les nobles eſprits ont de l'un à l'autre : nous pouvons encore les deſdire modeſtement par nos œuvres, quand l'occaſion ſe preſente : mais de le faire par un guet à pens ; je veux dire, par livre à ce expreſſement dedié, je l'eſtime un aſſaſſinat. Monſieur Vignier m'a faict ceſt honneur, ne me cognoiſſant que par mes livres, de m'alleguer en quelques endroits de ſon hiſtoire de France, & en quelques autres il m'a deſdit; ſignamment au chapitre où il parle des Bretons. Autant en a faict Monſieur Pitou, en ſon traicté des Comte'ſde Champaigne, où il faict plus honorable mention de moy que je ne merite, & neantmoins ſans me nommer il eſt de contraire opinion à la mienne, en ceſt article de l'inſtitution de nos Pairs, que de nos Baillifs. Et je vous puis dire que je ne me ſens pas moins ſatisfaict d'avoir eſté repris en ceſte façon, que quand j'ay eſté hautement loüé d'eux; car en ce faiſant, nous tous contribuons à une bonne volonté, qui eſt de profiter aux noſtres. Voire quand il ſeroit advenu que par leur expreſſon ſe ſeroit voulu formaliſer contre mes Recherches, encores n'y voudrois-je reſpondre. Il faut laiſſer telles manieres de faire, à ceux qui habituez en la pouldriere des eſcoles, nourriſſent une ambition pedanteſque, ou aux autres qui n'ayans autre objet que les Cohuës, ſe repaiſſent de demandes, defenſes, repliques, & dupliques. La poſterité nous liſant, ſera Juge competant de nos œuvres, ſans que nous forcions les jugemens des uns ny des autres. Quant à celuy qui a faict ceſte nouvelle hiſtoire, on ne luy peut oſter ce nom de docte, comme celuy qui eſt verſé en pluſieurs livres anciens : mais auſſi ne peut-on dire qu'il ne ſoit aucunement partial en ce qui regarde l'honneur & exaltation de ſon païs. C'eſt un vice qui eſt fort familier à chacun, quand il eſt queſtion de parler des ſiens : cependant je ſuis d'advis, ſi trouvez quelque choſe en luy ou à redire, où deſdire, que vous l'en advertiſſiez fraternelment, par lettres : m'aſſurant qu'eſtant nourry aux bons livres, non ſeulement il ne le prendra de mauvaiſe part, ains vous en remerciera liberalement. Autrement je crains, ſi vous paſſez outre, que n'appreſtiez entre vous deux, la farce de Clement Marot & Sagon. A Dieu.

LETTRE XIII.

A Monsieur Seve, Docteur en Medecine, demeurant à Melun.

Il décrit à Monsieur Seve, Medecin, quel est son naturel, afin que sur icelluy il ad-vise quelle Medecine il luy pourra ordonner.

M'Estant par exprés, retiré pendant les vacations de la ville de Paris, en ma maison du Chastelet, en deliberation de trouver quelque relasche aux flots & reflots d'affaires qui nous environnent au Palais, aprés m'estre reconcilié neuf ou dix jours avec mes Livres, je me suis trouvé assailly d'un flux de ventre fort aigu, que je n'ose encores appeller dissenterie; mal que je croy m'estre advenu d'une crudité d'estomach; n'y ayant eu jour que mes papiers ne m'ayent possedé, l'espace de huict ou neuf heures, mesme soudain aprés le past, sans avoir esgard à mon aage, ny par consequent à ma santé. L'humeur est acre & picquante, & pour ceste cause, peccante, qui exerce en moy de grandes & extraordinaires praintes. Toutesfois je me sens, graces à Dieu, sans fievre & inquietude de membres ; qui me fait esperer que je n'auray que le mal present, & non pis: mais parce que vostre Medecine nous enseigne que les dissenteries *quæ ab atra bile fluunt, lethales sunt*, & que je ne sçay bonnement de quelle fontaine & source me peut provenir ce mal icy, je recognoistray franchement, qu'au milieu de mon esperance, je nourry une crainte. Cela me faict vous envoyer ce porteur, pour avoir de vous quelque ordonnance, & ensemble que me prescriviez le regime que je dois tenir, afin que ce mal ne provigne. J'ay une apprehension prompte & vifve, & pour ceste cause, je suis fort facile à esmouvoir: joint que j'abhorre naturellement les medicamens, voire que la seule apprehension opere quelquesfois en moy, autant qu'aux autres, la prise. Vous adviserez, s'il vous plaist, d'y apporter de vostre art, selon le sujet que je vous presente. Je me fusse volontiers de moy-mesme ordonné une rhubarbe, que nous apprenons dans vos Livres, avoir une vertu restraignante, & neantmoins expulsive des malignes humeurs : mais tout ainsi que nos Loix Civiles nous prohibent d'estre Juges & parties en nos causes, aussi les vostres de Medecine, defendent de n'estre le Medecin & le malade tout ensemble. A Dieu.

LETTRE XIV.

A Monsieur du Port, seigneur de Rozieres, Conseiller au siege Presidial d'Angoulmois.

Il raconte des morts de quelques-gneurs de robbe longue, qui advindrent en l'an 1584. En l'année cinq cens cinquante-six, où nous vismes pareil ravage; en laquelle nous perdismes deux vertueux Presidens, plusieurs gens de marque mourrent.

IL est ainsi comme je vous ay escrit: ceste année est vrayement de bissexte, & luctueuse pour les gens de nostre robbe, s'estant liguée avec la mort contre les plus signalez. Nous l'avons cogneu par effect en la personne de ce grand Chancelier de France, René de Viragne; en celle de cest autre grand personnage, Paul de Foix, Ambassadeur pour le Roy à Rome; & en ces deux celebres Medecins de nostre ville, le Grand, & Pietre: mais sur tout, elle s'est aheurtée encontre nostre Parlement, dont elle nous a ravy ce brave President de Pibrac, & six Conseillers de la grand'Chambre, du Puis, le Sueur, Vignole, Anjorrant, Viole, & du Val. Je laisse le seigneur de Villemor des Enquestes. Cela me remet en memoire l'année cinq cens cinquante-six, où nous vismes pareil ravage ; en laquelle nous perdismes deux vertueux Presidens, Meigret & Lignery; trois grands Conseillers, Potier, Tiraqueau, Alligret; au Chastelet, Aubery Lieutenant Civil; au college des Advocats, ces deux doctes hommes, Trouïllart, & Boucherat le jeune: entre les Theologiens, que grand Predicateur, Picart, honneur de la Faculté de Theologie: entre les Medecins, Burgensis, qui par quarante ans & plus, avoit tenu le lieu de premier Medecin, tant du grand Roy François, que du Roy Henry son fils: & finalement, entre les Professeurs du Roy, Maignen, homme des premiers de son temps, tant en Medecine, que Mathematique. Voilà une piteuse observation que je vous ramene en memoire. Le commencement de ceste lettre vous sera un peu fascheux, mais la fin en sera plus belle. L'on doit deux journées aux Conseillers de la Cour : l'une, à leur entrée, pour cognoistre de leurs sens & suffisances : l'autre, à l'issuë, pour semondre la Cour au convoy : & tout ainsi qu'aux tournois solemnels il y a ordinairement deux ou trois Chevaliers qui ouvrent le pas à tous venans: aussi en ce dernier acte y a-t'il l'un des Presidens, lequel assisté des parens & amis, fait en chasque Chambre, diverses harangues, dediées à l'honneur & commemoration du defunct: & pour general refrain, les convie de se trouver aux obseques. Là, à bien assailly, bien defendu ; parce que chasque President respond avec telle parade dont il s'est peu adviser. Il se-

Des harangues mortuaires que l'on fait au Parlement, lors qu'un Conseiller est decedé.

roit impossible de vous dire avec quelle dexterité d'esprit, avec quel flux de doctrine, Monsieur le premier President de Harlay, a contenté tous les escoutans ; combien de belles fleurs il a espandu pour ces sept, mais par special, pour Monsieur de Pibrac, pour lequel il prit un sujet fort à propos, tant sur la facilité que felicité (ce sont les mots dont il usa) de son esprit, de ses mœurs, & de son bien dire; combien il loüa hautement en Monsieur d'Aigremont, son labeur conjoinct avec une pieud'hommie, industrie, & jugement admirable, luy donnant une encyclopedie de toutes belles choses dont les autres reluisoient diversement par parcelles: mais en l'Eloge du septiesme, qui fut Monsieur du Val, il se vainquit soy-mesme, au jugement de ceux qui l'ouïrent; cestuy estoit le septiesme de la grand' Chambre, qui estoit mort, & avoit suivy de quelques jours, Monsieur d'Aigremont; il ramenteut les sept nobles citoyens que les Atheniens devoient tous les ans au Roy Minos, pour le meurdre commis en son fils Androgée, lesquels on exposoit au Minotaure dans le labyrinthe ; que ceste année, nous avons payé de tribut à la mort, sept des premiers Conseillers de la Cour; que la mort des Atheniens estoit paragonnée par un labyrinthe inextricable ; que celle de ceux-cy, provenoit des secrets de Dieu, qui sont du tout inexplicables: & aprés plusieurs beaux discours, il prioit Dieu, que tout ainsi qu'en la fabrique de ce grand Univers il s'estoit reposé le septiesme jour, aussi que son plaisir fust de s'estancher en ce septiesme Conseiller. La closture fut encores belle, en ce qu'il pensa tourner ingenieusement sur le nom de du Val ; disant que s'il luy estoit permis, en ce luctueux sujet, mesler quelque chose de la Poësie ancienne, il s'asseuroit que du Val estoit au val Elisien ; que là il seroit accueilli par le seigneur Viole, tout ainsi qu'Ovide promettoit le semblable à Tibulle, qui estoit decedé quelque temps aprés le docte Catulle :

Haranques de Monsieur le premier President, en memoration des seigneurs qui estoient morts. Haranque de Monsieur le premier President pour Monsieur du Val.

Si tamen è nobis aliquid nisi nomen & umbra
Restat, in Elisia valle Tibullus erit:
Obvius huic venies hederâ, juvenilia cinctus
Tempora, cum Calvo, docte Catulle, tuo.

Je vous escris par exprés tous les plus hardis traits de ceste belle harangue, laquelle ayant esté solemnisée par les nostres, dans nostre Palais, merite d'estre sceuë par vous, en vostre païs d'Angoulmois. Tous ceux que j'ay cy-dessus nommez, estoient gens d'honneur, qui meritoient une commemoration honorable de leur vie. Mais à la mienne volonté, que laissant toutes ces fleurettes & flateries en arriere, l'on usast de nos Conseillers, tout en la mesme façon, que l'on faisoit des Roys d'Egypte, lesquels on exposoit aprés leur mort, au public, & permettoit-on au peuple, d'honorer, ou accuser leur memoire, selon leurs merites, ou leurs demerites. Autresfois fit-on presque le semblable en France, où nous voyons que l'ancienneté donna tels epithetes à nos Roys, qu'avoit esté le cours de leurs vies: jusques à en appeller l'un, Faineant; l'autre, le Simple: qui n'estoit pas une petite bride, pour les contenir dans les bornes de leur devoir. Ciceron, & aprés luy, Tite-Live, disoient, que les flateries & mensonges que l'on avoit introduits és harangues funebres des Grands, avoit fait esgarer la plus grande partie de la verité historiale de la Republique de Rome. Certes, ce seroit un grand esperon, à tous Conseillers, pour bien faire, s'ils avoient ceste opinion, qu'aprés leurs decez, on ne les espargneroit non plus à trompeter leurs vices, qu'à solemniser leurs vertus: ce seroit vrayement les exposer, tout nuds, au public, aprés leur mort. Il n'y eut rien (disent les anciens) qui empescha les morts volontaires des vierges Milesiennes, que la loy par laquelle il fut ordonné, que celle qui se seroit tuée, seroit montrée, toute nuë, au peuple: & la seule apprehension qu'elles eurent de descouvrir, aprés leurs decez, leurs parties honteuses, fut cause que nulle, de là en avant, ne fut homicide de soy-mesme. Au demeurant, estans aujourd'huy les bons & les mauvais loüez indifferemment, & presque d'une balance, c'est apprendre aux vivans, d'estre indifferemment & d'une mesme balance, aussi mauvais, comme bons. A Dieu.

Que les harangues funebres faites en l'honneur de ceux qui ne l'ont merité, perdent le Palais.

Sobriquets que nos anciens donnoient à nos Rois, s'ils avoient mal fait durant leurs vies.

LETTRE XV.

A Monsieur Seve, seigneur du Pré, President au siege Presidial de Melun.

Il s'essaye avec le President du Melun, & le second à disner. Ceste lettre se rapporte à une precedente, où il

IL ne faut plus que nous usions de ces termes d'assignation, sommation, comparution, contumace, exoine. Quant à moy, je veux que sçachiez, que depuis mes dernieres, je me suis fait nouveau guerrier: mais sça vous quel? Un Fierabras, un Rodomont, un taillant, un fendant, mangeur de charrettes ferrées, duquel vous recevez la presente, non comme une lettre missive, ains comme un cartel de defy, de la part de celuy qui vous veut combattre à outrance: & parce qu'à moy appartient le choix du champ, comme assaillant; & à vous, celuy des armes, je vous advise que me trouverez tout prest, Lundy prochain, au village du Chastelet, où j'auray pour mes confidens, les seigneurs de Bobigny & de Valence, qui deliberent resolument me seconder en ceste querelle. Advisez de ne faillir à vous y trouver, & d'amener qui vous plaira à vostre aide. Le fera ouvert à tous. Le meurdre ne sera petit; car il y a jà un grand abatis, mais c'est de perdreaux, levraux, laperaux, coqs d'Inde, chapons, pigeons & poulets, dont la table sera jonchée. Je ne la vous feray plus longue, estimant que telles affaires se gisent pas tant en une piaffe de paroles, qu'en une prompte & vifve execution. Les mains commencent de me demanger, & n'attends plus que le cry du herault. Laissez aller les vaillans combatans; asseuré qu'il n'y a celuy de nous qui ne joüe fort bien des cousteaux, quand ce viendra au fait & au joindre. A Dieu.

se des termes de pratique. En matiere de duels, à qui appartient le choix du champ & des armes.

LETTRE XVI.

A Monsieur du Port, seigneur des Roziers, Conseiller au siege Presidial d'Angoulmois.

Que l'amour de nostre païs ne nous retient point tant, que des nostres.

Tout le monde sert de païs aux sages.

IL est ainsi comme le dictes; l'amour de nostre patrie ne nous sollicite point tant d'un retour, quand nous en sommes esloignez, comme la reveuë de nos bons amis: & quelque chose que l'on veuille dire d'Ulixe, j'estime que le plus grand esperon qu'il eust pour retourner en sa maison, n'estoit point tant pour le desir qu'il eust de revoir son païs, que la femme & son fils, pour une amitié viscerale qu'il avoit en eux. Vous sçavez les anciennes rencontres de tous ces grands Philosophes: de Socrates, quand il respondit qu'il estoit du monde: de Diogene le Cynique, qu'il estoit Cosmopolyte & citoyen de ce grand Univers: celuy du Lacedemonien, que nostre païs estoit par tout où nous estions à nostre aise. Et si vous voulez que je vous adjouste ce vers:

Omne solum forti patria est, ut piscibus aquor.

Bien seray-je d'accord, que si pendant nostre absence, nous voyons nostre païs en danger, & que luy puissions donner secours, ce seroit le fait d'un homme trop lasche & indigne de ceste commune societé, s'il preferoit sa commodité particuliere à la publique, & qu'il ne quittast tout autre sejour, pour secourir celuy de sa naissance. C'est un office que nous luy devons naturellement: ainsi le fit Camille; ainsi plusieurs autres, encores qu'ils eussent receu de grandes indignitez & ingratitudes de leurs concitoyens. Mais quand il ne sejourne en nous que la vaine opinion du païs, sans qu'une expresse necessité nous invite à nostre retour, croyez que cestuy-là est encor d'un cœur plus lasche & fetard, qui se laisse mener à telles sortes imaginations. Quant à ce que m'honorez tant par vos lettres, je ne le veux, ni puis recognoistre. Je n'ay pas si peu vescu avec moy, que je ne me sente leger de plus de grains que me dites: mais c'est l'amitié que me portez, qui vous aveugle. Le fruict que je rapporteray de vos loüanges, est de donner ordre, si je puis, de ne vous faire point menteur. Au regard de mon fils le Lieutenant, que mandez n'avoir fait responce à vos lettres, je croy que vous l'excuserez aisément, quand vous entendrez que c'est une maladie qui luy tient de pere à fils. Son pere n'en fait pas moins quelquesfois. Il amendera sa faute avec usure, s'il m'en croit. A Dieu.

LES LETTRES D'ESTIENNE PASQUIER

Conseiller & Advocat General du Roy en la Chambre des Comptes de Paris.

LIVRE DIXIESME.

LETTRE I.

A Monsieur de Tournebu, Conseiller en la Cour de Parlement de Paris.

Lettres enfermé de Paradoxe pour les bestes brutes.

N'Estimez pas que je me mocque: Car quant à moy, je suis du nombre de ceux qui pensent que nature ait esté trop indulgente mere envers les autres animaux, au regard de nous. Je vous laisse à part que sans pleurs & gemissemens, ils entrent au monde, que la plus grande partie d'eux ; soudain qu'ils son nez , cognoissent, qui la mammelle, qui les esles de leurs meres, sous lesquelles ils se nourrissent d'eux-mesmes. Qu'ils naissent chaussez & vestus, & que se faisans grands ils sçavent se maçonner & façonner leurs maisons, quester leur vie & pasture , sans autre chef-d'œuvre de leurs apprentissages, que leurs propres instincts, tout cela ce sont les vieilles querelles des anciens , justes toutesfois & trés-raisonnables : d'autant que nous n'acquerons que par bien longues fatigues tout ce qui leur est octroyé en leurs especes , par une grande facilité & debonnaireté de nature. Le plus grand defaut qu'on leur baille , est que Dieu les ayant accompagnez de toutes ces commoditez, leur

Discours sur la Raison dont l'homme s'avantage sur les bestes.

pense , voulu bien-heurer les hommes. C'est le premier poinct de presomption , qui nous perdit dés le commencement de ce monde, quand nostre premier pere Adam, non content de demeurer dans les bornes d'Innocence, en laquelle Dieu l'avoit establly , & qui le rendoit trés-heureux, voulut par un orgueil trop hardy , gouster du fruict de l'arbre de Science : qui fut cause de la perdition de luy & de toute la posterité. S'il vous plaist de me le

permettre, je compareray l'ame de l'homme avec le miroüer luisant & poly, privé de toute autre couleur, fors de sa pureté: mais toutesfois qui semble emprunter diverses couleurs , selon la varieté des objets que l'on luy presente : telles sont nos ames, lesquelles n'estans autre chose que un feu & lumiere celeste, claires , luisantes, sans macule & tache , venans s'unir avec nos corps mornes, sombres & terrestres, commencent lors d'estre diversement affectées, selon la diversité de nos humeurs. Chose que nous descouvrons à l'œil : car qui ne voit que l'yvresse & la maladie, passions de nos corps , n'esgarent en nous nos esprits ? Qui ne voit lors , combien noz ames semblent pâtir & endurcir ? Ainsi ne faut-il point douter que la passion brusque , ne produise de merveilleux effects en nous , qui troublent les vrayes fonctions de nos ames. C'est pourquoy Platon disoit que leurs operations gisoient en deux choses: En la raisonnable qui hebergeoit au cerveau: & l'irraisonnable, au cœur & és parties basses , entendant par cela, les passions. Toutefois il y a telle correspondance de ces deux, en nous , que je fais grande doute si nous devons colloquer ceste raison aux parties hautes ou basses. Pour le moins celuy qui souhaitoit que nous eussions une fenestre au cœur , pour manifester l'interieur de nos pensees, estimoit que la estoit la ressance de nostre esprit : comme aussi les passages de l'escriture, qui dient , *In corde cogitationes*, semblent nous enseigner le semblable. Et quand les Latins userent de ce mot *Recordari*, qui vient de *Cor*, & nos François dirent , Apprendre les choses par cœur, ils ne furent pas grandement eslongnez de ceste

L'ame de l'homme comme le miroüer.

Les passions tant du corps que de l'esprit de l'essence.

prit trois blent nos trois raisons.

Sçavoir, si l'esprit gist au cœur ou au cerveau.

D'où vient ce mot, Apprendre les choses par cœur.

Q iij

ceste opinion. Car en ce disant, ils sembloient establir le siege de la memoire, au cœur. Je ne veux pas bonnement dire qu'il soit ainsi: bien diray-je qu'il y a telle fraternité entre le cerveau où repose la raison & le cœur, sejour de la passion, qu'ils ne peuvent presque operer l'un sans l'autre. Ce que nous avons de nostre temps, peu recognoistre par des exemples oculaires. Nous avons eu un Villemanoche en Cour, sous le grand Roy François, & un Tulenus, puis n'agueres, qui ne pechoient en autre subjet de l'esprit, sinon quand vous mettiez celuy-là, sur les mariages des Princesses, & cestuy, sur l'Evesché de Cambray & amour de la grande Royne de Navarre: és autres choses, vous trouviez en l'un & l'autre, disputeté, splendeur, & netteté, & toute discretion, sans vous appercevoir un seul brin de l'alteration de leurs cerveaux. Et ce que l'on observa en ces deux-cy, nous le pouvons retrouver és autres, plus ou moins, selon le plus ou le moins que les passions les transportent. La composition de nos humeurs produit en nous, des passions plus ou moins picquantes, qui corrompent l'habitude de nostre cerveau, que nous appellons la Raison, qui faict qu'elle ne peut estre nette: Car de ces deux (j'entends la Raison & la Passion) qui font un pesle-mesle ensemble, s'engendre une fille bastarde que nous appellons Opinion, vague, fluctuante, & pleine d'incertitude. De là vint que ceux qui comme plus sages, firent planche & voye à nouvelles sectes, se donnerent tous, divers Principes, l'un les Atosmes, l'autre les Idées, & l'autre l'Endelechie. Qui a perdu foy & toute sa posterité? qui a introduict l'idolatrie? faict les hommes Dieux? colloqué les bestes brutes en ce mesme throsne? qui a produit l'heresie? qui est le motif de toutes guerres, divorces, & dissentions? L'homme, avec sa folle Raison. Cela fut cause que quelques sages mondains cognoissans les infirmitez qui naissent, & dans & hors de nos cerveaux, confesserent franchement qu'ils n'avoient cognoissance d'autre chose, sinon de leur ignorance: Les aucuns, que la verité estoit submergée aux fonds & abismes de la terre: Les autres qu'ils cognoissoient mieux ce qui n'estoit point, que ce qui estoit: & les derniers plus hardis, qu'il n'y avoit rien si certain entre nous que l'incertitude; voire jusques à n'attribuer aucune certaineté à nos propres sens. Je ne veux point vous raconter les mescontentemens que nous apporte ceste Raison cerebrine; car ayans la cognoissance du passé, par la memoire; du present, par nos sens; du futur par l'apprehension & fantaisie, il faut par necessité que nous soyons fustigez par trois grands bourreaux, le Desir, la Crainte, & l'Esperance, qui engendrent en nous la Joye, Douleur, Amour, Ambition, Avarice, Jalousie, Vengeance, & autres mille tels estourbillons, qui ne laissent nostre ame en repos. Si toutes ces sages folles apprehensions ne passoient par l'alambic de nos esprits, nous supporterions aisément le mal present, sans esperance du mieux, & crainte du pis, & sans nous soucier, que bien apoint, du lendemain. J'adjousteray que l'homme est grand d'esprit, & moins il trouve à s'assouvir. Et puis au bout de tout cela, dites maintenant que nous sommes grandement advantagez par dessus tous les autres animaux, par ceste grande raison qui produit en nous des effects si miserables? Mais à quel propos dirons-nous que les autres animaux en soient desgarnis? He! vrayement c'est en quoy je puis dire que nous sommes sans raison, quand nous disons qu'ils n'en ont point: Ils ont esprit pourveu, chacun en leur endroit, de l'imaginative, judicative, & memoire: ayez fait quelque bon traictement, une & deux fois, à une beste, en quelque lieu, elle en sçaura fort bien retrouver le chemin: qu'elle y ait esté battuë autant de fois, elle doutera d'y retourner: prenez un fouët auquel soit attachée une sonnette, & qu'un chat ou un chien approchans du feu, pour corbiner sur un plat, en ayent esté quelquefois battus, ne faictes doute, que au premier son de la sonnette, sans les toucher, ils ne s'enfuyent fort vistement, comme se souvenans pourquoy ils ont esté battus, & jugeans que s'ils y retournent, la mesme peine les attend. Mais pourquoy douterons-nous de dire qu'ils ayent quelque remarque de la Raison, si les arbres, & vegetatives semblent avoir quelque estincelle de sens en ce qui appartient à leur conservation, pour cognoistre & discerner ce qui leur est bon ou mauvais: voire avoir quelque ressentiment de volupté, & se reparer, sur le printemps de leurs habits neufs, aussi bien que les oyseaux, de leurs chants, & en ce mesme temps, s'estudier à leur propagation tout ainsi comme tous les autres animaux? Mais parce que vous pourriez estimer que je me mocque, ou que pour exerciter mon esprit, je vouluste entrer en un nouveau Paradoxe, & aussi que cela n'est de mon sujet, je vous dy que vous ne pouvez presque rechercher particularité en nous, qui provienne de la raison, dont vous n'ayez de grandes appercevances diversement és autres animaux. Je ne toucheray point à la Religion, qui est le haut poinct, qui semble avoir esté donné à l'homme & non aux bestes: & neantmoins encores, dit-on, que l'Elephant, comme ayant quelque ressentiment de la grandeur du ciel, adore tous les matins le Soleil: comme semblablement le Coq qui se leve & couche avec luy, & luy fait la foy & hommage aux principales heures du jour. Et l'Elephant estant malade se met quelquefois à la renverse, & jette des herbes au ciel, comme s'il luy vouloit faire offrande des biens de la terre, pour obtenir guerison. Il me desplaist de m'amuser longuement sur ce subject: car je ne m'y puis arrester, que je ne descouvre, par mesme moyen, la brutalité de quelques anciens qui furent si aveuglez, de constituer quelques animaux, au rang & nombre de leurs Dieux: Comme les Egyptiens, leur Beuf qu'ils appelloient Apis, par le moyen duquel ils se faisoient accroire de presagir les choses qui leur estoient à venir, selon qu'il prenoit sa pasture ou non, par les mains de ceux qui la luy presentoient. Et dans Rome mesme, l'un des principaux articles de leur Religion, estoit de ne rien entreprendre sans avoir premierement recours à leurs Augures: qui estoit un college de leurs Pontifes, qui donnoient advis du bon ou mauvais succez des affaires de la republique par certains signes qu'ils tiroient des oyseaux. Il me souvient avoir leu en quelque passage, que l'on tenoit dans Rome la maniere de deviner par oyseaux, pour science tres-certaine que l'on avoit dressée en art & methode. Il n'est pas que quelques animaux n'exercent une charité entr'eux, tant à l'endroit de leurs malades que des mortes: parce que ceux qui ont descrit la Republique des Abeilles, nous enseignent que les aucunes estans malades & couchées devant la porte de leur ruche, sont secouruës par leurs compagnes qui leur administrent le manger; & si quelques autres sont mortes dedans, on les transporte dehors, & leur faict-on compagnie, comme nous aux funerailles de nos voisins, parens & amis. Et particulierement, entre toutes les bestes, l'on voit la Fourmy enterrer celle qui est morte, comme un dernier obseque qu'il le luy doit. Je ne vous parle point icy de la charité que nature nous enseigne de porter à ceux qui sont issus de nous, par ce que je vous ay figurée, est universelle, par un droict commun de bourgeoisie. Car quant à l'autre, le Pellican se fait mourir pour donner guerison à ses petits: les Cicongneaux nourrissent leurs peres & meres affeslez de vieillesse: & la Tigresse, que nous mettons entre les animaux les plus dangereux & sauvages, fait assez ample demonstration de cest amour & charité, quand luy estans ses petits soustraits, elle, avec une vitesse extreme & inimitable, poursuivant le larron, à la piste, cestuy-cy n'a autre moyen de sauver son larcin, & se garentir de la fureur de celle qui est, à tres-juste occasion, ulcerée, que luy donner la muse, en luy jettant un de ses petits, en voye, que la pauvre beste recueille soigneusement, & reporte en son repaire: puis avec mesme vitesse retournant, on luy en rejette un autre, qu'elle reprend & rapporte, pendant lequel temps le larron gaignant tousjours le devant, & la mere retournant sur ses brisées, enfin ne peut rataindre ce trompeur, qui se

faict

faict riche du demeurant de sa despoüille par la trompe-rie dont il a escorné ceste pauvre mere : laquelle toute esperduë n'a lors recours qu'aux gemissemens & regrets. Repassons toutes les autres vertus : les autres animaux sont-ils sans magnanimité ? Je ne vous allegueray que le Lyon, lequel ores qu'il ronge une colere perpetuelle dans soy, & que nature l'ait assorty sur tous les autres d'une grande force, toutesfois jamais il n'offense celuy qui se couche & humilie devant luy, & blessera plustost un homme, qu'une femme, comme subjet flouet & non digne de sa colere : & si entre plusieurs chasseurs il en remarque quelqu'un qui l'ait blessé, il abandonne librement les autres, pour avoir sa revanche encontre celuy-là seulement. Que si l'un d'entr'eux, a failly de le blesser, & qu'il tombe sous la mercy de ceste furieuse beste, elle se contente de le boule-verser, sans plus. Ne sortons point de nos maisons, quelle plus grande magnanimité voulez-vous que celle d'un chien, lequel, quelque rogue & mauvais qu'il soit, ores qu'il grongne, abboye & morde les estrangers, toutesfois s'humilie & prosterne envers tous ceux de la maison ? & à la mienne volonté que de ceste generosité fussent, tous nos gens-d'armes, munis, lesquels, tout au contraire, ne font la guerre qu'à leurs concitoyens, pendant qu'ils s'arment, à petit semblant, contre l'estranger, lequel ils ne voyent que le moins qu'ils peuvent. Au regard de la liberalité, je ne sçay pas si les bestes l'exercent entre-elles, en ce qui est de leur pecule ; si est-ce qu'en ce que le hazard leur a permis de negotier avecque nous, vray Dieu ! y a-t'il aucun entre nous qui ne le rende plus ingrat envers son bien-faicteur, qu'elles ne font ? Le Lyon, auquel Androcles Esclave fuitif, avoit osté l'espine du pied, dans la grote, nous en rend asseuré tesmoignage, quand en recognoissance de ce bien-fait, il le nourrit de la venaison qu'il prenoit tant & si longuement qu'il fut en ceste cachette : & depuis estant repris par son maistre, & exposé en un theatre public avec d'autres, pour combatre avec des Lyons, entre lesquels, par fortune, se trouva pareillement cestuy-cy, non seulement il n'offensa ce pauvre esclave, ains le defendit encontre tout autre, se souvenant du plaisir qu'il avoit reçeu de luy. Voulez-vous considerer, la justice guerriere, entre eux ? souvenez-vous de ce que l'on recite des Cicoignes, lesquelles ayans un signal entre-elles, comme un mot du guet entre nous, de se trouver à jour prefix ensemblement, celle qui par sa paresse y arrive la derniere, est exposée à mort par les autres. Le tout en la mesme façon que l'on faisoit anciennement en la Gaule, à la publication de leurs Bans & Arrierebans. La voulez-vous plus civile & politique ? En la Republique des mouches à miel, chacune estant diversement ententive à sa besongne, les unes à se forger une cellule, les autres à la replaistrer, les aucunes à servir de manœuvres, & les autres à quester leurs viandes : Et sur tout elles punissent tres-rudement les paresseuses : ne s'esloignans point sans grandement de la loy que le Roy Amasis fit en Egypte, par laquelle il vouloit que chacun rendist raison, au magistrat, de sa besongne, tous les jours : chastiant tres-estroittement les faineans. Cela se fait par une justice qui naist avecques elles ; car quant à celle que l'on peut apporter aux bestes, par artifice, il n'en faut faire de doubte : qu'ainsi ne soit, ayez plusieurs Chiens en vostre maison, les uns grands & forts, les autres petits, si vous voulez, il ne faut faire nulle doubte, que vous ne les accoustumiez de sorte que le plus fort n'ostera point au plus foible ce qui luy aura esté donné. Il n'est pas que la honte & pudeur ne se loge en l'esprit de quelques animaux, & se necessitez naturelles : Car l'on tient pour tout asseuré, qu'entre les Elephans, le masle ne s'apparie jamais avec la femelle qu'en lieux sombres & hors la veuë des autres. Que s'il vous plaist repasser sur la prudence, qui est l'une des principales veines de nostre raison, certainement tous les autres animaux en leurs especes ont de grands advantages & prerogatives sur nous, soit pour trouver pasture, soit pour se preserver des aguets ausquels ils se voyent exposez, tantost par la subtilité des hommes, tantost par les autres animaux qui nourrissent une taisible antipathie encontre eux. La fourmy va en queste, l'esté, & fait la provision pour l'hiver, pendant lequel, l'intemperie du ciel ne luy permet de sortir de sa fourmiliere : & parce qu'elle fait son reservoir dedans terre, elle rongnonne le grain qu'elle y veut cacher, afin qu'il ne germe point. L'abeille fait le semblable sur les fleurs, dont elle fait amas en pareil temps comme l'autre. Le cheval d'eau, estant venu paistre en un blé, s'en retourne à reculons, craignant que l'on ne le suive à la trace. Le Renard pour n'estre recherché & surpris, se donne garde de faire la guerre aux poules de son voisin. Quelle plus belle & chaste pensée voulez-vous, que celle de l'Araignée, laquelle aprés avoir tendu ses rets aux mouches, se fabrique à l'escart une maisonnette, qui luy est comme une eschauguette, dont elle voit toute la proye qui est tombée dans ses filets ? Voulez-vous plus grande sagesse que celle du Castor, lequel se voyant poursuivi par les veneurs, se couppe de ses propres pieces, les genitoires, recognoissant par un taisible instinct de sa nature, que l'on ne luy fait la guerre, que pour ces pieces-là ; Ainsi font les sages financiers, qui ont fait quelque superbe bastiment, quand ils en font present aux Princes & grands Seigneurs, afin que l'on ne les recherche. Voulez-vous autre plus grande sagesse, que celle de la Seche, qui jette une humeur noire de soy, comme de l'ancre, afin que les pescheurs puissent perdre la cognoissance d'elle ? Ou bien que de la Dormilleuse, nommée par les anciens, la Torpille, laquelle se trouvant prise par l'amesçon, sans remuer, vomit une poison de soy, le long du filet, laquelle a un instant, endort & engourdit de telle façon le bras du pescheur, qu'il est contraint quitter avec sa ligne, sa prise ? Ou du poisson qu'on nomme l'Amie, lequel tenant à l'amesçon, a ceste industrie en soy, de rompre le filet, de les dents, & par ce moyen esvader ? Ou de l'Elephant, lequel estant pris dans une trape, tous les compagnons venans au secours, jettent bois, pierres & feuilles, pour en faire un monticye, par le moyen duquel il puisse gaigner le dessus ? Je vous laisse les habiletez que le Daulphin apporte contre le Crocodille, dont il est comme jure : celle du Rhinoceros encontre l'Elephant : les addresses du Dragon & de l'Elephant, pour avoir le dessus l'un de l'autre ; celle des oiseaux de proye, encontre les autres oiseaux ou poissons ; & les subtilitez dont ce petit peuple s'arme pour ne tomber en la mercy de celuy qui n'a pitié de luy, & infinité d'autres choses, lesquelles le papier me defaudroit plustost que la matiere. Il n'est pas que la Lyonnesse mesme pour couvrir son impudicité, n'apporte de ruses aussi promptes, que la femme impudique envers son mary : car ayant esté saillie par un Liepard, elle se sçait fort bien baigner, afin que son masle ne s'en apperçoive : lequel d'ailleurs s'en apperçevant, n'apporte pas moins de cohertion contre la femelle, que le mary homme de bien, quand il sçait que sa femme a forfait contre son honneur. Mais sur tout l'on ne peut assez admirer la prevoyance des rats & souris, lesquels delaissent & abandonnent à grands colonies, une maison qu'ils sentent estre caduque, & preste de tomber : voire qu'il n'y a point de plus asseuré prognostic de sa ruine, que quand on s'apperçoit d'un bannissement volontaire de ceste vermine. Demandez-vous un lien d'amitié nompareil entre le masle & la femelle ? Jetrez l'œil sur les Tourtres, & Tourterelles. L'on dit qu'en un certain pays des Indes, les femmes avoient fait ce vœu solemnel, que soudain que leurs maris estoient morts, elles se jettoient toutes vivesdans leurs sepulchres, où elles terminoient leurs jours : ceste mesme devotion se trouve en certains poissons : quand entre les poissons, que l'on appelle Muges, le masle est pris, attachez-le à une cordelle & le tirez le long de la mer, tout aussi-tost toutes les femelles qu'il a frayées, voulans mourir avec luy, se laissent prendre. Je recognoistray que toutes ces vertus ne sont point generalement esparses entre toutes les animaux, ains diversement distribuées à uns & autres,

selon

Tous au-tres animaux naturel-lement plus continens que l'homme.

selon qu'il a pleu à nature les en gratifier: mais il y a une vertu generale entre eux tous, dont ils nous passent & surmontent sans comparaison: qui est la Continence que l'on doit apporter à la procreation de ses semblables. Dieu veut que nous nous perpetuons en nos especes, & pour nous y allecher, a mis une opinion violente de plaisir en nous : laquelle ne se peut estancher en l'homme, non plus qu'en la femme, encore qu'elle soit grosse, je veux dire combien qu'elle ait attaint, par sa grossesse, au poinct pour lequel ceste cupidité de conjonction mutuelle devroit estre empreinte en elle. Considerez, je vous prie, combien nature a apporté plus d'attrempance à toutes autres especes d'animaux, desquels soudain que la femelle est pleine, elle ne souhaite, ni le masle, ni n'est souhaitée par luy. Certainement quand ils n'auroient que cest advantage sur nous, il est d'assez grand efficace, pour monstrer que nous n'avons nulle occasion de nous enorgueillir dessus eux. Au milieu de toutes les particularitez que je vous ay discourues, desquelles vous cognoissez combien nature a rendu les autres animaux bien appris, en ce qui despendoit de leur conservation, lors qu'ils sont en bonne santé : encore ne les a-t-elle destituez de Medecines, quand ils sont malades. Le Cerf navré d'une fleche, n'a-t'il son Dictam, & offensé par une beste venimeuse, ne sçait-t'il pas trouver des Cancres de rivieres, remede formel pour ce mal ? La Tortuë feruë du serpent, mange de la sarriette. La Bellette voulant guerroyer les Rats, se munit auparavant par forme de preservatif, de la Ruë. La Cicongne l'origan; le Sanglier, le lierre; le Chien, le leschement de sa langue pour ses playes, & le vomissement pour ses maladies interieures; le Lyon, la diette, ou bien il devore un Cinge pour s'exciter au mesme vomissement. Et pour tout cecy, il ne leur faut point escoles de Medecines : ils sont passez maistres & docteurs en cest art du jour de leurs naissances. Leur medecine s'exerce aux seuls despends de la nature, à laquelle ils portent toute obeissance. Ils ne veulent point estre plus sages qu'elle, comme nous qui estimans que ceste mere commune nous ait manqué en cest endroit, ne nous contentons des simples qui naissent dans son sein, ains faisons je ne sçay quelles compositions : par le moyen desquelles apres avoir longuement raisonné sur la medecine, nous sommes contrains de confesser que c'est une tres-bonne & salutaire medecine de n'user point de medecines. Quoy ? si nous-mesmes, avons emprunté, des autres animaux, les poincts ordinaires de nostre medecine? (Car nous devons les clysteres à certains oiseaux d'Egypte, nommez Ibis; le vomissement aux chiens, en cas de trop grand repletion, pour lequel les Paracelsistes ont de nouveau ramené en usage l'antimoine; au cheval d'eau, la saignée; à l'arondelle l'esclere, pour le mal des yeux.) Mais pourquoy doubterons-nous de recognoistre d'eux ces traits de la medecine, si les anciens Ethniques leur deurent les premiers & principaux fondemens de leur Religion ? D'autant que voyans que l'Elephant & le Coq, adoroient naturellement le Soleil, duquel ils appercevoient d'ailleurs les effects admirables, tant sur les corps, que les esprits, ils se mirent soudain en teste, qu'il n'y avoit autre Dieu au ciel que ce luisant astre, par lequel estoit eschauffé & illuminé ce grand Univers: car il est certain, comme nous apprenons de Macrobe, qu'en leur Theologie ancienne sous les noms de Jupiter, Phoebus, Mars, Bacchus, Venus, & autres de telle farine, ils n'adoroient que le Soleil : pour l'image duquel mesmement les Chaldées introduirent le feu, en leurs Temples, comme ne le pouvans plus proprement representer, que par cest element chaud & clair. Vous me pourrez, petit-estre, dire que pour le moins les passons-nous, de tant que l'homme est un animal sociable, les bestes non. Jamais je ne vous passeray condamnation sur cest article. Tout ainsi comme les animaux sont instruicts & informez naturellement, de leurs portées, & qu'ils recognoissent en quoy gist leur force ; l'un aux cornes ; l'autre, à la dent ; l'autre, aux griffes ; l'autre, aux pieds, & qu'ils sçavent comment ils

Les medecines que nature a diversement apprises aux autres animaux.

L'homme pense estre plus sage que la nature, en la medecine.

L'homme a emprunté des autres animaux plusieurs points de medecine.

Qu'il semble que les Ethniques eussent appris des bestes les premiers rudimens de la religion.

Sçavoir si les autres

se doivent deffendre, & où assaillir leurs ennemis ; que le Rhinoceros voulant combattre l'Elephant, aiguise sa corne à un Roch; le Dauphin se sçait mettre sous le Crocodile, plus grand & plus fort que luy, pour luy fendre par son areste, la plus tendre partie de luy, qui est le ventre ; que le Loup pour se garder des cornes du Taureau, ne l'assaut que par le train de derriere, & vers les parties plus sensibles, qui sont les genitoires : aussi sont-ils tous sociables en leurs especes, & sçavent les moyens par lesquels ils se peuvent maintenir en leur commune societé. Or qu'ils soient tels que je vous pleuvis, je le vous representeray au doigt & à l'œil. Mettez quantité de toutes sortes d'animaux, en un parc, n'ayez peur qu'ils demeurent pesle-mesle ensemble ; icy vous verrez les ouailles prendre leur quanton à part ; là un escadron de bestes chevalines ; en un autre endroit les bovines; les Oyes d'un autre costé, s'assortir avec les Oyes; les Poules avecques les Poules : il n'est pas que les Poules d'Inde ne se separent d'elles pour faire leur troupeau ensemble. Ne sont-ce pas toutes remarques tres-certaines de leur societé ? Mais ils n'ont point de loix, comme nous : vrayement c'est là où je vous attendois : il n'y a rien que nous estimions tant, que la loy commune, comme estant espuisée de la mouëlle de la raison generale d'un pays : ne qui tant descouvre nostre infirmité. Dites-moy, je vous supplie, y a-t'il chose tant bigarrée entre les hommes, que la loy ? Icy vous verrez le larcin avoir esté deffendu, sur peine de la hart : en un autre lieu, estre permis, & loüé comme habileté d'esprit. Icy l'adultere rigoureusement chastié : ailleurs (comme aux Massagetes) permis. En certains lieux les divorces tres-estroitement prohibez: ès autres mis à l'abandon, comme une chose indifferente. A la suitte de cecy, les aucuns permettre de se marier apres le divorce : les autres le deffendre. Les uns favoriser sur toutes choses les mariages : les autres la vie celibe. Quelques legislateurs avoir approuvé la communauté des biens au prejudice de ces mots, Mien & Tien, desquels despend le trouble & le repos presque de toutes nations ; & encores en ce Mien & Tien, quelques-uns avoir voulu que les biens fussent esgalement partis & distribuez entre les Citoyens, par une proportion Arithmetique, sans acception de personnes, ny de leurs qualitez. Il n'est pas qu'en chaque pays les loix ne se diversifient selon la diversité des saisons : se trouvant en un temps, une loy bonne, laquelle puis apres est anichilée. Tant est l'esprit de l'homme, composé de diverses pieces, qu'il est mal-aisé de dire si nos loix prennent leurs fonds de ce que nous appellons Raison, ou d'une vague & fluctuante opinion. Non toutes-fois que je trouve mauvais ces changemens, selon que la necessité nous le semond : mais je vous voyez combien l'Homme est fort en bride, veu que selon l'instabilité de ses mœurs, il faut que le Magistrat change ses loix, qui deussent estre unes, stables & perpetuelles à jamais. Mais laissons toutes ces considerations à part. Les bestes n'ont point de loix, dictes-vous : aussi n'en ont elles que faire, non plus qu'aux Republiques bien moriginées. Grande chose, qu'en toutes les œuvres d'Homere, il ne se trouve point qu'il ait faict mention de la Loy, ny que ce mot luy soit tombé de la plume, comme pensant representer, peut-estre, un temps auquel il estimoit l'innocence avoir esté plus en regne. La multitude des loix, en toute Republique, est une demonstration tres-certaine de la corruption, ou du peuple, ou du Magistrat souverain : & toutesfois vous ne pouvez dire, que plusieurs autres animaux n'ayent, à leurs Republiques, & leurs Loix, dont les uns se manifestent davantage à nos yeux, les autres moins. Si nous croyons aux anciens, les Elephans marchent tousjours en troupe, & font passer, pour premier, le plus vieux d'entr'eux, comme leur chef & conducteur ; & celuy qui le suit d'aage, est à la queuë. Direz-vous que les Elephans n'ont point de loy ? Je le nie. Veu que l'avant-garde & arriere-garde de leurs troupes, est commise à ceux qui par la prerogative & ancienneté de leurs aages, doivent est & estimez les plus sages : nous apprenans encores par cela, seule-

animaux sont sociables en leurs especes.

Les loix descouvrent l'infirmité de nostre raison.

Diversité de loix entre les hommes.

Que les loix mesmes se changent en un mesme pays.

La multitude des loix signifie la corruption d'une Republ.

Plusieurs bestes ont leurs Republ.

Republ. des Elephans.

seulement qu'ils ont une forme de chose publique, mais qui plus est, que nous, à leur imitation, ne deussions point appeller aux grands & premiers Magistrats que ceux ausquels l'ancienneté de l'aage a peu apporter quelque maturité & sagesse. Or qu'il y ait de l'ambition en eux; le seul exemple, que l'on recite du Roy Antiochus, y est admirable: car ayant une grande troupe d'Elephans, en son camp, qui tous avoient leur nom (comme nous donnons à nos chiens) & voulant passer son armée par une riviere, il commanda au Capitaine de tous les autres Elephans, nommé Ajax, de sonder le gué: à quoy se monstrant retif, le Roy promit la Capitainerie à celuy qui l'entreprendroit; au moyen dequoy l'un d'entr'eux nommé Patroclus, sous ceste promesse, se mit à traverser la riviere: & de retour ayant esté honoré & caparassonné de haut appareil, comme Capitaine de la troupe, l'autre en mourut de desplaisir. Au regard des Gruës, tous ceux qui en escrivent, demeurent d'accord, qu'elles se choisissent un Roy, pour les conduire & passer de païs à autre. Et a, chaque troupe, son Capitaine, au cry duquel, toutes les autres obeïssent, pour se mettre en rang: au demeurant, quand elles font alte, de nuict, elles font la sentinelle par tout, ayans un pied sur terre ferme, & dans la serre de l'autre qui est en l'air, elles tiennent une pierre, afin de s'empescher de dormir, & que là où elles se trouveroient surprises du sommeil, la pierre leurs eschappant, les resveillast. L'on dict qu'Aristote, ce grand Philosophe, faisoit presque le semblable quand il tenoit une plote d'airin sur un bassin, en l'une de ses mains, afin que s'il luy advenoit de dormir, la plote tombant, le fist resveiller. Qui ne recognoist encore, aux Oyes sauvages, le semblable qu'aux Gruës, lesquelles nous voyons arriver en troupe, dresser leurs bataillons en pointe, comme l'esperon d'un navire, & les dernieres reposer leurs testes sur les premieres, & quand la guide se lasse, elle laisse sa place à celle qui la suit, & se met la derniere, afin que chacune, par une entre-suite, exerce la mesme charge? Voulez-vous plus belle Monarchie que celle que nous voyons journellement en nos maisons, sans nous en appercevoir, en nos Coqs & Poules? Là nous voyons Monsieur le Coq portant la creste sur sa teste en forme de couronne, marchant & piaffant, à grands pas, au milieu de ses Poules, qui luy servent de femmes & sujets tout ensemble. Jettez quelque grain devant ceste troupe, tant s'en faut que comme leur chef, il en prenne les premieres becquées, qu'au contraire vous le verrez faire un ou deux tours entr'elles, comme pour les vouloir mettre en ordre, & apporter quelque police, puis prendre sa part, quand il les voit en bonne ordonnance. Mettez un autre Coq avec luy, vous cognoistrez fort aisément combien toute Royauté est impatiente de compagnon. Et qui est une chose fort remarquable, s'il y a quelques pauvres chappons qui soient de la troupe, ils ne s'osent qu'avec toute crainte, approcher des Poules: le Coq non seulement les guerroye, ains les Poules mesmes, comme un rebut de leur Republique & membres inutiles qui ne peuvent profiter à la propagation de leurs semblables, pour leur en avoir esté ostez, les outils. Mais pourquoi douterons-nous de recognoistre des Republiques entre les bestes, si c'est en quoy les insectes se rendent un miracle de nature entre nous? Quand je voy dans un bois, un mont-joye de fourmis de la hauteur d'un homme & plus, & les chemins tous semez de ces petites bestioles, les unes aller en queste, à vuide, les autres chargées de leurs provisions, retourner, puis toutes se rendre en leur generale retraicte, où il y a une infinité de fourmis, ne serois-je despourveu de tout sens commun, si je ne croyois qu'il y a quelque police entr'elles, par laquelle chacune d'elles recognoist ce qui est sien, & qu'il faut qu'il y ait quelques superieurs qui commandent aux autres, ou bien une justice naturelle empraintre en elles, qui les faict mutuellement contenir en leurs devoirs, les unes à l'endroict des autres? Car quant au Royaume des mouches à miel, il n'y en a point de tel, ne si stable entre les hom-

mes, que cestuy-là. Et c'est en quoy nature semble avoir voulu dresser un chef-d'œuvre, où, pour mieux dire, un trophée pour nous rabbaisser nostre orgueil, leur ayant donné tant d'advis, tant de conduite & prudence à leur manutention, & neantmoins qu'il ne peut tomber en l'imagination de nous tous, qu'elle part peuvent resider tous leurs sens. Nos Medecins sont bien empeschez de sçavoir où resident les parties, imaginaire, judiciaire, & memoriale, & si elles ont leurs sieges separez ou confus en nostre cerveau: ces petites bestes ont tout cela bravement, & toutesfois vous ne sçauriez discourir en quoy. Premierement, il n'y a jetton d'Abeilles qui n'ait son Roy: elles vivent dedans une Ruche bien close, comme nous dedans nos villes, chaque mouche a sa cellule où elle heberge, comme nous avons nos maisons: à leur Roy, elles en edifient une plus haute exhaussée que les autres, en forme de Palais: chacune s'employe diversement à la besongne; l'une, à bastir ou replastrer sa cellule, comme j'ay dit cy-dessus; l'autre à former la cire ou son miel; l'autre à se mettre en queste pour le pourchas de ses provisions: cependant le Roy fait sa reveuë parmy la ville, pour recognoistre ceux qui demeurent en leur devoir: s'il y en trouve d'aneantims, il en faict une punition exemplaire, jusques à les exposer quelquefois à mort: elles vivent & mangent en commun, afin qu'aprés leur repas pris, elles retournent en semblement à leur besongne: quand la nuict s'approche, vous les oyrez marmonner un petit bruit, comme si avant que de reposer elles vouloient rendre, en leur langage bourdonnesque, quelque action de graces au ciel, jusques à ce que leur trompette sonne la retraicte, leur donnant signe de repos: si n'est pas, qu'ils n'ayent soing de leurs malades, & de jetter les corps morts hors de leur sejour, & en outre, leurs excremens, pour eviter la corruption: quant à leur Roy (chose admirable) l'on dit qu'il n'a point d'aiguillon, ores que toutes autres Abeilles en ayent; monstrant par cela que tout Roy se maintient plus par sa majesté, que par ses forces; il a neantmoins autour de luy, des autres mouches plus anciennes, qui luy assistent, comme pour son conseil, & ne le desemparent pour bien peu: s'il sort, soudain tout le jetton se met à sa suitte, & comme s'il fut lors question d'une entreprise, il donne assez à cognoistre quelques jours auparavant par son bruit & bourdonnement, que l'on dresse quelque expedition pour faire une saillie: estant en campagne, toutes luy font la cour pour captiver sa bonne grace, & s'il se trouve recreu, il y en a les aucunes qui le portent: où le Roy se pose, tout le camp fait le semblable; &, qui est une devotion admirable, qu'elles ont envers leur Prince, tout aussi-tost qu'il est pris, vous estes asseuré d'avoir tout l'essein, ou s'il se trouve perdu, le camp se rompt, & cherche chacun sa fortune (comme pires perdus & adventuriers) és autres jettons: & quand il meurt de maladie, tout le jetton porte le deuil, que l'on descouvre par son silence, commençans d'avoir leur vie en horreur: & qui ne lesferoit sortir de la Ruche, pour les priver de la presence de leur Roy mort, elles mourroient toutes avec luy. Une chose me semble trés-digne, d'estre consideré en elles; parce que nous voyons bien les autres animaux par une certaine antipathie se guerroyer quelquefois, voire en troupes, mais c'est entre bestes de diverses especes: cestes-cy, par une ambition particuliere, se font quelquefois la guerre de jetton à jetton, de ruche à ruche, selon que leurs necessitez les pressent; car quand leurs munitions sont faillies, elles s'acheminent leurs voisins, en deliberation de leur ravir leurs provisions, & les autres se sçavent fort bien arranger en bataille, & tenir sur leurs gardes. Et pouvez maintenant qu'elles soient destituées d'elles rendement, en ceste generale police qui a esté observée en elles depuis tant de milliers d'années? J'avois oublié un poinct, qui me semble ne devoir estre escoulé sous silence, que tout ainsi que nature a baillé à toutes les bestes, de l'esprit à suffisance, pour leur manutention, comme à nous, aussi les a-t-elle voulu rendre dociles & susceptibles

ceptibles de plusieurs choses que nous estimons estre propres seulement à l'homme. Nous avons veu un certain bouffon nommé Constantin qui contrefaisoit tantost le chant du Rossignol, tantost la voix d'un Asne, puis d'un Chien, & de quelques autres ; chose que nous tenons pour tres-esmerveillable ; & nous ne tournerons en admiration, de voir un Perroquet ou une Pie, representer la parole de l'homme, contrefaire le chien chassant, & le Veneur mesme ? Ni l'Elephant qui anciennement avoit appris d'escrire en Grec ? Et parce que l'on se fait accroire qu'ils n'entendent pas ce qu'ils dient, l'histoire est trop commune & rechantée du temps de l'Empereur Tibere, d'un Corbeau, lequel nourry privément en la boutique d'un Cordonnier de Rome, apprit si bien à parler, que non seulement il sçavoit les noms des grands Princes & Seigneurs de Rome, mais qui plus est, alloit tous les matins au Palais, où il saluoit l'Empereur Tibere, & tous les autres par leurs noms & surnoms à mesure qu'ils passoient : & aprés ces bons jours ainsi par luy donnez, s'en retournoit en la maison de son maistre. Pline recite, en cas semblable, avoir veu une Corneille, qui disoit des propos entiers, apprenant tous les jours quelque chose de nouveau. Je vous laisse, que ce soit une chose fort familiere & commune aux anciens de faire dancer des Elephans sur les cordes, les faire escrimer aux theatres publics, & que la mesme beste a le bruit de recorder sa leçon, de nuict, de ce qu'on luy apprend, le jour : afin de n'estre battuë par son maistre. Je vous laisse encore, que nous voyons nos bastelleurs, faire danser les chiens, au son de leur trompe, & qu'en ma jeunesse j'en aye veu un, avoir autant appris à un cheval. Mais laissans ces bastelleries à part, ceste prompte docilité qui se trouve en ces animaux, a quelque-fois surpris la simplicité de plusieurs peuples : comme quand Sertorius pour se maintenir en sa grandeur, faisoit accroire qu'il parloit aux Dieux sous la figure d'une Biche qu'il avoit apprivoisée : & Mahommet, en cas semblable, quand il faisoit que son pigeon venoit becqueter dans sa bouche, disant que c'estoit l'esprit de Dieu, qui sous la forme de cest oiseau, luy communiquoit ses secrets ; qui monstre que leurs esprits sont capables de docilité, sinon tant comme les nostres, aussi ont-ils d'autres particularitez, dont nature les recompense par dessus nous. Reste un poinct que l'on peut desirer en eux : qui est la parole, que nature nous a baillée, particulierement ; chose que je prendrois à tres-grande prerogative & privilege, si je ne voyois la parole nous apporter autant de dommage que de bien : car d'où viennent tant de meurdres, sinon pour nous venger des paroles mal digerées que l'on nous a dites, ou proferées en nos absences encontre nous ? Qui entretiennent les heresies, qui nourrit les procez, qui rend un homme adultere de la femme de son voisin, sinon la mesme parole ? Ce fut la cause pour laquelle Esope semond de faire un souper, & de la meilleure viande qu'il pensoit estre en nature, presenta pour tous mets, des langues : & requis d'en faire le lendemain un autre de la pire viande qui se pouvoit trouver, presenta derechef d'autres langues : nous voulant par là enseigner que la langue nous produit d'une mesme balance autant de bien que de fruict. Nature n'a donné aux autres animaux la parole, mais elle leur a baillé assez dequoy se faire entendre entr'eux : Pensez-vous que les Poules coquetans ; ou, si voulez qu'ainsi je le die, caquetans ensemble, les Loups avec leurs hurlemens, les Lyons en leurs rugissemens, les Bœufs avec leurs buglemens, les Brebis par leurs beslemens, les Chiens par leurs jappemens & abbois, les Chats par leurs miaulemens, les Abeilles par leurs bourdonnemens, ne donnent assez à entendre leurs conceptions les uns aux autres, entant que leur besoin & necessité le requiert ? Et vrayement il est bien à croire que nature eust voulu produire en eux ces voix oiseuses & inutiles. Il n'est pasque sans la parole ils n'ayent assez de signes pour se faire entendre, non des autres de leur espece, ains de nous mesmes, quand ils en ont affaire : tesmoin le Lyon, dont j'ay cy-dessus parlé, à l'endroit d'Androcles, & un autre au païs de Surie tout semblable, envers un nommé Mentor, quand par doux accueils & semblans, ils solliciterent l'un & l'autre, de leur oster l'espine qu'ils avoient aux pieds. Jettons l'œil sur la beste qui familiarise le plus avec nous, qui est le Chien : ne reconnoissez-vous en luy, soit par les signes ou par la diversité de son aboi, tout ce qu'il veut & desire ? J'ay un petit Chien qui me donne mille passe-temps : mais je vous puis dire que je sçay toutes les passions qui l'affligent, soit de joye, deuil & courroux ; & s'il me veut demander quelque chose, je sçay son formulaire de requeste, s'il me frise quelquefois de l'œil, aussi bien que l'amoureux fait à sa maistresse : brief, je ne l'entends pas moins qu'un muet : vray qu'il a cest advantage sur luy, que le muet ne me pourroit entendre que par signes, & mon petit Chien m'entend au simple son de ma voix, selon que je la diversifie. Mais voyez encore en cecy, combien nature s'est voulu mocquer de nous, en un poinct ; car combien qu'elle leur ait denié la parole, toutesfois encore y a-t-il une sorte d'animaux que l'on appelle Hyenes, qui sçavent contrefaire le langage des Pastres, & qui ayans appris le nom de l'un d'eux, ils l'appellent pour le faire sortir de son toict, & puis en font une gorge chaude : voilà d'esmerveillables & paradoxes particularitez, lesquelles je vous ay voulu reciter tout au long, non pour former un atheïsme entre nous, comme quelques esprits visqueux & mal nez se persuaderoient aisement, ains pour bannir de nous ceste outrecuidance & orgueil, par lequel nous donnans tous autres animaux en proye, comme si nous en pressions leurs Roys, nous sommes si miserables, que pensons commander aux choses celestes, voulans à l'instant mesme, escheller le ciel, & luy faire la guerre, non materielle, comme les Geans, ains avec des propositions extravagantes, & qui couvrent des bestialitez plus estranges, que celles des bestes les plus farouches : mais pourquoy des bestes farouches ? Car quelles bestes pouvez-vous appeller plus farouches que l'homme resolu à mal faire, dont il n'y a Roy ni Prince qui se peust bonnement garantir, quelques gardes qu'il ait autour de luy ? Ainsi que de fraische memoire le defunct Prince d'Orange, a esprouvé, par deux fois : dont à la premiere, il faillit d'estre mis à mort, & à la seconde, fut tué par un homme qui depuis en mourant, supporta la mort avec une patience plus forte, que les Stoïques n'imaginerent jamais en leurs disputes, au milieu de leurs escoles. Voulez-vous donc que je vous die à cœur ouvert, qui je pense estre le plus grand, non seulement par dessus les bestes, ains par dessus tous les hommes ? Celuy qui estant doüé de plusieurs grandes parties d'esprit, de corps, & de biens, s'estime toutes-fois le plus petit, qui n'imagine rien contre les loix communes de son pays ; qui plus extravaguer en discours particuliers, porte obeïssance à ses superieurs ; vit selon la loy ancienne de son pays, sans remuer chose aucune contre la discipline que de longue main l'on y a plantée ; qui loüe Dieu en toutes ses creatures ; brief, qui estime que combien que Dieu ait voulu gratifier l'homme, de plusieurs grandes benedictions par dessus les autres animaux ; toutes-fois pour luy ravaller son orgueil, a advantagé les bestes, de plusieurs grands advantages naturels que nous devons tirer à nostre edification. J'attends de vous une belle & docte responce, soit pour ou contre, comme subject sur lequel il y a assez à discourir. A Dieu.

LETTRE II.

A Monsieur Morin.

Il recom-mande M. Tour-nebu le jeune allant à Rome, à M. Mo-rin.

LE present porteur allant à Rome, je ne l'ay voulu laisser partir les mains vuides. Il est mien cousin, des enfans de ce grand & docte personnage, feu Monsieur de Tournebu, les pas & traces duquel il suit à bonnes enseignes ; car je le vous pleuis pour un tres-sçavant jeune homme, tant en Grec, qu'en Latin ; & qui passe d'un point son pere pour faire un vers François, aussi gentil & bien façonné qu'il est possible. Comme il a l'esprit beau, aussi luy est-il tombé en teste, ce qui tombe, ordinairement aux ames les plus genereuses, de vouloir voyager pour se faire sage, aux despens des nations estrangeres. Je l'ay asseuré de l'amitié que me portez, & qu'en ma faueur il trouueroit toute courtoisie en vous. S'il m'en croit, il se contentera de voir l'Italie, en passant ; car ce que Pyrrhus Neoptolemus disoit de la Philosophie, qu'il falloit philosopher, mais sobrement, je le dy du voyage d'Italie, à tous nos jeunes François qui s'y acheminent par une conuoitise de voir. Je sçay bien qu'y auez estably vostre demeure il y a vingt ans passez, & qu'il vous en est bien succedé : mais on en trouue bien *Qu'il faut so-brement voir l'I-talie.*

peu qui ayent sçeu si à propos mesnager les mœurs de l'Italien, comme vous : & l'exemple d'un seul, ne me permit jamais de tirer les choses en consequence. Cependant je le vous recommande. C'est une chaîne d'obligations que je contracte aueques vous, enchaînant cette-cy, soudain aprés le partement de mon fils, duquel je vous diray en passant que je l'ay envoyé à Calais, pour y apprendre, par quelques mois, les rudimens de la discipline militaire ; n'ayant nulle enuie de le rendre casanier ou train d'espée de Paris. Quel qu'il puisse estre, si jamais le pere & le fils, ont moyen de vous faire paroir combien ils sont vostres, ils n'y oublieront un seul point de leur devoir. Je loüe infiniment l'honneste liberalité qu'exercez par deçà enuers vos nepueux pour les entretenir aux estudes : Dieu benira vos actions, de bien en mieux. Je souhaiterois que l'aisné fust prés de vous, vostre seule presence luy serviroit de double precepteur, tant pour l'instruction des bonnes lettres, que des mœurs. A Dieu.

LETTRE III.

A Monseigneur de Gourdan, Chevalier des deux ordres du Roy, Gouverneur de Calais & païs circonvoisins.

COmbien que pour n'auoir cognoissance de moy, je ne vous deusse importuner par lettres, toutes-fois puis que Monseigneur d'Espernon m'a fait cest honneur de vous recommander mon fils, que je vous dedie, j'eusse pensé faire tort à mon deuoir, si je ne l'eusse accompagné de la presente, pour en les vous presentant, faire aussi present du pere. Je l'ay destiné aux armes, il a demeuré dans Rome, l'espace de quatre ans ou enuiron, à la suite de feu Monseigneur de Foix : pendant ce temps il s'est adonné à quelques nobles exercices bien seans à sa profession. A son retour j'ay pensé, s'il reçoit cest honneur d'estre bien veu de vous, qu'il se facilitera pour l'aduenir, une voye, que tout homme de bien & valeur se doit proposer : & parce que je sçay qu'estes l'exemple de vertu, non seulement au subjet des armes, mais en tout autre, je vous prie le fauoriser, comme le fils d'un pere qui desire demeurer au rang de vos humbles & affectionnez seruiteurs. A Dieu.

LETTRE IV.

A Monsieur le Baron de Ramefort.

Il se mocque de l'hypocrisie que les Gentils-hommes apportent aujour-d'huy pour se sauuer d'un de-mentir. Le point d'hon-neur dont la noblesse Françoise se fait estat.

NE pensez pas qu'ils combatent, quelque beau semblant qu'ils facent d'aiguiser leurs cousteaux. Ceux qui ont enuie de combatre, y vont à plus basse noise. Ils se tirent par la queuë, seul à seul, sans en aduertir leurs compaignons ; & s'ils ont quelques cirons qui leur demangent dans la cervelle, se les ostent auec la pointe de leurs espées. Vos querelles de Cour sont ainsi comme les mines, lesquelles estans esuentées ne produisent aucun effect. Je souhaiterois que la noblesse de France ne trompetast point tant le poinct d'honneur, sur lequel elle fonde toutes ses actions, ou qu'elle y apportast moins d'hypocrisie à le soustenir. Il n'y a pas tant de chicaneries aux Cohuës, comme on en trouue entre les courtisans pour destourner un dementir. Si vous auez dit cela, je vous en feray mentir (dira quelque esprit hagard) l'autre plus froid & retenu respondra, ne l'auoir dict : les Gentils-hommes arbitres de ceste querelle, respondront que puis qu'il ne l'a point dict, il n'y a point de dementir, par ce que le dementir estoit donné, sous une condition seulement. Un autre plus hardy, à qui les mains fretillent dauantage, dira pour n'entrer en ceste distinc-

tion : Puis que vous l'auez dict, vous auez menty. Encore ay-je veu resoudre cela en une condition, au conseil des Mareschaux de France, en une querelle qui n'estoit point entre des petits Seigneurs. Vous penserez que ce n'est à moy d'en parler ; toutesfois mon chaperon & mon bourlet me le defendent, & qu'il est bien seant à chacun de discourir de ce qui touche son estat : si m'en dispenseray-je pource coup, à la charge, non que les plus braues, mais les plus coüards iront que j'en parle, comme un clerc d'armes. Si le poinct d'honneur est de telle recommandation entre ceux qui manient les armes, comme il en font contenance, soudain que le dementir est baillé, soit aueque condition ou non, on n'y peut plus apporter de feuille. La seule opinion que l'on a eu que l'homme de bien ait peu, contre sa conscience, dire un mensonge, merite de venir aux mains sans exception ny reserue. Je fais bon marché du sang, mais aussi ay-je, en ce faisant, l'honneur plus cher, qu'un tas de piaffeurs de Cour, qui le publient sur toutes choses, en leurs communs deuis à la table des Princes & grands Seigneurs & neantmoins ne craignent rien tant que de faire pauois de leurs vies pour le defendre. Et qui me semble encore,

La folie du temps quicourt de prendre un amy qui nous seconde en nos combats. plus ridicule & indigne d'un brave guerrier, c'est qu'en la plus part des querelles, il faut que nous ayons un second, pour nous affranchir du Loup-garrou. Ceux qui ont peur des esprits, en usent en ceste façon ; ils ne couchent jamais seuls en une maison : s'ils ont un homme qui leur face compagnie, les voylà adonc asseurez. Il n'y a point signe de plus grande couardise que de demander un adjoint pour demesler une querelle, à laquelle il n'a nulle part : ny plus grand argument de folie, que de voir un homme s'exposer à la mort, de sens froid, contre celuy avec lequel il n'exerçoit nulle inimitié precedente. Nos peres en usoient d'une autre façon, & croy que la posterité, ou du tout ne le croira, ou estimera cest aagé infiniment fol & corrompu. A Dieu.

LETTRE V.

A Monsieur de la Bite, Juge general de Mayenne.

Il s'excuse d'avoir esté paresseux d'escrire à Mr de la Bite.

JAmais je ne ry de meilleur courage, que quand j'ay veu que par la vostre, me priez, que pour ne me disfaire de mes meilleures occupations, je disse, de bouche, à Monsieur Seneschal, ce que souhaitiez apprendre par mes lettres. A ce que je voy, les mocqueurs sont aussi bien aux petites villes, comme aux grandes. On n'accusa jamais plus à propos un paresseux tel que moy, en l'excusant. Je feray, à ce coup, plus franc à la plume, pour vous dire que je n'ay empeschement au monde, que je ne laisse tres-volontiers pour vous, quand aurez affaire de moy. Il y a trop long-temps que nous nous cognoissons & aimons, pour en user autrement. Croyez que les amitiez qui prennent leurs racines de la jeunesse, ont de grands avantages, sur les autres que nous contractons quand nous commençons d'estre entachez du venin d'ambition & d'avarice. Je louë Dieu que soyez maintenant garenty de ceste fascheuse fievre quarte, qui s'estoit logée dans vous, l'espace de deux ans. Je ne l'appelle pas *D'où vient qu'entre les François on souhaitte la fievre quarte pour grande maudisson.* sans cause, fascheuse, mesmement entre nous autres François ; car quand nous voulons mal à un homme, le plus beau de nos souhaits, est de luy desiderer, ses fievres quartaines : ce qui n'a pas esté mis en usage, sans raison, par nos anciens : car si l'esprit du François est prompt, chaud, boüillant, & qui vueille ou tost mourir, ou tost guerir, ce luy est une dure prison, de demeurer si long temps malade. Je ne dy pas cecy pour vous ; par ce que je sçay qu'estant né d'un esprit calme, la patience vous fait perpetuelle compagnie : mais cela mesme estoit cause de la longueur ; d'autant que le calme, & ceste patience, font ordinairement leur sejour aux esprits melancoliques, qui sont les vrais sujets de telles fievres. Je *Toutes longues maladies sont de dangereux effects aux vieilles gens.* craignois ceste maladie davantage en vous, non seulement pour ce qu'elle vous estoit advenuë en temps d'Automne, mais qui plus est, sur vostre automne, j'entends estant desjà chargé d'ans ; & vous sçavez que c'est un ancien Aphorisme d'Hipocrat, que les fievres quartes ne sont mortelles que quand elles s'acharnent sur les vieilles gens : chose que nous pouvons dire de toutes autres maladies, qui de leur nature, se tirent en longueur : car la chaleur naturelle defaillant en eux, il est malaisé qu'ils trouvent ressource, encontre tels accidens. Dieu sçavoit bien que vostre ville avoit encore affaire de vous ; & puis qu'en estes delivré, vous donnerez ordre de ne vous mettre desormais à tous les jours. Vous avez à vous conserver non seulement pour les vostres, ains pour tout le public. La perte est trop grande, quand elle ne se peut aisément recouvrer en une autre personne. Le païs où administrez la justice, desire un tel surveillant. La droiture nasquit avec vous, laquelle avez fort bien sçeu fortifier par une bonne doctrine, un sens acquis, & longue experience que le temps vous a apportée : & quand il plaira à Dieu de vous appeller, *Tu marmoreum relinques, quam lateritiam urbem inveneras.* Ne pensez point que je preste cecy à vos aureilles : je suis bien aise de loüer un mien amy, voire en face, quand il s'en rend digne, afin de luy donner esperon, de faire de bien ou mieux. Quant aux *Nouveaux bruits de troubles 1585.* nouvelles de deçà, il court je ne sçay quel bruit d'une nouvelle guerre civile. Nous sommes tous aux escoutes : chacun en parle diversement : les uns, ne la veulent croire de la part dont ont la corne ; les autres, la tiennent pour tres-certaine. Quelque chose qu'il en soit, si elle est vraye, nous verrons bien-tost des esclats, en ce mois de Mars où nous sommes, lequel semble avoir esté fatal à l'ouverture & closture des guerres civiles de nostre France. Il sembloit au commencement de cet an, que toutes choses fussent disposées, comme en une tres-profonde paix : & mesme il y a long-temps que l'on n'avoit fait plus d'allegresses que celles que l'on a pratiquées à la reception des Ambassadeurs d'Angleterre : qui me fait grandement craindre ceste guerre inopinée, comme venant de la main expresse de Dieu, pour moderer nos opinions. Après luy, je croy qu'il n'y a que la Royne mere qui y puisse donner ordre, qui n'est apprentie à faire des paix entre les subjets du Roy, quand les occasions s'y sont presentées. A Dieu.

LETTRE VI.

A Monsieur Brulart, Seigneur de Chillery, President en la troisiesme Chambre des Enquestes du Parlement de Paris.

Il deplore la calamité des troubles, & le danger qu'ils trainent avec quelques soy. Les libelles.

A Peine m'estois-je retiré de la ville, en ma maison d'Argenteuil, pour me reconcilier par quelques jours avec mes livres & meilleures pensées, quand j'ay receu un pacquet de vous, accompaigné de deux discours, composez de mains partiales, selon les passions particulieres de ceux qui les font courir. J'avois depuis quelques ans en çà, feuilleté les Ephemerides de Leovicius & Stadius, mais ny l'un ny l'autre ne nous promettent tant de maux par leurs Eclipses, comme ces cartels de deffi, que j'appelle autrement trompettes de nos calamitez. Je voy une estrange & horrible tragedie que l'on veut representer sur le theatre de la France. Et tout ainsi qu'anciennement en tels jeux, le satiriste introduisoit presque d'ordinaire quelque messager ou autre telle personne qui donnoit à *que l'on faict courir aux commencement des troubles fort les seminaires de nos ruines.* entendre le motif, source & occasion de la fable, aussi font-ce icy les nonces & avant-coureurs de nos miseres. Et en ce mystere vous trouverez que les Princes & grands Seigneurs jouëront diversement leurs roolles, les uns sous le nom de la saincte ligue, les autres sous celuy de la religion. Et toute le pauvre peuple de la France, servira de Chœur, pour deplorer, aux entremets, son malheur, & tout d'une suite, prognostiquer la subversion de l'Estat ; parce que de tous les troubles qui se sont passez entre nous, je n'en trouve nuls de plus dangereux effect & perilleuse consequence, que ceux-cy. Les effects d'une guerre ci- *Les guerres civiles* vile sont, de produire plusieurs & divers rejettons, jusques

ques à ce que pour closture finale, l'Estat se trouve, ou du tout changé, ou ruiné. Ainsi dedans la ville de Rome après ceste grande division qui fut entre Cesar & Pompée, tant s'en faut que leurs morts y apportassent fin, qu'au contraire elles engendrerent une pepiniere d'autres guerres, tantost encontre Sexte Pompée, tantost contre Scipion, puis encontre Marc Anthoine, jusques à ce que finalement en la fortune heureuse d'Auguste, après plusieurs revolutions d'années, fut la conclusion du malheur, qui apporta nouvelle face de Republique. En ceste mesme façon sous le regne de Charles VI. les divisions des Bourguignons & Orleannois, prenans divers plis: les Orleannois tantost prenans pied & racine par un Connestable de la maison d'Armaignac, puis par un Dauphin de France: & les Bourguignons par les Anglois; nos ancestres & predecesseurs virent enfin notre France occupée quelques années par les mesmes Anglois, pendant que le naturel François n'estoit occupé qu'à la ruine de soy-mesme. Jà, à Dieu ne plaise, que mon Prognostic sorte effect. Mais remarquant de nostre temps cinq aages des troubles: le tumulte d'Amboise, que je compare à l'enfance; les armes de soixante-un, que je nomme l'adolescence; la suite de soixante-sept jusques en septante-deux, qui fut comme la force & virilité de nos maux; le siege de la Rochelle & autres deportemens jusques à la Pacification de l'an cinq cent septante-sept, qui me presente un temps qui va entre la virilité, & vieillesse: puis remettant devant mes yeux ce qui s'est passé par la France pendant l'entrejet de la paix, maintenant en ce dernier acte qui m'est le cinquiesme, & que j'estime estre la vieillesse, je crains grandement qu'il ne nous apporte une fin, non des troubles, ains de nostre Republique; car, pour vous dire le vray, le malheur est, que voyans, nous ne voyons rien : & si comme au corps humain on voit à la longue son commencement, progrez, & entretenement, & declinaison, sans que nous en appercevions, estant en cecy, nostre vie ny plus ny moins, que de l'eguille d'une Horloge, *Quam progredi non videmus, progressam autem videmus*: aussi toutes choses estans en nostre France allées, de mal en pis, depuis vingt-cinq ans passez, nous ne nous en appercevons. Mais qui auroit dormy depuis la mort du Roy Henry second (que Dieu absolve) jusques à huy, certainement à son resveil, il trouveroit tant de changemens, qu'il penseroit estre en un nouveau monde. Les Republiques ont certaines propositions, par lesquelles elles se conservent, puis se perdent; c'est pourquoy il me semble qu'il faut avoir recours à Dieu, par humbles prieres, processions, & rogations publiques, afin qu'il luy plaise destourner son ire de nous: encore que je sçache bien que la plus grande partie des corrompus de ce temps, s'en mocqueront, laissans à part, la Croix, aux gens de bien : & se donnans en partage le baston de la Croix de frere Jean des Antoineures, representé par Rabelais; ne s'advisans pas, que tant que Moyse eut les mains esleveés au ciel, il obtint victoire encontre ses ennemis. Non que je vueille que faisans cela d'un costé, nous nous en dormions de l'autre; il faut vacquer à tous les deux ensemblement, mais beaucoup plus se remettre à l'aide de Dieu, que du monde. Et s'il vous plaist que je sois en ce temps plein de vice & corruption, bon Chrestien, & bon citoyen tout ensemble, ça vous que je souhaiterois? En premier lieu, une Foy & une Loy, non point qui soit establie sur un nouveau Concil national, ains telle que l'avons apprise, de main en main, de nos peres: je ne voy point que nostre Christianisme ait rapporté grand fruict par les Concils; quand on y donne voix deliberative, à ceux qui sont esloignez de la foy commune & ancienne; chacun y veut demeurer le maistre, nul ceder à son compagnon; ni le Concil de Nice, qui est l'un des plus celebres qui fut jamais, n'extermina les Ariens; ni celuy de Constance, l'heresie de Jean Huz, & de Jerosme de Prague: nous en avons fait l'experience de nostre temps en la ville de Poissy, quand nous voulusmes entrer en conference devant le Roy Charles neufiesme, avec les Ministres,

contre l'advis de ce sage Cardinal de Tournon, qui proposoit les inconveniens qui en adviendroient. De laquelle conference nous ne rapportasmes autre fruict, sinon qu'au partir de là, chacun demeurant fiché en sa religion, les Ministres se firent de là en avant accroire qu'ils faisoient partie de nostre Republique, veu que l'on leur avoit fait cest honneur de leur donner rang en telles disputes, devant la face du Roy, & en un si solemnel theatre. Nostre foy est pieça establie, tant par la saincte Escriture, authorité des saincts Peres, que traditions de l'Eglise. S'il y a quelques abus, il les faut, sans plus elaguer, & non detacrier tout à faict ce que nous tenons d'une si longue ancienneté. Ouvrez la porte aux disputes, il n'y a article de foy, qu'un esprit mal né & visqueux, ne puisse revoquer en doute. Il me souvient avoir leu dans l'histoire Ecclesiastique, que pendant que par divers Concils, les Catholics & Ariens, soustenoient chacun leur party, ils avoient tellement embarassé les escritures, que l'on ne pouvoit bonnement discerner, quel estoit le vray poinct de nostre creance: qui occasionna l'Empereur Constantin de prohiber par loy expresse, de disputer, à l'advenir, de la foy; & par special, de la Trinité: aussi est-ce la raison pour laquelle les Philosophes en choses, sans comparaison, moins serieuses, font d'advis qu'il ne faut entrer en dispute avec ceux qui denient les Principes, entendans sous ce mot de Principes, les determinations arrestées en chaque science, d'une longue ancienneté, par les grands maistres. Je ne fais point profession de Theologie, ains me contente de croire, ce que l'Eglise me commande, & que je voy avoir esté arresté, de tout temps, par mes superieurs. Je diray seulement ce que je pense estre de l'histoire, sans entrer en plus profond examen & cognoissance de cause. Repassez l'ancienneté, vous trouverez que de tout temps dependoit de la chaize sainct Pierre & de ses successeurs en la ville de Rome, l'union de l'Eglise generale & universelle. Ainsi l'apprenons-nous de sainct Irenée, Tertullian, sainct Cyprian, S. Jerosme, S. Ambroise S. Augustin, Optat, S. Jean Chrysostome: aussi n'est-il pas fort aisé de croire, que Dieu qui souffrit mort & passion pour nous sauver, voulu laisser vaguer, perdre & fluctuer son Eglise, cent ou six vingts ans, après, jusques à la venuë de Calvin; car la plus grande partie des ceremonies & propositions que ceux de la Religion appellent, idolatries, estoient en vogue, dés le temps mesme de Tertullian. Je veux vivre & mourir en ceste foy : & à la mienne volonté que toute nostre France fust reduite sous la mesme creance: qui est pour respondre, en passant, au livre intitulé, l'Advertissement. Mais aussi, en contre-change, veux-je respondre à l'autre livre, & vous dire, que de vouloir extirper l'heresie, & asseurer nostre Religion par les armes, je ne puis bonnement me resoudre, s'il est expedient, ny mesmes s'il nous est permis de le faire ; car encor qu'un Guy de Montfort, ait autresfois practiqué cela entre nous, avec un heureux succez, encontre les Albigeois; si est-ce que tous voyages de Jerusalem, qui enfin ne servirent mes, que de tombeau à tous les nostres, me font dire que ce n'est la voye pour parvenir à une bonne reduction : & c'est aussi la premiere prohibition qui semble avoir esté faicte par le Grand Maistre de nostre Eglise, quand il defendit expressement à sainct Pierre, de prendre les armes pour la defence & protection, qui estoit celuy toutesfois qu'il avoit choisi entre ses Apostres, pour estre le fondement de son Eglise, après luy : & mesme je ne vous accorderay jamais, que les armes materielles de Montfort, eussent peu venir à bout des Albigeois, sans les sainctes exhortations & presches de sainct Dominique qui luy assista en toute ceste expedition: par le moyen desquelles, luy, & successivement ceux de son ordre, obtindrent le privilege d'avoir la charge de l'Inquisition de la foy : & de là encore est venu, que tous les Religieux de sa famille sont appellez Freres Prescheurs. Je sçay bien que vous me direz, que ne voulant ni Concil, ny les armes, il semble que je vueille permettre que ceste nouvelle opinion pullule de plus en plus : & que les Medecins

les ont tousjour de longues queuës.

Cinq aages des troubles de la France.

Sçavoir s'il est bon de venir par nouveau Concil pour la reconciliation des deux religions qui sont par la France.

Il faut corriger les abus & non changer, la religion ancienne.

Il faut sur tout craindre en disputes en matiere de religion.

De tout temps a despendu de la chaize de S. Pierre l'union de l'Eglise.

Si l'heresie doit exterminer par les armes.

Pourquoy les Jacobins sont Inquisiteurs de la Foy, & appellez Freres Prescheurs.

decins sont d'avis d'employer pour les guerisons des Maladies, ou la medecine, ou la saignée, ou le cautere : la nef de sainct Pierre a esté diversement agitée de plusieurs flots & tempestes, toutesfois jamais elle ne fut submergée : les heretiques quelquesfois ont trouvé de plus hardis combattans que les Catholics. Quelques anciens nous attestent que les livres des Ariens estoient plus doctes & mieux bastis que les nostres : ce neantmoins, leur doctrine estant faulse & mensongere, se supprima d'elle-mesme, sans aucun artifice des hommes : le semblable en advient-il aux Pelagiens, Novatiens, Donatistes, & autres de mesme trempe : & ne fais nulle doubte, qu'il n'en advienne autant de ceste opinion Calviniste, avec le temps, moyennant que nous y apportions quelque zele & devotion de nostre part ; non par contentions d'esprit, telles que produisent les conferes des Catholics & Heretiques ; non par meurdres, homicides, & assassinats, qui naissent au milieu des armes, qui produisent bien souvent l'Atheïsme : ains en reduisant l'Eglise Catholique en son ancienne dignité ; commettant les charges d'icelle, non à femmes, non à gendarmes, à enfans, non à varlets, qui masquez d'une longue soutane, ne portent que le titre d'Evesques & Abbez, sans effet, mais à gens de bien & d'honneur, qui auront bien merité des sainctes lettres, & qui en leurs bonnes mœurs, pourront servir de bon exemple à tout le peuple. Brief, bannissez de nous la Simonie, vous bannirez, sans y penser, peu de temps aprés, l'heresie, & tout d'une suitte, asseurerez le Royaume au Roy & aux siens, Il me souvient avoir leu, *Sous Charles III, & VI, le Royaume grandement affligé de guerres civiles.* que sous deux Roys du nom de Charles, nostre Royaume fut infiniement affligé de guerres civiles, sous Charles le Simple, & sous Charles sixiesme. Combien que le premier fust, aprés son decez, surnommé le Simple, par forme de sobriquet, si est-ce à la verité qu'il eut assez d'entendement & prouësse, pour faire teste à ses ennemis : & neantmoins quelques guerres en luy, de s'esgarer, voire perdre la Majesté qui auparavant reluisoit aux Roys de la seconde lignée : combien que le second n'ait esté qualifié, aprés son decez, du surnom de bel, ains de Bienaimé, toutesfois on ne peut denier que la plus grande partie de son regne, il ne fut mal ordonné de son cerveau : & toutesfois, quelques guerres civiles qu'eust causé du commencement, son enfance, puis l'alteration de son esprit, jusques à introduire & insinuer l'Anglois en la plus part de nostre France ; ce neantmoins, par un grand mystere de Dieu, le Royaume fut conservé à Charle septiesme son fils, & à sa posterité. Si vous me demandez la cause de si divers succez, il est aisé de la recueillir, à celuy qui sera versé en l'histoire de France : pour autant que sous cestuy-cy, au milieu de toutes ces dissentions & divorces publics, chacun toutesfois conspiroit devotement à la manutention de la dignité de l'Eglise, & extirpation tant des erreurs, que des abus : sous le premier, l'on faisoit des Eglises, estables aux chevaux, distribuant les biens & charges d'icelles, à capitaines & soldats. Voilà en somme, ce que j'avois à respondre aux deux livres que vous m'avez envoyez : quant au surplus, tout ce quelje desire entre nous, est une Paix : c'est la premiere, la seconde, c'est la derniere partie de mes opinions ; si bien ou mal, je m'en remets à la censure des plus sages : tout ainsi que je ne voudrois blasmer celuy qui souhaite la guerre, pour estre son opinion fondée sur un zele de Religion, qui porte son sauf-conduit encontre tous les mesdisans, aussi je croy que tout homme de bien ne trouvera mauvais, si un autre desire la paix, pour la consequence, & par un autre discours : tous deux sont fondez en une bonne & sincere devotion qu'ils apportent au bien public ; vray qu'en l'un il y a, avec le zele, moins, en l'autre plus de prudence & discretion. Mon Dieu ! combien de Princes & grands Capitaines, nous ont esté ravis, par les troubles premiers & seconds, lesquels estoient capables de conquerir une Europe, s'ils ne se fussent acharnez à la ruine les uns des autres ? Le fruict *Combien de maux.* d'une guerre civile est d'introduire un chaos, confusion, meslange, & desolation de toutes choses. Les chefs de party, decernent plus de commissions pour lever gens, *produisent les guerres civiles.* qu'il n'y a de Capitaines : à ceste semonce, chacun accourt à l'envy, non seulement parce que la guerre plaist à celuy qui en a fait experience, mais aussi que les Faineans estiment lors la porte leur estre ouverte à toutes impunitez ; & sous ceste asseurance, se donnent loy de vivre à discretion sur le bon homme, de le piller, violer femmes & filles : le païsan, d'un autre costé, se voyant reduit en ces extremitez, abandonne sa maison, & se blotit dans les bois, pour ne tomber en la mercy du soldat impiteux : cependant le labour demeure en friche, la marchandise sans trafic, le Magistrat sans gages ; le citoyen n'est payé ny de ses rentes de ville, ny de son revenu des champs ; & neantmoins y ayant deschet de toutes choses, les Roys & Princes, pour subvenir à la necessité des guerres, sont contraints, voire contre leurs volontez, de faire des emprunts extraordinaires, lever des octroys gratuits, croistre les anciens subsides, & en inventer de nouveaux ; lesquels ores que pour le besoin du temps, ayent pris cours, si est-ce des choses venans à se pacifier, on ne sçait que c'est des supprimer : qui sont, au long aller, autant de materiaux de la ruine & subversion de l'Estat. D'ailleurs, jamais telles partialitez n'adviennent, qu'il n'y ait rousjours un party plus foible que l'autre : & en ce desadvantage, le plus prompt remede que l'on a, c'est d'avoir recours aux estrangers, *Lesquels recours civiles les apportent ou subversion, ou mutation de l'Estat.* lesquels, comme estans en un païs de conqueste, ruinent & ravagent, tant ceux de l'un, que de l'autre party, estans venus plus pour s'enrichir, que pour combattre. Et si mesmement il advient qu'aprés avoir esté long-temps fois, nous devenions sages par nos ruines, vray Dieu! quelle levée de deniers faut-il pour licencier ceux qui s'en retournent gras & enflez de nos despouilles ? Et qui est un poinct que je trouve plus à craindre en telles affaires, c'est que combien que les estrangers, sur leur premier abord, fassent semblant de favoriser celuy pour lequel ils sont appellez, toutesfois il se trouve ordinairement, par la closture du compte, qu'ils emportent tout ce qui estoit demeuré de reliqua de telles seditions : ce qui est si familier en exemples, que, n'estoit la necessité du temps present, je voudrois les vous ramentevoir. Les Autunois & Sequanois (que nous appellons aujourd'huy Bourguignons) deux Cantons anciens des Gaules, combattoient pour la primauté, & avoient attracté diversement à leurs cordelles, plusieurs villes, bourgs & bourgades : la fortune, sur le commencement, favorisa les Autunois ; au moyen de quoy les Sequanois sollicterent à leur secours, Ariovist, l'un des Roys de la Germanie, à l'aide duquel ils obtindrent le dessus des Autunois : mais que leur advint-il de ce grand bien ? Ariovist voyant les forces des Sequanois, affoiblies, & les siennes *Les estrangers que nous appellons à nostre secours, se font enfin maistres de nous.* encore fraisches, s'empara du plus beau territoire qu'ils eussent, pour recompense de ses travaux : il desplaisoit aux Autunois d'avoir receu ceste honte de leurs ennemis, & s'en vouloient ressentir ; toutesfois leur puissance n'estoit correspondante à leur cœur : ils ont recours aux Romains, desquels ils se disoient confederez : Jules Cesar est delegué pour ceste affaire, lequel prend leur querelle en main ; mais voyant les forces des uns & des autres, decliner par leurs divisions, il luy propre ruine, aprés avoir remis sus les Heduens, il rendit pour fin de jeu, toutes les Gaules, tributaires au peuple de Rome. Le Royaume de Jerusalem avoit, quelques ans, prosperé dessous les Princes Chrestiens : la fortune du temps voulut que Bauldouin le Lepreux, mourant, laissa pour heritier de la couronne, un autre Bauldouin son nepveu, enfant du premier lict de Sybille sa sœur, qui lors estoit convolée en secondes nopces, avec Guy de Lusignen : Ce Roy, decedant, ordonna que Raimond, Comte de Tripoly, eust la tutelle de son nepveu ; mais il ne fut si tost decedé, que Raimond, trompant l'opinion du defunct, fit mourir sous main, son pupille, en intention de se faire proclamer Roy ; toutesfois ses desseins furent empeschez par Guy de Lusignen, à l'occasion de sa femme, qui attouchoit de plus prés à la couronne, par proximité de lignege: Guerre civile se meut entr'eux, en laquelle, Raimond estant le plus foible, appella à son secours, Saladin, Souldan de l'Egypte: grande pitié! Cest Egyptien prit, sans aucune resistance, les villes d'Azoton, Ascalon, Berithe, & celle de Jerusalem, & generalement tout le Royaume, qui nous avoit cousté tant d'armes: & pour conclusion, mit l'un & l'autre des contendans, hors du jeu, faisant contenance de vouloir gratifier à l'un d'eux. Les Grecs, sous les Empereurs de Constantinople, se trouverent long-temps flotter en dissentions populaires, pour faire tomber la couronne de l'Empire, les aucuns és mains de Jean Cantacussin, & autres en celles de Jean Paleologue son gendre: cestuy se trouvoit le moins fort; & pour ceste cause s'allia d'Orcan Roy des Turcs, qui passa le destroict du bras sainct George, que les anciens appelloient Hellespont, avec l'aide desquels il se fit sacrer Empereur: les Turcs, auparavant ce temps, n'avoient jamais gousté la douceur de l'air de la Grece; ils voyent qu'il y faisoit bon pour les divorces & partialitez qui y estoient: à leur retour, ils s'emparent de la ville de Gallipoli; & depuis, Orcan estant mort, Amurath son successeur prit celles de Philippopoli & Andrinopoli, & ne cesserent jamais, jusques à ce qu'ils se fussent du tout emparez de l'Empire, & eussent chassé les Paleologues qu'ils y avoient, du commencement, installez. Mais que faut-il aller plus loin? Nos ancestres ne sentirent-ils presque mesme desarroy, en la division des Bourguignons & Orleannois (comme je disois sur le commencement de ceste lettre) quand Jean, Duc de Bourgongne, voyant ses ennemis estre assistez de la presence & authorité du Dauphin, attira, par sourdes practiques, la nation Angloise, en France, pour rendre sa cause plus forte? Qu'advint-il enfin de cecy, sinon que parmy nos divisions, l'Anglois usant dextrement du temps à son advantage, se fit maistre d'une bonne partie de la France, mesme de nostre ville de Paris, qu'il tint en sa possession, l'espace de dix-huict ans? A quel propos doncques tout cecy? Pour vous dire qu'en ces troubles que je voy se renouveller entre nous, en une asseurance de tout, je crains tout. Je ne fais nulle doute que nous n'ayons recours aux Reistres, lesquels nous avons jà tant de fois adomestiquez entre nous, à nostre tres-grand dommage. Ils ont, depuis vingt-sept ou vingt-huict ans en çà, cogneu l'abondance de nostre païs, tant en bleds, vins, qu'argent & richesses. Nous leur avons non seulement enseigné les chemins de nostre Royaume; mais qui plus est, les y avons conduits & menez par la main. Au bout de tout cela, je crains qu'ayans tant de fois appris le chemin pour nous venir voir, enyvrez & de nos vins, & de la commodité de nostre païs, ils n'oublient tout-à-fait le retour du leur; brief, ou que du tout ils ne se fassent maistres de nous (ce que Dieu, s'il luy plaist, par sa sainte grace ne permettra) ou en tout evenement, qu'ils ne veuillent estre payez de leurs soldes, non en argent, ains en asserre de terres, ainsi qu'autrefois les Normands, aprés avoir haleiné, par trois & quatre venuës, l'air de la France: & auparavant, les Visigots, quand Stilicon, pour les souldoyer, les partagea du païs qui depuis fut appellé de leur nom, Langue de Got, & par succession de temps, Languedoc, où ils establirent leur demeure. Donnons, qu'au milieu de ceste fureur publique, nous soyons si sages de ne sollicer l'estranger, ou que le mesme estranger se donne la patience de voir quelle issuë prendra ceste tragedie, sans se mettre de la partie; ne devons-nous point craindre que certain jour se dira en son endroit, garde des bonnes villes & citez, sous le nom du Roy (car en tels ravages publics, chacun, tant d'un party que d'au-

Langue doc, Langue de Got.

tre, ne couche que de l'authorité de son Roy, & n'y a, pour bien dire, que luy, qui principalement y perde) ne devons-nous (dis-je) craindre, que tous ces gardiens de villes ne s'en fassent maistres par traite de temps? Non veritablement que je veuille qu'il y ait aucun Prince ou grand Seigneur, quel qu'il soit, qui projette maintenant de le faire: mais le temps quelquefois nous licentie, au milieu de telles desbauches, à choses ausquelles nous n'avons du commencement pensé: Pour le moins, de ceste façon, les Princes & Barons de France, unirent à leurs familles, & firent perpetuels, les grands Duchez & Comtez, qui estoient auparavant, viagers (comme les gouvernemens des Provinces que le Roy distribuë à present;) le tout par le moyen des guerres civiles, qui eurent vogue en ceste France, depuis la minorité de Charles le Simple, jusques à la venuë de Capet: & en cas semblable, des fiefs qui dependoient, partie de la Papauté, partie de l'Empire, se firent dans l'Italie, plusieurs Ducs, Marquis & Comtes, tels que nous les voyons aujourd'huy; & ce par les factions des Guelphes & Gibellins; ceux-là portans le party du Pape, & ceux-cy de l'Empereur; car tout estant tombé en ruine par ces divisions, & les Capitaines jouans dans une mesme ville, à boute-hors, le Papiste la tenant tantost, & peu aprés, l'Imperial, selon la diversité des rencontres, ces villes estans presque tenuës comme cipaves en faveur de celuy qui les occupoit, les Papes & les Empereurs aimerent beaucoup mieux en gratifier à la fin leurs partisans, par forme d'infeodation, que du tout en perdre & la seigneurie, & la proprieté tout ensemble. Je ne dy pas, que tout ce que je discours avec vous, soit infaillible comme l'Evangile; il n'y a regle si generale, qui ne souffre ses exceptions: mais la devotion que j'ay à mon Roy, à ma patrie, à tous les Princes & grands Seigneurs, à la Noblesse, & à tout le peuple de France, me faict tenir tels propos; craignant de voir ce que nul bon citoyen ne doit desirer, je veux dire, l'eversion, ou la mutation de l'Estat: c'est pourquoy, & de deux maux il faut choisir le moindre, je ne douteray point de dire à pleine bouche & cœur ouvert, qu'encores que la tyrannie soit odieuse à Dieu & au monde, & qu'à la longue elle perde son autheur, si aimeray-je tousjours mieux une tyrannie, pendant une paix, que de tomber en la misericorde d'une guerre civile. Je souhaite une bonne paix, si telle on la peut obtenir: & si on ne la peut obtenir, il me semble que la plus fascheuse que l'on puisse proposer, est plus expediente au Roy, qu'une guerre civile. Les armes sont journalieres, les jugemens de Dieu incogneus, & n'est pas dict que ceux qui suivent le meilleur party, doivent tousjours vaincre; une victoire obtenuë par celuy que l'on se donnoit en proye, emporte un grand desarroy à l'Estat; il ne fut jamais mal-seant à un sage Pilote, de caller la voile à la tempeste; jamais un Roy n'a tant d'advantage sur ses sujets, durant une guerre civile, comme d'une paix; sa Majesté demeure tousjours: au contraire, les armes mises bas, ainsi que les coleres des sujets se passent, leurs forces se dissipent d'elles-mesmes, & par mesme moyen, leur sont les occasions, & peut-estre les volontez de se reünir, ostées. Faictes qu'un maistre desgainé, à la chaude cole, son espée contre son varlet, le varlet, pour éviter le danger, mette la main aux armes, le maistre portera la moitié de la peur; lequel peut toutesfois commander à la baguette, luy seul, à cinq ou six de ses serviteurs, & s'en faire croire, quand les affaires de sa famille sont calmes. Quelque chose que l'on veuille dire, jamais le Roy n'a tant gaigné sur ceux de la Religion, en temps de guerre, comme il a faict par ses Edicts de Pacification. A Dieu.

D'où se sont faicts les Duchez & Comtes, tant en France, que de l'Italie.

Une guerre civile, tolerable qu'une tyrannie, en tems de paix.

LETTRE

LETTRE VII.

A Monseigneur de Tiard, seigneur de Bissy, Evesque de Chaalons sur Saulne.

Il se plaint de quelques singes, qui veulent à fausses enseignes paroistre grands aux despens des œuvres d'autruy.

IL faut que je vous appreste à rire: car pourquoy ne nous chatoüillerions-nous pour charmer aucunement nos douleurs, au milieu de ceste calamité publique, à laquelle ne pouvons donner ordre ? J'estois hier en un lieu, où je ne sçay quel Sarlatan de Cour, nous vouloit enseigner les moyens de se faire paroistre fort sçavant, à peu de peine. Premierement, il estoit d'advis qu'il se falloit rendre sobre admirateur des œuvres d'autruy, ores qu'elles fussent de grand merite: parce (disoit-il) que l'homme qui estoit peu voyant quant à l'esprit, estoit contraire à celuy qui a la veuë du corps courte: cestuy-cy estimant toutes choses petites qui sont eslongnées de luy, posé qu'elles soient grandes: & l'homme de petit esprit, à l'opposite, reputant toutes choses qu'il lit, pour grandes, jaçoit qu'elles soient petites: au moyen de quoy, pour ne tomber en cest accessoire, & afin d'emporter le renom de grand personnage, il trouvoit estre le plus expedient de tenir peu de compte de ceux qui escrivoient, & trouver tousjours à redire, & ne fust-ce que toutes choses estans bien succedées à son autheur, & deduites selon son projet, luy imputer toutesfois qu'il se soit fait tort, ou pour l'impertinence de la matiere, ou que le sujet qu'il traite, ne soit correspondant à son aage, ou profession; voire quand il n'y auroit rien à controller, hausser ce nonobstant les espaules, & secoüer la teste, de sorte que la compagnie cognoisse que l'on y trouve quelque chose à dire. De là, comme celuy qui singloit en pleine mer, encore passa-t'il plus outre, disant qu'un homme avoit bien peu de credit, s'il n'avoit quelque Poëte amy, duquel il pourroit escornifler quelque Epigramme, Sonnet, ou Ode, sur le mariage, la mort, ou victoire d'un Prince: chose qu'il feroit passer de main à autre, pour sienne : d'ailleurs, qu'il se pouvoit faire recommander par les livres de ceux qui sçavoient mieux escrire, & le faire estimer sçavant, puis qu'il accostoit les sçavans. Et comme ce grand docteur se laissoit emporter par le vent, aussi nous bailla-t'il plusieurs autres belles leçons dignes d'estre icy recordées. Il n'est pas dit (faisoit-il) que chacun puisse atteindre au parangon de ceux qui escrivent le mieux : & toutesfois encore y a-t'il moyen de suppléer ce défaut : si les belles conceptions vous défaillent, pourquoy douterez-vous de les aller mandier chez vos voisins, en Italie, ou en Espaigne, & les rapporter en vostre langue, comme vostres ? car pour un qui s'appercevra du larcin, il y en aura cinq cent qui ne le descouvriront, envers lesquels vous acquerrez reputation telle que desirez. Je seray encore plus hardy, parce que je ne douteray de me faire riche des plumes des Autheurs modernes François, qui auront par leurs longues veilles, extrait les riches tresors de l'anciennété, & neantmoins feray contenance de les avoir, comme eux, puisez des vieux livres, dont je ne vis jamais la couverture. Et pour autant que cecy gist peut-estre en quelque peine; qui m'empeschera de reduire les gros œuvres d'autruy, en abregé; ou bien sans les abreger, les distribuer en livres, comme autresfois on fit de Philippe de Commines; ou en chapitres, pour arrester l'œil du Lecteur ? & cependant se verra tousjours, sur le front de l'œuvre, mon nom, comme de celuy qui aura apporté le lustre & embellissement en vostre Autheur. A tant se teut ce grand maistre, & nous aussi, comme luy : les aucuns se rians de ces beaux discours; & les autres s'en colerans, comme provenans d'un esprit plein d'impudence trop effrontée. Toutesfois rompant mon silence, je dis lors en l'aureille, à quelqu'un de la compagnie, joignant lequel j'estois: Vrayement nous en voicy bien : j'avois autresfois ouy parler d'un sçavoir pedantesque; mais maintenant en voicy un d'autre façon, que l'on peut appeller courtisan. Comment, (me dit l'autre) pensez-vous qu'il ne vous die la verité ? tout ce qu'il vous a deduit, se pratique : la plus part de ceux qui escrivent, sont ou Copistes, ou Abreviateurs, ou (si vous me permettez user de ce mot) rabobelineurs de livres : & quant à ce qu'il vous a dit qu'il se feroit, à pis prendre, recommander par les plumes des mieux escrivans, cela estoit de la Rhetorique du vieux temps, je veux dire du regne de Henry deuxiesme, lors que l'on se frottoit aux robes de ces grands Poëtes qui florirent sous ce bon Roy, pour trouver un arriere-coin dans leurs œuvres : mais maintenant on passe plus outre ; car ceux qui ne firent jamais rien, se font alleguer pour Autheurs, comme s'ils avoient faict quelque œuvre laborieux, dont nous ne vismes jamais le premier eschantillon : qui est une recommandation, sans comparaison, plus effrontée, que celle dont vous parle ce Courtisan. Si cela est (respondy-je à cestuy-là) je quitte desormais la partie, & suis d'advis que c'est grand folie de s'alambiquer le cerveau sur les livres, veu qu'à si bon marché on se fait estimer bon Autheur : sur ce mot, nous nous departismes : & ne voulant que ces propos tombassent à terre, sans estre par moy recueillis, soudain j'ay mis la main à la plume, pour vous en faire part, à la charge que nous en rirons, vous & moy, mais que puis après donnerons lieu à ce qui est du commun devoir. Il n'y a remede, il faut que je m'esclatte à ce coup, & me plaigne à gorge desployée, de la calamité de ce siecle, qui nous a produit si grande foison d'Autheurs, ou putatifs, ou avortons. Il n'y a si malotru, qui ne veuille que ses premieres apprehensions prennent air, craignant qu'estant trop longuement enfermées, elles ne sentent le remugle. Vray Dieu ! Jodelle me semble avoir autresfois heureusement rencontré en ces six vers:

> *Et tant ceux d'aujourd'huy me faschent,*
> *Qui dés lors que leurs plumes laschent*
> *Quelque trait, soit mauvais ou bon,*
> *En lumiere le vont produire,*
> *Pour souvent avec leur renom,*
> *Les pauvres Imprimeurs destruire.*

A la mienne volonté que nous eussions, comme les Romains, quelques doctes Grammairiens qui nous servissent de Censeurs, pour sindiquer les livres, & trier les bons d'avec les mauvais. Tant de livres mal tissus, servent plus de scandale, que d'edification à nostre langue, laquelle me semble desjà decliner, contre tout ordre de nature, avant qu'elle ait attaint à sa perfection, & (si ainsi le faut dire) s'en aller auparavant qu'elle soit venuë : car les langues ne demeurent pas moins avilies, quand chacun indifferemment se donne une liberté d'y escrire à son plaisir, que quand les esprits assoupis de nonchalance, ne s'estudient de les embellir : estans les deux extremitez vicieuses. Et tout ainsi que le non escrire fait qu'elles ne soient cogneuës, aussi le trop escrire, mesme par gens qui n'ont autre tesmoignage de leur valeur, que celuy qu'ils en imaginent d'eux-mesmes, rend les langues si obscurcies, en leur pensant donner quelque lustre, que l'on n'en tient compte. Ce n'est pas assez de dire, J'invente, ou traduis en mon François; ains faut que celuy qui veut mettre la main à la plume, ait un fonds de bonnes matieres, un amas de paroles de choix & eslite; qu'il les mesnage dextrement, & qu'empruntant quelque discours d'autruy, il le rende toutesfois pour sien; je veux dire, qu'il fasse comme le bon estomach, lequel faisant une bonne cuisson des viandes, les distribuë

puis

LETTRE VIII.

A Monsieur Hennequin, Seigneur de Sarmoise, Conseiller & Maistre des Requestes ordinaire du Roy.

Il se gausse auec le seigneur de Sarmoise, sur les peines qu'ont les peres en mariant leurs enfans.

JE ne veux plus croire qu'il n'y ait que les meres qui soient en travail d'enfant ; les peres y ont mesme part ; les meres, quand leurs enfans sortent de leurs flancs pour pour prendre vie, les peres, quand ils les veulent, par mariage, faire sortir de leurs maisons, pour entrer en une autre vie : vous ne m'en sçauriez dire des nouvelles, pour n'y avoir jamais passé : cela sera cause que je vous en conteray plus librement, comme celuy qui y est maintenant : je ne vy jamais tant de remuëmens de mesnage : Marchands de Soye, Orfevres, Tailleurs, Chaussetiers, Cordonniers, Rostisseurs, Patissiers, Tapissiers, Cuisiniers, Violons, Musiciens, & mille autres tels baguenaudiers. Les femmes en accouchant, sentent des tranchées ; & tout ce que je viens de vous reciter, sont mes tranchées, mais tranchées de sainct Mathurin ; car, pour vous le dire en un mot, ce sont autant de folies ; & le plus grand mal que j'y voye, c'est qu'au travail des meres, on y appelle des sages femmes pour les secourir ; en cestuy-cy, les sages n'ont voix deliberative au Chapitre, & n'y a que les jeunes (je n'ose dire les plus folles) qui s'en fassent croire. Chacun dit que qui moins en fait, est le plus sage : il n'y a sentence plus commune que celle-là, ne qui tourne moins en usage : si les peres & meres y veulent apporter quelque sobrieté & attrempance, soudain les enfans s'escrient, que c'est pour eux que l'on fait la feste ; qu'ils n'ont qu'un ou deux jours à eux, & que nous ne nous souvenons d'avoir esté jeunes : que feriez-vous à ceste objection ? Il faut bejeunir avec eux, & leur passer condamnation de leurs volontez. Croyez que j'en fais le moins que je puis, & neantmoins trois & quatre fois plus que je ne veux. A Dieu.

LETTRE IX.

A Monsieur Maillart, Conseiller & Maistre des Requestes ordinaire du Roy.

En recitant l'Edict de Pacification qui fut faict en Juillet 1585. il deteste l'ambition des François.

APrés plusieurs allées & venuës, la Royne mere, en fin, a si bien besongné, que la paix a esté concluë : & suivant la capitulation, le Roy est venu le XVIII. de Juillet dernier, en son Parlement, où il a solemnellement cassé, tous les Edicts precedens qui avoient donné tolerance à l'exercice de la nouvelle religion. Monsieur le premier President, a sagement remarqué, en sa harangue, que le premier Edict qui l'avoit toleree, estoit d'un mesme mois, en l'an 1561. Il est dit qu'il n'y aura plus, en toute la France, que la religion Apostolique, Catholique, Romaine ; que les Ministres vuideront, dedans deux mois, à peine de confiscation de corps & biens ; & les autres dans six, s'ils ne veulent se reconcilier avec nostre Eglise. En somme, ceste paix est le renouvellement d'une vieille guerre, mais au vray, la paix des financiers ; par ce que quelques jours après, on a supprimé la Chambre Royale, moyennant deux cent mil escus qu'ils financerent au Roy, pour fournir aux frais de la guerre. Ceste nouvelle entreprise ne se peut passer sans couster beaucoup au Roy & au peuple : qui est cause que l'on a maintenant recours au restablissement de tous les estats de judicature, qui avoient esté supprimez. Il n'y a point telle espargne pour nos Rois, que celle qui provient de l'ambition de leurs sujets, c'est un fonds inexpuisable : en cecy chacun court en poste, à la pauvreté : il n'y a de bonne maison dont nos Roys ne soient, par ce moyen, heritiers. Il y a environ deux ans que le Roy supprima, par mort, tels offices, comme venans à la foule du peuple, voire avec une tres-estroite rigueur, sans admettre les resignations de ceux qui s'en vouloient demettre avant que de mourir : la memoire de ce mesnage est en un instant esvanouie : Il n'est pas fils de bonne mere, qui ne mette là son denier. Il n'y a rien tant à craindre en une Republique bien ordonnée, que le nombre effrené des officiers ; & neantmoins rien qui tant la soustienne és afflictions generales, telles que ceste-cy, comme quelques-uns estiment ; parce que tenans leur grandeur, d'un Roy, chacun craint la mutation de l'Estat : toutesfois après avoir remué toutes sortes d'advis, à part moy, je compare ceste multiplicité d'Estats, au lierre, lequel on estime estre le soustenement de la muraille contre laquelle elle est collée, combien qu'interieurement elle en soit, au long aller, la seule ruine. A Dieu.

L'ambition des François, est une espargne inexpuisable pour nos Roys.

LETTRE X.

A Monsieur Regnier, President en l'Election de Soissons.

Il raconte comme sa bonne fortune est contrebalancée par la

VOus pouvez recevoir ceste lettre de moy, sans hazard, & m'en croyez ; s'il y eust eu du danger en ma maison, je n'eusse esté si mal advisé, d'y sejourner & moins me voudroy-je maintenant oublier en vostre endroit, vous escrivant. J'ay esté visité de Dieu, mais de sa petite visitation, & non de la grande ; je veux dire, du bruit commun, & non de l'effect toutesfois pour contenter l'opinion du peuple, je me suis retiré aux champs : c'est ainsi que va ma fortune : jamais je n'ay receu grande allegresse ; que, soudain, Dieu ne l'ait voulu attremper de quelque faschérie : ni n'ay esté combatu de grand despaisir, qu'à l'instant il ne m'ait envoyé quelque objet pour me consoler, sans que l'un ait esté estouffé par autre : c'est une observation que j'ay faite en ma fortune, que je vous pourrois verifier par une infinité d'exemples, si je l'avois entrepris ; je me contenteray seulement de vous dire, qu'il

mauvaise.

Les Lettres d'Estienne Pasquier. LIV. X.

Belle chose de tirer commodité de ses incommoditez.
Qu'il faut craindre un heur absolu.
Il se gausse sur ceste vieille rencontre de n'estre moins otieux que quand l'on est otieux.

y a environ cinq semaines que j'ay eu ce contentement de marier mon fils aisné ; les feries n'en estoient à peine expirées, que j'ay esté salué de ceste nouvelle affliction : tellement que quand je verray toutes choses me revenir à souhait, ou à contre-poil, sans estre balancées de leurs contraires, je penseray estre au bout de ma vie, ou de ma fortune : ni pour cela je ne m'en estime moins heureux ; car comme ce soit un grand secret de sçavoir tirer commodité de ses incommoditez, aussi estime-je ce contrepoids de malheur, me tourner à tres-grand'heur : n'y ayant rien, à mon jugement, que l'on doive tant craindre, qu'un flux & longue suite d'un heur absolu : lequel non seulement fait mettre nos pensées, à l'essor, ains couve ordinairement sous soy, un grand precipice, qui nous procure plus de tourment, que la joye n'avoit esté grande, pendant que nous estions en vogue. Or maintenant je suis aux champs en pleines vacations, je ne sçay pas comme l'ancien Romain entendoit ce mot que l'on a tant solennité ; qu'il n'estoit jamais moins otieux que quand il estoit otieux ; j'en dy tout autant que luy, que je ne me trouvay jamais tant empesché, qu'ores que je ne suis empesché, & si ne le dis pas, à mon advantage, comme il faisoit : je vois, je viens, je tracasse dans ma maison, d'une chambre à autre, je descends du haut en bas, je remonte du bas en haut : brief, je fais plus de tours de mon corps, que Diogene le Cynic ne faisoit faire à son vaisseau, lors qu'il ne vouloit estre non plus oiseux que les Corinthiens, quand ils affustoient leurs appareils, & appareilloient leurs affusts pour faire la guerre : & ne suis pas seul empesché ; car en me faisant rien, j'empesche toute ma famille : je veux sçavoir comme il va de toutes choses : en un mot, je suis un quatre-mesnage, ou pour me mesler d'un mestier auquel je suis neuf & apprentif, je suis un gaste-mesnage : vrayement, si le Romain dont j'ay parlé, en estoit logé là, il n'estoit pas de grand merite. Je sçay bien que vous m'objecterez les arbres ausquels je puis prendre quelque deduit & passe-temps ; je vous diray franchement, que pour la premiere rencontre, les champs resveillent mes esprits, mais deux ou trois jours apres, je retourne à mon naturel ; les arbres ne parlent point : au moyen dequoy je veux lors, avoir recours à mes livres, pour leur communiquer mes pensées, mais quel traffic pouvons-nous avoir maintenant avec eux, au milieu de cest orage & tempeste publique ? Tout ce que je demande à Dieu, est ou de bien-tost me depescher, pour ne voir plus ce que je voy, ou de m'empescher comme auparavant, afin qu'en yvré des affaires particulieres, j'oublie celles du public, ausquelles, quelque tourment & affliction que je m'en donne, je ne puis apporter remede. A Dieu.

Il se mocque en partant de ceux qui sont en leurs maisons sans rien faire.
Quatre-mesnage & gaste-mesnage.
Les champs delectement pour la premiere renvant contre.

LETTRE XI.

A Monsieur Coignet, Seigneur de Congy, Advocat au Parlement.

Il deduit plusieurs anciennetez, privileges, & autres choses de remarque de la ville de Paris.

EN plus beau champ ne me sçauriez-vous mettre, estant Parisien comme vous, que de me demander d'où vient le nom de nostre ville, quel a esté son progrez, & tout ce que je pense appartenir à sa grandeur. Si vous voulez que je m'arreste à nos vieux rappetasseurs, je vous diray que Paris le Troyen en fut le premier fondateur, & qu'il la nomma de son nom : qui est un vray fantosme d'histoire. Moins seray-je d'accord avec un tas d'escoliers, qui disent qu'elle fut appellée par les anciens *Lutetia*, du mot Latin *Lutum*, pour les boues & fanges qui y abondent : ou bien du mot Grec *Λευκετία*, qui signifie blancheur, pour les plastrieres qui se trouvent és environs. Quant à moy je ne seray jamais d'opinion qu'elle eut, du commencement, emprunté son nom de deux nations, qu'elle ne cognoissoit point. Devant la venuë de Jules Cesar, és Gaules, nous ne cognoissions dans Paris, le Romain, de nom. Et ores que les Phocenses Grecs, fussent fondateurs de Marseille, si ne trouvonsnous qu'après qu'ils se furent là establis, ils eussent faict aucunes conquestes en toute la Gaule, par le moyen desquelles ils eussent donné vogue à leur langue. Et au surplus, d'estimer que les Gaulois parlassent Grec, comme quelques-uns se persuadent, c'est ignorer les premiers rudimens de nostre histoire : veu que nous trouvons par les memoires de Cesar, que luy voulant escrire quelque chose qui importoit à Labienus son Lieutenant, il luy escrivit en langue Grecque, afin que s'il estoit surpris par ses ennemis, nul ne peust entendre ce qu'elle portoit. Et neantmoins il ne faut faire nulle doubte que nostre ville auoit eu tousjours son nom originaire, que j'estime vray-semblablement avoir esté *Lu* ou *Leu*, sur lequel & le Romain, & le Grec, enterent selon la commodité de leurs langues ; celuy-là, une *Lutetia* ; cestuy une *Λευκετία*. Il n'y a ville, peut-estre, en l'Europe, plus heureusement située, ny accompagnée de tant de commoditez, que ceste-cy. En toute ville que l'on desire rendre grande, il est requis deux choses : facilité de bastir, & commodité de traffic : Paris est environné de toutes parts de perrieres souterraines, d'où on espuise, tant le moilon, que pierres de taille : & outre ce, a particulierement des plastrieres dont se faict le plastre : qui est une forme de ciment propre à nous autres, & qui ne se trouve point ailleurs : par le moyen desquels deux thresors, vous verrez, en moins de rien, une maison richement & planteureusement parachevée de fonds en comble. Davantage, il est abreuvé de ceste grande riviere de Seine, qui perd son nom dans l'Ocean, au dessous de la ville de Rouen : riviere, dy-je, dans laquelle aboutissent trois grands fleuves, Marne, Yonne, Oise ; dans lesquels aussi plusieurs rivieres viennent fondre, & en outre les rivieres de Montargis & d'Estampes : tellement qu'avec une facilité admirable toutes sortes de marchandises y peuvent aborder à peu de coust, de la Bourgongne, Champaigne, Picardie, Normandie, Lyonnois, la Beauce, & de plusieurs païs estrangers. Tout ainsi qu'elle est abreuvée de tant de rivieres, aussi nostre ville n'estoit anciennement qu'une Isle, qui est ce que nous appellons la Cité, laquelle, si vous y prenez garde de prés, vous trouverez avoir la forme d'un Navire : car si vous la considerez du costé du Palais, l'Isle va tousjours en estroississant en forme de bec, que nous appellons la Proüe, & du costé de nostre Dame, en forme du Pouppe : & c'est pourquoy, à mon jugement, nos predecesseurs donnerent le Navire pour armoiries à nostre ville de Paris. La commodité de son assiette, fut cause que les Empereurs ayans à reboucher la pointe des Allemans qui affligeoient journellement les Gaules, s'y habituerent de fois à autre : à maniere que commençant à se faire grande, & peu à peu du costé de nostre ville, où elle estoit située qui estoit la Parisi, comme ville principale & metropolitaine ; car quand les anciens, & mesme Jules Cesar, en parloient, ils la nommoient *Lutetiam Parisiorum*, comme si nous voulions dire Lutece en Parisi. Et depuis on laissa le mot de Lutece, & prit-on seulement celuy de *Parisi*, pour denoter nostre ville. Le premier dans lequel vous en verrez quelques enseignes, est, Amian Marcellin, en plusieurs endroits ; & signamment, au quinziesme de son histoire, quand il parle de la promotion de Julien l'Apostat à l'Empire, & du sejour qu'il y fit. *Et cùm ambigeretur diutius* (dict-il) *quà pergerent viâ, placuit, notario suggerente Decentio, per Parisios, homines transfre, ubi morabatur adhuc Cæsar, nusquam motus. Et ita factum est. Iisdem que adventantibus in suburbanis, princeps occurrit, ex more Laudans quos agnoscebat.* Auquel lieu, le mot

Ce qui est requis pour l'establissement d'une grand'ville.

Pourquoy la ville de Paris porte un Navire en ses armoiries.
Quels Empereurs se sont aimez à Paris.
D'où vient que nostre ville porte le nom de Paris.

Les Lettres d'Eſtienne Paſquier. LIV. X.

Julien ſejourna ſix mois à Paris.

mot de, Faux-bourgs, nous enſeigne qu'il parle de la ville de Paris. Julien y ſejourna ſeulement ſix mois, comme il me dit en ſon Myſopogon, pendant lequel temps, il y prit ſi grand plaiſir, qu'il la voulut embellir de quelques nobles baſtimens, comme nous voyons par les anciens fragmens, qui ſont en l'hoſtel de Clugny, & les Aqueducs qu'il deliberoit dy faire venir du village d'Ercueil, dont on voit encore les reliques. Apres luy, Valentinian Empereur y demeura, tant qu'il ſejourna és Gaules : cela fut cauſe que quand Clovis ſe fut faict maiſtre & Seigneur de la plus grande partie des Gaules, il y aſſit ſon domicile (comme nous teſmoigne Gregoire de Tours) & apres luy, ſa poſterité : qui nous reüſſit ſi à propos, que combien que par deux fois, le Royaume fuſt party en quatre, ſe nommans les enfans de France, diverſement, Roys de Paris, Soiſſons, Orleans, & Mets : ſi eſt-ce que celuy de Paris, avoit touſiours quelque advantage & prerogative par deſſus les autres : & depuis, les apanages s'eſtans inſinuez entre touſiours, ſous la lignée de Hugues Capet, il ſemble que nos Roys ayent lié leur fortune avecque celle de Paris, d'où ils ont tiré une infinité de ſecours favorables, quand les neceſſitez s'y ſont preſentées : leur ayant eſté une tres-aſſeurée retraicte lors de leurs afflictions : qui a eſté cauſe qu'en contr'eſchange ils l'honorerent de pluſieurs nobles privileges ; car outre ce qu'elle eſt franche & exempte de tailles, le Pariſien de condition roturiere, peut poſſeder des fiefs, ſans diſpenſe ; il eſt franc du ban & arriereban ; ne peut en defendant, eſtre diſtrait de ſon domicile pour quelque matiere que ce ſoit, & luy eſt permis de proceder, par voye d'arreſt, en vertu d'une cedule non recognuë, ſur les chevaux & biens meubles de ſon debteur eſtranger qu'il trouve dedans Paris : en plus forts termes il pouvoit, anciennement, le contraindre par corps, mais ceſte couſtume s'eſt avecque le temps, ſupprimée : qui ſont tous privileges qui proviennent de l'octroy de nos Roys. Mais nous en avons un plus grand qui nous a eſté ordonné par la pleine grace de Dieu ; qui eſt que noſtre ville ſe peut vanter n'avoir jamais eſté ſurmontée que par ſoy-meſme : l'on appella ſur le declin de l'Empire, la ville de Rome, *Urbem æternam :* ſi ne peut-elle ſe garantir qu'elle ne fuſt priſe & ſaccagée, premierement par les Gaulois, & depuis, à trois diverſes fois, par les Gots : mais, graces à Dieu, ce malheur n'advint jamais à la noſtre : les Normands, ſous la lignée de Charlemaigne s'eſtans faict voye par la plus grande partie de la France, & ayans mis à ſac, tantoſt la Bourgogne, tantoſt la Touraine, tantoſt le païs qui porte aujourd'huy leur nom, aſſiegerent, deux & trois fois noſtre ville ; mais ils furent contraints de lever le ſiege avecque leur courte honte ; le ſemblable firent les Bourguignons, ſous Louys onzieſme, & de noſtre temps, les Huguenots en l'an cinq cens ſoixante-un & ſoixante-ſept : & quand nous trouvons que ſous le regne de Charles ſixieſme, elle fut priſe par le Capitaine l'Iſle-Adam, cela advint par ce que les Pariſiens vouloient eſtre pris, comme ceux qui lors favoriſoient le party de Jean Duc de Bourgogne, contre les Armaignacs qu'ils vouloient exterminer de leur ville, comme ils firent : qui plus eſt, l'on peut dire, comme choſe vraye, que Paris a touſiours ſervy de tombeau à ſes ennemis, comme nous en peut rendre certains, & la journée des Armaignacs en l'an 1417. & celle des Huguenots de l'an 1572. Il n'eſt pas qu'ils ne ſe ſoient ſentis de ceſt heur, en un exemple admirable. Charles ſixieſme au retour de la journée de Roſebec, uſa d'une punition extraordinaire contre nous, pour une eſmotion populaire advenuë dedans Paris pendant ſon voyage de Flandres ; & nommément, fit oſter les chaiſnes des ruës, (& deſpendre les huis des quatre principales portes de la ville ; le tout à l'inſtigation du Conneſtable de Cliſſon, qui fut executeur de tous ces rigoureux commandemens : & de fait, pour l'appaiſer nous fuſmes contraints de luy faire preſent d'un hoſtel (dont aujourd'huy jouïſſent Meſſieurs de Guiſe) ſemé diverſement d'une M d'or, qui vouloit dire Miſericorde, pour laquelle cauſe, les uns l'appelloient l'hoſtel de Cliſſon, & les autres de Miſericorde.

Les Roys de France de la troiſieſme lignée ont lié leur fortune avecque celle de Paris.

Privileges des Bourgeois de Paris.

La ville de Paris n'a jamais peu eſtre vaincuë de ſes ennemis.

Paris tombeau à ſes ennemis.

L'hoſtel de Cliſſon.

Mais voyez, je vous prie, quelle fin eut ce jeu. Cliſſon avoit eſté promoteur de ceſte ſevere punition ; auſſi la fortune des Pariſiens ne voulut laiſſer ceſt outrage impuny à l'endroict de luy. Dix ans apres, il fut aſſaſſiné par le Seigneur de Craon, qui n'eut moyen d'eſvader que de nuict, par la porte Saint Antoine, qui eſtoit l'une de celles qui avoit eſté condamnée à eſtre touſiours ouverte ; choſe qui eſt naïvement exprimée par Froiſſard, duquel je vous veux icy inſerer le paſſage tout de ſon long. *Pour le temps de lors, les quatre ſouveraines portes de Paris eſtoient toute nuict & tout le jour ouvertes ; & avoit ceſte ordonnance eſté faite au retour de la bataille qui fut faite en Flandre, où le Roy de France deſconfit les Flamens à Roſebec, & que les Pariſiens ſe voulurent rebeller, & que les maillets furent oſtez. Et pour mieux à toute heure chaſtier & ſeigneurier les Pariſiens, Meſſire Olivier de Cliſſon avoit donné ce conſeil d'oſter toutes les chaiſnes des carrefours, pour aller & chevaucher toute nuict : par tout furent oſtées hors des gonds, les ſouveraines portes des feuilles, & là, couchées, & furent ouvertes les chaiſnes, & entroit-on, à toutes heures, dedans la ville de Paris.* Or conſiderez comment les ſaiſons payent. Le Conneſtable avoit cueilly la verge dont il fut battu, car ſi les portes de Paris euſſent eſté cloſes, & les chaiſnes levées, jamais Meſſire Pierre de Craon n'euſt oſé faire ce delict & outrage qu'il fit ; car il n'euſt peu iſſir hors de Paris, & pour ce qu'il ſçavoit qu'il iſſiroit bien à toute heure, s'adviſa-t'il de faire ce malefice : A tant Froiſſart : exemple que je vous ay voulu repreſenter, non que j'approuvaſſe la journée que nos anceſtres appellerent des Maillotins, mais pour vous dire qu'en une querelle où nous avions tort, le hazard voulut encore que celuy qui nous avoit affligez, fut chaſtié des verges meſmes dont il nous avoit battu. Je vous laiſſe à part l'Univerſité (qui eſt dés pieça la premiere de toute l'Europe) pour vous dire que nos Roys eurent, de toute ancienneté, dans Paris, trois maiſons ; le Palais, le Louvre, & le logis des Tournelles prés Saint Paul ; Palais dy-je, qui contient les deux premieres Chambres de la France, celles du Parlement, & des Comptes, l'une pour la juſtice commutative, l'autre pour la diſtributive, Palais auquel nos Roys ne ſe preſentent gueres, à face deſcouverte, que ce ne ſoit en haut appareil, pour repreſenter toutes choſes appartenantes à leur Royauté : le Louvre dont relevent tous les fiefs qui ſe meuvent immediatement de la Couronne de France : car quant aux Tournelles, c'eſtoit un lieu de plaiſance, qui a eſté deux fois malheureuſement fatal à la France ; la premiere ſous Charles ſixieſme, lequel avoit dedié l'apreſdinée d'un jour du Sainct Sacrement, à faire jouſtes & tournois, où ſe trouverent tous les Princes du ſang & pluſieurs grands Seigneurs qui avoient la meilleure part en ſa bonne grace, ceſte allegreſſe ayant continué depuis le midy juſques à la minuict, le Seigneur de Craon qui eſtoit en embuſche dedans ſa maiſon, ſur ceſte occaſion vint inveſtir à l'impourveu le Conneſtable de Cliſſon, dont je vous parlois maintenant, lequel il laiſſa ſur la place, pour mort : ce que le jeune Roy prit tellement à contre-cœur, qu'il en voulut pourſuivre la vengeance à outrance, contre le Duc de Bretagne, vers lequel Craon s'eſtoit retiré : & en ceſte apprehenſion, conceut une telle melancholie, qu'il en perdit peu apres, l'eſprit : dont fourdit une pepiniere de guerres civiles entre nous, qui cuiderent mettre noſtre Royaume au-deſſous de toutes affaires ; car quant à l'autre infortune, nous en pouvons veoir teſmoins par l'eſtre advenuë de noſtre temps en la perſonne du bon Roy Henry ; qui fut cauſe que pour expier la memoire de ceſte meſadvanture, la Roine y voulut, fit auſſi razer ceſt hoſtel ; quoy que ſoit, il fut departy à uns & autres particuliers habitans de ceſte ville, comme nous le voyons aujourd'huy : Tant y a que la perte de l'eſprit de l'un, & de la vie de l'autre, nous apporterent divers troubles, & les premiers qui durerent prés de quarante ans, & les autres, dont nous n'avons encore la fin. Mais par ce que je ſouhaiterois que nous nous fiſſions maintenant ſages par ces troubles anciens, je vous puis dire que ſous le

Trois logis du Roy dans Paris.

L'hoſtel des Tournelles fatal à la ruyne de France.

Combien les guerres civiles faict de tort à la ville de Paris.

Tome II.   S ij   regne

La ville de Paris grandement opulente sous le regne de Charles V. regne de Charles cinquiefme noftre ville fut grandement riche & peuplée. Ce Roy qui aprés fon decez fut furnommé, des uns, le Sage, & des autres, le Riche, y faifoit prefque fon ordinaire demeure: & à l'imitation de luy, il n'y avoit grands Prelats, ou Princes, qui n'y euffent auffi leurs maifons, & non point maifons affamées, ains grands & magnifiques Palais. Nous ne pouvons avoir plus grand & fidelle tefmoignage de cefte richeffe, que de la condamnation que nous encourufmes pour la journée des Maillets, fur le commencement du regne de Charles VI. Parce que Froiffard nous attefte qu'il tira de nous quatre mille livres, qui en vaudroient maintenant douze cent, eu efgard que la monnoye eftoit trois fois plus forte qu'elle n'eft aujourd'huy. L'efprit de divifion fe logea, à la malheure, dans noftre ville, pour fouftenir injuftement la querelle de Jean Duc de Bourgongne, contre les enfans de Louys Duc d'Orleans; en laquelle nous nous efperdifmes de telle façon, que tantoft nous chargeafmes la croix Bourguignonne fur nos chapeaux & chaperons, & fifmes une confrairie de Sainct André dans l'Eglife Sainct Euftache, de laquelle fe trouverent en une proceffion vingt-cinq ou trente mille Confreres, tantoft nous maffacrafmes tous les Orleannois & Armaignacs qui fe trouverent dans Paris, fans acception de perfonnes. Mais il nous en prit tout ainfi qu'aux malades, lefquels du commencement furpris & agitez d'une fievre chaude, fe font tenir à quatre, dedans leurs lifts, pour une inquietude perpetuelle de corps & d'efprit qui leur commande: jufques à ce que cefte fureur s'efcoulant, ils commencent de fentir leur mal, par un affoibliffement general de tous leurs membres, lefquels il faut reftaurer, à la longue, tant par douces purgations, que bonnes viandes: auffi pendant que furieufement noftre ville s'amufa de fouftenir le party Bourguignon, elle devint fans y penfer toute deferte, & commencerent les grands hoftels de Flandres, Artois, Bourbon, Bourgongne, Nefles, & plufieurs autres, fervir de nids à corneilles; au lieu où, au precedent, c'eftoient receptacles de Princes, Ducs, Marquis, & Comtes. J'ay leu dans un livre efcrit à la main, en forme de papier journal, que, de ce temps-là, il y avoit un loup qui tous les mois paffoit au travers de la ville, lequel ils appelloient le Courtaut, eftant le peuple tant accouftumé de le voir, qu'il n'en faifoit que rire; chofe qui fe faifoit, ou pour les maffacres qui fe commettoient dans Paris, & pour les cadavers qui y pouvoient eftre (n'y ayant animal qui ait le flair fi fubtil comme le loup) ou parce que la ville eftoit lors grandement deshabitée. Quoy que foit, s'eftant fur les troubles du Bourguignon & Orleannois, entée la guerre de *Paris en l'Anglois & du François, il faut tenir pour chofe trés-grande certaine que la ville de Paris vint en grande fouffrette, fouffrette veu qu'en l'hiftoire mefdifante du Roy Louys XI. nous par le trouvons quafi tout à la repeupler, il voulut faire comme moyen Romulus avoit fait autrefois dans Rome, & donner des guer toute impunité de mesfaits precedens, & rappel de ban reserviles. à tous ceux qui s'y voudroient habituer: ce que toutesfois je ne trouve efcrit ailleurs; & ne trouvant cefte permiffion, dans les regiftres du Parlement, cefte hiftoire m'eft aucunement fufpecte. Mais plus grande demon* tration ne pouvez-vous avoir de cefte pauvreté & folitude, que de l'ordonnance qui fe trouve aux vieux regiftres du Chaftelet, par laquelle il eftoit permis de mettre en criées, les lieux vagues de la ville: & fi pendant les fix fepmaines il ne fe trouvoit nul proprietaire, qui s'y oppofaft, le lieu demeuroit à celuy qui le le faifoit adjuger. Auffi quand nous lifons dans nos vieux tiltres *Le bon & enfeignemens, quelques maifons & heritages, tant marché en la ville, qu'és champs, vendus à non prix, tant s'en qui eftoit faut que ce foit un argument de la felicité de ce temps-là ancien, qu'au contraire c'eft une demonftration trés-certaine nement, du malheur qui eftoit lors en regne, par la longue des mai fuite des troubles. La richeffe d'un pays caufe l'abondan fons de ce du peuple, qui fait que toutes chofes y font cheres: Paris eft le peuple, au contraire, fait le non prix, & par mefme un argu moyen nous enfeigne ou l'infelicité ou l'infertilité d'un ment du pays. Maintenant, graces à Dieu, noftre ville eft abondante mal en maifons, peuple, & richeffes, plus que ja heur qui mais: n'ayant toutesfois (non plus qu'un malade) repris eftoit fes forces tout à coup, ains peu à peu, je veux dire à lors. mefure que nos Roys s'en font approchez depuis les troubles Comme de Charles fixiefme, & feptiefme. Le Roy Louys Paris unziefme avoit choifi pour fa principale demeure, le s'eft re Pleffis-lez-Tours: Charles huitiefme, fon fils, Amboife: mis fus. Louys douziefme, la ville de Blois: non qu'ils ne vinfent fouvent dans Paris, felon la neceffité de leurs affaires, mais chacun d'eux prenoit diverfement fon plaifir en ces villes-là, s'approchans, cependant, & Charles VIII. & Louys XII. chacun de demy journée de la noftre. A la fuite d'eux, François premier franchit le pas plus hardiment: car il laiffa tout le pays de Touraine & Blefois, pour fe loger és environs de Paris, tant à Fontainebleau que Sainct Germain en Laye. Et apres luy, Henry deuxiefme fon fils, s'y aima plus que nul de fes devanciers, qui nous apporta grand luftre; & fucceffivement Charle neufiefme, par la neceffité des troubles, fut contraint de s'y habituer: mais entre tous les Roys il n'y en eut jamais un qui s'y aimaft tant que le noftre, à prefent regnant; qui a apporté une grandeur admirable en l'augmentation du peuple, & des baftimens, de telle façon que toutes chofes femblent eftre parvenués à leur dernier effay, tant pour la vente des offices, mariages des filles, que louages de maifons: qui me fait prefque deffier de noftre fortune à l'advenir. Les Muficiens nous enfeignent que quand nous fommes aux extremitez de la game, il faut venir aux nuances: il n'y a point plus affeuré inftrument de ce changement qu'une longue trainée de guerres civiles: & à la mefme volonté que nous nous puiffions faire fages par l'exemple de nos anceftres, pour deftourner ceft orage de nous: c'eft le comble de mes fouhaits. Quant au furplus, il me plaift de clore cefte lettre par une honnefte commemoration que vous *Paris eft ne trouverez hors de propos: nous envoyons nos enfans en va en Italie pour apprendre leur entre-gent, & plufieurs courcifse nobles exercices qui s'y trouvent felon la diverfité des vil ment de les; & je veux qu'on fçache (car il eft vray) que noftre toute l'I- Paris eft tout un pays d'Italie, racourcy au petit pied, n'y talie au ayant exercice de corps ou d'efprit, delà les monts, qui ne petit fe pratique dedans l'enclos de noftre ville. A Dieu. pied.*

LETTRE XII.

A Monfieur Loifel, Advocat en Parlement.

Il difcourt la diverfité de jugemens que l'on fera de fes lettres.

Quelque chofe que vous en penfiez, vous ferez trés-mauvais garand de mon entreprife. Croyez de celuy a grand advantage fur fon compagnon, qui en ce temps miferable & calamiteux, fe tient clos & couvert dedans fa maifon. Ne fçavez-vous pas la diverfité d'argumens que je traicte, qui font autant d'efmorches de meffcontentemens d'uns & autres? Les opinions des hommes font trop diverfes, pour fe conformer en tout & par tout, aux miennes. A l'un, defplaira le feul tiltre, *Combien* comme chofe nouvelle & inaccouftumée, en la France, *les opi* de traicter fujets de merite, par lettres: l'autre, m'im- *nions* properera le peu de fais le contraire de Sainct Hierofme, *des hom* lequel appelle quelquefois livres, des Epiftres qui ne con- *mes font* tiennent que trois feuillets; & qu'au contraire j'appelle *difficiles* lettres, *tenter.*

lettres, telles qui sont vrayement des livres; ne considerant pas que Sainct Cyprian s'est donné le mesme privilege, ayant fait passer sous le nom d'Epistres, les plus beaux sermons qu'il fit jamais: cestuy, que je discours des matieres non convenables à missives, & qu'il y en a quelques-unes qui ne se rapportent, ni à mon estat, ni à l'aage auquel je les escrivois, estant plustost une histoire de mes mœurs, que de mes aages: & quelque sage mondain adjoustera que je parle trop hardiment du temps, de l'Estat, des maisons: brief, autant de testes, autant d'opinions. Encontre tous ces controolleurs je n'ay autres armes pour me parer, sinon de leur dire en un mot: mes amis, je n'ay entrepris de vous contenter tous en general, ains uns & autres en particulier, & par special, moy-mesme. Mais sur tout, il me semble voir quelque Cinge qui, en ses communs propos, fera la mouë à mon œuvre, lequel sera bien aisé d'en faire son profit, & employer mon labeur pour sien, mettant la main à la plume; & à cestuy je ne puis autre chose respondre, sinon que vrayement il aura victoire de moy, comme celuy qui m'apportera plus de mescontentement que nul autre. Mais voyez, je vous prie, comme les affaires vont, en matiere de livres. Ayant fait imprimer mes Epigrammes Latins, je voy peu de gens ausquels ils ne fussent agreables: toutes-fois quelque personnage mien amy, qui voulut faire l'Aristarque, m'admonnesta que je ferois beaucoup mieux pour moy, si tout ainsi que les Jardiniers, resseppent & elaguent de leurs arbres, plusieurs branches superfluës, pour donner plus longue vie au tige, aussi j'ostois plusieurs petits Epigrammes qui ne servoient que d'estouffer les meilleurs. Encore que je sois du nombre de ceux qui on met quelquefois entre les Poëtes, & qui en ceste qualité devois flater mes conceptions, si me laissay-je lors aller à l'opinion de ce grand Censeur; & de faict, à son instigation, je commence de faire le procez à mes Epigrammes, & en condamne plusieurs, à tenir prison perpetuelle dans mon cabinet, quand on les reimprimeroit. Je communique ce mien jugement à un autre de mes amis, qui avoit l'esprit moins hagard que le premier, lequel me conseille d'en suspendre l'execution; me donnant, nommément, advis de mettre deux de mes livres, és mains de deux honnestes hommes, pour retrancher diversement & à part, ce qu'ils penseroient estre subject à retranchement: je pratique encore ce conseil, & prie deux de mes amis de me sindiquer, mais il leur en print comme aux trois convives d'Horace, qui se trouverent chacun, de divers apperits; aussi ce que l'un des deux trouva bon, fut condamné par l'autre, & au contraire ce qui fut agreable à cestuy, despleut au premier: au moyen dequoy, en ce bigarrement d'opinions, je fis cest arrest en moy, de ne supprimer aucuns de mes Epigrammes, à la seconde impression. Les foibles servent de feuille, aux plus beaux: estant l'esprit beaucoup plus retenu en la lecture d'un livre, quand on le trouve balancer, tantost en subjects riches, tantost en moindres, que lors que toutes choses vont d'un mesme fil. Voyez une compagnie de Damoiselles, qui toutes soient belles en perfection, vous ne sçavez sur laquelle asseoir principalement vostre veuë: qu'il y en ait quelques unes moins belles, en l'assortissement du plus avecques le moins beau, vous trouvez beaucoup plus dequoy contenter, & vostre esprit, & vos yeux. Seneque ne se faict pas manier par tous, d'autant que d'une mesme teneur, il est perpetuel en sentences, ne donnant loisir au lecteur de reprendre son haleine: au contraire Plutarque pour n'estre tousjours rendu en hauts subjects, se lit par toutes sortes de personnes: ceste consideration a fait que j'ay pensé de mettre indifferemment toutes mes lettres en lumiere: & peut-estre adviendra-t'il que celles dont je fais moins de compte, seront les mieux recueillies: ainsi que l'on dit estre autresfois advenu à Jean Boccace, duquel le Decameron a esté beaucoup plus honoré par la posterité, que son Philocope, & autres œuvres dont il faisoit plus d'estat. Or quel que soit mon livre, je vous envoyeray soudain qu'il sera achevé d'imprimer, je m'asseure que trouverez plus de fautes en l'impression que je ne voudrois; car quel livre peut-on imprimer de nouveau qui n'y soit infiniment subject? L'on envoye à l'Imprimeur ses copies les plus correctes que l'on peut, qui passent premierement par les mains du Compositeur; ce seroit certes un vray miracle, que sans fautes, il peust assembler toutes les lettres; c'est pourquoy on luy baille pour controolleur un homme qui prend le tiltre de Correcteur, auquel on presente la premiere espreuve, cestuy pour l'opinion qu'il a de sa suffisance, se donne quelque-fois jurisdiction sur les conceptions de l'Autheur, & les voulant rapporter aux siennes, les intervertit; & ores qu'il ne se donne ceste loy, si est-ce que son œil se peut escarter: qui est la cause pour laquelle on a recours, pour la seconde espreuve, à l'Auteur: mais ou du tout on ne le trouve point, ou si on le trouve c'est au milieu d'autres empeschemens, pour lesquels il ne peut avoir l'esprit bien tendu à ceste correction: voire que quand il seroit en pleines vacations, il luy est fort aisé de mesprendre, comme celuy qui relisant ce qu'on luy apporte, pense le lire tout ainsi qu'il l'avoit couché par escrit. Voila pourquoy je vous prie, ou excuser, ou suppléer les fautes de l'impression. Au demeurant, je ne veux oublier de vous escrire que sur six sepmaines apres que mes lettres furent sur la presse, mes Dames des Roches firent imprimer un Recueil, portant aussi le tiltre d'Epistres, esquelles vous voyez plusieurs belles fleurs & gentillesses d'esprit. C'est la seconde fois que Madame des Roches, fille, & moy, sommes, sans y penser, rencontrez en mesmes pensées: la premiere, au Poëme de la Puce; & maintenant en la publication de nos lettres: & vrayement je ne seray jamais marry de symboliser avec celle que j'estime & honore infiniment entre les belles, honnestes, & vertueuses Dames de la France. A Dieu. En Avril 1586.

FIN DU DIXIESME LIVRE.

LES LETTRES D'ESTIENNE PASQUIER

Conseiller & Advocat General du Roy en la Chambre des Comptes de Paris.

LIVRE UNZIESME.

LETTRE I.

A Messire Jacques de la Guesle, Conseiller d'Estat, & Procureur General en la Cour de Parlement.

Il luy remonstre combien on fait peu d'estat de la Mercuriale, & la compare à la Censure de l'ancienne Rome.

ON dit qu'estes sur le poinct d'ouvrir la Mercuriale, au Parlement. Dieu veuille qu'elle ressemble le Mercure, lequel mis en œuvre avec les autres métaux, sert infiniment pour les assouplir. Entre tous les actes que representez en ce grand theatre de France, je n'en trouve point de si solemnel que cestuy : que vous autres, Messieurs, qui estes destinez pour donner la loy à autruy, appreniez de la vous donner à vous-mesmes. Et d'autant qu'il est plus solemnel, aussi en estime-je l'execution plus difficile, soit de la part de vous, auquel pour la prerogative de vostre estat, il appartient de faire les remonstrances, ou de ceux pour lesquels elles sont faites. Les faites-vous en general, pardonnez-vous au nom des personnes, pour toucher seulement les vices ; l'exhortation en est froide ; chacun se donne beau jeu au partir de là, se persuadant que le deffaut qui abonde en luy, est couvert, pour n'avoir esté descouvert qu'en termes generaux. En touchez-vous les vostres, par nom, ou par remarques infaillibles, vous-vous faictes un ennemy irreconciliable en celuy que voulez reconcilier à soy : il faut que celuy qui se rend ennemy formel des vices, se rende par mesme moyen, ennemy capital des hommes : & quand je ly que Caton le vieil fut accusé cinquante fois devant le peuple Romain, & autant de fois absous, luy qui d'ailleurs estoit l'un des plus prud'hommes qui fut oncques dedans la ville, (car il n'y a Seigneur que Tite-Live honnore en toute son histoire avec si honorable éloge que cestuy)

Caton, combien de fois accusé & absous.

je l'impute aux inimitiez qu'il s'estoit pourchassées & acquises pendant sa Censure, laquelle il exerça avec telle severité, que depuis, la posterité luy donna particulierement, entre tous les autres, cest epithete, de Censeur. Choisissez doncques, ou en general ou en particulier, l'exhortation ; je trouve qu'il y a de tous costez des epines : mais encore crains-je bien plus, que vos remontrances ne soient vaines ; & que tout ainsi que le Mercure, dont je vous ay cy-dessus parlé, se dissipe à faute de trouver subjet ; aussi qu'en vostre Mercuriale, ce soient paroles emportées du vent : d'autant que ce que vous y faictes, est par forme de conference amiable, qui demeure sans effect, si elle n'est accompaignée d'une crainte d'animadversion exemplaire. Et n'est pas qu'en l'Eglise mesme qui n'use de main-mise sur nos corps, aprés que l'on y a apporté les censures Ecclesiastiques, on n'implore le bras seculier, contre celuy qui n'en tient compte : c'est pourquoy en l'estat du Censeur des Romains, la puissance estoit telle que trouvant un Seigneur mal reiglé de mœurs, on le pouvoit non seulement suspendre pour un temps, mais à jamais luy interdire & deffendre l'entrée du Senat : ainsi que nous lisons que le mesme Caton fit à sept Senateurs, entre lesquels fut un Lucius Quintius, qui avoit autres-fois esté Consul, & frere de ce grand Titius Quintius, qui lors, de fraiche memoire, avoit reduit toute la Grece sous l'obeïssance des Romains : toutes-fois-ny la memoire de la dignité Consulaire par luy autres-fois exercée, ny la faveur des bons & fidelles services de son frere, ne le peurent garantir de ceste note. Et davantage, estoit permis au Censeur

Pourquoy appellé Censeur.

La Censure à Rome, d'où elle estoit authorisée.

de

de faire courir parmy le peuple, des manifestes portans les causes de la rigueur par luy exercée contre uns & autres. Nos anciennes ordonnances n'y ont apporté ceste severité, ny ne rapportez-vous tel profit de vos Mercuriales, que le Romain de ses Censures. L'amour particulierement nous nous portons, chatouïlle tellement nos esprits, que ne voulons aisément rendre à la raison, l'hommage que luy devons, si le Magistrat n'y interpose, à bonnes enseignes, son authorité : c'est gaster & non guerir une playe, quand nous la flatons. Vous me dictes que je contrefay le Censeur, & que je veux par une puissance nouvelle, mercurier de mon authorité privée, vostre Mercuriale : je ne suis pas si mal appris de le vouloir faire : bien souhaiteray-je que tout ainsi que le pere chastians ses enfans, avec une honneste exhortation meslée d'une douce cholere, n'en rapporte pas moins de fruict, que quand il corrige ses valets à coups de bastons ; aussi que nostre ordonnance qui voulut traicter vos confraires avec une douceur paternelle, produise au milieu de vous autres, pareils effects, comme dedans nos maisons, nos remonstrances envers nos enfans, quand ils sont bien naiz. A Dieu.

LETTRE II.

A Monsieur de Saincte Marthe, Conseiller du Roy, & Thresorier General de France en la Generalité de Poictiers.

Il descrit les premiers commencemens & progrez de la Ligue.

NE pensez pas qu'il n'y ayt de la main de dieu, je dy de la main de Dieu tres-expresse, qui me faict grandement douter de l'évenement de nos nouveaux troubles. Qu'ainsi soit, eussiez-vous jamais estimé voir les affaires plus calmes & en meilleur train, que lors que ce nouveau remuëment est survenu? Par la mort de Monsieur le Duc, tout son apanage avoit esté reüni à la Couronne ; & par mesme moyen s'estoyent esvanouyes plusieurs jalouzies, & ombrages qui pouvoient estre en la teste du Roy, pour la grandeur de Monsieur son frere ; ce neantmoins je vous puis dire que la mort de Monsieur le Duc, a esté le premier acheminement de nos maux ; m'asseurant qu'il eust vescu, nul n'eust jamais osé lever la teste. Soudain apres son decés, le Roy pensant estre au dessus du vent, & desirant de pourvoir à la tranquilité generale de tout le Royaume, depescha le Duc d'Espernon, par devers le Roy de Navarre, pour le semondre de venir en Cour, comme celuy qu'il sçavoit estre le premier Prince du sang & plus proche habile de succeder à la Couronne. Il part avec une grande suite de Gentilshommes ; & fut remarqué qu'à son partement il prit congé de tous les Princes & grands Seigneurs, fors de Messieurs de Guise & de Mayenne, dans lesquels se logea dellors, un grand mescontentement, pour se voir de telle façon mesprisez : ce qu'ils pensoient provenir d'une plus haute main ; & paradventure non sans cause. Le Roy s'en va à Lyon pour y attendre, de pied quoy, le Seigneur d'Espernon, lequel approchant de la ville, tombe du haut en bas d'un Rocher, tout froissé & moulu : presage presque asseuré que ceste negociation seroit un precipice fatal de nostre France. Jamais plus sage conseil ne fut pris de premiere apparence que cestuy, de rappeller le Roy de Navarre, lequel tant sous l'esperance de la Couronne, que pour estre prés du Roy, pourroit aisément se reconcilier avec nostre Eglise : & au surplus, pour luy faire entendre, sans parler, avec quelle devotion il estoit semonds, & que le Roy n'estoit en bon mesnage avec les Princes Lorrains, l'Ambassadeur ne leur avoit point dit, A Dieu : toutes-fois, contre l'opinion de tous les sages mondains, ce conseil produisit deux effects contraires : car, d'un costé ces deux Princes se voyans vilipendez, partirent de la Cour, tres-mal contens : d'ailleurs le Roy de Navarre qui avoit esté une autre fois eschaudé, estimant que tout cecy fust un second piege pour l'attraper, refusa de venir : tellement que se meurtant en son cœur la deffiance emptainte, & aux deux freres, le desdain, se formerent les deux partis que nous voyons aujourd'huy, & specialement celuy de la Ligue. Il n'y avoit presque homme d'entendement, qui ne vit ceste nouvelle pratique ; toutes-fois nul de nous jamais ne la vit. Que dy-je, ne la vit? Au contrai à chacun de nous bandoit les yeux, pour n'en avoir cognoissance. Salcede l'avoit tout au long descouverte, & par le menu : ce neantmoins non seulement on ne l'escoute ; mais pour, avoir trop parlé, il est tiré à quatre Chevaux. Le Breton

La Ligue d'où print son origine.

Salcede executé & son Breton.

Advocat, fut pendu & estranglé, pour avoir trop inconsiderément escrit. Huit jours apres, c'est-à-dire à l'ouverture du Parlement à la sainct Martin 1584. le Roy supprima soixante Edicts ; partie au Parlement ; partie en la Cour des Generaux des Aides, qui estoyent à la foule du peuple : & tout d'une suitte decerna une Commission, par laquelle il estoit enjoint au Procureur general, de faire informer contre tous ceux, qui sans son adveu s'estoient liguez. Qui monstre bien, que dellors en en Cour quelque sentiment de la revolte ; mais par toutes ces predictions, nous n'en devinmes pas plus sages ; parce que tout cest hyver là, ce ne furent que dances, balays & mascarades ; il n'est pas jusques au premier Dimanche de Caresme, on ne vaquast à ceste desbauche, en la maison Episcopale, pendant que les Chanoines chantoyent leurs matines dans la grande Eglise. Plusieurs personnes en murmuroient dans leurs ames ; mais nul n'en eust osé sourciller. Et Dieu voulut que deux jours apres, le Roy receut nouvelles de la part du sieur de Bouillon, que sous le nom de la Ligue, Monsieur de Guise s'estoit emparé de la ville de Chaallons en Champaigne. Et puis nous serons si fols d'estimer, que ce ne soit un jeu de Dieu? Il faudroit estre hors d'yeux, ou sans jugement. Quand il veut exercer sur nous un trait admirable de sa vengeance, il bande nos yeux, estouppe nos aureilles & tous nos sens, afin que son coup soit plustost frapé que preveu.

Maintenant les Seigneurs de la Ligue font courir un Manifeste par lequel il se plaignent de trois points. Premierement des Tailles, Aydes, Subsides extraordinaires, qu'ils requierent estre reformées. Secondement que plusieurs Gentils-hommes estoient promeus & advancez aux premieres dignitez de la France, au desavantage des Princes. Et pour troisiesme on y a glissé sur la fin une clause concernant la Religion nouvelle, qu'ils requierent estre bannie de la France. Vous ne croirez pas comme à un instant les cartes ont esté meslées. Le Roy a envoyé de toutes parts, commissions pour lever gens, tant de cheval que de pied. On garde les portes par les villes ; & specialement pour asseurer la nostre, il a creé des Capitaines, qui sont Officiers ; & sous eux des Lieutenants, qui sont à sa devotion. Brief, nous sommes maintenant devenus tous guerriers dans Paris. Le jour, nous y gardons les portes ; la nuict, faisons guets patrouïlles & sentinelles. Bon Dieu ! que c'est un mestier plaisant à ceux qui en sont apprentis. L'Espagnol fournit au deffroy de ceste guerre, à huis ouvert, comme celuy qui ne desire que le brouïllement de nostre Estat ; disant, que nous avons troublé ses pays-Bas, en renards, par l'entremise de feu Monsieur le Duc, & qu'il n'en douteroit desormais de nous traicter, en Lyon. Tout ainsi que le Roy s'arme, aussi fait la Ligue ; qui a já surpris une infinité de villes, tant en Champaigne que Normandie.

Ses premiers effects.

En ceste nouvelle revolte, & surprise inopinée de villes, sans avoir fait aucune requeste au Roy, avant que

que de prendre les armes, les hommes plus retenus ne peuvent bonnement juger, si c'est à l'Estat qu'on en veut, ou bien à la Religion nouvelle. Et sont quelques-uns d'advis, que l'on mesle l'un & l'autre ensemble. Quant à moy, je ne le croy : bien diray-je que les trois diverses propositions du Manifeste, tiennent un chacun en cervelle. Le menu peuple trés-content que l'on combatte pour sa liberté ; les Princes pour leurs dignitez, & qu'ils ayent tous part au gasteau, sans qu'il soit seulement distribué à deux ou trois ; & tous generalement ne sont point martis, que l'on extermine la nouvelle Religion : Mais, quelque chose qu'il en soit, le Roy s'estime avoir esté infiniment offensé, & prend toutes sortes d'advis pour en avoir la raison.

Et n'est pas une petite question, de sçavoir, si en ce nouveau remuëment il doit appeller à son secours, le Roy de Navarre & les siens. Il y a du pour & du contre. Il le doit appeller, dira quelque hardy entrepreneur : car en affaire de telle consequence, je prendray aide, voire d'un Turc : & soustenant cette proposition, s'aidera de la brave responce, que fit le Roy François premier de ce nom, lequel s'estant confederé avec Soliman, grand Seigneur de Constantinople, l'Empereur Charles V. luy improperoit, qu'il s'aidoit d'un chien, contre luy, (ainsi appellons-nous ordinairement, par une metaphore, les Turcs.) Je m'aide, respondit le Roy, d'un chien ; mais c'est pour conserver mon troupeau contre la dent d'un loup. Le Roy de Navarre est un grand Chef, qui apportera un merveilleux poids à nostre balance. Ceste proposition ne plaira pas à quelqu'autre, qui sera franc Catholic ; & encore moins voudra-t'il, qu'elle tombe en l'esprit d'un Roy, qui entre tous les Roys de France trés-Chrestiens, fait profession trés-expresse de la Religion Catholique, Apostolique, Romaine. Et ce qui en ceste deliberation, me fait plus penser, c'est qu'il a estably sa demeure dedans Paris, ville du tout vouée au party Catholique : & y auroit danger que tirant aide du Huguenot, il n'alienast de soy, le cœur des Parisiens.

Ostons ceste taye de nos yeux : estimez-vous que le Roy de Navarre se joigne aisément avec nous ? Il le doit faire, dira quelqu'autre : car entre les articles du manifeste de la Ligue, on fait mention de l'extirpation de la nouvelle Religion. Il y a quelque apparence : mais vous ne sçauriez oster de l'opinion de quelques-uns qui pensent estre clair-voyans, que le Roy ne s'entende avec la Ligue, & que c'est un jeu couvert pour surprendre les autres (encore qu'en mon particulier je sois tout asseuré du contraire) & nommément plusieurs de la Religion sont pipez à ce coing là, de ne se fier jamais à nous ; veu qu'au milieu d'un festin & mariage d'une fille de France, estans venus en ceste ville, sur la foy publique d'un Roy, ils y furent traittez de la façon que l'on sçait. Adjoustez que ces deux Rois ont interest de se conserver en reputation envers les Princes estrangers, l'un envers les Catholiques, l'autre envers les Protestans. Par ainsi mesnagez ceste proposition de telle façon qu'il vous plaira, vous serez fort empesché.

Prendra-t'il doncques le party de la Ligue ? Je crains qu'il ne s'y puisse condescendre, pour plusieurs considerations ; mesme que, comme je vous ay dit, il est outre mesure, offensé de ceste nouvelle levée de Gendarmes, & surprise de villes. Et celuy qui pensera estre grandement zelateur de la Couronne, ne trouvera pas bon qu'un Roy reçoive la loy de son subjet, ny que pour obvier au mal present, il recherche avec la Ligue, une paix qui luy apportera une autre guerre. Quoy donc ? Se tiendra-il clos & couvert, pendant que ces deux grands partis joüeront des cousteaux au milieu de son Royaume ? C'est une medecine mal aisée de prendre, à un Roy, que deux Princes ruinent de fonds en comble, ses pays, & que cependant il soit Spectateur de ceste ruine, sans y pouvoir remedier. Davantage leur laissant les armes aux poings, il sera fort facile à celuy qui aura victoire de son ennemy, de donner puis après la loy à son Roy, mesmement voyant maintenant les villes, pour une nouvelle police, se prendre d'elles mesmes, sans vouloir recevoir garnison ny du Roy ny d'autre Seigneur. Je ne puis autre chose estimer, sinon qu'elles sont aux escoutes, pour se mettre entre les bras de celuy qui enfin aura le dessus.

Voilà de grands ombrages, sans se resoudre, me direz-vous ? Plus grands encore que ne dites : car aux autres Troubles qui se sont cy-devant passez, l'object de deux Religions nous rendoit, à cœur ouvert, ennemis des uns des autres : en la querelle qui se presente aujourd'huy, je ne sçay, si le Roy se peut asseurer, qui est des siens. Tel fait contenance de garder les portes de Paris pour luy, qui en son ame, les garde pour son ennemy : parce que les trois protestations du Manifeste ne sont point de petits appasts, pour attirer à leur cordelle le commun peuple, qui n'est jamais content du gouvernement present. Pour conclusion, de quelque sens que je me tourne, soit à la guerre ou à la paix, je n'y trouve ny fonds, ny rive : laissant pour ceste cause aller mon opinion à la mercy des vents & vagues. La Royne mere non apprentie en telles negotiations, est d'advis qu'il faut composer toutes choses avec Monsieur de Guise, & a pris ceste charge en main, pour en après traiter avec le Roy de Navarre : mais voyez, je vous prie, en quel piteux estat nous sommes reduits ; d'autant que quelques Docteurs contemplatifs, se persuadent que sans son adveu, le Duc de Guise n'eust pris les armes ; & que ne se voyant plus appellée par le Roy son fils, aux affaires, elle s'estoit voulu rendre necessaire. On ne peut empescher les langues venimeuses, de mal parler. A Dieu.

LETTRE III.

Au Capitaine de la Ferlandiere, Pierre Pasquier, son fils.

Il donne des enseignemens à son fils comment il se doit comporter en sa charge de Capitaine.

J'Entends que le Roy vous a donné une compagnie au regiment du Seigneur de Cluseau, dont je suis trés-aise ; d'autant que ce vous est un acheminement pour vous faire valoir entre les gens de bien & d'honneur ; & aussi pour estre aujourd'huy à l'escole d'un Mestre de Camp, que j'estime l'un des premiers & plus advisez Capitaines de la France. Et parce que vous estes jeune, je vous veux faire une leçon, que vous retiendrez de moy, qui suis vostre pere, encore que je ne fasse aucune profession des armes.

En ceste charge, je crains tout, je ne parle de vostre vie : car y estant appelé je sçay qu'estes la principale bute contre laquelle l'ennemy descoche ses flesches, quand il faut venir aux mains : & combien que vostre vie me soit chere ; toutesfois c'est la moindre partie dont je fais estat : bien desire-je, que ne la mettiez au hazard, sans subject ; parce que, tout ainsi que devez bannir de vous toute crainte, quand il est question d'entreprendre quelque bonne faction ; aussi ne faut-il que la temerité vous commande : l'une & l'autre, par divers discours, empeschent les vertueux effects de la guerre. Il ne faut fuir les dangers, quand l'occasion le requiert ; mais aussi ne les faut-il temerairement affecter. On dit que celuy ne doit aller au bois, qui a peur des branches ; aussi ne faut-il aller à la guerre, qui craint la mort. Chacun est diversement exposé à un coup de bale, selon qu'il plaira Dieu l'appeller. Mais je croy qu'il y en a infinis qui meurent, plus pour se laisser aller à leur imprudence, que par leur proüesse & vertu. L'un des plus braves Capitaines que nos troubles nous eussent enfanté, pour un jeune Seigneur,

Quelle resolution il faut porter en la guerre.

gneur, estoit feu Monsieur de Brissac. Et si vous prenez garde à sa mort, il en fut le premier ouvrier, à Mucidan, pour une trop grande asseurance qu'il avoit de sa valeur. Ce n'est pas chose incomparable d'estre sage & hardy ensemble : au contraire, la hardiesse qui n'a la prudence pour compagnie, est une folie & temerité. Je vous escry cecy par exprés, pour vous dire, que pour le service de Dieu & du Roy, vostre vie & vostre mort vous doivent estre indifferentes; & qu'il faut mesnager vostre vie non pour fuir la mort ; ains pour la reserver à une entreprise dont il puisse reüssir fruict à vostre patrie & aux vostres.

Sur tout je vous recommande la charge, la foule & oppression du peuple. Je sçay combien le François est insolent, de sa nature, & principalement celuy qui suit l'infanterie; mesme en temps de guerre civile, où toutes choses sont à l'abandon. Tous les soldats jettent les yeux sur leur Capitaine, c'est leur principal rendez-vous ; ils se viennent courtizer en son logis : un pauvre hoste cependant pastit, aux despens duquel les chefs exercent malheureusement leurs liberalitez. Je vous prie, & vous commande, de tant que j'ay commandement sur vous, de penser que si voulez que Dieu benisse vos actions, il faut sur toutes choses, espargner ce pauvre peuple qui ne peut mais en la querelle ; & neantmoins en porte la principale charge. Quand je vous recommande le peuple, je vous recommande vous-mesme. Les benedictions qu'il nous donne, sont autant de prieres à Dieu & trés-certains presages de nostre bonne fortune pour l'advenir. Je n'ay jamais soldat malgisant, contre lequel le temps n'ait enfin produit une bonne & juste vengeance; & quelquefois plustost que nous ne pensions, comme vous sçavez estre fraischement advenu devant Marennes, à celuy que cognoissiez. Les fautes que font les chefs, ne sont si grandes d'elles mesmes, que d'autant qu'elles traisnent quand & soy une longue queuë, parce que ceux qui sont à leur suite, se façonnent sur leur exemple. Que le Capitaine soit sobre, doux, affable ; il est malaisé que le soldat ne luy ressemble. Et à peu dire, vous jugez par les deportemens du soldat, quel est le Capitaine ; & par ceux du Capitaine, quel est le soldat. L'estre vaillant est bien-seant à celuy qui commande; mais si je ne m'abuse, la discipline le surpasse : & quand les deux sont ensemble, c'est l'accomplissement & chef d'œuvre. Sur tout je vous prie, de n'estre blasphemateur du nom de Dieu. C'est une heresie & opinion detestable, qui court entre ceux qui portent les armes, d'estimer que leurs blasphemes & juremens, soyent l'ornement de leurs vaillances : combien qu'il n'y ait rien qui tant les repare, que la modestie, tant de faict, que de parole. Si elle reside en nous, croyez que nous avons de grands advantages sur les autres ; quand ce ne seroit, qu'elle faict, qu'aisément ne tomberons en querelles; mais qu'estans une fois, entreprises, nous les sçaurons bien mettre à fin. Vous n'ignorez de quelle façon j'ay conduit vostre fortune jusques à huy ; & comme vous voyant disposé aux armes, je donnay ordre, estant à Rome, de vous faire entrer en la maison de feu Monsieur de Foix, lors Ambassadeur pour le Roy ; qui vous a deu estre un miroir de vertu. Auquel lieu vous fistes vostre premier apprentissage à tirer des armes. De là estant de retour, je vous envoyay sous ce sage Capitaine, Monsieur de Gourdan, à Calais : & depuis, ne craignant rien tant, que de vous voir cazanier, je vous ay envoyé au lieu où il me semble que les gens de bien peuvent faire cognoistre leur vertu. Je m'asseure, que vous vous souviendrez, d'appartenir à un pere qui vous aime comme son fils : mais si degenerez de la vertu qui vous doit servir de guide, je vous desadvoüe tout-à-faict. A Dieu, 1586.

Benedictions du peuple sont priées.

Tel qu'est le Capitaine, tels sont les soldats.

LETTRE IV.

A Monsieur de Sainɛte Marthe.

Il descrit deux beaux traicts de Magnanimité, l'un de la part de M. de Guyse, l'autre du Baron de Ramefort son prisonnier.

ET puis dites, que la magnanimité des Romains a esté ensevelie avecque leur Republique. Non, elle se ramentoit aujourd'huy au milieu de nostre France. Monsieur de Guise faict maistre de Verdun, & le Roy craignant qu'il ne fist le semblable de la ville de Mets, commanda à Monsieur d'Espernon d'y pourvoir: lequel dés l'instant mesme despecha le Capitaine Bonouvrier avec trois cens bons soldats, tirez du Regiment des Gardes du Roy, pour se mettre en garnison dans la ville. Et comme il s'y acheminoit, Monsieur de Guise en receut advis, par quelques uns des nostres; tellement que s'il eust voulu, il le pouvoir aisément desfaire; toutesfois par une lettre fort courtoise, il luy mande qu'il eust à rebrousser chemin ; autrement qu'il seroit contraint de faire ce qu'il ne desiroit. Bonouvrier se voyant estre descouvert, retourne en Cour, où Mr d'Espernon, par nouveau conseil, donne ceste commission au Baron de Ramefort que je vous puis dire estre l'un des plus accomplis & determinez Gentils-hommes de ceste France. Et fut entr'eux advisé, qu'il marcheroit seulement, au couvert de la nuict; & que le jour il se reposeroit. Ce qu'il fait, & conduit son affaire si à propos, qu'il arrive sept lieuës prés de Metz ; se promettant d'y entrer sans aucun destourbier. Toutesfois il ne peut si bien couvrir son jeu, qu'il ne fust encore descouvert. Car, pour bien dire, Mr de Guise ne manque d'advis, ayant plusieurs gens qui luy servent d'espies prés du Roy. A la sortie d'un bois, Ramefort est salüé par plusieurs Reistres Lorrains : la meslée est forte entr'eux ; son Lieutenant tué à ses pieds, & comme les autres le surmontoient en grand nombre, aussi le desirent-ils ; mais non sans leur avoir cher vendu sa peau. Enfin il est pour eux pris : chose dont Monsieur de Guise adverty, commande qu'on le luy ameine; amené qu'il est, on commence de disputer de sa rançon, au Conseil ; où aprés plusieurs opinions, quelques uns mirent en avant, qu'il le falloit troquer contre quelques Gentils-hommes des leurs, que nous avions pris. Ce dont le Seigneur de Ramefort adverty, vint trouver Monsieur de Guise à son lever, & luy fit une requeste digne d'un brave Cavallier : Monsieur, dict-il, je sçay ce qui s'est passé en vostre Conseil, pour mon faict ; je vous supplie humblement ne permettre que je sois troqué contre d'autres; non que je doute de leurs valeurs : mais je suis asseuré de la mienne; & sçay comme j'ay esté pris. Au demeurant, que l'on n'espargne ma bource selon la justice des armes. Mais à bien assailly, mieux defendu : & à brave demande, la response fut encores plus belle de la part de Mr de Guise, luy respondit-il, je n'ignore point vostre valeur (car sous ceste opinion vous ay-je choisi pour mon prisonnier) je ne veux ny vous troquer, ny rançon de vous, ains delibere de renvoyer sur vostre foy : à la charge, si les choses ne se peuvent pacifier entre le Roy & nous, que vostre espée ne demeurera oyseuse dans vostre fourreau. Une chose derire-je sans plus ; qu'advenant que quelque Seigneur de marque des miens fust par cy-aprés, pris, & que je vous en escrive lettre expresse de ma main, vous moyenneriez sa delivrance envers le Roy ; & l'obtenant, dés à present je vous quitte de vostre foy : ne l'obtenant, vous vous rendrez par devers moy. Repassez toute l'ancienneté, vous ne trouverez une magnanimité plus grande que ceste-cy. Il n'y a prisonnier de guerre, qui ne s'estime trés-heureux de recevoir un troc pour troc, sans bource deslier, ny maistre qui ne veuille ou le troc ou la rançon ; c'est le mesnage de la guerre. Icy le prisonnier se rend suppliant encontre le troc, & offre de payer rançon ; au contraire le maistre le renvoyant sur la magnanimité de son prisonnier,

nier, ne veut icy troc ny rançon. Aprés ce commun pourparler, le Seigneur de Ramefort est renvoyé. Je ne veux oublier de vous dire (car je le sçay de sa bouche mesme) que luy qui est trés-Catholic, prenant congé de Monsieur de Guise, luy dit, que si en la guerre qu'il avoit entreprise, il n'estoit poussé que du zele de la Religion, Dieu beniroit son entreprise ; mais s'il y mesloit tant soit peu d'ambition, il se trouveroit abismé lors qu'il penseroit estre au dessus de ses affaires : à quoy Monsieur de Guise respondit, qu'il appelloit Dieu à tesmoin, s'il avoit autre but en sa teste que la Religion. A la mienne volonté que l'un & l'autre ayent dit vray. A Dieu.

LETTRE V.

Au Pere Jean Canart, Correcteur des Freres Minimes, à Nigeon prés de Paris.

Il luy raconte l'occasion pour quoy son fils a prins fantaisie de se faire Religieux, & en quelle sorte il le doit recevoir.

NE pensez pas que ce soit une affliction d'esprit, qui me commande de vous escrire ; le plus grand plaisir que j'auray jamais, sera quand je verray toutes choses se tourner à l'honneur de Dieu, & au salut de l'Ame de mon fils ; mais je crains que en la voulant gaigner par une abondance de zele, qui se trouve en vos maisons, nous ne nous mettions au hazard de la perdre. Vous pouvez estimer qu'estant pere, il me desplaist, par une nuisible suggestion de nature, de perdre le corps ; mais estant Chrestien, quand avec ce, il y va du danger de l'Ame, je ne me puis bonnement resoudre. Je ne doute point que ne trouviez, du commencement, cecy, paradoxe, que je craigne la perte de l'Ame de celuy qui se voue en une Religion si austere comme la vostre : mais quand repenserez en vous, qu'en prenant l'un des plus grands & saincts Sacremens de nostre Eglise, qui est celuy de l'Autel, il y va de nostre sauvement ou damnation, selon que nous y venons preparez ; vous ne trouverez trop estrange la proposition que je vous fais. Si le sainct Esprit y a opere, ainsi que presupposez, & comme il besongne quelquefois en nous, inopinément ; je recognostray que c'est une grande benediction, & pour moy, & pour tous les miens : mais si au contraire, il y a je ne sçay quoy, que l'on ne doit desirer en tels accidens, je croy que serez d'accord avec moy, que c'est aucunement abuser du nom de l'Eglise, de dire qu'il y ait en cecy de l'œuvre du S. Esprit. Or tout ainsi que le sage Medecin, devant que d'ordonner une purgation à son malade, s'informe sommairement de son naturel, quelle est l'habitude de son corps & de son esprit, quelle sa maniere de vivre, & qui luy a causé la maladie : aussi suis-je d'advis, que vous, que je veux seulement tenir pour tel s'offre, examiniez diligemment le naturel de mon fils, & comme toutes choses se sont passées. Premierement je vous pleuvy le patient pour un jeune homme, fier de sa nature entre tous mes enfans, haut à la main, d'une volonté invincible, & qui veut en toutes choses avoir le dessus de ses compaignons : voila pour le regard de l'esprit. Quant au corps, je sçay que naturellement il abhorre le poisson, & se passe plutost de pain, par une certaine antipathie qui naist en nous dés le jour de nostre naissance : & toutesfois le poisson est vostre pasture ordinaire. Au demeurant, il partit de mon logis, par un despit : & si je ne m'abuse, depuis sautant d'un penser à autre, si se vint rendre en vostre maison pour sortir de ce despit : que le despit soit cause de son partement, j'en suis trop asseuré : qu'il se soit retiré par devers vous pour me faire despit, si cela n'est vray invinciblement, j'ay de grandes raisons pour le croire ; par ce que toutes ses actions des jours precedens, mesme de l'immediat, ne se rapportent en rien à ceste devotion inesperée : & quand il n'y auroit que l'opinion que j'en ay, encore faut-il qu'il donne ordre de me l'effacer avant que de passer plus outre. Je ne pense point qu'il puisse faire aucun profit entre vous, s'il n'y entre avec ma benediction ; & croy que c'est une espece de malediction, que ceste opinion me soit entrée dans la teste, ores qu'elle fust fausse. Les benedictions que nous donnons à nos enfans, ne dependent pas seulement d'un signe de la Croix que nous faisons dessus eux quand ils prennent congé de nous : ce signe n'est qu'une image exterieure du bon vouloir que nous leur portons interieu-

Les benedictions des Peres à leurs enfans, en

rement dans nos ames, par lequel nous les licentions avec devotes prieres à Dieu, qu'il luy plaise de les conduire. Et quant aux maledictions, encore que nous ne maudissions nos enfans, si est-ce qu'un maltalent conceu, je ne diray point justement, mais avec une simple couleur encontr'eux, est un malheureux prognostic de leurs evenemens futurs ; pour autant qu'aprés Dieu, le plus beau simulacre qu'ils doivent avoir empraint dans leurs cœurs, est celuy de leurs peres & meres. Je sçay bien que vous autres Messieurs, ne demeurez pas en cecy, courts, ny sans responce, comme estant un lieu commun qu'avez journellement à traiter ; quand mesme les peres & meres ne pas commanderoient à la chair que l'esprit, se laissent aller à leur pure sensualité : chose dont je suis d'accord : mais c'est en quoy nous travaillons, de sçavoir si au cas present, les particularitez estans telles que je vous ay representé, nous reputerons que pour changer d'habit & de maison, il y aura quelque chose pour le service de Dieu. En somme, je crains que le despit ne l'ay acheminé par devers vous, & que la honte ne l'y retienne puis aprés. J'adjouste, (car je parle à vous comme à celuy qui avez passé par tous les destroits de la Philosophie) qu'il y a rien si familier en la nature, que de voir les choses prendre fin de mesme proportion & conduire qu'elles ont pris leurs commencemens : le champignon qui naist en une nuict, perit aussi en une nuict ; la fleur qui s'espanoüit en cinq ou six jours, se tient en autant de temps sur son tige : ce qui a lieu non seulement en la vegetative, mais aussi en la sensitive : d'autant que l'homme qui est prompt & aisé à s'exciter à cholere, s'appaise aussi fort aisément ; comme au contraire le melancholic, qui est d'une qualité froide, & qui par consequent ne se cholere facilement ; lors que la cholere l'a gaigné, il est malaisé de la luy oster. A quel propos tout cecy ? Pour vous dire, que quand telles opinions subites, tombent en nos testes, telles que celle de mon fils ; en une asseurance de tout, il faut tout craindre : & que tout ainsi qu'il se sera aisément disposé de se rendre vostre, aussi il ne se veuille aussi aisément dispenser de sortir d'avec vous, au scandale de vostre famille & de la mienne. Sçavez vous doncque que je desire que nous en facions ? Un bon Religieux, qui ne porte la pœnitence sur le front, non de ses fautes passées, ains de celle seulement qu'il pensera avoir faite au changement de sa vie : Religieux, qui ne soit du nombre de ceux, lesquels aprés avoir demeuré vingt & vingt-cinq ans dans un monastere, donnans conseil à ceux qui y veulent entrer, disent que quant à eux ils ne voudroient estre autres que ce qu'ils sont ; toutesfois ne leur conseillent d'y entrer. Je veux qu'il porte sa Croix avec une allegresse de cœur ; que le poisson luy soit une manne de Dieu ; la haire plus facile à porter, que la chemise de lin aux hommes nourris aux delicatesses du monde ; brief, qu'il nous estime tous miserables, au regard de son Paradis present, sans cest autre qu'il attend, lors qu'il sera passé, de ceste vie passagere, à une autre plus certaine & perdurable : & pour conclusion, qu'ayant eu sur les fonts baptismaux, le nom de René, il renaisse deformais vrayement en vous & par vous. Pour y parvenir j'ay une priere à vous faire, qui est que l'exerciez, sans consideration qu'il soit mien, pendant trois mois entiers, en toutes charges rigoureuses, destinées

quoy consistent.

Et en quoy les maledictions.

nées aux novices ; neantmoins que pendant ce temps il ne prenne l'habit de Moine ; afin que si la disposition de son corps ou de son esprit, ne pouvoit porter le fais de vostre regle, il ne soit puis apres esprits de honte, qui l'empesche de revenir. Et si pendant ce temps vous vous pouvez commander, (quand je dy, vous, j'entends tous les vostres) de ne le prescher & semondre, par belles paroles, de demeurer, ains laisser besongner le sainct Esprit en luy, croyez que j'auray l'accomplissement de mes desirs ; car si au bout de ces trois mois, conduit de ceste façon, il persevere, non seulement je seray content, ains l'embrasseray avec toute devotion, sa devotion, & estimeray que ce vous sera un bien grand trophée, d'avoir, non gaigné un corps, ains une Ame. Je vous addresse specialement ceste lettre, non seulement pour estre aujourd'huy le Pere Correcteur de vostre maison, mais aussi pour la doctrine & bonne ame que j'ay recogneuë en vous, au peu de temps que je vous gouvernay dernierement : vous asseurant, que de quelque façon que les choses se tournent, vous aurez en moy, un amy resolu de vous faire tous bons offices en ce qui concernera les affaires de vostre maison. A Dieu.

LETTRE VI.

A Monsieur Tournebu, Conseiller en la Cour de Parlement de Paris.

Il represente la difficulté qu'il y a de traduire d'une langue en autre, & neantmoins luy promet de traduire l'oraison de Ciceron pour Milon.

VOus voulez doncques que j'habille Ciceron à la Françoise. Voyez, je vous prie, qu'elle jurisdiction vous avez acquise sur moy. Il n'y a rien que j'abhorre tant que le mestier de Traducteur ; non que je ne l'estime de quelque recommandation, pour estre celuy, par l'entremise duquel nous avons part aux belles conceptions des Autheurs anciens ; mais entre les labeurs de nos esprits, je n'en estime aucun plus penible, & plus ingrat, que cestuy-cy ; non seulement pour asservir, en ce faisant, nostre plume sous un langage estranger, & captiver nostre esprit sous la tyrannie d'un autre ; mais aussi que je crains que nos Traductions ne se transmettent à nos survivans, ains meurent avec nostre vulgaire, qui se change de cent en cent ans, demeurans par ce moyen nos Traductions, ensevelies dans les tenebres d'une longue ancienneté. Et de ma part, je ne souhaite en mon mesnage ces baux d'Eglise, que l'on fait à quatre vingts dix & neuf ans, seulement ; mais un heritage, bien que non si riche, qui soit mien à perpetuité, avec une esperance de le laisser à ma posterité, pour un tousjourmais. Quand nos inventions sont de merite, quelque changement qu'il y ait d'un vulgaire, on est contraint de venir à nous, pour n'y avoir d'autres protocoles ; voire que si les paroles desplaisent pour estre trop anciennes, ceux qui nous survivent, les agencent quelquefois à la moderne, afin que le peuple ne soit frustré de ce beau subjet : ce qui n'advient pas au Traducteur, lequel, pour ne prester que la robbe, quand elle se treuve trop usée, par un long laps de temps, est abandonné, pour avoir recours aux Autheurs originaires, soit Grecs ou Latins, dont les langues approuvées, se sont par plusieurs siecles, perpetuées jusques à nous. Adjoustez, que les langages ne se rapportent les uns aux autres, en leurs manieres de parler ; & que ce qui est bienseant en une langue, le voulant transplanter en l'autre, sera trouvé de mauvaise grace ; tellement, que tout ainsi qu'il y a plusieurs choses au Latin qui ne se peuvent de mesme naïfveté representer en nostre François ; aussi y en a-t'il plusieurs au François, que Ciceron mesme s'il venoit à renaistre, seroit bien empesché de rendre avec mesme grace, en Latin. Je vous passe que les Romains vivans sous un Estat populaire, & nous sous une Monarchie & Royauté, nos polices & nos Magistrats n'ont aucune communauté, des uns aux autres ; car ces mots de *Senat*, *Senateur*, *Consul*, *Consulat*, *Tribun*, *Ædile*, *Preteur*, *Dictateur*, *Proconsul*, qui se puisent du fonds d'une Democratie, & autres qui viennent à leur suite, comme *Comices*, *Oraisons*, *Concions*, *Auspices*, *Centurions*, *Gladiateurs*, & mille autres de telle trempe, sont de tel effect que les rapportans à nostre usage, en parlant François nous Latinisons : je veux dire, qu'ils n'apportent non plus d'édification au peuple François, non nourry aux loix & mœurs des Romains, comme s'il les lisoit en Latin. Et si pour penser estre plus habiles que nos compaignons nous voulions approprier quelques mots de nostre creu, au lieu d'iceux, pour quelque symbolization & rencontre que nous penserions y avoir de quelques-uns de nos Estats avecques ces anciens ; je croy que l'on se rendroit encore moins intelligible ; & que pensans par ce moyen acquerir la grace du peuple, on se rendroit une butte de mocquerie à chacun ; ainsi qu'il est advenu à ceux qui veulent accommoder, je ne sçay quels mots Latins, à nostre pratique Françoise. Davantage il y en a quelques autres que vous ne sçauriez mesme traduire, comme sont ceux-cy, *Rostra*, *Forum*, *Circus*, *Maximus*, *Flamen*, & infinité d'autres, dont je n'ay fait registre en ma memoire : de maniere que c'est proprement ce que l'on dit, *Tenir le Loup par les aureilles* ; car de quelque sens que tourniez vos pensees, vous ne sçauriez quel party tenir. Pour vous representer à l'œil, je me contenteray de vous toucher les deux premiers mots du subjet que je me suis proposé ; un Ciceron, que les Romains appelleront, *grand Orateur* ; & la cause qui se presente pour Milon, qu'ils appelleront *Oraison*. Comment disons nous en François du mot d'*Orateur* ? Ce sont les Evesques & Prelats, lesquels és lettres qu'ils envoyent aux Rois & Princes, prennent cette qualité, de leurs humbles Orateurs, rapportans ce mot à leurs devotions & prieres : comme en cas semblable, parler du mot d'*Oraison* à un simple peuple, jamais il n'estimera qu'il doive avoir lieu pour les causes que l'on plaide, ains seulement pour les prieres que nous faisons à Dieu, & aux Saincts. Que j'appelle Ciceron, Advocat, comme nous appellons aujourd'huy ceux qui plaident, il n'y a homme si peu nourry en l'ancienneté qui ne sçache tout aussi-tost, que je ravalle grandement la dignité de cest ancien estat : & de fait, Tacite, ou celuy qui sous le nom de luy, a fait un Dialogue de l'Eloquence de son temps, monstre bien, que ceste grande splendeur de parler au public, estoit lors grandement decheuë, parce que ceux qui l'exerçoient estoient pluftost nommez Advocats qu'Orateurs. Et en cas semblable, que je donne au subjet qui s'offre, le nom de Plaidoyé (comme je suis resolu de faire) encore ne fay-je nulle doute, que je n'encoure la controlle de plusieurs, qui penseront que ce mot est trop bas, pour la grandeur de ceste cause : qui fait que je suis contraint de dire & confesser, que le Traducteur tombe en l'une de ces deux extremitez ; car, ou il escrit pour celuy qui entend la langue Latine, ou pour celuy qui ne l'entend ; Si pour le premier, c'est en vain, parce que vray semblablement il se donnera pluftost le loisir de puiser l'eau de la vraye source & fontaine ; si pour le second, il y a grandement à craindre, que nous promettans de luy faire entendre un Ciceron, nous ne fournissions à nostre esperance : & par ainsi que soyons abandonnez de l'un & de l'autre : tellement que nostre labeur tombera necessairement és mains de quelque poignée de gens curieux, lesquels pour estre en petit nombre, au regard des deux autres, je fais grande conscience d'alambiquer mon esprit en telle espece d'escrire pour leur complaire : joint que tels esprits sont ordinairement plus mal-aisez à contenter, que les autres. Toutes lesquelles particularitez peuvent avoir de grandes puissances, pour nous des-

Difficulté grande aux Traducteurs.

Le langage vulgaire change de cent en cent ans.

Mots qui ne peuvent estre traduits.

Orateur estoit d'autre qualité à Rome qu'Advocat entre nous.

L'elo-quence pourquoy plus familiere aux Romains qu'à nous

tourner de la traduction. Mais quand avec tout cela, nous adjousterons combien l'Eloquence, en son general, estoit plus familiere aux Romains, qu'à nous, il y auroit trop & trop de matiere pour nous faire craindre : ils avoient affaire à un peuple qui se repaissoit de paroles ; & attendans de luy la promotion de leurs grandeurs, toute leur estude n'estoit que de haranguer en public ; & pour ceste cause, avoient des Maistres exprés, qui leur expliquoient l'ornement de leur langage, les masques & figures de bien dire, la maniere de remuer les passions en nous, de trafiquer le cœur du peuple, captiver la bien-veuillance des plus revesches & farouches, les roidir & assoupir, exciter les escoutans, tantost à une cholere, tantost à une compassion & pitié : & pour n'estre controllez de l'assistance, se donnoient carriere telle qu'il leur plaisoit, consommans quelquefois le temps en plusieurs frivoles superfluitez, qui nous attedient, mesme en les lisant. Mais quant à nous, pour avoir à mesnager nostre industrie avec Juges graves, il nous faut estre plus retenus. On demande en nos plaidoyers plus de nerfs & moins de chair. Que si nous voulions nous donner la loy de cajoler, comme la pluspart de ces anciens ; outre ce qu'il ne nous seroit permis de ce faire, nous apresterions à rire à chacun. Je ne vous mettray autre exemple devant les yeux, que le present plaidoyé, auquel (par le tesmoignage des plus grands) Ciceron desploya tous les nerfs de son eloquence. Vray Dieu ! combien y trouvez-vous de dispenses, qui ne seroient, je ne diray pas receuës en nos Parlemens, mais bassouées, si l'on s'y vouloit arrester ! De sorte que l'accoustumance qu'ils avoient, de mettre en œuvre leurs conceptions & paroles, à leur plaisir, leur apprit à diversifier, en beaucoup de façons, leur langage : chose qui n'est peut-estre en nous, pour ne faire telle profession de parler comme ils faisoient. Et toutesfois vous me poursuivez à outrance de faire quelque experience de la traduction, mesment sur ce plaidoyé : qui n'est, à vray dire, autre chose que d'exposer ma reputation au langage des uns & des autres, en voulant faire mon coup d'essay, sur un chef-d'œuvre de Ciceron, duquel je puis dire (car il est vray) que tout ainsi qu'Alexandre le Grand ne vouloit estre representé en peinture plate ou en bosse, que par le Peintre Apelles, ou le Graveur Lysippe, tous deux parangons en leurs Arts ; aussi ne doit-il estre permis à aucun de vouloir representer Ciceron, s'il n'est un autre Ciceron, en sa langue. Je le feray neantmoins, à la charge de me precipiter du haut en bas, comme Icare, pour vouloir approcher trop prés, mes aisles, de la chaleur de ce grand Soleil, estant content de me mescontenter, non seulement pour vous contenter, mais aussi parce que je ne veux pas dire que nostre vulgaire soit si court, que il n'ait assez de proprietez pour rendre plusieurs choses, du Latin, sinon avec perfection, pour le moins avec quelque grace & naïveté. Et pour conclusion, s'il y a quelque chose à redire en ce que je representeray, je veux qu'on l'impute, non à la pauvreté & disette de nostre langue Françoise, ains à celle de mon esprit. Que si je ne puis satisfaire à un chacun, il adviendra au traducteur, pareil desastre, qu'à l'Autheur ; lequel quelque diligence & industrie qu'il y eust apporté, pour bien ordonner son plaidoyé, perdit sa cause : aussi perdray-je la mienne, quelque peine que j'aye mise à la traduire. Mais tout ainsi que Milon prit la bonne volonté de Ciceron pour l'effect, aussi me promets-je, que si ce mien labeur tombe és mains de quelques esprits bien nez, ils se contenteront que j'aye bien voulu aux miens ; entre lesquels je desire qu'on sçache que vous tenez l'un des premiers lieux ; & que vos prieres ayans lieu de commandemens sur moy, je ne pouvois vous desobeïr, sans encourir le crime de felonnie, tel, que de Vassal, au Seigneur. A Dieu.

LETTRE VII.

De Mr Airault, Lieutenant criminel au Siege Presidial d'Anjou, à Pasquier, luy faisant present du Livre, par luy intitulé : L'Ordre, Formalité & Instruction Judiciaire, dont les anciens Grecs & Romains ont usé aux accusations publiques.

Comptant sur mes doigts, à qui par honneur je devois donner mes fruicts Angevins, j'ay pensé que vous ne deviez estre l'un des premiers ; car si par quelque malheur, ou plustost imperfection, j'ay quitté ceste lice, où je vous ay veu courir si bravement, il ne s'ensuit pas qu'ayez oublié ceux qui vous ont tousjours honoré & estimé : comme aussi le cognu je fort bien, au dernier voyage que je fis à Paris. Mais pour ne vous mettre en ligne de compte, chose qui ne soit bien allouable, puisque maintenant y tenez rang avec tant de dignité & vertu, je vous diray franchement, pourquoy je me suis resolu vous en faire part : c'est pour vous corrompre : les Dieux mesmes se gaignent & addoucissent ainsi. J'ay pensé, de qui est-ce que plustost je craindray la docte & grave Censure, que de mon Pasquier, duquel & le nom, & la langue, & les mains, volent aujourd'huy par tout le monde ? Par honneur il supportera & dira, que ils sentent autre chose que leur moustarde & langues de bœuf d'Anjou, & n'en degoustera point les autres, s'il accepte luy-mesme le don qui luy en sera faict, venant de l'Autheur. Je vous prie donques, Monsieur, le prendre à ceste charge, & ne craindre les loix Romaines, qui ne nous obligent qu'autant que leur voulons donner cours & authorité par nos Livres. Monsieur, encore useray-je de l'ancienne formule ; & en vous baisant humblement les mains, je prieray Dieu vous donner tres-longue & tres-heureuse vie.

LETTRE VIII.

A Monsieur Airault, Lieutenant criminel au Siege Presidial d'Angers.

Il respondait à la precedente, & l'exhorte de distinguer son livre par chapitres.

Combien que je me sente infiniment honoré du livre qu'il vous a pleu m'envoyer, toutesfois je recognoistray franchement que du commencement, j'ay douté de le recevoir ; d'autant que vostre courtoisie estoit une accusation taisible de mon deffaut, pour m'estre tant oublié par le passé, de ne vous avoir jamais faict part de mes nouveaux fruicts. Quoy que soit, je ne l'ay peu recevoir sans rougir ; mesme aprés avoir leu vos lettres, esquelles donnant plus à nostre ancienne amitié, qu'à vostre bon jugement, me faictes cent fois plus d'honneur, que je ne merite : specialement, en ce que desirez passer par ma censure, (ainsi vous plaist-il l'appeller) me souvenant de vous mander ce qu'il me semble de vostre œuvre, je le feray pour vous obeïr. Je vous ay tousjours estimé

timé & respecté comme Juge incorruptible, & le jugement que j'en faisois, n'estoit vain: car mesme je n'en veux autre plus prompt tesmoignage que de vostre Livre, dans lequel faictes fort dextrement & dignement le procés à toutes sortes de gens qui le meritent. Mais si pour se laisser aisément manier par plusieurs personnes, tout Juge appreste à penser de soy, je crains, certes, que ne perdiez ceste belle reputation qu'aviez, de longue main, acquise; car je vous verray manié par tant de mains, que jamais Juge de Province ne se rendit tant favorable: & adviendra au bout de cela, si n'y prenez garde, que faisant le procez à autruy, vous le vous ferez à vous-mesme, en alambiquant vostre esprit, & le laschant trop facilement à la mercy de vos doctes veilles. Le malheur est en telles affaires, que pour nous faire vivre, sommes homicides de nous. Quant au surplus, je m'asseure que vostre labeur ne se contentera d'une premiere impression : & combien qu'il soit mal-seant à tout homme d'estre ingenieux sur le faict d'autruy, toutesfois si c'estoit à moy, lors qu'on le rimprimeroit, je le digererois en chapitres, selon la diversité des matieres qui sont traictées en chasque Livre : non que je ne voye bien, que vostre intention a esté de nous donner un œu-

il est mal-seant d'estre ingenieux sur le faict d'autruy.

vre massif, sans fleurettes, & à l'antique ; mais ce que je vous en conseille, est pour contenter l'opinion de ceux ausquels l'avez voüé; je veux dire, des François, qui ne se sçauroient presque donner le loisir de lire un livre tout d'une tire ; ains veulent je ne sçay quelles pauses , pour reprendre haleine. Il n'est pas que les Italiens plus retenus que les François, en leurs actions, ne contribuent à ceste impatience avec nous: qui a faict que deux de leurs premiers Poëtes, par une œconomie non recognuë par tous les anciens, ont divisé leurs poëmes, en chants (qui est une forme de chapitre) Arioste & Tasso, lesquels on peut opposer à toute l'ancienneté : & Quintilian mesme l'a faict, en ses Institutions Oratoires. Joinct, que vostre Livre semble y estre aucunement disposé, pour se diversifier en plusieurs matieres, lesquelles vous nous monstrez (si ainsi voulez que je le die) au doigt, par les apostilles qu'avez inserées en la marge. En effect, voilà tout ce que je vous en puis mander, vous remerciant humblement de l'honneur que m'avez faict par vostre bon souvenir, & priant, par mesme moyen, faire estat de moy, de vostre ancien amy, j'adjousteray, serviteur, à la vieille Françoise : mais ce mot d'amy me plaist plus. A Dieu.

LETTRE IX.

A Monsieur Airault, Lieutenant Criminel d'Angers.

il conseille à Mr Airault de vendiquer son fils, en quelques qu'il le trouvet, qui s'estoit rendu Religieux.

Vous avez perdu vostre fils aisné, par l'artifice impiteux de ceux qui sous le masque de Religion, font trophée de la despoüille d'un pauvre pere , en la personne de son enfant. Mais, comme la palme plus est terrassée, moins se rend, aussi rapportez-vous maintenant d'eux, une ample victoire, à leur honte & confusion: qui me console grandement en l'affliction que je vous voy supporter, à laquelle je participe par l'amitié que je vous porte. Et quant à vous, il me semble que devez vous consoler pour vous-mesme : car la perte de vostre fils charnel, vous en a fait engendrer un autre, qui passe de tant le premier, que l'esprit est de plus grand merite & recommandation, que le corps. Nos enfans sont tels que le hazard de leurs naissances nous le donne : qui est cause que recevons d'eux plus de blanques que de benefices : mais ce premier, est vostre vray fils, duquel ne pouvez recevoir que contentement. Quand nous lisons dans la Genese, que Dieu forma l'homme à son image , il le faut rapporter à l'esprit, & non au corps, duquel il ne s'estoit encor revestu : aussi estime-je que nos plus vrayes pourtraitures, soient, non les enfans qui naissent de nos corps, ains de nos esprits : or entre ceux de ceste marque, qui sont issus de vostre forge, j'estime grandement celuy qu'il vous a pleu fraischement m'envoyer; je n'y voy rien que de beau: un commencement brusque, qui nous excite à le lire, non par une demarche pedantique, que nous apprenons de ces escoliers Rhetoriciens, ains par une demarche hardie, telle que dans Heliodore : je ne sçay où vous visez du commencement, ny quelle doit estre la suite : cela m'engage à la lecture, & plus je m'y voy engagé, moins je m'en puis retirer, pour une infinité de belles sentences, & mots choisis qui y sont, accompagnez d'une docte anatomie de toute l'ancienneté, sur ce subject, & d'une forte éloquence d'un bon pere, fondée sur une juste douleur. Et pour vous dire en peu de paroles, il n'y a rien en tout cecy qui m'y desplaise, fors le desplaisir qu'en portez : mais desplaisir, qui me semble devoir estre couvert par le contentement que vous doit maintenant apporter ce nouvel enfant, lequel toutefois (comme m'escrivez) vous avez esté en opinion de supprimer. Comment? Aprés avoir perdu le premier, qu'eussiez esté parricide du second? Non; il faut qu'il reçoive vie, par la mort de l'autre : ou (pour mieux dire) qu'il se soustraye de vostre presence, & vague parmy le monde, tout ainsi que l'autre. Mais en ce faisant, j'ordonne qu'une mesme condamnation produise deux divers effects; & que le premier, pour vous avoir desobey, sente la punition de Caïn (permettez-moy de donner air à ma cholere) & que l'absence de l'autre se tourne à vostre honneur, & à l'édification de nous tous, pour ne vous avoir abandonné que sous vostre bon plaisir : & si ne luy voulez bailler la clef des champs & faire imprimer, que quand l'assemblée des Estats sera ouverte à ce prochain mois de Septembre ou d'Octobre, (ainsi que me le mandez) je le veux bien. Au demeurant, je soussigne à vostre advis, que l'enfant ne se peut voüer en Religion, sans l'exprés consentement de ses pere & mere : & ores que je ne puisse rien adjouster à ce qu'avez si doctement discouru, toutesfois puis que me faictes cest honneur de me demander pour second, j'entre trés-volontiers en champ de bataille avec vous, non pour combattre avec armes de si haut appareil que les vostres, ains seulement avec l'espée & la lance, comme font ceux qui se baillent la main l'un à l'autre, pour decider leurs querelles. Je tiens qu'Elie premierement, puis Elizée son disciple, furent les premiers autheurs & instituteurs des Moines : quoy que soit, j'en ay certains argumens, qui m'induisent d'ainsi le croire; car ils eurent manteaux distincts & separez de la commune : & mesmement Elizée eut plusieurs devotes personnes à sa suite, qui s'habituerent avec luy, sous un mesme toict à Galgal. Or quand Elie appella Elizée à soy, il ne fut soudain obey ; mais Elizée le pria qu'il luy permist, avant que de faire plus outre, d'aller baiser ses pere & mere, qui estoit en bon langage, prendre congé d'eux, & recevoir leur benediction, c'est-à-dire, leur consentement, avant que de se soubmettre à ce nouveau vœu : ce qu'Elie luy accorda. Et sans feuilleter autres Loix que nos anciennes, il y a dans les loix de Charlemagne, article exprés, portant inhibitions & défenses aux enfans, de se rendre Moines, sans le consentement exprés de leurs peres & meres : pourquoy donques ne vous sera-t'il permis de vous esclatter contre ceux qui vous ont ravi vostre fils, qui le vous cachent, le destiennent malgré vous, contre nos anciennes Loix, contre l'Arrest du Parlement par vous obtenu, & contre la volonté expresse de nostre Prince? Un Seigneur a droict de suite contre son homme de corps, voire jusques au bout du monde : & nous ne l'aurons sur nos enfans, au milieu de nous? Un Seigneur haut-

L'enfant ne se peut voüer en Religion, sans l'exprés consentement des pere & mere.

Elie & Elizée, premiers Instituteurs des Moines.

Loy de Charlemagne pour les Religieux.

Le Seigneur a droict de suitte contre son homme de Corps.

haut-justicier, peut vendiquer son subject, se voulant distraire de sa jurisdiction, pour subir, voire celle mesme du Roy : & nous peres, ne pourrons reclamer nos enfans, se voulans souftraire de nostre obeïssance, pour se ranger sous celle d'un Espaignol, ou Italien ? Mais c'est (dit-on) pour se consacrer en tout, à Dieu : comme si en l'obeïssance du fils au pere, il n'y avoir point de Dieu, ou qu'il n'y ait point de Dieu dedans nos maisons ? Au contraire, j'estime qu'une maison bien reglée, où le pere & la mere, par bons exemples, servent de miroir à leurs enfans, est un vray Monastere, & exempt de toutes sourdes rancunes, qui sont ordinairement leur sejour au milieu des Moines. Le plus beau conseil que devez prendre, est celuy dont Alcibiades usa, quand sa femme l'ayant fait adjourner en instance de separation de corps & de biens, pour les mauvais traitemens qu'elle recevoit de luy, il fut si hardy, en presence de tous les Juges, de la saisir par le fort du corps, & la ramener, de la privée authorité, en sa maison ; qui fut une saillie de mary, dont non seulement il ne fut repris, ains grandement loüé par chacun. La querelle de ceste sage Dame estoit juste contre son mary ; toutesfois elle fut contrainte de luy obeïr : & vostre fils ne vous suivra, estant par vous

Traict hardy d'Alcibiades envers sa femme.

recherché ? On le vous a, par une main-mise extraordinaire, souftrait ; vous le pouvez, par autre main-mise juridique, reprendre, au milieu de ces nouveaux & impudens arbitres de nos consciences, toutes & quantesfois que le trouverez. Il n'y a ny laps de temps, ny long entrejeet de lieux, ny pretexte de Religion, qui puisse rien prescrire, au prejudice de l'authorité paternelle. Vous sçavez de quelle façon ce grand Empereur Auguste se comporta à l'endroit de Tatius Senateur, sien amy, en l'accusation qu'il avoit intentée contre son fils, en laquelle il ne voulut, bien que present, servir d'autre chose que de conseil ; laissant la seule & entiere coërcion, au pere, comme premier & dernier juge domestique de son enfant : & où est-ce que cela doit avoir plus de lieu qu'en France, si nous avons encore quelque ressentiment de ceste severité genereuse de nos anciens Gaulois, par laquelle les peres avoient toute puissance de vie & de mort sur leurs enfans ? Je suis pere ; je parle à un pere, & à un pere mien amy : je ne puis que je ne lasche toute bride à ma douleur, aussi bien que vous : & peut-estre, en ce faisant, la vostre diminuera d'une moitié, estant divisée en deux. A Dieu.

LETTRE X.

A Monsieur de Saincte Marthe.

Recit de la Paix entre le Roy & Monsieur de Guise.

APrés plusieurs allées & venuës, la Royne mere a si bien besongné, qu'enfin la paix a esté concluë entre le Roy & Monsieur de Guise : & au lieu que le Manifeste de la Ligue estoit revestu de trois poincts (comme je vous ay cy-devant mandé,) on a passé par connivence, les deux premiers, pour se heurter au dernier, qui concernoit la nouvelle Religion : & c'est arresté, qu'il n'y aura plus en toute la France, que la Religion Catholique Apostolique Romaine ; que les Ministres vuideroient dedans deux mois, à peine de confiscation de corps & de biens ; & les autres dans six, s'ils ne vouloient se reconcilier avec nostre Eglise ; & permis aux Officiers de se deffaire de leurs Estats, dans le mesme temps. Le Roy est venu en personne, le dix-huictiesme Juillet, pour faire publier l'Edict, au Parlement. Le bruit est, que s'y acheminant, il a dit à Monsieur le Cardinal de Bourbon, qu'il avoit faict deux Edicts de Pacification entre ses subjects ; l'un, en l'an 1577. contre sa conscience, par lequel il avoit toleré l'exercice de la nouvelle Religion, mais toutesfois à luy tres-agreable, comme celuy par lequel il pouvoit pourchasser le repos general de toute la France ; que presentement il en alloit faire publier un autre, selon sa conscience, auquel il ne prenoit aucun plaisir, comme prevoyant qu'il apporteroit la ruine universelle

L'Edict de Juillet contre les Huguenots, publié en Parlement.

de son Estat. A la verification de l'Edict, Monsieur le premier President de Harlay a sagement remarqué, que le premier Edict qui l'avoit permise, estoit d'un mesme mois, en l'an 1561. En somme, ceste paix est le renouvellement d'une vieille guerre : mais, à vray dire, la paix des Financiers, parce que quelques jours aprés, on a supprimé la Chambre Royale, moyennant deux cent mille escus qu'ils baillent au Roy, pour fournir au defroy de la guerre. Ceste nouvelle entreprise ne se peut passer sans beaucoup couster au Roy & au peuple ; qui est la cause que l'on a aujourd'huy recours au restablissement de tous les estats de judicature, supprimez. Il n'y a point telle espargne pour nos Roys, que celle qui provient de l'ambition de leurs subjects : c'est un fonds inespuisable ; & en cecy, chacun court en poste à la pauvreté : il n'y a bonne famille, dont nos Roys ne soient par ce moyen, heritiers. Il y a environ deux ans, que le Roy supprima par mort, tels offices, comme venans à la foule du peuple, voire avecques une tres-estroite rigueur, sans admettre les Resignations autres que de pere à fils. La memoire de ce mesnage est en un instant esvanouye. Il n'est pas fils de bonne mere, qui ne mette là son denier. C'est une taille qui court en ceste France, sur les riches ambitieux. A Dieu.

La Chambre Royale supprimée.

LETTRE XI.

A Monsieur de Maugarny, Intendant des affaires de Monsie. le Duc de Guise.

Il le remercie de ce qu'il luy avoit envoyé une certaine lettre de Mr de Guise.

JE vous remercie de la bonne souvenance qu'il vous a pleu avoir de moy ; mesme en un subject si noble, m'ayant voulu faire part des lettres de Monsieur de Guise, que je vous puis dire dignes d'estre enchassées aux archifs de la Republique de Sparte. Je n'ay jamais rien leu de plus genereux, plus moüelleux, plus sententieux, en peu de paroles ; brief, plus digne d'un Monsieur de Guise. J'admire son jugement ; je loüe le vostre, d'avoir estimé qu'il falloit que cette lettre courust par les mains des gens d'honneur. Et ce qui me plaist encore grandement, est, que les avez accompagnées de celles

de l'autre Seigneur, pour leur servir de bel œil. Au demeurant, combien que j'estime infiniment sa generosité, telle que je l'ay veuë pourtraite par ses lettres ; si ne feray-je pas moindre estat de sa prudence, quand il n'a voulu admettre pour compaignon de la reprise de Rocroy, celui qui a grande peine de s'excuser. S'il en eust usé autrement, croyez qu'il se fust fait un grand tort ; & s'il luy advient de reprendre la place dans le temps que m'escrivez, je dirois volontiers qu'il avoit interest qu'elle fust surprise, pour l'exaltation de sa grandeur. A Dieu.

LETTRE XII.

A Monsieur de Saincte Marthe.

Quel jugement il fait sur la pacification faite avec la Ligue.

Soudain aprés que la pacification faite avec la Ligue, a esté publiée, la Reyne mere se promettant d'obtenir plusieurs belles choses du Roy de Navarre, pour establir, comme elle disoit, une paix generale par tout le Royaume, s'est transportée par devers luy, avec un grand appareil. La ville de Congnac a esté choisie pour leur entre-veuë. Par plusieurs fois ils se sont abouchez ensemble : & autant de fois, ceste Princesse s'est trouvée trompée de son esperance. Toutes ses actions sont, ainsi que l'on dit, suspectes à ce Prince. Nous avons veu par escrit, les responses aux demandes qui luy estoient faites ; je ne sçay si vrayes ou non, mais merveilleusement sages & bien couchées. Tant y a que la Reyne s'en est revenuë, tout ainsi qu'elle y estoit allée. Maintenant les affaires de nostre France sont reduites en tel estat, que le Roy, si j'ose le dire, commandé par la Ligue, se va mettre sur l'offensive, & le Roy de Navarre sur la defensive. Quant à moy, je me fais accroire (& vous prie ne trouver mauvais ce que je vous dy en confession) ou que du tout il ne falloit faire la paix avec la Ligue ; ou la faisant, falloit laisser les choses en tel estat, qu'elles estoient auparavant qu'elle prist les armes. A Dieu.

LETTRE XIII.

A Monsieur de Saincte Marthe.

Grands preparatifs du Roy contre les Huguenots, tournans neantmoins avec une destruction des miseres du temps.

Il ne faut plus parler de paix avec les Huguenots, qui ne veut estre declaré criminels de leze-Majesté divine & humaine. C'est le lieu commun de nos Predicateurs en leurs Chaires. On joue maintenant à pis faire. Mais voyez, je vous prie, comme Dieu se mocque de nous. Le Roy avoit fait, ceste année, en un mesme temps, six armées, pour terrasser inopinement, tout d'un coup, toute la puissance Huguenote. Monsieur de Guise commandoit à l'une, sur les frontieres de Champaigne pour fermer le passage aux secours estrangers, Monsieur de Mayenne à un autre, en la Guyenne, qu'il devoit joindre à celle du Mareschal de Matignon ; le Mareschal de Biron, en Poitou ; le Sieur de Joyeuse, en Auvergne ; le Sieur de la Valette, en Dauphiné. Il n'y avoit sage-mondain qui ne jugeast, que les Huguenots, de ceste façon investis à l'impourveu, seroient desconfits sans esperance de ressource : toutes-fois nous n'en avons rapporté autre fruict, que la prise de quelques Bicoques, lesquelles auparavant à peine cognoissions-nous de leurs noms, & maintenant ne se rendent recommandables, que par leurs ruines. Ceux qui aujourd'huy conduisent le party Huguenot, ont pris tout autre conseil, que le feu Amiral de Chastillon ; lequel pendant nos premiers & seconds troubles, estoit environné d'armes, sur les champs, pour jouër à quitte ou à double, & en deliberation de hazarder la decision de sa querelle au peril d'une journée. Ceux cy, par un nouvel advis, ont pensé que pour ceste premiere demarche il leur estoit plus expedient de parer aux coups, & se tenir clos & couverts dedans leurs villes qu'ils sçavent fort bien fortifier : ce faisant, sont autant de sieges, & par mesme moyen d'amusoirs. La guerre se conduisant de ceste façon, je ne voy point que nous ayons si prompte fin du Huguenot comme la Ligue se promettoit. Pour le desfroy de toutes ses armées, outre ce que l'on a faict revivre tous les Estats supprimez, le Roy a voulu, d'abondant, rendre, par nouvel Edict, hereditaires tous les offices qui n'estoient de judicature : & sans faire mention des autres Edits, il a vendu, par permission de Rome, cinquante mil escus de rente du temporel de l'Eglise : Medecines, que quelques uns n'estiment pas de moins dangereux effect, que la maladie qu'on veut guerir : afin que je ne vous ramentoive icy en passant, qu'en voulant guerroyer à outrance le Huguenot, on a faict une guerre plus forte aux pauvres sujets du plat païs : car outre l'argent extraordinaire que l'on a tiré d'eux, par police, je vous laisse à penser quel inventaire tous les soldats ont fait, des biens de leurs hostes, en passant païs : toutes-fois chacun supportoit debonnairement ceste affliction, du commencement, esperant qu'elle seroit courte ; maintenant que l'on voit tout ce grand torrent & desbord de six armées s'estre tourné à neant, les sages en pensent ce qu'ils voyent, & quelques-fois disent hardiment ce qu'ils en pensent. A Dieu, 1586.

LETTRE XIV.

A Monsieur de Saincte Marthe.

M. de Joyeuse desfaict à Coutras &c.

Le Roy voyant que les six armées de l'an passé, avoient avancé fort peu ses affaires, les a voulu, ces jours passez, reduire en trois ; en l'une desquelles il commande, & s'est campé au milieu de la Beauce, pour servir comme un fort rempart pour empescher que les Estrangers ne peussent passer jusques au Roy de Navarre ; si tant estoit que Monsieur de Guise, qui commandoit à une autre armée, ne les pouvoit empescher d'entrer en la France. Monsieur de Joyeuse, a eu la charge de la troisiesme, en la Guienne, avec une eslite de Noblesse : comme le Roy estoit en son camp, nouvelles luy sont arrivées, qu'il avoit esté tué en une bataille rangée, prés de Coutras, avec trois ou quatre cent, que Gentils-hommes, que Capitaines de marque : de vous en raconter les particularitez, je les laisse à une autre plume ; & vous diray seulement, que comme le peuple se donne loy de juger des affaires, par les evenemens bons ou mauvais, aussi chacun diversement en conte comme il luy plaist : les uns imputent ce mal-heur à sa temerité ; & que sur les appas de quelques heureux succez qu'il avoit eus, pensant estre maistre de la fortune, il avoit combatu l'ennemy, contre l'advis, presque de tous les Capitaines, qui n'y voyoient les affaires, en aucune façon, disposées : les autres, qu'il avoit commandement exprés du Roy, de donner la bataille, à quelque prix que ce fust, quand l'occasion s'y presenteroit : quelques-uns, que pensant estre disgracié de son maistre,

vee beaucoup de Noblesse.

maistre, il aimoit mieux lors mourir, que de survivre à sa disgrace : & les derniers, le rapportent à un juste jugement de Dieu, pour vanger toutes les indignitez que les siens avoient faictes, en la reprise de S. Maixant ; car si ce que l'on dit est vray, (quant à moy, je ne le veux croire, & vous, qui estes proche du lieu, le pouvez mieux sçavoir que moy) en reprenant ceste ville, tous les soldats Huguenots ausquels on devoit faire la guerre, s'en allerent les bagues sauves ; & tout le peuple innocent de la ville, ores qu'il fust Catholic, passa, de toutes façons, par la misericorde du soldat indiscret : on adjouste qu'il en capitulant, à la Mote Sainct Eloy, lors de la capitulation, les siens ayans pris d'emblée la ville, firent passer au fil de l'espée, tout le Regiment de Charbonniere, sans en recevoir un seul, à mercy : Aussi dit-on, qu'en ceste bataille de Coutras, les Huguenots tuans les nostres, adjoustoient ceste parole, *Souvienne-vous de la Mote S. Eloy* : aucuns disent qu'il fut tué en la meslée : les autres, de sang froid, après qu'il eust esté recogneu ; si ceste derniere leçon est vraye, c'est une revanche de la mort du Prince de Condé, lequel s'estant rendu au Sieur d'Argence, en la rencontre de Chasteau-neuf, le Sieur de Montescut fut depuis commandé de le tuer, de sang froid.

Les habitans de S. Maixant traistez à outrance à sa prise, & les soldats envoyez.

A la Mote S. Eloy.

Mort de M. de Joyeuse.

Les nouvelles de ceste mort & route, arrivées, le Roy en a fait un grand deuil ; mesme n'a pas voulu ouïr les Gentils-hommes qui luy estoient envoyez de la part du Roy de Navarre, pour recevoir les excuses de ce qui s'estoit passé : & après avoir repris ses esprits, il a fait present à Monsieur d'Espernon de toute la despouille du deffunct ; je veux dire, de l'Admirauté & Gouvernement de Normandie : ceux qui se dispensent de controoller les actions des Grands, disent qu'en ce faisant,

M. d'Espernon fait Admiral & Gouverneur de Normandie.

sans coup ferir il a perdu plus de Gentils-hommes, qu'il n'avoit faict en la bataille de Coutras : car en recompense, n'osant un seul Seigneur, au milieu de tant d'autres, qui exposoient leurs vies pour son service, c'estoit perdre autant de cœurs & devotions. Les Dames pleurent aujourd'huy ceste mort, comme de celuy qui n'estoit malvoulu d'elles. Les plumes sont muettes, nul ne s'osant hazarder de solemniser une cheute si grande, que l'on impute à temerité. Enfin Monsieur du Perron a fait quelques couplets & Stances sur sa mort : & moy, qui avois eu cest honneur, par commandement du Roy, de le presenter au Parlement, en deux actes tres-solemnels ; l'un quand il fut fait Pair de France & Duc de Joyeuse ; l'autre, pour prester le serment d'Admiral, je luy ay donné cest Epitaphe, que je vous envoye.

Neur de Normandie.

Jeune je reluisois comme le clair Soleil,
Beau de corps, doux d'esprit, illustre de mon estre ;
Agreable à chacun, mais sur tous à mon Maistre,
Marié par ses mains d'un superbe appareil.
L'Auvergnac estima que j'estois sans pareil,
Vaillant, prompt à la main ; mais las ! j'ay faict paroistre
Par mon objet, que nul dire ne se peut estre
Heureux, qu'il ne soit mort, & clos le cercueil.
J'ay mille & mille fois d'un cœur franc & sans doute,
Par tout où je passay, mis l'ennemy en route ;
Puis ay senty de Mars le malheureux effort.
Mais pourquoy malheureux ? moy, qui n'eus onc envie
Que de payer mon Roy qui me donna la vie,
Que pouvois-je de moins, que luy vouer ma mort ?

Epitaphe de M. de Joyeuse.

LETTRE XV.

A Monsieur de Saincte Marthe.

Sur l'arrivée des Reistres, & leur desfaicte.

A Peine avions-nous esté asseurez de la mort de Mr de Joyeuse, que nous fusmes saluez, coup sur coup, de deux nouvelles, grandement advantageuses : les Reistres Huguenots, voulans joindre le Roy de Navarre, ont esté suivis en queuë par Monsieur de Guise, lequel bien qu'il n'eust tant de forces qu'eux, si les a-t-il exercez, de jour à autre, par une infinité d'algarades : le Roy d'un autre costé, adverty de leur venuë, s'estoit campé le long de la riviere de Loire, pour leur barrer le passage : les Reistres n'ayans aucune retraite, sinon de la campagne, Monsieur de Guise estant à Montargis, est adverty par le Sieur du Cluseau, qu'une bonne partie d'entr'eux logée à Ville-Mory, faisoit tres-mauvaise garde ; & qu'il les avoit recogneus estans sur le poinct de souper ; au moyen dequoy seroit bon de leur aller porter le dessert : ceste affaire mise en deliberation, il fut resolu d'y aller, & la charge principale donnée aux Capitaines du Cluseau & de S. Paul, deux maistres de camp principaux : l'entreprise est conduite si à propos, que les ennemis sont surpris pendant leur souper : l'on vient aux mains, grand carnage d'eux ; toutesfois ils commencerent à se rallier, & firent un gros : lors, le raiz de la nuict commence de nous surprendre ; de maniere qu'il estoit fort malaisé de se recognoistre, sinon par le mot du guet. Voicy sept cens hommes des leurs, qui commencent de descocher, bravement soustenus par les nostres : & à vray dire, en ce faict-cy on ne peut assez loüer & la sagesse de Monsieur de Guise, & la vaillance de Mr de Mayenne : car il fut advisé entr'eux deux, pour ne hazarder d'un coup toutes choses, que Monsieur de Guise avec la compagnie, seroit aux aguets, pour en un besoing, donner sur l'ennemy quand il le verroit en desordre ; & que cependant Monsieur de Mayenne donneroit dedans, lequel comme un lyon, s'engage avec soixante cuirasses au milieu de la meslée, de telle furie que les autres es-

Charge de Ville-Mory.

tonnez, ne sçachans, pour l'obscurité de la nuict, quelle estoit sa suite, se retirent au petit pas, nous demeurant le bourg, en proye, & une bonne partie du bagage ; n'ayans perdu des nostres que le Sieur de Listenois, Gentil-homme de grande esperance, dont la perte des autres a esté inestimable. Huict ou neuf jours après, Monsieur de Chastillon qui conduit les Reistres, voulant faire une entreprise sur le Chasteau de Montargis, pensant y avoir quelque intelligence ; Monsieur de Guise, de ce adverty, y commet le Sieur du Cluseau. Je ne vous discourray par le menu, toute l'histoire : suffise vous que la partie a esté conduite de telle façon, par une foucade qui y a esté faicte, que les ennemis pensans y entrer à petit bruict, ont esté presque tous fricassez, & peu s'en failly, que le Sieur de Chastillon n'y ait esté pris ; toutesfois comme Capitaine tres-sage, ayant quelque opinion que l'ouverture des portes du Chasteau n'estoit qu'un piege, il s'en est sagement garenty.

Entreprise de Montargis doubtable.

Ce que je vous ay cy-dessus raconté, est beaucoup, mais bien peu, si n'entendez le demeurant. Les Reistres se faisans vou au beau milieu de la Beauce, après avoir pillé Chasteau-Landon, ont faict leur logis à Aulneau. Estans en ce bon paillé, non toutesfois maistres du chasteau, & y faisans bonne chere l'espace de huict jours, à l'Allemande ; Monsieur de Guise qui ne dort pas, se resoult de les surprendre à la Diane, dans leurs licts, par le moyen du Capitaine du Chasteau, qui luy ouvre la nuict les portes. A la poincte du jour il leur donne dedans en son lict, non une chemise blanche, mais rouge : il y a eu douze ou quinze cens hommes tuez, & quatre-vingts chariots pris : la ville jonchée de morts, leur Colonnel sauvé de vitesse, & dix Cornettes rendus. Jamais nous n'eusmes meilleur succez, auquel on ne peut desnier, que Monsieur de Guise n'ait apporté tout ce que l'on peut de diligence, proüesse & vaillance. Et ce qui me semble digne

Desfaicte d'Aulneau.

digne d'estre remarqué, est, que cela soit advenu à Aulneau, appartenant au Sieur du Bouchage, pour vanger en peu de temps la mort du Sieur de Joyeuse son frere. Le Baron de l'Aulnoy, General des Reistres, pour excuser la perte qu'il avoit faite à Ville-mory, au raiz de la nuict, appelloit auparavant Monsieur de Guise, le Prince des Tenebres; mais en ce qui fut executé à Aulneau, il trouva que ce Seigneur sçait dextrement faire son profit, du jour aussi bien que de la nuict, selon que les occasions le conseillent. Mais voyez encores, je vous prie, quel fruict cela nous a apporté. Il y avoit environ un mois que Monsieur de Nevers, negotioit par menées sourdes avec les Suisses, leur retour en leur païs: chose qu'il ne pouvoit obtenir, quelque promesse d'argent qu'il leur fist. Soudain que ceste deffaite est advenue, ils se sont presentez au Roy, avec supplication tres-humble de leur bailler seureté de leurs personnes, par les chemins: requeste qui leur a esté fort liberalement accordée. Quant aux Reistres, voyans comme ils avoient esté caressez à Aulneau, & le peu de secours qu'ils pouvoient esperer du Huguenot, l'armée duquel s'estoit d'elle-mesme rompuë, pour conserver son butin de la deffaite de Coutras: joint que la Loire estoit un grand fossé bien deffendu par le Roy, qui les empeschoit de passer plus outre; mettans toutes ces considerations devant les yeux, ils ont pensé de troussez bagage, & fait en une nuict une cavalcade de neuf grandes lieuës, bruslans tout ce qui leur restoit de chariots, & fait monter en croupe leurs Lansquenets. Le Roy a envoyé Monsieur d'Espernon aprés eux, pour leur donner à dos. Quoy plus? Les affaires se sont de telle façon passées, qu'eux qui estoient venus de propos deliberé pour fondroyer la France, se sont estimez tres-heureux qu'on leur ait permis de s'en retourner sains & sauves. Jamais victoire ne fut si heureuse que cette-cy: d'autant que cesans toutes autres particularitez, il semble que Dieu ait permis que Monsieur de Guise eust malmené, de cette façon, ces Estrangers, depuis la frontiere jusques au cœur de la France, pour les contraindre de venir rendre les abois aux pieds du Roy, afin que la victoire en fust plus noble. En l'accord fait par le Seigneur d'Espernon, Monsieur

Retraite des Reistres.

de Bouillon & autres Seigneurs de la France, qui estoient de la partie, y ont esté compris, & à eux donné passe-port pour reprendre avecques seureté les brizées de leurs maisons. Le Seigneur de Chastillon, seul, par une magnanimité admirable, n'est voulu entrer en cette capitulation; & avec une poignée de gens s'est hazardé d'aller retrouver le Roy de Navarre, faisant teste à ceux qui les ont voulu empescher. C'est luy, qui auparavant avoit aussi traversé toute la France, pour recevoir les Reistres, lesquels, avant sa venuë, temporisoient sur la frontiere; mais depuis qu'il les eust joints, ils se firent voye, quelque empeschement qu'on leur fist. Et à vray dire, si suivant son conseil ils eussent pris leur chemin, tel qu'il leur enseignoit, nos affaires ne nous eussent reüssi comme elles ont fait.

Les choses s'estant passées de ceste façon, à nostre tresgrand honneur & advantage, le Roy est revenu dans Paris la surveille de Noël dernier passé, recueilly de tout le peuple avec une infinité d'allegresses, criant chacun par les ruës où il passoit, les uns, *Vive le Roy*; les autres, *Noël*: il est allé descendre tout botté & esperonné, en l'Eglise nostre Dame, pour rendre graces à Dieu; assisté de tous les ordres de Paris, où l'on a chanté un *Te Deum*; & le lendemain, la Cour de Parlement, Chambre des Comptes, grand Conseil, Cour des Generaux des Aides, Thresoriers generaux de France, Lieutenant Civil & Siege Presidial, Prevost des Marchands & Eschevins de la ville, tous l'ont, à l'envy, & en forme de procession, luy ont esté baiser les mains. Jamais Roy ne fut tant chery, bien veigné, & si favorablement accueilly des siens, & n'eust tant de subject de contentement que luy. Quelques jours aprés, pour monstrer combien il honoroit la memoire de Monsieur de Joyeuse, il luy a faict faire des obseques, de mesme parade & magnificence, telle qu'à Monsieur le Duc. Et qui est chose qu'il ne faut oublier, le jour mesme que la harangue funebre a esté faite en l'Eglise des Augustins, nouvelles luy sont venuës de la mort de Monsieur le Prince de Condé. Qui est, par-aventure, un accomplissement de souhait: parce qu'on luy imputoit, en commun propos, la mort du Seigneur de Joyeuse. A Dieu.

Accueil faict au Roy arrivant à Paris.

Obseques de Mr de Joyeuse.

LETTRE XVI.

A Monsieur d'Espesse Conseiller d'Estat & Advocat General du Roy en sa Cour de Parlement de Paris.

Il le reprend de ce qu'il n'avoit daigné lire certaines Meditations à cause de l'Autheur.

JE pensois faire œuvre meritoire, & gaigner, si ainsi voulez que je le die, une ame à Dieu, vous envoyant quelques Meditations spirituelles, que l'un de vos amis & des miens, avoit faites; mais, à ce que je voy, c'est en vain; car non seulement, ne les avez goustées, mais au contraire vous en mocquez, jettant l'œil seulement sur l'Ouvrier, non sur l'œuvre. Est-ce icy Saül fils de Cis, (disoient les Israelites) qui gardoit n'agueres, les asnes; & maintenant prophetize avec les Prophetes? Est-ce icy le fils de Joseph Charpentier, qui nous presche, disoient les Juifs? Tout de ceste mesme façon tournez-vous icy en mocquerie, que l'Autheur de ces Meditations, qu'avez autrefois veu jeune & desbauché, tourne aujourd'huy son esprit à ces sainctes & devotes cogitations. O pauvre homme mal conseillé! Estes-vous encore à sçavoir, que l'Esprit de Dieu souffle où il veut? Que par une estrange metamorphose, il fit vase d'eslection, de celuy qui avoit esté, en la Judée, l'un des plus grands persecuteurs de nostre Religion? Qu'il bastit son Eglise, sur celuy qui le desavoüa, par trois fois, au milieu des Juifs? Et à peu dire, qu'il manifesta le sainct & paradoxe mystere de sa Resurrection, à celle qui avoit esté autrefois l'une des plus grandes pecheresses de Hierusalem? Qui eust jamais estimé, en rien commun, qu'une douzaine de piedestaux, eust peu servir de trompette, par tout le grand Univers, pour y espandre la semence de nostre Re-

ligion Chrestienne? Dieu exerce sa toute-puissance où il luy plaist: il fait marcher droit celuy qui estoit perclus de tous ses membres; donne la veuë aux avengles; fait parler inesperement les muets. Quoy? ne mit-il, en pires termes, la parole en la bouche d'un asne, pour destourner Balaam son maistre, du chemin où il s'alloit perdre? Balaam, dis-je, qui par les propheties disoit aux autres ce qui leur devoit advenir; & en son fait ne voyoit son malheur present, s'il n'en eust esté destourné par l'organe d'une beste que nous estimons la plus grossiere de toutes les autres? Dieu par un esmerveillable eschange, choisit quelquefois pour son truchement celuy qui auparavant estoit homme tres-vicieux. Vous n'eussiez pas aisement pensé que ce grand sainct Cyprian, qui, en la fleur de son aage, nourry en la Loy Payenne, exerçoit la magie (si nous croyons à quelques-uns) pour joüir d'une sage Dame, dont il estoit serviteur, le fust converty à nostre foy; ny qu'un sainct Augustin, entaché, en sa jeunesse, de l'heresie Pelagienne, se fust facilement reduit au giron de l'Eglise? Ce neantmoins & l'un & l'autre le firent; celuy-là, par les prieres & oraisons de ceste vertueuse Dame qu'il vouloit corrompre; cettuy-cy, par celles de sa mere: & furent tous deux, des plus grands Evesques & premiers Docteurs de nostre Eglise. Ostez donc de vostre esprit ces vaines recherches de nos actions du passé; & considerez si ce qui est aujourd'huy de nostre

Balaam faict aux autres leur fortune, ne voyoit pas la sienne.

S. Cyprian premier Payen & Magicien. Et S. Augustin Pelagien.

Faicts grands Evesques & Docteurs.

tre façon, se peut tourner à la gloire & exaltation du nom de Dieu. Je sçay vrayement, que les premiers traits de la persuasion, sont plus fondez sur le bien faire, que sur le bien dire; & que nostre Seigneur commença premierement par les bonnes œuvres, puis s'achemina au prescher; mais, si ceux qui nous enseignent, ne peuvent atteindre à cette perfection, pour le moins sommes-nous commandez de faire ce qu'ils disent, & non ce qu'ils font. Je vous escrit cecy, par exprés, afin qu'en vous exhortant, je me sois un esperon à moy-mesme, pour apprendre, de tenir en bride mes opinions mondaines; de matter, mastiner, macerer cette maudite chair, ennemie professe de l'esprit; faire littiere de tous ces terrestres honneurs; mettre sous pieds cette fade apprehension des biens; bannir ces flateuses & tromperesses passions, assassins de nostre raison : brief, de n'avoir autre passion en moy, que la memoire de la Passion de nostre Sauveur Jesus-Christ, sur laquelle est assis tout nostre Salut. C'est le but, auquel je desire descocher toutes mes pensées; celuy auquel descochez toutes les vostres, m'asseurant, que quand il vous plaira digerer à longs traits, ce que je vous ay envoyé, vous trouverez dequoy vous contenter grandement. A Dieu. 1587.

LETTRE XVII.

A Monsieur d'Espesse.

Il descrit la vie & les cruautez de Basilides Roy des Moscovites.

Jamais livre ne m'apporta tant de torture, que celuy que m'avez presté, contenant la vie de Basilides, Roy des Moscovites, dernier mort. Je ne pense point que nature ait oncques produit un tel monstre en cruauté: uns Caligule, Neron, Domitian, Commode, Caracalle, n'estoient que moyquettes en ce suject, au regard de luy; car de quelque costé que je tourne ma veuë sur ses deportemens, ce n'estoient que feux, cendres, saccagemens, massacres, ruines, & pis encore, si pis vous pouvez trouver. Et neantmoins tout cecy ne luy estoit que passe-temps. Je le vous representeray volontiers en brief, comme sur un tableau racourcy. N'attendez donc de moy, sur le commencement & milieu de la presente, que carnages & boucheries: mais je vous prie de suspendre vostre jugement jusques à la fin.

Basilides ne prit jamais ville (& en prit plusieurs) qu'il ne fit passer tous les principaux habitans, par le fil de l'espée, & les femmes & filles, par la discretion du soldat. Je vous en reciteray les exemples plus signalez: à la prise de la ville d'Alclerande, il fit violer cinq cens filles, & toutes leurs meres, en presence les unes des autres: qui estonna tellement la ville de Vendovise prochaine, que toutes les femmes qui y estoient, sçachants qu'il vouloit assieger leur ville, pour ne tomber en pareil desarroy, se mirent dans leur Eglise; & aprés avoir fait leurs prieres à Dieu, espandirent plusieurs caques de poudre à Canon, où le feu mis, elles furent toutes arses, & l'Eglise bouleversée. L'année d'aprés, qui fut 1578. il avoit environ quatre cens prisonniers trés-illustres, des pays par luy conquis, qu'il detenoit en obscures prisons: ce gentil Maistre, de compassion & pitié, faisant contenance de les vouloir renvoyer, dans quelque temps, en leurs maisons, les fit venir pardevers soy, & leur demanda si en leur ouvrant les prisons ils retourneroient volontiers en leurs païs : ces pauvres Seigneurs & Dames, ne pensants que ce fust un piege pour les attraper, luy respondent qu'ils n'avoient rien plus cher que leur liberté; toutefois promettoient de ne desemparer la Moscovique tant qu'il luy plairoit; ce tyran tourne cette response à injure; & dés l'instant les fit tous assommer en sa presence & en la presence de luy & de Jean & Theodore ses enfans : comme ainsi fust que quelques Dames plus magnanimes que les autres, se plaignirent de cette execution plus que brutale, il les fit attacher sur les clayes, puis foüetter, & enfin arracher les ongles des pieds & de mains; ne pouvant cette beste brute, rassasier ses yeux de les voir simplement passer par les mains de son bourreau. Quelque sedition s'esmeut en son camp; il fit mourir tous les Chefs; punition excusable : mais non content de cela, il fit tenailler une infinité de soldats qui avoient esté de la partie. Il eut quelque soupçon d'une rebellion de la ville de Nomogarde; il envoye son grand Prevost avec soldats, pour empescher les citoyens d'en sortir; puis il y entre avecques son fils aisné, les exhortans que si quelques-uns craignoient la mort, ils s'y resolussent par sa presence: & aprés leur avoir permis de prier Dieu, il les tua tous, tant hommes que femmes & petits enfans, sans pardonner mesme aux bestes : sept cens femmes avec leurs enfans furent noyées, les chefs de famille, pendus à leurs fenestres; les Senateurs occis, en plein Senat; les Prestres dedans leurs Eglises: jamais si piteuse tapisserie ne fut veuë dedans une Eglise: l'Evesque cuidant trouver quelque respit, convie Basilides à disner ; il y va; mais comme il y estoit, il fait tuer tous les Prestres & piller leurs Eglises; & à l'issuë du disner, mit à sac la maison de son festinant, lequel il fit promener par toute la ville sur une meschante haridelle de cheval ; & au bout de cela l'expose au supplice : de compte fait, on y tua deux mille sept cens septante hommes de marque, sans le menu peuple. Entrant en Plescovie, il fit semblant de vouloir reformer l'Estat, fait assembler le Senat, avec tout le peuple ; en cette assemblée, tous les Senateurs & les plus signalez citoyens, furent mis à mort. Revenu d'un long voyage, en Moscovie, faisant contenance de vacquer, un jour de feste, à une procession generale, & de faire banquets par les carrefours, au commun peuple, & dans son Palais, à ses Senateurs, nul n'e s'y trouva, se doutans que ce fust une embusche pour les emprisonner : enfin les ayant par douces paroles alleschez, il fit occire tous les principaux officiers; puis son propre frere & ses cousins. Entendez, je vous prie, un traict d'une justice, mais barbare, par luy exercé : Michel Viscove, l'un de ses premiers Conseillers, est pris par Malut son grand Prevost, comme ayant voulu attenter contre l'Estat : ainsi qu'il estoit au gibet, parlant au milieu du supplice fortement & hardiment contre ce Tigre, il s'y trouve un Secretaire, lequel pensant luy faire plaisir, monte sur l'eschaffaut & coupe le membre & ses genitoires à ce pauvre patient, dont il mourut ; les apporte à son maistre, pensant que ce luy feroit chose agreable ; à la verité, ceste audace brutale meritoit une punition exemplaire de mesme : Basilides ayant receu ce beau present, condamna son Secretaire, ou de le manger, ou d'estre exposé à pareil supplice que l'autre ; non (dict l'histoire) pour avoir de son authorité privée mis la main sur un homme, qui avoit receu sa condamnation, mais pour luy avoir acceleré sa mort : ce miserable chastreux pour sauver sa vie, choisit de manger ces parties honteuses. Vers ce mesme temps, il condamna à mort, deux cens Bourgeois de la ville de Moscovie, nonobstant les faicts justificatifs par eux proposez ; & comme ils les voulussent deduire devant le peuple, il faict battre tambours & sonner trompettes, afin qu'ils ne fussent ouys : cens cinquante autres citoyens, deliberans de se retirer en Polongne, de ce adverty, il les faict mourir. Il tuë un sien frere nommé George, sa femme & ses enfans : de tous ces massacres il rend graces à Dieu ; & luy-mesme faict le service divin, comme le grand Pontife. En l'an 1577. fait couper la teste & les pieds à Pierre Cerebrin Russien, & de tout cela enveloppé dans un drap, en faict present à sa femme ; faict sortir

L'Evesque inesme indignement traité après le festin.

Justice barbare, mais juste.

Cinq cens filles violées avec leurs meres à la prinse d'Alclerande.

Genereuse resolution des femmes de Vendovise.

Cruauté plus que barbare envers ses prisonniers.

Nomogarde traittée avec d'estranges cruautez.

rit plusieurs freres & cousins de prison, & prend plaisir de les voir combattre par son commandement, jusques à ce qu'il n'en demeura un seul sur la place : condamne à mort l'un de ses Secretaires, pour avoir acheté un beau mulet cherement, disant qu'il faisoit le Roy. Tetallonne, l'un des premiers Conseillers de son Conseil privé, festoyant quelques siens amis, & neantmoins ne voulant faillir de se trouver au dessert du disner du Roy, envoye un sien page pour sçavoir quand on voudroit lever les napes ; ce tyran ayant sçeu de ce jeune gars, pourquoy il estoit là venu, prend cela pour une conjuration ; & faict non seulement mettre à mort Tetallonne ; mais aussi toute sa famille, comme s'ils eussent tous adheré à ceste imaginaire conjuration. Ocrin, l'un de ses principaux favoris, est par luy exposé à la torture, puis à mort, parce que luy ayant presenté un plein verre de vin pour boire, *Sa peni-* il en avoit fait à deux fois. Trouvastes-vous jamais en *tence,* l'histoire une si prodigieuse punition, que ceste-cy ? Aussi *mais qui* est-ce la verité, que le peuple en murmura, & que ce *se tour-* mal-heureux tyran en voulut faire penitence ; mais peni-*ne en* tence qu'il convertit en cruauté. Pour expier ceste mort, *cruauté.* & en faire oublier le scandale, il se reduisit en une vie solitaire avec ses deux enfans & quelques Princes de sa Cour : pendant ce vœu, il envoye quelques Seigneurs tous nuds en Moscovie, pour advertir le peuple, que puis qu'il desiroit un nouveau Roy, il quittoit volontairement la Couronne ; sur ceste Ambassade, le peuple le voulut reblandir ; on depesche pardevers luy quelques personnages d'honneur, pour le supplier de retourner : ce qu'il faict ; mais soudain apres son retour, il augmente ses Gardes de deux mille bons harquebusiers ; & d'une mesme main fait occire tous ceux qu'il pensoit avoir mesdit de luy, pendant son absence ; fait prendre prisonnier le Duc de Rostovie au milieu de l'Eglise, luy faict mettre les fers aux jambes ; & quelques jours apres, l'envoye au gi-*Le Pala-* bet ; faict mourir Jean Petrovire Palatin de Russie, com-*sin de* me criminel de leze Majesté ; le revest d'habits royaux ; *Russie* luy met le Sceptre en la main, la Couronne sur le chef ; *commet* & apres l'avoir salué comme Roy, & s'estre mocqué de *mocqué* luy, le faict tailler en pieces par tous ses soldats ; ne par-*& mis* donnant à aucune teste de sa maison, ny de tous ses pa-*à mort.* rens, qu'il fit fricasser par poudre de Canon : sa femme enceinte tuée, & ses pauvres filles, apres avoir esté violées, eurent pareille fin que leur mere : Cassassin son Chancelier tiré à quatre chevaux, & de son corps, faictes quatre parts ; Basilides loüant publiquement l'industrie de ses bourreaux, qui avoient faict un si beau chef-d'œuvre. Opphanazze estoit celuy de ses Secretaires, auquel il commettoit ses plus devotes pensées : il entre en quelque souspeçon de luy ; & sur ceste defiance se fait foüetter par les carrefours, puis luy rompre bras & jambes ; & en apres pendre & estrangler ; & d'une suitte mettre à mort tous ses parens ; car c'estoit le refrain ordinaire de ses cruautez : grande pitié, que pour vanger la faute qui n'estoit fondée que sur une imagination, il estendist la vengeance sur une infinité de pauvres gens innocens ! Sur une opinion qu'il avoit que plusieurs honnestes Damoiselles avoient mal parlé de luy, il les fit pendre dans la sale ; mais pour le baigner plus en sa cruauté, il convie à disner leurs maris, afin qu'en repaissants leurs corps, ils repeussent aussi leurs yeux de cet impiteux spectacle. Son commun passe-temps estoit, allant par les champs, de faire despoüiller toutes nuës, les femmes qu'il trouvoit, & les envelopper dans la neige, jusques à ce que luy & ses troupes fussent passées. Il avoit, d'ordinaire, quatre Ours, qu'il laschoit au milieu du peuple, se moquant de ceux qui estoient blessez. Brief, la plus grande remarque de clemence, qui fust en luy, c'estoit qu'un homme luy deplaisant, qu'il ne vouloit faire mourir, le gouvernant, il luy perçoit l'un de ses pieds avec un espieu aigu, qu'il portoit au lieu de son Sceptre ; & l'ayant attaché à la terre, le laissoit là en ce point, & s'en mocquoit. Ne pensez pas cependant, qu'au milieu de ces monstrueuses cruautez, il n'ait faict une infinité de conquestes en Allemaigne, Pologne, Gotthie, Livonie, Turquie, Tartarie, & qu'il n'ait grandement advancé les lizieres de son pays : voire fut si heureux, que sous la conduite d'un sien Capitaine nommé Sorebrum, luy absent, il desconfit Selim Empereur de Constantinople, en plein champ de bataille, ayant une armée de trois cens mille hommes. J'ay leu tout cecy aux deux premiers livres ; & croyez que ce n'a pas esté sans une extréme impatience : je me renfrongnoy le front, sourcillois des yeux, grinçois les dents, petillois des pieds, lisant tant d'heureux succez advenus au plus mal-heureux homme de la terre ; à celuy, dy-je, auquel outre ses prodigieuses cruautez, je ne trouvois que perfidie ; qui contre les Ambassadeurs à luy envoyez violoit tout droit des Gens ; qui ne pardonnoit aux Princes estrangers, lesquels en leurs calamitez s'estoient mis sous sa protection ; qui n'avoit ny Foy ny Loy, que celle où la brutalité l'emportoit : comment, disoy-je, que Dieu ait permis que ce monstre desnaturé ait tant prosperé, sans avoir receu quelque atteinte ? Je me disposois, si je l'ose dire, de faire le procez au Ciel ; toutesfois en peu d'heures, je me reconciliay avec luy, ou pour mieux dire, avec Dieu. J'arrive au troisiesme Livre, où je trouve une mutation generale de sa fortune : un Estienne, nouveau Roy de Pologne, reprendre sur luy, à petit bruict, tout le païs de Livonie, par luy conquis ; le combattre en pleine campaigne, le mettre en fuite, & le reduire en toute extremité de desespoir : & enfin, Dieu luy aveugle tellement les yeux, que par une cholere forcenée, pour un je ne sçay quel souspeçon de conjuration, il *Basili-* tué, d'un coup de baston, Jean son fils aisné, seul sup-*des tué* port de sa vieillesse ; je veux dire, celuy qu'il eust delaissé *son fils* successeur de ses cruautez, tout ainsi que de son Royau-*aisné.* me : dés l'heure mesme revenant à soy, il fut combatu par les furies pour ce parricide, & tousjours depuis alla en empirant ; jusques à ce que frappé tout-à-faict de la main de Dieu, il commença d'estre afsligé des poux, vermine & putrefaction, vers les parties honteuses ; mal qui *Sa fin* le rongea, petit à petit, jusques aux os, l'espace de dix & *misera-* huit mois, sentant des douleurs insupportables, tant au *ble.* corps, qu'en l'esprit, sans y pouvoir donner ordre. De mourir d'un coup de balle, ou de dague, eust esté que luy eust esté que mais Dieu, pour monstrer sa toute justice, apres avoir terrassé sa fortune, voulut que ce malheureux achevast ses cruautez en son propre sang, & en son fils, en celuy qui le representoit d'esprit & de mœurs : & tout d'une suitte ayant faict mourir une infinité de personnes, voulut aussi qu'il mourust d'une infinité de morts jour & nuict, l'espace d'un an & demy. Adoncques reprenant mes esprits, voicy, dy-je, un autre Herode, meurdrier d'un peuple innocent, à qui nous est refiguré par une mort miraculeuse. Hé ! vrayement je recognois à veuë d'œil les merveilleux effects de Dieu, qui ne laisse jamais les meschancetez, impunies. Les anciens Ethniques disoient, que les Dieux avoient les pieds de laine, & les bras de fer ; voulans dire qu'ils procedoient tard aux vengeances : mais les executants, c'estoit avec une extréme rigueur. Je vous renvoye vostre Livre, & vous remercie. A Dieu. 1587.

FIN DV VNZIESME LIVRE.

LES LETTRES D'ESTIENNE PASQUIER

Conseiller & Advocat General du Roy en la Chambre des Comptes de Paris.

LIVRE DOUZIESME.

LETTRE I.

A Monsieur d'Espesse, Conseiller d'Estat, & Advocat general du Roy, en la Cour du Parlement de Paris.

Ceste lettre fut escrite avant les troubles, par Pasquier à Med'Espesse, Advocat general du Roy au Parlement, & depuis President en la grand Chambre.

Discours du plaidoyé que fit Pasquier pour Jean Blosset Seigneur d'Arconville, accusé

Ais, je vous prie, dites-moy d'où vous vient ceste nouvelle devotion, de vouloir que je vous escrive le motif, progrés & succés de la cause que je plaiday pour Arconville contre Bobie, en l'an 1571. Si estiez femme, je dirois que ce sont appetits de femmes grosses. Comment? dix ans aprés, me remettre sus la memoire de ceste querelle? Quand une cause a esté par moy, plaidée, & depuis jugée par Arrest, je suis tres-content en me deschargeant du sac & des pieces, de descharger, par mesme moyen, ma memoire de toutes les particularitez qui s'y sont passées. Bien vous diray-je, que ceste-cy estant l'une des plus grandes que j'aye plaidé, pour l'énormité du delict qui se presentoit, dont jamais on ne vit le semblable, & les parties ayant esté apointées au Conseil; car j'ay tousjours depuis, gardé le plaidoyé qu'il me fallut faire, dont je ne serai mari de vous faire part, puisqu'ainsi le desirez: mais avant que de ce faire, je vous reciteray une particularité notable qui m'advint, laquelle merite d'estre par vous sceuë.

Arconville, sa femme, & toute sa famille ayans esté detenus prisonniers, six semaines entieres, en prisons fort estroites, enfin les prisons ouvertes à sa femme, & à ses serviteurs, & luy mis en la garde du Commissaire Grenouleau, me vint trouver, accompagné de son hoste: & m'ayant fait recit de son innocence, je le consideray au visage, & sondai au vif de toutes façons, comme si j'eusse esté son juge: & ne trouvant rien en luy, que l'asseurance d'un homme innocent, je fus d'advis qu'il

A devoit appeller du decret de prise de corps, ignominieux emprisonnement & longue detention tant de luy que de sa femme & ses serviteurs & servantes, & de tout ce qui s'en estoit ensuivy. Cette cause despendoit des conjectures, (car pour bien dire, il n'y avoit nulle charge testimoniale contre luy;) & les conjectures, des esprits de ceux qui devoient plaider. J'estois pour Arconville & sa femme, Monsieur Brisson pour Bobie: mais toute l'assistance generalement contre moy. Car ayant esté Arconville amené prisonnier dans Paris, lié & garroté sur un petit bidet, par Tanchou Lieutenant Criminel de robe courte, & ses archers, comme s'il eust esté ja atteint & convaincu du crime; & quelques jours aprés, sa femme, serviteurs, servantes, & laboureurs, dedans des charrettes entourées d'archers; il n'y eust aucun qui ne creust, qu'ils estoient complices du crime execrable commis en la maison de Bobie. Nous plaidasmes en la salle de Saint Louys, où se plaident les causes criminelles. Jamais plus de peuple ne se trouva en cause, comme en cette-cy: chacun y accourroit comme au feu, pour l'inimitié publique qu'on avoit conceuë contre nous. Je voulus que mon fils aisné, lors jeune escolier, y assistast joignant moy, pour l'exemple. Aux pieds de Monsieur B Brisson, estoit Bobie, qui ne manquoit de larmes à ses yeux: aux miens, estoit le Gentil-homme, & avec luy sa femme larmoyante, comme aussi deux petits enfans. Par mon premier Plaidoyé, je dy seulement, que combien que ne fussions chargez de delict, toutesfois on avoit decreté prise de corps contre nous, ignominieusement executé, & detenu prisonniers l'espace de six semaines: dont

d'un assassin sa plus énorme qui fut onques: dont il fut depuis absous par arresst de la Cour de Parlement.

nous

nous auons appellé, & de tout ce qui s'en estoit ensuiuy: Appel auquel je concluois, &c. Monsieur Brisson plein d'entendement & doctrine, se mit sur pieds, comme celuy qui pensoit estre en beau champ pour moissonner; car outre ce qu'il apportoit du sien dont il avoit provision à largesse, la compassion qu'on prenoit de sa partie, & la creance commune dont le peuple estoit prevenu contre nous, luy estoient deux grands arcboutants de sa cause. Apres qu'il eust mis fin à son plaidoyé: comme je voulois repliquer, Monsieur l'Advocat de Tou, contre la commune usance, m'oste la parole de la bouche, tant il estoit luy-mesme preoccupé, & Dieu sçait de quelle façon il le r'envia sur Monsieur Brisson: tellement qu'il sembloit que le ciel & la terre eussent conjuré contre moy; & neantmoins ce ne me fut pas un petit advantage que l'Advocat du Roy ne se fust donné la patience de m'ouïr.

Quand il eust paracheué, le peu qui restoit de l'heure, tomboit en ma bouche, & fust le commencement de ma replique tel: que lorsque je m'estois chargé de ceste cause, j'y avois voulu observer toute autre forme, qu'en toutes les autres, desquelles je me rendois capable par le sac & pieces qu'on m'apportoit: mais qu'en ceste-cy je n'avois asseuré l'asseurance de mon plaidoyé, que sur la face, & contenance de ma partie. A ceste parole s'excite un bourdonnement infiny de toute l'assistance (estimant que ce fust une hypocrisie d'Advocat) lequel estant finy, je repris mes arrhements, & dy, que je l'avois voulu considerer & sonder comme si j'eusse esté son juge: icy la parole m'est derechef enlevée par le peuple, & apres son raquoisement, je poursuiuy: que si contre ma conscience j'entreprenois la deffense contre le sang innocent des morts, je craindrois qu'à l'advenir Dieu ne s'en vengeast sur moy & les miens: troisiesme recharge du peuple, tant il estoit preoccupé contre moy. Qui me fit monter la couleur au visage, & lors d'une douç'aigre cholere, m'ayant donné quelque respit, esleuant ma voix; en vain (dy-je) viendroy-je pour vous persuader de la justice de ma cause, si je n'en estois le premier persuadé. Ceste parole sortant de la bouche d'un homme qui se sentoit, à tort, malmené, me moyenna une audience plus calme: de sorte que comme je commençois à me vouloir donner carriere, l'heure sonne, & fut la cause remise au Samedy ensuiuant; c'estoit pendant le caresme, que

A l'Audience commence à huict heures, & finit à unze. Je vous reciteray une histoire que peut-estre ne serez marry d'entendre. La cause estoit grande en soy, qui m'avoit cousté beaucoup de temps & d'esprit pour m'en aprester: mais rien ne me fut si cher vendu, que de sçavoir comme je pourrois derechef entrer en lice. De commencer par le simple narré du faict, il me sembloit que c'estoit faire tort à ma cause: de reprendre l'avantpropos du Samedy precedent, la grace en eust esté perdue. D'en trouver un autre, je pensois n'avoir l'esprit en main pour y parvenir: finalement, tout ainsi que pour bien faire, il faut seulement bien vouloir, aussi remuant de toutes façons cette pierre, je r'entray par une plus belle demarche que n'avoit esté la premiere; ainsi que pourrez voir, jettant l'œil sur mon Plaidoyé. Le bruit court par la ville, de quelle façon Arconville avoit esté mené; plusieurs veulent avoir part au gasteau, qui ne s'y estoient trouvez: & de faict le Samedy ensuiuant, la salle regorgea du peuple, jusques bien loing hors la porte. Je parfourny lors ma carriere, l'espace de deux heures & plus, avecques une singuliere audience, & contentement general de toute la compagnie, qui commença de s'asseurer de l'innocence d'Arconville: tellement que je me puis vanter avoir eu lors un plus heureux succez, que Ciceron pour Ligarius, quand voulant l'introduire devant Jules Cesar; laissez-le venir (dit-il) car aussi bien est-ce peine perduë pour luy, estant du tout resolu à la condamnation de Ligarius. Or neantmoins le grand Prince changea d'advis, apres avoir ouy Ciceron: & obtint, Ligarius, gain de cause. En cela ce grand Orateur vainquit l'opinion d'un homme; & moy celle de neuf ou dix mille, qui tous s'en retournerent persuadez en la faveur d'Arconville, & sortans n'en faisoient point la petite bouche. La cause ne fut jugée sur le champ, pour l'importance. Mais depuis, les parties ayans escrit & produit d'une part & d'autre, le procés distribué à Monsieur l'Archer le Jeune, Arconville fut, par Arrest, envoyé absous, à pur & à plein: & Bobie condamné en tous ses despens, dommages & interests, que la Cour toutesfois liquida à trois mille livres tournois, pour une fois payées, afin de n'embarasser les parties en nouveau procés. Des choses cy-dessus deduites, vous avez entendu quel fut le cours du procés; entendez maintenant, s'il vous plaist, quel fut celuy de mon Plaidoyé,

Force de l'Eloquence de Ciceron en vers Cæsar.

Playdoyé pour Jean de Blosset, Seigneur d'Arconville & sa femme, Appellants du Prevost de Paris ou son Lieutenant criminel, de certain Decret de prise de corps; & de tout ce qui s'en est ensuiuy:

Contre Maistre Simon Bobie, Advocat en la Cour de Parlement, & Bailly de Colommiers, Intimé.

Entrée par commiseration.

GRande est la compassion qui s'est trouvée, de voir une mere, une nourrice, deux petits enfans & une chambriere, toutes personnes innocentes, avoir esté cruellement assassinées; non moins grande est celle de mes parties, de voir un mary, une femme, mestayers, serviteurs & servantes, tous innocents, menez par ceste ville de Paris, ignominieusement prisonniers, par chartées, & detenus diversement aux cachots, l'espace de six semaines: leurs petits enfans laissez seuls en leur maison, à la mercy des pourceaux. En celle-là, il y va de la mort: en ceste-cy, de la perte de l'honneur, dont la Noblesse fait plus d'estat que de la vie. En celle-là, ces pauvres creatures occises, sont aujourd'huy devant la face de Dieu; En ceste-cy, les Appellans sont en balance des hommes. Les autres apres leurs decés, vivent aux joyes de Paradis: & les Appellants vivant menent une vie plus penible, que dix mille morts. Ce qui m'afflige davantage, c'est que par le tintamarre extraordinaire du peuple, Samedy dernier je cogneu que chacun, en ceste cause, estoit prevenu contre moy. En toutes choses nous sommes, par les sages-mondains, conseillez d'envoyer une bonne bouche de nous, avant-coureuse de nos presences: icy je voy tout le contraire. Ce n'est pas que moy-mesmes, qui me suis roidy en la defense de ma cause, je ne contribuë avecques le peuple à ceste compassion, qui me fait aucunement r'alentir, & quitter je ne sçay quoy de la force que j'apporte en mes autres causes, pour ne vouloir affliger une personne affligée; & me trouve infiniement empesché, de quelque façon que je me tourne. Excuseray-je les Appellans? Je ne voy nulles charges contr'eux; non pas mesmes un accusateur particulier: chacun saigne du nez; & Bobie n'a encores franchy le pas, quelque personnage que Maistre Barnabé Brisson ait voulu jouer pour luy. Ne les excuseray-je? Je voy qu'on a fait artistement contr'eux, un faux bruit, qu'il faut necessairement effacer; d'ailleurs en les excusant, accuseray-je le fait de Bobie? Je voy un pere, un mary, un maistre, affligé de la mort de ses enfans, sa femme, & ses servantes. Or à peu dire, si j'entre tant soit peu en ceste lice, j'excite la clameur de toute ceste audience contre moy. Toucheray-je les

les particularitez, que je voy eſtre en ma cauſe, pour effacer cette opinion? Qui eſt celuy qui ne ſçait combien peut une preoccupation, vraye maladie d'eſprit, à laquelle nous rapportons toutes nos penſées? Tellement que tout ce que je diray, ſera retorqué contre moy. Et à bien dire, au milieu de toutes ces perplexitez, ſi je veux ſuivre la vraye voye de ma cauſe, je n'ay autre choſe à vous dire pour les Appellans, ſinon, que nous ſommes innocens, & appellons Dieu à teſmoin de noſtre innocence.

Et neantmoins, parce que tout homme de bien & d'honneur a intereſt de n'eſtre non ſeulement entaché de coulpe, mais qui plus eſt, du ſeul ſoupçon, je vous deduiray ſommairement, comme toutes choſes ſe ſont paſſées. Il y a un Dieu, premier & dernier juge de nos actions; Bobie ſçait, en ſon ame, la verité du fait: qu'il mette la main ſur ſa conſcience, & recognoiſſe ſi ce que je diray eſt veritable, ou non. Je veux qu'il ſoit non ſeulement ma partie, mais teſmoin & juge de ce que je diſcourray. En l'an 1537. Maiſtre Ferry du Moulin, Advocat en cette Cour, fut conjoint par mariage avecques Damoiſelle Marguerite Maillard: quelque peu auparavant, Maiſtre Charle du Moulin ſon frere, ce grand Jurisconſulte François, auquel la France a tant d'obligations, luy avoit fait une donation entre vifs, de la terre & Seigneurie de Mignaut en Beauce. Sous ce titre, on baille à ſon frere une Damoiſelle en mariage, fille du Lieutenant Criminel de Paris, ſœur d'un Conſeiller en Parlement, & niepce de Mademoiſelle de Boiſtaillé, veufve de l'un des premiers Conſeillers de la Cour, & mere du Seigneur de Bel-eſbat, aujourd'huy gendre de Monſieur le Chancelier. Par le contract de mariage, auquel Maiſtre Charles du Moulin fut preſent, on aſſigne doüaire à la fille, de deux cens livres, rachetable de trois mille livres, s'il n'y avoit enfans : & où il y en auroit, il leur ſeroit propre. Le mariage conſommé, Maiſtre Charles du Moulin ſe marie, & ayant enfans, obtient lettres Royaux, pour faire caſſer la donation par luy faicte à ſon frere, fondées ſur la Loy, *Si unquam*. Aux Requeſtes du Palais, il perd ſa cauſe : en la Cour de Parlement, il la gaigne, mais avecques une belle Juriſprudence, portant certaines modifications en faveur du frere & des enfans de Ferry. L'on balança ceſte cauſe entre deux freres : que ce n'eſtoit la raiſon que la *benediction* d'un frere aiſné, fuſt ſuplantée par ſon puiſné ; mais auſſi qu'il ne falloit pas qu'une honneſte Damoiſelle iſſuë de bon lieu, qui ſous le titre de ceſte donation avoit eſpouſé ſon mary, fuſt circonvenuë de ſes conventions matrimoniales. Parquoy, par une moyenne voye, il fut arreſté, que Maiſtre Charles du Moulin rentreroit dans la terre de Mignaut, ſans toutesfois prejudicier au doüaire. Je ne fais aucune doute, afin que je ne diſſimule rien en ma cauſe, que cela fut de trés-faſcheuſe digeſtion, & au mary, & à la femme ; & de faict, ils plaiderent en l'execution de l'Arreſt : juſques à ce qu'en l'an 1543. les deux freres tranſigerent. Depuis ce temps, ils veſquirent en une concorde fraternelle : voire que Maiſtre Simon Bobie ſçait, que quand il fut marié, Ferry oncle de ſa femme, *non ſolùm intererat, verùm etiam praeerat*. Vous avez dit que depuis ceſt Arreſt, on ne laiſſa de l'appeller Seigneur de Mignaut. Il advient ordinairement qu'ayant eſté en noſtre jeuneſſe une qualité, nous ne la perdons jamais, encores qu'ayons eſté évincez de la terre & Seigneurie : c'eſt une liberalité que le peuple exerce envers nous, laquelle ne luy couſte rien. Ferry du Moulin & Marguerite Maillard decedent, delaiſſée la Damoiſelle cy preſente, leur fille, en la puiſſance de la Damoiſelle de Boiſtaillé ſa tante. Laquelle on fit porter heritiere, ſous benefice d'Inventaire, de ſon pere, ſous une fauſſe perſuaſion que quelques-uns eurent, que ceſte qualité de benefice d'Inventaire n'empeſcheroit qu'elle ne peuſt auſſi apprehender le doüaire prefix. On luy cherche party ſortable. Le Seigneur d'Arconville avoit eſté, jeune, nourry en la maiſon de Monſieur le Chancelier, Gentilhomme bien morigené, & riche de mille ou douze cens livres de rente, pour le moins :

cela fut cauſe que la Damoiſelle de Boiſtaillé tante, & le Sieur de Bel-eſbat ſon fils gendre de Monſieur le Chancelier, la luy baillent en mariage. Depuis ce temps, il a touſjours mené une vie ſage & quoye, avecque toute reputation & honneur envers ſes voiſins. Ceſte Damoiſelle eſtoit mineure lors qu'elle apprehenda la ſucceſſion de ſon pere. Sur les obſcuritez du doüaire qu'on luy faiſoit, Arconville en communiqua avecque Maiſtre Claude Mangot, qui luy remonſtra, que c'eſtoient choſes incompatibles, d'apprehender la ſucceſſion de ſon pere, & & le doüaire, partant qu'il falloit obtenir lettres, pour eſtre relevé de ce que la femme mineure avoit apprehendé la ſucceſſion de ſon pere : & que la qualité d'heritier beneficiaire ne luy proſitoit en rien, pour empeſcher l'effect de la Couſtume de Paris. Suivant ce conſeil, Lettres Royaux ſont obtenuës, en vertu deſquelles Bobie & ſa femme ſont aſſignez pardevant le Prevoſt de Paris ou ſon Lieutenant. Dés l'inſtant meſme, Arconville le viſite, le priant ne trouver mauvais ce qu'il en avoit faict, pour avoir eſté conſeillé de ce faire, par l'un des premiers Advocats du Palais. Et au ſurplus, qu'il eſtoit d'advis de paſſer leur differend à l'amiable par l'arbitrage de quelques perſonnes d'honneur. Choſe que Bobie trouva bonne, & ſur cette opinion prindrent congé l'un de l'autre.

Le Seigneur d'Arconville a deux Seigneuries, l'une en Beauce, du nom d'Arconville, l'autre en la Brie, du nom de la Chaſtre. Au mois d'Aouſt dernier, il bailla Arconville à ferme, & s'habitua en la Chaſtre, vray que ne ſçachant quelle part & portion ſon nouveau fermier luy voudroit faire de ſes grains par luy recueillis : & aprés s'eſtre aſſeuré, & donné ordre à ſon faict, à ſon retour il baiſe les mains à Monſieur le Chancelier, en la maiſon de Veigner, puis viſite le Seigneur de Bel-eſbat ſon gendre, non loin de là ; retourne en ſa maiſon, rend compte à ſa femme, comme bon mary, de tout ce qu'il avoit faict en ſon voyage. Voylà, Meſſieurs, en quel eſtat eſtoient les affaires de la maiſon des appellans, lors que le maſſacre advint dans Paris.

Au regard de Bobie intimé, il avoit un valet Gaſcon, homme ſans adveu ; il eſtoit ſouvent en mauvais meſnage avecque ſa femme, juſques à en venir aux mains, au grand ſcandale des voiſins : on avoit racheté une rente de quatre cens livres, qui appartenoit à ſa femme, & eſtoient les quatre mille huict cens livres, provenus du rachapt, en ſa maiſon. Ce rachapt n'eſtoit point caché à ſes domeſtiques, & ne ſçay ſi cela ſollicita l'eſprit de ce Gaſcon, mais voicy le train qu'il commença de tramer. Ce que je reciteray maintenant, je l'ay appris du commun bruit : Bobie ſçait s'il eſt vray ou non. Le Gaſcon ſe leve quinze jours durant, toutes les nuicts, demeure à chaque coup, long-temps ſur pieds ; retournoit tout tremblant, au lict : quels eſtoient lors les motifs de ſon recueil ? Ce me ſont lettres clauſes : tant y a que le clerc en advertit ſon Maiſtre, qui n'en voit compte. Il prend un Samedy matin, en Janvier dernier, au Maiſtre, envie de s'acheminer à Colommiers, ſejour de ſon Bailliage, & trois fois il changea de propos : enfin il part, laiſſant ſon valet en ſa maiſon avecques ſa femme : ce meſme jour, pendant quel ? On aſſaſſine la mere, deux enfans, & une ſervante : les voiſins entendent quelque bruit, & mouvement en la maiſon de Pouſſemote, Procureur en cette Cour, lequel de bonne foy dit à ſes gens, que c'eſtoit querelle de mary à femme, qui s'appaiſeroit entr'eux deux, ſans que nul autre s'en deuſt meſler. Le Dimanche & Lundy s'eſcoulent, la maiſon ſe trouvant fermée : le Mardy, le voiſiné s'en remuë : au moyen de quoy un Commiſſaire, par authorité du Lieutenant Criminel, ſe tranſporte ſur les lieux, fait ouvrir la maiſon, ſuivy de pluſieurs notables perſonnes ; entrez qu'ils ſont, trouvent ce piteux ſpectacle, & aprés avoir donné quelque temps à leur juſte douleur, procez verbal eſt dreſſé de tout ce qui ſe preſentoit, des quatre corps trouvez morts, de quelques bagues jettées dans les privez, avecques le manteau du Gaſcon,

&

Fonds de la cauſe.

Maſſacre horrible.

& quelques chandelles; que les buffets avoient esté forcez & ouverts, & dedans y estoit la vaisselle d'argent, mais quant à l'or & argent monnoyé, nulle mention. Le Metcredy, les parens maternels domiciliers de ceste ville comparent. Ce mesme jour une femme des champs, declare au Commissaire, avoir veu, le jour precedent, le Gascon en la maison de Mignaut; dont il charge son procez verbal. Le mary vient, un jour après, & au lieu de jetter ses yeux sur la recherche du Gascon, que l'on sçavoit estre le meurtrier, luy donnant loisir de s'evanoüir, il ramentoit la vieille querelle de Mignaut, avecque les nouvelles lettres Royaux obtenuës par Arconville & sa femme, & autres circonstances qui seront cy-après touchées: heurtez tant soit peu en ces cas execrables la renommée de quel qu'il soit, vous y trouverez assez de subject pour forvoyer vostre opinion. La proposition generale des Juges, en telles matieres, est de faillir, craignans de faillir; disans que qui est bon à prendre, est pareilement bon à rendre. Decret de prise de corps est decerné; Tanchou Lieutenant Criminel de robbe courte de Paris, commis pour l'executer; cependant la Damoiselle de Boistaillé, tante, advertit Arconville par lettres, du malheur qui estoit arrivé, lequel aussi tost, tire quatre cens livres de sa boüette, pour venir à Paris, se joindre avecque Bobie, en deliberation d'en faire la poursuite, encontre le delinquant. Estant arrivé, à la disnée, au village de la Queuë, en Brie; le clerc de Bobie luy dict le commandement qu'il avoit de son maistre; & à l'instant, Tanchou le charge sur un bidet, & lié & garroté l'emmeine en ceste ville. Le peuple desirant sçavoir qui c'estoit; l'assommeur, disoient ces Archers: & deslors mesme depescha une autre partie de ses Archers, qui s'en allerent à la Chatre, où ils se saisirent de la Damoiselle sa femme, & de tout son mesnage qu'ils amenerent, par chartées, en ceste ville, disans à ceux qui s'en esmouvoient, que c'estoit la femme de l'assommeur. Le mary & la femme sont estroictement logez en diverses prisons; afin qu'ils ne se fissent la bouche l'un à l'autre; le demeurant, mis dans les cachots, & non contens de tenir les corps prisonniers, on saisit leurs biens, tant meubles, qu'immeubles, pour nous retrancher tous moyens de vivre, & de nous ayder. Comme de faict, auparavant, Tanchou avoit prins nos quatre cens livres, nous demandons qui estoit nostre partie civile à ceste demande, sourde aureille du Juge: quant à Bobie, il se tient clos & couvert: & neantmoins hors la presence du Juge, il nous publioit les larmes aux yeux, à cor & à cry, estre l'assommeur. Brief, ny dés lors, ny aujourd'huy, nous n'avons aucun qui, à l'ouvert, se die estre l'instigateur, que la commune renommée dont Bobie s'est fait le pere, je dirois malicieusement, mais je n'ose, craignant d'offenser ceux qui ont esté par luy surpris. On depesche promptement Valençon, Conseiller du siege presidial, pour aller informer sur les lieux: où il fait toutes les recherches, à luy possibles, contre la vie du mary, mais en vain; car il ne trouva un seul tesmoin qui luy nuisist. Le mary est interrogé, du jour au lendemain qu'il fut en prison, & declare son alibi, par le menu, jusques au jour de sa capture: sa femme, après, interrogée, se conforme en tout & par tout au mary. Le Lieutenant Criminel, après avoir induëment renu ces pauvres gens dedans ses prisons, l'espace de six semaines, ouvre tout-à-fait les prisons à la Damoiselle, & toute sa suitte: & quant au Gentil-homme, l'eslargir entre les mains du Commissaire Grenouleaux. Du depuis nous avons appellé du Decret de prise de corps, ignominieux emprisonnement, longue detention de nos personnes saisies, & annotations de nos biens, & avons fait intimer Bobie, que sçavons avoir esté conducteur de cest orne, à couvert: lequel incidemment, a presenté sa requeste contre les heritiers, tant paternels que maternels, afin que tous les meubles luy fussent adjugez: mais de se declarer partie civile au criminel, nulle mention; c'est une chose en laquelle il a conillé jusques à huy: & toutes-fois Maistre Barnabé Brisson, sous le pretexte de sa requeste, a estalé tous les beaux & riches joyaux de son esprit, pour nous convaincre de cest assassinat. A quoy je ne pretens respondre, sinon que premierement & avant tout œuvre, vous, Maistre Simon Bobie, qui estes Juge & Advocat, m'ayez presentement à declarer, si estes ma partie civile en ceste cause, ou non? Vous, dy-je, qui m'avez, sous main, traicté avecques toutes les indignitez du monde? Vous ne me respondez un seul mot? Si vostre cause est telle que Brisson l'a tromperée, & que vous trompetez en tous lieux, pourquoy doutez-vous de respondre? Pour toute response, vous me payez de larmes, qui sont les armes des femmes: je vous somme & interpelle derechef; que bannissant toute hypocrisie de ceste cause, vous ayez à me faire la declaration que je vous demande, devant ce grand tribunal, où reside la face de Dieu, c'est-à-dire, de verité. Quoy? vous avez perdu la parole? Hé! vrayement, Messieurs, je recognois avoir tort; ce n'est à luy auquel je dois adresser ma parole, ains à vous, qui avez interest que l'on n'abuse impunement de vostre patience; & qu'à l'issuë de cette audience, il n'ait esté permis à Brisson faire telle anatomie qu'il luy a pleu, de nostre reputation; & que Bobie en soit quitte pour dire, qu'il n'entendoit estre partie, que sur l'enterinement de sa requeste: je vous supplie tres-humblement, Messieurs, de luy enjoindre qu'il ait à respondre precisément sur ceste mienne sommation: j'ay interest de ne combattre contre un fantosme.

A cette parole, Monsieur le President de Morsan, ayant pris l'advis de la compagnie, luy commanda de respondre. Et lors Bobie voyant qu'il ne pouvoit plus delayer, declara qu'il se rendoit ma partie: chose dont me fut baillé acte; ce fut après avoir repris mon haleine: je poursuivy ma route de cette façon.

Or sus, graces à Dieu, tout va bien pour moy: & m'en prend tout autrement, qu'il ne fit anciennement à ce grand Jules Cesar, auquel, ayant traversé le Rubicon pour s'impatroniser de l'Estat, apparut un fantosme: au contraire, Bobie ayant contre nous franchy le mesme Rubicon, au lieu d'un fantosme, dont estions jusques à huy servis, nous avons maintenant un homme en teste, ressource de la calomnie, & fausse imputation, en fin de cause. Entrons donques maintenant en lice, & examinons nostre cause, piece pour piece. Tout ce dont on nous bat, est d'une commune renommée, qui a couru contre nous, d'une ancienne inimitié de trente ans passez, entre les deux freres, pour la Seigneurie de Mignaut; querelle renouvellée maintenant par les lettres Royaux obtenuës par le gendre & sa femme; esperance future de succession; bagues & bracelets d'or, jettez aux privez; vaisselle d'argent non enlevée; nul vol; deux pauvres enfans innocens meurtris; ce qui ne pouvoit entrer en teste d'homme, sinon de celuy qui se pretendoit heritier, par leurs morts: en tout cecy il n'y en a pas assez pour me faire mon procez extraordinaire; mais il n'y en a que trop pour me faire tomber en une sinistre opinion du peuple, & paradventure de vous, Messieurs, encore que ne voulussiez asseoir jugement de condamnation contre moy, sur cela, mesme de la façon que Brisson s'y est comporté; car cognoissant qu'il peut prendre tous les advantages qu'il veut, en cette cause, contre moy, & qu'il est aisé de luy pardonner, il s'est fort bien donné garde de toucher toutes les particularitez par moy cy-dessus discouruës, que j'espere cy-après rapporter à leur poinct; mais pour rendre sa cause plus pleine de compassion, a imité le grave Heliodore, qui fait un commencement abrupt, de son œuvre, sur un grand vol, tenant le Lecteur en suspends, jusques à ce que, petit à petit, il arrive à son poinct projetté: ainsi est-il pour sa premiere demarche, entré sur cest horrible massacre, sans rien particulariser, au vray, du passé, & sur ce fondement a basty des presomptions, telles quelles, non pour deffendre à mon appel, mais par un biais industrieux, feignant de deduire les moyens pour parvenir aux fins de sa requeste; laissant cependant une tres-mauvaise opinion d'Arconville en la bouche de tout le peuple, pendant la huictaine, pour l'énormité du delit. Ce n'est pas ainsi, maistre Barnabé Brisson, que nous devons proceder: de ma part, je vous declare, que je combat pour la verité, non pour la victoire. Qu'és autres causes il nous soit permis de nous loüer de nos esprits; en cette-cy, il y va du vostre & du mien, je dy du vostre & du mien; car tout ainsi que j'aurois en horreur de plaider contre Bobie, si je pensois qu'Arconville eust tant soit peu contribué à ce meurtre: aussi ne devez-vous pas aisément, en vous flatant, opprimer à fausses enseignes, & par un artifice indeu, l'innocence de ce Gentil-homme: esclaircissons donques maintenant cette cause, & ostons des yeux du peuple, la taye qu'y avez voulu apporter.

Premierement, j'ay contre toutes vos presomptions, pour fondement general de ma cause, que Bobie ayant fait informer contre moy non tumultuairement, ains d'un guet à pens signalé, par Valençon Conseiller du Chastelet, qui s'est transporté sur les lieux, & y a vacqué trois semaines entieres; toutesfois il n'a rapporté aucune charge contre ma vie, & moins du crime dont est question. Vous me demanderez comme je le sçay? Par l'organe mesme du Lieutenant Criminel, qui n'eust oublié de recoler, & nous confronter les tesmoins, avant que de nous eslargir. Outre cela, j'ay mon alibi notable, fondé sur une souvenance, non exquise, ny affectée; car elle n'estoit que de huit jours, lors que je fus interrogé; que dés auparavant, & pendant cette malheureuse tragedie, je fus premierement en ma maison d'Arconville, pour m'asseurer, avec mon nouveau fermier, de mon revenu de l'année; de là, retournant en ma maison de la Chatre, sans fourvoyer de mon chemin, je baisay les mains à Monsieur le Chancelier, à Vigner, où je sejournay un jour, & le lendemain, chez son gendre, à Belesbat, puis arrivay en ma maison, où je recitay à ma femme, comme bon mary, tout le discours de mon voyage; c'est la recognoissance que j'ay faite de bonne foy devant le Lieutenant Criminel; c'est celle mesme que ma femme a faite. Icy Monsieur l'Advocat, plaidant la cause, a fait une grande banniere contre moy, de la conformité de nos deux confessions, disant que nous estans rencontrez sans aucune variation, il falloit bien qu'eussions pris langue l'un de l'autre: bon Dieu, où suis-je maintenant logé? Si ma femme se fust trouvée contraire par ses responses, aux miennes, ma teste estoit sur un eschaffaut, & pource qu'elle n'y est contraire, encore l'y faut-il porter; & pourquoy n'eussions-nous esté conformes, veu qu'il n'y avoit que huit jours d'intervalle entre mon alibi, & nos interrogatoires? Au demeurant, ce n'est point une preuve qui soit de longue ou difficile discussion; huit autres jours vous en peuvent esclaircir, par Seigneurs qui sont hors de tout reproche, & par leurs familles: ayans ces deux poincts en main, est-ce pas une vraye mocquerie, Brisson, d'avoir seulement recours à vostre esprit, pour me convaincre d'un crime si detestable que cettuy? De ma part, je ne crains rien pour Arconville, ny de ses biens, ny de sa vie, ny de son honneur, lors que la cause sera pleinement approfondie par la Cour; sa vie passee, sa conscience presente, son alibi tout notoire en maisons de marque, l'information contre luy, faite sur les lieux, à la poursuite de Bobie, l'ouverture des prisons à sa femme & sa famille, l'eslargissement de luy, chez un Commissaire, en un delict si detestable (car la honte du Juge fut cause, aprés une capture si honteuse, de ne l'eslargir tout-à-fait) la conscience de Bobie, qui depuis le jour de l'emprisonnement, ne s'est jamais osé ouvrir pour se declarer partie, que ce jourd'huy: toutes ces particularitez (dis-je) mises ensemble, sont juges tres-certains de son innocence. Quoy plus? Il n'y a autre charge contre luy, que sa descharge; c'est à sçavoir, que luy, & sa femme, interrogez, n'ont varié, ny ne se sont trouvez contraires par leurs interrogatoires; car de toutes les pieces secretes, Monsieur l'Advocat n'a fait estat que de ces deux, pour rendre la cause de ce Gentil-homme, odieuse: & neantmoins, d'autant que j'ay grand interest que sa reputation ne demeure engagée envers le peuple, dont vous, maistre Barnabé Brisson, avez esté le principal instrument, par vostre Plaidoyé; je veux faire de sa querelle la mienne, & prendre vostre Plaidoyé, comme un cartel de deffy, que j'accepte. J'entre donques maintenant en champ clos, pour vous combattre, teste à teste; & souhaite que non seulement vous, Messieurs, soyez les juges, mais aussi tout le peuple, qui est icy venu en flote, pour nous escouter. Toutes vos armes ont esté conjectures tirées du magazin de vostre esprit; mes armes, pour parer à vos coups, seront aussi tirées du mien.

Vous me battez de cinq ou six poincts, par moy cy-dessus touchez. Je donneray toutes les façons que l'on sçauroit desirer, contre vos pretenduës presomptions, & les considereray, premierement, par leurs parcelles, puis en leur tout.

Je commenceray par le commun bruit; grande abjection, certes, car, à bien dire, la voix du peuple, est la voix de Dieu, mais c'est quand une opinion commune s'insinuë dedans les ames du peuple, sans aucune suggestion: cecy est-il au cas qui s'offre? Non vrayement, ceste opinion ne procede que de l'artifice de Bobie, ou de la malice de ceux qu'il a mis en besongne: un pauvre Gentil-homme exposé à la veuë de tous, mené par ceste ville, lié, garroté, sur un meschant bidet, entouré d'une trouppe d'archers, qui se vantoient avoir pris l'Assommeur; Tanchou leur Capitaine, à leur teste, pour tesmoigner à tous de quelle importance estoit ceste prise: un jour aprés, sa femme, & tout son mesnage, menez à chartées, par le demeurant des archers: le mary & la femme, logez en prisons obscures, & le demeurant, en cachots: & eux tous demeurez en ce piteux estat, six semaines: Vray Dieu! qui est celuy qui non seulement n'eust esté espris de ceste malheureuse opinion contre luy, mais qui plus est, n'eust desiré d'assommer de ses propres mains, ce grand assommeur, s'il luy eust esté loisible? Et neantmoins au bout de cinq ans, il n'y avoit aucunes informations contre luy, premier fondement de tout decret de prise de corps, nulle partie civile pour me faire teste; car quelque rolle que Bobie joüast sous la custode, si ne s'osa-t'il jamais presenter sur le theatre, à face ouverte, devant le premier Juge: & vousmesmes, Messieurs, avez veu combien il a marchandé avecque sa conscience, avant que de franchir le pas. Brief, il n'a aujourd'huy autre preuve de son accusation, que celle qui est née dedans la teste de son Advocat. Les choses estans telles que dessus, je trouverois tres-estrange, que le commun peuple n'eust esté prevenu de ceste malheureuse opinion: mais encore le trouverois-je plus estrange, si aprés m'avoir tout au long ouy, il y persistoit, & estimerois celuy qui seroit frappé à ce coing, non seulement opiniastre, mais acariastre.

Vous dites, en second lieu, qu'il y eust des inimitiez entre les deux du Moulin freres, & qu'il est grandement vray-semblable, que Ferry digera tres-mal l'Arrest contre luy donné: qui en doute? Doncques que ceste haine se soit perpetuée jusques au dernier souspir de sa vie; je le nie. Vous, Bobie, sçavez tout le contraire, & en quel mesnage il estoit avec son frere, quand vous fustes marié. Au demeurant, cela est bon à objecter à un Italien, qui nourrit ordinairement en son ame, une inimitié mortelle, consequemment immortelle; mais non au François; l'air de nostre France ne peut porter telle ordure: d'ailleurs, les haines ne sont hereditaires, entre les enfans, non pas mesme au païs d'Italie: & vrayement, il est bien à presumer qu'un Gentil-homme François bien né, qui n'avoit jamais veu Ferry, eust voulu, espousant sa fille orpheline, espouser aussi une querelle, assoupie par transaction, dés l'an 1543. prescripte par le laps de trente ans, & en tout evenement, esteinte par la mort de l'un & de l'autre freres. Tout sens commun y repugne.

Voire mais, (adjoustez-vous) puis n'agueres vous renouvellastes ceste ancienne querelle, par les Lettres Royaux par vous obtenuës. Ceste-cy n'est pas une presomption en l'air, ains oculaire mensonge; car par nos Lettres, nous ne requerons ny la rupture de l'Arrest, ny
de

de la tranſaction, ainçois l'enterinement, afin de joüir du doüaire de deux cens livres, ainſi que ces deux pieces le portent; mais que fuſſions relevez de la qualité d'heritiere, priſe par la Damoiſelle, pendant ſa minorité. Davantage, ſi euſſions voulu proceder par voye de faict, nous n'euſſions pris celle de juſtice, & encore par le conſeil de l'un des premiers Advocats de ceſte Cour, ne pareillement vous prié d'en paſſer à l'amiable.

Vous dites en quatrieſme lieu, qu'aucun vol n'avoit eſté faict. Grande pitié! que repaiſſiez la Cour de propoſitions, du tout fauſſes & menſongeres: car que ſont devenuës les quatre mille huit cens livres, par vous, peu auparavant, touchées, au rachapt de quatre cens livres de rente, à voſtre femme appartenans? il ne faut point faire de doute, que ce n'ait eſté le Gaſcon qui les a volées, ſi elles eſtoient en or: ou la plus grande partie, ſi en monnoye blanche, & ait mis le demeurant en tel lieu, dont il euſt ſçeu fort bien reſpondre, s'il euſt eſté pris.

Et ce poinct donne ſolution à la vaiſſelle d'argent non enlevée, & aux bagues & braſſelets d'or, jettez dedans les privez; parce que ces bons marchands ne craignent rien tant, que ſe charger de telles marchandiſes, afin que les debitans, ils ne ſoient deſcouverts, ſingulierement, quand pour ſe gorger, ils trouvent aſſez d'argent qui n'a point de ſuite.

Mais qui peut croire, (dites-vous, pour cloſture de vos preſomptions) que les enfans innocens, ayent eſté occis, que par ceux qui eſperoient rapporter profit de leurs morts? Vous voulez que je vous en rende raiſon. Or je vous prie de me dire, d'où vient que ce malheureux jetta, avecques les bagues & bracelets, ſon manteau & toutes les chandelles de la maiſon, dedans les privez? Par cela, vous voyez qu'eſtant tombé en ſens reprouvé, il eſtoit auſſi perclus de l'entendement, & touteſfois encore lui en reſtoit-il quelque brin; car ſe diſpoſant de faire ſon vol tout à loiſir, il penſa de ne faire point de ſa cruauté, à deux fois, d'autant que le braire & criailler des enfans, euſſent peu exciter le voiſiné de venir à la maiſon, pour ſçavoir qui eſtoit cauſe de ceſte longue clameur. Voilà comment vos preſomptions, dont les unes ſont menſongeres, les autres imaginaires, s'en vont à vau-l'eauë.

Mais prenons-les en leur tout; car il advient des cauſes, comme des beautez d'une femme, en laquelle conſiderant ſeparement chaque partie de ſon corps, vous trouvez aſſez dequoy ne vous contenter; mais en ſa poſture generale, il y a je ne ſçay quel air qui vous la rend agreable & belle: ainſi pourra-t-il advenir de ceſte cauſe, que combien qu'il y ait à redire en chaque parcelle à part, de ces preſomptions; touteſfois priſes en leur tout, elles ſe trouveront de grande recommandation & merite. C'eſt là où je vous attens, & donneray toutes les façons que l'on ſçauroit deſirer, à ce poinct, pour vous faire apparoir au doigt & à l'œil, du contraire.

Toutes vos preſomptions ſeroient vaines, ſi elles n'aboutiſſoient au *Cui bono*, de l'ancien Juriſconſulte Caſſius; voulant dire qu'il ne falloit pas aiſément preſumer qu'un homme ſe fiſt meſchant, à credit; car tant qu'en un doubte & perplexité de preuves, il y avoit ſubject de croire que celuy qui en rapporteroit le profit, euſt auſſi commis le delict. Si vous eſtimez qu'une preuve eſtant entre deux fers, Caſſius entendit l'affaire ſeulement balancer ſur le poids de l'or, vous en faictes un Juriſconſulte taquin, non Romain: dedans Rome, le mot de *Bien*, ſe rapportoit aux biens de l'ame, du corps, & de fortune; tellement que ſur la diverſité des objects, nous devons diverſifier les jugemens que tirons des preſomptions: ſi c'eſt à l'encontre d'un homme de baſſe condition & neceſſiteux, je me feray facilement accroire que le bien l'aura peu induire au meſfait dont ſera queſtion: ſi à un Gentil-homme, & qu'il y aille tant ſoit peu de ſon honneur, je ne croiray pas que l'argent, ains ceſte opinion commune d'honneur qui ſe loge dedans le cœur de la Nobleſſe, l'aura peu induire à ce faire: mais ſi c'eſt un homme qui aura, tout le temps de ſa vie, fait profeſſion de bien vi-

vre, je ne me perſuaderay jamais, que ny l'eſperance affamée du bien, ny la vaine opinion de l'honneur, luy ait faict outrepaſſer les bornes de ſon devoir. Quand il n'y a aſſez de clarté litterale, ou teſtimoniale en une cauſe (diſoit Caton le Cenſeur) il faut preſumer pour celuy que ſçavons eſtre homme de bien. Et celuy qui a tant baillé de vogue, par ſes plaidoyez, à voſtre *Cui bono*, Ciceron, y apportant explication, eſt d'advis, qu'on ne doit jamais preſumer qu'un homme de bien ait mal faict, ſous une attente paſſagere du bien. Et le Pape, premier & dernier cenſeur de nos mœurs, en noſtre Religion Chreſtienne: le teſmoignage (diſoit-il) de la vie paſſée m'enſeigne ce que je dois juger de la cauſe. Et ſans aller mandier les authoritez des hommes, ce grand Seigneur & Maiſtre, ſur le moule duquel nous devons former & fermer toutes nos actions, mené au tribunal, devant Pilate; informe-toy (dict-il) de tout le cours precedent de ma vie. Voicy un Gentil-homme qui a paſſé ſa jeuneſſe en l'eſcole de ce grand Caton de noſtre France; allié par mariage, à l'une des premieres & plus anciennes maiſons de Paris; eſlongné de la neceſſité; riche de deux mille livres de revenu pour le moins, avecque leſquels il a paſſé & paſſe quoyement ſa vie aux champs: & entre tant de bonnes parties de l'ame & de fortune, vous luy imputerez maintenant ceſt aſſaſſinat, ſous umbre que l'on a tué deux enfans, auſquels il a ſuccedé?

Mais conſiderons, s'il vous plaiſt, quel fruict il eſperoit en rapporter. Leurs ſucceſſions eſtoient mobiliaire, & immobiliaire: quant aux meubles, la moitié en appartient à Bobie; & en l'autre moitié, il y a les heritiers maternels, qui ſont cinq, & moy paternel, qui par ma femme fay le ſixieſme; qui tous partageons par teſtes, ſuivant la couſtume de Paris: c'eſt une douzieſme en tous les meubles, qui nous appartient: & au regard des immeubles, nous recueillirons la Terre & Seigneurie de Mignaut ſeulement, qui ſe conſiſte en maiſon baſtie en la Beauce, quarante arpens de terre labourable, & cinq arpens de vignes, pour tout: ſur laquelle je pretens mon doüaire de deux cens livres de rente non rachetable, & les arrerages de pluſieurs années: de maniere qu'en ce que pretendons, nous ſommes aux termes de ceſt ancien proverbe; que la moitié paſſe le tout: cauſe qui peut eſtre jugée à noſtre profit, en moins d'une heure: quatre pieces en font la deciſion, le Contract de mariage de Ferry, l'Arreſt, la Tranſaction de l'an 1543. & le Regiſtre du Bapriſtaire de la Damoiſelle d'Arconville. Se peut-il faire que ſous une ſi petite eſperance, je me fuſſe voulu engager en un crime ſi horrible, lequel eſtant averé contre moy, il faudroit que je couruſſe la meſme peine que Tarquel en l'an 1553. la tenaille, la rouë, & le feu au peu qui reſteroit de ma vie? Non, cela ne ſçauroit entrer en l'opinion du plus ſcelerat que ſoit la terre portante. Davantage, ſi j'y avois tant ſoit peu contribué, il faudroit que j'euſſe negotié ce meurtre, avecque voſtre valet, non une, ains deux, trois, & quatre fois. Il ne vous eſt advenu d'articuler en tous vos diſcours, quand, comment, en quel lieu, je me ſois jamais abouché avecques luy; qui eſtoit touteſfois la principale piece de voſtre harnois, pour me combatre; car nul ne doute que ce n'ait eſté ceſt homme de bien, qui ait commis l'aſſaſſinat. Et au bout de tout cela, vous ſouſtenez que je ſuis celuy qui l'ay pourchaſſé: c'eſt n'avoir ny yeux, ny jugement en la teſte, ny conſcience en voſtre ame.

Je vous veux mettre en plus beau jeu. Donnons, par forme de preſuppoſition, que le Seigneur d'Arconville ſoit mal né; donnons que la neceſſité ait quelque part en ſa famille; que l'eſperance de Mignaut ſoit de telle conſequence, qu'elle puiſſe induire un meſchant homme de faire quelque traict deſeſperé; qu'avec cela, les inimitiez y ſoient viſibles; que les bagues & vaiſſelles d'argent euſſent appartenir à nous ſeuls: voudriez-vous pour cela, hardiment charger ce pauvre Gentil-homme? Quoy? ne pouvez-vous avoir d'ailleurs quelque ennemy, qui prenne vengeance de vous & des voſtres? Luy-meſme n'en peut-il avoir, qui veuille exciter ceſte tragedie contre luy, pour prendre vengeance de luy? Je vous reciteray une histoire, non mandiée de l'ancienneté, ains née dedans ce Royaume, pour vous monstrer quelle foy il faut adjouster à conjectures. Il y a dix-huict ans ou environ, qu'au Parlement de Thoulouze, ce cas advint. En la ville de Villefranche, au Rouerguois, un jeune homme, Procureur du Roy, fiancé, contre sa volonté, à une fille, par commandement de pere & de mere; il aime mieux choisir une vie penible, que de l'espouser; & aprés avoir amassé mille ou douze cens escus, un jour il fit contenance de vouloir aller trouver sa future espouse, pour luy faire quelque present; monté à cheval, son valet sur un Mulet, qu'il faict galoper devant, afin qu'il trouvast le souper prest: estant ainsi demeuré seul, il tourne à quartier, va loger à un village escarté: là il soupe, compte ses escus devant son hoste, demande gens pour le conduire le lendemain: on luy baille trois hommes, qui prennent leurs arbalestes (armes ordinaires des pitauts en ce pays) & se conduisent: & se trouvant en tel lieu qu'il desiroit, qui estoit entre le bois & la riviere, il les licentie, leur baillant à chacun d'eux un double ducat, au lieu d'un teston qu'il avoit promis: mais avant leur partement, les prie de luy donner trois flesches: ce qu'ils firent. Soudain qu'ils sont partis, il coupe les jarrets à son cheval, le tuë, ensanglante les trois flesches dedans ses flancs, decouppe son chapeau, qu'il ensanglante pareillement, & son manteau: il s'achemine en ceste ville, où il demeura trois ans. Cependant le serviteur n'ayant, le soir precedent, eu nouvelles de son maistre, le cherche, vient au village où il avoit logé, entend de l'hoste ce qui s'estoit passé en sa maison, il traverse parmy le bois; enfin il trouve cheval, chappeau, manteau, & flesches ensanglantées, l'orée du bois & de la riviere. La Justice s'y transporte, procez verbal, on recueille toutes ces pieces; information contre l'hoste, & les trois arbalestriers; tous pris au corps, & logez en estroites prisons. On estoit d'accord de l'argent compté en presence de l'hoste, de la conduite faicte par les trois hommes, des trois flesches, du chappeau, manteau, & cheval: vray qu'il n'apparoissoit point de mort; mais au lieu de cela, on tenoit presque pour demonstration infaillible, que Procureur du Roy ayant esté occis & volé, avoit esté jetté dedans l'eau. La cause devoluë par appel au Parlement, ces pauvres gens appliquez à la question, temperent aux prisons trois ans & plus, en attendant plus ample preuve. Au bout de trois ans, toutes ces familles estans en combustion, voicy un Rouerguois qui trouve inopinément ce Docteur, sous le grand Chastelet, à la barriere des Sergents; il le recognoist, le faict constituer prisonnier; luy-mesme entre dedans la prison pour le contregager, & escrit à un Seigneur de ceste ville, que vous tous cognoissez, duquel j'ay appris ceste histoire; lequel en donna avis à Thoulouze, ces pauvres gens eslargis, arrivent en ceste ville, & s'estans constituez demandeurs, & la cause, par Lettres Patentes du feu Roy Henry, renvoyée au grand Conseil, par Arrest de mauvais homme fut condamné, tant envers le Roy, que parties civiles, ainsi qu'il meritoit: le tout toutesfois hors la mort. Et puis, jugez un homme sur des presomptions.

Que s'il a esté loisible à vostre Advocat de se joüer de sa langue & de son esprit aux despens de la reputation de mes parties, ne pensez pas, maistre Simon Bobie, que je ne peusse, si je voulois, me joüer, sous meilleurs gages, de la vostre, au sujet qui se presente entre nous. Toutesfois jà à Dieu ne plaise que j'entre sur ces alteres: & c'est où je veux faire mon hola: mais avec une offre digne du Seigneur d'Arconville, je veux dire d'un Gentilhomme d'honneur, dont je ne seray par luy desavoüé.

Le nom & la famille de maistres Charles, & Ferry du Moulin, estoient fondez en deux filles; l'une mariée à Bobie, l'autre à Arconville, toutes deux assassinées, & d'une mesme boutique; l'une de sa vie, par le valet; l'autre de sa reputation, par le maistre; & toutes deux, chacune en leur endroit, innocentes. De moy j'attribué ce malheur à un jugement caché de Dieu, lequel, par fois, affige d'une mesme balance, le bon, comme le mauvais; celuy-là, pour exercer sa patience; & cestuy, pour le chastier. Au demeurant, de vouloir alleoir son jugement, sur ces grands jugements de Dieu, ce seroit representer la fable ancienne de ces furieux Geants, qui voulurent escheler les cieux: encore que j'aye esté, à tort & sans cause, par vous, mal-traitté, toutesfois je vous excuse. Il est permis à celuy qui perd, en ce premier mouvement de sa perte, mescroire impunément, quel qu'il veut: mais non d'y perseverer quand le temps luy a baillé le loisir de revenir à son second & meilleur penser: maintenant que m'avez ouy, vous pouvez recognoistre quelle est la justice de ma cause, & combien vous estes mespris. C'est pourquoy je vous accorde un hors de Cour & de procés, sans despens, dommages & interests d'une part & d'autre: & que vous & moy, par un vœu mutuel, embrassions desormais, à frais communs, la poursuite contre celuy que sçavons avoir commis le massacre; c'est bien taid, je le recognois, & à mon tres-grand regret, mais mieux vaut un Tard que jamais. Quoy? vous refusez cette offre, & persistez en vostre requeste, tant pour la reparation des trois mil escus contre moy, que gain general des meubles? Vous (dy-je) qui avez tant tergiversé entre l'ouy, & le nenny, avant que de vous rendre partie civile contre moy. Prenez garde que ne vous apprestiez à penser chose que nul de nous ne veut croire. Comment? vous ne voulez accepter mon offre? Il n'y a remede, il faut que la patience m'eschappe, & que je lasche toute bride à la juste douleur que je couve dedans ma poitrine. A qui ay-je maintenant affaire? A un homme qui a esté perpetuellement en mauvais mesnage avecque sa femme, qui des paroles est venu souvent contre elle aux mains: & cela seul a esté cause que ce cruel meurtrier ne fut pris, par le voisiné, en son espouventable forfait: à un homme qui a jà entre ses mains 4800. livres, provenus des 400. livres de rente qui avoient appartenu à sa femme: à un homme qui le jour du massacre, (par un taisible remors de sa conscience de ce qu'il voyoit devoir advenir) varia trois & quatre fois s'il devoit sortir de la ville: à un homme qui bailla en garde, sa femme, à un sien valet de Gascon, non advoüé; Gascon qui, le jour mesme, commit l'assassinat, valet qui faisant la guerre à l'œil (comme il est vraisemblable) & outrepassant les bornes de son mandement, voyant les enfans crier comme la mere & les servantes, les assomma tous: mais qui pour demeurer fidelle envers son maistre, non seulement garda la vaisselle d'argent, bagues & autres joyaux precieux, mais plutost que de faillir, les jetta dedans les privez, afin que le maistre, à son retour des champs, les y trouvast; mais aussi un maistre qui, en recompense, pour ne demeurer ingrat envers son valet, luy a tout-à-fait ouvert la porte à sa fuite, & s'est bien donné garde de le poursuivre; ores qu'il eust en advis, estant retourné en sa maison, qu'on l'avoit veu le jour precedant, à Mignaut. Et au milieu de toutes ces ordures, vous penserez non seulement que la requeste par luy presentée, ne soit provenuë d'une avarice, de longue main precogitée: mais passant outre, il sera recompensé sur moy, & sur tous les meubles, pour avoir connivé à la prise de ce detestable valet. Voicy une estrange Jurisprudence. Or pour respondre au premier chef de vostre Requeste concernant les trois mil escus de reparation que demandez contre moy, vous estes un mocqueur, & ne merite cela responce. Que pour m'avoir, contre Dieu, & contre raison affligé, je paye l'amende! Vous me demandez recompense, & pour demande reparation contre vous. Cela, vous dy-je, ne merite responce; c'est un amusoir pour donner quelque feuille à vostre cause, que sçavoir ne valoir rien. Mais, quant aux meubles, il y auroit plus d'obscurité, non pour le point de droit, ains de la compassion & pitié, si sans dissimulation & hypocrisie, elle residoit en vous. Vous n'estes heritier de vostre femme, ains de vos enfans; il faut doncques avoir recours aux vaines imaginations de vostre Advocat. A la verité, quand on demande qui est le premier mort, du pere, mere, ou de l'enfant,

& que

& que l'on n'en a des preuves certaines, vous trouverez, tantost que la loy estime avoir esté, le pere; tantost, l'enfant : mais voicy la reconciliation. Si le pere & le fils sont occis en champ de bataille, on presume le fils qui estoit en puberté, & force d'aage, estre mort aprés son pere : & pour cette cause, comme s'il eust esté heritier du pere; la mere puis aprés luy, succede aux biens paternels, à l'exclusion de tous les heritiers collateraux: mais quand l'enfant est impubere; c'est-à-dire, en un aage foible, & moins defensable, se trouve submergé avec le pere ou la mere, il est reputé estre le premier decedé. Et la raison de ces diversitez, est, que pour un droict de nature, le plus vieil doit aller devant, & l'autre monde: & pour cette cause, en tels accidens, on juge la mort du plus vieux, estre premiere que du jeune. Toutesfois en ces mesmes desarrois, on met en consideration celuy qui vraisemblablement se peut mieux defendre de la mort: & c'est pourquoy l'enfant impubere & moindre de quatorze ans, pour n'avoir assez de forces par nature, est estimé mort le premier, au dessus de cest aage, on presume que les pere & mere l'ayent survescu. Pour cette mesme raison, en la concurrence des morts du mary & de la femme, on presume la femme morte la premiere, d'autant qu'elle est naturellement la plus foible: & pour cette mesme cause, un masle, & une femelle gemeaux sortans du ventre de leur mere, en un doute de leur naissance on presume le masle estre le premier, estû. Et à peu dire, les docteurs de Droict, aprés Accurse, sont tous de cette opinion. Voilà la maxime generale de Droict, fondée non seulement sur les textes exprés des Jurisconsultes, mais aussi sur une raison naturelle qui ne reçoit aucu-

L. qui duos §. cum in bello De reb. dub. & §. si lucia.

L. cum pubere seq. eod.

L qui duos §. si mariti.

L. si furitis §. pl. nè. De reb. dub.

L. ex facto. §. si quis autem Ad SC. Trebel.

ne exception. Quant à ce que soustenez la mere avoir esté assassinée avant les enfans, en avez-vous aucune preuve testimoniale? Nulle. En ce defaut avez-vous recours à la presomption ordinaire de Droict? Encore moins. Ce que j'ay maintenant deduit, y repugne. Vostre cause est, en cecy, fondée sur des presomptions mal basties que provignez dedans vos ames. Et tout ainsi qu'au procés extraordinaire, vous estes prevalu de je ne sçay quelles presomptions de faict, mensongeres, & fautives, aussi vous prevalez-vous maintenant d'une presomption de Droict, erronée. Et maintenant, pour vous monstrer que le Seigneur d'Arconville ne marche icy que d'un pied noble, combien que toute chose degenere en cest endroit contre vous, toutesfois pour le peu d'interest qu'il y a, qui n'est que d'une douziesme au total, il ne se veut amuser à épinocher, & ne se donne pas grand peine à qui demeurera ce thresor, ainsest content que l'on sçache, que l'on ne le luy a pas gardé dedans les privez, ains à vous. C'est pourquoy, entant que touche le criminel, il conclud à ce qu'il soit dit; qu'il a esté mal & nullement decreté; ignominieusement le mary, la femme & toute la famille emprisonnez; les biens mal saisis & annotez: & demande despends, dommages & interests : & Bobie condamné pour sa calomnieuse poursuite, en telle reparation & amende qu'il plaira à la Cour, arbitrer. Car quant à la requeste, combien que Bobie ne puisse rien pretendre aux meubles, qu'en la moitié du chef de sa communauté; & qu'en l'autre moitié, les Baldoux heritiers maternels, y ont le principal interest, qui sont les cinq parts, dont les six font le tout, s'en rapporte à la Cour, d'en ordonner comme il luy plaira.

LETTRE II.

A Monsieur de Saincte Marthe.

Il raconte comme la Chambre des Comptes ne vouloit entériner un Edit que le Roy y envoyoit.

JE vous ay, cy devant, discouru l'heureuse & sage rencontre de Monsieur de Guise à Aulneau, & de quelles caresses il avoit courtizé les Reistres : comme le Roy avoit, sans coup-ferir, desfait ses ennemis; & tout d'une suite, avec quelle allegresse il avoit esté recueilly dedans Paris, à son retour, sur la fin de l'an passé : mais j'avois oublié de vous faire part de je ne sçay quelle rencontre qui se passa en nostre Chambre des Comptes. Il me plaist, maintenant que je suis à moy & plein de loisir, de vous remplacer ce deffaut. Pendant qu'il estoit avecque son armée, en la Beauce; on nous apporta un Edit pour trouver argent, par lequel le Roy erigeoit, de nouveau, deux Presidents, & douze Maistres en nostre Chambre, fondé sur quelques pretextes fort froids, que je ne vous veux reciter. Suffise vous que fut porteur de cest Edit Monsieur le Cardinal de Vandosme suivy de cinq Seigneurs du Conseil d'Estat, estimant que par leur presence, la Chambre n'ozeroit contrevenir à la verification d'iceluy. Ces seigneurs estants venus tout exprés pour le faire verifier, aprés que l'Edict eut esté leu dans nostre Greffier; estant question de prendre nos conclusions, je m'ouvry; & de vous faire part de toutes les particularitez, ny le temps, ny ma memoire ne me le permettent. Je vous diray seulement, en gros, quelques poincts notables, reservant les autres à nostre premiere entreveuë.

Gens du Roy, qui.

Entre tous les Officiers du Roy de cette France (leur dy-je) on appelle specialement les Advocats & Procureurs du Roy, gens du Roy: comme si nos estats fussent plus particulierement affectez au service de nos Rois, ores que tous les autres Officiers soient aussi bien gens du Roy que nous. Puisqu'on nous fait cest honneur de nous qualifier tels, il me semble qu'avec toute honneste soubmission, nous luy devons rendre service, & que l'estimons en nos consciences se devoir tourner au profit de luy & de son Estat.

Jamais comparaison ne fut trouvée de meilleure gra-

ce, que celle de Menenius Agrippa, au peuple de Rome, quand pour reconcilier le Senat avecque le tiers Estat qui s'estoit sequestré au Tertre Aventin, il compara la Republique, au corps humain. Je suivray icy ses traces, & diray qu'il n'y a rien en ce quoy le Legislateur symbolize tant, qu'au Medecin. Le sujet du Medecin, est le corps humain : le sujet du Legislateur, est la Republique. Et tout ainsi que le Medecin diversifie ses remedes, mettant en consideration l'aage de celuy qu'il traite, la saison en laquelle il le traite, la contrée où il exerce sa Medecine, (car ce n'est pas la raison que le vieillard soit medicamenté comme le jeune homme, ny que les remedes soient aussi-tost en un temps d'esté, que d'iver: & doit estre l'Italien gouverné tout d'autre sorte que le François, pour estre nez & nourris sous diverses temperies d'air, & de pays) aussi le sage Legislateur a accoustumé de diversifier ses loix, qui sont les medecines & remedes de la Republique, selon la diversité des rencontres qui se presentent, estant bien-seant de faire une ordonnance en un temps, qui seroit trouvée de trés-mauvaise digestion en un autre. Et ne doit-on trouver estrange que les necessitez de l'Estat se trouvans extraordinaires, on y employe aussi des loix extraordinaires pour luy subvenir : car c'estoit un Aphorisme ancien au grand Hypocrate, qu'aux maladies aigués il falloit remedes de mesme. Toutesfois il faut qu'on soit d'accord avec moy, qu'en la Medecine il y a une autre regle qui est perpetuellement vraye : car quelque maladie aiguê qui se presente au corps humain, vous n'offensez jamais les parties nobles, sous esperance de sauver le corps : d'autant qu'en ce faisant, au lieu de le sauver, on le perdroit : que la France soit aujourd'huy extremement malade, il n'en faut faire aucune doute, & que ses parties nobles soient les Cours Souveraines des Parlemens, des Comptes, des Aides, encores en faut-il moins douter. Il est certain que le fondement de toute Republique, c'est la loy : je ne di-

Comp. raison de la Republique, au corps humain.

ray point fondement, je dy que c'eſt l'ame ſans laquelle la Republique ne peut avoir vie. Or en cette France que les loix prennent leur ſource & origine du Roy, comme les eaux du grand Ocean, toutesfois ſi n'ont-elles vogue entre nous, qu'elles n'ayent paſſé premierement par l'a-lambic, & de la Cour de Parlement, & de la Chambre des Comptes, & de la Cour des Aides, ſelon la diverſité de leurs fonctions. Et de ce je n'en veux plus ample teſ-moignage que celuy que je voy maintenant, vous eſtans icy tranſportez exprés pour verifier ce nouvel Edict. Il n'y a celuy de nous qui ne recognoiſſe avec toute devo-tion & humilité, en nos Roys, pareille grandeur, au-thorité, & prééminence qu'en tous autres Princes ſou-verains. Mais ils voulurent apporter cette attrempance à leur Souveraineté, de ne donner cours à leurs loix, qu'el-les n'euſſent eſté auparavant verifiées par ces trois Com-pagnies ſouveraines, chacune en droit ſoy. Les contrai-gnoient-ils de les paſſer, ainſi qu'un Tabellion qui eſt deſtiné pour groſſoyer les minutes & brevets des Notai-res ſans cognoiſſance de cauſe, pour puis pouvoir eſtre mis à execution? Non vrayement. Les Juges eſtoient-ils eſtimez rebelles pour les refuſer? Encore moins; ains meilleurs & plus fidelles ſerviteurs. Et nos Roys pre-noient ordinairement leurs humbles remonſtrances, en payement: pour cela en eſtoient-ils moins obeïs par leurs ſubjets? Au contraire, par ceſte correſpondance & en-trelas de la puiſſance du Roy avecques les tres-humbles remonſtrances de ces trois Compagnies, chacun demeu-roit content, nos Roys en bien commandant, le peuple en bien obeïſſant. Maintenant qu'on les contrainct, tan-toſt par commandemens abſolus, tantoſt par la preſence du Roy, ou des Princes de ſon ſang, ſans recueillir les voix & opinions des Juges, tout auſſi-toſt ſe ſont les af-faires de noſtre France deſliées, & la deſobeïſſance logée au cœur des ſujets. De maniere que là où nos Roys com-mandoient avecque une baguette à leurs ſujets, main-tenant (il faut que je le die à mon grand regret) ils n'y peuvent bonnement commander avecque deux ou trois armées; & d'où vient donc ques cela? La raiſon y eſt tres-prompte, puiſée des fontaines de la nature: parce qu'il n'y a ſi naturel, que de voir les choſes ſe diſſoudre par l'affoibliſſement de ce dont elles eſtoient liées. Nous prenons noſtre naiſſance, nourriture, & croiſſance, par noſtre chaleur naturelle, & à meſure qu'elle diminuë en nous, auſſi defaillent les reſſorts de nos corps juſques à leurs dernieres periodes. La Couronne de France eſtoit maintenuë par l'authorité de ces trois Ordres; diminuez leurs authoritez; certainement lors que penſerez plus magnifier la Majeſté de noſtre Roy par une puiſſance abſo-luë, c'eſt lors que la trouverez plus diminuée, & affoiblie.

Sur cela, je recitay par le menu, les traverſes qu'elles avoient, par cy-devant, receuës, & recevroient encores avec des promeſſes certaines de pure ruine. Et aprés avoir eſtalé tout au long de ce qu'une juſte douleur m'avoit commandé, je pourſuiv y de ceſte façon ma route.

Je ſçay bien que ce diſcours ne plaira à tous les cor-rompus de ceſiecle, & que l'un d'eux me dira: Paſquier, il ne te falloit eſtre Advocat du Roy; ou l'eſtant, il te faut ſouſtenir toute autre propoſition que celle-là. C'eſt ſe heurter la teſte contre une paroy, de ſe heurter contre le temps. Et je luy reſpondray au contraire, qu'il ne fal-loit que je fuſſe Advocat du Roy; ou l'eſtant, que je je decouvre à mon maiſtre ce que je penſe importer à la manutention de ſon Eſtat: je doy une verité à mon Roy; c'eſt une charge fonciere annexée à ma conſcience, & à mon eſtat, dont je ne me puis diſpenſer, ſans commet-tre felonie envers luy. Il n'eſt pas dict que toutes les medecines que l'on faict prendre au malade, luy plaiſent: au contraire il n'y a rien qu'il abhorre tant; & toutesfois ce ſont celles dedans leſquelles il trouve ſa gueriſon. Il n'eſt pas dict que les remonſtrances que vous fay, ſor-tent maintenant effect, mais il n'eſt pas dict auſſi que ne les recognoiſſiez veritables, à part vous; & en tout éve-nement, qu'on ne les cognoiſſe, quelque jour, belles & bonnes: Dieu veuille que ce ne ſoit trop tard.

Les loix en Fran-ce ne peuvent obliger qu'elles ne ſoient veri-fiées à la Cour.

L'Offi-cier doit dire la verité à ſon Prince.

Or il ne faut faire aucune doute que la Chambre ne reçoive une grande breſche, par l'Edict que l'on y veut publier. Laiſſant à part le formulaire nouveau qu'y vou-lez apporter pour le paſſer, je toucheray maintenant ce qui eſt porté par l'Edict; la creation de tant d'Officiers, ſans neceſſité, ſans cauſe, ſans raiſon. Car je vous de-clare librement, que dés à preſent il y en a beaucoup plus qu'il n'eſt neceſſaire. Que voulez-vous donc ques intro-duire en ce lieu? Ce ſeroit autant de monſtres que vous mettriez ſur la montre, & une ſupereffetation politique qui ne doit, ny ne peut recevoir vie entre nous. La multi-tude effrenée de tant d'Officiers inutiles, eſt la diſſolu-tion d'une compagnie: & non ſeulement d'une com-pagnie, ains la deſolation generale & univerſelle de l'Eſtat. Je compare, & non ſans cauſe, tant d'Offi-ciers inutiles & ſuperflus que nous voyons par la France, à un Lierre rampant le long d'un vieux mur, qui luy eſt comme une belle tapiſſerie de nature (pour le reparer) quelque temps ſouſtenu par le mur: & penſe-l'on meſ-mement que ce Lierre en contr'eſchange le ſouſtienne. Ce neantmoins la verité eſt, qu'interieurement il le mi-ne, juſques à ce que l'ayant fait tomber, luy-meſme de-meure de là en avant, ſans appuy. Ainſi eſt-il de ceſte multiplicité d'Officiers, en un vieux Eſtat. Ils ſont contenance de le reparer & ſouſtenir, & d'eſtre auſſi ſouſte-nus par l'Eſtat: mais ils le rongnonnent petit à petit, juſ-ques à ce que l'Eſtat tombant, il faut auſſi que ces Offi-ces tombent, demeurans illuſoires & ſans effect. Il n'y a, je ne diray prognoſtic, ains demonſtration plus certaine que ceſte-cy; car ce ſont termes en ſoy convertibles. On introduit en une Republique, une infinité d'Offices ſu-perflus & non neceſſaires: donc ques la Republique prend coup & tombe en ruine. Semblablement la Republique prend coup, donc ques on introduit une infinité d'Offi-ces. Celuy qui, entre tous les Hiſtoriographes, a mieux ſceu eſcrire la declinaiſon de l'Empire de Rome, eſt Zo-zime, laquelle il attribuë nommément à l'Empereur Theodoſe, qui multiplia tous les Eſtats de ſon Empire, & d'un en ſit deux, trois, quatre: quoy faiſant, dict ceſt Autheur, il fut contraint de ſurcharger ſon pauvre peu-ple de tant de daces & tributs, pour fournir à l'apointe-ment des Officiers, que combien que l'Empire fuſt, de tous coſtez, envahy par les nations eſtrangeres, toutes-fois il n'avoit, le plus du temps, plus grands ennemis que ſes ſubjects, qui aimoient autant ſubir le joug de l'Eſtranger, comme de leur propre Prince, pour une eſ-perance qu'ils avoient, d'un plus doux traitement, par ce changement.

Et ſi, en toute compagnie, on doit craindre la mul-titude immenſe des Officiers, certainement c'eſt en ceſte Chambre, où il ne ſe preſente preſque cauſe en laquel-le le Roy ne ſoit partie. En une Cour de Parlement, de cent cauſes, s'il y en a deux ou trois qui concernent l'in-tereſt du Roy, c'eſt beaucoup; en ceſte Chambre, de cent cauſes, il n'y en a pas deux qui ſoient de particulier à particulier: qui me faict dire, qu'il faut apporter de tres-grands reſpects avant que de contaminer ceſte Com-pagnie par une pluralité d'Officiers, qui n'apporte autre fruit qu'un deſordre, & meſpris à l'endroit du peuple. Vray Dieu! Ne faut-il que la maladie de noſtre France ſoit aujourd'huy grande, veu que la medecine qu'on y apporte, n'eſt autre choſe qu'une maladie? Nous voyons l'eſtranger (ſi ainſi le faut dire) à nos portes, preſt de nous venir aſſaſſiner; choſe, certes, fort à craindre; par quel moyen voulons nous chaſſer ce mal? Par une autre maladie plus grande qui regne interieurement dedans nous: la premiere regarde le corps; la ſeconde regarde l'eſprit; vous nous apportez l'Edict qui ſe preſente, com-me deſpendant de la publication d'iceluy une partie de la conſervation de l'Eſtat: grande pitié! qu'il faille que ceſte conſervation ſe trame dedans noſtre ruine meſme: & que les ſages qui manient noſtre Eſtat, ſoient contraints de le conſerver par la folie de nous autres! Surquoy ſont baſtis nos Edicts? Sur l'ambition inexcuſable, ou pour mieux dire, inexpuiſable d'un tas de fols, leſquels ils

La mul-tiplicité d'offices combien pernici-euſe à l'Eſtat.

D'où vint la declinaiſon de l'Empi-re Ro-main.

qu'ils

qu'ils ayent veu comme toutes choses se sont passées en pleine paix, pour la suppression des Estats, & qu'ils voyent n'y avoir aujourd'huy aucun Officier bien payé de ses gages : & qu'en matiere d'Estats & Offices, il n'y a rien d'asseuré, comme mesme l'exemple qui s'offre aujourd'huy nous l'enseigne ; si est-ce qu'ils courent en poste aux Estats, c'est-à-dire, à la pauvreté, sinon qu'ils ayent opinion de trouver leur ressource sur le pauvre peuple, & qu'ayans achetez leurs Estats en gros, ils les debitent en detail. Il me semble desja voir ceste generation de viperes, (je veux dire ces partisans, lesquels soudain qu'ils furent esclos, tuerent aussi la France leur mere) Il me semble (dy-je) les voir promettre un montjoye d'argent qui se tournera en fumée.

Voilà une partie des discours dont j'entretins la compagnie, jusques à ce qu'enfin je pris mes conclusions telles qu'il pleust à Dieu m'inspirer, parce que le Procureur general mon compagnon n'y estoit lors. Monsieur Dolu President (personnage d'honneur) demanda lors à Monsieur le Cardinal s'il n'entendoit pas que la compagnie opinast sur ceste publication, ainsi que portoit la commune usance : lequel ayant respondu que non, & que la charge qu'il avoit du Roy estoit autre : Nostre presence n'y est doncques requise, repliqua le President, & aussi-tost se leve de son siege, suivy de tous les autres compagnons Presidents, & des Maistres, fors & excepté de Monsieur le premier President Nicolaï, qui demeura en sa place, & moy sur pieds, tenant le bureau. J'allay deux fois, par le commandement de Monsieur le Cardinal, par-devers ces Messieurs qui s'estoient retirez au second bureau, afin qu'il leur pleust reprendre leurs places ; mais nul d'eux n'y voulut entendre, sinon sous la condition d'opiner. Ce temps pendant, l'heure sonne, Monsieur le Cardinal & les Seigneurs de sa suite, se levent : toute la Compagnie se retrouvant au grand bureau, le supplie de ne vouloir trouver mauvais ce qui avoit esté fait par elle. Je ne vous reciteray le reste des procedures, & comme le Roy qui lors sejournoit à Saint Maur, s'en ressentit, & depuis adoucit son opinion. La Compagnie levée, & l'Edict non verifié, je pris la hardiesse de gouverner, à quartier, teste-à-teste, ce bon Cardinal & Prince, luy suppliant tres-humblement que luy jeune, ne voulust prendre de mauvaise part, ce qu'une barbe grise desiroit luy remonstrer ; & d'un mesme fil poursuivant ma pointe, luy remonstray, qu'estant Prince qui attouchoit la Couronne de si prés, comme il faisoit, il ne se voulust, de là en avant, charger de telles commissions ruïneuses, ains laissast jouer ce roulet à ceux qui pour n'estre de telle estoffe que luy, faisoient gloire de s'advantager en credit, au desavantage du pauvre peuple ; qu'il n'avoit que trop de grandeur, sans affectionner d'autres par ces voyes extraordinaires. Chose dont il me remercia, & me dit que c'estoit la premiere, & que ce seroit la derniere dont il se chargeroit à jamais. Il m'a semblé que vous ayant fait par mes autres lettres, part de la guerre qui s'estoit faite aux champs, je ne vous devois aussi taire celle qui s'estoit passée dedans nostre Chambre. A Dieu.

LETTRE III.

A Monsieur de Saincte Marthe.

Dissimulations estrangeres entre les François.

Quelque vaillance qui reside en Monsieur de Guise, & fust-il un second Cesar, tous ses deportemens ne plaisent au Roy. Il n'en faut plus autre tesmoignage, que ce que nous vismes, sur la fin de l'autre année, quand le Roy revint enflé d'honneur en ceste ville ; car combien que, Monsieur de Guise ne desirast rien tant, que de le suivre, pour avoir quelque part en la congratulation publique de la victoire dont il avoit esté l'un des premiers instruments ; si est-ce que le Roy ne l'a pas voulu, ains l'a renvoyé à son Gouvernement.

Dieu sçait quel creve-cœur ce luy est. Il a choisi pour sa retraicte la ville de Soissons, où il sejourna avec Monsieur le Cardinal de Bourbon son oncle, & l'Archevesque de Lyon & autres Seigneurs : Cardinal qui n'espousse pas de petites esperances, estimant, que par un droit d'ancienneté, non de primogeniture, il doit tourner sa Couronne Presbiterale en une Royale, & se faire declarer le plus proche des Princes du Sang, pour succeder à nostre Roy : querelle vrayement d'Allemand ! Qu'un vieil Prelat qui est sur le bord de sa fosse, dispute de la succession d'un jeune Roy plein de vie & de santé ! En ceste ville de Soissons se rendent tous les favoris de ces Princes, qui communiquent leurs affaires ainsi qu'ils advisent : à vray dire, ceste assemblée nous appreste aucunement à penser ; parce que nous y voyons le mescontentement, je ne diray point aussi grand, mais beaucoup plus que quand vers le mois de Mars 1585. ils s'armerent. Quant au Roy, quelque envie qu'il luy fasse estat de poursuivre les Huguenots ; pour le moins ne s'en parle-t'il pas grandement en Cour. Ceux qui sont prés de luy, tournent toutes leurs pensées à nouveaux Edicts : chose qui accueille en luy une haine estrange de son peuple. Les prescheurs declaiment, dans leurs Chaires, contre les Daces extraordinaires qui courent aujourd'huy par la France : & parce qu'ils voyent l'humeur du Roy, plus disposé à la paix qu'à la guerre, ils crient à gueules bées, contre ceux qui desirent restablir nos affaires en tel estat qu'elles estoient auparavant le soulevement de la Ligue : les appellants, tantost Politiques, tantost Machiavellistes ; c'est-à-dire, du tout sans Religion : de maniere que les Catholics sont aujourd'huy divisez en deux ; les uns que l'on appelle Ligueurs, sont estroictement embrassez par nos Prescheurs ; & les autres, Politics, lesquels ils detestent. En une mesme Table, malheur ! Vous verrez une douzaine de personnes symbolizants aux mesmes articles de Foy ; toutesfois partializez, les uns soustenans, qu'à quelque condition que ce soit, il faut exterminer l'Heretique, par sang & par feu, & pousser de son reste ; les autres qui pensent estre plus retenus, disent que tout cela ne prognostique rien que la ruine de l'Estat, & par consequent de nostre Religion, qui en fait part, & qu'il vaut mieux caler la voile, & reprendre les anciens arrthements dont nous sommes sortis depuis ces derniers troubles : à quoy les premiers repartissent, que la ruïne est plus asseurée, encore que plus tardive, en temporisant, & que c'est un chancre qui ronge interieurement nostre France ; tellement que ces temporiseurs sont plus à craindre que les Calvinistes, qui, à face ouverte, combattent nostre Religion. En somme, le Politic contribuë à l'opinion du Roy, qui est la paix ; le Ligueur, à celle de Monsieur de Guise, qui est la guerre. Quelle est la meilleure ? Je m'en rapporte à ce qui en est.

Les Catholiques comment divisez.

Une chose, sans plus, me desplaist, que les Moines & Escholiers, se facent juges des actions de nos Princes, sous pretexte de la Religion ; & crains qu'il n'y ait en cecy quelque artifice. Le Roy voyant que leur ancienne liberté s'est tournée en une licence desbordée, les a mandez pardevers soy, & leur a fait une grande reprimende, en presence de Monsieur le Cardinal de Gondy nostre Evesque, les admonestant de ny retourner plus, & que pour le passé il leur pardonnoit ; mais toutes ces remonstrances sont tombées en sourdes aureilles ; ny pour cela ils n'ont laissé de reprendre leur premiere piste : ce sont de dangereux outils, pendant une guerre civile, quand ils aiguisent leurs langues, pour l'un ou pour l'autre party : de les penser gaigner par menaces, c'est une folie :

Les Prescheurs fort hardis à corner la guerre.

folie : il y a quelqu'autre moyen pour les appaiser. Ils disent, que quand ils preschent, le S. Esprit se loge en leurs bouches; & qu'ils sont en la Chaire de verité, se donnans permission de dire ce qu'ils veulent pour les uns, & contre les autres : & les medisans, au contraire, leur improperent qu'ils sont hommes ; & que comme tels, dedans une guerre civile, ils vendent leurs langues, au plus offrant & dernier encherisseur : qui n'est pas un petit secret, que Jean Duc de Bourgongne sceut fort bien mesnager, quand pour se purger de l'assassinat du Duc d'Orleans, il mit en jeu maistre Jean Petit, Docteur en Theologie, son Escholier, & pensionnaire. A Dieu. De Paris, ce dernier jour de Fevrier 1588.

LETTRE IV.
A Monsieur de Saincte Marthe.

Histoire au long des Barricades, & comment le Roy sortit de Paris.

NOus joüions tous, au malcontent, & avons oublié toutes autres sortes de jeux. Monsieur de Guise & les siens, dedans la ville de Soissons, du commencement, rongeoient un desdain : maintenant ils ne le dissimulent point. Le commun peuple de Paris s'entre-voit d'un œil de travers, sous ces mots partiaux de Politique & Ligueur; le Roy mesme n'est espargné par nos Preschéurs. Brief, combien que nos Troubles ne soient arrivez, que pour guerroyer le Huguenot, nous laissons nostre premiere visée, pour estre aujourd'huy, les uns aux autres, nouvelles butes de querelles. Estimez combien, ce faisant, nous fortifions le party Huguenot, puis que nous autres Catholics sommes ensemblement, en mauvais mesnage. J'avois, jusques icy, pensé que les predictions des Astrologues judiciaires, estoient vrayes folies & fantosmes ; maintenant je ne sçay qu'en dire. Il y a deux cens ans, & plus, que les Allemands eurent vers Strasbourg un grand Mathematicien, que les uns appellerent de Regiomonte, les autres Regiomontanus. Cettuy escrivit, en sa langue, les malheurs qu'il prevoyoit devoir advenir à une longue posterité; son livre fut mis en vers latins, sous le regne du Roy Henry deuxiesme, & imprimé à Lion, par Gryphius en l'an 1553. Plusieurs l'ont depuis gardé : & vous puis dire, que trois ans devant nos Troubles, je le vy à Stinx, és mains de Monsieur le premier President, & deux jours aprés, en la Bibliotheque de Monsieur l'Advocat d'Espesse. Or voyez, je vous prie, ce qu'il predit de cette presente année.

Regiomonte faiseur d'Almanachs & predictions.

Vers prognostics de plusieurs malheurs, qui arriverent l'an 1588.

Post mille elapsos, à partu Virginis, annos,
Et post quingentos rursus in orbe datos,
Octuagesimus octavus mirabilis annus
Ingruet, & secum tristia fata feret.
Si non hoc anno totus malus occidit orbis,
Si non hoc anno, Terra Fretumque ruunt;
Cuncta tamen sursum volventur, & alta deorsum
Imperia, atque ingens undique luctus erit.

Moy-mesme m'en estois mocqué, en la Congratulation que je fis au Roy, sur sa victoire. Mais, ô bon Dieu! il faut que je démente mon livre : & neantmoins bien glorieux que les Astres soucieux de nous, ayent particulierement, sous cette generalité, rencontré sur la France, comme la premiere, & plus noble de toutes les Nations de l'Europe. Estans, de cette façon, divisez dedans cette ville, comme je vous escrivois maintenant ; quelques Catholics Liguez, pour courir un bruit, que le Roy se deliberoit de les maltraiter ; ils en donnent advis aux Princes qui estoient à Soissons; plusieurs allées & venuës, qui ne se faisoient à couvert, afin d'estre par eux secourus : le Roy manda Mr de Guise qu'il ne bougeast de la ville, jusques à ce qu'il eust receu autre commandement de luy. Comme nos affaires se passoient par ces mescontentemens reciproques, voicy plusieurs Gentils-hommes & Capitaines Ligueurs qui arrivent, à la file, dans Paris ; & se logent aux Fauxbourgs S. Germain des-Prez, aux environs de l'hostel de la Roche-sur-Yon, demeure de Madame de Montpensier. Cela ne peut estre si sourdement tramé, que le Roy qui lors sejournoit au bois de Vincenne, n'en eust advis. La Royne mere voulant aller prendre l'air à S. Cloud, luy envoye un Gentil-homme, pour sçavoir comme il se portoit ; à quoy il fit responce, qu'il avoit ce jour-là pris medecine ; mais que pour cela il ne lairroit de retourner à Paris pour recevoir une requeste qu'il sçavoit luy devoir estre presentée par Monsieur de Guise. Cela arresta court la Royne en la ville, & le mesme jour, le Roy y vint. Des-lors, une grande rumeur par toute la Cour. Et pour obvier à une sedition, le Samedy septiesme de May, est faite une assemblée de ville, où fut opiné fort librement d'une part & d'autre, chacun, diversement ; rendant compte des mouvemens de son Ame ; enfin fut conclud que l'on deputeroit gens pour aller voir par les maisons, quels Estrangers & estoient logez, quelles affaires les y detenoient ; & faire commandement aux Vagabonds de sortir : mais tout cela ne fut que vent. On proposa autres moyens au Roy a y remedier ; & le plus prompt & expedient, fut de loger, au mesme Faux-bourg, les quatre mille Suisses qu'il avoit fait, de nouveau, venir. Quelques-uns, à la cholere, passerent plus outre, disant que pour estouffer le feu, il falloit faire pendre une douzaine des principaux conducteurs de cest œuvre : le vent en vient à leurs aureilles ; ils prennent cette cholere pour l'effect, & en escrivent à Monsieur de Guise, afin qu'il luy pleust de les secourir : l'on commence à se haster, adjoustent, que les potences estoient toutes prestes en l'hostel de ville. Sur ces entre-faictes il advient que Mr d'Espernon prend la route de Normandie, avecune infinité de Noblesse, pour se mettre en possession de son nouveau Gouvernement : ces Messieurs estiment qu'il ne falloit laisser envoler cette belle occasion. Le Roy estant demantelé d'une grande partie de ses Gentilshommes ; eux envoyent deux & trois recharges, à Soissons, par Brigard Advocat. En ce martel, se passent les Vendredy, Samedy & Dimanche. Le Lundy, neufiesme, Mr de Guise arrive en poste, & vint descendre en la maison de la Royne mere, qui voulut prendre le devant du Louvre, pour faire trouver bonne, cette venuë ; mais il la pria de permettre qu'il l'accompagnast : ce qui fut fait. Elle le presente au Roy, lequel d'un visage hagard, luy demande pourquoy il estoit venu, veu qu'il luy avoit, par exprés, envoyé le Seigneur de Believre pour le destourner de ce voyage ? A cela il luy respondit, qu'il estoit venu, premierement pour luy faire trés-humble service ; puis pour luy apporter à teste & se justifier contre les calomnieuses charitez qu'on luy prestoit ; & finalement pour mourir avec plusieurs siens amis, que l'on destinoit à la mort, ainsi que le bruit commun estoit. On dit sur ce mot, le Roy changea de couleur, & demeura court ; toutesfois ayant quelque peu aprés repris la parole, Mr de Guise s'en alla chez luy, tellement accueilly du menu peuple, qu'il n'avoit pas moyen de passer : entre autres, une bonne vieille fend la presse, qui luy dit qu'elle ne se soucioit plus de mourir, puis que Dieu luy avoit fait la grace de le voir ; & à l'instant mesme fit toucher son Chapellet à ses habillemens : un couvreur, estant sur une maison en la ruë S. Martin, sçachant qu'il passoit par là, se descend avec une corde, au hazard de sa vie, afin d'avoir moyen de l'envisager. Il se prepare cependant pour presenter une Requeste au Roy, bastie à Soissons, dont le premier chef estoit de faire assembler les trois Estats, pour

Mr de Guise arrivé à Paris.

Sa response au Roy.

Comme Mr de Guise fut cueilly à Paris.

la reformation du Royaume. Le lendemain, le Roy fait redoubler ses gardes, tant Françoises que de Suisses, devant le Louvre ; monstrant par cela, la deffiance qu'il avoit de cette venuë : ce neantmoins, ce jour mesme il le vient saluër, au matin, avec quelque suite de ses principaux amis & serviteurs, chacun faisant diversement bonne mine, à mauvais jeu. Le Mercredy, le Roy ne voulant, qu'en le suppliant, on luy commandast, le vit avec une chere plus fascheuse que le jour precedant, & se fit, au soir, apporter les clefs des portes de la ville. Le Jeudy, douziesme, sur la Diane, il fit entrer toutes ses gardes, que l'on dispose par les principaux cantons, aux Halles, Cimetière S. Jean, place de Greve, Marché-neuf, prés nostre Dame, vers le petit-Pont, pour se venir saisir de la place Maubert ; les principales ruës tapissées, d'un costé & d'autre, de telle maniere de gens armez. A nostre lever, le peuple voit ce nouvel & inaccoustumé spectacle ; la peur se saisit de luy, estimant que ce fust une garnison, que l'on voulast mettre en la ville, nouveau sujet de servitude. Quelques-uns qui avoient plus de nez, jugeoient, que c'estoit un preparatif encontre Monsieur de Guise, auquel on ne vouloit que le peuple apportast obstacle. Chacun court aux armes, les Capitaines s'assemblent en leurs Dixaines ; le Roy, pour nous asseurer, mande aux gens de la justice, qu'ils ne discontinuassent leurs Audiences. Le matin, Monsieur de Guise inesperément salué de ces nouvelles, est, de prime face, aucunement estonné ; si ne perdit-il cœur. Quelques-uns des siens estoient d'advis de quitter la ville ; mais il leur fit responses, que qui avoit peur, s'en allast. De ce pas il va à la Messe avec sa famille, en la Chapelle de Brac, sur les sept heures, sans porter sur le front aucune marque de crainte. Le temps pendant, il ne s'endort, ains donne ordre de se fortifier par l'entremise de quelques Citoyens, qui luy estoient voüez : & voyant ses affaires se disposer en quelque esperance de bon train, il envoye le Chevalier d'Aumalle, d'un costé, & le Seigneur de Brissac, d'un autre, pour sonder le cœur du Parisien. Le Seigneur de Brissac prend pour son quartier, la place Maubert, où il arrive sans destourbier ; car combien que les Gardes fussent en armes, si avoient-ils commandement, comme on dict, de ne se remuër. Ceux qui suivoient l'un & l'autre Seigneur, confirmoient au peuple, qu'on vouloit mettre garnisons en nos maisons, & nous asservir sous la misericorde du soldat ; au demeurant, que Monsieur de Guise se portoit bien. Les soldats du Roy vouloient gaigner, pied à pied, la place Maubert ; le peuple commence de se barricader vers la ruë Gallande, pour leur boucher le passage. Les Suisses ne pouvans, par ce moyen, passer, font alte : à l'exemple de ceste barricade, chaque quartier fait le semblable, pour fermer le pas aux autres soldats. Un certain Rodomont de Cour, qui avoit promis monts & merveilles au Roy, voyant que sa promesse s'esvanoüissoit à neant, par une fureur desesperée, dict sur le Pont S. Michel, qu'il n'y avoit femme de bien qui ne passast la discretion d'un Suisse ; parole qui, depuis, fut cher venduë au Roy, & qui aiguisa grandement la fureur du peuple. Vers la heure de relevée, le Seigneur de Brissac revenant sur ses premieres brisées, avec quelque troupe bien montée, s'assemble chez le Colonnel de la place Maubert ; & apres avoir capitulé de ce qui estoit à faire, suivy de plusieurs gens de ceste ville, armez ; luy, à la teste de la compagnie, commande aux Suisses d'esteindre leurs mesches ; à leur refus, l'escarmouche commence en la ruë S. Jacques ; jamais on ne vit chose mieux conduite, ny plus heureusement succeder. Les Suisses abandonnent leurs armes, & baissent les mains. On en avoit disposé une bonne partie au Mar-

Trouppes dispersées par la ville de Paris.

Les barricades faites à Paris, & quel fut leur commencement.

ché-neuf, lesquels pour éviter une boucherie de leurs personnes, prierent d'estre enfermez tous desarmez dans la boucherie de ce lieu. De mesme façon le Gast, l'un des Capitaines des Gardes Françoises, qui occupoit les avenuës de la ruë S. Jacques, fut desarmé ; & pour le sauver, fut confiné, luy & les siens, dans une maison. La matinée fut pour le Roy, jusques à dix heures ; le demeurant du jour, pour Monsieur de Guise, lequel se voyant au dessus du vent, monté à cheval, en pourpoint, suivy d'une grande compagnie de gens, se promene par toute la ville ; usant certes de son bon-heur avec une merveilleuse modestie ; car tout ainsi que, le matin, pensant estre au dessous de toutes affaires, il ne ravalla rien de sa magnanimité accoustumée ; aussi lors qu'il fut au dessus, il ne se haussa davantage ; ayant toute ceste journée-là, une mesme teneur de visage ; voire voulut obliger de toutes sortes de courtoisies, ses mal-veillans : car il desgagea, sur les quatre heures du soir, le Gast avec toute sa compagnie, leur faisant rendre toutes leurs armes. Le semblable fit-il aux Suisses qui tenoient garnison fermée dans la boucherie du Marché-neuf ; & encore aux autres, qui estoient en la Greve, lesquels, sans son secours, estoient en danger d'estre mis en pieces par les soldats de Paris ; & les renvoya tous au Roy. Il n'est pas qu'il n'exerçast pareille courtoisie envers le Seigneur de Tinteville, Gouverneur de Troye, qu'on disoit estre en mauvais mesnage avec luy. Jamais succés ne fut plus heureux que cestuy ; car de l'appeller victoire, je luy ferois tort ; ayant eu par un mesme moyen le dessus de ceux qui le vouloient offenser, & de soy : & estimoient plusieurs personnes, que par un grand mystere de Dieu il avoit, sans y penser, attaint au comble de ses desirs ; & qu'il pouvoit de là en avant, commander prés du Roy, & sous son authorité, ainsi que bon luy sembleroit, estant mesmement assisté du vent & de la faveur populaire : toutesfois, le lendemain, fortune luy livra toute autre chance.

Le Vendredy, le Roy voyant que le jour precedent, non seulement ses affaires ne luy estoient reüssies selon son projet : mais, qui plus est, que le peuple taschoit de forcer ses gardes ordinaires, où ils sont journellement assis, vis à vis du Louvre, il s'advise d'un nouveau stratageme. Il fait semblant de vouloir entrer en quelque conference avec Monsieur de Guise, pour adoucir toutes choses ; & de fait, luy envoya dire par le Capitaine de S. Paul, l'un des siens, que la Royne sa mere s'en iroit tenir l'aprés-dinée, conseil en l'hostel de Guise, comme aussi elle y alla. Mais elle ne fut à mi-chemin, que le Roy sort de Paris par la Porte Neufve, & vient prendre ses bottes aux Capucins, où il est accueilli par deux ou trois cens chevaux, avec lesquels il alla faire son logis à Trapes. Ce partement apporta un esbahissement infiny à tout le monde. Jamais ne fut si furieuse desbauche de peuple, que celle du Jeudy & Vendredy ; car les Religieux mesmes quittans leurs frocs, s'estoient armez devant leurs Monasteres ; & le Samedy, quatorziesme du mois, toutes choses se trouverent si calmes, que vous eussiez dit que c'estoit un songe. Les portes de la ville fermées par deux jours, furent lors ouvertes, le commerce ordinaire remis, avec toute la modestie que l'on pouvoit desirer au peuple, pour avoir seulement perdu l'objet & presence de son Roy : tesmoignage trés-asseuré du mal-talent qu'il luy portoit : je veux & entends parler du commun. Voilà l'histoire de huict jours, que je vous ay voulu faire part, bien estonné de voir nos affaires constituées en un si piteux estat : mais que j'aye recueilly mes esprits, je vous en manderay mon advis. A Dieu. De Paris, ce 20. de May 1588.

Magnanimité de Mr de Guise.

Le Roy sort de Paris & comment.

LETTRE

LETTRE V.

A Monsieur de Saincte Marthe.

Il remarque les fautes qui furent faictes aux barricades, tant de la part du Roy que de celle du Sr de Guise.

JE ne suis homme d'Estat ; toutesfois je me donne la liberté de juger des coups d'Estat, tels que celuy qui s'est passé dans Paris, depuis que Monsieur de Guise y fut arrivé. Permettez-moy doncques, je vous prie, de commenter sur les fautes qui me semblent avoir esté faictes, & par le Roy, & par Monsieur de Guise ; combien que chacun d'eux, soit très-sage & très-advisé : je dy fautes très-lourdes & inexcusables. Je commenceray par Monsieur de Guise ; quand il vint dans Paris avec sept chevaux seulement, luy pouvez-vous imputer à sagesse ; veu les deffenses expresses qu'il avoit du Roy, de venir ; & que dés son premier abord il cognut & au visage, & en la parole du Roy, le mescontentement qu'il en avoit ; & encores plus, par les gardes qu'on redoubla le lendemain devant le Louvre ? Celuy qui voudra excuser Monsieur de Guise, dira, que l'on peut recueillir de cela, combien il s'estimoit innocent, contre les calomnies qu'on luy improperoit ; veu qu'à si petit bruit il avoit apporté sa teste au Roy. Un autre plus mauvais garçon soustiendra, qu'il pensoit avoir intelligences asseurées avec le commun peuple, par toute la ville. Je ne sçay si ceste derniere leçon est vraye ; mais quant à moy, je m'asseure qu'il estoit en la puissance du Roy, les trois premiers jours, de s'asseurer de luy & des siens, dans le Louvre, comme il luy eust pleu ; & s'il eust faict, il falloit tirer le rideau, la farce estoit jouée contre Monsieur de Guise : les corps generaux du Parlement, Chambre des Comptes, Cour des Aides, Prevost de Paris, & Siege Presidial, comme aussi les Prevost des Marchands & Eschevins de la ville, qui en telles esmeutes ont grande voix, estoient à sa devotion : d'ailleurs, il avoit faict venir quatre mille Suisses de surcroist, sans en ce comprendre ses autres gardes ordinaires ; tellement que tous ces particuliers Bourgeois, à la requeste desquels, Monsieur de Guise avoit pris la poste, y eussent perdu leur escrime. Le Roy ne suivit pas ce conseil ; mais comme il se plaist en nouveaux theatres, fit, le Jeudy, asseoir ses gardes le long des ruës, avec commandement exprés de ne tirer : qui estoit en user comme d'espouvantail de cheneviere ; car par ce conseil, il mit tous les Citoyens en alarme, hormis quelques particuliers ausquels s'estoit descouvert : à dire le vray, cest advis pouvoit estre de quelque merite, si les Parisiens eussent esté desarmez : mais la discipline estant aujourd'huy militaire, entre nous, & toutes les dixaines armées, il eust esté impossible aux gardes, de venir à chef de leur entreprise ; voire quand le Roy leur eust lasché toute bride : car nous estions à l'abry des coups, par le moyen de nos maisons, flanquez d'un costé de ruë à l'autre ; partant, les soldats nous servoient de butes : il ne faut en telles affaires rien entreprendre, ou bien ne joüer à petit semblant. S'il visoit à Monsieur de Guise, il le falloit, dés le matin, investir à l'impourveu, sans luy donner loisir de respit : les Cours Souveraines & la Justice se mettans de la partie, avec la force ; le peuple n'eust eu moyen de se mutiner, ny d'en venir aux armes, estans mesme tous les Capitaines de la ville, creatures du Roi, & dont il s'estoit asseuré en les eslisant. Il ne le fit pas ; mais par un autre advis, il distribua ses gardes par les cantons, comme statuës seulement, donnant occasion au peuple, de se mutiner, sans prendre langue de ses Capitaines ; & aux partisans de Monsieur de Guise, de se faire voye, par toute la ville, sans crainte. Brief, donnez telle façon qu'il vous plaira à ce conseil, vous n'y trouverez rien de conduite, en l'entreprenant, & moins encore, en l'executant. Je vous en puis presque autant dire de Monsieur de Guise, pour le Vendredy ; car ayant eu cest heureux succés le Jeudy, il devoit, sur toute chose, donner ordre, ou par beaux semblants, esquels il n'est point apprentif, ou par autre voye, que le Roy ne desemparast la ville ; par sa presence, toutes choses se fussent racquoisées : & neantmoins, de là en avant, il eust tenu prés de luy le rang & grade qu'il desiroit : & maintenant que le Roy est party, ceux qui seront prés de luy, trompeteront par toutes les Nations, que Monsieur de Guise est rebelle : & nous Parisiens serons mis en ce mesme predicament : conclusion ; en tout ce qui s'est passé dedans nostre ville pendant ces cinq jours, vous n'y trouverez qu'une chaine de lourdes fautes ; faute, en Monsieur de Guise, quand le Lundy il vint en poste luy septiesme ; faute au Roy, qui ne se saisit de luy, le Mardy ou Mercredy, comme il pouvoit, s'il estoit entré en quelque mauvaise opinion de luy ; autre faute, le Jeudy, en ceste grande levée de bouclier que le Roy fit ; faute derniere, en Monsieur de Guise, quand le Vendredy, il le laissa sortir de la ville ; & au bout de tout cela, une plus grande faute, en moy, simple subject, de vouloir interposer mon jugement sur si hauts subjects : mais puis que si licentieusement nous avons abusé de nos armes dans Paris, pourquoy ne me sera-t'il permis d'abuser maintenant de ma plume ? A Dieu.

LETTRE VI.

A Monsieur de Saincte Marthe.

Suitte de ce qui se passa aprés les barricades.

LE Roy estant party de Paris, s'est retiré en la ville de Chartres. Du jour au lendemain de son partement, Monsieur de Guise a depesché pardevers luy, le Capitaine de Sainct Paul, porteur d'unes lettres pleines de respects & obeissances. Messieurs du Parlement, des Comptes, des Generaux des Aides, & du Siege Presidial, ont diversement deputé quelques Seigneurs de leurs corps, pour faire toutes sortes d'excuses & submissions à ce requises ; & nommément que le scandale estoit procedé d'une crainte que le peuple avoit euë, des garnisons, dont il sembloit estre menacé ; mesme pour quelques paroles honteuses dont les conducteurs de ceste orne, avoient bravaché les femmes de bien & d'honneur : à quoy le Roy debonnairement a fait responce, qu'il n'avoit jamais pensé de maltraicter sa bonne ville de Paris ; mais bien de faire chasser quelques estrangers sans adveu, qui estoient venus pour troubler le repos commun ; que cela seul l'avoit occasionné d'espandre ses forces ; qu'entre toutes ses autres villes, il avoit specialement chery & aimé celle de Paris, en laquelle il avoit choisi son ordinaire demeure ; & n'estoit si mal advisé d'estimer, que quatre mille Suisses eussent esté bastants pour tenir ce grand peuple en bride ; que quand il seroit reblandy par nous, ainsi qu'en telles affaires estoient les Princes Souverains, il nous ouvriroit les bras ; sinon il estoit resolu de n'y espargner rien de ce qui appartiendroit à l'exemple de la vindicte publique. Or pendant ces legations, nous nous sommes emparez de la Bastille

Excuses des Parisiens au Roy.

Responce du Roy.

&

La baſ-
ſille ſai-
ſie & le
Prevoſt
des Mar-
chands
empri-
ſonné.

& du Bois de Vincennes, & mis Monſieur de Pereuſe Prevoſt des Marchands, en priſon. Meſſieurs Lugoly, & le Comte Eſchevins, & Perrot Procureur du Roy de la ville, ſe ſont garentis par la fuite. D'une meſme main, on a éſleu, pour Prevoſt des Marchands, Marteau, Maiſtre des Comptes; pour Eſchevins, Roland, Compan, des Prez, Cotteblanche: & pour Procureur de la ville, Brigard; mettant en avant que tous les Eſtats de l'Hoſtel de ville eſtoient populaires, & qu'il n'y falloit point de Procureur du Roy. En toutes ces aſſemblées de ville, nul de Meſſieurs du Parlement, des Comptes & Generaux des Aides, n'a eſté delegué pour s'y trouver. Depuis, on a deputé quelques honnorables Bourgeois, pour aller à Chartres, ſupplier le Roy, qu'il luy pleuſt confirmer

Officiers
nou-
veaux
eſleus
par le
peuple.

toutes ces eſlections; & par meſme moyen, le Seigneur de Meneville a porté une Requeſte au Roy que les Catholics luy faiſoient, tendant à trois ou quatre points: nous ne ſçavons quel fruict ces Meſſieurs rapporteront de leur legation; cependant le Roy a deſpeſché un Edict contenant la ſuppreſſion de trente-ſept autres, qui couroient à la foule du peuple; lequel a eſté verifié au Parlement, le vingt-ſeptieſme May; & le lendemain en la Chambre des Comptes. Pareillement nous en avons veu un autre, par lequel le Roy ſupprime tous les Contents, qui ſe faiſoient ſous noms ſuppoſez, principal malheur & corruptcle de noſtre Regne. Nous attendons de jour à autre, pareilles reformations. A Dieu.

LETTRE VII.

A Monſieur de Saincte Marthe.

Il de-
plore la
calami-
té du
temps,
& en
deſcrit
les miſe-
res.

LE Seigneur de Meneville, & les Deputez de Paris, ſont de retour, ſans avoir rapporté grand fruict de leur legation. A ce que je voy, les affaires de noſtre France ſont diſpoſées à une guerre civile; & par conſequent, à la ruine generale de nous tous. Le Roy eſt arrivé à Mante; le bruit eſt qu'il la veut fortifier, pour retrancher au Patiſien le trafic de la Normandie. Le Seigneur d'Eſpernon s'eſt retiré de la Cour. Monſieur de Guiſe s'eſt aſſeuré de Corbeil, S. Cloud & Meulan : il depeſche Commiſſions de toutes parts : nous voyons deſjà les champs couverts de gendarmes, qui mangent, ravagent & ruinent tout le plat pays : ô miſerable ſpectacle ! Il y a long-temps que je ronge je ne ſçay quelle humeur melancholique dans moy, qu'il faut maintenant que je vomiſſe en voſtre ſein. Je crains, je croy, je voy preſentement la fin de noſtre Republique : nous ne pouvons deſnier, que n'ayons un grand Roy; toutesfois ſi Dieu ne l'advife d'un œil de pitié, il eſt ſur le poinct ou de perdre ſa Couronne, ou de voir ſon Royaume tout renverſé. Les Corps Politiques ont certaines propoſitions, par leſquelles ils prennent leurs commencemens, progrez & periodes. Introduiſez-y un bigarrement de Religions, foule extraordinaire des Subjects, meſcontentement general des Princes, la Republique eſt de telle façon malade, qu'il eſt malaiſé de l'en relever. Il ne faut pratiquer ny l'Allemand, ny le Suiſſe, ny l'eſtranger, pour ce changement. Tant de pauvres gens malcontens, ſont autant de materiaux de la ſubverſion de l'Eſtat. Le vray ſubſide dont le Prince doit faire fonds, eſt de la bienveillance de ſes ſubjects. La plus grande partie de ceux qui ont eſté prés du Roy, ont eſtimé n'avoir plus beau magaſin pour s'accroiſtre, qu'en luy fourniſſant memoires à la ruine du pauvre peuple ; c'eſt à dire, à la ruine de luy meſme: dignes certes, ces malheureux Miniſtres, d'une punition plus horrible, que de celuy qu'on tire à quatre chevaux, pour avoir voulu attenter contre la Majeſté de ſon Prince; d'autant qu'en conſervant leur grandeur par ces damnables inventions, ils ont mis leur maiſtre en tel deſarroy que nous le voyons maintenant.

Quels
furent
cauſe
du mal-
heur de
Henry
III.

Au milieu d'une infinité de graces & faveurs que les Roys reçoivent de Dieu, ils ont un particulier malheur, de n'entendre la verité, s'ils ne s'y diſpoſent d'eux-meſmes. Ceux qui ont ceſt honneur de les approcher; pour ne leur deſplaire, ſe conforment du tout à leurs volontez : de maniere qu'un pauvre Prince aſſiegé de mille flateurs, ne cognoiſt jamais ce qui luy eſt bon, ſinon lors qu'il n'eſt plus temps, & quand il eſt au-deſſous de toutes ſes affaires; car adoncques ſon infortune luy enſeigne les fautes par luy commiſes pendant qu'il avoit le vent en pouppe. De ma part, je ne ſeray jamais de l'advis d'Eſope le Phrygien, quand il remonſtre à Solon, que celuy ne devoit vivre avec les Roys, qui ne leur vouloit applaudir. Plus me plaiſt la reſponſe que luy fit Solon,

Mal-
heur parti-
culier des
Rois.

luy diſant, que tout au contraire, nul ne devoit ſe preſenter devant eux, pour leur deguiſer ce qui eſtoit vray. Nous devons toutes choſes au Prince, qui nous eſt ordonné de Dieu; mais ſur tout, une verité, de laquelle s'il ne ſe veut rendre capable, c'eſt lors que l'on peut dire de luy, ce que nous liſons dans la Bible, des Roys d'Egypte, qui s'eſtoient obſtinément vouez à l'affliction des enfans d'Iſraël ; que Dieu avoit aveuglé les Pharaons ; voulant dire qu'ils eſtoient tombez en ſens reprouvé, & ſur le poinct de leur cheute. Et paſſeray encore plus outre ; car je ne me contenteray de donner, ſelon ma conſcience, un bon advis à mon Roy, par ambages, parce que je le trouveray prevenu de quelque opinion contraire, comme faiſoit autresfois un Seigneur de noſtre temps, lequel aprés avoir donné un ſage conſeil, ne ſe formaliſoit jamais, pour le ſouſtenir. C'eſt peu que d'eſtre preud'homme, ſi l'on n'accompagne la preud'hommie, d'une force. Je veux qu'aprés que l'homme de bien, aura, avecques toute modeſtie, remonſtré à ſon maiſtre ce qui eſt bon, il le ſouſtienne fortement, & luy remonſtre les inconveniens qui luy adviendront, faiſant le contraire; car encore que ſur le champ le Prince ne le digere, ſi eſt-ce qu'avec le temps il le trouvera tel qu'il eſt: & l'accouſtumant à telles leçons, combien que faſſions peu pour nous, ſi faiſons-nous beaucoup pour luy, & pour ſon Royaume. Je ſçay qu'en ce faiſant, on oure mots ; mais lequel vaut-il mieux, ou en ployant à toutes les volontez de ſon maiſtre, mourir ſur les bahus, au milieu de la corruption de la Cour; ou bien rompre, & faire une honneſte retraite en ſa maiſon, telle que fit le Chancelier de l'Hoſpital ; & cependant conſerver celuy auquel nous devons bien, & laiſſer, tout d'une ſuite, une bonne bouche de nous, avec un honorable regret en la memoire de celuy auquel nous avons deſpleu ?

Le Chancelier de l'Hoſpital loué pour ſa retraite.

Dieu doüa noſtre Roy, de pluſieurs grandes benedictions, qui luy ſont particulieres : mais comme il eſt né homme, auſſi ne peut-il eſtre accomply de tant de bonnes parties, qu'il n'ait des imperfections. Y a-t'il aucun Seigneur, (je n'en excepteray pas un) de ceux qui ont eu part en ſes bonnes graces, qui ait, je ne dirai point reſiſté, (ce mot ſeroit un œuvre contre un Roy) mais qui ne ſe ſoit eſtudié de favoriſer, en toutes choſes, ſes opinions, ores qu'elles ſe fourvoyaſſent à l'œil, du chemin de la raiſon ? On le voyoit naturellement enclin à une liberalité : c'eſtoit une inclination qu'il tenoit de la Royne ſa mere; vertu vrayement Royale, quand elle ne ſe deſborde à la foule & oppreſſion des ſubjects: qui eſt celuy qui par ſes importunitez extraordinaires, n'en ait abuſé ? Quelques corrompus de Cour, ne luy chantoient, du commencement, autre choſe, ſinon qu'il n'y avoit rien plus digne d'un Roy, que d'eſtre veritable, propoſition tres-plauſible : mais ils apportoient une gloſe, qui gaſtoit le texte; c'eſt à ſçavoir, que quand un Roy

Henry III. enclin à la liberalité.

avoit

avoit promis quelque chose, son honneur y demeuroit engagé, s'il n'entretenoit sa parole; & qu'il n'y avoit police ancienne en tout son Royaume, qui peust ou deust contrevenir à ceste loy, laquelle prenoit sa racine du tige de la nature, commune & generale à tous peuples. Comment? pourriez-vous mieux combattre les opinions d'un bon Roy, que les verité & honneur ensemblement? Ceste proposition s'insinuë à longs & doux traits, dedans son esprit. Le malheur veut que nul de ses principaux Officiers, qui estoient prés de luy, ne la controolle. Voylà comment un grand & bon Prince se laissant, en premier lieu, emporter par ses volontez, puis vaincu par les importunitez des siens; enfin, non secouru de ceux qui pour la necessité de leurs charges, y devoient avoir l'œil, il n'a pas esté mal-aisé de voir toutes nos affaires tomber au desordre & confusion, telle que nous voyons aujourd'huy.

Cause principale des malheurs de la France sous Henry III.

Sur ce pied, a esté bastie la ruine de nostre France, premierement par je ne sçay quelle malheureuse invention de Contens (qui ont rendu tous les gens de bien, malcontens,) lesquels ne pouvans, à la longue, fournir aux liberalitez extraordinaires du Roy, ont eu recours à une infinité de meschans Edicts, non pour subvenir aux necessitez publiques, ains pour en faire dons, voire au milieu des troubles, à uns & à autres: & pour leur faire sortir effect, on a forcé les Seigneurs des Cours Souveraines de les passer, tantost par la presence du Roy, tantost des Princes du Sang: liberalité qui ne s'estoit jamais pratiquée en autre Republique que la nostre. Et si l'argent n'y estoit prompt, pour suppléer à ce defaut, la malignité du temps produisit une vermine de gens, que nous appellasmes par un nouveau mot, *Partisans*, qui avançoient la moitié, ou tiers du denier, pour avoir le tout: race, vrayement, de viperes, qui ont fait mourir la France leur mere, aussi-tost qu'ils furent esclos.

Contens causes de beaucoup de maux.

Partisans, maudite vermine en France.

On adjousta à tout cela, pour chef-d'œuvre de nostre malheur, un esloignement des Princes & grands Seigneurs, & advancement des moindres prés du Roy. Je vous raconte tout cecy en gros; car si j'avois entrepris de vous particulariser en détail, & par le menu, comme toutes ces choses se sont passées, l'encre me defaudroit plustost que la matiere. Mais quel fruict à produire tout ce mesnage? Une oppression de tous les subjects, une pauvreté par tout le Royaume, un mescontentement general des Grands, une haine presque de tout le peuple, encontre son Roy: & puis au bout de tout cela, que pouvions-nous attendre autre chose, que ce meschef, qui nous est, ces jours passez, advenu? Je suis & seray, tant que l'ame me battra au corps, fidelle subject & tres-humble serviteur de mon Roy; Dieu m'envoye plustost la mort, que je soye autre: ce nonobstant voyant tous ces fascheux deportemens, je ne sçay comment j'ay tousjours craint (que dy-je, craint?) mais je me suis asseuré de voir, quelque jour, ce que je voy maintenant, un desarroy general de nostre France: & de faict, quatre ou cinq mois aprés le soulevement de la Ligue, en l'an 1585. il m'advint de faire ce Sonnet, que je communiquay à quelques miens amis:

*Je veux la Paix, & la guerre je corne;
Je hay la Ligue, & la Ligue je suis;
Les petits j'aime, & les Grands je les fuis;
Mes amitiez sans mesure je borne.
De mes subjects je reçoy mainte escorne;
Roy deux fois Roy, Roy presque je ne suis;
Pour plus donner cent fois que je ne puis,
Je vy d'Edicts, dont mon peuple j'escorne.
Tout mon Conseil la verité me tait;
Autre conseil que le mien ne me plaist:
Absolument je veux ce que j'ordonne.
O pauvre Roy Henry! tu ne vois pas,
Que tout cela n'est autre chose, helas!
Qu'un changement fatal de la Couronne.*

Et ce que je predy en cecy, de luy, j'en diray autant de tout autre, qui usera de mesmes procedures.

Tout ainsi comme au corps humain qui se dispose à maladie, on accueille, petit à petit, les mauvaises humeurs, qui se ramentoivent à nous tout d'un coup, lors que pensons estre moins malades: ainsi en a-t'il pris au Roy. Tant de novalitez mises sus, à la foule des pauvres subjects, sans subject, estoient autant de malignes humeurs ramassées au corps de nostre Republique, lesquelles ne nous promettoient autre chose, que ce grand esclat de scandale, que nous avons veu dans Paris. C'estoit un pus; c'estoit une bouë qui se couvoit dans nous, à laquelle le Medecin supernaturel a voulu donner vent, lors que nul de nous n'y pensoit. Le Roy mesme l'a fort bien recogneu; quand soudain aprés estre arrivé à Chartres, pour donner quelque ordre à ce mal, il a revoqué trente malheureux Edicts, & encore promis par autres Lettres Patentes, de n'user plus de Contents. Pleust à Dieu que deux mois auparavant, il les eust revoquez de son seul instinct, afin que ceux que je voy contre luy ulcerez, eussent estimé luy devoir totalement ceste grace, & non au scandale advenu: mais c'est un mal commun à tous Roys, de ne recognoistre jamais leurs fautes, que quand ils sont visitez de Dieu: & toutesfois en tous les accessoires, quand ils commencent d'avoir recours à luy, par une contrition de cœur, ils sont ses mieux aimez. Entre toutes les histoires, je n'en trouve point qui me plaise tant, que celle des Roys, dans la Bible. Si un Roy se gouverne bien envers son peuple, Dieu benit aussi sa fortune; si mal, il est chastié en sa personne, ou en ses enfans, selon le plus ou le moins de son demerite. Tous les secrets de Machiavel y faillent. De ma part, je ne pense point que jamais Roy ait receu un plus grand affront de son peuple, (il faut que ceste parole, à nostre tres-grande honte, m'eschappe) que celuy qu'a receu le nostre: que luy, qui à son retour de la Beauce, avoit esté receu avec tant de congratulations & applaudissemens du Parisien, six ou sept mois aprés ait esté caressé de telle façon qu'avons veu, en la journée des Barricades; mesme dans une ville de Paris, qu'il avoit aimée & cherie pardessus toutes les autres: que le Jeudy & Vendredy qu'il demeura dans la ville, on ne vit jamais plus grand chaos & emotion populaire; & le Samedy, soudain que l'on fut adverty de son partement, nous vismes en un raquoisement inopiné de toutes choses: signe malheureux & trop exprés de la haine qu'on luy porte. Mais quel remede à tout cecy, me direz-vous? Si vous croyez à Hipocrate, *aux maladies desesperées il ne faut apporter aucun remede*: si à Celse, il vaut mieux y en apporter un tel quel, que d'abandonner le malade. Je vous en diray un souverain. Il me semble que devons suivre le formulaire commun des Medecins de nostre temps, lesquels aux maladies chroniques, se voyans au bout de leur art, envoyent leurs patients, aux fontaines de Cepoix, Luques, Poulques, Bourbonnenfy, Aigues-caudes: remede dont ils ne peuvent rendre raison, que d'une longue experience des guerisons qu'ils en ont veu advenir: ainsi la maladie qui se presente entre nous, estant une vraye maladie du temps, je suis d'advis, & que nostre Roy, & nous tous, ayons recours à la source & fontaine vifve, qui est Dieu; afin qu'il luy plaise, par sa saincte grace, destourner son ire de nous. C'est luy, qui par un caché jugement, a permis ce mal; & aussi est-ce luy seul, qui nous le peut destourner. A Dieu.

Eaux medecinales de France.

LETTRE

LETTRE VIII.
A Monsieur de Sainéte Marthe.

La paix combien difficile à faire.

Vous estes d'advis, comme moy, qu'aprés avoir eu recours à Dieu, chacun de nous, doit mettre la main à l'œuvre, pour donner ordre à nostre mal. Je loüe vostre intention, encore que je pense n'estre en la puissance des hommes d'y remedier, sans la main du grand Adoptateur. Il me semble que nous tous devons unanimement conspirer à une Paix; la conjuration sera belle: mais par où la prendrons-nous? Car entre toutes celles que j'ay veu faire dés & depuis le commencement de nos troubles, je ne pense qu'il y en ait jamais eu une, où tant d'obstacles se presentassent, qu'en ceste-cy. Ce sera un vray chef-d'œuvre d'Estat. Il est mal-aisé, me direz-vous, que le Roy, tant qu'il vivra, ne couve une vengeance dans soy, quelque beau-semblant qu'il nous fasse; & que le peuple ne soit perpetuellement bourrelé d'une crainte de punition, veu l'insolence dont il a usé envers luy; & finalement, que Monsieur de Guise, pippé des doux appas de la fortune, ne loge desormais en son cœur, une ambition desmesurée: ce sont trois maladies de nos ames, presque incurables; la vengeance n'est pas moins douce en celuy qui est offensé, que l'amour à un Amoureux: combien doncques plus en un Roy outragé par ses subjects? Quand j'ay le remede en mes mains, je puis garentir tout homme du mal, mais non aucunement de la crainte; & moins encore une populace: & au regard de l'ambition, elle fait ordinaire compagnie aux plus grands.

L'ambition fait ordinaire compagnie aux Grands.

Quels martels doncques pensez-vous que puisse produire, en Monsieur de Guise, l'heureux succez de la Journée des barricades? Car si vous parlez à celuy qui ne juge des affaires que sur les apparences, il vous dira, que jamais journée ne fut plus heureuse à Prince, que celle-là luy a esté: que luy, qu'on se donnoit le matin, surpris à l'impourveu, soit, sans avoir endossé cuirasse, venu à chef, l'aprés-dinée, de tant de gens armez, qui n'ont eu autre ressource de leurs vies, que de celuy à la ruine duquel ils s'estoient voüez: & que lors, avec toute modestie, il renvoya au Roy les Suisses, sains & sauves,

Magnanimité de Monsieur de Guise.

& autres qui s'estoient rendus à sa mercy. Adjoustez, que jamais Seigneur ne fut plus retenu que luy; car ny l'affliction du matin ne luy fit rien rabattre de sa magnanimité, ny l'heureux evenement de l'aprés-disnée, rien hausser: il fut tout le jour, d'un mesme visage; le premier traict de la fortune est assez suffisant pour le perdre, estant mesme aujourd'huy demeuré le seul maistre de nostre ville: le second, qui est de son costé, est merveilleux pour captiver le peuple à soy. Mais si vous parlez à un homme qui approfondira ceste affaire à son vray poinct, il vous dira que jamais journée ne fut tant malheureuse à homme, que celle-là, d'avoir, sans y penser, troublé le repos general de la France; & que sa seule presence ait servy de pretexte à une fureur populaire, pour s'armer encontre son Roy, m'asseurant que s'il eust preveu ce scandale, il fust bien gardé de venir en Cour, à l'appetit & semonce de quatre ou cinq babouïns, qui ne seront pas garends de nos maux; joint que je crains, que le Roy ne luy impute à bravade, la courtoisie dont il usa, luy renvoyant les Suisses; comme chose bien-seante à un Roy envers son subject, mais non d'un subject à son Roy: tellement que

L'ambition & la dissimulation, principaux outils des Princes.

c'est une piece, que ne pouvez bonnement mettre en œuvre, au profit de Monsieur de Guise, de quelque façon qu'il vous plaise de la prendre; c'est pourquoy, pour expier ce malheur, il faut qu'il jette loing de luy, les deux principaux outils des grands Princes, l'ambition & la dissimulation; & reblandisse le Roy, sans aucune arriereboutique: qu'il croye que tout ainsi que le pere, aprés avoir chastié son enfant, brusle les verges, pour monstrer qu'en le chastiant, il estoit marry de le chastier; aussi combien que Dieu, pere universel de nous tous, l'ait choisi pour estre, lors que moins il y pensoit, instrument de sa vengeance, si est-ce qu'enfin il adviendra de luy, comme des verges du pere, s'il abuse de sa fortune au desadvantage de celuy qui est son Souverain Seigneur. D'ailleurs, comme sage Prince qu'il est, il doit penser, qu'ores que pour le jourd'huy il soit environné de la bienveillance d'une populace, toutesfois il n'y a rien tant à craindre, pour estre une beste sans bride. S'il en use de ceste façon, & met toutes ces considerations devant ses yeux, je me promets que toutes choses bonnes: autrement, qu'il se flatte tant qu'il voudra, il se perdra pour fin de jeu, & se perdant, ensevelira dans sa ruine, & sa maison, & nostre Estat tout ensemble.

Le subject ne doit juger des actions de son Prince.

Quant aux Bourgeois de Paris, j'entends de ceux qui se sont mis furieusement de la meslée, (car tous les Ordres generaux n'y ont consenty;) ils se doivent prosterner aux pieds du Roy, & luy demander pardon. Il n'est permis au subject de juger des actions de son Prince; tel que Dieu nous l'a donné, nous le devons prendre, & penser que si tous ses deportemens ne nous plaisent, cela ne provient de luy, ains de nos pechez; c'est en quoy nous devons fermer nos opinions, & n'extravaguer en discours qui ne sont de nostre jurisdiction. Au surplus, nous crions tous ensemblement qu'il faut exterminer l'heresie de la France: c'est le lien commun de nos Prescheurs en leurs chaires; c'est celuy dont nous entretenons nos tables en particulier. Où est maintenant nostre jugement, d'estre, d'un costé, en mauvais mesnage avec nostre Roy; d'ailleurs, qu'il y ait division entre nous autres Catholiques sous ces mots damnables & partiaux, de *Catholic Ligué*, & *Catholic Politic*? Et qu'au milieu de telles partialitez intestines, nous pensions qu'il soit en nostre puissance de guerroyer le Huguenot? C'est luy bailler autant de relasche; c'est luy bailler autant de loisir pour reprendre haleine, & pour s'establir mieux que devant. Et n'en desplaise à un tas de Prescheurs escholiers qui nous nourrissent en telles divisions.

Le Roy, en demy an, sentit deux effects contraires, du tout à Paris.

Je viens maintenant au Roy, lequel semble avoir juste occasion d'estre courroucé; mais quand il luy plaira repenser comme toutes choses se sont passées dans Paris, il trouvera qu'en ce dernier accident il n'y a eu plus de malheur que de mal-talent. Il se doit souvenir, qu'en moins d'un demy an, il y a senty deux effects contraires. Jamais Roy n'y avoit esté receu avec tant d'allegresses comme il fut, au mois de Decembre dernier; & jamais Roy n'en sortit avec tant de mescontentement comme il fit dernierement. Qui a causé cette contrarieté en un mesme peuple? Luy seul le peut sçavoir mieux que nous; & doit juger, qu'en ce qui s'est passé en ces deux jours de Barricades, l'evenement a monstré qu'il n'y avoit rien de la main de l'homme, ains que c'estoit un mystere de Dieu; pour enseigner au Roy de se contenir dans les bornes de son devoir envers son peuple; à Monsieur de Guise & au peuple, de faire le semblable à l'endroit du Roy: à l'un, de ne se laisser emporter par une chaude opinion de vangeance: aux autres, de ne se trop fier à une flateuse fortune. Il faut que chacun loüe diversement Dieu, qu'aprés une telle fureur, toute cette emotion se soit raquoisée de soy-mesme: que le Roy pense que cest accident luy a esté envoyé du ciel pour le recognoistre; & le peuple, pour la reformation de l'Estat: & à tant, que sans nous souvenir de cette desbauche, nous embrassions une paix; mais paix que nous fermions à double ressort, sans qu'elle puisse estre crochetée par quelques Sophistes d'Estat, ennemis du repos public: que le Roy se persuade, que Monsieur de Guise ne desire rien tant, que de se voir favorisé

favorisé de luy : qu'il s'asseure, que son peuple de Paris ne conspire qu'à ce que le Roy doit aussi conspirer ; c'est qu'il vive Royalement, bannisse de soy toutes volontez absoluës, & imprime cette opinion dans sa teste, que les grandes vertus des Roys sont non seulement obscurcies, ains ensevelies, quand ils attachent leurs actions aux extremitez, n'ayant rien qu'il failleratnt craindre, que celuy qui veut tout ce qu'il peut, & qui peut tout ce qu'il veut. Cette pierre fondamentale estant assise, il luy sera puis apres aisé de conserver tout le bastiment de son Royaume en son entier ; quand il considerera, que son peuple est composé de trois Ordres, de l'Eglise, de la Noblesse, & du tiers Estat, & encore d'un quatriesme alambicqué de trois autres, qui est la Justice. Je passeray sommairement sur tous ces Ordres.

De quels Ordres l'Estat de France est composé.

Quant à l'Eglise, je desire qu'il la maintienne, non seulement au Spirituel, ains au Temporel ; car combien qu'il ait pris son commencement d'une pauvreté obstinée, si est-ce tourner cette proposition, en abus, quand nous faisons fonds ordinaire de la vente du bien de l'Eglise pour subvenir au desfroy de nos opinions. Qu'il bannisse pareillement la Simonie, qui nous est aujourd'huy malheureusement trop familiere : & estime qu'il n'y a plus asseuré prognostic de la mutation generale d'un Estat, que quand par une prodigieuse metamorphose, on gratifie les gens d'espée, d'Eveschez & Abbayes, au lieu d'en revestir ceux qui font profession de la Theologie & des Sainctes Lettres ; car quant à la Religion nouvelle, je m'asseure que tout ainsi que nostre Roy est entre tous les Roys, trés-Catholic, aussi n'a-t-il rien tant en sa pensée que de nous voir tous unis en la Religion du S. Siege. Vray qu'il pensoit en venir à bout par les procedures qu'il pratiquoit devant nos troubles. Nous, par un contraire advis, l'avons contraint de prendre les armes. En quoy il y a double question ; l'une, de sçavoir, si nostre conseil est meilleur que le sien ; l'autre, si quand il seroit meilleur, il nous estoit permis de vouloir donner la loy à nostre Prince. J'adjousteray volontiers, qu'il y a quelques esprits visqueux, qui doutent, si ç'a esté le zele de religion, ou bien quelqu'autre subject qui nous y ait introduit : & disent qu'entre tous les articles de nos mescontentemens, portez par nostre premier Manifeste, celuy qui concernoit la Religion, estoit le dernier ; mais qu'aprés nous estre abouchez avec la Royne mere, nous corrigeasmes nostre Plaidoyé, par le second, & rayasmes les autres articles. Je ne veux pas dire que leur opinion soit vraye ; bien vous diray-je que, quelques-fois les grands, selon la commodité de leurs affaires, se joüent du masque, tantost de la religion, tantost du bien public, afin que le commun peuple, qui ne voit que de la longueur de son nez, espouse plus aisément leur party ; ne prevoyant pas que cela n'est qu'une amorce de sa ruine.

Le masque de la Religion & du bien public, fort commode pour les Grands.

Ne flatons nostre maladie, puisque nostre dessein est de la guerir ; quant à moy, je ne fais aucune doute, qu'elle ne provienne d'un mescontentement general tant de la Noblesse que du tiers Estat : quand je parle de la Noblesse, j'y comprends aussi les Princes, ores que comme Seigneurs illustres ils ayent titre plus relevé ; mais je les y mets, comme chefs : or la plus belle regle que le Roy doive suivre pour contenter les Princes, & la Noblesse, est de respecter tous Seigneurs selon leurs ordres & dignitez : la plus grande faute que puisse commettre un Roy, est, quand il prefere un simple Gentilhomme, à un Prince. L'Italien, en deux mots, a dit, que *Troppo di rispetto e di dispetto* perdoit les Princes Souverains. Il n'est en la puissance d'un Roy de faire d'un simple Gentil-homme, un Prince : les Princes naissent, & ne se font : quelque desfaveur qu'un Roy leur fasse, elle est seulement viagere : il ne peut faire que luy mort, le Prince ne soit toujours Prince, & naturellement respecté. Et combien qu'un Roy estant homme ne se puisse tant commander, qu'il n'ait des inclinations plus envers quelques particuliers Seigneurs, qu'aux grands Princes, si ne doit-il mespriser ceux-cy, ou les cherir seulement par contenance ; car les mesprisant, il leur donne envie

Regle à observer pour les Roys.

Les Prix ces naissent & ne sont faits.

de se retirer ou en leurs maisons, ou en leurs gouvernemens, s'ils en ont ; là où estans, ce sont autant de petits Roys que le commun peuple respecte ; & cependant captivans, petit à petit, par beaux semblans, la bien-veüillance d'uns & autres, s'il leur prend opinion de troubler l'Estat, pour se voir mesprisez de leur Roy, les moyens leur en sont ouverts : au contraire, estans caressez par luy, tantost d'honnestes accueils, selon leurs rangs, tantost par liberalitez modestes (& pour ces causes, induits de demeurer en Cour) ils ne reluisent auprés de luy, non plus que la Lune prés du Soleil, & neantmoins vivent en quelque repos d'esprit, ne projettans aucunes nouveautez ; & ores qu'ils les projettassent, la seule presence de leur Roy leur en retrancheroit les moyens. Si le Roy se peut tant commander que de suivre ce conseil, croyez que ce n'est un petit secret pour sa conservation.

Entant que touche le commun peuple, bien qu'il ne soit de tel respect que les deux autres, si n'est-il pas moins redoutable ; car s'il n'égale l'Eglise & la Noblesse en poids, il les passe grandement en nombre, opposant à leurs qualitez, la quantité : tout ainsi que le peuple doit toute obeissance à son Roy, aussi le Roy en contr'eschange luy doit tout bon traitement : pour enseigner aux sujects à bien obeir, il faut sçavoir leur bien commander ; autrement se loge, à la longue, un mescontentement, en eux, qui engendre la haine encontre leur Prince, & elle, la desobeissance. Dieu, aprés avoir permis que le peuple soit affligé, tourne enfin son bras de fureur contre celuy qui l'affligeoit. Lors qu'il y avoit cent fois moins de Daces & imposts extraordinaires qu'aujourd'huy, chacun demeuroit content ; tous les Officiers estoient payez de leurs gages ; la gendarmerie faisoit monstre ; ny pour cela n'estoient nos Roys plus mal-aisez. Jamais n'y eust de si grandes charges qu'aujourd'huy ; les trois Roys precedans les leverent, en tous leurs regnes, tant de deniers que l'on a fait en dix ans, sous nostre Roy ; ny jamais Roy ne fut en telle disette qu'il est. Pendant que nous voulons contenter quelques-uns, nous mescontentons tout le monde : & ne considerons, que celuy qui ne se contente que par des bienfaits, est vrayement comme une putain, laquelle n'ayant esté gaignée que par les dons de son Amoureux, soudain que l'argent luy defaut, tourne son opinion ailleurs : ainsi ces corrompus de Cour, qui n'ayment leur Roy, que pour recevoir de luy, des prodigalitez prodigieuses, tirées de la pauvreté de son peuple : l'abandonneront aisément, quand elles seront espuisées par ce que la cause de leur amitié cessera : demeurant par ce moyen un pauvre Prince abandonné, & de ces Sangsuës insatiables, & d'une suite, & de ses subjects, pour un mescontentement qu'ils auront des extorsions que l'on aura faites sur eux. Voyez doncque, comme il est bien aisé à un sage Roy de se maintenir. La difference qu'il y a entre ces importuns Courtisans, & le commun peuple, est que les uns ne se peuvent jamais assouvir, quelques bien-faits qu'ils ayent receu de leur Maistre ; & ce pauvre peuple sacrifira sa vie pour luy, mais qu'on ne luy oste rien. Je dy trop, disant, que l'on ne luy oste rien ; mais bien moyennant que son Roy se contienne dans les bornes de la modestie en luy demandant : qu'il pense que les Subsides ont esté trouvez pour subvenir aux necessitez, & non aux voluptez des Roys : & pour m'estancher, je souhaiteray qu'un Roy suive en cest endroit le conseil de Machiavel, lequel veut qu'il soit avaritieux : proposition qui semble, de prime-face, paradoxe ; car qu'y a-t'il plus digne d'un grand Prince que la liberalité ? mais toutes-fois, trés-louable ; car pendant que le Prince se rend prodigue envers ceux qui l'environnent, il faut qu'il remplace ses fautes sur ses subjects : & la liberalité est beaucoup plus grande en les espargnant & ne les vexant. Ainsi en fit nostre bon Roy Louys douziesme, lequel ores que des Courtisans, fut estimé un tacquin, pour estre plus retenu en ses dons ; si rapporta-t'il l'éloge, aprés sa mort, de Pere du peuple ; éloge, dy-je, que tout bon Roy doit affectionner sur toutes choses. Voilà le conseil que le Roy doit prendre pour le tiers Estat.

Le Peuple doit obeissance au Roy : & le Roy luy doit bon traitement.

Difference d'entre les courtisans & le peuple.

Les Subsides, pourquoy trouvez.

Louys XII. appellé Pere du Peuple, & pourquoy estimé tacquin.

Aprés

Aprés avoir donné lieu à l'Eglise, Noblesse & Tiers Estat, je viens maintenant à la Justice; & specialement aux Cours Souveraines, que nous considerons en trois manieres, dans cette France; Parlemens, Chambres des Comptes & Generaux des Aydes sur le faict de la Justice. Si vous recherchez toutes les autres Monarchies, il n'y en a une seule qui ait tant duré que la nostre, ni entre les familles des Rois, aucune qui ait tant regné, que celle de Hugues Capet. Je ne m'esloigneray des bornes de nostre Royaume. Nous avons en trois lignées, grandes guerrieres; celles des Merovingiens, Carlingiens & Capetiens. La famille qui descendit de Meroüée, vint à la Couronne, & tint toute l'Allemaigne, à quoy les Romains avoient tant failly : celle de Charlemaigne, tout le pays d'Italie; & la derniere de Hugues Capet, planta son sceptre au milieu de Hierusalem, & de toute la Palestine : toutesfois les deux premieres avec leurs victoires, s'esvanoüirent en peu de temps : & combien que la derniere ait esté suplantée de ses conquestes d'outre-mer, si est-ce que ç'a esté sans changement de sa Couronne ; s'il vous plaist en rechercher la cause, il est aisé de la trouver : les deux premieres firent plus grand fonds de la Force, que de la Justice : cette-cy encore qu'elle ait fait estat de la Force, si a-t'elle tousjours estimé, que la principale force de toute Royauté, gisoit en la Justice. Tellement que ces derniers Rois, estimerent que leur fortune estoit liée avec ces trois grandes compagnies ; premierement avec la Cour de Parlement & Chambres des Comptes, selon la diversité de leurs charges ; & depuis avec les Generaux de la Justice, quand les Aydes, Subsides & Tailles furent inventées. Il est certain que le fondement de toute Republique est la Loy, ou pour mieux dire, c'en est l'Ame, sans laquelle nulle Republique ne peut avoir vie. Et combien que les Loix prennent, en cette France, leur premiere source du Roy ; toutesfois si n'ont-elles vogue, qu'aprés qu'elles ont esté bien & deüement verifiées par ces trois Ordres, en ce qui les concerne. C'est une Loy fondamentale de nostre Estat. Or quand il estoit question anciennement de publier ces Edicts en ces lieux-là, estoit-ce de les leur envoyer, comme on envoye des Brevets aux Tabellions pour les grossoyer, sans cognoissance de cause ? Non vrayement ; nos Rois prindrent plaisir de recevoir leurs Remonstrances, suivant lesquelles les Edits estoit souvent modifiez & quelquefois rejettez : ny pour cela ils ne s'estimoient moins Rois : au contraire, jamais Princes ne furent tant aimez ny honorez de leurs subjects, comme ils estoient. Je ne sçay comment, par cette correspondance, chacun demeuroit & content & dans son devoir; les Rois, en bien commandant ; les subjects, en obeïssant, par l'entremise de ces trois Colleges. Mais depuis que le mauvais conseil a introduit la puissance absoluë, par dessus ces Cours ; les affaires de la France se font de telle façon desliées, qu'à peine le Roy peut estre obey avec deux & trois Armées; luy qui auparavant commandoit à tout son peuple par un clin d'œil. Il n'y a rien si naturel, que de voir dissoudre les choses, par l'affoiblissement de ce dont elles avoient pris leur accroissement : la Couronne de France s'estoit maintenuë, par l'authorité de ces trois Ordres, diminuant leur authorité, vous diminuerez d'autant la Majesté de nos Rois : que le Roy doncques maintienne ces trois Cours Souveraines en leurs anciennes prerogatives ; il ne faut point d'Assemblée des trois Estats, pour restablir nos affaires ; elles se restabliront d'elles-mesmes. Jamais on ne fit plus d'Assemblées que l'on a fait, sous ce regne, pour la reformation de l'Estat ; & jamais Estat ne fut tant difformé, que le nostre. La convocation generale des Estats tenus à Blois, l'an 1576. la particuliere, faite à S. Germain en Laye en l'an 1581. les Deputez envoyez par les Provinces, pour donner ordre aux desordres : à quoy est revenu tout cela, sinon à rien ? Un trait de plume l'a effacé tout d'un coup. Il ne faut rien esperer de bon, si le Roy par sa bonté ne reduit sa puissance absoluë, sous la civilité des Loix Royales de la France, comme ont fait ses Predecesseurs : en ce faisant, il aura la paix avec Dieu, il l'aura dans son Royaume, il l'aura avec ses Subjects : mais si par un autre conseil, il use seulement de la paix, pour la necessité de ses affaires presentes, en intention de retourner sur ses anciennes brisées ; je publie dés à present, à son de trompe, par tous les cantons de la France, la ruine de luy & de son Estat. Il n'y a rien qu'il faille tant craindre que maladies, que la recheute. C'est en effect ce que j'avois à vous escrire, & qui me semble necessaire, pour reduire toutes choses en bon train. Que pleust à Dieu que tout ainsi que je me suis donné le loisir de le vous mander ; aussi tous ceux qui y ont interest, peussent voir ma lettre, & la lire de pareille devotion, que je l'ay escrite. A Dieu.

Cours Souveraines de trois manieres en France.

Trois lignées de Rois en France, & les conquestes de chacune.

La troisiesme race de nos Rois a plus fait d'estat de la Justice que de la Force.

La Loy ame de la Republ.

Les desordres introduits en la France à cause de l'authorité absoluë du Roy en ses Edicts.

LETTRE IX.

A Monsieur de S. Marthe.

Nos deputez estans de retour, Monsieur de Guise voyant que le Roy ne vouloit prendre aucune execute de luy en payement, s'est deliberé de joüer à quitte ou à double ; & de fait, a establi une forme de Conseil d'Estat, en sa maison, auquel nos nouveaux Prevost des Marchands & Eschevins, ont voix deliberative ; & avec eux, quelques particuliers Bourgeois, gens de peu sans le malheur du temps ; mais qui pour avoir fait les fendans, la journée des Barricades, ont empieté je ne sçay quelle creance & authorité sur la populace ; vous Bussi le Clerc, Procureur ; Senault, Clerc du Greffe, au Parlement ; Aimonnot, Advocat ; Louchard, Commissaire au Chastelet ; Heuron, Banequier ; & Crucé, Procureur en Cour d'Eglise : cela s'appelle, en un Seigneur qu'on reduit aux termes de desespoir, faire flesches de tout bois. Les deux Roynes qui n'ont eu le loisir de suivre le Roy, ne sont respectées que par beaux semblants ; prou de bonnetades & baisemains, mais de sortir hors la ville, nulle liberté, ores que ce soit le comble de leurs souhaits. Ce Prince s'est emparé de Meaux, Troye & Chasteau-Thierry ; a faict pointer le canon devant Melun, & l'a prise ; s'est saisy de la plus part des receptes generales, & n'espargne or, ny argent pour attirer à sa cordelle, les Capitaines des fortes places, pendant que le Roy, reduit au petit pied, connille, tantost à Chartres, tantost à Vernon. Enfin les portes de Roüen luy ont esté ouvertes : qui n'est pas un petit service que luy a fait le Seigneur de Cairouge, Gouverneur : là il a despeché commission de toutes parts, pour faire assembler les trois Estats, en la ville de Blois, suivant la Requeste à luy presentée par Monsieur de Guise, lors qu'il arriva à Paris : & neantmoins on n'a laissé pour tout cela d'entendre à la paix : & comme en quelque chose, malheur est bon ; aussi est-il advenu que la Royne mere, demy prisonniere, s'est chargée de cette negotiation, & y a besogné, de telle façon, qu'aprés plusieurs allées & venuës, elle a esté enfin concluë. Entre autres articles du traicté, Monsieur de Guise est creé Lieutenant general par tout le Royaume, pour le fait des armes : Estat qui, par cy-devant, n'avoit jamais esté octroyé qu'aux Princes du sang, mesme aux freres & oncles de nos Roys : & par des articles secrets, on luy a assigné sept villes, dedans lesquelles, quatre ans durant, il pourra commettre tels Gouverneurs qu'il luy plaira, pour l'asseu-

Description du progrez de la Ligue & comment elle print son accroissement tout d'un coup.

Conseil estably à Paris par Monsieur de Guise & qui en furent les chefs.

Monsieur de Guise fait Lieutenant General pour le fait des armes.

Villes de seureté. l'asseurance de luy & des siens : on les appelle Villes de seureté.

Il faut que cette parole m'eschappe : pleust or à Dieu que ce brave Prince eust esté bien endormi, quand charmé par les importunitez de douze mutins, il vint en poste, en cette ville, & que ces mal-heureux eussent esté pendus & estranglez aux potences que faussement ils disoient avoir esté apprestées en l'hostel de ville. Toutes choses se fussent mieux portées pour luy, pour nous, & pour toute la France. La magnanimité est logée en son cœur dés sa naissance; toutesfois cette racaille de peuple, luy met tant d'ombrages devant les yeux, qu'elle luy fait oublier ce qu'il est : tellement que je crains que d'oresnavant, en une asseurance de tout, il craigne tout. Quoy que soit, il en a fait une grande demonstration, lors que l'Edict de paix nous a esté apporté par le Seigneur de Villeroy, pour estre verifié au Parlement & autres Cours Souveraines ; car à l'instigation de ces Messieurs, il s'en est saisi, disant qu'il vouloit s'esclaircir & diligemment examiner s'il y avoit rien dedans, qui luy prejudiciast, & l'a gardé vingt jours entiers.

Que si desirez sçavoir pourquoy, entendez, que le Roy dés l'an 1585. lors du soulevement de la Ligue, avoit, pour luy faire teste, par advis de son Conseil, creé Capitaines & Lieutenants en chaque Dixaine de nostre ville, tous personnages de qualité. Bussy & ses suffragans, estimants que ceux-cy n'estoient à leurs postes, complotent avec le Prevost des Marchands & Eschevins, qu'il falloit proceder à nouvelles creations, avant la publication de l'Edit. Or voicy l'ordre qu'ils y ont tenu, que je vous veux, tout au long, enfiler, pour avoir eu quelque part en ce nouveau mesnage au grand danger de ma vie, ainsi qu'entendrez presentement.

Seize Quartiers dans Paris, qui ont sous eux les Dixaines. La ville de Paris, est composée de seize Quartiers, qui ont sous eux diverses Dixaines ; ce fut l'ouvrage de seize jours. Ils designent ceux dont ils pensoient mieux chevir, & en font une liste, entr'eux, qu'ils revestent d'un beau, mais faux pretexte d'election. A chaque journée, on donnoit assignation à toutes les Dixaines exposées sous un quartier : les Dixainiers choisissoient ceux qui leur plaisoient de leurs Dixaines pour s'y trouver : le Greffier les appelloit à tour de rolles : Bussy & ses associez qui se donnoient entre les mandez, ores les premieres, ores les secondes places, souffloient de bouche en bouche ceux qu'ils desiroient estre nommez : mesme de chaque Dixaine, y avoit gens par eux attitrez qui les secondoient : cela ainsi fait, pour monstrer de quelle devotion ils embrassoient nostre liberté ; le Prevost des Marchands prenoit les voix non seulement des mandez de la Dixaine dont estoit question, mais aussi de toutes les autres, lesquels ores qu'ils n'eussent cognoissance des nommez, si inclinoient-ils aisément à leur nomination, tant pour ne desplaire à ces nouveaux tyrans, que pour le peu d'interest qu'ils estimoient y avoir, ne prevoyants la consequence. C'estoit un torrent auquel nul ne s'osoit opposer. Ainsi par la voye de leur sainct Esprit (car d'autres paroles ne couchoient-ils) se faisoient les elections. Pour le faire court, on desapointe tous les anciens *Capitaines desapointez à Paris, & quelles gens mis en leurs places.* Capitaines, & Lieutenans, tous personnages d'honneur, ausquels cette vermine de peuple n'eust osé faire teste, & surroge-l'on en leurs lieux, uns Sire Guillaume, Sire Michel, Sire Bonadventure ; que dy-je Sires ? (car ce mot n'est mis en usage que pour les notables marchands mais) bien la plus part de simples taverniers, cabaretiers & autre telle engeance de gens, par devers lesquels on commet toute l'authorité des armes. Il n'y a remede. Je suis impatient de la tyrannie. On avoit assigné quelques Conseillers du Parlement de nostre Dixaine en l'Hostel de Ville ; mais nul d'eux ne s'y trouva, fasché de voir cette indignité, & neantmoins ne l'osant contredire : tellement que j'en fus le premier & plus signalé. Au dessous de moy, estoient Bussy le Clerc, Crucé, Heuron, & Senault ; & vis à vis, Boucher, Curé de Sainct Benoist : ayant esté le premier semond par le Prevost des Marchands de donner ma voix, la patience m'eschappe, & au peril de ma vie, au milieu de ces espadacins, je parle de cette façon.

Il y a vingt-cinq ans & plus, qu'on a accoustumé de *Remonstrance de Monsieur Pasquier en l'assemblée de Ville.* m'appeller aux assemblées de Ville, en ce lieu, quand la necessité l'a requis ; & graces à Dieu, j'ay tousjours eu cet honneur de n'estre jamais desdit : chose que je ne desire maintenant, ains seulement qu'il vous plaise m'ouïr favorablement, pour puis en estre par vous ordonné ainsi qu'il vous plaira. J'ay veu naistre les troubles, en France, pour le fait de la Religion ; & dés leur naissance, je vy aussi créer Capitaines & Lieutenans en cette ville l'an 1561 : l'autheur de cette discipline, fut ce grand guerrier, Monsieur le Mareschal de Brissac, lors Lieutenant general du Roy Charles IX. en cette ville : il voyoit que Paris estoit un grand vaisseau inaccoustumé de recevoir garnisons estrangeres ; d'ailleurs, que le Roy son maistre estoit grandement à l'estroit d'argent, & qu'il eust mal-aisé, voire impossible de soudoyer garnisons en toutes les villes qui estoient demeurées sous son obeïssance ; c'est pourquoy il s'avisa d'introduire, dedans Paris, une nouvelle police militaire ; qui fut que tous les Manants & Habitants de chaque Dixaine, sans aucun triage particulier d'uns & autres, s'assembleroient és maisons de leurs Dixainiers, & ils y procederoient à l'election d'un Capitaine & Lieutenant : ce que nous fismes. Les troubles qui s'estoient estanchez, se renouvellerent, vers le Sainct Michel l'an 1567. & lors on ne changea rien de cette premiere police, sinon d'estre, en chaque quartier, un Colonnel, lequel selon la diversité des occasions, recevroit les commandements de vous autres, Messieurs les Prevost des Marchands & Eschevins, dont il feroit part à ses Capitaines & Lieutenants.

A la verité, ce premier ordre fut supprimé en l'an 1585. parce que le Roy nomma par toute la ville, nouveaux Capitaines & Lieutenans, tels qu'il luy pleut ; que si en cela vous pensez qu'il ait enfraint la liberté ancienne de nostre ville ; prenez garde, je vous supplie, que ne tombiez maintenant, d'une extremité, en une autre de plus dangereux effect, & que faisant contenance de nous restablir en nostre ancienne liberté, nous la barrions & reduisions sous la puissance de dix ou douze, & que par eux, nous n'usions des eslections, que pour forme de masque seulement.

A ce mot, Bussy, Louchard, & leurs compagnons, qui par fortune estoient au dessous de moy, quittent leurs places, & se logent, joignant Boucher, de l'autre costé, monstrants à l'œil, par cette demarche, combien cette parole par moy proferée, leur pesoit : qui estoit assez pour m'appreter à craindre ; non pour cela, je ne fors de ma posture, ains continuant ma voix, comme si je n'eusse veu cette alteration en eux : Je vous supplie, (leur dis-je,) Messieurs, prendre garde, si en ce faisant, il n'y a point du Machiavelisme, en nous, tant detesté par Monsieur Boucher, en ses Sermons contre les Politics qui desirent la paix. Il y a trente ans passez que je me tiens en ma Dixaine, & neantmoins à peine y en recognois-je une douzaine de personnes, & mesmement celles qui sont constituées sur les autres, en quelques grades & dignitez ; & toutesfois nous voulons authorizer les eslections qui se font maintenant, les mandez donnent leurs voix sur chasque Dixaine : eux (dy-je) qui n'en ont non plus de cognoissance que moy ; n'est-ce pas cela proprement machiavelizer, & vouloir pretexter une chose arrestée dedans nos maisons, d'un faux visage d'election ? C'est pourquoy je vous supplie, Messieurs, qui n'aspirez qu'au bien de la ville, vouloir reprendre & continuer les anciens arrhements de nos eslections ; & que chaque Dixaine qui reste de ceste apresdisnée, soit renvoyée chez son Dixainier, pour estre par tous les chefs des maisons advisé de l'eslection, selon le deu de leurs consciences, sans prendre l'advis de ceux qui n'y ont aucun interest : quoy faisant, ferez acte digne de vous, & nous obligerez à bien faire.

A peine estoit sortie cette parole de ma bouche, qu'un jeune

jeune fot, fils d'un Advocat qui fait contenance de me bien vouloir, commença de marmonner entre ses dents, que j'estois Esparnoniste ; mais si bas, qu'il fut entendu de tous : qui estoit pour exciter la haine publique contre moy, car pour vous dire vray, le Seigneur d'Esparnon est aujourd'huy si peu aymé dedans nostre ville, que l'on impute à grand crime de s'estre meslé de ses affaires : adoncques non seulement ne me ralentissant, je luy reparty : vous estes un tres-mal habile homme, & faut pardonner à vostre jeunesse, d'avoir esté si indiscret, non de me blasonner, mais faussement calomnier. A la verité, estant Advocat des parties, je fus en l'an 1580. commandé par le Roy, de presenter au Parlement, deux Seigneurs ses principaux favoris, en quatre divers actes ; l'un Pair de France & Duc de Joyeuse, & en aprés Admiral ; l'autre Pair de France, & Duc d'Espernon, & quelque peu aprés Colonel de l'Infanterie Françoise : mais j'ay beaucoup plus d'obligation à Messieurs de Guise, qui m'ont fait cet honneur auparavant que je fusse Advocat general en la Chambre des Comptes, de m'employer en leur Conseil, vingt ans entiers, pendant lesquels j'ay plaidé plusieurs grandes causes pour eux ; & singulierement pour Monsieur de Guise en l'an 1573. celle du Vicomte de Martigues l'espace de trois marinées, en la présence de Messieurs les Cardinaux, ses oncles, & de tous les Seigneurs & Dames de la maison de Lorraine, qui estoient habituez en cette France. Ce grand Prince est en cette ville, je ne desire autre tesmoignage que de luy ; partant je veux que chacun entende que je combats maintenant pour son authorité & grandeur (de laquelle nous abusons,) & tout d'une main pour le repos & tranquilité de nostre ville.

Je cognen lors, combien une parole hardie, guidée d'une bonne conscience, a de force sur le commun peuple ; car combien que Bussy & ses adherants, eussent fait demonstration oculaire de leur maltalent contre moy, lors que je parloy d'eux sans les nommer, & que ce jeune baboüin l'eust renvié sur eux ; toutesfois cela non seulement ne me prejudicia, mais au contraire je fus, en partie, suivy, & fut ordonné que toutes les Dixaines qui restoient de cette apresdinée, seroient assemblées en diverses Chambres, pour proceder à nouvelles elections ; & ainsi fut executé.

Cela courut par toute la ville, & le lendemain matin Monsieur le President Brisson & moy nous trouvans par les ruës, sur nos mulets ; il me dit qu'il ne me pouvoit assez congratuler du bon devoir & office que j'avois, le jour precedant, rendu à nostre ville, contre ces nouveaux Tygres : vous dites vray (luy respondy-je) si vous & tous Messieurs de vostre compagnie, entrepreniez, de mesme devotion que moy, cette querelle ; mais vous vous en donnerez bien garde : comme aussi suis-je assuré, qu'aujourd'huy, Bussy & ses associez, joüiront du benefice de leur insolence. En quoy je ne fus nullement trompé, parce qu'on reprit, en l'Hostel de ville, la mesme piste que l'on avoit fait du commencement.

Ces nouveaux Capitaines & Lieutenans, creez ; l'Edict de la Saincte Union a esté, du jour au lendemain, leu, publié, & enregistré en la Cour de Parlement, & quelques jours aprés, en la Chambre des Comptes, & Generaux des Aides : de moy, je vous diray franchement qu'en tout ce qui s'est passé depuis le mois de May dernier, je ne voy coup d'Estat, moins excusable que cettuy ; & l'impute, non à Monsieur de Guise, que je cognoy Prince sage, debonnaire, & tres-valeureux ; ains à cette lie de peuple qui l'environne, & craint la paix comme la peste, par un remords de sa conscience. La journée des Barricades fut merveilleusement furieuse, mais fondée sur une garnison que l'on s'imaginoit luy vouloir estre baillée : à quoy toutesfois le Roy n'avoit pensé. Mais en ce dernier acte, combien que Monsieur de Guise ne desire rien tant que de demeurer prés du Roy, en ses bonnes graces, & que tout ce qui s'est passé jusques à huy, soit enseveli ; toutesfois comme l'on est sur le poinct de verifier, non une simple paix, ains une Saincte Union, (car ainsi l'avons-nous baptisée) on fait cette honte au Roy, de casser tous les Capitaines & Lieutenans par luy nommez, & d'en commettre d'autres en leurs lieux : n'est-ce pas offenser, à veuë d'œil, Sa Majesté, & en faisant contenance de vouloir vivre en concorde, commencer par une discorde ? Quant à moy, je vous diray librement, qu'en la calamité publique dans laquelle nous sommes plongez, je ne me veux non plus fier à du parchemin, non assisté de la force, qu'à ces nouveaux mesnagers de nostre ville, qui ne s'aident d'autre loy que de leur temerité ; c'est pourquoy je suis resolu de quitter ma maison, & me transporter la part où sera mon Roy, pour suivre sa fortune de quelque façon qu'elle se tourne. A Dieu.

L'Edict de la Saincte Union publié & enregistré.

LETTRE X.

A Monsieur Tournebus, Conseiller au Parlement de Paris.

Recit de l'histoire de la Papesse Jeanne.

Tant de doctes mains qui ont escrit le pour & contre de cette ancienneté, m'invitent à vous dire, franchement, & à face descouverte, ce que j'en pense : joint que desirez sçavoir de moy quel jugement j'en fais. Et vrayement il faut bien qu'ayez une puissance absoluë sur moy, si je vous obey ; car pour bien dire, cette pretenduë histoire est du nombre des maladies que les Medecins appellent *Noli me tangere*, tant en est le recit espineux. Et neantmoins jà à Dieu ne plaise que je ne vous obeïsse au moins mal qu'il me sera possible, en cest endroit, tout ainsi qu'en toute autre chose où je vous verray poussé d'une bonne devotion ; mais je desire, au preallable, recognoistre avecques vous, quelle en est l'opinion dedans Rome.

Lieu de son origine, & ses premiers commencemens.

Cette fille, à laquelle, selon la diversité des Autheurs, on a donné divers noms, mais par la pluralité des voix, celuy de Jeanne, fut extraite, si vous le en croyez quelques-uns, du pays d'Angleterre : & selon les autres, de la ville de Mayence en Allemaigne : & comme dés la jeunesse elle se fut enamourée d'un quidam, qui sembloit faire profession des bonnes lettres ; à son instigation elle quitta les habits de femme & prit ceux des hommes : & sous ce masque, s'acheminerent ensemblement en la ville d'Athenes, pour y estudier : en laquelle cette jeune garce, fit tel advancement & progrez, qu'elle devança, d'un long entrejet, en sçavoir, tous les compagnons d'estude : & continuant cette route, estant depuis arrivée à Rome, acquit si grand bruit, tant par ses lectures, que disputes publiques, qu'on la tenoit pour un miracle de nature : de maniere que le Pape Leon quatriesme estant allé de vie à trespas, elle fut, sans aucun destourbier, appellée à la Papauté, où elle siegea deux ans, un mois & quelques jours. Mais comme le malheur accompagne souvent nos bonnes fortunes ; advint que ayant esté engrossée par un sien valet, & dissimulé sa grossesse, plusieurs mois ; toutes-fois son premier malheur rengrega d'un autre, qui fut sa ruine finale. Allant en une procession anniversaire, du Vatican à l'Eglise Sainct Jean de Latran, elle accoucha d'un enfant, en pleine place, à la veuë de tout le peuple, & deceda avec son fruit, sur le champ. Histoire que le peuple de Rome, par une longue tradition, de main en main, tient pour tres-veritable ; disant que c'est la cause pour laquelle, depuis ce temps, n'est aucune procession passée, la part où cette honte publique

Jeanne fort docte entre ses condisciples.

Faicte Pape & combien de temps y regne.

Comment morte.

publique survint; mesme qu'à l'avenement de chaque Pape on l'assiet sur une chaire percée, pour recognoistre s'il est vrayement masle, afin de ne retomber plus en cest inconvenient. On adjouste qu'en l'Eglise Cathedrale de la ville de Sienne, l'une des plus magnifiques, non de l'Italie seulement, ains de toute l'Europe, où les statuës des Papes sont mises selon leur ordre ; celle de Jeanne y a trouvé son lieu, avecques les autres ; qui ne sont pas petites remarques, pour faire croire qu'il n'y a rien de fable, en cecy. Grande bresche faite contre l'honneur de la Papauté, disent ceux qui pensent estre les plus clair-voyans, d'estimer qu'en ce grand & Saint Siege, telle imposture se soit logée. Le premier, qui, à face ouverte, a desmenty cette ancienneté, c'est Onufrius, en certaines annotations par luy faites, sur Platine, en la vie de Jean VIII. qui est cette Papesse Jeanne. Après luy, nostre Pierre Masson, autrement Papirius Massonius, au livre par luy intitulé *De Episcopis Urbis, qui Romanam Ecclesiam rexerunt, rebusque gestis eorum*, qui fut premierement imprimé chez Nivelle, l'an 1586. lequel en la vie de Benoist III. immediat successeur de Leon IV. declame fortement contre tous ceux qui nous ont repeu de cette fable : car ainsi l'appelle-t'il. L'an d'après qui fut 1587. Nicolas Veignier fit imprimer sa Bibliotheque historiale, divisée en trois Tomes : & au second, en peu de paroles, dit beaucoup. A Leon IV. succeda (dit-il) selon Anastasius, Bibliothecaire de Rome, au siege Papal, Benoist III. fils d'un Citoyen Romain, qui presida depuis son eslection, deux ans, cinq mois, seize jours ; tous les autres toutesfois qui ont escrit l'histoire des Papes, tesmoignent, d'un consentement, qu'une certaine femme native de Mayence, qui avoit estudié à Athenes, occupa le Siege Papal, sous le nom de Jean VIII. l'espace, comme dit Jean Lucide, de deux ans, un mois, entre lesdits Leon & Benoist : au bout desquels elle mourut en travail d'enfant. Mais Onufrius soustient fermement qu'elle n'a jamais esté, & que c'est pure fable ce qu'on escrit d'elle ; d'autant qu'Anastasius, Luitprand, Regino, ny les anciennes Annales, n'aucun autre des plus proches de ce siecle, n'en ont fait aucune mention, estimant que ce qui est escrit en la Chronique de Sigebert, y a esté faussement adjousté : cependant Marianus Scotus, qui vivoit l'an 1080. declare bien expressement que cela le disoit dés son temps.

Quelque party que le docte Veignier fasse semblant de soustenir ; toutesfois s'il vous plaist y prendre garde, vous le voyez balancer entre l'ouy & le nenny. Cela a esté cause que depuis, Florimont de Raimond, Conseiller au Parlement de Bourdeaux, le voulut renvier sur eux tous, par un traité par luy fait, sous le nom de l'Antipapesse ; c'est-à-dire, contre Jeanne la Papesse : livre dedans lequel je ne voy avoir esté rien, par luy, oublié, pour le soustenement de son opinion. Je loue & la doctrine, & la diligente observation, & le zele d'Onufre, Masson, Veignier, & Raimond ; mais parce que toutes choses qu'on expose en dispute, sont subjectes de recevoir divers visages, s'il m'estoit loisible d'estre de la partie, en subject de si haute estoffe, je souhaiterois volontiers (pardonnez, je vous prie, à ce mien souhait) qu'on eust laissé le moustier où il estoit. Auparavant, chacun tenoit ceste histoire pour vraye, sans penser faire tort au Saint Siege, non plus qu'à l'honneur des Assyriens par leur Semiramis, qui sous l'habit d'homme, gouverna longuement leur Estat : & enfin comme femme, tomba au mesme desarroy que Jeanne ; mais depuis qu'on a mis cette histoire sur le trotoir, ceux qui font profession d'estre mal affectionnez au Saint Siege, se sont mis sur les rangs, & entr'autres, le Seigneur du Plessi Mornay, au livre par luy intitulé *Le Mystere d'iniquité*, c'est-à-dire, *l'histoire de la Papauté*, dedans lequel par un long chapitre, il entend prouver cette histoire estre veritable : & tout d'une main, se donnant telle carriere qu'il luy a pleu, fait le procés extraordinaire, aux Papes, comme si cette imposture de femme avoit supplanté leur reputation. Ce livre contient plusieurs autres Chefs, contre la dignité du Saint Siege, ausquels Coeffeteau, Religieux de l'Ordre des Freres Prescheurs, a merveilleusement bien respondu, & singulierement en ce qui concernoit le fait de cette pretenduë Papesse, en un gros œuvre portant ce titre sur le front, *Responce au livre intitulé, Le Mistere d'iniquité, du Seigneur du Plessi* : & après luy, de fraische memoire, Pierre Coton Jesuite, en son Institution Catholique, chacun d'eux s'armants, à l'envy l'un de l'autre, de plusieurs raisons contre cette Jeanne Papesse.

Et puis au milieu de tant de braves guerriers, vous voulez que j'entre en la lice, & vous die quel jugement je fay sur ce sujet ; croyez que me reduisez en un estrange accessoire ; car de vous desobeir, ce m'est conscience, & en vous obeissant, je crains tour ; car je puis bien dire, le croire, ou mescroire, cette histoire est aujourd'huy entre nous un demy article de foy, pour la consequence : & neantmoins je souhaitteray le pas pour vous obeïr ; à la charge que me servirez de garend & prendrez la cause pour moy, contre ceux qui me voudront attaquer.

Les uns & les autres estiment cette histoire scandaleuse ; & pour cette cause, selon la diversité de leurs Religions, ceux qui sont zelateurs du Saint Siege la soustiennent estre fabuleuse ; & les autres qui en sont deserteurs, pour tres-veritable ; pensant, par ce moyen, acquerir une grande marque au desavantage de la papauté : & qu'on t ainsi, je veux croire cette histoire, non pour scandaleuse, ains miraculeuse, & qui soit grandement à l'édification de nostre Eglise, si tant est qu'elle soit veritable : consequemment de les uns & les autres, alambiquent en vain leurs esprits, sur le poinct du vray, ou du faux. A cette premiere demarche il me semble vous voir fremir, & me dire : mon bon amy, il vaut mieux de vous imposer un silence, que d'entrer en cette opinion brusque, farouche, & bizarre ; je vous supplie suspendre vostre jugement jusques à la fin de ma lettre, m'asseurant que lors, revenant de vostre premier penser, au second, trouverez que si je fay faute, c'est avecques quelque raison.

Ceux qui anciennement nous repeurent de cest extraordinaire Papat, firent immediatement succeder cette fille au Pape Leon IV. du nom ; duquel, qui fans passion examinera les deportemens, le trouvera avoir esté grand Pape, non seulement en l'exercice de sa charge, au spirituel ; mais aussi d'un cœur relevé par dessus tous ses devanciers, avoir jouë le personnage d'un excellent Capitaine & guerrier ; car dés son advenement il n'alla reblandir Lothaire Pere, ny Louys son fils, Empereurs, pour confirmer son eslection, ainsi que le vouloit la commune usance, ains soustint fortement qu'il n'estoit tenu de ce faire, & conduisit cette tresme, en telle façon, que les Empereurs luy en passerent condamnation, moyennant que dedans la ville de Romeil rinst la main à ce que les loix capitulaires de l'Empereur Charlemagne, & de Louys le Debonnaire son fils, y fussent entretenuës : restablir les principales Eglises de Rome, qui par une taslade de Sarrazins avoient esté violées, pillées & sacagées : & comme quelque temps après, il eust advis, que les infidelles s'armoient derechef en Afrique, en deliberation de faire voile au pays d'Italie, & d'achever le piteux mesnage qu'ils avoient encommencé à Rome ; ce brave Prelat, par une diligence incroyable, fortifia le Vatican, Palais & sejour ordinaire des Papes ; accommoda la ville, de portes neufves, au lieu de celles qu'une longue ancienneté avoient fracassées ; la ceignit en plusieurs endroicts de murailles, qu'il revestit de diverses tours, pour se mirer les unes aux autres ; flanqua de deux bastions, l'emboucheure de la riviere du Tybre, pour empescher que la ville ne fust prise d'emblée de ce costé-là : se trouvant tantost de pied, tantost de cheval, à toutes ces manufactures, pour fermer le pas promptement à ces Sarrazins. Et d'un autre costé, sans mandier aucune ayde, ny des François, ny des Gregeois, comme ses predecesseurs avoient accoustumé de faire ; leva à ses propres cousts & despens, une forte armée, à laquelle s'estans joincts les Siciliens & Neapolitains (sur lesquels comme plus

proches

proches & voisins, se devoit esclater la premiere bourasque) il endossa le harnois, comme un autre Jule Cesar, se mit à la teste des siens, & joüa tellement des mains, qu'il obtint une victoire absoluë sur ses ennemis : dont les aucuns qui furent occis, ne se souvindrent plus de telles entreprises, les fuyards ne oublierent la voye, & les prisonniers eurent prou de loisir pour s'en repentir.

Rome se-pareé en deux demeures. Ayant par ces moyens, asseuré la ville, il en fit, de là en avant, deux demeures, dont l'une fut appellée la vieille & haute, dedans l'enceinte de laquelle sont les sept anciennes Collines, qui fut depuis la moins habitée ; & la basse ville, qui depuis hebergement ordinaire, tant des Prelats & Seigneurs, que du commun peuple : laquelle il voulut estre nommée du nom de Leon, en commemoration des bien-faicts qu'elle avoit receus de luy : toutesfois prevenu de mort, sa volonté ne luy reüssit. Par vostre foy, trouvez-vous en toute l'histoire des Papes, un plus signalé traict de grandeur (j'entends quant au monde) qu'en cettuy-cy, duquel je diray franchement que c'estoit un Pape Leon, qui avoit un cœur de Lion ? Entendez doncques, s'il vous plaist, quelle fut la fin & catastrophe de tout ce jeu. Soudain apres le deceds de ce grand guerrier, Dieu luy baille pour successeur, une fille, pour presider à la Papauté, c'est-à-dire, pour ravaler à ses successeurs, leur nouvel orgueil, & les reduire à leur premier pied. Et puis, nous estimerons que par cette extraordinaire & inouye promotion, il y ait du scandale au desadvantage de la Papauté ? Au contraire, je la tire à édification, comme un vray miracle de Dieu, eu esgard au temps auquel il advint, si tant est que l'histoire fut veritable.

Mais si ce n'est histoire, ains fable, comme plusieurs doctes plumes de nostre temps ont presupposé, encore estime-je un autre malheur, qu'une infinité d'Autheurs l'ayent tenuë pour veritable, aucun desquels ne se trouve avoir esté mal entalenté contre la dignité du sainct Siege : uns, Martinus, Polonus, Marianus Scotus, un autre Martinus en sa Chronique intitulée *Flores temporum*, Petrarque, Boccace, Orhon Frisinghen, Platine, Raphaël Volaterran, Sabellic, Philippe de Bergame, Mathæus Palmerius, Trithemius, Nauclerus, Joannes Lucidus, Cœlius Rhodiginus, Baptista Mantuanus, qui sont tous alleguez en bloc & en tasche par le Seigneur du Plessy Mornay : & à la mienne volonté que faisant son profit de leurs authoritez, il ne l'eust non plus voulu faire, au prejudice du sainct Siege, qu'eux tous tenans cette histoire pour vraye.

Autheurs non suspects qui ont tenu cette histoire pour vraye.

Voire mais (me pourrez-vous dire) l'approuvant, vous tombez en un grand desarroy, d'estimer que plusieurs ayent esté faits Prestres, Evesques, Archevesques par les mains d'une femme ? A quoy je vous respondray avecques Antonin Archevesque de (que Cœffeteau met au rang des ames beatifiées, sous ce nom de Sainct Antonin) quand il dit : si ce qu'on disoit de la Papesse Jeanne, estoit veritable, il ne prejudicioit au salut de personne ; car l'Eglise ne fut lors sans Chef, qui est Jesus-Christ, duquel elle receut l'influence : & le dernier & principal effect des Sacremens, qui est la grace, ne manqua pas à ceux qui les prenoient d'elle, avec devotion, combien qu'elle ne fust non plus que les autres femmes, susceptible du charactere d'aucun Ordre, ny d'absoudre des pechez : & qu'elle ne peust, ny consacrer l'Eucharistie, ny donner les saincts Ordres ; au moyen de quoy ceux qu'elle avoit ordonnez, avoient besoin d'estre réordonnez : mais leur ignorance les excusoit du peché, & nostre Seigneur Jesus-Christ suppleoit, en eux, la grace des Sacremens. A quel propos tout ce que dessus ? Pour vous dire que si avecques une conscience timorée, nous eussions embrassé l'histoire de cette pretenduë Papesse, nous n'en fussions maintenant aux cousteaux, comme nous sommes par altercations reciproques.

L'Eglise avoit tousjours son chef principal qui est Jesus-Christ & la grace des Sacremens.

Mais la beauté du fait qui se presente, est que moy qui fay icy le Palemon, ay quelque part en cette querelle, sans y penser ; d'autant qu'en quelque endroit de mes

Tome II.

Recherches, parlant de cette Papesse Jeanne, il m'est advenu de ne revoquer en doute sa Papauté, non plus qu'à tous ces Autheurs par moy cy-dessus mentionnez : chose que Raimond m'a fort bien sceu improperer au quatriéme chapitre de son Antipapesse, & toutesfois avecques quelque marque d'honneur ; car apres s'estre plaint que quelques notables personnages de ce temps avoient, par mesgarde, approuvé cette histoire : celuy (dit-il) qui a fait voir à la France ses belles Recherches, devoit rechercher la verité de cette histoire, afin de n'enlaidir, par une telle ordure, la beauté de ses escrits : & en la marge, a mis par forme d'apostille, ce mot de Pasquier : & tout d'une suitte regrette que je ne me sois estudié d'approfondir cette question, par la lecture d'uns & autres Autheurs. Et vrayement je recognois luy avoir beaucoup d'obligation, comme celuy qui avois auparavant les yeux sillez ; mais depuis, sans me donner grande peine de feuilleter les livres, pour cet effect, resveillant aucunement mes esprits sur sa semonce, il me semble que cette histoire porte son dementir quant & soy, soit que vous consideriez le commencement, ou le milieu, ou la fin. Je vous diray doncques, à cœur ouvert, ce que j'en pense, & en apres, avant que clorre ma lettre, je reprendray mes premiers arrhemens. On vous represente icy une jeune fille, laquelle aagée de douze à treize ans, travestie, se transporte en la ville d'Athenes pour se promouvoir aux lettres humaines ; veu la bassesse de son aage, c'estoit en la Grammaire, Rhetorique, Histoires, pour puis apres prendre son vol plus haut en la Philosophie & Mathematiques : je vous prie me dire, en quel endroit vous trouvez, ny qu'avant l'estat populaire de Rome, ny depuis, sous les Empereurs, la ville d'Athenes fut destinée pour enseigner les arts, de cette façon. Bien trouverez que dans nostre Marseille, on faisoit cet exercice, & c'estoit un rendez-vous ordinaire de la jeunesse Romaine, qui se vouloit adonner aux lettres ; & au regard de la ville d'Athenes, elle avoit certaines maisons & salles, esquelles on faisoit profession, icy de la doctrine des Academiciens, illec de celle des Peripateticiens, en un autre endroit des Stoïques, & ailleurs des Epicuriens, & des autres ; qui estoient escoles ouvertes pour gens promeus d'aages, & non jeunes enfans : au demeurant, nul autre exercice ordinaire de lettres tel que nous voyons aujourd'huy en nos Universitez : & quand il y eust esté autresfois, (chose dont je ne puis passer condamnation ;(toutesfois de la Papesse Jeanne, il est dedans le siecle de l'an huict cent, cette ville estoit par l'injustice des ans, tombée en telle desolation, que Synesius passant par là, escrivit n'avoir trouvé dedans Athenes, une Athenes, ains une ville champestre, sans plus, dont le principal mesnage estoit de nourrir avettes, & y faire du miel : parquoy je trouve que dés cette premiere demarche ou à lourdement bronché. Et c'est la cause pour laquelle Boccace en son traicté des Femmes de marque, au chapitre qu'il a voüé à cette pretenduë Papesse, se donne bien garde de la faire estudier en Athenes, ains en la ville de Rome, soudain apres qu'elle eut abandonné l'Angleterre. *Et sic scientiâ mirabili predita, jam etiam provecta ex Angliâ Romam se contulit, & ibidem aliquibus annis in Jano legens, insignes habuit auditores, & cum præter scientiam singulari honestate & sanctitate polleret, homo ab omnibus creditus est.* Adjoustez, qu'en la ville de Rome, dés le premier fondement de la Papauté, & continuation d'icelle, le commun usage fut, & tousjours depuis il a esté, de ne promouvoir à cette grande dignité que des vieillards, & encore ceux qui reluisoient en saincteté & preud'hommie, sur tous les autres : sinon que quelquesfois par les factions des Grands, on y commit quelques jeunes Gars de Rome ; mais leur authorité ne fut de longue durée : icy on presuppose avoir esté establi un estranger, escolier, qui avoit sceu joüer du plat de sa langue, mais imberbe, consequemment reputé jeune, comme aussi falloit-il, que cette fille n'eust atteint à l'aage de vieillesse, puis qu'on la fit en figure avoir depuis, porté enfant ; & vrayement tout sens commun repugne à cette élection de Papesse : & finalement se peur-

Confutation de cette fable.

Marseille le rendez-vous de la jeunesse Romaine pour estudier.

Escoles en Athenes & quelles.

Les vieillards seuls promeus à la Papauté.

il faire que ceste grande ouvriere en matiere de dissimulation, qui tout le temps de sa jeunesse avoit sceu couvrir son jeu, estant montée à ce haut degré, se voyant sur le poinct de gesir, eust esté si mal advisée de se commettre à la mercy d'une Procession generale, & qu'elle qui en cette qualité de Pape avoit toute puissance sur la ville, n'eust dissimulé une maladie, afin de garder la chambre, ou le lict, quelque temps, pendant lequel elle se fust déchargée de son ventre, sous la confidence de ses plus fidelles serviteurs? Toutes ces particularitez accueillies ensemble, me semblent assez suffisantes pour faire croire qu'il y a beaucoup de la fable en cette Jeanne Papesse.

Mais à quel propos cette Fable, me pourrez-vous demander? Car il ne faut faire nulle doute que ce conte ne fut controuvé pour vilipender le sainct Siege; d'autant que lors, ny Wiclef, ny Jean Hus, ny Hierosme de Prague, ny Martin Luther, ny Jean Calvin n'estoient arrivez pour luy faire la guerre : au contraire, il estoit adoncques, de tel respect & authorité, que le Pape n'estoit pas seulement honoré de ce grand nom, ains d'un autre beaucoup plus grand, qui estoit celuy d'Apostolic. Un Martinus Polonus, auquel on attribue le plus ancien recit de cette histoire, estoit Religieux de l'Ordre de Cisteaux; c'est celui que Platine allegue en la vie de Jean VIII. (ainsi appelle-t'il Jeanne la Papesse) fable dont Martin n'estoit le premier autheur ; car il vesquit deux cens ans aprés, & faut qu'il l'eust empruntée de quelque autre, dont nous ignorons le nom. Je l'estime doncques une fable, telle que nos Escrivains modernes nous pleuvissent, mais non faite à la vauvole, puis que le nom du sainct Siege y estoit engagé. Et quiconque en fut l'inventeur, voulut sous l'escorce d'icelle, enseigner aux Papes, de ne se glorifier en leurs armes : non que Leon ne les eust sur juste sujet, endossées contre les ennemis de nostre foy, en se deffendant ; mais pour apprendre à ses successeurs que c'estoit un mestier qu'ils devoient sobrement exercer, puis qu'à ce grand Capitaine Prelat, une femme du tout imbecile avoit succedé. Conclusion, si l'histoire est veritable, ce fut un coup de Dieu ; si fabuleuse, un jeu d'hommes, l'un & l'autre tendants à mesme fin, non de scandale, ains édification, telle que je vous ay cy-dessus touchée. En effect, voilà le jugement que j'en fay, bon ou mauvais, je m'en remets du tout, au vostre. A Dieu. Ce vingt-quatriesme de Mars 1614.

A quel dessein ceste fable fut inventée.

FIN DU DOUZIESME LIVRE.

LES LETTRES D'ESTIENNE PASQUIER

Conseiller & Advocat General du Roy en la Chambre des Comptes de Paris.

LIVRE TREIZIESME.

LETTRE I.

A Monsieur Airault, Lieutenant Criminel au Siege Presidial d'Angers.

Changement merveilleux à la Cour. Mr du Bouchage Capucin.

Oicy le temps des merveilles : un Monsieur du Bouchage a quitté toutes les grandeurs mondaines, pour espouser une vie Capucine : un Monsieur d'Espernon eslongné de la presence de son Roy : un Roy mesme mal-traité, non seulement par ses sujects, mais par la ville de Paris, qu'il favorisoit sur toutes les autres ; & dans cette ville, d'une famille qu'il avoit gratifiée particulierement sur toutes : je me fusse grandement estonné, si ces changemens se fussent estanchez par la nouvelle reconciliation faite entre luy & ses subjects. Il a pris la route de Blois, où il a assigné tous les Deputez des Estats ; & soudain qu'il y est arrivé, il a renvoyé Monsieur le Comte de Chiverny son Chancelier, en sa maison, & le Seigneur de Bellieure, l'un des premiers Conseillers en son Conseil d'Estat, sans rendre la raison pourquoy. Le semblable a-t'il fait des Seigneurs de Villeroy, Pinard, Brulard, Secretaires d'Estat ; du sieur de Combault, premier Maistre d'Hostel, & des sieurs de la Grange-le-Roy & Molant, Thresorier de l'Espargne ; & par

Officiers nouveaux establis au lieu des anciens

une estrange metamorphose, a choisi pour Garde des Seaux, Mr de Montelon, qui estoit simple Advocat consultant en la Cour de Parlement ; pour Secretaires d'Estat, les sieurs de Beaulieu, Ruzé, & Revolt ; celuy-là qui l'avoit autre-fois suyvi, mais s'estoit retiré de son service en sa maison, il y avoit douze ou treize ans ; cettuy-cy, homme tres-sage, qui conduisoit les affaires de Monsieur d'Espernon, & estoit sur le poinct de se retirer en son pays. Il a voulu pourvoir du troisiesme estat, un nommé Nigeon, que je ne cognoy : on dit qu'il l'a refusé tout à plat : s'il est ainsi, c'est un trait admirable au milieu de la corruption de nostre siecle, que j'oppose à tous les anciens Romains : quant à Monsieur de Montelon, il est certain que le Roy ne l'a choisi que pour la reputation de sa grande preud'hommie : & est chose digne de vous estre mandée. Il n'avoit jamais veu le Roy ; & entrant dans sa chambre pour le saluer, le trouvant assisté des Seigneurs de Bellegarde & de Longnac, Maistres de sa Garderobe, il demanda lequel des trois estoit le Roy, pour ne l'avoir jamais veu, les suppliant humblement de le vouloir excuser. A quoy le Roy luy fit responce, qu'il ne le cognoissoit aussi, que de reputation. Ces mutations si subites & inopinées du haut en bas, & du bas en haut, propres à la ville de Blois, bastie sur une montaigne, apprestent diversement à gloser. Quelques-uns estiment qu'elles ayent esté faites en haine de la Royne mere : d'autant que tous ces Seigneurs renvoyez, avoient trop d'intelligence avec elle, comme elle pareillement avec les Seigneurs de la Ligue. Et de faict, depuis ce nouveau mesnage, le Roy seul ouvre les pasquets qui luy sont envoyez, sans y admettre autres que ses deux nouveaux Secretaires. Les autres disent, que c'est pour gaigner la bonne grace des Deputez, estimant qu'ils ne seront marris de ce nouveau changement. Tant y a que c'est un coup de Maistre, dont on ne sçauroit rendre la raison. Mais, quelque chose qu'il en soit, Monsieur de Guise, plein d'entendement, se fait accroire, & que cette assemblée, & ces changemens ne sont faits que pour se van-

Mr de Montelon entrant en la Chambre du Roy, demande lequel c'estoit en sa presence

Tome II. Z ij ger

ger de luy. C'est pourquoy, deliberant de parer aux coups, il a fait une contremine, & establiy de telle façon ses affaires par toutes les Provinces, que la plus grande partie des Deputez sont pour luy ; & depuis qu'il est arrivé en la ville de Blois, tous ses serviteurs & amis le sont venu trouver en flotte, avec Monsieur le Cardinal de Guise son frere. Cinq semaines auparavant le jour prefix, à l'ouverture de cette convocation, il manda Marteau, Prevost des Marchands, & le President de Nuilly son beau-pere, pour prendre langue avecques eux de ce qu'ils avoient à faire. Le Gouvernement de Paris, pendant son absence, est demeuré és mains de Monsieur d'Aumale, & celuy de la Bastille à Bussy le Clerc, prenant qualité de Lieutenant de Marreau. Les plus authorisez de la Ligue, ont esté choisis & esleus pour presider aux Estats ; Monsieur le Cardinal de Guise sur le Clergé ; Monsieur de Brissac sur la Noblesse, & Marteau sur le tiers-Estat.

Ouverture des Estats de Blois.

Avant que d'ouvrir le pas, on a fait jeusnes, procession generale, & celebré une Messe du S. Esprit. Chacun a receu le *Corpus Domini* ; & à l'issuë, le serment de la saincte Union, renouvellé par toute l'assemblée, & mesme-ment par le Roy, qui en demeureroit le chef. Toutesfois, il n'a peu obtenir que le peuple de Paris se desarmast, combien que le lendemain il en fist grande instance. Le Dimanche 12. d'Octobre, on a ouvert les Estats ; & a, le Roy, fait une belle harangue au peuple, pour luy faire paroistre de quelle devotion il entendoit besongner au rétablissement des affaires de son Royaume ; mais il ne s'est peu garder de donner une attainte fort rude à Monsieur de Guise, qui lors estoit seant à ses pieds, en qualité de Grand Maistre : car il a dit, que s'il n'eust esté prevenu & empesché par l'ambition demesurée de quelques siens subjects, la Religion nouvelle eust esté lors tout-à-fait exterminée de la France. Monsieur de Guise s'en est depuis plaint à luy : de sorte que la harangue estant mise en lumiere, cette clause a esté biffée. Qui est aucunement guerir la playe, qu'il luy avoit faite ; mais non oster la cicatrice. Quant à moy, toute cette premiere demarche ne me plaist : je ne sçay quelle sera desormais leur escrime. A Dieu. De Blois, ce 21. Novembre 1588.

Serment de l'Union renouvellé.

Le Roy fait chef de la saincte Union.

Harangue du Roy à l'entrée des Estats.

+++

LETTRE II.

A Messire Achilles de Harlay, Conseiller d'Estat, & Premier President en la Cour de Parlement de Paris.

Il recite quelque chose des contentions qui furent aux Estats sur les libertez de l'Eglise, puis rend raison pourquoy il ne veut acheter l'Estat d'Advocat du Roy.

JE ne vous eu pas si-tost escrit, que revenant à mon meilleur penser, j'entray en mesme opinion que la vostre, non seulement pour les raisons qu'il vous a pleu de m'escrire, mais aussi qu'il me souvient que le Prince, pour lequel je voulois entrer sur les rangs, estoit tres-froid & mauvais garend des querelles que l'on entreprenoit maintenant pour luy ; joint que je pensay que Monsieur d'Espesse, qui a pris en main la deffense des libertez de nostre Eglise Gallicane, (ores qu'il n'ait esté recompensé qu'en injures) ne prendroit plaisir que je me misse de la partie, pour enjamber aucunement sur ses marches. Bien voudray-je, qu'estant entré en une amiable conference avec l'un des Deputez de la Sorbonne, qui s'est roidy plus que nul autre contre les libertez de nostre Eglise, je l'ay à demy reduit à mon opinion, après avoir entendu mes raisons, & si ay presque descouvert, que non seulement en cet article, mais en plusieurs autres, il n'y a que la disposition du temps qui agite nos esprits. Il demande la verification du Concile de Trente, qui n'en vit jamais que la couverture, ainsi que je m'en suis apperceu, gouvernant ce Theologien. Qu'y feriez-vous ? C'est le temps, contre lequel de vous heurter, ce seroit ou heresie, ou phrenesie, bien que vostre opinion fust la meilleure. Et neantmoins, je ne peux qu'il y ait rien plus grand, pour la manutention soit de nostre Estat, soit de l'Eglise Catholique & universelle, que ces anciennes libertez tant recommandées par nos bons vieux Peres. Quelques-uns de nos Prelats mettent en avant, que c'est une chimere, dont on ne sçait ny l'origine, ny le progrés, ny en quoy elles consistent : mais si j'avois a leur en faire une anatomie, je leur monstrerois au doigt & à l'œil, que cette chimere provient de leur ignorance. Toutes-fois, puis qu'il faut caler la voile à la tempeste, je seray tres-content de ne m'exposer aux flots de cette calamité publique, & laisser joüer au temps son rolle, sans que je monte sur l'eschauffaut : brief, de suivre en cecy vostre bon advis : car, quant à ce qu'en passant & comme faisant autre chose, semblez, pour l'amitié que me portez, me hocher aucunement la bride, pour entendre à l'Estat de Monsieur l'Advocat d'Espesse, le President du Lion, l'un de ses principaux amis, m'en parla, deslors que je fus arrivé en cette ville de Blois : & depuis m'en a parléderechef, (je ne sçay s'il en avoir charge) me remonstrant que j'avois moyen de le recompenser d'une partie, par mon Estat ; & que du reste, il seroit aisé nous accommoder, en baillant argent au Roy, par forme de prest, dont je serois assigné. Plusieurs de mes amis m'y convient, se persuadans que je serois agreable au Roy, & non desagreable à nos Deputez : (grande pitié qu'il faille adjouster ce mot) toutes-fois je n'ay jamais peu entrer en ce party avec moy : & ne fust-ce que pour autant, qu'outre le consentement de mon Roy, il falloit rechercher le bon plaisir du peuple ; je n'ose dire d'une populace. D'ailleurs, regardant derriere moy, je vois la suite de mes ans, & après moy la suite de mes enfans : quand je vous dy de mes enfans, je parle de la tyrannie naturelle qu'ils exercent sur moy, ne travaillant plus que pour eux ; & de hazarder en l'aage où je suis, une grande partie de mon bien, dont je ne me pense plus estre qu'un simple & court usufruictier, j'en ferois conscience : mesme que combien qu'en l'exercice de cest Estat il y ait quelque feuillée d'honneur, si gist-elle en grande contention de corps & d'esprit. Je reconnois mon imperfection, que quelques-uns estiment vertu. Et Dieu sçait, combien je ne faisant, j'apporterois d'agitation, & consequemment de diminution d'esprit, & par mesme moyen, de ma vie ; moy qui d'ailleurs ay fait une honneste retraite pour parachever en repos le peu qui me restoit de mes ans. Au demeurant, n'est-ce pas une ambition detestable, que pour un Estat, auquel il n'y a gages & pension que de trois mil livres, dont on n'est payé à point nommé ; Estat auquel nous ne reluisons que de tant que nostre suffisance le permet, à laquelle si deffaillons, nous encourons pareille censure, que le moindre Advocat du Palais, (car un Advocat du Roy estant tondu de ses conclusions en une audience, ce ne luy est, à mon jugement, moins de honte, qu'à l'autre, quand sa partie est condamnée en l'amande du fol appel) au bout de cela toutes-fois on vueille vendre cest Estat, quatorze ou quinze mil escus ? Et vrayement, il faut bien que ceux qui en offrent tant, soient despourveus de sens commun, ou bien qu'ils y entendent un art quint'essentiel, dont je ne sçay, ny en veux sçavoir la pratique. Et toutes-fois je ne suis pas tant Stoïque, que chatouillé d'une noble ambition de paroistre, (si avecques mon Estat j'en estois quitte pour quelque moyenne somme, & que du demeurant, Monsieur d'Espesse voulust courir le mesme hazard envers le Roy, que l'on m'a proposé,) je n'y entendisse fort volontiers. Mais pour bien dire, cela n'est rien qu'un souhait, que je consigne entre vos mains, à la charge de ne le communiquer, s'il vous plaist, qu'à vos pensées; encore que je me persuade, qu'en la deliberation que Monsieur d'Espesse a prise de ne retourner à Paris, plus il ira en avant, plus son Estat ira en arriere; & luy adviendra le contraire de ce qui advint au Romain, lequel sur une opiniastreté de bon mesnage, acheta autant les trois livres de la Sybille, comme il eust fait du commencement les neuf; icy tout au rebours, sur une longueur par luy affectée, tantost de vingt-mil escus, (si tant est que sans artifice ils luy ayent esté presentez,) tantost de quinze, par un qui n'avoit moyen d'y attaindre, & lequel, si je ne m'abuse, n'en a traité qu'à petit semblant, je me doute qu'il n'en trouvera enfin huit mille. Celuy qui premier ouvrit le pas à cette marchandise honteuse, n'en bailla que dix mille escus; le Sieur d'Espesse, que douze, lors que la ville de Paris estoit calme;& que ceux qui bailloient les deniers, avoient quelque opinion de ressource sur des partisans, avec tant soit peu de faveur de Roy. Et maintenant que l'on delibere en cette assemblée des Estats, de fermer la porte tant aux partisans qu'aux Edicts bursaux, que peut-on esperer au milieu des troubles? Vous m'estimerez plein d'un grand loisir, de vous entretenir avec tant de paroles, d'un discours auquel n'aviez aucun interest. Mais toutes & quantes-fois que je vous ay gouverné, il n'a pas esté arresté entre nous deux, que ce seroit de propos de merite. Le fruit que je pourray recüeillir de cette lettre, sera paradventure de vous faire rire, & par ce moyen, empescher l'importunité de vostre goute, si elle est encore logée chez vous. A Dieu. De Blois, ce 20. Novembre 1588.

LETTRE III.

A Messire Achilles de Harlay, Conseiller d'Estat & Premier President au Parlement de Paris.

Il recita fort particulierement ce qui se passa en la renuë des Estats, & reprend par le commencement.

JE nevy jamais tel desordre, comme est celuy que l'on apporte, pour donner ordre à toutes les affaires de France. La premiere proposition que l'on a mise sur le bureau en la Chambre du Tiers-Estat, a esté; si on se longneroit par resolution, ou par supplication envers le Roy; c'est-à-dire, s'il faudroit qu'il passast bon gré mal-gré, par tout ce qui seroit par eux arresté, ou bien que l'on usast d'humbles remonstrances envers luy, pour en arrester, puis apres, ce qu'il trouveroit le meilleur, ainsi que d'ancienneté on l'avoit tousjours observé. Il s'y est trouvé du pour & du contre; enfin, la plus grande partie, non pour honneur qu'elle luy portast, ains de honte, a esté d'advis qu'il ne falloit rien mouvoir en cet endroit. Ce pas estant avec telle liberté ouvert, vous pouvez presque juger quelle est toute la suite. En tout ce qui se presente contre le Roy, le chemin est applany & sans espines. S'il y a quelque chose contre l'Ordre de nos Deputez, ce leur sont chifres qu'ils n'entendent point. Je commenceray par les Ecclesiastics: l'une de leurs plus grandes propositions est pour la manutention du Concile de Trente, qui gist en deux points principaux, comme vous sçavez: l'un, aux articles de nostre Foy, en quoy il n'y a point de difficulté, qu'il ne le faille suivre en tout & par tout; car c'est comme un abregé de tous les anciens Conciles approuvez: l'autre, en la Discipline de l'Ordre Hierarchique de nostre Eglise; & en cettuy, il y a beaucoup plus d'obscurité, d'autant que sous mots couverts, il efface toutes leurs libertez de nostre Eglise Gallicane, dont le Roy est chef & protecteur. Ce poinct *Le Roy chef & protecteur de l'Eglise Gallicane.* ne peut estre digeré par plusieurs, qui n'osent toutes-fois dire à cœur ouvert ce qu'ils en pensent: car le Cardinal de Guise & l'Archevesque de Lyon considerent non seulement les paroles, ains les visages & contenances de ceux qui semblent n'approcher de ce qu'ils desirent estre fait. Or ceux qui impugnent en cet endroit le Concile, (outre la naturelle inclination qu'ils ont à nos libertez, comme bons Catholics & François) se remettent encore en memoire le temps auquel il fut fait, & plusieurs particularitez qui passerent lors. Il n'y a eu que M. d'Espesse, qui en qualité d'Advocat du Roy du Parlement, pour le devoir de sa charge, a soustenu vertueusement nos droits; auquel a esté respondu par M. de Lyon, non par raisons, ains invectives, telles que la licence de cette assemblée permet. Et en consequence de cecy, on ne fait point de doute d'oster au Roy non seulement les nominations des Evesches, Abbayes, & autres Benefices consistoriaux; ains de plusieurs droits, qui de tout temps & ancienneté sont annexez à sa Couronne. Voilà en somme comme on le manie. Mais quand il est question de traiter entre ces Messieurs, les choses qui les concernent dans ce Concile, alors ils y trouvent bien à redire & controller. Je le vous representeray par exemple. Du temps de la primitive Eglise, tout le Clergé estoit sujet à son Diocesain, sans exception. Toutes-fois il fut par succession de temps, trouvé bon, de dispenser quelques communautez de cette, France de la jurisdiction de l'Evesque: premierement, par Conciles Provinciaux, (car ainsi le furent les Abbayes Sainct Denys, & de Sainct Germain des Prez,) puis par authorité des Papes, au prejudice de nos Ordinaires. Si cela fut bien ou mal fait, je m'en rapporte à ce qui en est. Il me suffit de vous dire, que par ce Concile de Trente, on voulut reduire cette obeïssance à l'ancienneté de l'Eglise, & faire que tous les Chapitres soient sujects à la puissance de l'Evesque, non pas de son authorité ordinaire, & en cela on derogeoit aucunement à nos libertez Gallicanes, ains comme Vicegerans du S. Siege. Soudain que cet article a esté mis sur le bureau, croyez que les Deputez des Chapitres n'ont esté muets; & y ont besongné, de sorte que cet article est demeuré indecis. *Les Abbayes de S. Denys & de S. Germain des Prez, d'où tirées de la jurisdiction des ordinaires.*

Le mesme Concile veut que chaque Beneficier ait à se contenter d'un seul Benefice. Ce decret, ores que tres-sainct, ne peut estre par eux digeré, & y apportent cette distinction; bon pour l'advenir (disent-ils) à mesure que les Beneficiers mourront; mais quant à ceux qui en sont pour le jourd'huy pourveus, ils joüiront de leur bonne fortune, pour obvier aux simonies qu'ils pourroient commettre, en joüissant du revenu sous le nom de personnes interposées, qui n'en auroient que le titre.

Bonnes gens; (dy-je à part moy, car je ne l'ose dire tout haut!) si vous estes sujects du Sainct Siege, si tant zelateurs du Concile general & universel, qui vous fait Juges maintenant de ces deux articles? S'il faut, sans reserve, executer le Concile en ce qui concerne les droicts du Roy, pour une Constitution Conciliaire, pourquoy ne pratiquez-vous le semblable en vostre faict? Ou si vous le pouvez faire au vostre, d'où vient que le Roy est de moindre recommandation que vous au sien? Brief, qui vous donne ce privilege d'apporter modification à ce Concile, és choses qui vous regardent, & non aux libertez anciennes de nostre Eglise Gallicane, dont vous demandez à yeux bandez, la suppression?

Je vous laisse à part, qu'en une Harangue faicte en la Chambre des Deputez du Clergé, il est advenu à celuy qui portoit la parole, d'appeller la journée des Barricades, heureuse & saincte journée des Tabernacles; qui n'est pour braver le Roy à petit semblant, & dont il a esté adverty. Le semblable se trouve presque en la Noblesse; je vous dy presque; car à la verité, elle y apporte quelque peu plus de sobrieté & modestie. *La journée des Barricades appellée heureuse aux Estats.*

Vous n'ignorez point comme le Duc de Savoye a indignement eschantillonné nostre Estat, pendant que par vains discours nous nous amusons de le redresser sur un *Le Duc de Savoye*

Tome II. Z iij tapis

s'empa-
re du
Mar-
quizat
de Sa-
luſſes.

tapis verd. Luy, Couſin Germain du Roy, auquel il a tant d'obligations, au milieu de ſon affliction, violant tout droict humain, ſans luy denoncer la guerre, s'eſt emparé du Marquizat de Saluſſes. Quelques braves Gentils-hommes ont mis en avant, qu'il falloit laiſſer la ville de Bloys, où nous allambiquions nos cerveaux en reſolutions partiales, & donner droit en Savoye : qu'il n'y avoit meilleur moyen de nous reconcilier tous enſemble : que ce ſeroit nostre Carthage, par l'object de laquelle nous pourrions nous garentir de nos guerres Civiles : opinion, certes, d'un cœur genereux & François, toutes-fois qui a eſté vaincuë & ſupplantée par les autres : car auſſi le Clergé & le Tiers-Eſtat ſe ſont jettez à la traverſe, qui n'ont eſté de cet advis : ceux-cy ont paſſé de nombre, & par conſequent de poids. Il y avoit quelques Seigneurs, qui pour eſtre en mauvais meſnage avec la Ligue, eſtoient ſur le poinct d'eſtre declarez criminels de leze-Majeſté, pour quelques raiſons particulieres ; ſoudain cette opinion s'eſt évanoüye, pour eſtre, par leurs Agents & Entremetteurs, entrez en quelques pour-parlers d'accord avec ceux qui tiennent les clefs de cette porte : au contraire, on a propoſé, que le pouvoir de Monſieur le Mareſchal de Matignon fuſt revoqué : vous pouvez preſque juger pourquoy. Mais comme le Tiers-Eſtat ſemble avoir plus d'intereſt en cette querelle, & qu'il ſoit par ce moyen, plus aiſé de le gaigner ſous le maſque d'une liberté ; auſſi ſe deſborde-t-il obſtinément plus que la Nobleſſe.

Guerre
immor-
telle pro-
poſée
contre
les Here-
tiques.

La propoſition a eſté generale entre les trois Eſtats, de demander une guerre immortelle & ſans reſpit encontre les Heretiques. A la ſuitte de cecy, le Tiers-Eſtat a requis la reduction des tailles au pied de l'an 1516. & à cet effect, ſe bande de telle façon, qu'il ne ſe delibere paſſer outre, que le Roy ne luy ait accordé cet article. Ceſte Requeſte luy eſt faite, à laquelle il a donné réponſe, avec toute courtoiſie & honneſteté, ſans rien toutes-fois reſoudre ſur le champ, pour la conſequence. Je vous raconte choſe vraye. Comme ceſte Requeſte a eſté faite en trouppe, il y a eu un de la compagnie qui a eſté ſi impudent de dire tout haut, que toutes ces belles paroles du Roy n'eſtoient que vent. Et à l'inſtant, le Roy a eſté ſommé, par noſtre Prevoſt des Marchands, de luy rendre réponſe cathegorique, parce qu'autrement ils eſtoient tous reſolus de retrouver le chemin de leurs maiſons. Le Roy, ſagement, a fait ſemblant de n'avoir entendu le premier, bien qu'il ait eſté ouy par chacun : & quant au ſecond, il a reſpondu, qu'il les eſtimoit tous ſi bons François, qu'ils ne s'en voudroient retourner, ſans avoir premierement mis fin à un ſi bon œuvre qu'ils avoient encommencé. Trois jours aprés, il les a fait rappeller en ſa chambre, & en peu de paroles leur a enteriné leur Requeſte ; mais à la charge de trouver moyens de luy remplacer ce qu'il conviendroit, tant pour l'entretenement de ſa maiſon & gages de ſes Officiers, que pour la ſouſtenement de la guerre par eux requiſe. A cette parole, tous ont crié *Vive le Roy* ; & luy promettent ce qu'il demandoit. Dés l'inſtant, on leur a baillé un eſtat des Finances de la France ; mais aprés avoir dormy ſur leur cholere, jamais gens ne furent plus empeſchez : & ont recogneu qu'ils ſe vouloient meſler d'un meſtier auquel ils ne firent jamais leur apprentiſſage. Non que leur Requeſte ne ſoit de quelque merite ; mais demandant la continuation d'une guerre à jamais, & retranchement des tailles tel que deſſus, ce ſont choſes incompatibles. Les uns, frappent à l'alienation perpetuelle du Domaine au denier trente, fors des Duchez & Comtez ; medecine plus forte que la maladie : les autres, à une recherche generale, non ſeulement des Financiers & Partiſans, ains de tous ceux qui ſe ſont faits gras prés du Roy, du ſang du peuple ; qui eſt un remede non prompt : car vous ſçavez de quelle longueur ſont nos procez : & neantmoins nos affaires ſont reduites en tels termes, qu'il faut argent preſent, puis qu'on ſe reſout à la guerre. Davantage, de s'amuſer à faire le procez des Financiers, au milieu d'une guerre civile, c'eſt diſcourir des affaires d'Eſtat en eſcoliers : d'autant que c'eſt par où aboutiſſent les guerres, quand aprés une longue tempeſte, nous ſommes arrivez au port de la paix : joint que l'une & l'autre invention, ſont moyens paſſagers, & qui ne prennent point de traite, combien qu'il ſoit beſoin qu'il y ait touſjours fonds de finances pour l'entretenement d'un Eſtat. Et comme un abyſme en attrait un autre, auſſi ces Deputez, tombez d'une fievre tierce en chaud-mal, demandent une chambre au Roy, qui ſoit compoſée de vingt-quatre Juges, dont les ſix ſoient par luy nommez, & les dix-huict autres par les Eſtats ; ſix de chaque ordre, pour inſtruire & juger les procez : & non contens de cela, font une nouvelle recharge, que le Roy ait à leur nommer ceux qu'il veut retenir en ſon Conſeil d'Eſtat, pour ſçavoir s'ils ſont eſcrits ſur leur papier rouge. Le Roy voit ces fievres d'eſprit, qu'il eſt content de paſſer par diſſimulation : il penſe que la maladie procede d'un chef, ſous l'authorité duquel tout cecy ſe fait, auquel il n'oſe bonnement reſiſter : il patiente, & mande particulierement ceux qu'il eſtime avoir plus de credit en cette compagnie ; les prie de ne ſe roidir en toutes choſes contre luy ; qu'ils veüillent mettre en conſideration ſa qualité ; & que combien qu'il faille apporter quelque reglement pour reformer la male façon des choſes paſſées, il ne faut-il en tout terraſſer ſon authorité : que ſi les affaires paſſent ſelon leurs ſouhaits, nous tomberons en paix acceſſoire ; que tout ainſi que le Royaume a eſté affligé par les fautes, il recevra d'icy en avant, plus grande affliction par les remedes ; & pour obtenir d'eux quelque gré, il n'oſe preſque recognoiſtre ceux qui ont eu part à ſon infortune : ce qui en offenſe infinis. Tellement qu'il court un bruit ſourd entre nous, qu'il vaut mieux avoir eſté contre luy, que pour ; meſme y en a quelques-uns qui d'un eſprit mordant, diſent, que le feu Roy Charles en l'aage de quatre & dix ans (ce ſont quatorze) avoit eſté declaré Majeur ; & que l'on vouloit rendre le noſtre Mineur vers l'aage de quatre fois dix : c'eſt vers l'aage de quarante ans. Toutesfois pour toutes ces ſoumiſſions, qui excitent aux cœurs des uns, une compaſſion, & des autres, une indignation & courroux, il ne peut obtenir de ces Meſſieurs tant en general, que particulier, qu'un rebut & meſpris de ſa Majeſté. Il n'eſt pas que toutes les Feſtes, les Predicateurs ne s'attachent contre luy & les ſiens, par invectives & aigres Satyres. Il a parlé à Monſieur de Guiſe, comme à celuy qu'il eſtime avoir grande authorité ſur tous ces Deputez, afin qu'il les vouluſt rendre plus ſouples : mais il s'en eſt fort bien excuſé ; diſant n'y avoir aucune puiſſance. Voilà en quels termes nous ſommes. A Dieu.

L'entre-
tene-
ment
d'un Eſ-
tat a
touſ-
jours be-
ſoind'un
fonds de
finan-
ces.

Les Predi-
cateurs
fort har-
dis à re-
prendre
le Roy.

LETTRE IV.

A Monſieur Loiſel, Advocat en la Cour de Parlement de Paris.

Recit de
divers
brouille-
mens
d'affai-
res &
ſur tout

QUelque reformation d'Eſtat que l'on faſſe icy, le Roy demande de l'argent : c'eſt le refrain où aboutiſſent de ſes penſées. Les Deputez deſirent non ſeulement de s'en diſpenſer, mais auſſi combattent pour le rabais & diminution des Tailles, Aides & Subſides ; & neantmoins requierent à cor & à cry la guerre contre les Huguenots, ſans eſperance de Paix : quoy faiſant, il me ſemble qu'ils veulent faire marcher un corps ſans ame. Et pendant que nous nourriſſons de cette façon, les divorces au milieu de nous, le Huguenot fait fort bien ſes affaires, non par vaines imaginations, ains par effect, ayant pris l'Iſle de Marens, Beauvais ſur mer, Niort, Fontenay, Chaf-

pour la
ville
d'Or-
leans.

places prises par les Huguenots.

Monsieur d'Espernon malcontent.

Orleans veut remuer, & sous quel voile.

Chastelerault, sans coup ferir. Voilà le fruit que rapportons de nostre unie-division. Le bruict est que Monsieur d'Espernon a levé vingt compagnies, tant de gens de pied, que de cheval : & ne sçait-on où doit fondre cette nuée : car il est malcontent, comme plusieurs autres, & non sans cause. Quelques-uns estiment qu'il est en bon mesnage avec le Roy de Navarre ; les autres, avec Monsieur de Guise. De quelque costé qu'il se tourne, il n'apportera pas un petit poids à la balance. Il n'est pas que la ville d'Orleans ne se soit voulu remuer ; & voicy comment : vous sçavez que Monsieur d'Antragues & Monsieur de Dunes son frere, avoient toujours esté de la Ligue ; & les chefs n'avoient jamais douté que cette ville, en laquelle le Sieur d'Antragues commandoit, ne deust suivre leur party : c'est pourquoy ceux qui manient les affaires prés du Roy, tiennent pour proposition trés-asseurée, qu'elle n'avoit point esté comprise entre les villes de seureté, accordées par l'Edict d'Union. Quand Monsieur de Guise arriva à Chartres, il vit que ces deux freres s'estoient, sans dissimulation, rendus au Roy ; mesme que le Gouvernement fut par luy baillé en chef à Monsieur d'Antragues, & la Lieutenance à Monsieur de Dunes. C'est pourquoy les Seigneurs de la ligue, solliciterent sous main leurs partisans d'y faire gardes & sentinelles plus estroites qu'auparavant, afin de n'estre surpris ; ce qu'ils firent : & au lieu qu'ils avoient favorisé le Sr d'Antragues, lors qu'il ne portoit qualité que de Lieutenant de Mr le Chancelier de Chiverny Gouverneur, ils commencerent de le faire prescher par un Capucin, homme ignorant au possible, lequel toutesfois, par ses invectives, a sceu si bien remuer les humeurs de la populace, qu'il est mal-aisé que jamais elle obeisse à son Gouverneur. D'une mesme main sont arrivez en cette ville quelques Deputez d'Orleans, pour supplier le Roy qu'il luy pleust faire razer la Citadelle de leur ville, puisque toutes choses estoient en paix & union. Le Roy cognoissant qu'il y avoit de l'artifice en cette Requeste, afin de secoüer du tout le joug de l'obeïssance de leur Gouverneur, les en a esconduits tout-à-fait, & tout d'une suite despesché Monsieur de Dunes à Orleans,

pour donner ordre aux affaires ; mais il y a trouvé un obstacle ; d'autant que les principaux Capitaines de la Ligue, Bassompierre, Liguerac, Joannes, faisant semblant de venir en Cour, ont sejourné dans Orleans dix ou douze jours, pendant lesquels ils ont disposé le peuple à leur opinion : chose dont le Roy adverty, craignant quelque plus grand esclandre, contremande par deux & trois fois Monsieur de Dunes ; qui a esté contraint de retourner & laisser cest ouvrage imparfait. Aprés cela, les habitans, usans de nouvelle recharge, pour s'affranchir tout-à-fait de leur Gouverneur, ont soustenu devant le Roy, que leur ville estoit l'une des sept de seureté, qu'il avoit esté delaissée à la Ligue par les articles secrets de l'Union : & à cette proposition, s'est joint avec eux Monsieur de Guise, qui n'est pas un petit parrain, parce que c'est la propre cause. Le Roy insiste au contraire. La minute des articles, signée de Villeroy, est apportée, portant Dourlans : Monsieur de Guise represente la copie, signée Pinard, portant le mot d'Orleans. Grands contrastes d'une part & d'autre. Là, il est advenu à Monsieur de Guise de dire que cette ville luy avoit esté accordée, & qu'il trouveroit bien le moyen de la conserver. La Royne mere, qui en une crainte de tout, perd tout, est d'advis de luy en passer condamnation : conclusion, la ville luy demeure, avec creve-cœur infiny du Roy, & de ceux qui prevoyent de quelle consequence elle est. Quant aux Deputez des Estats, nouvelles leur sont venuës de plusieurs Provinces, que le Roy avoit fait expedier commissions par toute la France, portans augmentation des Tailles de 400000. escus. Ces nouvelles courent par les trois Chambres, avec un grand murmure de tous, disans que le Roy les repaist de belles paroles sans effet. Et ce qui les offence davantage, est que depuis quelques jours en çà, on avoit envoyé de la Recepte generale d'Auvergne, vingt & huit, ou trente mil escus, qui sont aussi-tost devenus invisibles, pour avoir esté donnez à quelques particuliers Seigneurs qui sont prés du Roy. Brief, il semble qu'il y ait, sinon de toutes parts fautes, pour le moins un mescontentement general. A Dieu.

Orleans demeure à la Ligue.

+++++++++++++++++++++++++++++++++++++

LETTRE V.

A Monsieur Airault, Lieutenant Criminel d'Angers.

Il raconte à Monsieur Airault la mort de Monsieur de Guise, & de son frere avec toutes les particularitez qui s'y passerent.

JE vous raconte une histoire, mais l'histoire la plus tragique qui se soit oncques passée en France. Monsieur de Guise a esté tué dedans la chambre du Roy le 23. jour de ce mois de Decembre : & le lendemain au matin, Mr le Cardinal son frere : Je ne doute point qu'à cette premiere rencontre ne fremissiez. Mais ce que je vous dy, est trés-veritable ; toutesfois, graces à Dieu, il n'y a eu autre sang espandu ; le demeurant s'est passé par fuite, prison ou pardon. Mais parce que souhaiteriez que je vous deschiffre par le menu ces nouvelles ; sçachez que le Roy, indigné de plusieurs particularitez qui se passoient en nostre assemblée à son desadvantage, qu'il estimoit ne se faire que sous l'authorité de ces deux Princes ; & que plus il se rendoit souple envers nos Deputez, plus ils se roidissoient contre luy (tellement que c'estoit vrayement une Hydre, dont l'une des testes coupée, en faisoit renaistre sept autres ; mesme que trois ou quatre jours auparavant, Monsieur de Guise estoit entré avec luy en une dispute tant de son Estat de Lieutenant general, que de la ville d'Orleans) il se delibere de faire mourir ces deux Princes, estimant que leur mort seroit la mort de tous ces nouveaux Conseils. La procedure qu'il y a tenu, a esté telle. Le 22. de ce mois, il dit à Monsieur de Guise, qu'il deliberoit le lendemain aller à la Noüe, (qui est une maison de plaisance, distante de demy lieuë du Chasteau de Blois) & sejourner jusques au Samedy veille de Noël ; qu'il desiroit, avant que de partir, que tous les Seigneurs de son Conseil des Finances se trouvassent ensemble de bon matin, pour resoudre de quelques affaires qu'il leur proposeroit. D'une autre main, il commande à dix ou douze Gentils-hommes de ses quarante-cinq, de le venir trouver au mesme tems, tous bottez & esperonnez, pour le suivre : & à cette mesme heure, remit quelques affaires, dont il fut sollicité par les Seigneurs de Rieux & Alphonse Corse. Tous lesquels ne faillirent de se trouver au lieu & heure à eux assigné ; Corse & Rieux en son cabinet, avec ses Secretaires d'Estat, demeurans dans sa chambre : ausquels il remonstra, comme on dit, qu'il y avoit trop long-temps qu'il estoit en la tutelle de Messieurs de Guise ; que plus il avoit apporté de connivence, plus il avoit receu de bravades ; que dés & depuis la levée des armes par eux faite, il avoit eu dix mil argumens de se mescontenter d'eux ; mais qu'il n'en avoit jamais eu tant, que depuis l'ouverture de l'assemblée des Estats. C'estoit l'occasion pour laquelle il se resolvoit d'en avoir la raison ; non par la voye ordinaire de Justice : (car faisant faire le procez à Monsieur de Guise, il s'estoit acquistant de creance en ce lieu que luy mesme le feroit à ses Juges) partant il s'estoit resolu de le faire presentement tüer par eux en sa chambre ; qu'il estoit meshuy temps qu'il fust seul Roy, & que qui avoit compagnon, avoit maistre. Ces paroles ainsi proferées, chacun luy promit assistance. Les Seigneurs de Rieux, Corse, Beaulieu & Reuolt, Secretaires d'Estat, demeurans dans son cabinet ; dix ou douze des quarante-cinq, dans sa chambre ; Monsieur le Mareschal d'Aumont & le Seigneur de Larchant de-

Remonstrance du Roy avant l'execution, à ses plus familiers.

dedans la salle du Conseil. Quelques-uns estiment, que ces deux derniers en avoient eu quelque advis du Roy, comme l'évenement le monstra. Or combien que cette entreprise fust dressée avec tout ce qu'on sçauroit souhaiter de prudence humaine, si ne peut-elle estre conduite si sagement, que l'on n'en halenast quelque vent. Et de fait, Monsieur de Guise, sorty de sa chambre pour se trouver au conseil, fut attendu de pied-coy sur la terrasse du Chasteau par un Gentilhomme Auvergnac, nommé la Sale, qui l'advertit de ne passer outre ; d'autant qu'asseurement il y avoit dessein contre luy. Dont il le remercia, luy disant : mon bon amy, il y a long-tems que je suis guery de cette apprehension. Et quatre ou cinq pas aprés, il receut pareil advis d'un Picard, nommé, si je ne m'abuze, Aubencour, qui l'avoit autrefois servy. Auquel il dit, qu'il estoit un sot. Toutes-fois il ne fut pas si-tost entré, qu'il ne vint presque au repentir, pour le moins en fit-il quelque contenance : car ayant trouvé plusieurs gardes du Seigneur de Larchant à la porte, puis le Mareschal d'Aumont, qui n'avoit accoustumé de se trouver au Conseil des Finances : il demanda au Seigneur de Larchant, pourquoy ils estoient là venus ? qui luy respondit, que de sa part, c'estoit pour faire payer ses Soldats de leurs gages, estans sur la fin de leur quartier ; & quant à Monsieur d'Aumont, il n'en sçavoit la raison. De là, il se mit devant le feu, où son mouchoir luy estant cheu, par art ou hazard, il mit le pied dessus, comme par mesgarde, lequel ayant esté relevé par le Sr de Fontenay Thresorier de l'Espargne, il le pria de le porter à Pericart son Secretaire, pour luy en rapporter un autre ; & qu'il ne faillist de le venir trouver promptement. C'estoit, comme plusieurs ont estimé, afin d'advertir ses amis, du danger où il se pensoit estre. (Mais cela n'est qu'une opinion.) Pericart, voulant entrer, le passage luy est empesché par les Archers de la garde. Cependant Monsieur le Cardinal de Guise arrive avec l'Archevesque de Lyon. L'on s'assied au Conseil. Le Seigneur de Larchant se plaignoit, que ses Archers n'estoient payez. Monsieur Marcel, Intendant des Finances, fait ouverture de quelques deniers qui estoient prompts, pour les contenter en partie. M. de Guise dit que le cœur luy faisoit mal. S. Prix, valet de Chambre du Roy, luy apporte la boëte des brignoles du Roy. Quelque peu aprés, vient Nevol Secretaire d'Estat, luy dire, que le Roy le demandoit. Il se leve, & mettant son manteau tantost d'un sens, tantost d'un autre, comme s'il eust niaizé, il entre dans la chambre, laquelle est dés l'instant mesme fermée sur luy. Là, il se trouve investy par une douzaine de Gentils-hommes, qui l'attendoient de pied-coy, & salué de plusieurs coups, qui porterent si vivement, qu'il n'eut moyen que de rasler. Cela ne peut estre fait sans quelque rumeur. Le Cardinal & l'Archevesque se doutans de ce qui estoit, y voulurent accourir ; mais ils en furent empeschez par le Mareschal d'Aumont, qui mit la main aux armes comme Officier de la Couronne, & deffendit à tous de bouger, sus peine de la mort. Dés lors, le Sieur de Richelieu, grand Prevost, bien suivy de ses Archers, se transporte en la Salle des Tiers-Estat, & se saisit du President de Nuilly, de Marteau Prevost des Marchands, Compan, Cotteblanche, Eschevins de Paris, & de quelques autres ; disant que deux Soldats avoient failly de tuer le Roy ; & qu'il vouloit les en faire juges : dés l'heure mesme, on arreste prisonniers, Monsieur le Cardinal de Guise & l'Archevesque de Lyon, & peu aprés, Monsieur le Cardinal de Bourbon, Messieurs de Nemours, d'Elbœuf, & le Prince de Joinville : le semblable fait-on de Mesdames de Nemours, & d'Aumale : vray est que pour le regard de cettuy-cy, la porte luy fut du jour au lendemain ouverte. Quinze jours auparavant, Madame de Guise s'en estoit allée à Paris pour y faire sa couche ; & huict jours aprés, Madame de Montpensier, dont bien luy prit. Le Roy a pardonné à tous les autres Seigneurs de la Ligue ; mesme aux Seigneurs de Brissac & de Boisdauphin. Quant à Bassompierre, au Chevalier Breton, Rossieux & plusieurs autres, ils se sont sauvez de vistesse. L'effroy a esté grand par la ville ; toutes les boutiques fermées. Et vous puis dire que le Ciel pleuvant à verse la plus grand part de la journée, sembloit pleurer les calamitez qui peut-estre nous en adviendront. Quelques heures aprés, le Roy despescha les Seigneurs d'Antragues & de Dunes pour se rendre maistres d'Orleans, par le moyen de la Citadelle qui estoit en leur possession. Mais ils y arriverent à tard ; car Rossieux & quelques autres de la Ligue, avoient ja donné bon ordre, pour les empescher. Le lendemain, on y envoye Monsieur le grand Prieur, accompagné de Monsieur le Mareschal d'Aumont avec quatre compagnies des Gardes, & deux des Suisses pour faire espaule aux premiers. Ce mesme jour, le Cardinal de Guise fut dagué dans la prison par quatre soldats du Capitaine Gast ; & ses corps des deux freres, bruslez la nuict ensuivant ; le Roy craignant, comme il est vraisemblable, que s'ils eussent esté ensevelis, les Parisiens eussent fait des Reliques de leurs os. Quant à l'Archevesque de Lyon, le Roy luy a sauvé la vie, par l'intercession du Baron de Luz son neveu : auquel il dit, qu'il ne feroit aucun mal à son oncle ; mais aussi le garderoit-il bien de luy que de en faire. Et de faict, il l'a fait coffrer en une prison. Au regard de Nuilly, Marteau & Compan, la resolution du Roy estoit de les faire pendre ; mais il en fust destourné par Monsieur de Ris, premier President de Bretaigne ; qui luy conseilla de garder quelque ordre en justice ; & ne fust-ce que pour s'esclaircir des conseils & entreprises que l'on brassoit contre luy : quoy faisant, il pourroit faire trouver bon aux yeux de tout le monde, ce qui avoit esté par luy commandé. Ce mesme jour, Monsieur Marcel fut depesché pour s'asseurer du peuple de Paris, sur une opinion que les Parisiens avoient eu autrefois creance en luy. Dieu vueille qu'il ne luy en prenne comme à un autre Marcel, sous le Regne de Charles VI. Maintenant nous sommes comme l'oyseau sur la branche, attendans nouvelles. Il y a quatre jours passez que cette tragedie est jouée, sans qu'ayons vent ny voix de Paris : qui me fait croire que nos affaires ne s'y portent bien. A Dieu. De Bloys, ce 27. de Decembre 1588.

Monsieur de Guise adverty de l'entreprise par un Gentilhomme Auvernac & autres, dont il ne veut rien croire.

M. de Guise a mal au cœur.

Il entre dans la chambre du Roy. Est tué.

Nuilly & Marteau restez.

Le Cardinal de Guise & l'Archevesque de Lyon faicts prisonniers, & autres.

Autres se sauvent.

Pardon fait à pluisieurs.

Le Cardinal de Guise tué.

Leurs corps bruslés.

L'Archevesque de Lyon sauvé par l'intercession de son neveu.

Nuilly & Marteau communement sauvez.

LETTRE VI.

A Monsieur Airault, Lieutenant Criminel d'Angers.

Discours & considerations diverses sur la mort de M. de Guise, avec les pronostics &

APrés vous avoir raconté l'histoire tragique de Monsieur de Guise, je ne puis que je ne m'eschape maintenant à moy-mesme, pour deplorer la calamité de nous tous. Ce grand guerrier & Capitaine (car on ne luy peut desrober cet honneur, quelque desastre qui luy soit advenu) lequel pensoit à cloux de diamant establir sa grandeur en cette assemblée des Estats, y a trouvé non seulement le contraire, & perdu sa vie ; mais, qui pis est, j'ay peur qu'il y laisse son honneur pour les gages, & que le Roy, pour faire trouver bon ce qu'il a fait, ne fasse condamner sa memoire à la closture des Estats. Tout ainsi qu'il estoit Prince infiniment genereux ; aussi me dispense-je de la France en portast un plus advisé que luy, ne qui conduisist ses affaires avec ques plus de discours. Chacun prevoyoit son mal-heur ; les Astres sembloient le luy promettre ; ses amis ne luy en faisoient la petite bouche ; luy seul ne l'a peu cognoistre. Dans les Centuries de Nostradamus de l'an 1553. il y a un Quatrain, qui sembloit predire l'esmotion que nous vismes l'an passé, entre le Roy & les Parisiens ; & quelques couplets aprés, y en avoit un autre, dont les deux vers estoient tels ;

advertissemens qui le luy devancerent.

Paris conjure un grand meurdre commettre :
Bloys luy fera sortir son plein effect.

Vers de Nostradamus prognostiquants la mort de Mr de Guise.

Ce que la commune voix du peuple rapportoit à luy; disant que les gardes que le Roy avoit posé le long des ruës dans Paris, le 12. de May, n'avoient esté à autre fin que pour surprendre Monsieur de Guise & ses partisans ; que ce qui s'estoit lors passé, estoit un simple coup d'essay, auquel le Roy avoit failly ; mais que ce qui se passeroit dedans Bloys, seroit un chef-d'œuvre contre luy. Cela se disoit tout haut entre nous, dedans la Salle du Palais, dés lors que le Roy arriva à Bloys. L'Almanach de Billy ne prognostiquoit rien de bon toute l'année 1588. & moins encore au mois de Decembre. Il me souvient qu'allant à Blois avec Monsieur des Marquets, Thresorier general de France à Dijon, l'un de mes meilleurs amis; nous tombasmes sur ces quatre autres vers de Nostradamus.

Encore autres à mesme fin.

En l'an qu'un œil en France regnera,
La Cour sera en un bien fascheux trouble ;
Le grand de Bloys son amy tuera,
Le Regne mis en mal & doute double.

Autres advertissements divers & mespisez.

Vers que nous attribuyons je ne sçay quel mal-heur, qu'estimions devoir tomber sur le chef de Monsieur de Guise ; & disions que ce seul œil se rapportoit proprement au Roy, paravanture le plus esloigné de parenté en ligne masculine, qu'autre Roy qui eust jamais esté veu en France: mesme que lors il avoit esloigné de luy tout son ancien Conseil ; ne voulant qu'autre eust l'œil sur toutes les affaires de son Royaume que luy. Voilà les commentaires que nous faisions sur ces magnifiques vers ; craignants grandement de voir ce qui est depuis advenu. Il n'est pas que quelques siens serviteurs ne luy en donnassent quelques atteintes ; mais comme il avoit le cœur haut, il leur respondit qu'il s'en mocquoit. Les autres adjoustoient qu'il dit, que c'estoient vers à deux ententes, faisant autant pour luy, que contre. Quant à moy, je me mocque, comme luy, de telles fantasques presciences. Mais il ne falloit estre ny Nostradamus, ny Astrologue judiciaire, pour le juger. Car jettant l'œil sur tout ce qu'il avoit fait depuis le soulevement des armes de l'an 1585. il y avoit assez de matiere pour appreter à craindre à tous ses serviteurs & amis ; luy estant arrivé à Chartres, aprés la publication de l'Edict d'Union, Monsieur de Seissac, qui avoit esté autrefois Lieutenant de sa compagnie de Gen-darmes, le pria de se ressouvenir du commandement exprés que l'un & l'autre avoient eu, le jour sainct Barthelemy 1572. du Roy, estant lors simple Duc d'Anjou, de faire tuer l'Admiral à quelque prix que ce fust ; parce qu'il avoit fait le Roy ; que les deportements derniers de Monsieur de Guise, depuis le jour des Barricades, n'en estoient grandement esloignez : partant, il le conseilloit de regaigner la bonne grace du Roy par toutes sortes de soubmissions non feintes ; autrement qu'il devoit craindre une mesme fin que l'autre. C'est une histoire que j'ay apprise de la bouche du mesme Sieur de Seissac. Je vous puis dire que Madame de Nemours, partant de Paris, pour s'en aller à Blois, prenant congé d'elle, il m'advint de luy dire, qu'elle ne devoit permettre que Monsieur le Cardinal son fils, qui lors estoit avec elle, y allast ; parce que l'absence de luy pourroit estre la conservation de Monsieur de Guise ; & qu'ainsi en estoit-il advenu à feu Monsieur le Mareschal de Montmorency, par l'absence de Monsieur d'Ampville, qui estoit au Languedoc. Estant de retour en mon logis, j'y trouvay le Seigneur Sardigny, auquel je recitay ce que j'avois dit à cette Princesse. Et luy, le jour du mal-heur de Monsieur de Guise, s'en souvint, me disant que j'avois esté un Prophete. Ce qui me faisoit entrer en ce doute, estoient les exterieures faveurs, que je voyois estre faictes sur du parchemin par un Roy, à celuy qui l'avoit offensé, lesquelles je jugeois n'estre à autre fin, que pour le desarmer & attirer prés de luy ; & d'une mesme suite, avoir moyen de mettre en execution une vangeance projettée de longue main. Opinion en

A laquelle je n'estois seul ; car le Capitaine du Cluseau l'estant venu trouver à Bloys, le 18. d'Octobre, sans se faire voir par autre Seigneur, aprés l'avoir gouverné une bonne partie de la nuict, luy dit qu'il y avoit dessein contre luy de la part du Roy ; je n'en fais doute, dit-il, & si j'eusse esté fils de Lievre, je m'en fusse dés pieça fuy ; comme aussi est-ce la verité qu'il pensoit s'estre armé contre tous les assauts de fortune, tant auparavant son partement de Paris, que depuis dans la ville de Blois, au milieu de cette assemblée.

Voilà, je n'en diray point les fascheux prognostics ; mais bien les craintes qu'uns & autres apportoient au faict de ce Prince ; & moy particulierement, pour la servitude de que je luy avois voüée : craintes toutesfois aucunement menteuses, en esgard au temps que nous les apportions. Voulez-vous donc qu'à cœur ouvert, je vous dise ce que j'en pense ?

Divers discours du Roy sur ce sujet.

S'il m'est permis d'interposer mon jugement sur si haut sujet, je vous diray volontiers, que le Roy sortant de Paris le lendemain de la journée des Barricades, ne respiroit qu'une vangeance en son ame ; pour le malheureux affront, qu'il avoit receu de nous ; & que sur ce propos, il se ferma à la convocation des Estats, tant pour donner ordre aux affaires de son Royaume, que pour faire condamner les actions de Monsieur de Guise ; comme de fait, il le monstra clairement par un eschantillon de sa Harangue ; ne se pouvant persuader, que ses subjects eussent voulu prendre la cause d'un Prince Estranger contre luy ; & que pour les y convier, il esloigna dés l'entrée, ceux qu'il estimoit leur estre desagreables. Mais quand il vit la partie de Monsieur de Guise la plus forte, & la sienne d'un autre costé foible, s'estant destitué de ses forces, pensant gratifier au peuple ; (car il est certain, qu'il n'y avoit celuy de tous les Seigneurs par luy chassez, qui par la longue habitude qu'ils avoient eu à la Cour, n'eussent trouvé des confidents entre les Deputez, lesquels ils eussent flechy aux opinions du Roy,) se voyant, dy-je, frustré de son esperance, commença de mettre de l'eau à son Conseil, & desiroit toutes choses se passassent par quelque douceur. Mais plus il se ravalloit, plus les Deputez le haussoient, & rendoient imperieux contre luy. Vous me demanderez, quelle communauté avoient toutes ces bravades du peuple, avec feu Monsieur de Guise ? Le malheur voulut, que le Roy estimoit qu'on ne resolvoit rien aux Estats, que premier on n'eust pris sa langue de luy ; les principaux le visitoient soir & matin ; s'ils n'y venoient, ils entendoient sa volonté par internonces. Il n'estoit pas qu'il n'envoyast de jour à autre, courriers par devers un tas de mutins de Paris ; & qu'il n'en receust de leur part. Le Roy qui a l'esprit clair & deslié, le voyoit. Mais pourquoy ne l'eust-il veu, puis qu'on ne s'en cachoit à nul ? Toutesfois il patientoit, pour un desir qu'il avoit que les choses se passassent avec quelque modestie. Il mandoit particulierement uns & autres, pour les gaigner & rendre plus souples ; les priant qu'ils n'eussent à luy faire reste en toutes choses ; qu'ils voulussent mettre en consideration sa qualité ; & que combien qu'il convient apporter reglement pour reformer la male façon du passé, si ne falloit-il en tout terrasser son authorité ; que si les affaires se passoient selon leurs souhaits, nous tomberions en cet accessoire, que tout ainsi que le Royaume avoit esté affligé par les faultes, il recevroit d'icy en avant, plus grande affliction par les remedes. Et pour obtenir d'eux quelque gré, il n'osoit recognoistre ceux qui avoient eu part à son infortune. Toutesfois, pour toutes ces soubmissions & reblandissemens, qui excitoient aux cœurs des uns une compassion, aux cœurs des autres une indignation, il ne peut jamais obtenir de tous ces Messieurs, qu'un rebut general de sa Majesté, soustenus, comme il estimoit, par l'adveu & authorité de Monsieur de Guise. Et comme il le pria par plusieurs fois de vouloir estre mediateur entre luy & le peuple, il luy respondit rondement, qu'il n'y avoit aucune puissance. Et avec tout ce que dessus, survint la querelle pour la ville d'Orleans : qui ne fut pas un petit rengregement à son mal-heur.

Remonstrances du Roy, aux particuliers des Deputez.

Chacun

Chacun voyoit tout cela, & le voyant condamnoit Monsieur de Guise, encore qu'il le respectast. Quelques Ames brusques disoient qu'il meritoit un coup de balle. La voix du peuple non passionné, faisoit en commun propos cet arrest. C'estoit un discours que les serviteurs & amis de ce Prince craignoient se devoir tourner en histoire. Madame de Nemours sa mere, luy conseilla de prendre l'air d'Orleans. Luy mesme, ainsi que l'on dit, mit cela en deliberation dans son Cabinet, où les Seigneurs de Bassompierre, de Rosne & autres, remonstrerent que chacun lisoit au visage du Roy, le mescontentement qu'il couvroit dedans sa poictrine; & qu'il n'y avoit point de feu sans fumée: qu'on voyoit quelles estoient les forces du Roy, qui luy faisoient perpetuelle compagnie au Chasteau; qu'au contraire, celles de Monsieur de Guise estoient esparces çà & là par toute la ville; & que le coup seroit plustost veu que preveu: partant, que leur advis estoit de le prevenir; & qu'il valloit mieux une sage retraite, qu'une sole attente. Mais quand ce vint à Monsieur de Lyon, d'opiner, il dit en peu de paroles, que qui quittoit la partie, la perdoit; joint que s'en allant, il lairroit plusieurs embourbez, qui sous son pavois & respect avoient fait teste au Roy, & à tant perdroit en un instant cette grande reputation qu'il avoit acquise de longue main, au milieu du peuple. Et comme Monsieur de Guise estoit d'un cœur generaux, il se ferma en cette opinion. On ne doute point que cette deliberation ne fust tenuë sept ou huict jours avant sa mort. Ses amis mesmes s'en prevalent pour sa justification, & disent, que s'il eust senty sa conscience chargée, il eust desemparé la place, & remis la partie à une autre fois: mais les autres au contraire, estiment que cela ne provenoit d'une asseurance de sa conscience, ains d'une foiblesse de cœur qu'il estimoit estre au Roy. Et de faict, comme Monsieur de Scomberk, personnage de bon sens, luy eut remonstré au milieu de cette tempeste, qu'il devoit craindre que le Roy ne luy mesfist; il luy respondit, que le Roy estoit trop sage, & qu'il s'en garderoit bien, sachant que s'il l'avoit faict, les affaires de France estoient en tel train qu'il se mettroit au hazard de perdre son Estat: qui n'estoit pas une response denuée de raison; & toutes sois malseante de la part d'un subject envers son Seigneur Souverain. Or comme les choses se passoient de cette façon, il courut un bruit sourd au milieu de nous, que l'opinion de Monsieur de Guise estoit de ramener le Roy dans Paris, après la closture des Estats, & de disposer tellement de luy qu'il ne l'en eust osé esconduire. Quelques-uns adjoustent (je ne sçay s'il est vray ou non) que Monsieur de Mayenne, dit à un Seigneur venant en Cour, qu'il ne perdoit pas qu'il deust trouver le Roy à Blois, d'autant qu'il avoit eu advis que Monsieur son Frere le devoit mener à Paris; & pensoit que cela fust desja faict. Je ne veux pas dire que la deliberation fust telle, ny que Monsieur de Mayenne eust fait cette response; bien diray-je, que les Parisiens en avoient cette opinion, ainsi que l'on nous rapportoit de deçà. Si telle estoit sa deliberation, elle estoit vrayement inexcusable, de vouloir ramener le Roy, contre sa volonté, en une ville, où il avoit receu tel affront; & à bien dire, ce n'estoit pas l'accompagner, ains mener en triomphe dans Paris. Et si elle n'estoit telle, c'estoit un grand mal-heur pour luy, que ce bruit courust dedans Blois; parce que au milieu de toutes les afflictions du Roy, il avoit quelques espies si fideles & asseurées, qu'il ne couroit aucun bruit, ny ne se passoit chose chez ces deux Freres Princes, ou aux Estats, dont il ne fust aussi-tost adverty. Et croyez que ce fascheux bruit n'apporta de petits tintoüins en sa teste. Adjoustez qu'au milieu de toutes ces traverses, Monsieur de Guise luy fit une querelle d'Allemand. Il le vint prier de luy donner un grand Prevost de la Connestablie & des Archers, disant que cela estoit annexé à son estat de Lieutenant general de la France, & qu'ainsi en avoit-on usé à l'endroit de feu Monsieur, & du Roy mesme, estant Lieutenant General du feu Roy Charles. Le Roy trouvant cette comparaison trop hardie, luy dit, qu'il se devoit contenter du grade qu'il luy avoit donné. Mais luy, non content de cette response, repliqua hautement, ainsi que l'on dit, que le Roy luy avoit seulement baillé du parchemin, & qu'il estoit très-content de le luy rendre; adjoustant quelques autres paroles d'argu. De ce pas, Monsieur de Guise vint visiter la Royne mere, ressource de ses desconvenuës, à laquelle il raconta tout ce que dessus: laquelle le mesme jour, vit le Roy, le priant de le vouloir rendre content; à quoy il luy respondit, qu'il esperoit, dans deux ou trois jours, faire de sorte qu'il n'en seroit plus parlé; ce qu'il fit: en effet, voyla comme toutes choses se sont passées.

Or me recueillir d'un long discours, je ne doute point que le Roy n'eust plusieurs grandes occasions de maltalent contre luy, & specialement de ce qui s'estoit passé dans Paris, tant le jour des Barricades, que depuis; autrement il n'eust esté homme. Toutesfois je m'asseure que jamais son intention n'avoit esté de le faire tuer; & moins encore Monsieur le Cardinal son frere, lors que l'on ouvroit l'assemblée des Estats. S'il en eust eu quelque envie, un quart d'heure l'en pouvoit esclaircir, sans y apporter toutes les remises, que je vous ay discourues, pour captiver la bonne grace de ses subjects. Mais quand il vit tant de fureurs, tant de violences & bravades, tant d'outrecuidances du peuple, conduites (comme il pensoit) sous la banniere de ces deux Princes; enfin accueillant les injures passées avec les nouvelles, la patience luy eschappa, & fut contraint, (si ainsi voulez que je le die) à coups de dague, de faire daguer ces deux Princes.

Et vous diray, que tout ainsi que le Roy, à l'ouverture des Estats, ne pensoit à rien moins qu'à ce meurtre; aussi Monsieur de Guise, de son costé, s'estant asseuré des Deputez, & ayant fait venir quelques Seigneurs siens amis, pour luy assister, toute son opinion n'estoit que de parer aux coups, en cas qu'il fust assailly du Roy, par une ressouvenance du passé. Mais le hazard du temps luy ayant livré plus belle chance qu'il ne s'estoit jamais promis; (luy qui auparavant estoit infiniment retenu en ses actions, & qui se sçavoit aider d'une dissimulation autant & plus qu'autre Seigneur qui fust en la France) commença de se laisser piper par les doux appasts de la bonne fortune, en laquelle il est plus aisé de nous perdre qu'en une mauvaise; c'est pourquoy se voyant à toute force chevalé, picqué, esperoné, & pour mieux dire, suborné par tant de gens passionnez, en une assemblée si notable, où il y alloit de la decision diffinitive de l'Estat, il s'envyra à longs traits de ce doux, mais mortel poison d'ambition. Et vrayement, il n'y a rien plus digne d'un cœur genereux, que l'ambition moderée; ny plus detestable, que lors qu'elle se met à l'essor. De maniere que c'est à ces deputez, Deputez, qu'il doit sa mort, non à autres: il establissoit sa grandeur sur eux; & ils ont esté seule cause de son mal-heur.

Or comme cette mort est un coup d'Estat, auquel la contestation sur la ville d'Orleans, à la meilleure part, aussi y fait-on des commentaires. Ceux qui favorisent l'opinion du Roy, disent, qu'il n'est à presumer, que Monsieur de Guise, qui avoit toute asseurance en Monsieur d'Antragues, l'un des principaux partisans, Gouverneur d'Orleans, eust voulu demander cette ville pour l'une de ses villes de seureté, laquelle luy estoit assez acquise par le moyen du Gouverneur: partant, qu'il ne falloit faire de doute, que c'estoit celle de Dorlans, ainsi que portoit l'original du traicté, signé Villeroy Secretaire d'Estat. Les autres qui ne pensent pas moins avoir de nez que ceux cy, mettent en avant, que pendant le pourparler de la pacification, entre les Seigneurs de Villeroy & de Guise, celuy-cy envoyé exprés par le Roy, pour cet effect à Paris, il avoit sous main mesnagé avecques Dunes, le retour du Seigneur d'Antragues son frere, & reddition de la ville d'Orleans, moyennant certaines conditions de recompenses, ausquelles apportans diverses façons, & les choses se tirans en longueur, le Seigneur de Guise avoit eu quelques advis sourds de cette negotiation: tellement que negotiant le fait de la pacification, il mit

mit nommément entre les villes de la seureté, celle d'Orleans: opinion qu'il ne voulut jamais demordre, quelque priere & instance que luy fist Villeroy, au contraire.

Lequel neantmoins sagement, pour favoriser les affaires du Roy son maistre, glissa dedans les articles un Dorlans escrit en lettre si obscure, qu'on pensoit que ce fust d'Orleans; & depuis, Pinart autre Secretaire d'Estat, les copiant pour y estre adjoustée foy comme à l'Original, y auroit mis un d'Orleans, au lieu de Dorlans, suivant la foy historiale. Si cette leçon est vraye, ou non, je m'en rapporte à ce qui en est; car c'est un secret qui ne vient jusques à nous.

Paralleles de Monsieur de Guise & de l'Admiral. Mais voyez, je vous prie, comme Dieu se jouë de nous. Le plus grand ennemy qu'eust jamais ce Prince, fut l'Admiral de Chastillon; & vous trouverez que les morts de ces deux Seigneurs ont eu de grandes correspondances: l'un & l'autre mescontenterent; celuy-là, le Roy Charles; cettuy, le Roy à present regnant, pour avoir pris les armes contre leurs grez, chacun, (comme il disoit) pour la deffence de sa Religion: l'Admiral, après avoir couru plusieurs grands hazards de guerre, ne desiroit rien tant que d'approcher le Roy, estimant que par ce moyen il gagneroit sa bonne grace, malgré ses ennemis; c'estoit le mesme souhait de Monsieur de Guise; & tous deux furent sous cette opinion, perdus: l'Admiral fut blessé un jour de Vendredy, & le 24. d'Aoust tué; cettuy, à pareil jour de Vendredy, & le Cardinal, le 24. Decembre; l'autre, au milieu des solemnitez du mariage d'une Fille de France; cettuy, comme on estoit sur le poinct de solemnizer les Fiançailles de Madame la Princesse de Lorraine, petite Fille de Henry II. L'Admiral enfin fut tué par le commandement exprés du Roy à present regnant, n'estant encore parvenu à la Couronne; & Monsieur de Guise, par le commandement du mesme Roy.

Deux Messieurs de Guise pere & fils ont beaucoup de raport de l'un à l'autre. Le Pere soustient le siege de Mets, contre Charles V. Empereur. Le fils, celuy de Poitiers. Leurs blesseures jugées incurables. Leurs morts violentes. Mort de Monsieur de Guise comparée à celle de Cesar. Et tout ainsi que sa fortune se conforma en plusieurs choses avec celle de son ennemy, aussi eut-elle plusieurs rencontres avec celle de Monsieur son Pere. On ne peut desrober à leurs memoires qu'ils n'ayent esté deux des premiers guerriers de nostre France. Le pere soustint le siege de Mets, contre ce grand Empereur Charles V. & en vint à son honneur; le fils, celuy de Poitiers, n'ayant que dix-sept ans, contre ce grand Capitaine l'Admiral de Chastillon, où il ne receut pas moins d'honneur. Le perc entreprit la querelle contre ceux de la nouvelle Religion, forçant la Roine mere de faire prendre les armes; laquelle desiroit que les choses se passassent à l'amiable, pour le hazard qui estoit en une guerre civile, pendant la Minorité de Messieurs ses enfans: le fils fit le semblable en ces derniers troubles; car il est certain que jamais guerre ne fut tant entreprise contre l'opinion d'un Roy, comme ceste-cy. Le pere fut blessé d'un coup de lance, qui luy transperça le chef au dessous du front; le fils, d'un coup de poitrinal, qui luy enfonça presque tout le visage; les deux coups estimez incurables selon l'art commun de la Chirurgie: dont toutesfois ils furent gueris. Finalement tous deux sont morts de morts violentes, mais le dernier d'une mort plus grande; car tout ainsi que Jules Cesar fut tué en plein Senat, aussi le fut cettuy-cy, au Conseil du Roy, quoy que soit en sa chambre, sortant du Conseil: & mesme en cette mort il y a quelques conformitez avec celle de Cesar; en ce que l'un & l'autre furent attaints, du premier coup, à la gorge; tous deux receurent advis de leurs morts; Cesar, par un Devin; cettuy, par plusieurs predictions, dont ses amis l'advertirent: un poinct y a de divers, à l'advantage du nostre; c'est que Cesar allant au Senat, receut un papier en forme de requeste, par lequel on luy decouvrit la conjuration que l'on devoit lors promptement executer, s'il passoit plus outre, lequel il ne se donna loisir de lire, ains mit en poche: & s'il l'eust leu, peut-estre eust-il rebroussé chemin en sa maison: cettuy au contraire, en fut deux fois advisé allant au Conseil; ny pour cela ne se divertit de son chemin; fust ou que son malheur luy servit de guide, ou la magnanimité de son courage. Il pleut toute la journée que Cesar fust assassiné: le semblable est-il advenu en celle de la mort de Monsieur de Guise. Cesar souhaitoit de mourir d'une mort violente; Monsieur de Guise prevoyoit de la en mourroit. Il me souvient qu'un jour d'Esté, estant mandé par luy, pour me trouver en sa maison pour une consultation, avant que Messieurs de Montelon & Verforis mes compagnons fussent arrivez, je le trouvay sans pourpoint, sur son lict, n'ayant qu'unes greguesques sur foy; lors je luy dy, que c'estoit un bon moyen pour se faire mourir, & il me respondit, qu'il n'en falloit avoir de peur, parce que la fin de sa vie estoit destinée à un coup de balle. Le corps de Cesar fut bruslé après sa mort, selon l'ancienne Religion des Romains; comme aussi fut le corps de cettuy, mais pour une autre consideration. Conclusion, tout ainsi que la mort de Cesar ne fut la fin, ains ouverture de plus grandes guerres, qui apporterent le changement de la Republique de Rome, aussi crains-je le semblable de cette-cy en nostre France: pour le moins, sur cette crainte ay-je fait son Epitaphe de cette façon, qui court aujourd'huy au milieu de nous:

Guisius & Cæsar medio periêre Senatu,
Hic Bruti gladio, hic Principis arte sui.
Scilicet ut premeret metuenda Tyrannidis arma,
Has Rex, has Brutus struxerat insidias.
Cæsaris at Latia est Respublica morte sepulta;
Guisii an occumbet Gallia nostra, nece?

Epitaphe de Monsieur de Guise.

Car pour vous dire ce que j'en pense, je n'ay gueres leu que le succés d'une mort d'Estat (ainsi appelle-je cette-cy) ait moyenné la closture finale des maux d'une Republique. Ny la mort de Cesar dans Rome, par moy presentement touchée; ny celle du grand Erius, ny l'Empereur Honore; ny du Duc de Glocestre, par son neveu Richard Roy d'Angleterre; ny de Jean Duc de Bourgongne, par Charles VII. ny d'Alexandre de Medicis Duc de Florence, n'apporterent le repos aux Seigneurs qui les procurerent, tels qu'ils s'estoient imaginez: au contraire, la mort de Jules Cesar introduisit le Triumvirat, qui fut depuis reduit en la tyrannie d'Auguste: celle d'Etius fit planche à toutes les Nations Estrangeres, qui eschantillonnerent l'Empire: celle du Duc de Glocestre fit perdre la couronne à Richard, & transferer en la Famille de Lanclastre: celle du Duc de Bourgongne establit par l'entremise de son fils, la domination dans cette France, aux Anglois, l'espace de 18. ans: & celle du Duc Alexandre asseura l'Estat de Florence à la maison des Medicis. Voire que si je ne trompe en mes prognostics, je prevoy par l'assassinat du Prince d'Orange, que les Païs-Bas n'en sont pas plus asseurez au Roy d'Espagne; ains tomberont és mains de tel quy n'y pensoit pas, lors de cette mort. Ny le grand massacre qui fut fait des Huguenots en cette France, l'an 1572. n'estouffa pas leur party, comme le temps nous l'a depuis tesmoigné. Je ne sçay comment, en tels accidents, on oublie la cause pour laquelle ils sont venus; & se remet-on seulement devant les yeux la procedure que l'on y a tenuë, que ce peuple impute plus à cruauté, qu'à Justice; espousant par ce moyen, à tastons, la querelle de celuy qui avoit le tort. La chemise sanglante de Cesar representée par Marc Antoine, à la populace, fit oublier tous les justes creve-cœurs qui avoient secondés Brutus & Cassius à se meurdre; & je crains qu'après la desbandade des Estats, tous les Deputez soient autant de trompetes en leurs Provinces, pour faire trouver mauvaises & fascheuses, les morts de ces deux Princes; mesme, pour avoir esté leurs corps convertis en cendre. Quand en telles affaires on y passe par la voye de la Justice, encore que ce ne fust que par masque, si est-ce que la chose en demeure plus asseurée au souverain Magistrat. Jamais Seigneur n'eut plus de force, credit & authorité en France, que le Connestable de S. Pol, lequel par menées & intelligences, commandoit, ou pour mieux dire, gourmandoit ces grands

Morts d'Estat causes de plus grands troubles. Morts de plusieurs grands quisquebrent desseins tout contraires. Le Connestable de S. Pol.

Princes

Princes, le Roy Louys XI. & Charles Duc de Bourgongne. Chacun deux conspiroit à sa mort, qu'ils pouvoient pourchasser par un assassinat, dont il est mal aisé de se garentir : par un Conseil plus asseuré, le Roy trouve moyen de se saisir de luy ; & d'une mesme main, luy fait faire son procez, de telle maniere que par arrest du Parlement il eut la teste tranchée devant l'Hostel de ville de Paris. Avecque la fin de son procez & de sa vie, se termina aussi toute la crainte que l'on pouvoit avoir des siens. Nous avons presque veu le semblable en la mort de la Royne d'Ecosse, depuis quelques années en çà, dans l'Angleterre ; car combien que ce fust une mort d'Estat, si y voulut-on interposer le pretexte de Justice : qui a esté de telle puissance & effect, qu'il semble que par son decez, ayent esté aussi esteints tous les esclandres, qui en pouvoient sourdre : & neantmoins il n'y eust jamais mort si hardie & extraordinaire que celle-là : qu'une Royne ait fait mourir une autre Royne, sur laquelle le droit humain, ny des armes ne luy bailloit aucune jurisdiction & puissance. Et n'y a qu'une façon qui puisse asseurer nos conseils en cette voye extraordinaire de glaive sans cognoissance de cause ; c'est quand ayans encommencé par un bout, nous parachevions jusques à l'autre, sans acception & exception de personnes, ny d'aage, ny de qualitez. Mais tout ainsi que cette voye est horrible, abominable & detestable devant Dieu, & devant les hommes ; aussi ne peut-elle entrer au cœur des François.

Quant au surplus, pour le fait qui s'est passé par deçà, chacun demeure aujourd'huy suspens ; le Roy a esté deux ou trois jours alaigre, pour avoir osté cette espine de son pied : mais je ne sçay si ceste mesme alaigresse se loge encore en son ame, ne recevant nulles nouvelles de Paris ; qui me fait croire que les nostres y sont les plus foibles : car s'il y avoit rien de bon pour nous, les chemins ployeroient de postes & de courriers, à qui en donneroit le premier advis. Nous avons estimé, que morte la beste, le venin en seroit esteint ; toutesfois je crains qu'en soit longue. Mon malheur a esté tel depuis que j'arrivay en cette ville de Blois, que je ne me suis jamais peu resoudre à quelque contentement. Les deportemens, tant de Monsieur de Guise, que des Deputez des Estats, me desplaisoient ; & je n'ose dire que ce dernier acte du Roy me plaise. Pleust à Dieu, que je peusse, en cecy, faire le semblable, pour me depescher d'un Seigneur qui se rendoit trop populaire : mais pour cela, je ne puis penser, que nos affaires se portent mieux d'oresnavant. Ce sont miseres enfilées les unes dans les autres, & commandées par une puissance celeste, à laquelle on ne peut apporter remede. Pleust à Dieu, que je me pusse, en cecy, tromper par quelque douce flaterie, comme j'en voy quelques-uns, qui poussez d'une passion aveuglée, embrassent dans leurs ames une infinité de belles esperances, pour le repos de nous tous : car quant à moy, il ne me peut entrer en la teste, que le peuple qui idolatroit le deffunt, en perde aisément la memoire ; & sur tout encore que je n'adjouste foy aux predictions de Nostradamus, si me font-elles craindre, quand je voy, que des quatre vers que je vous ay cottez sur le commencement de ma lettre, les trois ont sorty effect ; & qu'il n'y a plus que le quatriesme à executer, qui nous promet un redoublement de troubles, après la mort de celuy que le Grand de Blois auroit fait tuer. A Dieu.

marginalia: gourmandoit deux grands Princes par ses intelligences. Est decapité par Arrest de la Cour. Mort de la Roine d'Escosse, mort d'Estat.

LETTRE VII.

A Monsieur Pithou, sieur de Savoye, Advocat en la Cour de Parlement de Paris.

marginalia: Discours & considerations sur la fin des Estats. Denis le tyran de Sicile, se fait Pedan.

VOus souvient-il point de l'histoire de Dionysius le tyran, lequel ayant esté chassé de son Royaume, & reduit dans la ville de Corinthe, au petit pied, se mit à exercer la pedanterie ? Le semblable m'est-il icy presque advenu ; car m'estant, non par hazard, ains par discours, banny (si ainsi voulez que je le die) de ma maison, & peut-estre d'une Royauté que j'exerçois en mon Estat, maintenant je suis devenu non un pedant, ains versificateur. Dimanche dernier, on commença de faire les harangues publiques au Roy, pour clorre l'assemblée des Estats : là, Monsieur l'Archevesque de Bourges harangua pour le Clergé ; & après luy, Monsieur le Comte de Brissac, pour la Noblesse : & croyez, qu'il contenta grandement la compagnie ; car, si j'en suis creu, je ne vis jamais mieux dire, ny en termes plus élégants, accompagnez d'une bien-seance merveilleuse : la nuict nous voulut surprendre quand il conclud ; qui fut cause que le Roy remit la partie au lendemain, pour le Tiers-Estat. Soudain que je fus retourné en mon logis, je senty renaistre en moy, je ne sçay quelle verve poëtique : je mets la main à la plume, & envoyay à ce Seigneur, le lendemain de grand matin, ce Sonnet, dont je vous fais part ; lequel il receut avec une infinité de remerciemens, sans qu'il ait sceu qui en estoit l'Autheur.

marginalia: Sonnet à M. de Brissac.

Non, je ne puis ne trompeter ta Gloire,
Car je portois dans mon Ame ta peur,
Quand te monstrant un vertueux trompeur,
Tu m'as fait voir ce que je n'osois croire.

Je veux graver au Temple de memoire
Tes divins traits ; toy qui as eu cest heur
De rapporter, par ton brave labeur,
De toy, du Roy, de nous tous, la victoire :

Dedans ton cœur la crainte ne loger,
De t'exposer sagement au danger,
Ceste vertu t'estoit hereditaire ;

Mais qui eust creu, dy-moy, jeune Guerrier,
Qu'il te falloit rapporter le Laurier
Du bien parler, ainsi que du bien faire ?

Quelques-uns m'ont voulu persuader, qu'il estoit bien fait ; mais je ne le veux croire, si vostre advis est contraire. Voilà comment en chantant, j'en chante les afflictions que je couvre dans mon esprit, pour la tempeste publique. Ce mesme jour, qui estoit le 15. de ce mois, Monsieur Bernard, Advocat au Parlement de Dijon, reprit les arrhemens du jour precedant pour le Tiers Estat ; & vous puis dire, qu'il y proceda avec une honneste liberté, au grand contentement de toute la compagnie. Aprés qu'il eut achevé, le Roy prit la parole, puis Monsieur de Montelon, Garde de Seaux ; & pour conclusion, on a publié un Edit, qui regarde le general de la France, en attendant que le Roy fasse droit sur les particuliers articles. Maintenant, chacun desempare : moy seul je demeure, non vrayement courtisan (car c'est un mestier auquel je ne fis jamais mon apprentissage) mais plaideur. Dieu a voulu qu'estant arrivé en cette ville de Blois, j'aye trouvé un tuteur de deux petites nieces de ma femme, lequel administroit sa charge negligemment ; qui a esté cause que je l'en ay fait descharger, & m'en suis chargé, pour reparer les bresches qu'il a faites. Toutes choses estans pour le jourd'huy, reduites en une combustion generale, il m'eust esté en mon particulier, mal-seant de vivre en paix : mais, à propos de combustion, mon bon amy, qu'en dites-vous ? qu'en pensez-vous ? On dit, qu'une saignée est la santé ou la mort d'un patient, selon qu'elle

marginalia: Harangues à la rupture des Estats.

qu'elle est bien ou mal ordonnée par le Medecin; je crains que cette-cy ne soit nostre mort; car comme Dieu m'a produit d'un foible esprit, qui en toutes mes actions crains plus que je n'espere; aussi me semble-t'il voir une rupture & dissolution generale de nostre Royaume. Je crains, que toutes ces belles harangues soient (comme le chant des Cygnes) le prognostic fatal de la ruïne de nostre Monarchie, & n'y a qu'une chose qui me console; c'est que rapportant toutes mes opinions à celuy, duquel nous tenons tous nos biens, nos corps & nos ames en foy & hommage, je recognois, qu'il est le mesme Dieu qu'il estoit, quand miraculeusement il nous garentit en l'an 1587. tant de la famine, que de la fureur barbaresque de l'Estranger, sans perte des nostres, & que nous vismes l'an passé, dans nostre ville de Paris, qu'une furieuse desbauche, que l'on estimoit irreconciliable, s'esvanouït en un clin d'œil, sans effusion de sang de nos Citoyens. Et pourquoy doncques n'espererons-nous maintenant de luy semblable ? Fasse doncques, ce bon Dieu, par sa saincte misericorde, qu'en ce commencement de l'année, que nous voyons trés-fascheux, il soit courroucé contre nous pour nos pechez, & qu'il nous menace d'un *Quos ego*: mais que retirant son ire de nous, la fin de l'année soit telle, que la fin du vers, *Sed motos præstat componere fluctus.* A Dieu. De Blois, ce 19. de Janvier 1589.

Harangues accomparées au chant des cignes.

LETTRE VIII.

A Maistre Nicolas Pasquier son fils, Conseiller & Maistre des Requestes ordinaire du Roy.

Il raconte à son fils la mort de la Royne mere avec quelques loges sur sa vie.

LA Royne mere est decedée, la veille des Roys derniere, au grand estonnement de nous tous. Je ne doute point que les nouvelles n'en soient arrivées jusques à vous; toutesfois peut-estre n'en avez-vous entendu toutes les particularitez. Elle avoit esté grandement malade, & gardoit encore la chambre; quand soudain aprés la mort de Monsieur de Guise, le Roy luy vint assez brusquement annoncer; dont elle receut tel trouble en son ame, que deslors elle commença d'empirer à veuë d'œil. Toutesfois ne voulant desplaire à son fils, elle couvrit son mal-talent, au moins mal qu'il luy fut possible: & quatre ou cinq jours aprés, voulut aller à l'Eglise, & au retour, vint visiter Monsieur le Cardinal de Bourbon, prisonnier, qui commença avec abondance de larmes de luy imputer, que sans la foy qu'elle leur avoit baillée, ny luy, ny ses neveux de Guise, ne fussent venus en ce lieu: lors ils commencerent tous deux de faire fontaine de leurs yeux : & soudain aprés, cette pauvre Dame, toute trempée de larmes, retourne en sa chambre, sans souper : le lendemain Lundy, elle s'alite; & le Mercredy, veille des Rois, elle meurt. On remarque en sa mort une chose assez memorable: elle adjoustoit grande foy aux Devins; & comme quelqu'un luy eut predit autrefois, que pour vivre longuement, elle se devoit donner garde d'un sainct Germain; sur tout elle ne vouloit aller à sainct Germain en Laye, craignant d'y rencontrer la mort: & mesme pour ne demeurer au Louvre, Paroisse sainct Germain de l'Auxerrois, avoit fait bastir son Palais en la Paroisse sainct Eustache, où elle faisoit sa demeure: enfin Dieu voulut qu'elle mourant, elle fut logée non à un sainct Germain; ains eut pour consolateur Monsieur de Sainct Germain, premier Confesseur du Roy. Ainsi fut trompé par un mot à deux ententes, le grand Pompée, lequel ayant eu advis de l'Oracle de se donner garde de Cassius, redoutoit celuy qui portoit ce nom; toutesfois il ne fut outragé d'eux; mais par hazard & sans y penser, fut assassiné au Mont-Cassius. Trois semaines aprés, le Roy a fait celebrer les obseques, à la Royne sa mere, selon que la commodité de ses affaires le pouvoit porter: son corps mis en l'Eglise de sainct Sauveur, dedans un cercueil de plomb, en attendant que, la France plus calme, on la puisse transporter à sainct Denys: vray que n'ayant esté bien embausmé, (car la ville de Blois n'est pourveuë de drogues & espiceries propres pour cet effect) quelques jours aprés, commençant de mal sentir, depuis le partement du Roy, on a esté contraint de l'enterrer en pleine nuict; non dans une voute, pour n'y en avoir aucune, ains en pleine terre, tout ainsi que le moindre de nous tous; & mesmement en un lieu de l'Eglise, où il n'y a aucune apparence qu'elle soit.

Elle se trouble pour la mort de M. de Guise.

Visite le Cardinal de Bourbon en prison.

Meurt.

Elle est trompée sur le mot de S. Germain.

Son corps enterré de nuict en pleine nocturne.

Miserable, certes, est la condition humaine! Cette Princesse, qui n'estimoit l'Eglise de S. Denis, ancien tombeau de nos Roys, assez capable pour recevoir ny le corps du Roy son mary, ny le sien, ny de Messieurs ses enfans, avoit fait travailler, par trente ans, au bastiment de trois chapelles hors l'Eglise, pour leur servir de sepulchres; & fait dresser les pourtraitures en marbre, tant de son mary, que la sienne, avec une despense pareille à celle des Rois d'Ægypte, en leurs Mausolées; la voicy aujourd'huy reduite au mesme pied que les plus pauvres de la France! O bon Dieu, que grands & esmerveillables sont tes secrets! Monsieur l'Archevesque de Bourges, qui a fait sa harangue funebre, l'a representée comme une Princesse sans tache: certainement, l'on ne peut dire, qu'entre les Princesses de nostre temps, cette-cy n'ait receu plusieurs grandes faveurs de Dieu; ayant esté premierement mariée au second enfant de France, qui depuis, par la mort de son frere aisné, fut fait Roy; & que de ce mariage fussent issus sept enfans, qui tous commanderent souverainement; François II. Charles IX. Henry III. tous l'un aprés l'autre, Rois de France; mesme cettuy-cy, Roy de Pologne; François Duc d'Alençon, lequel en pleins Estats fut proclamé Duc de Brabant & Comte de Flandres: & quant aux filles, Elizabeth aisnée, mariée au Roy d'Espagne; Claude, seconde fille, au Duc de Lorraine; Marguerite, troisiesme, au Roy de Navarre. Que si sa fortune fut grande, aussi fut cette Dame doüée de plusieurs loüables parties; d'autant qu'elle estoit debonnaire, accessible, liberale le possible; Dame qui ne sçavoit que c'estoit d'offenser personne en son particulier, & moins de s'offenser d'autruy. Nous vismes un libelle diffamatoire, courir contr'elle, intitulé *la Catherine*; Satyre la plus mordante qui fut jamais veuë, laquelle elle leut tout au long: & toutesfois ne voulut qu'on fist recherche de l'Autheur. Davantage, on ne peut desnier, qu'elle n'ait apporté trés-grande prudence à la conduite de sa fortune: qu'elle, Princesse estrangere, aprés la mort du Roy son mary, ait sçeu conserver l'Estat à trois siens enfans, tous en bas aage, mesme au milieu des troubles de la France; & encore pour la Religion! Remarques vrayement non petites, tant pour le particulier, que le general: & finalement, elle estoit seule entremetteuse des pacifications, qui se faisoient entre le Roy & ses subjects.

Combien grande Princesse.

Ses enfans qui commanderent tous.

Ses cloges & rares vertus.

Mais comme il advient ordinairement qu'il n'y a heur, qui ne soit, de fois à autre, contrebalancé de quelque malheur; & que là où sont les grandes & bonnes parties, l'on y trouve pareillement souventesfois de grands deffauts; aussi à cette grande fortune, & à ses grandes vertus, receurent divers contrepoids, par plusieurs accidents contraires; car pour le regard de sa fortune, elle vit mourir auparavant soy, tous ses enfans masles, hormis celuy qu'elle avoit aimé dessus tous les autres, lequel pour recompense, sans y penser, luy causa la mort, comme avez entendu cy-dessus; & pour le regard de ses filles, elle vit aussi mourir Elizabeth, Royne d'Espagne, & Claude, Duchesse de Lorraine; celle-là, d'une mort funeste, si on en croit la commune voix; ne luy restant

Elle voit mourir tous ses fils, excepté un

que la Royne de Navarre, sa derniere fille, qui seule la survesquit. Mesme s'estant projettée de se faire Royne de Portugal, estimant le Royaume luy appartenir, comme plus proche de la Couronne; & à cet effect, ayant envoyé une armée sous la conduite du Seigneur Stroßy son parent, tout passa par le fil de l'espée : car quant aux bonnes parties de l'esprit & des mœurs que l'on remarque en elle, plusieurs luy imputent à vice, ce que les autres à vertu ; d'avoir negligé les bruits qui couroient d'elle, & les tourner sur l'indifferent ; & adjoustent, que sur ses liberalitez immenses, fut bastie la ruine de nous, estant l'une des premieres qui donna vogue aux Edits bursaux, éversion generale de nostre Estat ; mesme que quelque semblant qu'elle fist de pacifier toutes choses, quand les feux estoient allumez par la France, que c'estoit elle qui les y mettoit ; & en aprés faisoit contenance de les esteindre ; ayant cette proposition empreinte en son ame, qu'une Princesse, mesmement estrangere, ne se pouvoit maintenir en grandeur, que par les divisions des Princes & grands Seigneurs ; leçon dont elle avoit baillé instructions & memoires à la feuë Royne d'Escosse, lors qu'après

Mesprise les bruicts populaires.

Edicts Bursaux venus d'elle.

A le decez du Roy François second son mary, elle retourna en son Royaume d'Escosse : & de cette maxime en racontoient plusieurs exemples, au recit desquels je ne prens plaisir, & ne les veux, ny ne puis croire : & de fait, voulant avec toute humilité honorer sa memoire, je luy ay dressé ce tombeau.

Cy gist la fleur de l'Estat de Florence,
Veufve de Roy, Mere de Rois aussi,
Qui conserva d'un merveilleux soucy
Tous ses enfans contre la violence.
Le Ciel permit que par un coup de lance
Nostre Soleil fut du tout obscurcy ;
Et que le Grand aux guerres endurcy
Nous allumast les feux dedans la France.
Mais cette Dame armée d'un haut cœur,
Parant aux coups de la haine & rancœur,
Seule servoit à nos troubles la porte.
Enfin est morte, une veille des Roys,
Et par sa mort je crains, peuple François,
Qu'avec la paix, la Royauté soit morte.

Tombeau de la Roine mere.

LETTRE IX.

A Maistre Nicolas Pasquier, son fils, Conseiller & Maistre des Requestes ordinaire du Roy.

Divers discours sur les desregle mens de la ligue après la mort de Mr de Guise.

NOus ne sommes plus logez au Royaume, nous sommes logez à l'Empire ; parce que toutes choses vont en empirant. On ne sçait plus que c'est du mon de Roy, dedans Paris, Non seulement on ne le sçait ; mais qui pis est, on le deteste & abhorre. Les nouvelles nous en avoient esté cachées, sept ou huict jours ; maintenant, nous 'es recevons en flotte. Soudain qu'ils eurent advis de la mort des deux Freres, la revolte fut generale le propre jour de Noël ; le lendemain, le Duc d'Aumale fut tumultuairement fait Gouverneur de Paris, en l'Hostel de ville ; Estat qui, deux ou trois jour après, luy fut confirmé en plein Parlement, où il presta le Serment : le septiesme de Janvier, les Theologiens assemblez au College de Sorbonne, par conclusion Capitulaire, arresterent, qu'en consideration de ce qui estoit arrivé à Blois, les subjects estoient non seulement francs & quittes du serment de fidelité & obeïssance qu'ils avoient au Roy ; mais aussi que sans charge de leurs consciences ils se pouvoient armer, unir, & lever deniers contre luy : le tout toutesfois & avant tout œuvre, sous le bon plaisir du Saint Siege. On n'a pas recours à la Saincteté ; mais sous le faux rapport de quelques Prescheurs seditieux, non de cette remise & renvoy, ains d'une resolution absoluë, les armes ont esté prises du jour au lendemain. Le Parlement mené en triomphe par un Buffi le Clerc & ses Complices, depuis le Palais jusques à la Bastille, où ils ont esté sur le volet, tels Seigneurs qu'il leur a pleu pour y tenir prison close, & ce, le quinziesme du mesme mois ; c'est-à-dire, le mesme jour que nous fermasmes les Estats dedans Blois ; de maniere qu'il semble que cette journée ait esté par hazard, & la closture des Estats dedans Blois, & celle de l'Estat, dans Paris. Mais considerez, je vous prie, comme ces mots de Buffi & de Clerc, sont fataux à la ruine de Paris : car celuy qui sous le Regne de Charles VI. y introduisit le Capitaine de l'Isle-Adam pour les Bourguignons, par la porte de Buffi, s'appelloit le Clerc.

Les Arrests de la Cour de Parlement & les lettres de Chancellerie, ne sont pas delivrez sous le nom du Roy, ains sous ce formulaire : *Les gens tenans la Cour de Parlement, ou la Chancellerie.* On y fait tres-bon marché des Bourses, specialement de celles des absents ; cela s'appelle cinq & six cens escus pour le moins, pour subvenir aux affaires de la Saincte Union, qu'il faut que nos femmes trouvent, sur peine d'espouser une prison. Les Colporteurs, crient par les ruës, une infinité de lettres diffa

Decret de Sorbonne contre Henry III.

Levement d'armes contre le Roy.

Buffy le Clerc met en prison Messieurs du Parlement.

matoires, contre l'honneur du Roy & des siens. Il n'est plus question de guerroyer la nouvelle Religion : tout le but de la ville de Paris, est la vangeance que tous les officiers ont jurée & signée, mesme quelques-uns, de leur propre sang. Sur cette devotion, hommes & femmes font processions en chemise, reçoivent leur Createur tous les Dimanches, se trouvent au service divin depuis le matin jusques au soir, non pour appaiser l'Ire de Dieu, ains pour le provoquer contre leur Roy ; n'ayants autre Foy & Religion dans leurs Ames, que la passion ; non de nostre Seigneur Jesus-Christ, ains la leur ; estimants furieusement que la mesme passibilité tombe en ce grand Dieu impassible. Outre tout cela, on a asseuré le Roy, que quelques hommes desesperez avoient juré & conjuré sa mort ; à cause de quoy, après avoir reduit les quarante-cinq Gentils-hommes de sa garde à vingt & cinq, il s'en est reservé huit particulierement avec grande augmentation de gages, dont les deux, chaque jour & nuict, par entre-suittes, seroient prés de luy, en sa chambre. On dit aussi que les Seze, des plus seditieux de Paris, gens de basse condition, y ont empieté toute authorité & puissance, que l'on appelle le Conseil des Seze. C'est une vraye Anarchie : & neantmoins beaucoup plus sage en la fureur, que celle de Tholoze, où l'on a assassiné Messieurs Duranty, premier President, & Daphis, Advocat general du Roy, & exposé leurs corps au gibet. Les Huguenots sont leur profit de la mort du President ; car ils disent que par permission expresse de Dieu, il fut tué aux Jacobins, lieu autresfois par luy choisi, pour le massacre & boucherie de leurs confreres, en l'an 1572. Je vous diray cecy en passant, que le malheur a couru sur les premiers Presidents ; car en voicy un, tué ; celuy de Paris, prisonnier dedans la Bastille ; celuy de Bretaigne, pris par le Duc de Mercœur ; & celuy de Roüen, s'est garanty de naufrage par une prompte viftesse : que dy-je, malheur ? mais au contraire, bonheur, qui leur est tourné à grand honneur.

Je vous ay cy-dessus raconté la desbauche du Parisien, & quelque traict du Tholozain ; tournez vos yeux du tout autre part, vous n'y trouverez gueres plus de sagesse. C'est icy maintenant un Empire de Galienus. Une infinité de villes se desmantelent de l'obeïssance de leur Roy. Amiens, Abbeville, Laon, Soissons, Peronne, Troye, Rennes, Roüen, Nantes, Bourges, le Mans, Rion, Lyon, Meaux, Chartres, Sens, Auxerre, Melun,

Libelles diffamatoires en vogue.

Processions & autres devotions frequentes à la quelle fin.

Conjurez pour tuër le Roy.

Les Seze dans Paris prennent l'authorité.

Mr Duranty & Daphis assassinez à Tholose, & leurs corps exposés aux gibets.

Les premiers Presidens desastrez.

Plusieurs villes quittent le party du Roy.

lun, Mante, & plusieurs autres, dont je ne vous puis faire regiſtre : que dy-je Villes ? Il n'eſt pas que les Provinces entieres ne ſe mettent de la partie ; unes Normandie, Bretaigne, Picardie, Champaigne ; uns Lionnois, Foreſt, Beaujolois. En tous leſquels païs il n'eſt demeuré és mains du Roy, que de petits brins.

Et des Provinces entieres.

Pendant ces ineſperées mutations & revoltes, le Duc de Mayenne n'a pas dormy, ny laiſſé envoler l'occaſion de ſes mains ; car aprés s'eſtre aſſeuré de toutes les villes de ſon gouvernement de Bourgongne, & y avoir mis gens à ſa devotion, il donne juſques à Orleans pour le delivrer du Siege ; & devant que d'y arriver, s'eſt fait maiſtre de Jargeau : de là, pourſuivant ſa pointe, il a ſi bien fait ſes affaires, que Monſieur le Mareſchal d'Aumont, a eſté contraint de quitter la Citadelle, & lever par meſme moyen, le ſiege. Aprés ce memorable exploit d'armes, le Duc s'eſt acheminé à Paris, y ayant envoyé, pour avant-coureur, le bruit de ce qui luy eſtoit ſi heureuſement advenu dedans la ville d'Orleans ; & Dieu ſçait avec quelle devotion il a eſté embraſſé & accueilli de tous les citoyens de Paris : dés ſon arrivée, ſans aucun contraſte, il a eſté créé Lieutenant General de l'Eſtat & Couronne de France, dont il a fait la Foy & Hommage au Parlement ; je veux dire, qu'il a preſté le Serment : ſoudain aprés, il a eſtably dans Paris un Conſeil de quarante perſonnages de divers Eſtats, pour monſtrer qu'il ne vouloit rien entreprendre de ſoy-meſme, de ce qui appartenoit à la police generale de France ; ayant pris, pour ſon partage, les armes, la collation des Benefices & Offices, qui n'eſt pas un petit lot : brief, aujourd'hui ſans coup ferir, & à petit bruit, reſide pardevers luy, dedans ſon party, la grandeur & authorité du Roy, hormis que ce que le Roy fait par ſes lettres, c'eſt ſous le mot de *Commandement* ; & luy, par celuy de *Prieres* ; mais prieres qui équipollent à commandement abſolu. L'argent ſembloit manquer à cette grandeur ; la fureur du peuple y donne ordre, laquelle à yeux bandez, ouvre ſa bourſe, pour le defroy de cette guerre. Mais ſur tout, la Fortune ne luy veut faillir en cette neceſſité. Le Conſeil des Quarante, a advis, qu'en la maiſon de Molan Threſorier de l'Eſpargne, y avoit quelques caches d'argent : Machault & Soly Conſeillers du Parlement, ſont deputez pour s'y tranſporter : ils y trouvent, en divers cachots, huit vingts & tant de mille eſcus, ſur le commencement de Mars : y eut-il jamais, je ne diray pas un fluz, mais torrent de grande fortune, à un clin d'œil, tel que celuy-là ; Et encore le trouverez-vous plus grand, quand entenderez en quel eſtat ſont, pour le jourd'huy, nos affaires ; ce que je reſerve à la premiere que je vous eſcriray. A Dieu.

Conqueſtes de Mr de Mayenne.

Orleans delivré du ſiege.

Mr de Mayenne fait Lieutenant General de l'Eſtat & Couronne de France, eſtably à Paris.

Conſeil des Quarantes eſtably à Paris.

LETTRE X.

A Maiſtre Nicolas Paſquier, ſon fils, Conſeiller du Roy & Maiſtre des Requeſtes ordinaire de ſon Hoſtel.

JE vous ay diſcouru tout au long, par mes dernieres, en quel eſtat ſont les affaires de la Ligue dans Paris, ſelon ce que je l'ay peu diverſement recueillir. Maintenant, entendez quelles ſont les noſtres. Soudain que le Sieur de Guiſe fut mort, jamais Roy ne ſe trouva ſi content que le noſtre ; diſant haut & clair, à chacun, qu'il n'avoit plus de compagnon, ny conſequemment de Maiſtre : & le lendemain, jour de la mort du Cardinal, fut l'accompliſſement de ſes ſouhaits. En ce contentement d'eſprit, il ſe comporta quelques jours, faiſant depeſcher let res, de tous coſtez, pour manifeſter le motif de cet accident, deſquelles il ne rapporta pas grand profit. Quelques huit ou dix jours aprés, ne recevant aucunes nouvelles de Paris, il commença de penſer à ſa conſcience, & ravaller quelque choſe de cette grande joye. Et depuis, adverty de cette generale revolte, il euſt grandement ſouhaité, que la partie euſt eſté à recommencer ; toutesfois comme ſage Prince, il le diſſimuloit devant le peuple, ſon maltalent, au moins mal qu'il luy eſtoit poſſible. J'allay, vers ce meſme temps, baiſer les mains à Monſieur le Cardinal de Vendoſme, qui me dit que le Roy, d'une conſtance admirable, ſans s'eſtonner de cette deſbauche, luy diſoit que cela luy faiſoit ſouvenir d'un jeu de cartes ſur une table, qui eſtoit renverſé à terre par une bouffée de vent, que l'on recueilloit puis aprés : & je luy reparty là deſſus, que la ſimilitude eſtoit vraye ; mais, que pour la rendre accomplie, il falloit adjouſter, qu'il eſtoit plus aiſé de renverſer les cartes, que relever. Monſieur de Clairmont d'Antragues, qui a bonne part prés du Roy, me dit qu'il luy eſtoit advenu de luy dire, en ſe complaignant, que l'on entreprenoit ſouvent beaucoup de choſes, à la legere, dont on ſe repentoit à loiſir. Le Roy, petit à petit, commença de ſe deſplaire de tout ; voire de ſoy-meſme ; je vous puis dire & eſcrire, comme celuy qui en ay eſté ſpectateur, la deffiance, plus qu'auparavant, ſe logea dans ſon cœur, comme vous entenderez preſentement.

Diſcours ſur les affaires du Roy, aprés la mort de Mr de Guiſe & ſur tout comme il ſe trouva eſtonné.

Eſtonnement du Roy aprés la mort de Mr de Guiſe.

Sa deſplaiſance juſques à ſoy meſme.

Il avoit huit priſonniers, dont les quatre Princes, Monſieur le Cardinal de Bourbon, le jeune Duc de Guiſe auparavant appellé Prince de Joinville, les Ducs d'Elbœuf & de Nemours ; les quatre autres, non de telle eſtofe ; l'Archeveſque de Lyon ; le Preſident de Nuilly ; Marteau, ſon gendre, Maiſtre des Comptes & Prevoſt des Marchants de Paris ; & encore un jeune Abbé nommé Cornac, que par malheur on avoit mis de la partie : ſur tous leſquels, ſpecialement ſur les ſept, il appuyoit la reſſource de ſes affaires, eſtimant que leur deſlivrance ſeroit un moyen pour nous deſlivrer des troubles. Il penſa que la ville de Blois n'eſtoit plus tenable pour luy ; mais que changeant de lieu, auſſi ſe devoit-il aſſeurer d'une priſon pour ſes priſonniers. En cette deliberation, il choiſit le Chaſteau d'Amboiſe, pour les y loger ; vray, que n'eſtant aſſeuré du Seigneur de Rilly Capitaine de la place, lequel toutesfois y avoit commandé vingt ans entiers, avecques toute fidelité, il pourpenſa de donner cette charge au Capitaine du Gaſt, tant par l'interceſſion du Seigneur de Longnac, comme auſſi qu'il ſembloit eſtre grandement engagé en cette querelle, pour avoir eſté employé à la mort du Cardinal. Ce choix ainſi fait & du lieu & de la perſonne, il ſe trouva plus empeſché de ſçavoir entre les mains de qui il pourroit commettre les priſonniers, pour les tranſporter. Et aprés pluſieurs combats en ſon ame, il ne trouva aucun, auquel il ſe peuſt fier, qu'à luy ſeul.

Priſonniers de marque detenus.

par le Roy.

Les appareils ſont faits deſſus l'eau ; & comme il eſtoit ſur le poinct de ſon partement, la nuict de devant, le Duc de Nemours, aprés avoir gaigné deux de ſes gardes, évade. Le Roy, à ſon lever, ſalué de cette évaſion, infiniment deſpité, ſe veut aſſeurer de la mere, & la fait embarquer avec les autres priſonniers. Je vous diray franchement, que la plus grande partie de nous, qui eſtions à Blois, crevions de deſpit en nos ames, de voir les affaires du Roy, ſi bas, qu'il fuſt contraint de ſe faire conducteur de ſes priſonniers. A peine eſtoit-il demaré, que nous recevons nouvelles que le Mareſchal d'Aumont, ayant abandonné la Citadelle, & levé le ſiege d'Orleans, par la venuë du Sieur de Mayenne, s'eſtoit retiré avec ſes gens, à Baugency. Pluſieurs de ſes ſoldats bleſſez arrivent à Blois. Adoncques chacun de nous ſe fit accroire que la conduite de ces priſonniers eſtoit un pretexte exquis & recherché par le Roy, pour quitter avec moins de ſcandale la ville. Et vous puis dire que ſi lors, le Sieur de Mayenne

Monſieur de Nemours ſe ſauve.

Le Roy en dan-ger si Mr de Mayen-ne euft pourfui-vy fa pointe.

Mayenne euft donné jufques à nous, la frayeur eftoit si grande & generale, qu'il n'y euft trouvé refiftance; & s'eftant fait maiftre de Blois, toute la riviere de Loire eftoit fienne, d'autant que toutes les villes branfloient: & euft efté le Roy merveilleufement empefché de trouver lieu pour fa retraite. Dieu nous voulut preferver de cette mefadvanture. Arrivé qu'il fut à Amboife, il donne la garde du chafteau & des prifonniers, au Capitaine du Gaft; & adverty de ce qui s'eftoit paffé à Orleans, rebrouffe en toute diligence, vers Blois, où il arrive le lendemain, au rez de la nuit: & lors chacun de nous commença de reprendre cœur par fa venuë; mais cefte affeurance ne fit pas long fejour en nos Ames.

Le Roy, comme vous fçavez, fur le commencement de l'an 1588. avoit fait deux Maiftres de fa Garderobe, les Seigneurs de Bellegarde & de Longnac; celuy-là, pour une affection naturelle qu'il avoit en luy, cettuy-cy, pour en avoir efté grandement prié par le Seigneur d'Efpernon: mais comme ce qui provient du fonds de noftre nature, prend plus fortes & longues racines en nous, que l'amitié qui nous eft acquife par les inductions d'autrui; auffi commença-t'il de fe laffer & attediet de Longnac, fpecialement depuis la mort de Monfieur de Guife: & ce, pour autant qu'il avoit efté le premier qui avoit induit le Roy de commander ce meurtre, qui luy eftoit

Longnac difgra-cié & pourquoi

si malheureufement reüffi: de maniere qu'il commença de la en avant de ne le voir d'un bon œil. D'une chofe vous puis-je affeurer, que trois fepmaines auparavant qu'il quittaft la Cour, quelque fage courtifan me dict: voyez-vous ce Monfieur, quelque bonne mine qu'il faffe, il eft du tout defferré; car entrant devant le monde, dedans le cabinet du Roy, pour fe maintenir en bonne opinion envers le peuple, il fort tout auffi-toft par la porte de derriere, & fe retire dedans fa chambre, laiffant fa place à Monfieur de Bellegarde. Le Roy, qui ne vouloit mefcontenter tout-à-faict Longnac, luy avoit auparavant donné le Gouvernement d'Anjou & de la Touraine; & luy difoit fouventesfois qu'il s'y devoit retirer: mais luy, prevoyant que s'il defemparoit la place, il feroit feulement Gouverneur en parchemin, & que l'effect en demeureroit pardevers ceux qui avoient le Gouvernement des villes, demeuroit toujours en Cour, prés du Roy,

Et licen-tié en-tierement avec beaucoup d'ai-greur.

lequel enfin ne le pouvant plus voir, luy dit, qu'il luy avoit jà faict affez de fois demonftration du peu de contentement qu'il recevoit de fa prefence; partant qu'il deliberaft, ou de s'en aller tout-à-faict, ou bien qu'il ne le vift plus qu'aux Vendredis, jours qu'il refervoit pour faire fa penitence. Longnac fe voyant du tout debutté de la faveur de fon Maiftre, & qu'il n'y avoit plus de refpit en fon faict, commence de faire un traict d'un homme defefperé, qui ne refpiroit dedans fon ame qu'une vengeance: confeil toutesfois qui n'a point fuccedé, mais depuis a efté fort bien mefnagé par un autre. Il fend le vent, une belle nuict, & fe retire à Amboife, avec du Gaft: quoy faifant, il entroit en une ville de fon Gouvernement, & avec un Capitaine qu'il eftimoit fa creature; le tout fous une ferme efperance de faire un parti à part. Bien accueilli par du Gaft, il luy remonftre le mauvais traictement qu'il avoit receu du Roy, fans fubject; au moyen dequoi, aprés plufieurs & diverfes fecouffes, il avoit efté contrainct de l'abandonner: que maintenant il eftoit en eux de s'enrichir, aux defpens de la calamité du temps; eftant, dedans le Chafteau d'Amboife, l'un des plus riches Threfors de la France. Du Gaft l'efcoute, & recueille ce confeil de telle façon, qu'il ne luy tomba pas en terre. Le Roy cependant & toute la Cour fe trouvent infiniment eftonnez de ceft inopiné partement, craignant que par ce nouveau defdain, les prifonniers d'Amboife obtinffent la clef des champs, par nou-

Il fe retire de nuict à Amboife.

Vente du Gaft.

veaux trafiqs & negotiations. On va, on vient de la ville de Blois à Amboife. Belles promeffes de la part de Longnac; difant qu'il ne luy entreroit jamais en l'ame de rien attenter au prejudice du Roy; & qu'il luy conferveroit la ville, le Chafteau & les prifonniers avec toute fidelité; mais pour bien dire, il comptoit fans fon hofte; car il mit cefte premiere impreffion dans la tefte de du Gaft, qui en a fort bien faire fon profit.

Il y avoit dedans le Chafteau, deux Compagnies; celle de du Gaft, & d'un autre dont j'ay oublié le nom, qui ne tenoit pas tant de rang que l'autre, en cefte commiffion: du Gaft, d'une fineffe hardie, donne un faux allarme, & fait entendre à Longnac, qu'il y avoit gens qui rodoient l'autre cofté du Pont, & defiroient s'en faire maiftres; qu'il feroit bon de leur donner quelque algarade: Longnac auquel les mains demangeoient, & qui ne fe desfioit en rien de du Gaft, prend cefte charge, fuivi de l'autre compagnie, va battre les chemins; mais enfin il trouve ce ce n'eftoit rien que vent & que fumée; & à fon retour, penfant rentrer au lieu dont il eftoit forty, on luy faict vifage de bois, & à tous ceux de fa fuitte: vous pouvez juger en quel miferable eftat il fe trouva, d'eftre fupplanté & de la faveur de fon maiftre, & du lieu dedans lequel il avoit eftably la reffource de fa desfaveur: fe voyant de cefte façon efcorné, il eft contraint de reprendre la route ancienne de fa maifon en Gafcongne; & la compagnie de foldats, celle de Blois. Du Gaft s'excufe de ce faict (ainfi l'ay-je appris de fa propre bouche) d'autant qu'il avoit eu certain advis, que Longnac eftoit arrivé à Amboife pour fe rendre abfolument maiftre de la place, & que pour éviter ce danger, il l'avoit voulu prevenir.

Qui le met hors d'Amboife fubtilement

Longnac fe retire en fa maifon.

Encore ne fut la fortune laffe de mal-mener noftre Roy, elle luy donne nouvelle allarme: nouvelles luy vindrent que la Ligue negotioit avec du Gaft, par grandes promeffes d'argent & l'affeurance d'une forte ville, fur la reddition des prifonniers: ces nouvelles, fuffent vrayes ou non, ne doutez que jamais le Roy ne fut fi eftonné comme il fut adonc; car pour bien dire, en ce faifant, c'eftoit defarroyer en tout & par tout, fes affaires: voyez combien de males-fortunes eftoient lors enchaifnées à la ruine de ce pauvre Prince. Pour obvier à ce mal, on depefche uns & autres Seigneurs devers du Gaft, avec la carte blanche, telle qu'il voudroit; cependant on voit les Ligueurs approcher en troupe, avec forces de gens & d'argent, qui venoient, ainfi que l'on difoit, pour arrhes & advance de ce qu'ils avoient promis. Dieu fçait fi cela nous tenoit de plus en plus, en cervelle. Paraventure eftoit-ce un faux bruict; mais quel qu'il fuft, il remuoit merveilleufement les humeurs en nous. Enfin comme nous ne fçavions plus à quel Sainct nous vouër, on faict cefte capitulation avec Gaft, qu'il prendroit des Ligueurs, les dix mil efcus qu'ils luy apportoient, fi tant eftoit que la verité fuft telle; que le Roy luy feroit prefent de trente mil efcus; qu'il demeureroit Capitaine & Gouverneur de la ville & Chafteau d'Amboife; qu'il feroit tenu de remettre entre les mains du Roy, les trois Princes prifonniers; que desquatre autres, il le Roy luy en faifoit prefent, pour en tirer telle rançon qu'il pourroit. Cefte compofition ainfi faicte, ainfi eft-elle executée; & ainfi fommes-nous fortis d'un trés-dangereux bourbier: je dy bourbier tres-dangereux; car fi la ville d'Amboife, & les prifonniers euffent efté rendus aux Ligueurs; indubitablement, & luy & nous tous, qui avons confacré nos fortunes à fes pieds, eftions en termes de defefpoir, quelque part où nous euffions voulu cy-aprés, butter. Maintenant nous jouïffons de quelque repos, & neantmoins manquons de gens & d'argent; tant font les affaires du Roy, defcoufues, tant prés de luy, que dehors. A Dieu.

Le Roy en gran-de per-plexité.

Compo-fition faicte avec du Gaft.

LETTRE

LETTRE XI.

A Monsieur Airault, Lieutenant Criminel au Siege Presidial d'Angers.

Plusieurs rencontres sur les affaires des uns & des autres.

JUsques icy, je vous puis dire, que le Roy demeura en perpetuelles allarmes depuis la mort de Monsieur de Guise ; toutesfois aprés toutes ces traverses, il commence aujourd'huy à reprendre haleine. Quel en sera le succez, le temps nous en fera sages ; mais tant y a que ce que je vous discourray maintenant, est trés-veritable : il avoit grandement favorisé trois Seigneurs de cette France, & depuis diversement disgraciez, les Seigneurs de Souvray, d'O, & d'Espernon.

Trois Seigneurs fort aimez du Roy Henry III. & diversement disgraciez.

Le premier fut, avant tous les autres, chery, lors que le Roy fut retourné de Pologne ; mais quelques années aprés, las & attedié de sa presence, il luy donna le Gouvernement de la ville de Tours, qui estoit, pour bien dire, une honneste deffaite pour le releguer en ce lieu.

Mr de Souvray se retire.

Ce que le sieur de Souvray cognoissant, par une honneste modestie qui l'accompagne en toutes ses actions, prit congé de luy, avec honneste action de graces, & se vint habiter dedans Tours, ville non grandement esloignée de sa maison, où il se fit aimer de tous les habitans de la ville. Quant aux Seigneurs d'O & d'Espernon, ils avoient concurré en faveurs, avec le feu Seigneur de Joyeuse ; mais le premier d'eux, desfavorisé, fut le Seigneur d'O, auquel le Roy donna congé à l'impourveu, sans luy dire pourquoy, lors de la grande pompe des nopces du sieur de Joyeuse ; qui luy causa un crevecœur infini.

Le Seigneur d'O, licentié.

Et à vray dire, s'estant retiré en la Ville & Chasteau de Caën, dont il estoit Gouverneur, il suivit le party de la Ligue, jusques à la pacification de l'an 1585. Et depuis se r'allia avec le Roy, non avecques tel vent en pouppe qu'au precedent ; mais avec une prudence admirable, se trouvant aux entremets, comme les autres Seigneurs, &, qui est une chose admirable, luy qui durant sa grande fortune avoit esté grand despensier, & dissolu aux jeux de cartes & de dez, ausquels il avoit faict, tantost grandes pertes, tantost grands gaings, commença d'empieter sur le faict des Finances de France : mesme depuis la mort de Monsieur de Guise, pour le peu d'assistance qu'avoit le Roy, d'autres Seigneurs, il se rapportoit à luy non seulement de ce mesnage, ains de la plus grande partie des affaires d'Estat.

Remarque de la fortune de Mr d'Espernon.

Au regard du Seigneur d'Espernon, c'est un placard d'histoire paradoxe ; & lequel paraventure n'eut oncques son semblable ; car jamais fortune de Seigneur ne portant tiltre de Prince, ne se trouva si grande ; & jamais fortune ne se trouva plus malheureusement renversée tout en un coup, sans y penser ; ny plus heureusement & sagement redressée que la sienne. De tous les favoris du Roy, il estoit demeuré le seul, aprés la mort du Seigneur de Joyeuse ; & de faict, avoit esté gratifié de sa despouille, & aussi de celle du sieur de Bellegarde son cousin ; ayant le Gouvernement de Xainctonge & Angoulmois ; de maniere qu'il se vit en un mesme temps, Duc d'Espernon, & Pair, Admiral de France, Colonnel general de l'Infanterie Françoise, Gouverneur de Normandie, Provence, Païs Messin, Boulonnois, Angoulmois, Xainctonge, Ville & Chasteau de Loches : non seulement premier Gentilhomme de la Chambre du Roy, (son compagnon ayant esté tué en la bataille de Coutras;) mais aussi seul Gouverneur des opinions & volontez de son Maistre. Y avoit-t'il Ambassadeur, qui eust affaire au Roy ? Il falloit auparavant aboucher le Seigneur d'Espernon, pour en aprés, luy donner entrée : Grandeur qui

Present d'une fortune à luy faict avec belle devise.

sembloit estre addressée à luy attachée, quy faisant son entrée en Rouën, suivi d'une grande Noblesse, la ville luy fit un present (ainsi que l'ay ouy dire) d'une Fortune d'argent doré, qui le tenoit estroittement embrassé ; & au dessous estoient ces mots Italiens : *E per non lasciar ti.* Devise prise sur la rencontre & équivoque de son nom ; pour monstrer que ceste Grandeur ne pourroit estre ja-

mais terrassée : comme aussi est-ce la verité, que le Roy le favorisant desmesurément, luy avoit autrefois protesté, qu'il le feroit aussi grand au milieu des siens, que luy-mesme n'auroit pas le moyen de le ravaller, quand bien il l'eust voulu cy-aprés. C'est une chose que nous avons depuis apprise du Seigneur d'Espernon, par une lettre fort bien dictée qu'il escrivit, pendant sa disgrace, au Roy.

Le Roy mesme tesmoigne sa grandeur.

Toute la fleur & eslite de la Cour, adorant ce Soleil levant, l'avoit suivi à la foule, en son voyage de Normandie, où il prit la possession de son nouveau Gouvernement, qui estoit anciennement donné aux fils aisnez de nos Roys, auparavant que le Dauphiné fust uni à nostre Couronne : en toutes les villes, accueilli d'unes caresses & soubmissions nonpareilles.

La Normandie donnée en Gouvernement.

Le Duc de Guise non apprenti en ces negociations, espie le poinct de son absence, voyant le Roy desmantelé de sa suite ; vous sçavez ce que sa venuë apporta dedans nostre ville ; & comme le Roy fut contraint de se retirer vers Chartres, où plusieurs Princes & grands Seigneurs le vindrent trouver, pendant que le sieur de Guise commandoit absolument dedans Paris.

Le Duc de Guise autrement fils aisné de France.

Adoncques les sombres jalousies & rancœurs que les Grands couvoient dans leurs ames, en haine de la grandeur du sieur d'Espernon, commencerent de s'esclorre, disants, qu'il estoit le seul motif de cette estrange tragedie, pour les grandes faveurs, dignitez & prerogatives, qu'il avoit euës, au desadvantage des autres ; & que tant qu'il seroit prés du Roy, il ne falloit esperer la paix avecques les autres. Et paraventure, le Roy n'en estoit marri, si tant est que ce que l'on a depuis dit de luy, soit veritable. Vous avez jusques icy, entendu un torrent de bonnes fortunes en luy ; entendez maintenant un conflus general de mauvaises. Soudain qu'il est retourné, sur les plaintes & clameurs des Princes, il est contraint de quitter son Gouvernement de Normandie, à Monsieur de Montpensier, Prince du sang ; celuy de Mers & païs Messin, au Comte de Brienne son beaufrere ; l'Admirauté, au sieur de la Valette son frere ; & sur tout de desemparer la Cour & la presence du Roy, & devenir toutes ses opinions ; premierement en la ville de Loches, abandonné de tous ses Seigneurs qui l'avoient suivi en Normandie, & de ses principaux Confidents ; & en aprés, aux moindres de ses Gouvernemens, qui estoient Xaintonge & Angoulmois.

Mr d'Espernon despouillé de tout à la plus grande part de ses gouvernemens.

Ce n'est pas assez : pensant estre en quelque repos dedans Angoulesme, il est salué, le jour S. Laurent, d'une nouvelle embuscade. On vient aux mains contre luy : il est assiegé dedans le Chasteau. La Dame d'Espernon, l'une des plus sages Dames de la France, estant en l'Eglise, est indignement traitée par quelques mutins ; luy surpris, se sauve dans son cabinet ; de là par une montée, va plus haut, où luy passé, quatre degrez se rompirent, qui fermerent le pas à ceux qui le poursuivoient : meurtres d'une part & d'autre. Enfin, aprés s'estre deffendu vingt & quatre heures durant, sans boire ny manger, il fut miraculeusement garanty ; mais ce qui est plus estrange en tout ce fait-cy, c'est que le bruit commun fut, que l'entreprise avoit esté contre luy brassée sous l'adveu du Roy.

Assiegé dans Angoulesme.

Comme miraculeusement garanty par des degrez rompus.

Se defend vingt quatre heures sans boire ny manger.

Quoy que soit, le sieur d'Espernon en eut depuis, quelques advis. Fortune non lasse de le baffouër, luy livre un autre nouvel assaut ; car luy estant en Angoulesme, le sieur de Tagent, l'un de ses plus proches parents, qu'il avoit fait son Lieutenant General en son Gouvernement d'Angoulmois & de Xainctonge, se fait maistre de Xainctes & de Cognac, pensant faire chose agreable au Roy : encores n'est-ce pas tout ; les Deputez des Estats assemblez en la ville de Blois, conjurent unanimement contre luy, & requierent qu'il eust à remettre és mains du Roy, toutes

Accusé aux Estats de Blois.

toutes les villes qu'il tenoit, à peine d'eſtre declaré criminel de leze Majeſté. Le Roy, pour les contenter, ou peut-eſtre, pour ſe contenter ſoy-meſme, depeſche Miron, ſon premier Medecin, pour ceſt effect : auquel il fait reſponſe, que le Roy eſtant en pleine liberté, il luy obeïroit, non pluſtoſt. Ceſte reſponſe offenſe le Roy, ne voulant eſtre reputé captif, au milieu de cette aſſemblée, encore qu'il n'y euſt ſes coudées franches : c'eſt pourquoy il luy fait nouvelle recharge, par le meſme Miron : & à cette nouvelle recharge, pareille reſponſe : au moyen de quoy, le Roy ne douta de le deſadvoüer de là en avant tout-à-fait, ſans diſſimulation : & ſur ce deſadveu, les Deputez pourſuivans leur premiere pointe, cornerent plus qu'auparavant, ſa ruïne. Que ſi ſes affaires eſtoient en ce mauvais meſnage prés du Roy, elles ne l'eſtoient pas moins dedans Paris, par les libelles diffamatoires que l'on faiſoit imprimer contre luy.

Fut-il jamais un plus eſtrange precipice de fortune que celuy-là, aprés une extremité de grandeur, qui avoit regné en luy ? Et neantmoins ny le cœur, ny l'eſprit, ne luy faillirent jamais, au milieu de toutes ſes adverſitez. Toute ſa fortune ſembloit eſtre reduite en une ville d'Angouleſme, où il avoit receu un affront extraordinaire, dont il eſtoit venu à chef. Comme il eſt plein de moyens & d'entendement, il compoſe avec l'agent, & luy baille quelques grandes ſommes de deniers, moyennant leſquelles il luy rend les deux places qu'il occupoit ; & parce qu'il voyoit le ciel & la terre combattre contre luy dedans la ville de Blois, il leve vingt Compagnies nouvelles de gens de Guerre, dedans ſon Gouvernement, pour ſe tenir ſur ſes gardes ; voyant que le Roy luy failloit de *S'accor-* garand. D'une meſme main, par l'entremiſe du ſieur de *de avec* Maſſay, l'un des ſiens, il gaigne Monſieur de Guiſe, lequel adverti de cette levée de gens, appaiſa la cholere bruſque des Deputez, leur remonſtrant par les internonces, combien il leur importoit de n'eſtre en mauvais meſnage avec le Seigneur d'Eſpernon : & deſlors toutes leurs vapeurs ſ'eſvanoüirent en fumée. S'eſtant fait maiſtre paiſible de ſon Gouvernement, il ſit atte, eſpiant quel ſuccez prendroit la tragedie que l'on joüoit dedans Blois. Et icy, je me fermeray en ce qui le concerne particulierement.

Vous penſerez, paravanture, que tout ce que je vous ay cy-deſſus diſcouru, ſoit un diſcours fait en vain ; non eſt. Je ne vous ay rien raconté des bonnes & mauvaiſes fortunes des Seigneurs d'Eſpernon, d'O & de Souvray, qui n'appartiennent grandement au ſubject de cette lettre ; parce que j'attribuë à l'infortune de ces trois, le commencement de la reſſource des affaires du Roy.

La Majeſté d'un Prince Souverain s'entretient par un entrelas de l'exercice de ſa juſtice avec les armes. Les affaires du Roy eſtoient reduites en ſi piteux eſtat, aprés la rupture de l'Aſſemblée des Eſtats, qu'il ne ſçavoit de *Meſ-* quel bois faire fleſches. Pour les armes, nul ne le haſtoit *ſieurs du* de le ſecourir ; & pour le fait de la Juſtice, il ſembloit *grand* manquer de ville ſignalée, où il peuſt eſtablir ſon throſ-*Conſeil* ne ; & par meſme moyen, ſe ſervir, pour y employer, *empri-* car meſme les gens de ſon Grand Conſeil, qui avoient *ſonnez* auparavant eſtabli leur ſiege en la ville de Vendoſme, *à Ven-* avoient eſté proditoirement pris par le Gouverneur, & *doſme.* reduits en des eſtroites priſons, eſquelles ils ſont aujourd'huy.

Mr d'Eſ- Le Seigneur d'Eſpernon, qui avoit fait la nouvelle le-*pernon* vée de gens, voyant le Roy infiniment affligé, & ſe reſ-*envoye* ſouvenant non du tort que l'on diſoit luy avoir eſté par *des gens* luy pourchaſſé en la journée de ſainct Laurens, ains des *au Roy* grands bien-faits & honneurs qu'il avoit de luy receus, *à ſon bon* delibere d'employer pour la garde de luy, ce qu'il avoit *beſoin.* ordonné pour la ſienne. Et envoya pardevers Sa Majeſté, *Com-* le Comte de Brienne ſon beau-frere, avec quinze cens *mence-* harquebuſiers à cheval, ſix cens hommes de pied, & ſix *ment de* vingts Gentils-hommes bien montez, conduits par le *la reſſource* Seigneur d'Ambeville. Cettuy fut le premier ſecours qui *aux af-* arriva au Roy, luy eſtant en la ville de Blois, lequel oc-*faires du* caſionna pluſieurs autres de faire le ſemblable : & com-*Roy.* mença de là en avant de reprendre ſes forces & cœur tout enſemble.

Ce premier coup d'eſſay jetté de cette façon en moule, le Seigneur d'O, qui eſtoit à la ſuite du Roy, ne luy voulut manquer de devoir ; pour le fait de la Juſtice, il mit en avant d'eſtablir un Parlement & Chambre des Comptes. Quant à la Chambre des Comptes, il eſtoit plus aiſé, que du Parlement ; parce que dés le commencement de *Gens* l'aſſemblée de Blois, le Roy avoit fait venir pardevers *de la* luy, Meſſieurs Tambonneau & de Charmeaux, Preſi-*Cham-* dents ; du Hamel, Barthelemy & Villemor, Maiſtres, *bre des* pour la verification de quelques Eſtats de comptes ; avec *Comptes* leſquels ſe trouverent auſſi les ſieurs de Pinſai & Feron, *qui ſe* auſſi Maiſtres des Comptes, & Maupeou & le Comte, Au-*trouve-* diteurs ; & moy, qui par le moyen de mon Eſtat d'Advo-*rent a-* cat du Roy, pouvois ſuppléer l'abſence du Procureur Ge-*vec le* neral mon compaignon : mais quant au Parlement, c'eſ-*Roy.* toit un autre diſcours ; il n'y avoit aucun Preſident, ains cinq ou ſix Maiſtres des Requeſtes, quatre Conſeillers de *Du Par-* la Cour, & Monſieur d'Eſpeſſe, Advocat du Roy. Nous *lement,* fuſmes aſſemblez au logis du Seigneur d'O, où il fut reſolu d'eſtablir ces deux Compagnies avec conditions honneſtes, comme choſe du tout neceſſaire pour la manutention de noſtre Eſtat ; mais du lieu, nous ne ſçavions où l'arreſter. Dieu veut que ſur ces entrefaites, la ville de *La ville* Tours commence de ſe remuër ; les aucuns, & en trés-*de Tours* grand nombre, ſous la banniere du Lieutenant General *aprés* du Verger, & d'un Prieur des Jacobins, pour la Ligue ; *quel-* les autres, en plus petit nombre, mais plus fort, conduits *ques con-* par le Seigneur de Souvray, pour le ſervice du Roy. Nous *traſtes* eſtions dedans Blois, aux eſcoutes, pour ſçavoir qui au-*demeu-* roit le deſſus : enfin nous recevons nouvelles, que le Roy *re au* y eſtoit le maiſtre, par les fidelles ſervices de Souvray & *Roy.* des ſiens qui y avoient hazardé leurs vies. Deſlors on commencea de diſputer, en quelle ville ces deux Compagnies Souveraines, pour leſquelles nous eſtions aſſemblez chez le Seigneur d'O, pourroient eſtre miſes : les uns eſtoient *La* pour Moulins ; les autres, pour Bourges, en laquelle, du *Cham-* temps du Roy Charles VII. la Chambre des Comptes, *bre des* reſidoit. Je vous diray qu'eſtant de la partie en cette de-*Comptes* liberation, je mis en avant, ſpecialement pour noſtre *à Bour-* Chambre des Comptes, la ville de Tours ; diſant que ſous *ges du* le meſme regne de Charles VII. elle y avoit eſté du com-*temps de* mencement eſtablie, & depuis transferée à Bourges ; meſ-*Charles* me que de fraiſche memoire, le Roy, eſtant Duc d'An-*VII.* jou, y faiſoit tenir ſa Chambre des Comptes : & au ſurplus, que l'une & l'autre Compagnie y devoient eſtre logées ; parce qu'il ne falloit ſeulement que charroi pour nous y porter ; ains baſteaux à peu de frais : & que s'il plaiſoit à Dieu de nous renvoyer une paix, nous retrouverions par la meſme voye, la ville d'Orleans, & de là, celle de Paris par des Coches : advis qui fut trouvé bon, & la ville de Tours choiſie. Le Roy faiſant con-*La ville* tenance de le vouloir acheminer à Moulins, noſtre Com-*de Tours* pagnie avant que partir, alla prendre congé de luy : & *choiſie* luy, avec une douce gravité, nous exhortant la larme à *pour ſie-* l'œil de continuer la fidelité que luy avions voicé, il re-*ge du* cut celuy qui le larmoyaſt, comme luy. Quinze jours *Parle-* avant que ſortir de Blois, on avoit donné ordre d'accom-*ment &* moder l'Abbaye de S. Julian de Tours, pour l'heberge-*de la* ment de la Cour & Parlement ; & la Threſorerie de S. *Cham-* Martin pour noſtre Chambre des Comptes : lieux qui ſe *bre des* ſont trouvez infiniment propres & commodes, ſelon la *Comptes* neceſſité du temps. Le Roy a ſuivi les deux Compagnies de prés, & a eſté auſſi-toſt qu'elles, dedans Tours, où le *Le Par-* Parlement a eſté ouvert, & le lendemain noſtre Compa-*lement* gnie. On a amené à la Juriſdiction du Parlement, ce qui *ouvert* depend des Tailles, Aides & Subſides, pour n'y avoir au-*à Tours.* jourd'huy icy aucun Officier de la Cour des Aides : & *La* parce que l'on ne pouvoit tenir l'Audience en public, *Cham-* pour l'ancien different qui eſt entre les Maiſtres des Re-*bre des* queſtes & Conſeillers Laiz de la Cour ; ſçavoir, qui doit *Comptes* preſider, par faute de Preſident ordinaire, le Roy a pourveu le Seigneur d'Eſpeſſe, de l'Office de Preſident, & Maiſtre Louys Servin, de celuy d'Advocat du Roy. Au demeurant,

meurant, le Roy se voulant asseurer de toutes choses, a retiré des mains de du Gast, le Cardinal de Bourbon, qu'il a envoyé à Chinon, sous la garde du Seigneur de Chavigny, & a fait venir en cette ville de Tours le jeune Seigneur de Guise, qu'il a mis és mains de Rouvray, Lieutenant des Gardes du Roy. Quant à la ville de Blois, menacée par le sieur de Mayenne, pour expier le tort qu'il dit avoir esté fait à ses freres, elle est mise sous la protection du Seigneur d'Espernon, auquel le Roy a fait present du Duc d'Elbœuf, qu'il a envoyé à Loches, sous bonne & seure garde, afin que s'il luy mesadvenoit, on peust faire un troc de ces deux Seigneurs. Si je ne m'abuse, j'espere que nostre barque, desormais voguera en mer plus bonace, qu'elle n'a fait cy-devant. A Dieu. De Tours, ce 2. Avril 1589.

Blois mis en la protection du Seigneur d'Espernon.

LETTRE XII.

A Monsieur Chauvet, Prevost de la ville de Blois.

Il recite à Monsieur Chauvet cõment le Parlement & la Chãbre des Comptes furent establis à Tours & avec quelles ceremonies.

L'Obligation que je vous ay, est si grande, que je serois le plus ingrat homme du monde, si apres m'estre aucunement recogneu en cette ville de Tours, je ne vous remerciois par la presente, de toutes les courtoisies que j'ay receuës de vous, dans Blois ; non en intention que ceste ceremonie me serve de quittance, (car je ne le veux, ny ne puis) mais sous protestation, qu'en vous remerciant, je desire d'estre couché à jamais sur le papier journal de vos debtes, afin qu'ayez occasion de m'employer, comme celui qui pour vous estre redevable, ne se lassera jamais de vous faire paroistre, par une infinité de bons offices, combien il est vostre. Et parce que cela gist plus en effet qu'en paroles, je ne m'estendrai plus longuement sur ce sujet, pour vous dire, que j'arrivai en cette ville à point nommé, comme l'on vouloit commettre un autre en mon Estat, pour mon absence. Le Parlement fut ouvert le 22. de Mars dernier, où le Roy se trouva en personne, pour l'installer ; & le lendemain, nostre Chambre des Comptes, par Messieurs le Cardinal de Vendosme & Garde des Seaux, avec Harangues fort favorables & dignes de tels Seigneurs : les lettres de translation leuës par le Greffier, ce fut à moy de joüer mon roole. Et d'autant que par avanture desirez sçavoir quel il fut, je le vous dirai en brief.

Remonstrance de M. Pasquier à l'ouverture de la Chãbre des Comptes à Tours, en avril 1589.

Je leur dy que toutes & quantes fois que je consideros à part moy la calamité presente de nostre France, je ne pouvois sinon tel commandement sur mes yeux, qu'ils ne me rapportassent ce qui estoit de leur creu, en une personne affligée ; c'estoient larmes, pleurs & gemissemens. Nous voyons tous, (si ainsi falloit que je le disse) reduits au petit pied, dans une ville de Tours : & que cette perplexité estoit encore saluée d'une nouvelle recharge ; sçavoir, si le Roi pouvoit bonnement faire subsister nostre Chambre, par le nombre de dix ou douze seulement ; Chambre de toute ancienneté, grande & auguste ; Chambre, par laquelle nos Rois avoient en partie regné ; Chambre, qui pouvoit estre dite, la premiere Compagnie Souveraine de la France, si le Parlement ne s'y fust opposé : mais aussi qui en contr'eschange avoit fait que la Cour de Parlement ne fust la seule premiere, pour luy estre collateralle. Toutesfois apres avoir recueilly mes esprits, je ne faisois aucune doute, que le Roy n'eust fait un acte tres-digne de soy ; que celuy qui anciennement se plaignoit, que l'on ne pesoit les opinions des sages, ains qu'on les comptoit, vouloit dire que c'estoit par le poids, & non par le nombre, qu'il falloit estimer les compagnies ; que la Jurisconsulte qui nous enseignoit, que le troupeau d'une infinité d'animaux reduit à trois ou quatre par la mortalité, ne laissoit d'estre troupeau, tout ainsi comme auparavant : & afin que je ne sortisse des bornes de mon sujet, n'y avoit rien qui fraternisast tant avec la Justice, que la Religion, comme estans deux pilliers de toute la Republique. Or estoit-il que la vraye Eglise de Dieu estoit celle, en laquelle y avoit la plus grande assemblée & congregation de peuple, ains des fideles ; ainsi devoit-on estimer les Compagnies Souveraines, non celles esquelles y avoit plus grand nombre de Magistrats ; mais bien celles qui apportoient plus d'obeïssance & fidelité à leur Roy. Lors du Deluge universel, l'Eglise avoit esté reduite en la famille de Noé, qui fut conservée dedans l'Arche de Dieu ; ny pour cela, elle ne laissa pas d'estre moins Eglise, que quand depuis elle fut espanduë par tout l'univers : en cas semblable, lorsque Charles VII. par l'injure du temps fut contraint d'establir premierement à Tours, puis à Bourges, sa Chambre des Comptes, éclipsée de celle de Paris, elle n'estoit pas moindre, ains plus grande que l'autre qu'il avoit laissée sous la puissance de ses ennemis : ainsi en estoit-il de ce que nous faisions maintenant ; que de propos deliberé il m'estoit advenu de parler du ravage & inondation des eaux, par lesquels dans les sainctes lettres estoient figurez les tumultes & seditions populaires, tels que ceux qui regnoient pour le jourd'hui dans la France. Et à tant je me promettois qu'en ceste petite famille que nous estions, nous representerions l'Arche de Noé. Et neantmoins je ne voulois pas dire, que nos compagnons de Paris fussent en leurs cœurs, moins bons sujets & serviteurs du Roy, que nous qui estions à Tours ; m'asseurant que des six parts, les cinq estoient voüées à son service ; mais que la Police, ou pour mieux dire, le desordre de nouveau, que l'on avoit introduit dans Paris, ne leur permettoit de se manifester.

Compagnies Souveraines quelles doivent estre estimées.

L'Eglise en la Famille du Noé.

Je vous puis dire, qu'à ceste parole, les grosses larmes me tomberent des yeux : ce que j'avois du commencement proposé, estoit par une hypocrisie d'Orateur ; mais ce que je fis en ce progrez de ma Harangue, fut comme bon citoyen, ne pouvant plus dissimuler la juste douleur, que je portois de la misere de ce temps. Je ne me trouvai jamais si empesché ; car par mesme moyen, la parole dont j'avois lors le plus affaire, me mouroit en la bouche : deux cens personnes qui y estoient, le vous pourront tesmoigner ; & à la mienne volonté que ceux de Paris en eussent esté spectateurs. Toutesfois je revins à moy, comme celui qui sort d'une pasmoison ; & pris argument sur cet accident inopiné, de prier Monsieur le Cardinal, d'asseurer le Roy que ce que je venois de dire estoit veritable : chose qu'en un besoing je scellerois non de mes larmes, ains de mon sang : que la fidelité que je sçavois resider en nos Confreres, me faisoit encore asseurer, que la fureur du peuple s'escoulant en peu de temps, comme un torrent passager, ils seroient les premiers ministres pour restablir toutes choses sous l'obeïssance de leur Prince ; que de ce restablissement j'avois tres-certain prognostic, en ce que je voyois le Roy s'estre rendu en la Ville de Tours, plus par mistere divin, que par discours : Ville en laquelle hebergeoient anciennement les os & reliques de ce grand S. Martin, Apostre Tutelaire de la France, estant celui auquel Clovis, premier Roy Chrestien de nos Rois, avoit, apres Dieu, toute sa confiance : celui que nos anciens avoient en telle reverence & honneur, que par l'espace de deux cens ans ils comptoient leurs ans par sa mort ; & qu'encore nous voyons une remarque admirable de sa grandeur entre nous, en ce qu'aux deux ouvertures des Parlemens, chacun an, la premiere

Larmes de Pasquier.

S. Martin, Apostre Tutelaire de la France.

premiere se faisoit par sa Feste ; que ce bon Sainct ne nous abandonneroit , puis qu'estions refugiez devers lui ; mais que par ses prieres envers Dieu, il pacifieroit toutes choses ; & quant à ce que nous faisions lors pour la Chambre, je m'asseurois que toutes choses s'achemineroient , *Bonis Auspiciis* ; ayans eu cest heur en cest establissement & translation de Chambre , d'avoir eu deux si grands parrains, Monsieur le Cardinal, lumiere de nostre Religion , & Monsieur le Garde des Seaux, lumiere de nostre Justice. Pour ces causes (*Quod Faustum fœlixque Reipublicæ nostræ esset*) je requerois que sur le reply des Lettres il fust mis, qu'elles avoient esté leuës, publiées & enregistrées. Sur cela, fust l'Arrest prononcé, par Monsieur le Cardinal , avec une honneste preface & conclusion ; & après lui, Monsieur le Garde des Seaux reprit la parole , lesquels furent remerciez par Monsieur le President Tambonneau, pour toute la compagnie ; qui leur remonstra , que ce n'estoit la premiere fois, que nostre Chambre avoit esté honnorée de la presence des Princes du sang & Chancelliers , selon que les occasions l'avoient requis, & que nos Registres en estoient pleins ; mesme qu'il y avoit eu cinq Chancelliers , tirez autrefois du corps de la Chambre ; & de fraische memoire, ce grand Chancelier de l'Hospital : il y pouvoit adjouster, pour la grandeur de la Compagnie, que Philippe de Valois, allant faire la guerre en Flandres , lui avoit donné puissance d'ennoblir, affranchir, legitimer , naturalizer, sans lettres patentes de lui, tant & si longuement qu'il seroit en ceste expedition ; & de sceller tels actes, de cire verte, tout ainsi que s'ils fussent émanez de luy. Sur cette action de graces , la Compagnie se departit, chacun avec un grand contentement de Monsieur le Cardinal, qui de ce pas alla trouver le Roy, à son diner, auquel il raconta comme tout s'estoit passé, me faisant cent fois plus d'honneur que je ne meritois. A Dieu. De Tours , ce 8. Avril 1589.

Priviledges octroyez par Philippe de Valois à la Chambre des Comptes

LETTRE XIII.
A Monsieur le Comte de Sanzay.

Il raconte au Sieur de Sanzay les trasves d'entre les deux Rois ; ce qui se passa à Tours & à Poitiers.

J'Ay recueilli par vos lettres , que ny la distance des lieux, ny l'absence, ny le chaos de nos troubles, ne diminuoient en rien l'amitié que me portez : qui n'est pas une petite medecine à un esprit affligé. Je vous dy ceci, pour autant que plus je pense à la calamité de ce temps , & plus je me trouve confus. J'en voy quelques-uns, qui se flattent par vaines imaginations & esperances. O gens heureux ! dy-je , à part moy ; pour le moins avez-vous ce peu de bon temps, pendant que moy , par mes discours pesle-meslant le passé avec le futur, je ne trouve ny fonds ny rive, pour asseoir mon contentement. Quoy que soit, je ne me puis persuader la fin de nos maux , que par une éversion de l'Estat. Et qui me rend plus miserable , c'est que dès lors que le coup fut fait, je me promis, contre l'opinion de tous , une revolte generale de la France, soudain après que les Deputez seroient de retour en leurs maisons, comme il est depuis advenu ; ce qui me fait craindre , que ce que je prevoy maintenant, n'y advienne. Ceste maladie universelle vient du Ciel. Il faut que les Astres fournissent à leurs cours. Trop de grands Astrologues l'avoient predite.

Tresves entre le Roy & le Roy de Navarre.

Quant aux nouvelles que demandez , je ne vous puis escrire chose que ne sçachiez. La tresve est concluë entre les deux Rois, sçavez-vous, comment ? Ce ne sont pas les deux pacifications faictes avec feu Monsieur de Guise, esquelles on lisoit aux visages des Princes je ne sçay quoy de desfiance dans leurs ames. Quelques Seigneurs & Gentilshommes du Roy de Navarre luy dissuadoient de se presenter au Roy ; & qu'il se souvinst du jour sainct Barthelemy ; neantmoins, contre tous ces advis, il a franchi le pas , & est venu saluer le Roy, avec un visage si franc & ouvert , qu'il n'y avoit celuy de nous spectateurs de ceste entre-veuë , qui n'en portast une joye incroyable dedans son Ame. Nous tous jettons les yeux sur lui, ores que d'autre Religion que la nostre ; & le voyans, oublions tout le maltraitté que lui portions auparavant.

La ville de Saumur donnée au Roy de Navarre.

Le Roy lui a baillé en depost, la ville de Saumur, afin qu'en cas de mauvais succez, le pont lui peust servir de planche pour repasser Loire. A la verité, nostre partie estoit trop foible sans luy : ce que la ligue a bien cogneu, après avoir pris, le 8. de May , le Faux-bourg S. Simphorian de Tours, qui ne lui a esté qu'entrée & issuë, soudain après avoir entendu que le Roy de Navarre estoit dans la Ville. Auparavant , les Ligueurs s'asseuroient de la ruïne du Roy, de quelque façon qu'il voulust mesnager ses affaires: car ou il ne prendroit aide du Roy de Navarre , (& en ce cas ses forces n'estoient bastantes) ou bien s'en aideroit ; (quoy faisant, il exciteroit de plus en plus la haine publique contre lui ;) mais ils comptoient sans leur hoste, comme l'évenement l'a monstré.

Ce que je vous reciterai maintenant, est de plus fascheuse digestion. Le Roy estant encore à Blois , avoit promis aux citoyens de Tours, que lui ouvrant les portes, il les embrasseroit tous d'une mesme bienveillance, & qu'il pardonneroit à ceux lesquels pendant l'assemblée des Estats , avoient porté le parti contraire. Arrivé qu'il est dedans la Ville, ceux de Poictiers deleguent quelques honnestes personnes des leurs , pour le reconnoistre , & supplier de le vouloir accueillir de mesme façon qu'il avoit fait les Tourengeois : & que si son plaisir estoit que de les venir voir, ils le recevroient ainsi que bons & humbles subjects devoient faire. Ils reçoivent de lui, telle parole qu'ils desiroient. J'appris de Monsieur de S. Marthe, Lieutenant particulier, l'un des Deputez , que le Roy les venant visiter , il seroit de trés-bien venu. Ceux-ci s'en vont devant lui , pour faire preparer les logis. Quelques jours après , le Roy voulant entreprendre ce voyage, & se trouvant court d'argent, il est question d'en trouver. On s'advise de le tirer des Ligueurs , que l'on saigne fort rudement. Tel paye trois mille escus, tel mille, qui plus, qui moins. Les Poitevins ce advertis , changent d'advis , craignans qu'il ne leur en prist autant comme à leurs voisins. Pour le vous faire court , le Roy trouve à Poictiers visage de pierre , & si est sa Cornette blanche saluée de trois coups de Canon : à maniere qu'avons esté contraints de retourner , je n'oserois dire , avecque nostre courte honte ; car elle n'a esté que trop grande : & en ceci, le Conseil du Roy a esté seul forgeron de cette male-fortune.

Les Habitans de Poictiers se donnent au Roy & demandent d'estre traitez comme ceux de Tours.

Les Ligueurs chastiez par la bourse.

Les Poitevins changent de resolution, & pour quel sujet.

Voilà pour le regard des nouvelles que desirez. Je viens maintenant à vous. Je suis marry & bien-aise de vos hemorroïdes ; marry , pour le mal qu'elles vous font ; aise , pour que ma maladie qui est prenoncée de nostre santé. Encore aurez-vous ce trait de flatterie de moy , qu'elles ne se logent guieres qu'en des esprits melancholiques, qu'Aristote disoit estre naturellement ingenieux. Vos Melancholies, merveilles & nobles discours que dressez sur la Noblesse, meslez avec nos troubles, vous ont procuré ce mal. Au demeurant , je vous remercie de la memoire qu'avez de moy dans vos escrits. Si vous le faites par un jugement asseuré, je suis perdu ; parceque je commenceray desormais à plus croire ce que je n'avois oncque pensé ; si par une amitié particuliere que me portez, ce ne m'est pas un petit advantage , qu'elle m'ait fait gaigner ce beau mensonge sur vous. Tant y a que de quelque sens que je me tourne, je trouve assez dequoy me tromper. Vous continuerez doncques cette volonté envers celuy qui n'est point tant à soy qu'à vous. A Dieu.

Les Melancholiques naturellement ingenieux.

LETTRE XIV.

A Monsieur le Comte de Sanzay.

Il discourt sur divers sujects, & commence à entrer en l'acheminement du Siege de Paris.

IL est ainsi comme le dites; nous forgeons des nouvelles, telles que desirons, encore que la verité soit autre. Mais voyez, je vous prie, comme cela produit quelquefois de miraculeux effects. Trois semaines avant la victoire de Senlis, il courut un bruit tout commun en cette ville, que les Parisiens y avoient esté mis en route. Ce bruit estoit seulement fondé sur un violent souhait de quelques serviteurs du Roy: car non seulement cela n'estoit veritable; mais, qui plus est, nos ennemis n'avoient mis le siege devant la ville. Enfin, nous avons trouvé ce discours s'estre transformé en histoire. Voilà pour la premiere partie de ma lettre.

Je veux sauter du Coq à l'Asne. Nos affaires vont maintenant de telle balance, que si l'un de nous a du bon de son costé, l'autre au mesme instant se trouve en avoir de mesme. Quand les nouvelles vindrent au Roy, que Monsieur le Comte de Brienne avoit esté pris à Sainct Ouin, aussi fut-il asseuré, que le Marquis de Canillac, l'un des principaux Capitaines de la Ligue, y avoit esté tué. Le Roy estant devant Poitiers, où il receut un esmerveillable affront; voicy deux nouvelles tres-agreables qui luy arrivent, l'une, de la victoire de Senlis par Monsieur de Longue-ville, assisté du Seigneur de la Noüé; *Victoire de Senlis.* l'autre, de la deffaite des trois Cornettes de Saveuse prés Bonneval, par le Seigneur de Chastillon. Je ne veux aller *Saveuse deffait.* plus loing que de la journée d'hier, en laquelle le matin, nous eusmes advis de la surprise de Montereau, par les nostres; & le soir, de la prise de M. le Comte de Soissons, en *Le Comte de Soissons pris.* Bretaigne. La guerre est comme un jeu de dez, où ceux qui jouent, se livrent chance, tantost heureuse, tantost malheureuse, & ne voyent la fin du jeu, jusques à ce que l'un d'entr'eux se soit fait maistre du tapis. Ainsi sommes-nous taillez, d'avoir, ores du bon, ores du mauvais, jusques à ce que l'un des deux partis se soit fait absolument maistre. Je ne m'entends non plus au fait des armes, qu'un aveugle à juger des couleurs; mais si souhaits avoient lieu, j'eusse desiré qu'aprés la victoire de Senlis, nous n'eussions donné le loisir au Parisien de reprendre haleine. La frayeur, (que de galand-homme je veux appeller, Spavente,) qui estoit dedans Paris, avec la diligence des nostres, pouvoit estre le comble de nostre heur. On doit grandement honnorer la prudence en toutes nos actions; & specialement *Esguerres on ne peut faillir deux fois.* és guerres, où les consequences sont telles, que l'on ne peut faillir deux fois; mais une promptitude bien choisie, me semble la plus grande prudence que l'on y puisse apporter. Ce n'est rien d'une victoire, qui ne se sçait *La victoire veut estre poursuivie.* vivement poursuivre: cette nonchalance perdit Hannibal, aprés la victoire de Cannes; & Pompée, aprés celle de Dyrrachium: & n'y a rien, qui rendit tant redoutable un Jules Cesar, que cette vitesse dont il accompagna tous ses grands & magnifiques exploits d'armes. Maintenant, le Roy est party de cette ville avec toutes ses forces, en deliberation de nettoyer la Beauce de toutes les Bicoques, qui luy font teste, pour aprés s'acheminer à Paris. Le bon prognostic que je fais de cette entreprise, est, qu'il y a tantost deux ans que nos affaires vont par semestres. Le Roy chassa glorieusement l'Estranger, *Semestre remarquable en l'Estat.* sur la fin de 1587; aussi fut-il receu dans Paris, avec un magnifique arroy & infinies allegresses de ses subjects. Au bout de six mois, il fit une fascheuse retraite de Paris, où au contraire, Monsieur de Guise fut caressé de la Fortune & du peuple, tout ce que l'on pouvoit souhaiter. Son entre-regne fut de six ou sept mois pour le plus. Depuis, Monsieur de Mayenne a eu ses six autres mois; nous verrons cy-aprés à qui les autres prochains sont deus. A Dieu.

LETTRE XV.

A Monsieur Servin, Conseiller d'Estat & Advocat General du Roy au Parlement de Paris.

Il descrit à Mr Servin les histoires de deux, dont l'un fut fait Roy en riant & l'autre Empereur en pleurant.

JE vous veux maintenant raconter deux histoires que trouverez merveilleusement estranges, de deux grands Seigneurs, dont l'un fut fait Empereur, en riant; l'autre, en pleurant, l'un & l'autre inesperément, & lors que moins ils y pensoient. Car pourquoy ne tromperons-nous le temps, vous & moy; vous, en exerçant dignement vostre charge d'Advocat en ce grand & brave theatre de la France, auquel avez si bonne part par vostre bien dire; & moy, en celle d'un homme qui aprés avoir couru la fortune d'Advocat des parties, avec quelque honneur, au Palais; puis, celle d'Advocat du Roy aux Comptes; ayant puis aprés banny toute ambition, & avarice de moy, & encore, graces à Dieu, la necessité, j'ay voué le demeurant de ma vie à un hermitage, & vie solitaire, au milieu du peuple de Paris, en ma maison? Entendez doncques, s'il vous plaist, ce dont je vous veux entretenir maintenant. La neantize de l'Empereur Gallien, excita plusieurs Seigneurs à se faire absolument *Gallien surmonté celuy qui s'estoit voulu eslever contre luy.* maistres des Provinces qui leur avoient esté baillées en garde: & entr'autres, un Ingenu, Gouverneur de la Panonie, Illiric, & Mesie, contre lequel Gallien representant ses forces, se conduisit de telle façon, que l'entrepreneur occis, il reduisit sous sa domination les trois Provinces, avecque une infinité de cruautez contre ceux qui avoient favorisé le défunt: voire exterminant de l'une des villes, tous les masles, de quelque aage & *Severité trop cruelle de Gallien.* qualité qu'ils fussent: les uns, par mort; les autres, par bannissement, sans esperance de retour: punition non jamais exécutée, que par luy: tellement que les choses s'estans passées de cette façon, il ne devoit plus prendre envie à aucun de ses subjects, dedans ces trois destroits, de vouloir enjamber sur la Majesté de l'Empereur: toutes-fois quelque temps aprés, Regilian, Colonel de l'Ost d'Illiric, ayant convié souper quelques Gentils-hommes, & Capitaines de sa suite, dont paradventure les peres, parens, & amis avoient esté homicidez par l'Empereur victorieux, advint que pendant le souper, un Capitaine *Regilian se trouvant un souper compagnie.* nommé Valerian, commença par maniere de gausserie, de demander d'où estoit venu le mot de Regilian: & comme un autre eut tout aussi-tost respondu, qu'entre Regilian & Royaume, il n'y avoit pas grande difference, un tiers se mettant de la partie, dit, qu'il avoit doncque part & portion au Royaume: & ainsi la parole renvoyée d'une bouche à autre, plusieurs dirent qu'entre Roy, regir & regner, il n'y avoit grande difference: concluans tous, en se souspriant, que par une fatalité cachée, le regne *Est jugé digne de la Royauté en riant.* & Royaume estoient deus à Regilian, lequel soudain aprés la naissance, avoit esté honoré de ce nom. Sur cela, aprés le souper, s'en retournerent en leurs maisons, sans passer plus outre: mais comme le matin, chacun à son resveil, réveil, se souvint des propos qui s'estoient passez le soir precedant, aussi toute la Gendarmerie conduite par ses Capitaines, vint à la porte de Regilian, qui n'y pensoit nullement, & tous d'un commun accord le proclamerent Empereur : dignité qu'il fut contraint d'accepter, craignant d'estre occis s'il la refusoit, & regna bon gré malgré l'Empereur, sur ces païs-là. Par vostre foy, vistes-vous jamais en histoire, telle promotion à l'Empire que cette-cy ? Or entendez maintenant une autre, en faveur de celuy qui ne disputoit autre chose qu'un favorable respit de sa vie, & le requerant, non seulement le trouva, ains la Couronne Imperiale.

Andronic Comnene avoit grande croyance aux Magiciens.

Andronic Comnene, Empereur de Constantinople, cruel & aagé, qui familiarisoit grandement avecque les Magiciens, ausquels il avoit grandement creance, entendit de l'un d'eux, que celuy qu'il devoit craindre, & qui avoit à luy succeder, portoit pour les deux premieres lettres de son nom, I S : au moyen de quoy, luy va soudain entrer en teste, que c'estoit Isaac Comnene sien parent, qui de fraische memoire s'estoit contre tout ordre de droict, emparé de la Province de Cypre, dont il s'estoit fait Roy. Toutes-fois pour en estre mieux esclaircy, il voulut sçavoir dans quel temps pouvoit advenir ce mesfait : dedans le temps de la feste de la Translation saincte Croix, respondit l'autre : adonc l'Empereur repliqua qu'en vain craignoit-il cest Isaac, comme ainsi fust que le temps ne portoit que l'on peust quitter en si peu d'espace ce Royaume de nouvel acquis, pour venir à Constantinople : tellement qu'il estimoit vrayes tromperies, tout ce qui avoit esté predit par ce devin : vous dites vray, Sacrée Majesté, respondit un Courtisan : mais vous ne dites pas, que dedans vostre Cour, avez à Constantinople, un autre parent, portant le nom d'Isaac Ange, duquel ne vous devez pas moins défier : chose dont l'Empereur se mocqua, comme estant ce Prince, sans effect, & qui tout le temps de sa vie s'estoit tel monstré en toutes ses actions. Or avoit Andronic prés de luy, un Estienne, duquel il faisoit estat, comme de sa propre personne : Estienne, dy-je, du tout voüé à la conservation de son maistre, qui fut d'advis de se saisir de cest Isaac, pour obvier à tous inconveniens : à quoy l'Empereur, pour ne luy desplaire, condescendit ; mais pour n'estre spectateur de cette injurieuse prison, le transporta, en une sienne maison de plaisance, esloignée de la ville, deux ou trois mille. Soudain aprés son partement, Isaac estant sur le poinct de monter sur son cheval, Estienne se transporte, vers les vespres, avecque plusieurs satellites, en bonne deliberation de se saisir de sa personne : & sans plus longuement marchander, luy fait commandement de le suivre, & à ses supposts, de le prendre, qui n'osoient jetter les mains sur ce pauvre Prince, lequel ne sçachant la cause de cette tortionnaire capture, & le demandant sans que le preneur luy en rendist compte, adoncques l'impatience se mettant de la partie, le Prince fit un coup d'essay, qui luy servit de chef-d'œuvre ; par ce qu'il mit la main aux armes, & de son espée vierge (ainsi l'appellay-je, car jamais auparavant il ne l'avoit tirée du fourreau) il bailla un coup à Estien-

Isaac Comnene tue celuy qui le

ne, dont il rendit à l'instant l'ame en l'autre monde : deslors ceux qui suivoient ce defunt, commencerent à s'esparpiller çà & là, & le Prince monté sur son cheval, le broche des esperons, & va vers la grande Eglise, où il se blotit, pour luy servir de franchise contre l'Empereur, qu'il cognoissoit d'une impiteuse nature en tous ses desportemens : combien doncques davantage estant à jointes mains, de luy moyenner pardon envers Andronic. Le bruict de ce meurtre court par la ville : le peuple sçait que ce Prince s'estoit mis dedans l'Eglise ; plusieurs y accourent, à la file, pour estre les aucuns mieux informez du faict, & les autres compationnez de ce nouvel accident. Ainsi se passe la nuict ; mais sur le reveil du jour, chacun y court à la foule ; & voyant les pleurs, & prieres de ce pauvre Prince, qui discouroit tout au long comme les choses estoient avenuës ; que luy innocent avoit esté condamné d'espouser une prison ; que pour éviter ce forfaict, il avoit esté contrainct d'occire celuy qui avoit charge de mettre à execution ce detestable mandement ; & qu'il supplioit un chacun de tenir la main à ce qu'il ne fust rien attenté de fascheux contre sa personne : adonc tous ceux qui estoient là ; (c'est-à-dire, la plus grande partie des Bourgeois) commencerent à s'escrier qu'il n'avoit rien faict qui ne fust tres-raisonnable, & que la cruauté du vieil Empereur estoit barbaresque ; partant, qu'en l'occurrence de ce faict, il se falloit pourchasser d'un autre Empereur qui eust toute puissance sur eux. Là s'estoient trouvez quelques Seigneurs de marque, & entr'autres, les Princes du Sang promeus d'aage, qui se presentoient, d'un costé pour avoir part au gasteau ; le pauvre Isaac d'un autre, qui ne demandoit que misericorde, & asseurance de sa personne : nonobstant cela, les clameurs de tous les assistans s'augmentent de plus en plus, qui disent avoir trop long-temps esprouvé la tyrannie des vieillards en un Empereur Andronic. En ce contraste, sans autrement marchander, Isaac demandeur en remission, est par le peuple proclamé Empereur, & mis en une chaire Imperiale, & la Couronne de l'Empereur Constantin, qui estoit penduë en l'Eglise, dont les Empereurs avoient accoustumé d'estre saluez sur leur avenement, mise sur le chef de ce nouvel Empereur, avec acclamation du peuple, à ce accoustumée ; le tout au desavantage d'Andronic, qui se trouva, sans y penser, supplanté ; duquel je vous parleray plus amplement une autre fois. Je vous supplie, dites-moy, si cet acte n'est pas estrangement admirable, que ce Prince au milieu de ses pleurs, ne combattant que pour le sauvement de sa vie, fust esleu Empereur, luy ne le pensant, & ne le requerant ? Et puis, auquel des deux adjugerons-nous le Laurier, ou à Regilian, qui dans la risée, ou à cestuy, qui dedans les pleurs & larmes fust faict Empereur ? Deux histoires vrayement pleines de grandes merveilles. Mais ce que je vous adjourray cy-aprés, vous sera plus esmerveillable, pour manifester la grandeur de Dieu. Chose que je vous reserve à une autre Lettre. A Dieu.

vouloit mettre en prison. Se sauve en l'Eglise. Demande pardon de crainte.

Mais au lieu de ce, est faict Empereur. Couronne de Constantin dont on avoit coustume de couronner les Empereurs.

<hr>

LETTRE XVI.

A Monsieur Servin, Conseiller d'Estat, & Advocat general du Roy au Parlement de Paris.

Divers accidents & infortunes arrivées à Andronic Comnene.

JAmais Prince ne receut plus d'algarades de la fortune, & jamais Prince ne se diversifia en tant de façons de bien & de mal, qu'Andronic de Comnene, Empereur de Constantinople, qui mourut au milieu de son armée, en la Caramanie (anciennement nommée Cilicie) ayant deux fils ; Isaac son aisné, & Emanuel puisné. Celuy-là estoit demeuré dans Constantinople, pour asseurer les affaires de son pere, & qu'il ne luy mesadvinst pendant le voyage qu'il entreprenoit. Cettuy-cy estoit prés du pere,

qu'il sçeut gaigner de telle façon, qu'ores qu'il fust le puisné, toutes-fois, le pere le fit, par resignation, son successeur : lequel soudain que son pere eut les yeux clos, depescha Jean de Castruce, son favory, vers les Constantinopolitains, qui sçeut si bien joüer son personnage, que son maistre demeura Empereur, par la voix & suffrage de tout le peuple, nonobstant toutes les menées d'Isaac, auquel par un droict d'aînesse, appartenoit justement la principauté. Cestuy, fut pere d'Andronic Comnene,

Comnene, qui fut employé par Emanuel son oncle, en plusieurs belles charges, (comme plus proche du sang) ausquelles il s'employoit gayement, & neantmoins luy pesoit grandement au cœur, que son pere eust esté frustré de la Couronne Imperiale, qu'il estimoit luy estre deuë par un juste droit de nature : de maniere qu'il ne se comportoit en toutes ses emploites, ainsi qu'il devoit ; Chose dont Emanuel s'estant apperceu, mesme Andronic accusé d'avoir brassé une nouvelle rebellion contre son oncle, il fut logé en une estroite prison, où il sejourna quelque temps, & depuis estant évadé, il mesnagea de sorte, son faict, qu'il se restablit en la bonne grace de l'Empereur, & de là en avant commença de mener une vie dissoluë ; car combien qu'il fust marié, toutesfois il entretint, au veu & sçeu de tout le monde, Eudoxe sa cousine : & se rendant incorrigible à ce deduit ; l'Empereur, ou pour l'exemple, ou pour la crainte qu'il eust de luy, le mit aux fers, en une forte tour ; luy donnant pour garde, plusieurs gardes : où ayant esté quelques jours, il apperceut une grotte souterraine, en laquelle il entra. Ses gardes venans pour luy apporter à manger, ne le trouvans, & ne s'estans apperceude ce destroit, estimerent qu'il s'estoit sauvé par quelque autre voye. Et des lors l'Empereur en ayant esté adverti, par un autre conseil assez bizarre fit mettre en son lieu, sa pauvre femme innocente. Le prisonnier reprenant ses anciennes arrhes, & trouvant sa femme, estimoit du commencement que ce fust un songe, ou esprit : enfin l'ayant recogneuë pour sa vraye espouse, il couchoit toutes les nuits avecque elle, & le jour se retiroit en ceste grotte, vivant, en cachette, du reste de la femme lors que les Gardes s'estoient retirez : & ainsi continuans leur mesnage, ceste Princesse pour fin de jeu, se trouva grosse d'enfant, du faict de son mary, qui fut nommé Jean. Fut-il jamais histoire plus estrange que ceste-cy ? On l'attribuë à l'un des gardes : au moyen de quoy on les change ; lesquels ne prenans avoir en garde que ceste Princesse, dont ils ne se desfioient grandement, le mary trouve moyen d'évader. Repris quelque temps apres, & remis en plus forte garde que devant, & l'histoire de l'enfantement averée, la femme obtint main-levée de sa personne ; & le mary mis aux fers plus estroitement qu'auparavant, contrefaict le malade, & jouë si bien son personnage par l'entremise d'un sien amy, qui luy apportes des cordes dedans une bouteille, au lieu de vin, qu'il trouva moyen de descendre du haut en bas de la Tour ; & de là en avant, prit qualité d'esclave, lequel (comme il disoit) mis aux fers s'estoit garenti, par la fuite, de la cruauté extraordinaire de son maistre : quoy faisant, il excitoit le peuple à pitié : mesme contrefaisoit le langage Grec, afin qu'on eust plus de creance à son mensonge. Quelques-uns des plus aisés, prenans de luy compassion, le prindrent, & luy osterent les fers ; lequel se voyant ainsi délivré, monte quelque temps apres sur l'un des chevaux de son nouveau maistre, & ne douta de se faire cognoistre, pour le vray Andronic : le bruit en vient jusques aux aureilles de l'Empereur, mesme qu'il levoit gens, & armoit en la Scitie, contre luy : lequel craignant un nouveau remuement de mesnage, donne ordre à le rappeller à soy, sous le sauf-conduit de sa foy : & lors retourné en grace, lui fut baillé par l'Empereur, le Gouvernement de la Caramanie, & assigné quelque tribut sur la Chypre, en sa faveur. Quelque peu apres, il s'enamoure de Philippa, sœur de l'Imperatrix, femme d'Emanuel. De là, il s'achemine à la Palestine, où il jouït sourdement de Theodora veufve de Baudouin, second Roy de Hierusalem. Emanuel ne trouvant en Andronic, qu'un broüillon d'Estat, envoya une bulle d'Or au païs, portant mandement exprés de tuër Andronic, ou bien de luy crever les yeux : punition ordinaire qui lors couroit contre les Grands. Si ceste bulle eust esté renduë la part qu'il falloit, indubitablement c'estoit faict, d'Andronic : mais Dieu voulut qu'elle tomba és mains de Theodora, qui la luy bailla, lequel voyant le danger auquel il estoit confiné, il espousa sous main, Theodora, l'enleve, & s'enfuït vers le Souldan de Chaldée, avecq' sa femme dont il avoit eu deux enfans, Alexius & Irené, & encore Jean qu'il avoit eu de sa premiere femme, & l'avoit emmené quant & soy, de Constantinople. Et combien que l'Empereur luy procurast toutes sortes d'embusches, pour le surprendre en ses rets, toutesfois il s'en garentit par sa sage conduite. Enfin apres avoir vagué çà & là par forme de bannissement, pour exciter l'indignation & fureur de celuy qui avoit toute puissance de vie & de mort, s'il eust esté pris, il luy escrit lettres par lesquelles il le supplie humblement, vouloir avoir pitié, & luy permettre de se prosterner à ses pieds, pour luy demander pardon : ce qui luy fut permis de faire. Et adonc il se presenta à genoux, une chaisne de fer au col, qui luy pendoit jusques aux talons, loing de l'Empereur, comme ne l'ozant approcher, luy demandant pardon de ses fautes : & proferoit ces paroles, à chaudes larmes, qui exciterent pareillement celles de l'Empereur, lequel luy commanda de se lever pour venir à luy. Mais l'autre le supplia de l'excuser, comme estant indigne de ce faire, sinon qu'il voulust commander à l'un des siens de le mener vers sa Majesté, pour recevoir le pardon, ou condamnation qu'il luy plairoit ordonner. Lors Isaac l'Ange, Prince du sang (qui est celui qui depuis fut faict sans y penser, Empereur, comme avez ci-dessus entendu) par le commandement exprés d'Emanuel, le fit lever, & le menant par la chaisne, le luy presenta tout esploré ; lequel s'agenoüillant usa de toutes les soubmissions, & se requites : surquoy l'Empereur parent, induit par les humbles prieres & supplications de l'autre, luy pardonna toutes ses fautes : & neantmoins sçachant que la jalousie de regner, pouvoit encore resider au suppliant, pour le droit d'aisnesse par luy pretendu en la personne de feu son pere, & que s'entrant en Cour il s'en pourroit souvenir, il le confina en un lieu de plaisance, avecque alimens condignes, où il pourroit digerer sa melancolie, en attendant que l'Empereur, selon la commodité de ses affaires, l'envoyeroit querir. Andronic obeït à ce commandement, apres avoir remercié humblement l'Empereur, faisant contenance de n'y apporter qu'une obeïssance trés-volontaire : & neantmoins il y avoit de la crainte, & de la dissimulation, de sa part ; comme l'évenement le monstra : car ayant esté adverty & de la mort du pere qui avoit imperé 38. ans, & de la promotion d'Alexius, jeune fils, à l'Empire, qui selon la permission de son aage n'embrassoit que le jeu, & rire d'enfant, Andronic par lettres au Patriarche de Constantinople & autres Seigneurs de marque, remonstre qu'il estoit le plus proche parent ; que la longueur de ses ans avoit en luy escumé toute desireuse ambition, laquelle faict ordinaire compagnie aux Princes, avant qu'ils soient parvenus à quelque aage ; que ce jeune Empereur avoit besoin d'homme suffisant pour luy assister de conseil, & qu'il estimoit nul n'estre plus propre que luy pour cest effect, tant pour la proximité de lignage dont il attouchoit ce jeune Prince, que pour le long aage dont il estoit comblé : lettres qui ne furent mal recueillies par ceux ausquels elles furent envoyées ; attendu mesmement que lors, un autre Alexius, grandement cheri par le feu Emanuel, avoit empieté telle authorité, qu'apres son decez, abusant licentieusement de l'honneur de sa veufve, mere du nouvel Empereur, il n'estoit loisible d'obtenir aucun don, ny sous le nom du nouvel Empereur, ny sous celuy de sa mere, s'il n'avoit esté confirmé, & authorizé par ses lettres : & ainsi l'avoit faict ordonner par Edict du Senat : ce qui ne plaisoit à chacun : qui fut cause que la plus grand part jettoit les yeux sur Andronic, & desiroit son retour pour donner ordre à toutes ces nouvelles entreprises, qu'il estimoit induës, comme nul ne luy ozant faire teste en une querelle si juste. Emanuel avoit, de son premier lict, une fille nommée Marie, conjointe par mariage avecques un Seigneur Italien du nom de Cesar. Ceux-cy, en escrivent à Andronic, le prient de s'acheminer à Constantinople, où il trouveroit toutes choses disposées à sa volonté, au profit & utilité de l'Estat. Et cependant ceste

Princesse avecque son mary, brasse une forte conjuration contre la mere, & son mieux aimé ; laquelle descouverte, ils s'enfuyent en l'Eglise de Constantinople, pour leur servir de refuge contre les assauts des deux amants : lesquels leur font commandement de sortir, en vertu d'un arrest du Senat qui estoit du tout à leur devotion. Les mariez sçachants la consequence de ce jugement, n'y veulent obeïr. Theodose Patriarche auquel ne plaisoit le mesnage de la mere, se mit de leur party : le menu peuple fit le semblable : Marie avecques son mary arment, abattent quelques maisons prochaines qui leur pouvoient nuire : la mere & son Alexius voyants que sous pretexte de justice ils ne pouvoient obtenir ce qu'ils desiroient, estiment de l'avoir par armes, levent gens, & aidez du nom & authorité du jeune Empereur, assiegent l'Eglise, & ceux de dedans : armes d'une part & d'autre, les uns assaillants, les autres deffendants : grands meurtres, mais principalement de ceux qui estoient sur la deffensive : quelques personnages d'honneur veulent assoupir ce mal, qui enfin sains & sauves, sortent par le moyen, de l'Eglise, & se mettent Marie & Cesar en seureté dedans un Palais. Alexius & la mere voyants que le Patriarche Theodose avoit favorizé leur party contraire, le chassent du Patriarchat : toutesfois quelques jours apres, donnent ordre de le reintegrer avecque toute dignité & honneur : pendant lequel temps, Andronic, qui couvoit dans son ame la principauté, dissimulant sa pensée, s'achemine à grandes journées à Constantinople, bien-veignant tous ceux qu'il le visitoient, & se repaissant de pleurs & douces paroles dont il n'estoit avaritieux : chose que pratiquoit aussi de son costé, Alexius, à ce secouru par la courtoisie & presents de la mieux aimée : entretenant par ce moyen son authorité ancienne, au prejudice d'Andronic qu'il disoit n'avoir autre project en son ame, que se faire par faux-semblants, maistre de l'Estat. Et de fait, ny le Gouverneur de Nice, principale ville de la Bithinie ; ny celuy de la Thrace ; ny quelques autres, ne voulurent embrasser à Andronic, quelques lettres courtoises qu'il receussent de sa part ; disants qu'il ne briguoit en soy autre chose que d'estre Empereur. Ce qui ne le divertit pas toutesfois de poursuivre sa route avecques une puissante armée, qui s'enfloit de plus en plus ; de maniere qu'Alexius, Gouverneur, deliberera d'empescher qu'il ne passast outre, par armée navale, qu'il luy opposa sur les avenues de Constantinople : & neantmoins luy envoya Xiphiline : Ambassade expres, pour le prier de se desister de son entreprise, qui n'estoit qu'un acheminement de troubles, & guerre civile : qui fut renvoyé avecques sa courte honte, à son maistre, Et d'une mesme main, envoya des Ambassadeurs superbes & hauts à la main, à l'Empereur, pour l'advertir que s'il vouloit demeurer Empereur, & qu'Andronic rebroussast chemin, il falloit en premier lieu, que le Gouverneur Alexius, forbanny de la place, rendist compte en justice, de toutes malversations, & par mesme moyen, il falloit que l'Empereur confinée en un monastere, pour y finir ses jours, fust tondue, & abatist ses cheveux, comme Nonnain : autrement, que la porte luy seroit fermée, à l'Empire : que le feu Empereur mourant, n'avoit entendu qu'après son decez, on meslast l'yvraye avecque le bled. Ces Ambassades ouyes, l'armée navale de l'Empereur, sous la conduite de son Capitaine General, se revolte en faveur d'Andronic, & dés lors Alexius Gouverneur est pris au corps, & après avoir receu quelques opprobres, est mené sur un cheval maigre & mehaigne, de la ville jusques au port de la mer, par les siens, qui le mirent dedans une fregate, & le presenterent à Andronic, qui par la sentence de tous, le condamna d'estre noyé, laquelle fut sur le champ executée. Adoncque chacun commença de suivre la fortune d'Andronic, mesme le Patriarche Theodose, grand personnage, lequel toutesfois apres l'avoir considéré de fonds en comble, commença d'estimer miserables ceux qui s'estoient rendus à luy, lequel il prevoyoit devoir estre indubitablement la ruine fatale de l'Estat. Ces cho-

Theodose Patriarche favorise les poursuivis.

Marie & Cesar sortent.

Theodose chassé du Patriarchat.

Nice principale ville de Bithinie.

Alexius livré à Andronic, & noyé.

ses de cette façon passées, l'Empereur Alexius, & sa mere Xené s'estants retirez de la ville suivant la semonce d'Andronic, pour estre, par luy saluez, il les vint, quelques jours apres, trouver, & estants en leurs chaires de parade, se prosterna devant eux, à cause de l'Empereur, luy baisant les pieds, sans faire grand estat de la mere : & quelques temps apres, entra dedans la ville, bien & favorablement accueilli, & avant que passer plus outre, visite le tombeau de l'Empereur Emanuel, son oncle, auquel il fit ses Oraisons avecque pleurs & larmes, qui luy sortoient des yeux quand il vouloit, pour se rendre plus recommandable envers le peuple : voit les Palais & maisons des Seigneurs qui tenoient des premiers rangs de la ville, puis, comme plus proche Prince du sang prend le Gouvernement du jeune Empereur Alexius, & pour son partage luy laisse les jeux, chasse, venetiennes voluptez, & delices convenables à la jeunesse : & quant au sien, luy qui par la longueur & ancienneté de ses ans estoit blanc & chenu, se donne la collation des offices, maniement des affaires d'Estat des enfans & autres qui luy revenoient à gré : & au regard des Seigneurs, il les chastie, les aucuns de fers & prisons, les autres de bannissements ; & aux autres, fait crever les yeux, non pour crimes & forfaits par eux commis, ains seulement parce qu'ils luy desplaisoient. Voire que le seul bruit d'avoir vaillamment combatu pour le feu Empereur, estoit cause de leur ruine, & arriverent les affaires en telle desolation, que les peres, enfans, freres, & cousins, pour complaire à Andronic, & se conserver chacun en son particulier, estoient les delateurs & desolation les uns des autres. Et qui plus est, pour ne manquer de sujet, la plus-part des accusateurs, pendant leurs accusations, estoient eux-mesmes accusez d'avoir voulu conspirer contre Andronic, & par ainsi l'accusé & l'accusateur estoient par un mesme moyen, mis à mort. Quoy plus ? Il advenoit ordinairement que ceux qui le jour precedent avoient esté bien venus, cheris, & embrassez par Andronic, fussent le lendemain exposez au supplice : tellement que le commun bruit estoit, que d'estre favorizé du Prince, c'estoit une amorce, voire asseurance de la desolation & ruine. Et sur ce Sagrampied, la Princesse Marie & Cesar son mary, desquels Andronic avoit receu tant de fideles & agreables services, pour son advancement, furent par luy, mis à mort, comme desireux de la domination & Empire : donne ordre de chasser Theodose Patriarche, & de surroger en sa place, un autre : fait cependant couronner Empereur, Alexius, pour monstrer qu'il ne desiroit rien tant que sa grandeur. Mais comme il vivoit d'un costé, en cette hypocrisie ; d'un autre costé, il brasse tous moyens la ruine de l'Imperatrix Xené, sa mere. Il accuse cette Princesse devant quelques Juges, lesquels avant que passer outre, veulent estre esclaircis, si cette accusation se faisoit du consentement du fils encontre la mere : Andronic prenant cette responce pour rebellion, expose à la mercy de l'espée, tous ces pauvres Juges : chose dont saize grands Seigneurs estonnez, conspirent contre luy ; & estant leur conjuration descouverte par Andronic, les uns prennent la fuite, & les autres pris, sont faits aveugles : assemble ses Juges du Senat, apostez non pour juger, ains condamner l'Imperatrix, laquelle sans cognoissance de cause fut releguée en une penible prison, nourrie au pain & à l'eau, affligée d'une infinité d'injures, & ses gardes : non content de cette condamnation, il assemble derechef ses juges, qui pour luy complaire, condamnent cette Princesse à mort ; mais pour y bailler quelque fueille, font souscrire cest arrest de mort, par le fils, contre la mere : & ainsi fut cette pauvre Dame, massacrée par quelques ministres d'Andronic, & son corps enterré dedans arenes, non loing de la mer : & lors affranchy de tous destourbiers, il se faict proclamer Empereur avecque Alexius, l'un des deux, fort jeune ; (l'autre vieil, sur lequel la populace mettoit toute sa confiance, contre toutes nouvelles seditions qui pourroient sourdre :) qui fut cause qu'Alexius fut contraint d'avoir

Androniç sa mere Alexis Empereur ne tient conte de sa mere.

Cruautez, & injustices d'Andronic après s'estre rendu maistre de l'Empire, persecutions & divers re.

Sa grande ingratitude envers ses bienfaicteurs.

L'Imperatrice condamnée en prison à vivre au pain & à l'eau.

Puis enfin massacrée, & son corps enterré dans le sable.

Androniç nic se

fait pro- d'avoir pour agreable, cette extraordinaire promotion.
clamer Et comme le lendemain il convint à Andronic d'aller
Empe- à l'Eglise pour estre couronné de la Couronne Impe-
reur. riale, ayant receu la saincte Hostie, & beu le Sang de
nostre Seigneur, il protesta devant tout le peuple, qu'il
n'accepteroit cest Estat sinon pour le soustenement du
jeune Alexius Empereur : & toutesfois quelques jours
apres, il le fit mourir ; car toutes ces ceremonies parfaites,
il fit assembler peu de jours aprés, le Senat, dont les aucuns estoient du tout à sa poste par amour, & le demeurant par crainte, pour sçavoir s'il estoit raisonnable qu'un
enfant commandast ce grand peuple & tant de belles
Provinces : & comme tous d'un commun accord luy
eussent respondu d'un vers qui est dans Homere, *Que
d'avoir deux Rois, c'estoit trop*, & qu'il se falloit contenter
d'un seul : & à peine eurent-ils prononcé leur arrest de
Puis fait mort contre le jeune Alexius, que le vieil Andronic le
mourir fait estrangler, d'un nerf, dedans le Palais, nuictam-
le jeune ment ; sa teste couppée, portée par les entremetteurs, à
Alexius son adversaire, & son corps jetté à la mer. Ainsi mourut
contre ce jeune Empereur, agé de quinze ans, le troisiesme an
la foy de de son Empire, non toutesfois l'ayant gouverné de soy-
sa pro- mesme, (car son aage ne le permettoit) ains premiere-
testa- ment par sa mere, accompagnée d'un tyran sien amy,
tion. puis par son parent Andronic. Et depuis, ce vieillard
espousa Anne fille d'un Roy de France, fiancée à Alexius (comme de malheur, rien ne luy estoit impossible
qui luy estoit venu à la teste) estant cette jeune Princesse,
agée seulement d'onze ans. Deslors il se lascha toute
bride ; & ayant mis le siege devant la ville de Nice, qui
n'avoit peu supporter sa tyrannie ; voulant mal de mort
Sacruau- à Euphrosine mere du Prince Isaac l'Ange, il la fit atta-
té en- cher à l'embouscheure d'une machine, laquelle il fit las-
vers Eu- cher contre la ville, pour avoir tout d'une main & la
phrosine fin de la Princesse, & de la ville tout ensemble, s'il luy
eust esté possible : mais voicy une cruauté signalée, s'il
s'en trouva jamais une au monde. La ville de Nice ayant
soustenu, fort & ferme, le siege contre le
vieillard Andronic, nouvel Empereur, pouvoit encore
s'opposer à ses efforts ; toutesfois elle est conseillée par
les importunitez de Nicolas, son Evesque, de se rendre
Nice se à Andronic : au moyen de quoy, suivant ce conseil, l'E-
rend à vesque revestu de sa chasuble & habillemens pontifi-
Andro- caux ; avecque tout le Clergé, portants les Reliques de
nic, à leurs Eglises, suivis de tout le peuple, sans armes, grands
la sea- & petits sans exception ny acception d'aage, de sexe, ny
sion de de personnes, eux tous pieds nuds, se presentent avec-
son Eues- que rameaux, à Andronic, luy demandants avecque
que. prosternation, la paix : conseil, à la verité, plein de legereté, & plus encore l'execution ; car auparavant que l'e-
xecuter, cela meritoit quelque concerte avecque l'Empereur, pour leur servir d'asseurance : & neantmoins cette honneste submission meritoit bien quelque genereux
traittement de la part du Prince, lequel du commencement estimoit que ce fust un songe ; toutesfois aprés s'e-
stre asseuré de la verité du faict, au lieu de caresser ce
Cruau- peuple de la clemence dont les Empereurs & Rois font
tez profession ; il exerce toute maniere de cruautez envers
d'An- uns & autres, & par special, envers la noblesse, les uns
dronic estants envoyez en exil, & les autres jettez du haut en
dans bas des murailles, & autres soldats empallez vifs, le long
Nice de la ville. De ce pas, il s'achemine contre les Prusiens,
apres qui faisoient contenance de ne luy vouloir obeïr. Leur
s'estre ville est prise par force, pillée, & saccagée par les siens,
rendu qui en firent une gorge chaude. Mais luy, non content
volon- de la tyrannie par les siens exercée, voulut en aprés,
taire- avoir part au gasteau, comme eux, & tyrannisa ceux
ment. qui restoient, de nouvelles cruautez, & entr'autres un
La ville jeune Seigneur nommé Ange Theodore, n'ayant le vi-
des Pru- sage presque chargé d'aucun cotton, auquel ayant fait
siens crever les yeux, le faict mettre sur un asne, & transpor-
pillée. ter hors les limites de l'Empire ; puis abandonne des
Cruau- siens, afin qu'il fust transporté à la misericorde de la beste
té en- sur laquelle il estoit monté, & servit de pasture aux bes-
vers un tes brutes. Toutesfois, pris par quelques Turcs, il fut,
jeune
Sei-
gneur.

A contre l'opinion d'Andronic, conservé. Ce fait, il fit
passer par le fil de l'espée, quarante Gentils-hommes,
des premiers de la ville, qui estoient de reserve. A plu- *Autres*
sieurs, il faict oster les mains, aux autres les pieds, aux *cruau-*
autres les yeux, & à aucuns les yeux & les pieds tout *tez es-*
ensemble. Puis retourne à Constantinople, bien venu, *tranges.*
& embrassé par uns je ne sçay quels flatteurs qui applau-
dissoient à toutes ses actions : où il fit mourir Macrodu-
ras, & un autre, portant le nom d'Andronic, tous deux
ses tres-fideles & affectionnez serviteurs ; car tenant toutes suspicions & imaginations qu'il ont venoient en la pensée contre uns & autres, pour vrayes, aussi-tost la mort
s'ensuivoit : & neantmoins accompaignoit ses cruautez,
du masque de severité, parce qu'il n'y faisoit contenance de
ne rien entreprendre sans le decret du Senat, auquel il
commandoit à baguette ; qui ne luy estoit pas un petit
avantage envers le commun peuple pour authorizer ses
intentions. Toutesfois au milieu de ses cruautez inhu-
maines, il delegua par les Provinces, Commissaires
ausquels il assignoit bonnes & riches pensions, afin de ne
mal-mener ses sujets, & leur disoit avant leur partement,
de quelles peines il les chastieroit, contrevenans à ses
ordonnances : ne vendoit les offices publics, ains les
bailloit, aux mieux meritez : donna ordre par son Edict *Edit*
approuvé par son Senat, que contre l'ancienne coustu- *pour les*
me des Romains, les navires des marchands, poussées *navires*
par tempeste & fortunal de mer, à quelques havres & *jettées à*
ports maritimes, ne fussent, à l'impourveu, pillées, ains *bord par*
reservées à certain temps. A peu dire, il n'y avoit ce com- *la mer.*
mun dire à la bouche, dont il entretenoit ses subjects :
faites estat, ou de bien vivre, ou de ne vivre : qui n'estoient
pas petits arrhements pour exciter la bienveillance des
gens de bien. Et neantmoins au bout de cela, il n'y eut
jamais Prince, qui fist estat d'entretenir sa grandeur par
la cruauté, comme luy ; car tout ainsi que l'Empereur *Titus*
Titus, en les communs propos, se lamentoit qu'une *veut*
journée se fust passée qu'il n'eust gratifié l'un de ses sujets *bien fai-*
de quelque bienfaict : au contraire, nul jour ne se passoit, *re tous*
que cestui-cy n'eust faict mourir l'un des siens, & estoit à *les jours*
grandement marry s'il ne l'avoit faict. Et qui pis est, *qu'un*
non content & assouvi de s'aheurter encontre le malfaic- *sien.*
teur, & actes où il l'estimoit & aller quelque chose du sien, *sujets.*
il vouloit que les proches parens eussent part à la punition, & de ce, fut faict Edict exprés à son tres-grand con- *Contrai-*
tentement : vray moyen, certes, par lequel on desertoit *re effect*
la Republique, de ses gens de bien, & d'honneur ; mais *d'An-*
C en la cuidant deserter, on exterminoit par mesmes voyes, *dronic.*
le tyran qui se pensoit conserver par icelles.

Comme il advint à cest Andronic, lequel aprés tant
de tyrannies mises en œuvre, pensoit estre en seureté de
toutes choses, & adjoustant grande foy (ainsi que je vous
ay cy-dessus escrit) au Magicien qui luy dit au mois de
Mars, qu'il y avoit homme qui lui succederoit dedans la
Translation de saincte Croix, & qu'il prist diverses
asseurances en soy, par le conseil d'Estienne, son grand
confident : toutes-fois il fut chassé de son Empire, par *Andro-*
le peuple de Constantinople, en faveur d'Isaac Ange, *nic*
autrement dit Comnene, qui lors, fermé dedans l'Eglise, *chassé*
ne demandoit que pardon. Or voyez, je vous prie, comme *de l'Em-*
les choses se passerent. Andronic qui lors sejournoit en *pire, &*
un sien Palais à trois ou quatre milles de la Ville, ayant *Isaac*
eu advis & du meurtre inopiné d'Estienne son mieux ai- *Com-*
mé, & que le commun peuple estoit indigné des depor- *nene.*
temens fascheux de l'Empereur, il depescha aussi tost let- *faict*
tres patentes de la teneur desquelles, sans entrer en *Empe-*
plus grande connoissance de cause, ce qui avoit esté faict *reur*
estoit faict, & que le tout demeuroit pardonné & esteint *lorsqu'il*
pour le propre mouvement du Prince. Ces lettres ainsi ap- *soit le*
D portées, le peuple en faisant litiere, l'Empereur estima *moins.*
que sa presence lui serviroit plus que du parchemin : &
sur ceste opinion, rebrousse chemin en la ville, où il
pensoit estre bien accueilli de tous ; toutesfois au rebours
de son opinion, il est assailli par le peuple, & lui se defendant au contraire, est contraint de trouver la fuite

en la misericorde des vagues : enfin pris, & amené à l'Empereur Isaac. (Et lors le peuple, pour caresser Andronic, le frape & picque par les fesses, d'aleines & canifs, luy arrache la barbe, & cheveux ; les femmes mesmes ne s'espargnent à le bien battre, & singulierement celles ausquelles il avoit faict mourir leurs maris ; & sa main dextre luy est coupée ; & en ceste façon, fut mené en la prison, sans pain & vin, ou autres vivres.) Sa playe estanchée, quelques jours aprés, on lui creve un œil, & mis sur un Dromadaire rongneux, il est traisné par la ville, en forme de triomphe, suivi de toute la populace, laquelle pour se rassasier de son maltalent, le poursuit de nouvelles recharges, les uns le saluans de pierres volantes, les autres le batboüillans de fiente d'homme, par la face, l'appellant chien enragé : & une fille de joye entr'autres lui jetta sur la teste, de ses fenestres, une jattée d'eau chaude. Et pour fin de telles caresses, estant arrivé à la grande place, il est pendu par les pieds, la teste contrebas : là, impudemment, on luy coupe les parties honteuses : & pour fin de ce piteux spectacle, reçoit deux coups d'espée en la face : dont il rendit l'ame en l'autre monde n'ayant autre recours qu'à Dieu, en lui escriant souvent ces trois mots, *Miserere mei Domine* : & à bien dire, c'estoit rat en paille contre ce miserable Seigneur. Fut-il jamais une telle metamorphose que ceste-cy ; & en laquelle il sembleroit de prime-face, qu'il faudroit dire ce que font ces folastres du monde, que nous appellons sages-mondains : *Mundum regit fortuna, non sapientia* ? Et neantmoins je ne leu jamais histoire dont j'apprisse plus belle leçon, que de ceste cy : qui sera pour une autre lettre ; car maintenant je veux faire surseance d'Armes. A Dieu.

LETTRE XVII.

A Monsieur Servin, Conseiller d'Estat, & Advocat general du Roy au Parlement de Paris.

JE ne vous ay rien recité par mes deux precedentes lettres, que je n'aye emprunté de l'histoire de Nicetas, qui fut l'un des premiers Seigneurs de Constantinople. Or voyez le commentaire que j'y apporte, que prendrez pour ouvrage de ma façon : & à la mienne volonté qu'il puisse servir de leçon à ceux pour lesquels je l'ay faict. Les Princes & grands Seigneurs, vivans, manient leurs actions, ores à l'ouvert, ores à couvert, selon que les necessitez publiques, ou volontez particulieres leur commandent ; & estans allez de vie à trespas, les belles plumes font leurs histoires, que nous lisons ; mais vaine en est la lecture, si nous, comme plus proches de nous, ne les tournons premierement en tout honneur à nostre profit, pour en faire puis aprés, selon les occasions, part aux autres. Voyons doncque quels jugemens j'ay faict sur ce que je vous ay deduict de Jean, Emanuel, Alexius, Andronic, quatre Empereurs, & Zeté mere d'Alexius : mais sous tel si, que vous aussi jugerez de mes coups ; car sous autre condition ne les vous ay-je voüez.

Premierement, je voy un Jean Comnene Empereur de Constantinople mourir chargé de deux fils masles, Isaac aisné, & Emanuel puisné : l'aisné sejournant à Constantinople pour la conservation de l'Estat à son pere, lors absent pour les guerres qui se presentoient : le puisné estant prés du pere, & entouré, d'une forte armée. Et se voyant le pere prés de son trespas, institua par son testament, pour son successeur, ou par ses importunitez, ou par un je ne sçay quel droict de bien-seance, le puisné, estant lors present ; le tout au prejudice d'Isaac son aisné : Empire qu'Emanuel se sceut fort bien conserver par la diligence & entremise de Jean d'Abruche, son premier & principal confident. Qu'advint-il de ce nouveau & inaccoustumé jugement ? Emanuel joüit de l'Empire : mais Andronic qui representoit Isaac son pere, aprés son decés, estimoit que Jean son ayeul luy avoit faict tort, & que la Couronne appartenoit à son pere, par un droict d'aisnesse, qu'il avoit apporté du ventre de sa mere quant à foy. De là, perpetuelle defiance entre les deux Princes ; l'un desirant perdre celuy qu'il voyoit luy dresser nouveaux aguets pour le surprendre; l'autre, en fuyant deçà & delà, espier ses apoints pour attaindre à son intention ; l'un fondé en la disposition testamentaire d'un pere, qui n'est pas petite ; l'autre, au droict coustumier de nature, qui ne semble de moindre, ains plus grand effect. L'oncle s'aydoit du long laps de temps qu'il avoit jouy de l'Empire ; qui sembloit prescrire tout ce dont on se vouloit ou pouvoit ayder de la nature ; le Neveu se pretextoit de sa volonté, qui avoit toujours esté empeschée en la non-joüissance, par la force de son ennemy, qui luy estoit un perpetuel destourbier infracteur de toute prescription. O combien me plaist la sentence de feu Messire Claude de Bresimont, seigneur de Balanzac, Gentilhomme des plus nobles & anciennes maisons de la Xaintonges, en la memoire duquel je pense avoir quelque part, pour avoir esté sa fille aisnée, mariée avecques mon fils, le Maistre des Requestes ! Ce Seigneur estant sur le poinct de sa mort, est sommé par la Dame de Balanzac sa femme, de vouloir tester, singulierement au profit d'uns & autres ses enfans. Je n'en feray rien, (dit-il) la Loy est plus sage que moy, laquelle y a dés piéça pourveu : elle seule est mon testament : entendant sous ce mot de loy, la coustume du païs à laquelle il estoit naturellement obligé. Il y avoit de la sagesse en l'Empereur Jean, mais beaucoup plus en la coustume de tout temps & ancienneté, pratiquée en faveur des masles aisnez. Quelque souveraineté & grandeur qui nous accompagne, un Empereur & un Roy, doivent fuïr, comme un escueil, le contentement de leurs volontez particulieres, pour mescontenter la Loy generale ; comme cela n'estant autre chose, qu'un seminaire & pepiniere de dissentions & guerres civiles vrayes meres de la ruïne d'un Estat : & à vray dire, s'il n'y eust eu que ceste consideration en Andronic, ce nous eust esté subject de l'excuser pour la juste componction & douleur qui pouvoit sejourner en son ame ; mais en tous ses deportemens, il messoit le bien & le mal ensemble ; qui luy estoit chose indifferente, moyennant qu'il executast ses passions ordinairement desreiglées : avecque la cruauté qui luy faisoit bonne compagnie, l'inceste en matiere de femmes & espousées, luy estoit fort familier, feuilles qui couvroient toutes les entreprises induës que il pretendoit avoir esté faictes sur son pere & luy.

Andronic s'arma de toutes sortes d'hypocrisies, pour faire sa paix avecque Emanuel son oncle, qui avoit eu un petit enfant de sa femme Zeté ; & neantmoins en paix faisant, confina son neveu, à Oeton, lieu de plaisir, où il pourroit vivre avec toute seureté de sa personne, estant entretenu d'une bonne & grande pension, pour l'entretenement de luy & des siens : mais ne vouloit qu'il approchast plus prés de luy ; sçachant que la longue vie ne luy avoit rien osté de la Principauté par luy pretenduë ; qui n'estoit pas sous un petit conseil : d'ailleurs, il se voyoit assisté d'un long laps & prescription de temps : quelque temps aprés, il décéda, delaissant pour son successeur, Alexius, son fils, jeune enfant. Je ne sçay si durant sa vie, Zeté sa femme, s'estoit esperduë en un autre Alexius, l'un des principaux Capitaines de feu son mary : toutesfois aprés son decés, elle ne s'en cacha pas grandement : & sous ces arches, eux deux ayans le jeune Empereur en leur possession, prindrent le gouvernement de l'Empire : qui occasionna le commun peuple de mutiner tinet: voire les plus grands, & fignamment la Princeffe Marie, fille du premier lict de l'Empereur Emanuël, qui envoya lettre expreffe à Andronic, le priant, & interpellant comme plus proche Prince du fang, de quitter fon habitation d'Octon, & venir en Cour, exercer ce qu'il eftoit tenu de faire, pour la proximité du lignage, dont il eftoit attenu envers l'Empereur Alexius, pour la baffeffe de fes ans. A ce mandement, le Prince s'achemine, en bonne deliberation d'y faire de là en avant fes affaires, felon qu'il avoit toujours projecté, mais caché dedans le fonds de fon ame. Chacun s'efjoüit de fon acheminement : & pour le favorizer davantage, eft mis à mort l'amoureux Alexius, qui auparavant s'eftoit donné toute puiffance fur le gouvernement de l'Empire. Arrivé ce Prince bien accueilli & de l'Empereur Alexius, & de Zeté, fa mere; il s'employe aux affaires felon que l'ancienneté de fon aage, & proximité de parentelle defiroit; mais la prefence de la mere, empefchant aucunement fes deffeins, elle par la faction de luy, mife à mort, il s'en fit croire païs aprés comme il vouloit. Demeurons là, premier que de paffer plus outre. Eftimez-vous point qu'en ces deux morts violentes de ce grand Capitaine Alexius, & l'Imperatrix Zeté, ne fuft executée la juftice de Dieu, par l'injuftice des hommes? Si la Princeffe veufve, felon le deu de fa viduité, fe fuft contenuë en fa chafteté, & Alexius en l'obeïffance de Capitaine, chacun demeurant dedans les limites de fon devoir, ny le peuple ne fuft emû en gourgouille, ny le parent n'euft efté appellé, ny arrivé il n'euft ozé rien attenter de nouveau fur la vie de ces deux perfonnages. Ils furent premierement maniez, d'amourettes induës; & Dieu permit auffi qu'ils furent induëment occis, pour enfeigner aux Princes & Princeffes, qu'ils ne doivent mefler leurs paffions privées, avecque les affaires d'Eftat. Mais voyons maintenant ce qui advint à Andronic.

Juftice de Dieu executée par les hommes

Ce Prince plus proche de fang, aprés la mort de cette Princeffe, penfoit avoir atteint au comble de tous fes fouhaits; car il n'avoit plus en tefte que le jeune & petit Empereur, luy qui d'ailleurs n'avoit autre but en l'ame que de parvenir à cette Couronne (laiffant à part plufieurs particularitez, par moy deduites par mes dernieres) il reçoit Dieu en l'Eglife, & fur fon S. Sacrement, jure & protefte n'eftre pouffé d'autre defir que de la manutention du petit Empereur & de fon Empire: toutesfois peu aprés, il le fait mourir : & fe voyant feul Empereur, exerce toutes fortes de cruautez, tant contre les grands que petits, contre citoyens & eftrangers ; conjoint fa cruauté ordinaire avecques un faux pretexte de juftice, penfant que par ce moyen, fa tyrannie, qu'il appelloit Domination, feroit entretenuë ; enfin adjouftant foy aux predictions d'un diable, Dieu permit pour fa folle creance, que ces predictions fortent effect à fa ruïne, lors qu'il penfoit eftre le plus affeuré ; & qu'il perdift fon Eftat, par celuy qu'il penfoit eftre és abifmes de toute mifere, que le peuple fubftituë en fon lieu ; & meure par les mains de fes fubjects, aufquels auparavant il donnoit toute loy, à fa volonté. Qu'eft-ce cecy autre chofe qu'un fage doctrinal aux Princes, qui leur enfeigne de ne fe fier à leur lignage, ny à tous leurs confeils terreftres, ains à Dieu, & que toutes & quantesfois que fous pretexte de leur lignage accompaigné de leurs cruautez, pour regner ils l'oublieront, Dieu par mefme moyen les oubliera, fans aucune opinion, ou efperance de reffource. En effet, voilà le fruict que j'ay rapporté de cette hiftoire. Dieu veuille qu'elle foit leuë par les Princes mefmes, & Princeffes ; car c'eft à eux & à elles que je veux adreffer ce pacquet. Que fi en trouvez quelques autres, comme eftes homme qui n'ignorez rien, je vous fupplie m'en faire part, comme celuy qui eft du tout voftre pour vous obeïr. A Dieu.

Sage Doctrinal aux Princeffes

✠✠

LETTRE XVIII.

A Monfieur Servin, Confeiller d'Eftat & Advocat general du Roy au Parlement de Paris.

Remarques fur la fortune du Pape Sixte V.

ORfus, puifque nous fommes vous & moy, fondez en l'hiftoire, je vous en veux raconter une de laquelle recevrez contentement & edification tout enfemble. Quant à moy, je veux croire, n'y avoir plus grande dignité en ce bas eftat, que la Papauté, non feulement pour l'eftofe, en laquelle il n'eft queftion que de Dieu, & de fon Eglife ; mais auffi pour la façon : d'autant que ceux qui y parviennent, font du commencement de baffe qualité ; mais croiffans d'aage, fe font petit à petit grands par leurs merites & vertus, ayans banny toutes paffions, quoy que ce foit, la plus grande partie, & eftans vieux font enfin par election, appellez à la Papauté, inefperément, & le plus fouvent lors que moins ils y penfoient. Que fi entre toutes les Principautez, cette-cy eft la plus grande, je veux croire noftre Pape Sixte, avoir efté l'un des premiers. Et parce que par mes dernieres, nos difcours ont efté fur le fait de l'Empire de Rome ; premier que de paffer plus outre, je vous diray qu'entre les anciens Empereurs, je n'en voy aucun qui fuft de fi baffe condition & vile fortune que Bafilius, duquel on ne peuft jamais cognoiftre qui eftoient fes pere & mere. Mefme fut vendu en qualité d'efclave, à Conftantinople : toutesfois il conduifit depuis, fes affaires avecques tant d'heur accompagné de fageffe, qu'enfeveliffant avecques le temps, fa baffeffe, il fut enfin proclamé Empereur, & impera l'efpace de vingt ans entiers, avec telle preud'hommie, qu'il laiffa fa Couronne fucceffivement à deux fiennes generations, de fils, & arriere-fils.

Une plus fignalée fortune trouverez-vous en noftre

Les Papes, du commencement, de baffe condition.

Bafilius forty de fort bas lieu, & dont ne fçavoit l'origine, fait Empereur y regne fort heureufement.

Pape Sixte V. que j'ay apprife de noftre Marquis Pifany, vray patron de Saincteté, dedans noftre fiecle, qui me recita l'avoir apprife par la bouche de ce grand Pontife lequel de fon premier meftier gardoit les pourceaux. Et comme il eftoit en ce bel exercice, aux champs, advint un fi grand orage de pluye, que deux Cordeliers voulant paffer par un rut, qui eftoit infiniment accru par cette pluye extraordinaire, ils furent contraints d'avoir recours au porcher, lequel eftant nuds pieds, les paffa l'un aprés l'autre fur fes efpaules : & eux le recommandans à Dieu, fans bource deflier, luy confeillerent de fe rendre des leurs, en leur Monaftere, & luy feroient obtenir place felon fa qualité, qui eftoit de Religieux Laïc, que nous appellons autrement Boutecuel : Offre qui luy tomba en fourdeoreille ; parceque, quelque temps aprés, il fe rendit vers eux, qui luy firent avoir place telle qu'ils luy avoient promife : & depuis, exerçant l'office de ferf, s'adonna toutesfois cependant aux livres, & y profita de telle façon, qu'il fut fait Religieux avecque les autres freres Reguliers, & promeu aux Ordres : entre lefquels il vefquit en telle reputation, que le General de fon Ordre, le fit fon Procureur, & l'envoya à Rome, où il fut long-temps prés du Pape Pie V. Charge en laquelle il fe comporta avecque tant de fageffe, & dexterité, qu'il luy plaifoit entre tous les autres. Et comme fon General, aucunement jaloux de cette grande faveur, luy eut par lettres, commandé qu'il retournaft au Convent, & qu'il fe fuft prefenter au Pape, pour prendre congé, fuivant le commandement de fon maiftre, Pie ne le voulut permettre, ains manda

Le Pape Sixte V. garde les pourceaux pour fon premier meftier.

Il fe rend Cordelier, où il eft ferf.

Il eft fait Procureur du General de l'Ordre.

C c ij

manda au General qu'il avoit affaire de son Procureur : de maniere qu'il l'envoya, quelque temps aprés, en Piedmont, pour quelque affaire qui importoit au S. Siege. Luy party, & pendant son voyage, le General estant allé de vie à trespas ; le Pape, pendant l'absence du Procureur, luy confere cette charge de General, qui est grande entre les Cordeliers. Ce Religieux est, à son retour de Piedmont, assiegé d'une forte pluye, & comme il se vouloit mettre à l'abry dedans un monastere de son Ordre, en la Lombardie, la porte luy ayant esté ouverte au son d'une clochette, soudain qu'il eut dit son nom, le portier court au Prieur, & l'advertir que leur General estoit à la porte. Adonc luy & tous les Religieux y accourent avec la Croix, la baniere, & l'eau benite, & se presentent à luy avecque une grande soubmission ; lequel ne sçachant sous quel titre ils l'avoient ainsi accueilly, ils luy dirent que c'estoit l'honneur qu'ils devoient à leur General : chose dont il n'avoit encore eu advis. Et en cette façon, aprés avoir fait une devote procession, ils entrent dedans le Chœur de l'Eglise ; il est assis sur une chaire, & adoré par les Religieux, qui tous agenouillez luy baisent les mains, suivant l'ancienne coustume ; & aprés avoir esté, en toute humilité, bien-veigné par les siens, il reprit son chemin vers Rome, où il fut chery par le Pape, & aprés luy avoir fidelement rendu raison de sa Legation, il fut quelques jours ensuivans, par luy, gratifié d'une Evesché, ainsi comme il jardinoit (exercice auquel aprés avoir servy Dieu, il prenoit singulier plaisir) & quelques mois aprés, fait Cardinal, lorsque moins il y pensoit : & neantmoins il n'estoit pas riche, qu'en cette grande dignité il avoit pris la charge de la vigne, c'est-à-dire, du Palais de Plaisance de Tivoly, appartenant à Monsieur le Cardinal d'Est. Advient la mort du Pape Gregoire XIII. par laquelle les deux Cardinaux faiseurs de Pape (c'estoient les Cardinaux d'Est, & de Farnese), pardevers lesquels les autres avoient baillé diversement leurs voix pour la Papauté, celuy d'Est, pour la maison de France, l'autre pour celle d'Espagne) se trouverent grandement partialisez, ne pouvants donner coup asseuré à leurs devotions, que les bons compagnons appellent brigues : enfin furent contraints de se ranger à celuy qui estoit le plus esloigné du plat, sur lequel nul du Conclave n'avoit auparavant jetté l'œil : je veux dire sur nostre pauvre Cardinal, lequel ayant esté nommé Pape, prit le nom de Sixte V. lequel se rendit du depuis si admirable, pardessus tous ses predecesseurs, tant à l'embellissement de la ville, que police general, qu'aucun autren'arriva jamais à son parangon. Et pour ne faire estat de tout, je diray seulement qu'il releva l'Aiguille de Virgile, que plusieurs de ses devanciers avoient voulu relever, mais n'ont peu : & non content de cela, la fit poser tout de son haut & long ; à quoy nul autre que luy n'avoit sçeu jamais atteindre. En outre, extirpa plusieurs Seigneurs scelerez, qui abusoient de leur grandeur, au prejudice du peuple & du public : & aprés avoir chassé les aucuns des bannis, qui faisoient dix mille ravages sur les passants, estonna de telle façon les autres des païs où ils habitoient, qu'ils en furent en tout & par tout, nettoyez, au grand contentement des passants. Le Seigneur Pisany estoit lors Ambassadeur pour le Roy, à Rome, avecque lequel ce grand Prelat, estant seulement Cardinal, avoit contracté amitié : & comme depuis il se trouva avecque luy sur le Chasteau Sainct Ange ; (aprés avoir esté appellé à la Papauté, dont ils contemploient toute la grandeur de la Ville) le Pape luy dit (ainsi me l'a, le Marquis, depuis recité.) Vous voyez quelle part j'ay maintenant à ceste grande Ville : je vous puis dire comme chose tres-vraye, que la premiere fois que j'y entray, j'estois pieds nuds & deschaux, portant dedans ma bezace, d'un costé mes sabots, & de l'autre mon pain pour vivre. Tout ce que je vous ay ci-dessus discouru, je le tiens en foy & hommage de Monsieur de Pisany, l'un des plus sages preu-d'hommes que nous ayons jamais halené en ceste France ; duquel je vous puis dire comme d'une chose que j'ay veuë (car j'avois cest honneur de le frequenter souvent) qu'il ne beuvoit ny eau, ny vin, ny toute sorte de breuvage, comme celuy qui passoit sa vie sans boire ; vray que pour supplément, le fruitage dont il usoit, luy estoit fort familier & commun. Mais tant y a, que ce que je vous escry est advenu de nostre temps, & merite, à mon jugement, d'estre sçeu pour le rang qu'il tint en la France : ayant eu le Gouvernement de M. le Prince de Condé, pendant sa jeunesse, proche Prince du sang entre les nostres. Mais pour ne m'eslongner de mon but, vous ay-je rien dit en tout ce que je vous ay discouru de nostre grand Sixte, en quoy vous ne voyez des miracles trés-exprés de Dieu ? Et à peu dire, vous serez bien empesché de dire auquel y en a plus, ou à l'ancien Basile Empereur, ou à Sixte nostre nouveau Pape de Rome. A Dieu.

FIN DU TREIZIESME LIVRE.

LES LETTRES D'ESTIENNE PASQUIER

Conseiller & Advocat General du Roy en la Chambre des Comptes de Paris.

LIVRE QUATORZIESME.

LETTRE I.

A Monsieur le Comte de Sanzay.

Recit au long de la mort de Henry III. par le coup fatal d'un Jacobin.

Execrable patricide ! Qu'un Moine ait esté si malheureux & meschant d'assassiner son Roy ! Roy, dis-je, le plus Catholic qui fut onocques, entre tous les Catholics ! Mais pour vous discourir tout au long de ceste detestable tragedie : vous sçavez que ce pauvre Prince, après qu'il fut sorty de Tours, pour aller assieger Paris, se fit voye, par Jargeau, Plouviers, Ginville, Estampes, Pontoise ; villes qu'il reduisit sous son obeïssance, les unes par force, les autres par composition. De là, s'estant du tout voué à la prise de Paris, il se loge au pont de saint Cloud : le bruit est que ceux de la ville, reduits en un desespoir, sont contraints d'avoir recours à ce dernier poinct : il y avoit au Monastere des Jacobins, un frere, Jacques Clement, autrefois soldat, natif d'un village prés de Sens. Cettuy se trouve tout propre pour l'execution d'une si damnable entreprise, & est tellement suborné par les persuasions de son Prieur, nommé Bourgouin, qu'il sort le dernier jour de Juillet, bien deliberé de n'y faillir. Or voyez comme quand nostre heure est venuë, nous ne la pouvons fuir. Le Roy, deux jours auparavant, avoit receu un petit billet, d'une Damoiselle de bon lieu, qui estoit dans Paris, par lequel elle l'advertissoit, qu'il eust à se tenir sur ses gardes ; parce qu'il y avoit trois hommes qui s'estoient resolus à sa mort : chose qu'il descouvrit à Madame la Duchesse de Rez, qui l'estoit venu saluer : c'est celle dont j'ay entendu cette histoire. Et comme elle luy eut respondu,

Jacques Clement Moine, auparavant Soldat.

Advertissement au Roy qu'il eust à se prendre garde.

qu'il se devoit doncques mieux garder qu'il ne faisoit, & penser que de sa vie despendoit la conservation de tous ses bons & fideles sujects ; il luy repliqua, qu'il s'en remettoit à la volonté de Dieu, qui le conserveroit, s'il le voyoit necessaire à son peuple ; & s'il ne l'estoit, il se disposoit fort liberalement à la mort. Nonobstant cest advis, il ne laissa de donner entrée dans son Cabinet, à ce moine ; tant ce bon Prince avoit de fiance aux Ordres de Religion. Ce moine feignant de luy vouloir dire quelque chose de secret pour son service, le tire à part, sur les huict heures du matin ; & après l'avoir entretenu de quelques choses frivoles, tira un cousteau de sa manche, dont il luy donna droit dans le petit ventre, au dessous du nombril, sans toutesfois offenser aucun boyau, ains les veines mezeraïques : il ne porte pas loing ce coup ; car dés l'instant il est tué ; & le jour mesme, son corps mort, tiré à quatre chevaux, puis bruslé. En ce malheureux accident, encore luy en advint-il un pire, car estant couché dans son lict, les Medecins & Chirurgiens, après le premier appareil, luy ordonnent un Clistere, pour sçavoir s'il y avoit quelques intestins offensez : mais ne rendant aucune matiere sanglante, ils estimerent qu'il estoit hors de danger de mort : cependant ayant les veines mezeraïques blessées, il vuidoit son sang, peu à peu, dans son corps ; qui luy causoit de grandes defaillances : ny pour cela les Medecins ne desesperoient de sa vie : mais luy, plein d'entendement, donna ordre, toute la matinée, & une bonne partie de l'apresdinée, à gouverner uns & autres ; mesme le Roy de Navarre, qu'il admonesta de prendre garde à soy ; n'esti-

Sa resignation au vouloir de Dieu.

Coup fatal du bin tué ; Jacobin. Le Jacobin & son corps tiré à quatre chevaux bruslé.

Cc iij mant

mant que ceux qui lui avoient brassé ceste trahison, le voulussent laisser de reserve : de là, il envoye quelques Gentils-hommes, aux troupes des Suisses nouuellement arriuées, afin que par cest inopiné changement ils ne changeassent de deuotion. Sur les neuf heures du soir, un Medecin du Roy de Nauarre, luy maniant le poux, obserua qu'il estoit affoibly de telle façon, qu'il n'y auoit plus de remede. Il estoit lors assisté des Seigneurs d'Espernon, Bellegarde, Larchant, & Clairmont d'Antragues : qui tous le voyans deffaillir, commencerent de l'exhorter de son salut, au moins mal qu'il leur fut possible, auec grands larmoyements. Luy, d'un autre costé, fit une belle oraison à Dieu ; & comme il l'acheuoit, Bolongne, l'un de ses Aumosniers, luy apporte la Sainte Hostie : on le souleue pour la receuoir ; & comme elle lui est portée jusques à la bouche, il la baise ; & deslors la parole, & toutes ses forces luy défaillent ; ne faisant de là en auant que rasler ; jusques à ce qu'enfin il rendit l'Ame à Dieu, sur les trois heures du matin ; & trois jours aprés, les nouuelles de sa mort, nous furent apportées à Tours.

Henry III. rend l'ame à Dieu.

Je vous veux dire une chose de moy, qui merite d'estre par vous, sçeuë. Je composois une exhortation aux François, pour les exciter à l'obeissance de leur Roy ; adressant ma parole, tantost aux Princes, tantost aux Predicateurs, allumettes de nos troubles & diuisions. Enfin arriuant sur le commun peuple, & specialement de Paris, entr'autres choses je le priois de n'adjousterant de foy aux moines, comme il faisoit ; lesquels ordinairement pendant les guerres ciuiles, engageoient à beaux deniers comptans, & leurs langues & leurs consciences, aux Princes qui les mettoient en besongne. Et sur cela, luy remonstrois, qu'il prist garde, qu'en l'Euangile de la tentation faicte à nostre Seigneur, les Peintres representoient Satan habillé en moine ; non que par cela ils voulussent dire que la vie monastique eust quelque communauté aueccques le Diable, comme quelques-uns publioient ; mais bien pour nous enseigner, qu'il n'auoit plus prompt moyen de surprendre nostre simplicité, que sous cet habit de pieté & de Religion. Comme je mettois au net ceste piece, nous receuons dedans Tours, la nouuelle de ce malheureux parricide ; & dés l'instant, j'abandonnay ma prise, me contentant de mettre au dessous de mon discours ces mots ; *Que l'auis, que nous en auions eu presentement, m'auoit fait delaisser mon ouurage.* Cela est encore au milieu de mes papiers. Je prie Dieu, qu'il luy plaise auoir pitié de l'Ame de ce pauvre Prince, lequel aprés plusieurs trauerses, est, comme je m'asseure, en repos. A Dieu. De Tours, ce cinquiesme d'Aoust 1589.

Exhortation de M. Pas- quier, François.

LETTRE II.

A Monsieur Tambonneau, Sieur du Bouchet, Conseiller d'Estat, & President en la Chambre des Comptes.

Conside- rations & dis- cours sur la mort & sur la vie de Henry III.

Plus je passe & repasse sur la mort du feu Roy, que Dieu absolue, & plus je me perds en mes pensers ; voyant ce grand Roy auoir esté assassiné au milieu d'une puissante armée, dedans sa Chambre, aincois dans son Cabinet, assisté de ceux qui eussent voulu immoler leurs corps pour sa vie ; mesme par un petit bout de moine, aprés auoir eu aduis qu'on vouloit attenter sur luy : voire qu'il n'a pas esté, que sa playe n'ait trompé ses Medecins. De moy, je ne pense, que dés & depuis mil ans, il y ait histoire de Roy, qui merite mieux de passer par les mains d'une bonne plume, comme la sienne. Jamais Prince n'eut en sa jeunesse une fortune plus belle ; & jamais Prince sur l'auancement de son aage, ne l'eut plus fascheuse & rebource que luy. Chose que je me delibere de vous reciter en un point par ceste Lettre, moyennant que je ne vous sois ennuyeux : & vous discourray, s'il m'est possible, en brief, sans rien toutesfois obmettre, toutes les vertus de l'Ame & du corps qu'auons veu reluire en luy ; & par mesme moyen, ses bonnes fortunes : & en aprés, comme toutes choses luy tournerent visage, au grand regret de ses bons & fidelles subjects, & dommage general de toute la France.

Ses bel- les & rares quali- tez, tant de l'a- me que du corps.

Il estoit d'une riche taille, d'un esprit delié, d'une belle conception, de facile accez, bien emparlé, patient de labeur le possible, és exercices de guerre ou de paix ; Prince qui dés ses jeunes ans, auoit appris de dissimuler les injures particulieres qu'on luy estoient faites ; mais non celles qu'il estimoit frapper à l'Estat, lesquelles il portoit impatiemment ; & qui est une vertu sans pair, combien que la jeunesse des Princes soit ordinairement plus disposée aux folastries que deuotions, toutesfois il se monstroit lors, plein de pieté, & zelateur admirable des ceremonies de nostre Eglise ; ce que quelques esprits imputoient à hypocrisie ; mais soit que ce fust l'un ou l'autre, cela ne se pouuoit loger qu'en une Ame qui outrepassoit d'un grand traict, son jeune aage ; ayant à estre quelque jour chef de part de nostre Religion Catholique, Apostolique, Romaine, auparauant que d'arriuer à la Couronne.

Or tout ainsi qu'il fut doué d'une infinité de bonnes parties de l'Ame & du corps ; aussi eust-il une fortune de mesme : car aprés que M. le Connestable de Montmorency fut mort en l'an 1567. & son Estat venu ; le Roy Charles, fit ce jeune Prince, aagé lors seulement de 14. ans, son Lieutenant general par toute la France ; qui estoit, à les bien dire, un Vice-Roy : la maison duquel estoit le ressort general de toutes les affaires du Royaume : & encore que pour son jeune age il n'y seruist du commencement que d'image, si est-ce qu'estant traité en sa presence tout le faict de la guerre & des finances, pendant que le Roy son frere s'amusoit à tous exercices de corps violents, ce ne luy estoit une petite leçon pour le faire, à la longue, grand Maistre és matieres d'Estat: aussi luy succederent depuis, les affaires, si à propos, qu'il obtint deux victoires absoluës, encontre les Huguenots, l'une, en la Journée de Chasteau-neuf, où fut occis M. le Prince de Condé ; l'autre, en celle de Mont-contour, où l'Admiral de Chastillon fut blessé, & quatorze mille des siens tuez : je dy expressément victoires absoluës ; car ni en la bataille de Dreux de l'an 1561. ny en celle de S. Denys de 1567. encore qu'elles fussent conduites par des premiers guerriers & Capitaines de nostre siecle, si est-ce que nos victoires tomboient en balance : chacun tant d'un que d'autre party, se persuadoit d'auoir esté le victorieux ; & sur ceste opinion, rendoit diuersement graces à Dieu : mais quant à celle de ce jeune Prince, ce fut tout autre rencontre ; chose qui luy apporta tant de renommée, par toute l'Europe, qu'en pleins Comices on le proclama Roy de Pologne, le jour & Feste de la Pentecoste 1573. & un an aprés, pour jour, il fut aussi fait Roy de France, par le decés du Roy Charles, son frere. Fut-il jamais plus grande & heureuse fortune que ceste-cy ? Pour accomplissement de laquelle, voicy encore ce que Dieu permit : le Roy Henry son pere auoit esté casuellement tué en une jouste, par le Seigneur de Montgommery. Il n'y auoit en luy, faute aucune, sinon qu'en tels accidens signalez, les malheurs sont estimez pour grands crimes. Aussi la Royne Mere ne desiroit rien tant en communs propos, que de voir exposer sa teste sur un eschafaut. Dieu permit qu'aprés le decés du Roy Charles,

Sa fortu- ne va- riable, heureuse se du commen- cement, puis fort desas- trée.

Il fut Lieute- nant ge- neral de son frere par toute la France.

Ses deux victoires absoluës.

Victoires douteu- ses.

Il est faict Roy de Polo- gne, en pleins Comices & Roy de Fran- ce un an aprés.

Charles, il s'empara de Danfron, S. Lo, & Carentan, dont il fut chaſſé, & pris par le Seigneur de Matignon. Son procez luy eſt fait & parfait; & peu aprés il fut decapité devant l'hoſtel de ville de Paris, pendant la Regence de cette Princeſſe: tellement que le commencement du Regne de Henry III. fut, par occaſion, l'expiation de la mort du Roy Henry II. ſon pere. Recherchez toute l'ancienneté, vous n'y trouverez l'hiſtoire d'un jeune Prince, plus honnorable que cette-cy. Je n'en excepteray, ny celle d'Alexandre le Macedonien, ny celle d'Octavien Romain, depuis ſurnommé Auguſte.

Montgommery pris & decapité pour avoir tué Henry II.

Juſques icy, je ne trouve rien en luy, que digne d'un tres-grand Monarque; car, à vray dire, tant qu'il eut le Roy ſon frere pour object, il fut retenu en toutes ſes actions, pour le reſpect qu'il luy portoit; mais ſoudain qu'aprés ſa mort, par un grand flux de fortune, il ſe vit appellé à noſtre Couronne, il commença de changer de mœurs; & le changement de ſes mœurs, ravalla auſſi ſa fortune: de maniere que de là en avant, tout ce que le commun peuple luy attribuë à grand'heur, ſi j'en ſuis creu, ne luy fut que malheur. Je commenceray par ſa promotion à noſtre Couronne, qui eſtoit le plus haut poinct, qu'il pouvoit ſouhaiter en diſcours humain.

Changement de mœurs de Henry III. eſtant arrivé à la Couronne.

Conſiderez, je vous prie, quelle fut ſa retraite de Pologne, quelle ſon entrée dans la France; combien il meſcontenta la Nobleſſe qui l'alla, d'un cœur franc, ſaluer en Avignon; ce qui luy advint pour ſes premiers exploits d'armes, au Pouzin, & Livron; la reddition qu'il fit de quatre villes de Piedmont, qui tenoient le Savoyard en bride; les liberalitez premieres de deux Eveſchez dont il gratifia le Capitaine du Gaſt; tout cela repreſenté de ſon long ſur un papier non paſſionné, par une plume hardie, je crains qu'il n'enlaidiſſe grandement tout ce qui eſtoit de beau en ſon hiſtoire precedente. Adjouſtez que peu aprés ſon arrivée, n'ayant voulu embraſſer tous ſes ſubjects, d'une meſme balance, ainſi que l'Empereur luy avoit conſeillé de faire, paſſant par ſes païs; il fut depuis ſalué, non ſeulement de la guerre du Huguenot, dont le Roy de Navarre eſtoit chef, mais auſſi du Catholic mal-content aſſocié, conduit par Monſieur le Duc ſon frere, ſous un pretexte exquis & recherché de la reformation de l'Eſtat.

Luy change ſa fortune.

Ses premices de Royauté mal digerées.

Ce qui luy occaſionna pluſieurs guerres.

Et toutes-fois les choſes ſe comporterent en luy, les trois premiers ans de ſon Regne, aſſez paſſablement: les afflictions des guerres civiles, le firent demeurer en ſoy; celle du frere, fut aſſoupie par la dexterité de la Royne leur mere, mais avec conditions grandement avantageuſes pour l'Appanage à luy baillé; & quant à celles du beau-frere, le Roy en voulut eſtre le premier autheur, & ſuivre les enſeignemens à luy baillez par l'Empereur, dont il avoit eſté deſtourné à Chambery, par la Royne ſa mere, & par ſon Chancellier de Biragues. Il empoigne le fait de la paix, en main, & envoye les inſtructions & memoires pour y parvenir, de telle façon, qu'elle fut enfin concluë: dont il fit aprés trophée; parce qu'il trompettoit en tous lieux, que cette paix ſeroit de luy, de laquelle il ſe feroit garend tant qu'il vivroit: & neantmoins il l'entretenoit de telle façon, que ſans venir aux mains, il faiſoit une forte guerre au Huguenot: car n'eſtans les Grands, appellez aux Gouvernemens des Provinces & villes, ny prés de luy, & les mediocres mal-aiſément receus aux Eſtats de Judicature & des Finances, il y avoit peu de peres qui vouluſſent que leurs enfans couruſſent pareille fortune qu'eux. Quoy? y eut-il jamais trait plus ſage & magnifique, ny dont on ſe deuſt promettre plus de fruict, pour reduire au giron de noſtre Egliſe, ceux qui eſtoient devoyez? Ce nonobſtant, je vous puis dire, que cette paix qui fut faire & arreſtée en l'an 1577. fut le fondement general de noſtre ruïne. Jamais guerre ne couſta tant à la France comme cette paix; & nous importoit pluſtoſt d'eſtre touſjours plongez dans une profonde guerre. Je m'aſſeure que, de prime-face, jugerez cette propoſition provenir d'un cerveau bizarre: & neantmoins je ne vous dy rien, qui ne ſoit vray; car le naturel du Roy eſtoit

Paix faite par luy qu'il appelloit ſa paix.

Charges mal diſtribuées.

Paix, fondement de noſtre ruine.

de demeurer en cervelle, quand il ſe voyoit affligé; & au contraire, de ſe laſcher trop aiſément la bride, lors qu'il eſtoit en proſperité. Ce qui luy advint aprés qu'il eut pacifié toutes choſes; d'autant que penſant eſtre au deſſus du vent pour n'avoir plus aucun ennemy ouvert, par la France, il ſe laiſſa emporter à la mercy de ſes volontez. Et ſur ce pied, eſtimant que toutes choſes qu'il deſiroit, luy eſtoient loiſibles, il eſpouſa en ſon particulier je ne ſçay quels petits paſſe-temps & deduits domeſtiques, dont il changeoit de ſix en ſix mois, ou d'an, en an, pour le plus; qui le firent tomber au meſpris de ſes ſubjects, auparavant idolaſtres de ſa fortune: & quant au general, il ſe diſpenſa en une infinité d'opinions & de liberalitez extraordinaires, qui reduiſirent ſes affaires en un abyſme, dont je laiſſe l'inventaire au Suetone qui fera ſa vie; de ſorte qu'en peu de temps, il accüeillit & le meſcontentement des plus grands, & la haine des moyens & petits, qui avoit voué une obeïſſance abſoluë dans leurs ames: prevoyans que ces meſpris, ces meſcontentemens, ces haines ne luy pouvoient, au long aller, apporter que le deſaſtre que nous avons depuis veus.

Henry III. par certaines ſiennes volontez rend meſpriſable au peuple.

Encore avoit-il une eſpine au pied, qui au milieu de cette paix, ſembloit arreſter le cours de ſes contentemens; car combien qu'il ne fuſt en mauvais meſnage, par apparence, avec Monſieur le Duc, ſon frere, ſi eſtoit-il un ſecond Roy, qui avoit ſa Cour, & ſes favoris, à part, tantoſt en une ville de Tours, tantoſt ès autres de ſon Appanage; lequel avoir ſes opinions tant eſloignées de celles du Roy, que jamais il ne voulut, que luy ny que les ſiens fuſſent gratifiez de l'Ordre du Sainct Eſprit. D'ailleurs, ſon Appanage eſtoit ſi grand, qu'il abſorboit une bonne partie de la France: avoit ſa Chambre des Comptes dedans Tours, ſon eſchiquier à Alençon, qui jugeoit ſouverainement des cauſes du Duché, tant civiles que criminelles; & encore ce Prince pourvoyoit aux Eveſchez & Abbayes de ſon Appanage, ceux qu'il vouloit, pour eſtre nommez au Pape, par le Roy, ſuivant le Concordat: toutes grandeurs anciennement conformes à celles du Roy, qui luy pouvoient cauſer des jalouſies en l'ame, ores qu'il les diſſimulaſt ſagement. Advient en l'an 1583. que Monſieur le Duc decede; & par ſa mort eſt reüny ſon Appanage, à la Couronne. Ceux qui gouvernoient le Roy, en firent feux de joyes, en leurs ames; & luy-meſme manifeſta aſſez, de combien il penſoit ſon Eſtat creu, quand il eſcrivit de ſa propre main, des reglemens de ſa grandeur; voulant que ſon Chancellier, ſeant en ſon Conſeil, fuſt reveſtu d'une toque & robbe longue de velours cramoiſy, & ſes Conſeillers d'Eſtat, de ſatin violet; ſes Huiſſiers & valets de Chambre, euſſent pourpoint de velours, & au deſſus, la groſſe chaiſne d'or penduë à leurs cols; puis diverſes advenuës de Chambres, avant qu'il peuſt eſtre gouverné: un long ordre de Seigneurs qui devoient marcher devant luy, allant à l'Egliſe. A la verité, cette mort, au premier œil, ne luy promettoit qu'un long repos; & neantmoins ce fut la conſommation de ſon malheur & de toute la France; car ſi Monſieur le Duc euſt veſcu, tous pretextes euſſent defailly aux entrepreneurs de la Ligue. Il ne falloit de ſon vivant, diſputer, advenant que le Roy mouruſt ſans enfans, qui devoit eſtre ſucceſſeur à la Couronne, & moins encore qui ſucceſſeur Catholic. On ne doutoit de l'une & de l'autre qualité en luy: & quand bien on euſt revoqué en doute ſa Catholicité, les deux freres avecque leurs vaſſelages qui eſtoient grands, ſe fuſſent unis contre cette nouvelle pepiniere de diviſion, en laquelle on euſt trouvé peu de partiſans contr'eux; c'eſt pourquoy, ſoudain aprés ſon decez, en l'an 1584. les Princes de la Ligue, ne douterent s'eſclorre le meſcontentement qu'ils couvoient, reveſtus du manteau de la Religion Catholique, Apoſtolique, Romaine. Dires-moy donceque, je vous prie, ſi j'ay eu tort, vous diſant que les trois circonſtances ſur leſquelles le commun peuple appuyoit principalement la grandeur de noſtre Roy, furent les principaux fondemens & motifs de ſon ravalement?

Mr le Duc ſon frere un ſecond Roy.

Ne veut recevoir l'Ordre du S. Eſprit.

Son apanage trop grand.

Le Roy eſcrit de ſa propre main les reglemens de ſa grandeur, & de quelle façon vouloit que ſes officiers fuſſent veſtus.

Mort de Mr le Duc, commencement du malheur du Roy.

Or

Lions & Ours nourris par le Roy.

Or est-ce une chose tres-remarquable, que je ne puis passer sous silence. Il nourrissoit au Chasteau de Madrid, des Lions, des Ours, des gros Magots & autres bestes sauuages, qu'il faisoit souuent combattre dans la Cour du Louure, à huis clos, tantost les uns contre les autres, tantost contre des Taureaux eschauffez. Il songea, une nuict entr'autres, que ces Lions l'auoient voulu deuorer, & s'esueillant en ce transe, soudain qu'il fut resueillé, il commanda à leur gouuerneur de les tuer tous: ce qui fut aussi-tost executé; & en leur lieu, y fit mettre plusieurs meutes de petits chiens de Lion, dont Drouillon l'un de ses valets de chambre, eut la charge. Je dy lors à quelque mien ami, en l'oreille, que ce n'estoient pas ces Lions contre lesquels il deuoit descocher ses flesches; & qu'il y en auoit d'autres à deux pieds, beaucoup plus à craindre par luy, que ceux-là. A vray dire, tout ainsi que ce songe estoit fascheux, aussi sembloit-il, par enigme, representer quelques mauuais traittemens contre luy, de ceux qui pour leur grandeur, resigneroient les Lions. Dieu, souuent par songes & visions nocturnes, descouure aux Grands, les heurs ou malheurs, qui leur doiuent aduenir.

Et pour-quoy tuez.

Ses conseils luy & rabattre, non seulement ne luy reüssirent, mais au son dommageables.

Grande pitié! Quand la fortune luy voulut tourner visage, tous les conseils dont il usa pour la destourner & rabattre, non seulement ne luy reüssirent, mais au contraire, luy furent grandement dommageables. En la journée des barricades, il fit disposer par les principales rües de Paris, ses gardes Françoises & estrangeres, auec commandement exprés de ne point combattre; pensant, comme il est à croire, chasser de la ville, par une seule frayeur, ceux desquels la presence ne luy estoit agreable. Et vous sçauez quel fruict il en rapporta. Pour r'habiller ceste faute & se venger du tort qui luy auoit esté faict dans Paris, il fit assembler ses Estats, à Blois, faisant toutes-fois contenance que c'estoit pour autre effect. Il ne pouuoit prendre pire conseil que cestuy; le maltalent general du peuple estant contre luy, pour ses deportemens precedens; car ce fut un rendez-vous general de tous les Deputez des Prouinces, qui se fussent malaisément rencontrez ailleurs, pour prendre langue ensemblement. Pour captiuer la bien-veuillance de ces Deputez, auant que d'ouurir la porte à cette assemblée, il chassa les principaux Officiers, qui de longue-main estoient à sa suitte, gens pratics en matiere d'Estat, en choisit de nouueaux, qui n'auoient ny langue ny creance parmy le peuple: & il cognut en peu de jours, combien ce changement nuisit à ses affaires, ne pouuant estre secondé par ceux qu'il auoit appellez de nouueau, contre les brigues que l'on faisoit ouuertement en cette assemblée, à son prejudice. Voyant que tous autres moyens luy manquoient, il fit mourir les deux freres Lorrains, estimant qu'estans abatus, la frayeur le logeroit au cœur du menu peuple: & contre son esperance & la maxime commune, cette frayeur se tourna en fureur telle que nous auons veuë, & voyons. Finalement, ayant auec une longue patience & prudence, dressé une puissante armée, comme il estoit sur le poinct de rentrer dedans la ville, où il auoit receu la premiere escorne de ses malheurs, voicy un Moine desesperé, qui met fin à sa vie & son entreprise. Et je ne trouue rien en tout cecy, qui fauorise son histoire, sinon l'opinion generalle de tous, que sans ce detestable assassin, il auoit si bien ourdy & tramé son fait, qu'indubitablement il fust entré, malgré tous ses ennemis, dans Paris, & eust, comme un autre Fabius Maximus, restably en patientant, ses affaires.

Nouueaux Officiers nuisibles.

Tué par un Moine.

Dés le commencement des troubles de quatre vingts huict, je quittai ma femme & maison, deliberé de suiure sa fortune, jusques au dernier souspir de ma vie; & ay senty beaucoup d'afflictions en ma famille dans Paris, pour luy auoir esté fidelle seruiteur: mais le recognoissant pour mon Prince legitime & naturel, & mesmement Prince auquel j'auois en ma petite fortune, quelques obligations particulieres, je voulus oublier toutes ces afflictions, & lui rendre tout le deuoir qu'un bon subject doit à son Roy: & neantmoins j'ay tousjours craint en sa fortune, les malheurs que je luy ay veu aduenir. De ceste crainte j'auois quelques particuliers prognostics, que je ne douterai de vous escrire. Je ne suis du nombre de ceux qui superstitieusement se lient à je ne sçai quelles conjectures; mais aussi ne les rejette-je aisément, non plus que les anciens. Peut-estre vous mocquerez-vous de ce que dirai, peut-estre non: mais soit l'un ou l'autre, la pierre en est jettée. La premiere fondation que fit Hugues Capet, premier Roy de la troisiesme lignée de nos Roys, fut celle de l'Abbaye S. Magloire dans Paris; & combien que le nom de Magloire soit celuy d'un Sainct, si est-ce qu'en ceste premiere fondation il sembloit que ce Prince eust establi le fondement de la Gloire des siens, à la rencontre du mot. Le malheur voulut que la Royne Mere, absoluë en ses volontez, pour accommoder le nouueau Palais par elle basti, prit, par permission du Pape, l'Eglise des Filles repenties & tout leur enclos, & pour les recompenser les logea en l'Abbaye de S. Magloire; transportant la famille des Religieux hors la ville, és faux-bourgs, en l'Eglise de S. Jacques du Haut-Pas. Vites-vous jamais un remuëment si farouche, ny de si mauuais exemple que cestuy? Aussi Dieu, pour monstrer combien cela luy auoit esté desplaisant, lança six sepmaines aprés, son foudre sur le clocher de l'Eglise de S. Magloire. Sinistre presage, disois-je lors, d'un plus grand tonnerre qui tomberoit sur le chef de nostre Roy, pour auoir banni de sa ville principale, & relegué en un faux-bourg la Gloire de son premier deuancier. Le plus beau joyau que nous auions de la Royauté, & comme l'ancien Palladion de la ville de Troye, estoient les deux vrayes Croix, que de toute ancienneté on gardoit auec grande deuotion dedans la Saincte Chapelle de Paris, dont l'une fut derobée sous le regne du feu Roy, sans que jamais on ait peu descouurir qui en auoit esté le larron. Il n'est pas que hors ce grand Temple de S. Denis, Sepulchre ancien de nos Roys, la Royne Mere n'eust fait faire trois ou quatre Chapelles, pour y loger le corps du Roy son mari, puis le sien, & ceux de Messieurs leurs enfans; comme si l'Eglise n'eust esté assez digne de leurs sepultures: qui me sembloit leur promettre rien de bon, pour le respect ancien que nos Roys, mourans, auoient porté à cette Eglise, de voir tous ces Princes se preparer, aprés ainsi mourans, logis hors d'icelle. Nous tenons d'une longue ancienneté, qu'il y a quelque puissance aux nombres; & de là vient, que nous craignons de mourir le 63.e an, comme estant le Clymactere de nostre aage. Et je voyois que Bodin, & le Seigneur de la Nouë aprés luy, auoient remarqué en nostre Roy, qu'il estoit le 63.e de nos Roys, depuis Pharamond, & si nous voulions adjouster foy à ceste nouuelle superstition, qui s'est insinuée depuis quelques années, dedans ceste France, que se trouuans treize à table pour repaistre, il y en auoit l'un de la troupe qui mouroit dedans l'an, nostre Roy se trouuoit le 13.e depuis Philippe de Valois. Mais sur tout, ce qui me faisoit plus craindre, estoit, que pour conseruer sa santé, il portoit la teste raze, par le conseil de ses Medecins, usant d'une fausse perruque: & je disois, que la longue cheuelure, sous la premiere lignée de nos Roys, auoit esté la plus signalée remarque de leur Royauté. Finalement, j'adjoustois à tout cela, le songe par luy fait, que je vous ay cy-dessus recité. Toutes lesquelles particularitez ramassées, par une humeur Saturnienne & melancholique, qui me fait quelquefois bonne compagnie, me faisoient craindre de luy, ce que j'ay veu depuis aduenir: joint que je le voyois assez disposé à se perdre, par ses actions & deportemens. Il n'est pas qu'en ses principaux fauoris on n'y ait veu du malheur: car les uns furent tuez morts violentes, qui par assassin, comme Lignerolles, du Gast, S. Maigrin: qui par duël, comme Cailus & Maugiron; & le dernier, en bataille rangée, comme le Duc de Joyeuse; & les autres disgraciez par leur Maistre, comme Souuray, Sainct Luc, d'O, Puybrac, Roissi, Vic-de-ville. Il aimoit sans mesure, ceux qu'il fauorisoit, sans sçauoir pourquoi; & pendant ceste opinion, il les gratifioit

L'Abbaye S. Magloire à Paris fondée par Hugues Capet.

Où la Royne mere loge des filles, au lieu des Moines qui y estoient.

Moines de S. Magloire transferez à S. Jacques du Haut-pas.

Le clocher foudroyé.

Les deux vrayes Croix en la Saincte Chapelle.

Dont l'une est derobée.

Chapelles basties à S. Denys sepulture de Henry III. & les siens.

Fauoris de Henry III. ont esté du malheur, en leurs vies & en leurs morts.

Quel il estoit en ses amitiez. fioit aussi d'une infinité de liberalitez sans mesure. Et à la fin les licentioit aussi, sans sçavoir pourquoi, sinon qu'il en estoit las. Le sieur d'Espernon, qui est celui qui commanda plus long-temps à ses volontez, ne s'en peut enfin dispenser. Toutes ces circonstances m'ont passé, pendant son regne, devant les yeux, qui ne me presagissoient rien d'agreable : & neantmoins pour tout cela, il ne m'est jamais entré en la teste de quitter l'obeïssance que je luy devois, pour m'adonner à autre parti, puis qu'il avoit pleu à Dieu de me l'ordonner pour mon Roy. Ainsi me delibere-je vivre & mourir sous celui qui nous gouvernera desormais, sans entrer en aucun examen de sa conscience ; car tel que Dieu nous l'a donné, il nous le faut prendre. Dieu sçait mieux ce qu'il nous faut, que nous-mesmes. A Dieu.

LETTRE III.

A Madame la Duchesse de Rez.

Il tanse Madame de Rez de ce qu'elle se monstre trop revesche à se reconcilier avec son fils, puis luy remonstre les moyens de faire la reconciliation

QUand je pris congé de vous, je pensois qu'eussiez fait non seulement trefve, ains pleine paix avec vos yeux : toutesfois Monsieur de Liencourt m'a dit qu'il vous a laissé en mesme desarroi qu'estiez le premier jour des nouvelles. S'il est ainsi, je suis d'advis, qu'il ne faut plus que vos serviteurs & amis fassent estat de vous consoler ; mais bien de vous tanser à bonnes enseignes ; car pour dire que j'en pense, vous n'estes tant affligée, comme prenez plaisir de vous affliger. Monsieur le Marquis n'a fait acte de fils en vostre endroit : vous en esmerveillez-vous, puisque ne faites aujourd'hui acte de mere envers vos autres enfans ? Il n'a pitié de vous, qui estes sa mere ; & vous n'avez pitié des autres, ausquels voulez en contr'eschange faire porter la penitence du peché d'autruy. Quoi ? si en vous opiniastrant mal à propos en vostre affliction, il advenoit faute de vous, combien de morts trouverions-nous en une mort, de laisser vos deux pauvres filles innocentes eslongnées de pere, d'oncle & de tante ? Ces deux objects, qui se presentent journellement devant vostre face, ne vous doivent-ils aucunement retenir ? Vous avez aimé Monsieur vostre fils, sur tous vos autres enfans ; c'est vostre grief, dites-vous. He ! vrayement je n'en doute point ; car vous le monstrez assez par effect, sans le dire : mais pour cela, vous faut-il aujourd'hui rendre ennemic de vous & des vostres ? Quand aurez mis la main sur vostre conscience, paraventure trouverez-vous, que vous seule estes cause de vostre mal ; parce qu'il advient, que Dieu, le grand pere de nous tous, pour nous enseigner d'aimer reglement nos enfans, nous afflige ordinairement par celui sur lequel nous avions jetté nostre affection, au desavantage des autres : & neantmoins si l'avez aimé, de tant plus serez-vous contente à l'advenir, quand aux premieres nouvelles que recevrez de luy, entendrez, qu'il se conformera en tout & par tout à vos volontez. Je sçay bien que vous me direz, que quand cela adviendroit, la cicatrice ne lairoit tousjours de paroistre en vostre famille. Car pour bien dire, c'est ainsi que plus nous avons d'entendement, & plus nous nous flattons, pour nous nourrir en nos adversitez & miseres. Mais, dites-moi, je vous supplie, en quoi a-t'il encore failli ? En une volonté seulement ; d'autant qu'il n'est arrivé jusques à l'effet. Quand il auroit passé outre, &

Punition de Dieu sur les Peres qui aiment desordonnément quelques uns de leurs enfans.

qu'avec une penitence condigne il changeroit maintenant d'opinion, pour vous rendre l'obeïssance qu'il doit, ne le devriez-vous embrasser de mesme devotion que devant ? En un mot, c'est ce que Jesus-Christ nous a representé par la parabole de l'Enfant Prodigue. Cela n'est pas encores advenu au vostre ; je le veux : mais je ne fais aucune doute, qu'il adviendra, si usez de la Medecine que j'entends vous donner. Vous avez parlé à luy par lettres ; il est vostre fils, vous sa mere : il vous recognoistra, je m'asseure. Parlez maintenant à Dieu de tout vostre cœur ; il est vostre pere, vous sa fille ; je m'asseure qu'il vous traitera, comme enfant. Quand je vous dy, que parliez à Dieu, je desire que laissiez ces ceremonies de Cour, qui ne sont que singeries : (j'userai de cette honneste liberté entre vous ;) garder la chambre, ou le lict, pour n'estre visitée des vostres. C'est apporter quelque allegement au mal, mais non la vraye medecine ; ce n'est rien d'estre visitée par les autres, si n'estes visitée par vous : la plus belle retraite que puissiez avoir, est d'un Oratoire, ou bien faire un Oratoire en vous de vous-mesme ; user de vos larmes, non afin de servir de malediction encontre vostre fils, pour une vangeance que rongez contre luy ; mais bien de benediction envers Dieu, afin que par sa bonté infinie, il le vueille remettre en son ancien chemin. Toutes ces extremitez, de l'avoir trop aimé par le passé, & sur l'occurrance de ce qui s'offre, le trop haïr, sont vitieuses. Les devotes prieres de bonne mere, reduisirent S. Augustin au sein de l'Eglise, dont il s'estoit destourné. C'est le remede qu'il vous faut prendre, pour appaiser l'ire de Dieu, & par mesme moyen celle du peuple ; laquelle toutefois ne devez mettre en ligne de compte, estant d'ailleurs asseurée de vostre conscience. Et si apres en avoir usé de cette façon, n'obtenez de ce grand consolateur ce que desirez, il faut avoir recours à ce general refrain, qu'il nous ordonne pour nos prieres : *Seigneur, ta volonté soit faite, non la nostre ;* & accompaigner vos oraisons d'une patience : car quant à moy, j'espere qu'enfin, tout ainsi que la maladie est venuë inesperément, aussi s'en retournera-t'elle tout de la mesme façon, lors que penserez estre plus eslongnée de tout remede. A Dieu.

Singerie de Cour.

Les prieres de la mere reduisirent S. Augustin au sein de l'Eglise.

LETTRE IV.

A Mademoiselle de Guerliere.

Il renvoye à Madamoiselle de Guerliere son fils avec quelques particularitez qu'il

JE vous renvoye vostre fils, en obeïssant à vos lettres ; & tant s'en faut qu'on puisse trouver mauvais (comme craignez) le desir qu'avez de le revoir, qu'au contraire, il n'y a homme d'entendement, qui ne louë vostre affection. Il sera desormais en bonne eschole. La seule presence d'une sage mere peut plus envers ses enfans, que les exhortations de cent autres : il est bien nay, mais un peu ferme en ses volontez, maladie qui luy est aucunement hereditaire de la part du pere, à laquelle sçaurez

bien remedier, mesmement pour la despense. Croyez que je suis honteux des parties, que je vous envoye, vous asseurant qu'il m'a plus cousté de choleres en les fournissant, qu'il ne vous coustera d'argent en les acquittant : car quelque chose qu'il me promit, m'importunant par belles paroles, si est-ce qu'apres le gros fourni, il ne rabatoit rien enfin de ses opinions ; il falloit qu'il fust satisfait à son poinct, & en estoit quitte pour une mienne cholere, que je tournois apres en risée. Quant à ce que

avoir donné conseil comme elle le doit gouverner.

Tome II.   Dd   me

me souhaitez par-delà, je vous en remercie ; & vous dirai que je n'ai souhait plus grand que celui-là, pour le peu d'esperance que j'ai de vous revoir : bien vous dirai-je, que serez tousjours presente dans mon ame : le gage que j'avois de vous chez moi, m'estoit un grand contentement ; & me seroit un merveilleux desplaisir de le perdre, n'estoit le plaisir que je prens au plaisir que recevrez, le revoyant. Et parce que je fay mon propre de ce qui vous touche, je me trouve bien empesché de ce qu'aurez à faire, aprés avoir contenté les premiers mouvemens de vostre opinion. Si le retenez avec vous, je crains que cette demeure ne luy soit un aneantissement. De le renvoyer bien-tost par-deçà, je n'en suis aucunement d'advis. Il y a en cette ville plusieurs belles Damoiselles, qu'il frequente : il est beau, riche, bien advenant, agreable en toutes compagnies & d'un aage disposé à l'amour ; ce qu'il veut, il le veut trop ; s'il retournoit, je craindrois une chose, que je ne desire voir : tout ce que je luy chantois, estoit que voyant ces beautez, elles se deffendissent de leur honneur, si elles pouvoient ; mais luy sur tout, d'un mariage : & au surplus, qu'en sa jeunesse, s'il faisoit autrement qu'à point, il apprendroit de haïr une femme, avant qu'il se fust donné le loisir de l'aimer ; c'est pourquoy je pense que Dieu vous a inspiré de l'envoyer querir maintenant ; non que pour cela je veuille qu'entriez en une mauvaise opinion de luy : car je le vous pleuvi pour l'un des plus accomplis Gentils-hommes qu'il y eust en cette ville : mais plus il est accompli, plus il faut tascher de le conserver. Vous vous donnerez bien garde, s'il vous plaist, de luy en faire aucun semblant, autrement me feriez tort ; & paraventure à vous-mesmes. Ce sont choses ausquelles les peres & meres peuvent remedier, sans mot dire. Je devois cet advis à l'honneur que je vous porte, & vous devez ce silence à l'amitié que me portez. A Dieu.

Advis à la mere sur ce qu'elle doit faire de son fils.

LETTRE V.

A Monsieur de Guerliere.

Il luy recommande l'obeissance envers sa mere.

JE receu dernierement des lettres de vous, telles que je me promettois ; je veux dire, pleines d'amitié & douceur, dont je vous remercie. Elles m'ont infiniment contenté, pour la bonne souvenance qu'avez euë de moi. Au demeurant, je ne doute point, que ne vous comportiez de telle façon avec Madamoiselle vostre mere, que demeurerez grandement contents l'un de l'autre. Elle est non seulement mere, ains bonne & sage mere, n'ayant rien tant en affection aprés Dieu, que vostre advancement. En quoi la devez seconder ; & pour ce faire, conformer toutes vos volontez aux siennes, & ne croire facilement vos premieres apprehensions. Le meilleur moyen que pourrez avoir pour obtenir d'elle ce que desirerez ; voire de luy commander, (s'il m'est permis user de ce mot) est en luy obeïssant. Les vrayes images de Dieu sur la terre, sont les Peres & Meres envers leurs enfans ; & tout ainsi que l'obeïssance est le principal sacrifice que Dieu desire de nous, ainsi est-il des Peres & Meres à l'endroit de leurs enfans. Je ne vous prescheray avec un plus long discours ceste obeïssance, pour vous y voir assez enclin & disposé de vous-mesme. Bien vous prieray-je, penser, que pour la longue & ancienne amitié que j'ay à vostre famille, je penserois faillir à mon devoir, si je ne vous ramentevois ce que je pense estre du vostre. A Dieu.

L'obeïssance est le principal sacrifice que Dieu desire de nous.

LETTRE VI.

A Madame de Ferriere.

Il luy represente les malheurs qui luy estoient arrivez en peu de tems, tant par la mort de son fils, que par celle de sa femme.

JE ne pense qu'il y ait homme dedans la France, qui en son particulier ait eu plus de part à la calamité publique, que moi en moins de six ou sept mois. Car le dernier de mes enfans fut tué au mois de May, en la ville de Mehun, par la Ligue ; ma femme constituée prisonniere dedans Paris, au mois de Juillet ensuivant ; & finalement estant arrivée le quinziesme d'Octobre 1590. en ceste ville de Tours, pour vivre en quelque repos avec moi, quatre jours aprés tomba malade d'une maladie dont elle deceda le dernier du mois. Encores que les deux premiers accidents m'eussent infiniment affligé, toutes-fois recueillant mes esprits, aprés avoir donné à nature ce que je ne luy pouvois desnier, je me consolois, que mon fils estoit mort au service du Roy ; & que sa mort & la prison de sa mere, me sembloient avoir eu ce bien ; que l'un avoit eu cest heur & honneur de s'estre opiniastré dedans un Tour, à la deffense du siege de Mehun, pour le service du Roy, & en ceste opinion luy seul avoir esté occis d'une canonnade, sans autre meurtre du demeurant, parce que la ville se rendit tout aussi-tost à la Ligue, par composition ; & l'autre, seule d'entre toutes les femmes des absens de Paris, avoir esté honorée d'une prison dedans le Louvre, pour n'avoir voulu contribuër à une taille que l'on avoit imposé sur les Royalistes : & de ces deux rencontres, je faisois dedans mon ame, trophée. Mais quand c'est venu à la mort de ma femme, j'ay tout-à-fait quitté la partie : car auparavant je me faisois accroire, que mon absence de deux ans me seroit une bonne leçon pour m'apprendre à supporter patiemment une viduité, si elle m'arrivoit : toutefois je me suis trouvé si saisi, que je vous jure le Dieu vivant, ne penser jamais à ma perte (& je n'y pense que trop souvent) que je ne fasse une fontaine de mes yeux ; voire à ceste heure que je vous escris, je serois honteux si on me voyoit. De prendre consolation par les remonstrances de mes amis, qui ne manquent, je trouve la Medecine non seulement foible, ains rengregement de douleur ; de la trouver dedans la longueur du temps, comme on me dit que c'est un fidelle remede, je n'ay encores esprouvé : bien vous diray-je, que la plus grande consolation que j'aye euë, a esté par la venuë de Monsieur d'Atichy vostre gendre, & de vostre fils, j'ay cuidé dire vostre petit mignon : mais je l'ay trouvé estre devenu si grand, & de corps, & d'esprit, que je ne l'oserois plus ainsi appeller. Ils me vindrent voir le jour des Innocens, sur les huit heures du soir ; & pour vous dire le vrai, de premiere entrée je ne les recognus, estans tous deux habillez de bure à la soldade : mais soudain qu'ils se furent donnez à cognoistre, je ne laschay toute la bride aux accolades, mesme pour voir en l'un l'image d'un personnage que j'avois pendant sa vie aimé, respecté, & honoré pardessus tous les autres du monde : estans entrez dedans ma sale, je m'esmoye d'eux quelle estoit leur deliberation : & aprés un long pourparler, le sieur d'Atichy m'ayant dict qu'ils alloient ensemblement en Auvergne, visiter les Seigneuries qu'il avoit acquises de la deffunte Royne Mere : adonc d'une belle saillie, me

Larmes de M. Pasquier pour la mort de sa femme.

me laiſſai emporter par l'impatience, & luy dis, que A ment, dy-je lors, vous eſtes un maiſtre guerrier, d'avoir uſé de ce ſtratageme, & Madame voſtre belle-mere trop retenuë envers celuy qu'elle ſçait luy eſtre dés pieça acquis. Je vous laiſſe le demeurant de ce qui s'eſt paſſé entre nous, pour vous dire en peu de paroles, que je ſuis infiniment glorieux de voir que me priez d'une choſe, dont je m'eſtois moy-meſme prié avant que d'avoir veu vos lettres; vous aſſeurant, Madame, que voſtre fils recevra de moy tout pareil traitement que les miens propres, en attendant que par la croiſſance de ſon aage & diſcretion, nous puiſſions cognoiſtre en quelle employe ſon naturel ſe diſpoſera : naturel que j'eſtime la vraye touche de nos affaires, ſans nous inquieter & ce qui eſt de nos particulieres volontez. Il n'a que trop d'eſprit & de cœur pour ſe faire une belle fortune, en quelque profeſſion qu'il s'adonne. A Dieu.

d'une main ſouveraine je me voulois ſaiſir du fils : ſçachant combien la mere porteroit impatiemment, s'il luy meſavenoit quelque deſaſtre ſur les champs, & encores plus quand il meſaviendroit aux deux. Ils me payerent lors en la meſme monnoye que font les deffendeurs en voſtre païs de Normandie, leſquels au bout de leurs deffenſes, (ainſi que j'ay ouy dire) ont accouſtumé de mettre ceſte proteſtation, qu'ils retiennent à dire. Eſtans ſur ce pied partis, le lendemain ils me firent ceſt honneur de venir prendre un mauvais diſner avec moy, & lors Monſieur d'Atichy me bailla deux lettres de voſtre part; l'une que luy envoyez, & l'autre à moy, par laquelle me priez de me charger de voſtre fils, ſi ma commodité le pouvoit porter; & par la ſienne, de ne me preſenter la mienne, ſinon qu'il me viſt diſpoſé à ce que deſiriez. Hé ! vraye-

LETTRE VII.

A Monsieur de Charmeaux, Conseiller d'Estat, & President en la Chambre des Comptes de Tours.

Il luy raconte ſon voyage de Congnac, & touſ la fertilité du païs.

Voleurs en Soldats déguiſez.

Saincte Ligue bien nommée.

Pauvreté du païs extreme.

Loüange de la Touraine, fertilité du païs

NOus ſommes enfin arrivez à Congnac, où quand je me ſerai recogneu, j'envoyerai Meſſagers de toutes parts pour executer la Commiſſion de la Chambre, encores que les chemins ne ſoient bonnement ouverts aux comptables; car il y a tant de voleurs ſur les champs, qui ſous le maſque de Soldats, ſe diverſifient tantoſt en Ligueurs, tantoſt en Royaux, pour tirer rançon des paſſans, qu'il eſt mal-aiſé de s'expoſer ſur les champs, ſans hazard de ſa perſonne ou de la bource. Au demeurant, noſtre voyage a eſté long, pour les grandes troupes que Monſieur d'Eſpernon conduiſoit; pendant lequel, ſans livres, je me ſuis amuſé à lire les miſeres du plat païs, & ay trouvé que ce n'eſt pas ſans raiſon, que les Ligueurs ont appellé leur parti Saincte Ligue. Car ſi le fondement de noſtre Religion fut eſtabli ſur la pauvreté, croyez que nous leur ſommes grandement redevables, nous ayant reduicts non à pauvreté, ains mendicité. Nous ſommes paſſez par tel grand Bourg, dans lequel n'y avoit que quatre ou cinq pauvres meſnages, & cependant voulans nous loger, repreſentions ce que l'on dit de Sainct Jean-Baptiſte : *Vox clamantis in deſerto*: voire qu'il y en avoit quelques-uns des noſtres, qui pour ſe garentir de la faim, avoient recours à une mauvaiſe paillaſſe, combien que ce ſoient choſes mal compatibles enſemble, que la faim & le ſommeil; au pour tela, nos Soldats n'eſtoient pas plus beſte de bien, és lieux où ils trouvoient à prendre. Juſques icy, vous avez eu part à mon purgatoire; maintenant je vous parlerai de mon Paradis. Aprés avoir ſenti les incommoditez d'un chemin de quatorze jours, je ſuis enfin arrivé à Congnac; je veux dire, en un païs de permiſſion. Il ne faut plus icy me ſolemnellement noſtre Touraine, pour le jardin de la France; il n'eſt pas en rien comparable à ceſtuy; ou ſ'il eſt jardin, ceſtuy eſt un Paradis Terreſtre. Je ne vy jamais telle abondance de bons

fruicts, groſſes Pavies, Auberges, Muſcats, Pommes, Poires, Peſches, Melons les plus ſucrins que j'aye jamais mangé. Je vous adjuſterai Saffran, & Truffes avec cela, bonnes chairs, bon pain, bonnes eaux le poſſible; & qui eſt une ſeconde ame de nous, bons vins, tant blancs que clairets, qui donnent à l'eſtomach, non à la teſte. Groſſes Carpes, Brochets, & Truites en abondance. Ceſte grande Riviere incogneuë, qui paſſoit au travers de l'ancien Paradis Terreſtre, s'eſt transformée en celle de la Chorente, laquelle depuis la ville d'Angouleſme juſques à S. Savinien, où elle va fondre en la Mer (qui diſent 45. lieuës) eſt bordée de Prez; & pour n'eſtre malgiſante, comme voſtre Loire, jamais ne ſe desborde que pour le profit du païs (ainſi que le Nil en Ægypte) & pour marquer les Prairies, quand elles ſe trouvent alterées. Elle eſt encore ſecondée d'une petite riviere, nommée la Touvre, que Thevet diſoit eſtre pavée de Truites, tapiſſée de Cygnes, & bordée d'Eſcreviſſes, qui dure environ quatre lieuës. Nous avons encore en ceſtuy noſtre Paradis, une particularité qui n'eſtoit en l'autre; car nous n'y avons le fruict de ſcience qui perdit Adam, pour le moins ignorons tous les mauvais bruicts de ce temps, qui ne font que nous affliger, ſans y pouvoir mettre remede : qui fait que vivons en quelque tranquilité d'eſprit, au milieu de nos malheurs. Brief, on appelle ce païs, la Champagne, qui eſt de cinq ou ſix lieuës d'eſtenduë. Et je crains que le ſemblable ne m'advienne, qu'à ce grand guerrier Hannibal, quand il ſe perdit *in delitiis Campanis*. Vous penſerez paraventure que je me truffe : or afin de ne vous rendre point voſtre penſer vain, je vous envoye un pacquet de Truffes, qui eſt le preſent d'un mien bois, que je vous prie recevoir de tel cœur qu'il vous eſt envoyé. A Dieu.

de Congnac en toute abondance de biens.

La Chorente belle & fertile riviere.

LETTRE VIII.

A Monsieur du Plessis-Mornay, Gouverneur pour le Roy en la ville de Saulmur.

Il ſupplie M. du Pleſſis d'empeſcher envers le Roy qu'il n'eſta-

JE parlerai à vous comme à vous; je veux dire comme à celuy que je m'aſſeure eſtre grandement zelateur du bien public; c'eſt pourquoi eſtant pouſſé d'un meſme zele, je vous eſcrirai la preſente, d'une telle liberté, que le devoir de ma charge me le commande. L'on avoit, ſous le feu Roy, fait un Edict portant l'eſtabliſſement d'une nouvelle Chambre des Comptes en la Guyenne; ceſt Edict preſenté au Parlement de Bordeaux pour le verifier, eſt

vertueuſement refuſé. Qui fut cauſe d'en faire ſurſeoir la pourſuite. Dieu nous a depuis envoyé le Roy à preſent regnant, ſous lequel toutes gens de bien, ſe promettent un reſtabliſſement de toutes choſes de mal en bien, & de bien en mieux. Il n'eſt point nourri en ceſte marchandiſe d'Edicts burſaux, leſquels il doit ſur tout abhorrer, comme ayans cy-devant cauſé la ſubverſion generale de l'Eſtat.

bliſſe une Chambre des Comptes en Guyenne.

Toutesfois je ne sçay quels hommes, qui n'ont moyen de s'enrichir que de la despouille du peuple, veulent aujourd'hui remettre cet Edict en avant. Si quelques personnages d'honneur s'en rendoient instigateurs, certainement je m'en tairois; mais estant poursuivi par une vermine de gens, que par un mot malheureusement nouveau, nous avons nommé Partisans, je vous en escrirai plus hardiment ce que j'en pense. Je sçai bien qu'ils promettent quelque argent au Roy pour subvenir au desfroi de la guerre ; mais faignans de s'estudier à la conservation de l'Estat, ils le perdent. C'est proprement la poule d'Esope, qui produisoit tous les jours un œuf d'or, que son Maistre voulut tuër, pensant la trouver toute d'or dedans ses entrailles; & n'y trouva qu'une semence de petits œufs non formez ; perdant & sa poule, & son revenu quotidien tout ensemble. Tournez vostre esprit de quelque façon que voudriez; vous ne trouverez en tout ce mesnage que ruine, diminution de reputation du Roy envers ses bons & fideles subjects, qui ne craignent rien tant que telles novalitez, matiere de mescontente de la part de ses ennemis, qui diront que c'est une traitte & continuation des anciennes ruines, & que nous avons changé de personnes, non de mœurs. Surcharge infinie du pauvre peuple, sur lequel on assignera le payement de ces nouveaux gages, ores que jà il soit accablé de tailles, taillon, aides & subsides. Je vous dy nommément surcharge infinie : car si vous considerez le peu de deniers qui entreront és coffres du Roy, & les mettez en la balance contre les gages qu'il faudra payer, il seroit plus expedient au Roy, qu'il prist argent à interest à vingt pour cent. Mais sur tout, je vous prie de considerer, qu'il n'y a rien qui puisse tant nuire aux affaires du Roy, que de démembrer la grand Chambre des Comptes, qui sejourne aujourd'huy à Tours, & laquelle sera, si Dieu plaist, bientost restablie en son ancien manoir. Le malheur de nostre siecle est tel, qu'il n'y a presque Gouverneur de Province, qui ne veuille trancher du Prince souverain, dedans son Gouvernement. Adjoustez-luy avec cela une Chambre des Comptes, vous en ferez un petit Roy, qui disposera des deniers Royaux, à son plaisir & sans controolle, parce que cette nouvelle Chambre, exposée à sa mercy, ne sera pas assez forte pour luy faire teste. Je ne le dy point pour Monsieur le Mareschal de Matignon, que je recognoy pour trop sage & vertueux Seigneur : mais aprés luy, il pourra arriver un autre au Gouvernement de la Guyenne, dont on ne sera pas tant asseuré. Tant y a, que c'est emorceller la Majesté du Roy en autant de parcelles, comme vous faictes de Chambres. Puis que les finances sont les principaux nerfs de la chose publique, il faut necessairement qu'il y ait un grand College en cette France, pour soustenir les droits du Roy, & s'opposer aux entreprises de ceux qui quelques-fois licentieusement en abusent. Le Roy se paye de raison : il a trés-grand interest de n'offenser point tout d'un coup deux grandes Compagnies, nostre Chambre des Comptes, & la Cour de Parlement de Bordeaux; laquelle a déjà refusé la verification de cest Edit : quand nos Roys se regleront par les remonstrances honnestes de leurs Cours Souveraines, ils commanderont fort aisément à leurs subjects. Depuis que d'une puissance absoluë, le feu Roy s'en dispensa, quatre & cinq armées ne furent bastantes pour le faire obeïr. Vous avez l'oreille de nostre bon maistre, comme celuy qui pendant ses afflictions luy avez servi d'un Cyneas, assiegé de plusieurs importuns, nourris en la desbauche de l'autre Regne. Je vous prie que par vostre moyen, cette lettre luy serve d'instructions & memoires sur ce qu'il aura à faire en l'érection de cette nouvelle Chambre. A Dieu.

Poule d'Esope, qui faisoit tous les jours un œuf d'or.

Gouverneurs des Provinces comme petits Princes.

Les Finances principaux nerfs de la chose publique.

LETTRE IX.

A Monsieur des Aigues, Procureur General du Roy au Parlement de Bordeaux.

Il supplie M. des Aigues de s'opposer à l'establissement d'une Chambre des Comptes en Guyenne, comme il

L'Ancienne habitude que nous avons euë autrefois ensemble, estans Advocats des parties, faict que vous & moy representans aujourd'hui le public, je m'addresse avec plus de confiance à vous, pour une affaire qui se presente, sur l'érection d'une nouvelle Chambre des Comptes en la Guyenne, dont quelques partisans poursuivent la verification. Et en cecy, je me preparerois volontiers pour vous induire à vous roidir encontre ceste nouveauté, par une infinité de raisons : mais je ressemblerois ce sot Phormion, qui voulut faire leçon de l'Art Militaire à ce grand Capitaine Hannibal. Les conclusions qu'avez autrefois prises sur ceste affaire, & l'Arrest de la Cour portant le refus de l'Edict, me servent d'une bonne consultation, non pour vous persuader, ains pour me persuader moy-mesme, de ce qui doit estre faict. Si vous le fistes en un regne, auquel la porte estoit ouverte à une confusion d'Edicts pecuniaires, dont le feu Roy usoit à grande perte de Finances, je m'asseure que vous tous ne serez aujourd'hui moins retenus, ayans affaire à un Roy qui ne respire que le restablissement du Royaume. Je vous supplie donques, Monsieur, vouloir parachever cet ouvrage, de mesme vœu & vertu que l'avez encommencé. Quoy qu'il arrive, le Roy, le peuple & la posterité, vous auront de l'obligation ; & quant à moy, outre la qualité que je soustiens pour le public, si en mon particulier je puis m'en revanger, croyez que vous aurez tout le temps de ma vie, en moy, un homme qui se disposera de vous servir. A Dieu.

avoit desjà faict autresfois.

LETTRE X.

A Monsieur de Saincte Marthe, Thresorier general de France, en Poitou.

Recit au long, de la victoire d'Ivry.

La Ligue s'opiniastre six semaines au siege de

Victoire, Victoire, Victoire! Car pourquoy ne corneray-je par tout l'Univers, la miraculeuse victoire du Roy à Ivry? Et afin qu'entendiez tout au long les particularitez, telles qu'on me les a escrites : le Roy ayant faict lever le Siege de Meulan, où la Ligue s'estoit opiniastrée l'espace de six sepmaines ; depuis, pour ne demeurer sans mestier mener, il assiegea la ville de Dreux ; pendant lequel Siege, vint à l'ennemy, nouveau secours des Païs-Bas, de mille bons chevaux, & pareil nombre de harquebuziers, conduits par le Comte d'Aiguemont ; qui l'occasionna de passer l'eau, en deliberation de faire lever le siege, ou donner une bataille, dont il se promettoit le dessus, comme celuy qui avoit trois hommes pour un. Le Roy de ce adverty, nous en escript à Tours, & commande de faire prieres publiques pour luy, en nostre Eglise. Ce luy est une coustume fort familiere, de commencer toutes ses actions, par le nom & aide de Dieu. Nous faisons procession generale. Le Roy estoit de beaucoup le plus foible en nombre de gens: toutes-fois poussé de l'asseurance qu'il avoit en Dieu & en son bon droit, delibera de ne refuser le combat, encore qu'il en fust dissuadé par plusieurs grands Capitaines. Or

Meulan.

Dreux assiegé par le Roy.

voyez

voyez comme Dieu luy assiste en toutes ses deliberations. Deux jours auparavant la bataille, voicy Monsieur de Montpensier, avec cinq cens bons chevaux : & le lendemain, les Seigneurs de la Guiche & du Plessis-Mornay, avecques trois cens ; conduisants outre plus, quatre-vingts mil escus, que l'on apportoit de la Rochelle, que le Roy dés l'instant mesme fit distribuer à son armée, pour tenir chacun en haleine ; ne se reservant pour luy autre chose, que l'esperance de la victoire. Je ne vous oublieray une seule parcelle de ce qui s'est passé. Le Mardy, dont le lendemain on combattit, fut tenu conseil avec Messieurs les Princes & Mareschaux de France, où il luy fut proposé que l'on ne donnoit point de batailles, sans s'asseurer d'un lieu de retraicte, en cas de malheureux succez. Mais luy, d'un cœur genereux & magnanime, leur dit, qu'il les estimoit tous de mesme opinion que luy : & que de sa part, il ne designoit autre lieu de retraite, que le champ, où se donneroit la bataille ; voulant dire, qu'il estoit resolu d'y vaincre, ou de mourir. Recherchez les Apophthegmes de tous ces anciens guerriers, tant de la Grece que de Rome, vous n'en trouverez point un plus beau. Le Mercredy, on vient aux mains, où nostre avant-garde se trouva, du commencement, par deux & trois fois esbranlée ; mais fut vertueusement soustenuë par Messieurs les Princes de Conty & Duc de Montpensier, & de Monsieur le Mareschal d'Aumont. Le Roy voyant lors ses affaires en mauvais termes, commence d'exhorter en peu de paroles les siens ; & quelques-uns faisans contenance de fuir : tournez visage (leur dit-il) afin que si ne voulez combattre, pour le moins me voyez mourir. Sur ceste parole, luy & les siens, ayans un *Vive Dieu* en la bouche, pour le mot du guet, il broche son cheval des esperons, à la teste de tous ses gens, & entre dans la meslée avec telle generosité, que ses ennemis ne firent plus que conniller. Il seroit impossible de dire les grands exploits d'armes qu'il fit. Sur ces entrefaites, voici un autre nouveau surcroist, qui luy survient inopinément. Monsieur de Humieres arrive avecques trois cens chevaux, qui se jette pesle-mesle dans les ennemis, lesquels estimans ce fust l'armée de Monsieur de Longueville, conduite sous son authorité, par le S. de la Nouë, prennent l'espouvante & se mettent à vauderoute : leurs Suisses baissants leurs picques, se rendent à nostre mercy. Le Roy poursuit les fuyards avecques six-vingts cuirasses, dont petit à petit il fut abandonné, ne luy en restant que dix & sept. Et comme il estoit en ceste chasse, deux Cornettes Espaignoles passent d'un costé, & trois de l'autre, qui apporterent quelque desfiance au Roy, lequel estant lors peu accompagné, choisit un petit tertre, pour ne s'en hazarder temerairement : mais ces Espaignols n'ayans cœur qu'à la fuite, passent outre : & à leur queuë se trouvent quatre-vingts chevaux. Ceux-cy, dit-il lors, nous serviront de curée. Et à l'instant les charge avec une poignée de gens si à propos, qu'il les desfit tous. De ce pas, il retourne, ayant le bras tout sanglant, & ensé des horions qu'il avoit donnez. Les nostres estimoient qu'il se fust perdu dedans le gros des ennemis ; mais le voyant, commencerent de crier, *Vive le Roy*, avec une fansare & allegresse infinie. Le Comte d'Aiguemont rend les abois, demeurans les chemins jonchez d'une infinité de corps de nos ennemis. Et est une chose digne vrayement de nostre Roy, que dedans la meslée, il avoit ceste parole souvent en la bouche, que l'on espargnast le sang des François le plus qu'il seroit possible. Les choses estans racoisées, le lendemain un Gentilhomme, voulant faire le bon valet, luy representa son espée toute sanglante & pleine de hoches, où il y avoit de la chair, & des poils attachez ; voulant en cela le flatter & monstrer de quelle hardiesse il s'estoit comporté le jour de devant : mais il commanda aussi-tost qu'on la luy ostast ; ne se voulant ressouvenir des hideurs à quoy un champ de bataille l'avoit contrainct. Cela me remet en memoire d'un autre traict de luy, admirable ; car ayant obtenu une autre grande victoire en la bataille de Coutras, où une bonne partie de la Noblesse de France estoit morte ; luy estant encores au champ de bataille, ses principaux Capitaines, pour luy congratuler, luy monstrants une grande couche de morts sur la place : *Je ne m'en puis* (dit-il) *resjoüir, voyant que mon malheur m'a faict sauver ma vie par ma mort ; chercher mon gain en ma perte, & mon advancement dedans ma ruine*. Je vous ay remarqué cecy en passant. Quant au surplus : en cette Bataille d'Ivry, le Roy n'avoit de gens de pied que six mille, & deux mille hommes de cheval, dont les huict cens luy estoient inopinément arrivez deux jours devant la bataille : l'ennemy, douze mille hommes de pied, & quatre mille chevaux. Qui plus est, le Roy eut le loisir de choisir le lieu, le jour, le temps & occasion pour combattre ; s'estant fortifié d'un valon, dont on ne le peut faire desloger le jour precedent. Et qui est une particularité fort remarquable ; lors que la bataille commença, on faisoit une Procession generale dedans ceste ville de Tours, où estoient tous les pauvres Mendiants, & encore les petits enfans qui n'avoient autre mot en bouche parmy les ruës qu'un *Vive le Roy*. Ceste Procession dura jusques vers le midy, qui fut le temps auquel la bataille prit fin, comme si la victoire de nostre Roy n'eust dépendu que des Oraisons de son peuple, tout ainsi que celles de Josué, Capitaine general des enfans d'Israël, des prieres de Moïse. Les nouvelles de ceste victoire apportees à Tours par Armaignac, valet de chambre ; jamais on ne vid plus d'allegresses. Messieurs les Cardinaux, la Cour de Parlement & Chambre des Comptes, s'assemblerent dés le matin à sainct Gatien, où fut chanté un *Te Deum*. Tout le peuple ferma ses boutiques toute la journée, pour contribuer à ceste action de graces ; & le soir, sans aucune injonction du Magistrat, on fit feux de joye par toutes les ruës. A Dieu.

Secours arrivé un Roy fort à propos.

Generosité du Roy.

L'avant-garde esbranlée par trois fois.

Vive exhortation du Roy.

Secours arrivé fort à propos.

Les ennemis s'esbranslent, & se mettent en fuite.

Chasse du Roy.

Le Roy veut espargner le sang François.

Il ne veut voir son espée sanglante.

Dict notable du Roy en la journée de Coutras.

Nombre des hommes qu'avoit le Roy à la journée d'Ivry.

Et celuy de l'ennemy.

Procession dans Tours lors que la bataille commença.

Te Deum chanté à Tours.

LETTRE XI.

A Monsieur du Plessis-Mornay, Gouverneur & Lieutenant general pour le Roy, en la ville de Saulmur.

IL y a environ deux mois, que je vous escrivy les raisons pour lesquelles j'estimois la nouvelle érection de la Chambre de Guyenne estre d'un tres-grand prejudice à la France : afin qu'en attendant la venuë de nos Deputez devers le Roy, vous le peussiez rendre cependant capable aucunement de ce faict-là. Maintenant qu'ils sont arrivez, je vous entretiendray d'un autre subject, qui me semble d'aussi grande importance. L'immensité des Dons du feu Roy, a perdu l'Estat. Depuis qu'il a pleu à Dieu appeller le Roy à present regnant à la Couronne, il n'y a homme de bien qui ne soit entré non seulement en esperance, ains en une ferme creance, qu'il réduira toutes choses en leur ancien mesnage, pour estre & tres-capable & tres-disposé à ce faire. Toutesfois je ne sçay comment le malheur de la France est tel, que depuis sept ou huit mois, on nous a envoyé des dons de trente, quarante, & cinquante mil escus, pour verifier ; mesme par un nouveau formulaire. Ceux qui sçavent la debauche de l'autre regne, s'associent avec les Seigneurs qui ont bonne part aux graces du Roy ; les uns administrant les inventions ; les autres, la faveur ; tellement que par unes mesmes Lettres, ils se trouvent deux donataires,

Il discourt sur les dons qu'ont coustumé de faire les Roys, & donne certaines regles.

Dons immenses perdent l'Estat.

qu'il y faudroit observer.

Dd iij

taires, & vont deux à deux, comme les freres Mendiants : asseuré prognostic que cette voye prenant trait, on réduira, sans y penser, le Royaume en mendicité. Le malheur est tel, pendant une guerre civile, que le revenu de trois & quatre Royaumes, tels que le nostre, n'est suffisant pour assouvir la concupiscence de ceux qui assistent leurs Rois. Soudain qu'un Prince est embarqué dans telles tempestes, ce ne sont que demandes & importunitez induës. Les Seigneurs & Capitaines se font accroire, que recevant beaucoup de leur Roy, encore leur doit-il de retour. Contentez leurs opinions, vous perdez le Royaume; ne les contentez, vous vous perdez. S'ils ne vous bravent de paroles, ils vous morgueront de fascheux semblants; feront contenance de vouloir sonner la retraite en leurs maisons, & de vous abandonner au plus fort de vos affaires. Considerations, vrayement, qui doivent aucunement excuser les liberalitez extraordinaires d'un grand Prince, lequel en telles occurrences est contraint, comme le sage Nautonnier, caller la voile à la tempeste. Cependant, les moyens d'un Roy s'espuisent; & s'espuisants, en pensant conserver son Estat, il le perd. Vous me demanderez, quel moyen il y a doncques entre ces deux extremitez? Je vous diray en peu de paroles : Le naturel d'un Roy est d'avoir les mains ouvertes à tous ceux qui luy demandent : que le Roy donne tant qu'il luy plaira; mais qu'en donnant, il fasse ceste reserve, que les gens de sa Chambre des Comptes, estans ses anciens mesnagers, ne furent point establis par nos ancestres pour estre comme simples Tabellions, qui sans cognoissance de cause sont contraints de grossoyer la minute des contracts qui leur sont presentez, afin de les pouvoir puis après mettre à execution; ains qu'ils peuvent modifier les Dons, tant selon leurs consciences, que reglement de l'ordonnance. Ce n'est pas un petit secret en matiere d'Estat, qu'un Roy assiegé d'une infinité d'importuns, leur accorde ce qu'ils luy demandent; & neantmoins que sans se fascher, il permette à la Chambre d'exercer le deu de sa charge : car en ce faisant, il fait deux vrais actes du Roy: l'un, en donnant ; l'autre, en n'enfraignant point les ordres anciens de sa Republique : & davantage, il rejette toute l'envie sur la Chambre; laquelle faisant son devoir, ne se donne beaucoup de peine d'estre une bute de mescontentement à tous ceux qu'elle escondit. S'il fait estat de ne revoquer aisément les Arrests de la Chambre par Jussions, qui ne sont que trop familieres au grand Seau; ce ne sera pas un petit moyen, pour l'avancement de ses affaires. Non que je veüille dire, que ceste regle doive estre perpetuellement observée ; mais quand de son propre mouvement, pour certaines bonnes considerations, il voudra faire sortir plein effect à ses volontez, il y a des moyens pour le contenter. J'adjousteray, que nous comptions anciennement par livres, en France. Dès & depuis l'an 1577. nous avons compté par escus ; & au lieu que perdions auparavant la France par livres, nous la perdons maintenant par escus ; c'est-à-dire, de deux fois plus, que nous ne faisions : ne coustant non plus à un Roy de donner dix mille escus, que dix mille livres. Si mon souhait avoit lieu, je voudrois qu'en toutes choses on comptast par escus; mais en matiere de dons, par livres; parce que celuy qui hardiment demande vingtmille escus, auroit honte de demander soixante mille livres. Je vous escris ceci librement, d'autant que le deu de ma charge, & la devotion que je porte au service du Roy, me le commmandent ; vous priant de me conserver en vos bonnes graces. A Dieu.

Dons immenses perdent l'Estat.

Prudence d'un Roy en matiere de dons.

LETTRE XII.

A Monsieur le Comte de Sanzay.

LE quinziesme de ce mois d'Aoust 1591. jour de l'Assomption Nostre-Dame, est advenu en cette ville de Tours, le plus admirable trait d'histoire que l'on ait jamais leu ny veu. Monsieur de Guise s'est sauvé. Vous sçavez que le feu Roy l'avoit baillé en garde à Rouvré, Lieutenant du Seigneur de Larchant; & après luy avoir fait changer de diverses prisons, enfin choisit pour sa demeure, le Donjon du Chasteau de Tours, luy baillant quelques Gardes Françoises, Escossoises & de Suisses, afin d'oster tous moyens de corruption. L'ordre que Rouvré y tenoit, estoit, que ce jeune Prince estoit tousjours suivi d'un Exempt des Gardes & de quatre Soldats, qui ne le perdoyent de veuë, ores qu'il luy permist de picquer chevaux dans la Cour, tirer des armes, & tous autres nobles exercices. Luy qui n'avoit autre chose en l'opinion, que de sortir à quelque condition que ce fust, voire au prix de sa vie, donne advis à Monsieur de la Chastre de l'entreprise qu'il brassoit, comme à celuy auquel il avoit entiere confiance, pour le lieu qu'il avoit tenu prés de feu son pere. Le Seigneur de la Chastre, qui lors estoit à Orleans, depesche son fils avecques plusieurs troupes vers Selles, qui s'approche jusques à un quart de lieuë de nostre ville; comme Dieu esbloüit les yeux des plus clair-voyants, quand il veut que quelque chose s'execute, aussi nul de nous ne sçeut sa venuë que le prisonnier, ains sur un autre grand Seigneur qui estoit dans la ville, que l'on disoit lors estre en mauvais mesnage avec le Roy. Chacun s'arme à la veille de Nostre-Dame, & se met en place : la plus part en resolution de mettre barricades devant le logis de ce grand Seigneur ; disants qu'il avoit quelque intelligence avec le Baron de la Chastre. Ceste journée se passe avec une émotion admirable; toutesfois le lendemain les choses se trouverent si racoisées, que vous n'eussiez pas dict que le jour precedent il y eust eu aucun murmure. Cela me faisoit souvenir du jour de Quaresme-prenant, où le commun peuple est si enragé en desbauche, qu'il semble ne devoir estre jamais sage ; ce neantmoins le lendemain, jour des Cendres, chacun se trouve si peneux, que nul ne penseroit que le jour precedent la folie se fust donné aucun privilege sur nous. Ceste rumeur generale de la ville sembloit estre un suffisant moyen, pour tenir Monsieur de Guise en cervelle, & l'empescher de passer plus outre à son dessein : toutesfois passant par dessus tous destourbiers, voicy comme il meine son faict. Il avoit donné ordre, quelques jours auparavant, de se faire apporter des cordes dans du linge blanc, par une Lavandiere. Le jour de l'Assomption, il fait ses Pasques, & avec luy Penard, Exempt des Gardes, qui le devoit accompagner ce jour-là. De là, ils se mettent à table, & avecques eux un autre Exempt, nommé Monglart, homme facetieux, que jeune Prince pria de s'en aller ; parce qu'il vouloit employer toute ceste journée à devotion, non à rire. Après disner, il descend en la Cour avecques Penard, ainsi que les Gardes disnoient en son anti-chambre. Pendant ces choses, deux de ses gens donnoient ordre d'attacher les cordes au plus haut du Chasteau, qui tomboit sur la Riviere prés du Pont. Cela se dressoit à onze heures du matin, jusques à une heure, pendant lequel temps les portes de la ville sont fermées, chacun estant lors retiré en sa maison, pour prendre son repas : qui est une discipline que l'on a apporté presque en toutes les villes de dessus Loire. Comme ce Prince estoit en bas, il proposa un nouveau jeu à Penard, qui seroit celuy d'eux, qui auroit le premier gaigné le haut d'un long escalier à clochepied. Luy qui estoit prompt en jambe, gaigne le devant; & se voyant au-dessus de luy de douze ou quinze degrez, commence à toute course de joüer des deux jambes, sui-

Il raconte comment M. de Guise se sauva de prison. Il avoit esté emprisonné au mois de Decembre 1588. lors de la mort de son pere.

M. de Guise comment gardé par Rouvré.

Ceux de Tours fort troublez à la veuë du Baron de la Chastre.

Les cordes luy sont apportées en du linge blanc.

Traist de souplesse fort subtilement joüé par M. de Guise.

vi de mesme vitesse par l'autre ; passe au travers de l'anti-chambre, où les Soldats prenoient leur refection, & entrant en une autre chambre, ferme la porte sur soy au verroüil ; disant que c'estoit gageure. Penard se somme d'ouvrir, ou qu'il rompra la porte. Cependant il entre en un petit escallier, sur lequel il ferme une autre porte sur soy, & monte au-dessus de la Tour, où il est descendu par deux siens valets, lesquels se descendent aprés luy. Les Gardes se doutans de ce qui estoit, rompent l'une & l'autre porte, & montent au-dessus de la Tour, trouvent qu'il n'y avoit plus que le nid, & que l'oiseau s'en estoit envolé. Infiniment estonnez, ils donnent l'allarme chaude par toute la ville. Tout cela ne pouvoit estre sans quelque bon entrejeet de temps, durant lequel le prisonnier ayant gaigné le bas, eut loisir de gaigner le haut : mais d'une façon qui merite d'estre sceuë. Comme il couroit le long de la Riviere, sans chapeau, suivi de ces deux serviteurs ; quelque femme de delà l'eau s'escria, que le prisonnier évadoit ; mais sa voix fut ou negligée, ou non recueillie du voisiné. Luy, d'un autre costé, trouve une Boulangere, qui abreuvoit une meschante Jument, chargée d'un Bast : il monte dessus ; & aprés avoir longuement tracassé, finalement il passe la Riviere du Cher, avec ses gens, dans une Nasse. De là, courant à toute bride, sans sçavoir quelle route il devoit tenir, il est accueilli par un soldat Ligueur, nommé Corbeau, autrefois Sergent des Tailles en l'Election de Tours. Cestuy bien monté, luy commande de demeurer. Monsieur de Guise, estimant que c'estoit quelque Soldat de la garnison de la ville, qui fust en queste pour le reprendre, luy dit, qu'il se rendoit à luy, & qu'au fort, il en feroit quitte pour retourner en sa prison. Le Soldat esmerveillé de ceste responce, demande son nom. Il luy respond qu'il estoit Guise. A ce mot, le Soldat descend, luy embrassant les genoux, & le monte sur son cheval, allant trouver le demeurant des troupes, qui rodoient ceste plaine, attendans pleines nouvelles de ce Seigneur. De là, aprés plusieurs caresses, ils s'en allerent à Selles, où ils arriverent sur la minuit : & les nostres qui s'estoient mis par les champs pour le reprendre, s'en retournerent sans aucun effect ; estant chacun infiniment estonné de cette inesperée évasion. Maintenant, chacun de nous fait divers commentaires ; les Mesdisans se font accroire, que si le Roy en est fasché, Monsieur de Mayenne ne le sera pas moins ; parce que ce luy sera bailler un corrival de sa grandeur, fondé sur la seule memoire de son pere : en quoy, à mon jugement, il y eust eu quelque apparence, si aprés la mort du pere, le fils n'eust esté emprisonné ; mais pendant l'espace de trois ans, toutes les servitudes que l'on avoit voüées au deffunct, se sont oubliées, & ont pris nouvelles racines en la grandeur de Monsieur de Mayenne. Au demeurant, je ne vous puis dire quelle sera la fortune de ce jeune Prince. Mais remettant devant mes yeux & la sagesse, & la magnanimité & l'heur qui se sont trouvez en cet acte, je ne me puis rien promettre de petit de luy à l'advenir ; sagesse, en ce qu'il choisit un jour de devotion, tel que celuy-là, & heure en laquelle il ne pouvoit estre bonnement veu ny promptement recouvré ; mesmes qu'il fit ce jour-là ses Pasques : car s'il le fit par Religion, c'estoit asseurer son ame, si en descendant il fust mesadvenu de sa vie ; si pour amuser ses Gardes, c'estoit un conseil qui passoit grandement sa jeunesse. Je vous adjouste de quel artifice il donna la muse à Penard, & pareillement aux autres Gardes : magnanimité, de s'estre exposé à tel danger, veu la hauteur du lieu d'où il descendoit : & finalement un heur, qu'aprés avoir tracassé d'une part & d'autre, sans tenir sentier ny voye asseurée, il soit arrivé à port de salut. Les jeunesses des Princes, assiegées comme de cettuy, sortants du donjon où elles estoient, ne promettent puis aprés que toute grandeur ; joint que plusieurs, en matieres de guerre, adorent plus le Soleil levant que couchant. Vous veux icy adjouster que ce mois d'Aoust a porté quatre ou cinq visages d'histoire dignes d'estre ramenteux à une longue posterité. Car en iceluy on a publié au Parlement de Tours un Edict, par lequel il est permis à tous ceux de la Religion nouvelle, d'estre promens à toutes sortes d'Estats. D'ailleurs, a esté donné Arrest solemnel, par lequel il est ordonné, que la Bulle du Pape, qui nous avoit tous excommuniez, pour suivre le parti de nostre Roy, seroit non seulement laceree, ains arse & bruslée en plein marché : ce qui a esté fait par l'executeur de la haute justice. Deux braves Capitaines morts ; la Noüé tué en la Bretaigne, & Chastillon fils de l'Admiral, mort de maladie en son camp ; enfin la rupture des prisons de Monsieur de Guise. A Dieu. De Tours, le dernier du mois d'Aoust mil cinq cens nonante & un.

Comment il se sauut.

Est recognu & monté par un soldat Ligueur.

Jugemens divers sur ce faict.

Sagesse & magnanimité remarquée en cest acte.

Choses remarquables arrivées au mois d'Aoust de l'an 1591.

Edict en faveur de ceux de la Religion nouvelle.

La Bulle du Pape lacerée & bruslée en plein marché.

Capitaines morts.

LETTRE XIII.

A Mademoiselle de Forges.

Il la remercie du bon bruit qu'elle faict courir de luy.

J'Ay veu le Gentilhomme dont m'avez escript. La bonne bouche que semez de moy, a esté cause de nostre entre-veuë. Je ne sçay si je vous en doy sçavoir gré, craignant que l'honneur que me faites, ne me tourne à deshonneur : parce que trompetez tant mes valeurs en mon absence à ceux qui vous gouvernent, qu'il est impossible que ma presence y satisfasse ; & que celuy qui m'halene aprés, ne se trouve deceu d'outre-moitié de juste prix ; si ce n'est que charmé de vostre bien dire, il pense voir en moy plusieurs choses qui n'y sont. Nous ressemblons aux paisages des Peintres, ausquels de loing vous pensez voir, qui hommes & femmes dançants ensemble, qui des troupeaux de diverses bestes ; mais plus vous en approchez, moins vous y trouvez, de ce qu'en premiere apparence vous pensiez ; ainsi est-il de nous tous ; plus on approche de nous par communications mutuelles, & moins on y trouve ce que l'on s'estoit promis de nous. De moy, je vous diray librement, que je n'ay autre perfection, que de recognoistre mes imperfections ; glorieux toutes-fois, que j'aye peu gaigner sur vostre bel esprit, ceste opinion qu'avez du mien ; qui m'est une obligation de bien faire, & de demeurer à jamais, vostre serviteur. A Dieu.

LETTRE XIV.

A Monsieur Fauchet, Conseiller du Roy, & premier President en sa Cour des Generaux des Monnoyes.

Il luy remonstre com-

JE suis trés-aise qu'au milieu de nos troubles & orages, soyez enfin surgi à bon port dedans la ville de Tours, & que Messieurs de nostre Chambre des Comptes ayent avec eux, & vous & quelques-uns de vostre compagnie pour l'exercice de vos Charges ; marry toutesfois que soyez marry d'avoir seance au dessous des Maistres : mes-

me il ne doit estre fas-

bé d'af-
re assis
en la
Cham-
bre des
Comptes
auprés les
Maif-
tres.

Trois ef-
peces de
biens
entre
nous.

L'hon-
neur
partici-
pe de
toutes
les trois.

Temples
de l'Hon-
neur &
de la
Vertu
pour-
quoy
baftis
atte-
nans
l'un de
l'autre.

L'Hon-
neur
combien
forte
touche.

Mourir
au lict
d'hon-
neur.

Charge
de ville
ennoblie
par un
digne
Magif-
trat.

me qu'en vouliez faire quelque inftance : & parce que fçavez combien je vous ay fervi à voftre reftabliffement, je m'affeure qu'aprés m'avoir entendu, fermerez le pas à voftre nouvelle opinion, encore que je ne la trouve point trop eftrange ; non qu'en voftre particulier, je ne la penfe bonne, mais pour les martels & tintoins que l'honneur remuë en nos ames.

Il y a trois efpeces de biens entre nous, de l'ame, du corps, de fortune : la vertu, la fanté, la richeffe. Toutesfois j'ofe prefque dire, qu'il y en a une quatriefme, qui eft comme quint'effentielle allambiquée de ces trois : c'eft l'honneur. Que s'il vous plaift balancer les chofes à leur vray poinct, l'honneur en foy n'eft ny richeffe, ny fanté, ny vertu ; & neantmoins il participe de ces trois ; parce que l'homme riche appete l'honneur, voire l'achepte à prix d'argent : l'ambition du malade eft de guerir ; mais en pleine fanté, il eft fort aifément chatoüillé de ceft honneur : & encore que la vertu qui affecte l'honneur, fe rende par ce moyen vitieufe ; d'autant qu'il la faut aimer à caufe d'elle feulement : fi eft-ce qu'il advient ordinairement qu'elle foit fuivie de l'honneur : & qui plus eft, que par l'opinion commune, l'honneur foit un acheminement à icelle. Qui fut caufe que les Romains baftirent deux Temples attenans l'un de l'autre, celuy d'Honneur, & de la Vertu : Temple d'Honneur (dy-je) par lequel, comme par un porche, on entroit dans celuy de Vertu. Cela eft caufe que l'honneur eftant façonné de ces trois pieces, il produit des effects eftranges, & paraventure plus grands que les trois autres feparement. Quelques-uns font eftat de la vertu ; mais c'eft de tant & entant que la commodité de leurs affaires y pouffe. Nous eftudions à noftre fanté ; mais c'eft pour vivre plus longuement & à noftre aife. Nous travaillons d'avoir des biens & richeffes ; il ne fe faut enquerir pourquoy. Au contraire, qui fouci fe met l'honneur en bute, paffe pardeffus fa vie, la foule aux pieds, & ne luy eft rien de vivre, fi fon honneur fe trouve tant foit peu engagé : c'eft pourquoy vous voyez le Soldat aller d'un cœur franc, à la brefche, avec un ferme propos de mourir ; mais de mourir (comme l'on dit) au lict d'honneur. Vous voyez encore les Gentilshommes en chemife, avec l'efpée & la dague, s'immoler au Dieu Mars, pour le fouftenement de leur honneur.

Voilà comme fe maintient l'honneur par ceux qui manient l'efpée : & à vray dire, ils nous enfeignent qu'en quelque eftat auquel foyons appellez, nous ne laiffions aifément enjamber fur nos marches. Voyons maintenant quel eft celuy de la plume. Si je ne m'abufe, il gift en deux fonctions : l'une, qui defpend de noftre fonds & eftoc ; l'autre, de la ceremonie. J'appelle de noftre fonds, combatre à qui mieux mieux en l'exercice de nos Eftats ; t'envier contre nos compagnons, de nos reftes, en bien faifant ; & faire paroiftre à chacun qu'on eft le premier de la compagnie, ores que le dernier en feance. Ainfi qu'il advint autrefois au grand Epaminondas dedans Thebes, lequel pour ravailler la grande authorité, que par fes merites, il avoit empietée fur fes concitoyens, fut en pleins comices pourveu du plus vil Eftat de la ville : toutesfois il s'y comporta avec tant de dignité, dexterité & adreffe, que fa charge eftant expirée, elle fut ambitieufement pourchaffée par ceux qui tenoient le plus grand rang. O que c'eft une belle chofe, & digne d'un grand Magiftrat, quand on dict que la dignité ne nous honore pas tant, que nous l'honorons ! Mais qui eft celuy de nous tous, qui entre en ce noble champ de bataille ? Nous avons feulement recours au fecond point de l'honneur, qui gift en la ceremonie. Soudain que fommes entrez en un Eftat, nous combattons pour la prefeance des Proceffions, offrandes, portes, tables, d'avoir le deffus par la ville ; & pendant que mettons toute noftre eftude en ces ceremonies (que volontiers je nommerois fingeries) nous ne nous donnons pas grande peine de faire correfpondre nos fuffifances & grandeurs, à la grandeur de nos Eftats : qui me femble une ambition inepte.

Je ne veux pas vrayement dire qu'il faille negliger ce poinct ; bien diray-je, qu'en tout autre temps la difpute de la prefeance eftoit plus feante qu'en cestuy, mefme à vous, qui eftes encores tout mouïllé, & à peine avez recueilli les aix de voftre naufrage. Maintenant que je voy toute noftre France en armes, & l'Efpagnol noftre ennemy, avoir efté mené par la main dedans la ville de Paris, à noftre ruïne, il me femble que je fonge, quand je voy que nous autres pauvres refugiez combattrons, non pour eftre réintegrez dans nos biens, ains pour nos prefeances.

Et neantmoins, afin que defpoüillez cefte vaine opinion de voftre entendement, il ne faut point faire de doute qu'anciennement noftre Chambre avoit la cognoiffance & jurifdiction fur le faict des Monnoyes, comme fur celuy des Comptes ; chofe que je verifieroit par une infinité de tefmoignages, fi ma Lettre les pouvoit porter ; joinct qu'en cefte affaire, paraventure m'advient-il ce que l'on dit en commun proverbe, de parler Latin devant les Clercs. Depuis, petit à petit, on changea l'ancienne Police ; & le premier de nos Roys qui y frappa coup plus hardiment, fut Philippe de Valois, fous lequel furent introduites plufieurs novalitez, qui ont pris leurs accroiffemens avec le temps, tels que nous voyons aujourd'huy. Or quelque remuëment de mefnage qu'il y eut pour cet effect, fi eft-ce que pour la verification de mon dire, il n'en faut plus affeuré tefmoignage, que l'affiette de la Chambre des Monnoyes, que l'on voit proche de la noftre, comme fa fille. Et combien qu'on en fift une Cour pour juger des Monnoyes en dernier reffort, toutesfois nul Maiftre des Monnoyes n'eftoit reccu, qu'il ne fift le ferment en noftre Chambre. Voire qu'à l'avenement du Roy Louys XII. à la Couronne, le Roy ayant decerné fes Lettres de confirmation aux Generaux des Monnoyes qui eftoient huict, un Advocat, un Procureur du Roy, un Greffier, un Receveur, & un Effayeur general des Monnoyes, ils prefenterent leurs Lettres à noftre Chambre, & y firent tous le ferment le huictiefme de Mars, 1498. Le premier qu'euftes jamais pour Prefident, fut Maiftre Charle le Coq, qui prefta auffi le ferment en la Chambre, le vingt-fixiefme de Mars, 1522. fous le regne du Roy François I. de ce nom : & continua, cefte police, jufques au commencement du regne de Henry II. en la reception de tous les Maiftres generaux des Monnoyes ; ny pour icelle, n'avoient feance au Bureau avec les Maiftres, ains avoient fieges feparez. Et quelque dignité qui fuft à l'un d'eux fur les compagnons, on ne fit jamais de doute que le Maiftre des Comptes ne le precedaft. Le Roy Philippe de Valois, en l'an 1348. fit & crea un Jean Polevin, Ordinateur & Gouverneur General des Monnoyes, pardeffus les quatre Maiftres Generaux, qui lors eftoit en dedans Paris. C'eftoit comme un Prefident entre ces Maiftres des Monnoyes. Et de fait, il eft quelquefois appellé Souverain des Monnoyes, qui valoit autant comme Prefident ; parce que ceux qui furent premierement Prefidents, tant au Parlement, qu'aux Comptes, furent appellez Souverains. Polevin fut pourveu d'un Eftat de Maiftre des Comptes, exerçant tous les deux enfemble. Et en la generale fuppreffion des Offices (qui fut faite pendant la prifon du Roy Jean, par les brigues du Roy de Navarre, en l'affemblée des trois Eftats) cestuy avoit efté mis au rang des interdits : & quelques mois aprés, la fureur du peuple eftant raquoifée, il fut rétabli par Charles V. lors Regent. Or par les Lettres generales de rétabliffement, du 24. de May, 1458. quand on parle particulierement de Polevin, qu'il fut reftabli, il eft porté en ces mots : *Jean Polevin, Maiftre de la Chambre des Comptes ; General & Souverain Maiftre des Monnoyes du Royaume.* Vous voyez la Souveraineté des Monnoyes, marcher aprés la Maiftrife des Comptes. Je vous cotteray encore un autre exemple, que trouverez plus palpable pour cestuy-cy. Je vous ay dict, que les Maiftres Generaux des Monnoyes, lors de leurs receptions, faifoient le ferment à la Chambre des Comptes ; je ne vous ay rien touché de leur inftallation ; je la vous diray maintenant. La forme que l'on y obfervoit, eftoit, que celuy qui fe prefentoit pour faire

La Chambre des Comptes avoit jadis cognoiffance fur le faict des Monnoyes.

Offices eftablis aux Monnoyes preftent le ferment en la Chambre des Comptes.

Ordinateur & Gouverneur General des Monnoyes.

Forme obfervée pour faire

faire le ferment, eſtoit auparavant certifié capable par les Generaux des Monnoyes, puis faiſoit le ferment à la Chambre. Le ferment faict, elle commettoit tel de Meſſieurs les Maiſtres des Comptes qu'il luy plaiſoit : lequel ſe tranſportoit au Bureau des Monnoyes, & là ſe mettant au-deſſus des Preſidents des Monnoyes en leurs chaires, inſtalloit le nouveau receu. Cela ſe trouve en la reception de Maiſtre Gabriel Chirot, General des Monnoyes, qui fut le douzieſme Iuillet, 1574. portant le Regiſtre, *que Chirot avoit eſté inſtallé par Maiſtre Nicole du Pré*, Conſeiller & Maiſtre des Comptes, ſeant en la Chambre des Monnoyes au haut lieu, & au-deſſus de Maiſtre Charles le Coq, Conſeiller & Preſident d'icelles Monnoyes. Le ſemblable ſe trouve en Maiſtre Jacques de Tarennes, par Maiſtre Iean de Baſdouvilliers, 1527. & depuis en Maiſtre Iean Bernard, par le meſme Baſdouvilliers, qui fut commis par la Chambre pour l'inſtallation de l'un & de l'autre; & ſe trouve nommément, qu'en les inſtallant, il print ſon ſiege au-deſſus du Coq Preſident. Si en voſtre Chambre, où les preſſeances devoient naturellement eſtre plus gardées à vos Preſidents qu'ailleurs, ils quitterent ce grade, quelquefois au moindre de nos Maiſtres des Comptes, (car il eſt certain que la Chambre ne commettoit les plus anciens Maiſtres à ces inſtallations, ains quelquefois les derniers venus) vous ne devez trouver eſtrange, que maintenant en ce Bureau ils vous precedent. Iamais il n'avoit eſté veu qu'euſſiez ſeance en noſtre Bureau. Si on vous mandoit, on vous donnoit ſiege dehors. La neceſſité du temps a faict que la cognoiſſance des Monnoyes nous appartienne maintenant. Quoy faiſant, ç'a eſté remettre les choſes en leur ancienne nature. Vray que la Chambre, par une debonnaireté qui luy eſt familiere, n'a point eſté marrie qu'euſſiez ſeance au Bureau, aux jours que l'on traicteroit des Monnoyes. Mais voyons ſi en cecy vous avez eſté pirement traicté que les autres. Vous n'eſtes pas de meilleure condition que les Threſoriers Generaux de France, leſquels eſtoient anciennement, de leur originaire nature, de noſtre corps. Quand ils viennent à noſtre Bureau, on leur baille ſeance, voire à leurs Preſidents, au lieu meſme qu'on vous a aſſigné & aux voſtres, au-deſſous de nos Maiſtres des Comptes; & ne le trouvent eſtrange. Quand Meſſieurs du Parlement y viennent, on leur baille la meſme ſeance; mais ils y viennent pour les affaires qui concernent le Parlement, direz-vous. I'en ſuis d'accord, vous auſſi y eſtes pour celles qui regardent vos Monnoyes; partant, ne devez eſtre de plus grand privilege, que ces Meſſieurs-là. Quand vous recueillirez toutes les particularitez par moy cy-deſſus touchées, j'eſtime que vous-meſme ſerez le Iuge de voſtre cauſe, pour vous condamner. Il y eut anciennement deux ambitions contraires en deux perſonnages de marque dedans Rome : celles de Iules Ceſar, & Sertorius. Iules Ceſar, en une petite ville, ſe voyant le premier des autres, diſoit, qu'il aimoit mieux eſtre là le premier, que le trois ou quatrieſme à Rome. Sertorius, au contraire, commandant abſolument ſur les Eſpagnes, & Capitaine general d'une grande armée, diſoit qu'il euſt mieux aimé eſtre le dernier Senateur dedans Rome, que de tenir le lieu qu'il avoit acquis en Eſpaigne. Ie penſe qu'il vous eſt plus ſeant d'eſtre prés de Meſſieurs des Comptes en ce Bureau, que celuy qu'eſtes en la Chambre des Monnoyes ſeparée d'avec nous. A Dieu.

LETTRE XV.

A Monſieur de Mille.

LA reſolution que prenez de n'eſpouſer jamais autre Damoiſelle que voſtre maiſtreſſe, monſtre combien vous l'aimez, & croy que n'entreriez en ce vœu, ſi elle ne vous rendoit pareille devotion. Sur tout, je m'aſſeure que ſerez ſi ſage, de ne rien entreprendre ſans le conſentement de la mere. Ie plains, en voſtre reſolution, la longueur du temps, la patience extraordinaire de l'un & de l'autre, la deſbauche de voſtre eſtat, en laquelle il me ſemble que depuis toutes ces pourſuites, eſtes devenu Maiſtre paſſé : & à peu dire, tout ainſi que par autres miennes lettres, je vous mandois que je ne penſois que ce mariage ſortiſt ſi prompt effect qu'eſperiez : (en quoy mon prognoſtic n'a eſté menteur,) auſſi crains-je qu'aprés tant d'allées & venuës, quand il ſera conſommé, ne receviez tous deux le contentement reciproque que l'on deſire en telle affaire. Ainſi l'ay-je veu avenir en pluſieurs autres mariages, qui ſe ſont faics par amourettes. Vous m'en direz quelque jour des nouvelles, ſi la honte ne vous en empeſche. Il eſt beaucoup plus mal-aiſé de nous retenir en nos bonnes, que mauvaiſes fortunes. Maintenant que penſez eſtre au-deſſus du vent en voſtre maiſon, il me ſemble qu'avez recherché ce joüer pour vous affliger. Souvenez-vous ſeulement qu'eſtes fils, & que le plus bel heritage que feu Monſieur voſtre pere vous ait laiſſé en mourant, eſt la memoire de ſon nom, & de ſes vertus, contre laquelle je vous prie ne rien entreprendre mal à propos. A Dieu.

FIN DU QUATORZIESME LIVRE.

Tome II.   Ee   LES

LES LETTRES D'ESTIENNE PASQUIER
Conseiller & Advocat General du Roy en la Chambre des Comptes de Paris.

LIVRE QUINZIESME.

LETTRE I.

A Monsieur de Souvray, Chevalier des deux Ordres, Conseiller d'Estat, Gouverneur & Lieutenant General pour le Roy, en la ville de Tours & pays de Touraine.

Protestation de son obeissance envers luy & recognoissance de son devoir.

Yant receu tant d'honneur, faveur, & courtoisie de vous, lors que j'estois vostre vassal, je serois le plus ingrat homme du monde, si aprés m'estre aucunement recogneu en ceste ville de Melun, je ne vous faisois encore la mesme foy & hommage que je vous ay faicte à Tours. Ceste-cy sera doncques, Monsieur, non pour vous mander des nouvelles de ce qui se passe par- A deçà, dont estes assez informé ; ains des nouvelles toutes vieilles, lesquelles toutesfois ne vieilliront jamais en moy : c'est que, ny par la longueur du temps, ny de la distance des lieux, ny de quelque eslongnement que je fasse de vostre presence, jamais ne s'eslongnera de moy l'envie que j'ay de vous faire trés-agreable service : chose que desirant vous faire paroistre par effet, & non de paroles, je fermeray icy mes lettres, avec mes trés-humbles recommandations à vos bonnes graces. A Dieu.

LETTRE II.
A Madame de Rez.

Il luy vepart sur une, qu'elle luy avoit envoyée, où elle l'as- seuroit du bon accueil qu'elle avoit receu du Roy.

Vous ne m'escrivez rien, que je n'aye preveu dés-lors que partistes de ceste ville de Tours, non seulement pour la debonnaireté & courtoisie de nostre Roy, qui ne reçoit comparaison ; mais aussi parce que le meritez entre toutes les Dames de la France. Il me B souvient que le feu Roy, traictant la trefve avecques luy, avant leur entreveuë, dict à Madame d'Angoulesme, qui l'avoit gouverné à Saumur, que mal-aisément se pourroit-il contenter de luy, s'il n'abjuroit sa Religion. A quoy elle respondit, qu'il ne le falloit doncques voir, ny parler à luy, parce que le halenant, on estoit contraint de l'aimer. Or ce qu'elle dict de luy, je le veux dire de vous. Il ne vous faut gouverner, qui ne veut devenir amoureux de vos vertus. Ce n'est doncques pas tant à luy, que demeurez redevable du bon accueil qu'il vous a fait, comme à vous-mesme ; & devez vous en remercier seulement. Et vous donnant cet advantage sur luy, il est si bon Prince, qu'il n'en sera point marry, ny vous pour cela n'en deviendrez pas plus hautaine. Mais à bon escient, Madame, avez-vous esté si hardie de vous trouver dans les tranchées ? He vrayement ! si le Roy avoit beaucoup de telles Amazones, il ne luy faudroit rechercher secours estranger. Car quant à moy, je ne pense point que nostre siege de Roüen porte un

plus

plus grand guerrier que vous. Les autres prennent des prisonniers ; mais ce sont ceux qui par malheur, ou faute de cœur tombent en leurs mains ; & vous, par vos belles lettres, m'avez fait vostre prisonnier ; prisonnier (dy-je) de si bonne guerre, que je veux reconnoistre n'avoir non autre Maistresse, ains Maistre que vous ; disposé de recevoir en tout honneur vos commandements. A Dieu.

LETTRE III.

A Messieurs Loisel & Pithou, Advocats au Parlement resseant à Paris.

Il escrit en amy, & se plaint de l'injure du temps qui empesche de faire tenir asseurément les lettres.

LE plus grand contentement que j'aye, est quand la voye m'est ouverte pour vous escrire ; & combien que je sçache que le plus du temps c'est à coup perdu, pour la difficulté des passages, si est-ce que les escrivant, ce m'est un plaisir infiny. Je devise avec vous sur le papier, nonobstant le malheur du temps, me faisant accroire qu'estes presents, & bien-aises d'estre gouvernez par celuy que sçavez vous estre ancien Amy. En cette opinion, je me flatte, ou, pour mieux dire, m'enyvre, de sorte que je me mets toutes mes fascheries sous pieds. Il n'est pas dit que tous nos contentements doivent estre tousjours veritables. On en reçoit quelquefois en songe. Mais pourquoy dy-je, en songe, si tous mes plaisirs dépendent plus de l'imagination que de l'effet ? C'est pourquoy la voix commune du peuple dit, que nul n'est malheureux que celuy qui le pense estre. Je m'estime doncques heureux, vous escrivant, ores que pour l'empeschement des chemins, mes lettres ne vous soient rendues ; sous une ferme asseurance que j'ay, qu'estes asseurez, qu'il n'y a paresse, ny oubliance en moy du devoir & amitié que je vous ay dés pieça voüée. A Dieu.

Nul malheureux que celuy qui le pense estre.

LETTRE IV.

A Monsieur Sublet, Abbé de Ferrieres.

Il s'excuse d'avoir tant tardé à escrire, & demande de ses nouvelles.

QUand je considere que depuis mon partement de Blois, je ne vous ay gouverné par mes lettres, il me semble avoir esté enveloppé d'un profond somne, ou malade d'une lethargie, qui m'a fait oublier mon devoir ; maintenant que je me resveille, je veux aussi vous resveiller. Que faites-vous ? Que dites-vous ? A quoy passez-vous le temps ? Quelles nouvelles de vostre bonne Ville de Blois ? Que jugez-vous de nos affaires ? une courte paix ? une longue guerre ? Voila beaucoup de demandes en un coup, & assez pour empescher une plume ; non toutesfois telle que la vostre, qui n'est point chiche de son encre. Combien que je demande beaucoup, si me contenteray-je de peu, & me suffira de recevoir deux mots de lettre de vous, pour cognoistre quelle part j'ay en la continuation de vos bonnes graces. A Dieu.

LETTRE V.

A Monsieur Chalopin, Seigneur de Chavron.

Remerciement honneste de ses bons traittemens.

JE vous conseille d'estre desormais plus discourtois envers vos hostes & bons amis. Sça'-vous pourquoy ? Les honnestetez dont avez usé en mon endroit, me coustent maintenant si cher, qu'il ne me reste qu'un long & fascheux regret d'avoir quitté vostre maison. Si vous eussiez quelquefois tourné vostre bon visage à gauche, ce me seroit aujourd'huy quelque consolation ; mais de m'avoir tousjours monstré une amitié sans respit, ça esté un charme pour me rendre, non vostre hoste, ains vostre prisonnier à jamais. J'adjouste avec cela, l'honneste conversation de vostre voisiné ; mesmes des Damoiselles qui vous attouchent, suffisants objects pour faire perdre, par leurs vertus, les plus retenus Philosophes du monde. Or maintenant, que comme enfant perdu je vous ay laissez, si me veux-je retrouver en vous tous par ceste lettre, vous priant asseurer de ma part toutes ces honnestes compagnies, qu'elles auront en moy tousjours un homme prest à les servir ; & vous en vostre particulier en ferez estat, non entre, ains par dessus vos plus fidelles & asseurez amis. A Dieu. De Melun, 1573.

LETTRE VI.

A Monsieur Tambonneau, Conseiller d'Estat, & President en la Chambre des Comptes.

Pourquoy il n'escrit si souvent à ses amis.

DIeu m'a faict d'une nature si hagarde, que je ne crains rien tant, que d'escrire à mes bons Seigneurs & amis. De me ramentevoir à leurs bonnes graces par lettres, & n'avoir autre subject, il me semble que ce sont parfumes de Cour ; de les repaistre de bayes ou balivernes, je ne le veux. C'est un mestier que je remets au tour de l'oreille passager, & non à un papier permanent. De leur mander des nouvelles du temps, je ne l'oze, & moins encores les prognostics que j'en fais. Brief, ce m'est une vraye penitence, quand j'escry. A quel propos tout cela ? Pour vous prier, Monsieur, de penser, que si j'ay usé de ce mesme privilege en vostre endroit, ce n'a esté par oubliance de vous, ains de moy. Bien diray-je, que vous escrivant maintenant, ce ne m'est pas une penitence ; & neantmoins je ne vous escry à autre fin, que pour faire penitence de ma faute. J'en suis confez & repens ; & vous prie m'en donner l'absolution : qui sera telle, s'il vous plaist, qu'en m'accusant, vous m'excuserez ;

cuferez; à la charge que quand j'auray ceſt heur de vous gouverner en preſence, je vengeray par tant de bons offices A ce tort, que connoiſtrez que je ſuis à vous en proprieté, & aux autres ſeulement par emprunt. A Dieu. De Melun.

LETTRE VII.

A Monſieur de Charmeaux, Conſeiller d'Eſtat, & Preſident en la Chambre des Comptes.

Combien ſon amitié ſouffre pour ſon abſence.

JE ne penſois point, qu'une amitié produiſiſt des effects ſi eſtranges, que j'eſpreuve maintenant; n'ayant aujourd'huy autre deſir dans mon ame que d'eſtre du tout ſans memoire; afin que la ſouvenance que j'ay de voſtre douce converſation, n'engendraſt plus dans moy une infinité de regrets, qui me font ordinaire compagnie. Car ne penſez pas, je vous prie, que je n'aye en cette ville de Melun, tout ſubject de contentement depuis les plus Grands, juſques aux plus petits; aimé de Monſieur de la Grange-le-Roy, noſtre Gouverneur, pour l'ancienne amitié qui eſt entre luy & moy. L'un de mes enfans, qui commande ſous luy, a une compagnie de gens de pied, prés d'une partie de mon bien; & je ne tourne jamais mon penſer vers vous, que ſoudain je me transforme mon plaiſir en deſplaiſir. Ce ſont les miraculeux effets de voſtre bel eſprit. Vous m'honorerez doncques, s'il vous plaiſt, de vos lettres; afin que ce ſoit un refrigere à ma douleur; autrement ma maladie ſera incurable. A Dieu.

LETTRE VIII.

A Madamoiſelle de * * *

Il ſe jouë avec elle, & luy monſtre combien il faict eſtat de ſon amitié.

NE nous venez plus voir en cette Ville ſous tels gages. Comment! Qu'à voſtre partement ayez emporté quant & vous tout le contentement, & n'ayez laiſſé à vos amis qu'un faſcheux regret? C'eſt payer vos hoſtes en trés-mauvaiſe monnoye. Et quant à moy, je ne dormiray jamais en repos, que je ne m'en ſoye vangé; je dy d'une brave vangeance, & digne d'un grand Capitaine, tel que je ſuis: car bon gré, malgré, il faut que repreniez nos briſées; & quand ſerez en cette Ville, ne penſez pas eſtre mon hoſteſſe, comme fuſtes l'autre voyage. Je vous feray ma priſonniere de bonne guerre, nonobſtant tous vos paſſeports. Il n'eſt point en la puiſſance des Princes, tant d'un que d'autre party, de faire que ne ſoyez de bonne priſe; & de ce en feray juges ceux qui vous appartiennent. Je ſçay bien que par une folle preſomption, direz que l'ancienneté de mon aage m'en diſpenſe, ou bien que penſant vous faire ma priſonniere, je deviendray moy-meſme le voſtre. C'eſt tout un; alors comme alors: car y deuſſe-je perdre la vie, il faut que me repariez ce tort. A Dieu.

LETTRE IX.

A Monſieur le Comte de Brienne.

Combien il ſe ſent obligé au Sieur de Brienne pour luy avoir faict ſortir de Paris ques moyens.

N'Attendez que je vous remercie de la peine qu'il vous a pleu prendre, pour faire ſortir de Paris en ſeureté le peu qui m'y reſtoit de ma ruïne, d'autant que je n'enregiſtre ce bon office au chapitre des plaiſirs, ains des tyrannies qu'exercez ſur vos ſerviteurs. Je vous eſtois acquis dés pieça; maintenant vous m'avez rendu voſtre eſclave, ſans eſperance de retourner jamais en mon ancienne liberté. Vous adviſerez doncques, Monſieur, de me commander. Car je n'auray jamais repos en mon Ame, juſques à ce que par quelque bon ſervice je m'en ſois revangé. Cependant je vous lairray une bonne volonté pour oſtage, qui ne prendra jamais fin. Et ſi aprés la mort y a quelque reſſentiment du paſſé, touſjours demeurera dans moy engravée la memoire du bien & honneur qu'il vous a pleu me pourchaſſer. A Dieu.

LETTRE X.

Au Seigneur Abel l'Angelier, Libraire.

Il le remercie du livre de l'Eloquence Françoiſe qu'il luy avoit envoyé.

J'Ay receu, ces jours paſſez, le bel œuvre que m'avez envoyé, dont je vous remercie. La France doit beaucoup à l'Autheur; & me ſemble, qu'il s'eſt faict tort, d'avoir teu ſon nom. Il eſt permis aux laides Damoiſelles de ſe maſquer, pour n'eſtre cognuës; mais quant aux belles, je les condamne d'aller à viſage deſcouvert. S'il ſe fuſt nommé, il luy en fuſt pris comme à ceux qui pour contrefaire les Stoïques, font un traicté du meſpris de la Gloire; toutesfois y mettans leurs noms, dementent leurs œuvres, par le moyen deſquels ils veulent acquerir loz & honneur qu'ils font contenance de meſpriſer. Ainſi ceſtuy s'eſtant propoſé de nous monſtrer, combien noſtre Eloquence Françoiſe degenere de l'ancienne Gregeoiſe ou Romaine, euſt faict paroiſtre par ſon bien dire, qu'il le r'envioit ſur toute l'ancienneté; & euſſions oppoſé ſon nom, pour faire contrequarre aux Demoſthenes & Ciceros. S'il eſt homme que cognoiſſiez, (comme je m'aſſeure que faictes) vous luy direz de ma part, que je veux demeurer ſon valet; & tout d'une main, qu'il entende les traverſes que je me ſuis donné en le liſant. Je recognoiſtray que du premier œil, je me trouvay aucunement degouſté de ſa lecture, parce qu'à la trois ou quatrieſme ligne il nous ſert de ce mot, *Empirance*, que je n'avois jamais leu qu'en luy, encore que la metaphore ſoit empruntée des Monnoyes; toutesfois vaincu de la beauté du titre, je voulus pourſuivre

Recitds particulieres acvint M. Paſquier en liſant ce beau Livre.

suivre ma route; & vous diray franchement, qu'il m'advint tout ainsi qu'aux yvrongnes, lesquels rencontrans de bon vin, ne le laissent jusques à ce qu'ils soient yvres; ainsi me laissant emporter par ce bel esprit, je me trouvay tellement surpris, que lisant sa premiere protestation, par laquelle il disoit ne vouloir parler des vivants, pour n'encourir tache de flaterie ou envie; & voyant les beaux éloges dont il honnoroit quelques Advocats de marque qui sont morts, je commençay de vouloir mal à ma vie, estimant que si Dieu m'eust voulu favorizer d'une belle mort, peut-estre eusse-je esté enregistré dans ce bel Kalendrier. Vray est qu'à la fin il ferme le pas, par un personnage vivant, duquel il fait grande commemoration, sans le nommer. O que je serois (dy-je lors heureux, si ce benefice tomboit dessus moy! non pas que je le merite, mais parce que je le voudrois meriter. Puis tout à coup revenant sur mon mieux penser, je fis cest arrest en moy, que c'estoit à luy seul, auquel il falloit reserver ce placard. A l'heure mesme, je me souvins, que tout ainsi qu'à la suite de son discours, il a voulu habiller Demosthene à la Françoise, au plaidoyé le plus recommandé des siens; aussi ay-je autresfois fait le semblable en celuy de Ciceron, pour Milon; vous asseurant que je n'eus jamais tant de peine, redigeant mes inventions par escript, comme j'ay eu par cette traduction; qui est un labeur merveilleusement miserable, ingrat & esclave; & vous diray, qu'en mon Epistre liminaire, je me proposay, comme luy, de parler de nostre éloquence Françoise: vray qu'il ne m'est point advenu de passer une condamnation si franche à nostre desadvantage, comme il fait. Car encores que je soye d'accord, que pour estre nez sous une Monarchie, nous n'ayons si grands maistres & ouvriers de l'eloquence, comme en

Tradu-
cture, la-
beur mi-
serable
ingrat
& escla-
ve.

Grece ou Rome, où ils vivoient sous un Estat populaire; si veux-je croire, que s'il y a quelque tate chez nous, elle provient de la disette de nos esprits; & non de nostre vulgaire, que j'estime autant capable & susceptible de tous beaux subjects, comme la langue Gregeoise ou Latine. En un mot, si je n'estois mis au rang des disgratiez de Paris, croyez que je donnerois ordre, que vous ou quelqu'autre imprimeriez, & le Plaidoyé pour Milon, que j'ay fait François, & l'Argument qui est long, où je pense avoir recueilli tout ce que l'anciennetté en a dit; & par mesme moyen, mon Epistre, dont je suis aucunement amoureux. Bien vous diray-je, que par une outre-cuidance admirable, je souhaiterois que d'un costé fust le Latin, & de l'autre le François, pour les assortir ensemble, encores que je sçache bien qu'une traduction ne vient jamais au parangon d'une invention: & si ferois si bravache, d'y mettre mon nom, à la charge d'estre en mon absence nazardé par quelques sots, qui pour ne pouvoir rien faire de leurs plumes, ne retirent aucun advantage de leurs sottises, qu'en vilipendant les œuvres d'autruy. Voilà en somme, ce que je vouluis vous escrire, tant pour vous remercier, que pour vous communiquer à ce noble esprit, aux bonnes graces duquel je desire estre recommandé. Je vous puis dire, avant que de clorre ma lettre, que j'ay parachevé, corrigé & mis au net les quatre derniers livres de mes Recherches, prests d'estre mis sous la presse, esperant faire un recueil de toutes les lettres que j'ay escrites depuis ces derniers troubles. C'est en quoy je trompe les malheurs de ce temps, attendant que Dieu, par sa saincte grace, nous reünisse tous ensemble. Quand verrez Messieurs Loisel & Pithou, je vous prie leur baiser les mains de ma part. De Melun, ce 15. de Mars 1594.

Nostre
vulgai-
re, au-
tant sus-
ceptible
des
beaux
que le
Grec ou
Latin.

LETTRE XI.

A Madame de Ch.

Il se joüe
sur une
peinture
de la
Magde-
laine
que ceste
Dame
luy a-
voit en-
voyé.

Entre toutes les bonnes parties que j'ay remarquées en vous, j'avois tousjours fait estat de vostre bon jugement; mais maintenant j'en suis plus confirmé que jamais, par le Tableau de la Magdelaine qu'il vous a pleu me donner. Car en somme, vous avez sagement recognu, que mon aage n'estoit plus disposé à l'amour qu'en peinture. Et en outre avez estimé, que tout ainsi que la Magdelaine fit penitence de ses amours, aussi devois-je faire le semblable, si tant estoit que mon Ame eust esté autresfois traversée de cette passion. Et neantmoins quelque chose qu'il en soit, si me dispenseray-je encores d'estre idolatrée. (Il faut que cette parole m'eschappe) de toutes les perfections que nature a pourtraites au vif en vous, tant de corps que d'esprit. Ce sont les miracles que faites de rajeunir les vieux, renforcer les alangoutis; voire de faire revivre les morts. Je tournerois volontiers le feuillet, & dirois, de faire aussi mourir les vivants. Car à vray dire, vous exercez, par un mesme moyen, l'un & l'autre. D'une chose me veux-je plaindre, qu'ayez eu si peu de fiance en moy, de penser que si j'ay faict quelque chose pour vous, c'ait esté sous l'opinion d'un present: toute mon ambition est d'avoir cette faveur d'estre aimé de vous, de mesme balance que je vous honnore & respecte. Tout le demeurant ne gist qu'en peinture. A Dieu.

LETTRE XII.

A Madamoiselle de * * *

Il tanse
ceste Da-
moiselle
de ce
qu'elle
ne luy
avoit
faict au-
cune res-
ponse à
une qu'il
luy avoit
escrit.

Estimez-vous en estre quitte pour vous taire, Madamoiselle la glorieuse? Quoy? que je vous aye escrit une grande feuille de papier, & que je sçay vous avoir esté renduë, & que ne m'ayez daigné mander l'avoir receuë? Car de me rescrire qu'elle vous eust esté agreable, je ne l'attendois nullement, sçachant qu'eussiez esté menteuse. Je sçay que les medecines coustent infiniment à prendre: elles sont, en les prenant, ameres en la bouche; & estans prises, causent une infinité de tranchées, auparavant que l'on cognoisse leurs saines operations. Le semblable est-il de ma lettre. C'est une medecine pour guerir le mal d'esprit qui vous commande maintenant. Avant que la puissiez, je ne diray digerer, ains gouster, bon Dieu que je ly en vostre visage de renfrongnemens,

& en vostre Ame, de traverses entre l'Ouy, & le Nenny! Et neantmoins croyez que je la y ay faicte en amy: & si la sçavez bien prendre, jamais Damoiselle ne s'en trouva mieux. Vous me direz: Medecin, panse-toy, toy-mesme. Et je vous respondray par une parole que nous enseigne nostre grand & souverain Medecin: m'amie, faites ce qu'ils vous disent, & non ce qu'ils font. C'est vrayement une belle chose à toute honneste Damoiselle, telle que vous, de penser à un mariage : mais auparavant que d'y entrer, il y a une infinité de considerations, tant en general que particulier, lesquelles je vous ay representées par mes dernieres, comme un frere feroit à sa sœur. A Dieu.

Ee iij   LETTRE

LETTRE XIII.

A Monsieur de Sermoise, Conseiller du Roy & Maistre des Requestes ordinaire de son Hostel.

Il le remercie de quelques offices qu'il luy avoit rendus à Paris.

JE vous remercie de la peine qu'avez prise pour moy, mon fils de Bussi estant à Paris pour recueillir ce qui me restoit de mon naufrage. Ce plaisir est d'autant plus recommandable, que je ne vous en avois osé prier, craignant que le malheur des troubles eust enseveli dans vous, la memoire de nostre ancienne amitié. J'espere que Dieu nous fera la grace de nous recognoistre tous, dans quelques jours, en vostre Paris; car nostre, je ne l'ose encore dire. Et croyez que je me feray lors payer par vous; & en cas semblable, vous, par moy, des arrerages des bons offices dont nous sommes demeurez reliquataires l'un envers l'autre. Nostre amitié est fonciere; & ores qu'elle soit courante, les cinq ans de l'Ordonnance ne sont encores expirez; joint qu'en temps de troubles & d'hostilité, nulle prescription n'a cours; & en tout évenement, je vous prie que ceste missive nous serve d'interruption. A Dieu.

LETTRE XIV.

Du Seigneur Mornac, Advocat au Parlement de Paris, resseant à Tours, à Pasquier.

Il escrit à Mr Pasquier qu'il a leu quelques escrits qu'il adressoit aux Princes de la Ligue.

J'AY leu avidement, non une fois, ains deux, le discours par vous faict en qualité de Ligueur, adressé au Prince de la Ligue, dedans lequel combien que vostre nom n'y soit, & que soyez recognu pour un naturel contre-Ligueur, toutesfois nous l'avons jugé en ceste ville estre de vostre creu, quelque masque & faux semblant dont l'ayez voulu revestir. Car aux œuvres qui sortent de vous, *Licet ipse sileas, totus es in vultu*. Et à la mienne volonté que chacun fust aussi bon François que vous, & apportast mesme devotion que vous pour le repos general de nostre France. Je sauteray maintenant de vous à moy, pour vous dire qu'aprés avoir plaidé ma cause contre la calomnie de ceux, qui pour empescher ma reception, soustenoient que dedans mon nouveau Poëme des troubles, il y avoit quelque grain de la Ligue, enfin j'ay esté receu par Arrest, en ma charge d'Advocat. Du depuis, non content de ce qui regardoit l'Estat, j'ay voulu conferer avec le Seigneur de l'Escale, de ce qui concernoit l'œconomie de mon Livre, & singulierement de la description des Villes, esquelles j'ay pris plaisir de m'esbaucher: lequel n'y a trouvé rien à redire; de maniere que je me delibere d'oresnavant, *Scaligero auspice*, à ma premiere commodité de l'exposer en lumiere. Mais c'est assez: *Ego enim Noctuam Athenas*, comme l'on dict. Les obligations, Monsieur, que je vous ay, & l'honneur que me faites de m'aimer, m'ont excité à passer ceste serée pour vous escrire le plaisir que j'ay eu à lire ce qui a esté à l'instant recognu venir de vous; & vous prie de me tenir pour vostre trés-humble & trés-affectionné serviteur. A Mornac.

LETTRE XV.

A Monsieur Mornac, Advocat en la Cour de Parlement seant à Tours.

Ayant respondu à la sienne, il luy dit le jugement qu'il fait de son Livre de Poësie.

NE pensez pas que le discours, dont me congratulez, soit provenu de moy. C'a esté une juste douleur qui a aiguisé & mon esprit, & ma plume, pour le repos de nous tous. *Dole tantùm* (disoit Ovide) *Sponte disertus eris*: & neantmoins je ne suis point si mal apprivoisé de moy, que je ne recognoisse fort bien, que l'honneur que me faites, est deu à une belle affection que me portez, & non à l'estoffe ou bonne façon de l'ouvrage: s'il est bien fait, j'en dois rendre graces à Dieu: si mal, c'estes vous que je doy remercier, qui en me loüant me donnez taisiblement advis de mieux faire. Mais cependant prenez garde, que m'accablant de loüanges, ne me fassiez succomber sous le faix, me faisant d'un fol, devenir enragé. Nous, qui mettons quelques-fois la main à la plume, ne sommes que trop idolastres de nous, le plus du temps sous faux gages. C'est pourquoy je ne reçois ces loüanges de vostre part, sinon de tant, que je les estime vray pourtrait de vostre amitié. Quant à vostre œuvre Poëtique, je ne le sçaurois assez haut loüer, tant avez heureusement representé les malheurs de nostre France, mesme ayant le Docte l'Escalle pour parrain. Toutesfois, si me permettez user de l'honneste franchise dont j'use envers tous mes amis, il me semble qu'estes trop frequent aux descriptions des villes dont parlez. Ny ce grand Lucain, dont je vous voy imitateur, ny tous les autres anciens Poëtes de nom, sur le moule desquels devez composer vostre Poëme, n'en ont usé de cette façon. Je vous prie en advertir vostre Aristarque; & s'il condamne mon advis, j'acquiesceray volontiers au sien. La plus grande faute que nous faisions en composant, est de ne pouvoir oster nos mains du Tableau que traçons; estimant que d'en retrancher quelque chose, ce seroit nous couper un doigt. Or quant à moy, il me semble qu'on doit plus priser deux ou trois Tableaux mis en leur jour, qu'une centaine sur lesquels je ne me pourray donner le loisir d'asseoir ma veuë, ny mon jugement. Ne sçavez-vous que le touffe & multiplicité de sentences aignes de Seneque le fit autresfois desdaigner par quelques Autheurs anciens? Au contraire, que Plutarque, pour y avoir esté plus sobre, se rendit admirable à la posterité? Si je ne m'abuse, trois ou quatre descriptions des villes principales de la France, rendroient vostre labeur plus accomply. Et pour ne perdre rien des fruicts de vostre Jardin, j'aimerois mieux que fissiez un Livre à part, où descririez par Chapitres toutes les autres villes, comme fit anciennement nostre Ausone. Voyez comme je m'acquitte envers vous de ma debte. Vous m'avez fait cest honneur de me loüer; & moy, en contr'eschange, je vous controlle; mais en cettuy, il n'y a pas moins d'Amitié, qu'en l'autre. Et quand ne voudrez recevoir ce mien conseil pour bon & valable; pour le moins sera-ce vous occasionner de me respondre, & par mesme moyen recevoir nouvelles de vous. A Dieu.

Seneque desdaigné pour son trop de sentences.

Et Plutarque recompart, mandé pour en avoir esté plus sobre.

LETTRE

LETTRE XVI.

A Monsieur de Charlonie, Prevost d'Angoulesme.

Il louë son Poëme sur le nombre quaternaire.

JE vous remercie de l'honneur qu'il vous a pleu me faire par vos lettres; non seulement sans l'avoir merité, mais sans me m'ayez jamais cognu de veuë. Si je ne suis tel que dites, c'est me donner l'esperon de l'estre pour ne vous faire menteur. Entre tous les vers que m'avez envoyez, je louë vostre petit Poëme du nombre Quaternaire : qui est une belle imitation de celuy d'Ausone, sur le Ternaire ; & de vos deux jeux mis ensemble, on peut faire le Septenaire, que l'on estime le plus parfait de tous les autres : sur lequel aussi Philippe Beroalde se voulut autrefois jouër. Au demeurant, il semble, que par forme de remplissage, vous pouvez adjouster, que ce grand & inéfable nom de Dieu, est en plusieurs langues, seulement composé de quatre lettres ; & pour cette cause appellé par les Grecs τετραγράμματος; en Hebrieu, יהוה; en Grec, Θεός; en Latin, *Deus*; en François, *Dieu*; en Italien, *Idio*; en Espagnol, *Dios*; en Allemand, *Godt*.

Qui est une piece, laquelle bien mise en œuvre, n'empirera point vostre ouvrage ; voire merite d'estre employée au frontispice , pour faire ce que disoit le Poëte ; *Ab Jove principium*. C'est la monnoye, de laquelle j'entends vous payer, en recompense de ce que m'avez presté. A Dieu.

Le nom de Dieu en plusieurs Langues composé de quatre lettres.

LETTRE XVII.

A M. Theodore Pasquier, son fils aisné, Advocat au Parlement de Paris, transferé à Tours.

Il recite comme Mr de Vitry print le party du Roy, quittant la Ligue, & en suitte la ville de Meaux.

LE Seigneur de Vitry, s'est depuis quelques jours en çà, reduit sous l'obeïssance du Roy, & à sa suitte la ville de Meaux, dont il avoit le Gouvernement sous l'authorité de la Ligue. Je veux que l'on entende dedans Tours, comme toutes choses se sont passées. Luy, voyant la conversion du Roy, ne se voulut du premier coup, rendre des siens, craignant qu'il y eust de la dissimulation, telle qu'un tas de Moines caffards, qui s'entichissent des troubles, trompettent ordinairement dans leurs chaires. C'est pourquoy la trefve ayant esté jurée, il se donna loisir, l'espace de cinq moins entiers, de considerer les deportemens, tant du Roy, que de la Ligue. Il voit que quelques traverses que le Legat, & autres telles Ames Espagnoles eussent apporté contre la conversion du Roy ; toutesfois ce bon Prince avoir envoyé à Rome Monsieur le Duc de Nevers, (qui entre tous les Catholics, porte son sauf-conduit sur le front) pour baiser de sa part les genoux du S. Pere, & recevoir pour luy absolution de sa Sainteté : que d'un autre costé, les vrais supposts de la Ligue n'avoient aucune veine qui tendist à la reconciliation avec leur Prince legitime & naturel. Enfin, voyant la trefve sur le poinct d'expirer, & que de là en avant, il n'estoit plus temps de conniver, delibera de franchir le pas, & se rendre sous la subjection de son Roy, auquel il n'y avoit plus de si, qui empeschast de le recognoistre. Il s'achemine, avec sa famille, à Meaux, en fait sortir les garnisons, & la remet en son ancienne liberté. Là, il fait une assemblée generale en l'Hostel de la ville, où apres avoir remercié tous les habitans, de l'honneur qu'ils luy avoient fait, estans leur Gouverneur; les prie de l'excuser, si toutes choses ne s'estoient passées à leur contentement ; & leur declara que sa resolution estoit de suivre le Roy, & le motif qui l'induisoit à ce faire. Et parce qu'il entendoit de les laisser en leur franc-arbitre, leur remettoit toute la charge & intendance qu'il avoit euë sureux. A ce mot, comme il estoit sur le poinct de se lever, ils le supplient de continuer ceste charge comme auparavant. Ce dont il les remercia, & se retira à un Chasteau voisin; où estant les habitans, cognoissants que il ne s'agissoit plus du faict de la Religion pour le soustenement de la Ligue, ils se resolurent de suivre la piste de leur Gouverneur; & crierent un *Vive le Roy*, par toute la ville, chassants quelques particuliers mutins, qui eussent peu apporter destourbier à leur nouvelle devotion. Et tout d'une main, porterent, vers les Festes de Noël, les clefs de la ville au Roy; lequel y a faict son entrée à ce commencement de l'an. Et des lors mesme a remis le Seigneur de Vitry en sa charge, au gré & contentement de tout le peuple. Cest exemple, comme je m'asseure, servira de miroir aux autres Seigneurs de la Ligue, pour le rang & reputation que cestuy tenoit au milieu d'eux. Et en adviendra autant aux villes Ligueuses, en se reduisant sous la puissance de nostre Roy, comme il advint au Roy, tout ainsi que la rebellion de Paris advint la veille de Noël mil cinq cens quatre-vingts huict ; aussi à pareil jour & heure, mil cinq cens nonante-quatre, est advenuë la reduction de Meaux, qui est la premiere des villes rebelles, qui s'est volontairement remise sous l'obeïssance de leur Roy. A Dieu. De Melun, ce 6. Jan. 1594.

de 15.
Ceux de Meaux.

Se retire en un sien chasteau.

Meaux reduite au service du Roy.

Le S. de Vitry remis en sa charge.

Remerciment de Mr

LETTRE XVIII.

A Monsieur de Serres, Autheur de l'Inventaire general de l'Histoire de France.

Il luy escrit sur la difficulté qu'il y a d'escrire sur l'histoire de ce temps.

ON m'a dict que travaillez sur l'Histoire de nos troubles : je louë vostre intention. L'entreprise est grande, mais infiniment chatoüilleuse : car il est fort malaisé qu'au milieu de nos guerres civiles, un homme soit composé d'un esprit si calme, qu'il ne suive ou l'un ou l'autre party ; & par mesme moyen, ne laisse emporter sa plume à la mercy du vent qui la pousse : auquel cas, voulant garentir nostre histoire, il est grandement à craindre qu'il ne la perde : ou s'il ne veut balancer d'une part & d'autre, qu'il ne se perde. Vous faictes le pro-main à vous-mesme ; discourant toutes les particularitez qu'il est requis en telles matieres, la verité accueille contre vous une haine generale de ceux qui ont puissance de vous nuire. C'est pourquoy en telles affaires , vivans sous une Monarchie, les Sages-mondains sont d'advis qu'il

& combien ils ont esté brouillez.

qu'il faut commencer de faire le procez à son Livre, & le condamner en une obscure prison pour long temps, afin que la vie de l'enfant, ne soit cause de la mort du pere. Dieu veuille que je soye menteur ; toutesfois remettant devant mes yeux ce que j'ay veu autrefois, & ce que je voy maintenant, je ne veux pas dire qu'il y ait changement d'Estat (la parole seroit trop hardie) mais si quelqu'un avoit dormy l'espace de 40. ans entiers, jusques à huy, il penseroit voir non la France, ains un cadavre de la France, ou bien chercher la France, au milieu de la France, sans la trouver. Qu'ainsi ne soit ; je vous prie considerer par pieces quel estoit nostre Royaume, deux ou trois ans auparavant la mort du Roy Henry II. & quel il est aujourd'huy. Outre l'ancienne enceinte des Provinces dont nos vieux Rois avoient jouy, il possedoit la Savoye & le Piedmont, qu'il avoit estendu jusques à la ville de Cazal; avoit uny à la Couronne le Duché de Bretagne, comme principal heritier de la Roine Claude sa Mere; s'estoit emparé de Toul, Verdun, Mets & pays Messin, sous le titre de Protecteur; avoit conquis sur le Luxembourg, les villes de Montmedy, Yvoy, & Dompvilliers ; sur les Païs-Bas, Mariembourg ; & quelque temps après, Calais & Thionville: en Italie, l'Isle de Corsegue, & Montalcin. Maintenant, qu'est devenu tout ce grand territoire ? Non seulement nous ne le possedons, mais à peine nous souvenons-nous de l'avoir possedé. Nous n'avions lors qu'une Religion en France ; de parler d'autre que de l'ancienne, c'estoient feux. Maintenant, nous en avons deux : & de vouloir supprimer la nouvelle, paraventure seroient-ce autres feux. En nostre Eglise Romaine, c'eust esté chose inexpiable, de vendre le temporel, pour subvenir au defroy des guerres ; depuis les troubles, ce ne nous a esté que jeu : & ceux-mesmes qui tindrent les premieres dignitez de l'Eglise, en furent les premiers courratiers, pour s'advantager en credit près de nos jeunes Rois. Les Eveschez, Abbayes, & benefices se conferoient à personnes Ecclesiastiques. Et combien que de fois à autre, il y eust de l'abus, pour les dispenses des aages, commandes & pluralité de benefices ; si ne recognoissions-nous lors, ny œconomes, ny confidentiaires : chacun les possedoit pour soy, avecques dignité & honneur. Maintenant, ils sont donnez à huis ouvert, aux Princes, Gentilshommes, & Capitaines ; voire quelquefois à des femmes, pour avoir faict bon marché de leurs corps ; & pensons que Dieu nous en doit de reste, quand nous nous appropriions le revenu, faisans bailler le titre, & quelque pension à un Capellan ignorant, lequel avec une grande Soutane, contrefaict, au milieu de nous, le Prelat : qui est une vraye Mommerie envers Dieu. Il n'est pas que n'ayons introduit l'action de perfidie, contre ceux qui nous veulent, en cest endroit, manquer de parole. Adjoustez, que les grands Seigneurs veulent rendre les benefices hereditaires en leurs familles. On ne recognoissoit anciennement autres Gardes que celles du Roy : il me souvient que feu Roy de Navarre, nouvellement pourveu de sa Couronne, venant en Cour avec ses Gardes, pour baiser les mains au Roy Henry II. on l'advertit au Bourg-la-Reyne de les y laisser, parce que nul n'avoit ceste prerogative en ceste France, que nostre Roy. Depuis, combien avons-nous veu de Princes ou Gouverneurs de Provinces qui en avoient ; diminuans d'autant la dignité du Roy, qu'ils augmentoient la leur ? Nuls n'estoient appellez au Conseil Privé, que les Seigneurs qui avoient esté employez aux grandes charges & Ambassades ; d'ailleurs, on n'y traittoit qu'affaires d'Estat : aujourd'huy la porte y est presque ouverte à toutes sortes de gens & de causes : tel y est appellé, qui en son ame s'esbahit, ou, pour mieux dire, a honte de s'y voir assis ; & si vous aviez assemblé en une grande Sale, tous ceux qui en portent le tiltre, vous y en trouveriez cinq cens & plus. Nous avions l'Ordre de S. Michel, que nos Rois donnoient avec tout respect, aux grands guerriers, après avoir sagement commandé aux armées, ou aux Provinces, comme Lieutenans de Roy: depuis nos troubles, nous le baillasmes en tasche ; & pour corriger ce deffaut, introduisismes l'Ordre du sainct-Esprit, qui est arrivé au mesme desordre. Anciennement, ce mot de Gouverneur estoit incognu, sinon aux Provinces frontieres; les autres vivoient sous l'obeïssance du Magistrat ordinaire ; maintenant, nous en avons, non seulement au cœur du Royaume, ains en chasque ville. Par mort, nos Rois gratifioient des Gouvernements, ceux qu'il leur plaisoit ; s'il ne les a continué aujourd'huy de pere à fils, on en faict instance. Conjoignez ceste particularité avec les Gardes, n'est-ce pas renouveller, sous le nom de Gouverneur, l'ancienne dignité des Ducs & Comtes ? De capituler par un subject avec son Roy, c'eust esté crime de leze-Majesté; maintenant, c'est fidelité. Nulle Citadelle n'estoit lors dedans les villes ; & qui est aujourd'huy celle qui en soit exempte ? Du commencement des troubles, nous les bastismes, pour par ce moyen asseurer les villes au Roy, contre la rebellion des sujets ; & Dieu veuille, qu'on ne les bastisse aujourd'huy pour s'en asseurer, en cas de revolte, encontre le Roy. Je vous laisse à part la faillite de l'Hostel de ville de Paris ; c'est-à-dire, de l'Estat, sur lequel ses rentes sont assises ; villes non rendues, ains vendues au Roy sans le livrer ; & une infinité d'autres ruïnes que l'on est contraint d'introduire, pour nous garentir d'une plus grande ruïne. Et au bout de tout cela, ne pouvons-nous dire, qu'en ce grand corps de nostre France, il y a une dissolution generale de tous ses membres, prognostic très-certain de sa fin, si Dieu n'a pitié de nous ?

Nous avons eu deux especes de troubles : les premiers, sous le nom de Huguenot ; les seconds, sous celuy de Ligueur. S'il vous plaist repasser sur les lettres que je mis en lumiere l'an 1586. specialement celles que j'escrivis aux Seigneurs de Fonsomme, & d'Ardivilliers, vous y trouverez le commencement, progrès, relasche, & reprise de nos premiers troubles ; & par mesme moyen, une bonne partie de tous les changements que je vous ay cy-dessus marquez. Cela vous pourra servir d'un crayon, que revestirez d'enrichissements : car quant aux derniers, survenus sous le nom de la saincte Ligue, je les remets à la diligence & fidelité de vostre plume ; me donnant loy de penser ce que je crains pour l'advenir ; & à vous, permission de l'escrire. A Dieu.

LETTRE XIX.

A Monsieur de Serres, Autheur de l'Inventaire general de l'Histoire de France.

PUis qu'avez entrepris nostre Histoire, si les prieres d'un amy tiennent lieu de commandement dessus nous, je vous supplie de ne separer les affaires d'Estat d'avec les jugemens de Dieu ; comme font un tas de corrompus courtisans, qui n'ont autre Religion en leurs Ames, que celle qui despend de leurs commoditez & profits. Je souhaite que soyez un Philippe de Commines, au milieu de nous. Et neantmoins, par forme d'avant-jeu, je vous diray l'observation que j'ay faicte sur nos calamitez & miseres. Quand Dieu veut ruïner une Republique, il y envoye les guerres civiles, entre lesquelles il n'y en a nulles de plus dangereux effect, que celles qui s'entreprennent pour la Religion ; & sur tout, n'y a rien qui soit tant à redouter, que quand un Royaume tombe sous le bas aage d'un Roy ; car en l'un ou l'autre de ces cas, les grands Seigneurs, qui mettent leurs esperan-

Les Lettres de Pasquier. LIV. XV.

pour chastier les Republiques.
esperances à l'essor, trouvent assez de sujet pour exercer leurs ambitions. Ces trois rencontres se trouverent en mesme temps, quelque peu aprés la mort du Roy Henry second; mesme en jeunes Princes, assistez principalement d'une Princesse estrangere, leur Mere, qui pour n'avoir autre support, que de son esprit, temporisoit aux tempestes, ou, si ainsi voulez que je le die, se diversifioit, comme le Polype, selon les objects qui se presentoient. Estimez-vous qu'en tout cecy il n'y ait eu un mystere tres-exprés de Dieu ? N'en faictes doute : & voicy comment. Nous vismes l'Empereur Charles V. faire la guerre aux Allemands ses vassaux, pour avoir embrassé l'heresie. Je vous prie ne vous scandalisez de ce mot en tous les discours que je feray cy-aprés, de Martin Luther. Ses affaires luy succedoient à propos ; au moyen de quoy ils imploreront nostre aide. Y avoit-il rien plus plausible en matiere d'affaires d'Estat, telle que le courtisan se figure, que de prendre leur faict en main, pour ne permettre qu'un grand Prince s'agrandisse davantage à nos portes, par la ruïne de tous les Seigneurs d'Allemaigne? Mais aussi y avoit-il rien plus injuste, que de secourir un subject contre son Seigneur naturel ? & encore prendre la cause d'un Heretique, contre un Empereur Catholic, qui ne combattoit que pour l'honneur de Dieu & de son Eglise? Nostre Roy estoit Prince Catholic, comme aussi les Seigneurs qui avoient meilleure part en les bonnes graces ; ce nonobstant, nous prenons la protection de l'Heretique Allemand ; & par un titre magnifique, le Roy, en plein Parlement, se faict proclamer *Protecteur de la Liberté Germanique*; c'estoit à dire, de l'heresie Germanique ; & comme tel, fit forger monnoye portant ceste inscription. Sous ce beau titre, entreprismes le voyage avec ques une puissante armée. En quoy les choses nous reüssirent de telle façon, que sur la seule renommée de nostre entreprise, estans sur le point de passer le Rhin, l'Empereur fut contraint de passer les choses à l'amiable avec ses subjects, & leur accorder plusieurs passe-droits contre l'honneur de Dieu & de sa conscience, qu'il n'eust autrement toleré. Quant à moy, je veux croire, que Dieu nous voulut depuis chastier de mesmes verges, dont nous affligeasmes l'Empereur ; ayant permis qu'aprés le decés de Henry, ses enfans mineurs fussent guerroyez par leurs subjects, pour le soustenement d'une opinion plus violente que celle de Luther ; & qu'ils s'aidassent des Princes Allemands contr'eux. Et quand Dieu voulut exercer sa vengeance sur nous, il fut hors de toute puissance humaine d'y remedier, & sit que tous les remedes que nous y avions pensé apporter, se tournassent à nostre ruïne. Chose que je vous veux discourir comme un placard de nostre Histoire, qui merite d'estre solemnel.

Calvin en quel temps, & par quels commencemens jetta la premiere semence de ses opinions nouvelles.
Au retour de ce beau voyage d'Allemaigne, Calvin commença de solliciter uns & autres par lettres, qui se laisserent aisément surprendre, estimants, comme il est à croire, que puisque le Roy & son Conseil avoient pris la protection des Lutheriens, ils estoient en leurs Ames, de pareille Religion. Ainsi s'espandit petit à petit un seminaire de nouvelle Religion par la France, laquelle vint enfin jusques aux parties nobles, je veux dire, jusques aux Princes & grands Seigneurs : qui fut cause que le Roy delibera y remedier : & qu'il pouvoit faire aisément pendant la tresve de l'an mil cinq cens cinquante-six, parce que soudain aprés qu'elle fut faite, l'Empereur s'estant despoüillé de tous les Estats sur le Roy Philippe son fils, il avoit choisi une vie solitaire & recluse. Mais comme Dieu esbloüit les yeux de ceux qu'il veut chastier à bonnes enseignes ; aussi laissasmes nous envoler cette occasion.

Espesa taicen voyée par le Pape Theatin au Roy, l'incitant à recoú-
& pour rendre sa punition plus exemplaire, voulut qu'un Pape Theatin fust le premier parrain de nos malheurs, quand il envoya l'espée fatale à nostre France, par le Cardinal de Caraffe son nepveu, peu auparavant soldat ; nous conviant, par ce beau present, à la rupture de la tresve & recouste du Royaume de Naples, dont luy & toute sa famille avoient esté chassez par l'Empereur. Nous prestasmes l'aureille : & comme nos miseres furent depuis enfilées de l'une en l'autre, aussi pendant que la fleur de

à nostre Noblesse Françoise estoit en ce voyage d'Italie, advint en l'an 1557. la grande Routte prés Sainct Quentin, le jour S. Laurent, où la pluspart de nos Princes & grands Seigneurs furent, qui pris, qui tuez. Et trois jours aprés, on surprint dans Paris, devant le College du Plessis, une infinité de gens qui faisoient leur assemblée, tout ainsi qu'on fait à Geneve ; deux journées vous puis-je dire, que Dieu voulut estre si proches l'une de l'autre comme celles qui devoient estre le fondement de nostre ruïne. Le Roy voyant, qu'il avoit de là en avant, deux guerres sur les bras ; l'une, sur la frontiere contre l'Estranger ; l'autre, au cœur de la France, contre son subject : qu'en l'une, il s'y alloit du corps ; en l'autre, de l'Ame, se resolut, à quelque prix que ce fust, de faire la paix avec l'Estranger, en deliberation de s'armer contre les Heretiques de son Royaume. Ainsi le publie depuis, en plein Parlement, Charle, Cardinal de Lorraine : & ainsi fut la paix concluë, par laquelle nous quittasmes en un jour, sans coup ferir, par un trait de plume, tout ce que par le temps & espace de trente ans, nous avions conquis par les armes, aux despens de nos vies, avec une infinité de fatigues : rendismes au Savoyard la Savoye & le Piedmont (ancienne eschole de nostre discipline militaire ;) aux Genevois, l'Isle de Corsegue, & Montalcin ; à l'Espagnol, les villes d'Yvoy, Montmedy, Dompvilliers, Mariembourg, Thionville : en contr'eschange de quoy, on nous rend ses prisonniers, & la ville de S. Quentin, avec Han & le Chastellet, lors Bicoques : & pour conclure cette tragedie, on l'accompagne de deux mariages, l'un de la fille du Roy avec le Roy Philippe ; l'autre, de sa sœur avec Philibert Emanuel de Savoye : paix non moins honteuse à la France, que celle de l'Empereur Jovinian avec le Roy de Perse, tant descriée par toute l'ancienneté. Voilà le premier plan de nos maux ; & par adventure, de l'Histoire qu'entreprenez.

Entendez maintenant la suite. Quelques jours aprés la conclusion de cette paix, comme l'on dressoit les preparatifs des nopces & festins dans le Palais de Paris, le Roy suivy de ses principaux favoris, vint livrer le premier assaut dans son Parlement, qui lors siegeoit aux Augustins, où ayant proposé de rechercher tous les remedes pour estouffer ce nouveau feu, quelques Conseillers furent d'advis de remettre ceste deliberation à la decision d'un Concile general. Le Roy, voyant que par ceste opinion ils revoquoient plusieurs articles de nostre Eglise en doute, commanda à Montgommery, Capitaine de ses Gardes, de se saisir de cinq Conseillers, & les loger dedans la Bastille : comme il fit : & quelques jours aprés, il sceut du President Minart, les noms des autres qui estoient entachez de ce mal ; bien deliberé de leur faire espouser mesme prison qu'aux cinq autres. Ce conseil, selon le discours humain, estoit grand : car quand on voit un mal pulluler, il se faut attacher aux grands, pour intimider les plus petits. Toutesfois Dieu voulut, qu'inesperément le Roy fut tué courant la Lance, le jour mesme qu'il avoit concerté avec Minart ; & par la main de Montgommery. De maniere que par sa mort, ce nouveau dessein revint à neant ; & n'y eut que l'Estranger qui par ceste fascheuse paix, fist son profit de nostre perte. Ce premier project estoit grand, en sens humain ; mais le second, dont je vous parleray maintenant, non seulement ne luy ceda, mais l'exceda de toutes façons. Le Roy François second son fils, jeune Prince, succede à la Couronne : il avoit épousé Marie Stuart, Royne d'Escosse, niepce des Seigneurs de Guise, lesquels sous ce pretexte, empieterent sans contredict, & la personne du Roy, & le Gouvernement du Royaume ; reculans de la Cour tous ceux qui avoient tenu les premiers rangs prés du feu Roy. Leur Gouvernement despleut à plusieurs, comme trop violent : mais eux, pleins d'entendement, estimerent n'y avoir conseil plus agreable, non seulement au menu peuple ; mais aux Cours souveraines, que de reprendre les derniers archemens du Roy Henry, à l'extermination des Heretiques ; & ce par une commune proposition, qui court par la bouche de tous ; qu'il n'y a

vrer le Royaume de Naples.
Journée de Sainct Laurens desastrée pour nous.
Assemblées de Calvinistes à Paris devant le College du Plessis.
La Savoye & le Piedmont rendus à leur Duc. Corsegue & Monde talcin rendus aux Genevois. Villes rendues à l'Espagnol.
Mariages celebrés.
Conseillers mis en la Bastille pour avoir soustenu l'opinion Calvinienne. Le Roy fatalement tué. François II. succede à son pere, marié à Marie Stuare Royne d'Escosse. Messieurs de Guise d'un empietement de l'authorité en Cour.

Les Lettres de Pasquier. LIV. XV.

Changement de Religion grandement à craindre.

rien tant à craindre en une Republique, que le changement d'une Religion ancienne. C'est pourquoy ils pourchasserent la mort de Maistre Anne du Bourg, l'un des cinq Conseillers prisonniers, lequel fut executé à mort devant l'Hostel de ville de Paris: & depuis donnerent plusieurs attaintes à ceux de la nouvelle Religion; lesquels, pour parer à ce coup, commencerent de coucher de l'Estat; disants que ce n'estoit la raison, que des Princes Estrangers tinssent en leur possession (qu'ils appelloient prison) ce jeune Roy, au prejudice des Princes du sang. Et sur cela, fut conclué l'entreprise, où l'on dict que le Prince de Condé presida, laquelle estant preste de sortir effect dans Amboise, fut descouverte, & les entrepreneurs diversement chastiez. A la verité, c'estoit à Messieurs de Guise que l'on en vouloit, non au Roy, si vous en croyez la leçon commune. Toutesfois eux sages, se donnerent bien garde d'en faire le semblant; mais tout ainsi que leurs ennemis, pour donner feuille à leur faction, avoient seulement couché de la délivrance du Roy, aussi d'un mesme artifice ces Princes firent courir un bruit par la France, que l'on s'estoit voulu emparer de luy, pour establir, sous luy pretexte & authorité, la nouvelle Religion; non en cela peut-estre abusez: & sur ces arrhes, apportent tout ce que l'on sçauroit desirer de prudence; car quand il s'agit du salut du Roy, & de nos Ames, ne devonsnous pousser de nos restes? Ils créent un nouveau Regiment d'harquebuziers François, (outre les anciennes gardes) qui seroit continuellement prés du Roy, c'est celuy que nous appellons encores aujourd'huy, Regiment des gardes du Roy: establissent nouveaux Gouverneurs au milieu de la France, contre l'ancien ordre; celuy d'Orleans, qu'ils font donner à Cipierre, brave cavalier, & leur confident; l'autre de Touraine, Anjou & le Maine, dont ils firent pourvoir le Duc de Montpensier, tant parce qu'ils le recognoissoient ennemy juré de l'heresie, que pour faire paroistre, contre les calomnies de leurs ennemis, qu'ils favorisoient les Princes du sang. Dedans Fontainebleau, par un nouveau desordre, font donner l'Ordre de S. Michel, à dix & sept braves Seigneurs & Capitaines, qui estoient autant de creatures qu'ils se faisoient. En ce lieu mesme, en une grande assemblée de personnages de marque, commencent de donner un plus chaud allarme, qu'au precedent, à la nouvelle Religion, afin de rechercher les voyes & moyens de la supprimer; font proclamer à certain jour, la convocation des trois Estats dedans la ville d'Orleans; au moyen desquels ils se promettoient, ayants l'authorité pardevers eux, & faire condamner sans exception de personnes, tous ceux qui se trouveroient entachez de cette nouvelle maladie: disposent sur les advenuës, à vingt lieuës à la ronde, une infinité de Gendarmes, pour obvier à toutes conjurations & surprises; & parce que il le avoient esté asseurez, que le Prince de Condé avoit esté de la partie d'Amboise, & que le Roy de Navarre son frere aisné, ne s'en estoit grandement eslongné, ils donnent ordre de les faire venir en Cour, tant par belles paroles que menaces. Arrivez qu'ils sont, on faict le procez extraordinaire au Prince; le Roy de Navarre n'attendant que sa ruïne, par la ruïne qu'il voyoit preparée à son frere; & donnent ordre de convoquer les trois Estats, afin, comme il est vray-semblable, d'y faire condamner ces deux Princes du sang. Repassez par toute l'ancienneté, vous ne trouverez point conseils bastis à chaux & ciment comme ceux-cy. Le Roy Henry II. pour parvenir à son but, avoit couché de son Parlement; ceux-cy le r'envient de l'assemblée des trois Estats: le Roy s'estoit heurté contre des Conseillers de Cour souveraine; ceux-cy, contre les deux premiers Princes du sang; ayants de telle façon eschaffaudé leurs affaires, qu'ést-ils assistez de la force telle que dessus, joint le pretexte des trois Estats, il estoit, je ne diray point mal-aisé, mais impossible en sens commun, qu'ils ne fussent venus à chef des Calvinistes; & par mesme moyen, que ils ne se fussent authorizez en grandeur pardessus tous, malgré l'envie. Sur ces entrefaites, le Roy meurt inopinément: sa maladie n'est que de trois jours: en tout cecy, il

Anne du Bourg executé pour la Religion.

Entreprise d'Amboise descouverte.

Le Regiment des Gardes du Roy quand estably, & à quel dessein.

Gouverneurs nouveaux establis.

Estats d'Orleans proclamez.

Le procez faict au Prince de Condé.

François II. meurt.

est certain, qu'il ne servoit que d'image; car sa jeunesse le dispensoit de toutes ces pratiques. Ce neantmoins, sa mort faict en un tour de main esvanoüir tous ces conseils, comme un tourbillon, en fumée. Les Seigneurs de Guise sont abandonnez par les espreviers de Cour, qui ne suivent que le vent. Et ceux que l'on avoit appellez pour les ruïner, sont suivis, voire qu'il sembloit qu'on leur eust à poinct nommé baillé leur rendez-vous dans Orleans pour leur exaltation. Deslors, nouvelle face d'affaires; un Roy de Navarre estably Lieutenant general du Roy, par toute la France: un Prince de Condé, qui auparavant avoit conniivé aux coups, Demandeur en declaration d'innocence; qualité en matiere criminelle non jamais auparavant prise: un Seigneur de Chastillon Admiral, & ses Partisans de la nouvelle Religion, commencent par pratiques sourdes de remuer l'humeur des Estats, & de s'en faire croire, en faveur des Princes du sang, dont ils se targuoient: ceux-cy demeurent en Cour prés du Roy, & manient tout le Royaume, sous l'authorité de la Royne Mere, assistée du Chancelier de l'Hospital. Tous les autres Princes estrangers & grands Seigneurs se retirent à la file dedans leurs maisons: de maniere que la nouvelle Religion, auparavant, je ne diray point harassée, ains terrassée, commença de lever les cornes, & se loger au milieu de nous, d'une furieuse insolence. Nous la vismes estre preschée non en lieux sombres & escartez, ains à huis ouvert en la maison de la Comtesse de Senigant, dans ceste ville de Paris; & au mesme temps, dans les fossez du faux-bourg de sainct Jacques, comme s'il eust voulu escheller la ville; & depuis, par jours alternatifs, au Patriarche, & à Popincour, par le mesme Malo & la Riviere, Ministres. Nous vismes une sedition scandaleuse, & pleine de honte, advenuë par mesme cause, dans l'Eglise de sainct Medard: images rompuës, hommes blessez, Fonts Baptismaux abatus, par la connivence de ceux qui gouvernoient en Cour: un Gabaston, Chevalier du Guet, un Rouge-aureille, Prevost des Mareschaux de l'Isle de France, avec leurs Archers, faire espaule contre l'authorité du Parlement. Chacun le voyoit, chacun lamentoit en son Ame, & nul n'en osoit parler. La ville de Geneve produisoit une pepiniere de nouveaux Ministres. Jamais gens ne penserent estre plus asseurez qu'eux: car lors du Colloque de Poissy, pas de Clerc de Chambre de Lorraine, pour faire monstre de son esprit contre Theodore de Beze, & l'Edict du mois de Janvier de l'an mil cinq cens soixante & un, il sembloient en tout les favoriser; quand voicy inesperement le Roy de Navarre qui change de Religion pour un Royaume imaginaire de Sardaigne qu'on luy promit; & tout d'une suite, fait nouvelle Ligue avec le Duc de Guise, qu'il tenoit peu auparavant pour ennemy capital de sa maison; & de ceste partie sont les Connestable & Mareschal de sainct André: se ligue, dy-je, contre le Prince de Condé son frere & l'Admiral, & les Huguenots, qui avoient esté les principaux instruments de la grandeur, lors de l'advenement du Roy Charles IX. à la Couronne. Y eut-il jamais metamorphose plus paradoxe que celle-là? Monsieur de Guise arrive à Paris (aprés l'exploit sanglant de Poissy) accueilly d'un applaudissement general de tout le peuple. Adonques, Procession generale pour expier tout ce qui s'estoit passé; ruïne du Patriarche & de Popincour, où les Presches s'estoient exercez; restablissement de l'Eglise S. Medard; punitions exemplaires des seditieux, uns Cagers pere & fils pendus; un Gabaston decapité; massacre par la populace, de ceux qui estoient seulement soupçonnez; & à cela pareille connivence du Magistrat, comme il avoit faict aux Presches. Deslors s'espandit un chaos par toute la France; nous vismes deux partis armez; l'un se disant Catholic, sous l'authorité du Roy de Navarre; l'autre, Huguenot, sous celle du Prince de Condé: en celuy-là, le Duc de Guise; & en cestuy, l'Admiral de Chastillon, tenans diversement les premiers lieux, sous ces deux Princes. Les uns s'emparent du petit Roy, & de Paris; les autres, d'Orleans: chacun d'eux se vantoit de combattre pour le service de Dieu & du Roy;

aprés trois jours de maladie seulement.

Chancellier en sort peu de temps.

Le Roy du Navarre faict Lieutenant General du Roy par toute la France.

La Religion nouvelle s'establit plus de pied lors qu'on la pensoit abattre.

Presches à Paris.

Sedition à S. Medard, & quelle insolence.

Le Roy de Navarre quitte la Religion nouvelle.

Retour ne s'estrange.

Ceux de la Religion persecutez, & quelles punitions.

Deux partis divers en France.

Orleans prise par les Huguenots

& jamais service de Dieu & du Roy, ne fut en tel desarroy comme lors. Ce grand Chancelier de l'Hospital, ne pouvoit adherer à la prise des armes, pour les inconveniens qu'il prevoyoit en devoir advenir. Son opinion ne servoit que de chiffre aux grands, & aux petits de scandale. Aussi à vray dire, celuy est fol, qui pense, par police, tolerer deux Religions contraires en une Republique, si l'une ne flechit, comme serve, sous la commune du païs; comme l'autre, qui veut exterminer la nouvelle, par la violence des armes. Le Huguenot se saisit de la ville de Roüen; l'on mit le siege devant. Là, est tué le Roy de Navarre, & la ville prise; bataille donnée devant Dreux, où le Mareschal de S. André est tué, & le Prince de Condé pris par les nostres, & le Connestable, par les ennemis. Monsieur de Guise n'avoit plus aucun destourbier de sa grandeur, tous ses Corrivaux estans ou pris, ou tuez : & à peu dire, il estoit le reduit seul & general de tout le party Catholic. Il assiege la ville d'Orleans, prend d'emblée le Portereau, dont il servoit fort aisément à couvert son ennemy, qu'il reduisit en toute extremité & disette. Il avoit lors acquis non moins de creance entre les nostres, qu'un Charles Martel, sous la premiere lignée de nos Roys, ou Hugues le Grand, sous la seconde. Et s'il fust venu à fin de son entreprise, comme chacun s'asseuroit qu'il feroit, le party Huguenot estoit tout rompu, sans esperance de ressource : Dieu permet qu'en ce conflus de tant d'heurs, il fust assassiné par un Poltrot, vrayement poltron : & par sa mort, ceux de la Religion nouvelle, reprindrent haleine plus qu'auparavant, par l'Edict de pacification qui fut faict. Je ne fouille point dans les consciences de tous ces Princes & grands Seigneurs; les voulant tous recognoistre avoir esté bons & fidelles serviteurs de nostre Couronne; mais aussi les recognois-je avoir esté hommes, & entre les hommes, les premiers guerriers de leur temps : & par ceste cause, une victoire absoluë, qui fust arrivée tant à l'un qu'à l'autre party, estoit d'une mesme façon à craindre, pendant la minorité d'un jeune Roy. L'envie de regner produit de grands tintoins dans nos testes, quand les occasions s'y presentent. Tellement que pour conclusion de ma lettre, je suis contraint de dire, & que la mort du Roy Henry II. & celle de François son fils, & la conversion du Roy de Navarre, & l'assassinat du Duc de Guise, furent coups du Ciel; non pour authoriser la Religion nouvelle comme meilleure, mais bien parce que Dieu vouloit qu'elle fust le fleau de nos Roys & de leurs subjects; & par mesme moyen, le jouët de l'ambition des Grands, si l'on croit aux Commentaires de quelques esprits visqueux. Dieu executant son jugement, pour le peché du pere contre les enfans, fit que la sagesse des hommes n'en peut empescher l'execution, mais aussi voulut-il aucunement pardonner à l'aage d'innocence de nos jeunes Princes; & contre toutes les propositions politiques, empescher, qu'au milieu d'une guerre civile, pendant leurs minoritez, leur Sceptre ne fust arraché de leurs poings.

Pareille balance trouvez-vous aux troubles derniers, entrepris sous le nom de la Saincte Ligue : un Roy Henry III. aprés la victoire qu'il obtint en l'an 1587. contre l'Estranger, rentrer enflé d'honneur & d'applaudissemens aussi populaires dans sa bonne ville de Paris; six mois aprés, y recevoir une escorne estrange : au contraire, Monsieur de Guise, une faveur inestimable; & au bout de six autres mois, estre tué au milieu de l'assemblée des Estats : enfin nostre Roy, pensant estre sur le point d'un establissement general de toutes ses affaires, avoir esté assassiné par la main d'un Moine. Croyez qu'en tout cela il y a de grands & trés-exprés jugemens de Dieu, que vous sçaurez bien employer en déployant vostre plume, & vostre papier sur ce subject. Quant à moy, je ne pense point que depuis mil ans, il y ait histoire plus admirable que la nostre. A Dieu. De Paris, ce premier de Janvier 1595.

Roüen prise par eux, mais assiegée & le Roy de Navarre tué.

Bataille de Dreux.

Orleans assiegé.

Creance de M. de Guise entre les Catholics.

Mais est tué par Poltrot.

Coups merveilleux du Ciel, qui agrandirent la Religion nouvelle.

Jugemens de Dieu admirables.

Troubles de la Ligue avec un petit sommaire des actes principaux.

FIN DU QUINZIESME LIVRE.

LES LETTRES D'ESTIENNE PASQUIER

Conseiller & Advocat General du Roy en la Chambre des Comptes de Paris.

LIVRE SEIZIESME.

LETTRE I.

A Theodore Pasquier, son fils aisné.

Il raconte l'histoire de la reddition de la ville de Lion au Roy. Pierre Barriere solicité par quatre Moines, part de Lion pour venir assassiner le Roy. Est pris & executé à Melun. Lyon prend le party du Roy. Te Deum chanté & Procession solemnelle

JE vous ay, depuis quelques jours, envoyé l'Histoire de ce qui s'estoit passé à Melun, par forme de Manifeste, que le Roy m'avoit commandé de faire ; & comme quatre Moines de Lyon avoient malheureusement suborné un Pierre Barriere dict la Burre, pour assassiner nostre Roy ; ce meschant homme estoit party exprés de Lyon pour cest effect ; & que comme il estoit sur le poinct d'executer son entreprise, il avoit esté pris, convaincu & executé à mort en ceste ville de Melun. Or entendez maintenant quel succez a eu tout cecy. Le Roy passant n'agueres par la mesme ville pour aller à Fontainebleau, & de là à Chartres, où il se vouloit faire sacrer, receut Lettres du Seigneur Alphonse Corse, par lesquelles il l'asseuroit que la ville de Lyon s'estoit renduë sienne, par l'entremise & fidelité de quelques bons Citoyens. Ces nouvelles luy arriverent sur le soir ; & deslors, par son commandement, fut chanté un *Te Deum* ; & le lendemain, faite Procession generale, en laquelle l'Abbé de Saincte Genevievfe, nouvellement refugié en ceste ville, fit l'office : qui n'est pas un petit presage de nos heurs, car il est Abbé de l'Eglise, où le corps de la Saincte Tutelaire de Paris repose, & est enchasse, laquelle sera desormais, ainsi comme j'espere, des nostres.

De vous discourir par le menu toutes les particularitez, concernants la reduction de Lyon, je ne puis. Bien vous diray-je en gros, que Monsieur de Nemours, Gouverneur pour la Ligue en ce lieu, favorisant ses opinions plus qu'il ne devoit, avoir offensé Monsieur de Mayenne *pour ce* son frere, & tout le peuple ; Monsieur de Mayenne (vous *sujet.* dy-je) pour ne le vouloir recognoistre tel qu'il estoit en *M. de Ne-* leur party ; le peuple, en le surchargeant de commandements extraordinaires, lequel ne s'en osoit plaindre. *vent re-* Et au milieu de ces commandements, ce jeune Prince faisoit bastir une Citadelle, qui eust esté un asseuré boulevert de ses volontez absoluës encontre toute la ville. *Mayen-* Monsieur de Mayenne, Prince tres-advisé, voyant que *ne pour* les déportements de son frere desagreoient aucunement *chef de* son authorité, donne ordre, (ainsi que l'on dit, car autrement ne le veux-je asseurer) que l'Archevesque de *ty.* Lyon, l'un de ses principaux confidents, sçait tellement attirer à soy, par beaux semblants, ce jeune Prince, qu'enfin l'ayant enchevestré dans ses rets, il le confine en une *Est mis* prison. Chose dont il ne fut empesché par le peuple, *en prison* pour la haine qu'il luy portoit ; prison depuis advoüée raisiblement par le Duc de Mayenne, qui donna le Gouvernement de Lyon & païs Lyonnois à l'Archevesque, *ment de* au prejudice de son frere : Feu-ardent, Cordelier, l'un *Lyon* des plus seditieux Prescheurs, qui soit dans Paris, n'a *donné à* douté, dedans sa chaire, d'en donner plusieurs attaintes *l'Arche-* au Duc ; qui l'a mandé pardevers soy, pour luy apprendre de mieux parler, en bonne deliberation de le chastier ; toutesfois ayant entendu qu'il estoit Savoyard de *dant,* nation, il l'excusa aucunement, comme celuy qu'il voyoit *Predicaf*avoriser un Prince de Savoye. Huit jours apres cest emprisonnement, le peuple sous la conduite de sept notables Bourgeois, dont Jacques Jacquet, Sieur de la Verriere, premier Eschevin de la ville, fut le conducteur, *Jacquet* dresse barricades contre l'Archevesque, de telle façon, que le plus beau party qu'il a peu choisir, a esté d'obtenir permission de sortir ses bagues sauves : & ainsi a esté la ville renduë le 8e de Février dernier, au Roy, avec l'aide du Seigneur Alphonse Corse : la Verriere l'avoit sous main semonds de leur vouloir donner aide, luy mandant le jour & l'heure que l'entreprise s'executeront. A quoy ce brave guerrier ne voulut faillir, pour la fidelité infinie qu'il a voüée au Roy, son Maistre. Voyez, je vous prie, comme la fortune se mocque de nous, quand elle commence de nous abandonner. S'il m'est permis, comme spectateur, de juger aux despens de ma bourse, des coups de ceste malheureuse tragedie qui se joüe sur ce grand theatre de la France, je vous diray que les deux plus sages & recommandables traits de nos troubles, advenus du party de la Ligue, ont esté premierement les executions & penderies des quatre mutins de Paris, puis l'emprisonnement du Duc de Nemours ; encore que ce dernier reçoive quelque controlle, pour l'affliction que la mere commune des deux freres en peut recevoir en son ame. Mais en discours politic, on met sous pieds toutes compassions domestiques, quand il est question de se maintenir en son grade. Il importoit à la grandeur d'un, qui se dit Lieutenant General de l'Estat & Couronne de France, que ce qui avoit esté faict furieusement par une vermine de peuple dans Paris, contre un President & un Conseiller du Parlement, ne demeurast impuny : & pareillement, que la prison d'un jeune Prince servist d'exemple aux autres grands Seigneurs du party, pour se contenir dans les bornes de leur devoir, & pour recognoistre le Seigneur de Mayenne, tel qu'il est pardessus eux ; autrement il n'eust plus esté Magistrat souverain sur tous ceux qui se sont voüez à sa suite, que par image & en peinture. Et toutesfois qui voudra approfondir de prés ces deux actes, il trouvera qu'ils ont esté les deux principaux instruments de son ravalement. Car, par le supplice des quatre, fut esteinte, dans Paris, la puissance monstrueuse des Seze, quint'essence de tyrannie populaire, qui par un general desordre, donnoit la loy à tous les Ordres generaux de Paris : & par sa fin, reprit vie l'authorité du Parlement, qui a depuis faict voler plusieurs beaux esclairs de sa dignité ancienne, pour le restablissement de nostre Estat contre les brigues Espagnoles. Et quant à l'emprisonnement, je tiens pour chose trés-asseurée, que si le Duc de Nemours fust demeuré en sa pleine liberté, le peuple de Lyon n'eust jamais osé lever la teste pour se racheter de la captivité en laquelle il estoit detenu. En quoy je me fay accroire, que tout ainsi que la bonne fortune tournant le visage au feu Roy, quelque sage conseil qu'il estimast prendre pour favoriser ses affaires, il se tournoit au rebours de son intention ; ainsi en prendra-t'il desormais à la Ligue, puisque toute la sagesse du Chef se tourne à son prejudice. Soyons doncques maintenant aux escoutes, & voyons, comme en eschauguette, de quelle façon ses affaires se tourneront. A Dieu. De Melun, ce premier jour de Mars, 1594.

Jacquet Eschevin de Lyon, principal autheur de la reddition de la ville.
Alphonse Corse se trouve à la reddition de Lyon.
Deux traicts sages & recommandables de la Ligue.
Authorité des Seze à Paris esteinte par la Parlement restably.
Authorité du Parlement restably.

LETTRE II.

A Maistre Theodore Pasquier, son fils aisné.

APrés les reductions sous l'obeïssance du Roy, des villes de Meaux, Orleans, Bourges, & Pontoise, nous sommes rentrez dedans Paris, le 22. de ce mois de Mars. Courage ; la partie est maintenant nostre. Dieu a exaucé nos prieres. Mais parce que peut-estre avant vostre partement, ces Messieurs qui sont à Tours, desireront en entendre quelques particularitez ; je vous diray que le sieur de Serillac, neveu de Monsieur de Belin, arriva le 20. de ce mois, sur le soir, en ceste ville de Melun, avec commandement exprés du Roy de luy faire mener les garnisons de Melun & Corbeil, recitant par le menu les intelligences sourdes & asseurées qu'il avoit dedans Paris. Soudain Monsieur de la Grange-le-Roy, nostre Gouverneur, fait fermer les portes de la ville, afin que si quelque ame ligueuse en avoit le vent, il n'eust moyen d'en porter les nouvelles à Paris. Le lendemain de bon matin, il faict embarquer dans deux grands vaisseaux, la Compagnie du Seigneur de la Salle, & celle de vostre frere de la Ferlandiere ; avec lesquels se mettent de la partie plusieurs Soldats volontaires ; & nommément vostre frere de Bussi, en intention d'y faire un bon & fidelle service au Roy, ou d'y perdre la vie. Vous eussiez dict qu'ils alloient aux nopces. Quand vos freres vindrent prendre congé de moy, je leur donnay ma benediction la larme à l'œil, comme à ceux que je pensois ne revoir jamais ; & neantmoins bien-aise qu'en si bon subject, ils immolassent leurs vies. A vray dire, je ne doutois point que Monsieur de Mayenne, qui avoit quelques sepmaines auparavant quitté la ville avec toute sa famille, ne pensast la place n'estre plus tenable pour luy : mesme que par une nouvelle desfiance, les Gouverneurs avoient fait de nouveau murer quelques portes d'icelle. Mais ceste desfiance, mere de seureté, me faisoit grandement craindre en l'accomplissement de nostre dessein. Nos troupes s'estans embarquées le Lundy au matin, sous la conduite du sieur de Serillac, se joignirent le mesme jour à celles de Corbeil, & arriverent à Conflans, sur les dix heures du soir, où elles demeurerent fermes jusques sur les trois ou quatre heures du Mardy matin, & lors descendirent à cent pas prés de la Rapée, où le sieur de Serillac commanda à vostre frere de Bussi d'entrer dans une nacelle pour prendre langue avec le Capitaine Grossier, qui estoit de nostre party. Cettuy s'estant fait de batteliers, brave soldat pour la Ligue, commandoit à un grand batteau armé au-dessus du boulevert, pour empescher que la nuict on ne passast de ce costé-là l'eau. Il le rencontre à deux ou trois jects d'arc, avec quelques nasses, pour conduire les nostres devers l'Arcenac, où estoit nostre rendez-vous : estant impossible que nos batteaux y peussent passer sans s'escueiller sur les pieux qui estoient fichez dans la riviere au-dessus de la ville. Mais comme ils estoient sur le point d'advancer, le sieur de Serillac reçoit commandement du Roy, de mener nos troupes à la porte de Sainct Martin. De vous dire comme les choses se passerent dans Paris, ce me sont lettres closes, fors & excepté que je sçay que Monsieur l'Anglois, Advocat au Parlement, & Eschevin de la ville, en fut le premier conducteur. Nos gens trouverent à poinct nommé la porte ouverte, & y entrent le tambour battant, gaignants pied à pied la ville avec barricades conduites par le Seigneur de Vitry, qui les estoit venu recevoir. Sur les huit heures, nouvelles leur vindrent que toute la ville estoit nostre ; & voicy comment. Le Roy estant hors la porte Neufve du Louvre avec le gros de son armée, deliberoit d'y entrer des premiers pour sonder le gay, & recognoistre s'il n'y avoit point en ceste entreprise quelque appast pour le tromper ; mais il en fut dissuadé par Monsieur le Mareschal de Matignon, qui prit ceste charge, suivi de plusieurs braves Seigneurs, lesquels trouvants à l'entrée quelques Lansquenets, qui leur voulurent resister, ce leur fut une gorge chaude ; car ils furent taillez en pieces. De là, passants outre, & prenants leur departement en divers quartiers, les Soldats estrangers se trouverent si estonnez, qu'ils mirent les armes bas. Adonc le Roy entre dans la ville, salué du Seigneur de Brissac, Gouverneur, auquel il donne l'escharpe blanche, & de ce pas va droit à l'Eglise Nostre-Dame, pour rendre graces à Dieu, suivi d'un *Vive le Roy*,

Ordre de la reddition de Paris, & comme toutes choses y furent restablies.
M. l'Anglois Eschevin de Paris conducteur à la reddition de la ville au Roy.
S. Martin ouverte, par où les troupes du Roy entrent.
Mr de Matigni, le premier à Paris. Le Roy entre.
Mr de Mayenne sorty de Paris.
Portes murées la ville.

donne l'efcharpe blanche à Mr de Briſſac Gouverneur va à N. Dame rendre graces.
La Baſtille aſſiegée,

& acclamations generales de tout le peuple, par une correſpondance admirable de ſeureté du Roy, envers les nouveaux ſubjects, & des ſubjects envers leur Roy.

La Baſtille ſeule n'eſt pas renduë, dans laquelle le Capitaine de Bourg commandoit. Le Roy commande ſur les onze heures aux garniſons de Melun & Corbeil de l'inveſtir. Celle de Melun tint la main gauche, & ſe logea le Mercredy, tant ſur la contr'eſcarpe, que ſur le portail ſainct Antoine, où la Ferlandiere attira dix mouſquetaires, qui offenſerent grandement ceux qui eſtoient ſur l'eſperon hors la ville. La garniſon de Corbeil, conduite par Monſieur de Treigny, print à main droite, & ſe logea juſques au Tapecul de la Baſtille, & en toute cette faction n'y a eu perte que du pauvre Foreſt, Lieutenant de voſtre frere. Monſieur d'O, Gouverneur de l'Iſle de France, voulut, vingt & quatre heures apres, les renvoyer en leurs Garniſons, & y poſer des Compagnies de l'armée, ainſi qu'on a couſtume de faire. Toutesfois voſtre frere luy diſputa pour luy & ſes compaignons; luy remonſtrant, que puiſqu'ils avoient eu ceſt heur de gagner les logis, ce ne leur ſeroit pas moins d'honneur de les conſerver, & à tant le ſupplioit de ne les changer; ce que Monſieur d'O luy accorda favorablement. Et le Samedy 26. le ſieur de Bourg rendit la place par une capitulation, qui luy fut tres-honorable : c'eſt à ſçavoir, que luy & ſes ſoldats ſortiroient avec leurs armes, & bagage, le tambour battant, la meſche allumée, la balle en bouche, & qu'on leur payeroit une monſtre. Le Roy ayant fait une entrée ſi heureuſe dedans ſa bonne ville de Paris, ne le voulut obſcurcir, ou ſanglanter par la mort de ſes ſiens, s'il luy euſt convenu opiniaſtrer ce ſiege par breſche ou eſcallades. Comme les choſes ſe manioient de cette façon, on deſpeche quelques Compaignies vers le Chaſteau de Vincennes, qui leur fut rendu à petit bruit, & ſans contraſte.

Rendu par Mr de Bourg avec une capitulation fort honorable.
Le chaſteau de Vincennes vendu au Roy.

Voilà pour le fait des gens de guerre. Je vous diſcourtay maintenant quel ordre on a tenu pour le reſtabliſſement de la Juſtice; lequel a eſté tout autre que celuy qui fut pratiqué ſous le regne de Charles VII. Car le Conneſtable de Richemont, ayant au mois d'Avril, 1436. reduit la ville ſous l'authorité du Roy ſon Maiſtre, permit aux gens de Juſtice de continuer leurs charges, tout ainſi comme auparavant; toutesfois ils furent, au mois de May, interdits par Lettres Patentes du Roy, juſques à ce que tous les Conſeillers, tant du Parlement tenu à Poitiers, que Chambre des Comptes, à Bourges, fuſſent arrivez : & ne leur fut la porte ouverte à l'exercice de leurs charges, que le 16. Novembre enſuivant. Mais en cette reduction derniere, le Roy a voulu que chaſcun, ſans diſcontinuation, entraſt en ſa charge, tout ainſi comme ſi jamais nous n'euſſions eſté partialiſez.

La Juſtice reſtablie à Paris ſans rien changer ny alterer.

La queſtion n'eſt pas petite, de ſçavoir laquelle des deux voyes a eſté la plus politique; & y a prou de ſubject pour exercer les beaux eſprits d'une part & d'autre. Quant à moy, je ſuis pour la derniere. La premiere nourriſſoit en cette nouvelle reconciliation, je ne ſçay quoy de diviſion, & faiſoit faire une forme d'amende honorable à ceux qui en la reddition de leur ville, n'avoient douté d'expoſer leurs vies pour reparer les fautes, qui s'eſtoient paſſées, & rendre le Roy du tout maiſtre, contre les Bourguignons & Anglois. En la derniere, tout ainſi que dés le premier abord, le Roy & le peuple ſe ſont recogneus avec un contentement reciproque, ſans ſe reſſentir des choſes paſſées, auſſi eſtoit-il bien raiſonnable, que la juſtice y euſt part, & qu'entrants dedans Paris, nous fuſſions tous reconciliez les uns avec les autres, ſans reſpit. Chacun de nous ſe doit diverſement glorifier avec toute humilité, d'avoir fidellement ſervy ſon Roy : celuy qui eſtoit refugié à Tours, de l'avoir fait regner pendant les troubles, au milieu de ſa juſtice, l'eſpace de cinq ans entiers; choſe qui a dedans les ronſes & eſpines aplany une belle voye à ſa proſperité; l'autre, qui eſtoit demeuré dedans Paris, d'avoir moyenné que deſormais il regnera, ſi Dieu plaiſt, avec toute magnificence & ſplendeur. Partant, quand nous commencerons de nous recognoiſtre en nos compagnies, il faut que noſtre abſence de cinq ans ſoit reputée, du jour au lendemain, comme une preſence, ſans y apporter eſbahiſſement ou reproche.

Sur cette propoſition, ſe ſont les affaires paſſées. Le Dimanche 27. Monſieur le Chancellier fit appeller Monſieur Loiſel, & luy dit que le Roy l'avoit expreſſement choiſi pour ſon Advocat, & Monſieur Pithou pour ſon Procureur general, au reſtabliſſement de la juſtice qu'il entendoit faire le lendemain : d'une meſme main leur furent Lettres Patentes decernées à ceſt effect. Encores que le temps fuſt court, ſi eſt-ce que Monſieur Loiſel, qui a un ample fonds, & magazin de doctrine, ne fut pris à l'impourveu. Le Lundy matin, Monſieur le Chancellier, accompaigné de pluſieurs Princes & Seigneurs, du Conſeil d'Eſtat, viennent au Palais, où ſeants en la Grand' Chambre, à huis clos, fut premierement publiée par Monſieur l'Huillier Greffier d'Eſtat, une commiſſion concernant nos deux amis. Ce fait, tous ces Seigneurs eſtans aſſis aux hauts ſieges, & Meſſieurs Loiſel & Pithou, en la place ordinaire des gens du Roy, il fut ordonné, que les portes ſeroient ouvertes. Ne doutez que la Grand' Chambre ne fut tout auſſi-toſt remplie d'une infinité de gens deſireux de voir ce nouveau ſpectacle. Là, eſt publié l'Edict de l'abolition qui regardoit toute la ville, puis celuy du reſtabliſſement des Officiers du Parlement. La lecture faite, Meſſieurs Loiſel & Pithou ſe leverent : & lors Loiſel repreſenta par le menu l'obligation que tout le peuple de Paris avoit au Roy; l'obeïſſance que de là en avant il luy devoit porter, comme à ſon Seigneur legitime; la clemence dont il avoit uſé; & deſploya pluſieurs autres traicts de meſme parcure : & requeroit que les deux Lettres Patentes en forme d'Edicts fuſſent verifiées. Sur cela, Monſieur le Chancellier recueille les voix & opinions des Princes & Seigneurs, ſe remettant en la place, prononce l'Arreſt conformément aux concluſions & requiſitions des gens du Roy : & à l'inſtant, eſt enjoint au peuple de ſortir. Les portes fermées, on mande Meſſieurs du Parlement, qui eſtoient attendans en la ſale de S. Louys, leſquels arrivez, firent tous le ſerment de fidelité au Roy, l'un apres l'autre, entre les mains de Monſieur le Chancellier. Le premier fut Monſieur Chartier, non en qualité de Preſident, dont il avoit eſté honnoré par Monſieur de Mayenne, ains de plus ancien Conſeiller; comme auſſi fit le ſemblable Monſieur Molé ſon gendre, non comme Procureur General, ains de Conſeiller ſelon l'ordre de ſa reception. Le Maiſtre faict Preſident, & Hottoman faict Advocat du Roy par la Ligue, n'entrerent auſſi en ceſte lice, ains retournerent à leurs anciens rangs d'Advocats ſimples, qu'ils exerçoient avant les troubles. Ceſte ceremonie ainſi obſervée, Monſieur le Chancellier fait le ſemblable, le jour meſme en la Chambre des Comptes, puis en la Cour des Generaux des Aides, & le lendemain 29. chacun retourna en ſa chacune, & retrouva ſon ancienne place, ſous l'authorité de ſon Roy.

M. Loiſel choiſi par le Roy pour ſon Advocat, & Mr Pithou pour ſon Procureur, ouvert & eſtably.
Le Parlement & eſtably.
Edict d'abolition, & celuy du reſtabliſſement des officiers publiez, Harangue de M. Loiſel.
Serment de Meſſieurs du Parlement.
Puis des autres Cours.

La Juſtice eſtant de ceſte façon non reſtablie, ains eſtablie, en ſon general, il a eſté queſtion de recompenſer les particuliers qui avoient contribué à un œuvre ſi meritoire. Comme les affaires s'eſtoient comportées deſlors des premiers & plus grands feux dans Paris, Maiſtres Jean le Maiſtre & Louys d'Orleans, Advocats des parties, avoient eſté creez Advocats Generaux, & Monſieur Molé, Conſeiller, Procureur General du Parlement, duquel je vous diray par maniere de parentheſe, que comme il eſt d'un eſprit calme, auſſi pendant l'exercice de ceſte nouvelle charge, il para à pluſieurs coups orbes, que quelques envieux de noſtre Couronne voulurent tuër contre les Loix anciennes & fondamentales de noſtre Eſtat. Si une ame ſeditieuſe & traverſiere y fuſt entrée, c'eſt fait tres-mal allé pour la France. Tant que Monſieur Briſſon veſquit, il n'y eut autre Preſident du Mortier que luy, dedans la Grand' Chambre. Apres ſa mort, le Duc de Mayenne y en créa quatre, Meſſieurs Chartier, Conſeiller au Parlement, Haqueville, premier Preſident

Officiers eſtablis par la Ligue.
Quatre Preſidens eſtablis par Mr de Mayenne, &c.

President au grand Conseil, Nuilly aussi premier President en la Cour des Generaux des Aides, & le Maistre, par la promotion duquel Hottoman fut fait Advocat general en son lieu. Quant à la Justice du Chastellet, la Bruyere se donna, sans tiltre, par un droit de bienseance, l'Estat de Lieutenant Civil. Cestuy-cy a gaigné le haut. Monsieur le Comte de Brissac estoit Gouverneur de Paris, lequel a apporté grande diligence, devotion & authorité à la reduction de Paris, pour recognoissance *Mr de Brissac creé Mareschal de France.* de quoy le Roy l'a gratifié de la dignité de Mareschal de France (dont il avoit esté quelque temps auparavant pourveu, pendant la trefve, par le sieur de Mayenne) & encores luy a donné deux cens mil escus à lever sur un nouvel impost des vins, qui passeroient dessous les Ponts de la ville de Corbeil, de laquelle il luy a baillé le Gouvernement, pour en faciliter la levée. Messieurs de Haqueville, Chartier, Molé, Hottoman, sont retournez en leurs anciennes charges. Monsieur le Maistre a esté creé septiesme President au Parlement; & y a depuis fait le serment, comme aussi Monsieur du Vair, Conseiller, & l'Anglois, Advocat, ont esté faits Maistres des Requestes de l'Hostel du Roy, & Monsieur l'Huillier Maistre des Comptes & Prevost des Marchands, y a esté creé neufviesme President: le tout en vertu de nouveaux Edits. Et comme toutes choses se sont passées par une clemence admirable du Roy, aussi n'a-t'il permis que l'on ait affligé aucun en son corps, ou biens, quelque esprit de sedition qu'on luy imputast; comme il advient fort souvent qu'en tels inesperez changements, on preste plusieurs charitez à uns & autres: mais à vouloir, que tous les signalez Ligueurs, au lieu d'espouser une prison clause, eussent les champs pour prison, ou pour mieux dire, la clef des champs. Il n'est pas que par une debonnaireté *Le Roy pardonne au* infinie, il n'ait pardonné au College des Jesuites, lesquels il sçavoit estre, non seulement autheurs & fauteurs de la rebellion, mais aussi seducteurs des Ames foibles, pour le faire assassiner. *College des Jesuites fauteurs de la rebellion.*

Il faut que je vous die le jugement que je fay, en passant, sur toutes ces recompenses. Combien que je loüe grandement ceux qui ont esté recompensez; si est-ce que je n'estime pas moins les quatre, qui sans importunité se sont contentez de rentrer à petit bruit en leurs anciennes & premieres charges. Ceste ambition me plaist grandement. Mais sur tout, je ne puis assez haut loüer celle de Monsieur Chartier, lequel ayant esté, après la mort de *M. Chartier fait President exempte du Parlais.* Monsieur Brisson, appellé pour sa preud'hommie, à l'Estat de premier President au Parlement, par le Seigneur de Mayenne, ores qu'il eust accepté ceste dignité pour n'esmouvoir dans la ville par son refus, & qu'auparavant il allast journellement au Palais; toutesfois il s'enbannit depuis tout-à-faict, se confinant dedans sa maison comme un Religieux solitaire: solitude qu'il pretextoit, tant sur l'anciennete, qu'incommodité de son aage; combien que les plus clair-voyants vissent bien, que ce volontaire bannissement provenoit, pour ne vouloir exercer cet Estat par l'authorité de celuy qui n'estoit son Roy. Exemple, certes, esmerveillable, & par lequel nous apprenons, combien une conscience timorée, a de puissance sur une ambition bien reglée.

Maintenant que sommes réünis, nous attendons dedans Melun le retour des nostres. Car combien que pour la proximité des lieux, puissions gaigner le devant, si ne voulons-nous faire nostre entrée en la Chambre, que toute nostre Compaignie qui est à Tours, ne soit retournée. C'est l'honneur que luy faisons. Je vous prie de communiquer ceste lettre non seulement à nos amis, ains à tous ceux que pensez estre sans dissimulation fidelles serviteurs du Roy. A Dieu. De Melun, ce dernier jour de Mars, mil cinq cens nonante-quatre.

LETTRE III.

A Monsieur de Tiart, Seigneur de Bissi, ancien Evesque de Chaalon sur Saulne.

Il luy proteste son amitié ancienne, & le prie d'en faire de mesme. NOstre amitié est contractée de si longue main, & d'un lien si estroit, qu'en toute affaire que je sçauray vous concerner, je me prieray tousjours pour vous, sans attendre autre recommandation ou semonce de vostre part. Ny pour cela, je n'entens acquerir aucune nouvelle obligation sur vous, ains m'acquitter de mon ancienne. C'est pourquoy il me semble que vous vous faites tort, & à moy de me remercier par vos lettres, si ce n'est que l'ayez fait pour avoir occasion de m'escrire. Permettez-moy, je vous prie, de faire ceste saillie d'un vieillard qui se chatoüille pour luy rire. Si je ne m'abuse, vous & moy restons presque seuls en cette France de cette belle brigade, que produisit le regne du Roy Henry II. Puis qu'il a pleu à Dieu de nous conserver jusques à huy, employons, je vous prie, ce qui reste de nos jours, à nous entretenir, non du corps, ains de la plus belle & noble partie de nous, des yeux de l'esprit. Si me faites cet honneur, croyez que ce sera à beau jeu, beau retour, ou, comme l'on dit autrement, à bien assailly, bien desfendu. Il faut tromper la mort, qui est aux aguets pour nous surprendre. Vous recevrez doncques de moy ceste lettre, comme un cartel de deffi que je vous envoye: vous priant, Monsieur, me conserver toujours en vos bonnes graces. A Dieu.

LETTRE IV.

A Monsieur du Cluseau, Capitaine de cinquante hommes d'armes, Gouverneur de la ville & citadelle de Noyon.

Il discourt sur ce que son fils l'estoit allé trouver, & l'en excuse, puis luy dit que son fils du Brissac ne LA penitence qu'ordonnez à vostre fils, est digne de vous & de luy. Car s'il a commis quelque faute, elle est autant vostre que sienne. Comment? Estimez-vous que le fils de Monsieur du Cluseau peust estre reclus dedans une ville, comme un moine dedans son Cloistre, pendant que la France est en armes contre son ancien ennemy? Ne vous osant aller trouver, il s'estoit voulu faire voye la part où il esperoit d'estre employé, sans entrer en cognoissance du merite ou demerite de la cause. Sa jeunesse n'estoit capable pour en juger. Tellement que c'est une belle saillie de nature, dont ne le devez mestimer, ains aimer. D'apprendre à mignarder un luth *pour aller au siege d'Amiens à cause de sa blessure.* dedans une chambre; mener un cheval à raison en un manege; tirer des armes dedans une sale, tout cela est beau; mais enfin ce sont exercices ombratiles. Son age qui commence de poindre, desire la lumiere du Soleil. Je vous ay dit quelquefois, que la plus belle eschole qu'il pouvoit suivre pendant la guerre, estoit d'estre spectateur de vos actions, participer aucunement à vos conseils & entreprises, & luy faire cognoistre qu'il est fils de maistre; c'est sa leçon; c'est la vostre, croyez-m'en, encores qu'il me soit mal-seant de parler d'un
mestier

meſtier auquel je ne fis jamais mon apprentiſſage. Ainſi le pratiqua Monſieur de Guiſe, grand guerrier, envers feu Monſieur de Guiſe, dernier mort, ſon fils, & en fit un bon & vaillant Capitaine. Si ainſi en uſez, je m'aſſeure qu'en rapporterez un tres-grand contentement. Mais eſcoutez; eſtant pere, il faut aucunement oublier de l'eſtre. Cette ſeverité trop grande que voulons apporter pour la conſervation de nos enfans, le plus du temps nous les perd. Je deſire que les peres leur laſchent la bride, & la tiennent courte tout enſemble. Au demeurant, je ne ſouhaite qu'à ce premier coup d'eſſay, auquel luy avez fait bailler une compagnie de gens de pied, veuillez qu'il faſſe un chef-d'œuvre. Le temps & le champ vous y donneront conſeil : en voulant qu'il faſſe bien, il ne le faut perdre aiſément. Voila pour le voſtre. Quant à mon Buſſi, voſtre Enſeigne, croyez qu'il a eſté frappé au vif en la jambe, & qu'il luy eſt impoſſible de retourner à voſtre ſiege d'Amiens, comme il deſireroit : qui luy cauſe une maladie d'eſprit plus grande que celle du corps. Ce luy eſt un grand malheur, qu'il ne puiſſe eſtre ſi promptement des voſtres; non pour avoir part au butin, ains à l'honneur que les gens de bien pourront, chacun en leur endroit, rapporter en cette haute entrepriſe du Roy. A Dieu.

LETTRE V.

Au Capitaine de la Ferlandiere, Pierre Paſquier, ſon fils.

Il l'advertit de la bleſſeure de ſon frere de Buſſi.

ON m'a rapporté ſur des branquarts, voſtre frere de Buſſi, fort bleſſé en une jambe d'un coup de bale, qui luy a rompu le petit os. Puiſque ce mal luy eſt advenu en bien faiſant, il le porte plus patiemment; & au ſurplus grandement aiſé, qu'il ſoit maintenant avec moy, pour eſtre panſé. J'ay une grande obligation à Meſſieurs du Laurent & Portail, d'avoir eu ſoin de luy en l'armée, de leur propre inſtinct, l'ayant recogneu eſtre mien. Dieu me fera, s'il luy plaiſt, la grace, de leur faire quelque bon & agreable ſervice pour recompenſe. Soudain aprés ſon arrivée, il me dict qu'eſtiez mal diſpoſé de voſtre perſonne, & qu'il craignoit pis de vous. En quoy je balançois entre deux opinions; car d'un coſté, il me ſembloit que pour vous guerir, deviez reprendre la route de noſtre maiſon : & qu'une retraicte faicte à propos n'eſt pas de moindre gloire qu'un combat. D'un autre coſté, je craignois qu'on vous imputaſt ceſte maladie à hypocriſie pour fuir les coups. Grace à Dieu, ny vous, ny vos freres, n'avez jamais appris ceſte leçon; teſmoin ce qui eſt fraiſchement arrivé à voſtre frere de Buſſi, & ce qui advint à la Mirauldiere voſtre cadet, au ſiege de Mehun ſur Loire, où opiniaſtrant la deffence d'une Tour, il fut tué d'un coup de mouſquet, tous ſes compagnons s'eſtans rendus par compoſition au Seigneur de la Bourdeziere. Comme j'eſtois ſur ce mot, j'ay preſentement receu unes lettres de vous, par leſquelles me mandiez, que repreniez voſtre embonpoint. Je ne vous exhorteray doncques maintenant à ce qui eſt de voſtre devoir, ſçachant en quelle recommandation vous l'avez. A Dieu.

LETTRE VI.

A Monſieur du Cluzeau, Capitaine de cinquante hommes d'armes, Gouverneur de la ville & citadelle de Noyon.

Il luy repreſente ſes apprehenſions ſur la difficulté de la priſe d'Amiens.

VOus m'eſcrivez, qu'il faut ou que la ville d'Amiens parlemente, ou que la bataille ſe donne. Prenez garde, s'il n'y a point une troiſieſme voye, dont nos ennemis taſcheront de nous eſcorner : ou en temporiſant, comme fit le Duc de Parme à Roüen, ou en aſſiegeant aurres villes, comme nous eſprouvaſmes au ſiege de la Fere, ou bien en nous amuſant par eſcarmouches feintes, pendant qu'ils feront glacer des ponts ſur la riviere de Somme, & ſur iceux paſſer gens, pour ſecourir la ville. Car quant à moy, n'eſtoit l'aſſeurance que j'ay de voſtre bon jugement & experience au faict de la guerre, je ſerois un autre ſainct Thomas, & ne croirois rien de ce que vous vous promettez, juſques à ce que je l'euſſe veu. Je voy une ville bien forte, garnie de gens de guerre, qui ne manquent de moyens, experience & bonne volonté, pour le ſervice de leur Roy : & de nous promettre telle iſſuë que faictes, meſme ſi prompte que m'eſcrivez, je ne le puis. Vray qu'à ceſte mienne opinion s'oppoſe, que le Roy eſt un grand guerrier, qui ne ſe fuſt vrai-ſemblablement engagé à ce *Importance de la priſe d'Amiens.* ſiege, ſans ſçavoir quelle fin il en devoit avoir : meſme que la conſequence en eſt telle, qu'en s'en revenant ſans rien faire, il perdroit la ville, la Picardie, & ſa reputation tout enſemble : de maniere que je m'aſſeure qu'il couchera pluſtoſt de ſa reſte qu'il n'en vienne à chef: & comme Dieu m'a fait d'un naturel plus plein de deſfiance, que d'eſpoir, auſſi crains-je qu'il ne luy advienne comme au Roy Alexandre le Grand, ayant eſté ſix mois *Alexandre ſe* devant la ville de Tyr ſans la prendre ; enfin fit acte de ſoldat, pour exciter les ſiens à bien faire. Quoy faiſant, *rend ſol-* il la prit, mais auſſi fut-ce au prix de ſon ſang, & *dat pour* faillit d'y perdre la vie. Si Dieu nous diſgratioit de tant, *animer* d'envoyer quelque meſchef au Roy, en voulant gaigner *les ſiens,* une ville, nous ſerions perdus : c'eſt pourquoy je vous *& prend* diray franchement, que de quelque coſté que je me *Tyr.* tourne, je tiens le loup par les aureilles. Brief, je ne puis croire que l'ennemy expoſe ſes forces à la deciſion d'une bataille, recognoiſſant noſtre Roy en ce meſtier trop rude joüeur, ny que la ville ſoit ſi toſt renduë comme m'eſcrivez. Mais vous ſeriez bien eſbahy, ſi tout ainſi qu'autrefois deux armées ſe trouvants devant la meſme ville, cauſerent une paix entre le François & Eſpaignol; auſſi le ſemblable advenoit maintenant au meſme lieu. Vray que je ne ſouhaite point une paix ſi honteuſe que l'autre, par laquelle l'Eſpaignol gaigna plus par un trait de plume, que nous n'avions fait par les armes encontre luy & ſes alliez, l'eſpace de vingt & deux ans. A Dieu.

LETTRE VII.

A Monsieur de Sainéte Marthe, Conseiller du Roy, & Thresorier general de France en la generalité de Poitou.

Il le remercie de ses Eloges sur les hommes de merite de son temps, & luy envoye sa Congratulation au peuple de France.

J'Ay receu de vous, par les mains de Monsieur vostre fils aîné, les Eloges qu'avez faits & mis en lumiere, en faveur de tous les hommes, qui de la memoire de nos ayeux & peres jusques à huy, se sont rendus recommandez par les bonnes lettres en cette France, dont je vous remercie humblement. Nostre siecle vous a beaucoup d'obligation de donner la vie aux morts, en la vous donnant à vous-mesme. Je n'ay jamais rien veu de plus beau; une diligente recherche; un style Latin doux-coulant; paroles de choix, non toutesfois affectées; belles pointes de vostre creu; Quoy faisant, vous rendez non seulement la vie aux nostres, ains faites miraculeusement renaistre en vous, l'ancien Ciceron. He! vrayement je commence de me flatter, reconnoissant que le Quatrain que je fis autresfois pour vous au quatriesme Livre de mes Epigrammes, est trés-veritable.

Seu Latios scribat, seu Gallos Scævola versus,
Nil Latia, aut majus Gallica Musa tulit.
Roma suum jactet, miretur Gallia nostrum:
Cur ita? Pro Patria vovit uterque manum.

J'avois assis ce jugement sur vos vers Latins & François, qui triomphoient d'une mesme balance, qui empeschoit ausquels des deux je devois bailler le dessus. Maintenant que je voy vos Eloges faits d'un fil continu, & embellis de tous les riches traits que l'on peut desirer de la Langue Latine, je perds pied, & suis contraint de confesser, que vostre plume prend son vol plus haut que je n'avois estimé. Or puisqu'il vous a pleu m'honnorer de ce beau present, je vous envoye pour contr'eschange, non l'Eloge d'un homme mort, ains une Congratulation que j'ay faicte au peuple de France, sur la paix generale de l'an passé, & benedictions que le Roy a receuës de Dieu. Je l'avois dressée, comme il estoit encore en Bretaigne, en deliberation de la luy presenter à son retour; mais n'estant lors encore mise au net; & luy, ayant pris le chemin de Monceaux, où il demeura longuement malade, je differay ce present jusques à son retour, qui fut sur le commencement de l'an 1599. Je me trouvay sur la fin de son disner, prés de luy, où ayant tourné l'œil sur moy, il me demanda, qui m'amenoit en ce lieu; pour vous importuner, Sire, (luy dy-je) mais d'une autre importunité que tous vos autres subjects; lesquels se presentent à vostre Majesté, pour vous demander; & moy, pour vous estrener de ce mien petit ouvrage. A ce mot, je le luy presente. Il lit le Sixain, qui luy pleust; puis une page entiere, me faisant cet honneur de m'en remercier, & me dire, qu'il le liroit tout au long, ou feroit lire devant luy. Je me suis contenté de ce bon œil, sans m'estre enquis de ceux qui l'approchent, s'il avoit pris ce loisir, qu'il m'avoit promis. Tel qu'est ce discours, je le vous envoye; bien deliberé de luy bailler, dans quelque temps, plus grand jour; non pour la façon que je le luy aye donné, ains seulement pour son estoffe. A Dieu.

Congratulation de Mr Pasquier au peuple de France sur la paix.

Qu'il presenta au Roy.

CONGRATULATION SUR LA PAIX

generale, faicte au mois de Mars 1598. & sur les Benedictions que le Roy a receuës de Dieu.

AU ROY DE FRANCE ET DE NAVARRE,

trés-Chrestien, Henry IV. de ce nom.

Aprés avoir sur tous les Anciens Guerriers,
Couronné vostre chef de mille verds Lauriers,
Et planté maintenant dans vos païs l'Olive,
Il vous faut, mon grand Roy, couronner vos exploits
Dorenavant de mil' & mille belles Loix;
Affin que dans la Paix, en Paix un chacun vive.

COmme celuy, qui ayant esté agité d'une longue tourmente, aprés qu'il est surgy à bon port, leve les mains & les yeux au Ciel, va à l'Eglise acquitter ses vœux, raconte à ses voisins & amis le danger dont il est eschappé; & à peu dire, le contentement qu'il a d'estre sur la terre ferme, luy fait oublier toutes les traverses passées; aussi ayants, depuis quinze ou seize ans en ça, couru toutes sortes de calamitez & miseres, au milieu des troubles de ce Royaume, il est meshuy temps, Messieurs, que nous reprenions haleine, pour louer Dieu, le magnifier, luy rendre grace à jointes mains, de la paix general qu'il nous a inesperément envoyé; brief, que par une transformation singuliere, nous eschangions le souvenir horrible du passé, en une allegresse presente, sans qu'il reste deformais en nos ames une seule estincelle de mauvaise volonté des uns encontre les autres: & parce qu'au subjet que j'entens maintenant traicter, je me suis mis en bute les miracles que Dieu a exercez envers nostre Roy, le bon traictement qu'il nous faut esperer de luy, l'obeïssance que luy devons rendre, & la concorde general entre nous, encores qu'en ce faisant je ressembleray proprement à celuy qui veut bailler l'esperon au cheval, qui n'en a besoin; si est-ce que je vous supplieray humblement vouloir recevoir mes discours d'une mesme devotion, que je vous en fay present; sous protestation de ne rien dire au desadvantage des uns, pour advantager les autres. Il me seroit mal-seant, voulant publier l'union, que toutes choses ne fussent maintenant d'une mesme façon unies.

Toutes sortes de calamitez en France durant l'espace de quinze ou seize ans de troubles.

Quand je remets devant mes yeux tout ce qui s'est passé par la France, depuis le mois de Mars mil cinq cens quatre-vingt cinq, auquel nous receusmes les premieres nouvelles du souslevement des armes qui estoit en Champagne, je ne pense point qu'entre toutes les Histoires, tant anciennes que modernes, il y en ait jamais eu une plus prodigieuse que ceste-cy. Je ne vous en rafraischiray la memoire. Cela se peut mieux sentir dans nos Ames, qu'exprimer de bouche: comme aussi seroit-ce reverdir une playe, que je desire estre reconsolidée. Je me contenteray seulement de sonder, au moins mal qu'il me sera possible, d'où nous pouvoit estre provenuë ceste desbauche generale: du commencement, j'en rejettois la cause dessus nos pechez; car pour bien dire, ceste consideration est la vraye touche du Chrestien affligé, afin qu'ayons recours à Dieu, luy demandant pardon de nos fautes, & qu'il luy plaise destourner son ire de nous; mais recueillant aprés, mes esprits, je disois: il n'y a nation qui n'abonde en fautes, il n'y a rien en ce bas estre, pour lequel il n'y ait assez de subjet au Ciel de nous chastier; & neantmoins Dieu ne permet que les partialitez, divisions & guerres civiles, se logent pour le jourd'huy ailleurs. Nous seuls, entre tous les peuples de l'Europe, avons esté choisis pour ce subject. Bon Dieu! disois-je à part moy, d'où vient, que tu brandis le foudre de ta fureur particulierement contre nous! Voilà comme j'entretenois mes pensées; & volontiers, si vous me permettiez de le dire, j'eusse fait le procez au Ciel sur cette querelle: toutesfois tombant d'un penser à autre, & voyant par le menu quel succez prenoient nos affaires, je commençay de me resoudre,

Premier souslevement des armes en Mars 1585.

D'où vient la source des malheurs de la France, pour nos pechez.

Par un secret du Ciel, qui le faisoit pour exalter le Roy.

me faisant accroire que tout ainsi que du vieux chaos s'escloit l'ordre general de ce grand univers; aussi par un mystere caché, Dieu avoit permis un nouveau pesle-mesle de toutes choses dedans nostre France, pour y faire florir un rejetton de cet ancien Tige de S. Louys; je veux dire, pour establir, exalter & magnifier nostre Roy, lequel, avec le temps, reduiroit toutes les affaires de nostre Royaume en bon train.

Ne pensez pas, je vous prie, que je parle icy par cœur : je le vous monstreray au doigt & à l'œil cy-apres. Je ne veux point fouiller dans les consciences de ceux qui exciterent les armes contre luy ; car quant à moy, je crois que le zele de la Religion les poussa : bien vous diray-je, que l'Edit d'Union (ainsi l'appellasmes-nous)

Edict d'Union publié, excite de plus grands brasiers.

ayant esté publié au mois de Juillet sous le tiltre de la Religion Catholique, Apostolique, Romaine, on sonna aussi-tost le toxain par tous les cantons de la France. Nous y accourusmes comme au feu, non pour l'esteindre, ains pour le rallumer encontre le Roy de Navarre (ainsi l'appelloit-on lors); & pour rendre ceste guerre immortelle, le Diable se mit de la partie. Auparavant, il n'y avoit

Trois partis pour deux.
Les Ligueurs.
Les Politics.

que deux partis ; le Catholic & le Huguenot : on s'advise de diviser le party Catholic en deux, dont les uns estoient appellez Ligueurs, qui affectionnoient la guerre, lesquels estoient les bien-venus ; & les autres politics, estimez de pire condition que les Huguenots ; parce qu'ils desiroient la paix. Miserable spectacle, & que la posterité ne croira pas aisément. Il n'y a remede, il faut que ceste saillie m'eschappe. En toute Republique bien ordonnée, on a tousjours abhorré le mot de la Ligue, comme ne sonnant autre chose que faction contre l'Estat ; au

Mot de Ligue abhorré en toute Republique.

contraire, on a tousjours embrassé les esprits qui estoient politics, comme zelateurs du repos public : & en ceste nouvelle desbauche, nous, par un jugement renversé, en usasmes tout au rebours. Chose dont vous pouvez recueillir, combien la main de Dieu nous avoit touchez. Sur ce fondement, fut basty le grand chaos que nous avons veu ; & sur ce mesme chaos, fut bastie la grandeur du Roy de Navarre (ainsi le nommeray-je par tout ce discours, jusques à ce que j'arrive au temps qu'il fut Roy de France). Il n'y a eu année depuis ce temps-là, que Dieu n'ait espandu ses benedictions dessus luy. Mais avant que de passer plus outre, je vous prieray de ne penser, qu'en ce que je deduiray cy-apres, il y ait tant soit peu de fiel dans ma plume. Je raconteray en brief, l'histoire qui s'est passée aux yeux de la France, plus par la maladie du temps, qu'autrement, je me faict excuser toutes choses.

En l'an mil cinq cens quatre-vingts six, le feu Roy, que Dieu absolve, deliberant de joüer à quitte ou à double, met tout d'un coup six armées sur les champs;

Six armées tout à la fois contre les Huguenots.

l'une, en Poitou; deux, en la Guyenne; l'autre, en Auvergne; l'autre, en Dauphiné; & la derniere, en la Champaigne, pour fermer tout passage au secours de l'estranger. Et comme s'il eust poussé de sa reste, vend, par permission du Sainct Siege, plusieurs grands Domaines de l'Eglise ; fait revivre une infinité d'Estats supprimez dés & depuis l'an mil cinq cens quatre-vingts & un : en crée plusieurs autres nouveaux; fouille, par emprunt, aux bourses de ses plus aisez subjects, afin de faire un grand fonds pour le deffroy de ces armées. Fut-il jamais une plus hardie démarche que ceste-cy, pour terrasser un Prince que l'on prenoit au despourveu? Ce neantmoins, le Roy de Navarre paie au corps (si ainsi faut que je le die) avec une espée rabatuë ; il se tient sagement sur ses gardes, clos & couvert dans quelques villes ; tire les choses en longueur ; laisse passer la cholere. Quoy plus ?

Qui s'esvanouis sent en fumée.

Ces six armées s'esvanoüirent en fumée, & sans sçavoir qu'elles devindrent. Et Dieu sçait quels inventaires elles firent des biens des pauvres gens & habitans du plat païs.

Pour reparer ceste bresche, on leve en l'an mil cinq cens quatre-vingts & sept, une puissante armée, sur laquelle commandoit feu Monsieur de Joyeuse, avec commandement tres-exprés de combattre, à quelque prix & condition que ce fust. Les deux armées se rencontrent à Coutras.

Journée de Coutras.

Vous sçavez ce qui en advint : car ce fut une autre journée d'Azincour, où la plus grande partie de nostre Noblesse passa par le trenchant de l'espée, avec le General de l'armée. En l'an mil cinq cens quatre-vingts huict, on voulut obtenir dans Blois, par dessein, ce que l'on n'avoit peu par les armes. Jamais entreprise ne fut conduite de plus grand sens : toutes-fois voicy inopinément la rupture de toute ceste poursuite, par la mort d'un Prince qui donnoit de grands avancemens à ce conseil ; & qui plus est chose grandement remarquable, remettez les dix jours au Kalendrier, que nous en avons ostez, vous trouverez qu'il mourut le mesme jour que le Roy de

Naissance de Henry IV.

Navarre avoit pris naissance. Cette mort en l'an 1589. fait tourner toute la haine publique contre le feu Roy : les

Mort de Mr de Guise mesme jour.

villes s'arment contre luy : il est contraint d'appeller à son secours le Roy de Navarre, lequel dés son arrivée, deslivre la ville de Tours d'un siege où il n'y alloit que du hazard de l'Estat. Le feu Roy s'estant acheminé devant la ville de Paris pour la reprendre, il y est malheureusement assassiné. Il sembloit que les affaires du Royaume deussent lors changer de face ; & que le Roy de Navarre

Henry III. assassiné.

deust estre abandonné de tous, en haine de sa Religion ; en quoy il y avoit quelque apparence, selon le jugement humain. Toutes-fois contre ce malheureux

Paris.

conseil, Dieu en ordonna tout autrement, & voulut que le sang genereux de la Noblesse Françoise, pour venger ce detestable parricide, se voüast du tout à son nouveau

Henry IV. recogneu pour Roy en l'armée par la Noblesse.

Roy, lequel se trouva à poinct nommé devant la ville capitale de France, au milieu de tous les Princes du sang & Officiers de la Couronne, & d'une puissante armée, pour estre par eux tout d'un coup, & non à la file, recognu pour leur vray, naturel & legitime Roy.

Je vous ay raconté l'histoire de quatre années en gros, en chacune desquelles vous voyez que Dieu conduisoit sa fortune par la main, tout ainsi que celle de Moyse. Permettez-moy maintenant de faire un commentaire sur ce que je vous ay déduit. A qui doit-il rendre graces de toutes ces benedictions ? A Dieu premierement, puis à ceux qui faisoient lors profession de la haine contre luy, lesquels en furent les principaux outils, leur estant plus redevable, qu'il ne fut onc à ses amis. Car si sans resveil-

Henry IV. trouve son plus grand malheur sa gloire en son plus grand malheur.

ler par une anticipation de temps les armes, ils l'eussent laissé croupir dans leur arriere-coin de la France, il eust aussi laissé, à la longue, enroüiller & son esprit, & ses armes. On le contraignit de se mettre sur la deffensive. En un instant, d'apprenty il devint maistre, luy qui d'ailleurs estoit perdu, si ses ennemis ne l'eussent voulu perdre : car & sa Religion, & le peu de cognoissance que nous avions de ses mœurs & de sa valeur, n'eussent pas aisément permis de le favoriser apres le decez du feu Roy. Davantage, où eust-il trouvé les passages des rivieres ouverts, pour donner jusques à la ville de Paris ? Où eust-il peu rencontrer armée toute preste pour le secourir ? Une mort naturelle du Roy, un eslongnement de païs, eslongnoient en tout & par tout ses affaires. Brief, il doit & sa Couronne & ses forces à ceux qui par toutes sortes d'artifices humains s'estudierent de le supplanter : ne les ayants combatus que de la force de Dieu.

Depuis son advenement à la Couronne, je vous laisse

Victoire de Dieppe.

à part sa miraculeuse victoire de Dieppe, avec une poignée de gens, contre ceux qui ne se promettoient autre chose, qu'une fuite honteuse de luy par la Mer, comme derniere ressource, ou de sa vie, ou de sa fortune : je vous laisse l'entrée qu'il fit aux faux-bourgs de ceste ville de Paris, en l'an mil cinq cens quatre-vingts neuf, où Dieu, pour le conduire seurement, espandit une grande nuée de broüillas, afin qu'il fust plutost veu que preveu : je vous laisse les conquestes qu'il fit du Vendosmois, du Maine, Alençon, Lizieux, Evreux, & sur tout les villes de Melun & Falaize par luy miraculeusement re-

Victoire d'Ivry.

conquises : la grande victoire d'Ivry, où son ennemy avoit trois soldats encontre un ; un autre du mesme

Escarmouche d'Aumale.

jour, en Auvergne : l'escarmouche à Aumalle, en laquelle estant desarmé, il fit teste à ses ennemis ; la glo-

Prise de Corbeil.

rieuse reprise de Corbeil, en un clin d'œil, où ce grand abatteur de murailles, le Duc de Parme, avoit sejourné né six sepmaines entieres pour le prendre avec une puissante armée : je vous laisse encore ce qui se passa miraculeusement contre le Chevalier d'Aumalle dans la ville de sainct Denis, sous la conduite du Seigneur de Vicq, & une infinité d'autres particularitez ; en la déduction desquelles le temps me deffaudroit plustost que la plume.

Je feray icy une pose ; car il me semble lire dans vos Ames une demande que me ferez. Comment se peut-il faire (direz-vous) que Dieu ait voulu embrasser la querelle d'un Prince qui estoit d'autre Religion que la nostre ? A cela je vous respond, que les jugements de Dieu sont inénarrables ; & que de vouloir atteoir le jugement humain sur iceux, c'est, comme les temeraires Geants, vouloir, à nostre confusion, escheller le Ciel. D'ailleurs, je compare la maladie qui estoit en l'Ame de nostre Roy, à celle du Paralytique, representée par Sainct Jean, qui attendit l'espace de 38. ans entiers, que quelqu'un le plongeast dedans la piscine, lors que l'Ange auroit troublé l'eau : ainsi nostre Roy estoit malade d'une paralysie de l'Ame ; l'Ange de Dieu remuoit en luy journellement ses humeurs ; tellement qu'il n'attendoit autre chose, sinon que quelques bons & doctes Theologiens le jettassent dans la piscine, & rendissent capable de nostre Religion ; comme finalement il en a esté guery sur le trente & huictiesme an de son aage ou environ : aussi, dés son advenement à la Couronne, il protesta au milieu de ses Princes du sang, & de tous les grands Seigneurs de la France, qu'il ne souhaitoit rien tant, que d'estudier au salut de son Ame ; mais qu'il desiroit estre instruit en nostre Religion Catholique, Apostolique, Romaine. Et depuis il ne s'exposa jamais à entreprise hazardeuse, qu'il ne se recommandast par lettres, aux prieres de nostre Eglise ; & par mesme moyen, ne recommandast de faire Processions publiques ; & au retour de ses victoires, n'ordonnast de chanter le *Te Deum*, ancien trophée de nos bons & heureux succez. Le jour mesme de deux grandes victoires qu'il obtint par la France à Ivry en personne, & à Yssoire par ses Lieutenants Generaux, on faisoit, par son commandement, Procession generale dans Tours, où tous les habitans assisterent, jusques aux petits enfans, qui en leur vierge devotion crioient un *Vive le Roy*, par la ville. Et pendant que nous estions en ces Oraisons, le Roy commença de venir aux mains, & tant que la Procession dura, tant continua-t-il sa victoire à Ivry : en laquelle il fut principalement assisté de sa Noblesse Catholique. Nos prieres estoient celles de Moyse, lors que les enfans d'Israël combattoient, & sa victoire fut celle d'Aaron.

Ne pensez pas, Messieurs, qu'il n'ait remarqué cette chasse & plusieurs autres, lesquelles, (outre l'inclination qu'il avoit de se rendre nostre) luy ont facilité la voye à sa Conversion. Mais quand on en prit tout-à-faict l'envie ? A pareil jour que Dieu espandit, premierement la Manne sur ses enfans d'Israël ; puis son Sainct Esprit dessus les Apostres ; je veux dire un 15. de May, auquel par inspiration divine, & poussé du mesme Sainct Esprit, il declara dedans la ville de Mante, en la presence de tous les Seigneurs de son Conseil, qu'il vouloit estre endoctriné en nostre Foy Catholique, Apostolique, Romaine. Aussi est-ce la verité que jamais Prince Chrestien n'apporta tant de submissions pour recognoistre sa faute. Car il abjura son erreur, non en cachette, ains dans l'esclat des premiers Prelats de la France ; non en un arriere-coing du Royaume, ains à deux lieuës de Paris, dedans l'Eglise de sainct Denys, ancien tombeau de nos Roys, afin que les Princes morts & vivans peussent tesmoigner de quelle franchise il se venoit rendre des nostres. Ny sa grandeur, ny sa Majesté, ny la honte de son peché, ny les brigues publiques, qu'il voyoit estre faictes contre luy, par le Legat, creature du Duc de Parme, ne le destourneront de faire ceste émologese & penitence publique, asseuré tesmoignage de l'interieur de son Ame. Et sçachant l'honneur qu'il devoit porter au sainct Siege, avant que d'estre converty il y avoit envoyé, par deux voyages divers, les Seigneurs de Luxembourg & de Pisany ; & depuis sa Conversion, le Seigneur Duc de Nivernois (Prince accomply de toute pieté & prudence) pour faire aux pieds du sainct Pere, les adveux, submissions & recognoissances, que l'on peut desirer d'un franc Catholic. Ce n'est pas une petite victoire qu'il obtint sur soy : mais encore est-elle plus grande du costé du S. Pere. Que un Prince, lequel estant simple Roy de Navarre, avoit autres-fois fait teste aux Papes, & à deux grands Roys ; maintenant qu'il est Roy de France, ne voulant forligner de la Religion de ses ancestres, luy ait rendu l'obeïssance telle que ses predecesseurs.

Messieurs, je craindrois d'estre par vous estimé trop long, n'estoit la dignité du subject, que j'estime vous estre autant agreable, qu'à moy. De ma part, ayant voüé ce discours, non seulement à la celebration de mon Roy, mais de l'un des plus grands Roys que nous eussions jamais en la France, je penserois tousjours estre trop brief, quelque longueur que j'y porte. Jusques icy, je vous ay déduit les benedictions que Dieu luy a faites auparavant sa Conversion. Je vous diray maintenant celles qu'il a depuis receuës, mais avec une philosophie Chrestienne. Quelque benediction qu'il receust de Dieu auparavant sa Conversion, elle fut sanglante ; soudain apres qu'il a esté converty, ores qu'il y ait eu de fois à autre quelque effusion de sang, si est-ce que le general s'est passé par amiables compositions ; Dieu nous voulant par cela monstrer, combien cette Conversion luy avoit esté agreable ; Conversion, que je vous puis dire avoir esté la Convulsion de tous les membres de la Ligue.

Apres cette Conversion, nous tous esperions une paix ; parce que Monsieur de Mayenne, à l'ouverture des Estats, qu'il fit tenir dans Paris, avoit, par un Manifeste, declaré, qu'il ne combattoit que pour l'Eglise Catholique, Apostolique, Romaine. Permettez-moy de parler à cœur ouvert, des affaires de nostre France ; car maintenant c'est tout autre jeu. Ceux qui viendront apres nous, se donneront loy & loisir d'en juger ; & neantmoins n'en parleront que par oüir dire. Et pourquoy sera-t-il malseant d'en juger à ceux qui furent spectateurs, mesme parlants sans passion, comme je fay ? Et de ce j'en appelle Dieu à tesmoing. De ma part, je mets toute cette negociation de la paix entre les premiers miracles de nostre temps ; & de tant plus me promets-je qu'elle sera perdurable. Le Roy la desiroit à toute instance, & avoit grand subject de la desirer : Monsieur de Mayenne au contraire, ne souhaitoit qu'une trefve ; & n'avoit aussi en ce souhait denué de grande raison ; & neantmoins la paix estoit lors la ruïne des affaires du Roy, & la trefve, une autre ruïne des affaires de Monsieur de Mayenne, comme l'évenement nous l'a enseigné. Car faisant une paix, l'Union n'estant encore desunie, le Roy eust esté contraint de la traiter avec Monsieur de Mayenne, pour luy & ses associez. Quoy faisant, il fust demeuré chef de part, pour l'execution de la paix, tout ainsi comme auparavant, pour la guerre, en faveur de ceux qui à l'advenir eussent remué quelques nouveaux mescontentements dans leurs testes. Dieu, qui veut que mesurions nos prieres par ses volontez, sçachant mieux ce qui nous est de besoing que nous mesmes, nous regardant d'un œil de pitié, comme Seigneur qui retiroit son ire de nous, accorde au Roy, non ce qu'il vouloit, ains ce qui luy estoit necessaire. La trefve est jurée & concluë. Les sages-mondains crioient, & moy mesme, me faisant sottement accroire, que j'estois un grand homme d'Estat. Le Roy se perd à son escient (disois-je) ; il falloit battre le fer pendant qu'il estoit chaud. Les François, du commencement, sont plus chauds & forts que les hommes ; & au long aller, plus froids & foibles que les femmes. Soudain apres la Conversion, nous devions de cette nouvelle allegresse resolument combattre pour la paix ; maintenant, le peuple peu à peu se ralentira. Cette trefve est un moyen aux autres, pour s'accommoder de vivres & munitions ; par lesquels ils nous tendront ceste guerre immortelle : pour conclusion, avec la fin de la trefve, finira aussi toute nostre esperance de paix. Ce discours

Sa submission au S. Siege de Romme.

Manifeste de M. de Mayenne.

Le Roy desire la paix, M. de Mayenne la trefve, Mais la trefve est plus advantageuse pour le Roy.

Qui est eussin jurée.

discours n'estoit-il, en apparence humaine, non seulement beau, mais tres-vray? Toutesfois contre l'opinion des hommes, il en est reüssi tout autrement: par le moyen de ceste trefve, la pluspart des bons Citoyens de Paris, vindrent à Sainct Denys, envisager le Roy, considerant ses deportemens tout autres qu'on ne publioit dans leur ville: & nous, tant d'un que d'autre party, estans les chemins ouverts, commençasmes de rentier en nos anciennes recognoissances, & de condamner nos fureurs, nous estans quittez l'un l'autre pour nous rendre esclaves de ceux que la nature avoit separez de la France d'un grand entrejeçt de montaignes. Quel fruict en rapportasmes-nous? La paix fut de là en avant concertée avec uns & autres Seigneurs. Chacun d'eux besongna pour soy, & Dieu pour le tout; ne voulans autre asseurance de leurs Capitulations, que celle qui despendoit de leur vray Seigneur: en quoy ils n'ont esté trompez d'un seul poinct. Sous ceste fiance, se rendirent à luy à l'envy, un brave Vitry, qui premier ouvrit le pas; un sage la Chastre, qui ne voulut perdre son nepveu de veuë, un Brissac, pourtraict des valeurs de son pere; un Villars, second Admiral de ce nom; un jeune Duc de Guise, heritier de la magnanimité paternelle; & enfin, ce grand & sage guerrier, Monsieur de Mayenne; & à peu dire, tous les Gouverneurs, tant des Provinces que villes, hormis un: & m'asseure que si feu Monsieur de Guise vivoit, il voudroit avoir part à ceste heureuse réunion. Il avoit l'Ame trop genereuse, pour ne la joindre à un Roy grand & magnanime, si son heur luy eust baillé le temps & loisir de le recognoistre. Toutes les inimitiez precedentes, que l'injure du temps avoit apportées, se sont, par une metamorphose admirable, transformées en une singuliere devotion. Le Roy les a tous non seulement embrassez, ains grandement gratifiez: il les aime avec tels respects, que leurs dignitez desirent, pour bannir de leurs ames toute jalousie, mere des mescontentemens qui causerent nos troubles en France: & eux tous unanimement ont consacré leurs vies, leurs corps & leurs biens au service du Roy, comme ils ont depuis fait bien paroistre, selon les occurrences des affaires. C'est pourquoy je vous prie, Messieurs, ne trouver mauvais, si jusques icy, parlant de fois à autre de tous ces Seigneurs, ce mot d'ennemis est eschappé de ma plume. L'ordre du temps, & la suite de l'histoire, qui n'est cachée, me commandoient d'ainsi le faire. Maintenant qu'ils sont tous reduits, aussi veux-je que chacun entende que je suis leur humble & affectionné serviteur.

Voilà le premier plan de la paix, auquel vous voyez, qu'il y a eu grandement de la main de Dieu, suivie de la sagesse d'un grand Roy, lequel en une negotiation passagere de la trefve, mettant toutes ceremonies sous pieds, ne douta de l'avoir au collateral en la signature des articles. Mais quand ce vint au gros de la paix, il se donna bien garde de tomber en cest accessoire, pour la consequence; ains voulut besongner avec tous les autres Seigneurs par pieces, afin que ils n'eussent autre garend de leurs traitez, que son inviolable foy. N'estimez pas cependant, Messieurs, qu'en la pluspart de ce qui est depuis advenu, pour la reduction des villes, vous n'y trouviez aussi plusieurs autres miracles tres-exprés de Dieu. La ville de Paris receut, la nuict de Noël 1588. sur la soirée, les nouvelles de ce qui s'estoit passé dedans Blois, sur lesquelles fut bastie la rebellion d'une grande partie des villes de la France; aussi à semblable jour & heure 1593. les nouvelles luy arriverent que Monsieur de Vitry avoit rendu la ville de Meaux au Roy; qui est le premier fondement de la redaction de toutes les autres. Dans Lyon, on avoit projetté de faire assassiner le Roy, soudain aprés sa conversion; & sur ce projet, il avoit esté chevalé jusques dans Melun par un meschant homme, lequel y fut surpris & chastié. Dieu non content de ceste vengeance, pour expier à bonnes enseignes ce detestable dessein, voulut depuis que la ville de Lyon, se reduisist, de son propre mouvement, sous l'obeïssance du Roy: & qu'il en receust aussi inesperément les nouvelles dans Melun. Mais entre toutes les reductions, celle de Paris est esmerveillable, en laquelle vous trouverez toutes les mesmes procedures, qu'en sa rebellion. En la journée des barricades, le Seigneur de Brissac avoit esté l'un des premiers entremetteurs contre le feu Roy; & ce fut luy qui fut le premier entrepreneur de la reunion, pour nostre Roy. Le Roy sortit de Paris par la porte Neufve du Louvre; nostre Roy y est entré par la mesme porte. Au jour des barricades, nul citoyen occis, hormis deux; en ceste-cy, en furent autant de tuez, & non plus. Le premier, en qualité de Prevost des Marchands, soustrahit la ville de l'obeïssance du Roy, fut Marteau, Maistre des Comptes; & l'Huillier, pareillement Maistre des Comptes & Prevost des Marchands, fut l'un de ceux qui s'entremirent grandement à ceste reduction. Quand le feu Roy sortit de Paris, la furieuse desbauche du peuple, que l'on pensoit devoir estre sans fin, se r'accoisa tout aussi-tost: soudain que nostre Roy y entra, on ne vit jamais rien de si calme, au milieu de l'insolence des armes: jamais entrée aux nouveaux advenemens de nos Rois à la Couronne, ne fut plus joyeuse que ceste-cy: nul meurdre d'aucun citoyen, fors de deux qui se voulurent insolemment opiniastrer contre le repos de la ville; nulle maison volée ou pillée: jamais plus de modestie ou attrempance on ne vit: plusieurs notables bourgeois ouvrirent leurs maisons à uns & autres soldats, pour les faire repaistre; obligez, ce leur sembloit, à ceste courtoisie par la courtoisie extraordinaire qu'ils trouvoient en eux: les Espaignols, Walons & Neapolitains licentiez, leurs bagues saufves: leur Duc de Feria ne se trouva jamais en telle feste, esbahy, non seulement de la surprise, mais aussi de la sagesse, vaillance & prudence d'un grand Roy de France, lequel auparavant ne luy estoit qu'un simple Prince de Bearn.

Que si Dieu a exercé plusieurs grands miracles au progrez & advancement de la fortune, reduction de ses subjects, & de ses villes sous son obeïssance, le semblable a-t-il faict pour la conservation de sa vie: car comme ainsi soit qu'en un champ de bataille, il n'ait le bras engourdy, pour combattre à la chaude mole ses ennemis; mais qu'il ne luy advint jamais de faire mourir un homme de guet-a-pens, ou de sens froid; aussi Dieu non seulement n'a permis; ains l'a miraculeusement garenty des assassinats & parricides, que quelques-uns voulurent meschamment commettre contre sa personne; tesmoing un à Barriere, envoyé de Lyon pour cest effect, par quatre meschants hommes, qui sous habit de Moine couvroient des Ames detestables; lequel ayant poursuivy sa pointe à sainct Denys, Gournay, Brie-Comte-Robert & Melun, tantost le cœur, tantost la main, tantost l'occasion luy faillirent, comme il recognut avant que d'estre exposé au supplice. Mais sur tout, ne peut estre assez celebré, ny par nostre Eglise, ny par la posterité, le miracle dont je parleray maintenant. Les anciens Poëtes Payens nous racontent, qu'Achilles tant solemnizé par Homere, ayant, dés le jour de sa naissance, obtenu ce privilege des Dieux de ne pouvoir estre occis que par le talon, partie la plus cachée de nous, quand son heure fut arrivée, Paris le Troyen ayant descoché sur luy une flesche, le Dieu Apollo la destourna droit au talon, bien que ce ne fust l'endroit où l'Archer eust pris sa visée: au contraire, Dieu voulant sauver nostre Roy, voicy ce qui luy advint dans Paris. Jean Chastel, nourry en l'eschole des Jesuites, estant entré tout exprés dans sa chambre pour l'assassiner, avoit en belle bute à son visage & sa gorge & sa poictrine peu revestué, & prou de loisir pour ce faire; car on n'eust jamais estimé qu'un Scelerat eust esté si determiné, ains desesperé en son Ame, d'oser attenter sur la vie de son Roy dans sa chambre, pleine de Princes & grands Seigneurs. Ce malheureux toutes-fois ne douta de l'envahir; mais le Diable qui conduisoit ceste main, ayant tous les membres à sa mercy, n'eust jamais moyen de l'attaindre qu'en la bouche, où il trouva un fort rempart de ses dents, qui aussi-tost fi-toſt arreſta le coup. En ſomme, voilà deux trés-grands guerriers, l'un qui ne pouuoit eſtre offenſé, lequel fut tué en la partie plus cachée, & dont on ſe doutoit le moins; l'autre, qui pouuoit eſtre bleſſé en chacun de ſes membres, lequel fut feru & touché en la partie la plus voyable; & neantmoins conſerué. Fut-il jamais un miracle plus apparent que ceſtuy? Quand vous voyez dedans la fable d'Achilles, qu'un Apollo conduiſit la fleſche au talon, les anciens Payens nous voulurent figurer par enigme, les effects de la puiſſance diuine; & qu'il y a un grand Dieu au Ciel, qui lance ou rabat les coups, comme il luy plaiſt, à la confuſion ou conſeruation des plus grands: c'eſt celuy meſme qui para, pour le Roy, au coup. Hé! vrayement il ſe peut ſeurement armer contre toute la force humaine, puiſque tant en particulier, que public, il a un ſi grand Seigneur pour parrain.

Ny pour tout cela, ne penſez pas qu'il n'ait eſté quelquefois viſité de Dieu à bonnes enſeignes. Tout ainſi que les corps humains, auſſi les fortunes des Princes ayans leurs maladies, je vous puis dire, que combien que les affaires du Roy euſſent miraculeuſement proſperé juſques à la reduction du païs de Bourgongne: & que lors *journée de Fontaine-Françoiſe.* à Fontaine-Françoiſe, qui luy fut vrayement Françoiſe, il euſt faict un exploit d'armes, dont la poſterité bruira tant que le monde ſera monde, contre l'Eſpagnol; ſi eſt-ce que peu apres, il reçeut quelques eſcornes de la fortune, quand les Eſpaignols prindrent ſur nous la Capelle, le Catelet, Dourlan, Cambray, Calais & Ardres; & *Villes priſes par l'Eſpagnol ſur le Roy.* ſpecialement en la ſurpriſe de la ville d'Amiens, que nous eſtimions auparauant un trés-aſſeuré bouleuert de noſtre France; ville lors pleine de viures, & en laquelle nous auions mis toutes nos munitions de guerre; ville toutes-fois qui fut priſe par l'Eſpagnol, ſans coup ferir, *Amiens* & ſang eſpandre. Pendant que nous faiſions dedans Paris des balais, Dieu vouloit auſſi faire des verges au Ciel, pour nous chaſtier. Nous demeuraſmes lors tous eſtonnez. Car il ſembloit que le Roy euſt perdu & ſa bonne *Eſtonnement general.* ville, & ſa reputation, & le cœur de ſes ſubjects, tout enſemble: choſe que pluſieurs eſtimoient attirer quant & ſoy la perte generale du Royaume; toutes-fois il luy importoit de faire ceſte grande perte, pour auoir, par ce moyen, matiere à l'aduenir, de magnifier ſa grandeur plus qu'auparauant; & c'eſt en quoy il a receu une grace ſpeciale de Dieu par-deſſus les autres. Vous trouuerez cecy paradoxe & contre l'opinion commune; mais ce que je dy, eſt trés-vray; & vous ſupplie vouloir ſuſpendre voſtre jugement, juſques à ce que m'ayez tout au long entendu.

A peine eut-il receu l'aduis de ce nouueau deſaſtre, que nous le viſmes auſſi-toſt monter à cheual & endoſſer le harnois, pour aller inueſtir la ville, où il laiſſa Monſieur le Mareſchal de Biron, qui tint en ſerre ceux de *Amiens aſſiegé.* dedans, en beaucoup plus grand nombre qu'il n'auoit: & cependant en peu de temps, le Roy fit proviſion de gens & d'argent, pour n'y aller à coup perdu. Il s'y achemine toſt apres, ſuiuy de ſes Princes & Seigneurs, paſſe, repaſſe par les tranchées, recognoiſt les corps de Garde, gaigne pied-à-pied la muraille, ſouſtient brauement les *Reuivement attaqué.* ſorties, jouë trois perſonnages tout enſemble, de ſoldat, de Capitaine & de Roy; & neantmoins en tout cela, il ne repreſentoit qu'un grand Roy, ſur le moule duquel tous les ſiens, par une hardie ſageſſe, expoſoient leurs vies aux dangers. Il leur euſt mal-ſeant de ſe reboucher aux coups, ayants un tel miroir deuant eux. Nous avions en bute, une ville encouurtinée de murs, baſtions, eſperons, pleine de braues ſoldats, gorgée de viures & d'argent; voire qu'il y auoit dedans plus de munitions de guerre, que nous n'en auions au dehors. Tout cela faiſoit tirer le ſiege en longueur, qui appreſtoit à *Le Cardinal d'Auſtriche au ſecours.* l'Eſpagnol loiſir de s'armer; & à nous, de penſer que noſtre entrepriſe reüſſiroit enfin à neant. Voicy un Cardinal d'Auſtriche arriuer, à petit pas, auec une grande armée, leſte & fraiſche, contre la noſtre moulué & affaiblie d'un long trauail; armée flanquée des deux coſtez de grands chariots, pour ne pouuoir eſtre combattuë que de front; armée conduite, non comme par un Cardinal; ains comme par un grand guerrier, ſe reſſentant encore de l'ancienne generoſité de l'illuſtre maiſon d'Auſtriche. Le Roy deliberoit non ſeulement de parer aux *Le Roy diſſuadé de donner la bataille par Mr de Mayenne.* coups, ains d'aſſaillir & donner bataille; mais il en fut deſtourné par Monſieur de Mayenne, qui luy remonſtra, qu'il n'eſtoit point là venu pour ſe hazarder à la deciſion d'une bataille, ains pour prendre la ville; & que liurant une bataille, de quelque ſens qu'elle ſe terminaſt, c'eſtoit deſarroyer ſon premier deſſein, & aſſeurer tout-à-fait la ville à ſon ennemy. Conſeil qui fut trouué bon & ſuiuy. Toutes-fois ce fut à beau jeu, beau retour, & à bien aſſailly, bien deffendu des deux coſtez. Noſtre canon ne chommoit non plus que celuy de l'ennemy; lequel faignant de nous vouloir attirer au combat, & neantmoins n'ayant autre but en ſoy que de ſecourir la ville, & puis de ſe retirer à petit bruit, faiſoit gliſſer par quelques compagnies de gens de cheual & de pied, pour y entrer. Les Sieurs de Vicq & du Cluzeau, comman- *Charge ſur les Eſpagnols.* dez d'aller à Piquigny, deſcouurent ceſte embuſche: ils prennent conſeil ſur le champ, debuſquent à toute bride, & donnent à trauers d'eux, de telle furie, que leſpouuente ſe logea dans les autres, de telle ſorte qu'ils furent contraints de tourner viſage vers leur General; & luy retourner au logis, dont il eſtoit ſorty le matin; ſoit, ou qu'il euſt commandement du Roy d'Eſpaigne, de ne combattre, ou que la bonne fortune du Roy de France luy euſt commandé de ce faire. Deſlors, ceux de la ville, ayant apporté tout deuoir, tant à la ſurprinſe, qu'en bien deffendre, ne douterent d'entrer en capitulation avec nous, ſuiuant laquelle ils ſortirent comblez de biens, & le Roy comblé d'honneur & de gloire, y rentra à *Amiens eſtimé imprenable.* meilleur tiltre que ne fit le Roy Alexandre le Grand en la priſe de la ville de Tyr. Cette ville d'Amiens, au jugement de ſes anceſtres, eſtoit reputée imprenable; & de fait, ſous cette opinion, ne vouloit receuoir garniſons. Dieu, pour r'aualler cet orgueil, permit qu'elle fuſt priſe par un petit Capitaine Eſpagnol. Encores moins ſembloit-il qu'elle peuſt eſtre repriſe: car outre ſes forces anciennes, dont elle eſtoit emmantelée, *Elle eſtoit bien munie.* le Roy y avoit auparauant, fait un Magazin nompareil, en intention de donner ſur les Pays-Bas. D'ailleurs, l'Eſpagnol, apres la priſe, y auoit mis l'eſlite de tous ſes gens de guerre, leſquels auoient redreſſé toutes les for- *Bien fortifiée.* tifications ſur le modelle des Ingenieurs de noſtre temps. Et n'y avoit ville en France, plus abondante en bleds & argent que celle-là; n'ayant jamais, de tout le paſſé, receu aucune algarade de fortune; qui adjouſtez à l'armée qui vint au ſecours; & neantmoins tous ces deſtourbiers & obſtacles ne barrerent point le cours, ny à l'entrepriſe, ny au bon ſuccez du Roy. Ce grand chef-d'œuure fit paroiſtre à toutes les nations eſtrangeres, que ſa fortune eſtoit inuincible, là où il la vouloit expoſer, & ce meſme chef-d'œuure luy eſplanit une voye à ce que je diray cy-apres.

De tous les grands Seigneurs de la France qui auoient *Monſieur de Mercœur dernier chef qui tint pour la Ligue.* ſuiuy le party de la Ligue, luy reſtoit, pour dernier mis, le Seigneur de Mercœur. Le Roy, apres auoir quelque peu repris ſon haleine, prend la route de la Bretaigne; mais avec un heur beaucoup plus grand que celuy de Jules Ceſar, lequel eſcriuant au Senat de Rome, d'une ville par luy lors nouuellement conquiſe, mit d'une façon brauaſche ces trois mots: *Veni, Vidi, Vici.* Voulant *L'acheminé en Bretaigne comprendre luy.* dire, qu'auſſi-toſt qu'il fut venu & veu, la ville luy auoit eſté renduë. Mais icy, le Duc de Mercœur ne donna pas le loiſir au Roy d'entrer dedans la Province; car aux premieres nouuelles de ſon acheminement, il luy en- *Mais il luy enuoye la carte blanche à Angers.* voye dans Angers le papier blanc, pour receuoir de luy telle loy qu'il voudroit: en l'autre il eſtoit ſeulement queſtion de la ville; en cette-cy, d'une trés-grande Prouince; en l'autre, Ceſar eſtoit venu, & puis auoit eſté veu; ny l'un, ny l'autre en cette derniere victoire de noſtre Roy: ſon deſtin vouloir que la fin de ſes guerres ciuiles fuſt couronnée d'un ſi braue exploit.

La

La Bretaigne luy est renduë à son mot, au mois de Mars; & quelques jours aprés, furent les articles de paix arrestez dedans la ville de Vervins, entre luy & le Roy d'Espaigne. De sorte que dans un mois de Mars, nous vismes mourir le Dieu Mars, & toutes guerres, tant civiles qu'estrangeres, en un mesme instant estouffées. Repassez par toute l'ancienneté, vous ne trouverez Histoire qui vienne au parangon de cette-cy. L'entrée que nostre Roy fit dans Paris, sans meurdre des citoyens, sans volerie & pillerie des maisons, au milieu de l'insolence des armes, sembloit estre la nompareille; & toutes-fois celle du Roy Charles VII. sous la conduite du Connestable de Richemont, eut quelque communauté avec cette-cy; d'avoir obtenu deux victoires en un mesme jour, en deux batailles rangées, on le doit tenir pour un grand miracle; miracle toutes-fois qui luy fut commun avec ce grand Roy Philippe, par nous surnommé le Conquerant; car en une mesme journée, il gaigna deux batailles: l'une, à Bovines, contre l'Empereur Othon; l'autre, contre les Anglois, devant le Chasteau de la Roche-aux-Moines: mais d'avoir assoupy tout d'un coup en mesme temps deux guerres allumées, qui sembloient ne devoir jamais prendre fin; c'est un trait d'histoire, qui est totalement sien; trait d'histoire qui ne se communique à nul autre Prince. Ny les Grecs, ny les Romains, ny toutes les nations de ce monde, n'en eurent jamais un pareil; trait, dy-je, de tant plus recommandable, que sans livrer combat, & sans exception d'une seule ville, il est rentré, avec son subject, dans toute la Bretaigne: & pour le regard des Espagnols, ils luy ont rendu les villes de Calais, Ardres, Dourlan, Catelet, la Capelle, Monthulain: & en la Bretaigne, Blaver, forteresse inexpugnable; & generalement tout ce qu'ils occupoient de nostre Royaume, depuis le dernier traicté qui avoit esté fait avec eux: paix aussi de tant plus glorieuse, qu'elle efface une paix honteuse, que nous avions autrefois faite. Les deux camps qui furent devant Amiens en l'an 1558. occasionnerent le Roy Henry II. de faire la paix avec Philippe Roy d'Espaigne, par laquelle nous rendismes tout ce qui estoit de nos precedentes conquestes; & par le seul bruit de la reprise d'Amiens, en l'an 1598. en paix faisant, le mesme Roy d'Espaigne rend à nostre Roy Henry IV. de ce nom, tout ce qu'il avoit conquis dessus nous: mais à qui doit nostre Roy tout cest heur? Au malheur qu'il avoit couru, perdant la ville d'Amiens; malheur, qui par le changement d'une lettre, manifesta plus qu'auparavant, sa valeur. Et neantmoins n'estimez pas, que dedans ces mysteres de Dieu, il n'y ait eu du ministere du Roy. Il n'appartenoit qu'à celuy qui sçait bien faire la guerre, de sçavoir bien faire la paix. Car tout ainsi qu'au fait de la guerre, il sçait choisir ses Capitaines à point, qui portent les Lauriers sur leurs fronts, aussi a-t'il sçeu choisir deux Seigneurs, Bellievre & de Sallery, qui pour n'avoir autre ambition dans leurs Ames, que de la paix, portoient les Rameaux d'Olive dans leurs mains; paix certainement glorieuse, (veux-je dire encore une fois) à nostre Roy, mais non moins glorieuse au Roy d'Espaigne, lequel aprés avoir porté sur son chef plus de Couronnes Royalles, que ne fit Roy Chrestien, il y a cinq cens ans passez, a voulu sur son vieil aage, avant que partir de ce monde, laisser son peuple en repos, & avoir cest honneur de dire, qu'il avoit faict une paix, avec le plus grand Roy Chrestien, qui se lise depuis mille ans.

Ces deux grands Rois se sont reconciliez par l'entremise de leurs fidelles subjects: je vous supplie, Messieurs, & adjure au nom de Dieu, que ce mesme vœu tombe unanimement en nos cœurs, & oublions tous les mal-talents du passé. On recite qu'un Pedant se presentant devant Themistocle l'Athenien pour luy enseigner l'Art de memoire: mais bien enseigne-moy (dict-il) l'Art d'oubliance; parce que je retiens plus aisément dans ma memoire ce que je ne veux; que je n'oublie ce que je veux. Que si ce souhait doit avoir lieu; c'est principalement en matieres d'injures, lesquelles nous gravons ordinairement dans nos Ames, comme avec le burin dans le cuivre; & les bienfaicts, comme dans la cire. Mais pourquoy vous presche-je l'oubliance? Au contraire, souvenez-vous des miseres qui se sont passées au milieu de nous; le seul souvenir sera qu'aurez en horreur d'y rentrer. Celuy se plaint à tort de la Mer, qui aprés estre eschappé d'un naufrage, faict voile pour la seconde fois. Vous exhortant à l'union commune, j'entens par mesme moyen vous exhorter à la fidelité & obeïssance, que nous tous devons porter au Roy; non seulement pour estre nostre vray Roy & legitime; mais pour estre Roy tres-sage, tres-benin, tres-victorieux, entre tous nos autres Rois; Roy, en faveur duquel Dieu a fait une infinité de miracles, tant pour la conservation de son Estat, que de sa vie; consequemment envoyé de luy par exprés, pour remettre toutes les affaires de France en leur ancienne splendeur. N'en voyez-vous pas desja un evident tesmoignage, quand soudain aprés la paix faicte, toutes les armes, par sa prudence se sont, en un instant, comme un fantosme, disparuës? Le semblable vous faut-il esperer de tout le reste. Par ce seul eschantillon, vous pouvez juger, quel sera le demeurant de la piece. Remettez-vous devant les yeux, que pour nous estre cy-devant fourvoyez de nostre devoir, nous en portons encore aujourd'huy, & la peine & la penitence. Les Grands se sont jouëz de nous, pour favoriser leurs passions particulieres. Considerant ce que j'ay veu passer par la France, pendant nos troubles, cela me fait souvenir de ce qu'on recite des Sauvages, lesquels ayans un prisonnier de guerre, le traictent & nourrissent à leurs tables; voulants en avoir la fin, luy mettent un feston de fleurs sur le chef, donnants ordre de l'enyvrer par une boisson à eux familiere; puis, au son d'un charivary, le font dancer avec eux. Ce miserable troublé du sens, ne sentant son mal prochain, saute, trepigne, & joüe de ses jambes avec une grande allegresse, jusques à ce que l'on atiltre un homme, qui par derriere l'assomme; & estant mort, il est mangé par ses Maistres. Ainsi nous en est-il pris; enyvrez d'une forcenée fureur, nous sommes entrez en la dance avec les Grands, qui nous honnoroient, non de guirlandes de fleurs, ains de je ne sçay quels beaux-semblants passagers, ainsi que la fleur; ne prevoyants pas qu'aprés cette dance, nous serions mangez; sinon en nos corps, à tout le moins en nos biens. Estimez-vous que je mente? Quelle a esté la fin de la dance? Elle s'est tournée en dances extraordinaires, qui courent maintenant sur nous, non de la franche volonté du Roy, qui est tout bon, ains par une necessité violente; pour contenter ceux qui vous avoient mis en besongne; lesquels sont sortis de la presse, & vous y estes demeurez, par un juste jugement de Dieu; pour enseigner au commun peuple l'obeïssance qu'il doit à son Roy, & de n'entrevescher ses affaires avec celles des Grands. Nul n'est blessé que par soy-mesme: nous sommes les vrays instrumens de nos afflictions. Fasse le Ciel, que puissions desormais devenir sages par nos folies: car quant au Roy, ce luy a esté jeu forcé d'employer, pour medecine, ce mal; afin de nous garentir d'un plus grand.

Et toutesfois, Sire, aprés avoir gouverné vos subjects, il est mes-huy temps que je gouverne vostre Majesté. Tout le monde vous a veu, & recognu, pendant les guerres passées, Prince aussi clement & debonnaire, que grand & redouté guerrier. Vos victoires vous ouvroient tous les jours la porte, & acheminoient à nouvelles conquestes, dont rien ne vous pouvoit barrer le cours, sinon le desir, & loüable vœu qu'avez tousjours eu au bien de la paix; sçachant que dedans le repos des subjects, se loge l'honneur des grands Roys: aussi n'estoient les armes seul but de vostre gloire; la paix y vouloit avoir part: de maniere que dedans une tranquilité generale de vostre France, ne reste qu'une querelle particuliere en nos ames, de sçavoir quel plus grand fruit vous avez rapporté, ou de vos Lauriers au milieu des armes, ou de l'Olive par vous depuis plantée au milieu de nous, dans la paix: reglant

glant d'une telle balance vos opinions, que ny l'orage d'une guerre opiniaſtre ne vous fit oublier le calme d'une douce paix, ny l'aſſeurance d'une paix preſente, la crainte d'une guerre future. Meſnage qui ne rend pas voſtre plume moins redoutée pendant la paix, que voſtre eſpée dedans les armes. Or comme le ſage Prince ſoit celuy ſur le moule duquel les ſubjects doivent former leurs deportements, auſſi ay-je voulu maintenant contribuer à ceſte noble devotion. Et neantmoins ne penſez pas, je vous ſupplie, que tout ce que j'ay deduit cy-deſſus, ait eſté pour vous flatter. Ayant faict toute ma vie profeſſion d'une honneſte liberté, il me ſeroit tres-mal-ſeant de ſouiller ma vieilleſſe, d'une flatterie. Ce n'eſt flatter ny meſdire, quand on dict une verité. Mais ç'a eſté pour vous advertir en toute humilité; que plus de benedictions il a pleu à Dieu de vous departir, plus vous avez d'obligations à luy, premierement, pour le recognoiſtre; & en aprés, vos pauvres ſubjects alangouris des longues guerres. Dieu vous a donné une paix univerſelle, contre tous ceux que teniez pour vos ennemis. N'eſtimez pas, Sire, que ce ſoit une paix abſoluë, ſi vous n'en ſçavez bien uſer. Vous eſtes d'un cœur genereux, & comme tel, la guerre ne vous eſt que jeu. Dieu veuille par ſa ſaincte grace, que ceſte paix ne vous ſoit deſormais une guerre. Vous avez, ſi n'y prenez garde, un grand ennemy à combattre; voire le premier & plus grand Prince de la France. Celuy, dont je parle, eſtes vous. C'eſt une choſe naturelle, que plus il y a de valeur en nous, plus nous ſommes amoureux de nous; & plus nous ſommes amoureux, plus nous en ſommes ennemis. D'ailleurs, au milieu d'un flus de tant de bonnes fortunes, il eſt mal-aiſé à un Prince, aſſiegé d'une infinité de flatteurs, qu'il ne s'eſchape à ſoy-meſme. C'eſt pourquoy, afin de vous rendre Roy de toutes façons invincible, il vous faut eſtre victorieux de vous meſme, quand les occaſions s'y preſenteront. Je ſçay, Sire, que ne reſpirez rien tant dedans vous, que le reſtabliſſement de voſtre Eſtat. Il me ſouvient, qu'ayant eu un jour ceſt honneur de vous faire des remonſtrances, ſur quelques faſcheux Edits envoyez en voſtre Chambre des Comptes, pour y eſtre verifiez, il m'advint de vous dire, que depuis la reduction de Paris, ceux qui eſtoient prés de vous, vouloient reſtablir voſtre Eſtat, par les meſmes voyes que le feu Roy avoit perdu le ſien. A quoy vous me reſpondites rondement, qu'il falloit doncques qu'euſſiez un Eſtat. Vous ſupportaſtes, ſelon voſtre accouſtumée bonté, debonnairement ma parole, encores que paraventure un peu trop hardie, mais comme de celuy que voyez s'affectionner pour voſtre ſervice; & moy, Sire, j'embraſſay la voſtre avec toute devotion, comme d'un Prince tres-ſage, qui vouliez dire que vos affaires, par le malheur du temps, eſtoient tellement deſcouſues, & voſtre Eſtat ſi deſchiré, qu'eſtiez contraint, ainſi que les Medecins en une maladie deſeſperée, d'employer remedes de meſme, en attendant que le bon Dieu vous euſt envoyé une paix. Il la vous a envoyée; reſte maintenant de l'executer.

Or l'execution d'icelle giſt principalement en un poinct, qui eſt; que tout ainſi qu'un Prince ſouverain ne peut eſtre conſideré ſans ſon peuple, auſſi doit-il eſtimer la cauſe de ſon peuple eſtre toute ſienne. Je paſſeray outre, & diray, que la cauſe de Dieu & du peuple, n'eſt qu'une à l'endroit d'un Roy. Pour regner heureuſement, il faut qu'un Roy ſoit bien aimé de Dieu; & ne peut eſtre de luy bien aimé, s'il n'aime pareillement ſes ſubjects. Qu'il les traicte doucement; ne les ſurcharge d'aces; ce ſeront autant de benedictions; autant de deſcharges de ſa conſcience envers Dieu, qui doit eſtre le ſeul phanal de ſes actions. Qu'il les malmeine; ce ſeront autant de maudiſſons, que Dieu ſouventesfois exauce. Vous eſtes au milieu de nous, l'image de Dieu: & tout ainſi que ce grand Roy des Roys, veut eſtre par nous reblandy ſeulement de ce doux nom de pere; auſſi devez-vous exercer en voſtre Royauté, une puiſſance paternelle deſſus vos ſubjects. Quand j'ay dict ce mot, j'ay tout dict. O que ce fut un beau ſurnom,

Le ſage Prince eſt le moule ſur qui ſe doivent faconner ſes ſubjects.

A donné au bon Roy Louys XII. quand aprés ſon decez, par le ſuffrage commun de toute la France, il fut proclamé le Pere du Peuple: auſſi eſt-ce la cauſe pour laquelle ce grand Archeveſque de Thurin, Meſſire Claude de Seiſſel, l'un des premiers perſonnages de ſon ſiecle, ne doura, par un Livre exprés, de parangonner ſa vie avec celles de tous les autres Roys. Embraſſez, Sire, ceſte opinion de pere, tout le demeurant ira bien.

Vous devez cela à voſtre peuple, dés le jour de voſtre Bapteſme. Car dans un HENRY DE BOURBON, Dieu voulut que ce bel Anagramiſme fuſt enclos: DE BON ROY, BON HEUR; afin de vous enſeigner, que pour conſerver voſtre bon-heur, il vous falloit eſtre bon Roy. La jeuneſſe du Roy Charles VII. fut continuellement affligée de guerres, voire longuement reduite au petit pied. Mais quand, par la grace de Dieu, il fut au-deſſus du vent, alors nos anceſtres virent en luy une infinité de belles & ſainctes Ordonnances, pour le reſtabliſſement de ſon Eſtat, & ſoulagement de ſes ſubjects. Les meſmes afflictions furent logées dans voſtre jeune aage; maintenant vous avez attaint au meſme periode que luy; & maintenant auſſi attendons-nous pareille police de vous: non ſeulement nous l'attendons, mais nous en ſommes aſſeurez. Comme dans les grands Poëtes, le Ciel influë quelquefois un eſprit de prophetie; auſſi noſtre grand Ronſard, dés voſtre naiſſance, y ayant lors ſix teſtes, qui avoient te devant de vous à la Couronne, prophetiſa voſtre future Royauté, & cette reformation generale de voſtre part, dans un quatrain qu'il vous adreſſoit, ſous le nom de Duc de Beaumont, que portiez lors, dont y a quatre vers de telle teneur:

Quand l'aage d'homme aura ton cœur attaint,
S'il reſte encor' quelque train de malice,
Le monde adonc, ployé ſous ta police,
Le pourra voir totalement eſtaint.

Sire, il n'y a celuy de nous, qui ne ſçache qu'eſtes plein de bon zele, pour cet effect: & de ma part, je m'aſſeure, que ſur ce modelle ne manquerez de bons & fidelles Conſeillers, qui contribueront ſous vous à cette meſme devotion. Il n'eſt pas que quelques-uns, jaloux de leurs opinions, voudront qu'elles ſoient executées, comme bonnes, à quelque condition que ce ſoit: & peut-eſtre ſeront-ils aſſiſtez, & de beaux pretextes, & d'une fidelité à voſtre ſervice. Mais en ces deliberations, je vous ſupplie tres-humblement, Sire, vouloir fuïr comme un eſcueil, toutes volontez abſoluës. Il n'y a rien qui ſoit de plus perilleuſe conſequence en un Prince Souverain, que quand cette opinion ſe loge en luy, de pouvoir tout ce qui luy plaiſt. Vous voulez doncques (me dira quelque flatteur Courtiſan) brider la puiſſance de voſtre Roy. Non; ja à Dieu ne plaiſe, que cette ſotte preſomption tombe en ma teſte: mais je deſire qu'il ſe maintienne par les meſmes voyes que ſes devanciers ſe ſont maintenus, lors que ſans armées, & avec une ſimple baguette, ils ſe faiſoient obeïr par tous leurs ſubjects; & qu'il eſtime n'y avoir rien qu'il faille tant reſpecter, que la venerable ancienneté. Je veux qu'il ſçache, que de s'attacher aux extremitez, c'eſt un vice, & que la mediocrité eſt la mere de vertu: que dy-je, mere? Ainçois la meſme vertu.

Le compartiment de voſtre Royaume, Sire, a quelque ſimboliſation avecques le corps humain, auquel le Chef exerce la Royauté ſur les autres membres, entre leſquels il y a quelques parties nobles, comme le cœur, le foye, les poulmons, qui exercent leurs fonctions, ſans leſquelles ny le chef ny le corps ne ſubſiſteroient: ainſi eſt-il de voſtre Royaume, duquel vous eſtes le Chef; & y a au-deſſous de vous pluſieurs Ordres, entre leſquels ſont vos Cours Souveraines, dont il ne faut aiſément en cette reformation, haraſſer ny terraſſer l'authorité, ſur tout celles qui ont eſté l'ancienne liaiſon de la Majeſté des Roys vos predeceſſeurs, avec l'obeïſſance de leurs ſubjects; & qui ſeront deſormais les plus ſeures garniſons

Anagrammè ſur le nom du Roy.

Puiſſance abſoluë doit eſtre rejettée par un Prince.

La mediocrité mere de vertu.

L'Eſtat de France comparé au corps humain.

de vos Provinces pour l'entretenement de la paix. Quiconque enseigne autre leçon à son Roy, il le perd. La plus belle proposition que devez observer, est de reduire vostre puissance absoluë sous la civilité des loix anciennes & fondamentales de vostre Royaume. C'est une chose trés-loüable, que le bon zele : mais il reçoit son accomplissement, quand il est accompaigné de prudence; autrement, au lieu de reformer, ce sera difformer vostre Estat; & seront les remedes plus fascheux & de plus difficile digestion, que la maladie.

Guerre double contre le Roy.

La guerre qui vous a esté faite, est double : l'une, qui provient de l'espée; l'autre, de la plume. Quant à l'espée, je voy tous les Princes, Seigneurs & Gentils-hommes, concurrer unanimement à la paix : & est chose esmerveillable; mais c'est un trait de vostre sagesse & bonne fortune tout ensemble, qu'aussi-tost qu'avez souslevé le sourcil pour l'execution de la paix; aussi-tost se sont les opinions brusques & farouches des Capitaines & Soldats, évanoüyes, comme un estourbillon. Chacun d'eux s'est estimé trés-heureux de retrouver son ancien domicile & profession, puis qu'ainsi il vous plaisoit, sans que le pauvre païsan ait senty aucune incommodité de cette retraite. Quant à la plume, ne pensez pas que la guerre n'en soit autant & plus redoutable, que de l'espée; de

Guerre de la

tant que ceux qui la manient, vous servent, ou pour mieux dire, guertoyent à couvert. La paix, qu'il y faut apporter, gist en plusieurs considerations, que je laisse, comme un gage de bataille, à ceux qui entreront en champ clos devant vostre Majesté, pour combatre tous les monstres que les troubles nous ont engendré: & me contenteray de mettre fin à cette congratulation, par un noble souhait. On dit que le grand Roy Alexandre ne voulut estre representé en peinture plate, que par le peintre Apelles; ny en bosse, que par Lysippe l'imager; tous deux Parangons en leurs Arts. Il ne reste desormais, pour le compliment de toutes vos proüesses, sages conduites, & bonnes fortunes, que de trouver au milieu de nous un Philippe de Commines, pour engraver vostre memoire au Temple de l'immortalité. Et à la mienne volonté, que j'eusse la plume & l'esprit assez déliez, pour fournir à une si haute entreprise. Ne le pouvant, je vous supplie humblement, Sire, vouloir recevoir de bonne part ce crayon, avec la devotion de celuy qui fait jour & nuict prieres à Dieu, pour vostre santé; & à ce qu'il luy plaise, en vous continuant ses graces, vous donner trés-longue vie, de laquelle dépend & l'esperance & l'asseurance du repos de vostre Royaume.

Plume autant redoutable que des armes.

Alexandre ne veut estre peint que par Apelles, ny moulé en bosse que par Lysippe.

FIN DU SEIZIESME LIVRE.

LES LETTRES D'ESTIENNE PASQUIER

Conseiller & Advocat General du Roy en la Chambre des Comptes de Paris.

LIVRE DIX-SEPTIESME.

LETTRE I.

A Monsieur de Saincte Marthe, Thresorier general de France, en la generalité de Poitou.

Il raconte au long la conspiration faicte contre le President Brisson.

Ce que j'ay peu recueillir de vos lettres, vous desirez estre amplement esclairci de la mort de Monsieur le President Brisson, & des procedures dont les seditieux de Paris userent contre luy pour le faire mourir; comme pareillement de celles qui furent contr'eux pratiquées pour la vindicte publique. Chose que je feray tres-volontiers pour vous complaire : joinct qu'ayant esté autrefois compagnon d'armes aveques luy, lors que je faisois profession du Barreau ; estant avec le temps monté au degré de President, il ne s'oublia jamais envers moy : qui a faict qu'estant, depuis les troubles, retourné en nostre bonne ville de Paris, je me suis tout au long voulu informer de ceste histoire funeste, que j'ay tirée jour aprés jour, d'un tres-fidelle memoire.

Brigard accusé de trahison.

Brigard, accusé de trahison par la Ligue, longuement detenu prisonnier, & son procez ayant traisné plusieurs mois, enfin les prisons luy furent ouvertes par Arrest du Parlement. Les principaux entrepreneurs des Seize, qui avoient faict leur propre faict de ceste poursuite contre luy, se firent accroire que ceste absolution procedoit d'un artifice couvert du President : & pour ceste cause, commencerent d'ourdir une nouvelle conjuration contre luy,

Assemblée contre M. le President Brisson.

que je vous discourray par le menu. Le Samedy, deuxiesme de Novembre, 1591. quelques Bourgeois s'assemblerent en une maison assise, ruë de la vieille Monnoye, où Laulnay presida (cestuy avoit esté autrefois Ministre au milieu des Huguenots ; puis s'estant rangé des nostres, fut

à un grand remueur des opinions de la populace dedans Paris) & remonstra qu'il estoit besoin d'obvier aux daces extraordinaires qu'on vouloit lever sur le peuple, & de deputer à ceste fin quelques-uns pardevers Messieurs de l'Hostel de ville. Le Seigneur de Morin Cromer, lors Conseiller au Grand Conseil, opinant, dict, qu'il ne falloit s'arrester à chose si legere; usant de ces mots, que l'on disputoit *De Lana Caprina* ; mais qu'il se presentoit bien une affaire de plus grande consequence, à laquelle il falloit remedier ; qui estoit l'injustice signalée, commise au procez de Brigard, en haine seulement de leur compagnie. Ceste proposition mise en avant, le Curé de sainct Jacques de la Boucherie prenant la parole, dict : Messieurs, c'est trop conniver, n'attendez ny raison, ny Justice de la Cour de Parlement, il faut desormais jouer des cousteaux : un autre, à la suite de luy, adjousta, qu'il y avoit plusieurs Judas en la compagnie, dont il convenoit se défaire, & les jetter dedans la riviere. Ces complaintes firent oublier le cours du premier marché, & remettre la resolution du faict proposé par Cromer, au Mardy cinquiesme, chez la Bruyere, qui lors exerçoit l'Estat de Lieutenant Civil, où l'on donneroit ordre de se trouver en plus grand nombre. A ce jour, s'y estans trouvez cinquante & plus, Laulnay proposa qu'il falloit deliberer sur le faict de Brigard : mais qu'au prealable, estoit necessaire de se resoudre sur deux poincts : l'un, de renouveller le Serment de la Saincte Union, plus estroitement qu'auparavant, attendu le nombre effrené des traistres qui estoit dedans la ville : l'autre, de proceder à l'élection de dix preud'hommes, dont on seroit

Opinions tumultueuses.

Du Curé de S. Jacques de la Boucherie.

La Bruyere, Lieutenant Civil.

Proposition de Launay.

tenu

tenu de fuiure les Ordonnances, fans s'efmayer du pour-quoy. Le premier point fut accordé fans contrafte : mais au fecond, s'y trouua plus d'obfcurité, de remettre fans controole fa confcience fur la confcience de dix hommes: toutesfois enfin il paffa; & fut l'execution remife au lendemain, fixiefme, rué de la vieille Monnoye, où fut baloté, & dix de la compagnie efleus, defquels ie ne vous diray les noms : c'est vne ordure qui puëroit en la remuant. On leur donne le nom de Confeil Secret. Cela fait, l'affaire de Brigard fut remife fur le Bureau ; fçauoir, quel ordre l'on deuoit tenir pour auoir raifon de l'Arreft : en quoy fe trouuerent les opinions bigarrées ; les vns, eftans d'aduis, qu'il ne falloit rien remuer, puis que la Cour de Parlement y auoit paffé ; les autres, qu'il eftoit befoin d'y appliquer le cautere fans efpargne : & les derniers choififfoient la moyenne voye, d'y proceder par remonftrances : finalement, fut, fur ces conteftations, conclud d'en remettre la refolution au Confeil Secret des Dix ; & qu'auec eux, Cromer amplement inftruit du procez, pourroit eftre de la partie, comme pareillement le Curé de fainct Cofme, & le Docteur Martin. Quant au renouuellement de ferment, la compagnie fut priée de fe trouuer le Vendredy, huictiefme, au logis de la Bruyere, & que chacun y amenaft le plus de fes amis qu'il pourroit, pour contribuer tous d'vn commun vœu à vne fi fainéte vnion : auquel jour & lieu s'eftans affemblez, Buffi & quelques-vns de fes confidents, monterent en vne chambre haute, faifans contenance de vouloir eferire les articles, pour l'entretenement defquels chacun feroit affermenté, & tenu de les foubfigner : mais ils defcendirent tout auffi-toft en la fale, portans trois grandes feuilles de papier blanc attachées enfemble : & Buffi prenant la parole pour fes compagnons, dict ces mots : Meffieurs, nous ferions trop long-temps à rediger les articles du ferment, & craindrions que la compagnie s'ennuyaft : mais s'il vous plaift de figner en ce papier auec nous, ce fera autant de temps gaigné : & remplirons apres le blanc tout à loifir, au contentement de chacun. Cefte propofition ne peut eftre, du commencement, de vous digerée ; ores que quelques-vns y condefcendiffent de franc pied : au moyen de quoy, quelqu'vn plus hardy que les autres, luy refpondit, qu'il feroit plus raifonnable de jetter là les articles auant que de les foubfigner, n'y ayant rien fi preffé qu'on ne peuft furfeoir vn & deux jours. A quoy fut repliqué par Laulnay, qu'il n'y auoit fubject de douter, puifque tant de gens de bien & d'honneur offroient de figner ; & s'il entroit en quelque defiance, il en eftoit quitte pour ne le faire. Et comme ils eftoient en ces altercs, le Confeil fecret des Dix, fit mettre deux fuppofts à la porte, pour empefcher qu'aucun ne fortift qu'il n'euft figné. La Bruyere apporta vn Meffel fur la table : luy, Buffi, & leurs principaux adherents fignent. Cela faict, nul de la troupe n'ofa faire aucun refus. Le formulaire du ferment eftoit tel : Laulnay faifoit mettre la main fur le Meffel ; difant ces mots : vous jurez & promettez à Dieu le Createur, de garder & obferuer inuiolablement les articles que vous allez prefentement figner pour la conferuation de la Religion Catholique, Apoftolique, Romaine. Ce que promettoit de faire celuy qui fignoit. Ce grand coup eftant de cefte façon frappé, l'affemblée fut prorogée au Dimanche, dixiefme, au logis d'vn Chanoine de Noftre-Dame, à l'apréfdinée : auquel jour le Confeil fecret s'affembla, le matin, chez Laulnay : & fut Buffi chargé de communiquer auec quelques-vns de Meffieurs de la Sorbonne, fi en fait de confcience on pourroit executer ce qu'ils projettoient : l'apréfdifnée, garni de fon paffe-par-tout, il le faict figner à ceux qui ne l'auoient figné. Si ne le peuft-il faire fans attache de l'vn de la compagnie, qui pouffé d'vn jufte creue-cœur, dit tout haut : Monfieur de Buffi à la reiteration de ferment merueilleufement affectée : Dieu le veuille conferuer en cefte bonne volonté ; mais nous trouuons fort eftrange qu'on nous faffe figner du papier fans fçauoir que c'eft. Mais pour cela Buffi ne s'en eftonna, obtenant ce qu'il defiroit. Le

Mardy, douziefme, autre affemblée, heure de releuée, chez la Bruyere, & renouuellement de ferment auec les fignatures. Le Mercredy, treiziefme, fe tint le Confeil fecret des Dix, chez Laulnay, le matin : où fe trouuerent le Curé de Sainct Cofme, & quelques autres des plus fignalez. Auquel lieu, Buffi leur rapporta, que Meffieurs de la Sorbonne trouuoient bon tout ce qu'ils faifoient. De ma part, je croy qu'il mentoit, & que tout ce qu'il en rapportoit, eftoit pour l'auancement de fon malheureux deffein. L'apréfdifnée, la compagnie s'affembla en la rué de la vieille Monnoye : où Buffi ne faillit de fe trouuer auec fon papier. Et là, outre le ferment & les fignatures, il commença de s'ouurir plus hardiment qu'il n'auoit fait, & de dire, qu'il falloit donner ordre aux trahifons que l'on braffoit journellement contre la ville, & qu'il eftoit temps de fe bien vnir fans diffimulation & hypocrifie. Le Jeudy, quatorziefme, le Confeil fecret fe tint chez Laulnay, & l'apréfdifnée fut voilée à l'affemblée generale, chez la Bruyere, où Buffi ne faillit auffi de fe trouuer, lequel fe voulant retirer auant que la compagnie fe rompift, dit ces mots : Meffieurs, nous deurions tous fouhaiter, que ceux de cefte fainéte Congregation euffent la charge & intendance de la ville. Ce feroit vn grand bien & auantage pour noftre Religion. A quoy Ameline adjoufta : je penfe n'auoir receu tant de grace de Dieu, quand le jour de mon baptefme je fus enregiftré au papier journal des baptifteres, comme j'en ay receu d'auoir ceft honneur d'eftre enrolé en cette compagnie. Partant, Meffieurs, je vous fupplie d'eftre fermes & ftables en noftre fainéte Vnion, m'affeurant que Dieu nous fera fentir le fruit de fes benedictions. A ce mot, chacun fe depart, preffentant quelque proche malheur deuoir aduenir de tant d'allées & venues : mais quel, nul ne le pouuoit bonnement juger.

Quels eftoient les articles dont on deuoit remplir le blanc, chacun en parle diuerfement. La voix commune eft, que l'opinion des entrepreneurs eftoit, qu'il falloit clorre les mains au Parlement, trier des Confeillers à leur pofte fur le volet, dont ils s'aiderroient ; dreffer vne Chambre ardente, compofée de feize perfonnages à leur deuotion, pour faire le procez, non feulement aux Politics notoires, mais auffi à ceux qui en feroient foupçonnez, & en nettoyer la ville, tant par morts, que banniffements, & s'accommoder de leurs biens ; afin que de là en auant, la Sainéte Ligue peuft, auec plus grande liberté & feureté de confcience, vacquer à fes affaires, & les joindre auec celles de l'Efpagnol, qui lors eftoit en garnifon dedans Paris. De moy, je ne paffe point fi auant, ains me perfuade feulement, qu'auant projetté en leurs ames de faire mourir Monfieur le Prefident Briffon, ce blanc eftoit referué, pour le remplir de l'approbation de fa mort, quand l'execution en auroit efté faicte. Suffice-vous qu'il ne fe paffa affemblée generale entr'eux (& s'en pafferent cinq, depuis le renouuellement de ferment accordé) en laquelle Buffi, ayant pour fon fuffragant vn Laulnay, ne fift jurer (fi ainfi me permettez de le dire) & figner à taftons ce qu'ils pourpenfoient. Voyez, je vous prie, comme les paures abufez difpofoient, à yeux bandez, de leurs confciences.

Or la nuict du Jeudy, quatorziefme, & du Vendredy, fut la confommation de leur œuure ; parce que le Confeil fecret fe trouua en vne maifon prés de l'Eglife de fainct Jacques de la Boucherie, en laquelle fut refolu la boucherie, & donnée fentence de mort contre ce paure Prefident : quelques-vns adjouftent de faire le femblable à tous ceux qui auoient opiné en l'Arreft de relafchement de Brigard : mais mon memoire n'en porte rien. Pendant qu'ils eftoient, de cefte façon, embefongnez dedans la maifon, il y eut toute la nuict grand nombre d'hommes armez, qui ne bougerent de la ruë, en la place où eft la Croix, pour leur faire efcorte : & le lendemain, Vendredy, quinziefme de Nouembre, fur les fept heures du matin, le Curé, & trois Bourgeois furent deputez pour aduertir les Efpagnols, logez vers l'Eglife fainct Euftache, & mettre entré les mains du Capitaine Ligoet la Sentence,

Sentence, auquel ils discoururent, par le menu, l'ordre qu'ils entendoient tenir en l'execution d'icelle : le semblable fut faict par Amilton, Curé de sainct Cosme, & deux ou trois de la faction, à Dom Alexandre, Capitaine des Napolitains, logé prés la porte de Buffi. Nouvelles de nouvelle cruauté, qui ne despleurent ny à l'Espaignol, ny au Napolitain ; parce qu'elle se faisoit pour l'advancement du Roy leur Maistre, & consequemment à la desolation & ruine de tout le Royaume.

Je vous ay fidellement raconté, jour par jour, en forme de papier journal, quelle fut la tresme & conduite de la conspiration, laquelle j'ay extraicte d'un quidam qui se trouva en toutes ces assemblées, homme Royaliste en son Ame, mais un autre Nicodemus (permettez-moy d'ainsi le dire) *Occultus propter metum Judæorum* ; je vous discouray, par une autre lettre, les attentats & malheureux effects de cette execrable conjuration ; estant mon esprit, ma main & ma plume lassée. A Dieu.

LETTRE II.

A Monsieur de Saincte Marthe.

Execution à mort du President Brisson, & ce qui se passa de sa maison au Palais puis à ceste occasion.

SOudain aprés que ces gens de bien, dont je vous ay escrit par mes dernieres, eurent depesché leurs deux ambassades vers les Espaignols & Napolitains, ils s'acheminerent à l'execution de leur entreprise, & poserent au Marché-neuf un bon nombre de leurs satellites bien armez, dedans le chantier d'Alexis de Cornoüaille, sçachants que le chemin ordinaire du President Brisson, de sa maison au Palais, estoit de passer par le Pont sainct Michel, qui aboutissoit vers le Marché-neuf. Luy donc passant sur les entre sept & huict du matin, suivy de plusieurs postulants, qui avoient presenté leurs

Gens armez au marché neuf.

Requestes à la Cour pour estre receus Procureurs, il est accueilli par le Capitaine Normant, qui luy dit, que le Seigneur de Belin, Gouverneur de la ville, desiroit parler à luy. A quoy ayant faict responce, que ce n'estoit chose si pressée, & qu'à l'issuë du Palais il l'iroit trouver ; sur cette parole sortirent de la maison de Cornoüaille, plusieurs fendants, lesquels avec une incroyable furie luy dirent, qu'il ne falloit plus marchander, & se presserent de telle façon, que peu s'en falut qu'il n'y eust une sedition entr'eux & les postulants. Mais ceux-cy voyants la partie mal-faicte pour eux, abandonnerent leur chef, duquel les autres se saisirent, & luy firent tourner visage vers le Marché-neuf ; & de là, le menerent au petit Chastelet. Le Seigneur de Belin adverty de ceste esmotion, se transporte, avec ses gardes, en l'Hostel de ville, pour deliberer avec le Prevost des Marchands, & Eschevins, de l'ordre qu'on y pourroit promptement donner. Mais ayant eu advis que les Espagnols estoient en armes en leurs quartiers, & les avenuës du petit Chastelet occupées par plusieurs Capitaines de la ville avec leurs compaignies, il rebroussa chemin en sa maison : comme aussi le Prevost des Marchands & Eschevins ne s'oserent remuër.

Le Capitaine Normant accoste le President Brisson. Qui est saisi. Et mis au petit Chastelet.

Monsieur Brisson estant arrivé au Chastelet ; il est lié à face ouverte, par le Commissaire Louchart, Ameline Advocat au siege Presidial, Aimonnot Procureur au Parlement, & Henroux neveu du Banquelier ; & encore par Morin Cromer, ayant le visage à demy couvert de son manteau, qui l'attendoient de pied quoy au quichet ; & ne faict-on point de doute, que Crucé Procureur en Cour d'Eglise ne fust aussi de la partie : toutesfois il fut exoiné par la voye que je vous diray en son lieu. Et lors Ameline, prenant la parole sur tous les autres, luy dict : tu sçais bien, que tu es un traistre ; il faut que tu meure ; mais avant que de mourir, tu respondras sur les articles, qui te seront presentement leus. Ce pauvre Seigneur ainsi mal mené inopinément, luy demanda, quelle jurisdiction & puissance ils avoient sur luy, qui ne recognoissoit autre juge de ses actions, aprés Dieu, que la Cour de Parlement. Adonc Cromer, levant le masque, luy dict, qu'il n'estoit plus question de l'interroger, son Arrest de mort estant ja donné : parquoy commanda à Hugues Danel, Sergent, de se saisir de sa personne. Ce faict, lecture luy est faicte du jugement par le Greffier, & tout d'une suite mis entre les mains de maistre Jean Rozeau, executeur de la haute justice ; lequel ayant remonstré n'avoir des cordes,

En quels termes Ameline luy parle.

Benjamin Dautan, geolier, dit, qu'il en avoit, desquelles fut à l'instant le President, (revestu de sa robbe du Palais, & de son chaperon sur l'espaule) lié & garoté. Et comme il les eust supplié de le vouloir confiner entre quatre parois, & luy permettre de parachever un œuvre de Droit qu'il avoit encommencé, Cromer luy commande de penser promptement à la conscience, & qu'il n'y avoit plus en luy de respir. Et à cet effect, luy est baillé Messire Aubin Blondel, Prestre attitré pour le reconcilier : & quelque peu aprés, le font monter à une chambre haute, où aprés s'estre confessé, on le monte sur une selle moyennement basse, & attaché à une grande poutre, la selle levée dessous luy, il fut en cette façon miserablement estranglé par le bourreau.

Le President Brisson est lié avec sa robbe Palais, & son chappeau ron sur l'espaule. Ne peut avoir une lasche d'achever un livre de Droict encommencé. En quelle façon est estranglé.

Au Parlement tenu dedans Paris, estoit maistre Claude Larcher, Conseiller, personnage de singuliere recommandation, qui portoit impatiemment les insolences barbaresques des Seize, & ne s'en pouvoit taire au milieu de ses compagnions. Cettuy, allant lors au Palais, trouvé, ou par recherche, ou par hazard, par quelques-uns de ces mutins, est amené au petit Chastelet, où accueilli de mesmes caresses que le premier, & conduit en la chambre haute, adressant sa parole vers luy, d'un inviolable courage : il y a long temps (dit-il) que je vous avois predit ce malheur, toutesfois jamais ne me voulustes croire. Or sus, detestables bourreaux, parachevez en moy ce qu'avez cruellement encommencé contre ce grand personnage : ce me sera grand honneur de courir pareille fortune que luy ; & au surplus, je vous adjourne tous devant Dieu, pour avoir reparation du tort que vous faites. A ceste parole, il est garroté, confessé, & exposé à la mort. Feu Monsieur le Duc de Nevers, Prince trés-Catholic entre tous les Catholics, avoit fait un Manifeste de son voyage d'Italie, allant vers nostre S. Pere, à Rome, dedans lequel, par occasion, il descouvrit plusieurs malefaçons de la Ligue : ce livre tomba és mains de maistre Jean Tardif, Conseiller au siege Presidial, dont le Curé de S. Cosme ayant eu advis, il se transporte en sa maison, avec ses factionnaires : & ayant trouvé ce Livre, & un autre escrit à la main, dont le titre estoit : *le Chapelet de la Ligue* ; qui estoit une Legende contre la maison de Guise ; il est apprehendé, & mené prisonnier en la Conciergerie du Palais. Depuis, interrogé par la Cour, il reconnoist ces deux Livres avoir esté chez luy trouvez, qu'il avoit pardevers luy, non pour haine qu'il portast à la cause, ains par une sotte curiosité ; suppliant trés-humblement la Cour de luy vouloir pardonner cette faute. Il pouvoir tomber en telle heure, qu'on l'eust envoyé au gibet : toutesfois l'ayant fait retirer, elle ordonna qu'il seroit blasmé, & les deux Livrets laceréz en sa presence : ce qui fut fait. En la fureur des Seize, cest Arrest se ramentoit : & se transporte Amilton en la maison de ce pauvre homme, qui ce jour là avoit esté saigné : il est amené au Chastelet en cet estat, & soudain qu'il fut en la Chambre haute, estonné de ces deux morts, tombe esvanoüy sur la place, & en ceste façon, demy mort, est pendu & estranglé à l'atelier des deux autres.

M. Larcher Conseiller pris au Chastelet. Son grand courage. Est mis à mort. Maistre Jean Tardif Conseiller au Presidial pendu, & pourquoy.

bruit commun est, que si en ceste rage, quelques autres Conseillers de Parlement fussent, par chemin, tombez en leurs mains, ils eussent couru pareille fortune que Monsieur Larcher. Et de faict, Monsieur Hemoux, ancien Conseiller, allant au Palais, estant sur le Pont sainct Michel, un faiseur de tombes, sien voisin, sans luy mot dire, prit son mulet par la bride, & luy fit retourner teste vers sa maison. Chose dont cet honneste homme estonné, l'autre luy dit, que s'il passoit outre, il estoit en danger de mort.

Les trois corps furent gardez en la prison jusques à la nuit, que le bourreau leur ostant leurs bonnes chemises, & les revestant de trois meschantes, furent par luy *Les corps* exposez en la place de Greve, attachez à une potence four-*exposez* chée, chacun d'eux portant un escriteau sur le dos en *en Gre-* lettres cadelées : Monsieur le President Brisson, *Barnabé* *ve avec* *Brisson, Chef des Heretiques & Politiques :* Monsieur Lar-*des escri-* cher, *Claude Larcher, fauteur des Heretiques :* Monsieur *teaux.* Tardif, *Jean Tardif, ennemy de la Saincte Ligue & des Princes Catholics.* Et le Samedy matin, Buffi voyant une infinité de peuple qui contemploit ce miserable spectacle, se met en place sur les degrez de la grande Croix, sui-*Effrontée* vy de plusieurs matois ; & lors s'escrie à haute voix, que *menterie* ces trois avoient voulu vendre la ville à l'ennemy, & *de Buffi.* que la nuit precedente de leur mort, la porte de sainct Jacques, à leur instigation, estoit demeurée toute ouverte : estimant, ce bel Harangueur, par son nouveau mensonge, souslever le peuple à sedition ; lequel toutesfois fut esmeu à compassion d'une part, & indigna-*Fait si-* tion d'autre, pour ceste cruauté barbaresque. Voyant *gner par* Buffi que sa harangue mensongere n'avoit de rien avancé *force la* son opinion, il la tourne en une fureur, & se trans-*sentence* porte en l'Hostel de ville, pour faire soubsigner, au *de mort* Prevost des Marchands & Eschevins, la sentence de con-*au Pre-* damnation de mort renduë par les Dix. Et comme ils *vost des* fussent refusants de ce faire, il presenta la pointe de sa *Mar-* halebarde au Prevost; de maniere que pour crainte de *chands* pis, ils furent contraints de luy obeïr. *& Es-* *chevins.*

Le seigneur de Belin callant la voile à cette bouras-que, se serra dedans son logis avec ses gardes. Messieurs du Parlement, Chambre des Comptes, & des Aides, *Le Pa-* ferment leurs boutiques, & bien deliberez d'oublier tous-*lais fer-* à-fait le chemin du Palais, jusques à ce qu'il y eust un *mé.* Prince qui se fist croire absolument, afin de n'estre plus la proye de ceste furieuse populace. Madame la Duchesse de Nemours mere, & Madame la Duchesse Doüairiere de Montpensier, sœur du Duc de Mayenne, se tiennent clauses dedans leurs maisons. Ce nonobstant, Buffi avec ses complices, aprés avoir fait l'exploit que dessus en l'Hostel de ville, se transporte en leurs logis, & les prie de vouloir soubsigner la sentence (prieres qui sembloient tenir lieu de menaces à faute d'y acquiescer.) Mais les Princesses, bien advisées, le repeurent de belles paroles ; le priant de remettre la partie jusques à la venuë de Monsieur de Mayenne, auquel elles feroient trouver bon tout ce qui s'estoit passé : vers lequel elles despescherent le Capitaine de Bourg avec lettres de creance, qui arriva quelques jours aprés à Laon, où le Duc sejournoit, attendant de pied quoy le Duc de Parme & ses forces, pour faire lever le siege que le Roy avoit mis devant la ville de Roüen. De Bourg luy recita par le menu ceste histoire, l'admonestant de la part des Princesses, de venir promptement à Paris, s'il ne la vouloit perdre, & laisser à la mercy de l'Espagnol, & des Seize. Si ceste nouvelle inesperée estonna grandement le Prince, n'en faictes doute ; car il voyoit ceste conjuration n'avoir esté brassée qu'au ra-val de son authorité, & avancement de celle de l'Espa-*M. de* gnol : bien empesché toutesfois, quel remede il pour-*Mayen-* roit mettre ; car de la laisser impunie, tout ordre de *ne en* droit le luy defendoit : au contraire, il y voyoit une *grande* infinité d'obstacles : un Espagnol qu'il avoit logé dedans *perple-* la ville, estre aucunement engagé en ceste querelle ; *xité sur* d'ailleurs, qu'il attendoit nouveau secours du Parmesan *ce faict.* pour la ville de Roüen : que d'offenser ceux qui estoient dedans Paris, c'estoit arrester ce secours, & paraventure en cuidant sauver une ville, en perdre deux : joint qu'il n'estoit pas dit que le voulant, il le peust faire, l'Espagnol joignant sa force avec celle des Seize, qui avoient empieté une tyrannie admirable sur toute la ville. Quoy doncques ? disoit-il, demeureray-je les mains basses ? Car si ces meurtres fussent advenus par la fureur inopinée d'une populace, telle qu'en la ville de Tholose contre le feu premier President Duranti, paraventure le passerois-je par connivence ; mais en celle qui se presente, conceuë deliberément, & executée furieusement par ceux qui de leur privée authorité se sont faits juges & parties, tout ainsi que ceste conjuration ne reçoit excuse, aussi serois-je inexcusable, & conjurerois contre moy-mesme, si la punition ne s'en ensuivoit.

Le Duc, de ceste façon combattu en son Ame par divers regards, enfin se resout de venir à Paris, comme *Qui* aussi luy estoit-ce un faire le faut, pour, y estant ar-*vient à* rivé, prendre tel advis que le champ luy donneroit : & *Paris.* choisit sept ou huit cens Cavaliers lestes & gaillards pour le seconder ; remettant le reste de ses forces entre les mains de Monsieur de Guise son nepveu, pour les joindre avec celles du Duc de Parme : & part le vingtcinquiesme du mois, accompagné ses pensées, & le chemin, d'une infinité de souspirs ; tant il avoit en horreur la cruauté advenuë, & la crainte de l'avenir. Je vous reciteray icy, en passant, une histoire digne d'estre sceuë. Il avoit à sa suite Maistre Nicolas Roland autrefois Conseiller des Generaux des Monnoyes, homme, du commencement, voüé avec une passion incroyable, au fait de la Ligue, & sous ce titre avoit esté créé Eschevin de Paris, la premiere année des troubles, en la 1588. toutesfois quelque temps aprés, il commença de mettre de l'eau sur son feu, & aprés avoir accompli les deux ans de son Eschevinage, se mit à suivre de fois à autre le party qu'il estimoit mieux reglé : je veux dire le Duc de Mayenne, lequel prenoit plaisir de l'oüir, comme celuy qu'il voyoit doüé d'une facilité d'esprit, de langue, & de paroles de choix : cestuy s'approche du Duc sur les chemins, le voyant de cette façon affligé : lequel tournant vers luy son visage, luy demanda par forme de devis, quel conseil il estimoit devoir estre par luy pris en cette affaire. A quoy Roland respondit : Monseigneur, c'est à vous seul auquel devez vous adresser pour prendre advis, non à moy, qui suis trop petit compagnion, & apprenty en telles matieres. Et comme le Duc le pressast de plus en plus de luy dire ce qu'il en pensoit, veu que jamais il n'avoit donné subject à ces Messieurs de Paris, de le traiter de cette façon, n'ayants receu de luy, dés & depuis son avenement à l'Estat de Lieutenant general de la Couronne, que toutes courtoisies, faveurs & gratiescetez ; sur cela Roland luy repliqua : Monseigneur, vostre fortune est tout autrement establie, que celle de l'Empereur Auguste, qui *Auguste* pour asseurer la souveraineté dont il se vouloit emparer, *fait* fit, dés le commencement, passer par le tranchant de *mourir* l'espée, tous les restes qu'il estimoit luy pouvoir nuire, *tous* sans espargner ses amis, non plus que ses ennemis : & *ceux* depuis estant ceste espine sortie de son opinion, il en-*qu'il es-* tretint, de là en avant, le peuple de Rome avec toute *timoit* douceur & clemence, jusques au dernier souspir de sa *luy* vie : non toutesfois sans recevoir, de fois à autres, *voir* quelques algarades, voire de ceux ausquels il avoit plus *nuire,* de fiance. Vous au contraire, Monseigneur, avez estably *sans es-* le gouvernement de vostre souveraine grandeur, sur *gard à* une debonnaireté qui vous fait perpetuelle compaignie, *aucune* & sous ce beau gage avez gaigné la bienveuillance, tant *amitié* des grands, que des petits : maintenant que voyez quel-*ny autre* ques mal-advisez abusants de vostre bonté, troubler vos *respect.* affaires, prenez garde s'il ne vous est point de besoin *Advis* user maintenant du glaive, & achever par où l'Em-*de M.* peteur Auguste avoit commencé. Ainsi s'entretenoit le *Roland* Duc par les chemins, tantost avec l'un, tantost avec *à M. de* l'autre, pour tromper la fascherie qui l'importunoit, *Mayen-* jusques à ce qu'il arriva à Paris, le Vendredy 28. du mois, *ne.*

attendu

attendu des gens de bien, avec une joye ineſtimable : & il eſtoit preſt de la luy rendre ; mais qu'il avoit quelques des meſchants, avec une peur incroyable. soldats avec luy, & pluſieurs grands meubles : le sup-

Grande eſt la force d'une conſcience : les Seize, au-pliant tres-humblement luy vouloir ordonner maiſon paravant intolerables, commençants de faire joug, le où il les peuſt retirer. L'Hoſtel de Coſſé, proche de la *Qui* viennent en toute humilité accueillir devant l'Abbaye Baſtille, luy fut ſur le champ aſſigné : auquel Buſſi, *rend la* *Les Sei-* de S. Antoine des Champs, & par l'organe de maiſtre soudain aprés, se retira avec tout son bagage, & fut *Baſtille,* *ze s'ex-* Jacques Boucher, Docteur en Teologie, Curé de ſainct à l'inſtant la Baſtille rendüe au Prince, où il fit entrer *& ſe* *cuſent* Benoiſt, luy remonſtrent, que tout ce qui avoit eſté Treſmont Capitaine de ſes gardes, pour y commander. *retire en* *douce-* par eux fait, eſtoit pour ſon ſervice, & aſſeurance de Monſieur de Mayenne conduiſant ainſi pied à pied ſes *l'Hoſtel* *ment.* la cauſe commune d'eux tous. Le Prince, ſans faire aucune affaires, aprés s'eſtre aſſeuré de la Baſtille, qu'il eſti- *de Coſſé.* demonſtration de maltalent, aprés les avoir tout au moit luy devoir eſtre une Citadelle pour tenir en bride long ouïs debonnairement, leur dit, qu'il venoit ex- les ſeditieux, mande aux Seigneurs de Parlement, de prés à la ville, pour accommoder toutes choſes, & faire, vouloir retrouver leurs ſieges : comme de faict, le len- s'il eſtoit poſſible, de ſorte que chacun demeuraſt con- demain Lundy, premier jour de Decembre, il vint au tent. Ainſi arriva au Palais de la Royne Mere, où eſ- Palais le tambour ſonnant, auquel lieu il créa quatre *Quatre* toit ſa demeure ordinaire, repreſentant fort bien, en nouveaux Preſidents du Mortier, Monſieur Chartier *Preſi-* ſon équipage & en ſa ſuite, la dignité de celuy auquel Doyen des Conſeillers en la Cour, pour premier ; Mon- *dents* avoit eſté deferée la Lieutenance generale de l'Eſtat de ſieur de Haqueville premier Preſident au grand Con- *créez.* France ; & commencerent lors les trois compagnies Sou- ſeil, pour ſecond ; Monſieur de Nuilly premier Preſi- veraines de reſpirer par cette venuë. Dés le ſoir de ſon dent en la Cour des Generaux des Aides, pour tiers ; & arrivée, il fut viſité par uns & autres, & indifferem- Monſieur le Maiſtre, Advocat general créé par la Li- ment il fit bonne chere à tous, voire aux principaux gue, pour quatrieſme. Deſlors fut la Cour de Parle- *Le Par-* des Seize qui le gouvernerent pendant ſon ſouper, fors ment ouverte;& le lendemain Mardy, la Chambre des *lement* toutesfois & excepté Buſſi le Clerc, qui ſe tint clos & Comptes & Cour des Aides. Reſtoit de prendre puni- *s'ouvre* couvert dedans ſa Baſtille. Le Samedy 29. ce fut une tion, ſinon de tous, pour le moins de ceux que l'on *avec les* Proceſſion en ſa maiſon s & ſignamment des gens de bien eſtimoit avoir eſté des premiers entremetteurs de la tra- *autres* & d'honneur : pluſieurs Colonels, & Capitaines de la gedie. Il eſtoit bien plus aiſé de leur faire ſur le champ *Cours.* ville, luy viennent baiſer les mains, avec toute pro- leur procez, que celuy qu'ils avoient faict à Monſieur meſſe d'obeïſſance ; & de la plus-part des autres, il s'aſ- le Preſident Briſſon : les preuves en eſtoient claires, & ſeura tant par l'entremiſe de ceux-cy, que d'autres Bour- recognuës par eux-meſmes à l'entrée du Prince dedans geois qu'il ſçavoit eſtre voüez au repos general de la Paris ; mais ineptement palliées. Le Prince les pouvoit ville. Ce fut le premier fondement de toute ſon entre- tous faire paſſer par une mort exemplaire ; toutesfois, priſe : lequel eſtant de cette façon jetté, il manda à par une moyenne voye, il permet de prendre priſon- *Buſſi ne* Buſſi qu'il euſt à le venir trouver. Choſe qu'il refuſa de niers tous ceux que l'on trouveroit, pour eſtre chaſtiez *veut* faire ; s'excuſant ſur une maladie qui l'avoir ſurpris. Le par une crainte, & ſe contenta que quatre ſeulement *venir à* Prince cognoiſſant que c'eſtoit une maladie par luy in- mouruſſent : ce furent Louchard, Ameline, Aimonot *M. de* duſtrieuſement affectée, qui pourroit retarder ſes deſ- Henroux : Crucé eſtoit de la partie, mais il en fut ga- *Crucé* *Mayen-* ſeins, ſe tranſporte à l'Hoſtel de ville, ſuivy de plu- renty par l'interceſſion de Boucher ſon Curé, qui aſ- *com-* *ne.* ſieurs Colonels ; où aprés avoir diſcouru amplement ſeura le Duc, ſur ſa part de Paradis, qu'il n'avoit eſté *ment* tout ce qui eſtoit de ſon fait, declara qu'il vouloit reſo- des complices, ores que la verité fuſt notoirement con- *ſauvé.* lument que la Baſtille luy fut renduë, deliberant d'y traire. *Qui de-* faire venir le canon pour la battre. La compagnie le Telles furent les condamnations ; & le Mercredy, au *mande* pria de vouloir ſurſeoir ſon opinion juſques à ce que poinct du jour, Archers expreſſément envoyez pour ſe *d'avoir* quelques-uns d'entre eux euſſent eſté prendre langue de ſaiſir de leurs perſonnes. Congy, Chevalier du Guet, s'eſ- *la Baſ-* Buſſi : lors dit le Duc, qu'il pouvoit venir hardi- tant tranſporté pardevers Louchard, dict à ſon ſerviteur, *tille en* ment ſur ſa parole, eſtant tres-content de parler à luy, que Monſieur de Mayenne le demandoit. A ce mot, il *l'aſſem-* avant que de paſſer plus outre. Brette & de Vaux, Eſ- ſe leve, demande un mouchoir blanc, & prenant con- *blée de* chevins ; Grand-rüe, Conſeiller au Parlement, Colo- gé de ſa femme, la baiſa, avec ces paroles, que c'eſtoit le *la mai-* nel de ſon quartier, & quelques autres ſont deputez pour dernier baiſer qu'elle recevroit de luy. Au meſme temps *ſon de* l'aller trouver ; & aprés divers marchez, enfin Buſſi ac- que l'on recherchoit les autres, Monſieur de Vitry ſe *ville.* corda de ſortir, prenant pour oſtage Grand-rüe pour ſa tranſporte en l'Hoſtel de Coſſé, hebergement de Buſſi : Baſtille, pendant qu'il s'aboucheroit avec le Prince, lequel ayant entendu le bruict, ſe ſauve en chemiſe ſur *Buſſi ſe* lequel il vint ſaluër : & ſur la propoſition qu'il luy fit de les tuilles, & ſe lance en une maiſon voiſine, où il fut *ſauve.* *Repar-* vouloir s'aſſeurer de la place, Buſſi luy reſpondit, que tellement quellement reveſtu, & caché pour quelques *tie de* cela eſtoit hors de ſa puiſſance, parce qu'il s'eſtoit lié jours. Ses gens veulent faire quelque reſiſtance ; on en *Buſſi.* par ſerment envers noſtre ſainct Pere le Pape, de ne vient aux mains, & ſe trouvent avoir du pire. Au moyen la rendre, ſinon és mains de celuy que ſa Saincteté or- de quoy ceux qui eurent le deſſus d'eux, firent un inven- donneroit. Le Prince, en un mot, luy dit qu'il luy bailloit taire de gend'armes, de tous & chacuns ſes biens, meu- vingt & quatre heures ſeulement pour penſer à ſa conſ- bles, bagues, joyaux, chevaux, armes, or & argent mon- *Ses* cience, aprés leſquelles, s'il luy feroit paroiſtre combien noyé & non monnoyé, c'eſt-à-dire, de ſes voleries. Se *moyens* eſtoit peſante la main d'un maiſtre envers ſon ſerviteur trouvant, en un clin d'œil, ce miſerable, denué de tou- *pillez.* deſobeïſſant. Sur cette parole, s'en retourna Buſſi, bien tes les grandes deſpoüilles qu'il avoit extorquées, l'eſpa- eſtonné de cette menace, lequel, pour la ceremonie, fut ce de trois ou quatre ans, ce petit Buſſi des grandes & nota- le lendemain Dimanche, dernier jour du mois de No- bles maiſons de la ville ; & luy qui d'un petit Procureur *Et luy* vembre, viſité par quelques Theologiens, qui luy remonſ- de Parlement nommé Jean le Clerc, s'eſtoit faict un *rendu* trerent, qu'en la neceſſité urgente qui ſe preſentoit, il grand tyran de Paris, ſous le nom de Buſſi le Clerc ; *miſera-* n'y avoit aucune obligation de ſerment qui l'empeſchaſt aujourd'huy reduict en un plus piteux & miſerable eſtat, *ble.* d'obeïr au commandement du Prince : de maniere que qu'il n'eſtoit auparavant les troubles. En un mot, c'eſt perſuadé par eux, mais beaucoup plus le peril qu'il un petit clerc de nom & d'effect. Au regard de Cromer, *Cromer* voyoit du jour au lendemain pancher ſur ſa teſte, il vint il ſe ſauva de viteſſe, & ſe rendit inviſible. Le jour de *ſe ſauve* trouver ſur le veſpre, Monſieur de Mayenne, environné Mercredy, troiſieſme de Decembre, Louchard, Aimo- *Les qua-* de pluſieurs Seigneurs & Capitaines, devant lequel il not, Ameline, & Henroux furent pendus & eſtranglez *tre pen-* s'inclina, & pour toute harangue luy dict, (ainſi l'ay- en la baſſe ſale du Louvre, ſur les huit heures du matin, *dus.* je appris d'un honneſte homme qui eſtoit preſent) que & leurs corps rendus à leurs femmes pour eſtre enſevelis puiſqu'il ſe reſolvoit abſolument d'entrer dans la place, en terre Saincte. Cela faict, le Prince ouvre les priſons à tous les autres, & se transporte en la Cour de Parlement, où il rend compte de tout ce qui avoit esté, par son commandement, executé. Ce qu'elle trouva bon, & entant que besoing estoit, l'authoriza: le Dimanche ensuivant, septiesme du mois, fut faite procession generale autour de la Cité, à laquelle assisterent les Seigneurs de Mayenne & de Vaudemont son cousin, fils du Duc de Lorraine, la Cour de Parlement en robbes rouges, Chambre des Comptes avec robbes de soye, & Cour des Aides, Prevost des Marchands, & Eschevins de la ville: la Messe celebrée en l'Eglise Nostre-Dame, & actions de graces à Dieu renduës, de ce qu'avec un si heureux succez, ce nouveau trouble s'estoit assoupy.

Procession generale pour actions de graces.

Toutesfois encores n'en estoit la racine du tout extirpée; parce que le lendemain, jour de la Conception Nostre-Dame, Cueilly, Docteur en Theologie, Curé de Sainct Germain de l'Auxerrois, se met en Chaire apres la grande Messe chantée, & instigué par quelques Ames Espaignoles, declara contre le Seigneur de Mayenne, loüant la memoire de Louchard & ses compaignons, comme de vrais Martyrs, que l'on avoit fait mourir sans forme & figure de procés, s'asseurant que leurs Ames estoient beatifiées en l'autre monde, pour n'avoir esté par eux rien attenté, qui ne fust de justice & raison. Cecy rapporté au Duc, il s'en plaint aux Docteurs de la Faculté de Theologie, lesquels en pleine assemblée de Sorbonne mandent Cueilly, qui fut par eux bassoüé, & deffenses à luy de plus ainsi prescher. Le Mardy, neufviesme, le Prince vient au Parlement, où il instale pour Advocat General du Roy, Monsieur Hoteman au lieu de Monsieur le Maistre nouveau President, & tout d'une main fit publier une abolition generale par luy decrenée pour ceux qui avoient esté commis és personnes de Messieurs Brisson, Larcher, & Tardif: exceptez toutesfois le Conseiller Cromer, Adrian Cochery Advocat, & celuy qui avoit servy de Greffier. Et par les mesmes Patentes, fut rompu & aboly le Conseil des Seize; & à eux, & tous autres, deffendu de faire aucunes assemblées, ny tenir Conseil en particulier: sauf toutesfois si aucun d'eux avoit quelque chose à proposer, concernant le repos & salut de la ville, de s'addresser au Gouverneur, Procureur General, ou Prevost des Marchands & Eschevins, ausquels le soing, seureté, & conservation d'icelle devoient appartenir. Sur le reply desquelles lettres, estant mis: *Leues, publiées, & registrées, le Procureur General du Roy ce requerant*, elles furent, le mesme jour, publiées à son de trompe & cry public, par les Carrefours de cette ville de Paris. Cela fait; quelques jours aprés, le Duc sortit de la ville, emmenant quant & soy Bussi, lequel, par l'entremise de quelques siens amis, avoit moyenné sa paix: qui fut un autre sage conseil au Duc de ne laisser ce trouble-mesnage dedans Paris.

Cueilly Curé de S. Germain loüe la memoire des pendus, & blasme M. de Mayenne.

Qui est bassoüé en Sorbonne.

Lettres d'abolition par M. de Mayenne, non toutesfois pour tous.

Vous avez jusques icy entendu, comme toutes choses se passerent, tant de la part des conspirateurs, que de celle du Prince: entendez maintenant, la suite de cette histoire jusques à son dernier periode. Quelques coureurs de la ville de Melun, donnerent jusques aux portes de Paris, où ils trouverent ſur les fossez Benjamin Dautan Geolier des prisons du petit Chastelet. C'est celuy que je vous ay dit avoir fourni des cordes pour pendre ces trois pauvres Seigneurs. Il fut pris, & enlevé à Melun, comme un prisonnier de guerre; comme de fait, Dame Denise de Vigny, veufve de Monsieur le President Brisson, paya sous main cent escus pour sa rançon, ne voulant que cela vinst à la cognoissance des Parisiens, & donne ordre qu'à la requeste de messire Esme Jean de la Chambre, Baron de Ruffey son gendre, son procés luy fust fait & parfait par Hardy, Prevost des Mareschaux de l'Isle de France. Pour le vous faire court, par sentence du seiziesme Fevrier 1594. donnée presidialement en dernier ressort, il fut dit, que pour reparation du meurtre & assassinat commis és personnes de messire Barnabé Brisson, maistre Claude Larcher, & Jean Tardif, il estoit condamné à estre conduit & mené sur une claye,

Benjamin Dautan pris.

Est condamné Presidialement.

au devant de la grande porte, & principale entrée de l'Eglise Nostre-Dame de la ville de Melun, où estant, ayant une torche ardente de deux livres pesant au poing, nuds pieds, nuë teste, & en chemise, crieroit à Dieu mercy, au Roy & à justice: de ce lieu estre conduit au marché du bled de la ville, pour estre pendu & estranglé à une potence pour ce dressée, son corps mort estre bruslé, & reduit en cendres, & icelles jettées en la riviere; ses biens acquis & confisquez au Roy: sur lesquels seroit prealablement prise la somme de deux mil escus, adjugée au sieur Baron de Ruffey partie civile, & les despens de la pourſuite du procés; auparavant laquelle execution, iceluy Dautan seroit mis à la question ordinaire & extraordinaire. Sentence qui luy fut signifiée, & executée selon sa forme & teneur, le dix-septiesme: laquelle je vous ay voulu coucher tout au long, pour vous monstrer de quel pied, & integrité de matchoit lors à la suite du Roy; car combien que notoirement le President Brisson eust esté chef de part pour la Ligue dedans Paris, toutesfois nous ne voulusmes excuser dedans Melun le meurtre contre luy commis, rendant à sa memoire le bien pour le mal.

Est executé.

Qui fut une leçon depuis suivie sur ce mesme subject: car ayant esté la ville de Paris reduite sous l'obeïssance du Roy, au mois de Mars ensuivant; le procés extraordinaire fait à Hugues Danel sergent, Jean Rozeau executeur de la haute justice, Messire Aubin Blondel Prestre, & Adrian Fromentin, à la requeste de Dame Denise de Vigny, veufve du President, à laquelle, comme j'entens, on doit le principal honneur des diligences & poursuites: aveques elle, se joignirent Damoiselle Anne le Circer, ayeule maternelle & tutrice des enfans de Larcher; & Damoiselle Jeanne du Pont, veufve de Tardif: & par Arrest du vingt-septiesme d'Aoust, 1594. la Cour de Parlement declara Danel, Blondel & Rozeau, deuëment attaints & convaincus des captures, assassinats & massacres (ce sont les mots de l'Arrest) proditoirement & inhumainement commis és personnes des President Brisson, Larcher & Tardif; & ledit Fromentin, d'avoir assisté & favorisé lesdits assassinats: pour reparation desquels cas, lesdits Danel, Blondel, & Rozeau, sont condamnez de faire amende honorable, en la mesme forme que celuy de Melun, & d'estre pendus & estranglez à une potence croisée en la place de Greve, & qu'à leurs morts assisteroit Fromentin la corde au col, & de là conduit aux galeres perpetuelles. Je vous laisse toutes les autres particulieres condamnations de l'Arrest, concernants tant le public, que les partiesciviles. Fut-il jamais une plus signalée justice que celle-là? Et comme mon esprit ne peut demeurer oiseux, quand les occasions s'y presentent, aussi fis-je le jour mesme de leurs executions, leur Epitaphe de cette façon.

Danel, Blondel & Rozeau condam. nez, & executez Fromentin à leur mort assisté la corde au col, & de là conduit aux Galeres perpetuelles.

Leur Epitaphe.

Le Sergent fut créé pour le mal-faiteur prendre,
Si condamné à mort, le Bourreau pour le pendre,
Avant sa mort il est par Prestre confessé.
Icy passant tu vois par nouvelle justice,
Sergent, Prestre, Bourreau, exposez au supplice
Pour un crime non veu jamais au temps passé.

Les trois veufves, dont je vous ay cy-dessus parlé, ne se contenterent de cest Arrest, ains firent prendre au corps neuf hommes, lesquels, par Arrest du troisiesme jour de Septembre suivant, furent condamnez, les uns aux galeres, les autres à faire amende honorable, & les autres bannis. Et quant à ceux qui s'estoient garentis par la fuite, depuis la reduction de Paris, comme Bussi, Crucé, le Normant, Cromer, jusques au nombre de seize, ils furent condamnez par defaux & contumaces à estre roüez, & dix autres, à estre pendus & estranglez, avec grosses amendes envers les parties Civiles, & confiscation de biens envers le Roy, par Arrest de l'onziesme jour de Mars 1595. eux tous executez le mesme jour en figures devant l'Hostel de ville. Et remarquerez, qu'en toutes ces condamnations portées, tant par la sentence de Melun, que trois Arrests, dans lesquels fut prise une animadversion

Autres neuf condamnez.

Contdamnés par contumaces.

adversion exemplaire contre quarante malfaiteurs, ne furent que ceux qui s'estoient trouvez avoir eu part, ou consenty, le Vendredy quinziesme de Novembre, aux trois assassinats. En effect, voilà la fin & consommation de cest œuvre, sur lequel je vous escriray par le premier, les commentaires que j'en ay faicts; estant meshuy temps, ce me semble, que je me repose. A Dieu.

LETTRE III.

A Monsieur de Saincte Marthe.

Discours & considerations diverses sur les executions cy-devant escrites.

POur ne vous manquer de promesse, je vous veux maintenant escrire les commentaires que j'ay faicts sur l'Histoire que je vous ay discouruë par mes dernieres. De ma part, je l'estime avoir esté la crise de la maladie de ce temps, ou, pour mieux dire, un jeu, par lequel Dieu voulant mettre fin à nos maux, se mocqua des plus sages conseils des hommes.

Je reprendray toutes choses piece à piece, & commenceray par Monsieur le President Brisson : lequel, en l'assemblée de Saint Germain en Laye, faite par le Roy Henry III. pour la reformation de l'Estat, avoit eu l'oreille du Roy par dessus tous ses compagnons; mesme estoit demeuré trois & quatre jours seul dedans son Cabinet, luy administrant memoires sur ce subject, tels que le Prince desiroit : qui estoit assez pour l'obliger de suivre sa fortune, & de quelque sorte qu'elle se tournast. Toutesfois soudain après la desfaite des Barricades, les Ligueurs s'estants rendus maistres de Paris par l'absence du Roy, luy qui estoit d'un esprit remuant, commença de branler en son Ame. Feu Monsieur le President Seguier me conta un jour dedans Tours, que sortants ensemble de la Messe de dix heures du Palais, Monsieur Brisson luy demanda quel party il deliberoit suivre, en cette nouvelle division : à quoy luy ayant respondu; celuy du Roy, & que de cela il n'en faisoit aucune doute : adoncques Monsieur Brisson luy repartit, qu'il y avoit beaucoup à penser avant que de s'y resoudre : toutesfois la verité est, qu'il ne marchanda pas longuement sur ce subject, d'autant qu'en moins de rien, il se rendit du tout populaire, captivant sans dissimulation les principaux mutins de la ville. Qui fut cause que le seiziesme jour de Janvier, auquel la plus grande partie des Seigneurs du Parlement furent menez en triomphe, & emprisonnez par Bussi & ses complices, il ne se trouva pas au Palais, ayant eu advis de ces Messieurs de tout ce qui se devoit passer ce jour-là, & pour y apporter quelque pretexte d'excuse, prit medecine. Quelques jours après, tous les autres Presidents, estants les uns emprisonnez, les autres cachez, ou fugitifs, comme s'il eust esté au-dessus du vent, sans faire demonstration de deuil du mal avenu, manda par des Huissiers à tous les Conseillers qui estoient en liberté, de se trouver au Palais; & pour éviter le scandale (comme il disoit) fit ouvrir l'Audience, où il siegea seul. Qui fut une faute inexcusable, dont il accueillit la haine publique d'une infinité de gens de bien & d'honneur. Car ce premier scandale des seditieux & mutins n'y pouvoit estre reparé, que par un autre, l'exercice de la justice cessant. Toutesfois il ne le voulut pas, craignant d'offenser ceste populace : & par ce moyen, se vit, non seulement premier, mais bien seul tenir le siege en ce grand Parlement de Paris. Extrême contentement à celuy qui pour se mettre bornes convenables à ses opinions, esperoit ne pouvoir estre aisément controlé que par soy-mesme : mais il ne fut pas longuement en cest arroy : car jamais Seigneur ne receut tant d'afflictions & inquietudes, comme il fit pendant son entre-regne : d'autant que ces mutins l'ayant trouvé d'un esprit versatil, tous ses deportements leur furent suspects. Ce qu'il voyoit; & de faict, devisant avec un sien amy, il luy advint de dire, qu'ils l'envoyeroient *Ad Saginam*; voulant dire qu'on l'engraisseroit comme les pourceaux à l'ange, qu'on vouloit puis après tuër : & pour cuider parer ce coup, se rendoit idolatre de ceux qui l'eussent idolatré, si son ambition eust esté reglée. Autres Seigneurs tenoient lors rang & dignité au Parlement, non si grande que luy, contre lesquels ceste canaille n'osa jamais rien attenter. Et pourquoy doncques ? Parce qu'exerçants leurs charges, ils demeurerent tousjours en eux mesmes. Estant de retour en ceste ville de Paris, feu Monsieur Pithou me raconta, que le gouvernant en sa maison le Dimanche, dont il fut exposé à mort le Vendredy ensuivant, il luy dit, que s'il ne prenoit garde, ils le pendroient : & que lors le President luy respondit : je ne le crains nullement; car je suis maintenant en trop bon mesnage avec eux. C'estoit, que ces meschants, lors de la conjuration, qu'ils brassoient contre luy, le repaissoient de beaux semblants. Et en cecy je trouve infiniment estrange, que les assemblées ayants esté tenuës sept ou huict fois au cœur de la ville en grand nombre, s'y trouvants tantost cinquante, tantost soixante, & quatre-vingts personnes, & que de ce nombre, les uns estoient poussez d'un esprit de sedition, les autres d'un zele indiscret, & les derniers par une peur, craignants d'avoir suite; toutesfois en toutes ces rencontres, jamais il n'eut vent ny voix, mesmement de la part des derniers, de ce qu'on machinoit contre luy. Dieu ne le voulut permettre, parce que l'heure de sa mort estoit arrivée. Tellement que celuy qui en ce temps calamiteux, avoit basty sa grandeur sur ceste populace effrenée, fut, lors que moins il y pensoit, mené par elle honteusement en prison, pendu & estranglé cruellement, & son corps exposé vilainement en une place publique. Luy seul d'entre tous Messieurs les Presidents du Mortier, estoit demeuré dedans Paris, & luy seul porta aussi la folle enchere & penitence de sa demeure. Miroir, certes, & exemple admirable, pour enseigner à tous Magistrats de ne se rendre populaires.

Vous avez cy-dessus entendu quelle fut la fin de Monsieur Brisson : entendez maintenant quelle fut celle des Seize. Mot qui tombe ordinairement en nos bouches, quand nous parlons de la furieuse desbauche, qui fut dedans Paris depuis la journée des barricades; & neantmoins peu de gens sçavent quelle fut cette Anarchie populaire, que je veux vous deschiffrer, avant que de passer plus outre. La ville de Paris est departie en seize Quartiers. Chaque Quartier a son Quartenier; & luy ses Cinquanteniers, au dessous desquels sont les Dixainiers, qui plus, qui moins, selon la grandeur du quartier. Le 12. jour de May 1588. auquel les Parisiens se barriquerent par toute la ville contre le Roy, estimants qu'il leur vouloit bailler garnisons, & les reduire en une servitude ordinaire, chacun ayant pris les armes, quelques-uns de chaque Quartier s'engagerent dedans la querelle plus que les autres; & combien que les choses se fussent rappaisées par le soudain & inopiné partement du Roy, qui fut le Vendredy 13. toutesfois ces Messieurs s'en voulurent depuis faire croire contre ceux qui estoient desireux de la paix, que l'on appella *Politics*, qui furent par eux mal-menez : & ores que de ceste engeance il y en eust plus de trente des principaux, & à leur suite plus de 300. & que quelques Curez mesmement & autres Ecclesiastics fussent de ceste compagnie; toutesfois ils furent nommez, le Conseil des Seize, à cause des Seize Quartiers, dont ils estoient diversement tirez : Conseil qui ne se tenoit en un certain lieu, ains vaguoit par toute la ville deça & delà, ainsi qu'il estoit advisé par les Chefs, tous gens de basse condition, hormis trois

trois ou quatre : & entre eux, maistre Jean le Clerc, Procureur au Parlement, depuis nommé Buffi le Clerc, qui sçavoit tirer des armes, gaigna le premier lieu. Et voicy comment : Soudain aprés que le Roy eut abandonné la ville, & que l'on eut chassé de leurs charges, le feu Seigneur de Perreuse, Maistre des Requestes, Prevost des Marchands, & les quatre Eschevins anciens, on en crea tumultuairement de nouveaux, & fut la Chapelle-Marteau, Maistre des Comptes, fait Prevost des Marchands ; auquel aussi fut commise la garde de la Bastille pour la conservation de la ville ; Charge, en laquelle il se donna pour Lieutenant, Buffi le Clerc, qu'il estimoit plus brave Espadacin que tous les autres, joint qu'il se monstroit trés-affectionné au party. Depuis, survint le masque de la paix, que l'on nomma Saincte-Union, & furent les Estats assemblez à Blois, vers la fin de l'an 1588. où le nouveau Prevost des Marchands s'estant acheminé, avec le President de Nuilly son beau-pere, la Bastille demeura és mains de Buffi, comme son Lieutenant ; & de là en avant, il empieta tout credit sur ce Conseil des Seize. Tant y a, qu'aprés la mort des deux Princes Lorrains freres dedans Blois, il vint, sous ceste authorité, armé, avec ses satellites, gens de sac & de corde, dedans le Palais le 16. de Janvier 1589. & ayant fait lever le siege à trois Messieurs de la Cour de Parlement, il les mena en corps depuis le Palais jusques à la Bastille, où il tria tous ceux qu'il luy pleut, & fit ses prisonniers, mesme Monsieur le premier President de Harlay, & Monsieur de Tou, cinquiesme President ; renvoyant les autres en leurs maisons ; se faisant Juge, ordinateur & Concierge de ceux qu'il logea dedans sa Bastille, qui estoit garnie de soldats, tous à sa devotion. Ce coup prodigieux, de cette façon ordonné par les Seize, & executé par Buffi leur Colonel, il n'y eut President, ny Conseiller au Parlement, Chambre des Comptes, & Cour des Aides, qui ne craignist de leur desplaire, exerçant sa charge : comme aussi jaçoit que cette racaille de peuple fust sans bride, si estoit-elle aucunement retenuë par la dignité de ces trois ordres. Dieu voulut que Brigard, Procureur du Roy de l'Hostel de ville, qui ne tenoit point peu de lieu entre les Ligueurs, est accusé d'avoir intelligence avec les nostres, pour faire remettre la ville de Paris sous l'authorité, & obeissance du Roy. Selon Dieu, c'estoit une saincte entreprise, qu'il conduisoit en faveur de celuy qui estoit son Prince naturel & legitime ; selon le monde, c'estoit une trahison qu'il brassoit contre le party dedans lequel il s'estoit plongé : consequemment, digne de mort & punition exemplaire. Son procés fut encommencé au Conseil d'Estat de la Ligue, qui se tenoit dedans Paris : & luy furent baillez Commissaires pour l'interroger, Nuilly Premier President en la Cour des Aides, & Morin Cromer, Conseiller au grand Conseil, tous deux Conseillers d'Estat : qui procederent à son interrogatoire : & comme un Conseil d'Estat ne veuille prendre cognoissance des causes criminelles, ores qu'il le puisse, aussi fut cette-cy renvoyée au Parlement, avec le prisonnier. De vous dire quel y faisoit pour ou contre luy, ce me sont lettres clauses. Si vous en croyez Cromer, il devoit estre condamné à une huictaine pour le plus tard, tant sur son interrogatoire, que sur deux lettres missives estans au procés, qui luy avoient esté envoyées par feu M. le Mareschal de Biron pere, & l'Abbé d'Elbene : toutesfois le procés est tiré en longueur de cinq ou six mois, nonobstant les chaudes sollicitations, que les Seize faisoient contre luy, comme conservateurs generaux des Privileges de la Ligue : de maniere qu'enfin les prisons luy furent ouvertes par Arrest. Longueur qu'ils disoient avoir esté industrieusement exquise & affectée par le President Brisson, pour avoir moyen de le sauver : & de fait, Cromer fit imprimer un Factum contre l'Arrest, dedans lequel il accusoit d'injustice, à face ouverte, le fait des Juges. A vray dire, ce fut le principal motif, qui opiniastra les Seize à se heurter contre la Cour de Parlement en general, & specialement contre le President Brisson, ainsi qu'avez entendu par mes precedentes. Or combien qu'il ne nous appartienne d'asseoir nos jugements sur les jugements & Arrests d'une Cour Souveraine ; toutesfois de quelque merite, ou demerite que fust la cause, je veux croire que la plus grande partie des Juges, mettants les mains sur leurs consciences, & recognoissants que la plus belle Loy estoit de se reduire sous l'obeïssance de leur vray Prince, furent trés-aises de sauver Brigard.

Les Seize estants de cette façon ulcerez, se resolurent, ou de se faire absolument maistres, ou en tout evenement, de ne despendre, à l'avenir, d'autre devotion que de ceux qui seroient par eux installez. Ils voyoient un Duc de Mayenne, Prince magnanime, mais d'un esprit calme & debonnaire ; l'Espaignol, dedans la ville, ne béer qu'aprés nostre Couronne ; une Cour de Parlement, tiede à l'execution de leurs fureurs ; le Duc, absent avec ses forces ; que tout cela concurroit ensemble, ils avoient moyen d'unir leurs forces avec celles de l'Espaignol, & tout d'une main, d'attirer tout le demeurant du peuple à leur cordelle, sous le pretexte de l'injustice qu'ils disoient avoir esté faite en faveur de celuy qui s'estoit estudié de rendre la ville à leur ennemy. Toutes ces rencontres leur sembloient rire ; & sur ce pied, establirent un Decemvirat de Dix nouveaux Juges, balotez, ou pour mieux dire, choisis, pour advifer tant du remede qu'il falloit apporter contre l'Arrest, que de toutes les affaires qui regardoient le bien de la ville, sans qu'ils fussent tenus d'en rendre raison, ny d'en advertir la compaignie, sinon quand ils trouveroient expedient de le faire: le tout, afin que leurs conseils ne fussent divulguez, & neantmoins demeurassent stables. Sur ce mesme pied, Buffi & ses consorts firent en diverses assemblées, signer un Blanc, qu'ils eussent aprés remply, comme il leur eust pleu, à la desolation & ruine de tous les gens de bien & d'honneur de la ville. A quoy les soubsignez s'estoient obligez follement par leurs signatures. Sentence arrestée pendant une nuict ; le lendemain matin, signifiée aux Espagnols & Napolitains ; à l'instant mesme, executée contre le chef du Parlement : fut-il jamais coup d'Estat plus grand que cestuy, pour, au desavantage du Magistrat Politic, donner pleine vogue à une fureur populaire, qui commanderoit à baguette sur la ville principale de tout le Royaume ? Et toutesfois je m'asseure qu'en moins de 24. heures, ces furieux en furent au repentir, quand les trois corps exposez en la place de Greve, le peuple non seulement ne s'excita sur la mensongere harangue de Buffi ; mais au contraire, tourna ce piteux spectacle à compassion ; & quand ils virent l'Espagnol, qui estoit aux escoutes, face à autre, en attendant quelle seroit l'issuë de ceste inesperée tragedie ; les deux Princesses, n'avoir voulu soubsigner à tout ce qui s'estoit passé ; le Gouverneur, s'estre fermé dedans sa maison, avec ses gardes ; le Parlement, Chambre des Comptes, Cour des Aides, avoir du tout oublié le chemin du Palais : toutes ces particularitez confluants par un mesme concours ensemble, je m'asseure que ces sages testes eussent voulu estre au recommencer. Adjoustez la venuë de Monsieur de Mayenne, qui fut la consommation de leur malheur: tellement que ce grand Conseil sur lequel ils pensoient bastir absolument leur grandeur, fut l'abysme de leur ruïne. La mort extraordinaire de quatre ensevelit & les assemblées, & la furieuse tyrannie des Seize, dont on ne parla plus dedans Paris.

Reste maintenant, de jetter sur Monsieur de Mayenne, duquel je puis dire, comme chose trés-vraye, qu'en tout ce qui se passa par la France, dés & depuis nos derniers Troubles, vous ne trouverez un trait d'Estat si hardy, ne si sagement, ne plus heureusement conduit, que cettuy. Car d'une main il retrancha, & la fureur barbaresque de ces tyrans, & l'esperance allouvie de l'Espaignol, supprimant tout-à-fait le Conseil des Seize. Il falloit qu'ainsi il le fist ; autrement il estoit perdu de nom, de reputation, & de dignité ; & neantmoins, en se conservant par cette voye digne de luy, il commença de perdre, sans y penser, le nom, credit & authorité qu'il avoit acquis sur la Ligue: d'autant que par la suppression du Conseil des Seize, le Parlement reprit les arrhements de son ancienne grandeur; & comme s'il eust commencé de respirer, voulut estre creu selon les occasions, tantost y appellant le Duc, tantost non, ainsi qu'il trouvoit devoir faire: de sorte que je vous puis dire, que quand le Prince fit faire une Procession Generale dedans la Cité, pour rendre action de graces à Dieu de l'heureux succés qu'il avoit obtenu sur les Seize, & de la tranquilité dont il avoit bienheuré la ville, sans en venir aux mains; nous qui estions à la suite du Roy, devions chanter un *Te Deum Laudamus*, dedans nos Eglises, comme estant un acheminement à la premiere ressource de nos maux. Ainsi le trouverez-vous en deux actes trés-signalez: l'un, quand la Cour donna un Arrest, toutes les Chambres assemblées, prononcé le 22. Decembre 1592. present Monsieur de Mayenne, publié à son de trompe, & cry public, par les carrefours de cette ville, par lequel elle avoit jugé en termes exprés, que l'Assemblée Generale des Estats, lors publiée en certe ville, ne tendoit à faire tomber l'Estat Royal és mains des Estrangers; ains afin de proceder à la declaration & establissement d'un Roy trés-Chrestien, Catholic, & François, selon les Loix du Royaume: l'autre, quand le Duc estant en ceste ville, sans le mander, fut donné un deuxiesme Arrest, le vingt-huictiesme Juin 1593. sur la remonstrance faite par le Procureur General du Roy (c'estoit messire Edoüart Molé, à present President du Parlement) il fut ordonné, que remonstrances seroient faites, par Monsieur le President le Maistre (assisté d'un bon nombre de Conseillers de la Cour) à Monsieur le Duc de Mayenne, Lieutenant General de l'Estat & Couronne de France, estant lors en cette ville; à ce qu'aucun traité ne se fist pour transferer la Couronne en la main de Prince ou Princesse estrangers: que les loix fondamentales de ce Royaume fussent gardées, & les Arrests donnez par la Cour, pour la Declaration d'un Roy Catholic & François, executez; & qu'il employast l'authorité qui luy avoit esté commise, pour empescher que sous pretexte de la Religion, la Couronne ne fust transferée en main estrangere, contre les loix du Royaume; & pourvoir le plus promptement que faire se pourroit au repos du peuple, pour l'extrême necessité en laquelle il estoit reduit: & neantmoins, que la Cour desiors declaroit tous traitez faits & à faire de là en avant, pour l'establissement de Prince ou Princesse Estrangers, nuls & de nul effect & valeur, comme faits au prejudice de la loy Salique & autres loix fondamentales de ce Royaume. Ce sont les propres mots de l'Arrest, en l'execution duquel, on remarqua en Monsieur le President le Maistre, & Conseillers qui le secondoient, une honneste liberté digne du rang & qualité qu'ils soustenoient; & en Monsieur le Duc de Mayenne, une modestie admirable, combien que l'Archevesque de Lyon, comme cheval eschapé, se fust lasché toute bride, disant que la Cour de Parlement avoit fait un affront au Prince, lequel estant en cette ville, elle avoit desdaigné de l'appeller pour conclure sur un subject de si haute estoffe que cettuy: mais il ne porta pas loing ce mot d'affront, sans une noble recharge du President, qui luy remonstra; qu'il devoit apprendre à mieux parler; & que la Cour de Parlement ne faisoit point d'affronts. Conclusion, depuis le commencement de cette histoire jusques à la fin, vous recueillez, que ce fut un coup de Dieu, par lequel, à mesure que tous ces Messieurs pensoient avancer leurs affaires, chacun endroit soy, ils se ravalerent, non par autres moyens que par ceux dont par une prudence humaine ils faisoient estat de s'avantager: & qui est une chose digne d'estre cornée & trompetée à une longue posterité, Dieu permit que tout ainsi que Brigard avoit esté le premier bouteseu de nos troubles, quand il porta les fausses nouvelles à feu Monsieur de Guise, estant à Soissons, luy disant, qu'on avoit resolu au Conseil du Roy de faire pendre tous ses fideles & affectionnez serviteurs; (nouvelles qui l'acheminerent en cette ville, dont sourdit la journée des Barricades, suivie d'une infinité de malheurs:) aussi en contr'eschange, sur le malheur du mesme Brigard, fut basti le malheur, tant du President Brisson, que des Seize, fondement de la tranquilité qui nous est depuis advenuë: & c'est en quoy Dieu a manifesté ses grands & miraculeux effects.

En effect, voilà l'observation generale que j'ay allambiquée de cette histoire. Car quant aux particulieres, concernans les morts de Messieurs Brisson, Larcher, & Tardif, qui furent executez un Vendredy, il semble que ce jour eust esté fatal pour nos troubles: car à pareil jour, fut blessé l'Admiral de Chastillon en Aoust 1572: à pareil jour 13. de May 1588. lendemain des Barricades, le feu Roy Henry III. fut contraint de quitter Paris: à pareil jour, au mois de Decembre ensuivant, Monsieur de Guise fut tué dedans la ville de Blois: & si voulez que je passe outre, à pareil jour, 28. de Novembre 1591. Monsieur de Mayenne entra dedans la ville, pour prendre une punition exemplaire des Seize, & restablir en son Estat, la justice qui chommoit.

Encore veux-je passer plus outre: on dit que tous ceux qui meurdrirent Jules Cesar en plein Senat, moururent depuis de morts violentes; semblable discours sont quelques-uns, contre ceux qui homiciderent, dedans Blois, le feu Duc de Guise: fut-il prés presque sur autant de ceux qui mirent les mains sur ces trois pauvres Seigneurs, que je veux appeller Martyrs d'Estat: premierement, uns Louchard, Ameline, Aimonnot, Henroux, premiers maistres & directeurs de la prison, premiers pendus & estranglez en la maison Royale de nos Rois, pour restablir l'Estat Royal; le geolier, sergent, bourreau & Prestre, seconds ministres; le premier pendu à Melun; & les trois autres, en cette ville, par Arrest du Parlement; & un Adrian Fromentin condamné aux galeres, la corde au col, & d'assister au supplice: neuf autres, par autre Arrest, avoir esté, les uns condamnez à faire amende honorable; les autres, à estre bannis, & les autres és galeres: Arrest qui fut executé reellement & de fait, contre eux; & par un dernier, vingt & six autres avoir esté condamnez par defaux & contumaces, sçavoir seize à estre roüez, & les dix autres à estre pendus & estranglez, qui sont toutes mortes, ou civiles ou par effect.

Je ne veux oublier de vous escrire, que nous estans en la ville de Tours, quand les nouvelles nous arriverent de la mort de Monsieur Brisson, plusieurs blasonerent diversement sa memoire, les uns en faveur, autres en défaveur de luy. De ma part, je ne douteray de dire en tous lieux, qu'il estoit un personnage grandement nourry és langues Grecque & Latine, ensemble aux loix, lettres humaines, & histoires: judicieux le possible, és choses où il vouloit bailler quelques atteintes. La grandeur de son jugement, n'avoit en luy effacé les fonctions de sa memoire; ny la memoire, celles de son jugement: ainsi qu'il advient ordinairement que les deux ne compatissent à une mesme balance ensemble: & sur tout, avoit un esprit merveilleusement clair-voyant à bien deschiffrer un procés: & qui le rendoit en toutes ces particularitez plus admirable, c'est qu'il avoit petite teste, & le front racourci: remarques que l'ordinaire dit ne promettre rien qu'une grande incapacité au fait des sciences: au demeurant, Seigneur, en privé, de facile accés, & lequel sortant du seuil de sa porte, mettoit sous pieds toutes ses fascheries domestiques: que s'il eust sceu attremper je ne sçay quelle passion qui luy commandoit sans mesure, au maniement des affaires publiques, il eust esté le premier & plus accomply de son bonnet. Tant y a que la France a perdu en luy, un trés-grand homme, de quelque sens & façon qu'il voulust tourner ses opinions. A Dieu.

LETTRE

LETTRE IV.
A Monsieur de Saincte Marthe.

Il represente la mort du Mareschal de Biron.

APrés vous avoir esclaircy de la mort de Monsieur le President Brisson, grand personnage pour la plume; vous desirez sçavoir de moy comme les choses se sont passées en celle de Monsieur le Mareschal de Biron, grand Cavalier au faict des armes. Discours dont je vous prieray volontiers me dispenser; parce que nous pouvons discourir sur sa mort, que ne repassions sur sa vie; & en la rencontre des deux, il y a tant de meslanges de bien & de mal, que je serois presque de l'opinion de celuy, qui luy voüa cest Epitaphe:

Epitaphe du Mareschal de Biron.

> Passant, qu'il ne te prenne envie
> De sçavoir si Biron est mort:
> Ceux qui auront cogneu sa vie,
> Ne pourront pas croire sa mort.

Toutesfois, puisque par une curiosité absoluë, me mandez, que ce m'est un faix je vous obeïray pour n'encourir, en vostre endroit, le crime de felonnie, dont par son procez il a esté convaincu contre le Roy: & vous representeray une histoire, de laquelle je puis dire, que nulle, peut-estre, ne receut jamais tant de divers visages sur un object, comme ceste-cy: Histoire (dy-je) qui doit servir de fidele leçon, & au subject pour demeurer fidele à son Prince, & à celuy qui est presdu Prince, de ne le nourrir en novaltiez extraordinaires contre ses subjects; mais sur tout, un grand mystere de Dieu, & sage conduite d'un Roy, pour donner ordre à une gangrene qui se preparoit contre nostre France.

Cette Histoire remplie de plusieurs diversitez.

Quels furent les Parents du Mareschal de Biron.

Ce Seigneur eut pour pere, Monsieur le Mareschal de Biron, l'un de nos premiers Capitaines, quand il vivoit; & pour mere, la fille unique de la maison de Saimblanchard, encore aujourd'huy vivante, vraye Diane en pudicité, & Amazone en magnanimité, qui pour son principal deduit, a tousjours choisi les forests pour chasser aux bestes sauvages, & la harquebuse parmy la campagne, pour tirer aux oiseaux. Ces deux Ames genereuses en avoient produit une autre en leur fils, qui sembloit estre sans pair: Seigneur sans crainte, d'infatigable travail, plein d'entendement à bien entreprendre, de plus grand courage à executer, auquel la guerre n'estoit que jeu; en tous les exploits de sage conduite, suivie d'heureux succez, blessé de trente-cinq playes favorables, (qui n'alloient, ny à la mort, ny estropiement de membres) tesmoignages, & de son heur, & de sa valeur tout ensemble: Capitaine qui comme un autre Jules Cesar, passoit par dissimulation toutes les fautes de ses soldats, forts les militaires, & pour ceste cause, par eux honoré; & si j'osois dire, adoré, comme un second Mars: & comme le Roy se cognoist au choix des hommes, plus que nul autre, aux employes esquelles il les veut employer, aussi aprés avoir en luy remarqué une nature heureusement guerriere, l'ayant honoré de son Ordre du Sainct Esprit, il le fit Admiral de France; & voyant que cest Estat n'estoit voüé qu'aux guerres Marines, il le luy eschangea en celuy de Mareschal de France; & dedans cestuy, fit entrer une nouvelle qualité de Mareschal General de ses armées, pour representer en sa personne un second Connestable de France; & en outre, le gratifia du Gouvernement de la Bourgongne, & finalement, le fit Duc de Biron, & Pair de France; & l'honorant de tant de faveurs, il ne se trouva trompé de l'opinion qu'il avoit de sa vaillance; chose que je vous representeray seulement en quatre exemples, que j'ay tirez de plusieurs autres, sans y observer l'ordre des temps. La ville d'Amiens, surprise par l'Espaignol, sembloit estre imprenable. Le Roy, au milieu d'une infinité de Princes & grands Seigneurs, se reposa sur luy, de la conduite de ce siege: vous sçavez comment il en vint à bout. Au siege de Laon, le Comte de Mauchefer venant pour envitailler la ville, avoit en convoy reduit nos affaires aux termes de desespoir: un seul Biron idolastré par les soldats, seulement à demy armé, nous garentit de ce mal, à si bonnes enseignes, que celuy qui pensoit estre au-dessus du vent, servit de curée aux nostres. Au voyage de Savoye, encore que lors sa fidelité tombast en balance, toutesfois comme s'il eust seulement marqué les logis du païs de la Bresle avec de la craye pour y loger le Roy, il le luy asseura inopinément de paix sans coup ferir. Le Roy luy fit present du Gouvernement de Bourgongne: qui n'estoit pas tant une gratification, que recognoissance des grands services qu'il avoit receus de luy, en la recouste de cette Province: Brief, Biron combattoit à bien, vaillamment, & heureusement servir son Maistre: & le Roy, à le recompenser dignement, n'oubliant un seul point de ce qu'il pensoit appartenir à l'advancement de sa grandeur. Ainsi le choisit-il pour jurer la paix à Bruxelles, entre les mains de l'Espaignol; ainsi l'envoya-t'il, quelque temps aprés, visiter de sa part la Royne d'Angleterre, de laquelle il receut tous les favorables accueils qu'on pouvoit, non seulement esperer, ains souhaiter d'une grande Princesse. Ainsi le Seigneur de Sillery negotiant avec le Sieur de Vic, lors Ambassadeur aux Suisses, le tenoüement de leur ancienne confederation avecque nous, il fut envoyé en tierpied pour la confirmer & authoriser: afin de le maintenir de plus en plus en reputation envers les nations estranges. Toutes ces particularitez se trouvants d'une part & d'autre en cette histoire, je vous prie juger auquel des deux il y a plus d'ingratitude, ou en la mere envers son enfant, je veux dire de la France envers ce Seigneur, duquel elle avoit tiré tant de grands & signalez services, l'ayant fait mourir sur un eschafaut: ou de l'enfant envers sa mere, j'entens du Seigneur de Biron envers la France, qui par le ministere de son Roy, l'avoir eslevé en si grands honneurs; & neantmoins luy estoit entré en la teste de la vouloir bouleverser de fonds en comble?

Ses Eloges, & bon naturel.

Blessé de trente-cinq playes sans estre estropié.

Est faict Admiral de France;

Puis Mareschal de France.

Mareschal General des armées de sa Majesté.

Gouverneur de Bourgongne.

Duc de Biron & Pair de France.

Le Roy se repose sur luy pour le Siege d'Amiens.

Deffaict le Comte de Mauchefer.

Bresse inopinément reconquise.

Est choisi pour jurer la paix à Bruxelles. Est envoyé en Angleterre visiter la Roine.

Va confirmer & autoriser l'alliance avec les Suisses.

Jusques icy, je vous ay recité ses bonnes fortunes en gros; entendez maintenant quelle a esté son infortune, qu'on a peu recueillir des procedures extraordinaires contre luy faites au Parlement: pieces du commencement secrettes, mais aprés l'Arrest, divulguées, pour avoir passé par les oreilles de cent Juges: sur lesquelles je veux bastir un commentaire, pour vous monstrer comme ce Seigneur s'est perdu sans sçavoir pourquoy, & se perdant, il perdit par mesme moyen le jugement en la conduite de ses affaires jusques au dernier periode de sa vie.

Tant & si longuement qu'eusmes à bon escient la guerre, il vesquit en une tranquillité d'esprit, ne manquant d'aucun sien devoir envers son Prince; mais soudain qu'elle fut formée, il logea dedans son ame nouveaux troubles. Le Roy luy fit cet honneur de le choisir sur tous les Seigneurs de la France, pour aller jurer la paix à Bruxelles entre les mains de l'Espaignol, comme celuy qu'il estimoit en avoir esté le premier promoteur par ses grands & paradoxes faicts d'armes. Plus grand tesmoignage ne pouvoit-il rendre ny de sa bienveillance, ny de l'opinion qu'il avoit de luy: consequemment, plus grand heur & honneur ne luy pouvoit-il advenir, que celuy-là: & toutesfois ce fut le premier acheminement de son malheur & des-honneur. Et peut-estre que quelque folastre dira, qu'ores que le Roy le cognoisse en hommes, neantmoins il se mespris lors, le choisissant pour confirmer la paix, laquelle il abhorroit plus que la peste, comme celle qu'il estimoit estre le raval de sa grandeur.

Il abhorrit, voit la paix.

Estant

Estant arrivé à Bruxelles, il est veu, & visité en flote par les Espagnols, & Walons, pour la grande reputation qu'il avoit acquise pendant la guerre. Il se paist vainement de cette vanité. Intervient un Picoté, Guespin de la ville d'Orleans, refugié aux Païs-Bas, pour les troubles, qui commence à l'aiguillonner: luy remonstrant en quelle reputation ils l'avoient; & apres l'avoir par longs ambages chevalé, tasté & tenté, luy dict que s'il se vouloit rendre des leurs, ils l'embrasseroient, comme leur propre Roy. Promesse en laquelle il n'y avoit ny fonds, ny rive, de quitter une grandeur legitime & asseurée pour se voüer aux flots, orages & tempestes d'une esperance bastarde & affamée. Et à vray dire, ceste parole devoit estre par luy rudement baffoüée; toutesfois, apres l'avoir à diverses fois longuement ouy, il luy dit d'un esprit beaucoup plus calme, que ne portoit son ordinaire, qu'il n'entendoit point cest enigme; mais que s'il se vouloit venir voir pour le luy deschiffrer lors qu'il seroit de retour en France, il l'orroit de bien bon cœur. Ceste responce rapportée aux Espagnols, ils estimerent, que ville qui capituloit estoit à demy renduë; & de faict, employeront à ceste negociation Picoté, ainsi qu'on pretend estre verifié au procés. De moy, je ne say aucune doute que desors l'Espagnol ne rabatist la moitié de cette grande opinion qu'il avoit conceuë de luy.

Jamais homme de bien ne se demantela de l'obeïssance de son Prince, quelque beau pretexte l'on en ait le repeut; & si malheur advient, c'est ordinairement en celuy qui apres avoir fait plusieurs grands services, se trouve recompensé d'une ingratitude par son Roy; ce qui ne se rencontroit aucunement en la fortune de Biron: & c'est pourquoy quand il n'y eust eu que ce seul point en son procés, il meritoit une punition tres-exemplaire. Aux autres, l'attentat, le deliberer, la volonté; en cestuy, la seule pensée, au milieu de tant de bien-faicts, gratifications & honneurs, estoit moyen suffisant de sa condamnation.

Or comme un abisme en attrait un autre, aussi estant tombé en ce premier desarroy, il se choisit dés en avant, la Fin pour son principal confident: la Fin (dy-je, Gentil-homme non apprenty, comme l'on dit, en tels remuëments de mesnage, & qui apres s'y estre engagé, sçait le mestier d'en sortir aux despens de ses compagnons, & demeurent pour les gages; tesmoins la Mole & Conconas l'an 1574. sous le regne de Charles IX. Plus propre instrument de la ruine ne se pouvoit-il choisir. La Fin conduit son ome en Savoye; Picoté, homme de rien, en Espagne. Il estoit adoncques question du Marquisat de Salusses, auquel le Roy soustenoit devoir estre reintegré par le Duc de Savoye, comme ayant esté par luy induement surpris pendant les troubles derniers. Reintegrande, qui le promettoit par Ambassades: mais le Duc, Prince tres-advisé, estima qu'il ne pouvoit avoir en ceste cause meilleur Advocat que luy. Au moyen de quoy il vint en France; & se moyen de l'aboucher avecques Biron: & lors fut traicté du mariage de la troisiesme fille du Duc avecques luy: quoy faisant, il arrhoit grandement Biron pour estre de son party: & sur ceste asseurance, promit avec plus grande facilité le restablissement du Marquisat dedans certain temps; & pour faire accroire, que quelque promesse qu'il fist, Biron tailleroit tant de besoigne au Roy dedans son Royaume, qu'il luy osteroit & le desir, & le loisir d'en sortir.

Le Duc manque à sa parole, & use de plusieurs remises; qui occasionna le Roy d'armer contre luy. En quoy il se reposa principalement sur Biron, comme celuy auquel il avoit toute sa fiance. Vous entendrez maintenant une merveilleuse suite d'histoire. Biron, nonobstant le traicté qui estoit entre le Duc & luy, prend ceste querelle en main pour le service de son Maistre & s'en acquite de telle façon, qu'en moins de rien il reduit le païs de Bresse, & la ville de Bourg sous l'obeïssance du Roy, non toutesfois la Citadelle, que le Duc se promettoit devoir estre un amusoir de deux ans au Roy; pendant lesquels il espe-

roit barrer le cours de son entreprise. Mais Biron poursuivant sa pointe, bloqua cette Citadelle si à propos, que toutes munitions defaillantes à ceux de dedans, ils furent contraints d'en venir aux prieres: qui fut l'un des principaux motifs de la paix.

Faisons icy une pose, avant que de passer plus outre. S'il avoit (me direz-vous) intelligence avec le Duc, il devoit tirer le siege de la ville de Bourg en longueur. Ainsi le pouvoit-il faire avec une legitime excuse, & par cest artifice asseurer l'Estat à son futur beau-pere. Ceste seule consideration faict paroistre, qu'il n'avoit aucune intelligence avec luy. Ce mesme argument fut l'un des principaux moyens de sa justification devant ses Juges, en plein Parlement; quand il leur dit, que les lettres dont on le battoit, avoient esté dementies par ses effects. Mais pour en parler sainement, ce fut un trait de grand Capitaine: car faisant demonstration de bien & loyaument servir son Maistre, il se promettoit que le moins que le Roy pouvoit faire pour luy, estoit d'unir le Gouvernement de la Bresse avec le sien de la Bourgongne, pour le voisinage des deux Provinces. Quoy faisant, il se pourroit choisir tel Capitaine qu'il voudroit, pour la garde tant de la ville, que Citadelle de Bourg: qui luy seroit un gage tres-asseuré de son futur mariage, se rendant necessaire aux deux Princes, les tenant en suspens, l'un, sous l'esperance d'y rentrer; l'autre, sous crainte d'en sortir. Toutesfois contre son opinion, le Roy qui ne l'avoit jamais auparavant esconduit, le refusa tout à plat, de cette Requeste; luy declarant, qu'il avoit destiné le Gouvernement de ce fort à Boüesse, non seulement pour l'asseurance qu'il avoit de luy au faict des armes, mais aussi pour sa prud'hommie & fidelité. Cecy estoit un argument indubitable, qui faisoit paroistre que le Roy avoit eu quelque vent des nouvelles practiques de Biron: chose qui le devoit rendre plus sage; toutesfois Dieu luy banda tellement les yeux, que sur ce refus il planta un mescontentement furieux; sur ce mescontentement, des menaces à haute voix; & sur ces menaces, l'effect.

Boüesse estoit de la Religion pretenduë reformée. Qui fut cause que combien qu'auparavant Biron n'eust faict autre profession de Religion que de son espée; toutesfois il y adjousta le Chapelet, pour monstrer qu'elle estoit voüée au soustenement de l'Eglise Catholique, Apostolique & Romaine: & commença de trompeter, que ceste Citadelle ne luy avoit esté refusée qu'en haine de la Religion Catholique: qui fut depuis le refrain general & de toutes ses doleances. Mais tout ainsi que le Roy à la conduite de son Estat employe indifferemment, le Catholic, & le Huguenot, selon que de la necessité de ses affaires le convie, aussi Boüesse, dedans la Citadelle, admet tant le soldat Catholic, que le Huguenot, sans forcer leurs consciences, ains avec l'exercice de l'une & l'autre Religion.

Quelque temps apres ce refus, Biron estant à Anneçy, envoye Renazé, laquais de la Fin, vers Albigny, Lieutenant General de l'armée Savoyarde; lequel fut l'advis qu'il receut de luy, se retira à quartier, estant sur le point d'estre maltraicté, s'il nous eust attendu. On adjouste, que ce mesme Renazé porta memoire à celuy qui commandoit au fort Saincte Catherine, de quelle façon le Roy pouvoit estre occis, quand il auroit mis le siege devant. Particulierement à laquelle il me semble que Biron satisfit fort à propos, estant, en plein Bureau, interrogé par Monsieur le Chancelier sur cest article.

Or faut-il de deux choses l'une: ou que sur quelques sourds bruits que le Roy avoit receu des nouvelles capitulations de Biron, il luy eust sagement faict ce refus, & opposé un brave Capitaine, qui s'opiniastreroit à luy faire teste, si le besoin le requeroit: ou s'il ne le sçavoit, & que de son propre instinct il le luy eust refusé, je veux coucher cest article dans le chapitre des principales benedictions que jamais il receut de Dieu: d'autant que ce seul point desarroya grandement la tresme qui se brassoit avec le Duc: lequel, apres la paix faicte, voyant qu'il n'estoit en la puissance de Biron, de le reintegrer dedans le païs de la Bresse, ne voulut tout-à-faict rompre avec luy:

mais

Les Lettres de Pasquier. Liv. XVII.

mais le tenant en haleine, tira les choses en longueur, pendant laquelle Dieu permit que la mine fust éventée.

La paix concluë par l'entremise du Pape.

La paix est concluë entre les deux Princes, par l'entremise du bon Pape Clement VIII. dedans la ville de Lyon. Biron se voyant lors entre deux fers, & remettant devant ses yeux, que le Roy estoit entré en quelque desfiance de luy, se presente à sa Majesté, & luy remonstre que depuis l'escondute qui luy avoit esté faicte, s'estoient passez par sa teste, mal-à-propos, quelques ombrages, dont il luy requeroit humblement pardon. Ce que le Roy luy accorda liberalement, apres avoir entendu non le tout, ains quelques particulieres rencontres. S'il fust demeuré dedans les termes de ce pardon, tout ce qu'il avoit forfait par le passé, estoit un n'en-parlez-plus; la seule parole du Roy estoit plus en son endroit, que toutes les cires vertes du grand Seel : mais comme son ambition n'avoit point de frein, aussitost tourna-t-il sur ses premieres brisées, par l'interonce de la Fin, son Agent, tantost avec le Duc de Savoye, tantost avec le Comte de Fuentes, Lieutenant General du Roy d'Espagne sur le Milanois; tantost avec les deux ensemble : & estoit leur traicté, comme l'on disoit, un emorcellement du Royaume de France en plusieurs pieces souveraines sous le vasselage d'un grand Roy : & nommément le mariage de Biron, avec la troisiesme fille du Duc, cinq cens mil escus de deniers dotaux, & cession & transport qui luy seroit faict par le Roy d'Espagne de tout le païs de Bourgongne, & des droits qu'il y pretendoit, hormis la foy & hommage, qui n'eust pas esté, avec le temps, un petit ennemy à nos portes, pour introduire l'estranger dedans nostre France.

Biron se descouvre au Roy, & demande pardon.

Mais recommencées ses menées.

A quel prix Biron faict son marché.

La Fin se mesprend par mesgarde.

Dieu permet que la Fin, negociant dedans Milan avec le Comte, il luy advint de se mesprendre de parolle : de maniere que le Comte ombrageux entra en tres-grande desfiance de luy, & fut d'advis qu'il s'en falloit desfaire; dont il fit une depesche au Duc, & donna quelques jours apres, unes lettres à la Fin, pour les luy porter, s'en retournant à la France : ce qu'il promet de faire; mais soit qu'il eust apperceu au visage du Comte quelque alteration, ou autrement, il prit la route des Grisons, & bailla le pacquet à Renazé pour le presenter au Duc, lequel aussi-tost le fit coffrer en prison. Et cettuy fut non un coup d'Estat, ains du Ciel, sans lequel nos affaires estoient en danger d'aller tres-mal. De là en avant, changea d'ouvrier, non d'ouvrage; & fut mis le Baron de Lux en œuvre, l'un des principaux confidents de Biron. Ce qui causa un grand creve-cœur à la Fin. Et combien que le Roy eust plusieurs sentiments de cette continuation, toutesfois, comme bon pere envers son enfant, desirant de le conserver, n'y voulut, du commencement, employer le cautere, ains le reduire par toutes voyes d'honneur & douceur, au bon chemin : & de fait, l'envoya, comme j'ay dir, en Ambassade vers la Royne d'Angleterre, puis en Suisse : mais de malheur, non seulement il ne flechit, ains tombant d'une fievre tierce en chaud mal, on le vit sur le point de mettre le feu dedans le cœur & quatre coings de la France. Et voicy comment.

Renazé mis en prison.

Le Baron de Lux pris pour confident.

Le Roy tasche à le conserver.

La paix estant publiée tant avec l'Espagnol, que Savoyard, ceux qui estoient commis au mesnagement de nostre France, au lieu de soulager les tailles, aydes, & subsides, les pauvres subjects affligez d'unes longues guerres, introduisirent une nouvelle dace sous le nom de Pancharte, qui estoit une imposition sur tout le Royaume d'un sol pour livre, de chaque denrée venduë : qui causa un mescontentement general au peuple. Les bruits commencerent de courir, que nous estions menacez d'un nouveau soustevement, dont quelques-uns qui ne voyent plus loing que leurs nez, estoient tres-aises, en haine de la Pancharte; & les autres plus sages, tres-faschez, sçachants combien de maux apportent toutes guerres civiles sous le masque du bien public. L'on faisoit deux grands chefs de ceste entreprise, l'un Catholic, l'autre Huguenot : qui estoit, par factions, unir les deux Religions au desavantage de leur Roy. L'on faisoit encores la Guyenne promotrice de ce nouveau trouble : & entre les Provinces d'icelle, le Limosin; & dedans le Limosin, la ville de Limoges, où le peuple s'estoit revolté, lors qu'un Lambert Partisan la voulut introduire, qui eust esté tres-mal mené, s'il ne se fust sauvé par la fuite, sous la protection & faveur de quelques premiers citoyens de la ville. On disoit que les Rochelois estoient aussi de la partie, & qu'ils ne vouloient, à face ouverte, endurer ce joug. A quoy le Roy, sage Prince, voulut remedier & ne permettre que le mal passast plus outre. Et d'autant qu'il voyoit & grands, & petits jetter principalement leurs yeux sur Biron, tant pour la creance qu'ils avoient en luy de sa suffisance aux armes, que mescontentement, dont il ne faisoit la petite bouche; Biron (dy-je) que le Roy sçavoit, par sa propre confession, avoir traicté avec l'Espagnol & Savoyard, il voulut avant tout œuvre, estre esclaircy de tous ses deportements : & adverty du mal-talent quela Fin avoit conceu contre luy (voyez combien nous profita l'ombrage du Comte de Fuentes) il luy commanda par lettres de le venir trouver à Fontainebleau, luy baillant toute asseurance de sa personne. La Fin, avant que de partir, en donne advis à Biron, lequel commençant de sonder sa conscience, le prie de vouloir avoir bonne bouche, & de brusler tous les papiers qu'il avoit de luy. Ce qu'il promit de faire avec protestations estranges, & sur la damnation de son Ame. Toutesfois arrivé à Fontainebleau & logé maintenant à la Mivoye, maintenant aux Prestouers, il descouvrit au Roy comme toutes choses s'estoient passées; non seulement devant le pardon, mais depuis : & pour justification de son dire, representa plusieurs lettres escrites & signées de Biron : que le Roy fit retirer par Monsieur le Chancellier. Le Baron de Lux estoit lors en Cour, auquel le Roy dit qu'il estoit merveilleusement bien édifié du Mareschal de Biron, sur le rapport que luy en avoit fait la Fin : lequel tout d'une suite luy escrit, de quelle façon il avoit gouverné le Roy, & deguisé tout leur mesnage. Et avant que partir de la Cour, obtint du Roy, une abolition generale, voire de crimes detestables, si vous en croyez la commune renommée : pour monstrer que celuy ne peut estre assez recompensé, qui revele les conjurations que l'on attente contre le Roy, & son Estat.

Le Limosin commence au trouble.

Les Rochelois tendoit à la division.

La Fin mandé à Fontainebleau.

Qui descouvre toutes les menées.

Et obtint abolition voire de crimes detestables.

Ce premier coup ainsi frapé, encores que le Roy eust quelque contentement, pour avoir esté informé au vray de ce qu'auparavant il doutoit; toutesfois ce ne fut sans estre assiegé de diverses contestations en son ame, voyant la Noblesse se brouiller en cette nouvelle desbauche avec le commun peuple. Car pour bien dire, les subjects doivent obeïssance à leur Prince : mais en contre-eschange, leur Prince leur doit un bon traitement, par une mutuelle correspondance, telle que du Chef envers tous les autres membres du corps. Et c'est la cause pour laquelle ceux qui ont cest honneur d'approcher les Rois, doivent apporter de grandes circonspections & regards avant que de surcharger un pauvre peuple de nouveaux imposts; pour les inconvenients qui en peuvent sourdre : toutesfois avenant qu'ils soient publiez, il ne faut pas aisément permettre que les subjects fassent teste, & veuillent donner la loy à leur Prince. La consequence en seroit trop grande. Vray que quand telle revolte advient, c'est un malheur espouventable : parce que le commun peuple ressemble proprement à la mer, qui naturellement est calme; mais agitée par les vents, esleve ses ondes jusques au ciel, au grand danger du nautonnier, s'il ne sçait la voie à la tempeste. Ainsi en est il du peuple, lequel ne se remue aisement de soy mesme, ains par l'impetuosité de Grands. Et ces deux humeurs brouillées ensemble, cansent d'estranges symptomes & accés en la maladie d'une Republique. Le Roy voyoit une Pancharte publiée en plusieurs lieux, un mescontentement du peuple arrivé jusques à l'effect de rebellion en quelques endroicts, assisté d'un Mareschal de Biron, qui joüoit à face ouverte, au mal-content : plusieurs Gentilshommes de marque, & braves soldats, se liguer avec luy : l'Espagnol & Savoyard, aux escoutes, n'attendre que le son du boutecelle pour se mettre

Reciproque devoir du Prince & des subjects.

Imposts ne doivent estre mis facilement.

le peuple

La Pancharte cause des mescontentements.

mettre en la campagne. Croyez qu'en toutes ces extremitez il y avoit assez dequoy pour apprester à penser au Roy. Or entendez quel ordre il y garda. Premierement, il tint pour fondement general, de desunir la cause de la Noblesse d'avec celle de la populace : & pour à ce parvenir, qu'il falloit commencer par ce qui estoit le moins difficile ; je veux dire, par le commun peuple, tout contraire en cecy aux opinions des grands Seigneurs : ausquels plus vous donnez, moins ils sont rassasiez ; representant un corps hydropique en l'Estat : au contraire, entretenez le commun peuple, je ne diray point en son ancienne liberté, ains servitude, & ne l'affligez sans occasion, de nouveaux subsides, ne doutez qu'il ne se rangera jamais du party de la desobeïssance, ains demeurera tousjours tres-devot envers son Prince.

Ordre que le Roy tint en la conduite de ceste affaire.
Le peuple vent estre conduit par douceur, & support, au contraire des Grands.

Sur ce projet, le Roy declare vouloir visiter tout son Royaume ; & à ceste fin, mande Biron pour estre de la partie. Mais il s'en excusa, alleguant qu'on estoit sur le point d'ouvrir les Estats en Bourgongne, ausquels sa presence estoit requise pour y presider : d'ailleurs, qu'il vouloit barrer le passage à l'Espagnol, qu'on disoit prendre la route des Païs-Bas sur le pont-Gresin. Excuses que le Roy prit sagement en payement, n'estant encores l'heure venuë de s'attacher à luy ; & comme Prince qui sçait aussi dextrement se maintenir dans la paix, qu'en la conduite d'une guerre, aussi devant que de s'achemineer en son voyage, il redoubla les Gardes, & s'environna tant des Seigneurs de la plume, que de l'espée, sans declarer le motif de son voyage : que quelques mutins disoient avoir esté entrepris, afin de bastir des Citadelles dedans les principales villes, pour l'entretenement de la Pancharte contre ceux qui seroient refusans d'y obeïr. De Fontainebleau, il passa par Blois, puis à Tours, enfin arrive à Poitiers, faisant paroistre à chacun, qu'il couvoit un grand dessein dedans sa pensée : ce qui commença de tenir les plus grands en cervelle, estimans qu'il avoit advis de leurs menées. Arrivé qu'il fut à Poitiers, il depesche tout aussi-tost à Limoges le sieur de-Jambleville, President au grand Conseil, pour chastier ceux qui s'estoient armez temerairement contre la Pancharte. Et à l'instant mesme où les deputez de la Guyenne, qui luy firent plainte, tant des Citadelles, que par le commun bruit on disoit qu'il vouloit bastir, que de la Pancharte, qui commençoit de prendre cours ; supplians tres-humblement sa Majesté, qu'il luy pleust la supprimer. Les ayant ouys d'une oreille tres-favorable, il leur dit, que pour le regard du premier poinct, il n'entendoit faire Citadelles que de leurs cœurs : & quant au second, il feroit tout ce qu'on pouvoit desirer & esperer d'un bon Prince, pere, non paraistre de ses subjects. Pendant ces remonstrances, le sieur de Jambleville fit executer à mort trois ou quatre pauvres malotrus, qui se trouverent atteints & convaincus d'avoir voulu exceder par armes Lambert, lors qu'il s'estoit ingeré d'imposer la Pancharte : depossessa de leurs charges les douze Consuls ordinaires, qui n'avoient empesché l'émotion populaire ; & en leur lieu, par nouvelle police, y en installa six seulement. Terreur qui rendit tous les autres souples. Et neantmoins le Roy, par une debonnaireté, qui luy fait perpetuelle compaignie, abolit l'usage de la Pancharte. En ce faisant, il appaisa tout le murmure du peuple, & par ce moyen demantela les guerriers d'une bonne partie de leurs forces. Restoit à s'asseurer de ceux-cy ; qui n'estoit pas un petit ouvrage. Et à ce faire commença par le Mareschal de Biron, auquel le procés fut fait & parfait : & quelque temps aprés son execution, le Roy fut en esmoy de faire une Chambre de Justice, en la Guyenne, qui seroit triée de quelques Seigneurs du Parlement de Paris, sur laquelle presideroit Monsieur le President Molé ; toutesfois, par un chemin plus abregé, il envoya depuis les sieurs de Feuillas, & Roissi, Maistres des Requestes de son Hostel, entre les mains desquels uns Calmiras, Pingodan, Chadamin & deux autres Gentils-hommes de bonne part estans tombez, ils furent par eux (assistez du siege Presidial de Limoges) condamnez à mort, & executez, & autres leurs complices garentis par une bonne & prompte fuite. La punition de ce peu de peuple fut une asseurance pour le general de l'Estat, contre tous les autres qui faisoient profession des armes. Mais parce que ce discours est aucunement une piece hors œuvre, & que ce que j'entens d'icy en avant vous deduire, regarde le particulier du Seigneur de Biron, vous me permettrez maintenant de reprendre haleine, pour vous discourir par une autre lettre, sa prise, & l'ordre que l'on tint, tant aux procedures, & condamnation, qu'execution de l'Arrest contre luy donné. A Dieu.

Le Roy redouble ses Gardes.
Envoye à Limoges pour faire chastier les mutins.
Remonstrance de ceux de Guyenne.
Punition à Limoges.
La Pancharte abolie.
Autre execution à Limoges.

LETTRE V.

A Monsieur de Saincte Marthe.

LA Guyenne estant r'apaisée, ainsi que je vous ay discouru par mes dernieres, le Roy estima qu'il estoit mes-huy temps de parler au Mareschal de Biron, qui lors estoit dedans son Gouvernement, aux escoutes. Escures est envoyé devers luy, auquel il avoit tres-grande fiance ; autre recharge du President Janin : l'un & l'autre portants asseurance de la part du Roy, qu'il ne recevroit aucun mal, moyennant qu'il voulust dire la verité de toutes ses negotiations & pratiques. Divers advis luy sont baillez par les serviteurs & amis, tant par lettres, que de paroles ; les uns pour l'aller, les autres pour le demeurer : il estoit d'un courage, qui ne pouvoit estre vaincu, ny par antruy, ny par soy-mesme. D'ailleurs, suivant l'opinion de quelques fantasques Astrologues, ausquels il avoit grande foy, il croyoit que son ascendant commandoit à celuy du Roy ; voire que quelques flatereaux prés de luy, ayants trouvé dedans son HENRY DE BOURBON, cest anagramme, DE BIRON BON-HEUR, comme ainsi fust qu'il en fist gloire, quelque Gentilhomme bien advisé là present, dit tout bas à l'oreille d'un sien amy ; s'il le pense ainsi, il n'est pas sage, & trouvera qu'il y a du Robin dedans Biron. Sur ces folastres apprehensions, ou bien par ce qu'ainsi le vouloit son desastre, il choisit le party de l'aller, qui fut l'accomplissement de son malheur.

Mort du Mareschal de Biron.
Escures envoyé à Biron.
Le President Janin.
Divers advis de ses amis qui luy sont donnez.
Il est trompé des Astrologues en qui il avoit grande confiance.
Anagramme qui le trompe.

Il arriva le treiziesme de Juin 1602. au matin à Fontainebleau ; le Roy se promenant avec ses profondes pensées dedans ses jardins : & aprés les premieres entreveuës, il le somme, interpelle & adjure de luy discourir tout au long de ce pourquoy il l'avoit mandé, luy promettant telle grace qu'il pouvoit esperer & souhaiter d'un Roy qui l'avoit tousjours aimé, & aimoit. Il tenoit sa mort entre ses mains, par les pieces que la Fin luy avoit baillées ; toutesfois il desiroit faire un chef-d'œuvre admirable de clemence, tant en la personne de luy, que de tous les autres : pour monstrer que tout ainsi qu'au faict de la guerre, aussi estoit-il invincible & sans parangon en celuy de la paix. Biron pouvoit s'arrester ou en la parole de son Roy, qu'il avoit tousjours trouvée veritable ; ou en celle de la Fin, qui se diversifioit en autant de façons, que d'objects : toutesfois en la malheure pour luy, il choisit la Fin, & ne peut le Roy tirer autre parole de luy, sinon qu'il n'estoit venu pour se justifier, ains seulement pour sçavoir qui estoient les gens de bien, qui luy avoient presté ceste charité, bien deliberé d'en avoir la raison, ou par la voye ordinaire de justice, ou extraordinaire des armes, telle qu'il plairoit à sa Majesté ordonner. Le Roy asseuré du contraire, le sollicite tant de sa bouche, que par celle de Monsieur le Comte de Soissons,

Il arrivé à Fontainebleau.
Le Roy le somme de se descouvrir.
Au contraire luy s'obstine en sa resolution, & nie. Le Roy le presse derechef

fons, de ne se heurter en ceste induë opiniastreté : mais autre raison ne peust-il tirer de luy, que de son innocence. Aprés avoir patienté deux jours, il le faict prendre sur les unze heures de nuict par le Seigneur de Vitry, l'un des Capitaines de ses Gardes ; & le lendemain cinquiesme, il est amené par eau à Paris, & logé dedans la Bastille, & à luy baillé davantage quelques soldats des Gardes du Roy : lequel fut huict ou neuf jours aprés, supplié par une Requeste à luy presentée par les parents & amis du prisonnier, de vouloir estendre sa misericorde sur luy, ausquels il dit : s'il se fust fié en ma clemence, dont je luy avois baillé pour gage, ma foy, il ne fust entré en prison. Maintenant que la justice luy est ouverte, je serois indigne du tiltre de Roy, si je luy voulois fermer. Chacun a interest d'estre bien & deuëment informé de son innocence.

Luy se voidit en l'innocence. Mais est pris par Vitry.
Et amené en la Bastille.
Requeste de ses parents, & responce du Roy.

Lettres Patentes sont decernées par le Roy, & autres choses à ce subject necessaires ; on informe contre luy, & est la Fin examiné, avec quelques autres tesmoins. Biron ouy par sa bouche dénie tout. Lors qu'il fut question de proceder aux recolemens & confrontations, Monsieur le premier President luy presente la Fin, le somme de proposer tels reproches qu'il verroit bon de faire contre luy : mais Biron estimant que la Fin ne luy eust voulu manquer de promesse, declare n'avoir moyens valables pour le reprocher, ains le recognoissoit pour Gentilhomme de bien & d'honneur. Sa deposition luy est leuë. Adonc il s'esclata jusques au Ciel, & Dieu sçait, non ce qu'il dit, mais ce qu'il ne dit contre luy. Adjoustant, que si Renazé son laquais eust esté present, il ne vouloit autre tesmoing que luy pour convaincre de faux cette meschante deposition. Il le pensoit estre mort ; & cette parole luy fut depuis cher venduë. Aprés s'estre aucunement estanché, on luy exhibe quelques missives, qui ne traittoient que d'affaires communes, lesquelles il recognut escrites & signées de sa main. Tout d'une suite, on luy en represente d'autres de mesme stampe & impression, dedans lesquelles estoit tout un long discours ce qui s'estoit par luy passé avec le Duc de Savoye & l'Espagnol, par l'entremise de la Fin : se voyant pris, il s'escrie contre la meschanceté de luy, dit qu'il estoit un charmeur, enchanteur, faussaire, & soustient qu'il en estoit le fabricateur, & que le mestier de contrefaire les lettres d'autruy estoit nouvellement venu en usage, & de ce en allegua quelque exemple de marque, avenu de fraische memoire.

Son procez commencé.
Est confronté à la Fin, contre qui il ne donne point de reproches.

Ses lettres luy sont presentées.

Ces choses ainsi faites, quatre ou cinq jours aprés, Renazé arrive à Paris, avec deux de ses gardes. Il est ouy & examiné, & se trouve en tout & par tout conforme à la deposition de la Fin. Confronté à Biron, il ne sceut que dire, car il avoit desiré sa presence pour justification de son fait : & cognut lors qu'il sembloit que le Ciel & la terre avoient conspiré contre luy, & disoit que Renazé estoit miraculeusement evadé des prisons, pour se trouver à point nommé dedans Paris. Et certes, il nous est bien faict de rapporter toutes bonnes choses à Dieu. Mais au faict de Renazé, je veux croire que ce fut un vray traict de l'Espagnol & Savoyard, lesquels ayants eu advis de ce qui se passoit contre Biron dedans Paris, lascherent le laquais pour s'y trouver, & luy baillerent par exprés deux gardes, afin qu'il ne prist son chemin ailleurs : car à quel propos luy eust-on baillé gardes, estant assez seurement gardé, veu sa qualité, entre quatre parois ? Le sens commun y repugne. Ce seul acte doit servir d'enseignement à tout subject, d'estre fidele à son Prince, & de ne commettre sa foy à la foy de son ennemy.

Renazé arrive & est examiné.
Est confronté à Biron.
Qui fait de grandes exclamations.

Renazé lasché de prison à dessein par le Savoyard & Espagnol pour perdre Biron.

Le vingt-troisiesme Juillet, le procés est mis sur le Bureau ; toutes les Chambres assemblées, au rapport de Monsieur de Fleury, Doyen de tous les Conseillers, secondé par Monsieur de Turin, Monsieur le Chancelier y president. Le Samedy, vingt-septiesme, Biron fut ouy par sa bouche sur une escabelle devant ses Juges, sans aucune interruption ; le Lundy, vingt-neufviesme, condamné à mort sur les deux heures de relevée : la plus-part des Juges pleurants en le condamnant, non qu'il ne meritast

M. de Fleury est Rapporteur de son procez.
Biron est condamné par

à mort ; mais marris que ce malheur luy fust avenu, & sa bouche à nous. Le Mardy, trentiesme, sur une requeste presentée au Roy, il ordonna par ses Patentes (dont le Seigneur de Silleri fut porteur) qu'il fust executé à mort dedans la Bastille. Lettres verifiées au Parlement, le Mercredy matin, trente-uniesme : & sur les neuf à dix heures, Messieurs le Chancelier, premier President, & de Sillery s'y transporterent : & aprés avoir concerté ensemble dedans une chambre à part, de l'ordre qu'ils pensoient devoir estre tenu, ayant eu advis qu'il avoit pris son repas, Monsieur le Chancelier commanda, qu'on le menast en la Chapelle, distant de trois ou quatre degrez de sa chambre : & lors descend & traverse la cour, vestu d'une robbe de satin à grands manches, marchants devant luy quelques officiers de la Chancellerie, & huissiers de la Cour ; & derriere, Messieurs Durant, Courtin, de Roissi, Maistres des Requestes ; & aprés eux Maistre Daniel Voisin, Greffier Criminel. A la premiere rencontre, Biron s'escrie : ô quelle justice ! Mais Monsieur le Chancelier doucement luy remonstre, que si par le passé il avoit accompaigné toutes ses actions de generosité & valeur, c'estoit lors qu'il en devoit rendre plus grand tesmoignage, & se conformer à la volonté de Dieu. Et comme il vouloit poursuivre sa pointe, fut interrompu par Biron, lequel plein de courroux, avec un torrent de riches paroles, desbonda de son cœur une infinité de mescontentements, fondez tant sur l'innocence par luy pretenduë, qu'in gratitude qu'on exerçoit en son endroit, aprés tant de signalez services par luy rendus à la France : pour lesquels quand bien il auroit mesfait, sa faute devoit estre ensevelie dedans le cercueil d'oubliance : que le Roy avoit desployé sa misericorde envers une infinité de rebelles, dont il n'avoit jamais reçeu que des desservices ; & que luy qui avoit tant de fois abandonné sa vie pour le service, estoit seul exposé à la mort ; accommodant tous ses discours de plusieurs belles pieces de marqueterie & exemples ; tout cela s'appelle l'espace de demie heure pour le moins : & s'estant aucunement raquoisé, Monsieur le Chancelier luy dit, que le Roy demandoit l'Ordre du S. Esprit, dont il l'avoit honoré, comme aussi son Baston de Mareschal de France. Quant à l'Ordre, il le tira de la pochette de ses chausses, & le luy rendit. Mais pour le regard du Baston, respondit qu'il ne l'avoit. Biron ne demeura muet, ains vouloit continuer ses complaintes, quand Monsieur le Chancelier le luy coupa court, aprés l'avoir derechef admonnesté de penser au sauvement de son ame. Avant que partir, Biron luy pria de luy permettre de faire son testament. Ce qu'il luy accorda sous le bon plaisir du Roy, adjoustant que le Greffier le recevroit sous luy. Il luy laissa, pour l'assister, deux honnestes hommes d'Eglise, Garnier Docteur en Theologie, & Maignan Curé de S. Nicolas des Champs. Monsieur le Chancelier sorty, Biron vouloit proceder à la confection de son testament, pour, ce fait, n'avoir plus soing que de son ame : mais Voisin remit tout cecy aprés la prononciation de son Arrest, luy disant : Monsieur, le prealable est, que l'Arrest vous soit leu ; acte qui desire de l'humilité. L'honneur & la reverence que nous devons à Justice, veulent que vous vous mettiez à genoux. A cette semonce, il s'y mit tout aussi-tost devant l'Autel. L'Arrest luy est leu, dont le dispositif estoit tel :

Est condamné à mort, dont les Juges mesmes pleurent.

à la Chapelle.

M. le Chancelier rasche à l'adoucir.

remonstrances.

Exclamations de Biron.

il rend l'Ordre du S. Esprit.

Demande de faire son testament.

Son Arrest luy est leu.

Dit a esté, que ladite Cour a declaré ledit de Biron atteint & convaincu du crime de leze-Majesté, pour les conspirations par luy faictes contre la personne du Roy, entreprises sur son Estat, proditions & traictez avecques ses ennemis, estant Mareschal de l'armée dudit Seigneur. Pour reparation duquel crime, l'a privé & prive de tous Estats, Honneurs, Dignitez, & l'a condamné & condamne d'avoir la teste tranchée sur un eschaffaut, qui pour effect sera dressé en la place de Greve : & a declaré, & declare tous & un chacuns ses biens, meubles & immeubles generalement quelconques, acquis & confisquez au Roy : la Terre & Seigneurie de Biron à jamais privée du nom & titre de Duché & Pairrie : ensemble ses autres biens immediatement tenus en foy & hommage

Dispositif de l'Arrest.

du

du Roy, reünis au Domaine de la Couronne. Faict en Parlement le vingt-neufiesme Juillet 1602. Signé en la minute, de Bellievre Chancelier de France, & de Fleury Conseiller en la Cour, Raporteur.

Ses repliques à l'Arrest.

En la lecture de cest Arrest, il demeura quoy, fors que la patience luy eschappa en ces mots: *conspirations faites contre la personne du Roy.* Il n'en est rien (s'escria-t-il) cela est faux. Vray que l'Arrest ayant esté parlou, portant que la Greve estoit ordonnée pour le lieu de son supplice: Quoy? moy en Greve? Voisin luy dit; on y a pourveu, ce sera ceans, le Roy vous fait cette grace. Quelle grace? repliqua-t-il. En cas semblable, fur ces mots: *Que tous & chacuns ses biens meubles & immeubles estoient confisquez au Roy:* Comment, ne se contente-t-il pas de ma vie, il veut-il enrichir de ma pauvreté?

Le bourreau ne l'ose lier.

L'Arrest à luy prononcé, restoit que le bourreau saisist de luy, & le liast & garrotast, n'estant plus celuy-là qu'il avoit esté auparavant: mais la crainte qu'on luy portoit, fut telle, qu'on ne l'osa jamais entreprendre. Cecy me fait souvenir de ce grand

Marius Romain estonne par sa constance celuy qui le devoit tuer.

Marius Romain, auquel Sylla ayant envoyé un Capitaine suivy de plusieurs soldats, pour le tuer: Comment? oses-tu bien (luy dit-il) mettre la main sur Marius pour le meurtrir? Parole qui arresta tout court l'autre: ainsi fallut-il lors aucunement temporiser à l'opinion du condamné; mais Voisin qui sçavoit ce qui estoit de sa charge, ferma la porte du chœur de la Chapelle, le laissant entre les mains de deux gens d'Eglise, & des Huissiers qui estoient huit en nombre: car quant au bourreau, il n'eust osé comparoir: & trouvant sur la montée les soldats qui l'avoient gardé, il les pria d'avoir l'œil sur luy, pendant qu'il verroit Monsieur le Chancelier. Ce qu'ils

Ses gardes refusent de le plus garder.

luy refuserent tout à plat; disants que tant qu'il avoit esté Duc de Biron, Pair & Mareschal de France, ils l'avoient eu à leur garde; mais maintenant qu'il estoit fait un nouvel homme par cet Arrest, la garde en appartenoit seulement aux Huissiers de la Cour de Parlement; toutesfois que de courtoisie, en attendant son

Et prennent son congé de luy.

tour, il n'adviendroit aucun meschef: & à l'instant vindrent en la Chapelle prendre congé de luy, & accolerent l'un apres l'autre à cuisse, ayant chacun d'eux la larme à l'œil, l'espée au costé, & la main sur les gardes: & luy aussi larmoyant, leur dict à Dieu, & fit present diversement de ce qui luy restoit en sa chambre. Le soldat ne le pouvoit non aimer, ny luy pareillement le soldat, en quelque piteux estat qu'il fust de sa personne.

Escorte qu'il eust en en Greve si l'execution y eust esté faicte.

S'il eust esté executé en la place de Greve suivant l'Arrest, je veux croire qu'on luy eust baillé pour conduite, non seulement tous les Huissiers du Parlement, mais aussi uns Rapin, grand Prevost de la Connestablie, & Jouy Prevost de l'Isle de France, avec tous leurs Archers: mais le Roy ayant ordonné que l'execution fust dedans la Bastille, la Cour pour asseurance du lieu, & des Gardes, dont elle ne prevoyoit le refus, y envoya seulement le Greffier Criminel & huit Huissiers, pour faire escorte au supplice. La question n'est pas petite, si en cas de contrainte, ils eussent peu avec leurs baguettes forcer la volonté de celuy, auquel rien n'estoit impossible, quand son opiniastreté le tenoit. Voisin se presente aux trois Seigneurs, & leur faict entendre de quelle franchise & soubmission Biron s'estoit agenouillé lors de la prononciation de l'Arrest, toutesfois que depuis il n'avoit esté garroté, ne s'estant le bourreau osé presenter, pour les menaces qu'il luy faisoit, s'il le touchoit: & la responce que les gardes luy avoient faicte: pour ceste cause, supplioit humblement Messieurs d'ordonner de quelle sorte il se devoit comporter sur ceste perplexité. Messieurs le Chancelier, & premier President furent d'advis de le lier; qui estoit bien la voye la plus seure, s'il n'y eust eu aucun obstacle. Monsieur de Sillery fut d'advis contraire; opinion en laquelle il y avoit beaucoup de sagesse, pour obvier au scandale qui pouvoit lors se presenter; mais aussi beaucoup de hazard, comme l'évenement le monstra: enfin il fut passé

par la douceur, & sur cette conclusion, Voisin reprit le chemin de la Chappelle. De vous discourir icy par le menu toutes les particularitez que j'ay recueillies, voire de la bouche mesme de celuy, qui avoit lors le principal œil sur Biron, il y auroit en ceste mienne lettre plus de curiosité, que de bien-seance. Suffise-vous, qu'apres la prononciation de l'Arrest, il fut celuy-là mesme qu'il avoit auparavant esté; sans en rabattre un seul point. Et vrayement, ce n'est pas sans raison, que quelques anciens disoient, que la mort estre le miroir de la vie; voulants dire, que nous representions ordinairement en ce dernier article, l'image de nos deportemens precedents.

La mort est le miroir de la vie.

Il avoit esté l'un des plus grands guerriers de nostre siecle; voyons doncques quelle sera la catastrophe de sa vie: toute cette apresdisnée se passa par entremises, tantost à faire son testament, qui contient six vingt articles & plus, tant il avoit d'esprit fort; tantost à gouverner les deux hommes d'Eglise sur le faict de sa conscience: mais principalement sur les reproches de l'ingratitude qu'il soustenoit luy estre faicte. Pendant cela,

Son testament fort ample.

plusieurs Seigneurs, tant du Parlement que des Comptes, le Lieutenant Civil, le Procureur du Roy du Chastelet, le Prevost des Marchands & Eschevins de la ville entrerent dedans la Bastille par permission, & plusieurs autres à la desrobée, tous desireux d'estre spectateurs de ce miserable theatre. Messieurs le Chancelier & premier President le visiterent sur les quatre heures; mais ils ne rapporterent de luy, que ce qu'ils avoient appris par le procés. L'eschaffaut de cinq à six pieds de haut fut dressé au coin de la cour, vers la porte qui regarde au jardin. Les cinq heures venuës, Voisin le voulant gaigner pied à pied, pour trouver bon qu'il fust lié: & le bourreau s'approchant? il jura un grand Cap de Dieu,

Il menace d'estrangler le bourreau parlant de le lier.

que s'il s'approchoit, il l'estrangleroit de ses mains: & neantmoins quelque peu apres, revenant à soy: or sus (dit-il) je voy bien l'heure de mon partement est venuë: Messieurs, je vous prie tous de vouloir prier Dieu pour moy. Sortant de la Chapelle, il est costoyé des deux Prestres, dont l'un portoit une Croix, & un

Sa promte resolution à la mort, & son grand courage.

Crucifix d'argent. Arrivé qu'il est au pied de l'eschaffaut, il jette son chapeau par terre, & s'agenoüille sur le premier degré; devant le Crucifix mis sur le second, où il fit sa priere, puis monte suivy de Garnier, & Maignan pour le consoler & confirmer. Il estoit vestu d'un pourpoint de taffetas gris qu'il despoüille, & retourne sur le lieu commun de ses reproches. Comme il estoit en ces alteres, Voisin luy dict; qu'il falloit lire son Arrest. Je l'ay ouy (respondit-il.) Monsieur, il le faut (dict Voisin) ly, ly, repartit Biron. Ce qu'il fit, & comme il vint à ces mots: *pour les conspirations par luy faites contre la personne du Roy: cela est faux* (s'escria-t-il) *rayez cela, je n'y pensay jamais.* C'estoit un point icy il ne voulut passer condamnation, ny dans la Chapelle, ny sur l'eschaffaut; recognoissant taisiblement par ceste denegation particuliere, que tous les autres contenoient verité; lesquels il eust aussi franchement desniez, s'il ne eust recognus veritables. Les gens d'Eglise descendus, Biron tournant sa veuë sur les soldats commis à la garde de la Bastille: compaignons, (leur dit-il) y a-t-il point quelqu'un de vous qui me veuille honorer d'une mousquetade au travers du corps? Puis adressant sa parole au Seigneur de Barenton, l'un des exempts des gardes du Roy: Monsieur de Barenton (luy dit-il) j'ay receu plusieurs bons offices de vous pendant ma prison, je vous prie que pour le dernier vouliez agencer mes cheveux, afin que ce meschant (parlant du bourreau) ne me touche. Mais comme Barenton eust fait semblant de ne l'avoir ouy, adonc luy-mesme rebrousse ses cheveux de derriere, se bande, & agenoüille, com-

Il demande de une mousquetade à quelques uns de ses gardes.

Se bande & s'agenoüille, Se releve.

me s'il eust esté du tout disposé à la mort: mais tout-à-coup se remet inopinément sur pieds, & avec un sourcil furieux se tourne devers le bourreau, donnant lors à penser à tous, que cet agenoüillement estoit un dernier stratagesme de ses actions, pour se saisir de l'espée du bourreau, s'il l'eust euë entre ses mains, & faire un massacre, non tel qu'il luy eust pleu, ains peu. Chose qui estonna de telle façon tous ceux qui environnoient l'eschaffaut, que hormis Voisin, Garnier, & Maignan, ils quitterent la place, & s'esparpillerent çà & là par les montées du Chasteau ; craignants de tomber dessous sa fureur : & croyez que le plus hardy de la trouppe eust voulu estre en sa maison. Les deux Prestres remonterent sur l'eschaffaut pour le reconcilier à soy-mesme, & aprés que l'un d'eux luy eut derechef baillé l'absolution, & laissé se patient, il fit defenses au bourreau de le toucher, sinon de l'espée : & derechef se rebroussa les cheveux, & banda les yeux de son mouchoir, de telle façon toutes-fois, que sa veuë n'estoit empeschée : & s'estant mis à genoux : boute, boute (dit-il) au bourreau, qui fist signe à son valet de luy bailler son espée, de laquelle il luy coupa & à la moitié du mot de Boute, avec telle habileté, que le coup fut plus-tost baillé que veu ; & soudain son corps couvert d'un linceul blanc. Il avoit auparavant fait prier Monsieur le Chancelier, que son corps fust porté au tombeau de ses Ancestres à Biron ; mais il ne le peut obtenir. Au lieu de ce, il fut le jour mesme enlevé par six Prestres, & enterré au milieu de la nef de l'Eglise Sainct Paul ; & le lendemain, ses obseques faictes sans grande ceremonie. Sa fosse toutesfois visitée par plusieurs personnes, qui luy donnoient de l'eau benite, & prioient Dieu pour son Ame, tesmoignages de leurs bonnes volontez, envers sa memoire. Que s'il vous plaist repasser sur ceste piteuse histoire, jamais mort ne s'y trouva plus soldatesque que ceste-cy ; en laquelle j'eusse souhaité en ce pauvre Seigneur plus de souvenance de l'autre monde, que de cettuy. Et c'est pourquoy Maignan, depuis interrogé par l'un de ses paroissiens, ce qu'il luy en sembloit, respondit ; qu'il estoit vrayement mort Catholique, mais Catholique soldat.

Plusieurs estoient marris, que luy qui avoit tant merité du public, fust mort, & que la Fin qu'on disoit avoir tant merité de mourir, demeurast en vie. Il ne falloit pas regretter sa mort, mais bien qu'aprés avoir receu tant d'honneurs & faveurs du Roy, il eust donné subject à ses Juges de le condamner. Quelque esprit delié fit ces quatre vers sur sa mort.

L'an mil six cents deux en Juillet,
On fit ce grand Biron desfaire ;
Tant pour le mal qu'il avoit fait,
Que pour celuy qu'il vouloit faire.

Le troisiesme vers se rapporte à la conjuration par luy brassée avec le Savoyard ; & le quatriesme, à celle qu'il vouloit bastir sur le mescontentement du peuple. Mais quand au lieu d'un *Vouloit*, vous mettriez un *Pouvoit*, le passage ne seroit pas moins correct ; d'autant que de l'humeur dont il estoit, s'il fust forty des prisons, il falloit tout craindre. Et moy, en mon particulier, ay donné à sa memoire cest Epitaphe Latin, qui contient sans hypocrisie, la verité de son histoire en bien & mal :

Afflictis patriæ rebus, fortissimus olim,
Labentem patriam, Dux ego sustinui ;
Pro meritis, vario Rex me cumularat honore,
Et poteram summi filius esse Jovis.
At me nescio quæ rapuit væsana Libido,
Allobrogum sagato dum gener esse Ducis.
Ambitione meam volui qui perdere gentem,
Heu malè consultus, ne pereat, pereo.
Sic statuit Princeps, & sic amplissimus Ordo,
Sic patria nostra est vitaque, morsque salus.

Or combien qu'il n'y eust que trop de preuve de la faction qu'il avoit brassée avec l'Espagnol, & le Savoyard ; toutesfois on n'avoit peu estre assez esclaircy de la seconde, fondée sur le mescontentement du peuple, que Biron vouloit lier avec la premiere. La gesne ordinaire & extraordinaire fut donnée à Habert son principal Secretaire, qui eut bonne bouche dessus les treceaux. Mais depuis, la douceur & bon visage du Roy luy fut une plus forte gesne, par laquelle il luy descouvrit ce dont sa Majesté n'avoit eu advis. Le semblable fit le Baron de Lux, qui luy raconta depuis tout au long comme ces choses s'estoient passées, & devoient passer pour l'avenir avec uns & autres Seigneurs : de Lux (dy-je) qui le vint aboucher sur l'asseurance qu'il luy bailla d'un sauf-conduit de sa personne, sans que jamais il en ait depuis disgratié, ny tous ceux qui avoient esté de la partie, ains les a maintenus en leurs grades & dignitez. Trait esmerveillable de clemence & sagesse ensemble, par lequel il a tranquilisé toutes choses à petit bruit. Qui me fait regretter en cette histoire, que Biron adjoustast plus de foy en la parole de la Fin, qu'en celle du Roy. Car s'il eust fait le contraire, il fust aujourd'huy plein de vie, & n'eust l'Espagnol rapporté sur nous pendant la paix, une victoire qu'il n'avoit peu obtenir par les guerres. Qui me fait dire, qu'outre l'abolition generale que la Fin a obtenue de tous ses forfaits, pour avoir revelé la trahison dont il avoit esté conducteur, on luy deust ériger une statue d'or en Espagne, & une d'argent en Piedmont & Savoye, pour le grand service qu'il leur a fait.

Au demeurant, comme Biron estoit un Seigneur qui avoit tenu grand rang prés du Roy, & s'estoit rendu en toutes ses actions bonnes, ou mauvaises, redoutable, aussi l'a-t'on fait, depuis sa mort, divers contes de luy, sur unes & autres predictions, qui luy promettoient, pour closture de ses grandeurs, la malheureuse fortune qui luy est advenuë. Mais sur tout est memorable, qu'ayant esté envoyé par le Roy, vers la Roine d'Angleterre, elle luy fit voir diverses singularitez, & entre autres, plusieurs testes de grands Seigneurs, qui pour avoir conspiré contre son Estat, avoient esté exposez à mort ; & leurs testes mises sur la tour de Londres : & par special celle du Comte d'Esse, qu'elle avoit auparavant favorisé & eslevé aux honneurs sur tous les autres Seigneurs de son Royaume. Voilà (dit-elle) comme je chastie mes subjects qui s'oublient en leur devoir en mon endroit. Et si j'estois en la place du Roy mon frere, il y auroit aussi des testes qui seroient coupées dedans Paris.

Toutes particulieres rencontres qui devoient servir de leçon à Biron pour ne mettre ses opinions à l'essor.

Mais comme il est beaucoup plus mal-aisé de mesnager une bonne, que mauvaise fortune, aussi soudain qu'avons eu le vent en pouppe prés des Rois, nous mettons fort aisément toutes choses en oubly, voire nous mesmes, nous rendants ordinairement esclaves de la vanité, & insolence. Vanité aucunement excusable, quand elle est soustenue par le bien faire ; mais l'insolence insupportable, quelque grandeur qui se loge en nous. Vices qui avoient bonne part en ce Seigneur, & singulierement le second. Car quand sa fougue le tenoit pendant la guerre, il ne portoit aucun respect à qui que fust, non au Roy mesme : & au regard des Gentilshommes des champs & pauvres gens du plat païs, és maisons desquels il logeoit, & en croyez la commune renommée, tout luy estoit indifferent & de bonne guerre en matiere de mauvais traitement, moyennant que ses Capitaines & soldats fussent à leurs aises. Et s'oublianst de cette façon envers le peuple, Dieu l'oublia, ainsi qu'avez entendu cy-dessus. Belle leçon, certes, à ceux qui ont bonne part aux oreilles des Rois leurs maistres, afin de ne tomber en pareil inconvenient que luy. Je m'en sçaurois bien defendre, me dira quelque favory de Cour & du temps, n'attentant rien contre la personne de mon Roy, ny encontre son Estat. Et je respondray à cettuy : appelles-tu n'attenter rien contre ton Roy, quand abusant de sa faveur, tu lasches toute bride à tes volontez absoluës, au prejudice de son peuple, qui fait la plus grande partie de son Estat, sans lequel un Roy ne seroit du tout rien ? J'estime celuy criminel de leze-Majesté

Majesté, qui pour faire le bon valet, apprend à son Prince de faire fonds de son revenu sur l'affliction de ses pauvres subjects, & non sur leur affection. Mon bon amy, je te prie de croire, que vivant en cette façon, sans la main du Magistrat, tu te fais ton procés à toy-mesme, qui se ramentevra inopinément à ta ruïne, lors-que tu penseras estre arrivé au comble de tes grandeurs. D'ailleurs, il y a dix mille moyens, par lesquels Dieu punit cet orgueïl extraordinaire, & vexation du pauvre peuple, que je ne veux icy representer par inventaire. Contentes-toy, que les opinions des Rois qui sont hommes, vieillissent & sont passageres comme toutes autres choses, & consequemment leurs faveurs. Toy qui estois ce grand Monsieur idolastré par une infinité de gens, dont tu faisois littiere, leur seras, en un clin d'œil, butte de moquerie & mespris, qui se baigneront en ta défaveur; & bien-heureux si on ne te recherche en ta vie, par le commandement de celuy dont fai- sois auparavant pavois pour faire sortir effect à tes bizarres commandemens ; parceque c'est où aboutissent ordinairement toutes ces outrecuidées insolences. Vous me direz, que je ressemble icy un tas de prescheurs, qui dedans leurs chaires, preschants devant un petit peuple, declament contre la grandeur des Princes & grands Seigneurs : ainsi que vous escrivant cette lettre, je m'extravague en un subject qui n'a rien de commun avec vous : mesme que quand il seroit communiqué à ceux qui manient les affaires publiques, ils ne se donneroient pas grand peine de se reformer pendant leur vogue. Je veux que sçachiez, que parlant à tous, je ne parle à homme quelconque. La juste douleur qui me poind pour la conservation de mon Roy, & de son Estat, m'a fait esclater ce placard : & ce n'est pas petite medecine aux afflictions d'esprit, de leur donner air entre les mains d'un sien amy. A Dieu.

Les opinions des Rois vieillissent.

FIN DU DIX-SEPTIESME LIVRE.

LES LETTRES D'ESTIENNE PASQUIER

Conseiller & Advocat General du Roy en la Chambre des Comptes de Paris.

LIVRE DIX-HUICTIESME.

╬╬╬

LETTRE I.

A Monsieur de Pelgé, Conseiller du Roy & Maistre en sa Chambre des Comptes de Paris.

Quel jugement il fait des Essais de Mr de Montaigne.

Ous desirez sçavoir de moy, quel jugement je fay des Essais du feu Seigneur de Montaigne, Amy commun de nous deux quand il vivoit : je le vous diray en un mot. Rien ne me desplaist en iceux, encores que tout ne m'y plaise. Il estoit personnage hardy, qui se croyoit, & comme tel se laissoit aisément emporter à la beauté de son esprit: tellement que par ses escrits il prenoit plaisir de desplaire plaisamment. De là vient que vous trouverez en luy plusieurs Chapitres dont le Chef ne se rapporte aucunement à tout le demeurant du corps, fors aux pieds ; je veux dire aux dix ou douze lignes dernieres du Chapitre, ou en peu de paroles, vers un autre endroit ; & neantmoins le chapitre sera quelquefois de douze feuillets & plus. Tels trouverez-vous ceux, dont les titres sont, *l'Histoire de Spurina* ; *Divers traitez de cest Autheur sans liaison.* *Des Coches, De la Vanité, De la Physionomie, De la ressemblance des Enfans à leurs peres : Des Boiteux* ; & sur tous, celuy *Des vers de Virgile*, qu'il pouvoit à meilleur compte intituler, *Coq à l'Asne* ; pour s'estre donné pleine liberté de sauter d'un propos à autre, ainsi que le vent de son esprit donnoit le vol à sa plume. Tout de ceste mesme façon s'est-il dispensé plusieurs fois d'user *Mots non accoustumez dont il use.* de mots inaccoustumez, auxquels, si je ne m'abuse, malaisément baillera-t'il vogue ; *gendarmer* ; pour braver ; *Abrier*, pour mettre à l'abry ; *Silence parlier*, reduit *en Enfantillage*, pour ce que nous disons, au rang d'enfance ; *Asture*, à cette heure, & autres de mes-A me trempe : pour le moins ne voy-je point, que jusques à luy, ils soient tombez en commun usage. Et sur tout, je n'ay sçeu jamais entendre ce qu'il vouloit dire, par ce mot de *Diversion*, sur le modelle duquel toutesfois il nous a servy d'un bien long chapitre. Mais quoy ? je vous respondray à tout ce que dessus pour luy ; (car je veux estre son Advocat, & m'asseure qu'il vivoit, je ne serois pas luy desadvoué.) Prenez de luy ce qui est bon, sans vous attacher à aucune Courtizanie ; ne jettez point l'œil sur le titre, ains sur son discours ; il vous apporte assez de matiere pour vous contenter. C'est en quoy il s'est voulu de propos deliberé mocquer de nous, & paraventure de luy-mesme, par une liberté particuliere qui estoit née avec luy. Il n'y a chapitre plus long, que celuy qu'il intitule, *L'Apologie de Raimund Sebond*, ny auquel il se soit donné si ample carriere : car il contient 80. feuillets. Sebond estoit à nous auparavant incogneu ; & neantmoins la moindre partie est de cest Espaignol ; tout le demeurant est de nostre Montaigne : car mesme, comme il ne s'oublie jamais, il nous a fait expresse mention de l'Ordre de S. Michel, dont il avoit esté honnoré. Il n'y avoit homme moins quaneur & practicien que luy : car aussi sa profession estoit toute autre. Toutesfois en son Chapitre *des Noms*, il a, par une forme de guet-à-pens, pris plaisir de faire commencer trois ou quatre clauses, par ce mot de, *Item*, reservé specialement à la practique. Et je ne trouve rien en tout cecy de *Item mot de practique.* mauvais, sinon que luy, qui sur sa prime-vere avoit fait gloire de nous braver, par ces contre-pointes & piaffes ; toutesfois en quelque endroit de son troisiesme Livre,

par

par luy composé long-temps après les deux premiers, il s'en voulut aucunement excuser: chose que j'impute à la foiblesse de son aage, qui emportoit lors à la balance, la force de son naturel.

Tout ce que j'ay cy-dessus touché, fut par luy faict à dessein: ce que je diray maintenant, sera autre. Nous estions, luy & moy, familiers & amis, par une mutuelle rencontre des lettres; fusmes ensemblement en la ville de Blois, lors de ceste fameuse assemblée des trois Estats, de l'an 1588. dont la tenuë a causé tant malheurs à la France: & comme nous nous promenions dedans la cour du Chasteau, il m'advint de luy dire, qu'il s'estoit aucunement oublié de n'avoir communiqué son œuvre à quelques siens amis, avant que de le publier; d'autant que l'on y recognoissoit, en plusieurs lieux, je ne sçay quoy du ramage Gascon, plus aisément que Pollion n'avoit autrefois faict le Padoüan de Tite-Live; chose dont il eust peu recevoir advis, par un sien amy. Et comme il ne m'en voulust croire, je le menay en ma chambre, où j'avois son Livre; & là, je luy monstray plusieurs manieres de parler familieres non aux François, ains seulement aux Gascons, *Un Pate-nostre*, *un Debte*, *un Couple*, *un Rencontre*, *les bestes nous flatent*, *nous requierent*, *& non nous à elles*: *Ces ouvrages sentent à l'huile*, *& à la lampe*. Et sur tout, je luy remonstray, que je le voyois habiller le mot de jouir du tout à l'usage de Gascongne, & non de nostre langue Françoise; *ny la santé que je jouy jusques à present; la Lune est celle mesme que vos ayeuls ont jouye; l'amitié est jouye, à mesure qu'elle est desirée. C'est la vraye solitude, qui se peut jouyr au milieu des Villes, & des Cours des Rois; mais elle se peut jouyr plus commodément à part; je reçoy ma santé les bras ouverts, & aiguise mon goust à la jouy*. Plusieurs autres locutions luy representay-je, non seulement sur ce mot, mais sur plusieurs autres, dont je ne me suis proposé de vous faire icy l'inventaire; & estimois, qu'à la premiere & prochaine impression, que l'on feroit de son Livre, il donneroit ordre de les reformer: toutesfois non seulement il ne le fit, mais aussi, comme ainsi soit qu'il fust prevenu de mort, sa Fille par alliance, l'a fait r'imprimer, tout de la mesme façon qu'il estoit; & nous advertit par son Epistre Liminaire, que la Dame de Monraigne le luy avoit envoyé tout tel que son mary projettoit de le remettre au jour. J'adjousteray à tout cecy, que pendant qu'il faict contenance de se desdaigner, je ne leu jamais Autheur qui s'estimast tant que luy; car qui auroit rayé tous les passages qu'il employe à parler de soy, & de sa famille, son œuvre seroit s'accourcy d'un quart, à bonne mesure, specialement en son troisiesme Livre, qui semble estre une histoire de ses mœurs & actions; chose que j'attribuë aucunement à la liberté de sa vieillesse, quand il le composa.

Vous jugerez, par tout ce que je vous ay cy-dessus deduit, que le sieur de Montaigne, après sa mort, a un ennemy profez en moy, qui m'estimois pendant sa vie, bien-heureux d'estre honoré de son amitié. Ja à Dieu ne plaise: j'aime, respecte, & honore sa memoire, autant & plus que de nul autre: & quant à ses Essais (que j'appelle Chefs-d'œuvre) il n'ay Livre entre les mains que j'aye tant caressé, que celuy-là. J'y trouve toujours quelque chose à me contenter. C'est un autre Seneque en nostre langue. A toutes ces manieres de parler de Gascongne & autres mots inusitez, que je ne puis faire passer à la monstre, j'oppose une infinité de beaux traits François & hardis; une infinité de belles pointes, qui ne sont propres qu'à luy, selon l'abondance de son sens; & ne me puis encores offenser, quand il se desbonde à parler de luy. Cela est dict ainsi par luy, que j'y prens autant de plaisir, comme s'il parloit d'un autre. Mais, sur tout, son Livre est un vray seminaire de belles & notables sentences, dont les unes sont de son estoc; & les autres transplantées si heureusement, & d'une telle naïveté dans son fonds, qu'il est mal-aisé de les juger pour autres, que siennes, dont je vous remarqueray à la traverse quelques-unes; remettant à vostre diligence, de voir toutes les autres dedans son Livre.

Tome II.

L'amour est un desir forcené de ce qui nous fuit. *Sentences notables de cet Autheur.*
La sagesse de la femme est un vray leurre de l'Amour.
Le plaisir mutuel d'entre le Mary & la femme doit estre une volupté conscientieuse.
S'il est mauvais de vivre en necessité, au moins de vivre en necessité il n'est aucune necessité.
En quelque lieu, où la mort nous attende, nous la devons attendre par tout.
Nostre Religion n'a point de plus asseuré fondement, que le mespris de la vie.
L'homme d'entendement n'a rien perdu, s'il a soy-mesme.
Pendant la faveur de fortune, il se faut preparer à sa desfaveur.
Il se trouve autant de differences de nous à nous mesmes, comme de nous à autruy.
Le riche avaritieux a plus mauvais compte de sa passion, que non pas le pauvre.
Les haires ne rendent pas toujours heres, ceux qui les portent.
Une fierté genereuse accompagne la bonne conscience.
J'ay ma Cour & mes Loix, pour juger de moy.
La vieillesse nous attache plus de rides en l'esprit, qu'au visage.
La gehenne est plustost un essay de la patience, que de la verité.
Beaucoup sçavoir apporte occasion de plus douter.
Nous formons une verité, sur la consultation & occurrence de nos cinq sens.
Nous ne sommes que ceremonies; les ceremonies nous emportent, & laissons la substance des choses: nous nous tenons aux branches, & abandonnons le tronc.

Quoy? y eust-il jamais sentences plus belles en toute l'ancienneté, que celles-cy? Plusieurs autres vous pourrois-je alleguer, si je m'estois proposé de faire un Livre, & non une lettre. Tout son Livre n'est pas proprement un parterre, ordonné de divers carreaux & bordures; ains comme une prairie diversifiée, pesle-mesle & sans art, de plusieurs fleurs. Vous n'y rencontrerez que sentences; les unes, courtes; les autres, plus longues; mais toutes en general, pleines de moëlle: & au surplus, divers subjects, qui en les lisant vous garentissent du sommeil, encores qu'en quelques-uns je souhaiterois je ne sçay quoy de retranchement: comme au Chapitre des vers de Virgile; & sur tout en celuy des Boiteux; car en l'un & en l'autre, il semble avoir fait un eschange de sa liberté contre une Licence extraordinaire. *Excellence de son Livre.*

Tout cela va à son esprit. Or, pour le regard de sa vie: estant à Rome, il fut fait, par honneur, Bourgeois de la ville: en France, par le Roy Charles IX. Chevalier de l'Ordre de sainct Michel; & entre ses compatriotes, honoré de la Mairrie de Bourdeaux, qui n'est pas petite dignité en la ville. Au demeurant, ne pensez pas que sa vie ait esté autre, que le general de ses escrits. Il mourut en sa maison de Montaigne, où luy tomba une esquinancie sur la langue, de telle façon qu'il demeura trois jours entiers, plein d'entendement, sans pouvoir parler. Au moyen de quoy, il estoit contraint d'avoir recours à sa plume, pour faire entendre ses volontez. Et comme il sentit sa fin approcher, il pria, par un petit buletin, sa femme, de semondre quelques Gentilhommes siens voisins, afin de prendre congé d'eux. Arrivez qu'ils furent, il fit dire la Messe en sa chambre; & comme le Prestre estoit sur l'eslevation du *Corpus Domini*, ce pauvre Gentilhomme s'eslance au moins mal qu'il peut, comme à corps perdu, sur son lict, les mains jointes: & en ce dernier acte rendit tout son esprit à Dieu: qui fut un beau miroir de l'interieur de son Ame. Il laissa deux filles; l'une, qui nasquit de son mariage, heritiere de tous & chacuns ses biens, qui est mariée en bon lieu; l'autre, sa fille par alliance, heritiere de ses estudes. Toutes deux Damoiselles trés-vertueuses. Mais sur tout je ne puis clorre ma lettre, sans vous parler de la seconde. Cette-cy est la Damoiselle de Jars, qui appartient à plusieurs grandes & nobles familles de Paris; laquelle ne s'est *Ses honneurs. Ses dignitez en France. Sa mort. Ses deux filles l'une de son mariage, l'autre par alliance.*

s'est proposé d'avoir jamais autre mary que son honneur, enrichi par la lecture des bons Livres; & sur tous les autres, des Essais du Seigneur de Montaigne; lequel faisant en l'an 1588. un long sejour en la ville de Paris, elle le vint exprés visiter, pour le cognoistre de face. Mesme que la Damoiselle de Gournay sa mere & elle, le menerent en leur maison de Gournay, où il sejourna trois mois en deux ou trois voyages, avec tous les honnestes accueils que l'on pourroit souhaiter. Enfin cette vertueuse Damoiselle advertie de sa mort, traversa presque toute la France, sous la faveur des passeports, tant par son propre dessein, que par celuy de la veufve & de la fille qui la convierent d'aller mesler ses pleurs & regrets, qui furent infinis, avec les leurs. L'histoire en est vrayement memorable. La vie de ce Gentilhomme ne pouvoit estre clause d'une plus belle catastrophe que celle-cy. A Dieu.

LETTRE II.

A Monsieur Pelgé, Conseiller du Roy, & Maistre en sa Chambre des Comptes de Paris.

Ayant proposé quatre graves Escrivains Gascons, il s'arreste à loüer le sieur de Monluc.

Mais eussiez-vous estimé que la Gascongne, qui est logée en un arriere-coin de la France, nous eust peu produire quatre plumes Françoises telles que celles des Seigneurs de Monluc, Montaigne, Raimond, & Bertas; les trois premiers en prose, le dernier en vers? Et encores que le premier de ces quatre personnages se soit rendu admirable, je ne diray inimitable au recit de ses faicts heroïques, & discipline militaire; le second, en la déduction d'une infinité de beaux & riches discours; le troisiesme, en la mutation des Religions; & le quatriesme, en l'exaltation des ouvrages de Dieu? Au regard du sieur de Montaigne, je vous ay amplement escrit par mes dernieres, quel jugement j'en faisois. Je veux voüer ceste-cy au Mareschal de Monluc. Voyonsle doncques maintenant entrer sur l'eschaffaut, pour joüer son rolle. Paraventure serons-nous bien empeschez, de juger auquel de deux il excella le plus, ou au bien faire, ou au bien escrire: l'un & l'autre provenants en luy d'un mesme fonds & estoc de son naturel.

Les degrez militaires où a passé Mr de Monluc devant qu'estre Mareschal de France. Son honneste retraite.

M'estant retiré chez moy (dit-il au commencement du premier Livre des Commentaires de sa vie) *en l'aage de soixante & quinze ans, pour trouver quelque repos, aprés tant & tant de peines en l'adjonction souffertes pendant le temps de cinquante-cinq ans, que j'ay porté les armes pour le service des Rois mes Maistres, ayant passé par degrez par tous les ordres, de Soldat, Enseigne, Lieutenant, Capitaine en Chef, Maistre de Camp, Gouverneur de places, Lieutenant de Roy és Provinces de la Toscane, & de la Guyenne, & Mareschal de France, me voyant estropiat presque de tous mes membres, d'harquebuzades, coups de picques, & d'espées, & à demy inutile, sans force & sans esperance de recouvrer guerison de la grande harquebuzade que j'ay au visage, aprés avoir remis la charge de Gouverneur de Guyenne entre les mains de sa Majesté, j'ay voulu employer le temps qui me reste, à descrire les combats ausquels je me suis trouvé pendant cinquante deux ans que j'ay commandé; m'asseurant que les Capitaines qui liront ma vie, y verront des choses desquelles ils pourront aussi faire leur profit, & acquerir honneur & reputation.*

Fut-il jamais premiere desmarche en Livre, plushardie que ceste-cy? Quelque esprit visqueux dira, que c'est une Rodomontade de Gascon, offensant à tort toute une Province, pour excuser ou accuser la liberté du grand Monluc. Toutesfois je ne pense point qu'il faille trouver rien de mauvais en celuy qui ne se mit jamais en bute que le bien faire. Vous trouverez dedans ses Commentaires un style soldatesque, entremeslé du langage de Gascongne, de laquelle il estoit extrait. Chose non à luy malseante pour estre le Gascon naturellement soldat. Mais ce que diray cy-aprés, est sans comparaison plus hardy: parce qu'escrivant sa vie, tout ainsi que Xenophon en sa Cyropedie proposa le Roy Cyrus; nostre Philippe de Commines, le Roy Louys XI; Claude de Seissel, le Roy Louys XII. chacun en son endroit pour patrons & exemplaires de l'accomplissement d'un Prince: aussi ce grand Capitaine de Monluc, par un privilege special de sa plume, represente ses braves exploits, pour estre suivi par ceux qui sans dissimulation & hypocrisie feront profession des armes. Et non sans grande raison a-t'il intitulé son œuvre, *Commentaires*,ce qu'en nostre langue un Commines, & aprés luy un Martin du Bellay voulurent appeller *Memoires*: car pour bien dire, sans nous esslongner de nostre vulgaire François, aprés avoir recité chaque memorable exploit par luy faict, il apporte tout d'une suite un beau Commentaire. De maniere que nous ferions tort à son Livre, si ne le nommions *Commentaires*; encore que je sçache bien, que telle n'ait esté son intention, luy baillant ce titre, ains de suivre la piste du grand Jules Cesar Romain, qui donna pareil nom à l'histoire qu'il fit des guerres par luy heureusement exploitées; & de moy, j'appelle Commentaires, les belles instructions militaires que nostre Monluc bailla à la suite de son narré. Particularitez que j'ay voulu allembiquer, non de tout son œuvre, ains du premier Livre seulement, afin de donner envie au Lecteur de le lire tout de son long, par le crayon qu'il verra avoir esté icy par moy tracé en gros.

Combien exactes sont ces Commentaires de Monluc.

D'une chose m'esbahi-je, non qu'il se soit rendu espouventable au fait des armes (cela luy peut avoir esté familier avec quelques autres guerriers) mais que voulant rediger l'histoire de sa vie par escrit, il ait peu circonstantier des lieux, des personnes, de leurs noms, tant d'un party que d'autre, des obstacles qu'il se presenterent, brief, qu'il n'y ait rien mis en oubly, comme s'il eust encore combattu en plein champ. En quoy il faut necessairement de deux choses l'une: ou que pendant qu'il joüoit des mains aux champs, il se donnast le loisir en sa chambre, aprés son retour, de faire de fideles memoires de ce qui s'estoit passé, pour s'en aider à l'avenir; chose qui outrepasse d'un long traict la patience du François: ou bien que ne l'ayant faict, lors que sur son vieil age il voulut mettre la main à la plume, toutes les particularitez de cinquante-deux ans se representassent à luy. Memoire, certes, qui de nulle memoire n'eut jamais sa semblable. Et par ainsi, soit l'un ou l'autre, il semble que par un signalé miracle, nature ait en cecy voulu faire en luy un chef-d'œuvre. Cela soit par moy dit en passant. Au demeurant, n'estimez qu'en ce que vous lirez cy-aprés dedans ce chapitre, c'est le mesme Autheur qui parle, & non moy.

Memorable de ce Seigneur.

1. *Dés lors* (dit-il) *que je commençay de porter l'Enseigne, j'appris à me chastier du jeu, du vin, & de l'avarice: cognoissant que tous Capitaines qui seroient de cette complexion, n'estoient pas pour parvenir à estre grands hommes.*

Correction aux mœurs du Sieur de Monluc.

2. *Peut-estre y aura-t'il aucuns qui diront, si je ne desrobe le Roy, & les Soldats, que j'ay à present sous ma charge, comme achetera-je des biens pour pouvoir mes enfans? Je respondray à cela: voulez-vous enrichir vos enfans de mauvaise reputation & renommée? O le mauvais heritage que vous leur laissez!*

Qu'il ne doit laisser ses enfans riches du larcin faict sur les Soldats.

3. *J'atteste devant Dieu & l'appelle à tesmoin, qu'en ma vie je n'ay eu trente escus plus que ma paye. Et quelques charges que j'aye eües, soit en Italie, ou en France, j'ay tousjours esté contraint d'emprunter de l'argent pour m'en revenir.*

Sa frugalité.

4. *Quant au faict de l'amour des femmes, qui est un quatriesme*

triesme deffaut, si ne le pouvez éviter, au moins allez-y sobrement, sans vous perdre : ne vous y engagez, laissez l'amour au crochet, tandis que Mars est en campagne. Vous n'avez aprés que trop de temps. Je me puis vanter, que jamais affection, ny folie ne me destourna d'entreprendre & executer ce qui m'estoit commandé. A ces hommes qui en usent autrement, il faut pendre une quenoüille, & non une espée au costé.

La chasteté doit accompagner Mars.

5. En l'obeïssance, se recognoist la vertu & sagesse du soldat ; & en la desobeïssance, se perd la vie & la reputation. Un cheval rebours ne fit jamais rien qui vaille.

De l'obeïssance du Soldat.

6. Ceux qui desirent avec les armes acquerir de la reputation, fassent resolution de fermer les yeux à tous perils & hazards, aux premieres rencontres où ils se trouveront. Car c'est sur eux qu'on jette les yeux pour voir s'ils ont rien de bon au ventre. Qu'si au commencement ils font quelque acte signalé, pour monstrer leur courage & leur hardiesse, cela les marque pour jamais, & les faict cognoistre, mesme leur donne le cœur & courage de faire mieux pour le temps à venir.

De la hardiesse.

7. Il faut, le plus que l'on peut, desrober aux Soldats la cognoissance du danger qui se presente, si l'on veut qu'ils aillent de bon cœur au combat.

8. Les longues consultations en la guerre, bien souvent font perdre beaucoup de bonnes entreprises.

9. Parlant de l'introduction des harquebuzes : Que pleust à Dieu, que ce malheureux instrument n'eust jamais esté inventé. Tant de braves & vaillants hommes ne fussent morts de la main le plus souvent des plus poltrons & plus lasches, qui n'oseroient regarder au visage celuy que de loing ils renversent par terre de leurs malheureuses balles.

Des arquebuzes.

10. Parlant d'un nouveau desastre : Ce qui luy donna beaucoup de desplaisir, pour la consequence qu'apporte ordinairement lors qu'au commencement on donne curée aux ennemis : il veut dire, lors qu'un malheureux succés advient du commencement d'un camp à l'avantage de son ennemy.

11. Il n'y a pas moins d'honneur de faire une belle retraite, que d'aller au combat.

12. Ce que, vous Capitaines, devez desirer le plus, est de chercher l'occasion pour laquelle vous puissiez monstrer ce que voulez, quand commencerez à porter les armes : car si du commencement vous demeurez victorieux, vous faites deux choses : la premiere, qu'estes loüez & estimez des Grands, Et par ce moyen, par leur rapport, vous serez cognus du Roy, duquel nous devons esperer la recompense de nos services : la seconde, que tous les vaillants Soldats chercheront d'estre à vous, estimants que puis qu'avez eu si bon commencement, toutes choses qui doivent succeder heureusement, & qu'ils seront par ce moyen employez.

Des premiers exploits valeureux.

13. Souvenez-vous, mes compagnons, quand vous vous trouverez en estat de voir une grande force sur vos bras, laquelle vous pouvez tenir en bride par la perte de peu d'hommes, de ne craindre point le hazard.

14. Il est trés-dangereux de s'aider de celuy qui quitte son Prince & Seigneur naturel ; non pas qu'on le doive refuser, quand il se vient jetter entre vos bras ; mais on ne luy doit bailler la garde d'une place, avec laquelle il puisse faire sa paix, & s'entrer en grace avec son Prince.

De celuy qui quitte son Prince.

14. Il n'y a rien qu'un grand cœur n'entreprenne pour se vanger.

15. C'est une bien grande sagesse d'apprendre & se faire sage aux despens d'autruy.

Parlant de la journée de Pavie, & de la prise du Roy François I. de ce nom : La France a long-temps ploré ceste perte, & la prise de ce brave Prince, qui pensoit trouver la fortune favorable, comme à la journée des Suisses ; mais elle luy tourna le dos, & fit voir combien il importe à un Roy de trouver luy-mesme à la bataille ; veu que bien souvent sa prise mene aprés soy la ruine de son Estat. Toutesfois Dieu regarda la sien d'un œil de pitié : car les victorieux perdirent le sens, esblouïs de leur victoire.

De la prise du Roy François I. devant Pavie.

16. C'est une grande faute aux Roys & aux Princes qui entreprennent de grandes choses, de tenir si peu de compte de ceux qu'ils ont engagez aux entreprises de consequence, comme estoit celle du Seigneur de l'Autrech.

17. Ces petites pointes d'honneur servent beaucoup à la guerre, & font que quand on s'y trouve, on ne craint rien. Bien vray qu'on se trompe souvent : car on n'en rapporte que des coups. Il n'y a ordre ; il en faut prendre & donner.

Des pointes d'honneur.

18. Le plus du temps nous jugeons par les évenements.

19. Au premier remuëment des guerres, le Roy François dressa les Legionaires. Qui fut une trés-belle institution, si elle eust esté suivie. Pour quelque temps, nos Ordonnances & Loix font gardées, mais aprés, tout s'abastardit : car c'est le vray moyen d'avoir tousjours une bonne armée sur pieds, comme faisoient les Romains, & de tenir son peuple aguerry Combien je ne sçay si cela est bon ou mauvais ; testmoins S. Pol n'en est pas petite. Si aimerois-je bien mieux me fier aux miens, qu'aux estrangers. Cela fut l'an mil cinq cens trente-quatre.

Des Legionaires instituez par le Roy François I.

20. Sur la fin de 1538. Anne de Montmorency, Grand Maistre, nous est faict Connestable de France. Estat qui avoit tousjours vacqué depuis la fuite du Seigneur de Bourbon. Nos Roys ont faict ainsi vacquer cest Estat pour oster la jalousie entre les Princes, & pour le grand danger qu'il y a de mettre une si grande charge entre les mains d'un seul ; tesmoins S. Pol & Bourbon. Ce dernier a esté bien fidelle, & est mort au service de Sa Majesté ; s'estant tousjours monstré grand & sage Capitaine. La verité me force de le dire, & non pas l'obligation que je luy aye. Car il ne m'a jamais aimé, ny les siens.

Anne de Montmorency faict Connestable, Estat qui avoit vaqué long-temps.

Parlant de l'armée Turquesque qui vint sous la conduite de Barberousse au secours du Roy François contre l'Empereur Charles cinquiesme :

21. Chose que l'on improperoit au Roy. Quant à moy (dit Monluc) si je pouvois appeller aux esprits des Enfers, pour rompre la teste à mon ennemy, qui me veut rompre la mienne, je le ferois de bon cœur.

22. J'ay tousjours faict entendre aux Soldats, que j'avois certain presage, que quand cela m'advenoit, j'estois seur de vaincre. Ce que je n'ay jamais faict, sinon pour y faire amuser les Soldats ; afin qu'ils eussent tousjours la victoire pour gaignée, & m'en suis tousjours trés-bien trouvé ; car mon asseurance rendoit asseurez les plus timides. Les simples Soldats sont aisez à estre pipez, & quelquefois les plus habiles.

Les simples aisez à estre trompez.

Le desordre vient tousjours plus de la queuë, que par la teste.

23. J'ay tousjours eu ceste opinion, & croy qu'un bon Capitaine la doit avoir, qu'il vaut mieux attaquer une place pour la surprendre, lors que personne ne vous tient la main, que si quelque traistre la conduit : car pour le moins estes-vous asseuré, qu'il n'y a point de contretrahison : & vous retirez, si faillez, avec moins de danger ; car vostre ennemy ne vous peut dresser des embusches.

Des surprises de place.

24. Ce qu'un Capitaine peut faire, se voyant assiegé d'un peril. Capitaines, mes compagnons, quand vous vous trouverez en telles nopces, pressez vos gens, parlez à l'un & à l'autre, remuez-vous, croyez que vous les rendrez vaillants tout outre, quand ils ne le seroient qu'à demy.

25. J'ay ouy dire à de grands Capitaines, qu'il est besoin d'estre quelquesfois battu : car on se faict sage par la perte. Mais je me suis bien trouvé de ne l'avoir pas esté. Et ay mieux aymé, m'estre faict advisé aux despens d'autruy, qu'aux miens.

26. Il faut, mes compagnons, de bonne heure s'accoustumer à la peine, & à pastir sans dormir, & sans manger ; afin que vous trouvant au besoin, vous portiez cela patiemment.

De l'accoustumance à la peine.

27. Il faut, Capitaines, que vous ayez non seulement l'œil, mais l'esprit au guet. C'est sur vostre vigilance que vostre troupe repose. Sçavez-vous ce qu'un bon Capitaine fait, mesurant tousjours le temps, & prenant les choses au pis, sans mespriser vostre ennemy ? Si vous sçavez avec paroles allegres & joyeuses flatter le soldat, & l'esveiller, luy representer par fois le danger, où le peu de sejour vous mettra, vous en ferez ce que voudrez : & sans luy donner loisir de dormir, vous le mettrez & vous aussi en lieu de seureté, sans engager vostre honneur, comme plusieurs j'ay veu attrapez, couchez (comme l'on dit) à la Françoise. On sçait

De la vigilance des Capitaines.

que

Le Fran-çois im-patient.

que nostre nation ne peut pastir longuement, comme fait l'Espagnole, & l'Allemande. La faute n'est pas à la nation, ny à nostre naturel : mais cela est la faute du chef. Je sais François, impatient (dit-on) & encores Gascon, qui le surpasse d'impatience, & cholere, comme je pense, qu'il faict. Mais si j'ay esté tousjours esté patient, & ay porté la peine autant qu'on sçauroit faire. Et j'en ay veu plusieurs de mon temps & autres que j'ay nourris, lesquels s'endurcissoient à la peine & au labeur. Croyez, vous qui commandez aux armes, que si vous estes tels, vous en rendrez aussi vos Soldats à la longue. Tant y a, que si je n'en eusse ainsi usé, j'estois mort ou pris.

Qu'un Capitaine ne doit prendre teme-rairement la suite, sans avoir essayé toutes sortes de remedes pour resister.

28. En cecy, les Capitaines pourront estre instruits de ne prendre jamais la suite, ou, pour parler plus honnestement, une hastive retraicte, sans avoir recogneu qu'on les doit chasser: & encore le voyant, chercher les remedes pour resister, jusques à ce qu'ils n'y voyent plus ordre. Car après que tout ce que Dieu a mis aux hommes y est employé, alors la suite n'est pas honteuse, ny vilaine. Mes Capitaines, mes compaignons, croyez que si vous n'employez le tout, chacun dira, & ceux mesmes qui ont fuy avec vous : s'il eust faict cela, le malheur ne fust point advenu, la chose eust mieux succedé: & tel en brave & parle le plus haut, qui fuit peut-estre le premier: & voylà l'honneur d'un homme de bien (pour bien vaillant qu'il soit) en dispute de tout le monde. Quand il ne s'y peut plus rien, il ne faut estre opiniastre, ains ceder à la fortune, laquelle ne vit pas tousjours. Ce n'est pas moins digne de blasme lors qu'on se perd, se pouvant retirer de la meslee, & qu'on se voit perdu, que si du premier coup on prenoit la fuite. L'un est toutesfois plus vilain que l'autre : l'un vous faict estimer mal-advisé, & de peu d'entendement; & l'autre, poltron & coüard. Il faut éviter & l'une & l'autre extremité. Il faut venir à ces folles & desesperées resolutions, lors que vous vous voyez tomber és mains d'un impitoyable ennemy, & sans mercy. C'est là où il faut crever, & vendre bien cher vostre peau. Un desesperé en vaut dix. Mais fuir sans sçavoir qui vous chasse, cela est honteux, & indigne d'un bon cœur.

Quand au lieu du Seigneur de Boutieres, le Roy François Premier de ce nom, envoya en Piedmont Monsieur d'Anghian pour y estre son Lieutenant general.

Qu'il faut de la mo-deration en toutes choses.

29. Il y a bien (dit Monluc) des affaires en ce monde, & ceux qui ont de grandes charges, ne sont pas sans peine. Car s'ils se hazardent trop, & qu'ils perdent, les voilà mal-estimez, & jugez pour fols & mal-advisez: s'ils sont longs & lents, on s'en mocque, voire les tient-on à coüardise. Les sages tiendront un entre-deux : mais cependant nos Maistres ne se payent point de ces discours. Ils veulent qu'on fasse leurs affaires. Tel caquette des autres, que s'il y estoit, se trouveroit bien empesché.

Voilà les sages instructions que j'ay extraictes de son premier Livre, par lesquelles tout ainsi que le bon Veneur recognoist aux voyes, le Cerf, aussi estime-je qu'on pourra aisément cognoistre quel fut ce brave Monluc en l'art dont il faisoit profession. Une singularité observé-je en luy, non commune à tous les autres Seigneurs de la France : car combien qu'il ne desirast rien tant que d'estre aimé des Roys ses Maistres, toutesfois il ne se fit jamais mignon de Cour pour muguetter leurs faveurs: ains n'eut autre repos en son ame, qu'une continuelle inquietude des armes. En quoy il fut un parangon : & nos Roys pour recompense, non induits d'autres semonces, que de leurs propres instincts, le gratifierent de tous les grades d'honneur, qu'un grand Capitaine peut souhaiter, ou esperer. Et moy, en mon particulier, j'ay voulu honorer la memoire d'un Epitaphe ; auquel je pense en peu de paroles avoir honoré le gros de sa vie, tant sur sa plume, que sur son espée, remettant le débit qui se pourra faire en détail sur la lecture des lettres de son histoire.

Naturel libre du sieur de Monluc.

Hac Monlucius est sepultus urna,
Quem si nosse voles, viator, ejus
Scripta perlege : si quidem his in ipsis
Expressa ingenii sui est imago.
Corpus hoc tumulo quiescit : at tu
Deus, fac animus quiescat in te:
Qui nullam coluit aulam,
Sed solis requiem dicavit armis.

Epita-phe du Sieur de Monluc

Epitaphe que j'ay voulu rendre François au moins mal qu'il m'a esté possible.

Cy dessous gist Monluc. Que si tu veux sçavoir,
Quel fut ce grand guerrier, Passant, il te faut voir
Tout ce qu'il a de soy si bravement escrit:
Où tu verras pourtrait au naif son esprit.
Icy son corps repose, icy logent ses os,
O Dieu, veuille loger son ame en ton repos:
Qui jamais dans la Cour des Roys ne reposa,
Ains son repos sans plus sur les armes posa.

La mes-me en Fran-çois.

Conclusion, par sa mort nous perdismes en luy, un Seigneur riche, d'ans, de sens, de cœur, de coups, de braves exploits, & recommandables honneurs. A Dieu.

LETTRE III.

A Monsieur de Beaurin, Conseiller du Roy, & Maistre ordinaire en sa Chambre des Comptes.

En se joüant, il rapporte beau-coup de choses remar-quables pour & contre les sin-gulari-tez des femmes.

VOus ne recevrez de moy, sur le commencement & milieu de cette mienne lettre, que bouffonnerie : & toutesfois bouffonnerie qui porte quant & soy une philosophie, & contemplation generale de la vanité de ce monde. Il advient ordinairement que sous l'escorce d'une fable, nous descouvrons la verité. Cettuy est le subject de la presente.

J'estois n'agueres en un lieu, où y ayants plusieurs Gentils-hommes & Damoiselles, se passerent divers propos de merite : & entre autres, tombasmes sur les singularitez, tant du corps, que de l'esprit, qui se trouvoient ordinairement aux Dames : singularitez ausquelles les jeunes gens, de quelque profession qu'ils fussent, avoient beaucoup d'obligation ; comme leurs servants de premieres leçons, pour les façonner. Ce propos diversement promené à l'advantage des femmes, & fort bien recueilli de toute la compagnie, se trouva un Gentil-homme de la troupe, lequel par maniere de rire, voulut en tout & par tout contredire cette proposition. Et d'autant que ce qui fut lors passé entre nous, merite d'estre sceu, je vous en veux faire part. Paraventure sur meilleur subject que cettuy, ne sçaurions-nous maintenant tromper nostre loisir ; moy, en le vous escrivant; & vous, après en le lisant.

Vous appellez (dit ce Gentil-homme en se soufriant) singularitez aux Dames, ce que je nomme singeries. Car ostez d'elles les singeries, vous ostez tout ce que pensez estre de singulier en elles. A ce mot, chacun de nous commença aucunement à murmurer, comme estant une nouvelle heresie, qu'il vouloit semer au desadvantage des femmes. Mais luy, d'une chere hardie : non, non, (poursuit-il) ne vous estonnez de cette mienne premiere desmarche ; mais suspendez vostre jugement, jusques à la fin de mon discours. J'ay leu dedans un vieil Thalmudiste, que les Dieux voulants bastir l'homme, prindrent une grosse masse de terre, laquelle ils pestri-rent

Singe-ries aus femmes sont tou-tes leurs singu-laritez.

Fable plaisan-te sur la

creation de l'homme & de la femme.

rent longuement avec je ne sçay quoy de celeste, & un certain temperamment des quatre qualitez élementaires; puis ayants mis toute cette masse à la fonte, firent l'homme, composé d'une ame raisonnable : œuvre accomply de perfection par-dessus tous les autres animaux ; & d'autant qu'il se trouvoit rester beaucoup de matiere, voulurent mettre ce surplus en la mesme fonte ; mais n'estant de si riche estoffe que la premiere, ils en tirerent la femme, de beaucoup plus bas & foible alloy que l'homme.

Les Pygmées d'où creez. Et les Singes.

Il restoit encore quelque peu d'escume de la femme, dont les Dieux, pour ne rien perdre, firent de petits avortons de nature, qui furent appellez pygmées ou nains, & des singes leurs demi-freres: tellement que comme l'homme est mitoyen entre les Dieux & la femme; aussi semble la femme l'estre entre l'homme & les pygmées & singes; empruntant de l'homme quelque image de la raison, & du singe plusieurs grandes remarques; comme pareillement du Pygmée : parce que la femme est naturellement beaucoup plus petite que l'homme, voire que s'il s'en rencontre quelqu'une, qui excede en grandeur de corps les autres, on dit, comme si ce fust chose monstrueuse, que c'est une Homasse. Sur cela, les femmes voyants que leur escume avoit esté procreé le singe, animal assez plaisant, & cognoissants qu'elles estoient nées pour complaire à l'homme, s'estudierent de là en avant à proceder de bien en mieux; & par un artifice nouveau alambicquerent la quint'essence des Singes,

Les singeries d'où procedent leur origine.

que nous appellons singeries, qui leur sont si familieres, que quand repasserez sur toutes les singularitez de corps & d'esprit qu'estimez resider en elles, vous n'y trouverez autres choses que singeries ; voire lors mesme qu'elles se disposent à mieux faire.

A ceste parolle, se ferma le Gentilhomme, d'une grace si agreable, qu'au lieu de nous courroucer, chacun commença de rire. Mais une sage Damoiselle ne voulut demeurer en si beau chemin, sans luy rendre son change : vous dites vray, mon Gentilhomme, (fit elle) aussi en avois-je autant ouy dire, à ceux qui n'y entendent non plus que vous. Mais accordez-moy le passage de vostre Thalmudiste, avec celuy d'un autre Rabbi, translaté en vieux François, qui est tombé entre mes mains. Celuy dont je parle, nous enseigne, que lors de nostre premier estre, il y avoit un grand jardin, planté d'infinis arbres produisants non seulement toutes sortes de fruicts, mais aussi les sciences & les animaux : tous fruicts (vous dy-je) destinez pour l'usage de l'homme, fors & excepté celuy de la science que les Dieux avoient expressément reservée pour leur table. Toutesfois, telle fut l'outrecuidance de l'homme, que par une convoitise allouvie, il voulut gouster de ce fruict, desirant aucunement s'esgaler aux Dieux, lesquels grandement indignez de cette presomption, s'en vengerent en cette maniere. Joignant l'arbre de science, il y en avoit un autre, qui de toute ancienneté produisoit des Singes, fruict si agreable à l'homme, que l'arbre en estoit du tout despouillé ; de tout le fruict ne restant plus dessus les branches, que la queuë, qui est la cause pour laquelle vous voyez encore aujourd'huy les Singes estre demeurez sans queuë. Si s'adviserent tous les Dieux, sur un chapitre general, tenu dedans leur conclave, en vengeance de l'orgueil de l'homme, de le confiner un long-temps sur cest arbre, & l'enter dessus la queuë des Singes. De maniere qu'estant comme un Tantale vis-à-vis du fruict de science, il n'y pouvoit neantmoins attaindre, que de la portée de son œil : & depuis, les Dieux, pour ne discontinuer leur vengeance, voulurent tout-à-fait bannir l'homme de ce beau jardin ; & d'une suite cueillirent tous les autres animaux de chaque arbre pour les reléguer avec luy.

Or entendez les Commentaires que ce Rabbi fait sur ce conte. L'homme (dit-il) ayant esté enté sur l'arbre des Singes, en a toujours retenu la nature, non pas quant à l'escorce, car toujours luy est demeurée la premiere face & superficie, ains au dedans de l'esprit : toutes ses actions n'estants que pures singeries ; L'artisan contrefait le Marchand ; le Marchand fait du Gentilhomme;

luy du Prince; & le Prince contrefait le Roy ; & un Roy, pour ne pouvoir monter plus haut en ce bas estre, veut quelquesfois qu'on croye, qu'il est un nouveau Dieu sur terre. En tous leurs deportements, les hommes ne sont-ils pas de vrais singes les uns des autres? Et mesmement parce que l'homme voyoit seulement l'exterieur de la science, sans en gouster ; toutes les sciences, qui furent depuis inventées, ne furent que singeries, & amusoirs de nos esprits pour tromper le temps: chacun s'en faisant accroire diversement, par belles apparences de raisons, sans que puissions asseoir les pieds fermes sur le fonds de la verité, jusques à ce qu'estants despouillez de ceste corruption terrestre, dans laquelle sommes plongez, nous entrions, apres nostre mort, en la perfection de la vraye vie & science, qui gist au Ciel. Nous-mesmes, selon la diversité de nos aages, condamnons nos actions; l'amour, par nous exercé en nostre Printemps ; l'ambition, en nostre Esté; l'avarice, sur nostre Hyver : & pendant que faisons, comme vieux singes, la moué à nos aages, encore apprestons-nous à rire aux autres : estant ceste Philosophie du tout vaine, puis que ce sont vices, qui leur sont, comme charges foncieres, annexées à la diversité de nos aages. Voila les singeries du monde, non vrayement telles qu'avez voulu figurer aux femmes, qui ne gisent qu'en quelques affecteries par nous recherchées pour complaire aux hommes, qui par leur puissance ont empieté une tyrannie sur nous. Mais les singeries depeintes par ce vieux Rabby, naissent malheureusement aux ames des hommes, pour desplaire à ce grand Dieu, auquel ils doivent consacrer toutes leurs pensées, si par leur nature corrompuë, ils n'en estoient destournez.

Les hommes sont vrais Singes.

A tant la Damoiselle ; maintenant je veux estre de la partie, & vous dire, que je trouve trois personnages avoir esté les plus grands Philosophes du monde ; le sage Salomon, quand en peu de paroles, il nous enseigna, que sous cette grande voute du Ciel tout estoit plein de vanité: Heraclite, le Pleurart, & Democrite, le Rieux : car celuy-là en plorant, & cestuy-cy en riant & se moquant, visoient au mesme but que le premier. Laissons ce mot de Singerie à ceux, qui par occasion, sous deux narrations fabuleuses, voulurent representer l'infirmité qui herberge en nous ; & demeurons aux termes du grand Salomon. Qu'est-ce, je vous prie, que ce bas monde ? Une meslange generale de vanitez ; & j'adjousterois volontiers avec celuy, qui fit l'Epitaphe d'Adam de Sainct Victor; qu'entre toutes les vanitez, il n'y en a point de plus grande, que celle de l'homme:

Trois grands Philosophes.

- - - - - - - - - - - - - - - -*Omnia vana,*
Inter vana nihil vanius est homine.

Moy-mesme prononçant ceste sentence contre nous, je ne la puis prononcer, sans je ne sçay quelle vanité, qui se loge en mon opinion. C'est une maladie generale, qui semble estre incurable ; & dont nous sommes les seuls instruments. Et neantmoins la verité est, que chacun de nous en son particulier, y peut mettre ordre. Pendant que nous apprehendons, ou les richesses, ou les grandeurs, & mettons nos desirs & esperances à l'essor de deux passions (qui pour fraterniser ensemble, sont les principales bourrelles de nos Ames) nous nous rendons miserables de nous mesmes. Bornez vostre desir, mettez frein à vostre esperance, & faites en vous ce perpetuel jugement de Salomon ; que tout ce qui est en ce bas estre, n'est que vanité, vous ne ferez ny plorer Heraclite, ny rire Democrite, de vostre fortune. La vanité (vous dy-je derechef) est un maladie generale, qui regne au milieu de nous tous ; maladie toutesfois, dont on est guery, quand on la cognoist. Mon bon amy, veux-tu estre garenty de ce mal ? estime en toy mesme, que toutes choses sont vaines. L'un est plus grand en Estats; l'autre plus riche que je ne veux ; mais au milieu de leurs grandeurs & richesses, ils ne sont si grands, ne si riches que moy; pour n'estre pas si contents, & pour n'apporter aucunes bornes à leurs opinions. Engravons ceste

Toutes choses sont vaines.

regle

regle stable dans nos cœurs; que qui ne peut ce qu'il veut, il faut qu'il veuille ce qu'il peut. Celuy qui apportera ce temperament en toutes actions, fera menteur Salomon, & luy enseignera que la vanité n'est point universelle en ce monde. Mais se peut-il faire (me direz-vous) que nos esprits estans composez de tant de diverses pieces, comme ils sont, se puissent composer de la façon que je dy? Ouy, certes, il se peut faire, & à petit bruit. Jettez l'œil sur ceux que Dieu a mis au-dessus de vous, soit en Biens ou en Magistratures, ou en faveurs vers les Grands, vous serez perpetuellement miserable, & harassé d'une inquietude d'esprit: considerez ceux qui sont au-dessous de vous, lesquels se trouvent, peut-estre, en plus grand nombre que les autres, vous trouverez assez de matiere pour vous contenter, & vivre en une bonace & tranquilité d'esprit; c'est-à-dire, estre, tant que vivrez, bienheureux. Quand je vous dy cela, ne pensez que je soye du nombre de ces sots philosophes, qui par leur doctrine, vouloient planter l'impassibilité au milieu de nous: car en ce faisant, au lieu de l'impassibilité, je planterois l'impossibilité. Je veux forcer & me rendre victorieux de l'opinion, non de la nature: parce que si je voy une longue & desesperée maladie en mon corps, ou une mendicité logée dedans nos maisons, je demeure court & fais alte: mais ostées ces extremitez, je soustiens, qu'il n'y a point de pauvreté entre nous, sinon celle qui provient de nos folles & vaines imaginations. C'est un phantosme & illusion, qui naist dedans l'esprit foible. Je voy tous les grands Seigneurs suivis d'une troupe de valets; nourrir beaucoup de chevaux en leurs escuries; habiter chasteaux de parade; estre revestus de soye pouffilée d'or & d'argent; changer d'habits tous les jours; & se repaistre de toutes sortes de viandes exquises. Je ne les estime point plus grands Seigneurs, que celuy qui se contente de son peu, guidé de la maxime par moy cy-dessus touchée: *Chacun de nous est le Roy de la Republique, que Dieu luy a baillée en garde*. Car pourquoy n'appelleray-je Republiques nos corps, si nos anciens n'ont douté de les appeller Petits-Mondes? Comme si par une reduction du grand au petit pied, sur le modelle de nos corps, estoit representé celuy du grand Univers. En ma petite Republique, au lieu de chevaux, j'ay mes pieds pour me porter; au lieu de valets, j'ay mes mains: je me contente d'une robe double, pour me garentir du froid de l'hiver, & d'une sangle contre les chaleurs de l'esté. Si je n'ay du bien pour me sustenter, j'ay mes mains qui me fournissent un revenu quotidien: je n'ay pas viandes delicates comme ces Messieurs, mais j'assaisonne les miennes d'une sausse, qu'ils ne cognoissent point, d'une faim, qui me fait trouver plus de goust en mon petit ordinaire, que tous ces Seigneurs, en leurs perdrix. Ceux-là, avec leurs superfluitez, accueillent les maladies, dont ma sobrieté me garentit; Brief, la difference qu'il y a entre eux & moy; c'est que je suis Royl en mon peu, pour sçavoir commander à mes passions; & eux, esclaves en leur trop, pour n'avoir autre commandement que sur leurs valets. Quand je parle de moy, j'entens sous ma personne, tous ceux qui voudront suivre la profession que je leur ordonne. Quelque mal-advisé courtisan, se mocquant de moy, dira que je suis ce fol Italien, qui tenant une forme de Sceptre en sa main, venoit crier à haute voix, dedans la sale du Palais, qu'il estoit un grand Cesar; ou bien l'autre, son successeur, qui sur le commencement des troubles de l'an 1561. s'estoit fait accroire qu'il estoit Roy des Gaulois; & comme tel se faisoit porter le long des ruës de Paris, par des Crocheteurs: l'un & l'autre estoient mal ordonnez de leurs cerveaux; & sur ce pied, vivoient en cette folle persuasion de grandeur qui les perdoit: moy au contraire, je desire que nous reduisions nos opinions à cette grande ordonnance de l'ancien Oracle d'Apollon; & que chacun se donne le loisir d'entrer en la cognoissance de soy. Quiconque opiniastrera cette leçon, soit pour son corps, son esprit, ou ses Biens, ne sera jamais mal-aise, reglant toutes ses actions par une mediocrité. Le *Nosce te ipsum*, & le *Ne quid nimis*, anciennes Sentences, qui ont une mutuelle liaison & correspondance, qui peut rendre heureux; c'est la Royauté que je publie, & non celle des grands Princes, lesquels, pour le mescognoistre, & mettre en usage le *Trop*, au desavantage de leurs pauvres subjets, perdent quelquefois & eux, & leurs Estats tout ensemble.

Vous recevrez de moy ceste lettre, comme les drogues que voyez estre encloses aux boutiques des Apothiquaires dedans des vases, qui par le dehors representent des Cerfs-volants, & autres bestes fantasques; ainsi vous ay-je voulu, sur le commencement de ma lettre, servir de je ne sçay quelles grotesques, pour vous faire present apres, des remedes & preservatifs que je pense necessaires aux maladies de nos esprits, encore que je m'assure que n'en ayez affaire, pour sçavoir ceste leçon de vous-mesme, & qui vivez doucement en un perpetuel repos & contentement d'esprit. A Dieu.

LETTRE IV.

Envoyée de Rome à Pasquier par le Sieur de Banon Vivot.

MOn devoir m'obligeoit à vous rendre compte des particularitez de nostre voyage: mais le peu de loisir que j'ay eu jusques icy, m'a empesché de m'en acquitter. J'ay tousjours esté si occupé à faire l'honneste, que j'en suis demeuré sans honnesteté: ayant manqué en ceste occasion, aux principaux offices à quoy je vous suis tenu. Je repareray ceste faute à l'advenir avec tel interest, qu'en perdicz la memoire, & me continuerez l'honneur de vostre bienveillance. Monsieur l'Ambassadeur est entré en ceste ville avec plus de pompe & magnificence, qu'aucun autre de ses predecesseurs, & y est en grande estime du Pape & de toute la Cour. Sa sagesse donne de fortes asseurances, qu'il maintiendra ceste reputation; & par consequent, qu'il avancera grandement les affaires du Roy en ces quartiers. Il ne se dit, ny faict icy rien de nouveau, qui merite vous estre mandé. La santé du Pape vigoureuse & jeune, tient toutes choses en calme, fors les esprits des Courtisans, qui s'allambiquent tousjours sur les attentes de la mutation. Il n'y a, je croy, Estat au monde, où il se parle si librement du Prince, & où l'on publie si hardiment, les interests, qu'on a cà desire le changement. Je vous en entretiendray plus au long, quand le temps & la hantize de ce monde-cy m'en auront rendu plus pratic. Je vous baise humblement les mains.

LETTRE V.
A Monsieur de Banon Vivot.

Response à la precedente, & discours sur l'Ambassade du sieur de Breves à Rome.

JE ne vous sçaurois assez reciter combien de contentement j'ay receu de vos lettres, non seulement pour m'avoir esté envoyées de vostre part, mais aussi pour les bonnes nouvelles dont elles estoient accompaignées ; me donnants advis du magnifique & favorable accueil, dont Monsieur l'Ambassadeur a esté embrassé entrant dedans Rome : chose que je ne trouve estrange ; y ayant, premier que d'y entrer, envoyé une bonne bouche de luy, avant-coureuse de sa venuë. Et encores moins m'esbahi-je de la reputation en laquelle il est envers tous. Ceux qui sont ordinairement employez à la charge d'Ambassade, combien qu'ils soient Seigneurs de marque, sages, & avisez en ceste negotiation ; toutesfois ils font leurs chefs-d'œuvre dedans leurs apprentissages : mais chacun sçait que Monsieur de Breves est non apprenty, ains dés pieça maistre passé en cette profession ; ainsi qu'il a tesmoigné par plusieurs signalez & agreables services faits à son Roy, au Levant, prés la Grand Seigneur.

Monsieur de Breves Ambassadeur en Levant.

Et à vray dire, c'est un autre Ulixe, qui par ses grandes & longues navigations a appris comme il faut mesnager les cœurs de ceux avec lesquels il a affaire. Partant, ce n'est pas sans raison, qu'esperez ça sa presence avancera grandement les affaires du Roy dedans Rome : esperance, certes, louäble, de laquelle toutesfois je doute. Sça pourquoy ? Il negotie avec gens anciens & pratics, qui balancent leurs Conseils au poids des faveurs, ou défaveurs de la fortune qui se trouve en chasque Royaume. Je ne dy pas qu'en cette balance, la suffisance d'un Ambassadeur ne soit de quelque merite & effect ; mais l'ordinaire va plus à la ceremonie, qu'autrement : & à vray dire, tant & si longuement qu'il plaira à Dieu de nous conserver nostre Roy, je ne crains rien dedans Rome : s'il en avenoit faute, je craindrois tout.

Quant à ce que sur la fin de vos lettres m'escrivez, que la santé du Pape vigoureuse & jeune tient toutes choses en calme, fors les esprits des Courtisans, qui s'allambiquent toujours sur les attentes d'une mutation, je ne le trouve point nouveau. Seulement m'esmerveille-je, que quelque folastre de Rome n'ait fait jouër au sage Pasquin son rolle sur ce subject. Il me souvient que Paul III. de la maison de Farnese, estant Cardinal de grand aage, portant la teste courbe & un baston en sa main, support de sa vieillesse, comme s'il eust esté sur le point de troussser bagage en l'autre monde, ayant esté sur cette opinion fait Pape, Pasquin le salua sur son avenement, de cest eschantillon, *A modò me videbitis*. Mais quelques années après, se voyant frustré de son esperance, luy fit present de cest autre, *Cur discipulus iste non moritur ?* La Papauté avoit rendu l'embompoint, & si ainsi le voulez, fait renaistre ce grand Prelat. Nous devons tous nous esjouïr d'avoir un Pape, non grandement vieil, plein de santé de corps, & d'esprit : moyennant que son aage vegete ne le provoque aux armes, & qu'il maintienne en toute paix la Chrestienté & son Estat. Autrement, j'entrerois volontiers au party de ces souhaiteurs de Rome. A Dieu.

Paul III. comment salué par Pasquin venant à la Papauté.

LETTRE VI.
Du sieur de la Croix à Pasquier.

Ceste Lettre n'est que pour accompagner un Sonnet.

CEtte-cy n'est que pour accompagner un Sonnet de Monseigneur de Montverdun, que mon fils, present porteur, a charge de vous offrir de sa part, lequel il fit ces jours passez, allant à la chasse, de sorte que s'il y a quelque mot non convenable, il aura trés-agreable, que vous y donniez l'œil, pour en faire aprés comme il vous plaira ; n'ayant tracé ce qui en est, que pour vous faire paroistre le desir qu'il a de vous honorer en toutes occasions. Et de moy, le voulant en cette devotion seconder, je vous en envoye un autre de ma façon, non que je le pense digne de trouver place dedans vos œuvres ; mais afin que cognoissiez par effect de combien je suis, & seray, tout le reste de ma vie, vostre trés-humble, & plus obligé serviteur, La Croix.

SONNET
De Messire Anne d'Urfé, Conseiller d'Estat, sur les Recherches de M. Pasquier.

Comme on voit le Printemps en sa saison nouvelle
De mille belles fleurs decorer les prez verds,
Et tant d'Astres rouler de mouvements divers,
Parer le Firmament de leur visve estincelle :
Comme l'on voit orner une jeune pucelle,
De mille doux attraits, subject de tant de vers,
Et la varieté, qui est en l'Univers,
Tesmoigner les beautez de la nature belle :
En ce Livre, Pasquier (Pasquier dont les escrits,
Sont par tout honorez, entre les beaux esprits)
Par mille beaux discours il se rend inimitable.
Car Mercure & Pithon verserent tout leur mieux
Dans ses riches thresors, qu'il emprunte des Cieux,
Pour se rendre à jamais en la Terre admirable.
ANNE D'URFÉ.
NÉ D'UN FARE.

SONNET
De La Croix, sur mesme subject, finissant par l'Anagramme du nom & surnom d'Estienne Pasquier.

Le Laboureur conduit ses chevaux & ses beufs,
Pour les paistre au matin dedans les verds pascages,
Et repeus, vigoureux les met aux labourages,
Puis soulage leur peine en ses Pasquiers herbeux.
Celuy qui sage veut d'un labeur curieux
Donner vie eternelle en tout aage à nos aages,
Doit chercher & se paistre aux versfleuris herbages,
Dont Pasquier a dressé ce plan laborieux.
Tout son docte Labeur est un Pasquier fertile,
Un Pasquier sans broussaille, & un champ doux-utile,
A ceux qui de ses fleurs, & fruicts se vont paissans.
Qui cherche, & pour trouver, comme Pasquier, prend peine,
Et le peut imiter, sa peine n'est pas vaine ;
Le plus jeune aprenti avec PEINE AQUIERT SENS.

Rencontre sur le mesme Anagramme.

ESTIENNE PASQUIER.
PEINE AQUIERT SENS.

Nul pain sans peine,
PEINE AQUIERT SENS,
Sens nous estreine,
Et, comme Pasquier, rend puissans.

LETTRE VII.

A Messire Anne d'Urfé, Conseiller d'Estat.

Remerciement pour le Sonnet qu'il luy avoit envoyé.

LE Seigneur de la Croix m'a, par vostre commandement, faict part d'un Sonnet, dont, ainsi qu'il m'escrit, avez voulu honorer mes Recherches, estant à la chasse. Je ne sçay quelle prise vous fistes lors: bien diray-je, qu'avez pris en moy, non une beste, si en estes creu, ains un personnage de merite: & à vray dire, vos carmes m'ont esté un charme, par lequel je dirois volontiers, que m'avez tout transformé en vous, n'estoit que me haut-loüant par vos vers d'une merveilleuse façon, je crains que d'un vieillard non guieres sage, n'ayez faict un fol enragé. Car la vieillesse n'a de soy-mesme que trop de pointes & aiguillons pour se perdre en ce subject, sans y apporter nouveau precipice. D'une chose me console-je, c'est que si ce malheur m'advenoit, ayant vostre noble nom d'Urfé quelque symbolization & rencontre avecques celuy d'Orfé, je veux croire, que comme par sa beaux vers il fit revivre sa femme Euridice, & la retira des Enfers: aussi feriez-vous, par les vostres, retrouver les sens esgarez à celuy qui desire estre, & demeurer vostre serviteur. Auparavant, j'avois quelque opinion de mes Recherches, telle qu'est celle d'un pere envers ses enfans, par une amitié naturelle qu'il leur porte: mais maintenant, j'en suis asseuré, & ne craindray vostre reçoivent un desmenti de quelque plume que ce soit, estants assistées d'un si bon parrein. A Dieu.

Allusion du nom d'Urfé à Orphée.

LETTRE VIII.

A Monsieur de la Croix.

Autre remerciement à mesme fin.

Loüanges du sieur d'Urfé.

Retraicte des affaires heureuses.

JE vous remercie affectionnément des vers par vous faicts en mon honneur, ensemble de ceux que m'avez envoyez, de la part de Monsieur de Mont-verdun, Seigneur que je ne puis assez honorer, non seulement pour estre extraict de ceste ancienne & illustre maison d'Urfé en Forest; mais beaucoup plus, qu'aisné, ayant employé toute sa jeunesse aux armes pour le service du Roy son Maistre, sous grands titres, avec tres-heureux succez, il ait depuis voüé le reste de ses ans au service de Dieu son grand Maistre, & espousé une vie Ecclesiastique. Ce fut anciennement une belle & honorable retraicte à quelques Senateurs de Rome, voire aux Empereurs mesmes, apres avoir longuement vacqué au public, de se confiner en une vie privée des champs, eslongnée des traverses du monde; mais la sienne me semble beaucoup plus loüable, d'avoir eschangé à ceste heure d'autant de calme, qu'autrefois j'ay esté incapable d'en avoir, si ne laisse-je d'appreender d'une invention merveilleusement relevée, en faveur de mes Recherches: les vostres, d'une belle & signalée recherche, qui ne se peut approprier qu'à Pasquier; non seulement selon le commun usage de vostre Païs, mais aussi pour la rencontre de l'Anagramme. De changer quelque chose du sien, je ne suis du nombre de ceux qui sont ingenieux sur les œuvres d'autruy, ains me suffit de me tenir clos, & couvert en ce qui est du mien: joint que je trouve son petit ouvrage accomply. D'ailleurs, comme trouverois-je à redire aux vers de celuy qui ne trouve rien à redire en moy? Brief, s'il y a quelque chose à redire, c'est qu'il doit tracer d'une trace generale, ce qu'il a tracé de moy; me recognoissant beaucoup de plus foible alloy, qu'il ne me pleuvit: tres-glorieux toutes-fois, qu'il m'ait celebré par sa plume, soit que je doive cela à sa plume, ou à une bonne volonté qu'il me veuille d'oresnavant voüer. Car quant à vous, je sçay que dés pieça me faictes cest honneur de m'aimer. A Dieu.

LETTRE IX.

De Messire Honoré d'Urfé, Comte de Chasteau-neuf, à Pasquier.

Le Seigneur d'Urfé s'excuse de ce qu'il n'a pas porté son Livre d'Astrée luy mesme.

Jeunesse du Seigneur d'Urfé, & sa retraite.

JE vous eusse moy-mesme porté ce Livre, qu'avez desiré de moy, si je n'eusse eu peur de rougir en le vous donnant. Que si me demandez, d'où procede ceste honte, je vous diray que c'est de vous & de moy; ceste Bergere que je vous envoye n'est veritablement que l'histoire de ma jeunesse, sous la personne de qui j'ay representé les diverses passions, ou plustost folies, qui m'ont tourmenté l'espace de cinq ou six ans. Et quoyque ces furieuses tempestes soient cessées, & que, Dieu mercy, je joüisse à ceste heure d'autant de calme, qu'autrefois j'ay esté incapable d'en avoir, si ne laisse-je d'appreender qu'un si juste estimateur de toutes choses, comme est ce grand Pasquier, voyant le commencement de mon aage si agité de troubles & orages (pour ne dire un esprit plein de folie en sa jeunesse) ne fasse un sinistre jugement de moy, & de ce que je puis estre devenu. Car si le Printemps donne cognoissance de l'arriere-saison, quel jugement sçauroit-on faire par ce premier aage, qui ne soit desavantageux pour celuy où je suis? Que si l'amitié prend sa principale, & plus seure origine de la bonne opinion, n'est-ce pas une grande imprudence à moy, de vous mettre devant les yeux le tesmoignage du peu que je vaux? Et quoyque je sçache que les loix de la preud'hommie obligent tout homme de bien de monstrer à celuy qu'il veut avoir pour amy, non seulement le visage, mais le cœur, & toutes ses intentions à nud & sans retenir un seul reply en son Ame; si est-ce que je n'ignore pas aussi, que chacun est obligé de cacher ses propres imperfections. Mais comment ne rougirois-je point, voyant ces escrits foibles & mal polis de ma premiere jeunesse estre prests de recevoir la Censure de celuy qui est redouté par les plus doctes de nostre aage, & de qui les Recherches sont si exactes, qu'il n'y a que luy seul qui puisse soustenir ses propres coups? Ce sont doncques ces considerations qui m'ont empesché d'estre porteur de ce Livre. Car encores que la pensée fasse presque en moy le mesme effet que feroient les yeux, si ay-je esleu de rougir plustost tout seul, qu'en si bonne compagnie. A Dieu.

Regle notable qui doit estre observée en l'amitié.

LETTRE

LETTRE X.

Responce de Pasquier au Seigneur Comte de Chasteau-neuf.

Il remercie le Seigneur d'Urfé de son Livre, & luy en donne un jugement fort advantageux.

Quoy? Vous n'avez doncques pas voulu par vos mains me faire part de vostre beau Livre d'Astrée, craignant que je ne vous visse rougir pour estre l'image de vos jeunes Amours, que vous appellez Folies? Prenez garde, je vous supplie, que poussé d'un sage instinct ne l'ayez fait afin de ne me voir rougir le recevant. Car je vous puis dire, comme chose tres-vraye, qu'à la premiere ouverture du Livre, lisant une infinité de beaux & riches traits sur la description de vostre païs de Forest, j'ay esté surpris d'une telle honte, qu'aussi-tost je me suis condamné de me blotir dedans les Forests, & mes livres de mener vie solitaire, comme Hermites, pour n'estre veus. Mes Enfans (leur ay-je dit) il est meshuy temps que sonnions la retraite, nous sommes d'un autre monde : ce je ne sçay quoy qui donne la vie aux livres, est terny dedans ma vieillesse : & à peu dire, le temps qui court, maintenant est revestu de tout autre parure que le nostre. Et me faisant de cette façon mon procés & à mes livres, voicy le jugement que j'ay fait du vostre. Premierement je trouve l'Economie generale d'une merveilleuse bienseance : car vous estant proposé de celebrer sous noms couverts plusieurs Seigneurs, Dames, & anciennes familles de vostre païs de Forest, avez fait à la rencontre de ce nom, fait entrer en jeu sur l'eschaffaut, Nymphes, Bergers, & Bergeres, subject convenable aux bois & Forests. Et au regard du particulier, qui concerne vos Amours, en avez dextrement estalé l'histoire, que je veux allegoriser. Vous me direz paravanture, qu'en cecy il n'y aura du vieillard en moy. Si je le fais, c'est une leçon que j'ay apprise de sainct Paul, quand il nous enseigne que l'histoire d'Ismaël né d'Abraham, & de sa chambriere, representoit le vieil Testament, & celle d'Isaac, enfant legitime, le nouveau. En l'histoire de vos Amours, je vois un Celadon (qui estes vous-mesme) desmesurément esperdu en l'amour de la belle Astrée, où laisser emporter à la mercy de vostre fleuve Lignon, où aprés avoir beu beaucoup d'eaux, enfin par les ondes jetté

Plusieurs familles & gens de marque celebrez en l'Astrée du Seigneur d'Urfé. Ismael representoit le vieil Testament.

sur le bord, est accueilli par la Nymphe Galatée, qui donne ordre de le faire porter en sa cabane, où elle devient amoureuse de luy. Quant à mon sens allegoric, je veux croire, & le croyant je ne seray desavoüé, que certe belle Astrée dont estiez enamouré, sont les belles Conceptions par vous empruntées des Astres, pour lesquelles representer, avez beu des eaux non de vostre Lignon, ains du Parnasse transformé en Lignon : qui a esté cause que non pas une Galatée, ains la France, anciennement appellée Gaule, & les habitants, tantost Gaulois, tantost Galates, vous cherit, embrasse, & honore uniquement, & d'une mesme devotion vous baignerez dedans la fontaine des Muses. Quel sera le succés de vos amours envers Astrée, & de Galatée envers vous, je ne l'ay encores leu : mais pour le regard de mon sens allegoric, je m'asseure que tant & si longuement que vivrez, vous serez amoureux de vos belles Conceptions, & la France amoureuse de vous.

& Isaac le nouveau. Allegorie sur l'histoire d'Astrée.

Conclusion, je trouve tout ce que j'ay leu de vostre Livre, richement beau, & vos Lettres de pareille estoffe ; fors en quatre mots : quand par une surabondance d'amitié, vous m'appellez, *Le grand Pasquier*; & vos jeunes amours, *Folie*. Rayez-les, je vous prie, de vostre memoire. Car pour le regard de Pasquier, s'il y a quelque grandeur en luy, c'est que bon juge de soy, & balançant ses actions à leur vray poids, il recognoist, sans se flatter, la petitesse de son esprit. Et quant à vos jeunes Folies, si j'en suis creu, c'est une grande sagesse au jeune homme d'estre amoureux, moyennant que soit en un lieu honneste. Celuy qui dedans son printemps, pour penser estre plus sage que son aage, s'en veut exempter, trouve dedans son Esté, un Hyver. Au contraire, tous bons esprits doivent, des fleurs de leur jeunesse alambiquer un amour, qui se tourne avec le temps en une noble ambition, dont ils recueillent divers fruits, qui plus, qui moins. A Dieu.

Quel jugement M. Pasquier fait de soy-mesme.

C'est sagesse à un jeune homme d'estre amoureux.

LETTRE XI.

A Monsieur de Neufchel, Chevalier d'honneur de Madame la Duchesse de Nemours.

Recit au long de la mort du feu Duc de Nemours. Qui fut deux fois prisonnier. Sa mort magnanime. Ses derniers propos.

Jamais mort ne fut plus forte, plus sage, & plus Chrestienne que celle de feu Monsieur le Duc de Nemours, qui doit estre une grande consolation à Madame sa mere, vostre bonne maistresse, au milieu de sa nouvelle affliction. Il avoit esté deux fois prisonnier, l'une, en la ville de Blois, par le commandement du feu Roy, sur le commencement de nos derniers troubles ; l'autre, en la ville de Lyon, sous le Regne qui est à present : & de l'une & l'autre prison il s'estoit évadé par deux artifices admirables, mais quand il luy a esté question de sortir de cette prison corporelle, jamais Seigneur, de quelque qualité qu'il fust, n'apporta tant de magnanimité en son fait. Chose dont j'ay receu certain advis par l'un de ses principaux Gentils-hommes, qui l'assista en toute sa maladie, & specialement comme il voulut rendre l'Ame à Dieu. Je vous veux donc icy reciter les avant-propos de sa mort. Estant environné de quelques siens plus fideles serviteurs qui fondoient en larmes ; Il est vray (leur dit-il) qu'au commencement de ma maladie, je m'estois moy-mesme esmeu à pitié, recognoissant le Duc de Nemours plein de tout ce qui pouvoit plaire au monde, estimé, honoré, redouté : mais voyant qu'en toute saison il faut estre

prest de partir, & quitter ces mondanitez, je loüe Dieu de l'election qu'il a faite de cette mort en moy, aimant mieux que ce soit dans mon lict, pour me reconcilier à ma conscience, que d'estre tué en une bataille. Laissons cette gloire à part, d'y mourir, pour nous signaler davantage. Il vaut mieux que ce soit d'une fievre, que de la main d'un soldat ; car au fort en cette derniere sorte, quelque principauté qui reside en nous, c'est estre inferieur à un simple homme.

Et lors se tournant vers ses serviteurs, à l'un touchant en la main, & ramentevant à l'autre la particuliere affection qu'il luy portoit : Dieu me soit à tesmoin (leur dit-il) mes amis, il n'y a chose au monde que je laisse plus à regret que vous : mais il vous demeure un autre moy-mesme, qui en toutes choses sera mon heritier, & particulierement de ma bonne volonté. Je vous supplie, en ma consideration, de ceder l'affection que m'avez fait paroistre, & je m'asseure que vous recevrez de luy autant de contentement que pouviez esperer de moy. J'ay maintenant les deux choses que j'ay le plus desiré au monde, de me voir mourir plein de sens & dire à Dieu à mon frere. Vray qu'il me reste encores le desir de voir Madame nostre

Sa grande amitié envers ses serviteurs. Il a à sa mort ce qu'il avoit le plus desiré.

noſtre-mere, luy baiſer les mains, & demander ſa benediction : mais puis qu'il ne m'eſt permis, je vous ſupplie, mon frere, la recevoir d'elle pour moy : & la ſupplier trés-humblement de ma part, que l'amitié qu'elle m'a fait paroiſtre, revive en vous avec celle qu'elle vous porte ; & que de vous elle reçoive auſſi les ſervices auſquels mon devoir m'obligeoit.

Et lors ſe tournant au Pere Eſprit, Capucin, qui le conſoloit, luy demanda ſi ſa fin eſtoit proche, lequel ayant reſpondu que non : auſſi vaut-il mieux (dit-il) avoir du temps de reſte, que s'il nous en manquoit un moment. J'ay penſé eſtre autresfois prés de ma mort, comme je me vois maintenant ; & la meſme priere que je te fis, ô mon Dieu, je te la fais encore, qui eſt, qu'il te plaiſe, quand mon Ame ſortira de ce mien corps, la vouloir recevoir en ton ſainct Paradis.

Belle priere ſur ſa fin.

Comme il proferoit ces paroles, une veines'ouvrir dedans luy, de maniere qu'il vomit un grand flux de ſang par la bouche, voire par les yeux meſmes : & adonc il demanda ſi noſtre Seigneur Jeſus-Chriſt n'eſtoit pas mort en ſaignant. A quoy luy eſtant reſpondu, qu'ouy ; il repartit en cette façon : puis qu'il plaiſt à Dieu d'honorer ma fin de quelque reſſemblance de la ſienne, prions-le donc, que tout ainſi qu'il a reſpandu ſon ſang pour laver les fautes d'autruy, qu'il luy plaiſe que celuy que je reſ-pands aujourd'huy, puiſſe laver les miennes, non par mon merite, mais par celuy de ſa paſſion.

Il vomit le ſang par la bouche & par les yeux.

Puis adreſſant ſa parole vers ſon frere : vous ſçavez, (luy fit-il) mon frere, de quel lieu vous eſtes extraict, & quels anceſtres nos pere & mere nous ont laiſſez ; je vous pric qu'il demeure à tous ceux qui vous ſurvivront, une belle memoire de voſtre nom, pluſtoſt que de grands biens, Terres & Seigneuries. Ces paroles ainſi proferées, il monſtra combien il avoit ſon ame tenduë au Ciel ; parce que lors il y eut quelqu'un qui luy dit ; qu'il y avoit des remedes de paroles pour eſtancher ce grand flux de ſang ; non (dit-il) je ne me veux ayder de tels remedes : car par voſtre bel advis, s'il n'eſtoit point de ſorciers au monde, le Duc de Nemours ne vivroit donc plus. Un autre rechargea, qu'il cognoiſſoit un Medecin Huguenot, qui avoit des receptes trés-certaines pour ce mal. Laiſſez-moy (luy reſpondit-il) mourir au repos de ma conſcience. La mort me ſera plus agreable, que la vie que me promettez de la part d'un tel Medecin : puiſqu'il plaiſt à Dieu que je meure, je ſuis reſolu à toutes ſes volontez.

Ainſi meſnageant en bons & vertueux diſcours le peu qui luy reſtoit de ſa vie, ce Prince rendit l'ame à Dieu, au milieu de ſes Gentils-hommes, les uns joyeux, les autres larmoyants, ſelon le plus, ou le moins de forces d'eſ-prit, qui eſtoit en eux : mais generalement loüants Dieu, de voir une ſi belle fin en celuy qui avoit eu des volontez merveilleuſement abſoluës pendant ſa vogue. Qui eſt une grande conſolation à tous ceux qui luy ont appartenu. A Dieu.

Il ne veut laiſſer eſtancher ſon ſang par paroles.

Ne ſe veut ſervir d'un Huguenot.

Il rend l'Ame.

++

LETTRE XII.

A Madamoiſelle de Bourgon.

Il la conſole ſur la mort de ſon mary & luy donne ſon advis ſur ce qu'elle doit faire quant aux eſtudes de ſon fils.

J'Eſtois dés pieça adverty de l'accident qui vous eſt advenu en la mort de feu Monſieur voſtre mary. Joint que dés ceſte ville, avant ſon partement, je prevoyois ſa maladie devoir prendre telle fin qu'elle a faicte. D'une choſe me conſole-je au milieu de ceſte affliction, que Dieu vous oſtant le corps, vous a conſervé les biens. Il m'aſſeure qu'eſtes ſi ſage, que avez, des deniers de ſon Eſtat, acquitté les debtes, auſquelles vous avoit plongé ce malheureux procez dont avez en telle iſſue que ſouhaitiez. C'eſt un ver qui rongeroit à l'avenir, & vous eſt, voſtre petit mignon, ſur lequel jettez toutes vos eſperances, non ſans cauſe, eſtant doüé en ſon baſ age de tant de bonnes parties, que ce vous ſeroit grande conſcience de les laiſſer tomber en friche, par faute de les cultiver. Cecy, à ce que j'ai recueilly de vos lettres, vous faict aujourd'huy me demander advis, ſi devez doreſnavant vous venir habiter en ceſte ville, pour le faire eſtudier. Grand point, certes, & à vray dire, un fait d'eſtat pour voſtre maiſon, auquel, de quelque coſté que je me tourne, je tiens le loup par les oreilles. Car ſoit que je vous conſeille le Pour, ou le Contre, ſi le ſuccez de vos affaires vous arrive cy-aprés, mal à propos, vous l'imputerez à celuy qui vous en aura donné le conſeil. Et neantmoins, pourvou eſtes à cœur ouvert, ce que j'en penſe ; ſi je me flatte, & que comme Paſquier je vous fay reſponſe, ne doutez que je ſeray pour le party de Paris. Car par ce moyen, j'auray ceſt heur & honneur de joüir de voſtre preſence. Mais ſi comme celuy qui deſire plus voſtre bien & contentement que le ſien, je ſuis contraint de changer d'advis. Premierement, je conſidere l'habitude de voſtre corps, que j'ay obſervée tant qu'avez eſté pardeçà : & croy que l'air de Paris ne vous eſt ſi aiſé à digerer, que celuy auquel avez pris naiſſance : d'ailleurs, eſtant aujourd'huy ſur le voſtre, en une belle & riche maiſon, vous vivez dedans un Paradis terreſtre à peu de couſts, ſi je ne m'abuſe ; & les entreveuës des Gentils-hommes vos voiſins vous tournent à charge, voſtre baſſe-cour vous doit ſervir de Manne ; eſtimant que le revenu de Bourgon peut ſubvenir à ce defroy, ſinon du tout, au moins de la plus grande partie, & que pouvez du demeurant de vos grands biens faire eſpargne. Dedans Paris, les compaignies ne vous ſeront à telle charge ; mais pour contrepoids, la deſpenſe y eſt beaucoup plus grande qu'aux champs ; mal logée, & encores en un loüage ingrat de maiſon, deſpendant de la volonté d'un proprietaire indiſcret. Et pendant cela, voſtre bien ſera meſnage ſans le controole de vos yeux, qui n'eſt pas un petit deſchet. Davantage, je fay grande douce, ſi la preſence d'une mere eſt requiſe pour l'advancement des eſtudes de ſon enfant : qui eſt un meſtier auquel elle ne fit jamais ſon apprentiſſage : meſmes que ſon ſçait avec quelle indulgence une mere de ſon fils unique conduit en ce ſubject ſes opinions. Toutes ces particularitez me paſſans par l'entendement, je demeure en ce propos ferme & ſtable, que devez vous fermer en voſtre maiſon, & envoyer voſtre fils en ceſte ville, ſous la conduite d'un honneſte Precepteur à frais modeſtes : en quoi je vous promets tous les bons offices que pouvez ſouhaiter d'un amy. C'eſt une medecine qui vous ſera faſcheuſe à prendre, & paradventure à celuy-meſme qui la vous ordonne ; pour ſe priver, par ce moyen, de voſtre preſence : mais vous aimant pour l'amour de vous, non de moy, je penſerois forfaire contre mon devoir, ſi je vous conſeilloi autrement.

Incommoditez à ceux qui demeurent à Paris.

Quant à ce que deſirez ſçavoir, comme vont les affaires de ma maiſon, je vous diray, que graces à Dieu, je me porte bien, comme celuy qui ay deſpoüillé de moy toute avarice, & ambition, depuis que je me ſuis démis de mon eſtat d'Advocat du Roy ſur mon fils aiſné. Vray que j'ay ſenty une meſme maladie que vous, en ma famille, ayant perdu mon fils de la Ferlandiere, au mois d'Octobre dernier, avec lequel je faiſois eſtat de paſſer deſormais tous mes Eſtez aux champs. Voilà comme Dieu contrebalance nos contentements, par des afflictions, afin que demeurions touſjours en nous-meſmes ſans nous oublier. Sur ce mot d'oublier, je vous mettray de la preſente, vous priant de vous ramentevoir par vos lettres, à celuy qui eſt & deſire demeurer à jamais, voſtre affectionné ſerviteur & amy. A Dieu. De Paris, ce 15. Juillet 1605.

LETTRE

LETTRE XIII.

A Monsieur Noyau, Procureur du Roy en l'Election & Grenier à sel de Paris.

Que les Peres ne doivent estre sous la curatelle de leurs enfans.

RAyez, je vous prie, de vos papiers, la sagesse de ces sots enfans, qui veulent lier les mains à leurs peres & meres, pour l'ancienneté de leurs aages, & briguent leur curatelle en justice. Combien que ce soit une belle proposition, voire des plus belles qui se puissent traiter, qu'il ne nous doit estre permis d'abuser de nos biens au prejudice du public, qui a interest, pour l'exemple, à la sage conduite de nos mesnages particuliers: toutesfois il

Les enfans ne doivent controoller leurs parents au manicment de leurs biens.

ne faut aisément permettre à l'enfant d'abuser de cette proposition, au desavantage de ceux qui l'ont mis au monde. Bien sçay-je, que la longueur de nos ans nous oste de fois à autres, quelque chose des forces & communes functions de nos esprits; mais que pour cela il faille interdire le pere, & l'exposer sous la puissance de son fils, non seulement je ne le pense, ains au contraire je croy que cette longue ancienneté est la cause pour laquelle il le faut gratifier, favoriser & maintenir en la pleine administration de ses biens: parce que tel aage, pour sa foiblesse, tombe aisément au mespris de ceux qui par obligation naturelle nous doivent meilleur traitement. Et si à leur instigation & poursuite le pere estoit interdit, vous luy osteriez la puissance que la loy luy donne, d'exhereder ses enfans ingrats & malsaisants en son endroit,

Dict notable de l'Empereur Justinian.

principal retenail de leur obeïssance. Et à peu dire, jamais sentence ne fut plus digne que celle de l'Empereur Justinian, quand il dit, que la loy rougissoit & avoit honte de donner un enfant à son pere, pour estre reformateur de ses actions. Je voy dedans Rome, qu'outre les mineurs de vingt-cinq ans (que nous pouvons en cette France appeller moindres d'ans) il y avoit deux especes

Deux sortes de gens, auquels estoit deffendué l'administration

de gens, ausquels estoit deffendué l'administration & alienation de leurs biens: le Furieux, & le Prodigue: au premier, par la seule loy de nature, sans que l'intervention du Juge y fust requise; au second, par la main du Magistrat, avec cognoissance de cause. J'adjousteray,

qui estoit deffension duë l'administration & alienation de leurs biens.

qu'au premier, l'enfant pouvoit estre baillé pour curateur, pour l'alteration de son cerveau: mais quant au Prodigue, vous ne trouverez point que l'on observast le semblable. Et pourquoy donc? D'autant que combien qu'il fust estimé furieux au maniment de son bien, toutesfois en tout le demeurant de ses oeuvres, il n'estoit esloigné du sens commun; & luy baillant son fils pour curateur, c'eust esté d'un sage en faire un fol; & d'un fol, un enragé tout-à-fait, se voyant maistrisé de celuy qui par obligation de nature luy devoit toute obeïssance. Et cela mesme est observé en nostre France, par un bel emprunt que nous avons fait du Romain. Je ne dy pas, que si le pere estoit reduit au rang d'enfance par une longue ancienneté de ses ans, tellement qu'il ne peust discerner le bis d'avec le blanc, en ce cas son fils ne luy deust estre baillé pour curateur, tout ainsi comme au furieux: mais autrement, l'enfant contestant sa curatelle, manque de jugement, & faudroit, si j'en estois creu, bailler un curateur à luy-mesme, quelque sagesse dont il face profession. A Dieu.

LETTRE XIV

A Monsieur de Saincte Marthe, Tresorier de France en la Generalité de Poitou.

Il luy dit quel jugement il fait de ses Eloges, & l'advertit comment il les doit manier.

NE pensez pas, je vous prie, que le jugement par moy fait sur vos Eloges, ait esté emprunté de l'ancienne amitié que je vous ay voüée, ainsi de la verité. *Amicus Plato, amicus Socrates, amica magis veritas.* Et suis trés-aise de la continuation que projettez en l'honneur & des grands Guerriers. Vous pratiquerez en cecy le contraire des Monarchies, qui prennent leurs commencemens par les armes, & fins par les lettres: vous au contraire, aurez commencé vostre oeuvre par les lettres, & finy par les armes. Car quant à ce que desirez sçavoir de moy, qui sont ceux que j'estime plus dignes, il me semble, sauf vostre meilleur advis, que me devez envoyer vostre liste, afin que je vous die, selon mon petit jugement, ceux qui devront passer à la monstre, & les autres qu'aurez oubliez, si tant est que je m'en puisse ressouvenir. D'une chose, sans plus, vous prie-je, de ne vous amuser point tant au nombre, qu'au poids. Le malheur est, qu'en flatant nos plumes, ne les pouvons oster du papier. Et sur tout, je souhaite qu'estudiez plus au contentement de vostre esprit, que des autres, lesquels, par entremetteurs & parreins, seront trés-aises d'enrichir de reputation leurs familles, aux despens de vostre plume.

Jugement des amours de Ronsard.

Quand nostre Ronsard escrivit ses premieres Amours, sous le nom de sa Cassandre, si j'en suis creu, il se rendit inimitable, parce qu'il n'avoit autre object que de se contenter soy-mesme. Mais lors que sous les noms de Marie & Heleine, il se proposa de complaire aux Courtisans, il me semble que je ne ly plus Ronsard, le lisant. Adjoustez qu'en matiere d'Epigrammes, il est permis d'y en mesler de mauvais avec les bons, si vous croyez Martial.

Sunt bona (dit-il) *sunt quædam mediocria, sunt mala plura,*
Quæ legis hic; aliter non fit, Avite, Liber.

Et moy, par forme de commentaire sur ce distique, au troisiesme livre de mes Epigrammes, le voulus renvier sur luy de cette façon.

Ne scateant nævis nostri fortasse libelli,
Pro vetere hortatur Paulus amicitia.
Si ligam ut à pravis meliora Epigrammata, tutas,
Qualibet inæ libri possit ut ire via.
Pauli præscripto non pareo, nempe necesse est,
Omnia quo placeant, displiceant aliqua.

Mais aux Eloges, c'est tout une autre leçon, pour estre seulement dediez à la commemoration des personnages de marque: tellement que si nous y en mettons quelques-uns de foible alloy, leurs vies desnientont nostre titre. Je ne veux pas dire que soyez tombé en cest accessoire: seulement vous diray-je, que le frontispice de vostre oeuvre est en faveur des gens de Lettres qui se sont rendus recommandables par leurs Livres, ou singuliere érudition; & non de ceux lesquels portans la robbe longue, ont tenu grand rang, selon la diversité de leurs charges. Prenez garde, je vous prie, si tous vos Eloges correspondent à vostre titre: & neantmoins encores que l'estoffe, en quelques unes, ne soit proprement de vostre subject, toutesfois vous luy baillez si belle façon, qu'elle couvre tout le défaut de la piece. Vous prendrez ce petit advis de moy, comme de la part d'un amy. A Dieu.

FIN DU DIX-HUICTIESME LIVRE.

LES
LETTRES
D'ESTIENNE PASQUIER
Conseiller & Advocat General du Roy en la Chambre des Comptes de Paris.

LIVRE DIX-NEUFVIESME.

LETTRE I.

A Messire Edouart Molé, Conseiller d'Estat en la grand' Chambre de Parlement de Paris.

Il discourt sur le sujet des Mercuriales.

Naturel du Mercure.

Caton le vieil accusé cinquante fois, & autant absous.

ON dit qu'estes sur le poinct d'ouvrir la Mercuriale au Parlement. Dieu veuille qu'elle ne ressemble le Mercure, lequel mis en œuvre avec autres metaux, sert infiniment pour les assoupir, autrement se tourne en fumée. Entre tous les actes que representez en ce grand theatre de France, je n'en trouve point de si solemnel que cestuy : que vous qui estes destinez pour donner la loy à autruy, apprenez de la vous donner à vous-mesme. Et d'autant qu'il est plus solemnel, aussi en estime-je l'execution plus difficile, soit de la part de ceux ausquels, par la prerogative de leurs Estats, appartient de faire les remonstrances ; ou des autres, pour lesquels elles sont faictes. Les faictes-vous en general, pardonnez-vous aux noms des personnes, pour toucher seulement les vices ? L'exhortation en est froide. Chacun au partir de là, se donne beau jeu, se persuadant que le deffaut qui est en luy, demeure couvert, pour n'avoir esté descouvert qu'en termes generaux. En touchez-vous l'un des vostres par son nom, ou par remarques qui parlent sans le nommer ? Vous vous faictes ennemy de celuy que voulez reconcilier à soy. Quiconque est ennemy formel des vices, se rend par mesme moyen ennemy capital des hommes : & quand je ly, que Caton le vieil fut cinquante fois accusé devant le peuple Romain ; & autant de fois absous, luy qui d'ailleurs estoit l'un des preud'hommes qui fust dedans la ville de Rome (car il n'y a Seigneur que Tite-Live honore en toute son histoire, avec si honorable Eloge que cestuy) je l'impute aux inimitiez qu'il s'estoit acquises pendant sa charge de Censeur, laquelle il executa avec telle severité, que depuis, la posterité luy donna entous les autres cest Epithete de Censeur. Choisissez donc, ou le general, ou le particulier en vostre exhortation, il y a de tous costez des espines. Mais encore crains-je bien plus, que vos remonstrances ne soient vaines ; & que tout ainsi que le Mercure dont je vous ay cy-dessus parlé, s'esvanouit en fumée à faute de trouver subjet ; aussi que vos Mercuriales soient paroles emportées du vent : d'autant que ce que vous y faictes, est par forme de conference amiable, qui demeure sans effect, pour n'estre accompagnée d'une animadversion exemplaire. Il n'est pas qu'en nostre Eglise, qui n'use de main-mise sur nos corps, on n'employe le bras seculier contre celuy qui ne tient compte d'obeïr aux censures Ecclesiastiques. C'est pourquoy en l'Estat du Censeur Romain, la puissance estoit telle, que trouvant un Seigneur mal reglé de mœurs, on le pouvoit non seulement suspendre, pour un temps, de l'exercice de sa charge, ains luy defendre, à l'avenir, l'entrée du Senat : comme nous lisons que le mesme Caton fit à sept Senateurs, entre lesquels fut un Lucius Quintius, qui avoit esté autresfois Consul, & estoit frere de ce grand Titus Quintius, qui lors avoit fraischement reduit toute la Grece sous la puissance des Romains : toutesfois ny la moindre de sa dignité consulaire, ny la faveur des bons & agreables services de son frere, ne le peurent garentir de cette honte : & estoit davantage permis au Censeur de publier parmy le peuple, des Manifestes portans les causes de la rigueur par luy exercée contre uns & autres. Nos anciennes

D'où appelle Censorines.

La Censure des Romains de quelle autorité.

L. Quintius l'un des sept Consulaires interdits du Senat par Caton Censeur.

Les Mer-curiales, rapportez-vous pourquoy de peu d'effect.

nes Ordonnances n'y ont apporté cette severité; aussi rapportez-vous tel profit de vos Mercuriales, que le Romain fit de ses Censures. L'amour que chacun de nous se porte en son particulier, chastouille tellement nos esprits, que ne voulons aisément rendre à la raison l'hommage que luy devons, si le Magistrat n'y interpose, à bonnes enseignes, son authorité. C'est gaster, & non guerir une playe, quand nous la flatons. Croyez que si vous autres Messieurs, par un bon enclin de nature, n'estes les premiers Juges de vous-mesmes, vos Mercuriales ne produiront pas grands miracles en vous censurant. Quelqu'un qui pourra avoir communication de ceste Lettre par vos mains, pourra dire que je contrefaits le Censeur, & que je veux, par une sotte outrecuidance, mercurier vos Mercuriales. Ja à Dieu ne plaise, que je sois si mal advisé : mais si mes souhaits pouvoient reüssir, je desirerois qu'au lieu de faire perdre quelquefois six ou sept sepmaines de temps aux pauvres parties en faisant le procez à l'un des vostres, j'eusse veu en une Mercuriale, pour y obvier, donner sur les doigts à celuy qui par opinion commune seroit estimé malverser en son estat, & dont la Cour auroit eu quelques appercevances par ses deportemens. Les grandes fumées couvent ordinairement quelque feu. Et nul n'est estimé par la voix commune du peuple, homme de bien, ou meschant, qu'il n'en soit quelque chose. Non que je desirasse en luy une punition de

Commet il desire que les Mercuriales soient exercées

corps (il y faudroit en ce cas plus de façon) mais bien que par un admonestement fraternel, il fust prié en pleine assemblée de se desfaire de son estat, & que ceste priere publique fust d'autant coup de necessité authorizée par le Prince. Cela fut cause, à mon jugement, que sous le regne de Charle VI. les Presidents de la grand Chambre obtindrent Lettres Patentes du Roy, par lesquelles il leur permettoit de corriger & oster tous les Conseillers qu'ils trouveroient malfaisants, ausquelles par Arrest du 17. Fevrier 1405. il ne fut obtemperé. Mais comme les Presidents sagement se fussent bien donnez garde d'en requerir l'enterinement, ains eussent esté les Lettres presentées comme provenantes du propre mouvement du Roy, par forme d'Edict, pour estre verifiées; aussi la Cour, d'une mesme sagesse, ne mit pas, qu'elles eussent esté par elles refusées, ains qu'elle prioit le Roy de la tenir pour excusée : parce qu'en les enterinant, c'ust esté introduire une Oligarchie dedans une Aristocratie. Il n'y a chose si bien inventée, qui ne soit accompagnée de son inconvenient.

Quoy doncques ? puisque la Mercuriale ne produit les effects pour lesquels elle fut introduite, nous faut-il avoir recours aux procez extraordinaires ? Ceste medecine est fort dure à prendre, mesme qu'il court un bruict commun entre nous, que vous attaquant au particulier, vous offensez le corps de la Cour, & faites qu'il soit vilipendé par le peuple : chose qui se tourne au grand dommage du public. Opinion qui me semble grandement erronée : car tout ainsi qu'en la compagnie de nostre Seigneur Jesus-Christ, il y avoit douze Apostres, qui representoient son Senat, dedans lequel se trouva un Judas, premier Juge & executeur de sa condamnation,

Un Judas entre les Apostres

à la veuë de tous les Juifs, ny pour cela ceste petite compaignie ne descheut, ny d'authorité, ny de reputation en son Apostolat; aussi estant mal-aisé qu'en une Cour de Parlement il n'y ait quelquefois des Judas, jamais il ne sera trouvé mauvais, ains tres-loüable d'en faire une punition : comme aussi est-ce la verité que nos ancestres ne s'espargnerent aux occasions qui se presenterent pour cest effect : un maistre Guillaume Banchety,

Punitions exemplaires au Parlement.

Rapporteur aux Enquestes, privé de son Estat, pour avoir revelé les secrets de la Cour, & pris argent à la fin : un Messire Adam de Houdam portant titre de Chevalier & Conseiller, avoir esté pendu & estranglé par Arrest de l'unziesme Juillet 1447. pour avoir enregistré la deposition de certains tesmoins, de ce qu'ils n'avoient deposé. Et lors on n'y apportoit point tant de façons dedans les Registres, comme l'on a fait depuis. Celuy pour lequel je les voy avoir esté d'une bien longue ancienneté

pratiquées, fut en maistre Claude Chauvreux Conseiller; auquel fut fait & parfaict son procés en la Cour de Parlement, & ayant esté par Arrest du 23. Decembre 1496. condamné, le lendemain vestu de sa robbe d'escarlatte, son chaperon fourré dessus ses espaules, estant à genoux & nuë teste, en presence de toute la Cour, & toutes ses Chambres assemblées, les sieges hauts & bas remplis, son Arrest luy fut prononcé par Messire Jacques de la Vacquerie, Chevalier & premier President, portant que pour les faussetez par luy commises, subornations de Notaires & de tesmoins, touchant l'Evesché de Xaintes, desquelles il avoit esté convaincu, il estoit privé de son office de Conseiller, & declaré indigne de tenir offices Royaux & Estats de Judicature : & aprés l'Arrest prononcé, fut, par les Huissiers de la Cour, conduit sur la pierre de Marbre de la Cour du Palais, & illec despouillé de sa robbe d'escarlatte, luy fut pareillement osté son chaperon, & sa ceinture; il fut ramené nuds pieds & nuë teste, en l'Audience de la Cour, tenant une torche ardente de quatre livres, à genoux, fit amende honorable prout in criminali (porte le Registre) & cria mercy à Dieu, au Roy, & à Justice, & aux parties interessées : & fut Note de la tausse procuration dont estoit faite mention au procés. Ce fait, fut par les Huissiers ramené en la Cour du Palais, & livré au maistre des hautes œuvres : qui le mit dedans une charette, & conduisit par devant le Chastelet, où il fit son cry, & de là au Pillory, & tourné trois tours : & en aprés, luy apposa une fleur de Lis ardente au front. Puis descendu & conduit par les Huissiers jusques à la porte de S. Honoré ; parce qu'il estoit banny du Royaume. C'est une histoire que je vous raconte telle que j'ay trouvée aux Registres de la Cour. Fut-il jamais exemple de severité plus signalé que cettuy ? Dedans lequel je remarque deux particularitez notables ; la premiere, que deslors toutes les Chambres furent assemblées au jugement du procés de ce Conseiller : la seconde, qu'il fut degradé de son Estat, avant que faire amende honorable, & executer le demeurant de sa condamnation. Bel exemple, vous dy-je encore derechef. Et neantmoins (combien que ce soit une chose fort chatoüilleuse de vouloir juger de ceux qui peuvent juger de nos vices) je ne puis tant commander que je n'y trouve je ne sçay quoy à redire, quand je voy toutes Chambres assemblées pour juger de la teste d'un Conseiller ; car pour vous dire à cœur ouvert ce que j'en pense, je ne puis bonnement digerer, que pour ouvrir la justice à un seul homme, elle soit cependant fermée, quelquefois six sepmaines & plus, à tous les autres, dont les aucuns viennent de cent lieuës & plus, pour avoir expedition & vuidange de leurs procez. Et de faict, il me souvient que sous le regne de Henry III. les Estats du Parlement estoient mis aux parties casuelles à l'enchere outre mesure (non telle toutesfois qu'aujourd'huy) quelques personnages s'en plaignants à Monsieur le Chancelier de Birague, grand homme d'Estat, & leur fit responce, qu'il s'esbahissoit qu'ils n'estoient encore plus chers, veu que celuy en avoit esté pourveu, se pouvoit presque promettre de n'estre jamais chastié de ses fautes : qui estoit un privilege qui ne se pouvoit acheter à prix d'argent. Parole vrayement hardie, non toutesfois subjecte à controole, provenant de la bouche d'un Chancelier. Mais quel remede à cecy ? Car de contrevenir à une longue anciennetè telle que ceste-cy, cela s'appelle demy blaspheme. Je ne suis pas juge competant pour y interposer mes parties : mais, s'il vous plaist, que pour closture de ma Lettre, je vous repaisse d'un autre souhait, à la mienne volonté que par une bonne Mercuriale, on renvoye toutes ces ceremonies & longueurs de tels jugements, non pardevant le Juge ordinaire des lieux (ce seroit trop ravaler de la dignité d'un Conseiller) ains en une autre Chambre de la Cour ; qui pendant les autres besongneront aux procés qui leur sont distribuez. Quoy faisant, le public en sentira moins d'incommodité, & on n'offensera aucunement l'ordre. A Dieu.

Arrest contre Claude Chauvreux Conseiller.

Despouillement des ornemens de Judicature.

Faict honorable.

Mis au Pillory.

Fleur de lis au front.

Estats de Judicature à l'enchere.

Parole hardie du Chancelier de Birague.

Ordre qu'il desire estre tenu aux Mercuriales.

LETTRE

LETTRE II.

A Messire Nicolas de Verdun, Conseiller d'Estat & premier President au Parlement de Tholose.

Il luy envoye un Epigramme Latin.

J'Ay prié Monsieur le President Chauvet s'en retournant à Tholose, de vous presenter de ma part cest Epigramme Latin, que verrez ne pouvoir estre adapté à autre qu'à vous. Si sous meilleurs gages, je pouvois vous tesmoigner l'affection que je vous ay voüée, pour le bon bruit que vous avez acquis depuis qu'estes de delà, je le ferois. Les uns qui ont affaire de vostre justice, vous saluent & voyent des yeux du corps, & moy des yeux de l'esprit, sans autre subjet que de l'honneur que je vous porte, vous suppliant, Monsieur, vouloir recevoir ce petit don pour vos œufs de Pasques, d'aussi bon cœur qu'il vous est presenté par celuy qui est & desire demeurer à jamais vostre serviteur.

AD CLARISS. VIRUM NICOLAUM Verdunum, Primum in Senatu Tholosano Præsidem.

Et montem DUNUM Galli dixisse feruntur.
Et flos anni VER dicitur à Latiis.
In te Parnassi sacri Verdune viret mons,
Et flos mellito vernus ab ore fluit.

LETTRE III.

A Monsieur Petau, Conseiller en la Cour de Parlement de Paris.

Que Tacite historien ne doit estre leu de tout le monde, & de la difficulté de le traduire. Cest Autheur coppié tous les ans dix fois.

ET vrayement ce n'est pas sans raison, qu'estimez Tacite ne se devoir manier par tous. Je n'ay jamais veu Historien, de tous les anciens, qui fust tant honoré que cestuy; quand je voy un Empereur de Rome, du nom de Tacite, s'estre reputé à grand honneur de tirer son extraction de luy. Grand Autheur, certes, & neantmoins falsifié en une infinité de passages, si vous en croyez nos nouveaux Censeurs. Chose que je ne puis passer sous silence: car s'il fut emplacé en toutes les Librairies publiques, coppié tous les ans dix fois par l'ordonnance de cest Empereur, afin qu'on y adjoustast plus de foy, (ainsi que nous apprenons de Vopisque,) d'où vient que nos nouveaux critiques trouvent tant à redire en luy, & non aux autres, en la coppie desquels nos ancestres n'apporterent aucun œil & diligence publique?

Son Latin dedans lequel se voyent de belles pointes.

Je vous diray franchement ce que j'en pense. Combien que Tacite ne se rapporte en rien au style & maniere d'escrire de Ciceron, auquel il s'estimoit peut-estre, tout ainsi que Pollion, y avoir plus de chair, que de nerfs, toutesfois il ne laissa pour cela d'estre riche en son Latin, dedans lequel vous verrez une infinité de belles pointes. De maniere que comme Ciceron en beaucoup de langage dit peu: au contraire, cettuy-cy en peu de paroles dit beaucoup.

Pourquoy est estimé falsifié.

De là vient, si je ne m'abuse, que ceux qui ne peuvent atteindre à l'explication de ses sens abstrus & cachez, lui imputent à faute, ce qui est le leur; & l'habillent à leur guise non à la sienne.

Ne doit facilement estre leu par les Princes.

Et tout ainsi que je ne le pense devoir estre manié par tous ceux qui ont quelque opinion de leurs suffisances, aussi souhaiterois-je qu'il ne fust aisément leu par les Princes & grands Seigneurs. Quoy donc, me dira quelqu'un? Vous luy faites icy son procés. Ja à Dieu ne plaise. Car je l'estime grandement entre les anciens autheurs, ains parce que trop heureusement il a escrit une malheureuse histoire d'uns & autres Empereurs, plustost monstres, que Princes; & sur ce subjet escrit autrefois, entre mes vers Latins, le voulus-je saluer de ceux-cy:

Quod Tacito rerum domino, gentisque togatæ,
 Nominis alma fuit sollicitudo mei.
Id quoniam gentile sibi nostrique putarent,
 Hinc quàm grande mihi nomen in orbe vides.
Verum quem, Tacito, Tacitum placuisse videbis,
 Regibus ô utinam sim Tacitus, tacitus.

Je le voy avoir esté de nostre temps, traduit en nostre vulgaire par un personnage d'honneur: mais si j'en suis creu, en la rencontre des deux, vous trouverez autant de difference du Latin au François, comme du jour à la nuict. Il y a je ne sçay quel air en luy qui ne se peut rapporter à nostre langue, non plus que quelques livres des nostres en la Latine. Ce que je desirerois, seroit que quelque homme studieux triast les plus belles pieces de luy pour en faire une marqueterie qui se tournast au profit & édification du lecteur. Et de moy, combien que je sçache la traduction estre un mesnage penible & ingrat, toutesfois j'executerois volontiers ce souhait, si mon loisir le portoit: comme de fait, je vous en envoye un eschantillon. Vray qu'il y a bien grande difference entre le commencer & finir. A Dieu.

MEURTRE DE PEDANIUS SECUNDUS, Gouverneur de la ville de Rome: Harangue de Caius Cassius Senateur, & punition esmerveillable sur les serviteurs.

Le tout tiré du quatorziesme des Annales de Tacite.

EN ce mesme temps advint, que Pedanius Secundus, Gouverneur de la ville, fut occis dedans son lict, par un de ses gens; soit qu'ayant composé à prix d'argent avec luy de sa liberté, il l'en eust puis aprés frustré, ou qu'enamouré d'un je ne sçay quel Amour des-honneste, il ne voulust avoir son Maistre pour coïrival. Au demeurant, l'ancienne uzance voulant que tous les autres serviteurs qui estoient en la maison lors du meurtre, fussent envoyez au gibet, la commune ne pouvoit bonnement porter, que l'innocent pastir pour le forfaict du meschant; de maniere que les choses en estoient presque arrivées aux mains. D'ailleurs, le Senat mesme se trouva presque party en opinions, les uns abhorrants, les autres favorisants ceste cruauté. Enfin venant à C. Cassius d'opiner, il se mit sur pieds, & parla en ceste façon:

Tous les serviteurs executez à mort quand avoit tué leur Maistre.

Messieurs, je me suis souvent trouvé en ce lieu, lors qu'on vouloit introduire nouvelles loix, au prejudice des anciennes, dont toutesfois je ne me formalisay jamais: non que je ne sçeusse fort bien, que les anciennes estoient beaucoup de meilleure trempe, & qu'en l'introduction de nouveauté, il y alloit tousjours du pire: mais parce que je craignois que me monstrant trop partial au soustenement de l'ancienneté, on ne pensast que par hypocrisie je me voulusse advantager de reputation: joint que au peu d'authorité qui nous reste, j'estimois que ne la devions terrasser par unes & autres altercations, ains la
Harangue de Cassius.

reserver

reserver au temps que la Republique auroit à bonnes enseignes besoin de conseil, comme maintenant.

Au faict qui se presente aujourd'huy, de quoy est-il question? D'un Seigneur autrefois Consul, traistreusement assassiné dedans sa maison par un sien valet : meurtre non empesché ny revelé, par aucun de ses compagnons, combien que l'ancien Decret du Senat, qui les menaçoit tous de la mort, soit encore en son essence. Mettez sous pieds ceste punition; qui sera, je vous prie, celuy, qui se pourra desormais deffendre par sa grandeur, des aguets dedans son logis, veu que le Gouverneur de nostre ville ne s'en est peu garentir? Quelle asseurance de nos personnes devons-nous establir sur le grand nombre de nos serviteurs, si au milieu de quatre cents, Pedanius Secundus a esté occis? Quel secours devons-nous esperer de ceste valetaille, laquelle assiegée d'une juste crainte de la loy, ne peut toutesfois destourner le peril de nous? Voire mais (disent quelques-uns avec une honte effacée) le meurtrier s'est sous bons gages vangé de son maistre, avec lequel ayant à beaux deniers comptans composé de sa liberté, il la luy avoit depuis refusée; ou bien lui avoit, de haute luitte, ravy ce que plus il aimoit.

Pedanius Secundus tué au milieu de quatre cens serviteurs par un d'eux

Or sus, je veux, par maniere de presupposition, que le Maistre ait esté à bon droit tué : mais aussi veux-je en contr'eschange, qu'on se remette devant les yeux ce qui a esté autresfois arresté sur ce subject par les plus sages. Et quand mesme ils n'en auroient parlé, & que fussions les premiers qui le missions sur le Bureau, estimez-vous que celuy qui projettoit de mettre son Maistre à mort, ait peu estre si retenu, qu'il ne luy soit tombé de la bouche quelque parole de menace; ou que transporté de colere, il n'ait faict quelque demonstration de son mal-talent? Et vrayement il est bien à croire qu'il ait sçeu cacher son dessein, & se soit armé sans estre veu; a-t'il peu passer au travers des gardes, crocheter les portes de la chambre, porter lumiere, brief, commettre ce meurtre, qu'il n'ait eu quelques complices de sa trahison? Nos valets peuvent, par plusieurs presomptions, aller au-devant des dangers, & nous en donner advis; quoy faisans, chacun de nous en son particulier peut s'asseurer, au milieu de plusieurs qui ont soing de nostre salut : & au fort, si en ce cas il falloit mourir, ce ne seroit sans esperance de vendre cherement nostre peau aux meschants qui le voudroient entreprendre. Nos ancestres eurent tousjours pour suspecte ceste malheureuse engeance d'esclaves, voire quand ils naissoient dedans leurs Mestairies aux champs, ou dedans leurs maisons aux villes, & que dés le bers ils succoient avec le laict de leurs Nourrices, la bienveillance envers leurs Maistres. Maintenant, que nous en avons un monde chez nous, tiré de toutes sortes de nations, distinctes de mœurs, coustumes, religions, & quelquesfois de sens, comment nous pouvons-nous asseurer contre ceste canaille, si ce n'est en la faisant craindre à bon escient? Mais quelques pauvres innocents (me direz-vous) mourront en ceste querelle. Et pourquoy non? Puisque pour chastier une armée mise en route, pour sa lascheté, on dixme les soldats, & s'attachant casuellement à chasque dixiesme, le hazard de mort tombe aussi-tost sur le brave soldat, comme sur le poltron & coüard? Il y a je ne sçay quoy d'injustice en toute grande & exemplaire justice, qu'on exerce contre le particulier, pour la conservation de l'Estat.

Armées dixmées pour leur lascheté au fort & hazard d'un chacun

Encores qu'il ne s'en trouvast un tout seul, qui osast ouvertement faire teste à ceste opinion, si est-ce qu'on oyoit des murmures sous main; les aucuns, ayants compassion du grand nombre; les autres, de l'aage; autres, du sexe, & sur tout de l'innocence tres-asseurée d'une infinité qui seroient exposéz à mort : ce nonobstant il passa pour le supplice. Vray que l'execution ne s'en pouvoit bonnement faire, la populace estant par la ville tumultuairement en armes, qui ne promettoit pas moins que la mort aux executeurs : qui occasionna à l'Empereur de faire par cry public inhibitions & defenses à tous de rien attenter au prejudice de l'Arrest, sur peine de la hard. Et d'une mesme suite, fit poser gardes le long des ruës, par lesquelles ce pauvre peuple condamné devoit passer. Cingonius Varro avoit esté d'advis que tous les affranchis trouvez dedans la mesme maison, fussent bannis de l'Italie : ce que le Prince ne voulut permettre; craignant que la severité de l'ancienne ordonnance, qu'une misericorde n'avoit addoucie, ne s'accreust par une nouvelle rigueur. A Dieu.

†††

LETTRE IV.

A Monsieur Petau, Conseiller en la Cour de Parlement de Paris.

Vous m'avez faict part de vos Antiques imprimez en taille douce, ensemble de vostre pourtraict, autour duquel est ce vers, basty sur l'equivoque de vostre surnom :

Tot nova cum quærant, non nisi prisca peto.

Je loüe grandement ceste noble estude digne de vous. Et à vray dire, vostre belle Bibliotheque, singuliere entre les autres, ne recevroit son accomplissement, sans ceste maniere de Livres. Ainsi appelly-je ce que veux croire avoir esté par nos ancestres appellé Antiques; parce que tout ainsi que l'historien devisant avec nous, nous enseigne, aussi ceux-cy par un seul mot, voire le plus du temps sans parler, nous donnent advis de plusieurs notables antiquitez : comme ainsi soit qu'aux progrez, ou issuës des grandes entreprises, on faisoit forger pieces d'or ou d'argent, portants en leurs revers par quelques belles figures & rencontres, le tesmoignage de ce qui s'estoit passé, ou devoit passer. Il me souvient avoir leu qu'aprés que le grand Belisaire eut mis à chef la recouste de l'Italie sur les Gots, & de l'Afrique sur les Vandales, à son retour, l'Empereur Justinian, voulut, pour une histoire de sa grandeur, l'honorer d'une piece d'or, à laquelle il donna cours dedans son Empire, portant d'un costé le nom de *Justinianus*, & de l'autre *Bellisarius Romanorum gloria*. Ce grand guerrier pouvoit-il mieux estre honoré que par ce revers, auquel on l'apparioit à son Maistre?

Il discourt sur le subject de plusieurs medailles, & entre autres sur celles du Duc de Savoye & du Roy.

Les Antiques enseignent en un mot.

Piece d'Or en l'honneur de Belisaire.

Je ne veux de cecy rechercher exemple plus prompt que de vos deux pieces dernieres : l'une, du Pape Jule II. portant ces mots : *Bonon. P. Julius à tyranno liberat :* l'autre, de nostre Roy Louys XII. *Perdam Babylonis nomen;* la premiere, nous enseignant, que le Pape Jule avoit exterminé les Bentivoles, usurpateurs de l'Estat de Bologne la Grasse; la seconde, tesmoignant le mauvais mesnage qui lors estoit entre le mesme Pape, & nous.

Les Bentivoles chassez de Bologne qu'ils avoient usurpée.

Et sans mendier exemple plus lointain que de nostre temps, je vous supplie me dire, que recueillira cy-aprés, la posterité, d'un *Opportuné* du Duc de Savoye, & d'un *Oportunius* de nostre Roy, sinon que ce seront deux lettres Hieroglyphiques, ou pour mieux dire, titres, & enseignements par lesquels on cognoistra, sous quel titre le Duc de Savoye joüit du Marquisat de Salusses : & nous, du pays de Bresse, Bagé, & Varonnay. Demeurons dedans les termes d'une lettre Hieroglyphique, qui veut estre déchiffrée; & pour déchiffrer ces deux-cy, repassons sur ce qui s'est passé entre nous & le Duc de Savoye : car en plus beau subject que cestuy ne pouvons-nous maintenant employer nostre loisir.

Oportunius Duc de Savoye, Portunius du Roy.

Le Duc de Savoye s'empare du Marquisat de Saluffes, & de la Medaille qu'il fit faire sur sa victoire.

Nostre feu Roy Henry III. estant, comme vous sçavez, en l'an 1589. infiniment affligé par quelques siens subjects sous le nom de la Saincte Union, & toute la France en combustion, le Duc de Savoye trouvant son appoint dedans nos troubles, s'empara, sans coup ferir, du Marquisat de Saluffes, qui estoit grandement à sa bien-seance : & glorieux de ceste inopinée victoire, que nostre malheur luy avoit procurée, pour commemoration de ce bon-heur, fit forger des pieces d'argent, qui couroient par ses pays, dans lesquelles il se fit eslever en relief prés du naturel, d'un costé ; & de l'autre, un Centaure petillant une Couronne renversée, & au dessous, ce mot *Opportunè* : faisant gloire d'avoir pris l'occasion à propos, pour nous supplanter du Marquisat. Il y a deux ou trois jours, qu'un je ne sçay quel mutin me disoit, que quiconque avoit esté le satiste de ceste devise, estoit ou pedant, ou mocqueur ; d'autant que le Centaure estant un monstre mi-party de l'homme, & du cheval, denotoit, que ceste entreprise avoit esté monstrueuse, en laquelle il y avoit eu autant de la beste, que de l'homme, d'avoir, contre tout droit des armes, surpris ce Marquisat sur un Prince affligé, avec lequel il y avoit paix jurée : & qu'au lieu d'un *Opportune*, il eust esté plus à propos de mettre ce vers :

Egregiam vero laudem, & spolia ampla refertis.

Vous me direz, *quæ supra nos, nihil ad nos:* j'en suis d'accord. Mais le malheur est, que tout ainsi que les actions des Princes sont exposées aux yeux de tous, aussi ne se peuvent-ils exempter du controole de tous ; chacun en dit ce qu'il en pense. Tournons maintenant ce fueillet, & parlons de nostre *Opportuniùs*. Par la paix qui fut concluë à Vervins entre les deux Roys, le Marquisat de Saluffes fut expressément reservé, & remis sous l'arbitrage du grand Pape Clement VIII. Ceste exception fut depuis diversement traictée par internonces.

Il vient en France pour en traicter.

Enfin le Duc, Prince advisé, estima qu'il ne falloit plus asseurée Ambassade que luy mesme, pour desmesler ce differend : il s'achemine en France, bien recueilly par nostre Roy. Le faict mis sur le tapis, voulant justifier sa cause par ses titres, comme il disoit, nostre sage Chancelier de Bellievre, avec la lentitude qui luy estoit familiere, luy dit : vous y estes entré sans cognoissance de cause, il faut que sans cognoissance de cause, soyons par vous reintegrez. Cela faict, nous procederons à l'examen de nos pieces d'une part & d'autre. Pour le faire court, la reintegrande est arrestée, & ayant le Duc promis de remettre les places dedans certain temps, le Roy prend son adresse vers la ville de Lyon, en deliberation de recevoir d'une mesme main, & la Princesse de Florence sa femme & espousée, & le Marquisat : toutesfois se trouvant escorné par les longueurs exquises du Duc, il estima qu'il falloit avoir recours aux armes. Il n'avoit lors faict aucun dessein de nouvelle guerre, ny par consequent, aucun preparatif de chose non projettée. Nous estions bien avant dedans les fauxbourgs de l'hyver, & falloit jouër des mains au milieu des neiges & montaignes ; toutesfois à coup perdu (& neantmoins sagement) avec peu de force que la necessité presente luy fournit, lors

Qui promet la reintegrande.

Le Roy se jette dans la Savoye, & s'en

il se jette dedans la Savoye, & en moins de six sepmaines s'en fit maistre, & peu aprés, du païs de Bresse, mesmement prit la Citadelle de Bourg, & le Chasteau de Montmelian, assis sur une haute montaigne, place qu'auparavant on estimoit inexpugnable : & au milieu de ceste guerre espousa, dedans la ville de Lyon, la Princesse de Florence, avec tels fanfares & magnificences qu'on eust peu desirer dedans une trés-profonde paix. Ny l'execution des armes n'empescha la consommation de son mariage ; ny l'effect de son mariage, l'execution des armes. Ayant vaincu son ennemy, il se fait puis aprés, par la semonce du sainct Pere, non seulement victorieux de soy, ains de la victoire mesme, qui est naturellement insolente : car par la capitulation, il laisse au Duc le Marquisat, & tous les païs par luy de nouveau conquis, horsmis la Bresse, Vaugé, & Varonnay : quoy faisant, il bannit par mesme moyen les ombrages qui s'estoient de nouveau logez aux cœurs des Potentats d'Italie. Et neantmoins pour ne mettre rien en oubly de ce qui concernoit sa Grandeur, il voulut renvier sur le Centaure & *Opportunè* du Duc, d'un *Opportuniùs*, & d'un Hercule revestu, non de la peau d'un Renard, ains de celle d'un Lion (qui est son harnois ordinaire) tenant en l'une de ses mains haut eslevée sa massuë, & en l'autre une Couronne relevée, foulant aux pieds un Centaure, qui estoit jambes reversées, au dessous un *Opportuniùs* : pour monstrer que sous bons gages, & avec armes ouvertes, il estoit venu à chef de son entreprise. Au demeurant, repassée par toute l'ancienneté, vous ne trouverez un seul traict, qui vienne au parangon de cestuy. Combattre le temps & les villes, & la nature ensemblement ; jouër deux personnages divers de guerre & de paix, en mesme temps ; & sans longuement marchander, rapporter les Lauriers & accomplissement de ses souhaits. C'est pourquoy j'ay voulu honorer, non ceste histoire par ma plume, ains ma plume par ceste histoire, comme vous verrez par ce mien Epigramme. A Dieu.

fait Maistre. Puis de la Bresse Prend Montmelian estimé inexpugnable. Espousse à mesme tenis la Sereniffime Princesse Marie de Medicis à Lyon. Medaille faicte par le Roy sur sa victoire.

DE REGIS HENRICI MAGNI, IN
Allobroges expeditione.

Conditione sacrá foedus dum crederet ictum,
Sallucioque frui sperat inermis agro.
Carpit iter, vario princeps redimitus olivâ,
Hetruscam sponsam, sponsus ut exciperet.
Allobroges non stant promissis, & malè fide,
In varias ducunt pignora pacta moras.
Agnovit technas Henricus, protinus arma
Inde sibi dubio Marte paranda putat.
Accingitur se operi, modico se milite fretus,
Colligit, & potuit quas dare tempus, opes.
Stabat Hyems, multo vallata Sabaudia colle,
Imbre, nive, & glacie frigoribusque potens.
Hanc tamen armipotens, uno vel mense subegit,
Huic respirandi nec dedit ille locum.
Non tulit hæc Clemens, Regum pater optimus, ut cui
Discordes animos conciliare suum.
Obstabat sanctis victoria turgida votis,
Vota pij voluit natus obire patris :
Carcere spem frænat, pacemque amplectitur ultro,
Qui potuit legem, legibus ense dare.
Nec pepigisse tamen piguit, data Bressia, fines
Adjecitque novos, finibus imperij.
Sic est hostis ab hoc, & ab hoc victoria victa,
Sic est Henricus victor & ipse sui.
I modò, Alexandri, vel Cæsaris acta recense,
En tibi Rex unus major utroque fuit.

Epigramme sur la guerre de Savoye pour le Marquisat de Saluffe.

✛✛✛✛✛✛✛✛✛✛✛✛✛✛✛✛✛✛✛✛✛✛✛✛✛✛✛✛✛✛✛✛✛✛✛✛✛✛✛

LETTRE V.

A Monsieur Moreau, Advocat en la Cour de Parlement de Bourdeaux.

Il le remercie de son

J'Accepte de bon cœur l'amitié dont me faictes present par vos lettres ; & non seulement je l'accepte (ores que je ne vous aye jamais veu, ny vous moy) ains d'tre à trés-grande obligation d'estre honoré d'un personnage d'honneur. C'est pourquoy je vous prie faire estat de moy, comme de celuy qui vous est de nouvel acquis

amitié, & luy dit son

par

advis touchāt les Escussons dont il faisoit un Livre

par juste & loyal titre, je veux dire par celuy de vertu, vray fondement de toute amitié bien reglée : car quant au faict des Escussons & Armoiries dont m'escrivez, vostre entreprise me semble tres-noble, le sujet d'une riche estoffe, la façon que projettez y bailler, tres-belle : en peu de mots, si vostre Livre est accompagné de paroles de choix, belles pointes, fil de langage tel que j'ay observé en vous par vos lettres, croyez qu'il sera embrassé par toute la France, d'un tres-favorable accueil : & parce qu'outre les Autheurs par vous cottez, desirez sçavoir de moy si j'en ay veu quelques autres, je vous en envoye une petite liste à part : ce sont pieces dont pourrez sagement & à petit bruit faire vostre profit. Bien vous diray-je, qu'entre ceux qui s'en sont meslez, le Feron duquel m'escrivez, s'en voulut faire croire par-dessus tous. Je vous en parleray comme d'un homme que j'ay de fois à autres frequenté sur mon moyen aage. Il estoit un ancien Advocat en nostre Palais, qui ne fit jamais grande profession de sa charge, ains seulement de blasonner les Escussons & Armoiries, comme mesme

La Vertu vray fondement de toute amitié bien reglée.

A'vous avez peu voir par quelques Livres qu'il fit imprimer sur ceste matiere ; & neantmoins il n'eut jamais la plume si desliée, comme quelques-uns qui luy ont succedé : car pour vous bien dire, il ne mandia pas l'usage des Armoiries, ny des guerres, ny de la noblesse, ains dés le commencement de ce monde : voire assigna à nostre premier Pere Adam les siennes ; si vous me demandez quelles ? c'estoient trois fueilles de Figuier. Et comme je luy demandasse, pourquoy il les luy avoit attribuées, il me respondit, que c'estoit pour autant qu'aprés avoir mangé du fruit de science, Adam s'estoit couvert les parties honteuses d'une fueille de figuier. Et sur ce pied, il bastit quatre ou cinq gros tomes en grand volume, figurez selon son opinion. Curiosité que j'ose aussi-tost appeler inexcusable, comme inespuisable. Si ceste remarque vous peut servir en bien ou en mal, je vous la donne, pour la mesnager selon vostre devotion : vous priant de prendre ce petit memoire de bonne part, comme avant-coureur de ma bonne volonté envers vous. De Paris ce 7. Decembre 1607.

Escussons d'Adā quel, & la raison.

<hr>

LETTRE VI.

A Monsieur de * * *

Il luy respond sur le sujet de quelques uns qui conferoient quelques passages de ses Recherches Charlemaigne mis au Calendrier des Saincts.

Pour respondre à vostre lettre, je vous diray, que je n'ay estalé dedans mes Recherches, l'amour prodigieux de Charlemaigne, dont m'escrivez, pour marchandise certaine & asseurée, ains comme un Vaudeville qui couroit de longue-main entre les Prestres à Aix-la-Chapelle, lors que Petrarque y passa. Recours à la lecture du passage. Toutesfois m'imputez, d'une plume merveilleusement hardie, que je calomnie mal à propos la reputation de cest Empereur, & qu'en la calomniant, j'accuse, tout d'une main, de superstition & imposture (ce sont les mots dont usez) l'Eglise, qui l'enregistra au Calendrier des Saincts. Il faut de deux choses l'une, ou que n'ayez eu yeux en teste, me lisant ; ou que, s'il y a de la calomnie en ce sujet, elle soit toute de vostre part, me faisant jouër autre rolle que je n'ay faict. Et quand mesme je l'aurois pleuvy tel que dites, c'est errer en sens commun, d'estimer que j'eusse offensé sa memoire. Car ce n'est pas contre luy que je me heurte, ains contre la Dame, qui par enchantemens, & arts diaboliques abusoit de sa volonté. Que pleust à Dieu, que tous les Princes tinssent ceste histoire pour tres-veritable ; ce leur seroit une fidelle leçon pour se tenir sur leurs gardes contre les embusches des Dames, qui non contentes de s'avantager sur eux, par les fards qu'elles ont emprunté de nature, employent d'abondant les charmes & artifices du Diable, pour les tenir plus long-temps enchevestrez dans leurs rets. Ceux que dites mes ennemis, sans les nommer, voyez qu'ils ayent recherché de fonds en comble mes Recherches, non pour les terrasser par Livre massif, mais pour les pointiller par petites notes (ainsi ont-ils timidement intitulé leurs Livres) toutesfois ne m'ont jamais osé attaquer de ce costé-là. Vous seul, par un privilege de vostre plume, les avez voulu braver, comme plus clair-voyant que eux, & emportez ceste palme sur eux : mais comme ils ne veulent estre vaincus, & singulierement au mestier de medisance, aussi crains-je qu'ils ne vous veuillent faire accroire que soyez un Hercule imaginaire, qui vous forgez à credit un monstre nouveau pour le combattre.

M. Pasquier repris en ses Recherches.

Car quant à ce que tout d'une suite, par forme de surcroît, adjoustez, que pour ne donner prise à vos ennemis, me conseillez d'effacer ce que j'ay dict de l'Empereur Constantin, & de nostre Roy Clovis, aux premier & second Livres : si j'avois à contenter tous ceux qui lisent mes Recherches, il faudroit non seulement supprimer ce que souhaitez, mais tout le demeurant du Livre. Sça' vous pourquoy ?

Tres mihi convivæ penè dissentire videntur, Poscentes vario multùm diversa palato.

Et ce que le Poëte dict du goust, je le puis dire de la diversité des opinions, voire sous meilleurs gages que luy ; parce qu'il y a aujourd'huy une quint'essence d'hommes, qui pour ne pouvoir produire aucuns fruits de leur creu, s'alambiquent les cerveaux à regrater sur les œuvres d'autruy ; lesquels toutesfois je ne voudrois aisément controoler. Et pourquoy donc ? D'autant que ce sont subjets hors de ma profession. Le semblable devez-vous faire en mon endroit, & avant que me condamner, entrer en la cognoissance de vous ; sonder vos forces ; examiner en vostre conscience, si estes Novice, ou Profez en nostre histoire ; si vos estudes vous ont donné le loisir d'estre tout à coup Escolier & Aristarque tout ensemble ; brief, vous souvenir de ceste ancienne sentence : *Quàm quisque nôrit artem, in hac se exerceat.* Croyez que je n'ay parlé de ces deux grands Princes, ny par advis de païs, ny à coup perdu : j'ay mes raisons particulieres, dont je ne vous veux rendre raison. Que si desirez en sçavoir la cause, je vous renvoye à la douziesme Livre de mes Lettres. C'est ainsi que je traicte amiablement avec mes amis. Car à un autre que vous, j'eusse renvoyé sa lettre pour toute responce.

Il y a quarante-cinq ans & plus, que les deux premiers Livres de mes Recherches furent imprimez, dans lesquels j'ay défriché, outre les deux points que dessus, plusieurs anciennetez non auparavant touchées par nos Annalistes : Livres qui depuis furent loüez, respectez, & celebrez, par les plus doctes mains de nostre temps. Et mesmement uns Veigner, Haillan, Pitou, Belleforest, traictants diversement des affaires de nostre France, en ont faict tres-honorable mention. Ostez doncques de vostre teste cest umbrage dont dites estre affligé pour moy. Je porte dés pieça en tous lieux mon sauf-conduit sur le front contre ces pretendus ennemis, que craignez donner quelque atteinte à ma renommée. Ce sont chiens qui me peuvent abayer, non mordre : ou (si ainsi le voulez) Pedants non dignes que j'aiguise contre eux, ny ma plume, ny ma colere. Ils se sentiroient en leurs ames trop honorez, si j'en usois autrement. Au surplus, ne desdaignez de prendre ce petit mot de conseil de vostre amy, pour closture de ceste presente : *Ne sutor ultra crepidam.* A Dieu.

LETTRE VII.

A Monsieur l'Eschacier, Advocat en la Cour de Parlement de Paris.

Il discourt amplement sur le sujet du Droit de Nature.

J'Ay leu le Livre par vous composé, dont m'avez-vous-lu faire part, qu'intitulez, *du Droit de Nature*; Livre digne d'une belle ame, telle que la vostre, que je ne puis assez honorer: car qu'y a-t'il rien de plus seant que de rapporter comme vous faites, le droit de nous tous à la Nature, à la suite de laquelle si nous acheminions, quelques anciens estimoient qu'il estoit impossible de nous fourvoyer en nos actions? Toutesfois comme les jugemens des hommes sont divers; aussi vous veux-je maintenant escrire, quel est le mien pour cest esgard.

La Nature aime sur tout la conservation de la Societé universelle.

Premierement, je tiens pour proposition generale & trés-asseurée, que nature n'a jamais eu rien si agreable, que la conservation de cete universelle Societé: qui est la cause pour laquelle elle voulut, que non seulement les hommes, ains tous les autres animaux fussent en leurs especes, sociables: *Succedit*, (disoit S. Ambroise au premier Livre de ses Offices) *ut omnium genera animantium, congregabilia sint naturâ.* J'adjousteray les uns plus, les autres moins. Envoyez paistre aux champs, chevaux,

Chasque espece se plaist avec sa semblable.

aisnes, vaches, brebis, pourceaux; envoyez-y des volailles, ne craignez qu'ils demeurent pesle-mesle ensemble, ains font tous divers esquadrons, selon la diversité de leurs especes. Il n'est pas que les bestes sauvages, comme Cerfs, Sangliers & Loups, ne facent leurs troupeaux distincts. Or sur ce premier fondement, j'en basti un autre: car soit que tous les autres animaux, que nous estimons manquer de raison, soient sociables ou non, tant y a que

Les especes des creatures s'estudient à leur conservation.

je tiens pour une maxime trés-certaine, que par un je ne sçay quel instinct que la nature a mis en eux, ils s'estudient, en leurs especes, à la conservation d'eux tous, tant en particulier que general; de tant que nature mit premierement en eux le desir de la generation de leurs semblables, par un taisible allechement de volupté mutuelle du masle avec la femelle; puis estants nez, leur enseigna de pourchasser leur vie & de soy contregarder. Le poussin, soudain qu'il est esclos, suit la poule qui l'a couvé, pour becqueter avec elle, commence de grater la terre & se mettre sous la protection de ses aisles, contre les aguets des Oiseaux de proye, qu'il recognoist naturellement pour ses ennemis: & ce que pouvez observer en cette bestiole, le semblable se pratique sous divers mesnages, en tous les autres animaux dés & depuis leur naissance.

Il n'est pas qu'en leur general ils n'ayent une autre grande loy, dont ils n'ont autre legislateur que leur na-

Les animaux se s'efforcent point de destruire leur espece.

ture: car encore que de fois à autre, poussez de cholere, ils se voyez offenser leurs semblables; si est-ce que leur regle ordinaire n'est point de se livrer tels combats, ains aux autres bestes qui ne sont de leur espece, par quelque sourde contre-nature qui est entr'elles. Je le vous representeray, par exemple, entre les bestes qui naissent dedans nos maisons; s'il y en a quelqu'une qui meine vie moins sociable, c'est l'Araignee (car chacune d'elles a sa loge particuliere, & peu de communauté avec les autres)

L'Araignée tend ses filets qu'aux mouches.

toutesfois elle ne tend point ses filets pour surprendre & manger ses compaignes, ores que plus foibles & petites, ains les mouches qui luy servent naturellement de proye. Autant en pouvez-vous dire de tous les autres animaux: celuy, qui par sa fable, representa le Lion devorant toutes les bestes qui le venoient saluer, n'en remarqua aucune qui fust de la mesme espece que luy. Je vous veux dire doncques, que tous les autres animaux entretiennent leurs societez, tant en general, que particulier; & que de ce ils n'ont autre leçon, que la nature muette qui est en eux fixe & permanente. Tellement que je lespuis en cecy pleuvir estre fondez en droit naturel. Mais d'en dire autant de nous autres hommes, je n'ose: encore que

je sçache bien, que de prime face cette proposition vous semblera merveilleusement farouche: car la commune opinion est, qu'il n'y a rien, en quoy la nature se soit tant glorifiée, qu'en la creation de l'homme & de la femme, comme ceux, qui en leur humanité approchoient de plus prés de la divinité.

Ne sortons point des bornes de nostre question, qui est de sçavoir; si le droit, dont nous usons, est naturel, ou non. Avant que de passer plus outre, je vous diray, que je n'entends point comprendre en ce mien discours, ny nostre ancien Decalogue, ny toutes les loix qui sont ordonnées par nos Evangiles, & par nostre Eglise; puis qu'elles viennent nuëment de la main de Dieu, ce seroit une impieté & blaspheme de les vouloir controller. Mais ce que je vous discourray cy-aprés, sera sur le pied des anciens Philosophes, quand ils parloient de la nature. Je

Deux instincts generalement en l'homme, & en tous autres animaux.

dy, que tout ainsi qu'aux autres animaux, Dieu aussi mit en nous deux instincts, que nous pouvons vrayement rapporter à la nature; l'un, d'estudier à la conservation de nous tous en particulier; l'autre, en general; toutesfois sous divers regards. Tout tant d'hommes & de femmes qu'il y a au monde (j'en excepte seulement ceux & celles où Dieu voulut miraculeusement espandre les semences d'une virginité obstinée) sont naturellement en-

Tous hommes & femmes naturellement enclins d'avoir lignée.

clins d'avoir lignée, pour s'immortaliser en leurs mortels estres; par leurs enfans & posterité; recherchent les moyens de vivre à leurs aises, & de se garentir des assauts de fortune & de leurs ennemis. Que si Dieu permettoit que par une folle desbauche nous missions sous pied tous ces soings, nous verrions en peu de temps une convulsion generale des membres de l'Univers. Mais beaucoup plus grand & noble est le second droit, par lequel on s'estudie de conserver cette societé humaine en son general. Le premier tombe en toutes sortes d'ames, voire des

But qu'ont devans les yeux ceux qui bastissent des Loix.

moindres; & le second, aux genereuses seulement des hommes, qui prennent, ou ausquels est donné charge de faire des loix: parce qu'en les bastissant, ils n'ont autre but devant eux, que la conservation des peuples qui sont dessous leur puissance. Et d'autant que le peuple en son general, est preferable à l'homme particulier; aussi en concurrence des deux droits, c'est une autre loy naturelle, de preferer tousjours le droit public, au particulier.

Le droit public doit estre preferé au particulier.

Nous pouvons doncques soustenir, par une regle trés-certaine, que naturellement nous tendons à la manutention de nostre Societé, soit en particulier, soit en general; mais quand j'ay faict ceste premiere desmarche, en tout je demeurre je m'arreste, & n'ose bonnement passer outre, ny juger si les Loix subalternes basties en consequence de ce que dessus, sont fondées sur la nature, ou sur l'opinion seulement. Cela fut disputé amplement,

Trois manieres de Republiques.

pour & contre, par Platon en ses Dialogues des Loix. En quoy chacun des entreparleurs par luy produits se persuada d'avoir la victoire. Voyons, si le doute que j'en fay est sans cause.

Pour conserver nostre Societé generale, nous avons introduit trois manieres de Republiques: la Royale, la Seigneuriale, la Populaire. Chasque Legislateur a estimé, que la sienne estoit la meilleure. Sous ces trois Gouvernemens generaux, encore y cut-il autres propositions

Communauté de tous biens en celle de Platon. Partage esgal d'iceux en celle de Lycurgue.

plus basses. Un Platon, en sa premiere Republique, approuva la communauté de tous biens entre les concitoyens; Lycurgue, en la sienne; que le departement de tous biens & heritages fust égal. Il n'est pas, qu'en la procreation des enfans, quelques peuples n'ayent voulu,

Les femmes communes.

que les femmes fussent communes; & les autres, qu'il fust permis à un mary d'en avoir autant chez soy, comme

pour la procreation des enfans entre quelques vns.
La Loy Salique est du Droict naturel.
Le Royaume d'Angleterre pent tomber en quenouille.
La Nature depravée par la cheute d'Adam n'est au-

me ses biens & facultez le pouvoient permettre. Si vous eussiez parlé à tous ceux qui introduisirent ces loix, ils n'eussent manqué de raisons, selon l'abondance de leur sens, pour vous monstrer qu'il n'y avoit rien de plus juste que ce qui estoit par eux ordonné. Je voy, qu'en l'vn de vos discours, vous soustenez nostre Loy Salique, faite en faveur du premier Prince du Sang masle, pour succeder à nostre Couronne, estre vrayement du droict Naturel. Chose, que je veux aisément croire, comme vous, pour estre né sous ceste Loy. Jettez l'œil sur le Royaume d'Angleterre, qui peut tomber en quenouille; les Anglois vous feront pareil jugement de leur Loy, comme vous faites de la nostre. Et toutesfois ce sont Loix grandement diuerses. Nous recognoissons par nos coustumes, aux fiefs, plusieurs advantages faits aux masles; & specialement à l'aisné. Communiquez de cecy avec l'Empereur Justinian, il vous dira n'y avoir rien tant desraisonnable que l'inégalité, qui est entre les enfans masles & femelles, és successions de leurs peres & meres. Le temps me deffaudroit plustost que la plume en ce subject, si je voulois courir sur toutes les autres particularitez. Suffise-vous, qu'en cette diversité, voire contrarieté de Loix, chacun a de grands garends de ses opinions. Chasque legislateur se met une Justice en bute ; & chacun d'eux luy fait (si ainsi voulez que je le die) vn nez de cire, & la diversité luy est moule de ses conceptions particulieres. Et neantmoins, en cette varieté, eux tous conservent & maintiennent leurs Republiques en leur entier.

Vous me direz, que je me fouruoye du vray chemin, fondant les loix sur l'opinion, non sur la nature. Et je vous respons, que je suis tres-content de les fonder sur la nature, moyennant que d'une mesme rondeur me recognoissiez quel a esté l'ordre de nostre nature, depuis que nostre premier pere Adam voulut gouster du fruit de Science, contre les deffenses qui luy avoient esté faites par Dieu ; pour punition de quoy nostre nature fut depuis si depravée, qu'à peine ose-je dire, qu'elle soit autre chose qu'opinion. Opinion (dy-je) en plusieurs rencontres, pire que des bestes brutes, lesquelles, comme j'ay dit, se conservent en leurs especes ; & nous, par guerres, tant Estrangeres, que Ciuiles, armons nations contre nations, Royaumes contre Royaumes ; voire que

tre chose qu'opinion.
Les Abeilles seules entre les bestes ont un Roy.
Mais aussi sentment les s'arrementtoncontre les autres. Diversité des loix selon la diver-sité des mœurs.
Les Loix du pais doivent tousjours estimées les meilleures.
Les Grecs faisoient profession de liberté, & les Persans de servitude envers leur Roy.

pour vous monstrer comme nature s'est en cecy mocquée de nous ; c'est qu'entre toutes les bestes, il n'y en a aucune, qui approchent tant de nostre police commune, que les Abeilles. Car par vn instinct naturel, elles ont dans leurs Ruches leurs Roys, ausquels elles portent toute obeïssance ; aussi elles seules, entre toutes les autres bestes, s'arment par troupes, les unes encontre les autres, monstrans par cela, que plus elles approchent de nostre imaginaire perfection, & plus il y a en elles d'imperfection.

Et neantmoins encore ne seray-je si absolu en ce que je soustiens ; d'autant que quelques-uns pourroient dire, que la diversité des loix provient de la diversité des mœurs, qui naissent entre les peuples selon la diversité des Regions, & de l'air : & que tout ainsi que le Medecin vsange de remedes, ayant esgard aux contrées, aux aages, aux complexions de ses patients ; aussi le semblable font les sages legislateurs envers les peuples qu'ils gouvernent, se donnants prudemment beaucoup par leurs loix, au naturel des lieux qu'ils se proposent de gouverner. Et ceste proposition m'en faict soustenir vne autre, qui est, qu'au milieu de tant de varietez, je ne voy regle qui doiue estre plus inviolablement observée, que ceste-cy : c'est à sçavoir, que quelque diversité de loix qu'il y ait, il faut aymer que puisqu'elle y est establie, nous la deuons juger bonne. Mon bon amy, (disoit le Capitaine Artabane à Themistocle banny de son païs) les loix & coustumes des hommes sont differentes ; & estiment quelques peuples une chose honneste, qui est deshonneste ailleurs : mais bien est-il honneste à tous, & par tout, d'observer celles du païs où on est. Vous autres Gregeois, faites profession expresse de liberté en vos Republiques : & nous Persans, de servitude envers nostre Roy. Partant, si tu le veux saluër, il faut que tu adores, comme nous, ou bien ne te presente devant luy. Je ne vous puis apporter plus belle closture à mes discours, que ceste-cy, laquelle par vn mesme moyen, mettra fin, & à ma lettre, & à nostre dispute : vous priant prendre de bonne part ce que je en escry, non par esprit de contradiction, ains comme celuy qui desire estre plus amplement esclaircy de la proposition que soustenez. A Dieu.

<hr />

LETTRE VIII.

A Monsieur Loisel, Advocat en la Cour de Parlement de Paris.

Il raconte les causes pourquoy il ne veut revenir à Paris.

JE receu Samedy dernier, six lignes de vous, qui m'apporterent vn singulier plaisir, non seulement pour venir de vostre part, mais aussi d'autant que je m'apperceu par elles, d'un grand amendement de vostre vie, estans escrites, non de ceste lettre farouche, qui ne se pouvoit appriuoiser de mes yeux, ains bien moulée & legible : qui me fait juger qu'il y avoit par cy-devant de la malice en vous, digne d'une animaduersion exemplaire. Et neantmoins, dedans contentement, j'ay trouvé beaucoup de mesconcentement, dont je ne vous puis excuser, quand en peu de paroles non seulement m'admonestez, ains conjurez de mon brief retour en vostre bonne ville de Paris, Vray Dieu ! quel mal vous ay-je faict, pour lequel soyez maintenant devenu ennemy de mon aise ? Permettez-moy, je vous prie, de reprendre aucunement mon haleine pour me reposer de ceste longue course, que j'ay faicte par le passé. J'ay une maxime generale en moy, d'aimer mes amis pour l'amour d'eux, non de moy ; & ores que leur presence me soit infiniment agreable, si est-ce qu'en quelque lieu qu'ils habitent, je suis tres-content, moyennant que je sçache qu'ils soient contents. Je sçay bien que doutez de mon aage, comme d'une vieille paroy affetée, & que s'il advenoit icy fortune de moy, je serois esloigné des Medecins pour me secourir. Contre cette crainte, j'ay trouvé

Mitridat dont se sert M. Pasquier pour se maintenir en santé.

vn mitridat, dont je vous diray les ingrediens. Premierement, estant composé de corps & d'esprit, qui ont, selon les Loix de vos Medecins, de grandes correspondances, aussi donne-je ordre de les faire fraterniser ensemblement, estant peu de la nourriture du corps, si elle n'est accompagnée des aliments de l'esprit, bons & soritables. Sur cette proposition, je basti toutes mes actions. Bon feu en ma chambre, exercice de corps moderé, bonnes viandes, table sans appareil ; voire que je fais gloire, que ceux qui me font l'honneur de venir prendre vn mauvais disner chez moy, ayent cognoissance de mon honneste espargne, qui fait partie de mon revenu : je dy par exprés honneste, d'autant que je ne veux qu'il y ait du taquin ou fasequin. Je vi en vn repos d'esprit, non embarassé d'affaires, non controlé d'autre que de moy ; ne lisant aux visages de mes commensaux vn mesconcentement, jaçoit qu'ils se taisent : esloigné de toutes nouvelles, bonnes ou mauuaises, qui tyrannisent ordinairement nos esprits. Je vous prie donques ne me plus solliciter de mon retour, que je sçauray fort bien minuter, quand l'envie m'en prendra. Car desfors si je demeurois icy davantage, ce me seroit une penitence, & espouserois une prison au milieu des champs. A Dieu. Du Chastelet en Brie, ce premier Octobre 1605.

LETTRE IX.
A Monsieur Loisel.

Il recite le subject de sa retraite, & comment il s'estoit rendu solitaire pour conserver sa santé.

Maintenant recognois-je en moy n'y avoir plus grande tyrannie au monde pour faire trouver les choses bonnes, ou mauvaises, que l'accoustumance : si vous me demandez pourquoy, je le vous diray. A l'issuë de ma maladie, mon Medecin prenant congé de moy, me remonstra, que j'avois deux grands ennemis à combattre : la saison de l'Hyver, en laquelle estions ; & l'ancienneté de mon aage, qui m'accompaigneroit jusques à la mort : partant, me conseilloit de garder la chambre, afin de ne plus garder le lict. J'estois lors encore foible, & non du tout revenu, au moyen de quoy j'y acquiesçay fort aisément. Mais reprenant peu à peu mes forces, & m'estant enfin fortifié tout-à-faict, je commençay de faire le procez au Medecin, & paravanture à moy-mesme. " Quoy ? Sera-t'il dit, que je feray de ma maison, ma prison ? Cela estoit bon, lors que je ne battois que d'une aisle ; mais maintenant que je suis, graces à Dieu, plein de forces de corps & d'esprit, pourquoy me banniray-je des compaignies ? Pourquoy ne verray-je, comme auparavant, les hommes doctes, mes amis, qui m'estoient autant de leçons ? Ce seroit une nouvelle maladie d'esprit, qui au long aller, me causeroit une plus forte maladie du corps. C'est une regle commune en l'eschole des Medecins, qu'il faut employer les medicaments selon la temperature du corps ; tellement que de faire passer par une mesme chausse, le remede du corps fort, avec celuy du foible, ce seroit du tout aller contre les preceptes de la Medecine ".

Me chatoüillant de ceste façon pour rire, je me voulois lascher la bride, & vous visiter, comme aussi mes autres amis, quand mon fils de Bussi & sa femme, qui font leur residence avec moy, me voyants en ces alteres, m'assaillirent brusquement en ceste maniere, pour m'en destourner :

" Comment, mon pere, me dict l'un : comment Monsieur, me dit l'autre, avez-vous mis en oubly vostre maladie ? Vous n'estes plus ce qu'avez esté autrefois. Un an de vostre aage present en emporte dix du passé. Et vous chargé d'ans, vous sorty fraischement de vostre maladie, pensez obtenir contre les importunitez de l'hyver, ce qu'un jeune homme fort & plein de santé seroit bien empesché de gaigner : c'est trop vous flatter, c'est trop abuser de vostre aage ". *La rencheute est chose fort à craindre sur tout au vieillard.* La rencheute est plus à craindre à tout homme quelle que la maladie premiere ; mais au vieillard qui porte tousjours quant & soy une maladie incurable, c'est asseurance de mort. Me voyant combatu d'une si juste maniere, je fus contraint d'obeïr non seulement au Medecin, ains à mes enfans. Medecine, du commencement, non moins amere à mon esprit, que celle du corps à la bouche. Mais entendez quelle operation elle a faite en moy. Vous sçavez qu'il y a trois ans passez, que je me suis banny de toutes affaires publiques, & que depuis quelque mois je me repose des domestiques sur Bussi. De sorte qu'estant maintenant reduit à ma chambre ; voici l'économie que j'y garde. J'ay d'un costé, mes Livres, ma plume, & mes pensers ; d'un autre, un bon feu, tel que pouvoit souhaiter Martial ; quand entre les felicitez humaines, il y mettoit ces deux mots, *Focus Perennis*. Ainsi me dorelotant de corps, & d'esprit, je fay de mon estude, une estuve, & de mon estuve, une estude : & en l'un & l'autre subject, je donne ordre qu'il n'y ait aucune fumée : au demeurant, estude de telle façon composée, que je ne m'asservy aux Livres, ains les Livres à moy : non que je les lise de propos deliberé pour les contredire ; mais tout ainsi que l'Abeille sautelle d'une fleur à autre, pour prendre sa petite pasture, dont elle forme son miel, aussi ly-je ores l'un, ores un autre Autheur, comme l'envie m'en prend, sans me lasser, ou opiniastrement harasser de la lecture d'un seul. Car autrement ce ne seroit plus estude, ains servitude penible. Ainsi meurissant par eux mon penser, tantost assis, tantost debout, ou me promenant, ils me donnent souvent des advis, ausquels jamais ils ne penserent, dont j'enrichy mes papiers. Je vous prie, me dire si je serois repris de ce noble larcin en la Republique des Lacedemoniens ?

A la verité, sur ce premier dessein, je fus quelque peu visité par uns & autres miens amis : mais voyants, ce leur sembloit, que je m'estois du tout voüé à une vie solitaire ; ils me payerent en mesme monnoye, que fit sainct Augustin, le Poëte Perse. *Il ne veut estre entendu*, disoit-il, *aussi ne le veux-je entendre*. En cas semblable, se faisants accroire que je ne voulois estre veu, ils firent estat de ne me plus voir. Chose qui du commencement me fut de difficile digestion, mais enfin l'accoustumance me la fit trouver tres-douce. Et comme d'une longue coustume on faict ordinairement une Loy, aussi m'entrerent plusieurs raisons en la teste pour me persuader, que ce m'estoit une belle chose de n'estre point visité. " Je ne suis visité, disois-je, doncques non discommodé de mes estudes : doncques non destourné de mes meilleures pensées, qui n'est pas un petit advantage à celuy qui a la plume en la main : doncques non affligé des nouvelles du temps, ny de la Seigneurie ". Et à vray dire ; toutes les nouvelles dont on me repaist, c'est quand l'un des miens me rapporte, qu'il pleut à verse, neige à foison, gele à pierres fendantes ; & que je suis tres-heureux d'estre confiné dans ma chambre, en laquelle fait un broüillats si espais, qu'on le pourroit couper d'un cousteau, & par un privilege special, je suis franc de toutes ces incommoditez. Voylà comme mesnageant une santé à mon corps, & tranquilité à mon esprit, le jour ne me dure qu'une heure, & les heures, qu'un moment : & comme l'accoustumance m'a faict tourner en nature, la solitude, que je craignois auparavant sur toute chose : voire que gouvernant mes pensées à part moy, si je me croyois, j'en ferois volontiers deux braves paradoxes : l'un pour la prison, contre la liberté : l'autre, en faveur de l'ancienne & accoustumée tyrannie, contre le nouvel estat monarchique bien reglé. Vous me direz, que tout ce discours est une belle follie : mais bien, vous respondray-je, une belle philosophie. Vous adjousterez, que je suis devenu Misanthrope & Lougarou. Au contraire, une trop grande amitié que je me porte, me fait tel. A Dieu.

Sentence notable de S. Augustin sur le Poëte Perse.

LETTRE X.

A Monsieur Loisel.

il le persuade d'embrasser une Commission où il estoit appellé avec le President Molé.

JE vous supplie me dire, si j'avois tort, quand par mes dernieres je couchois entre mes heurs, d'estre en ces champs esloigné de toutes nouvelles, tant bonnes, que mauvaises, lesquelles j'estimois estre indifferemment tyrans de la tranquilité de nos ames. Croyez que j'en fay maintenant l'experience à bonnes enseignes : car je n'eus onques nouvelles si agreables, que les vostres, ne qui m'ayent tant navré le cœur, pour me voir sur le point de vous perdre ; & vous perdant, je suis par mesme moyen perdu, estant desormais privé de vostre douce conversation, unique & singuliere ressource de toutes mes disconvenuës. Vous me direz, que la resolution n'en est encores par vous prise, & que balancez entre l'ouy & le nenny, par le Poëme que m'avez envoyé : & je vous dy que c'est un jeu de vostre plume, qui monstre y avoir encores en vostre esprit assez d'huile, pour entreprendre la charge qui vous est offerte par le Roy. Et neantmoins si m'en demandez mon advis, combien que je soye juge recusable en cette cause, pour l'interest particulier que je recevray de vostre absence, si est-ce que, sans y penser, j'ay donné un Arrest contre moy par mes autres lettres, par lesquelles je vous escrivois, qu'ores que je ne desirasse rien tant que la presence de mes amis ; toutesfois qu'en quelque lieu qu'ils demeurassent, j'estois content, moyennant que je fusse asseuré de leur aise & contentement : & ce d'autant que je les aimois pour l'amour d'eux, non de moy. Mais qu'est-il de besoin d'advis en une chose à laquelle estes forcé par les astres? *Fata ducunt volentes, trahunt nolentes.* Une commission inesperée, un President Molé vostre ancien & intime amy, qui ne pouvoit souhaiter un plus fidelle Achate que vous, ny le Roy ny Messieurs de Conseil d'Estat, homme plus propre, que celuy qui avoit esté employé cy-devant tant d'années en pareilles Commissions : consentement de Messieurs vos enfans, qui non seulement en sont d'advis, ains vous y portent : avec tout cela, que Dieu se soit mis de la partie pour le vous conseiller en vostre dormant. Tels songes n'ont accoustumé de se loger qu'és ames nettes, telles que la vostre, és actes qui importent le plus. Et pour cette cause, furent appellez Oracles par Macrobe ; mot transplanté par Erasme dedans nos Evangelistes, és lieux où il est parlé du songe de Sainct Joseph, & de celuy des trois Mages. Adjoustez, que serez un instrument necessaire, & servirez de Fanal à tous ces voyageurs Argonautes, pour avoir jà par plusieurs années passé le destroit de cette navigation. Conclusion, entre la charge qu'on vous presente, & celle qu'exercez au Palais, il y a autant de difference comme du jour à la nuit ; & serez en plein midy, un aveugle de vous en vouloir excuser ; mesme que serez en cette commission, un Procureur General du Roy, c'est-à-dire, un autre vieux Hercule Gaulois, pour terrasser les monstres, au païs où elle s'executera. Mais il y a danger de mort en l'ancienneté de vostre aage ; aussi y a-t-il en vostre President, qui a passé son année climacterique : & neantmoins ne doute de s'y exposer : & quand il plairoit à Dieu de disposer de vostre personne, on pourroit dire de vous ce que disoit un ancien Empereur, *Stantem Imperatorem mori oportere.* Ou bien comme dit l'Italien : *Un bel morir tuta la vita honora.* Quel plus grand fruit & honneur pouvez-vous recueillir de vostre vie, que mourir en une si honorable charge ? Les soixante & dix-sept ans, de Monsieur le Connestable de Montmorency, ne l'empescherent de se trouver armé de haut appareil & commander pour le service de Dieu & de son Roy, en la bataille de Sainct Denis, où il receut le coup de sa mort. Une chose principalement desire-je, que comme en vostre ancienne commission vous aviez pour confrere feu Monsieur nostre bon amy Pithou, qui vous estoit un autre Pirithou, & vous son Thesée ; aussi en celle-cy, Dieu vous en fasse renaistre un autre. Vous me direz, que je vous donne icy tout autre conseil, que celuy dont j'use pour moy, & employerez pour toutes pieces à cest effect les lettres que je vous escrivis n'agueres. Les vous escrivant, je parlois de moy, comme de celuy qui s'est retiré de toutes affaires publiques : & je vous escry maintenant, comme à celuy que je voy y estre encores plongé. A Dieu. Du Chastelet en Brie, ce cinquiesme de Novembre 1605.

Songes appellez Oracles.

Le Connestable de Montmorency tué en la journée de S. Denys aagé de soixante dix-sept ans.

LETTRE XI.

A Monsieur Loisel, Advocat en la Cour de Parlement de Paris.

Il specifie les occasions pourquoy il avoit faict plusieurs pieces de Poësies tres-belles.

M'Estant par autres miennes lettres lasché toute bride au faict de la Poësie, il me plaist maintenant jouir du privilege de Poëte, qui est de vouloir estre non seulement celebré par les plumes d'autruy, ains par la sienne mesme. C'est un jeu qui luy est familier, auquel par la presente, je veux avoir part. Je vous diray doncques, qu'il ne m'est jamais advenu de faire quelque recit de chantillon en vers François, ou Latins, sur l'Estat general de nostre France, ou sur le particulier de quelques Seigneurs signalez, qui n'ait esté favorablement receu par les bons esprits, & personnages d'honneur, ores qu'ils ne sceussent qui en estoit l'Autheur : tellement que je recueillois le fruit de ma renommée par ceux qui en loüant, en ma presence, mon ouvrage, ne me recognoissoient pour l'ouvrier. Qui est en effect le subject de ceste lettre ; auquel peut-estre vous trouverez l'estoffe bonne, mais non la façon dont j'en use ; d'autant que les loüanges de nous, qui sortent de nos bouches, ont je ne sçay quoy de mauvaise halcine.

Aprés la mort du Connestable de Montmorency, aux troubles de 1567. voyant nostre Roy Charles IX. en fort bas aage, avoit pour son Lieutenant general, tant par la France qu'en ses armées, Henry son frere, beaucoup plus foible d'ans que luy ; la Royne leur Mere, Princesse estrangere, gouverner l'Estat ; leur Conseil partialisé en brigues ; le Mecanique estre comme chef de party ; un Hugonis Cordelier, entremeteur des negociations que traictions avec l'Espagnol ; le Reistre Allemand, en nous secourant, se faire riche par nostre ruïne ; un vieux Renard d'Admiral, auquel nous avions affaire, revestu des armes d'une nouvelle religion : brief, voyant un general desordre, chaos, & confusion par toute la France, poussé d'une juste colere, ceste saillie m'eschappa :

Sonnet sur le desreglement des affaires.

Veux-tu sçavoir quel est l'Estat de nostre France?
Un jeune Roy mené par un peuple mal duit,
Mené d'un Espaignol, d'un Moine, d'un faux bruit,
Mené par une Dame esplorée & en transe.

Un

Un Conseil bigarré, qui cache ce qu'il pense,
L'artizan capitaine, un camp sans chef conduit,
Un pais, du Papiste, & Huguenot destruit,
L'estranger qui pour nous à nostre mort s'avance :
L'ennemy qui fuyant se va mocquant de nous,
Le Grand contre le Grand, dans nostre camp, jaloux,
Mille nouveaux estats, mille emprunts, sans trafique :
La Justice sous pieds, le Marchand fait les loix,
Paris ville frontiere : ô malheur ! toutesfois
Qui parle de la paix est ennemy publique.

J'avois composé ce Sonnet, en deliberation de luy faire tenir prison clause, avec quelques miens brouillas, dedans mon estude ; mais l'ayant communiqué à Monsieur le Chancelier de l'Hospital, qui aimoit naturellement tous ceux qui aimoient le repos de l'Estat, il fut d'advis que je ne le devois envier au public. Au moyen de quoy l'ouvrant sous main la porte, il courut par les mains d'une infinité d'honnestes personnes avec honneur. Entr'autres, Monsieur le premier President de Tou, en une bonne compagnie dedans sa maison, où estoit Monsieur le President de Ferrier, lors destiné pour Ambassadeur de Venise, le haut loüa grandement, & chacun desireux de sçavoir qui en estoit l'Autheur. C'est (dit-il) Pasquier & non autre : je recognois en ce petit œuvre son esprit. Quelques jours après, le Sieur du Ferrier me trouvant chez Monsieur de la Catedieu, me recita ce qui s'estoit passé chez Monsieur le premier President, me priant de lui dire s'il avoit esté bon devin. A quoy je luy respondy franchement, qu'ouy : mais que je ne souhaittois que sa divination fust divulgée, pour ne desplaire à la populace seditieuse qui se donnoit toute jurisdiction sur les zelateurs de la paix. Le Sonnet eut cours non seulement vogue ; mais comme la France est pleine de Singes, aussi on y enfila une cinquantaine de vers portans leur mescontentement sur le front, tout ainsi comme les miens. Mesme vous le trouverez enchassé dedans une histoire de ce temps (sans nommer l'Autheur) qui fut faicte sous le nom de Resveil-matin.

Lorsque la Mole, favory des Dames de Cour, fut décapité en la place de Greve à Paris, l'an mille cinq cens septante-quatre, j'honoray sa memoire de cest Epitaphe, convenant à ses mœurs :

Epitaphe de la Mole convenant à ses mœurs

Vos ego Veneres, Cupidinesque,
Vos ego Charites venustiores,
Et quicquid tegit ampla Regis aula,
Melliti, lepidi, atque mollicelli,
Vos imploro ego, flete mollicellum ;
Periit molliculus Molæus ille,
Qui vos toto animo peribat olim,
Quem vos toto animo magis periistis,
Periit Molliculus Molæus ille,
Qui si mollitiem suam sequutus,
Nullam militiam novam parasset,
Hoc nil gratius elegantiusque.
Verum dum malè miles excitatus
Classicum patriæ sonat molestus,
Anceps, mobilis, anne mollis esset,
Mollis, mole sua miser perivit.
Vos tamen Veneres, Cupidinesque,
Vos tamen Charites venustiores,
Et quicquid tegit ampla Regis aula,
Melliti, lepidi, atque mollicelli,
Mellitum, lepidum, atque mollicellum
Flete molliter, ut misellus hic qui
Vobis vivere molliter solebat,
Mortuus sibi molliter quiescat.

Ayant de ceste façon fredonné sur le mot de la Mole, cest Epitaphe tomba en diverses mains, mesme fut envoyé à Monsieur de Pybrac, qui lors estoit en Pologne, lequel estant de retour, je le vy tout aussi-tost comme son proche voisin & amy, & après nous estre accueillis d'une infinité de caresses familieres à ceux qui sont affamez de se revoir, passants sur uns & autres propos, il me dit luy avoir esté envoyé un Epitaphe de la Mole, qu'il ne pouvoit assez admirer : dont il me fit la lecture, ne se pouvant estancher à la loüange d'iceluy : adjoustant qu'il eust grandement desiré sçavoir le nom de l'Autheur. Et comme je luy eusse dit, qu'il ne s'en esmayast, asseuré que soudain qu'il le sçauroit, il deviendroit muet ; enfin après quelques semonces & instances, luy ayant dit que je l'estois, aussi-tost il n'en parla plus ; ne voulant estre trompette de moy en ma presence.

En ce mesme temps, nous avions Monsieur le Chancelier de Biragues, Seigneur en son particulier très-debonnaire : mais au maniment des affaires d'Estat, très-cruel, contre ceux qu'il estimoit se desvoyer de leur vray chemin. Comme de faict, ce fut celuy auquel on attribua le Conseil des cruautez barbaresques de la journée Sainct Barthelemy, dans Paris, en l'an 1572. qui s'espandirent depuis par toute la France. Il estoit grandement subject aux gouttes : & soudain que le mal le prenoit ; Boural son Medecin, pour en appaiser la douleur, n'avoir recours qu'à la saignée, qu'il reïteroit fort souvent en toutes les maladies de son maistre. Qui m'occasionna de tracer cest Epigramme adressée un Maximus. De nom plus auguste ne pouvois-je honorer celuy qui estoit constitué en une très-grande dignité.

Epigramme sur les diverses saignées du Chancelier de Biragues.

Tormine, vel colo, vel fortasse laboras
Lentá febre, aut te tarda podagra premit ;
Non ulla est medicina tibi, quàm sectio venæ,
Hanc colis, hoc morbis una medella tuis.
Si quid forte etiam patitur Respublica damni,
Haud aliter sarcis, Maxime, quàm gladio.
Omnia consiliis agitas volvisque cruentis,
Et tibi si qua salus, sanguinolenta salus.
Vis tibi, vis nobis, summam instaurare salutem,
Vis itidem patriæ, fac tibi quod Seneca.

Cest Epigramme eut cours dans le Palais, mesme me fut apporté par un honneste homme nommé Gilquin, qui se plaisoit en ces nouveautez, ne pensant que j'en fusse l'Auteur. Ce que je vous raconteray maintenant, est bien de plus grande estoffe. Le Roy Henry III. estant retourné de Pologne, dés sa premiere entrée en la France, trompa grandement l'esperance que chacun avoit conceüe de luy, espousant des basses opinions, & changeoit de six en six mois, dont je ne vous veux faire un recueil, comme chose qui desplaisoient fort à son peuple, & singulierement à ceux qui avoient quelque nez, on qui estoient les mieux nez entre ses subjects. Il fut sur son advenement, salüé d'une guerre civile sous le nom des Catholicks malcontents, conduits par le Duc d'Alençon son frere : & des Huguenots pour la Religion, sous la banniere du Roy de Navarre : deux Princes, l'un frere, l'autre beau-frere, qui en ceste querelle s'estoient unis ensemblement. Si jamais Prince eut subject de crainte, ce fut lors ; toutesfois ce nouveau Roy, mesme s'il eust esté exposé en la tranquillité d'une profonde paix, au lieu d'endosser le harnois, se faisoit enseigner d'un costé, la Grammaire & langue Latine par Doron, (qu'il fit depuis Conseiller au grand Conseil) & d'un autre costé, exerçoit une forme de concert & academie avec les Sieurs de Pibrac, Ronsard & autres beaux esprits à certains jours, ausquels chacun discouroit sur telle matiere qu'ils s'estoient auparavant designée. Noble & digne exercice vrayement, mais non convenable aux affaires que lors ce Prince avoit sur les bras. Ces nouvelles leçons de Grammaire me donnerent subject d'esclater, par une colere, ces six vers Latins :

Henry III. s'amuse à la Grammaire au plus fort de ses affaires.

Gallia dum passim civilibus occidit armis,
Et cinere obruitur semisepulta suo,
Grammaticam exercet media Rex noster in aulâ,
Dicere jamque potest vir generosus, Amo.
Declinare cupit, verè declinat & ille,
Rex bis qui fuerat, sit modò Grammaticus.

Je le donnay à Monsieur Pithou ; & croy que à vous mesme j'en fis present ; toutesfois je ne le vous ose asseurer : bien sçay-je, que depuis passant d'une main à autre, il se donna voye par les bouches des beaux esprits, & à leur contentement ; hormis à feu Monsieur de Pibrac, avec lequel estant tombé en propos, sur icelny, il me dit avoir entendu que Marillhac (jeune Advocat de grande promesse qui se tenoit aveques moy) en estoit l'Autheur ; & que s'il en estoit asseuré, il luy feroit reparer sa faute. A quoy je reparty, que je respondrois en tous lieux de ses actions, & que je sçavois pour certain que cest Epigramme n'estoit de sa forge ; au demeurant, que je le priois de me dire ce qui luy sembloit de cette invention. Elle est trés-belle (me dit-il,) mais il n'appartient à un subject de se joüer de cette façon sur les mœurs & déportemens de son Prince. Cela seroit bon (luy reparti-je) en la bouche d'un autre que de vous, qui devez penser, que si un Roy qui est exposé à la veuë de tous ses subjects, ne met quelque bride à ses actions, il est fort mal-aisé qu'il puisse commander aux mescontentemens de ceux qui plus le respectent : & que telle maniere de vers venoit non d'une main ennemie de sa Majesté, ains qui en estoit idolastre, mais faschée de le voir tomber par ce moyen au mespris de tout son peuple, voire que nous devions tous souhaiter, au cas qui lors se presentuit, que cest Epigramme tombast és mains de nostre Roy, pour luy estre une leçon, non de la Grammaire Latine, mais de ce qu'il avoit à faire. Vous sçavez (adjoustay-je) l'histoire de cest Empereur, qui alloit de nuict desguisé és maisons publiques, pour entendre ce que l'on disoit de luy, pour sur le rapport qui luy feroit faict, donner ordre de se reformer. Ainsi se termina & la colere du Sieur de Pibrac, & nostre propos.

Sous le regne de Henry III. le Seigneur de Villeumer, Gouverneur de l'Isle de France, lequel avoit bonne part aux bonnes graces du Roy, fit tuer Dame Jeanne de la Marche son espouse dedans son lict, par quelques-uns de ses confidans, pour un adultere par elle commis à face ouverte : comme ma plume ne demeure aisément oiseuse, aussi voulus-je faire l'Epitaphe de ceste pauvre malheureuse, qui fut tel :

Dame Jeanne de la Marche tuée dans son lict.

Haud tumulum, at thalamum ; thalamum ? imò viator,
Et tumulum, & thalamum, si pote, cerne simul.
Sævus adulterii pœnas à conjuge conjux
Dum petit, heu jugulat me miseram hoc thalamo.
Sic mihi qui thalamus, tumulus quoque, scilicet idem
Caussa mihi lethi, lætitiæque fuit.

Cest Epitaphe estant sorty de mes mains, courut non seulement par Paris, mais fut porté jusques en Italie, en la ville de Venise, où Monsieur Audebert (depuis Conseiller au Parlement de Bretaigne) estant, en prit coppie ; & me venant voir, m'en voulut faire part comme d'une piece qui avoit esté grandement celebrée dedans Venise : & lors je luy respondy, que je n'en avois affaire, comme estant l'original registre d'icelle.

En l'assemblée des trois Estats, tenuë en la ville de Blois l'an 1588. où feu Monsieur de Guise fut tué par le commandement du Roy Henry III. pour les causes qu'il ne faut point icy ramentevoir, je fis son Epitaphe de telle substance :

Epitaphe de

Guisius, & Cæsar medio periere Senatu,
Hic Bruti gladio, hic Principis arte sui.

Scilicet ut premeret metuenda tyrannidis arma ;
Has Rex, has Brutus struxerat insidias.
Cæsaris at Latia est respublica morte sepulta,
Guisii an occumbet Gallia nostra nece ?

Monsieur de Guise tué à Blois.

Cest Epitaphe fut porté jusques à Paris, & depuis jusques à Rome, où je sçay par homme qui y fut envoyé par la Ligue, qu'il le vit entre les mains du Pape Sixte, qui en faisoit grand Estat.

Ce que je vous discourray presentement, vous apprestera paradventure à rire. Sortant des consultations avec Monsieur du Hamel Advocat mien amy, un jeune Advocat me fit present d'un Epitaphe fait par Theodore de Beze, en faveur de la fille de sa femme : & comme je luy eusse demandé, si Beze avoit eu des enfans de sa Candide, il me respondit, que dés pieça il estoit convolé en secondes nopces aveques une honneste veufve, pour le soulagement de sa vieillesse, & que c'estoit la fille d'elle qu'il avoit honorée de ce Tombeau. Après avoir remercié ce jeune Advocat, je m'arrestay à ce mot de Soulagement, qui m'ouvrit l'esprit à une belle invention : & comme le Seigneur du Hamel mon voisin & moy, retournions en nos maisons, luy m'entretenant par les ruës, & moy me gouvernant à part moy, je fis ce quatrain en faveur de celuy qui auroit espousé trois femmes :

Uxores ego tres vario sum tempore nactus,
Nunc juvenis, nunc vir, canus & inde senex.
Propter opus prima est validis mihi ducta sub annis,
Altera propter opes, ultima propter opem.

Quatrain qui fut trés-favorablement receu, non seulement dedans Paris, ains en plusieurs lieux de la France, mesme en la ville de Grenoble, où Monsieur Langlois, Maistre des Requestes estant, en voulut prendre coppie ; & depuis à son retour me le monstra.

Je clorray ma lettre en ce dernier point. Feu Messire Charles de Gontaud, Seigneur de Biron, Mareschal de France, ayant esté décapité dedans la Bastille, par Arrest du Parlement de Paris ; je fis son Epitaphe :

Afflictis patriæ rebus fortissimus olim,
Labentem patriam, dux ego sustinui.
Pro meritis, vario Rex me cumularat honore,
Et poteram summi filius esse Jovis.
At me nescio qua rapuit vesana libido,
Allobrogum satago dum gener esse Ducis.
Ambitione meam volui qui perdere gentem,
Heu malè consultus ! ne pereat, pereo.
Sic statuit princeps, & sic amplissimus ordo.
Sic patria nostra est vitaque morsque salus.

Epitaphe du Mareschal de Biron.

Vous sçavez de quelle faveur il fut accueilly par tous Messieurs les Advocats, & comme chacun en voulut avoir autant pardevers soy. Car vous-mesme me venant voir, me le rapportastes. Tout ce que je vous ay recité cy-dessus, sont comme les fleurs printanieres qui ont quelque sueffve odeur dedans leurs saisons. Plusieurs autres vous pourrois-je reciter tant en François que Latin : de les vous faire maintenant trouver telles, j'en doute. Pourquoy doncques vousen ay-je voulu faire part ? Pour joüir, comme je vous ay dit sur le commencement de ma lettre, du privilege du Poëte : j'adjousteray de celuy pareillement de Vieillard, *Laudator temporis acti*. A Dieu.

LETTRE XII.

A Monsieur Loisel, Ad-vocat en la Cour de Parlement de Paris.

Il dispute fort profondement sur le Droict & les Loix des Romains, & en quoy il consistoit.

CEste-cy sera, non pour enseigner, ains apprendre, & estre par vous relevé d'un scrupule, que j'ay dés piéça dans la teste.

Jus Civile (dit Papinian) *est quod ex legibus, plebiscitis, Senatusconsultis, Principum decretis, authoritate prudentum venit : Prætorium, quod Prætores introduxerunt adjuvandi, vel supplendi, vel corrigendi juris civilis gratiâ.* Puisque ce grand personnage plaça les Decisions des Jurisconsultes (ainsi me plaist-il appeller leur *Responsa Prudentum*) entre les especes de Droit, il falloit que de son temps, elles fussent de mesme valeur, prerogative, & effect que toutes les autres ; ou bien sa division estoit manque. Joint le commentaire que depuis Tribonian y apporta, par lequel donnant plus haut sur à ceste division : *Constat jus nostrum* (faict-il) *aut ex scripto, aut non scripto. Scriptum autem jus est, lex, plebiscita, Senatusconsulta, Principum placita, Magistratuum edicta, responsa prudentum.* Et aprés avoir expliqué la nature de chasque piece, voicy la leçon qu'il nous baille. *Responsa Prudentum sunt sententiæ & opiniones eorum, quibus permissum erat jura condere. Nam antiquitùs constitutum erat, ut essent qui publicè jura interpretarentur, quibus à Cæsare jus respondendi datum est, qui Jurisconsulti appellabantur, quorum omnium sententiæ & opiniones eam authoritatem tenebant, ut judici à responso eorum recedere non liceret, ut est constitutum.*

Ja à Dieu ne plaise, que je veuille en cet endroit desdire l'ancienneté, assisté d'un si grand parrain que Tribonian. C'est pourquoy je vous prie recevoir les discours que je feray cy-aprés, non comme une mienne opinion, ains une doute, qui me tient perplex ; ou si les prenez pour mon opinion, estimez que comme Advocat au Barreau, je me juge, ou de ma plume, ou de ma langue, sur une vray-semblance, qui se doit par Arrest des Juges terminer en une verité, pour ou contre. Je sçay que tenez la proposition de Tribonian pour trés-certaine ; car ainsi me le declarastes-vous dernierement, sans toutesfois vous ouvrir : & quant à moy, je ne la puis digerer sans vostre aide. Que si m'en demandez la cause, je vous diray en premier lieu, que Tribonian, sur la fin du passage, pour confirmation de son dire, dict qu'il y en avoit ordonnance, laquelle je ne trouve point. (Qu'il n'est pas petit argument pour ne luy adjouster foy :) & s'il y en avoit aucune, il faut que ce soit celle que nous apprenons du J. C. Pomponius, quand il nous enseigne, que devant le temps de l'Empereur Auguste : *Publicè de jure respondendi jus, non à Principibus dabatur, sed qui fiduciam studiorum suorum habebant, consultentibus respondebant, neque responsa utique signata dabant, sed judicibus ipsi scribebant, aut testabantur, qui illos consulebant. Primus Augustus, ut major juris authoritas haberetur, constituit, ut ex authoritate ejus responderetur : & ex illo tempore peti hoc pro beneficio cœpit. Et ideo Princeps optimus Adrianus, cum ab eo viri prætorii peterent, ut sibi liceret respondere, rescripsit eis ; hoc non peti sed præstari solere : & ideo si quis fiduciam sui haberet, delectari se, populo ad respondendum se præpararet.*

Les Jurisconsultes rendoient droict devant le tems d'Auguste, sans autorité du Prince.

Trois temps remarquez aux Loix Romaines.

Passage unique & singulier en ce subject, duquel je recueille trois temps ; celuy de l'Estat populaire, pendant lequel il ne faut faire aucune doute, que leurs opinions n'obligeoient en aucune façon le Juge, parce qu'ils n'avoient lors permission de respondre, du Prince, qui n'estoit encores en essence : comme aussi n'envoyoient-ils lors leurs advis signez aux Juges. L'autre, est le temps de l'Empereur Auguste, & ses successeurs jusques à l'Empereur Adrian, pendant lequel, en consideration du benefice qu'ils obtenoient du Prince, il y a bien grande apparence qu'ils envoyoient leurs consultations signées, comme estans de plus grande authorité qu'elles n'avoient esté par

le passé : mais que pour cela le Juge fust contraint de les suivre par sa sentence, je ne le puis croire. Comme aussi Pomponius ne le dit pas. Chose qui pour sa nouveauté, estoit digne de particuliere remarque, & laquelle il se fust bien donné garde d'oublier, si elle eust esté telle que Tribonian presupposé. Le dernier, est le temps d'Adrian & de sa posterité, pendant lequel encores say-je moins de doute, par la raison mesme de Tribonian : car si l'advis des Jurisconsultes fut tenu pour loy à l'endroit du Juge, pour le privilege que le Prince leur octroyoit de respondre du Droit, ce privilege ayant esté supprimé par Adrian, & leur profession reduite en son ancien estat, aussi faut-il par mesme moyen conclure, que leurs opinions n'estoient plus reputées pour loy : & eust esté vrayement chose fort ridicule, que le Magistrat, qui avoit la foy au public, eust receu la loy de celuy qui ne l'avoit qu'à la suffisance. Par ainsi je ne fay aucune doute, que la proposition de Tribonian est trop generale, & qu'en tout évenement, il la faudroit reduire dedans les limites du temps mediat d'Auguste. Ce neantmoins, outre ce que j'en ay dit cy-dessus, pour monstrer que encores serez-vous bien empesché de l'y trouver, il faut de deux choses l'une ; ou que la rapportiez aux advis qui estoient baillez par les Jurisconsultes aux parties plaidantes, comme fait il semble que Tribonian l'ait ainsi entendu ; ou bien aux regles generales, portées dedans leurs commentaires de Droit. Au premier cas, c'eust esté une ineptie, d'estimer, que leurs consultations deussent estre de quelque merite & effect, esquelles ils n'avoient presté l'oreille qu'à l'une des parties. Qui fut cause que depuis en telles affaires, le commun formulaire du J. C. Scævola estoit ; *Respondi secundùm ea qua proponebantur*, afin que par une sophistiquerie induë & affectée, on ne tirast sa resolution en consequence. D'ailleurs, si sans ouïr les deux parties, on eust, contre tout ordre de Droit, contraint le Juge de passer par ceste resolution, l'authorité du Jurisconsulte eust esté plus grande que celle d'un Empereur, lequel, quelques Patentes qu'on obtinst de luy, n'entendoit qu'elles sortissent effect au prejudice du tiers, sans préalable cognoissance de cause. Que si vous rapportez la proposition de Tribonian, aux maximes que les Jurisconsultes soustenoient dedans leurs Livres, je vous prie de considerer en quelle confusion & meslange fut la Jurisprudence Romaine dedans l'entrejet de temps d'Auguste, & d'Adrian. Car tout ainsique nostre Religion Chrestienne ayant esté tout-à-fait ouverte sous l'Empereur Constantin, l'Arianisme se planta au milieu de nous, qui produisit un malheureux schisme, lequel dura deux ou trois censans ; aussi fut pour l'avenement de l'Empire, la Jurisprudence s'estant fait voye dedans Rome, beaucoup plus grande qu'auparavant, elle commença de se bigarrer en partialitez sous les bannieres de Labeon & Capiton, Jurisconsultes ; laquelle provigna de telle façon, que ce qui estoit blanc aux uns, estoit bis aux autres, dont sourdirent les Cassians, & Proculians, de Cassius & Proculus, Chefs de parts, trompetez dedans nos Pandectes. Dites-moy, je vous prie, ausquelles des deux opinions le Juge, avec ceste bigarreure, se devoit par sa sentence attacher ? De sorte que de quelque sens que je me tourne, je ne puis trouver temps auquel les Juges fussent asservis aux opinions des Jurisconsultes, je veux dire pour en faire estat comme d'une Loy.

L'Arianisme quand entra en l'Eglise.

& comtemps y a regné.

La Jurisprudence bigarrée en partialitez, & sous qui.

Et ce qui me fait de plus, non resoudre, ains douter contre la leçon de Tribonian, & est combien que Papinian & luy, eussent mis *Authoritatem prudentum cum legibus, plebiscitis, &c.* comme pieces desquelles estoit composé le Droit general des Romains ; toutesfois quand Ulpian nous enseigne, quelles conventions estoient bonnes & valables,

dit

dit ainsi : *Ait prætor: Pacta conventa, quæ neque dolo malo, neque adversus leges, plebiscita, senatusconsulta, magistratuum edicta, Principum decreta, neque quo fraus cui eorum fiat, facta erunt, servabo.* Nulle mention de *responsis prudentum*, lesquels toutesfois il estoit plus requis y apposer, que les autres, ausquels n'y avoit aucune obscurité au regard des Jurisconsultes, qui sembloient avoir plus de part avec l'escolier, par leurs commentaires, que du magistrat par ses resolutions : & ce qui me semble faire de plus en plus à ce propos, est la Loy des Empereurs Theodose & Valentinian. *L. 17. Codic. Theod. De responsis prudentum Papiniani, Pauli, Caii, Ulpiani, atque Modestini, scripta universa firmamus : ita ut Caium, Paulum, Ulpianum, & cæteros comitetur authoritas lectionis, quæ ex omni opere recitatur. Eorum quoque scientiam quorum tractatus atque sententias prædicti omnes suis operibus miscuerunt, ratam esse censemus, ut Scævola, Juliani, atque Marcelli, omniumque quos illi celebrarunt. Si tamen eorum libri, propter antiquitatis incertum, Codicum collatione firmentur : ubi autem diversa sententia proferuntur, potius numerus vincat authorum ; vel si numerus æqualis sit, ejus partis præcellat authoritas, quâ excellentis ingenii vir Papinianus emineat, qui ut singulos vincit, ita cedit duobus. Notas etiam Pauli & Ulpiani, in Papiniani corpus factas, sicut dudum statutum est, præcipimus infirmari. Ubi autem pares eorum sententiæ recitantur, quorum par censetur authoritas, quod sequi debeat, eligat moderatio judicantis. Pauli quoque sententias semper valere præcipimus.*

Papinian preferé à tous les autres Jurisconsultes.

Loy qui me semble destruire en tout & par tout, l'opinion de Tribonian : car si auparavant, les Decisions qui se trouvoient dedans les Livres des Jurisconsultes, devoient estre tenuës pour Loix, ceste-cy estoit frustratoire, qui prevoyoit tant seulement pour l'avenir. Nouveauté qui se voit au doigt & à l'œil, en ce que tout d'une main elle prescrit l'ordre & police qu'on devoit de là en avant observer en son execution, & rencontre de diverses opinions. Mais encore suis-je en plus forts termes, parce que des trente-neuf Jurisconsultes qui depuis furent mis en jeu par Justinian dedans ses Digestes, Theodose & Valentinian n'en authorisent que cinq, & ceux de l'authorité desquels ils s'estoient prevalus dedans leurs œuvres, & singulierement entr'eux, uns Scævola, Julian, & Marcel. Et si la regle eust esté telle que Tribonian presuppose, estimez-vous que ces deux Empereurs n'en eussent fait mention, & declaré qu'ils reduisoient la grande authorité qui avoit été auparavant attribuée à tous les Jurisconsultes, en ces cinq tant seulement ? Je sçay bien que me pourrez dire, que puisque le texte de cette loy porte, que les Animadversions de Paul & Ulpian estoient contre les œuvres de Papinian, tout ainsi qu'auparavant, reprouvées, il faut inferer, que la condamnation de ces deux estoit une approbation generale de tous les autres. J'en suis d'accord, mais non pas qu'il faille rapporter cette approbation generale à tous les autres Livres des Jurisconsultes, ains seulement de ceux de Paul & Ulpian, dont il avoit esté parlé sur le commencement de cette Loy. C'estoient deux Livres, que la commune voix du peuple, & consequemment les deux Empereurs tenoient pour apocryphes, & faussement attribuez à Paul & Ulpian : comme au contraire, les Sentences de Paul sont jugées pour veritables, ores que quelques-uns les eussent voulu tenir pour supposées : car si vous rapportez cette particuliere condamnation pour confirmation generale de tous les autres Jurisconsultes, cette loy impliquera en soy une contrarieté manifeste, laissant cependant à part, que ces Animadversions furent depuis advoüées pour vrayes par Justinian : car c'est une piece hors œuvre, & qui n'a rien de commun avec le present discours; au demeurant, vous sçavez quel rang tient Papinian entre les autres Jurisconsultes : & comme par la loy de Theodose & Valentinian, il avoit esté le premier nommé, mesme qu'en la balance de chaque Jurisconsulte, on le juge de plus grand poids. (Je dy vrayement par la loy dedans laquelle les Decisions de luy, & de quatre autres siens compagnons sont declarées devoir estre tenuës pour loix.) Jamais Decision ne fut plus

Et avec quelle authorité.

Tome II.

notable, ne qui meritast plus titre de loy, que celle qu'il avoit baillée en faveur des petits enfans à l'endroit de leurs ayeuls, laquelle fut depuis transcrite dedans les Digestes ; toutesfois Justinian estimant que ce ne fust assez, voulut, sur le moule d'elle, en faire une Ordonnance Imperiale, qu'il recognut, avec tout honneur & respect avoir emprunté de luy. Et puis, si pour authoriser l'opinion d'un si grand personnage, l'Empereur Justinian estima qu'il luy falloit interposer ses parties, vous trouverez estrange, que je revoque maintenant en doute l'ancienneté dont Tribonian nous a repeu, qu'il attribue, non seulement au temps de Theodosius, & au dessous, mais dés & depuis l'Empire d'Auguste?

Conclusion : plus je remuë d'advis pour loger son opinion dans ma teste, & moins j'y trouve de place, & resemble ces Philosophes bizarres Pyrrhoniens, qui en la recherche de tout, trouvoient en tout à redire : ou bien je suis vrayement disciple de nostre bon pere Accurse, lequel estant au bout de son roulet, en la reconciliation de quelques loix, nous paye souvent d'un *Sic*, *vel sic*, apportant diverses solutions, qui se tournent le plus du temps en fumée : de ceste mesme façon me payant d'une diversité d'*Ainsi*, c'est-à-dire, il faut ainsi ou ainsi entendre le passage de Tribonian pour luy faire sortir effect, je n'y treuve, ny fonds, ny tive, tant a de tyrannie sur nous une fascheuse preoccupation.

Bien veux-je croire, que les escrits des Jurisconsultes estants comme truchements des Loix, Edits, Ordonnances & autres parties de Droict, estoient alleguez par-devant les Juges, pour donner quelque lustre aux causes, mais non en obligation necessaire qui liast leurs consciences : comme faisoient les autres particularitez que l'on assigne sous le Droit Civil. Et quand je voy un Auguste avoir deffendu de respondre du Droit sans sa permission, je ne pense pas que ce fust en intention que les decisions des Jurisconsultes sortissent effect de Loix, comme Tribonian le donne à entendre ; mais bien qu'ils prissent quelque authorité du publique ; presque de la mesme façon qu'avant que d'estre receu au serment d'Advocat, il faut avoir obtenu ses degrez de Licence. Encore ne doute-je point, qu'on ne produisist leurs consultations ; que qu'elles fissent loy, il y eust eu de l'absurdité. Cela mesme ay-je presque veu en ma jeunesse, estudiant en Droit dans Bologne la Grasse, où Marianus Socinus m'enseignant, avoit acquis tel de nom, que la plus-part des Italiens, és causes qui leur importoient, se venoient voüer à ses pieds, l'espace de cinq & six mois pour tirer de luy consultation enflée de plusieurs allegations, qu'ils leur vendoit à grosse d'argent. Et me souvient entres autres, d'un Gentilhomme François, qui se paissant de mesmes folies, fit le semblable, que les Italiens : il produisit aux Requestes du Palais une consultation de ce grand Docteur, avec laquelle il perdit sa cause, tant en premiere, que seconde instance. Ainsi le vy-je à mon retour d'Italie : & ainsi me say-je accroire, qu'il en prenoit aux Romains, produisants les advis des Jurisconsultes vivants, ou s'aidants des decisions tirées de leurs Livres.

Escrits des Jurisconsultes fontcommes truchemens des Loix

Marianus Socinus Precepteur de M. Pasquier, & de quelle authorité il fut.

Vous me direz & non sans propos, que faisant marcher d'un mesme pas les anciennes decisions des Jurisconsultes, avec les Consultations du Palais, ou conseils des Docteurs de Droit, c'est faire le procez, non seulement à Tribonian, ainsi au grand Papinian, lequel les ayant ennombrées entre les especes de Droit, manquoit du tout, ou de sens commun ; ou bien elles estoient de son temps, de mesme force & authorité, que les autres loix, & ordonnances ; soit on que l'usage du temps l'eust ainsi voulu, ou la permission du Prince. C'est en quoy je me trouve infiniment empesché, & pourquoy je desire estre par vous esclaircy sur les obscuritez que je vous ay cy-dessus touchées : & vous prie de ne m'espargner ; ce me sera un grand trophée d'estre vaincu combattant pour la verité, non pour la victoire. Nous sommes aujourd'huy en pleines vacquations, & n'avez que trop de temps en main pour me contenter ; mais à la charge que me faisant part de vostre loisir, me jugerez estre un homme de grand loysir, loisir; qui ayant en la fleur de mon aage eu cest honneur d'estre employé aux plus grandes causes du Barreau, maintenant dedans une profonde vieillesse je m'amuse en ces espinoches & pointilles. Et paraventure que quelque sage teste pourroit dire, que cela s'appelle en latin, A *Repuerascere*, & en François, *Radoter*, n'estoit que pour parer à ce coup, je veux qu'on sçache, que comme le Polipe en son espece, aussi transforme-je en la mienne mon esprit en autant de couleurs, que d'objets. A Dieu.

LETTRE XIII.

A Monsieur Loisel.

Il discourt fort amplement sur le faict des legitimes deuës aux enfants.

GRande pitié! Qu'il n'y ait chose plus solemnisée par la bouche des Doctes, que la Legitime qui fut, dedans Rome, deuë aux enfans par leurs peres & meres, allants de vie à trespas, depuis par succession de temps, transplantée en cette France; & neantmoins nul n'en peut dire l'origine, ny par qui elle fut introduite. Le premier de nos Docteurs de Droit, que je voy y avoir voulu bailler quelque atteinte, est Cujas; & ce par une conjecture qu'il tira de la Loy quatriesme, *De inofficioso testamento*, du Jurisconsulte Caius; non peut-estre mal à propos, si vous considerez la rencontre des deux noms (permettez-moy en passant de me jouer de ma plume.) Car dedans le Caius Romain, vous trouverez le Cujas François, par un bel anagramme: & sur cette Loy quatriesme, sont ces mots: *Caius libro singulari ad legem Gliciam*; & le texte de la Loy est tel: *non est consentiendum parentibus, injuriam adversus liberos suos, testamentis inducere. Quod plerique faciunt, maligne circa sanguinem suum, judiciis injurentis, novercalibus delinimentis instigationibusque corrupti*: c'est à dire, il ne faut point permettre aux peres & meres de faire tort par leurs testaments, à leurs enfans: chose qui advient souvent par la malignité des secondes nopces, contre les enfans du premier lit. Ces quatre lignes furent adaptées par les compilateurs du Droit de Rome sous le titre *de testamentis inofficiosis*, fait en consequence des mauvais offices que les peres & meres rendoient à leurs enfans, les mettans par leurs testaments & dernieres voluntez, en nonchaloir, au prejudice de leur legitime. Partant, Cujas, au second Livre de ses observations, chapitre 22. voulut croire, que cette Loy Glicia estoit un reglement ancien, fait en faveur de la legitime des enfans, & que d'une suite estima que ce fut un Claudius Glicia Dictateur, qui en avoit esté le premier promoteur envers le peuple de Rome; toutesfois il n'est assisté d'aucune authorité ancienne pour confirmer son opinion. C'est pourquoy Hotoman, en son Catalogue des Loix Romaines, le voulut desdire, sans le nommer, en ces mots, *Glicia de testamentis*, pour les raisons par luy alleguées, & estime qu'au lieu de *Glicia*, il falloit lire *Titia*, *que de pupillorum rationibus lata erat, quò Caii sententia pertinebat*. Outre les raisons par luy induictes en son Livre, il y apporta quelques autres particulieres considerations par ses leçons, qui furent rapportées à Cujas. Monsieur Brisson, plus retenu qu'Hotoman, se donne bien garde d'y interposer son jugement en son Commentaire, *De rerum & verborum significatione*. Auquel lieu nageant entre les deux eaux: *Glicia* (dit-il) *nobis ex unica inscriptione legis 4. de inoff. test. nota est*. Nous laissant à deviner quelle estoit sur ce son opinion. Or comme l'opinion d'un grand esprit est de ne vouloir estre desdit, aussi Cujas au 14. Livre de ses observations, chapitre quatorziesme, prit au point d'honneur ce qui en avoit esté discouru en son Livre, tant par son Livre, que par ses leçons, & dict ainsi: *Querelam inofficiosi testamenti esse ex antiquissima lege Glicia*, *conjicere licet ex inscriptione l. 4. de inoff. test. quæ dandæ querelæ rationem reddit, & legis Gliciæ ferendæ rationem reddere videtur: & ne quem decipiat insomnia; nescio cujus, neve mei tacentis modestia in conscientiam ducat; scripsi latam forté à Glicia Dictatore, non negans igitur, quin forté à Consule vel Prætore ejusdem nominis, sive cognominis, &c.* & de là poursuivant sa pointe, il tasche de prouver, que ce n'estoit chose nouvelle dedans Rome, que quelques Loix portassent le surnom des Legislateurs, mesme qu'il y eut quelques Consuls, qui eurent le nom de Glicia: & comme il est plein de doctrine, faute d'un propos à autre, non mal à propos.

Je me donneray bien garde de juger des coups de ces deux vaillants guerriers, ausquels je porte tout honneur, respect & reverence: car je vous puis dire, que l'un des plus grands heurs que je pense avoir recueilly en ma jeunesse, fut qu'un lendemain de l'Assomption Nostre-Dame, l'an 1546. Hotoman & Balduin commencerent leurs premieres lectures de Droict aux Escholes du Decret en cette ville de Paris. Celuy-là, à sept heures du matin, lisant le titre, *de notionibus*: cettuy-cy, à deux heures de relevée, lisant le titre, *De publicis judiciis*, en un grand theatre d'auditeurs. Et ce jour mesme, sous ces deux doctes personnages, je commençay d'estudier en Droict: & l'an d'aprés, dedans la ville de Toulouze, je fus à la premiere leçon du Cujas fit en l'Eschole des Institutes, ne s'estant auparavant jamais mis sur la monstre; & continuay quelques jours mes leçons sous luy; chacun le trouvant dés lors d'un esprit fort clair, qui ne promettoit peu de choses de luy pour l'avenir. Je vous prie ne trouver mauvais, si je jouy du privilege des vieillards, en vous ramentevant ma jeunesse, que j'estime heureuse d'avoir jouy des premiers fruits de ces trois personnages d'honneur. Il falloit que ceste saillie fust par moy faite avant que de passer plus outre.

Je retourne maintenant sur mes brisées, & veux dire, que ces deux personnages de marque, Cujas & Hotoman, eurent quelque subject de contenter leurs esprits, chacun en son endroit, par diverses conjectures. Mais comme mes pensées sont libres en choses indifferentes, encore que je recognoisse Cujas outrepasser Hotoman d'un grand vol; si est-ce que je vous prieray ne trouver mauvais, si je ne puis incliner en son opinion. Aprés m'avoir entendu, vous jugerez si avecques raison je suis fol.

Vous demeurerez d'accord avec moy, que la Loy qui concerne la legitime des enfans, est l'une des plus signalées qui fut dedans Rome, dés & depuis son introduction, non seulement pour son estoffe, ains pour sa façon; ayant enfraint & mis sous pieds ce grand & souverain article des Douze Tables, qui donnoit plein ban à chacun de disposer par son testament, de tous ses biens, sans acception de personnes, *Uti quisque legassit, ita suæ rei jus esto*.

Se peut-il faire, si elle eust esté introduite sous l'Estat populaire, par cette pretendue Loy Glicia, que quelque Autheur ancien n'en eust parlé? J'entens de tous ces grands personnages, dont les Livres sont arrivez jusques à nous. Vous n'y en trouverez un seul mot: encores que souventesfois ils ayent traicté de la matiere hereditaire de pere & mere à fils. Se peut-il faire (vous dy-je) que nous n'en ayons cognoissance par le texte exprés de ceste Loy 4. ains d'un seul mot couché sur le frontispice d'icelle? Ou que tous nos Jurisconsultes, qui florirent sous les Empereurs; desquels nous avons appris, quelle estoit la nature de la legitime, eussent esté si oubliez, nonchallans & desdaigneux, de ne faire mention de la fontaine raine dont elle avoit esté prise, comme la verité est qu'ils n'ont fait ? He ! vrayement, si cette Loy Glicia, ou autre avoit esté publiée dedans Rome, pour cet effect, tout ainsi qu'ils blasment le pere, & l'accusent comme demy furieux, quand dedans son testament il passe son enfant sous silence, ou bien que le fils peut estre pour son ingratitude exheredé par son pere ; aussi les accuserois-je volontiers de fureur en cette oubliance, & encores d'ingratitude envers la loy, pour laquelle je les jugerois dignes d'estre exterminez de l'escole dont ils faisoient profession. J'adjousteray, que s'il en eust esté quelque chose, il est grandement vraisemblable, que l'Empereur Justinian, recitant en ses Institutes, l'origine des Quartes Falcidie & Trebellianique, eust aussi fait glisser ce mot de la Loy Glicia, & de la Quarte legitime deuë auparavant, de toute ancienneté, aux enfans, sur le modelle de laquelle eussent esté basties, cette Falcidie, & Trebellianique, dont toutesfois n'avons nulle mention. De moy, je me fay accroire par toutes ces rencontres concurrantes ensemble, que le mot de *Glicia* soit corrompu, suivant l'opinion d'Hotoman : de laquelle est pareillement Antonius Augustinus Archevesque, en son Livre des Loix de Rome, de l'authorité duquel je fais, en ce subject, grand estat : ne se trouvant mesmement dedans toute l'ancienneté, comme j'ay touché cy-dessus, mention de cette Loy Glicia, que sur le frontispice de la Loy quatriesme, du Testament inofficieux. Et au soustenement de ceste opinion, je suis fondé en presomptions non moins violentes, que celles sur lesquelles le sage Salomon jugea le different d'entre la vraye mere, & la putative.

Mais d'où est procedée l'origine de cette legitime, me demandera quelqu'un ? Je le vous diray au moins mal qu'il me sera possible, vous priant le prendre de mesme candeur & rondeur que j'entens le deduire. Premierement, je tiens pour proposition arrestée, que tant & si longuement que l'Estat populaire dura, ils sçavoient dedans Rome, que c'estoit de brider les dernieres voluntez des testateurs, non plus en faveur des enfans, que des estrangers ; estimans que chacun avoit en son particulier, plein pouvoir de disposer de tous ses biens, au prejudice des siens, puisqu'en fors termes, il avoir puissance de vie & de mort sur ses enfans : puissance, dy-je, qui n'estoit encores tollué aux peres, du temps de l'Empereur Auguste, si nous croyons à Seneque, qui nous raconte qu'un Tarius, s'estant apperceu que son fils l'avoit voulu occire, luy fit son procés extraordinaire dedans sa maison, & le voulant juger, pria non seulement plusieurs grands seigneurs de vouloir estre de la partie au jugement, mais aussi Auguste mesme qui ne faillit de s'y trouver ; & aprés que le pere eut recueilli les opinions de chacun, il donna enfin, comme le vray juge, sa sentence de relegation contre son fils : passage dont nous pouvons recueillir, que lors la toute-puissance de vie & de mort que les peres avoient de toute ancienneté sur leurs enfans, n'avoit esté par nouvelle Loy supprimée : & à tant, qu'il y a mal d'apparence, qu'il eust esté lors modifiée pour le regard des biens.

Le premier frein qu'on apporta aux Testamens, fut par le moyen de la Falcidie, non point particulierement en faveur des enfans, ains du Testateur principalement ; lequel instituant un heritier, fondement sans lequel un testament estoit nul, & neantmoins espuisant sa succession par une infinité de legs immenses, il advenoit le plus souvent, que l'heritier institué, repudioit la succession, pour n'en rapporter autre profit que charge : quoy faisant, le testament alloit à vau-l'eau, comme nul ; & tout d'une suite, les legs : de maniere, que (si ainsi le faut dire) tous demeuroient lourches le Testateur, qui follement avoit voulu favoriser ses opinions : le pretendu Heritier, pour avoir renoncé à ceste qualité : & finalement, tous les Legataires, par faute d'un heritier. Pour à quoy obvier, fut trouvée la Falcidie, qui fut une Loy publiée par Caius Falcidius, Tribun du Peuple, sous le Triumvirat d'Auguste, Lepide, &

Antoine : par laquelle il fut permis au Testateur, de leguer pleinement de tout son bien, hormis des trois parts, les douze faisans le tout, qui seroient reservées à l'Heritier testamentaire. En quoy les enfans ne recevoient non plus de privilege que les autres ; estant cette Loy generalement introduite en faveur de tous ceux qui avoient esté ordonnez heritiers par le Testateur.

De ce mesme temps, arriva l'usage des Fideïcommis, auparavant incognu dedans Rome. Invention du commencement honteuse, qui fut expressément introduite pour faire fraude à la Loy. Car comme ainsi fust, que par le Droit commun des Romains, il y eust certaines personnes, que l'on ne pouvoit par les testamens appeller aux successions, pour leurs incapacitez, on s'advisa de mettre en avant des Codicilles, dedans lesquels on prioit l'heritier de vouloir rendre l'heredité à tel, ou tel (ores qu'il n'en fust capable.) Chose qui du commencement, despendoit de sa volunté, & par succession de temps, se tourna en necessité ; tant nous a Nature rendus opiniastres en nos flateries ; voire que l'on créa, au long aller, un Magistrat particulier, qui fut nommé *Preteur Fideïcommissaire*, pour l'accomplissement des Fideïcommis. Un Lucius Lentulus, sous l'Empire d'Auguste, en fut le premier Autheur. Or estant le Testateur tombé en mesme desarroy, tant pour les Fideïcommis, que pour les legs, pour y apporter remede, & afin que l'heritier n'eust subject de repudier la succession, fut, sous l'Empire de Neron & Consulat de Trebellius Maximus, & Seneca, faict le Senatus-Consulte Trebellian ; & du temps de l'Empereur Vespasian, par les Consuls Pegasus & Pusio, le parfournissement de ce Decret, aux mesmes conditions, que la Falcidie ; c'est à sçavoir, que nul ne pourroit, par fideïcommis, disposer de plus des neuf parts de son bien, au prejudice de son heritier testamentaire, auquel il seroit tenu de reserver la quatriesme partie franche & quitte.

Cette quatriesme partie distraicte, ou des legs, ou des fideïcommis, que l'on appelloit tantost *Quarte Falcidie*, tantost *Quarte Trebellianique*, n'estoit point cette Quarte legitime deuë par les peres & meres à leurs enfans, tant rechantée par les Empereurs & Jurisconsultes, par un nouveau titre incognu aux Romains pendant leur Republique : qui est celuy que nous appellons, *de inofficioso testamento*. Partant, mon opinion est, que les Romains ayants osé sous les Empereurs, bannir de leurs testes l'ancienne superstition, qui avoit regné dedans Rome, pour l'entretenement des Testamens & Ordonnances de derniere volunté, voyants ces deux Quartes avoir esté à juste raison approuvées, en faveur de l'heritier testamentaire, commencerent de prendre en main la cause des pauvres enfans non ingrats, contre leurs peres & meres mal conseillez. Et lors s'insinua peu à peu l'opinion de la legitime deuë par eux à leurs enfans : non par Loy expresse de Rome, mais par une louable coustume, à laquelle ils furent instiguez & semonds par les consultations & advis des Jurisconsultes.

Et afin que vous ne pensiez que ma devination soit vaine, remettez-vous devant les yeux, l'introduction des Fideïcommis. Il n'y eut aucune loy particuliere pour cet effect ; mais aprés qu'Auguste les eut aucunement favorisez, ils commencerent de prendre leur cours : *Idque, quia justum & populare videbatur, paulatim conversum est in assiduam jurisdictionem. tantusque eorum favor factus est, ut etiam Prætor proprius crearetur, qui de fideicommissis jus diceret, quem fideicommissarium appellabant.* Choses qui se peuvent encores plus expressément observer au faict de Co dicilles, dont on attribuë le premier plan à L. Lentulus, tout ainsi que des fideïcommis ; lequel en païs lointain, ayant par nouveaux Codicilles delaissé quelque bien à Auguste, sous quelque charge & condition, à laquelle ayant satisfaict par l'advis des sages, & nommément du Jurisconsulte Trebatius, cela obligea la fille de satisfaire à la volonté de son pere, envers l'Empereur, & tout d'une suite, de faire semblable, par honneur, envers les autres fideïcommissaires. Et depuis, le Jurisconsulte Labeon

Labeon mourant, ayant pareillement disposé de son bien par Codicilles, on ne douta de là en avant, d'en approuver l'usage: tellement que sans aucune Loy precise, par une coustume taisible, vint l'observation des Codicilles, tant celebrée dedans le Droit des Romains.

Que si en ces deux particularitez, depuis tant familieres à la ville de Rome, dont l'une fut introduite en fraude, l'autre au prejudice de la loy commune; & specialement pour cette deuxiesme, le peuple fut induit à l'approuver par l'exemple du grand Jurisconsulte Labeon: pourquoy ne me sera-t'il permis de croire, qu'il fut dedans les esmonds à la legitime, par les instructions & memoires des Jurisconsultes qui florirent depuis l'Empire d'Auguste; n'y ayant rien plus injuste & illegitime, que de procurer & sans cause, par nostre mort, la mort à ceux ausquels avons donné la vie?

On me dira, que je devine. J'en suis d'accord; mais de ma devination j'ay des presomptions tres-urgentes: car outre ce que (comme je vous ay dit) je ne voy aucun Magistrat promoteur de ceste Loy, soit dedans les Autheurs anciens qui furent sous l'Estat populaire, ou ceux qui regnerent du temps de l'Empire, il me semble voir l'accroissement de ceste mienne opinion, par une taisible alluvion de l'histoire, que nous pouvons recueillir, lisant nos Digestes & le Code; dessous les treize premiers Empereurs, je ne voy point que l'on en parle, & neantmoins je pense que deslors, ou sur la fin, il y en avoit quelque semence de jettée, ou pour le moins projettée. Quoy qu'il soit, quelques-uns estiment en trouver quelqu'une de remarque dedans les Epistres de Pline second. *Plin. lib.* Si vray ou non, je m'en rapporte à ceux qui plus diligemment que moy, voudront examiner les passages.

Bien diray-je, que Caius, lequel (comme nous apprenons *Caius du* de luy) fut du temps de l'Empereur Adrian, eut quelque ressentiment en son ame contre les peres, qui se *d'Adrian* laissants seduire par leurs secondes femmes, prejudicioient *prononce* aux enfans du premier lit: & c'est la cause pour laquelle *contre* nos compilateurs prindrent de luy cette sentence, *les peres,* qu'il prononça contre les peres ingrats envers leurs enfans: Marcellus qui fut contemporain de l'Empereur *a suivy* Marc Antonin le Philosophe, y voulut donner plus de *depuis.* jour, & en luy vous voyez un progrés plus hardy sur ce subject, qu'en Caius: Sorbidius Scævola, qui fut aussi en sa jeunesse sous ce mesme Empereur Antonin, & depuis sous Severe & Antonin Empereurs, pere & fils, y voulut donner quelque atteinte: toutesfois vous voyez que la querelle du Testament inofficieux n'avoit receu toutes ses façons; en ce que le J.C. Paule le desdit d'une proposition, que Scævola avoit soustenuë. Aprés luy, vint le grand Papinian, disciple de Scævola, qui fut son successeur en l'Estat de Procureur general des Empereurs Severe & Antonin: & c'est à luy auquel je pense qu'il faut rapporter l'accomplissement de ce grand ouvrage, je veux dire, de la Quarte Legitime, dont nous parlons. Ainsi le juge-je, quand je voy que la principale Loy de ce titre, est tirée de ses memoires, & exactement commentée par Ulpian; c'est la Loy, *Papinianus* : & quand je voy le mesme Papinian nous avoir le premier enseigné, les peres & meres estre pareillement appellez à la querelle du Testament inofficieux de leurs enfants, quand decedans sans enfants legitimes, ils avoient mis leurs pere & mere en oubly: & pour monstrer mesmement que ceste Quarte legitime avoit esté bastie sur le moule de la Quarte Falcidie, c'est que luy-mesme la nomme Falcidie. J'adjouste, que de tous les Empereurs, ceux qui premiers nous baillerent reglements sur le faict de la Legitime, ce furent Septimius Severus, & Bassianus Antoninus, Empereurs. Car nous devons au pere & au fils ensemblement, les quatre premieres Loix; & au fils seul, aprés la mort de son pere, les huict qui suivent au Code, sous le titre du Testament inofficieux: titre voüé à la deduction de la *La Quarte* Quarte legitime; Empereurs sous lesquels Papinian tint le *te Legi-* grand rang. Qui me faict croire qu'en ce mesme temps, *time eu* la Quarte legitime prit son accomplissement: & par ainsi, *quel* que Papinian y eut la meilleure part. Et en effect, voilà *temps* quelle est mon opinion sur ce subject, pourlequel je me *com-* soubmets à la censure de tous ceux qui sans passion en *mença.* voudront juger.

Or dura ceste Quarte Legitime, dés & depuis qu'elle eut pris pied, petit à petit jusques à l'Empereur Justinian, ainsi que nous pouvons recueillir de quelques siennes Loix. Vray que depuis, il la voulut balancer selon le plus, ou moins que nous avions des enfans, ainsi que vous sçavez trop mieux: car s'il y en avoit un, deux, trois, ou quatre, à eux appartenoient les quatre portions, qu'ils appellerent *Triens,* dont les douze faisoient le tout. Si cinq, six, sept & plus, la moitié des successions paternelles & maternelles, qu'ils eussent peu recueillir *ab intestat.* Ordonnance qui a tant à propos reüssi à cest Emperereur, que depuis, sur le pied d'icelle, nous mesurons, par toute la France, la Legitime deuë par les peres & meres à leurs enfans. A Dieu.

LETTRE XIV.

A Monsieur Loisel, Advocat en la Cour de Parlement de Paris.

Il conti- JE ne veux laisser imparfaicte la Legitime, dont je *nuë sur* vous ay discouru par mesdernieres, ainsi luy donner *la mes-* toutes ses façons. Comment? me pourra dire quelqu'un *me ma-* (& peut-estre non sans propos) estes-vous si hardy d'attribuer *giere, &* le premier plan de ce grand œuvre entre les Empe- *en quel* reurs, à deux Princes, dont l'un n'eut que la guerre en *ordre de* teste, & l'autre la cruauté? Il y a bien apparence de croire, *temps* que celuy que vous appellez Antonin, fut un autre *les Loix* que Bassianus Antoninus Caracalla, tant detesté de *Romai-* toute l'ancienneté. A cestuy je repondray, que non seulement *nes fai-* les Loix par moy cottées, concernantes la Legitime, *rent fai-* leur sont deuës; mais aussi une infinité d'autres des plus *tes, &* belles du Droit. Toutesfois d'autant que cette proposition, *par qui.* de prime face, semblera estre brusque, & esloignée de l'opinion commune, je veux faire une reveuë generale des Empereurs, & particuliere de ceux qui porterent le surnom des Antonins, mentionnez dedans les douze Livres du Code.

Antonin Depuis l'Empire de Titus Ælius Antoninus Pius, que *nom que* je veux en nostre langue appeller le Debonnaire, plusieurs *plu-* des Empereurs usurperent ce surnom: les uns par obligation, les autres par affectation. Des premiers, furent *sieurs* Marcus Ælius Antoninus (dict le Philosophe) son fils *Empe-* adoptif, & Commodus Antoninus, fils naturel & le- *reurs de-* gitime de Marcus: des seconds, uns Bassianus Caracalla, *puis s'u-* Diadumenus fils de Macrin, Heliogabalus, les trois *surpe-* Gordians, pere, fils, & petit-fils. Au regard de Bassianus *rent ce* Caracalla, l'Empereur Septimius Severus son pere l'ayant *autres* avec soy associé à l'Empire; pour le rendre agreable au *qui.* peuple, pria le Senat de l'honorer de ce surnom: ce qu'il *Spartia-* fit. Le semblable fit Macrin l'Empereur pour Diadumene *en la vie* son fils, qui estoit un jeune enfant, & l'obtint. Et dit *de Sevet.* Lampride en sa vie, qu'au peu de temps qu'il impera, *re,* il n'y eut rien de recommandable en luy, sinon qu'il *Hero-* fut honoré du surnom d'Antonin. A Macrin & Diadu- *dian.* mene pere & fils, succeda Heliogabale, qui fut pareille- *lib. 3.* ment surnommé Antonin, parce que Semée sa mere af- *Lam-* frontément asseura, qu'elle l'avoit engendré d'un attouche- *prid. en* ment incestueux, d'Antonin Caracalla son cousin germain, *la vie* & d'elle: & dit Lampride en sa vie, qu'il fut le dernier *de Dia-* des Antonins. Car quant à Alexandre son successeur, que *dumene* sa mere Mammée accordoit avoir eu d'un mesme embras- *Hero-* sement *dian. lib. 4.*

Les Lettres de Pasquier. LIV. XIX.

Alexandre le refuse. fement illicite de Caracalla fon coufin, toutesfois, par une honte difcrete, il refufa ce furnom, dont le Senat le vouloit honorer. Vindrent aprés, les trois Gordians, *Lamprid. en Alexand.* defquels les premier & second fe gratifierent, de leur authorité privée, de ce furnom; & le troifiéme, par authorité du Senat; & depuis eux, nuls Empereurs ne l'affectionnerent. Or de tous ces Antonins, il faut tenir pour *Iul. Capitolin. en la vie des trois Gord.* affeuré que l'Empereur Commodus n'a nulle part en noftre Code, non plus que Diadumene, duquel l'Empire ne fut qu'un court efclair fous l'authorité de Macrinus fon pere; & au regard d'Heliogabalus, pour avoir efté, pendant fon Empire, une cloaque de toutes hontes & ordures, il fut aprés fa mort, traifné dedans toutes les fanges *Heliogabalus une cloaque de tous vices.* & cloaques de la ville de Rome, & enfin fon cadaver jetté dedans le Tybre, afin que luy & fes Ordonnances bouffonefques s'en allaffent par mefme moyen à vau-l'eau. *Traifné par les rues & cloaques de Rome: & fon corps jetté dans le Tybre.* Reftoient les trois Gordians, dont les deux premiers nous n'avons aucunes conftitutions: auffi impererent-ils fort peu de temps, & non encores dedans Rome, ains en Afrique, dedans la ville de Carthage, perpetuellement occupez, non à baftir Loix, ains à faire tefte aux armes de Capellian leur ennemy, & de l'Empereur Maximinus: de maniere qu'il n'y eut que Gordian troifiéme, dont nous en ayons, mais non fous le nom d'Antonin, ains feulement de Gordian, comme auffi eft-ce la verité, ainfi *Le nom d'Antonin prend fin en Heliogabale.* que j'ay touché cy-deffus, qu'en Heliogabale avoit pris fin ce grand & fainct furnom d'Antonin. Au moyen de quoy, il ne faut faire aucune doute, que quand nous voyons dedans les douze Livres du Code, fur le frontifpice d'un chapitre, ce nom d'Antonin, il le faut necessairement rapporter, ou à Titus Ælius Antoninus Pius, à Marcus Ælius Antoninus, ou à Baffianus Antoninus Caracalla: vray que nos compilateurs trés-advifez, ufants de fon nom, fe donnerent bien garde d'y mettre le Baffianus, ny le Caracalla, ou Caracallus, ains feulement Antoninus.

Et afin que je le vous faffe paroiftre par une demonftration oculaire, je vous veux icy difcourir une obfervation que j'ay faite fur tout le Droit des Romains; auquel je trouve une œconomie toute autre entre les Digeftes & le Code: parce que nos compilateurs defirants dedans les Digeftes, lier les decifions des Jurifconfultes d'un fil continu, au moins, mal qu'ailleur feroit poffible, & commencer par un general, qu'ils modifieront ou amplifieront aprés, ainfi que le fubject le portoit; auffi furent-ils contraints d'adapter les refolutions d'uns & autres Jurifconfultes, par forme de Centons, non felon l'ordre de leurs temps, ains des difcours qu'ils traitoient; autrement, ils ne fuffent jamais arrivez à leur intention. Au contraire, dedans le Code, ils mirent les Ordonnances des Empereurs, & fous chaque titre, felon l'ordre de leurs receptions à la Couronne Imperiale: & pour cefte caufe, leurs Ordonnances font pieces defcoufuës, qui n'ont aucune liaifon de l'une à l'autre. De façon qu'en cette diverfité de rencontres, nous pouvons dire, que le *Le meſnage des Digeſtes eſt un peſle-meſle des Juriſconſultes. Et le Code des Ordonnances des Empereurs.* mefnage des Digeftes eft un pefle-mefle des Jurifconfultes, contenant des difcours aucunement bien liez, depuis le commencement du titre jufques vers la moyenne, ou moins; & le Code, un pefle-mefle d'ordonnances deffliées, contenant une liaifon & fuite des Empereurs, felon leurs prioritez & pofterioritez d'Empires. Diverfité dont il ne le faut efbahir: parce que les compilateurs avoient appris par les hiftoires l'ordre de ceux qui avoient imperé: joint, qu'ils n'eftoient, qu'un, ou deux, ou trois Empereurs en mefme temps; & encores les deux, & les trois n'eftoient reputez que pour un, és Ordonnances par eux publiées. Mais quant aux Jurifconfultes, ce fut tout autre difcours: le temps des plus fignalez, fut remarqué par les Hiftoriens, mais non des autres, qui ne tenoient fi grand rang: d'ailleurs, un mefme temps en pouvoit produire plufieurs, comme on en vit fous l'Empereur Alexandre, dix & fept ou dix-huit, dont nos Digeftes font pour la plus grande partie compofez; tellement que de les vouloir reduire par ordre, c'euft efté chofe impoffible.

Cela ainfi prefuppofé; de tous les Empereurs portez par le Code, vous n'en trouverez aucun des quatorze premiers: bien allegue-l'on, de fois à autres, leurs authoritez; mais leurs Ordonnances n'y font tranfplantées. Le *Quels Empereurs furent les premiers à donner authorité aux Loix.* premier qui ouvrit le pas, fut Ælius Adrianus, fuivy, felon l'ordre des Empires, d'uns, Titus Ælius Antoninus Pius, Marcus Ælius Antoninus Philofophus, & Ælius Verus fon frere adoptif. Ce font ces deux que voyez affez fouvent dedans le Droit eftre appellez *Divi fratres*. Aprés eux, Helvius Pertinax, Septimius Severus, & Antonini pere & fils, ores le deux enfemblement, ores le fils feul, fon pere eftant decedé.

Je vous veux faire une fommaire lifte des Ordonnances & conftitutions des quatre premiers Empereurs, à la charge que fi trouvez plus ou moins, vous fuppléerez mon defaut: d'Ælius Adrianus, je n'en trouve qu'une, qui eft la premiere, *De teftam*. De Titus Ælius Antoninus Pius, neuf, qui font les premieres, *De edend. De procurat. De alend. à par. liberis. De hæred. inftit. De impub. & aliis fubft. De legat. De Ufur. Si adverfus credit. De Pœnis.* Bien fçay-je, que quelques impreffions attribuent les deux Loix, *De hered. inftitu. & De impub. & aliis fubftit.* à Marcus: mais j'apprend le contraire de Juftinian. De Marcus Ælius Antoninus, & de Ælius Verus fon frere, cinq Loix: la feconde, *De procurat.* les deux & troifiéfme, *De Alend. à parent. lib.* la premiere & feconde, *De patria poteft.* De Marcus Ælius Antoninus feul, aprés le decés de fon frere, une feule, qui eft la premiere, *De petit. hæred.* en laquelle il recognoift & appelle l'Empereur Adrian fon ayeul. De Helvius Pertinax, deux; la premiere, *Ad SC. Maced.* & la premiere, *De neceff. fer. hæred. inftit.* Qui font enfemble dix-huit Loix. Septimius Severus, & Baffianus Antoninus fuivent immediatement Pertinax, & aprés eux Alexander, & ainfi des autres: non que je vueille dire, que tous leurs furvivans ayent contribué au Code; mais ceux qui y contribuerent, furent mis felon l'ordre de leurs temps & Empires. Et parce que ces cinq premiers Empereurs efcoulez, Severus & Antoninus pere & fils, font les plus anciens de ceux qui reftent, vous trouverez tantoft fous les noms du pere & du fils, tantoft fous celuy du fils feul, deux cents treize premieres Loix fous autant de divers titres, fans en ce comprendre des autres qui font à leur fuite. Et quand vous voyez ce nom d'Antoninus feul, ne faictes de doubte, qu'il le faut attribuer à ce grand homme de *Caracalla grand homme de bien, par moquerie, & quelles Loix il a faites.* bien Baffianus Antoninus Caracalla; fous lequel il y a une infinité de Loix de merite. Qui me fait, en paffant, vous dire, ou que nos compilateurs furent de grands menteurs & fauffaires, ou que l'Empereur Macrinus defirant fupprimer les Ordonnances des Empereurs, n'avoit jamais veu que fur l'efcorce celles de Caracalla; quand particulierement il difoit, que c'eftoit une honte de faire eftat des Loix de Commodus, & Caracalla: & neantmoins celuy qui nous enfeigne cette hiftoire, difoit que *Macrinus erat in jure non incallidus*. *Iul. Capit. in Opilio.*

Mais d'où vient, que de ces deux Empereurs nous recueillions tant & de fi belles Loix? Car il eft certain, *Macrine Septimius us Severus de quelle confcience.* que Septimius Severus, grand guerrier, n'avoit Dieu, Religion, ny confcience en fon Ame, finon de tant que la commodité de fes affaires le portoit; & pour cefte caufe, eft repreſenté par Machiavel, en fon traicté du Prince, pour un miroüer de ceux qui par mefchanceté & fceleratesses peuvent fe maintenir en grandeur. Et quant *Baffianus Caracalla emporte le prix de cruauté.* à Baffianus Antoninus Caracalla fon fils, il eft mis au Catalogue des Empereurs, qui emportoient le devant de tous les autres, en cruautez barbarefques. Ny Caligula, ny Vitellius, ny Domitianus, ny Commodus, ne vindrent au paragon de luy; comme celuy qui non content d'eftre collateral à fon pere, le voulut pour fon pre-*Prive fon pere de l'Empire. Et faict mourir fes Medecins.* mier coup d'effay, fupplanter de fa dignité imperiale; & aprés fon decés, de faire mourir tous fes Medecins, lefquels n'avoient par medecines deguifées avancé fa mort, ainfi qu'il leur avoit commandé; qui fit le femblable à tous les favoris de fon pere: meurtrier qui de guet-à-pens faifoit gloire de foüiller fes mains non feulement dedans le fang de fes ennemis, ains de fes propres amis & commen-

faux;

faux ; meurtrier, qui sous un faux bruit, prit plaisir de faire mourir la fleur de toute la Noblesse d'Alexandrie, luy faisant accroire, qu'il en vouloit dresser une legion signalée pardessus toutes les autres : particide, qui entre les bras de sa propre mere, tua de ses mains son frere Geta, & depuis fit mettre à mort le grand & unique Papinian (auquel il avoit tant d'obligations) pour n'avoir voulu excuser en plein Senat ceste impieté paradoxe. Je n'adjousteray point, qu'aprés avoir tué son frere Geta, il espousa Julia sa belle-mere, comme Spartian nous tesmoigne : car Herodian la fait mere naturelle des deux freres : mais laissant cette particularité en arriere, & nous arrestant à toutes les autres, quel fruict avons-nous peu recueillir d'une racine tant pourrie & infecte ? Car encores pour le regard de luy, comme il estoit plus retenu en ses actions que son fils, aussi trouverez-vous, qu'aprés avoir tranquilisé les affaires du Levant, pendant quelques années son sejour à Rome, pendant lesquelles toute son estude fut de rendre le Droit aux uns & aux autres : & quelque peu auparavant son decés, aprés avoir subjugué une partie de la Grande Bretagne, il y laissa Geta son puisné, avec quelques gens de conseil, pour y faire le semblable. Mais quant à Caracalla, il n'eut jamais veine qui tendist à ce grand & noble exercice. Au contraire, tous ses deportemens ne respiroient que sang, feux, & cruautez. Et neantmoins les Loix qui courent, non sous les noms de Bassianus, ou Caracalla, ains sous celuy seul d'Antoninus fils de Severus, sont pieces de marqueterie des plus belles qui soient dedans le Code.

Voyez, je vous prie, si mon opinion vous plaira. Toutes les Loix conceuës sous les noms de ces deux Empereurs, ne sont point proprement d'eux, ains des bons & fideles Conseillers qui leur assisterent. Nous avons veu de nostre temps un jeune Roy Charles IX. en ceste France, auquel & l'infirmité de son bas aage du commencement, & par succession de temps, la violence extraordinaire de son naturel, ne donnoit aucun loisir de faire des Loix ; toutesfois jamais Roy qui le devança, ne fit tant de beaux Edits que luy ; tesmoin celuy de l'an 1560. aux Estats tenus dedans la ville d'Orleans ; l'autre, qu'il fit à Roussillon l'an 1563. & le dernier, à Moulins, l'an 1566. contenans, ces trois Edits, une infinité d'articles en matiere de police, & beaux reglemens, qui passent, d'un long entrejet, nos anciennes Ordonnances. A qui sommes-nous redevables de ce bien ? Non à autre qu'à Messire Michel de l'Hospital, son grand & sage Chancelier, qui, sous l'authorité du jeune Roy son maistre, fut le principal entremetteur du premier ; instigateur, promoteur & autheur des deux autres : & à la mienne volonté, qu'ils eussent esté en tout observez d'une mesme devotion, qu'ils furent introduits. Le semblable veux-je dire icy des Empereurs Septimius Severus, & Antoninus, pere & fils : lesquels pendant leurs Empires eurent premierement, un Cerbidius Scævola, qui fut leur Procureur general ; & aprés son decés, le grand Papinian, principale ressource du Droit des Romains, luy succeda en cest office, sous les deux Princes ; & le pere mourant, luy bailla la charge de ses deux enfans : de maniere qu'il fut appellé à ce grand estat de Præfectus Prætorio, que nous ne pouvons rendre François : estat qui sous l'authorité des Empereurs avoit toute jurisdiction & puissance tant sur les armes, que la plume. De moy, je veux croire, que toutes les belles Ordonnances de ces deux Princes, sont deuës à ces deux grands personnages, par les mains desquels, l'un aprés l'autre, passa tout l'Estat politic de l'Empire : & celles d'Antonin seul particulierement à Papinian, luy laissant ce qui estoit de ses volontez absoluës, le tout en la mesme façon que j'attribuë les belles Loix d'Alexandre aux Jurisconsultes Ulpian & Paule ; celles de Gordian le troisiéme, à Mithitée, son beau-pere ; & celles de Justinian, à Tribonian : & pour mettre fin à ma lettre par où je l'ay pris son commencement, je me persuade, que sur ce mesme pied, la Quarte Legitime receut ses principales façons de Papinian : en consequence de quoy, les Empereurs Septimius Severus & Antoninus ses maistres, furent les premiers parreins dedans le Code, de ceste Loy. A Dieu.

LETTRE XV.

A Monsieur Robert, Advocat en la Cour de Parlement de Paris.

Ayant depuis quelques jours en çà, repassé sur vos quatre beaux Livres, *Rerum Judicatarum* (parangons sur tous les autres sur mesme subject) dont vous m'avez faict present, je vous envoye en contr'eschange ce mien discours, sous ceste condition, que ne m'estimerez un autre Phormion le sot, qui veut faire leçon de l'art militaire à un Hannibal, grand guerrier. Toute mon ambition est, de sçavoir quel sera vostre jugement sur le jugement que j'ay faict en general, tant du Droict commun des Romains, que de celuy de nostre France.

Constat jus nostrum (disoit le Romain) *aut ex scripto, aut non scripto. Scriptum autem jus est, Lex, Plebiscita, Senatusconsulta, Principum placita, Magistratuum edicta, Prudentum responsa. Ex non scripto jus venit, quod usus approbavit.* Quant à nous autres François, ainsi que je voy les choses reglées par nostre France, combien que les Coustumes des Romains soient mises au catalogue du Droit non escrit ; toutesfois je ne les jugeray pas telles aujourd'huy, estans toutes enregistrées aux Greffes, tant des Bailliages & Seneschaussées, que Cours souveraines dont elles dependent. Je diray doncques, que le Droit commun de la France gist en quatre points ; aux Ordonnances Royaux, Coustumes diverses des Provinces, Arrests generaux des Cours souveraines, & en certaines propositions Morales, que par un long & ancien usage, nous tenons en foy & hommage du Romain.

Je donneray à chacun de ces quatre points sa façon : & commenceray par les Ordonnances, premierement des Empereurs, puis de nos Roys. Dedans Rome, tout ce qui plaisoit à l'Empereur, estoit reputé pour Loy, moyennant que son opinion eust esté de la faire ; ny pour cela, il n'estoit obligé d'y obeïr ; & au surplus, tant sous l'Estat populaire, que Monarchique, la publication de la Loy se faisoit par affiches en plein marché : qui occasionna Plaute le railleur de se en gaussant, que les pauvres Loix estoient attachées publiquement aux parois à cloux de fer, & qu'il eust esté beaucoup plus expedient d'y clouër les mauvaises mœurs. Et l'Empereur Calligula Tyran, ayant faict plusieurs Loix, les fit escrire en menuë lettre, & proposer publiquement en lieu sombre, pour surprendre le commun peuple, & avoir subject de condamner en l'amende les transgresseurs. Je vous laisse à part, qu'elles estoient gravées dedans de l'airain : car ce ne seroit que perte de temps & de papier, de m'amuser à ceste pointille. *Usus æris* (disoit Pline) *ad perpetuitatem monumentorum jampridem translatus est, tabulis æreis, in quibus constitutiones inciduntur.* Au regard de nostre France, nous fusmes plus retenus : car combien que l'Ordonnance soit le vray ouvrage de nos Roys, non moins souverains dedans leur Royaume, que les Empereurs dedans leur Empire, toutesfois leurs Ordonnances n'ont aucun effect, qu'elles n'ayent esté premierement publiées & verifiées par les Cours Souveraines, les Parlemens, des Comptes, des Aydes, chacune en droit soy, selon que le subject y est disposé : & avant que les publier, elles peuvent modifier, selon le devoir de leurs consciences.

Ce que nos Roys ordinairement reçoivent de bonne part, & ne pensent pour cela leurs Majestez en estre amoindries, ains accreuës. Que si ces modifications ne leur plaisent, on procede par humbles remonstrances envers eux : & souventesfois s'en rendent capables : autrement, il faut passer par leurs volontez : mais avec ceste condition, que l'on insere aux Registres, les lettres avoir esté publiées, verifiées, & enregistrées par l'exprés commandement du Roy. Ce sont les façons que nous apportons en ceste France, en la publication d'un Edict, lequel estant verifié (qui nous tient lieu des affiches de Rome) adonecques nos Roys, par une bienveuillance naturelle qu'ils portent à leurs subjects, reduisans leur puissance absoluë sous la civilité de la Loy, obeïssent à leur Ordonnance. Au demeurant, je vous diray icy en passant, qu'il y eut dedans nostre ancienneté peu d'Ordonnances, mais bonnes mœurs ; maintenant une infinité d'Ordonnances sans mœurs.

Les verifications comme modifiées. En France les Rois obeïssent à leurs Edicts estans verifiez. Feud'Ordonnances & bonnes mœurs. Les Coustumes entre toutes les Nations.

Quant aux Coustumes, jamais nation ne fut sans Coustume, & a peu estre sans Loy escrite. Grande chose, qu'en toutes les œuvres d'Homere, on remarque n'est-à faicte aucune mention de la Loy. Quoy que soit, je vous puis dire, que la Coustume qui prit sa naissance des mœurs, fut premierement en usage dans les Republiques, puis la Loy redigée par escrit. Je ne vous parleray des Coustumes de Rome, que nous recueillons d'uns & autres chapitres du Droict. Je vous diray seulement pour le faict des nostres, que ce nous est un Droict tres-foncier en ceste France : car dés le temps mesme de Jules Cesar (ainsi qu'il nous tesmoigne dedans ses memoires) la Gaule estoit divisée en certaines Provinces distinctes de langages, & de mœurs : voulant dire, qu'autant de diverses Provinces produisoient autant de diverses Coustumes ; dont nos peuples furent si jaloux, que combien que Charlemaigne premierement, puis Philippe Auguste, & finalement Louys unziesme eussent envie de reduire toute la France sous un mesme poids & mesme mesure, toutesfois ils n'y peurent frapper coup à point. Et neantmoins c'est une regle tres-certaine, que non seulement dedans Rome, ains dedans ce Royaume, voire par les Loix mesmes du Roy Louys le Debonnaire, la Loy generale du Prince efface par un seul trait de plume, toutes les Coustumes particulieres de chasque Province. Ainsi l'avons-nous veu de nostre temps pratiquer ; quand le Roy Charles IX. ordonna, par son Edit de Moulins, que tous contracts, & autres actes seroient redigez par escrit, & signez des parties & tesmoins, s'ils sçavoient signer ; & s'ils ne le sçavoient, que le Notaire en fist expresse mention : le tout à peine de nullité. Car depuis, nous biffasmes, par ce seul article, tous les articles des Coustumes, portans que les testamens non escrits, attestez de quatre ou cinq tesmoins, estoient bons & valables.

Ancienneté des Coustumes en France. La Loy generale du Prince efface toutes Coustumes. Les Contracts doivent estre signez des parties & tesmoins à peine de nullité.

L'ordre que le Romain observa aux Loix municipales des Provinces (que nous appellons en France Coustumes) quand il y avoit quelque obscurité, estoit (si vous en croyez Tribonian, par la plume duquel l'Empereur Justinian fit son Edit *De vet. jure enucleando*) d'avoir recours, *Ad ea quæ longa Urbis Romæ Consuetudo comprobaverat, secundùm Salvij Juliani scripturam* (ce sont les paroles dont il use) *quæ judicat omnes debere civitates consuetudinem Romæ sequi, quæ caput est orbis terrarum*. En quoy toutesfois il abusoit : car l'authorité du Jurisconsulte Julian, dont il s'aide, est tirée du mesme Livre, qui fut la Loy *De quibus*, en laquelle Julian nous admoneste, d'avoir, en premier lieu, recours aux Coustumes circonvoisines ; & en cas qu'elles manquassent, recourir au Droit qui s'observoit dedans Rome, comme mere generale des autres Provinces.

Nous ne gardons pas cette police en France : mais comme vous sçavez trop mieux, aprés que le Juge ordinaire a, par sa sentence, interposé ses parties, la Cour de Parlement, pardevant laquelle la cause sera devoluë par appel, ordonnera, selon l'exigence du fait, qu'il en sera informé par Tourbes sur les lieux. Auquel cas, on en fait deux ou trois pour le plus ; & chaque Tourbe est de dix, qu'Advocats, que Procureurs & autres Praticiens des plus signalez du siege Royal. Et qui est chose tres-notable, il n'est permis qu'aux Cours Souveraines d'ordonner qu'il soit informé par Tourbes.

Informations par Tourbes ; se font de l'authorité du Parlement seulement.

Je me donneray bien garde de juger, qui est la plus seure voye, ou de Rome, ou de nostre France. Mais si souhaits avoient lieu, je desirerois qu'en telles affaires, nous suivissions la leçon qui fut donnée par Julian : & que le Juge ordinaire trouvant quelque obscurité en la Coustume de son Bailliage, prist pour commentaire la plus proche, & ce défaut eust recours à celle de Paris : & où elle se trouveroit courte, en ce cas & non autrement, la Cour de Parlement y procedast par Tourbes, tout ainsi qu'aux maladies desesperées, on employe pour dernier remede le fer ou le feu. Je dy cecy par exprés, parce qu'en la reformation derniere de nostre Coustume de Paris, on y apporta tres-grande religion : car premierement, on délégua au siege Presidial quelques-uns des plus fameux Advocats pour deschiffrer en quoy gisoit leur commun usage : & leur besongné ayant esté apporté au Parlement, furent commis neuf Advocats, dont moy indigne, j'en estois l'un, avec Messieurs de Fontenay, Durant, la Faye, Canaye, Mangot, Vulco, Montelon, Versoris, Chopin, qui travaillasmes en la maison de Versoris plus proche du Palais, huit aprésdisnées ou environ, chacun de nous rapportant sur le tapis verd, tout ce que nous avions remarqué dedans nos memoriaux avoir esté jugé par le Parlement, non seulement pour la Prevosté & Vicomté de Paris, ains pour les autres Provinces, és questions generales, non attachées aux Coustumes particulieres des lieux ; & sur ce moule, accommodasmes les articles. Et depuis, les deputez des trois Estats de la Vicomté & Prevosté de Paris, assemblez en la maison Episcopale, en la presence de Messieurs les Commissaires deleguez par le Roy, on y adjousta la derniere main : tellement que je vous puis dire, comme chose tres-vraye, la Coustume de Paris n'estre autre chose qu'un abregé de l'air general des Arrests de la Cour de Parlement, & à tant qu'on ne se repentiroit d'y avoir recours en défaut des autres Coustumes, comme aussi estant Paris dedans le Royaume, ce qu'estoit Rome dedans l'Empire.

Les Coustumes de Paris, reformées avec quelle procedure.

En tant que touche les Arrests, il est certain que dedans Rome, le Senat pouvoir establir des Loix, sous ce mot de *Senatusconsultum*, auquel quelques-uns des nostres latinisants veulent rapporter celuy d'Arrest. Et à la verité je voy plusieurs personnages de marque avoir faict de divers recueils d'Arrests d'uns & autres Parlemens : uns Gallus, Auferii, Guidon Pape, du Luc, Papon, Corras, Charondas, Mainart, Chenu, Loüet, Antonne, & vous pareillement. Je loüe la plume & diligence de tous ces beaux esprits, & singulierement la vostre, qui avez & doctement, & judicieusement desduit le pour & le contre des parties, avant que d'inserer les Arrests. Chose à vous particulierement deuë, comme de vostre fonds & estoc. Que tous ces riches recueils puissent estre Guidons de pratique, chacun en sa chacune, je veux dire en sa Cour de Parlement, j'en suis d'accord ; mais que les Arrests doivent estre reputez par Loix par toute la France, je le nie. Parce qu'en telles matieres, *Nullum simile idem, atque adeò non exemplis, sed legibus judicatur*. Ce fut la cause pour laquelle nostre bon & sage Premier President de Tou, quand un Advocat plaidant se prevaloit d'un Arrest donné en cas semblable au profit de quelqu'un, avoit accoustumé de dire, *Bon pour luy*, & commandoit que sans s'arrester à cela, l'Advocat deffendist sa cause pour bonnes & valables raisons. Sentence qui ne merite pas d'estre moins trompetée, que le *Cui bono*, du vieux Jurisconsulte Cassius, tant solemnisé par Ciceron dedans les Plaidoyez.

Les Senatusconsultes estoient commé Loix. Arrest des Parlement recueillis par plusieurs. Ne doivent estre reparatex pour toute la France. Dict notable du President de Tou.

Bien sçay-je, que sur tous les autres, il faut porter un respect singulier aux Arrests qui sont és surveilles des festes solemnelles prononcez en robbe rouge, comme estans de propos deliberé tirez, pour servir de leçon, à l'avenir, aux Advocats, en pareils subjects : non toutes-fois

Arrests prononcez és surveilles des festes so-

fois par tous les Parlemens, mais en ceux auſquels ils ont eſté jugez.

Temmel-leſs en-voit be rouge

Mais il ſe preſente icy une queſtion qui ne me ſemble hors de propos. S'il eſt loiſible au Juge en jugeant, d'eſtendre, ou moderer l'Ordonnance du Roy, ſelon les rencontres particulieres qui ſemblent luy en donner advis, ou bien de s'attacher à elle, ſans aucune diſpenſe. Si vous parlez à Ariſtote, il vous dira, qu'il vaut beaucoup mieux juger ſelon la loy impaſſible, que ſelon nos particuliers jugemens, dedans leſquels ſe logent ordinairement diverſes paſſions: qu'au premier point, il y a du Dieu; & au ſecond, je ne ſçay quoy de beſtialité. Et à vray dire, il y a beaucoup plus d'apparence de juger ſelon les Loix qui nous ſont preſcrites; autrement, les Sentences ſeront vagues, & fluctuantes, ſelon la diverſité de nos humeurs; ores que la loy nous ſoit baillée, afin qu'il y ait regles certaines, qui tiennent les opinions des Juges en bride; & me plaiſt grandement ce que dit le Juriſconſulte, *Dura lex, ſed tamen lex eſt*. La diſtinction que nous obſervons en cecy dedans noſtre France, eſt que le Juge ſubalterne, par ſa ſentence, ſe doit fermer aux Ordonnances; mais les Cours, qui portent le titre de Souveraines, & conſequemment repreſentent en cecy aucunement le Prince, peuvent non juger expreſſément contre l'Ordonnance, (car en ce cas l'Arreſt ſeroit nul) mais bien la modifier *ex variis rerum cauſſis & figuris*. Propoſition trés-vraye, en laquelle touteſfois je deſire que l'on n'apporte une Juriſprudence cerebrine: grande eſt l'authorité d'une Cour Souveraine, mais non telle qu'elle ſoit pardeſſus la loy; & pouvons dire d'elle ce que diſoit Demaratus au Roy Xerxes: *Les Lacedemoniens ſont francs & libres, non touteſfois abſolument: comme ceux ſur leſquels leur loy a plus de commandement & puiſſance, que toy ſur tes ſubjects*.

Le Juge dit accommoder les Loix qui cas qui ſe preſente à juger. Lib. 3. Polit. cap. 11. & 12.

La Loy quoyqu'on rude eſt neantmoins Loy.

Herodote lib. 7.

Aprés vous avoir diſcouru des Ordonnances, Couſtumes, & Arreſts Generaux; je diſcourray maintenant du Droit eſcrit des Romains, que nous appellons communément Droit eſcrit, auquel nous ſommes grandement redevables: car de luy nous avons non ſeulement emprunté, ains tranſplanté chez nous pluſieurs propoſitions politiques, qui tendent au repos & conſervation de nos familles: la legitime deuë par les peres & meres, à leurs enfans non ingrats, en matiere de ſucceſſions: la Majorité au-deſſus de vingt & cinq ans pour la validité des contracts: la reſtitution en entier, quand par dol, induction ou par force extraordinaire, on a contracté: celle du Mineur, moins que ſuffiſamment deffendu: & celle en qui le vendeur deceu d'outre-moitié de juſte prix, peut eſtre remis en tel eſtat qu'auparavant, ſi mieux n'aime l'acheteur ne vient ſuppléer le deffaut de l'outre-moitié: & une infinité d'autres, que voſtre loiſir vous pourra amplement fournir, ſi vous daignez prendre la peine de les rechercher.

Le Droit des Romains appellé Droit eſcrit.

Propoſitions notables tranſplantées du droit Romain en France.

Qui fut la cauſe pour laquelle nos anceſtres ne douterent de créer en France diverſes Univerſitez de Loix, & des Docteurs Regents pour enſeigner la jeuneſſe: meſme, que nul n'eſt receu, ny Advocat, ny Officier du Roy en la Judicature, qu'il ne ſoit paſſé Licentié en Droit. Et non contens de ce degré, admettans un homme en l'eſtat de Conſeiller aux Parlemens, ou de Lieutenant General d'une Province, aprés avoir informé de ſa vie & mœurs, on l'interroge ſur la Loy de Rome, avant que de le recevoir. Et neantmoins la verité eſt, que nos Juges ne ſont obligez d'y obeïr par leurs Sentences, ſinon le faict qu'ils y trouvent quelque lumiere naturelle de Juſtice; ce que Balde Docteur Italien remarqua en nous dés lon temps: car pour bien dire, encore que le ſuivions en pluſieurs particularitez, touteſfois nous y apportons des limitations & modifications, ſelon qu'eſtimons eſtre le meilleur & plus expediant. Je le vous repreſenteray par un exemple.

Univerſitez eſtablies en Fráce.

Les Advocats & Officiers de Judicature doivent eſtre Licentiez en Droict.

Modifications qu'on apporte au Droit Romain.

Par le Droit ancien de Rome, il eſtoit permis aux contractans, non s'entretromper (encore que le texte ſoit tel) ains de s'avantager au prejudice de l'un ou de l'autre. L'Empereur Diocletian voulut apporter quelque bride à ceſte permiſſion generale, qui fut; que celuy qui avoit eſté deceu d'outre-moitié de juſte prix, en vendant ſon bien, pouvoit faire caſſer & annuller ſon contract de vente, ſinon que l'acheteur vouluſt ſuppléer le deffaut de l'outre-moitié, comme je vous diſois n'aguiere. Ordonnance qui fut fort bien recueillie par les Canoniſtes. Les Docteurs Civiliſtes, qui plus s'y apporterent de façon, furent Bartole, Balde, Paul de Caſtre: & ſur tous Bartole, ſi j'en ſuis creu: mais Balde, ſi vous en croyez Paul de Caſtre. L'ait general de leurs deciſions eſt, que ceſt outre-plus doit eſtre jugé de ceſte façon: que ſi la choſe qui vaut quinze livres, n'a eſté venduë que dix, & ainſi au meſme pied, de toutes les autres ventes, il y a deception d'outre-moitié de juſte prix: car d'eſtimer la deception de dix à vingt & un, c'eſt une leſion qui va au double: & au ſurplus, ils ſont d'advis, & ſignamment Bartole, confanonnier de tous les autres, que ceſte Loy a lieu, non ſeulement pour l'immeuble, ains pour le meuble. Touteſfois en noſtre France, *quo jure utimur*, ceſte outre-moitié va de dix à vingt & un, & de vingt à quarante & un, & ainſi des autres par meſme proportion: autrement, la Loy ſeconde n'a point de lieu. Davantage, nul n'eſt relevé en matiere de meuble, pour l'outre-moitié de juſte prix. C'eſt une regle des plus anciennes de la France, que nous apprenons du vieux ſtyle du Parlement. Je vous dy cela par exprés, pour monſtrer, qu'empruntans l'eſtoffe du Droit Romain, nos devanciers luy bailleront telle façon qu'ils eſtimerent la meilleure.

L'outre-doit doit eſtre jugé plus de moitié de juſte prix, comment eſt pratiquée en France.

Et comment eſt doit eſtre jugée.

Mais d'où vient, me pourra dire quelqu'un, qu'ils ne ſe voulurent conformer en tout, aux belles deciſions de ces grands Juriſconſultes, tant honorez par l'ancienneté? A ceſtuy ce fut pour une tres-belle conſideration: car tout ainſi que quand noſtre Religion Chreſtienne commença d'eſtre exercée à l'ouvert, qui fut ſous l'Empereur Conſtantin, nous fuſmes ſaluez de ce grand ſchiſme d'entre le Catholic & l'Arrien; auſſi dés l'Empire premierement d'Auguſte, puis de Tybere ſon ſucceſſeur, ſous leſquels les Juriſconſultes eurent plus de vogue qu'auparavant, au prejudice des Orateurs (appellez-les, ou Harangueurs, ou Advocats, ainſi que bon vous ſemblera) en meſme temps, ſe logea la partialité dedans leur Juriſprudence, par le moyen de deux grands Juriſconſultes, Capiton & Labeon, voüez en maximes de Droit du tout contraires. Maſurius Sabinus fut diſciple de Capiton: de luy, un Caſſius Longinus. Labeon eut pour eſcolier, Nerva le pere; & luy, un Proculus. Caſſius & Proculus nourris en propoſitions contraires, ſe firent chefs de part, dont les uns furent nommez Caſſians, les autres Proculians, tant differents en opinions, que les uns ſe voüants à l'affirmative, les autres eſtoient pour la negative. Le Juriſconſulte Paule nous dit, que les Caſſians ſouſtenoient, que de bailler ſa robbe contre une autre robbe, c'eſtoit une vendition: & les Proculians, que c'eſtoit un contract d'eſchange. A quoy Pline condeſcent; d'autant que pour faire un contract de vente & achapt, il eſt requis qu'il y ait de l'argent baillé encontre la choſe venduë. Opinion qui eſt touteſfois contredite en un autre endroit par le Juriſconſulte Celſe. Et combien qu'en l'Empereur Juſtinian au recueil des Loix faict par ſes deleguez, on ne trouvera aucune contrarieté des unes aux autres, touteſfois la verité eſt, qu'il y en a pluſieurs de contraires; à la reconciliation deſquelles ceux qui ont voulu vacquer, n'ont ſouventeſfois peu apporter autre remede, ſinon de dire, que les paſſages eſtoient corrompus: & qu'aux uns il falloit mettre un *Ody*, au lieu d'un *Nanny*; aux autres, un *Nanny*, au lieu d'un *Ony*; ainſi que feu Monſieur Robert voſtre pere, honneur de l'Univerſité d'Orleans, fit par un traicté exprés, *Selectarum Sententiarum*.

L'Arianiſme quand commença.

Les Orateurs qui.

Contrarietez entre les Juriſtes.

Quant à moy, je ne trouve point trop eſtrange les contrarietez des Loix, qui examinera les procedures tenuës par Tribonian en la reduction du Droict des Romains: lequel ſous l'authorité de l'Empereur Juſtinian ſon Maiſtre, commit à ceſt ouvrage treize Juriſconſultes, qui y vacquerent l'eſpace de trois ans ſeulement, ores que l'Empereur eſtimaſt ceſte beſongne eſtre de dix ans pour le moins,

En combien de temps le corps du Droict

moins, ainsi que luy-mesme atteste. Chacun des compilateurs ayant en sa tasche en partage, & faisant diversement son profit des anciens Jurisconsultes partialisez, il leur fut fort aisé de tomber en contrarietez de decisions, au peu de temps qu'ils s'acquitterent de leurs charges. A quoy furent adjoustées les Nouvelles Constitutions de Justinian, ouvrage de son Chancelier Tribonian, lequel, si vous en croyez à Suidas, vendoit au plus offrant & dernier encherisseur les Ordonnances de son Maistre. Et s'il m'estoit loisible de deviner, je croirois fort aisément, que la Constitution, *De fideicommissi restitutione*, fut de cette marque, où il fit, sous la representation d'un fait particulier, une Ordonnance generale, non auparavant cognuë dedans Rome. Toutes ces Loix furent depuis regratées par une infinité de Docteurs Italiens, François, & Allemans, desquels si aviez ramassé les Livres, vous en trouveriez plus grand nombre que de tous les anciens Jurisconsultes, tant depuis le premier plan sous l'Estat populaire, que sous le second des Empereurs, depuis Auguste jusques à Justinian. Docteurs, dy-je, qui au lieu de lumiere, apporterent des tenebres à l'explication du Droit; & mesmement d'un guet-à pens & propos deliberé, se trouverent divers en leurs opinions. Si je ne craignois de vous attedier, je le verifierois par parcelles. Suffise-vous, que les deux plus signalez Docteurs furent Bartole, & Balde son disciple, qui fit profession expresse de desmentir son Precepteur ; voire de se desmentir, & estre souvent contraire à soy-mesme dedans ses œuvres

en plusieurs endroits. J'adjouste les Consultations des Docteurs, qu'ils faisoient, & exposerent depuis en lumiere, sous le nom & titre de Conseils, esquels ils ne s'estudierent pas tant à la recherche de la verité, que au contentement de ceux qui les contenterent & mirent en besongne: & neantmoins nous les alleguons pour le soustenement de nos causes, comme maximes de Droict certaines & indubitables.

Ce sont là les causes pour lesquelles, si je ne m'abuse, nos sages ancestres ne voulurent avoir pleine creance au Droict de Rome. Et neanmoins, ainsi que le mesnageons aujourd'huy, je puis dire, à mon grand regret, que c'est un leurre pour apprivoiser les plaideurs farouches, & pour nourrir les opiniastres en leurs opiniastretez: car jamais Advocat n'est en ce subject sans parrein. Que si j'en estois creu, je souhaiterois, que de plusieurs chapitres particuliers (qu'on appelle Loix) compris sous un titre, on allambiquast, par le concert commun des plus Doctes, une proposition universelle, qui nous servist de bonne & fidelle leçon, telle que nous recueillons du titre *De Minoribus 25. annis* ; auquel en un contract où il s'agit de l'alienation d'un immeuble, le mineur n'est pas relevé pour sa seule qualité de Mineur, ains pour estre mineur & lezé: car de vouloir, ou pouvoir faire une Loy generale d'un eschantillon de texte, ainsi que je le voy pratiquer par ceux qui s'en meslent, j'en doute, & demande jour d'advis pour m'en resoudre. A Dieu.

LETTRE XVI.

A Monsieur Tournebus, Conseiller en la Cour de Parlement de Paris.

IL n'y a homme plus idolastre des Medecins, que moy, quand je suis malade, ne qui estime leur art plus douteux, lors que je suis sain. Vous trouverez ceste premiere démarche merveilleusement bizarre ; car je les respecte, pour leur art ceux ausquels je ne pense y avoir certitude: & paradventure direz, que malade de corps, je suis sain d'esprit, & sain de corps, je suis malade d'esprit. Au contraire, je vous diray, que si leur aphotisme est vray, que les habitudes du corps & de l'esprit sympathisent ensemblement ; estant malade de corps, je le suis aussi de l'esprit, quand je me rends idolastre d'eux. Tant y a, que je vy en cette maniere. Mais avant que me condamner, donnez-moy la patience de suspendre vostre jugement jusques à la fin de meslettres; parce que je vous en veux icy faire une griefve anatomie : & deschifrer premierement quel est le principal subject de cest art : puis la theorique, & en aprés la pratique : & au bout de tout cela, vous ouvrir quel est, sans dissimulation, mon jugement sur cette matiere.

Anciennement en la France, nous appellions les Medecins Physiciens ; parce que leur profession gisoit, non en la contemplation generale de tout ce grand Univers (c'eust esté en œuvre sans fin) mais en celle de la nature de l'Homme, que les Grecs appellerent *Microcosme*, comme si par une reduction du grand au petit pied, on voyoit un monde racourcy en luy. Or voyez en quelles tenebres nous avons esté plongez jusques à huy. Cest homme, à la poursuite duquel les Medecins dressent toutes leurs pensées; cest homme, pour la conservation duquel ils nous baillent une infinité de preceptes; cest homme, dy-je, qui est leur principale bute, & visée, à peine leur est-il cognu. Et sont aujourd'huy tous d'accord, quoy que soit la plus grande partie, que leur grand patron Galien, personnage parfait, si oncques en fut en cest art, toutesfois ignoroit la couppe & anatomie de son corps, & qu'au lieu de celle de l'homme, il representoit celle d'un singe. Erreur qui dés & depuis douze cents ans & plus, avoir vogue, jusques à nostre temps, que Vezalius Medecin de l'Empereur Charles V. osa entreprendre de le desmentir : non sans estre, sur son avenement, grandement aboyé par les vieux, qui enfin recognurent la faute de celuy qu'ils suivoient à la trace. Que si ce grand Gallien broncha, à l'entrée, à l'intelligence de son subjet, il faut, par consequence infaillible, que luy & ses successeurs soient tombez en plusieurs fautes tirées du premier erreur.

Repassez sur plusieurs particularitez essentielles de cest homme, vous trouverez n'y avoir rien si certain, que l'incertain en cest art. Premierement, si en la conception tous les membres sont jettez en moule, ou bien si le cœur est le premier fondement de son essence, vous les y voyez bizarrez. Et ne sont despourvuës de raisons ceux qui soustiennent, ou l'un, ou l'autre party. Pour le premier, semble qu'en la copulation charnelle, tous les membres semblent & contribuer du leur. Chose qui se descouvre, en ce qu'à l'issuë de cest œuvre, ils demeurent las & recreus. Parquoy y a grande apparence, que l'homme soit tout d'un coup formé de tous ses membres.

Pour le second, qu'il n'y a rien si naturel, que de voir chaque chose prendre sa fin d'une mesme course & voye, qu'elle a pris son commencement ; que l'homme venant à faillir, la chaleur naturelle qui reside en luy, se retire peu à peu des extremitez au dedans du corps, jusques à ce qu'enfin elle aboutit au cœur, qui est la derniere partie de nos membres, qui meurt : partant, semble que par une consequence bonne & valable, ce soit la premiere qui ait pris vie en nous.

Considerons l'Embrion : tant & si longuement qu'il est logé en l'amarry de la femme, l'opinion commune est, qu'il prend nourriture de son sang menstrual. Chose qui semble estre averée par une certaine demonstration ; d'autant que tout ainsi que l'arbre qui n'apporte fleurs, ne peut rapporter aucun fruit, aussi la femme qui n'a ses fleurs, est incapable de porter enfant : & soudain qu'elle est enceinte, les purgations cessent en elle : & soudain qu'elle est accouchée, elles reprennent, à chaque fin du mois, leur ancien cours. Qui n'est pas un petit argument, pour monstrer que l'Embrion prend sa nourri-

nourriture du sang menstrual. D'un autre costé, il y en a qui soustiennent, qu'il est nourry du sang le plus pur de la femme : & le recueillent de ceste consideration, qu'à l'issuë de la grossesse, le sang se transforme en laict: quoy faisant, par un merveilleux allambic de nature, il se purifie de plus en plus : transformation qui ne pourroit estre faicte par le sang menstrual, qui produit des effects merveilleusement monstrueux. Et c'est pourquoy nostre Docte Fernel, qui tierce uns Hipocrat, & Galien, n'a douté, au Livre par luy intitulé *la Medecine*, de soustenir, que l'Embrion estoit nourry & alimenté du sang le plus pur. Qui n'est pas un petit parrein pour le soustenement de ceste opinion.

Parties de la reste comment disposées, & des facultez qui y sont logées.
L'imagination Le jugement. La memoire.
Nigonius de trésgrande memoire sans beaucoup de jugemēt

Venons à la partie la plus noble de l'homme, qui est le chef, lequel est, selon l'opinion commune, divisé en trois ventricules, dont l'un qui est en la partie devanciere, loge l'imagination ; l'autre situé au milieu, est le domicile du jugement ; & le dernier sur le derriere, que l'on appelle Cerebelle, est establiy pour la memoire. Distinction qui n'est pas sans grande apparence de raison : car vous trouverez quelquefois un homme du tout forclos de jugement, abonder en une prodigieuse memoire ; de quelle façon nous vismes en nostre jeune aage, un Nigonius faire lectures publiques en nostre Université de Paris. És autres pleins de bon & sain jugement, la memoire estre de fonds en comble bouleversée, par quelques accidens extraordinaires de maladie. Et tel se trouva anciennement Messala ; & du temps de nos bisayeuls, George Trapezunce : toutesfois nostre grand Fernel, par un long chapitre, soustient, que sans distinction de ventricules, le cerveau est confus en son tout. Opinion qu'il a, si je ne m'abuse, empruntée de trois lignes de Galien en l'un de ses Livres, *De Sanitate tuenda*: qu'il a honorées, sans nommer son Autheur, d'un grand & beau commentaire. En quoy, certes, s'il m'est permis d'estre de la partie, il semble y avoir trésgrande apparence : car si vous faites distinction de ventricules, il en faudra establir autant, au Jugement, & à la Memoire, comme les parties produisent en nous de divers effects. Qu'ainsi ne soit, sous le regne du grand Roy François, on vit un Villemanoche en sa Cour n'adevoir le jugement offensé, que sur les mariages des Dames qu'il se promettoit ; & depuis luy, un Tulenus, personnage docte, (& qui en ses jeunes ans avoit esté Precepteur de Messieurs le Cardinal & Admiral de Chastillon) ne manquer en ceste partie, sinon pour une amitié qu'il avoit follement vouée à une des premieres Princesses de la France, qui estoit allée de vie à trespas. Chose dont auttefois je me voulus donner plaisir à ma table, à laquelle y ayant quelques gens d'honneur estrangers, qui de luy n'avoient cognoissance, il nous entretint jusques au milieu du disner, d'une infinité de bons propos pleins de doctrine & de jugement, avec une grande admiration de ceux qui l'escoutoient : enfin estimant que j'avois assez baillé la baye à la compagnie, & qu'il estoit lors temps de faire jouër autre rolle à ce bon vieillard, il m'advint, comme faisant autre chose, de parler de ceste Princesse ; & adonc sortant de son emble, il commença de troter, nous racontant une infinité de sotties des bons & mauvais traittemens qu'il recevoit d'elle. La compagnie bien estonnée d'où luy estoit survenu cest inopiné changement, ne sçachant quel jugement asseoir sur luy, tant il nous avoit du commencement repeu de belles & doctes paroles ; mais luy sorty, je leur fis tout au long le recit de l'alteration de son cerveau. Il y a plus, car ceste partie judicative, en luy sur ce subject blessée, luy avoit encores offensé l'imaginative ; d'autant qu'à la premiere rencontre des Damoiselles qu'il voyoit, il se faisoit accroire, que c'estoit sa Julia (ainsi appelloit-il en Latin sa pretenduë Maistresse, & en François sa Jolivette.) & sur cette folle imagination il s'acheminoit quelquefois avec sa longue robbe, le bonnet quarré sur la teste, jusques à Fontaine-Bleau, se persuadant qu'elle s'y estoit cachée. Je ne dy chose que je n'aye veuë & entenduë de luy. Je passeray outre, & diray que je ne voy

Villemanoche se promettoit les mariages des plus grandes Dames.
Tulenus offensé du cerveau pour l'amour d'une Princesse, & ses folies.

la memoire faire ses functions en moy, sinon és points que j'ay pour plus recommandez, & qui de plus prés approchent de mes premieres notions. Suis-je doncques du tout denué de memoire? Nanny : car les impressions que j'ay de mes maximes, & de leurs circonstances, m'apprennent tout le rebours : au contraire, dois-je avoir dedans mon cerveau une cellule de memoire, puisque si facilement je mets en oubly toutes autres choses qui me sont indifferentes? C'est pourquoy en telles affaires il nous faut faire un mariage de cœur, dont nous puisons nos affections, avec le cerveau, dedans lequel residen l'imagination, jugement, & memoire; & dire que là où nous employons nos affections, en cela abondent les functions de nostre cerveau. Et c'est ce que l'on dit en ces mots Latins, *Ubi intenderis animum, valet*. Particularitez que je vous touche, non pour approuver ou reprouver asseurément les ventricules du cerveau ; mais pour dire, qu'il y peut avoir des raisons au soustenement des deux opinions : & en ceste perplexité, quelle asseurance pouvons-nous avoir des remedes que l'on voudra employer pour celuy qui sera malade en l'une de ces functions?

Je veux maintenant entrer en la consideration de nos corps, quand ils sont au-dedans malades en leurs parties nobles ; quelques remedes que les Medecins se promettent d'y apporter, ce leur sont, la pluspart du temps, lettres closes, & souvent medicamentent une partie non offensée pour l'autre; ainsi que l'on descouvre souventesfois par l'ouverture du corps du patient aprés qu'il est mort. Dont Rabelais Medecin, lucianisant, nous donna certain advis, quand il dit ; que son Pantagruel sentant un mal d'estomach, on luy fit avaler en forme de pilules seize ou dix-sept grosses pommes de cuivre, qui s'ouvroient par le milieu, & fermoient à un ressort; en l'une desquelles estoit un vallet, qui portoit une lanterne & un flambeau, és autres estoient les ouvriers, les uns pour cognoistre le mal, & les autres pour le nettoyer : voulant sous l'escorce de ceste fiction, nous apprendre, qu'en telles maladies, les Medecins n'y besongnent qu'à tastons.

Advis fabuleux de Rabelais aux Medecins.

Aprés vous avoir discouru sur le fait de l'homme, principal subject de la Medecine, il me plaist maintenant recognoistre, de quelle façon s'est, par le passé, & encores aujourd'huy, mesnagée la Theorique de cest art. Nature plus indulgente envers les autres animaux, qu'envers nous, leur envoyant des maladies qui leur sont diversement propres en leurs especes, leur fit aussi Medecins d'eux-mesmes, par un certain instinct de leurs natures : & nous laissa, pour nostre partage, l'intellect, (amusoir de nostre sotte ambition) sur lequel chacun bastit ses particulieres raisons, que je ne diray point bastardes, mais bien les appelleray-je opinions. Voyez doncques en combien de façons, sur ce pied, s'est diversifié l'art de la Medecine, sur lequel nous establissons les remedes de nos maladies. Je commenceray par le grand Hipocrat, lequel redonna la vie à la Medecine, qui sembloit avoir esté ensevelie par la barbarie des ans: encores qu'il fust & le premier, & le plus singulier en cest art, si eut-il, quelque temps aprés, un Chrysippe successeur, qui par une malice affectée voulut terrasser sa doctrine; & neantmoins, en ceste cacochimie d'esprit, eut trés-grande vogue parmy les siens, & fut en reputation du plus grand Medecin de son temps pour les cures admirables qu'il faisoit. Passons par la ville de Rome, en laquelle sur le declin de la Republique, y eut un Asclepiade, intime amy de Pompée le Grand, qui y apporta une Medecine toute nouvelle, au prejudice de l'ancienne : & aprés luy, du temps de l'Empereur Auguste, un Antonius Musa, qui fit le semblable, & renversa toute la doctrine d'Asclepiade; en cecy favorisé de son Maistre, qu'il avoit guery d'une maladie que l'on estimoit incurable. Mais la beauté de ce conte est, qu'Auguste estant en desespoir de guerison, & abandonné de tous les autres Medecins, Musa voulut jouër à quitte ou à double, & contre tout l'ordre ancien de l'art, le fit en-

Les animaux Medecins de eux-mesmes en leurs maladies.
Hippocrat, redonna la vie à la medecine.
Chrysippe.
La medecine combien de fois renversée, & par qui.
Asclepiade.
Antonius Musa.
Combien peu de

trer

certitu-de en la medeci-ne. trer dedans des bains d'eau froide, & luy fit prendre des potions froides. Quoy faisant, il luy rendit sa santé. Toutesfois quelques jours apres, voulant user du mesme remede envers Marcellus, il luy procura sa mort, monstrant au doigt & à l'œil par cela, combien peu de certitude il y a en cest art; & , à peu dire, que le hazard y besongne.

Mais sur tout, nous devons jetter les yeux sur Thessale, lequel intervertit tout l'ordre ancien de la Medecine, par nouveaux preceptes, avec une reputation admirable de toute le peuple, tant grands que petits. Et neant-*Galien.* moins c'est celuy que Galien se mit en butte par ses Livres, pour monstrer son ignorance & bestise, & asnerie: arrestons-nous en ce grand Medecin Galien, qui fut un magnifique ouvrier en cest art, lequel toutesfois fust demeuré en friche, & par mesme moyen nostre Medecine, sans le confort & aide qui luy fut donné par les Arabes, desquels nous avons emprunté la plus grande partie de nos remedes, auparavant incognus à tous leurs predecesseurs. Voyons ce qui s'est passé dedans nostre *Theophraste Paracelse.* siecle; nos ayeuls eurent en Suisse un Theophraste Paracelse, lequel produisit une Medecine du tout contraire en principes, à celle d'Hippocrat & Galien; Medecine qui s'est depuis grandement provignée, & provigne encor' aujourd'huy. Tout cela n'est-ce pas donner des dementis les uns aux autres, non aux despens de leurs vies (comme font ceux qui combattent en camp clos) ains aux despens des nostres, qui ne pouvons mais de leurs querelles ?

Recognoissons, s'il vous plaist, quelques particulieres leçons des uns & des autres, tant pour la conservation, *Diverses opinions sur le regime de vivre.* que recouvrement de nostre santé. L'opinion d'Hippocrat estoit, que en nos repas il falloit commencer *à solidioribus cibis*; & c'est ce que nous disons en communs propos, qu'auparavant que de boire, il faut faire bon fondement. *Labor, cibus, potus, somnus, venus, omnia mediocria*, disoit-il en l'un de ses Aphorismes, sur lequel Gallien bastit ses Livres, *De Sanitate tuenda*. Si vous parlez *Arnaud de Ville-neufve.* à Arnaud de Ville-neufve, Medecin de l'Empereur Federic II. & l'un des premiers qui fut de son temps long-temps apres, il vous dira, qu'il faut commencer nos repas par les potages & choses liquides. *A potibus incipe cœnam* (dict-il en son *Regimen Salerni*.) Preceptes esquels nous sommes aujourd'huy partialisez en ceste France: parce qu'aux païs de Guyenne & du Languedoc, suivant l'advis d'Hippocrat, ils commencent leurs disners & souppers, par les viandes, & le milieu servent les potages; & en nostre ville de Paris, & païs circonvoisins, nous commençons par les potages, & parachevons par la viande. Encores adjousteray-je ce mot, pour monstrer combien il y a peu de stabilité & arrest en l'observation de ces preceptes; c'est que nous appellons en France nos potages, d'un autre mot *Souppes*, duquel nous avons fait celuy de *Soupper* (qui est le repas qu'Arnaud entendoit sous celuy de *Cœna*) comme si à ce second repas, qui approche de la nuict, nous le deussions commencer par les potages: toutesfois aujourd'huy, par une regle toute contraire, nous employons les potages & viandes boüillies à nos disners, & les rosties à nos souppers. Chose tournée en tel usage chez nous, que ce grand Chancelier de l'Hospital, voulant introduire la frugalité en la France, fit par Edit particulier deffenses d'user d'autres viandes que du boüilly à disner, & reserver le rosty pour le soupper.

Si vous passez sur leurs remedes, l'ordinaire des Medecins est, de deffendre le vin aux malades. Si vous parlez à Apulée, voyez ce qu'il en dit, parlant d'Asclepiade : *Asclepiades ille inter præcipuos medicorum, si unum Hippocratem excipias, cæteris princeps, primus etiam, vino repperit ægris opitulari, sed dando scilicet in tempore*. Les uns deffendent du tout le boire au febricitant; les autres le luy permettent, moyennant que ce soit d'un long trait. *Aphorismes solemnels* L'un des solemnels aphorismes d'Hippocrat, est cestuy : *Contraria contrariis curantur* ; & l'un des plus solemnels de Paracelse est : *Similia similibus curantur*. Voire que ses dis-

ciples le confirment par exemples qu'ils tirent de nos Medecins, qui employent la Rheubarbe, dont la couleur est *d'Hippocrat & de Paracelse.* jaune, *ad bilis flavæ purgationem*, & la Casse de couleur noire, pour la purgation aussi de la melancolie qui est de pareille couleur: celuy qui est bruslé du feu, a recours au feu pour en esteindre la cuisson. Combien de siecles *De la saignée des enfants.* avons-nous exercé la Medecine, estimants qu'il ne falloit saigner un enfant jusques à ce qu'il eust atteint l'aage de quatorze ans, & que la saignée leur estoit auparavant en ce temps, non un remede, ains leur mort? Heresie en laquelle nous serions encores aujourd'huy, sans Averroës Arabe, qui premier se hazarda d'en faire l'espreuve sur un sien fils aagé de six à sept ans, qu'il guerit d'une pleuresie. Et afin que je ne sorte des termes de la saignée, il me souvient qu'en ma jeunesse, les Medecins y estoient fort sobres, & y apportoient de grandes circonspections avant que de l'ordonner, & plus encores à iterer la reiterer. Monsieur Duret, mien amy, Medecin de singu- *Diverses opinions sur les saignées.* liere recommandation, me voyant en mes maladies, & se joüant sur l'equivoque du mot de Saigneur, avoit accoustumé de me dire, qu'il estoit fort petit Seigneur. Depuis, arriva en France un Botal Piedmontois, qui fut Medecin de Henry III. lequel employa en toutes sortes de maladies la saignée, jusques au mal des gouttes, & ne doutoit de la reiterer quatre & cinq fois sur un patient. Et comme je luy remonstrasse un jour (suivant ce fut son Advocat) qu'au lieu de guerir ses malades, c'estoit les allengourir, il me respondit, que plus on tiroit de l'eau croupie d'un puits, plus il en revenoit de bonne, & plus la nourrice estoit tettée par son enfant, plus avoit-elle de laict: que le semblable estoit-il du sang, & de la saignée. Ce nonobstant, ceste proposition fut lors condamnée par nostre Faculté de Medecine. Mesme il composa un Livre exprés contre luy par Granger, qui fut receu d'un grand applaudissement de tous. Toutesfois depuis le decez de Botal, sa pratique a repris vie en l'opinion de nos Medecins, qui ne mettent en espargne la multiplicité de saignées, non seulement envers leurs malades estrangers, mais envers leurs propres femmes, enfans, & freres, dont ils ont rapporté de tres-heureux succez.

Aprés avoir aucunement effleuré ce qui est de leur *Des Potions & Medecins.* Theorique, recognoissons ce qui est de leur pratique; qui gist ordinairement en Potions, ou pillules, dont nous allons rechercher les principales estoffes au Levant, & autres païs estrangers. Quand nous lisons les œuvres d'Hippocrat, trouvons-nous qu'il fit le semblable? Chaque païs a son air & temperature, de laquelle nous empruntons diversement les habitudes de nos corps & de nos esprits. Ainsi voyons-nous, que les vices que l'on imputeroit anciennement aux Gaulois, furent depuis imputez aux Francois, qui se vindrent habiter és Gaules, comme si avec l'air du païs ils eussent aussi humé les vices & defaux du païs. Et vrayement, la nature auroit esté grandement marastre, & ingrate, si envoyant les maladies en chaque contrée selon la disposition de l'air, elle n'y avoit aussi produit les simples, herbes, arbres & autres moyens pour les guerir. Et c'est ce dont se plaignoit Ca- *Caton crioit contre les nouveaux Medecins Grecs.* ton le vieil : car quand il crioit contre les Medecins qui exerçoient la Medecine dedans Rome, c'estoit contre ceux que l'on avoit attirez de la Grece, lesquels pratiquoient leurs nouveaux remedes, delaissants les anciens qui naissoient dedans l'Italie. Comme de fait, il le monstra bien : car tant s'en fant qu'il vilipendast la Medecine, qu'au contraire il en fit un Livre pour luy & sa fa- *Et faict un Livre de Medecine.* mille : mais estoit sur le modelle des ancestres, tiré des simples & medicaments, que le païs d'Italie luy fournissoit, sans les aller caimander en Grece.

Et cela mesme, si ainsi je l'ose dire, que autrefois ob- *Quelle medecine on pratiquoit anciennement en France.* servé en France (ainsi l'apprens-je de nos vieux Romans, vrayes images des mœurs qui lors estoient observées) qu'un Chevalier estant blessé, est ordinairement guery par une Dame ou Damoiselle; ainsi, dedans l'Arioste, un Medor soldat couché entre les morts en plaine compagnie, reçoit guerison par la belle Angelique. Ny pour tout cela, les hommes & femmes ne vivoient moins longuement qu'ils qu'ils ont fait despuis que la Faculté de Medecine fut introduite chez nous. Voire encores trouverez-vous quelques restes de cette ancienneté dans le plat païs, où vous voyez la pluspart du menu peuple guerir de ses fievres, non par ingrediens tels que nous pratiquons és villes, ains par certaines herbes pilées, qu'ils appliquent à leurs poignets, & les y laissent quelques jours, dont ils ne tirent pas moins de fruict, que nous autres par nos aposumes, clysteres, medicamens & saignées. On dict qu'anciennement, au Temple d'Esculape, on affichoit toutes les receptes & observations pratiquées pour les guerisons, dont Hippocrat composa une partie de ses œuvres. Si nous faisions le semblable, & que quelque brave compilateur se donnast le loisir de mandier des nostres les remedes qui naissent dedans nostre France contre les maladies, & de la pluralité d'iceux, fist un choix par un sage jugement & concert avec autres experts, croyez que nous n'aurions de là en avant grand besoin de caïmander des drogues au Levant, dont nous façonnons aujourd'huy nostre Medecine.

Je considere un autre mesnage en l'exercice de cest art. Il est certain que l'ancienneté faisoit marcher sous une mesme cadence l'estat de Medecin, Chirurgien, & d'Apoticaire. Le grand Hippocrat & ses successeurs exercerent tous les trois ensemble. Maintenant, ce sont diverses fonctions. Je lairray le Chirurgien à part, & parleray seulement du Medecin, & de l'Apoticaire. Le Medecin est l'ordinateur; l'Apoticaire, l'adoperateur. En ceste police, je vous veux representer un Medecin le plus parfait & accomply que sçauriez desirer, & toutesfois il n'est pas en sa puissance de vous promettre asseurée guerison, otés qu'il ait en main les remedes de son art tresprompts. Et pourquoy doncques? Pour autant que l'execution de son ordonnance despend de la misericorde d'un Maistre Apoticaire: que dy-je Maistre? Ains le plus souvent d'un vallet, auquel il n'y aura ny science, ny conscience, & neantmoins son Maistre se reposera dessus luy.

Le Medecin & l'Apoticaire, & leur office.

Ostons cest inconvenient de nos opinions: pour le moins desire-je au Medecin le loisir pour considerer son malade: car de faire entrée dedans sa chambre, & issuë tout aussi-tost: & ordonner sa medicine, sur le maniement du poux, monstre & ostension de la langue alterée, inspection de l'urine, & des excremens, encores que ce soient quelques tesmoignages de nostre indisposition, ce neantmoins tout cela ne me peut contenter. La varieté des saisons, des lieux, des aages: & encores dedans ces aages, la difference de nos mœurs, des nourritures, & semblablement de la force, estans les aucuns de leur nature plus rares & flouëts, les autres plus robustes. La diversité qu'il y a aux humeurs qui diversement sont logées en uns & autres, les uns pour estre sanguins ou colériques, plus faciles à esmouvoir; & les autres plus difficiles, pour estre possedez d'une melancholie sombre & noire. Que nous enseignent toutes ces considerations? Non autre chose, sinon que pour avoir certaine adresse sur la nature du patient, il faudroit avoir (comme on disoit anciennement d'un amy) un muys de sel avec luy: & non pas fleureter de maison en maison les malades sans arrest, comme par la commune usance des Medecins: car qui est celuy d'entre eux, qui se donne tant seulement la patience d'un quart d'heure, pour philosopher sur la façon de son malade; afin qu'en ce faisant, guidé par certain jugement, & non par le rapport d'autruy, il puisse bien choisir le point d'une saignée, aller sagement au devant des accez, & prevenir les dangers qui se rengregent d'heure à autre par faute d'en avoir cognoissance: & peut-estre bien souvent par le moyen d'une medecine mal ordonnée sur une urine qui le deçoit?

Comme les Medecins doivent considerer leurs malades.

A ce propos, il me souvient avoir leu, que quelques Medecins estans en desespoir de toutes choses, pour ne sçavoir la cause de la maladie d'Antiochus, fils de Seleucus Roy de Macedoine, par cas fortuit Stratonique sa belle mere estant entrée en sa chambre, laquelle ne se doutoit de rien moins que de l'affection du malade en son endroit, descouvrirent deux & trois fois, à chaque arrivée de la Royne, par les iteratives alterations, & palpitations de leur malade, que toute sa maladie estoit de l'amour, qu'il cachoit dedans sa poitrine: & sur ce point, donnerent tel conseil au Roy sur la guerison de son fils, qu'ils voulurent. Considerez, je vous prie, combien profite au pauvre malade une veuë bien digerée de son Medecin: mais qui est celuy d'entr'eux tous (j'entens de ceux qui par ancienneté ont gaigné le bruit par les villes) qui prenne le loisir de ce faire, &soudain qu'il est arrivé, ne pense de son issuë, estimant avoir fait grand exploit de contenter son malade de trois ou quatre paroles accompagnées d'une caballe, & commun style, qu'ils pratiquent indifferemment envers tous? Sur quoy il me plaist, pour rire, de vous reciter un fort excellent apophthegme, que j'appris autrefois en une consultation qui se faisoit pour un mien amy, travaillé d'une longue maladie; où quelque jeune Medecin, pour mettre sa suffisance sur la monstre, subtilisant quelques gentiles inventions, & menant son opinion à longueur; un bon Homenas du vieux temps, qui avoit, comme le plus ancien, à fermer le pas, fasché de cette longueur, le pria d'exploiter chemin, adjoustant une memorable parole, digne d'un tel personnage: *hic & alibi venditur piper.* Tellement que la consultation faite, je dy au jeune Medecin en l'oreille: je pense que cest honneste homme veut dire, qu'en ce lieu & en autre endroit y a en quoy vendre & debiter sa pipperie. Et le malheur en telles affaires est, que le jeune Medecin auquel defaut l'experience, se donne de loisir de vous considerer, & de sejourner dedans vostre chambre, pour faire paroistre à ses voisins, qu'il ne manque point de pratique: qui n'est pas un petit secret: & celuy qui abonde de pratique & d'experience, pour ne manquer au gain qu'il appelle ailleurs, y fait court sejour: & par ce moyen, tirez autant de commodité de l'un de l'autre, c'est-à-dire bien peu: de maniere que si j'osois, je dirois volontiers, que la guerison qu'en rapportons, procede plus du hazard que de l'art, avec l'aide de la force de nostre nature, à laquelle nous rendons la principale grace, à l'issuë de nos grandes maladies; comme si on vouloit dire, que la Medecine est seulement introduite pour tromper les bources des gens riches & aisez qui veulent estre trompez. Pour le moins, un pitaur de village ne doutera de le dire, lequel affligé d'une fievre tierce, en sera garenty au septieme accés sans rien prendre, aussi bien que le Citoyen & Bourgeois, lequel voulant par aposumes, clysteres, medicamens & saignées forcer par impatience la nature du mal, a peine, avec toutes ces flateries fascheuses, qu'il ne passe par autant d'accés que l'autre.

Les Medecins visitent leurs malades.

Les villageois gueris par leur patience.

Il me plaist, sur ce discours, vous raconter une histoire de moy. Vous avez cognu feu monsieur de Pibrac, & sçavez quel nom & rang il tenoit par toute la France. Il me faisoit cest honneur de m'aimer, & moy de luy rendre le semblable, avec tous les respects qu'il pouvoit desirer d'un voisin nourry en sa jeunesse en mesme College, que luy. Advint qu'en l'an 1596. sa femme absente en la ville de Toulouze, lieu de sa naissance, il fut surpris d'une si forte & longue maladie, qu'on perdoit toute esperance de sa guerison. Il y avoit six grands Medecins qui le voyoient par honneur. Chapelain, premier Medecin du Roy; Chastelan, Medecin ordinaire du Roy & premier de la Roine mere; le Grand, Pierre, Duret, Violaine, tous parangons de Medecine sur leurs compagnons. Jour ne se passoit qu'ils ne consultassent ensemblement avec appareil pour leur patient; consultations ausquelles j'assistois, comme voisin & amy, suppleant le defaut de la femme. Il me souvient, que je les vy, huict jours durant, faire monstre de leurs esprits, mais sur un mesme subject. Car comme ainsi fust que leur malade demeurast en mesme estat, affesle de corps & d'esprit, aussi ne diversifierent-ils leurs consultations, sinon de paroles, sans y apporter remede nouveau pour reveiller en luy ses esprits. Le jour de la Pentecoste, estant en l'Eglise, l'un de ses gens tout effrayé, me vint dire, que

Antiochus ma lade d'amour.

Cinq Medecins notables à voir Mr de Pibrac.

Et leurs consultations inutiles.

que son Maistre estoit sur le point de rendre l'ame à Dieu: au moyen de quoy, soudain je demande un Prestre pour luy porter le sainct Sacrement de l'Autel, que nous luy fismes prendre. Le voyant en ces alteres, je demeuray cinq ou six heures en sa chambre, le gouvernant, ores des yeux, ores de parole, au moins tant qu'il me fut possible: & nourrissant de ceste façon mes pensées, & marry que les Medecins me sembloient par leurs deliberations faire alte, en un peril si éminent que cestuy, il me va souvenir qu'un monsieur Boyer, Advocat, mien voisin, estant auparavant quelques mois, tombé en pareil accessoire de maladie, où les Medecins sembloient avoir perdu leur latin, luy convié de son instinct, avoit par la malvoisie, retrouvé sa santé, & qu'ainsi me l'avoit-il conté ; adonc j'envoye par toute la ville en chercher : & de tous les poulsons qu'on m'apporta, je choisis, au goust de ma langue, celle que je pensois la meilleure. Et sans *Et sa guerison inopinée avec de repos de la Malvoisie.* faire autre consultation qu'avec moy, j'en fis prendre à ce pauvre malade deux bons doigts par forme de medecine. Les choses se passerent de façon, que apres avoir reposé une bonne demie heure, nous le vismes changer tout d'un autre air de visage, & commencer de tourner ses resveries en propos quelque peu solides. De maniere que le lendemain tous ces grands Medecins apperceurent une mutation inopinée, loüants Dieu, que la nature avoit plus operé en luy, que tous leurs medicaments. J'estois cependant aux escoutes, attendant quel succez j'aurois de mon remede. Enfin voyant nostre malade se porter de bien en mieux, tant de corps, que de l'esprit, je declaray aux Medecins, comme les choses s'estoient passées ; les uns blasmants ma hardiesse, qu'ils appelloient en leurs ames, temerité ; les autres loüants le hazard : mais sur toutes choses, nul d'eux n'approuvant ceste maniere de faire en un homme non Medecin. Et comme l'un de la trouppe m'eut dict, que cela s'appelloit joüer à quitte ou à double, je luy respondy, que c'estoit suivre le conseil de Celse, portant qu'il valoit mieux apporter au malade desesperé un remede tel quel, que du tout l'abandonner. Paraventure estimerez-vous, que par une gloire pavonesque je vous aye estalé tout ce que dessus. *Incertitude en cest Art.* moins : au contraire, je ne veux excuser ma temerité ; mais aussi veux-je qu'en ce faisant, vous remarquiez le peu de certitude qu'il y a en cest art : veu qu'au milieu de tant de grands Medecins qui estoient au bout de leur rollet, j'apportay casuellement guerison à ce grand personnage, depuis tant recommandé par la France:

Quoy doncques ? me dira quelqu'un, & paraventure non sans propos, ayant fait tous les discours que dessus : Vous estes d'advis qu'il faut bannir la Medecine des Republiques, comme estant chose indifferente, ou pour mieux dire, un Art, qui en la fragilité de nos sens, est introduit pour nous tromper ? Ja à Dieu ne plaise, que telle soit mon opinion : mais au contraire, c'est un art, par lequel, sur tous les autres, je cognois les miraculeux effects de la puissance de Dieu nostre souverain Medecin. Car combien que tous les grands Medecins, dont je vous ay cy-dessus parlé, fussent differents en leurs principes, remedes, & conduite de leur profession ; toutesfois en ceste contrarieté, Dieu voulut qu'ils guerissent une infinité de malades, qui eurent vers eux recours, voire en grandes maladies, que l'on estimoit hors d'espoir. Je ne vous toucheray point le grand Hippocrat, que j'appelle, non pere, ains Démon de la Medecine ; les autres qui luy succederent, firent quelquefois revivre des *Hippocrat donna la vie à la medecine.* hommes demy morts : mais ayant à luy, il redonna la vie à la Medecine, qui depuis la mort d'Esculape estoit dés pieça ensevelie : & gardant les preceptes de sa Medecine sur soy, donna ordre de vivre cent quatre ans. Je vous parleray de ceux qui furent en ce subject reputez heretiques, lesquels firent en leur profession, des miracles.

Ainsi raconte-l'on qu'Asclepiade, avec ses preceptes nouveaux & parodoxes, redonna la vie à un homme, duquel (comme mort) on estoit sur le point de faire les funerailles, en luy faisant boire du vin accommodé à sa guise : & fit mesmement une protestation bravasche, qu'il ne vouloit estre tenu pour Medecin, si on le voyoit jamais malade, ou mourir d'une maladie. Et luy advint ainsi qu'il avoit protesté, estant arrivé à une extrême vieillesse, sain & sauf, jusques à ce que monté sur une eschelle, l'un des eschelons se rompit sous ses pieds, *Mort du Medecin Hyppocrat inopiné.* qui le fit trebuscher du haut en bas, dont il mourut sur le champ. Le Thessalus qui sous l'Empire de Neron, renversa avec bravade la doctrine de ses predecesseurs, fit de si estranges miracles, en l'exercice de sa Medecine, que apres sa mort, on mit sur son tombeau ces deux mots, *Qu'en ce lieu gisoient les os de Thessale, en son vivant, le Prince des Medecins.* Et au regard de Theophraste Paracelse, j'ay leu une harangue Latine, que fit Pierre Ramus l'an mil cinq cens soixante & huict, en la ville de Basle, à l'honneur du païs des Suisses, & entre autres particularitez dont l'honora, fut sur Paracelse, lequel, *La medecine de Paracelse exercée en Allemagne & Suisse publiquement, & en France à couvert.* par son art, avoit guery quelques hommes de leur lépre, maladie notoirement incurable, si ce n'est par la main expresse de Dieu. Et sa Medecine s'exerce aujourd'huy à l'ouvert, tant en l'Allemaigne, que Suisse ; & à couvert, en plusieurs endroits de ce Royaume.

En ceste contrarieté de preceptes, à qui doit-on les guerisons ? A ce grand & souverain Medecin, nostre Dieu, lequel pour la conservation du genre humain, voulut & veut, que par l'entremise des Medecins, la santé nous fust renduë. Je dy cecy comme Chrestien. Et les Payens, paraventure pour ceste mesme consideration, soustindrent, que la Medecine estoit invention de leurs Dieux : & encore deïfierent Esculape apres sa mort, pour la singularité de la Medecine, qui avoit, de son vivant, reluy en luy. Le Sage nous admoneste, de porter tout honneur au Medecin ; non pour estre amuseur ou abuseur du peuple, mais parce que Dieu nous l'avoit donné pour nostre necessité. Et c'est pourquoy je vous ay dit, sur le commencement de ma lettre, que j'honorois les Medecins, encores que je sceusse bien qu'en leur profession il y eust plusieurs grandes perplexitez.

Voulez-vous doncques sçavoir, quel est, en ceste affaire, mon souhait ? Premierement, que nonobstant les *Jugemēt de Mr Pasquier sur le fait de la medecine.* contrastes qui sont entr'eux, chacun se donnant tel jeu qu'il pense tirer de sa suffisance, nous devons en chaque païs, suivre la police qui a esté sur ce sujet ordonnée par le Magistrat, sans y vouloir rien innover. Toute nouveauté est perilleuse consequence, & plus dangereux effect. Nous avons la Faculté de Medecine, l'un des principaux membres des Universitez de nostre France : Faculté, dy-je, fondée sur la doctrine d'Hippocrat, Galien, *Faculté de Medecine à Paris, & sa doctrine.* & des Arabes ; en laquelle, outre ce qui est de leurs preceptes, & receptes, ils ne rejettent pas les Simples qui naissent chez nous, selon que les maladies le requierent. Demeurons sagement en & au dedans de ceste police ; ny ne prenons matiere de nous en plaindre, si quelques particuliers Medecins en abusent : non plus que ne devons changer nostre Religion ancienne, pour les abus qui se trouvent quelquefois aux Prestres. Et parce qu'en l'exercice de cest art, on y voit les miracles tres-exprés de Dieu, (qui est ce que les Medecins recognoissent en termes couverts, quand ils disent, que le malade a plus d'obligation *Le Medecin doit en premier lieu soigner l'ame, & puis au corps.* à la bonté de sa nature, qu'à leur art) je desire, suivant le Concile general de Latran, qui fut fait dedans Rome sous Innocent III. que le Medecin n'ordonne aucune Medecine pour la guerison du corps, qu'il n'ait auparavant soigné pour la guerison de l'Ame, je veux dire que son malade n'ait esté, avant tout œuvre, confessé. A Dieu.

FIN DU DIX-NEUFUIESME LIVRE.

LES LETTRES D'ESTIENNE PASQUIER

Conseiller & Advocat General du Roy en la Chambre des Comptes de Paris.

LIVRE VINGTIESME.

LETTRE I.

A Monsieur de Raimond, Conseiller au Parlement de Bordeaux.

Il sous-tient que les Jesuites ne doivent avoir l'honneur seuls de soustenir le party de l'Eglise contre les Heretiques.

JE n'attendois autre response de vous, que celle que j'ay leuë par vos lettres (car aussi est-ce le point sur lequel avez fermé vostre histoire,) qui est que le remede par moy souhaité, est aujourd'huy trouvé, qui est le nouvel Ordre de la Société de Jesus, tant authorisé par le Sainct Siege : & qu'il semble que par un grand mystere, Dieu nous eust mis sur la terre un Ignace de Loyola, Gentilhomme, autheur de cest Ordre, au mesme temps que le Diable nous introduisit le moine Luther, afin de le trecarter en toutes ses propositions erronées. C'est en quoy je me trouve grandement empesché ; parce que contre vostre opinion, je croy que le remede n'est de moins dangereux effect, que la maladie. Je ne doute point que ceste premiere desmarche ne vous appreste à penser, eu esgard au cours des affaires qui est aujourd'huy par la France : car selon l'opinion des Sages-mondains, c'est une espece d'heresie de se heurter contre le temps, en quelque subject que ce soit.

Je parleray donc à vous comme à vous, je veux dire comme à un bon & naturel François, Conseiller du Roy en l'une de nos Cours souveraines, & encores grandement nourry en l'ancienneté de nostre Eglise Catholique, Apostolique, Romaine : consequemment, en nostre Eglise Gallicane, sa fille aisnée. Car pourquoy ne la recognoistrons-nous pour telle, puisque le Roy de France, *Le Roy de France, ce tenu pour* de tout temps est tenu pour son fils aisné sur tous les Roys Chrestiens ? Comme aussi est-ce la verité, que toutes &

A quantesfois qu'il a esté question de deffendre nostre Religion, non par armes temporelles, ains spirituelles, nostre *tres-Chrestienneté.* Eglise Gallicane est entrée la premiere en champ de bataille, flanquée de la Faculté de Theologie de Paris, qui *de toute ancienneté.* jamais ne se lassa de faire teste à ses ennemis. Or en nostre Eglise Gallicane, nous avons tousjours respecté en toute humilité le S. Siege de Rome, comme chef Universel de nostre Eglise Catholique ; toutesfois avec ceste modification, que sa grandeur estoit contrebalancée par celle du Concile general & œcumenique. Et sur ce pied, *Appellation des* auparavant que nos appellations comme d'abus fussent *sentences du Pape au* en usage, soudain qu'un Pape par faux-donner à entendre, ou autrement, se desbordoit au desavantage du *Concile.* Roy & de son Royaume, nous n'appellions pas de luy à luy, ains avions recours à un appel qu'interjettions de sa Saincteté au futur Concile general : qui nous estoit comme une anchre de sainct & dernier respit. Quoy faisant, conservasmes, sans coup ferir, & nostre Eglise Gallicane, & nostre Estat en son entier. Ny pour cela, nos Rois, ny nostre Eglise ne perdirent leur Droit de primogeniture en l'Eglise Romaine. Ce qu'ils eussent fait, si on eust estimé qu'en cette proposition l'heresie se fust logée.

Mais pourquoy vous mets-je en avant nostre Eglise Gallicane seulement, veu que cette mesme doctrine a tousjours esté observée par nostre Eglise Universelle ? Le plus grand & solemnel Concile que je pense avoir jamais esté depuis le moyen aage de nostre Christianisme, est celuy de Constance. Je n'en excepteray, ny le premier, ny le second, tenus à S. Jean de Lattran sous les Papes, Alexandre & Innocent troisiesmes. Or en ce grand Concile,

cile, tout ainsi que l'heresie de Jean Hus fut condamnée, aussi tint-on pour constant & arresté, que le Concile general estoit par-dessus le Pape. Comme de fait, il jugea & termina le different, qui avoit duré plusieurs ans entre les deux Papes de Rome & Avignon. La devote consideration que nos ancestres apporterent en cecy, estoit, que nostre S. Pere de Rome avoit toute superiorité sur les Patriarches, Archevesques, & Evesques, pris en leur particulier; mais quand par convocation generale, ils estoient assemblez pour le repos de nostre Eglise universelle, il falloit que les Papes fissent joug. Que si en cecy vous me vouliez juger heretique, je le suis sous l'authorité & garentie du Concile de Constance, qui en restablissant nostre Eglise, nous enseigna ceste leçon. Or sur le discours qui se presente, le Jesuite est d'advis, que le Pape est sur le Concile general, & que c'est une proposition erronée de soustenir le contraire.

Les Papes chefs des autres Pasteurs en chacun à part, maisnon assemblez en gros.

Il y a une autre proposition que je vous veux toucher; comme appartenant grandement à ce mien discours. Nous usons du mot de Religion, tantost en general, tantost en particulier. J'appelle en General, comme quand nous disons, que chaque nation a sa Religion: auquel cas, la Religion fait part & portion de l'Estat. Et c'est pourquoy en usant de ceste façon, nous pouvons dire, qu'il n'y a jamais remuëment de Religion, qu'il ne faille pareillement craindre quelque remuëment de l'Estat. Comme si la Religion estoit l'Ame de la Republique, pour la crainte & apprehension que tous les peuples ont de l'autre monde. Nous usons du mesme mot plus estroitement, quand nous rapportons aux Monasteres, qu'appellons anciennement *Religions*; & les Moines, *Religieux*: quoy faisans, c'est une regle generale en eux, de reduire toutes leurs pensées à meditations spirituelles, prieres & oraisons envers Dieu, & en sainctes exhortations envers le peuple, pour luy enseigner de bien vivre, & ne fourvoyer du vray chemin de nostre foy; car de permettre que les Ordres de Religion, qui par leurs confessions auriculaires, & sermons, ont soing de nos Ames, ayent aussi le soing des armes, c'est une heresie dont on ne se sçauroit excuser.

Le mot de Religion pris en deux façons.

Regle generale des Religieux.

Voyons si tout ce que je vous ay cy-dessus touché, se trouve en nos Jesuites, que dites estre Medecins de nostre Eglise malade, & s'ils n'y introduisent point un nouveau mesnage. Premierement, afin que je ne desrobe rien, je loüe grandement en eux le zele qu'ils apportent & par leurs Livres, & par leurs presches en l'extirpation de l'heresie moderne. Et neantmoins, de leur attribuer tout l'honneur, comme faites, c'est, voulant extirper le schisme qui est entre le Catholic & le Lutherien, en introduire un nouveau entre les Catholics; parce que cette devotion ne leur est particuliere, ains commune, tant avec les Theologiens, que Religieux de nostre ancien estoc: voire que je vous puis dire comme chose tres-vraye, que jamais ne vismes deux aux Faculté de Theologie abonder en tant de gens doctes, comme nous la voyons aujourd'huy. Le fruict que recueillons de l'heresie, est, d'avoir resveillé nos esprits auparavant assoupis. Et à vray dire, c'est tirer une commodité de nostre incommodité, & comme l'on dit en commun proverbe, à quelque chose malheur est bon.

Que l'honneur de soustenir le parti de la foy Catholique n'est deu aux Jesuites seuls.

Mais ce n'est assez, si les Jesuites ne symbolisent en tout le demeurant, avec nous. En premier lieu, ils tiennent pour proposition tres-certaine, que le Pape est sur le Concile general & œcumenique, comme je vous ay dit cy-dessus: en second, qu'il peut, de sa volonté absoluë, transferer les Royaumes d'une main à autre; faisant par le moyen Roy des Rois, celuy, lequel fondant sa grandeur sur l'humilité, se pleuvit par ses qualitez Serf des Serfs, & rendent les Rois, non vassaux de luy, ains esclaves. Proposition que nous n'avoüasmes jamais en cette France. En troisiesme lieu, luy voüent une obeïssance aveugle, & disent par leurs statuts, qu'il peut disposer de leurs volontez, tout ainsi que fait du baston insensible, celuy qui le tient en sa main. Finalement, par un privilege special qu'ils ont, par maniere de bienseance, annexe à leur Ordre, ils meslent l'Estat, la Religion,

Maximes que tiennent les Jesuites en faveur du Pape.

& le meurdre ensemble. Je veux dire, que parmi leur profession, ils ne doutent de se mesler des affaires d'Estat, non pour moyenner une paix entre les Princes Chrestiens, ains pour opiniastrer la guerre; mesme, selon la commodité de leurs affaires, prendre la cause du subject rebelle contre son Roy, & luy servir de courtier, & entremeteur envers le Pape, & Princes Estrangers: & encores, non seulement permettre aux ames idiotes, ains les solliciter d'assassiner les Rois, soit qu'ils abhorrent nostre Religion, ou bien qu'ils soient Catholics, mais non Catholics à leur poste; presque en la mesme façon que le vieux de la Montaigne traitoit les Princes Chrestiens, lors de nos voyages d'outremer. Aux trois premieres propositions, il n'y a que trop de l'homme pour faire tresbucher un Pape dedans la Papauté, en le voulant exalter: en la derniere, il n'y a que trop du Diable, pour abismer, avec le temps, de fonds en comble, cette nouvelle Societé; mais je crains que ce soit trop tard, & qu'il ne nous advienne, en s'abismant, cela mesme qui advint à Samson. Je vous laisse à part plusieurs autres particularitez, dont je ne veux icy faire une anatomie, ains vous renvoye, si vostre loisir le porte, au Catechisme & Examen qui a esté par moy fait de leur doctrine.

D'assassiner les Rois.

Et puis vous trouverez estrange, que je mette l'Ordre des Jesuites au rang d'une nouvelle Secte, tout ainsi que la Lutherienne: avec laquelle, ores que discordante en plusieurs propositions, si a-t-elle cela de commun, que tout ainsi que l'autre, en se defendant, s'arma, premierement en Allemaigne contre l'Empereur Charles V. puis en France contre le Roy Charles IX. aussi ceste-cy, en assaillant, fit le semblable contre nostre Roy Henry III. Prince toutesfois tres-Catholic. Je vous dy, que la Secte Jesuite n'estoit pas de moins dangereux effect, que la Lutherienne: si je vous adjouste un de plus, paraventure m'estimerez-vous forligner de la Religion de nos ancestres: au contraire, c'est celle-là qui me roidit au soustenement de ceste mienne opinion. Contre la secte Lutherienne, chacun se tient sur ses gardes, quand on nous sert de sa doctrine, comme contrevenant à nostre ancienne foy. Et n'y a (disent quelques-uns) que les fols, qui pour penser estre plus sages que nos bons vieux peres, sont entrez en ce nouveau party. Au regard des Jesuites, mieux ils font, plus ils nous doivent appester subject & matiere de craindre. Vous trouverez ceste proposition, de premier œil, fort bizarre; & neantmoins elle est tres-vraye, revenant à vostre second penser. Ils lisent, confessent, preschent, administrent le sainct Sacrement de l'Autel: & comme leurs Superieurs sont de grands sages-mondains, aussi se donnent-ils bien garde de mettre en une ville de marque, aucuns des leurs sur la monstre dedans une chaire pour prescher, sinon ceux que ils estiment estre parangons; en ce beau deduit, declamants contre l'heresie, il n'y a celuy du peuple qui ne leur applaudisse, ne les embrasse, cherisse, & n'ait toute creance en eux. Cependant en mesnageant de ceste façon nos consciences, ils sement fort aisement dedans nos cœurs toutes ces propositions dangereuses, qui vont à la ruïne de l'Estat & de nostre Eglise. Je vous en representeray seulement deux pour toutes.

La Secte des Jesuites comparée à celle des Lutheriens.

Le Pape est grand (je le vous confesse;) mais tant y a qu'il est homme, lequel par consequent a l'Ame composée de diverses pieces. S'il advenoit, par malheur, que deux ou trois grands Prelats suivis d'un bon nombre de Cardinaux, pretendissent, chacun en leur endroit, estre Papes; bon Dieu! en quel desarroy tomberoit nostre Eglise: exposant le Concile general dessous la puissance des Papes, auquel nous avions de toute ancienneté recours pour appaiser tels differends? Il faudroit que la Nasse de S. Pierre fluctuë à la mercy des vents & vagues incessamment, sans esperance de bonace.

Quoy? si par un autre malheur, il advenoit que un Pape prist à contre-cœur l'un de nos Rois, & qu'il le voulust censurer, & tout d'une suite interdire son Royaume, comme il est advenu autresfois, autant de Jesuites que nourrissez dedans la France, seroient autant d'ennemis formels de nostre Couronne ; comme ceux qui ont voüé une obeïssance aveugle aux Papes ; vœu dont ils ne se peuvent dispenser sans apostasier en leur Ordre : davantage, ce seroient autant de boutefeux & instigateurs pour divertir les subjects de l'ancienne devotion qu'ils ont à leur Roy, pour le secourir contre tels assauts. Et pourquoy doncques ? Parce que le Jesuite leur auroit enseigné, que c'est une partie de nostre foy Chrestienne, de croire que le Pape peut à ses bons poincts & aisément disposer de tous les Royaumes. Ainsi le voyons-nous, à face ouverte estre soustenu par le Jesuite Montaigne, en son Livre *De la Verité defendue* : ainsi par ce fol Bonarcius, Jesuite d'Anvers, en son Amphitheatre d'Honneur. Et ce que je dy de nostre France, frappe coup contre tous les autres Royaumes. De maniere qu'il ne faut point trouver trop estrange, que le sage Venitien ait exterminé les Jesuites de sa Republique.

Les Jesuites voüent une obeïssance aveugle aux Papes.

Ces considerations me font dire, que tout ainsi qu'au siecle de l'an 1500. deux nouvelles Sectes d'Ismaël &

Deux sectes

A Amether se planterent dedans le Mahometisme, aussi en ce mesme siecle s'en planterent deux autres dedans nostre Christianisme ; celles de Martin Luther, & Ignace de Loyola autheur de la Jesuite. J'adjousteray, que comme au Levant y a exercice de trois diverses Religions, de la Turquesque, Judaique, & Chrestienne ; aussi en avons-nous icy trois, l'ancienne Catholique, Apostolique, Romaine ; la nouvelle Jesuite, & la Huguenote, que les autres, d'un mot plus doux, appellent pretendue Reformée. Que le Jesuite oste de son opinion, toutes ces ratés, par lesquelles il s'avantage en grandeur dedans Rome, & persevere au guerroyement de l'heresie non par l'espée, mere de sedition, ains par sa plume ; il m'aura pour son paranymphe, son Advocat, son trompette. Je loüe en quelques particuliers Jesuites, & leurs plumes, & leurs langues, & leurs esprits ; mais j'abhorre leur Secte en son general. Ainsi en advint-il autresfois en l'Arianisme, dont la Secte estoit detestée, & neantmoins produisoit de fois à autres plus grands personnages, que n'estoient les Catholics. A Dieu.

nouvelles adjoustées au Mahometisme.

Trois Religions exercées au Levant, & autant en avons nous en France.

LETTRE II.

A Monsieur Borbonius, Professeur du Roy és Lettres Grecques en l'Université de Paris, & excellent Poëte Latin.

Il luy envoye la traduction en François de quelques vers Latins que M. Borbonius avoit faicts sur la mort du Roy Henry le Grand.

Voyez, je vous prie, comme en une rencontre de plumes, nous sommes de contraires advis. Vous tenez à grande obligation, que je me sois mis en bute, les vers Latins par vous faicts sous le titre de *Diræ* ; & de moy, je me fusse estimé trop ingrat, tant envers vous, que nostre France, voyant vostre petit poëme si richement elaboré, si je n'eusse donné ordre qu'il eust esté entendu, non seulement par ceux qui font profession de la langue Latine, mais aussi par tous les autres François. C'est pourquoy, vous voyant estre entré sur ce grand theatre de la France, en un subject si lamentable, je vous ay, sans autre semonce que de moy, habillé à la Françoise. Et neantmoins ay voulu jouer icy deux personnages, par l'un, representer vostre Latin, vers pour vers, jusques à la mort du Roy, & demeurer dedans ceste barriere : le tout comme la facilité de nostre vulgaire, ou, pour mieux dire, de mon esprit, l'a peu porter. De là estre du tout mien, & donner tel vol à ma plume, que ma juste douleur me commandoit. Et en outre, j'ay tracé deux Epitaphes, l'un François, l'autre Latin, que je vous envoye. Veuille Dieu, par sa saincte grace, que la mort inopinée de ce grand Roy ne soit à la France une pepiniere de maux. A Dieu.

Imitation du Latin de Borbonius, sur la mort de nostre grand Roy Henry, jusques à ce vers: Ce dit, tout aussitost forcené de courroux.

Deploration de la mort de Henry le Grãd.

Quoy donc ? car je ne veux maintenant te flatter,
O Ciel ! qui vois le sang de nos Princes floter,
Toutesfois malsoigneux tu as tenu la bride
A un, puis à un autre impiteux parricide.
Hé, ma vie me put ! les Geans travestis,
Faignants d'estre François, sont les Enfers sortis !
Et toy, France, qui fus jadis de monstres franche,
Tu nous en bailles or', qui se font toute planche,
Mais n'ozants tout-à-faict se heurter contre Dieu,
Contre ses saincts pourtraicts s'ataquent en son lieu,
Tuants deux de ses Oincts : O meurtres detestables,
Par la longueur des ans non jamais expiables !
Heureux siecle ancien, & ce mal eslongné,
Malheureux nostre siecle, en ce desastre né,
Sous lequel nous voyons tant d'ames chatemites,
Carnassieres des Rois, avoir esté produites,
Le premier assassin estoit enseveli,
Par le laps de vingt ans, au cercueil de l'oubly ;

Mesme une longue paix luy avoit donné presque
Pardon, bien que commis d'une main barbaresque :
Quand voicy arriver la Megere d'Enfer,
Qui pour de nos malheurs, cruelle, triompher,
Le quatorziesme jour du mois de May s'eslance,
Lors que chacun de nous dedans Paris ne pense
Qu'à bastir des festons, & des arcs triõfans,
Et toy, mon grand Henry, & les tiens vous paissans
Les yeux de cest arroy, & despense Royale,
Dont devions accueillir ton espouse loyale,
Tu meurs, helas bon Roy, dans ces honneurs dressez.
Peuples, à son de trompe en tous lieux annoncez
Ce coup, qui tout à coup nous afflige & acule :
Passez de nostre France aux colomnes d'Hercule,
Chacun tout d'une voix don'ra au ciel le tort.
Et comment ? falloit-il que d'une indigne mort
Ce grand Roy fust atteint ? par lequel nostre Frãce
Voloit jusques aux Cieux : qui tenoit tout en transe ;
Arbitre de la paix entre les plus grands Rois ;
Qui au profit de tous establissoit ses loix ;
Sa douce Majesté, sa contenance sage,
Clemence de Cesar qu'il portoit au visage,
N'ont ell' peu arrester ce meurtrier inhumain,
Ny la devotion que d'une mesme main,
Chacun à qui mieux mieux, nous luy avions voüée,
Ny la grande union en nous par luy noüée ?
Doncques luy qui vainqueur des Alpes, negligea
L'Italie, & heureux du Piedmont se vengea ;
Donc luy qui dans l'Hyver, dedans les monts steriles,
Dans les bouïllons d'Esté se fit maistre des villes,
Qui tant de fois s'est veu l'ennemy combattant,
Et l'orgueil Espagnol sous ses pieds abattu :
Doncques il fit trembler les monts de Pyrenée,
Et sa fortune fut de tant d'heurs estrenée,
Afin qu'aprés avoir tous ces dangers passez,
Il servît de victime entre les trepassez,
Aux yeux de son Senat, dedans sa bonne ville,
Au milieu de la paix, depuis quinze ans tranquille ?
He bon Dieu ! las helas ! comme en moins d'un clin d'œil
On voit une grandeur eschangée en grand deuil !
Le Ciel n'a pas voulu, pour accroistre nos larmes,
Que ce grand Roy tombast en la mercy des armes,
Ny qu'un homme de nom se soit mis sur les rangs,
Des Princes, des Seigneurs, des Nobles, ny des Grands,
Nul soldat, nul guerrier, nul brave Capitaine,
(Eux tous l'idolastroient, nul ne l'avoit en haine)

Mai-

Mais bien qu'un avorton de monstre Angoulmesin,
Qui d'une Proserpine estoit sorty du sin,
Et avoit faussement pris de l'homme la forme,
Ait fait aux yeux de tous, ce parricide énorme,
Afin d'exterminer d'un coup inopiné,
Le bon-heur qui s'estoit à la France donné.
 Quelque malin Demon d'Incube fut son pere,
Qui prenant son deduit nous fit ceste vipere,
Pour meurtrir sa patrie, lors qu'il nous en fit part;
Nuls biens dans sa famille, honneur mis à l'escart,
Pauvreté safraniere, ordure, vilainie,
Font de tout temps aux siens fidelle compaignie.

<small>Paren-té de Ravail-lac mes-chante & per-verse.</small>
Ny luy, ny ses parents n'ont de mal-faire horreur;
Ny la crainte des loix ne les tient en terreur:
Voila comme d'eux tous le Magistrat se joüe.
 Ce monstre feignant estre un naturel enfant,
Vogue, & en assassins va des siens triomphant:
D'un Diable incorporé il sçait qu'il prit naissance,
Ja desja d'aprenty, grand ouvrier en la faict,
Et menacé des cieux d'un horrible forfaict,
Non cogneu cy-devant par l'ancienne histoire,
Et que nos survivants jamais ne pourront croire.
Mais projettant en soy ce malheureux dessein,
Mil fantasques discours il forge dans son sein,
Mille meschancetez, mille embusches il dresse;
Et n'exploite son fait d'une prompte vistesse.
Ains comme dans les prez nous voyons le serpent,
Qui en se tortillant, peu à peu va rampant,
Et vomit son venin dessus la fleur pourprine:
Ainsi luy son poison couvant dans sa poitrine,
Se trasnoit çà & là par les champs, caimandant,
Comme s'il n'eust eu rien pour mettre sous la dent.
La nuit, il parle au Diable, & l'hostesse esperduë
Pense que sa maison soit tout à faict perduë.
Tantost sur le Pont-neuf, l'aumosne il demandoit,
Tantost d'un simple habit par la ville rodoit,
Pour tromper les passants, à ce qu'en cette guise
Il mist plus aisément fin à son entreprise.
Dessous ce masque feint, les Gardes il trompoit,
Et en eux tout soupçon de mal faire il rompoit.
Belle bute de mort qui s'est esvanoüye,
Car Dieu nous avoit lors la pensée esbloüye!
Aprés avoir long temps dedans soy marchandé
Sur la mort de son Roy, & son Ame fondé,
Enfin nostre malheur qui le talonne & flate,
Veut que d'un œil sanglant ce propos il esclate.
 J'ay en crimes communs (dit-il) passé mon temps,
J'ay passé sans honneur, & en friche, mes ans,
Ruiné l'innocent par mon faux tesmoignage,
En divers assassins employé mon jeune aage:
Pour n'empescher le cours de mon cruel destin,
J'ay contrefait un temps le pere Feuillantin,
Faisant l'homme de Dieu. Cela n'est que follie,

<small>Fut Feuil-lant.</small>
Et de petits semblants enjoliver ma vie;
De commettre un delit ordinaire, c'est peu;
Et du sang d'un manant s'assouvir, n'est que jeu;
Il faut buter plus haut. Car pourquoy la Megere
M'auroit elle receu du ventre de ma mere,
Et pourquoy le destin dés lors que je feus né,
Au sac de mon pays m'eust-il predestiné,
Si par nouveau dessein la porte je ne m'ouvre
A un meurtre Royal, de mes desseins chef-d'œuvre?
Je voy la paix regner, la France en bel arroy,
Par la vie sans plus d'un grand & sage Roy;
Au Lys toute faveur par tout estre ordonnée,
La Roine avoir esté au temple couronnée,
Le peuple prest de voir, d'un plaisir nompareil,
Dans deux jours son entrée en superbe appareil;
Ses trois enfans portez prés d'elle par la ville,
Dont Naple, dont Milan, dont toute la Sicile,
Et le grand Pau voudroient avoir d'eux pour Roy,
Comme ceux qui tiendront tout le monde en effroy.
Non: c'est trop conniller. La prospere fortune

A De France, mon païs, trop & trop m'importune.
Je proteste devant les Furies d'Enfer,
Que je feray mourir leur Prince par mon fer.
Je veux, je veux qu'en pleurs desormais ell' se baigne,
Et faire regorger de sang nostre campaigne:
Je veux que bannissions de la France l'honneur,
Et que nous y plantions d'oresnavant l'horreur.
 Ce dit, tout aussi tost forcené de courage,
La Parque veut qu'il mette à effect ceste rage.
O Dieu, ô Ciel, ô feu, ô air, ô terre, ô mers,
Fut-il jamais corné tel coup par l'Univers!
Qu'un grand Roy qui avoit par infinis miracles
Terrissé sous ses pieds tous malheureux obstacles,
Qui portoit sur le front mille & mille Lauriers,
Roy sage, Roy benin, Roy guerrier des guerriers,
Roy dans lequel regnoit d'une mesme balance,
La douceur en tous lieux avecques la vaillance,
Au milieu des festins, & des siens se soit veu,
Par un homme de rien occis à l'impourveu.

<small>Toutes cy n'a rien de com-mun, avec l'imita-tion.</small>

 Or sus, puisque l'Enfer fut de ce monstre guide,
Aux infernaux tourments il faut lascher la bride,
Et si l'on peut trouver quelque chose de pis,
B Que nos esprits ne soient en ceste œuvre assoupis.
Il faut donc de tout sens ce parricide souffre,
Que la meurtriere main brusle dedans le souffre,
Qu'il soit diversement en son corps tenaillé,
Et que tous les endroits où il sera taillé,
Soyent abreuvez de cire, & d'une huile boüillante,
De souffre, plomb fondu, poix razine bruslante;
Puis qu'à quatre chevaux ce meschant soit tiré,
Et que son corps estant en pieces deschiré,
Si dedans sa carcasse il reste un brin de vie,
Qu'elle soit par le feu, & dans le feu ravie.
Fors que le peuple estant de vengeance assamé,
Ne veuille que son corps soit au feu consumé,
Ains que pour assouvir sa fin desmesurée,
Chaques membres luy soient, & servent de curée:
Et les ayant trainez par la ville ordement,
Que le feu soit enfin leur dernier monument:
Que le logis auquel il prit son origine,
De fonds en comble soit razé & en ruine,
Pere & mere bannis sans espoir de regrez,
Aux freres & parents commandé par exprez,
De ne porter le nom de Ravaillac: en somme,
Que tous les maux en nous par ces maux on assomme.

<small>Son sup-plice.</small>

C Mais las helas! peut-on par torments expier
Les malheurs que je voy dans peu nous espier?
La peine qui sera en ce monstre ordonnée,
Durera seulement une demy journée,
Que l'on exercera sainctement contre luy;
Quand nos loyaux subjects porterons aujourd'huy
Et plusieurs ans aprés, dedans nostre innocence,
De ce traistreux forfait la dure penitence.
Les pays desolez, nos champs bouleversez,
Le sang couler, les corps l'un sur l'autre entassez,
Si Dieu nostre bon Dieu, par sa misericorde,
Ne noue au cœur des grands l'union & concorde.
 Je me prosterne, ô Dieu, devant ta Majesté,
Si quelque lourd peché t'a peut-estre irrité,
Dont tu veuilles avoir aujourd'huy la vengeance,
Que l'enfance du Roy, que du Roy l'innocence
Supplée en ton endroit, Seigneur Dieu, ce defaut,
Et que nostre oraison monte à toy jusque en haut.
 D'un cœur triste & contrit, je te suplie, ô Sire,
Que nul de nos Seigneurs dedans soy ne respire,
Sinon du jeune Roy, & des siens le repos,
Que le particulier n'heberge dans ses os,
Ainçois le bien public fortement il embrasse,
Qu'il croye que vivant dedans ceste bonace,

<small>Priere de l'Au-theur en fa-veur du Roy.</small>

D Il t'aura desormais pour asseuré garend;
Et t'ayant, il sera cent & cent fois plus grand,
Que si par vains discours d'une vaine victoire
Il vouloit estoffer à nos despens sa gloire.
Voila l'humble priere, helas! que je te fais,
D'habiter chez nous ta bien-heureuse paix.

Tome II.   Pp ij   Que

Que nul, ny ses cousteaux, ny ses armes n'aiguise,
Pour soustenir ta foy dedans ta saincte Eglise,
Mais croye que tesduy qui prend pour instrument
Cette devotion miserable, desment
Ton cher fils Jesus-Christ, quand d'une aigre parole,
A sa prise il voulust qu'on jouast autre rôle;
Que ceux qui de l'Estat tiennent le gouvernail,
Estiment qu'il n'y a plus certain retenail
Pour nous faire joüyr d'une mesme creance,
Que de choisir Prelats de bonne conscience,
Qui reluisent en mœurs, en doctrine, en sçavoir;
Que tout Prescheur qui pense en ses presches avoir
Par armes le dessus, veut loger l'Atheisme
Dans la saincte maison de ton Christianisme.
Que le Prince qui s'est autrement estably,
Par bizarres discours te mettant en oubly,
Bien qu'il soit Catholic, ne t'est pas moins contraire,
Que celuy que croyons estre ton adversaire.
Armez de bons Prelats, nous voulons croire tous
Que ty'alentiras, Seigneur Dieu, ton courrous,
Et vivrons desormais dans une mesme Eglise,
Sans estre bigarrez en une & autre guise.

Fay, Seigneur, que du Roy si sois premier object,
Qu'apres, il jette l'œil sur son pauvre subject;
Que celle qui pendant l'aage de son enfance,
Tient pour nous, & sur luy le haut point de Regence,
Sage Princesse fasse à part soy cest estat,
Que pour perpetuer le Roy en son Estat,
Et ne luy rendre point sa fortune rebource,
Elle doit faire fonds des cœurs, non de la bource;
Qu'il n'y a nul moyen meilleur pour n'estranger
Le cœur de ses sujets, & du tout les ranger
A sa devotion, que de bannir de France
Toutes novalitez, qui la tiennent en transe;
Et que de descharger son peuple des impos,

Soula-   C'est d'un Roy souverain le souverain repos;
gement   Que contre celuy-là qui mutin s'abandonne,
du peu-   Il n'y a plus certain remede en ce subject,
ple est   Qu'un Roy, qui doucement gouverne son subject:
le repos   Et quand je dy cela, je souhaite qu'on sçache
du Prin-   Qu'à tous aides, impots, tributs je ne m'attache;
ce.

(Je sçay que nul Estat ne regne sans tribut)
Mais bien à ceux qui sont des autres le rebut,
Et que l'esprit malin de l'ame malfaisante
A fait mettre à l'enquant au plus offrant en vente,
N'ayant eu l'acheteur autre plus beau trafic,
Que de se faire riche aux despens du public.
Seigneur, à jointes mains encor je te supplie
Que le vouloir des grands, & des petits se lie,
Et que nous tous liguez en mesme opinion,
Jurions sous ta banniere une saincte union:
Non union qui soit contre le Roy brassee,
Mais union par luy sainctement embrassee;
Que le grand, le petit, le jeune, le vieillard,
Logeans dedans leurs cœurs un seul but & regard,
Devots fassent au Roy humble & fidelle hommage,
Parce qu'il est ton oinct, qu'il est ta saincte image.

Epitaphe du Roy Henry le Grand.

Passant, si dedans toy quelque pitié se loge,
Entens du grand Henry ce merveilleux Eloge:
Soit en guerre civile, ou contre l'Estranger,
Ce grand Roy ne sçeut oncq' que c'estoit du danger,
Mais d'une mesme main chacun craignoit ses armes:
Roy toutesfois en guerre, & en paix si clement,
Que nous tous à l'envy, de nostre mouvement,
Subjects, & non subjects versons pour luy des larmes.

Ejusdem Epitaphium.

Nullo victus, Victorum Victor, amicos
Inter procubuit, pragmaticique manu.
Atque id magnificos urbs cum Parisina triumphos,
Postridie uxori mille pararet ovans.
Hæc, tu quisquis ades, tumulo subscribe, Viator,
Carmina, quæ nulla sint moritura die.
Lilia cui superant, inopino vulnere Mavors
Confossus, Maiis Idibus heu cecidit!
Henricum Magnum, Maius cum sustulit orbi,
Non fuit hoc unquam majus in orbe nefas.

LETTRE III.

Au Seigneur Louys de Saincte Marthe, Lieutenant General de la Connestablie de France.

Recueil de quelques Dicts notables du feu Roy Henry le Grand.

JAmais Roy ne fut accomply en tant de bonnes parties, soit au fait de la guerre, ou de la paix, comme estoit nostre grand Roy Henry IV. Et parce qu'il luy faut un Homere pour representer les hauts exploits d'armes, je me contenteray de vous representer les belles sentences, ou rencontres que je sçay estre, selon les occasions, sorties de sa bouche. Car pour vous bien dire, rien ne luy estoit impossible, de quelque costé qu'il voulust tourner son esprit. Vous recevrez doncques de moy cette lettre, comme une meslange de ce que j'ay appris de luy, d'uns & autres, sur ce subject.

Quelque jour apres qu'il fut arrivé à nostre Couronne, Gourdon, Gentilhomme Escossois, qui se pensoit excellent en l'Anagrammatisme des noms, mesme estimoit que dedans les anagrammes par luy faits se trouvoit depeinte la bonne ou mauvaise fortune d'un homme, ayant trouvé dedans un *Henry de Bourbon*, DE BON ROY BON HEUR: quelqu'un luy ayant rapporté que l'anagramme estoit excellent: mais que de malheur il y avoit addition d'un O; chose toutesfois permise en matiere d'Anagrammes, quand à la lettre de plus adjoustée, il y en a une semblable dedans le nom ou surnom: il ne faut (dit le Roy) entrer en cette perplexité, au cas qui se presente. Car combien que dedans mon nom & surnom

il ne se trouve que deux O, ce troisiesme porté par l'anagramme sera representé sur ma teste par la Couronne qui m'est escheuë.

Et comme quelques années d'apres, pour rendre l'anagramme accomply sans perte ou augmentation de lettres, un homme mal advisé luy eust dit que dedans *Henry de Bourbon*, se trouvoit, DE BIRON BON HEUR: comme si la bonne fortune du Roy despendoit du Mareschal de Biron: le Roy qui ne voulut adsdire Dieu recognoistre sa bonne fortune que de soy, dit: vous vous abusez (luy dir-il) vous devez dire de *Robin bon heur*: car toutes les mesmes lettres y sont. Qui ferma à ce ce sot la bouche.

Le Seigneur de Beaulieu, Maistre de Camp d'un Regiment de Gens de pied, qui depuis fut occis au siege de Chartre; apres la mort du feu Sieur de Guise, ayant pris la poste de Blois, pour luy en rapporter les nouvelles au païs de Xaintonge, où il sejournoit; luy en ayant donné le premier advis: encores qu'il me fust ennemy (dir-il) toutesfois s'il fust tombé sous ma puissance, je ne l'eusse traité de cette façon: & à la mienne volonté qu'il se fust icy avec moy, car nous eussions peu conquerir ensemblement toute l'Italie.

Quelqu'un luy disant une autre fois, que le Sieur de Guise estoit mort endebté de sept ou huit cents mille livres:

vres : Ventre-Saint-Gris (dit le Roy) il eſtoit un brave joüeur ; car il joüoit le tout, pour le tout : voulant dire qu'il s'eſtoit mis au hazard de perdre ceſte grande ſomme, pour gaigner le Royaume de France.

Pendant les Troubles, quelqu'un luy diſoit, que Monſieur de Mayenne eſtoit un grand Capitaine : je le croy (dit-il) mais j'ay tous les jours cinq bonnes heures ſur luy : voulant dire que pendant que Monſieur de Mayenne, ou pour l'indiſpoſition de ſa perſonne, ou commodité de ſes plaiſirs, ſe doreloroit dans ſon lit, il l'employoit en diligences, & vigilances contre luy.

Il eſtoit grand Roy, & neantmoins aucunement retenu aux liberalitez, qui devoient ſortir de ſa bource : au moyen de quoy, un Capitaine qui avoit ſuivy ſa fortune auparavant qu'il fuſt Roy de France, las de voir ſes ſervices eſtre mis ſur une table d'attente ſans effect, deliberant de reprendre la route de ſa maiſon, ſe preſenta devant ſa Majeſté, luy remonſtrant les grands ſervices qu'il luy avoit faits ſans en recevoir recompenſe ; & comme le Roy luy dit ; il ne faut point ſi longue harangue : Sire (dit l'autre) trois paroles tant ſeulement, Congé, ou argent. Mais quatre, reſpondit le Roy : ny congé, ny argent : & toutesfois ne le voulant perdre, quelques jours aprés, luy fit preſent d'une bonne ſomme de deniers, tirée de ſon eſpargne.

Le Seigneur de Givry, jeune Seigneur de belle & grande promeſſe, ayant à un clin d'œil regaigné la ville de Corbeil, à la priſe de laquelle le Duc de Parmes eſtoit demeuré ſix ſepmaines : & tout d'une ſuite, s'eſtant Givry fait maiſtre de la ville de Laigny ; le Roy qui l'aimoit comme celuy qu'il ſçavoit nourrir des nobles ambitions dedans ſon ame, luy mande ce mot de lettre : Tes victoires m'empeſchent de dormir ; comme anciennement celles de Milciade, Themiſtocle. A Dieu Givry, voilà tes vanitez payées. Il ſçavoit que ce jeune guerrier bravaſche, ne s'offenſeroit de ceſte parole, qui luy eſtoit eſcrite de la part de ſon Roy, qu'il ſçavoit favoriſer ſes entrepriſes.

Ce que je vous raconteray maintenant, je l'ay appris de Monſieur le Mareſchal d'Aumont, lequel repreſentant la ſageſſe militaire, & la magnanimité de courage qui eſtoit au Roy, nous recita en une bonne compagnie où j'eſtois, que eſtant ſur le point d'entrer en champ de bataille contre Monſieur de Mayenne à Yvry, le Sieur Mareſchal de Biron pere, & les premiers Capitaines de l'armée du Roy, ayants choiſi à propos pour venir aux mains le lendemain ; le Roy ayant veu & entendu leur projet, changea du tout leur deſſein : & par bonnes & fortes raiſons leur ayant remonſtré quelle eſtoit ſon opinion, ils paſſerent tout auſſi-toſt par la ſienne. Vray que l'un de la compagnie luy diét : Sire, en telles affaires, on a accouſtumé d'avoir un lieu de retraicte aſſeuré, en cas de malheureux ſuccez : vous dites vray (repartit le Roy) j'y ay desjà donné ordre ; parce que le champ auquel nous combatrons, ſera le lieu de noſtre retraicte ; voulant dire, qu'il falloit ou vaincre, ou mourir, & qu'il ne vouloit ſurvivre à la victoire de ſon ennemy. Sentence qui n'a point la pareille en toute l'ancienneté.

Comme il pourſuivoit la victoire en ceſte bataille d'Yvry, voyant les ennemis en route, toute la parole qu'il avoit en la bouche eſtoit, que l'on pardonnaſt aux François, mais non aux autres : parole, certes, digne d'un tel Roy.

Son eſpée, dont il avoit fait merveilles, eſtant ébrechée en pluſieurs endroits, eſquels ſe trouvoit, que du ſang, que des lopins de chair, que du poil : l'un de la compaignie voulant faire du bon valet, le lendemain la luy repreſentat. Mais tout auſſi-toſt il commanda qu'on la rapportaſt : bon (dit-il) pour la chaude cole, mais non maintenant de ſens froid.

Comme on luy euſt rapporté qu'un pauvre Marchand papetier avoit eſté pendu & eſtranglé dans Paris, parce qu'il eſtoit eſtimé favoriſer le party du Roy ; aprés en avoir eu quelque compaſſion : c'eſt (dit-il) un martyr d'Eſtat.

Au pourparler de paix qui fut faict en l'Abbaye de Sainct Antoine, pendant qu'il tenoit la ville de Paris aſſiegée, grande Nobleſſe Françoiſe le ſuivit, pour avoir part à ceſte entreveuë : & l'Archeveſque de Lyon, principal entremetteur pour le party de la Ligue, voyant telle foule, dit au Roy, que la preſſe eſtoit merveilleuſement grande. Je ſuis bien plus (dit-il) preſſé par ma Nobleſſe, quand je me trouve en une bataille.

Eſtant rentré dedans Paris, & ſes affaires aucunement raquoiſées, les deputez de la pretenduë Religion reformée luy demanderent quelque choſe, qu'il n'eſtimoit eſtre raiſonnable, à laquelle partant il ne voulut condeſcendre ; & comme ils luy euſſent dit : Sire, le feu Roy contre lequel nous avions porté les armes pour voſtre ſervice, nous l'accorda : je le croy (reſpondit-il) parce qu'il ne vous aimoit, ains craignoit. Et quant à moy, je ne vous crains, ains vous aime : & pour ceſte cauſe, je vous accorde ce que de raiſon ſeulement.

En ce que je vous raconteray maintenant, il y a plus de gayeté. Par l'Edict verifié en la Cour de Parlement, au mois de Février 1599. ſur le réglement de la pretenduë Religion reformée, il leur fut permis d'exercer leur Religion à cinq lieuës prés de Paris ; leſquels choiſirent le village de Grigny, non ſeulement pour ſon aſſiette qui eſtoit prés de la riviere de Seine, & qu'on s'y pouvoit tranſporter par bateaux, mais auſſi que celuy qui en eſtoit le Seigneur, eſtoit l'un de leurs principaux factionnaires : toutesfois quelque-temps aprés, ſe trouvant, pendant l'Hyver, les jours courts, & qu'il eſtoit mal-aiſé en un meſme jour de fournir à leur allée, devotion, & retour ; ils luy preſenterent leur requeſte, afin qu'il pleuſt à ſa Majeſté les approcher de Paris, & que leurs Preſches fuſſent, de là en avant, faits à deux lieuës de Paris : le Roy fit au champ eſcrivit de ſa propre main au-deſſous de leur requeſte ces mots : Deffenſes à toutes perſonnes de compter d'oreſnavant de Paris à Grigny plus de deux lieuës. Ce ſage Prince, pour n'offenſer les Catholics, ne voulut ſi promptement enfreindre ce qui avoit eſté arreſté par ſon Edit : & neantmoins voyant ſon peuple s'apprivoiſer à la longue l'un de l'autre, quelques années ſuivantes il leur permit de faire l'exercice de leur Religion au village d'Ablon, qui eſtoit les approcher de deux lieuës : & depuis encores au village de Charenton, où ſans tumulte ils l'exercent encores aujourd'huy. Le temps fait paſſer en couſtume ce qui n'euſt peu eſtre du commencement bonnement digeré.

Il eſtoit Roy qui au maniement de ſes affaires d'Eſtat vouloit eſtre creu abſolument, & un peu plus que ſes predeceſſeurs n'avoient fait : ayant envoyé un Edit au Parlement pour le verifier, elle depeſcha quelques Seigneurs de ſa Compagnie, pour luy remonſtrer la playe qui ſe feroit à ſon Royaume, paſſant cet Edit. Le ſuppliant vouloir prendre de bonne part leurs tres-humbles remonſtrances faites par une Compagnie qui eſtoit ſon bras dextre. S'il eſt ainſi comme vous dites (reſpondit-il) vous me recognoiſſez doncques pour voſtre Chef, auquel il faut que la main dextre obeïſſe.

Pendant les allées & venuës qui ſe faiſoient entre Madame ſa ſœur (qui eſtoit de la pretenduë Religion reformée) avec Mre le Duc de Lorraine : La Maiſon de Lorraine (dit-il) ſe vante avoir eſté en partie cauſe que j'aye eſté à la Meſſe, & je me trouve bien content. Je baille aux Lorrains ma ſœur en mariage, qui les fera peut-eſtre aller au Preſche : & je ne ſçay comme ils s'en trouveront.

Monſieur de Mayenne l'importunoit ſur les aſſignations d'argent qui luy avoient eſté promiſes, par les articles de ſa capitulation : diſant n'en pouvoir eſtre dreſſé. A quoy le Roy ſe ſouſriant luy dit : que de luy trouver lors argent, il ne pouvoir, & qu'il aimeroit beaucoup mieux luy livrer encores une bataille à Yvry. Il avoit en ce lieu obtenu victoire contre luy : & à vray dire, c'eſtoit aucunement le picquer.

Un Gentilhomme nommé Bertaut, qui pendant les Troubles avoit eſté Lieutenant de la Compaignie de Monſieur le Mareſchal de Bois-Daulphin, ayant eſté con-

Pp iij damné

damné d'estre décapité par Arrest de la Cour de Parlement; le Mareschal se presente au Roy, & par une infinité d'importunitez impetra de luy sa grace, au prejudice de l'Arrest; tellement que comme on estoit sur le point de mettre le condamné dedans la charrette pour le mener au gibet, un Capitaine des Gardes du Roy, accompagné de plusieurs Archers, vint en la Conciergerie pour l'enlever, suivant l'exprés commandement qui luy avoit esté fait par son maistre. La Cour de Parlement de ce advertie, delegue tout aussi-tost Monsieur le President de Tou pardevant le Roy, pour luy remonstrer de quelle consequence estoit ce coup extraordinaire. Chose dont il s'acquitta fort dignement en presence de Monsieur de Bois-Daulphin. De maniere que le Roy combattu d'un costé, par les sages & honnestes remonstrances du President; & d'un autre, par les supplications du Seigneur de Bois-Daulphin, finalement enclinant à la raison, luy dit : ce que me demandez, n'est-ce pas pour l'amitié que portez à Bertaut? A quoy luy ayant respondu, que ouy : le Roy luy demanda, s'il ne l'aimoit pas autant que Bertaut. Sur ce, luy ayant derechef respondu que ouy; & qu'il n'y avoit nulle comparaison de l'un à l'autre : il faut doncques (repliqua le Roy) que laissiez faire ce qui est de Justice : car sauvant la vie à Bertaut, & luy conservant son corps, vous me feriez perdre & mon ame, & mon honneur tout ensemble : & sur cette conclusion, fut l'Arrest executé, & Bertaut mené en la place de Greve, où il fut décapité.

Messire Philippe Hurault, Chancelier de France, estant inesperément decedé le 30. de Juillet 1599. en sa maison de Chiverny proche de la ville de Blois, où le Roy sejournoit, Monsieur de Villeroy, Secretaire d'Estat, en ayant eu les premieres nouvelles, l'en vint tout aussi-tost advertir. Le Roy, sans plus grande deliberation, mande soudain le Sieur de Bellievre, lequel arrivé, est d'une mesme main fait Chancelier. Quelque heure aprés, le Sieur de Rosny venant luy apporter les mesmes nouvelles de la mort du Chancelier, le Roy se sousriant luy dit, qu'il n'en estoit rien, & que s'il alloit chez le Sieur de Bellievre, il trouveroit le Chancelier plein de vie; voulant dire, que le Sieur de Chiverny estoit mort, mais non l'Estat de Chancelier.

En la Conference qui fut faite devant luy à Fontainebleau entre le Sieur du Perron Evesque d'Évreux, & le Seigneur du Plessis-Mornay, l'Evesque soustenoit avoir esté alleguez & tronquez par le Sieur du Plessis, cela ayant esté verifié en deux ou trois passages, par Messieurs les Commissaires, le Roy en se gaussant luy dit, qu'il avoit oublié de mettre un *& cetera* de Notaire, à la fin de toutes ces clauses.

Etcetera de Notaire.

Auparavant que d'estre rentré dedans Paris, faisant son principal sejour en la ville de Tours, où il avoit estably ses Parlement, Chambre des Comptes, & Generaux des Aides, pendant que ses affaires estoient en balance, quelque Seigneur qui, entre les gens de Robbe longue, ne tenoit peu d'authorité, s'estoit bloty és environs d'un Seigneur qui avoit sauf-conduit de l'un & de l'autre party : & depuis voyant les affaires du Roy luy réüssir, le vint trouver en la ville de Tours, joüant à la premiere : & comme on eust dit au Roy, qu'il luy vouloit baiser les mains : faites-le monter (dit-il) car puis qu'il vient, c'est signe que je gaigneray.

Et aprés estre monté, & avoir salué le Roy, voulant s'en retourner, le Roy luy dit : ne bougez, afin que soyez des miens, si je gaigne. Cette attache fut soigneusement recüeillie par les assistants, qui depuis en sçeurent fort bien faire leur profit.

Il ne prenoit plaisir aux longues harangues, ains vouloit estre gouverné à bastons rompus : un jour, sortant du jardin des Tuilleries pour aller disner, quelque Depuré de Province l'ayant empieté, & commencé sa harangue par ces mots : *Quand Hannibal sortit de Carthage, &c.* Le Roy voyant que ce discours seroit d'une longue haleine luy dit : lors que Hannibal partit de Carthage, il avoit disné : & quant à moy, je m'en vay disner. Et de ce pas, laissa ce nouveau discoureur merveilleusement estonné.

Se trouvant avec un sien Escuyer à la chasse, en la cassine d'un simple homme, il se fit apporter tout ce qui estoit pour le disner du maistre de la maison : & comme l'Escuyer voulut faire l'essay, il luy dit, qu'il n'en estoit de besoin : parce que cette viande n'avoit esté apprestée pour luy.

Un jour de Carnaval, fut fait un Ballet en la grande sale du Louvre, dont la Roine estoit la premiere conductrice, suivie par huit ou neuf grandes Dames, toutes ayants les Chefs entourez de plusieurs riches pierreries; & singulierement une Dame, dont le mary estoit Superintendant des Finances : advint qu'un Suisse enyvré gardant la porte de la sale, tomba de son hant à la veuë du Roy : & comme quelque Seigneur luy eust dit, qu'il ne s'en falloit esbahir; parce que ce Suisse avoit plusieurs pots de vin en la teste : vous vous abusez (dit le Roy) voilà Madame &c. qui en a beaucoup plus que luy sur la sienne; & neantmoins vous voyez comme elle demeure sur pieds sans tresbucher. Entendant, par ces pots de vin, les presents que cette Dame avoit receus d'uns & autres pour obtenir de son mary une partie de ce qu'ils desiroient.

Encores n'oublieray-je cette particularité. Nostre Roy Louys XI. avoit ce serment ordinaire en sa bouche, *Pasque Dieu* : François premier, *Foy de Gentilhomme*, & Henry IV. *Ventre-Sainct-Gry* : Serment qui n'offensoit ny le Ciel ny la terre : & neantmoins qui estoit fort bien par luy entretenu, estant sorty de sa bouche.

Sermens de trois Rois.

Ce que je vous ay cy-dessus recité, est une Histoire sans fin. Car je m'asseure qu'il y a une infinité d'autres rencontres que pourrez apprendre de ceux qui ont cest honneur de l'approcher, luy faisant service. Que si peut-estre on vous en fournir quelques autres, permis à vous de les adjouster à cette lettre ; à moy de ne l'estre marry d'avoir un tel coadjuteur, me contentant que j'aye choisi pour mon lot en son Histoire, ce que je voy estre negligé en nostre Histoire Françoise : car quant à ce qui regarde de haut point de sa Chevalerie & vaillance, j'en laisse la tasche à une main plus hardie que la mienne. Bien souhaite-je, qu'il y ait moins de temerité, que je n'ay veu : d'autant que lors qu'il pleut à Dieu de l'appeller à soy, je vy une flote d'hommes qui à l'envy l'un de l'autre, sous une fantasque opinion de leurs suffisances, se mirent à celebrer ses loüanges, les uns en Prose, les autres en Vers : la plus-part desquels je voulus honorer de ce Sonnet, qui n'a encores veu le jour, que maintenant.

Contre un tas d'Escrivasseurs, qui celebrent, tant en Vers, que Prose, les faicts heroïques de nostre Roy Henry le Grand.

SONNET.

JE loüe en vous vrayement le bon zele,
Non toutesfois vostre discretion,
Lors que poussez de bonne affection,
Representez d'un grand Roy le modelle.
Pour donner feuille à sa vie immortelle,
Il vous falloit en ce preux Francion
Tirer les traicts de sa perfection,
D'un autre Homere, ou Lysippe, ou Apelle.
Ce fut le vœu du Macedonien,
Les autres mains ne luy estoient qu'un rien,
Rien qu'avortons, que chifres, rien qu'escumes :
Lors que Henry est par vous blasonné,
Je croy qu'il fut deux fois assassiné,
L'une du glaive, & l'autre par vos plumes.

Car quant à moy, me recognoissant trop foible pour cest effect, je me contenteray d'estre un autre Thimante, & cacher sous le rideau ce que je pense ne pouvoir estre dignement representé sur le Tableau : qui sera de vous

vous faire part de cest Eloge, que j'ay tracé pour luy, A pour closture de ceste mienne lettre. A Dieu.

Henrici Magni Icon.

Rex mihi par nullus, seu Graias, sive Latinas,
Seu tu Franciadum legeris historias.
Singula quæ reliquis miracula Regibus insunt,
Hæc in me solo principe cuncta vigent.
Meme Lysippus fingat, me pingat Appelles,
Et sis historiæ scriptor, Homere, mea.

LETTRE IV.

A Monsieur Valladier, Abbé de Sainct Arnoul de Mets.

Il se plaint à luy de ce qu'il ne luy avoit escrit au long comme sa reception avoit esté faicte en son Abbaye.

NE pensez pas, Monsieur le Brave, en estre quitte pour une simple recommandation de bouche, qui m'a esté apportée par vostre neveu, accompagnée de ce petit mot & non plus, que toutes choses vous sont succedées à souhait en la prise de possession de vostre Abbaye. Quant à moy, je ne me paye en ceste monnoye, ains veux uns Tite-Live, ou Tacite, qui me déchifrent par le menu l'ordre qui y a esté tenu depuis le commencement jusques à la fin: & tout d'une suite, en quel mesnage vous estes avecques Monsieur de Bon-ouvrier, Gouverneur de vostre ville de Mets. Car je souhaite, en vostre fait, mesler le spirituel & temporel tout ensemble. Ny l'un sans l'autre ne me peut contenter: c'est un advis, qu'en ce mot de contentement vous baille celuy qui joué en un mesme temps le personnage de content & malcontent; content de vostre heureux succés; malcontent que par une avarice de vostre plume, ne m'en ayez voulu faire part. Que si n'amandez ceste faute, croyez que par cy-aprés, au milieu de vostre grand heur, aurez en moy un grand ennemy: qui ne sera pas une petite espine à vostre bonne fortune. A Dieu. De Paris, en vostre maison, ce 19. de May, 1614.

LETTRE V.

A Monsieur de Raimond, Conseiller en la Cour de Parlement de Bourdeaux.

Commencement de plusieurs Sectes, & les procedz de celle de Luther en l'Eglise.

"Toute la terre (dites-vous) vivoit en paix pour les Religions: chacun dedans son destroit en repos, & en la foy de ses peres, & ne debattoit avec ceux de sa Loy, que pour l'estenduë des Empires & Principautez, quand à l'entrée du quinziesme siecle, tout se desunit & divisa en Sectes & Heresies, qui couvrent toutes les contrées du monde en miseres & desolations, l'Asie & l'Afrique, & l'Europe.

Observation, certes, trés-belle, à laquelle donnant plus d'air, j'adjousterois volontiers, qu'il semble que les Astres eussent voulu autrefois contribuer à ces grandes mutations. Ainsi voyons-nous que l'Empereur Phocas, *Le Pape de Rome declaré chef de l'Eglise universelle.* ayant adjugé la superiorité de l'Eglise universelle à nostre Sainct Pere de Rome, contre le Constantinopolitain, qui par brigues & faveurs vouloit emporter le dessus de haute luite; quelque peu aprés le decez de Phocas, sous Heraclius son successeur, Mahomet, le faux Prophete, *Mahomet introduit sa Secte.* introduisit le masque d'une nouvelle Religion au Levant, dont il se fit chef de part: quelque secrette influence des Cieux eust voulu estre de la partie, en ce fatal changement de Religions. Non que la primauté de nostre Eglise n'appartinst indubitablement au Sainct Siege: mais elle luy avoit esté auparavant disputée par quelques Prelats, & singulierement par celuy de Constantinople, jusques à ce que Phocas, par decret, luy ferma la bouche.

Trois grands Innovateurs au Siecle 1500. Copernic & ses opinions Paradoxes. Paracelse. Ramus. J'adjousteray encore à vostre discours, par maniere de remplissage, que dedans la mesme centaine d'années dont parlez, qui est l'an mil cinq cens, se trouverent, en matiere de sciences, trois grands hommes (appellez les Innovateurs, ou Heretiques, si voulez) qui voulurent troubler l'ancienneté. Copernic dedans l'Allemaigne, en Mathematique, qui par nouvelles demonstrations voulut faire accroire, que la Terre estoit mobile, le Ciel immobile, la Lune chaude, le Soleil froid, & plusieurs autres telles propositions paradoxes; Paracelse, qui par nouveaux principes de Medecine, incognus à Hippocrat & Galien, quoy que soit, non par eux touchez, fit une infinité de grandes & extraordinaires guerisons. Et dedans cette France, la Ramée, dit Ramus, qui par Livres exprés en la Logique, voulut censurer la doctrine d'Aristote, receuë & approuvée d'un long-temps par toutes les Universitez. Et combien que les affaires ne reüssirent au premier selon son souhait, toutesfois le second a produit aux Païs de Suisse, & d'Allemaigne plusieurs Paracelsites, qui sont contre-teste à l'ancienne Medecine, & encore en quelques endroits de la France: comme aussi le dernier des Ramistes, en certains lieux d'Allemaigne, où les Precepteurs ont quitté la lecture d'Aristote, pour s'attacher à celle de Ramus.

Mais pour ne sortir des termes de la Religion, c'est une chose esmerveillable, qu'en ces derniers remuëmens, il y avoit eu mesmes rencontres, en l'une & l'autre Religion, qui ont vogue par cest Univers. En la Turquie, ils avoient vescu neuf cens ans sous la doctrine de Homar, l'un des principaux disciples de Mahomet, jusques en l'an 1500. & lors, en moins de quinze ou seize ans, se trouverent deux trouble-mesnages, Ismaël en l'Asie, Amether en l'Afrique, lesquels meslans les armes, & la Religion tout ensemble, tout ainsi que Mahomet, introduisirent deux nouvelles Sectes, entées sur la leur ancienne: celuy-là embrassant la doctrine de Hali, autre disciple de Mahomet, qui luy attouchoit de proximité de lignage: cettuy-cy, sur une abondance de sens, qu'il pensoit estre en luy, soustenant qu'il se falloit arrester à l'original des escrits de leur grand Prophete, & non aux traditions de Homar, ou Hali. Et sous ces nouveaux pretextes, le premier se donnant la qualité de Sophi, c'est-à-dire, *Interprete, & Truchement de la volonté de Dieu*; & le second, celle de Cherif, qui est à dire, *Prestre de Dieu* (qualitez qu'ils transmirent à leurs successeurs) se firent Roys; l'un, de la Perse & autres Païs circonvoisins; l'autre, de la plus grande partie de l'Afrique. Mutations qui commencerent d'arriver, selon vostre supputation, l'an mil cinq cens; & selon celle de Maistre Jean le Maire de Belges, l'an mil cinq cens trois. Mais de s'arrester en si peu de temps, c'est épinocher en l'Histoire. *Sectes diverses en la doctrine de Mahomet. Sophi & Cherif, & signification de ces mots. Qui se font Rois.*

Ne pensez pas qu'au remuëment de nostre Religion, qui commença vers l'an 1517. il n'y ait eu pareillement deux nouvelles Sectes; la Lutherienne, qui s'attaque contre le Sainct Siege; & une autre, laquelle faisant, selon les aucuns, profession; selon les autres, contenance de *La Secte Lutherienne contre le*
soustenir

soustenir le Sainct Siege, mesle, en soy faisant riche, le meurtre, l'Estat, & la Religion tout ensemble : dont je n'entens maintenant vous gouverner, ains seulement de la Lutherienne. Quand je vous ay dy la Lutherienne, j'entens toutes les autres qui se sont entées sur elle.

S. Siege, & une autre, pour luy.

Or sont tous nos Historiographes d'accord, que ce nouveau trouble s'excita en haine de la Croisade, publiée par le Pape Leon X. & que celuy qui remua premier cette querelle à face ouverte, fut Martin Luther. Et tout ainsi qu'il bigarra nostre Religion, aussi se trouvent nos Historiens bigarrez en l'Histoire de luy. Si je parle à Sleidan, ce fut un grand Prophete de Dieu : si à vous, ce fut un très-meschant homme, qui, selon vostre opinion, familiarisoit avecques le diable. Le mesme Sleidan, d'une plume partiale, commence son Histoire, par la publication de la Croisade, sans en declarer le motif ; comme si c'eust esté seulement un appast, pour tirer argent des consciences timorées, sous la crainte, & apprehension du Purgatoire : & vous la fondez sur un bon enclin estably sur la Saincte Ligue, qu'on brassoit sous le nom de la Croisade contre le Turc ; rejettant la malefaçon, non sur l'ordinaire, ains sur les exequuteurs d'icelle. Et combien que je ne puisse rien adjouster à ce qu'en avez doctement escrit, toutesfois je vous prie prendre de bonne part ce que j'entens vous deduire, non par forme de supplement, ains seulement de commentaire.

La Secte Lutherienne en haine de la Croisade.

La Croisade prescheé sous Leon X.

Entre toutes les notables Sentences de l'ancienneté, je fay grand compte de celle de nostre Sainct Jean Chrysostome, quand il fit un brief traité, pour monstrer que nul de nous n'est blessé que par soy-mesme. A la verité, nous devons detester l'heresie de Martin Luther, qui s'ahcurta contre le sainct Siege ; je n'en fay doute : mais aussi que le Pape Leon ait esté le premier & principal instrument de ce divorce, je le tiens pour très-asseuré, vous priant de m'excuser, si vous contreviens en cecy. Et neantmoins il ne faut pas digerer cette Histoire crüement en sa desfaveur, de la façon qu'a faict Sleidan. La verité est, qu'après que Selin eut emptieté l'Empire de Constantinople sur Bazahits son pere, au prejudice d'Achomat son frere aisné, rien ne luy estant impossible au faict des armes, & ayant tout d'une suite desfait en bataille rangée le Sophi, pris la grande ville Tauris sur luy, uny à la Couronne l'Egypte, la Surie, & autres païs, le Pape Leon craignant qu'en un conflus de si grandes fortunes il ne voulust faire vessu dedans la Chrestienté, commença, comme sage Pere, de solliciter tous les Princes Chrestiens ses enfans, à une concorde generale, pour tourner toutes leurs pensées & forces contre ce nouveau Conquerant, ennemy profés de nostre Religion Chrestienne. En quoy sa sollicitation luy succeda si à propos, qu'il fit entr'eux une trefve de cinq ans, avec un ferme propos de se joindre tous ensemble pour le soustenement de nostre foy. Sur ces arrhes, le Pape, pour faciliter l'entreprise, faict publier une Croisade par toute la Chrestienté ; qui estoit un Pardon general à tous ceux qui contribueroient deniers pour le desfroy de cette Saincte Ligue, tant pour eux, que pour racheter de Purgatoire, les ames de leurs parents & amis trespassez. Belle & louable promesse. Car parlant avec tout honneur de l'authorité du sainct Siege, & sans vouloir sorciller contre le Soleil, nous devons tous estimer, *Bonis auspiciis ea fieri, quæ pro Reipublica salute fiunt*. Et vraiment, celuy eust esté un grand sot, que je ne die enragé, qui eust lors voulu aiguiser son esprit contre ce decret, en une si juste querelle : mais ce qui survint depuis, gaste tout.

Nul n'est blessé que par soy-mesme.

Selin em piete l'Empire d'Orient sur son pere & son frere, & ses conquestes.

Occasion de la Croisade.

Dieu regardant d'un œil de pitié son peuple, nous garantit par la mort de Selin, de la crainte qu'avions de luy. D'un autre costé, l'Empereur Maximilian alla de vie à trespas ; & par son decés, se planta aux cœurs de deux grands Princes, François Premier de ce nom, Roy de France, & Charles Roy d'Espaigne, petit-fils du defunt, une nouvelle ambition ; non pour conquerir par armes l'Empire de Constantinople, mais bien celuy d'Allemagne, par brigues : & deslors les Princes Chrestiens mirent en nonchaloir leur premier dessein. Que si avec les morts

François I. & Charles V. briguent l'Empire.

de Selin & Maximilian, l'avarice fust pareillement morte dedans Rome, indubitablement les affaires de nostre Eglise fussent demeurées en leur calme. N'estant plus question de se croiser contre le Turc, il falloit aussi oublier la cueillette des deniers qu'on faisoit pour survenir à la Croisade. C'est le mot dont nous baptizons les voyages qu'entreprenons contre les infideles. Toutesfois mettants l'honneur de Dieu sous pieds, ceux qui commandoient aux opinions de Leon, Pape facile & debonnaire, luy firent exercer liberalité de ces deniers, premierement envers une sienne sœur, qui en eut le plus grand chanteau, comme nous apprenons de Guichardin ; puis envers uns & autres Princes. Il n'est pas que quelque plume mesdisante n'ait escrit, que nostre Roy François en eut part au gasteau. Alors se tourna ce grand pardon en party ; se trouvans quelques Prelats principaux entrepreneurs, qui faisoient la maille bonne : sous lesquels y avoit quelques partisans, qui sçavoient ce qu'ils leur devoient rendre pour les Provinces qui leur estoient departies. La procedure que Messieurs observoient, allants faire leurs questes, estoit de commencer en chaque Parroisse par une Procession, sous la conduite du Curé, ou de son Vicaire, suivie d'une celebration de grand' Messe du Sainct Esprit, qui se fermoit par le Sermon d'un Charlatan, lequel estaloit aux Parroissiens, de quel fruit estoit le merite de ce grand Pardon, tant aux vivants, qu'aux morts, plus ou moins, selon le plus ou le moins qu'on contribueroit de deniers. Et lors le pauvre peuple ouvroit sa bource à qui mieux mieux, pour participer à un si riche butin. Ce fut un Or pire que celuy de Toulouze, qui causoit seulement la mort à ceux qui le manioient : mais cettuy fit mourir en plusieurs contrées & nations, la Papauté, principal joyau de nostre Eglise : & en outre, se fondit és mains de ceux qui le manierent, sans qu'ils en tirassent jamais profit.

Croisade que signifie.

Deniers mal dispensez.

Procedure observée en la cueillette des deniers de la Croisade.

Faictes tant d'Ordonnances qu'il vous plaira, pour tenir en bride la mesdisance contre les Grands ; toutesfois il est mal-aisé que la patience n'eschappe à quelques esprits delicts, si le Prince ne met le premier quelque bride à ses opinions : & sur tout, c'est un privilege special des chaires dedans les Eglises, de se desborder aisément contre les abus sans acception, & exception des personnes. Quelques Prescheurs d'Allemagne, où ce trafic se meslangeoit, n'oublierent ce mestier ; & sur tous, Martin Luther, Religieux de l'Ordre de Sainct Augustin, s'en acquitta dedans la ville de Wittemberg, païs de Saxe. Il crie, du commencement, contre les Collecteurs, qui revestoient leur detestable avarice de la Messe du Sainct Esprit. C'estoit un louable advis baillé aux Romains de ce qu'ils avoient à faire. Mais en vain : car il preschoit à oreilles sourdes. Tout cela ne regardoit que l'abus ; mais voyant comme on continuoit en eux, le Diable prit occasion de se mettre de la partie ; & adoncques Luther mettant ses opinions à l'essor, commence de frapper au tige, & laisser les branches : qu'il n'estoit de rien en la puissance du Pape de distribuer les Indulgences & Pardons. Encore falloit-il peu d'eau pour esteindre le commencement de ce feu. Par une suppression de cette levée de deniers, Luther se fust de là en avant trouvé lourche. Au lieu de cela, on commence de jouer des plumes, pour le soustenement de l'authorité du sainct Siege. Je loüe la devotion, mais non la prudence de ceux qui prindrent ceste querelle en main ; car combien que Luther fust d'un esprit frelaté, si n'avoit-il assez de fonds, ny de doctrine très-foncière pour se donner une si grande partie en teste : comme d'un autre costé, le Pape n'estoit assez fort pour authoriser, & donner vogue à un si grand abus. Et qui deflors à petit bruit eust par un sage desaveu, rejetté la faute sur les Collecteurs, & revoqué leurs Commissions, sans entrer en plus grande cognoissance de cause, c'eust esté une chasse morte, & eust ce petit Moine, sans y penser, perdu son escrime. *Spreta exolescunt*. Mais comme il advient ordinairement, comme les Grands ne manquent jamais de flatteurs qui les secondent en leurs opinions, bonnes ou mauvaises, aussi se trouverent quelques

Prescheurs miers de Martin Lusher.

S'attaque au Pape.

Escoliers,

Escoliers, qui sous la qualité de Theologiens, soustindrent la querelle du Pape, donnants subject à un Moineau de se faire Aigle, aux despens de la reputation du sainct Siege ; & entre autres, un frere Pieras Sylvestre de l'Ordre de sainct Dominique, demeurant à Rome, se mit sur les rangs. Tellement que deux Moines, l'un Augustin, l'autre Jacobin, entrent en lice, s'attachants aux extremitez : celuy-là, voulant terrasser la grandeur du Pape, & la reduire au pied des autres Evesques, en & au dedans leurs limites : cestuy-cy, au contraire, luy donnant toute puissance & authorité, non seulement sur les Patriarches, Archevesques, & Evesques, mais aussi sur le Concile general & œcumenique : qu'il luy suffisoit de dire, *s'il me plaist, il me toist* : & qu'il falloit considerer, non ce que les Papes font, mais ce qu'ils font : partant, on ne pouvoit tirer en envie ceste Croisade & recolte de deniers, de quelque façon qu'on la voulust prendre.

Or comme l'heresie est proprement en nos Ames, ce qu'est un chancre en nos corps, qui les rongnonne petit à petit, jusques à la gangrene ; aussi ceste desobeïssance contre le chef, se glissa & espandit sur les autres parties du corps general de nostre Eglise, & allerent nos nouveaux Chrestiens rechercher l'heresie de Jean Hus, qui s'estoit blotie en un recoin de Boheme, depuis la closture du grand Concile de Constance. Et qui plus est, de la plume, avant-coureuse de ceste horrible tragedie, on en vint puis apres aux armes, chacun pour le soustenement de sa foy : principal instrument dont Dieu permet que le Diable s'aide, quand en haine de nos pechez, ou de nos Superieurs, il veut affliger son Eglise. Vous sçavez les guerres qui sourdirent, tant en Allemaigne que France. Je vous prie mettre la main sur vostre conscience, & me dire à qui on doit le premier plan de ceste ruine, sinon à celuy qui pour abuser de sa dignité, donna subject, non de la bouleverser tout à plat, ains d'y faire une grande bresche : comme de faict, vous avez depuis veu une grande partie de l'Allemaigne, des Païs-Bas, unes Angleterre, Escosse, & autres contrées s'estre soustraictes de son obeïssance : voire que nostre France mesme a balancé, & a esté entre deux fers pour cest esgard. Chose dont je ne m'esbahy. Sca' vous pourquoy ? Le Pape Leon se remettant devant les yeux le grand desarroy qui luy estoit survenu par sa Croisade, devoit estre, de là en avant, plus retenu en ses actions, qu'il n'avoit esté par le passé. Le fut-il ? Non vrayement : au contraire, si je l'ose dire, il se comporta de mal en pis. Nous avions en ceste France la Pragmatique Sanction, nerf tres-fort & tres-certain de nostre discipline Ecclesiastique, qu'il avoit auparavant supprimée en la ville de Bologne la Grasse, par le Concordat faict entre luy & nostre Roy François premier de nom. Se mit-il jamais en devoir de vouloir estancher ceste playe, par ceste nouvelle police ? Il tourna en affaires d'Estat, les Elections des grandes dignitez de nostre Eglise : mesnage du Sainct Esprit, premierement mis en œuvre par les Apostres, en la personne de sainct Mathias, au remplacement de l'Apostolat de Judas, & depuis successivement continué à l'honneur de Dieu, dedans son Eglise. Auparavant, les Abbez & Religieux estoient d'une mesme pature, vivoient ensemblement, tant en prieres envers Dieu dedans leurs Eglises, qu'en estudes communes dedans leurs Cloistres ; & si la devotion en l'un ou l'autre leur manquoit, pour le moins les Abbez demeuroient sur leurs Abbez, les entretenoient en bon & suffisant estat : depuis, par ce nouveau desordre, ayans tourné l'ancienne Regularité en Commande, & d'un Abbé fait un abus, le Magistrat politic ne craint rien tant, que de voir l'Abbé, & ses Religieux faire maison, & table communes ; parce que le Superieur serviroit de tres-mauvais exemple à ses inferieurs. Et faut que nos Monasteres soient sans leurs principales testes : car qui leur bailleroit un Proto-Notaire pour chef & conduire, Proto-Notaire, dy-je, entouré de chevaux, de chiens, de valetailles, & peut-estre de quelque engeance de pis, ce seroit former un monstre, tout ainsi que le peintre mettant sur un corps humain, l'encouleure d'un cheval. Et comme d'un abisme on tombe aisement en un autre, aussi les Princes seculiers ont sur ces Commandes basty, tantost des œconomies, tantost des Custodinos & depositaires, la plus-part gens de nulle valeur, qui sous de grandes soutanes, & bonnets à l'Episcopale, gardent les Eveschez & Abbayes, qui à un Capitaine & guerrier, qui à un Huguenot, qui à gens mariez, qui à une Dame, voire paraventure une garce : & passants outre, les Evesches, Abbayes, & autres benefices se vendent selon les rencontres, au plus offrant & dernier enchereisseur. Chacun de nous voit cela : si ne le voyons, tant y a que c'est un mesnage non caché à Dieu. Et nous au milieu de ceste generale desbauche, nous pensons exterminer l'heresie par nos escrits, & nos cris ; emporter le dessus par paroles, combattans contre nous par effect ? Quant à moy, je ne pense pas qu'il se puisse aisement faire. C'est faire gerbe de fouarre à Dieu : & c'est aussi la main de Dieu qui nous touche. Pour restablir nostre Eglise à son vray point, il faut que celuy qui en a les Clefs, ouvre le premier la porte, dont il a brouillé la serrure. A Dieu.

marginalia: F. Pieras Sylvestre en quelques mesmes respond à Luther en faveur du Pape.

L'heresie de Jean Hus renouvellée.

Desordre arrivé au faict des Abbayes.

Custodinos & œconomes.

+++

LETTRE VI.

A nostre Maistre George Froget, Docteur en Theologie, Curé de S. Nicolas du Chardonneret, Chanoine de la Saincte Chapelle de Paris, son Curé.

marginalia: Il s'excuse sur l'advis de son Medecin de ce qu'il ne pensoit sortir le jour de Noël.

IL y a six sepmaines & plus, que tant pour l'indisposition de ma personne, que du temps, je suis contraint de garder la chambre. Sain neantmoins (graces à Dieu) de l'esprit, tout ainsi que par le passé. Prison que j'ay supportée avec une patience non desagreable ; mais qui ce jourd'huy commence de m'eschaper, de tant qu'en ceste grande & saincte feste de Noël, ceux qui se donnent quelque jurisdiction sur ma santé, ne me permettent de sortir pour plusieurs raisons, & entre autres, que je suis un corps felé, qu'il faut conserver pour durer. Mais je crains qu'en le voulant conserver, ils perdent l'Ame. C'est pourquoy pour suppléer au defaut, & avoir part à vos bonnes prieres, comme celuy qui est present, sinon de corps, pour le moins de cœur, je vous envoye mon offrande par ce porteur, & d'abondant ces six vers, pour me servir d'exoine envers vous : sous protestation toutesfois, si me le commandez, de briser ma prison, que je vous obeïray, nonobstant la crainte de pis, dont me menace mon Medecin. A Dieu. Ce jour de Noël 1613.

Estimerez-vous que mon Ame,
Encoure envers Dieu quelque blâme,
Quand pour ne la sortir du corps,
Les Medecins qui m'environnent,
Tout d'un mesme conseil ordonnent
Que je ne sorte aussi dehors.

Vostre, je n'ose dire bon Paroissien pour les éclipses que je vous fay, ains asseuré amy Pasquier : & au sur-plus pour ne demeurer oiseux en ma chambre, je vous envoye quelques meditations spirituelles, par moy faites, afin que m'en donniez vostre advis, pour puis vous faire part des autres.

LETTRE VII.

A Monsieur George Froget, Docteur en Theologie, Curé de S. Nicolas du Chardonneret, Chanoine de la Saincte Chapelle de Paris, son Curé.

Discours en forme de meditations sur l'histoire des quatre Evangelistes, & ce que chacun a traicté particulierement.

Voyant ces jours passez s'approcher la feste de Noël, j'ay releu nos quatre Evangelistes, avec telle diligence & devotion que le temps, & le subject desiroient : & si je ne m'abuse, combien qu'ils ne doivent estre reputez que pour un, si me semblent-ils avoir partagé entr'eux diversement leurs fonctions. Car comme ainsi soit, qu'en la Saincte Histoire de nostre Sauveur Jesus-Christ, il y ait quatre traits paradoxes, sa Nativité, Passion, Resurrection, & Ascension ; je trouve que nous devons principalement le discours de sa Nativité à sainct Mathieu, & sainct Luc : la Passion & Ascension, à tous quatre ; & la Resurrection, sur tous les autres, à sainct Jean.

Recit de la Nativité de Jesus-Christ par S. Luc, & en quel ordre.

Je reprendray les arrhements de la Nativité. Sainct Luc prend son thème de plus haut : parce qu'il raconte comme l'Ange Gabriel apparut à Zacharie, lors grand Pontife, & luy predit, qu'encores que sa femme Elyzabeth fust hors d'age d'avoir enfans, mesme que par commun sobriquet, elle fust appellée Brehaigne, toutesfois dedans quelques mois elle accoucheroit d'un enfant qui seroit remply du sainct Esprit, & porteroit le nom de Jean. De là il recite l'ambassade que le mesme Ange fit à la Vierge Marie, de la Conception de nostre Redempteur, sans operation charnelle : puis, l'entreveuë d'elle, & d'Elizabeth sa cousine estant enceinte, de laquelle le ventre commença de tressaillir, comme ayant son fruict quelque sentiment de l'honneur qu'il devoit porter à celuy de la Vierge : les actions de grace que la Vierge fit à Dieu, lesquelles nous celebrons tant en nostre Eglise sous le nom de *Magnificat* ; la naissance de sainct Jean-Baptiste, puis celle de Jesus en Bethléem : l'advis qu'en eurent les Pasteurs par l'Ange, & comme de ce pas ils le vindrent adorer : le recueïl fait par le bon homme Simeon lors de la Purification de la Vierge : & là, il se ferme pour cet esgard.

Par S. Mathieu.

S. Mathieu ayant aussi pris, pour son lot, le mesme sujet, nous touche quelques autres particularitez : que Joseph fiancé avec Marie ayant quelque grossesse, fut en opinion de la repudier ; mais qu'il en fut destourné par l'Ange : que les trois Mages vindrent adorer du Levant, l'enfant nouveau né, sous la conduite d'une Estoile : que passants par Hierusalem ; le Roy Herode entendit d'eux le motif de leur venuë, auquel ayants promis de le revoir à leur retour ; & luy avoir failly de promesse, ce cruel tyran fit un general assassinat de tous les enfans de Bethléem & des environs, de l'aage de deux ans, & au dessous : que lors Joseph fut, par inspiration divine, conseillé en son dormant, de prendre la route d'Egypte, & de s'y habituer pour éviter cette barbaresque fureur ; ce qu'il fit : & que depuis, sur mesme advis, après y avoir sejourné quelques ans, il retourna en la Palestine, Herode estant decedé : & là pareillement finit S. Mathieu, ce qui concernoit le temps de la naissance de nostre Seigneur.

Occasion du massacre des Innocens.

Mais, je vous prie, dites-moy ; ne trouvez-vous point estrange, que Sainct Jean, le bien aimé & grand Secretaire de Dieu, n'ait point touché de cette grande & paradoxe Nativité de son maistre ? Je dy vous, qui estes François, & qui sçavez avec quelle allegresse nous recueillons dans nos Eglises ce sainct mystere ? Je vous diray ce que j'en pense, & peut-estre ne trouverez-vous ma Philosophie Chrestienne hors de propos. Tout ainsi que S. Jean survesquit d'un long temps tous les Apostres, & Evangelistes (car il attaignit l'Empire de Trajan) & qu'il mit le dernier la main à la plume : aussi semble-t-il n'y avoir mise que pour suppléer le défaut des autres : de façon que qui appelleroit son Evangile, le supplement des autres Evangiles, je pense qu'il ne s'abuseroit ; d'autant qu'il nous a enseigné ce qui avoit esté par eux obmis : & semble, de propos deliberé, obmettre, ce qui avoit esté par eux discouru, si ce n'est pour y adjouster certaines particularitez de marque qui appartenoient à cette Saincte Histoire, lesquelles avoient esté par eux oubliées.

L'Evangile de S. Jean est comme un supplement des autres.

Nous luy devons, en particulier, la transformation de l'eau en vin, la visitation de Nicodeme vers nostre Seigneur, où le S. Sacrement de Baptesme fut confirmé tant de parole, que d'effect : car c'est où vous trouverez par exprés que Jesus-Christ & ses Apostres baptizoient ; ce qui n'est point aux trois Evangelistes : l'accusation & absolution de la femme adultere : la Resurrection du Lazare, aprés avoir esté mis quatre jours au tombeau, vraye pourtraicture de nostre Resurrection : les embusches diverses faictes à nostre Seigneur par les Pharisiens, sans y pouvoir donner atteinte, parce que son heure n'estoit encores venuë : plusieurs beaux Sermons qui ne se trouvent aux autres.

Et les mysteres qu'il a de particulier.

Au contraire, vous ne trouvez dedans luy, ny la Nativité de sainct Jean-Baptiste, ny sa prison, ny sa mort, ny les jugements que les Juifs faisoient de luy, ny la tentation du Diable faite à nostre Seigneur au desert, ny le Sermon des Beatitudes, ny la Transfiguration, ny plusieurs miracles, ny l'institution du Sainct Sacrement de l'Autel lors de la Cene, ny les prieres faictes, au Jardin d'Olivet, par nostre Seigneur, avant sa prise ; ny le faux & traistreux baiser de Judas, ny son desespoir, ny sa mort ; ny les grands miracles qui advindrent lors que nostre Sauveur Jesus-Christ, estendu en l'arbre de la Croix pour nos pechez, rendit son esprit à Dieu son Pere ; que le voile du Temple fut miparty, que la Terre trembla, le Ciel s'obscurcit l'espace de deux heures, les pierres se fendirent d'elles-mesmes, comme si le Ciel & la terre eussent esté estonnez ; ny que les corps morts des preud'hommes & gens de Dieu se releverent de leurs cerceuils, & apparurent à plusieurs lors de la Resurrection du Seigneur, comme sentants quelque allegresse du bien qui leur estoit venu par sa Passion. Tout cela est obmis par S. Jean, & pourquoy donc-ques ? Parce qu'il avoit esté assez amplement discouru par les trois autres Evangelistes. Et sur ce mesme dessein, il ne voulut, à mon jugement, raconter l'Histoire de la Nativité de nostre Seigneur & Redempteur Jesus-Christ, pour avoir esté amplement discouruë par S. Mathieu, & S. Luc. Mais pour recompense, comme celuy qui estoit le bien-aimé de son maistre, & auquel, par une singuliere prerogative, Dieu avoit mis semences de la cognoissance de sa Deité, il explique en peu de paroles l'energie de cette Nativité, d'un si haut sens, par l'Incarnation du Verbe, qu'il n'y a Evangile qui soit plus solemnisé que cettuy-cy, lequel mesme nous employons de toute anciennté pour generale closture de nos Messes.

Et pourquoy.

Toutesfois voyons, s'il vous plaist, ce qui fut touché par les autres, dont cettuy-cy a voulu faire aussi mention. Vous trouverez qu'il parle, comme eux, du Baptesme de nostre Seigneur par Sainct Jean-Baptiste, au fleuve de Jourdain. Auquel il adjouste le tesmoignage que ce grand Prophete fit de luy, quand pour deux fois le voyant passer, il dit : *Voilà l'Agneau de Dieu, qui est venu pour effacer les pechez du Monde.* Paroles depuis recueillies d'une telle devotion par nostre Eglise, que nous les employons aux prieres ordinaires de nos Messes. Il remit sur le mestier l'Evangile de la Samaritaine, mais ce fut parceque les trois autres Evangelistes avoient oublié ce

Et ceux qu'il a raconté aprés les autres.

beau

beau pour-parler qui fut prés de la fontaine, entre Jesus-Christ & elle, tant celebré par nos Predicateurs dedans leurs Chaires. Il fait mention de la guerison du Paralytic ; d'autant qu'il voulut adjouster les Miracles qui se faisoient tous les ans en la Piscine, par l'Ange lors qu'il venoit troubler l'eau. Il parle des cinq pains & deux poissons, dont cinq mille hommes furent miraculeusement rassasiez : mais c'est pour nous monstrer que c'estoit la figure du S. Sacrement de l'Autel. Et de fait, à la suite de cecy, il adjouste le beau sermon que Jesus-Christ fit aux Juifs à cest effect. Chose que S. Jean explique d'une si profonde Theologie, que nous avons principalement recours à cette Evangile aux prieres de nostre Eglise, quand il est question de la celebration de ce S. Sacrement, comme en estant le vray & fidelle Commentaire. Le semblable est-il du banquet où Marie Magdelaine oignit de baufme les pieds de nostre Seigneur : Histoire qui avoit esté racontée par les autres, mais, si ainsi le faut dire, en nuage, au regard de ce que nous en apprenons de S. Jean ; qui nous enseigne que ce fut en la maison de Marthe, & que le Lazare, n'agueres resuscité, y estoit. Et de mesme, nous avons le premier advis que Judas estoit le gardien de la bource.

Particularitez remarquées par S. Jean en la Passion.

Or quant est de la Passion, nous sommes particulierement redevables à sainct Jean, du lavement des pieds des Apostres, aprés la Cene, & de la belle consolation que leur fit nostre Seigneur, aprés avoir repeu, les advertissant des afflictions qu'ils auroient pour le soustenement de son nom & de sa foy ; la force qu'ils y devoient apporter ; & par mesme moyen, leur ouvrant plusieurs obscuritez du Royaume des Cieux incogniës au commun peuple : que les Juifs venants pour le prendre, au premier mot qu'il leur dit, tomberent jambes reverses : que ce fut sainct Pierre qui couppa l'oreille à Malcus ; car les autres n'avoient osé le nommer, pour le respect & reverence qu'ils luy portoient : que la Vierge Marie assistant avec S. Jean à la Mort & Passion de son fils, il leur enjoignit, à elle de le tenir pour son fils, & à luy de l'honorer comme sa propre mere : & pour accomplissement, c'est luy seul qui nous a enseigné, qu'aprés que Jesus-Christ eut rendu l'Ame à Dieu son Pere, un soldat ayant percé son costé d'un coup de Lance, il en sortit eau, & sang. Là il clost l'histoire de la Passion : & là aussi par un sens mystique s'ouvre la porte de nostre salut ; parce que les deux principaux mysteres de nostre Eglise sont, celuy du Baptesme, qui se fait par eau, & celuy de l'Eucharistie, qui est basty sur le Sang de nostre Seigneur.

Il recite plusieurs choses de la Resurrection, où les autres estoient de moyen acourts.

Mais sur tout, nous avons particuliere obligation à S. Jean de ce qui appartient à la Resurrection. Car s'il vous plaist y prendre garde de prés, vous trouverez les trois autres y avoir esté un peu courts au regard de luy, qui semble s'estre voulu expressément reserver ce discours, comme celuy aussi qui en receut les premieres nouvelles, avec sainct Pierre, par Marie Magdeleine : & lequel accourut le premier au sepulchre, pour sçavoir ce qui en estoit. C'est luy dont nous apprenons, que Jesus-Christ ressuscité apparut premierement à cette vertueuse Dame, habillé comme un Jardinier : & qui luy commanda d'aller annoncer à ses Apostres, qu'elle l'avoit veu : que le jour mesme de sa Resurrection, il entra au milieu de leur Conclave, les portes estants clauses : que dés lors il leur souffla le sainct Esprit dans leurs Ames : que derechef il se presenta à eux huict jours aprés, pour confirmer sainct Thomas, qui ne pouvoit croire ceste Resurrection, & luy fit manier ses playes, afin qu'il ne le pensast estre un fantosme : que pour la troisiesme fois, il vint trouver ses Apostres vers la Mer, qui ne le pouvoient, au commencement, recognoistre, & depuis l'ayants recognu les fit repaistre en sa presence, & repeut avec eux : & que lors il prit congé d'eux, montant au Ciel, en corps, à leur veuë ; ne faisant mention de son apparition aux deux Pellerins d'Emaüs, parce que cela avoit esté amplement couché par sainct Luc. Et qui est chose que je ne veux obmettre, nous apprenons du commencement des Actes des Apostres, que depuis le jour de sa Resurrection jusques à son Ascension, il fut quarante jours sur Terre.

L'Ascension.

Voilà l'estude que j'ay faict ces jours passez, pendant qu'on croit, *Le Roy boit*. Mais je vous prie me dire (car en cecy me veux-je estancher) d'où vient qu'aprés avoir discouru de la Nativité de nostre Seigneur, nos Evangelistes font un saut jusques au vingt & neuf, ou trentiesme de son aage ? Je veux dire jusques aux Predications & Baptesmes que faisoit sainct Jean-Baptiste, sans rien toucher du depuis de tout le temps intermediat ; horsmis ce que nous apprenons de sainct Luc, qu'en l'aage de Jesus-Christ douze ans il fut trouvé au Temple par Joseph son pere putatif, & par la Vierge sa mere, au milieu des Pharisiens, tantost les interrogeant, & de fois à autres leur respondant, mais avec un sens si haut, qu'il tomba en merveilleuse admiration envers tous. Et neantmoins je ne doute point, que si en ce bas aage, il fit ce grand coup d'essay, il ne luy advinst, avec le temps, d'en faire plusieurs autres : car je puis dire avec S. Luc, qu'à mesure qu'il croissoit d'aage, aussi croissoit il de sapience, & grace envers Dieu. Imputerons nous en nos quatre Evangelistes ceste obmission, à nonchaloir ou paresse ? Ja à Dieu ne plaise. Je vous en diray librement ce que j'en pense.

Les Evangelistes sautent depuis la Nativité de Christ jusques aux Predications de S. Jean.

Mon opinion est, que l'intention de nos Saincts Evangelistes estoit de nous representer par special, & sur toutes choses, ce qui servoit à l'edification de nostre Religion Chrestienne. Et sçachants que nul de nous ne pouvoit entrer au Paradis, que par la porte du S. Sacrement de Baptesme, aprés avoir discouru le mystere de la Nativité, ils sauterent de plein saut aux Predications que faisoit sainct Jean-Baptiste, & au Baptesme que nostre Seigneur receut de luy, comme estant le premier plan de nostre Christianisme ; n'ayants voulu faire mention des vingt & neuf ou trente ans d'entrejet, pendant lesquels il n'avoit receu ce sainct lavement, image de celuy que devions aprés recevoir. C'est le jugement que j'en fay : si bon ou mal, je m'en remets à la censure de la venerable Faculté de Theologie, sur les marches de laquelle je ne veux enjamber, ains l'embrasser avec toute devote soubmission, & special de vous qui estes mon Pasteur & Curé. A Dieu.

Et pourquoy.

+++

LETTRE VIII.

Meditation spirituelle sur le Jeusne, Caresme, Pasques & Communion.

Le Jeusne est une ordonnance divine.

DE moi, je ne fay nulle doute que le jeusne est une ordonnance divine, je veux dire, faite par nostre Seigneur Jesus-Christ. Nostre premier pere Adam avoit perdu sa posterité par sa bouche : nostre second pere Adam la voulut garantir & sauver par la mesme bouche : celuy-la, pour avoir mangé du fruit à luy prohibé ; cettuy, par une abstinence de viande. Vray est comme nous sommes hommes composez de diverses pieces de sagesse & folie meslées ensemblement, aussi y en eut-il quelques-uns qui voulurent, au cas present, interposer mal à propos je ne sçay quoy du leur ; se faisants accroire que le vray jeusne estoit l'abstinence du peché. Qui n'est pas une proposition de peu d'effet, si nous y pouvions aisément parvenir sans autre aide. Et sur le fondement par eux pris, disoient que c'estoit un abus en matieres de jeusnes, d'user de distinction de chair ou poisson. Opinion qui se logea en la Secte des Psichiques, à laquelle respondit amplement Tertulian par un traicté exprés.

Les autres, que il falloit en tout & par tout abhorrer les viandes & chairs, comme choses impures. Contre lesquels saint Augustin escrivit ; souftenant par vifves raisons, qu'en nos jeusnes nous n'usions point de chairs pour les estimer immondes, mais bien pour mater nostre chair revesche, farouche, & mutine. Nous, en nostre Eglise Catholique, Apostolique, Romaine, celebrons les jeusnes par l'usage ordinaire de poisson : car combien qu'indifferemment Jesus-Christ usast, tantost de viandes, tantost de poisson ; toutesfois és grands festins ausquels il voulut magnifier sa grandeur, l'usage du poisson luy fut beaucoup plus familier : ainsi le voyez-vous, quand il repeut de cinq pains & deux poissons cinq mille personnes, & que pour closture de ce sainct repas, ses Apostres recueillirent douze corbeilles pleines de ce qui restoit. Le semblable fit-il quelque temps apres, de sept pains, & quelques petits poissons, à une autre grande troupe de gens, & lors aussi les Apostres recueillirent sept corbeilles pleines du desserr. Et le jour de sa Resurrection, se trouvant au Conclave avec ses Apostres, pour leur monstrer qu'il n'estoit fantosme, mangea, non de la chair, ains du poisson. Et en une autre entreveuë qu'il fit avec eux, S. Pierre ayant employé ses rets dans la Mer une nuict pour pescher sans rien prendre, le lendemain au matin, Jesus-Christ se voulut, de propos deliberé, trouver sur la rive, luy demandant s'il avoit rien pris ? A quoy ayant respondu, que rien, il luy commanda de jetter derechef son filet ; ce qu'il fit, & pescha cent cinquante-trois grands poissons. Miracle par lequel les unze Apostres recogneurent leur Maistre ; & deslors mesme, leur ayant commandé de s'asseoir, apres avoir fait sa priere à Dieu son Pere, il leur presenta premierement le pain, & en apres du poisson. És autres festins où il s'estoit trouvé, comme aux Nopces esquelles il changea l'eau en vin ; aux repas qu'il prit chez sainct Mathieu, chez trois divers Pharisiens, chez Zachée, chez le Lazare, chez Simon le Lepreux, il n'est faicte aucune mention de poisson ; & pour ceste cause, je pense qu'il estoit festoyé de viandes. Mais en ceux dont il estoit l'ordinateur, le poisson y est escrit en grosses lettres, pour monstrer que combien qu'il ne condamnast la chair ; toutesfois il avoit le poisson en plus grande recommandation : comme de fait, il prit & choisit pour les premiers Apostres, S. Pierre & S. André son frere, & apres eux S. Jacques, S. Jean, tous quatre pescheurs, qui se firent puis apres, grands Preschers. Et preschant le peuple, Si quelqu'un de vous autres (dit-il) demande du pain à son pere, luy donnera-t'il une pierre? S'il demande du poisson, luy donnera-t'il un serpent? Il parle plustost du poisson, que de la chair.

Et pour vous monstrer, qu'apres qu'il fut monté aux Cieux, nostre Eglise Chrestienne suivit ses mesmes traces ; nous l'apprenons de Seneque, Philosophe Payen au dix-neufviesme Livre de ses Epistres, en la cent dix & neufviesme lettre, où il dit, qu'en sa jeunesse, suivant l'opinion de Pythagore, il ne mangeoit d'aucunes especes d'animaux : accoustumance qui luy estoit tournée en nature, consequemment non mal-aisée à supporter. Mesme estimoit sa vie beaucoup plus vegete. Puis il adjouste ces mots : *Quæris quomodo desierim? In Tiberii Cæsaris principatum juventa mea tempus inciderat. Alienigenarum sacra movebantur ; sed inter argumenta superstitionis ponebatur, quorumdam Animalium abstinentia. Patre igitur meo rogante, qui non calumniam timebat, sed philosophiam oderat : ad Pristinam consuetudinem redii, nec difficile mihi, ut inciperem melius cænare persuasit.* Passage qui reçoit explication de Suetone, en la vie de l'Empereur Tybere, chap. 35. *Externas ceremonias, Ægyptiacos, Judaicosque ritus compescunt.* Or que sous ce mot de *Judaicos ritus,* il entendist parler de la Religion Chrestienne, qui avoit pris origine en la Judée, nous l'apprenons du mesme Autheur en la vie de l'Empereur Claudius, chap. 25, où il dit, que *Judæos impulsore Christo assiduè tumultuantes Româ expulit* ; & quant au mot *Ægyptiacos,* Philon le Juif nous enseigne que du temps de sainct Pierre, plusieurs Ames devotes se logerent dedans l'Egypte sous la banniere de sainct Main, où ils menoient vie austere dedans des maisons recluses, s'abstenants à certains jours, de vins & viandes. Parquoy, pour conjoindre ces trois passages avec celuy de Seneque, il est aisé de croire que plusieurs Chrestiens de la Judée & Egypte, s'estants habituez dedans Rome, pour y planter sous main nostre Religion Chrestienne, qui usoient d'abstinence de viandes, estans mal voulus par le Magistrat, Seneque pour ne tomber en ceste suspicion prés du Prince, reprit les premiers arrhements de sa vie, par le conseil & exhortation de son pere. Et de ceste abstinence de viandes, les Payens eurent quelque cognoissance : car Capitolin, en la vie de l'Empereur Didus Julianus, le loüant de la sobrieté dont il usoit en son manger & boire : *Sæpe* (dit-il) *nullâ religione existente, oleribus leguminibusque contentus, sine carne cænabat :* c'estoit que combien qu'il ne fust à ce semons d'aucune Religion, il s'abstenoit de manger de la chair, ains se contentoit d'herbes pour son vivre. Distinction de vivres & abstinence de viandes, en laquelle je suis confirmé, par sainct Clement, Tertulian & plusieurs autres Docteurs signalez de nostre Eglise. Je veux donc conclure que les jeusnes, tels que je vous ay cy-dessus figurez, accompagnez de prieres & oraisons envers Dieu, sont les vrais aliments de nos Ames, par lesquels, tout ainsi que nostre Seigneur Jesus-Christ disoit, que *jejunio, & oratione hoc genus dæmoniorum ejicitebatur,* aussi puis-je dire que nous bannissions de nous les pechez, qui ne se logent dans nos cœurs que par le ministere du Diable.

Nostre Eglise a introduit certaines veilles de festes, & autres jours de devotion, ausquels les jeusnes estoient commandez. Mais entre tous, il n'y en a point de plus grand & solemnel que celuy du Quaresme, precurseur de la feste de Pasques : mot qu'avons transplanté en la France du *Quadragesima* Latin. Si vous parlez à Platine en son histoire des Papes, il en a attribué l'institution en termes generaux, à Thelesphore neufviesme Pape : si à Yve Evesque de Chartre, il est de mesme opinion, mais sous ceste modification, que c'estoit au Clergé seulement auquel il enjoignoit de le faire, & non à tout le demeurant du peuple. *Quia* (porte le texte) *sicut discreta debet esse vita Clericorum à Laïcorum conversatione, ita & in jejunio fieri debet discretio.* Sainct Hierosme, l'un des plus sçavants Docteurs de nostre Eglise, escrivant à Marcella, dit que nous le tenons par une tradition des Apostres. Opinion que je tiens pour tres-veritable, estant assistée de l'authorité de sainct Clement, qui florit du temps de sainct Pierre, & vingt & trois ans apres son martyre, fut faict quatriesme Pape de Rome ; lequel en son cinquiesme Livre des Constitutions Apostoliques, y mit l'institution du Quaresme.

Mais il prend bien son origine de plus long estoc ; d'autant que Moïse premierement, puis Elie, & finalement nostre Seigneur Jesus-Christ jeusnerent sans boire, ny manger, quarante jours. Jeusnes de ces deux grands & saincts personnages, qui luy furent si agreables, que le jour de sa Transfiguration, il ne voulut que ny Samuel, ny Daniel, ny tous les autres anciens Prophetes fussent de la partie avec luy, ains seulement Moïse & Elie, ausquels il apparut lors avec une esmerveillable splendeur. Et de ce sainct mystere, nous avons esperer que quiconque avecques devotion fera tous les ans le jeusne du Quaresme, il verra, apres son decés, Dieu en sa gloire aux Cieux.

Mais d'où vint que nostre primitive Eglise fit le Quaresme avant-coureur immediat de la feste de Pasques, veu que quand nostre Seigneur jeusna quarante jours dedans le desert, nous ne trouvons en tous les quatre Evangelistes, que ce fust un temps proche de Pasques ? Leon Pape premier de ce nom (dit le Grand) est d'advis, & non sans grande apparence de raison, que tout ainsi que le jour de Pasques, est la plus grande & solemnel feste de nostre Eglise, aussi devoit-il estre salué du grand & solemnel jeusne de Quaresme : toutesfois je veux croire que cette tradition a esté tirée de l'image qui nous fut

fut proposée des cinq pains & deux poissons, & ne veux plus signalé resmoignage de cecy, que celuy que j'apprens du 6. chap. de S. Jean.

Or le jour de Pasques, (dit-il) feste solemnel des Juifs, estoit proche ; au moyen de quoy, Jesus se voyant suivy d'une troupe de gens, cinq mille en nombre, assiegez d'une grande faim, prit cinq pains d'orge, & deux poissons, commandant à ce peuple de s'asseoir sur l'herbe ; & après avoir rendu graces à Dieu, & beny le pain, le mit és mains de ses Apostres (dit saint Mathieu,) qui distribuerent cette pitance, dont enfin tout le peuple rassasié, ils recueillirent douze corbeilles pleines de ce qui restoit. Quelques jours après ce miraculeux repas, nostre Seigneur fit un ample discours à ce peuple, qu'il estoit le vray pain de vie, auquel la manne des enfans d'Israël n'entroit en aucune comparaison.

Ce commun peuple fut repeu, par nostre Seigneur Jesus-Christ, de pain & poisson, non de viandes : mais quand ? Peu auparavant le jour de Pasques. Et pourquoy c'est auparavant ? Pour nous enseigner par sa bouche, que c'estoit pour manger du vray pain, qui nous acheminoit à la vie eternelle. Discours qu'il voulut faire de propos deliberé, soudain après ce banquet de pain & poisson. Ne voyez-vous en toute cette procedure estre representée l'image de tout ce qui a depuis esté observé en nostre Eglise ? Vray que nous y avons adjousté quarante jours d'abstinence de chair, pour, en nostre humanité, suivre, au plus prés qu'il nous estoit possible, l'exemple de nostre Seigneur, qui en sa divinité avoit passé une quarantaine sans boire ny manger : & tout cecy aboutissant à la communion & manducation du vray pain, que sommes obligez de prendre le jour & feste de Pasques, sur peine d'excommunication, par les mains de nos Pasteurs & Curez ; tout ainsi que les cinq mille hommes receurent les cinq pains, par celles des douze Apostres.

Pain, vous dy-je nous devons croire estre le vray corps de nostre Sauveur Jesus-Christ, en telle proportion & grandeur comme il estoit avant sa Mort & Passion. Leçon que nous apprenons du mesme chapitre 6. dont la teneur est telle :

Qui mange ma chair & boit mon Sang (disoit Jesus) a la vie eternelle. Car ma chair est vrayement viande, & mon Sang est vrayement breuvage. Qui mange ma chair, & boit mon Sang, demeure en moy, & moy en luy. Comme le pere vivant m'a envoyé, & je tiens la vie de luy. Celuy qui me mangera, vivra aussi à cause de moy. C'est icy le pain qui est descendu du Ciel ; non comme vos peres, qui mangerent la Manne, & moururent. Celuy qui mangera ce pain vivra eternellement. Il profera ces paroles en la Synagogue, enseignant à Capernaon. Qui occasionna plusieurs de ses Disciples de dire : *Ceste parole est rude, & qui est celuy qui la puisse ouïr ?* Mais Jesus sçachant qu'ils en murmuroient, leur dit : *vous scandalisez-vous de cecy ? Que sera-ce doncques, quand verrez le fils de l'homme monter au Ciel dont il est descendu ? C'est l'esprit qui vivifie ; la chair ne profite de rien. Les paroles que je vous dy, sont l'esprit & vie. Mais il y en a quelques-uns d'entre vous qui ne croyent point.* Car Jesus sçavoit dés le commencement, qui ne croiroit point, & qui seroit celuy qui le trahiroit. Puis adjousta : *c'est pourquoy je vous ay dict, que nul ne peut venir à moy, s'il ne luy est octroyé par mon Pere.* Dès lors plusieurs de ses Disciples s'en allerent arriere, & ne le suivoient plus. Au moyen de quoy, Jesus s'addressant à ses douze Apostres, leur dit : *& vous, me voulez-vous abandonner comme eux ?* A cecy, Simon Pierre, se faisant fort pour ses compagnons, respondit : *tu es la parole de vie eternelle ; & cognoissons, & croyons que tu es le Christ fils de Dieu.* A quoy Jesus repartit : *n'ay-je pas faict élection de vous autres douze, dont toutesfois l'un de la compagnie est un diable ?* Or disoit-il cela de Judas, qu'il sçavoit le devoir trahir, & livrer és mains des Juifs.

A tant saint Jean. Vous voyez dés lors un schisme qui fut entre les douze Apostres & les autres disciples, en presence de Jesus-Christ. Il ne faut doncques trouver estrange, si nous sommes partialisez en trois diverses opinions. Nostre Eglise Catholique, Apostolique, Romaine croit, en ce saint Sacrement de l'Autel, la transsubstantiation : le Lutherien, la consubstantiation (autrement impannation) soustenant que nostre Seigneur y estoit, mais non avec telle proportion & grandeur. Les autres ont franchi le pas, disants qu'il n'y avoit que la figure, & que ce seroit chose incompatible, qu'en mesme temps il fust au Ciel & en la Terre en chair & en os. Ce qui démentiroit l'un des articles de nostre Foy, *ascendit in cœlos, sedet ad dexteram Dei patris, inde venturus judicare vivos & mortuos, & saeculum per ignem.* Il me souvient que ce fut un plat dont Theodore de Beze nous servit l'an 1561. au College de Poissi, en la presence du Roy Charles IX.

De ma part, je veux croire tout ce que nostre Eglise Catholique, Apostolique, Romaine croit, comme prenant sa source & origine de saint Pierre, auquel je voy le premier lieu avoir esté attribué par son Maistre, entre ses freres. Et neantmoins il me semble qu'en tout le discours de Beze, il parloit en homme seulement, qui reduisoit en la possibilité de ses sens, la toute-puissance de Dieu. S'il estoit ainsi, adieu nostre Religion Chrestienne, dont les principaux articles consistent en la creance des choses qui, selon le commun cours de nostre nature, sont incroyables. Et pourquoy nostre creance ? Parceque rien n'est impossible à Dieu. C'est ce que nous apprismes premierement de l'Ange Gabriel parlant à la Vierge Marie, quand il luy annonça qu'elle deviendroit grosse sans le fait d'homme, & accoucheroit d'un enfant qui seroit le Sauveur de tout l'Univers. Le semblable disoit saint Jean-Baptiste, parlant aux Juifs, qui se glorifioient estre issus d'Abraham, que Dieu pouvoit faire naistre des pierres, d'autres enfans de ce grand Patriarche, qui ne seroient pas moins vrais & legitimes que les anciens. Proposition qui en sens commun n'estoit aucunement soustenable, & toutefois tres-veritable. Mais plus grand & prompt resmoignage ne pouvons-nous avoir que de nostre Seigneur Jesus-Christ, quand en deux divers passages nous sommes par luy asseurez de ceste infinie & paradoxe puissance de Dieu. C'est pourquoy nous pouvons dire & devons croire, que si nostre Seigneur Jesus-Christ voulut que le pain & le vin fussent transsubstantiez en sa chair & sang, il le pouvoit faire.

Je vous ay cy-dessus recité quel fut son sermon au Capernaon, qui n'estoit qu'un avant-propos du grand Arrest qu'il prononça en robbe rouge, au milieu de son Senat, c'est-à-dire de ses Apostres, lors qu'il estoit sur le point de sceller nostre salut de son sang, & que pendant le souper il prit le pain, le benit, l'entama, & en fit part à ses Apostres, leur disant, *Accipite & comedite, Hoc est corpus meum :* & prenant le Calice, rendit graces à Dieu, & leur dit, *Bibite ex hoc omnes. Hic est enim sanguis meus novi Testamenti qui pro multis effundetur in remissionem peccatorum.* Il dit seulement pour plusieurs, non pour tous ; ne voulant comprendre sous le benefice de cette abolition generale ceux qui opiniastrez en leur perte & condamnation de leurs ames, ne se voudroient enroller sous son estendart ; ou bien qui estants enrollez le prendroient indignement ; eut-il jamais declaration plus claire & precise d'une volonté que cette-cy ? Il ne dit pas, comme fait le Lutherien, que dedans ce pain est son corps ; & dedans ce vin, son sang : ou comme l'autre, qui dit que ce pain & vin sont les signes & figures de sa chair & de son sang ; mais bien, *Cecy est mon corps : cecy est mon sang.* Quel commentaire voulons ou pouvons nous apporter pour limiter, par nos ergoteries, la volonté & puissance de ce grand Seigneur ? Conjoignez le discours de saint Jean avec cet Arrest, il n'y a nulle obscurité. Nous devons doncques tenir pour tout arresté, qu'entre tous les miracles qu'il fit, le premier fut dans la ville de Cana en Galilée, lors qu'il transforma l'eau en vin : le dernier, dedans Hierusalem, avant que d'estre exposé en l'arbre de la Croix, quand il transsubstantia le pain & le vin en sa chair &

son sang. Le premier trés-grand vrayement, toutesfois image seulement du dernier. Nostre Seigneur Jesus-Christ voulut que par son premier miracle de la transformation d'eau en vin, ses Disciples creussent en luy : *Hoc fecit initium Jesus in Cana Galilææ, & manifestavit gloriam suam, & crediderunt in eum discipuli ejus.* Toutesfois (ô malheur !) dénians le dernier, l'esprit de division se logea entre eux, qui s'est depuis continué en nostre Christianisme, ainsi que je vous ay dit cy-dessus.

Jean. 2.

Jean. 6. Et neantmoins je veux, au moins mal que je pourray, donner toutes les façons de ce grand & sainct mystere, & seulement estaler ce que dit saint Jean. Ceux qui sont pour le party du signe, soustiennent que par une sophisticquerie affectée nous tronquons le passage, & ne conjoignons la fin avec le commencement : d'autant qu'aprés que nostre Seigneur eut presché sa chair estoit la vraye viande, & son sang le vray breuvage, & que celuy qui en mangeoit & beuvoit, auroit la vie éternelle, expliquant cette proposition, il conclud que c'estoit l'esprit qui vivifioit, non la chair, & que les paroles par luy proferées estoient l'esprit & la vie.

Grande objection, certes, de premiere apparence. Mais, je vous prie, que dit-il lors que nous qui croyons la transsubstantiation, ne chantions dedans nos Eglises, & singulierement aux Processions publiques, le jour du sainct Sacrement de l'Autel ? Dedans l'Hymne, *Pange lingua gloriosi* :

Verbum, caro, panem verum
Verbo carnem efficit.
Fitque sanguis Christi merum ;
Et si sensus deficit,
Ad firmandum cor sincerum,
Sola fides sufficit.

Et en la Prose, commençant par ces mots : *Lauda A Sion Salvatorem*, faicte en l'honneur du mesme sainct Sacrement :

Dogma datur Christianis,
Quod in carnem transit Panis,
Et vinum in sanguinem.
Quod non capis, quod non vides,
Animosa firmat fides
Præter rerum ordinem.

N'est-ce pas cela mesme que nostre Seigneur dit sous autres paroles sur la fin de son sermon, qui est que la seule foy nous fait spirituellement croire la transsubstantiation ? Car en la croyant, nul de nous ne cognoist par les sens, qu'il mange le corps de nostre Seigneur Jesus-Christ lors qu'il le reçoit : s'il n'entendoit parler que de la figure & signe, il n'y avoit nulle obscurité, & ne falloit, pour confirmer son dire, qu'il demandast aux Disciples mescreants, quel jugement donques ils feroient quand ils le verroient monter au Ciel en corps : voulant dire qu'il estoit aussi mal-aisé de croire cet article comme celuy qu'il proposoit lors, & neantmoins qu'il n'en falloit faire aucune doute. Adjoustez que entendant parler du signe, il n'y avoit aucun subjet de scandale aux autres Disciples, & moins de quitter leur maistre ; ny à nostre Seigneur Jesus-Christ, de demander à ses Apostres, de quelle foy ils estoient sur cette nouvelle querelle : les Apostres confesserent franchement par l'organe de saint Pierre, qu'il estoit tel qu'il s'estoit pleuvy ; creance depuis confirmée en termes formels, lorsque le Seigneur fit sa Cene, le jour devant sa passion. Sainct Pierre est la pierre fondamentale sur laquelle fut nostre Eglise bastie ; c'est pourquoy en nostre Religion Catholique, Apostolique, Romaine, nous croyons la transsubstantiation au S. Sacrement de l'Autel. Et à la mienne volonté que nous fussions tous unis en cette foy, sans avoir recours à l'imbecilité de nos sens. A Dieu.

LETTRE IX.

A Monsieur Gamache, Docteur en Theologie, Professeur du Roy, és sainctes lettres en l'Université de Paris.

Luc. 24.
Marc. 16.

ENtre toutes les Evangiles dont nous pouvons recueillir plus d'edification, il me semble que c'est celle des deux pellerins d'Emaüs (ainsi les appellons-nous) le jour de la Resurrection de nostre Sauveur & Redempteur Jesus-Christ, couchée tout au long par S. Luc, & touchée en quatre lignes par S. Marc : & neantmoins je ne la voy, pour avoir esté grandement homiliée par nos premiers Docteurs de l'Eglise ; par S. Hierosme, S. Jean Chrysostome, S. Ambroise, S. Gregoire. Ils l'ont, si je ne m'abuse, passé sous silence. Bien en trouve-je une dedans S. Augustin, & un Sermon dedans S. Bernard, mais l'un & l'autre fort sobrement : & neantmoins de cette Evangile, nous pouvons recueillons trois choses pleines de grande recommandation Chrestienne. La premiere, est le chemin de ces deux Disciples, pendant lequel, ils s'entretenoient de ce qui s'estoit passé dans Hierusalem, en la personne de nostre Seigneur Jesus-Christ, & comme sur ces devis il se trouva au milieu d'eux. La seconde, comme n'estant par eux cogneu, il leur verifia, par passages exprés du Vieux Testament, qu'il falloit que tout ce qui s'estoit passé dedans Hierusalem, advinst ; comme choses preveuës & predites par les Prophetes. Par la troisiéme, nous apprenons d'où vient que nous faisons la Communion le jour de Pasque, & non du Jeudy absolu, ainsi qu'elle avoit esté instituée par Nostre Seigneur.

Entant que touche le premier point, vous voyez que ces deux Disciples devisoient, non de sornettes, non de balivernes, ains de tout ce qui s'estoit passé dans Hierusalem pendant trois jours. Comme Nostre Seigneur y avoit esté inhumainement crucifié par les Juifs, & aprés estoit resuscité le jour mesme de leur pour-parler. Et pendant cet entre-devis, Nostre Seigneur Jesus-Christ, les vint accoster, feignant ne sçavoir quels estoient les propos dont ils se gouvernoient. Qui nous est une belle leçon, pour nous enseigner que toutes & quantesfois que nos devis seront à la louange & honneur de Dieu, il sera au milieu de nous. Il sçait que de l'abondance du cœur, la bouche parle. Et comme disoit un grand Philosophe Payen (celuy dont je parle estoit Socrates) auquel on presentoit un enfant, pour en donner son jugement : mon petit mignon, (luy dit-il) parle, afin que je te voye : voulant dire que la parole est l'image par laquelle nous pouvons recognoistre quel est l'interieur de nos cœurs. Soyez adonné à l'amour vain & passager, vos propos ne sont que de l'amour : ayez le cœur à l'ambition ou avarice, vous ne parlerez que de la grandeur, ou argent ; & ne pensez pas que Dieu soit lors au milieu de nous : c'est le Diable, adoperateur de toutes ces meschantes & malheureuses pensées. Parlez de Dieu sans hypocrisie avec vos freres & amis, il sera au milieu de vous, & ferez vrayement une Eglise. Car nous appellons Eglise, une congregation des fidelles, qui loüent & honorent Dieu ensemblement. Non que nous y devions prescher ou administrer les Saincts Sacremens de l'Eglise, de nos authoritez privées ; cela seroit dogmatiser : comme estants choses reservées aux Superieurs de nostre Eglise, és Temples

ples & lieux par eux pour cet effet consacrez. Bien pouvons-nous, dedans nos maisons, faire de petites Eglises : que dy-je petites? mais grandes, par nos prieres & oraisons, par une commemoration faite en faveur de Dieu, & de ses Saincts. Quoy faisants, nous devons tous nous asseurer qu'il se trouvera au milieu de nous & des nostres, & qu'il ne sera en la puissance du Diable, de rien attenter contre nous. C'est ce que nous apprenons de sa propre bouche ; que toutes & quantesfois que deux ou trois sont assemblez en son nom, il est au milieu d'eux : c'est un passe-par-tout, une sauvegarde que Dieu nous baille dedans nos familles, contre tous les aguets & embusches du Diable.

Matth. cap. 18.

Voilà le premier point de ce mien discours ; je viens maintenant au second. Jesus-Christ ayant esté quelque peu de temps avec ces deux Pelerins, sans estre cognu, il ne faut pas estimer que cela eust esté par luy faict, sans un grand & sage dessein. En toutes ses actions s'estant faict sur la terre nostre hoste, vous y voyez & de la divinité, & de l'humanité tout ensemble. Humanité, dy-je, pleine de sagesse, Divinité pleine de miracles. En ceste entreveuë qu'il eut avec ces deux Disciples, il y mesla de l'un & de l'autre : Sagesse, en ce que ne se faisant du premier coup cognoistre, il se donna le loisir de déchiffrer tout au long les mysteres de sa Passion & Resurrection, & à eux la patience de l'ouïr : miracle, quand après avoir parfourny ceste carriere, en leur administrant son corps qui estoit le pain, il se fit à eux cognoistre, *in fractione panis*, & qu'à l'instant-mesme il se rendit invisible. Ne pensez point, je vous prie, que l'on ne puisse icy enfiler tout au long & par le menu, les figures & les Propheties de sa Passion, & Resurrection : les passages dont elles furent prises, sont entre nos mains. Mais puisque ce recit fut un chef-d'œuvre de Nostre Seigneur, de cuider prendre ceste mesme route, ce seroit vouloir, comme les outrecuidez Geans, escheler les Cieux. Ce point appartenoit à celuy seul, à luy lequel, & pour lequel ces figures & Propheties avoyent esté faictes. Joint que l'occasion pour laquelle il voulut entrer en ce party, fut, parce qu'il avoit affaire à deux hommes, qui branloient anciennement au faict de la Resurrection. Comme de fait, soudain après qu'il se fut disparu d'eux, il se trouva au milieu des onze Apostres dedans Hierusalem, ausquels ayant reproché leur peu de foy & creance, il reprit les mesmes brisées, pour les en rendre capables, tout ainsi que les deux Disciples. Et non content de cela, afin qu'ils ne le jugeassent un fantosme, il se fit par eux toucher, mains, & pieds, & generalement, tout son corps. Ce que toutesfois il n'avoit voulu auparavant permettre à Marie Magdelaine : & pourquoy doncques ? Parce qu'en elle se trouvoit une abondance de foy & creance de ce qu'elle voyoit : qui n'avoit besoin de plus ample demonstration. Aux autres, il y en avoit manque & défaut, que leur Seigneur & Maistre voulut redresser par l'attouchement de sa personne, voire voulut repaistre avec eux. Je vous remarque cecy par exprés, pour vous dire que je penserois abuser du temps de vostre loisir, & de vostre patience, recueillant icy, par parcelles, toutes ces predictions & figures, qui nous sont produites dedans le Vieux Testament. Je ne pense point qu'il y ait aucun fidelle Chrestien qui revoque en doute ces deux grands mysteres. Il y a long-temps qu'ils sont engravez dedans nos cœurs ; & partant, n'ont besoin d'aucune confirmation.

Joan. 20

Quelques-uns, ainçois plusieurs estiment (je diray cecy en passant) que des deux Disciples que Jesus-Christ aboucha, l'un se nommoit Cleopas, & que l'autre estoit Saint Luc, qui nous avoit au long estalé cet Evangile, sans se nommer, comme celuy qui sçavoit comme le tout s'estoit passé. Je vous supplie me vouloir excuser, si je ne condescends à ceste commune opinion. Comme aussi n'est-ce article de foy, auquel nous soyons necessairement abstraints de nous attacher. Celuy qui estoit avec Cleopas, s'appelloit Simon, non Luc. Ce que je recueille d'un argument qui me semble indubitable.

Je transcriray icy mot pour mot le texte de nostre Evangile. Aprés que Jesus-Christ se fut disparu de la veuë des deux Disciples, voicy que dict S. Luc : *Et surgentes eâdem horâ regressi sunt Hierosolymam, & invenerunt congregatos undecim, & eos qui cum illis erant ; dicentes : Surrexit dominus verè & apparuit Simoni.* Quelques-uns, en ce mot de Simon, estiment que Cleopas entendoit parler de Saint Pierre, qui autrement s'appelloit Simon. Qui est une opinion, à mon jugement, erronée ; parce que Nostre Seigneur ne luy estoit encores apparu ; recours aux quatre Evangelistes : d'ailleurs, il estoit des onze Apostres, ausquels ceste bonne nouvelle fut apportée par les deux Disciples, & lignamment des discours passez par le chemin, & miracle advenu dedans la maison. C'estoit donc Cleopas l'un des deux Disciples, qui parloit pour luy & son compagnon, nommé Simon, auquel il fait cet honneur de dire que Nostre Seigneur luy estoit apparu. Et à tant, je tiens pour tres-certain, que celuy qui secondoit Cleopas, se nommoit Simon : discours plus curieux, que necessaire, non toutesfois à negliger.

Cecy soit par moy déduit, en passant. Reprenons maintenant la suite de nostre Evangile. Jesus-Christ ayant amplement monstré ce qui s'estoit passé dans Hierusalem, estant arrivé en la Bourgade avec les deux Disciples, ils le prierent de vouloir souper, & passer le soir avec eux : Seigneur (luy dirent-ils) veuille icy demeurer avec nous ; parce que le jour s'abaisse. Il me plaist d'approprier au cours general de nostre vie, ce qu'ils voulurent dire du jour. Commençons-nous de venir sur le declin de nostre aage, & d'approcher de nostre nuit, nous commençons aussi d'avoir plus de soin de Dieu qu'auparavant, par une crainte & apprehension de l'autre monde, qui tombe naturellement en nos Ames. Chose, certes, que je ne puis ne loüer : car il vaut mieux tard que jamais. Mais il nous seroit bien plus seant de loger tousjours chez nous, de quelque aage que soyons, & tenir dans nos cœurs empraint ce grand commandement du Seigneur : veillez, & priez, car vous ne sçavez le jour & heure qu'il plaira à Dieu de vous appeller. Rien n'est plus certain que la mort, ni plus incertain que son heure ; partant, nous devons estre perpetuellement aux escoutes, sans nous endormir, non plus que le soldat qui est mis à la sentinelle, afin de n'estre à l'impourveu surpris par nostre ennemy.

Sur la semonce que luy firent les deux Disciples, il demeura & se mit à table avec eux, prit le pain, & aprés l'avoir beny, & entamé, il le leur presenta ; & adoncques leurs yeux s'ouvrirent *in fractione panis*, mais il disparut aussi-tost de leur presence. Je vous ay dit, sur le commencement de cette lettre, que j'estime cet Evangile l'un des plus signalez que nous ayons, & pense n'en devoir estre de vous desadvoüé. Il est certain que Nostre Seigneur Jesus-Christ ordonna en un Jeudy (dont le lendemain il souffrit mort & passion) la manducation de son Corps & de son Sang ; toutesfois, de toute ancienneté, nostre Eglise a voüé l'usage de ce Sainct Sacrement de Communion, au Dimanche ensuivant, jour de sa Resurrection ; il sembleroit de prime-face que c'estoit en cecy enfraindre l'ordre de son establissement. Il est malaisé (disoit un ancien Jurisconsulte) de rendre la raison pourquoy unes & autres loix furent anciennement introduites. Le semblable pouvons-nous dire des anciens reglements de nostre Eglise ; & avec toute humilité, les testes baissées, sur telles questions & demandes nous devons respondre : ainsi le voulut l'Eglise, & comme elle voulut, ainsi nous le faut-il embrasser ; toutesfois au cas qui s'offre, je vous diray librement ce que j'en pense, vous suppliant le recevoir avec telle devotion, comme je le vous propose.

Quand Jesus, estant à table avec les deux Disciples, leur départit le pain par luy beny, qui estoit son corps, & que par cette distribution il fut par eux recogneu pour leur vray Dieu, luy qui avoit esté l'Ordinateur de ce
grand

grand & Saint Sacrement de l'Autel le Jeudy, en voulut eftre l'adminiftrateur foudain aprés, & le jour mefme qu'il refufcita. De moy, je veux croire que ce fut la caufe pour laquelle noftre Eglife voulut depuis, que les fidelles Chreftiens communiaffent, finon à toutes occurrences des feftes, pour le moins le jour de Pafques. Cettuy fut le premier myftere & miniftere de fa Cene, qui fut depuis continué entre les Chreftiens, aprés que Noftre Seigneur fut monté aux Cieux : car vous voyez que, comme il fut recognu par Cleopas & Simon *in fractione panis*, cela mefme fut obfervé en noftre Eglife Chreftienne. Ainfi le voyez-vous au deuxiefme Chap. des Actes des Apoftres: *Erant autem perfeverantes in doctrina Apoftolorum, & fractione panis & orationibus* ; voulant dire que la Communion fut plus frequente & ordinaire aprés l'Afcenfion de Noftre Seigneur entre les Apoftres & les Chreftiens. Pline, fecond Gouverneur de la Natolie, fe plaignoit par lettres à l'Empereur Trajan, que dedans fa Province il y avoit un grand Seminaire de Chreftiens efpandu, que tous les matins s'affembloient, & aprés avoir fait prieres & oraifons à leur Chrift, luy promettoient de ne commettre larcins, adulteres, parjures & auttes vices, & en aprés communioient enfemblement & mangeoient. Et par cela, il eft aifé de recueillir qu'ils exerçoient & mettoient en œuvre enfemblement la doctrine qui leur avoit efté enfeignée par les Apoftres : que Sainct Ciprian voulut depuis adapter à cet article de la Patenoftre, *Donne-nous noftre pain quotidian*; le rapportant au vray pain dont il repaift nos ames, & non pas nos corps. Je vous ay enfilé cecy par exprés, pour vous monftrer que l'Efcriture parlant *de fractione panis*, entendoit parler du Saint Sacrement de l'Autel, & que le premier modelle de cecy s'eftant trouvé en Noftre Seigneur Jefus-Chrift, le jour de Pafque ; auffi fut-ce la caufe pour laquelle nous l'avons auffi obfervé à mefme jour, tous les ans, dedans fon Eglife. A Dieu.

FIN DU VINGTIESME LIVRE.

LES LETTRES D'ESTIENNE PASQUIER

Conseiller & Advocat General du Roy en la Chambre des Comptes de Paris.

LIVRE VINGT-UNIESME.

╬╬

LETTRE I.

A Monsieur Louys de Sainte Marthe, Lieutenant General du Roy, en la Mareschaussée de France, au Palais de Paris.

Discours de l'Autheur sur ce qui le rendit fameux Advocat.

E vous ay trop d'obligation, & monstrez combien vous m'aimez, desirant entendre de moy, comme je fus chargé de la cause de l'Université de Paris, encontre les Jesuites, l'un des premiers avancemens de ma fortune au Palais, & dont est venu que depuis j'ay fait un livre contre eux : puisque le souhaitez avec si grandes importunitez, je vous diray franchement, que ce fut un miracle, je dy miracle très-exprés de Dieu, que je vous veux raconter *Ab Ovo*. Et voicy comment.

Un an auparavant que d'estre marié, retournant du mesnage de mon bien en la Brie, je trouvay dedans Melun, Monsieur Brulard, lors jeune Advocat, comme moy, qui depuis fut premier President au Parlement de Dijon, estat par luy exercé jusques à son décés l'espace de quarante ans ou environ. Aprés avoir pris langues l'un de l'autre, ayant entendu de luy qu'il alloit visiter Maistre Ange Congnet ancien Substitut de Monsieur Brulard, Procureur General, son pere, en un sien lieu de plaisance, nommé Croix-Fontaine assis sur la riviere de Seine, entre Melun & Corbeil ; je voulus estre de la partie pour prendre cognoissance avecques ce grand preud'homme. Là, aprés les premiers accueils faits avecques cet honneste homme, je trouvay Pasquier Bronèz l'un des neuf compagnons d'Ignace de Loyola, premier Autheur de la famille des Jesuites, laquelle commençoit lors de prendre quelque pied dedans Paris ; & comme la curiosité me fait souvent bonne compagnie, soudain que je l'eus halené, je laisse les communs passetemps aux autres, & m'abouche avecques luy ; desireux de sçavoir le commencement & progrés de cette nouvelle compagnie, non seulement je l'accostay, ains pris la plume sous luy pour m'informer plus certainement de ce que je desirois apprendre, & y employay environ quatre grandes feuilles : vray qu'il me dechifra par tant d'ambages, leur vœu simple, que je recognoistray franchement que je ne m'en rendy capable, ainsi que pourrez plus amplement entendre par mon Plaidoyé & leurs constitutions, qui ont depuis esté imprimées. Estant de retour à Paris, je mis ces quatre feuilles entre mes brouillars, n'en faisant recepte ny mise : content seulement de les avoir pardevers moy. Car aussi n'estois-je lors mis au rang des Advocats de nom, mesme que je ne pensois aucunement que ce nouvel Ordre deust avoir rien à quereler avec nostre Université de Paris.

Je fus marié un an aprés, en l'an 1557. Prenez garde, je vous prie, qu'ayant gaigné sur moy avec importunité, que je vous fasse part de cette Histoire, je ne vous fois maintenant ennuyeux, la vous recitant. Sur la fin de cinquante-huit, revenant avec ma femme de nos vendanges de la Brie, nous allasmes visiter les Sieur & Damoiselle d'Anteuil en leur maison, Parroisse de Presle ; & aprés y avoir quelque peu de jours sejourné, visitasmes le Sieur d'Arminvilliers leur voisin, qui nous bienveigna de toutes sortes de courtoisies, & retint l'espace de cinq jours ; pendant lesquels trouvants un sien petit bois pavé de Champignons, ce fut à qui mieux mieux en mangeroit, nul de nous ne s'y espargnants, leur donnants tou-

tes sortes de façons pour le contentement de nos appetits. De cette desbauche de gueule, le malheur tomba
particulierement sur moy : car trois jours aprés, ayant
pris congé de nostre hoste, je fus, sur les chemins, assailly d'une forte fievre, que je supportay au moins mal qu'il
me fut possible jusques en ma maison, où m'estant alic-
té, le Medecin m'ordonna une rhubarbe pour le lendemain matin, que je pris, & me senty lors si mal disposé,
que je dy au Seigneur de Fonssumme, l'un de mes premiers & anciens amis, qu'avant que la journée se passast, il falloit necessairement que je perdisse ou la vie,
ou la veuë. Cette medecine reposa dedans moy environ
un quart d'heure, ou environ, laquelle je vomy & me
sembloit lors, voyant les personnes, qu'elles avoient les
testes grosses, comme des bœufs. Advient sur les six heures du soir, que ce qui m'estoit resté de la medecine dedans le corps, ayant fait son operation, je demande d'aller à la selle : j'y suis mis, & de bon-heur pour moy, je
vuiday une infinité de champignons tels que je les avois
mangez : & adonc me revint l'esprit, & la veuë ; disant
à ma femme, & aux miens : loué soit Dieu ; auparavant,
je vous mescognoissois tous ; maintenant que j'ay vuidé
ce meschant poison, je vous recognois. Et sur cette parole, remis au lit, au lieu d'une fievre chaude qui m'a-
voit affligé, j'entre en une continuë qui me dura cinq
sepmaines entieres, puis en une double quarte, & finalement en une quintaine, qui estoit que de cinq jours
l'un j'avois la fievre. Espece de fievre que Monsieur Pietre
mon Medecin me dit avoir esté veuë par Hippocrat,
non par Galien. Les Medecins perdants leur Latin aprés
moy, conseillerent de prendre l'air des champs, qui me
vaudroit plus que toutes leurs medecines. Je suy leur advis, & huit jours suivant la feste de Pasques, quittant la
ville de Paris, je me vins parquer avec femme, & ma
famille, en ma maison d'Argentueil, où je passay cinq ou
six mois, balançant entre le sain, & le malade : & me
frequentoient les plus riches & aisez, que je voyois,
ores joüer à la boule, ores aux quilles dedans mon jardin, ores au triquetrac dans ma sale ; & ainsi trompant
le temps, je recouvray peu à peu la santé, non pleine,
ains telle quelle : & sur le mois de Septembre, me deliberant de reprendre mes premiers arrhes du Palais, Monsieur Pietre me le desconseilla tout-à-fait, disant que
cette voye me moyenneroit une rencheute de non moins
dangereux effect, que ma maladie precedente ; & que
pour bien faire, je me devois derechef voüer aux champs.
Nous trouvasmes ce conseil bon, non seulement pour
me raffermir de ma santé, mais aussi pour voir Madamoiselle de Montdomaine à Amboise, mere de ma
femme, qui ne m'avoit jamais veu, & de là prendre la route
de Congnac pour recognoistre nostre bien. Ce fut l'an
1560, lors de la faction d'Amboise, premiere enfance
de nos Troubles, pour la diversité de Religions. Nous
entrasmes dedans Amboise le lendemain que Castelnau,
Mazere, Renne, & un autre Gentil-homme dont je ne
me ramentoy du nom, avoient esté decapitez au Carroy,
auquel lieu leurs testes estoient encores sur l'eschafaut ; &
aprés y avoir sejourné un mois ou environ, prismes la
route de Congnac, où je repris mes forces tout-à-fait,
augmentant nostre revenu de Mainxe ; finalement, retournons à Paris, où voulant reprendre mes anciennes
brisées du Palais, je me trouvay si esloigné de mon intention, que nul Procureur presque ne me recognoissoit.
Quoy que ce soit, ce peu de racine que j'y avois auparavant pris, se trouva du tout amorty, par ceste intermission de dix-huit mois. Je voyois cependant plusieurs
Advocats de ma volée, advancer, que je passois auparavant d'un long vol ; au moins ainsi je pensois-je. Je me
promeine deux mois, ou environ, dedans la sale du Palais
sans rien faire. Et croyez que c'estoit avec un creve-
cœur admirable : tellement que de despit, il me prit
opinion de m'en bannir tout-à-fait ; tout ainsi qu'il en prend
à ceux qui pour n'avoir peu espouser leurs maistresses, se
rendent moines de despit. Conseil que je n'osois communiquer à ma femme, qui me voyoit seicher sur pieds,

& m'importunant souvent dont me provenoit ceste melancolie, enfin je m'ouvry à elle, & luy dy quel estoit
mon nouveau conseil. Et voicy, certes, en quoy je trouvay qu'elle estoit trés-sage : car combien que veufve, elle m'eust espousé sous l'opinion de me voir quelque jour
tenir rang entre les Advocats de marque, & par ceste
nouvelle deliberation se trouvast inopinément frustrée
de son esperance ; toutesfois voyant que cela ne me provenoit que d'une affliction d'esprit ou grand cœur, au lieu
qu'une sotte Parisienne eust eu recours à ses yeux & larmes, elle au contraire avec une constance admirable me
dict, qu'elle trouvoit ma resolution trés-bonne : qu'a-
vions mulet & mallier en l'estable, & assez de moyens
pour vivre à nostre aise ; qu'il nous falloit passer le temps,
à visiter nos maisons, tantost à la Brie, tantost à Argenteuil, tantost à Congnac. Sur ceste conclusion, je
me sequestray du Palais, en bonne deliberation d'en oublier du tout le chemin.

A quel propos tout cecy ? me direz-vous. Je vous supplie m'accommoder d'une patience, jusques au dernier
periode de ceste mienne histoire, asseuré que vous ne
trouverez avoir perdu le temps à la lire. Vous me voyez
donc icy maintenant en une posture fort bizarre, je veux
dire un Advocat, non Advocat. Voyons quel fut lors cet
entremets de ma vie. Dieu veut que je prends accointance avec deux Docteurs en Theologie, nostre Maistre
Beguin, grand Maistre du College du Cardinal le Moine ;
& nostre Maistre le Vasseur, Principal du College de
Reims ; nous nous voyons diversement chacun de nous
en nos chacunes, & d'ordinaire allions nous promener
aux faux-bourgs en quelques jardins : pendant lequel
temps, nos propos estoient ores de la Sainte Escriture,
ores de la Philosophie, & ores de l'Histoire, qui n'estoient pas petits esbats, que nous accompagnions de fois
à autres de jeux de boule, & de quilles, ainsi que l'opinion nous en prenoit : vous asseurant sur mon honneur,
qu'en tous nos devis il ne nous advint jamais de parler
des Jesuites : car lors c'estoit une chasse morte, ou, pour
mieux dire, Saincts, que l'on ne festoit nullement. Je
vesquis en ceste façon l'espace de trois mois entiers ; &
neantmoins quelque contenance exterieure que je fisse
de me donner de bon temps avec ces deux grands preu-
d'hommes, toutesfois je me rongeois interieurement
l'esprit, voyant tous mes premiers projets s'estre tournez à neant : de maniere qu'au bout de ce temps, mon
opinion n'estant telle, que le vœu du Moine, auquel il
n'est permis de s'en repentir, revenant à mon mieux penser, je repris, au moins mal qu'il me fut possible, mes
anciens arrhements du Palais, où par la grace de Dieu,
je retrouvay ma fortune plus favorable, qu'à la premiere,
seconde, & troisiesme demarche de mon retour. De vous
discourir comment, j'abuserois de vostre loisir : & neantmoins peut-estre y auroit-il assez de subjet pour contenter un esprit oiseux. Suffise-vous que je fus assez heureusement employé au Barreau és années soixante-un, soixante-deux, & soixante-trois ; auparavant lequel temps
j'avois exposé en lumiere mon Monophile, le premier
Livre de mes Recherches de la France, & mon Pourparler du Prince : Livres favorablement receus, & embrassez par toute la France. Comme pareillement je joüay
quelquefois mon personnage au Barreau, acquerant reputation entre ceux de nostre ordre : mais non telle que
je me pensasse digne de parvenir à une telle cause que
celle dont je parleray presentement. Les Jesuites (que
nous appellions lors Jesuistes) qui avoient pied à pied gaigné terre dedans Paris, & specialement aprés le grand
& riche legs à eux fait par l'Evesque de Clairmont, bas- *Clair-*
tard du Legat du Prat : parce que ce grand legs leur ayant *mont le-*
esté fait, ils acheterent l'Hostel de Langres, ruë sainct *gué aux*
Jacques, où instituerent leurs leçons, & exercice de leur *Jesuites*
Religion, selon ce qui leur avoit esté institué par Ignace. Puis se presenterent en l'an 1564. à l'Université de
Paris, afin qu'il luy pleust de les immatriculer en son
corps. Chose dont ils furent esconduits en pleine Congregation. Qui les occasionna de se pourvoir pardevers

Les Lettres de Pasquier. LIV. XXI.

la Cour de Parlement aux mesmes fins : laquelle ordonna que l'Université seroit appellée pour y respondre. Congregation generale est faicte au Convent des Mathurins, où il fut conclud d'empescher absolument l'enterinement de ceste Requeste. Mais parce qu'en ceste affaire il falloit avoir quelque bon Advocat, ils se trouverent en quelque perplexité. Lors il y en avoit quatre ordinaires de l'Université, Messieurs de Montelon (depuis Garde des Sceaux) Chippoit, Chonart, & Ramat, tous personnages de poids : à l'un desquels, selon la commune police, il falloit bailler la main pour plaider : toutesfois Messieurs Beguin & le Vasseur, par une inspiration telle qu'il pleut à Dieu, couchent de moy en ceste compagnie, insistent à ce que ceste cause me fust baillée, se rendent garends de ma suffisance, & s'opiniastrerent de telle façon, qu'il fut enfin arresté que je serois prié de me charger de la cause. Et je vous jure le Dieu vivant, que pendant nostre entreveuë, jamais il ne nous estoit advenu de parler des Jesuites, comme estans adoncques pieces de nomprix : & au surplus qu'il y avoit prés de trois ans, que je ne gouvernois plus ces deux sages Theologiens. Par vostre foy, y eust-il jamais miracle plus exprés de Dieu, que cestuy ? L'usage commun vouloit que ceste cause fust baillée à l'un des quatre Advocats de l'Université, ou, en leur défaut, à quelque ancien Advocat des plus fameux : je n'avois eu cognoissance de ces deux Theologiens que par le moyen de ma desbauche du Palais : j'estois lors encore jeune Advocat ; nostre entreveuë avoit esté oubliée depuis que je fus rentré en lice ; toutesfois ils se ressouviendrent de moy lors que je ne pensois plus à eux, & en un acte pour lequel je ne les avois prié ny pensé de prier, mesme que je n'eusse osé esperer. Ceste cause est la premiere planche de mon avancement au Palais : & qui est chose plus esmerveillable, ma desbauche du Palais fut le premier motif pour me la faire bailler : cela me regarde, peu peu. Ce que je vous diray maintenant, concerne le general de l'Estat ; d'autant que quelque capacité qu'il y eust en tout le demeurant de nostre College, il n'y a avoit un tout seul, qui eust peu approfondir ceste cause comme je fis. Chacun pouvoir diversement discourir le lieu commun tiré des Concils generaux de Latran, sous le Pape Innocent III. & de Vienne sous Clement V. deffendans d'introduire, de là en avant, en nostre Eglise Catholique, Apostolique, Romaine, nouveaux Ordres de Religion ; ains de ranger sous les anciens, la devotion nouvelle dont on se trouveroit touché : mais non de particulariser ce qui du faict particulier des Jesuites, qui m'avoit esté enseigné par Pasquier Bronez, compagnon d'Ignace, huit ans auparavant. Comme aussi est-ce la verité que quand la cause fut plaidée, ny Maffée, ny Ribadeneire n'avoient escrit la vie de Loyola, ny leurs constitutions n'estoient cogneuës en ceste France. Particularité, certes, au cas qui s'offre, admirable.

Mais par maniere d'entremets, je vous reciteray ce faict, en passant. Quelques jours après que le sac me fut apporté, il advint à Ramat, qui estoit d'un esprit visqueux, de me dire qu'il me feroit lascher la prise, & qu'il donneroit ordre que par Arrest de la Cour, ceste cause luy seroit baillée, comme à l'un des Advocats ordinaires de nostre Université. Je le priay, au commencement, & reprie de ne vouloir entrer en ceste dispute. Mais voyant que plus je le priois, moins il en faisoit de compte ; adoncques luy colere me monte au visage, & luy dy que je le priois affectionnément de ne manquer à sa promesse ; parce qu'en ce faisant, il redoubleroit mon honneur, & me promettois qu'il me seroit un autre Cecilius contre Ciceron, au faict de l'accusation de Verrés. Dés lors il perdit la parole & devint muet.

Il y a un autre point qui ne merite pas moins d'estre sçeu. Communiquant de ceste cause trois ou quatre jours avant qu'elle fust plaidée, avecques Messieurs de la Porte, Canaye, Mangot, Sainctmelouärd, Areboutants des consultations, l'ayants trouvée trés-bonne, au sortir de la consultation, il advint à l'un d'eux de dire si bas, que je l'entendy, que ceste cause estoit d'une longue haleine, & que veuë la chaleur qui estoit en mon action, il seroit mal-aisé que j'en vinsse à bout. Parole que je remarquay, bien deliberé de ne tomber en cest accessoire, lors que je plaideroy ; toutesfois poussé de mon naturel, après avoir plaidé environ une heure, je m'estois presque mis à l'essor, quand aprés avoir discouru toute l'institution des Jesuites : j'ay (dy-je) appris tout ce que je vous ay discouru, de Pasquier Bronez, qui des compagnons d'Ignace a le premier planté ceste malheureuse secte dedans Paris. Et à la mienne volonté, que tout ainsi qu'un homme du nom de Pasquier en fut le premier fondateur, aussi que la posterité entende qu'un Advocat, portant le surnom de Pasquier, en fut le premier extirpateur. Ceste rencontre pleut tant aux Auditeurs, qu'elle excita un sourd bruit parmy toute la compagnie, qui dura assez longuement, pendant lequel temps je me teu & donnay le loisir de reprendre mon haleine, & le premier ton de mon plaidoyer. Et me souvient que Maistre Claude Mangot, qui estoit lors dedans la lanterne, dit à ceux qui estoient prés de luy : voila le trait d'un grand Advocat, par le moyen duquel il retournera sur ses premieres brisées fort à son aise.

Je ne vous ramentevray point le demeurant de ce qui se passa lors ; d'autant que ceste cause a depuis esté solemnisée par les plumes de plusieurs, mesme de Monsieur le President de Tou, lequel, dedans le de son Histoire, a tout au long rapporté au petit pied tous les points de mon plaidoyé. Et les Anglois l'ont dés pieça tradiut en leur langage, par honneur, dont j'en ay un pardevers moy ; & à vray dire, ceste cause m'acquit beaucoup de reputation : de maniere que de là en avant, on ne douta de m'employer és causes les plus celebres, tant & si longuement que je demeuray au Barreau ; je veux dire, auparavant que le Roy Henry troisiesme m'eust honoré de son Estat d'Advocat en la Chambre des Comptes de Paris.

Maistre Pierre Versoris, grand Advocat, plaidoit contre moy pour les Jesuites, aidé des memoires que luy administroit Caigord Jesuite, né, natif du païs d'Auvergne, l'un des plus braves soliciteurs que jamais le Palais ait eu, & pour tel l'ay-je veu pleuvir par feu Monsieur le Cardinal de Lorraine. Et se passerent les choses de façon, qu'après avoir ouy Monsieur du Mesnil Advocat du Roy, qui prit conclusions pour moy, la Cour, par son Arrest, appointa les parties au Conseil : & fismes nos plaidoyez, d'une part & d'autre, qu'on peut encore voir aujourd'huy. Je diray cecy par occasion, non par vanterie : l'Université m'envoya, pour mon salaire, dans une bource de velous, plusieurs escus que je refusay bravement, disant : ja à Dieu ne plaise que je fasse ceste faute. Je veux que l'Université sçache que je suis son nourrisson, & comme tel m'estimeray trés-honoré de luy faire trés-humble service, tout le temps de ma vie. Ceste responce rapportée par le Syndic, fut faicte une Congregation, en laquelle, par la voix & suffrage de tous, me furent ordonnez deux cierges tous les ans pour le jour de la Purification Nostre-Dame, dont j'ay esté dressé jusques en l'an 1588. que je quittay la ville de Paris à l'occasion des troubles survenus sous le nom de Saincte-Union, pour suivre la fortune de mon Roy Henry III. & depuis celle du grand Henry IV. son successeur : vous asseurant qu'entre les pensions que j'avois lors, comme Advocat d'uns & autres Seigneurs, qui n'estoient petites, j'estimay cette-cy la plus grande, & en faisois gloire au milieu de mes compagnons.

Voilà quelle a esté ma premiere action contre les Jesuites ; quelle fera cy-après la seconde, je le vous manderay par mes premieres, estant meshuy temps que je reprenne maintenant haleine. A Dieu.

Tome II.   Rr ij   LETTRE

LETTRE II.

A Monsieur de Saincte Marthe, Lieutenant General de la Mareschaussée de France.

Seconde lettre de l'Autheur touchant son second plaidoyé contre les Jesuites.

JE vous ay cy-devant escrit comme j'avois esté miraculeusement convié de plaider la cause de l'Université, & Theologie de Paris, contre les Jesuites. Or pour vous monstrer que nulle passion ne m'y achemina, escrivant depuis au Seigneur de Fonssomme, l'un de mes premiers compagnons d'escole, comme le tout s'estoit passé au Parlement : enfin (luy dy-je) fut la cause appointée au Conseil, & ordonné que les parties demeureroient en tel estat qu'elles estoient. Ce fut un coup fourré. Car les Jesuites ne furent pas incorporez au corps de l'Université, comme ils requeroient : mais aussi estants en possession de faire lectures publiques, ils y furent continuez. Et vers la fin de ma lettre, j'adjouste : quant à moy, je n'estime point que les Huguenots ayent de petits ennemis en ceux-cy : comme ainsi soit qu'entre toutes les Religions, la Chrestienne se doive gaigner par prieres, exemples, bonnes mœurs, & sainctes exhortations, & non par le trenchant de l'espée. Je disois lors cela d'eux, les estimant tous consits en devotion, & abhorrer du tout les armes, pour l'accroissement de nostre foy ; & qu'il me sembloit au contraire, que les Huguenots, pour la manutention de la leur, suivoient autre piste.

En cette opinion vescuy-je longuement, ne m'informant point de leur taisible caballe. Mais les voyant avoir esté premiers autheurs, promoteurs, & fauteurs des Troubles, introduits premierement sous le nom de la Ligue, puis continuez sous celuy de la Saincte-Union, qui produisirent une infinité de meurtres au peuple, & desobeïssances à nos Roys dedans cette France : que depuis, en l'an 1563. la Barre soldat, dit la Barriere, s'estoit acheminé à sainct Denis, Gournay, Brie-Comte-Robert, & Melun, pour occir le feu Roy, à l'exhortation de Varade, Recteur des Jesuites de Paris, qui l'avoit confessé, luy avoit fait ouïr Messe, administré le Sainct Sacrement de l'Autel, baillé sa benediction, avec une promesse trés-certaine de Paradis, s'il venoit à chef du meurtre par eux projetté, adonc je me laschay à toute bride contre ce nouveau peuple. Et de ce je n'en croy, d'autant que le procés extraordinaire ayant esté fait & parfaict à ce malheureux, & l'execution d'iceluy, je vy, par le commandement du feu Roy, toutes les pieces, sur lesquelles je dressay un Manifeste dés la ville de Melun, qui y fut imprimé, sans y mettre mon nom, & eut cours par la France, avec l'approbation de ceux qui le leurent, voire en ma presence, ne sçachants que j'en fusse l'autheur. Chacun trouvoit de trés-mauvaise digestion, qu'on eust juré & conjuré la mort d'un Roy & Prince absolu ; & que pour y parvenir, on eust mal-heureusement meslé le Paradis & le meurtre ensemble.

Aprés avoir couru diverses fortunes, uns & autres venants à se recognoistre, nous retournons dedans Paris où ce grand Roy fut accueilli de son peuple avec toute devotion. A nostre arrivée, je voy la haine commune de tous encontre les Jesuites : Requeste presentée par l'Université, à ce qu'il pleust à la Cour juger l'ancien appoincté au Conseil, & les faire vuider de Paris. La cause plaidée, & derechef appoinctée au Conseil, pendant ces entre-faites, je voy mon ancien plaidoyé estre imprimé, & vendu par les Colporteurs de la ville, acheté à l'envy par les passants, gens d'honneur & de marque : & advient de mal-heur que du Chastel Parisien, l'un de leurs escoliers & disciples, attente dedans le Louvre sur la personne du feu Roy, le jour & feste Sainct Jean l'Evangeliste en 1594. Ce meschant & mal-heureux attentat mit chacun en gargouïlle. Au moyen de quoy, l'appoincté au Conseil, fut jugé diffinitivement, Chastel puny d'une mort griefve, & ordonné que les Jesuites vuideroient la France ; l'Arrest executé, leur Bibliotheque fut venduë à l'enquant par deux Conseillers trés-Catholics, au plus offrant & dernier encherisseur. Par le moyen de cette vente, on eut cognoissance des secrets qu'ils tenoient auparavant cachez dedans leurs livres qui furent vendus. Et quant à moy, induit d'une juste douleur de ma partie, faisant en l'an 1596. le Livre sixiesme de mes Recherches, dont les quatre derniers n'avoient encore veu le jour, j'adjoustay dedans le troisiesme, mon Plaidoyé par forme de chapitre. Les Jesuites demeurent quelque temps muets ; & depuis s'estants, avec le temps, asseurez sous la faveur de la Guyenne, & du Languedoc, pays qui leur servoit de suraccez, ils commencerent d'escrire livres diffamatoires contre les imputations qu'ils disoient leur avoir esté faussement & à tort imposées : & de fait, mirent en lumiere un livre dont le titre est, *la Verité deffenduë*, n'oubliants rien de ce qu'ils pensoient appartenir à leur intention : voire accompagnoient leur pretenduë verité de plusieurs insupportables mensonges : œuvre, qui fut quelque temps aprés suivy d'un autre, intitulé : *Response de René de la Fon, pour les Religieux de la Compagnie de Jesus.* Auquel faisants contenance de s'attaquer contre feu Monsieur Marion Advocat General de la Cour de Parlement, ils descocherent contre moy une infinité de flesches, indignes, je ne diray point d'un Chrestien, ains d'un Turc, ou Arabe. Ce dernier livre m'est caché ; car nul de mes amis, és mains duquel il estoit tombé, ne m'en ose faire part, pour le placart plein de honte, calomnies, impostures & asneries contre moy dites, dont le livre est parsemé : livre vrayement digne d'un Jesuite, tout ainsi que celuy de *la Verité deffenduë*. Comme aussi puis n'agueres ay-je esté asseuré par l'un de ceux qui tient l'un des premiers lieux de cest ordre en nostre ville de Paris, que ces deux ouvrages sont deus à Richeome, cy-devant Provincial des Jesuites, en la Province de Guyenne, & maintenant l'un des quatre assistans d'Aquavive.

Je vous ay discouru par mon aur.¹ lettre, qu'il y avoit du miracle trés-exprés de Dieu, en ce qu'inesperément je plaiday la cause contre eux, pour l'Université de Paris. Je vous puis dire qu'il n'y en a pas moins, en ce que j'ay depuis escrit contre leur Ordre, par mon Catechisme. Comme ce Livre m'estoit de ceste façon caché par les miens, il advient sur ces entrefaictes, qu'un Gentilhomme Escossois, qui avoit esté nourry jeune en leur College dedans ceste ville de Paris, qui me cognoissoit de nom seulement, m'apporte ce Livre à coup perdu ; induit à ce faire, ou par un desir de vengeance, ou de devotion. Et afin qu'entendiez son histoire, la verité est, que le feu Roy d'Espagne Philippe, l'avoit faict son Tresorier general pour soudoyer une grande armée de Mer par luy levée, bien deliberé d'envahir le Royaume de la Grand' Bretaigne, & s'en faire maistre sur la deffuncte Royne Elizabeth. Toutesfois la plus grande partie des Vaisseaux estant fracassée par une grande bourasque de Mer ; & cette entreprise réüssie à neant, le pere Crichton Jesuite ne voulant que du tout elle fust oyseuse, importuna plusieurs fois Brusse, de luy bailler de l'argent qu'il avoit de la part du Roy Philippe ; quoy faisant, il acheteroit, deniers comptants, la mort du Seigneur de Metelan, Chancelier du Roy d'Escosse. Chose dont Brusse l'ayant esconduit pour les raisons par moy couchées dans l'un des chapitres du troisiesme Livre de mon Catechisme ; Crichton, pour se ressentir, le fit apprehender au corps en la ville de Bruges, luy faisant faire & parfaire son procez par l'espace de trois ans entiers : non pour autre cause, sinon qu'il ne luy avoit voulu bailler deniers pour
faire

faire mourir Metelan : enfin après avoir esté detenu prisonnier l'espace de trois ans entiers, le Senat voyant ceste accusation estre pure frivole, luy furent les prisons ouvertes ; mais d'autant qu'il avoit affaire à un Jesuite, par un hors de cour & de procez, sans despens, dommages & interests ; Brusse sorty des prisons, se transporte en la ville de Doüay, où il achepte chez un Libraire, ce Livre de René de la Fon. De là, s'achemine de Paris, où il me vint sur les dix heures trouver, en la grand' Sale du Palais, & après m'avoir bienveigné, me dict, qu'ores qu'il n'eust cognoissance de moy que celle qu'il avoit par mes Livres, toutesfois il desiroit communiquer particulierement avec moy, pour chose qui m'importoit. Ce dont je le remercie avec honneur, & à ceste fin luy enseigne mon logis. L'apresdinée, il ne manque de sa promesse, & me vient voir ; & d'une mesme main, me donne le Livre de la Fon, qui m'avoit esté si superstitieusement caché par mes amis. Je prens de donc à trés-grande obligation ; je ly le Livre, & les injures dont il me calomnie sous le nom & titre de Notes ; car de droit fil il ne m'ose aucunement attaquer : sur ce, je contracte amitié avec Brusse, qui depuis m'ayda de plusieurs livres qui concernoient les Jesuites, outre ceux que j'avois ; & entre autres, de leurs constitutions faictes par Ignace de Loyola, qu'il disoit luy avoir esté inspirées par le Sainct Esprit ; non toutesfois par luy publiées, pour avoir esté prevenu de mort, ains par le Pere Jacques de Laivez son successeur, en une Congregation generale, tenuë par les Jesuites, desquels il y avoit deux Peres de chaque College : ces constitutions accompagnées des procez verbaux qui furent lors faits, & leurs commentaires. Cest honneste homme fut depuis enterré en nostre Eglise sainct Paul, dont il estoit Patroissien, & luy fis assistance à son enterrement. Pendant sa vie, & après, je me donnay le loisir de lire leurs livres, auparavant tenus par eux clos & couverts, sur lesquels je dressay mon livre divisé en trois, portant sur le front ce tiltre, *Le Catechisme des Jesuites*, ou *Examen de leur doctrine* : auquel je n'ay voulu apposer mon nom : d'autant que par les entre-parleurs de mes Dialogues (qui sont l'Advocat, le Jesuite, & le Gentil-homme) je suis allegué en plusieurs endroits. Qui ne pouvoit estre fait, pour l'entre-gent requis en telles matieres, que par une personne autre que des pour-parleurs : toutesfois par ces frequentes allegations de moy, j'ay bien voulu que le Lecteur pensast que Pasquier en estoit l'autheur : voire que l'Advocat qui tient le premier lieu dedans mon pour-parler, estoit le mesme Pasquier. Chose aussi qu'on peut descouvrir sur le commencement du chapitre du troisiesme Livre, concernant le parricide que Barriere, soldat desesperé, voulut attenter contre la Majesté du feu Roy, que Dieu absolve. Comme nul ne fait doute, en quelque pays que ce soit, qu'il n'ait esté par moy composé ; je loue en eux qu'ils abhorrent en leurs chaires le Lutheranisme & Calvinisme, tout ainsi que nos Theologiens ordinaires : mais le demeurant de leur secte, je l'abhorre, portant tout behotu au sainct Siege, ains ils font masque pour s'authoriser en biens & grandeur. Que si desirez en sçavoir les raisons, donnez-vous le loisir de lire le Livre, où ils me detraquer de l'obeïssance que je dois au sainct Siege, je monstre franchement leurs fautes par leurs Livres mesmes.

Je me escry cecy par exprés, comme à celuy que je sçay faire profession trés-expresse de nostre Religion Catholique, Apostolique, Romaine : & neantmoins au cas qui s'offre, je m'asseure que jugerez ces Messieurs s'estre grandement oubliez en mon endroit. Car au lieu de me payer de responses pertinentes & categoriques, ils ont, du commencement, fait entrer sur l'eschaffaut, contre moy, un barragoüin François, homme despourveu de sens commun, qui ne sçait parler Latin, ny François. La seule premiere desmarche de son Livre vous en peut rendre fidelle tesmoignage, sur lequel il a mis pour tiltre : *La chasse du Renard Pasquin, descouvert & pris en sa taniere du libelle diffamatoire faux marqué*, le Catechisme

des Jesuites. Car quelle Grammaire Françoise pouvez-vous trouver en ces mots ? Davantage en tous ses discours, vous y voyez un esprit esperdu, qui dedans la ville de Bourdeaux s'est plus desbordé en injures, qu'une putain stranate du bourdeau. Et à peu dire, ostez-les, vous trouverez un Livre sans ame : duquel toutesfois on peut faire un Dictionnaire de mesdisance. Et au surplus, si on peut passer sur son Livre, sans avoir mal au cœur, & sans escorcher le renard, on y voit une Satyre du coq à l'asne, une charrette mise devant les bœufs, &, si ainsi me permettez de le dire, un sens devant derriere de discours : car il fait semblant, sur la fin de son Livre, de respondre à ce qui est mis sur la premiere pointe du mien, & adjouste tant sur le commencement que milieu, ce qui en est sur la fin. Brief, c'est un vray chaos & pesle-mesle d'injures. Chose industrieusement par luy faite, pour intervertir, par ceste meslange de chapitres, le jugement du lecteur, & luy oster la patience de recognoistre, si les responses de ce grand veneur sont de quelque merite & effect. Cependant c'est durant faire de tort à la compagnie des Jesuites : car ou du tout il se falloit taire, ou envoyer pour avant-coureur de leurs deffenses, un homme armé de haut-appareil, & de toutes pieces. Et vous diray icy en passant, que quelque personnage d'honneur, mien amy, voyant le peu de compte que j'en faisois, me dit en se sous-riant : vous en ferez tel jugement qu'il vous plaira : mais quant à moy, je veux qu'il reçoive de moy quelque loyer de son labeur : & ay pour cette cause fait en faveur de luy ce Sonnet, que je le prie recevoir de bonne part :

Quiconque sois chasseur, qui te masques du fard :
De Dieu, sans croire en Dieu, ains plein d'orgueil & d'ire :
Nous apprenons que jamais tu n'appris qu'à mesdire,
Barragoüin pipeur, hypocrite caffard,
Chasseur, qui as voulu sous le nom d'un Renard,
Aux Nembrots comme toy appareiller à rire,
Et aux bons un d spit, en te voyant escrire
De Jesus, toy qui n'eus en Jesus jamais part.
Or, que contre Pasquier tu veux faire le fort
Et ores qu'il te plaist sentir quel est l'effort
D'une main foudroyante, & criminesu iambe :
Crains-tu point que Pasquier, de son honneur jaloux,
Brandissant contre toy le feu de son courroux,
Te soit un Archiloch, tu luy sois un Lycambe ?

Il ne faut point (dy-je à ce mien amy) que ce chasseur craigne ce coup de moy. Car encores que la chasse attire quant & soy un carnage que l'Eglise abhorre, toutesfois ie luy ferois trop d'honneur, de le faire declarer par ma plume, tel qu'il est, je veux dire un sot. D'une chose sans plus me fasche-je, que les Jesuites, bien advisez en leurs affaires, ayent icy failly en la leçon ordinaire des sages-mondains, qui est, d'envoyer, du commencement, en toutes leurs actions, une bonne bouche d'eux : autrement, ils perdent envers le peuple, toute creance. Sinon que vouliez dire qu'ils ont voulu representer une Tragi-comedie contre moy ; ayants, à la façon des Comediens d'Italie, fait joüer le prologue à leur Zany travesty en chasseur ; puis ont fait joüer son rolle à Richeome, lors leur Provincial de Bourdeaux, & aujourd'huy l'un des quatre assistants d'Aquavive leur General, lequel voulant dedier à un grand Roy son Livre, auquel il s'agit de l'estat general de leur secte, il s'en est reposé sur les yeux d'autruy, & a besongné par procureur : en quoy je ne puis, par mesme moyen, que je n'accuse la perfidie de ses compagnons, pour avoir mis des memoires faux és mains pour respondre à ceux ausquels jamais je ne pensay par mon Livre. En matiere de Livres, c'est chose fort chatoüilleuse, quand l'autheur se fie trop à soy : mais beaucoup plus dangereuse, de se fier trop à autruy : voyez mon Livre, voyez le sien, vous trouverez ce que je dis, veritable. Ne pensez pas que je vous aye rien dit ny du chasseur, ny de Richeome, que je n'aye amplement verifié par deux discours se-

parez

parez qui sont entre mes papiers, que je n'ay voulu mettre en lumiere, pour en avoir esté prié par quelqu'un de leurs escoliers : joinct que mon Catechisme me semble leur servir de parfournissement pour les exercer à bon compte.

Les defauts & inepties de Richeome, qui se fait de feste à toutes heurtes, ont esté cause que trois ans aprés, Carolus Scribanius, lors Recteur en l'Université d'Anvers, qui sous son nom anagrammatifé, s'est appellé Clarius Bonarcius, prit ceste querelle en main, & mit en lumiere un Livre par luy composé sous ce tiltre : *Amphitheatrum honoris, in quo Calvinistarum in Societatem Jesu criminationes jugulatæ*. Et au dessous y a une figure en taille douce, d'un homme tenant une espée nuë en sa main droicte, en l'autre un bouclier, & six hommes couchez à ses pieds, comme s'il les eust occis. Le mot d'Amphitheatre, celuy de *jugulare*, & ceste figure nous monstrent au doigt & à l'œil, que l'autheur voulut representer par son Livre un ancien gladiateur, que nostre bien-disant Amiot appelle dedans ses Versions escimeur à outrance : & j'appelleray cettuy-cy, un escimeur de village, pour avoir fait une grande levée de bouclier, sans coup ferir, au moins qui soit venu à propos. Ce gentil gladiateur s'est representé sur l'eschafaut, revestu de la peau d'un asne, je veux dire d'un style d'Apulée en son asne d'or ; mais non de la gentillesse de son esprit. Et en son lourdois, & sans jugement, franchit le pas, là où Richeome charlanisant, a hypocritement soustenu, que par leur obeïssance aveugle envers le sainct Siege, ils n'en doivent qu'il pût rien entreprendre sur la Majesté de nos Roys & de leur Estat ; Bonarcius ne doute de le dementir éfrontément aux unze & douziesme chapitre de son premier Livre, & de soustenir par plusieurs passages du Vieux Testament mal assortis, non du Nouveau, qui est celuy auquel nous devons buter, qu'il est en la puissance du Pape de changer les Royaumes, & les faire tomber d'une main à autre, quand il luy plaist, mesmement celuy de la France. Leçon qui luy est familiere avec Azorius, Mariana & autres Jesuites de nom. Tout le demeurant sont frivoles. Vray est que par son discours (qui est seulement dedans son premier Livre ; car les deux autres sont des vers de sa façon, ausquels il se donne tel jeu qu'il luy plaist,) il introduit un Calviniste entreparleur avec le Jesuite, & trouverez qu'aux raisons de l'un & de l'autre, il n'y a nul nez. Recours à la lecture de l'ouvrage, tant ce Jesuite est subtil : vray que parlant de Calvin & Beze, il les attelle ensemble, & un docte & moy, pour avoir escrit contre leur Jesuisme ; & tout d'une suite en fait quatre chevaux de coche. Et ja à Dieu ne plaise que tous ceux qui sont ennemis formels des Jesuites, soient pareillement Calvinistes ; si ainsi estoit, à quelle grande bresche, ô bon Dieu ! seroit faire au sainct Siege de Rome. Au demeurant, je veux que chacun sçache que ne fus jamais entaché ny du Lutheranisme, ny du Calvinisme. J'ay eu trop de puissance de l'estre impunément dans la France dés & depuis cinquante ans en çà, pour y nourrir une paix & tranquillité commune entre les subjects ; & neantmoins ay tousjours vescu dedans ma parroisse, avec mon Curé, à la vieille guise. Voilà en quel façon je me suis gouverné & gouverne. Et si en tout ce que je vous ay discouru, il y a quelque malefaçon, c'est d'avoir par les Jesuites permis d'entrer pour leur protection & deffense, premierement un chasseur, puis un charlatan, & finalement un gladiateur : outils qui ne pleurent jamais à nostre Seigneur Jesus-Christ. Prou de pescheurs, point de chasseurs, & moins encores de menteries. Je prie donc les Jesuites, & les prie que j'aye, que s'ils pensent y avoir en mon Catechisme quelque chose de mal basty, en le voulant corriger, ils veulent observer l'ordre & police que j'y ay gardé, & les en supplie, non comme leur ennemy, (& j'en appelle Dieu à tesmoin) ains comme celuy qui est serviteur du sainct Siege Catholic, Apostolic, Romain, & de la Religion ancienne & Justice. Que ceux qu'ils employeront pour y mettre la main (car je sçay d'eux-mesmes que mon Catechisme leur poise grandement sur le cœur) respondent à toutes mes objections ; autrement, ils feront penser qu'ils passent taisible condamnation de celles ausquelles ils n'auront respondu. Ils sçavent quelle est l'economie de mon œuvre, & qu'il n'y a rien d'oiseux : qu'il faut qu'ils me satisfassent par ordre ; le tout en la mesme façon que je voy avoir esté fidellement pratiqué par leur Fronton le Duc (personnage plein de doctrine) contre le Seigneur du Plessis-Mornay, en son Livre de l'Institution & usage de l'Eucharistie en l'ancienne Eglise : autrement, chacun se mocquant d'eux, dira qu'en tout leur faict, il n'y aura que du Renard, tant blasonné par leur chasseur. Et quand ils m'auront combattu en ceste maniere, non par Notes, telles que leur charlatan Richeome, ains par Livres massifs pleins de bonnes raisons, sans mensonge, qu'adonc il leur soit permis de lascher toute bride à leurs passions contre moy. Car de ma part, je proteste tant devant Dieu, & son Eglise, que je ne desire rien tant que d'estre vaincu ; moyennant que ce soit sous bons gages, & sans sophistiquerie. J'aime, respecte, & honore la Religion Catholique, Apostolique, Romaine, tout ainsi que firent nos predecesseurs en ceste France, par le moyen de laquelle ils vesquirent en paix & union sous l'authorité de nos Roys : je hay la secte des Jesuites, qui feignant d'obeïr au sainct Siege, introduit toutes nouveautez ; mais non uns & autres de ses Ministres, que j'estime le devoir, avec le temps, reduire au sein de nostre Eglise Gallicane. A Dieu.

LETTRE III.

Au Pere Claude Aquavive, General des Religieux qui se disent de la Societé du nom de Jesus.

Encores que par mon Catechisme, & examen de vostre doctrine, j'aye fait profession expresse de m'attaquer contre les Constitutions d'Ignace, & par consequent contre vostre Ordre, si veux-je bien que sçachiez, que je ne suis ennemy banni de tous les vostres. J'en recognois quelques-uns dignes de recommandation, lesquels pour ceste cause j'honore. Comme aussi est-il impossible, que le choix & triage que faictes de vos escoliers, pendant leurs bas aages, & les transplantans en vostre compagnie, mal-gré les peres & meres, qui les vous envoyent seulement pour estudier, ne produise, à la longue, quelques personnages de marque. Anciennement, la Secte des Arriens ne valoit rien, & neantmoins produisoit, de fois à autres, des gens plus doctes que les Catholics. Or pour le regard de vostre Ordre, je vous prie ne penser que je luy aye voüé une inimitié immortelle : elle mourra fort ayséement, quand par bonnes & valables raisons, me rendrez capable de vos instituts. Lors que je mis en lumiere mon Catechisme, j'estimay qu'il ne demeureroit sans responses ; estant vostre Compagnie assortie de plusieurs ouvriers qui seroient marris que leurs plumes demeurassent muettes, en une querelle qui vous importoit de tout. Vray qu'il n'entra en l'opinion, que je serois payé en monnoye de mauvais aloy, je veux dire en injures mensongeres, & mensonges injurieux, comme vous pouvez voir par le Quatrain que je vous addressay sur la fin de mon troisiesme Livre :

Si je t'ay manié autrement qu'au vray poinct,
Il te faut, Jesuite, en avoir ta revange:
Mais en me desinentant, je te prie, ne mens point:
Si tu dis verité, tu feras chose estrange.

Et quoy? je n'ay esté nullement trompé: & les Livres de vostre chasseur sans nom, les notes de vostre Richeome, & l'Amphitheatre de vostre Carolus Scribanius, qui par son nom anagrammatisé se dit Clarius Bonarcius, & est un escrimeur à outrance, en font ample foy. De moy, je veux que vous sçachiez que je me mets, en ceste cause, non la victoire, ains la verité seulement en bute, dont je desire estre esclaircy. C'est pourquoy je parleray à vous franchement, & à cœur ouvert.

Premierement, je vous prie de croire, que je ne fus jamais Huguenot (j'useray du mot qui nous est en ceste France mal-heureusement trop familier.) Il y a soixante ans & plus de passez, que la porte m'y estoit impunément ouverte : toutesfois j'ay, depuis ma jeunesse jusques à huy, conduit, d'une mesme teneur, ma Religion en l'Eglise Catholique, Apostolique, Romaine, & non seulement conduit, ains en ay fait profession publique par mes Livres. En nostre France, la consequence ne vaut rien, de dire : il est ennemy des Jesuites, donc Huguenot : au contraire, il est vray Catholic François, donc ques ennemy des Jesuites.

M'estant heurté contre vostre Ordre, j'ay pensé combattre pour l'authorité du sainct Siege, pour le salut de mon Roy & ses successeurs, pour la defense de ma patrie, & en peu de mots, pour le repos general & universel de nous tous. Et ne m'attache point seulement à ce que je voy maintenant, ains à ce que je crains, & prevoy nous devoir advenir (si Dieu n'a pitié de nous) me remettant devant les yeux ce qui s'est passé par la France, lors de nos derniers troubles, & quels furent lors les deportements des vostres.

Tout ce que j'ay discouru contre vous autres, est une question d'Estat, & de Religion tout ensemble; ou bien, si ainsi le voulez, une question d'Estat, dans laquelle la Religion est enclose. Glaive partant qui ne doit estre manié par un sot, tel qu'est vostre chasseur: par un escolier sophiste, tel que Richeome; & moins par un furieux, tel que vostre Bonarcius. J'ay estalé tout au long, ce que je pensois servir à mon propos, & ne l'ay mandié des Indes, dont on ne parle que par advis de Païs; ains du fonds premierement des Bulles à vous octroyées, puis de vos constitutions, & en outre d'un Maffée, Ribadeneire, & Turselin, vos historiographes. Et ne me suis aydé de tout ce que dessus à coup perdu; ains ay transcrit mot pour mot tous les passages, dont je me prevalois contre vous, & encores les ay-je voulu translater en langage François, à ce que toute la France y eust part.

Et neantmoins, pour vous faire paroistre que je ne veux estre ennemy de vostre Compagnie sous faux gages, je vous donneray presentement un advis, je vous prie mettre en œuvre : car je ne veux que l'on pense, que ceste cause soit la mienne en particulier, ains celle qui concerne le general, & tout le public.

En premier lieu, je suis d'advis qu'envoyez mon Catechisme à tous vos Provinciaux : pour le mettre à ceux que penserez estre de plus grand merite : lesquels après l'avoir de leur part, & chacun en droit soy examiné, le communiqueront à leurs inferieurs, qu'ils penseront les plus capables & suffisants; afin que chacun, par un commun vœu, contribuë du sien pour luy contredire; & que toutes les pieces ramassées, on choisisse deux ou trois personnages de marque de vostre Société, qui y mettent les mains à bon escient, & en fassent un œuvre massif, plein de persuasives raisons, à mon desadvantage. Cela estant ainsi concerté entre nous, je souhaite que tout ce qui sera escrit, & contre & pour vostre Compagnie, soit veu par la venerable Faculté de la Sorbonne, par le Parlement de Paris, & non seulement par luy, ains par ceux de Thoulouze & de Bourdeaux, esquels dés pieça

A vous faites vostre retraicte. Je desire que tout cela soit veu & leu par nostre Roy, la Royne sa mere, & Monsieur le Chancelier au Conseil d'Estat : & sur tout, qu'il soit veu par nostre sainct Pere le Pape, en son sacré Consistoire, m'asseurant que toutes nos pieces estants meurement examinées, il sera fort aisé de juger le merite ou demerite de nos opinions.

Je vous escris cecy par exprés, comme à celuy qui pour l'ancienneté de vostre aage devez estre grandement advisé en la direction de vos affaires; & neantmoins au cas qui s'offre, que vous soyez merveilleusement oublié: ayant fait du commencement entrer sur l'eschaffaut, un barragoüin chasseur, qui ne sçait parler Latin, ny François, homme dépourveu de sens commun. La seule premiere démarche de son Livre, vous en peut rendre fidele tesmoignage, sur lequel il a mis pour tiltre : La Chasse du Renard descouvert & pris en la taniere du libelle diffamatoire faux marqué, le Catechisme des Jesuites : car quelle Grammaire Françoise pouvez-vous trouver en ces mots ? Davantage en tous ses discours, vous y voyez un homme esperdu, qui dedans la ville de Bourdeaux s'est plus desbordé en injures, qu'une putain du bourdeau. Et à peu dire, ostez les injures, vous B trouverez un Livre sans ame, duquel toutesfois on peut faire un Dictionnaire de mesdisance. Et au surplus, si l'on peut passer sur son Livre sans avoir mal au cœur, & sans escorcher le renard, on y voit une Satyre du coq à l'asne, un charrette mise devant les bœufs, & si ainsi me permettez de le dire, un sens devant derriere de discours. Car il fait semblant, sur la fin de son Livre, de respondre à ce qui est mis pour la premiere partie de mon Catechisme. Et adjouste tant sur le commencement, que milieu du sien, ce qui est sur la fin du mien. Brief, c'est un vray chaos & pesle-mesle plein de mensonges & injures. Chose industrieusement par luy faite, pour intervertir par ceste meslange de chapitres le jugement du lecteur, & luy oster la patience de recognoistre si les responces de ce grand veneur sont de quelque recommandation & effect. Cependant c'est autant faire de tort à vostre Compagnie. Car ou du tout il se falloit taire, ou envoyer pour avant-coureur de vos defenses un homme armé de haut appareil : & en tout evenement, ores que soyez bien advisé en la pluspart de vos affaires ; toutesfois il semble qu'ayez icy failly en la leçon ordinaire des sages-mondains, qui est d'envoyer, du commencement, C en toutes nos actions, une bonne bouche de nous. Autrement, nous perdons envers le peuple, toute creance.

Peut-estre me direz vous, qu'avez voulu pour vos defenses, representer une tragi-comedie contre moy; ayants, à la façon des Comediens d'Italie, fait joüer vostre Prologue, à vostre Zany travesty en Chasseur. A la suite duquel, faites entrer sur le theatre vostre Richeome, habillé en chatemite Advocat; & puis, afin de ne manquer en rien, pour le soustenir, faites joüer son personnage à vostre Carolus Scribanius, qui par un nom anagrammatisé en celuy de Clarus Bonarcius, commence de joüer des mains, par son *Amphitheatrum Honoris*. Qui ne sont pas considerations indignes de vostre Compagnie. Comme de fait, depuis le Livre de Richeome parfaict, qu'il adressoit à nostre grand Roy Henry IV. afin d'en estre ingrats, appellantes Richeome pardevers vous, & au lieu de Provincial de Bourdeaux qu'il estoit, le fistes l'un de vos quatre Assistants, c'est-à-dire, l'un de vos quatre grands Conseillers d'Estat qui vous assistent. Et au regard de Scribanius, au lieu qu'auparavant il estoit simple Recteur des Jesuites dedans la ville d'Anvers, vous l'avez fait vostre Provincial dedans tout le pays-bas. Qui ne sont pas recognoissances de peu de merite, lesquelles doivent exciter D tous les autres de vostre honnesteté, qui ont quelque asseurance de leurs esprits, de faire le semblable qu'eux contre moy sans m'espargner.

Et neantmoins encores faut-il que je vous die franchement, que j'y trouvay beaucoup à redire. Car pour le regard de vostre Zany qu'avez deguisé en chasseur, voyez, je vous prie, si telle maniere de gens sont outils qui plai-

sent

sont à Dieu. Dedans nostre saincte Escriture, prou de pescheurs, prou de chasseurs : Caïn, Nembroth, & autre celle engeance d'hommes grands chasseurs; & la plus grande partie des Apostres de Nostre Seigneur Jesus-Christ, tous pescheurs. La chasse attire quant & soy un charnage, que l'Eglise abhorre. C'est pourquoy ceux qui nous ont escrit de l'Art Militaire, nous ont enseigné que la chasse est le propre exercice d'un guerrier pendant une paix, mais mestier qui doit estre du tout incogneu aux personnes Ecclesiastiques : & maintenant que jouïssons, graces à Dieu, d'une paix profonde, de vous estre maintenant donnez pour vostre Zany, un chasseur, prenez garde, que le peuple ne croye aysément que n'avez autres passions en vos ames que des massacres, boucheries, & coupe-gorges, esquels nous aviez plongez six ou sept ans, pendant nos derniers troubles.

Car pour le regard de vostre Richeome, qu'avez fait, à la suite de vostre chasseur, entrer sur le theatre sous l'habit d'un Advocat charemitte, qui addresse son Livre à nostre Roy Henry le Grand, pour le cuider authoriser davantage, vous y trouverez deux fautes inexcusables : la premiere, que sur son entrée, il ne conte que de l'honneur de Dieu, & de son Eglise, mais ceste devotion ne luy est de longue durée. D'autant que soudain qu'il est demaré, & entré en pleine mer, vous ne trouverez en luy qu'un flot d'injure, indigne non seulement d'une ame calme qui s'estime approcher du nom de Jesus, ains des plus esloignez de la charité Chrestienne : & au surplus, tant s'en faut qu'il se rende bon Advocat, qu'au contraire il est un prevaricateur : tout bon Advocat se rend capable de sa cause, non seulement par son sac, mais aussi par celuy de son adversaire, quand il ne luy le chastre point, lors qu'il luy est communiqué. Richeome a peu & deu avoir communication de mon Catechisme, comme celuy contre lequel il vouloit descocher ses fleches : toutesfois il ne se donna jamais le loisir de le lire : ains s'en est rapporté aux yeux de quelques siens compagnons, qui luy ont donné la mocque. Qu'ainsi ne soit, jettez l'œil sur son œuvre, & sur le mien : vous trouverez qu'il me fait, par son ignorance, dire mille choses ausquelles jamais je ne pensay ; ce que je vous manifesteray au premier des vostres qu'il vous plaira de commettre. J'accuse la sottie de Richeome : j'accuse la perfidie des siens. Sortie de Richeome, de tant que voulant dedier à un grand Roy son Livre, auquel il s'agit de l'estat general de vostre Ordre, il s'en est fié aux yeux d'autruy : perfidie de ses compagnons, pour avoir falsifié les memoires qu'ils luy ont contre moy baillez. En matiere de Livre, c'est chose fort chatoüilleuse, quand l'autheur se fie trop à soy ; mais beaucoup plus dangereuse de se fier trop à autruy. Je ne vous dy rien en cecy, que je n'aye verifié à plusieurs personnages d'honneur. Et neantmoins tant que Richeome vivra, il sera vrayement un pauvre homme, je veux dire un homme sans fonds, lequel se plaisant pavonesquement, ou bien pedantesquement en sa plume, appresta à rire aux uns, & aux autres un despit, par son babil au desadvantage de vostre Compagnie.

Ce que pourrez encores plus amplement recognoistre par ce que je vous reciteray maintenant : & cecy est le second poinct que je trouve inexcusable en son Livre. Les Jesuites poursuivants à cor & à cry leur restablissement dedans la France, par l'entremise de leur Pere Laurent Magius, à ce par vous delegué, comme leur General, nous nous rencontrasmes deux en mesmes temps, qui sans communiquer nos desseins & conceptions l'un à l'autre, exposasmes en lumiere, pour le deu de nos consciences, deux Livres contre eux : l'un, intitulé, le franc & veritable discours addressé au Roy, sur le restablissement qui luy est demandé par les Jesuites : le mien, sous le nom du Catechisme des Jesuites, ou Examen de leur doctrine : auquel je ne mis mon nom sur le front, non plus que l'autheur du franc discours, sur le sien. Non pour crainte que j'eusse des vostres : car je veux que l'on sçache que dés quarante ans & plus, je suis affranchy de ce loup-garou, quand sur la fleur de mon aage, au premier Parlement de la France, en l'an 1564. à la veuë de dix mille, je plaiday pour l'université de Paris, contre les Jesuites : premier & grand coup d'essay de mon esprit, que quelques nations estrangeres ont depuis reputé pour chef-d'œuvre, m'ayants fait cest honneur de le traduire en leur vulgaire ; dont j'ay quelqu'uns pardevers moy : plaidoyé que j'ay depuis fait enchasser, tant je les crains, dedans mes Recherches de la France, avec une couple de chap. exprés, par lesquels j'ay reduit, comme au petit pied, une partie de vos males-façons, pour monstrer que la plus grande ambition que j'avois, estoit qu'on cogneust vos déportements, par ma plume. Pourquoy donc ne me suis-je nommé sur le tiltre de mon Catechisme ? D'autant que je suis allegué en plusieurs endroits par le Livre. Ce qui ne pouvoit estre fait pour l'entregent requis en telles matieres, que par une tierce personne. Et toutesfois en ces frequentes allegations de moy, j'ay bien voulu que le Lecteur pensast que Pasquier en estoit l'Autheur : voire que l'Advocat qui tient le premier lieu dedans le Dialogue de mon Catechisme, estoit le mesme Pasquier.

Or le franc discoureur & moy, nous estants rencontrez en mesmes devotions, la difference qu'il y a eu entre nous deux, fut que celuy-là combattoit contre leur restablissement en ceste France, & moy pour l'extirpation generale de vostre Secte ou Ordre ; donnez-luy tel nom qu'il vous plaira. Vous pouvez presque recueillir cela par la lecture des deux tiltres. Les moyens du franc Discoureur, sont principalement fondez sur les parricides des Jesuites, & attentats qu'ils font sur les vies des Princes souverains, & de leurs Estats, qu'il a tenu pour indubitables : & moy, je les pense avoir prouvez par plusieurs anciennetez de la France : & passant outre, j'ay recherché leur Ordre de fonds en comble, non seulement sur l'impieté de leurs vœux, mais aussi sur l'histoire de leur advenement, & progrés ; jusques au schisme par eux introduit de fraîche memoire dedans l'Angleterre, contre les Catholics Anglois. Et à dire le vray, combien que le franc discours soit un ouvrage de grand poids, & digne d'un franc Catholic François, toutesfois il ne contient qu'une parcelle du mien. Ce que Richeome recognoist, quand il dit que mon Catechisme fait masse, & grand volume, & que le franc discours est mis au petit pied, voire qu'il est extraict de la substance du grand : qui est un mensonge par luy nouvellement controuvé ; car jamais l'autheur du franc discours n'eut communication de mon Livre, ny moy du sien, sinon aprés qu'ils furent imprimez. Et tout ainsi qu'ils furent imprimez en mesme temps, aussi Richeome a tout d'un coup exposé en lumiere deux Livres, qui sont dans un mesme volume : l'un incitulé, Plainte Apologetique au Roy tres-Chrestien de France, & de Navarre, pour la Compagnie de Jesus, contre le libelle de l'autheur sans nom, intitulé, Le franc, & Veritable discours ; avec quelques Notes, sur un autre libelle, dit le Catechisme des Jesuites. Et à la suite de cettuy a fait reimprimer un autre Livre par luy auparavant addressé au Roy, dont le tiltre est tel : Tres-humble Remonstrance, & Requeste des Religieux de la Compagnie de Jesus, presentée au tres-Chrestien Roy de France, & de Navarre, Henry IV. l'an 1598. Et par l'Epistre liminaire d'iceluy, parlant de nos deux Livres : nous avons refuté (dit-il) le franc discoureur poinct par poinct, & les plus gros du Catechisme. Si mon Catechisme fait masse, & que le sage Richeome n'ait estimé le franc discours, qu'un extraict de la substance du mien : si nos deux Livres ensemble donnent la semblance de ce monstre, que l'on vit à Paris en l'an 1536. qui estoit un homme ja vieil, du nombril duquel sortoit un autre petit, se tenant par le col sans teste (le tout, comme dit Richeome au 2. chap.) dont vient que vostre Richeome n'a desloché ses flesches contre ce grand monstre, pour le bouleverser la cul sur teste ? Car puis aprés il fust aisément venu à chef du petit. Dont vient qu'il respond au franc discours, poinct pour poinct, & fait seulement des Notes en gros contre moy ? Dediant mesmement son Livre au Roy ; il n'a contredit que sept ou huict

huict pieces de mon Catechisme, & encores fort ineptement, & en peu de paroles, qui est le meilleur qu'il y ait en luy: d'autant qu'en tout son Livre, il n'a employé particulierement que trente feuillets contre mon Catechisme. Et pourquoy donc? Parce que je me fay accroire qu'il ne l'eust osé entreprendre. Et à peu dire, par la seule lecture de son tiltre, il monstre qu'il est non un franc discoureur, ains un franc prevaricateur contre moy: car l'un des premiers preceptes qui est enseigné à celuy qui plaide pour autruy, est, ou de se taire du tout, ou de ne respondre foiblement à l'objection qui luy a esté faite par ses adversaires. Et comme disoit S. Hierosme escrivant à Pammachius, celuy qui accuse de plusieurs crimes, ne respond qu'à quelqu'uns, recognoist taisiblement les autres estre veritables, lesquels il passe sous silence.

C'est la cause pour laquelle, voulants en ce grand tracas, auquel commandez, aucunement suppléer le défaut de vostre Richeome, avez pour closture du jeu, vostre Carolus Scribanius Recteur d'Anvers, lequel sous le nom de Clarus Bonarcius, anagrammatizé du vray nom, a mis quelques années aprés (sous vostre adveu, je le croy, il ne l'eust osé autrement) mis, vous dy-je, en lumiere un œuvre contenant trois Livres, par luy intitulé *Amphitheatrum honoris*, desquels pour cy-devant j'en ay escrit à quelqu'un des vostres, & que vous en avez veu la lettre touchant la question d'Estat qui s'y traicte, je ne vous diray autre chose sinon qu'il apreste à rire au Lecteur, quand en quelques chapitres de son premier Livre, il m'attelle & le franc discoureur avec Calvin & Beze. Ce qu'ayant esté leu par un personnage d'honneur, il commença tout aussi-tost à s'en mocquer, disant que notoirement nul de nous deux ne s'estoit jamais distrait de sa Partoisse. Et comme cest honneste homme me l'eust recité: ja à Dieu ne plaise (luy dy-je) que ceux qui sont ennemis formels de la secte des Jesuites, soient Calvinistes. Si ainsi estoit, ô bon Dieu, quelle grande bresche seroit faite au sainct Siege! Au demeurant, je veux que chacun sçache, que je ne fus jamais entaché, ny du Lutheranisme, ny du Calvinisme: si tel j'avois esté, ou estois, croyez que je me donnerois bien garde de faire ceste protestation contraire à ma creance. Et si cest escrimeur n'a autres armes que celles-là, pour me combattre, croyez, qu'il le faut envoyer en la place aux veaux. C'est ce que je dy lors à cest honneste homme: mais depuis ayant passé sur ce Livre, je trouve que c'estoient discours pedantesques, par lesquels se sont respondants à ses pensées, ne frappe aucun coup à poinct contre les objections par moy faites, & amplement verifiées, horsmis és unze & douziesme chapitres du premier Livre, esquels malicieusement il s'est debondé au prejudice de nos Roys. Qui a esté cause que le Pere Cotton a esté contraint de le desadvouër devant le Roy. Mais desadveu, qui est subjet à un autre desadveu, pour n'avoir esté fait par l'authorité de vous, de vos quatre Assistants, ny de vos Provinciaux. Souvienne-vous qu'il est aucunement excusable en sa male-façon, & vous non. Car tout ainsi qu'il vous fust tres-mal-seant de commettre un chasseur pour la defense des vostres qui se disent Ecclesiastic, encores peut-on moins excuser en vous, que pour la closture de vostre jeu, vous avez commis un gladiateur qui fist profession des armes. Ce sont instituts qui ne plaisent nullement à nostre Seigneur Jesus-Christ.

Mais pour autant que des trois qu'avez lancez contre moy, je n'en voy point de plus signalé que Richeome; aussi avant que mettre fin à ma lettre, je vous veux icy representer le plus signalé passage par lequel il pense me terrasser tout-à-fait. Il n'a pas consideré (dit-il parlant de moy) que pour verifier ce qu'il entreprend par son Catechisme, il falloit avoir beaucoup de choses qu'il n'a pas, & en a de toutes contraires. Il falloit qu'il fust mediocre Theologien, bon François, bon Chrestien, mediocre Historien, Philosophe, & Logicien, bon Jurisconsulte, & Canoniste, & sur tout qu'il eust bonne conscience. Mais les effects de son Catechisme, monstrent qu'il est souffreteux & mendiant en toutes ces qualitez. Ce que

Richeome s'efforce de prouver par 12. feuilles, avec une Logique admirable, qui se loge au bout de sa langue. En bonne foy, Jesuite, croy-tu en ton ame ce que racontes de moy par ce placard. Si tu le crois, tu es un grand sot: car la seule lecture de mon Catechisme te desment. Comment? se peut-il faire, que par cy-devant, dés & depuis 50. ans passez, j'aye charmé tant de beaux esprits, qui m'ont diversement honoré par leurs plumes: uns Ronsard, Jodelle, Belleau, S. Marthe, Veiguer, Haillan, Belle-forest, Brisson, Loisel, Choppin, Pithou, Hoteman, Charondas, Hairault, Belloy, Rapin, Tabourat, Loiseau, Durant, Peiray, Estienne, & une infinité d'autres, dont les uns m'ont, avec toute preface d'honneur, celebré par leurs Livres, & les autres allegué sur divers subjects? Il n'est pas que dés la 1564. le grand Adrian Tournebus, accusant les Singes de Cour, qui sous faux gages se veulent accroistre de reputation, prés des Princes, en mesprisant les doctes œuvres d'autruy, ne m'ait honoré de ces trois vers:

Paschasius si quid limavit doctius olim,
En malè pastus adest ad pabula protinus illa,
Et mordet, roditque malus quæ Momus amaret.

L'Anglois seigneur de Bel, estat que je ne vy jamais, fit en l'an 1585. imprimer chez Abel l'Angelier, un livre de lettres Hieroglyphiques, dont il faict divers dons à uns & autres Seigneurs, en leur honneur, à Monsieur de Chyverny Chancelier, Monsieur le Mareschal de Biron pere : comme aussi il en adresse à plusieurs autres, non vrayement de telle estoffe, & neantmoins de grand nom, comme à Ronsard. Et entre autres il me donne particulierement la vertu & honneur sous le Tableau Hieroglyphique de Couronne, Diademe, Bracelet, Miroüer; & en la Dedicace, me fait present de ce Sixain:

Vous aurez ce Collier, marque de la vertu,
Non pour avoir, Pasquier, à la guerre vaincu
Des cruels ennemis la superbe puissance,
Mais pour sçavoir occire, avec vostre eloquence
Ce monstre de procés, plus fort à surmonter
Que le Serpent testu qu'Hercule sceut domter.

Vous mesmes, Messieurs les Jesuites, lors de vostre condamnation, aviez en vostre Librairie de Paris, & mes lettres Françoises, & mes Epigrammes Latins, & les deux premiers Livres de mes Recherches; car les autres n'estoient encores imprimez: livres par vous apostillez de marques d'honneur és marges, & depuis vendus à l'enquant avec les autres par l'authorité de la Cour de Parlement. Richeome me blasonnant ignorant, comme il fait, devoit me figurer tout ou main, pour un admirable enchanteur, qui avois seduit tant de grands personnages. Voire mesme qu'en mes petits jeux Poëiques, comme font ceux de la Pulce, & de ma Main, j'avois esté plus suivy qu'un Amphion, & Orphée, qui par leur bien dire attiroient les choses inanimées à soy: & moy par mon mal-dire & ignorance, j'avois attiré une infinité de personnages d'honneur douëz de toutes bonnes lettres.

Il ne mestoit encores oublier, que sur mon moyen aage, en l'an 1564. ceste grande & fameuse Université de Paris, me nomma en pleins Comices pour plaider sa cause contre vous: & que quinze jours auparavant qu'elle fust par moy plaidée, j'estois, allant au Palais, ordinairement accompagné de cinq ou six Docteurs en Theologie, entre lesquels estoient   Doyen de ceste Faculté, Curé de S. Innocent, aagé de quatre-vingt quatre ans, & Morelle Sous-Doyen, aagé de soixante dix-sept. Il devoit ramentevoir la cause que je plaiday contre Bobée en l'an   pour le Seigneur d'Arrou-ville, accusé d'avoir tué, ou fait tuer, la mere, l'enfant au berceau, la nourrice, & une chambriere, dont aprés l'apointé au Conseil, je rapportay la victoire, contre l'opinion d'une infinité de personnes, qui auparavant que m'avoir ouy, l'avoient condamné; & depuis mon plaidoyé, sous-tindrent qu'il y avoit apparence de calomnie de la part de Bobée. Il y devoit enfiler celle des Paracelsistes, & celle des trois Estats d'Angoulesme, enchassée dans le premier Tome de mes Lettres, & pareillement la cause que je plaiday l'an 1573. au plus grand theatre qui se trouva jamais en la Cour de Parlement, devant le Roy Charles IX. Messieurs ses freres, tous les Princes du sang, Officiers de la Couronne, & Ambassadeurs de Pologne assis aux hauts sieges, environnez de Messieurs de la Cour de Parlement revestus de leurs robbes d'escarlate, dont l'Arrest fut prononcé par Monsieur de Viraigues Chancelier de France; davantage, il devoit soustenir, que j'avois ensorcelé Charles, ce grand Cardinal de Lorraine, quand il m'employa pour plaider la cause concernant le Vicomté de Martigues, pour le Duc de Guise son nepveu; cause qui tint trois matinées: que le semblable ay-je fait, en ce sage Duc de Lorraine, decedé depuis quelques années en ça, lors qu'il me chargea de plaider les droicts Regaliens, du Duché de Barrois, au Conseil d'Estat. Quoy plus? que le Roy Henry troisiesme mesme ne s'en estoit peu dispenser, quand en quatre actions celebres, pour deux Seigneurs qu'il cherissoit sur tous les autres, il me choisit entre tous les Advocats du Parlement, pour y presenter, l'un Duc & Pair, & depuis Admiral de France; & l'autre aussi Duc & Pair, & en aprés Colonnel de l'Infanterie Françoise: Office qui dessors fut fait Estat de la Couronne, & depuis non content, demandeur ainsi choisi en quatre telles actions publiques, me voulut honorer de l'Estat d'Advocat du Roy en sa Chambre des Comptes en l'an 1585. auquel j'ay perseveré jusques en l'année 1604. y ayant vescu au gré & contentement de toute la compagnie. Il pouvoit donc dire à bon escient à nostre feu Roy Henry le Grand, quatriesme de nom, auquel il dedioit les Notes qu'il avoit faites contre mon Catechisme: gardez-vous, Sire, de cest ignorant enchanteur, qui a non seulement charmé ces grands Princes qui le prindrent pour leur Advocat, mais aussi les aureilles de tous les assistants, qui avoient accoustumé de l'ouïr avec un favorable accueil, lors qu'il s'ouvroit pour parler en public. Et en cest advertissement, il y pouvoit comprendre le mesme Roy Henry quatriesme, comme celuy qui aprés l'execution de la Barriere dedans la ville de Melun, me commanda d'en faire le Manifeste, pour courir par toute la France. Ce que je fis, aprés avoir eu communication du procés, par son commandement exprés. Quoy faisant, ô combien il eust enrichy son Livre, pour monstrer le peu de creance, que l'on doit apporter à mon Catechisme, puisque son autheur estoit en une si longue possession de charmer ceux qui le lisoient ou escoutoient!

Je vous ay dit tout ce que dessus, non par vanterie, ains par occasion, comme je vous pourrois alleguer plusieurs autres, par lesquelles vous & les vostres pourrez recognoistre qu'il n'y a rien d'asnerie en moy: comme aussi ne falloit-il que Richeome fist present à ce grand Roy, si tant estoit que mes objections fussent indignes de responce: & neantmoins voyant que ces trois Messieurs ne meritent aucune replique, afin qu'ils ne m'accusent d'ingratitude, je les renvoye au 7. Livre de mes Epigrammes, où je leur adresse quelques vers.

Il falloit d'autres controlleurs à mon Catechisme que vostre chasseur, vostre charlatan, vostre escrimeur. Advertissement que je vous supplie prendre de moy, non comme vostre ennemy, ains comme de celuy qui est amy de la Religion, & Justice. Que ceux qu'employerez pour y mettre la main, respondent à toutes mes objections; autrement, ils feront penser qu'ils advoüent tous mes chapitres, qui ne seront par eux desadvoüez par bonnes & valables raisons. Vous pouvez peu entendre par tout ce que dessus, quelle est l'œconomie de mon Catechisme: & en tout évenement lisez-le, comme estes obligé de ce faire, vous trouverez que dans mes trois Livres, il n'y a rien d'oiseux; tel que vos deputez me respondent, non tumultuairement, ains par ordre, chapitre pour chapitre; le tout ne sera pas en la mesme forme que je vy avoir esté fait par l'un des vostres, contre le Seigneur du Plessis-Mornay en son Institution & usage de l'Eucharistie en l'ancienne Eglise: autrement, chacun se moquant de vous, dira qu'en tout vostre fait, il n'y aura que du Renard, tant blasonné par vostre chasseur. Et, quand m'aurez de telle façon combattu, non par Notes, telles que vostre charlatan Richeome, ains par Livres massifs pleins de bonnes raisons, sans sophistiquerie, & mensonges; qu'adonc il vous soit permis, ou aux vostres, sous vostre authorité, de lascher toute bride à vos passions contre moy, si trouvez bon de le faire. Car de ma part, je proteste devant Dieu & son Eglise, que je n'ay esté convié par inimitié particuliere d'escrire contre vous: & si direz sçavoir quelle est mon opinion au cas qui s'offre; c'est celle mesme d'une femme qui fait citer devant l'Official son pretendu mary, sur la nullité de leur mariage, pour l'impuissance maritale qui se trouve en luy: laquelle desirant obtenir gain de cause, est toutesfois plus aise de la perdre, c'est à dire, que son mary soit trouvé vray homme; mais elle veut qu'il soit tel, non de paroles, ains d'effect. Le semblable est-il de moy. Mon Catechisme n'est plus à moy, ains au public, encores qu'aujourd'huy il parle François, Latin, Anglois, Alleman, sans aucune affectation: je vous ay recherchez de fonds en comble par mes trois Livres, sans y avoir rien espargné; combatez-moy de bonnes armes, & me vainquez. C'est ce que je desire sur toutes choses; mais de penser avoir obtenu le dessus, par un chasseur, un charlatan, un escrimeur de village, c'est une chose indigne de vous, dont je fais bravement littiere. A Dieu.

┼┼

LETTRE IV.

A Monsieur du Lys, Conseiller & Advocat general du Roy en la Cour des Aydes.

Genealogie du sieur du Lys. Le sieur du Lys extraict de la famille Jeanne la Pucelle. Jeanne la Pucelle envoyée de Dieu en

POur m'acquitter de ma promesse, j'ay non couru à la haste, ains leu meurement vostre Livre: & ne puis assez haut loüer l'exacte diligence qu'y avez apportée. Bien empesché toutesfois de juger auquel des deux y a plus d'obligation, ou du Livre à vous, ou de vous au Livre. Car en effect c'est un beau registre de vostre genealogie, auquel, aprés avoir dignement celebré nostre Jeanne la Pucelle, monstrez au doigt & à l'œil qu'estes extraict de sa famille. Qui ne vous est pas un petit honneur, de renouveller en vous la memoire de ceste grande guerriere envoyée de Dieu pour delivrer la France de la captivité dont elle estoit affligée. Car quant aux Eloges que desirez estre mis en vers Latins, ou Fran-çois au-dessous des statuës du Roy Charles VII. & la sienne agenoüillées sur le Pont d'Orleans devant l'image de Nostre-Dame; & qu'on y mette comme elle apparut à la Pucelle en son dormant, & luy revela qu'elle avoit esté destinée de Dieu, pour faire lever le siege d'Orleans aux Anglois, dont elle donna advis au Roy, qui reüssit à poinct nommé: hé vrayement je serois un mauvais François, voire un trés-gros Chrestien, si je ne trouvois vostre foy & creance bonne, & pareillement le zele de ceux qui à vostre instigation & semonce, ont mis la main à la plume sur ce subject, desquels je puis dire, non ce que disoit le Palemon de Virgile:

France. Statues de Charles VII. & de Jeanne la Pucelle sur le pont d'Orléans Nostre Dame apparut à Jeanne née la Pucelle.

Et

Et vitula tu dignus, & hic,
Mais bien,
Et lauro tu dignus, & hic.

Toutesfois pour vous dire à cœur ouvert ce que j'en pense, loüant vostre devotion, je ne puis bonnement adherer à vostre dessein. Et voicy pourquoy. Je porte naturellement grand respect à la venerable ancienneté. Or soit, où que par une prudence, ou par le hazard du temps (quelquefois non moins sage que la prudence) nos ancestres ayent laissé les deux tableaux en blanc : & *Statuës du Roy Charles VII. & de la Pucelle, pourquoy mises sur le pont d'Orleans.* neantmoins qu'ils ayent assis sur le Pont les deux statuës, pour estre memorial & trophée du bien que la ville avoit receu, je veux croire que par un sage conseil, ils y laisserent ces tableaux en tables d'attente, comme n'estants capables de representer en si petit volume, les exploits d'armes heroïques de nostre Amazone. Qui me fait opiniastrer qu'il ne faut rien aysement remuer de ceste sage antiquité par un nouveau supplement de ménage.

Miracles de la Pucelle d'Orleans. Singulierement en esgard que voulez faire un miracle special de cettuy : & quant à moy, j'estime que tout ce qui advint à nostre Pucelle sur son advenement & progrés jusques au dernier periode de sa vie, ce furent miracles tres-exprés de Dieu : miracle, en ce que nostre Roy Charles environné d'une infinité de braves Capitaines, Dieu voulut toutesfois choisir une simple filandiere, puis bergere, non au cœur du Royaume, ains aux limites, pour le rétablissement de l'Estat : miracle, *Pucelle choisie de Dieu pour le restablissement de la France.* quand se presentant au Roy à Chinon, qui s'estoit desguisé pour n'estre par elle recognu, au milieu de sa noblesse, ce neantmoins elle le choisit pour Roy & naturel Prince : miracle, quand la Vierge Marie s'apparut à elle, comme fort bien remarquée, pour lever le siege d'Orleans : miracle, de l'avoir fait lever, la ville estant reduite en tout desespoir ; & que depuis l'orgüeil *Recognoist le Roy qui luy estoit incognu* des Anglois rabaissé, ils ne firent que conniller par la France : miracle, quand à la barbe de l'ennemy, sous la conduite d'elle, Charle fut sacré Roy à Rheims : & *Anglois chassez de la France par la Pucelle.* qu'en allant & retournant, il se fit maistre de plusieurs villes, sans coup ferir, par le seul object de ceste Pucelle : miracle, qu'en tous ses deportements elle receut advis premierement de sainct Michel, puis de deux autres bons Anges qui sous les noms de saincte Catherine & Margue rite luy servoient de bons & fideles protocoles : *Sacre du Roy Charles miraculeux sous la conduite de la Pucelle.* miracle, de ce que non seulement elle se rendit victorieuse de nos ennemys, ains de soy-mesme. Car ny le feu de sa jeunesse (qui a la pouvoir brusler, ny les commoditez qu'elle avoit au milieu des armées pour l'amortir, où en tel subject la desbauche se loge fort aisément, ny la presence de plusieurs Gentils-hommes, ausquels elle commandoit, n'eurent jamais tant de commandement sur *Anges servans à la Pucelle.* ses actions, qu'elle fist aucune bresche à sa pudicité : mais, miracle encores plus grand, qu'estant en la ville de Roüen és mains de ses ennemis, qui ne recherchoient contre elle que toutes sortes de calomnies pour la faire mourir, on ne peut recueillir du procés extraordinaire qu'ils luy firent, toutesfois ils ne furent jamais *Jeanne pourquoy appellée Pucelle.* si ozez de luy improperer ceste faute : qui fut cause qu'entre plusieurs epithetes d'honneur, qu'on luy pouvoir justement attribuer aprés sa mort, chacun d'un commun consentement luy bailla celuy de Pucelle, qui luy est demeuré jusques à huy, comme remarque de la plus grande victoire par elle obtenuë. Adjoustez les deux *Ses predictions devant ses Juges.* predictions signalées, qu'elle fit fortement devant ses Juges, avant que mourir : l'une, qu'elle tenoit pour Arrest tres-asseuré, que dedans six ou sept ans, pour le plus, les Anglois bon-gré mal-gré déguerpiroient nostre France : l'autre, que par revelation du Ciel, elle sçavoit qu'aprés son Roy, Dieu aymoit sur tous les autres Princes *Propheties de la Pucelle.* & Seigneurs le Duc d'Orleans ; propheties qui depuis advinrent. Parce que six ans aprés, le Roy r'entra dedans Paris : qui estoit avoir quarante-cinq sur la partie ; & quant à Charles Duc d'Orleans (il y avoit quatorze ou quinze ans passez qu'il estoit prisonnier en Angleterre, dés la journée d'Azincourt,) Dieu voulut que depuis il

A en sortist, & espousast une Princesse dont il eut un seul fils, qui fut Louys XII. Roy de France, surnommé, pour sa preud'hommie, Pere du peuple : & avoir auparavant eu Jean, son enfant naturel, Comte de Dunois qui par sa vaillance reünit à la Couronne, ce qui restoit entre les mains des Anglois, tant de la Normandie, qu'Aquitaine ; par vostre foy, fut-il jamais prophetie plus miraculeuse & accomplie que celle-là : Car on ne pouvoit voir sous meilleurs gages, combien ce Duc estoit aymé de Dieu, que par les deux rejettons qu'il nous laissa, lesquels procurerent tant de bien à nostre France. Particularitez par moy estalées dedans mes Recherches, non toutesfois avec un tel ordre. Au bout de tout cela, *Pucelle bruslée à Roüen.* nostre Pucelle fut arse toute vive par ses ennemis, pour avoir fait tant de services miraculeux au Roy & à sa patrie. N'est-elle pas morte martyre, je ne diray point *Est morte martyre.* d'Estat, comme disent les sages-mondains, ains de Dieu, tout en la mesme maniere que nos saincts Peres canonisez par l'Eglise, aprés avoir seellé leur foy de leur sang ? Et puis nous solemniserons par nos vers un seul miracle d'elle, au desavantage de tous les autres ? Effaçons, je vous prie, cela de nos papiers : *atque adsù*
B *stemus in hoc Catone*, comme disoit l'Empereur Auguste ; ou comme nous disons en commun proverbe : laissons le moustier où il est. Autrement, en pensant bien faire par nostre nouvelle devotion, nous gasterons tout : & ne ravalons les miracles qui se trouvent en nostre Pucelle, la voulants magnifier par la commemoration d'un seul.

Vous me sommastes, à nostre derniere entreveuë, d'y contribuer quelque chose de mon creu ; & quoy ? je vous ay voulu obeïr ; mais en vous obeïssant, obeïr aussi à moy mesme. Premierement, si j'en suis creu, il ne faut rien innover. C'est le general refrain de ma lettre. Et si j'en suis desdit, pour le moins que sur un petit tableau, *Distique sur le tableau de la Pucelle.* on appende au pied des deux autres, un distique dont la teneur sera telle :

Muta tabella placet, Jana nam gesta referre,
Nulla tabella potest, quo placuere modo.

C'est un rayon que je consigne és mains de celuy qui sera le vray peintre, à la charge qu'il soit un Timante en sa poësie. Moins escrire, & plus appreter à penser. Ainsi ne sera fait aucun tort, ny à la muette ancienneté, ny à nostre cavaliere. Que si en cecy je suis par
C vous reputé, non heretique, ains paradoxique, pour contrevenir à l'opinion de vous, & de ces beaux esprits qui sur le modele de vostre projet, se sont joüez de leurs plumes à qui mieux mieux, & à l'envy l'un de l'autre, ce nonobstant je m'asseure que quelques-uns se rendront des miens, aprés avoir entendu mes raisons. Mais pourquoy non tous, puisque je parle pour vous tous, & non pour moy ? Qu'ainsi ne soit ; tout ainsi que les tableaux ne sont capables de representer tous les miracles qui se trouvent en l'histoire de nostre Pucelle, aussi ne peuvent-ils contenir tous les Eloges qui vous ont esté donnez. Il vous faudra donc estre un Aristarque pour en tirer trois que jugerez les meilleurs, au desavantage des *Chacun est naturellement idolastre de son esprit.* autres. Quoy faisant, Dieu sçait en quel accessoire tomberez, chacun estant par une passion aveuglée naturellement idolastre de son esprit. Partant, pour m'estancher un long discours, je suis d'advis, entrant que touche vostre Livre, que ce soit un instrument domestique pour vous, les vostres, & vos amis, entre lesquels je retiens ma place. Et pour le regard du surplus, si ne voulez, ou pouvez mettre bride à vostre souhait, permis à vous (demeurans les tableaux du Pont en leur blanc) mettre vos belles peintures en leur jour par un
D recueil, afin que les peintres ne soient payez d'une blanque, ains retiennent rous (chacun en leur endroit) Benefices par la voix commune du peuple, selon le plus ou le moins des merites de leurs escrits. A Dieu. A Paris, de vostre maison, ce premier jour de Decembre 1612.

LETTRE V.

A Monsieur du Lys.

Puis qu'estes resolu sur le recueil, il me plaist de condamner les vers que je vous envoyay dernierement, & les r'emplacer de ceux-cy. Vous me jugerez par cela vray disciple du peintre, auquel on improperoit anciennement, qu'il ne pouvoit *tollere manum à tabula*. J'en suis d'accord, horsmis qu'il faisoit ses peintures de jour; & moy, mes poësies, lorsque la longueur ou importunité de la nuict, me commandent de ne point dormir. Qui sera pour vous monstrer en passant, de quelle gayeté d'esprit, je trompe les ennuis d'une fascheuse vieillesse, aprés avoir quitté & mis sous pied les affaires publiques, pour me voüer du tout, dedans ma maison, au repos d'une vie coye & tranquille :

Muta tabella silet ; Jana nam gesta puellæ
Nemo referre potest, quo meruere modo.

Ce tableau porte en blanc de Jeanne la memoire :
Car nul ne peut au vif representer sa gloire.

Sous un tableau voilé d'un rideau peint, Timante
Representa jadis le deuil d'un Roy transi :
Au contraire, le blanc qui est en cettuy-cy,
L'heur, la joye, l'honneur des François represente.
L'art caché du rideau rend Timante ennobly,
L'art du tableau non peint le fait mettre en oubly.

LETTRE VI.

A Monsieur de Saincte Marthe.

NE pensez, je vous prie, que par oubliance de vous ou de moy, je ne vous fy part de ma jeunesse, lors qu'elle fut imprimée ; il y eut trois causes qui m'en destournerent : l'une, que je devins malade pendant l'impression ; chose que pourrez recognoistre par les fautes qui se trouvent au Livre, dont je suis honteux : l'autre, que je ne voulois advoüer le recueil comme venant de ma boutique ; ainsi le verrez-vous en l'Epistre liminaire par moy faite sous le nom d'André du Chesne : & finalement, le Livre fut achevé d'estre imprimé au mesme poinct du detestable parricide de nostre Roy Henry le Grand. En la concurrence de ces trois particularitez, croyez qu'on m'eust jugé digne de courir les ruës, si je me fusse tant soit peu remué pour en faire present à mes amis. Toutesfois ayant entendu par les lettres de Monsieur Favereau, que desirez l'avoir par mes mains, j'ay mieux aymé, vous complaisant me desplaire, que vous desplaisant me complaire.

Ciceron plaidoit pour & contre.

Et peut-estre m'adviendra-t-il ce qui advint autrefois à Ciceron au fait de Cluence ; contre les complices duquel ayant plaidé, & gagné sa cause, dix ans aprés, plaidant pour luy, il la gagna pareillement : prouvant par la beauté de son esprit, qu'en ceste incompatibilité oculaire du pour, & du contre, il n'y avoit rien d'incompatible. Ainsi me veux-je promettre que ce qui eust esté lors trouvé de mauvaise digestion, ne le sera maintenant. C'est pourquoy je ne doute de vous envoyer à face ouverte le Livre, à la charge que vous vous contenterez de l'avoir en vostre possession, sans le lire :

Ne legito, nam cur in publica commoda peccem,
Mî scripsisse satis, sat sit habere tibi.

Privilege des Poëtes. Poësie de l'Autheur.

mandoy-je à feu Monsieur le President Brisson, luy dédiant le cinquiesme Livre de mes Epigrammes : le mal de vos yeux qui font penitence du passé, l'ancienneté de vos ans, la multiplicité d'affaires dont estes accablé, vous en dispenseront. Vray que si par maniere d'acquit il vous plaist passer pardessus, encores y trouverez-vous, si je m'abuse, en une sorte amitié de moy, assez de quoy pour vous contenter : car laissant à part mon Monophile, colloques d'Amour, lettres amoureuses, que j'estime porter sur le front leur sauf-conduit, si me permettez, par un privilege de Poëte, faire gloire de ma folie, je vous diray franchement que l'œconomie de ma Poësie me plaist, pour estre le premier de ce nom qui ay solemnisé l'amour de la façon que j'ay fait. Que si voulez en entendre les raisons, je vous r'envoye à l'Epistre que par forme d'avant-propos j'addresse au lecteur, laquelle je desire estre par vous leuë, afin de vous apprester à rire, quand serez assiegé de quelque melancholie. Quant au surplus, encores que tout le Livre me plaise, comme l'enfant fait au pere, (car autrement n'en eusse-je fait le recueil) toutesfois entre les pieces particulieres, je fay estat des douze Sonnets, qui font l'entrée de mes Jeux Poëtiques ; puis de la seconde partie, sous le tiltre de Liberté : & sur tout, de la Congratulation de la Paix faite en 1570. addressée au Roy Charles IX. & de la Pastorale du vieillard : celle-là, pour estre tres-sage, que j'estime le parangon de toutes les autres : celle-cy, pour estre folastre, & faite par un vieillard dedans la ville de Tours, lorsqu'il y estoit refugié pour les Troubles : & s'il vous plaist y adjouster l'epitaphe de feu Monsieur le Connestable de Montmorency, & le mien Latin rendu vers pour vers en François, permis à vous de le faire, & à moy de ne le trouver mauvais. Car quant aux jeux faits tant sur la Pulce, que ma Main, (desquels feu Monsieur de Tyard Evesque de Chaalon-sur-Saune, grand Poëte & Philosophe, disoit n'avoir jamais veu deux petits Poëmes plus beaux (c'est une meslange de nobles inventions, esquels vous-mesme voulustes contribuer un riche Sonnet sur ma Main. Vous me direz que je me vante, & peche contre l'ancien proverbe, qui nous enseigne, que la loüange de nous qui sort de nos bouches, a je ne sçay quoy de mauvaise haleine. Et je vous respons que ceste regle n'a point de lieu au vieillard, auquel il est permis par une prerogative de son aage, d'estre babillard, & de se loüer. Combien donc plus, quand avec cela, il se fait accroire avoir quelque arriere-coing entre les Poëtes ? Je prendray grand plaisir, quand je me verray censuré par vos Lettres, mais non de la censure de ceux qui voudront dire qu'il m'est mal-seant de ramentevoir les folastries de ma jeunesse, dedans une profonde vieillesse. Cela est bon en la bouche d'une populace, mais non d'un homme d'entendement : car pour vous bien dire, je ne me mets sur les rangs pour plaire seulement à ceux de ce temps, ains à la posterité, si j'y puis atteindre, qui ne jugera s'il y a eu de la bien ou malseance en l'Autheur, la faisant imprimer, ains si l'ouvrage est de merite ou non. Je desire faire courir, avant ma mort, trois Tomes de mes escrits, pour, aprés mon deceds,

Trois Livres proposez mis par l'Autheur.

deceds, revivre: le premier, de ma jeunesse & sa suitte, qui est cettuy-cy: le second est de mes Lettres, qui ont pris leur vol non seulement par la France, ains en plusieurs nations estranges : & si je croy quelques Imprimeurs qui me sollicitent, j'ay encores dix autres Livres sur le poinct d'estre imprimez, ausquels avez bonne part : & le troisiesme est de mes Recherches de la France, que j'augmente de jour en jour à bonnes enseignes. Je ne vous touche mes Epigrammes Latins, que j'ay augmentez d'un septiesme Livre; & mes Icons, d'un deuxiesme : ny plusieurs Meditations spirituelles que j'ay entre mes papiers. Ce sont œuvres que je laisse à l'arbitrage de mes enfans, pour en disposer comme ils voudront après mon trespas : car pour le regard du Catechisme que j'ay fait contre les Jesuistes, indigné des indignitez prodigieuses, dont ils avoient mal-traité nostre France pendant nos derniers troubles ; c'est un Livre qui parle aujourdhuy Anglois, & Alleman. Depuis que je me suis banny de l'ambition & avarice, pour espouser une vie coye & solitaire dedans ma maison, vous ne sçauriez assez estimer quel plaisir j'ay de me faire perpetuelle compagnie à part-moy, & quel fruict & contentement j'en rapporte, en attendant qu'il plaise à Dieu faire sa volonté de moy ; lequel je supplie avec toute humilité, nous vouloir tous deux conserver en ses graces, & moy particulierement aux vostres. De Paris, en vostre maison, ce premier jour de Janvier, 1613.

Catechisme de Mr Pasquier contre les Jesuites.

Recherches des Universitez.

LETTRE VII.

A Monsieur Favereau, Estudiant en l'Université de Poictiers.

JE recognoistray franchement avoir failly, ne vous ayant remercié de l'honneur que m'avez fait en la dedicace de vostre Mercure, nouvellement retrouvé en France, que vous, & Messieurs vos compagnons avez diversement habillé à la Grecque, Romaine, & Françoise. Et neantmoins je ne me puis repentir de ceste paresse, pour avoir esté cause que m'avez escrit derechef : en quoy j'ay eu cet heur de jouïr deux fois de la beauté de vostre esprit. Bien vous diray-je que je me suis de telle façon aheurté en la recherche de nos Universitez (par-aventure dernier ouvrage de ma plume) que j'oublie, non seulement le devoir que je dois rendre à mes amis, ains à ma maison mesme : de maniere que vous me pouvez faire appeller en justice pour m'estre fait mon procés, tout ainsi que les enfans de Sophocle firent à leur pere : & en cecy, je produiray comme luy, mes papiers pour ma justification. Vous pourrez juger par cela, qu'il y a quelque brin de folie en moy : mais encores le jugerez-vous plus grand, quand vous entendrez l'histoire dont je veux maintenant vous repaistre. Le jour de la Quasimodo derniere, le pere Gontery, Jesuite, prenant congé de son auditoire en l'Eglise S. Gervais, où il avoit presché le Caresme avec un grand applaudissement du peuple, il luy advint par occasion de parler de moy, avec tant d'honneur & respect, qu'il estoit impossible de plus : Encore (dit-il) qu'il se soit formalisé contre nostre Ordre. Le mesme jour, ne sçachant ce qui s'estoit passé à S. Gervais, j'envoye mon Olivier pardevers le docte Valladier (qui avoit aussi presché à Sainct Jean en Greve, avec non moindre admiration que l'autre) pour sçavoir de luy en quel lieu il se vouloit de là en avant loger : je ne le vous diray (fit-il) je ne vous veux donner la peine à vostre Maistre de me visiter. Mais afin qu'il cognoisse de quelle façon je le visite ; Baillés-luy de ma part ce cahier, en attendant que je luy fasse present du Livre entier. Ce cahier (que je vous envoye) m'est apporté, dedans lequel vous verrez une celebration trop hardie qu'il fait de moy. Le lendemain, quelques miens amis, qui avoient esté au sermon de Gontery, me viennent voir, pour me congratuler de l'honneur que j'avois inesperément receu de luy ; ausquels je dy, qu'à la verité je luy avois beaucoup d'obligation, mais non telle, que je ne cognusse fort bien en luy plus du sage-mondain, que d'amy. Et comme j'estois des alterez, je receu vos Lettres, & le Livre que me dediez, donnant plus à l'amitié que me portez, qu'à mon merite. Hé vraye-ment (m'escriay-je lors) je ne m'estime pas moins heureux en ces trois rencontres d'honneur, qui me sont arrivées dedans le temps de vingt-quatre heures, que Philippe Roy de Macedoine, quand en une mesme journée Alexandre son fils luy nasquit ; son agent obtint la Couronne des jeux Olympiques de la Grece ; & luy, en bataille rangée, une victoire sur les ennemis. Mais à quel propos tout cecy ? Par vostre foy, toutes ces particularitez mises ensemble, ne font-elles suffisantes pour infatuer un vieillard, & le faire pavonesquement mirer en ses plumes ? Non : ce n'est pas cela. Au contraire, je vous veux dire que j'ay failly, vous en avez esté cause ; d'autant que vous autres Messieurs vous estants tant oubliez de me solemniser sous faux gages, Dieu, pour vanger ce mensonge, a voulu que je vous aye oublié, & neantmoins je veux maintenant reparer ma faute, & la couvrir de cest ancien formulaire : *Sit erranti medicina confessio*. Ceste-cy donc sera pour vous remercier de la meilleure ancre que j'aye : & singulierement, quand par une richesse d'esprit, en vostre premier Epigramme, vous estes voulu joüer de vostre plume en la comparaison de moy avec Mercure. Epigramme, certes, merveilleusement bien fait, & digne de la primauté, mais grandement menteur ; parce qu'il n'y avoit qu'un poinct, auquel me pouviez faire entrer en ce Parangon, qui a esté par vous oublié ; mais toutesfois excusable ; parce que ne le pouviez deviner. C'est que Mercure ayant, entre ses rares singularitez, esté par les anciens figuré pour le Dieu des larrons, j'ay vrayement esté larron en vostre endroit, ne m'estant acquité du grand-mercy que je vous devois. Mais vous recevrez la presente pour supplément de tout le passé, & encores ce quatrain, auquel ne trouverez rien de bon que ce qui est de mauvais, pour avoir esté fait sur le champ. J'entens que le Mercure en bronze trouvé en la nouvelle maison de la Royne Regente, sur lequel avez dressé vostre Poëme, est fait d'une telle posture, comme s'il vouloit presenter de l'argent ; qui m'a fait tracer ces quatre vers, que j'adresse à ceste grande Dame:

Fasse le Ciel, qu'ainsi comme Mercure
Vous offre argent sans bourse desserrer,
Qu'à l'importun qui vous vient supplier,
Donniez de l'or seulement en figure.

A Dieu, de Paris, ce 24. de May, 1613.

Heurs Arrivez à Philippe Roy de Macedoine en la naissance de son fils Alexandre.

Mr Pasquier haut loüé par le Pere Gontery Jesuite.

FIN DU VINGT-VNIESME LIVRE.

LES
LETTRES
D'ESTIENNE PASQUIER
Conseiller & Advocat General du Roy en la Chambre des Comptes de Paris.

LIVRE VINGT-DEUXIESME.

LETTRE I.
Au Seigneur d'Atichy, Conseiller d'Estat, & Intendant des Finances.

Ous me bravastes dernierement en ma maison, en presence du Sieur de Marescot. Mais sçachant à qui aviez affaire, quittastes aussi-tost la ville. Maintenant que j'ay eu advis de vostre retour, je vous ay depesché ce cartel, pour vous sommer & conjurer de vous trouver au lieu où la bravade me fut faite ; bien deliberé d'en avoir ma raison. Et pour vous faire paroistre que ce ne sera à petit semblant, je desire que Madame vostre femme, Messieurs de Marillhac vos beaux-freres, & le Sieur de Marescot, soient de la partie : j'y adjousterois mes Dames les Comtesses de Chasteau-vilain, mere & sœur, si elles estoient en ceste ville. Partant, afin que toute ceste bonne compagnie ne nous manque, vous me manderez le jour que voulez que ceste querelle soit entre nous deux demeslée, & croyez que vous & les vostres recognoistrez lors comme je sçay joüer des cousteaux. Que si, pour esquiver le coup, usez de remises, delais ou dissimulations, faites estat que je vous publieray en tous lieux pour le plus coüard cavalier qui soit en la France. A Dieu.

LETTRE II.
A Messire Nicolas, Conseiller d'Estat, & premier President en la Chambre des Comptes de Paris.

JE suis d'accord avec vous, que par mes dernieres je vous figuray un Rithmeur, non un Poëte ; aussi ne vous avois-je promis de vous representer un Poëte, ains seulement un crayon de l'art Poëtique François. Quelques anciens ont dit, que l'Orateur se faisoit, & le Poëte naissoit ; comme y ayant en l'un, plus de l'art que du naturel ; en l'autre, plus du naturel que de l'art. Du premier nous avons ce bel exemple du grand Demosthene, contre lequel, ores que toutes choses semblassent degenerer, pour la conduite de l'Oratoire ; toutesfois par veilles & longs exercices, il rompit avec telle force, tous les obstacles de nature, qu'à la longue, il gagna le dessus, non seulement de ses contemporains ; mais aussi de tous ses devanciers, & de sa posterité : au contraire, deslors que le Poëte Catulle eut haleiné Virgile en sa jeunesse, il recognut un naturel en luy, si propre à la Poësie, qu'il fut contraint de prononcer ce demy vers en son honneur, *Magna spes altera Roma.* En quoy il ne fut aucunement
deceu

deceu de son prognostic. Que si le naturel opere plus en la Poësie, que l'art, quelles instructions pourray-je bailler, pour former un brave & excellent Poëte? Et neantmoins je vous recognoistray franchement, que la nature sans l'art, est quelque chose, non tout; & l'art sans la nature, n'est rien. Nous avons veu un Jodelle, qui pour avoir plusieurs belles pointes, se fiant trop à son naturel, mesprisoit les Livres: à l'opposite, un Baïf sçavoir beaucoup, mais, si je ne m'abuse, aucunement mal-né à la Poësie; ce qui luy fit changer de trois divers tons en ses Poëmes: aussi ne voy-je point que les œuvres de l'un & de l'autre ayent esté grandement estimez par ceux qui en ont jugé sans passion: car, pour bien dire, c'est une regle generale, qui ne reçoit exception, que pour l'accomplissement de cet œuvre, il faut faire un mariage indissoluble de la nature & de l'art ensemble. Quand je vous parle de l'art, ce ne sont point les preceptes, que je vous ay cy-devant touchez. La lecture d'un quart d'heure d'iceux, peut rendre, en ce subject, le lecteur aussi sçavant que je suis: mais bien, un long estude des Autheurs Grecs, Latins, Italiens, & de ceux qui ont quelque nom en nostre vulgaire. Je veux que celuy qui desire estre bon Poëte François, allambique d'eux un bon suc, dont il façonnera ses escrits: je veux que, comme l'Abeille, il suçote leurs fleurs, pour en former son miel: non pas qu'il en soit quitte, pour habiller à la Françoise les inventions estrangeres, comme j'en voy quelques-uns l'avoir fait avec une honte effacee. (Cela ne peut proceder que d'un esprit cacochime.) Il faut qu'en lisant il se fasse riche, aux despens de celuy, qui en luy prestant, ne luy prestera rien, mesme empruntera de luy telle chose, à quoy l'Autheur n'avoit pensé, par une taisible suggestion & rencontre de leurs bons naturels: que ce soit une bonne digestion, dont il fera un corps solide, sans rendre les viandes indigestes, & ainsi qu'il les aura prises. S'il gagne cest advantage sur luy, & sur nous, qu'adonc il luy soit permis de mettre la main à la plume, & nous communiquer ses escrits.

La difference qu'il y a entre l'Advocat (que les anciens Romains appelloient Orateur) & le Poëte, c'est que l'Orateur exerce sa charge devant les Juges ou le peuple, par sa voix: & le Poëte, sa plume. Demosthene, grand ouvrier en l'art de bien-dire, disoit, que les premieres, secondes, & troisiesmes parties de l'Advocat, gisoient en la bien-seance, que les Romains appelloient action: & sous ce mot, entendoient un geste & maintien bien reglé, une parole & voix agreable. Comme de fait, les Romains eurent un Hortense, qui n'avoit pas grand fonds; mais suppleant ce deffaut par ces particularitez, il acquit un tres-grand credit sur ses compagnons: c'est pourquoy Quintilian parlant de luy, disoit que ses escrits ne respondoient à sa renommée; d'autant que mourant, aussi estoit morte avec luy l'ame de ses plaidoyez.

Or, puisque nostre Poëte n'acquiert reputation que par sa plume, qui n'est passagere comme la voix; & qu'escrivant, chacun se donne puissance de juger de ses œuvres tout à loisir, esquelles la bien-seance est requise, tout ainsi comme en l'Advocat; de ma part, je me fay accroire, que la bien-seance du Poëte est plus penible, que de l'autre; laquelle, si j'en suis creu, se fait paroistre, premierement par nos conceptions, puis par nos paroles: au regard des conceptions, je vous ay cy-dessus briefvement touchées, telles que je pense devoir estre: quant aux dictions, un flus de paroles sans subjet, nous fait butes de paroquerie: comme aussi une conception non relevée de belles & riches paroles, est une peine ou compassion au lecteur. De r'amener en usage les anciennes, dont par un long laps de temps nous n'usons, j'en doute: comme je voy du Bellay, dedans sa traduction du quatre & sixiesme de l'Æneide, l'avoir voulu practiquer, mais en vain, en ce mot, en dementires, qui signifie, en cependant, emprunté de Jean le Maire de Belges. D'en innover, si ce n'est par grande force, &, si ainsi voulez que je le die, en nostre corps deffendant, je n'en serois pas d'advis. Je voy Ronsard au 71. Sonnet de sa Cassandre, avoir introduit le mot de *player*; & Baïf, *Malader* au Sonnet 107. du second Livre des Amours de Francine: & je ne voy point, qu'ils y ayent grandement profité. Quelques-uns de nos Poëtes, pendant le regne de Henry II. se donnerent puissance, par forme d'Academie, de vouloir innover quelques mots: & entr'autres Baïf, & Nicolas Denisot, lequel par un Anagramme bouffonesque trouvé dans son nom & surnom, se faisoit appeller Comte d'Alsinois. L'usage commun de nostre France est, qu'au lieu que le Latin, aux noms adjectifs, fait ces trois degrez de comparaison, *Doctus, Doctior, Doctissimus*, nous disons, Docte, plus Docte, & tres-docte: & ainsi de tous les autres. Toutesfois, en empruntant quelque chose des Romains, quelques-uns des nostres se dispenserent, avec le temps, de faire ces superlatifs François, Doctissime, Reverendissime, Illustrissime, Excellentissime. Cela fut cause, que ces deux honnestes hommes (& specialement Baïf) voulurent mettre en usage ces mots de Docte, Doctieur, Doctime: Sçavant, Sçavantieur, Sçavantime: Hardy, Hardieur, Hardime, au lieu de ceux que porte nostre commun usage. Qui occasionna Du-Bellay sur la fin de ses jeux Rustiques, de s'en mocquer, par ce Sonnet qu'il envoya à Baïf, l'un de ses principaux amis:

Bravime Esprit, sur tous excellentime,
Qui mesprisant ces vanimes abois,
As entonné d'une hautime voix,
Des Sçavantieurs la troupe bruiantime.
De tes doux vers le style coulantime
Tant estimé, par les Doctieurs François,
Justimement ordonne que tu sois
Par ton sçavoir, à tous reverendime.
Nul mieux de toy gentillime Poëte,
(Heur que chacun grandimement souhaite)
Façonne un vers doucimement naif.
Et nul de toy hardieurement en France,
Va deschassant l'indoctime ignorance,
Docte, Doctieur, & Doctime Baïf.

Vous voyez comme ce bel esprit se mocquoit fort à propos de ceste sotte nouveauté. Tellement que ces deux innovateurs, recognoissants leur faute, supprimerent les vers par eux tissus sur ceste trame.

Il y a en l'innovation des mots, jugement qui est suivy d'heur ou mal-heur. Le peuple s'en fait croire, comme l'aveugle distributeur des buletins à la blancque, lequel donne le plus souvent benefice aux uns qui le meritent, & aux autres blancque, bien qu'ils soient de quelque merite. De ma part, je seray tousjours d'advis de prendre les paroles du commun usage; j'entens de tous ceux, qui en leurs professions ont quelque advantage sur leurs compagnons: paroles dont nostre Poëte usera, maintenant selon leurs naïfves significations, maintenant par Metaphores hardies, qui ne donneront pas moins de lustre, ainçois plus grand à leurs escrits: quelques-fois il empruntera du Grec, Romain, Italien, ou autre, non pour les escorcher (ainsi disons-nous, quand on en abuse) mais les mesnageant sagement. Nous devons les mots au peuple, & leur mesnage aux belles plumes. Le Poëte Horace disoit que le commun peuple avoit, par un privilege ancien, toute loy & juridiction sur les paroles: & je dy, que combien que chacun en son particulier ne soit capable de les forger bonnes ou mauvaises. Toutesfois, quand par un concours general de tout le peuple, nous les approuvons, elles sont tenuës pour choses jugées en dernier ressort. Mais je passeray bien plus outre: d'autant que mon advis est, que tout homme, qui a de riches conceptions, est pareillement riche en paroles, qui naissent dedans sa plume, qu'il sçaura fort bien mettre en œuvre, selon les occasions. Brief, si ces paroles nous manquent, cela ne provient de la diserte de nostre langue, ains de nos esprits. Voila ce que je vous en puis escrire, m'en remettant toutesfois à vostre meilleur jugement. A Dieu.

Lettres envoyées à la naissance de Monseigneur le Dauphin, long-temps auparavant la mort du Roy Henry le Grand.

LETTRE III.

A Monsieur de Lomenie, Conseiller & Secretaire d'Estat.

Combien que l'ancienneté de mes ans ait aucunement enseveli dedans moy la maniere de faire des vers, qui procede d'une gentillesse d'esprit ; & la gentillesse, d'un aage gay & non usé, si est-ce que soudain apres que les nouvelles nous furent arrivées de la naissance de Monseigneur le Dauphin, je senty dedans ma vieillesse se renouveller une jeunesse, par l'influence de ce nouvel astre, & trouvay à moy averé ce demy vers ancien : *Facit indignatio versum*, dont nostre Adrian Tournebus voulut faire son profit, en la congratulation qu'il fit pour la prise de Calais, par un mot contraire, *facit exultatio versum*. C'est pourquoy, sans marchander longuement avec ma plume, je fy ces trois Epigrammes Latins, accompagnez d'un Sonnet François, que je vous envoye ; & neantmoins d'autant que chacun d'eux desire son commentaire, je vous en veux aussi faire part.

Le Jeudy, jour Sainct Cosme, que la Royne accoucha : on faisoit en l'Eglise Sainct Nicolas, du Chardonneret ma parroisse, les prieres de quarante heures, ordonnées estre dites par les parroisses l'une apres l'autre, pour sa couche. Le lendemain, jour de Sainct Exsupere, nous receusmes la nouvelle de son accouchement. Ce jour mesme, chantasmes le *Te Deum*, en l'Eglise Nostre-Dame. Le Samedy, feste de Sainct Michel, fut faite procession generale, où se trouverent les Cours souveraines avec leurs robbes de parade, pour remercier Dieu humblement de l'heur qu'il nous avoit envoyé ; & le Dimanche, toutes les Eglises allerent en procession pour l'honneur du Jubilé, qui devoit estre ouvert le Lundy ; Nicolas signifie en Grec, vainqueur de peuple ; Cosme, le monde ; Exsupere en Latin, c'est vaincre : Michel est l'Ange tutelaire de la France : & pour ceste cause, fut institué l'Ordre des Chevaliers de Sainct Michel, par nostre Roy Louys XI. & quant au Jubilé, vous sçavez qu'il est ouvert pour la profession de nostre Religion. De toutes ces rencontres mises ensemble, j'ay allambiqué ce premier Epigramme :

Dum natalitias, Nicolai presbyter ade,
Et quadragenas fertque, r fertque preces,
Cosmi sancta dies Delphinum protulit, inde
Exsuperi festo reddita vota Deo.
Tum Michaelis : & hinc Jubilæi, nomine, & ô tu
Francorum Michaël Angele tutor opum:
Eia age, cantemus, Dominum laudemus ovantes:
Nil nisi quod fœlix, omina tanta ferent :
Scilicet arma olim pro relligione capescens,
Orbis erit victor, te Michaele duce.

Cest Epigramme est fait sur l'Histoire de quatre jours qui s'entre-suivirent. Ce second, sur une autre ancienne du Roy Louys VII. avec ce qui s'est passé puis n'agueres entre nous pour nostre Henry IV. & du Roy Philippe le Dieu-donné, qu'il pleut à Dieu envoyer au Roy Louys :

Augustum te olim veteres dixere, quod esses
Octavi, faustis editus auguriis.
Nomine non isto, sed nobiliore, Philippum
Dixit, & à Superis, Gallica lingua, datum.
Quem prima, genitor dimissa uxore, supremo,
Supplicibus votis, protulit è thalamo :
Atque is rex lacerum regnum reparavit, & illud
Fortis ab externis hostibus asseruit.

Et cur non eadem Galli speremus, in uno
Principe, qui paribus nascitur auspiciis ?

Ce troisiesme sera sur un autre ton. S. Louys, ancien progeniteur de Robert son fils, & de sa famille de Bourbon, dont nostre Roy Henry tient le premier lieu, fut, entre tous nos Roys, protecteur de l'Eglise Catholique, & extirpateur des abus ; & pour ceste cause, canonisé apres sa mort : nous n'avons point eu de fils de Roy, qui dés sa naissance ait pris le nom de Dauphin, depuis le decés de François, fils du Roy François premier de ce nom. Le Roy François en ceste France, & Laurent de Medici en Italie (tous deux predecesseurs de nostre petit Dauphin, furent, chacun en droit soy, restaurateurs des bonnes lettres. On sçait comme nostre Roy à present regnant, est grand ouvrier à bien faire la guerre, & la paix, quand les occasions se presentent. Trois Princes qui sont autant de beaux miroüers à nostre Dauphin nouveau-né. Particularitez qui m'ont donné le subjet de ce troisiesme Epigramme :

Sex & lustra decem compleras Phœbe, nec orbi
Delphinum nasci viderat ulla dies :
At nunc Borbonidum clarâ de stirpe novus sol,
Henrici magni filius, exoritur.
Exoptata diu Lodoici sancta propago
Fortiter antiqua rem pietatis aget.
Franciscus Latias, dabit & Laurentius, artes :
Et belli, & pacis cætera patris erant.
Hisce tot & tantis virtutibus utere fili,
Ut fidei, ut musis, sis populoque parens.

Par ma supputation, j'ay menty de quatre années ; car François Dauphin nasquit en l'an 1517. & nostre nouveau Dauphin nasquit l'an 1601. qui sont quatre-vingts quatre ans. Mais nous sommes en un temps de Jubilé, auquel venant à recognoissance de ma faute, je m'asseure que mon Confesseur me baillera aisément absolution.

Voilà pour le regard de mes trois Epigrammes Latins; car quant au Sonnet François, j'en ay tiré l'invention de l'ancienneté de la maison de Medici. Le premier qui luy donna la plus grande vogue dedans la Republique de Florence, fut Cosme premier, qui nasquit le jour Sainct Cosme l'an 1389. duquel je puis dire tout ainsi que de Hugues, pere de nostre Hugues Capet. Car combien que ny l'un ny l'autre ne fust, celuy-là Roy, cettuy Duc, toutesfois si gaignerent-ils le nom de Grands, de la part du peuple ; & au surplus, Henry le Grand fut faiseur de Roys, tout ainsi que Cosme le Grand achemina sa posterité à prendre la dignité de Duc à Florence : jusques à ce qu'en la famille de Medici, Cosme second, ayeul de nostre Royne, fut par l'Empereur Charles cinquiesme, honoré du tiltre de Grand Duc, tiltre authorisé par nostre Sainct Siege de Rome. Le jour Sainct Cosme, est né nostre Dauphin, fils du grand Roy Henry, & de Marie de Medici son espouse. Voyez, s'il vous plaist, si j'ay heureusement rencontré sur ce mot de Cosme.

Cosme le Grand, de Medici la fleur,
Dessus les siens gagna toute puissance :
Cosme second, de Grand Duc de Florence
Obtint premier, & le tiltre, & l'honneur.
Le jour Sainct Cosme, est né par un grand heur,

Son petit-fils, Dauphin de ceste France ;
Jour, auquel eut, Cosme le Grand, naissance,
Qui ne promet aux nostres que grandeur ;
Car ralliant France, & Florence ensemble,
Je voy desja, je voy, comme il me semble,
Le Lys florir par arguments divers :
Cosme d'ailleurs signifiant le monde,
Ce Prince aussi courra la terre ronde,
Roy destiné pour vaincre l'univers.

Conclusion : ce sont les fruicts de mon esprit, dont je vous fay present ; si bons, ou mauvais, ce n'est pas à moy d'en juger, ains, sans plus, de les vous donner, Esquels si prenez quelque goust, je vous prie de les faire voir au Roy, qui a toute fiance en vous ; m'asseurant, que s'il ne les trouve dignes de sa Majesté, pour le moins trouvera-t-il le tesmoignage d'une bonne volonté, laquelle provenant de la part d'un subject envers son Roy, doit estre estimée pour bonne. A Dieu. De Paris, ce 4. jour d'Octobre, 1601.

LETTRE IV.

Au Seigneur Antoine Loisel, Advocat en la Cour de Parlement de Paris.

COmbien que la commission dont m'avez escrit, n'ait esté qu'un esclair, aussi-tost disparu que veu, toutesfois je ne suis d'advis, que vostre petit Poëme, dont elle fut le motif, soit caché : il faut qu'il passe par les mains de vos amis, non seulement pour estre bien limé, mais aussi afin que chacun cognoisse que la fortune ne vous avoit non plus oublié en vostre vieillesse, qu'en vos jeunes ans ; faisant en vous, mentir ce commun dire, qu'il y a plus de personnes idolastres du Soleil levant, que couchant. Vous m'en avez voulu faire part ; & pour n'en demeurer ingrat, je vous envoye, en contr'eschange, quelques vers de ma façon ; mais avant que d'estaler ma marchandise, je vous reciteray en brief, l'histoire sur laquelle ils furent faits. Le jour Sainct Martin dernier passé, que la folle ancienneté dédia pour taster nos vins nouveaux, je priay quelques Gentils-hommes & Damoiselles de nostre Brie, de vouloir prendre un mauvais disner chez moy : qui me firent cest honneur d'y venir. Et ayant assorty ma table de diversité de vins, je trouvay que chacun d'eux, se faisant accroire d'estre bon gourmet, jugeoit non selon la bonté qui estoit en mes vins, mais selon son goust particulier : l'un trouvant le vin bon, qui estoit condamné par l'autre, & comme on dit en commun proverbe, après bon vin, bon cheval ; aussi après avoir contenté nos opinions sur le vin, nous les voulusmes contenter sur les discours de l'amour, ausquels nous ne nous trouvasmes pas moins partialisez, que sur la rencontre des vins ; l'un de la compagnie, d'un visage sourcilleux & renfrongné, l'abhorrant en tout & par tout, comme enfant de l'oysiveté, corrupteur des bonnes mœurs, meurtrier des bons esprits, perte de temps, non seulement des jeunes gens, ains de tous ceux qui se mettent en son servage : conclusion ; logez l'amour dedans vostre teste (dit-il,) vous y logez par mesme moyen, un chaos & confusion : bannissez-l'en, vous vivrez en un calme d'esprit esloigné de tout orage, & à peu dire (addressant vers moy sa parole) je ne vy jamais homme qui en ait plus fidellement parlé que vous, en la chanson que dediastes à nostre Ronsard, quand vous dites que l'amour,

Par nostre folie naist,
En elle prend sa pasture ;
Et sans elle jamais n'est,
Puis augmentant sa nature
Petit à petit s'accroist,
Et de telle sorte croist,
Que ny plus ny moins que l'œil
Ne peut attaindre au Soleil
Quand vers le Midy s'avance,
Ainsi tant plus haut le sot
Laisse à l'Amour prendre vol,
Plus en perd-il cognoissance.
Et mescognoist non point soy,
Qui est chose trop petite,
Ains le haut Dieu, & sa foy,
Où nostre esperance habite.

Où est ce grand Roy David,
Où est celuy que l'on vid
En un instant sans effort,
Auparavant le seul fort ?
Où est ce sage parfaict,
Où est ce vaillant Hercule,
Qui se rendit ridicule,
Par le succés de son fait ?

Et ainsi faites le procés à l'Amour par plusieurs & divers couplets, jusques à ce qu'enfin prononciez cest arrest contre luy :

Cupidon tende son arc,
Et que sur nous il descoche ;
Nous ne serons de son parc,
Mais que luy couppions la broche ;
Ne nous rendants otieux,
Mais levants nos cœurs aux cieux ;
Supplions le Dieu puissant,
Que tousjours nous repaissant
De sa divine parolle,
Ne nous permette y entrer,
Ains veuille nous sequestrer
De ceste opinion folle.

Ce premier ayant mis fin à son propos par ces trois couplets, un autre se met sur les rangs ; disant que tant s'en falloit que l'amour introduisist dedans nos testes un chaos, qu'au contraire le bannissant de ceste humaine societé, c'estoit rentrer dedans l'ancien chaos, duquel on dit qu'il fut esclos pour mettre en ordre, tel que nous voyons, toute ceste ronde machine : qu'il n'estoit enfant de l'oisiveté, ou s'il l'estoit, autre défaut ne trouvai-je en luy (disoit ce Gentil-homme) sinon que parricide il tué sa mere ; n'y ayant outil plus propre pour nous garentir de l'oysiveté, & reduire de la vie rustique & farousche, en une civilité de mœurs, que l'amour : tesmoin le mal façonné Simon de Boccace. De qui donc le dirons-nous fils ? De la beauté, par le moyen de laquelle nous voüants à une seule Dame, faisons renaistre en nous & pour nous l'Androgyne, tant rechantée par les anciens. Que si nostre hoste (parlant de moy) pour avoir paradventure receu quelque disgrace de sa Maistresse, voulut faire le procés à l'amour, par la chanson dont avez parlé, il en fit après, penitence condigne par un Sonnet, dont la closture estoit par ces six vers :

Penser à toy n'est plus qu'un autre voir ;
Te voir n'est plus qu'un baiser d'autre avoir ;
Et un baiser, plus que la joüissance :
Que si j'avois de toy ce dernier poinct,
Changer mon heur, ô je ne voudrois point
A tous les heures d'une celeste essence.

Ce Gentil-homme ayant finy par ce sixain, je me mis de la partie, & respondis à l'un, & à l'autre : je vous supplie,

supplie, Messieurs, ne vouloir faire mal à propos vostre profit de moy contre moy. Si vous me demandez au vray ce que j'en pense, je suis pour l'amour conjugal commandé de Dieu entre le mary & la femme ; car quant à l'autre, de le bannir tout-à-fait, je n'en feray jamais d'advis : bien souhaiterois-je que nous en bannissions ceste folle opinion de la joüissance, qui a plus de participation avec les bestes brutes, qu'avec la raison, voire que la desirants, nous combattions contre l'amour mesme, qui prend fin par cette sortie.

Je n'eus pas si-tost proferé ces mots, qu'un jeune folastre m'ostant la parole de la bouche, commença d'escrimer en ceste façon : bon pour vous (me dit-il) auquel l'ancienneté de vostre aage a paradventure noüé l'esguillette, mais non pour moy, ny mes compagnons, qui sommes logez en la fleur de nos jeunes ans. Car quant à celuy qui nous a presché le bannissement general de l'Amour, ceste heresie est si brusque & esloignée du sens commun, qu'elle ne merite aucune responce ; non plus que l'Androgyne bastie sur les atomes imaginaires d'Epicure. Et pour le regard de luy, qui est fondé sur une fantasque beauté, s'il y a de la sottie en l'amour, c'est en cetuy : estants enseignez par la nature, qu'il n'y a rien qui tant luy plaise, que le changement ; car si elle ne se diversifioit par les saisons, nous rentrerions dedans cest ancien chaos, dont avez diversement fait estat pour le soustenement de vos opinions. Voulez-vous donc rendre l'amour passager, establissez-le sur la beauté passagere d'une seule Dame. Le voulez-vous rendre perdurable, il le faut bastir sur la varieté, laquelle ne se change jamais en nous, ains demeure stable, quelques changemens qu'esprouvions de nos aages. Ce que je pense avoir fidellement representé par ce Sonnet duquel je le renvoye sur vous :

Je le soustiens : car j'en ay la science,
Que si l'amour ne tend qu'à volupté,
Je ne croiray jamais que la beauté
Produise en nous sa celeste influence.
Ou si elle est cause de son essence,
Comme l'on dit, je tiens pour arresté,
Qu'il n'y a rien que la varieté
Qui le maintienne en sa toute-puissance.
Mettez en œuvre un object le plus beau,
Cela vous plaist, de tant qu'il est nouveau,
Et vieillissant peu à peu il vous lasse.
Mais un amour qui prend son fondement,
Puis son progrez sur un doux changement,
Pour ne vieillir jamais, il ne se passe.

C'est pourquoy (continua-t'il en se sous-riant) je me lasche toute bride, & suis tantost esclave d'une grande Dame, tantost amy d'une bergeronnette ; voire si je me voulois croire, encore mettrois-je mon amour à l'essor, & me dispenserois d'une mienne parente, moyennant qu'elle ne m'attouchast du premier degré de consanguinité.

A ceste parole, tous les Gentils-hommes s'esclaterent de rire, comme ceux ausquels peut-estre ne desplaisoit ce deduit ; mais pour le regard des Damoiselles, la patience leur eschappa, lesquelles, par un commun vœu, crierent contre luy un Harou de Normandie : & croy que volontiers eussent-elles fait le semblable contre ma non-joüissance ; mais une honte les en empescha. Parquoy, se fermans seulement en luy, commencerent de l'abbayer à qui mieux mieux (tout ainsi qu'une meute de petits chiens, contre un mâtin qui ne s'en donne pas grande peine) luy improperant qu'il deust avoir honte ; que son opinion n'estoit Chrestienne, ains Turquesque, & que s'il y avoit quelque brutalité en l'amour, c'estoit vrayement aux malheureux discours dont il se vantoit. Vous n'eussiez pas ouy Dieu tonner, tant elles estoient acharnées à cette querelle, quand un personnage d'honneur de la compagnie leur dit sagement : tout-beau, mes Damoiselles, tout-beau ; il y a grande difference entre le faire,

& le dire. Ne pensez pas que ce Gentil-homme ait parlé à bon escient, ç'a esté seulement pour aiguiser vos coleres. Cest arrest ainsi prononcé, les estancha aucunement. Ainsi la nappe levée, & actions de graces renduës à Dieu, aprés quelques promenades, chacun s'en retourna à sa chacune.

Quelques jours aprés, comme je ne suis jamais seul, pour estre tousjours avec moy, & qu'à faute de compagnie je me gouverne moy-mesme, aussi remettant devant mes yeux, que chacun d'eux, pour favoriser son opinion, s'estoit aydé de quelques miens vers, je voulus faire le semblable sur la non-joüissance par moy proposée, & fis ces Sonnets :

Tant que Rome eut une Carthage en teste,
Dans ce mal-heur heureuse elle vesquit,
Mais en vainquant, ell' mesme se vainquit,
Et fit de Rome, une Rome conqueste.
Bien que je n'aye imprimé autre queste,
Que celle-là qui en toy me ravit,
Mon cœur pourtant qui tant seulement vit,
D'espoir de vaincre, à vaincre ne s'appreste.
Pour n'assopir lentement mes esprits :
Et m'exercer en ce beau jeu de prix
Du Dieu d'amour que j'ay pris en partage ;
Par un souhait doucement inhumain,
Fasse le Ciel que je sois ton Romain,
Et que tu sois à jamais ma Carthage.

Bien que l'amour dedans l'ame produise
De celuy-là qui de luy est espoint,
Un chaud desir d'attaindre au dernier poinct,
Et que ce soit le seul but où il vise :
Bien qu'en mon cœur ton clair Soleil reluise
Et m'ait rangé du tout à son appoinct ;
Pour tout cela je ne souhaite point
Joüir d'un heur malheureux qui me nuise.
De mes amours le souverain adieu
Est de mourir & vivre dans le feu,
Et de n'avoir du dernier poinct envie :
Poinct qui naissant, par son estre prend fin ;
Bruslons, mourons sans passer outre, afin
Que par nos morts l'amour demeure en vie.

Ceste piece n'est que trop sage : celles que je vous reciteray cy-aprés ne sont que trop folles. Aussi seroit-ce peut-estre une grande follie à nous, si n'accompagnions de fois à autres nos actions de quelques gayes follastries. Ayant donné air à ces vers, il me souvint que ce jeune Gentil-homme m'avoit imputé que la longueur de mes ans avoit noüé l'esguillette à mon corps. S'il a dit vray (fy-je lors) j'ay beaucoup d'obligation à mon aage de m'avoir affranchy de ces cruelles importunitez de nature. Mais je veux voir si le mesme aage a noüé l'esguillette à mon esprit. Parquoy, il me prit opinion de representer, par ma plume, les passions que l'autre disoit se loger en luy par effect. Ce sont trois Sonnets de la nouvelle impression que je vous envoye, à la charge qu'il vous sera permis d'en rire, & non de vous en mocquer.

Pour consoler ma pauvre ame asservie,
Et luy donner quelque esperance d'heur,
Banny de toy, Duchesse, la grandeur
Qui dés ton estre avecques toy prit vie.
Ou si tu n'as de la bannir envie,
Destourne au moins d'alentour de ton cœur
Ces doux appas, & ceste humble rigueur,
Qui m'ont, cruels, la liberté ravie.
Ceste douceur me fait au Ciel voler,
Ceste grandeur fait mon vol ravaler,
Je couvre un feu, & dans mon feu je tremble.
Je cours vers toy, & si n'ose bouger :
O Dieu ! qu'il est mal-aysé de loger
La Majesté, & l'amour tout ensemble.

D'un bavolet elle estoit attifée,
Son corps vestu d'un habillement gris,

Mais sa beauté me sembloit hors de prix,
Face, & façons dans les bois, d'une fée.
Chantant des airs, comme un second Orphée,
A l'impourveu prés d'elle je me mis,
A l'impourveu par elle je fus pris
Sous le couvert d'une Ormoye : ô trophée !
Soudain mon bras au fort du corps la prend,
D'un court refus la pauvrette se rend :
Vous jugerez quel butin je fis d'elle.
Je viens, je voy, & tout d'un mesme pas,
Victorieux je mets la Nymphe bas :
Fut il jamais escarmouche plus belle ?
Tant m'est ton port, tant ton œil agreable,
Que je nourry dedans mon ame un feu,
Feu qui ne fut jamais en autre veu,
Feu qui n'eut onc & qui n'a son semblable.
O sot espoir, ô desir miserable !
Car aussi-tost que le coup je receu,
Tout aussi-tost, helas je m'apperceu
D'estre blessé d'une playe incurable.
Pour quelque peu ma douleur appaiser,
De toy je cueille un long & chaud baiser,
Et tout en toy je me metamorphose.
En te baisant plus heureux suis qu'un Roy,
Mais tout à coup retenu par la loy,
Souhaitant tout, souhaiter rien je n'ose.

Par vostre foy auquel des deux y a-t'il plus de folie, ou au jeune Gentil-homme, qui se voulut joüer de sa langue sur un tapis verd ; ou au vieillard, qui se joüe maintenant de sa plume sur du papier, & se fait amoureux ores d'une grande Dame, ores d'une bergeronnette, & ores d'une parente. De ma part, je sentencie contre le vieillard, non seulement parce que la parole se passe ; le tour de l'aureille, & ce qui est escrit, demeure ; mais aussi qu'au cas qui s'offre, il n'y a que trop de mal-seance, & defaut d'entregent en luy. Je me veux faire mon procés avant qu'on me le fasse. Recevez de moy ceste confession sans penitence, d'autant que non content de ce que dessus, encores voulus-je passer outre, & representer en moy un vieillard amoureux ; toutesfois je vous prie de croire que c'est à petit semblant, & jeu sans villenie.

Qu'est-ce qu'Amour, est-ce une quinte essence,
Est-ce un Dæmon, est-ce un Tyran, un Roy,
Est-ce une Idée, est-ce un je ne sçay quoy,
Est ce du Ciel quelque sourde influence ?
Que j'allambique, & qui me tient en transe,
Qui me rend serf, qui me donne la loy,
Qui me ravit, qui me desrobe à moy,
Qui fait que vieil, je revienne en enfance ?
S'il est sans yeux, d'où vient qu'il vise droit ?
Enfant, qui fait qu'en mon cœur on le voit ?
S'il est aislé, pourquoy n'est-il volage ?
D'où vient, helas! que cest oyseau maudit
Obstinément a fait dans moy son nid.
Dés mon Prim-temps jusqu'au froid de mon aage ?
Dy-moy, Pasquier, qu'est devenu ce bruit,
(De tes travaux le grand & noble gage)
Quand terrasser d'un foudroyant langage
Dans le barreau, les monstres on te vit ?
Dy moy encor', je te supplie, quel fruict
T'apportera ceste maudite rage
(De tes vieux ans le furieux orage)
Nouvel Hercul par Omphale conduit
Aux yeux de tous appareiller à rire
Mettre sous pieds du monde le mesdire ?
C'est à rien voir au beau milieu du jour ;
Vieil, tu me pais de ces belles rencontres ;
Mais par cela, mon cher Loisel, tu monstres,
Que tu es jeune au mestier de l'amour.
Qui le croira, qu'un fol amour foudroye
Le cœur gelé d'un malheureux vieillard?
Qui le croira? que par un vers mignard,
A sa fureur il veüille donner voye ?

Mais qui croira qu'il ait donné en proye,
Et plume, & cœur, & ame celle part,
Où la grandeur a basty son rempart
Contre celuy qui en vain la guerroye ?
Si oncq pitié se logea dans ton cœur,
Si mon Apvril fut de toy serviteur,
Pardon, Amour, pardon, je te suplie.
Vieillard qui aime, & qui trompette encor
Son mal, & met ses amours à l'essor,
Fait tout d'un coup trois grands coups de follie.

Ayant de cette façon tracé ces deux Sonnets, figure d'une vieillesse non gueres sage ; quelques jours aprés, je la voulus representer en son naïf, maussade, rechignee, importune, impatiente, pleine de chagrin. Voyez-la doncques entrer sur l'eschaffaut pour joüer son rolle en ma personne.

Le Vieillard porte un baston en sa main,
Qui le conduit ; & pour flater sa vie,
Du temps passé, sur les siens le renvie,
De son soulas c'est l'unique refrain.
D'ans, & de maux, & de caterres plein,
Par une instinct d'une vieille follie,
Ses ans il cache en toute compagnie,
Pensant tromper la mort, mais c'est en vain.
Tout autre mal trouve sa medecine,
Mais l'aage vieil, qui peu à peu nous mine,
Du Medecin ignore le support.
Que le vieillard feuilletté Paracelse,
Et Hippocrate & Gallien, & Celse ;
Mal-gré leur art, il est prés de sa mort.
Tout le monde me put, je vy de telle sorte,
Que je ne fay mes-huy que tousser & cracher,
Que de fascher autruy, & d'autruy me fascher,
Je ne supporte nul, & nul ne me supporte.
Un mal de corps je sens, un mal d'esprit je porte,
Foible de corps, je veux, mais je ne puis marcher,
Foible d'esprit, je n'ose à mon argent toucher :
Voila les beaux effects que la vieillesse apporte.
O combien est heureux celuy qui de ses ans,
Jeune ne passe point la fleur de son Prim-temps,
Ou celuy qui venu s'en retourne aussi viste !
Non : je m'abuse, ainçois ces maux sont les appas,
Qui me feront un jour trouver doux mon trespas,
Quand il plaira à Dieu que ce monde je quitte.

Voila une vieillesse chargée d'ans, & d'ennuis, qui vous a sommairement par moy, & en moy, discouru ses desconvenuës. Et toutesfois n'estimez pas qu'en ces discours fascheux, je joüisse moins de gayes pensées, que lors que je fis les autres Sonnets. Je suis le mesme Pasquier que j'estois ; mais Pasquier qui ay, graces à Dieu, banny de moy, l'amour, le jeu, l'ambition, & l'avarice & encores l'oysiveté : me contentant d'avoir pour mon lot, la joüissance de mon esprit que je diversifie par ma plume selon les objects qui me viennent à gré. Et pour conclusion, encores vous veux-je servir de ce Sonnet, pour dernier mets de ma sagesse, ou follie.

Si tu me vois, Lecteur, sous un chenu pelage
Representer tantost un vieil homme gaillard,
Puis aussi-tost en faire un rechigné vieillard ;
Je me joüe en ce poinct, glorieux de mon aage.
Je voy tel estre un sot, qui contrefait le sage,
Un sage, bouffonner pour un autre regard,
Qui fascheux, qui fasché l'un doux, l'autre hagard,
Chacun diversement joüer son personnage.
De l'amour je me mocque, & encores de moy,
Et m'en mocquant, j'attens le semblable de toy,
Je joüe au mal-content pour contenter ma vie.
Ayant mon pensement sur ce monde arresté,
Et voyant ce grand rond n'estre que vanité,
Bien vivre & m'esjoüir est ma Philosophie.

De tout ce que dessus, je veux qu'estimiez, non qu'une sotte passion m'ait fait esclorre ces vers, mais que c'est un theatre des affections humaines, selon la diversité des humeurs.

Tout ainsi que le Jurisconsulte Julian disoit, que quand bien il auroit l'un de ses pieds au cercueil, si ne discontinüeroit-il ses estudes, aussi faut-il, sur ce mesme pied, que je m'amuse à la Poësie, tantost Françoise, tantost Latine : c'est ainsi que mon esprit se joüe de moy, & moy de luy, ou pour mieux dire, c'est ainsi que j'assaisonne ma faineantise des champs, ou bien que j'assaisonne mes plus serieuses estudes pendant mes heures de relasche. Mais pourquoy heures de relasche ? Car je vous puis dire, & m'en croyez comme d'une chose tres-vraye, que mes estudes ne me furent jamais que jeu, de quelque marque qu'elles ayent esté. Je n'en excepteray pas celles du Palais, ausquelles toutesfois l'ordinaire de ceux qui en font profession, est de s'y attacher comme le serf tres-foncier à sa charruë. J'ay accompagné tous mes déportemens de je ne sçay quelle franchise, que quelques esprits visqueux tourneront à vice ; & les mieux nez, à vertu : voire qu'au plus fort de mes grands Plaidoyers, joüant le personnage d'Advocat, je ne me pouvois commander de ne trancher du Poëte; tesmoins la Satyre Latine du grand & docte Adrian Tournebus contre les Jesuites, que je translatay en François, vers pour vers, lors qu'en l'an 1564. je plaiday la cause contr'eux pour l'Université de Paris. Et en celle des Paracelsites, defendant la nouveauté de leur Medecine, contre les Medecins ordinaires, je fy cest Epigramme, que j'alleguay par mon plaidoyé, comme fait par un Poëte de ce temps, sans le nommer:

Dicitur esse novus vobis Paracelsus, ob idque
Crimen, in obscurum pellitur exilium.
At novus Hyppocrates, novus & Chryssippus, & ipse
Roma Asclepiades, tempore quisque suo.
Qui nova damnatis, veteres damnetis oportet.
Aut istâ nihil est in novitate novi.

Marchandise, que feu Monsieur le premier President de Tou (personnage que je nomme avec toute preface d'honneur,) jugea sur le champ estre de ma boutique, & le dit à ceux qui le secondoient au siege; & non content de ce, en voulut estre esclaircy soudain aprés l'audience levee par maistre Hugues le Masson, Clerc du Greffe, qu'il m'envoya pour cest effect. O que c'est une belle chose, de passer sa vie modestement, & se resjouir, sans pecher, au milieu des importunes vanitez, & vaines importunitez de ce monde ; & paravantant non moins bel d'estre en chaque aage hommes de tous aages, sinon de corps, pour le moins de l'esprit!

Vos vers sont bastis sur une noble ambition ; partant, meritent d'estre veus ; & les miens, sur une folle, & & celle d'estre teus. Et peut-estre les vostres sur celle de Pompée, & les miens sur celle de Lucullé, en leurs arriere-saisons. Au bout de cela, graces à Dieu, tout va bien pour vous & pour moy en ces accordants discords. Mais à propos de Lucullé, tout ainsi qu'il fit une retraite à sa fortune, aussi est-il meshuy temps de faire le semblable à mes lettres, lesquelles je veux accompagner sur la fin, non de recommandations (car je suis devenu nouveau Courtizan au milieu des champs) mais d'une infinité de baise-mains aux bonnes graces de vous, vostre famille, & de tous nos anciens amis. A Dieu.

LETTRE V.

A Monsieur Mangot, Conseiller du Roy & Maistre des Requestes de l'Hostel.

ENtre les discours Poëtiques de nostre Ausone Bourdelois, il y en a un particulier qui fut pour le nombre de trois, en ses Ediles. Et ce que ce brave Autheur nous representa par figure de plusieurs anciennetez, je ne seray marry de le representer maintenant par effects non fabuleux en nostre Royaume. Nous avons deux grands objects devant les yeux, la Royauté pour nos Roys ; Paris, ville Metropolitaine de France, pour leurs subjects. Au regard de la Royauté, nous avons eu trois diverses lignées de Roys : la Merovienne, ou Merovingienne, qui prit son extraction du Roy Merouée, la Carlienne, de Charles Martel, la Capetienne, de Hugues Capet jusques à huy. Trois grands Roys dedans nostre ancienneté ; le grand Clovis, sous la premiere famille ; Charles le Grand, sous la seconde, depuis appellé Charlemagne, d'un mot mi-corrompu de François & Latin ; Philippe second, sous la troisiesme, lequel tant pour le bonheur de sa naissance, que de ses conquestes heroïques, fut honoré par le peuple de ses trois surnoms, de Dieu-donné, Auguste, & le Conquerant. Et pareillement, avons trois ordres, par lesquels se soustient nostre France, l'Eglise, la Noblesse, & le tiers-Estat. Car pour le regard de Paris, siege ordinaire de nos Roys & depuis le regne de Clovis, ceste ville fut par trois fois assiegée par les Normans, lors en reputation de grands guerriers, qui eurent autant de foys de leurs opinions : elle contient dedans un mesme pourpris, trois villes, la cité, la ville, l'Université ; trois compagnies diversement souveraines en l'exercice de la justice, le Parlement, Chambre des Comptes, Cour de generaux des Aydes ; trois grandes maisons, le Palais, le Louvre, & la Tournelle : dedans lesquelles nostre Prince se venant trouver, pouvoit estre dit, representer au Palais, son Roy; au Louvre, son Gentil-homme ; aux Tournelles, son citoyen de Paris, auparavant que ceste maison fust démolie, par le mal-heur que nous receusmes. Mais tout ainsi que le grand Ausone embellit son nombre de tiers par les trois Charites, aussi feray-je icy le semblable par trois Marguerites : celles-là furent par les Romains appellées les trois Graces : & celles-cy, sous bons gages, peuvent obtenir semblable nom entre nous, & encores pouvons à bon droit les appeller nos trois Fleurs, nos trois Perles, nos trois Princesses. Ce que dit Ausone des trois Charites, fut par un Gaulois : ce que dy des trois Marguerites, sera icy par un François. Mot de François (dis-je) auquel par succession de temps fut transformé celuy des Gaulois. Nos trois Marguerites sont surnommées, tantost de France, tantost de Vallois : & en ceste parole de Vallois, vous trouverez proprement Gallois, par une transformation de G en V, qui nous fut assez familiere : comme nous voyons en ces mots Vasco Gascon, Vaifer Gaifer, Vastare Gaster, Gaulois Vallon, & plusieurs autres ; & pour bien mesnager le Gallois, vous le pouvez plus proprement appeller Vallois. Tellement que parlant de ces trois Royales Princesses, qui furent tantost dites Marguerite de France, tantost Marguerite de Vallois, je puis sans menterie dire, que je mesle le Gaulois & François tout ensemble à l'honneur de nostre pays.

Entant que touche la premiere Royne de Navarre, elle fut sœur de nostre Roy François premier de ce nom ; & laissant les autres grandeurs à part, elle eut ceste prerogative sur toutes les autres, je ne diray point Princesses, & grandes Dames, ains sur tout le general de ce sexe, de mettre la main à la plume non en Poësie, que Prose, ainsi que les hommes qui ont quelque asseurance de leurs esprits, sçavoir & bien dire. Comme de fait, elle nous laissa, dés son vivant, un gros tome de ses vers, qui fut justement intitulé la Marguerite des Marguerites,

guerites, par ses Gentils-hommes & serviteurs, pour les belles pointes qui s'y trouvent : & l'autre, Heptameron, ou Conte des sept jours de la Roine de Navarre ; ainsi nommée, d'autant qu'elle avoit esté conjoincte par mariage avecques le Roy de Navarre ; livre fait par elle à l'imitation du Decameron de Boccace, & non moins plaisant, mais beaucoup plus sage, tant pour la qualité de son sexe, que grade : compositions honorées par la plus grande partie des beaux esprits de nostre temps : & est une chose grandement remarquable en elle, que soudain qu'il eut pleu à Dieu l'appeller de ce monde à soy, trois jeunes Damoiselles Anglesches sœurs, l'honorerent de plusieurs distiques Latins separez, qui furent diversement representez par des quatrains François, par Ronsard, du Bellay, Baïf, chacun à l'envy l'un de l'autre ; & encores par plusieurs Odes Latines de Dorat : & pour closture de sa belle vie, nostre grand Ronsard la solemnisa de ceste belle Ode, qu'il appella adonc Hymne, dont le premier couplet est tel:

Qui r'enforcera ma voix,
Et qui fera que je vole
Jusqu'au Ciel à cette fois,
Sous l'aisle de ma parole ?
Or mieux que devant il faut
Avoir l'estomach plus chaud,
De l'ardeur qui ja m'enflame
D'une plus ardente flame :
Ores il faut que le frein
Qui ja par le Ciel me guide,
Peu serviteur de la bride,
Fende l'air d'un plus grand train.

Piece que j'estime l'une des plus belles & riches de ses œuvres, depuis par luy enchassée au cinquiesme Livre de ses Odes. Royne qui ne sçauroit estre assez celebrée par les plumes d'autruy : car elle porte son sauf-conduit sur le front, envers la posterité, avec un imprimé indicible.

Car quant à la seconde Marguerite, le Roy François son pere, avant que mourir, eut plusieurs enfans, qui tous aboutirent en deux, Henry II. de ce nom Roy de France, & Marguerite sa sœur, qui fut mariée avec Emanuël Duc de Savoye & Prince de Piedmont ; Princesse non fautive, protectrice de tous nos Poëtes, qui lors abondoient en grand nombre dedans ceste France; & aprés son mariage, ressource de la Noblesse Françoise, qui s'achevoit en Italie, & luy faisoit cet honneur de la saluër. Mais outre la Principauté qui du jour & heure de sa naissance luy fit bonne compagnie, je ne veux argumenr plus signalé de sa grandeur que cettuy, c'est à sçavoir qu'elle fut haut-louée de toutes les belles plumes de son temps, & singulierement par un Ronsard, Bellay, Jodelle, & Melleau, je veux dire, par ceux qui lors estoient estimez les premiers Poëtes de nostre France. Mais encores beaucoup plus sans comparaison plus sage : d'autant qu'ayant esté dés sa jeunesse appanée du Duché de Berry, elle choisit Messire Michel de l'Hospital, lors Conseiller au Parlement de Paris, pour son Chancelier, lequel depuis pour ses merites fut fait Chancelier de France, & est allé de vie à trespas avec un regret infiny du Roy Henry III. son Maistre & de tous autres Princes & grands Seigneurs ; ores qu'il eust desemparé la Cour, & choisi la vie des champs en sa maison de Vignay en Beauce. Choix qui fut fait de ce personnage par ceste grande Princesse, en ses jeunes ans, monstrant par cela le jugement que chacun devoit faire de son jugement. Messire Michel de l'Hospital, pour l'excellence qui estoit en luy, estant seulement Conseiller, fut gratifié de la plus belle Ode de Ronsard, qui est la dixiesme du premier Livre de ses Odes.

Reste maintenant que du mariage de Henry II. Roy de ce nom, & Catherine de Medici sa femme, sortirent sept enfans, tant masles, que femelles ; François second, Charles neufviesme, Henry troisiesme, qui tous furent, l'un aprés l'autre, couronnez Roys de France ; François, autrement appelé Hercules, Duc d'Alen- çon, de Brabant & Comte de Flandres ; Claude puisnée, la premiere mariée à Charles Duc de Lorraine, & de Bar : Isabelle l'aisnée, depuis conjoincte par mariage avec Philippe Roy des Espagnes : & finalement, nostre Royne Marguerite, Tous lesquels enfans ont tenu marque de souveraineté par divers moyens. Et d'eux tous il ne nous reste plus que nostre Marguerite derniere de la grande & Royale maison de Valois, encores, graces à Dieu, pleine de vie, de laquelle je n'ose publier toutes les vertus, pour n'encourir en son endroit le nom de flateur : & moins les taire ; pour en ma petitesse, n'en estre estimé envieux. Et neantmoins celuy qui dit la verité, se garantit de l'un & de l'autre vice, comme j'ay dit par le dernier de mes Sonnets. De vous pleuvir ceste Royne non fautive, je serois un sot : car encores que Dieu l'ait creée grande Princesse, toutesfois elle est composée de mesmes pieces que nous tous : consequemment, ne faut considerer en elle la perfection, qui ne tombe en homme, ou femme, ains le moins d'imperfection : & croy qu'entre toutes les grandes Dames, sans déroger à leurs principautez, ceste-cy sera trouvée la moins imparfaite. Car sans extravaguer des termes des trois Marguerites, je trouve la premiere, par un bon enclin & don de Dieu, avoir merveilleusement bien exprimé ses conceptions par escrit : la seconde, comme ayant savoir favorisé les biens pour la vertueuse faveur qu'elle leur porte. Et tous ces Poëtes estans decedez, ceste troisiesme fut non seulement de ceux qui se sont trouvez depuis bien escrire, ains de tout le peuple François.

Qu'ainsi ne soit, ayant esté faite Dame & possessere de plusieurs grandes Provinces par le decés de la Royne sa mere, & tous ses freres masles, qui y pouvoient pretendre part, estants allez de vie à trespas, mesme luy estants advenus les Comtez de Lauragues, & celuy de Clairmont en Auvergne : premierement ne pouvant, ny ne voulant fluctuer à la mercy de nos guerres civiles, elle sonna une sage retraicte dedans une maison, feliciante, tant de son corps, que de son esprit. Et depuis voyant nos troubles aucunement r'acoisez, & que les grands biens qu'elle recueillis, pourroient, à l'advenir, occasionner ses survivans à nouvelles guerres, elle vrayement toute Françoise, qui ne respiroit en son ame que celuy de nostre France, donna, par donation faite entre vifs, tous & chacuns ses biens, à nos Roys, moyennant certaines conditions viageres, qui luy ont esté fidelement entretenuës. Et pareillement despouilla toutes affections particulieres de soy, pour la commodité de toute sa patrie, de laquelle elle a tousjours fait plus d'estat que de soy-mesme. Moyen certain de fermer la porte à toutes esperances affamées, & tout d'une suite aux armes qui en pouvoient provenir. Et comme sage, & grande Princesse ayant aussi estably le cours de sa vie à la Royale, telle qu'estoit son extraction, le nom, titre, & qualité de Royne luy estans demeurez, fichant tous ses pensers en Dieu, elle oit trois Messes, tous les jours, une haute, les deux autres petites, & communie autant de fois la sepmaine, les Jeudy, Vendredy, Dimanche : grande aumosniere envers les pauvres, & pour monstrer qu'elle n'y est portée à petit semblant, il n'y a religion des Mendiants qui ne se ressente de ses liberalitez annuelles, & par especial les Religions de l'Ave Maria, des Fueillants, Capucins & Recolets. Et si par malheur quelque homme se trouve estre devenu souffreteux, elle n'espargne en aucune façon sa liberalité pour luy subvenir: consumant une partie de son revenu en Royale despense. Et neantmoins n'ayant rien que Royal en toutes ses actions, elle prend ses repas ordinaires, servi comme Royne, à plats couverts, par ses Gentils-hommes, l'un grand Maistre d'Hostel avec son baston, & les autres Gentils-hommes servants :& trouve en elle une chose digne d'estre sceuë par une longue posterité ; car combien que les disners & soupers soient principalement dediez à la nourriture des corps, toutesfois elle faisant plus d'estat de la nourriture d'esprit, a ordinairement quatre hommes prés de soy, ausquels d'entrée elle propose, du

commen-

commencement, telle proposition qu'il luy plaift, pour l'examiner; chacun defquels ayant deduit fa ratellée, ou pour, ou contre, & eftants de fois à autre par elle contredits, comme elle eft pleine d'entendement, leur fait perdre fouvent le pied, n'eftant marrie d'eftre par eux controllée, mais que ce foit avec bonnes & valables raifons. Nourriffant ainfi fon efprit, elle nourrit par mefme moyen, avec toute fobrieté, fon corps, auquel donnant nourriture, aprés que ces doctes hommes ont donné fin à leurs difcours, pour ne rabattre rien de fa Royauté, s'enfuit puis aprés une bande de violons, puis une belle mufique de voix, & finalement de luths, qui tous joüent l'un aprés l'autre à qui mieux mieux. Tous lefquels, avec un merveilleux art, apportent contentement, non tant à leur maiftreffe, qu'à toute l'affiftance qui ne fe fent pas peu honorée d'avoir fon entrée en ce lieu. Je ne dy chofe dont je ne me croye, pour l'avoir veu: & fçay combien peu je puis de ma plume. Toutesfois trés-glorieux de vous honorer maintenant, & telle Marguerite vivant, & les deux autres fes Tantes decedées, dont la premiere fut mere de la Poëfie Françoife; la feconde, de nos Poëtes; & la derniere, de tout le peuple François tant de l'Efpée, que de la Plume. Que fi par un commun proverbe, nous difons celuy-là vivre à la franche Marguerite, qui conduit rondement, & fans tromperie fes deportements, hé vrayement je puis appeller ces trois Princeffes, franches Marguerites, qui furent trois Marguerites de France, efquelles nous n'avons recogu que tout honneur.

LETTRE VI.

A Mademoifelle du Lys.

Vous me fiftes cet honneur, le jour d'hier, de me voir l'aprefdinée; & la nuit fuivante (comme j'eus deux heures à moy) je traçay ce Sonnet que je vous envoye, non comme bien-fait, ains feulement pour vous tefmoigner que je ne veux demeurer ingrat envers vous, de l'honneur qu'il vous a pleu me faire en vifitant celuy, auquel il ne refte qu'une bonne volonté, pour faire plaifir & fervice à Monfieur voftre mary mon meilleur amy, & à vous, toutes & quantesfois que l'occafion fe prefentera & que defirerez en faire efpreuve. A Dieu. De Paris, ce Vendredy matin 19. de Septembre 1614.

SONNET.

Tu m'as donc veu, bel efprit de la France,
Qui loge en toy & la perfection
Et de tout temps eft en poffeffion
De nous braver par fa chafte arrogance.
Mais qu'as-tu veu? celuy qui vit en tranfe,
Qui dans Paris a fait profeffion
D'eftre un Hermite, ainçois un Ixion,
Las, affaiffé, qui roule, & ne s'avance.
Brief, me voyant, tu vois d'un mefme pas,
L'homme qui vit, & vivant ne vit pas,
Attenué de fa longue vieilleffe;
Pour me porter, le bafton je portois,
Quand tu m'as fait, au doux fon de ta voix,
Dans mes vieux ans retrouver ma jeuneffe.

Refponfe de la Damoifelle à Pafquier, le Samedy 20.

Pafquier, fage Neftor, vous eftes parvenu
A un aage où chacun eft defireux d'atteindre,
Et dont vous ne devez, aucunement vous plaindre,
Eftant, comme un oracle entre nous, recognu.
Si vous n'eftiez vieilly, vous ne feriez tenu
Pour ce grand Orateur, qui aux cœurs peut empraindre
La joye & la douleur, faire efperer, & craindre,
Ny Poëte entre nous le premier devenu.
Ne vous plaigniez donc plus, que rien ne vous irrite,
Si dans ce grand Paris, vivez comme un Hermite;
S'il vous faut pour marcher dans la chambre un bafton.
Voftre chambre eft l'accueil des filles de memoire,
Vous eftes leur Phebus, leur fupport, & leur gloire,
Voftre bafton les regle, & leur baille le ton.

Pafquier à la Damoifelle, le Dimanche 21.

Je fuis voftre Apollon, & vous ma Mnemofine.
Quant eft de mon trefpas, que ne l'ay redouté,
Sinon qu'en me perdant, je perds voftre beauté,
C'eft à dire l'object d'une Dame divine.

LETTRE VII.

A Meffire Achille de Harlay, Confeiller d'Eftat, luy envoyant un Livre intitulé le Gentil-homme, compofé par Nicolas Pafquier fon fils.

Voicy un jeune Gentil-homme qui d'une liberté Françoife ofe prendre la hardieffe d'aller gentil-hommer chez vous: or neantmoins non trop mal-advifé. Car quelques belles leçons qu'il ait apprifes de fon pere, avant que partir, il ne pouvoit choifir maifon plus propre pour cet effect que la voftre: en laquelle la Nobleffe s'eft, de toute ancienneté, logée, & en outre celle qui particulierement nafquit avec vous du jour de voftre naiffance, dont avez fait maintes grandes preuves au profit & honneur de toute la France. S'il vous plaift luy prefter l'aureille, vous le trouverez, fi je ne m'abufe, bien emparlé, & non defpourvu de bons difcours, mais fur tout, plein de bon vouloir envers fa patrie. D'une chofe, fans plus, vous prie-je, de le vouloir careffer comme enfant de l'un de mes enfans. Vous fçavez combien il y a que l'ayeul vous eft voüé, non d'une ceremonie paffagere, ains devotion trés-foncière. Croyez que ce n'eft pas un petit contentement de me voir, dans ce mortel eftre, immortalifé en mes enfans par une fucceffion de l'un à l'autre: mais fans comparaifon plus grand, que par une grace fpeciale de Dieu, je voye mon efprit fe regenerer en l'un des miens, qui par fa plume pourra fuppléer à mon défaut, fi tant eftoit qu'à l'advenir mes œuvres vinffent à faillir. Quant au furplus, j'euffe volontiers fait compagnie à ce cavalier: mais l'importunité du temps & de mon aage me commande de garder la chambre, en laquelle je ne laiffe pourtant de vous gouverner, en attendant voftre retour, que vos ferviteurs & amis, non feulement defirent, ains fe promettent dedans quelques jours. Et lors Dieu fçait quelles proceffions on verra en voftre maifon, & combien aurez de peine à donner audience, non aux plaideurs, comme

comme par le passé, ains à ceux qui d'un esprit calme & tranquille vous reblandiront. C'est là où je me reserverois d'avoir la mienne, n'estoit que comme nouveau syndic de vos amis, je me prepare d'intenter nouveau procés contre vous, afin d'estre payé des arrerages & interests du bon temps, dont nous avez privez par vostre longue absence. A Dieu. De Paris ce 18. d'Octobre, 1611.

LETTRE VIII.

Responſe du Seigneur de Harlay à Paſquier.

D'Autant que j'ayme & estime tout ce qui vient de vostre part, incontinent que le Gentil-homme est arrivé, je l'ay, suivant vos Lettres, ouy discourir judicieusement en beaux termes sur la diversité des evenements de ce temps. Et ce qui m'a rendu d'autant plus desireux de l'ouyr, est que le jugez bien emparlé, faisant paroistre son cœur noble, pieté en la Religion, & devote affection envers sa patrie. Il ne pouvoir estre mieux receuen autre lieu, qu'en ceste pauvre Gentil-hommiere, où il n'arrive point de vaisseaux chargez de si belle marchandise, dont vous estes non peut-estre le seul, ains vray ouvrier; ayant remarqué en vostre fils infinis traicts de l'ancienne liberté de vos escrits, qui fait regenerer vostre esprit en vous mesme, & par un don de grace speciale, en accroistre les forces avec le progrés de l'aage, qui ne le peut affoiblir. Vous me mandez ressentir beaucoup d'heur d'avoir subject d'esperer que la plume de Monsieur le Maistre des Requestes vostre fils, pourra suppléer au défaut du temps, qui fait un prejudice ordinaire à l'immortalité des plus beaux monuments, & dont la memoire ne deust jamais perir. Mais je l'estime beaucoup plus heureux, parce qu'estant issu de vous, vos œuvres feront immortaliser les siens. Si je ne me fusse absenté les deux derniers mois, j'eusse si importunément heurté à vostre porte, que vous en fussiez sorty, me faisant ceste faveur de venir icy dedans la fin de l'Esté : mais à present, trop d'incommoditez s'opposent au bien que je pouvois esperer de vous voir en ces deserts, ny en la ville, n'ayant aucun dessein de discontinuer la solitude. Je prie Dieu, &c. De Stinx ce Samedy 21. Octobre 1611. Je vous envoye ce ne sçay quoy que j'ay esbauché sur le Gentil-homme de vostre fils.

SONNET.

Tu es, Pasquier, heureux en ta lignée,
Ayant un fils que l'on voit desireux
De surpasser tous esprits genereux,
Vray nourrisson de Pallas trois fois née.
Heureuse en tout sera sa destinée.
Heureux son nom, son Gentil-homme heureux,
Ses traits hardis, son style plantureux,
Font voir ton ame en son ame renée.
Il te suivra, car son Livre ayant cours,
Il taschera d'enrichir ses discours,
Et leur donner la façon autant belle,
Qu'elle se voit en tes œuvres divers,
Oeuvres meslez, & de prose, & de vers,
Qui t'ont acquis une gloire immortelle.

LETTRE IX.

A Meſſire Achilles de Harlay, Conſeiller d'Eſtat.

Puisque contre l'opinion des vostres, qui se faisoient accroire ce qu'ils desiroient, vous estes fermé à la solitude, il me plaist, estant dés pieça maistre passé en ceste profession, de vous gouverner de bon escient sur ce subject. Car encore que je sois un autre Chartreux dedans ma maison, si ne le suis-je tout-à-fait, pour n'avoir, comme luy, voüé le silence avec la solitude. Hé pourquoy donc ne me sera-t'il loisible de m'eschapper, & joüir du privilege de mon aage qui ne se plaist qu'à desplaire par son babil ? Ce ne sera pas la premiere fois que contre vostre concluer, un Advocat impudent ne se sera peu estancher. Et toutesfois pour moins vous attedier, je proteste de ne vous enfiler *ab ovo*, ma solitude, (ce seroit une histoire de sept ans) ains seulement d'une année, je veux dire depuis ma derniere maladie : à l'issuë de laquelle, mon Medecin prenant congé de moy, me remonstra que j'avois deux grands ennemis à combattre: l'importunité de l'hyver, à laquelle nous estions sur le poinct d'attoucher, & l'ancienneté de mon aage, qui m'accompagneroit jusques à la mort : partant, me conseilloit de garder la chambre, afin de ne plus garder le lict. J'estois lors encore foible, & non du tout revenu : au moyen de quoy, j'y acquiesçay fort aisément. Mais reprenant peu à peu mes forces, & ayant (comme il me sembloit) repris mon em-bon-poinct tout-à-faict, je commençay de faire le procez au Medecin, & paravanture à moy-mesme. " Quoy ? Sera-t'il dit, que je feray de ma maison, ma prison ? Cela estoit bon quand je ne battois que d'une aisle; mais maintenant que je suis, graces à Dieu, plein de force & de santé selon mon aage, pourquoy me banniray-je des compaignies ? Pourquoy ne verray-je les hommes doctes, mes amis, qui m'estoient autant de leçons ? Ce me seroit une nouvelle maladie d'esprit, qui au long aller, me causeroit une plus forte maladie du corps. C'est une regle commune en l'eschole des Medecins, qu'il faut employer les medicaments selon la temperature des corps ; tellement que de faire passer par une mesme chausse, le remede du corps fort, avec celuy du foible, ce seroit du tout errer contre les reigles de l'art ». Me chatouïllant de ceste façon pour rire, je me voulois lascher la bride, & visiter mes amis, quand mon fils de Buffi & sa femme, qui font leur residence avec moy, me voyants en ces alteres, m'assaillirent brusquement en ceste façon, pour m'en destourner. Comment, mon pere, me dict l'un : comment, Monsieur, me dit l'autre, avez-vous mis en oubly vostre maladie ? Vous n'estes plus ce qu'aviez esté autresfois. Un an de vostre aage present en emporte dix du passé; & vous chargé d'ans, vous fraischement relevé d'une maladie, pensez obtenir contre les importunitez de l'hyver, ce qu'un jeune homme fort & plein de santé seroit bien empesché de gaigner ? C'est trop vous flatter, c'est trop abuser de vostre aage. La rencheute de ceste personnes est plus à craindre que la maladie premiere ; mais au vieillard qui porte quant & soy une maladie incurable, c'est asseurance de mort ». Me voyant combattu d'une si juste colere, je fus contraint d'obeïr au Medecin, mais beaucoup plus à mes enfans. Medecine, du commencement, non moins amere à mon esprit, que celle du corps à la bouche. Mais entendez quelle operation
elle

elle a fait en moy. Aprés m'eſtre banny des affaires, tant de la Chambre des Comptes, que du Palais, encores voulus-je eſloigner de moy le ſoing de mes affaires domeſtiques, leſquelles j'ay du tout reſignées à Buſſi : de ſorte qu'eſtant maintenant reduit en ma chambre ; voici l'œconomie que j'y garde.

J'ay d'un coſté, mes Livres, ma plume, & mes penſées ; d'un autre, un bon feu, tel que pouvoit ſouhaiter Martial ; quand entre les felicitez humaines, il y mettoit ces deux mots, *Focus Perennis*. Ainſi me dorelotant de corps, & d'eſprit, je fay de mon eſtude, une eſtuve, & de mon eſtuve, une eſtude : & en l'un & l'autre ſubject, je donne ordre qu'il n'y ait aucune fumée : au demeurant, eſtude de telle façon compoſée, que je ne m'aſſervy aux Livres, ains les Livres à moy : non que je les liſe de propos deliberé pour les contredire ; mais tout ainſi que l'Abeille ſautelle d'une à autre, pour prendre ſa petite paſture, dont elle forme ſon miel, auſſi ly-je ores l'un, ores un autre Autheur, comme l'envie m'en prend, ſans me laſſer, ou opiniaſtrement haraſſer en la lecture d'un ſeul. Car autrement, ce ne ſeroit plus eſtude, ains ſervitude penible. Ainſi meuriſſant par eux mes conceptions: tantoſt aſſis, tantoſt debout, ou me promenant, leurs Autheurs me donnent ſouvent des advis, auſquels jamais ils ne penſerent, dont j'enrichy mes papiers. Je vous prie me dire ſi je ſerois repris de ce noble larcin en la Republique de Sparte. A la verité, ſur le premier deſſein, je fus quelque peu viſité par uns & autres miens amis : mais voyants, ce leur ſembloit, que je m'eſtois du tout voüé à une vie ſolitaire ; ils me payerent en meſme monnoye, que fit ſainct Auguſtin, le Poëte Perſe. *Il ne veut eſtre entendu*, diſoit-il, *auſſi ne le veux-je entendre*. En cas ſemblable, ſe faiſants accroire que je ne vouloiseſtre veu, ils firent eſtat de ne me plus voir. Choſe qui du commencement me fut de difficile digeſtion, mais enfin l'accouſtumance me la fit trouver trés-douce. Et comme d'une longue couſtume on faict ordinairement une Loy, auſſi m'entrerent pluſieurs raiſons en la teſte, pour me perſuader, que ce m'eſtoit une belle choſe de n'eſtre point viſité. " Je ne ſuis viſité (diſois-je) donc non diſcommodé de mes eſtudes : donc non deſtourné de mes meilleures penſées, qui n'eſt un petit advantage à celuy qui " a la plume en la main : donc non affligé des affaires " du temps, ny de la Seigneurie ". Et à vray dire, toutes les nouvelles dont on me repaiſt, c'eſt quand l'un & des miens me rapporte, qu'il pleut à verſe, neige à tas, gele à pierres fendantes ; fait un broüillas eſpois, qu'on ne peut coupper d'un couſteau, & que je ſuis trés-heureux d'eſtre confiné dans ma chambre, & en laquelle, par un privilege ſpecial, je ſuis franc & quitte de toutes ces incommoditez. Voylà comme meſnageant ma ſanté à mon corps, & tranquilité à mon eſprit, le jour ne me dure qu'une heure, & les heures, qu'un moment : & comme l'accouſtumance m'a faict tourner en nature, la ſolitude, que j'abhorrois auparavant ſur toute choſe : voire que gouvernant mes penſées à part-moy, ſi je me croyois, j'en ferois volontiers deux braves paradoxes : l'un pour la priſon, contre la liberté ; l'autre, en faveur de l'ancienne & accouſtumée tyrannie, contre le nouvel eſtat monarchique bien reglé. Vous me direz, que tous ces diſcours ſont follie : au contraire, une Philoſophie. Vous adjouſterez, que je ſuis devenu Miſanthrope & Loupgarou : au contraire, une trop grande amitié de moy me fait tel. Juſques icy il n'y a que du trop en ma plume, & c'eſt en quoy j'ay jouy du privilege du vieillard. En ce que je deduiray cy-aprés, il n'y aura que du trop peu : pour vous dire que ſur le vœu de ſolitude que faites aujourd'huy, vous m'en direz quelque jour des nouvelles à meilleures enſeignes, & ſous meilleurs gages que ceux que je vous ay figurez de moy ; parce que quand manquerez de viſiteurs, ſerez touſjours avec vous, qui eſt la plus fidelle compagnie que puiſſiez ſouhaiter en ce temps plein de faſcheux prognoſtic. Mais ſur tout, nourriſſez en vous un contentement infiny, pour la ſouvenance de voſtre longue magiſtrature : premierement, d'avoir eſté Conſeiller en ce grand Parlement de Paris en Mars, 1557. Preſident en la Grand' Chambre, ſur le commencement de Septembre, 1572. Enfin tenant les Grands Jours en Auvergne, 1582. fuſtes appellé par le Roy Henry III. à l'eſtat de premier Preſident, au prejudice de pluſieurs pourſuivans qui eſtoient en Cour, non deſpourveus de parreins, n'ayant autre brigueur que voſtre reputation : auquel eſtat avez veſcu juſques en Avril, 1611. revenant le tout à bon compte à 15. ans, pendant leſquels avez rendu le droict par degrez. Sur voſtre Eſté, Preſident en la Grand' Chambre ; & ſur voſtre Automne, premier entre vos autres compagnons. Benedictions qui ne furent jamais diſtribuées à autre, qu'à vous, dedans ceſte France ; & pour pluſieurs fois, ſi ne les euſſiez, par la grace de Dieu, aſſorties d'autres plus grandes ſans comparaiſon. Avant que je vous euſſe halciné tout à plein, comme j'ay depuis fait, vous aviez gagné tel advantage ſur moy, que je ne fus onc d'advis que mes parties vous recuſaſſent, quelque imaginaire ſoupçon ou doute qu'elles euſſent de vous, comme les peurs & jalouſies ſe logent fort aiſément aux teſtes des plaideurs : & je ne fus jamais en cecy trompé. Depuis, je fus en l'an 1579. l'un de vos ſoldats aux Grands Jours de Poictiers, où deſlors je tenois le lieu de Doyen, entre mes compagnons Advocats : & j'appelle Dieu à teſmoin, que je ne vy jamais procedures ſi belles que celles-là. Je ne fus voſtre à ceux d'Auvergne, pour quelque deſtourbier qui m'en empeſcha : & neantmoins, ſi vous vous en ſouvenez, je vous dy, avant voſtre partement, que je voyois voſtre fortune diſpoſée en tel arroy, que ſi l'eſtat de premier Preſident venoit à vacquer pendant voſtre abſence, il vous eſtoit indubitablement reſervé : en quoy mon prognoſtic ne fut menteur. Depuis, y eſtant arrivé, vous n'oubliaſtes jamais un ſeul poinct de voſtre devoir. Je laiſſe à part voſtre longue priſon dedans la Baſtille, pendant les troubles, & comme aymaſtes mieux y tremper, que vous deſvoyer du ſervice de voſtre Roy : que les traverſes qu'avez de fois à autres receuës, ne vous eſbranſlerent jamais, ains par une longue patience, & conſtante fidelité, vous firent enfin gagner le deſſus. Mais ſur tout, je ne puis trompeter aſſez haut la cataſtrophe & belle retraite de vos actions en ceſte charge, quand en plein Conſeil d'Eſtat, contre l'opinion de pluſieurs grands Seigneurs encontre vous preoccupez, mal appointée de voſtre corps & ſouſtenu de voſtre baſton, vous vous repreſentaſtes avec une force infinie, & magnanimité de courage, & comme un autre Appius Claudius Cæcus, au milieu du Senat de Rome, les ſaluaſtes d'un

Quo vobis mentes rectæque ſtare ſolebant
Antehac, præcipiti ſeſe flexere ruina?

Et ſçeutes ſi bien joüer voſtre perſonnage contre un rouge-chappeau qui avoit ineptement abuſé de ſa plume au deſadvantage de noſtre Couronne, qu'en emportaſtes la victoire : & cognurent tous ces Princes & Seigneurs, non moins zelateurs du bien de la France que vous, qu'ils avoient eſté ſurpris ſous le faux donner à entendre de ceux qui font contenance d'eſtre vrays François. Concluſion ; voſtre vie eſt un beau miroüer pour tous ceux qui vous ſurvivront en ceſte dignité. Vous me direz que contre mon ancienne couſtume, je ſuis devenu un nouveau flatteur : & je vous reſponds d'un rien moins. Car mon naturel eſt de me partialiſer ſans diſſimulation & hypocriſie pour la verité, ſelon que les occaſions m'y convient. Quoy ? la memoire de tout ce que deſſus ne vous doit-elle pas eſtre un grandiſſime contentement? Mais je commenceray maintenant de me moquer de moy, vous ayant fait ſi ample diſcours ſur la ſolitude. A vray dire, ce ſont beaucoup de bons propos mal à propos : car ſi j'eſtimois voſtre belle maiſon de Stinx proche & voiſine de Paris, vous eſtre un hermitage, je manquerois de ſens commun, en laquelle eſtes journellement viſité en flotte par perſonnages de marques, qui s'eſtiment trés-honorez de vous voir. Et de moy, ſi en mon particulier

particulier je pouvois estre de la partie, croyez que je n'y manquerois. Ce sera quand j'auray quelque belle journée à mon commandement. Pour supplément de ce défaut, je vous envoye ceste Lettre, tesmoignage de ma volonté, que je veux, avant la clorre, cacheter de ce beau seel. Vous souvient-il point de ce grand Senateur Similis, lequel aprés avoir passé sous l'Empereur Adrian par les plus grandes charges à son honneur & profit de la Republique, s'estant finalement retiré en l'une de ses maisons aux champs, pour y mener vie coye, où il vesquit sept ans, se voyant sur le point de rendre l'ame en l'autre monde, voulut cet epitaphe estre mis sur son tombeau! *Similis hic jacet, cujus ætas quidem multorum annorum fuit, septem duntaxat annos vixit.* C'est celuy mesme que je vous ordonne pour le surplus de la vie qu'avez à passer, que je prie Dieu vous continuer pour le moins encore sept ans, avec autant de contentement que luy, & que lors je vous puisse dire avec meilleure raison, *Similis Simili*; faisant pour vous ce souhait, vous voyez que je ne m'oublie pas pour moy. A Dieu.

LETTRE X.

A Maistre Nicolas Pasquier mon fils, Conseiller & Maistre des Requestes ordinaire de l'Hostel du Roy.

Encore ne me puis-je estancher, quelques raisons que me bailliez en payement par vos Lettres. Car tout ainsi que c'est chose tres-juste qu'un pere soit creu & obey au mariage de sa fille, aussi en ceste mesme qualité est-il obligé de la marier, quand son aage, sans parler, parle pour elle. J'adjousteray qu'ores qu'elle n'ait en ce subject autre volonté que celle du pere, toutesfois le pere doit acquiescer à la sienne, quand elle n'est desreglée. Voila un merveilleux secret, qu'en ce grand & sainct mystere de mariage, une personne ait volonté & non volonté tout ensemble. Il est ainsi que je vous dy. La mesme nature & le mesme aage qui commandent d'obeïr au pere, mettent en l'ame de la fille je ne sçay quels taisibles instincts, contre lesquels de se roidir un pere, quand il n'y a rien de mal-seant & disconvenable, quelque sagesse qu'il estime resider en luy, je l'estime n'estre gueres sage. Dieu vous a donné fille premiere née que vos trois enfans : & tout ainsi qu'elle est la premiere de naissance, aussi la vous pleuvy-je pour la premiere, tant en grandeur de corps, que d'esprit : sage non seulement par la conduite de sa tante, sur laquelle je me repose pour cest effect, mais aussi par un bon naturel né avec elle, qui luy faict perpetuelle compagnie. Je suis spectateur de ses deportemens, comme son ayeul ; & combien qu'elle ne me communique ses pensées, toutesfois je ly au travers de son cœur. Il y a sept ans passez que l'avez habituée en ceste ville, chez moy : aymée & honorée de tout nostre voisiné, & de toutes les Damoiselles qui me font cet honneur de me visiter ; maintenant, selon son aage, recherchée en mariage de plusieurs honnestes Gentils-hommes. Ne doutez que pendant ce temps elle n'ait, avec l'air de Paris, imprimé une volonté de ne s'en esloigner. Toutesfois j'apprens par vos Lettres, que la voulez retirer & confiner en vostre pays d'Angoulmois. Elle m'a declaré, en pleurant, ne vouloir que ce que voulez : paroles bien-seantes en sa bouche ; mais les larmes que j'ay veuës en ses yeux, me tesmoignent que si le faites, vous exercerez sur elle, non une puissance paternelle, ains seigneurie absoluë. singulierement eu esgard que n'avez aujourd'huy de delà aucun party en main : tellement que la logerez cependant sur une table d'attente. Et y a grand danger qu'il ne se trouve en vous, averé ce vieux proverbe : tel refuse qui aprés muse. Vous me mandez qu'une fille ne perd rien pour attendre, vivant avec un chaste honneur, entremeslé d'une sage & attrempée modestie. Beau discours, certes, sur du papier ; mais quant à moy, je suis d'advis qu'ores que cela soit en elle, neantmoins tout ainsi que les grains non recueillis en leurs saisons, se pourrissent sur la terre au lieu de fructifier : aussi la vierge se ternit d'elle-mesme, si le temps de son mariage venu (que j'estime de vingt ans) un mary ne cueille en elle le fruict de sa virginité : & à peu dire, plus elle s'avance d'aage, plus elle va au rabais. Tellement que si j'ay quelque sentiment, l'histoire du mariage par vous projecté, gist plus en l'imagination, qu'en l'effect.

Pour nourrir (dites-vous) une amitié mutuelle en un enfant, & parce que les autres seront mariez au pays d'Angoulmois, vous desirez pareillement y marier cestecy. En somme, c'est souhaiter, non que vos enfans menent une vie Monastique dedans un Cloistre, ains dedans une Province. Il va de nos enfans tout ainsi que de nos Livres, lesquels nous estimons grandement honorez, quand ils ont vogue en plusieurs pays ; ainsi est-il de nos enfans, & nommement, les uns approchans la Cour des Roys, & les autres plus esloignez : autrement, nous en formons des casaniers. Somme, nous devons aymer chacun de nos enfans pour l'avoir de luy principalement, non de nous. Je ne vous representeray autre exemple que de vous seul. Quand je vous fis pourvoir de l'estat de Lieutenant General de Cognac, duquel le bon Roy Henry troisiesme me gratifia, je vous esloignois de la presence de quatre freres qu'aviez lors ; toutesfois pour la commodité de vos affaires, & de vos affaires, qui sont depuis, graces à Dieu, heureusement reüssies, je ne doutay de suivre ce conseil. Pourquoy donc douterez-vous maintenant de pratiquer le semblable envers vostre fille, la pouvant accommoder de deçà sans aucunement vous incommoder ? Que si je voyois aujourd'huy un party sortable en vostre pays dont suffisez asseuré, je changerois peut-estre de ton ; mais n'y en ayant, je vous prie ne quitter le certain present, pour un futur incertain : car quant à ce que m'escrivez que ce certain party par moy proposé depend d'un vent de Cour, d'un changement de visage, & de la misericorde d'une mort qui sembleront sans ressource quatre mille livres de rente : tournez le feuillet. Si tout cela n'advient point, vostre fille ne sera-t-elle fort bien pourveuë ; attendu mesmement qu'il y a au Gentil-homme dont de vous a party, prou de fonds, pour asseurer les conventions matrimoniales d'une femme ? Pour fin & conclusion de cette lettre, prenez garde que pendant que refusez celuy qui vous recherche, & recherchez ceux qui pensent à vous, ne tombiez en l'inconvenient du vers porté dans Martial :

Dum qui sis dubitas, jam potes esse nihil.

Quant au surplus de vostre lettre, par lequel, comme mon fils, avez voulu faire une belle & ample anatomie de la vie de vostre pere, de quelque façon qu'entriez en ce jeu, vous n'en serez creu : car si comme juge, vous estes recusable ; si comme tesmoin, reprochable. A Dieu. De Paris, ce premier jour de Septembre 1613.

LETTRE XI.

A mon fils Maiſtre Nicolas Paſquier, Conſeiller & Maiſtre des Requeſtes ordinaire du Roy.

APrés avoir leu les lettres que m'avez eſcrites, voſtre frere de Buſſi m'a communiqué les ſiennes, par leſquelles eſtes du tout reſolu de n'entendre au mariage dont il vous avoit eſcrit. De vous dire ce que j'en penſe, croyez que je m'y trouve bien empeſché. Voſtre fille eſt belle, ſage, honneſte, conduite d'une bonne main : mais au bout de tout cela, elle eſt grande de corps & d'eſprit, aagée de vingt ans : ces trois particularitez commençants enſemble, vous monſtrent qu'il eſt mes-huy temps de la marier : mais avant que d'y entrer, il vous faut communiquer avec voſtre bourſe, & conſiderer quels ſont vos moyens, je veux dire accommoder voſtre fille ſans vous incommoder que bien peu. Ainſi en ay-je uſé à l'endroit de vous & vos freres, & ainſi m'en ſuis-je fort bien trouvé. J'avois lors quelque nom & induſtrie meſlez enſemble qui acheminoient mes affaires ſelon mes ſouhaits : vray, que je n'eus jamais fille à marier ; & ſi j'en euſſe eu, peut-eſtre que ſelon l'object, auſſi euſſe-je changé de propos. Si vous en croyez voſtre frere, qui eſt fort bon meſnager, mais auquel rien n'eſt impoſſible, il ne vous faut point marchander, ains paſſer outre : & moy je penſe ne l'avoir pas eſté mauvais, mais qui en une aſſeurance de tout, craignois toutes choſes. Sur ce pied, j'ay conduit ma fortune pas à pas, avec un aſſez heureux ſuccés, laquelle toutesfois ne pouvant plus haut eſlever, ſi je ne l'euſſe accompagnée d'une perpetuelle crainte. De ma part, je ſuis d'advis que pour l'advancement de nos enfans ne devons doubter de nous hazarder : toutesfois de telle façon, que joüyons touſjours au plus ſeur : au cas qui s'offre, vous avez le dé en la main, livrez la chance ; que ſi on vous couche plus gros que vous ne deſirez, vous pouvez quitter la main. Quand aurez examiné à part vous ce poinct qui deſpend de vos facultez, jettons les yeux maintenant ſur ceux que pouvez ſouhaiter à voſtre fille pour maris. Si ſur les gens du Parlement, vous y trouverez une pauvreté reveſtuë d'une robbe d'eſcarlate, qui pour paroiſtre devant le monde, s'eſt preſque reduite à l'aumoſne : de laquelle pour ſe garentir, a recours à un mariage, dont elle ne fait aucun compte, s'il n'eſt de vingt ou vingt-cinq mille eſcus ; autrement elle demeureroit ſans reſſource. Les jettez-vous ſur un Gentil-homme qui ne doit rien, vous le trouverez eſtre un caſanier, indigne de la fortune de vous & des voſtres : & voulez-vous un autre qui ait fait monſtre de ſa valeur : où eſt ce luy, je vous prie, qui en ce faiſant ne ſe ſoit accablé de debtes ? Et neantmoins en mon choix, j'aymerois mieux cettuy que l'autre. Entre les deux profeſſions de la robbe longue & des armes, puiſque deux enfans maſles ont pris celle des armes, je ſuis pour le meſme party en un gendre. Voyons donc quelle obſcurité vous pouvez trouver en cettuy dont eſt queſtion. Premierement, nous le recognoiſſons extraict d'une tres-noble famille, bien allié & apparenté, bien moriginé, qui pendant ſa jeuneſſe s'eſt baſty une tres-belle fortune, en premier lieu au fait des armes, puis en la maiſon de la Royne mere Regente : vos enfans ont beſoin d'un parrein en leur conduite : cettuy-cy ne leur en peut-il ſervir ſelon que les occaſions ſe preſenteront pour les employer ? D'ailleurs, ayant, en ſes jeunes ans, conduit ſi heureuſement ſa fortune, que pouvez-vous craindre de luy à l'advenir, croiſſant d'aage ? Mais il n'a point de terres foncieres, dites-vous. De dire qu'il en ſoit du tout dégarny, je le nie : voſtre frere vous en a remarqué quelqu'une. Bien confeſſeray-je qu'il n'en a pas tant comme nous deſirerions, & le mariage de voſtre fille le meriteroit : mais au lieu de ce, l'eſtat dont il eſt pourveu, vient pour ſupplément, lequel ne mourra en luy tant & ſi longuement, que la Pauuette durera, que je ne voy pas preſte de prendre fin ; & ſi ceſte crainte nous aſſiegeoit, il faudroit encore moins penſer à un Conſeiller de Cour ſouveraine, qui ſeroit bien reduit au petit pied, ſi ce changement advenoit. C'eſt pourquoy je ſuis d'advis qu'entrant en vous-meſme, ſi voſtre commodité le peut porter, ne refuſiez ceſte belle occaſion. Je ſçay que la ſomme dont il a parlé eſt bien grande, qui vous peut paraventure arreſter ; c'eſt le premier mot, auquel on pourra apporter quelque modification pendant voſtre vie, en attendant que vos enfans recueillent voſtre ſucceſſion aprés que ſerez allé en l'autre monde. Davantage, c'eſt un roollet que je pourray joüer, qui ne ſera trouvé mauvais venant de moy. Penſez-y donc encore un coup, & vous ſouvenez que qui n'empoigne l'occaſion par les cheveux de devant, ell' eſt chauve par le derriere, & n'a pour ſervante qu'une repentance. Pour concluſion, j'ay eſté d'advis que voſtre frere de Buſſi tint voſtre premiere reſolution en ſuſpens, en attendant qu'aprés avoir veu la preſente, nous ſçachions ſi perſiſterez en cette opinion de refus. A Dieu. De Paris, ce 9. de Juin 1613.

LETTRE XII.

A Monſieur Coſſard, Conſeiller du Roy & Auditeur en la Chambre des Comptes à Paris.

CE ne ſera point une lettre que recevrez de moy, ains un dialogue, par lequel trouverez que par forme de Paradoxe je me ſuis voulu donner carriere contre l'art de Medecine. Que s'il vous plaiſt de le ſçavoir le motif, je le vous diray. A l'iſſuë de ma maladie, mon Medecin me voyant reprendre mon em-bon-point, me vint voir pour prendre congé de moy, & ſe donna tout loiſir de me gouverner de divers propos, entre leſquels nous tombaſmes principalement ſur les effects de la Medecine. Je reſſemblois lors celuy qui fraiſchement recoux d'un naufrage, n'a autres propos en ſa bouche, que des ſecouſſes de la mer, & craintes de la mort, par leſquelles il eſtoit paſſé ; & comme levant l'anchre en un port, on laiſſe aprés fort aiſément emporter le navire à la mercy des vents, auſſi fiſmes-nous le ſemblable en nos diſcours, chacun de nous ſe donnant tel jeu qu'il voulut : j'appelle jeu : car pour vous bien dire, quelque choſe que j'aye icy diſcouru contre la Medecine, je ſerois tres-marry qu'on penſaſt que ç'ait eſté à bon eſcient. Je ſçay que c'eſt un don de Dieu à nous octroyé pour la conſervation du genre humain en ſes membres particuliers, & qu'elle produit de bons & excellents ouvriers ſelon la diverſité des temps. Je me ſuis donné la patience de rediger nos diſcours par eſcrit : donnez-vous auſſi la patience de les lire. Quoy que ſoit, je vous en fais maintenant preſent : les entre-parleurs ſeront le Medecin, & Paſquier.

MED. Gardez, je vous prie, d'eſtre tombé d'une fievre tierce en chaud mal : parce que vous oyant en ce point parler des Medecins, il ſembleroit que pendant voſtre maladie,

maladie, eussiez conceu quelques fausses imaginations contr'eux : sur lesquelles vous seriez ferme revenu en vostre santé. Et neantmoins vous sçavez que ce que dites, ne se peut soustenir avec fondement de raisons : voire que vostre opinion pourroit se tourner en consequence, estant communiquée à un peuple. Car qui est celuy qui ne sçache, que dedans les arbres, herbes, & és vegetatives, & encores és sensitives, se logent les remedes de nostre santé ? Brief, qui est celuy d'entre nous si bien qualifié de tous ses membres, qui ne confesse pour le moins tenir une fois sa vie des Medecins ?

PASQ. Voila le comble de nostre follie : parce que nous nous endormans sur cette folle creance, & estimans ne recognoistre en nous santé, que celle qui nous est pourchassée par le Medecin, mettons le grand & souverain Medecin en oubly. Et ainsi que je croy fermement, nous sont plustost causées les maladies que des quatre qualitez elementaires disproportionnées en nous ; & si estions tels que devons, jugerions que ce Seigneur qui nous les envoye pour nous resveiller, est luy seul, & non autre, qui nous peut reduire en bon train.

MED. Vous prenez les choses cruëment. Car qui est l'homme si hebeté, qui nie qu'il ne faille rapporter toutes ses œuvres à ce centre ? Toutesfois on sçait que ce Tout-puissant distribuant çà bas ses dons de graces, establit diversement uns & autres d'entre nous, pour luy servir de ministres, afin que par leurs entremises nous soyons acertenez de grandes faveurs qu'il nous départit, ainsi que sont les Medecins, ausquels la necessité nous enseigne devoir porter tout honneur. Parquoy, je vous prie de mieux cuire vos propos, & ne m'estimer si sensuel, que j'estime qu'en la seule puissance des herbes heberge la guerison de nos corps ; ains penser qu'après avoir fait telle recognoissance que je dois au Seigneur, duquel nous tenons toutes choses, premierement en foy, & secondement en hommage, j'attribuë subsidiairement aux Medecins, comme à ses Procureurs, la protection de nous tous. Qui fut cause pour laquelle les anciens, d'un bon & meur jugement, attribuerent l'invention de la Medecine aux Dieux ; voulants sous ceste escorce nous donner à entendre qu'il faut rapporter la premiere & radicale cause de nostre santé, à quelque puissance divine ; & la seconde, aux operations manuelles qui sortent de nos esprits.

PASQ. Aussi ne vous nie-je pas la Medecine tout à plat. Et afin que vous-mesme ne digeriez mal mes propos, je veux qu'en nous deux se passe de poinct comme un arrest : qu'en toutes les choses creées, y a quelque force cachée, à la cognoissance de laquelle si estions parvenus, alors nous pourroit-on dire avoir attaint la perfection de la Medecine. Mais qui est celuy d'entre nous, qui s'ose de tant vanter ? En la recherche de ces fichons-nous toute nostre entente : en ceste estude, nous usons la meilleure part de nos esprits & nos aages : & en cela, (pour dire franchement ce que j'en pense,) sommes-nous plus manques & defectueux que tous les autres animaux, ausquels la nature, comme mere sotte, & trop indulgente, a donné, par certain instinct, une prevoyance asseurée aux accidents qui leur peuvent survenir ; diversifiant les remedes selon la propriété de chacun en son espece : nous seuls entre tous les autres, avons eu, sans plus, en partage, une aveugle opinion, par laquelle nous nous sommes donnez en nos testes, toutes autres creatures pour nos remedes ; non toutesfois cognoissants qu'en cest abandon de toutes choses, sommes necessiteux le possible : de sorte que non contents des simples (de la cognoissance desquels encores nous n'estions acertenez, que par quelques incertains effects) pensants plus faire que la nature, sommes (par une presomption trop hardie, &, à mon jugement, causée pour n'estre deuëment informez de la puissance des simples,) entrez en la meslange des mixtes : lesquels chaque Medecin façonne sur les discours de sa particuliere apprehension. Qui fait qu'entre leurs premiers preceptes, ils tiennent pour singuliere recepte, de n'user point de medecines :

& de là (comme il est aysé de juger) est venuë l'incertitude de cet art, qui a tellement provigné, qu'il ne s'est trouvé aucun siecle, lequel avec nouveaux Medecins, n'ait produit nouvelles opinions & du tout contrevenantes à celles de leurs ancestres. Ce nonobstant, en telle confession, y a eu peu de malades qui ne se soient fait accroire, que par la grandeur de ces Medecins, & de leurs medicamens, il n'eussent retrouvé guerison. En ceste façon, Asclepiade regnant dans Rome sur le declin de l'Estat populaire, fut en reputation de l'un des plus experts Medecins qui eussent esté auparavant luy : & neantmoins il fut depuis proclamé ennemy capital de la vraye Medecine, pour ses nouvelles & contre-communes inventions par luy introduites : & le Thessale, sous l'Empire de Neron, fut, entre les Medecins, tenu pour un demy-dieu ; & toutesfois le grand Galien a depuis monstré par ses Livres, qu'il estoit un vray ignorant : & sans nous esloigner de nostre siecle, ne voyez-on quel credit est la doctrine de Theophraste Paracelse aux Allemaignes, & neantmoins condamnée par nostre Faculté de Medecine de Paris ? Chose dont je vous puis parler comme celuy qui plaiday contre elle en l'an 1579. la cause des Paracelsites, traittée par trois Jeudis en presence d'une infinité de peuple. Jeux, certes, merveilleusement hazardeux, puisque par l'issuë d'iceux il n'y va que de nostre vie. Considerez, je vous prie, la diversité de maximes que vous pratiquez, tant au regime de nos santez, que guerison des maladies ; l'opinion de vostre grand Hippocrate estoit qu'en nos repas il falloit commencer à *solidioribus cibis* : & c'est pourquoy il garda cest ordre exprés en cest aphorisme : *Labor, cibus, potus, somnus, venus, omnia mediocria* : Sur lequel, Galien bastit ses six livres *De sanitate tuenda*. Si vous parlez à Arnaut deVille-neufve, Medecin de l'Empereur Federic premier, qui nous donna ces belles escriptures qui sont dedans le livre qu'il appela *Regimen Salerni*, il vous dira qu'il faut commencer par les potages & choses liquides. Ainsi nous l'enseigne-t'il en son *Regimen Salerni*, par ce demy vers,

------ *A potibus incipe cœnam.*

Comme de fait, nous sommes en cecy partialisez en cette France : car en la Guyenne & Languedoc, on ne sert les potages que sur la fin ; & aux pays de deçà, sur le commencement des repas. L'un des plus solemnels Aphorismes d'Hyppocrate, & auquel, comme fondement de la Medecine, nous adjoustons plus de foy, est que *Similia similibus nutriuntur* ; & que *Contraria contrariis curantur*. Au contraire, tient par doctrine infaillible que *Similia similibus curantur*. Voire que ses Disciples confirment ce Paradoxe, par exemples qu'ils rirent de nos Galenistes, qui employoient le Rheubarbe, dont la couleur est jaune, pour la purgation *bilis flavæ* ; & la casse, de noire couleur, encontre la melancolie. Combien de siecles a regné vostre Medecine, que vous pensiez qu'il ne falloit saigner un enfant jusques à l'aage de quatorze ans, estimants que par la saignée, au lieu de le guerir, c'estoit luy procurer sa mort ? Heresie en laquelle vous seriez encore, sans le bon Averroës Arabe, qui premier en fit l'espreuve sur un sien fils aagé de sept ans qu'il guerit d'une pleuresie ; & depuis on n'en a jamais fait aucune doubte. Il y a vingt & cinq ou trente ans, que nous eusmes Boutal Italien, Medecin du feu Roy Henry III. qui n'avoit autre pratique en tous ses remedes & presque pour toutes sortes de maladies, que la saignée, qu'il reiteroit quatre, cinq & six fois sur un patient, voire pour la goutte mesme. Et comme je luy remonstrasse un jour (car j'estois son Advocat) qu'au lieu de guerir ses malades, c'estoit les allanguirir, il me respondit que plus on tiroit de l'eau d'un puits, plus il en revenoit, & plus la nourrisse estoit tirée par son enfant, plus avoit-elle de laict ; que le semblable estoit de la saignée. Ce nonobstant, sa proposition fut lors condamnée par tout le College de nos Medecins : mesme fut fait un livre exprés contre

contre luy par Granger, approuvé par toute la Faculté. Toutesfois, depuis son decès, sa pratique a repris vie en l'opinion de nos plus grands Medecins, qui ne mettent en espargne la multiplicité de saignées envers leurs propres femmes, enfans & freres, & en trouvent les évenemens tres-heureux. Et combien que ces maximes se soient trouvées toutes differentes & contraires, si est-ce que plusieurs ont estimé, par la foy qu'ils avoient en leurs Medecins, avoir esté par eux garentis de leurs maladies : & tous les autres ausquels il est mal succedé, n'ont eu moyen de s'en plaindre aprés leur mort. Tellement qu'aprés plusieurs discours, celuy-là sembleroit n'estre pas sot sans raison, qui soustiendroit que toute la conduite de cette profession gist plus au hazard, qu'en l'art. Et afin que ne pensiez, que par une animosité mal reglée je m'aheurte contre vous, je vous supplie, dites-moy, à quelle fin tend tout vostre art ? Je croy que serez d'accord, que c'est pour la santé de l'homme. Or voyez en quelles tenebres nous avons esté & le passé enveloppez jusques à nostre siecle. Cet homme en faveur duquel vous dressez toutes vos pensées : cet homme pour l'entretenement & conservation duquel vous baillez mille sortes de preceptes : cet homme qui est vostre principale bute & visée, à peine vous est-il cogneu : & estes aujourd'huy presque tous d'accord, que vostre Galien, homme parfait & accomply en la Medecine, si onques en fut en vostre art, toutesfois ignoroit la couppe & anatomie de nos corps, & qu'au lieu de celle de l'homme, il nous representa celle d'un singe : & que celuy qui nous en donna le vray modelle fut, Vesale Medecin de l'Empereur Charle V. Quoy ? si vous estes encore aux cousteaux pour le regard du chef (la plus noble partie de nous) & aprés tant de centaines d'ans vous ne sçavez qu'en resoudre ? L'opinion ancienne a esté qu'en la partie cerebrale y avoit trois sieges que nous appellons ventricules, distincts & separez l'un de l'autre : celuy de l'imagination qui occupoit la partie devanciere du chef : un autre du jugement, qui estoit colloqué au milieu : & l'autre de la memoire vers le derriere, que vous nommez Cerebelle. Ce neantmoins de nostre temps s'est trouvé un personnage de tres-profond sçavoir, entre vous autres, (celuy dont je parle en cecy, est le docte Fernel) lequel en un livre qu'il a fait, intitulé, La Medecine, se mocque de tels ventricules, & maintient, par une infinité de belles raisons, que ces communes fonctions sans aucune distinction sont confuses en nos cerveaux, faisants chacunes d'elles leurs operations en nous à leurs rangs, selon que chacun de nous tend les nerfs de son esprit à l'imaginative, judicative ou memoire. Et puis en telles discordes establissez-moy seureté pour la guerison de chef, quand l'une de ces trois parties se trouvera mal affectée. Et l'une & l'autre opinion ne manque point de raisons plausibles. Voulez-vous soustenir la premiere qui est la distinction des trois ventricules, vous y trouverez averé par une demonstration oculaire, voyant, en quelques-uns l'imagination seulement offensée, comme sont forte ceux-là qui atteints d'une fievre chaude se precipitent du haut en bas d'une fenestre, pensants que ce soit une porte : les autres, avoir le jugement, sans mal, blessé, ores qu'ils ayent l'imaginative, & memoire saines, comme sur nos jeunes ans nous vismes un Nigonius : & les autres, avoir seulement perdu par maladie la memoire, comme anciennement ce grand Orateur Messala; & de nostre aage de nos peres, Georgius Trapezuntius, tous deux personnages de marque. Repassez sur la seconde opinion, vous ne la trouverez despourveuë de belles raisons, non plus que la premiere. Car si vous faites distinction des ventricules, il en faudra autant à la judicative, comme cette partie a d'effects. Qu'ainsi ne soit, sous le regne du grand Roy François, on vit un Villemanoche en la Cour n'avoir le jugement offensé que sur le party des mariages des grandes Dames, dont il se faisoit pescher : & sous celuy du Roy Henry deuxiesme, un Tulenus, ne pecher qu'en deux objects, en l'Evesché de Cambray, & en l'amitié qu'il avoit voüée à une grande Princesse ; chose

A dont autresfois je me voulus donner plaisir à ma table, à laquelle y ayant quelques hommes d'honneur qui ne le cognoissoient, il nous entretint d'une infinité de bons propos pleins de jugement & doctrine, avec une grande admiration de la compagnie ; enfin je prins subject de luy parler de cette grande Dame (qu'il appelloit en Latin sa *Julia*, & en François sa Jolivette) & adoncques voila mon homme hors des gonds, & tout autre qu'il n'avoit esté sur le commencement de nos propos. La compagnie bien estonnée, d'où luy estoit survenu cet inopiné changement, jusques à ce que luy sorty, je sis tout au long le recit de l'alteration de son cerveau : la Dame qui le troubloit en son sens, estoit dés pieça decedée; toutesfois à la premiere rencontre d'une Damoiselle, il se faisoit accroire que c'estoit celle dont il estoit esperdu : & quelques-fois, avec sa grande robbe s'acheminoit jusques à Fontainebleau, esperant de l'y trouver. D'où provenoit doncques cette alteration de cerveau en ces deux objects seulement, & qu'en tout le demeurant il ne fust en rien offensé ? Je passeray outre, & diray que je ne trouve la memoire faire ses operations en moy, és points que j'ay pour plus recommandez & qui approchent de mes premieres notions. Suis-je doncques du tout desnué

B de memoire ? Nenni : car les impressions que je fay de mes maximes, ensemble de leurs circonstances, m'apprennent tout le rebours. Au contraire, dois-je avoir dedans mon cerveau une cellule de memoire, puisque si facilement je mets en oubly toutes autres choses, qui ne se rapportent à mes apprehensions ? C'est pourquoy en ce divorce du pour & du contre, je suis presque contraint, singulierement en ce qui regarde la memoire, de la loger non au cerveau, ains au cœur : ainsi disoit sur ce subject le Romain, *recordari*, & nous autres François, apprendre une chose par cœur. Et plusieurs, passans plus outre, voulurent autresfois soustenir n'y avoir en nous, autres fonctions d'esprit que celles qui venoient du cœur, & pour cette occasion feignirent que Vulcain ayant forgé l'homme, fut repris seulement par Momus, en ce qu'il n'avoit fait quelque fenestrage vers le cœur, afin que l'on eust peu descouvrir les pensées des hommes, comme si le cœur fust le domicile de nos pensées. Et pour cette cause, trouvons en plusieurs passages de la sainte Escriture : *In corde cogitationes*, qui sont termes que nous faisons en

C nostre commun langage symbolizer. Choses que je vous touche, non pour approuver ou improuver la distinction des ventricules du cerveau, mais pour vous dire qu'il y peut avoir de l'incertitude, pour le soustenement du pour & du contre.

Vous autres, Messieurs les Medecins, fustes jadis en cette France appellez Physiciens, comme estant vostre vacquation principalement voüée à la contemplation, non de toutes choses naturelles, ains en ce qui concernoit l'homme & la femme : mais ô bon Dieu, combien d'obscuritez & perplexitez y trouvez-vous avant que d'en estre esclaircis!

Monsieur,

Je vous remercie affectionnément de la devote exhortation que me faictes pour le salut de mon ame, de biffer de mes Recherches tout ce que j'escris contre les Jesuites, & par mesme moyen de condamner le Catechisme que j'ay fait contre eux. Hé vrayement, je trouve qu'ils sont merveilleusement sages : car sçachans que suis Catholic, Apostolic, Romain, & que tousjours j'ay vescu en cette foy, nonobstant la liberté de conscience, que le malheur du temps a introduit en cette France depuis cinquante ans en ça, ils ne pouvoient choisir par-

D rain plus asseuré de leur plainte contre moy, que vous, auquel j'ay toute creance, non seulement pour estre mon pasteur & curé, ains pasteur accompagné de toutes les bonnes parties qu'on peut desirer en nostre Eglise. Vous sçavez qu'il y a environ deux ans, qu'estimant estre sur le point de la mort, je deposay entre vos mains, par ma
confession,

confession, tous les pechez que je penſois avoir ſur ma conſcience, & receus par vous le Sainct Sacrement de l'Autel. Et je veux qu'eſtimiez que je traitte maintenant avec vous comme pecheur, & par forme de confeſſion, encore que ce ſoit par lettres: mais ſi je fais faute, c'eſt par les inſtructions & memoires du Pere Jeſuite de Rome.

Je reſpondray doncques à voſtre lettre comme homme, puis comme Catholic, Apoſtolic, & Romain, en laquelle Foy je veux vivre & mourir; & je vous prie me preſter audience juſques au dernier periode de ma lettre.

Je plaiday en l'an 1564. pour l'Univerſité contr'eux; faiſant imprimer toutes mes Recherches en l'an 1596. j'y inſeray mon Plaidoyé, j'en diray cy-aprés la cauſe: en haine de cela, un petit Jeſuite de Douay fit imprimer un livre en l'an 1599. dont le titre eſt tel: Reſponſe de René de la Fon pour les Religieux de la compagnie de Jeſus, au Plaidoyé de Simon Marion en l'arreſt donné contre iceux le 16. Octob. 1597. avec quelques notes ſur le Plaidoyé & autre ſubjet des Recherches d'Eſtienne Paſquier; dedans lequel aprés avoir recherché une infinité de pointilles ineptes contre mes Recherches, voicy l'epitaphe que ce devot Jeſuite fait de moy.

Or qu'il vive encores joyeuſement (dit-il au 37. chap.) & qu'il eſcrive & reſve encores, s'il veut, encontre les Jeſuites; il reſvera en ſaiſon deſſus ſes vieux jours; qu'il reſve juſques à ce que quelqu'un ou de cette compagnie, ou s'ils le deſdaignent, quelque autre pour le public faſſe une generale revueuë ſur ce qu'il a mis en lumiere, un recueil de ſes ignorance, reſverie, aſnerie, malignitez, hereſies, pour luy dreſſer un tombeau de funeſte memoire, où il ſoit encoffré tout vif, où les corbeaux & vautours viennent de cent lieuës à l'odeur, où les hommes n'oſent approcher de cent pas ſans boucher leurs nez pour la puanteur, où les roſes & horties croiſſent, où les viperes & baſiliques nichent, où les chats-huants & les butors chantent, afin que par un tel monument ceux qui vivent à preſent, & vivront és ſiecles futurs, ſçachent que les Jeſuites ont eu pour inſigne perſecuteur & calomniateur, un inſigne menteur, & un capital ennemy de la vertu, & des gens de vertu, & que tous les calomniateurs apprennent, aux deſpens d'un orgueilleux ignorant, de mieux penſer ce qu'ils diſent, & eſcrivent contre les Ordres Religieux, & ſcandaliſer ſi effrontément, par leurs eſcrits diffamatoires & blaſphematoires, la ſaincte Egliſe de Dieu.

Vous dites que je ne pardonne aux injures: par voſtre foy, fut-il jamais au monde, je ne diray point entre les Chreſtiens, ains entre les plus barbares, injures plus furieuſes, ordes, abhorrentes du ſens commun que ceſtecy? Si je ſuis donc attaqué à eux, il faut qu'ils s'en prennent à eux-meſmes, & ſe ſouviennent de ce petit, mais beau traicté de ſainct Jean Chryſoſtome: que nul n'eſt bleſſé que par ſoy. Davantage, s'il n'y avoit que cela, encores le paſſerois-je ſous ſilence. Permis au Jeſuite de meſdire à toute outrance par un privilege ſpecial de ſon ordre, tant qu'on luy oſe reſpondre: mais d'y avoir recidivé plus aigrement par une ſeconde fois, eſt du tout inexcuſable. On n'excuſe jamais un heretique, quand il eſt relaps. Il y eut un Jeſuite de Bourdeaux, lequel mit en lumiere un Livre contre mon Catechiſme dont le titre eſt, La chaſſe du Renard, Paſquin deſcouvert, & pris en ſa taniere du libelle diffamatoire faux marqué le Catechiſme, &c. Vous y trouverez un repertoire d'injures.

Car ſi on le croit, Paſquier qu'il appelle Paſquin, eſt un porte-pannier, maraut de Paris, petit galand, bouffon, *Fol. 30.* plaiſanteur, petit compagnon, vendeur de ſornettes, ſimple ragage qui ne merite d'eſtre valeton des laquais, be- *Fol. 37.* liſtre, coquin, qui rotte, pette, rend ſa gorge: heur *Fol. 41.* qui ſous l'accouſtrement d'un badin, eſt un calomniateur à vingt-quatre caras; fort ſuſpect d'hereſie, ou heretique, ou bien pire, un ſale & vilain Satyre, Archi- *Fol. 55.* maiſtre ſot; fort par nature, par becarre, & par bemol; *Fol. 57.* ſot à la plus haute game; ſot à triple ſemelle, ſot à double teinture, & teint en cramoiſy; ſot en toutes eſ- *Fol. 59.*

peces de ſottie. Un grate-papier, un cauſeur, un ba- *Fol. 64.* billard, une grenouille du Palais, un clabaud de co- *Fol. 68.* hué, qui ne merita jamais ce noble tiltre d'Advocat. Renard voilé d'un faux manteau de Catholic, ſouſpi- *Fol. 73.* ral d'enfer, inſigne hypocrite, vieux Renard, *Senex inveterate malorum*, avec ces faux vieillards de Suſanne, *Fol. 74.* un ſerpenteau, un crapaudeau qui tourne le bon ſuc en *Fol. 77.* venin, comme bouche d'aſpic, par ſa parole, bouche infecte qui reſpand ſa puanteur. Catholic & univerſel en *Fol. 78.* Religion, n'en ayant aucune propre, & faiſant eſtat d'eſtre de toutes, & de celle qui plus luy ſert à faire ſes affaires. Catholic de bouche, heretic de bource; Deïſte, *Fol. 107.* & peu s'en faut, Atheïſte de cœur, ſurpaſſant toute impudence des plus eshontées & meſdiſantes tripieres. Ad- *Fol. 123.* vocaceau de neſles, ridicule corneille, pie babillarde, oyſon bridé qui ſe débride licencieuſement pour embouër, envilainer, & ſouïller la belle blancheur & le net plumage des Cygnes: que ſi de toutes les teſtes here- *Fol. 115.* tiques ou fautives, ne reſtoit plus que la ſienne, elle ſeroit au premier jour couppée: qu'il luy faut coupper la *Fol. 127.* langue maudite & infame: aſne qui chante victoire, & *Fol. 131.* comme un baudet qui penſe avoir atteint ſon bran, ſautille, & brave avec ſon baſt, panniers & clitelles: homme ignorant en ſortes de lettres Grecques & Latines. Re- *Fol. 139.* nard Paſquier, vieux renard, renard velu, renard chenu, *Fol. 157.* renard griſon, renard pelé en pluſieurs parties de ſon corps, renard puant, & qui compiſſe tout de ſa puante *Fol. 158.* urine; ſierabras & trompette d'enfer, corbeau du Palais, *Fol. 159.* hibou de quelque infernale contrée. Reſveries de Paſ- *160.* quin, debilité de cerveau, vertigineux, & radoteur ſur *Fol. 169.* ſes vieux ans. Paſquin gros veau, ou pour mieux parler, *Fol. 185.* un buffle, qu'à laver la teſte d'un aſne, on n'y perd que de la leſſive: & finalement bouffon, auquel il faut *Fol. 186.* bailler le bonnet jaune, plumache de plume de coq, & la marotte en la main.

Fut-il jamais putain au plus deſbordé bourdeau du monde qui ſe deſborda jamais tant en injures que ce Jeſuite de Bordeaux. Ce n'eſt pas aſſez; Richeome, Provincial des Jeſuites, en la meſme ville, l'a voulu r'envier ſur luy par ſon Livre intitulé, *Plainte Apologetique*, auquel pour la premiere deſmarche il me compare à un monſtre, qui en l'an 1530. avoit eſcloſ de ſon nombril un petit monſtre; aprés, eſt venu le beau tenebreux d'Anvers, Carolus Scribanius, qui ſous ſon nom renverſé en celuy de Clarus Bonarcius dedans ſon *Theatrum honoris*, me fait marcher de meſme pas que Calvin & Luther, non pour autre ſubjet, ſinon que je ſuis ennemy de leur Jeſuiſme. Et puis vous voulez que je raſe de mes Recherches les paſſages eſquels je me ſuis donné plaine liberté de parler d'eux. Si j'avois fait ce que ſouhaitez, vray Dieu en quel beau jeu les mettrois-je, & quelle victoire rapporteroient-ils de moy? eux dis-je qui ne parlent jamais bien qu'en meſdiſant. Je leur ſuis un monſtre, ſi vous les croyez, & ils me ſeroient d'oreſen-avant autant d'Hercules que de Jeſuites, qui par ma taiſible confeſſion, auroient terraſſé ce monſtre. Vous m'eſtes amy; voyez, je vous prie, s'il y auroit apparence que je fiſſe ce pas de clerc. Et s'il eſtoit ainſi advenu, que ſur voſtre conſeil les viſſiez avoir tel advantage ſur moy, vous meſme porteriez la penitence de la faute que m'auriez fait faire. Parquoy, s'il y avoit quelque choſe à démeſler à l'amiable entr'eux & moy, je voudrois uſer du conſeil de Diogene le Cynique, quand un ſophiſte ſe voulant joüer de ſon eſprit, luy dit, pour prouver qu'il n'eſtoit homme: ce que je ſuis, tu n'es point, je ſuis homme, conſequemment tu ne l'es point. Commence par toy-meſme, reſpondit le Philoſophe, & lors tu diras vray. Ainſi vous puis-je & veux-je dire que les Jeſuites commencent à deſavoüer les injures exorbitantes de ſens commun, qu'ils ont contre moy eſcrites, & lors vous verrez ce que je feray. Ils n'en feront rien, je m'aſſeure, comme eſtans les injures les plus belles fleurs de leurs jardins: auſſi ne le feray-je de mon coſté.

Tout cela juſques icy, c'eſt parler comme homme, qui ſeroit bon à propoſer en toute compagnie des ſages-mondains,

mondains, mais non avec vous qui estes mon pasteur, & duquel je ne puis recevoir penitence, sinon, après avoir receu un soufflet, presenter l'autre joüé pour en recevoir un autre. Parlons donc, je vous supplie, en vray Chrestien, & encores en Chrestien qui soit vray Catholique, Apostolique, & Romain. Or puisque j'en suis logé là, je vous veux reciter tout au long, & comme l'on dit, *ab ovo*, comme les choses se sont passées jusques à huy, & paradventure trouverez-vous qu'en tout ce que je vous deduiray, il y a eu un miracle de Dieu. En l'an 1556. venant de faire mon mesnage du peu de bien que Dieu m'avoit donné en la Brie, retournant de ma maison à Paris, & passant par la ville de Melun, je trouvay Maistre Denis Brulard, lors jeune Advocat comme moy, fils de Maistre Noël Brulard, ce grand Procureur general du Roy de la Cour de Parlement; Maistre Denis Brulard, vous dy-je, mien amy, qui depuis a exercé l'estat de premier President au Parlement de Dijon l'espace de quarante ans, jusques à sa mort qui fut il y a environ un an. Nous estants abouchez ensemble, il me demande ce que je voulois devenir. Je m'en retourne à Paris, luy dy-je; & moy (me dit-il) je m'en vais voir à Crux-fontaine, distant de ceste ville de trois lieuës, Maistre Ange Cognet, l'un des plus anciens substituts de mon pere. A ceste parole, je luy reparty, que je voulois estre de la partie avec luy, pour le desir que j'avois de cognoistre cest honneste homme. De ce pas, nous nous y acheminasmes, & fusmes de luy recueillis avec tous les bons accueils que l'on pouvoit souhaiter. Avec luy, estoit Pasquier Bronez, l'un des compagnons d'Ignace de Loyola premier autheur & fondateur des Jesuites, nom dont on commençoit de parler dedans Paris. Qui fut cause que laissant tous autres deduits à la compagnie, je m'accostay particulierement de ce Jesuite, desireux d'apprendre de luy l'origine & progrés de leur Compagnie, & les regles qu'on y observoit; chose qu'il eut tres-agreable, & fus deux jours entiers avec luy dedans une chambre, ayant plume, ancre & papier en main: & escrivy sous luy trois ou quatre feuilles de grand papier, comme il luy plaisoit de me dicter sur ce subject. Le troisiesme jour, je pris congé, & de mon hoste, & du Jesuite, n'estimant point lors ny que ces memoires me deussent jamais servir, ny que la Compagnie deust entrer en dispute avec l'Université de Paris; car pour vray dire, on n'en faisoit lors aucun compte, comme aussi estoit leur nombre fort petit: de maniere que mis ces memoires entre mes brouillars, pour m'estre comme une chasse morte; glorieux seulement par une honneste curiosité de les savoir par devers moy. Je courois lors une belle fortune au Barreau entre les Advocats de mon aage. En l'an 1557. je fus marié, poursuivant avec tout honneur ma premiere route au Palais. Dieu voulut qu'en l'an 1559. je fus affligé d'une maladie de deux ans, dont après avoir usé de divers remedes, le dernier fut le changement d'air, qui peu à peu me restablit ma santé. Et reprenant lors mes anciennes brisées, je fus l'espace de deux mois entiers, sans qu'aucun Procureur me demandast qui j'estois, & cependant je voyois un Brisson, Brousset, & quelques autres de ma volée, qui avoient empieté grande vogue; & me voyant lors muet, je commençay de ronger un despit dedans ma poitrine, qui me faisoit secher à veuë d'œil. Ce que voyant ma femme, qui estoit une vraye viragine, & ayant entendu de moy le motif, fut d'advis que je quittasse tout-à-fait le mestier du Palais, aymant mieux que je perdisse ceste profession que la vie, me disant que, grace à Dieu, nous avions assez de biens pour vivre, & que passerions nostre temps, aux maisons que Dieu nous avoit baillées aux champs. Pour le vous faire court, je la creu: faisant comme celuy qui par un desespoir se rend Moine, pour ne pouvoir atteindre à un mariage, ou à l'accomplissement de ses amours. Je vesquis en ceste opinion presque l'espace de trois mois, pendant lesquels je pris cognoissance avec deux Docteurs en Theologie, Picards, l'un nommé Beguin grand Maistre du College du Cardinal le Moine; l'autre, le Vasseur Principal du Collège de Rheims: & passions de fois à autres le temps à nous promener en uns & autres jardins aux faux-bourgs, joüer à la boule, & y prendre des sobres collations: & au milieu de tout cela, ne se passoient entre nous que propos serieux de lettres: entre lesquels je vous jure le Dieu vivant, qu'il ne nous advint jamais de parler des Jesuites, comme ceux dont on ne faisoit alors nul estat. Ayant quelque temps vescu de ceste façon, ne respirant toutesfois lors en mon ame que le Palais, je commençay d'y vouloir rebrousser chemin, & me succederent les choses si à propos, que je cognus que l'impatience m'avoit fait tourner ma devotion en un repentir. Si je vous disois comment & en quelle façon je repris racines, vous y trouveriez des particularitez admirables, que je laisse de propos deliberé pour parvenir à mon but. Se passent quelques années, pendant lesquelles j'oublie l'habitude que j'avois prise avec ces deux honnestes Theologiens, & suis employé au Barreau avec quelque contentement des auditeurs. Advient que l'Evesque de Clairmont en Auvergne, bastard du Legat du Prat, fait un legs immense aux Jesuites de Paris, qui en acheperent l'hostel de Langres, ruë Saint Jacques, où ils commencerent d'ouvrir leurs escholes, assistez d'un grand Philosophe des leurs, nommé Maldonnat, & voyans leurs affaires leur réüssir assez à propos suivant leurs souhaits, ils presenterent l'an 1564. leur requeste à l'Université de Paris, afin de les vouloir incorporer avec elle. Par assemblée generale faite aux Mathurins, ils en furent deboutez: au moyen de quoy, ils s'addressent à la Cour de Parlement aux mesmes fins: laquelle ordonna que l'Université seroit appellée pour y respondre. Qui fut cause que derechef on s'assembla aux Mathurins pour sçavoir quel ordre on y devoit tenir. L'Université avoit quatre Advocats ordinaires, Chippart, Montelon, Chonar & Ramat, tous personnages d'honneur & de marque. Il en falloit choisir l'un des quatre pour porter la parole. Adoncques il advint à ces deux Theologiens, dont j'avois quitté la hantise l'espace de trois ans & plus, se ramentevoir de moy, & de leur propre instinct me nommerent. J'avois fait imprimer mon Monophile dés mon premier advenement au Palais, qui m'avoit donné quelque nom parmy le peuple, & depuis fait imprimer le premier livre de mes Recherches de la France, & mon Pourparler du Prince. Les choses se porterent de telle façon, que sans contraste, je fus nommé par la compagnie pour leur Advocat en cette cause, & le Sindic de l'Université m'apporta les premieres nouvelles. Par vostre foy, fut-il jamais élection plus miraculeuse que cette-cy, que moy non seulement ne le poursuivant, mais ne le sçachant, ayant oublié par trois ans la frequentation de ces deux Docteurs, j'eusse esté à leur nomination eleu Advocat pour plaider cette cause, de laquelle nul ne pouvoit avoir plus de cognoissance que moy, par les instructions & memoires que j'en avois de Pasquier Bronez dés l'an 1556 ? Tous les autres Advocats n'eussent peu discourir sur la question en son general, que par les Conciles de Latran sous le Pape Innocent III. & de Vienne sous le Pape Clement V. toute introduction de nouveaux ordres de religion: mais de particulariser la leçon que j'avois de Bronez, nul dedans Paris ne le sçavoit que moy; que moy (vous dy-je) qui auparavant l'avois mis en oubly: ne pensant que jamais les Jesuites deussent entrer en camp clos contre l'Université, ne qu'entrants, je luy peusse estre parrain. Quelque Sophiste peut-estre dira que ce sont paroles de vanité, dont je fais parade: mais j'appelle derechef Dieu à tesmoin, que depuis que j'eus escrit le mesnage des Jesuites, je ne m'en estois souvenu non plus que d'une piece de rebut. S'il y a de la gloire, permettez-moy de me glorifier en mon Dieu: & neantmoins je ne passeray plus outre sans vous reciter auparavant un mot de ma vanité. Ramat, l'un des quatre Advocats de l'Université, qui outre cela estoit Docteur Regent en Decret, homme petulant, me vint quelques jours après attaquer au Palais, me disant qu'il me feroit bien quitter la prise par authorité de la Cour, & qu'il auroit la charge de cette cause. Je le priay lors affectionnément de se déporter de cette opinion : que j'estois un jeune homme qui commençois de pousser ma fortune, & ne m'y vouluſt faire aucun obſtacle : mais plus je le priay, plus il se roidit contre mes prieres : enfin me voyant ne pouvoir obtenir aucune raison de luy, la colere me monte au visage, & luy dis : je vous en deffie, ne me mettez en l'espargne; au contraire, je vous en prie: car je me promets que si nous entrons en contraste devant la Cour, vous me ferez un Cecilius, & moy à vous un autre Ciceron, quand il fut question de plaider l'accusation contre Verrès: & par ainsi redoublerez l'honneur que je pourray rapporter de cette cause. Ces paroles par moy proferées d'une douc'aigre colere, estancherent aucunement la sienne. Quoy que ce soit, je plaiday la cause; mais auparavant que d'entrer en la lice, consultant en presence des principaux supposts de l'Université, avecques Maistre Pierre de la Porte, Jacques Canay, & Claude Mangot grands Advocats en ce temps-là, ils la trouverent fort bonne: mais en sortant de la chambre des consultations, il advint à l'un d'eux de dire à son compagnon : cette cause est de longue haleine; de l'humeur dont est ce jeune homme, qui de son naturel est d'un esprit chaud, je crains qu'il n'en puisse venir à bout. J'entendy cette parole, & pensois que ce me deust estre une bonne leçon, pour me tenir sur mes gardes; toutesfois quand je plaiday, peu à peu je pris mon vol si haut, que presque j'en vins à l'essor, quand estant au plus haut ton de ma gamme, après avoir raconté de la secte des Jesuites tout ce que j'en avois par-devers moy, qui estoit en tout & par tout different aux statuts de nostre Université : je ne vous dy rien, Messieurs, que ce que j'en ay appris de Pasquier Bronèz compagnon d'Ignace: & à la mienne volonté que tout ainsi que ç'a esté luy qui premier a planté la secte Jesuite dedans cette ville de Paris, aussi que la posterité entende qu'un autre Pasquier Advocat a esté le premier qui en a extirpé la racine. Cette rencontre fut si agreable à l'assistance, que tout aussi-tost s'éleva un long murmure, pendant lequel je me teus & eus moyen de me recueillir : & me souvient que Mangot l'un des Advocats consultans, qui lors estoit reclus au lieu qu'on appelle la Lanterne, prés de moy, dit à quelqu'un qui estoit prés de luy : voilà un traict de brave Advocat; car il a maintenant le loisir de reprendre son haleine, & revenir à son premier ton ; comme je fis, car le murmure estant cessé je repris les arrhements de mon plaidoyé de pareille voix que je l'avois encommencé, & le paracheray au contentement de tous. Maistre Pierre Versoris, grand Advocat, plaidoit contre moy pour les Jesuites, & se passerent les choses de façon qu'après avoir ouy Monsieur du Mesnil Advocat du Roy, qui prit conclusions pour moy, la Cour par son Arrest, pour la consequence de la cause, appointa les parties au Conseil, & fismes nos plaidoyez d'une part & d'autre, qu'on peut encores voir aujourd'huy. Je diray cecy par occasion, non par vanterie. L'Université m'envoya pour mon salaire, dans une bourse de velours, plusieurs escus que refusay bravement, disant : ja à Dieu ne plaise que je fasse cette faute. Je veux que l'Université sçache que je suis son nourriçon : & comme tel m'estimeray trés-honoré de luy rendre trés-humble service tout le temps de ma vie. Cette responce rapportée, fut faite une congregation, en laquelle par les voix & suffrages on me decreta tous les ans deux cierges pour le jour de la Purification Nostre-Dame : dont j'ay esté dressé jusques en l'an 1588. que je quittay la ville de Paris à l'occasion des troubles survenus sous le nom de la Saincte Union, pour suivre la fortune du Roy Henry III. & depuis celle du grand Henry son successeur; & vous asseure qu'entre les pensions que j'avois lors comme Advocat d'un & autres Seigneurs, qui n'estoient petites, j'estimay cette-cy la plus grande, & en faisois gloire au milieu de mes compagnons. Or pour vous monstrer que nulle passion ne m'avoit au soustenement de cette cause, escrivant à Monsieur de Fonssomme mon compagnon d'escole : enfin, luy dy-je, la cause fut appointée au Conseil, & ordonné que les parties demeureroient en tel estat qu'elles estoient. Ce fut un coup fourré ; car les Jesuites ne furent pas incorporez au corps de l'Université, comme ils requeroient ; mais aussi estans en possession de faire lectures publiques, ils y furent continuez : & sur la fin de la lettre, quant à moy je n'estime point que les Huguenots ayent de petits adversaires en ceux-cy : comme ainsi soit qu'entre toutes les Religions, la Chrestienne se doive gaigner par prieres, exemples, bonnes mœurs, & sainctes exhortations, & non par le tranchant de l'espée. Je disois lors cela d'eux, les estimant tout confits en devotion, & abhorrer de tout eux les armes pour l'accroissement de nostre foy ; & qu'il me sembloit au contraire, que les Huguenots pour la manutention de la leur, suivoient autre piste.

En cette opinion vesquis-je jusques en l'an 1593. ne m'informant point de leur taisible cabale; mais voyant qu'ils avoient esté autheurs, promoteurs, & fauteurs des troubles introduits premierement sous le nom de la Ligue, & continuez sous celuy de la Saincte Union: que depuis, la Barriere s'estoit acheminé à Melun par l'exhortation impie de Varade Recteur des Jesuites de Paris, qui le confessa, luy fit ouyr Messe, & luy administra le Saint Sacrement de l'Autel, le bien-heur de la benediction avec une promesse certaine de Paradis, s'il venoit à chef de son entreprise ; chose dont je me croy d'autant, que par le commandement du feu Roy, je vy le procés & en fis un Manifeste. Nous retournons dedans Paris, où ce grand Roy fut accueilli de son peuple avecques toute devotion. A nostre arrivée, je voy la haine commune de tous les Citoyens courir contre-eux ; requeste presentée par l'Université à ce qu'ils eussent à vuider de Paris, la cause plaidée & appointée au Conseil. Pendant ces entre-faites je voy mon plaidoyé estre mis en lumiere, & estre vendu par toute la ville par les colporteurs. Pendant l'appointé au Conseil, Chastel enfant de Paris, leur escolier, attente sur la personne du feu Roy, au moyen de quoy l'appointé au Conseil est jugé diffinitivement contre-eux, & ordonné qu'ils vuideroient la France : leur Bibliotheque est venduë à l'enquant, par le moyen de laquelle on eut cognoissance des secrets qu'ils tenoient auparavant plus cachez. Et quant à moy, induit d'une juste douleur de ma patrie, faisant en l'an 1596. imprimer six livres de mes Recherches, j'adjoustay dedans le troisiéme, le plaidoyé que j'avois fait contr'eux en l'an 1564. Ils demeurerent quelque temps muets : depuis s'estans avecques le temps asseurez sous la faveur de la Guyenne & du Languedoc, qui leur estoient des asseurances, ils commencent d'escrire livres diffamatoires pour se deffendre du parricide qu'on leur imputoit, jusques à ce que sous le nom supposé d'un René de la Fon Jesuite, ils font imprimer un livre d'imprecations contre moy, dont j'ay parlé cy-dessus.

Ce livre estoit caché : car nul de mes amis és mains desquels il estoit tombé, ne m'en osoit donner advis, craignant de me donner juste subject de mescontentement, non seulement pour le placard diffamatoire par moy cy-dessus coppié, mais aussi pour une infinité de calomnies, impostures, asneries, & fausses impurations contre moy, dont le livre est parsemé. Advient sur ces entrefaites qu'un Gentil-homme Escossois nommé Robert de Brusse, qui avoit esté nourry jeune en leur College, qui me cognoissoit de nom seulement, m'apporte le livre à coup perdu, pour une injure tresation qu'il avoit receuë au Pays-Bas, digne vrayement d'un Jesuite. Le feu Roy d'Espagne Philippe l'avoit fait son Thresorier general pour foudoyer une grande armée de mer, afin d'envahir le Royaume d'Angleterre sur la defuncte Royne Elizabeth. La plus grande partie des vaisseaux furent fracassez par une bourasque de mer : tellement que cette entreprise revint à neant ; mais le Pere Chriton ne voulut que du tout elle fust oiseuse ; & un certain importuna fort Brusse de luy bailler deniers pour faire occire Metelan Chancelier du Roy d'Escosse ; chose dont l'ayant esconduit par les raisons par moy couchées au troisiéme livre de mon

Catechisme,

Catechisme, Chriton luy fit faire son procés extraordinaire, pour n'avoir voulu adherer à l'homicide de ce Chancelier : & de fait, fut, pour cette seule consideration, detenu prisonnier l'espace de trois ans entiers, au bout desquels luy furent les prisons ouvertes par un hors de cour & de procés, sans despens, dommages & interests. Dieu veut qu'estant en la ville de Doüay, il trouve ce livre imprimé chez Jean Bellers, jaçoit qu'on le peust avoir imprimé à Ville-franche chez Guillaume Grenier. Garny de ce livre, ce Gentil-homme qui ne couvoit dans son ame qu'une vengeance, m'en fait part : dont je le remerciay affectionnément, & aprés l'avoir leu tout au long, j'aiguisay mon esprit, ma plume & ma colere, & recouvray les livres qui faisoient à mon intention ; je les estudiay, non d'une estude tumultuaire, mais de deux ans & demy entiers, voire de trois.

FIN DES LETTRES D'ESTIENNE PASQUIER.

ŒUVRES
MESLÉES
D'ESTIENNE PASQUIER.

ANDRÉ DU CHESNE TOURANGEAU,
AU LECTEUR.

COmme la plume de cest Autheur n'a jamais esté oiseuse, ains diversifiée selon la diversité de ses ans, aussi sur son premier avénement au Palais, voyant une flote de beaux esprits de la France, qui s'estoient voüez à la celebration de l'Amour en nostre vulgaire par leurs Poësies, il les voulut contrecarrer par ses Proses : & sur ceste opinion, bastit le Monophile, des Colloques d'Amour, & Lettres Amoureuses, accompagnées de quelques Jeux Poëtiques. Ce sont les fleurs de sa primevere, dont j'ay voulu faire ce bouquet, que j'ay aussi enjolivé de quelques fruicts de son Esté, & Automne : car pour te bien dire (Lecteur) encores qu'arrivé sur son aage plus meur, il ait receu cest honneur d'estre employé aux plus grands & signalez Plaidoyez de nostre temps, toutesfois cela n'a pas empesché, que de fois à autres il n'ait tracé quelques vers par maniere de passe-temps, selon que les occasions se presentoient, voire n'ait induit plusieurs beaux esprits de le suivre à la trace. Tesmoins les Jeux Poëtiques de la Puce, & de la Main, des Grands Jours de Poictiers, & de Troyes, és années 1579. & 1583. Tout cecy ne luy estoit qu'un rafraischissement à ses plus serieuses estudes, dont il t'a fait part, tant par ses Recherches de la France, que Lettres Françoises & Epigrammes Latins. Je me promets que si ses jeunes fleurs esparses çà & là, t'ont esté autresfois agreables, estant maintenant reduites en un corps, elles te seront d'une plus souëfve odeur. Sous cette esperance, ay-je voulu donner à ce mien Recueil le nom des *Oeuvres meslées d'Estienne Pasquier*, où j'ay, outre les premieres gayetez, compris plusieurs autres pieces, qui depuis se sont escoulées de sa plume. Et croy que je n'en seray par luy desadvoüé. D'une chose te prie-je, vouloir jetter l'œil dessus, & ne t'arrester pas seulement à l'intitulation qui semble de petite apparence, mais aux termes & aux matieres, desquelles je te promets autant de plaisir & profict, que ton affection en pourroit desirer.

ODE
Tirée des Oeuvres Poëtiques d'Estienne Jodelle sur le Monophile de Pasquier.

NE verray-je point que ma France
S'estonne de son siecle heureux,
Mais de son siecle mal-heureux,
Qui n'a de son heur cognoissance ?
Verray-je point cet an nouveau,
Que le Latonien flambeau,
Qui va revoir son Ganimede,
Chasse avecques les ans passez,
Les ans à tout jamais chassez,
Le mal dont ce mal nous procede ?

    Verray-je point qu'à te regarde
(O ma France) encor une fois
Gouster la douceur de ses Loix,
Qui seule de l'oubly te garde ?
Loix que le Prince Delien
Sur son couppeau Thessalien,
Entre ses sçavantes sœurs donne
Loix qui mieux te couronneroient
Que quand les Rois adjousteroient
L'autre couronne à leur couronne.

    Pourquoy parmy nostre ignorance
Semez-vous (ô doctes esprits)
Tant d'œuvres, si pour vostre prix
Vous n'avez que la repentance ?
La terre qui vous a portez,
La terre que vous exaltez,
Jalouse de voir vos loüanges

Se faire maistresses des ans,
Engloutist ses propres enfans,
Pitié mesme aux terres estranges.
    Mocquons-nous, Lyre, je te prie,
Mocquons-nous des severitez,
De ces vieux sourcils despitez,
Par qui toute œuvre se descrie :
Que servira, dit un vilain,
C'est œuvre de mensonge plein,
Qui le peuple à mensonge incite ?
O vilains, voulez-vous encor
Dessous le masque de Nestor
Celer un difforme Thersite ?
    Mocquons-nous, ma Lyre, & me chante
Que de ce vieil siecle doré,
Ce siecle pour l'or adoré,
Jà la saison nous est presente,
Le Ciel seul retient son honneur,
Le Ciel de France le bon-heur :
L'or qui a la terre pour mere,
Veut clorre au ventre maternel
Dessous un cercueil eternel,
Tous ceux qui ont le Ciel pour pere.
    Tant l'ambition execrable,
Loin de la vertu se tenant,
Hait le bien d'autre part venant,
Que de sa faim insatiable :

Ce qui de ſon gibier n'eſt pas,
Ne ſera jamais ſon repas:
Et comme l'aſne courbé laiſſe
Les fleurs pour manger les chardons,
Rejette les celeſtes dons
Et ſa ſeule fange careſſe.
 Mocquons-nous, ma Lyre, & broquardde
Ces autres Cinges qui mal-nez,
Pendant un chacun à leurs nez,
Sous un demy ris que l'on farde
De quelques geſtes courtiſans :
Ceux-cy par mines deſpriſans
Les bonnes choſes qu'ils n'entendent,
Se vont navrans de leur couſteau ;
Meſme de leur propre cordeau,
Devant les doctes yeux ſe pendent.
 Mocquons-nous, Lyre, davantage
De ceux-là qui meſme entre nous,
Eſtant l'un de l'autre jaloux,
Blaſment l'un de l'autre l'ouvrage:
Et bien qu'ils celent au dedans
Leurs poiſons ſans fin remordans,
Ils appaſtent de leur moüelle,
L'envie qui dedans ſe paiſt,
L'envie qui ſans fin leur eſt,
Et leur amie, & leur bourelle.
 Mais qui nous fait ores, ma Lyre,
Changer tellement noſtre ſon,

Que la douceur de ma chanſon
Se tourne en aigreur de Satyre?
Paſquier deſtourne-nous du ris,
Paſquier entre les bons eſprits,
De la France une gloire rare,
R'adreſſe vers toy noſtre voix ;
De toy ſeul parler je devois,
Mais ſans fin ce mal-heur m'eſgare.
 Si noſtre France n'eſtoit telle
Que tu peux voir dedans mes vers,
France combleroit l'Univers
Jà jà de ta gloire immortelle,
Pour avoir ſi bien mis au jour
De ton Monophile l'amour:
Mais helas, helas ! noſtre gloire,
En France n'aura point ſon cours,
Si le temps rechangeant touſjours,
N'a meſme ſur France victoire.
 Sus doncq', faucheur, que l'on s'emplume,
Raze tout, prend l'affaire en main,
Et tant, que contre nous en vain
Se puiſſe obſtiner la couſtume :
Si tu fais un tel changement,
Jà noſtre Paſquier juſtement
Vaincra d'une eternelle vie,
L'ignorance, le gros ſoucy,
L'ardente ambition auſſi,
Le ris, & l'eſcumeuſe envie.

ESTIENNE PASQUIER
AU LECTEUR
Sur les diſcours du Monophile.

AMy, puiſque de mon livre
Tu veux repaiſtre tes yeux,
Lors que le loiſir te livre
Un ſoin non ambitieux,
Jà ne permette le Ciel
Qu'ores ton eſprit me hume
Le miel de mon amertume,
Ou l'aigre-doux de mon miel.
 Icy tu verras la force
D'un Dieu qui ſe rend vainqueur,
Quand par ſes traits il amorce
Un mal prudent, qui ſon cœur
Prodiguant à l'abandon
D'un extreme amour ſe lie,
Et de ſa prompte follie
N'a que regret pour guerdon.
 Si par fois par allegreſſe
J'ay quelque propos tenu,
Et ſi par fois en detreſſe
S'eſt mon livre entretenu,
Amy, ne t'en esbahy;
Mon jugement, & ma plume,
Sont forgez deſſus l'encluine
D'une que j'aime, & hay.
 Ainſi que l'aſpre colere
Raviſſoit ma paſſion,
Ainſi me voyoit-on braire,
Reglant mon affection,
Comme il plaiſoit à l'object,
Qui fit eſgarer mon ſtyle
Sous le nom d'un Monophile
Dans ſi redouté ſubject.
 En ce lieu icy, quelque chaſe
Que j'aye oſé mettre au vent,
Touſjours a eſté encloſe
Dans mon penſer bien avant,
Celle qui de ſes beaux yeux,
Depuis mon adoleſcence,
Me fit perdre cognoiſſance
De mon pis, & de mon mieux.
 Et toutesfois je me vante
D'elle puiſer ma valeur

Au milieu d'une tourmente :
Car qui ſçait ſi mon mal-heur
Hardy deffiant les ans,
Au lieu d'obſcurcir ma gloire,
Fera luire ma memoire
Dans le jour des mieux diſans?
 Ainſi la docte penſée
Bute à la poſterité ;
Ainſi eſt recompenſée
L'œuvre qui l'a merité:
Quant à ce que j'ay eſcrit,
Je ne veux point que l'on penſe
Qu'une ſi haute eſperance
Se loge dans mon eſprit.
 Je veux ſeulement que celle
Qui ſe nourrit en mon cœur,
Deſcouvre quelque eſtincelle
Du moindre de ma langueur ;
Et toy qui liras les tours
Qu'Amour cache en ſon viſage,
Tu te puiſſes faire ſage
Par mes folaſtres diſcours.
Genio & Ingenio.

AUX DAMES.

Comme jadis d'une grande victoire
Se baſtiſſoient trophées trionfans,
De plus en plus les temples eſtoffans
Des hautains Dieux ornements de leur gloire,
 Dames, en vous, qui comme l'on doit croire,
Repreſentez çà-bas les Dieux puiſſans ;
J'ay conſacré mes eſprits, & mes ſens,
Et le meilleur qui ſoit dans ma memoire.
 Non pour honneur, non pour los, non pour or,
Non pour vouloir braver les ans encor,
J'ay faict voler ma plume par ces traces :
 De mes deſſeins eſtes le ſeul reduit,
Et ne requiers de mon œuvre autre fruit,
Qu'un œil guidé d'un rayon de vos graces.
Genio & Ingenio.

LE PREMIER LIVRE
DU
MONOPHILE.

Eu de temps aprés le voyage d'Allemagne, & la glorieuse entreprise du Roy, tant pour l'illustration de ce siecle, que de la posterité, les ennemis ayans levé le siege de Mets, avec leur grande honte & confusion: quelques Gentils-hommes voisins (voyans tout le danger de guerre pour ceste année estre dehors) voulurent retourner de compagnie en leurs maisons, attendans nouvelle occasion de s'employer. Estans doncques eux de retour, & les bien recueillis de leurs femmes, ayans par quelques jours donné ordre à leurs affaires plus domestiques, delibererent desrober tous les plaisirs dont ils se pourroient adviser, par frequentations mutuelles. Et pource qu'ils cognoissoient le terme de leur repos bien brief (comme tout asseurez de la continuation des guerres) establirent entr'eux une loy de se visiter par tour: *Visitation & festins par tout.* laquelle estoit, que les maris n'alloient desacompagnez de leurs femmes, à ce que les uns, & les autres participassent, par une communauté, à tel bien. Mesmement, d'autant qu'il y avoit plusieurs jeunes Gentils-hommes non pourveus: celuy qui festoyoit les autres estoit contraint & obligé convier à leur festin les plus honnestes & mieux disantes Damoyselles qui se trouvassent celle part: afin que chacun d'eux peust prendre avec elles contentement en tout honneur: esperans, par ce moyen, se payer en partie, des arrerages du bon temps, que fortune leur avoit tenu en espargne depuis le commencement des guerres. Ainsi prindrent-ils quelque temps leurs esbats avecques tous les plaisirs & recreations de ce monde: toutesfois parce que tous n'estoient conformes, soit pour le regard des mœurs, ou des ans, aussi choisissoit chacun son plaisir selon sa complexion & nature. Les vieux s'adonnans par fois à contemplations plus seantes & convenables à leur aage: & les jeunes, à tous exercices concernans le fait des armes, ou toutes telles manieres de passe-temps qu'ils se pouvoient excogiter. *Description des trois personnages introduits aux presens dialogues.* Là se rencontrerent, entre-autres, trois jeunes Gentils-hommes d'eslite, non seulement bien aguerris & experimentez aux armes, mais aussi és bonnes lettres & sciences, ausquelles ils avoient employé grande partie de leur jeunesse. Ces trois (braves & estimez entre tous les autres) pour ne se monstrer exempts de chose qui plus correspondoit à leur aage, sembloient bien faire estat d'aymer: ce neantmoins, comme font les opinions des hommes diverses, chacun en son endroit selon sa particuliere affection: l'un d'eux, aymant en telle extremité, que toutes ses conceptions s'adressoient seulement à sa maistresse (celuy veux-je nommer par un nom couvert, Monophile, pour quelque cause qui me meut.) *Monophile.* L'autre qui pour n'estre en telle perfection passionné, se monstroit gracieux & courtois aux Dames, tenant sans comparaison plus du party du courtisan que de l'amour (lequel je desguiseray soubs le nom semblablement d'un Glaphire.) Et le dernier plus jeune que les deux autres, d'un cœur gay & François estant adonné à toutes, sans faire estat d'une seule (je le veux nommer Philopole.) *Glaphire. Philopole.* Je croy que ces trois, estans divers en jugemens, demonstroient par exterieurs effects, l'interieur de leurs pensées. Glaphire posé, caressoit les Damoiselles par honnestes entretiens, ayant d'autant bonnes parties en soy que Gentil-homme de la troupe. Philopole au contraire, plaisant, ouvert & joyeux, folastroit avecques elles d'un si naïf entregent, qu'à peine eust-on peu juger lequel des deux retournoit plus à gré aux Dames, ou Glaphire en son honnesteté, ou celuy en sa gayeté & allegresse, tant estoient & l'un & l'autre accompagnez de bonne grace. Mais sur tous, estoit Monophile pensif & resveur, tellement que son œil pouvoit donner ample tesmoignage de la passion qui le possedoit. Qui m'estoit un singulier plaisir & consolation, pour le voir navré au vif du mesme dard, dont je me sentois seul (ce me sembloit) auparavant blessé : toutesfois n'estoit ce pour lors si facile me juger tel : car m'estant en ce lieu transporté, par le moyen d'un Gentil-homme mien amy, pour gouverner celle qui de long-temps tient mon cœur en sa possession, je n'avois occasion d'estre melancolique comme luy, pour se representer devant mes yeux ma maistresse, laquelle de bon-heur, estant en ceste compagnie, me faisoit non seulement oublier toutes les perplexitez que pour elle (hors sa presence) j'endurois, mais aussi moy-mesme, pour ses gracieux propos, entrelacez d'unes je ne sçay quelles œillades, qui à mon advis avoient puissance faire trespasser par mesme moyen cent & cent millions de personnes : voire & les dieux mesmes, s'ils se fussent voulu incorporer, pour prester l'œil à ceste humaine Deesse. *La presence de la Maistresse resjouist l'Amoureux.* Tel ou semblable deffault rendoit le pauvre Monophile si perplex, que je pense que les prairies, esquels se sequestrant souvent luy faisoit part de ses doleances, prenoient compassion de ses piteuses voix & clameurs. Car plus il voyoit nos jeux continuer en joye & liesse, plus se rengregeoient ses douleurs, estant pour l'heur frustré (je ne sçay par quel desastre) de ce dont despendoit le comble de sa felicité. Or advint que continuans ainsi nos esbats

esbats, & faisans nostre sejour en la maison d'un des Gentils-hommes plus apparens, en la maniere accoutumée, se meurent, pendant le disner, plusieurs propos du hault & invincible courage de nostre Roy, & ensemble de la delivrance de toute la Germanie sans coup ferir, pour la crainte seulement de celuy, auquel l'univers est promis. Pendant tous lesquels discours, furent par les plus anciens personnages divinement deduites choses, soit du fait d'une Republicque, soit de l'estat de nostre vie: mais sur tout, de ceste humaine fragilité, en laquelle lors que plus pensons estre au-dessus de toutes affaires, souvent, par mistere divin, nous en trouvons autant esloignez, comme en estimions estre prés. Et entre autres communs propos, fut assez longuement disputé, d'où vient que nous voyons eschoir par maints exemples oculaires, qu'un Capitaine qui tout le temps de sa vie aura, par hazardeuses entreprises, prosperé, se trouvera, mesme estant venu sur l'aage (auquel par un long usage il doit avoir plus d'experience) à un instant ruiné, voire par le moyen d'un jeune homme, lequel par le cours de nature deust estre, moins que luy, esprouvé & experimenté en tels actes, comme si fortune fust lasse de le vouloir favoriser. De maniere que sur ce pas, fut estimé Alexandre en toutes ses felicitez bien-heureux; parce que sur la fleur de son aage, donna fin par un mesme moyen à sa vie & ses prouesses, non ayant encore senty les aspres morsures de fortune, qui veritablement à la longue luy eust autant preparé de mal comme à beaucoup d'autres de son rang. Et s'entretenant ce discours de main en main, se trouva authorisé par diversité de raisons; d'autant que les aucuns remettoyent la coulpe de tels deffauts, non à fortune, ains à nous-mesmes, qui nous sentans eslevez & comblez de toute felicité, bien souvent nous oublions-nous de sorte, qu'aveuglez de tant de bonnes fortunes, nous alentissons en nous-mesmes, sans prevoir que l'esprit des autres hommes est toujours vigilant pour atteindre à tel but & degré, où durant nostre jeunesse par une assidué vigilance, nous nous estions acheminez: verifians ceste raison par une infinité d'exemples, mesme par celuy d'Annibal, lors qu'il s'abastardit aux delices de Capoüe. Toutefois les autres passans plus outre, en attribuoient la cause à Nature, laquelle en toutes choses de ce monde, croist selon nostre portée petit à petit, jusques au degré d'extremité, auquel estant parvenué, commence toujours à decliner, & prendre quelque decadence; en façon qu'il semble que successivement nous tous jouyons à boutehors. Chose non seulement averée par les hommes, ains és plus grandes Monarchies, esquelles l'on trouve l'aage d'enfance, de virilité, & puis aprés de vieillesse, qui les conduit à leur ruïne. Parquoy, estans en cecy guidez par les instructions de Nature, ne falloit trouver estrange si les hommes, ausquels pour quelque temps les affaires avoient si bien succedé, venans en aage decrepit, encore qu'ils augmentassent en conseil, amoindrissoient toutesfois aux faveurs de la fortune. Ainsi furent deduits tels propos par ces Gentils-hommes anciens, qui sembloient taisiblement pronostiquer quelque chose du temps present: toutefois avec une telle sobrieté, que qui n'eust esté bien ententif, à peine eust-il peu descouvrir quel part tendoient leurs raisons: & bien qu'ils ne fussent par quelques-uns entendus, si furent-ils ouïs avecque une singuliere attention, chacun y asseyant son jugement à part soy, ainsi que mieux luy sembloit. Et continuoient encore leurs propos, se taillans assez de matiere pour ouvrir toute cette aprés-dinée, quand les nappes levées, Philopole peu soucieux, pour l'heure, de telle philosophie, adressant sa parole vers une Damoiselle joignant laquelle il estoit, luy dit: que ne ressemblons-nous, ma Damoyselle, ces bons & anciens Capitaines, lesquels aprés un long maniement & administration d'affaires de leurs Republiques, se depoüillans de leurs estats, & abandonnans leurs villes, choisissoient la vie champestre, pour vacquer tout le reste de leur temps, au repos & contentement de leur esprit? Car ainsi ay-je appris que firent jadis Cincinat, Curie, & par long intervalle de temps aprés, le grand Empereur Diocletian. Mais si la ville leur fut prison, que devons-nous ores faire, veu qu'au milieu des champs (lieu de repos & tranquillité) sentons encore les traverses de ce monde? voire qu'en ce petit repas en avons plus passé & appris, que tous ces grands personnages, pendant leurs plus grandes affaires? A laquelle parole la Damoiselle se souriant (comme bien apprise qu'elle estoit, tant en bonnes façons & manieres, comme en plusieurs autres negoces incogneus à l'ordinaire des femmes) luy respondit: je ne sçay pas, mon Gentil-homme, je vous en juge; si ay-je pris un singulier plaisir, les escoutant. Vray que je ne doute point que tels discours ne se rapportent assez mal à vostre aage, lequel, à mon jugement, se delecteroit beaucoup plus à voltiger, escrimer ou mener quelque cheval à raison, que de prester icy l'aureille. Sur quoy Philopole: trouveriez-vous doncques estrange, ma Damoyselle, que sans interrompre leur devis, nous prissions la route de quelque prairie, là où pourrions choisir nostre ayse, en chose qui nous seroit aussi convenable, comme à ces vieux Gentils-hommes, deviser en telle maniere, de propos qui ne nous concernent en rien? Comment, seigneur Philopole, repliqua la Charilée (-tel sera pour le coup son nom) estes-vous encore à sçavoir que je me delibere un jour dresser escole de Philosophie? A cemot, se prit à rire & l'un & l'autre: en maniere que Glaphire, qui d'un autre costé la joignoit, jaloux de leur commun plaisir, & s'informant de l'occasion de ce ris: en bonne foy, dit-il, ma Damoiselle, vous ne devez esconduire ce Gentil-homme, pour vostre honneur, en requeste si favorable, qui vous est autant qu'à luy avantageuse. Et pour mon regard, si je pensois en compagnie vous estre en ceste partie aggreable, je fournirois de bien bon cœur d'un tiers, non pour tenir le jeu ou seconder, ains pour naqueter tant plus, ou bien marquer les bons propos, que je pense que tiendrez premier que vous départir. Je voy bien (respondit Charilée, qui paravanture n'estoit moins que ces deux Gentils-hommes ennuyée de tous les propos passez pendant ce disner) que j'auray beaucoup plus d'acquit, vous accorder à tous deux du premier coup ce que desirez, que voulant user de trop longues contestations, estre neantmoins contrainte à la parfin condescendre à vos volontez. Vous serez doncques l'un & l'autre par moy en cet endroit obeïs: non toute-fois quant à vous, seigneur Glaphire, pour naqueter comme vous dites, ains pour m'ayder & deffendre encontre le seigneur Philopole, là où il pretendroit joüer ses jeux, comme il est bien bon coustumier. Ainsi aprés plusieurs protestations faictes de la part de Philopole, de ne rien entreprendre au desavantage d'elle, se leva la Damoiselle, & ensemble ces deux Gentils-hommes, lesquels (aprés une honnorable reverence à toute la compagnie) la conduisans soubs les bras, se transporterent en un bosquet, où de prime face rencontrerent le pauvre Monophile pensif en extremité, duquel Glaphire prenant compassion pour le martyre qu'il enduroit, & Philopole se mocquant, n'estimant amour si vivement qu'une folie, delibererent l'accoster; combien, disoit Charilée, que je ne fais aucune doute, que le destourner d'un tel penser, ne luy soit autant griefve chose qui luy pourroit avenir; cognoissant le semblable de ceux qui l'ont esprouvé, estant en telles alteres: ce neantmoins fut entr'eux conclu, nonobstant telles remonstrances, passer outre. Or estoit ce lieu de bien compagnie, & à l'advantage de ceste compagnie, qu'il sembloit que nature se fust delectée à le bastir, pour servir un jour de bon repos à si honnestes personnages. Car là estoit une gallerie assez longuette, si bien compassée par l'enrourement & couverture des arbrisseaux, que l'aspre chaleur du soleil, ny la vehemence des vents luy eust sceu donner aucune molesté ou attainte: & le petit tapis d'herbe verde entremeslée d'une infinité de fleurettes, donnoit tel contentement à l'œil, que les oysillons

Discours touchant le fait humain

Question d'où vient qu'un Capitaine venu sur l'aage est souvent moins favorisé de fortune.

Alexandre estimé bien heureux d'estre mort en la fleur de son aage.

Annibal abastardi aux delices de Capoüe.

Monarchies sujettes à l'aage comme les hommes.

Capitaines anciens amateurs de la vie champestre.

Charilée

Description du lieu où furent tenus les presens discours.

Le premier Livre du Monophile.

sillons mesmes par leurs degoisemens & ramages, faisoient prou cognoistre en quelle reverence & estime leur estoit ce temple umbrageux, lequel ce nonobstant se sentoit beaucoup plus magnifié de l'honneur que luy faisoit Monophile (luy communiquant ses secrets & plus devores pensées) que non de tous les avantages que nature luy eust ottroyez. Parquoy se trouvant assez commode pour leur devis, s'adressant Charilée à ce pauvre passionné, & entreprenant la parole sur sa compagnie, luy dit: Vrayement, seigneur Monophile, je ne me puis assez complaindre de vous, voyant mener vie si solitaire & dolente, en ces champs solatieux, qui non seulement pour leur bellesse vous doivent inviter à quelque joye & plaisir; ains pour l'honorable compagnie que voyez icy se recréer de plus en plus. Et neantmoins tant plus nous augmentons nostre joye, & plus vous donnez lieu, ce me semble, à vos douleurs. Qui me fait soupçonner ou qu'estes envieux de nostre commun plaisir, ou bien qu'estes troublé d'une desplaisance insupportable: laquelle toutefois s'il vous plaisoit communiquer, je croy qu'il n'y a celuy de nous, qui ne s'estimast tres-heureux d'en porter part, & n'en feriste desadvouée de ces deux miens compagnons. Mais bien, dirent Philopole & Glaphire, seroit-ce le plus grand bien qui nous pourroit avenir. Ma Damoiselle, respondit Monophile, je vous en mercie bien humblement, & vous pareillement mes Gentils-hommes: vous asseurant que s'il y avoit douleur en moy, à laquelle (vous la communiquant) puissiez donner ordre, me rendriez trop redevable d'y vouloir prester l'aureille. Toutesfois je vous prie estimer telle solitude, que vous me voyez tenir, n'estre causée par accident, ains par un fort naturel, dont à moy-mesme je veux mal. Vous en direz ce qu'il vous plaira, dit Philopole; si ne me sçauriez-vous faire entendre, qu'autresfois ne vous aye veu plus dispost & allaigre que n'estes pour le present, & ne puis autrement croire qu'il n'y ait quelque anguille soubs roche, laquelle ne voulez descouvrir, qui ainsi vous tourmente l'esprit. Tant mieux, seigneur Philopole, respondit Monophile: car ores qu'ainsi fust, si pourroit-elle estre telle, que la taisant, mon mal demeureroit en son entier; la descouvrant, s'accroistroit davantage, ny plus ny moins que d'une playe esventée, ou d'un malade, auquel l'air est interdit. Adonques Philopole: ce n'est, dit-il, pas, quelle correction, tout un: car bien que les maladies du corps ne requierent l'eslongnement de la maison, au contraire, celles qui concernent l'esprit (comme j'ay tousjours entendu des Medecins de l'ame, qui sont les Philosophes) demandent estre mises au vent, pour leur guerison. De maniere qu'és grandes passions d'amour (dont je croy à vos façons que sourd tout vostre mal) encor qu'ils ayent desiré trois choses, estre seul, secret, & soucieux, si n'ont-ils en telles matieres prohibé avoir un entendement soy-mesme, auquel on peust seurement reveler & descouvrir les passions de son ame: pour donner par ce moyen, secours à mille petites occurrences & alteres, qui nous tombent en l'esprit d'heure à autre, ou par un faux soupçon, ou par une crainte, que quelques-uns appellent jalousie, sans laquelle l'amour ne peut non plus estre, qu'un corps sans ame. Monophile le voyant entrer au champ où plus il se delectoit (qui estoit parler de l'amour, ores que de là sourdist tout son malheur) commença à reprendre ses esprits, & comme sortant d'un profond somne, vouloit se mettre sur les rangs: quand par bonne fortune, moy, qui pour nourrir une heure mes pensées m'estois illecque retiré, ne voyant aucunement me douter de leur entreprise, les voyant en ceste altercation, me jettay dans une touffe d'arbrisseaux, pour d'interrompre leur devis. Et parce que, pour l'heure, m'estoit beaucoup plus aggreable le taire que le parler, je deliberay en attendre l'issuë, qui fut telle que pourrez apprendre par le present discours. Car Monophile se voyant ayguillonné & semons par plusieurs prieres, de descouvrir sa douleur, luy qui n'estoit un seul brin beste, & pour n'estre veu retif en si honneste compagnie, soudain interrompant sa longue taciturnité, leur voulut bien donner à cognoistre en quelle estime il avoit l'amour, & qu'à luy seul en appartenoit le parler. Car pour vous en dire le vray, je croy qu'un homme ne se trouva oncques plus martirisé d'amour que Monophile, ne qui plus le favorisast en ses communs devis & propos, tant se sentoit perdu en son tourment: & tellement en estoit jaloux, qu'il pensoit celuy seul estre digne d'en parler, qui en son cœur en sentoit les pointures & ayguillons, ou pour le moins, les avoir quelque temps sentis: & non à un tas de radoteux & mal façonnez Philosophes du temps passé, ou de je ne sçay quels mugaers, qui n'en descouvrirent jamais que l'escorce: car à telles gens on interdisoit du tout le parler; comme jadis nous lisons des Prestres, qui pour n'estre leurs sacro sainctes misteres prophanez, n'en laissoient le maniement aux estrangers. Parquoy, luy, comme vray ministre d'amour, voulant sonder le gué davantage aux propos de Philopole, qui au jugement de la compagnie avoir assez bien parlé, luy dit: tels Philosophes, seigneur Philopole, en ont jugé comme aveugles des couleurs: aussi leur est-il pardonnable, si peut-estre ils en ont dit choses impertinentes: veu mesmement qu'ils faisoient profession de ne succomber à l'amour, & n'ayans esprouvé telles algarades que dites estre en moy, à peine qu'ils sçeussent considerer les moyens de s'y sçavoir bien gouverner. Je ne sçay que vous en estimez, seigneur Monophile, respondit Philopole; mais quant à moy, telle est mon opinion, qu'il est beaucoup plus facile aux gens, qui mettent toute leur estude en contemplation, juger de telles affaires, qu'à ceux qui estans dans ce Dedalus, se trouvent si esgarez, que tant s'en faut qu'ils sceussent ce qui leur est necessaire, que mesmement nous leur voyons souvent perdre sens, cerveau, & esprit, voire la souvenance d'eux-mesmes. Aussi vous sçavez que pour acquerir bruit de bon Medecin, n'est requis avoir esté long-temps malade; ny pour estre excellent Advocat, avoir eu plusieurs procés en son propre & privé nom; ains au contraire, au moyen des mouvemens & perturbations qui tombent aux esprits des hommes, par commune ordonnance des Medecins, n'est permis au Medecin, soy panser ou medeciner par son seul conseil; & à l'Advocat, deffendu de postuler en sa cause, comme par un desvoyement d'esprit luy estant incogneuë: & aussi d'autant qu'avons le jugement beaucoup plus sain aux affaires estrangeres, qu'aux nostres. Ceste comparaison, dit Monophile, n'apparoistroit du premier coup impertinente; toutesfois au cas qui s'offre, je vous prie, seigneur Philopole, me dire, ne seroit-ce chose superfluë, donner conseil en amour à ceux, qui estans exempts de ses loix, n'auroient besoin en cest endroit d'aucun admonestement ou precepte: Or si pour ce regard, telle Philosophie demeuroit vaine & inutile, ne seroit l'homme beaucoup plus sot & ridicule, qui n'ayant fait preuve de la Geometrie, devant un Ptolomée donneroit precepte de cest art; l'homme qui en l'oratoire voudroit instruire un Ciceron; ou bien un Annibal en l'art militaire, celuy qui jamais n'auroit manié armes, n'auroit administré conduite d'un exercice; ne seroit-il un Phormion, c'est-à-dire une beste & un grossier, que cestuy Phormion fut estimé par Annibal, lors que trop presomptueux, il voulut endoctriner ce bon Capitaine, en l'art auquel il estoit plus versé? Combien donques, se rendra ce precepteur plus digne de mocquerie, qui vouldra instruire celuy, qui estant bien avant dans l'amour, plus en apprendra à un instant, par soy-mesme, que non pas tous les livres de tels quels philosophastres non experimentez en tels œuvres? A vostre advis, auquel des deux presteriez-vous plus de foy, ou à un Amadis de Gaule representé par nos Romans pour un exemplaire de vraye & loyale amour, ou à un Xenocrate, auquel tant s'en fault qu'il eust aucun nez pour sçavoir sentir la vraye odeur de l'amour, qu'à bon droit il fut comparé à une pierre, pour s'estre trouvé une nuict en la compagnie d'une femme, belle par dessus les autres, sans luy avoir jamais (nonobstant toutes caresses) touché. Et puis, ordonnez qu'un tel nous establisse preceptes

Maladies de l'ame en quoy & combien differentes de celles du corps.

A qui il appartient de parler d'amour.

Comparaison des Medecins & Advocats avec les Philosophes traitans de l'amour.

Qui sont ceux de qui on doit prendre conseil & instruction en amour.

Amadis exemplaire de vraye & loyale amour.

Xenocrate blasmé à propos.

Le premier Livre du Monophile.

n'eſtre voulu accommoder aux volontez d'une femme encore que belle

ceptes pour nous gouverner en ceſt art. Et vouloit paſſer plus outre ; mais Charilée, le fruſtrant de ſon entrepriſe : ſi ne vous ſouffriray-je, dit-elle, franchir ce pas, ſans que premier me ſatisfaiſiez à un poinct. Et puis que nos propos de l'un à l'autre, ſont tombez ſi avant, je lairray arriere le motif & pourſuite de vos diſputes, fondées (me ſemble) pour entendre la cauſe de voſtre perplexité : remettant à vos bonnes & ſages diſcretions la reſolution de ce , dont vous vous tourmentez en vain : en quoy, peult-eſtre, ſeigneur Monophile, je me rendray bien des voſtres, mais non au procés que je me promets vous intenter, ſi vous ne changez d'opinion. Toutesfois, pour autant que ceſte cauſe n'eſt pas de petite eſtenduë, repoſons-nous un peu ſur ceſte herbe, premier que je vous deſcouvre ce dont je vous veux accuſer, en la preſence de ces deux miens compagnons, qui pourront juger ſi à tort je me rends partie contre vous. Ainſi ſe mettant un chacun à ſon ayſe, ſelon que le lieu le favoriſoit en mieux, & faiſant placets d'herbe verde, continua Charilée, d'une aſſez douce aſpreté ſa parole en ceſte ſorte : c'eſt doncques à vous à qui j'en veux, ſeigneur Monophile, ſi vous ne jouez autre rolle ; en ce que ſur vos derniers propos, me ſemblez, à trés-grand tort, avoir blaſmé ce Philoſophe Xenocrate, pour ne s'eſtre voulu accommoder aux volontez d'une femme, bien qu'elle fuſt favoriſée en toute perfection de beauté. Vous voudriez doncques maintenant qu'un homme ſe trouvant en tel acceſſoire, ſeroit digne de moquerie, ſe departant ſans executer ſon affaire. Quoy? ne ſçavez-vous que ceſtuy Xenocrate avoit ſon coeur dedié à une Dame ; & l'ayant, trouveriez-vous ſi eſtrange, comme en faictes le ſemblant, qu'il ſe fuſt gouverné en telle maniere , pour eſtre loyal à l'endroit de celle dont il eſtoit ſerviteur ? Ceſte parole proferée de telle grace, cauſa un doux murmure parmy ceſte petite trouppe : d'autant qu'il n'y avoit celuy d'entr'eux auquel ne fuſt aſſez cogneuë l'auſterité du vieillard qu'elle diſoit amoureux. Toutesfois pour ſatisfaire à ſa demande, Philopole prevenant Monophile, luy reſpondit : comment doncques, ma Damoiſelle, ores que le Seigneur Monophile l'euſt pris en telle ſorte, & qu'il fuſt vray ce que vous dites, vous ſembleroit neantmoins ceſte opinion erronée ? De ma part, j'eſtimerois ceſtuy bien ſot (quoy qu'il ſe publiaſt porter Amour en quelque lieu) lequel ſe trouvant aux endroits, lairroit envoler l'occaſion, pour puis, eſtant irreparable, ne la pouvoir recouver. Vous le dites tout au plus loing de voſtre penſée, dit la Damoiſelle ; & vous, Seigneur Monophile, que vous en ſemble à preſtez-vous foy à ſon dire ? Ah ! ma Damoiſelle, reſpondit-il, jà Dieu ne permette que telle parole ſorte jamais de ma bouche, & où l'eſprit l'auroit ſeulement penſée, je la voudrois reparer avecq' telle penitence , que vous autres mes Dames me voudriez ordonner. Auſſi n'euſſé-je pretendu reprendre Xenocrate pour un tel fait, en tant que ſon affection euſt eſté vouée à autre ſaincte ; car en ce cas, tant s'en faut qu'il euſt encouru reprehenſion aucune, que je le reputerois, au contraire, digne de grande loüange, pour avoir conſacré ſon coeur à une ſeule, ferme & perpetuellement ſtable, comme un rocher au milieu des vagues & ondes. Et quant à ce que dit le Seigneur Philopole, tant s'en faut que je luy adhere, que grandement j'abhorre & deteſte telle opinion. Si eſt-elle, dit-il, fondée ſur bonnes & anciennes loix, meſme extraicte des regiſtres du temple de Venus, à Rome : deſquelles la teneur portoit ample & expreſſe permiſſion, d'executer ſa volonté, en l'endroit de toutes où l'occaſion s'offriroit. Auſſi ay-je pour moy la couſtume, qui deſja eſt tant inveterée dans l'eſprit des hommes, qu'il me ſeroit loiſible avoir recours à elle, là où la loy me deffaudroit. C'eſt doncques à bon eſcient, dit Charilée : or crains-je grandement que voſtre loy ne trouveroit lieu en chapitre, bien qu'elle fuſt empreinte au temple de Venus, pour n'avoir eſté publiée par tout le temple, ains ſeulement à ceux qui faiſoient demeure en la nef, & non aux autres qui avoient choiſi leur reſidence dans le choeur : leſquels pourront

Si les amoureux doivent executer leur volonté en toutes occaſions, & à l'endroit du toutes femmes.

Temple de Venus à Rome.

pretendre, la loy n'eſtre generale, ou en ce default, alleguer cauſe d'ignorance. Et à ce que ne recouriez à la couſtume (ainſi comme vous menacez) vous ſçavez telles corruptelles de moeurs , acquiſes par une uſance depravée, ne meriter nom de couſtume : autrement, faudroit par meſme raiſon dire , les vices eſquels ſommes enclins depuis le peché de noſtre premier pere , avoir gaigné nom de couſtume valable & legitime, pour umbrager & couvrir les delits que commettons. Ce propos eſbranla tellement Philopole, que ſans mettre de là en avant autre queſtion ſur les rangs, trouverent en ceſt endroit prou de matiere à deſmeſler. Et pource, luy rechargeant Charilée contre le party de loyauté : Je vous diray ma Damoiſelle, repliqua-t'il, je croy que quand vous & moy voudrions entrer en ce combat, nous trouverions tous deux bien empeſchez, qui emporteroit le deſſus. Parce qu'il ſe trouvera autant plus de faute de voſtre coſté , que du mien : & je penſe eſtre choſe autant deſplaiſante à Dieu, donner ſon coeur à une ſeule femme, comme à pluſieurs, je voulois dire d'un poinct davantage : car eſtant ceſt Amour extréme, d'hommes à femmes, & ſurpaſſant tous autres, bien ſouvent delaiſſons l'amour de Dieu, pour faire noſtre Dieu en elles. Choſe ſi vulgaire par exemples, qu'il me ſemble n'eſtre beſoin en faire aucun recit : ſeulement vous prieray-je , vous repreſenter une infinité de grands perſonnages, leſquels tant qu'ils ſe gouvernerent par un grand nombre de concubines, jamais ne tomberent en opprobre ; mais lors qu'ils ſe reglerent par une tant ſeulement, entrerent en telle confuſion, que vous pouvez voir aux hiſtoires, tant furent ravis & tranſportez en leurs eſprits. Auſſi, par une raiſon naturelle, toute choſe eſparſe & diſſipée n'eſt jamais ſi aſpre que celle qui eſt en un amaſſée. Parquoy ne voyez-vous, ma Damoiſelle, de combien il eſt meilleur faire compte de toutes Dames en general, que ſoubs un umbre de loyauté , s'aneantiſſant auprés d'une , ſe rendre à tout le monde une bute à riſée ? Sur ce poinct, Monophile, auquel eſtoit la cauſe de loyauté autant ou plus affectée qu'à la Damoiſelle, uſant en ſon lieu de revenge, prit en ceſte maniere la parole. Voyez, je vous ſupplie, ma Damoiſelle, par quelle rhetorique ce Gentil-homme nous veut pallier un vice ſous une grande couverture, qui eſt Dieu. Que ne me diſiez-vous par meſme moyen, Seigneur Philopole (pour vous ſatisfaire en un ſeul mot) le mariage n'eſtre bon, tel comme aujourd'huy obſervons & en avons loix eſcrites, ains qu'à l'imitation Mahommetique, faudroit avoir pluſieurs femmes en meſme temps, à ce qu'employans tout voſtre amour en une , millions par adventure en oubly l'amour de Dieu ? Soyez doncques voſtre Juge vous-meſme, & vous condamnez de l'erreur auquel ores eſtes tombé par voſtre reſolution ; & tel , que preſque vous avoiſinez de ces anciens Ciniques, qui en leur ſotte imagination de Republique, entre leurs autres conceptions, voulurent les femmes en general eſtre communes : laquelle opinion, neantmoins fut touſjours bannie de toute cité bien ordonnée & digerée. Mais qu'eſt-il de neceſſité que je m'eſtende en contemplations eſtranges ? N'avons-nous noſtre cité Chreſtienne, qui nous admoneſte en cecy ? Ne liſons-nous en toutes parts eſtre requiſe la conjonction d'un à une ? Voire meſme encor' que les ſecondes nopces fuſſent admiſes de droit divin, & humain, ſi ne ſe trouvent-elles jamais ſi agreables, ny à Dieu, ny aux hommes, que les premieres, pour ceſte communication corporelle diſtribuée en pluſieurs lieux. Auſſi quand Adam entra en ce monde, Dieu ne luy bailla-t'il ſans plus une femme, laquelle il voulut tirer de ſes os, pour nous apprendre , & certifier l'incroyable amitié que devons porter à nos femmes ; juſques à nous commander abandonner pere & mere (auſquels neantmoins tout droit de Nature nous ordonne obeiſſance) pour adherer l'un à l'autre ; Et pourtant il me ſemble, Seigneur Philopole, qu'à trés-grand tort nous vouliez-vous fruſtrer de ceſte extréme amitié d'un à une, laquelle Dieu a tant, & tant, non recommandée, ains commandée. J'entens bien que ſur ce pas m'alleguez, là eſtre faite

Amour extreme des hommes envers les femmes fait ſouvent de laiſſer à luy de Dieu.

Pour la loyauté

Femmes communes entre les Ciniques

Quelle eſt l'amitié que les hommes doivent porter à leurs femmes.

faite mention de mariage, & nos propos prendre leur cours de l'Amour simple: mais pour le moins vous avise-je, que là où pretendez, en l'opinion que soustenez encontre ma Damoiselle, vous murer de quelque umbre de vertu, se trouvera en la sienne une plus vraye & naïfve image du divin, qu'en la vostre. Ce neantmoins si fault-il que je vous die, que c'est à mon grand regret (& Dieu m'en soit pour tesmoin) qu'il faille que nous constituions une double espece d'amour, l'un gisant au mariage, l'autre dehors. Au temps premier que tous mariages s'exploitoient soubs un mutuel Amour, ainsi que Dieu l'ordonna, n'estoit ceste distinction entre les hommes: mais quand par une coruptelle de temps, ils commencerent à forligner, adoncques aussi commença ceste difference d'aymer. Ce fut en l'introduction des doüaires, lors que les Legislateurs, d'un assez mauvaise consideration, pour inviter les hommes à ceste conjonction reciproque (où neantmoins estoient naturellement enclins) les establirent és Republicques. Car pour ceste mesme raison, furent contraints ordonner infinies loix aux adulteres: d'autant que cognoissans le mal, où par leur indiscretion ils estoient tombez pour avoir privez les mariages en partie de leur accoustumée amitié (au supplement de laquelle avoient inventez les doüaires) leur fut necessaire, pour entretenir, au moins mal qu'ils pourroient, leur Republique sa depravée, trouver nouvelle medecine: qui fut la cohercion de ceux qui enfraindroient tels mariages, bien que par leurs constitutions, ils les eussent rendus corrompus. Et qu'il soit ainsi que je dy, vous le trouverez avere d'un costé, que par la Republique de Sparte, en laquelle le bon Legislateur Licurge, n'establit aucune loy de l'adultere, pour ne le rendre à ses citoyens cogneu. Mais qui leur rendoit non cogneu? Estoit-ce que les aiguillons de Nature ne tombassent en leurs esprits, aussi bien qu'en l'entendement de tous peuples? Non, non, je vous advise Messieurs, ains ceste excellente ordonnance sans plus, par laquelle ce grand Legislateur & Philosophe, deboutant les dois de sa Republique, voulut les mariages se parachever par une seule & cordiale amitié. Ainsi ne se faut-il esbahir, si ceux qui pour le jourd'huy se celebrent, se brassans seulement soubs une attente d'argent, se trouve ceste difference en Amour: au grand interest bien souvent, & prejudice des maris, qui pour ne s'estre addressez à leurs vrayes & entieres moitiez, voyent souventesfois leurs femmes s'addonner à celuy qui semble que les cieux luy ayent dés le commencement destiné. Or où tend doncques tout ce discours? je veux dire que si en mariage (qui pour le jourd'huy ne se fait que par apperence du bien) l'on estime se devoir garder loyauté, non moins devons-nous faire le semblable hors mariage, voire & à l'endroit de la Dame mariée, si paradventure il eschet que celle pour nostre affection se transporte. Quoy? si je disois davantage, serois-je de vous repris? car on ne sçauroit faire entendre, que le lien des loix Civiles puisse plus que celuy des loix de Nature: & toutesfois je ne passeray plus outre, ains me restraindray en cecy: vous advisant seulement que celuy qui d'une vraye & non feinte Amour, s'est voüé en quelque endroit, se doit porter, voire se portera envers toutes autres Dames, pour le regard de la sienne, plus que ne fit Xenocrate (dont nos propos prennent leur cours) envers la bonne Dame Phryné. A l'heure, Philopole, plus pour esveiller la compagnie, que pour autre occasion, toutesfois d'une assez bonne grace, luy respondit: je voy bien, Seigneur Monophile, qu'en nous se trouve verifié le commun dire, c'est qu'une fable attire l'autre: d'autant que plus vous advancez, & plus me semonnez à vous respondre, non seulement au poinct duquel a pris fondement ceste presente question, mais aussi en beaucoup d'autres: ausquels si je voulois entrer, je crains que vous & moy nous missions à nostre aise en un bourbier, duquel l'issuë seroit par trop difficile. Si ne demeureray je pour ce coup muet en chose si favorable. Et combien qu'il semble que les passages de mariage, qu'ores avez mis en avant, pour rendre vostre amitié d'un à une plus authorisée, ne concernent

gueres nos propos, si vous satisferay-je en cest endroit, si je puis. Je m'avoisine, dites-vous, d'un Mahommet, qui approuva plusieurs femmes en mesme temps, ou bien d'un ancien Cinique qui voulut toutes les femmes estre communes. Laissons leurs noms, je vous supplie, par le moyen desquels me voulez rendre odieux. Car qui vous a appris, Seigneur Monophile, le mariage d'un à une estre meilleur, que celuy d'un à plusieurs, sinon la loy: laquelle neantmoins, si par maniere de dispute il nous est loisible mettre hors (comme sont nos pensées libres) estimez-vous, que ce dernier mariage ne se munisse de deffence, tout aussi bien que le vostre? Car si entre tous animaux, Nature voulut créer le seul homme, vray sociable, nous apprenant (pour entretenir ceste humaine societé) nous reünir l'un à l'autre, me voudriez-vous ores nier que l'union ne soit plus grande, d'un seul avecq' plusieurs, qu'avecq' une seule femme? Toutesfois, Seigneur Monophile, je ne suis de cette opinion: car outre que nous en avons loy escrite, qui en cest endroit nous lie, & la pensée & la parolle, à laquelle loy, l'union de tels mariages demeureroit imparfaite; pource, qu'en ceste maniere, se trouveroit l'homme avantagé au desavantage de la femme: car estans reciproquement tous enclins aux aiguillons naturels, qui seroit celuy de nous, qui pourroit jamais vacquer au contentement d'elles toutes? Ainsi seroit ceste union defectueuse, non toutesfois despourveuë d'apparence & superficie de raison. Mais quel besoin, de nous estendre aux mariages, avecques lesquels nostre dispute n'a rien commun, sinon d'autant que ne pouvant mieux verifier vostre belle amitié, vous estes voulu d'iceux sur le commencement ayder, & toutesfois recognoissant vostre faulte, sur la fin de vos propos, les avez abandonnez, vous rangeant contre leur party? Car quant à ce que m'avez mis sus, de la communion des femmes; je n'approuve pas, Seigneur Monophile, la communion (en laquelle toutesfois je me pourrois emparer, non d'un Cinique seulement, ains d'un Stoïque, de tous ces peuples jadis appellez Messagetes, & encore paradventure d'un Platon) mais en suis autant eslongné, comme vous, par vostre opinion, vous en rendez approchant. Que pretens-je doncques soustenir? C'est que beaucoup plus est pernicieux en une Republique, celuy qui prend son addressée à une Dame mariée (comme estimez) pour en faire son propre & particulier, & plus voisin de ces folastres Ciniques, que l'autre qui sans arrest prend son vol en tous lieux, où le vent luy donne ace chose que me promets vous monstrer, & que par ce moyen j'espere, que vous-mesme, vous impropererez le tort, à tres-grand tort me donnez. Or de soustenir simplement, qu'il seroit bon que les femmes fussent communes (comme estimoient ces Ciniques) on sçait que ce sont propos: ny ainsi ny ainsi ne sont, ains se rompent le cerveau à disputer, & sçavoir si la communauté des biens seroit plus proufitable au genre-humain, que la division, que pour le jourd'huy observons. Car quel proufit est-ce de mettre en controverse, une chose qui ne peut tomber en usage? Ce neantmoins se sont trouvez plusieurs gens, desquels és uns pleut la communion des biens, és autres celle des femmes. Mais avant que passer plus outre, ne fut plus estimée cette communauté de biens, en l'ancienne Republique des Lacedemoniens, où les furts & larcins furent permis, qu'en Rome, en laquelle les larrons furent punis ou au double, ou au quadruple? Je ne sçay pas qu'en jugerez; mais de ma part, il me semble, que tout homme de bon jugement, en ce condescendra à mon dire. Doncques descendons maintenant des biens, aux femmes (qui semblent avoir quelque simbolisation de l'un à l'autre) & ainsi trouverons-nous, à laquelle des deux Republiques se rend vostre opinion plus conforme. Vous approuvez la loyauté, & mesmement voulez qu'une femme mariée s'addonne à son amy seul: n'est-ce à l'imitation d'un Licurge, vouloir par un occult larcin pratiquer à soy une chose qui neantmoins appartient par loy à autruy? Voyez quelle confusion vous-mesme (sans y penser) introduisez, ne laissant rien

particulier

Le premier Livre du Monophile.

particulier aux hommes, sinon celuy où voſtre naturel vous pouſſe. Et aprés avoir gaigné une Dame, perſiſtant non à la loyauté que dites, ains à une ſotte opiniaſtreté, voulez qu'à touſiours-mais vous demeure. A mon iugement, Seigneur Monophile (outre ceſt erreur de communion, où eſtes inadvertemment tombé) comprenez-vous aſſez mal l'ordre de toute nature. Car ſi toutes choſes de ce monde ont leurs raiſons, eſquelles ſucceſſivement tombent de l'une à l'autre, n'eſt-ce pas meſme moyen, raiſon, qu'eſtans parvenus au but où pretendons, cedions noſtre lieu à un autre ? Si les quatre ſaiſons de l'année ſe trouvoient en ce different, que l'une s'eſtant emparée de nous, ne vouluſt (ſon terme expiré) donner ſa place à une autre, comme le printemps à l'eſté, l'eſté à l'autonne, & l'autonne à l'hyver, n'eſtimeriez-vous s'approcher toute la ruine du monde ? Il faut par influence celeſte, que chaque choſe prenne ſa vogue: & voyons meſme, les bien grandes Monarchies eſtre tombées d'un peuple à autre, par une entreſuite des choſes, & d'un Aſſirien au Mede, d'iceluy au Perſe, puis au Grec, puis au Romain, & encor' derechef au Grec : de maniere qu'à tort vous penſeriez vous propoſer une eternité en ce monde, ny une volonté perdurable, tant que reſterez ſur la terre: car ne le permet nature, laquelle pour nous apprendre, combien luy eſtoit aggreable ceſte grande varieté, ſe voulut diverſifier en cent millions de ſortes, pour noſtre uſage. Et non ſeulement és choſes qui concernoient noſtre uſage : mais en infinies autres mutations, dont elle s'eſt reſervé le nombre. Et voyons meſme cette premiere ſubſtance, laquelle Dieu ſe projetta rendre en ce monde, incorruptible, prendre neantmoins diverſes formes, ſelon le progrés du temps. Et vous, Seigneur Monophile, mal recognoiſſant la Nature, ains quaſi la deſpitant, voudriez touſiours demeurer un ? Davantage, quelle profeſſion d'honneur & louange faites-vous, quand iuſques là abaſtardiſſez voſtre eſprit, qu'ayant pratiqué une Dame, ne vous oſez adventurer à plus grande entrepriſe ? Vrayment, touſiours eſtimeray-ie en un homme, la vigilance, qu'il peut mettre en la conqueſte de ſon butin : mais auſſi l'avoir conqueſté, demeurer ſi peu hardy, de ne ſe hazarder à plus hautaine victoire, me ſemble le fait d'homme peu vaillant & magnanime. Pourquoy doncques terminer ſon eſprit en une ſeule, veu que plus il en conquerra, & plus demeurera en reputation & eſtime? Si Alexandre ſe fuſt ſeulement propoſé, ſe maintenir dans ſes fins & limites, fuſt-il iamais parvenu à cette univerſelle Monarchie? Mais quoy? encores n'eſtoit-il content, ains vouloit employer ſes victoires à entrepriſes plus hazardeuſes, ſi par puiſſance humaine il euſt ſceu excogiter pluſieurs mondes. Auſſi un bon cœur eſt trop grand, pour ſe contenter de bien peu. En quel meſpris eſt doncques celuy qui borne ſa gloire d'une ſeule, ſans ſe deliberer de l'eſtendre une autre part? Iamais ie n'improuveray en telles choſes, entreprendre un peu librement ſur les terres, & marches d'autruy: mais ſe l'approprier à iamais, il me ſemble que ce ſeroit nous oſter un trafic & commerce entre les hommes, pour le commun entretenement de l'humaine ſocieté. La fable ne vous eſt incognuë, que ceſt ancien Orateur propoſa au peuple Romain, pour le reünir & lier avecque les Senateurs, lors qu'il leur repreſenta l'humain corps, lequel ſans doute prendroit fin, ſans un ayde naturel & trafic, que les membres ont l'un en l'autre. Ainſi furent en toutes Republiques, introduites les venditions, emptions, locations, & d'abondant les preſts, emprunts, & precaires, ſur leſquels, ſans plus, ie pretend me fonder: & voire en telle maniere, qu'en recognoiſſance du bien que ie reçoy, les maris d'une autre part, reçoivent mille courtoiſies & gratieuſetez de moy, deſquelles autrement ils ne ſeroient participans. Car pourquoy ? la raiſon ne veult-elle pas que tout ainſi que familierement i'emprunte ſur eux pour un temps, auſſi pour le moins, en recognoiſſance d'un tel bien, ie leur en ſçache bon gré? Où vous autres qui mettez toute voſtre eſtude à vous rendre à une ſeule, tout le plaiſir que recevez, eſt la briefve mort & deſpeche d'un pauvre & innocent mary. Ne cognoiſſez-vous doncque ſi ſçavoit à l'œil, quelle perturbation introduiſez par voſtre raiſon, accompliſſant vos larcins d'un homicide : au contraire, quel bien & utilité ie vous apporte par la mienne, morif d'une plus grande liaiſon & union entre les hommes, que les loix meſmes par leurs menaces & commandemens ?

Philopole ayant donné fin à ſon propos, ce ne fut ſans grande riſée de toute la compagnie : d'autant que tout ce diſcours s'eſtoit trouvé accompagné d'une ſi naiſve gayeté, qu'on ne ſçavoit s'il paroiſt ſeulement pour plaiſir, ou bien qu'ainſi il l'eſtimaſt. Au moyen de quoy, Charilée, n'ayant encor achevé ſon rire : vous eſtes grand guerroyeur & conquerant, Seigneur Philopole, dit-elle, & par adventure plus grand que ceſtuy Alexandre, duquel vous dires imitateur, i'entens és proüeſſes, eſquelles voulez appliquer voſtre eſprit : leſquelles neantmoins abaſtardiſſez en partie par le fait de marchandiſe, que par la fin de vos propos vous vantez exercer parmy vos braves entrepriſes : & crains qu'elles ne vous ſoient non plus honorables, que celuy qui de noble devient marchand. Mais adviſez, Seigneur Philopole (& m'en croyez) eſtant ſi hardy trafiqueur qu'empruntez à ſi hault intereſt, que lors ſerez en ce degré de mariage, il ne le vous faille payer avecq' une uſure illicite. Car ainſi le voit-on eſchoir iournellement : auſſi eſt-ce ce que l'on dit : qu'il ne fault faire choſe, dont on n'attende le ſemblable de quelque autre : & pour voſtre regard, Seigneur Monophile, combien que ie n'euſſe en deliberation de m'entremettre en voſtre querelle (vous voyant tenir mon party) ains vous laiſſer pourſuivre à vous deux ſelon voſtre bon plaiſir : ſi eſt-ce que ie crains que vous accordant tout le reſte, ie ne vous rende des voſtres, en ce que deſirez noſtre Amant ſe maintenir d'une parfaicte loyauté envers la Dame mariée. Si vous euſſiez dit que le mary euſt deu ſe porter envers ſa femme, d'une integrité telle qu'il la deſire en elle, vous n'euſſiez eſté en cela par moy deſdit. Mais qui vous accorderoit, que celuy qui eſt ià en ce nœud de mariage, doive porter reſpect & reverence à autre homme, qu'à celuy auquel ſinon Nature, pour le moins les loix Civiles l'ont liée? Et qui eſtant permis franchir telles bornes, qui ſera celuy ſi hardy, qui oſe avecq' vous maintenir, qu'elle doive avoir aucun eſgard de loyauté envers les autres eſtrangers, auſquels ſe doit porter qu'une amitié generale? Car encores qu'il y ait apparence de contenter ceſte affection, parce que Nature nous y encline, ſi la fault-il moderer, puis qu'infi il a pleu aux loix: & ne ſuffit-ce que pour un entretien politique. Autrement, nous introduirions un grand Chaos, ne pouvans diſcerner ſoubs l'ombre de ceſte amitié mutuelle, auquel ſe deuſt attribuer la femme, ou à celuy qui ayme parfaictement eſtant mary, ou au mary qui ſeulement s'eſt induit prendre femme pour occaſion d'argent. Si n'en ſera-t'il ainſi de mon conſentement : car encores qu'au mary n'y ait toutes les choſes, pour leſquelles on peult eſtre attrait à l'Amour, ſi le doit la femme aymer ſeulement, d'autant que c'eſt ſon mary. Et à mon advis, ne trouveroit icy lieu, la ſubtilité de celuy, lequel ayant induit une femme à confeſſer, que plus luy agréoit le bœuf, la maiſon, le champ de ſon voiſin, s'ils eſtoient meilleurs que le ſien, voulut ſucceſſivement conclure (la penſant avoir encheveſtrée dans ſes rets) que plus elle aymeroit ſon voiſin, s'il ſe trouvoit de meilleure paſte que ſon mary. Certes, il erroit grandement pour la diverſité de raiſons : car la femme, bien que celuy auquel elle eſt pourveuë, ne ſoit riche, bon, ny beau comme tous les autres, ou que ſans aucune amitié elle ſe ſoit conjointe avecq' luy, ſi ſe doit-elle en luy ſeul temperer & refrener : & approprier ſur ce, la reſponſe que fit une bonne matrone de Rome à ſon mary, lequel ſe courrouçant contre elle, pour autant que par en ſi long eſpace de temps, ils avoient enſemblement veſcu, ſans toutesfois l'avertir d'un vice d'haleine, qu'on luy avoit en compagnie reproché : en bonne

Entreſuite & viciſſitude de toutes choſes.

Magnanimité & grand courage d'Alexandre.

Fable de l'ayde naturel de tous les membres du corps humain.

La femme doit aimer ſon mary ſeulement, & luy garder loyauté.

Pudicité remarquable d'une ancienne matrone Romaine.

Le premier Livre du Monophile.

bonne foy, mon amy (respondit-elle) je pensois que tous les autres vous resemblassent en cest endroit. Ainsi fault-il que toute femme n'imagine dans soy-mesme, plus grande beauté ou bonté qu'en la personne de son espoux: voire que si d'avanture il eschet, que par aveuglée concupiscence elle se rende en ceste part retive, si doit-elle neantmoins prendre conseil de raison, pour corrompre, non ce à quoy sa nature, mais sa desordonnée volonté l'a poussé & incité. Autrement, si vostre dire trouvoit lieu, on pourroit adapter aux autres choses injustes, quand par un sot mouvement elles nous retournent à gré. Chose toutesfois qu'il ne faut jamais permettre; & nous ont esté baillées les loix pour nous servir d'une bride à nos appetits charnels, lesquels nous ne pourrions bien souvent maistriser, sans la crainte que nous avons d'encourir punition. Et pource, fut approuvée és Republiques, la cohertion des adulteres, pour ceux qui delinqueroient contre les statuts de mariage; seulement pour obvier à ceste fragilité humaine, & non pour la cause qu'imposez aux doüaires, lesquels tant s'en faut qu'ils troublassent les mariages, qu'au contraire leur donnerent acheminement. Quoy? si je vous monstre, Seigneur Monophile, par raisons presque invincibles, qu'ils ont esté necessaires pour l'entretenement de ceste societé humaine, & par une bien bonne & meure deliberation, ne me confesserez-vous, encore que pour la seule consideration du dot se fust commencé le mariage, qu'il ne faut pourtant l'enfraindre en aucune sorte ou maniere? Je ne dy pas que si estions en cest aage doré, auquel fut la premiere institution de mariage, je ne trouvasse vostre dire tres-conforme à la raison: & que tant seulement devrions-nous lier avecq' nos femmes en leur faveur, sans aucun autre respect. Parce qu'en ce premier temps n'estoient les gens oppressez d'une telle varieté d'afflictions & pauvretez comme sommes pour le jourd'huy: d'autant que sans aucun labeur & peine, ils vivoient au bon plaisir de la terre qui non encores coustumiere ny lasse d'apporter fruicts, ne vouloit estre cultivée, comme depuis l'a requis. Au moyen de quoy, il estoit discord, avoient toutes choses en commun; rien n'estoit distinct, ny separé l'un de l'autre. Et partant, leur estoit-il loysible en telle affluence de biens, prendre femme seulement à leur plaisir, & telle que bon leur sembloit: ainsi que voyez pour le present, grands Seigneurs, qui ont puissance de nourrir & entretenir leurs femmes. Mais quant à nous, ausquels nature n'a esté si prodigue à departir & eslargir ses biens & thresors, il me semble qu'encores nous auroit-elle bien mal pourveus d'entendement, si sans autre consideration de l'amour, entrions en ce lien de mariage. Ne fault-il vivre avecques sa femme? Quand je dy vivre, j'entens s'entretenir moyennement en son estat, soy alimenter, nourrir enfans & sa famille, se secourir aux maladies, qu'il n'en vienne inconvenient: & de toutes telles peines le seul faix regorge au mary. Car ainsi l'a ordonné ce grand & souverain Juge du Ciel par une grande prevoyance. Voulez-vous donc ruiner vous, & vostre maison, par une vaine & sotte opinion qu'aurez empreinte en vostre esprit, & possible au plus grand tort du monde? Si en celle Lacedemone, par vous en vos propos alleguée, eust esté le peuple si depravé comme estoient les gens de Rome, lors que par leurs sages Jurisconsultes les doüaires trouverent lieu; je croy que cestuy Licurge, entre nos bons Legislateurs tant estimé, n'eust usé d'une moindre sagesse & prudence envers ses Lacedemoniens, que les autres Magistrats envers tous les autres peuples. Mais le Legislateur est à l'endroit de ceux qu'il veut former & instituer, ainsi que le bon Medecin à son malade, auquel souvent il permet user de mauvaises viandes, pour luy donner goust des bonnes. Et s'il le vouloit tant restraindre à une observation de ses estroits preceptes & regimes, plustost luy apporteroit mort que santé. Ainsi se conformans bien souvent les Legislateurs aux volontez de leurs subjects, est necessaire leur permettre choses mauvaises, en une depravité & corruption de mœurs,

Cohertion des adulteres à quelle fin approuvée és Republiques.

Doüaires introduites pour l'entretenement de la societé humaine.

Communauté de biens au premier temps.

Legislateurs comparez aux Medecins.

A pour les acheminer aux bonnes. Comme voyez aux doüaires, lesquels pour ceste raison ont esté trouvez necessaires au mariage, qui n'est qu'une commune societé. Et si entre Marchands est permis, pour entretenir leur traffic, que l'un parfourniste aux frais, & en contre-eschange de l'autre qui preste son industrie; que devons-nous estimer en ceste association d'homme à la femme, en laquelle (comme otes je vous disois) tout le faic de ceste humaine pratique despend du cerveau de l'homme? En bonne foy, Seigneur Monophile, il seroit tres-mal-seant & non convenable (encores que je parle au desavantage de mon sexe) que le double faix & fardeau regorgeast dessus vous autres (j'entens & que prestissiez vos peines, & apportissiez des escus) & qu'à la seule femme fust de-laillée le contentement & plaisir, sans aucune solicitude, que celle où volontairement elle se voudroit adonner. Ne voyez-vous doncques par ce peu que j'ay deduit, comme par un grand avis fut besoin que les doüaires eussent leurs cours aux mariages? Estans ainsi necessaires, si ne fault-il toutesfois, par une abusive nature, que l'homme ou la femme (transgressans tout ordre de droit) pretendent violer les loix de chasteté, ordonnées és mariages. En cest endroit finit Charilée, quand Monophile non content, luy repliqua: ce propos tombe fort bien en vostre bouche, ma Damoiselle; toutesfois n'a pas long-temps, me trouvant en compagnie de braves gens, où s'esmeut telle question que celle qui à present s'offre, quelqu'un ayant discouru toutes ces mesmes raisons que vous venez de proposer, se rencontra un Gentil-homme de bon esprit, lequel ayant longuement presté l'aureille à ce discours, ne le voulut laisser passer, sans luy donner quelque atteinte, que je suis tres-content vous reciter sur le champ, puis que l'occasion le requiert. Je trouve (dit-il, repliquant à celuy qui avoit tant parlé) vostre dire fort bon: & encore le trouverois-je meilleur, n'estoit que l'amour est par-dessus tous les statuts & ordonnances humaines. Et sçavez que là où nature parle, il fault que la loy se taise, mesme lors qu'elle y contrevient. Qu'ainsi soit, à vostre avis toutes nos loix mondaines, par toute leur grande puissance, tant que residons sur la terre, desnoüer la proximité de parentage que nous avons d'un à l'autre? Paraventure trouverez-vous, que pour aucune faute ou delict, elles nous frustreront quelquesfois du droit, qui sembloit nous appartenir, au moyen de la parentelle: mais non de la consanguinité, dont nous sommes ensemblement, dés nostre nativité, conjoints: parce que nature seule, & non les loix y ont ouvré. Ainsi en un mariage, qui seulement sous ombre de doüaires s'entreprend, ne pensez point, Messieurs, que la loy qui l'a ainsi permis & toleré, ait peu en aucune sorte desvoyer la loy de nostre vraye nature. Non point que je voulusse ouvrir un tel chaos és Republiques qu'on penseroit: l'obeissance & reverence est deuë aux maris par une obligation civile: mais par un lien naturel, la singuliere amitié que nous portons à nos amis: & croy mesmement que les loix (encore qu'elles n'en ayent rien à l'ouvert determiné) n'ont ce neantmoins esté taisiblement mal contentes de telles amitiez reciproques. Car si jadis (comme encores pour le jourd'huy) elles ont tousjours excusé, en la chaude colle, executer la vengeance en celuy qui nous outrageoit, jusques à commettre meurdre (autrement bien punissable) pour l'occasion sans plus d'un naturel appetit, qui nous induit à ce faire; que devons-nous estimer de l'amour, lequel (n'estant que la mesme nature) nous contraint, que nos volontez bien souvent, à aimer en aucuns endroits? Et possible que la peine des adulteres (seul & unique remede des mariages) ne fut à l'encontre de ceux introduicte, qui d'une affection violente voüent leurs cœurs à une Dame, ains pour ces petits mignons & muguets, qui (quasi d'un propos deliberé & tromper) prennent leur adresse en tous lieux, ny plus ny moins que de ceux, qui d'un guet-à-pens se vangent de leurs ennemis. Ainsi comme peut-estre trouverez avoir en une Republique d'Athenes, en laquelle pour un temps

Des Mariages qui se font seulement pour argent.

Peine des adulteres pour quelles fut premierement introduicte,

Tome II.   Y y ij   (si

Le premier Livre du Monophile.

(si quelques autheurs dient vray) estoit permis à la femme, ne pouvant concevoir de son mary, susciter sa generation en un autre sien affectionné, moyennant que le fruict qui en naistroit, fust estimé du mary. Or à vostre avis, s'en trouvoit la Republique plus troublée pour cela? Non, je vous asseure, Messieurs, ains en demeuroit cent & cent fois plus en son entier. Parce que satisfaisans à leurs Ordonnances civiles, ils contentoient par mesme effet, celles que l'on pourroit maintenir (sans autre chose) leur apprenoit. Non pourtant que je ne fusse plus aise, que desracinant de nous ceste opinion de doüaires, seulement entrissions en ce joug de mariage, par une seule amitié, pour nous oster toutes telles occasions: car quant à ce que l'on pourroit maintenir, avoir esté necessaires pour un estat politique, tant s'en faut, que je le croye, qu'au contraire je pense estre le seul fondement de toutes les perturbations (au moins de la plus grande partie) qui viennent aux gens mariez. Dites-moy, je vous supplie, d'où despend cest entretenement, sinon d'une amitié reciproque, que nous nous devons l'un à l'autre? Laquelle fut exterminée par ceste invention malheureuse. Car si peut-estre il eschet que portant bien bon amour à une fille de basse estofe, par un mouvement naturel, je m'accompagne d'elle en mariage, ne dira soudainement ce peuple, en ce par moy avoir esté commis un exemple de vraye folie? Ne m'abhorreront mes amis? Ne me fuiront tous mes parens? Comment? (diront-ils) luy qui estoit de noble lignée, & si bien apparenté, s'estre mis en lieu si bas? (voyez de grace que peut ceste impression de doüaires) & nonobstant ne cognoistront qu'en ce auray trouvé mon paradis, où en un autre, serois tombé en un enfer: car & l'un & l'autre sont compris soubs ce nom de mariage. Mais si par une avidité d'avarice, je m'adresse à une Dame fort opulente en bien, vous verrez à l'instant ceste aveuglée ignorance, me loüer, estimer, congratuler de ce qu'elle estime tout mon bien, qui est mon extréme dommage. Il a beau dire (dira ceste populace) sans prendre peine, son mariage est de quinze à vingt mille livres. Mais dira l'autre un peu plus sage & accort: si ne voudrois-je pour tous les escus de ce monde (bien que je sois pauvre & chetif) avoir espousé telle femme, pour vivre en telle peine & servitude. O temps! ô moeurs, doncques trop depravées, ausquelles il faut que l'argent usurpe le nom de mariage, & la conjonction des personnes soit appellée servitude! Or qui cause tel malheur? N'est-ce l'avarice, à laquelle nos ancestres ouvrirent la porte, lors qu'ils admirent les doüaires? Et puis esmerveillez-vous & debattez, avecques une infinité de vos plus subtiles raisons, si une Dame, froissant la porte de vos loix, outre son accoustumé mary, trouve bien souvent un amy; & mary, au reciproque, joüe semblable personnage envers sa femme; car si (comme voulut en sa Republique de Sparte, ce droiturier Licurge) un chacun s'adressoit à celle où reposoit son entiere devotion, nous osterions toutes les peines & travaux, que voyons ce jourd'huy regner entre tous les humains. Qui seroit beaucoup meilleur, que non ceste commodité que vous, mon Gentil-homme, ores nous avez alleguée de l'administration de famille. Ce n'est pas le tout, ce n'est pas le tout, Messieurs, de trouver voye aux mariages, si vous ne les associez d'une mutuelle amitié: & ne seront onques les citez heureuses, jusques à ce que reprenans la route de nos premiers ancestres, establissions nos mariages sur un coeur, par le moyen duquel, & non autrement, bannirons non seulement tous les deffauts de telles conjonctions, ains mesme d'une Republique: laquelle ne tendant qu'à perpetuelle concorde, à peine qu'elle en puisse joüir, se trouvant entre l'homme & la femme simulation secrete au lieu de vraye amitié. Et s'il est ainsi que de ceste copulation maritale, soit provenuë à la file, ceste universelle police (parce que du commencement n'estant le monde que divisé en l'union de deux personnes, il multiplia du depuis petit à petit, en villages & villes closes) certes, estant le fondement de telles liaisons corrompu, aussi faut necessairement

que l'édifice soit ruineux. Et à dire le vray, je croy que de ceste corruption des mariages (qui sans plus se font pour argent, estans l'homme & la femme au demeurant mal conformes) vient la cause, pourquoy nous verrons ordinairement, tant d'inimitiez & rancunes entre les freres & soeurs: d'autant qu'estans composez d'humeurs diverses & non accordantes, il est difficile qu'entr'eux, non seulement ils s'accordent, mais aussi bien souvent en eux-mesmes se trouvent & sentent combattus de deux diverses qualitez & contraires, qu'ils empruntent des peres & meres. Or n'est-ce toutesfois icy le vray poinct où je pretens, pour ne m'estre commise és mains la reformation de nos moeurs: mais je veux dire que pour y donner un jour ordre, & bannir de nous ceste corruptelle de doüaires, peut-estre ne sera-t-il hors propos à la Dame, s'estant ainsi mariée, avoir un amy de reserve, avecques éternelle asseurance de luy garder entiere foy & loyauté: à la charge de servir aux autres d'un bon & fidelle exemple, de ne se marier aux biens, ains à celles ausquelles l'amour les destine. A tant mit fin à son parler ce brusque Gentil-homme, avecques un assez grand applaudissement de toute l'assistance: pource qu'il n'y avoit aucun, qui y pretendist interest. Or ne sçay-je si à bon escient, ou en jeu il tesra tels propos. Toutesfois, ayant longuement debattu, par une infinité de traverses, les raisons en mon esprit, je ne voulus tellement faire mon profit du sien, que je ne me reservasse la liberté de le desdire. Car quant à ce qu'il asprement il maintenoit, l'amour passer toutes ordonnances humaines, vrayement fourvoyoit-il fort en la question qui s'offroit: car qui seroit celuy si esblouy, qui ne cognoist à veuë d'oeil, le mariage n'estre ordonné par les humains, ains par establissement divin, & inventé par l'Eternel, comme seul & unique moyen de la conservation de nous autres? Ainsi d'approprier chose si haute à nostre humanité fragile, n'y auroit ordre, ains demeurerons bien en ceste part-cy des vostres, ma Damoiselle, non seulement eu esgard à cest entretenement que vous nous avez allegué: mais aussi bien davantage, pource que Dieu le commande, qu'il faut que la femme ne s'accommode à autre qu'à celuy auquel l'Eglise l'a liée. De sorte, qu'encores que l'amour ne fust entre elle & son mary, si faut-il se forcer soy-mesme & contraindre son naturel, pour vivre en eternelle paix. Toutesfois aussi s'il avient, que le mariage soit du nombre de ceux qui sont si defectueux, qu'il ne se puisse mettre, à foy d'homme de bien, ma Damoiselle, je ne puis que je t'excuse, & trouve assez legitime, ce que disoit ce Gentil-homme, de se ranger vers un amy. Et où te trouverez mauvais, en premier lieu, j'ay la nature qui prend ceste cause pour moy: aussi ne me faudra le mariage, lequel (au lieu de m'accuser) luy-mesme, s'il pouvoit parler, seroit en ma faveur & à cause de moy, partie pour avoir esté par mary deffraudé sous une promesse d'argent, de son vray manoir & heritage, qui est l'amour. Ainsi à bon droit pourra-t-il dire avoir esté contre raison vendu: & si possible me contraignez moy-mesme prendre la cause en mon nom, sans appeller aucun garand: ne voyez-vous és Republiques bien ordonnées (puis que vous estes voulu ayder de l'ordre d'une Republique) estre permis beaucoup de choses, parce qu'il semble que la necessité le requiert, lesquelles toutes autrement seroient estimées mauvaises? Je vous laisse doncques à penser le surplus, d'autant que ce passage me semble assez chatoüilleux, mesme pour les gens mariez. Or fasse Dieu, qu'ils ne soient en cest estrif: tous choisissans une femme, que la nature leur destine, & non que l'argent leur moyenne: autrement s'ils s'en trouvent mal, en remettent la coulpe sur eux. Lors Glaphire, qui pendant tout ce discours s'estoit tenu tout à coy: à present, dit-il, cognois-je en nous verifié, ce qu'autrefois disoit le Poëte Horace, de trois personnages par luy conviez à un banquet, tous trois de divers gousts, tous trois de divers appetits, & tous trois de difficile contentement: mais plus, à mon avis, le tiers: d'autant qu'au premier plaisoit le doux,

au

Amitié reciproque requise entre gens mariez.

Cause des rancunes entre freres & soeurs, d'où procede.

Mariage ordonné par establissement divin.

Beaucoup de choses permises par nécessité, cessent, qui autrement sont estimées mauvaises.

Trois personnages differens descrits par Horace.

Le premier Livre du Monophile.

au second l'aigre, & à cestuy n'agréoit, ny l'un, ny l'autre, tant estoit de delicate complexion. Je pourray possible en cecy le ressembler, voulant trouver moyen entre les deux extremitez, que je voy si bien par vous debattuës : car à ce que j'ay peu apprendre de vos querelles (comme un propos conduit l'autre) de l'amour simple (ainsi l'avez-vous appellé) estes descendus au mariage. En l'amour maintenu, Seigneur Monophile, l'union de seul à seule, sans aucunement enfraindre le devoir dont sommes obligez à nos Dames : & en l'amour, à vous, Seigneur Philopole, plaist le contraire. Et cest amour, Seigneur Monophile, permettez desborder aux mariées, bien que par droit de mariage, elles ne nous touchent en rien ; ce qui ne plaist à ma Damoiselle : en assignez tout le deffaut aux doüaires, lesquels nous desnuent de l'amitié, qui en tels actes seroit requise, & voulez les mariages s'executer sous le titre, sans plus, d'amour. Or quant à moy, Messieurs, entant que touche le premier poinct, je ne presteray foy, ny à vous, Seigneur Monophile, & moins encore à vous, Seigneur Philopole : non pour aucun desir que j'aye de vous contrarier ; mais parce qu'estans les jugemens des hommes divers, un chacun a loy de penser tout ce qui luy plaist. Et pour le regard du second, qui concerne l'affection maritale (de laquelle pour la dignité je suis deliberé parler, premier qu'entrer en ceste servitude d'amour, que nous avez denotée) il me semble, Seigneur Monophile, que combien que vous compreniez en partie le motif des troubles de mariage, si est-ce que trop bastissez vostre édifice sur nature : car de vous suffrirent en tout des doüaires, comme vous, Seigneur Monophile, voulez, il me semble assez estrange : d'autant qu'encore que nous n'en devions faire compte clos ny arresté, ains qu'il soit seulement requis nous marier pour la conservation de nous-mesmes en nostre espece, si en devons-nous user quasi comme d'un ayde, & ornement pour l'avenir. La volonté donques pourquoy nous entrons en ce lien de conjonction mutuelle, est pour donner à nos futurs enfans, l'estre : mais les doüaires, pour leur trouver (& à nous aussi) le bien estre. Or faut-il qu'en cest endroit nous nous arrestions, & demeurions d'accord avecques ma Damoiselle, qu'il n'est loisible à aucune personne faire estat de loyauté envers la femme mariée, fors & excepté à son mary. Car combien que les affections (comme celles de l'amour) semblent estre infuses en nous par une influence celeste, qui volontiers usurperoit la domination sur nous, si doit-elle estre refrenée par la raison, qui nous fust baillée à la semblance de celuy qui domine sur tout le monde, parce que tout ainsi que l'Univers n'est qu'un grand corps, auquel il semble que les astres tiennent le siege des passions : d'autant que ny plus ny moins qu'elles en nous, aussi eux par leur cours & confrontemens reglent en tout, la bride de ce grand animal, que nous appellons le monde. Pour laquelle proximité, les Romains, d'une bonne grace, donnans & aux astres & aux passions, communs noms, les appellerent indifferemment, mouvemens. Et toutesfois encores que telles puissances soient estimées tenir en partie le gouvernement de ce rond, si est-ce que nous voyons le tout estre demeuré en la main de celuy, qui (comme une raison universelle de ce grand corps) s'en est reservé la totale superintendance. Ainsi devons-nous dire de l'homme, lequel estant un petit monde, composé se en sa qualité comme une image de l'Univers, ores que bien souvent semble estre enclin à quelques propensions naturelles provenans (comme maintenant quelques-uns) de l'astre sous lequel il est né ; si constitua neantmoins nature, un throsne en son cerveau, auquel la raison presidant, domineroit en son petit regne sur ceste influence des cieux, qui sembloit le destourner de quelque operation vertueuse. Partant, encores que vostre amour participe tant de la nature, comme vous dites, si faut-il terminer nos actions à la loy : laquelle bien que, selon vostre jugement, ne corresponde à raison, pour quelque cause qui vous meult, si est-ce que la mesme raison vous apprend à y obeïr ; pource qu'ainsi vous est commandé, par ceux qui peuvent vous commander. Ainsi estans les adulteres deffendus, non seulement de ce temps, ains de toute anciennetè & memoire, ne faut qu'il tombe en nos pensées porter amour à celles, que la loy voulut pour autruy destiner. Ce neantmoins, parce que nos inclinations naturelles sont si libres (comme vous, Seigneur Monophile, avez deduit) resteroit seulement trouver une guide pour conduire icy la raison, & obvier à ces deffauts qui tombent és mariages, par l'occasion de ces amours estranges, sur lesquels avez assez longuement discouru. En quoy vous & moy demeurerons encore pour ce coup differens : parce que pour y trouver remede, voulez telles conjonctions s'exploiter, par ce reciproque amour, qu'estimez instinct de nature, que les aucuns nomment en meilleur terme, passion : & au contraire, je pense telles affections vehementes ne devoir tomber en mariage, ains l'amitié seulement, qui procede de la raison. Car si vous guidant par cest extreme amour que figurez, pensez oster aux femmes mariées ces intemperances ausquelles pretendons remedier, aussi sera-t'il vray qu'en nos passions ne varient, & qu'il estans transportez d'affection à l'endroit d'une personne, toujours demeurions fermes & stables. Ce que toutesfois nous voyons ordinairement deffaillir. Mais encores par vostre vehemente ardeur, n'osteriez-vous à la longue des fantasies, ny des hommes, ny des femmes, ces defectuositez que trouvez : & n'empescheriez que plusieurs qui ont l'esprit assez libre (que je ne die volage) ne peussent, par un trait de temps, ficher aussi bien leur amour en autre endroit, comme du commencement au vostre. Au moyen de quoy, j'eusse trouvé bien meilleur, si pour garentir les mariages (chose que je veux discourir, devant l'amour duquel nous parlions) de nous entretenir en ceste amitié & loyauté, les eussiez estimé se devoir faire & commencer, non par ceste amour dont parlez, qui est trop volage : mais par bonne & meure deliberation, par un conseil pris d'une longue main : brief, cognoistre premier qu'aymer, & entrer en cest indissoluble anneau de mariage. Et tout ainsi qu'un bon gendarme, lorsqu'il s'équippe, pour prendre la route d'un camp, où il delibere faire monstre de ses forces & proüesses, premier qu'achetter coursiers, les court, les picque, en fait essay par tous moyens ; s'il y treuve quelque tare qui luy desplaise, ne les prend ; s'il les treuve bons, pour aucun grand prix qu'on les luy fasse, ne les veut laisser sortir hors de ses mains : aussi en ceste briefve course de vie, laquelle deliberons parfournir avecques nos femmes, en toute consolation, en toute joye & plaisir, me semble requis & necessaire contempler, non point d'un amour dont possible à la vanvole sommes frappez, ains d'un bon & sain entendement peser les mœurs & conditions de la Dame, à laquelle nous nous voulons lier, considerer sa parenté, sa premiere nourriture dés son enfance : car ainsi la choisissant, trouverons moyen de luy faire entretenir la chose qui plus doit estre recommandée : c'est son honneur, qui est l'honneur, & gloire du mary, comme celuy du mary, est le seul honneur de la femme. Le gendarme examine son cheval avecque si grande consideration, duquel du jour à lendemain il se peut deffaire : & nous n'examinerions point nos femmes d'un bon & meur jugement, avec lesquelles devons continuelle residence & demeure jusques à la mort ? Nous lisons les mariages au temps passé, avoir pris dissolution pour bien petites occasions : les uns avoir repudié leurs femmes, pour s'estre trouvées desvoilées parmy le peuple : autres pource qu'elles s'estoient assises en un theatre au dessu de leurs marys : autres pour avoir esté aux bains publiques. Telles gens, sans point de faulte, avoient moyen se relever des peines du mariage : mais nous estans aujourd'huy tant par droit humain que divin, ceste liberté tollué, que devons-nous considerer en ceste haute entreprise, qui aprés doit redonder, ou à nostre extreme felicité, ou au cime de tout tourment & malheur. J'ay souvent ouy dire au sot peuple, que qui se propose mariage, doit

Les doüaires servent l'ayde & ornement au mariage.

Les passions doivent estre refrenées par la raison.

L'homme composé comme une image de l'Univers.

Les affections vehementes ne doivent tomber en mariage.

Les mariages se doivent bastir sur bonnes mœurs.

Dissolutions de mariages pratiquées le temps passé pour bien petites occasions.

Yy iij   deliberer

Le premier Livre du Monophile.

A quel aage il est bon de se marier.

deliberer y entrer les yeux bandez: mais si j'avois autant d'yeux comme l'ancien Argus, ou comme le ciel a d'estoilles, me mariant, je ne les estimerois suffisans pour les y bien employer. Tant me semble chose grande & de haulte speculative ce lien. Et ne trouvay oncques, à ce propos, bonne celle consideration des anciens Romains, qui à douze ans permirent les filles, & les hommes à quatorze: ayans seulement egard à l'habitude du corps, & non de l'esprit: & estimans qu'en tels aages l'homme & la femme se pourroient coupler ensemblement, pour la multiplication de ce monde. Ils permirent à l'homme aliener son corps, & à la femme du semblable, en l'aage de quatorze & douze ans: & toutesfois en tous autres contracts, leur interdirent l'alienation de leur bien, devant l'aage de vingt-cinq ans. Ils disoient les mariages, en tout & par tout, se devoir faire par un seul consentement d'esprit: ce neantmoins les permirent en si peu de cognoissance & distinction du bien & mal, ny de ce qui leur agreoit. Car l'enfant (mesmement en

Enfants comparez au fion qui se plie à tous vents.

tel aage) est comme le fion qui se plye en toutes sortes & à tous vents, & treuve tous objets bons, selon que ses premiers mouvemens le guident. Et luy semblent plusieurs choses bonnes, lesquelles par succession de temps il desdaigne, abhorre, & a en contemnement. Plus me plairoit, & cent fois plus me plairoit ceste institution de Platon, qui en sa Republique n'admettoit l'homme au mariage, sinon en l'aage meur, qu'il estimoit trentecinq ans; & quant à la femme, qui plustost se meurit que l'homme, en l'aage de dix-huict à dix-neuf ans. Et si peut-estre telle reigle vous sembleroit trop estroicte, choisissez le temps en homme auquel le pensiez venu en plaine maturité, & alors qu'il peut ou doit avoir entiere cognoissance de ce qu'il pense luy estre proufitable. Voi-

Les mariages ne se doivent faire sans le conseil des parens.

là la cause pourquoy nos Jurisconsultes voulurent avec un meilleur advis que celuy dont à ceste heure je parlois, qu'aucun mariage ne se fist, sans le conseil des parens. D'autant qu'iceux enclins à nostre bien autant & plus que nous-mesmes, ne nous voudroient addresser à femme, qu'ils n'estimassent nostre grand bien & honneur. Car si ainsi comme le prenez, seigneur Monophile, les mariages se font, c'est-à-dire, par Amour, qui n'est qu'une passion interieure qui nous tourmente, encores que pour le commencement tel mariage ne nous retourne qu'à toute joye & plaisir, si est-ce qu'ayans attaint à nostre desordonné desir, s'ensuivra une eternelle penitence (dernier ulcere des playes de nostre esprit) laquelle rongera de sorte nos entendemens, que nous trouvans frustrez de ce grand plaisir que nous nous promettions en elles, nous trouverons entrez au labirinthe de malheur, que nous-mesmes à nostre grande confusion, nous serons pourchassé. Vous aurez femme, ce vous semblera, à vostre plaisir, pensant trouver tout contentement en elle: mais quoy? Si elle est lubrique, si impudique, si desobeïssante à vous, si injurieuse, si meschante, telles fascheries ne viendront-elles à contrepoids de vostre fraisle contentement? Si cognoissez une fois qu'elle veuille diviser & distribuer le plaisir, qu'à vous seul est deu, ne trouverez-vous qu'à bon droict deceu de vostre vaine pensée, & que pour tout guerdon en porterez la repentance, qui estoit deuë à une si temeraire legereté? Bien souvent un doux baiser receu d'une Dame, mettra en vous tel poison, & une petite œillade vous causera plus de venin, que la veuë du Basiliq: de maniere que vous trouverez mourir sur pieds, pour ne pouvoir trouver ouverture à la mort. Or si pour attaindre & parvenir à l'accomplissement de vostre desir, entreprenez bastir avec ceste Dame un mariage si de leger, ne pensez-vous point un jour vous en repentir à loisir? C'est une chose naturelle, toutes choses prendre dissolution dont elles ont pris commencement: les corps humains ont pris leur origine de la terre, en laquelle ils retournent: biens mal acquis, mal definent: amitiez commencées avec si aspres legeretez, ne sont de longue entretenuë ny durée: là où celles qui sont appuyées sur fondemens de Vertu perdurable & eternelle, jamais ne furent ruineuses, que par la separation

du corps & de l'ame. Et telle doit estre l'Amour d'un bon & loyal mariage, pour trouver l'un à l'autre perpetuelle beatitude. Car l'Amour, dont vous, Seigneur Monophile, parlez, pour un commencement est grand, voire en toute extremité; qui fait qu'il n'est de longue durée. Celuy que je descouvre en mariage, encommencé par les moyens que je dy, haulse de plus en plus ses aisles, & se treuve au dernier jour (auquel faut que l'un de nous paye le tribut à Nature) plus grand cent fois que la premiere nuict en laquelle il nous fallut sacrifier à l'Amour, soubs la conduite du maistre des ceremonies Himenée. Et diray davantage (tant suis contraire à vostre opinion) que c'est

Quelle doit estre l'amitié d'un bon & loyal mariage.

la chose que l'homme doive plus craindre, de tomber en mariage és mains de celle, que par Amour il a longuement poursuyvie. Car là où lors il faisoit estat de serf & esclave, & pour tel se maintenoit envers sa Dame; au contraire, estant lié de ce nœud non separable, il a toute superintendance & domination sur elle: à laquelle toutesfois elle ne se peult quasi que par grande difficulté ranger, considerant la preeminence qu'elle avoit gaignée sur l'homme auparavant ce mariage. Ainsi là où par le passé ils se portoient une amitié reciproque, tombent l'un & l'autre en haines demesurées: parce que tous deux veulent

Qu'il n'est bon contracter mariage avec celles qu'en a longuement poursuivies par Amour.

jouir de leurs droicts: l'homme qui plus n'a cure du dernier poinct où tant il pretendoit, & pour lequel tant il se desguisoit, desire estre mary & de nom & de faict: la femme au contraire, veult entretenir l'ancienne accoustumance de servitude, à laquelle s'estoit ce homme (non encor' mary) soubmis. Sans faulte, quand ces deux differends de maistrise concurrent ensemblement, jamais ne se treuve concorde. Davantage, considerons, si la femme, au precedant le mariage, a esté si sotte de se soubmettre à la volonté de l'homme, en quelles embles pourra-t'elle de là en avant, mettre son mary: quand avecques les temps refroidissant ceste inconsiderée chaleur, il viendra remettre en sa memoire les privautez dont elle aura usé envers luy, sans aucune obligation, sinon volontaire & legere: desquelles il pourra soupçonner qu'envers un autre elle sera aussi prodigue & liberale comme envers soy. Qu'il soit vray, nous voyons journellement

Femme qui se preste à son futur, s'expose à quel dan s'expose.

advenir que les choses qui pour un temps nous semblent bonnes, venans à maturité de conseil, les trouvons aussi ridicules, comme quelquesfois les avions eu en estime: & en est la cause, que aveuglez de nos passions, ne pouvons, en ce premier feu, discerner le bien du mal. Rien n'est au fol impossible, transporté d'un ardent desir: & rien n'est au sage possible du premier coup, jusques à ce qu'avecq' longue meditation, il ait songé à l'entreprise qu'il brasse. Rien n'est à l'amant impossible pour parvenir à son intention; mais sa grande colere refroidie, il treuve en fin de compte, avoir servy d'une grande fable & risée à tout le peuple. Et quand il à son commandement la chose que plus il appetoit, lors commence-t'il à chanter autre chanson, & cognoistre que pour rien il s'est tourmenté l'esprit, & pour un poinct de peu de merite, par adventure pour son regard, & toutesfois grand, pour le respect d'une femme, qui en ce fonde & constitue le devoir de son honneur. On ne cognoist-il telle chose, premier que par plusieurs prieres il ait renduë la femme en sa pleine puissance: mais quand il en entre en cognoissance (comme estant en ce mariage) adoncques repute-t'il sa femme plus que folle, pour s'estre ainsi abandonnée à sa mercy, au precedant aucune obligation, & que par mesme moyen elle se pourra de là en avant, à autres prostituer. Qui sera un tel tourment à tous deux, que mieux leur vaudroit ne s'estre jamais mariez. Parquoy il me semble beaucoup meilleur (& possible en ce ne seray-je de vous desdit) establir son mariage sur une bonne information de mœurs & conditions de

Bons & loyaux mariages sur quels fondemens doivent establis.

vostre femme, qui vous donne contentement à tousjours-mais, que sur un brief & passable plaisir, qui puis apres vous retourne en un plus grand martyre & desplaisance, que le commencement n'en avoit esté joyeux. Et estant ce mariage ainsi fondé, je m'asseure que l'homme en recevra tant d'ayse, que ce seul plaisir estrangera de luy tous
autres

Le premier Livre du Monophile.

autres. Car pour le regard de la femme, bien feray-je semblablement d'advis, que les parens d'elle ne choyſiſſent un homme ſeulement d'or. Et remets icy en memoire une galante reſponce de ce brave Themiſtocle, quand il dit que beaucoup plus il aymoit marier ſa fille à un homme ſouffreteux & neceſſiteux d'argent, qu'à de l'argent, qui euſt affaire d'un homme. Car à bien dire, ſans comparaiſon aucune, plus loüable eſt le pauvre petitement aqueſtant, que le riche & opulent, extremement deſpenſier. Je ne veux doncques que le pere ſoit ſi mal conſeillé, de mettre en lieux ſa fille, ſinon où la vertu le guydera, ny qu'à la diſcretion d'elle, il ſe reigle & conforme aucunement. La friande encore trop imbecile, non ſçachant diſcerner ſon bien: pour avoir une fois deviſé avecq' quelque flagorneur, pour choſe de ce monde ne le voudra abandonner: mais helas! ne nous ſert en cecy d'un oculaire exemple la Medée qui laiſſa pere & mere, & le meilleur de ſes eſtats, pour ſuivre un deſloyal Jaſon? N'en avons-nous bon teſmoignage par l'Oenone abandonnée de Paris? L'homme trompeur, bien ſouvent, par unes feintes ſollicitations, ſe publiera ſerviteur affectionné d'une Dame, que pour elle il ſeiche ſur pieds, & que ſi le mariage d'entre eux deux ne s'enſuit, pluſ-toſt luy ſera la mort aggreable, qu'une ſi penible vie: la pauvreté non accouſtumée à telles attaintes, l'aymera de tout ſon cœur, & voudroit ja en ſoy meſme le mariage bien conſommé, pour en recevoir tous plaiſirs (ce luy ſemble;) mais, à mon advis, tous les malheurs & encombres que l'on ſçauroit excogiter. Se trouva-t'il oncque homme, qui pour une entrée, bien que ſon cœur fuſt adonné aux eſcus, & non à ſa fiancée, toutesfois ne luy fiſt auſſi beaux accueils comme à ſa plus parfaite amie? Et ſi on liſoit dans luy, on le trouveroit du tout aliené d'elle. Nature bailla aux hommes la face (ce ſemble) pour leur ſervir de maſque & ſçavoir deſguiſer leurs penſées. Tel fait d'un beau viſage, lequel dedans ſoy, luy machine une traiſtreuſe & malheureuſe mort; & eſt bien ſage celuy qui peut éviter les aguets de ſon malveuillant ennemy. A plus forte raiſon doncques comment pourra diſcerner ceſte jeune fille, celuy qui l'ayme, en ſi grande diſſimulation de tout ce monde? Mais poſons le cas que l'homme qui la pretend en mariage l'ayme ſans fiction, faut-il qu'Amour tombe en l'eſprit d'une ſi tendre creature? Nature crea la femme les yeux bas, & à l'homme donna les yeux eſlevez, voulant par ce nous faire entendre que la femme ne ſoit audacieuſe, hauſſer les yeux, ains touſjours les avoir enclins en terre, à ce qu'elle ne peuſt juger de la contenance des hommes. Et ſi deſja elle eſt capable de ſçavoir que c'eſt Amour; par meſme moyen peuvent entrer beaucoup d'autres malices en ſa teſte, deſquelles il n'eſt beſoin qu'elle ſoit participante. Ca je ſouhaite une fille ſimple, & telle qu'entrant en ce mariage, elle ne cognoiſſe le bien ou mal, pour puis aprés le façonner du tout aux complexions de ſon mary, & n'en apprendre, ſinon que ce qu'il luy plaira. Que ſi telle eſt, & que ſes pere & mere luy choiſiſſent tel mary qu'ils luy verront eſtre propice: ô que heureux & heureux ſera ce mariage! ô que plaiſant & aggreable à Dieu & au monde! ô que l'on pourra dire ceſte couple d'amans eſtre entrez en une felicité temporelle, qui les conduira en une perpetuelle! Enſeignera ce mary la femme, & elle aux volontez de luy en tout & par tout ſe conformera: & ainſi prenant l'habitude de ſes mœurs, obviera ceſte femme, aux inconveniens & ſcandales que nous redoutons ès mariages, ſe gardans ces deux moitiez ainſi liées, reciproquement loyauté, avecq' un Amour non feint, pluſtoſt que par une deſmeſurée volupté telle que nous avez deduite. Car ſi pour aucun autre reſpect, l'homme entre dans ce mariage, qu'il n'ayt hardiment regret, ſi par un eſpace de temps, ſa femme ſe forge un amy: lequel diſſimuler ne veux eſtre fireſtraint & reſſerré envers ſa Dame & maiſtreſſe, comme vous, Seigneur Monophile, deſirez. Qui ſera pour retourner ſur les erres de la vie par nous miſe cy-deſſus en avant. Mais premier qu'entrer en ce champ, pour ne vouloir meſler choſe ſi profane que l'Amour, avecque ce

ſacro-ſainct mariage, je vous ſupplie, ma Damoiſelle, nous deſcouvrir ce qu'en penſez. A ce, Monophile quaſi comme non content: car ſur toutes les choſes de ce monde il avoit l'Amour en recommandation: vous nous avez, dit-il, Seigneur Glaphire, pourchaſſé propos un peu eſloignez des noſtres, ne ſçay à quelle occaſion: d'autant *Que la* que mon intention n'eſtoit, lors que je conſeillois à *mariage* l'homme, qui ſe vouloit marier, s'addreſſer à ſa vraye *ſe doit* partie, mettre en jeu un tel poinct, ſinon à la traverſe *fonder* voire ſans y penſer: non ſous eſpoir d'y faire longue de- *ſur un* meure; toutesfois puis qu'il vous plaiſt nous y arreſter, *Amour.* auſſi m'y ay-je à contre-cœur. Et me ſemble que ſi bien euſſiez entendu mes raiſons, les cuſſiez eües en plus grand eſtime, que celles qu'ores nous ont par vous eſté diſcouruës: ſe trouvant autant d'occaſion entre les deux, comme du vif avecque le mort, pour eſtre voſtre mariage aſſis ſur une conſideration volontaire, ou pluſtoſt artificielle; & le mien, ſur une inclination naturelle, laquelle ne pouvons enfraindre. Et tout ainſi que les lyens naturels ſont moins denoüables, que ceux que nous voyons lyez par un certain artifice, auſſi fais-je bien mon compte, mon mariage eſtre trop plus aſſeurément fondé, que le voſtre. Et pour ne vous ennuyer par un trop long entretien, dites-moy, Seigneur Glaphire, ne voyez-vous journellement eſchoir tant de divorces & ſimultez entre la femme honneſte, entre la femme chaſte & pudique, & ſon mary? J'ay veu & cognois Dame, ſage & prudente, ſi jamais en fuſt une, toutesfois ſon mary ſi diſcordant avecques ſes complexions, que pour toutes careſſes & accueils qu'il ſçeuſt d'elle, ſi ne ſe pour-il oncques induire à luy porter affection maritale. Et qui luy en euſt demandé la cauſe, n'euſt allegué impudicité ou lubricité aucune, laquelle il ne cognoiſſoit en elle, ains ſeulement que jamais de bon cœur ne l'avoit aimée. Vous me *La ver-* jugerez cet homme digne de grande reprehenſion, parce *tu at-* que la vertu attrait d'elle ſoy, meſmement les gens incognus. *trait de* Mais toutes-fois adviſez qu'ayant ma femme telle que l'a- *ſoy, meſ-* vez pourtraite, j'aimeray la chaſteté & vertu dont elle ſe- *me les* ra pourveuë, & non ſa propre perſonne, tant ſeulement *incognus* parce que mon eſprit n'y peut entendre: j'eſtimeray & honoreray en ma femme, celle prudence dont Dieu l'aura accomplie, & non elle qui de ſoy me deſplaira. Je ſuis maintesfois tombé en compagnie d'hommes & femmes, ſur la diſpute de mariage; & entreautres communs propos, bien ſouvent oyois eſmerveiller, & uns, & autres, de ce qu'ils voyoient beaucoup d'hommes & femmes mariez, s'y entretenir enſemblement par un ſi doux & aggreable accord. Car (diſoient-ils) ſi telle femme ou homme fuſt tombé entre mes mains, nous euſſions eſté incomparables, ainſi que l'eau & le feu. Qui rendoit doncques ces deux ſi concords, qui diviſez, mal euſſent eſté aſſemblez avecques les autres? C'eſtoit un amour, une conformité, c'eſtoit un naturel fraterniſant entre eux deux, qui n'euſt peu convenir avecques les autres. Car requerez d'une telle perſpective, une perfection de mœurs, en voſtre femme, de laquelle vous ſerez poſſible dénué & dépourveu, ne penſez jamais vous entretenir avecques elle non plus que le Lyon avecques l'Aigneau, qui de ſa nature eſt benin, & l'autre ſuperbe & outrageux. La femme, par mille moyens, vous taſchera gaigner, ſçaura fort bien ſupporter vos imperfections, vous penſera à ſoy attraire, & rien ne prouffitera ſon penſer. Ainſi manquera ce mariage (ſinon du coſté de la femme) pour le moins de la partie du mary, parce que voſtre cœur ne ſera à elle adonné. Jamais ce naturel ne nous *Le natu-* change; & comme diſoient les anciens Philoſophes, qui *rel ja-* cuide changer ſa Nature, peine autant que les Geans du *mais ne* temps paſſé, qui vouloient guerroyer les Dieux. Bien *ſe chan-* pourrons-nous diſſimuler pour un temps ce que couvrons *ge.* en la penſée, & par une feinte hypocriſie nous porterons tous autres que ne ſommes: mais à la longue, encore faut-il que ceſte nature ait ſon lieu, & ſe demonſtre à veuë d'œil. Là où quand ceſt Amour y eſt une fois empraint, tant s'en faut que l'homme & la femme mal convien-

nent

Le premier Livre du Monophile.

nent entr'eux, qu'encores que l'un & l'autre n'ait richesse, l'un & l'autre n'ait ces mœurs que tant souhaitez, si sera la femme au mary chaste, pudique, riche, & telle qu'il n'y restera reproche. Quoy? ne vaut-il pas mieux vivre en telle sorte & plaisir, encores que l'un soit trompé & deceu de son opinion, qu'estant ainsi que vous dites, demeurer en perpetuelle peine & tourment? C'est Amour nous esbloüit tellement les esprits, que rien, à l'endroit de celles qu'aymons, ne nous est mauvais, prenons toutes choses en bien : & ceste sagesse que souhaitez, est de si delicat estomach, que rien ne luy tourne à gré, & fust la femme la plus grande Judith ou Penelope de ce monde.

Resolution des propos cy dessus passez.

Adoncques la Damoiselle les voyant ainsi acharnez : il me semble (dit-elle) qu'à tort nous tourmentons les esprits, en chose ambiguë, bien que la matiere le merite. Mais pour demeurer contens l'un de l'autre, je trouve bon que chacun demeure en son opinion, puis qu'elle est si vray-semblable, & approchante du vray. Nous voyons beaucoup de choses pratiquées, & bien propices en un lieu, lesquelles toutesfois en autre endroit seroient tres-disconvenables, pour la varieté des mœurs & façons des habitans. Ainsi estans tous deux de divers advis, chacun demeure en son opinion, sans en vouloir supplanter son compagnon. Je crois que s'il falloit que vous, Seigneur Monophile, abandonnissiez vostre prise (je veux dire vostre Dame) pour espouser la plus riche femme du monde ; ce vous seroit chose trop penible : & autant qu'au Seigneur Glaphire, s'il luy convenoit seulement en choisir une pour son bien, ou seulement pour un Amour. Parquoy prendrez contentement en vous-mesmes, de ce qu'en pensez. Et vous, Seigneur Glaphire, persisterez en vostre promesse, touchant la matiere d'amour, de laquelle vous avez fait une ouverture ; mais je ne sçay comme presque, las & fasché de vostre longue peregrination, avez voulu faire une pause : laquelle je vous prie interrompre, pour l'envie que j'ay de vous escouter.

Il semble, ma Damoiselle, respondit Glaphire, que me vouliez prendre à pié levé. Et si je ne vous cognoissois, je penserois que fussiez comme ces delicats creanciers, qui en defaut d'estre payez à jour nommé, soudain envoyent sergent en queüe à leurs debteurs. Je vous satisferay doncques, si je puis : mais à la charge que recevrez ma monnoye en payement, pour telle qu'elle sera : car autre ne vous bailleray, que celle que j'ay dans mes coffres. Et puis que je semonnez si avant : si bien je suis memoratif en ce propos encommencé, le Seigneur Monophile maintient l'amour d'un seul à une seule ; & au contraire, le Seigneur Philopole veut aymer en plusieurs lieux. Je feray doncques en cecy ce que de vous, ma Damoiselle, j'ay tout sur le champ appris, & seray s'il vous plaist, maintenu & gardé en mes droits, aussi bien comme eux deux. Car de faire si bon marché de son corps, & l'abandonner à la premiere (comme desire le Seigneur Philopole) me semble n'estre chose bonne : aussi tenir la bride si estroite, & se proposer une telle idée de fermeté, que vous, Seigneur Monophile, voulez, je n'y puis bonnement condescendre. Mais sçay vous quoy? Plus me plairoit une moyenne voye, à l'imitation des Jurisconsultes, és choses plus contentieuses. Je ne vous nieray pas, que le principal poinct d'Amour, & auquel un chacun doive plustost entendre, ne soit la loyauté envers sa Dame : toutesfois cognoissant ceste grande fragilité qui est en nous, pour estre tous hommes, & participer encore plus de l'humain que du divin (estans nos esprits voilez & empeschez de ceste masse charnelle) je veux dire que j'ay par adventure, & ainsi que voyons ordinairement eschoir, il advient qu'il faille m'absenter d'une longue absence de ma Dame, & par cas fortuit je tombe en quelque autre femme, à laquelle je fasse plaisir de mon corps, n'y aura aucune faute, & si faute s'y trouvoit, seroit neantmoins excusable : parce que persistant tousjours d'une mesme volonté envers elle, & accomplissant seulement pour l'heure mon vouloir, pour satisfaire à un certain appetit, auquel naturellement sommes enclins, pour quelque chose survenuë, ne

Glaphire sur la loyauté qui se doit pratiquer en l'amour.

transporteray mon cœur à une autre avecques telle desordonnée volonté ; ains retenant tousjours ma Dame & Déesse pour telle que je la dois, seule la revereray, tant absente comme presente : & tout ainsi qu'un soleil retient tousjours sa clarté & netteté, bien qu'il entre en un esgout, ainsi diray-je de celuy qui par fois visitera une autre, ne luy estant affecté. Brief, pour ne vous tenir longuement suspens, l'amitié gisant au cœur (& non à ces petites intemperances naturelles) ne me semble estre violée, par une necessité, forcée d'un instinct causé de nature. Davantage, considerez quel tort elle peult recevoir, d'un peché commis à la desrobée, qui au jugement des bons compagnons est à demy pardonné. Non toutesfois (quelque chose que je propose) qu'il faille soubs l'ombre d'une telle necessité, lascher la resne à son plaisir à toutes heures. Car lors à bon droit se rendroit-il reprehensible & accusable, comme peu, ou du tout nonchallant de sa maistresse. Et sont beaucoup de choses pardonnables pour une fois, qui venans à usance, meritent reprehension griefve.

A ce propos, Monophile. Nous lairrons doncq' les mariages, dit-il, à ceux qui pretendent interest, & retournerons à l'amour, sur lequel nous estions entrez : auquel encores n'estes-vous si prodigue de vous-mesme, Seigneur Glaphire, comme estoit le Seigneur Philopole, & possible vostre opinion pourroit trouver lieu entre le commun peuple, comme aussi representant un je ne sçay quoy de populaire, voilé d'une honneste couverture. Mais n'estans icy pour disputer selon le vulgaire, ains exactement des choses, je vous diray ce qu'il m'en semble, si par vous m'est permis passer outre. Or sus doncques, dist Charilée, je vous garentiray en ceste cause, voire plegeray, si besoin est. Voire mais, ma Damoiselle, repliqua Glaphire, on tient que les femmes ne sont recevables és jugemens pour telles causes. Ce sont, dit-elle, les sottes loix des hommes, qui pour s'authoriser davantage, l'ont ainsi voulu : mais quant à nous, qui demandons à nous regler selon la lignée de verité, je crois qu'elles n'auront lieu entre nous pour le present. Remettons telle dispute à autre temps, dit Monophile : je dy doncques & maintiens que celuy qui fait profession de vraye amitié, doit tellement lier & refrener ses concupiscences charnelles envers toutes autres femmes, que tant s'en faut qu'il accomplisse aucun desir, que dites estre naturel, que la volonté de ce faire ne luy tombera en l'esprit. Et ne me sçauroit-on faire accroire, que qui passe telles bornes, ayt dedié son cœur entier envers une. Car en ceste cause me plaisoit un Scipion, qui au sac d'une ville ne vouloit voir quelques souverainement belles filles qu'on luy publioit, craignant exercer contre raison, aucune desordonnée volonté envers elles. Cestuy par ce seul effect demonstroit, son cœur n'estre en possession d'autruy. Et plus m'agréeroit Alexandre, qui apres la deffaite de Darius, voyant sa femme, filles & Damoiselles estre toutes soubs sa main, ne leur voulut non pas toucher, ains joüer aucun tour qu'il pensast leur pouvoir tourner à deshonneur. Non toutesfois que je voulusse asseurer, que non esprit rendist ailleurs : mais encores serviera cest exemple pour vous monstrer, que posé qu'il fust exempt de toute passion amoureuse, que devra doncques faire celuy, duquel toutes les pensées doivent estre voüées à une? Mais bien au contraire, dit Philopole, car gens qui ayment estans plus esguillonnez de telle envie, que les autres, ne pouvans bien souvent parvenir au but de leurs attentes envers leurs Dames mieux aymées, sont contraints trouver autres adresses, pour passer ceste chaleur, où par le moyen d'elles ils sont entrez. A ce propos respondit Monophile : je vous alleguerai non un Pyramus patron de loyauté, mais un mien compagnon que possible cognoissez, lequel ayant extrementement travaillé pour une Dame, apres luy avoir fait longuement la cour, & receu d'elle plusieurs gratieusetez & caresses ; advint que se trouvant un jour avecq' elle, forcé d'une extreme passion, luy requit le poinct auquel on dit qu'un chacun pretend en amours. Ce que toutesfois pour lors ne luy estant accordé, par un gracieux refus accompagné

Opinion de Monophile touchant la loyauté.

d'une

Le premier Livre du Monophile.

d'une certaine esperance pour le futur, je vous laisse penser en quelle colere estoit entré ce pauvre poursuivant: qui fut telle, qu'au sortir de là, sa resolution fut d'aller pourchasser quelque nouvelle proye, pour assouvir sa volonté : laquelle ce nonobstant, estant sur les lieux, se trouva si refroidie, que tout confus, il s'en retourna ainsi qu'il estoit venu. A vostre advis, celuy-là ne monstroit-il quelle puissance a l'amour? & telle qu'encores que le voulussions, si ne nous permet-il passer les bornes de raison. Que dis-je voulussions? veu que n'en sçaurions avoir la volonté ; & me semble que cestuy dont je vous parle, bien qu'il meritast quelque louange, si le mettray-je au dernier degré des vrays amans, pour luy estre seulement tombé en fantaisie chose si forte, que celle qu'il vouloit entreprendre. Quoy? si l'un d'eux (comme lisons dans quelques autheurs dignes de foy) par l'espace de six moys couché avec celle où reposoit toute son affection, sans toutesfois la toucher, pour n'estre desobeïssant à sa Dame, qui ainsi l'avoit commandé, ne se pourra un vray Amant, pour la seule souvenance du plaisir qu'il reçoit songeant en sa Dame, en qui vit toute sa vie, abstenir de se conjoindre avecques une autre, encore que l'occasion s'y offrist? Je ne m'estendray longuement en propos, encore que je vous peusse alleguer aucuns que possible cognoissez: desquels Dieu seul tesmoignera, si se trouvans avecques femmes bien effectionnées envers eux, & où pour l'occasion du lieu & du temps pouvoient acquerir marque sur elles, oncques voulurent cueillir du fruict du jardin qui luy estoit ouvert : seulement pour la souvenance de leurs maistresses, qui leur causoit plus de plaisir que tout le reste du monde.

Achevant Monophile ceste parole, les larmes luy sortirent des yeux (combien qu'il les dissimulast au moins mal qu'il luy fut possible) qui asseura la compagnie qu'il parloit sans plus de luy. Toutesfois Philopole ennemy de telles amours, feignant ne l'avoir entendu, luy dit: Seigneur Monophile, je crois que tous vos propos sont contes, non point de nostre temps, ains de ce premier aage, que l'on appelloit doré, auquel les hommes (si nous croyons à Hesiode) demeuroient en enfance l'espace de cent ans. Car telles gens que nous descrivez, pourroient demeurer deux cens ans entiers, que vivans en telle maniere, demeureroient en reputation, & de bestes, & d'enfans, lesquels pour n'avoir cognoissance d'aucune chose, & pour l'impuissance de leur aage, il faudroit apasteler. Car à tels les faut-il comparer, ou bien à un Tantale, qui au milieu des eaux se laissoit mourir de soif, en la plus grande alteration du monde. Or se rendront telles fables à quelques-uns (peult-estre) croyables, mais non à moy. Aussi ne me suis-je proposé, repliqua Monophile, le vous persuader; toutesfois si vous estiez non par moy, ains par vous-mesme bien & duëment instruit & informé de l'obeïssance & servitude qu'amour nous portons à nos maistresses, pour crainte de les offencer, possible sans aucune doute, vous induiriez-vous à mesme opinion que la mienne. Mais tel defaut sera que chose que l'on en pourroit mettre en avant, ne vous sembleroit (non plus qu'à beaucoup de gens, qui jamais n'en firent espreuve) que monstrueuse & non faisable. Mais pour ne sejourner plus longuement à ce propos, & retourner à vous, Seigneur Glaphire (auquel je pense en partie avoir satisfait, touchant ceste necessité que disiez estre en nous naturelle) dites-moy, je vous prie, quel scandale, quel esclandre sortira, permettant que suivant vostre opinion, soubs pretexte d'un (je ne diray quel) desordonné appetit, soubs ombre d'une longue absence vous puissiez, non publiez, vueillez deffrauder vostre Dame de ce qu'à elle seule appartient? Ne voudriez-vous l'union de nos cœurs fondér que sur une seule presence, comme si entre absens n'avoit place l'amour ? Je ne le permettray, je ne l'enduretray jamais, ains à l'opposite il me semble que l'absence tellement nous tourmente les esprits, qu'estans ce moyen frustrez de ces solatieux propos, de ce gracieux œil de nos Dames, plus les aymerons, plus les souhaiterons, plus

Obeissance remarquable d'un Amant envers sa Dame.

Aage doré.

De la presence & de l'absence en amour.

Tome II.

les desirerons : tant s'en fault que pour cela nostre affection vienne en diminution ou decadence. Et qu'ainsi soit, telle raison est tirée du fond de la Philosophie, que plus appetons choses moins à nostre commande, que celles que du tout avons à l'abandon. Et possible est-ce la cause, pourquoy beaucoup de gens estiment les Italiens estre plus fermes & persistans en leur amour (à mon jugement, neantmoins assez fots en cest endroit) d'autant qu'ayans seulement jouïssance de la veuë, & non communication des propos, toujours s'accroist en eux le feu & desir, leur estant interdit passer plus outre. Ainsi est-il de l'absence. Non pourtant veux-je inferer la presence moyenner decroissement ou diminution aucune : mais vous recevez tel contentement en la presence, que tout martyre, toute douleur passée vous est nulle, au regard du plaisir que prenez avecq' vostre Dame, & elle du semblable avecq' vous, pour participer l'un de l'autre de vos bons & amiables propos : & au sortir d'elle, sentez vostre cœur si affligé, pour estre privé de la participation d'iceux, que vostre feu s'augmente de plus en plus, & le desir de retourner vers elle. Ce que, je crois, nous a voulu figurer l'autheur d'Amadis de Gaule en son huictiesme : lors que Niquée se representant devant les yeux dans le miroüer d'acier son Amadis de Grece, sentoit telle joye en son cœur, que tous autres plaisirs ne luy estoient rien pour le regard de cestuy-cy : mais desqu'elle en fut destituée, se trouva si perplexe & denuée de tout plaisir, que toutes les joyes precedentes s'annullerent en un instant par ceste seule privation. Le semblable fut-il d'Anastarax, pour ne plus jouïr de la presence de sa Niquée. Je demande aussi, la Penelope sollicitée par tant de gens, altera-t'elle en rien le devoir de l'amitié envers son mary, pour la longue absence de vingt ans ? Et toutesfois ne sçauroit-on dire, qu'elle fust induite à ce faire, soubs crainte de son mary, parce qu'en tel intervalle, de lieux, & de temps, elle eust peu celer la faute. Qui doncques luy causoit telle chose ? Une extremité d'amitié qu'elle avoit en son mary, qui l'empeschoit de fourvoyer ou à dextre, ou à senestre. Et tout ainsi que disoit le bon Seneceque, encores que je sceusse mon peché devoir estre secret, non point au monde seulement, ains à Dieu mesme, si ne voudrois-je pecher, pour la seule haine de peché ; aussi ce vray amant (quelque chose qu'il vous en plaise dire) ores qu'il sçache son forfait ne devoir tomber en cognoissance de sa Dame (chose toutesfois de trop difficile asseurance) si ne tombera-t'il en tel inconvenient que vous dites, pour la parfaicte amitié qu'il portera à la Dame. La presence nous cause doncq' un plaisir, un contentement en toute perfection : mais l'absence, un insatiable desir envers nos Dames, suffisant moyen pour nous revoquer de toutes autres tentations. Voire que ce seul desir, ce seul souvenir d'elles (pour estre extreme) nous ostera toute souvenance d'autre chose. Et tel tourment provenant d'une telle absence, surpassera sans comparaison tous plaisirs que l'on pourroit imaginer en toutes autres femmes du monde. Si qu'à dire ce qu'il m'en semble, tel amour est en soy si passionné, qu'il nous fait oublier toutes autres passions, qui nous pourroient choir és entendemens, nous rendans à demy divins. De sorte qu'encores que bien souvent par nostre grande fragilité ne nous pouvions distraire de ces intemperances dont parlez (bien que Dieu le commande) estans de cest amour munis, ores que tous les plaisirs du monde se representoient devant nos yeux, si ne choperons-nous d'un seul pas. Et pour le regard de ce que sur la fin de vostre discours avez mis en avant, l'amour ne gesir qu'au cœur, & non à ces inclinations naturelles, dont necessairement sommes frappez ; vrayement vous n'estes du tout hors propos, & pouviez, encore semble-il, sur ces mots alleguer cest Apophtegme qu'on attribuë à Ælius Verus Empereur Romain, lequel pour couvrir ses actes lubriques & voluptuaires, disoit n'estre permis par honnesteté maritale, abandonner ses passions à l'endroit d'une sienne espouse : partant, luy estre loysible prendre son desduit

Amour des Italiens quel.

Amitié remarquable de Penelope envers son mary.

Zz avecques

avecques autres femmes publiques, pour ne souiller ce mariage qui estoit nom de dignité, & non pas de volupté: aussi pouvez-vous appliquer, que pour ne contaminer ce precieux manteau de vraye amour, vous estoit licite en faire autant, à l'endroit de celles, esquelles n'aviez arresté vostre cœur. Et toutesfois encore vous restraignez-vous, & ne desirez l'abandon en telles choses, ains quand par violence naturelle estes forcé de ce faire. Or me dites, Seigneur Glaphire, si aviez espousé une femme, non pour amour que luy voulussiez, ains seulement pour la grandeur de ses biens (comme disions n'agueres les mariages prendre leur commencement) à vostre advis, si telle femme presentassiet vous portoit affection & obeïssance, neantmoins en cachette s'adonnoit à quelque autre, telle chose vous sembleroit-elle supportable? Ce ne seroit pas tout un (respondit-il) d'autant que toute femme se doit borner & conformer seulement au plaisir de son mary, & non au reste du peuple. Mais encore, demanda Monophile, ne vous sembleroit un tel acte insupportable? Plus encores que ne dites, respond Glaphire. Et toutesfois vous n'auriez espousé vostre femme (repliqua Monophile) que soubs pretexte de son bien, sans aucun devoir d'amitié. Que diriez-vous doncques si celle laquelle il semble que les cieux vous ayent ordonné, faisoit prest de son corps à un autre, ne vous seroit-ce la plus grand' fascherie, moleste, & desplaisance qui vous pourroit avenir? De ma part, encor que je ne sois soucieux de m'informer de telle chose, si fay-je bien mon compte, que ce seroit la plus grand' playe dont je pourrois estre navré. Ne pensez doncques point, Seigneur Glaphire, que le reciproque ne se trouve à vostre Dame, & que ne luy soit un grand creve-cœur toutes & quantes fois qu'appliquez vostre entendement à tel œuvre en autre endroit. Et posé qu'elle en deust estre ignorante, si ne faut-il que pretendiez jouër tour à vostre maistresse, que ne voudriez qu'elle exerçast envers vous.

A quoy le seigneur Philopole: Cestuy est encores un poinct qui donneroit lieu à question. Et par-avanture vous en livreray-je tantost la guerre, seigneur Monophile: parce que je trouve assez estrange, que vouliez faire matcher d'un mesme pas l'homme & la femme. Toutesfois je remettray ce que j'en pense à autre heure, pour me descharger à present contre le seigneur Glaphire, qui pour trouver lieu à son dire, nous veut donner à entendre que nature ne faire residence qu'au cœur, & non en ces intemperances naturelles, qu'il dit nous tomber és esprits. Veritablement, seigneur Glaphire, il me semble que vous voulez tout à rebours instruire de la force & vertu d'amour. Car qui fut onque cestuy amant qui n'aymast pour ceste fin, laquelle tant eslongnez & bannissez du parc d'amour? Quelle est (à vostre advis) la cause qui nous induit aymer Dames, sinon ce dernier contentement que pretendons trouver en elles? Car si vostre opinion a lieu, pour vous bien dire, je ne sçay qui nous invite à aymer d'un si fort & extreme amour, plustost les femmes que les hommes. Et ay leu & releu beaucoup de livres concernans ce mesme fait; ne onques n'en tomba un es mains, auquel l'amant à la parfin n'ait requis à sa Dame le poinct que nous appellons fruict de vie, lequel seul, à mon avis, est le motif & seul fin de ceste extreme amitié. Que dy-je le seul motif? Veu que c'est le mesme amour, n'estant amour autre chose, que desir de jouyssance. Voire que toujours m'a semblé peu entendu en ceste matiere celuy qui voulant blasonner sa Dame, fit en faveur d'elle ce Sonnet:

Elle eut les yeux du Soleil radieux,
De ses cheveux Phebus la couronna,
D'une main blanche Aurore l'estrena,
Dont le blanc lis deviendroit envieux.
Elle ravit mon ame par ses yeux,
De ses cheveux mon cœur environna,
Et un tel coup de sa main me donna,
Que prest je suis d'en laisser ces bas lieux.

Le Ciel hautain luy octroya ce bien,
De me voler ce qui lors estoit mien,
Le Ciel hautain ne me le sçauroit rendre:
Des yeux, des mains, des cheveux mon mal naist,
Es yeux, és mains, és cheveux mon bien est,
Et d'autre part guarison ne puis prendre.

Grand est certainement & gracieux l'effet de l'œil, main, & cheveux, mais non de efficace qu'en eux puissions trouver l'assouvissement des tourmens que nous souffrons. Quoy doncques? Vous l'apprendrez par celuy, qui deplorant ses amours appetoit un poinct davantage, à l'exemple du Dieu Mars, quand il parvint à la plaine jouyssance de sa Venus.

Trop desastré s'estima le Dieu Mars,
Lors que prenant deduit avecque sa Dame,
Fut descouvert de Sol, & par les ars
Du Dieu boyteux tomba en si grand blame:
Moy trop heureux qui vivant dans la flame,
De Cupidon, suis consommé & ars,
Sentant braser dedans mon corps une ame,
Par un doux ris, par uns frians regards.
Estraint je suis d'un nœud, & fay mon conte:
Que par Phœbus mes amours sont cogneus,
Dont je me dy cent & cent fois heureux.
Mais d'autre part, ô moy trop douloureux,
Pour ne pouvoir descouvrir mesme honte,
Que receut Mars avecques sa Venus.

Cestuy, seigneur Glaphire, ne tendoit-il au blanc où nous tous devons en amour viser? Car à dire le vray, encores qu'unes œillades provenans de bonne grace, nous soient un extreme contentement, si ne sont-elles rien au regard de la jouyssance, à laquelle il faut que toutes nos pensees se dressent: & tellement s'y dressent, que j'estime celuy bien denué d'entendement, qui pour autre consideration pretend porter amour aux Dames. Il vous sied tres-bien, seigneur Philopole, dit Monophile, & vous part de bien bonne grace aux propos que nous avons encommencez, entrelasier la poësie, qui semble du tout affectée, & des apanages d'amour. Et vous remercie d'autre part, en ce que pour favoriser en partie mon opinion, m'avez voulu prester vostre ayde: sans lequel toutesfois je croy que le Seigneur Glaphire, ayant ouy mes raisons, sust condescendu à mon dire, estant de soy trop destestable. Et pense que sur ce pas luy & moy demeurerons d'accord, pour le party de la loyauté. Mais non pas vous avecques moy, bien que par une grande ingratitude je recognoisse assez mal le bien que m'avez presenté. Pour autant que tres-mal me semblez comprendre toute la nature d'amour. Car en ce se seray bien des vostres, que l'amant doive appeter la chose que tant avez en recommandation: mais je veux maintenir contre vous (& vous prie, Seigneur Philopole, le prendre de la part de celuy, qui parle du vray amant) qu'aymer seulement pour ce respect, n'est vraye amour ny perdurable. Comme le voyons par effect en beaucoup de gens, qui pour avoir s'estre proposé seulement ce but, ayans eu l'accomplissement de ce où ils pretendoient, deviennent soudain aussi froids comme eschauffez à l'execution de leur sotte volonté. Aussi cognoissent-ils assez mal sa nature, la disposant seulement sur un contentement si fraisle, estant chose si divine & admirable: & le poinct apres lequel ils se rangent, si passable, & de nulle entretenuë. Bien vous diray-je une chose, que nature pour la multiplication de ce grand Univers, mit en nous les aiguillons, que quelques-uns voulurent à bon droit appeller brutaux: d'autant qu'ils nous estoient communs avecques tous autres animaux: & non seulement avecques eux, ains quasi avecques les arbres, & choses non sensitives, lesquelles semblent fertiler pour la pullulation de leurs semblables. Ceste ardeur, à la verité, fut en nous autres necessaire: autrement tost eust trouvé fin toute ceste ronde machine. Voilà pourquoy precipitans nos

L'opinion de Philopole touchant l'amour.

La fin & motif de l'amour est la jouyssance.

Dispute de la puissance d'amour & de sa nature.

Qu'aimer seulement pour la jouyssance n'est vray amour.

Le premier Livre du Monophile.

nos volontez, & guidans nos affections par ces defordonnez appetits, que la necessité mit en nous, portons à la communauté des femmes, quelque estincelle d'affection plus vehemente qu'aux hommes, & elles du semblable à nous. Comme nous pouvons voir à l'œil par un exemple ordinaire : parce qu'oncques ne se trouva si mal façonné personnage (& m'en deschargeray sur sa foy & conscience) qui naturellement ne receust, estans les choses conformes, plus contentement en son esprit en compagnie de femmes, que d'hommes. Car encore se resjouit nostre nature en elles, se voyant par la conjonction de l'un à l'autre immortalisée. Ainsi par ce seul moyen se trouve une affection fort ardente, que nous portons tous ensemble à toutes femmes : mais non cette amitié particuliere d'une à une, de laquelle nous parlons, qui à mon jugement gist en cause plus arduë, que celle que nous proposez. Et de ce m'en sçauray rapporter à quelques gens de bon esprit, aymans de telle affection leurs Dames, qu'encores que grandement ils pretendissent attaindre à ceste extremité, si est-ce qu'ayans par la conjonction de beaucoup de choses en eux, se tenoient pour tres-contens & satisfaits avoir sans plus la jouyssance de la veuë, de la presence, & du parler. Pource que tant s'en faut qu'ils estimassent cestuy poinct estre cause de leur amour, que grandement ils craignoient qu'y estans parvenus, leur amour vinst en quelque alteration ou changement. Quoy ? ne dit aussi communément le populaire, qu'ayans acquis ceste barre sur une Dame, ja commence l'amour à prendre fin & decadence, & que meilleure en est la chasse, que la proye ? Et de fait vous trouverez, s'il vous plaist prendre la chose à son vray poinct, que contentement est si court & incertain, qu'en mesme instant qu'il naist, il perit, ainsi qu'un amy commun de nous tous a voulu, assez à propos, representer par ce Sonnet :

> O sot desir trop vainement perdu !
> O lourd discours d'une vague pensée !
> O esperance en rien recompensée !
> O temps volage à credit despendu !
> O ame ! ô sens pour neant esperdu !
> O foy par moy trop folement jurée !
> O liberté sans proffit conjurée !
> O fraisle bien longuement attendu !
> O cieux cruels ! ô grossiere nature !
> O fier destin ! ô perverse influence !
> O playe estrange ! ô estrange pointure !
> O peu d'esprit ! ô peu de cognoissance !
> Si ce bien-là pour qui ce mal j'endure,
> S'esvanouït deslors de sa naissance.

Que la jouyssance est l'amortissement de l'amour.

Et certes, à bonne & juste occasion celuy-là deploroit sa fortune, ayant estably tout le fondement de son amour sur la jouyssance. Car à bien dire, tout ainsi que ceste jouyssance est chose de soy transitoire & qui meurt (comme dit ce Sonnet) en naissant, aussi ceux qui bastissent leur amour sur ce seul subject, trouvent ordinairement, ayant attaint à l'accomplissement de leurs desirs, que ce qui estoit la seule source & origine de leurs desirs, en est l'entier & unique decroissement. D'autant qu'appuyans leur bastiment sur un fondement trop fragile, se resout la matiere en soy : se trouvans bien souvent tels sots amans (apres avoir eu ce qu'ils pourchassent) aussi deceus de leur entreprise, comme leur pensee estoit vaine. Or maintenant je vous demande, Seigneur Glaphire, encore que deux vrais amans ne fichent leurs esprits en ce contentement dont parlons, estimez-vous toutesfois, si paradventure il eschet que l'un d'eux fasse prodigalité de son corps en autre endroit, que cela ne soit avec un grand regret de sa Dame, si peult-estre elle le sçait ? Je dy cecy pour autant qu'establissant vostre amour sur le cœur, estimez ces intemperances naturelles (ainsi les appellez-vous) ne toucher ou blesser en aucune sorte les amans : & quant à moy, telle est mon opinion (& en ce conforme à la vostre) l'Amour faire sa seule & vraye demeure au cœur, l'Amour ne se susciter pour telles intemperances, ains

Tome II.

pour quelque autre cause plus grande, comme bientost je deduiray : ce neantmoins l'un des deux amans ne pouvoir faire part à autruy, sans nostre extreme desplaisir. Et pourquoy doncques ? pour autant que la vie des deux amans depend du tout l'une de l'autre, vivant du tout l'homme en la femme, & elle du semblable en l'homme. Parquoy ils feroient tous deux grandement marris, qu'autres qu'eux s'ingerassent de donner plaisir, non seulement tel que celuy où Nature admoneste, ains en toute partie, à leurs Dames, ou à leurs Seigneurs. Et toutesfois ils s'y espargnent pour leur reciproque regard, aymans trop contentement se repaistre d'un doux & emmiellé desir, par cet appetit qu'ils en ont, que d'une saciété, cueillans le fruit l'un de l'autre. Voire & vous diray davantage : que tant sommes voüez en elles, elles en nous, tant nous plaist le plaisir que nostre faveur leur moyenne, que si par songe il eschet (en leurs imaginations, elles se trouvent trompées, pensans avoir eu part en nous : d'autant que nous voyons estre motifs d'un si grand bien, nous en recevons autant de joye en nos cœurs, comme si eussions esté presens à l'execution de nos volontez. Car, pour vous dire le vray, le plaisir ne nous stimule point tant en nous, que l'envie qu'avons d'estre cause de celuy, dont participeront nos maistresses. Estans nez pour elles & non pour nous, vivans en elles & non en nous, mourans en nous, pour nous trouver vifs en elles. Aussi le bien que nous nous promettons recevoir d'elles, ores qu'en extremité il soit grand, si ne vient-il en telle perfection, que celuy d'esperons leur pourchasser. Ainsi ne doutez qu'il n'y a celuy en amour qui ne soit fasché à outrance, que sa pretenduë moitié trouvast contentement en autre homme qu'on sçache dire : non pourtant que leur amitié (comme n'agueres je disois, & encores derechef dy-je) soit fondée sur ce bastiment. Vray que nous appetons ce poinct. Nous l'appetons certainement, parce que Nature pour bien grande cause nous l'a appris : mais l'appetant, une trop grande ardeur d'Amour nous apprend à nous en retraire, & ne le prendre quelquesfois, estant à nostre commande. Que diray-je plus ? Encores qu'il n'y eust esperance d'aborder à ce commun port, & que ma Dame m'eust de tout poinct debouté de ceste attente accoustumée, si persisteray-je toujours en mon amour engravé, aussi bien qu'auparavant. Mais à la charge toutesfois que je me puisse asseurer, non par faute d'amitié, ains pour plus grande raison qui sert à l'entretenement de nostre Amour, elle se soit induite à m'escondure en telle sorte. Car si pour autre cause, dont je n'en puisse avoir cognoissance, comme pour se rendre plus affectionnée à autruy qu'à moy : alors veritablement, n'en decroistra mon Amour, ains s'accueillera telle tristesse dedans moy, que vivant sur terre, je mourray de cent & cent mille morts. Parce que seul je desirerois estre en possession de luy donner le contentement qu'elle appete, plus en contemplation d'elle, que de moy. Que si seulement mon amour n'aspiroit qu'à ce but-là, jamais je ne reposerois premier ne l'avoir mise en bonne issue. Et neantmoins l'appetant je ne le desire, ne le desirant je l'appete, quasi comme une affection extrinseque, au regard de celle que j'ay en elle. Qu'est-ce doncques que ce vray Amour, qui d'un si doux tourment, passionne tant le monde ? Je vous diray, s'il vous plaist. Les anciens Philosophes, qui par une grande perspective, pensérent attaindre à l'intelligence de la nature, imaginans l'Amour estre une excellente idée, qui en tout outrepassoit l'humaine consideration, nous figurerent une Androgine : par laquelle ils voulurent entendre un homme composé du masculin sexe & feminin, lequel estant en sa perfection, s'orgueillit d'une presumption outrecuydée à l'encontre des Dieux : au moyen de quoy fut depuis miparty en deux : ainsi disoient ces anciens l'homme ayant penser se racointer à sa moytié, laquelle s'est esgarée. Mais que ceste reunion de moytiez ne s'entende de la conjonction des corps, ains d'esprits, c'est chose trop manifeste. Parce que ceste superficie de corps que nous voyons en nous-mesmes, n'est pas l'homme dont nous parlons, ains un organe sans plus de l'homme que

Tout le contentement de l'amant despend du contentement de sa Dame.

Le corps n'est que la superficie de l'homme.

Zz ij   nous

Le premier Livre du Monophile.

nous couvrons en nous-mesmes. Car ainsi, voyons-nous, dés le commencement de ce monde, Dieu nous avoir tous formez à sa semblance : qui fut toujours non voyable, & separée de toute masse corporelle, jusques au temps de l'accomplissement de ses promesses. Or fut-ce l'ancien Platon, qui premier mit ceste opinion de l'Androgine en avant : & combien que je ne sois pas du tout acertené, qu'il entendist la seule conjonction des esprits, si m'ose-je bien asseurer qu'il nous figura tel miracle, pour nous representer quelque chose de celeste dans l'Amour. Et peut-estre en disputa-t'il en telle sorte, omme celuy, qui ayant voyagé toute l'Egypte, avoit eu communication par les Prestres de la Loy, de l'histoire de Moyse en son Genese. Mais que nous est-il besoin recognoistre ceste Androgine és Grecs & forains Philosophes, qui seulement par fendasses entrevirent le Soleil, veu qu'en avons la vraye lumiere chez nous ? Et que tout ce qu'ils en parlerent, ce fut par un larcin, que depuis ils desguyserent, pour n'estre veus rien emprunter des autres nations estranges,lesquelles ils appelloient toutes Barbares ? L'Androgine vraye & unique, est celle qui nous fut representée, non par histoire fabuleuse, ains par miraculeux effet, en la personne d'Adam : lors que ce grand Architecte de toutes choses, d'une hautaine sapience, & à luy seul reservée, voulut d'un corps & d'un esprit bastir deux corps & deux esprits. N'est doncques ceste amitié divine, & plus celeste que tout le commun ne presume ? Car si vous voulez que, passant outre, je vous declare plus à plain (vous ayant en peu de paroles descouvert ce miracle, si excellent, soubs lequel est contenuë l'image de la vraye amitié) comme depuis Dieu a permis que nous nous aymissions l'un & l'autre, la cause pourquoy nous aymons ; asseurez-vous, Seigneur Philopole, que je ne me trouveray moins perplex & esperdu, que celuy qui ayant entrepris la dispute de la Nature de Dieu, la remettroit tous les jours, du jour à l'endemain, comme chose incomprehensible à nos esprits. Car, ô bon Dieu ! qu'est-ce qu'Amour ? Le diray-je estre moyenné d'une similitude de mœurs ? Le diray-je prendre sa source d'une constellation & influence de mesme ascendant, soubs lesquels nous sommes nés ? Non : car en l'une, & autre maniere, il faudroit par infaillible consequence, que tout homme aymant ne fust trompé en son Amour, & trouvast objet reciproque : je veux dire, que tout homme aymant fust aymé. Appuiray-je cest Amour sur une mesme education & nourriture ensemblement ? Encores moins : car la nourriture mutuelle cause bien une amitié, & quelque estincelle de privauté entre deux personnages : mais non un cœur, non un esprit. En bonne foy, Seigneur Philopole, considerant en moy-mesme, cette grande divinité dont nous parlons, je me trouve si surpris, qu'il me semble avoir beaucoup meilleur compte, juger ce qu'Amour n'est point, que cuidant eslever ma pensée plus haultement, vouloir voler en sa demeure, pour vous descouvrir en son naif, la force dont Nature l'a muny dés le commencement de ce monde. Et tout ainsi que celuy qui pretend comprendre quel est cestuy grand fabricateur de nous autres, vient à discourir en soy-mesme ses grandissimes miracles, toute ceste ronde machine, ce commun entretien de l'univers ; puis ayant passé & repassé tous ces discours en son esprit, trouve enfin par la grandeur de tels effects, ce grand Dieu n'estre comprehensible, ains surpasser toute humaine consideration : ainsi, qui se promettroit entendre au long, quel est l'Amour, luy conviendroit en particulier deduire tous ses admirables effets, puis resoudre & terminer,n'estre chose dont la cognoissance puisse tomber en nos esprits. Que diray-je doncques estre l'Amour ? Or prend-t'il son essence, ou d'une influence celeste, ou d'une conformité de mœurs, ou d'une habitude & conversation mutuelle, si diray-je tousjours & maintiendray encontre tous, l'Amour estre un je ne sçay quoy, lequel est beaucoup plus facile sentir & supporter au cœur que de proferer par parole : qui tellement nous lie & unit les esprits, que nous causant une perpetuelle mort, nous fait revivifier en un autre, nous faisant oublier nous mesmes, pour nous souvenir de nous autres nous mesmes, & qui par divine puissance, nous estraint d'un si fort & estroit lien (revenans à la premiere Androgine de nostre Adam) qu'il met deux esprits en un corps, & par un mesme miracle, fait que deux esprits, soient faits un esprit en deux corps. A vostre advis, cestuy n'est-il souverain & plus qu'extreme miracle ? Et afin qu'entriez en meilleure intelligence de mon dire, sans penser que ce soit fable : n'est-ce avoir un esprit en deux corps, quand l'homme & femme n'appetent choses dissemblables, ains se conformans en mesmes volontez & affections, ne souhaitans sinon ce qui plaist à l'un ou à l'autre des deux amans ; & toutesfois estant un esprit en deux corps, se treuvent enfin, par une singuliere metamorphose & eschange, estre deux esprits en un corps ? D'autant que ma Dame, estant paisible possesseresse de mon cœur, & moy au reciproque du sien, je m'estime par mesme effect, posseder le mien & le sien, & elle le sien & le mien. Parce que si je suis dit Seigneur du sien, qui est entier maistre du mien, ne puis-je à bon droit estre dit seul possesseur de nos deux cœurs ? Ainsi sommes tous deux privez de deux esprits & deux cœurs, lesquels neantmoins l'un & l'autre avons en nous. Et puis qui sera celuy qui dira la cognoissance de l'Amour pouvoir tomber en nos esprits ? C'est pourquoy les bons peres & Philosophes, entre les demons qu'ils establirent (seuls, selon leur jugement, instigateurs de nos œuvres & pensemens) appellerent l'amour demon, quasi nous voulans donner à entendre, estre une chose poussée d'un instinct naturel, ou quasi d'une recognoissance & impression que nous avons de nostre ancienne image sans autre consideration. Chose que vous pourrez descouvrir par un oculaire exemple. Car toutainsi que nostre entendement vacille, lors que rencontrons quelqu'un de nos vieux amys, lequel ne pouvons recognoistre,pour sa longue absence : toutesfois nous rasseurans en nous, à la parfin voyons estre celuy mesme, qui pour le commencement nous avoit rendus si douteux : parquoy nous accostans de luy, avecques une asseurance accompagnée d'infinies caresses & festoyemens, estimons le jour bien-heureux d'une si heureuse rencontre : ainsi retenans quelque notion de ceste vieille habitude, qu'il semble qu'en ces cieux (s'il faut parler en Philosophes) du premier coup nous voyons celle où nostre naturel nous pousse, commençons tous esperdus & non encores bien asseurez, ains sentans quelque petite estincelle de l'ancienne conjonction) puis petit à petit nous fortifians en nous mesmes, quasi comme ayans pour le seur retrouvé l'objet auquel le ciel nous voua, nous delectons, esgayons, familiarisons & prenons tout plaisir & contentement en cest esprit. Je ne dy pas toutesfois, qu'estans tels caracteres dans nous engravez, & ces deux amans conjoincts d'un esprit par ce je ne sçay quel bien qu'ils n'entendent, car ainsi m'a l'Amour appris le dire, aprés par une longue usance, nous ne desirons la conjonction du corps l'un de l'autre, qui est cest appetit que nature a mis en nous autres en general, voire & ne le trouvions toutesfois meilleur en nos dames qu'en toute autre femme qui soit, pour ceste grande sympathie & liaison qui est entre elles & nous. Que si paradventure il advient aprés un si bon commencement, & poursuite d'une si galante amitié, que nous entrions en jouïssance, tant s'en fault (au moins ainsi me le semble) que cest Amour tombe en quelque defaillance, que tousjours trouvera accroissement de plus en plus. Là où si du commencement il n'eust esté qu'à acquerir ce poinct (que le peuple appelle dernier) en ayant fait la conqueste, soudain se fust cest amant refroidy. Ainsi onques ne trouvay bon ny perdurable cest amour, si amour se doit appeller, qui seulement se repose sur ce poinct. Ny semblablement approuveray l'opinion de celuy qui pour estre trop peoureux , craignant la grand' ardeur de son amour prendre par ce moyen fin, n'osa oncques supplier sa Dame pour ce regard. L'amour est doncq' une puissance, qui gist entre les deux extremitez vicieuses, n'appuyant son origine sur ceste volupté commune, mais aussi

Discours de Monophile sur la nature d'Amour.

Definition de l'Amour suivant l'opinion de Monophile.

aussi qui à la longue ne la veult du tout rejecter, ains admettre. Qui est la cause (comme je croy) pourquoy toutes nos loix pontificales à la consommation d'un vray mariage (auquel devroit gesir le but de vraye amitié) ne requierent que le consentement des parties : considerant ce vray Amour de mariage, ne devoir estre fait que pour une conformité d'esprits, & non par appetence charnelle.

A ceste parole mit fin Monophile, quand la Damoiselle le favorisant grandement, luy dit : Je vous entens, Seigneur Monophile, vous voulez dire que tout ainsi que les archers, tous dressent leurs fleches en un blanc, non tant à cause de ce blanc, qui de soy est bien peu de chose, que pour autre plus grand respect, qui est l'honneur, lequel ils tiennent absconds dans leurs testes : ainsi encores que vostre amant tende à ce poinct de jouïssance, si est-ce que ce n'est la fin pourquoy principalement il ayme. Or n'en serez-vous par moy desdit pour ce coup, trouvant vos propos si conformes & consonans au vray, que si le mesme Amour sortoit de son temple pour en disputer, il ne pourroit plus naïvement viser au but de telles affaires. Et à bien dire, je croy que par vostre bouche, ce lieu se rendent les oracles de Cupidon, desquels, Seigneur Monophile, soyez estably archipreftre.

A ce mot, sembla le clair Phebus vouloir obscurcir les rayons de son beau visage, pour baigner un peu la terre de ses pleurs, & d'une tendre rosée. Toutesfois pour toutes ses atteintes n'eust sceu offenser en aucune sorte ces quatre vaillans combattans. Car le petit Dieu Amour, quasi d'une providence divine, les avoit si bien remparez de murailles, & couvertures des arbres, dont ils estoient entourez, que pour rien n'eust esté en la puissance du Soleil, les endommager d'un seul poinct. Au moyen de quoy, après une petite pause, reprenant Charilée sa parole, & la liant avecq ce qu'elle avoit proposé auparavant : toutesfois, dit-elle, si Cupidon vous doit porter faveur pour vos propos, je ne sçay pas si le Soleil en demeurera content. Car il semble vouloir estaindre le feu qu'aviez en nous allumé de la divinité d'Amour. Paradventure le fait-il pour une envie : voyant que ce petit puissant Dieu plus nous esclaire dans les cœurs, que luy qui est estimé l'astre le plus lumineux, pour esclairer sur l'univers. Sauf vostre grace, ma Damoiselle, dit Glaphire, le Seigneur Monophile luy a reduit en memoire ses anciennes amours, desquelles il ne se peult souvenir, sans nous faire part de ses larmes, remettant en son esprit, la grande ingratitude qu'il receut de sa Dame Daphné, après une infinité de merites. Je l'excuse doncq, dit Charilée; mais je me promets bien, quelques pleurs qu'il veuille espandre, ne partir premier de ce lieu, que nos propos n'ayent pris plus long trait & autre issue. Et cependant tousjours demeureront en moy les vostres, Seigneur Monophile, esquels semblez avoir divinement satisfait à la divinité d'Amour, & aux moyens, non comme l'amant se doit porter, ains comme sans y penser volontairement se maintient. Que vous en semble, mes Gentils-hommes, ne donnerez-vous voix à mon dire ? Mais Philopole peu soucieux de toutes telles contemplations, & qui plus se plaisoit en toutes compagnies, où il se rencontroit, mettre les femmes aux ambles (j'entens en colere) s'il pouvoit, desirant brasser à la Damoiselle une nouvelle lutte, & convertir ses armes, non contre le Seigneur Monophile, ains taisiblement contre-elle, d'assez bonne grace luy respondit en ceste maniere : volontiers, ma Damoiselle, presteroisje consentement aux paroles du Seigneur Monophile. Car par ce moyen me rendrois-je aggreable, à luy premierement, & en second lieu, à vous, qui tellement l'approuvez : mais puis que si longuement vous fondez, je descouviray librement & en brief ce que j'en pense. J'ay assez longuement presté l'oreille à ce qu'il luy a pleu mettre en avant, & entre plusieurs de ses propos, ay trouvé les aucuns bons, autres passables, & les autres assez lourds & fascheux. Mais sur tous me suis tousjours arresté que le Principal but où il visoit, estoit à nous faire trouver bonne la loyauté de l'homme à femme. Et bien que pour l'envie que j'eusse de ne donner occasion à la discontinuation de vos propos, Seigneur Monophile, je vous aye laissé passer ce poinct, auquel tant nous publiez la foy, si est-ce que vous voyant ores un peu de repos, je me delibere entrer en camp contre vous (& ainsi vous l'avois-je promis) en ce que d'une assez bonne rhetorique, pour respondre au Seigneur Glaphire, l'avez estably juge en sa cause, sçavoir si au cas où sa Dame auroit forfait en son endroit, il recevroit aucun contentement ; esperant par tel moyen, luy tirant les vers du nez, le rendre confus en son dire. Or puis que d'une si grande courtoisie, vous estes voulu rendre sindic & procureur general de la communauté des Dames, je croy que ne trouverez estrange, si moy du semblable esmeu d'une affection naturelle, delibere me porter protecteur pour maintenir en son entier le droit & party des hommes. Qui sera tel, que j'espere vous faire tant cognoistre par mes journées, qu'encores que la loyauté soit requise de la femme à homme, si ne faudra-t-il penser les hommes estre obligez à telles loix, quoyque la femme le soit. Je vous mercie de bien bon cœur dit Glaphire, puis que de si bonne volonté, & sans aucune priere, il vous a pleu entreprendre la deffense de ma cause. Mais puis que si liberalement vous estes offert à me faire ce plaisir, le Seigneur Monophile se peut bien asseurer, que combien qu'au combat que luy voulez livrer il emportast le dessus de vous, si aura-t-il encores prou d'affaire à se deffendre, en ce qu'il maintient l'Amour ne gesir qu'en une chose, laquelle il ne peut expliquer. Car toutes telles idées non explicables, ne me semblent tomber en l'Amour.

Lors je qui (comme je vous ay dit) par cas d'aventure estant entrevenu sur leurs devis, me tenois illecques à recoy dans l'espesseur des arbrisseaux, en deliberation d'exercer plustost mes oreilles que ma langue, les voyant passer si à la legere les derniers propos du Seigneur Monophile, & voulant suppléer à leur deffaut, conclus enfin en moy-mesme, rompre ma premiere entreprise. Parquoy sortant de ce lieu, sans autre reverence plus profonde, que si toute l'après-disnée j'eusse esté entremeslé parmy eux, leur dy en ceste sorte. Ces deux poincts vrayment, Messieurs, trouveront lieu de controversie digne de ceste compagnie, & ausquels faut que le Seigneur Monophile pour honneur prepare responce. Autrement pourroit-il perdre en un instant la grand' reputation, que de tout temps il a acquise en vostre endroit. Et si peut-estre il m'est par vous autres permis servir encores d'un combattant, volontiers me joindray-je avecq les Seigneurs Glaphire, & Philopole. Et pour ce esguise, si bon luy semble, & sa langue & son esprit : car il n'a besongne faite. Adoncq la Damoiselle, ensemble toute ceste compagnie, bien estonnée de se voir ainsi surprise à l'impourveu : comment, dit-elle, Seigneur Pasquier, qui vous eust peu en ce lieu ; mais, en foy, qui vous y ameine tant à propos ? A quoy de luy respondy : par le Dieu d'Amour, ma Damoiselle, je ferois bien empesché le vous dire, & ne m'en trouve moins que vous esbahy. Vray que voulant donner lieu bien avant à mes pensées, à cause de celle Déesse que cognoissez sous l'entiere puissance & gouvernement de laquelle toutes mes forces reposent, je ne sçay par quel bon vent j'ay esté icy poussé : où vous voyant tous entrez en telle devotion, ay pris un singulier plaisir en la poursuite de vos propos lesquels je me deliberois n'entrerompre, sans l'occasion que m'en a presté le Seigneur Monophile, qui contre l'opinion du Seigneur Philopole, vous a voulu faire entendre l'Amour n'estre appetence de conjonction corporelle. Ce que je ne luy puis accorder, encores que paraventure, ma Damoiselle, en ce faisant je contrevienne d'un bien peu à vostre volonté. Vous nous dressiez doncq ceste embusche, dit Charilée : or vous en pouvez-vous bien aller ainsi comme estes venu. Car si la compagnie me croit, premier que permettre vous avancer, on vous imposera silence : estans ja tous les propos du Seigneur Monophile passez & emologuez en nostre cour : mes-

Zz iij

Le premier Livre du Monophile.

me avec celuy qui y devoit pretendre plus grand interest que vous, qui est le Seigneur Philopole, lequel n'y a contrevenu. Surquoy Philopole (après toutesfois que ceste petite bande m'eut par quelques caresses festoyé pour ma venue tant inopinée) à moy ne tienne, respondit-il, qu'il n'entreprenne pour l'amour de moy ma deffence. Et si peut-estre j'ay laissé couler les propos du Seigneur Monophile, sans y donner quelque attainte, ce n'a toutesfois esté que j'y voulusse adherer, ains seulement pour l'envie j'avois de luy brasser autre querelle, comme je me delibere, ceste-cy ayant pris son cours. Pourtant, ma Damoiselle, je vous prie ne me vouloir alleguer au prejudice de moy-mesme, & que pour ma negligence je ne perde point ma cause, si elle se treuve favorable. Jamais je ne l'entreprendray, Seigneur Philopole, luy respondy-je: car plustost aymerois-je me taire tout le reste de ma vie, avecques le contentement de ma Damoiselle Charilée, qu'encourir sa malegrace, pour une seule parole. Mais elle me respondit: vostre courtoisie, Seigneur Pasquier, vous impetrera audience, mais à la charge qu'il n'y eschérra replique, si possible mettez en avant-propos, au desavantage de ceux du Seigneur Monophile. Car plus nous agreent les siens (fussent-ils nuds, & despourveus de raison) que les vostres, au subject que nous proposez, accompagnez d'une infinité d'arguties. A quoy luy ayant respondu, qu'autre loy je ne demandois, que celle qu'il luy plairoit m'ordonner, fut par Philopole repliqué, qu'elle n'avoit ceste puissance dessus ceste compagnie, & après quelques petites paroles & altercations reciproques: or là doncques, dit-il, adressant vers moy sa parole, Seigneur Pasquier: car en vous repose ma protection.

Autre discours sur la matiere d'amour.

Ce n'est vostre protection que j'entreprens, Seigneur Philopole, respondy-je, ains celle mesme de l'Amour, & à l'encontre de celuy, qui pour se vouloir rendre son trop affectionné protecteur, le voulant par ses subtilitez vivifier, nous l'a cuidé amortir. En quoy ce neantmoins je l'excuse, & en remets sur la seule foy de l'amour, lequel ores qu'il se veuille rendre à nous familier & communicatif, autant qu'autre chose du monde, choisissant sa demeure en nos cœurs, si ne veut-il qu'on le cognoisse, ains va couvrant de plus en plus sa nature: en laissant seulement à un chacun le jugement, selon sa particuliere affection. Car ainsi estant comme un Polipe, qui change de diverses couleurs, selon ses divers objects, chacun en ceste matiere diversifie son opinion, selon la varieté des passions qui sont en luy. Si est-ce qu'en telle diversité, ne se trouva oncq' amant, qui ne pretendist au dernier poinct de jouïssance, plus ou moins, selon que la passion qu'il enduroit le transportoit. Car tout ainsi qu'en toutes choses nous pretendons à quelque but, aussi fault-il qu'en amour y ayt une certaine fin, où nostre esprit s'arreste. L'homme travaille pour manger: le capitaine, ou bon soldat se met au hazard de la mort pour acquerir au prix de son sang, marque d'honneur parmy le monde: De sorte qu'il n'y a operation, voire si legere soit-elle (n'estoit qu'elle procedast d'un homme tout insensé) que nous sçachions descocher nos fleches à coup perdu, & sans aviser quelque fin: laquelle ne provient que d'une cupidité qui tombe en nous: & dont d'autant plus sommes tourmentez, que plus y fichons nostre cœur: pourtant est-il necessaire en amour y avoir une fin: & encores que nous sentions en cest endroit affectez selon la varieté de nos passions, si faut-il y avoir une cause generale, & dont, & pourquoy nous aymons. Toutesfois à ce que ne soyons abusez par le moyen de l'equivoque qui sourd de la proximité des causes, premier que passer ce pas, entendez, Seigneur Monophile, que tous Philosophes maintiennent, comme certainement il est vray, en toutes les choses de ce monde, y avoir deux causes principales, l'efficiente, & la finale. Celle nomment-ils efficiente, dont la chose est: & la finale celle pourquoy, & en faveur de quoy la chose est. Ces mots peut-estre sembleront tenir de leur scho-

lastique à quelques petits delicats; si est-ce qu'ils sont necessaires en la question qui s'offre, & à tout homme qui veut entendre à la cognoissance du vray. O que trois & quatre fois est heureux celuy, qui cognoissant ces deux causes les peut distinguer l'une de l'autre! ç'a esté, comme je pense, ce qui vous a fait si lourdement choper. Car pour oster de l'impression desgens, que ceste appetence charnelle n'estoit la cause dont nous aymons, avez voulu maintenir estre une chose accidentaire. Ce que neantmoins est certain, estre de la vraye & pure substance d'amour. La cause efficiente, & dont nous aymons une Dame, est veritablement cest instinct que dites naistre en nous, quasi par permission du ciel: mais la fin pourquoy nous aymons, est pour attaindre à l'entiere jouïssance. Ainsi un chacun de nous ayme, pour un jour estre jouïssant: & la cause qui l'induit à plus appetter ceste conjonction avecq' sa Dame, qu'avec toute autre personne, vient de ce je ne sçay quoy, que dites estre plus facile sentir qu'exprimer: lequel imprimons en nous d'une certaine opinion qu'en concevons: faisans un peslemesle de raison avecques la passion. C'est ce dont nostre mere commune nous a voulu distinguer de tous les autres animaux, lesquels sans aucune discretion de ce qui leur plaist, ains meus sans plus de ce premier mouvement, qui est en eux pour la conservation de leur genre, s'addressent tous indifferemment à leurs femelles. Ainsi ne sçavent que c'est aymer: car en eux default l'opinion, cause qui engendre l'amour. Bien est vray que aucuns voudurent dire, qu'ils en avoient quelque imagination & estincelle; toutesfois pour n'avoir jamais esté beste, je m'en rapporte à ce qui en est: aussi n'est-ce pour les bestes que je parle, ains pour les hommes aymans. Lors Philopole faignant n'y penser: si avois-je tousjours entendu, dit-il, que les amans estoient bestes. Je ne sçay quels amans (luy dis-je) mais je ne puis bien vanter pour avoir honnoré, & encore honnorer une Dame, d'un idiot estre devenu mieux appris, que je n'eusse sçeu faire par tous les preceptes du Courtisan. Toutesfois pour ne m'eslongner de mon propos: je seray doncques bien des vostres, Seigneur Monophile, en ce que dites l'Amour naistre de cest instinct naturel; restera seulement à prouver entre vous & moy, & deduire par quelques moyens suffisans, si la seule fin de l'amour regarde à la jouïssance. En quoy si par commune opinion du peuple il me falloit fortifier, certainement, Seigneur Monophile, vous n'emporteriez le dessus, ains vous fauldroit du premier coup abandonner, & camp, & armes. Car qui est celuy en ce monde (horsmis vous) qui n'ayme pour ceste fin? Toutesfois pour ne me vouloir asseurer sur jugement si fragile, je vous supplie, dites-moy, si l'amitié d'homme à femme ne pretendoit qu'à l'esprit, pourquoy nous sentirions-nous agitez en icelle, tantost d'un tourbillon de joye, & à l'instant de douleur, puis tout soudainement de crainte; & en celle d'homme à homme ne sommes ainsi tourmentez: sinon que en ceste-cy, nous tenons nous contens & satisfaicts, d'estre d'eux sans plus aymez; ce que cognoissans, avons ja touché à nostre pretendu: mais en l'autre, outre l'esprit, accompagnons nos desirs d'un espoir, qui nous promet quelque jour cest heureux port de jouïssance? Davantage dites-moy, si cest amour se guidoit seulement par une liaison & conjonction d'esprits, ne devrions-nous par raison naturelle plus aymer celuy que Dieu voulut faire en tout & par tout à nous semblable, que non la femme laquelle il voulut bastir d'un degré plus basse que nous? Or eschet-il ordinairement le contraire, & aymons sans comparaison plus la femme que l'homme. Voire que nous voyons par cest amour feminin, avoir esté violée & rompue la loy de vraye amitié, qui estoit de l'homme à homme. Je vous pourrois en cecy faire recit d'un Tite & Gisippe: desquels Tite combien que de toute ancienneté fust affectionné envers Gisippe, & tellement affectionné, que pour mourir il n'eust voulu de sa volonté rien entreprendre au desavantage de son amy, si trouva-t-il si forcené de l'amour, que forçant tout

Quelle est la cause efficiente que finale de l'amour.

Quelle est plus violente ou l'amour ou l'amitié.

L'amour de l'homme à sa femme plus violent que l'amitié qui est entre les hommes.

rampart

Le premier Livre du Monophile.

rampart de ceste amitié ja de long-temps inveterée, ayma de telle furie la future espouse de son amy, que sans l'ordre que Gisippe y sceut donner, sa ruine se preparoit. D'autant qu'en son ame il sentoit deux extremitez toutes contraires : mais l'une plus forte que l'autre : c'estoit l'amour, dont il estoit si extrememẽt outré, qu'ores qu'il s'en voulust deporter en faveur de l'amitié qu'il avoit en Gisippe, si n'estoit-il en sa puissance y donner aucun remede, sinon par la seule mort, à laquelle il se resolvoit. Un semblable exemple vous pourrois-je alleguer d'un fils de Roy (recité, si je ne m'abuse, par Justin) lequel violant tout droit des hommes, & de nature, se trouva si solicité & espris, pour une sienne marastre, qu'encores qu'il portast à son pere toute obeïssance de fils, il ne se peut-il jamais garentir d'un tel mal, sinon par l'accomplissement de son desir, ou si la mort ne luy eust apporté medecine. Qui causoit donc tels outrages en ces deux hommes (outrages puis-je appeller, brisans par toute force tout droit d'amitié & nature) sinon qu'en l'amitié d'homme à homme n'y a que conformité d'esprits, en cest amour gist une simpathie entremeslée & de l'esprit, & du corps ? Quand je dy du corps, j'entens ceste copulation charnelle, seule fin de nostre amour. Et qu'il soit vray : tout ainsi que en toutes choses, estans parvenus à nostre but avons en nous contentement & satisfaction bien grande, aussi par ce seul moyen, ces deux cy-dessus nommez, attaignirent à l'assouvissement de leurs passionnez desirs. Et non seulement ces deux : mais tout autre, estant arrivé à ce tant desiré poinct de jouïssance. Car au lieu où auparavant nous sentions perplex & esperdus en ces extremes desirs, estans abordez à port, cessent en partie les trop violentes passions, & prend l'amour en nous nouvelle forme & habit selon que nostre nature s'y dispose, demeurant tousjours toutesfois en son essence d'amour. Voilà pourquoy fut figurée par les Ethniques ceste mesme Androgine dont avez voulu disputer, quand les deux parts & moitiez desassemblées, taschent à se racoupler. A l'imitation de laquelle, quelque Poëte de temps, dans un epithalame, escrit les ames estre là sus accouplées ensemblement.

> *Leans estoit le repos*
> *Des esprits de tous les hommes,*
> *Desquels, maugré l'Atropos,*
> *Estions faits tels que nous sommes.*
> *Tous deux à deux attelez,*
> *Horsmis qu'estans appellez*
> *(Ainsi que fut l'Androgine*
> *Sur nostre prime origine)*
> *Par la volonté des Dieux,*
> *Sommes distincts l'un de l'autre,*
> *Et d'un mypartis en deux,*
> *Ainsi est la moitié nostre*
> *Un temps de nous deschainée.*
>
> *Vray que petit à petit,*
> *Commençans de nous cognoistre,*
> *Sentons en nous l'appetit*
> *De nous rejoindre, s'accroistre,*
> *Si que par mesme amitié*
> *Reprenons nostre moitié,*
> *Et ainsi qu'au lieu celeste*
> *Vivions un deux sans moleste,*
> *Ainsi prenans nos deduits*
> *Avecq' un autre nous-mesme,*
> *Là où mieux nous sentons duits,*
> *Vivons en plaisir extréme,*
> *Et joye desordonnée.*

A laquelle opinion vous mesme volontiers fussiez condescendu (n'eust esté la crainte que aviez de vous entretailler) quand nous avons confessé, l'Androgine estre l'appetence de reünir les deux moitiez esgarées : & si peut-estre voulez venir à celle que Dieu dés le commencement de ce monde nous proposa (dont avez pensé faire voustre prouffit, mais toutesfois à credit) ne nous fut en icelle, par termes beaucoup plus exprés ordonné, que fussions deux esprits en un corps & une chair, qu'un esprit dedans deux corps ? Vray que je ne veux pas dire, que pour former l'Androgine, l'un & l'autre ne soient requis : mais c'est pour vous monstrer, que si desirez un esprit seulement en deux corps, rendez ceste nostre Androgine defectueuse & imparfaite. Car quant à ce que pour donner feuille à vostre dire, sur l'issue de vos propos (quasi pour la bonne bouche) nous avez voulu servir de vos loix en ce qu'elles requierent le seul consentement pour bastir les mariages : que veux-je dire autre chose, sinon que ce consentement provenant de ceste conjonction d'esprits non commune, fait & engendre cest amour : mais la communication des corps le parfait & le consomme ? Ainsi l'entendirent nos loix, & voyez en tous endroits, maintenir la vraye fin de mariage estre la multiplication de ce monde. Et si suis encor' en grand doute comment ils voulurent prendre cestuy consentement dont parlez. Parce que nous voyons avoir esté permis aux hommes & femmes se marier, voire en l'aage d'indiscretion, & où il semble n'y avoir grande connoissance, moyennant qu'ils eussent pouvoir de cohabiter. Si qu'il semble qu'elles ayent entendu par cestuy consentement, une propension mutuelle à ceste conjonction des corps. Qu'ainsi ne soit, nous le voyons, veu qu'un mariage se peut rompre & desnoüer à la volonté de l'autre, si l'une des parties se treuve en cest endroit froide & maleficiée : ce qu'autrement n'eussent permis, ny les loix de nos Papes, ny de nos Jurisconsultes, ausquels j'en remets ceste dispute. Seulement vous suffise les mariages se former par ce consentement que dites, mais se fermer par le contentement reciproque des corps. Et parce que semblez estimer l'Amour estre trop celeste, pour se fonder en chose qui trop participe, selon vostre avis, du terrestre : voyez en quel erreur vous tombez & mal recognoissez le grand heur qui est en l'Amour, pour tendre seulement à une si heureuse fin, par laquelle nous est moyennée l'immortalité en nos mortels corps, par la propagation de nous autres en nos semblables. Vray qu'en ce poinct-cy estant ainsi que la sage & discrete mere, laquelle cognoissant le bien qui est necessaire pour le futur à son enfant (dont il ne peut avoir cognoissance pour son bas aage) nous dons, par presens, par un doux & amiable parler, & autres telles petites amorses qui plaisent à ce petit mignon, l'aleche & induit (sans toutesfois qu'il y pense) à s'acheminer au but, qu'elle s'est en soy-mesme projetté : jusques à ce que par un long progrés de temps & venant l'aage plus meur & parfait, se treuve cestuy fils venu au poinct de la chose qui plus luy estoit necessaire, au grand contentement, & de luy & de sa mere : ainsi ceste sage mere nature s'estant en soy proposée la multiplication de ce monde, plante en nous dés le commencement de nostre aage, telles petites semences d'amour, nous amorsant l'un à l'autre, par ce pretendu plaisir. Mais à quelle intention ? Est-ce sans plus pour l'estincelle de ce plaisir qui nous est commun avecque tous autres animaux ? Non, non, Seigneur Monophile, ains pour nous rendre, comme je vous disois (& vous-mesme l'avez jà à la traverse confessé) immortels en nostre mortalité. Et vrayement nous cache-t'elle ce secret, par le voile du premier plaisir qui s'offre en ceste communication mutuelle. Mais à la fin, estans parvenus plus outre, cognoissons encore par un plus grand & iteratif plaisir, que ceste fin tendoit à plus haute fin, qui estoit, avoir enfans : esquels (comme ayans attaint tout nostre but) naturellement nous nous plaisons & resjouïssons plus qu'en autre chose terrienne. Or est-il, que ceste fin est une fin interminable, & qui ne treuve point de fin ; parce qu'oncques nature ne se fascha ou lassa d'avoir enfans. Ainsi se renouvelle tousjours en nous la cupidité du plaisir, & par mesme moyen le desir, lequel n'est pas si passionné, d'autant qu'aprés la jouïssance, nous nous trouvons asseurez d'y trouver un prompt remede ; ce que nous n'osions pas afferrmer auparavant

Le premier Livre du Monophile.

paravant. Ainsi là où devant, nagions entre l'esperance & la crainte, vivons aprés en asseurance d'avoir ce poinct, où tous nos pensemens se dressoient. Si bien que tousjours demeure l'Amour, mais prend diverses qualitez : parce que si au precedent se nommoit desir garny d'une esperance, puis aprés s'appelle desir accompagné d'une asseurance. Je veux doncques dire que l'Amour (pour bien definir amour qui tourmente ainsi les hommes) est une passion, conceuë d'une opinion, provenant d'un certain instinct qui s'imprime dedans nous, tendant à la conjonction corporelle de l'un à l'autre. Amour sera doncques un instinct, comme vous, Seigneur Monophile, maintenez, mais toutesfois un instinct accompagné du desir de se rejoindre : & semblablement le desir tousjours marchant aveques l'instinct. Et par ce moyen, trouverons peut-estre lieu de satisfaire à quelques-uns, qui à cause de ceste appetence qui se rencontre en cest endroit, voulurent maintenir, l'amour ne devoir acquerir tel nom jusques à plaine joüissance. Certes, combien que je ne fasse grande profession des termes, estant de vous entendu, si me sembloient tels personnages avoir grandement sur ce fourvoyé : car encores que ne soyons entrez en ce poinct de joüissance corporelle, si treuve-t-il autre chose, de laquelle en nous-mesmes joüissans, acquerons le nom d'amans envers nos Dames : c'est ceste naturelle impression & idée de leur meilleur, que nous couvrons dans nos esprits, au moyen de laquelle, nous les aymons plus que les autres. Car, à bien dire, de cest instinct despend principalement l'amour : parce que peu souvent il marche en jeu, qu'il ne se garnisse tousjours de l'appetence naturelle qu'avons de nous reünir ; là où souventesfois apperons ceste operation de nature en plusieurs femmes mesmes les aymer neantmoins, ains quasi conduits & menez par une brutalité, & sans autre consideration que de passer nostre colere. Mais pour retourner sur mes erres, qu'Amour soit une passion, je croy que n'en faites doute, au moins nous l'avez-vous assez appris pendant tout vostre discours. Et quant à ceste communication des corps, si n'en demeurez contens, m'en pense-je toutesfois avoir dit ce que la necessité requeroit. Vray que pour le regard de l'instinct, encore qu'il ne se puisse bonnement descouvrir, si n'y a-t-il celuy de nous qui ne sçache, que naturellement nous sommes plus adonnez à quelques personnes, qu'aux autres. Et comme ainsi soit que nos jugemens naturels soient divers, aussi adonnons-nous nos cœurs chacun en particulier, comme nostre nature nous guide. De là sourd la diversité d'opinions : de sorte que quelques-uns voulurent dire, la verité estre submergée aux profonds abismes des puys. D'autant qu'un chacun de nous juge, non selon la verité, ains comme son instinct le pousse. Ainsi, encore que je ne puisse declarer dont provienne cest instinct (sinon de nostre nature, parce qu'autant se trouvent d'inclinations, comme d'hommes) si est-ce que je cognois bien, que c'est ce seul & unique, qui donne ouverture à l'amour. Et si peut-estre se rencontrent plusieurs à aymer une mesme Dame, c'est qu'ils sont ensemble approchans de quelque commune influence. Or ay-je baillé ceste definition à l'amour, combien que je sois bien seur, y en avoir une autre espece, qui semble tenir de nature, & toutesfois ne procede de cest instinct dont parlons. Comme voyons ordinairement escheoir, qu'encores que de nous-mesmes ne soyons enclins envers plusieurs personnes, si est-ce que bien souvent contre nos propensions, nous nous sentons induits à leur porter affection, pource sans plus qu'ils nous la portent. Et dit-on en commun langage, l'ingratitude estre trop grande en l'homme ou femme, qui estans aymez ne veulent rendre le reciproque. Celuy est veritablement un amour : mais non si vif comme l'autre dont nous parlons, & pour bien dire, retirant plus sur pitié que sur l'aymer. Ainsi est-il à un chacun familier se ressentir du mal d'autruy (voire par fois de nos ennemis, lors que les voyons affligez) & non pourtant qu'il y ayt une affection, telle que l'amitié que nous avons en quelques certains personnages, où nostre naturel nous porte. Aussi ne me semblant ce dernier amour, qu'une ordinaire compassion que nous prenons de ceux, lesquels voyons en nostre faveur tourmentez, ne l'ay voulu comprendre soubs ceste divinité dont parlons : de la perfection de laquelle, combien que je n'aye paravanture disputé tout au long, & que je ne sois asseuré aveque quel contentement pourrez recueillir mes propos, si me tiens-je pour tres-content du peu qui vous a pleu me ouïr. Vous avisant toutesfois que quelque chose que j'aye mis en avant, ce n'est d'aucune mienne contemplation, ains de ceux, qui pour l'avoir moins que moy esprouvé, en entendoient mieux la nature. Car pourriez-vous bien estimer, qu'en la servitude où je suis, pour celle Dame que sçavez, j'eusse en moy telle liberté, de pouvoir discerner, non seulement ceste matiere, ains quelque chose que ce fust ?

Lors Charilée, me respondant aveques un assez gracieux ris, sans toutesfois faire semblant de m'accorder aucune chose : qui vous en a donc tant appris ? me dit-elle. Suffise-vous, ma Damoyselle, respondy-je, que je tiens de gens, qui l'entendent mieux, que ceux qui estans en ceste obscure prison, ne peuvent cognoistre celuy qui les a rendus si captifs. Si n'en demeurerez-vous plus authorisé pour cela (repliqua-t-elle) car vous-mesme dés l'entrée de vostre discours avez donné sentence contre vous : quand nous avez voulu apprendre que ceux qui desduisent l'amour, n'en sçauroient autrement parler, que suivant leurs passions particulieres. Mais s'ils n'en ont fait espreuve, encore se rendent-ils moins croyables, pour en parler, comme clercs d'armes. Parquoy en tout evenement ne pouvez-vous estre de nous creu.

A ce mot, Monophile, à qui ja pesoit se taire si longuement, luy respondit : Pour vous, ma Damoiselle, pouvez-vous donner asseurance de ne luy adjouster foy : mais non pas ces deux autres Gentils-hommes. Et pource, je vous supplie bien humblement ne trouver estrange, ores que ce soit contre vostre ordonnance, si pour me deffendre en ma cause, je vous donne responce au Seigneur Pasquier, en faveur duquel seulement, & non pour l'amour de moy, je croy qu'ayez estably la loy de non repliquer. Encore nous vous creu, dit-elle : contentez-vous, sans plus, l'un & l'autre, luy d'avoir eu audiance contre nostre volonté ; & vous, du contentement que vous prins en vos propos, lesquels n'ont besoin d'autre deffence, que celle qu'ils ont ja euë. En bonne foy, ma Damoyselle, luy dis-je, vous estes trop partiale, & pour avoir la cause du Seigneur Monophile trop affectée, peut-estre vous-mesme ne ferez pas creuë. Pource, je vous prie, ne luy interditez point la parole, pour dire ce qui luy plaira. Ce propos sortit de moy aveques une telle contenance, que Monophile tout fasché, pensa que je le deffiasse, seulement pour une asseurance que j'eusse, qu'il ne me pourroit satisfaire. Au moyen de quoy, quasi demy indigné, plusieurs fois voulut user de revenge : mais Charilée, faignant de se courroucer : vous suffit-il pas (dit-elle) que le Seigneur Pasquier est un surnumeraire, & non naturalisé en ceste nostre compagnie ? Ce n'est en son endroit qu'ainsi il vous faut arrester, ains me sembleroit plus seant pour vostre honneur, que remissiez en memoire le combat, que n'agueres vous ont presenté ces deux autres Gentils-hommes. Advisez doncques seulement à vous tenir sur vos gardes : car si leur pouvez satisfaire, vous ferez beaucoup pour vous. Ce sera doncques pour vous obeïr, ma Damoyselle, respondit-il. Or s'estoient tenus, pendant tous ces menus propos, Glaphire & Philopole ſans mot dire : parquoy Philopole ayant assez, ce luy sembloit, escouté : je vous prie (dit-il) ma Damoyselle despouïller toute affection, & attribuer l'honneur à celuy qui l'a merité, sans tant vous formaliser, comme vous faites. Allez, allez, Seigneur Philopole, respondit-elle, n'estes-vous de la partie ? Je vous prie seulement parfournir à vostre entreprise, en ce qu'avez mis sur les champs devant la venuë de Pasquier, pour puis (ayant achevé) donner

donner lieu au Seigneur Glaphire, au poinct qu'il a entamé. Vous dressez tres-mal la partie (dit Monophile) & semble, ma Damoyselle, que sous pretexte de me vouloir porter faveur, pretendiez à ma totale ruïne, parce que ne me permettez entrer en champ contre un seul, & toutesfois esmouvez ces deux Capitaines-cy pour me combartre à toute outrance. C'est trop parlé, dit-elle, vous en trouverez plustost l'issuë par bonne execution, que le commencement par telles petites démarches. Sus doncques, Seigneur Philopole, puis qu'avez ouvert le pas à la noyse, desployez toutes vos forces, pour nous donner à cognoistre si serez aussi bon executeur, comme bon entrepreneur : d'autant que vous me semblez avoir choysi (à vostre escient) fardeau assez pesant, & dont, si ne vous gardez, sans y penser, succomberez. Car qui seroit si hebeté qui avecq' vous voulust dire, la loyauté n'estre requise en un homme comme en la femme ?

Si la loyauté est autant requise en l'homme comme en la femme.

Ma Damoyselle, respondit Philopole, pour vous dire le vray, je crains que voulant favoriser & ayder l'opinion du Seigneur Glaphire, je ne me moyenne un grand tort. Toutesfois puisque si avant me solicitez en l'acquit de ma promesse, je commenceray mon propos, lequel ne sera point long, ains seulement pour monstrer au Seigneur Monophile (sauf le meilleur advis neantmoins de toute ceste compagnie) que quant à ce qu'il demandoit, il nous auroit aucun contentement de nos Dames faisans communication de leurs corps avecques autruy : & que le semblable devons-nous estimer d'elles, nous abandonnans à autres, il me semble ceste comparaison n'avoir lieu : non qu'en ce je veuille deprimer le sexe feminin, pour extoller le nostre : mais je sçait, de toute memoire, les femmes n'avoir esté colloquées en tel degré de liberté, que les hommes : & estre permis aux hommes beaucoup de choses, que non aux femmes. Je n'allegueray l'administration de Republiques, maniement d'armes, exercitation d'estats politics ; desquels ont esté deboutées comme inhabiles & non suffisantes à ce faire. Mais aussi ont desiré nos anciens, une certaine pudicité en elles : laquelle seule ils ont estimé, au supplement de ce dont toutes nos loix, tant naturelles, que civiles, les avoient privées. Ce qui n'a pas tant esté requis en l'homme, comme n'estant si fragile & lubrique que la femme. Au moyen de quoy, Nature y obviant par bons & raisonnables moyens, a imputé en la femme à improperer, ce qu'en l'homme a presque retourné en louange. Or qui de telle loy me demanderoit plus ample raison, à peine que je la puisse dire, sinon que Nature nous l'a dictée. Aussi ne suis-je destiné pour vilipender vostre sexe, duquel j'estime en partie mon heur & ma vie dependre (& disoit ceste parole, descouvrant sa mocquerie.) Suffise-vous qu'estant telle chose imprimée de tout temps dans nos esprits par une naturelle inclination, il me semble n'estre besoin adapter en un endroit, ce que l'on pourroit approprier à l'autre. Vrayement (dit Charilée) vous en parlez assez honnestement, sans rien toutesfois obmettre. Mais quoy, Seigneur Monophile, nous lairrez-vous en si beau chemin, sans estre de vous secouruës ? Certes, j'en appellerois, mesme me semblant soubs ceste generalité, estre comprise, & interessée cette Déesse, que journellement adorez, quelque part qu'elle reside, & fust-ce dans vostre cœur. Et quant à moy, je sçay bien que j'aurois à dire, n'estoit que l'on n'est receu d'advocacer en sa cause : aussi que tel acte nous fut jadis deffendu, par vos belles ordonnances. Ma Damoiselle (respondit Monophile) n'a pas long-temps qu'avez obvié à cela, lors que nous avez fait entendre, que n'estions point en jugement si scrupuleux : aussi qu'oppugnant le Seigneur Philopole, ne serez reputée maintenir vostre propre cause, mais bien la mienne, puis qu'il vous plaist me faire tant de faveur, & d'ainsi l'estimer. Or doutoit fort Charilée, entrer en tel camp, parce que jamais ne se mettoit en telle dispute (que celle qui fut l'heure s'estoit, à la suscitation de Philopole, representée) sans outre-passer un petit les bornes de raison, & se mettre à courir la poste, tant luy estoit ceste cause affectée. Au moyen de quoy, Philopole, pour l'ayguillonner davantage : je voy bien (dit-il) que pour ce coup demeurerez par faulte d'un bon Chevalier, si vous-mesme n'entreprenez la deffense de vostre querelle, qui est de soy si hazardeuse, qu'à bon droict ne veult le Seigneur Monophile passer la lice, pour entrer en ceste jouste, craignant d'estre desarçonné.

A quoy elle, d'une face toute transformée en vermeil, pour le sang qui illecq' estoit monté, donnant assez d'apparence de sa colere : non, non (repliqua-t'elle) Seigneur Philopole, ne pensez emporter la victoire d'une querelle si avantageuse de mon costé, pour estre si injuste du vostre. Et bien que par vostre entendement, pensiez renverser l'imbecillité du mien ; si combattray-je vostre dire non soubs l'appuy des forces de mon esprit (qui est nul) ains pour la validité de la cause, qui de soy-mesme se defend sans orateur ou advocat. Et puis que de ceste liberté que vous estes estudié attribuer à l'homme, estes descendu en plusieurs autres propos, assez lointains de la question qu'aviez en vostre esprit imaginée ; aussi ne veux-je faire mon compte vous satisfaire en ce dont la presente dispute s'est meuë, ains à tout le surplus de vos raisons : à ce que ne pensiez m'avoir rien presté à credit, & que je ne vous veuille payer en monnoye d'aussi bon ou meilleur alloy que la vostre. Car s'il vous plaist considerer profondement la difference de nos deux causes, je suis seure (& n'est ma fantasie vaine) qu'y trouverez autant ou plus de distance, comme de l'image peinte, à la creature vive : parce que vos raisons estans fondées sur opinions mondaines, les miennes ne s'aydent & munissent que de la vraye & seule Nature ; laquelle, comme vous pensez, ne nous a exterminées de tous actes vertueux & louables non plus que les hommes, quelques cas qu'ayez voulu dire. Et qu'ainsi soit, representez-vous devant les yeux une administration de Republique, un gouvernement de police, n'avez-vous la Semiramis, la Tomiris, & mille autres dont j'ay maintesfois ouy parler : qui non seulement par sagesse feminine, si bien establirent leur Monarchie & Royaume, mais aussi par une prouësse plus que virile, guiderent de forte beaux faits d'armes, que leur posterité en a bruy & bruira tant que le monde sera monde ? N'avons-nous aussi une Penthasilée ? N'avons-nous les Amazones, pour ce mesme respect de guerre ? N'avez-vous en la poësie, Sapho, & mesme de nostre temps, haute Dame & Princesse, tenuë de bonne memoire Marguerite de Valois ? En Italie, une infinite d'autres, dont les œuvres reluisent entre tant de bons & louables esprits ? Demandez-vous l'éloquence, fondement & appuy de toute Republique bien ordonnée ? Ne celebrent les anciens la Cornelia, la Hortensia ? qui si bien s'en sceurent ayder entre les Romains, que par le commun accord des biens-disans, attaignirent au parangon des plus grands Orateurs de Rome ? Et est chose trop asseurée qu'encor' en eust-on trouvé en ceste part davantage, sans l'ennuyeuse loy des hommes, qui cognoissans le grand esprit des femmes, despourveu neantmoins de force corporelle (ainsi que nous voyons ordinairement les petits poissons estre devorez par les grands) leur interdit plaidoyers & administration d'estats politics : mesme nous publians de si fragile esprit, jusques à nous deffendre donaisons, & alienations de nos biens, sans l'exprés consentement de nos maris. Et nonobstant ce, vous voyez les bonnes & grandes maisons journellement decliner & ruiner par la bestise ou prodigalité des hommes ; au contraire, l'augmentation & entretenement d'icelles, proceder du bon mesnage & sagesse des femmes. Qui me fait penser que là où il leur seroit loisible appliquer leurs esprits à tels negoces que les vostres (si ainsi est que l'ordre d'une Republique fraternise avecques celuy d'une maison) par mesmes moyens elles pourroient guyder & dresser les affaires d'une ville. Et pour me depoter des exemples des Ethniques : voulez-vous estat plus grand que le Pontificat de Rome ? auquel toutesfois nous avons leu une femme soubs habit viril, s'estre maintenuë autant galamment que la plus-part de ceux qui depuis luy ont

Deffenseur des femmes.

ont succedé. Mais quoy? encore fut-il necessaire, & elle, & à la sus-mentionnée Semiramis, pour contenter le monde, & obvier à ceste opinion du vulgaire, se desguiser sous un habillement d'homme: sous lequel tant qu'elles furent masquées, rien ne leur estoit mal fait, tout vertueux, tout magnanime: mais incontinant qu'elles tomberent en la cognoissance des hommes, & qu'on les recogneut pour femmes, à un instant fut amortie & estainte leur proüesse, vaillantise, vertu, & saincteté, qui tant s'estoient en elles trouvées recommandables. Tant a esté & est grande l'envie des hommes encontre nous: lesquels cognoissans que possible par la sagesse des femmes pourroient perdre tout leur credit (à l'imitation des tyrans, qui défont & destruisent tous ceux dont ils craignent) nous ont frustrées de la possession qui nous appartenoit, comme à eux. Je ne doute point que sur ce ne vous aydiez, que l'une & l'autre des deux femmes par moy cy-dessus alleguées, descouvrit à la parfin sa folie, l'une par la lubricité qu'elle pretendoit en la personne de son fils, & l'autre par sa grossesse: car tel est le commun dire des hommes, qui par ceste seule raison pensent triompher de nous autres. Mais ô quel divin argument! ô quelle subtilité digne de tout vostre sexe! comme si ceux, lesquels plus vous celebrez par vos escrits, soit en vaillantise ou sagesse, ne sont tombez en tels desarrois & défauts! Je n'allegueray vostre Hercule, par le moyen duquel à bon droit vous pourriez vous vanter avoir occis tous les monstres de ce monde, si luymesme se fust tué, lors qu'au lieu de sa mastuë on luy vit manier le fuseau. Je n'allegueray vostre idolastre Salomon, seul parangon toutesfois (comme on estime) de toute sapience humaine: trop & trop en bruyent les histoires. Laissons doncques si sortes opinions, autant desavantageuses à vous comme à nous: voire si de bien prés considerez, plus en vostre prejudice, ayans esté creez de Dieu (comme en tous lieux publiez) d'un cerveau plus sain & solide, que tout le reste du monde: & pource, retournant à mon propos de l'opinion, & de la Nature: voulez-vous plus sage Philosophe que Socrates? lequel toutesfois ne se taisoit de l'injure & tort qu'on nous faisoit, nous reputant incapables de toutes vertus & sciences, comme les hommes. Demandez-vous un autre Socrates, Licurge, qui par ses loix accoustumoit les femmes à tous faits d'armes, & autres tels exercices que vous autres estimez virils: au lieu desquels neantmoins n'avons pour recompense que la quenoüille? Quoy? si je vous monstre qu'au temps passé en Licie, les hommes exerçoient tous les actes, que pour le jourd'huy estimez feminins, tel exemple ne sera-t-il suffisant pour vous donner à cognoistre telle chose ne gesir qu'en opinion mondaine? Il ne faut doncques point, Seigneur Philopole, penser que Nature nous ayt privées non plus que vous autres de tels actes, ains vostre tyrannie sans plus, estans nos esprits susceptibles de toutes telles sciences que les vostres. A l'heure, Philopole, vous m'induisez presque à le croire, dit-il, encore que ce soit quelque peu contre ma volonté. Mais vostre parole fortifiée & munie de si vives raisons & exemples, jamais je ne me fusse persuadé tomber en teste de femme, me feront estre paradventure des vostres: & vous diray davantage (dit-il d'une grace assez honneste) que par moy en ma Republique, serez quelque jour installée, pour presider, non és choses concernans le fait des femmes (comme jadis fit Heliogabale Empereur Romain, à sa mere) ains és affaires & negoces plus ardus & necessaires, pour l'entretenement de mon Estat. Il y en a de trop plus capables que moy pour tel effet, respondit-elle, quand seriez en ceste peine. Vray que je ne say doute, que ne trouviez estrange, revenant à la commune opinion de la populace, le peu que j'ay discouru: si vous veux-je bien adviser, qu'encores que par vous hommes nous soit défendue & prohibée la lecture des bons Autheurs, j'y employe toutesfois la meilleure part de mes heures. Aussi, pour communiquer quelquesfois avec gens doctes, & nourris en toutes bonnes lettres & disciplines; je croy, ma Damoiselle, dit Monophile, qu'il n'y a celuy en ceste compagnie, qui ne trouve vos propos bons, comme procedans d'un bon cerveau: & certes, pour authoriser vostre dire, sans chercher exemples forains, vous deviez seulement vous mettre en champ & pour exemple, afin de confondre l'opinion de ceux qui si temerairement vilipendent vostre sexe. Car en ce eussiez servy d'un bon Achilles pour toutes les autres. Et quant à moy, pour vous donner à cognoistre de combien suis different de vostre opinion, je dy & croy asseurément (suivant ce que si bien avez maintenant deduit) telle avoir esté la cause, pourquoy les Poëtes du temps passé, attribuans à toutes choses du monde leur propre & peculier Dieu, ne les voulurent desgarnir de Déesse: & establirent au fait de la guerre une Bellone, aussi bien que le Dieu Mars; une Pallas sur la science, comme un Mercure; Junon sur les richesses, aussi bien qu'un Plutus; en l'Amour Venus, comme un Cupidon; & sur la Poësie, les neuf Muses, tout ainsi que le Phœbus: nous voulans monstrer soubs le manteau de Poësie, les esprits des femmes, comme des hommes, estre capables de tous arts & sciences, & autres choses qui peuvent tomber en l'esprit de l'homme. Voire & d'un poinct davantage: d'autant que Nature leur deffaillant en force corporelle, les auroit voulu recompenser en abondance d'esprit: n'estant empeschée, ny voylé d'une si pesante masse de terre comme nous, mesme estans yssuës de matiere plus purifiée que ne sommes, pour avoir pris leur origine de nous, & nous immediatement de la terre grossiere, & sans aucune forme. Qui est veritablement un mistere qui nous doit assez figurer, quel chef-d'œuvre voulut faire Nature, lors qu'elle nous bastit la femme. Car tout ainsi que l'on voit dans les alambiques, s'extraire de matieres grossieres, eaux souëfves & delicates, non pas en si grand' quantité: aussi estant ceste femme quasi alambiquée de ce corps massif de l'homme, tira quant & soy le meilleur, ne luy laissant rien de reserve, que le terrestre (qui fut la force, commune à tous animans) & s'emparant du haut & magnanime courage en toutes choses vertueuses. Sur quoy, adjousta Philopole: vous dites vray; car Dieu ayant voulu tirer ceste femme des parties où reposent les passions en nous, en voulut desgarnir l'homme, pour en façonner la femme: parquoy l'ayant pourveuë d'une aigre & vehemente colere, & d'infinies passions, fut par mesme moyen, besoin la destituer de force. Autrement se fust trouvé en elle un animal plus violent & furieux (& dit Philopole ceste parole l'accompagnant d'un soubris de bonne grace) que le Lyon qui dedans soy ronge une perpetuelle ferocité. Ce sont propos, repliqua Monophile: d'autant que Nature, ayant mis en ceste femme un si excellent courage, & ne voulant défaillir en cest endroit en aucune partie, ne voulut par mesme effect munir de telle chaleur que nous autres, pour la rendre en ce haut cœur plus attrempée: parceque, comme nous voyons les jeunes gens plus temeraires & enflambez que les autres, & quasi demy furieux, pour l'abondance du sang & de la chaleur qui domine en eux: au contraire, les vieillards estre beaucoup plus posez, d'autant que la fontaine des passions, qui en partie tire sa nourriture du foye, commence à diminuer & devenir imbecile: aussi desirant cest haut, Dieu descouvrir son inestimable puissance en la personne de la femme, la voulut rendre par ceste defectuosité de chaleur, comme l'on peut voir à l'œil, aussi advisée en sa jeunesse, que les plus vieux & anciens de tous les hommes. Vray que pour estre garnie d'un pur sang & subtil, toujours demeure en elle le courage, mais non courage temeraire, comme de nostre aveuglée jeunesse, ains en tout & par tout conduit par une certaine prudence. De sorte que si de bien prés regardez, vous trouverez les meilleures & principales Monarchies, à voir esté instituées, ou conservées, par la sagesse ou magnanimité des femmes, ou, pour le moins, par leur moyen, quasi d'une influence celeste: & au contraire, celles qui par le moyen des hommes trouverent acheminement, de nulle ou petite entretenuë, ou bien dés leur

Beau discours sur la premiere origine des femmes.

Republiques instituées ou conservées par les femmes.

Le premier Livre du Monophile.

leur premiere entrée avoir pris le nom de tyrannie, combien que je n'ignore qu'il n'y ait regle si generale qui n'emporte son exception. Et afin, ma Damoyselle, que je ne repasse par vos traces, en celle Semiramis, dont tant à propos vous estes voulu ayder : n'ouvrit-elle toutefois le chemin, pour rendre ses successeurs Monarques en un païs d'Assirie, jusques à un Sardanapale, qui par ses ordes & monstrueuses voluptez ferma la porte à ses subjets, donnant occasion aux Medes d'envahir l'Empire sur eux ? De laquelle seconde Monarchie, toutes-fois je ne suis deliberé parler, pour le peu d'estime qu'en font tous les Historiographes. Mais si nous voulons descendre aux Perses, quelle chose leur appresta commencemens pour dominer sur tant de peuples, sinon la bravade des femmes ? Lors que toute ceste nation (soubs la conduite d'un Cyrus) se voulant garentir par la fuite, de la fureur d'Astiage Roy des Medes, les femmes honteuses de l'infamie de leurs hommes, sortans de la ville, en laquelle ils pretendoient se sauver, se representerent au devant, & se rebroussans tout à plain, leur demanderent s'ils vouloient rentrer au lieu dont ils avoient pris leur naissance : au moyen de quoy tous confus, retournans face aux ennemis, les rangerent d'une si vive façon, qu'ils les mirent à vauderoute. Et de là en avant eurent toujours du meilleur, se faisans paisibles possesseurs de la plus grand' partie du monde. En memoire de quoy, & quasi pour éternel Trophée, fut ordonné que dés qu'un Roy entreroit dedans la ville, dont les femmes estoient si valeureusement sorties, il bailleroit à chaque citoyenne de celieu, quelque certaine somme d'argent, ainsi que la loy portoit. Quoy ? ne fut ceste Monarchie par le moyen d'Alexandre transportée aux Macedoniens ? Voyez doncques, je vous supplie, de quelle durée elle fut : prenant commencement en luy, & en luy-mesme terminant. Et pourquoy doncques ? parce que contre l'ordonnance des cieux, luy comme homme, avoit voulu entreprendre de subjuguer tout ce monde. Ainsi se trouva à un instant quasi par eschantillons divisé l'Empire, que celuy que nous reputons plus vaillant de tous les autres, avoit avec si grands travaux & fatigues conquesté. Mais que fault-il que je m'arreste en cest endroit ? quelle Republique se trouve plus magnifique que la Romaine, laquelle levant la teste sur toutes autres, se peult vanter avoir esprouvé toutes manieres de gouvernemens politics ? Qui fut toutes-fois la source de son ancien estre, sinon les bonnes matrones de Troye ; lesquelles abordées vers la coste d'Italie, estans leurs maris allez au pourchas des victuailles, toutes d'un commun accord pour leur repos, & quasi prophetisans non seulement leur grand bien, ains de toute la posterité, s'adviserent de brusler leurs vaisseaux & navires ? Ce qu'ayans mis à execution, *Rome d'où ainsi nommée.* par le conseil d'une nommée Rome (en commemoration duquel faict la ville de Rome emprunta depuis son nom) donnerent occasion aux Troyens, de dresser en ce lieu leur residence. Ainsi commencerent à establir Roys, lesquels sortissans divers noms & qualitez, comme d'Albanie, puis de Rome, se trouvans par succession de temps abusifs, encor' permit le destin, qui couvoit en soy nouvelle forme de Republique, que par le moyen de Lucrece *Monarchie de Rome changée en estat populaire parle moyen des femmes.* violée par Tarquin, se changea ceste Monarchie en un estat populaire, tel comme depuis fut observé par l'espace de plusieurs ans. Or fut, à la verité, telle espece de Republique introduite, non par sagesse ou conseil des femmes : mais encore voulut Fortune, que sur elles tombast le sort, pour instituer ceste ville en autre forme plus prouffitable pour le commun. Et toutesfois, comme ne peult aucune chose éternellement demeurer en son entier, venant ceste Republique en corruptelle, par les ambitions & faveurs des Potentats : la perversité de leurs mœurs requerant nouvelle police, fut suscité Jule Cesar, qui par une haulte hardiesse, pervertissant & prepostérant toutes les loix anciennes, retourna l'ordre de ceste ville en Monarchie : mais quelle Monarchie, dirons-nous ? ne fut cest Empire Romain une perpetuelle tyrannie, desguisée quelquesfois & masquée par la bonté de quelques-uns, qui contre leur volonté, estoient semons & appellez à ceste dignité d'Empereur ? Aussi n'estoit-ce pour les hommes que les cieux apprestoient telles réformations. Et afin que je ne m'estrange des bornes de nostre France, ne s'est-elle trouvée depuis six vingt ans en çà *France garentie de servitude par Jeanne la Pucelle.* une pucelle, qui (mandée par providence divine) seule se trouva suffisante pour nous garentir du joug de la servitude, soubs laquelle il sembloit que nous autres sussions jadis tous reduits. En façon qu'il semble que Dieu ait reservé aux femmes la meilleure partie des victoires, pour ne nous laisser jouir que du peu de leur demeurant. Voyez doncques, je vous prie, Messieurs, si à tort tous nos ancestres voulurent deprimer ce sexe, pour penser donner illustration au nostre, lequel (pour ne desguiser verité) de cinq cens ou mille pas prés n'approche de son excellence.

Adoncques Charilée : je vous en sçay bon gré, dit-elle, *Que la loyauté requise en l'homme que en la femme.* & ne fourvoyez en rien de vos bonnes & loüables coustumes, aussi ne vous eus-je oncques pour sa reputation & estime d'homme courtois. Toutesfois pour parachever ma carriere, & parfournir au surplus du pour-parler de Philopole, lequel tendoit à prouver, la chasteté estre plus requise aux femmes qu'aux hommes : je sçaurois volontiers de vous, Seigneur Philopole, par quelle loy avez plustost receu tel privilege, que nous autres ? Est-ce par la loy divine, qui abhorre autant le peché contraire à chasteté, en l'homme, qu'en la femme ? Est-ce par statut humain, lequel ne sçauriez alleguer en mon prejudice ? Autrement soubtiendrez en ceste cause, l'estat de juge & de partie. Et toutesfois puis qu'ainsi vous est aggreable, je ne contreviendray à vostre dire : non pourtant que je veuille tel advantage (car ainsi ne l'estime-je) estre causé par obligation ou loy naturelle, comme semblez maintenir, ains par une certaine honnesteté, laquelle les femmes se proposans devant les yeux, se sont toujours plus estudiées à contregarder leur honneur & chasteté, que les hommes, qui à toutes heures & propos s'imputent à grand loüange, prester leurs cœurs à credit. Or si par nostre prudence & sagesse, avons appris à refrener & cohiber nos concupiscences charnelles, & vous autres hommes estes en possession immemoriale d'avaler les resnes à vos desirs à l'abandon, & à l'endroit de la premiere qui s'offre : si ne permettray-je toutesfois qu'en matiere d'amour, ayez aucune prerogative par-dessus nous : ains diray plus (s'il est requis en ceste part que nostre dispute s'estende aux opinions du monde) que, puis que par le commun consentement du peuple, la femme est toujours estimée avoir le dessus & avantage sur celuy qui luy fait la cour (estant appellée maistresse, luy serviteur) tel doit beaucoup plus craindre forfaire à l'endroit de sa Dame, que non pas elle envers luy. Car ainsi me sera-t'il permis vous combattre en ceste part. Qu'il soit vray, n'est-il raisonnable que le maistre aye plus de licence & liberté en tout & par tout, que celuy qui fait l'estat d'un serviteur ? Et toutesfois ne vous vouloir adherer à si erronée opinion, quant à moy, je ne me puis & ne veux persuader, qu'en amour l'un puisse ou doive avoir plus de puissance que l'autre. Le tout desirant estre mutuel & reciproque : & ne l'estant, desja commence amour à faillir, & manquer d'un pied, & à peine que jamais il sortisse le sommet de perfection. Car là où la femme n'est en son endroit si troublée ou tourmentée que l'homme, ou au contraire l'homme que la femme, bien qu'ils se cherissent l'un & l'autre, tant s'en faut que telles caresses meritent le nom d'amour, que c'est pure & vraye simulation, menée par un je ne sçay quel ayguillon, qui n'est neantmoins de durée. Pensez-vous que je fasse compte de celle femme, qui voyant un pauvre amant passionné extrémément pour son amour, tantost le caressera pour mieux l'attraire dans ses lacs, puis soudain changeant de chance, tournera la charuë contre les bœufs, luy dardera un cil d'œil accompagné d'un ris friant, & à l'instant recevra mille bonnetades de luy, sans daigner aucunement tourner sa veuë vers luy ? Tant s'en faut que je prise ou loüe tel acte, que s'il

Le premier Livre du Monophile.

m'estoit permis presider en ceste cause (comme m'a voulu establir le Seigneur Philopole) je l'exterminerois & bannirois de la compagnie de toutes honnestes Dames. Je ne nie pas que par fois ne soyons contraincts recevoir telles perturbations en amour, qu'il nous est impossible telle-fois, accueillir ou caresser nos Dames, ou amis, ainsi que de coustume : mais telle chose ne doit tomber en nostre cognoissance, & proceder par un saint artifice, pour mieux leur donner mattel, ains par une certaine instigation naturelle, suscitée d'un extreme amour, soubs lequel souvent sont comprises, crainte, & douleur. Je dy cecy, Messieurs, contre l'opinion de ceux, qui me semblent temerairement pretendre quelque inegalité en amour, laquelle jamais je n'admettray, & ne permettray que la femme soit appellée maistresse de l'homme, que semblablement il ne soit pas paisible possesseur, & seigneur du cœur de la Dame. Et par mesme moyen maintiens-je, quelque cas qu'il plaise au Seigneur Philopole, n'estre plus loysible à l'homme, qu'à la femme, soubs pretexte d'une sotte opinion conceuë entre les hommes, se communiquer en plusieurs endroits.

Que l'honneur des Dames ne gist qu'en opinions.

A quoy je suradjousteray l'opinion la pouvez-vous bien appeller, ma Damoiselle, & non nature, quelque chose que tout le vulgaire en estime. Et pour le vous monstrer plus à veuë d'œil, Seigneur Philopole, je vous supplie, considerons un Solon, vray imitateur de nature : ne permet-il par ses loix (comme quelqu'un de ceste compagnie, disoit n'a pas long-temps) à la femme non pouvant concevoir de son mary, susciter sa generation par autres moyens & aydes ? Et toutesfois vous dites estre chose si naturelle, que la femme ne participe que d'un seul. Qui vous allegueroit une Chipre, païs auquel les filles gaignoient leurs douaires à la sueur de leurs corps, diriez-vous nostre coustume estre plustost fondée sur nature, que celle-là ? Si je vous allegue un Platon qui voulut en l'une de ses Republiques, les femmes estre communes, n'asseurerez-vous vostre dire sur mondaine opinion ; veu que ce grand Philosophe pensoit en tout se regler selon les raisons de nature ? Or ne me plairoit telle loy, dit la Damoiselle (bien peut-estre elle se trouvast soustenable, mais à cause de la confusion des enfans, pour ne les pouvoir reconnoistre en ceste qualité) non plus que le requisitoire des bonnes matrones de Rome du temps de Papirius, qui pretendoient avoir deux maris. Telles souhaitoient par trop satisfaire à leurs desordonnez appetits. Vous voyez toutesfois, dit Philopole, à quelle instance ces bonnes Dames importunerent le Senat pour ce regard. Et encore ne sçay-je si elles se fussent contentées de deux maris, ains croy qu'elles fussent à la longue tombées au mesme desarroy, où cheurent toutes ces femmes qui passerent par les mains de ces deux Chevaliers errans, Astolphe, & Joconde, representez dans cest excellent Homere Italien Arioste. Vous vous abusez, repliqua Charilée ; si toutes ces Dames eussent esté esprises de tel amour dont nous parlons, jamais elles ne fussent succombées. Et à dire le vray, un seul bien-aymé & affectionné nous causera plus de contentement, que cent autres par maniere d'acquit. En voulez-vous meilleur exemple que du lieu mesme qu'alleguez ? C'est Astolphe & Joconde ne choisirent-ils pas en fin de jeu une Dame, pour eux deux par mesme accord en elle se contenter, & neantmoins un petit quidam, qui en ce les avoit prevenus, quoy qu'ils fussent diligens & entendus à leur affaire, leur faucha l'herbe sous les pieds. Et pourquoy ? l'amour y avoit ja fait par ses embusches, conqueste. Mais encore tel propos ne me touche, & ne veux sortir hors les rangs de ma dispute encommencée, qui tend seulement à ceste fin, que combien que je ne veuille la femme estre à un chacun communicable, si ne veux-je pourtant que pensiez telle chose se causer plus par une naturelle raison, qui vous doive estre avantageuse en nostre prejudice, que par une bonté & sincerité de cœur qui là nous guida : & depuis s'imprima de sorte es esprits de tous les hommes, qu'ils estimerent forfaiture en cas qu'y contrevinssions. Chose toutesfois qui nous doit redonder, non à tel dommage que nous voulez moyenner, ains à tout honneur & prouffit.

Sur ce, Glaphire : à vostre honneur, dit-il, redonde-t'elle veritablement, ma Damoiselle : mais quant à moy, je croy telle loy n'avoir jamais esté constituée, qu'à nostre tres-grande confusion. Et ne voy point autre chose pourquoy une femme soit caressée, & courtisée par tant d'honnestes personnes, sans pouvoir attaindre au-dessus de leurs desseins & projets, sinon sous l'ombre de ceste malheureuse loy, faite en despit, & de l'homme, & de la femme : d'autant que la femme craignant encourir blasme & deshonneur envers le monde, n'ose departir à ceux qui luy font l'amour, sinon par tres-grande affection. Je ne sçay comme l'un & l'autre concevez ceste opinion, dit Philopole ; toutesfois il me semble qu'au propos sur lequel nous sommes, nature seule nous y instruit, & nos humaines ordonnances. L'exemple de tous animaux nous en peut en cecy rendre sages, esquels voyons le masle toujours poursuivre la femelle, sans qu'elle (sinon pour la longue poursuite) se rende à luy volontaire. Qui nous peut assez apprendre qu'il ne faut la femme estre si familiere en telle chose, que l'homme. Vous en penserez tout ainsi qu'il vous plaira, repliqua-t'elle ; toutesfois puis que desirez vous endoctriner par les bestes, aydez-vous de la Tourterelle, & suivez en ce son exemple, laquelle (soit le masle, soit la femelle) ne s'attribue aucune prerogative au desavantage de l'autre. Et là où ne vous agreera tel exemple, vous en pourrez abuser, tout ainsi qu'il vous plaira, & cognoistrez en fin du jeu quel guerdon & recompense recevrez de celle à qui seule faindrez dedier vostre cœur, si jamais elle s'en peut apercevoir.

D'où vient que la femme caressée se tient sur ses gardes.

A ce mot, mit fin la Damoiselle, non ennuyée du long parler, ains par ce que Philopole d'une legereté assez prompte luy entrerompit son propos. Chose non moins desplaisante au reste de la compagnie qu'à moy-mesme, qui admirant la promptitude & le sçavoir de ceste Dame, quasi tombant en extase : ô cerveau (dis-je lors en moy-mesme) non point feminin, ains plus que divin & celeste ! à present nous fais-tu cognoistre, & en murmure qui voudra, par la splendeur de ton esprit, que non seulement donneras embellissement à ton sexe, ains obscurciras le peu de lumiere, qui restoit au nostre. Et combien qu'en tout ce traité, je ne me sois en partie proposé que servir d'un bon & fidelle secretaire à si honneste compagnie, sans jouer autre personnage : si est-ce que desirant faire proffiter à un chacun en ce que ma possibilité s'estend, puis que le lieu le requiert, je ne veux passer ce pas (& peut-estre ne sera-t'il hors propos) sans vous prier, mes Dames & Damoiselles, qui faictes profession & de l'honneur & de vertu, vous mirer & prendre exemple en ma Charilée ; vous rendans aussi curieuses de sçavoir, comme s'est fait apparoir à ceste heure, par les discours qu'elle nous a poursuivis. Vray que je ne sçay douter, que possible entre autres propos, quelques-uns ne soient estimez mal employez en sa presence, pour l'honneur & pudicité de son sexe, comme aussi d'avoir esté le premier motif des propos, qui en faveur de l'amour furent lors mis sur les champs : mais je maintiendray pour elle, n'estre moins louable vouloir descouvrir la proprieté de l'Amour, auquel nature nous cache un taysible enseignement, dès le commencement de nostre aage, que par un feint artifice nous instruire & enseigner un Orateur, ou Medecin, lesquels quelquesfois furent deschassez & deboutez des Republiques, comme pervertisseurs & corrupteurs, l'un des corps, & l'autre des esprits & bonnes moeurs. Là où l'Amour estant empraint & engravé en nous d'un si excellent maistre & ouvrier, tousjours a eu domination sur tous : par luy eut le monde naissance, en luy eut accroissement : par luy arbres & choses non sensitives semblent prendre leur augmentation de l'un à l'autre. Qui sera doncques celuy qui trouve mauvais le desir que ma Charilée avoit, de sçavoir sa condition & nature ? Qui sera aussi ce mal raboté personnage, qui ne cognoissant le bien que de moy,

Advertissement aux Damoiselles.

L'Amour domine sur toutes choses.

il

Le premier Livre du Monophile

il reçoit pour avoir enregistré leurs discours, m'impute à vice, le peu que j'en ay escrit? Je ne suis encore à penser que ceux qui de moy auront cognoissance, ne disent ces propos estre mal conformes à l'estat, que de tout temps je me suis projetté de suivre. S'ils ne sont seants à l'estat, pour le moins sont-ils convenables à mon aage, qui devant son temps ne veut participer de vieillesse. Ains me mets au rang des plus heureux de ce monde, puis que ç'a esté le bon plaisir du puissant Dieu amour, me choisir de si bonne heure des siens, pour m'instruire & accoustumer à ses armes: lesquelles me seront plus supportables à l'avenir, que si sur le temps auquel m'eust esté besoin vaquer à quelques autres faciendes, m'eust fallu estre de sa suite. Pensez qu'il est bien seant à un vieillard faire l'amour! Et toutesfois, mes Dames, croyez-moy comme son temps ne veut pour rien n'entreprendroit vous mentir, & qui le sçait par maints exemples, Amour est *L'Amour ne souffre qu'on le mesprise.* de si estrange & bragarde nature, que si le mesprisons sur nos tendres ans, lors que commençons entrer sur l'aage, desployant de tout poinct ses forces, nous fiert d'une si aspre pointure, pour faire apparoir sa puissance, qu'à la très-grande mocquerie de ce monde, faut que marchions sous ses estendars. Et si est d'une si douce clemence, qu'aprés avoir eu à sa soude dés la jeunesse un bon & loyal serviteur, quand il le cognoist venir à plus grande maturité (à l'imitation des bons soldats antiques, qui après plusieurs bons & agreables services faits à la Republique, estoient affranchis, & immuns de tous reliefs de la guerre) il luy donne quelque relasche & consolation: pour se monstrer n'estre si impiteux & cruel, comme beaucoup de gens l'estiment, lesquels si ne l'ont esprouvé, en feront quelque jour l'essay. Et de ce en supplieray celuy Dieu, qui fut le premier suscitateur de faire employer ma plume à ses propos, si aucun malveillant se rencontre qui les treuve de mauvaise digestion.

Mais où me perds-je icy, & esgare-je en chose paraventure un peu alienée de mon but? En bonne foy, pour ne me vouloir mettre en oubly, presque me suis-je oublié: & ne sçay en quel poinct je laissay mes combattans, sous l'intention de vouloir moy-mesme deffendre. Si je ne m'abuse, la plus grande partie des propos qui sont passez, me sembloient s'estre arrestez sur ce poinct de loyauté, laquelle Philopole ne vouloit estre si requise en l'homme, comme en la femme. A cause de quoy, Charilée d'une assez petite colere, luy avoit souhaité tomber quelque jour en femme, qui de luy n'eust aucun mercy. Mais Philopole, esperant luy rendre change de mesme *Discours sur la loyauté.* monnoye, luy respondit: je suis, ma Damoiselle, graces à Dieu, hors ces termes; & n'y voulus oncques entrer: parce que tousjours telle a esté mon opinion que c'estoit chose impossible, faire d'un commun un particulier & propre, & que là où la femme auroit esté tant hardie, de faire part de son corps à aucun, le semblable pourroit-elle faire à un autre, puis à un autre, & ainsi à l'universel. Mais Monophile prenant encontre luy la querelle: he Dieu! (dit-il lors) ja ne vous permettray en ma presence, si avantureusement blasphemer, sans vous remettre en bonne voye. Comment donc, Seigneur Philopole, l'entendez-vous, faire d'un commun un propre? Cestuy est le commun erreur du peuple, qui pense sacrifier amour, par ceste seule raison: comme s'il estoit impossible que loyauté peust jamais sejourner en la teste d'une femme. Qui vous allegueroit sur ce une infinité d'honnestes Dames, lesquelles nous lisons dans les histoires, avoir consacré leur honneur en un seul endroit, je croy que tiendriez cela pour faux, ou telles Dames pour monstrueuses: pour monstrueuses, dy-je, les estimeriez-vous, vous qui en vos propos, jamais ne passastes tel destroit: mais quant à ceux, qui y habitent, je me feray bien fort pour eux, qu'il n'y a celuy qui ne presume pluftost la loyauté en sa Dame, que trahison, ou forfaiture. Aussi tel argument ne me semble valable, pour impugner le vray amour. S'ensuit-il, je vous supplie, que si mon cœur s'est adressé en un endroit, il se doive pour ceste cause diviser en divers lieux? Mais au contraire, il me semble, que d'autant que naturellement il s'est encliné en une part, cela seul est suffisant obstacle, pour le distraire de tous autres endroits: ayant imprimé dans soy ce vray amour duquel n'agueres nous parlions. Voire, que pour vous dire le vray, ce degré de priorité, à mon avis, est seule cause, pourquoy nous voyons journellement tant de pauvres amans souffreteux ne toucher au but de leurs intentions, parce que temerairement ils adressent leurs vœux & offrandes à Dames, qui estoient vouées à autres saincts. Pour ne tomber doncques en tel danger (dit Philopole se souriant) il vaut beaucoup mieux m'en desporter, que j'ay fait au passé: parce que de ma nature je suis impatient, n'ayant ce que je demande, ou s'il me faut faire l'amour, je le feray aux endroits, où je n'auray occasion de me plaindre. Vous en parlez tout à vostre ayse (dit Monophile) & ceste seule parole nous donne assez ample demonstrance, que ne sçavez que c'est amour. Vous ne voulez point aymer, dites-vous; *L'Amour n'est en nostre choix.* & si aymez, voulez choisir Dame, qui soit à vostre commandement. Pleust ores à Dieu, Seigneur Philopole, que le choix en fust en nos puissances. Vous ne voulez point aymer, & toutesfois lors que penserez estre le plus esloigné de l'amour, vous en trouverez si surpris, que maugré vous, estant matté de telle sorte, vous changeant de propos, vous faudra faire penitence du blaspheme, où maintenant estes trop indiscretement tombé: & qui pis est, rencontrerez si mal, qu'aymant à outrance & desesperément, peut-estre ne serez aymé. Voilà le pis, respondit Philopole, que j'y treuve, qu'aymer (comme dit le vaudeville) sans party. Ce neantmoins si est-ce chose seure, quelque cas que disiez, que je ne m'induiray si-tost aymer une femme laide, que celle que verray doüée d'une extreme beauté & bonne grace; pour autant que naturellement plus nous appetons le beau, que le laid. A quoy Monophile: vous dites vray, dit-il; mais gardez que voulant entrer és regles de Philosophie, ne choppiez en l'equivoque. Car l'on ne vit jamais amant, qui ne trouvast ses amours belles. Et bien que se treuvent les aucunes Dames plus excellemment parfaites, que les autres, si croy-je que le petit Berger, ou Paysan, ne voudroit abandonner sa Catin, pour toutes les Dames de France. Et pourquoy doncques? pource que celle part son cœur repose: pource que cette seule, en sa simple rusticité, luy apparoist plus belle & excellente, que tout le reste des autres qu'on luy pourroit presenter. Ainsi doncques peut-estre n'est-il moins studieux que vous de la beauté: mais son esprit estant fiché & arresté en un endroit, par une opinion conceuë (comme n'agueres nous deduisoit le Seigneur Pasquier) encores que toute l'incivilité, & discourtoysie du monde residast celle part, si ne luy sembleroit le tout partir que de bon lieu & bonne grace. En voulez-vous meilleur exemple, que celuy de l'Angelique, figurée dans l'Arioste en son Furieux? Elle qui avoit esté aymée, poursuivie, & caressée par une infinité de plus braves & meilleurs Chevaliers de l'Univers, sans d'eux avoir aucun mercy: enfin lors que plus elle se pensoit exempte de passion, se trouva forcée pour un petit Soldat, non comparable d'une minime avecques les autres, qu'elle mesme eust volontiers fait le devoir des hommes aux femmes, qui est, le requerir. Que voulez-vous doncques?

Et vouloit Monophile poursuivre son propos: mais Philopole luy trencha le chemin. Je vous supplie, dit-*Sur ce que l'on dit que la femme s'adresse au pire.* il, Seigneur Monophile, ne passez plus outre: car il semble que doutiez en moy une chose, dont vous-mesme nous voulez icy offusquer, c'est l'equivoque. D'autant que par cest exemple qu'alleguez, ne nous voulut jamais enseigner autre chose l'autheur du Furieux, sinon la naturelle inclination de la femelle, n'estre de choisir le meilleur (comme fait l'homme) ains tousjours s'adresser au pire: ainsi que voyons la Louve entre une infinité de Loups, choisir tousjours pour sien, celuy qu'elle verra moins refait de toute la compagnie. Au semblable verrez-vous la femme dissimuler, une Penelope, premier que se rendre bien-veuillante de quelque honneste personnage: mais aux lieux les plus couverts & cachez se soubsmettre à la volonté de quelque valet d'estable, ou quelque fouillart de cuisine. Or si ainsi prenez, pour le regard des femmes seulement, ceste inclination, & opinion, dont tant nous avez parlé, bien merendray-je des vostres: mais non autrement. Pardonnez-moy, Seigneur Philopole, repliqua sur ce Monophile, vous, & tous ceux qui mettez sur les champs la Louve (au desavantage de la femme) entendez assez mal sa nature. Car au lieu que l'alleguez en detestation de ce sexe, il me semble, cestuy-cy est l'animant entre tous les autres, qui plus nous apprend à aymer, & à la complexion duquel plus nous nous deussions ranger (si l'aymer estoit en nostre puissance.) Sçavez-vous pourquoy ? Parce que la Louve poursuivie par plusieurs Loups, veritablement entre une infinité de corrivaux, choisit pour le sien le plus maigre, & plus deffait. Mais quel? celuy qui premierement à elle se sera adressé, lors qu'elle entre en sa chaleur ; celuy qui par une longue poursuitte & infinité de travaux, se sera mortifié en telle sorte, que vrayement meritera-t'il le nom de plus laid : mais aussi en recompense de sa peine, estre receu au par-sus de tous les autres. A la mienne volonté qu'ainsi le pratiquassent les Dames, qui prennent tout leur esbat & deduit au tourment & martyre d'un pauvre affligé amant. Chose, en verité, detestable, & à mon jugement abominable devant Dieu, & devant les hommes. Mais quoy? encores à très-grand tort luy impropererons-nous ce vice. Car en cela , le peult garantir Cupidon, qui seul vole & desrobbe nos cœurs, lesquels il surprend aux embusches, pour puis après, s'en faisant maistre, en disposer à son plaisir. Ainsi entrera en jeu ce petit Dieu, & se mettant de la partie, alleguera que non aux Dames (qui tombent en tels inconveniens que descrivez) en sera la coulpe imputable, ains à luy seul, qui à nostre desceu entame les meilleures & plus saines parties de nous, pour puis ne trouver convalescence, sinon celle, & en celuy qui luy plaist nous octroyer : c'est la cause pourquoy des anciens fut peint archer sans yeux, parce que n'ayant esgard aux qualitez des personnes, il nous oste bien souvent la veuë, & tellement aveugle nos esprits, que sans aucune consideration, abandonnons nos cœurs en tels endroits, dont le peuple bien souvent en murmurant, s'en estonne, comme estans indignes de nous : mais non cognoissant ce que la faulte n'est de nostre mouvement, ains de ce petit paillard larronneau, qui par mines se sçait emparer de nos cœurs. Et non pourtant, Seigneur Philopole, que si quelques-unes tombent en cest accessoire, il faille soubs nos propos comprendre une generalité de femmes, ainsi que me semblez faire : car si ainsi estoit, voyez en quel desarroy nous tomberions : certainement en tel, qu'il sembleroit que jamais homme d'honneur & valeur ne fut aymé d'une femme, ains seulement ceux qui meritoient noms de poltrons. Doncques cent mille Gentilshommes, doncq' une infinité de braves gens ne furent jamais aymez? Cela n'est-il oculairement abhorrent de toute marque de verité? Bien vous diray, se pouvoir faire que le plus vaillant & preux Chevalier de ce monde, le plus accomply en toute grace & vertu, mette son amour en un lieu à faulses enseignes, & sans recevoir quelque grace : se pourra faire aussi, que sans marchander longuement, il reçoive le guerdon de ses merites. Mais c'est tout ainsi qu'il plaist au Dieu Cupidon, qui dedans sa trousse porte deux sortes de sagettes, aucunes enferrées d'or, & les autres de plomb. Celles-là, pour gaigner & amollir les durs cœurs de ses subjects ; & celles-cy, pour les rendre rogues, revesches, & du tout contrevenans aux volontez de ceux qui nous veulent mieux. Laquelle fiction ne nous voulut onques apprendre autre chose, sinon que l'un se sent en un mouvement battu & abattu pour quelque chose qu'il voit en l'autre, qui d'un je ne sçay quel instinct l'attrait à soy, & en l'autre, n'y trouve rien, dont il puisse adherer à son amour. Adoncq' Glaphire : à ce coup, dit-il, me voulez-vous couper broche. Comment doncques? respondit Monophile. D'autant que je faisois mon estat, dit Glaphire, après le propos du Seigneur Philopole, ne vous laisser en recoy (comme je vous avois promis) pour avoir maintenu, l'amour ne se causer que d'une certaine chose, laquelle ne pouviez bonnement exprimer. Et quant à moy, je pensois, suivant ce qu'autrefois m'avoient enseigné quelques anciens Philosophes, Amour ne dependre que d'une appetence de beauté. Sur quoy Monophile, adressant vers moy sa parole : ceste cause ne despend point tant de mon chef (dit-il) que du vostre ; parce qu'en la definition que nous avez donnée en l'amour, vous-mesme luy avez attribuée ceste nature. Et pour ce il me semble, Seigneur Pasquier, puis que nous l'avez pensé pourtraire de fonds en comble, qu'il vous touche & affiert (& non à moy) l'expliquer plus amplement. Seigneur Monophile, luy respondis-je, ceste après-disnée vous est deué. Seulement je vous prie recognoistre l'heur que fortune vous a moyenné, pour avoir gaigné la faveur de celle, qui est destinée pour juger de nos propos : laquelle tant s'en fault qu'elle vous y contrevienne, que pluftost faisant l'estat de Juge, exercera-t'elle encore celuy d'un bon Advocat, pour vous deffendre. Lors Charilée, riant : vous en pourriez mourir, Seigneur Pasquier : Monophile est de tel merite, que je ne pense estre trompée, si je luy porte faveur. Mais Monophile luy respondit : ma Damoyselle, je me doute fort, que l'amitié que de vostre grace me portez, esblouïsse en cest endroit vostre bon & sain jugement, lequel ce neantmoins je vous prie reserver à mon absence. Mais pour ne detenir le Seigneur Glaphire trop suspens, puis que vous, Seigneur Pasquier, ne voulez entreprendre ce discours, je tascheray luy satisfaire au poinct qui s'offre de la beauté, de laquelle il pense l'amour prendre son commencement, & non de cest instinct que nous avons mis en avant : toutesfois devant que nous esloigner, je vous prie nous descouvrir ce qu'entendez, & comment imaginez ceste beauté en vostre teste. Je le vous diray, dit Glaphire ; mais pour le vous mieux & plus clairement expliquer, entendez, Seigneur Monophile, que la beauté ne gist seulement au corps, ains à l'esprit : celle-là appelle-l'on beauté simplement ; & ceste-cy, bonne grace, qui non seulement gist en bonnes façons & manieres de faire exterieures, ains en la vertu ; ny plus ny moins que celle du corps, non seulement aux traits & lineamens du visage, mais aussi en un bon compartiment & proportion universelle de tout le corps. Estant doncques en peu entenduë la beauté, comme en est la vraye signification : mon advis est que sur les premiers jours qu'Amour se veut joüer de nous, sentons quelque estincelle de ceste beauté qui est en nos Dames : chose que depuis, & par succession de temps s'empraint tellement en nous, que perdons cognoissance non seulement de toutes telles choses, ains de nous-mesmes. Et ainsi que se trouve diversité de beautez, ainsi chacun s'inclinant selon son particulier entendement, à l'un plaist l'esprit, à l'autre le corsage, à cestuy le visage, à l'autre le parler : mais sur tout, l'œil à puissance, autour duquel Cupidon vole & voltige avecques cent mille virevoltes. Or en ce poinct-cy suis-je certain & resolu, que ce qui est laid ne nous plaist, & ne me pourray induire à aymer celle, qui sera desavantagée en toutes ces qualitez-là. De maniere qu'une contrefaite ou tortuë, ne se rendra point aymable, & crois qu'il n'aura ceste faveur, de rencontrer aucun qui se die son serviteur. Voilà où je vous attendois, dit Monophile : parce que, suivant vostre propos, il semble que vouliez establir quelques especes de beauté : chose neantmoins non faisable. A la verité, il fault bien que je vous confesse, & sois d'accord en ce avecques vous, un chacun pretendre au plus beau : mais de constituer qu'une chose se doive dire plus belle que l'autre, pour aymer, c'est un evident erreur: d'autant que chaque femme trouve un amant, qui se rend autant passionné en sa faveur, comme pourroit faire un autre à l'occasion de quelque Dame, selon vostre jugement,

Discours sur le beau.

jugement, plus belle. Car si vostre opinion avoit lieu, il faudroit dire celle seule acquerir serviteur, qui a une partie de telles propositions & ordonnances que nous avez ores deduites. Ainsi, plus en auroit-elle, & plus se rendroit aymable : combien que verrez le contraire la plus-part du temps eschoir. Qu'ainsi soit, representez-vous deux Dames, desquelles l'une soit, par le commun jugement du peuple, accomplie en toute extremité; & l'autre, moyennement belle. Si par cette beauté que dites, estions attraits, ne serois-je pas plustost du party de celle, qui est belle selon la commune renommée, que de l'autre ? Toutesfois vous verrez aussi-tost advenir, qu'Amour fera son sejour (pour sçavoir vaincre les hommes) en celle qui ne sera tant douée, qu'en l'autre où l'on pensera nature avoir employé le meilleur de toutes ses forces pour la rendre parfaitement belle. Dites-moy de grace, Seigneur Glaphire, ne connoissez-vous pas celle Dame, pour l'Amour de laquelle un vostre, & mien grand amy, fait tant de bons tours, soit du corps, soit de l'esprit ? Je crois que presque presumez ce que j'entens. Or me dites, s'il vous plaist, de quel don de grace jugez-vous que l'ait avantagé nature ? Je sçay ce qu'autresfois m'en avez dit. Ce neantmoins, je vous prie, voyez de quelle hardiesse cestuy tant affectionné amant, l'a celebrée par ces vers : mais plus encore en son esprit, dont souvent m'en esmerveillant, en fais moy-mesme risée.

Quand j'orneray en toute extremité,
L'extremité dont ma Dame est pourveuë,
Pas ne croira œil qui ne l'aura veuë,
Qu'en terre y ait si grand' divinité.
Mais qui verra sa parfaite beauté,
Lors il croira chose qu'il n'eust pas creuë,
Et publiera ma plume trop recreuë,
Pour parfournir à ceste déité :
Car la faisant nature sans pareille,
Sur son beau corps fit un chef de merveille;
Puis l'ayant fait, le modelle en rompit :
Et pour monstrer plus en elle sa force,
Le demourant du sexe corrompit,
Pour n'estre au prix de ma Dame, qu'escorce.

Voyez en quel blaspheme, pour ceste extreme amitié, il est doublement tombé, tant pour vilipender ainsi tout le surplus du feminin, qui ne luy semble rien, pour le regard de sa Dame, que pour luy attribuer loüange, dont neantmoins (s'il falloit peser Amour pour telle beauté dont parlez) selon le jugement de tous, elle n'a aucune parcelle. Mais oyons-le en autre endroit.

De la loüer qui a la hardiesse,
Il luy convient faire comme Zeuxis,
Et entre tant de beautez choisir six,
Les appliquans dessus ceste Déesse.
Car pour monstrer du divin la grandesse,
Le pourtrait fault tirer de ses sourcis,
Des deux Soleils, dont les Dieux sont pensifs :
En autre part beauté n'a point d'adresse.
Que si quelqu'un meu d'un zelle indiscret,
Met son pinceau en œuvre si parfait,
Il en fera une Venus d'Appelle :
Mais pour autant que loüange trop lente
Se pourroit mettre en matiere trop belle,
Il vaudroit mieux imiter le Timante,

Il veult doncques à ce coup imiter le Timante, pour ne pouvoir attaindre par son pinceau, à l'exellence de sa Dame, laquelle ce neantmoins il est contraint pourtraire tout au long depuis le chef jusques aux pieds, en un autre Sonnet, que je luy ay avec les deux precedens destrobé.

O teste heureuse, où gist si grand cerveau!
O langue heureuse, où naist ceste faconde !
O nez heureux, dans qui ce musq abonde!
O yeux heureux, où gist ce clair flambeau!
O toy heureuse & trop heureuse peau,
Qui as dans toy tout le plus beau du monde !
O pieds heureux, qui par la terre ronde
Portez sur vous un si digne fardeau!
O vous heureux tetins, lieu savoureux !
Par où liqueur si souefve est passée,
Qu'on en bruira par tout à l'advenir :
Mais toy, heureux corps, heureux des heureux,
Qui dedans toy tiens ceste ame enchassée,
Que l'univers ne sçauroit contenir.

La voilà doncques bien extollée, magnifiée, & belle à l'endroit de celuy que vous sçavez, sur laquelle toutesfois si vous & moy assions nos jugemens, en jugerions tout autrement. Qui cause doncques ce beau en elle, sinon cest instinct dont nous parlons, qui a reduit cestuy nostre compagnon en telle extremité, qu'il estime sa maistresse estre la mesme beauté ? Voyez doncques, Seigneur Glaphire, comme nous tous tendons au beau : & ce beau n'estant autre chose, que là où nous guydent & conduisent nos inclinations naturelles : fault par infaillible consequence, telles inclinations estre motives de l'Amour. Car de vouloir specifier, comme quelques-uns pretendent, l'excellence de l'œil gesir au verd ou au noir, le grand ou petit corsage estre les plus estimables, ce sont vrays & excellents abus, pour ce qu'ainsi les estimons, voulons qu'un chacun se conforme à nos volontez. Et pour vous dire le vray, ayant longuement resvé & ravalé en ce, je vous jure, que je me trouve en fin de compte, bien perplex pouvoir juger & discerner, si le beau est le motif d'Amour, ou l'Amour cause de ce qui nous semble beau. Et apres plusieurs tracassemens en mon esprit, suis forcé de dire que la perfection d'aymer, est seul moyen de nous faire apparoir les aucunes choses plus belles que les autres : d'autant que le seul beau est ce qui nous plaist & agree. Et si par exemple plus familier le voulez apprendre, fut-il veu jamais un pere qui ne trouvast ses enfans beaux, bien qu'au jugement d'un chacun, nature les eust rendus imparfaits ? Qui les luy faisoit doncques si beaux, sinon l'Amour ? L'Amour, dis-je, auquel nature, & non autre chose l'induit. Le semblable est-il en nos Dames, & nous fault tousjours revenir à nostre instinct, qui seul fait, & que nous aymons nos Dames, & que les trouvons plus belles ; voire & encore d'un poinct davantage que le pere à l'endroit de son enfant. Parce que par une longue absence, ne le reconnoissant comme fils, & despouillant ceste affection paternelle, il l'aura en telle estime que le commun : là où du premier coup, & ensemble toutes les fois qu'assions nos veuës sur nos Dames, nous sentons en elles si esperdus, & tellement esbloüis, qu'il est hors de nostre puissance, pouvoir aucunement terminer, qui nous esmeut à leur Amour : voire & fussent-elles laides en perfection, si demeurent les impressions caracteres tellement en nous imprimez, par ce je ne sçay quel instinct, que mangré nous, & les aymerons, & nous sembleront les plus accomplies de ce monde.

Je n'avois jamais digeré en moy ce discours, dit lors Glaphire, comme je fais maintenant : mais vous en avez tant dit en peu de paroles, que tres-volontiers je vous en passe condamnation. Et me faites ressouvenir d'une gayeté d'un de nos amis, qui n'est pas grandement esloignée de vostre opinion.

Ne te voyant, quand je t'aymois,
Le mois me duroit une année,
Et une heure mal fortunée
Me duroit un jour, voire trois :
Maintenant plus tu ne me vois,
Pour s'estre mon amour tournée,
Et si je te vois, ma journée
Me dure tout autant qu'un mois :
Toutesfois tu es aussi belle

Que lors que je te jugeois telle,
Mais j'en ay mon amour osté:
La beauté certe, n'est point mere
De l'amour, ains l'amour est pere
De ce qu'on appelle beauté.

Que la variété est de plus grande efficace en l'Amour que la beauté.

A l'heure, Philopole : c'est là où je vous attendois (dit-il,) & me rends à ce coup, des vostres, Seigneur Monophile, dit-il, d'autant qu'encores que je sois seur que plusieurs Philosophes de nom, ayent esté d'avis, que la beauté fut le seul & unique motif de l'Amour (comme anciennement en Platon, & après luy un Plotin) si me semble-t'il qu'en cecy ils estoient grandement eslongnez de leur compte. Voulez-vous donques que je vous die rondement ce que j'en pense ? Certainement, j'estime & est mon jugement tel, que la beauté n'est point de telle efficace au fait de l'amour, comme est la varieté. Ce qui m'induit à le croire, c'est que quelque beauté que vous vous soyez projettée d'aymer, si le jeu vous a esté tant favorable qu'en ayez receu l'accomplissement de vos desirs l'espace de cinq ou six mois, elle vous est indifferente, & commence de là en avant n'estre non plus respectée que les autres, soit que ce malheur nous advienne, ou pour une satieté que nous apporte la jouïssance, ou pour un contentement que nous cause la satieté. Au contraire, je ne vis jamais personne qui se lassast de la varieté, voire ne fust tres-aise d'abandonner ceste beauté imaginaire qui luy est acquise, pour parvenir à un changement, encores que ce changement soit peut-estre de moindre merite. Tellement que contre l'opinion de tous les anciens (je ne diray Philosophes, ains escoliers) je tiens pour une regle infaillible, que la varieté fait cent & cent fois plus d'operations en l'Amour que la beauté. Chose que je vous verifieray, non par petites fleurettes, dont les amoureux transis se repaissent, ains par une demonstration tres-certaine qui naist de la nature d'Amour : lequel les anciens sous l'image de Cupidon voulurent figurer en une perpetuelle enfance, pour nous enseigner que deslors que l'opinion d'un Amour vieillir en nous, c'est sa mort. Or la beauté non seulement se ternit, petit à petit, en nos Dames, mais aussi s'ensevelit dans nos pensées sans y penser. Au contraire, la varieté ne vieillit jamais en l'homme, elle y est toujours jeune, de quelque aage & qualité que soyons : & tout ainsi que la nature, mere commune de nous, vit en elle & par elle (car si elle ne se diversifioit par les saisons, nous rentrerions dans cest ancien Chaos, duquel l'ordre de ce grand Univers fut esclos) aussi fait l'Amour son fils aisné. Et à tant je ne me repentiray jamais de croire qu'elle a beaucoup plus de puissance sur luy, que toutes ces beautez volages que l'on celebre à credit ; brief, voulez-vous rendre l'Amour passager, bastissez-le sur une beauté perissable : le voulez-vous rendre perdurable, il le faut, croyez-m'en, il faut establir sur la varieté, laquelle ne se change jamais en nous, quelque changement que nous esprouvions en nos aages. Ce que je pense avoir fidellement representé par ce Sonnet, duquel je veux renvier sur celuy du Seigneur Glaphire.

Je le soustiens, car j'en sçay la science,
Que si l'Amour ne tend qu'à volupté,
Je ne croiray jamais que la beauté
Engendre en nous sa celeste influence :
Ou si elle est cause de son essence
(Comme l'on dit) je tiens pour arresté
Qu'il n'y a rien que la varieté
Qui le maintienne en sa toute-puissance.
Mettez en œuvre un object le plus beau,
Cela vous plaist de tant qu'il est nouveau,
Et vieillissant peu à peu il vous lasse.
Mais le plaisir qui prend commencement,
Puis son progrés, sur un doux changement,
Pour ne vieillir, jamais il ne se passe.

A ceste parole, se print à rire toute la compagnie, fors & excepté Monophile, lequel combien qu'il se mist par plusieurs fois en devoir de vouloir rabattre ce coup, si en fut-il empesché par les autres : soit qu'ils estimassent qu'à un discours si folastre il n'y eschoit de responce, ou bien par un taisible remords de leur conscience, d'autant qu'ils pensassent la verité estre telle. Toutesfois, pour en ensevelir la memoire, respondant au Seigneur Philopole, je luy dy : bannissons, je vous prie, ceste heresie de nos propos, parce que jamais elle n'apporta aucun advantage à l'Amant. Parquoy, encores que la trouvissions veritable, si ne devoit-elle estre publiée, pour l'interest que tout bon serviteur a d'estre veu loyal envers sa maistresse, & elle en cas semblable envers luy ; afin, ce temps pendant, que je vous die que vous avez tres-grand tort de mesurer tous les autres à vostre pied. Adoncq' la Damoiselle estimant qu'une responce si froide, equipolast à un consentement : vous en mocquez (me fit-elle) Seigneur Pasquier, & semble, à vous ouïr parler, que vouliez aucunement adherer à l'opinion de ce Gentil-homme si mal appris : je vous supplie vous en taire, & donner ordre seulement que nous maintenir & conserver en la reputation que nous avons acquise de vous. Au demeurant, pour laisser ce propos en arriere, plein de schisme & division, & retourner à vous, Seigneur Monophile : à la verité combien que je voye toute ceste relevée assisté, si ne vous puis-je passer lettre de la beauté que nous figurez ; car à ce que je puis recueillir de vos propos, vous nous voulez recognoistre un Amour, gisant beaucoup plus en songe, qu'au vray. Toutesfois encore est-il necessaire, qu'il y ait quelque cas qui soit dit beau, consistant à la pure verité, & non en l'opinion des hommes, ainsi que semblez maintenir. Vrayement l'ay-je maintenu, ma Damoiselle respondit Monophile, & encores le maintiens-je. Non pourtant que j'entende vous nier, qu'il n'y ait quelque chose qui en soy doive estre dite belle : mais si elle est, je dy que c'est le seul Createur, qui en a la cognoissance. Et si par son ineffable grace, il en veut distribuer aux hommes quelque estincelle, ne pensez point, ma Damoiselle, qu'il soit en nous de le cognoistre : tant est nostre esprit offusqué, & appesanty de ceste paste terrestre. Certainement il faut que tous ensemble confessions, qu'en toutes choses y a un vray : mais qui est celuy si hardy, qui ose tant s'asseurer de l'avoir oncques trouvé, sinon ce seul Dieu, qui semble se l'estre reservé, voulant que ce nom à luy seul, & non autre demeurast ? Telle fut nostre punition, depuis la faute du premier homme ; qui de là en avant s'est toujours continuée de pere en fils. Car là où auparavant estoit nostre nature non corrompuë, saine & non empeschée des tourbillons que nous sommes contraints sentir, voire estant (par maniere de dire) la bonté mesme : du depuis venant, par ce delict, à corruption, se ressentant encore de la premiere felicité, luy est seulement restée l'apparence d'y rentrer, c'est de vouloir penetrer à ce bon & beau (qui simbolisent ensemble) sans que toutesfois de nous-mesmes y puissions jamais attaindre. Ce fut la cause, possible, pour laquelle quelques notables personnages voulurent jadis usurper le nom de Philosophes, non point de sages, leur nom seulement promettre estre zelateurs & investigateurs de Sapience : laquelle neantmoins oncques ils ne peurent trouver par tous leurs desers syllogismes, ains tous parlans de ce hault bien (auquel nous tous pretendons) chacun d'eux en disputa à part soy, selon sa particuliere intention. Qui donques s'en fit possesseur ? Celuy qui (cognoissant l'incomprehensible haultesse de Dieu) confessa par une extreme foy, ne pouvoir attaindre à la cognoissance de ceste haulte cognoissance, qui seulement gist és mains de l'Eternel & Souverain. Car encores que Nature nous ait tous rendus participans d'une ame en soy raisonnable, pour tascher à cognoistre le vray, si l'accompagna-t'elle quant & quant des passions, qui luy empeschent en beaucoup ses meditations celestes. Ainsi disoient les anciens Platoniques, nostre ame avoir trouvé en nous, deux sieges ; l'un desquels ils colloquerent au cerveau, qui est la raison ; & l'autre, és parties inferieures, laquelle ils nommerent

Pourquoy nous est ostée la vraye cognoissance du beau.

Des parties de nostre ame.

merent cupidité. Et bien que celle qui gift és parties plus nobles doive avoir le deſſus de l'autre, comme plus ſage & prevoyante, ſi eſt-ce qu'eſtant chatoüillée par ces flateuſes & trompereſſes paſſions, leur communiquant ſes ſecrets, & quaſi taiſiblement conjurant encontre ſoy, ſe ſoubmet bien ſouvent à leur mercy, à ſa trés-grand' confuſion : tant participons de ce terreſtre. Qu'il ſoit vray ce que je dy, voyons noſtre premier pere Adam : qui eſt celuy qui euſt deu eſtre plus deſnué de toute humaine paſſion (en ſon innocence) que luy ? Car encore eſtoit ceſte noſtre nature humaine en ſa plus grande perfection. Quoy ? ne ſe laiſſa-t'il toutesfois plus tranſporter par concupiſcence, que guider par la raiſon, lors que trop ambitieux, il ſe rendit deſobéïſſant & contrevenant à la volonté de Dieu ? Conſiderons encore de plus prés és choſes que voyons à l'œil : qui eſt, je vous prie, l'effet qui nous rend ſeparez des beſtes, ſinon ceſte ſeule raiſon, laquelle toutesfois voyons en mille perſonnes tellement eſgarée, que plus ils ſemblent participer du beſtial, que de l'homme ? Teſmoins en ſont les furieux, teſmoins en ſont les enragez & inſenſez : ce neantmoins, jamais ne deffaillit en eux telle cupidité qui fait reſidence en nous tous : qui me fait penſer, que lors que ce grand Architecte ſe propoſa baſtir l'homme, il le voulut eſtablir moitoyen entre le divin & le brutal. De maniere que du tout ne l'a voulu rendre ignorant du paſſé, ou non prevoyant l'advenir : mais auſſi ne luy a permis voler par les aiſles de ſon eſprit à conſideration qui à luy ſeul concernoit, telle qu'eſt la cognoiſſance du vray, ains s'eſt contenté de noſtre ſeule foy & creance. Ainſi ne devez-vous trouver eſtrange, ma Damoiſelle, ſi en la beauté dont nous parlons, noſtre jugement vacille. Car auſſi bien ſe pratique cela en tous autres actes humains. Choſe que j'eſtime ſe faire par grande providence divine (meſme en la queſtion qui s'offre) à ce que celles, qui des aucuns ſont eſtimées laides, aux autres apparoiſſent belles, pour n'eſtre du tout delaiſſées : car auſſi bien ſont-elles propres pour la multiplication de ce monde, que celles qui ſont en reputation de plus belles. Et faut neantmoins que penſez, encore qu'en ceſte opinion Amour ſe rende commun avec toutes autres choſes mondaines, avoir neantmoins quelque naturel en ſoy, dont il ſe rend tout celeſte. Car horſmis ceſt univerſel entretenement de police, qui procede de l'union de nos cœurs (duquel à preſent je ne parle) j'ay touſjours entendu de ceux qui imaginoient la beatitude celeſte, que le contentement, qui plus ſe preſente en ce manoir ſupernel, eſt une contemplation perpetuelle de ceſte divine eſſence, qui nous fait oublier nous-meſmes. Or ſçay-je bien qu'il ne faut appliquer ſi hautaine ſimilitude au ſujet dont nous parlons : mais toutesfois, s'il nous eſt permis imprimer en nos cœurs une image de ce divin, je dirois volontiers que l'impreſſion qu'avons en nous de l'idée de nos Dames, nous ravit tellement en elles, que non ſeulement nous fait eſtimer toutes les joyes de ce monde tranſitoires, mais nous oſte meſme la cognoiſſance de la cauſe pourquoy nous aymons, nous mirans ſeulement en elles, ny plus ny moins que pour contempler trop ententivement le Soleil, perdons à ſa clarté la lueur de nos propres yeux.

A quoy, la Damoiſelle : je veux bien tout ce que dites, repliqua-t'elle, & que pour l'imbecilité de nos entendemens, ne nous eſt loyſible voler juſques à ce vray ; & croy toutesfois, que ce eſt la cauſe de la diverſité des loix, toutes contraires en divers lieux. Si faut-il neantmoins que me confeſſiez en la queſtion de beauté, y avoir des choſes, qui par commun conſentement de tous peuples, ſont approuvées belles. Car qui contre l'univerſel jugement ſe voudroit opiniaſtrer, le boſſu ou tortu eſtre plus beau, que nature voulut créer droits & parfaits, ne le jugeriez-vous non ſeulement deſpourveu de ſens, mais de veuë? D'autant qu'il faut que nature opere en ceſt endroit, puis que ceſte impreſſion eſt demeurée de tout temps inveterée dans nos eſprits. Je ne parle point des choſes eſlongnées du ſens commun, dit Monophile, ains des communes & indifferentes. Car puiſque Nature nous a tous voulu créer droits, je mets hors de ma queſtion encommencée, toute telle ſorte de gens dont parlez. Et veux dire ſeulement que ne nous trouvons point deffectueux en nos membres, autrement qu'il a pleu à Dieu nous ordonner en general, de quelque proportion que nous nous trouvions compartis, nous ſommes aſſez ſuffiſans pour eſtre aymez ; parce que tout le reſte des accidens qui nous ſuvviennent, ne ſe font apparoir à nous, beaux, ou laids, ſinon ſelon la diverſité de nos humeurs, qui nous induiſent à le croire ; meſme que vous voyez eſtre trouvé en un temps, quelque cas beau, qui en l'autre ſe monſtre trés-vicieux. Si donc ceſte generalité varie ſelon la diverſité des temps, trouverezvous, ma Damoiſelle, eſtrange, que nos eſprits pour le regard, ſe trouvent en particulier differens? Car quant aux Dames qu'ores nous avez alleguées, à peine encor' que je ne croye, en telle diverſité d'opinions, qu'elles ne trouvent quelque amy : vray que non pas ſi frequent que les autres, pour eſtre plus eſlongnées de noſtre commune Nature. Vous fourvoyez tous deux grandement, dit Philopole ; jamais Nature ne procrea choſe ſi rare, que pour admiration. Et combien que par le corps, telles femmes ne ſe rendent à nous aymables, ſi eſt-ce que l'eſprit ſe trouve touſjours en elles couſtumier de ſatisfaire à ce deffaut : parce que oncques Dieu ne ſe trouva ſi avare envers aucune perſonne, que s'il luy a voulu defaillir au corps, au ſupplement de ce, ne l'ait voulu recompenſer en quelque excellence interieure. Et de ce pouvons-nous prendre enſeignement des choſes inanimées, entre leſquelles nous voyons la vigne plus tortue & contrefaite, que toute autre ſorte de bois, contenir preſque en ſa vegetative, l'eſprit & ame de tous nous autres. C'eſt trés-bien deviſé à vous, dit la Damoiſelle, & quand autre parole ne ſortiroit oncq' de vous, ſi ſeroit-ce encore aſſez pour trouver abolition à tous les blaſphemes, eſquels toute ceſte aprés-dinée eſtes aſſez legerement tombé. Puis addreſſant vers toute la compagnie ſa parole : je vous ſupplie, Meſſieurs, dit-elle, que ce propos de Philopole ferme le parler d'Amour, duquel le Seigneur Monophile ſemble avoir voulu triompher. Et puis que par ſon moyen il eſt tellement creu, je croy qu'il ne ſeroit impertinent, que doreſnavant miſſions ordre, par maniere de devis, à le vouloir abaiſſer, ſans luy permettre plus, par noſtre moyen, s'eſlever. Car en ceſt endroit, je ſerois bien de meſme opinion, que ceſt ancien Capitaine Athenien, lequel interrogé, s'il ne luy tomboit à grand heur apprendre l'art de memoire : mais bien pluſtoſt d'oubliance, dit-il : d'autant qu'à ſon jugement, il retenoit bien plus toutes choſes en ſon eſprit, qu'apriſes il n'oublioit. Mais ſur tout, ſi une choſe qui eſt en nous une fois engravée, ne s'efface ſans grande peine, s'eſtant l'Amour de nous ſaiſi, il eſt preſque impoſſible que par eſprit humain le puiſſions de nous divertir. Et pource ne ſeroit-il moins utile, apprendre les moyens d'evader d'un tel lieu, comme de ſçavoir les cauſes pour leſquelles on y entre. Adonc Glaphire : je ſerois, peuteſtre bien de voſtre advis, reſpondit-il ; mais gardons que voulans faire une courſe ſur Amour, le ſerain ne nous ſoit à dos, qui nous pourroit plus offenſer, que ne ſçaurions apporter de moleſte, ou faſcherie à celuy auquel voulez denoncer la guerre. Et pource trouverois beaucoup meilleur, pour le preſent, faire une bonne retraite, qu'une dangereuſe ſaillie : à la charge toutesfois, s'il plaiſt à la compagnie, de retrouver demain dit matin ceſte voye, pour apprendre ſi la fraiſcheur de la roſée nous pourra donner autant de contentement, comme ceſte aprés-dinee. Ce conſeil fut trouvé bien bon par toute ceſte petite bande ; car desja commençoit la nuit de les menacer bien fort, & s'approchoit le temps, auquel (aprés avoir repeu l'eſprit de bons & gracieux diſcours) falloit donner ordre à la nourriture du corps. Ainſi ſe departirent de ce lieu : mais ſoubs eſperance de s'y retourner le lendemain : comme ils firent, ainſi que vous pourrez entendre.

L'homme moitoyen entre le divin & le brutal.

L'extaſe qui eſt en amour.

Des perſonnes imparfaites au corps.

LE SECOND LIVRE
DU
MONOPHILE.

Elle fut vrayment une loüable couſtume que nous voyons avoir eſté familiaire à ces vieux peres du bon temps, leſquels d'autant que plus ils recognoiſſoient leurs œuvres dignes de recommandation eternelle, d'autant choiſiſſoient-ils patrons de plus haute condition, ſous la conduite deſquels venoient plus hardiment en lumiere. Et pour ceſte cauſe, conſacrans & leurs noms, & leurs livres aux Dieux ſeulement, & aux Muſes, donnoient aſſez clairement à entendre, que le but où ils aſpiroient, n'eſtoit mis en choſe mortelle. Mais, à voſtre avis, ma Dame, ſi tous ces grands perſonnages retournoient aujourd'huy au monde, eſtimez-vous point, qu'eſtans les complexions des hommes changées, ils ne changeaſſent auſſi tous d'un commun accord, de façons? De ma part, je m'aſſeure bien, que laiſſans leurs Dieux & Déeſſes, ils chercheroient nouveaux protecteurs. Auſſi, à dire le vray, ſi nous conſiderons de bien prés, & parangonnons leurs aages avecques le noſtre, nous trouverons, leur avoir eſté bien facile en uſer en telle maniere: parce que n'ayant, de leur temps, l'or & l'argent telle vogue comme le voyons aujourd'huy, eſtoit celuy bien eſtimé ſur tous, ores qu'il fuſt de baſſe condition & eſtoffe, lequel par ſa vertu & ſcience faiſoit monſtre de ſon eſprit; mais eſtans pour le preſent, & depuis aſſez bonne memoire, reduits en telle extremité, que les bons & excellens entendemens ne peuvent gaigner loüange, ſinon accompagnez de richeſſes, ne faut auſſi trouver eſtrange, ſi ceux qui depuis leur ſuccederent à eſcrire (bien qu'ils ſe rangeaſſent au meſme poinct d'immortalité qu'eux tous) voulurent reclamer les Princes, auſquels (comme miniſtres des hauts Dieux & diſtributeurs de leurs biens) firent part du meilleur que le Ciel leur avoit octroyé, pour eſtre, par meſme moyen, participans de leurs liberalitez, & grandes magnificences. Choſe qui par ſucceſſion de temps a gaigné tel lieu en nous, que non ſeulement à eux adreſſons la plus grande partie de nos œuvres, mais auſſi ſemble la valeur de nos eſprits deſpendre de leur ſeul volonté, comme du ſeul poinct & centre, auquel tous nos penſers ſe dreſſent. Ainſi voyons-nous par les livres, en quelle abondance florirent à Rome les hommes doctes & ſçavans, du temps de l'Empereur Auguſte, conſervateur des bonnes lettres & diſciplines: au contraire, quelle ſterilité ſe trouva de telles gens, lors que les Gots, ennemis de toute humanité & ſcience, regnerent ſur l'Italie. Vous en eſmerveillez-vous, ma Dame? nous tous ſommes amorcez au bien faire, ſoubs une eſperance d'honneur, lequel eſtant vilipendé s'il n'eſt emplumé de richeſſe, auſſi s'eſtudie un chacun, s'accommoder au bon plaiſir de celuy, duquel il attend proffit. Et toutesfois ſi faut-il que je deſcouvre librement ce que j'en penſe: trop ne ſe peult recompenſer celuy qui s'employe à bien eſcrire; parceque les vaillantiſes qui ſe treuvent és grands Seigneurs, ne peuvent prendre vol plus haute, que celuy que leur moyenne une plume bien façonnée: laquelle par preſcription de tout temps, a acquis ce privilege, d'abaiſſer les haultes proüeſſes, ſi bon luy ſemble, & aux plus baſſes donner exaltation. Ce que cognut fort bien le magnanime Alexandre, quand il regretta eſtre deſpourveu de trompette, telle que fortune avoit octroyé à Achille, en la perſonne d'Homere. Qui a rendu, je vous ſupplie (il fault que je profere cecy avecque mon grand regret) nos hiſtoires tant cachées, ſinon le peu de ſoucy de nos Roys, leſquels faiſans trop de profeſſion des armes (quaſi plus ſoucieux du preſent, que de l'avenir) tindrent ſi peu de compte des lettres, qu'aucun ne s'y arreſta? Auſſi eſt preſque demeurée enſevelie la memoire de noſtre belliqueuſe France: les Roys donnans la vie aux eſprits, & les eſprits en contreſchange leur appreſtant immortalité. Or commençons-nous (graces à Dieu) changer de chance, au moyen de ce clement Roy François, que Dieu abſolve, lequel ne s'eſt acquis moins d'honneur, d'avoir le premier aboly les vieilles traces de ſes anceſtres, que pour nous avoir laiſſé un ſi excellent ſucceſſeur, bon diſpenſateur, comme luy, de ſes biens, à ceux qui s'en rendent dignes; qui me fait eſtimer, que verrons un jour noſtre France floriſſante, faire honte à toutes nations eſtranges, qui ne nous ſeront que barbares, tant en bonnes manieres de faire, qu'au bien parler & eſcrire. Deſja voyons-nous nos Poëtes avoir entrepris une ligue contre les ans quaſi à l'envy l'un de l'autre: deſja gaignent nos hiſtoriographes, païs: deſja volent parmy le monde une infinité de livres prenans leurs cours de bons eſprits; entre leſquels, ma Dame, encore que je me tienne ſeur n'attaindre jamais à aucun degré, pour avoir eſté en moy trop avare de ſes threſors, ſi vous veux-je bien aviſer, que ſi oncques aucun fruict ſort de ce mien petit jardin, vous ſeule l'aurez planté: d'autant que tout ainſi que les autres ſe propoſent & Roys & Princes, au contentement deſquels ils terminent tous leurs eſprits, auſſi vous ſeule fuſtes l'eſtoille, & ſerez, tant que vivray, pour m'acheminer à bien faire: & n'eſtime moins telle guide que les Muſes du temps paſſé tant invoquées par les Poëtes. Vous ſeule eſtes la Déeſſe que j'implore, & implorant, ne pretens en vous autre bien,

que

que celuy que vous-mesme vous pouvez promettre en moy. Et toutesfois encore que toutes mes œuvres prennent leur adresse vers vous, si ne me suis-je proposé vous faire, pour ce coup, offre de la presente matinée, ny ensemble des propos, qui pendant icelle furent à nostre confusion poursuivis: lesquels je n'eusse jamais entreprins mettre en lumiere, n'eust esté que tout ainsi que la journée de devant s'estoit employée avecques un tel repos & contentement d'esprit que je souhaitois, aussi pense-je que celle qui fut ce jourd'huy passée, bien que ce fust à nostre grand desavantage, toutesfois pourra apporter tel fruict à quelques-uns qui s'y voudront arrester, que si des discours precedants ils demeurerent mal contens, peut-estre accepteront-ils ceux-cy en recompense & supplément de l'injure qui leur pourroit estre faite; si injure se doit appeller chose si juste & veritable, comme celle qui en faveur de l'amour, fut par nostre Monophile déduite. Et partant, en ce traité pourront trouver quelque satisfaction : mais non pas moy, qui non seulement sçay mauvais gré à Charilée, au pourchas de laquelle furent moyennez tels propos, & pareillement à Glaphire, qui nous les a discourus, mais d'un poinct davantage à moy-mesme, pour avoir appliqué ma plume en subject si odieux, & tant abhorrent de toute equité & raison. Aussi, à dire le vray, en resteray-je beaucoup plus coulpable & reprehensible, qu'eux tous ; car encores à la Charilée est pardonnable ceste faute qui par une appetence naturelle de sçavoir (commune à vous autres, mes Dames) s'evertuoit à comprendre toutes choses de bien en mieux : & à Glaphire, les deduire au plus prés de sa pensée. Et pour mon regard, je proteste, que si quelque matiere se traite à l'encontre de ce Dieu, duquel je suis vray esclave, ce sera tout au rebours de ce que j'en pense & estime, ains par une certaine hypocrisie, à laquelle je me suis resolu, & obstiné pour ce coup, pour parfournir au surplus de ma deliberation. Ce ne me sera donc que corvée, & resserviray ces bons & anciens precepteurs, qui nous achemineront au contentement de l'honneur par leurs divines exhortations, se preparoient un sentier à une gloire immortelle : ainsi voulant amortir & autres hommes, au progrés des propos de nos quatre champions, les vrayes racines d'Amour, les revivifieray de plus en plus dans moy-mesme: vous avisant toutesfois, ma Dame, qu'encore qu'ils se fussent déterminez, non à la ruïne d'amour, ains à la mienne totale, si est-ce que je ne sçay par quelle ordonnance divine, ne peurent venir à fin de leur maligne volonté ; faisans (si bien y prenez garde) plus de profession de menaces, que d'effect : de maniere que je me promets que peu s'en sentira l'Amour offensé. Et vous diray bien davantage (tant me pleut le peu que pendant ce temps fut par Monophile déduit) qu'encores de ceste matinée luy veux-je octroyer l'honneur, comme du jour de devant : vous priant tres-affectueusement recueillir ses propos entre les autres (avec quelques-uns des miens) comme la rose parmy une infinité d'espines, & cependant, sans faire aucun compte de toutes leurs medecines, les lairrons tout à leur aise poursuivre le dessein de leur entreprise : qui estoit se retrouver le lendemain du matin au lieu qui tant leur avoit esté favorable ; où, venuë l'heure de l'assignation, tous quatre se rassemblerent, & moy aussi du semblable, & tout ainsi qu'entre nous avoit esté capitulé. Mais ne fusmes si-tost arrivez, que Philopole, selon son accoustumée liberté, ne se voulust ingerer de caresser Charilée, non de propos accompagnez de quelque honneste entretien, comme est l'usance de tout homme faisant estat de l'honneur, ains par attouchemens trop hardis : voire à mettre la main au poinct que toute femme doit avoir en plus grande recommandation : quand la Damoiselle toute indignée, d'une contenance assez farouche, luy dit: je ne doute point, Seigneur Philopole, que la grande privauté dont j'ay usé envers vous, me commettant en lieu si solitaire & indeu, és mains de vous quatre jeunes Gentils-hommes, ne soit, peult-estre, cause de celle que voulez exercer en mon endroit: toutesfois si ainsi est, j'espere trouver bon saufconduit en vostre foy, & celle du Seigneur Glaphire, soubs l'asseurance desquelles j'appris hier le chemin : lequel si encore pour le jourd'huy je continuë, il me semble que ne le devez trouver estrange, ains l'imputer à la grande honnesteté, que me suis tousjours asseurée reposer entre vos mains, & en la sauvegarde de laquelle je me submets. Vous avez raison, ma Damoiselle, dit Glaphire, d'ainsi le penser de nous, autrement nous feriez-vous bien grand tort. Non toutesfois que puissions en tout respondre & satisfaire à ceste opinion de courtoisie, que vous vous promettez en nous (de laquelle aussi ne pretendons-nous estre du tout desgarnis,) mais pour le moins vous puis-je asseurer, non seulement pour mon regard, ains pour ces trois miens compagnons (quelque chose que Philopole se veuille monstrer desreglé) n'y avoir homme en ceste compagnie, qui ne s'estudiast vous pourchasser tout honneur. Et de ce, vous en pouvez-vous sur nous reposer, comme de la part de ceux, qui sont tous vostres. Je l'ay tousjours ainsi pensé, respondit-elle ; ce neantmoins, je ne puis autre chose dire de Philopole, sinon ce que j'en voy : dont toutesfois je le prie bien fort se déporter ; autrement, il me donneroit occasion de me plaindre de luy en toute honneste compagnie. Voire mais, ma Damoiselle, dit Philopole, trouveriez-vous si mauvais, veu que la journée passée fut consacrée & dediée à la commemoration de l'amour, si ce jourd'huy vous & moy luy faisions sacrifice, par un reciproque plaisir que pourrions l'un & l'autre prendre ? Ainsi demeureroit entierement parfaite la dedicace de ce lieu. Il disoit ceste parole d'une si elegante grace, qu'il n'y eut celuy d'entr'eux, qui peust contenir le rire; horsmis la Damoiselle, qui faignant n'entendre où il visoit : le sacrifice, dit-elle, que nous ferons, sera que tout ainsi qu'hier nous estudiasmes à l'exaltation & accroissement d'amour, mettrons pour le jourd'huy peine à le vouloir massacrer. Ainsi sera beau & gentil ce sacrifice, & tel qu'à mon jugement, par cest œuvre rendrons ceste matinée plus meritoire, que ne furent ces grands & superstitieux sacrifices jadis par les anciens celebrez, pour l'amendement de leurs faultes & pechez. En quoy tres-volontiers souhaiterois une Ariadné, qui par sa subtilité enseigna à un pauvre perdu Thesée les moyens & astuces, pour sortir d'un tel Dedalus, comme celuy que nous figura Monophile, bien qu'il estimast le faire en tout à son avantage. A quoy je luy respondy : vous avez doncques dormy sur ce costé, ma Damoiselle, & persistez encore en l'animosité, sur laquelle hier nous departismes l'un de l'autre ? Qui eust jamais estimé qu'à vostre instigation & conseil, se deliberast nostre amant forcer les portes d'une si honneste prison, pour esperer se reduire en liberté ? Je vous diray, Seigneur Pasquier, dit vers Philopole, bien souvent le mauvais traitement qu'on reçoit de son amy, ou sa Dame, occasionne les gens d'en sortir, ou pour le moins, à mettre peine de ce faire : & quant à moy, je ne vouldrois pas jurer, que ma Damoiselle Charilée ne fust peult-estre sur ces termes. De telle chose, repliqua-t'elle, ne vous en rendray-je compte pour le present: sine vous fault-il trouver estrange, si je (qui peult-estre, ay en quelque recommandation les pauvres amans, veu mesme que nos propos le requierent) esmeuë d'une naturelle compassion, leur souhaitte plustost liberté, que ceste estrange & tenebreuse prison, en quoy je les voy martyrez. Non que tels propos prennent leur adresse vers moy (comme jugez) ains parce que tousjours j'ay estimé, qu'encore que le plaisir que l'on reçoit en amour, soit grand en extremité, au respect des autres, voire sans comparaison, si m'a-t'il tousjours semblé n'egaler en son endroit d'un seul poinct la minime partie des douleurs & tourmens, qui de là prennent leur source & origine. Mille suspicions, mille jalousies, une infinité de craintes, sans lesquelles amour ne chemine ; à vostre avis, ne causent-elles telles peines, qu'à un homme de sain cerveau & bon entendement, ne fust plus cher n'entrer jamais dans ce fort ?

*Les in-
propos commo-
ditez de
l'amour.*

De ma part, je pense qu'oncques amant ne se trouva jouïr d'une heure de bon temps, qu'il ne l'ayt achetée, & devant, & après la jouïssance, avecques usure illegitime: devant, parce que l'amant n'est encore parvenu à l'asseurance de ses desmesurées affections, & ne sçayt qui luy en escherra: après, pour la peur & crainte qu'à celuy qui jouït, que la proye ne luy eschappe. Vray que le parfait amant & qui est asseuré, ne doit entrer en tel umbrage. Mais qui est l'asseuré amant ? qui est celuy qui se peult dire acertené de la volonté de sa Dame, comme de sa propre foy & constance ? Je ne vous alleguetay le parler du peuple, auquel pour l'honneur de sa maistresse (lequel il doit plus avoir recommandé que soy-mesme) il fault il faict que cestuy amant satisfasse: estant le monde du jourd'huy si farouche, je ne diray point malling, que pour voir trois ou quatre fois un jeune homme familiariser avec une femme, soudain il entre en quelque soupçon & opinion : laquelle paraventure n'est pas faulse. Quelle peine donecques pensez-vous que c'est à celuy qui du tout s'est voüé à une Dame, satisfaire à sa volonté, & empescher les langues du populaire ? Car à bien dire, cest amour rendant les hommes taciturnes & pensifs, fera plustost descouvrir vos passions, que si à son de trompe les alliez publier par la ville. Quoy ? n'estimez-vous rien un refus, après une longue poursuite ? n'estimez-vous un faux rapport, soit ou de vous à vostre Dame, ou de vostre Dame à vous ? Tel rabajoye ne surpasse-t-il tous les plaisirs que pourriez imaginer en amour ? Lesquels encores qu'ils soient grands, sont neantmoins en soy perpetuellement accompagnez d'une intrinseque melancholie. Je m'estendrois plus avant à deduire les occurrences qui tombent en amour, desquelles j'ay une infinité, verifiées par exemple, n'estoit que je craindrois faire tort à vous autres Messieurs, qui pour mieux entendez telles affaires que moy, comme les ayans pratiquées. Bien vous diray-je une chose, qu'oncques ne trouveray amoureux, bien qu'il eust attaint à l'accomplissement de la chose qui plus luy venoit à gré, que s'il aymoit parfaitement, je ne trouvasse ordinairement perplex, melancholique & fasché; brief, qui après avoir longuement consideré l'effect de l'amour, ne confessast y avoir plus de fiel & amertume, que de miel. Lors Glaphire : vous ne vous esgarez pas loing du vray, dit-il, & pour ceste mesme cause, quelques anciens Philosophes faignirent l'amour prendre naissance de Pore & Penie, c'est-à-dire d'affluence, & indigence: pour nous figurer les amans au plus grand contentement de ce monde estre neantmoins miserables, par une desvoyée concupiscence & insatiable cupidité: voire que celuy qui a jouïssance, ne demeure encore constant. Voilà pourquoy, respondit la Damoiselle, je souhaiterois cest amant trouver quelque issue à l'amour, si trouver nous la pouvions.

Sur ce poinct, Monophile, seul protecteur de ce petit meurtrier, qui luy causoit tout son mal: je ne sçay, dit-il, ma Damoiselle, qui vous meut entrer en ces termes: vous qui estes femme si sage, & qui par une longue usance, avez acquis tel bruit entre toutes personnes de bon esprit, si est-ce qu'à ce que je puis recueillir de vos propos, je croy que voulez ressembler celuy qui pour un petit contentement qu'il promettoit, revoyant sa patrie, contemna une immortalité, que luy les dieux proposée. Je dy cecy, pour autant que souhaitez un amant sortir d'amour, pour quelques petites perturbations qui luy tombent en l'esprit, lesquelles bannies de nous, estimez l'homme trop heureux. Je vous supplie, ma Damoiselle, qui est celuy qui en tout ce rond corps de l'Univers, au plus grand contentement de ce monde, se trouva oncques content ? Je m'esbahy comme par mesme moyen ne souhaitez ne procréer jamais enfans, parce que d'autant que les aymons plus que les autres, d'autant nous apportent-ils plus de moleste & fascherie. Ne craignons-nous, desirons, esperons, & tourmentons cœur & corps en leur faveur ? Desirons les voir grands, parvenus, & support de nostre vieillesse, & là employons toute nostre estude : craignons qu'ils ne reçoivent mal au corps, ou à l'esprit, par mauvaises conversations: nous tourmentons extremement, & quasi nous resentons du mal qu'ils sentent. A maniere que si voulez balancer les angoisses que supportez pour ceux que mettez en ce monde, avecques les plaisirs qu'en recevez, je ne sçay lequel des deux se trouvera emporter l'autre : & toutesfois vous sçavez que l'extreme amour qu'avons en eux, fait oublier le tourment & tristesse dont ils sont cause. Et est impossible que des choses dont recevons extremes contentemens, parfois aussi n'en recevions grandes douleurs & amertumes. Y-a-t-il chose en ce monde qui nous tourne à plus grand plaisir que le feu ? Par luy toutesfois sont les magnifiques palais, & citez arses & consommées. Ne me confesserez-vous l'eau, estre grandement prouffitable & utile pour ceste necessité humaine ? Ce neantmoins par elle seule la plus-part des grandes richesses perissent; lesquelles nous submettons à sa mercy. Or si pour tels accidens & mesaventures, qui quelquefois nous sont causez par ces deux elemens, vouliez nous frustrer d'un tel bien, voyez, je vous prie, en quel desarroy mettriez ceste machine ronde. Ainsi est-il de l'amour, duquel nous voulez despouiller, pour quelques martyres, sans plus, dont il s'accompagne, non consideran le grand bien & profit qu'il cache en soy. Que ne souhaitez-vous aussi (à ce que je ne passe plus loing) que l'homme ne naisse, parce qu'estant entré en ce monde, il endure infinies & insupportables miseres ? Car soubs tel destin sommes-nous nez, & d'autant que sommes grands, & élevez au plus haut degré de felicité, d'autant sentons-nous plus aigrement les pointures de fascherie. De sorte que je m'esmerveille grandement, comme vous, ma Damoiselle, ne discourez en vous-mesme, que tout ainsi qu'amour parfois nous cause un extreme & parfait plaisir, ainsi est-il raisonnable, que par autrefois il nous batte d'une estrange & vive maniere : parce que si le plaisir en estoit petit en un temps, aussi en seroit, en autre saison, la fascherie plus petite : car Dieu a ainsi conjoinct & pesé l'un avecques l'autre, pour ne vous vanter estre heureux de tout poinct, & a donné la fascherie au contrepoids du plaisir; lequel toutesfois est sans comparaison (& ne vous desplaise, si je le dy) plus grand au poinct dont nous parlons, que les angoisses qu'y supportons. Car les pleurs & larmes que nous espandons en amour, ne sont par nous jettées, sinon comme participans de l'humain, subject à toute infirmité, à toute calamité : & les plaisirs qu'en avons, nous rendent demy esgaux aux celestes. Aussi, à dire le vray, amour nous rendroit en ceste basse terre beatifiez, n'estoient les petites traverses qui s'offrent quelquefois en luy. En quoy se descouvre appertement une grande providence divine, qui (pour nous manifester nostre humanité) voulut accompagner ceste grande abondance de joye, de quelque estincelle de douleur. Non pourtant qu'il faille que si petites algarades soient de si grande efficace, que pour bien affoiblir une si grande beatitude : mais fault parmy telles destresses, esprouver le cœur d'un vray & loyal amant, ny plus ny moins que l'or au feu : car qui toujours seroit nourry entre ses voluptez, telles qu'il souhaiteroit, sans sentir aucune aigreur de fascherie, à peine que jamais il peust savourer le doux fruict qu'il y auroit au jardin de volupté : mesmement semble que pour son augmentation, il soit necessaire l'entrelacer de quelques petites douleurs ; d'autant que pour bien assaisonner une viande, n'est seulement besoin de sucre & choses douceureuses, ains de beaucoup d'espisseries, qui de soy sont difficiles à digerer : mais meslées avecques autres drogues, luy apportent bien bon goust, qui autrement seroit fade. Adonc Charilée : vrayement, Seigneur Monophile, repliqua-t-elle, je me desdircis volontiers, si tant vos raisons persuasives, & pleines de bonne grace, n'estoit que pour vous seul qui d'une force volontaire vivez soubs ce joug d'Amour, j'en trouve un million, qui par ameres complaintes maudissent le jour & heure, que jamais mirent

Les choses qui nous portent plaisir, apportent aussi desplaisir.

mirent le pied dans ce dangereux chasteau : & bien qu'ils cognoissent leur ruyne à l'œil, si se sentent-ils tellement pris à la glu, que pour conseil qu'ils entreprennent, ou pour aucun effort qu'ils façent, ne se peuvent depestrer, non plus que le cerf enchevestré dans les filets, lequel plus tasche à évader, & plus s'enveloppe soy-mesme. Je ne puis doncques penser (dit Philopole interrompant ce propos, parce que sur toutes choses estimoit l'amant brutal) pourquoy Nature nous ait donné une ame raisonnable pour nous distinguer des bestes, si l'homme est si despourveu de raison qu'il entre à sa volonté en un lieu, dont puis après sa grande confusion il ne se puisse retirer. Car encore est excusable le petit oyseau, & s'en doit plaindre seulement à Nature, qui l'a despourveu de cognoissance, quand par doux chants & attraits il tombe aux aguets de l'oyseleur, dont puis après reçoit, ou sa mort, ou captivité. Mais cestuy homme se perdant à son escient, pour sur le tard se repentir sans se pouvoir donner ordre, en quoy le doit-on separer de tous les autres animaux, sinon de l'exterieure face, soubs laquelle il couvre une par trop grande bestialité ? Et vouloit continuer ce propos : toutesfois Charilée, le voyant entrer en termes trop chatoüilleux : ha Seigneur Philopole, heureux estes-vous, dit-elle, qui jugez à vostre aise des coups & fausses démarches : toutesfois si estiez entré en ceste escrime, tout rusé & hupé que soyez, paradventure ne les destournericz-vous. Mais sç'a vous quoy ? Vistes-vous jamais nautonniers entreprendre un long voyage, & se commettre à la volonté de la mer soubs une attente de beau temps, qui de prime face leur rit : lesquels toutesfois singlans en plaine mer, (se trouvans bien souvent frustrez de leur premiere esperance) sont tellement agitez de l'orage & la tempeste, que nonobstant toute leur industrie, sont contraints abandonner le vaisseau à la mercy des vents & vagues, sans y pouvoir donner ordre ? Ainsi pouvons-nous comparer cest amant, qui souventesfois indiscrettement, voire lors que plus il pensera estre en seureté, à la conduite de quelques œillades qu'il recevra d'une Dame, se mettra avecques tous les plaisirs & contentemens de ce monde, dans ceste grande mer d'Amour, dont toutesfois à la parfin s'en repentira à loisir. Qu'ainsi soit, je l'ay appris par un chant, que quelquesfois j'ay entendu d'un personnage, qui à mon jugement avoit passé tous les destroits & angusties d'Amour ; pour nous representer par ses vers en telle perfection, que je pense que la Venus, en ce qu'elle fut comprise par Apelles, ne fut point plus pourtraire en son naïf, que cestuy nous en a donné pleine intelligence, par la navigation & naufrage que de soy-mesme il descrit : dont toutesfois je suis sans plus contente vous reciter quelques huitains ; tant pour estre ce chant d'une trop longue estenduë, qu'aussi pour n'estre memorative que des principaux traits. Et peut-estre par son exemple excuserez-vous un amant, combien qu'assez chaudement il soit entré dans ce gouffre, dont après il ne peut sortir.

Comparaison d'un amoureux avecq' le nautonnier.

   Qui me fera ce coup-cy
Mettre en pleine mer la voyle,
Pour descouvrir le soucy,
Que dans mon esprit je voyle ?
Qui sera celuy des cieux,
Qui par un doux vent en pouppe,
Me rende à port gratieux ?

   Quel Neptune à mon secours,
Quel Dieu faut-il que j'embrasse,
Pour parfournir tout le cours
Du long chemin que je brasse ?
Je voy le flambeau desja,
Qui à sa claire venuë,
Semble foudroyer la nuë
Qui tant mon cœur umbragea.

   Avant doncques gentils Nauchers,
Ores que la mer est calme,
Voguons sans craindre rochers,
Emportons l'honneur & palme
Sur tout marinier passant :
Que voulons-nous autre ayde,
Puis qu'avons pour nostre guide
Ce Soleil resplendissant ?

   Sus mon desir en avant
A ceste nouvelle emprise,
Qu'on mette voiles au vent,
Sus espoir que tant je prise,
Sus ma haute volonté,
Sus fermeté, sus priere,
Toy honte, tiens-toy arriere,
Avecques desloyauté.

Quoy ? quelle navigation se trouva oncques entreprise d'une plus grande gayeté, ny mieux garnie de Nautonniers, que celle-cy ? Le tout à cause de ce Soleil, qui sembloit promettre quelque serenité de temps. Toutesfois si ce joly entrepreneur se trouve enfin trompé & deceu de son opinion, je m'en rapporte bien à luy. Seulement oyons-le encore en sa grande prosperité, aprés quelques autres poincts par luy passez, avecques une grande satisfaction d'esprit, lesquels ce neantmoins je laisse.

   Voyez icy le troupeau
De Nymphes, & de Nayades,
A la lueur du flambeau
Nous donner cent mille aubades :
Si qu'il semble s'animer
Pour faire honte à la Dame,
Qui jadis trouva son ame
Dans l'escume de la mer.

   Icy se voit l'union
De tous elemens ensemble.
Icy la perfection
De toutes choses s'assemble :
O flambeau digne d'honneur !
Flambeau qui nous sers de guide,
Flambeau qui regle la bride
De nostre joye & bon heur !

   Nous ne craindrons, te suivans,
D'encourir aucune entorce,
Et se trouvassent les vents
Avec toute leur force.
Sus doncques, amis, flottons ;
Parachevons nostre poindre,
Bien-tost nous nous verrons joindre
Au port que nous souhaitons.

O bien & plus que bien-heureux amant, si la journaliere fortune ne luy eust joué tour d'escrime, dont de toute anciennété elle en a appris l'usage ! Escoutons-le doncques au demeurant, pour voir si cest extreme plaisir luy aura prosperé de bien en mieux.

   Dieux marins, de quel costé
Voy je surgir ceste nuë,
Qui obscurcit la clarté,
Dont estoit entretenuë
La trop ardente chaleur
De nostre inevitable astre !
Dieux gardez-nous du desastre,
Et d'inopiné malheur.

   Voyez comme à petits traits,
Ce mal fortuné augure
Nous va rechangeant les rais
Du beau temps en nuict obscure :
Dieux ayez en nous esgard,
Ceste noire nuë & sombre
Las ! nous promet quelque encombre,
Si fortune ne nous regard.

   Elle est desja au milieu
De l'estincellant visage,
Le vent la single en ce lieu,
D'une foudroyante rage.

Et ainsi va tout le demeurant de ce chant, duquel, comme je vous ay dit, je ne me puis bonnement ny tout au long recorder; si me souvient-il fort bien, que c'est une continué deploration de la misere, dont pour lors, il estoit tourmenté par infinies traverses & indignitez qu'il souffroit en Amour maulgré luy: jusques à ce qu'enfin, ayant esté agité de toutes sortes d'orages, il est contraint confesser le dernier periode de son malheur: quand il dit estre tombé au profond gouffre de Caribde & de Silla, femmes monstrueuses, comme sçavez, & coustumieres de changer en formes brutales, tous ceux qui par l'impetuosité des vents sont jettez en leur destroit. Ainsi, deplorant son estrange sort, est-il forcé de dire:

Je cognois jà mes façons
Prendre diverses manieres,
En oyant les traistres sons
De ces douc'-aspres sorcieres:
Plus ne se voit sur moy nerf
Qui n'ait ja la nourriture,
Voire la mesme nature
Que l'on voit tenir au cerf.

Et pour estre moins encors,
Ains plus tenir du ramage,
Je voy autour de mon corps
Encor couler un plumage,
De maniere que je sens
(Helas pitié trop insigne!)
Se transformer en un cigne
Tous mes esprits & mes sens.

Comme cerf dancq' je seray,
Et comme l'oyseau qui chante
Par un chant desesperé,
Aux eaux sa mort violente,
Jusqu'à ce qu'il plaise aux Dieux
Me permettre que j'esprouve
Le remede qui se treuve
Dans le fleuve oublieux.

Ne voyez-vous comme par un faux desir, & une vaine esperance (dont sur les premiers jours qu'il voulut faire voile, il se paissoit) le plaisir & consolation qu'il se promettoit: toutesfois en fin de jeu, en quelle deffiance & desespoir il est tombé, veu qu'il n'a refuge qu'en la mort, en laquelle à peine peut-il trouver medecine? Que vous sembleroit doncques de cela, Seigneur Philopole, quand les plus fins se treuvent ainsi trompez par les douces amorces de cest Amour? Lequel, comme hier nous disputions, s'estant de nous emparé, nous oste toute cognoissance, & de luy & de sa Nature, sentans dans nous une flamme, qui nous consomme les entrailles, beaucoup moins amortissable, que ce perpetuel feu de la montagne de Sicile: & ores que nous procurions tous moyens pour l'esteindre, si n'est-il en nostre puissance: tant est fort & indissoluble ce nœud de parfaicte amitié. Et qui pis est, verrez bien souvent eschoir, qu'un homme ayant esté à une longue poursuite d'une Dame, laquelle paradventure ne sera touchée de son Amour, que luy aiguillonné pour elle: elle toutesfois vergongnée d'un stimule d'honneur, ne luy oser commettre entre mains ce qu'il demande. Je vous supplie faire jugement de vous-mesme, si cestuy amant paradventure fonde là son but (comme nous disoit le Seigneur Pasquier, bien que je ne le voulusse croire, mais toutesfois posé le cas) en quel travail doit passer sa vie cestuy tant passionné? Or quelle medecine voudriez-vous ordonner à ce malade? Non que je pretende que pour aucun refus il ne soit tousjours tel envers sa Dame comme au passé: mais trouvons-luy par gentillesse quelque drogue, par laquelle luy faisans oublier ses passions, ce neantmoins ne luy fassions discontinuer ses Amours. Ainsi ferons en luy vivifier le plaisir, qu'il aura à songer en sa maistresse, & assopirons les douleurs qui luy causent cent mille morts.

Vostre discours (dis-je lors) est hautain, nous demandant une chose non faisable, qu'aymer sans aucune passion: & ne seroit moins facile, extraire des quatre elemens ceste quinte-essence dont les Philosophes anciens disoient nos ames prendre source, qu'esperer satisfaire d'un seul poinct à vostre desir: lequel à la verité je loüe & estime grandement, comme provenant d'un bon lieu & bien affectionné envers les pauvres miserables. Mais il est autant possible qu'un Amour soit sans passion, comme un homme vivant sans ame, un Soleil sans lumiere, un feu sans chaleur, une eau sans humidité: lesquelles choses ny plus ny moins qu'elles leur sont si naturelles, que sans elles en leur particulier ne peuvent estre l'homme, le Soleil, le feu, & eau: ainsi ne marcha jamais Amour sans ses compagnes les passions. Partant, me semble que ce seroit chose par trop impertinente, de vouloir disputer d'une idée en nos esprits, qui ne fut & ne peut estre; ains faut accommoder nos propos en choses non impossibles: autrement seroit perdre le temps, & la parole. Et pour le regard de ce que nous proposez une femme qui fait son estat d'aimer, & toutesfois veut maintenir son honneur, pour le moins ce qu'elle pense son honneur, encores que tel cas advenant, il soit bien difficile qu'Amour sortisse jamais son plein & entier effet: si ferois-je icy de mesme advis que fut l'amoureux Poëte, que pour un, ny deux, ny trois refus, ne se fauldroit tenir esconduit, ains jusques à l'importunité soliciter de plus en plus sa Dame. Car ores que pour un temps elle fasse doute s'abandonner à nostre mercy, soubs crainte de faire playe à cest honneur, si ne me sçauroit-on persuader qu'en son esprit elle ne reçoive un extreme contentement, pour se voir priée & requise de celuy que plus elle honnore & revere, & ensemble pour la chose que plus elle appeteroit sans ce rempart de vergongne: qui n'est neantmoins si fort, qu'à la longue ne le rompe & abatte par une vehemence d'Amour, qui passe toutes autres forces & vertus mondaines. Aussi que la raison y est tres-expresse, principalement en cas qui se presente, parce que cest honneur ne gist qu'en l'opinion des hommes, & cest Amour s'extrait & tire principalement des registres de la Nature, qui à ce nous invite & induit. Et afin que ne trouviez mon propos estrange: si nos ennemis se rendent à nous affables par nostre humilité & priere: si les bestes brutes privées de toute consideration raisonnable, se rendent à nous familieres par nos doux attraits & allechemens: que devra enfin faire ceste-cy, qui nous a en recommandation, qui nous cherit, qui nous ayme plus soy-mesme? Pensez-vous la femme n'estre susceptible d'Amour autant & davantage que l'homme? Voire jusques à s'estendre à choses interdites & deffenduës? N'ayma Bilis son frere, Myrrha son pere, & la pauvre Pasiphaé ne fut-elle esprise pour un Taureau? Et toutesfois n'ouïstes (au moins ainsi le croy-je) jamais parler de femme, tant fust-elle transportée, qui fist l'office de demander, ains que surprise d'une certaine honte, ne voulust estre requise: & encore requise, ne fist doute de l'accorder. Partant, ay-je tousjours ouy dire à gens esprouvez & experimentez en tels actes, le meilleur estre ne requerir que bien peu; mais requerant, lascher par une honneste audace, la bride à ses passions, que l'on se trouve emparé & saisi de la chose tant desirée. Et à dire le vray, beaucoup de choses se prennent honnestement, que nous n'oserions requerir sans nostre tres-grand desavantage & honte. J'en feray juges Messieurs les gens Ecclesiastiques, & Advocats: mais principalement en ceste affaire, en laquelle les paroles, toutes couvertes qu'elles soient, sont beaucoup plus honteuses & difficiles à digerer, que l'effect. Et croy tel estre le seul & unique moyen, pour parvenir à chef de son dessein: lequel bien pratiqué, à mon avis, que peu s'en trouveront esconduits. Car quant à moy, je ne vy & ne leu jamais d'amans (horsmis quelques-uns de petit nombre, nez soubs un trop grand desastre) qui enfin de compte ne soient arrivez à bon port.

Alors Philopole: vostre raison me semble bonne (dit-il) & pour l'averer davantage, seulement vous diray ce mot: c'est, que si les Dames estoient si farouches, com-

Le second Livre du Monophile.

pour com-plaire à l'homme.

me elles en font le semblant, & comme beaucoup de pauvres sots pensent, on ne les verroit si popines & bragardes, comme les voyons à present. Car, à vostre advis, qui a introduit ce petit passefilon, ceste vertugale premierement, puis la vasquine bien troussée, ceste buste; & au temps passé, ces petits mignons patins, & un tas d'autres attiquets, dont les femmes se sçavent si bien ajencer, sinon pour complaire aux hommes, complaisans, estre appetées ? Je dy appetées de sorte qu'il semble, que telles curiositez soient inventées au supplement de la bouche, laquelle n'osant exercer son office pour requerir, auroient esté en ce deffault introduites telles petites mignardises tant familieres à toutes femmes. Je m'en rapporte (luy respondy-je) à ce qui en est ; toutesfois il pourroit bien estre, Seigneur Philopole, que pruinsiez les matieres trop cruës ; ains que pour plus grande permission que ne pensez, tomba la femme en si grande curiosité, puis qu'ainsi vous plaist la nommer : parce qu'elle estant creée seulement pour l'ayde & plaisir de l'homme, il est vray-semblable que Dieu ait en elle mis ceste opinion, à ce qu'elle s'estudiast non tant de complaire à soy, que de donner contentement aux yeux de celuy, en faveur duquel auroit esté composée. Qu'il soit vray, vous trouverez que la jeune pucelle semble affecter ceste mignotise, pour estre plus convoitée de ceux qui pretendront à son mariage. Et pour ceste mesme cause, permettoit Licurge en sa Republique, aux filles marcher desvoilées, pour estre desirées & veuës. Aussi par mesme moyen, tasche la femme agréer non au populaire, ains à son mary, à qui du tout elle s'est destinée. Nous lisons de ce bon Empereur Auguste, qu'un jour voyant sa fille parée à l'advantage, & outre la commune usance, encores que telle vanité ne luy vinst à gré, si ne voulut-il pour l'heure descouvrir ce qu'il en pensoit. Au moyen de quoy, le dissimulant à un autre temps commode : la trouvant une autrefois en habit plus simple & modeste, & plus convenable (ce luy sembloit) à l'honnesteté de son sexe : or combien, luy dit-il, est plus seant à la fille d'Auguste tel habit que non celuy dont ces jours passez vous desguisastes ! A quoy elle, comme bien apprise & entendué : ne vous en esmerveillez, Monseigneur (respondit-elle) le contentement de mon mary m'invitoit lors à ce faire, & ores veux-je satisfaire au vostre. Si ceste responce fut bonne & digne de la fille d'un tel Empereur, certes vous seul l'estimerez. Autant en disoit presque ceste bonne Dame Esther, quand elle protestoit devant Dieu, que les somptueux paremens, dont par fois elle usoit, n'estoient que pour rendre content ce grand Roy Assuere, qui l'avoit choisie pour sienne. Je dy cecy, encores que je m'eslongne de nostre but ; toutesfois puis que par vostre moyen y sommes tombez, pour monstrer qu'à grand tort se donne impropere à la femme usant de sumptueux habits, quand l'estat le requiert, & le mary y preste consentement : car là doit du tout fonder sa fantaisie, & non au plaisir des estrangers qui ne le doivent en rien toucher ; autrement, seroit (s'il faut parler en verité) non reprehensible, ains grandement punissable. Le semblable n'est pas de la veufve, comme de la mariée ou fille à marier, d'autant qu'elle ne doit plus pretendre avoir object à contenter. Et ores que d'un trop aspre desir elle voulust entrer en mariage, si est-elle plus agreable & à Dieu, & au monde, en sa simple simplicité & nonchallance. Car les larmes qu'elle doit jetter, & les regrets que pendant sa viduité doit avoir pour la mort de son deffunct mary, luy doivent servir d'assez bonne bride, pour la retirer de toute pompe. Et à ceste imitation diray que la femme, en l'absence de son espoux, n'en doit moins faire, parce que durant iceluy temps, elle a perdu celuy qui luy cause toute telle façon de faire.

Pourquoy ont trouvé lieu és femmes les grandes parades d'habits.

La superfluité exterieure d'habits juge de

Et qui empesche, repliqua Philopole, que les filles ne soient autant & plus louäbles en leur modestie, que les veufves ? Ne pallions point, de grace, leur pensée : nous ne sommes point, nous ne sommes point en la Republique de Sparte : ce temps porte toutes autres façons & autres manieres de vivre. Et toutesfois quelque cas qu'il vous plaise dire, si ne trouvastes-vous onques que ce grand personnage Licurge, fondateur de si bonnes loix, permist jamais à la fille (quoy qu'elle marchast sans voile (tel desguisement d'habits, comme le voyons en usage. Car à bien dire, si pour ceste consideration de mariage, telle usance se pratique, comme vous, Seigneur Pasquier, presumez, n'est-ce chose ridicule ; veu que beaucoup plustost toutes filles gaigneront mary, s'abstenans de telles manieres, que s'en aydans ? Car si pour sagesse & honnesteté, elles se rendent plus aymables, à la verité celle est plus estimée, qui moins hantant avecques le monde, moins se rend subjecte au langage du populaire, & estime-l'on celle qui est en habits dissoluë, pareillement en complexions dissoluë : parce que nous asseions nos jugemens sur ce que nous voyons à l'œil. Chose que bien descouvrit ce bon Capitaine Lisandre, auquel ayant quelque tyran de Sicile envoyé plusieurs accoustremens precieux, pour servir de lustre & parade à ses filles, les refusa sagement, adjoustant à son refus une responce memorable, qu'en telles façons de robes gisoit plustost leur deshonneur que l'ornement. Aussi n'est celuy estimé Cordelier, ny Jacobin, qui avecques habits balaffrez, va vagabond parmy le monde, ains celuy qui, hantant les cloistres, se regle selon la forme à luy prefixe par un S. François, ou Dominique. Ainsi, au jugement de tout le monde, ne sera la fille chaste en si grande superfluité d'habits, & moins par une mesme raison, trouvera-t'elle de marys : d'autant que la chasteté est chose si precieuse & recommandable, soit en la fille ou en la femme, qu'aussi-tost se contamine-t'elle en vestemens, œil ou pensée, comme au fait. Et où une fille penseroit en moy trouver mary pour estre si bravement atiffée, se trouveroit y avoir aussi peu de part, comme je la jugerois peu participer du chaste. Quel besoin est-il desguiser icy les affaires ? telles petites piperies ne furent jamais mises sus, que pour atraindre au dernier poinct. Car tousjours a esté à Dieu plus agreable la femme, en sa simple modestie, ou sa modeste simplesse, qu'en telle insolence trop curieuse : laquelle voyons autresfois avoir esté deffendué aux sages matrones de Rome, comme seul malheur & encombre de leur Republique : ainsi que depuis fut verifié par exemple, lors que petit à petit vint mettre son siege en ce lieu. Aussi est le mary bien janin (s'il faut venir à celle qui est mariée) qui non content de ce dont Nature a doüé la femme, la veult rendre desguisée (& autre qu'elle n'est) au peuple. Si elle est belle, n'est-elle assez louëe en sa beauté naturelle ? si elle est laide, allant controvenant à la volonté de Dieu, la veux-tu faire autre qu'il ne l'a voulu créer ? N'est-ce pas pour soubmettre toy & elle au parler de tout le monde, & te faire enregistrer en ceste grande confrairie, à laquelle tous gens mariez sont subjets ? Tu sçais que le parler du monde est si prompt & avantageux, & tu luy bailles occasion de le blasonner davantage. Et diray plus ; non seulement luy bailles occasion de te poindre, mais aussi de faire la cour à ta femme, la voyant si mignotée & popine. Si nous n'en avions les exemples tant anciens que modernes, j'aurois raison de m'en taire : mais qui fut cause de la ruine & destruction des anciens Rois de Rome ? ne fut-ce le mary mesme de Lucrece, qui en presence de Tarquin vint à tellement la loüer & exalter, estant pour lors absente, que le plus dur cœur du monde eust esté pris de son amour ? Et quel besoin estoit-il entrer en telles disputes, de chose qui luy estoit peculiere & non concernant autruy ? Puis que tu es seul participant du bien & du beau de ta femme tel qu'il est, qu'as-tu que faire le publier & faire tomber au desir & concupiscence de ce monde si attractif ? Il fault que telles gens je compare à cest ancien Candaules, qui d'un esprit assez mal cault, voulut monstrer sa femme nuë (au deceu d'elle) à un Giges qu'il estimoit son amy : lequel en recognoissance de si grande privauté, se trouva tellement feru de l'amour d'elle, que par aprés mit le mary à mort, pour entrer avecq'elle en mariage:

mais

l'interieur de l'homme.

La femme.

mais poſſible m'abuſe-je : & telles gens ne fault comparer à un Candaules, qui receut tel loyer de ſon deſmerite. Car au contraire, ceux-cy plus heureux que ſages reçoivent à credit mille careſſes & bonnetades en faveur d'elles, auſquelles beaucoup d'honneſtes perſonnes font l'amour. Et ainſi ſont-ils aymez d'un chacun, pour ainſi farder leurs femmes. Qui ſemble autant abhorrent & de Dieu & de raiſon, comme telles gens qui le permettent, ſont dignes d'eſtre dits groſſes beſtes & animaux. Mais à bien conſiderer, à tort me tourmente-je l'eſprit d'une choſe, qui nous eſt ſi avantageuſe, & prejudiciable aux maris. Faſſent doncques tels badaux & permettent tout ce que bon leur ſemblera ; & nous, encores comme Chevaliers errans, ferons telle conqueſte ſur leurs femmes que pourrons. Car d'eſtimer qu'en faveur d'eux ſoient telles ſumptuoſitez & mignardiſes en uſage, ce ſont belles ſimulations & couvertures inventées par les femmes pour couvrir leur lubricité : comme le ſceut tres-bien pratiquer celle meſme Julie, fille d'Auguſte, de la reſponce de laquelle vous eſtes voulu ayder. Et vous diray bien plus (voyez en combien de parties je ſuis different d'avecq' vous) moins, à mon avis, le rendroit la veufve accuſable en ceſt habit immodeſte, que la fille ou la femme, leſquelles dites pour grand raiſon ſe maintenir en telle forte. Parce que luy eſtant plus ſeant faire l'amour & aveques plus grand' ſeureté, auſſi luy eſt-il plus convenable ſe deſguiſer par toutes manieres de bravades qu'aux deux autres, dont l'une eſt ordinairement eſclairée d'un faſcheux pere ou d'une mere ; & l'autre, d'un umbrageux mary. A quoy je voulus adjouſter : & la femme veufve de tout le commun populaire, qui en elle fiche tous ſes yeux ; d'autant qu'elle n'a plus le pretexte dont elle ſe puiſſe voiler, qui eſtoit le mary, auquel il eſt plus facile impoſer (pour l'affection dont bien ſouvent il ſe laiſſe tranſporter à l'endroit de ſa femme) qu'au peuple, qui au fait d'autruy a plus d'yeux qu'il n'y a d'eſtoilles au ciel. Vous dites vray, repliqua Philopole ; mais encores ſçavez-vous que les commoditez ſoit du parler, ſoit d'executer ſa volonté, ne ſe deſrobent ſi familierement avecqu' les femmes mariées, qu'avec les veufves qui ne deſpendent que de leur chef. Ainſi leur eſtant plus propre aymer (tant pour avoir ceſte grande commodité, qu'auſſi pour eſtre plus chaudes & aſpres à tel meſtier, duquel la fille n'a encores fait eſſay, & la femme mariée trouve ſatisfaction quelle en ſon mary) leur eſt bien mieux avenante, uſer d'habits convenables à ceſt amour, qu'aux deux autres.

A l'heure Charilée : voſtre raiſon, dit-elle, auroit lieu, qui vous accorderoit la curioſité d'habits eſtre inventée pour donner occaſion à aymer : ſi ne vous l'accorderay-je, auſſi choſe trop indubitable. Meſme qu'il me ſemble eſtre bien chatouilleux (nonobſtant quelque choſe qui vous en plaiſe, Seigneur Philopole, à ce que d'un meſme fait je ſatisfaſſe aux propos que cy-deſſus avez paſſé) juger d'un interieur, par une apparence exterieure : & dit-on en commun proverbe, que les plumes ne font l'oyſeau, & que devons aſſeurer noſtre renommée, ſans plus, ſur noſtre vertu. Car tout ainſi que le froc ne rend l'homme plus ſainct, ny devot ; auſſi, pour eſtre une femme propre, ne doit-on l'eſtimer lubrique ; & quelque cas que le ſot peuple en ſoupçonne, eſtant noſtre conſcience ſaine, bien peu devons-nous faire compte des malignes langues du monde, leſquelles on ne ſçauroit refraindre. Davantage, vous ſçavez que la Dame qui contre l'uſance & couſtume taſcheroit à s'accouſtrer, ſeroit en tous lieux publiée pour hypocrite : & n'encourroit moins de blaſme (puiſque telles ſont nos façons, auſquelles il ſe faut ranger) celle qui entre tant de pompes voudroit faire la reſſerrée, que l'autre qui par une eſtrange nouveauté, entre un million de recluſes, uſeroit de trop grandes pompes : parce que telles nouveautez, de leur entrée ſont odieuſes : mais par un long trait de temps, ſçavent ſi bien gaigner païs, qu'elles ne ſe treuvent d'autre digeſtion, que les autres manieres de faire. D'autant que telles petites chimagrées ne giſent qu'en opi-

A laquelle des femmes il eſt plus ſeant faire l'amour.

nion des hommes. Et pour-ce ne faut-il, Seigneur Philopole, trouver eſtrange, puis que telles façons petit à petit ſe ſont trouvées bonnes & decentes, ſi nous toutes en general & d'un commun accord, les pratiquons, les aucunes d'une mauvaiſe volonté, & les autres ſans y mal penſer : ains parce qu'ainſi l'on en uſe. Auſſi n'y a-t'il choſe, tant bonne ſoit-elle, laquelle ſi voulez retorquer en mal, ne s'y puiſſe tout auſſi-bien adapter, comme au bien : & fuſt-ce l'Evangile meſme, laquelle (ainſi comme vous voyez) nous accommodons ſelon que nos volontez, & affections nous pouſſent. Partant, Seigneur Paſquier, vous plus faire icy de ſejour, & ſortans de ce touffe trop eſpais, je vous ſupplie reprendre voſtre route encommencée. Autrement, ſi n'y obviez, nous nous pourrions par trop eſgarer, ſans pouvoir rentrer ſi nos briſées.

Qu'il ne faut aſſeoir ſon jugement ſur choſes indifferentes.

Adoncq' moy reprenant la parole : je dy doncq', ma Damoyſelle, qu'il ſeroit impoſſible que d'une femme bien aymante, enfin l'on ne vienne à bout, & qu'on ne la meine à raiſon : nonobſtant quelque impetuoſité ou tourbillon de vent, qui pour un temps nous empeſche ſurgir à bon port. Toutesfois il ne vous faut prendre mon propos, ſinon en tant que l'amour eſt entre les deux parties reciproque, comme nous preſuppoſons. Car là où il deſfaudroit d'une part (comme il peut avenir par prevention de quelque autre, ou bien que les perſonnes ne nous plaiſent) on ſe pourroit rompre & teſte, & eſprits, ſans que jamais on y parvinſt. Choſe neantmoins que je ne voudrois maintenir juſques au feu : parce que les Chaſteaux que bien ſouvent l'on penſe inexpugnables, enfin l'on voit ſerendre ſubjuguez. Sçavez-vous, dit lors Philopole, comme je voudrois pratiquer telles Dames ? Vous oyant parler de Chaſteaux, il m'eſt ſouvenu d'un commun dire de Philippe de Macedone, lequel aux aſſaurs des villes qu'on penſoit imprenables, demandoit ſi un aſne chargé d'or y euſt peu entrer : car aſſeurez-vous, diſoit-il, s'il y entre, que Philippe y entrera. Voulant par ce remonſtrer ; que ce qu'on ne peut gaigner par amitié, ou par force, ſe peut dompter par argent, qui eſt le Roy de toutes choſes & qui ſeul commande aux hommes. Je croy qu'il n'y a femme, tant vertueuſe ſoit-elle, laquelle ores qu'elle ne ſoit frappée du coin d'amour, & que là ne ſe puiſſe attraire, que l'argent ne parfourniſſe à ce deffaut, qui eſt d'une nature plus attrayante, que n'eſt l'aymant envers le fer. Jamais, reſpondy-je, Seigneur Philopole ; telle jouïſſance ne tiens pour ferme, & moins encor' l'amour, mené ſous une telle eſperance ; non plus que de ceux qui par breuvages & potions amatoires, veulent forcer le naturel de leurs Dames pour les induire à aimer. Car l'amour, ne giſant qu'au cœur, peu vaut la jouïſſance du corps, qui n'eſt vray poſſeſſeur du cœur. Et où la femme ſe lairroit gaigner ſoubs ce pretexte d'argent, je la reputerois pour publique, quelque grande Dame que ſuſt. Ains au contraire, il me ſemble que tant s'en faut qu'elle doive porter faveur à un tel amant, que pluſtoſt l'aura-t'elle en hayne, pour ſe voir eſtre en reputation de vilaine envers luy, d'autant qu'il penſe que plus elle faſſe compte d'argent, que de l'amitié ou honneur : choſe qui ne peut tomber en la penſée de femme, qui eſt tant ſoit peu de bon cœur. Auſſi eſt-ce la cauſe pourquoy quelques-uns debattans à laquelle des deux Dames appartenoit faire l'amour : à la gentille-femme ou bourgeoyſe : voulurent dire la gentille-femme eſtre plus propre, comme celle qui ſeulement pour ſon plaiſir, ſans aucun regard d'argent, aymoit. Toutesfois je craindrois que telles gens euſſent peu tomber en erreur. Car de toutes tailles ſe rencontrent bons levriers, & ſe treuvent autant de bourgeoiſes contemnans l'argent, comme de gentiles-femmes : voire meſme qu'il ſembleroit (non pas que je le veuille dire) que la gentille-femme ſe rendiſt en ceſt endroit plus ſuſpecte, ſi elle n'eſtoit riche à ſuffiſance ; d'autant que l'eſtat de l'une, pour eſtre grand & de ſa nature oyſeux, a touſjours plus affaire d'argent, que n'a celuy de la bourgeoyſe, qui avec une peritesſe s'entretient gaillardement & ſans ſi grande difficulté. Quant à moy, j'eſtime que ny l'une, ny l'autre de

Faire l'amour avec l'argent.

ces Dames (pour avoir le cœur assis en trop bon lieu) mette plus son affection en la richesse, qu'aux personnes. Et pource, si paradventure il avenoit que l'homme aymant sans estre aymé, voulust avec un ferme propos poursuivre son entreprise, qui tend à la iouïssance : le meilleur moyen qu'il puisse avoir pour y aborder, est, ce me semble, par une infinité de merites & services donner clairement à entendre à sa Dame la grand' amour qu'il luy porte : parce que nature nous apprend tenir compte de ceux qui bien nous veulent, tout ainsi qu'estre desireux de vengeance en la personne de celuy qui nous pourchasse quelque tort. Mesme que tout ainsi que Dieu, pour avoir formé l'homme d'une matiere plus massive, le voulut accompagner d'une force, dont il defrauda la femme : aussi, pour avoir fait la femme d'une nature plus tendre & subtile, la voulut rendre familiere de misericorde & pitié.

La femme d'une nature reveshe.

Vous vous abusez, dit Philopole : car en toutes les autres choses, la femme semble estre misericordieuse & pitoyable ; en ceste-cy, se rend plus revesche & farouche, que ne sont les bestes brutes : voire si maligne, qu'il semble qu'elle se baigne & complaise au mescontentement de celuy, qui luy porte affection, tousjours l'entretenant & alaitant d'un vain espoir en sa presence ; & en l'absence, faisant de luy grande risée. Et comme dit quelqu'un de nos amis, en un sien chant qu'il en a fait :

Tantost d'un faint entretien
Le sçaura à soy attraire,
Puis d'un offensif maintien
Ne taschera au contraire,
Qu'à le jetter des arçons :
Plus muable en ses façons
Qu'un Prothée, se paissant
(Comme l'oyseau ravissant)
En son cœur, & son martyre,
Pour prix estant en tourment,
Sçavoir seulement comment,
A soy elle se retire.
Ainsi permettant voler
Son esprit à la vanvole,
Se laisse l'homme couler
Soubs les aisles d'une fole,
Qui n'ayant compassion
De sa sotte passion ;
Ains se nourrissant au mal
De ce grossier animal,
Qui pas ne le peut cognoistre,
Luy fait faire mille escris,
Mille bons jours, mille cris,
Comme s'il venoit de naistre.

Je ne dy cecy sans cause, asseuré que la plus-part des Dames, ores que le cœur soit du tout lié & destiné en un endroit, si est-ce que si elles se sentent caressées par quelques honnestes Gentils-hommes, qui d'elles se soient enamourez : d'autant qu'elles sont soucieuses estre veuës avoir plusieurs serviteurs à leur poursuite (seul tesmoignage, ce leur semble, de leur beauté & bonne grace) feront caresses en particulier à un chacun d'eux, & telles que les plus fins penseront avoir gaigné le dez : en façon que s'entretenans d'une sotte & vaine esperance, procedant d'une infinité de fantaisies, entrent bien souvent d'une fievre tierce en chaud mal, auquel aprés ne peuvent donner remede. Or pensez-vous, Seigneur Pasquier, que pour ceste extreme ardeur, elles entrent en plus grande pitié ? Si vous le pensez, vostre pensement est bien eslongné du vray ; parce que tant plus elles vous trouveront tourmenté, & plus vous voudront tourmenter, sans neantmoins vous donner congé, qu'avec esperance de retour. Sur ce poinct, Glaphire : je suis, dit-il, de mesme avis avecq' vous : & me semble que le Seigneur Pasquier se devoit arrester en ce qu'au commencement il conseilloit, à celuy qui n'est point aymé, se desister du tout de son entreprise. Toutesfois je croy, que s'il se veut dire la verité, son conseil est plus pour tromper ceux qui desirent estre trompez par les doux appasts & amorces de pitié, que pour aucun autre regard ; pource qu'il me confessera estre meilleur (& m'en rapporteray à son serment) premier qu'entrer plus avant dans ce labirinthe, s'en retirer de bien bonne heure, lors que cest amant non aymé, n'a encores perdu cognoissance de son mal, & premier que les passions prennent plus grand advantage dessus luy. Car l'amour (ainsi que dit celuy mesme qu'ores nous avez allegué,)

Par nostre folie naist,
En elle prend sa pasture,
Et sans elle jamais n'est :
Puis augmentant sa nature,
Petit à petit s'accroist,
Et de telle sorte croist,
Que ny plus ny moins que l'œil
Ne peut attaindre au soleil
Quand vers le midy s'avance,
Ainsi tant plus hault le fol
Laisse à l'Amour prendre le vol,
Plus en perd t'il cognoissance.

Voire que tout ainsi qu'au progrés & suitte du soleil, ceste fleur que nous appellons soucy, se guidé & ouvre tant plus le Soleil tend au midy, estant vers le matin close & fermée : ainsi s'ouvriront tousjours de plus en plus nos soucis & pensées, si du premier coup n'obvions & resistons à cest amour. Voulez-vous similitude plus apparente que du feu materiel, auquel si ne prevoyez lors qu'il s'est pris en quelque endroit, il s'accroist de peu en telle sorte, qu'à peine avecques toutes les eauës l'estaint-on, combien que du commencement sans aucune difficulté il estoit amortissable ? Ainsi fault-il amortir ceste flamme naturelle sans aucun delay, quand la voyons gaigner païs sur nous. Car là où en tel temps peu d'eau suffira pour l'estaindre ; au contraire, si par elle nous laissons subjuguer, les grandes ravines ne se trouveront suffisantes, pour la deschasser de nous. Et où par petites gelées & froidures l'esperions effacer, comme par jalousies ou autres mauvais recueils, trouverons finablement telles petites algarades n'estre que (comme l'eau des Mareschaux) renouvellement de nostre feu & amour. Et afin que vous ne pensiez mes propos s'estendre seulement vers celuy qui ne trouve amour reciproque en sa Dame ; je ne veux à luy seul adresser mon conseil, ains à tout autre qui pretendra entrer dessous ce joug d'amour. D'autant que si une fois il se laisse alecher par ses traistreuses amorces, il luy sera impossible pouvoir au vray discerner la vraye amante de la fausse, tant pour estre trop esblouy en sa passion, que pour se sçavoir plusieurs femmes desguiser en tant de sortes, qu'il nous est presque impossible (voire hors l'amour) pouvoir cognoistre un faux-semblant. Je de doncques & maintiendray celuy estre beaucoup plus sage, qui encores que paradventure il pense recevoir quelque guerdon & loyer de sa Dame, neantmoins du tout s'en exempte dés le commencement, sans aucunement captiver son esprit. Et combien que jouïssance soit de telle faveur, que peult-estre ne trouverez goust à mes propos : n'estimez-vous rien, (sans que je vous represente mille passions tombans en l'amour, ja discourues par ma Damoyselle Charilée,) une perte & consommation de temps, une solitude perpetuelle, un destourbement de toutes bonnes affaires, pour vacquer à cest amour ? Cestuy estimeray-je bien-heureux, qui est jouïssant en amour : cestuy estimeray-je plus heureux qui du tout l'aura abandonné sans sentir ses aspres morsures. Et comme disoient quelques Philosophes anciens, celuy estre bien fortuné qui jamais ne nasquit ; son plus prochain estre celuy qui est enfant mort ne naist : ainsi reputeray-je celuy au nombre heureux, qui chassant toutes occasions, ne sera jamais entré en amour ; & l'accompagnera l'autre, qui y aura mis un bout de pié, mais bien-tost, craignant s'eschauder davantage, l'aura retiré à son honneur & proufit.

Et toutesfois qui voudra entreprendre d'aymer, soubs le voile de telle esperance qu'un chacun qui ayme se propose, je conseillerois bien pluftoft à l'homme de robbe courte, de suivre tel chemin, qu'à celuy de robbe longue. Non qu'en cecy je veuille rien déroger plus à l'un qu'à l'autre : les estimant tous deux d'un mesme degré, chacun en leurs qualitez, mais d'autant qu'il me semble l'estat de celuy de robbe courte (qui sont les armes) estre plus recommandable à l'amour, que celuy de robbe longue, la profession duquel gist principalement en l'estude, du tout incompatible avec l'amour. Et ne se peult le Gentil-homme tant desvoyer de ses bonnes entreprises que cestuy : ains semble ceste chose estre bien souvent cause de l'adextrer & aguerrir, pour la seule souvenance de sa Dame : à laquelle pour complaire & agréer, s'efforce de plus en plus apprendre mille honnestetez & galantises, du tout concernans les armes, pour luy donner resmoignage de ses adresses, soit à la lice, & à la bague, à voltiger, escrimer, saulter, baller, & autres tels exercices qui rendent l'homme plus allegre & dispost : lesquels semblent prendre leur prime source & origine (au moins leur plus grand accroissement) pour estre bien venus & accueillis des Dames qui nous portent quelque faveur. Tellement qu'il semble estre presque necessaire à telles gens, pour mieux se duire aux armes, vacquer quant & quant à l'amour. Et pense que ce fut la cause pourquoy les Poëtes nous peignoient au temps passé, un Mars & une Venus prenans ensemble leurs esbats. Chose qui depuis nous a esté representée par tous Romans, soient Espagnols, soient François. A telles gens, je n'interdiray doncq' grandement faire l'amour, si bon leur semble : mais quant aux autres, tres-instamment les supplieray s'en deporter, & sur les premiers jours que l'amour se pensera saisir d'eux.

Mais au contraire, dit Philopole : car dont procede une infinité de tant de braves esprits qui jadis furent estimez, & encores de tant d'autres qui pour le jourd'huy reluysent entre les hommes, comme la Lune entre les estoiles, sinon pour s'estre trouvez ravis de ceste amoureuse flamme ? Voyez, je vous supplie, entre les Italiens, un Petrarque, un Sannazar, un Bembe : & pour ne m'eslongner de mon temps, un du Bellay, un Ronsard, un Bellay, un Tiart : desquels chacun en particulier, s'accomodant à divers stiles (ainsi que leur naturel les pousse) se sont rendus si parfaicts, qu'il semble que la poësie, qui n'agueres faisoit residence en Italie, se soit voulu transporter en ceste contrée, pour y faire eternelle demeure. Car quant aux autres, combien qu'il n'ayent eu tant desiré Genius (pour se composer plus aux façons & imitation d'autruy, que de suivre leur nature) si meritent-ils grande loüange & immortalité de nom. Or de toute ceste compagnie, qui est celuy qui ayt atteint à ceste perfection, sinon par le moyen d'amour ? En maniere qu'il semble, que tout ainsi que l'amour n'eust esté rien sans eux, aussi n'eussent-ils esté rien sans luy : & que s'ils n'eussent esté par ses doux appasts perdus, tous eussent esté perdus dans les obscures tenebres de la nuict. Ainsi me semblez-vous trop partial, vouloir deffrauder l'homme d'estude, de l'amour. Je meure, Seigneur Philopole, repliqua Glaphire, si jamais ces personnages que nous venez d'alleguer, se trouvent amoureux ; & m'en rapporteray au jugement du Seigneur Monophile, s'il luy plaist dire ce qu'il en pense. Ce jugement seroit assez hazardeux, dit Monophile : toutesfois s'il nous est loysible balancer les autres au poids de nostre esprit, je croyrois qu'il seroit assez difficile que l'homme surpris en amour, peult avecques une telle bravade descouvrir une si haultaine conception, comme celle que tous ces Poëtes nous ont voulu representer par leurs escrits : pour ce que le passionné a les sens & sentimens si esperdus, qu'il seroit presque impossible, non que l'esprit, mais la main peult exercer bien & deuëment son office. Parquoy pense-je que pour faire monstre de leur grande vivacité en un subjéct qui outrepasse toute humaine consideration, chacun d'eux ayt choisi sa chacune, à la loüange & poursuite

de laquelle il ayt employé la meilleure & plus saine part de ses escrits. Si pour ce regard seulement, dit Philopole, ainsi comme vous presumez, il me semble, Seigneur Monophile, qu'ils se feroient fait trop grand tort. Parce que en autres mille matieres dignes de recommandation, ils eussent peu appliquer leur plume, avec plus grand bruit & renommée, que faignans adorer unes Dames, se declarer en elles idolastres ; comme si leur jugement fust si bas que du tout il despendist des femmes, ne pouvans sans elles estre aucune chose. Vous ne sçavez encores (dy-je lors entreprenant sur Monophile) qu'ils feront. Ne precipitons point, Seigneur Philopole, nos jugemens à la volée : car toutes ces grandes amours qu'ils ont voulu en eux desguiser, soubs la conduite de Poësie, en l'aage jeune auquel ils sont, nous promettent quelques œuvres plus grands, venans à plus grande maturité & perfection d'ans : mais vous sçavez que chaque temps emporte quant & soy son deduit. Ainsi ne fault-il trouver trop estrange, si accommodans leurs escrits au subject qui semble estre du tout voüé à la jeunesse (en laquelle à present ils vivent (ils se sont proposez faire les passionnez dedans leurs œuvres, pour servir d'un bon miroüer à tout le monde. Si aux gens faisans profession d'aymer, pour se mirer & recognoistre en ce que dans eux ils liront : si aux autres abhorrans l'amour, pour le detester davantage à leur exemple. Quelle matiere requerez-vous doncq' plus convenable, tant pour eux (estans dispensez d'autre cide de l'aage dispost où ils sont) que pour l'utilité commune ? Combien que je m'asseure bien, veu la grandeur de leur cerveau, qu'ils couvent encor' soubs leurs toicts quelque chose digne d'eternelle memoire, dont quelque jour nous aurons part.

Surquoy repliqua Glaphire : il me semble que tous ces propos ne touchent gueres les nostres. Ce neantmoins, je crois (quelque chose que l'on en pense) que qui demanderoit raison de leurs escrits à tous ces Poëtes, ils diroient que le subject qu'ils ont traité, est le plus brave & hautain thesme qu'ils se fussent sceu proposer ; d'autant que l'amour se trouve d'une si haulte puissance, que les choses plus haultaines, voire les Dieux du temps passé, se laissoient mener en triomphe soubs ses arrois & estandars. Pour quant à moy, si pour n'avoir esté atteint de son dart, ains pour descouvrir les passions qu'il cache en soy, ils ont voulu mettre la main en une telle matiere, d'autant les estime-je plus grands, que la chose est plus difficile, j'entens si bien parler de l'Amour, sans en avoir fait l'espreuve. Mais si pour l'avoir esprouvé, je les prieray derechef pour une bonne fin & conduite, non seulement de leur estude, mais aussi de leur repos, s'en deporter le pluftoft que faire pourront. Et en sera le moyen bon, si n'estans encores privez de leur sain entendement, ils se persuadent de jamais ne pouvoir venir à bout : & où ils pourroient attaindre, toutesfois la joüissance qui est là fin où l'on y pretend, n'estre que leur opinion de plaisir, causé d'une affection que portons plus à une femme qu'à l'autre : & qu'au vray toute femme est femme. Vray que telle medecine n'est pas des plus stables & constantes de ce monde : parce que celuy qui aura empraint une opinion d'une femme dans sa teste, ne dira n'estimer en rien joüissance, sinon à couste de l'affection qui est extreme envers sa Dame. Et si de bien prés consideréz, vous trouverez qu'il n'y a aucune comparaison du plaisir qu'on reçoit d'une femme publique, & à qui on ne porte qu'une affection triviale, au prix de celuy que l'on trouve en une sienne bien aymée. Au moyen de quoy, je trouverois beaucoup meilleur, que celuy qui voudra tromper l'Amour, se propose, du premier coup, un desespoir de joüissance : d'autant que pour nous garantir des passions, entre lesquelles l'amour regne, je trouve double medecine : l'une, quand nous laissans guider par la raison pure & simple, despoüillons toutes affections, sans leur donner lieu en nous : l'autre, quand les passions ayans gaigné pays sur nous, bataillons contre nos propres volontez, faisans une guerre intestine en nous-mesmes, soubs la conduite de raison, accompagnée

toutesfois

toutesfois de quelque opposite passion. De la premiere usa l'unique Socrate, lequel s'estant armé, par une grande Philosophie, d'un perpetuel contentement de toutes choses, pour prosperité, ou mesadventure quelconque, jamais ne changea visage : or est ce remede estrange ; car estant composée nostre ame si raisonnable, & paisible, à peine que quelquesfois les passions n'emportent la raison à vau-l'eau. Parquoy, il fault en diligence avoir recours à la seconde medecine, quand la raison enveloppée des passions, ne s'en pouvant de soy-mesme quasi bonnement despestrer, prend ayde par une contraire passion ; laquelle combien que de soy ne fust bonne, toutesfois se laissant en cest endroit maistriser par la raison, & quasi luy servant de Dame d'honneur, ne peult estre dire mauvaise : d'autant que les affections ne sont malignes, sinon entant que contre l'ordre de nature elles veulent dominer la raison. De ceste medecine s'ayda le Philosophe Carneade, lors qu'il nous admonestoit pendant nos plus grandes liesses, nous ressentir des calamitez de ce monde, afin que tenans par ce moyen la bride à ceste joye effrenée, temperissions l'une par l'autre. Ainsi souhaittoit Philippe Roy de Macedone, le jour qu'on luy apporta nouvelles de la naissance de son fils Alexandre, & de deux victoires par luy diversement obtenuës, que fortune luy entrelaçast le grand ayse de quelques petites traverses pour ne s'eslever trop haut. Et le sage Anaxagore, bien qu'il prist un singulier plaisir en la vie d'un sien enfant (comme nature l'apprenoit) si est-ce que ceste extreme joye moderée d'une perpetuelle crainte de nostre fragilité, luy rendit la mort de luy moins fascheuse, quand il recognuet l'avoir engendré pour mortel. Ces deux voyes vrayement sont dignes de recommandation pour se sauver de telles sortes de furies. Toutesfois quant à la premiere, bien qu'aux autres affections elle puisse gaigner lieu par une continuë meditation, si ne m'ose-je alleurer qu'en amour elle trouve place : estant une passion si subtile, que plustost la voyons entrer dans nous, que nous en soyons advertis. Voire mesmement que Pallas est Déesse de Sagesse, tomba un jour à l'impourveuë és rets de Venus & Cupidon chassans. Et pource nous fault-il recourre au second moyen. Et puisque voyons cest Amour n'estre conduit que d'un desir empenné d'une esperance, luy faut couper les aisles, par un desespoir d'attaindre au poinct qui nous tourmente. Toutesfois ne se trouveroit ce desespoir suffisant, qui ne luy bailleroit la raison pour le conduire, c'est la volonté d'en sortir : parce que plusieurs amans desirans en extremité, desesperent bien souvent de parvenir où ils pretendent : ce neantmoins tant s'en faut que par ce moyen ils evadent, que plus entrent és alteres : & semblablement n'est requis entrer en ceste deffiance pour quelque mauvais recueil qu'on ait receu de la Dame (car si pour ce regard, soudain par une artificielle œillade d'elle, rentreroit l'amant en sa maladie) mais persistant en ce ferme vouloir de sortir de ceste obscure & tenebreuse prison, luy faut premierement pour-penser, que la femme ayant ce dernier point en trop grande recommandation (comme le seul repos de son honneur) jamais ne le voudra lascher, & où elle l'abandonneroit, qu'elle ne meriteroit d'estre aymée, commettant ainsi à la mercy d'autruy l'unique merite de son corps ; se descouvrant par ce moyen d'une legereté trop volage ; ainsi, qu'en l'une & l'autre sorte la poursuivroit-il en vain : & passant encores plus outre, remettant devant les yeux les malheurs & fascheries, ordinaires chambrieres d'Amour, se faisant par le faict d'autruy sages. Qui luy sera une bride, qui peut-estre, luy temperera en partie l'extremité de ses desirs. Mais il faut que telles considerations tombent en son esprit dés le commencement (comme j'ay dit & redit) & lors qu'il peut couppet le gouffre où il se pourroit submerger, si bien-tost il n'y donnoit ordre : car si d'un long trait il se laissoit mastiner par ses passions & furies, Amour est de telle sorte, que prenant force par nos pensées, nous crucie d'une si vive maniere, que nous voulans mal à nous-mesmes & avecques cognoissance de nostre perte,

La femme doit surtout conserver le dernier point.

aymons celle que sçavons se repaistre en nostre travail & martyre ; & voulans sortir de ce mal, à grand peine pouvons-nous discerner, si le sortir nous est plus proustable, que de vivre en telle peine : comme quelquesfois j'ay compris dans ce mien Sonnet, que vous entendez à present :

Quand reviendra que prenant mon deduit,
Pourray revoir quelque bon jour de fuste ?
Quand reviendra, ce temps, que dans ma teste
Pourray vouloir le bien qui mieux me duit ?
Cruels pensers, qui tant & jour & nuict
Sur moy jettez foudre, orage, tempeste :
Cruels pensers, qui tant me rendez veste
De conspirer vostre mort, qui me nuict :
Car tout ainsi comme le Dieu qu'on vit
Jadis frustré de sa dive puissance,
Ayant meurtry les ouvriers du tonnerre :
Las ! vous perdant, l'asre sous lequel j'erre
Tirant mon mal d'une plus haute essence,
Me raviroit tout l'heur qui me ravit.

Considere doncq' ce moyen plustost que tard, devant que ce feu petit à petit te consume, & le contournant en son esprit, peut-estre, aussi facilement sortira-t'il de destroit, qu'il y estoit entré. Lors Philopole : ce remede (dit-il) seroit singulier pour ceux qui le pourroient pratiquer : mais quant à moy, j'en sçay un autre cent fois plus prompt & expedient que le vostre. Et quel doncques ? dit la Damoiselle. Je le dirois volontiers, respondit-il, n'estoit que je crains, que le disant, ne le vouliez pratiquer. A cela ne tienne, dit-elle, que ne nous en fassiez part, si c'est chose qui vaille : car je crois qu'il n'y a celuy en ceste compagnie, qui n'ait l'estomach assez fort pour le sçavoir bien digerer, & user s'il est bon. C'est, repliqua Philopole, comme un Chevalier errant, & maintenant perpetuellement l'honneur de toutes Dames, passer sa fantaisie en tous autres endroits, que celuy dont l'on est frappé : car tout ainsi que pour guerir la morsure d'un Scorpion, est requis tuer sur le champ ceste beste qui nous a causé le venin, ou bien en ce defaut, user d'huile alambiquée d'autres Scorpions, aussi me semble que là où pour guerir nostre mal, ne pourrions trouver medecine en celle qui en seroit le motif, il faudroit prendre son adresse en toutes autres, qui par un progrés de temps nous feroient perdre ceste douleur. Vray que je suis asseuré que tel propos ne vous plairont, Seigneur Monophile, qui hier par vos discours imputiez à impropere à celuy qui seulement de la pensée voudroit forfaire envers sa Dame : mais quant à moy, tant s'en faut que j'y trouve forfaiture, qu'au contraire il me semble celuy estre le seul moyen de bien & parfaitement aymer, sans m'esloigner que bien peu de vostre opinion : car si cest Amour, que me dites, vient d'une puissance celeste, voulez-vous meilleur moyen pour cognoistre celle qui vous est deuë par les astres, que changeant de l'une, & l'autre, tomber à la parfin en celle, en laquelle plus vous plaisez & trouvez de contentement. Ainsi disent tous Philosophes Genetliaques, pour cognoistre nostre bon, & suivre nostre influence, estre requis changer d'habits, de noms, & de diverses contrées, & en celle nous arrester rencontrons nostre meilleur, sans par trop nous opiniastrer en lieu, auquel si voulions prosperer, faudroit faire retrograder la revolution des cieux qui s'encline en nous autre part. Et pource, Seigneur Monophile, seroit-ce une grande bestise à un homme de bon esprit, asservir son esprit d'une si estrange façon, qu'il ayme mieux se ruiner d'heure à autre aupres la femme qui ne luy est destinée, que de chercher son alibi avecq' unes & autres, la faveur desquelles il gaignera du premier coup, parce que celle les luy aura reservées : & pour mon regard, si je me trouvois en telles alteres (que Dieu m'en gard) je ne craindrois beaucoup en user. Et afin que ne pensiez que je me mocque, voicy la recepte que je porte penduë à mon col, qui me garentit de ceste folle maladie.

Autre moyen de Philopole pour s'exempter de l'amour.

Le second Livre du Monophile.

Nous ne preschons que de l'ingratitude
De celle à qui nous voüasmes nos cœurs :
Que de tourments, de haines, de rancueurs,
Que de prison, & que de servitude !
O sot mestier, temps perdu, sotte estude,
De trompeter d'un costé les rigueurs,
D'autre corner ses penibles langueurs,
Vivre & mourir sous si folle habitude !
Pour brizer l'huis d'une telle prison,
Apprens de moy cette sage leçon,
Leçon que j'ay par long usage apprise.
D'un seul object ne repay plus tes yeux,
Quant est de moy, pour aymer en tous lieux,
J'ay dans l'amour retrouvé ma franchise.

Ceste consideration de Philopole provenant d'une si haute perspective, pour donner couverture à l'opinion qu'il entendoit mieux par effect que par parole, faisant quelque peu rire la compagnie, soudain fut par la Damoiselle repliqué : je le croy, dit-elle, sans qu'en juriez, & pense que n'estes à esprouver vostre remede, ne qu'il y ait homme en la compagnie, qui pour ce regard en portast meilleur tesmoignage. C'est tout au rebours, ma Damoiselle, respondit-il : car asseurez-vous que je ne m'abastardy jamais jusques à me publier serviteur d'une seule, parce que je penserois estre trop ingrat & discourtois envers tout le reste du sexe, pour une seule, abandonner l'Amour d'une infinité d'autres, qui possible meritent autant ou plus estre obeyes, que celle où je consommerois corps & temps. Mais au contraire, luy respondy-je : car en aymant une parfaictement, seriez cent fois plus gracieux & courtois envers les autres : là où les voulant toutes contenter, toutes les mescontentez : & ne faut que pensiez la courtoisie d'autre part prendre sa source que de l'amour (c'est la cause, dit Philopole, d'une voix basse, pourquoy je ne me repens pas beaucoup n'entendre non plus à ma cour que je fay, pour ce qu'elle se vend trop cher) & qu'ainsi soit, dis-je, continuant mon propos, advisez tous les Romans & Histoires meslées de telles affaires, vous trouverez les plus parfaits & loyaux amans, estre ceux qui mieux exercent la courtoisie à l'endroit de toutes autres, & fust-ce seulement pour l'honneur qu'ils portent aux femmes, en faveur de leur seule Dame : de maniere que verrez plusieurs hommes par une bestise naturelle, lourds & badaux : lesquels ny par bonnes lettres & sciences, ny par bons & honorables advertissemens de leurs sages precepteurs, ny par usance & conversation de Gentils-hommes, ne peuvent estre induits à l'honneur, auquel toutesfois le seul Amour les esperonne tellement, que comme si de nouveau ils fussent passez par l'alambicq, & mis en nouvelle fonte, d'autant deviennent-ils courtois, comme auparavant rustiques, en quoy ils estoient parangons. Aussi est-ce le communi langage du vulgaire, que pour façonner un jeune homme, il luy seroit presque convenable se mettre sous les aisles d'une Dame, à laquelle il fist l'Amour, comme moyen suffisant pour attaindre à toute civilité & honneur : parce qu'estans surpris d'une philautie & Amour de nous-mesmes, ne pouvons cognoistre nos fautes, desquelles nos Dames bien souvent nous advertissent : & à leur suscitation, estudions à nous corriger, & changer, prenans tel chastiment beaucoup plus à gré de leur part, que si tous les prescheurs en chaire nous en advertissoient. Et combien que (l'Amour estant une fois empreint dans une Dame comme en l'homme) c'est chose trop asseurée, qu'elle sera aussi aveuglée aux façons de son amy, luy-mesme, & que cette grand' amitié luy empeschera de descouvrir beaucoup d'imperfections qui sont en luy (lesquelles un autre pourroit voir à l'œil, ny plus ny moins que des peres & meres à l'endroit de leurs enfans) si est-ce que l'envie & affection qu'avons d'agréer & complaire à nos Dames bien-aymées, nous servent de bonne & fidelle escorte, pour nous guider & conduire à toute voye d'honneur. Et tout ainsi qu'un bon Capitaine, voulant assaillir une ville, ne met seulement son esperance en ses gens (qui est toutesfois son plus grand appuy) ains luy est necessaire le canon & autres grands utensiles de guerre ; ainsi se proposant ce vray amant gaigner le cœur de sa Dame, ne luy met seulement en avant son Amour pour la vaincre, qui est le plus grand poinct de tous, ains inventera mille honnestetez & gaillardises, pour attaindre au-dessus de son entreprise : & comme voyez cest ancien Poëte en son Art d'Aimer, nous voulant instruire celuy qui doit faindre l'Amour, luy bailler les plus grands preceptes du monde en cest endroit, verrez le vray amant, user de telles instructions, voire plus grandes, sans aucun artifice, sinon celuy qu'il apprendra du seul Amour, lequel nous sert d'un bien bon protocole, pour joüir cest personnage. Je n'entens point toutes ces choses, repliqua Philopole, & si plus avant je m'y fondois, plustost en par lerois-je par cœur que par livre, pour n'en avoir fait l'essay : mais parce que je ne me reigle point tant par livre en cecy, comme en ce que moy-mesme je contemple : (& contemple avec le plus grand plaisir du monde) je vous supplie, dites-moy, quelle marque de courtoisie recognoissez-vous en ces amoureux transis, sinon une solitude perpetuelle, une alienation d'honnesteté, un contennement de toutes autres choses, horsmis de celle vers laquelle s'adressent leurs pensées, comme mesmement n'agueres me disoit le Seigneur Monophile ? Et puis dites, Seigneur Pasquier, que telles gens qui ont en horreur tout le monde, ayent un seul brin de ceste honnesteté, que dites estre tant exquise en un amant. Et à ce que ne pensiez que j'en parle comme un clerc d'armes, je suis quelquesfois tombé en gens si passionnez, qu'ils contennoient non seulement le monde, ains se desplaisoient à eux-mesmes. Chose dont leurs Dames un peu plus sages & avisées, estoient mesmement honteuses. Et estans quelquesfois par elles repris de telles fautes, alleguoient ces pauvres sots pour toute excuse, ne s'en pouvoir exempter, & ne leur plaire autre chose que la presence de leur Dame. Certainement, pigeons si farouches estoient trop difficiles à appriuoiser ; & tant s'en faut qu'ils apprissent quelque entregent honneste, que comme bestes desnuées de tout jugement naturel, ils perdoient toute contenance : si en la presence de leur Dame, & qu'il y eust quelque homme present, qui leur empeschast communication de propos aveecques elles, contournoient ores d'un costé, ores d'un autre, pour n'avoir autre moyen : si en l'absence (parce que rien ne leur agréoit que leur Dame) jamais ne se fussent contenus en une place ny compagnie, & eust-elle esté la plus honneste que l'on eust sceu rencontrer. Et si par force ils eussent esté contraints de demeurer, tout leur entretien estoit une longue taciturnité : de fait, que se rendans ridicules à un chacun, se faisoient estimer tels qu'ils estoient, je dirois sots, n'estoit que je craindrois desplaire à quelques-uns d'entre nous, lesquels ce neantmoins je supplie ne prendre rien mauvais de ma part. Et puis que si avant me suis transporté en ce propos, bien me plairoit, Seigneur Pasquier, plus qu'autre chose, un poinct qu'avez aveccques assez grande vitesse passé, auquel semblez donner conseil aux jeunes gens faire l'amour, pour se ranger & conformer à toute honnesteté civile. Vrayement, tel advis n'est que tres-bon & y prestant consentement, semblablement consentiray-je aveccques le Seigneur Glaphire, lors qu'il conseilloit à un homme d'armes faire le semblable, pour apprendre mille petites gentillesses, compagnes de toute civilité. Et si m'estendray plus avant : car encores ne fermeray-je la porte aux bonnets ronds & gens de robbe longue ; parce qu'ores que l'estude soit leur principal manoir, si ne leur est-il desconvenable sçavoir telles petites courtoisies, combien que je ne souhaite que du tout ils s'y employent. Et pour y parvenir (suivant ce que vous, Seigneur Pasquier, dijez) faissent doncques l'amour, si bon leur semble, mais toutesfois se donnans garde de mesprendre, & ne se faisans faindre l'Amour (ce que j'entens faire l'Amour) ne tombent en ceste rage & folie de Cupido. Voilà le vray but

Que l'a-
mour
fait les
gens
courtois.

De la
seule
contenance de quelques amoureux transis.

Que meilleur est faindre l'amour que d'aimer.

Le second Livre du Monophile.

but & moyen pour parvenir à telles honnestetez : voilà la vraye voye pour complaire non seulement à toutes Dames, ains à toutes gens & personnes de quelque qualité qu'elles soient, & non se laisser si indiscrettement aller, que l'on vienne en mescognoissance non seulement des autres hommes, ains de sa personne propre, comme nous avons veu ès livres en la personne d'un Salomon, d'un Hercule, & d'une infinité d'autres de bon esprit, lors qu'ils furent privez de ceste passion : mais y estans entrez, si changez, si changez, que plus sembloient participer du brut animal, que de l'homme. Si tels eussent esté bien sages & prudens, plustost eussent-ils feint l'Amour, que de se ranger à l'Amour : & plustost eussent rendu l'Amour à eux captif, que de se rendre à luy esclaves : & ne fussent tombez au parler de tout le monde à leur grande confusion. Mais quoy ? Tels accidens sont vrais appennages d'Amour, & n'est que chose ordinaire à celuy qui met le pié dans ce labyrinthe, de sage prendre l'habitude d'un sol, perdre la cognoissance de soy, du monde, & de Dieu : là où celuy qui par une prudence & astuce sçaura trencher du passionné, & s'addonner aux honnestetez requises pour gagner le coeur des Dames, il aura mille avantages sur celuy, qui se sera bien avant plongé en l'Amour. Premierement, sera si sage, de ne se laisser vaincre des passions ; d'ailleurs ne derogera à son sexe, ne permettra qu'une femme se puisse vanter l'avoir surmonté, & quasi mené en triomphe (comme un serf) aveques grande ignominie de s'estre laissé succomber par chose si fragile que la femme, laquelle Dieu n'a creée que pour adjoinct, & adminicule des hommes : davantage, fera tant par sa providence, qu'il n'encourra mauvais bruit envers le peuple, soit pour la Dame, ou pour soy. Ce que le perplex amant ne peut aucunement eviter, voire lors qu'il pense estre le plus couvert. Et qu'il soit vray, je vous prie considerer lors qu'on mettra seulement sa Dame en champ, ne verrez-vous soudain changer de couleur, luy-mesme l'exalter & extoller sur toute creature vivante, & en entamant les propos, rougir & ternir ensemblement, donnant entiere cognoissance, que celle par il a arresté son coeur & sa pensée ? Qui est la cause pourquoy les anciens figurent l'Amour tout nud, parce que facilement, & sans aucune difficulté il se manifeste à tous : où au contraire celuy qui d'un faint artifice, d'un bel entretien & accueil, sçaura faire semblant à l'Amour, ne parlera que bien sobrement de celle, qu'il se sera proposé accueillir sur toutes les autres : & en parlera, si necessité le requiert, aveques une telle prudence, que le plus soupçonneux du monde n'en sçaura penser aucun mal : cherchera sa maistresse, donnant à entendre se trouver en tel endroict pour un autre grand respect. Quoy ? N'estimez-vous point, que la femme, qui plus doit avoir son honneur cher que toutes autres choses du monde, n'ait en meilleure estime, & ne tienne plus de compte de cestuy, que d'un je ne sçay quel casanier, qui tant s'oublie soy-mesme, que mesmement met en oubly la reputation de sa Dame ? Et si ces raisons ne vous semblent suffisantes pour vous monstrer que le passionné amant n'est si aggreable à la femme, comme celuy qui faint l'Amour : contemplons, je vous supplie, de plus prés le naturel d'une femme, (je vous toutesfois je vous prie, ma Damoiselle, ne prendre en mauvaise part de moy : car non a vous, que pour vostre vertu je mets hors de ce nombre, ains à la commune des sortes s'adressent ces miennes paroles) considerons donques de grace le naturel de la femme ; est-ce s'accommoder à la volonté de celuy qui plus l'a en recommandation, ou bien à celuy qui plus la cherit & caresse ? De ma part, je sçay, & le voy journellement, celuy estre le mieux venu, qui mieux la sçaura gouverner de quelques gratieux propos, qui mieux luy sçaura gratifier, qui mieux luy fera la cour, brief, qui mieux sçaura la gratter par quelques douces flatteries, & entretenir d'honnestes & exterieures caresses. Car quant à l'interieur, la femme si peu que rien s'en soucie, quelques cas qu'elle desire une loyauté (dont possible elle n'a tache) laquelle toutesfois elle ne tient en si grande cure & soucy, que superficielles ceremonies. Ains vous diray bien plus, que là où elle vous verra plus passionné pour elle, moins elle en tiendra de compte : & vous voyant refroidy, alors s'eschaufera en elle l'Amour & affection envers vous; estant du tout l'esprit feminin, contrariant & contrevenant à nos volontez. Si donques il est ainsi (comme certainement il est), par la mesme confession des femmes) qu'ordinairement la femme prenne son plaisir à entretenir ou corvées le vray amant, ne vaut-il pas beaucoup mieux l'y entretenir elle-mesme ? Et vrayement faut-il qu'aveques nostre trés-grande honte & vergongne, j'accuse les hommes d'une trop grande lascheté, de nous laisser ainsi vaincre à la volonté des femmes, qui si bien sont apprises & coustumieres de nous laver, & comme si estions du tout despourveus d'entendement, ne leur sçaurions rendre contr'eschange. Faisons donques comme elles, & à mauvais jeu bonne mine, avec un million de courtoisies & gaillardises : lesquelles si nous sçavons pratiquer, & qu'elles entendent que ce soit en leur faveur, les accompagnans d'une escorce de loyauté, je m'asseure que celle sera bien estrange, qui enfin ne se rende à nous facile. Aussi seroit la femme bien farouche & mal privée, qui ne tiendroit compte de l'homme gratieux, courtois, modeste en fait, respectueux en parole, posé en tous mouvemens, faisant profession d'avoir en recommandation tout ce qui plaist à sa Dame, aveques une advertance qu'il a de tenir secret non seulement toute chose qui importe, ains jusques aux petites faveurs qu'il reçoit de sa maistrelle. Lesquelles choses sçaura trés-bien faire celuy que je vous ay figuré, & non l'autre qui par une grande brutalité, se rend risée à tout le monde, pour s'aneantir auprés la femme qui se plaist à luy desplaire, parce qu'elle luy plaist tant : mettant toute son estude (le voyant ainsi esblouy) à le rendre plus aveuglé & entretenir de bayes, par une emmielée parole dont elle le sçaura mieux enforceler, que la Silla ou Circe par leurs doux & enforcelez chants. Ce que je vous prie derechef, ma Damoiselle, ne trouver mauvais de moy, parce que toujours telle a esté mon opinion, laquelle je croy que n'estes marrie si je mets en avant, d'autant que je ne pense rien faire sans vostre congé & licence.

Ces propos toucherent au vif l'un de nostre compagnie. Car à les ouïr ainsi deschiffrer, qui seroit celuy si hebeté & despourveu d'entendement, qui n'estimast que Philopole quasi d'un propos deliberé, ne voulust piquer Monophile, qui estoit blessé à outrance du mal qui fut en tout ce discours detesté ? Or veut-il user de revange. Parquoy d'un ris demy-coleré, luy dit : asseurez-vous, Seigneur Philopole, que sans l'amitié que je vous porte, & reverence que je doy à toute ceste compagnie, je dirois que par le passé nous auriez longuement desguisé vostre naturel, ou bien que pour le present seriez devenu grand corrupteur de Republique, en laquelle voulez introduire une si fainte hypocrisie, masquée de telle magie, qu'il n'y a si honneste femme, qui ne se trouvast surprise par vos cautelles & moyens. Je vous prie, beau sire, gardez qu'il ne vous en mesprenne autant, comme à l'autheur qui fut banni & despossedé de son païs, pour nous avoir voulu instruire un si cautelleux amoureux, comme celuy que souhaitez. Et vrayement (dit Charilée) là où telle chose aviendroit, je voudrois prendre la cause pour luy : non que je veuille permettre ses propos trouver lieu en la generalité des femmes : mais je ne trouveray estrange que son conseil s'exerce en l'endroict de celles, qui malicieusement s'imputent à gloire & honneur, emmartyrer les pauvres gens, asseurément dignes non de reprehension, ains de griefve & extraordinaire punition. Et pour dire la verité, on en trouve si grand nombre de telles, que presque me semons-je à mon grand' part de ses propos : ores qu'ils tendent à nostre grand desavantage. Mais quoy ? Vous verrez pour le jourd'huy, ma Dame la popine en personne ores un, ores l'autre, puis un tiers, par un faux semblant pallié d'une honnesteté, & de celuy qui plus sera en son en-

De la stimulation de la pluspart des Dames.

Ccc iij droit

Le second Livre du Monophile.

droit affectionné, ne tenir autre compte, sinon comme d'un asnier, car ainsi le nommera-t'elle. De sorte que je n'entre point en merveille, si beaucoup de gens, suivant vostre avis, Seigneur Philopole, taschent à se desguiser envers les femmes, puis qu'elles-mesmes leur en apprennent le chemin : & que tout ainsi qu'elles par faintes caresses, sçavent allecher & attraire beaucoup de gens à soy, aussi par contre-ruse en treuvent beaucoup d'autres de bon esprit qui leur rendent bille pareille, & ayans impetré sur elles ce qu'ils demandent, les submettent à l'ignominie de tout le monde : aussi y en a-t-il plusieurs (dit lors Monophile, protecteur de l'honneur des femmes) qui à tort detractent d'elles, se vantans bien souvent avoir mis tout le corps où jamais n'eurent tant de credit d'y pouvoir mettre un seul pié : pour une vengeance, sans plus, d'un refus bien asséné : ou que, comme la plus-part du monde met son but en ostentation, s'en treuvent beaucoup, qui pour acquerir reputation de braves hommes, se publient bien souvent gouverner & avoir faveur de telle, de laquelle ils n'eurent jamais parole bien digerée. Au moyen de quoy, je seray d'avis, & conseilleray tousjours à une femme, premier qu'abandonner chose qu'elle ne pourra puis apres revoquer, y aviser à deux & trois veuës. Parce que si la femme, du commencement de ce monde, par une legere creance fut cause de l'erreur dont nostre premier pere fut deceu : pour le jourd'huy nous en sçavons tres-bien exercer la vengeance, se trouvans cent millions d'hommes & personnes, qui se tournent à grand' louange de tromper par belles mines & semblans une pauvre & simple femmelette. Et le pis encore que j'y trouve, est qu'incontinant qu'avons imaginé une femme en nostre esprit, pensons qu'elle nous soit deuë, quasi par obligation, laquelle soudain voudrions mettre en execution. Et si paraventure, pour asseurer son honneur, elle ne veut condescendre à ce dont l'importunons, vetrez un petit mignon, tantost luy bailler le nom d'une ma Dame la sucrée, d'une ma Dame la rusée, qui plustost choisiroit admettre en sa bonne grace quelque quidam de nulle valeur, qu'un si joly compagnon & de telle prise que luy. Nous nous abusons, Seigneur Philopole, & vous & moy, si ainsi le pensons. Car à la femme est reservée la liberté de se deffendre, & à l'homme la puissance de l'assaillir : à la femme est baillée aureille pour ouïr, à l'homme langue pour requerir. Et tout ainsi qu'il vous est loysible la requerir, aussi est-il en elle vous esconduire. Et qui plus est, s'il falloit qu'à tous propos la femme s'abandonnast, quelle prerogative auroient ceux qui seroient premiers en date ? Quel avantage meriteroient ceux qui par une perfection d'amour, & par une longue poursuite, seroient en possession de leurs corps, & de leurs esprits ? Ce ne seroit, sans point de faute, raison que les depossediffiez d'une chose tant meritée. Et si d'aventure il avenoit que conceussiez quelque douleur pour tel refus, peut-estre que justement & non sans cause vous seroit deu. Alors Chasilée : à ce que je voy, Seigneur Glaphire, dit-elle, si vous n'entrevenez sur ceste querelle, le Seigneur Monophile joüera quelque mauvais tour au Seigneur Philopole. Mais pour leur faire & à l'un & à l'autre oublier leur maltalent, je vous prie y donner remede, par la continuation du propos que nous avez encommencé pour le remede de nostre amant.

A ceste parole Glaphire, qui pendant tout ce discours estoit devenu fort bon auditeur, quasi sortant d'un profond somne, apres avoir un bien peu hesité au parler : croyez, dit-il, Seigneur Monophile, que vos propos, ensemble ceux de ceste compagnie, me ravissoient tellement en eux, que non seulement je m'estois esgaré aux miens, ains en moy-mesme. Et vous supplie ne les discontinuer, tant me semblent de bonne grace. Mais bien vous les vostres (respondit Monophile) ausquels je serois tres-marry, que les nostres entrevenus apportassent prescription. Que voulez-vous, repliqua Glaphire, que je vous die, en chose si difficile ? D'autant qu'en la matiere proposée, je sçay bien qu'il est beaucoup plus expedient,

jamais n'aymer : mais de donner remede prompt à celuy qui est ja envenimé de ce mal ; c'est à Dieu, & non à autre, qu'il en fault querir conseil. Toutesfois si encor me semonnez donner medecine à cestuy : comme n'aguere je disois, sorte bien-tost de ce pas ce pauvre amant, premier que se rendre plus miserable ; car ayant obvié aux commencemens, ne luy faudra medecine de forte digestion, pour le remettre en sa nature : mais s'il est tellement engravé que pour toutes ses forces il ne puisse venir à bon port, & comme tantost nous disions, veuille, & n'en puisse sortir, pour vous dire ce qu'il m'en semble, une bonne & longue diete, une absence bien loingtaine satisfera à ce deffault. Je voudrois icy pratiquer le remede que Galien, & autres souverains Medecins disent estre propre à la peste, qui est, fuir tost & loing, & tard retourner. Et là où le fuiroit desfaudroit, qui est beaucoup le plus prompt, pour le moins avoir son recours aux deux autres. Tel moyen vous semblera pour le commencement grief, si ell un des plus souverains remedes dont l'on use en ce danger. Car si la presence nous cause tel tourment, veritablement l'absence seule nous pourra apporter entiere guerison & medecine. Ha ! dy-je lors, Seigneur Glaphire, pas ne lairray passer ce poinct. Comment ? que l'amour par absence prenne aucune diminution ? Tant s'en fault que je le croye, que telle chose me semble le boutefeu & augmentation d'amour, & comme maintesfois j'ay entendu de pauvres passionnez, toutes autres douleurs par absence perdent leur cours, ceste seule plus s'en augmente. Je vous diray, Seigneur Pasquier, respondit Glaphire ; je croy bien que sur les premiers jours de nostre absence, sentons telle aygreur & amertume en nostre esprit, que trouvons un jour plus grand que tout le reste de l'année (& est ceste chose conforme à ce que le Seigneur Monophile hier sur le milieu de nos devis asseuroit) mais à la longue, soyez seur qu'il n'y a si grand amour, qu'il n'y a si grand' douleur, qui ne s'estrange, & se trouvassent tous les amoureux du monde pour me maintenir le contraire. Mais en ce remede fault user d'une bien grande patience. Car si pour un, deux, trois, quatre mois vous absentez, & puis tombez en la presence de vostre Dame, autant vous vaudra & proufitera ce peu d'absence, comme si jamais n'en aviez usé ; parce que ceste presence nous cause telle alteration, que non seulement oublions toute nostre premiere entreprise, ains s'allume le feu en nous plus vehement cent fois que celuy du precedant. Tous Medecins craignent grandement la recheute ; & tout ainsi qu'un malade auquel est interdit l'air, s'esvantant devant le temps, tombe en plus grosse fievre, que celle dont au premier estoit frappé : ainsi sera-t'il de cestuy malade amoureux ; car s'il n'est bien consumé & fortifié en soy, premier que se trouver en la presence de sa Dame, autant luy proufitera l'absence comme rien : mais estant bien muny & hors de toute passion, qui se fait par une longueur de temps, alors pourra-t'il à son ayse & sans crainte, se rencontrer avecq' elle : & non toutesfois par trop : car il n'est chose moins dangereuse manger trop d'une bonne viande, à un estomach delicat, que bien peu, d'une mauvaise : en maniere que tout ainsi que n'estant encor' du tout guery de l'Amour, tant foit peu de veuë, luy eust porté grande nuisance ; aussi apres à sa guerison entiere, un trop ententif regard, luy pourroit apporter trop de moleste. D'autant qu'à dire le vray, je ne sçay comment les yeux de nos Dames nous sont pires cent fois que ceux du Basilicq', par lesquels, on meurt d'une seule mort : & par ceux-cy, de mille & mille tous les jours, sans pouvoir neantmoins mourir ; ains toutes les meilleures parties d'elles, plus venimeuses, que les morsures d'aspics. Car au lieu où telles parties leur servent de grand lustre & ornement, au contraire elles ne reluisent (ce semble) en icelles, que pour nostre ruïne & totale destruction. Pour le moins, ainsi me l'a appris quelqu'un bien enamouré d'une Dame en un sonnet, auquel loüant les vertus & singulieres beautez d'elle, deploroit par mesme moyen son malheur,

Le second Livre du Monophile.

Les deux beaux yeux de sa teste sacrée
Sont deux Soleils : & ses cheveux dorez
Sont les rayons des Soleils decorez:
La bouche estant pour les Dieux consacrée.
Que dis-je Dieux? cest œil qui tant m'agrée,
N'a du Soleil les rayons coulourez,
Du basiliq' sont ses bords entourez:
Car luy sans plus mon ame a massacrée.
Et ses cheveux, sont les liens, les las
Dont (sans penser) m'attrapant à la chasse,
M'envelopa de mil' & mille belas.
La bouche aussi où naist ce ris friant,
Las c'est le pis du pis qu'on me pourchasse,
Me faisant vivre & mourir en riant.

Quoy? n'est-ce pas recevoir aussi mauvais traitement qu'un Promethée, en qui journellement le foye renaissoit, aprésque le cruel oyseau de Jupiter en avoit pris sa refection & pasture? N'est-ce pire qu'un Sisiphe, qui sans cesse, & sans donner fin à son travail, tournoit & retournoit sa pierre? Je ne compareray telles passions à un Promethée, ou Sisiphe, ains à l'horrible monstre Hidra, auquel se renouvelloient sept testes, lors qu'Hercule luy en avoit trenché une. Soit doncq' sage & prudent celuy qui de soy veut bannir telles passions. Car plus de peine y aura, estans en luy enracinées, à les rendre à soy subjuguées, que n'eust ce vaillant Hercule contre les forces de ce monstre. Et pourtant se donne bien garde cest amant, qui par un long trait de temps se sera absenté de sa Dame, de la raccoster puis après que bien peu. Car par un doux cil d'œil, & par une honneste parole, pourroit en luy en un instant renouveller plus de cruelles furies, que celles esquelles par une longue main penseroit avoir donné fin. Et ce faisant, je suis seur qu'avecq' le temps trouvera moyen à ceste demesurée douleur : je sçay bien, Seigneur Pasquier, que mes propos ne trouveront pas lieu en vous, non plus qu'au Seigneur Monophile, n'ayans l'un & l'autre jamais fait espreuve d'une telle medecine : mais ne faites aucune doute, qu'amour à la fin ne vieillisse, & ne prenne quelque diminution, aussi bien que toutes choses. Ne voyez-vous une terre bien fertile, par faulte d'estre cultivée, à la parfin tomber en friche? Ne voyez-vous les Republiques par faute de bon entretenement, venir par succession de temps en decadence? N'estant doncq' cest amour entretenu de ses nerfs, & de ce qui mieux le nourrit en sa greffe, qu'estimez-vous qu'il en soit? Toutes choses ont leur ply, & toutes choses ont leur vogue ; partant, doit bien aviser & considerer une Dame avecq' bonne & meure deliberation, en quel danger & hazard elle entre, lors qu'elle se sombmet à un homme : puisque par opinion du commun peuple elle n'a que ce thresor à garder. Et non seulement, comme n'aguères vous disiez, Seigneur Monophile, pour les desguisemens des hommes, qui est bien bonne consideration, mais aussi à l'endroit de ceux qui pour quelque-temps seroient bien affectionnez envers elles ; d'autant que les volontez des hommes sont variables, & que les plus sages sont pour le jourd'huy plus muables: parce qu'ils sont hommes, fragiles, & debiles en leur conseil. Et puis que à si grand' instance, vous, ma Damoiselle, avez voulu que missions à ceste heure nostre estude en l'amortissement de l'amour, je me sentirois user d'une trop grand' ingratitude, voulant espargner mon conseil à celles qui peult-estre n'en ont que faire : c'est à toutes honnestes Dames, ausquelles je veux bien remonstrer (encores que ce soit à mon grand desavantage) que la chose que plus elles doivent craindre, soit à l'endroit de leurs bien-aymez, ou envers les estrangers, est laisser perdre le pié & le dessus, qu'elles avoient gaigné sur eux. Car, à bien parler, la femme est ainsi que le tendre verre, qui en sa fragilité est net, pur, & munde, & auquel un chacun se plaist, quand il est en son essence ; mais lors qu'on le voir cassé, tombe au mespris & contennement d'un chacun : ainsi la femme ayant permis rompre en elle, ce qu'elle devoit tant precieusement

En quel-
le recom-
manda-
tion la
femme
doit
avoir
son bon-
heur.

A contregarder, d'autant que auparavant estoit de tous estimée, autant se trouve-t'elle, à son grand regret, d'un chacun vilipendée ; mesme de ceux qui se publioient ses esclaves : lesquels ayans acquis sur elle telle barre, gaignent le nom de maistres & Seigneurs. L'histoire vous est assez notoire de l'ancienne division de l'homme, lequel de son premier estre, naissant avecq' quatre pieds, autant de mains, & deux testes, fut miparty par les Dieux, dont d'une part fut fait le masle, & en l'autre trouva la femelle son nom. Or ay-je leu en quelques fort antiques Autheurs dignes de foy, que ce grand Dieu Jupiter ayant approprié à un chacun d'eux leurs propres & particulieres qualitez, entre autres choses dignes de recommandation, donna la garde de virginité à la fille, & celle de chasteté à la femme pour leur servir d'un bon & asseuré pavois, contre les assauts de ce monde. Quelles peines doncques pensez-vous qu'il escheye à la femme pour une telle mesgarde? Je ne doute point que ne voyez ces propos très-mal assis en moy, d'autant qu'il vous semblera que je sois envieux de nostre commun bien & proufit : mais advienne ce que advenir en pourra : car aussi-bien me suis-je resolu donner mon advis à la femme comme à l'homme, & fust-ce en nostre prejudice. A laquelle, sans passer plus outre, je supplie ne franchir le sault d'amour. Parce que si l'aymer est dangereux à un homme, pour les passions qui luy sont occurrentes sans plus ; beaucoup plus est dommageable à la Dame, qui sent les mesmes trenchées: & davantage, interesse & outrage grandement sa renommée, que plus elle doit favoriser que soy-mesme, & de laquelle ne tenant compte, à peine qu'elle se pourchasse aucun bien. Je croy que ce seul pensement la doit revoquer de beaucoup de sottes entreprises, esquelles elle pourroit trop aveuglément tomber. Et si peult-estre telle crainte n'est assez suffisant obstacle pour l'en distraire, qu'elle oste toutes occasions qui pourroient en elle allumer quelque estincelle de feu si ardent, par le moyen duquel elle pourroit puis après se perdre totalement & consummer. Ne preste l'œil ny l'aureille à ceux desquels elle se craindra. Aussi la vergongne feminine desire porter bas sa veuë, pour ne desirer aucune chose. Car si par une folle presumption elle veult tant esperer de soy, que de se promettre victoire sur l'amour, comme pensant trop impassible, pour ne se laisser par luy ranger ; se trouvera quelque jour aussi inopinément surmontée, comme à la legere une si outrecuidée opinion la fera emparée d'elle. Les Moynes se ferment & releguent aux Cloistres, & les Hermites meinent vie austere & solitaire dans les espaisses forests, pour fuïr les ayguillons de la chair : & qui sera la femme si presumptueuse, qui se promette la dompter entre les delices de ce monde, si elle-mesme ne s'en bannit? La femme rit, parle, devise avecques les jeunes gens, pense n'estre point convoytée, parce qu'elle n'appete point : & toutesfois ne songe pas qu'elle couve en soy sa ruïne, par telles familieres conversations & devis. Beaucoup meilleur luy seroit, & pour son extreme prouffit, se deporter de toutes telles compagnies ; sans permettre faire de si prés les approches au fort qu'elle seule peult deffendre, & non autre : puis qu'en ce seul chasteau gist l'unique asseurance de son honneur. Mais sur tout, se garde bien de vouloir escouter celuy qui avecq' une umbrageuse parole, ou par corruptelle de dons, voudra desrobber son grand bien, ainsi que l'oyseleur par ses doux chants l'oyselet, ou le pescheur par ses petits appasts le poisson. Car toute ville qui endure sommation avecq' assez grand propos, semble vouloir consentir à sa perte, pour tomber en la puissance des ennemis. Et davantage, vous sçavez rien n'estre impossible à celuy qui souhaitte, pour parvenir à ses fins : & est chose trop difficile que femme tant desirée se puisse garantir des embuches de l'aveuglée jeunesse. Il falloit que ces propos prinssent leurs cours en moy, pour demeurer les Dames un bien peu satisfaites d'un bon vouloir & grande obligation que j'ay en elles: vous asseurant que se maintenans en telle sorte, elles accroistront grandement leur bruit, & sera
bien

bien necessaire à ceux qui trop temerairement sont prodigues de leur liberté, s'ayder du peu de conseil, que cy-dessus leur ay baillé : ou se pourvoir eux-mesmes de quelques autres, qui leur sembleront meilleurs : ne m'estant proposé au peu que j'ay discouru, m'accommoder au contentement d'un chacun (qui me seroit un trop grand faix & pesant) ains seulement descouvrir en brief, le remede que j'ay tousjours estimé propre pour la santé d'un amant : qui est l'absence, avec un ferme propos de jamais ne s'acheminer à sa Dame. Or est tel remede causé plus par un artifice & industrie, qui en cela nous conduit, que par nostre naturel mouvement ; mais ny plus ny moins ne par vos discours, Seigneur Monophile & Pasquier, nous avez appris, non point les moyens d'aymer, ou comme il le falloit par un art gouverner en amour, ains les subtilitez & manieres, comme ce petit larronneau se sçavoit saisir de nos cœurs, quand moins pensions estre des siens : ainsi vous veux-je amener autre moyen, non comme par conseil devons évader d'amour, mais comme quelquefois sans y penser sommes contraints l'abandonner. C'est le desdain, desdain, dy-je, tout puissant pour faire chasser cest amour. Et est ceste chose trop certaine & verifiée : comme mesme nous appert par plusieurs exemples. Toutesfois tout ainsi que le Seigneur Pasquier nous deduisant l'amour, le disoit sembler prendre diverses natures, selon la diversité des passions : ainsi prend ce desdain divers effects, selon la qualité des amans, ores plus, & ores moins, selon que l'aigreur nous touche. Et si peut-estre voulez sçavoir dont prend ouverture ce desdain, bien que n'en aye oncq' fait l'essay, si le vous veux-je deriver de deux diverses sources & fontaines. La premiere donques se a (laquelle à la verité me semble estre de grande efficace) quand apres une longue poursuite de nos Dames, & une infinité d'obeyssances, cognoissions l'ingratitude de celles (ausquelles avions consacré nos cœurs) qui pour faire risées de nous (comme peu chaillantes de la servitude qu'avons en elles) prennent leur esbat & deduit à nous jouer tour qui tende par trop à nostre desavantage : lequel encores que difficilement l'imprimions en noste fantaisie, & par maniere de dire, voyans ne nous voulions voir : si est-ce que venans depuis petit à petit en nostre cognoissance, c'est chose trop asseurée qu'ordinairement cest amour prendra le ply d'une haine, beaucoup plus grande que n'estoit celle amitié. Le Regnier (descouvert par Boccace en l'une de ses journées) nous y servira d'un tesmoing. Or si ce desdain est dangereux, lors qu'il est en sa chaude colle, trop mieux l'ayme-je croire, qu'en faire preuve : pour le moins m'asseure-je bien que par luy maints preud' hommes vindrent en telle agonie & extremité, qu'ils s'en donnerent la mort, par un furieux & enragé despit, à leurs Dames, & bien souvent tout d'une main à eux-mesmes. Aussi est-ce chose naturelle (comme disoit le Seigneur Pasquier) que tout ainsi qu'aymons ceux qui bien nous veulent, aussi voulons mal à tous ceux qui nous le veulent. A maniere que le glorieux & superbe n'aymant autre que soy-mesme, aussi est-il de tous hay, hors-mis de soy. Et est la cause, à mon avis, pourquoy les anciens Jurisconsultes mettoient entre leur droit de gent, ceste appetence de vengeance, parce que naturellement elle tombe en tous esprits humains : & encores que de droit divin elle soit deffendué, si est-ce qu'à peine nous en pouvons-nous exempter, tant nous est naturel & doux, vomir nostre venin à l'encontre de nos mal-veuillans. Ainsi n'est-il de merveille, si une femme nous ayant à soy attraite par ses charmes & ensorcellemens, cognoissans apres, par quelques exterieurs actes, l'inimitié qu'en nostre deffaveur elle couve, convertissons nostre esprit au chemin, où elle nous sert de guide. Ceste sera doncq' la premiere espece de ce desdain, qui est de grande puissance, & cent fois plus grande que l'autre qui ores je veux alleguer, qui provient d'une certaine imagination que concevons en nos esprits : ou bien par une creance legere des faux rapports qui nous sont faicts de nos Dames, ou de nos amis. Cestuy desdain,

Autre moyen par lequel amour trouve fin.

à la verité, n'est si precipité que l'autre ; toutesfois ayant pris son ply en nous par succession de temps, a presque autant de vigueur & efficace. Et appelle-l'on pour le commencement jalousie : laquelle ores que sur le premier de son aage ne soit que renouvellement d'amour, il est ce que croissant petit à petit en nous, venant à degré de perfection, se muë & change du tout, & laissant ce nom de jalousie, prend & usurpe celuy de desdain en beaucoup de personnages. En beaucoup, dy-je : car non en tous : d'autant que bien souvent l'affection est si grande, qu'elle nous contraint quelquesfois le digerer maugré nous, & tousjours reside quelque estincelle de l'Amour que portions à nos bien-aymez ou aymées. Au demeurant, je pense qu'il se trouvera assez d'autres manieres de desdain (comme celuy qui à la longue se cause par un resolu refus ;) toutesfois pour ne les avoir encore bien ruminez en ma teste, je suis tres-content les passer sans en parler. Suffise vous qu'encore en ay-je dit que je ne m'estois projetté. A l'heure, le Seigneur Philopole :

A ce que je voy, dit-il, le Seigneur Glaphire a mis grand peine à nous deduire les moyens par lesquels Amour prend fin : mais encores me vante-je que si j'eusse entrepris tel faict, je fusse beaucoup mieux venu (& en peu de paroles) à bout d'une si brave entreprise. Il allegue une longue absence accompagnée d'une envie de sortir de cest Amour, un je ne sçay quel desdain, causé par plusieurs effects : mais il ne touche-t'il point au blanc : & vous avise que tels remedes n'entrent en comparaison avecque les miens : lesquels s'il vous plaist entendre, je les vous diray en peu. Il me semble que cestuy Asclepiade, Medecin du temps passé, ne fut jamais approuvé de la commune des autres, parce qu'en ses opinions il affermoit, l'art de mediciner les gens, se pouvoir maintenir en son entier sans aucunes potions & medicamens composez, ains seulement disoit cinq choses estre necessaires, l'exercice, vomissement, repos de nuict, promenement, & une bonne & longue diete. Ces remedes asseurément ne se trouvoient impertinens pour ceux qui estoient en santé, sans atteinte de maladie : mais à ceux qui d'une longue fievre eussent esté attenuez, je ne sçay en quoy ils eussent sceu prouffiter. Ainsi, ceste longue diete & absence, que le Seigneur Glaphire nous propose, je ne sçay si elle trouvera lieu en ceux qui sont ja frapez & touchez à mort. Et quant au desdain que proposez, parce que tel remede est plus fortuit & casuel qu'autrement, je liray en se operer la Nature des amans, tout ainsi qu'elle le pourra comporter : & pour mes moyens, je suivray la commune des Medecins, vous apportant medecine & potion, en laquelle heberge la seule & entiere guarison de cestuy nostre malade. Je suis doncques d'advis que tout homme se sentant travaillé d'Amour, boive de l'eau de ce fleuve Lethe, autrement appellé oublieux, lequel ma Damoiselle Charilée nous a remis en memoire vers la fin de son naufrage. Et si tel moyen ne luy semble bon, pourra prendre sa route vers le cercle de la Lune, où peut-estre il retrouvera grande partie de son sens esgaré, depuis le temps qu'il mit le pied dans les marches de Cupidon. Mais si ce chemin luy semble un peu trop fascheux à deffricher, pourra en ce pratiquer le conseil des Medecins, & user un peu d'Hellebore, herbe, du tout dediée à tels folastres dont nous parlons. Car si jamais gens furent despourveus de cerveau, les amans, certes, le sont ; & si despourveus, qu'ils ne se peuvent reduire en la voye dont trop à l'estourdy ils sont sortis. Et pour mieux confesser la verité, je ne puis bonnement discerner si telle chose plustost procede de leur sotte indiscretion, que de l'astuce des femmes, tellement attrayante le cœur des hommes, qu'il semble (& disoit ceste parole Philopole en riant pour voir qu'en diroient Charilée, & Monophile son protecteur) le diable s'estre voulu en elles incorporer, pour tromper gens, non de basse & infime condition, ains ceux qui par longue usance avoient acquis noms de sages, & reputation par tout ce monde. Lors Monophile recueillant ces paroles assez aygrement : Vous estes merveilleusement partial, dit-il, veu que pour assener parole si mal digerée, estes voulu

Monophile vie de Philopole contre les remedes d'Amour.

voulu sortir de nos bornes sans aucune occasion : si ne pouviez-vous mieux toutesfois descouvrir nostre bestise, que par les propos que tenez. Car d'autant sommes-nous plus grossiers, d'ainsi nous laisser subjuguer par la femme, & celle plus sage de s'en sçavoir garantir. Combien qu'il n'en soit ainsi: car si quelques-uns par femmes sont tombez en l'opprobre & irrision du monde, aussi s'est trouvée une Medée, une Philis, une Didon, & une infinité d'autres pauvres femmellettes, qui par la tromperie de leurs faulx & desloyaux Jason, Demophoon, & Ænée, se sont renduës fables & à leurs contemporains, & à leur posterité. Pourtant, ne me semble-t-il raisonnable qu'ainsi, & à tort desprisiez ce sexe, duquel dépend nostre heur, nostre bien & felicité: sans lequel ne pouvons estre, sans lequel ne pouvons vivre, & sans lequel nous ne serions. Il est vray (repliqua Philopole) car c'est un mal necessaire. Encor' estes-vous plus mal embouché, dit Monophile, & vous seroit plus seant tenir autre party que ne faites. Mais vous, Seigneur Glaphire (dit-il addressant vers luy sa parole) quelque chose que Philopole se soit estudié rompre vos propos, ne les discontinuez, s'il vous plaist.

Mais la Damoiselle, voyant que le Soleil avoit ja haussé ses rayons, de façon que nostre trop longue demeure eust peu donner quelque moleste au surplus de la compagnie qui estoit coustumiere (pendant ce peu de temps que fusmes aux champs) faire son repas de bonne heure: Vous vous faites tort, dit-elle, Seigneur Monophile, d'ainsi esbranler Seigneur Glaphire, en matiere, à mon jugement, si peu à vostre avantage : veu mesmement que le temps semble vous avoir voulu porter faveur, s'estant ainsi avancé, & quasi precipité pour donner conclusion à nos propos: ausquels si paravanture j'ay trouvé acheminement, aussi veux-je bien à ce coup interceder pour Amour, duquel j'ay plus de pitié, qu'il n'a compassion de ceux qui implorent sa mercy. Et ainsi nous départans, je croy qu'il n'y aura celuy de nous, qui ne demeure satisfait : Glaphire, d'avoir eu peu tant discouru : nous, pour avoir eu part à ses tant agreables propos : & vous, Seigneur Monophile, d'en voir l'issuë si briefve : & au surplus, quant au reste de la compagnie, pour ne se donner fascherie de nostre trop longue demeure. Alors Philopole : Vous auriez raison, ma Damoyselle, si je vous accordois vostre dire: mais vous osez-vous bien tant promettre, principalement pour mon regard, que j'en reste si content, comme en faites le semblant? me voulant quant & vous frustrer des braves discours qu'icy se passent entre nous: lesquels j'estime cent fois plus que toute la nourriture que nous pourrons tantost prendre, d'autant que l'esprit est plus singulier que le corps. Si auroit (repliqua la Damoyselle) l'esprit prou d'affaire, & deviendroit bien maigre sans la refection du corps. Mais bien plus gras, dit Philopole; au moins le voyez-vous par les hommes qui sont à jeun : comprenans en peu d'heures beaucoup plus que les autres par une longue espace de temps. Parquoy, puis que par raison naturelle devons avoir ores les sens plus prompts & deliberez , que doutez-vous, Seigneur Glaphire, poursuyvre la route encommencée de vos discours ? Vous ne me voulez espargner, respondit-il, & toutesfois vous voyez que desja me commence la parole à broncher & vaciller, encores que je n'aye dit chose qui soit de grand' importance.

Sur ces entrefaictes, par cas fortuit survindrent quatre jeunes Gentils-hommes de la bande, qui nous cherchoient pour disner, lesquels ayans été par nous informez des propos qui illecq' s'estoient entre nous passez, aprés plusieurs regrets par eux faits de ce que Fortune ne les avoit plustost en ce lieu acconduits : Quoy doncques ? dit quelqu'un d'entr'eux) sera-t-il dit que nostre venuë soit cause de vostre départ, sans que puissions participer du peu qui reste? Je vous diray, dit la Damoyselle, nous y pourrons recouvrer tout à loysir toute ceste aprés-disnée. Dieu m'en gard, respondit Glaphire: telle matiere ne me revient point à cœur, & ne puis en cest endroit me forcer aucunement. Mais si d'avanture il vous est agreable avoir le plaisir de quelques bons devis: tout ainsi qu'une partie d'hier & du jourd'huy a été disposée, au subjet le plus commun, & qui plus nous est affecté: ainsi, voyans les armes familiariser bien fort aveques l'Amour, aussi y étant le temps fort addonné, pendant que nous trouvons icy en recoy, peut-estre ne seroit-il hors de propos , de disputer de l'estat d'un bon Capitaine. L'occasion y est fort prompte : car combien qu'aucun de nous, pour estre en aage trop jeune, n'ait encores été employé à tel exercice , au moyen dequoy n'en pourroit si bien ny subtilement deviser, si pourrons-nous en cecy estre en partie guidez par ces bons & vieux Gentils-hommes, qui sont en nostre compagnie, lesquels, comme je croy, ne nous esconduiront en requeste si honorable. Si le peu qu'avoit discouru Glaphire, s'estoit rendu aggreable, ce conseil ne fut trouvé moins digne de recommandation, & depuis communiqué au surplus de la troupe, qui n'avoit assisté à nos propos: mais entendans nostre bonne devotion, se delibera un chacun à part soy faire monstre de son meilleur, mesme les plus anciens de la bande, lesquels pareillement informez de ceste honneste entreprise, loüerent fort ceste bonne volonté. Ainsi ayans, le jour ensuyvant, changé d'hoste, s'acquiterent tous en la question proposée au moins mal qu'il leur fut possible, à laquelle, aprés avoir donné fin, aussi fermerent leurs jeux & esbats, prenans l'adresse du camp, soubs espoir de mettre leurs devis à bien bonne execution.

FIN DU SECOND LIVRE DU MONOPHILE.

COLLOQUES
D'AMOUR.

COLLOQUES D'AMOUR.

PREMIER COLLOQUE.
AMOURETTE.

LA DAME ET L'AMANT.

LA DAME.

Ommandez, je vous prie, à vos mains d'estre doresnavant plus sages, pour le moins de n'estre si saffres. L'AMANT. Mais vous, commandez à vos yeux de faire tel commandement à mes mains, qui n'ont autre puissance sur soy, que celle qui leur donnent vos yeux : voire que d'eux procede toute la folie ou importunité de mes mains. LA DAME. Le commandement en est desja fait de ma part, reste à exploicter le vostre. L'AMANT. Quel commandement voulez-vous que j'execute sur mes mains, puisque je n'ay commandement sur moymesme ? LA DAME. He vrayement, cela vous sied mal, & ne me fusse jamais persuadée qu'eussiez été si mal appris : comment, de me molester davantage ? L'AMANT. Mais il vous sied bien plus mal, estant fille, de me solliciter de plus en plus à ce faire LA DAME. Pour Dieu, ostez ceste sollicitation de vostre teste : car jamais je n'y pensay : & si sous ceste fole persuasion vous continuez vos poursuites, vous vous abusez grandement. L'AMANT. N'en rougissez point, je vous prie : car encor' ceste rougeur me seroit nouvel esperon. LA DAME. Je vous dy bien, vous faites vostre prouffit de tout, si n'en sera-t'il pas ainsi, croyez-m'en : mais voulez-vous imposer ceste à vos mains ? L'AMANT. J'entendez pas bien, vous avez raison de les vouloir commander, comme si elles eussent oreilles pour recevoir vos commandemens. Pensez-vous que nature les ait doüées de la perfection d'ouïr, veu que vous-mesme qui estes entre toutes belles accomplie, faillez mesmement en ceste partie ? LA DAME. Vous me voulez doncq' publier comme celle qui n'a ouye ? L'AMANT. Je ne l'ose pas bonnement asseurer, mais la presumption que j'en pretends, c'est qu'à toutes les requestes que je seme devant vous, comme si fussions en une tour de Babylone, à chaque propos tournez la charruë contre les bœufs. LA DAME. Cela ne provient de l'ouye, ains du default de vostre langage, que je trouve si estrange & hors la communé usance de nous autres filles, qu'il peult advenir qu'à iceux je ne vous responde que des bayes, comme ceux que je n'entends pas. L'AMANT. Je vous diray, pour les vous donner à entendre, il fault que je joigne ma bouche tout au plus prés de la vostre. Et en ceste façon prouffiteray-je en double sorte : l'une en satisfaisant par ces baisers reciproques, au contentement de mon ame : l'autre, vous donnant par la à entendre (comme si eussiez les aureilles unies & collées à la bouche) les propos que je vous tiendray. Car ainsi ay-je quelquesfois appris que font les Dames d'Italie envers nous autres François, pour nous enseigner leur Toscan. LA DAME. Quoy doncq' serez-vous tousjours importun ? vous venez des mains à la bouche : en bonne foy, si ne cessez, vous me contraindrez vous interdire non seulement le toucher, mais aussi vous fermer la porte. L'AMANT. Si ne me sçauriez-vous empescher, quelque bannissement que m'ordonnez, que je ne sois avecq' vous, & qu'absent, voire dormant, je ne pratique envers vous, traits de plus grande privauté, que ceux dont j'use à present. LA DAME. Je vous suplie, belle Dame, pourquoy voulez-vous permettre que quelques-uns de vos membres exercent leurs estats & offices : & estes si avaricieuse des autres, que comme craignant de les perdre, ne les voulez mettre en usage. A la langue, permettez le devis : à l'œil, le veiller & dormir, & quelquefois tyrannizer dessus moy : aux pieds, le marcher : à la main, faire tel debvoir que la necessité le requirert : & toutesfois voulez tenir la bouche en friche, qui est si plantureuse en baisers, que pour un que j'y semerois (si vous me permettiez ce faire) j'en ferois renaistre cent autres, lesquels par traite de temps fructifieroient en telle quantité & grandeur, qu'ils engendreroient un Amour de plus grand effet & valeur, que celuy qui fut jadis figuré par les poëtes & peintres. Car pour vous dire la verité, colans nos bouches l'une à l'autre, par la communication de nos haleines : simbolisant avecq' nos cœurs, je souflerois mon ame dedans la vostre, & vous la vostre dans la mienne : & ainsi sans y adviser, nous separans l'un de l'autre, si demeurerions-nous tousjours une ame meslée en deux corps. LA DAME. C'est la cause pour laquelle cognoissant par vostre propos mesme l'Amour des hommes n'estre que vent, je suis tres-aise de me tenir sur mes gardes. L'AMANT. Mais pour autant qu'il est en nous inspiré d'une celeste influence, voilà pourquoy il ne fault

que d'un presumptueux jugement, vous estimiez retifier contre la volonté du ciel. LA DAME. Encores monstrez-vous par cela que tout vostre amour n'est que songe. L'AMANT. Songe le pouvez-vous appeller, puisque je ne reçoy qu'en dormant le bien que ma servitude merite. En quoy je trouve que pour vray ce ne fut point sans raison que quelques-uns estimerent l'Amour estre extrait de l'obscurité du Chaos. Veu que, soit present ou absent, les plus grandes faveurs de l'Amour se trouvent dans les tenebres de la nuict, comme recognoissant encores le lieu de sa vieille demeure. LA DAME. Voyez de grace quel honneur vous faites à ce bel oiseau, de le rendre si familier & approchant du Chaos. L'AMANT. Il est encores plus que je ne dis : parce que comme l'ancien Chaos, il ne demande que toute confusion & mixtion de l'un à l'autre. LA DAME. Je ne sçay pas à quelle fin vous le dites ; si voy-je bien que vous imposez à l'intention des Philosophes qui voulurent jadis maintenir, l'Amour estre descendu du Chaos. L'AMANT. Je n'ay que faire des Philosophes, je suis Philosophe en mon art. LA DAME. Vous serez doncques bien d'exercer vostre Philosophie à part vous. L'AMANT. La Philosophie que j'exerce, ne demande point la solitude, & ne puis philosopher sans la communication de vous qui estes l'astre sur lequel je dresse tous mes aspects, & à la conduite duquel je voy tous les mouvemens de mon ciel. LA DAME. Voulez-vous tousjours vous mocquer? L'AMANT. Mais vous? LA DAME. Ce n'est pas de ceste heure que vous en sçavez la leçon. L'AMANT. Je ne sçay pas si c'est de ceste heure que vous en sçavez l'usage; mais je m'asseure que si je suis le premier sur lequel faictes vostre apprentissage, vous estes desja rendue si bonne ouvriere, que ceux qui succederont à ma place, n'auront point occasion de faire risée de moy. LA DAME. Je ne desire point, pour vous dire le vray, prester longuement l'aureille à propos si legers & de nul effet. L'AMANT. L'effet y seroit, si vouliez. LA DAME. Mais dites-moy, beau sire, est-ce de ceste heure, que sçavez que tout mon but est de vacquer à jeusnes & oraisons? L'AMANT. Quant aux jeusnes, vous m'en faites prendre le train malgré moy. Et pour le regard des prieres & oraisons, j'y suis ententif plus que vous. LA DAME. Mais les miennes s'adressent à Dieu. L'AMANT. Et les miennes s'adressent à vous : Brief, nous sommes tous deux conformes. L'AMANT. Vous pensez m'attraper dans vos rets par une subtilité de langage. Si vous devez-vous asseurer que si gaignez de paroles, vous n'aurez le dessus de l'effet. L'AMANT. Et bien, vous ne serez doncques quitte. LA DAME. Il ne fault point que j'en sois quitte, veu que toute quittance presuppose obligation : & je pense que si je m'ingerois plus avant, je payerois une debte à laquelle je ne suis tenuë. L'AMANT. Et certes, si voulez nier l'obligation qu'avez en moy, les effects de l'extreme amitié que je vous porte, vous doivent apprendre le contraire : qui sont tels que sans pareille affection & reciproque ne vous sçauriez garentir d'une marque d'ingratitude. LA DAME. Aussi ne veux-je pas nier que je ne vous ayme beaucoup. L'AMANT.

Mais il faut que vostre amour en toutes parties corresponde avecq le mien. LA DAME. De cela ne vous passeray-je condamnation pour ceste heure. Car mon honneur & autres telles considerations émologuées par les loix des hommes, m'en ferment en tout le passage. L'AMANT. C'est le lieu commun de vous autres. LA DAME. Et ce que vous dites, aussi ay-je mille fois ouy rechanter de tels personnages que vous. L'AMANT. Mais nature me l'a appris. LA DAME. Et la loy me l'a enseigné. L'AMANT. Nature vault mieux que la loy. LA DAME. Vostre nature est brutale sans la loy. L'AMANT. Vostre loy n'est qu'un fard ou bien, pour mieux parler, qu'un masque. LA DAME. Et vostre nature; si elle ne reçoit pollissure, par les preceptes & commandemens de la Loy, est une chose lourde & brusque. L'AMANT. Je voy bien que c'est : vous voulez tromper le temps, & pendant que je m'attache au devis, je perds une belle saison. LA DAME. Et quelle? L'AMANT. De retourner sur mes arres, & voir si au lieu des paroles, je pourray aprofiter mes mains pour l'usage de vostre sein. LA DAME. Et je sçauray une autre fois employer les miennes à vous faire visage de bois, puis qu'estes si opiniastre. L'AMANT. Tout le mal qui est en moy, prend sa source & origine de vous, parce que si ne vous opiniastriez de vostre costé à m'estre rebelle, je ne m'opiniastrerois du mien, à vous importuner si fort: mais l'opiniastreté du refus me cause le requerir davantage. Parquoy, tous deux sommes en faulte: vous, à me donner occasion de requerir ; moy, à l'empoigner promptement: vous, à m'esconduire ; moy, à vous importuner. Vray que la faulte est trop plus grande de vostre part, que de la mienne : attendu que je vous importune pour raison des grandes beautez qui se voyent reluire en vous, & sans aucune cause prenez occasion de refus. LA DAME. L'opinion qu'avez conceüe de vostre valeur, & non pas de ma beauté, quoyqu'il vous en plaise dire, vous font entrer en ces embles. L'AMANT. Pensez-vous que je sois si mal advisé, que je veuille parangonner le peu de ce qui est en moy, avecq la grandeur de vos excellences? LA DAME. Si vous ne pensez me valoir, doncques à tort & sans cause me poursuivez-vous, avecq telles importunitez: & au contraire, je ne suis point hors propos, vous refusant. L'AMANT. Ha mauvaise, vous prenez tout à contrepoil, & ne considerez que mon amour supplée le défault des merites que vous pouvez attendre de moy. LA DAME. Je suis tant bercée de telles harangues que j'enfile ceste amitié avec celle de tous vos semblables, pour en faire apres, un jouër. L'AMANT. Et bien vous en rirez quant à present : mais cependant vous apprendrez pour l'issuë de nos propos, que l'amour commence par rire. LA DAME. Et qu'il se finit par ire. L'AMANT. Non, mais que ne voyez gueres d'amans, qui sur un commencement ne servent à leurs dames de mocquerie : laquelle par succession de temps se tourne en compassion : & de ceste compassion, en une passion & amitié, dont puis apres on esprouve ordinairement tels effects que la mienne desire. LA DAME. Et bien vous en demeurerez sur ce pied.

SECOND COLLOQUE.

L'OEIL ET LE DEVIS.

LA CROIX, VALENTINE, POIGNET.

POIGNET.

Puis que doncques vous vous obstinez en un si ferme propos, & que sans esperance de respi, m'avez clos le passage, au lieu auquel faisoit son sejour toute ma devotion, je vous supplie, ma Damoiselle, me dire, quel poinct vous estimez estre le plus excellent sur lequel je doive fonder & asseoir le peu de contentement qui me reste. VALENTINE. Voicy venir le Seigneur Poignet, qui vous en donnera meilleure resolution que moy. LA CROIX. Seigneur Poignet, je vous prie m'oster ce scrupule de ma teste : je porte singuliere affection à une Dame me à laquelle il m'est par son commandement interdit aspirer au but, auquel un chacun en amour doit aspirer: maintenant je demandois à ma Damoiselle Valentine, quelle est la chose en laquelle je doive me pourchasser plus de contentement, m'estant ceste porte fermée. POIGNET. Vous seul sçavez trop mieux que moy la resolution de vostre demande, parce qu'estans vos humeurs non accordans avec les miens, vous est aggreable une chose qui paraventure me reviendroit à contrecœur. Ainsi, en vain tascherois-je satisfaire à vostre requeste, & suis d'advis qu'en ce poinct vous seul preniez conseil de vous-mesme, & de vostre affection. Mais sçavez-vous qui m'a amené en ce lieu? Je viens de ce pas d'un endroit, où entre autres propos de l'amour, quelque homme de bon esprit a voulu mettre sur les rangs, lequel est le plus aggreable, le devis avecq'sa Dame sans la veuë, ou la veuë sans le devis. Toutesfois parce que ceste question ne s'est point trouvée resoluë, j'ay pensé que je trouverois icy quelque bonne resolution: à laquelle je vous semonds, & l'un & l'autre, puis que fortune m'a tant appresté de faveur, de vous rencontrer tous deux si à propos. VALENTINE. Ceste question, Seigneur Poignet, me semble vaine: parce qu'à mon jugement, il n'eschet point qu'on se trouve en compagnie, où l'on puisse voir sa Dame, que l'on n'y ait aussi moyen de communiquer avecq'elle: & croy qu'il n'advint jamais avoir communication du devis, sans communication de la veuë. POIGNET. Sauf vostre grace, ma Damoyselle: car n'advient-il pas souvent que pour le respect de quelque grande compagnie, ou paraventure pour ne donner cognoissance de nos amours, nous nous espargnons à la parole, & toutesfois nous employons les œillades en supplément de ce defsault? Au contraire ne peut-il pas advenir que par jalousie d'un mary, la veuë nous soit interdite, pour detenir, par maniere de dire, sa femme en captivité, & neantmoins par quelque subtils moyens (desquels n'est jamais l'amour desgarny) puissions communiquer de propos? L'exemple nous y est formé, par la nouvelle de Boccace, en la personne de Philippe: lors que sans plus, par un petit pertuis avoient luy & sa Dame, moyen de donner l'un à l'autre à entendre leurs reciproques pensees. VALENTINE. Vous avez raison, Seigneur Poignet, & paraventure n'en estois-je pas du tout eslongnée: parce que je reputois en moy la force de l'amour si grande, qu'il eust esté impossible pouvoir supporter l'un sans l'autre. A laquelle donc des deux opinions, Seigneur de la Croix, portez-vous plus de faveur? LA CROIX. Quant à moy, ma Damoyselle, je suis pour le party de la veuë, sans le parler. POIGNET. Et moy, pour le parler, sans la veuë. VALENTINE. Il me semble que vostre question se pourra fort bien terminer, si en la deduction d'icelle, chacun pour son regard remonstre quelle est plus grande la puissance, ou de l'œil, ou de la parole. Et ainsi ayant un chacun de vous, aprés son discours, parfourny sa carriere, lors sera-ce à moy de juger, qui aura emporté le dessus. POIGNET. C'est donc soubs vostre arbitrage, que tous deux remettons l'issuë de ceste dispute.

Discours en faveur de l'œil contre la parole.

LA CROIX. Vous me prenez veritablement à l'impourveu, Seigneur Poignet, mais non à descouvert toutesfois. Par quel bout donc donneray-je entrée à ce propos, sinon par les ministres des Dieux & Poëtes, lesquels pour leur divinité, semblent avoir quelque communication avec les corps celestes pour juger des choses bonnes, ou mauvaises, que nous voyons en ces bas lieux? Or si leur authorité me vault en cest endroit quelque chose, qui est celuy si hebeté qui ne descouvre apertement en quelle estime ils ont l'œil, à la deduction duquel ils s'esgarent en telle sorte, qu'il n'y a partie de la femme qu'ils adorent avec plus grande humilité? Dont procedent, je vous prie, ces ordinaires traits dans leurs livres, clair flambeau, estoille, feu estincellant, & autres telles manieres de dire, si familieres dans leurs œuvres, sinon pour la reverence qu'ils

portent à ceste clarté, qui seule semble esclairer dedans leurs cœurs & pensées? De sorte que tout ainsi que nous voyons ce grand soleil prester sa lueur & lumiere, non seulement pour esclairer, ains pour entretenir par sa chaleur ceste universelle machine: aussi semble ceste clarté, qui estincelle dessoubs le front de nos Dames, & esclairer, & entretenir, & nourrir tout le meilleur qui se trouve dedans nous. Voila pourquoy est cest œil estimé par ces divins Poëtes, soleil; & le soleil, en contr'eschange, est par eux-mesmes appellé l'unique & grand œil de ce monde: voire qu'il semble que le peuple mesme pour une semblable raison, se soit occultement induit à le nommer, le seul œil: que si leur symbolization est telle; vous esbahissez-vous, Seigneur Poignet, si tout ainsi que les animaux s'adonnent à la veneration de ce grand astre, qui nous departit sa lumiere, esmeus d'un instinct de nature, semblablement nous tous en ce bas manoir, recognoissans non quelque image ou portrait, ains la fraternité & proportion, que ces deux astres ont ensemble, j'entens l'œil, & le soleil, tous d'un commun accord adonnions nos pensées, non à la contemplation, ains veneration de cest œil, aussi bien que de ce soleil? Mesmement qu'il semble qu'en plus grande reverence deviez avoir l'un que l'autre: parce que si de la chaleur du soleil est en nous entretenuë cette partie de nostre ame, que nous nommons vegetative, & par l'œil, est la sensitive affectée: d'autant devons-nous avoir en plus grande recommandation cest œil, que ceste celeste lumiere: parce que la sensitive est plus digne d'estre estimée, que non l'autre, qui nous est, pour sa vilité, commune avec les choses inanimées, chacune selon sa nature. Grande, est doncques ceste puissance, de laquelle semble despendre une partie de nostre ame: mais encore plus grande se trouvera, quand non seulement entre les hommes & femmes, qui ont cognoissance d'eux-mesmes, se trouvera ceste vertu dominer: mais aussi quand nous descouvrirons les animaux, avoir quelque participation de ce feu, envers nous autres. Quoy? vous est incognuë la puissance du Basilic; qui par son seul regard meurtrit & tue l'homme, qui se represente à luy? Vous est incognuë la puissance du loup, lequel pour avoir assis premierement sa veuë sur vous, vous fait à l'instant changer la parole? Il a veu le loup, dit nostre commun langage: chose non seulement ancrée de nostre temps, & entre nous autres François, mais aussi en Italie, si nous voulons adjouster foy à ce grand Pline. Et vrayement, telle est l'energie de cest œil, que le mesme Pline recite qu'au mesme païs, y eut jadis une famille, portant en son regard telle force, que qui s'amusoit à la contempler trop ententivement, en demeuroit soudain malade. Aussi, nous voyons par effect, la veuë d'un homme viciée, apporter aux yeux des regardans, la mesme maladie dont les viciez sont touchez. A la verité, si l'œil malade à ceste puissance natifve, pensez-vous que l'œil serain n'ayt mesme force en soy, pour rasserener les esprits de ceux qui y prennent garde? Et paraventure fut-ce la cause pourquoy jadis les Poëtes nous representerent un Lynx penetrant par son regard les murailles, pour nous figurer ceste puissance de l'œil, qui semble penetrer dedans nos pensées; & non seulement penetrer, mais aussi nous servir d'un mirouer, pour nous mirer & recognoistre en la pensée d'autrui. Aussi ne descouvrons-nous pas par l'œil nostre joye, ou nostre tristesse? dont mesmement sont issuës, par une certaine instigation de nostre nature, ces communes formes de dire practiquées entre nous autres: il a l'œil triste, l'œil riant, guilleret, friant, & autres de telle marque. Et pour passer encore plus outre, ne se descouvrent seulement les passions de nostre ame, mais aussi les dispositions de nos corps, quand en nostre commun langage nous disons: il a l'œil de malade; il a bel œil, lors que nous voulons arguer, que un homme ne doit sentir aucune partie de soy mal affectée, comme si cest œil fust un signal, ou enseigne du reste qui est en nous. Lesquelles communes manieres de parler ne sont tirées en usage, sinon à cause de l'effect, qui sourd de la puissance de l'œil. Que veux-je dire puissance; veu qu'en quelques histoires nous lisons d'un, qui par obstacles du maniment de sa langue n'avoit jamais eu pouvoir de communiquer par paroles avec le monde, lequel ce nonobstant ayant contemplé une Dame, se trouva tellement espris, qu'à l'instant, sans aucune autre medecine, recouvra ceste parole, qui de tout temps n'avoit en luy esté ouverte? Tel est le miracle de l'œil, soit agissant, soit patissant: agissant, quand nos Dames par attraits, unissent miraculeusement nos cœurs en elles : & patissant, lors que nostre œil communiquant ceste beauté qu'il contemple, à nostre cœur, fait en nous de merveilleux miracles & effects. Chose trop verifiée par exemples : entre lesquels toutesfois je vous supplie remarquer ce mal gracieux rustault de Boccace, qui oncq' ne sçeut façonner, sinon par la presence d'une Dame, qui engendra en luy une singuliere metamorphose de mœurs & complexions. Cest œil nous est messager des perfections de nos Dames; cest œil traffique nos cœurs, & s'accordant d'une singuliere harmonie avec nos pensées, nous transporte du tout en la contemplation de celle qui nous a ravis. Mais que fault-il, Seigneur Poignet, que je m'estende contre vous en plus longs propos pour l'œil contre la parole, veu qu'en ceste partie, nature mesme vous combat? Ce qui est facile à prouver, appropriant l'un & l'autre à leurs objets. Quel est doncq' l'objet de la langue? n'est-ce l'aureille? sans laquelle, à la verité, peu nous proufiteroit la parole, & demeureroit toute vaine. Or est-il ainsi qu'en la distribution des sens, tous Phisiciens & naturels voulurent comparer l'œil au feu, & ceste aureille à l'air. Que tout ainsi que le feu se rend superieur à l'air, aussi ne vous fault esbahir, si l'œil surmonte en tout ceste aureille : laquelle mesmement nature, pour nous descouvrir ce secret (bastissant en nous ceste masse corporelle) voulut establir d'un degré plus bas que l'œil. Ne voyez-vous davantage qu'en tout le reste des choses, esquelles par nostre artifice & necessité voulusmes imiter nature, combien nous nous estudiasmes à nous en rendre plus prochains, lors qu'en toutes sortes d'edifices & bastimens, nous n'en estimons la structure (quoyque superbe & hautaine) si elle n'est accompagnée par mesme moyen, d'un beau regard, & belle veuë? Voire qu'aux lieux plus sombres & obscurs, tousjours loge & reside tristesse, & à ceux qui sont plus clairs & apparens, toute joye & recreation. Qu'apporte quant & soy l'hyver, sinon humeurs melancoliques, pour l'eslongnement du soleil, qui est obscurcy de nuées? Au contraire que nous moyenne l'Esté, sinon toute allegresse, à l'occasion du soleil, qui lors plus nous favorise? Telle est la puissance de cette universelle lumiere, ny plus ny moins que celle, qui reside dedans nos Dames, tient en nous le gouvernail de nostre joye, ou tristesse. Par ce mutuel regard, nous entretenons-nous, l'un en l'autre. Et encore que n'ayons moyen de communication reciproque, pour quelque empeschement qui y soit, si est-ce que tousjours opere en nous cest œil, fidelle entremetteur du cœur, pour communiquer le dedans de nos conceptions & pensées. Et qu'ainsi soit, ne voyez-vous souvent les amans ravis d'une extreme extase, perdre ensemblement la parole, & neantmoins au desfault d'icelle, s'aider de reciproques regards, qui seuls leur servent de truchemens & ambassades, pour descouvrir ce que la langue surprise, ne peut bonnement proferer? Ce sonnet nous en donnera certaine espreuve & tesmoignage, lequel j'ay quelquefois desrobé, des passions d'un mien amy, qui par avanture avoir autant appris les traverses que brasle amour, comme homme que je connoisse.

Pour l'exalter, suis debile & vain :
Car lors que plus à la loüer suis chault,
Mon cœur voulant extoller ce nom hault
Vient pour parler, mais (helas) c'est en vain :

Puis comme ayant tout le sçavoir humain,
Ma langue veult suppléer ce deffault,
Mais à l'instant à ce supplément fault,
Et seulement a recours à la main.
Elle à l'esprit, & l'esprit comme chef
Voulant fournir à si haulte entreprise,
Est maulgré luy, contraint quitter la prise :
Adonc mes yeux voyans ce grand meschef,
Comme motifs de ma premiere touche,
Viennent au lieu de cœur, esprit, main, bouche.

Qui sera pour trouver fin à mon propos de l'œil, & vous permettre (Seigneur Poignet) entreprendre la deffence pour la parole, laquelle, à mon jugement, vous deffauldra au besoing, si vous ne vous donnez de garde.

POIGNET. Je m'esbahy, Seigneur de la Croix, puis *Discours* que nous avez façonné l'œil, d'une telle puissance, que *en fa-* seul il esclaire dans nos pensées, comme en ceste pre- *veur de* sente cause, par vostre seule veuë, ne vous avez donné *la parole* à entendre, ce que couvriez dans vostre conception. *l'œil.* Mais, certes, trop est petite sa puissance, veu mesme que pour l'exalter, vous a esté necessaire avoir recours à la parole : sur l'excellence de laquelle si je voulois courir à plain, plustost me deffauldroit le temps, que le subjet. Car qu'est-il de besoing en cest endroit je me retire vers vos Poëtes, vers lesquels vous estes voulu ranger, sur l'entrée de vos propos, si j'ay pour moy les Orateurs, lesquels se rendent d'antant plus excellens que les Poëtes, qui escrivent seulement par maniere d'esbat & plaisir; & ceux-cy, au meilleur sens qu'ils ayent en eux? Et toutesfois pour vous monstrer, que les Poëtes n'ont en telle reverence l'œil, qu'ils n'ayent eu en plus grande recommandation la parole : je vous prie, dites-moy, dont ont pris leur source & commencement, ces fictions de nous representer un Amphion, un Orphée, attirans par leurs doux chants & musique, non seulement les animaux, cruels, & depourveus de toute raison, mais aussi les choses inanimées, sinon pour nous descouvrir soubs l'escorce de leur poësie, la vertu de la parole? Par le moyen de laquelle (se trouvans sur le premier aage) peuples farouches & çà & là espars) furent unis assemblement, & invitez à ceste societé civile, sans laquelle tost se ruineroit & prendroit fin, toute ceste ronde machine. Que si telle fut la puissance de ceux qui sçeurent si bien pour leur temps haranguer, de semondre à une liaison & concorde, une si estrange barbarie, comme celle qui lors regnoit : quels miracles pensez-vous que fasse celuy, lequel estant avecq' une Dame, a moyen de luy descouvrir les secrets de la plus devote pensée? Car l'œil veritablement a quelque vertu pour attraire : mais que telle soit sa puissance, comme celle de la parole, je m'en rapporteray seulement à nos anciens Gaulois, lesquels pour nous descouvrir la vertu, que le bien-disant a sur tous, nous figurerent un Hercule (qui du depuis en toutes nations estranges, emprunta le nom de Gaulois) lequel par le moyen d'une chaisne, qui estoit colée à sa bouche, & aux aureilles à cent mille d'une infinité de gens, les attiroit à soy, comme l'oyseleur par ses doux chants & attraits, alleche les oysillons. Que denote doncq' ceste feinte, sinon la force de l'eloquence, qui tellement nous ravit les esprits en elle, que maugré nous, tyrannise nos volontez à sa suite? Elle seule amolit nos cœurs, seule flechir & amadoüe les plus cruels, seule entretient en eternelle concorde les plus discords : brief, mene les plus barbares à raison : voire lors que plus penserons nous avertiner en nous-mesmes, & demeurer seuls & entiers, en toutes nos opinions. Tesmoing sera l'Orateur, qui força un Jule Cesar, resolu en son opinion, lequel combien que seulement vouluste prester l'oreille à la harangue, pour une maniere d'acquit, l'induisit ce neantmoins à le croire, & tout au rebours de son projet, pardonner à un Ligaire. Mais si ceste vertu de bien dire, s'est reservée superintendance & maistrise sur toutes choses terriennes, encore encores beaucoup plus l'a-t'elle fur les paſſions, entre leſquelles vous ſçavez quel ſiege uſurpe l'amour. C'eſt pourquoy s'eſtoupa le ſage Uliſſe les aureilles, entre les delices de Caribde & de Sylla, craignant eſtre aſſopy par le moyen de leurs chants, & induit à leur amour, auquel l'œil ne le pouvoit en aucune façon eſbranſler. Car pour vous dire le vray, ceſt œil que tant ſolemniſez, a veritablement puiſſance, mais entre ceux ſeulement, qui d'une commune ſympathie, s'accordent enſemblement: mais la langue affectionne les perſonnes & les contraint à aymer, encores que leur fantaſie du premier coup ne s'y adonne. Qu'ainſi ſoit, peu ſert l'œil d'une Damoiſelle, quelque gay & vif qu'il ſoit, pour nous ſemondre à ſon amour, ſi noſtre humeur ne s'y accorde. Là où par frequentes prieres, & demonſtrations de noſtre eſprit, leſquelles deſcouvrons par le moyen de noſtre langue, rendons bien ſouvent noſtres, celles qui au precedant nous tenoient en grand horreur. Quoy? ne ſçavez-vous pas auſſi que ces ſouſpirs & ſanglots, que l'on deſbonde de l'eſtomach, accompagnez de piteux propos & harangues, ſont cent fois plus, que ces petites bluettes, que dites ſe vivifier dans les yeux? Leſquelles à la verité je puis dire petites, comme les eſtincelles du feu, dés lors qu'elles commencent à naiſtre. Et pour ne m'arreſter aux ſanglots (grand moyen touteſfois, pour attendrir les cœurs les plus endurcis) quel plaiſir recevez-vous en amour (j'excepte touſjours le dernier poinct) plus grand que ceſte parole, par laquelle deviſez avec voſtre maiſtreſſe, du bien, du plaiſir, & grand contentement, qui vous eſt par elle moyenné? Grand eſt, certes, & inſupportable le contentement, par lequel eſt loiſible compter nos contentemens. Et touteſfois encores n'eſt-ce pas peu de choſe, quand il nous eſt permis recirer les tormens & douleurs, dont nous ſommes martyriſez à l'occaſion de nos Dames. Comme ainſi ſoit que ny plus ny moins qu'un feu, enſevely dans les cendres, vivifie d'autant plus ſa chaleur: auſſi une douleur celée, s'en augmente de plus en plus. Je n'adjouſteray les propos, qui ne touchent aux angoiſſes, ains ſeulement qui par riſée, & par maniere d'eſbat, ſont mis en avant: leſquels combien qu'ils ſoient de peu d'efficace, au regard de ceux qui ſont du tout voüez à la deduction de nos paſſions, ſi ſe trouvent-ils de plus grand rapport, que n'eſt encores voſtre œil : & quelqueſfois bien appropriez au temps & lieu, impetrent-ils mercy pour nous; comme eſprouva celuy, qui pour ceſte contemplation nous dreſſa ce preſent ſonnet:

Je marqueray & d'une blanche trace,
Et me ſera ce jour-là natalice,
Et tous les ans lors feray ſacrifice
A toy, ma Dame, & à ta ſaincte face:
Non point qu'adonc penſif je te contaſſe,
Qu'en ta faveur mort vivant je languiſſe:
Non qu'importun, Dame, je te requiſſe,
Pour mon loyer, le dernier don de grace:
Mais ſolaſtrant vainement en harangues,
Le Dieu qui tient puiſſance ſur nos langues,
La mienne avoit tant à point deſployée,
Que je cognus (joüant ainſi mon rolle)
Par mille traits, que ma vaine parole
N'eſtoit en vain pour ceſte heure employée.

Voyez, je vous prie, Seigneur de la Croix, quel bien il ſe promettoit de ceſte parole folaſtre: & tel que combien qu'il n'en parle point, ſi ay-je depuis appris de luy, que par ce ſeul moyen il attaint au dernier but & joüiſſance de ſes amours. Or penſez donc quel fruict nous devons eſperer, quand avec propos de merite, nous entrons en jeu, avec nos maiſtreſſes. Parquoy, quant à moy, je me fermeray en ce poinct, comme vous en voſtre ſonnet: & vous prieray, ma Damoiſelle, en dire ce qu'il vous en ſemblera. VALENTINE. Si vous vous arreſtez en moy, je vous diray ce que j'en penſe. J'ay quelqueſfois appris qu'un Philoſophe renommé, interrogé quelle femme il falloit prendre en mariage, renvoya celuy qui luy demandoit tel conſeil, vers ces petits mignons, qui eſtoient de l'age du ſabot pour en prendre ſur ce, leur advis. Suivant ceſte meſme façon, je ſuis tres-aiſe vous renvoyer vers les meſmes petits enfans, auſquels quand par jeu on leur demande que c'eſt qu'ils ayment le mieux de deux choſes, deſquelles on leur baille le choix, ils reſpondent que l'une & l'autre. Et pource ſur la queſtion qui s'eſt inopinément preſentée entre nous, puis que vous en venez à moy au conſeil, je vous reſpons, tout ainſi qu'eux, que j'ayme bien, & l'un & l'autre: c'eſt l'œil qui a la parole pour truchement, & la parole qui eſt eſclairée par l'œil. Et ſi vous me conjurez plus outre, je vous diray que l'un n'eſt gueres ſans l'autre; touteſfois plus morte eſt la parole ſans la veüe, que la veüe ſans la parole.

COLLOQUE TROISIESME.

LA BEAUTÉ.

LE GENTILHOMME, LA DAMOISELLE.

LE GENTILHOMME.

OStez, je vous prie, cette folle fantaiſie de voſtre teſte, que ce ſoit à vous ſeules de juger des beautez de vos compagnes. LA DAMOISELLE. Mais bien oſtez de la voſtre, que la cognoiſſance vous en doive appartenir. GENTILHOMME. A ce que je voy, nous ſommes appointez contraires. LA DAMOISELLE. Je n'entens point cette cabale de mots empruntée des cohuës de la France. Bien ſçay-je que voſtre propoſition contient une incompatibilité en ſoy; n'y ayant rien ſi contraire au jugement que la paſſion: & vous, Meſſieurs, ne pouvez juger de nos beautez que ſur le moule de vos paſſions. GENTILHOMME. Prenez garde que ſans y penſer, vous-meſmes ne vous condamniez ſur ce pied; ne pouvans aſſeoir jugement ſur les beautez des autres Dames & Damoiſelles, que ne ſoyez combattuës d'une taiſible jalouſie qu'avez contre-elles : mais en bonne foy, ſur quoy jugez-vous, que ce ne ſoit à nous de juger des beautez des femmes? Car qui peut mieux recognoiſtre ſa mere que l'enfant. Or eſt-ce une choſe tres-certaine que l'Amour eſtant l'enfant de la beauté, il faut conclurre que nul ne peut plus ſeurement juger de la beauté des femmes, que les hommes, au cœur deſquels leur amour fait ſon hebergement ; chacun d'eux abhorrant naturellement le laid, & adorant en ſon ame le beau. DAMOISELLE. C'eſt là où je vous attendois. Car ſi elle eſtoit ainſi que dites, il y auroit une regle generale du Beau, à laquelle tous les hommes s'atacheroient ſans exception & reſerve. Mais dont vient que chacun ſe choiſiſt diverſes maiſtreſſes; qu'aux uns, la brune; aux autres, la blanche, la maigre, la graſſe, la grande, la petite eſt agreable, ſinon que vous tous avez les yeux de l'eſprit, & du corps bandez, au jugement que faites de celles, que vous vous donnez en bute? Et c'eſt pourquoy les Poëtes qui ſous l'eſcorce de leurs fictions, nous voulurent ſagement repreſenter la verité des choſes, figurerent l'Amour ſans yeux : nous voulans donner à entendre

dre que l'Amant n'avoit point d'yeux en teste pour discerner le beau d'avecques le laid. Chose ainsi ordonnée par un grand jugement de Dieu, pour la propagation & avancement de ceste humaine societé; car autrement, si sur un seul modelle de beauté l'amour de l'homme envers la femme eust esté bastie, la moitié du genre humain fust demeurée en friche, par un mespris & contemnement qu'eussions eus les uns des autres. GENTILHOMME. A ce que je voy, vous estes un grand Philosophe. Et quoy? quand vostre opinion seroit de quelque merite, est-il que tous les hommes soient contraints de passer par l'alambic de l'Amour, pour esgarer leurs esprits de telle façon que publiez, & qu'en leur calme ils ne puissent sans passion asseoir jugement asseuré sur ceste affaire? DAMOISELLE. J'en fay grand doute. Parce que si j'en suis cruë, il est mal-aisé de juger si la beauté induit les hommes à aymer, ou bien si l'amour fait trouver les femmes belles. Tellement que le sage doit dire, non pas qu'une femme soit belle absolument, ains seulement belle à ses yeux. GENTILHOMME. S'il est ainsi que soustenez, il n'y a rien si certain que l'incertain en ce subject. Or sus, puis qu'il est aujourd'huy permis aux femmes de philosopher, pourquoy ne me sera-t'il loisible d'user de mesme privilege? Vous me dites que la passion qui nous ravit particulierement en nos maistresses, nous oste la cognoissance du Beau en son general: & moy en plus forts termes je soustiens, que la passion qui vous ravit, chacune en l'amour de vous-mesme, empesche que ne puissiez juger des beautez qui sejournent aux aultres. Et pour le vous faire paroistre, comme ainsi soit que ce grand univers se maintienne par une generale concorde qui doibt regner entre les humains, aussi toute amitié prend son commencement en chacun de nous envers nous. Que si cette proposition est vraye, elle a principalement lieu aux Dames, lesquelles sont non seulement enfolastrées, ains idolastres de soy-mesmes en l'amitié qu'elles se portent. Lesquelles se recognoissants avoir esté mises sur terre, pour l'usage de l'homme (en quoy la beauté peut beaucoup,) se font accroire chacune endroit soy, que Dieu les en a doüées par-dessus toutes les autres, & sous cette folle persuasion, les vilipendent & mesprisent. De maniere que si la regle est veritable qu'on ne doibt jamais juger d'une cause dont on est preoccupé, ou estre preoccupé de celle dont on veut juger; la femme preoccupée en l'amitié de soy, ne doibt estre admise au jugement de tel subjet. Et quand cest obstacle ne vaugleroit, il y en a un autre non moindre, ains plus dangereux. C'est l'envie, ou la jalousie, par le moyen de laquelle elles trouvent tousjours à redire, & s'advantager en ce faisant, au desavantage des autres. Entrez, je vous prie, en vous-mesme, & recognoissez si ce que je vous dy, est veritable, ou non. DAMOISELLE. Vous jugez d'autruy par vous-mesme, & nous voulez attribuer les defauts qui se trouvent paraventure aux hommes. GENTILHOMME. Vous n'estes hors de propos, & ainsi va-t'il de nos jugements en toutes choses. C'est pourquoy il faut que vous & moy joüissions de nos opinions sans rien enjamber l'un sur l'autre. Mais à la mienne volonté que laissant ces vaines disputes aux escoles, chacun de nous eust joüissance de ses Amours. DAMOISELLE. Bon pour vous, mais non pour moy, qui ne fay profession de cest art.

COLLOQUE QUATRIESME.

JOUISSANCE.

L'AMANT ET SA DAME.

L'AMANT.

SI je ne m'abuse, ma Damoiselle, il y a tantost trois ans, que laissant cette liberté, à laquelle tout animant est naturellement enclin, je choisis pour tout mon heur la servitude, qui du depuis, par succession de temps, a gaigné telle puissance sur moy, qu'oubliant tout autre plaisir, n'ay receu aucun contentement en mon esprit, sinon celuy qu'il vous a pleu m'octroyer. En quoy toutesfois je m'estimerois trés-heureux, si pouvois seulement appercevoir une estincelle de vostre affection, estre correspondante au grand feu, qui me consume & embrase. DAME. Vostre affection est bien grande, mon grand amy; si me semblez-vous toutesfois à trés-grand tort vous complaindre de la part de celle, qui n'eut jamais autre estude, sinon par tous aggreables offices trouver moyen de contenter & satisfaire à vostre esprit: & m'esbahy beaucoup plus qui vous fait entrer en ces termes, d'estimer que l'amitié que nature voulut bastir entre nous deux, soit, pour vostre regard, servitude, pour m'estre si avantageuse comme pensez. Si tel mot vous vient à plaisir, je puis en contr'eschange dire, qu'au lieu d'une claire lumiere, en laquelle auparavant je vivois, j'entray par vostre moyen en une obscure prison, de laquelle avez si subtilement embroüillé la serrure, qu'il m'est à present impossible en avoir aucune issuë, voire & le vouslussiez. AMANT. Vous avez toute puissance de dire ce qu'il vous plaira, & ne puis mieux en moy remarquer cette servitude, qui tant m'occupe les esprits, sinon d'autant que je sçay bien qu'avez toute justice sur moy, & neantmoins si faut-il, pour crainte de vous contrevenir, que maintenant, contre mon sceu & volonté, je vous accorde vostre dire: c'est la captivité qu'alleguez. De laquelle estes autant esloignée par effect, comme faictes semblant vous en approcher par paroles. DAME. Ja à Dieu ne plaise, mon amy, que le cœur en cest endroit ne s'accorde avecques la langue. Vous-mesme qui par tant de paroles publiez une servitude, donnez assez grand tesmoignage du peu d'amour qu'avez en moy: & au contraire, combien est grande l'affection qui me transporte: veu que jamais je n'eusse ose tant entreprendre, de vous desdire en la servitude, qu'ores avez mis sur les rangs, & toutesfois contre vostre conscience ne voulez permettre, que je sois reputée vostre esclave, ou prisonniere. AMANT. Ne vous en esmerveillez, ma Damoiselle: le traictement que de vous (depuis ma jeunesse) j'ay receu, me donne occasion de le dire. DAME. Comment traictement, mon amy? Voulez-vous meilleur traictement, qu'une entiere devotion, de celle qui depuis six ans, vous dediacœur & pensée? AMANT. Pleust ores à Dieu, ma Dame, pleust ores à Dieu: car si ainsi comme vous dictes estoit, jà ne me seroient tant familieres les traverses qu'en vostre faveur je supporte. DAME. Ha moy & moy miserable! maintenant voy-je fort bien, que le temps que j'ay employé à me vouloir rendre vostre, & vous en porter seure foy, par toutes manieres d'effects, est veritablement employé, mais employé sans recompense. AMANT. Je vous supplie, ma Damoiselle, n'alleguer point recompense: car vous seule, sans autre, vous rendez en ceste part desffectueuse, qui depuis tant d'ans en çà, n'avez voulu prendre à mercy celuy, qui pour n'estre plus sien, ne desiroit autre chose que de vous donner à cognoistre de combien il estoit plus vostre, sans que jamais en ayez tenu aucun compte. DAME. Quel mercy pensez-vous trouver en celle, qui d'elle-mesme n'a eu mercy, ains s'est tellement, pour l'amour de vous,
animée

Colloques d'Amour.

animée encontre foy, que du meilleur qui fuſt en elle, c'eſt de ſon cœur, elle vous a fait ſacrifice? AMANT. D'autant vous en demeure-je plus redevable, ma Damoiſelle. Mais ſi eſt-ce bien peu du cœur, s'il n'eſt accompagné du corps, ny plus ny moins que ce n'eſt pas grand choſe du corps, s'il n'a pour ſa guide & compagnie le cœur. DAME. Quoy? Quelle partie de mon corps (au moins qui ſoit en ma puiſſance) vous fut jamais deniée? Vous fut oncques le baiſer, vous fut oncques la parole, ou tout honneſte attouchement interdit? Gardez, je vous prie, mon amy, que (comme les enfans d'Iſraël) non content de voſtre manne, vouliez prendre voſtre nourriture & refection, en ce qui pourroit & à l'un & à l'autre, cauſer noſtre totale ruïne. AMANT. Je reçoy voſtre avertiſſement en payement : mais penſez-vous que pour cueillir l'un de l'autre ce fruict, que tout amant ſe pourchaſſe, noſtre amitié reciproque vinſt en quelque alteration, ou decadence? DAME. Ouy, certes, mon grand amy, & vous-meſme, ſans y penſer, m'avez par voſtre parole appris, que ce poinct où pretendez, ne devoit entrer en amour : parce que ſi par un inſtinct naturel, vous ſur ce champ, l'avez couvert & pallié, ſoubs une honneſte parole ; combien, de grace, devons-nous abhorrer l'effect d'une telle choſe, dont le mot eſt de ſoy honteux? AMANT. Que ceſt argument ne vous detourne d'une bonne volonté, ma Damoiſelle ; d'autant que nous ne voilons ceſte operation naturelle, ſoubs un deſguiſement de langage, ſinon pour monſtrer, non qu'il faille abhorrer telle œuvre, ainſi que ſembles preſumer, ains qu'aux lieux ſeulement plus couverts & cachez, faut donner lieu & contentement à nous-meſmes. DAME. Tant mieux, mon grand amy ; mais pourquoy aux lieux plus couverts, ſi c'eſtoit choſe raiſonnable? Car le bon, comme vous ſçavez, ne demande point l'obſcur, ains veut entrer en lumiere, & cognoiſſance d'un chacun : au contraire, ce qui eſt par nature mauvais, comme rougiſſant de ſoy-meſme, ne demande l'œil des perſonnes. AMANT. Je ne vous puis reſpondre & ſatisfaire ſur ce point, ſans grandement accuſer la commune ſortie de nous autres, qui ainſi doutons appliquer noſtre eſprit és choſes, qui de leur nature ſont bonnes, & aux mauvaiſes nous accommodons librement. Voire que nous voyons la plus grande partie des hommes, eſtimer dreſſer grand trophée, pour eſtre veus envers le peuple grands batteurs & blaſphemateurs. DAME. Voilà encores qui va bien : car ſi tels actes que vous dictes, ſont de leur nature mauvais, & neantmoins nous ne doutons les pratiquer devant le peuple ; combien doncques eſt abominable ce poinct, duquel eſtimez deſpendre le fruict de noſtre amitié? Parce que ſi vous voyez un homme blaſphemer devant l'œil du monde, paravanture le fait-il, ou pour eſtre induit de colere, ou bien qu'il eſtime en rapporter quelque loüange. Ce neantmoins ſi ne viſtes-vous jamais homme (horſmis un brutal Diogene) qui entrepriſt de donner contentement de telle ſorte, en la preſence des gens, ains que touſjours n'ait cherché les courtines de la nuit, ou de la ſolitude, pour vacquer à ceſte operation terreſtre : terreſtre puis-je la nommer, d'autant qu'elle n'a rien de commun avecques ceſte divinité, qui a uny nos eſprits. AMANT. Si voſtre raiſon avoit lieu, qu'une choſe, pour en uſer en ſolitude, fuſt de ſa nature mauvaiſe, ne ſeroit par meſme moyen ceſte extremité d'amitié que nous nous portons l'un à l'autre, vicieuſe, veu que n'avons aucun moyen de nous entretenir ſeulement devant le peuple, ſinon par diſſimulation, de laquelle pour noſtre avantage & faveur eſtudions à tromper ce peuple? DAME. Voyez, je vous prie, quel tort nous nous ſommes tous pourchaſſez, de vouloir aſſeoir noſtre amour ſur ce fondement dont parlez, lequel eſtant vicieux, à quant & ſoy apporté ce prejudice à tous amans, de tenir ſes amours couvertes, pour cacher par un meſme accord, la deſordonnée volonté, qui induit les hommes d'aymer. N'euſt-il pas eſté meilleur & plus expediant, s'entretenir d'une honneſte affection, l'un & l'autre, que ſe commettre au hazard du

A parler du peuple? Lequel voyant que de toute ancienneté, s'eſt inveterée ceſte impreſſion dedans nous, d'aymer ſeulement pour jouïr, entre tout ſoudain en ſoupçon, de quelque anguille ſous roche, pour voir tant ſoit peu un jeune homme converſer avec une dame. AMANT. Penſez-vous nonobſtant, que pour une telle conduite l'on euſt à la longue peu empeſcher les langues venimeuſes des hommes? DAME. En doutez-vous, mon amy? Les évenemens qui ſont ſurvenus à l'amour ont apporté occaſion pour en meſdire. Et touteſfois ne penſez, mon grand amy, qu'eſtant ma conſcience ſaine, je pretende couvrir la perfection d'amitié que j'ay en vous ; voire & en par le qui voudra. Adam, pendant ſon innocence, alloit tout nud, ſans doute, ou aucune honte : mais lors qu'il ſe fut par ſon peché abaſtardy, n'ayant qu'une perſonne pour objet, ſi commença-t-il de rougir, & quaſi ſe deffier de ſoy-meſme : & la Nymphe violée par Jupiter, deſcouvrir ſa forfaiture, quand toute honteuſe n'oſa avec la chaſte Diane, entrer nuë dans le baing. Ainſi ne me reſſentant de ce damnable aiguillon dont je voy les autres eſtre à leur grand dommage poings, & en deuſt cauſer tout le monde, ſi faudra-t-il, & qu'au jour, & à la nuict, vous ſeul ſoyez le flambeau pour eſclairer en mon cœur, voire ce flambeau ſans lequel je n'aurois aucune lumiere. AMANT. Ne vous ſeroit-il pas plus ſeant, mettant fin tout d'une main à mes grandes complaintes, & à ce parler du peuple, me donner contentement au poinct que tant & tant je reclame, que mal aſſeurant voſtre renommée, tromper par un meſme effect, & moy qui me repais de corvées, & tout ce commun peuple, qui penſe que j'aye en vous plus grande part que je n'ay? DAME. Quelle plus grande part demandez-vous en moy, qu'une ſincere affection & non polluë? AMANT. Ce n'eſt pas comme je l'entens. Je dy ſeulement qu'il vaudroit mieux devant le peuple taire l'amour que me portez, & demeurer en bonne opinion envers luy, m'accordant le poinct où je pretens, que d'encourir tant ſoit peu de mauvaiſe opinion, & neantmoins eſtre entiere & non coulpable. Parce que ceſt honneur eſt la choſe en tout le monde, que devons tenir en plus grande recommandation. DAME. Si ceſt honneur eſt tel comme vous dictes, je m'eſbahy doncques grandement, pourquoy avecque ſi grandes prieres & inſtances me ſolicitiez en choſe, que ſçavez m'eſtre tant deſavantageuſe. AMANT. L'effet ne tombe point tant en voſtre deſavantage, comme l'opinion qu'on en reçoit. Et pource, eſtre ſecret & couvert, eſt fort requis & neceſſaire en telles choſes. DAME. Il n'y a choſe tant ſecrette, qui à la longue ne ſe deſcouvre. AMANT. Au contraire, il n'y a choſe ſi ouverte, qui à la fin ne ſe cele & oublie. DAME. Mais Dieu le ſçait. AMANT. Dieu ſçait veritablement & voit en quelle langueur vous me nourriſſez, d'heure à autre. DAME. Vous ſeul la pourchaſſez. AMANT. Mais bien vous ſeule, ma Damoiſelle, qui ſemblez prendre voſtre plaiſir au tourment que j'endure en voſtre faveur. DAME. J'en appelle Dieu à teſmoin, & vous-meſme une autreſfois, eſtant retourné à vous. AMANT. Ja Dieu ne me faſſe ce bien, ma Damoiſelle, de retourner jamais à moy. Car plus m'eſt aggreable la ſervitude que pour l'amour de vous je ſupporte, que toute autre liberté. DAME. Veritablement, ſervitude pouvez-vous bien appeller celle en laquelle ores vous vivez, accompagnant voſtre amitié de ceſte appetence lubrique, & m'appeller tout d'une ſuite maiſtreſſe (d'autant qu'en ce poinct-cy domine en moy la raiſon ; & en vous, une ſotte & deſordonnée paſſion. En quoy vous rendez d'autant plus ſerf & bas, que moy, que la paſſion ſemble tirer ſur le charnel, & la raiſon ne s'extraict & deſpend que de l'eſprit. AMANT. Si ſçavez-vous bien, ma Damoiſelle, l'amour eſtre choſe imparfaite, ſans ceſte copulation mutuelle, & de corps, & de l'eſprit. Pour le moins, ſe deſcouvrira à ce coup, que plus grande eſt celle amitié que je vous porte, que non celle qu'à preſent vous vantiez me porter malgré tout le monde. Parce que ne repoſant voſtre amour qu'à l'eſprit, le mien eſt compoſé de l'un & de l'au-

Tome II. Eee tre,

tre : j'entens du corps & de l'esprit. DAME. Voſtre amitié ſeroit divine & monteroit juſques aux cieux, n'eſtoit qu'elle eſt appeſantie par ce terreſtre, qui l'empeſche voler à ſon vray manoir : là où la mienne n'eſtant embroüillée de ceſte paſte, ains ſeulement s'amuſant à la contemplation de vos perfections, ſe rend en ce poinct, immortelle. AMANT. Mais, ma Damoiſelle, ſi voſtre affection eſt ſi grande comme maintenant publiez, que ne vous oubliez-vous au moins pour un coup, pour donner, ſinon à vous, au fort, contentement à celuy auquel vous vantez eſtre deſtinée ? DAME. Auſſi eſt-ce pour voſtre contentement ce que j'en fay, & ne diſcordons l'un de l'autre en rien, ains vous-meſme procurez l'eſlongnement de voſtre bien, parce que je ſuis aſſeurée, que vous accordant ce poinct, & n'y trouvant telle ſatisfaction, comme peut-eſtre vous promettez, commenceroit à diminuer noſtre amitié : choſe touteſfois, que je croy ne ſouhaitez. AMANT. Au contraire, le plaiſir me raviroit tellement, que d'une amitié temporelle entrerois en éternité. DAME. Vous meſme vous abuſez-vous. Ce plaiſir que tant eſtimez, eſt tant loingtain du temporel, je ne diray de l'eternel, qu'au contraire dés ſa naiſſance il ſe meurt. AMANT. D'autant qu'il eſt plus brief, d'autant ſe trouve-t-il plus extreſme. DAME. Mais d'autant qu'il eſt plus brief, & extreſme, d'autant attire-t-il quant & ſoy plus de faſcherie & moleſte. AMANT. Faignez qu'il ſoit tel que vous dites, ſi me ſera-ce par ce moyen voye de trouver aſſouviſſement à un trés-ardent deſir. DAME. Si ſeulement ſur un appetit vain & fraiſle, eſtabliſſez voſtre amitié, ne trouvez, je vous prie, eſtrange, puis que vous dites mon ſerviteur, ſi comme bonne Dame & maiſtreſſe, je vous commande vous deporter de ce poinct, à la charge qu'en toute autre choſe emporterez ſur moy maiſtriſe. AMANT. Ma Damoiſelle, gardez, je vous prie, que me commandant ceſte choſe, ne vous eſloigniez de l'authorité de maiſtreſſe, pour entrer aux termes d'une tyrannie : parce que lors que je me rendy à vous, bien que mon intention fuſt me ſoubmettre du tout à voſtre puiſſance, vous laiſſant toute loy de me commander, ſi ne reſervay-je celle liberté, encore que ne le vouluſſiez, de vous tesmoigner du poinct, auquel l'amour ſeul, & nature me donnent acheminement. Et pource, encore que vos forces fuſſent grandes, & telles que je les penſe ſuffiſantes pour ranger à ſoy les dieux, touteſfois n'eſtimez pouvoir commander à celuy qui domine ſur tous eſprits, & eſtablir à un voſtre amant, autres loix que celles que l'amour luy dicte : autrement, preſumeriez me brider d'une impoſſibilité. DAME. Comment, eſtes-vous encore à ſçavoir, que les miracles de l'amour ſe trouvent à ceux qui n'ayment point, impoſſibles ? AMANT. Je le ſçay trop bien, ma Dame, & à mes propres couſts & deſpens, dont je loüe Dieu : touteſfois ſi bien prenez garde, tels miracles ne ſe practiquent, ſinon en faveur de l'amour. Car ſi contre ſa majeſté eſtimez les pouvoir en moy exercer, ne ſeroit-ce à voſtre advis ſe travailler & parforcer en vain ? Veu que toute

A telle puiſſance que vous autres uſurpez ſur nous, ne ſe faict que ſoubs le tiltre de l'amour. Parquoy, ma Dame, puis que la force d'aymer n'eſt autrement moyennée, que ſoubs une eternelle attente, de parvenir un jour à ceſte extremité de joüir : il faut de deux choſes l'une, au commandement que me faictes, ou que je ne vous obeïſſe en ceſt endroit, comme choſe du tout incompatible avec l'amour : ou bien que je vous obeïſſe. Mais voyez en quel deſarroy, nous tomberons. Car ſi une fois permettez s'eſtaindre en moy la grande ardeur, qui s'eſt dedans mon cœur allumée, par ceſte eſtincelle de conjonction mutuelle, c'eſt-à-dire, que me fermiez du tout la porte à l'appetence de l'union, où tendent tous vrays amans : certes, il ſemble que vous voulez que tout d'une meſme traite, je m'exempte de l'amour que je vous porte, & conſequentment de la loy de ſervitude, que j'ay en vous. Ainſi deſirant une mienne obeïſſance, ſi bien prés y adviſez, voulez doreſnavant ne recevoir aucune mienne obeïſſance. Que doutez-vous doncque, ma Dame, accorder cette faveur à celuy qui vous ayme, qui vous cherit plus que ſoy-meſme ; puis qu'en telle operation giſt la fin de tous ceux qui ayment ? DAME. Fin veritablement la pouvez-vous bien appeller : car condeſcendant à ce dont m'importunez, toſt prendroit fin ceſte commune amitié ; que nature a forgée entre nous deux, pour ſervir aux autres, d'exemple. AMANT. Laiſſons, pour Dieu, les equivoques, qu'amour ne peut ſupporter. Car ſi telle eſtoit voſtre affection envers moy, comme eſt ceſte ardeur qui m'embraſe, vous ne prendriez à contrepoil les paroles que je vous tiens. Mais n'eſt-ce le commun malheur de tous amans, que qui pretend eſtre payé d'ingratitude, il faut qu'il ayme extremement ? A la mienne volonté, ma Damoiſelle, & à la mienne volonté, qu'en ſatisfaction du peché, qu'ores, ſans aucun mien demerite, commettriez encontre moy, un jour rencontreriez perſonnage, lequel eſtant de vous ainſi aymé, comme maintenant je vous ayme, vous faſſe reparer le tort, & injure que me tenez, par tel payement, que celuy de vous à preſent je reçoy. DAME. Je n'euſſe jamais eſtimé que vous fuſſiez ainſi opiniaſtré pour choſe de ſi peu de merite. Ce neantmoins pluſtoſt permettre le ciel que j'acquieſce à voſtre volonté, bien que contre la raiſon, que de vous voir ainſi deſconforter à toute heure. Pourtant, je vous ſupplie, mon amy, ne vous donner plus faſcherie : le temps & le lieu deſormais nous y donneront bon conſeil ; aymant trop mieux vous contenter, que de me contenter moy-meſme. AMANT. Ha ma Damoiſelle, de quelle maniere pourrois-je jamais acquitter une telle obligation ? ô combien ſera grand le fruict, que nous recueillerons de ce paradis bien heureux ? DAME. Quel fruict j'en rapporteray, je ne ſçay : bien ſçay-je qu'encores que contre mon vouloir me commandiſſiez quelque choſe, m'avez tellement renduë voſtre, que pluſtoſt pretendrois à ma totale ruine, que de vous deſobeïr.

FIN DES COLLOQUES.

LETTRES AMOUREUSES.

LETTRE I.

Ui euſt jamais eſtimé que telle euſt eſté la ſottie d'un homme, de non ſeulement eſtre fol, & avoir cognoiſſance de ſa folie, mais auſſi d'appeter que le monde en euſt cognoiſſance? Vrayement, faut-il que l'extremité de folie ſe range dans tel cerveau : & ce d'autant plus, que nature nous inſtruit tous en general, couvrir nos deffauts & pechez. Il faut, certes, que je confeſſe, que grande fut celle rage, qui s'imprima dans mon eſprit, lors que luy laſchay la bride, pour me ſoubmettre à la volonté d'une femme, mais toutefois excuſable, m'eſtant ceſte faute commune avec tous. Maintenant, qu'eſt-il de beſoing donner à entendre à un peuple, de quelle ſorte de paſſions & pointures je fus navré, ſinon pour deſcouvrir plus apertement ma beſtiſe? Excuſez, pour Dieu, ceſte faute, Meſſieurs, & ne l'imputez à moy, ains à la force de mon deſtin, qui guide mes œuvres celle part. Et bien que pour mon regard je n'en attende aucun fruict, qu'un meſpris & contemnement de mon faict : ſi pourrez-vous vous rendre ſages par ma folie, quand recognoiſtrez par les lettres (diſcours, certes, de mes amours) d'une effrenée affection, la fin s'eſtre convertie en une deſdaigneuſe haine. C'eſt une hiſtoire, m'en croyez, une hiſtoire de ma folie, & ne dreſſay oncques ces lettres qu'ainſi ou qu'amour, ou que deſdain les dictoit : deſquelles aucunes furent (peut-eſtre) envoyées, les autres non; & les unes & les autres, ſeulement faites pour plaiſir, furent baſties ſoubs la charge de ces deux trahiſtres capitaines, qui à l'enuy ont commandé ſur mes eſprits. Que pleuſt à Dieu que par eſbat, & non aux deſpens, & de mon temps & de mon eſprit, je les euſſe façonnées. Pour le moins ne ſentiroy-je en moy l'amertume d'un regret : d'un regret, dy-je, non d'avoir eſté amoureux (ja ne plaiſe à Dieu que parole ſi mal digerée, ſorte jamais de ma bouche) mais d'avoir employé mes vœux à l'endroit de celle, de laquelle pour recompenſe je n'ay receu que deffaveur. Ce neantmoins vous verrez de quelle ſotte je me ſuis eſperdu & idolaſtré en elle. Voire vous diray vous, qu'encore eſt-ce icy le moins de ce que je fis oncques pour elle : d'autant que jamais baſteleur ne fit faire plus de tourdions à un Singe, comme elle a fait de mon eſprit. Choſe, à la verité, merveilleuſe, je ne diray point monſtrueuſe, qu'à la pourſuite d'un objet, un eſprit ſe ſoit diverſifié en ſi contraires manieres! Or ſi tel fur, ſon temps, ſon privilege, d'ainſi ſe plaiſanter de moy : maintenant eſt-ce la raiſon, qu'uſant quelque peu de mes droicts, auſſi je me jouë de moy, & m'en joüant me ſoubmette au langage de tous les hommes, deſquels les aucuns me prendront paradventure à riſée, & les autres à compaſſion. Mais quant à moy, je proteſte reſſembler ceux qui ayans commis quelque faute, qui de ſoy n'eſt point pardonnable, taſchent à trouver quelque ſatisfaction pour vaguer nuds parmy le monde : ainſi me proſternant à un publicq, pour le moins penſe-je accomplir le devoir de ma penitence : laquelle ne me ſera point trop griefve, ſi je puis appercevoir un pauvre amant ſeulement, liſant ces preſentes lettres, ſe donner telle conſolation que tout miſerable s'ordonne.

LETTRE II.

MA Damoiſelle, ſi le malheur ne ſe fuſt formaliſé contre moy, comme il a voulu faire par la rencontre que je fis n'agueres de voſtre preſence, je me pouvois eſtimer entre les heureux, un Phœnix. Par ce qu'au precedent, vivant en ma liberté, je m'entretenois au bon plaiſir de moy-meſme. Toutesfois, puis qu'il a pleu à fortune m'appreſter tant de deſfaveur, que de me ranger ſoubs voſtre puiſſance, par la vertu de voſtre œil qui commande à tout le monde, je vous ſupplie ne trouver eſtrange, ſi ne me pouvant maiſtriſer, je ſuis forcé vous adreſſer ceſte lettre, non ſoubs attente de quelque bien que je puiſſe eſperer en vous (ne l'ayant encore merité) mais ſeulement pour trouver quelque allegeance à l'extreme douleur que j'endure : laquelle, par adventure, au rebours de mon intention, s'accroiſtra davantage : d'autant que deſirant vous donner à entendre le mal que pour l'amour de vous je ſupporte, je ſuis contrainct me maſquer ſoubs une lettre : & reſſembler ceux qui pour deſcouvrir leurs paſſions, ſe couvrent neantmoins le viſage : ainſi ne m'oſant preſenter devant voſtre face, pour la crainte de ceste lueur qui offusque mes esprits, j'ay pris sans plus la hardiesse de vous escrire ce mot : & l'escrire en telle sorte, que par la teneur de ma lettre, ne descouvriez qui je suis, ains seulement recognoistrez une devote affection, preste à vous faire sacrifice : que je vous supplie accepter, & remarquer en vous-mesme, qu'entre tant de serviteurs, lesquels nature a façonnez au moule de vos beaux traits, ne s'en rencontrera aucun qui vienne au parangon de celuy, qui ne s'osant manifester par sa lettre, & moins encore par parole, se donnera à vous si bien à cognoistre par effect, qu'en recevrez telle satisfaction, que non seulement les presens, mais la posterité en bruira : qui luy sera recompensé de ceste estrange fortune, que ceste vostre beauté luy pourchasse. Et cependant, ma Damoiselle, je vous prie recevoir un cœur enchassé soubs ceste lettre, lequel vous est, & à present dedié, & encor vous estoit consacré devant le temps de sa naissance.

LETTRE III.

JE commenceray à mon retour, par où j'achevay dernierement. Sortant de vostre belle ville, vous fustes la derniere des Damoiselles, dont je pris congé ; arrivé que je suis à Paris, vous serez la premiere que je salueray par la presente : mais d'une salutation qui ne sonne qu'une querelle, afin que me sassiez la raison d'un accident qui m'advint lors en vostre logis. Parce que sans y penser, je perdy le plus precieux joyau qui fust en moy, c'est mon cœur. De dire que me l'ayez desrobé je n'oserois, sçachant de quelle façon vous traitez ceux qui vous offensent. De le vous redemander, encores moins : car s'il m'a abandonné de guet-à-pens, c'est un mauvais garniment qui ne merite de r'entrer en grace avecq' moy. Si inopinement & sans malvouloir à son maistre, il s'est pourchassé nouvelle maistresse, certes il n'en est pas plus sage : & n'y a point de danger qu'il fasse pour quelque temps penitence de sa follie : mais s'il l'a fait par une prudence, comme il y a grand subject de le croire, je veux dire par l'asseurance qu'il avoit de se trouver mieux chez vous, que chez moy, en vain le voudrois-je maintenant reclamer : d'autant que chacun naturellement aspire à son mieux. D'une chose sans plus vous veux-je prier, de vous souvenir qu'il part d'un bon lieu, & consequemment le vouloir traiter comme enfant de bonne maison, encores qu'il se fasse maintenant esclave. Vous ne vous repentirez, je m'asseure, du bon traitement que luy ferez. Je seray le seul qu'il faudra plaindre, d'avoir tout d'un coup perdu, & vostre presence, & mon cœur : à quoy il n'y a, pour le present, qu'un remede, qui est m'honorer, s'il vous plaist, de vos lettres.

LETTRE IV.

SI une chose bien affectée nous doit causer mescontentement, pour ne sortir tel effect que desirons : à vostre advis, ma Damoiselle, eus-je point occasion de fascherie dernierement, lors qu'estant en vostre logis, & avec bien bonne devotion de vous communiquer quelque affaire, je n'eus moyen d'avoir part à vos bons propos ? Vrayement, j'eusse volontiers adonc souhaité (bien que contre le debvoir de ma conscience) & encores souhaiterois quelque relique de maladie à vostre sœur, pour m'estre, comme dernierement, honneste couverture de vous voir. Ce neantmoins en ce deffaut, je me suis deliberé y satisfaire par lettre, laquelle je vous prie estimer au lieu de la presence, & comme vraye messagere du cœur. Et cependant aviter s'il y a chose où il vous plaise m'employer : comme celuy qui ce faisant, estimera se beatifier par merites, au Paradis de vos graces : duquel encor que par services la porte me fust interdicte, si y penseray-je avoir part, par la grande ardeur de la foy, que j'ay en vostre debonnaireté : à laquelle ma Damoiselle je me commande d'un cœur qui vous est du tout voué.

LETTRE V.

MA Damoiselle, parce que dés le jour que je me voüay à vous, tout mon pensement depuis n'a esté que de la puissance d'Amour, auquel il semble que les cieux m'ayent par vostre moyen destiné, entre tous les discours qui m'ont esté plus familiers, je me suis par fois avec assez grand' merveille estonné, qui fait que veu que de toutes nos œuvres l'honneur semble estre le seul ministre & gouverneur, si voyons-nous neantmoins une infinité de livres venir en lumiere soubs le nom & tiltre d'Amour, lequel entre les propos du vulgaire cognoissons de veüe d'œil estre vituperé de tous. A dire le vray, il semble que ceux qui desirent l'exalter par leurs escrits, s'estudient beaucoup plus au contentement de leur esprit, que du commun peuple, qui ne leur impute tel subject à honneur, ains à grand blasme & improperé : & ne fay aucune doute que quelques-uns lisans ce present traicté, ne m'estiment d'un grand loisir, d'y avoir employé quelques heures, & les autres, plus ententifs & desireux de lucrative, ne trouvassent beaucoup meilleur me voir amasser les escus en l'estat que je poursuis, que practiquer quelques baisers de vous, en recompense du labeur que j'y ay mis : mais tout ainsi qu'en toutes choses de ce monde ne se trouvent les opinions des hommes conformes, aussi ne pretens-je à ce coup me porter du party du populaire ; ains me delibere ressembler celuy lequel ayant entrepris une longue peregrination & voyage, soubs l'esperance de voir la magnificence de Rome, ne se promet seulement visiter ceste excellente cité ; mais premier qu'attaindre à son but, prend plaisir de contempler un Turin, une Bologne, une Florence, & autres villes qui s'offrent à son chemin : ainsi poursuivant en moy le dessein où toutes mes pensées se dressent (duquel autrefois vous ay fait part en nos plus particuliers devis) on ne doit trouver estrange, si à l'imitation d'un ancien Platon, ou de nostre temps, d'un Bembe, j'ay un peu voulu fourvoyer de ma course encommencée, pour m'arrester en la contemplation d'une chose où nature semble nous donner acheminement. Je n'use de telle excuse sans cause : d'autant qu'ayant en moy conclu vous envoyer le combat de trois vaillans champions soubs la conduite d'une Amazone, me suis trouvé si combattu en mon esprit, d'une extreme crainte, & desir, qu'à peine sans vostre ayde me puis-je asseurer auquel des deux je doive donner la victoire. Car si d'une part, l'envie que j'ay de contenter vostre vouloir (qui est le mien) me semond à ceste haute entreprise, me promettant aspirer à plus grand bien que je ne me sçaurois promettre : d'un autre costé, la crainte de ne complaire

Lettres Amoureuses.

& agréer à la plus-part de tout ce peuple, me rend si douteux & perplex, que me distrayant de ma premiere volonté, m'a presque mis en deliberation d'abandonner tout ce champ. Or, à vostre advis, toutesfois qui sera celuy des deux, qui pour avoir plus de pouvoir en mon endroit, en emportera le dessus ? En bonne foy, je croy que tous ceux qui cognoistront la servitude que j'ay en vous, s'asseureront que la moindre estincelle de la faveur qui est en moy par vostre moyen allumée, sera trop plus que suffisante pour abattre le grand frimas, qui se mettoit en devoir de s'ensaisiner de mon cœur, & sera cest effect mis au calendrier de vos plus petits miracles, desquels exercez tous les jours une infinité en moy : mais toutesfois avec ceste ruse, qu'en tout évenement n'en demeurerez scandalisée de ces scrupuleux hypocrites, par la couverture de vostre nom, que je me suis proposé passer soubs le voile de silence : aymant trop mieux vous donner à cognoistre l'estime en quoy j'ay l'amour par l'affectionné service duquel je vous ay obligé, & dont j'en porte lettres au cœur, que, vous publiant par ce livre, encourir tant soit peu de mauvaise reputation du peuple : lequel neantmoins je prieray ne prendre de mauvaise part le peu que j'en ay escrit : parce que si l'amour est de si mauvaise digestion comme en ses propos il maintient, & toutesfois de telle force, qu'il semble que tous en general luy devions hommage une fois en nostre vie, sans nous en pouvoir exempter ; pour le moins pourra-t'il prendre advertissement par mon livre, des traverses qui nous sont en luy occurrentes, & par ce moyen mettre peine à le fuir. Ainsi que avons veu, au temps passé, maints Philosophes nous avoir baillé plusieurs preceptes, soit de gloire, soit d'avarice, ou du contentement de ce monde, desquels ne nous eussent peu bonnement & tout au long endoctriner, sans nous destruire les secrets & natures que telles choses couvroient en soy. Soit donc contente en cecy ceste commune, & si aucuns par trop grande delicatesse, ou autres par une aspreté trop aspre, ne veulent prendre mon excuse en payement, aussi n'est-ce à eux (pour ne desguiser mon intention) ausquels j'ay dedié cest œuvre, ains aux miens : & tout ainsi que anciennement la plus-part des Philosophes avoient leurs particulieres sectes, & que chacun d'eux en ensuivant les enseignemens & memoires de leurs anciens precepteurs, escrivoient non aux autres, ains aux zelateurs, sans plus, de leurs sens & opinions : aussi ardant dans ce brandon d'amour, à vous seuls, mes amis, qui d'une mesme flamme vous consommez, s'addresse ce present discours, pour recognoistre en vous par effect les propos de mon galand Monophile ; en vous prend mon œuvre sa visée ; en vous pense trouver hebergement : puis que vous & moy, ensemblement & d'un commun accord, sommes rendus profez soubs la religion d'amour : puisque vous & moy, par une honneste volonté, avons fait vœu de loyauté envers nos dames : puis que vous & moy bruslons dans un purgatoire pour parvenir & atteindre à un heureux paradis. A un purgatoire, dy-je, duquel vous seule, ma Damoiselle, me pouvez un jour garentir, me rendant la vie non encores perduë, ains esgarée entre tant de travaux, que sans vostre moyen & ayde jamais ne la recouvreray. Et toutesfois l'estime ainsi bien employée, puis que c'est en vostre service, sans lequel je ne pourrois vivre, bien qu'il me cause mille morts. Et me suis tousjours persuadé, que puis que par vostre souverain miracle ne m'aviez osté la facilité de parler, & d'implorer vostre mercy, ne me voudriez encor' desgarnir d'une esperance de retrouver un jour par vostre moyen ma vie qui à present (comme la Salamandre) prend nourriture par les flammes. Et où une trop grande disgrace ne pourray attaindre à telle felicité, seray comme le Phenix qui seul (en ma loyauté) auray causé ma mort d'un feu par moy trop folement allumé : ou comme l'indiscret Icare, qui pour audacieusement vouloir prendre mon vol trop hault, seray submergé és abismes & gouffres de tout malheur, & dira pour toute recompense ce populasse de moy, telle mort m'estre bien deuë, veu que seray tombé au fourneau par moy en ma destruction basty. He dieux, quel piteux loyer & guerdon d'un long & cordial service ! Sera doncq' par vous permis, ma Damoiselle, qu'un loyal serviteur, un si affectionné amant tombe en tel opprobre du monde ? Sera dit qu'aux dieux & déesses n'y aura plus misericorde, & vous, par vostre seul exemple, nous en porterez tesmoignage ? Ja à Dieu ne plaise qu'en beauté si excellente loge si grande cruauté. Et si ainsi estoit que choses si contraires s'accouplassent ensemblement, à bon droit pourrois-je penser le renouveller en vous ce vieux Chaos, pour ruiner & mettre en fin toute ceste ronde machine. Or n'en sera-t'il ainsi, & ne tomberons, si Dieu plaist, sur ces ertes : car encores trop se plaist nature à fabriquer belles creatures, desquelles elle vous a estably parangon, aussi-bien que de douceur & pitié. Laquelle je vous supplie, ma Damoiselle, exercer envers vostre Monophile, les discours duquel je vous ay voulu envoyer comme vray pourtrait & image de l'amitié que je vous porte : qui jamais ne prendra fin, tant que ceste pauvre affligée ame sera residente en ce mien corps ; & si apres la mort y a souvenance du passé, encores demeurera tousjours en vous, celuy qui est vostre tres-humble & affectionné servant, Estienne Pasquier.

LETTRE VI.

JE m'esbattois dernierement avec quelques miens amis, & estoit mon esbat tel, qu'apres une longue suite du jeu, je trouvay que cest esbat se tournoit à ma grand' perte. En façon qu'apres avoir employé tous mes cinq sens de nature (comme on dit) je ne peus toutesfois trouver en moy aucun moyen de recousse : quand soudain remettant en ma memoire vostre grande beauté (voyez je vous supplie, ma Damoiselle quels miracles exercez en moy) toutes les fois que j'invoquay vostre nom (vostre nom pourtant couvert, & celuy soubs lequel j'adore vostre divinité) autant de fois rencontray-je le hazard de la fortune s'encliner en ma faveur. Mais quoy ? telle fut l'issuë du jeu, que gaignant soubs vostre protection, je me sentis si perdu, que depuis ce temps ne m'est demeuré espoir ou envie de jamais me retrouver. Que dy-je toutesfois perdu, si je me retrouve en vous, Damoiselle, qui d'un mesme trait m'avez perdu & gaigné ? Si encores pour ce coup le son de mon bruict & clameur peut penetrer en vos oreilles, par Dieu ne permettez se perdre celuy, en la perte duquel ne pouvez butiner autre chose que repentance à l'avenir : quand apres longues prieres & instances recognoistrez pour tout profit de vostre gain, avoir sans plus desarroyé & mis en fuyte l'un de vos meilleurs serviteurs.

LETTRE VII.

JE ne defirois point de vos lettres, fçachant que voſtre main malade ne le permettoit, ains ſeulement quelques recommandations de bouche, par quelque malotru : mais puis qu'il y a tant de braverie en vous de defdaigner en ceſte façon vos amis, or ſus encores que la trefve generale ait eſté publiée par toute la France, ſi vous veux-je denoncer une forte guerre de vous à moy. Et vrayement, ce ne fut pas ſans raiſon qu'à noſtre premiere entreveuë je vous appellay gloire de Niquée. Car que le Ciel, ample diſtributeur de ſes graces, ait mis trop de belles & bonnes parties de l'ancienne Niquée en vous, il n'y a celuy qui ne le voye; & le voyant, ne perde la veuë. Mais qu'à la ſuite de cela n'ayez auſſi pris trop de gloire pour voſtre partage, vos déportemens me le font maintenant paroiſtre. Je ſçay bien qu'enflée du vent de tant de principautez & grandeurs, qui vous vont voir en proceſſion, mettrez à nonchaloir ce que je vous eſcris. Ha! pauvre Angelique, où es-tu, qui pourſuivie d'uns Roland, Renault, Sacripaut, Ferragus, Rodomont, & infinis autres Princes, grands Seigneurs & Cavaliers, mis ſous pieds toutes leurs pourſuites, pour t'attacher à un petit Medor? Ce temps-là ſe gouvernoit plus par devotion, que ceremonie, me direz-vous : non, non, ne penſez que Dieu ne me faſſe raiſon du tort que me tenez. Eſtimez-vous que le mal de voſtre bras provienne de voſtre corps? Il vient, certes, de plus haut. N'en attendez pas moins de vos yeux que ſçavez ſi bien élancer. Je vous prognoſtique en brief un aveuglement. Mais pourquoy en brief, puis qu'eſtes deſja ſi aveuglée que méconnoiſſez vos meilleurs amis? Croyez que ſi ne reparez la faute, vous aurez un trompette en moy, pour corner par tout l'univers voſtre orgueil. Cette-cy doncques eſt un cartel de deffy que je vous envoye. Si voulez la guerre, elle vous eſt ouverte; ſi la paix, elle vous eſt auſſi offerte. Brief, vous recevrez cette lettre de la part de celuy qui eſt envers vous tout tel que deſirez.

LETTRE VIII.

VOus ne voulez doncques recevoir mon cartel de deffy, qu'en qualité de mon ennemie; & lors que ne voudrez plus que je vive, prenez garde qu'il n'y euſt plus de danger l'acceptant en qualité de bonne amie : parce qu'il y a tant de traits en vous qui peuvent perdre vos amis, que je penſe l'Amour n'avoit choiſi autre fort pour déſcocher ſes fléches, que dedans vos yeux. Toutesfois ne penſez pas me piaffer : car contre tous ces avantages dont nature vous a doüée au deſavantage des autres Dames, & Damoyſelles, j'entens vous combattre d'autres armes qui ne ſont pas de moindre eſtoffe, je veux dire, d'une ferme volonté & affection. Et j'ay appris des vieux guerriers en ce ſubjet, qu'il n'y a point de plus belles & promptes armes pour renverſer l'opinion d'une maiſtreſſe reveſche, que de s'opiniaſtrer en la bien aymant. C'eſt pourquoy penſant ma querelle juſte, fondée ſur une infinité de raiſons, qu'on peut lire en voſtre viſage, je ne perdray une ſeule occaſion pour en avoir le deſſus. Et déja me le promets-je, quand je conſidere que par une nouvelle coüardiſe vous avez abandonné la bonne ville de Paris, pour vous blotir dans une maiſon des champs, afin de m'oſter tout moyen de vous aſſaillir : toutesfois j'eſpere que le temps m'en vangera; quelque faux pretexte qu'apportiez pour excuſer voſtre abſence.

LETTRE IX.

DE quel parfum, ma Damoiſelle, charmaſtes-vous le bouquet, que me donnaſtes dernierement, par lequel il faut que je meure? Vrayement, je ne puis penſer que dedans ces petites fleurs ſi bien compaſſées enſemble, il n'y euſt quelque influence de voſtre divinité : à l'odeur de laquelle je ne me ſens moins éperdu que jadis ces bons vieux rameaux, lors qu'ils entroient és alterez, pour prophetiſer aux paſſans. Mais pourquoy éperdu en fureur! veu que ce tant divin bouquet pronoſtique je ne ſçay quoy de calme & bonace aprés une longue tormente? O bouquet que mille & mille fois je fleure! O main qui me le livra, que cent mille fois je baiſe! Mais toy, bonne volonté qui acheminas ceſte main d'un cœur gay, & non hypocrite, je t'adore, je t'adore avecques toute humilité. Pluſtoſt me ſoit une mort, & encore une autre mort prochaine, que jamais je te mette en oubly. Et prendra ceſtuy bouquet, contre le cours de nature, telles racines dedans moy, que j'eſpere par mon labeur le faire quelque jour plus croiſtre, que ne font ces grands chaiſnes des foreſts qui apparoiſſent immortels. Tu croiſtras doncques, mon bouquet, mais avecques telle intention, que reverdiſſant par mes œuvres, jamais ne ſe ternira en mon la memoire de celle qui te vouloit compoſer de tant de fleurs, pour en amaſſer un million d'autres en mon eſprit, qui luy ſont du tout dediées. Tu croiſtras; & croiſtant, cognoiſtra la poſterité que quelque choſe que les Poëtes ayent jadis menſongé, rien ne furent pour ton reſpect, ny les arbres, ny les fleurs deſtinées pour la reſerve de leurs dieux. Tu fus par ma déeſſe ſacré: & d'autant t'eſtime-je plus, que ſans parole, ny ſans fable, as déja ouvert un tel eſchange en moy, que d'un eſprit ſot & terreſtre, auquel n'agueres je vivois, je ſens quelques cas du celeſte ſe vivifier dans mes os. Prens doncques, ma déeſſe, prens doncques ceſte unique devotion, recognoiſſance de ton bienfait : de toy je tiens mon meilleur, à toy auſſi je le voüe, & t'en preſente la déſpouille, bien qu'elle n'entre en comparaiſon avecques la victoire que tu as gaignée ſur moy.

LETTRE X.

Heureux vraiment ceſt ancien Chaos,
Qui meſlant l'air, le feu, la terre, & l'onde,
Sous ſoy couvoit cette machine ronde,
Dont fut l'Amour de l'univers éſclos.
Cruel celuy qui regne dans mes os,

Un chauld, un froid peſle-meſle y abonde,
Ame immobile, errante & vagabonde,
Deſir ſans frein de tout eſpoir forclos.
Or' doucement mes penſées je guide,
Puis tout à coup leur laſchant toute bride,

Comme

Comme un cheval eschapé je bondy.
De moy je suis furieux en moy-mesme,
Et bien-heureux malheureux je ne m'aime
Pour trop aymer celle que je ne dy.

O combien seroit trop & trop heureuse la condition de nous autres, si nous pouvions dresser voye à nostre passagere vie, sans nous arrester à l'Amour! Amour, tu fus le premier qui t'advanturas de sortir de ce lourd & rude Chaos, pour façonner & mettre en ordre toute ceste ronde machine: mais tu entras en mon esprit pour y faire regner un Chaos. Le ciel, bien que d'une lointaine distance semble s'eslongner de nous autres, si voyons-nous toutesfois, par sa grande benignité se gouverner toutes choses, qui naissent sur ceste terre : le chaud, le froid, l'humide, le sec : encor' que par diversitez de nature, se soient liguez l'un contre l'autre, si les voyons-nous neantmoins par une naturelle concorde, entretenir cest univers; brief, toutes choses de ce monde, par un discord bien accordé, compatir l'une avec l'autre : moy seul entre les animaux, soit raisonnables, ou sensitifs, ne puis vivre avec celle, sans laquelle je ne puis vivre: moy seul, moy seul, dy-je, ne puis durer avec celle, sans laquelle je ne puis durer. Que puis-je donc souhaiter autre chose, puis que tel est ce Chaos, qui gouverne mes sentimens, sinon un renouvellement du vieil & ancien Chaos? Auquel, Amour, tout ainsi que premier en sortis, aussi premier te reformes, pour acculer & mettre à fin tout d'un moyen, & ma vie, & mes miserables pensées.

LETTRE XI.

D'Où vient cela, je vous prie, d'où vient cela, que plus je me veux composer à tenir mes amours secrettes, plus je les voy divulguées & esparses parmy un peuple? D'où vient encores cela, je vous supplie, ma Damoyselle, que plus mon entendement se transporte & passionne pour vous, plus je me trouve desnué, & plus un peuple va presumant qu'il y ait martel en ma teste : & au contraire, vous presumez que le deffaut de mes propos vienne d'un deffaut d'amitié. Et si par advanture il eschet que mon esprit se vivifie par la saffreté de vostre œil, entrez soudain en soupçon que ce plaisir me soit causé par un autre qui m'ait fait plus de faveur que vostre cruauté ne m'octroye. O estrangeté de mon sort! Quel train voulez-vous que je tienne? Voulez-vous que tousjours je parle? ma demeurée me le deffend. Voulez-vous tousjours je me taise? vostre œil, vostre face, vos façons quelquefois ne le veulent pas: mais s'il vous vient plus à plaisir que je me taise, ou que je parle, & qu'en l'un ou l'autre me vouliez establir loy, faites, Damoyselle, faites que les passions qui vous sont par fois repugnantes, & s'envahissent de vous, n'eschangent en rien vos manieres : & lors, comme je croy, vous verrez qu'à la mesure & proportion de vostre clair Soleil, mes façons gayes se regleront, comme la fleur de la Soucie à la suitte de ce grand Soleil qui esclaire par tout ce monde.

LETTRE XII.

MA Damoyselle, vous n'estes point ignorante qu'il y a tantost trois ans que fortune voulut guider en tel accez mes pensées, qu'oubliant mes anciennes façons, je me soubmis du tout à vostre mercy : sous esperance vrayement d'arriver quelque jour au port où tout nautonnier dresse ses voiles & vœux pendant une longue tourmente. Ce neantmoins, je ne sçay comment avez tousjours tellement tenu le gouvernail de ma volonté, que me singlant vers un espoir, m'avez ancré en une crainte : en maniere que quelque chose que j'eusse projetté en moy avec deliberation bien meure, soudain estoit effacée par la presence de vostre majesté. Ainsi me fermiez le passage, me remettant devant les yeux vostre honneur, & ensemble l'entretenement de nostre amitié, & autres telles raisons, non considerables en soy, pour le regard de l'amour, & toutesfois considerables en mon endroit comme venans de vostre part. Car en quel point pourrois-je contrevenir, ou retiver à vostre commandement? Toutesfois, ma Damoiselle, si devez-vous estimer que lorsque je mis ma puissance entre vos mains, vous ayant abandonné tout le reste, ce seul point demeura en moy : c'est la puissance & liberté de reclamer vostre aide. Vous seule entamastes la playe, & vous seule la consoliderez. Estimeriez-vous que l'Amour fust si ennemy à soy-mesme, que contre l'ordre de nature, il ne dressast tousjours ses voiles vers son seul fanal & dernier refuge de ses miseres? Je sçay bien, ma Damoyselle, que le grand distributeur de ses graces vous en a fait si bonne part, que si l'aviez entrepris, pourriez tyranniser sur l'amour: qui me donne plus grand loisir de representer en moy-mesme la temerité que ce m'est de vous addresser mes prieres. Mais ne sçavez-vous pas aussi que les offrandes des plus petits sont aussi agreables aux saincts, comme celles des plus grands Princes? C'est pourquoy je vous supplie, ma déesse, avoir esgard, non à la qualité, ains au cœur: & guidant vostre faveur & bonté, selon la proportion de vostre excellence, ne desdaignez à mercy celuy qui ne voudroit espargner sa vie en vostre service: sa vie? ains mesme son ame propre, laquelle ne trouvera onc contentement, sinon celuy qu'elle espere, & se promet trouver en vostre paradis : auquel si par longue & cordiale devotion y a quelque acheminement, je pense que la porte ne m'en sera du tout close.

LETTRE XIII.

MA Damoiselle, ayant passé quelques jours en cette ville de Paris avec Monsieur de la Croix vostre affectionné serviteur, & l'un de mes meilleurs amis, je pensay ne pouvoir faire chose plus pour mon advantage, que de luy donner à entendre par toutes voyes & manieres de combien s'accroissoit de jour en jour pour mon regard cette amitié, qui est ja entre luy & moy conceuë de longue main. Or m'ayant descouvert toutes les particularitez (comme à son plus cher secretaire) mesme de l'entiere servitude qu'il a en vous, j'ay pensé ne luy pouvoir mieux congratuler à son départ, que vous escrivant la presente. Non que je ne fusse bien asseuré que dés l'entrée de ceste lettre ne deussiez trouver fort estrange, voire m'imputer à grande legereté d'esprit, la hardiesse que j'en ay pris: n'ayant de vous aucune cognoissance, que celle que j'en ay peu prendre par les discours qu'il m'en a faits. Mais aussi m'asseure-je bien que là où il y auroit aucune faute en cest endroit de ma part,
elle

elle trouvera quelque excuse & satisfaction en vous. Et ne fust-ce qu'en faveur de celuy, lequel si auparavant j'ay eu en reputation d'homme d'esprit, maintenant l'estimeray-je beaucoup plus & mieux appris, pour avoir adressé ses vœux à l'endroit d'une telle saincte où repose toute misericorde & pitié. Qui m'a fait plus hazardeusement mettre la plume au papier, esperant que toute ma temerité seroit couverte & effacée, par vostre debonnaireté, soubs la protection de laquelle je suis forcé me rendre vostre : sans pretendre ce neantmoins faire tort à la Croix, de la volonté duquel disposez comme de la vostre. Mais vous sçavez que si par un commun accord de nature, les volontez de luy & moy se sont unies ensemblement, que luy s'estant voüé à vous, il me seroit impossible m'exempter de vostre service : à la poursuite duquel, j'espere me porter en telle sorte, que cestuy mien amy & moy diviserons nos offices sans aucune jalousie : luy, en esperance d'un jour avoir en vous telle part, comme sa devotion merite : & moy en perpetuelle contemplation & plaisir du contentement que je pense que recevez l'un de l'autre de vos affections reciproques; ausquelles je prie Dieu vous donner tel accomplissement, que tout autre voulant faire estat d'amour, apprenne par vostre exemple aimer de pensée & de cœur : duquel, ma Damoiselle, je me recommande du tout à vostre bonne grace.

LETTRE XIV

VOs lettres m'ont apporté plaisir & desplaisir tout ensemble : plaisir, voyant que vous estes souvenuë de moy : desplaisir, pour la colique dont avez été tourmentée ainsi que m'escrivez. Cette espece de maladie est appellée par le commun peuple, colique passion, pour estre l'une des plus aiguës de toutes les autres. D'une chose vous veux-je advertir pour le salut de vostre corps, & de vostre ame. Les Medecins sont d'advis que les maladies sont causées par toutes les humeurs peccantes de nos corps : or moy grand medecin de l'ame, j'estime qu'elles viennent des humeurs picquantes de nos ames. Dieu se ramentoit à nous par elles, afin de nous amender: mettez la main sur vostre conscience, & recognoissez si n'estes point cause de plusieurs coliques passions aux cœurs d'uns & autres honnestes Gentils-hommes. De ma part, je vy en cette ferme foy, que Dieu vous en a voulu chastier par une colique passion du corps qui n'est qu'une image de celle de l'ame. Je vous en parle comme celuy qui fais estat de vous aimer, honorer, & bien conseiller. Et toutesfois je me doute pas pour cela n'en amenderez vostre vie, tant estes obstinée en vostre peché, voire que lisant la presente, vous en rirez, au lieu de la tourner à vostre édification. C'est pourquoy je suis contraint vous annoncer vostre malheur à mon grand regret, qui ne sera pas moindre que de la punition des villes de Sodome & Gomorrhe, lesquelles pour s'estre rendues incorrigibles en leurs pechez, furent arses de fonds en comble : ainsi prenant vostre plaisir de bruler une infinité de personnes, si Dieu n'a pitié de vous, je m'asseure que vous-mesme serez quelque jour punie de mesme peine, & paravanture pour tel qui ne s'en souciera pas. Du premier, je n'en seray point marry: du second, Dieu vous en gard. L'ancienne pratique d'Amour estoit, qu'il n'y avoit point plus grand charme pour gaigner le cœur d'une maistresse revesche, qu'en la bien aimant.

Qui fuit l'Amour, Amour le suit,
Qui suit l'Amour, Amour le fuit :

disoit nostre vieux Roman de la Rose. Mais maintenant comme nous vivons en un monde renversé, aussi s'est insinuée au milieu de nous, une malheureuse heresie, qu'il faut desdaigner l'Amour par celuy qui veut estre aimé de sa Dame. C'est une leçon que nous avons apprise d'Arioste en son Roland le furieux, sur laquelle j'ay tracé cette chanson dont le refrain de chaque couplet est:

Qui fuit l'Amour, Amour le suit,
Qui suit l'Amour, Amour le fuit.

Malheureux Amour dont procede
Que plus je m'abandonne au deduit,
Où ta folie nous reduit,
Et moins ma Dame je possede ?
Dont vient que d'une feinte bonte
Cette desdaigneuse me fuit,
Et qu'au contraire elle poursuit
Celuy qui d'elle ne fait conte ?
Il faut bannir de sa pensée
Que l'aimer à aimer induit :
Tel en fut autrefois le bruit,
Mais la saison en est passée.

Aye d'Amour l'ame enflammée,
Cela, pauvre sot, te destruit,
Un autre en raporte le fruit,
Et toy seulement la fumée.
Le chaud Amour envers nos Dames
Une glace en elles produit;
Celuy qui au mespris est duit,
Allume un brasier dans leurs ames.

Veux tu sçavoir d'Amour la gloire,
C'est à obscurcir ce qui reluit,
De changer en clarté la nuit,
Par un esprit contradictoire.
Aussi des femmes la coustume,
C'est de fuir ce qui leur duit,
Et de choisir ce qui leur nuit,
Toutes faites sur une enclume.
Dame, en qui le mespris habite,
Afin d'éviter tout circuit,
Puisque ton Amour tant me cuit,
Demeurons tous deux quite à quite.

Qui fuit l'Amour, Amour le suit.
Qui suit l'Amour, Amour le fuit.

Vous me direz que je joüe par cette lettre deux personnages incompatibles, de Theologien, & d'Amoureux. Je ne vous ay pas dit que je fusse Theologien, ains seulement medecin de l'ame : & je ne dis rien qui n'apporte medecine à vos opinions. Quant au surplus, je desire grandement sçavoir comme se portent les pourchas que l'on fait de vostre mariage. A Dieu.

LETTRE XV.

EN quelque façon que ce soit, vostre esprit est toujours disposé à vous contenter le premier, & à vous rendre admirable à ceux qui ont cest honneur de vous frequenter. De moy, je vous trouve si riche, si heureux, & de si belle humeur, que ne vous devez plaire qu'avecque vous-mesme. Or quant à ce que dites que vous croyez que le ciel m'a voulu punir par les douleurs que j'ay senties de ma colique, pour avoir comme ingrate, laissé de la passion à ceux, pour lesquels je n'en veux avoir, je l'advoueray ; mais ce sera à condition que croirez, s'il vous plaist, que privée maintenant de la conference de vostre bel esprit, vous m'avez plus apporté de passions à souffrir, & de regrets qu'il n'en peut naistre és ames de tous les amoureux transis. Il ne faut doncques rien accuser que vostre vertu, & mon honneste desir, lequel, certes, j'assujettiray tousjours à servir celuy qui pour son merite pourra autant acquerir de pouvoir sur moy, que vous en avez. Au regard de mon mariage, j'ay donné congé à quelques importuns, fors à un qui j'estime la plus belle image que je puisse voir. Et neantmoins je ne recevray en moy aucune opinion, que je n'en aye premierement vostre bon conseil : me recommandant, Monsieur, à vos bonnes graces.

LETTRE XVI.

MA Damoiselle, puis que d'une si prompte volonté avez tant osé entreprendre sur vous & sur vostre honneur, que de sonciter en mon absence ce mien serviteur, lequel mandastes hier querir, pour le trouver aujourd'huy du matin à vostre lever (qui est, comme il est facile à voir, & comme je suis tres asseuré, pour luy faire part de vostre meilleur) je le vous ay bien voulu envoyer pour ne vous desobeïr, & semblablement la presente, braffe d'honneur de toutes dames, entre lesquelles si par le passé je vous avois tousjours en bonne estime & reputation, je vous veux bien à present aviser que je ne trouve ce tour bon, ny honneste. Et m'en rapporteray à la commune de toutes femmes faisans profession de vertu. Ains me semble, puis que si avant vouliez lascher les resnes à vos passions, que deviez choisir heure plus deuë, sans encourir tel scandal, & vous adresser à homme de plus grand merite, & d'autre calibre, que celuy duquel ne sçauriez recevoir que toute honte & vergongne. Et combien que jamais ne m'entra en l'esprit vouloir chose que je sceusse redonder à vostre desavantage, & où je l'entreprendray, ce sera à mon grandissime regret : toutesfois voyant que vous oubliez si avant, aussi m'oublieray-je ce coup : non sous aucune esperance de maculer vostre honneur, ains pour la seule envie que j'ay de le maintenir contre vous-mesme, que je voy si avantageuse à le prosterner. Ne voulant point sur ces erres que ne me mettiez en jeu l'amour n'avoir acception de personnes. Car telle est la commune excuse des amans. Mais laissant telles disputes en arriere, qui me semblent gesir plus en la parole qu'en l'effet, je me suis resolu (pour la grande obligation dont je demeure redevable envers toutes les prudes femmes) prendre la cause de vostre honneur, à l'encontre de vostre desordonnée volonté : laquelle je maintiendray contre tous à tres-grand tort vouloir tacher & maculer chose si precieuse à l'endroit d'homme de si peu de valuë. Je ne sçay s'il s'offrira chevalier qui se mette à vostre party : toutesfois s'il s'en rencontre, il trouvera en moy homme qui l'en pourra faire repentir : tant est ma querelle juste : en laquelle si je ne pensois vous porter plus de faveur & d'amitié, que vous-mesme ne vous portez, jamais ne me fusse ingeré à la poursuite. Pourtant vous supplieray-je tres-humblement ne m'en sçavoir maltalent. Car par ce seul effect pouvez-vous assez amplement cognoistre en quelle sorte j'entreprendrois la defense de vostre honneur à l'endroit des estrangers, veu que contre vous-mesme je m'estudie le deffendre. Et si je ne puis impetrer tant de grace de vous, de penser que tout ce que je brasse, est seulement moyenne pour vostre avantage, je me soubmettray à la mercy du temps, lequel (comme j'espere) vous pourra quelque jour faire trouver doux, ce que peut-estre pour le present trouverez de trop aigre digestion. Et de ce en supplieray-je le haut Dieu, lequel seul je prieray resmoigner de ma sincere affection. Vous protestant, ma Damoyselle, par celuy mesme Dieu que je viens d'appeller à tesmoing, que ny maligne jalousie, ny outrecuidée volonté (quelque cas que de prime face il vous puisse sembler) ne m'ont appellé à une si haute entreprise. Laquelle je me delibere parfournir & mettre à fin, si Dieu plaist, incontinent que m'aurez mis homme sur le champ pour soustenir vostre querelle. Et sera l'issuë de ce combat telle, qu'en tout évenement recevray un extreme contentement. Car où il ne plaira à fortune favoriser le succés de ceste mienne volonté ; quelle extremité de plaisir pensez-vous que je recevray, me voyant vaincu & mis jus, pour retourner ceste victoire à l'illustration de vostre renom & louange: & là où il plaira à Dieu m'envoyer le dessus, pour le moins vous pourrez-vous vanter en tous lieux avoir un serviteur en moy, plus soucieux de vostre honneur que vous-mesme. Ainsi à bien bon & juste droit me retiendrez-vous des vostres. Je m'estendrois sur ce, en plus long propos, si je ne craignois encourir en vostre endroit l'opinion de grand parleur, & petit executeur. Or pour de demeurer tel envers vous, avisez (ma Damoiselle) derechef, chevalier propre pour se soubmettre u hazard de ce combat, auquel je vous penseray defendre : car telle est la deliberation de celuy qui vous est destiné de tout temps. Le chevalier du parc d'honneur.

LETTRE XVII.

PEndant que je ne sçay autre chose faire que d'entretenir mes pensées (ma Damoyselle, qu'il y a assez long temps qu'on ne voit) je vous ay escrit cette chanson, tesmoignage de ma loyauté. Au surplus, si en la lisant vous riez, aussi a fait son autheur en la composant. Et ne l'a faite pour autre fin, sinon à ce que les Dames recognoissans par icelle, la servitude qu'il a en elles, le prennent quelque jour à mercy. Je vous escrirois davantage ; mais quelques pensées qui me sont de nouveau survenuës, m'y donnent empeschement. Car aprés vous avoir donné lieu, aussi faut-il pour mon acquis traicter les autres : priant Dieu, ma Damoiselle, vous donner autant d'arrest en vostre maison (afin qu'une autrefois vous allant voir, je n'y aille à fausses enseignes) comme il y en a en mes amours, ainsi que vous pourra mieux apprendre la chanson que je vous envoye.

LETTRE XVIII.

J'Avois par quelque temps estimé que l'amitié que me portez, estoit grande en perfection. Et ce qui m'induisoit à le croire, estoit que la commune frequentation que nous avions de l'un à l'autre, m'avoit fait imprimer je ne sçay quelle opinion de similitude de mœurs, qui se representoient en vous, comme en l'image de moy-mesme. Je ne sçay certainement si ceste opinion estoit lors fausse ; toutesfois l'extreme ardeur que j'avois en vous, me l'avoit ainsi fait accroire. Las! quantesfois ay-je deduict non seulement en moy-mesme, mais en tout honneste lieu, la plus grand'partie de vostre complexion & nature, la rapportant à la mienne ! Estimant qu'il y eust quelque sympathie & symbolization ensemble. Elle est de telle & telle nature (disois-je) & je n'en suis point abhorrant : nature l'a voulu embellir de telle grace ou maniere, & par-adventure recognois-je n'en estre du tout desgarny. Ha combien m'a esté tel pensement aggreable! Je proteste le grand Dieu, & appelle en tesmoing ceste amitié, laquelle je sens maintenant se transformer en desdain, si bien souvent ce pense (bien que ce fust un fantosme, comme depuis j'ay descouvert) ne m'a donné plus de plaisir, que tous les plaisirs de ce monde. Et toutesfois, Damoiselle, que j'ay tant aymée, (amour encore me force de t'appeller par son nom, bien que tu ne le merites) j'estois tellement esbloüy, que m'induisant facilement à croire telles conformitez, je ne voyois ce neantmoins la grande diversité de nos sexes. Ha Dame! je vous supplie, permettez que j'use de ceste parole. Je ne cognoissois vrayement que tu estois née femme, femme, dy-je, non discordante de la complexion des autres, & preste à te descouvrir telle à la longue, comme l'exemple m'en a fait sage, mais toutesfois sur le tard, & à mes propres cousts & despens : tellement qu'en recompense du long temps que j'ay despendu après toy, ne m'en reste que penitence. Et toutesfois si faut-il que je le die (mais pourquoy neantmoins le dy-je ?) que c'est par extreme force, qu'il faut que je m'en resente. Et bien que je recognoisse à veuë d'œil, le tort que tu m'as pourchassé, non seulement de ceste heure, ains depuis le commencement de mon amour, pendant lequel temps tu t'es si bien sceu masquer, si m'en retire-je contre mon cœur & volonté : laquelle toutesfois (puisque c'est un faire le faut) je me delibere ranger soubs la conduicte de raison : à la charge que si maintenant je ne bastis autre chose qu'un regret dans mon esprit, qu'à la longue je t'en dresseray un semblable, encore que pour le present, esbloüye d'un sot orgueil, tu n'en ayes cognoissance.

LETTRE XIX.

JE m'en desdy, Mademoiselle, je m'en desdy, & ne croy point que tel blaspheme entra jamais en mon esprit, qui n'eus oncques en la pensée, sinon vous faire sacrifice de mon meilleur. Pourriez-vous bien estimer que jamais telles parolles eussent pris source de moy? Jamais ne le permette le ciel, lequel dés le temps de mon enfance, me destina pour cognoistre & admirer les excellentes perfections dont nature vous composa, pour puis les ayant descouvertes, vous servir d'un bon & fidelle trompette envers le peuple. Et si peut-estre il est sorty un propos trop aigre de moy, permettez, pour Dieu, ma décile, que si tost ainsi que l'amour me moyenne par vostre faveur une infinité de plaisirs, aussi que par autresfois, contrebalançant ses graces, il me rudoye & aiguillonne de ses poignantes & redoutées morsures. Mais pourquoy toutesfois morsures ? Jamais, jamais ce propos ne prit son addresse de moy. Et si paravanture il en est sorty quelque estincelle, estimez de grace, ma Damoiselle, que ma main lors endormie jouoit tout autre rolle que ne luy dictoit mon esprit. Car tant que Pasquier vivra, tant il publieront vos loüanges, avec q'eternelle asseurance d'une fidelle servitude, laquelle il vous a jurée. Parce qu'estant tout transformé en vous, ne peut autre chose penser, sinon que de s'estudier à l'accroissement de vous: pensant par un mesme moyen vacquer à l'exaltation de soy-mesme. Et pource, puis qu'ainsi ont voulu les Cieux, nous accoupler ensemblement, pour une paire de vrays amans: pour Dieu, ne croyez (ô mon tout) encor qu'il fust à presumer, lisant les precedentes lettres, qu'elles vinssent de ma part, qu'elles soient issuës de moy. Car si grande est l'affection que j'ay en vous, que combien que les eusse escriptes, si dementirois-je & mescognoistrois-je ma main : & ne me pourrois faire entendre d'avoir esventé ces mots, du tout eslongnez de ce que je pense & ressent. Trop grande est vostre excellence: trop grande est ceste puissance, qu'avez conquise sur moy. Et telle que combien que je visse à l'œil, que me voulussiez pourchasser quelque tort, si ne me pourrois-je semondre aucunement à le croire. Et oresque je le peusse, la volonté en seroit du tout eslongnée. Quoy que ce soit, ma Damoiselle, je vous prie abandonner le soupçon & mal-talent, que pourriez en avoir conceu : à la charge de me soubmettre à tel debvoir de penitence, qu'il vous plaira m'ordonner : pour avoir seulement esté motif de vous donner ouverture à opinion si estrange, & lointaine de nostre sacrée amitié : au dessous de laquelle avons appendus nos deux cœurs, pour servir d'exemple & memoire à tout homme qui voudra faire estat d'amour.

LETTRE XX.

O Douteuse loyauté ! ô legereté trop constante ! Qui eust jamais estimé, que d'une ardeur si vehemente, la fin se deust convertir en si passable fumée ? Estoit-ce la promesse que tu me faisois, lors que distillant mon ame par tes yeux, tu me jurois que premier, & dés ta premiere enfance, j'estois entré en possession de ton cœur, & que tout le temps de ma vie j'en demeureroisemparé ? Ha Cieux ! pour Dieu, telle offense, & ne permettez que ma foy soit ainsi recompensée d'une inconstance esvolée. Estoit-ce pour me rendre tien, que tu me tenois tels propos ? Las! tu sçavois, & t'estoit trop manifeste, que tellement je m'estois à toy dedié, que plus je n'y pouvois estre. Estoit-ce donc pour me nourrir & allaicter tousjours en vaine esperance? Ha! amour, amour, à la mienne volonté qu'ainsi eust permis mon destin, qu'autant m'eust esté difficile d'adjouster foy à tes sermens, comme il m'est maintenant estrange de me deschevestrer de tes liens. Je le sçay, & cognois certainement le tour que tu m'as brassé : ce neantmoins, encor qu'il soit trop manifeste & ouvert, si ne le le puis-je, ny ne veux imprimer dedans ma pensée. O que grande est la puissance d'une amour engravée de longue main! Je me plains doncques de toy, Amour, je me plains de toy, puisque telle est ta nature. Ta nature s'est trouvée en moy fantasque & bizarre, de me faire accroire chose, bien qu'elle fust esloignée de toute marque de verité, & toutesfois je l'ay creuë. Car tu me forçois de la croire. Et maintenant tu m'empesches de prester foy en chose que je voy oculairement estre vraye. Mais si tes façons sont si sottes, ne dois-je pas de beaucoup plus detester les complexions de celle, qui s'est ainsi sans aucun mien demerite, jouée de moy? & par un mesme traict detester encore les miennes, de m'estre ainsi laissé aller à l'abandon, & mercy de la plus desloyale femme, qui oncques nasquit soubs le Ciel?

LETTRE XXI.

Telle a été la grandeur de la passion que je t'ay depuis assez long-temps portée, qu'encore que je m'asseurasse de la defectuosité de ton amour, au prix du mien, si n'ay-je jamais voulu tant commander sur mes forces, que j'aye en aucune sorte estudié à m'exempter de mon accoustumée servitude. Et de fait : tu sçais assez en combien de sortes & manieres je me suis tousjours parforcé te vaincre, par infinité de services, & t'attraire à mon amour, auquel toutesfois le seul affectionné desir, que tu pouvois descouvrir en moy, sans autre consideration, te devoit assez inviter. Or ay-je en cecy trouvé fortune si peu favorable, que ayant par long espace de temps usé mes ans, & mon esprit aprés toy, en recompense d'un tel labeur, je suis demeuré envers toy, pour tout guerdon, en reputation d'un sot. Certes, un sot me peux-tu bien estimer, de m'estre laissé aller si long-temps à ta mercy : quand je dy à ta mercy, j'entens d'une beste brute plus diversifiée qu'un Renard. Et non toutesfois un sot, si je descouvre les astuces, par lesquelles tu as sceu seduire en tes rets, non seulement celuy qui ne pretendoit en toy, que tout bien & honneur, mais aussi une infinité d'autres plus fins, desquels tu dresses trophée par tes ruses & meschancetez. Mais qu'est-il besoing que je les recite, si elles-mesmes se publient par tous endroits : si elles-mesmes sans autre trompette, que la leur, se rendent cognuës à chacun? O moy doncques lors trop hebeté & esbloüy par tes obscurs enchantemens, qui par l'espace de trois ou quatre ans, n'en ay descouvert que l'escorce, me laissant traisner en lesse, sous la conduite de tes traistreuses œillades! Vrayement faut-il qu'à bon droit je m'accuse, & desplore ma fortune : mais toutesfois sous telle loy, que tout ainsi qu'estant par toy ensorcelé, je desployay un temps mes forces en ta faveur donnant à entendre à un peuple, beaucoup plus d'excellent en toy, que ny toy ny ta race, n'eut oncques : ainsi vomissant le venin que j'ay ramassé dedans moy, desgorgeray de telle fureur contre toy, que l'univers cognoistra, non seulement le tort que tu me tiens, mais aussi l'outrage, que j'ay fait à toute la cour d'honnestes Dames, & Damoiselles, t'enregistrant en leur nombre. Et combien que je m'asseure bien, que peu te donneras de peine de ce que j'en escriray, ayant ja fait si grand' bresche à ton honneur, que la plus abandonnée femme du monde est plus soigneuse de son fait & renommée, que toy: si me sera-ce un plaisir, te faire apparoir pour telle que tu es, envers ceux, lesquels aujourd'huy tu aveugles par tes traits ensorcelez: qui paraventure, à mon exemple, esleveront leurs esprits pour recognoistre en toy, par effect, ce qu'ils descouvriront par mes œuvres. Ha sotte! estoit-ce ainsi en mon endroict, qu'il se falloit addresser, sous un espoir d'en faire quelque jour risée? Tu mesurois trop peu mes forces, pour le vouloir arranger avecq' un jeune aubureau, avecq' un quidam de sotart, avec un je ne sçay quel gentillastre: desquels si aujourd'huy tu te joues, peut-estre le meritent-ils. Mais quant à moy, tu pouvois bien estimer qu'un jour en revenant en moy, j'aurois ma revange à loisir, laquelle je poursuivray avecq' l'extremité de vengeance. Et te pouvois asseurer, que si par le moyen de ma plume, quelques-uns s'estoient induits à te porter reverence, que toutesfois que je voudrois, leur en ferois perdre l'opinion. Laquelle ce nonobstant j'aurois, peut-estre, trop de peine à desfacirer de leurs testes, n'estoit que desja tes meschantes manieres desmentent une partie des escripts, que quelquesfois j'ay voulu pour toy façonner. Soit doncque cette lettre premier point de mon amende honorable : & te promets de cognoistre doresnavant, de combien te sera profitable, avoir pratiqué tes jeux à l'endroict de celuy, qui ne pensoit qu'à te porter obeyssance; lequel ayant descouvert tes bons tours, te sera un autre Regnier, comme tu verras par effect.

LETTRE XXII.

Je n'eusse jamais pensé, que pour lieu de si peu de merite, j'eusse oncques conceu si grande douleur, comme celle dont que le present je me sens si fort molesté. Ceste chose veritablement descouvre à veuë d'œil, ou l'extremité de mon desastre, ou la grandeur de mon amour, à l'endroict de celle qui n'en est oncque capable. Mes dames, pardonnez moy : c'est à vous qui faites profession d'honneur, ausquelles se doit attribuer un tel titre, & non à celle, laquelle au lieu de me rendre l'amour pareille, m'a payé en faintises & trahisons, desquelles depuis trois ans elle m'a entretenu. Toutesfois l'en doy-je plustost accuser, que ma folie? luy doy-je improperer telle faute, plus qu'à moy-mesme? Amour, amour! c'est à toy qu'il faut que je me complaigne, de m'avoir ainsi esbloüy. Bien avois-je un temps pensé que grande estoit ta puissance; mais qu'elle fist apparoir choses autrement qu'elles ne sont, je ne l'eusse jamais pensé: ores, à mes despens, je le croy, mais sur le tard. Que me reste-t'il donc maintenant, sinon un perpetuel regret de toute ma vie passée? regret? non certes: car à telle saincte ne faut presenter telle offrande, ains au contraire dois estimer ma fortune, d'entrer à present en cognoissance de mon bien, lequel par si long-temps s'estoit de moy à fausses enseignes esgaré. Et toutesfois si ne puis-je avoir tel commandement sur mes forces, de m'exempter de douleur. Non pas pour l'amour de toy, Damoiselle desloyale trahitreuse, mais pource que tel est le but de ma destinée, auquel il faut que je me range. T'asseurant que d'autant qu'en cette nouvelle mutation & alienation de nos cœurs, je me baigne en pleurs & en souspirs, d'autant en demeurera mon esprit à la longue plus calme & tranquile.

LETTRE XXIII.

FAudra-t'il donc, qu'en pleurs & gemiſſemens ainſi je conſomme mes jours? faut-il qu'en un perpetuel enfer j'entretienne ainſi mes penſées? O que malheureux eſt celuy qui met ſon entente à l'Amour! bien l'avois-je un temps appris, par pluſieurs exemples & livres: à preſent le cognois-je à mes propres couſts & deſpens. Tant que j'ay été en l'amour, au bon plaiſir d'une femme, tant a été mon pauvre eſprit travaillé, en infinies ſortes & traverſes. Et ores que je pretendois, pour le repos & contentement de moy, m'en eſtranger, ores ſens-je les pointures de douleur plus aſpres que je ne fis oncques. Que dois-je donques eſtimer de mon eſprit, ſinon un Chaos & meſlange de toutes choſes, veu que l'Amour & la haine conçoivent en moy meſmes effects? Voire que ſi par fois l'Amour a fait que je me plaigniſſe de toy, te voyant ſi froide à me rendre l'affection reciproque, maintenant deſdain me commande à former plainte contre moy (non ſeulement contre toy) pour m'eſtre tant eſlongné de mon ſens à credit. Ah malheur, & malheur encores une fois! puis qu'il faut qu'un pauvre eſprit ſe conſomme & alambique en deſmeſurées paſſions. Je cognois qu'en vain je me tourmente, & le ſens, & le cerveau, & que peu te donnes de peine à mes lettres; & toutesfois ſi faut-il que contre ma volonté encores je t'adreſſe lettres. Je ſçay bien que t'eſcrivant je renouvelle une playe, que j'ay grand' envie d'eſtancher; ſi faut-il ce neantmoins contre tout ordre de nature, que me bleſſant je me guariſſe, & aggrandiſſant ma douleur, s'amoindriſſe, ſi bon luy ſemble. Je deſirerois volontiers te deſplaire en quelque maniere: & vomiſſant ceſte lettre, le fais en intention de te cauſer faſcherie. Ce nonobſtant, je m'aſſeure qu'au rebours de ce que j'appete, te baigneras au plaiſir que recevras, liſant mes douleurs & complaintes. De maniere que pour ſatisfaire à ma volonté, je ſuis contraict de me deſplaire. Que me ſeit donques la raiſon, qu'on me dit commander ſur les hommes, ſi ma douleur la tient en bride? O animaux! ô beſtes brutes de meilleure condition que nous autres! puis que guidez par un ſeul inſtinct de nature, eſmeus ſeulement du preſent, vous multipliez l'un en l'autre ſans ronger dans vous un Amour. Malheureuſe noſtre nature, laquelle pour s'eſtre emparée d'un entendement raiſonnable, d'autant s'eſt-elle donné par la cognoiſſance des choſes, plus de fatigue & moleſte. Que ſi telle euſt été ma fortune, d'eſtre hebeté comme la brute, Amour, Amour, ny la ſequelle d'Amour ne m'euſt reduit en telles alteres. Que veux-je dire hebeté? Mais moy, cent & cent fois plus hebeté, & deſpourveu d'entendement, qui non ſeulement ſuis tombé en la meſcognoiſſance de mon bien: mais de ma propre perſonne. De laquelle ſi j'entre ores en connoiſſance, je n'en remercieray ny le tour que tu me braſſas, ny le deſdain qui me ſemond à t'eſcrire, mais le temps, qui aprés une longue traiſnée, m'a oſté la taye des yeux.

LETTRE XXIV.

MAis pourquoy me donne-je peine pour choſe de ſi peu de merite? C'eſt à toy, dame traiſtreſſe & malheureuſe, qu'il faut deſplorer ta fortune, & non à moy. Car qui eſt plus heureux que moy, m'eſtant ainſi deſcheveſtré des rets d'une ſi grande ſorciere? Et toutefois tu ſçais aſſez quelle perte tu fais en moy, par l'alienation de nos cœurs. Se trouva-t'il oncques, je te prie, amant, je ne diray point des tiens, j'entens de toute autre femme, qui ait plus fait pour maiſtreſſe, que moy pour toy? Je n'ay point deſpendu mon corps, mon temps, mais le meilleur de mon ame en ton ſervice. Souvienne-t'en donques, ſouvienne, malheureuſe, & recognois ta grand' perte: ayant eſloigné de ton ſervice celuy qui n'euſt eſpargné ſa vie pour te complaire. Et ſi tu es ſi eſblouye en ton malheur, que deuil ne s'empare de toy: ô à combien plus de raiſon me dois-je maintenant conſoler, pour m'eſtre mis hors le joug de la puiſſance de celle qui n'avoit cure de moy? Et toutesfois ſi ne peut tant la raiſon maiſtriſer ſus ma paſſion, qu'encores je ne me deuille non pas à cauſe de toy; mais recognoiſſant le temps que j'ay employé à la pourſuite d'une femme, qui n'eſtoit d'aucun merite, ſans neanmoins que par l'eſpace de trois ans, je l'aye oncques ſceu deſcouvrir: je reſſembleray donques celuy lequel ayant été quelque temps detenu d'une groſſe fievre, eſtant revenu en ſanté, n'eſt neantmoins fortifié que par une traitte de temps: ainſi ſortant du long travail, duquel j'ay été longuement poſſedé par ton venimeux miel, reprendray petit à petit mes forces; juſques à ce qu'eſtant de tout point raſſis & conſolidé, je n'auray ſoucy ny de toy, ny de toutes celles qui te reſſemblent.

FIN DES LETTRES AMOUREUSES.

LES JEUX
POËTIQUES
D'ESTIENNE PASQUIER.

AU LECTEUR.

JE te presente mes Jeux Poëtiques, & ne t'en presente que ce qui te viendra à gré de lire. Ils ne m'ont rien cousté, les escrivant; je serois trés-marry qu'ils te coustassent quelque chose en les lisant: c'est une idée d'Amour, passant d'un long entrejet toutes les autres passions vulgaires de nos amoureux transis. Et certes, je ne sçay comment nous employons tous nos passe-temps au jeu des Dames: les uns au vif, & à bon escient; les autres, à petits semblants par escrits. Il n'est pas qu'à faute de l'un & de l'autre, le commun peuple n'employe ordinairement une partie de ses aprés-dinées au Jeu des Dames sur le tablier. Et tout ainsi qu'en ce jeu le hazard du dé s'en fait croire principalement; quelque conduite d'esprit que nous y apportions, ainsi est-il des deux autres jeux. Tel pense avoir acquis une bonne part sur sa Dame, qui se voit emporté d'emblée par un autre de moindre merite que luy: au contraire, tel pensoit estre loin du plat, qui y atteint inopinément. Le semblable advient-il aux escrits que nous consacrons à l'Amour. Plusieurs se promettent l'immortalité de leurs noms, en escrivant leurs saintes ou faintes passions, lesquels voyent mourir leurs œuvres devant eux: & les autres qui ne les composent que par maniere de risée, acquierent quelquesfois la faveur des ans. Quel sera le hazard de mes Jeux Poëtiques (ainsi me plaist-il les nommer) je ne m'en donne grande peine. Tu y verras tantost un jeune homme, pendant son aage d'innocence, esperduëment idolastre en un seul object; puis meurissant ses conceptions avec le temps, prendre pour sa livrée le changeant: de là, faire voile vers l'ambition, puis revenir mal à propos sur ses anciennes brisées d'Amour, en un aage qu'il sembloit n'y devoir estre aucunement disposé: & pour conclusion, deplorer enfin, & la misere de ce monde, & l'importunité de ses vieux ans. Mais en bonne foy, que dois-tu juger de ceste meslange? Si tu es homme d'entendement, tu diras, que c'est un theatre des affections humaines, que j'ay voulu representer soubs ma personne. En un mot, je laisse au grand Petrarque, pour closture de ses amours, un long repentir, & au pauvre Tasso une fureur d'esprit, dont il a esté traversé, pour s'estre obstinément aheurté à l'amour d'une grande Princesse. Car quant à moy, je veux qu'on sçache que j'ay pris pour mon partage, une liberté d'esprit, en descrivant ma servitude: brief, qu'en mes heures de relasche, je me joüe de l'amour, non luy de moy. Que si peut-estre tu estimes qu'en tous ces Jeux il y a quelque bien-seance, fors en une vieillesse amoureuse, quand je seray logé à l'enseigne du vieillard, je t'en diray des nouvelles. A Dieu.

LES JEUX POËTIQUES D'ESTIENNE PASQUIER.

PREMIERE PARTIE.

LOYAUTÉ.

I.

Ien que mes vers grossement je desployé,
Et qu'en ce lieu je vous presente un don
Non suffisant d'atteindre au parangon
Du plus petit que nostre France voye :
Si faut-il bien qu'un sot Amour foudroye,
Et plume, & ame, & cœur de son brandon,
Puisque de moi je voi le peu de bon,
Et toutefois je te vous donne en proye.
Je ne suis pas vrayement si mal appris,
Que je ne sçache assez que mes escrits
N'ont merité une immortelle vie :
Mais mon malheur veut que j'escrive en vain,
Mesme d'Amour, afin que d'une main
Vous cognoissiez doublement ma folie.

II.

Comme celuy qui d'une blanque pensé
Tirer tel heur qu'il s'est en soy promis,
Entre les mains de l'aveugle a remis
Tout le succez de sa douteuse chance :
Ainsi au sort d'une double puissance,
Dessous l'Amour aveugle, j'ay soubmis,
Et sous les ans, le plus beau qu'avoit mis
Mon fol destin en moy dés ma naissance.
Jamais d'Amour je ne tirai butin,
Quoiqu'un, & un, & autre buletin
De mon meilleur dans sa trousse je misse.
Mais toi, ô cours d'une posterité,
Si ma clameur ne te rend irrité,
Fai-moi trouver dans tes ans benefice.

III.

Amour estant, & Phœbus en dispute,
Lequel des deux estoit meilleur archer,

A En cest estrif, vont mon cœur attacher
Dedans tes yeux, & le mettent en bute.
Amour premier son arc turquois assute,
Et un traict d'or au millieu v: ficher ;
Phœbus aprés vient le sien decocher
De si droit fil, que mon cœur il debute.
Deslors, devot, je me fis leur profés,
Et bien que d'eux soient divers les effets,
Leurs coups pourtant sont d'une sympathie.
Du traict d'Amour je feus à mort feru,
Et par Phœbus de la mort secouru ;
Mais sans la mort, je n'aurois nulle vie.

IV.

J'ay remarqué l'an, le jour, & la place,
Que me trouvant vis à vis de ton œil,
Tu enclinas vers moy ton doux accueil,
B Embellissant d'un teint rouge ta face.
O Cieux astrez, ô terre, quelle grace!
Je t'en appelle à tesmoin, clair Soleil,
Qui lors jaloux te brunissant de dueil,
Dans le couvert des nuës pris ta trace.
Tout le vermeil estoit en elle & moy,
O Dieu moteur d'un reciproque esmoy,
Ne permets point que d'une sotte honte,
Nous nous soyons en ce teint convertis ;
Mais que d'humeurs semblables assortis
Nous l'ayons fait par l'ardeur qui nous domte.

V.

Quelle fureur, quelle extase, ou manie,
Quelle tourbillon de nouveau m'a surpris?
Quel Dieu caché forcene mes esprits?
Quelle frayeur est-ce qui me manie?
Par quel Demon est mon amie ravie?
C De quelle erreur sont mes sens entrépris?
Quel labyrinth, quel dedale ay-je pris

Pour

Pour passager ce brief cours de ma vie ?
Si c'est un Dieu, pourquoy est-il garçon ?
Si c'est un feu, pourquoy suis-je glaçon ?
Si un plaisir, pourquoy donc vi-je en peine ?
Ou bien si c'est ce que l'on dit Amour,
Pourquoy faut-il helas ! que nuit & jour
Avec l'Amour je nourrisse la haine ?

VI.

C'estoit le jour qu'à la Vierge sacrée,
Chacun suivant des Prestres le guidon,
Faisoit devot d'un cierge ardent un don
Lors qu'elle fit au temple son entrée.
C'estoit le jour que je vis mon Astrée,
Astrée non, mais mere à Cupidon,
Portant un cierge, ainçois un grand brandon,
Dont à l'instant mon ame fut outrée.
Quand je la vey, ô qu'esperdu je feus,
Que de travail en un coup je receus,
O que de mal dans un bouillonnant aise !
Tout le Soleil en ses yeux s'estoit mis,
Dans son flambeau un petit Dieu je vis,
Qui de mon cœur faisoit une fornaise.

VII.

Tu auras doncq sur moy cest advantage,
En menageant pour elle ton pinceau,
De contempler vis à vis tout le beau
Qu'elle emporta du ciel pour son partage.
Et moy, pauvret, je serviray de page,
Et porteray seulement le flambeau,
Pendant que toy à l'ombre d'un tableau,
Haleneras franchement son visage.
Qu'à l'avenir il me soit reproché
Que tu te sois de si prés approché
De ma maistresse, à mon veu, j'en appelle.
Va-t'en, ou bien peins mes affections
Dans le portraict de ses perfections,
Car mon amour passe les beautez d'elle.

VIII.

Un jour Amour se deguisa de face,
Et feignant estre un enfant sans soucy,
Se vint parquer entre nous deux icy,
Pour nous jouër des tours de passe passe.
Si prit nos cœurs, puis d'une bonne grace,
De deux (dit-il) j'en feray cestuy-cy,
Et de cestuy, j'en feray deux aussi,
En ce subject c'est le moins que je face.
Ainsi Amour joüant des gobelets,
Et toy & moy luy servants de valets,
Il fit encor' un tour d'une autre sorte.
Car des deux cœurs, il me ravit le mien,
Et le logea dans toy avec le tien,
Pour m'affoiblir, & te rendre plus forte.

IX.

Soit qu'au matin se réveille l'Aurore,
Soit que Phœbus du jour distributeur,
Sur l'Univers espande sa splendeur,
Ou que la nuict ses rayons decolore :
Rien ne me plaist que ma belle Pandore,
C'est le sejour où se loge mon cœur,
C'est le Soleil qui me donne vigueur,
De tous objects l'object seul qui j'adore.
Penser en toy m'est plus qu'une autre voir,
Te voir m'est plus qu'un baiser d'autre avoir,
Et un baiser plus que la joüissance.
Que si j'avois de toy ce dernier point,
Changer mon heur ô je ne voudrois point
A tous les heurs d'une celeste essence.

X.

Tu trouveras peut-estre ce papier
Estre tracé d'une nouvelle sorte,
Car en effect pour escrit il ne porte
Que vers la fin ce seul mot de Pasquier.
Pour messager autre je ne requier
Que mon Demon, c'est luy seul qui m'emporte,
C'est celuy-là qui en toy me transporte,
Du tout en luy tu te pourras fier.
Remplir tu peus ce papier, & y mettre,
Voire ma mort, car ce n'est une lettre,
Que je t'envoye, ains seulement un blanc :
Blanc cacheté d'un costé de mes armes,
D'autre costé de mes pleurs & mes larmes,
Et que sceller je suis prest de mon sang.

XI.

BLANCHE, mon cœur, quand de toy je party,
Et pour les champs t'abandonnay la ville,
Je m'apperceus qu'aussi-tost mal habile
J'avois choisi un malheureux party :
Que m'en allant j'estois de moy sorty,
Devenu fol, vagabond, inutile,
Foible d'esprit, d'un jugement debile,
De corps, de cœur, en tout mal assorty.
Je me cherchay courant par les campagnes,
Or par les bois, ores par les montagnes,
Me retrouver il m'estoit deffendu :
Je vois, je cours, vainement je tracasse,
Mais reprenant enfin vers toy ma trace,
Je me retrouve, où je m'estois perdu.

XII.

Je n'oze, & veux, tant l'Amour me maistrise ;
Je veux vers vous, mais je n'y oze aller,
Je veux à vous, mais je n'oze parler,
Et suis coüard, tout ce que plus je prise.
D'une peur froide est mon ame surprise,
Vostre bel œil en mer me fait singler,
Vostre chaste œil fait la voile caller,
Bref tout d'un fonds mon bien & mal je puise.
Si tu és chaud, dont vient, Amour mocqueur,
Que tu produicts un glaçon dans mon cœur,
Et qu'au millieu de tes flammes je tremble ?
Ou moins d'Amour & de crainte dans moy,
Ou il falloit en vous de mesme loy,
Moins de beauté & chasteté ensemble.

CHANSON.

CE n'est point pour t'estrener,
Ce n'est pour te le donner
Que ce Colet je t'envoye,
Puisqu'au jeu je l'ay perdu,
Et qu'il est loyauement deu,
Ne faut-il que je le paye ?
Si j'avois tant seulement
Perdu ce Colet, vrayement
Je m'acquitterois bien vite ;
Mais, las ! d'avoir par malheur
Perdu quant & quant mon cœur,
Comment en seray-je quitte ?
Perdu mon cœur, non, helas !
Quatre ans a que ne l'ay pas,
Quatre ans y a de ceste heure,
Que par un cruel dessein
Il s'envola de mon sein,
Pour faire au tien sa demeure.
Mais toy pour vanger mon tort,
As voulu jurer sa mort,
Et pour son journel service,
Voyant comme il m'a laissé,

L'as aussi recompensé
D'un eternel sacrifice.
 Il estoit vers moy venu
Pauvre, chetif, & tout nu
Pour se remettre en nature,
Mais quoy qu'il soit mal traitté,
Puisque traistre il m'a quitté,
Qu'il retourne à l'aventure.
 Puisque desloyal à moy,
Il s'est fait loyal à toy,
Par ta cruauté je jure,
Qu'oncques je n'auray regret
Que ce loyal indiscret
Pour son demerite endure.
 Qu'il apprenne desormais
De ne se joüer jamais
A Dame de tel merite,
Ou bien qu'il soit chastié,
Pour s'estre tant oublié,
Ainsi comme il le merite.
 Et toutesfois mieux luy vaut
Aspirant en lieu si haut,
Qu'à tousjours-mais il languisse,
Que si d'un foible projet
Il se feust donné object
Plus bas, qui luy feust propice.
 De toy il ne veut bouger,
Et tu ne le veux loger,
Mais au fort ce mal-habile,
Bien que tout luy soit rebours,
Sera logé aux fauxbourgs,
S'il ne loge dans la ville.
 Pour te l'envoyer plus coint
Je l'ay mis en un appoint
Que je ne t'ose rescrire:
Je te l'ay ce femmelet
Acoustré de ce Colet
Pour t'appareiller à rire.
 Colet, ô qu'heureux seras
Quant tu t'apprivoiseras
De ceste gorge albastrine,
Quand dedans au matin
Tu toucheras ce tetin,
Et ceste large poictrine.
 Heureux Colet, toy qui dois
Estre fraizé de ses doigts,
D'elle le seur secretaire,
Lors que son sein baletant
Ira tout esmeu sentant
D'Amour quelque douce altere.
 Helas! que de mal je voy
M'estre preparé par toy:
Car si folastre je tâte
Ceste gorge de ma main,
Pour excuse tout soudain
On dira que je te gaste.
 Au moins que pour ce malheur,
Absent j'aye la faveur
De m'ozer à toy commettre,
Et qu'entre toy & sa cher
Madame sçache cacher
De moy mainte belle lettre.
 Quand elle t'y aura mis,
Qu'adoncq' il luy soit permis
Que pour toy elle se fasche,
Non point pour ne te flestrir,
Ains sans plus pour ne souffrir
Qu'on touche à ce qu'elle cache.
 Hé Dieu! que n'ay-je ce bien
De changer mon heur au tien,
Qu'en toy je me ne transforme,
Et qu'au lieu de ce bien-cy
Quelque Dieu se donne aussi
En contr'eschange ma forme.
 O combien je baiserois

Tome II.

A Ces pommes qui tant de fois
Ont de moy fait un doux meurtre,
Sur lesquelles je cueillis
De mes levres le blanc lis,
L'œillet, la rose, & le meurthre.
 Va doncq Colet, & reçoy
L'heur qui m'estoit deu, quand moy
Prenant l'ombre de ton aise,
Il faut que pour m'assortir
Seulement au depart
Pour ma Dame je te baise.

ELEGIE.

SI l'Amour se taisant ne portoit sa harangue
Plus belle que ne fait, ou la plume, ou la langue,
Et si d'un pauvre amant terrassé de langueur,
Le piteux œil n'estoit aussi bon harangueur,
Comme furent jadis dans Rome ou dans Athenes,
Ces graves Cicerons & ces grands Demosthenes,
Je voudrois d'un haut style ores vous discourir
Les morts dont à credit vous me faictes mourir,
Et entonnant mes vers d'une bien forte haleine,
B Je vous raconterois le travail & la peine,
Les haines, les desdains, les soupirs, les sanglos,
Les desirs, les espoirs qu'avez en moy enclos,
Et les estourbillons, le Chaos, la tempeste
Que vous avez forgé pesle-mesle en ma teste.
 Mais puis que mon triste œil messager de mon cœur
N'a peu fleschir à soy vostre estrange rigueur,
Je penserois en vain rebattre mesme enclume,
Si je voulois plonger en ce subject ma plume;
Car que me peut valoir, qu'avec un long discours
Je vous couche l'estat de mes longues amours,
Si plus ma volonté vous a esté ouverte,
Plus contre mes assauts vous vous estes couverte?
Je ne veux doncques point que ma langue, ou mon œil,
Ou ma plume vous soient truchements de mon dueil,
Il y a peu d'amants qui de plume ou de bouche,
Ou ne monstrent de l'œil le tourment qui les touche,
Et qui de l'un des trois sçait par fois mieux user,
Celuy sa Dame aussi en sçait mieux abuser:
La bouche, l'œil, la main le plus souvent deguisent
Les desseings où nos cœurs tout au contraire visent.
 Mais moy qui ay pieça juré la fermeté,
Par un nouveau discours ay sans plus projetté,
C Comme celuy qui est esloigné de tout vice,
De laisser à la bouche & l'œil leur artifice,
Et me plaist seulement au lieu d'une langueur
Faire parler pour moy le temps, & la longueur
Qu'il y a que pour vous je roule mesme pierre,
Et que sans recompense un long amour j'enserre.
 Il n'y a point d'amant qui fasse sacrifice
De son cœur, qui aussi quant & quant ne languisse:
Mais que cinq ans entiers l'on ait encor' trouvé
Qui ait l'aigreur d'amour comme moy esprouvé,
Il n'y en eut jamais (il faut que je le die)
Qui portast si long-temps si forte maladie.
Tel se dit languissant eschauffé d'un desir
Qu'il remue dans luy soubs l'espoir d'un plaisir,
Lequel s'appercevant frustré de son attente,
Aussi au long aller peu à peu il attente
D'abandonner le jeu & de quitter la place,
A celuy qui aura plus d'heur en ceste chasse.
 Heureux amant, heureux qui sous un estendart
D'un chef leger, se fait aussi leger soldart:
Car l'Amour, comme on dit, est enfant & volage
Qui sa legereté descouvre à son plumage:
Mais las! d'où vient que moy sur tous amants chetif
D Vueille contre les loix d'amour estre retif?
Pourquoy sur un sujet en vain opiniastre
Faut-il qu'à tout jamais je sois vostre idolastre?
Et que suivant le train d'un oyseau passager,
Comme luy je ne sois à tous objects leger?
 Ce n'est donc point l'amour, ainsi le veux-je croire,

Ggg Qui

Qui rapporte de moy ceste grande victoire :
Il faut, il faut qu'en vous y ait je ne sçay quoy
Plus grand que n'est l'amour qui me desrobe à moy :
Que Dieu vous ait donc d'une plus haute essence
Pour operer en moy ceste estrange puissance.

    L'amour est un desir que l'espoir sçait forger,
Et lors que cest espoir se trouve mensonger,
Adonc voit-on l'amour par une continuë
S'esvaporer d'un feu en fumée ou en nuë :
Et moy mil & mil fois d'un espoir rebuté
Envers vous je suis tel que tousjours j'ay esté,
N'ayant en rien changé ma passion (Maistresse)
Hormis d'un court espoir en profonde destresse,
En larmes, en souspirs, en plaintes & ennuis,
En tourments qui me vont bourrelants jours & nuicts,
En un dueil soubs lequel est mon ame asservie,
En pleurs qui au cercueil confineront ma vie,
Pleurs à jamais jurez pour comble de mes vœux :
Car puis que le voulez, aussi moy je le veux.
O discours fantasticq, ô folastre martyre,
J'ayme & ne sçay pourquoy sans espoir je desire :
Je pensois que soudain que l'Amour estoit né,
Il estoit aussi-tost d'autre Amour estrené,
Puis d'ailleurs je croyois qu'une bien longue estude
Formoit en nos esprits toute telle habitude
Que celle où nous voulons nous duire & composer,
Et ce penser me fit plus hardiment oser.

    Goute aprés goute, l'eau les plus forts rochers cave,
Le Lyon orgueilleux devient aussi esclave,
Se faisant peu à peu, comme son maistre, humain,
Et le poulain lascif se rend duit à la main ;
Bref, il n'y a çà bas chose qui soit si forte
Que l'Amour ou le temps au long aller n'emporte :
Moy rebut de fortune entre tous je pretens
N'avoir trouvé secours, n'y d'Amour ny du temps.

    Mais comme la beauté, que nature fit vostre,
Est telle qu'un soleil au milieu de tout autre,
Et que la fermeté est en moy si avant
Comme est un roch battu des ondes & du vent,
Et comme en vous y a quelque vertu plus grande
Que le commun discours, qui à mon cœur commande,
Aussi veux-je malgré & le temps & l'Amour,
D'un esprit abeurté faire en vostre œil sejour,
Mettre la fermeté & beauté en balance :
Car si rare beauté, plus grande recompense
Ne meritoit donner : mais si doresnavant
Mon service envers vous n'est encore que vent,
Ainsi que quelque temps court de toute esperance
Je me bannis de vous d'une bien longue absence,
Aussi party aprés veux-je pour reconfort
Non une longue absence, ains une prompte mort ;
Puisque pour m'absenter mon mal ne diminuë,
Mais que de plus en plus à la premiere veuë
Il reverdit en moy d'un seul clin de vostre œil,
La mort sera le point extreme de mon dueil,
Et pour servir d'histoire à tout amant fidelle,
Je veux sur mon tombeau l'ordonnance estre telle.

    „ Amant, si tes pensers te donnent le loisir
„ Entens de mes tourments cest unique plaisir :
„ Celuy repose icy qui de toute son ame
„ Adora sans repos les beautez d'une Dame,
„ N'ayant en ses desseins eu jamais autre foy
„ Que de vivre en sa Dame, estant mort dedans soy,
„ Et vit cinq ans sans fruit sa liberté ravie :
„ Mais si un long malheur accompagna sa vie,
„ Pour recompense, Amour, il te requiert ce don,
„ Que qui de ses Amours discourra le guerdon,
„ Au moins qu'en le contant il ait cest heur, qu'il face
„ Que toute cruauté de sa Dame s'efface.

XIII.

Ronsart à qui la France fait hommage,
Pendant qu'icy d'un bras audacieux

A Fais retentir nos gestes jusqu'aux cieux,
Faisant trembler souz ta plume nostre aage :
   Moy, ton Pasquier, non de moindre courage,
Mais non d'un son autant industrieux,
Fay resonner les assaux furieux
De mes Amours & leur bouïllante rage.
   Tu chantes haut les Monarques, les Rois,
Ceux qui sont nez pour establir leurs loix
De poids esgal sur toutes leurs Provinces.
   Quand moy quittant humblement ces discours,
Je chante bas le petit Dieu d'Amours,
Mais petit Dieu qui donne loy aux Princes.

XIV.

Je te feray tous les ans un grand vœu,
Heureux rideau, non que par ta presence
J'ay cueilly le fruit de jouïssance,
Las ! arriver à ce poinct je n'ay peu :
   Mais bien j'ay pris hardy sous ton adveu,
Mille baisers de ma douce esperance,
Qui nous tenoient & elle & moy en France,
Brulans tous deux dedans un mesme feu.
B   O doux baisers, qui germez en ma Dame,
Les beaux souhaits que je couve en mon ame,
Et qui les siens provignez dedans moy :
   Fasse le ciel que par vostre entremise,
Baisers mignards, me soit bien-tost acquise
L'heureuse fin de mon journel esmoy.

XV.

Si j'ay d'Amour quelque sçavoir, ma Dame,
Par tes baisers & attrayans regards,
Je recognois que comme moy tu ards
De mesme feu celuy qui m'enflame.
   Et toutesfois tant plus je te reclame,
Plus je te voy chetif de toutes parts,
Plus tu me fuis, & moins tu me departs
De ce doux fruict qui possede mon ame.
   Pour parvenir à cest heureux plaisir
Je te vien voir, poussé d'un chauld desir,
Mais plus j'y vois, & plus tu me fais courre.
   Or sus fascheuse apprend de moy ce point,
C'est qu'au deduit d'Amours il ne faut point
Perdre le temps que l'on ne peut recourre.

C

XVI.

O songe doux, vray miracle du monde,
Entremeteur gaillard de nos souhaits,
Qui au meillieu des tenebres nous fais,
Gouster tout l'heur de cette terre ronde.
   Je corneray d'une voix vagabonde
Par l'univers tes merveilleux effects,
Songe divin, divin songe qui sçais,
Donner la vie à une mort profonde.
   Puisque par toy, j'ay plainement joüy
De ma moitié, je veux tout esjoüy,
T'avoir pour Dieu, mais non Dieu de mensonge :
   Et pourquoy doncq n'auras-tu place aux Cieux,
Si tout cela que je voy de mes yeux
En ce bas estre, est seulement un songe ?

XVII.

En mes Amours deux choses je desire,
D'avoir autant de puissance sur toy,
D Que tu en as, maistresse, dessus moy,
C'est le premier des souhaits où j'aspire.
   En ce deffaut, pour le moins je desire
D'avoir autant de puissance sur moy,
Que tu en as, maistresse, dessus toy ;
C'est le second des souhaits où j'aspire.

Par

Par le premier, je me ferois heureux
Et jouïrois de ce bien plantureux,
Bien sur lequel pour toute autre je t'ayme.
Par le second ne pouuant estre tien,
Je deuiendrois desormais du tout mien,
Et ne serois valet que de moy-mesme.

XVIII.

Soit qu'en plaisir son esprit se transforme,
Soit qu'auecq' nous elle saute de ris,
Ou que son cœur soit de douleur espris,
Ou que son dueil en joye elle reforme,
Mes pensements sur le moule je forme
De ses pensers, & si n'ay entrepris,
En mes desseins, de me porter qu'au pris
Qu'en joye ou dueil ma Dame se conforme.
M'accommodant du tout à son desir,
Je n'ay en moy juré autre plaisir,
Que le plaisir où elle participe :
Quelque couleur où son œil soit tourné,
Le mien en est tout soudain atourné,
C'est mon objet, & je suis son Polipe.

XIX.

Tant est l'humeur morne qui m'a transi,
Que de mon cœur une fleur s'est esclose,
Non le blanc lis, non la vermeille rose,
Ains une fleur que l'on nomme soucy.
A la soulsie esgale est cette icy,
Et l'une & l'autre un Soleil se propose,
Jaune est la fleur qui aux jardins repose,
Jaune est la mienne, & me fait jaune aussi.
Mais l'autre s'ouvre au matin, puis se bouche,
Quand le Soleil dans l'Ocean se couche,
Et comme luy close prend son repos.
Quand de ma fleur, telle est la destinée,
Qu'elle s'ouurit deslors qu'elle fut née,
Pour ne se clorre à jamais dans mes os.

XX.

Tout ce que peut octroyer la nature
De beau, de doux, de naïf & mignard,
Elle le met en toy d'un trait gaillard,
Pour t'honorer sur toute creature.
Amour dans moy graua la pourtraiture
De tout ce beau, d'un si merueilleux art,
Que ny le temps, ny de la mort le dard
Ne m'en sçauroient effacer la peinture.
Que tes beautez soient plus grandes en toy,
Qu'elles ne sont empraintes dedans moy,
Je ne le veux, ni ne le sçaurois croire :
D'elles le ciel benin te couronna,
D'elles l'Amour mon cœur enuironna,
Pour balancer auecq' le ciel sa gloire.

XXI.

Lors que deuot à tes pieds j'idolastre,
Te racontant, ore un plaisant esmoy,
Que tu fais naistre, & renaistre dans moy,
Puis aussi-tost un desplaisir folastre.
Pour à ce coup parer, & le rabatre,
Tu dis ainsi, Pasquier, je ne le croy,
C'est un art feint, dont je ne me decroy,
Art que tu mets en jeu pour me combatre.
Je te suis donc hypocrite ! Or entens,
Doresnauant je veux passer le temps
A te blasmer dedans ma Poësie.
Quand tu verras telle enjeance de vers
De ma façon courir par l'Vniuers,
Dy hardiment que c'est hypocrisie.

XXII.

Pour moyenner à son dueil allegeance
Je luy ay mis mon Monophile en main,
Où l'on peut voir de trois amants le train,
Qui visent tous à une jouyssance.
Vn seul objet tient le premier en transe ;
L'autre son cœur abandonne sans frein ;
Le tiers du trop & moins faisant son gain,
Entre les deux met l'Amour en balance.
A ces deuis Charitée interuient,
Qui lieu de juge au milieu d'eux retient,
Leur ordonnant le chemin qu'il faut suiure.
Ce liure plaist à ma Dame, & le lit,
Tantost de jour, mais plus souuent au lit,
Pleust or' à Dieu que je feusse mon liure :

XXIII.

Je suis des Dieux celuy qui dans moy serre
Sous petit corps une extreme grandeur,
Auecq' tout mal & desastre, grand heur,
Dedans la paix faisant marcher la guerre :
Qui dans le chaud une froideur enserre,
Allambiquant du froid une chaleur,
Pestemeslant dans les foibles, valeur,
Et les plus forts affoiblissant grand erre.
Je suis de tous (disoit Amour) l'horreur ;
Je suis de tous en beau chemin l'erreur,
Seul qui à tous plaisamment sçay desplaire :
Tout esclairant : mais comme le Soleil
De ses rayons brillants esbloüit l'œil,
Aueuglant tout de ma lumiere claire.

XXIV.

Mille sanglots dont mon ame est feconde,
Mille soupirs, mille ruisseaux aussi,
Qu'en moy accueille un journalier souci
Pour la flechir, de mon cœur je desbonde.
Ma grand' douleur nulle autre n'est seconde,
Et pour tromper le mal dont suis transi,
De mille vers mes sanglots j'adouci,
Vers plus en pleurs detrempez, qu'en faconde.
Ainsi au cours de l'obscur de la nuit,
L'enfant paoureux qui son chemin poursuit,
Sa froide peur par Vaudeuille enchante :
Ainsi au cours de mes sombres ennuis,
Lors que paoureux mes Amours je poursuis,
Pour me tromper, me passions je chante.

CHANSON.

N'Agueres voyant ces beaux prez,
Tous diaprez,
Nous estaler à descouuert
Leur riche verd,
Et oyant des oyseaux les chants
Parmy ces champs,
Damet, voicy en moy venir
Vn souuenir,
De voir toutes ces fleurs ternir.
Ce bel esmail qui est espars
De toutes parts,
Mille & mille belles couleurs
De tant de fleurs,
Du printemps les riches tresors,
Disoy-je lors,
Le broüillas d'une seule nuit,
Nous les destruit,
Et d'un tout en rien les reduit.
Toutes les Roses au resueil
Du clair Soleil,
Se reuestent d'habits mondains
Dans nos jardins,

Les Jeux Poëtiques. Loyauté.

Plus preignent leurs habits de dueil
En un clin d'œil,
Nature par un doux larcin
Dedans son sin,
Leur donne en un jour vie & fin.
L'œillet n'est pas si tost venu,
Qu'il est chenu,
Tout aussi-tost esvanouy
Qu'espanouy,
Le jour qui luy donne un bel œil,
Est son cercueil :
Mais cette fleur qui de son sort
Cognoist l'effort,
Elle mesme vange sa mort.
Car aussi tost comme elle naist,
Elle se plaist
D'estre pillée par les mains
De maints & maints ;
Quand un amoureux en jouit,
Ell' s'esjouyt,
De terre elle prend son habit,
Mais elle vit,
Par cil sans plus qui la ravit.
  Ainsi que seul je contemplois
Ces belles loix,
Que nature exerce en tout temps,
Sur son printemps,
Des fleurs sur vos beautez sautant
En un instant,
Dames voicy encor venir
Un souvenir,
De voir vos grand' beautez ternir.
Ces levres de corail, ce front,
Ce tetin rond,
Ce port folastre & fretillard,
Ce ris mignard,
Ce je ne sçay quoy, & encor,
Ce crespe d'or,
Dont liez, maistresses, nos cœurs,
Ce sont les fleurs
Que vous arrosez de nos pleurs.
  Tout cela s'en va passager
D'un vol leger,
Une maladie, ou douleur
Perd cette fleur,
Et l'enleve aussi vistement
Comme le vent,
Estant ce beau à l'impourveu
Plus tost deschen,
Qu'en vous il n'avoit esté veu.
  Et vous armez vos grands beautez
De cruautez :
O folles ! vous ne voyez pas
Que tels appas
Vous causeront au departir,
Un repentir,
Et mourrez de mesmes tourmens
Sur vos vieux ans,
Que jeunes paissiez vos amans.
  Vous qui les fleurs representez,
Par vos beautez,
Ainsi comme la fleur se rend
A qui la prend,
Laissez piller d'un bras glouton
Vostre bouton.
Que la fleur, & cette chanson
De ma façon,
Dames, vous soit une leçon.

ELEGIE.

Contre moy ne falloit donner nouvel arrest,
Long temps a que je suis miserable, en l'arrest
De vos fieres beautez, & que vous ma maistresse,
Vous paissez, impiteuse en mon dueil & detresse.

A Long-temps a que mes sens & que ma liberté,
Chetif, je captivay sous vostre cruauté.
Mais puisque ma cause est en ce poinct assortie,
Que soyez mon geolier, mon juge, & ma partie,
Que geolier vous teniez contre toute raison
Mon pauvre cœur captif dedans vostre prison :
Juge jugez : partie aussi faites poursuite,
He ! vrayment ma fortune est maintenant reduite
En un piteux estat, & ne voi point comment
L'on me puisse affranchir de ce cruel tourment.
Six ans sont que je suis en prison inhumaine,
Sans que jamais ayez voulu prendre la peine
D'entendre mon bon droit, n'y d'aprendre pourquoi
J'ai passé tant de temps en ce penible esmoi.
Mais serré que je fus par vous en prison seure,
Vous cruelle aussi tost brouillastes la serreure,
Et ne me permettant nullement de fouïr,
N'avez voulu pourtant aucunement m'ouïr.
Or maintenant que Dieu par sa bonté divine,
D'un moins fascheux instinct vostre esprit illumine,
Et qu'en me condamnant me faites la faveur
De m'ouïr à present discourir mon malheur,
J'entre fort volontiers, maistresse, en cette lice,
B Et mourant à vos pieds prens en gré le supplice,
Combien qu'on ne veit oncq' condamner un excez
Auparavant qu'on eust grabelé le procez :
Toutesfois ce n'est peu, & gay la mort je porte,
Puis qu'avecques ma mort j'ouvre aux plaintes la porte
A l'homme mal-heureux, c'est un soulagement
De pouvoir donner air à son fascheux tourment.
Que voulussent les Dieux qu'or' en vostre presence,
Je peusse par conseil conter mon innocence :
Et certes je serois en mon desastre un Roy.
Je vivrois par ma mort : mais l'impiteuse loy
Ne veut que l'accusé, & mesme de son crime,
Soit garny de conseil en cette rude escrime.
C'est pourquoy bien ou mal, je vous diray sans fard
Briefvement le motif de mon piteux hazard.
Je recognois, Maistresse (& tant plus que j'y pense,
Tant plus fay-je pavois de ma forte innocence)
Je recognois vrayement que si oncq' je messis,
Ce fut lors que peu à peu fin, cruelle, je vous vis,
Car soudain que mon ame à demy esperduë
Jetta sur vos Soleils estincellans, sa veuë,
Aussi-tost aveuglé de vos flamboyans rais,
Mon esprit mal-mené fut surpris dans vos rets :
C Ma liberté soudain de vos beautez esprise,
Dans vos sombres prisons, innocente fut mise,
Et depuis j'ay nourry au profond de mes os,
Par bisarres discours, pesle-mesle un chaos,
Je brule dans la glace, & dans le feu je tremble,
Je couve un mont d'Ætna & de Caucase ensemble :
Vers vous je cours en peste, & demeure retif,
Je suis en abondance escharcement chetif ;
Je veux vous gouverner, mais ma langue flouëtte,
En vostre absence crie, & presente est muette ;
Je vogue en pleine mer, au plus profond d'un puis,
Voulant & pouvant tout, rien ne veux & ne puis,
Hardy tout j'entreprend & couard rien je n'oze,
Bref, on ne vit jamais telle metamorphose.
Je suis un Ixion, Sisyphe, Phaeton,
Icare, Promethé, Tantale, & Acteon.
Je suis un Ixion cloué à une rouë,
Et d'une pierre en vain . Sisyphe je me jouë ;
Ainsi que Phaeton folastre & sans conseil,
Cocher je veux guider les chevaux du Soleil ;
Comme Icare le sot, avecq' aisles de cire
Voler jusques aux Cieux brusquement je desire,
Et comme Phaeton, & comme Icare aussi
D On me voit trebucher du haut en bas icy :
Au fil des eaux plongé, comme fut le Tantale,
Tout alteré de soif aucune eau je n'avale,
Et d'une longue faim à demy consommé,
Prés des arbres fruictiers on me voit affamé.
Comme pour avoir veu Diane à l'impourveuë

Au milieu d'un grand bois dans un bain toute nuë,
Acteon le veneur fut en beste changé,
Aussi ay-je de moy la raison estrangé,
Luy de ses chiens, & moy j'espreuve sans mesure
De mes outrez desirs la poignante morsure :
Ainsi comme l'oiseau de Jupiter se paist
Du cœur de Promethé, qui consommé renaist,
Ainsi suis-je l'appas de cest oiseau volage,
De ce Dieu que l'on peint empenné de plumage,
Qui me mine, me poing, me consomme, me mord,
Qui ores sçait forger de ma vie, une mort,
Et ores de ma mort une vie refaire,
Pour monter sur mon cœur un patron de misere.
Et puis par vostre arrest voulez, pour fin de jeu,
Qu'on me voye mourir pour vous à petit feu :
Vostre jugement n'est qu'un pourchas de mon aise,
Puis que sans fin je meurs dans une grand' fournaise.

Tout ainsi que dans vous en toute extremité
Se loge de tout point cette divinité,
Qu'on ne peut exprimer par une humaine plume,
Aussi dedans mon cœur ce feu divin s'allume,
Non point un petit feu, ains un ardent foyer,
Qui est de mes travaux le malheureux loyer :
Et ne puis de mon mal en dire la racine,
Sinon pour avoir veu vostre beauté divine :
Prenez des brodequins, choisissez des tresteaux,
Faites dans moy couler un roide torrent d'eaux,
Exercez, si voulez, sur mon corps tout martire,
Voila en peu de mots tout ce que je puis dire :
Et pour conclusion, si j'ay peché, il faut
Que de vous soit issu tout le premier deffaut.

Si veux-je confesser qu'à bon droit on m'accuse,
Et qu'en vain je voudrois icy m'armer d'excuse,
Car puis que le voulez, je ne me puis douloir,
Desirant conformer au vostre, mon vouloir.
Desja long-temps y a, voire dés ma naissance,
Que le cruel destin donna cette sentence,
Ny ne puis esperer aucun allegement,
Encontre vostre arrest, & cruel jugement,
Fors que comme mon Roy me donniez une grace
Sellée d'un grand seel de vostre bonne grace,
M'estant par vostre arrest, tout autre bien ravy,
Horsmis un bel espoir qui me tient assouvy ;
Le feu que m'ordonnez sera mon purgatoire,
Pour enfin arriver à vostre heureuse gloire,
Et pour trouver ressource en vostre paradis :
C'est l'espoir où je meurs, c'est l'espoir où je vis.

XXV.

Tant que Rome eut une Carthage en teste
En ce mal-heur, heureuse elle vesquit,
Mais en vainquant, ell' mesme se vainquit,
Et fit de Rome, une Rome conqueste.
Bien que je n'aye imprimé autre queste
Que celle-là qui en toy me ravit,
Mon cœur pourtant qui tant seulement vit
D'espoir de vaincre, à vaincre s'appreste.
Pour n'assopir lentement mes esprits,
Et m'exercer ence beau jeu de pris
Du Dieu d'Amours que j'ay pris en partage,
Par un souhait doucement inhumain,
Fasse le Ciel que je sois ton Romain,
Et que tu sois à jamais ma Carthage.

XXVI.

Bien que l'Amour dedans l'ame produise
De celuy-là qui est de luy espoint,
Un chaud desir d'atteindre au dernier point,
Et que ce soit le seul but où il vise :
Bien qu'en mon cœur ton clair Soleil reluise,
Et l'ait rangé du tout à son appoint,
Pour tout cela je ne souhaite point
Jouir d'un heur malheureux qui me nuise.

De mes souhaits le souverain aveu
Est de mourir & vivre dans le feu,
Et de n'avoir du dernier point, envie.
Point qui naissant par son estre prend fin :
Brulons, mourons, sans passer outre, afin
Que par nos morts l'Amour demeure en vie.

XXVII.

Qu'il soit permis au folastre Poëte,
En recordant son amour passager,
Mille discours fabuleux menager,
Et se trompant que son heur il trompette,
De mes Amours jouir je ne projette,
Je ne veux point si avant me plonger
Dedans les flots d'un espoir mensonger,
Loin, loin de moy cet erreur je rejette.
D'un bel object mon ame se repaist,
Un doux baiser tant seulement luy plaist,
Ny pour cela ne doit estre reprise.
Que si tu veux en sçavoir le pourquoy,
Je te diray, pauvre amoureux : & quoy ?
Mieux vaut la chasse en l'amour que la prise.

XXVIII.

Quand je contemple en toy ta beauté rare,
Ton bel esprit, ce gracieux souris,
Mille doux traicts dedans tes yeux escrits,
Dont la nature aux autres fut avare :
Ha (dy je lors) je serois trop barbare,
Si je n'estois de ces beautez espris ;
Sur tous les Dieux, Amour gaigne le pris,
Sage est celuy qui de luy se rempare.
Mais quand je saute yvre du haut en bas,
Et que pippé d'un furieux appas,
Le sol desir mes pensements devore,
Adoncq' contraint de quitter ce party,
Je dy qu'Amour est un corps mi-party,
Conclusion que c'est un vray Centaure.

XXIX.

Tout me flattoit ; Amour masqué en face,
Au lieu de fleche, une fleur me dardoit,
Et en pstit ma Dame m'œilladoit
D'un œil tenant sa contenance basse :
Elle s'estoit parée d'une grace
A l'avantage, & pinçant de son doigt,
Pour m'allecher, sur un luth mignardoit
Tout ce qu'Amour à un pauvre amant brasse.
Qu'eusse je fait ? au son de ce fredon,
Je me laissay couler à l'abandon
Sous la faveur de si douce Sereine :
Mais malheureux je ne prevoyois pas,
Que tels accueils ne m'estoyent qu'un appas
Pour me nourrir en eternelle peine.

XXX.

Je vous ay doncq', Damoiselle, offensée ?
Il n'en est rien, je n'y pensay jamais ;
Si je l'ay fait, vraiment je n'en puis mais,
Oncques peché ne fut sans la pensée.
Aurois-je bien l'ame tant insensée,
Moy malheureux ? non, je le vous promets,
Je ne voudrois vous servir d'un tel mets
Pour estre trop dans mon ame enchassée.
Si je me suis oublié d'un seul point
En vostre endroit, pardon je ne quier point,
Mais bien je veux qu'à mort on me punisse.
Et pourquoy doncq' ne voudrois-je la mort,
Si le soupçon qu'avez empraint à tort
Encontre moy, m'est un grand supplice ?

XXXI.

Ell' est, & belle, & gaillarde, & bien duite,
Hé! ne seroit-ce à present nouveauté
De voir en femme une extreme beauté,
Prendre le chaste avecq' soy pour conduite?
Je feray d'elle encor si grand' poursuite,
Que me rangeant tout à sa volonté,
Et flechissant d'un long traict sa fierté,
On la verra sous mon pouvoir reduite.
Ainsi à part mes sottes passions
Subtilizants mille autres fictions,
Me chatoüilloient le cœur de flaterie:
Quand (ô malheur) j'apperceu à la fin,
Qu'en ces discours que je faisois peu fin,
Je me vendois la peau de l'Ours en vie.

XXXII.

Au feu rampant de la demangeaison,
A une dartre, & une autre telle engeance,
Madame sçait apporter allegeance,
Et en avoir promptement la raison.
Elle moyenne à chacun guerison,
Mesme en a fait sur moy l'experience,
Qui ne vivois, ains languissois en transe,
Persecuté de ceste eschaufaison.
D'avoir donné à mon mal refrigere,
D'avoir rendu ma chaleur passagere
Dessus mon corps, ce ne luy est que jeu:
Mais las! au chaud qu'en mon ame je couve,
Non seulement remede elle n'y trouve,
Ains prend plaisir, impiteuse en mon feu.

XXXIII.

En mes amours deux extremes je voy:
Vostre beauté qui douce me transporte,
Qui me ravit, qui d'une estrange sorte,
A captivé mon cœur sous vostre loy:
De la prison plaindre je ne me doy,
Si n'aviez mis pour garde de la porte,
Un fier honneur, qui ne veut que j'en sorte,
Et toutesfois se baigne en mon esmoy.
Vostre beauté rend mon ame hardie,
Mais cest honneur l'a toute accoüardie.
J'ayme, je crain, je balance entre deux.
Je veux prier, prier je ne vous oze,
De tout espoir est mon ame forclose,
Et se repaist seulement en vos yeux.

XXXIV.

Pour donner vie à l'enfant nouveau né,
Et pour en luy graver le caractere,
Dedans les champs du sacré baptistere,
Qui du Seigneur fut aux siens ordonné,
A l'impourveu tu m'as abandonné,
Et faut, helas! que ce riche mystere
Soit de mes maux le piteux ministere,
Dont maintenant je suis environné.
Dedans les champs faisant à Dieu service,
De faire icy de mon cœur sacrifice,
Comme tu fais, à qui en est le tort?
Sans y penser, tu frappes deux personnes
Par ton absence, & tout d'un coup tu donnes,
A l'un la vie & à l'autre la mort.

XXXV.

Me gouvernant le long de ces allées
Je contemplois mille petits oiseaux,
Qui degoisoient dessus les arbrisseaux,
Leur plein jargon par monts & par vallées.
Icy estoient pallissades taillées,
Où trafiquoient Dames, & damoiseaux,
Mil' doux baisers sur l'orée des ruisseaux,
Pillants les fleurs richement esmaillées.
Chacun estoit du chagrin esloigné,
Moy seul portant un sourcil refroigné,
Ne repaissois de ces bayes mon ame.
On s'en esmeut. Cela ne m'est nouveau,
Il n'y a rien (di-je) qui me soit beau,
Que la beauté qui sejourne en ma Dame.

XXXVI.

Mon ame avoit en son centre tirez
Tous mes esprits, & ma triste pensée
S'estant dans moy en un tas ramassée,
Vers toy tenoit tous mes sens retirez.
Quand mes esprits en ce point esgarez,
Je m'apperceu qu'illecq' estoit passée
Celle qui lors se monstra offensée;
Car je n'avois ses beaux yeux reverez.
A l'impourveu elle m'avoit surpris
Dont j'oubliay l'acquit de mon homage,
Mais aussi-tost reprenant mes esprits,
Ha! toy qui tiens (di-je) mon cœur en gage,
Pardonne-moy, Dame, si j'ay mespris,
J'idolastrois en ta plus haute image.

XXXVII.

Tout aussi-tost, maistresse, que je voy
Ton beau Soleil qui dans mon cœur delasche
Un feu brillant, qu'Amour prodigue y cache,
Tout aussi-tost je ne suis plus à moy.
Quand peu apres en m'esloignant de toy,
Ce mesme cœur qui harassé je fasche,
Te veut quitter, mais en vain il y tasche,
Et plus il vit en un penible esmoy.
Voyla comment de tes beautez esclave,
Au plus profond de mes pensers j'engrave
Le vif pourtraict de tes perfections.
Comme present dedans mon cœur se couchent,
Et comme absent fichez ne se rebouchent
Les poignants traicts de mes affections.

XXXVIII.

Je le prens vostre anneau, non point pour autre fin,
Sinon que comme il est d'une ronde figure,
Aussi que cest anneau, maistresse, refigure
Mon amour qui est rond, & sans feinte, & sans fin.
Et ainsi que l'Orfeuvre, estoffant son dessein,
Y met un diamant dont l'œil à tousjours dure,
Qu'ainsi ay-je engravé vostre œil pour qui j'endure,
A cloux de diamants au profond de mon sein.
Au lieu de cest anneau, je vous donne, ma Dame,
Ce mien cœur enchaisné, qui à tire de rame
Veut au meillieu des flots surgir à port heureux.
Si craignez qu'il eschappe, accouplez-y le vostre,
Jamais galiot n'est lié sans un autre,
Pour rendre un cœur esclave aussi en faut-il deux.

CHANSON.

Vivons, mon Tout, nourrissons
D'une flamme mutuelle
L'Amour dedans nos mouelles,
L'Amour que tant cherissons,
L'Amour, le pere de nous,
L'Amour qui de son essence
Fait estre, & donne croissance
Unanimement à tous,
Que me profite de voir,
D'un ministere publique,
Me rendre le corps etique?
Ou que pour un peu d'avoir,

De mille à chaque propos,
Mille caresses j'espreuve
Si en privé je ne treuve
Dedans ta faveur repos?
   Qu'est-ce qu'une ambition,
Ou un bouïllon d'avarice,
Fors un eternel supplice,
Qui naist de l'opinion?
Quand au contraire l'Amour
Prenant sa vraye pasture
De nostre seule nature,
En elle vit nuit & jour.
   Bien que sous le firmament,
Rien ne soit icy durable,
Entre ce tout perissable
L'Amour dure seulement:
L'Amour qui nous bastit tels
En la vie que nous sommes,
Qui rend en la mort les hommes
Par leurs enfans immortels.
   Vivons doncq & nourrissons
Dans une ardeur mutuelle
Une amour perpetuelle
Amour que tant cherissons:
Que d'inviolable loy
Je loge dans ta pensée,
Et que tu sois enchassée
Eternellement en moy.
   Chacun dressera ses vœux
Où son cœur le sçait attraire;
Quant à moy de te complaire
C'est le seul point que je veux:
Là je fiche mon desir,
Là mon esprit je desbonde,
N'ayant pour plaisir au monde
Autre but que ton plaisir.
   Pendant que le favory
Aprofite à son mesnage
Du bien publicq le dommage:
Et que le peuple à haut cry
Dressant vers le ciel sa voix,
Autre chose à Dieu ne prie,
Sinon que la seigneurie
Tombe de son mesme poix.
   Pendant que le courtisan
Nourrit en soy la rancune,
Estant selon la fortune,
D'un ou d'autre partisan:
Et que les champs sont ouverts
A ceux qui pour nous deffendre,
Sont nez pluftost pour offendre
Et nous & tout l'Univers.
   Pendant que sans contredit,
Le medecin sophistique
Un qui pro quo fantastique
Pour nous tuer à credit:
Et que sans aucun recoy
Un tas d'avocats font rage
De prendre à leur avantage
L'eschantillon d'une loy:
   Pendant que l'aspre marchant,
Sous l'espoir qui luy fait voile,
Arme sa nef d'une toile,
Et dans les flots va cherchant
La mort hors de son manoir,
Lors qu'une prompte tourmente
Luy desrobe, & son attente,
Et sa vie & son avoir:
   Pendant que le bon hommeau
Cognoist au vol de la grue
Le devoir de sa charruë,
Ou bien que dessous l'ormeau
D'un long ahan rebuté,
N'attend fors que la tempeste
S'esclatte dessus sa teste

Aux plus chauds jours de l'esté.
   Pendant que selon le cours
Des affaires chacun pleure,
Mourant cent fois d'heure à heure,
Moy cependant au rebours,
D'un vers gayment labouré,
Une Ode, un Sonnet je chante,
Ainçois folastre j'enchante
Mon esprit enamouré.
   Ny pour avoir aux Rois part,
Ny les cours, ny les trophées,
Ny loix qu'on jette à bouffées,
Ny de medecine l'art,
Ny le marchand, ou labour,
Ne sont de telle efficace
Que pour eux jamais s'efface
De mon souvenir, l'Amour.
   Sus doncques de grace, au lieu
De tout autre bien, Mignonne,
Qu'un chauld baiser l'on me donne,
Ça ces deux pommes, vray Dieu,
Ça ce crespe de fin or,
Ça ce marbre, ça l'albastre,
Ça ce tout que j'idolastre
Au milieu de mon tresor.
   Sus mignonne, encor' au lieu
De tout autre bien, Mignonne,
Qu'un baiser l'on me redonne:
Ha! Dieu, ja je voy le Dieu,
Le Dieu de nostre dessein,
Qui me rend glace, qui m'enflame,
Helas! ja je sens mon ame
S'esvaporer dans ton sein:
   Pour contr'eschange, (ô douceur!)
Je sens la tienne estonnée
Que d'une longue halenée
Tu me soufles dans le cœur:
Par ton esgaré regard,
Par ta langue qui besgaye,
Par ton œil qui se houtoye,
Je ly que tu és sans fard.
   Heureux trois & quatre fois,
Heureux qui dans telle vie
Voit sa franchise asservie,
Heureux qui sous telles loix
En soy meurt & vit dehors,
Quand deux ames sont unies,
Et une ame en deux parties
Est en un & en deux corps.
   Que le hazard hardiment
Exerce sur moy sa force,
Soit que par plaisante amorce
J'espreuve un doux traictement,
Ou que jaloux du grand bien
Qu'en toy je fonde & espere,
Veuille rompre par misere
Le nœud de nous Gordien.
   Si n'aura-t-il ceste loy
De pouvoir rendre offensée,
Encontre-toy ma pensée:
Toy seule, Dame, és mon Roy;
Toy ma Cour, toy mon Palais,
Toy pour medecin j'implore,
Toy ma marchandise encore,
Toy mon labour à jamais.

ELEGIE.

Quand de toy je parti, ayant, comme l'abeille,
Pillé le miel des fleurs de ta bouche vermeille,
Et que d'un bras glouton mil fois tu m'accolas,
Et que mil & mil fois tes levres tu colas
Sur les miennes, succant d'une haleine de basms,
Le peu qui me restoit encore de mon ame:
   Adoncq gros d'esperance & enflé de faveur

Je

Je te laissay, content, pour ostage mon cœur,
Choisissant l'air des champs pour trouver allegeance,
Non à ce mal d'amour qui me fait vivre en transe,
Mal d'amour dont tu és seule le medecin,
Mais pour tromper un corps qui est à demi sain;
Tromper: car puis qu'il prend du cœur sa temperie,
De le vouloir guerir sans toy, c'est tromperie.
Si me jettay peu cault à la mercy de l'eau,
Et soudain que je fus entré dans le basteau
Pour brosser contremont, je voy chasque manœuvre
S'assuter tout à coup diversement à l'œuvre,
Qui joüer de la rame, & qui du gouvernail,
Qui s'attacher au mast, & l'autre à l'attirail;
Moy cependant aux flots & vents je m'abandonne,
Et rien que flots & vents autour de moy ne sonne,
Rien qu'un Soleil ardent ne commande à mon chef,
Un hurler, un crier, un braire dans la nef,
Lors que tous estonnez à la moindre rencontre
Se treuve une autre nef qui se presente encontre,
Chacun à qui mieux mieux de cris se deffendant
Quand ce vaisseau d'ailleurs peu à peu va fendant
Les vagues, qui luy sont à ses desseins obstacle,
Et que moy ne bougeant, par estrange miracle,
Toutefois sans le voir je voy que je m'en vois.
Or comme tout cecy de mes yeux je voyois:
Helas! (ce dy-je lors) ce fascheux navigage
Ne pourrait-il au vif de mes amours l'image?
Ce basteau où je suis tant & tant tourmenté,
C'est l'amour dans lequel dés pieça me jettay;
Et ces vents que je voy rouler dessus ceste onde,
Ce sont les chaulx souspirs que de moy je desbonde;
Ces flots sont les ruisseaux que de mes yeux je verse,
Quand l'amour ennemy de mon bien me traverse;
Et mes pauvres pensers ce sont les matelots,
Qui pour estre agitez de pleurs & de sanglots,
Toujours vont projettans quelque belle entreprise
Pour conduire à bon port l'amour qui les maistrise,
Ne chommants jour ne nuict; & cest ardent soleil
Ce sont les clairs rayons qui flambent en ton œil:
Le chagrin nautonnier, craint le heurt de sa nave;
Et moy non nautonnier, ains miserable esclave,
Je me sens assiegé d'une immortelle paour,
Craignant qu'à la traverse on heurte mon amour:
Ainsi comme sur l'eau je vois & si demeure
En une place, aussi je m'en vois d'heure à heure,
Et finis lentement la route de mes jours;
Toutefois m'en allant je demeure tousjours
Immuable, fichant au centre de mon ame
A cloux de diamants la beauté de ma Dame:
Bref, je remarque en moy que tout d'un mesme cours
Comme je vois sur l'eau, ainsi vont mes amours:
Aussi raconte-l'on que Venus la Cyprine
Prit jadis son essence aux flots de la marine.
Pendant que ces discours en moy je repassois,
Cependant peu à peu les vagues je traçois,
Laissant derriere moy, ore mainte montagne,
Ores maint bois toffu, or' la belle campagne,
Jusques à ce qu'enfin bon gré malgré l'effort
Des vents impetueux je surgis à bon port,
Au port tant souhaité, port, la seule recousse
Du pauvre marinier quand le temps se courrousse.
Là où gay & dispost mes forces je reprens,
Non point pour l'air des champs, mais parce que j'apprens
Que si en amour j'eus la fortune rebource,
Mon amour n'est pourtant sans espoir de ressource.
Je te saluë doncques, ô port tant desiré,
Port unique secours de mon cœur martyré,
Port que je n'ay attaint: mais comme en mon voyage
Je suis venu à port aprés un long orage,
Et qu'en ce navigage est figuré en tout
Le cours de mes amours: semblablement au bout
De mes maux & tourments, qui me veux faire accroire
Que de tous mes pensers enfin j'auray victoire,
Je le veux croire ainsi: car je l'ay merité,
Non point pour mon esprit, ains pour ma loyauté.

XXXVIII.

Sous le fanal de ta claire beauté
Je hazarday au peril du naufrage,
Dessus les flots ce fascheux navigage,
Dont je me sens maintenant tourmenté:
  Par ton motif ma barque j'assuray,
  Pour faire voile en une & autre plage,
  Esperant bien qu'aprés un long voyage,
  Je surgirois au port tant souhaité.
Le Ciel flateur pour tromper ma jeunesse,
M'entretenant d'une belle promesse,
D'un calme vent me rendoit empouppé:
  Quand (ô malheur!) j'apperceu que la voile
  Que tu tresmas, estoit la mesme toile
  Qu'avoit ourdie une Penelopé.

XXXIX.

Je le veux bien: or sus faisons partage,
Que chacun ait son lot à juste pris,
Vous, vous aurez mon cœur & mes esprits,
Je vous en fay dés à present hommage:
  Vostres ils sont sans borne & mesurage;
  Et moy j'auray vostre œil, vostre doux ris,
  Vostre rets d'or dans lequel je fus pris,
  Et quelque cas, s'il vous plaist davantage;
Diray-je quoy? helas! pauvret je sens
S'esvaporer en fumée mes sens,
Lors que je veux plus ardent y entendre.
  Diray-je quoy? non, mais, ma Dame, il faut
  Que suppleez doucement ce deffaut,
  Et sans parler vous me le laissiez prendre.

XL.

Le Ciel avoit, pour monstrer sa puissance,
Tout en un tas son plus beau ramassé,
Et puis l'ayant en un point entassé,
Voulut bastir ta celeste influence:
  Le Ciel encor' au jour de ma naissance,
  Ayant au beau tout l'amour compassé,
  Me bastissant avoit en moy tracé,
  Tout ce que peut une amoureuse essence.
Malheureuse est la planette, & le jour,
Que je voulus faire en ton œil sejour:
Malheureux est le cœur qu'en toy je fiche:
  Malheureux est l'astre distributeur
  Qui assembla dedans ton corps tant d'heur
  Pour le tenir obstinément en friche.

XLI.

D'un œil fascheux elle me regarda,
Dont peu faillit que mon ame amortie,
De sa prison ne fist une sortie,
Et il ne sçay qui pour lors l'en garda:
  Quand tout soudain un autre œil me darda
  Accompagné de toute courtoisie,
  Et mon ame (ô double phrenesie!)
  A mesme issue encor' se hazarda.
Puisque ma vie aux extremes je dresse,
Je ne veux plus qu'une joye, ou destresse
Tiennent mon cœur desormais en leurs las.
  Non, non: Amour, ce calme j'abandonne,
  Si en aimant l'extreme je me donne,
  J'ay plus de mal, plus aussi de soulas.

XLII.

Je ne sçaurois, quoyqu'en vain je le tente,
De ma tristesse allambiquer tel heur,
Que du travail d'une longue douleur,
La nuict en moy quelque repos je sente.
Telle est l'aigreur du mal qui me tourmente,

Que plus du jour j'espreuve la rigueur,
Et plus la nuict une estrange langueur
Dans mes esprits trouve nouvelle sente.
Heureux amans, heureux qui dans les nuicts,
Enveloppez de joye vos ennuis,
Heureux qui morts en la mort prenez vie.
Je ne quiers point de mes amours la fin,
Fay seulement, (ô Amour) que peu fin
Je sois trompé de quelque flatterie.

XLIII.

Je voudrois bien, mais je ne le puis faire,
Je voudrois bien estre si bon sonneur
Que tout d'un coup je chantasse ton heur,
Et le subject qui pour toy tant m'altere.
Mais je voudrois en chantant pouvoir taire
De mes Amours le desastré malheur,
Et que chacun cognoissant ta valeur,
Cogneust aussi qu'un temps je t'ay sceu plaire.
Pour n'obscurcir les raiz de ta beauté
Par un soupçon d'ingrate volonté
Ma passion ne veut que je lamente.
Mon Amour est en toy si vehement,
Que pour couvrir ton mauvais traitement,
Mon Amour veut qu'à mon escient je mente.

XLIV.

Je la voulois attoucher en cachette
Par le coulis d'une secrette main,
Dedans son lit: mais elle tout soudain,
De ses deux mains les deux miennes rejette:
Elle voyoit non loin de sa couchette,
Un esclaireur que comme elle je crain,
Et qu'il falloit mettre en moy quelque frain
Pour parvenir à ce que je projette.
Peuple, soyez tant que voudrez, jaloux,
Vous qui pensez que sans langue, de nous
Ne peut sortir parole, ny langage.
J'ay par tes mains le contraire apperceu,
Car sans parler, maistresse, elles m'ont sceu
Dire tout bas que je n'estois point sage.

XLV.

Si telle fut ma fiere destinée
De te vouër une ferme constance,
Pourquoy t'es-tu d'une ferme arrogance,
Contre mes vœux fierement obstinée?
Tien je me feis destors que tu fus née,
Et en prenant peu à peu ta croissance,
Aussi s'accrut d'une mesme balance,
La loyauté dont je t'ay estrenée.
Si je n'ay rien qui à m'aimer t'inspire,
Pourquoy vers toy prit mon destin adresse?
Si ton honneur t'est plus que mon martire,
Pourquoy choisi-je honorable maistresse?
Si pour tromper du monde le mesdire,
Pourquoy à part me tiens-tu en detresse?

XLVI.

Quand je parti d'avecq' toy de Paris
Pour prendre aux champs une gaillarde course,
J'oubliay clefs, or, & argent, & bource,
Tant je m'estois en ta memoire espris.
Ha! (dy-je lors) maintenant ay-je appris
Et recognois que ma chance rebource
Veut que sans toy je vive sans ressource,
Et que je sois forclos de mes esprits.
J'oublie tout, je m'oublie moy mesme,
Tel est l'effort de mon Amour extrême,
Et de l'object qui me donne la loy,
Qu'en quelque part où je preigne ma voye

A *Parmy les champs, Amour veut que je soye*
Loin de Paris, & absent prés de toy.

XLVII.

Veux-tu sçavoir de nos Amours la suite?
En premier lieu il faut un bon vouloir,
Puis d'un espoir & desir se pourvoir
Accompagnez d'une longue poursuite.
Mener son fait d'une sage conduite,
Ny trop ny peu sa Damoiselle voir,
En tous endroits luy rendre le devoir
A bien parler avoir la langue duite.
Prendre le temps quand il est à propos,
Entretenir d'agreables propos
Celle qui est de nous la mieux aimée.
Qui autrement l'Amour gouvernera,
Pauvre idiot enfin il trouvera
Tous ses desseins se tourner en fumée.

XLVIII.

Si nous aimons d'un desir sans espoir,
B *C'est un Amour en vain opiniastre;*
Si d'un espoir sans le desir folastre,
C'est un Amour qu'on ne peut concevoir.
L'amant qui veut se mettre en son devoir,
Doit du desir & de l'espoir combattre
Celle qu'il pense au long aller abattre,
Ce sont outils dont il se faut pourvoir.
Aprés ces deux, la troisiesme science
Est de s'aymer de longue patience
Pour obtenir de l'Amour la raison.
Et tout cela n'est rien, comme il me semble,
Qui pour jouir avec les trois n'assemble
A son apoint, le lieu & la saison.

XLIX.

Celuy qui fit le jeu du Reversi
Avoit d'Amour senty quelque traverse:
Au jeu d'Amour on joue à la renverse,
Et Reversi il nomma cettuy cy.
Le dernier à quelque advantage icy;
Au jeu d'Amour, Cupidon qui nous berse,
Souvent permet par coustume perverse
C *Que le dernier ait le dessus aussi.*
Vray que l'on fuit au Reversi la prise,
Mais en l'Amour celuy qui prend on prise,
Et entre amants est jugé tres-expert.
Pareille fin les deux jeux accompagne:
Au Reversi, qui moins en fait le gaigne,
Au jeu d'Amour qui plus en fait se perd.

L.

Bouche que j'ayme tant, bouche de corail fin,
Bouche que mille, & mille, & mille fois je baise,
Pour tromper ma douleur, moins toutesfois s'appaise
Le feu qui dans mes os me consomme sans fin.
J'imprime en vous baisant, sur vos levres le fin
De mes Amours, Maistresse, ains de ma chaude braize
Et prodigue de moy, me perdant à mon aise,
J'évapore à doux traits mon ame en vostre sin.
Mais soudain qu'elle s'est dedans vous envolée,
Tout aussi-tost la vostre en moy prend sa volée,
Ainsi je suis en vous & vous estes en moy.
Baiser, qui de nos mains, tiens la clef & la porte,
D *O qu'heureux je seray si par toy je rapporte*
Ce qui donne en Amour, je n'oze dire quoy.

CHANSON.

O *Cœur, de mon cœur si tu veux*
Entendre le comble des vœux,

Que dans ma poitrine je cœuvre,
Il me faudroit du grand Romain
Emprunter la langue, ou la main,
Pour parvenir à ce chef-d'œuvre.
Je ne souhaite d'avoir part
A l'œil ny au devis à part,
Ny à la bouche tendre & molle,
Ny l'attouchement ne me poingt,
Je ne veux encores le poinct
Qui tant follement nous affole.
Je veux tout en un coup avoir
Le devis, le baiser, le voir,
L'attouchement, la jouïssance,
Que mon cœur, mon ame, mes os,
Par un miraculeux chaos
Se transforment en ta substance.
Que Dieu joüant en nous ses jeux,
Fasse une ame, & un corps, de deux,
Et que la mort ne les depece,
Mais bien qu'au jour du jugement
Nous nous trouvions au firmament
Toy & moy d'une mesme piece.
Que si estre autre je ne puis
Que celui-la qu'ores je suis,
Pour t'affranchir de tout reproche,
Au moins aprés un long rebut
Accorde-moy pour dernier but,
Le Paradis qui en approche.

ELEGIE.

Je t'ay mille & mille fois
Juré d'une basse voix,
Mon cœur, mon Tout, ma Betonne,
Qu'a toy seule je me donne:
Qu'autre heur je n'acueille en moy,
Que celuy que je reçoy,
Tantost de ta belle bouche,
Tantost de ta main farouche.
Donne-moy doncq un baiser
Pour mon tourment appaiser,
Baiser qui comme une vigne,
Mille autres baisers provigne,
Baisons-nous à qui mieux mieux,
Allambiquons dans nos feux,
Moy en te baisant, ton ame,
Et toy d'une mesme flame,
Par entremeslez accords
La mienne aussi de mon corps,
Que riens de nous ne respire
Qu'un doux gratieux Zephire.
Ha cruelle, tu me fuis,
Helas! plus je te poursuis,
Et fais gloire de ma honte
Quand mes amours je te conte:
J'appelle à tesmoins les Dieux
Qui sejournent dans tes yeux:
J'appelle à tesmoin, felonne,
L'Amour qui l'Amour guerdonne,
Qu'ainsi qu'en ta jeune fleur
Tu te baignes dans mon pleur,
Ainsi estant gourmandée
Par la vieillesse ridée,
Tu regretteras en vain
Le temps que tu as en main,
Et diras d'une voix casse
Que maudit soit la grace,
Maudite soit la beauté
Qui logea sa cruauté.
Adoncq sentant mille alarmes
Espandras autant de larmes,
Comme espand ores pour toy,
Cil qui t'aime plus que soy.
Jouïssons doncques, mignonne,

A De l'heur que l'heure nous donne,
Celle qui le temps ne prend
Tout à loisir s'en repent,
Et fait à tard penitence
De sa gloire, ou innocence.

LI.

Ingrat Amour, dont vient que tu te plais
De guerroyer d'une guerre immortelle
Cest univers, & que ta main bourrelle,
Bannit de nous ta bien-heureuse paix?
Dont vient helas! traistre, que tu me fais
Poursuivre en vain l'object d'une cruelle
Qui dans son cœur un autre amour recelle,
De tel, qu'aussi d'autre amour tu repais.
Certainement je ne veux plus qu'on pense,
Que l'amour soit d'autre amour recompensé,
Comme l'on a follement estimé.
Qui veut heureux avecque l'amour vivre,
Qu'il quitte amour, amour le viendra suivre,
C'est le vrai poinct qu'il faut pour estre aimé.

LII.

B
Elle s'enfuit de mon aise l'idole,
Quand la cuidant tenir entre les bras,
Je la voulois acoller de mes bras,
D'un vain object trompant mon ame folle.
Puisque dormant ton image s'envole,
Qu'est ce bon Dieu, que veillant tu voudras?
A Dieu cruelle, ores tu me perdras,
Il ne faut plus qu'à tes pieds je m'immole.
O sot desir, ô ingrate beauté,
Pipeur espoir, sarouche privauté,
Destin piteux, ô cruautez sans nombre!
O malheureux, & malheureux tourments,
Si un Pasquier seul entre les amants
Ne joüit point tant seulement de l'ombre!

LIII.

A toy de toy, cruelle, je me plain,
Moy contre moy-mesme instance j'intente,
Toy pour m'aimer d'une Amour froide & lente,
Moy pour t'aimer si chaudement en vain.
C Fascheux procez, miserable ma main,
Esprit flouet, faconde malplaisante,
Puisque sans fin, malheureux je te chante,
Ne rapportant que perte de mon gain.
Enten mon fait, je te requiers justice,
Cinq ans y a pour te faire service,
Que je me suis dedans tes yeux logé:
Il n'est mesuy plus temps que je me flatte,
Fay-moy raison, contente-moy, ingrate,
Ou pour le moins donne-moy mon congé.

LIV.

De me donner congé, tu ne le veux,
Et moins encor' de te rendre propice
A mes souhaits, ce te seroit un vice
De m'accorder le moindre de ces deux.
O Ciel, ô terre, ô enfers, ô vous Dieux!
Pour t'honorer faut-il que je languisse,
Et que ma foy exposée au supplice
Serve à jamais d'exemple à nos vœux?
Pourquoi faut-il que mon ame obstinée,
Soit peu à peu dans ta prison brulée,
D Non: je cognois que ce mal m'est bien deu.
De tant servir sans avoir recompense,
C'est heresie, & falloit que l'offense
De cest erreur s'expiast par le feu.

LV.

LV.

Je graverai dans la posterité,
Ton cœur ingrat, mon amour insensée,
Un glas en toi, un feu dans ma pensée,
De tout espoir un cœur desherité.
De t'aimer tant, ce m'est temerité,
Puisque ton ame en demeure offensée,
Une autre Amour sera recompensée,
Qui ne l'aura comme moy merité.
T'avoir cinq ans fait de moy sacrifice,
N'avoir de toy le dernier benefice,
C'est trop joüer à l'Amoureux transi:
Il faut ailleurs attacher ma fortune,
Chacun enfin retrouve sa chacune,
Tu le veux bien, & je le veux aussi.

LVI.

Il n'y a rien qu'en mon ame j'imprime
Tant qu'un souhait de me mettre en requoy,
Quitter l'Amour, & m'affranchir : mais quoy?
Plus je le veux, plus j'y perds mon escrime.
Amour s'en moque, ainçois impute à crime
De felonnie, & dit qu'il est mon Roy,
Que de tout temps je suis né sous sa loy,
Partant qu'en vain contre lui je m'anime.
Pour empescher d. la peste le cours,
Le medecin y employe tousjours,
Tost, loin, & tard, souveraine recette.
S'il faut d'Amour promptement se bannir,
S'absenter loin, & bien tard revenir
Pour s'en garder, l'Amour est une peste.

LVII.

Meschant Amour, dont vient que tu m'as fait
Voüer mon cœur à une Damoiselle
Sans recompense, & que ta main cruelle
Ne nous blessa tous deux de mesme trait?
Tu me nourris, pipeur, d'un doux attrait,
D'un franc accueil, d'une parole belle,
D'un long baiser, mais en vain je querelle
De mes souhaits le bien-heureux souhait.
Vivre & mourir pour une Dame en transe,
En bien aimant esperer joüissance,
C'est exercer un folastre mestier:
Ce doux soubris, ces yeux, ces courtoisies,
Ce sont autant de belles phrenaisies,
Il n'y faut rien que l'heure du chartier.

LVIII.

Il sera vrai, & ma foi n'est point vaine,
Il sera vrai, mieux que bien je le sçay
Que les discours que pour toi je traçai,
Ne te rendront à mes vœux plus humaine.
Mais il viendra qu'une moins inhumaine
Lisant le tort que tu m'as pourchassé,
Abhorrera de tenir terrassé
Un sien amant d'une semblable peine.
Ainsi comblé de mille afflictions
Je vai contant mes chaudes passions,
A une Dame, ainçois à une idole.
Ainsi devot en toute humilité
Devant les pieds d'une ingrate beauté,
Pour mon prochain, non pour moi je m'immole.

LIX.

Quelqu'un sçavant en la Chiromantie
Sur tous les monts de ma main a passé,
Et curieux a aussi tracassé
Sur tous les poincts de la Geomantie.
Il a craintif fureté la Magie,

A Puis plus hardi au Ciel s'est adressé,
Et mil discours fantasque a dressé
Que nous apprend l'art de l'Astrologie.
Rien que faveur pour moi n'a veu, mais vous
Me nourrissez en malheur contre tous:
De ces deux l'un, Dame, ou monstre vous estes,
Qui contre un cours de nature vivez,
Ou quelque Dieu, qui sous vous enclavez
Et les esprits, & toutes les planettes.

LX.

O nuicts, non nuicts, ains journaliere peine,
O jours, non jours, ains tenebreuses nuis,
O vie en dueil eschangée & ennuis,
O triste dueil, non dueil, ains mort soudaine!
O cœur, ains roch d'esperance incertaine,
Où de mon mal tous les floz sont reduits,
O yeux, ainçois de riviere conduits,
O pleurs, non pleurs, ains coulante fontaine,
O cieux, non cieux, ains meslange & chaos,
O Dieux, non Dieux, ains guidons de mes maux,
O dame en qui tout le cruel se cache!
B O nuicts, jour, vie, ô dueil, ô cœur, ô yeux,
O pleurs, ô cieux, ô dame, & ô vous Dieux,
N'aurai-je doncq' jamais en vous relasche?

LXI.

A toy Pallas, ô déesse aux yeux pers,
Et de prudence, & des arts source vive,
L'antiquité voüa la saincte Olive;
A toy Bacchus, le surrampant Lierre.
A toy Phebus, flambeau de l'univers,
Qui mets en nous par ta chaleur native
L'esprit, le sens, & la vegetative,
On consacra les Lauriers tousjours verds.
A toy Venus, ô Venus la meurtriere,
Venus qui es de meurtrir coustumiere,
Le Meurthre fut dedié puis aprés.
Que si le nom de ton tige est conforme
Aux cruautez qu'impiteuse tu formes,
J'ordonne encor à Cypris le Cyprés.

LXII.

C Si transporté d'une saincte fureur,
Enflé d'espoir dessus mon Luth j'accorde
Tout ce que peut une amoureuse corde
Produire en nous de celeste vigueur,
Si tout soudain harassé de langueur,
Loin de secours transi je ne recorde
Que pleurs, que dueil, que guerre, que discorde,
Et ce qu'engendre une fiere rigueur.
Comme l'Amour cruel me caressoit,
Qu'il me gesnoit, me flattoit, me paissoit,
Ores de fiel, & ores d'Ambrosie:
Brief, comme j'eus mes esprits esgarez,
Ainsi mes vers vous ay-je bigarrez,
Quel fut m'amour, tel est ma poesie.

CHANSON.

D U premier coup que je vous vy
Je fus de vos beaux yeux ravi,
Logeant l'Amour dedans mon cœur,
Et vous au vostre la rigueur.
Ce petit Dieu victorieux
Nous fait joüer à qui mieux mieux,
D Il veut que vous soyez mon but,
Et que je sois vostre rebut.
Il balance vos cruautez
Au contrepoix de vos beautez,
Pour me paistre de poix egal,
Ores de bien, ores de mal.

Les Jeux Poëtiques. Loyauté.

Cruelle plus à vous je suis,
Cruelle plus je vous poursuis,
Plus je me plains, plus je me deulx,
Et moins entendez à mes vœux:
   Mais las! plus vous me desdaignez,
Plus en mon mal vous vous baignez,
Et plus Amour tout au rebours,
Tyran exerce en moy ses tours.
   Dont vient que le Ciel obstiné
Vous avoit mon cœur destiné,
Si aussi de mesme lien
Il n'attache le vostre au mien?
   Je n'ay rien, dites-vous, de bon
Qui vienne à vostre parangon,
Mais contre vos perfections
J'oppose mes affections.
   Je sçay que vostre grand' beauté
Un grand object a merité:
Mon grand Amour pareillement
Merite un beau parfaitement.
   Je ne veux point croire qu'Amour
Soit enfant, qu'il naisse en un jour,
Pour puis de plumes empané,
Fuir du lieu dont il est né.
   Aussi-tost que le mien fut fait
Il devint grand & tout parfait,
Il se vint avecq' moy loger,
Pour à tout jamais n'en bouger.
   Il fit opiniastre un vœu,
De ne desemparer le lieu,
Et vous opiniastre aussi,
De n'en avoir jamais mercy.
   Tout ainsi que mon aage croist,
Avecq' luy mon amour s'accroist,
Cruelle permettez sans plus
Qu'il ne soit un amour perclus.
   Ne souffrez que vostre valeur
Trionfe à tort de mon malheur,
C'est peu de terrasser celuy
Qui est à vous, & non à luy.
   Il faut que d'un œil sourcilleux
Vous combattiez les orgueilleux,
Mais ceux qui sont devots à vous,

A Il les faut battre d'un œil doux.
   Que si d'un esprit conjuré
Avez encontre moy juré,
Dieux vangeurs, faites qu'à son tour
L'amour me vange d'elle un jour.

ELEGIE.

IL a ravi, de mes yeux je l'ay veu:
  Il a ravi le bien qui m'estoit deu,
Ce doux baiser, qu'une crainte farouche
Me deffendoit succer de vostre bouche.
Las! s'il falloit que mon sort ordonnast
Que de si prés ce sot vous halenast,
Pour derober ce qu'Amour, ains nature
M'ont ordonné par raison & droiture,
Helas! dont vient, malheureux, que les Cieux
Ne m'avoient lors privé de mes deux yeux,
Pour ne voir point que ce cruel corsaire
B Se fist en vous vainqueur de ma misere?
Ou s'il falloit que je le visse adoncq',
Pourquoy aussi ne devins-je arbre ou tronc,
A celle fin que de mesme rencontre
Je fusse mort avecq' ma malencontre?
Il aura doncq' victorieux ce point,
Et moy chetif las je ne l'aurai point?
Non, non, il faut que cette ronde masse
En un chaos pesle-mesle s'amasse,
Et que l'on voye, & la terre, & la mer,
Par un conflit matin nous abismer,
Plutost, plutost que l'amour que j'embrasse
Un long vanger contre luy ne me brasse.
Et vous, ma Dame, en qui j'ay toute foy,
A la vengeance ordonnerez la loy:
Quand par regards masquez, & quand par mine
Conjurerez du tout à sa ruine:
Et que moy seul, comme bon serviteur,
Engraverez au fond de vostre cœur.
C De ce seul poinct, Madame, je m'asseure,
Et ce seul poinct ne permet que je meure,
Bien que vivant je meure autant de fois
En mon esprit, que de vous je m'en vois.

FIN DE LA PREMIERE PARTIE DES JEUX POETIQUES.

LES JEUX POËTIQUES D'ESTIENNE PASQUIER.

SECONDE PARTIE.

1
LIBERTÉ.

I.

E ne suis plus d'une ame ainsi ravie
Qu'un seul beau je termine mes
    yeux,
Je ne suis plus destiné par les Cieux
Pour contenter d'un seul object ma
    vie.
    N'y pour si peu n'est pas ma flame
    assouvie.
Et si ne fais estat de trouver mieux,
Que tournoyer mes pensers en tous lieux,
Et celle part où mon œil me convie.
Un temps je seus d'une seule amoureux,
Mais le succés de mon amour heureux
Me decocha dans le cœur mille flesches.
    Amour, qui tiens mes pensements espars,
Pourquoy m'as-tu brulé de toutes parts,
Si mes moitiez, comme moy tu ne seches?

II.

Tout est fondé sur l'instabilité,
Rien ne se voit en ce monde qui dure,
Ores un chaud, ores une froidure,
Ores un Printemps, un Automne, un Esté.
Si le travail produit la volupté,
Si du pourri se fait la geniture,
Si ce qui naist se tourne en pourriture,
Si du beau jour provient l'obscurité:
    Bref, si rien n'est sur ceste terre ronde
Où la nature en tant de sens abonde,
Comme elle fait en la varieté,
    Hé! pauvre Amour fils aisné de nature,
Pourquoy quittant ta primogeniture,
T'arrestes-tu à une loyauté?

III.

Ce n'est pour toy, ny pour un autre encore
Que mon cerveau d'un amour je repais,
Ny deux, ny trois ne me rompent la paix,
A Ny pour un cent ce venin je devore:
D'un infini que mon esprit adore,
Pris de plus beaux ces discours-cy je fais,
Et mille, & mille engendrent les effects,
Et le subject dont ma plume je dore.
    Un temps on vit amants si obstinez
Que d'un seul beau estoient martirisez,
Et lors tenoient comme amour, rang d'enfance:
    Si mes pensers plus hagards ne sont nez
Sous ce destin, ne vous scandalisez,
Ainsi qu'Amour de plumes je m'eslance.

IV.

Praticien comblé de passion,
A vous la jeune, à vous maistresse antique,
Je veux passer un contract authentique
Sellé du seel de mon affection.
B Executez ceste obligation
Contre qui n'a deffense, ny replique,
Pleust or à Dieu qu'en termes de pratique,
J'eusse sur vous mesme execution.
    Par ce contract, Dames, je vous oblige
Et corps, & biens, je suis vostre homme lige,
Disposez-en jusques au dernier bout:
    Je vous declare encores, & annonce
Qu'à tous les droicts anciens je renonce,
Pour estre vostre un seul & pour le tout.

V.

Long-temps y a, voire dés ma jeunesse,
Qu'opiniastre en amour je me fis,
Et que soldat sous son drapeau je vis
Comme seul but où j'ay pris mon adresse.
Non pour servir une seule maistresse,
Je ne me suis tant de bon heur promis,
C Ains mille objects devant mes yeux ay mis,
Pour me conduire au port de ma vieillesse.

Hhh iij

Les Jeux Poëtiques. Liberté.

Et toutefois je ne veux point qu'on pense
Pour tout cela, qu'une sotte inconstance
Se soit venuë en mon ame loger.
Celuy qui a tousjours reglé sa vie
Tout d'un compas, & d'une mesme envie
Sans la changer, l'estimez-vous leger ?

VI.

Divin Ronsard, de France le bon-heur,
Qui a loüé d'une bien riche veine,
Ore Cassandre, or' Marie, ore Heleine,
Et les aymants rapportas tant d'honneur ;
Permets, Ronsard, permets, divin sonneur,
Ainsi que toy, que d'une forte haleine
Je puisse aussi galoper par la plaine
Du Dieu qui fut de tes maux guerdonneur.
Je ne pretens d'aconsuivre tes graces,
Ains pas à pas sans plus suivre tes traces ;
Et toutefois qui n'en aime que trois.
C'est amoureux proprement ronsardise,
Mais qui par tout toutes Dames courtise,
C'est imiter, & les Dieux, & les Rois.

VII.

Pour descouvrir en mes calamitez,
De mes amours les douleurs amassées,
Pour descouvrir de mes plaintes passées,
Et le plus haut de mes extremitez :
De mille, & mille, & mille cruautez,
De mille fleurs, & de mille pensées,
Sur mil' patrons j'ay mes amours tracées,
Et sur le cours de mille & mil beautez.
Ainsi se fait de l'abeille le miel ;
Ainsi voit-on la grand' voulte du ciel,
De mil flambeaux, & mille feux guidée :
Ainsi voulant monstrer que dans un cœur,
Jamais Amour ne logea tant d'ardeur,
D'un univers j'ay tiré mon idée.

VIII.

Du plus pointu de cent & de cent traicts
Que l'Archerot dessus sa forge aiguise,
Ce traistre Dieu encontre mon cœur vise
Pour engraver dedans mille portraicts.
Vous qui lirez de mes amours les traicts ;
Si oncq' d'amour eustes l'ame surprise,
Dites : les pleurs que tout amant espuise,
De cettui-cy n'approchent loing ny prés.
Jamais du Grec vangeur, qui se fit voye
Pour saccager la grand' ville de Troye,
Tant de guerriers n'escloit le cheval :
Que dedans moy je recele de Dames,
Qui sont brûler mon cœur de mille flames,
Et de mil' feus eternisent mon mal.

IX.

Jamais laideur de femme je n'accuse,
Si cette-cy sur le dos porte un mont,
Son bel esprit, & son entregent font
Qu'en l'accusant, toutefois je l'excuse.
L'autre est peut-estre, ou boiteuse, ou camuse,
Mais l'entrelas crespelu du poil blond,
L'œil qui soustient la voute du beau front,
D'un entrepois me sçait donner la muse.
Ce sont les jeus du grand Dieu qui a fait,
Que nul de nous ne puisse estre parfait
Par le conflit de diverses natures.
Voila comment mes pensers j'entretien,
Et à peu dire, ainsi qu'un bon Chrestien
Je loüe en Dieu toutes ses creatures.

X.

Plus que celuy qui conquit la toison,
Ny que celuy qui sortant de Carthage,
A sa Didon ne laissa pour ostage,
Que de douleur la mortelle poison :
Dames, d'amour je suis le parangon,
Et de ma foy estes vray tesmoignage,
Vous qui de moy sistes toutes partage,
Quand je me mis sous vous à l'abandon.
Ne pensez point qu'en mes discours je trace
Un seul Amour, ou une seule grace,
Ainsi ne soy-je aux autres tant ingrat.
Pour à chacune en general complaire,
Gravant d'amour le divin caractère,
Je ne say d'une, ains de toutes estat.

XI.

En quelque endroit où mon vouloir me tire,
Soit que tout seul je languisse à l'escart,
Soit au matin, au midy, soit au tard,
Soit au parler, soit aussi à l'escrire,
Rien dedans moy, rien qu'amour ne respire,
Rien dans mon cœur ne trouve bonne part,
Qu'un bel amour qui m'affole, qui m'ard,
Qui me nourrit en un plaisant martyre.
Mille beautez dont je suis en esmoy,
Mille flambeaux qui esclairent dans moy,
Et mille, & mil' maistresses que j'adore,
Allambiquants mes pensers à leur feu,
Engendreront dans mes os peu à peu,
De tant de beaux la Deesse Pandore.

XII.

Puisque mon cœur en cire se transforme,
Ne t'esbahy, Jodelle, si mon ame
Imprime en soy le beau de chaque Dame,
Et si mon tout à leur tout se conforme.
Comme l'on voit la vigne embrasser l'orme,
Ainsi la Blanche, & Brune je reclame,
Ainsi la Maigre, & la Grasse m'enflame ;
En elles rien je ne voy de difforme.
Si Cupidon est aveugle, je pense
Que de vouloir prendre la cognoissance
Du laid, ou beau, c'est perdre sa police.
Juge d'Amour, jamais je ne me donne
Acception aucune de personne,
Je suis à toute esgalement justice.

XIII.

Que Laure soit de Petrarque le dart,
Que la Lesbie en mon Catulle vive,
Que pour Corine Ovide encor' escrive
Tout ce que peut lui enseigner son art.
Que la Cassandre ait honneur par Ronsard,
Que du Bellay mignarde sur la rive
Du petit Loir, les graces de l'Olive ;
Que Pasithée ait vogue par Thiart.
Pour ne tenir mes pensemens en friche,
Ores la pauvre, ores j'aime la riche,
Ores la vieille, ores la jeune d'ans.
Et pourquoi doncq' me sera-ce inpropere,
Si nous voyons en mesme temps un pere
Royallement aimer tous ses enfans ?

XIV.

Je ne veux point qu'une seule Cassandre,
Ou une Olive ait part à mon gasteau,
Je ne veux point qu'on pense qu'un seul beau
Puisse mon cœur dedans ses rets surprendre.
Brave guerrier, je suis un Alexandre,
Qui voit cherchant un monde tout nouveau,
Lors que j'auray conquis tout ce que l'eau
Dans ce contour general sçait comprendre.
De ne nourrir en Amour qu'un dessein,
De ne loger qu'un beau dedans son sein,
Ce n'est le trait d'une grande victoire.
En mille objets je me veus limiter,
Comme faisoit l'ancien Jupiter
Pour à jamais eterniser ma gloire.

XV.

XV.

Pour illuſtrer à jamais ſon pinceau,
Et l'ennoblir d'une gloire immortelle,
Zeuxis le grand, ſur un ſage modelle,
Voulut fraier un chemin tout nouveau.
Car projectant d'Helene le tableau,
Pour la monſtrer des belles la plus belle,
Il emprunta de chaque Damoiſelle
Ce qu'il penſoit y eſtre le plus beau :
   Puis rehauſſa d'un ſi naif umbrage,
Et d'un tel jour ce peintre ſon ouvrage,
Que longue vie il donna ſa portraict.
   Ce que Zeuxis fit en morte peinture,
Si par effet au vif je le figure,
Ne fay-je pas un plus excellent traict ?

XVI.

Comme de nous eſtant l'ame partie
On voit ſouvent les medecins expers,
Monſtrer au doigt, muſcles, veines, & nerfs,
Et de nos corps mainte noble partie ;
Grand medecin je fais l'anatomie
Du clair Soleil qui luit par l'Univers,
Et la faiſant je monſtre par mes vers,
Que chaque Dame eſt ma douce folie.
   D'une le chant, de l'autre le ſoubris,
De l'autre l'œil, & bon ſens je deſcris,
Or' l'embonpoint, or' je loüe les Maigres.
   Si d'un ſeul beau ma plume ſe plaiſoit,
Et les beautez des autres meſpriſoit,
Je trouverois les confitures aigres.

XVII.

Qu'Amour ait fait de Juppin un oiſeau,
Pour l'aſſouvir en la mere d'Helene,
Que pour joüir pareillement d'Alcmene,
Il en ait fait un jeune damoiſeau.
Qu'il l'ait auſſi transformé en taureau ;
Qu'un beau Phœbus on voye par la plaine,
Qui pour aimer, troupeaux de brebis meine,
L'ayant changé en ſimple paſtoureau.
   Qu'il ait baillé à Mars, ou à Mercure,
Diverſement une & autre figure ;
Ainſi fait-il de moy ce Dieu mignon :
   D'un chaud amour je t'avois eſtrené ;
Ma paſſion meurt ſoudain qu'elle eſt née :
N'a-t'il pas fait de moy un Champignon ?

XVIII.

De divers biens chaque païs s'honore :
L'un eſt en grains, l'autre eſt fertile en prez ;
Autres, de fruicts, autres, de vins comblez,
Qui par les eaux, qui par bois ſe decore :
BRIE, tu es de France la Pandore,
Qui donnes prez, & fruicts, & vins, & blez,
Dedans ton ſein diverſement meſlez,
Ceinte de bois, & de fleuves encore.
   Mais le plus beau, c'eſt que dés le matin
D'une ſaint Jean, & d'une ſaint Martin,
Vous y changez de valets & maiſtreſſes :
   Si nous changions ainſi dedans Paris,
Pauvres amants qui ſont allengouris
Ne vivroient plus, comme ils font, en detreſſes.

XIX.

J'aime par tout pour n'en aimer aucune :
C'eſt la deviſe où je me veux ficher :
Qui en voudra la cauſe rechercher,
Qu'il la recherche au cercle de la Lune.
   Là il verra la demeure commune,
Où nous allons nos eſprits attacher,
Dont nul de nous ne les peut arracher,
Chacun eſtant né ſous cette infortune.
   N'accuſez point mes amours de forfait :

A Celuy qui ayme ainſi comme j'ay fait,
Bien qu'il ſoit fol, eſt ſagement folaſtre.
   En noſtre vie apprenons un ſecret,
C'eſt que celui qui ſe croit plus diſcret
Que la commune, eſt un acariaſtre.

CHANSON.

On ne vit oncq' ſi belle flame
Triompher d'une amoureuſe ame,
Que celle dont je ſuis eſpris :
Dedans mes flancs deux feux j'aſſemble,
J'ayme deux Dames tout enſemble,
Mais l'une en emporte le pris.
   L'une eſt Petite, l'autre Grande,
La Petite à mon cœur commande,
La Grande ravit mes eſprits :
L'une eſt blanche, l'autre vermeille,
L'une & l'autre Dame m'eſveille,
Mais l'une en emporte le pris.
   L'une eſt d'une façon peſante,
L'autre mignardement plaiſante,
L'une a bel œil, l'autre un doux ris,
B L'une me plaiſt, l'autre je priſe,
L'une & l'autre je ſavoriſe,
Mais l'une en emporte le pris.
   L'une eſt comme la franche Roſe
Que le poinct du jour a eſcloze
Dans les temples verds de Cypris,
L'autre luit plus entre les belles
Que la Lune entre les eſtoilles,
Mais l'une en emporte le pris.
   Tout ce que la nature enchaſſe
De beau, de doux, de bonne grace,
Maiſtreſſes, en vous eſt compris,
Un entregent, une faconde,
Un œil qui a nul ne ſeconde,
Mais l'une en emporte le pris.
   Le Ciel amy de ma fortune
Ne veut que je me paſſe d'une,
Il m'a cette leçon appris
D'engraver au fond de mon ame
Les traicts de l'une & l'autre Dame,
Mais l'une en emporte le pris.
   J'ay une affection puiſſante,
Qui peut loger, & vingt, & trente
C Dames d'honneur dans mon pourpris,
Mais maintenant je veux qu'on ſçache
Que deux tant ſeulement je cache,
Dont l'une en emporte le pris.
   Si en deux objects je ſuis ſtable,
D'eſtre en mes amours variable,
De vous je ne ſeray repris,
Ne penſez point que ce ſoit vice
De faire à deux Dames ſervice,
Quand l'une en emporte le pris.
   Petite, vraiment je vous aime
Plus que ne vous aymez vous-meſme,
Vous tenez mon mieux, & mon pis,
A vos pieds, Grande, je m'immole,
Vous eſtes mon tout, mon idole,
Mais l'une en emporte le pris.
   Quand je voy l'œil de ma Petite,
Quand de ma Grande le merite,
Mes ſens demeurent entrepris :
A vous Petite, & à vous Grande,
Je fay de mon cœur double offrande,
Mais l'une en emporte le pris.
   Venez-ça Petite mignarde,
D Que d'une langue fretillarde
Vous bien-heuriez vos favoris ;
Helas ! ma Petite, je meure,
Si je ne vous ſens à cette heure
Emporter ſur l'autre le pris.

Venez-

Venez-ça que je vous caresse
A vostre tour, Grande maistresse,
Laissez-moy ce fascheux mespris :
Je meure si quand je vous baise
Je n'ay dans mes os si grand aise
Qu'emportez sur l'autre le pris.

   Puis qu'en vos beaux yeux seuls j'habite,
Rendez, Grande, rendez Petite,
Le cœur qu'avez en vos lacs pris,
Donnez-moy de mesme balance,
Toutes deux telle jouïssance,
Que l'une & l'autre en ait le pris.

ELEGIE.

PUis qu'il vous plaist sçavoir si j'ay rien fait absent
  Digne de mes amours pour vous faire present,
D'autant que ne voulez, qu'il se passe semaine
Sans recevoir de moy quelque gaillarde estreine,
Non estreine d'argent, non ouvrage de pris,
Ains estreine sans plus qui croisse en mon pourpris,
Maistresses, je vous veux ore à toutes escrire
Si j'ay rien fait, ou non : j'ay vescu en martyre,
J'ay mille, & mille fois discouru vos beautez,
J'ay mille & mille fois couru vos cruautez,
Vos faveurs, vos rigueurs, & d'une mesme haleine,
Mon amour, mon despit, mon plaisir, & ma peine,
Mon desir, mon espoir, ma crainte, mon esmoy :
J'ay discouru comment dans un heur dont j'abonde,
Je suis le seul pourtant malheureux de ce monde :
Le seul qui pour mourir dans un journel tourment,
Vis toutesfois heureux en mon contentement.
Et vous pour estre aussi belles entre les belles,
Emportez le haut point dessus les plus cruelles,
Vous baignans en mon mal, & au vostre : en effet
Si le voulez sçavoir, voilà ce que j'ay fait :
Mais voyant à part-moy tous ces discours ensemble
Ne reussir à rien, j'ay rien fait, ce me semble.
  Ainsi me pouvez-vous demander à present,
Si absent j'ay rien fait pour vous faire present;
Veu que tous ces pensers qu'en vain dans moy j'embrasse,
Sont seulement voüez à vostre bonne grace.
Que di-je rien ! vray Dieu, ainsi j'ay beaucoup fait,
D'avoir fait tels discours, veu que le moindre trait
De vos perfections qui court dans ma memoire
M'est contre tous assauts une grande victoire :
Et le mal qui pour vous me court de part en part,
Contre tous autres maux m'est un certain rempart.
Parquoy humble & devot je vous donne, Maistresses,
Mes plaisirs, mes tourments, mes joyes, mes detresses,
Je vous donne mon tout, ne me riens reservant
Sinon de demeurer vostre loyal servant.
Et si pour tout donner sans aucune reserve
Je n'ay jamais gagné chose qui rien me serve,
Pour parvenir heureux à cest extreme point,
Qui me mine, me mord, me consomme, me poingt,
Dames, il est en vous de rompre cet obstacle,
Dames, il est en vous par singulier miracle
De faire que ce rien revienne à quelque effect,
De faire que ce rien un miracle soit fait,
Diray-je quoy ! nanny : je vous pri' dans vous lire
Ce que mon cœur voudroit, mais ma main n'ose escrire.

XX.

Pour consoler ma pauvre ame asservie,
Et luy donner quelque esperance d'heur,
Banny de toy, Duchesse, la grandeur,
Qui dés ton estre avecques toy prit vie.

  Ou si tu n'as de la bannir envie,
Detourne au moins d'allentour de ton cœur
Ces doux appas, & cette humble rigueur,
Qui m'ont cruels la liberté ravie.

  Ceste douceur me fait au ciel voler,
Ceste grandeur fait mon vol ravaler,
Je couvre un feu, & dans mon feu je tremble.

A *Je vois, je viens, & si n'ose bouger,*
O Dieu qu'il est malaisé de loger
La Majesté, & l'Amour tout ensemble.

XXI.

D'un bavolet elle estoit attifée,
Son corps vestu d'un habillement gris,
Mais sa beauté me sembloit hors de pris,
Face & façons dans les bois d'une fée.

  Chantant des airs, comme un second Orphée,
A l'impourveu prés d'elle je me mis,
A l'impourveu par elle je feus pris,
Sous le couvert d'une ormoye : O trophée !

  Soudain mon bras au fort du corps la prend,
D'un court refus la pauvrette se rend,
Vous jugerez quel butin je feis d'elle.

  Je viens, je vy, & de ce mesme pas,
Victorieux, je mets la nymphe bas,
Fut-il jamais escarmouche plus belle ?

XXII.

Comme la Lune au milieu des estoilles,
Rend sa clarté dans l'obscur de la nuict,
B *Entre ses sœurs aussi celle reluit,*
Qui m'attrappa premiere dans ses toiles.

  Pour paremens elles portent longs voiles,
Passent leur temps ensemble à petit bruit,
Le haranguer, le lire est leur deduit
Avecq' un brin d'amour dedans leurs moiles.

  En ce saint lieu m'estant acheminé,
Mon bonheur veut que je me sois donné
De ce troupeau, l'ame la plus devote.

  Puis une, & une, & une autre à son tour
Fasse le Ciel, Dames, que quelque jour,
Comme Masset je puisse estre vostre hoste.

XXIII.

Bien qu'en ton lict tu tiennes garnison,
Et que tu sois d'un long mal affligée,
Que de ton mal soit ma vie affligée,
Si attend-elle en toy sa guerison.

  Elle t'a fait de mon cœur livraison,
Et au profund de ton object prolongée,
Ne desire estre, ou courte, ou plongée,
Que par la tienne, & à mesme raison.

  Nourrir dans moy ceste passion sombre,
C *Est-ce un Amour, ou bien d'un Amour l'ombre ?*
Venus s'en mocque, & Cupidon s'en rit.

  Je fay pour toy Sonnets, Rondeaux, Balades,
En peu de mots, nous sommes deux malades,
Tu l'és du corps, je le suis de l'esprit.

XXIV.

Tant m'est ton port, tant ton œil agreable,
Que je nourry dedans mes os un feu,
Feu qui ne fut jamais en autre veu,
Feu qui n'eut oncq', & qui n'a son semblable.

  O sot espoir, ô desir miserable !
Car aussi-tost que le coup je receu,
Tout aussi-tost helas ! je m'apperceu
Estre navré d'une playe incurable.

  Pour quelque peu ma douleur appaiser,
De toy je cueille un long & chaud baiser,
Et tout en toy je me metamorphose.

  En te baisant plus heureux suis qu'un Roy,
Mais, ô malheur ! retenu par la loy,
Souhaitant tout, souhaiter rien je n'ose.

XXV.

D *Jadis on vit qu'un Orphée de Thrace*
Par son bien dire, & par sa douce voix,
Donnoit la vie aux citez & aux bois,
Qui le suivoient en tous lieux à la trace :

  Mais maintenant c'est tout une autre face,
Car si je vy, si je viens, si je vois,

3.e Jour-
née de
Bocca-
ce, nou-
velle
premie-
re.

Si je suis rien, tout cela je le dois
A un seul Bois qui ce bien me pourchasse.
O bois, non bois, ains chef-d'œuvre des cieux,
Bois qui combas la nature & les Dieux,
Bois vrayement miracle des miracles !
 Le bien-parler, les graces, les beautez
Ne logent plus dans l'enclos des citez,
Les forests sont d'elles les receptacles.

XXVI.

Il est ainsi, ce n'est point mocquerie ;
Quand au monstier prier Dieu je te voy,
Et que d'ailleurs tu n'as pitié de moy,
Je ne sçaurois que triste je n'en rie.
 Ha, dy je lors, ingrate Braverie,
Qui tiens mon cœur & mes sens en esmoy,
Tu vas priant au temple Dieu pour toy,
Et moy pour moy ma saincte je te prie.
 Mais plus je seme humble à tes pieds de vœuz,
Et moins, superbe, escouter tu me veux,
Tant tes beautez obstinement sont fieres :
 Or ça dy moy, Cruelle, estime-tu
Ton oraison avoir au Ciel vertu,
N'exhauçant point en terre mes prieres ?

XXVII.

Franc de pensers, libre de volonté,
Ainsi qu'un Roy je conduisois mon aage,
Guidé d'honneur, garny d'un haut courage ;
Pour m'opposer à toute cruauté,
 Tout mon deduit n'estoit que Royauté,
Un cœur pour faire à l'ennemy visage,
Cœur pour lancer une beste sauvage,
Cœur pour mourir, ou n'estre surmonté.
 Mais tout soudain que mon ame t'eut veuë,
Tout aussi tost de force despourveuë,
Mon cœur guerrier à tes pieds consacra.
 Ne t'esbahi si tu vois mon cœur brave
De tes beautez s'estre rendu esclave,
Car ton nom porte UN ROY m'obeyra.

XXVIII.

Maistresse, je te veux trompeter par mes vers,
Afin que le renom d'une belle Loinville
Ne soit ensevely dans l'enclos d'une ville,
Ains vole esparpillé par cest univers.
 Je veux corner à tous, que dés ton premier vers,
Nature en ton endroit heureusement fertile,
Distilla sur ta langue, & encores distille
Un fleuve de son miel dont ores tu nous pers :
 Que par ton bien parler tu nous tournes & vires,
Ainsi qu'en mer les vents manient les navires
Qui ne desirent rien que surgir à bon port.
 Mais sur tout je souhaite, ô cruelle ! qu'on sache,
Que par toy mille morts dans ma vie je cache,
Ainçois que ma vie est une penible mort.

XXIX.

Je ne veux point que la seule beauté
Tienne mes sens en joye ou en detresse,
Moins veux-je encor d'une grande maistresse,
Si dans son cœur n'heberge loyauté.
 Je mets sous pieds l'ingrate pauvreté,
Je fay bien loin les appas de richesse,
Et les accueils d'une folle noblesse,
Et les grandeurs d'une Principauté,
 Le beau, le grand, le loyal tout ensemble
Dans mon esprit peste-mesle j'assemble,
Ce sont les trois que j'adore à part moi :
 Voyla pourquoy, ma saincte Gabrielle,
Ton nom portant, grande, loyale, belle,
Je suis sur tout idolastre de toy.

XXX.

Dans le touffu de ces sombres destroits,
Mes pensemens d'un à autre je colle ;
Pour t'aquoiser au son de mes abbois,
C'est œil meurtrier de ma volonté folle.
 O chesnes, foy d'une ancienne Gaule,
Si oncq' pitié vous eutes d'une voix,
Respondez moy, celle qui tant m'affolle
Prit-elle point son ame de vos bois ?
 Si dans le creux de l'une de vos souches
Elle nasquit de façons si farouches,
Helas ! pourquoy se plaist-elle en mon pleur ;
 Puisque poussé d'une mesme influence
Je pris aussi mon nom & mon essence,
Du bel esmail d'une sauvage fleur ?

XXXI.

Vaten, disoit Amour, Vaten brave guerrier,
Mets-toy dessus les rangs, lasche à ton cœur la bride,
Le seul mot de Vaten te servira de guide.
Mais avant que partir, arme-toy de laurier.
 Puisque du clair Soleil tu veux d'un vol altier
Escheler la hauteur, ne te presente vuide,
Ains prens le verdoyant laurier pour ton aide,
Que le peuple voulut au Soleil dedier.
 Voila comment Amour me gouvernoit en songe,
Et moy qui ne vouloys que ce fist un mensonge,
Je luy respons ainsi : He ! qu'est ce que j'entens ?
 A ce mot je m'esveille, & des lors plein d'audace ;
En me flatant ces vers porte-lauriers je trace
Pour atteindre au Soleil de ma chere Vaten.

XXXII.

A peine avoy-je ouy cette parole douce,
Que voicy derechef le mesme Cupidon,
Qui portoit en sa main son fouldroyant brandon ;
Et sur le dos son arc, ses fleches & sa trousse.
 Rebrousse, me dit-il, pauvre idiot, rebrousse ;
Si tu mets plus avant ton cœur à l'abandon,
Tu seras (miserable) un autre Phaeton
Bouleversé d'en hault d'une horrible secousse.
 Il faut à nos desirs apporter quelque frein,
Et d'un folastre espoir ne se repaistre en vain,
Ne doute point que c'est, c'est vraiment un mensonge ;
 De te promettre rien sur la belle Vaten :
Et pourquoy donq' doubter ? ainçois asseure-t'en :
Car aussi ton Amour est fondé sur un songe.

CHANSON.

SI pour conter son malheur
 Nostre plus grand mal s'absente,
Dont vient qu'ouvrant ma douleur,
 Ma douleur tousjours s'augmente ?
Tout martyre par long trait
Perd sa vigueur & sa force,
Mais plus je vy, plus s'attrait
En moy douloureuse entorce.
 Cruel destin, qui de moy
Feis l'Amour seigneur & maistre ;
 Pourquoy sous si dure loy
Me voulus-tu faire maistre ?
 Venez, ô amans heureux,
 Venez ouyr ma complainte,
 Qu'un Dieu dans un langoureux
 A cruellement emprainte.
 Et vous qui de liberté
 N'eutes jamais cognoissance,
 Et vous qui en loyauté
 Avez plaine jouyssance,
 Oyez la triste chanson
Que dedans ceste prairie,
 Sous un lamentable son
 Je chante, je pleure, & crie.
 Heureux amans qui suivez
 Les vertus d'une, & la grace,
 Heureux vous qui poursuivez

La beauté d'une à la trace.
Heureux qui d'un seul object
Rendez vostre amour contente,
Heureux qui d'un seul project
Vivez en heureuse attente.
  En une fichez vostre œil,
  En une se paist vostre ame,
  Vous entretenans sans deuil
  D'une reciproque flame.
    Mais mon astre infortuné,
    Ma desastrée fortune,
    Ne me permet estre né
    Pour me contenter en une.
  L'une m'a ravy le riz
  Sans que plus avant j'y touche :
  L'autre dont je suis espris
  Me depart sans plus sa bouche.
    L'autre qui au vif m'attaint,
    Prit mon meilleur en service :
    Et l'autre pour son beau teint
    Fit de mon œil sacrifice.
  L'autre couvre mon malheur
  Et mon heur sous son esselle,
  L'autre d'aussi grand valeur
  De mesme appas m'ensorcelle.
    L'une se range à rigueur,
    L'autre ma douce ennemie
    Fait de moy & de mon cœur
    Une estrange anatomie.
  L'une d'entre elles je voy,
  Celle que tant j'ay prisée
  Faire de moy, de ma foy,
  Et de mon amour risée.
    Telle me tient en horreur :
    Telle est un peu moins hazarde,
    Qui d'un œil avantcoureur
    Le dessein de son cœur farde.
  Toutes d'un commun accord
  En moy dressent un trophée,
  Estimans que de ma mort
  Sera leur gloire estoffée.
    Tant leur aigreur s'assouvit
    De voir mes douleurs guidées
    Vers cet amour qui ravit
    Mon esprit en leurs Idées.
  Plus me cognoissent captif
  Sous une & autre maistresse,
  Plus est leur cœur ententif
  A m'engloutir de detresse.
    Et plus je voy leur froideur
    S'englacer sous toy severe,
    Plus je sens en moy l'ardeur
    D'un amour qui persevere.
  Ainsi va doncq' le decret
  Des cieux, ô mon influence,
  Qu'à ce Phœnix, le regret
  Soit seul pour sa recompense ?
    O prodige ton cœur,
    Et de ta vaine pensée,
    Faut-il qu'en telle langueur,
    Ta foy soit recompensée ?
  Vous Demons qui conduisez
  Mon amour sous cette flame,
  Plutost, plutost, reduisez
  Ce mien corps sous une lame.
    Ou bien en moy rebouchez
    Cette trop vive pointure,
    Ou aux Dames retranchez
    Leur froid en chaude nature.

ELEGIE.

Puis que le fier destin qui me donne la loy
Veut que je ne puisse estre avec toy ou sans toy,
Damoiselle masquée, hypocrite, legere,
Qui nourris dans ton cœur un' amour mensongere,
Et puis que je basti malgré moy au tour,
Un desdain immortel sur un mortel amour,
Je veux ore hazarder à credit cette lettre,
Affin qu'avecques toy & sans toy je puisse estre,
Je veux ore exposer ceste lettre en tes mains,
Lettre qui tombera sous l'œil de maints & maints,
Lettre dont penseras ta grandeur estofée,
Quand en tous les endroits pour marque de trophée
Tu diras en parlant de toy-mesme : voilà
Celle qui triompha un temps de cestuy-là.
Mais je dis qu'un vainqueur s'acquiert bien peu de gloire,
Si vainquant il ne sçait poursuivre sa victoire.
Je dis que si pipé je fus pris en tes las,
Ce te deust estre autant comme à moy de soulas ;
Et si de ton object mon ame fut esprise,
Pareillement du mien devois tu estre prise :
Car l'amour quant & soy apporte cest effect,
Que soudain qu'il est né, un autre amour il fait.
Je recognois vrayement & veux bien que l'on sçache
Que le Dieu qui dans nous en nostre cœur se cache,
Exerça vivement sur moy sa cruauté,
Et que tant de pouvoir n'eust oncq' froide beauté,
Comme la tienne fit sur moy d'experience :
Je veux, je veux vrayement que tout chacun le pense :
Aussi est cest escrit pour dernier monument
De mon extreme amour, & comme un testament.
Raconteray-je icy les assaux, le long siege,
Les efforts de l'Amour, les embusches, le piege,
Comme deux ans entiers j'ay avec toy vescu,
De l'amour, non du tout, mais à demy vaincu ?
Simple, loing des pensers qui au long aller rongent
Ceux qui par fols discours dans ceste mer se plongent,
Mais cependant amour ce traistre, peu à peu
En cachette allumoit dedans mes os un feu :
Las ! chetif je pensois voir quelques traits de rare
En toy, dont la nature aux autres fut avare,
Je me faisois aveugle accroire que ton œil
Estoit le seul sejour de ma joye & mon dueil,
Et en ce pensement bizarrement follastre
Je devins tout à fait deslors ton idolastre,
Et mettant mon bonheur à part à l'abandon,
De mon cœur je te fiz dedans mon cœur un don,
Ne l'ozant bonnement descouvrir, & j'appelle
Tous les cieux à tesmoings, qui fut celuy ou celle
De nous deux qui premier par un pipeur dessein,
Ouvrit ce qu'il feignoit cacher dedans son sein,
J'estois cloz, & couvert, & pour tout tesmoignage,
Mon œil piteux faisoit de mon cœur le message,
Quand estant dans mon lict malade sans soupçon,
Tu me fis la premiere une longue leçon
Du mal que tu voyois se loger dans ma teste,
Leçon pleine de miel, leçon douce & honneste,
Leçon qui me perdit, & dont le souvenir
Me fait presque un amour dans la haine tenir,
Mais leçon qui couvroit sous une belle escorce,
Un venimeux apast, une mortelle amorce.
Comme l'oiseau au son de l'oiseleur, aussi
Je me laissay glicer adonc sous ta merci :
Et par ces beaux propos sans aucune reserve,
Je veux tout à un coup ma franchise estre serve.
Tout ainsi que l'on voit en un plaisant festin
Le compaignon gaillard qui se gorge de vin,
Il le taste d'entrée, il chauvit de l'oreille,
Et peu à peu gayment en buvant se resveille,
Il rit, il gausse, il boit, il redouble, il reboit,
Il pleige son voisin, & cependant ne voit
Que plus & plus de vin dans sa coupe luy verse,
Plus son entendement se tourne à la renverse,
Toutesfois tant qu'il est d'une chambre borné,
Il ne s'aperçoit point que son sens est tourné,
Mais soudain qu'au saillir le plein air il haleine,
Il chancelle or' deça, or' delà par la plaine,
D'un œil estincelant il voit les cieux ouverts,
Et à peine le peut porter cest univers,

Et

Les Jeux Poëtiques. Liberté.

Et pour tout le loyer de son yvrongnerie,
Se va faisant de tous un but de mocquerie.
 Aussi tant que l'amour fut dans mon cœur enclos,
En ce travail caché je vivois en repos,
Ne repaissant en vain alors ma conscience,
Ny d'un desir ardant, ny de sotte esperance,
Ains sans y mal penser je humois à longs traicts,
Gay, plaisant, & dispost je ne sçay quels attraicts,
Et ne croyois pourtant qu'en cela ma pensée
S'enyvrast doucement d'un amour insensée.
Mais quand je t'eus ouvert mon gracieux torment,
Lors je cognois confus un soudain changement,
Je pallis, je rougis, pour une chere gaye
J'apperçoy quant & quant ma langue qui begaye,
Au lieu d'une rencontre & d'un mot sans soucy,
Je suis monsieur le sot & monsieur le transi:
A mes amis mon mal peu fin & caut je cache,
Quand d'ailleurs il n'y a celuy qui ne le sçache.
Miserable je dresse en toy seule mes yeux,
Et d'un sens esgaré je pense voir les Dieux:
Comme d'autre corps, de discours je varie,
Et cependant de moy n'y a cil qui ne rie.
 Voila comment estant d'astuce despourveu,
Je sus par tes aguets surpris à l'impourveu,
Comme mon ame fut par ta poyson noyée.
Lors que d'un guet à pens à langue disployée,
Tu sceuz suborner: toutesfois ne crois pas
Que j'aye esté sans plus pipé de tes apas,
Ny que ton beau parler, ny que ton artifice
M'ait seulement appris d'entrer en ceste lice:
Tu dresseras à tel mille fois cest estour
Sans que pource il se rende esclave de l'amour.
J'ay pour moy tu n'auras sur moy cet avantage:
Mais comme l'amour est nud, aveugle & volage,
Aussi ne puis-je dire, ou si simplicité,
Ou si faute d'esprit, ou si legereté,
Avoient adonc de moy fait si ample conqueste,
Que rien de toy que beau, rien ne m'estoit qu'honneste.
Quand le ciel preordonne une chose à venir,
Nous ne pouvons la bride à nos destins tenir,
Ceux qui les veulent suivre, avecques eux ils meinent,
Et ceux qui sont retifs, bon gré mal gré ils trainent:
Contre l'arrest d'enhaut nul ne peut contester,
C'est un arrest qu'il faut en ce monde arrester.
 Ma liberté sous toy devoit estre asservie,
Aussi n'estoit qu'en toy ma pensée assouvie,
Et ne puis bonnement juger si moy, ou toy,
Me desrobas alors premierement à moy:
Car qu'y a-t-il en toy ou de beau ou d'eslite,
Soit de corps ou d'esprit qui à l'amour invite?
 Toutesfois je fus pris, ô grossier animal!
Et dés que je fus pris, pour comble de mon mal,
De mille beaux discours je discourus ta gloire,
De mille vers dorez j'embellis ta memoire,
Vers beaux, vers amoureux, vers ausquels la douleur
Avoit plus que la grace apporté de couleur.
Ces vers te sont donnez, & ces vers tu promeines,
Affin qu'à mes despens l'amour ailleurs tu meines.
 Il faut qu'en elle il y ait quelque chose de bon
Puis qu'à telle part en cest homme de nom
(Disoient les jeunes fols:) non pas que je soye,
Mais parce qu'estre tel envers tous je m'essaye.
Ainsi sous mon adveu plusieurs hommes de pris
Se mirent à te suivre au son de mes escrits:
Mais pendant que j'estois en ce point ta trompette,
L'autre estoit le cheri, moy j'estois le Poete;
Et pendant que pour toy plus mes sens j'aiguisois,
Cependant plus pour moy les tiens tu disguisois,
M'entretenant en vain de mainte courtoisie
Couverte du manteau de ton hypocrisie.
 Ainsi comme la cire je te desnois,
Ainsi comme la cire aussi tu te tournois,
Gravant à tous objects qui te faisoient hommage,
Dans ton entendement quelque nouvelle image,
Tout cela malheureux de mes yeux je voyois,

Et rien de tout cela pourtant je ne croyois,
Tant je t'estois voüé d'une opinion sole,
J'estois ton immolé, tu estois mon Idole:
Ne voyant toutesfois qu'on ne peut nullement
Former de cœur de cire un cœur de diamant.
Mais soudain que j'ostay de mes yeux ceste taye,
Et que d'un long despit je rentray dans la voye
Dont je m'estois (helas) trop long-temps fourvoyé,
Soudain que dedans moy de moy je m'esmoyé,
Sonnant à mes erreurs doucement la retraite:
Adonc à tes amours defaillant la trompette
Qui avoit ton renom tant sainctement corné,
Tu sentis que c'estoit de m'avoir escorné,
Quand laissée de tous tu cogneuz que ta suite
Ne procedoit de toy, ainçois de mon merite:
Frustrée de par moy de maistre & de leçon,
Avec le precepteur, tu perdis la façon
De faire serviteurs, & ceste contenance
Qui tenoit sur les rangs mille aubereaux en transe,
Ces propos qui t'avoient fait és masques monstrer,
Ces discours dont sçavois aux banquets t'accoustrer,
Comme un estourbillon se tournerent en nuë,
Demourant de propos, comme de façon nuë.
 Malheureux precepteur qui pour tout mon guerdon
Exposay contre moy mon ame à l'abandon,
Malheureux precepteur; mais brave entre les braves,
Serviteur, qui servant te faisois tant d'esclaves,
Et toy plus malheureuse ayant ores perdu
Celuy qui tant d'esprit a pour toy despendu:
 Tant d'esprit? mais ce n'est, je le voy, la science
Par laquelle en amour l'homme amoureux s'avance.
Qui desire l'amour à son vray poinct sonder,
Il faut au poix de l'or seulement le fonder,
Et si tu n'as du fonds, pour le moins que par mines
Et non par bien aymer ta maistresse tu meines.
La femme qui n'a rien en soy d'interieur,
Veut pour gouvernement le seul exterieur:
Qui autrement l'amour avec'elle manie,
De sage il devient sot, & de sot en manie.
Cil qui veut en amour demeurer en cerveau,
Il faut qu'avec sa Dame il discoure le beau,
Qu'une fidelité gayement il harangue,
Mais que ce beau pas plus soit au bout de la langue:
Car qui se met en but de n'estre point loial,
C'est servir sans servir d'un cœur brave & Roial.
 La nature forgea la femelle legere,
Inconstante d'esprit & de foy passagere,
Et pour en ce subject de nous plus se mocquer,
La voulut en public d'une honte masquer,
Si que tant qu'elle tient un serviteur en muë,
Rien qu'une loyauté en devis ne remuë:
Car pour dire le vray, le propos desfaudroit,
Qui d'une loiauté l'amour n'entretiendroit:
Mais elle qui souvent d'une foy couche en chance,
Riens moins qu'à une foy dedans son cœur ne pense,
Tout lui est de saison, mais que l'on soit discret:
C'est peu d'estre loyal, c'est tout d'estre secret:
Elle qui est & fine, & d'esprit variable,
Aime sur tous celuy qui plus luy est semblable.
 Celui qui d'Amadis escrivit le Romant,
Nous figura au vray le portrait de l'amant:
Tant que cest autheur fut au printemps de son aage,
Il nous fit en la Gaule un tenebreux sauvage,
Un Amadis pleurard de loyale façon:
Mais quand de son printemps il vint sur sa moisson,
Plus sage par le temps, d'une plus haute adresse
Il nous donna gaillard un Amadis de Grece,
Non moins qu'à le premier valeureux & hardi,
Mais moins que le premier en amour estourdi:
Chevalier qui prenoit bravement sa volée,
Ores dessus Lucelle, & ores sur Niquée:
Par ses œuvres derniers chantant tout le rebours,
De ce qu'il avoit fait par ses premiers amours.
 S'il me souvient, j'estois (il faut que je raconte)
De mes folles amours encor ce sage conte)

Les Jeux Poëtiques. Liberté.

Un jour en ta maison où une Dame estoit
Qui de la loyauté de l'amour disputoit:
Lors je luy dis riant : y a-t'il rien, Madame,
Entre les instruments qui plus plaise à vostre ame?
Le Luth (dit-elle.) Or ça faignons que Vaumenil
Vous ait un an entier repeu de son subtil,
N'ayant qu'un Vaumenil pendu à vostre oreille,
Ce grand sonneur Royal, & du Luth la merveille,
Et dea au long aller voudriez-vous point aussi
Pour le Luth l'espinette? elle respond que si:
Et si à vostre goust commande quelque viande,
La changeastes-vous onc en autre moins friande?
Elle me dit qu'ouy: de ce mesme discours
De propos en propos sur tous les sens je cours,
La chevalant ainsi : & à chasque semonce
Elle sans y penser me fait mesme responce :
Lors poursuivant ma pointe : est-ce donc chose estrange
Que la femme en amours aille parfois au change?
A ce mot j'apprestay à rire à un chacun,
Et elle me respond que ce n'estoit tout un.
   Ces discours je faisois d'une pensée gaye,
Ne pensant point adonc que la suite en fust vraye,
Mais à mes propres cousts j'ay du depuis apris,
Que bien souvent le vray se loge dans le ris.
   L'amour est un rameau que la nature jette,
Et comme la nature un seul beau ne projette,
Ains va tousjours sautant d'un à autre desir,
Dessus divers objects bastissant son plaisir :
Aussi l'amour son fils tout d'une mesme sorte,
Bien que sans la beauté sa puissance soit morte,
En la diversité de rencontres se plaist,
Et non moins que le beau, le changement luy plaist.
   Ne pensez toutesfois (ô Dames) que je seme
Encontre vostre honneur cest horrible blaspheme,
Plustost me voye-l'on mille fois abismer,
Que contre vostre nom d'un seul poinct blasphemer ;
Mes sens, mon cœur, ma main, mon esprit, ni ma plume,
Ne se plongerent onc dedans ceste amertume,
Et ja sur mon declin ne permette le ciel
Que je soüille mes mains ordemées dans ce fiel:
Ce n'est point contre vous, vertueuses maistresses,
Que d'un cœur bondissant je vomis mes detresses,
Vous, dis-je, en qui les cieux d'un astre plus benin
Enchasserent un Dieu sous un corps feminin,
Vous qui menants l'amour sans fainte & jalousie
Repaissez vostre amant d'une double Ambroisie,
Et qui (comme un grand Dieu de la lumiere autheur,
Immobile du tout est eternel moteur,
N'alterant ses desseins non plus que son essence)
Aussi vous conduisants d'une douce puissance,
Immuables fichez à cloux de diamants,
Dedans vos cœurs, les cœurs de vos loyaux amants,
Ce propos je n'adresse à la femme d'Ulysse,
N'a celle qui jadis fit de soy sacrifice,
Et qui se forcenant d'une meurtriere main,
Planta la liberté chez le peuple Romain :
Pour celles je discours qui ne mettent la force
De l'amour dans le cœur, ains sans plus dans l'escorce,
Celles qui pour porter seulement leur nom,
Sont nées pour destruire aussi vostre renom.
   C'est à toy que j'en veux, Damoiselle traistresse,
Qui en mal an te fis de mon esprit maistresse,
Esprit qui ne m'avoit onc au besoin failli,
Fors quand à l'improvist de toy fut assailli,
Et laissé maintenant pour comble de ta joye

A *Tu te vas pourchassant autre nouvelle proye,*
Afin que t'en estant comme du mien repeu,
Tu la changes aprés, comme moy peu à peu :
Et d'un petit mignon tu fais ore fanfare,
Non que je sçaches bien qu'au change n'y ait tare,
Mais parce qu'en ce troc tu ne veux autre gain
Que de voir mon amour transformer en desdain,
Il l'est, vraiment il l'est, il l'est, je t'en asseure,
Et non en un de sdain, mais une haine pure,
Et si me plaist, pour faire à beau jeu beau retour,
Enclorre comme toy dans moy un autre amour:
Ja je sens en mes os une flamme nouvelle,
Qui me mine, qui m'ard, qui brusle ma moüelle,
Un desir plain d'espoir qui triomphe de moy,
Et plus que le despit me tient ore en esmoy.
Vien donc mignonne, vien que cent fois je te baise,
Vien que mon maltalent par ton object j'apaise,
Repais-moy d'un doux ris, & que ton bel accueil
Me soit contre la haine un eternel cercueil :
Si l'amour & desdain sourdent d'une fontaine,
Que l'amour à ce coup suppedite la haine.
   Car pourquoy desormais nourriray-je en mon cœur,
Pour une Damoiselle, une source rancœur,
B *Damoiselle qui oncq bien qu'elle fut aimée,*
Ne tourna ses pensers qu'en grotesque ou fumée :
Laissant le merité pour prendre à son appoint,
Celuy qui à part soy ne l'aymoit d'un seul point?
   Puis donc que l'amour vray qui tout noble cœur touche,
Jamais ne fit chez toy ny chez les tiens de souche,
Il me plaist de bastir pour mon contentement,
Sur un desdain volage, un long contemnement,
Et nonchaloir de toy, me voulant faire accroire
Que ce contemnement m'apportera victoire
De tout le temps passé, & comme quelque-fois
Me tenant en tes rets de moy tu triomphois,
Ainsi estant par moy à tout jamais laissée,
J'estime triompher aussi de ta pensée :
Toute Dame d'honneur plus aimée se sent,
Plus à une amitié son esprit condescent :
Mais celle qui l'amour gouverne par faintise,
Moins ayme de tant plus qu'elle se voit requise.
   Ne pense pas pourtant que je vueille par art,
Gaigner par ce moien en toy meilleure part,
Je serois bien vrayement forcené de grand rage,
De voguer dans ta nef aprés un tel naufrage :
Mais comme pour t'aymer pour tout dernier respit,
C *Se vint loger chez moy un journalier despit,*
Et que ce despit là qui me tenoit en transe,
T'armoit encontre moy d'une haute arrogance,
Me bravant en tous lieux, aussi d'un mesme trait
Veux-je en ne t'aymant point, t'apporter un regret,
Un creveceur mordant, un dueil, une amertume,
Afin que comme moy tu battes mesme enclume.
   Je veux qu'à ce coup-cy l'on sçache que l'amour
Comme toute autre chose a sa fin & retour,
Qu'on sçache que le beau n'est qu'une image vaine,
Que de grande amitié provient une grand haine ;
Que plus le fol se rend de la femme amoureux,
Et moins il la rencontre en ses amours heureux ;
Que l'amour n'est amour, ains vraie frenaisie,
Si l'amant ne se sçait masquer d'hypocrisie ;
Qu'on sçache que le temps en nous deux aura faits
De diverses humeurs, deux semblables effects,
Punissant l'un & l'autre ainsi qu'il le merite,
Mais aussi nous rendants toy & moy quitte à quitte.

FIN DE LA SECONDE PARTIE DES JEUX POETIQUES.

LES JEUX POËTIQUES
D'ESTIENNE PASQUIER.

TROISIESME PARTIE.
AMBITION.

I.

Ien je te veux, non point pour es-
changer
Ma liberté en un piteux service,
Mais pour me joindre avec toy sans
vice,
Ainsi que Dieu permet de se ranger.
Et si ne feust un espoir mensonger,
Qu'ambition & l'ardente avarice
Ont mis dans moy pour eternel supplice,
Je ne voudrois d'autre espouse songer.
L'ambition au soin d'argent m'attrait,
Le soin d'argent de l'amour me distrait,
L'amour ne veut qu'autre que toy j'élise :
L'Ambition, l'Avarice, & l'Amour,
Font en mon cœur si justement leur tour,
Que te voulant, il faut qu'ailleurs je vise.

II.

C'est trop crier, c'est trop paistre son ame
De sots propos, de fantasques amours,
De vains escrits, de folastres discours,
Fondez sans plus sur le glas d'une Dame.
Je veux ourdir une plus sage trame;
Pour rendre aisé de ma vie le cours,
A un Barreau du Palais j'ay recours,
C'est le desir qui maintenant m'enflame.
O Dieu ! qui feus de ma naissance autheur,
Dieu de mon bien, non du mal promoteur,
Ressource vraye & seule de ma vie,
Fay, ô Seigneur, qu'au chemin que j'ay pris,
Je ne sois point assiegé du mespris,
Je ne sois point affligé de l'envie !

III.

Il n'y a rien de si grande merveille
Que voir un brave Advocat qui bien dit,
Et a sur tous escoutans le credit
De leur succer les ames par l'aureille.
Ce grand Demon à son point les resveille,
Ore assouplit, & ores les roidit,
Tantost eschauffe, & tantost refroidit,
Ny plus ny moins que sa langue les veille.
Gagner les cœurs, trafiquer les esprits,
Estre honoré en ce beaujeu de pris,
C'est ce qui luit en toute republique.
Ainsi je veux foudroyer & tonner,
Ainsi le ciel & la terre estonner,
Ainsi veux-je estre un Hercule Gallique.

IV.

Celuy vraiment sçavoit bien la maniere
Comme il alloit de l'un & l'autre estat,
Qui comparant l'Advocat au Soldat,
Les fit loger dessous mesme banniere.
L'un va bravant d'une lance guerriere,
L'autre bragard de sa langue s'esbat,
Tous deux vaillants, l'un de ces deux combat
En un Barreau, & l'autre à la barriere.
Tous deux hardis combattent pour l'honneur ;
En combattant, il faut que le bon-heur
Soit joint aussi avecques la prudence.
D'un point sans plus le Soldat est jaloux,
Pour ne gagner au combat que des coups,
Et l'Advocat de l'or en abondance.

V.

Non, je ne veux qu'une si sotte estude
Forme en mon cœur cest Epicurien ply,
Que casanier on me voye acroupy
Pour menager ma vie en solitude.
Je veux (amy) que ma solicitude
Soit de me voir par ma langue annobly

De garentir mes escrits de l'oubly,
Et terrasser cette ignorance rude.
Si quelquefois Sibilet, tu me vois
Alambiquer, ou ma plume, ou ma voix,
En des sujects plains de mordante cure :
Vivant ainsi pour autruy en esmoy,
Je ne suis pas pour cela moins à moy,
Mais je ne vy ainsi qu'un Epicure.

VI.

Je qui avois en lamentant chanté
De mes amours, & le desdain, & l'ire,
Dont je vivois en un plaisant martyre,
Quand loin de moy mes sens je transportay :
De mon Printemps tombant sur mon Esté,
D'Ambition maintenant je desire
Compter les maux que de mon cœur je tire,
Et le malheur qui me tient enchanté.
Ciel qui regis presque de mesme main,
Et de l'Amour, & de l'Honneur le train,
Si quelquefois mon Amour feut prisée,
Fay que guidé de haute passion,
Voulant chanter de mon Ambition,
Je ne sois point une bute à risée.

VII.

Moy qui un temps aux flots de ma jeunesse,
Trompé d'Amour, esperdy mes esprits,
Qui sous les flots escumeux de Cypris,
Vaguay ramant entre joye & detresse :
Or' pour bastir un port à ma vieillesse,
Vers un Barreau mon addresse j'ay pris,
Et pour guerdon de mes discours appris,
Que n'y l'Amour, ny l'Honneur n'est sagesse.
Si le succés de tout espoir mondain
Est de tirer dommage de son gain,
Et si chaque aage a quant & soy son vice,
Quand on verra mon pelage argenté,
Aprés avoir de la grandeur chanté,
Que chanteray-je hormis de l'avarice ?

VIII.

Jamais d'amour escadron ne dressay
Bien que guidé d'une prompte folie,
Sinon pour voir ma memoire annoblie,
Par les discours que de moy je traçay.
Et si soldat sous l'amour je passay,
Tant ne me fut la volonté ravie,
Fors pour tirer de ma mort une vie
Vengeant le tort que je me pourchassay.
Mais que me sert, ny ce brave renom,
Ny voir voguer par la France mon nom,
Dans le destin de ma dure influence,
Veu que ce bruit, ce voguer par la France,
Et ces appas masquez ne sont sinon
Pour me frustrer de plus haute esperance ?

IX.

Soit que ce soit, soit que la nouveauté
De ce Printemps dans mon esprit verdoye,
Ou que ce verd mes pensees tienne en joye,
Sous le couvert de cest arbre vouté,
Si voy-je bien que ceste cruauté,
Qui dans le clos des villes me guerroye,
Ne fait icy de mon cœur telle proye,
Comme je suis d'elle ailleurs tourmenté.
Si dans les champs y a trop d'allegresses,
S'il y a trop aux villes de detresses,
A Pour à mes maux trouver quelque moyen
Et qu'en repos je me puisse repaistre,
Faites-moy, Dieux, dans les villes champestre,
Ou que je sois des forests citoyen.

X.

Ne souhaiter rien plus que son pouvoir,
Borner l'espoir, attremper son envie,
Rendre de peu sa pensée assouvie,
C'est ce qui fait heureuse vie avoir.
A plus qu'on n'est attacher son vouloir,
De hauts desseins accompagner sa vie,
Voir jusqu'au Ciel sa pensée ravie,
C'est ce qui fait l'homme de cœur valoir.
Belle est vrayment l'opinion premiere,
Belle est encor l'opinion derniere :
A qui des deux est-ce doncq' que je suis ?
L'une avecq' peu fait que content j'abonde,
L'autre de peu me fait grand en ce monde,
L'une je loüe, & l'autre je la suis.

XI.

Qui de l'Amour par ordre veut user,
Le voir y est, puis baiser, ce me semble,
Le beau devis nous met aprés à l'emble,
Puis de la bouche on ne peut s'excuser.
Pour dans mon feu, ma femme, t'embraser,
Mille baisers, & mille, & mil j'assemble,
Paistrissons doncq' tant de baisers ensemble,
Que toy & moy ne soions qu'un baiser.
En nous baisans tous deux de ceste sorte,
Il faut encor' que de nos baisers sorte
Une amitié Roine des amitiez :
Et que conduits par la main d'un grand maistre,
Faisons en nous l'Androgine renaistre,
Peslemeslans ensemble nos moitiez.

XII.

Je ne veux plus avare user ma vie
En un Barreau tousjours tumultueux,
Je ne veux plus d'un sens presumptueux,
Rompre ma teste en la Philosophie.
L'Advocat est une bute d'envie,
Le Philosophe est un sot otieux,
Qui fait semblant de percer jusqu'aux cieux,
Quand à ses pieds sa pensée est ravie.
Moins veux-je encor' dans ma plume amasser
Ce que j'ay veu par la France passer,
Pour l'engraver au temple de memoire :
Vers la grand Cour de mon Prince je veux
Doresnavant addresser tous mes vœux,
C'est mon Barreau, mon discours, mon histoire.

XIII.

Je sens d'amour encor une estincelle
Qui me bluette à l'entour de mon cœur,
Je sens d'ailleurs je ne sçay quelle humeur
D'Ambition qui court dans ma moüelle.
De ces deux-cy quelle est la plus cruelle,
Ou de sentir d'Amour la chaude ardeur,
Ou d'estre espris d'un espoir de grandeur,
De vains pensers repaistre la cervelle ?
Je veux à toy, Amour, donner le pris,
Qui ravissant doucement mes esprits,
D'un bel object me feis estre folastre :
Mais malheureux si pis qu'un artizan,
Ores d'un sot, d'un pipeur courtizan,
Pour estre grand, me faut estre idolastre.

CHANSON

CHANSON.

OR' que de plaisir forclos,
Amy Rebours tu desdaignes
Le doux air de ces campagnes,
Soit que ton ardente estude
Detienne couvert & clos,
Ou que la male habitude,
De tes pauvres langouris
Ravisse à soy tes esprits,
Malgré l'ennuy qui deschire
Tes pensements, je te vueil
En contr'eschange descrire
L'aise de mon Argentueil.
    En premier lieu j'ay pour loy,
Loy non jamais revocable,
Mettre tout ennuy sous table ;
Ce faisant je m'habituë
N'avoir soucy que de moy :
Que sert que je m'esvertuë
Pour autruy, si cependant
Je vois ma santé perdant ?
Que me vaut vivre en martyre,
Si guidé d'un espoir vain
Pour tout guerdon je ne tire
Qu'une perte de mon gain ?
    Ainsi seul à moy je suis
Sans qu'une crainte me tienne
Qu'au lendemain pis me vienne :
Du present je me contente,
Les cours des Princes je fuis,
A plus haut bien je n'attente ;
Mais mon Rebours non pourtant
Vivant en ce point contant,
Le temps, ny la seigneurie,
Les pompes, ny les honneurs,
Ne font que je ne me vie
Mesmes des plus grands seigneurs.
    Aprés que d'un long repos
Sur l'aurore je m'esveille,
Soudain mes pensers j'accueille
De quelque noble exercice :
Soit que mon esprit dispos
Quelque œuvre nouveau bastisse ;
Soit que jaloux de mon nom
Je me façonne un renom,
Soit qu'en prose je discoure,
Ou du passé curieux,
Qu'en Grecs ou Latins je coure
La memoire des plus vieux.
    Ores d'un habit mondain
Je voy s'esgayer la terre,
Or' devisant un parterre
Dont ma main seul est manœuvre ;
Joieux dedans mon jardin
Cent mille fleurs je descouvre :
Si que mes yeux assouvis
Tiennent tous mes sens ravis,
Puis ça, puis là je me meine,
Usant mes humeurs au pas,
Ne gaignant de ceste peine
Autre profit qu'un apas.
    Et si non content je veux,
Qu'un plus grand labeur encore
Ces excrements me devore,
Sur tout Rebours je pourpense
De jamais n'estre envieux
D'un trop, car le trop offense,
Ainçois que sur la moiteur
Se ferme ce mien labeur,
Perdant que pour la victoire
Au jeu nous rompons nos corps,
Nous n'avons de ceste gloire
Autre profit que cent morts.

A   A l'issuë de ces tours
Mon ventre affamé abaye,
Comme l'oisillon qui bée
Sous l'aisle de sa nourrice :
Adonc d'un commun concours
Chasque membre a son office,
Les mains, la bouche, les dents ;
Pourvoyeuses du dedans,
N'apportent rien davantage
Que requiert mon achoison,
Aussi le ventre est plus sage
Que n'est la mesme raison.
    Et comme icy tout se suit
D'une commune entresuite,
Le soleil qui d'une fuite
Dedans l'Ocean s'abaisse,
Fait place à ma courte nuict :
Là franc de toute tristesse
Je tire de ma moitié
Le don de nostre amitié :
Ne defraudant ma nature
De son peculier pouvoir,
Sans faire pourtant injure
B Au reciproque devoir.
    Voyla comment en plaisir
J'endurs sans aucune envie
Les malheurs de ceste vie :
Ne souffrant que dans ma porte
Entrent espoir ou desir :
Ainsi Rebours je rapporte,
Ores que non Medecine,
D'un esprit gay, un corps sain :
Me commandant que mon vivre ;
Mon boire, ma nuict, mon soing ;
Que ma Venus ne t'enyvre
De plus que n'est de besoin.
    Quand toy dedans ton Paris
Te rongeant sans entrecesse
Vis despourveu d'allegresse,
Quand toy de ton industrie,
Pour un perissable pris,
Ne puises que fascherie,
Quand toy ennemy de toy
Te denies tout requoy,
C Quand toy, dis-je, te consommes
De mille ennuis & remors,
Ne t'advisant que nous sommes
En huy vivans, demain morts.

ELEGIE A SA FEMME.

POur t'enseigner comment, & de quelle façon,
Nous pourrons vivre en paix, appren ceste leçon ;
Ma femme, puisque Dieu ensemble nous accouple,
Il faut qu'à tes vouloirs selon Dieu tu sois souple,
Non point pour exercer tyrannie sur toy,
Ains seulement pour estre en ma maison le Roy ;
Roy qui en commandant apporte la police,
Qu'à mes commandements moy-mesme j'obeïsse ;
Roy qui en commandant ne me mette à l'essor,
Ains joigne mon vouloir au tien, & qui encor'
D'estre par toy vaincu quelquefois feray gloire,
Non pas pour en user par forme de victoire,
De triomphe, ou trophée, ains seulement d'advis.
Ma femme, c'est ainsi qu'avecque toy je vis,
Que tu sois la maistresse, & moy je desire estre
Comme mary, sur toy, & sur les miens, le maistre ;
Qui veut le mariage esgaler de tout point,
D Il doit le mariage assortir en ce point.
    Nous sommes mariez, part pour avoir lignée,
Part pour estre en nous deux nostre foy abornée,
De procreer enfans, c'est au monde un grand heur ;
De n'en avoir, ce n'est pour cela un malheur.
Celuy qui a lignée, a sur l'autre plus d'aise ;

Si tu n'en as, tu as moins auſſi de mal aiſe.
Si Dieu nous fait ce bien d'avoir enfans, je veux,
Suivant leurs naturels, accommoder mes vœux,
Et non leurs vœux aux miens: car la nature ſage
Nous donne en nos inſtincts à tous quelque avantage;
Mais qu'ils ſoient gens de bien, je n'ay acception
De leurs eſtats, cela giſt en leur option:
Qu'eux tous diverſement courent les adventures
Du bien qu'ils trouveront naiſtre de leurs natures.
  Car quant à toy & moy qui voulons menager
A Nos vies en ce monde inſtable & paſſager,
Il faut que mon eſprit doreſnavant choiſiſſe
Une charge d'honneur, une noble avarice,
Non point pour eſtoigner de nous la pauvreté,
Qui n'eſt qu'opinion, ains la neceſſité.
Banniſſons, je te prie, bien loing de noſtre vie
Le Meſpris emuyeux, & la faſcheuſe envie.
Il faut en chaque eſtat vouloir ce que l'on peut,
Quand on ne peut atteindre à cela que l'on veut.

FIN DE LA TROISIESME PARTIE DES JEUX POETIQUES.

LES

LES JEUX POËTIQUES
D'ESTIENNE PASQUIER.

QUATRIESME PARTIE.
VIEILLESSE AMOUREUSE.

I.

E grisonnois, & ja tout le pelage
Qui alentour de ma teste couloit,
Par un instant de nature vouloit
Que plus heureux je flechisse sous
l'aage.
Quand j'apperceu un petit Dieu
volage,
Ains un oiseau que l'on appatelloit
Dessus mon cœur, qui se renouveloit,
Pour ressentir en renaissant sa rage.
T'ay-je doncq' peu, Dieu vangeur, despiter?
Ay-je ton feu emblé, ô Jupiter,
T'ay-je voulu en tes amours surprendre?
Qu'ainsi des tiens soit mon cœur mal traité,
Et que tremblant à demy radoté,
Je couvre un feu souz un grise cendre?

II.

Je mesnageois mon vieil aage à propos,
Comme celuy qui rien plus ne projette
Que de passer d'une opinion nette
Le demourant de mes ans en repos.
Qui eust pensé qu'en ce ferme propos
De n'avoir plus l'ame à autruy subjette,
Cupidon eust decoché sa sagette
Contre un vieillard jusqu'au fonds de ses os?
Dedans tes yeux il estoit en embusche,
Le coup fut grand, car soudain je trebuche,
Forcloz d'espoir d'en jamais relever.
Si toy nonobstans, Déesse, cest obstacle,
Tu ne me fais par un plus grand miracle,
Dans mes vieux ans la jeunesse trouver.

III.

En mon printemps serviteur j'ay esté
D'une beauté des beautez la plus belle,
Des cruautez aussi la plus cruelle
A Qui oncques ait l'amant persecuté.
Puis quand je vins, plus fin sur mon Esté,
Mon cœur fasché de tant vivre sous l'esle
De Cupidon, se fit à luy rebelle,
Las & fasché d'estre tant tourmenté.
Mais ore, Amour, que l'Esté prend sa suite,
Et que l'Automne après luy vient de suite,
Ton arc encor' encontre moy tu tens:
Las! si l'Automne est de fruicts despoüillé,
Fay pour le moins que mon Automne cueille
Plus d'heur de toy que je n'euz au Printens.

IV.

Qu'est-ce qu'amour, est-ce une quinte essence,
Est-ce un Demon, est-ce un tyran, un Roy,
Est-ce une Idée, est-ce un je ne sçay quoy,
Est-ce du Ciel quelque sourde influence?
B Que j'allambique, & qui me tient en transe,
Qui me rend serf, qui me donne la loy,
Qui me ravit, qui me derobe à moy,
Qui fait que vieil je demeure en enfance.
S'il est sans yeux, dont vient qu'il vise droit?
Enfant, qui fait qu'en mon cœur on le voit?
S'il est esté, pourquoy n'est-il volage?
Dont vient helas! que cest oiseau maudit,
Obstinément a fait dans moy son nid
Dés mon Printemps jusqu'au froid de mon aage?

V.

Qui le croira, qu'un sot amour foudroye
Le cœur gelé d'un malheureux vieillard?
Qui le croira, que par un vers mignard,
A la fureur il veüille donner voye?
Mais qui croira qu'il ait donné en proye,
Et plume, & cœur, & ame celle part,
C Où la grandeur a basti son rampart,
Contre celuy qui en vain la guerroye?

Si onq' pitié se logea dans ton cœur,
Si mon Apvril fut de toy serviteur,
Pardon, Amour, pardon, je te suplie :
Vieillard qui aime & qui trompette encor'
Son mal, & met ses pensers à l'essor,
Fait tout d'un coup trois grands coups de follie.

VI.

C'estoit assez, croy-m'en, c'estoit assez.
Et ne falloit plus, Pasquier, de trompette
Pour trompeter les plaisirs d'amourette,
Ny les plaisirs aux tourments compensez.
C'estoit assez : mais nos an insensez,
Tousjours suivants d'un amour la cornette,
Ne veulent point que sonnions la retraite
Tant que soyons vieux aux gages cassez.
Voila quel est du monde le langage,
Mais quant à moy je ne voy point que l'aage
M'ait garenty de si furieux dard.
Ne cornez plus qu'amour soit une enfance
Vous qui en vers celebrez son essence,
Il s'est en moy transformé en vieillard.

VII.

Si tantost un, tantost un autre vice
Se change en nous selon que vont nos ans,
Si en la fleur de nostre gay Printans
L'amour se rend à nos souhaits propice,
Si plus aagez entrans dedans la lice
De nostre Esté, nous sommes boüillonnans
D'Ambition : & puis allons traisnans
Dans nostre Automne une longue Avarice,
Dont vient helas ! qu'ores sur mon hyver
Je suis encor rongé du premier ver ?
Dont vient qu'amour de mon ame se joüe ?
De l'homme vieil l'Amour au monde put,
A sa maistresse il n'est rien que rebut,
Il fait l'amour, & on luy fait la moüe.

VIII.

Dy moy, Pasquier, qu'est devenu ce bruit
De tes travaux le noble & riche gage,
Quand terrasser d'un foudroyant langage,
Dans le Barreau les monstres on te vit ?
Dy moy encor', je te supplie, quel fruit
T'apportera ceste maudite rage,
De tes vieux ans le furieux orage,
Nouvel Hercul' par Omphale seduit ?
Aux yeux de tous appareiller à rire,
Mettre souz pieds du monde le mesdire,
C'est ne rien voir au beau milieu du jour,
Vieil tu me paix de ces belles rencontres,
Mais par cela, mon cher Loisel, tu montres,
Que tu es jeune au mestier de l'amour.

IX.

Si pour orner de recompense égale
Celuy qui fort defendoit le rampart,
On adjugeoit au vertueux soudart,
Chez le Romain la couronne murale :
Helas ! Amour, moy qui sans intervale
Ay si long-temps porté ton estendart,
Laissant pour toy tout autre espoir à part,
Je meritois la couronne Royale.
Moins convoiteux, je veux brave guerrier
Ceindre mon chef seulement de Laurier,
Ou de Ciprés pour embellir ma gloire :
A celle fin, ô cruel Cupidon,
Qu'à mes travaux tu donnes pour guerdon,
Ou prompte mort, ou heureuse victoire.

X.

Je la baisois & d'une main hardie,
Je repassois sur son jumeau teton,
Cueillant de l'un, & de l'autre bouton,
Tout ce que porte une sage follie.
En cest esbat, il faut que je te die
(Fit-elle lors) un folastre menton
Qui se revest d'un crespelu coton
N'auroit de moy ce que ta main mandie.
Auparavant fasché de mes vieux ans,
Je regretois de mon jeune printans
Les doux appas ennemis de vieillesse :
Mais maintenant que guidé d'un bon-heur,
Privilegé, je reçoy cest honneur
De te baiser, je brave la jeunesse.

XI.

Bien que de moy soit ores triomphant
Le Dieu d'amours qui nos esprits esgare,
Qui de nos cœurs invisible s'impare,
Qui des hauts Dieux se dit le plus puissant ;
Bien que mon ame il aille ravissant,
Que de mon cœur il sonne le fanfare,
Que ma vieillesse à ses fleches ne pare,
Si n'est-il pour cela moins enfant.
Ce n'est pas luy qui en moy se transforme,
Mais bien c'est moy qui de luy prend la forme,
Moy mille fois, & mille malheureux.
O sot desir, ô maudite esperance !
Celui n'est-il reduit au rang d'enfance,
Qui redevient en vieillesse amoureux ?

XII.

Je m'esgayois en passant par la rue,
Quand par fortune Helene j'aperçoy,
Qui gouvernoit ses pensers à part soy,
La saluant elle ne me salue :
Ha ! (dy-je) Helene as-tu perdu la veuë,
Et oublié ton cher Pasquier chez toy ?
Lors tout à coup elle revient à soy,
Et me respond, comme toute esperduë :
Pardonne-moy, helas ! je m'en repens,
En penitence un baiser je te rens,
Ne pouvant mieux expier mon offense.
Las ! (reparti-je) Helene que fais tu ?
De baiser jeune un vieillard malotru,
Comme tu fais, c'est double penitence.

XIII.

Ne pense point qu'Amour soit si estrange chose,
Qu'il ruine le cœur auquel il fait sejour,
Qu'il change en noire nuit la clarté de son jour,
Ne qu'il tienne en prison nostre franchise enclose.
De lui cette machine humaine fut esclose,
Et moi, quand je nasquis, je fus fait par l'amour :
Pourquoi si vieillissant j'ayme aussi à mon tour,
Je fay ce que nature à tout homme propose.
Pour aimer l'on n'est serf, mais comme toy & moy
Sommes francs, toutesfois serviteurs de la loy,
Plus heureux que celui, qui sans bride veut estre.
Aussi m'asservissant dessous un bel object,
Je suis plus franc vieillard, que cil qui sans subject,
Par fantasques discours veut croire qu'il est maistre.

XIV.

Tout amoureux recherche l'embonpoint
En la maistresse où loge sa follie,
Un œil riant, une belle saillie,
Un doux sousbris (espoirs du dernier point.)
Ces traits mignards ne me commandent point :

Celle que j'ay pour ma douce ennemie,
Est de la mort un' autre anatomie,
Et d'autre amour, mon amour ne m'espoingt.
   Un œil piteux qu'en sa face elle porte,
Une douleur que sage elle supporte,
Sont les appas de mon cœur, ay je tort?
   Entre nous deux n'y aura nul reproche,
Si comme vieil de ma fin je suis proche,
Comme malade ell' est prés de sa mort.

XV.

Telle est l'ardeur du mal qui me terrasse
Que je nourry au profond de mes os,
Non un amour, mais bien un vray Chaos,
Et aime un corps ainçois une carcasse.
   Corps, qui au lit allengouri tracasse,
Corps de plaisir, & de joye forclos,
Corps lequel a je ne sçay quoy de clos,
Qui malgré moy trouve dans moy sa place.
   Qu'amour qui est mis au rang des enfans,
Se soit venu loger dans mes vieux ans,
Nul, nul que moy oncq' ne le pourra croire,
   Et toutesfois ce traistre m'a surpris,
Et dans les rets d'une malade pris,
Pour exalter à ma honte sa gloire.

XVI.

Nous ne dormons, toy pour ta maladie,
Moi pour sentir par un nouveau dessein,
Un chaud amour logé dedans mon sein,
Chaleur qui n'est pour ton mal refroidie.
   O sot desir, esperance estourdie!
De m'estre mis en bute un corps mal sain,
Pour me servir de medecine en vain,
Chercher secours du corps qui le mandie?
   Et toutesfois puisque j'ai tant osé,
Que je me sois à tes pieds exposé,
Malgré le ciel, il me plaist de te suivre.
   Tu es mon tout, tu es mon dernier port,
Que Dieu t'ordonne ou la vie, ou la mort,
Aprés ta mort je ne te veux survivre.

XVII.

Elle que j'aime & chery fermement,
Dressant son ame au Ciel, pour dernier gage
De nos amours, par un triste message
Me convia d'estre à son testament.
   Fut-il jamais dessous le firmament,
Tel crevecœur? poussé de vive rage,
Vers sa maison, forcené je voiage,
Pour obeir à son commandement.
   Là elle veut departir à largesse,
En ma faveur son or, & sa richesse,
Par des escrits entre nous deux, secrets.
   Helas! à moi de tes maux le collegue,
Il ne faut point que ta main rien me legue,
Fors que souspirs, que pleurs, & que regrets.

XVIII.

Je t'ai chanté vis-à-vis de la Seine
Où des pieça j'ai assis ma maison,
Et t'ai chanté en ma vieille saison,
Bien qu'en ton lit je te visse mal saine.
   La mort qu'en toi j'appercevois prochaine,
Ne m'affranchit jamais de ta prison,
Ni cette mort n'a esteint le tison
Du chauld amour, qui me brule, & me geine.
   Ton bel esprit ravissant mes-esprits,
Me fit chanter ainsi qu'au jeu de pris,
En ton honneur maint Sonnet, & mainte Ode.
   Si or' j'entonne un autre chant moins beau,

Tome II.

A Cigne je suis, qui chante au bord de l'eau
De mes vieux ans le dernier periode.

CHANSON.

Sous le nom d'une jeune Damoiselle, contre l'Amour du vieillard.

FY de l'amour, fy du vieillard
  Qui dessous une barbe grise,
Dedans son plein hyver s'avise
De contrefaire le gaillard.
   Ce sot en voulant buissonner
Oubliant le rang de son aage,
Est comme l'oiseau dans la cage
Que l'on apprend à jargonner.
   Tout a diversement son but,
L'Amour pour sien le jeune avouë,
Mais au vieillard il fait la mouë,
Comme des Dames le rebut.
   L'un a le crespe lu coton
Dont gai il frise son visage,
L'autre mal plaisant & moins sage
Revest de neige son menton.
   Le jeune d'un œil gratieux
Mignarde doucement sa Dame,
Le vieil maussade la reclame
Seulement d'un air chassieux.
   L'un frisque, gaillard, & dispos,
En idolastrant il folastre,
En folastrant il idolastre
Le tourment qui est son repos.
   L'autre fascheux & decrepit,
Au lieu de courtiser, regente,
Et ne repaist sa Dame gente,
Que de jalousie, ou despit.
   Au vieillard il faut l'esperon,
Le jeune sans bouche, & sans bride
Va par tout où son œil le guide,
Et sans derober est larron.
   L'un est tout courbé, l'autre gent;
Le vieil sans façon & sans grace,
Nous paye d'une chiche face;
Le jeune de grace, & d'argent.
   L'un est mal propre à escrimer,
Le jeune a feu, pistole, & mesche,
Pour entrer droict dedans la bresche;
Ay-je pas subject de l'aimer?
   Bref, le vieillard est un Monsieur,
Faignant de l'aimer je l'honore:
Mais quant au jeune, je l'adore
Comme celuy qui est mon cœur.

CHANSON.

Pour les Amours du vieillard sous le nom d'une jeune Damoiselle.

AMour, le grand Demon des Cieux,
  N'est point enté sur un seul tige,
Ains à tatons par tout voltige,
Comme celui qui est sans yeux.
   Doncques de penser qu'un vieillard
Qui dans soi couvre une jeunesse,
Ne soit capable de maistresse,
C'est rendre l'amour trop hazard.
   S'il ne sçait decocher ses traits,
Tels que fait un jeune pelage,
Celuy toutesfois moins volage
A mille doux plaisans attraits.
   Lui entre les vieillards mieux né
Tousjours remué dans son ame
Quelque beau subjet pour sa Dame,
Dont il doit estre guerdonné.
   Lui qui à bien aimer s'entend,

Voulant

Jeux Poëtiques. Vieillesse Amoureuse.

Voulant joüir du don de grace,
Sçait choisir le temps & la place,
Pour sans scandale estre content.
   Le jeune pense qu'on lui doit
Ce qui est de l'amour le gage,
Le vieil retenu & plus sage
Avecq' tout honneur le reçoit.
   L'un dans son printems ne produit
Que vaines fleurs dont il foisonne,
Et de l'autre dans son Automne
Nous sçavons recueillir le fruit.
   Si le jeune donne son cœur
A une Dame, il ne le cache;
Le vieillard sur tout craint qu'on sçache
Celle qui le tient en langueur.
   Voyez le jeune d'un œil coint,
Aussi-tost il en fera gloire,
Et voudra par tout faire accroire
Qu'il a de vous le dernier poinct.
   Accordez au vieillard le don
Qui plus en son ame le touche,
Il dira qu'il n'a que la bouche,
Qu'elle est de ses maux le guerdon.
   Brief, le vieil repute à honneur
De me servir, & loyal m'estre,
Et moi de le choisir pour maistre,
C'est le comble de mon bon heur.

QUATRAIN.

Le vieillard aux Damoiselles.

Je mens si je suis tant hardy
De vouloir publier que j'aime :
Si le contraire je vous dy
Peut-estre aussi say-je de mesme.

Responce des Damoiselles au vieillard.

D'aimer, ou non aimer en somme,
Nous en croyons ce que tu veux,
Mais nous croirons bien plus, bonne homme,
Tes ans, ta barbe, & tes cheveux.

ELEGIE.

Damoiselle, je veux que l'on cognoisse encore
Ce que peut un vieillard guidé d'une Pandore,
Telle que toy, dans qui le ciel prodigue mit
Tout ce qu'en son espargne ordinaire il estit
De beau, de bien, de doux, de gentil & de rare,
Pour aux autres en estre obstinement avare.
Je veux malgré les ans, je veux que ton bel œil,
Reluisant dessus moy, soit un autre Soleil

Qui prodigue en mon ame une belle verdure
Que mon Hyver gelé couuroit dans sa froidure;
Je veux corner à tous que lorsque tu nasquis,
C'est heureux nom d'aimer sur les fonts tu acquis,
Car Marie est aimer, & d'une mesme trace,
Des Graces tu obtins le surnom de la Grace.
L'amour fut ton parrein, & les Graces aussi
Espandirent sur toy le plus de leur soucy,
Chacun à qui mieux mieux industrieux manœuvre,
Voulut, en te faisant, façonner un chef-d'œuvre :
De la mere d'Amour pour partage tu pris
Le bel œil, les vets d'or, l'embonpoint, le soubris,
Des Graces l'entregent, la douceur, la parole,
Brief, un je ne sçay quoy qui nos ames asolle :
Ainsi belle tu seus estrenée des Cieux
Pour commander à tous, mais sur tout aux grands Dieux.
Dedans tes yeux Amour allume les flammesches,
Et de tes mesmes yeux il decoche ses flesches,
Ayant tousjours nourry au milieu de tes ans,
Voire dans ton Automne un gratieux Printems.
Or sus, puisque l'Amour t'a ainsi establie
Pour produire en nos cœurs une sainte follie,
Le vœu qu'entre tes mains devotement je fais,
C'est d'estre à tousjours mais Religieux profez
De tes rares beautez : je te say sacrifice
D'un cœur qui est le cœur nom d'un jeune novice,
Non d'un simple aprenty, ains d'un brave soudart,
Qui des pieça se mit dessous son estendart;
Souvienne toy sans plus, car je veux qu'on le sçache,
Que des douze ans passez ce vœu dans moy je cache,
Et sans aller chercher tesmoignage plus loin,
Toy seule, si tu veux, en peus estre tesmoing :
Ma passion estoit dans ma poitrine enclause
Sans t'ozer visiter, & tu en sçais la cause,
Mais or' qu'avec le temps cest obstacle est osté,
Je te veux à l'ouvert quitter ma liberté :
Si l'amour fait dans toy, comme dans moy, siege,
Joüissons toy & moy de nostre privilege :
Francs amis, & voisins nous pouvons desormais
Unir ensemblement nos cœurs à tousjours mais :
Mon amour n'est point fait de deux ou trois journées,
C'est un amour de dix voire de douze années,
Qui pour avoir esté caché dedans mes os,
Et estre conservé merite plus grand los.
   „ Toute chose qui prend naissance inopinée,
   „ Elle meurt aussi-tost que soudain elle est née,
   „ Et ce qui prend son ply & racine à longs traicts,
   „ Ne prend aussi sa fin que par mesmes progrés ;
Fasse donques le Ciel, que comme la nature
Distribuant ses biens, ordonne la verdure,
Et les fleurs au Printems, à l'Automne les fruits :
Ainsi prenans tous deux ensemble nos deduits,
Et en nous entr'aimans d'une volonté bonne,
Nous recueillions d'Amour le fruit en nostre Automne.

FIN DE LA QUATRIESME PARTIE DES JEUX POETIQUES.

LES
JEUX POËTIQUES
D'ESTIENNE PASQUIER.

CINQUIESME PARTIE.
VIEILLESSE RECHIGNE'E.

I.

Uand on lira ceste passion vieille
Qui dans mes vers fait quelquefois
   ses tours,
L'un pensera que ce sont des discours
Dont gayement mes esprits je re-
   veille:
   Que je sucçote, ainsi comme l'A-
   beille,
Les belles fleurs, pour illustrer mes jours:
L'autre visqueux dira tout au rebours
Qu'un sot amour mes pensées accueille:
   Que pour passer le reste de mes ans,
Je me devois choisir us passetans
Loin de celuy que la folie tresme.
   Si de l'amour je chante les effects,
Sçache, Thiard, qu'aux discours que je fais,
Je suis sansplus amoureux de moy-mesme.

II.

Je ne sçaurois courtizer la Lesbie,
Je ne sçaurois une Laure adorer,
Et moins encor' me veux-je enamourer
D'une Corinne, ou bien d'une Delie.
Je ne consacre à Neére ma vie,
Je ne sçaurois la Cassandre honorer,
Je ne sçaurois l'Olive savourer;
A nul amour, l'amour ne me convie.
   Comme un hermite, ou un moine reclus,
Nulles beautez je n'idolastre plus,
Je contrefais le sage Grec, Ulisse.
   Et toutefois si mes œuvres tu lis,
Tu trouveras que dans l'amour je vis,
Qui suis-je doncq? un furieux Narcisse.

III.

Dont vient, Loisel, dont vient, je te suppli,
Que lors que plus je mesprise le monde,
C'est lors que plus mutin je me desbonde,

A Par ce mespris voulant estre annobly?
   Que plus je mets cest honneur en oubly,
Philosophant sur ceste terre ronde,
Plus sur discours vainement je me fonde,
Pour estre fort, plus je suis affoibly?
   Fi de la Cour des Princes, fi des Grands,
Fi de vouloir estre mis sur les rangs,
Je vois criant par tout à son de trompe.
   Mais cependant que je le crie ainsi,
Dans moy je ronge un plus mordant soucy,
Et trompant, moy-mesme je me trompe.

IV.

Tout me desplaist, & la Cour de nos Rois,
Et le parfum du courtizan esclave,
Et le soldat piaffeur qui nous brave,
Et du prescheur la turbulente voix.
B Du Magistrat les fluctuantes loix,
De l'Advocat le caquet plein de bave,
Et le marchand qui veut trancher du grave,
Et l'artizan qui traisne le long bois.
   Pendant qu'icy tout object me fait peine,
Moy-mesme j'ay ma propre vie en haine,
Tant sont mes sens peu contents, imparfaicts:
   Qui me rend tel? ce n'est le peu d'office
De tous estats, ains seulement mon vice,
Tout me desplaist, & à tout je desplais.

V.

Ne pense point, mon Pitou, que ce soit,
Ny un deffaut nouveau de la justice,
Ny du marchand la nouvelle avarice,
Dont mon esprit ce maltalent reçoit.
   Sur mon printems jadis tout me plaisoit,
Tout me sembloit estre plain de police,
C Et si je croy que tout fait son office,
Ny plus, ny moins comme lors il faisoit.

Kkk iij   Mais

Jeux Poëtiques. Vieillesse Rechignée.

Mais maintenant que je passe l'Automne,
Ce changement nouveau tintoin me donne,
Et si me fait autre que je n'estois.
  Car tout ainsi que mes sens deffaillent,
Je pense aussi que toutes choses faillent,
Quand tout demeure, & moy seul je m'en vois.

VI.

Estre en son cœur forbanni de soulas,
Haïr son bien, idolastrer sa peine,
Se rendre serf d'un chagrin qui le geine,
Perdre chez soy, & repos, & repas;
  En un public marcher à graves pas,
Et sourcilleux avoir le peuple en haine,
Pour un mespris furieux qui le meine,
Avoir tousjours ses yeux fichez en bas:
  Ce sont les mœurs qui me tiennent en transe,
Et à me voir, au premier œil on pense,
Que les discours je couvre d'un Platon:
  Par le dehors un Platon je descœuvre,
Mais par dedans miserable je cœuvre
Un mesme esprit que la femme à Pluton.

VII.

Bien fut celuy remply de vitupere,
Bien malheureux fut-il cent & cent fois,
Qui violant de nature les loix,
T'alla ravir du sein de nostre mere:
  Bien fut vraiment, bien fut sage le pere,
Qui le premier de nos anciens Rois,
Heureusement commandant aux François,
Grava sur toy la Croix pour caractere;
  Argent pipeur, qui bannis de mes os
Sous un faux heur, l'heur vray de mon repos,
Qui d'un desir affamé nous affames:
  Car tout ainsi que tu portes la Croix,
Aussi tant plus que dans nos cœurs tu crois,
Tu fais tant plus une croix dans nos ames.

VIII.

Lequel des deux fut de plus grand' requeste,
Ou le payen qui d'une basse main
Nozant voler à discours plus hautain,
Grava sur toy pour figure une beste:
  Ou le Chrestien qui de toy faisant feste,
Feignant d'avoir son cœur au ciel enclin,
Planta la croix sur ce metal malin,
En t'honorant d'un signe plus honneste?
  L'un y grava cette Croix qu'il adore,
Pour nous monstrer que chetif il honore,
Comme la Croix, ce malheureux metal.
  L'autre aussi fin que nous, voire plus sage
Nous enseigna sous une lourde image
Que qui l'honore, est un lourd animal.

IX.

Heureux celuy qui loin de plaict & noise,
Se va loger au Paradis des champs,
Cettuy gaillard se nourrit aux doux chants,
Qu'un Rossignol begayement degoise.
  Rien sur son cœur, du monde ne luy poise,
Il ne craint plus l'envie des meschants,
Ny ceux qui vont leurs debtes recherchants,
Ny que chez luy le sergent s'appriuoise.
  De son labour il recueille le fruict,
Dans sa maison il vit à petit bruit,
Sa seule cour entretient sa famille,
  Si je prens or' ma visée à ce but,
Je ne suis point de fortune rebut,
Mais je ne veux plus joüer à la pille.

X.

En mes profonds souspirs je te reclame,
Repos d'esprit, non ce Somme otieux,
Somme trompeur qui glissant dans mes yeux,
Charme mon corps mi-mort sous une lame.
  Mais toy Repos d'une bienheureuse ame,
Qui nous apprens par un soin gracieux
De n'avoir soin du soin ambitieux,
Ny de ce soin que l'avarice trame.
  O doux Repos, ja ne soient mes esprits,
D'Ambition, ou d'Avarice espris.
Banny de moy ceste solicitude.
  Mais fay, Repos, que vivant à requoy,
Loin de souhaits, je sois sans plus à moy,
Sera-ce pas une belle habitude?

XI.

J'ay cy-devant passé la plus-part de mon aage
Avecq' mes compagnons au milieu du palais,
En procés, en escrits, en causes, & en plaids,
Pour agrandir en bien, & moy, & mon ménage.
  Maintenant il me plaist prendre pour mon partage,
Un franc repos d'esprit, & une longue paix,
Dont sans oisiveté, oiseux je me repais,
Sentant par ce moyen un bien grand advantage.
  Mes livres aujourd'huy me servent d'anuisoir,
Je devise avecq' eux le matin & le soir,
Loin de l'ambition, loin de la jalousie.
  Et au lieu de mon gain passager & journel,
Je joüi doucement de mon bien paternel,
Mon vin m'est le nectar, mon blé une ambrosie.

XII.

Quel coin faut-il, Dieux, que je me pourchasse,
Si le soucy, de mon heur envieux,
Me talonnant çà & là en tous lieux,
A mes plaisirs ne veut ottroyer grace?
  Si dans mes champs tout seulet je tracasse,
J'y trouve trop pour tourmenter mes yeux,
Dans ma maison je n'y trouve pas mieux,
Fascheux sujet tousjours m'y embarrasse.
  Je voy perir presque tous mes chevaux,
Mourir du tac mes brebis & agneaux,
De mon labour la recolte est fumée;
  Fay dans la ville, ou aux champs ton sejour,
Tu y verras par un mesme retour,
Tous tes pensers se tourner en fumée.

XIII.

Pour esloigner la longue affliction
Qui m'assiegeoit dans l'enclos de la ville,
J'avois choisi d'un jugement debile
Dedans les champs mon habitation.
  Je croyois lors qu'il n'y eust passion
Qui s'y logeast, mais homme mal habile,
Je cognois or' que mille, & mille, & mille
Y sont sejour sans consolation.
  Dedans la ville une langue gaillarde,
Un bel esprit, une ame non fetarde
Me consoloit gayement à souhait:
  Que je sois froid maintenant plus que marbre,
J'ay seulement mon recours à un arbre,
Ou à un pré, plaisir qui est muet.

XIV.

Tout le monde me put, je vy de telle sorte
Que je ne sçay meshuy que tousser & crachor,
Que de fascher autruy, & d'autruy me fascher,
Je ne supporte nul, & nul ne me supporte.
Un mal de corps je sens, un mal d'esprit je porte,

Foible de corps je veux, mais je ne puis marcher,
Foible d'esprit je n'oze à mon argent toucher,
Voilà les beaux effects que la vieilleſſe apporte.
 O combien eſt heureux celuy qui de ſes ans,
Jeune ne paſſe point la fleur de ſon printans,
Ou celuy qui venu s'en retourne auſſi vite!
 Non: je m'abuze, ainçois ces maux ce ſont appas,
Qui me feront un jour trouver doux mon treſpas,
Quand il plaira à Dieu que ce monde je quitte.

XV.

Je ne nourry dans moy qu'une humeur noire,
Chagrin, faſcheux, melancholic, hagard,
Grongneux, deſpit, preſomptueux, langard;
Je ſay l'amour au bon vin & au boire.
 De mon eſprit toutefois je ſay gloire,
Pour le penſer eſtre friſque & gaillard,
Et ne tenir nullement du vieillard,
Mais nul que moy ne le ſe fait accroire.
 Pour trop me plaire, à chacun je deſplais,
De vains diſcours pauvre ſot je me pais,
Ne pouvant rien, ſans eſpoir je deſire.
 Pour n'avoir plus de reſte que ma voix,
Je chante à tous mes anciens exploicts,
Mais les chantant, je n'appreſte qu'à rire.

XVI.

Le vieillard porte un baſton dans ſa main,
Qui le conduit, & pour flater ſa vie,
Du temps paſſé ſur les ſiens le renvie,
De ſon ſoulas c'eſt l'unique refrein.
 D'ans, & de maux, & de caterres plein,
Par un inſtinct d'une vieille folie,
Ses ans il cache en toute compagnie,
Penſant tromper la mort, mais c'eſt en vain.
 Tout autre mal trouve ſa medecine,
Mais l'aage vieux qui peu à peu nous mine,
Du medecin ignore le ſupport.
 Que le vieillard feuillete Paracelſe,
Et Hipocrat, & Galien, & Celſe,
Malgré leur art, il eſt prés de ſa mort.

XVII.

Tu penſeras me voïant en ce point
Contrerouler les traicts de ma vieilleſſe,
Que je le ſais par une gentilleſſe,
Accommodant ma plume à ſon apoint.
 Non, mon Mangot, non, ne le penſe point,
Long-temps y a que je ſens ma foibleſſe,
Moy ſeul je ſçay où mon ſoullier me bleſſe,
Seul je cognois la douleur qui me point.
 Mangot qui es en la fleur de ton aage,
Doux, gracieux, & vertueux, & ſage,
Conſole-moy, vien-t'en me ſecourir.
 Ores ayant le chagrin en partage,
Ce ne m'eſt pas un petit advantage
De le pouvoir avecq' toy diſcourir.

XVIII.

Il n'en eſt rien, de cela je m'aſſeure,
De vains diſcours, Paſquier, tu ne te pais,
Ton aage vieil ne ronge point ta paix,
N'y n'a changé ton jour en nuit obſcure.
 Touſjours dans toy ta primevere dure,
D'un autre eſprit que tu eſtois tu n'és,
Aux doctes gens d'honneur tu plais
Comme tu fiz en ta jeune verdure.
 Voilà, Mangot, voilà les doux propos
Que tu me fais, pour tenir en repos
Un pauvre cœur matté de deſplaiſance:
 S'il eſt ainſi, Mangot, comme tu dis,

C'eſt fait de moy, car helas! mes ans gris
Font qu'eſtant tel, tel eſtre je ne penſe.

XIX.

Je te ſaluë, ô an climaterique
Que la nature ingenieuſe a fait,
De ſept fois neuf, nombre le plus parfait,
An de mes maux bute & reſſource unique.
 Si de nos jours la fin ſe prognoſtique
Par ta venuë, & que le neuf fois ſept
Produiſe en nous ce merveilleux effect,
Brave je ſay à mes malheurs la nique.
 Vien hardiment, vien, deſirée mort,
De ma tourmente & orage le port,
Par toy mon ame eſt juſqu'au ciel ravie.
 Fay-moy quitter ce monde paſſager,
Fay-moy, mignonne, avecque Dieu loger:
Fay qu'en mourant je retrouve ma vie.

XX.

Si tu me vois, Lecteur, ſous un chenu pelage
Repreſenter tantoſt un vieil homme gaillard,
Puis tout ſoudain en faire un rechigné vieillard,
Je me joue en ce point glorieux de mon aage.
 Je voy tel eſtre un ſot qui contrefait le ſage,
Un ſage bouffonner pour un autre regard,
Qui faſcheux, qui faſché, l'un doux, l'autre hagard,
Chacun diverſement jouër ſon perſonnage.
 De l'Amour je me mocque, & encores de moy,
Et m'en mocquant, j'atten le ſemblable de toy.
Je jouë au mal content pour contenter ma vie.
 Ayant mon penſement ſur ce monde arreſté,
Et voyant que ce Tout n'eſt rien que vanité,
Bien vivre, & m'esjoüir, c'eſt ma Philoſophie.

CHANSON.

Laiſſons, Ronſard, les amours
Des humains la ſeule rage,
Laiſſons Venus & ſes tours,
Sans que plus faſſions l'hommage
Que le ſot monde pretend
Eſtre deu au Dieu qui tend
Et ſon arc & ſes eſprits,
Pour les noſtres rendre eſpris;
Dieu qui prend droit ſa viſée
Au cœur pour à un inſtant
Le rendre le mal contant,
Et du monde la riſée.
 Lors que j'appelle Dieu,
Ronſard, c'eſt la Poëſie
Qui l'a ainſi dit au lieu
De le nommer frenaiſie.
Faiſant ſon renom voler
Par la terre, puis par l'air,
Le hauſſant juſques aux cieux,
Voire pardeſſus les Dieux,
Encores qu'il n'ait eſſence
Que celle que luy donnons,
Quand nous nous abandonnons
Du tout deſſous ſa puiſſance.
 Par noſtre folie il naiſt,
En elle il prend ſa paſture,
Et ſans elle jamais n'eſt:
Puis augmentant ſa natute,
Petit à petit s'accroiſt,
Et de telle ſorte croiſt
Que ny plus ny moins que l'œil
Ne peut attaindre au ſoleil
Quand vers le midy s'avance:
Ainſi tant plus haut le fol
Laiſſe à l'amour prendre vol,
Plus en perd-il cognoiſſance.

Jeux Poëtiques. Vieilleſſe Rechignée.

Et meſcognoit non point ſoy
(Qui eſt choſe trop petite)
Ains le haut Dieu & ſa foy,
Où noſtre eſperance habite :
Faiſant conte ſeulement
Du motif de ſon tourment,
Et ſans gouverner ſon frain,
Ne peut tenir autre train
Que vers une ſeule Dame,
Où touſjours taſche adreſſer
Le meilleur de ſon penſer,
Et tout ſon corps, & ſon ame :
 Ainſi permettant voler
Son eſprit à la vanvole,
Se laiſſe l'homme couler
Sous les aiſles d'une fole,
Qui n'ayant compaſſion
De ſa ſotte paſſion,
Ains ſe nourriſſant au mal
De ce groſſier animal,
Qui pas ne le peut cognoiſtre,
Luy fait faire mille eſcrits,
Mille bons jours, mille cris,
Comme s'il venoit de naiſtre.
 Tantoſt d'un ſaint entretien
Le ſçaura à ſoy attraire,
Puis d'un offenſif maintien
Ne taſchera au contraire
Que le jetter des arçons,
Plus muable en ſes façons
Qu'un Prothée, ſe paiſſant
Comme l'oiſeau raviſſant,
En ſon douloureux martyre,
Pour puis eſtant en tourment
Sçavoir ſeulement comment
A ſoy elle le retire.
 Si que l'homme bien prudent
Si du haut Dieu ne ſe voile,
Tombe en naufrage evident
Lors qu'il met au vent la voile.
Où eſt ce grand Roy David ?
Où eſt celuy que l'on vid
A un inſtant ſans effort.
Auparavant le plus fort ?
Où eſt ce ſage parfait ?
Où eſt ce vaillant Hercule,
Qui ſe rendit ridicule
Par le ſuccez de ſon fait ?

A Où ſont une infinité
Et un million de braves,
Qui tant avoient merité,
Leſquels ſe rendans eſclaves
A ce ſot Dieu que l'on dit
Avoir ſur nous tout credit,
Se ſentirent ſi ſurpris
Qu'où ils emportoient le pris,
Soit en ſcience, ou aux armes,
Soudain retournants leurs jeux,
Adreſſerent tous leurs vœux
Aux pleurs, triſteſſes, & larmes ?
Tel bien n'eſt-ce le guerdon
Que l'on trouve à la boutique
De ce vaillant Cupidon ?
Quand un ſubjet il practique
Ne promet-il tout plaiſir ?
Mais aprés tout à loiſir
Ne nous fait-il repentir,
Nous faiſants par trop ſentir
Sa venimeuſe nature,
Quand ſous la mercy du vent
B Laiſſe floter bien avant
Noſtre cœur à l'aventure ?
 Amy, ceſte grand rigueur
Eſt ſeulement en vengeance
De ceux qui du bon du cœur
N'ont mis en Dieu leur fiance,
Ains ſe laiſſant ſubjuguer
Laiſſent leur eſprit voguer,
Sans contempler le Seigneur
Duquel depend tout noſtre heur,
En qui ſeul nous devons mettre
Noſtre amour de part en part,
Sans que voulions autre part
Noſtre penſée commettre.
 Cupidon tende ſon arc
Et que ſur nous il deſcoche,
Nous ne ſerons de ſon parc
Mais que luy coupions la broche :
Ne nous rendants otieux,
Mais hauſſants nos cœurs aux cieux,
Supplions le Dieu puiſſant,
C Que touſjours nous repaiſſant
De ſa divine parolle,
Ne nous permette y entrer,
Ains veuille nous ſequeſtrer
De ceſte opinion folle.

FIN DE LA CINQUIESME PARTIE DES JEUX POETIQUES.

SUITE
DE LA JEUNESSE
D'ESTIENNE PASQUIER.

A MONSIEUR AIRAULT,
Lieutenant Criminel au Siege Presidial d'Angers.

IL n'est pas dit qu'il faille avoir tousjours l'esprit tendu sur les livres, ou sur les sacs : quant à moy, je ménage ma vie tout autrement que plusieurs : mon estude ne m'est qu'un jeu. Pour le moins, le veux-je faire paroistre par cest eschantillon que je vous envoye. Il y a trois sepmaines ou environ, que s'estant passée toute la journée avecq' quelques honnestes Advocats en consultations dedans ma maison, Madame de Rets me convia à souper, où se trouverent plusieurs Seigneurs de marque. Toute la serée se passa sur une infinité de bons & beaux propos, concernans la calamité de ce temps, & sur les espoirs & desespoirs, que chacun de nous apprehendoit selon la diversité de ses opinions. Et comme c'est le privilege des banquets de sauter de propos à autres, qui n'ont aucune liaison, sans sçavoir pourquoy ny comment, aussi fismes-nous le semblable sans y penser, & discourusmes, tantost de nos ménages particuliers, tantost du fait de la Justice, puis de la commodité du labour. Jamais je ne vy pieces plus descousuës que celles-là, ny de meilleure estoffe. Un habile homme en eust fait un livre tel qu'Athenée, ou Macrobe, dans ses Saturnales. Enfin comme le discours de l'Amour est l'assaisonnement des beaux esprits, aussi ne le peusmes-nous oublier. Et moy qui en mes jeunes ans en avois composé deux livres, sous le nom du Monophile, voulus avoir bonne part au gasteau. Qui fut cause d'une nouvelle recharge entre nous. Car comme ceste honneste Dame est pleine d'entendement, aussi par un doux contraste commença-t'elle de me guerroyer : disant qu'il estoit mal seant à un *bon-homme* comme moy d'en discourir. Je m'attache à ce mot de *bon-homme*, que je prenois à grande injure, comme un huictiesme peché mortel. Et croyez que ce fut à beau jeu, beau retour : voire cela nous apporta nouveau subject de discours ; sçavoir, qui pouvoit mieux parler de l'Amour, ou le jeune homme, ou le vieillard : en quoy il y a assez pour exercer les beaux esprits qui sont de loisir. Le lendemain, je party de Tours pour m'acheminer à Blois, où j'ay quelque procez à demesler pour des mineurs, dont je suis tuteur ; & trouvant que les vacations estoient données aux procez, je ne les voulus octroyer à ma plume : ou pour mieux dire, pendant que j'estois oiseux, je voulus parachever mon voyage en une autre oisiveté : qui fut de tracer une Pastorale du Vieillard Amoureux, & non content de ceste folastrie, encores vous en veux-je faire part : mais à la charge que la lisant ne ferez le procez extraordinaire, ny à l'autheur, ny à l'œuvre, employant, ainsi que Sophocle, pour ma justification, la mesme piece sur laquelle sera fondée l'accusation : ayant par le moyen de la ligue perdu tout mon bien, pour le moins permettez-moy que malgré elle je jouïsse de mon esprit. Ou si voulez estre Lieutenant Criminel implacable, ne m'imputez à faute, si avecques tout mon bien, j'ay auſſi perdu mon eſprit. Mais à quel propos toutes ces excuſes? Je veux à face deſcouverte qu'on ſçache que je fay le fol. Et pourquoy ne me le fera-t'il permis, ſi le grand Solon dans Athenes, ne douta de le faire, pour apporter un grand bien à ſa Republique? La Republique dont j'ay charge, eſt ce petit monde, que Dieu a eſtably en moy, pour la conſervation duquel je ne ſçay meilleur moyen que de tromper mes afflictions par quelques honneſtes jeux d'eſprit : appellez-les bouffonneries, ſi ainſi le voulez. Voyez doncques ce vieillard entrer maintenant ſur le theatre, pour joüer ſon perſonnage, & monſtrer, tant en proſe, que vers, qu'il n'eſt gueres ſage. Adieu. *De Tours.* 1591.

A MADAME LA DUCHESSE
DE RETZ.

JE ne vous penſe point tant oublieuſe des fautes par vous commiſes, qu'il ne vous ſouvienne de l'injure que fiſtes dernierement en voſtre maiſon, à un pauvre innocent mien amy, quand de guet-à-pens, ou par hazard, l'appellaſtes Bon-homme, comme s'il euſt eſté une piece de rebut. Et parce qu'il m'appartient de fort prés, j'ay penſé de prendre ſa querelle en main, comme pour un autre moy-meſme, & vous envoyer, par une noble vengeance, ce cartel de deffy, ſous l'image d'une Paſtorale. Vous adviſerez, s'il vous plaiſt, en ce nouveau gage de bataille, de choiſir quelque brave champion, qui entre en lice contre moy pour vous deffendre. Ou bien ſi par un privilege ſpecial de voſtre ſexe, voulez eſtre juge & partie, pour le moins trouverez-vous qu'il n'y a rien de Bon-homme, en celuy dont parlaſtes. Grande pitié, qu'il faille que ne ſoyons ſeulement affligez pour la longueur de nos ans, promeſſe certaine d'une courte vie, mais qu'encores on nous veuille avancer nos jours par maledictions, ou mocqueries, avant qu'ils ayent attaint à leur periode. Or voyez, je vous prie, combien je piafe en moy-meſme. Je fay la figue à ces jeunes mentons, quand je penſe qu'ils ont à traverſer une infinité de deſtours que j'ay paſſez, & dont je ſuis à preſent garenty. Ils me jugent de peu d'effet; mais pendant qu'ils ſe font accroire cela (peut-eſtre à fauſſes enſeignes) ce temps pendant, par un paſſe-droit ſpecial de ma barbe griſe, je me diſpenſe quelquefois de crocheter des baiſers, où ils n'oſeroient aſpirer. Baiſers (dy-je) leſquels s'ils n'ont telle ſuite que je deſirerois, auſſi n'eſt ceſte faveur accordée à tous, voire à ceux-là meſmes qui par une opinion de leur poil follet, penſent eſtre de plus grand merite que nous. Les anciens nous ont figuré le Dieu d'Amour ſans yeux. Et tout ainſi qu'en une blancque, chacun y apportant du ſien, l'aveugle diſtributeur des billets, donne tantoſt benefice à celuy qui ne le merite, tantoſt blancque à celuy qui meriteroit recompenſe : ainſi eſt-il de l'Amour. Il communique ſouvent ſes biens-faicts, non ſelon la valeur des perſonnes, ains comme le hazard le permet. Quant à moy, laiſſant toutes ces folaſtries à part, tout le benefice que je ſouhaite de vous, eſt que cette Paſtorale, que je vous envoye, vous ſoit agreable. Si la trouvez bien faicte, penſez, Madame, que c'eſt à vous ſeule à qui je le dois pour avoir eſté le Demon, qui a conduit, & mon eſprit, & ma plume. Si au contraire, mal faicte, vous l'imputerez ſeulement à ma lourdiſe, & neantmoins prendrez, s'il vous plaiſt, la bonne volonté pour l'effect, de la part de celuy qui eſt voſtre trés-humble ſerviteur. PASQUIER.

A ELLE-MESME.

Pendant que seul dans la ville de
Blois,
Sur vos vertus, les miennes je moulois,
Fichant vos traicts au centre de mon ame :
Pour me tromper cependant je dreſſay
De mes amours ce jeune coup d'eſſay,
Bien que d'un vieil je figure la flame.
 En le liſant, ne penſez pas pourtant
Qu'un jeune objet m'aille ainſi tourmen-
tant,
Comme j'en fay, par mes vers contenance :
Je ne vy point en ceſt heur malheureux,
Je ſuis de moy ſeulement amoureux,
Et autre mal en mon cœur je ne penſe.

Quelque faſcheux peut-eſtre & mal
appris,
Se mocquera du ſujet que j'ay pris :
Si je me ſuis diſpenſé de l'eſcrire,
Chacun eſtant maiſtre de ſon bon temps,
Afin de rendre & luy & moy contens,
Il ſe pourra diſpenſer de le lire.
 Si oncq' d'Amour receutes quelque ac-
cueïl,
Eſprit divin, ſouguignez d'un bon œil,
Cil qui vous a ſa plume conſacrée :
Sous voſtre aveu ceſt ouvrage fut fait,
Et je ſeray amplement ſatisfait,
Si tant ſoit peu je voy qu'il vous agrée.

PASTORALE
DU
VIEILLARD AMOUREUX.

ENTRE-PARLEURS:
LE POËTE. TENOT. CATIN. PAN.
LE POËTE.

N jour Tenot, cest ancien pasteur,
A sa Catin fidelle serviteur,
Un jour Catin, la gente pastourelle,
A son Tenot aucunement rebelle,
Se gouvernoient chacun à qui mieux
   mieux,
Catin blasmant de Tenot les ans vieux,
Tenot loüant au contraire son aage,
De ses amours obstiné tesmoignage :
Pendant que Pan avecq' ses chalumeaux
Gardoit seulet des amants les troupeaux,
Prenant plaisir aux honnestes aproches
Qu'ils se faisoient tous deux par leurs reproches.

TENOT.

  Dont vient, folle, qu'en tous lieux
Tu me reproches mon aage ?
J'appelle à tesmoing les cieux,
Qu'il n'y a dans mes ans vieux,
Rien qui m'aporte domage.
  Bien que la longueur des ans
Produise en nous mille entorces,
Toutesfois rien je ne sens
Au corps, en l'esprit, aux sens,
Qui ait alteré mes forces.
  Chacun sera jugement
De moy & de ma puissance
Comme il voudra ; mais il ment,
S'il veut juger autrement,
Par une vaine creance.
  Tel qu'au printemps j'ay esté
D'une amour non passagere,
Tel fut l'Automne, & l'Esté,
Tel j'ay l'Hyver arresté
Envers toy, jeune bergere.
  Que tout aille perissant,
De moy, j'ay voüé ma vie
Au Dieu d'Amours tout puissant ;
Par luy je suis florissant
Malgré le temps & l'envie.
  Bien que l'on preigne à deffaut
Les blancheurs entremeslées
De mon poil, il ne m'en chaud;
Quand les neiges sont en hault,

A Les torrents sont aux vallées,
Si mon aage a le devant,
Ne t'en mocque, car en somme
Nos aages ne sont que vent,
Nous voyons aussi souvent
Mourir jeune, que vieil homme.
  La mort tout d'un mesme cours,
Heurte à l'une & l'autre porte,
Donques ne comptons nos jours,
Mais considerons tousjours
Comme tout homme se porte.
  Celuy de nous qui sera
Premier à la mort hommage,
Bien que jeune, vieil sera ;
Le vieil qui demeurera,
Sera le plus jeune d'aage.
  Quand mes ans auroient du pis,
Je mets en contrebalance
Mes bœufs, mes porcs, mes brebis,
Mes blez, mes vins, mes pastis,
N'est ce prou de recompense ?
B   Ne m'aime point à regret,
Petite mignardelette,
Je suis vieillard, mais discret,
Moins volage, & plus secret,
C'est ce que l'amour souhaite.
  Ainsy qu'il te vienne à grief,
D'aimer la jeunesse, comme
N'estant que sottie ; brief,
Le jeune n'est qu'un relief
D'image taillée en homme.
  Nature tout au rebours
Se rend par nous accomplie,
Plus nous allons au decours,
Et plus de braves discours
L'ame de nous est remplie.
  Joüissons tous deux contens
De l'heur que l'heure nous preste;
Qui ne prend son passe-temps
Quand en la main il a le temps,
En vain aprés le regrette.
  Pendant qu'ores tu me fais
Pour m'estimer mal propice
C Au deduit que je poursuis,

Pendant

Pastorale du Vieillard Amoureux.

Pendant, las! que tout je puis,
Tu faiz que rien je ne puisse.
 L'aage peu à peu s'enfuit,
Rien n'est icy perdurable,
Nos jours couvent une nuit,
Le temps perdu trop nous cuit
Comme chose irreparable.
 Cueillons doncques, ma Catin,
Le fruit que l'amour ordonne ;
Qui peut juger au matin,
Si par un fascheux destin,
La mort au soir nous talonne ?

CATIN.

Tenot, ne t'esbahy pas
Si je me plains de ton aages,
Tu n'y sens deschet, mais las!
Peut-estre qu'en nos esbas,
J'y sentirois du dommage.
 Celui qui t'haleine, sçait
Que tu joües bien ton rolle
Par escrit ; mais en effect
Je souhaite plus de fait,
Et moins en toy de parole.
 Quand je ly ton vers mignard,
Tu m'apareilles à rire,
Tout cela ce n'est que fard,
Il est permis au vieillard
De peu faire, & beaucoup dire.
 Le bien dont tu t'es vanté,
Il n'est plus à ton usage,
La ligue te l'a osté,
O que c'est grand pauvreté
D'estre sans plus riche d'aage.
 Ny blé, ny vin, ny mouton,
Tout cela je ne reclame,
Celuy qui porte au menton
Le plus crespelu coton,
C'est la bute de mon ame.
 Je me mire en ses beaux yeux,
Lui aux miens en contr'eschange,
Je suis son pis & son mieux,
Il me courtize en tous lieux,
Quoyqu'il soit subject au change.
 Que te sert la loyauté
Dont tu fais tant de trophée,
Si nature t'a osté
Ce que tant luy a cousté
Pour estre mieux estoffée ?
 Je n'attache mon soucy
En un vieillard Philosophe,
Ores que loyal, aussi
Il y a tousjours du si,
Je veux façon & estofe.
 Je m'asseure de tout point
Que ta volonté est bonne,
Mais tu n'as à ton apoint
Je ne sçay quoy qui nous poingt,
Et qui l'amour assaisonne.
 Icy je mets à neant
Tes feux, ains fumées gayes;
Il te seroit plus seant,
De te mettre en ton seant,
Que de nous paistre de bayes.
 Quand tu veux dire le mot,
Ou coucher de ta vaillance,
Bon Dieu! que tu fais le sot :
Celui qui t'aime, Tenot,
S'en taist ores qu'il le pense.
 Tu n'es plus, je te promés,
Un petit mignon de couche,
Contente-toi desormais
D'avoir pour un tousjours-mais
Sans plus la main & la bouche.

A Je ne trouve point nouveau,
Que toute personne s'aime,
Nous le tenons du berceau,
Mais il seroit bien plus beau
De se cognoistre soi-mesme.
 Chaque chose a sa saison,
D'estre à son aage rebelle,
C'est par une trahison
Combatre de la raison
L'entresuite perennelle.
 Nous voyons le gay printemps
Se revestir de verdure ;
L'Esté, l'Autonne ont leur temps,
L'Hyver pour son passetemps
Se delecte de froidure.
 Ainsi des aages l'objet
Gist en diverse harmonie,
L'un a l'amour pour subject,
L'autre d'un autre projet
Plus foiblement se manie.
 Vivons doncques par escot :
Moy, j'auray pour mon partage
L'amour, & toy en ton lot,
B Le vin, le verre, le pot,
C'est le propre de ton aage.

LE POËTE.

Ainsi Catin, ainsi le bon Tenot,
S'entretenoient, quand Pan d'un cœur devot,
Voulans bannir des amants tout nuage
En peu de mot leur tint un tel langage.

PAN.

Enfans, oyez tous deux une leçon
Qui n'est point mienne, ainçois de la façon
Du Dieu d'Amour, dés pieça l'ay aprise
Quand de Siringue estoit mon ame esprise.
 Tant que Tenot ton loyal serviteur,
T'honorera, Catin, de tout son cœur,
Eust-il cent ans, son amour sera jeune;
Mais s'il t'aimoit d'une amitié commune,
Tenot eust-il tant seulement trente ans,
Tu trouverois ses amours languissans ;
L'amour n'est point grand & petit par l'aage;
C Il prend du cœur sans cens plus son advantage.
 Que Catin jeune, & Tenot ancien
S'aiment tous deux d'un mutuel lien :
Il n'y a feu si ardent, ce me semble,
Que d'un bois sec, & d'un verd tout ensemble.

LE POËTE.

A peine avoit prononcé cest arrest
Le grand Dieu Pan, quand l'un & l'autre prest
De s'entraimer, d'une belle concorde
Cette Chanson sur sa musette accorde.

CHANSON.

CATIN.

Vivons, mon Tenot, vivons,
Sans que des sots le mesdire
Bannisse de nous, le rire.

TENOT.

D Vivons, Catin, & suivons
Les plaisirs que d'une main
Plantureuse, amour procure,
Sans que jamais ayons cure
Toi & moi du lendemain.

Pastorale du Vieillard Amoureux.

TENOT & CATIN ensemble.

Les jours s'en vont & revont,
Et d'une éternelle suite
Chaque chose prend sa fuite :
Des soleils les nuits se font,
Et du mesme mouvement
Des nuits, les journées glissent,
Ny les hommes ne joüissent
De rien que du seul moment.

CATIN.

Tenot, qu'est-ce que du bien,
Qui ne vit en allegresse?

TENOT.

Celuy qui vit en detresse,
Ma Catin, n'a du tout rien.

TENOT & CATIN.

Il faut prendre son deduit,
Puisque tout ce que l'homme œuvre
En moins d'un clin d'œil se cœuvre
Sous une impiteuse nuit.

CATIN.

Je ne veux tous les troupeaux
Qui naissent dans l'Arcadie,
Mais que je passe ma vie
Avecques toy dans ces vaux.

TENOT.

Et moy je ne veux aussi
Tout l'or dont la France abonde,
Mais que je passe ce monde
Avecques toy sans soucy.

TENOT & CATIN.

Baisons-nous donq' & prenons
Un baiser de longue haleine,
Baiser qui mille en ameine,
Puis dix mille ; provignons
Tant de baisers desormais,
Que d'une metamorphose
Nous ne soyons autre chose
Qu'un long baiser à jamais.

POËSIES
DIVERSES
D'ESTIENNE PASQUIER.

A MONSIEUR

A MONSIEUR PITOU,

Sieur de Savoye, Advocat au Parlement de Paris.

VIstes-vous jamais telle drolerie que cette-cy ? Que moy dans mon plein hyver, au milieu des troubles de la France, me soye donné nouvelle carriere, & amusé à faire une Pastorale d'Amour ? Cecy me fait souvenir de ce que vostre Salvian racontoit des manans & habitans de Triers, ausquels ayant esté deffendu de faire des Jeux publics, pendant que la Gaule estoit affligée par les nations estrangeres, ils envoyerent des Députez pardevers l'Empereur, non pour luy demander secours contre les Barbares, mais bien à ce qu'il luy pleust lever les deffenses qu'il leur avoit faites. Grande follie, (dit ce bon Prestre) d'oublier leurs malheurs pour des theatres, qui ne gisent qu'en singeries ! Mais plus grande follie (veux-je dire à Salvian) de ne vouloir qu'un pauvre peuple affligé trompe son affliction par quelque flaterie publique ! J'aimerois autant dire, que pour n'estre point malheureux, il faut estre tousjours malheureux. Il n'y a remede : puisque la vieillesse apporte mille incommoditez de corps & d'esprit quant & soy, je me veux chatoüiller pour rire, malgré la malice du temps, & de mon aage, & en ce faisant, bannir le chagrin au moins mal qu'il me sera possible, & me resjoüyr sans pecher. A la charge que si je desplais à quelques-uns, je veux qu'ils sçachent qu'aussi me desplaisent-ils, & si voulez que je passe plus outre, leur desplaisir est mon plaisir. A Dieu. De Tours, ce dixiesme Janvier 1592.

POËSIES DIVERSES
SELON
LA DIVERSITÉ DU TEMPS.

Congratulation au Roy Charles IX. sur l'Edict de Pacification par luy fait entre ses sujects, l'unziesme jour d'Aoust 1570.

Par laquelle sont discourus, tous les malheurs que produisent les guerres civiles, & specialement celles qui sont entreprises sous le masque de la Religion.

Uisque Dieu qui les cœurs des grands
 Rois illumine,
SIRE, vous a fait voir des vostres
 la ruine,
Et que nous regardant d'un œil plein
 de pitié,
Avez dans vos pays replanté l'ami-
 tié,
Qui s'estoit quelque temps d'entre nous esgarée
Par une passion follement bigarrée;
Que vous par un discours plus certain que vos ans,
Seul avez combatu la rage de ce tans,
Ayant pour premier trait de vostre apprentissage,
Fait entre vos subjects un chef d'œuvre si sage,
Chef d'œuvre où le prudent ne vouloit aspirer,
Chef d'œuvre que le bon n'osoit presque esperer,
Hé! vraiment je serois ingratement bien chiche,
Si ores je voulois tenir ma voix en friche,
Pour n'entonner à tous, d'un magnifique arroy,
Par ce grand Univers, la gloire de mon Roy,
Et faire à l'estranger plus fin que nous entendre
Qu'un Charles de Valois dés sa jeunesse tendre,
Aage propre à la lance, aage propre à l'escu,
A d'un coup, & son aage, & soy-mesme vaincu.
 SIRE, trés-grand[...]ut, & plus qu'on ne peut croire,
Et la premiere, & l'aut[...], & la tierce victoire,
Que par trois divers ans, que par trois divers jours
Vous obtintes de Dieu en trois cruels estours,
Quand sous mots acharnez, nous tous portions la picque,
Qui pour le Huguenot, qui pour le Catholique.
Grande fut la victoire auprés de Montcontour,
Mais s'il vous plaist peser chaque chose à son tour,
Bien que du ciel vous fust cette victoire offerte,
Si est-ce que sur vous tomboit sans plus la perte,
N'ayant lors devant vous autre but ou object,
Que de voir mettre, helas! à sac vostre subject:
Et en le ruinant, sur une mesme tresme
Se filoit peu à peu vostre ruine mesme,
Donnant occasion au subtil estranger
D'ourdir encontre vous un plus fascheux danger,
Pendant qu'il cognoissoit s'espuiser sans ressource,
Le sang de vos subjects, & leur vie, & leur bource:

A Estranger qui nous a dans la paix plus batu,
Que si à guerre ouverte, il nous eust combatu.
Et afin que sçachiez, SIRE, de quel effect,
Et de quelle suite est la guerre qui se fait
De subject à subject en une Republique,
Je vous veux figurer cette beste horrifique,
Et en peu de papier, comme sur un tableau,
Vous pourtraire au naïf, tout son bon & son beau.
 Ce Monstre hideux qui est une beste allonuie,
Plein de feu, plein de sang, du masque prend sa vie,
Car rien de vray il n'a, mais pour tous ses parents,
Met le masque du bien public dessus les rangs:
De ce seul pere il prend sa premiere naissance,
De folle opinion s'allaite son enfance,
Qui pour lait le nourrit du vent de vain espoir,
L'emparant dés les bers d'aisles de haut vouloir;
Comme son pere est beau, & sa nourrice belle,
Aussi dés son entrée est sa jeunesse telle:
Par elle & glouton sçait surprendre en ses rets,
B Grands, petits, sages, fols par mille doux attraits,
Qui courent à l'envy, sous l'aisle de ce Monstre,
Tant les commencements en sont de belle monstre.
 Mais croissant peu à peu, par les ans il prend cœur,
Dedans l'ambition, l'insolence, & rancœur,
Et plus en le paissant de subject on l'anime,
Plus contre ses suppoz luy-mesme s'envenime,
Rongeant une ruine enchaisnée en son sein
Redorée du miel d'un specieux dessein.
 Comme une autre Circé, au son de ses aubades,
Tout homme qui le suit, fait œuvres retrogrades;
Car soudain qu'il nous a dedans ses lacs surpris,
Aussi-tost il retourne à l'envers nos esprits:
Tout se guide à rebours d'un jugement folastre:
L'on abhorre la paix, la guerre on idolastre,
L'un court à l'estranger contre sa parenté,
L'autre prend la prison respis de sa seurté:
La Majesté des Rois estant ensevelie,
Sous le vil artisan tout l'Estat se manie,
C Et n'y a ny de loy ny de Religion,
Sinon de tant que veut sa brusque ambition:
Les villes qui estoient de frontieres couvertes,
Sont lors à la mercy des gendarmes ouvertes,

Tome II.   Mmm

Congratulation de la Paix.

Et le pays qui fut limitrophe & frontier,
Franc & quitte du mal est à demy entier,
Le grand fait son profit de la perte publique,
Dessus le plat pays le soldat tyrannique
Se donnant tout tel jeu qu'il luy plaist, à son tour
Va volant, ravageant & pillant le labour,
Et pendant que tout est ainsi sans discipline,
Nous humons à doux traicts, chetifs nostre ruine,
Ne sentants enyvrez d'un esprit esperdu
Que nous perdions, sinon lors que tout est perdu.

   Le fruit que ce discord intestin nous apporte,
Est d'ouvrir au Barbare en nos pays la porte:
Et où en autre guerre il y vient à tatons,
Nous au doigt & à l'œil luy monstrons les quantons,
Le guidons à la main par les gaiz, & peu sages
Luy enseignons les lieux, les villes, les passages,
Par où mieux, par où moins il nous peut assaillir,
Et par où il pourra, quand il voudra, saillir
En un mauvais succez, le tout sous une amorce
Qu'il vient, pour nous tuer, joindre avecq' nous sa force.

   Mais luy non aprenty, de masques nous repaist,
Et rien que nostre perte en son cœur ne luy plaist,
Plus il est retenu & demeure en cervelle;
Se faisant spectateur seulement de nos jeux:
Quand nous à yeux bandez joüons à qui mieux mieux,
Et que chacun pippé d'une vaine despouille,
Luy-mesme dans son sang, ses mains cruelles souille,
Combattant, or' son pere, ore son propre enfant
Pour se rendre de soy, non d'autre triomphant.

   Ainsi tandis que l'un de tout point se conserve,
Et que l'autre s'expose à la mort sans reserve,
Faisant de sa victoire un fantastique gain,
Nous enseignons la voye au barbare inhumain
De dresser un Estat nouveau de nos ruines,
Luy qui ne s'estoit mis des nostres que par mines:
Ainsi le Got, l'Alain, le Lombard, le Germain
S'agrandirent jadis aux despens du Romain;
Ainsi le Turc prenant chez nous, par nous adresse,
Surprit à la parfin l'Empire de la Grece;
Ainsi prit Saladin nostre Hierusalem,
S'armant encontre Guy Comte de Lusignem;
Bref, ainsi preignent fin tous Estats, toutes villes
Par les divisions de leurs guerres civiles.

   Nous eusmes de ce mal presque un eschantillon
Lors que l'Orleannois, & le fier Bourguignon
Sous faux titre empruntans le nom du Roy leur Sire,
S'esbattoient à l'envy de nous perdre & destruire;
Quand l'un rendu plus foible introduisit l'Anglois,
Qui dans Paris planta dix-huict ans ses loix,
Mais enfin fut chassé par la sage conduite
D'un Roy de mesme nom, & de mesme merite
Que vous, SIRE, lequel restablit sous sa main,
Tous ses biens & pays, par œuvre plus qu'humain.

   Grand fut vraimient le mal, voire quasi supreme,
Qui lors courut, mais non si aigu ny extreme
Que le nostre, de tant que la Religion
Produit en nos esprits plus forte passion;
Elle fait que celuy qui sous elle s'enflame,
Perd gayment le corps, cuidant sauver son ame,
Qu'il espouse les feux, les gibets, estimant
Que mourant pour sa foy, il meurt heureusement,
Et ne veut s'enquerir si sa creance est vraye,
Si de Dieu, si du diable, ains luy suffit qu'il croye:
Si que soudain qu'on vient pour son opinion
De la parole aux mains, cette desunion
Est un seur prognostic de fatale ruine:
Car plus vous surmontez, plus le vaincu provigne,
Tout ainsi comme l'Hydre, & ne rend les abois
A celuy qui l'assaut, pour deux cheutes ny trois;
Ainçois en se flattant tousjours se fait accroire
Que Dieu pour fin de jeu luy garde la victoire:
Soit que sa foy soit telle, ou que le desespoir,
Ne pouvant faire mieux, luy cause tel espoir,
Sous cette opinion, chacun d'un' humeur acre
S'entretuë, se perd, se noye, se massacre,

A *Se meurdrit, se ruine, & plus de mal il fait,*
Plus cruel il se plaist & baigne en son mesfait,
Et d'un pieté teinte de sanglant vice,
Il estime en tuant faire à Dieu sacrifice.

   Qui voudra balancer le profit au vray poids
Que rapporte, ou la paix, ou la guerre à nos Rois,
Cettuy-là trouvera qu'en une guerre ouverte
Y a cent & cent fois plus qu'en la paix, de perte:
Et qu'en la guerre aussi qu'on fait à l'estranger
Y a moins qu'en la guerre interne, de danger.
Il trouvera encor' que la guerre civile
Est bien plus supportable, & s'il paut dire utile,
Qui se fait par les grands pour leur ambition,
Que celle qui se fait pour la Religion:
Car mesme outre la paix, cette-cy souvent couve
Sous soy tout le venin qui dans l'autre se trouve:
Mais sur tout il verra qu'en vain c'est s'abismer
En discours, de cuider que pour bien escrimer,
Et joüer des cousteaux, nous ostrons la racine
Des erreurs, il y faut tout autre medecine.
Quand Dieu voulut jadis son peuple delivrer
Des mains des Pharaons tyrans, & le livrer
Lors pauvre, lors chetif, sous la sage conduite

B *De Moyse, il voulut aussi tout d'une suite,*
Que pour planter sa loy dedans le Palestin,
Chacun d'un bras d'acier meurdrist le Philistin,
Qu'aucun d'eux n'espargnast en la cause commune,
Non plus le sang du vieil, comme le sang du jeune,
Et pour s'estre à pitié quelquesfois attache,
Des mains du Roy Saül, fut le sceptre arraché:
Car tel estoit le vœu, que ce grand chef Moyse
Avoit juré à Dieu. Mais quant à nostre Eglise,
S'il vous plaist repasser, quel a esté le cours
Depuis son premier plant, c'est tout autre discours.
Quand Jesus-Christ, duquel, comme d'une grand bonde,
Flue la vraye foy, vestit un corps au monde,
Pour establir sa loy, & sa religion,
Il se pouvoit armer de mainte legion
D'Anges du Ciel pour faire aux mescreants la guerre:
Le fit-il ? Non vrayment: ainçois lors que sainct Pierre
Meu d'un zele indiscret frappa de son cousteau,
Il le luy fit soudain r'engainer au fourreau,
Et à l'instant faisant sa voix aux Juifs entendre,
Par deux fois il fit choir ceux qui le venoient prendre,
Monstrant que ce n'estoit du glaive temporel
Qu'il bat ses ennemis, ains du spirituel.

C *Et jamais sur la mort il n'eut tant d'avantage,*
Que quand il prit la mort en la croix pour partage,
Tellement qu'à tous ceux qui luy ont succedé,
Il leur a pour leur lot, la mesme croix cedé,
Non croix flottant aux chams d'une guerre civile,
Mais croix qu'on supportoit pour prescher l'Evangile;
Et comme de grand Christ doive estre seul patron
De nos deportements, aussi depuis Neron
Jusques à Constantin le Grand n'y eut preud'homme
Qui pour sa probité tint les clefs dedans Rome,
Lequel ne fut aussi par cruels jugements,
Pour le nom de son maistre exposé aux tourments,
Et tant eut sa vie languissante,
Tant fut entre Chrestiens l'Eglise florissante,
Croissant comme la palme, & par tourments divers
S'accreut, non en l'Europe, ains par tout l'Univers:
Elle espandit ses fruits par toutes les Provinces
Malgré l'ire des temps: mais soudain que les Princes
Tournerent leurs propos impiteux en pitié,
Aussi-tost s'altera l'Eglise de moitié,
Aussi-tost se logea dans le Christianisme,
L'ambition, l'erreur, l'heresie, le schisme;
Et pendant qu'on deffend, non la foy, mais son bien,

D *Dieu, d'un juste courroux suscite l'Arrien,*
Que l'on veut supprimer aprés plusieurs Conciles,
Par le glaive tranchant & par guerres civiles.
Mais comme en ces discours charnels on se promet
D'emporter le dessus par armes, Mahomet
Espiant son apoint, se met à la traverse,

Qui

Congratulation de la Paix.

Qui sur ce seul objet en l'Orient renverse
Tout ce que d'un long trait en nostre affliction
Nous avions espandu de la Religion.
  Tout de ce mesme sens n'agueres en Allemagne
Nous vismes estendarts ondoyer la campagne,
Tout en feu, tout en sang, tout en combustion,
Tout se bouleverser par double faction,
Pour cuider extirper la semence erronée,
Dont elle avoit esté par Luther estrenée,
Mil' meurdres desplaisans, & au monde, & à Dieu:
Mais aprés longs combats, pour closture du jeu,
Au lieu d'avoir banny le Lutherianisme,
En tiers pied se planta chez eux l'Anabaptisme.
  Aussi nous devons tous tenir pour arresté
Que soudain que l'on s'est à la guerre aheurté
Pour deux religions, aussi-tost la fortune
Qui estoit aux aguets, de deux en engendre une,
De ces divisions, d'effect si dangereux
Que celle qui premiere avoit produit ces feux:
Fille qui tuë enfin, & sans que l'on y pense,
Les deux religions dont elle prit naissance.
Et pour dire en un mot, SIRE, oncques on ne vit
Que le Chrestien tirast de ces guerres profit,
Ou ce profit causoit cent fois plus de dommages
Et à l'ame, & au corps: tesmoins les longs voyages
Qu'entreprismes jadis à credit oultremer,
Quand à flotes nous tous apprenans à ramer
Pour recouvrer devots par croisades nouvelles
Ce que sur nous avoient conquis les Infidelles,
Fismes d'un coup de pied sourdre de toutes parts
A cette grande emprise un monde de soudarts,
Qui tous y accouroient de volonté non feinte,
Estant ce leur sembloit cette querelle sainte.
Mais quel en fut le fruict? Non autre, fors qu'au bout
En gaignantes aussi-tost nous reperdismes tout,
Et aveccques les mœurs de ce Turc barbaresque,
Nous vismes nostre foy se tourner en grotesque,
Lors que le faux Templier de venin infecté,
Le voulut transplanter dedans la Chrestienté.
Ainsi l'evenement de ces sacrées guerres
N'apporta au Chrestien, gain d'ames, ny de terres,
Mais fit que l'Orient aprés maint exploit beau,
Devint de nostre foy & de nous le tombeau,
Instruits par là que Dieu ne veut dans sa vigne
Par les guerres, ainçois par presches se provigne,
Instruits que Dieu ne veut autre glaive ou harnois
Pour combattre l'erreur, sinon l'homme de choix,
Qui ait exemple, sens, mœurs, & litterature,
Avant qu'estre appellé à quelque prelature;
Que l'Evesque s'armant d'une devotion,
Chasse bien loin de luy l'ardente ambition,
L'ignorance, l'erreur, l'avare hypocrisie,
Voilà les vrais cousteaux meurdriers de l'heresie.
  Tous ces discours vous sont par un grand d'un des Cieux,
SIRE, en vos jeunes ans passez devant les yeux,
Et autres non moins beaux, que ceux qui ont la force,
Ne gousterent jamais que par dessus l'ecorce.
Mais vous, grand Roy, guidé d'un aspect plus benin,
Seul avez en vainquant descouvert le venin
Que couvoit dessous soy cette histoire tragique,
Vous avez descouvert que vostre Republique
Toute vivoit en vous, que les mesmes outils
Pour vaincre l'estranger, estoient les deux partis,
Qu'aveugles nous faisions heurter l'un contre l'autre,
Et que l'un d'eux perdant, la perte en estoit vostre,
Et que tant qu'en nos cœurs se discord eust vescu,
Vous seul en surmontant estiez par vous vaincu.
Qui voudra Reünir aveccq' Ruiner mettre,
Il verra qu'il n'y a transport que d'une lettre,
Et qu'en Reünissant, vos villes Ruiniez,
Et qu'en les Ruinant, vous les Reünissiez,
Car dans un, Reünir, le Ruiner, se treuve,
Dont vos pauvres subjects ont fait derriere espreuve.
  Vous avez descouvert, que le hazardeux gain
Des batailles ne vient d'un jugement humain,

A Mais qu'il advient souvent qu'aux plus belles journées
Les petites deffont les plus grandes armées,
Et que le desespoir qui commande en un camp,
Le fait journellement maistre & seigneur de champ.
Vous avez estimé que la force estrangere
Qui vous donnoit secours, n'estoit que passagere,
Mesme que ce secours estranger de soldats,
Pour en dire le vray, estoit un vray appas
De plus ample ruine, & qu'un seigneur qui regne,
Prend de l'œil son conseil, comme le temps le meine;
Que celuy qui vous est naturel estranger
Peut en vain sa nature en autre instinct changer.
  Vous avez veu qu'ainsi comme la main prudente
Du sage medecin par fois la veine esvente,
Tirant tantost de l'un, tantost de l'autre flanc,
Le bon, pour espuiser aussi le mauvais sang;
Mais qui à tous propos, comme d'une fontaine,
Vouldroit du patient evacuer la veine,
Ce seroit l'affoiblir de tant qu'à la parfin
Au lieu de le guerir, on luy donroit la fin.
Ainsi en estoit-il au Magistrat supréme,
Aux affaires d'Estat, & des siens tout de mesme,
Que tuer sans respect le mauvais de la paix,
B Tant de fois, c'estoit mettre un sceptre à l'abandon.
  Vous avez veu encor' que de donner vostre Ordre
Pour recompense à tous, estoit un grand desordre:
Que créer tant d'estats nouveaux, & tant d'honneurs,
Ce n'estoit faire autant de pilliers, ains pilleurs,
Et que d'un estat neuf en vendre l'exercice
A un jeune homme neuf, n'estoit pas moindre vice.
Que faire, que desfaire, & refaire une Loy,
Est apprendre au subject de mespriser son Roy,
Et que tout ce qu'un Roy doit en son cœur empraindre
Est d'estre respecté, & non pas de contraindre:
Aussi que d'establir en tous lieux Gouverneurs,
C'estoit au long aller tout autant de seigneurs,
De Ducs, de Potentats, de Marquis, & de Princes,
Que vous establissiez pardessus vos Provinces:
Qu'ainsi en Italie, autrefois le debat
Du Guelphe, & Gibelin altera leur estat,
S'estant de ces discords provigné de la honte
De l'Empire Germain, là un Duc, là un Comte.
  Bref, vous avez pensé que dedans le Chaos
De nos Troubles civils, tout nous estoit enclos:
Parquoy d'un bon enclin vous avez pensé, SIRE,
De nous rendre la Paix, que le bien ne desire,
C Afin que dans la Paix nous peussions restablir
Tout l'heur que le discord nous avoit sceu tollir,
Et si avez voulu par Royale ordonnance
Que nostre mal-talent passast sous oubliance,
Estant peu de la paix, si aussi nostre dueil,
N'estoit enseveli d'un eternel cercueil,
Ayant plus regaigné par un seul trait de plume,
Que n'eust fait en dix ans Vulcain sur son enclume.
  O Roy vrayment uni à la divinité,
Roy sage, Roy benin, qui avez merité
De voir d'une main forte engraver vostre gloire,
A jamais au plus haut du temple de memoire;
Je veux, éternizant maintenant vostre bonneur,
Prophetizer à tous de mesme poids vostre heur:
Ny l'orage sur mer, ny la male fortune
Qui court sur les maisons, n'est à tous jamais une,
Ny oncq' en son Printemps, Roy ne fut mal-traité
Qui n'ait aprés senti un tres-heureux Esté,
Pourveu qu'à l'avenir du mal il se souvienne,
Et que le souvenir en cerveau le retienne;
Et vous, SIRE, que Dieu à la paix a guidé,
De vous seul pouvez estre en ce subject aidé:
Car si contre l'advis, mesmement du plus sage,
D Discourant nos malheurs, en vostre plus bas aage,
Par un grand paradoxe, avez à l'impourveu,
Au plus chaud de la guerre, à nostre paix pourveu,
Que pouvons-nous de vous, desormais nous promettre,
Fors un heur, & revoir toutes choses remettre,
Aprés un long desroy, en leur ancien train?

Quand

Congratulation de la Paix.

Quand vous, SIRE, tenant aux affaires le frein,
Et reglant vos subjects d'une mesme balance,
Ferez entretenir la paix en cette France,
Quand vous pour nettoyer de tout point le venin,
Serez autant aux uns, comme aux autres benin,
Arrachant de leurs cœurs la malheureuse crainte,
Qu'une sourde rumeur avoit dans eux emprainte.
Ainsi, & Prince sage, & Prince diligent,
Vous sçaurez faire espargne, & d'hommes, & d'argent,
Ainsi tous deux unis en vostre leur Capitaine,
Ferez sourdre (ô miracle!) un amour de la haine,
Et chacun demeurant devot envers son Roy
Sera dans sa maison desormais en requoy,
Vivant selon sa foy, content en sa patrie,
Avec ses chers enfans, & sa douce partie,
Jusques à ce que Dieu regardant d'un œil doux
Son peuple mi-party, estanche son courroux,
Et que las de nous voir flotter en cette guise,
Nous reünisse enfin sous une mesme Eglise:
Courroux qu'alentirons indubitablement,
Lors que d'un cœur contrit, nous tous ardentement
En nous humilians devant sa sainte face,
Devots luy requerrons que son vouloir se face:
Quand nous à jointes mains pour trouver guerison,
Par aumosnes, par dons, par frequente oraison,
Par pleurs, par charité, par jeusnes, & par larmes,
Combattrons pour son nom, & non pas par les armes,
Et lors que ne verrons promeus aux dignitez
Les flatteurs en l'Eglise, ains les mieux meritez,
Lors que les bons Prescheurs, moins entachez de vices
Seront recompensez des plus grands benefices:
Et que les Eveschez n'iront à l'abandon
En la main du mauvais, ains seulement du bon;
Brief, lors que l'on verra renaistre en nostre Eglise
Les venerables mœurs de l'antique Prestrise.

A Ce sont les instruments, par lesquels en effect
Nous pouvons reparer tout ce qui s'est deffait,
Et non à couppe-gorge, entre nous introduire
Un long mespris de Dieu, au lieu de nous reduire :
Ja la commune voix disoit que le soldat
Tant d'un party que d'autre estoit du tiers estat,
Voulant dire que fol il estevoit la creste
Contre son Dieu, lequel il n'avoit plus en teste :
Parquoy ce n'est assez, SIRE, que d'avoir fait
Vostre Edict de la paix, s'il n'est du tout parfait.
On dit qu'ayant jadis le sage Athenien
Souvent senty l'effort du Salaminien,
Il fit paix avecq' luy, & pour la rendre stable,
Il ordonna par loy non jamais violable,
Que nul à l'avenir ne parlast d'annuller
Cette paix, & que cil qui viendroit pour parler
De faire à Salamine une guerre nouvelle,
Celuy-la fust de tous reputé pour rebelle :
Ne voulant sur desseins fantasques esprouver
Ce qu'autresfois le temps luy avoit fait trouver.
 SIRE, que ceste loy soit en France preschée,
Qu'à clouds de diamants elle y soit attachée :
Que celuy qui voudra encontre vostre Edict,
Par raison sophistique apporter contredit,
B Ou sous mots partiaux de Papiste, Fidelle,
Catholic, Huguenot, remuer la querelle,
Qui presque a mis l'Estat de France en desarroy,
Cettuy comme ennemi de France, & de son Roy,
Bien loin de l'avenir de nous on extermine,
Et que chassé il soit rongé de la vermine,
Qu'ensevely soit-il dans le ventre des loups
Ce sophiste pipeur, du commun bien jaloux,
Lequel pour un repos mensonger qu'il trafique,
Troublera le repos de la chose publique.

+++

SONNETS DIVERS
SELON LA DIVERSITÉ DU TEMPS.

Commencement des troubles pour la diversité de Religions en l'an 1564.

Veux-tu sçavoir quel est l'estat de nostre France?
Un jeune Roy mené par un peuple maldict,
Mené d'un Espagnol, d'un caffard, d'un faux bruit,
Mené par une mere esperduë à outrance.
Un Conseil bigarré qui cache ce qu'il pense,
L'artizan capitaine, un camp sans chef conduit,
Un pays du Papiste & Huguenot destruit,
L'estranger qui pour nous à nostre mort s'avance,
L'ennemy qui fuyant se va mocquant de nous,
Le grand dans nostre camp contre le grand, jaloux,
Mille nouveaux Estats, mille emprunts sans trafique,
La justice sous pieds, le marchand fait les loix,
Paris ville frontiere : ô malheur! toutesfois
Qui parle de la paix est ennemy publique.

Mariage du Roy Charles neufviesme avecque Isabelle d'Austriche, 1571.

En tous climats, je suis le Roy des Roys,
Disoit Amour d'une brave hautesse:
Tu ments (luy dit la Dame chasseresse)
J'ay tout pouvoir dessus toy dans mes bois.
Lors eux picquez, jettent arcs & carquois,
Et se harpants, or de force, or d'adresse
A qui mieux mieux, chacun d'eux s'entrepresse,
Et ja ces Dieux estoient presque aux abois :
Quand Isabel se met de la partie,
Et des carquois & traits s'est assortie,
Puis de deux traits sur Charles descocha:

De ces deux coups dedans luy elle enchasse,
C Ensemblement, & l'amour, & la chasse,
Et dans son cœur l'amour chaste ficha.

Entrée du Roy Charles IX. dedans Paris, l'an 1571.

Ne pense point, passant, que ce soit une entrée,
Que tous ces somptueux appareils que tu vois,
Tous ces arcs triomphans, ces superbes arrois,
Dont Paris nostre ville est ores illustrée.
Ainsi que Rome on vit de lauriers tapissée
Embrasser le guerrier enflé de hauts exploits,
Ainsi à nostre Roy, au plus grand de nos Roys,
Pour rendre dans les ans sa memoire enchassée,
Paris d'un œil joyeux, Paris sa grand Cité,
Luy dressant un trophée à la posterité
L'a voulu honorer d'un triomphe supreme :
Aprés avoir esté trois fois aux champs vainqueur,
Aprés avoir des siens surmonté la rancueur,
Et que d'un cœur plus fort il s'est vaincu soy-mesme.

Troubles de l'an 1575. sous les noms des Huguenots & Malcontents contre le Roy Henry troisiesme.

D

Ils iront, non feront, ces courtizans gorriers,
Ces mignons, ces minons, ces abateurs de filles,
Ces masquez, ces musquez, nouveaux muguets de ville,
Ces taillants, ces fendants, & ces rudes guerriers,

Lors

Sonnets divers, selon la diversité du tems.

Lors que vous les verrez en œuvre ces ouvriers,
Ils combattront hardis de bastons invasibles,
Ou pour mieux assaillir, de bastons invisibles,
Ceignants leurs fronts de myrthe & non pas de lauriers.
Pour entrer bravement au lict dans une breche
Ils portent quant & soy, & le feu & la mesche,
Lance, pistole, escus, & harnois acerez :
Puis piaffans bragards au bal dans une sale,
Ils troussent Huguenots & Malcontents en male,
Tout cela n'est-ce pas pour nous rendre asseurez ?

Commencement des troubles de l'an 1585. sous le nom de la saincte Ligue.

JE veux la paix, & la guerre je corne,
Je hay la Ligue, & la Ligue je suis,
Les petits j'aime, & mes Princes je fuis,
Mes amitiez sans mesures je borne :
De mes subjects je reçoi mainte escorne,
Roy deux fois Roy, Roy presque je ne suis ;
Pour donner plus cent fois que je ne puis,
Je vy d'Edicts dont mon peuple j'ecorne.
Tout mon conseil la verité me taist,
Autre conseil que le mien ne me plaist,
Absolument je veux ce que j'ordonne :
O pauvre Roy Henry, tu ne vois pas,
Que tout cela n'est autre chose, helas !
Qu'un changement fatal de ta Couronne.

Congratulation sur la victoire & heureux succez du mesme Roy contre les Reistres à Aulnoy, l'an 1587.

QUi voudra voir ce que peut la vaillance
Dedans un cœur remply de pieté,
Qui voudra voir la magnanimité
Conduite à l'œil par la mesme prudence ;
Qu'il voye Henry, nostre saincte esperance ;
Qui d'un bras fort & sage a surmonté
Cest Allemant jadis tant redouté,
Et maintenant le joüet de la France.
O Roy guerrier, qui as sceu menager
Le sang des tiens sans perte & sans danger,
En soustenant du grand Dieu la querelle :
Poursuy ta pointe, & en guerre, & en paix,
Tu t'es acquis une gloire à jamais,
Et à ton ame une vie immortelle.

Assemblée des trois Estats tenuë en la ville de Blois, 1588.

PEndant qu'icy d'un magnifique arroy,
Chacun de vous à l'envy sacrifie
(Docte Prelat) & sa mort & sa vie
Pour restablir nostre ancienne loy ;
Moy cependant qui ne suis point à moy,
Poussé du vent d'une longue follie,
Je me repais d'une Philosophie
Qui tient mon ame, & mes sens en esmoy.
Bien que d'amour je suive le guidon,
Jamais (Thiart) je ne tiray guerdon
De celle-là qui est ma mieux aimée.
Fasse le ciel que tout ce beau trafic
Que remuez pour le repos public,
Comme mon feu, ne se tourne en fumée.

Aux Deputez des trois Estats.

QUand je vous voy chacun diversement
Representer le mal de la Justice,
Du Courtizan, du Gendarme le vice,
Du plat pays le cruel traitement,
Du Huguenot le trop d'avancement,
Du Financier, du Prelat l'avarice,
Brief, que la France est du tout sans police ;

A Grand prognostic d'un prochain changement :
Adoncq' confus, tout suspens je demeure,
Et nostre siecle, & nostre Estat je pleure
Comme faisoit l'ancien Heraclit :
Mais s'il advient que cette grande face
Des trois Estats sans rien faire déplace,
Je deviendray un autre Democrit.

Suite sous le nom de la saincte Union.

JAmais ne fut telle division
Que celle-là qui vogue par la France ;
Tout nostre but, toute nostre esperance
Est faction, ou bien c'est fiction.
Le peuple couve une sedition,
L'un reblandit le Roy par apparence,
L'autre de luy tout-à-fait se dispense,
Et tout cela est la saincte Union.
Qui veut la paix, qui la guerre Huguenote,
Qui le Concil de Tarente, qui oste
La liberté de l'Eglise à nos Rois :
On ne veit oncq' en France tel menage,
Chacun de nous joüe son personnage,
B Mais tel en joüe à part soy, deux & trois.

Suite du mesme subject.

JE vous diray quel jugement je fais
De nos Estats : c'est une masquarade,
Où les plus grands s'entredonnent cassade,
Faignans vouloir du bien public la paix.
Les plus petits viennent aux entremets
Pensans guerir nostre France malade ;
Mais pour refrain final de la balade,
Il faut argent à ce coup, ou jamais.
Le Roy en veut, comme nerf & ressource
De son Estat, mais nul n'ouvre la bource,
Quoyque la guerre il veuille aux Huguenotss :
On va, on vient, on s'accouste à l'aureille :
Bref, dedans Blois, vous y voyez merveille,
Mais quant à moy je n'y voy qu'un chaos.

Sur la harangue du Seigneur Comte de Brissac quand à la closture des Estats de Blois, il harangua devant le Roy pour la Noblesse.

C NOn, je ne puis ne trompeter ta gloire ;
Car je portois dans mon ame la peur,
Quand te monstrant un vertueux trompeur,
Tu m'as fait voir ce que je n'osois croire.
Je graveray au temple de memoire
Tes divins traicts, toy qui as eu cest heur,
De rapporter par ton brave labeur,
Du Roy, de toy, & de tous la victoire.
Dedans ton cœur la crainte ne loger,
De t'exposer sagement au danger,
C'est vertu t'estoit hereditaire.
Mais qui eust creu, dis-moy, jeune guerrier,
Qu'il te falloit ordonner le laurier
Du bien parler, ainsi que du bien faire ?

Rebellion de plusieurs villes de la France contre leur Roy Henry III. l'an 1589.

TOut est perdu, la guerre est immortelle,
Il n'y a rien que voleurs par les champs,
Rien que desseins de toutes parts, meschans,
La grand' Cité de Paris est rebelle.
La plus grand part du peuple fait comme elle,
D Nos ennemis à veuë d'œil puissants
Vont çà & là l'Estat bouleversans,
Jamais ne fut une desbauche telle.
Ce temps pendant que faisons-nous en Cour ?
On nous repaist vainement d'un bon jour,
Le courtizan flateur nous accompagne.

Nous

Nous piaffons deffus du parchemin,
Nous remettons la partie à demain,
Et ne voyons que chacun nous defdaigne.

Reduction de la ville de Paris fous l'obeïffance du grand Roy Henry IV. l'an 1594.

Aprés avoir efté forclos de mon Paris,
Et pourmené cinq ans ma barque dans l'orage,
Je recueille aujourd'huy les ais de mon naufrage,
Ains le peu qui reftoit encor' de mes efprits.
 Combattans deformais à qui aura le pris
D'une vraie union, banniffons ceft ombrage
Qui avoit en nos cœurs pefle-meflé la rage
Dont eftions par la France aveuglément efpris.
 Qui euft oncq' eftimé qu'une fi douce Entrée
Se feuft pour noftre Roy dans Paris rencontrée,
Et que fans coup ferir on nous euft accueillis?
 C'eft un vray coup du ciel, c'eft du Seigneur la grace,
Qui l'heur du grand Henry, & fa valeur embraffe,
Pour faire profperer plus que jamais le Lis.

Reduction de Paris.

O Peuple, où fait ton cœur forcené fa demeure,
Peuple qui t'es armé cruel contre ton Roy,
Et as bouleversé d'un furieux arroy,
La France qui par toy efchevelée pleure?
Donnant vie au mefchant, tu fais que le bon meure,
Et fi ne nous fçaurois rendre raison pourquoy
Tu as ainfi troublé noftre ancien requoy.
C'eft ce que je crois par tout & à toute heure.
 Mais ayant veu depuis, que de ce grand Chaos,
S'eftoit heureusement dedans Paris efclos
Le nœud inefperé d'union fraternelle,
 Par le Pourchas fans plus de dix hommes, ou vingt;
Il falloit (di-je lors) que ce fcandale advint,
Pour loüer du grand Dieu la puiffance eternelle.

Retour de Pafquier en fa maifon.

JE te vien retrouver, mon ancien fejour,
Maifon qui as efté par mon travail acquife,
Maifon qui fur le bord de la Seine es affife
Dans Paris, où je veux finir mon dernier jour.
 Tu feras mon Palais, & des Princes ma Cour,
Aufquels j'avois jadis ma confiance mife,

Il faut or' qu'en mon ame un plus grand Soleil luife,
Sous la voute du ciel chaque chofe a fon tour.
 J'ay fouvent au Barreau fait de ma langue gloire,
J'ay voulu relever de la France l'hiftoire,
Pour relever ma vie, & mon nom du tombeau.
 Maintenant je veux dire à Dieu, non à la France,
Ainçois à la fortune, & à mon efperance,
Je trouve en ma maifon mon port auprés de l'eau.

A Meffire Achilles de Harlay, Seigneur de Beaumont, Confeiller d'Eftat, & premier Prefident en la Cour de Parlement, eftant retiré à Stinx pour la contagion de la pefte.

JE ne veux m'informer, mon Beaumont, des delices
Efquelles tu repais maintenant ton loifir;
Je fçay que de tout tems ton principal plaifir
A efté de bannir de ta maifon les vices.
 Toutes Vertus, ce font tes nobles exercices:
Ennemy des parfums, n'avoir autre defir
Que punir les mefchants, le bien public choifir,
Sont outils par lefquels tu as les cieux propices.
 Ce n'eft point ta grandeur, mais bien tes mœurs qui m'ont
Affervy deffous toy, & encor' ce Beau Mont
Qui paffe d'un long traict les anciens Parnaffes:
 Sur lequel tu logeas par œuvre plus qu'humain,
Au milieu de nos flots, d'une conftante main,
Juftice, Pieté, les Mufes, & les Graces.

Sonnet de Meffire Anne d'Urfé Confeiller d'Eftat, fur les Recherches de la France de Pafquier.

COmme on voit le Printems en fa faifon nouvelle,
De mille belles fleurs decorer les prez verds,
Et tant d'Aftres roulez de mouvemens divers,
Paver le firmament de leur vifue eftincelle:
 Comme l'on voit orner une jeune pucelle
De mille doux attraicts, fujet de tant de vers;
Et la varieté qui eft en l'Univers
Tefmoigner les beautez de la Nature belle:
 En ce livre, Pafquier (Pafquier dont les efcrits
Sont par tout honorez entre les beaux efprits)
Par mille beaux difcours fe rend inimitable:
 Car Mercure & Python, verferent tout leur mieux,
Dans ces riches threfors qu'il emprunta des Cieux
Pour fe rendre à jamais en la terre, admirable.

A MESSIRE HONORÉ D'URFÉ,
Comte de Chasteauneuf.

Voyez si vostre influence a quelque commandement sur la mienne, tout ainsi que vostre Astre, ou pour mieux dire, vostre Astrée sur vous. Le dernier jour de l'an passé, vous me priastes de vous donner quelques vers pour mettre sur le frontispice de la continuation de l'Astrée. Oeuvre qui n'en a de besoin, pour trop se recommander de soy-mesme, sans aucun bouchon. A quoy je vous respondy que mal-aisément le ferois-je, tant pour estre ce mestier aucunement disconvenable à mon aage, comme aussi que lors que je faisois profession de l'estat d'Advocat, ma plume obéïssoit à ceux qui la mettoient en œuvre, mais non en qualité de Poëte. D'autant qu'en ce subject je n'obéïssois qu'à moy-mesme. Excuse que pristes en payement, sur laquelle je pris congé de vous, & de l'année tout ensemble : toutefois la nuit suivante, ceste nouvelle semonce me servit d'un resveil-matin, & vous dressay six vers, que je vous envoyay à mon lever pour vos estreines, dont vous m'avez voulu payer, mais avecque une trop grande & excessive usure : la presente est pour vous en remercier, mais sous ceste condition, s'il vous plaist, que ne mettrez sur vostre Astrée, ny mon Sixain, ny autres vers de qui que soit. Cest usage estoit incogneu à l'ancienneté. Adieu. Ce troisiesme Janvier, 1610.

A MESSIRE HONORÉ D'URFÉ, COMTE de Chasteauneuf, sur les discours de son Astrée.

Soit que dedans l'Honneur, Vertu preigne sa vie,
Ou bien que la Vertu soit de l'Honneur suivie,
Le Ciel qui d'Honoré donna ce beau nom,
Voulut qu'un Honoré fust honoré d'Astrée,
Et que d'un Honoré elle fust honorée,
Honorant ta Vertu, de l'Honneur parangon.

Responce à M. Pasquier.

Grand & docte Pasquier, des Muses le bon-heur,
Soit ou que la Vertu nous produise l'Honneur,
Ou que l'Honneur par tout la suive comme sienne,
Tu seras à jamais de chacun honoré,
Donques c'est toy qu'il faut que l'on nomme Honoré,
Et pour estre honoré, que Pasquier je devienne.
 HONORÉ D'URFÉ, Comte de Chasteauneuf, & Baron de Chasteaumorant.

EPITAPHES
SUR LE TOMBEAU DE MESSIRE ANNE DUC DE MONTMORENCY, Pair & Connestable de France.

D'Une tremblante main, & d'un œil plein de larmes,
Il faut qu'à mon esprit je dresse mille alarmes;
Ne pouvant descouvrir sans ineffable dueil
La perte du haut prix que couvre ce cercueil :
Ce grand Montmorency que l'impiteuse guerre
Nous a jalousement ravy de cette terre :
Montmorency auquel, & la vertu, & l'heur,
Jusqu'au dernier soupir, ont voulu faire honneur.
Car si (passant) en peu de sçavoir as envie,
En privé, ou public, tout le cours de sa vie,
Jamais France ne vit François peut-estre né,
Pour estre à si grand heur, que cestuy, destiné.
 En premier, s'il te plaist repasser son mesnage,
Quarante ans l'ont lié à une Dame sage,
Sage s'il en feust oncq', dont il eut douze enfans :
Deux Mareschaux de France, & les dix triomphans
Tant en biens, qu'en honneurs, encores pleins de vie,
Fors deux, qui devant luy sont morts pour leur patrie,
L'un gendre, & l'autre fils : heureux vraiment remords,
Tant de dix survivans, que des deux qui sont morts.

Et si de son privé, au public tu veux tendre,
Encor trouveras-tu dés sa jeunesse tendre,
B Le poussa entre nous au degré le plus haut :
L'ayant ensemble fait Connestable, & grand Maistre,
Afin de faire à tous de mesme fil paroistre,
Par ces deux, qu'il estoit tout aussi bon ouvrier
Des affaires de Paix, comme brave guerrier.
 Or' que ceste grandeur en luy fust bien logée,
Sept fois il combattit en bataille rangée,
Faisant assez sentir aux Princes plus puissans,
Quels estoient ses efforts, quel estoit son bon sens.
 De cinq Rois serviteur, aux quatre il fit service,
Et au cinquiesme il fit de son cœur sacrifice,
Sur son octantiesme an, honoré & chery
De chaque en leur endroit, mais sut tout de HENRY.
 Doncq' cest heureux Seigneur parfaisant sa carriere,
N'eut oncq' en ses desseins la chance traversiere ;
Doncq' ce gentil cerveau, par un sage discours,
Sans desastre passa de sa vie le cours ?

Non;

Non, il estoit né homme, & jamais la fortune
Ne se feit aux humains à tousjours opportune.
 De l'envie il sentit un coup le desarroy,
S'absentant pour un temps de la Cour de son Roy;
Et le hazard encor' qui les plus hauts tresbuche,
Jaloux de son bon-heur luy livra double embuche,
L'une au jour saint Laurent, & l'autre devant Dreux;
Car bien qu'il combattist comme vaillant & preux,
Si fut-il pourtant pris : mais toutes ces alteres
N'amoindrirent de rien ses fortunes prosperes.
Ce luy fut un malheur qu'une absence de Cour,
Mais son heur luy brassoit un plus heureux retour,
Et pour dire le vray, ce que malheur on pense,
Le feit à son retour le premier de la France.
 Ce luy feut un malheur qu'une double prison,
Mais luy qui oncq' ne feut pris que de la raison,
Monstra que ce malheur n'avoit point sur luy prise,
Ourdissant prisonnier toujours quelque entreprise.
Ainsi fit-il deux paix en ce double danger :
L'une avec le subject, l'autre avec l'estranger,
Estant par tout le cours de sa vie si brave,
Que mesme sa fortune il feit sous luy esclave :
Aussi n'eut-il oncq' rien plus cher en sa pensée,
Que voir sa nation sur toute autre advancée.
 A tant jusques icy tu as sa vie appris,
Or entens maintenant quelle fin a pris,
Dedans Paris estoit le Roy, & son armée,
Et la Religion que l'on dit Reformée,
Au moins ses partisans estoient campez devant,
Montmorency sema maints propos en avant
De paix, pour r'allier le subject à son Prince,
Afin de garentir de degast la Province,
Craignant (comme plusieurs) qu'un plus piteux destin
Ne nous eust apporté de discord intestin.
Plusieurs fois il jetta, mais en vain, ceste pierre,
Car, & l'air, & le ciel ne soufloient qu'une guerre :
Les Astres, les Devins cornoient de tous costez,
Carnages, meurtres, morts, sacs, feux, & cruautez.
Parquoy voiant la France estre pleine de rage,
L'estat bouleversé d'un furieux courage,
La justice, le bien, l'honneur, le droit banny,
Que par le vice estoit le vertueux bonny,
Que le pere à l'enfant, & l'enfant à son pere,
Sous le masque de Dieu dressoit un improperé,
Et que chacun pipé d'un espoir mensonger,
Contre son propre sang appelloit l'estranger,
Pour couvir à la fin qui nous est preparée,
Ainsi que le veneur se trouve à la curée :
Bref que le tout s'estoit en ce pays renclos
Pesle-mesle dedans un abysme & Chaos
Sans espoir de concorde : adoncq' dit-il : Encore
Faut-il qu'à ceste fois ma memoire j'honore,
Et qu'on sçache à jamais que tout d'un mesme poix,
Montmorency sceut faire, & la guerre, & la paix :
Et puis qu'à ceste fois un chacun se machine
Par aveugle discours, à l'envy sa ruine,
Je veux vaincre, & mourir, ne pouvant voir deffait
De ses propres enfans, le pays qui m'a fait.
 Ce dit : soudain ses gens en bataille il ordonne,
De François à François l'escarmouche se donne,
Qui navré, qui tué, l'un tombé, l'autre pris,
Le ciel mesme eut horreur des lamentables cris.
O François genereux ! vous pouvez vaincre ensemble
Tout ce que le Levant jusqu'au Ponant assemble.
 Là, ce noble vieillard monstra d'un cœur hardy,
Qu'il n'avoit lors le bras vieillement engourdy,
Enfonçant escadrons, or' d'estoc, or' de taille;
Et ja certain estoit du gain de la bataille,
Jà du sang ennemy le champ estoit baigné,
Quand son heur, qui tousjours l'avoit accompagné,
En ce malheur public qui couroit sur la France,
Luy voulut faire encor' à ce coup assistance.
 Car aussi que pouvoit mieux eschoir à cœur franc,
Tel qu'estoit cettuy-cy, que sceller de son sang
Sa foy, sa preud'hommie, & tesmoigner l'envie

Qu'il avoit d'exposer pour son Prince sa vie?
D'un coup de coutelas il fut au chef blessé,
Et d'un coup de pistole, il eut le dos percé,
Il cheut ; mais luy craignant que ceste grande cheute
N'apportast à ses gens quelque douteuse esmeute,
S'enquit premierement de Sauzay si le champ
Encor' qu'il feust blessé, demeuroit à son camp:
Comme on l'eut asseuré que l'issuë estoit telle,
Il commanda qu'on mist dessus son corps un voile,
Afin de n'esloigner par sa blesseure ceux
Qui de vaincre & tuer n'estoient lors paresseux.
 Puis dit : A toy Seigneur, ô mon Dieu, je rends gloire;
De couronner ma fin d'une telle victoire,
Beny sois-tu, Seigneur, dequoy si à propos
Je mets, & mon bon Roy, & Paris en repos,
Sinon repos total d'une guerre civile,
Faisant au moins lever le siege de la ville.
 Sur ce mot, on l'enleve, & comme on l'emportoit,
Un gendarme passant demande qui c'estoit.
Montmorency (dit l'un) mais luy de forte haleine:
Tu mens, Montmorency combat en ceste plaine.
 Ainsi fut ce guerrier dans Paris apporté,
Où de ses malveillans mesme il fut regreté,
Ainsi deux jours apres il termina sa vie,
Vainqueur de l'ennemy, & vainqueur de l'envie.
 Heureux Seigneur, heureux tant que tu as vescu,
Plus heureux qui mourant tout contraire as vaincu:
Comme si le Demon qui garde ceste France,
Eust fait avecq' le tien eternelle alliance,
Et que pour tout jamais par compromis juré,
Le tien se feust de luy du tien asseuré:
Tant que la France s'est heureusement trouvée,
La fortune de toy a esté conservée,
Et tant que ton bon-heur t'a aussi conservé,
De la France l'Estat s'est trés-heureux trouvé:
Comme si par commun entrelas, la fortune
De la France, & la tienne eust esté de deux, une.
Et ores que les cieux par un juste courroux,
Se sont ireusement liguez encontre nous,
Tué mort, & mourant, tout va de telle sorte
Que nostre France aussi avecques toy est morte.
La France florissant, tu ne pouvois mourir ;
Et la France, toy vif, point ne pouvoit perir;
Tel estoit le destin, que d'une mesme course,
La sienne estoit en toy, en elle ta ressource.
Partant pour tout tombeau (passant) sçache qu'icy,
Gist la France estenduë avec Montmorency.

Complainte faicte pour un grand Prince de France, sur
la mort d'une grande Princesse.

TU es doncq' morte, ô moitié de moy-mesme,
Et en mourant, sur une mesme tresme
Tu as ravy, maistresse, avecques toy,
Non la moitié, ainçois le tout de moy :
Ne delaissant qu'une complainte vaine,
Un long discours accompagné de peine,
Un desespoir, & un profond Helas,
A moy qui suis forbanni de soulas.
 Le ciel m'avoit brassé un long voyage,
Et lors mon cœur je te laissay en gage,
Me promettant aussi tant d'heur un jour
Que de joüir du tien à mon retour.
Sous cest espoir, enflé d'une allegresse,
Vers toy mes pas hastivement je presse;
Mais aussi-tost que retourné je suis,
Pour te revoir, aussi-tost tu t'enfuis,
Ingrate helas ! & prens au ciel ta voye,
Afin sans plus que je ne te revoye:
Ingrate, non, mais ingrat le destin,
Qui contre moy fit ce cruel butin.
 Quand tu vivois, le malheur qui talonne
Mes actions, un long exil m'ordonne
En lieux lointains (du nom plus specieux
Je ne le nomme, estant loin de tes yeux)
Et quand chetif à mon retour je pense

Joüir

Joüir heureux de ta dive presence,
Tu te bannis ô cruelle à ton tour,
Mais c'est d'un ban qui n'a point de retour.
O ciel, ô mort, ô destin, quelle envie
Portastes-vous à ma fatale vie!
Bien puis-je dire, & si le cognois or'
Que chacun met ses pensers à l'essor.
Las! que me sert de voir si grandes pompes,
Tant de tabours, de clairons, & de trompes,
M'environner d'un magnifique arroy,
Si dans mon cœur je nourry un esmoy,
Si au milieu de la magnificence
Je n'ay ennuy, du bien que l'apparence,
Si au coucher, si encor' au resveil,
Se ramentoit l'object de mon travail,
Qui me combat, me gesne, m'espoinçonne,
Et nul repos à mes esprits ne donne,
Si ce grand nom qui me tient en valeur,
Pour an'exercer de plus en mon malheur
Veut qu'au public, miserable je cache
Le mal talent qui jour & nuit me fasche?
    Comme l'on voit le torrent qui de front
Trouve en roulant pour barriere un grand mont
Arrester court la fureur de sa course,
Mais plus luy est la rencontre rebource,
Qui pour un temps le rend & foible, & lent,
Plus à la longue il se fait violent,
Et eaux sur eaux dedans son sein entasse,
Jusques à tant que le mont il surpasse;
Adoncq' honteux tombant du haut en bas
Tout furieux il élance ses pas,
Et forcené, d'une bruyante suite,
De plus en plus son cours il precipite,
Monstrant que plus il s'estoit arresté,
Plus il s'estoit en soy-mesme irrité:
    Ainsi tandis qu'une hauteur farouche
Vient s'opposer à l'ennuy qui me touche,
Et que je tiens hypocrite en mon cœur,
Pour prisonniere une estrange langueur,
Bien que chacun par doux accueil me flate,
Il faut enfin que ma douleur s'esclate,
(Comme un torrent) d'une horrible roideur,
Et que mes pleurs surmontent ma grandeur.
    Sus doncq' souspirs, que d'une forte haleine
Vous galopiez au milieu de la plaine;
Que les deserts, les grottes, les forêts,
Avecques vous ressonnent mes regrets:
Et que chacun à son de trompe sçache
Quel est le beau que ceste Tombe cache.
    Jamais en l'air tant d'oyseaux esmaillez,
Ny en la mer tant de corps escaillez,
De tant de fleurs ne fut la verte prée
Au plus gaillard du Printemps diaprée,
Que de beautez le ciel ample donneur
Mit en ma Dame, & de grace, & d'honneur.
Diray-je icy ses deux yeux, deux soleils,
Ses arcs voutez, ses rozes, ses œillets,
Ce rang perlé, sa bouche coraline,
Ces tresses d'or, ceste gorge albastrine?
Mille doux mots, ains mille doux appas,
Dont je fus pris tout d'un mesme compas?
Car tout ainsi que ceste alme nature
Ne fit jamais plus belle creature,
Aussi mit-elle en moy des passions
Prises du seel de ses perfections,
Voire mil fois, & mille fois plus fortes:
Puis que l'on voit ces beautez estre mortes,
Et toutefois que mon amour plus fort
Se reverdit dans l'hideur de sa mort.
    O sot desir dont mon ame est atteinte,
Languir encor' pour une chose esteinte!
Ny pour cela ne pense ô sort cruel,
Quoyque l'esprit resides ores au ciel,
Son vray sejour, & que la terre avare
Du grand thresor de son corps se repare,

Que quant & soy Madame ait emportez
Tous ses beaux traicts & ses rares beautez.
Que la terre ait le corps, & le ciel l'ame,
Tousjours vivra dans moy sa sainte flame,
Tousjours sera enclos dans mon cerveau,
Malgré la mort, & son bon, & son beau.
    Pren doncq' ce don, ô ame bien-heureuse,
Qui t'est voué d'une main langoureuse:
Pour un jamais je consacre ces vers
A ta memoire, en ce grand univers:
C'est ce que s'offre une plume Royalle,
Encor' à toy, après ta mort, loyalle.

EPITAPHE DE JEAN BRINON SEIGNEUR DE
Villene, autrefois Conseiller en la Cour de
Parlement de Paris.

Brinon je feus, & celuy
Qui en ce passage instable
Des humains, me feis d'autruy
En bien & en mal la fable:
Mais toutefois que m'importe,
Si oncq' chose ne se vit
Dont on n'ait fait son profit,
En l'une, & en l'autre sorte?
Mon pere fichant en moy
Le tout de son esperance,
Amoncela sans requoy,
Or, bien, argent & chevance;
Mais moy, né pour ma patrie
Voulus, n'ayant à moy rien,
Au peuple, de tout mon bien
Faire la plus grand' partie.
    Quelqu'un sans fin amassant
Se rend bute de visée,
Et moy plus heureux pensant
Prendre en autre endroit visée,
Perdy de plusieurs la grace.
Ainsi rien ne fut jamais
Non accompagné d'un Mais,
Sous ceste mortelle espace.
    J'ay comme mortel, espars
Mes biens; un autre peut-estre
Les ravit de toutes parts,
Estimant par eux renaistre.
Tous deux patrons de folie:
De luy le propre medit,
De moy mon heritier dit,
Que m'oubliant, je l'oublie.
    Les Poëtes j'honoray,
Attendant d'eux recompense;
De celle où plus j'aspiray,
Maintenant j'ay jouissance:
Mais lors mon ame assamée
De leurs plumes, cognoist or'
Que telle gloire est encor',
Ainsi que les biens, fumée.
    Toutefois si tout mon heur
D'embas tu veux recognoistre:
Jeune je feus en bonheur,
Riche de mon premier estre,
Content je passay ma vie
Sans à autre faire tort
Qu'à moy-mesme, puis suis mort
Quand plus j'en avois d'envie.

EPITAPHE DE MESSIRE GILLE BOURDIN,
Conseiller d'Estat, & Procureur General
au Parlement de Paris.

Tousjours Bourdin dormoit, disent ses envieux:
Toutefois il porta d'un esprit politique
Tout le faix du Palais, & de la Republique,
Comme un Atlas soustient la grand' vonte des cieux.
Il dormoit, mais c'estoit d'un dormir plain de vie,
Car dormant il apprit les thresors & secrets
Des Hebrieux, des Latins, des Chaldées, des Grecs;

Et tout ce qui çà-bas à vertu nous convie.
Il dormoit, mais dormant il monstra au Barreau
De resveiller, gaillard, l'ancienne memoire
Des bons livres, & joindre avecq' la loy, l'histoire,
Et succer des autheurs tout le bon & le beau.
 En ce dormir Bourdin sceut sagement conquerre,
Et la faveur du peuple, & celle de son Roy:
Il sceut en ce dormir veiller pour nostre foy,
Contre les ennemis qui nous livrent la guerre.
 En ce mesme dormir, guidé de son bon-heur,
Fut par luy (si pourtant il en faut faire mise)
Maints grands biens, mainte terre & seigneurie acquise,
Et tout ce qu'on peut au monde avoir d'honneur.
 Bref, passant, ne croy pas que jamais y eust homme
Plus abondant en biens, en sciences, ou vertu,
Et qui plus de faveurs que mon Bourdin ait eu,
Bien que tousjours il fust assiegé d'un fort somme.
 D'un fort somme? non, non: ou je dors, ou je croy
Que ce somme ne fut à nos yeux qu'un mensonge,
Un fantosme, un abus: & ne seroit-ce un songe
Qu'un dormir produisist effect contraire à soy?
 Ou ce dormir estoit une journelle feinte
Dont sage il desguisoit de ses œuvres le cours,
Par un clin de ses yeux; lors que tout au rebours
Il veilloit pour donner à ses desseins atteinte:
 Ou s'il dormoit sans feinte, ô miracle vraiment,
Non jamais octroyé à nul autre du monde,
De voir une fortune en Bourdin si feconde
Le combler, & de biens, & d'honneurs en dormant.

CONCLUSION DES EPITAPHES QUI FURENT faicts en faveur de luy.

VNe forte vertu, une constance ronde,
Et un profond sçavoir dont tu feus annobly,
Te pouvoient garentir de l'eternel oubly,
Et donner à ton nom vogue par tout le monde.
 Mais la faveur du ciel qui en toy se desborde,
Pour monstrer que tu feus de tout point accomply,
Veut que sur le dormir qui dans toy prit long ply,
Chacun à qui mieux mieux desploye sa faconde.
 Ainsi que le Timanthe, aussi tout le plus beau
De toy nous le tenons caché sous le rideau,
Ne le pouvant au vif de la plume aconsuivre.
 O combien fut le Bon de Bourdin excellent,
Si le mal qui vivant le rendoit mort & lent,
Le fait aprés sa mort contre la mort revivre?

EPITAPHE DU SEIGNEUR DE SILLHAC,
lequel blessé à mort en une escarmouche contre les Huguenots, rendant l'ame à Dieu sur le champ, envoya par un sien compagnon un anneau à sa future espouse.

DE Dieu, de Roy, de Dame estant né serviteur,
Mon ame je donnay à Dieu pour sacrifice,
A mon Prince mon corps, tesmoin de mon service,
A madame un anneau pour gages de mon cœur.
 Et si (Passant) tu veux connoistre tout mon heur,
Une jeunesse en moy triompha de tout vice,
D'elle une brave à mes souhaits propice,
Et de ma mort l'amour, de mon amour l'honneur.
 Avec mon sang estoit mon amour respandu,
Et mon honneur ainsi que mon corps estendu;
Quand Vaillant vaillamment brassant plus grand victoire,
 Contre les ans pour moi Colonnel se rendit,
Et dans l'eternité victorieux pendit
Ma jeunesse, ma mort, mon amour, & ma gloire.

Vaillant, sieur de Pimpont, Conseiller au Parlement de Paris, fit un recueil de ses Epitaphes.

EPITAPHE D'ELIZABETH DE FRANCE, FEMME de Philippe Roy d'Espagne.

TOut ce que l'on peut voir, & de grand, & de beau,
La fille d'un grand Roy, d'un grand Roy la compagne,
Et d'un grand Roy la sœur, qui conjoinct l'Espagne

Avecques le François, gist dessous ce tombeau.
Elle planta chez nous de la paix le rameau,
Et voyant maintenant l'une & l'autre campagne,
Qui par ses propres mains dedans son sang se bagne,
Irritée de voir ce spectacle nouveau;
 Ne voulant à la guerre assister de presence,
Ne pouvant du destin forcer la violence,
Elle meurt, & mourant: O Dieu si tu te plais
 De voir pour nos pechez tant de malheurs sur terre,
Fais (ce dit-elle) au moins que d'une forte guerre
Reüssisse à ta gloire une eternelle paix.

EPITAPHE DE MESSIRE SEBASTIAN DE Luxembourg, Vicomte de Martigue.

AU sein des Luxembourgs, & de l'illustre race
Des Bretons, dont jadis sourdit tant d'Empereurs,
Tant de Rois, tant de Ducs, tant de grands conquereurs,
Glorieux je trouvay dés ma naissance place.
 Mais moy voulant passer d'une bien longue espace,
Et l'un & l'autre nom de mes premiers autheurs,
Du Dieu Mars j'empruntay le nom, & les valeurs,
Et l'heur qu'aux bons guerriers ce Dieu guerrier pourchasse.
 De ce grand Mars je feus Martigue surnommé,
Du sang des ennemis de mon Prince affamé,
Qui d'un bras foudroiant martelay l'heresie.
 Martigue Martial, j'ay vaincu pour mon Roy,
Et Martire je meurs pour mon Dieu, pour ma foy,
Trouvant, & mot, & mort convenable à ma vie.

EPITAPHE DE MESSIRE ANNE DUC DE Joieuse, Pair & Admiral de France.

IEune, je reluisois, comme le clair Soleil,
Beauté corps, doux d'esprit, illustre de mon estre,
Agreable à chacun, mais sur tous à mon Maistre,
Marié par ses mains d'un superbe appareil.
 L'Auvergnac estima que j'estois sans pareil,
Vaillant, prompt à la main, mais las! j'ai fait paroistre
Par mon objects, que nul dire ne se peut estre
Heureux, qu'il ne soit mort, & clos sous le cercueil.
 J'ai mille & mille fois d'un cœur franc & sans doute,
Par tout où je passay, mis l'ennemy en route,
Puis ay senty de Mars le malheureux effort.
 Mais pourquoy malheureux? moi qu'n'euz oncq' envie,
Que de paier mon Roy qui me donna la vie,
Que pouvoy-je de moins que luy voüer ma mort?

EPITAPHE DE MESSIRE GUY DU FAUR, Seigneur de Pibrac, Conseiller d'Estat, & President en la Cour de Parlement de Paris.

PUis qu'il a pleu à Dieu, Pibrac, que nostre Cour
Eschange par ta mort en tenebres son jour,
Je veux que de trois vers ta tombe soit ornée:
Cy gist Pibrac qui eut en Polongne cest heur
D'estre du grand Henry fidelle conducteur,
Ainçois du grand Pyrrhus le fidelle Cinée.

EPITAPHE DE PIERRE DE RONSARD, enterré en son Prieuré de saint Cosme prés la ville de Tours.

SI Cosme en Grec denote l'Univers,
Et que ton nom embelli par tes vers,
Passe bien loin les bornes du Royaume,
Tu ne pouvois choisir manoir plus beau,
Pour te servir, mon Ronsard, de tombeau,
Que ce saint lieu, ainçois que ce saint Cosme.

EPITAPHE DE LA ROINE CATHERINE DE Medicis, veufve du Roy Henry deuxiesme du nom.

CY gist la fleur de l'Estat de Florence,
Veufve de Roy, mere de Roy aussi,
Qui conserva d'un merveilleux soucy

Tous ses enfans contre la violence.
Le ciel permit que par un coup de lance,
Nostre Soleil fust du tout obscurcy,
Et que le grand aux guerres endurcy
Nous allumast les feux dedans la France.
Mais ceste Dame armée d'un haut cœur,
Parant aux coups de haine & rancœur,
Seule fermoit à nos Troubles la porte.
Enfin est morte une veille de Rois,
Et par sa mort je crains, peuple François,
Qu'avecq' la paix, la Royauté soit morte.

SUR LE RECUEIL DES EPITAPHES, FAIT par le Seigneur de Brasch Bourdelois, en faveur de sa deffuncte femme, qui portoit le nom d'Aymée.

Quiconque te donna cest aimé nom d'Aymée
Deslors que tu nasquis, il prevoyoit vraimant,
Que tu serois un jour, non point comme l'aimant
Qui attire le fer, chose non animée:
Mais bien qu'obstinément d'un bel esprit aimée,
De Brasch ton cher espoux accablé de tourmant,
Engraveroit icy à cloux de diamant
Son amour conjugal dedans ta renommée:
Que pour toy vive & morte, objet de son soucy,
Il monstreroit à tous sur ton patron aussi,
Les feux qu'un saint amour dans nos ames assemble:
Que morte il le feroit revivre de nouveau;
Que vivant, il mourroit sous un mesme tombeau,
Pesle-meslant l'amour, & la mort tout ensemble.

EPITAPHE DE MESSIRE PONTHUS DE Thiard, ancien Evesque de Châlon sur Saone.

Aprés avoir chanté d'un doux utile vers,
De ton jeune Printemps les erreurs amoureuses,
De là sur ton Esté par œuvres plantureuses,
Representé au vif tout ce grand univers:
Depuis creé Prelat, changeant de ton divers,
Tu combatis, hardy, par armes genereuses,
De ce siecle maudit les erreurs malheureuses,
Grand Hercule meurtrier de nos monstres pervers.
Orateur nompareil, admirable Poete,
Divin Prelat, tu feiz sur ton hiver retraicte,
Choisissant successeur, honneur de nostre tans;
Voilà comment, Ponthus, tu menas vie calme,
Et comme des Prelats tu emportas la palme,
Ayant heureux vescu quatre-vingts & trois ans.

DEUX EPITAPHES DE PIERRE PITHOU, Seigneur de Savoye, Advocat en la Cour de Parlement.

LE docte Pithou né en la ville de Troye en Champagne, y estant mort, les Maire & Eschevins, pour l'honneur, qu'il meritoit, decernerent à son convoy certaine quantité de torches, arborées des armories de la ville. Ce qui n'avoit jamais esté par eux octroyé à autre personne privée: subject sur lequel Pasquier, son intyme amy, luy a voué, la larme à l'œil, ces deux Epitaphes:

Ces torches, ces flambeaux, qu'en ce convoy l'on porte,
Des armes de la ville autour environnez,
Ne seurent pour Pithou seulement ordonnez,
Et pour qui doncq'? la ville avecques luy est morte.

PETRI PITHOEI EPITAPHIUM.

SEu qui Trojanam defendit Pythius urbem,
Sive tibi, Pytho, nomen amica dedit,
Hic, Pithoee, jaces, Trojanæ gloria gentis,
Atque etiam tecum Troja sepulta jacet.

STEPHANI PASCHASII EPITAPHIUM.

Quæ fuerit vitæ ratio si fortè requiris,
Siste gradum, & paucis ista, viator, habe.
Parisiis olim caussis Patronus agendis,
Haud inter socios ultimus arte togæ,
Id solemne mihi statui, despectus ut essét,
Et procul à nobis, & procul invidia.
Inter utrumque fui medius, miseríque clientis
Suscepi in ditem forte patrocinium.
Tum ratiociniis allectus Regius Actor,
Principe ab Henrico est hæc mihi parta quies.
Vixi, non auri cupidus, sed honoris avarus,
Hei olim, quàm vanus nunc ego præcomei!
Ingenium expressi variè prosáque, metroque,
Famâ ut post cineres splendidiore fruar.
Æquævam thalamo junxit trigesimus annus,
Mascula quæ peperit pignora quinque thoro.
Quattuor è quinis orbati matre fuerunt,
Pro patria quintus fortiter occiderat.
Privatos tandem juvat, ô, coluisse penates,
Contentum & modicâ vivere sorte mihi.
Annos bis denos, duodenaque lustra peregi,
Robore corporeo firmus, & ingenio.
At nihil hæc, animam nisi tu Deus alme reponas,
In cœlumque tua pro bonitate loces.

VERSION.

Quel je fus, quel je suis, Passant, si tu fais doute,
Arreste-toi un peu en ce lieu, & m'escoute.
Antesfois au Barreau du Palais de Paris,
Entre les Advocats estant de quelque pris,
Par un vœu solemnel j'ordonnay que ma vie
S'esloignast du mespris, s'esloignast de l'envie.
Voguant entre ces deux, je me mis sur les rangs;
La cause des petits je pris contre les grands.
Puis d'Advocat du Roy aux Comptes j'eus l'office;
Henry pour mon repos m'esleut à son service:
Du gain d'honneur je fus plus que de l'or espris,
O sottes vanitez dont trompette je suis!
De mon esprit en prose, & en vers fis gloire,
Pour à mon nom brasser sur les ans la victoire;
Femme à trente ans je pris, de mesme âge qu'à moi;
D'elle cinq masles j'eus, gages de nostre foy,
Dont les quatre premiers survesquirent la vie:
Le cinquiesme estoit mort avant pour sa patrie.
Enfin, content de peu, dans ma vieille saison,
J'ai fait une retraicte honneste en ma maison.
Octante ans j'ay passez: ores je me repose,
Fort de corps, fort d'esprit: mais las! c'est peu de chose
Tout cela, si toi Dieu, misericordieux
Ne loges, ô Seigneur, ma pauvre ame en tes cieux.

ALIUD EJUSDEM.

MOtibus antiquis vivo, vixique, viator,
Et vereres ritus, & sacra prisca colo.
Nunc repeto superos, & cum descendere certum est
In terram, æternùm, terra caduca, vale.

PAsquier nasquit le 7. de Juin 1529. vint au Palais en Novembre 1549. se donna ces trois Epitaphes en Juillet 1609. dedans lesquels il a compris quelques points de sa vie, en attendant qu'il plaise à Dieu faire sa volonté de luy.

VERSIONS FRANÇOISES DU LATIN,

Les unes vers pour vers, les autres par imitation.

EPITAPHE DE FRERE ADAM, RELIGIEUX de S. Victor à Paris, gravé en airain au cloistre du Monastere.

Hæres peccati, naturâ filius iræ,
 Exiliique reus nascitur omnis homo.
Unde superbit homo, cujus conceptio culpa,
 Nasci pœna, labor vita, necesse mori?
Vana salus hominis, vanus decor, omnia vana:
 Inter vana nihil vanius est homine.
Dum magis alludit præsentis gloria vitæ,
 Præterit, imò fugit, non fugit, imò perit.
Post hominem vermis, post vermem fit cinis; heu! heu!
 Sic redit ad cineres gloria nostra simul.
Hic ego qui jaceo miser, & miserabilis Adam,
 Unam pro summo munere posco precem.
Peccavi, fateor, veniam peto, parce fatenti,
 Parce pater, fratres parcite, parce Deus.

VERSION.

Heritier du peché, enfant d'ire & d'envie,
Banni pour son forfait l'homme icy prend sa vie:
Dont vient l'orgueil en lui, qui de coulpe engendré,
Naist en ris, vit en peine, & meurt bongré mal gré?
Vains espoirs, vains honneurs, tout est vain: mais en somme,
Entre les vanitez rien n'est si vain que l'homme:
Lors que plus il se flate, & dans sa gloire rit,
Elle se passe, ains fuit, ne s'enfuit, ains perit.
D'homme il se change en vers, de vers il devient cendre:
Ainsi voit-on helas! sa gloire en rien descendre.
Moy pauvre Adam qui gis miserable en ce lieu,
Une oraison je quiers pour mon dernier adieu:
J'ay peché, je l'avoüe, he! pardon, freres, pere,
Pardon, Dieu, veüille-moy loger en ton repere.
     E. PASQUIER.

IN TUMULUM D. ELISABETHÆ PHILIPPI Hispaniarum Regis uxoris.

Heu favor heu superûm quàm proximus usque moratur
 Invidiæ! heu magnis alea quanta bonis!
Nam quæ summorum soror, & pia filia Regum
 Et summi conjux Regis amica fuit:
Nata quidem Henrici, Carli soror Elisabetha,
 Et conjux Regi chara Philippe tibi:
Nata pijs, & nupta pio, virtutis & omnis
 Quæ teneris flores carpserat unguiculis,
Quæ regna Europes duo longè maxima quondam,
 Semper in alternam belligerata luem,
Tam firmo nubens nodo conjunxit, ut unà
 Hispanum Gallo nupserit imperium.
Tam generosa, totis & tam fœlicibus aucta,
 Infœlix periit nixibus in mediis.
Attamen illa viro linquens solatia mortis,
 Pignora bina, suæ pignus amicitiæ:
Fœmineum sexum, sed sponsi dulce levamen
 Uxoris geminam cùm videt effigiem:
Quarum tam fœlix genius populo sit Ibero,
 Et gallo, matris quàm fuit ante suæ,
Ut pax pacta diù duret, nec prælia pugnent
 Ulla nisi alterius hostibus alterutri.

VERSION DU LATIN DE DORAT.

Helas! helas, que l'heur loge prés de l'envie!
Helas, que de hazards talonnent nostre vie!
Cette-cy qui fut sœur, & fille de grand Roy,
Qui à un Roy fut jointe, & d'amour, & par loi;
Qui eut Henry pour pere, & Charle pour son frere,
Qui de Philippe fut la compagne trés-chere,
Fille & femme de Rois, de pieté vestus;
Qui dés le bers cueillit l'eslite des vertus,
Qui rompit la rancœur dont l'Espagne & la France
Batailloient à l'envy tous les jours à outrance,
Unissant ces païs de telle liaison,
Que de ces deux païs n'est plus qu'une maison:
Bref cette-cy qui fut heureuse en toute sorte,
En enfantant (helas!) de malheur elle est morte:
Toutefois en mourant, pour gages d'amitié
Deux filles elle laisse à sa chere moitié,
A ce que la douleur de son mary s'efface,
Quand en elles il voit de leur mere la face.
O enfans, puissiez-vous pour l'Espagne & pour nous,
Avoir tant d'heur comme eut vostre mere pour tous,
Afin qu'unis en paix, toute guerre soit clause
Fors en entreprenant l'un de l'autre la cause.
     E. PASQUIER.

EPITAPHE D'ELIZABETH DE FRANCE, femme de Philippe Roy des Espagnes.

Tout ce que l'on peut avoir, & de grand, & de beau,
La fille d'un grand Roy, d'un grand Roy la compagne
Et d'un grand Roy la sœur, qui conjoingnit l'Espagne
Aveques le François, gist dessous ce tombeau.
 Elle planta chez nous de la paix le rameau,
Et voyant maintenant l'une & l'autre campagne,
Qui par ses propres mains dedans son sang se baigne,
Irritée de voir ce spectacle nouveau,
 Ne voulant à la guerre assister de presence,
Ne pouvant du destin forcer la violence,
Elle meurt, & mourant: O Dieu si tu te plais
De pour nos pechez tant de malheurs sur terre,
Fay (ce dit-elle) au moins que d'une grande guerre
Reüssisse à ta gloire une eternelle paix.
     E. PASQUIER.

E GALLICO PASCHASII.

Pulchri quicquid habet vel aula, magni,
Magni nata, soror, marita Regis,
Quæ Gallos sociavit atque Iberos,
Hic Grata fruitur sepulta pace;
Sed quæ paciferos utrique genti
Ramos conseruit, simul natantem ut
Campum sanguine vidit hunc & illum
Per consanguineas manus refuso;
Spectacli novitate tam nefandi,
Sic exhortuit, ut nec interesse
Bellis ipsa volens, valens nec ipsa
Fati frangere bellici furorem,
Fato cesserit: & premente morte,
Si te, si Deus (inquit) hac nocentem
Mundum perdere clade juvit: at da,

Bellum

Bellum maxima maximum sequatur
Æternam tibi pax datura laudem.
J. AURATUS POETA REGIUS.

IN TUMULUM ANNÆ MOMMORANTI
Franciæ Connestabilis.

Octo qui decies petegit annos,
  Octo prælia qui cruenta gessit,
Octo vulneribus iacet peremptus:
Septem dicitis esse vos, nec octo.
Septem vulnera fecit hostis extra:
Octavum sibi fecit, intus ipse,
Cæsum se patriâ dolens inultâ.
             Jo. AURATUS.

VERSION.

CElui qui a huict fois dix années passé,
  Qui combatit huict fois en bataille rangée,
De huict playes aussi gist icy trepassé:
Vous pensez que j'en aye une de plus forgée:
De sept playes au corps l'ennemy l'a blessé,
Mais lui d'une huictiesme au cœur s'est transpercé,
Que mourant il n'avoit la France en tout vengée.
             E. PASQUIER.

OTHONIS TURNEBI, ADRIANI FILII
Tumulus.

HEu vos advoco, lacrymosi adeste
  Turnebi duo, Christiane, Drace,
Audeberte pater, simulque fili,
Aureli, Bonefi, Vari, Binete,
Et quot lumina Gallicana nobis,
Isto Pierides dedere seclo:
Heu vos, vos iterum advoco Poëtas:
Hæc sit nænia, næniam canamus
Turnebo veteri pioque amico:
Ac istas veneres Catullianas,
Molles versiculos, sales, lepôres,
Missos iam faciamus, ô amici:
Et cur id? Nec enim sub hoc sepulchro
Turnebum videas, viator, unum:
Gratiæ, veneres, sales, lepôres,
Hâc (illi comites) teguntur urnâ.
             STEPH. PASCHASIUS.

VERSION.

HElas! je vous semons, venez plorer icy,
  Vous mes deux Tournebus, vous mon Chrestien aussi,
Du Drac, du Vair, Binet, Andeberts fils, & peré,
Bonnefons, d'Orleans, & cette pepinière
Arrousée de l'eau de ce ruisseau sacré
Que les ans ont jadis aux Muses consideré,
Las, je vous je vous pry que chacun de nous corne
Maintenant à l'envy un chant piteux & morne,
Au pauvre Tournebus nostre amy ancien.
Laissons ces vers mignards, cest air Catullien,
Ces graces, ces douceurs, ces fleurs, cette mollesse,
Brief, ce je ne sçay quoy plein de delicatesse:
Et pourquoy donc' cela? n'estime point, passant,
Que nostre Tournebus seul soit icy gisant:
Les graces, les douceurs, les fleurs, la courtoisie
Gisent sous ce tombeau, & luy font compagnie.
             E. PASQUIER.

AD STEPHANUM ET ADRIANUM, OTHONIS
Turnebi fratres.

TArtareo Alcides Ægidem solvit ab Orco,
  Hoc fratri, frater præstat uterque suo.
Is ferri, sed vos acie ingenii, ille sodalem,
  Vos fratrem, vestrûm quis rogo major erit?

Et Deus Alcides, vitam dum redditis uni,
  Vita in perpetuum panditur una tribus.
             STEPH. PASCHASIUS.

VERSION.

HErcule delivra des abismes Thesée,
  Vous, vostre Tournebus, luy du fil de l'espée,
Et vous de vostre esprit, cettuy son compagnon.
Vous, vostre frere, & qui a de vous plus de nom?
Hercule est Dieu, vos vers rendants de mort delivre
Un Odet, vous feront tous trois à jamais vivre.

JOSEPHI SCALIGERI,
Ostendæ obsidio.

ARea parva ducum, totus quem respicit orbis,
  Altior una malis, & quam damnare ruinæ
Nunc quoque fata timent; alieno in littore resto,
Tertius annus abit, toties mutavimus hostem,
Sævit hyems pelago, morbisque fluentibus æstas,
Et minimum est quod fecit Iber, crudelior armis.
In nos orta lues, nullum sine funere funus:
Nec petimit mors una semel: fortuna quid hæres?
Quâ mercede tenes mixtos in sanguine manes?
Quis tumulos moriens hos occupet, hoste perempto
Quæritur, & tenui tantùm de pulvere pugna est,

VERSION.

Siege d'Ostende.

PEtit nid de guerriers, du monde le theatre
  Par mes maux elevé, le Ciel craint de m'abatre:
Trois ans sont que regnant sur un bord estranger
J'ay veu autant de fois l'ennemy se changer,
Maladies l'Esté, l'Hyver en mer, tempeste,
L'Espagnol faire peu au regard de la peste
Pire que le cousteau: de mille morts battu,
Corps estendus à tas, fortune qu'attens tu?
Quel fruit, voir pesle-mesle une place jonchée
De morts, estant de peste, & du glaive touchée?
Cil qui de mon tombeau sa gloire estoffera,
Rien que d'une poulsiere il ne trionfera.

EX HIERONIMO AMALTHEO.

LUmine Acon dextro, capta est Leovilla sinistro,
  Et potis est formâ vincere uterque Deos.
Parve puer, lumen quod habes concede sorori,
  Sic tu cæcus Amor, sic erit illa Venus.

VERSION.

ACon a perdu son œil dextre,
  Et Leoville son senestre,
Et peut toutesfois chacun d'eux
Effacer en beauté les Dieux.
O Acon petit enfant, preste
A ta sœur cest œil qui te reste,
Ainsi vous serez par ce don,
Elle Venus, toy Cupidon.

IMITATIONS.

HIERONIMI AMALTHEI,

Clepsidra.

PErspicuus vitro pulvis qui dividit horas,
  Dum vagus angustum sæpe recurrit iter,
Olim erat Alcestus, qui ut Gallæ vidit ocellos,
  Arsit, & est subito factus ab igne cinis.

Irrequiete cinis, miseros testabere amantes,
More tuo, nulla posse quiete frui.

IMITATION.
Le Sable.

LA poudre qui dans ce cristal,
Le cours des heures nous compasse,
Lors que dans un petit canal
Souvent elle passe & repasse,
Fut Ronsard, lequel ayant veu
Les yeux de la belle Cassandre,
Fut soudain transformé en feu,
Et de feu transformé en cendre.
O cendre qui es sans requoy,
Tu tesmoigneras une chose,
C'est qu'un pauvre amant plein d'esmoy,
Comme toy, jamais ne repose.

INVENTION.

Ex primo Steph. Paschasii Epigrammatum libro.

De Auro.

CAutior an Christi sectator; an Ethnicus, iste
Auro qui pecudem sculpsit, at ille Crucem?
Neuter, crede mihi, vanâ ratione movetur,
Judiciumque ambo, quo tueantur habent.
Nam qui sollicito se totum dedidit auro,
Inde animo pecudem gestat, & inde crucem.

IMITATION.

LEquel des deux, je vous pry, feut plus sage,
Ou le premier de nos anciens Rois,
Qui fit graver sur l'argent une Croix,
Pour de son cours estre le tesmoignage:
Ou le Payen qui nous devançant d'aage,
Sans s'arrester à la valeur du poix,
Voulut aussi par ses communes loix,
Qu'on y gravast la beste pour image?
Nul d'eux, vraiment, chacun en sa saison,
Ne se trouva despourveu de raison:
L'un pour monstrer que qui a l'or en teste,
Porte avecq' soy, sa croix, & son torment:
L'autre, qu'il est entre nous proprement
Un pauvre sot, voire une lourde beste.

INVENTION DE PASQUIER.

LEx & Amor vario dudum certamine pugnant,
Arma eadem pugnæ sunt & utrique sua.
Naturæ, lex se natam profitetur ubique,
Hanc etiam matrem vendicat unus amor.
Lex se se toto regnare superbit in orbe,
Per freta, per terras regnat, & unus Amor.
Quis tandem huic finem causæ dabit? accipe, Lector,
Vindice quam magno se tueatur Amor.
Sum primogenitus longo tibi, dixit, ab ævo;
Sic me lex legem vincere certa jubet.

IMITATION.

UN long procez, entre Amour, & la Loy
Dés & depuis longues années dure,
Mesmes moyens, & mesme procedure
Pour se defendre en leur cause je voy.
Jamais ne fut un si grand desarroy;
La Loi se dit fille de la nature,
L'Amour se vante estre sa creature:
Et disent vrai tous deux, comme je croy.

Je (dit la Loi) regne par tout le monde;
Je (dit l'Amour) sur la terre & dans l'onde.
De ces plaideurs quel sera le succés?
Enfin Amour: Quittons toute finesse,
J'ay de tout temps sur toi le droit d'ainesse,
Et par ainsi dois gaigner mon procés.

INVENTION DE PASQUIER.

VEr erat, & Vario se terra ornabat amictu,
Gutture & exilii dulce canebat avis.
Tunc & odorato lætus spatiabar in horto;
Addiderat comitem se mea Galla mihi.
Carpo rosas, & spargo rosas, nam mille rosetis
Purpureisque rosis consitus hortus erat.
Floridulis, Gallæ, contexo tempora sertis,
Esse & jam poterat tota puella rosa.
Has ego blanditias faciens, vidi ipse repente,
Hic ubi flos roseus, fit modo spina frequens;
Ergo consilio mihi quod dictavit arena,
Utor: & ad Gallam talia verba dedi:
Utere flore tuæ prudenter, Virgo, juventæ,
Desinit in spinas, nam rosa tonsa, rudes.

IMITATION.

SUr le printems, auquel toute la plaine
Se reparoit de son habit mondain,
Je m'esbatois aux yeux de mon jardin,
Où l'oiselet chantoit à gorge pleine.
Avecques moi Heleonor je meine,
Et mille fleurs je pille de ma main,
Dont j'enrichi, & son chef & son sein,
Faisant boucquets, & festons: mais à peine
Les eus-je fais, qu'aussi-tost je ne voy
Rien que Haliers és environs de moi,
Tige premiere de la rose Cyprine.
Ha! (dy-je lors) ô des Vierges l'honneur!
Ne permets point que l'on cueille ta fleur:
Le Rosier n'est sans la Rose, qu'espine.

INVENTION DE PASQUIER SUR MESME
Subject.

ABsit: nolo etenim si qua est formosa puella,
Ut sinat ætatis philtra perire suæ.
Tantaque, vel sterilis sit ei custodia formæ,
Ut calidis non det vela secunda Notis.
O quàm præclara hæc duris documenta puellis
Sunt quæ flore novo, nos Rosa verna docet!
Nascitur è spinis, vivit spinosa per hortos,
Et tunc scire voles quid Rosa? spina brevis.
Si tamen hanc carpas, ejus potieris odore,
Ostendet tonsam, spina nec ulla, Rosam.
Sic spinosus Amor, spinis curisve levatur,
Tum demum dominâ cum potieret amans.

IMITATION.

NOn: je ne veux que d'une ame saillie,
La Dame soit avare de sa fleur,
Ni qu'elle tienne en prison son honneur,
Pour l'empescher d'une belle saillie.
La Rose née, avec l'espine lie
Son beau bouton, & sa jouëfve odeur:
Mais peu à peu esclose, par grand heur
S'en affranchit, estant de nous cueillie.
Belle est vraiment, belle cette leçon,
Pour enseigner aux Dames la façon
De n'avoir point le long refus pour hoste.
Comme la Rose, aussi quand l'amour naist,
Tousjours d'angoisse espineuse il se paist:
Le seul jouïr cette espine lui oste.

Vers mesurez rimez & non rimez.

EX TERTIO STEPH. PASCHASII EPI-
grammatum libro.

Ad Sabinam.

UT primùm lepidos tuos, Sabina,
   Vidi syderibus pareis ocellos,
Binam purpurei rosam labelli,
Mammas turgidulas, genas rubentes,
Gratias, veneres, sales, lepôres,
Totus disperéam nisi perivi,
Et à me ratio impotens recessit,
Tuo carcere mancipanda cæco.
   Ast ubi hos oculos tuos procaceis
Torsisti tumidi, Sabina cruda,
Deprendique dolos quibus malignè
Nos omneis miseros viros inescas,
Fictas lacrymulas, querelulasque,
Mentitumque diu impudica amorem,
Totus disperéam nisi revixi,
Et mei ratio, & sui miserta
Jampridem fugitiva me revisit,
Et sese ad veterem domum recepit,
Ac ut quondam animus ferociebat
Noster, ossibus excoquens medullam,
Sic nunc frigoribus quietus alget.
   Ergo stultè vale, vale Cupido,
Quid commune mihi miselle tecum?
Si Crudelis Amor tuos lacessis,
Cæco semita certa nulla cum sit,
Si pennatus Amor vagaris erro,
Si puer rationis omnis expers,
Te ne ego sequar, ô miselle, qui sis
Sævus, cæcus, & aliger, puerque?

IMITATION.

Vers mesurez rimez, Hendecasyllabes François.

Tout soudain que je veiz, Belonne, vos yeux,
   Ains vos raiz imitans cet astre des Cieux,
Vostre port grave-doux, ce gratieux ris,
Tout soudain je me vis, Belonne, surpris,
Tout soudain je quitay ma franche raison,
Et peu caut je ne la mis à vostre prison.
   Mais soudain que je veis, felonne, tes yeux,
Ains tes deux basilics, estincelants feux,
Ton port plein de venin, ce trahistre soubris,
Tout soudain je connus de m'estre mespris,
Tout soudain je repris ma serve raison,
Et plus caut la remis dedans sa maison:
Et si comme ton œil premier me lança
Un feu, aussi ton œil second me glaça:
   Or adieu, sot Amour; adieu, je m'en voy,
Si le chauld & le froid tu loges en toy,
En vain veux-je du feu d'Amour me chauffer,
En vieil de l'amour je veux triompher,
En vain vainveux-je mener l'amour à douceur,
En vain fai-je voyage avec lui seur,
Et constant en Amour me veux-je loger,
S'il est jeune, cruel, aveugle, leger.

VERS MESUREZ, NON RIMEZ.

Elegie.

Rien ne me plaist sinon de te chanter, servir, & orner.
   Rien ne te plaist mon bien, rien ne te plaist que ma mort;
Plus je requiers, & plus je me tiens seur d'estre refuzé,
   Et ce refus pourtant point ne me semble refus:
O trompeurs attraits, desir ardent, prompte volonté,
   Espoir, nonespoir, mais miserable pipeur!
Discours mensongers, trahistreux œil, aspre cruauté,
   Qui me ruine le corps, qui me ruine le cœur!
Pourquoy tant de faveurs t'ont les cieux mis à l'abandon,
   Ou pourquoy dans moy si violente fureur,

Si vaine est ma fureur, si vain est tout ce que des cieux,
   Tu tiens, s'en toy gist cette cruelle rigueur?
Dieux patrons de l'Amour, bannissez d'elle la beauté,
   Ou bien l'accouplez d'une amiable pitié.
Ou si dans le miel, vous meslez un venimeux fiel;
   Vueillez, Dieux, que l'Amour r'entre dedans le Chaos.
Commandez que le sec, l'eau, l'esté, l'humide, l'ardeur,
   Bref, que ce Tout par tout tende à l'abisme de tous,
Pour finir ma douleur, pour finir cette cruauté,
   Qui me ruine le cœur, qui me ruine le corps.
Non, helas! que ce tout soit Tout un sans se rechanger,
   Mais que ma sourde se change, ou de face, ou de façons,
Mais que ma sourde se change, & plus douce escoute les voix;
   Voix que je seme criant, voix que je seme riant.
Ainsi s'assopira mon tourment, & la cruauté,
   Qui me ruine le corps, qui me ruine le cœur.

SUR LE TOMBEAU D'ODET TOURNEBUS.

Doncq à la fleur de ton aage, ô gentil Tournebe, tu meurs,
   Doncque la mort à ce coup froide, triomphe de toi.
Elle triomphe de toy? Ains malgré son furieux dard,
   Tu vivras à jamais dans la memoire de tous.
Bien que de toy frustrez, nous orrons sans fin à l'envy
   Ton beau nom raisonner dans ce grand univers.
Les ans trompeteront à qui mieux mieux, Tournebe, ton los,
   Tes vertus, ta valeur, tant que le monde sera.
N'oncque ne s'effaceront en nos cœurs, ta grace, tes fleurs,
   Ny les pleurs tariront oncque de nos moites yeux.
Tournebe gist icy? non: ains il vit: mais qui le croit mort,
   Soit certain, que mourant il ravit aussi la mort.

AUTRE.

Va doncq', carme chetif, esclate en un coup;
   Va, vers eschevelé, criant, lamentant;
Il faut or' que le pleur triomphe à son tour
   De nous, puisque le ciel jaloux de nostre heur,
Nous ternit ceste fleur, ravit ce Printemps;
   Et pourquoy cela, si lavant ce tombeau
De nos pleurs, d'une fleur, une autre naistra?

ODE SUR LA MORT D'ODET TOURNEBUS.

Bien se doit vraiment l'homme plaindre des cieux,
   Ennemis mortels de la noble vertu,
Puisque sans espoir de te voir desormais,
   Tournebe, tu meurs.
Puis que sans espoir de retour tu t'en vas,
   Tournebe, enfançon du sçavoir, de vertu,
Toy mignard qui sceus t'alleter du doux miel
   Dés le premier bers.
Puis avecq' les ans eschelas le sommet
   Du sejour courtois de la Muse, y puisant
L'eau que tout cerveau genereux & bien né
   Appete y puiser.
Il n'y eut ny Grec, ny Latin, ny François,
   Espagnol, Toscan, que tu n'eusses en main;
Tu menois les trois Graces & l'Appollon
   Par tout avecq' toy.
Tant d'accomplis traicts, miserable n'ont peu
   Or' te dispenser de la mort ; le destin
Veut que tout d'un trait chaque vise à tel but,
   Soit petit, ou grand.
Impiteux Destin, si ne peux-tu pourtant,
   Tellement forcer d'un Odet le beau nom,
Qu'il ne soit par nous à jamais garanty,
   Brave du Tombeau.

VERS MESUREZ RIMEZ.

1. SI de bien servir la fin est le guerdon,
   Plus ne veux mon cœur retenir devers moy,
Ains à tousjoursmais je le veux dessout toy
   Mettre à l'abandon.

2. Hors

Vers mesurez rimez.

2. *Hors la liberté de ma folle raison,*
Tout ce grand pourprix que je voy de mes yeux
Fluctuer çà-bas à la danse des Cieux,
  N'est qu'une prison.
3. *Veux-je l'or du fonds de la terre puiser,*
Veux-je prés des Rois fureter le bon-heur,
Mandier des grands idolastre l'honneur,
  Et mal en user?
4. *Non: d'un œil sans plus radieux je suis pris,*
C'est le seul espoir, le desir de mon cœur,
Fy de ces parfums de la Cour: ma langueur
  N'est que de Cypris.

5. *Elle dans mes os me repaist de tourment;*
Mais ce doux tourment qui me fait tout effort,
Est de mes travaux souverain reconfort,
  Et medicament.
6. *Veux-tu donc sçavoir, que peut estre (Pasquier)*
Guerre, paix, travail, joye, crainte, & espoir,
Bref, me contemplant vraiment tu peux voir
  Un Chaos entier.
7. *O amour des Dieux le miracle, qui fais*
Vivre, puis mourir tout à coup, or' un glas,
Maintenant un feu, je te supplie helas!
  Mets ma vie en paix.

LA PUCE

LA PUCE
OU
JEUX POËTIQUES
FRANÇOIS ET LATINS.

AU LECTEUR.

TU en riras, je m'asseure (Lecteur); aussi n'a esté fait ce petit Poëme, que pour te donner plaisir, & en riras davantage, quand tu entendras le motif. M'estant transporté en la ville de Poictiers, pour me trouver aux Grands Jours qui se devoient tenir sous la banniere de Monsieur le President de Harlay, je voulus visiter mes Dames des Roches, mere & fille, & aprés avoir longuement gouverné la fille, l'une des plus belles, & sages de nostre France, j'apperceu une Puce qui s'estoit parquée au beau millieu de son sein; au moyen de quoy, par forme de risée, je luy dy, que vrayement j'estimois cette Puce trés prudente & trés-hardie; prudente d'avoir sceu entre toutes les parties de son corps, choisir cette belle place pour se rafraischir: mais trés-hardie de s'estre mise en si beau jour: parce que jaloux de son heur, peu s'en falloit que je ne misse la main sur elle, en deliberation de luy faire un mauvais tour, & bien luy prenoit qu'elle estoit en lieu de franchise: & estant ce propos rejetté d'une bouche à autre par une contention mignarde, finalement ayant esté l'Autheur de la noise, je luy dy, que puisque ceste Puce avoit receu tant d'heur de se repaistre de son sang, & d'estre reciproquement honorée de nos propos, elle meritoit encores d'estre enchâssée dedans nos papiers, & que trés-volontiers je m'y employerois, si cette Dame vouloit de sa part faire le semblable. Chose qu'elle m'accorda liberalement. Cette parole, du commencement, sembloit avoir esté jettée à coup perdu; toutesfois soigneusement par nous recueillie, mismes la main à la plume en mesme temps: pensant toutesfois chacun de nous à part soy, que son compagnon eust mis en oubly, ou nonchaloir sa promesse, & parachevasmes nostre tasche en mesme heure, tombants en quelques rencontres de mots les plus signalez pour le subject. Et comme un Dimanche matin pensant la prendre à l'impourveu, je luy eusse envoyé mon ouvrage; elle, n'ayant encores fait mettre le sien au net, le mit entre les mains de mon homme, afin que je ne pensasse qu'elle se fust enrichie du mien. Heureuse, certes, rencontre & jouyssance de deux esprits, qui passe d'un long entrejet, toutes ces opinions follastres & vulgaires d'amour. Que si en cecy tu me permets d'y apporter quelque chose de mon jugement, je te diray, qu'en l'un tu trouveras les discours d'une sage fille; en l'autre, les discours d'un homme qui n'est pas trop fol: ayants l'un & l'autre par une bien-seance de nos sexes joüé tels roolles que devions. Or voy, je te prie, quel fruict nous a produit cette belle altercation, ou pour mieux dire, symbolization de deux ames. Ces deux petits Jeux poëtiques commencerent à courir par les mains de plusieurs, & se trouverent si agreables, que sur leur modelle, quelques personnages de marque voulurent estre de la partie, & s'employerent sur mesme subject à qui mieux mieux, les uns en Latin, les autres en François, & quelques-uns en l'une & l'autre langue. Ayant chacun si bien exploité en son endroict, qu'à chacun doit demeurer la victoire. Pour memorial de laquelle, j'ay voulu dresser ce trophée, qui est la publication de leurs vers, laquelle je te prie vouloir recevoir d'aussi bon cœur, qu'elle t'est par moy presentée. De Paris, le dixiesme Septembre 1582.

SUR LA PUCE.

NE nous trompetez plus vostre Troyen Cheval,
 Dont vindrent tant de Ducs, ô trompeuses trompettes:
Vos superbes discours n'ont rien à nous d'égal,
Puisque une Puce escloft tant de braves Poëtes.

E. PASQUIER.

A MESSIRE ACHILLES DE HARLAY
Seigneur de Beaumont, Conseiller d'Estat, & President en la grand'Chambre au Parlement de Paris.

PEndant que du HARLAY de Themis la lumiere,
 Pour bannir de Poitou l'espouvantable mal,
Exerçant la Justice à tous de poids égal,
Restablissoit l'Astre en sa chaire premiere:
 Quelques nobles esprits, pour se donner carriere,
Voulurent exalter un petit animal,
Et luy coler aux flancs les aisles du cheval

A Qui prend jusques au Ciel sa course coustumiere.
 HARLAY, mon ACHILLES, relasche tes esprits,
Sousguigne d'un bon œil tant soit peu ces escrits,
Ils attendent de toy, ou la mort, ou la vie:
 Si tu pers à les lire un seul point de ton temps,
Ils vivront immortels dans le temple des ans,
Malgré l'oubly, la mort, le mesdire & l'Envie.

E. PASQUIER.

AD ACHILLEM HARLÆUM BAUMONTIUM
Præsidem.

ALcides quondam, quondam & celebratus Achilles,
 Græcus & Alcides, Græcus & Æacides:
Rursus & Alcides celebratus Gallicus olim,
 Et tu nunc nobis Gallicus Æacides.

STEPH. PASCASIUS.

LA PUCE
OU
JEUX POËTIQUES
FRANÇOIS ET LATINS:

Composez sur la Puce aux Grands Jours de Poictiers l'an 1579. dont
PASQUIER fut le premier motif.

LA PUCE
DE CATHERINE DES ROCHES.

Etite Puce fretillarde,
Qui d'une bouchette mignarde
Succotes le Sang incarnat,
Qui colore un sein delicat,
Vous pourroit-on dire friande,
Pour desirer telle viande ?
Vraiment nenni, car ce n'est poinct
La friandise qui vous poingt :
Et si n'allez à l'adventure
Pour chercher vostre nourriture,
Mais pleine de discretion,
D'une plus sage affection,
Vous choisissez place honorable
Pour prendre un repas agreable t
Ce repas seulement est pris
Du sang le siege des esprits.
Car desirant estre subtile,
Vive, gaye, prompte & agile,
Vous prenez d'un seul aliment
Nourriture & enseignement.
On le voit par vostre allegresse
Et vos petits tours de finesse,
Quand vous sautelez en un sein
Fuyant la rigueur d'une main.
Quelquefois vous faites la morte,
Puis d'une ruse plus accorte,
Vous fraudez le doigt poursuivant
Qui pour vous ne prend que du vent.
O mon Dieu! de quelle maniere
Vous suiez cette main meurtriere,
Et vous cachez aux cheveux longs
Comme Syringue entre les joncs.
Ah ! que je crain pour vous, mignonne,
Ceste main superbe & felonne,
He ! pourquoy ne veut-elle pas
Que vous preniez vostre repas ?
Vostre blessure n'est cruelle,
Vostre pointure n'est mortelle,
Car en blessant pour vous guerir,

A Vous ne tuez pour vous nourrir.
Vous estes de petite vie :
Mais aymant la geometrie,
En ceux que vous avez espoint
Vous tracez seulement un point,
Où les lignes se viennent rendre.
Encor avez-vous sceu apprendre
Comment en Sparte les plus fins,
Ne se laissoient prendre aux larcins.
Vous ne voulez estre surprise :
Quand vous avez fait quelque prise,
Vous vous cachez subtilement
Aux replis de l'acoutrement.
Puce, si ma plume estoit digne,
Je descrivois vostre origine :
Et comment le plus grand des Dieux,
Pour la terre quittant les Cieux,
Vous fit naitre, comme il me semble,
Orion & vous tout ensemble.
B Mais il faudra, que tel escrit
Vienne d'un plus gentil esprit ;
De moy je veux seulement dire
Vos beautez, & le grand martire
Que Pan souffrit en vous aymant,
Avant qu'on vist ce changement,
Et que vostre face divine
Prist cette couleur ebenine,
Et que vos blancs pieds de Thetis
Fussent si gresles & petis,
Puce quand vous estiez pucelle,
Gentille sage, douce & belle,
Vous mouvant d'un pied si leger,
A sauter & à voltiger,
Que vous eussiez peu d'Atalante
Devancer la course trop lente,
Pan voyant vos perfections,
Sentit un feu d'affections,
C Desirant vostre mariage:
Mais quoy ? Vostre vierge courage,

La Puce des Grands Jours de Poictiers.

Aima mieux vous faire changer
En Puce, afin de l'étranger,
Et que perdant toute esperance,
Il rompist sa perseverance.
Diane sçeut vostre souhait,
Vous le voulustes, il fut fait :
Elle voila vostre figure,
Sous une noire couverture.
Depuis fuyant tousjours ce Dieu,

A Petite vous cherchez un lieu,
Qui vous serve de sauvegarde,
Et craignez que Pan vous regarde.
Bien souvent la timidité
Fait voir vostre dexterité,
Vous sautelez à l'impourveuë,
Quand vous soupçonnez d'estre veuë,
Et de vous ne reste, sinon
La crainte, l'adresse, & le nom.

LA PUCE D'ESTIENNE PASQUIER,
ADVOCAT EN PARLEMENT.

Puce qui te viens percher
Dessus cette tendre chair,
Au millieu des deux mammelles
De la plus belle des belles :
Qui la picques, qui la poingts,
Qui la mors à tes bons poincts,
Qui t'enyvrant sous son voile
Du sang, ains du nectar d'elle,
Chancelles & fais maint sault
Du haut en bas puis en haut :
O que je porte d'envie
A l'heur fatal de ta vie.
Ainsi que dedans le pré
D'un vert émail diapré,
On voit que la blonde Avette
Sur les belles fleurs volette,
Pillant la manne du Ciel,
Dont elle forme son miel :
Ainsi petite Pucette
Ainsi Puce pucelette,
Tu volette à taton
Sur l'un & l'autre teton :
Puis tout à coup te recelles
Sous l'abri de ses aisselles,
Or' panchée sur son flanc
Humes à longs traits son sang,
Or' ayant pris ta pasture
Tu t'en viens à l'adventure
Soudain aprés heberger
Au milieu d'un beau verger,
Ains d'un Paradis terrestre,
D'un Paradis qui fait naistre
Mille fleurs en mes esprits,
Dont elle emporte le pris,
Paradis qui me resveille
Lors que plus elle sommeille :
Là prenant ton bel esbat,
Tu luy livres un combat,
Combat qui aussi l'esveille,
Lors que plus elle sommeille :
Las voulust Dieu que pour moy
Elle fust en tel esmoy !
Toy seule par ton approche
Fais esmouvoir cette Roche,
Que mes pleurs ains mes ruisseaux,
Que mes souspirs à monceaux,
Quelque vœu que je remuë,
N'ont jamais en elle esmeuë.
Ha ! meschante, bien je voy
Que j'ay ce malheur par toy.
Car quand folle tu te joues
Maintenant dessus ses joues,
Puis par un nouveau dessein,
Tu furettes en son sein,
Et que tu la tiens en transe,
Madame en toy seule pense,
Et luy ostes le loisir
De soigner à son plaisir :
Ou cette mesaventure

Pour laquelle tant j'endure,
Ce mal où suis confiné
Vient d'un astre infortuné,
Qui est entre toy & elle :
Entre la puce & pucelle,
Ayant par un mesme accort
Toutes deux juré ma mort.
En toy seule elle se fie
B Comme garde de sa vie.
Car si en faisant tes jeux
Tu la piques, & je veux
Te tuer, fascheuse puce,
Au lieu où tu fais ta musse,
Elle craint, pour ne rien celer,
Que c'est la depuceler,
Et bannir à jamais d'elle
Ce cruel nom de pucelle.
Ainsi par commun concours,
Vous jouez en moy vos tours,
Et faut que pour un tel vice,
Mon ame à jamais languisse.
  Mais toy Puce cependant
Te vas, grasse, respandant
Dessus le Ciel de Madame
Et de là tirant ton ame,
Tout autant que tu la poins,
Autant tu luy fais de poins :
Ains graves autant d'estoilles
En la plus belle des belles.
  Je ne veux ni du Taureau,
Ni du Cygne blanc oyseau,
C Ni d'Amphitrion la forme,
Ni qu'en pluye on me transforme :
Puis que Madame se paist
Sans plus de ce qu'il te plaist ;
Pleust or' à Dieu que je pusse
Seulement devenir Puce :
Tantost je prendrois mon vol
Tout au plus beau de ton col,
Ou d'une douce rapine
Je succerois ta poitrine,
Ou lentement pas à pas
Je me glisserois plus bas,
Et d'un muselin folastre
Je serois Puce idolastre,
Pinçottant je ne sçay quoy
Que j'ayme trop plus que moy.
Mais las malheureux Poëte,
Qu'est-ce qu'en vain je souhaite ?
Cest eschange affert à ceux
Qui font leur sejour aux Cieux.
Et partant Puce pucette,
Partant Puce Pucelette,
Petite Puce, je veux
D Adresser vers toy mes vœux :
Quelque chose que je chante,
Mignonne, tu n'es méchante,
Et moins fascheuse, & je veux
Pourtant t'addresser mes vœux :

La Puce des Grands Jours de Poictiers.

Si tu piques les plus belles,
Si tu as aussi des ailes,
Tout ainsi que Cupidon,
Je te requiers un seul don,
Pour ma pauvre ame alterée :
O Puce, ô ma Cytherée,
C'est que Madame par toy
Se puisse esveiller pour moy,
Que pour moy elle s'esveille,
Et ait la Puce en l'oreille.

IN NÆVOLUM.
Ad Scævolam Samarthanum.

Cum Pulicem scripsi patrio sermone, jocabar,
  Scilicet unius, Scævola, noctis opus.
I, fuge, nec vanâ pascaris imagine vitæ,
  Tam moriture orto, quam cito nate Pulex.
        STEPH. PASCHASIUS.

A SCEVOLE DE SAINTE MARTHE.

Quand je fis ceste Puce en langage François,
Comme œuvre d'une nuit, mocquer je me pensois,
Va Puce, pren ton vol, mais aux ans ne te fie,
Tu mourras aussi-tost, que tost tu pris ta vie. E. PASQUIER.

IN NÆVOLUM.

Fortè erit ut nostros corrodat Nævolus ignes;
  Stulte tace, vel tu Nævole fac meliùs.
        STEPH. PASCHASIUS.

Peut-estre adviendra-t'il qu'un babouin d'envieux,
Rongnonnera nos vers ; tay-toy, sot, ou fay mieux.

AD CATHAR. RUPELLAM S. PASCHASIUS.

SI qua vel Ausoniis vel mando carmina Gallis,
  Hæc animo mandas qualiacumque tuo:
Et recitas, saltem ut te solâ teste probentur,
  Tu mea cùm pereas, te, mea, non peream?

Soit que des vers Latins, ou des François je trace,
Tu les chantes par tout, ores qu'ils soient sans grace :
Et si ne puis sçavoir d'où me provient cet heur :
Si ce n'est que tu veux qu'ils vivent par ta bouche :
Je le croy, mais helas ! ô fortune farouche !
Tu fais vivre mes vers, & mourir leur autheur.

A ESTIENNE PASQUIER.
C. DES-ROCHES.

Vostre encre est de ce jus qui change l'homme en Dieu,
Dont Glauque se nourrist, quand il quitta son lieu,
Pour les ondes laissant nostre terre fleurie :
Comme le clair flambeau de ce grand univers
Ternit les moindres feux, la grace de vos vers
Fait mourir mes escrits, & me donne la vie.

LA MESME DES-ROCHES, au mesme PASQUIER.

O Second Apollon, je n'eus jamais l'audace
De penser honorer vostre excellente grace,
Je sçay que vostre bonneur est hors d'accroissement.
De vostre beau Soleil je suis l'obscure nuë,
Qui au lieu d'exprimer vostre gloire cogneuë,
Meurtris de vostre los le plus digne ornement.

A E. PASQUIER.

Tu dis, Pasquier, qu'en consultant,
Sur la Puce tu fais des vers,
Ne plains point le temps que tu pers,
Puis qu'en perdant tu gagnes tant. ACH. D. H.

CL. V. BARN. BRISSONII, IN SANCTIORI
Pratorio Consiliarii, Regii in Senatu Parisiensi Advocati, deinde verò in eodem Senatu Præsidis.

PULEX.

FŒlices meritò mures ranæque loquaces,
  Queis cæci vatis contigit ore cani.

A Vivet & extento lepidus passerculus ævo
  Cantatus numeris, culte Catulle, tuis.
Te quoque, parve culex, nulla unquam muta silebit
  Posteritas, docti suave Maronis opus.
Ausoniusque Pulex, dubius quem condidit auctor,
  Canescet sæclis innumerabilibus.
Pictonici at pulicis longè præclarior est fors,
  Quem fovet in tepido casta puella sinu.
Fortunate pulex nimiùm, tua si bona noris,
  Alternis vatum nobilitate metris,
Nam quicumque animum subit illius orbis imago,
  Quo tenerum corpus nocte dieque rotas:
Protinus huic vacuas percurrit flamma medullas,
  Fortunæque tuæ rumpitur invidia.
Cui saltu peragrare vago, lustrareque cursu,
  Humanis fas est abdita luminibus.
Nec præter te alijs impunè, & vindice nullo,
  Virgineis adytis luxuriare licet.
Scinditur in varias species tua cæca voluptas,
  Exili & pleno quam satur ore capis.
Pungere namque modò radiantia virginis ora,
  Et leni morsu sollicitare juvat.
Nunc roseas mordere genas, nunc lactea colla,
B Ipsaque Pæstanis æmula labra rosis.
Si libeat licet & placido perrepere flexu
  Pectora Bistoniâ candidiora nive.
Est etiam mammas liber per utrasque meatus,
  Quas tu purpureo tubere sæpe notas.
Interdum lascive cavos tentare recessus,
  Et gaudes media quæ loca veste larent.
Fœmina tacta licet tu non intacta relinquis,
  Nec minus in niveo ludere crure soles.
Quandoque & leni dorsum decurrere gressu,
  Atque placet leviter rodere molle latus.
Si delectet iter sursum convertere versus,
  Protinus est spatiis orbita trita tuis.
Invadis blando quoque lumina victa sopore,
  Virginis & puncta rumpitur aura quies.
Quo te cumque animi rapit importuna libido,
  Huc celeri pinnâ fersque refersque gradum.
Quæcumque arrider tibi pars, hanc tangis & angis:
  Cuncta tuo pungis, tingis & arbitrio.
Quacumque insistis morsu vestigia signas,
  Et carne in summa stigmata inuris acu.
Perpetuo motu saltuque volubilis erras,
  Et tantùm es constans in levitate tua.
C Gaudia quæ captas non velum aut vitta morantur,
  Curriculisque tuis invia nulla via est.
Quòd si sicca fames, vel te sitis horrida torret,
  Has explere datur nectare & ambrosiâ.
Pasceris epoto puro liquidoque cruore,
  Exprimitur fissâ qui tibi sæpe cute.
Virgineum corpus mulges, victe ubera sugas,
  Non aliter flores sedula libat apis.
Hæc tua, parve Pulex, sunt commoda magna, sed illis
  Clarius accedit splendidiusque bonum:
Fitque hoc propenso Phœbi Cliusque favore,
  Quorum te cœlo carmina dia beant.
Namque Palatinus tete veneratur Apollo,
  Quo caneret Veneris dulcia furta pede.
Palladiis etiam virgo te versibus ornat,
  Musarum in partem digna venire chori.
Atque ita carminibus, quæ postera sæcla requirent,
  Certatim in laudes fertur uterque tuas:
Te rupes, te saxa sonant, fora cuncta loquuntur,
  Atque tuum cantant fœmina, virque decus.
Et Pulicis, fixit qui spicula nigra puellæ,
  Inclyta & auctorum fama per ora volat.
Nam quis juridicis conventibus advena nostris,
D Cui non sis, vatum numine, note pulex?
Ac te his nominibus censemus jure beatum,
  Me sed habes aliud judice præcipuum,
Quo tua conditio reliquas supereminet omnes,
  Dulce quod ex æquo vivere, dulce mori:
Nam si fors ferat ut digitis carpare Puellæ,

La Puce des Grands Jours de Poictiers.

Suave genus lethi, virginis ungue premi.
Seu fato moriare tuo, senioue satiscas,
   Sarcophago haud condi nobiliore queas.
Næ mihi fatales Lachesis cùm neuerit annos,
   Optarim tumulo tam celebri ossa tegi.

IMITATION DU LATIN DE M. BRISSON,
par Estienne Pasquier.

Vous grenouilles & souris
Animées des escrits
Du grand Prince des Poëtes,
Heureuses vraiment vous estes.
   Toy Passereau fretillard
Caressé du vers mignard
De Catulle, ô que ta vie
Est à jamais annoblie!
   En cas semblable voit-on,
Petit Coussin, ton renom
Eternisé par le stile
Du graue-docte Virgile.
   Et toy Puce dont la main
De quelque autheur incertain
Immortalisa ta gloire,
Dans le temple de memoire.
   Mais cela n'esgalle point
Nostre Pucette, qui poingt
Ceste charnure marbrine
De la docte Catherine.
   Si ton heur tu cognoissois,
Qu'heureuse Puce serois,
De voir à l'enui ta vie
Par deux braues mains cherie.
   Que si l'on marque les tours
Que tu brasses tous les jours,
Et ta petite pointure
Seul moyen de ta pasture;
   Soudain l'on sent dans ses os
Une flamme, ains un Chaos,
On sent son ame enuahie
D'enuieuse jalousie.
   Voyant, Puce, que tu peux
En mille beaux petits lieux
Bannis de nostre lumiere,
Seule t'y donner carriere:
   Qu'à toy il loist seulement,
S'il te plaist, impunement
Prendre folle ton adresse,
Dans le sein de ma maistresse.
   O que tu as de beaux traicts
De plaisir, dont tu te pais,
Et dont se diuersifie
Le doux appas de ta vie.
   Car s'il te vient à propos,
Tu vas prendre ton repos,
Ainçois te mets en dommage,
Dessus son tendre visage.
   Là tu piques son œil rond,
Voltiges sur son beau front,
Sur ses leures tu te poses,
Pareilles aux belles roses.
   Ou s'il te vient à desir,
Tu vas tes esbats choisir,
Dessus sa gorge albastrine,
Ou sur sa large poictrine.
   De là tu viens suçoter
Deux tetons pour t'alaicter,
Et là petite friande
Se trouve aussi ta viande.
   Soulée d'un bon repas,
Tu prens ton deduit plus bas,
La part qui m'est, helas! close,
Et que nommer je ne t'ose.
   Bref, Pucette, s'il te plaist,
Rien d'elle caché ne t'est,

Quelque endroit où tu te porte,
Là t'est ouuerte la porte.
   Tu peux exercer tes tours,
Par tout où tu prens ton cours,
Il n'y a voile ny robe,
Qui tes plaisirs te desrobe.
   Tu peux estancher sans fin
La soif & la longue faim,
Dont tu te trouues saisie,
De Nectar & d'Ambrosie.
   Voilà, Puce, les presens
De fortune que tu sens:
Mais tu as pris en partage,
Un bien plus grand aduantage:
   Estant celebré ton nom
D'un Phebus, d'une Clion,
Et que chacun d'eux te pousse
Au ciel, de sa plume douce:
   Estant celebré ton nom
Du Palatin Apollon,
D'un vers gaillard dont il loüe
Les tours que l'Amour luy joüe:
   Estant celebré ton nom
D'une vierge le renom,
Qui merite d'auoir place
Au haut sommet de Parnasse.
   Ainsi, Puce, à qui mieux mieux
Ils te trompettent tous deux,
Se faisant chacun à croire
D'en rapporter la victoire.
   Un homme chante ton heur,
Une vierge ton honneur:
Les Roches encor te sonnent,
Et les palais pour toy tonnent.
   Et font courir jour & nuit
Par cet vniuers ton bruit,
Pour voir une belle vierge,
Qui te serue de concierge.
   Est-il aux Grands Jours venu,
Quelqu'vn qui ne t'ait cogneu,
Par les douces chansonnettes
De ces renommez Poëtes!
   C'est pourquoy chacun de nous
T'estime heureuse sur tous:
Mais il y a bien encore
Un point qui plus te decore.
   C'est que doux t'est le plaisir,
Soit de viure ou mourir:
O point qui vraiment surpasse
Tout autre de long espace!
   Car si le sort inhumain
Te fait mourir de la main
De nostre gente pucelle,
Veux-tu vne mort plus belle?
   Et si par vn autre sort
Tu meurs de ta belle mort,
T-a-t'il tombe plus belle
Que le sein d'vne pucelle?
   Quand les Parques de mes jours
Auront deuidé le cours,
Vueillez, ô Dieux, que je tombe
Sous vne si noble tombe.

IN NÆVOLUM.

Nævole, non dubito quin nostrâ hæc dente maligno,
   Carmina mordebis seu minus apta foro.
Has nugas fingi Pictâ ridebis in vrbe,
   Deesseque clamabis Caussidicis quod agant.
Hæc sibi qui scribunt, aliis scribuntque cauentque,
   Voce reos trepidos, consilioque iuuant.
Contra, mura foro lingua est tibi, denique habes nil
   Quod scribas, dicas, Næuole, nec quod agas.
                  BARN. BRISSONIUS.

La Puce des Grands Jours de Poictiers.

JE ne doute, envieux, que d'une dent maligne,
Tu mordras nos escrits, comme une chose indigne,
Et diras que ces jeux furent pris pour object,
Par nous dedans Poictiers, par faute de subject.
La troupe qui battit par plaisir ceste enclume,
Consulte, & pour autruy met la main à la plume:
Quand ta langue est muette, & que tu n'as le don
D'escrire, de plaider, & faire rien de bon.
                        E. PASQUIER.

ALIUD.

VErbis parce malis, quisquis legis ista; movebis
Si stomachum vati, Mus eris atque Pulex.
                        BARN. BRISSONIUS.

NE mesdy, nous lisant, ou je veux que tu sçaches,
Que Puce deviendras, & rat, si tu nous fasches:
                        E. PASQUIER.

ALIUD.

ZOile cui lingua est ignava manusque, quid audes
Mordere absentum seria mixta jocis?
Est alieni operis facilis censura sedenti,
Ni tibi nostra placent ede aliquid melius.
                        BAR. BRISSONIUS.

TOy qui n'as main, ny langue, es-tu bien si osé
De mordre cil qui mesle à son estat ces jeux?
Le mesdire de nous absens, t'est bien aisé:
Si nous ne te plaisons, fay quelque œuvre de mieux.

ALIUD.

FAs non est epulis tetricas miscere camœnas,
Inserre & torvo digna supercilio.
Callirohen poscit liber post prandia vates,
Postulat urbanos nil nisi cœna jocos,
Hoc tempus captans Pulicis mea musa jocosa
Seu proprium, vestras audet adire dapes.
Odi lectores siccos, sobriosque, profanos
Hos duco, & scriptis arceo ridiculè.
                        BARN. BRISSONIUS.

JE me veux gouverner d'un folastre caquet,
Et non estre un Caton sourcilleux au banquet:
Que dedans nos repas la gaillarde franchise,
La rencontre à propos, soit entre nous permise.
Maintenant me joüant sur la Puce, je viens
M'esjoüir à ta table, aveq' toy & les tiens.
Je te veux mal, Lecteur sobre, qui ne t'esgayes,
Et me mocque de toy par escrits pleins de bayes.
                        E. PASQUIER.

JO. BINETI BELLOVACI. J.C. AMATORIS
& Pulicis Colloquutio, CL. BINETUS fratris
filius, restituit.

A M.

QUid tibi cum niveis Pulex niger, oro, puellis,
Vulnifico teneram pungis & ore cutem?
Lactea stigmatibus cur membra rubentibus uris
Totum ubi te pavit virgo tenella sinu?
Tantum ubi suxisti quantum potes ore cruoris,
Donec sit multo sanguine tenta cutis?
Hoc faceres blandè saltem haud essesque molestus,
Cuncta memor quod sint pervia membra tibi.
Quod potes à niveis descendere ad ima papillis,
Et longam in quavis nectere parte moram,
Quod licet hanc tibi nunc, nunc prendere mordicus illam,
Quæque placet magis hac quærere parte cibum.
Verba etiam ac lusus sæpe interrumpis Amantum,
Haud finis optatis, colloquiisque frui.
His mihi pro factis meritas dabis, improbe, pœnas,
Si prensum potero te retinere manu.
Et tortore mei rumpam te pollicis ungue,

A Compressum digitis sæpius ante meis.
PUL. Si tibi quæ pario posses bene commoda nosse,
Et quanti tibi sint splendida causa boni:
Nullum animal toto me quicquam gratius orbe,
Charius adfirmes utiliusve tibi.
Inter delicias Pulex foret unus amatus,
Meque tuum faceres melque favosque tuos.
Nonne ingratæ suas aperit tibi virgo papillas,
Dum morsu urgetur saucia facta meo?
Non tibi palpandi datur has occasio multa,
Dum me nudato quærit uterque sinu?
Dumque meam in mortem vestrum conspirat uterque,
Et saltu effugio dum leviore manus?
Candida dum per colla volo, aut me condo sub alas:
Aureolâ nitor vel latitare comâ?
Quid dicam? Suras morsu dum figo procace,
Non tibi crura apperit marmoreumque genu?
Altius & gaudes replicatam attollere vestem,
Non tam quò capiar quàm loca nota petas?
Adque voluptates me cautus abuteris uno,
Haud capis, & cùm me prendere sæpe queas.
Liberius possis quò membra optata videre,
Et longam in quavis nectere parte moram.
B Hoc, si nullus erit Pulex, non feceris unquam,
Lenoni saltem parcere disce tuo.

REN. CHOPINI J.C. ET IN SUP. CURIA
Advocati.

PULEX.

VErmiculum quanti facitis me (ex musca Elephan-
      tum)
Vates, pulvereo cretum quem femine spernunt
Mortales, sævæque petunt miserum ungue Puellæ!
At muscas Lucianus, apes Maro laudibus ornat:
Infectum & Stagirita genus sophos omne probavit
Cujusque ob proprias, lemora animalcula, dotes.
Sed mihi me non tam, teneræ quam corpus amicæ
Quo lateo, exprimitis, vestrorum tegimen amorum.
Hinc de me vobis fert mutua virgineum virgo,
Vobiscum placido luditque Poëtria versu,
Præda puellares animos oblectat inanis.
(De me ait ille) sed hoc minimè contenta trophæo
Nympha sibi victrix in nos epinicia cantat.
Quos tamen interea modulos utrinque parastis
De Pulice, ô vates, vel Phœbo digna loquuti,
C Amplector, tantis celebris scriptoribus, etsi
Materiem superarit opus versúsque canori.
Jam Plautina viris Pulices culiceique perosos,
Quæ referunt, tineas scripta experiantur edaces:
Lethiferum pariter qui in nos medicamen adornat,
Pro canibus pulicosis, hinc Columella facessat.
Mæonides quamvis ranas muresque bearit,
Dehinc veterem in limo tanæ cecinere querelam,
Degenerique tremens animo propè ridiculus mus,
Sub terris posuitque domos atque horrea fecit.
Nec toga, nec focus est, nec rurus cimice lectus,
Quem tamen historicus Naturæ prædicat auctor.
Ast genus humanum quàdam nos parte juvamus,
Cui sit in aure Pulex, graviori de corpore torpor
Excutitur, vigili & succedent cuncta labore:
Virginitatis ego custos castæque nitellæ,
Donec eam cupidus juvenis Paphia duce raptam
DEPULICET, floremque ferat, solvatque pudorem.
Haud jam laudatâ Phavorinus febre colatur,
Calvitiique Synesius, aut Thersitis Homerus
Præcones, etiam perdoctis addo Poëtis
Materiem vobis, sed quos mage divite vena
Insignes, veluti noscas ex ungue Leones,
D Brissonis Latiumque melos, patriumque Paqueri
Me decorant, ac Pictonica de Rupe Camilla.
Unde sacro Genij trini vos numine divum
Cuivis carminibus Pulicem misistis in aures,
Non modo Pictonicum moveat qui mente veternum,
Clara sed in reliquis etiam studia excitet oris.

JOSEPHI

La Puce des Grands Jours de Poictiers.

JOSEPHI SCALIGERI PULEX.

Pulicelle niger, nigelle Pulex,
Incitatior hœdulis petulcis,
Delicatior hinnulis tenellis,
Docti passere nequior Catulli,
Stellæ blandior albula columba:
Qua te prosequar aurea camœna?
Quo te nomine prædicem, ô beate
Pulex pumile, pumilille Pulex?
An quod, cùm libet, os meæ puellæ
Tuo purpureo ore suaviaris,
Mihi cùm libet, os meæ puellæ
Meo non licet ore suaviari?
An quod cùm subiit sibi voluptas,
Non in quadriviis, neque angiportis
Plebeos avidus cibos liguris,
Sed in lacteolis latens papillis,
Tingens virgineo cruore rostrum,
Plenus nectaris & satur recedis:
Mox circumsiliens modò huc, modò illuc,
Meras delicias, meros amores,
Ludis ebrius in sinu puellæ?
Anne quod Veneris satelles audis,
Vindex falsidicæ malæque linguæ,
Cùm perjura Deos puella læsit,
Atque ulciscere saucios amores,
Feris morsibus appetens lacertos?
Illa in insidiis morata soli
Vindictæ imminet, ac favens doloris
Suspensâ meditatur ungue mortem,
Tu cessim fugis, & fugis recessim,
Ac subsultibus hinc & hinc citatis
Vibras cruscula, & improbæ puellæ
Eludis digiti impetentis ictum:
Ut campis equa trima ludit olim,
Motis aëra calcibus lacessens.
An quod legibus omnibus solutus,
Puellaria membra pervagaris,
Usque Cypridis ad beata regna,
Impunè insinuans amoris almi
Secretis adytis, sacrumque limen
Insistens, quod ab omnibus profanis
Et tangi scelus, & nefas videri?
Hic tu Janitor excubas, & ipsam
Aureæ Veneris tueris aram,
Quam sanctè tibi tradidit tuendam
Et ridens Venus, & puer Cupido.
Tene propterea, ô venuste Pulex,
Tene prosequar aurea camœna?
Tene hoc nomine prædicem beatum,
Pulicelle niger, nigelle Pulex?
Non, sed quòd nimio tuo lepôre
Tot solus facis & paris Poëtas,
Quorum cantibus, aureæque linguæ
Venâ divite, versibus canoris
Immortalis eris, diuque vives.
Nam dum pumile pumilille Pulex,
Hæres pendulus in sinu puellæ
Novus Pegasus in nova Hippocrene,
E morsu tuo, ut ungula ex equina
Fluxerunt latices Poëtici, dein
Tot sunt carmina nata, tot Poëtæ.

IMITATION DES VERS DE JOSEPH de l'Escale, par Jaq. Curtin de Cisse.

Pucelette noirelette,
Noirelette pucelette,
Plus mignarde mille fois
Qu'un aignelet de deux mois
Et mille fois plus mignonne
Que l'oisillon de Veronne,

Comme pourra mon fredon
Immortaliser ton nom?
Pucelette noirelette,
Noirelette pucelette,
Diray-je que nostre bien
Est petit au prix du tien:
Lors que quand tu veux, tu baise
La bouche de ma mauvaise,
Et moy je ne sçaurois pas
En avoir aucun soulas,
Sans plus je nourris ma vie,
D'une impatiente envie?
Diray-je que nostre bien
Est petit au prix du tien,
Quand cachée sous l'enflure
De ceste belle vouture,
Qui eleve en rond son sein,
Tu rassasies ta faim,
Mordillant audatieuse,
Sa gorge delicieuse:
Puis sautelant tout autour
De ce beau palais d'amour,
Plaine de delicatesses,
Plaine de douces liesses,
Tu fais mille & mille jeux
Dessus son sein amoureux:
Et elle sentant ta playe,
Tousjours en embusche essaye
De te prendre, & va jurant
Ta mort si elle te prent.
Mais d'un saut prompt & agile,
Tu trompes sa main subtile,
Et tu t'enfuis droit au lieu,
Où amour ce petit Dieu
Asseuré fait sa retraicte,
Sa retraicte plus secrette,
Et où un autre ne peut
Arriver s'il ne le veut;
Qu'oncques la main ny la veuë,
N'ont ny touchée ny veuë,
Et dont le penser sans plus,
Me fait devenir perclus?
Pucelette noirelette,
Noirelette pucelette,
Diray-je que nostre bien
Est petit au prix du tien:
Quand lors qu'un doux somme presse
Les beaux yeux de ma maistresse,
Seule tu cognois combien
L'archerot Idalien
Luy fait endurer de peine,
De peine douce inhumaine;
Seule tu sçais ses desirs,
Seule tu oys les souspirs,
Dont seule sous la nuit brune,
Les astres elle importune:
Puis deçà delà courant,
Et sautelant & errant
Dessus les rares merveilles
De ses beautez nompareilles,
Tu cueille un heur dont les dieux
S'estimeroient bien-heureux.
Lasse enfin tu te reposes
Sur ceste gorge de rozes,
Et entre cent mille appas,
Tu gouftes un tel soulas,
Qu'yvre de sa mignardise
Tu mourrois soudain éprise,
Si ma belle te sentant
Ne t'alloit point poursuivant:
Bien-heureuse sera l'heure
Quand il faudra que je meure,
Si comme toy je me meurs
Entre ces douces douceurs,
Pucelette noirelette,

Noirelette pucelette,
Si d'avanture je veux
Baiser sa bouche ou ses yeux,
Pendant que le sommeil flatte
Sa paupiere delicate,
Garde de la mordiller
De peur de ne l'esveiller.
Ainsi pucette noirette,
Noirelette pucelette,
Puisse-tu dedans les Cieux
Luire entre les moindres feux,
Estoile guide asseurée
Des soldats de Cytberée.

PULEX PICTONICUS. AD C. V. ACHILLEM
Harlæum Præsidem, aut lasellu.

Iam dudum ausculto, ac tacitus lego, & audio quævos,
Certatim vario, multum sermone morati,
Cuncta super pulice, obscuro turba invida vati.
Solus ego auditor tantum? Sanctissime Præses,
Da veniam facilis : da libertate Novembri,
Quando ita Martinus voluit pater optimus, uti.
Brisso- Ecquis tam ferus est, aut ferreus ut teneat se?
nius. Ecce ille eloquii princeps, Juris coryphæus,
Cecropidum & Latii vindex, atque adsiduus præs
Subripit excelsos animos à rebus agendis,
Fortunam pulicis modulatis versibus implens.
Ille etiam genitus Mnemes, ideoque Renatus,
Regali, sacro, plebeio jure relictis,
Pallidus & docta quæ digerit Andibus arte,
Hunc vatem vates, oratoremque disertus
Effert. Nam de te haud miror, qui pulicis auctor
Paſcha- Hos animi motus nobis turbasque citasti :
fius. Ut cui nascenti veneres Lucina, leporesque
Indidit, infantique admorunt mella Camœnæ,
Phœbæamque sacro capiti implicuere coronam.
Sic novus advenions Pyctorum sedibus Orpheus,
Solus flexisti Rupes, tibi Picta puella
Ceu nova comparibus numeris circumsonat Echo.
Unde fremunt cuncti; Rapus, Otho, Pycta coturnix,
Celsus filius, ac novus Arbiter, alter & Andus :
Quemque tuum gemitu luges Benace marino,
Et queis sancta suum donavit Mattia nomen,
Et cantare omnes, & respondere periti.
Ille Elegis melior, Cæis hic mollis Iambis,
Hic fidibus dulcis Flacco invidus, ille Maroni,
Doctior ille suum certans æquare Catullum,
Hi patrio, Graio multi, plerique Latino,
Nonnulli Hispano atque Italo sermone, rotundo
Ore omnes, totâ Phœbus jam personat urbe :
Pyctorum veluti Clio migravit in oras,
Pythius & renuat dici jam Pyctæus Apollo.
     Fallimur? An mentes falsâ sub imagine captos,
Errantesve oculos species deludit inanis?
Non est hic pulex, non est, mihi credite, pulex,
Qui pluteos vatum & consultorum atria pulsans,
Cunctorum passim mentes ac pectora turbat.
Sed paulla ista, animi formam quæ sordibus æquat,
Fœda, tribas, frictrix, subigatrix, mascula Sapho,
Invidia atque odiis Pictæ commota puellæ.
Huc procul ad placidè labentis littora Clani,
Pyctorumque arces, à Lesbo dæmona fuscum
Fallacemque suum nigro sub tegmine misit,
Dæmona, qui formam mentitus pulicis atri,
Virginis occultum venis inspiret amorem.
Nec mora, susceptæ genius mandata capessens,
Fit levis ac pullus pullo de dæmone pulex :
Atque puellares cœtus impune subintrans,
Incautam petit, inque sinum ac præcordia mordax,
Interque & vestes & lævia pectora crebro
Adsulta crepitans, pulchroque in corpore ludens,
Virgineos omnes aditus, omnesque recessus,
Quos nec fas homini incesto contingere, lustrat,
Si cæcos fibris atque ossibus impliect ignes.

Tome II.

A Vidi, aderam, fateor, neque noxia lumina feci,
Sensit & erubuit virgo : ignitæ ipsæ favillæ
Emotæque adeo agnovi vestigia flammæ.
At memor illa sui, sinceræ Palladis artes
Invocat : & dextrâ calamumque, columque sinistrâ,
Arripiens, Ades ô Dea, tuque ô Delia virgo,
Dixit, & incepto mentem sermone movetur,
Haud aliter quàm dura silex, aut Pyctea rupes.
Sicque levis Sapphus victo de dæmone, virgo
Invigilans chartis calathisque invicta triumphat.
Ac Pulex dæmon tenues evasit in auras.
     Aut hic si pulex fuerit qui virginis aures
Personat, & celsa Pyctorum saltat in urbe;
Haud equidem humano credendus pulvere cretus.
At canis ætherii æternus de sanguine sanguis
Decidit in terras, cum primum te duce, Præses,
Optima cælestum Pictos Astræa revisens,
Sydereas procerum turres, & culmina præter
Summa volans, humiles, uno comitata ministro
Pulice Meraso, Pyctæ divertit ad ædes,
Palladiamque domum ambrosiæ perfudit odore.
Hospitio Erigonem materque & filia pronis
B Vultibus excipiunt : præsto Phœbæius illi
Apparet chorus omnis ovans : Pax alma, Fidesque
Germanæ addunt se comites, ac versibus nuras
Certatim alternis pulsant, atque æthera complent,
Astrææ reduci lætum Pæana canentes :
,, Ut quondam prima nascentis origine mundi,
,, Gentem hominum truncis ac duro robore natam,
,, Corporis & formæ dotes, viresque regebant,
,, Dein ut ab ætherio veniens Saturnus Olympo,
,, Te dominam Erigone rebus præfecit agendis,
,, Ac genus indocile & dispersum montibus altis
,, Composuit, moresque dedit : quò mollia cuncti
,, Otia ludentes agerent : dum victa madentes
,, Cæde virum, terras linquens virgo astra petisti.
,, Jam redis, ô jam diva redis, Pyctisque beatæ
,, Dat nomen numenque tuum bona gaudia pacis.
,, Salve vera Jovis proles, decus addita cælo :
,, Neu nos, neve tuos dea Pyctea desere Pyctos.
Talia Pierio recinebant ore Camœnæ,
Cum circumsiliens cunctas cane natus anhelo
Icarii pulex, ut vidit & audiit illam,
Quæ sexum longè superans, virtutibus anteit,
Doctrinaque viros, hominem haud sonat, & dea certe est;
C Ut cupiit, periit, petiit, morsuque momordit
Improbus, iracundus, inexorabilis, acer.
Oblitusque sui, cognatorumque micantium,
Et domini, & dominæ, Pyctæ deceptus amore,
Mortalis cupit æternum servire puellæ.
Tum Dea subridens, Pyctam mirata, miserta
Pulicis ardentis, Pyctos invita relinquens,
Hunc jubet hospitio Pyctæ inservire puellæ.
Extinctos pariter donec nova sydera mundo,
Juppiter imponens, fiat Pycta altera virgo
Virginis Erigonæ comes, æternusque satelles
Virgineus pulex, proprio jam lumine fulgens,
Exultet lucis Pyctarum prævius, index
Vertentis solis : saltu & prænuncius alto,
Sublimes magni spes varibus inchoet anni,
Et minimum in terris signetur Pulicis astrum.

IMITATION DES VERS D'ANTHOINE
Loisel, par E. Pasquier.

J'Escoute ja pieça, & si lis à part moy
   La Puce qu'à l'envy trompeter je vous voy,
Enialouzez du los de l'incertain Poëte.
Quoy, me tairay-je seul? mon Beaumont, je souhaite,
D *Si tu le trouves bon, abandonner le frein,*
Puis qu'ainsi le permet le bon Pere Martin :
Il n'y a nul si fier, ou si dur qui retive,
Je voy ce grand torrent de l'éloquence vive,
C'est azile commun de l'ancienne loy,
Au milieu du public se desrober à soy,

La Puce des Grands Jours de Poictiers.

Pour corner en tous lieux de la Puce la gloire :
Je voy ce deux fois né, RENÉ *fils de memoire,*
Quittant le triple droit dont il s'est annobly,
Mettre de son Anjou la coustume en oubly
Et faire d'une Puce un bien grand Orateur
Et Poëte. Car quant à toy premier Auteur,
Qui as fait que voions la puce sauterelle,
Toy dis-je, qui premier dressas cette querelle,
Ce n'est rien de nouveau : d'autant que des neuf Sœurs,
Et Graces en naissant tu suças les douceurs,
Ayant du saint Laurier la temple couronnée :
Si qu'arrivant icy comme un nouvel Orfée,
Tu fleschis les rochers : fais que ta dame ainsi
Qu'un Echo te respond, tu luy respons aussi.
Dont chacun estonné choisit ce mesme titre,
Mangot, Rapin, Tournebe & ce nouvel arbitre,
Et celui qui de Marthe emprunta le saint nom,
Celuy qui de l'Escale a encor le surnom,
Auquel Dieu octroya & l'esprit & l'usage
De s'expliquer en trois manieres de Langage.
Ja voit-on dans Poictiers Apollon le divin
De tout estre chanté comme un vray Poitevin :
Et prendre ce surnom, quittant cil de Pythie.
 Je me trompe ? une image en mes sens mal bastie
D'un objet fantastic vainement me repaist :
Ce n'est point, croyez-m'en, une puce ; ce n'est
Si de bien augurer j'ai le nom de mon pere,
Cette saffre Sapphon du monde l'impropere,
Vilaine, infame, duite à tremousser son corps
Ingenieusement en mil honteux accords,
Jalouse des vertus qui logent en la belle,
Qui les hommes en mœurs & doctrine precelle,
Non fille vraiment, mais un Dieu Poitevin,
Envoya de Lesbos son Demon sur ce clin,
Qui se voulut voiler d'une noire vesture,
De la Puce empruntant l'habit & la figure,
Pour d'elle practiquer quelque folastre amour.
Habile il obeït, & sans aucun sejour
Se fait leger & noir tout ainsi qu'une Puce,
Et sous ce masque-là dedans son sein se musse.
La prend à l'impourveu, & d'un doux aiguillon
La pique doucement, ores le teton,
Or' sur tous les endroicts de son beau corps voltige :
Et peut-estre se perche au plus prés du beau tige
(Que nul n'osa jamais, tant fut-il chaste, voir)
Pensant par ses attraicts la vierge decevoir.
Je le sçay, je l'ay veu sans offenser ma veuë,
La fille fut espointe, & doucement esmeuë,
D'un feu tout virginal, dont les traces je vis.
Elle ne s'oubliant, recourt aux doux devis
De Pallas, à sa plume, ensemble à sa quenoüille :
Ne permets, ô Pallas (dit-ell') que je me souille,
Ce dit, ses pensemens restent aussi entiers
Comme sont ces grands rocs, ou Roches de Poictiers ;
Ainsi sur les papiers veillant & sur la laine,
Ell' vainquit le Demon de Sapphon la vilaine,
Et la Puce-Demon en l'air s'esvapora.
Ou si c'est une Puce, elle ne s'engendra,
Comme les autres font, d'une vilaine ordure,
Ains est d'un chien d'en haut la vraye creature,
Descenduë du Ciel avec Astrée icy,
Astrée de Poictiers, & Poictou le soucy,
Laquelle avecq' Harlay par un commun office,
Desirant restablir l'ancienne justice,
Tout soudain le logis du grand Harlay a pris,
Et la Puce le sein d'une sage Cypris.
L'une & l'autre joüant diversement son roolle,
A fait aux beaux Esprits, renaistre la parolle :
Qui trompettent d'un ton, & chants au Ciel ravy,
La Puce, la Pucelle, & l'Astrée à l'envy,
Tellement que la Puce & Pucelle sont prestes
D'estre au Ciel par nos vers, deux beaux astres ce-
  lestes.

A CHANSON.

Jo! belle pepiniere,
 La fidelle jardiniere
Des fleurs, & fruits d'Helicon,
Chantons, brigade, la gloire
Des neuf filles de memoire,
Et de leur frere Apollon.
 Ainçois plustost de l'astrée
Dedans le Poictou r'entrée
Sous Harlay, le grand guerrier,
Lequel armé de justice,
A exterminé le vice,
Ceignant son front de laurier.
 Chantons encor la Pucelle,
Qui toutes autres precelle,
Des vertus le parangon ;
Et cette Puce bien née
Qui sage, s'est obstinée
De fureter son teton.
Pucelle en qui la nature,
Aux autres, avare & dure,
A prodigué tout son beau,
B Pour puis aprés l'ayant faicte
Une Pandore parfaicte,
En faire un astre nouveau.
 Jusques à ce qu'elle meure,
Fay astrée ta demeure
En France au meilleu de nous :
Si sa mort te donne envie
De reprendre au Ciel ta vie,
Nous te prions à genous,
Que ceste vierge etherée
Soit un astré avecq' astrée,
Et que tu loges aux Cieux,
Prés l'estoille poussiniere
Une estoille puciniere
Par un soin devotieux.

E. PASQUIER.

Nil rerum variat perennis ordo,
 Et constant sibi Phœbus & sorores,
Nec Pulex modo tot simul Poëtas,
Sed Parnassia fecit ipsa rupes,
Rupes, aut Heliconia Hipocrene,
  PETRUS PITHŒUS.

C VERSION.

D'Une continuë concorde
 Phœbus avecq ses sœurs s'accorde :
Ny la Puce ne nous a fait,
Tant de poetes ; mais la Roche,
Qui du Roch d'Helicon est proche,
A produit cet œuvre parfait.

E. PASQUIER.

JACOBI MANGOTII IN SE-
  natu Parisiensi Advocati.

PULEX.

PUlex ô pictæ pictè pictor virginis,
 Pulex rubelle, rupis hospes arduæ,
Tot eruditis expolite vatibus :
Feres ut ipse Liberis iambulis
Festivitatis osculer lucem tuæ
Poëta tantò pessimus quantò optimi
Qui te priores & decus tuum sacris
D Ad astra metris extulerunt æmuli.
 Salve ô animule, politule, bellule, blandule,
Beate animule, sorte quam libens tuâ
Virilitatis lumen immutem meæ,
Fiamque quod tu es, seu nihil nisi Pulex,
Seu quicquam es aliud, sive mas, seu fœmina ;

Nam

La Puce des Grands Jours de Poictiers.

Nam re Latinæ virgines ferunt marem,
Gallæ falutant fœminam, me judice
Illæ profectò veriùs, verfutiùs
Istæ, pudori dulce quærentes fuo
Sub fœminina tegmen innocentia.
    Tu nempe verus mas es, & mariculus
Amœnus ille qui puellaris rofæ
Carpis venuftos vere primo flofculos,
Mulcens tenellas mentula tenellula.
    Tu fol es ille qui vagaris in loca
Ipfis negata folibus cœleftibus :
Ubi folutis arcularum zonulis,
Evolvis omnes involutas cellulas,
Rimaris omnes curiofus cellulas,
Hauris & omnes ebriofus guttulas.
    Egreffus inde, corculo tu cùm tuo
Lubet (lubetque femper & femper licet)
Exofcularis geminulas genuellulas,
Mulgefque molles mollicellas mammulas,
Diffuaviatus mille mille mille bafijs.
    Hinc eft, rubelle, quod licet te candidum
Natura primo fuderit fpiramine,
Rubes puellæ purpuratus hymene :
Dein cum virilem virgo ceffit in manum,
Juftos adulter polluis viri thoros :
Sed talionem, quippe cælebs, non times.
    Verùm, ô fcelefte, Rupis hujus limina
Profanus intrans expiandum per fcelus,
Fines modosve juris excedis tui.
Nec enim profana ludis, ut foles, domo,
Mortalis hofpes & tyrannus fœminæ :
Novo fed aufu & impia protervia
Ipfum profanas Palladis facrarium,
Pictum relicto quâ colit folum polo
Mentita picta nomen ofque virginis.
Ipfam laceffis filiam magni Jovis,
Magnum pufillus, & pufillis editus,
Mortalis immortalem, inermis & rudis
Armis tremendam, ac arte doctam bellica.
Ipfam fuperbè pungis audax Pallada,
Quam nec fagittæ, nec faces, nec fpicula
Auro corufca cælitis Cupidinis
Divofque divafque furiare crediti,
Læfiffe flaminis verioribus quærunt.
    Fallorne ? an ipfe es ille verus arciger,
Cupido verus, ille, verfutus puer,
Qui, quos apertus non poteft, tectus petit ?
Non fallor, ipfe es : fic protervis, fic volas,
Sic & venuftus, fic levis, fic mobilis,
Iramque facilis fumere & deponere.
Sic & fagittas tu geris, fic fpicula :
Sed fub mamillis occuluntur alulæ :
Sic es pufillus, vulnus at magnum facis :
Sic & parentem ludis impius tuam :
Sed nec forori parcis inceftus tuæ,
Frater, maritus, filiufque fœminæ
Ejufdem, & idem fanguinofus carnifex,
Sic & fonoras alites, & ortygas,
Rupes & ipfas & racemos & rubos
Animas jocofus ad jocos, cantus, choros.
    Quin & fidelem nuncium Jovis moves,
Facundiorem Prifco Atlantis filio,
Summum eruditæ principem eloquentiæ,
Summumque juftæ præfulem prudentiæ,
Picti benignum lumen & decus chori.
    Immò & tu Achillem præpotentem filium
Themidis fupernæ non marinæ Thetyos,
Heroa victorem domitoremque hoftium,
Picti ftupendum reftitutorem foli,
Ahæneumque juftitiæ murum facræ
Ipfum moveres : fola fed movet Dice,
Sola hunc peruit, & potitur integro.
    Quid ô proterve hic quæris ? an Pfychen tuam ?
(Nam quæritantis ora certè geftitas,
Et fic vagaris, fic & incertus falis)

A Pfyche hic cupido eft, nec pfyche tamen tua
Malæ forores cui duces : funt huic novem.
Doctæ bonæque, Diva Memoria & parens.
    Erras amice, Pallas eft inquam ruis,
Eft ipfa Pallas quæ Jovis de vertice
Virago fortis, puta folers prodiit
Et erudita. Sed cupido cæcus es.
    Fuge ô mifelle : nam hæc Minerva eft fortis, &
Adverfus omnes dura morfus ignium :
Nec vulnerat, vulnerat fed duriter,
Et duriorem rupes ipfa reddidit.
    Fallor, cupido pelle non tectus tua,
Sciens Minervam pelle non tectam fua,
Sed rupe amictam, verfipellis impetis,
Et quam fagittis non potes, tentas dolis.
    Cave tamen tu : nam Minerva eft cautior,
Nec te tenelle falle, quod nudam feris ;
Hâc arma rupe certiora nulla funt,
Et hoc pufille fcire tu debes tamen,
Armata tota eft, quando nulla Pallas eft :
Quin ipfa tantò eft fortior quò nudior.
    At atò animule, jam tuos intelligo
Senfus, idipfum nempe prudens quæritas :
Huic Rupi animulam vis tuam collidere,
Vis vulnerari, vis mori hac à Pallade,
Hoc gloriofum mortis affectas genus,
Sed morere animule, morte quàm tali velim
Mutare vitam fideris detur mei.

LA PUCE DE CLAUDE BINET,
Advocat en la Cour de Parlement.

Mignarde, vous avez grand tort
  D'appeller Hercule à la mort,
A la mort d'une pucelette,
  Qui tant mignardement furette,
Comme une petit furion d'Effain,
  Sur les rofes de voftre fein.
Je veux, je veux qu'on vous appelle
  Du nom de belle & de cruelle,
Qui pour fi petit animal
  Invoquez Hercul chaffe-mal.
Animal dont la petiteffe
  Paffe des autres la grandeffe :
Soit qu'on faffe comparaifon
  Des parcelles de la raifon,
De la foupleffe, ou de l'aftuce,
  Qui recommande cette puce.
  Belle, fi vous aimez le beau,
Voyez quelle gentille peau :
  Ne diriez-vous pas qu'elle eft teinte
Ou des couleurs de l'Hyacinthe,
  (Hyacinthe bonheur des beaux mois)
Ou de pourpre, couleur de Roys ?
  Vrayment fi la trouvez gentille,
Sa proportion plus fubtile
  Vous doit inciter à pitié,
Pour luy porter quelque amitié,
  Si comme vous mignardelette
Elle eft prompte, polie & nette.
  Laiffez-vous picquer un petit,
Sus, la voilà en appetit,
  Voyez belle, voyez mignarde,
Comme un éguillon elle darde,
  Eguillon en long éguifé :
Et qui pourtant eft pertuifé,
  Pour couler la douce ambrofie,
Qu'en voftre fein elle a ravie.
  Je ne le fçaurois accufer,
Sinon d'avoir l'heur de baifer
  Si long-temps cette peau tendrette,
Qui un tel bonheur ne me prette :
  Mais puce, je t'excufe bien :
Car par toy, nous gouftons le bien
  De mille amoureufes delices,

La Puce des Grands Jours de Poictiers.

Quand dans un beau sein tu te glisses,
Et sçais les premiers fruits ravir
Des filles neuves au plaisir :
Tantost en baisotant leur face,
Or, succotant en autre place,
Apprenant à l'homme grossier
Comme il faut l'amour varier.

 Encore que Venus s'en fasche,
Je veux que tout le monde sçache,
Que la Puce eut l'honneur premier
D'inventer le mignard baiser,
Baiser qu'encor amour farouche
N'alloit succant dessus la bouche,
Et que Venus n'eust-sceu succrer,
S'elle n'eust veu la Puce encrer
Sa petite bouche ebenine,
Sur la moitte joüe Adonine.

Depuis la gentille Cypris,
Ayant le glout baiser appris
D'une larronnesse languette,
Languette mutuelle & moëtte,
Sceut bien à l'envie du Ciel
Coler deux bouchettes, de miel :
Que dirai-je de sa saignée
Qui par elle fut enseignée ?
N'en desplaise à l'antiquité,
La Puce a l'honneur merité,
Et non le Cheval qui se treuve
Aux bras de l'Egiptien fleuve :
Car la Puce tant seulement
Avec un doux chatoüillement,
Tire sans aucune ouverture
Le sang ennemi de nature.

O petit animant heureux !
Utile aux hommes & aux Dieux,
Si or-je t'ai sauvé la vie
Des mains de ma douce ennemie,
Et si je t'ay fait tant d'honneur
D'estre de deux biens inventeur,
Succe de ma maistresse belle
Ce gros sang qui la rend rebelle :
Si qu'ayant rapuré son sang
D'un courage amoureux & franc,
D'un œil semonneur, elle attise
Le doux feu de ma convoitise,
Et qui ne se puisse appaiser
Que par la longueur d'un baiser.

CLAUDIUS BINETUS IN suprema curia Advocatus, Stephano Paschasio.

Quid vos Orphea, & arbores secutas
Lyræ mellifluæ sonum Poëtæ
Laudatis veteres ? refertur ille
Quid vobis numerosus ille Arion ;
Quid Thebanæ opifex canorus urbis,
Quid & fœmineo negata sexu
Tu miracula vis referre Saphus ?
Paschasi Ambrosiæ Deûm minister :
Rupella aut potius Rubella (si fas
Tam notum hac variare parte nomen)
Illa nobilis & sagax puella,
Naïs docta clani, Rubella bella :
Quicquid est hominum vetustiorum,
Quicquid est hominum, venustiorum,
Quicquid & muliebris est honoris,
Forma, moribus, eruditione,
Illa inquam unica vel Rubella vincit.
 Sed me forma priùs, priùsque crines.
Illi qui Assyrium exprimunt amomum,
Spirant balsama & indicos odores,
Longis quicquid Arabs vehitque ab oris,
Quos veller sibi contigisse Cypris,
Quos fila aurea censeas Minervæ,
Irretira meum cor atque ocellos,

A Gratis nexibus & ligant & urunt.
 Illa frons nivea, æmula atque lactis,
Perfusa & Tyrio cutis colore,
Pætuli & Veneris faces, ocelli
Totum me illicibus necant rapinis.
Isthæc labra favis suaviora
Hiblæisque Thimis, mihi roganti
Si dent oscula delibuta melle,
Dulci nectare dulciora longè,
Et spirantia verè odorem earum
Quas Pæstanus ager fovet rosarum,
Sensim efflabo animam, meus migrabit
In os spiritus illius, vicissim
Redder mi illa suum : simulque fiet
Permutatio spiritu ex utroque :
 Quid ? menti bifidi decor venustus,
Et cervix niveo superba luxu,
Me mihi eripit, & facit subinde
Ut tibi invideam, beate Pulex,
O audacule, credo Amor nigelle,
Quem sæpe in medio sinu patere
Rubella hinc patitur, tuo ut puellæ
Mage appareat ex nigrore candor :
B Qui nunc in teretes ruens papillas,
Bellas turgidulas æque elegantes,
Expertes licet, attamen capaces
Lactis, purpureum elicis cruorem :
Nunc pungis minimum canalem earum
Borri instar rosei aureæve glandis,
Quiddam molliculi affatim rubentem :
 Sed partes tacitas, pari sileri
Quæ quo veste tegi pudore debent,
Nefas tangere. At hac Minervæ in arce
Quæ faces animæ ingenique dotes
Cunctis injiciant bonis stuporem,
Tot cui docta dedit Minerva dotes,
Paschasi, tibi fas sit adnotare :
Mî sat est nimio si adustum amore :
Isthæc non potuisse tenta credat
Bella amabilis, & sagax puella.

IMITATION DU LATIN DE CLAUDE Biner à Est. Pasquier, par François de la Couldroye.

Pourquoy loüez-vous tant Orphée ?
 Pourquoy d'un si brave Trophée
C Honorez-vous, Poetes saincts,
Le bruit de sa lyre sonante,
La voix aussi douce-coulante
Que le miel des picquans essains ?
 Pourquoy vostre Chanson sacrée
Qui aux Rois & aux Dieux agrée,
Sonne tant le loz d'Arion ?
Pourquoy vantez-vous le miracle
De l'Ogygien habitacle
Basti par la voix d'Amphion ?
 Et toy Pasquier, qui par tes carmes
Coulans de Permesse nous charmes
Arrosez du Nectar des Dieux :
Pourquoy d'une docte faconde
Vas-tu chantant à tout le monde
Saphon l'honneur des siecles vieux ?
 Hé ! pourquoy dis-tu que sa grace
Toutes autres Dames surpasse
En beauté, vertu & sçavoir :
Puis qu'en cette belle Rochette
Ainçois cette belle Rosette,
Le Ciel ses tresors nous fait voir ?
 Cette Clanime Naiade,
D Cette montaigniere Oreade
En sagesse, en grace, en beauté,
En vertus, en mœurs, en doctrine
Surpasse la troupe plus digne
Du mont des neuf Sœurs frequenté.
 Ha ! mon Dieu ! le teint de sa joüe

Et la tresse d'or qui se joüe
Sur son sein en flots ondoyans,
Et ses yeux deux flames jumelles,
Me font prendre dans leurs cordelles,
Et ardre en leurs rais flamboyans.
 Voi ses cheveux que l'Arabie
Ny le baume de l'Assyrie,
N'egalent en bonnes odeurs :
Cheveux dont Venus la dorée
Voudroit sa teste estre honorée,
Et non des primeraines fleurs.
 O beaux filets d'or de Minerve!
Mon ame se plaist d'estre serve
De vos nœuds mignardement tors :
Il luy plaist bien d'estre contrainte
Par vous d'une si douce estrainte
Quittant la prison de son corps.
 Sur tout, la neige blanchissante
Sur son front bien poly m'enchante,
Et ce beau pourpre Tyrien,
Qui fait vermeiller son visage,
Et ce double flambeau volage
Du petit Dieu Cytherien.
 Or si ces deux levres vermeilles,
Plus douces que n'est des abeilles
Le miel, & le thim Hybleam,
Me permettoient un baiser prendre
Plus sucré que la rose tendre,
Qui croist au champ Pestanean.
 Incontinent je rendroy l'ame
Dedans le beau sein de Madame,
Et par l'air de ce baiser pris,
Pasmé sur sa levre jumelle,
Nous ferions moy & ma rebelle
Un doux change de nos esprits.
 Mais que diray-je de la Grace
Du reste de sa belle face
Et de son fourchelu menton
Resemblant une poire franche,
Qui va meurissant sur la branche,
Sous l'abry d'un jeune bouton ?
 Ce beau col de marbre, où Zephire
Entre mille rameaux soupire,
Un sang chaudement amoureux,
Par une volontaire force
Desrobe mon cœur, & l'amorce
Sous l'apast d'un mal doucereux ;
 Et fait que je porte une envie,
O Puce, au bonheur de ta vie,
Mais non plus Puce, à mon advis,
Ains Amour, qui par sine astuce
Dessous le teint noir d'une Puce
N'agueres admirer te fis :
 Quand d'une subtile cautelle
Tu vins au sein de la Pucelle
Qui d'un ingenieux conseil
Te permit d'y faire retraite,
Afin que ta couleur noirette
Donnast lustre à son blanc vermeil.
 Et par cette blanche campaigne,
Où poingt une double montaigne
D'Agathe blanchement douillet,
Folastrement tu te promenes
Entre les beautez surhumaines
De ce sein blanc & vermeillet.
 Ore d'un plein saut tu te jettes
Sous les amoureuses cachettes
De ses esselles, mignotant,
Et entre mille fleurs escloses
Tu flaires ces boutons de roses
Que tu mordilles succottant.
 Puis d'une mignarde secousse
Ce lait qu'un Zephire entrepousse,
Tu humes à longs traits goulus.
O puce, que tu fus heureuse

Lors que d'un tel bien desireuse
Loger en ce sein tu voulus !
 Ha Dieux ! un enfant de sa mere
Ne peut avoir chose plus chere
Que le lait de ses deux tetins.
Jamais Venus dedans Gargaphe
N'en fit plus au mutin de Paphe
En ses tendres mois enfantins.
 Mais puis que d'une pudeur vierge
De ses chastes beautez concierge
La robe ne doit à nos yeux
Permettre de voir, ny qu'on sçache
Ce que jalouse elle nous cache
Compaigne du bonheur des Dieux :
 Il ne faut, PASQUIER, que la plume
Represente dans ce volume
Ce que l'habit ne laisse hors :
Car la mesme pudeur honneste
Doit voiler le front du Poëte
Comme l'habit couvre le corps.
 Quant à moy, brulant de la flame,
Dont son bel œil mon cœur entame :
Je n'en puis longuement parler :
Mais toy en qui le Ciel assemble
Les Graces & vertus ensemble
Pour les Dieux mesmes esgaller :
 Tu peux mieux les Graces connoistre
D'elle, que Minerve a fait naistre,
Merveille unique de ce temps :
Il suffit, pourveu qu'elle entende
Que mourant d'une amour trop grande,
Je n'ay peu alonger mes chants.

CATHERINE DES ROCHES, SUR LES VERS
Latins de Claude Binet.

Y-moy, Rochette, que fais-tu?
Ha ! tu rougis, c'est de la honte
De voir un portrait qui surmonte
Ta foible & debile vertu.
 BINET a voulu dextrement
Representer une peinture,
Qui est de celeste nature,
Et la nommer humainement.
 Ayant pillé dedans les Cieux
Le pourtraict d'une belle Idée
Ne voulant comme Promethée
Irriter le courroux des Dieux :
 D'un artifice nompareil,
Il a voilé son beau visage
D'un nom obscur, comme un nuage,
Qui cache les rais du Soleil.
 C'est afin de n'estre repris,
Rendant aux hommes manifeste
Une beauté toute celeste,
Digne des immortels esprits.
 ROCHE, tu ne sçaurois user
D'un autre plus evident signe
D'estre de tant d'honneurs indigne,
Que ne pouvoir t'en excuser.

SONET DE MACEFER, A CLAUDE
Binet.

E croy pas, mon BINET, qu'un baiser de Charité
Fasse que son esprit laissant si beau sejour
Se place dedans toy, & que d'un mesme tour
Ton ame s'envolant dedans son corps habite.
 Mais crain que son esprit par une sage eslite
Amorcé du baiser, nourrisson de l'amour,
Choisissant ce beau corps sans espoir de retour,
Pour mieux s'habituer, sa demeure ne quitte.
 Ou bien crain que l'esprit de l'une des neuf Sœurs,
L'esprit de ma Charite aymé de tant de cœurs,
N'attire à sa beauté ton ame enamourée :

Ainsi, mon cher BINET, *l'aimant Magneticn:*
Attire à soy le fer d'invisible lien,
Qui le suit amoureux de sa force admirée.

AMOUR PIQUE, CLAUDE BINET.

AMour, ce méchant petit Dieu,
Un jour s'en vint auprés du lieu
Où les Poitevines Nymphettes
Aux rives du Clain doux-coulant,
Chantoient de l'Amour nonchalant
Les presque inutiles sagettes.
Si tost que Cupidon entend
Des Nymphs le plaintif accent,
Ha, dit-il, voicy belle prise :
Ainsi d'un amoureux desir
La bergere de trop dormir
Son amy reprend & mesprise.
 Alors l'oiseau Cytherien
Oubliant son vol ancien,
Se vint parquer au milieu d'elles,
C'est icy, dit-il, où il faut
Esprouver si le cœur me faut
Et l'effet à mes estincelles.
 Les Nymphes l'ayant apperceu,
Comme un enfançon l'ont receu,
Egaré de sa triste mere ;
Ne cognoissant pas qu'il estoit
Chacune à tour le baisottoit
D'une faveur non coutumiere.
 Amour s'apprivoise, & soudain
Il cache en sa petite main
Une flamme vive & segrette,
Il se mire au sein le plus beau
Et range son petit flambeau
En vain, sur le cœur de Rochette.
 De fortune, entre le destour
De son teton franc de l'amour,
Une Puce faisoit son giste,
Qui pour son hostesse vanger
Piqua le bras porte-danger,
Y traçant sa marque petite.
 Soudain Amour rempli de dueil
La playe au bras, la larme à l'œil,
S'envolle au secours de sa mere,
Disant, un petit chose noir
M'a piqué, vous y pouvez voir
La flamme & la place meurtriere.
 C'est, dit-il, c'est un Serpenteau
Qui va sautellant sur la peau,
Puce est nommé par les Pucelles.
Las ! je n'eusse jamais pensé
D'un si petit, estre offensé,
Si prés de mes flammes mortelles.
 Lors Venus souriant, voy-tu,
Vois-tu, dit-elle, sa vertu
A la tienne du tout semblable?
Sinon que petit aux grands dieux,
Et aux humains dardant tes feux,
Tu fais une playe incurable.

A ANTHOINE LOISEL.

J'Ay dit que c'est Amour le plus rusé des Dieux,
Qui surpris des beautez de ma belle Charite,
Se vint loger au sein, où la chaleur subite
Brusla ses aisterons & son cœur Amoureux.
 De fait sentant griller ses plumes & cheveux,
Et voyant basaner sa peau à demi cuite,
Petit Puceau prent forme en la Puce petite,
Par la mesme couleur voulant tromper nos yeux.
 Las il estoit à nous sous un ongle severe,
Je me susse vangé de ma longue misere :
Mais le sinet sauta sur toy, Docte, LOISEL.
 Ainsi que Ganymede eslevé dessus l'aile

De l'aigle genereux, par ta plume immortelle,
SOLEIL, tu l'as conduit avec toy dans le Ciel.
   CL. BINET.

A MADAME DES ROCHES.

JE ne m'esbahi plus des murs de la Rochelle
Obstinez contre un Roy, ni du Roc Melusin :
Puisque contre Amour mesme au pays Poitevin
Une autre Roche encor se declare rebelle.
 La Rochelle à son Roy se monstre ore fidelle,
Lusignan a ployé sous le joug du destin :
Et vous osez tenir encontre un Roy divin,
Deffiant jusqu'icy sa puissance immortelle.
 Amour ayant en vain vostre Roc assiegé,
Ainsi qu'un espion en Puce s'est changé,
Pour surprendre le fort de vostre tour jumelle.
 Mais il fut descouvert par maints doctes esprits,
ROCHE ne craignez plus que vostre fort soit pris,
Quand les enfans des Dieux sont pour vous sentinelle.
   CL. BINET. B.

LA PUCE D'ODET TOURNEBUS, ADVOCAT en la Cour de Parlement.

PUce, qui se fust advisé
Que tu deusse estre tant redite
Par un vers si favorisé
Du troupeau qui Parnasse habite ?
Et qu'un animal si petit
Eust peu espoindre les courages
De tant de sçavans personnages
Qui de toy ont si bien escrit ?
 C'est à bon droit que l'on peut croire
Que Poictiers est le vray sejour
Des Doctes filles de memoire,
Du jeu, des Graces & d'Amour.
Si quelqu'un ne le croit, qu'il voye
Ces deux ROCHES qui jusqu'aux Cieux
Elevent leur chef sourcilleux
Qui comme deux astres flamboye.
 Qu'il oye l'harmonieux chant
De leurs poësies divines,
Et il cognoistra à l'instant
Que les Muses sont Poetevines ;
Il verra que les vers chantez
Des Muses qui Poictiers habitent,
Plus que ceux-là des Grecs meritent
Estre pardessus tous vantez.
 Il cognoistra que ceste troupe
De deux Muses vaut beaucoup mieux
Que celle qui loge en la croupe
De ce mont qui se fend en deux.
Que donques plus on ne s'estonne
Si l'on te chante volontiers,
Puisque dans les murs de Poictiers
Les Muses logent en personne.
 Je sçay bien que quelque envieux
Voudra incontinant reprendre
Les Poëmes ingenieux,
Par lesquels on a fait entendre
Tes plaisirs & tes passetemps,
Disant que chose si petite
Comme une Puce, ne merite
Que l'on employe tant de temps.
 Ce n'est d'aujourd'huy que l'envie
Vomir sur les bons son venin :
Elle fit bien perdre la vie
A ce grand Socrate divin :
Quand d'une semblable imposture
Elle disoit qu'il employoit
Tout son temps lors qu'il mesuroit
Tes sauts & cherchoit ta nature.
 Virgile l'ame, le soleil
Et l'honneur de la Poësie,

Auquel

La Puce des Grands Jours de Poictiers.

Auquel n'y a rien de pareil,
Des mouches chanta bien la vie.
Belleau chanta le papillon,
Et Ronsard ce divin Poète,
A chanté l'huitre, l'alouëtte,
Le fourmy, le chat, le freslon.
 Petite puce, ta fortune
Surpasse celle des oyseaux,
Des troupeaux nageans de Neptune,
Et des terrestres animaux :
Pour avoir eu des Cieux la grace
De te loger en si beau lieu,
En ce sein le temple d'un Dieu,
Ce sein qui tous les seins surpasse.
 As-tu bien peu sans te brusler,
Fureter entre ses mamelles?
As-tu bien osé te couler
Dessus ces deux fraises jumelles?
Qui, comme charbons allumez,
Pourroient soudain reduire en cendre
La main qui voudroit entreprendre
De taster ses deux bouts aymez?
 As-tu bien esté si osée
De te pendre à ses beaux cheveux,
Sans t'y prendre & estre enlacée
De mille las, de mille nœuds?
Veu que le plus brave courage
S'il veut tant soit peu s'hazarder
De les vouloir bien regarder,
S'empestre en un si beau cordage?
 As-tu approché de ses yeux,
Dedans lesquels amour se joüe,
Et dont il emprunte ses feux?
As-tu peu baiser ceste joüe,
Sans sentir une vive ardeur
Approchant ses flammes cruelles,
Qui de leurs vives estincelles
Consument le plus brave cœur?
 Ha! vrayment tu es amoureuse,
Car tousjours tu cherches les lieux
Que cache la vierge honteuse,
Et qu'elle ne monstre à nos yeux.
Tu as ce bon-heur que de boire
Du sang de ces membres polis,
De ce ventre plus blanc que lis,
De ces cuisses & flancs d'yvoire.
 Tu as cet heur que de nicher
Sous les replis de sa chemise,
Quand tu veux, tu te viens coucher
Dessus elle en toute franchise.
Las! que d'hommes souhaiteroient
De ces faveurs la plus petite :
Mais tel bien passe leur merite,
Car par là Dieux ils deviendroient.
 Puce, je me pers quand je pense
A tes plaisirs, à tes esbas,
Lors que doucement tu offense
Cette Nymphe or' haut, ore bas.
Je conçois telle jalousie
Quand je pense à la privauté
Que tu as à ceste beauté,
Que je reste quasi sans vie.
 Puce, je sens un petit feu
S'espandre au dedans de mon ame,
Qui tousjours croissant peu à peu
Enfin me mettra tout en flame,
Par l'erreur de ce souvenir
Qui m'a si fort l'ame offensée,
Que je n'ay plus d'autre pensée
Que vouloir Puce devenir.
 Mais ay-je bien la hardiesse
De vouloir seulement songer
De voir à nud telle Deesse,
Qui encor pourroit bien changer
Ma forme en celle d'une pierre,

A Tout ainsi que Meduse fit
Au pauvre Phiné qui la vit,
Eschangeant les nôces en guerre?
Un party si avantageux
N'est pour creature mortelle ;
Il appartient sans plus aux Dieux
De joüyr de chose si belle.
Anchise baisa bien Venus :
Mais aussi-tost la repentance
Talonna de prés son offense,
Quand il se vit estre perclus.
 Puce, tu as cet avantage
Que l'homme ne sçauroit avoir,
De joüyr de ce beau corsage,
Et le regarder nud au soir :
Puis lors que plus elle sommeille
Estendue dedans son lit,
La pinçotant un bien petit,
Tout doucement tu la resveille.
Sous le silence de la nuit
Lors que reposent toutes choses,
Et que l'on n'entend aucun bruit,
Tu tastes ses lis & ses roses:
B Puis te coulant d'un pas larron
Sur sa poitrine & sur ses cuisses,
Enyvrée de ces delices,
Tu t'endors dedans son giron.
 Et puis quand l'Aurore vermeille
Encourtine le Ciel de feux,
Et que cette Nymphe s'esveille,
Tu ne pers pour cela tes jeux.
Mais si l'obscurité nuitale
A esté propre à tes desirs,
Le jour tu sens mesmes plaisirs
Et une volupté egale.
 Pleust-à-Dieu que j'eusse la voix
Assez forte pour entreprendre
De te chanter ; je ne craindrois,
Aprés tant d'autres, faire entendre
Quel est ton plaisir & ton bien,
Quelles les douceurs de ta vie,
Qui font que je porte envie,
Pour n'avoir tel heur que le tien.
 Mais aurois-je bien telle audace,
Serois-je bien si mal appris,
De vouloir imiter la grace
C Des vers de ces braves esprits,
Lesquels par leur muse divine,
Et par leurs vers plus doux que miel,
T'ont eslevée jusqu'au Ciel,
Pour t'y faire luire un beau signe?
 Serois-je bien tant hors du sens,
Serois-je bien si temeraire,
De vouloir par mes rudes chants
Les belles chansons contrefaire,
Que tant de chantres plus qu'humains
Ont à qui mieux mieux fait retruire,
Dessus une plus douce lyre
Que celle des sonneurs Thebains?
 Qui oseroit suivre les traces
Du grand BRISSON, en qui les Cieux
Ont respandu toutes leurs graces
Jusqu'à rendre jaloux les Dieux?
Et toy, belle & docte pucelle,
Qui estonnes tout l'univers,
Qui oseroit suivre les vers
Que nous trace ta main si belle?
Oserois-je suivre les pas
D'un PASQUIER honneur de la France?
D Oserois-je d'un stile bas
Imiter la grave cadance
Des doctes Chansons de CHOPIN?
De LOYSEL, honneur de nostre âge,
Qui a les Muses en partage?
Et du SAINTE MARTHE divin?

O Puce,

La Puce des Grands Jours de Poictiers.

O Puce, que tu es heureuse
Si tu pouvois sentir ton heur!
Que tu dois estre glorieuse
D'avoir L'Escale pour sonneur,
Et mon Binet, ausquels la Muse
A donné ses riches presens,
Qui vaincront l'envie & les ans,
Et le temps qui toute chose use!
 Je ne suis pas si glorieux,
Ni outrecuidé, que je tente
Imiter les vers doucereux
Que Mangot si doctement chante.
Je laisse à un meilleur que moy,
Comme à ce gentil Lacoudraye,
Dire d'une chanson plus gaye
L'heur de ta maistresse & de toy.
 Et moy cependant en silence,
J'écouteray les doux accords
Que ces doctes maistres de France
Chantent pour un si petit corps:
Puis que mes chansons ne sont dignes
De mesler leurs sons discordans
Parmy les tons si accordans
De ces belles gorges divines.

A LA SIGNORA CATHARINA DES ROCHES.

Donna gentil che con leggiadro viso,
Con vaghe luci, dove alberga amore,
Abbagli gl'occhi e fai stupir il core
Di quel che ti riguarda intento e fiso.
 Donna gentil che con soave riso,
Con un dolce parlar, col tuo valore,
Con le rime che fan al sesso honore,
Fai parer la tua casa un Paradiso.
 Donna gentil, del cui candido petto
Cupido essendo preso, fu costretto
Pigliar la sembianza di Pulce audace:
Rivolge gl'occhi tuoi verso gli scritti
Di questi che da te morti & trafitti
Non hanne di ne notte o tregua o pace.
     O. D. T.

A LA MISMA SIGNORA.

Duros peñascos, asperos y ertos calles,
Rios corrientes, que teneis cercada
D'esta gran Nympha la bella posada,
Che d'hermosura vence las mortales;
Verdes prados, hondas y lindas valles,
Que cingeys esta gran ciudad dichada,
Esta gran ciudad bien avanturada,
Por la presenza d'hermosuras tales.
Como poteys escuchar sin espanto
Sus rimas mas dulces qu'el dulce canto
D'Amphion que os die sentidos pies y orejas.
 Peñas un sol ver los lindos cabellos
D'esta Peña viva, y sus ojos bellos,
Di peñas muertas os hiziera vivas.

LE MESME A LA MESME DAME.

J'Ay cent fois contemplé les beaux yeux amoureux
De celle qu'on jugeoit en France la plus belle;
J'ay veu les bords pourprez de sa levre jumelle,
Qui eust de son baiser mesme tenté les Dieux.
 J'ay veu mille beautez dont l'appas doucereux
Eust peu ensorceler l'ame la plus rebelle:
Mais jamais je n'en vis qui fust égale à celle,
Qui rend de ses vertus Poictiers si orgueilleux.
 J'ay ouy le propos d'une Dame sçavante,
J'ay gousté les accords d'une voix qui enchante:
Mais jamais je n'ouys rien qui peust approcher
Des Discours excellens & de la voix mignarde
De Des Roches qui peut transformer en rocher
Celuy-là qui l'escoute, ou bien qui la regarde.

RESPONSE AU SONNET PRECEDENT, faite sur le champ.

Comme la lumiere brillante
Du soleil, ornement des Cieux,
Nous rend toute couleur plaisante,
Eclairant promptement nos yeux;
Si bien que cette splendeur vive
Penetrant doucement un œil
Fait que l'objet qui luy arrive
Luy ressemble un autre Soleil:
 Ainsi vostre ame sage & belle
Ayant tourné long-tems vers soy
Pour voir sa beauté immortelle,
La pense voir encore en moy.
 Mais des graces & vertus rares
Qui vous font admirer de tous,
Les Dieux m'en ont esté avares,
Pour les prodiguer dedans vous.
     C. Des Roches.

AD CONSULTISSIMOS SUPREMI SENATUS
Gallici patronos in Rupe Pulicem ludentes.

Abdita causarum si vis responsa referre,
Hos tam perspicuos consule causidicos:
Qui juris callent apices, vestigia morsu
Metiri pulicum carmine certa sciunt.
Ecquid eos latuisse putas, dum seria tractant,
Qui dum nugantur, tam benè parva canunt?

RAPHAEL GALLODONIUS IN CURIA
Paris. Advocatus.

Causidicos habuit vigilantes Curia; namque
Illis perpetuus tinnit in aure Pulex.
     Nic. Papinus.

LA PUCE DE MACEFER.

PUce qui as entamé
D'un petit bec affamé,
Le teton de ma Charite,
Pour y puiser la liqueur
Nourrice au petit cœur
Qui ton petit corps agite.
 Du sang que tu y as pris,
Sont animez les esprits,
Qui donnent vie à Madame:
Du sang que tu as succé
Ores dans ton corps musé,
Tu t'es composée une ame.
 Promethe vola le feu
Qui anima peu-à-peu
Le corps de l'homme de terre:
Du sang que tu as osé
Derober, est composé
L'esprit que ton corps enserre.
 Mais un vautour ravissant
Va tous les jours punissant
Le larcin du vieux Promethe:
Tu veux par un tel forfait
Que de ton corps il soit fait
Une huitiesme Planete.
 Di-moy, qui eust peu penser
Qu'on voulust recompenser
D'un loyer si honorable
Le larcin qui odieux
Et aux hommes & aux Dieux
Leur a semblé punissable?
 Entre le nombre infini
Des hommes qui ont puni
Une si cruelle offense,
Un Lycurge s'est trouvé
Qui ce vice a approuvé,

La Puce des Grands Jours de Poictiers.

Et l'a passé en souffrance.
Qu'il n'appelle cette fois
Le Dieu autheur de ses loix
Fauteur de sa volerie,
Qui hait encor, ce dit-on,
Cet ingenieux larron,
Qui vola sa bergerie.
   Et bien si tu veux user,
Pour ton vol authoriser,
De la regle Laconique,
Puce, au moins contente toy
De ce que la douce loy
Ne punit ton fait inique.
   Et ne crois que dans les cieux
D'un courage ambitieux
Ores ton petit corps saute :
Car le celeste pourprix
Ne peut estre juste prix
D'une si injuste faute.
   Tu peux bien, pour t'excuser
De ce tien vol, accuser
Ceste marastre nature,
Qui veut qu'un sang rougissant,
Lequel tu vas ravissant,
Soit ta seule nourriture.
   Nature qui t'a donné
Ton estre, a b:en ordonné
Que tu vivrois de rapine :
Mais pour punir ton peché,
Ell' veut qu'un ongle fasché
Creve ta foible poitrine.
   L'effort de ton petit saut
Ne te peut guinder si haut
Comme l'on te fait accroire :
Ni des beaux vers le monceau
Qu'apprend ce docte troupeau
Au temple de la Memoire.
   Que si tu veux emprunter
Des aisles pour y monter,
Je crains que la cire en fonde :
Et que cherchant un bon-heur,
En desastre & en malheur
Icare tu ne seconde.

LA PUCE DE RAOUL CAILLER, POITEVIN.

B Ien que plusieurs doctes esprits
T'ayent vanté en leurs escrits
Loüant ta vie tant heureuse,
On n'a point encor toutesfois
Chanté, comme tu meritois,
Ce qui te rend plus merveilleuse.
   Puce, je te veux donc chanter,
Puce je te veux donc vanter,
Si je puis, selon ton merite:
Puis te donray, t'ayant chanté,
A celle qui a merité
Une loüange non petite.
   Mais Puce, pour te bien vanter,
Mais Puce pour te bien chanter,
Il faut entendre ta naissance:
C'est la corde qu'il faut sonner
Auparavant que d'entonner
Tes mignardises en commence.
   Ceux-là qui te veulent blasmer,
Ceux qui te veulent diffamer,
Reprochent que prens naissance
D'un puant & sale sujet,
Et que tel est souvent l'effect
Que la cause qui devance.
   Mais ce n'est parler contre toy,
C'est reprendre l'ordre & la loy,
Et le reglement de ce monde :
Tout ce qui prend commencement,
S'engendre par corrompement,

Tome II.

A Eu l'air, en la terre & en l'onde.
Si tousjours demeuroient entiers
Du monde les corps semanciers,
Tout cherroit en un piteux estre :
Mais de leur putrefaction
Ressort la generation
De toutes choses qu'on fait naistre.
   Dieu veut que d'un corps le tombeau
D'un autre corps soit le berceau,
Telle est çà bas sa pourvoyance :
Ces loix à nature il donna,
Quand de ses doigts il ordonna
Les Cieux, & leur nombreuse dance.
   Aussi tout ce grand univers,
Ce beau bastiment tant divers,
Est sorti du gouffreux desordre,
Du chaos en soy mutiné,
Et dedans le rien d'un rien né,
Sans poids, sans mesure, & sans ordre.
   Le petit monde qui comprend
Toutes les parties du grand,
De qui prend-il son origine ?
D'un excrement surabondant,
B Petit à petit s'amassant,
Semblable à l'escume marine.
   Il ne te faut donecques blâmer,
Il ne faut pas te diffamer,
Ores que tu sois engendrée
De quelques sales excremens :
Petits sont tes commencemens
De l'œuvre bien élabourée.
   Mais plustost loüer je te veux,
Et l'on devroit estre envieux
De ta naissance si soudaine,
Veu que les autres animaux,
Presageans leurs futurs travaux,
Naissent avec si grand peine.
   De peur que par un mouvement
En un si long retardement
Leur matiere soit difformée,
Dans le ventre d'un vaisseau neuf
Ou dans la coquille d'un œuf,
Elle a besoin d'estre enfermée.
   Toy, te hastant de voir le jour,
Tu ne veux faire long sejour
Dedans ta bourbeuse matiere :
C Aussi t'est aisément acquis,
Puce, tout ce qui est requis
A te faire voir la lumiere.
   Sans plus du Soleil la chaleur,
Et de la terre la moiteur,
Sont requises à ta naissance ;
Aussi la nature se plaist
A ramener sans autre appest
En effect soudain ta puissance.
   Pour ton espece conserver,
Tu n'as la peine de couver
Mille petits œufs sous ton ventre :
Et si n'es sujette à la loy
Des autres bestes : car en toy
La semence du masle s'entre.
   Comme sans l'aide de Cypris
Ton premier estre tu as pris,
Tu te peux bien passer encore
(Sans faire hommage à cet enfant,
Qui des hommes va triomphant)
De celle qu'en Paphe on adore.
   Heureuse, puis que le flambeau
Qui brusle mesme dedans l'eau,
D N'attrape ta petite masse :
Puis que le froid qui sans repos
Nous va penetrant jusqu'aux os,
Ta chair tendrelette ne glace.
   Il est bien vray qu'un autre hyver,
Qu'une grande froideur de l'air,

Esteint

Esteint la chaleur qui s'avie :
Mais ce n'est à toy seulement
Que la froideur d'un element
Si penetrant ravit la vie.

   Le chaud de nature est amy,
Mais le froid est son ennemy
Contraire à toute bonne chose,
Aux herbes ostant la vigueur,
Aux bois ravissant leur honneur,
Et reserrant la fleur esclose.

   O Puce, qu'heureuse tu es
De naistre ainsi comme tu nais!
Mais encor es-tu plus heureuse
De vivre ainsi comme tu vis,
Suçant le sang dont tu nourris
Ta petite ame vigoureuse.

   T'accrochant sur un arbre blanc,
Tu en fais decouler le sang,
Dont tes levres sont enyurées :
Ou bien tu baises, quand tu veux,
La bouche, le nez & les yeux
Des pucelettes empourprées.

   Tu mors & remors le beau sein,
Les blanches mains & le tetin
De la pucelle qui s'amuse
A filer, coudre ou s'attifer :
Et quand sa main te veut gripper
Soudain tu descouvres sa ruse.

   Jà desja preste à t'escacher
Elle te roule sur sa chair :
Mais si bien tu sçais te desfendre,
Que d'un tremoussement divers
Dans sa chemise tu te perds,
Où tu n'es pas facile à prendre.

SONNET DU MESME A MADAME DES ROCHES.

SI d'un vers mal coulant j'ose ennuyer vos yeux,
Et vous faire present de chose si petite,
Je prie que vostre œil contre moy ne s'irrite,
Et supplie vos doigts de m'estre gracieux.

   Madame, un jour viendra que ma main sçaura mieux
Coucher sur le papier la loüange non dite,
Que vostre noble esprit sur tout autre merite,
Quand m'auront esclairé vos Soleils gracieux.

   Ou si j'ay merité vous sentir rigoureuse,
Embrazez ce papier d'une œillade flammeuse,
Vos yeux seront vangeurs du tort qu'on leur a fait.

   Mais ce n'est au papier que vous vous devez prendre :
Punissez-moy d'avoir osé tant entreprendre,
Pardonnant au papier qui ne vous a forfait.

PULEX AD CLAUDIUM BINETUM.

NOn si id sacerdos ipsa dicat Pythia,
Ulla est, BINETE, in Pulicem Cupidinis
Mutatio hæc ; solos in ignavos parat
Amor sagittas, dæmon haud fictitius,
Aut quòd Puellæ encomiastæ & Pulicis
Efferre doctis moliuntur versibus,
Viris negata sunt Bonæ sacra hæc Deæ.
 NARRA Ô PUELLA Pulice ICTA quid fiet
Sic cùm jugali te alligassit nodulo
Mater tenellorum Cypris Cupidinum,
Morsu procaci dormientem vellicet
Pulex maritum, atque ore nigello excitet
Ignes sepultos, blandulè carpens cutim,
Mutescis ehodum? peream ego.funditus
Ni caussa Pulex hujus est silentii.
  Amore quondam percitum fama est Jovem
Cæli relicto protinus palatio
Mortalibus se immiscuisse fœminis :
Mutata oloris vel nivata imagine,
Aurive specie factus Acrisii est gener,

Nunc innocentem taurus Europam rapit,
Forma haud sorori suspicari incognita :
Candore dum se aut prodidit nimio Jovem,
Rutilo colore stringit aut mortalium
Aciem, & papillas afficit vehementior,
Mero aut meridie fucus apparet bovis.
  Hunc cautiorem sed vetustas reddidit,
Nam dum unicè Pictam Puellam deperit,
Ut & sorori fucus & mortalibus
Fiat, pusilli Pulicis formam induit,
Quo tutiorem pusa recipiat sinu,
Angustiores facilis & rimas petat,
Et ne ut corusca pelle possit conspici,
Puellæ tenebras noctis induxit super,
Fuscam coruscus antedhac, pellem induens.
  Quò tendis ô summe, ô Panomphe Juppiter,
Pusille Pulex Juppiter ? Nymphas tuis
Devirginari fraudibus ? Fata hæc sinunt ?
Apage. Beatus virgini adstabat chorus
Acie oculorum Lynceo valentior,
Solem tenebris in opacioribus
Potens videre : Pulici tum indicitur
Certamen : hic heroïco incedit pede,
Alter Phaleuco adulterum versu impetit.
Hicunguibus tenax premit, Scalas gerit
Alter valentior, alter ac pugnantibus
Archilochi Iambos præparat. Canit interim
Puella rara classicum, certantibus
Animos adaugens. Tandem adulter Juppiter
Frustra pudicam fallere orsus virginem,
Facessere illinc cogitur, nec antea
Vanus deorum petit æternas domos,
Quàm hujus puellæ duritatem vindicans,
Mærore rupem in duriorem vorterit.

L. BOCHELLUS.

LA PUCE DE MADAME DES ROCHES,
P. De Lommeaud Saumurois.

QUe vous estes bien abusez,
Poëtes qui vous amusez
A descrire cette pucette,
Qui travaille cette Rochette.
Qui sous un petit animal,
Qui jour & nuit luy fait du mal,
Remplis de fureurs poëtiques,
Vous honorez de vos cantiques.
Devriez-vous, ô bons esprits,
Graver en vos divins escrits
La Puce, qui sans fin mordille
Cette belle pucelle fille ?
Ell' se musse dans ses cheveux,
Frisez retors de mille nœuds :
De ses cheveux elle sautelle
Sur son sein vermeil qui pommelle :
Puis ell' s'escoule bondissant
Sur un petit rond fleurissant,
Rond vermeillet comme une rose
Où la puce souvent repose :
Cessez doncques de loüanger
Cette Puce, qui veut manger
D'une charneurè si doüillette.
Que d'entre vous quelque Poëte
S'efforce, sans nous le celer,
Cette Dame depuceler,
(Cette Dame toute divine
Ornée de rare doctrine)
Si d'elle il a quelque pitié,
Ou luy porte quelque amitié.

DE PULICE.

DUm spirant dominæ in sinu papillæ,
Lævi marmore quæ politiores
Sunt, prima nive lilioue candent

Intacto magis, addit & nitorem
Hic ossa in medio rubens mamillæ,
Tentabam digitis micare, ludens
Pulex prosiliit niger, vagusque
Suxit æthereo sacrum cruorem
Divûm nectare delicatiorem.
Sorti me subitò invidere fecit
Fortunatæ equidem ac nimis beatæ.
Quid felicius est beatiusve
Te, pusillum animal minutulumque?
Mordes colla modò vagans eburna,
Artus marmoreos procaxque pungis,
Lactis monticulos celer pererras,
Convalle in nivea sedes superbus
Mammarum, & dominæ magis magisque
Candorem eximium facis nitere,
Membris candidulis notas rubentes
Imprimens: te etenim potest latere
Nil; quæ sunt meliora habes, patentque
Hæc tibi: similis fero latroni
Per suvam insidianti opaciorem,
Grassaris tenui in leviqúe pube
Flava, mollicula: hic plagæ parantur
Amanti, dominæ excitas tenellos
Ad cædem digitos, necemque justam
Tu tandem ipse paras tibi; es beatus,
Unguis quòd dominæ tibi sit ara,
Nec tam supplicium, nigelle Pulex,
Est crudele tuum, terat feritque
Te quamvis digitis; atrox ferenda
Quàm mors assiduè est mihi misello,
Quòd non tangam ea, quæ tibi licebat
Tangere, exiguo ac notare morsu.

PETRUS SULFUREUS IN SENATU PARI-
siensi Præses.

Nil parvum Magni Soles, nil vile dedère.
 Testis erit parvus missus ad astra Pulex.

Aux Grands jours n'y a rien d'égal,
 Et rien de petit ne s'y treuve:
La Puce, un petit animal,
 Logée au Ciel nous en fait preuve.

Quid Magni peperère dies? res mira canenda est,
 Vera tamen: Pulicem progenuêre brevem.
Quicquid id est, tamen est magnum: Magnifque diebus
 Non sine divino numine progenitum.
Ille utero potuit plures gestare poëtas,
 Quàm tulit audaces trechna Pelasga duces:
Tros equus heroës tantos non fudit ab alvo,
 Dulcisonos vates quot tulit iste pulex.

A LA PUCE.

PUce, tu t'es bien abusée,
 De te prendre à un tel morceau:
Où penses-tu estre posée,
 Volant sur ce tertre jumeau?
Tu ressemble à ce taon champestre
Qui droit dessus la peau vola,
Pour y cuider son bec repaistre,
Du taureau que Myron tailla.
L'airain pur & non la chair vive
Luy repoussa son petit soc:
O Puce, la blancheur naïve
Que tu picores, c'est un roc.
Un roc de marbre que la Muse
A basti loin de Cytheron,
D'autre artifice & plus grand' ruse
Que n'est le Taureau de Myron.

Musca quod in Tauri tentaverat ære Myronis,
 Ausus es in gemino marmore, parve Pulex.
Idem error quòd non tetigistis Βρότισμα: sed tu
 Ἀμβροσία dum carpis factus es ἀμβρόσιος.

CE que la mouche fit au Taureau de Myron,
 Toy petit animal tu l'as fait au giron,
Ou quelque peu plus haut au sein d'une Deesse:
Tous deux estes trompez d'une mesme simplesse.
L'un s'est pris à l'airain: l'autre s'abuse au roc.
Mais toy plus avisé, poussant ton petit soc
Sur l'yvoire poli de sa chaste mamelle,
En touchant l'immortel tu te rens immortelle.
  P. D. SOULFOUR, President.

APOLLON EN PUCE.

O Puce, vien donc mon esprit
 De ta vive fureur attaindre,
Afin que par le mien escrit
Ton loz en mon vers puisse empraindre.
 Puce Muse, ô Puce Apollon,
Je te reclame, il n'y a ame
Qui n'ait senti ton aiguillon,
Et ton puissant entousiasme.
 Apollon jadis en tirant
L'oreille de ce grand Virgile,
Luy donna le stil doux-coulant,
Pour chanter Chromis & Mnasile.
 Ta vertu est certainement
A celle de Phœbus pareille,
Tu nous eschaufe également:
Chacun a la Puce à l'oreille.
 O Puce des Puces l'honneur,
Puce des pucelles compagne,
Tu as mis en rut & fureur
La France, l'Italie & l'espagne.
 Moy mesme qui suis de bien loin,
Et qui cloche après la grand' bande,
Si suis-je attaint du mesme foin,
Qui me violente & commande.
 Un Elephant & un Grifon
Sont plus grands que toy de corsage:
Mais si nous posons ton renom,
Tu as bien sur eux l'avantage.
 Un Elephant, si grand soit-il,
Ne peut musser sa grandeur vaine
Au beau sein, où toy plus subtil
Puce tu caches ton ebene.
 Un Elephant ne pourroit pas,
Comme l'oyseau porte-tonnerre,
Par l'air subtil guider ses pas,
Sans se laisser tomber à terre.
 Mais toy tu fais encore mieux,
Que cest oyseau qui son œil darde
Vers le plus clair flambeau des cieux;
Car seulement il le regarde.
 Toy tu as trop mieux regardé,
Puis franchi d'un brave courage,
Du plein vol, & puis possedé
Le plus bel astre de nostre âge.
 Volant droit tu sceus te percher
Sur cette colline jumelle:
Où devant toy se vint nicher
La Muse & la Grace avec elle.
 Icarus ainsi ne vola
Avecques sa plume cirée:
Mais en trebuchant il bailla
Le nom à la mer Icarée.
 C'est pourquoy je ne pense pas
Que comme une Puce commune
Tu nous apparoisse icy-bas:
Ton vol ne despend de fortune.
 Tu es quelque Demon musé,
Finement là, si dire j'ose,
Tu es Apollon deguisé
Dessous cette Metamorphose.
 Apollon a jadis hanté
Son Helicon & son Parnasse,
Et s'en est long-temps contenté;

La Puce des Grands Jours de Poictiers.

Fuyant le bruit du populace,
Car tousjours a hay les lieux,
Où ce sot peuple l'accompagne,
Et suivi les rocs sourcilleux,
Et les costaux & la montagne.
    Estant seul un jour, s'apperceut
Que la Muse avoit fait eschange
De la roche où le cheval beut,
Avec une autre Roche estrange;
    Et que mesme elle avoit laissé
La double roche Parnasine,
Et son nouveau temple posé
Dans une Roche Poitevine.
    Alors droit en Poitou tira:
Et se formant en une Puce,
Sur ce double yvoire vola,
Sur lequel à present se musse.
    O Puce, n'est-ce pas cela?
Je l'ay trouvé, c'est par ta grace.
Ne puisses-tu bouger de là,
A un tel hoste telle place.

                      P. D. S.

DE PULICE PICTAVII DECANTATO,
Nic. Rapinus.

Dicta dies Pulici, quòd erat temerarius ausus
   Virginis intactos dilacerare sinus.
Stabat amans actor læsæ pro jure puellæ,
   Judex de lepida lite sedebat Amor.
At reus ut causæ diffidens huc modò & illuc
   Dissilit, & modò adest, & modo rursus abest.
Tandem desertis vadibus bis térque vocatus
   Defuit, & totâ jam statione latet:
Illum seu terret gravitas augusta Senatûs,
   Seu mage brumali frigore terret hyems.
Excitat interea patronos undique, & illos
   Quos scit supremi lumina prima diei.
Hinc Pascalis & hinc Chopinus, Oselius, & tu
   Mango patris doctas nate sequute vias:
Absenti Pulici facundo carmine adestis,
   Et vestrâ crimen diminuistis ope.
Dulce patrocinium, sine quo reus ille misellus
   Inter proscriptos annumerandus erat.

DE EODEM.

Parve Pulex, nunc magne pulex, tot versibus aucte,
   Nequitiis etiam nobilitate tuis.
Jam tu per medias audax grassare puellas,
   Nec timeas, nitido pollicis ungue premi.
Tu solus referes laudem pro crimine, solus
   Sons sine vindictâ publicus hostis eris.
Ipsa tot exilio proflictis Curia monstris,
   Dat tibi securum vere novo reditum.

LA CONTREPUCE DE N. RAPIN.

Puce, que tant de bons esprits
Pour sujet de leurs vers ont pris,
Qui t'ont trouvée si habile
Que la Muse les échaufant,
Il t'ont fait un grand Elefant,
Par leur invention gentille:
    Tu as eu cet heur aux Grands jours,
Aussi c'est volontiers tousjours
Le temps que tu te fais connoistre,
Quand le Soleil plus haut monté,
Des moites chaleurs de l'esté
Dans la poussiere te fait naistre.
    Mais s'il se falloit amuser
A la verité deguiser
D'une flateuse couverture,
J'aymerois mieux chanter le poux,
Qui s'engendre & se paist de nous

A Plus amy de nostre nature.
    Je dirois la punaise aussi,
Et le morpion racourci,
Qui s'attache à nostre substance:
Mais je ne sceu jamais traiter
Un sujet, où il faut vanter
Le mal contre la conscience.
    Ceux qui t'elevent jusqu'aux cieux,
Toutesfois ne t'ayment pas mieux
Que moy qui te blasme & despite:
Et quand visiter les voudras,
Ils te chasseront de leurs dras,
Pour belle qu'ils t'ont descrite.
    Encor dit-on que l'argument,
Où ils ont pris le fondement,
De te louer par artifice,
Meritoit mieux d'estre vangé,
Et à ces Grands jours corrigé
Par les voyes de la Justice.
    On conte que de guet à pens
Peu à peu glissant & rampant
Du bas où tu fais ta retraite,
Tu t'estois perchée en un lieu,
Duquel Prince ni demi-dieu
N'approche la main indiscrette.
    Entre deux tertres arrondis
Tu accrochois tes pieds hardis
Au fonds d'une campagne belle:
Et après mille petits sauts
Et mille cauteleux assauts,
Tu osois poindre une pucelle.
    Ainsi que dans un large estang
A plain gosier tu beus son sang
Et pour reste de ton audace,
Comme les taons veneneux font,
Tu fis encor d'un pourpre rond
Marqueter & rougir la place.
    Pour une telle cruauté,
Puce, tu avois merité
Qu'entre deux presses cristallines
On te fist le ventre crever,
Qui s'estoit osé abreuver
De belles liqueurs nectarines.
    L'assassinat qualifié,
Par deux tesmoins verifié,
Te convainquoit d'estre coupable:
Mais ceux qui te devoient punir
Les premiers osent maintenir
Que ton fait estoit excusable.
    Hé! sangsue du corps humain,
Les deux premiers doigts de la main
Comme sergens te devoient prendre,
De salive un peu preparez,
Et les deux pouces acerez,
Par beau milieu te devoient fendre:
    Le Prince fort bien ordonna,
Qui un gros salaire donna,
Au page qui t'avoit surprise
Dessus sa robe sautelant,
Et secrettement te coulant
Dans le colet de sa chemise.
    Mais il trompa l'espoir de ceux
Qui prirent le poux paresseux
S'attendans à plus grosse somme:
Car, comme il respondit, tu viens,
De la sale ordure des chiens,
Et le poux ne vient que de l'homme.
    On conte que quand Jupiter
Se voulut un jour despiter
Contre ses fermiers de la terre,
Au lieu où son foudre arriva
Mille vermines on trouva
Future domestique guerre.
    Les taons, les guespes, les cheussons,
Qui ont des plus picquans fissons,

La Puce des Grands Jours de Poictiers.

Et les Aragnes y nasquirent,
Les punaises, les morpions,
Les souris & les scorpions
Auprés de toy, Puce, en sortirent.

   Mais entre tous ces animaux
Qui sont nos plus familiers maux,
Puce, tu nous fais plus de peine :
Les autres sont pris aisément,
Et tu as un fretillement
Qui empesche qu'on ne te prenne.

   L'ennemy plus lourd & pesant
Encores qu'il soit malfaisant,
Et toutesfois est moins à craindre :
A toute heure on le peut domter :
Mais on doit celuy redouter,
Qui est plus difficile à joindre.

   Tu nous fais éblouir les yeux
Te remuant en divers lieux,
Tant tu és agile & rusée :
La main qui te pense écacher
Te tournoyant dessus la chair,
Bien souvent se trouve abusée.

   La Pucelle qui ne sçait pas
Les lieux où tu prens tes repas,
S'y trompe une serée entiere :
La vieille ne fait que jouër
T'attendant à l'abrevoër
Où elle dresse sa panthiere.

   Quantefois j'ay veu au matin
De ma maistresse le tetin,
Picoté de tes noires traces :
Et si là j'en voyois l'effet,
Dieu sçait si tu n'avois point fait
Encores pis en d'autres places.

   Ceux qui t'ont fait par fixion,
Estre la fille d'Orion
Ont bien trouvé ton origine :
Car Orion est un pisseur,
Et tu nais de l'ordre espesseur,
Qui se detrempe avec l'urine.

   Puis ce qu'on feint que Pan t'ayma
Quand Jupiter te transforma
En cette petitesse noire,
Si Pan n'estoit qu'un vieil bouquin,
Salle & ord, puant & faquin,
Cela n'est pas fascheux à croire.

   Quant à moy, je ne te crains rien,
Car Dieu mercy j'ay le moyen
D'éviter ta salle morsure :
Je me sçay tenir nettement
Au linge & en l'accoustrement,
C'est la recepte la plus seure.

   La chambre souvent balloyer,
Le haut & le bas nettoyer
S'esloigner de tous lieux infames
Est le moyen de s'exempter
De toy, qui ne veut adjouter
Ne coucher point avec les femmes.

   Et quand cela je n'aurois point,
Encores sçay-je un autre point,
Pour brider ta gueule alterée :
Dés le soir je m'enyvreray,
Et toute la nuit dormiray
Sans sentir ta pointe acerée.

NICOL. RAPINI AD PASCHASIUM, EPIG.

Tene dicere, Paschasi, licebit
  Amicum optimum, ut optimum patronum?
Nam si lis mihi mota sit de agello,
Si me creditor aut malignus urget,
Si rem pignore debitam reposco,
Cautè consulis, & meo experiri
Cum discrimine non sinis clientem;
At si quos recito tibi mearum

A Testes versiculos ineptiarum,
  Suades edere, publicísque chartis
Mandare illepidum jubes libellum,
Quantovis quoque nominis periclo.
Hem, tam bene qui caves clienti,
Cur & tam bene non caves amico?

STEPH. PASCHASII AD NICOLAUM Rapinum.

Quos das, sponte lego, relegoque, Rapine, Phaleu-
  cos,
O animæ, ô animi blanda rapina mei!
At mihi quantumvis te polliceraris amicum,
I tamen, alterius quære patrocinium,
In jus te rapio, plagij te Flavia damnat,
Qui me surpueris culte Rapine mihi.

JUL. CÆSARIS BULENGERI, JULIO DU-
nensis in Pulicem Catharinæ Rupeæ Pictaviensis.

Non fueras solâ facie contenta nocere,
  Ni videare novis ingeniosa malis.
Ecce pulex prodit tenero qui mordicet ictu
  Ingenia, & somnos non sinat esse leves.
Sitne igitur mirum, cùm nos tua forma, pulexque
Excrucient, tremulâ quod sonat aure pulex?

F. COLDRAII PROPEMGTICON carmen.

Ergo agite ô Phœbi & Musarum diva propago,
  Quam mihi conjunxit non moriturus amor :
Ergo age, Brissoni, lumenque decusque Senatûs,
  Unica Pictonici gloria laúsque soli.
Ergo age, Paschasi, sociorum clara tuorum
  Laus, & amicitiæ gloria prima meæ.
Tuque novem sacræ cui admorunt ubera Musæ,
  Turnebe, Aonij laúsque decúsque chori.
Tuque Jovis summi præpesque volatilis ales,
  Tu quoque Leucadio Mangote chare reos.
Vos quoque quos patriæ visendæ sustulit ardor
  Pictonicis Nymphis, pectora chara mihi :
Tu quoque Bellovacis dilectè Binete camœnis :
  Et reliqui vates coquista turba mihi.
Amboti, Loërique simul, quos Musa tenellis
  Virgineo in gremio fovit ab unguiculis.
Castalio dilecta deo pia turba valete,
  Alitibus faustis syderibúsque bonis.
Seu vos Parisiis oblectet Sequana Lymphis,
  Seu vos possideat curia rauca patrûm :
Seu vestro adventu crebrescat principis aula,
  Seu vobis tumeant templa sacrata deûm :
Seu vos per sylvas & devia lustra ferarum,
  Inter semideos rustica vita juvet :
Seu vobis libeat defendere jura clientum,
  Seu trepidos doctâ voce juvare reos :
Sive sinu in niveo teneræ spirare puellæ,
  Dulce ubi sit multum vivere, dulce mori :
Denique quæ tellus, quæ unquam vos foverit aura,
  Nolite immemores vivere, quæso, mei.
Certè ego (si possunt aliquid præsagia vatum)
  Auguror hæc aliquod pondus habere preces.
Ipse equidem vobis cœlestia numina juro,
  Quos & Avernalis proluit unda Deos :
Hanc animam passuram extrema pericula fati,
  Antè ego quàm vestrûm non memor esse velim.
Ergo agite ô Phœbi & Musarum sancta propago,
  Quam mihi conjunxit non periturus amor.
Utque solebamus longo sermone jocari,
  Dum Clani ad ripas degeret alma Themis :
Sic licet absentes, dent mutua carmina Musæ,
  Et peragat linguæ littera scripta vices.
Castalio dilecta Deo pia turba valete,
  Artibus & faustis syderibúsque bonis.

La Puce des Grands Jours de Poictiers.

QUATRAINS DE CATHERINE DES-ROCHES,
aux Poëtes Chante-Puces.

LA Puce sauteloit au sommet d'une Roche,
D'où premiere elle vid le soleil radieux :
Puis dressant vers le Ciel son vol audacieux,
Plus son pouvoir l'éloigne & son desir l'approche.

Lors elle recognoist le danger qui s'apreste,
Pensant au vol d'Icare, au cours de Phaeton,
L'un mal-heureux oyseau, l'autre mauvais charton,
Se repent & reprend d'avoir haussé la teste.

O le digne ornement de la parfaite bande !
PASQUIER de qui le nom, l'oraison & les vers
Volent par la rondeur de ce grand Univers,
La Puce maintenant vostre secours demande.

Haussez-la, grand CHOPIN, de qui la voix exquise
A souvent contenté ce fils de Jupiter.
Ce DU HARLAY qu'on void les hauts Dieux imiter,
Que tout le monde admire, estime, honore & prise.

M. Bris-son.
Le pillier, le miroir, l'oracle de la France,
Qui soutient, represente, & anime sans fin,
Peuples, Princes & loix, brise l'air Poitevin,
Pour conduire la Puce avec plus d'asseurance.

MANGOT le verd printemps à la vertu chenuë,
Le savory des Dieux, le Mercure facond,
Qui est premier de tous & n'a point de second,
La sousleve, & luy fait outrepasser la nuë.

Tourne-bus.
Que diray-je, ô ESPRIT ORNÉ DE BEAUTÉ DINE.
De vos vers doux-coulans, sinon que les neuf Sœurs
Ont versé dedans eux leurs miellieuses douceurs,
Pour attirer au Ciel la Puce Poitevine ?

Celuy qui la reprend d'estre injuste & cruelle,
L'honore en la blasmant : il ne fait voir sinon
Qu'elle est Puce fameuse & digne de renom,
Et la faisant mourir, il la rend immortelle.

Elle a pour son flambeau l'agreable lumiere,
Des deux freres germains par les Muses élus,
Plus divins mille fois que Castor & Pollus :
Car ils ne changent point leur lampe journaliere.

Cet excellent rameau de la noble racine,
Qui commandoit Verone, a voulu prendre soin
De la petite Puce : aussi elle a besoin,
Pour monter dans les Cieux, d'une ESCALE divine.

Ainsi qu'elle approchoit du throne de sa gloire,
Amour la vint saisir, ce petit asseré,
En vain en est jaloux : car il est arresté
Que les vers luy donnent la victoire.

Qui seroit negligent à si loüable peine,
Pour donner à la Puce un gentil ornement ?
Le sçavant LA COULDRAYE l'habille promptement,
Ores à la Françoise & or' à la Romaine.

Courage, ma mignonne, il faut prendre la place
Du meurtrier d'Orion ; il faut prendre ce lieu,
Qui vous est preparé d'un homme, mais d'un Dieu,
Qui vous y fait guider par les mains de la Grace.

L'oyseau favorisé de l'archet du tonnerre,
Oeilladant cette Puce avec un doux regard,
Luy veut prester son dos pour luy servir de chart,
Et de ses ailerons mignardement l'enserre.

Elle est placée au Ciel, & le fourier Hygine
N'a marqué son logis : mais cest oyseau sacré,
Qui fait entre les Dieux ce qui luy vient à gré,
A voulu qu'elle fust un favorable signe.

Bien-heureux qui l'aura au point de sa naissance,
Pour son astre ascendant, & bien-heureux aussi
De qui elle prendra un gracieux soucy,
Faisant couler sur luy sa celeste influence.

Mais qui luy a donné cette chaisne dorée ?
Vrayment, c'est LE CLAIR OR, qui par l'éclair luisant
De ses beaux vers dorez, luy a fait ce present,
Et par l'honneur de luy la Puce est honorée.

IN PASCHASII ET RUPELLÆ PULICEM.

TErrigenas, Ossan ne quis miretur Olympo,
Astraque Peliacis supposuisse jugis,

A Culmina cum pulex scandat sublimia Rupis,
Summus, quam summo cum Jove junxit apex.
Par factum, dispar fatum, premit ecce Typhœum
Inarime, pulex clara per astra micat.
Magnus utriusque author, punit Jovis ira gigantas ;
Paschasii, cœlum Pulice musa beat.

VERSION AU LECTEUR.

NE t'estonne d'Ossan endossé sur l'Olympe,
Ny du Geant, qui sot, vers les estoiles grimpe,
Puis qu'on voit une Puce escheler les Rochers,
Qui peut de Jupiter la hauteur approcher.
Pareils faits, non effets : la terre enclost Typhée,
La Puce piafant, fait des astres trophée,
Grands parreins : les Geans bouleversez des Dieux ;
Puce, qui par Pasquier prend son vol jusqu'aux cieux.
E. PASQUIER.

A PASQUIER.

SUr le teton jumeau, je vy la Puce prendre,
Et riant depucer la pucelle de pris.
Puce & pucelle ensemble, en tes divins escrits,
Pasquier, tu veux, & peux immortelles les rendre.
Fr. D'AMBOISE, ADVOCAT.

REPONSE.

TU t'abuzes, amy, la Puce ne seut prise,
Et pourquoy doncques ? d'autant, que sage elle sautoit
Sur le sein de Madame, & là, le sucotoit
Sans crainte, comme estant en un lieu de franchise.
E. PASQUIER.

CE n'est point par ma main que la sage pucelle
De Poitiers, doit atteindre à l'immortalité:
Son sçavoir, sa vertu, ses mœurs, & sa beauté,
La rendront à jamais de soy-mesme immortelle.
E. PASQUIER.

VŒU PASTORAL EN FAVEUR DES POËTES Chante-Puces.

CEluy qui du PASCAGE emprunte le surnom, *E. Pasquier.*
Celle qui aux ROCHERS donne tant de renom, *M. des Roches.*
Furent premiers motifs de cette Puce gaye :
Celuy qui a la Puce encor' à bonne heure,
Et qui d'Amaryllis chante le sainct regard, *F. de la Couldraye.*
Trouva dans les forests le nom de la COULDRAYE.
Icy maint bon pasteur diversement voit-on
Graver dans le sainct Roch sous l'a BRY, SON sainct nom, *M. Brisson.*
Icy le bel OYSEL degoiser son ramage, *An. Lassel.*
Et le pastre TOURNEUR chanter mille beaux couplés, *Od. de Tournebus.*
Et tous abandonner la Déesse Palés,
Pour faire à qui mieux mieux à une Puce hommage.
Icy voit-on le mont de Parnasse ESCHELER, *Jos. de la Scale.*
Icy le forgeron sainctement MARTELER, *De Ste Marthe.*
Icy nous voyons BINER, les riches fruicts renaistre,
Au dessous des CHAUX PINS, & le jeune berger, *Cl. Biset. R. Chopin.*
Et AMBOISE des Dieux l'ambrosie MANGER, *F. d'Amboise.*
Et du mielleux nectar soucfuement se paistre. *J. Mangot.*
Vous qui hantez les Rochs, les pastis, les forets,
Satyres chevrepieds & Faunes, quand orrez
De vos humbles pasteurs la devote musique,
Recevez dans vos monts, dans vos prés, dans vos bois,
D'un favorable accueil, leurs doux-sonantes voix,
Mais gardez que comme eux la Puce ne vous picque.
E. PASQUIER.

IN STEPHANI PASCHASII Stephanoplocon.

PAusiæ, ut & glyceræ tabulas, variasque coronas,
Ardorumque jocos sæcula prisca canunt :
Sic Stephani, & castos Catharinæ Rupis amores,
Puliceosque

Puliceofque fales, poftera fufcipient,
Quos tanta Stephanus nofter contexuit arte,
Ut Stephanoplocon hunc dicere jure queas.
ANTONIUS OISELLIUS IN SENATU
Parif. cauf. patronus.

A Manum Oifellius addidit fupremam,
Nobili, in Stephanum, joco reperto:
Finis, iftud opus tuum coronat.

VERSION.

Stephanoplocon, C'eſt-à-dire, Couronne de fleurs.
Rencontre & hiſtoire tirée du vingt-unieſme livre de Pline,
chap. 22.

AD STEPHANUM PASCHASIUM SUPERIUS
Epigramma.

Pulicem varii canunt Poëtæ
Rupella ac Stephani novum poema:

Sur la Puce maint manœuvre
S'eſt jouë: Loiſel icy,
Enfin ſur ton nom deſcœuvre
Une couronne, & ainſi
La fin couronne ton œuvre.

FIN DES JEUX POETIQUES DE LA PUCE.

QUELQUES AUTRES POËMES,

Faicts à la ſuite des Jeux Poëtiques de la Puce.

JOSEPHUS SCALIGER IN PROSCRIPTOS.

Proſcripſit tua, teque, quòd citatus
Non reſponderis, optimus Senatus;
Non aſſis facis, & gravem tremendi
Legem carminis, ac ſevera juſſa
Tantùm verba putas, notas honoris,
Famæ ſtigmata, nominis lituras
Speras olim abolere poſſe? fruſtra.
Cum vulnus coiit, manet cicatrix,
Utque infamia vulnus eſt honoris,
Sic ignominia ejus eſt cicatrix.

VERSION.

La Cour, pour ne vous eſtre à droit repreſentez,
A confiſqué vos biens, & vous par coutumace;
Mais vous n'en faites cas: & pour rien ne comptez
Des ſeveres arreſts l'effroyable menace,
Eſtimans ce que ſoient des mots ſans efficace:
Mais vous eſtes trompez: car bien que par faveur,
Vous effaciez l'amende, & la honte, & la peur,
Touſjours le coup paroiſt aprés la playe unie,
Et comme l'infamie eſt playe de l'honneur,
La cicatrice auſſi en eſt l'ignominie.

NICOLAS RAPIN.

BARNABÆ BRISSONII SERMO.

Qui modò volvebam quæ Graio è fonte Decemvir,
Tranſtulit in Latium tabulis bis reddita ſenis,
Juraque honoratus quæcumque Quiritibus albo
Præſcripſit Prætor, vel quæ referente verendo
Conſule priſcorum decrevit Curia patrum:
Terrarum aut domini Auſonium ſanxêre per orbem:
Vel quæ prudentes dubio reſponſa dedêre
Sub galli cantum pulſanti limina civi,
Nunc alio tranſverſus agor, nunc percitus œſtro,
Parnaſſi rapiente Deo, juga cogor adire.
Agnoſco Phœbi numen, qui molliter aurem
Vellens, jure ſuo quondam ſua caſtra ſequutum,
Nunc emanſorem longéque diuque, vagatum
Nititur antiquo renuentem includere vallo,
Torpentes etiam PASQUASIUS excitat artes
Conſultus juris, cauſarum nec minus actor
Egregius, qui non meritâ me laude laceſſens
Rumpere nolentem diuturna ſilentia cogit,
Inſuetum & calamum trepidanti ſumere dextrâ,
Dum reſpondendi vires dat grata voluntas,
Vinci in amicitia quando mihi turpe videtur.

B Provocat & verſu memet CHOPINUS amico,
Pungitque exemplo librorum faſce ſuorum,
Tot fundens vivo manantia flumine ſcripta,
Sit licet aſſiduè cauſis addictus agendis,
Aut etiam arbitrio reſecandis litibus æquo,
Addunt & ſtimulos longo mihi cognitus uſu
OISELLUS, nec non PITEUS, naris uterque
Emunctæ, quos non tenui complector amore,
Et facio magni, faciam & dum vita manebit,
Cum propter ſummam Romani juris ad unguem,
Exactam & rerum reliquarum cognitionem,
Tum propter morum candorem & pectus apertum.
Nec tete quamvis renuas, BINETE, tacebo,
Cujus docta meum præſcribit pagina nomen,
Quo feſſote novo in numeros nuperque relato,
Doctorum exultant ſubſellia cauſidicorum.
Sed quid agam? Incertus ſtudia in contraria ſcindor,
Hinc Aſtræa vocat, ſuperûm quæ ſede relictâ,
Ad terras celeri & prono eſt demiſſa volatu,
Pictonica indictis conventibus adſit ut urbe,
Inde Thalia rapit, ſtrepituque mota forenſi,
Otia Picridum ſuadet captare ſororum.
Illa jubet veniſi cauſas audire clientis,
C Et geminas aures ambos partirier inter,
Queis res abteritur longo ſufflamine litis,
Deſertæ viduæ, pupillo in jura vocanti
Circumſcriptorum, miſeræ, & ſuccurrere turbæ,
Et patrocinio Cordos Iroſque tueri;
Munera militiæ reliqua exercere togatæ,
Atque animo curis gravido, impalleſcere ſaccis.
Cunctanti palmas proponit, præmia, laudes,
Atque auræ vanos miſcet popularis honores:
Sunt qui præterea peccare in publica clament
Commoda, ſi Muſis impendam rebus agendis
Obſtrictas, longè auſpiciis melioribus, horas.
Adſerie hæc contra juſtis contendere prompta
Vindiciis, juriſque ſui proclamat alumnum
Unguibus à teneris, gremioque ſinuque receptum:
Hæc monet ad libros miſſis tranſire libellis,
Excolere ingenium ſcabrâ rubigine læſum,
Abdere me ſtudiis, vulgus vitare profanum,
Et procul eſſe jubet lites & jurgia rauca:
Quippe frui placidâ recinit dulce eſſe quiote,
Laxato interdum nervo perdurer ut arcus.
Hoc etiam aſtra peti curſu, ſic vertice tangi
Sydera ſublimi, & nomen famamque parari.

D Hæc inter dubio rationum fluctuat æſtu
Neſcia mens, partem potiùs ſe vertat in utram.
Namque manu injectâ nunc hæc, nunc vindicat illa,
Addit & illecebras, nec deſunt Philtra monenti,

Queis

Queis animus dubius nunc huc, nunc fluctuat illuc.
  Pace tuâ liceat Phœbe componere lites,
Ex compromisso sumptus velut Arbiter essem;
  Summa quidem pietas Divæ debetur utrique :
Ambæ namque Jovis summi sunt sanguine cretæ,
  Diversæ matres, genitor communis at illis,
Et superas habitant arces, mortalibus ægris
  Ambæ præcipuo sunt semper honore colendæ.
Sed natu alma Dice major, cui docta Thalia,
  Cedere te par est meritis ævoque minorem :
Atque ita numinibus fas me inservire duobus,
  Tempora prima Dice ferat, ut postrema Thalia,
Ergo volens facilisque sequar te, Astræa, benignè
  At dabis hanc veniam depenso Marte Forensi,
Otia ut ingenuis tribuantur mollia Musis,
  Deque die solido concedes demere partem,
Artibus ut festum ingenium relevetur amœnis.
Nam si aliis volupe est, vitioque haud vertitur ulli,
  Fallere talorum fugientia tempora jactu,
Reticulove pilas teretes jactare per altum,
  Nubibus obductis ludendo condere soles?
Si quosdam variis discurrens tessera punctis
  Discolor, aut tabulâ deductus calculus æquâ,
Sive latrocinij motus sub imagine saccus
  Oblectat, vel charta notis distincta quaternis :
Si juvat & latos indagine claudere saltus,
  Clamosis cervos & apros agitare Molossis,
Aut timidos lepores canibus terrere petulcis :
  Cur mihi non liceat gestis quæcumque supersunt
Rebus, ea in libris felici ponere sorte
  Tempora non ingrata? Trahat sua quemque voluptas,
Nunquam erit in studiis insuavis vel mora vel mors.

S. PASCHASIUS CL. V. B. BRISSONIO.

Mirantur cunctis animum te intendere causis,
  Cùm tot pervolvas nocte dieque libros,
Queis ego sic balbus : nihil est mirabile factu :
  Plurima nam dicit, plurima qui didicit.

B. BRISSONIUS PASCHASIO.

Prædicor ut causis ex tempore natus agendis,
  Duraque verbosi promptus ad arma fori,
Has ego si agnoscam laudes, mihi blandiar : ergo
  Non laudor, numeris ludor at ipse tuis.

R. CHOPINUS C. V. B. BRISSONIO.

Nostra tuis numero, mensurâ, pondere cedunt
  Carminibus, tanto quæ fœnore grata rependis,
Regius orator verè princepsque poëta.
Pugnantes alius vix quisquam junxerit artes :
Tullium ut eloquio, Nasonem versibus æquas,
  Quem tecum & videor Flaccumque canentem.
Cùm numeros igitur doctrinæ impleveris omnes,
  Quid ni abs te patiar numeroso carmine vinci?

IDEM EIDEM.

Otia Melpomene, strepitus Astræa forenses,
  Diversum votis utraque captat opus.
At coëunt ambæ, & te concilientur in uno,
  Quem simul illa libris excolat, ista foro.
Cura tibi in studiis & litibus æqua secandis,
  Nec minus ipse domi pervigil atque foris.
Patronum inde suum pariter cum Rege salutant
  Communem : & sociæ Musa Themisque ducem.

CL. V. B. BRISSONIO CL. BINETUS.

Ut vastus rapidis fluens adauctus
  Liger cornibus, insolenter audax,
Flaventes movet hinc & indè arenas,
Andinasque superbus ambit oras,

A victo littore & alveis relictis :
Sic amne irriguo elocutionis
Vis, BRISSO, ingenij tui perennis,
Arcto nulla potis teneri in alveo,
Neglectoque sinu arduum vagatur
Per legum ac sapientiæ cacumen.
  Sed ut fluminis æstuantis undæ
Arva depopulantur, & coloni
Tota spes subitis perit sub undis,
Fame pone sequente, quæ repostis
Per vicinia sola crescit arvis,
At non sic mala, damna nec sequuntur
Æterna ingenij tui fluenta :
Quin quantò uberiùs fluent, beatos
Nos tantò efficies magis, magisque
Flavescet seges elocutionis.

A MESSIEURS, TENANS LES GRANDS JOURS.

ACTION DE GRACES DE CATHERINE
des Roches pour un arrest par elle obtenu
à son profit.

Messieurs, offrant des vers à vos sages bontez,
C'est vous faire un present de legere fumée :
Mais l'encens fume ainsi brûlant sur les autez,
Et du souverain Dieu sa vapeur est aimée.
Je vous voy ressembler à la divinité,
Comme luisans Soleils esclairans nostre terre :
Vous faites les Grands Jours, & avez merité
Qu'on vous nomme sans fin dieux de paix & de guerre.
  Car vous faites la guerre aux hommes depravez,
Bornant par vos Grands jours leurs dernieres journées :
Et conservez les bons, pour ce que vous sçavez
Que pour garder les bons, les loix sont ordonnées.
Je vous salüe donc, Soleils de nos Grands Jours,
Et vous rends les mercis de vos recentes graces :
Excusez de mes vers le trop foible discours,
Ils sont humbles hautains en regardant vos faces.
O combien je desire une faveur du Ciel,
C'est que lisant les vers que je vous viens d'escrire,
Vous les puissiez trouver aussi coulans que miel :
Car ainsi je rendrois du miel pour de la cire.

CATHERINE DES ROCHES
a E. PASQUIER.

AU Printemps de vostre jeunesse,
  Espoint d'une douce allegresse,
Vous serrastes dans vos espris
Toutes les flammes de Cypris :
Puis d'une plus seure embrassée,
En enserrant une espousée,
Vous enserrastes bonne part
Des biens que fortune depart :
Ores vous serrez la pratique
Du droit Romain & de l'Attique,
Et vous monstrez fort diligent
Pour enserrer l'or & l'argent.
Vous enserrez la courtoisie,
Vous enserrez la poësie,
Vous enserrez les saintes loix,
Et mille beautez à la fois.
Vostre ame sans fin Amoureuse,
De serrer est tant desireuse,
Que plustost que de ne serrer,
On vous pourroit vif enterrer.
Encore estant dessous la terre,
Je ne croy point qu'elle vous serre,
Que vous espris de son Amour
Ne la serriez à vostre tour.
  En faisant de vos amourettes
Naistre les belles Pasquerettes,
Qui viendront esmailler nos champs,
Comme les graces font vos chants.

Poëmes des Grands Jours de Poictiers.

AU MESME PASQUIER.

Vous m'avez commandé, vous qui m'estes oracle,
De vous donner des vers, que j'ay fait promptement :
Cedant ma conscience à vostre jugement,
Dont la divinité m'est un nouveau miracle.

RESPONCE A MADAME DES ROCHES,
Par E. Pasquier.

DE tant serrer je n'auray le reproche,
Comme en François m'en donnez le blason :
Serre en Gascon est un mont, une roche,
Et il me plaist vous respondre en Gascon.
Si je tenois toutes choses en Serre,
J'enserrerois, & vos affections,
Et gravirois (ô ma Roche) à la serre,
Et au sommet de vos perfections.

SONNET A LA MESME DAME DES ROCHES.

Quand tu nous recitas ton bel hymne de l'eau,
Dans lequel hardiment ta sage main nous trace
Mille discours, mille mots, mille traits de bonne grace,
Dignes tant seulement d'un si digne pinceau :

Ha ! dis-je lors, adieu, pauvre ruisseau,
Qui flues perennel du sommet de Parnasse :
Adieu, saint mont aussi ; ma chere Roche efface
Tout ce qui est en vous & de bon & beau.

Je ne veux desormais des eaux d'Helicon boire,
Ni engraver mon nom au temple de Memoire,
N'entortiller mon front du Laurier immortel.

Je boy de ta saincte eau, mais (ô cruel mystere)
Helas ! tant plus j'en boy, & tant plus je m'altere,
Et m'embrase ton eau d'un feu perpetuel.
E. PASQUIER.

RESPONSE DE LA MESME DAME.

LE feu est le premier de tous les elemens,
Illustre, pur & beau, qui par sa vive flamme
Esclaire, agite, émeut, les yeux, le cœur, & l'ame ;
C'est l'esprit des esprits, cause des sentimens.

Vulcan, maistre du feu, ardoit le Dieu des Dieux,
Quand sa teste enfanta la celeste neuvaine ;
Sa mesme déité honorant vostre peine,
Vous fait chanter des vers qui volent jusqu'aux Cieux.

Comme cet element, vous tenez un haut lieu,
Divin vous éloignez ceste masse de terre ;
Ny la terre, ny l'air, ny l'eau ne vous font guerre,
Et ne pouvez brusler vous qui n'estes que feu.

REQUESTE AMOUREUSE.

UN pauvre serviteur frustré de ses amours,
Presente humble requeste à Messieurs des Grands Jours,
Pour demander justice, accusant sa maistresse
De leze majesté, d'estre à son Roy traistresse,
D'avoir forgé monnoye, & marqué faussement,
De meurtre, de larcin, de vol, de faux serment ;
Il dit qu'elle est encor magicienne, sorciere,
Il veut prouver qu'elle est picoreuse guerriere,
Atheiste, sans Dieu, qu'elle use de poison,
Que n'ayant Roy ny loy, justice ny prison,
Elle a contre l'Amour, impiteuse & cruelle,
Armé son cœur mutin, insolent & rebelle :
Elle a trahi son Roy, quand sujette à l'Amour
Au desdain ennemi elle rendit un jour
Ses beaux yeux amoureux ; les regards plains de joye
Dont elle m'a deceu, estoient fausse monnoye.
Elle a meurtri mes sens, furtivement volé
La douce liberté de mon cœur affolé :
Et luy ayant juré bonne guerre à l'entrée,
Mon ame vint piller, courir la picorée
En mes pensers secrets : & puis m'ayant pris

Elle a de charmes feints fasciné mes esprits,
Empoisonné mon goust, & la cruelle Alcine
Blasphemé contre Amour, & sa force divine,
Brisé ses doux liens, mesprisé son courroux,
Brisé les diamans & l'or des beaux verroux.
De sa douce prison, & elle d'elle esclave
N'a loy que son vouloir, tant elle est fiere & brave.
Elle a blessé à mort tant de regards loyaux
Des justices d'Amour les vrays Sergens Royaux :
Et pour tout revolter par un mauvais exemple,
La sacrilege a mis le feu dedans le temple,
Qu'amour avoit basti dans mon sein affligé,
Qui de fer & de feu soupire saccagé.

A ces causes (Messieurs) qu'il vous plaise contr'elle
Prononcer comme elle est coupable & criminelle,
L'adjourner en personne, afin qu'en trois brefs jours
Elle soit condamnée à payer mes amours :
S'elle ne comparoist, bruslez sa pourtraicture.
Car autrefois amour l'a bruslée en figure
Au tableau de mon cœur. Mais pour la prendre au corps
Qu'un Rapin vigilant n'y fasse ses efforts :
Faites que ce soit moy, qui l'embrasse & saisisse,
Et vous ne ferez rien qui ne soit de justice.

GAYETÉ A MONSIEUR D'AMBOISE,
Advocat au Parlement de Paris.

MEmoire d'intenter procés
En cas de nouveauté d'excés :
Il faut que la complainte on dresse,
Pour mes services retenus,
Et demander à ma maistresse
Le quint du nectar de Venus.
S'elle vouloit tomber d'accord,
Je luy pardonnerois ma mort :
Je n'ayme ny procés, ny noise,
Bien qu'on m'ait fait beaucoup de tort :
Accorde, mon amy d'Amboise,
Pourveu que je la prenne au corps.
Mais s'il est force de plaider
Pour Dieu, je te prie m'aider
De quelque juge, pour ma vie
Je n'espere qu'un bon succez.
Mais si elle est juge & partie,
Ma foy je perdray mon procez.
Mon amy, je ne t'instruis point,
Du sui d'une ruine & poinct ;
Il ne faut pas que l'on te die
Que c'est que d'un procez d'Amours,
Non plus qu'à la plus grand partie
De tous ces Messieurs des Grands Jours.
Ils ont esté tous amoureux,
Qu'ils en jugent comme pour eux :
Pourtant, mon amy, je t'avise,
Avant ma maistresse accuser,
S'il y a quelque barbe grise,
Ne fais pas à le recuser.
Pour choisir, j'estois en esmoy,
Quand Cottel m'avisa de toy,
Pour te faire plaider ma cause :
Et en ma procuration
Je ne t'astreins à autre chose
Qu'à plaider comme pour Clion.
Tu pourras consulter avant
Avec Pasquier sage & sçavant :
C'est toy qui feras la harangue.
Sur tout, mon bon amy, je veux
L'advis de Pasquier, & ta langue,
Et un Rapporteur amoureux.
J'avois oublié à t'escrire,
Si Madame pour repliquer
Me contraint à communiquer
Mes pieces, je les veux produire.
Je veux, ainsi qu'elle des miennes,
Communication des siennes ;

Pour descharger les Advocas
D'un amas de sacs, il me semble
Qu'il est mieux d'accorder ensemble,
Et mettre en son sac tout mon cas.

AU MESME D'AMBOISE.

D'Amboise, nous t'avons esleu pour le secours
D'Aubigné mal mené, charge-toy de sa cause;
Ne reposant en soy, sur toy il se repose
De sa vie, & de plus, car c'est de ses amours.
 Tout droict est violé : il a eu son recours
Au Senat, qui a l'œil, la main, l'aureille close,
Au beau, à l'or, au doux, & c'est pourquoy il ose
Hardiment appeller sa Rebelle aux Grands Jours.
 Il voit chaque affligé, qui comme luy appelle
Du Poictou mutiné la Noblesse rebelle,
Qui, folle, ne vouloit recognoistre son Roy;
 Mais il craint grandement (ô malheur trop estrange!)
Que sa partie, helas! se transformant en Ange,
Elle mesme ne donne à ses juges la loy.

FRANÇOIS DE LA COUDRAYE,
à mes Dames des Roches, mere & fille.

UN clair jour de l'Esté, le pasteur de Menale,
Son Caducée en main, ses aisles aux talons,
Fendoit l'air d'un long vol és azurez sillons,
Puis las de son travail, sur Poitiers il devale.
 Il y vit deux soleils que le Soleil n'égale
Lors qu'il espand ses raiz, au plus creux des vallons,
Sur les hauts monts chenus, sur les noirs tourbillons
Des eaux où se noya le sot fils de Dedale.
 C'estoient deux beaux rochers, ainçois deux diamants,
Deux perles, deux rubis, deux riches ornemens
Du monde, où les neuf Sœurs faisoient leurs habitacles.
 Ha! dit-il, qu'à bon droict les neuf Pucelles ont
Pour ces Roches d'aymant quitté leur double mont,
Pour faire sur le Clain desormais leurs miracles.

LE MESME LA COUDRAYE, A MADAME
Catherine des Roches.

Vierge, dont les escrits, le sçavoir & la vie,
Et les sages discours à bon droict tant vantez,
Estonnent tout le rond des cercles argentez,
Où les Dieux immortels leur demeure ont choisie :
 O Vierge, astre luisant au Ciel de ta patrie,
Unique parangon de tes rares beautez,
Que la muse, la grace, & les saintes bontez
Chacunes de leur mieux ont ornée à l'envie :
 Entre tous ces esprits, lumiere de ce temps,
Qui en lieu d'un Hyver font renaistre un Printemps
Par les fleurs de leurs vers, chantres de vostre gloire,
 Recevez mon present, s'il vous revient à gré,
C'est mon cœur humblement à vos pieds consacré;
Estant vaincus par vous, il aura la victoire.

LE MESME LA COUDRAYE, A E.
PASQUIER.

PAsquier, l'oracle saint du grand Senat de France,
Vos graces qui n'ont rien au monde de pareil,
Tiendront-ell' à mespris qu'au jour de leur Soleil
J'ose approcher l'obscur de ma foible ignorance?
 Si le flambeau du Ciel en sa claire apparence
Librement monstre à tous, les rayons de son œil,
Et si d'un antre umbreux, caverne du sommeil,
On peut voir la clarté du jour en asseurance :
 Vous que le Ciel forma sur le pourtrait de Dieu,
Si la facilité trouve en vous quelque lieu,
Permettez-moy de grace œillader vos lumieres :
 Et ne soyez fasché si de vostre beau nom
J'honore mes escrits; la perle de renom
S'enchasse bien souvent en moins riches matieres.

LA MAIN
ou
OEUVRES POËTIQUES.

A MESSIRE BERNARD PREVOST,

SEIGNEUR DE MORSAN, CONSEILLER DU ROY AU CONSEIL d'Eſtat, & ſecond Preſident en la Cour de Parlement de Paris.

PEndant que d'une main heureuſement propice,
Mon PREVOST combattoit dedans le champ Troyen,
Pour aſſeurer, hardy, le pauvre citoyen,
Encontre la fureur de l'indomptable vice,
Maint bel eſprit picqué d'une ſainéte avarice,
Maint bel eſprit poulſé de l'eſprit Delien,
Voulut avecq' ſes mains contribuer du ſien,
Pour faire à une Main ce ſuperbe édifice.

Ne vous eſmerveillez, ſi ce divin troupeau
Vous fait ores preſent de ce rare tableau,
PREVOST, qui le patron de la grand' Themis eſtes:
Car chez qui ſçauroit-on loger plus nettement
Cette Main que l'on a loüée ſaintement,
Que chez celuy qui a les mains ſaintes & nettes?

E. PASQUIER.

LA MAIN
OU
OEUVRES POËTIQUES,
Faits sur la Main d'Estienne Pasquier, aux Grands Jours de Troye, 1583.

APOLOGIE DE LA MAIN PAR PASQUIER.

'On disoit anciennement que l'Afrique produisoit tousjours quelque chose de nouveau : quant à moy, il me plaist de dire que ce sont les Grands Jours : tesmoins ceux de Poitiers de l'an 1579. tesmoins ceux de Troye n'agueres passez en l'an 1583. Ceux-là ayans produit une infinité de belles inventions sur le sujet d'une Puce ; ceux-cy, sur un objet qui n'estoit point, je veux dire, sur une main non peinte : & l'un & l'autre d'un mesme motif. Au regard de la Puce, ell'a pris son vol par la France ; quant au Tableau dont est question, l'histoire merite d'estre racontée. La fortune a voulu que Pasquier, Advocat au Parlement de Paris, estant aux Grands jours de Troye, sous la conduite de Monsieur le President de Morsan, personnage de tel merite & recommandation que chacun sçait, ayant rencontré un excellent Peintre Flameng, delibera de se faire pourtraire par luy. Et comme il dressoit le premier crayon, Pasquier ne sçachant comme il estoit peint, dit au Peintre qu'il luy fist tenir un livre en ses mains, & non des gans. A quoy luy fut respondu par le Peintre, qu'il y venoit à tard, & que le coup estoit jà frappé : d'autant qu'il l'avoit representé sans mains. Et comme l'esprit de celuy qu'on pourtrayoit, n'est gueres oiseux, mais né pour faire son profit de tous argumens qui luy viennent à gré, il dit lors à ceux qui estoient presens, que ce defaut luy avoit sur le champ apporté l'invention d'un Distique : & de fait, dés l'instant mesme, le Peintre le tenant encores arresté, il fit ces deux vers, qu'il pensa devoir faire compagnie à son tableau.

Nulla hic Paschasio manus est, lex Cincia quippe
Caussidicos, nullas sanxit habere manus.

Tellement qu'il representa aussi-tost la naïfveté de son esprit, comme le Peintre celle de son visage. Là quelques-uns ayans veu ce crayon representer au vif celuy que l'on avoit pourtrait, dirent au Peintre qu'il avoit si heureusement rencontré, que si ce tableau estoit mis en rostre, il y en auroit plusieurs autres ausquels il prendroit aussi envie d'estre peints. Luy, soucieux de son gaing & de son honneur tout ensemble, ayant adjousté la derniere main à ce Tableau, l'expose un jour à sa boutique aux yeux de tous. Ce pourtrait est veu par quelques passants : on y recognoist Pasquier au visage, & son esprit par ses deux vers. Il se fait (si ainsi voulez que je le die) une procession l'espace de vingt & quatre heures : aux uns agreant le visage, aux autres le Distique. Et comme les esprits des hommes sont divers, tout ainsi que Pasquier s'estoit dispensé de se joüer sur son pourtrait, aussi chacun diversement se donna loy & loisir de le blasonner. Entre autres, Maistre Antoine Mornac, Advocat, homme docte & d'une belle promesse, grand amy de Pasquier, donna le premier, carriere à son esprit sur ce tableau, par un Epigramme dont la teneur s'ensuit :

Paschasio pictis manus est occulta tabellis,
Ut nec eget sterili muta tabella, manu :
Sed qui Paschasium dubiâ de lite moratur,
Caussidicos binas discit habere manus.

C'est Epigramme est apporté à Pasquier par Mornac : toutesfois parce que la beauté d'iceluy despendoit d'une conclusion qui estoit à deux ententes, & qu'en matiere d'Epigrammes, de deux sens, celuy qui picque le plus, est tousjours plus soigneusement recueilli, Pasquier ne voulut pas aisément laisser dormir sa debte sur le Soleil; mais comme il est homme qui ne craint rien tant que de se voir couché sur le papier journal des Marchands, aussi ne voulut pas demeurer redevable à Mornac que d'une nuit : à maniere que le lendemain au matin, il le salua de quatre autres vers, qui sont tels :

Esse manus nobis, verum non esse tabella,
Carmine duum Mornax ludit in ambiguo,
Luserit an Mornax, an mordax laserit, hercle
Nescio, sed tales vellet habere manus.

Ces carmes ne sont pas si-tost veus' que chacun en prend la copie ; & comme si par eux on eut sonné le tocsin, il y eut une infinité de beaux esprits qui commencerent à qui mieux mieux de joüer des mains pour Pasquier. Il n'est pas que le mesme Mornac ne s'y soit aussi enroulé, comme les autres, ayant fait une belle monstre de leurs esprits en vers Latins, & quelques-uns en Grec je n'ay voulu supprimer. Tellement qu'il semble qu'en la ville de Troye se soit retrouvé le Cheval Troyen, non pour produire des Capitaines à sa desolation & ruine, mais

Rrr iij   plusieurs

Apologie de la Main.

plusieurs braves Poëtes à son exaltation & honneur, lesquels il semble qu'Apollon qui favorisa tousjours le parti Troyen, eust couvé jusques à huy, pour les esclorre à poinct nommé. Et qui est chose esmerveillable & qui ne doit estre escoulée sous silence, c'est qu'entre six ou sept vingts qu'Epigrammes, que Sonnets, Odes, Elegies, vous y en trouverez bien peu qui simbolizent en inventions, ores que leurs autheurs ne se soient mis en bute qu'une Main. Que si peut-estre vous y en trouvez, ne pensez pas pour cela que ceux qui ont escrit les derniers, ayent rien emprunté des autres, dont ils n'avoient veu les ouvrages: n'ayans les premiers sur eux autre avantage que d'un certain droit de prevention. A maniere que les derniers peuvent icy faire le souhait qu'a fait autrefois le mesme Pasquier au Apollon au cinquiesme de ses Epigrammes sur un propos sinon en tout & par tout semblable, pour le moins non du tout dissemblable, parlant des anciens avec lesquels, de fois à autres, il s'estoit peu rencontrer en quelques pointes:

- - - - - - - *Dij malè perdant*
Antiquos, mea qui præripuére mihi.

Je sçay bien que quelques esprits sombres & visqueux trouveront icy assez de subjet pour se joüer sur la main d'un Advocat: & me semble desja voir quelque sot qui voudra contrefaire l'habile homme, lequel dira qu'il ne faut point trouver estrange que toute cette compagnie se soit liguée pour blasonner une main comme estant matiere qui luy est assez familiere & dont elle se sçait mieux aider: & que encores ceux qui ont icy escrit ne tomberont jamais en l'accessoire du Cordonnier, lequel aprés avoir controulé les souliers representez dans un tableau d'Apelle, voulant outrepasser ce qui estoit de son art, fut arresté court par ce grand Peintre, luy disant qu'il ne falloit point qu'un Cordonnier jugeast d'autre chose que du soulier: car au contraire les Advocats sçachans combien vaut la main, auront peu rendre certain jugement du Tableau, si la main y a esté à bonne raison obliée. Mais à ces Misanthropes & Lutons, s'ils estoient dignes de nostre colere, je respondrois volontiers qu'il n'y a rien qu'ils doivent tant craindre que la colere d'un Advocat: d'autant qu'il a, comme l'on dit en commun proverbe, bec & ongles pour se deffendre. Et combien que telles taulpes cachées ne se meritent, si est-ce que par une Charité Chrestienne, je les veux exhorter de prendre conseil de Platon, lequel advertissoit tout homme de ne s'attacher aisément à celuy qui avoit l'esprit en main pour se ressentir d'un ouvrage. Disant que ce fut la cause pour laquelle Minos Roy de Crete fut aprés sa mort representé pour juge des enfers à la posterité. Parce que comme ainsi fut de son vivant il eust affligé par guerres continuelles la ville d'Athenes qui abondoit en grands Orateurs & Poëtes, aussi les Atheniens ne pouvans recognoistre de mieux l'obligation qu'ils avoient à luy que par leurs plumes, soudain qu'il fut decedé, ne le peurent honorer de plus beau titre que de le faire juge des ames damnées. Et le semblable firent presque nos Ecclesiastics, contre la memoire de ce grand Advocat du Roy Maistre Pierre de Congneres, qu'ils logerent en un petit recoin de leur Eglise, sous le nom de Maistre Pierre du Coignet: pour avoir esté le premier autheur de reduire leurs jurisdictions au petit pied. A quel propos tout cecy? Pour apprendre à ceux qui pour ne pouvoir rien de bien, ne sçavent autre mestier que de mal parler, qu'ils examinent trois & quatre fois leurs consciences avant que de s'ahurter mal-à-propos contre la main des Advocats. Le Poëte a la main seulement pour rediger ses conceptions par escrit: le Prescheur a pour son lot & partage, la langue: mais l'Advocat, par une prerogative speciale, a l'une & l'autre pour s'en prevaloir. C'est pourquoy il faut apporter de grandes circonspections & regards, avant que de le vouloir attaquer. Au demeurant, aprés avoir remué toutes sortes d'advis à pastmoy, je ne voy nul en nul estat qui ne soit bien aise d'exercer sa main à son advantage. Soyez prés des Roys,

Princes & grands Seigneurs; soyez gendarme, tresorier, medecin, marchand, artisan: chacun diversement est bien aise de faire sa main, les uns plus, les autres moins. Et ne voy point pourquoy on doive plustost faire mal son profit de la Main, au prejudice de l'un que de l'autre. Car pour parler franchement & sans aucune hypocrisie, la Main est proprement un Polipe qui se transforme en autant de couleurs en nous, comme sont divers nos esprits; d'autant que nous usons de nos mains comme de nos esprits. Qu'elles soient accompagnées d'un noble entendement, de quelque estat, qualité & condition qu'il soit, il exercera noblement les fonctions d'icelles: si d'un esprit vilain & avare, tout le contraire. Et le semblable se trouve en elles és loüanges ou improperes, qu'elles peuvent recevoir. Parce que le noble esprit trouvera tousjours prou d'argument & sujet pour la solemniser, & le sot pour la vilipender par ses escrits. C'est comme une espée qui non seulement tranche des deux costez, mais qui peut rapporter autant de bien que de mal. Ce qui est presque commun à toutes choses de merite. És grandes Citez esquelles abondent les vertus, aussi s'y trouvent les grands vices. Y a-t'il rien au monde qui apporte plus de profit que la langue? Y a-t'il rien qui procure plus de nuisance? Et sans m'arrester à un seul membre de l'homme, prenons cest homme en son general: y a-t'il animal au monde qui produise ny de meilleurs, ny de pires effects que luy? Chose qui occasionna mesmement les anciens de dire, que l'homme estoit à l'homme un Dieu: puis tout à coup que l'homme estoit à l'homme un Loup. Aussi ne faut-il point trouver estrange que la Main soit en nous un outil qui produise du bien & du mal en extremité, puis que ses operations sont extremes. Et neantmoins si faut-il que l'on m'accorde qu'entre tous les membres de l'homme, il n'y en a point de tant utile & necessaire que cettuy. La Main est celle qui prend les armes offentives & defensives pour nous, celle qui est ascher des gardes de nostre corps, & que nous opposons devant le chef pour le garder de mesprendre, quand dans les tenebres de la nuit nous allons à tastons; celle qui enseigne à l'aveugle les chemins à l'aide d'un baston. Par elle l'on bastit les maisons, par elle on cultive les champs & les vignes: elle nous fournit de vestemens tant en estofes que façons, nous administre le boire & le manger pendant nostre santé; & en nos maladies, les medecines. Sans elle, les loix & les sciences liberales demeureroient ensevelies dans le cercueil d'oubliance. Par le seul objet de la Main, nous trouvasmes la premiere cognoissance des nombres: & sur ce mesme modelle nous apprenons les premiers rudimens de la Musique. Afin cependant que je ne sasse estat de ceux qui pensent que dans nostre Main comme dans un miroüer nous pouvons considerer nos fortunes tant passées qu'à venir (dont s'est insinué entre nous cest art de Chiromancie) le Prescheur ou Advocat feroit une peinture relevée en bosse seulement, si avec le fredon de sa langue il ne joüoit aussi des mains: & certainement non sans cause; car la main a je ne sçay quels gestes par lesquels elle represente toutes les passions de nos ames, ores une affliction & douleur, ores un ais & contentement, tantost une menace & colere, tantost une soubmission & obeïssance: brief elle seule, en nous, parle sans parler. C'est, à mon jugement, pourquoy ce grand Orateur Ciceron se reputoit à grand honneur de pouvoir rendre en autant de façons de bien dire, tout ce qui estoit diversement representé par ce grand Comedien Roscius: celuy-là usant de sa langue, & cettuy principalement de ses mains. C'est aussi pourquoy Demosthene attribuoit les premieres, secondes & troisiesmes parties de l'Orateur à l'action, comme si le principal air de l'oratoire despendoit singulierement des mains. Je n'ay pas presentement dit sans cause qu'elles parloient sans parler. Car s'il vous plaist considerer ce qui tombe en commun usage, sans fouiller si avant dedans l'art de ceux qui haranguent au public, vous trouverez que par le ministere d'elles nous pouvons appeller, sans mot dire, ceux que voulons venir

nir à nous : & au contraire, faire arrester tout coy celuy qui s'y acheminoit : par le mesme ayde, l'homme qui a quelque asseurance de soy, se sent estre loüé ; & celuy qui en a défiance, vituperé, le tout sans l'usage & entremise de la langue, lors que l'on le monstre au doigt. Et les anciens, par l'applaudissement de leurs mains, donnoient à cognoistre le contentement qu'ils avoient receu des jeux representez devant eux. Quoy plus ? Le muet ne se rend pas moins entendible par les signes de ses deux mains, que celuy qui par un caquet affilé nous rompt la teste & les aureilles. J'adjousteray à tout cecy que non seulement és choses temporelles la main produit d'effects esmerveillables, mais aussi aux spirituelles : esquelles nous revoquerons l'imposition de la Main pour la promotion à la dignité Episcopale. D'elle nous recevons interieurement les benedictions exterieures de nos Prelats. Et encores que la seule parole de Dieu fust suffisante pour effectuer ses miracles, si y voulut-il apporter à plusieurs, l'attouchement de la main. Il n'y a celuy de nous qui ne sçache de quelle puissance est le cœur, és prieres qui se font en l'Eglise. Et neantmoins encores y avons-nous voulu apporter les mains jointes. Voire que sans icelles il sembleroit que nos prieres fussent de peu de merite, comme nous apprenons de ce grand amy de Dieu, Moyse, lors qu'au milieu des afflictions publiques de son peuple, il luy falloit soustenir ses bras las, afin de les tenir tousjours eslevez au Ciel, pour ne rendre l'oraison qu'il faisoit à Dieu, sans effet. Et en cette miraculeuse guerison des escrouëlles, octroyée par Dieu de tout temps & ancienneté par une singuliere prerogative à nos Roys, qui est celuy qui ne voye que l'interposition de la main y fait la principale operation ? Dont s'est insinué ce commun parler entre nous, par lequel nous disons nos Roys devoir toucher les malades, lors qu'ils se voüent à les guerir. Il faut vraiment que nous tous unanimement confessions que la langue est de grande efficace en nous, mais non de telle que la main. Car ses effects sont passagers, & se passent (si ainsi le faut dire) au tour de l'oreille. Mais quant à la main, c'est un vray instrument, par lequel nous enchassons nos œuvres au temple de l'immortalité. Aussi a-t-elle telle simbolisation avec l'esprit, qu'ordinairement nous confondons les fonctions de l'une & l'autre ensemblement. Voire qu'il seroit fort mal-aisé de juger lequel des deux est plus redevable, ou de la main à l'esprit, ou de l'esprit à la main : s'entretenans d'une telle liaison ensemble, comme les roües d'un horloge avec les contrepoids de plomb. Et qui est une chose qu'il ne faut passer sous silence, c'est que la main a esté trouvée de telle recommandation, qu'en nos plus belles actions, nous les y avons de toute ancienneté employées. De là vient que pour asseurer de nostre foy, celuy avec lequel nous contractons, nous mettons nostre main dans la sienne. Aussi trouvons-nous aux plus anciennes histoires de Rome, que le Roy Numa ayant basti un temple de la Foy, voulut que les Ministres de ce lieu officiassent, les mains toutes enveloppées jusques aux extremitez des doigts, denotans par là (si nous croyons à Tite-Live) que la foy se devoit trés-estroitement garder, & que son vray siege estoit establi en la main. De là que les anciens en leurs gonfanons par l'entrelas des deux mains signifioient la concorde : & aujourd'huy les amans, l'amour qu'ils ont à leurs maistresses : de là, qu'en la solemnisation du mariage, l'on met l'anneau conjugal en l'un des doigts de son espouse : de là, à peu dire, que quand le Juge veut assermenter une partie ou tesmoin, pour tirer d'eux une verité, il leur fait lever la main, & ailleurs la faut mettre sur les Evangiles. De sorte que si (tout ainsi que l'Egyptien) il nous estoit permis de mettre en usage quelques lettres Hierogliffiques, je pense qu'il n'y en eut jamais de plus celebre que la main, par laquelle on peut refigurer la Foy, la Concorde, l'Amour, la Verité, & encores la Liberalité tout ensemble. Chose que nos ancestres cognoissans, & specialement combien elle estoit necessaire à l'usage commun, tout ainsi que je vous ay presentement discouru en combien de manieres se diversifioit sa vertu, aussi la diversifierent-ils en une infinité de formulaires de parler: De là est venu que nous disons : tenir la main à une entreprise pour la favoriser : avoir les mains nettes, pour estre homme de bien : faire sa main, pour s'enrichir : laver ses mains de quelque faute, pour s'en excuser : venir aux mains, pour venir aux prises : joüer des mains, pour se battre : donner confortemain, pour aider : adjouster la derniere main, pour perfection d'un œuvre : tenir une chose sous main, pour cachée : estre en la main de quelqu'un, pour, en la puissance : main-mise, pour saisie : manumission, pour affranchissement : gens mainmortables, pour serfs & esclaves : & encores gens de mainmorte condition, comme sont les Ecclesiastics, qui ne peuvent prendre immeubles, sans le congé de leur Prince, ny les rendre sans l'authorité de leur superieur : mettre la main à l'œuvre, pour s'employer : aller contre un ennemy à main forte, pour, à grande puissance : mettre la main sur le colet d'un homme, pour, le constituer prisonnier : tout d'une main, pour, tout d'une suite : baiser la main, pour saluer. Le temps mesmes ne s'est peu passer sans emprunter d'elle quelque chose, lors que nous disons, de longuemain, & encores tenir une chose de main en main, c'est-à-dire, d'une longue traite de temps, ores qu'elle ne soit escrite, comme sont les anciennes Traditions de l'Eglise. Et s'il faut passer plus avant, les chemins luy sont redevables, quand nous les enseignons par la main droite ou la gauche. Brief, le Ciel mesme y a voulu avoir part, lors que nous recognoissons quelques-uns sentir la main de Dieu, voulans exprimer son courroux. Adjousteray-je que les trois poincts de tout le monde, dont les quatre font le tout, mandient les exercices des mains, quand nous appellons les artisans manœuvres ; ce qui est sorti de leur art, Manufactures ? Voire que la Medecine qui fait part & portion des arts Liberaux, ne s'en est peu exempter : d'autant que nous appellons une partie d'icelle, Chirurgie, parce qu'elle gist en l'operation de la main. Brief, il n'y a rien qui soit destiné à exercer entre nous, tant de liberalitez, soit à bien faire, ou bien dire, comme la main. Qui fait que nul ne doit trouver de mauvaise grace, que tant de personnages d'esprit se soient ingerez à celebrer une main. Je ne diray point si celle pour laquelle on s'est employé, le meritoit ou non : si n'y a trente ans que la France à peu cognoistre ce qu'elle peut faire en divers subjets. Bien vous diray-je que toutes ces nobles inventions estans tombées entre mes mains, j'ay pensé de vous en faire part : non tant pour favoriser la main pour laquelle on a escrit, que pour ne faire tort à toutes ces braves mains, qui l'ont voulu honorer. Et à tant d'estimeray-je (Lecteur) que je te les represente en ce lieu, non selon le rang & degré des personnes (n'estant entré en nulle cognoissance de cause de leurs grades & qualitez) mais selon l'ordre que ces gayetez ont esté données, ou que j'en ay fait le recueil. T'advisant au surplus que je n'entends te les presenter, sinon de tant & entant qu'il te viendra à gré de les lire.

AD STEPHANUM PASCHASIUM CLARISS.
Jurisconf. & in Senatu Parisiensi Patronum.

PAschasi, accipe rem novam & stupendam,
   Quam vix credere præ stupore possis:
Quotquot carmina, de tuis, Poëtæ,
Non pictis manibus tibi dicarunt,
De te promeruisse quos fateris,
Obstricti tibi sunt & obligati,
Ut qui quotidie tuam salutem,
Commendent superis, necesse ne sit
Imis carmina Manibus sacrare,
Sanctis quæ manibus tuis sacrarunt.

ADRIANUS TURNEBUS.
Adriani Magni filius.

AUX
INGENIEUSES MAINS,
Qui ont honoré la Main de Pasquier de leurs vers.

LE Peintre, qui dans son tableau,
Cacha mes doigts sous le rideau,
Traçant seulement mon visage,
Bien qu'il ait appresté à maints
Subjet de parler de mes mains,
Ne fit onc un si bel ouvrage.
   Il ne m'a pas ainsi retrait,
Pour ne pouvoir par ce pourtrait,
Figurer une main trop rare
(Comme aucuns ont voulu toucher)
Moins encor voulut-il cacher
La pudeur d'une main avare.
   Tout cela sont vains escrits,
Dont se paissent les beaux esprits,
Aux despens de ma pourtraiture:
A l'un attaindre je ne puis,
L'autre noblement je le fuis
Comme une detestable ordure.
   Mais bien d'un brave jugement,
Ce Peintre voila sagement,
Mes mains flouëttes & non dignes,
Ne les voulant representer,
Afin de ne les confronter,
Encontre tant de mains divines.
   Ou bien peut-estre le hazard,
Mille fois plus sage que l'art,
Le reduisit en ceste faute,
Pour sur le tableau de vos vers,
Faire courir par l'Univers
Quelque pourtraiture plus haute.
   C'est pourquoy tant de bons esprits,
Ainsi comme en un jeu de pris,
Poinçonnez d'une saincte flame,
Voulurent par leurs beaux desseins
Donner à mon pourtrait des mains,
Ainçois à mon pourtrait une ame.
   Ainsi l'un se donna la loy
De loüer la sieure à part soy:
Et l'autre, d'une plume riche,
Peut-estre prendra le loisir
De trompeter à son plaisir,
Quelquesfois une face chiche.
   L'autre, d'un carme triomphant,
Fit d'une mouche un elephant:
Si premier autheur je ne fusse,
Je vous raconterois qu'ainsi
Aux Grands Jours de Poictiers aussi,
On voulut celebrer la Pusse.
   Ainsi d'un ravissant discours,
Voulant honorer nos Grands Jours
(De Troye la saincte seance)
Avez pris d'une forte main,
Par un non usité chemin
De ma foible main la deffence.
   Vous tous par un loüable jeu,
Vous tous par un loüable væu,
Attachez à ma main des aisles,
Pour luy faire prendre son vol,
De l'un jusques à l'autre pol,
Ainsi qu'à vos mains immortelles.
   Comme par le heurt de l'acier
Encontre le caillou grossier,
On tire une courte flammeche,
Laquelle croissant peu à peu,
Espand puis aprés un grand feu,

A Quand elle tombe en bonne meche,
Heurtans vos delicats esprits,
Encontre le mien mal appris,
Vous alambiquez des bluettes,
Dont vos beaux papiers allumez,
Vos cœurs chaudement enflammez,
Produisent un feu de Poetes.
   Qui d'un meilleur enclin guidez,
Qui en soy hautement guindez,
Pendant qu'ils feignent de pourtraire
La main qui ne l'a merité,
Gravent dans l'immortalité,
De leurs mains le vif caractere.
   Ainsi que la main de Zeuxis,
Pour peindre une beauté de prix,
Vers mille beautez fut guidée:
Vous aussi d'un mesme discours,
A mille mains avez recours,
Pour former d'une main l'idée.
   Ce n'est point sans plus mon pourtrait,
Qui à ce subjet vous attrait,
C'est le dieu, c'est le dieu Cynthie,
Pere des esprits les mieux nez,
B Qui vous à vers moy retournez,
Sous le nom de la loy Cynthie.
   Heureux vraiment, heureux troupeau,
Qui au mont à double coupeau,
Puisastes cette belle envie,
Pour puis au giron de Themis
Faire teste à ses ennemis,
Et à la mal-gisante vie.
   De Phebus genereux guerriers,
Vous ceignez vos fronts de lauriers,
Terrassans sous vos pieds la vice,
Monstrans que le brave Advocat
Ne fait point de l'argent estat,
Ains d'une plus noble avarice:
   Que de soy-mesme guerdonneur
Il fait estat de son honneur,
Qu'à ce but rien ne le convie,
Sinon l'amour qu'il a de soy,
Et non cette fantasque loy
Que l'on appelloit la Cincie.
   Peintre, ainsi comme tu me peints,
L'advocat doit estre sans mains,
Non pas pour du tout rien ne prendre,
C Ainçois par honnestes moyens,
En bien deffendant ses Cliens,
De la pauvreté se deffendre.
                   E. PASQUIER.

Nulla hic Paschasio manus est, lex Cincia quippe
Caussidicos nullas sanxit habere manus.
                   STEPH. PASCHASIUS.

Pasquier n'a point icy de mains; car la Cincie
Veut que les Advocats, sans mains passent leur vie.
                   E. PASQUIER.

Paschasii faciem exprimit ista tabella; sed unus
Paschasius, binis versibus, ingenium.
                 NICOLAUS VIGNIERIUS.

Le Peintre exprime icy de mon Pasquier la face;
Mais Pasquier, par ces vers, de son esprit la Grace.
           NIC. VIGN. Autheur de la Bibliotheque
           Historiale.

Nulla hìc Paschasio manus est, lex Cincia quippe
   Caussidicos nullas sanxit habere manus.
Sed qui Paschasii doctissima scripta revolvet,
   Paschasio cultam sentiet esse manum.
Nic. Vignierius.

Paschasio pictis manus est occulta tabellis,
   Ut nec eget sterili muta tabella manu.
At qui Paschasium dubiâ de lite moratur,
   Caussidicos ambas discit habere manus.
Antonius Morn.

Esse manus nobis, verùm, non esse tabellæ,
   Carmine dum Mornax ludit in ambiguo,
Luserit an Mornax, an Mordax læserit, hercle
   Nescio, sed tales vellet habere manus.
Steph. Paschasius.

Mornaci eripuit duplicem qui carmine palmam,
   Paschasium nullas credis habere manus?
Hieron. Seguierius.

Ambas dico manus, non ut te carmine lædam,
   Musa tibi fœtus obtulit ante meos.
Sed quem tanta quatit cupidissima turba clientum,
   Cur ambas refugis quas tibi fingo manus?
Anton. Morn.

Tuus Vulcotius comes forensis
   Gravatur numeros meos priores,
Quod vulgi subeant forensis aurem,
   Atque in caussidicos vibrentur omneis.
Sed cur Scævola tantus invideret
   Musæ rusticulæ ac ineptienti?
Quæ solers movet advenas forenses
   Ne quæ Cincia tandiu sepulta est
Revixisse putent tuâ tabellâ,
   Mercedemque suo auferant patrono,
Ut si Cincia denuò vigeret.
A. Mornac.

Paschasio non ficta manus, nam picta fatiscunt
   Sed juri, historiæ, caussis, Musíque dicatur
Vera manus, quam non potis est abolere vetustas,
Petrus Lacteus.

Quidnam opus est pictura manus ut reddat inertes,
   Si modò picta manus munera nulla capit?
Qui lingua & ratione potest subducere nummos
   E Loculis, nunquam substrahat ille manu.
Paschasio dedit hoc linguæ facundia, nummos
   Elicere, ergo illi tolle manum è tabula.
Sic quod Cincia lex prohibet, facundia reddit,
   Porrigat ut digno munera digna cliens.
Philip. Gilotus.

Parcite patroni, pictorem Cincia nulla
   Absque manu monuit pingere Paschasium.
Cùm dulces oculi, velutique loquentis imago,
   Cùm reddenda fuit vera figura viri.
Protinus id facilem manus est imitata per artem,
   Redditaque est membris gratia quæque suis.
Ast ubi divinas & grandia scribere doctas
   Paschasij pictor venit ad usque manus,
Hærens: Rebar, ait, mortales pingere palmas,
   Divinas frustra cur ego tento manus?
Janus Jacquerius.

Pictor Paschasium vafer tabellâ
Dum vult exprimere, & parentis artem
Naturæ exmiâ æmulatur arte,
Seu durum fugit, aut malignus ultrò est,
Subduxit geminas manus tabellæ, &
Extremam hanc adimens manum labori,

A Binas Paschasio manus ademit.
   Dij, quantùm salis & facetiarum!
Nam qui Paschasio manus negarat,
   Patronum lepidâ jocatus arte,
Mercedem petit, & patente dextrâ.
Pictor postulat, ut det æra pictus
Jam manu careo (reclamat ille)
Mecum desine: quid manu carentem
Nec quicquam premis, ut petita solvat?
Non dat qui manibus caret negatis.
Sic tu scævola summoves agentem,
Et fraudem artificis retundis arte.
Qui suum tibi calculum negarit?
Quo sub judice non solutus ibis?
Hieron. Seguierius.

Opprimar indictâ sub iniquo judice caussâ,
   Nil nisi Paschasium pingere pactus eram.
At quas nostra, manus non est complexa tabella,
   Asseruit dudum Calliopeïa sibi.
Franc. Ducatius.

B Qualis Atlantæo quondam est data forma nepoti,
   Quem truncare manu voluit veneranda vetustas,
Virtus facundæ quia conficit omnia linguæ:
   Talis Paschasio est hodie, qui Gallicus Hermes,
Interpresque Deûm, immortalibus abdita chartis
   Exeruit, numerísque favos aspersit Hymeti,
Qui legum latebras, doctus qui novit & artes,
   Omnia Mercurio similis, corpúsque, manúsque.
Omnis in Herculea, stat fortis dextera, lingua.
Hieron. Seguierius.

Paschasij effigies manibus viduata disertis,
   Cunctorum doctas movit in arma manus.
Nec tamen ut manibus caruit, sic viribus illa,
   Centimani tabulam dixeris esse Giæ.
Nam quot in insontem torserunt tela figuram,
   Tot sensere habiles Paschasio esse manus.
Idem Seg.

Pictor fingere dum cupit Patronum,
   Ambas caussidico manus ademit:
Istud non malè si cliens fuisset.
Jac. Pincæus.

C Hidram quis neget hanc manum? recisa est:
   Vulnus centimanum facit poëtam.
Idem Pincæus.

Paschasium, mihi jam credas, tu carmine vinces,
   Zoïle, non animos res nova terruerat.
Caussidicum tua vis sternet, non fortia pugnæ
   Pectora Phœbϙæ fert sua canicies.
Temporibus dare se formidat vivida canis
   Gloria, nec pugnax est senis ingenium.
Pincæus.

Jure tibi duplices palmas quod pictor ademit,
   Jure tibi quod dat Musa togata manus.
Jure illinc duplices referes me judice palmas,
   Quod tibi nulla manus, quod tibi docta manus.
Pincæus.

Inter mille tibi datos honores,
Si te scommate molliter repungunt,
Æqui consule Paschasi, triumphos
Inter, Julius audiit benignè
Quæ dicteria milites ferebant.
Pincæus.

D Paschasium moneo timeatis adire clientes;
   Pro demptis varias mille habet ille manus.
Caussidicos potius dubia de lite poëtas
   Consulite, hi Stephano quippe dedêre manus.
Pincæus.

Non pictor, tibi dant manus Patroni,
Pestis, pernicies, ruina legum:
Cur non vos ira nominem Patroni?
En cui Cincia lex manus negabat,
Omneis caussidici manus dederunt.
PINCÆUS.

Ad Janum Bonefium.

Et tu, mi Bonefi, silebis ergo,
Nec fictam tabulam voles amici
Veris blanditiis suaviari,
Qui te plus oculis suaviatur?
Vah mihi pereat tabella tota.
Hanc volo celebres, & osculeris,
Istis molliculis tuis phalencis,
Istis mellifluis tuis labellis,
Huic addas animam manusque binas,
Quin addas potius manum supremam,
Hoc tu ni Bonefi tenelle faxis,
Vah mihi pereat brevis tabella,
At tibi pereat Neæra bella.
STEPH. PASCHASIUS.

Desine mirari, Lector, cur dempserit ambas
Paschasio patri picta tabella manus.
Des aliam, pictor, qua prodet filius amplas,
Nempe agit hic juvenis, consulit ille senex.
CLAUDIUS DELIUS.

Quas non vult pictor temerè indulgere tabellæ,
Intererat certè, hanc non habuisse manus,
Scilicet huic ambas tanto cum fœnore palmas
Redditis, ut centum nunc gerat illa manus.
Agnovit pictor (nec eum spes vana fefellit)
Artis id esse, manum tollere de tabula.
STEPH. PASCHASIUS.

Picturam mutam, quis jam neget esse poësim,
Cum nova mille novos pariat pictura poëtas?
ANTONIUS ARNALDUS.

Oblatos ultro quæ spernit sumere nummos,
Verè est caussidici prodigiosa manus:
Ergo manum pictor meritò substraxit inanem,
Quæ quia nil caperet prodigiosa foret.
IDEM ARNALDUS.

Ta main dont les doigts hardis,
Pasquier, oserent jadis
Dessus la gorge divine
D'une Dame Poitevine
Punir la temerité
D'un animal tant chanté;
Et qui de ceste victoire
Prenant la premiere gloire
Fit renommer en ses vers
La Puce par l'univers,
D'une façon plus nouvelle,
Se rend ores immortelle,
Et dans un simple tableau
Acquiert un honneur plus beau,
Honneur lequel, je m'asseure,
Vivra plus que ta peinture.
Pasquier, en somme, ta Main
A double titre divin,
Titre bon & authentique.
Brief, en termes de pratique,
Elle a, comme ton esprit,
L'immortalité prescrit.
GILLES DURANT.

Le Peintre qui si bien a tiré ton visage,
Mon Pasquier, de ces traits s'est voulu contenter,
Pour seulement au vif à tous representer

A Tes yeux, ton nez, ton port, ta bouche & ton corsage.
Il a bien fait & mieux, quand il n'a voulu sage
Sur tes divines mains aucun trait attenter,
Sçachant combien de tous elles se sont vanter
Assez peintes ès traits de leur disert ouvrage.
Qu'eust aussi fait ce peintre à te donner des mains
Telles que peut avoir tout autre des humains,
Si par elles, Pasquier, on ne t'eust peu cognoistre?
Non, il jugeoit accort que d'un crayon plus beau
Ta main se tireroit au bas de ce tableau,
Et se feroit trop mieux en tes doux vers paroistre.
NICOLAS DE GLISSENAUVE.

De qui est ce tableau, de qui est ce visage,
De qui est ce sourcil bravement eslevé,
De qui est ce beau front où l'on voit engravé
Le semblant plus qu'humain d'un trés-noble courage?
Vrayment voilà Pasquier, ouy, voilà son image,
Je recognois ce front, & ce docte œil cavé,
Voilà tout son maintien si proprement gravé,
Qu'on pense que c'est luy, voyant ce bel ouvrage.
Mais il n'a point de mains: quoy? sont-elles cachées?
Non, elles n'y sont pas, elles sont empeschées
B A conduire un troupeau de mille beaux esprits,
Qui d'une sainte ardeur nouvellement espris
Tirent vers Helicon pour aller à la suite
Des neuf sœurs de Phœbus sous sa seure conduite.
GILLES DURANT.

Pasquier, l'on t'a pourtrait de deux crayons divers,
Ta face est au tableau vivement animée,
Ta main divinement est pourtraite en tes vers;
Pasquier, ta main sans doute est la mieux exprimée.
Le mesme DURANT.

Pictori frustrà querimur licuisse sagaci
Paschasio nullam pingere velle manum.
Prævidit cunctis id nempe licere poëtis,
Huic operi doctas post abhibere manus.
O quàm pictori licuit bene, quamque poëtis:
Non picta ut tales mille det una manus.
NICOL. GLISSENAUVE.

Hic quod Paschasio manus absit, desine Lector
Mirari, non hanc Gallia tota capit.
Abdita quæ Gallis totoque recondita pandit
C Orbe, hanc vis teneat parva tabella manum:
RENATUS BELLUS.

Sed quid id esse potest quod te malè Zoïle torquet,
Si nullas habeat picta tabella manus?
In mentem veniat, Pictoribus atque Poëtis:
Paschasius vates, pictor & alter erat.
JANUS VITELLIUS SENATOR.

Ha pauvres abusez, qui vous peut esmouvoir
De chercher au tableau les mains tant renommées,
Et en prose, & en vers, par tout tant estimées,
De mon Pasquier, ô sols pensez-vous les y voir?
Pouvez-vous ignorer que de tout leur pouvoir
Elles sont maintenant jour & nuit employées,
Fueilletans les papiers des plaintes desployées,
De tant de pauvres gens pour la justice avoir?
Tout ainsi que le sol qui cherche des freslons,
Pource qu'il ne les voit, des poignants aiguillons,
Ressent à leur regret leur cuisante pointure:
Ainsi trouverez-vous les mains que vainement
Irritez par vos vers, mains lesquelles vraiment
D Vous feront ressentir n'estre pas en peinture.
J. VEAU CONSEILLER.

Cygne gentil des volages amours,
Lors que plus gay de ta gorge divine
Tu nous chantas la Puce Poitevine,
Pour mieux t'ouyr, le Clain retint son cours.

Cygne

Cygne sans tache, honneur de nos grands Jours ;
Sacré buveur de l'onde Chevaline,
Ore la Seine à entendre s'encline
De ta candeur les plus graves discours.
   Le Clain mignard, la Seine triomphante,
Portent ta voix gratieuse & sçavante,
Et t'ombrageants de Mirte & de Laurier ;
   Icy, Phœbus ; là, Venus te renomme ;
Mais par accord l'un & l'autre te nomme
Docte, gentil, & doux-grave Pasquier.
                JACQUES DE PINCÉ.

  Tolle manus, Pictor ; qui non mortalia fingit
    Carmina, mortales non habet ille manus.
           J. FAYUS SPESSEUS Regius in Senatu
           Parisiensi Patronus.

IMITATION SUR LES VERS DE MONSIEUR
               d'Espesse.

Cettuy-là fut vraiment bien sage,
Lequel en peignant ton visage,
T'osta, mon Pasquier, les deux mains :
Ce peintre cognoissoit en somme
Que celuy n'a point de mains d'homme
Qui fait des escrits plus qu'humains.
                    J. SANNON.

AD TABELLAM PASCHASII AB ALTERO
          Parrhasio expressi.

Ergo sic bene vixeris, tabella,
Ut te vivere tot volunt Poëtæ ;
At ô pulchra cohors, boni ô poëtæ
Qui jam quæritis altiore versu
Cur hic Paschasio manus recondit
Pictor ille recens novæ tabellæ,
Vos inquam lepidi & cati poëtæ,
Quid tot funditis hinc & hinc camœnas ?
Quid vos sic ruitis calente pennâ
In artem celeres viri immerentis,
Ac si nescius ille reddidisset
Nostrum Paschasium alterum tabella ?
Quæso, avertite nunc manus profanas,
Picto à Paschasio manu carente,
Manus Doisii præstuantis
Illum tam bene pinxit & repinxit.
  Paulùm cernite ponat ut loquentis
Ora Paschasii sacro in Senatu,
Surgatque in tabula brevi sacratum
Quicquid Paschasius gerit labellis :
Illa est Parrhasii manus Venusque,
Quid in tot Veneres manus movemus ?
  Pictæ nil retinent manus ocellos,
Et quotquot veterum stupemus artes,
Vix spectare etiam manus avemus.
  Manus Paschasio suas relinquo,
Nefas quærere rursus in tabellis ;
Quippe effusa brevi manus tabellæ
Pictor detereret tuos honores,
Hæc me cura priùs nimis fefellit,
Ago Stesichorum, valete versus,
Si qui de manibus priùs fuistis.
  Vultum suspicio modò, ô sodales,
Patroni, quibus accinunt camœnæ,
Adeste, & tabulam, virumque amemus,
Nunquam Paschasio cadet tabella,
Illa & Parrhasii manu virebit,
Ope & Paschasii virebit illa,
Uterque & pretium feret tabellæ.
                  ANT. MORN.

GAYETÉ AU SEIGNEUR DE MARNAY.

Ores que tant de plumes belles
Desployent à l'envy leurs esles ;

A *Que mille & mille beaux esprits*
D'une saincte ardeur sont espris,
Et que chacun son feu allume
Pour rebatre une mesme enclume,
Tu chommes, Marnay, & ne veux
Allumer pour moy tes beaux feux,
Ains d'une excuse mal bastie
Tu te mets hors de la partie
Pour avoir l'esprit embroüillé
De ton valet qui a foüillé,
Comme tu dis, dedans ta bource,
Et puis a pris au vent sa course.
Hé vraiment je le croy ainsi,
Puis que tu le veux ; mais aussi
Je veux que pour contrebalance
Ayes en moy, mesme creance.
Si nature eust fait ton valet
Sans mains ainsi qu'est mon pourtrait,
Ou bien que la mesme nature
Luy eust fait des mains en peinture,
Croy-moy, Marnay, car j'en suis seur,
Tu fusses franc de ce malheur :
Cependant ton larron est digne
B *D'une punition insigne,*
Pour ne t'avoir pas enlevé
L'argent sans plus qu'il a trouvé,
Ains que tout d'une main il t'emble
L'or, la main, & l'esprit ensemble.
                  E. PASQUIER.

  Soudain que l'on eut veu le pourtrait de Pasquier
Et sans langue, & sans mains despourveu de defense,
Aucuns mal-advisez entrerent en la dance,
Voulants sur ce pourtrait sottement s'esgayer.
  Mais comme les lapins qu'on a veu tournoyer
A tirasser du poil, braver la patience
Du Lyon endormi, perdent toute asseurance
Et fuyent dans leurs trous, le sentant esveiller :
  Tels ceux que l'on a veu n'agueres sous faux gage
S'estre mal à propos joüez dessus l'image
De celui qu'ils pensoient dormir, en un moment
  Sont tous esvanoüys, sans que pas un d'eux ose
Recognoistre pour siens, ny ses vers, ny sa prose,
Depuis qu'ils l'ont senty remuer seulement.
          CLAUDE MARCEL Secretaire du Roy.

C *Ces Poëtes de nom qu'on lit à la passade,*
  Ces Colosses de mots, vuides par le dedans,
  Ces Paons écervelez qui se vont panadans,
  Ces joüeurs d'instrumens qui n'ont qu'une tirade,
  Ces empoules de vent enflées de bravade,
  Ces soldats bien armez & de langue & de dents,
  D'un effronté babil vont sans cesse mordants
  Le Genie d'un animé sans parade.
  Ces monts enfante-rats, ces hableurs enfumez,
  Ces fantosmes sans corps, ces corbeaux emplumez
  Médisent de nos vers dont la grace distille.
  Laissons, divin Pasquier, laissons-là ces vanteurs,
  Ces juges Phrigiens, ces Martens chanteurs,
  C'est trop peu que de vaincre une chose si vile.
                  JACQUES DE PINCÉ.

  Cette Venus qui d'Apelle fut faite,
Et à son peintre apporta tant de nom,
Cette qu'on bruit d'un immortel renom,
Si estoit-elle en son tout imparfaite.
  Ce fut vraiment une moitié complete,
Portant de l'art sur le front tout le bon :
D *Mais si moitié, c'estoit un demy don,*
N'estant Venus tout de son long pourtraite.
  Peignant mes vers, & sans mains mon pourtrait,
Le peintre a fait cent fois un plus beau trait,
Trait non encor' jamais veu, ce me semble.
  C'est ptu que cil qu'il a representé,

Mais un Enigme il vous a presenté,
Mes mains y sont, & n'y sont tout ensemble.
E. PASQUIER.

Je l'advoüe, Pasquier, le peintre est admirable
D'avoir mis & caché dans un mesme tableau
Des mains qu'il nous fait voir par un art tout nouveau,
En peignant tes escrits (ton vers inimitable.)
   Son defaut accompli sans excuse est loüable,
Car en laissant tes mains au bout de son pinceau,
Il nous fait voir tes mains & ta Muse agreable,
Qui ja volante au Ciel triomphe du tombeau.
   Pasquier, on ne vit oncq' une telle peinture
Que celle qui sans mains icy ta main figure,
Et peint avecques toy ton sçavoir plus qu'humain.
   Ce n'est point un enigme, & si tu la dis telle,
C'est la Sphinx d'industrie en un tableau d'Apelle,
Qui nous monstre sans doigts une parfaite Main.
JACQUES DE PINCÉ.

Si ce n'est un Enigme, & bien dy-moy de grace,
Dy-moy, Pincé, que c'est, d'autant que tout ainsi
Comme tu le voudras, je le voudray aussi,
Et gay je te suivray pas à pas à la trace.
   Le peintre voirement d'une meilleure grace,
Couvant dans ses desseins quelque plus haut soucy,
Nous fit non un Enigme, ains un miracle icy,
Que la posterité bruira de race en race.
   C'estoit un Dieu caché qui guidoit son pinceau,
Quand il cacha les mains de Pasquier au tableau,
Pour esclorre de vous ceste celeste envie,
   Qui par vos mains fait vivre une main qui n'est pas,
Qui fait que ceste main tout d'un mesme compas,
La recevant de vous, donne aux vostres la vie.
E. PASQUIER.

Le grand pere Ocean qui s'abisme en son onde,
Departant les tresors de son immensité,
Bien qu'il passe toutautre en liberalité,
Ne diminue en rien de sa rive profonde.
   Un flottant tribut de tous lieux se debonde
Des fleuves nourrissons, dont le cours limité
Retourne vers sa source, où d'un loz merité
Chacun prise ce Dieu qui le fait voir au monde.
   Pasquier nostre Ocean, nous sommes les ruisseaux
Qui sourdent empruntez du plus profond des eaux
De ceste docte mer qui dedans toy se range.
   Tu loues nostre azur qui hommage te flos,
Nous accordons l'honneur qui nous vient de ton loz,
On ne peut nous priser sans croistre ta loüange.
JACQUES DE PINCÉ.

Εἰς εἰκόνα Στεφ. Πασκασίν.

Ἄλλοι μὲν πολλοὶ κρατερὰς τὰς χεῖρας ἔχουσι,
Πασχάσιος κεφαλῆς μοῦνος ἔχει στέφανον.
ΛΟΔΟΙΚΟΣ Ο ΣΕΡΒΙΝΟΣ.

VERSIO DIST. L. SERVINI.

Prævalidis pollent manibus plerique, sed uni
Paschasio capitis docta corona quadrat.
JAC. FAVERELLUS Cogniacensis Santo.

Nulla manus tabulæ (nodum hunc mihi solvat Apollo)
Attamen innumeras hæc habet una manus.
STEPH. PASCHASIUS.

Peintre, qu'as-tu pourtrait? Pasquier. Tu n'as rien fait,
Il n'y a rien semblable entre tous les humains:
Je ne diray donc pas, ceste œuvre est imparfait,
Car c'est n'avoir rien fait qu'un Advocat sans mains.
ACH. D. H. P. P.

IMITATIO SUPERIORIS EPIGRAM.

At ne Paschasium tua tabella
Pictum dixeris, ô inepte pictor.
Ecquis Caussidicum manu carentem, &
Lingua, Caussidicum putarit esse?
PETRUS NEVELLETUS.

Quæ vacat historiæ, quæ juri, quæve poësi,
   Cur vobis Πάσχειρ non erit ista manus?
Totus Paschasius manus est, nec fingeri ulla
   Parte potest, qua non sit quoque picta manus.
ACH. H. P. P.

ELEGIE.

Quiconque te peignit sans mains en ce tableau,
Ne fit pas sans raison l'ouvrage ainsi nouveau:
Il voulut enseigner que le sens plus terrestre
Et celuy que tu fais moins en acte paroistre,
Employant ta belle ame & tes plus nobles sens
A mille beaux concepts l'humain discours passans.
   Aussi comme Timante autrefois n'eut puissance
De peindre la douleur & triste contenance
Du Roy de qui la fille aux vents on immola:
Pource d'un voile noir la face luy voila:
Ainsi ne se pouvant avec deux mains pourtraire
Combien d'excellens vers tes mains ont voulu faire,
Combien de beaux escrits à qui cent autres mains
N'eussent jamais fourny, telles qu'ont les humains,
Le peintre à ceste fin te les oste en peinture,
Afin que mille mains de sçavante escriture
Missent toutes la main à ce divin pourtrait,
Si bien que jusqu'au Ciel en volera le trait.
   Mais est-ce point aussi que les Dieux le ravirent
Et au huictiesme Ciel prés la Lyre le mirent,
Pour avoir composé mille doctes escrits
Qui d'estre bien chantez meriteront le pris?
Les Dieux certainement alors se les osterent,
Et encor' icy bas ton bel esprit laisserent
Pour le besoin qu'icy les mortels ont de luy;
Assez, assez de mains se trouvent aujourd'huy,
Mais peu de beaux esprits, à ton esprit semblables.
   Quelques-uns mesdisans se rendroient agreables,
S'ils disoient que le peintre à l'instant avisé
Voulut signifier qu'il est plus mal-aisé
De faire bien les mains, que non pas le visage
D'un gentil Advocat, lequel vend son langage:
Ma Muse magnanime oncques ne mesdira
Des genereux amans qu' Apollon aimera,
Puis je sçay que les loix Cintie & Cinthienne
Rendent sous leurs filets captive l'ame tienne.
   Sçais-tu que ce beau peintre encore imaginoit
A l'heure qu'au tableau des mains ne te donnoit?
Il pensoit que tes mains sont du tout comparables
A celles des Heros qu'on appelle intouchables:
Homere en mille endroits des Heros a chanté
Qu'en vain dessus leurs mains il estoit attenté:
Au milieu des combats les plus vaillans gendarmes
N'avoient prise dessus, ny mesme sur leurs armes.
   Ainsi trop folement celuy presumeroit,
Qui te donner atteinte impuny penseroit.
Voilà ce que j'avois de tes mains à escrire,
Et d'elles gentiment encores se peut dire
Que si tu n'eusses point perdu tes mains exprés,
Tu les eusses perdu possible pour jamais.
AMADIS JAMIN.

Cum jam Paschasio manus ademptas
Tot manus celebraverint bonorum
Vatum, gloria, quos manet perennis,
Nec jam sit manibus meis relictum
Quod super manibus novum referri
Paschasi queat, ô manus iniquas
Tot vatum, immerito mihi manus quæ,
Dum præcurritis, abstulistis ambas:

Per vos Paschasius manus recepit,
Per vos sentio mi manus abesse.
               PETRUS NEVELLETUS DOSCHIUS.

O felix quater & quater tabella!
Quam tibi invideo tabella bella,
Hæc tot carmina delicata, blanda,
Docta, suavia, culta, mollicella,
Blanda, quæ cupiat Catullus ipse
A se condita tam favente Phœbo
Quàm sunt à variis favente Phœbo
Lusa vatibus : ô canenda seclis
Venturis nimium, ô tabella fœlix,
Tot vatum memorabilis propago.
               Idem NEVELLETUS.

Cum plagii damnata manus mihi clepserit olim
   Nostra quod in libris scripserat ante manus,
Et nostros pictor vellet modò fingere vultus,
   An bene nos nullas finxit habere manus ?
               Idem NEVEL.

Te manibus sine qui pinxit, næ pictor ineptus
   Debuerat nullas ipse habuisse manus.
               Idem NEVEL.

Cum patris ante oculos crudelis staret ad aras
   Victima barbaricis Iphigeneia sacris,
Optaretque sibi constantem dextra Timantis
   Pingere, quam cuncti suspicerent, tabulam,
Hinceque superstitio retineret vana parentis,
   Inde autem pietas eliceret lacrymas,
Atreidæ caput obscuro velavit amictu,
   Salvus honos tabulæ posset ut esse suæ.
Sic tua divinos ausa est effingere vultus
   Paschasii, pictor, cum tremebunda manus,
Paschasiique sacram nullo corrumpier auro,
   Divina & scires scribere scripta manum.
Quam manus est à te Stephani subducta tabellæ
   Sollerter, tua quam est ingeniosa manus?
               Idem NEVEL.

Cur linguâ manibusque caret, cui lingua manusque
   Immortale olim constituêre decus ?
Cum linguæ manuumque haud posset pictor honorem
   Exprimere, obmissa est lingua manusque homini.
               Idem NEVEL.

Ne populo mancam, Pictor, propone tabellam,
   Ecce tot armatas in tua damna manus.
Isto sed tamen est fœlix errore tabella,
   Erroris pretium quæ malè picta refert.
               Idem NEVEL.

Nev.   Dis-moy, peintre gentil, pourquoy la pourtraiture
      De mon sçavant Pasquier as tu tiré sans mains,
      Veu que ses mains luy ont par ses escrits divins
      Tracé contre les ans une victoire seure?
Peint. Mon art n'ayant oncq' peu imiter la nature,
      J'ay caché mon defaut : car aussi les desseins
      Eussent esté autant ridicules que vains,
      De penser faire voir ses mains en ma peinture.
Nev.   Si ne peux-tu nier que ne luy fasses tort
      Pour n'y avoir au moins mis sa langue, dont sort
      Maint docte & beau discours, mainte belle harangue.
Peint. Va, pauvre sot, tu prens à rebours mon tableau,
      Ne cognoissant, lourdaut, que d'un mesme pinceau,
      Tout ainsi que la main, je luy cache la langue.
               PIERRE NEVELET Seign. Dosch.

ELEGIE.

LE peintre a bien preveu, faisant ta pourtraiture,
Que pour bien de tes mains exprimer la figure,
Il failoit un pinceau plus mignard que le sien ;
Pourtant a-t'il choisy du tout n'en faire rien,

Et cacher de tout point derriere la courtine
Le pourtrait trop hardy de ceste main divine.
Aussi presumptueux en vain eust-il tenté
De nous representer une divinité.
Autant en fit jadis le bon peintre Timante
Qui ne pouvant attaindre à la douleur poignante
Du pere desolé, par un foible pinceau,
Fut contraint de voiler sa face d'un rideau :
Et ne le peignant point se monstra plus habile
Que s'il eust entrepris œuvre si difficile.
Il ne faut, mon Pasquier, d'autre raison chercher;
Le peintre a mille fois mieux fait de les cacher,
Que de monstrer à l'œil en sa haute entreprise
De sa presomption l'indiscrette bestise.
C'estoit trop entrepris, si comme ouvrage humain
Il eust voulu pourtraire en un tableau ta main,
Ta main dont les escrits honorent nostre France,
Ta main qui des François a banni l'ignorance,
Ta main qui a pourtrait à la posterité
Une peinture au vif de son antiquité.
Non, non, Pasquier, ta main (si seur est mon augure)
Doit estre peinte un jour de plus haute peinture,
Et au ciel estoilé, comme dans un tableau,
Se faire reclamer des humains feu nouveau.
Je voy ja la Pucelle au Rocher attachée
Qui t'appelle vers soy pour estre son Persée,
Et pour la garentir du serpent dangereux
Qui sur forme de Puce en devient amoureux.
Prés de ta main luira ceste petite beste
Dont tu feis son sein si gentille conqueste.
LA PUCE, LA PUCELLE, ET LA ROCHE ET
     TES MAINS
Feront un astre entier qui luira aux humains,
Dont la douce lueur sainctement venerable
Reclamée, sera aux amants favorable.
               GILLES DURANT.

Si tant de bons esprits voyans ta pourtraicture,
Pasquier, n'eussent tous mis la main à ton pourtrait,
Tu susses demeuré sans tes mains imparfait,
Un Advocat sans mains est un homme en peinture.
               G. DURANT.

Les trois jadis, cause du sac de Troye,
Paris, Minerve & le cheval farcy,
Ores pour Troye estans venus icy,
Sont son honneur, & son bien & sa joye.
Paris en tout pour son honneur s'employe,
Et pour son bien Minerve est en soucy,
Pour son plaisir le cheval que voicy
S'ouvrant à coup, mille Heros desploye.
Nostre Paris, est ce Paris sans pair,
Nostre Minerve est ce fameux esclair
Du sainct Senat qui pour Troye s'amuse.
Nostre cheval en Heros foisonnant
C'est toy, Pasquier, dont le luth resonnant
A mis au jour mille enfans de la Muse.
               JAC. DE PINCÉ.

Puce qui prise sur le sein
De la Pucelle Poitevine,
Soudain excitas un dessein
De te chanter comme divine,
Puce ne te guindes si haut
Desormais d'un si brave saut.
   Voicy bien un autre subject
Que Phœbus de sa main nous dresse,
Pour manifester par effect
Qu'il peut donner meilleure adresse
A faire un vers, quand il le veut,
Que ce Dieu d'Amours ne le peut.
   Aussi pourquoy, toy petit Dieu,
Qui te transformes par astuce,
T'allois-tu vantant en tout lieu
Que toy pris sous forme de puce,

Fus à Poitiers pere du vers
Qui ores court par l'univers ?
Pourquoy t'oubliant derechef
Te donnois-tu cest avantage
Que sans recognoistre autre chef,
Les neuf sœurs te faisoient hommage ?
Et que toy seul de bien sonner
La grace au vers pouvoit donner ?
 Le pere du sacré troupeau
N'a peu supporter ceste honte,
Et pour monstrer qu'un Dieu nouveau
Qu'un petit enfant se mesconte,
Voicy que par l'œil d'un pourtrait
Ses vers il prodigue à souhait.
 Car pensez-vous qu'un seul crayon
De ceste peinture muette
Vous eust produit un million
De vers, sans quelque ame secrete
Mise au dedans qui donne à tous
Sur un rien trouver chants si doux ?
 C'est Apollon qui sçait chanter,
C'est le Dieu du vers, je vous jure,
C'est luy que voyez emprunter
De Pasquier les traits en peinture,
Et tout le champ de ce tableau
C'est le lieu de son sainct troupeau.
 Les deux mains qu'il ne monstre point,
Font d'Helicon la double cime,
Et ce trait tiré si à poinct,
Ce distique qui nous anime,
Sort de l'Hipocrene liqueur
Dont s'abreuve tout le sainct chœur :
 Vous qui vous estonnez pourquoy
Sur un rien la Muse est ouverte,
Jettez vos yeux ainsi que moy,
Sur ceste déité couverte,
Et vous sentirez vos esprits
Sainctement d'une verve espris,
 Les vers qui vous sont cy chantez,
Ne prennent point d'amour leur vie,
Mais ils vous sont representez
Sous Apollon le Dieu Cinthie :
Dont Pasquier dedans son pourtrait
Nous a donné le premier trait.

JAN JACQUIER.

Binæ conveniunt Deæ sorores,
Pictura atque poësis, ars ut hujus
Germanæ alterius juvetur arte :
Vultum ut pingeret illa penicillo,
Dextram carmine fingeret poësis.
SIMON VIGOREUS SENATOR.

Dicitur arte Theon summâ finxisse tabellâ
Confertos, equitem rueret qui solus, in hostes.
Quam populo cum forte Theon ostenderet, ante
Conduxit tristi caneret qui bellica cantu,
Ut quod depictæ tabulæ natura negabat,
Aspicientum oculos aliena falleret arte.
Sed qui Paschasium pictor Trecensis aravit,
Pictorem longè superaverit arte Theonem :
Qui cum fœlici dextra, depicta videret
Ora viri, auxilium peregrinum non tulit arti,
Verùm ut Paschasii picturam prodidit ipse,
Non unus pretio cecinit conductus, at ultro
Innumeros, centum, versus cecinere poëtæ.
Ora, manus, pingit, fingit, pictura, poësis.
Idem VIGOREUS.

Encores que tous les Dieux
De leur Nectar precieux
Me promissent pleine couppe,
Pour de la mort m'affranchir
Ja ne me pourroient flechir
Pour n'estre de vostre troupe.

A Je prise plus tes devis,
Mon Pasquier, & m'est advis
Que toute leur bande mesme,
Si ton sçavoir cognoissoient
Pour t'ouïr ils descendroient
Tous de leur siege supreme.
 Ce Nectar delicieux
Les Dieux ne nourrit pas mieux,
Que du Nectar de ta bouche
Se repaissent nos esprits
Qui demeurent tout esprits
Quand quelque propos tu touche.
 Brief, il ne se trouve point
Qu'ils different d'un seul poinct :
Car ceux-là qui peuvent boire
Du Nectar, sont immortels ;
Toy, Pasquier, tu nous rends tels
Par tes discours pleins de gloire.
VIGOR Conseiller au grand Conseil.

Fallunt nos oculi, aut imago nostri
Hæc est Paschasii, en benignus iste est
Vultus Paschasii, en benigni ocelli.
B Salve ô deliciæ meæ, meum mel,
Salve ô militiæ decus togatæ :
Amplexu fruar ô, tuæque figam
Et dextræ oscula, pectorique : sed cur,
Cur dextram fidei fidele pignus,
Amico tua surpuit fideli,
Pictor dextera ? cur tenelli Amoris
Quæ dudum explicuit dolosque & arteis,
Hanc celat populo manum tabella ?
Cur quæ Francica jura, Originesque
Ornavit patrias, negat tabella ?
Sed nos forsitan hoc docebit ipse,
Totum, Paschasius, videtur ipse
Velle Paschasius loqui. Sed heus tu!
Linguam non video : at Proterve dic cur
Et linguam abstuleris viro innocenti,
Quæ quondam dominæ in sinum ferebat
Molli, blanditias meras, susurro,
Spargebatque suis jocos salesque ?
Qua rursus medio foro Patronus
Tanquam Gallicus Hercules tonabat.
C In juste rapio, scelestæ Pictor,
Quâ culpam potes expiare pœnâ ?
Nos ut judiciis regat Senatus,
Et Tricassibus ut Dice sacretur,
Suos deservit lareis, sedetque
Nostris in laribus, sed iste
Frustra erit labor, aut sever.s à te
Pœnas expetet impotentis ausi,
Qui manum Historico, manum Poëtæ,
Qui linguam simul optimo Patrono,
Quin lucem patriæ rapis perennem.
PETRUS NEVELLETUS.

Quid collo trahis, impotens doloris,
Obtorto immeritum, minaxque vultu ?
Et me Paschasius probatque, amatque,
Ipse & Paschasium coloque, amoque.
Sed si Paschasii manum, tabella,
Et linguam occuluit, memento nostræ
Hoc artis vitium esse, nec diserti,
Aut linguam, aut animum viri, manumve,
Ullo penitus exprimi, vel ære, aut
Cerâ, aut marmore, posse penicillo.
Nam quod ars potuit, tibi tabella,
Oris, & decus, & decus genarum,
D Blanda lumina, corporisque quicquid
Humanum est nitido colore monstrat ;
Mortalis manus est mihi, nec ullam
Mortalem nisi concipit figuram.
Idem NEVELLETUS.

La main traçant du corps la demy pourtraiture,
Voulant peindre vos mains, n'y oſa pas toucher,
Penſant que le pinceau ne pourroit approcher
A la perfection de ſi haute figure ;
De l'art ell'eſt miniſtre, & ſinge de nature,
Il luy auroit ſuffy de vous reſiguer
La face par laquelle on peut conjecturer
Ce qui eſt le parfait de toute creature.
Damoiſelle MARIE DE VILLECOQ.

A MAISTRE JEAN DOVY FLAMENG PEINTRE
en faveur de Mademoiſelle de Bragelonne, Marie de Villecoq.

Pour reparer le tort fait à ma pourtraiture,
Je te veux, mon Dovy, choiſir nouueau ſubjet,
Il me plaiſt maintenant t'ordonner pour objet,
Ce qui eſt le parfait de toute creature.
Peins-moy, mais hardiment, & d'une main plus ſeure,
Peins-moy ma Villecoq, & que dans ſon pourtrait
J'yvoye les deux yeux, ſon gratieux attrait,
En la repreſentant tu vaincras la nature.
E. PASQUIER.

Dovy, ſi tu voulois dans l'enclos d'un pourtrait
Repreſenter au vif ceſte belle ame & pure
De mon docte Paſquier miracle de nature,
Tu ſerois un ouvrier divinement parfait.
Mais puis que tu n'as peu figurer en effect
Le ſubjet d'une main, ſerf de la creature,
Que ta main ait la main pour bute en ta figure,
Rien de plus elegant ne peut eſtre retrait.
Damoiſelle MARIE DE VILLECOQ.

Paſchaſium pictâ vidit quicunque tabellâ,
Miratur geminis quod careat manibus.
Non eget is manibus, quem novimus artibus olim
Extremam ſummis impoſuiſſe manum.
CAROLUS CARLOMAGNUS.

Qui varias ſanctis manibus tractaverit arteis,
Juraque, & eloquium, carmen & hiſtoriam,
Paſchaſius quidni longas credatur habere
Quales dicuntur Regibus eſſe manus?
At pictor nullas effinxit: nempe tabella
Tam longas brevior non capit una manus.
Idem CARLOMAGNUS.

Cur, Pictor, nec enim ſine arte factum eſt,
Fingis Paſchaſium manu carentem?
Ne me, ſi videas manum in tabellâ,
Dum ſummos cupidè illius labores
Percontaberis, enecès rogando,
Ipſe te cupidè enecem loquendo.
Idem CARLOMAGNUS.

Quand tout ravy je penſe à ceſte vive ſource
D'eloquence, de loix, de tout autre ſçavoir,
Qui par-deſſus les grands, grand ſe font apparoir,
Je dreſſe bruſquement vers toy, Paſquier, ma courſe.
Mais auſſi-toſt craintif mon chemin je rebourſe,
Que je viens à juger privé de tout eſpoir,
Mon defaut naturel, & crains de ne pouvoir
Trouver en mes deſſeins, ny effect, ny reſſource.
Toutesfois de tes yeux l'agreable douceur,
Tes propos pleins de miel me font reprendre cœur,
Et ta franche amitié r'entrer en eſperance.
Aſſure-moy, Paſquier, permets qu'en tes ruiſſeaux
J'eſtanche de ma ſoif l'ardeur, & qu'en leurs eaux,
De mon jeune printems je noye l'ignorance.
P. NEVELLET.

Ce n'eſt point le pinceau, ô genereux Poëtes,
Qui ait caché la main à ce demy pourtrait:

A Quand de voſtre Paſquier le viſage fut fait,
Ceſte main eſtoit lors cachée dans vos teſtes.
E. PASQUIER.

Ce ne ſera Paſquier ta manque pourtraiture
Qui ſera remonter du ſepulchre oublieux,
Ton nom franc de la mort, des ans victorieux,
Et qui par l'univers touſjours floriſſant dure.
Je l'accompare auſſi à la vaine figure
Que forma de Japet le fils audacieux,
Avant qu'il deſrobaſt le ſacré feu des cieux,
Duquel il l'anima depuis à ſa malheure.
Mais les doctes eſcrits que tes mains nous font voir,
Mains dont nulle autre main n'egale le ſçavoir,
Voire n'en peut le peintre imiter le modele,
Seront le vrai eſprit de ton vuide pourtrait,
L'ame, & le feu divin, qui le rendront parfait,
Et par tout ici-bas ta memoire immortelle.
D. LE BEY.

Quæ manus innumeras mirâ ſuperaverat ante
Arte manus, ſoli, par ſibi ſola manus,
B *Quid mirum huic etiam pictoris ſi modò viſa eſt*
(Nil non auſa prius) cedere victa manus?
DIONYS. LEBEUS TRICASSINUS.

Paſcimus ecce novo mentes ænigmate, qui fit
Hanc tabulam ut pictor fecerit abſque manu?
STEPH. PASCHASIUS.

Debita Paſchaſium ſi quis ſibi munera poſcat
Sumere, eum centum cogat habere manus.
J. TAXEUS BAFONTANUS.

AD ACHILLEM HARLÆUM BAUMONTIUM,
in Senatu Pariſienſi primum Præſidem.

Has tibi dono manus, præſes clariſſime; verùm
Qui tibi dono manum, ſi mihi nulla manus?
STEPH. PASCHASIUS.

Æmula quid fruſtra tentas pictura poëſim,
Atque infauſta tibi ſæpius arma moves?
Mirificum, fateor, ludit tua picta tabella
Monſtrum, cauſſidico dum negat eſſe manus.
C *Quas pictura manus ſcidit, divina poëſis*
Verſibus ad cœlum ſuſtulit innumeris.
Sic quondam cœlo fertur fixiſſe poëta
E Berenicæo vertice cæſariem.
JO. FAYUS SPESSEUS, Regius in Senatu
Pariſienſi Patronus.

Εἰς τὴν τῦ Πασχασίυ εἰκόνα ἄχειρον.
Στεφ. τῦ Πασχασίυ ἀναγραμματισμός.
Ὁ Στέφαν۞ ὁ Πασχιέρι۞, Σοὶ φα۞ ἐςὶν ἀπὸ χερός.

Τῦ μέλλε δίᾳ λύψιν, ἔπη τε, ἀχειρά τε μορφήν,
Ἱςορίαν τι, φα۞ σοὶ χερός ἐςιν ἀπο
Ν. Δενέτι۞.

Ψύλλ۞, ἄχειρ εἰκών, ποιήματα. ἱςορίντε
Τέσσαρα σοὶ χειρῶν λαμπρὰ τρόπαια τάδε.
Idem.

VERSIO.

Hiſtoria, abſque manu effigies, verſuſque pulexque
Quattuor hæc manuum clara trophæa tibi.
NICOL. DENETIUS.

Οἱ τὸ πάλαι γραφέες δίχα χειρὸν ἔγλυφον ἄμφων
Ἑρμῆν τῆς Μαίας τὸν θεὸν εὐφραδίας.
D Πασχασίυν δὲ γραφεὺς δικαίων λογιώτατον, Ἑρμᾶ
Αὐτὶ ἀχειροθέν, γράψεν ἄχειρα θεόν.
Idem DENET.

Πασχασίυ εἰκὼν, ὡς δὲ πάλαι Ἑρμᾶ, ἀχειρ۞
Εὐφροσύνας ἐςὶαι πᾶς ἱερογλυφικόν
Idem DENET.

VERSIO.

VERSIO.

Paschasii manibus, velut Hermis, trunca figura
Eloquii cunctis est hieroglyphicum.
Idem DENET.

Χείρεσιν ἀξείνοις Τροίαν Πάρις ἀςὸς ἔπερσε
Χείρεσι δ᾽ ἐ Τρίαν ἀςὸς ἴσωσε γραφεύς.
Idem DENET.

VERSIO.

Diruit ut Trojam manibus Paris incola, Trojam
Incola sic pictor suscitat ecce manu.
Idem DENET.

Diruit ut quondam Paridis manus impia Trojam,
Hanc Parisina manus sic pia restituit.
Idem DENET.

AD PETRUM NEVELLETUM TRICASSINUM,
Doctissimi Petri Pithœi sororis filium.

Mulciber in Trojam, pro Troja stabat Apollo:
Scilicet hoc verum fama probavit anus.
Delius inde animos populorum fascinat, ortum,
A Teucro ut repetat quælibet ora suum.
Sic pius Æneas Romanæ conditor urbis,
Sic Venetæ Antenor creditur esse parens,
Sic & Priamidem Francum dare nomina Francis,
Sic quoque & à Brutio nomen habere Brito,
Sic Turcum, Turcus, Teucrum sibi vendicat olim,
Vendicat & Paridem gens Parisina suum.
Ut quamvis Danai Teucros vicisse putentur,
Quilibet à victis schema genusque petat.
Nimirum hoc falso Phœbus reparavit honore,
Quicquid in Hectoreos sparserat ira Deûm.
Pabula vana licet sint, sint & hæ Apollinis artes,
Ast ego crediderim, nec mihi vana fides,
Crediderim Phœbum post diruta mœnia Trojæ,
Hic verè Trojam constituisse novam.
Hinc Tricassinis Pitheorum nobile stemma,
Hincque tuis, Pythii nomen & omen inest.
STEPH. PASCHASIUS.

AD STEPH. PASCHASIUM, SUPERIORIS
Epigrammatis imitatio.

ELEGIA.

Mulciber in Trojam, pro Troja stabat Apollo,
Nasonis si non est malè certa fides.
Certè Trojanis intonsus semper Apollo,
Favit & in Danaos tela parata tulit.
Luctatusque diu satis vincentibus, ante
Adflixit dirâ, castra inimica, luc.
Et postquam in cineres inimicos Troja resedit,
Nobile dat profugis civibus exsilium;
Nam dum in Trojanos Divorum ulciscitur iras,
Scriptorum occulta fascinat arte manus.
Certatim ut repetant ortus primordia, claræ
A Teucris, gentes, exsulibusque Phrygum.
Hinc Venetos fama est Antenoride esse nepotes,
Hinc Latio Æneadas jura dedisse solo,
Hinc à Trojanis sumpsisse exordia Francos,
Nomine & hinc Paridis Parisios celebres,
Fortibus hinc Brutium tribuisse insigne Britannis
Nomen, & Hectorei sanguinis esse viros.
Denique nulla opibus vel bello est nota virisque,
Gens, quæ Trojanos non referat proavos.
Nempe novem Musas semper Trojanus Apollo
Præcones Troum laudibus esse jubet.
Utque nova, veteris tandem reparuert honore,
Urbe urbis, Trojæ nec decus occideret,
Æmula Trojanis hæc mœnia Apollo superba

Ipse suâ fertur constituisse manu,
Et tutelares Trojanis arcibus olim,
Huic redivivæ urbi restituisse Deos.
Palladiumque urbi, intemeratæ & Palladis artes,
Quin & Apollineos intulit inde modos.
Transtulit huc tripodas, sanctique oracula juris,
Transtulit huc Laurum, transtulit & citharam.

Quæ tenero vates plurimus ore canit.
Nempe Palatinus dici gaudebat Apollo,
Quum leges orbi Roma superba dabat.
Sed modò Tricassas cùm demigraverit ipse,
Se Tricassino nomine jactat ovans.
Præsentem sensere Deum, tot nomina, vates,
Nobilia, hinc tota cantus in urbe sonat.
Ecce Caballino quam Sequana fonte tumescat,
Misceat utque suas alter & alter aquas.
Respice ad hæc etiam sacri donaria templi,
Plurima quæ versu picta tabella notat.
Non Trojam qui cœpit equus, tot gessit in alvo
Ductores, vates quod modo Troja dedit.
Tot jam Troja novos nova vates imputat, at quos,
Ipse suas artes Delius edocuit,
Qui modò cum claros cuperet generare Poëtas,
Paschasii vultus induit atque habitum.
PETRUS NEVELLETUS Doschius.

Quàm malè te manibus mancum facit ista tabella,
Castalidum plena qui metis arva manu:
Tam malè te manibus mancum facit ista tabella,
Qui plena impertis dona, manu, Aonidum.
P. NEVELLETUS.

Quod tentare manu licentiore
Pictæ virginis ausis est papillas,
Jure Paschasium Cupido vindex,
Vel picta voluit manu carere.
JANUS BONEFIUS.

Ecquid vos juvat in manu jocari,
Intactæ quasi virginis sit ausa
Sinum tangere? Vel quid in papillas?
Nec manus tetigit sinum puellæ,
Nec manum tetigit sinus puellæ,
Innocens manus, innocens papilla est.
Quare desinite hos jocos jocari.
Qui faxit secus, en Cupido vobis,
En linguas meritos amputabit, ut qui
Et linguas geritis licentiores.
STEPH. PASCHASIUS.

Tu quoque cum vultu poteras effingere mentem:
Ipse voles mentem pingere, pinge manum.
STEPH. PASCHASIUS.

An sine Paschasius manibus tibi pingier, an cum
Debuerit, plureis lis movet una viros.
Præbeat utramvis efficta tabella figuram,
Conveniet nostro sat bene Paschasio.
Nam manus, auxilium quærentibus extat amicis,
Mercedis cupidas non habet ille manus.
CHRISTOPH. TANERIUS.

Permets, Pasquier, que je baise tes mains,
Divin Pasquier, je leur veux faire hommage,
Ny plus ny moins qu'à une saincte image,
Ou comme aux os & reliques des Saincts.
Et ce faisant, je ne doute ny crains,
Comme pecheur faire à mon ame outrage,
Puis que tes mains ont receu tesmoignage
De saincteté par cent mille escrivains.
D'oresnavant me voulant faire croire,
Je veux jurer seulement par la gloire
De tes deux mains, c'est le vœu que j'estis :
Henreux Pasquier, tes mains sont immortelles,
L'Aube vraiment ne les a pas si belles,
Bien qu'elles soient de roses & de lis.
ADRIAN DE TURNEBUS.

Ayant

Oeuvre Poëtique sur la Main.

Ayant cest heur d'estre en ta compagnie,
On ne sçauroit qu'on ne fasse grand gain,
Puis que l'objet de ta non peinte main,
Nous instruit mieux que le dieu d'Aonie.
Ta seule main maint bel esprit manie,
A son plaisir elle nous met en train.
Elle nous picque, elle nous tient le frein,
Elle nous paist d'une douce manie.
Ta main, ainsi que la main des grands Roys,
Abonde en biens, mais biens d'un autre poids,
Biens de l'esprit qu'à tous tu abandonnes.
Ainçois sans mains tu fais que nos esprits
Enfantent mille & mille beaux escrits,
Pour nous orner d'immortelles couronnes.
     ADRIAN DE TOURNEBUS.

Staficrates montem humanâ donare figurâ
 Pellæo juveni posse ferebat Athon,
Per mediamque manum tumidum deducere flumen,
 Cujus sufficeret millibus unda decem.
Ordine quod primum est fieri potuisse negatur,
 Quod sequitur fieri sed potuisse puto.
Quam tibi peniculum nuper pictoris ademit,
 Quamque tibi vates restituere manum,
Non manus est, sed mons cujus de vertice manat,
 Alma Poëtarum quæ levat unda sitim.
     ADRIANUS TURNEBUS Adriani filius.

Terminus ambarum manuum spoliatus ab usu est,
 Cedere quem fama est nec voluisse Jovi.
Constante idcirco juris legumque perito
 Paschasio, pictor jussit abesse manus.
     Idem TURNEB.

Paschasio in tabula manus à pictore negata est,
 Seu metus artificis, seu fuit jactis opus.
Hoc magis audaces non sustinuëre Poëtæ,
 Et tabulæ innumeras restituëre manus.
     Idem TURNEB.

Agnovisse juvat veros in imagine vultus,
 Ista vicem speculi ferre tabella potest.
Fronti majestas, oculis decor, addita labris
 Gratia, testudo læta superciliis.
Hanc equidem haud dubitem priscis æquare tabellis,
 Quæ magni magnum vincat Apellis opus.
At manus hic nulla est: quidni? Illam scilicet unus,
 Expressit bino carmine Paschasius.
Nec potuit manus ulla manum hanc, nitidumque lepôrem,
 Quàm manus ejusdem reddere Paschasii.
     Idem TURNEBUS.

Ex Ariadnæa translatam fronte coronam
 In cœlum, vates rursus in astra ferunt.
Virgilius diadema auro gemmisque coruscum
 Prædicat, Ilione quod Priamæa tulit.
E casia Corydon aliisque suavibus herbis
 Jactat Alexidio serta dicata sui.
Judice sed Phœbo, Phœbique sororibus, unus
 Omnibus est pluris πᾶς κλαοῦδι σέφανος.
     Idem TURNEBUS.

Omnia peniculo poterat mihi membra referre
 Pictor, sed mentem nulla tabella potest.
Mirarisne manus nostræ non esse tabellæ?
 Nil mens absque manu, nil sine mente manus.
     STEPH. PASCHASIUS.

Pictoris manui egregiæ cessura tabella est,
 Quæ bene Paschasium reddidit absque manu.
Cautus erat pictor, cessuram viderat omnem
 Materiam, omneque opus Paschasii manui.
     C. DAVID.

Tome II.

A Εἰς ζωγράφον εἰκόνα ἄχειρα γράψαντα.

Ἀνδρὸς ἐν ἀνθρώποις ἤδη μέγα κῦδος ἔχοντος,
Ἤθελέ τις μορφὴν ζωγραφέειν σέλιδι·
Τοῦ πρὶν γλῶσσα λόγοις, καὶ χεὶρ πολλὰς κάμε βίβλοις,
Τούνεκα τῶν γλώσσης καὶ χειρὸς ἔργον ἕν·
Ἀλλ' ὡς εἶδε γραφεὺς γλώσσης χάριν οὐκ ἐπιδείξαι
Εἰκόνα, τῶν χειρῶν ἐλπίδ' ὄλεσσε γραφῆς.

Εἰς τὸν αὐτόν.

Ὅς ποτε τὴν θυσίαν γρ. ἐν αὐλίδι ἱερουργίας,
Οὐδ' εν τῆς τέχνης εὗρεν ὑπὲρ δύναμιν.
Πλὴν πατρὸς ἀτρείδα γερὰς κατ' ἀγραφὲς μὲν ὄψεις,
Τούνεκα τῆς τέχνης εὗρε σόφισμα, νόον,
Καὶ γὰρ ἐκρυψε ράκει πατρὸς ὄψεις, ὡς ὁ θεολὶς,
Τῷ νόῳ εἰκάζοι, τὸ γραφῇ ἀδύνατον,
Ἡ οὕτως ὁ γραφεὺς λογισμὸν τὴν χεῖρ ἐπιδείξαι
Οὐχ οἷός, καίνην ἔργον ἔλειπε νοῦν.
     NICOL. VALLA.

E GRÆCO NICOLAI VALLÆ.

Laude Virum insignem pictor cùm pingere vellet
B Cujus vox linguam, scripta manum decorant.
Commissum esse suæ supet omnia credidit arti,
 Illius ut linguam pingeret atque manum.
Mox tabulam ut vidit linguæ cælare lepôrem,
 Pingendæ abjecit spem studiumque manus.
     ADR. TURNEBUS.

EX EJUSDEM VALLÆ GRÆCO.

Tantalidis quondam qui pinxit in Aulide sacrum,
 Nil non vincendum repperit arte sua,
Quam patris Atridæ lacrymosos pingere vultus,
 Subsidio mentem repperit ergo sibi.
Quippe patris vultus velo cælavit, ut omnes
 Mente, quod arte nefas pingere, conjicerent.
Sicne manum doctam graphicus describere pictor
 Haud potis, ad mentes transtulit istud opus?
     ADR. TURNEBUS.

Quem manibus truncum parvâ expressisse tabellâ,
 Nititur artificis ingeniosa manus,
Ille est Paschasius quo non præstantior alter,
 Seu dicit, scribit, consuliturque foro.
C Mirum cur speciem pictor curtaverit, aptam
 Non bene caussidicis, sed mage judicibus?
Patronum ut doceat caussis debere secandis,
 Fungi incorrupti judicis officio.
     NICOL. RAPINUS PICTO.

Ista Paschasium refert imago,
Magnum caussidicum, optimum Poëtam,
Ambabus manibus tamen minutum:
Forsan ridiculum hoc queat videri.
Atqui Paschasius tabella in ista est,
Non ut caussidicus, sed ut Poëta.
Quid prosunt patulæ manus, nihil si
Istis temporibus datur Poëtis?
     Idem RAPINUS.

Jam nihil est generose pulex, sate virgine picta,
 Quod timeas magnos, juridicosque dies;
Nam tibi si nuper stabat quia Juppiter idem,
 Frigus, & Avernæ non nocuere nives:
Te quoque nunc non ungue teret Trecensis imago,
 Provida cui nullas fata dedêre manus,
     Idem RAPINUS.

D Fato contingit optimo, ô tabella,
Campanis modo suscitata Trecis:
Ars quod te manibus carere fecit,
Ne tu conterere ungue pullicellam
Posces, Pictonidi sacrum puellæ.
     Idem RAPINUS.

Ttt   Quanto

Oeuvre Poëtique sur la Main.

Quantò muta sacræ cedit pictura poësi,
Hæc reliquis tantò manibus manus unica præstat,
Quam non pictores, sed sacravêre Poëtæ.
CLAUD. REBURSIUS Medicus.

TRADUCTION DU PRECEDENT.

Tout autant que le Peintre ou bon Poëte cede,
Tout autant cette main les autres mains precede,
Pour n'estre du pinceau du peintre consacrée,
Ains par les doctes mains de la troupe sacrée.
CL. REBOURS Medecin.

Peniculo nequiit quas dignè ostendere pictor,
Has ex arte manus occuluisse fuit.
Sic vultum Atridæ velavit & ora Timantes,
Ejus quod luctum fingere non poterat.
CL. REBURCIUS.

Ainsi comme le grand Caton
Ne voulut qu'en marbre ou leton,
On representast sa figure,
Ne pouvant de ce Senateur
Estre exprimée la grandeur,
Sous une simple pourtraiture,
Le Peintre d'un mesme dessein
Ne voulut aussi que la main
De Pasquier fust icy pourtraite,
Estimant que dans son tableau
Il ne pourroit atteindre au beau
D'une main qui est si parfaite.
Ny de Lysippe le ciseau,
Ny d'Apelle encor' le pinceau,
Il ne faut point que tu souhaites,
Mon Pasquier, il faut que ta main
Soit faite d'un art plus certain,
Par les mains de mille Poëtes.
Le mesme REBOURS.

Tant que le Palladion
Fut dans les murs d'Illion,
Troye ne peut estre serve:
Gardez doncques, ô Troyens,
Ce pourtrait par tous moyens,
Dedans lequel est Minerve.
HIEROSME CHANDON, Secretaire du Roy.

Les mains de ce pourtrait doncques seront,
Mains qui ont mis à sac le monstre d'ignorance,
Par un beau Monophil, Recherches de la France,
Par mille vers Latins qui l'éterniseront;
Ceux qui des grands Romains les mipourtraits verront,
Ou bien des doctes Grecs, peres de l'eloquence,
Ou bien des Chaldéens, parrains de la science,
Tronquez par la moitié sans mains les trouveront.
Sans mains on ne croit pas, bien que sans main on voye
Le tableau de celuy qui se trace une voye
Par ses divins escrits à l'immortalité,
Pasquier industrieux qui (comme les abeilles)
Succas des anciens les fleurs & les merveilles,
On te doit un pourtrait tel qu'à l'antiquité.
JEROSME CHANDON, Secretaire du Roy.

Qui præsto usque fuit, nec amicis defuit unquam,
Quique suâ miseris præstitit arte manum,
Extremamque manum cui contigit addere Musis,
Hunc nullus pictor jussit habere manus:
Desine mirari : nam cunctis qui solet esse
Auxilio, alterius non eget ille manu.
PETRUS LESCOTIUS Lissius Paris. Senator.

Quid ? manus hîc nulla ? at multa est, quod manus ulla
Haud patuit, scatet hinc plurima docta manus.
Idem LESCOTIUS.

Victor ubique manus ulli qui non dedit unquam,
Huic nullas pictor donat habere manus.
ALEXANDER POGESIUS.

A Paschasium truncum manibus videre patroni,
Atque patronorum condoluere patri.
Nam cur non doleant tam lamentabile damnum?
Heu cælis iterum Tullius est manibus.
Idem POGESIUS.

Tota manus vatum convenerat undique, posset
Paschasio amissas ut reparare manus.
Omnes officiis cupidè certare videres,
Nulla tamen tantis fit medicina malis.
Vestra quidem pedibus, divini multa poëtæ,
Musa movet, sed nil promovet illa tamen.
Paschasio nihil hæc, licet optima carmina prosunt:
Huic opus est manibus, cur datis ergo pedes ?
Idem POGESIUS.

Paschasii manibus præferri noverat artes,
Inde manus pictor providus occuluit.
Nam qui dissimulat, qui celat, qui tegit artem,
Esse bonum quis non dixerit artificem.
Idem POGESIUS.

Jacturam interdum facere expedit, author in hanc rem,
Armatæ splendor Scævola militiæ,
Cujus nobilior surrexit gloria, postquam
Ejus in accensis dextra cremata rogis.
Tu quoque, qui Martem exerces cum laude togatum,
Atque es juridicæ Scævola militiæ.
Nam simul atque manus pictor conductus ademit,
Certatim plausum dant tibi mille manus.
ADR. TURNEBUS.

Cur tabula absque manu sit, bellè cætera picta,
Si quæris, pictor noluit actum agere.
An pingenda fuit tot consignata libellis,
Quorum Paschasio fida ministra fuit;
Æternis, vivis, verisque coloribus istic,
Paschasii à multo tempore picta manus.
Idem TURNEBUS.

Artubus è cunctis humerus qui defuit olim
Tantalidi, divûm cum renovatus ope est,
Iisdem à cœlicolis humero est suppletus eburno,
Justaque res vivæ mortua inire locum.
Non ita tecum actum, palmas pictura negavit,
Flebat & abscissas trunca tabella manus:
Non tulit Aonidum chorus, & Grinæus Apollo,
Nec tantum vates sustinuere manus.
Ergo pro fluxis quales pictura dedisset,
Semper victuras composuere manus.
En quantò melior tua sors, animata camœnis
Membra tibi data sunt, mortua Tantalidi.
Idem TURNEB.

Linguâ Paschasius manuque suetus,
Ingentes populi excitare plausus,
Seu causas agat & tonet disertus,
Seu chartæ calamum admovere malit,
Linguâ, proh facinus! caret manuque.
Quodque impensius & magis dolendum,
Author nam solet elevare damnum,
Si virtutibus, aut honore præstet,
Pictoris manus hoc patravit audax.
Quis hoc ferre queat, pative possit ?
Pictor væ tibi, væ tibi scelestæ,
Non hoc sic scelus auferes inultum,
Sed mi supplicium dabisque pœnas.
Sic pingam colaphis tuum os protervum,
Sic reddam variumque lividumque,
Sint minus variæ ut tuæ tabellæ.
Nam quæ te mala mens, malumve numen,
Pictor impie, particida pictor,
Quæ væcordia te impulit, furorve,
Tam dirum scelus aggredi nefasque ?
Tune Paschasio manum abstulisti,

Tun' linguam? scelere improbo revinxit
Se olim Popilius, manum secare
Linguam & qui potuit patri Latinæ
Linguæ, sed superat tuum furore,
Et pœnâ graviore vindicandum:
Insultavit enim ille jam necato.
At tu, proh scelus & nefas! videnti,
Et vivo, improbe, Gallicæ parenti
Linguæ Paschasio manum attulisti,
Linguam scilicet & manum abstulisti.
Idem TURNEB.

O factum nimis impium & protervum!
O manus nimium licentiosas!
Pictorisne manus fuisse credam
Quæ tantum scelus & nefas adortæ?
Tortoris potius manus fuere.
Sed frustra queror, æstuoque frustra,
Nimirùm ille fuit Poëta verax
Pictori omnia qui licere dixit.
Idem TURNEB.

Paschasij veneres manus in se quæ tenet omnes
  Pertulit audaces, non temeranda manus.
Non Veneri ista recens injuria, Troica læsam
  Conspexit tellus, nunc quoque Troia videt.
Tydidis sed culpa minor, læsa huic Venus una est,
  Pictori at nulla est non violata Venus.
Idem TURNEBUS.

Quas potuit nosti, tabula tibi pictor in ista,
  Paschasij palmas, fingere non voluit.
Fecit ut haud pictæ major sit laurea palmæ;
  Hanc si fecisset, fecerat ille minus.
RENATUS PASCHASIUS,
Steph. Paschasij filius.

Patroni & vatis tabulæ miraris omissas
  Palmas? æternis utraque sculpta typis.
A. PREVOTIUS Brevanius Secretar.

Aurea scribenti cui vena est, suada loquenti
Aurea, inauratas quis vetat esse manus?
Idem PREVOT.

Non Phœbum Latona, manus genuêre diserti
Paschasij, è cerebro, nata Minerva, Jovis.
Idem PREVOT.

Vous esprits qui ceignez vos tempes de laurier,
  Et vous grands Orateurs nourrissons de Mercure,
  Ne vous estonnez plus de voir cette figure,
  Façonnée sans langue & sans mains par l'ouvrier.
Quand le peintre nous fit le portrait de Pasquier,
  En le voulant tirer au plus prés de nature,
  Les Dieux lors s'en servoient comme de chose pure,
  Fidelle, saincte & propre à leur loz publier.
Mercure par sa langue embellissoit sa gloire,
  Le Dieu pere des ans, des mains monstroit l'histoire,
  Et d'elles l'Archerot, de ses dards les effects.
Et de ses mains encor, ô lumiere divine,
  Tu puisois, ô Phœbus, dans l'onde caballine
  La saincte eau dont icy les Poëtes tu faits.
ANGE COUGNET.

Seu tabulæ pictor, pictori sive tabella
  Hoc dedit, egregium surgit utrique decus.
Pictor Apellæa, te, non vincendus ab arte,
  Vicit, Paschasij dum dedit effigiem.
Nam dum Paschasium palmâ truncavit utrâque,
  Fecit ut hinc palmas is ferat innumeras.
DIONYS. LUCANUS.

Paschasium, pictor forsan cùm pingeret, ambas
  In tabula palmas fuderat ille suas.

A Sed cùm spectaret, deceptus imagine falsa,
  Expositis, pictas credidit esse manus.
Idem LUCANUS.

Docte Pasquier, si le peintre Troyen
Tirant au vif les traits de ton visage,
T'eust peint les mains, pour cela son ouvrage
N'eust pas acquis l'honneur Aonien.
  On l'eust vraiment nommé Apellien;
Mais quand son art eut voilé d'un umbrage
Tes belles mains, chacun prit le courage
De rendre lors ce tableau Delien.
  Il ne faut point penser que la peinture
Oncques eust peu, ny mesme la nature
Rendre à tes mains un si noble guerdon;
  Comme je voy qu'en haut brasier allumé
Dix mille mains, qui battans mesme enclume,
Forgent icy d'Apelle un Apollon.
DENIS LUCAIN.

Quid non debeat hæc tabella fatis?
Plureis edidit ociùs Poëtas,
B Plureis parturit in dies tabellas.
ANTON. MORNACIUS.

Hîc mihi numen eras, teque auspice tutus abibam,
Si quæ caussa mihi major agenda foret.
Cur ergo ulterius caussas mihi necto morandi?
Dico vale caussis, dum tibi dico vale.
ANTON. MORNACIUS.

STEPHANO PASCHASIO, TRICASSIB.
Lutetiam revertenti.

Cur caligine, cur malis tenebris
Cœlum Juppiter inficit diemque?
Hujus Paschasius recedit urbis
Lux, Sol, Phosphorus, illius recessu
Pristinæ remeant malæ tenebræ.
PETRUS NEVELETUS.

Tu præsens mihi qui manus dedisti,
Absens eripies mihi manus: sed
Cur linguam eripias? Nec ille linguam
Pictor eripuit tibi, manum qui
Audax eripuit. Manus valete,
Soli Paschasio manus dicatæ,
C Valete ô: mihi lingua dum superfit
Quæ desiderium tui, meosque
Exprimat querulo sono labores.
Idem NEVELETUS.

Mon Pasquier laisse les grands jours,
Ainçois les grands jours il me laisse,
Grands en regrets, grands en detresse,
Que sa presence rendoit courts.
PIERRE NEVELET.

A MONSIEUR DE LA CHAULT, PROCUREUR
general du Roy en la Cour de Parlement de Paris.

La Chault qui en la fleur de vostre prime vere,
  Emportant sur vostre aage un spatieux devant,
  Faites or' resplendir, comme un Soleil levant,
  Par ce grand Univers une grande lumiere:
Affin que cognoissiez la servitude entiere
  Que j'eus à vostre tige, & que j'ay à present
  Envers vous, il me plaist de vous faire un present
  Des fleurs & fruits produits par une pepiniere.
Ce sont mille beaux vers que mille beaux esprits,
D De la saincte fureur du Dieu Phœbus espris,
  Ont voulu engraver au bout de ma figure.
Qu'ainsi soit, j'ay cloué à cloux de diamant,
  La Chault, d'un chaud amour dedans vous sainctement,
  Et d'une saincte ardeur qui à tout jamais dure.
ESTIENNE PASQUIER.

Hunc qui non oculis, manibus sed privat utrisque,
Expressit veram judicis effigiem.
Nam quod Thebanus, manibusque oculisque revulsis
Effinxit cæcas Jutidicum facies,
Hoc falli docuit versu sacrata vetustas
Ὄμμα δίκης καθορᾷ πάντα τὰ γινόμενα.
   Antonius Loiselius,
   apud Aquitanos Patronus.

Hic qui Paschasium, manibus sine pinxit, acutus
Pictor, facundo pinxit in ore manus.
Quin & præsago expressit velamine Gallis,
Thebanam veri Judicis effigiem.
   Idem Loiselius.

Fingere Heracleotes Zeuxis, vel curta tabella,
Tam doctas nequiit sola referre manus.
Nam docto doctas dederit cum docta Minerva,
Ad vivum palmas pingere sola potest.
   Joh. Hamellus, Rector
   Parisiensis Academiæ.

Plurima cum egregiè, nervosè & scripserit idem,
Paschasio cur hæc sustulit umbra manus?
Non opus huic manibus, nimirum amplissimus ordo,
Multas, Paschasium quæ tueantur, habet.
   Carolus Perrotus, Præses.

Κύδ᾽ιο καὶ φίλεεν μέγα Τρῶας Φοῖβος Ἀπόλλων,
Καὶ Τρῶας φθονεραν γαῖαν ὄτρυνε λιπεῖν.
Ἰταλίην δ᾽ἐς μέρος πρῶτ᾽ ἤγαγεν, ἢ χρόνῳ ἦλθεν
Μακροτέρῳ κόσμου παντὸς ἄνασσα πόλις.
Εἶτε μέρος Κελτῶν εἰς ὀμφαλόν, ὥς φασι, ἄρουρης,
Οὐ κεῖνει Παρισίος σιγαλόεσσα πόλις.
Στῆσε δ᾽ ἀγνὸν τὸ μέρος πολυπόρφυρον δ᾽αυ᾽τᾶς γαίης,
Τροίην τ᾽ ἐκ Τροίης κτίσσε καὶ εἶπε πόλιν.
Τρὶς μάκαρ ὑν Τροίη, θεῖον ῥίζωμα παλαιᾶς
Τροίης, ἐκ θείας θεῖον ἔχουσα γένος.
Χαῖρ᾽, ἰδ᾽ ὡς ἀθεεὶ Τρώων γενος ἦλθε παλαιῶν,
Οὐκ ἀθεεὶ Τροίη Τρῶες ἀθροιζόμεθα.
Σήματα πολλὰ φέρεις τιμῶν, ὧν ἡγεμόνες σου
Καμπανίεις ἔτεκον ταῖς ποτὲ πανοπλίαις,
Ἡμα᾽δα Καμπανίης ἀνὰ Κελτοῖς ἴνετε σαυτῆν,
Καὶ φασι Κελτοῖσιν τοῦτο σε δειξαι ἐθ᾽εν.
Ἀλλὰ πολὺ κρείσσον φαῖδος νῦν κῦδ᾽ος ὁπάζει,
Καὶ δὴ ἀμυδρὰ ἴοθεῖ πάντα σὰ πρόσθε κλέη,
Φοῖβος ἔπεμψε Δικην, πολλοῖς τε Δίκης θαρίσας,
Ἐν τοῖς μορτάνοις τάξιν ἔχει ὑπάτην,
Μορτάνοις τὰ εἶτα ἔρμεν κλοῖσι δίκαια,
Σὺν τῷ βουλευτῶν ἀγνοτάτῳ στεφάνῳ.
Ἑσπόμεθα βοτρυηδὸν ἱερὰν Θέμιν ἀμφιχυθέντες,
Ἡμετέραν σέβομεν πάντες ὁ μαιμοσύνην.
Τίπτε περισκέπτῃ σε ὁρῶμεν πάντες ὑμαι μοι,
Πιμπλαμένῳ τε Δίκης, Πορφυρέῳ πεδίων,
Κόλπῳ ἔχεις ἡμᾶς Ῥωμαίοις, Παρισίους τε.
Κόλπῳ ἁπλῶς γε ἔχεις παιδοθ᾽απαὶς ἀνδρας.
Αἴτιος ἧν φοῖβος, σε θελεῖ τῇ Ῥώμῃ εἰπεῖν,
Λυτενία τε πόλεις εὐρυχόροιο Παρισίδος.
Ἴλιον ὧδ᾽ ἐς νέον κοσμεῖ, παρα δέλτῳ ἐκεῖνος,
Πονίων δὲ τέ οἱ καλύπτος᾽ ἔστι προγίζει.
Ναὶ ὁ δὲ Κύνθιος ἦν, ἢ τῷ ἐναλίσκῃσ᾽ ὅρους,
Οὐκ ἄλλος κύκνοις κινεῖ ἂν τ᾽οδὲ τόποις.
   Ant. Mornacius.

IMITATION DES VERS GRECS
de Mornac.

O Troye heureusement née
De la Troye ruinée
Par le fier courroux d'un Dieu,
Qui de sa triste ruine
Reprenant ton origine
La fais renaistre en ce lieu.
Par sa fin tu pris naissance
Conduite soubs la puissance

A D'Apollon qui te guidoit,
Et qui t'ayant en tutelle,
Dessoubs sa dextre immortelle,
Soigneux te contregardoit.
Tes peres en tant de sortes
Ont esprouvé les mains fortes
D'un Dieu contre eux irrité,
Qui par une dure guerre
Laur a fait quitter leur terre
Et leur antique Cité.
 Quand la Cité fut destruite,
Apollon soubs sa conduite,
Loing de leur pays natal,
Aprés cent mille traverses
En trois contrées diverses
Leur trouva un lieu fatal.
 Ainsi Rome fut bastie
Par la premiere partie
De ces Troyens fugitifs,
Rome dont les destinées
Ont fleury par tant d'années
Sur mille peuples captifs.
 L'autre s'arrestant en France,
B En ce beau lieu de plaisance
Où l'on voit ores Paris,
Y prenant son domicille
Donna le nom à la ville
Du mignard & let Paris.
 La tierce bande fuitive
Enfin dans Champagne arrive
Au lieu qui a retenu
De sa naissance premiere
Le nom mesme originaire
Du lieu dont il est venu.
 He! Troyes doncq' tu es celle
Qu'Apollon tient en tutelle,
Et dont il est protecteur,
O Cité vrayment divine!
Puisque de ton origine
Un Dieu si grand est autheur.
 Dure fut la destinée
De la Troye ruinée,
D'avoir des Dieux ennemis,
Mais tout au contraire il semble
Qu'ores tous les Dieux ensemble
Soient devenus tes amis.
C Voicy une bande heureuse
De ton repos desireuse
Qui te vient chercher icy,
Et se Prevost de Justice
Severe ennemy du vice
Te vient visiter aussi.
 Ainsi la Déesse Astrée,
Vient habiter ta contrée,
Quittant mille autres citez,
Qui te porteront envie
Te voyant ores cherie
De tant de divinitez.
 Et nous enfans de ta race
Sommes venus à la trace
Pour te visiter aussi,
Suivant la divine adresse
De ceste saincte Déesse
Qui nous a conduit icy.
 Ceux de Rome & ceux de France
Joyeux de ton alliance
Pour te voir y sont venus,
Et les Grecs tes adversaires
Par destinées contraires
D Sont tes amis devenus.
 O Cité d'autant heureuse
Que l'autre fut malheureuse,
D'où vient que de tes vainqueurs
Tu as aujourd'huy victoire,
Et qu'eux mesmes de ta gloire

Oeuvre Poëtique sur la Main.

ont les plus certains autheurs ?
Ha ! c'est la divine force,
De quelque Dieu qui les force,
C'est Apollon, je le croy ;
Un autre (comme je pense)
N'auroit semblable puissance,
C'est luy, c'est luy, je le voy.
C'est luy qui sous la figure
D'une mortelle peinture
Anime ces beaux esprits,
Et qui de sa saincte rage
Fait debonder un ravage
De vers doctement escrits.
Voy doncq' Cité fortunée,
Cité fatalement née
Sous un augure si beau,
Ce Dieu qui t'a en tutelle
Te puisse rendre immortelle
Dans cest immortel tableau.

G. DURANT.

Κάτων ὃ θέλων ἀνδριάνθ᾽ ἑαυτῷ,
Ὡς Ῥωμαϊκὸς, τί τότ᾽, ἐρωτᾷν,
Οὕτω Πασχάσιος γ᾽ ἀφεὶς χεῖρας
Οὐ ἀγαλμάτιω, ἐφ᾽ ᾧ προσρίψαι
Ἀκριτᾶς δικανοῖς Τρίκας᾽ ἰὸνϊας
Παιςλοίοις ἔπεσιν, τί τοῦτο ζητεῖν.

A. MORNACIUS.

EX GRÆCO ANT. MORNACII IISDEM
versibus & verbis redditum.

Poni signa sibi Cato vetabat
Ut cur hoc faceret Cures rogarent,
Sic & Paschasius manum tabellæ
Non vult esse suæ, sed hac peritos
Vates exstimulat Trecas euntes,
Ut cur fecerit hoc metris recanrent.

JAC. FAVERELLUS, Cogniacensis Xanto.

Πασχάσιος δ᾽ ἔλτῳ δικανὸς τὴν χεῖρα καλύπτει,
Κορφᾷ ἔπει δ᾽ἔλτῳ μηδέ τι χειρὸς ἔδει,
Ἀλλ᾽ ὃς Πασκατίῳ βακλῆς νομίμενιο προϊεισιν,
Τὰς χεῖρας δικανοῖς μανθάνει ἄκυρον ἔχειν.

Idem MORNACIUS.

Εἰς εἰκόνα Πασκασίου.

Πασκᾶτι ἥρωας φασὶν ἀπόδας ὥσπερ ἀχείροις
Τὸ σῶμα δὲ σεωρὸν σώμα[θ᾽] οἷον ἔχειν
Ἥρωας δ᾽ ὡς φασὶν τὰ εἴρειν τἄνομα, σαῖλα
Οὐ φυγῇ οὔτε μαγγνικόν, ἀλλὰ λόγῳ.
Ἥρων γὰρ ὁ ἐν σὕγε Πασκᾶσί ἐστι, ἀχειρὸς
Δειπότα[τ᾽] ὁ τ᾽ εἴρειν ὑσιάδε παίτα σπίων.

Ἱερών. Σεγ.

E GRÆCO HIERONIMI SEGUIERII.

Os tantum & pectus, pedibus manibusque diremptis,
Ex toto heroas corpore habere ferunt.
Quippe & ab eloquio deducunt nomen, & ore
Non pede, nec manibus, vincere cuncta solent.
Ergo, ô Paschasi, meritò vocitaberis Heros,
Facundus, simul & mancus utrâque manu.

JAC. FAVERELLUS, Cogniacensis.

IN PASCHASII IMAGINEM.

Dædalus Icariæ casum cum fingeret alæ,
Fama refert patrias bis cecidisse manus.
Sic modò Paschasij pictor cum pingeret ora,
Attonitæ artificis bis cecidere manus.
Scilicet intentis oculis dum singula lustrat
Articulata suis tam benè membra locis,
Seque dolet mores, animum' nec fingere posse

A Deciduæ tabulam destituere manus.
I nunc, & mirare manu caruisse tabellam,
Pictorem videas cum caruisse manu.

G. CRITONIUS.

Nulla cui belli captatur adorea, sola
Cui placet innocuæ laurea sacra togæ:
Hunc manibus vacuum pictor cum pingeret, illi
Ingenij palmam credidit esse satis.
O utinam posset vocem expressisse loquentis,
Et reliquis membris orba tabella foret.

Idem CRITON.

Arma manu gestent alij, tu corpore inermi,
Absque manu, armatâ, plus facis ore, manu.

CRITONIUS.

Quæque manu tradenda brevi, longâque docebant
Hunc cui tam solers estque perita manus?
Judicis an quia mens, Thebani fingere vultum
Nullius effigiem Chironomontis erat?

CRITON.

B Paschasium medium manibus qui stare resectis
Cernis & ora, viri sola loquentis habes :
Disce in Paschasio non os clausisse clienti,
Aut aures, clausas ast habuisse manus.

CRITONIUS.

Si cupio ulcisci pictorem, qui tibi fertur
Peniculo doctas occuluisse manus :
Stringe celer calamum, parvâque include tabellâ
Ingenij tantùm carmina pauca tui.
Sic simul ultus eris pictoris crimina, formæ
Atque fidem faciat muta tabella tuæ.

CRITON.

ALIUD, IN PASCHASII CARMEN IMAGINI
appositum.

Forma caret quoniam manibus, caruisse vel uno
Versiculus pariter debuit iste pede.
Claudicat at nullo quoniam pede versus, utramque
Artifici tanto monstrat incisse manum.

CRITONIUS.

C Paschasij versus benè castigatus ad unguem,
Auctori geminas arguit esse manus.
Adde manus igitur tabulæ vel carmina dele,
Obloquitur formæ carmen utrumque tuæ.

CRITONIUS.

Te manus artificis manibus quæ pinxerat orbum,
Invidit manibus suspicor illa tuis.

CRITONIUS.

ALIUD AD PICTOREM.

Cur manibus truncum facis hunc, quem corpore pulchrum?
Tam benè quem pingis, cur malè fingis eum?

CRITONIUS.

ALIUD AD EUNDEM.

Adde manum tabulæ pictor, tibi charior omni
Personæ membro debuit esse manus.
Errat enim manus hæc, pingit quæ cætera membra,
Nube sub obscurâ se tamen ipsa tegit.

CRITONIUS.

D Pictor Alexandrum quondam cum pingeret, ejus
Invalidâ statuit fulmina sævâ manu.
Non ita Paschasium pictor cum pingeret, ambas
Cui vafra, occuluit subdolus, arte manus.
Attamen eloquij fulmen dum vibrat ab ore,
Plus tonat hic linguâ, quàm tonat ille manu.

A. CRITONIUS.

Ttt iij AD

AD PICTOREM.

Arte, manus tabulâ celas, & promis eâdem,
Nulla tamen tabulæ creditur esse manus.
Ingeniosè aciem Pictor qui fallis ocelli,
Et qui tot crucias ingeniosè viros.
Desinite adversam lusi spectare tabellam,
Occulit adversâ fronte tabella manus.
        N. MICHAEL.

  Le peintre prenant esbat
  Sur la belle pourtraiture
  De Pasquier, un grand debat
  S'esmeut par cas d'aventure
  Entre ses deux mains, & luy,
  Lors que prest à les pourtraire,
  Elles l'attaquent de faire
  De beaux pourtraits à l'envy.
  Sus, dirent-elles, prenons
  Un subject pour faire vivre
  Tousjours de Pasquier le nom,
  Aprés que du corps delivre
  Nos tableaux plus estimez
  Donneront l'ame à sa gloire,
  Que gardera la memoire
  Sus ses autels ensumez.
  De ce pas s'allans loger
  Dans l'ouvrouer de sa cervelle,
  Elles vont toutes forger
  D'une invention nouvelle,
  Tous ces excellens pourtraits
  Et ces divines images,
  Qui sont l'escole aux plus sages
  Oracles de nos palais.
  Leur feu c'est son bel esprit,
  Et leur marteau c'est sa plume,
  Dont ses doux vers il escrit,
  Le papier luy sert d'enclume,
  Où tousjours remarteland
  Pour quelque argument de rare,
  Toute la France se pare
  De leur labeur excellent.
  Lors le peintre ingenieux
  Les voyant tant attachées
  A un ouvrage des cieux,
  Et dans Pasquier empeschées,
  Va quitter là son pourtrait,
  Et des couleurs le melange,
  Aimant mieux pour sa loüange
  Laisser son œuvre imparfait.
    CHRISTOPHLE DU PRÉ-PASSY.

Εἰς ἄγαλμα τῦ Πασχασίυ.

Χρὴ μὲν χειροδίκας εἶναι θεραπόντας Ἄρηϙ,
Ῥήτορι δ' αὐταρκεῖ γλῶττα δικαιολόγῳ.
    NIK. ΓΕΩΡΓ. ΠΑΒΙΛΛΙΩΝ.
    ΠΑΡΙΣ.

Reddere jura manu licet his qui castra sequuntur,
Juridico satis est lingua diserta viro.
    NIC. GEORG. PAVILLONIUS, Paris.

Parcite certatim causas inquirere picti
Paschasij, in promptu reddita causa mihi est.
Nempe ut opem miseris bonus asserat, unica linguæ
Gratia Paschasio sufficit absque manu.
    NIC. GEORG. PAVILLONIUS, Paris.

Paschasij vultus tabulæ dum cernis apertos:
Paschasio quæris, cur sit operta manus?
Paschasius vetuit pingi nisi pectora, namque
Quâ melior quisque est vivere parte cupit.
    NICOL. GEORG. PAVILLONIUS,
    Parisiensis.

SONNET.

LE peintre ne pouvoit en peignant ton image,
Exprimer dignement la beauté de tes mains,
Pasquier. Car les traçant avec des doigts hum ains
Il eust tout perverti le beau de son ouvrage.
 S'il se fust essayé de faire davantage,
Comme de les orner de quelques traits divins
Surpassant son mestier, ses efforts estoient vains,
Et s'il eust encouru le bruit de n'estre sage.
 Adonc s'apercevant le tableau presque fait
Par faute de ses mains demeurer imparfait
Et son art ne baster pour les faire assez belles;
 S'abstint de les pourtraire, inspiré d'Apollon,
Qui desja bastissoit, au milieu d'Helicon,
Les beaux vers qui depuis les ont fait immortelles.
        JEAN CAIGNET.

STEPH. PASCHASIO, IN SUPREMO SENATU
Patrono Clariss. Jo. Rochonus S. D.

NUdius tertius Claudio Rebursio tum occurri, cum tabula ea tantopere commendata quæ te graphicè pictum reddebat, à puero ferebatur. Ille de elogio suo quod meditabatur ut amicè mecum egit: ita vicissim de symbolo aliquo meo conferendo cogitavi. Seriùs fortasse. Sed mihi post tabulam, & post eximios artifices tam multa latere tutius fuit. Lusimus anno & superiore pauculis aliquot versibus in tumulos Ægidij Magistri, & Christophori Tutei, summorum Præsidum, & Achillis Harlæi amplissimi quoque Præsidis inaugurationem. Hanc mitto animi mei tibi deditissimi testificationem, quam spero, æquo animo accipies, & boni consules. Sed quod peccatum erit, tuæ censuræ ferulæque submissum esto. Vale.

DE EICONE STEPHANI PASCHASII PATROni in summo Senatu clariss. ad Pictorem.

Reddita quid pictor, Genuinæ gratia formæ
 Paschasij prodest dimidiata tui?
Redde sonos vivos, animataque verba reporta,
 Dum complet summi pulpita docta fori.
Si neque vox, neque mens humana pingitur arte,
 Non opis humanæ est pingere Paschasium.
    JO. ROCHONUS, Medicus.

Tota fatiscebas, concussaque tota Magistri
 Funere nutabas Curia summa tui.
Fortia sed Tuteus, magnus vir, colla cadenti
 Subdit, & assiduo stare labore jubet.
Ergo quia oppressum tam vasto pondere & annis
 Tam multis fessum, fata beata vocant,
Hoc quid præsagit? tibi curia summa timendum
 Collapso Tuteo ne malè tuta ruas.
Ne malè tuta ruas! absit. Durare timenti
 Dat magni soceri magnus & ipse gener.
Ecquis enim duce sit casus metuendus Achille?
 Dum stetit Æacides, Græcia tuta fuit.
    JO. ROCHONUS.

Haud alia ratione manum tibi demit utramque
 Pictor, dum in tabula nobile ducit opus,
Paschasi, ingenio nisi quod malè fisus & arte,
 Hic imitatrices nolit adesse manus.
    LUDOVICUS CARRION.

ECHO.

Pendant que seul dans ces bois je me plains,
Dy-moy, Echo, qui celebre mes mains? *Mains.*
T'a-t'il point quelque autre gentille ame
Qui à loüer autres mains les enflame? *Ame.*
Si moy vivant de mon loz je joüy,
Ay je argument d'en estre resjoüy? *Oüy.*
Et si ma main est jusqu'au Ciel ravie,

          Que

Oeuvre Poëtique sur la Main.

Que me vaudra ce bruit contre l'envie?   Vie.
N'y aura-t'il nul homme de renom
Qui en cecy soit jaloux de mon nom?   Nom.
Mais si quelqu'un mal apprit en veut rire,
Que produira dans mes os ce mesdire?   Ire.
Contre ce sot, contre ce mal appris
Ne rongeray-je en moy que des despis?   Pis.
O sot honneur d'une niais mal bastie,
Quel humeur doncq' vainement me manie?   Manie.
Las pour le moins, Echo, si tu peux rien,
Fais que les bons de mes mains partent bien.   Bien.
Si tu le fais, rien plus je ne demande,
Or sus, à Dieu, va, je me recommande.   Commande.

E. PASQUIER.

ECHO AD LECTOREM PARERGON.

Vox ego? non: saltem vocis sum nata? nec istud:
   At soleo vocem, corpus ut umbra, sequi.
Umbra igitur vocis? minimè: sed vocis imago
   Quam manus artificis fingere nulla potest.
De me hoc judicium facio, lex ista perennis
   Naturæ, penitus me nihil esse jubet.
Tu tamen adscribis nobis vitamque, genusque,
   Id tu cum facias, cur ego velle negem?
Mi pater est aër, mater sine corpore, vita
   Tam brevis, ut simul & nascar, & interam.

STEPH. PASCHASIUS.

DE ECHO STEPHANI PASCHASII, ECHUS Ausoniana amula.

Dextram, Paschasium qui nuper habere negabas,
   Cerne Deam manibus, quam facit ille suis.
Hæc erat ante nihil, poterat nec pingere Pictor;
   Sed quæ jampridem Vox, modo corpus adest.
Versibus in nihilum multi cum multa reducant,
   At nihilo miris ille dat esse metris.

JANUS NAVÆUS Chinonius.

Trunca manus, & trunca pedes tua cum sit imago,
   Ut nulli cedis, Terminus esse potest.

NIC. AUDEBERTUS Senator.

Tantum qui caperet tam parva tabella Patronum,
   Cum totus toto non queat orbe capi?

Idem AUDEB.

Εἰς γραφὴν τοῦ Πασχασίν εἰδῶς.

Ἐννεὰς α.

Ἔτευχε πειράων θαλάσσας
Μοῦσα, τὴν πέρ ἀπειρος οἶσα,
ἀλλ᾽ οὐ τὸ βυθὸν ζητεῖ
ἀνηρ᾽ ἀργούντα ἀρετήν
τῶν δ᾽ ἀλλ᾽ ἐπὶ ῥιγμῖνι πλεόντα,
φθέγμα ἐργασμάτων ἐν παντων,
ἁδοῖς ὅτι εἶχε φαινὰ
σας κατερύντα παλαιὰς
τῆς Ἰλίν ἐσδῶ πόλει.

Ἐννεὰς β.

Ἔνθα θέως ὁ φιπτιλαθ᾽, καὶ
ἱερῶν δεδαως δίκαιων,
βωλᾶς διδάσκυ ναῶ κατὰ
ἰδύμονα νόμων βολευομένοις.
ἴδρις δὲ γραφεὺς γραψάμενος νιν
σκέψ᾽ ἐν φρεσὶν πῶς καὶ εἴδε
ποίοις χαρίεντός τ᾽ ἀλαδῶ-
να τε μορφα εὖ ἔοικε.
ἀλλ᾽ οἶδ᾽ Ἀπόλλων ἐκ μυχῶ.

Ἐννεὰς γ.

Δελφικῶν ὄρος, ὅπω κα-
δήμενος᾽ γλυκὺ δ᾽ ἐπεύθι
συνίεντι μυσάων χορῶν,
νῶν δὲ θεός οἱ δῶκεν φαπερὼν
τέχναν τ᾽ ἀγαθάν, ὄφρα πρόσωπον
χρώμασιν τελοῖ δηλοῖσι.
κλεῖσαι δὲ ποτὶ χεῖρας ἐλθών,
πρᾶγος ὁμασᾶις μέγιστον

Vit. Ἁπλῶς, θερισσόν τ᾽ ἰσχύς.

Ἐννεὰς δ.

καὶ ἰδὼν φαῖν κατ᾽ ἐμμᾶ-
σιν δέδορκα, θαῦθον εἰπεῖν,
τηλαυγές, ἐκπειράτο δὲ
τὸ βλεφάρων τρὶς αἶρον ἄπο.
παρὰ σί ἐσκε τρὶς οἱ φέγ᾽ ὁμοίων,
καὶ βίαν τοκ᾽ ἐγὼ φοίσα
τῶ Λατοίδα τὸ ἀπαρ γρα-
φὰς ἀπέχεν χεῖρα κρύφαιε,
λοιπᾶς ἰοῖσας φαιδιμᾶς.

Ἐννεὰς ε.

Ὦ Ἀπόλλων τῶ Λατῶς
ἀγλαὰς τῶν ἔτικε νᾶσα
φεύγοισα Πυθῶνος χόλον
σεῦ τὸ μὲν ἴκαθ᾽ ὑπὸ πεποίη-
ται, καὶ κελαδεῖ Πασχασίην πᾶ-
σ᾽ αὖθις ἀδύφωνος μολπὰ
κάτ'αυ σὸ θελαν. χερᾶς ἔρα-
μὴ γραφείσας πῶ σὶ ὑπα-
τῶ δόξ᾽ ἀεί πρὸς ζῆν ἅμαν.

Ἐννεὰς ς.

φωτὸς ἀφθόνα χερσὶ θι-
νῆς τε τηνῶ, ἐπεί δ᾽ ὑπὲρ γᾶς
ἀνθρωπὸς ἐστι σαμερον
τίς βροτὸς ἐων. τῶ δ᾽ αὔριν ὀ-
δεὶς ὥτε ἀνθὲς ῥα χαμαιπε-
σων. πολλοί ἡ ὑμνοι μοισᾶν
πολλ᾽ ἀθάνατοι. τὸ πρὸς ἀκριν
ἄνθος, ἠλακώς ἀμειβᾶν,
σὰν ἄμμε μολπαῖς παίζομεν.

Ιω. Καίγνη-.

EXPLICATIO SUPERIORIS ODÆ.

ENNEAS I.

Prodi ex limitibus maris, Musa, & licet infinita sis, tamen fundum virtutum viri clarissimi non tenta, sed tantum in littore natans, ex omnibus illius operibus unum hoc loquere, canens quomodo ille cum staret in splendida urbe sorore antiquæ Trojæ.

ENNEAS II.

Illic vir præstantissimus, & sacri peritus juris, consilia dabat consulentibus se, juxta mentem legum intelligentem. Expertus verò pictor cum pingere eum, consideravit apud se quomodo effigiem & venustè faceret, & genuinæ ejus formæ consimilem. Verùm vidit Apollo ex intimo secessu.

ENNEAS III.

Delphici montis, ubi sedens intererat dulcè obstrepenti Musarum choro, mentemque dedit ei præclaram & artem egregiam, ut faciem coloribus efficacibus perficeret. Cum autem venisset ad manus inclytas, opus maximum & excedens suas vires simpliciter prætergressus est.

ENNEAS IV.

Et ecce lumen è longe lucens ob oculos vidit, admirandum dicere, tentavitque ter ab illo palpebras avertere, ter autem illi adstitit vox similis, & tunc vim Phœbi Latonigenæ agnovit, & ex templo à pictura abstinuit, manus abscondens, reliquo existente claro.

ENNEAS V.

O Apollo fili pulchræ Latonæ, quem peperit in insula fugiens Pythonis furorem, hoc quidem longè à te sic peractum est, & rursus omne carmen suaviloquum Paschasium celebrat juxta tuam voluntatem: manus enim nunquam pictas voluit, ut semper viverent, in cælum tollere.

ENNEAS VI.

Hominis illius sine invidiâ, & cui robur est in manibus, si quidem super terram homo est hodie aliquid; mortalis existens, cras verò nihil, veluti flos in terram prociduus: sunt verò hymni musarum plerumque immortales;

tales, tu ad summum venisti, capiens remunerationem, quam nos carminibus ludentes quærimus.
JACOB. FAVERELLUS.
Cogniacensis Xanto.

HENRICVS STEPHANVS AMICIS
Stephani Paschasii, ab ipso versus de illius effigie manibus carente flagitantibus.

Quem colo Paschasium, semper coluique colamque,
 Nostro etiam dono vultis habere manus.
Siccine, quem tantùm bimanum natura creavit,
 Centimanum cupitis reddere posse Gyen?
Quid tot opus manibus? sed si tamen est opus, at cur
 Quæritis & factas arte videre meâ?
Quas pictura manus certâ ratione negavit,
 Vestra poësis ei satque superque dabit.
Me mea (quod doleo) non est comitata camœna
 Hanc & nunc sine me noster agellus habet.
Nam patriâ versor veluti peregrinus in urbe,
 Et peregrinatur mens quoque sæpe mihi.
Attamen experiar, scriptis absente camœnâ
 Carminibus, genii sitne vel umbra comes.

IDEM, IISDEM, DE VERSIBUS AB
aliis eodem argumento jam scriptis.

Iisdem de manibus jam carmina multa vagantur:
 Omnia sed famâ sunt mihi nota tenus.
Si qua ergo mea sint simili ludentia sensu,
 (Quum potius proprio ludere more velim)
Illorum ne tu quædam esse imitamina crede,
 Sed simile è simili mente venire jocum.
Et quod laudabas, dictumque placebat ab uno
 Dupliciter, gemino quòd sit ab ore, proba.

Quæ nova pictoris, picturæ aut quæ nova tandem ars
 Paschasio nostro est ausa negare manus?
Ad tempus voluit manibus cautus ille carere,
 Ut dono innumeras posset habere manus.
 Idem STEPHANUS.

Paschasii è manibus tam multa profecta duabus,
 Non poterit quisquam credere, pictor ait.
Quadrimanum tamen hunc trimanumve haud pingere fas est,
 Nam monstrosi aliquid nostra tabella daret.
Nodum hunc pictori prius ergo solvat oportet
 Qui vult Paschasii posse videre manus.
 Idem STEPH.

Paschasio decus esse manus sat novimus ingens:
 Paschasium decorat sed sua lingua magis.
Linguam ergo in tabula vobis præbere videndam
 (Pictor ait) cupio, non minus atque manus,
Sed quum se nullâ hoc vidit ratione valere,
 Lædere turpi oculos dum novitate timet:
Haud saltem majore manus dignabor honore
 Quàm linguam: dixit, occuluitque manus.
 Idem STEPH.

Lingua Paschasii decus meretur
Majus quàm manus: hoc fatentur omnes.
Quum tot ergo manus poësis addit,
Ut mox centimanum reat futurum:
Cur linguas quoque non poësis addit
Ut plusquam queat esse centilinguis?
 Idem STEPH.

Pictori & vati quidvis audere potestas:
 Nec minus hic jure hoc, vel minus ille tumet.
Multa per antiphrasin vates dixisse vetustos,
 Et nostros itidem dicere multa vides.
Causidici quæ trunca manûs offertur imago,
 Hoc (reor) exemplo est picta per antiphrasin.
 Idem STEPH.

AD IONYSII LUCANI AD PROXIME præcedens Epigramma responsum.

Qui manibus linguâque juvat Patronus egenos,
 Anne per antiphrasin non habet ille manus.

Paschasii mirata manus pictura recessit:
 His arcana est ars, cui mea cedit: ait.
 Idem STEPH.

Paschasii egregius pictor jam pinxerat ora:
 Ecce, manus renuit pingere: sic & ait,
Artificem his manibus mirum me cedere non est:
 Nemo manus usquam tam videt artifices.
 Idem STEPH.

Ictum causidicus sæpe hosti intentat: & idem
 Ictum hostis trepidis sæpe fugit pedibus.
Hæc in eo pictor cernens connexa, manusne
 Pingam (inquit) tabulâ non capiente pedes?
 Idem STEPHANUS.

JOCUS AD IPSIUS PASCHASII DISTIchum tabulæ adscriptum, quo dicit legem Cinciam sanxisse, causidicos non habere manus.

Cincia de manibus si sanxit talia pictis,
 Pictum proposuit tunc sibi causidicum.
 Idem STEPH.

Magnos vocamus more Gallico dies,
Quum convocantur judices solenniter,
Areopagitæ qui velut sunt Gallici.
Paschasius, hos qui nil timebat judices,
Sed (quæ timetur ab omnibus) calumniam.
De manibus (inquit) nil meis queremini:
Pictore teste, sunt manus nullæ mihi.
 Idem STEPH.

Areopagitas novimus quondam Atticos
Acerrimè illos persecatos & diù,
Truncata quibus Hermarum erant agalmata.
Hermes forensis Paschasius hos Gallicos
Areopagitas experiri quòd velit,
Truncata queritur quòd sit & imago sua.
Nostro sed Hermæ hæc pauca nostri judices,
Non fit volenti (ut ipse nosti) injuria.
 Idem STEPH.

Paschasio tabula hæc an plus quæsivit honoris?
 An plus quæsivit Paschasius tabulæ?
Nempe manus illi tabulam invidisse videmus:
 Invidia illustres reddit at ista manus.
Sed minor intereà tabulæ sua gloria non est,
 Ausa quòd est oculis hasce latere manus.
 Idem STEPH.

Mecum hac de tabula lector fortassè quereris:
 Paschasii at dispar tota querela tuæ,
Namque manus tabulæ non vult imponere pictor,
 Ipse manum nequeo ponere de tabula.

Τοῦ αὐτοῦ Ἑρρίκου τοῦ Στεφάνου περὶ τοῦ αὐτοῦ πίνακος,
 ἐν ᾧ ἄχειρ ὁ Πασχάσιος ἐγέγραπτο.

Οἴμοι ἄχειρα ὁρῶ Πασχάσιον, ὅσπερ ὅμοιος
 Ἔστι δίχειρ περ ἐὼν, τεσσαράκοντα χερί.
Οἴμοι, ἄχειρα ὁρῶ τὸν πρὶν τόσον ὀλβιόχειρα,
 Καὶ οὐ πᾶν διδύμαις χείρεσιν εὐχερὲς ἦν.
Φεῦ, τί παθὼν ὁ γραφεὺς τοῖον ὑφήνατ' ἐχείρων;
 Ἆρ' ἕτερον ταύταις ἤθελεν ἀγλαΐσαι,
Ἢ μᾶλλον γ' ὁ γραφεὺς (οἴμαι) τεχνάσσατο πάντα
 Ὡς τὴν εὐχερίην εὐχερέως ἰάσαι;
Ἀλλὰ μάτην μοχθῶν, ἀτελὲς τὸ ὂν ἔργον ἔλειψεν,
 Ἐν τέχνῃ τέχνης τῆς δ' ἀπολειπομένης.

Oeuvre Poëtique sur la Main.

HOC EPIGRAMMA LATINE SIC REDDIDIT
Jac. Faverellus.

Hei mihi! cur mancum video, cui dextera compar
  Innumeris quondam sedulitate fuit?
Hei mihi! cur manibus mutilati cerno patronum,
  Cui facilis, fœlix, cui vigil ante, manus?
Nunquid eam furtim voluit subducere Pictor,
  Atque alium tantâ nobilitare manu?
Non ita (Pictor ait) sed ut ejus cognita dextræ
  Dexteritas esset dexteritate meæ.
Siccine, Pictor iners, nos ludere niteris? Arte
  Pictor iners, mediâ, lusus ab arte tua?
        JAC. FAVERELLUS.

Zoïle, Paschasium manibus simulatque carentem
  Cernis, Paschasium nunc (ais) aggrediar.
At si damnatur quicunque aggressus inermem,
  Non pudet aggrediar, qui caret & manibus?
        HEN. STEPHANUS.

Bien que le fort ingrat, quand le ciel me fit naistre,
D'un malheureux presage ait voulu attacher
A ma vie ce nom ennuyeux de Gaucher,
Comme si mes desseins tiroient tous à senestre,
Si veux-je de ma gauche honorer ta main dextre,
Je veux tirer à droict, & diligent archer
Sans gauchir à costé, mes flesches decocher,
Vers ta main qui se monstre à tous subjets adextre.
Pasquier, si ton pourtrait est maintenant autheur
De faire devenir Poëte l'Orateur,
Les unissant tous deux d'une concorde estroite,
Quoyqu'entre tant de mains, ma main soit au rebut,
Je ne craindray Gaucher de le prendre pour but,
Car il transformera ma main gauche en main droite.
        GAUCHER DE SAINTE-MARTHE, autrement dit
        SCEVOLE, Tresorier general de France.

Soit que d'un vers Latin sur ta Lyre tu joües
L'Epigramme gaillard, ou d'un plus haut discours
Tu veuilles desguiser de ses tours & retours
L'Ode, dont les grands Rois & Monarques tu loües,
Soit qu'à autres desseins tes pensemens tu voues,
Ou veuilles au Sonnet mignard donner son cours,
Tu passes d'un long trait nos entendemens lourds,
Et toutesfois mutin le ciel tu desadvoües.
Tu t'abuses, Gaucher, ainçois le ciel hautain,
(Pour se mocquer de nous) par un discours certain
Se ligua avec toy d'une amour tres-estroite,
Car si avecq' ta gauche entre tous les humains,
Mon Gauchy, tu fais honte à toutes autres mains,
Quoy doncq? que feras-tu besongnant de la droite?
        ESTIENNE PASQUIER.

Ad Scævolam Sammarthanum.

Seu Latios scribat, seu Gallos, Scævola, versus,
  Nil præstantius hoc Gallia nostra tulit.
Roma suum jactet, miretur Gallia nostrum:
  Cur ita? Pro patria vovit uterque manum.
        Ex Epigr. lib. 4. STEPH. PASCHAS.

Quantus io thyasus vatum! quot carmina fundit
  De non effictis Paschasij manibus!
Condere Ulyssæam poterant leviore labore,
  Historiamque iterum texere Pergameam.
Quid si Paschasium totum, laudare fuisset
  Consilium, & dotes enumerare viri?
Materies laudum quàm se dabat ampla Poëtis!
  Quàm seges ingeniis ampla futura fuit!
E solo quantus leo sit dignoscitur ungue:
  Paschasius quantus, noscitur è manibus.
        ADR. TURNEBUS.

Tome II.

A Seu quid amor, seu quid pulchrum, aut quid turpe docendum,
  Quove modo palmam quisquam in amore ferat:
Carmina seu molli, seu forti voce sonanda,
  Seu libeat Latio tingere lemma sale:
Seu luci reddenda situ monumenta sepulta,
  Juraque priscorum restituenda patrum:
Seu pro decepto dicenda est caussâ cliente,
  Sive opus est trepidos voce juvare reos:
Denique seu bellè, seu doctè quicquid agendum,
  Omnes concedant, dantque manus Stephano:
I nunc & Stephano quas nemo non dedit, arte
  In quacunque manus, pictor inepte, nega.
        Idem TURNEBUS.

AD VENEREM.

Apelli Venus inchoata tantùm
Esse diceris, artifex nec ullus
Ullo tempore postea repertus
Qui te absolveret: inchoatus ecce
Noster Paschasius, parique tecum
Læsus vulnere, quindecim Poëtæ,
B Picturæ sed opem ferunt labanti,
In partemque operæ diis vocatis,
Musâ, Apolline, Gratiisque junctis,
Opus patribus omnibus politum
Reddunt, & tabulæ manum supremam
Imponunt: Venus, invidere noli,
Tu cum Paschasio absoluta non es.
        ADR. TURNEBUS.

IMITATION DU PRECEDENT EPIGRAMME.

Venus d'Appelle encommencée
Fut par luy à moitié tracée,
Et depuis ne se vit ouvrier
Qui ozast achever cest œuvre:
Le mesme presque se descouvre
Au tableau de nostre Pasquier.
  Mais voyant une troupe sainte,
Sa pourtraiture à demi peinte,
Du peintre supplea le trait:
O Venus, ne lui porte envie,
Car donnant à son tableau vie,
C'est parachever son pourtrait.
        Le mesme TURNEB.

C Imperfecta Venus sed enim permansit Apellis,
  Illi dum quod abest nemo quod addat habet.
At tabula hæc contra nunquam perfecta feretur,
  Quandoquidem quod abest quisque quod addat habet.
        Idem TURNEB.

CLOSTURE DE L'ŒUVRE AU PEINTRE.

Peintre, ce beau pourtrait que sans mains tu nous peins,
Nous apprend qu'il est temps d'oster d'ici nos mains.
        NIC. AUDEBERT, Conseiller
        au Parlement de Bretagne.

In eamdem sententiam.

Trunca manu facies, innexaque pectore solo,
  Tollendam è tabula denotat esse manum.
        Idem AUDEB.

At tu perfide quò libelle pergis?
Dum non vis dominum, manum à tabella,
Summam tollere, fis liber, libelle;
D Libellum dare, non librum spopondi.
        Ex lib. 6. Epigr. STEPH. PASCHAS.

Crescere in immensum potuit labor iste, sed author
  Scribendi tandem maluit esse modum.
        ADR. TURNEBUS.

IMITATION DU PRECEDENT DISTIQUE.

Lecteur, cest ouvrage divin
Pouvoit prendre infinie traite;
Mais l'autheur pour y mettre fin,
Veut que l'on sonne la retraite.
  Le mesme TURNEB.

Lusistis, satis est, satis est hinc indè jocorum;
Claudite jam rivos, manibus jam plaudite vates.
  STEPH. PASCHASIUS.

IMITATION DU PRECEDENT DISTIQUE.

N'avez-vous pas assez, ô gentils escrivains,
Defié par vos vers, & France, & Rome, & Grece?
Bouchez le pas, touchez maintenant de vos mains,
Pour faire à tous paroir qu'ell' est vostre allegresse.
  EST. PASQUIER.

AUGMENTATIONS
SUR LA MAIN.

Puisque par un sort deplorable
Troye couva dedans son sein
Paris, dont la perfide main
La rendit enfin miserable:
Pour vanger ce tort execrable,
Paris devoit esclorre un jour
Celui dont la main à son tour
Rendroit l'autre Troye admirable.
  JACQUES FAVEREAU de Congnac en Saintonge.

Inclyta Pellæi quamvis sibi palma, coronas
 Mille, & mille sibi clara trophæa dedit,
Hanc tamen è multis unus qui pingere dignè,
 Unus qui dignè fingere posset, erat.
Verùm tot Stephanum palmis sua palma coronat,
Pingere ut hanc nemo, fingere nemo queat.
  JAC. FAVERELLUS Cogniacensis Xanto.

Mercurius vetere linguâ Gallicâ, Teutates dicebatur.

Majugenam mancum fertur pinxisse vetustas,
 Quem summum eloqui censuit esse Deum:
Paschasium, Pictor manibus truncavit utrisque,
 Teutatem Gallis quem putat esse novum.
  JAC. FAVEREAU.

Le vieux Mercure fut pourtrait
Sans mains, & tout d'un mesme trait,
Proclamé Dieu de l'éloquence:
Sans mains le peintre a imagé
Nostre Pasquier, l'ayant jugé
Le nouveau Mercure de France.
  JAC. FAVEREAU.

Les Peintres de l'antiquité
Sans mains nous ont representé
Hermes, Dieu de l'art oratoire:
Pour monstrer que les Advocats
Ne doivent de l'or faire cas,
Ains sans plus d'une belle gloire.
  JAC. FAVEREAU.

Vana suum cantet quantùmvis Græcia Zeuxim,
 Unica, qui Zeuxim, Gallia vincat habet.
Zeuxis aves quondam pictis pellexerat uvis,
 At nos haud picta pellicit iste manu.
  JACOB. FAVERELLUS.

Que la Grece follastre chante,
Tant qu'elle voudra, son Zeuxis,
Nostre France aujourd'hui se vante
D'un qui sur lui gaigne le pris.
L'œil de l'oisillon fut espris
De la grappe du raisin feinte;
En ce tableau, la main non peinte
Ravit des hommes les esprits.
  JAC. FAVEREAU.

Dextera Paschasij Zeuxim velamine picto
Impulit ut veram posceret effigiem.
Dextera Paschasij velamine recta, coëgit
Mille homines, veram cernere velle manum.
  JAC. FAVERELLUS.

B *Le Peintre fut industrieux,*
Pasquier, lors qu'il fit ton image,
Imitant ta bouche & tes yeux,
Et tous les traits de ton visage:
Mais il le fut bien davantage
En feignant d'oublier ta main,
Qui t'a à un pinceau plus qu'humain
Trop mieux peint de ton premier aage.
  NUISEMANT.

L'as-tu fait à dessein, ou si c'est ignorance *Bern.*
Qui ta fait achever ce tableau sans la main?
J'accorde tous les deux, je l'ai fait à dessein, *Peint.*
Et si l'ai fait encor' à faute de science.
Si j'eusse fait la main, j'eusse privé la France
De la main de Pasquier, qui d'un esprit hautain
Par un seul trait de plume, a forcé tout d'un train
Mille mains à loüer de sa main l'excellence.
Et prevoyant d'ailleurs que pour bien figurer
Les beaux traits de sa main qu'on ne peut mesurer,
Il faudroit qu'un pinceau feust conduit par un Ange;
J'advisai de couvrir mon imbabilité,
Sous l'artifice feint d'une incapacité,
C Et lui donner par là, beaucoup plus de loüange.
  B. BERNARD Advocat au Parlement de Provence.

Gayeté Provençale.

Perque as tu penchz senso man l'Avocat? *Boyer.*
Per lou gardar de tant peccar aprendre. *Peint.*
Se ou pren escut, donne double ducat. *Bo.*
Qu'u donne pren, non al pas à reprendre.
  P. BOYER Advocat au mesme Parlement.

La main d'un beau pourtrait a le plus merité
Qui sur le point qu'il est prest de voir la lumiere,
T'met les derniers traits, & y demeure entiere
La gloire de l'ouvrage à la posterité.
Moy, je n'ay mon dessein à ce but arresté;
Ma main de tant de mains la pire & la derniere
Ne souhaite le nom d'une si bonne ouvriere:
Loin de moy, soit bien loin cette temerité.
Et vous, pourriez-vous bien permettre cest outrage,
Saintes sœurs d'Helicon, qu'une si foible main
D Sur tant de fortes mains vouslust prendre advantage?
Non: en ce jeu de pris où je m'esbas en vain,
Je couche de ma reste, & d'une douce rage,
D'un malheureux joüeur c'est la derniere main.
  JEAN FRERE LIONNOIS, Lieutenant General de la Principauté de Dombes.

Augmentations sur la Main.

IN STEPHANI PASCHASII MANUM.

Inter tot celebres, minus celebrem
Hanc admitte manum, manus celebris,
His quæ se tibi dedicat Phaleucis;
Quod si tarda nimis, minusque compta,
Quid tum? post alias adibit omnes.

A Sed admitte tamen locumque præbe,
Illi dum locus inter infimas sit.
Vah superba negas, tibique cum dem
Me manumque meam, repellis; at si
Munus ut mihi porrigas rogarem,
Quid pejus facias mihi petenti?
        JANUS FREREUS LUGDUNENSIS.

Tout ce qui est icy dessous, est tiré du huictiesme Livre des Lettres de Pasquier.

Lettres de Monseigneur le Grand Prieur de France à Pasquier.

ENcores que n'ayez plus de souvenance de vos meilleurs amis, tel que je pense vous estre de long temps, si est-ce qu'ayant icy trouvé vostre livre de la Main, je l'ay caressé de tout le bon accueil qu'il m'a esté possible, estimant tout ce qui procede de son Autheur, digne de loüange & d'estime. Et moy, & quelques-uns qui sont prests, avons contribué quelques fruicts de nostre Parnasse, afin de luy rendre l'honneur que tous bons jugemens recognoissent meriter : si vous me faisiez quelquefois part de vos œuvres, je me tiendrois plus asseuré de l'affection que m'avez tousjours promise, & n'en sçauriez faire distribution à personnes de qui elles soient mieux receuës & prisées. Je vous en prieray doncques, & de faire estat de mon amitié, comme vous en pourrez faire preuve en toutes occasions. Suppliant en cest endroit, Monsieur Pasquier, le Createur vous avoir en sa saincte & digne garde. D'Aix, ce 8. de Juillet 1585.

Monseigneur le Grand Prieur.

Cette immortelle Main qui bastit l'Univers,
Se cachant à nos yeux, en ses œuvres se monstre:
Ta main qui ne se voit, d'une mesme rencontre,
Se fait plus dignement apparoir en tes vers.

Le Seigneur de Malherbe.

Il ne faut qu'avecq' le visage
L'on tire tes mains au pinceau:
Tu les monstres dans ton ouvrage
Et les caches dans le tableau.

M. Mazzei gran Vicario del Serenissimo Seignore gran Prior de Francia.

L'accorto depintor a voi ben note,
Gran lopere Pasquier, de la man vostra,
Al arte anzi l'ascouse, & quindi mostra
Quanto piu che belta, la virtu puote.

Lettres de Pasquier à Monseigneur le Grand Prieur de France, Lieutenant general du Roy au pays de Provence.

J'Ay receu les lettres qu'il vous a pleu m'envoyer, & vos beaux vers, dont je vous remercie tres-humblement ; cela s'appelle tyranniser par courtoisie vos anciens serviteurs. Je ne pensois pas que l'on deust donner de si fortes aisles à ma Main, qu'elle eust peu prendre son vol jusques à vous, ny que vous luy en eussiez voulu bailler d'autres pour la faire voler jusques au Ciel : ce n'est pas peu, disoit un ancien Romain, d'estre loüé d'un homme loüé ; mais c'est chose sans comparaison de plus grande recommandation & merite, d'estre loüé par un grand Prince tel que vous, accompagné de toutes les bonnes parties que l'on peut desirer en ceux qui tiennent les grands & premiers lieux prés des Rois. Vous me faites cest honneur de vous plaindre, que je ne vous fay part de mes œuvres. Je ne les pensois pas dignes de vous : mais puisque je m'apperçoy que les souhaitez, je donneray ordre d'amender la faute pour l'avenir. Et pour premier trait de l'amendement, je vous envoye mes Epigrammes Latins que j'exposay pour la premiere fois en lumiere il y a environ deux ans, & que l'on a r'imprimez depuis cinq ou six mois en çà. C'est en quoy je passe le temps, quand je veux donner relasche à mes heures plus serieuses. Si j'ay le moindre sentiment qu'ils vous ayent pleu, je n'estimeray le temps que j'y ay mis, mal employé, & me serez un autre Phœbus, ou Soleil pour rechaufer mes esprits qui commençoient à se refroidir en ce subject. Vous sçavez, Monseigneur, que dés pieça je suis couché au nombre de vos bons & anciens serviteurs ; je vous prie m'y continuer, comme celuy qui s'estimera tousjours tres-heureux de vous faire tres-humble & agreable service. A Dieu.

A Monsieur Juret, Chanoine en l'Eglise de Langre.

COmbien que je n'aye jamais eu cest heur de vous cognoistre de face, si pense-je vous avoir veu ces jours passez plus à propos. Vous sçavez ce que dit Socrates à un jeune homme qu'on luy presentoit : Mon enfant, parle, afin que je te voye. Les beaux vers François & Latins qu'avez faits sur mon pourtrait, lesquels j'ay receus par les mains de Monsieur le Conseiller Gilot, m'ont fait cognoistre qui vous estiez, je veux dire un bel esprit doüé de toutes les graces, gentillesses, courtoisies & rondeurs que l'on peut souhaiter ; vray qu'en leur lecture, vous m'avez fait revenir en memoire ce que fit autresfois le Philosophe Carneades, lequel estant envoyé des Atheniens, Ambassadeur en la ville de Rome, avant que d'avoir audience du Senat, voulant faire monstre publique de son esprit, comme il vouloit, & qui par une parole persuasive eust peu surprendre le Senat s'il luy eust donné audience : ainsi vous en est-il presque pris. Car representant fort dextrement & hardiment sur un mesme subject deux personnages contraires ; l'un, en haut loüant ma Main en son particulier ; l'autre, en la blasonnant sur le general de nostre profession, le malheur a voulu qu'ayez esté chastié comme celuy-là : pour le moins que vos beaux vers n'ayent esté enchassez, avecques les autres, pour estre jà le livre clos, & dés pieça exposé en lumiere

lumiere avecq' une vente assez plausible. Or quant à ce qu'il vous a pleu me celebrer, je vous en remercie : ce n'est pas tant me trompeter, que vous tromper. Et quant au demeurant de vos vers, par lesquels vous estes plus voulu esgayer sur la Main d'un Advocat en general, que particulierement sur la mienne, & dont vous excusez par vos lettres, il ne faut plus vous excuser puis qu'on ne vous accuse plus. Je mets quelquesfois la main à l'œuvre, & sçay combien il est fascheux à une main plantureuse telle que la vostre, de la vouloir retrancher quand quelque belle conception se presente. C'est pourquoy je vous supplie en cas semblable, ne trouver mauvais le distique, que je fis, & escrivy sur le champ à Monsieur Tabourot vostre cousin ; lesquels je condamne comme Champignons : voulant que leur mort soit aussi prompte que leur naissance. A quelque chose malheur est bon, & avions tous deux interest que cette sotte invention tombast de ma plume. Car autrement n'eusse-je joüy de toutes les belles fleurs de vostre jardin : lesquelles je transplanteray dedans le mien, & à la charge de leur donner air avecques les autres, si on les imprime pour la seconde fois : & cependant vous ferez estat de moy, s'il vous plaist, comme de celuy qui desire estre enregistré au nombre de vos bons serviteurs & amis. Adieu.

Ces vers, pendant les troubles derniers, & absence de Pasquier de sa maison, ont esté perdus avecq' plusieurs autres siens papiers.

FIN DES JEUX POETIQUES SUR LA MAIN.

LES
LETTRES
DE
NICOLAS PASQUIER,
FILS D'ESTIENNE.

AU LECTEUR.

Defireux de fuivre mon pere à la trace, je n'ay mis ny mon esprit ny ma plume en espargne, pour escrire des Lettres sur le modele des siennes. Forme d'escrire si aisée, qu'il ne s'en peut rencontrer de meilleure, ny plus seure pour mettre nos conceptions en œuvre. Je n'adresse point ce Livre à un Grand, sur une vaine opinion que j'aurois de le garantir ou de l'envie, ou de le faire vivre contre les rudes assauts du temps, d'autant que sa principale recommandation doit deriver de son propre fonds, & non de l'appuy de celuy à qui je le dedierois: car rien ne l'auctorisera, s'il n'est remply de belles conceptions, & tissu d'un langage bref, nerveux & escrit d'une plume franche, resoluë & hardie. La rondeur d'escrire plaist: ces choses sont pour donner prix & pointe à nos escrits, & dépiter le temps & la mort. Je prie Dieu que ces Lettres ressemblent à la beauté d'un jardin, duquel l'un cueille une belle rose, l'autre une violette ou une giroflée: ainsi souhaitay-je qu'en ceste diversité de sujects, dont elles sont pleines, chacun tire dequoy resveiller, resjouyr & contenter son esprit. Si j'apprends que ce labeur te soit agreable, ce me sera un aiguillon pour tracer un Ouvrage de plus haute haleine. A Dieu.

LES LETTRES DE NICOLAS PASQUIER,
FILS D'ESTIENNE:

Contenant divers Discours des affaires arrivées en France, sous les Regnes de Henry le Grand, & Loüys XIII.

LIVRE PREMIER.

LETTRE I.

A Monsieur d'Ambleville, Conseiller du Roy en ses Conseils d'Estat & Privé, Capitaine de cinquante hommes d'armes, & Lieutenant General pour le Roy és pays d'Angoulmois, Saintonge, Aunis, ville & gouvernement de la Rochelle.

Mort du grand Henry, avec plusieurs prognostications qui la devancerent.

UN homme, ou plustost un monstre revestu de l'habit d'un homme forcené, nourry & confit en la sceleratesse, abandonné à tous vices execrables, abominable devant Dieu, aprés luy avoir faict de tout poinct banqueroute, s'est de telle façon laissé emporter au plaisir de sa desordonnée volonté, que par une damnée intention il a, le quatorziesme de ce mois de May, environ les trois à quatre heures du soir, assassiné nostre Roy de deux coups de couteau, comme il alloit dans son carrosse, du Louvre à l'Arsenac, & de là au logis d'Escure: encores le Diable avoit si renforcé le cœur de cest Hydre detestable, de cest avorton d'enfer, que sans le Duc de Montbazon, qui luy saisit la main, il redoubloit allouviment les coups. La rage de toutes les bestes exerce sa fureur jusques à la satieté du ventre; & la faim appaisée, incontinent se desiste & s'arreste: mais la rage insatiable de ceste sauvage & hideuse beste estoit sans bornes, tant estoit-il obstinément ententif & acharné à perpetrer ce cruel & malheureux parricide. Les deux coups portoient dans le costé gauche, l'un entre l'aisselle & la mammelle, & entre la seconde & troisiesme coste, large d'un travers de doigt & long de quatre, soubs le muscle pectoral, tout contre la mammelle, n'entrant point au dedans du corps: l'autre estoit plus bas, entre la cinquiesme & sixiesme coste, environ le milieu du costé, de la grandeur de deux travers de doigt, entrant

B tout jusques au dedans du corps, en perçant le penultiesme lobe du poulmon tout outre, jusques à l'artere veneuse, en laquelle il avoit faict une ouverture à passer le petit doigt, un peu au-dessus de l'oreille gauche du cœur, d'où il se fit une grande eruption de sang dans les deux poulmons, lequel passant de là par la trachée artere sortoit par la bouche, & les poulmons abbreuvez de sang se trouverent tous livides comme d'une contusion ou meurtrisseure: & pour la mesme cause, se trouva aussi force sang figé & caillé dans le vuide du coffre, & fort peu dans les ventricules du cœur, lequel, ensemble les grands vaisseaux qui prennent leur source de luy, estoient tous flestris & abbatus, à cause que tout le sang en estoit sorty. C'est pourquoy tous les Medecins jugerent que ce dernier coup estoit la seule cause de sa mort. Tout ainsi que nous ne voyons jamais de feu sans fumée, ny de corps sans ombre; ainsi de mort de grand Prince, qu'elle ne nous soit predicte un long-temps avant qu'elle arrive: ou par la voix du peuple, ou par inspirations divines, que Dieu descouvre à quelques siens serviteurs, ou par les Astrologues. Il y a un an que j'estois à Fontainebleau pour l'exercice de ma charge de Maistre des Requestes, où nous fusmes en un instant saisis d'une peur soudaine, disant sourdement en nos communs devis (contre le desir que nous en avions) que de brief la France couroit fortune d'estre privée de son Roy si utile & necessaire à sa conservation, & que le Ciel le repeteroit comme à luy deu par proprieté naturelle. Chascun disoit, il ne se garde point, le malheur portera qu'il sera tué.

Nous

Nous tremblotions tous de crainte, & estions de telle façon saisis par l'apprehension du mal que nous imaginions, que nous nous regardions les uns les autres sans pouvoir proferer aucune parole, prevoyants & pensants aux grandes, douloureuses & calamiteuses miseres qui nous tallonnoient à la suite d'un si enorme & horrible forfaict. En ce mesme temps vint en Cour un Capitaine de Gascongne, qui avoit suivy le Roy pendant tous les derniers troubles, lequel rapporta qu'un jour estant sur la lecture de la Bible, il vit à l'improviste entrer en sa chambre (ayant precedé un bruict à l'ouverture de la porte) deux hommes de grande stature, l'un à luy incogneu, & l'autre qu'il recognoissoit : que l'incogneu luy dit, qu'il fust sans crainte, & que de mal il n'en pouvoit encourir, pource qu'il estoit venu là seulement pour luy dire qu'il allast annoncer au Roy qu'il eust à conserver sa vie, autrement, qu'il ne pouvoit empescher un malheur qui luy estoit preparé : & qu'aussi-tost ces deux phantômes disparurent, dont il sur-sur l'heure saisi d'effroy : que toutesfois revenu à luy, & ayant pensé & repensé à ceste vision, il en parla à quelques Theologiens, qui luy remonstrerent que ce pouvoit estre quelque illusion diabolique, & ainsi le renvoyerent en opinion de ne faire le voyage : cependant, que deux jours apres ces mesmes phantômes se representerent à luy dans son jardin avec rudes & rigoureuses menaces de celuy qui l'avoit abouché, pour n'avoir obey au premier commandement, & luy enjoignit tout destroussément, sur peine de mort, de partir dés le lendemain porter cet advis à sa Majesté : & afin qu'il eust plus de creance en ce qu'il luy diroit, qu'il l'asseurast que celuy qui l'envoyoit, estoit le mesme qu'il avoit veu estant à la chasse. Le Roy, quoyqu'en luy-mesme il en creust quelque chose, si s'en mocquat'il, & renvoya ainsi ce Gentil homme. Le Capitaine Milhade de Moncrabeau en Albret, le jour du Vendredy Sainct 1607. vint à Fontainebleau trouver le Roy, auquel il fit entendre qu'il avoit eu quelques revelations qui regardoient l'honneur & la gloire de Dieu, & encores la personne du Roy & son Estat, partie desquels il luy expliqua. Toutesfois le Roy pour en avoir plus ample intelligence, commanda au Pere Coton Jesuite de l'ouyr afin de luy en faire son rapport, lequel l'ayant ouy, destourna le Roy de plus parler à luy, ny rien croire de ce qu'il disoit. Milhade recognoissant que quelque diligence & devotion qu'il apportast, il ne pouvoit avoir aucune audience du Roy, luy escrivit, que Dieu l'avoit tiré sain & sauve d'innombrables combats, rencontres & batailles, destourné toutes les machinations & entreprises faictes & dressees contre sa personne, & preservé des cheutes, blessures & maladies qu'il avoit eu, pour luy mettre inesperément & miraculeusement la Couronne sur la teste, & qu'à present il l'appelloit à la reformation de son Eglise, & à bien policer & regler son Royaume : ce qu'il devoit faire, d'autant que ce mesme Dieu avoit tousjours favorisé les bons Roys, & ruyné les meschants : qu'à l'heure qu'il parloit, c'estoit à luy de s'esveiller de son sommeil pour penser en quoy il pouvoit recompenser tant de bien-faicts. C'est à vous (disoit-il) à qui je parle, à qui l'affaire touche ; songez-y, & ne dictes & faictes comme ce Roy Sedechias, qui mit sa fiance au bras de la chair & aux richesses de ce monde, sans vouloir obeir au Seigneur : remetez en vostre esprit, ce qui luy arriva. Et adjoustoit ces paroles, qui sont d'une merveilleuse efficace : ô Roy, j'ay meilleure esperance de vous, pensez toutesfois que c'est le mesme Dieu. Apres cela, Milhade se retira en Gascongne, où pressé de ses revelations escrivit derechef au Roy en l'an 1609. que s'il vouloit fuir l'iredeDieu, il se devoit de tout poinct reconcilier avec luy, & conformer sa volonté à la sienne en suivant le beau chemin qu'il luy monstroit pour executer ses commandemens : que c'estoit à luy d'y meurement penser, pource que Dieu avoit entendu la voix, clameur & oppression de son peuple mangé comme pain, & luy disoit ouvertement, que le temps estoit venu qu'il devoit penser à Dieu, qui donnoit & ostoit les Couronnes aux Roys, alongeoit & abregeoit leur vie à discretion : faictes paix avec Dieu (disoit-il) puis qu'il vous y semond tant doucement : ouvrez les yeux de vostre cœur & de vostre ame pour comprendre sa saincte volonté. Et tout ce que d'une main escrivit au Pere Coton, qu'il ne devoit point faire accroire au Roy que tout ce qu'il luy avoit dict de bouche ou par escrit, fussent vaines imaginations & pures folies : que toutesfois laissant cela à part, il le conjuroit de persuader le Roy de se gouverner, conduire, & marcher soubs les loix & ordonnances de Dieu, à cause que l'Ange du Seigneur avoit desgainé son espée pour frapper ceux qui suivoient le train vicieux maudit par les Prophetes & Apostres : l'exhortoit au nom de Dieu de crier à plein gosier, tancer, arguër & menacer en temps & hors temps, & commencer au Roy, en se souvenant de ce qu'il luy avoit dict & escrit, sansarrendre longuement, d'autant que le temps se hastoit, & que le jour de l'ire du Seigneur estoit prochain & aux portes : l'asseurant qu'il n'y avoit homme, pour si resolu qu'il fust, qui ayant eu la cognoissance de l'advenir, & des choses qu'il avoir veuë, & ouyes par la vertu du S. Esprit, lesquelles il ne cachoit point, ne tremblast devant la Majesté de ce grand Dieu vivant, jusques en la presence duquel estoit montée la puanteur de nos pechez, laquelle si l'on n'estouffoit, & que l'on ne vinst à une vraye & sincere repentance & amendement de mal en bien, on ne pouvoit esperer ou attendre qu'un juste jugement de Dieu, prest à tomber, lequel le Roy seul pouvoit arrester & appaiser. Là-dessus, il prioit le Pere Coton, au nom de Dieu, de n'empescher point que le Roy n'obeïst à la volonté de Dieu, qui y estoit si doucement convié, lequel il devoit supplier de se representer la fin des Roys ses predecesseurs pour luy servir d'un beau miroir & exemple de bien faire : & à la fin de sa lettre, il protestoit contre le Pere Coton, que s'il arrivoit du mal au Roy, on ne pourroit ignorer qu'il n'en eust esté adverty. Je vous diray que Milhade m'a dict, qu'il n'avoit osé à cœur ouvert declarer au Roy sa mort prochaine, comme il luy estoit dicté & predict par ses revelations, craignant de tomber en quelque desastrée fortune. C'est une chose chastoüilleuse & perilleuse que de parler de la vie ou de la mort d'un Prince. Le Roy creut cet homme-cy insensé. En l'an 1608, la Font, Prevost de Bayonne, vint trouver le Roy, auquel il dit sans rien flatter, qu'il ne fust si prodigue de sa vie, autrement qu'il seroit tué, ainsi que son esprit luy avoit declaré. Et deux ou trois jours avant qu'il fust occis, il donna advis au Chancelier que son esprit l'avoit asseuré, que celuy qui vouloit tuer le Roy, estoit dans Paris, & luy en avoit advisé pour s'en donner de garde. Je sçay que ces histoires sont veritables, parce que l'un des premiers Officiers de la France, qui en sçait toutes nouvelles, me les a asseurées telles : mais il me dict qu'il croyoit que c'estoient personnes esgarées & desvoyées de leur cerveau : ce que je ne puis imaginer, puis que nous jugeons des choses par leur succez. Quand on dit non seulement ce qui adviendra, mais aussi comment & quand, cela n'est point une conjecture de ce qui à l'advantuire sera, ains une presignification & declaration de ce qui resoluëment sera. Le bruict fut grand de la vision que le Roy avoit euë à la chasse : & dela nous commençasmes à prognostiquer un grand mal futur. Il est aussi vray, que quelques mois avant la mort du Roy, on trouva soubs la nappe de l'Autel de la grande Eglise de Montargis, apres la Messe dicte, une lettre qui portoit en substance, qu'il y avoit une entreprise sur sa vie par un de la ville d'Angoulesme. Ceste lettre fut envoyée par les Officiers au Chancelier, qui luy ayant esté communiquée, il n'en fit que rire. Je ne veux oublier que Liberati ayant esté condamné à la mort par la Ligue, le President de Neuilly en se mocquant luy demanda, s'il n'avoir point preveu qu'il seroit pendu ? Il luy respondit qu'il n'avoit jamais sceu l'heure de sa naissance pour dresser son horoscope. Il s'enquit encores de luy, quel jugement il faisoit de la fortune du Bearnois ? entendant parler du Roy. Il l'asseura qu'il regneroit quelques années paisiblement

paisiblement dans Paris, & qu'à la fin il seroit tué. Ferrier Medecin de Thoulouse luy predit estant Roy de Navarre, qu'il seroit Roy de France, mais qu'il estoit en danger aprés de mourir d'une mort violente. Quelque temps auparavant son trespas, il luy escrivit qu'il pensast à sa conservation, d'autant que les Astres conspiroient en sa personne. Douze ou quinze jours avant la mort du Roy, j'estois allé voir un Gentil-homme mien amy, avec lequel discourant du grand dessein que le Roy avoit en Allemagne pour le secours du Marquis de Brandebourg & du Prince d'Ernalde pour le faict de Juliers; je luy dis que toute ma crainte estoit, qu'en ce grand flux de prosperité, qui en apparence accompagnoit le Roy en ce voyage, il ne se trouvast quelque desesperé qui le tuast; luy me dit, que si l'on adjoustoit foy aux cinq vers que Helvaeus Rosselin Medecin en Alsatie fit incontinent aprés qu'il fut venu à l'Estat, il ne pouvoit plus guieres vivre, lesquels sont tels:

Lucia cui lucis contulit auspicia,
Et solium sceptri vincla dedére Petri,
Quattuor haud ultra regnabit in ordine lustra:
Cùm raptus fuerit, Pusio magnus erit.
Haeredis nomen scit Deus unus. Amen.

Vers qui sont confirmez par la curiosité de la feuë Royne Mere, laquelle desireuse de sçavoir si tous ses enfans monteroient à l'Estat, un Magicien dans le Chasteau de Chaulmont, qui est assis sur le bord de la riviere de Loire entre Blois & Amboise, luy monstra dans une sale, autour d'un cercle qu'il avoit dressé, tous les Roys de France qui avoient esté & qui seroient, lesquels firent autant de tours autour du cercle, qu'ils avoient regné & devoient regner d'années: & comme Henry troisiesme eut fait quinze tours, voilà le feu Roy qui entre sur la carriere gaillard & dispost, qui fit vingt tours entiers, & voulant achever le vingt & uniesme, il disparut. A la suite vint un petit Prince de l'aage de huict ou neuf ans, qui fit trente-sept ou trente-huict tours: & aprés cela toutes choses se rendirent invisibles, pource que la feuë Royne Mere n'en voulut voir davantage. Je vous diray que six mois avant sa mort, il me tomba entre les mains un Almanach, qui marquoit au quatorziesme de ce mois de May ces mots: *Dies illa, dies irae, calamitatis & miseriae:* dont je me prins à rire. Et ce mesme Almanach nous promettoit qu'un jeune Prince viendroit, qui restabliroit l'Estat, & le mettroit en paix & repos: dont je m'esbahy sur l'heure, voyant nostre Roy sain & vigoureux, qui ne ressentoit rien approchant de la mort. Ce qui avoit esté predit cent ans auparavant d'un homme d'Eglise de la ville de Therouenne, de chascune des années depuis 1590. jusques à l'année 1613. La verité est qu'il ne cotta pas precisément l'an de la mort de nostre Roy; mais parlant de son couronnement & sacre, en l'an 1556. il dit que la paix devoit estre par luy establie, & que toutes les Provinces chanteroient les louänges de ce bon Prince: que ceste paix dureroit jusques en l'an 1613. & qu'alors nous estions menacez de voir une grande mutation, & changer le mal en pis, avec ces mots en vers du temps:

L'Aigle son vol abaissera.
L'Isle de l'ange haussera.
Le coq mangera ses poussins.
L'Austruche perdra ses desseins.
Mais un fleuron de lis viendra
De corps & d'entendement sain,
Qui la Republique rendra
Reposante sur son coussin.

Je rapporte ce changement au dedans de ces années à la mort du Roy, au temps du decez duquel, la France generalement se plaignoit de tant d'inventions & d'Edicts pour tirer deniers du peuple, que ses Ministres de jour à autre enfantoient. L'Angleterre se seroit eslevée en plus grand lustre qu'elle n'avoit esté il y a long-temps: l'Em-

pire fort abaissé: & tous les grands desseins de l'Espagnol esvanouis. Le fleuron de lis qui devoit venir, monstre la succession de nostre Roy en l'Estat, à son pere, & par là, sa mort. Le mesme Almanach en teste du mois de May met ces trois Vers:

Icy Saturne en eau estant conjoint,
Aveques Sol, un Roy fort & puissant,
A Reims & Aix sera receu & oingt.

Lesquels Vers j'avois leus dans la quatriesme Centurie de Nostradamus, Prophetie 86. les Vers commencent, *l'an que Saturne en eau sera joinct*, & finissent comme ils sont escrits cy-dessus. Le couronnement de nostre Roy presageoit la mort de son pere: Dieu veuille qu'il rapporte l'Empire pour le joindre, unir & coler à la Monarchie Françoise. Un autre Almanach disoit dans le mesme mois de May, *Astra sunt omninò contraria laboribus & voluptatibus tuis.* Et plus bas, *In tua constanter funera caca ruis.* Vous avez encores ces quadrains qui couroient six mois avant la mort du Roy. Je le sçay parce qu'ils me tomberent entre les mains.

Lors qu'on verra de la rive de Seine
Le sein bordé d'une Samaritaine,
Lors un grand Roy parmy ses grands projets
Sera tué par l'un de ses subjets.

Et puis ceux-cy:

Cinq decades & sept n'auront borné la course
D'un grand Lion Celtiq', qu'un jeune Lionceau
Aveques sa Lionne auront recours à l'Ourse,
Et fuitif d'un rival tranchera le fuseau.

Janet natif de Besançon en Bourgongne, & Farcar Escossois, Mathematiciens, passerent en 1608. en la ville de Ruffec en Angoulmois, où ils sejournerent quelques mois, & dirent, que par la revolution & figure de la nativité du Roy, qu'ils avoient dressée, il seroit tué dans deux ans, & un Grand qui tient l'un des premiers rangs dans la France, depossedé de ses charges, & estre aussi miserable qu'il estoit heureux. L'horoscope que Joannes Rodolphus Camerarius Alleman avoit fait du feu Roy en l'an 1600. me tomba entre les mains, où il luy donnoit advis qu'en l'aage de cinquante-neuf ans il estoit menacé d'un accident violent, à cause de la Lune qui estoit en la septiesme maison de la figure laquelle occasionne ordinairement mort violente. Il s'estroumpé au jugement qu'il fait du temps de cet accident qu'il met pouvoir advenir en l'an cinquante-neufviesme de son aage, pour n'avoir remarqué & observé le fait la direction de l'une des estoiles fixes de violente nature, laquelle est celle qui menaçoit de ce malheur au temps qu'il est advenu. Coëffier, Coëffier Conseiller au Presidial de Moulins, à qui j'ay ouy dire beaucoup de choses, qui sont succedées comme il les avoit dictes avant qu'elles arrivassent, m'a dit qu'il avoit asseuré le Roy, qu'entre le Solstice d'hyver & celuy d'esté de la presente année, il estoit menacé d'une grande maladie, qui le pourroit emporter. Il n'est franchement dire ce qu'il estoit de sa science, comme il avoit faict au Duc de Guise quand il fut tué; au Duc du Maine, de la naissance, progrez & issue entiere de ses affaires: à la Duchesse de Beaufort, qu'elle seroit sur le poinct d'estre Royne sans le pouvoir estre: de mesme à la Marquise de Verneüil: de la prinse de Calais, & de la guerre de Savoye lors que l'on tenoit la paix toute asseurée. Il luy avoit esté predict (comme l'on a appris de luy-mesme) qu'il seroit tué dans son carrosse. En l'an 1597. s'en allant en carrosse à Moüy en Picardie, les chevaux traisnerent le carrosse en un precipice, qui fut de tout poinct brisé: en l'an 1606. luy & la Royne verserent avec le carrosse au port de Neüilly, où ils faillirent de se noyer: & à la troisiesme fois il y fut tué. Encores luy avoit-on dit davantage, qu'il se gardast d'un gaucher,

gaucher. Ceste prediction a eu son effect : car entrant dans le carrosse il print la gauche, & donna la droicte au Duc d'Espernon : il receut les coups dans le costé gauche : le carrossier print la gauche, & donna la droicte aux deux charrettes qui arresterent le carrosse du Roy : & fut tué par Ravaillac qui estoit ambidextre. Et pour moy, je juge qu'il donna les coups de la main gauche, eu esgard où estoit le carrosse : car si c'eust esté de la droicte, il falloit donner de revers. Et long-temps auparavant tout cela, ceste mort avoit esté predicte en ces Vers par Nostradamus en sa cinquiesme Centurie, Prophetie premiere.

Avant venuë de ruine Celtique,
Dedans le Temple deux parlementeront,
Poignard cœur, d'un monté au coursier & pique,
Sans faire bruit, le grand enterreront.

Par là il presagist le pour-parler que fit Ravaillac dans l'Eglise de S. Louys avec le pere d'Aubigny Jesuite, lors qu'il luy revela en confession, qu'il avoit un grand coup à faire avec le cousteau qu'il luy monstra, sur lequel estoit gravé un cœur, duquel, sans estre veu & sans bruict, estant monté sur la roüe du carrosse & attaché au coursier, il piqua & tua nostre grand Henry, nom duquel j'espere que la posterité le baptisera pour ses hautes, chevaleureuses & incomprehensibles proüesses. Les advis du Ciel venoient de toutes parts à ce Prince de sa mort prochaine, sans qu'il les voulust croire : tant a de pouvoir sur nous l'opinion contraire de ce que nous ne desirons point qu'il nous arrive. La Royne Mere 2. ou 3. mois auparavant sa mort, estant couchée avec luy, la force imaginative opera tellement en elle, qu'elle vit en songe ce parricide abominable qui tuoit le Roy de deux coups de cousteau. C'estoit un avertissement de l'advenir. Elle se resveilla en sursault, criant & pleurant. Le Roy luy demanda que c'estoit. Elle fut quelque espace sans le pouvoir dire. Enfin pressée, luy dit ce qu'elle avoit veu : lequel ne dit autre chose, sinon qu'il ne falloit croire aux songes, qui n'ont en soy aucune verité, ains une pure vanité. Toutesfois quelques jours avant sa mort ayant avec luy quelques Seigneurs de sa Cour, qui l'entretenoient de ses grandeurs & bien-heuretez, & comme il alloit infailliblement à la Monarchie du monde, sans qu'aucun y peust porter d'obstacle : il est vray (dit-il) que cela seroit, si je pouvois eviter un malheur qui ne me peut fuïr : aussi que la Brosse Astrologue judiciaire luy avoit dit, qu'il seroit empesché de faire son voyage d'Allemagne : & disoit en ses devis communs, qu'il n'avoit point de peur qu'un homme sage entreprinst contre sa vie, ouy bien un fol melancholique. Le Mercredy avant sa mort se promenant aux Tuilleries, il dit à Montigny & à Cigogne, qu'il voudroit estre mort, & comme ils luy dirent qu'il n'avoit aucune occasion de desirer sa mort, il respondit : vous estes plus heureux que moy. Il eut tant de predictions qui devancerent son malheur, qu'il ne pouvoit qu'en estre troublé au dedans de soy, ne sçachant pas d'où le coup luy pouvoit venir. Quinze jours avant ce piteux spectacle, un Marchand de Doüay escrivit à un sien amy de Roüen, & le pria de luy mander, s'il estoit vray, que le Roy eust esté tué. La lettre a esté representée au procez. En ceste mesme saison, courut le semblable bruict à l'Isle en Flandres, ainsi que j'ay appris d'un Marchand du mesme lieu. Un autre Marchand d'Anvers escrivit à un certain Marchand Flaman mien amy demeurant à Paris, qui m'a aidé de l'extraict de la lettre, que je vous represente. Voicy les mots : "C'est grand cas qu'il a
» esté parlé icy de la mort du Roy douze jours auparavant
» qu'elle fust survenuë. Il n'en estoit pour l'heure rien,
» mais enfin elle s'est trouvée veritable. Nous sommes
» tous estonnez que telle nouvelle ait couru en ce lieu. Il
» semble que quelques-uns, ayent sçeu que telle chose de-
» voit estre." Un des principaux de la ville de Cambray dit, huict ou dix jours auparavant ce funeste accident, parlant du Roy : ce vieillard a de grands desseins, mais il n'ira guieres loing. Boissise Conseiller d'Estat, & lors Ambassadeur près le Marquis de Brandebourg & le Duc de Nieubourg, m'a dit que le bruict courut à Anvers, Boisleduc & Mastric, que le Roy avoit esté tué, dix jours avant qu'il le fust : & qu'à Coulongne au mesme temps furent leuës lettres en pleine place, qui venoient d'Anvers, par lesquelles l'on mandoit la mort du Roy, quoy qu'elle ne fust. Gallandius, Principal du College de Boncourt, à son retour d'Arras, m'a dit que l'on tenoit la mort du Roy en la ville d'Arras huict jours premier qu'elle advint. Il advient souvent que la nouvelle devance l'accident. L'on predit au Roy qu'il seroit enterré huict jours après que le Roy Henry III. le seroit : & de fait son enterrement se fit le 23. de Juin, & celuy du Roy le 31. du mesme mois. Une femme d'Italie, qui avoit predict à la Royne, qu'elle seroit Royne long-temps avant que d'estre appellée à ceste grande dignité, la vint trouver il y a quelque trois ans, qui l'asseura que le Roy ne pouvoit plus vivre que pareil temps. Il courut un Almanach en Espagne, qui prognostiquoit la mort du Roy au mois de May, lequel l'Ambassadeur envoya au Roy; & l'ayant leu, il commanda d'en composer un autre portant que le Roy d'Espagne mourroit au mois d'Avril. Quatre jours devant la mort du Roy, naiquirent en la ville de Poictiers deux petits gemeaux conceus de trois à quatre mois auparavant & par superfetation, chose du tout prodigieuse, ils sont liez par des embrassemens amoureux, l'un porte un heaume en teste, & l'autre un atour, moule ou perruque sur le front, de mesme que portent les Dames d'aujourd'huy. Vous diriez que l'un est Mars, & l'autre Venus; mais ce Mars est Hermaphrodite, & ceste Venus masle. Je laisse le dechiffrement d'un tel prodige à ceux qui nous survivront. Vous vous pouvez souvenir qu'en l'an 1608. (au mesme temps que cet assassin print resolution de tuer le Roy) il se vit en nostre païs d'Angoulmois une espouventable & prodigieuse vision de spectres & phantosmes qui parut en plein jour vers le ciel. C'estoit une quantité de petits nuaux qui descendirent en terre, desquels se formerent environ douze cens hommes grands & beaux, armez d'armes bleuës, d'enseignes partie bleuës & partie rouges, à demy desployées ; les tambours avoient leurs caisses comme prests à battre; le chef estoit de belle stature, marchant à la teste dix ou douze pas devant, mis en bel ordre pour gaigner une forest, où le tout disparut. Encores ne vous veux-je oublier une chose esmerveillable : c'est que le jour du sacre de la Royne, Damoiselle Jeanne Arnaud estant allée à S. Denys voir ceste ceremonie avec les Damoiselles Perrot & l'Hoste, ses sœurs, elle demanda où estoit le Roy ? & comme ses sœurs luy monstralent, elle leur dit que ce ne l'estoit point, ains un corps mort. Ses sœurs luy repliquant que le Roy estoit gaillard, qui se plaisoit à contempler la Royne bien parée & Monsieur le Dauphin : comment (ce dit-elle) gaillard ? Voilà un homme mort, qui ressemble aux autres Roys qui sont à S. Denys, lequel a mis Monsieur le Dauphin en sa place. Il n'y eut moyen de luy oster ceste opinion de la teste, qui la rendoit tellement effrayée, que tout ce jour-là & la nuict elle fondit en larmes sans avoir voulu boire ny manger, & dit à ses sœurs par plusieurs fois, qu'indubitablement il arriveroit quelque sinistre malheur au Roy. Ce qui luy fut confirmé par le malheureux accident qui survint le lendemain. Voilà tout ce que je puis vous rapporter en gros de ce qui a precedé le jour de la mort de nostre Roy: maintenant je vous veux détailler par le menu les choses qui se rencontrerent le jour qu'il fut tué. Le matin, comme il fut levé & habillé, il se jette à genoux par trois fois dans la ruelle de son lict pour prier Dieu. Le Duc de Vendosme y arrive, qui luy apporta nouvelles que la Brosse l'avoit prié de luy dire, qu'il ne sortist point ce jour-là, parce qu'ayant bien espluché les revolutions du Ciel & les aspects des Astres avec leurs influences, il avoit appris par la concurrence de certains Astres malins, qu'il estoit menacé ce jour, s'il sortoit, d'un guet-à-pens & mort violente, & qu'autrement il ne pouvoit vaincre la malignité

malignité & conjuration du Ciel. Le Roy luy dit, vous estes un jeune fol, & la Brosse un vieux fol, qui veut avoir de moy quelque piece d'argent. Le Duc de Vendosme le veut aller dire à la Royne: le Roy luy deffend, s'il ne veut encourir sa disgrace. Ceste mesme matinée plusieurs billets furent jettez dans sa chambre, portans qu'il y avoit entreprise contre sa personne, & que s'il sortoit ce jour-là, il couroit fortune d'estre tué. Un mien amy m'a dit, qu'il en vit un qui fut porté au Roy, dont il ne fit pas grand estat. Escure arrive ce matin tout goutteux au Louvre, où il se fit apporter pour parler au Roy qui l'avoit r'appellé de l'armée, afin de luy ouvrir les moyens de son passage par le pays de Luxembourg. Sur les deux ou trois heures, il commande que son carrosse fust prest, & sortant de sa chambre il demanda, le quantiesme du mois nous tenions; quelqu'un respondit, que c'estoit le quinziesme: j'ay passé (dit-il) le 14. qui me promettoit du mal, & entra en celle de la Royne, laquelle il entretint quelque temps, & puis luy dit, qu'il avoit je ne sçay quoy, qui luy tourmentoit l'esprit. Elle le voulut retenir. Ses prieres ne peurent empescher son voyage, ou bien parce qu'il avoit asseuré à ces Messieurs qu'il menoit avec luy à l'Arsenac & de là chez Escure, qu'ils recevroient du contentement & plaisir en la disposition de son voyage d'Allemagne, qu'ils apprendroient par la carte qu'Escure en avoit dressée, ou plustost par une necessité des influences celestes, contre lesquelles il est impossible, ou pour le moins bien difficile à quelconque que ce soit, de pouvoir resister. Pendant tous ces discours, cest assassin estoit assis sur la pierre de la porte du Louvre. Il voit venir le Roy pour entrer dans son carrosse avec les Duc d'Espernon & de Montbason, le Mareschal de Lavardin, de Roquelaure, de la Force, le Marquis de Mirebeau, & Liancourt son premier Escuyer. Entrant dans son carrosse, il fit le signe de la Croix, prend la gauche & donne la droicte au Duc d'Espernon, avec lequel il commença à parler des mescontentemens du Comte de Soissons, qui s'estoit retiré de la Cour en sa maison, lequel luy avoit envoyé un memoire de sa demande, qu'il donna au Duc d'Espernon pour voir à son loisir, ne l'ayant peu lire faute de lunettes. Il prend le chemin de la Croix du Tiroir, pour aller droict à l'Arsenac. Ceste furie d'Enfer le suivit à dix pas derriere, attendant l'occasion. A la Croix du Tiroir, le Roy commanda à Vitry d'aller au Palais pour faire tenir toutes choses prestes. Pendant ce temps, ce desloyal eut envie de s'approcher pour faire son coup, & si lors il l'eust mis en œuvre, il tuoit le Duc d'Espernon, parce qu'il croyoit que le Roy tinst la main droicte. Comme le Roy entre dans la ruë de la Ferronnerie (ruë de malencontre, & qui en son nom portoit le furieux & cruel meurtre de nostre Roy) il parla tant au Duc d'Espernon qu'au Mareschal de Lavardin, de son passage par le pays de Luxembourg, & de ses preparatifs pour passer, en cas que l'on luy desniast le passage. Cependant tous ses Valets de pied (horsmis un) prennent leur chemin par le Cemetiere de sainct Innocent pour aller à pied sec. Le carrosse est aresté bien avant dans la ruë par deux charrettes chargées, qui se trouverent à l'opposite. Le carrosse tire sur la gauche, & les charrettes sur la droicte. Les roües du costé du Duc d'Espernon baisserent fort, parce qu'elles estoient dans le ruisseau, & celles du costé du Roy se hausserent, qui donna un grand avantage à ce traistre desloyal pour executer le parricide. Le Roy sort la teste à la fenestre du carrosse pour commander ce qu'il falloit faire, & puis estant rentré dedans, continuë son discours. Ce maudit & execrable l'apperçeut, & en ce moment se presente à luy une vision diabolique, laquelle luy saisit le front & les yeux, qui luy dit: Va & frappe hardiment, tu les trouveras tous aveuglés. Sur cela il se resolut, & chemine à grands pas vers le carrosse, & comme si le diable l'eust porté, monte sur la roüe eslevée, où il donna le premier coup, qui ne fit qu'effleurer; auquel le Roy dit ces paroles, je suis blessé. Et redouble le second si promptement, que nul de la compagnie ne vit donner les deux coups. Toutes les autres fois que l'envie luy estoit venuë de le tuer, une sueur ruisseloit de son corps, le cheveux luy dressoient & herissoient en la teste de frayeur & horreur, son cœur sans aucune autre cesse battoit d'un poux redoublé, de teste en pied il frissonnoit, & sentoit au dedans de soy tout d'un coup naistre un cruel combat, qui faisoit en cest instant que sa desnaturée volonté surmontoit sa fremissante peur, & son effroyable peur gaignoit le dessus de ceste maudite volonté; enfin il estoit tellement hors de soy, qu'il n'estoit plus soy-mesme: mais à l'heure du coup, il devint tout autre, & y alla avec autant de hardiesse, que les autres fois la crainte l'avoit retenu de commettre cet assassinat. Au troisiesme coup qu'il voulut donner, le Duc de Montbason luy prend la main, & lors commença à hurler, croyant (comme je pense) que le Diable le deust emporter ou rendre invisible. Sainct Michel tire l'espée pour le tuer. Le Duc d'Espernon (se souvenant du Moine qui tua Henry troisiesme, lequel fut occis sur le champ) crie, Ne le tuez pas, il y va de vostre teste. Il rengaine. Voyant que le Roy jettoit une grande abondance de sang par la bouche, il luy jetta son manteau sur la face, & fit rebrousser le carrosse droict au Louvre: & ceste furie infernale est menée au logis du Duc de Rets, où il est ouy par le President Janin. On ne tire de luy autre chose, sinon, que ce qu'il en avoit fait, estoit pour le bien & repos de la France, & que s'il estoit à le faire, rien ne l'en destourneroit. Il est mené à la Conciergerie du Palais, où son procez luy est faict & parfaict, & interrogé des subjects d'une si damnable entreprise, il respond, que deux ans auparavant il se jetta à genoux devant le Roy en la mesme ruë & au mesme lieu, le suppliant à diverses fois de luy vouloir donner audience: ce qu'il refusa: & dés là il resolut par un soudain despit de le tuer: estant outre cela porté par l'entretien des deux Religions qu'il maintenoit par la France.

Si ne veux-je pas oublier, que du Laurens Archevesque d'Ambrun, l'apresdinée de ce jour noir, & à l'heure que le Roy fut tué, discouroit avec plusieurs Prelats des miseres du temps, & qu'il estoit impossible, qu'en l'estat où estoient les affaires, il ne prist mal au Roy, mesmes à l'heure que nous parlons (dit-il) il luy peut survenir quelque desastre.

Pendant l'instruction du procez, du Bois né & natif de la ville de Limoges, qui a esté autrefois à mon service, deposa que depuis un an, ou un an & demy, Ravaillac estant venu d'Angoulmois en ceste ville, descendit en son logis (seiz pour lors en la ruë de la Harpe) & que l'hostesse les fit loger en mesme chambre & divers licts, & qu'environ la minuict il ouyt Ravaillac qui invoquoit les esprits malins, auquel il dit, qu'il ne craignoit point les morts, ains les vivans, parce (m'a dit du Bois) qu'il avoit cent ou deux cens escus, qu'il pensoit que Ravaillac luy voulust escroquer; & qu'aprés ceste parole chascun s'endormit, & que le lendemain environ la mesme heure, il ouyt encores Ravaillac, qui faisoit les mesmes invocations, & qu'à l'instant ayant ouvert le rideau de son lict, il apperçeut en la moitié de la chambre une grande obscurité, & en l'autre moitié une lampe allumée, & un gros Dogue, qui avoit la queuë retroussée jusques sur la teste, qui venoit droict vers son lict: ce qui luy donna une telle frayeur, qu'il fut long-temps sans pouvoir dire mot, & aprés avoir en luy-mesme prié Dieu, & reprins la force de parler, il dit à Ravaillac qu'il avoit grand tort. Quoy, dit Ravaillac, avez vous veu quelque chose? pour moy je n'ay rien veu. Si j'ay veu? dit du Bois. Ouy, j'ay veu, & vous le sçavez. Dés l'heure, du Bois appelle l'hoste & l'hostesse, & se leve, sans vouloir plus demeurer ny en ceste maison, ny avec Ravaillac. Et le lendemain, il alla aux Cordeliers, où il fut confessé & communié.

Du Bois est confronté à Ravaillac, qui le recogneut homme de bien, sans luy donner aucuns reproches, & aprés avoir ouy sa deposition, il ne la denia pas pleinement, mais il dit qu'il n'avoit rien veu, & que ce que du Bois estoit allé aux Cordeliers, avoir esté par son advis.

Ce qui fut dénié par du Bois, qui persista en ce qu'il avoit deposé. Je vous allegue cecy pour vous dire que Ravaillac estoit & Magicien & Sorcier, qui communiquoit avec le Diable. Enfin il est pour le commencement condamné d'avoir la question ordinaire & extraordinaire pour sçavoir ses complices ; laquelle il endura sans dire autre chose que ce qu'il avoit dit par ses confessions. Au sortir de là, il a esté diligemment pansé & medeciné, afin que ses membres fussent renouvellez pour endurer nouveaux tourments, & que le sang fust reparé pour soustenir nouvelles peines : & pour vous dire en un mot, on a cessé de le tourmenter, afin qu'il peust estre plus souvent tourmenté. Le lendemain il est declaré deuëment atteint & convaincu du crime de leze Majesté divine & humaine au premier chef, pour reparation duquel il est condamné à faire amende honorable, d'estre tenaillé aux mamelles, bras, cuisses, & gras des jambes, la main dextre, tenant le cousteau duquel il a commis le parricide, arse & bruslée de feu de soulfre ; & sur les endroicts où il sera tenaillé, jetté du plomb fondu, de l'huile bouillante, de la poix resine bruslante, de la cire & du soulfre fondus ensemble, & ce faict, son corps tiré & desmembré à quatre chevaux, ses membres & son corps consommez au feu, reduicts en cendres & jettez au vent, ses biens confisquez, & ordonné que la maison où il est né, sera demolie, sans que sur le fonds puisse à l'advenir y estre fait autre bastiment : & que le pere & la mere vuideront le Royaume quinze jours apres la publication de l'arrest à son de trompe, avec defenses d'y revenir jamais, à peine d'estre pendus & estranglez sans autre forme ny figure de procez : est faict defenses à ses freres, oncles, & autres, de porter le nom de Ravaillac, sur les mesmes peines ; & est ordonné qu'avant l'execution, ce meschant parricide sera derechef appliqué à la question pour la revelation de ses complices. Il n'a non plus confessé à la seconde qu'à la premiere question. Sur les trois heures, on le tire de la Conciergerie. Il fault que je vous die, que l'on ne vit jamais une telle clameur de peuple redoublée à tant de fois, qu'il estoit damné : là un luy donnoit un coup de poing, l'autre luy tiroit la barbe, l'autre luy jettoit des pierres : sans les Archers & Huissiers, il eust esté assommé dez là : car celuy qui ne faisoit rien contre sa personne, se tenoit pour avoir fait une grande faute. Jusques là il n'avoit eu aucun repentir de son forfaict ; mais comme il recognust que le peuple detestoit cet acte nuandit, il entra en repentance de son enorme & horrible peché. Pendant deux heures & demie, ou plus, il est demeuré dans les tourments, où l'on luy donnoit du relasche pour se sentir mourir. Il a esté tenu longuement en ceste peine, afin qu'il ne perdist tout incontinent le sentiment du supplice. Il n'a rendu l'ame tout d'un coup, on l'a laissé fondre sur les supplices & tourments, sentir travailler ses membres l'un apres l'autre, & perdre la vie peu à peu, & par maniere de dire, distiller son ame goutte à goutte. Un des chevaux apres avoir faict tous ses efforts, commença à faire le restif. Un cavalier bien monté fend la presse, descend de son cheval, & luy donne le harnois de celuy qui restivoit, puis luy monte dessus, & luy mesme le fait tirer en biaisant, où il fit rompre la cuisse à ce miserable excrement de nature. Il fault que je vous die une asseurance remarquable de cette vipere, qu'apres avoir veu brusler sa main, avoir esté tenaillé, senty ses playes arrousées de plomb, huile, soulfre & poix resine, les chevaux l'ayans tiré un long traict de temps, demeuré deux heures & demie dans les tourments, & y estant encores, prest à rendre l'ame, demande à parler à son Confesseur. Les chevaux cessent leur office. Le Curé y accourt, croyant qu'il vouslust reveler ses complices. Il requiert pour tout, un *Salve Regina*. Le Curé le dit hautement au peuple qui crie qu'il ne luy en faloit poinct, parce qu'il estoit damné. Aussi-tost les chevaux commencent à retirer, & luy à rendre l'ame. Il est desmembré pour estre bruslé, & les cendres jettées au vent. Les enfans y accourent en foule : qui prend la teste, qui un quartier, qui les autres, lesquels ils traisne-

rent par toute la ville jusques au lendemain matin environ les dix à unze heures, que les uns se rendirent sur le lieu où le Roy avoit esté tué, & les autres en autres places, où ils les bruslerent, & pulveriserent ses os en cendres, qu'ils jetterent au vent ; & auparavant cela, une femme mangea de sa chair, & d'autres la perillerent aux pieds. Voilà comment s'est passée cette histoire funeste, estrange à voir, & horrible à penser. Je ne veux oublier à vous escrire, qu'à la mesme heure que le Roy fut tué, le Prevost de Pluviers joüant à la courte-boule avec d'autres Bourgeois de la mesme ville, dict, que le Roy venoit d'estre tué. Ce qu'il ne pouvoit sçavoir (estant esloigné de vingt-huict lieuës de là) ou que par une inspiration divine, ou que par la voye du diable. Je croy pour moy, qu'il l'appric par ce dernier moyen. Car si la chose fust venuë de Dieu, il ne se fust pendu avec le cordon de ses caleçons estant prisonnier au Fort-l'Evesque, ains eust dict franchement comme il le sçavoit. De dire aussi que Ravaillac luy eust communiqué ce dessein, & dict à point nommé le jour & l'heure qu'il tueroit le Roy, il n'y a nulle apparence, parce que Ravaillac ne le pouvoit sçavoir luy-mesme. Pour executer ce coup, il falloit qu'il fust certain que ce jour-là le Roy sortiroit du Louvre pour aller à l'Arsenac, qu'il passeroit par la ruë de la ferronnerie, que ses valets de pied l'abandonneroient, que son carosse seroit arresté par deux charrettes, & que le Roy mettroit la testé à la fenestre. Si Ravaillac eust sçeu toutes ces circonstances, je croirois qu'il en eust dit quelque chose à ce Prevost : mais à cela tout sens commun y repugne. Il y eut une Religieuse du Convent de Beauvais qui à l'instant de la mort du Roy, en eut revelation. Une chose est grandement remarquable ; c'est qu'au sixiesme mois de l'aage de nostre Roy, Henry second fit une Ordonnance le quatorziesme de May 1554. par laquelle il ordonna, que les boutiques, logis & eschapes construictes le long de ceste ruë de la ferronnerie seroient abbatues & demolies. L'execution de ceste ordonnance, comme de plusieurs autres, fut negligée, dont s'en est ensuivie la mort de nostre Roy. L'arrest donné contre Ravaillac, & son execution vous apprennent de quelle sorte il a esté manié, & ses pere, mere, parents traictez. Pour moy, si je me fusse rencontré au jugement, j'eusse passé plus outre, & prins un autre chemin que le commun : les pere, mere, frere & sœurs fussent tous morts avec luy. C'est un cas dont l'excez surpasse toutes les punitions establies par les loix. Et puis que les tourments de deux ou trois heures, quelque violents & sensibles qu'ils soient, ne peuvent destourner ces meschants & malheureux esprits d'attenter à la personne d'un Roy, par aventure le ressentiment que le pere aura de la mort de sa femme, enfans, & filles, & l'enfant de celle de ses pere, mere, freres & sœurs, qu'il sera asseuré devoir estre cruellement bourrelez, les retiendra d'executer, mesme de penser à de si hardies, temeraires & perilleuses entreprises ; l'amour paternelle ou filiale donnera plus de géhenne que toute la rigueur des tortures de justices, qui ne peuvent estre trop espouvantables à des hommes qui ne font point estat de leurs corps. Cecy n'est point sans exemple. Apres que ce grand Alexandre eut fait mettre à mort Philotas qui avoit conspiré contre luy, il envoya tuer Parmenion son pere. Et comme Hermolaüs & quelques autres eussent conjuré contre luy-mesme, il assembla tout le Conseil, auquel se trouverent mesme les pere, & proches parents des conspirateurs, qui n'estoient pas trop asseurez de leurs vies, d'autant que par la loy des Macedoniens, ceux qui leur attouchoient de consanguinité, estoient assubjectis à la mesme mort. Ce qu'à Rome, du temps des Empereurs, a esté gardé és enfans des condamnez à mort, encores qu'ils fussent innocens : ainsi qu'il fut practiqué és enfans de Sejanus, lesquels par Arrest du Senat furent condamnez à mourir avec leur pere. Clotaire premier, fils de ce grand Clovis, poursuivit jusques en Bretagne Chranne son fils bastard qui avoit levé les armes encontre luy, lequel il fit brusler avec ses enfans innocens, afin qu'un revolté il n'en demeurast rien que la seule memoire.

re. Icy il n'est point question de la mort d'un Roy, ains d'une simple revolte qui est punie, non en l'autheur seulement, mais aussi en la personne de ses enfans. Gondran, aprés la mort de Chilperic son frere, jura & protesta qu'il seroit mourir jusques à la neuf ou dixiesme generation de celuy qui avoit tué le Roy. Galeace Duc de Milan aux festes de Noël 1476. fut meurtry sur le champ, dans la grande Eglise, de trois ou quatre coups de coutteau qu'il receut dans le petit ventre par un Gentil-homme du pays, qui feignit de vouloir parler à luy, assisté d'un autre qui avoit la mesme volonté. L'un & l'autre furent aussi-tost assommez que le coup fut perpetré. Cettuy-là tua le Duc, parce que ses parents & amis avoient mis & employé tout leur vaillant à payer le vestu d'une Abbaye pour un autre des leurs, auquel le Duc l'avoit ostée pour en gratifier un sien favory, sans avoir voulu souffrir qu'il en jouïst, quelque priere que luy en eust faicte ce Gentil-homme. Cestuy-cy estoit resolu au meurtre du Duc, parce qu'il detenoit sa femme contre son gré & volonté. Par la sentence des Nobles du pays, des Juges & autres notables personnes, fut dit que les hommes, femmes & enfans du costé de l'un & de l'autre seroient tuez & meurtris, & leurs maisons & seigneuries demolies & jettées par terre & rasées, mesmement les arbres portants fruicts desracinez, & mise la racine dessus: ce qui fut fait. Jugement aussi a esté pratiqué en la Republique de Venise contre Pietro Candiano, lequel convaincu de vouloir usurper la tyrannie, fut mis à mort, puis sa femme, puis ses enfans, & ensuite tous les autres parens qui l'attouchoient en quelque degré de consanguinité. Tout cela s'est ainsi ordonné, afin qu'un tel forfaict ne se perpetuast par une certaine propagation dans ces races. On dit ordinairement que les gens de courage engendrent des enfans pareils à eux, dans lesquels ils laissent les marques de leurs vertus portraictes & tirées au vif: aussi sont les meschants, des meschants. Il ne nous faut point chercher d'exemple ailleurs qu'en l'histoire que je vous raconte. Car Poltrot qui tua le Duc de Guyse devant Orleans, estoit proche parent du pere de Ravaillac. Un Poltrot tris-ayeul ou quart-ayeul de ces deux monstres, eut trois filles dont l'une fut mariée avec un honorable Citoyen de la ville d'Angoulesme (le nom duquel j'obmets à garde faicte) qui eut une fille, qu'il maria avec Ravaillac ayeul de ce Ravaillac qui a tué nostre Roy. Je le sçay parce que deux de leurs proches parens me l'ont ainsi raconté, qui l'avoient ouy dire à leur mere, qui a vescu quatre-vingts ans. Lisez toutes les histoires, vous ne trouverez point que deux d'une mesme race ayent tué deux grands Princes, encores à quarante-huict ans l'un de l'autre : le Duc de Guyse, preux & vaillant Prince entre tous les nostres, lequel n'avoit jamais imprimé sur son front aucune crainte, ains estoit venu à chef de toutes ses entreprises pour le service du Roy & de son Royaume: nostre Roy, grand par-dessus tous ses predecesseurs, & honoré de surnom par un commun vœu de ses subjets, comme celuy qui s'estoit mis la couronne sur le chef, & restably son Estat à luy & aux siens contre les partialitez & divorces & des grands & du peuple de son Royaume: bref, qui par sa magnanimité donnoit la loy absoluë & à la guerre & à la paix non seulement en son Estat, mais generalement en Italie, Allemagne, & par tout ailleurs : & pour ne demeurer encores court en ce beau chemin, nous le pouvons dignement comparer à ce grand Empereur & guerrier Jules Cesar, qui du commencement de sa fortune subjugua d'un heur merveilleux nostre belliqueuse Gaule, en l'espace de sept ou huict ans, tout ainsi que nostre Roy avoit aussi fait le semblable en pareil temps, & deliberoit de bien passer outre de là en avant, comme nous avons descouvert, s'il n'eust esté prevenu par la prodigieuse trahison de Ravaillac. Qui pourra estre celuy maintenant, lequel ne tomberaen mon opinion ? Les trois derniers exemples sortent de Chrestiens : & quand ceste matiere s'approfondiroit plus avant, l'on verra qu'en toutes les autres Republiques bien policées cette mesme regle y a esté gardée. Dieu ne visite-t'il pas l'iniquité des peres sur les enfans jusques à la troisiesme & quatriesme generation ? d'autant que l'on voir escouler des peres aux enfans non seulement les marques du corps, mais encores une ressemblance d'humeurs, de complexions & inclinations de l'ame: & sur ce fondement s'establist la justice divine punissant aux enfans la faute des peres, parce que la contagion des vices paternels est aucunement empreinte en l'ame des enfans, & que le desreglement de leur volonté les touche : il y a encores une autre raison, c'est que les enfans estans comptez au nombre des biens du pere, Dieu qui peut punir le pecheur en ses biens, peut consequemment chastier avec justice le pere en iceux. Dieu vueille par sa saincte grace, (& je l'en prie d'un cœur fervent) que jamais nous ne puissions venir à ces extremitez, & que les exemples de deux Henrys puissent estre les derniers. Je crains que ceste lettre passe la mesure, & que sa longueur vous soit ennuyeuse. Si est-ce que je vous veux prier de me permettre, premier que j'y donne une fin, de souffrir que je fasse la comparaison de la mort de ces deux plus grands Capitaines que jamais la terre ait enfanté, lesquels tout ainsi qu'ils ont eu en leurs vies plusieurs rencontres toutes semblables, soit en la diligence, execution, vigilance, vaillance & bon-heur; aussi ont-ils eu en leurs morts plusieurs conformitez toutes pareilles. Quelques ans auparavant que Jules Cesar fut tué, comme l'on abbatoit à Capoué un vieux sepulchre, il fut trouvé dans le tombeau de Capys un tableau de cuivre gravé en lettres Grecques, que lorsque les os de Capys viendroient estre descouverts, il devoit advenir qu'un certain issu de la race de Julus mourroit de la main de ses plus proches parents. Neuf ou dix mois auparavant la mort du Roy, il fut trouvé une lettre sur l'autel de la grande Eglise de Montargis, qui donnoit advis qu'il y avoit entreprise sur la vie du Roy. Le devin Spurina advertit Cesar, qu'il se donnast garde de l'inconvenient qui luy devoit survenir dans les Ides de Mars. Le Mathematicien la Brosse fait donner advis au Roy par le Duc de Vendosme, qu'il se donnast garde du quatorziesme du present mois de May. L'Emperiere Calpurnia songea que le toict de sa maison tomboit en ruine, & qu'on massacroit Cesar son mary: la Royne Regente, qu'on tuoit le Roy de deux coups de couteau. On donna à Cesar, le jour qu'il fut tué, un memoire où estoit escrite tout de son long la trahison qui se machinoit contre luy : au Roy, le billet qui portoit l'entreprise contre sa personne. Cesar avoit mandé le Senat : il fut en doute s'il devoit sortir ou non, & remettre à un autre jour ce qu'il avoit luy à proposer du voyage qu'il deliberoit faire contre les Parthes: le Roy avoit appelé sept des plus grands de son Royaume pour aller à l'Arsenac, & illec leur proposer de son voyage d'Allemagne, & fut en balance s'il iroit ou non. L'Emperiere voulut empescher Cesar d'aller au Senat: la Royne Regente, le Roy d'aller à l'Arsenac. Cesar se mocquant de Spurina, luy dit que ses predictions estoient fausses, parce que les Ides de Mars estoient ja venuës, mais non pas encores passées. Le Roy se matin se mocque du Duc de Vendosme & de la Brosse, & sortant l'aprés-disnée de sa chambre, pour de là aller à l'Arsenac, il demanda, quel jour est-il ? Quelqu'un luy dit, c'est le quinziesme du mois. Le quatorziesme est passé (dit-il) qui me menaçoit de mal. Quelqu'autre repartit, que c'estoit le quatorziesme. Non, dit le Roy, c'est le quinziesme. Cesar avoit congedié sa garde ordinaire d'Espagnols, qui auparavant souloit tousjours estre à son costé tous armez pour la conservation de sa personne : & le Roy ce jour-là congedia la garde de son corps, qu'il ne voulut mener avec luy. Brutus tua Cesar estant tout nud & sans gardes : & Ravaillac, le Roy tout nud & sans gardes. Cesar mourut du second coup qui luy fut donné : le Roy, du second qu'il receut. Cesar ne se plaignit jamais qu'une seule fois, & ne profera que ces trois paroles, *& toy fils* : le Roy ne dit jamais que ces trois mots, *je suis blessé* ; & n'entendit-on depuis de luy un seul mot. Cesar enveloppa sa teste avec sa robbe : &

le manteau du Roy fut jetté sur la sienne. Cesar mourut en l'aage de cinquante & six ans : & le Roy en pareil aage, & quelques mois de plus. Cesar se faisoit porter dans une litiere : & le Roy mener dans un carrosse. Le corps de Cesar fut ramené dans une litiere en son Palais : & celuy du Roy dans son carrosse au Louvre. Le peuple de Rome de luy-mesme s'émeut à compassion quand il vit porter le corps de Cesar à travers la place ; davantage, voyant sa robbe toute pleine de sang, percée & détaillée de coups de poignards, il devint presque furieux de courroux. Le peuple de Paris, comme il sceut la mort du Roy que l'on passa sur la ruë Saint Honoré, tomba en cris & pleurs renouvellez, & comme il vit le sang decoulant de tous costez, il sortit presque hors de soy. Brutus fut meu à mettre la main sur Cesar, pour avoir seulement estimé l'acte en soy loüable & vertueux : & Ravaillac à mettre la sienne sur le Roy, parce qu'il pensoit faire un grand sacrifice, & chose agreable au peuple. Tous conspirerent contre Cesar sans avoir juré ensemble, sans avoir donné, ny pris asseurance, ny s'estre obligez les uns aux autres par aucun religieux serment ; tous tindrent la chose si secrette en eux-mesmes, tous la sceurent si bien celer, & si couvertement manier & mener entre-eux, que combien que les Dieux la descouvrissent par predictions de devins, par signes & prodiges celestes, & par presages des sacrifices, elle ne fut neantmoins creüe. Ravaillac conspira la mort du Roy, sans jamais se descouvrir à personne du monde : & combien que de tous costez le Roy receust advis, soit de personnes inspirées, ou en quelque façon que ce fust, il ne se peut-il jamais persuader. Tous ceux qui tuerent Cesar, moururent de mort violente : celuy qui tua le Roy, rendit l'ame dans les tourments. Cesar disoit que son salut & sa vie touchoient plus le profit de la Republique, que le sien propre, & que pour son particulier il s'estoit assez acquis de puissance & de gloire ; mais quant à la Republique, elle ne pourroit se maintenir en paix, ains iroit de mal en pis & rouleroit au penchant des guerres civiles, si quelque inconvenient luy survenoit. Nostre Roy au contraire, disoit qu'il avoit de telle façon estably les affaires de son Royaume, que quand il viendroit à faillir, l'Estat n'en recevroit aucun trouble, d'autant que la renommée de ses vertus estoit si grande, que le Roy son fils seroit maintenu en sa grandeur pour estre sorty d'un tel pere, lequel n'avoit pas seulement vaincu l'envie des Roys & Princes ses voisins, mais avoit estendu sa vertu si au large, que mort il le feroit trembler de son ombre ; enfin la gloire de Cesar soustint & remit sus ses amis, encores qu'il fust mort, & son nom eut tant d'efficace, que d'un jeune enfant, qui n'avoit aucun moyen ny aucun pouvoir de soy, il en fit incontinent le premier homme des Romains, qui en usa comme d'un remede ou d'un contrepoison contre la haine, malveillance & puissance d'Antoine. La bonne conduicte du Roy, & son grand sens en la disposition des affaires de la France, aura tant de force, qu'aprés son decez, contre l'esperance de tout le monde, toutes choses se trouveront quoyes & paisibles en la personne d'un enfant, qui dissipera tous les feux & remuëmens que les Princes & grands Seigneurs pourroient exciter contre l'Estat. En ce sinistre malheur, quel profit tirerons-nous de cette triste, lamentable & sanglante histoire ? Que si la trop grande confiance que le Roy avoit de soy, n'eust point donné d'occasion de luy mal faire, il seroit encores plein de vie. Ce qui doit estre à jamais un exemple gravé dans la memoire des Roys, pour les retenir dedans le soing naturel de la conservation de leurs vies. Qu'il faut estre credule, quand on se doute de la vie du Roy, & ne mespriser pas les rapports qu'on fait, voire quand ils seroient vains. Qu'en matiere de la vie d'un Roy, il vaut mieux estre soupçonneux & pourvoir à sa seureté avec le soupçon, que s'il estoit advenu quelque malheur, par lequel on fust enfin contraint de dire, qu'on ne l'eust jamais pensé. Que les Princes doivent donner benigne & favorable audience au moindre de leurs sujets, de quelque estat & condition qu'ils soient, quand ils en sont suppliez, de crainte qu'ils n'entrent en quelque mescontentement : car l'on peut dire que depuis que le desdain ou le despit une fois se loge dans la teste d'un homme, il ne s'appaise jamais, ains s'enflamme selon que plus ou moins il souffre au cœur, qui luy donne (comme la plus forte tentation de toutes les autres) la force d'attenter à l'Estat. Que la conjuration d'un seul contre le Prince, est merveilleusement dangereuse, parce que les ressorts & mouvements des plus secrettes pieces d'une telle menée, ne se descouvrent jusques à ce qu'il soit assasiné : en quoy je trouve la condition d'un Souverain malheureuse : car depuis que le desir de se sauver ne retient un homme, & qu'il est resolu de ne se soucier de vivre, pourveu qu'il vienne à chef de son attente, en ce mespris de sa vie il est maistre & arbitre de celle du Prince : & combien qu'il n'y ait rien si contraire à la vie, que la mort ; toutesfois qui mesprise sa vie, mesprise aussi sa mort. Et de l'histoire de Galeas nous tirons, que Dieu ne se haste pas à la punition des Princes, ains qu'il tient en souffrance, par sa naïve bonté & douceur, l'execution de son jugement pour les flechir à penitence, & aprés qu'il a longuement patienté en attendant l'amendement de leurs pechez, les voyant endurcis & du tout obstinez, en prend souvent trés-dure vengeance par une rude punition, lors que par son jugement incomprehensible, il cognoist estre propre & opportun : & d'autant que plus tard, d'autant plus griefvement leur rend-il le loyer de leurs offenses. Il recompense le delay par la gravité du supplice.

Et de ce mesme exemple de Galeas, nous tirons, que la toute-puissante main de Dieu se sert des choses les plus foibles & plus petites à la confusion des plus hautaines, quand il tourne & dresse la perversité de l'homme où bon luy semble, afin d'executer ses œuvres bonnes & justes, par mauvaise main. C'est tout ce que j'ay sceu qui a devancé & suivy la mort du Roy, jusques à l'execution de ce miserable. Maintenant, nous verrons sur ce grand theatre de la France quel personnage chacun tiendra. Pour moy, j'estime qu'on joüera au boute-hors, & que nous verrons dans peu de jours un changement au maniement de l'Estat. Car celuy qui gouvernoit du temps du feu Roy, ne peut longuement durer, parce qu'il n'est agreable à ceux qui tiennent aujourd'huy le gouvernail du Royaume : l'on ne luy donnera congé tout d'un primsaut ; mais à la premiere peccadille ou sujet de mescontentement, on luy mandera qu'il se retire en sa maison. Je n'en attends autre chose, quelque bonne mine qu'il fasse.

Selon l'acheminement que prendront les affaires, je ne faudray de le vous escrire. Aymez-moy tousjours cependant, je vous en prie. Vous sçavez la souveraine puissance que vous tenez sur moy. A Dieu.

LETTRE II.

Advis trés-humble à la Royne Mere du Roy, Regente en France.

Il propose à la Royne Mere divers

MADAME,

Il y a deux mois que je suis spectateur des actions publiques, pour apprendre où elles tourneront. J'ay veu des Deputez aller vers le Prince de Condé ; luy aussi-tost passer en Champagne sans les attendre ; là faire une assemblée

moyens pour le gouvernement del'Estat

sembléc de ceux qui se sont retirez de la Cour; une lettre par luy escrite, où il dépeint aprés le naturel les desordres de la France; la responce que vous luy avez faite; les Conseils qui se sont tenus, si la guerre se devoit commencer; les Commissions délivrées pour lever gens de guerre; la creuë du Regiment des Gardes; la Gendarmerie mandée; l'argent tiré de la Bastille; autres Deputez envoyez vers le Prince; canons esquipez & prests à sortir de l'Arsenac; & quelques discours de ceux qui ont donné air à leur plume sur ces rencontres: j'ay creu que la mienne ne devoit demeurer en friche maintenant que nous en avons plus de besoin que jamais, & qu'elle pourroit rapporter quelque fruict pour maintenir cet Estat en union.

Je vous supplie, Madame, de souffrir un discours ma franchise de parler, & ne trouvez chose estrange & nouvelle, si librement je vous dis & sans crainte la pure verité des affaires. Les Roys & Princes ne voyent & n'oyent que par les yeux & les oreilles de leurs subjects.

Et encores ne sont-ce pas ceux qui les abordent tous les jours, lesquels ne leur disent que choses plaisantes. Malheur le plus signalé qui puisse arriver à un Prince.

Tout ainsi que le Medecin, premier que de traicter un malade, considere si la maladie est curable, ou passe les bornes de son art; si il la trouve guerissable, il applique ses cinq sens pour sauver la vie du patient: mais s'il voit que le mal ait gaigné le dessus, il n'attente rien contre une maladie desesperée: ainsi ayant pesé les plaintes du Prince, qui ne sont pas siennes, ains de tout un peuple, je voy que le mal n'est si deploré, qu'il ne soit de facile guerison, en desracinant promptement le cœur des subjects du Roy les mescontentemens qui s'y sont plantez, & lesquels, à la longue, prendroient tel pied, que l'on ne les pourroit arracher, sans offenser à bon escient le corps de l'arbre, je veux dire la France.

Je vous feray un discours racourcy des plaintes que j'ay recueillies de sa lettre, & puis vous donneray les remedes pour les guerir. Il dit que peu de gens se sont emparez du gouvernement de l'Estat, qui n'ont rendu les Princes & autres Officiers de la Couronne, que par maniere d'acquit, participans des affaires, d'autant qu'il leur sembloit necessaire pour authoriser leurs deliberations: que tous les Offices de Judicature & des Finances sont montez à prix excessif: que l'Ecclesiastic n'est employé, ny aux Ambassades: ny tient son rang au Conseil: que la Noblesse est ruinée par tailles & impositions de sel, & autres charges que l'on luy donne: que le peuple lamente les charges redoublées par une quantité de Commissions depuis la mort du feu Roy. Pour abolir tous ces desordres, & establir un bon ordre, il demande l'assemblée des trois Estats, & jusques à ce que les mariages du Roy & de Madame soient sursis, & vous supplie que toutes choses demeurent pacifiques.

Je voudrois, & pleust à Dieu, que ces plaintes publiques eussent esté debattues & resoluës dedans vostre cabinet, sans venir à la face de tout un peuple, où chacun en pense & prend ce qu'il veut. Il eust esté meilleur pour le bien de cet Estat, d'en accorder lors moins, que plus maintenant: parce que l'on estimera que c'est un jeu forcé, & que sans ceste levée de bouclier, vous n'eussiez jamais regardé à l'offense generale du peuple. Si tout le monde estoit de mon humeur, il se contenteroit des choses presentes, & penseroit qu'il n'y a rien d'intolerable; mais le mal est que l'on se laisse emporter si doucement aux nouveautez, & mesmement quand l'on est allé sur ce grand theatre de la France ce mot de Bien public, où la pente est si doux-coulante, que chacun s'y laisse aller.

Pour remedier à tous ces maux, vous accordez la convocation des trois Estats, croyant que ce soit le vray remede pour restablir ceste Monarchie, & la remettre en sa premiere dignité. Je le croirois, si l'intention de ceux qui y sont appellez, confluoit en un mesme vœu de reformation. Mais si par les exemples passez, nous pouvons juger de l'advenir, vous cognoistrez au doigt & à l'œil que de l'assemblée des Estats n'est sorty qu'un bien en papier, & plusieurs maux en effect. Que produirent les Estats d'Orleans en l'an 1561? La guerre qui commença incontinent aprés. Ceux de Blois en l'an 1576? Une ligue jurée, & depuis signée. En 1588? Une guerre intestine, qui faillit de faire trebucher du haut en bas ce Royaume, sans se penser jamais relever. D'où venoit tout cela? Des factions & partialitez qui estoient lors par la France. Mais qu'ont apporté generalement ces Estats, & tous les autres qui ont precedé & suivy? Nouveaux imposts, nouvelles daces, truanderies & malletotes. Qu'enfanta l'assemblée de Roüen? La Pancarte qui pensa causer une revolte generale par la France. Et toutesfois pour couvrir ces deffauts, l'on paye le peuple en belles Ordonnances, qu'il achete à haut prix, la pluspart desquelles demeurent encores infructueuses & sans execution. C'est à mal exploicter, bien escrire. Je vous prie de considerer comme est la France aujourd'huy disposée. N'y voyons-nous pas deux factions formées? Chacune desquelles fera deputer (s'il faut que je le die ainsi, à mon grand regret) ses creatures, qui ne parleront que par la bouche de leur chef, ne desireront que les choses qui regardent l'avancement de sa grandeur, & ne se mouveront que par son ressort, en se laissant manier ainsi que faict le baston par le vieillard. Enfin qu'estimez-vous qu'il se mesnage en ceste assemblée? Nouvelles practiques, nouvelles alliances entre les Grands: chacun d'eux caressera les Deputez, pour gaigner leurs bonnes graces, qui par argent, qui par belles paroles, qui par courtoisies & autres tels moyens, afin, quand ils seront retournez en leurs Provinces, qu'ils servent de trompettes pour disposer les humeurs des peuples à executer les desreglées passions de ceux qui voudront remuer l'Estat. Cela n'arrivera paradvanture pas: mais ce sont hommes, qui en ceste qualité sont capables d'embrasser le bien & le mal. Faictes-vous sage par ce que vous avez veu. Bien-heureux celuy, qui par l'exemple d'autruy se met à couvert du danger. C'est un secret que vous devez apprendre, de ne faire jamais ouvrir les Estats, mesmement en la minorité d'un Roy, quand il y a un Prince, qui pour avoir le vent en pouppe au milieu d'un peuple, tasche d'y estre chef de part. Laissant là les Estats, je croy qu'il y a moyen de satisfaire aux plaintes du Prince, & que nulle chose n'est sans remede, comme je vous monstreray en espluchant chaque plainte de degré en degré & pied à pied.

Y a-t'il rien qui offense tant une personne de cœur, que de se voir mesprisé? Que ne tentera-t'il pour venir au-dessus de celuy qui le contemne? Je recognois que l'esloignement du Prince & des autres, de la Cour, ne procede que de ce qu'ils ont esté esloignez des plus secrets conseils, eux qui ont creu par leur qualité y devoir participer. D'un autre costé, est-ce pas une chose inoüye, de voir que l'advis d'une seule personne prevale à celuy des Princes, Officiers de la Couronne, & Conseillers d'Estat? Puis que la seule opinion est comptée, l'offense n'est-elle pas entiere au Conseil? J'estime celuy-là plus superbe que sage, qui fait tout à sa teste, & ne suit que son advis, preoccupé d'une affection naturelle qu'il porte à sa flatteuse opinion. N'est-il pas plus raisonnable qu'il suive le conseil de plusieurs, qu'eux tous le sien? Car vous devez estimer qu'il ne faut pas mespriser le conseil d'un grand nombre; parce que necessairement ce qui se passe par l'alambic de tant de cerveaux, est mieux veu que par celuy d'un seul: & ne faut jamais estre si presomptueux, que de penser donner de bons conseils: il les faut donner avec bonne conscience, & par une humble mesfiance de nous-mesmes embrasser pluslost celuy de plusieurs, que le nostre. Qu'arrive-t'il en ce mespris des Grands? Une haine. De ceste haine? Une inimitié. De ceste inimitié? Des complots. De ces complots? Des partis. De ces partis? Une revolte. De ceste revolte? La perte des biens & des meschans, & par mesme moyen, de l'Estat. Du temps du Roy Henry troisiesme, combien vismes-nous de malheurs pour avoir esloigné les Grands

Grands & de son Conseil & de son Cabinet ? Il en nasquit une guerre, où toutes choses furent bouleversées. Que peut-il survenir en ceste occasion, que la mesme chose ? La paix n'est point attachée à cloux de diamant : elle ne tient qu'à un filet. Vous avez assez de malcontents par la France, quand les armes seront souslevées, pour fortifier le plus foible party; & de ceux qui vous servent, plusieurs se jetteront dedans. Je ne vous dy rien que nous n'ayons veu en semblables occurrences. Pour éviter tant de maux, faictes qu'en lieu public à certains jours le Conseil soit estably, où toutes les affaires se deliberent & resolvent par l'advis des Princes, Officiers de la Couronne, & ceux qui ont esté nourris de longue-main dans les affaires de cet Estat. Quand vous vous y trouverez, faictes que les voix soient comptées & non pesées. Et d'autant qu'aux affaires d'Estat, il y en a telles dont la cognoissance ne doit venir à tous ; c'est lors de vostre sage prudence de les communiquer à ceux à qui plus elles touchent, comme au Prince. Qui a plus d'interest, après le Roy & Monsieur, en la conservation de ce Royaume, que luy ?

Voicy une plainte qui touche le general de la France ; la venalité & le prix excessif des offices de Judicature & des Finances.

Je ne pense point qu'il y ait chose qui rende la Justice plus corruptible, que la venalité des Offices: parce que chacun s'estudie de parvenir à ce par quoy on est eslevé aux dignitez ; & ainsi montant aux honneurs par argent, la vertu vient à perdre son credit & à se refroidir. Les Offices anciennement estoient les loyers de la vertu, & pouvoit lors un chacun qui s'asseuroit en sa preud'hommie & suffisance, les demander. Ce nous est un grand malheur qu'il n'y ait de la France en toute la Chrestienté, où la Justice se rencontre venale, de laquelle se faict traffic publique, & à l'enquant, au plus offrant & dernier encherisseur. Cela est notoire, que l'entiere destruction & ruine de toutes les Republiques & Monarchies n'a prins son commencement d'ailleurs, que de ceste marchandise d'Estats; d'autant que ceste corruption estant une fois entrée en la provision des Offices, est de telle nature, que soudainement elle passe de main en main jusques aux Arrests & Sentences des Juges, & vient enfin à penetrer si avant, qu'elle gaste & souille toutes choses nettes.

Je vous supplie de considerer les succez des affaires de la France, depuis que la porte a esté ouverte à ceste grande venalité d'Offices, & combien de desastres malheureux nous avons veu passer devant nos yeux, que j'ayme mieux penser qu'exprimer. Enfin toutes choses sont allées de mal en pis, & iront, tant que nos Roys ne nous rendront la Justice gratuitement, ains nous la vendront à haut prix. Et ne croy pas que la France puisse jamais prosperer, tant que la Justice sera ainsi prostituée. La prosperité ou ruine d'un Estat public, despend d'une bonne ou mauvaise eslection & provision aux Magistratures, de personnes idoines & capables. Car de donner la conduite d'un Navire à une personne qui n'entende rien en le mestier, c'est mettre en danger & luy & tous ceux qui sont dedans: de mesme, establir en un Royaume sans consideration du bien public, & sans respect de la vertu & suffisances des personnes incapables, qui au prix de l'or achetent les charges, c'est le faire perillir. Que pouvons-nous dire doresnavant, sinon que les Parlements & autres Justices ordinaires sont les sieges des richesses, & non des hommes?

Mais d'où vient ceste grande cherté d'Offices? De ceste ennemie de l'Estat, Paulete-Palote, qui à la façon du chancre, mine & mange insensiblement toutes les familles de ce Royaume, lesquelles ruinées, faut necessairement que le general, qui en est composé, soit perdu.

Pesez par le menu ce que produit ceste excessive cherté : il n'y a Gentilhomme, homme de robbe longue, ny Marchand (je mets hors de pair les Financiers) qui puisse appeller aux charges publiques trois ou quatre enfans, comme anciennement ils faisoient: & s'ils en font pourvoir un seul, il faut si grande quantité d'argent, qu'ils sont contraincts de l'emprunter à haut interest. Entrer en un Office par emprunt, est un prognostic infaillible, que celuy-là sera corrompu : car quel moyen a-t-il de payer ou le principal ou les interests , veu que ses gages, & le profit legitime, qu'il tire de son Estat, n'est suffisant pour acquitter non pas ce qu'il doibt, mais la dixiesme partie de l'interest seulement?

Pour remettre tous les Estats à leur vray prix, vous n'avez point de plus prompt & seur remede, que de revoquer ceste Paulette-Palote nouvellement remise entre les mains du Thresorier des parties casuelles pour en lever le droict annuel ; & comme par lettres il a esté estably, aussi par lettres le pouvez-vous revoquer.

On dira que c'est offenser generalement toutes les compagnies de la France, & qu'en ceste revocation gist leur perte totale. A cela je respondray, qu'il faut faire estat, comme si ce droict n'avoit jamais esté estably, & elles se trouveront aussi riches, comme quand il fut introduict. Tout le mal aboutit à ce poinct, qu'elles auront failly à gaigner : je n'ose dire quelque chose de pis. Tout ainsi que l'on juge une manie incurable, quand le malade se tourmente plus que devant, voyant le Medecin, ou l'oyant parler : ainsi je penseray ces compagnies sans remede en ceste grande & excessive folie, si en traictant de la revocation de ce droict annuel, je les voy remuer. Mais je ne pense pas qu'elles viennent jamais aux plaintes, parce que je les croy si bien reglées, que balançant justement le mal qui est sorty du payement de ce droict annuel par le haut & incroyable prix des Offices, elles prefereront tousjours le bien public au particulier: maxime que tous les gens de bien ont euë dés leur naissance, gravée au profond de leur cœur, comme celle qui fait fleurir & prosperer les Royaumes, & laquelle au contraire practiquée, produict leur ruine.

Je ne vous diray plus sur ce subject, que ce qu'un grand personnage de nostre temps dit du regne de Henry troisiesme, que les Musiciens nous enseignent, que quand nous sommes arrivez aux extremitez de la game, il faut venir aux muances : aussi que les Estats parvenus à leur dernier essay, cela le faisoit deffier de l'advenir. S'il eust escrit maintenant, que n'eust-il dit? Car c'est un vray monstre en l'Estat, que de voir ceste grande superfluité aux Offices non ouye, ny jamais pensée, & que la posterité ne pourra croire. Incontinent après ce grand desbord, nous eusmes une guerre sanglante. Que pouvons-nous esperer de celuy-cy, qui outrepasse de cinq ou six fois la cherté de ce temps-là ? Je vous exhorterois bien à oster ceste venalité d'Offices, mais je ne voy point que la saison y soit encores propre. Dieu fera la grace à nostre Roy, que venu en aage de pouvoir luy-mesme gouverner son Royaume, il commencera par là, afin de rendre son regne d'une perpetuelle durée.

Pour ce qui touche les trois Ordres de ceste Couronne, il n'y a rien plus juste, que de les contenter. Ce qui vous sera aisé de faire, conservant l'Ecclesiastic au rang qu'il doibt tenir prés du Roy, & l'employant aux charges propres à sa dignité ; puis honorant la Noblesse, laquelle vous devez appeller aux gouvernements des Provinces, & autres charges de ce Royaume, sans souffrir qu'elle soit recherchée de tant de Commissions de sel, d'hommages, passages, & autres choses chargeantes. C'est par où vous devez gratifier de tout poinct, pour estre le principal appuy de l'Estat, & qui porte librement sa vie & ses biens pour la conservation de son Roy & de son Royaume.

Quant au peuple, vous le devez soulager de toutes ces nouvelles Commissions, qui courent journellement les Provinces, à sa ruine & desolation entiere ; desquelles quelques particuliers s'enrichissent, sans qu'il en entre rien dans les coffres du Roy. Il se voit aujourd'huy un party d'Aluns; demain un de Taverniers ; un autre des Confirmations ; un autre des Francs-fiefs & nouveaux acquests : & puis ce damnable party, qui a fait renaistre tant d'Offices, qu'un long-temps avoit estouffez. Enfin, que ne cherche-on poinct? C'est une mer sans bornes &

sans

sans limites. A ceste façon de vivre, l'on diroit que le Roy n'a så posseder son Royaume que deux ou trois ans, pendant lesquels chacun veut faire sa derniere main. La verité est que plusieurs de ces Commissions avoient esté revoquées, comme les manges-peuple: toutesfois l'on les a fait revivre, & fait naistre d'autres, aprés deux ou trois ans de paix, à la poursuite de quelques miserables Partisans, vrayes sangsuës du peuple. Si vous voulez que Dieu benisse vos actions, & que le peuple parle de vous en bonne bouche, revoquez toutes ces mangeries, & ne souffrez point que pendant vostre Regence autres nouvelles impositions ayent cours: fermez les oreilles à ces harpies, autrement la haine & malediction du peuple s'attachera à vous, qui sont autant de maledictions envers Dieu.

Il y a les mariages du Roy & de Madame avec le Prince & l'Infante d'Espagne, desquels chacun parle diversement. Les uns croyent que c'est un soustenement & estaye de vostre Regence: les autres estendent leur veuë plus loin, estimans que c'est une table d'attente au cas que nos affaires tournassent tout autrement que les bons François ne desirent. Je laisseray faire des Commentaires à chacun sur ce subject, & diray seulement, que Dieu est par dessus tous vos conseils: & que si ce mariage se faict à sa gloire, & pour l'honneur, le bien & utilité du Roy & son Estat; il les dissipera en un clin d'œil.

Et aprés tout cecy, je ne sçauroi ne loüer assez le Prince, quand vers la fin de sa lettre il vous exhorte de tenir toutes choses tranquilles. Il recognoist, & sagement, que c'est le bien de l'Estat. Et pour moy je croy (parce que je le desire) que ses effects ne desmentiront point ses escrits: car ce faisant il donneroit subject en cette occasion de luy faire perdre toute creance parmy les subjects du Roy, qui jugeroient que ses intentions ne tendroient aucunement à la reformation, ains à la difformation de ce Royaume.

Et à vray dire, c'est tout ce que vous devez souhaitter pour le repos du Roy & de ceste Monarchie, que la paix demeure ferme & arrestée en cet Estat, quoy qu'aucunement malade. Car la plus meschante paix est plus advantageuse pour son bien, que la plus juste guerre que l'on sçauroit exploicter. De faire la guerre, ce seroit, de la fumée se mettre dedans le feu, & d'un desordre sauter en un autre plus grand. Tout ainsi que si nous avons en nos corps quelque partie mal disposée, elle ne ressent tant de mal, le reste du corps estant sain, comme quand par quelque accident il se faict une emotion generale en toutes les autres parties: ainsi ces maux que nous sentons dans la paix au corps de l'Estat, ne se ressentent pas comme si les armes se soustevoient generalement par toute la France. Ne cherchez dans un douteux evenement l'asseurance de cette couronne. Jamais il ne faut lever les armes, si ce n'est pour en tirer un plus grand profit, afin que ce petit gain qu'on y peut faire, par le remarquable dommage que l'on en reçoit, ne soit semblable à ceux qui peschent avec un hameçon d'or, la perte duquel ne se peut recompenser par aucun profit. Ce n'est pas tout. Car si vous commencez la guerre, il vous en prendra tout de mesme qu'à ceux qui mettent le feu dans un grand buscher, lequel ils ne peuvent esteindre quand ils veulent. Aussi ayant mis les armes dans les mains des Subjects du Roy, vous ne leur ferez pas mettre bas quand vous voudrez. Il n'est rien plus aisé que d'entreprendre une guerre, ny rien plus difficile que de l'achever: le commencement & la fin ne sont pas en la puissance d'une mesme personne. En quel labyrinthe vous mettez-vous levant les armes? Il les vous faut confier à quelque Grand, lequel se voyant absolu en une armée, il n'est pas dit qu'il ne puisse nourrir quelque mescontentement au dedans de soy, que le poussera à entreprendre contre l'Estat: ou bien voyant toutes choses luy rire, qu'il ne tourne ces mesmes armes contre le Roy, afin de s'emparer de la Couronne, singulierement pendant la minorité d'un Roy & partialitez de Religions. Evitez ces extremitez. Il n'y a personne qui ne ferme les yeux à toute sorte de consideration, quand il est question de se rendre absolu. Pour regner, l'on passe par dessus toutes choses justes. Enfin, que ne fera-t'il point pour devenir Maistre d'un Estat? Contemplez ces choses, & pesez une chacune par soy, & separément, premier que de venir aux mains. Hastez-vous lentement. Il n'y a rien si malseant à un Grand, que la temerité. Toutes choses se font assez soudainement, qui se font à propos. La trop grande soudaineté aux affaires de poids, est fort dommageable; on s'en repent incontinent & à loisir, mais trop tard; parce qu'un conseil precipité ne se peut r'appeller. Quand vous aurez tenté avec une longueur de temps ces moyens pour aquoiser vos plaintes, & que toutes choses seront desesperées, il vous sera lors plus seur de suivre les plus determinées resolutions.

Prenez, Madame, tout ce discours en bonne part, comme sortant de l'un des plus fideles subjects du Roy, qui ne respire que son service & le vostre pour y vivre & mourir.

LETTRE III.

A Monseigneur d'Espernon Duc & Pair, Chevalier de l'Ordre du Roy, Capitaine de cent hommes d'armes, Colonel de l'Infanterie Françoise, Gouverneur pour le Roy és pays d'Angoulmois, Saintonge, Aunis, ville & Gouvernement de la Rochelle, &c.

Il discourt quelle sera l'issuë de l'assemblée de Saumur.

APrés avoir receu vos Commandemens à Ruffec, je me vins alicter où je demeuray douze jours affligé d'une fievre qui m'a laissé, Dieu mercy. Aussi-tost que j'ay esté debout, j'ay mis la main à la plume pour vous dire ce que je pense de l'assemblée qui se tient à Saumur, de ceux de la Religion pretenduë reformée. Je croy quant à moy le meilleur & plus seur pour l'Estat, estoit que la Royne Mere ne permist aucune assemblée des subjects pendant le bas aage du Roy, ains qu'elle fist droict en détail sur les plaintes ou demandes, qu'eussent fait uns & autres.

Je ne veux en ceste rencontre juger de la mauvaise, ouy bien de la bonne volonté qu'apporteront les Deputez en ceste convocation: mais bien diray-je que là se peuvent traffiquer plusieurs Conseils au grand desadvantage de ceste Couronne, comme de prendre le mot pour se saisir à certain jour de la personne du Roy, afin que quelques remueurs d'Estat puissent former & executer leurs pernicieux desseins soubs ombre d'une volonté imaginaire du Roy: de souslever à point nommé les armes en tous les quartiers de ce Royaume: de s'emparer des deniers, villes & places fortes, contracter plusieurs confederations avec les Estrangers, les appeller & conduire par la main au milieu de nous, & autres telles conjurations, qui peuvent tomber en l'esprit de ceux qui ne demandent qu'un remuëment pour donner air à leur grandeur. Le peuple est, comme la mer, subject à tous vents. Quand tous seroient d'une pure & sincere opinion pour le bien & repos de la chose publique, ainsi que je le veux croire, parce que je le desire, il est-ce qu'en ceste compagnie il s'en peut rencontrer un, qui voyant quelque bonne occasion, ne faudra, s'il peut, à la prendre pour s'en prevaloir aux despens du bien public. Adjoustez que d'assembler un corps composé dans un Estat, comme est cestuy-cy, il est merveilleusement dangereux, & plus à craindre & estimer avec peu d'hommes, que ne sont dix qui en auroient douze fois autant, tous alliez & confederez ensemble : d'autant que celuy-là se meut par un seul ressort ; ce que la teste veut, les membres le desirent ; & ce que les membres affectent, la teste s'y accorde : & ceux-cy ont tant de choses à démesler entr'eux, que la moitié du temps se perd avant qu'il y ait rien de conclu ny arresté. Ce sont les raisons qui devoient démouvoir la Royne mere, d'accorder ceste assemblée.

Mais puis qu'elle l'a permis, c'est à nous à discourir quelle en peut estre l'issuë (combien qu'il fust plus à propos d'en attendre l'evenement, par lequel les choses se jugent la plus part du temps). Je vous diray que tout ainsi que le Medecin par la seule couleur du visage de l'homme, juge de son naturel : ainsi pouvons-nous par les Deputez qui sont nommez, dire quels effets produira ceste assemblée. Ce sont personnes d'aage, de marque, & de merite, qui ont tous gousté & savouré depuis treize en ça les delices de leurs maisons, lesquels n'en desirent qu'une paisible joüissance le reste de leur vie. Et tout ainsi que la parole est le fidele tesmoin de ce que l'homme a de bon ou de mauvais dans l'estomach, aussi les demandes que ces Deputez font pour le general de leur corps, nous descouvrent leurs intentions. Ils demandent l'entretien de l'Edict de pacification de quatre-vingts dix-huit en tous ses points : ils entremeslent quelques articles, qu'il leur soit permis de se faire inhumer dans les sepultures anciennes de leurs devanciers ; que les arrerages des six mois retranchez par chacun an de la solde des soldats, Capitaines & Gouverneurs, leur soyent asseurez ; qu'à l'avenir ils ne soyent contraints de nommer que deux Agents pour estre prés de la personne du Roy, lesquels sa Majesté sera obligée de recevoir. Il a esté resolu de demander ces nouveaux articles & quelques autres qui ne sont pas de grands poids, mais non pas d'insister opiniastrement à les avoir. Depuis mon retour en ce pays, j'ay halené uns & autres de la Religion pretenduë reformée qui habitent la campagne, & plusieurs de ceux des villes ; mais nul d'ceux ne demande la guerre. La douceur qu'ils ont senty en la paix, les fait autant éloigner de desirer la guerre, comme ils sont tousjours prests de vivement entretenir ceste concorde dans laquelle repose tout leur bien & contentement. La demande de ce peuple, leur resolution en leurs nouveaux articles, la volonté de la Noblesse, & celle des citoyens des villes, me font conclure certainement qu'il ne peut rien sortir de mauvais de leurs conseils. Et ce qui me le fait croire plus resolument, c'est que je voy une correspondance du chef avec les parties, & des parties avec le chef ; la Royne mere qui ne veut que la paix, & ceux de la Religion pretenduë reformée, qui ne respirent autre chose, moyennant qu'elle soit ferme & asseurée en la continuation de l'observation de l'Edict qui a esté creé pour leur maintien : & me promets davantage, que tout ainsi que depuis treize ou quatorze mois nous avons veu arriver des coups extraordinaires & qui ne peuvent tomber soubs le sens humain ; aussi Dieu voudra nous faire voir clairement en la foiblesse d'un enfant nostre souverain Seigneur, que pour gouverner un Royaume il ne faut s'appuyer sur la prudence humaine, ains referer le tout à sa grande & incomparable puissance. Voilà ce que je puis en effect imaginer de la fin de cette assemblée, priant Dieu que le tout tourne à sa gloire, celle du Roy & de son Estat. Ainsi que j'achevois ma lettre, j'ay receu advis d'un mien amy qui est à Saumur, que l'assemblée establissoit un nouvel Estat dans nostre Estat : car en chaque Province de ce Royaume, lequel elle a divisé en seize, elle y establit un Conseil composé de deux Gentilshommes, deux Ministres & deux du peuple, qui ont puissance d'assembler telles fois quatre ou cinq Provinces les plus prochaines, telles fois toutes les Provinces, selon la difficulté de l'affaire qui se presente à decider, & un jour de l'année tous ces Conseils sont obligez d'envoyer un de leur compagnie au lieu assigné, pour là rapporter tout ce qui se passe par les Provinces, & resoudre ce qui se doit faire. Si vous me permettez de juger de cet Estat nouveau, je vous diray que je ne croy pas que nostre Roy, venu en aage de monter à cheval, le souffre. Et pense pour moy que ce que ceste assemblée estime estre à l'advenir, son maintien, sera indubitablement sa ruine. Du vivant de nostre grand Henry, ceux de la religion pretenduë reformée proposerent de donner lieu à ces Conseils ; mais il ne les voulut jamais souffrir, sçachant veritablement où alloit telle affaire. Le temps & l'evenement les en rendra sages. Adieu.

LETTRE IV.

A Deffé & Gimens ses enfans, estans en garnison dans la Citadelle de Mets.

Preceptes de bien vivre qu'il donne à ses enfans.

LA premiere & derniere chose que je vous commande, c'est qu'en toutes vos actions vous ayez tousjours recours à Dieu, sans lequel vous ne pouvez rien faire de bien. Aymez-le & le craignez de tout vostre coeur, entendement & pensée ; bref, de tout l'homme. Car si vous l'oubliez, il vous oubliera ; & vous oubliant, il vous heurtera si rudement, qu'il vous mettra à fonds : mais se souvenant de vous, c'est pour aller tousjours en plein vent. Et pour parvenir seurement à ce point, apprenez à vous cognoistre vous-mesmes : car qui se cognoist, cognoistra Dieu, & qui le cognoist, ne fait rien indigne de soy : & aussi celuy lequel comme il ne pense que les choses de ce Souverain, aussi ne dit que ce qu'il pense, comme il fait ce qu'il dict.

Vous sçavez le temps que j'ay employé moy-mesme à vous faire apprendre les lettres en nostre vulgaire. Si vous voulez estre un jour quelque chose plus que vos compagnons, vous les continuerez de vous mesmes : car je vous diray que les lettres sont tres-propres pour affiner & parfaictement disposer un courage né aux armes. C'est pourquoy les anciens voulurent de Pallas armée denotast l'accouplement des lettres & des armes. Et combien que nature vous ait rendus hardis, il est certain que si vous vous trouvez du tout privez des bonnes lettres, vous serez de nature douteuse, incertaine & irresoluë ; parties nullement requises à la guerre. Et comme j'espere que Dieu vous poussera (si vous le meritez) à avoir quelque charge, je vous diray que l'estude des bonnes lettres peut beaucoup ayder à vous former une sagesse & discretion, & vous duire & ruser au mestier de la guerre. Pour vous faire acquerir la perfection requise en ce sujet, sur tout ayez l'histoire en main, laquelle par la verité des exemples de la bonne & de la mauvaise fortune, rend l'homme plus accort, sage, resolu & advisé en toutes sortes d'occurrences, & plus consideré aux deliberations. Comme aussi si vous continuez les Mathematiques, desquels vous aviez un bon commencement, elles vous donneront la cognoissance & le jugement tant des machines militaires, des fortifications, que de tout ce qui sert à l'usage de la guerre. Et en cecy imitez les mouches à miel, qui volent sur toutes fleurs, & en prennent de chacune ce qui leur est propre : ainsi si vous desirez sçavoir, il ne vous faut rien laisser sans recueillir profit de tout ; mesmes des choses les plus ameres en tirer la liqueur la plus douce. La faction que vous faictes, si vous avez le vouloir, n'empesche point que vous ne dérobiez quelques

ques heures pour employer à l'eſtude, je veux dire à repeter ce que je vous ay donné, à la lecture des vies de Plutarque, des Commentaires de Monluc, Ceſar & d'autres bons livres, au ſortir deſquels vous ſerez plus ſages & plus ſçavants.

Je vous ay envoyé, au partir du ſein domeſtic, à l'eſcole de l'un des plus prudens & meilleurs Capitaines de noſtre temps. Employez vos oreilles pour ouïr, voſtre cœur & voſtre memoire pour apprendre & retenir ſa ſcience & diſcipline militaire, afin d'en pouvoir un jour dignement diſcourir & la mettre en œuvre aux occaſions pour le ſervice de Dieu, du Roy, & de ſon Eſtat. Tout ainſi que ceux qui de nature ſont ſourds, ne ſçavent & ne peuvent rien dire, d'autant qu'ils n'ont jamais rien entendu, & que le parler vient de l'ouye : ainſi eſt-il impoſſible que vous parliez à propos de la guerre, ſans avoir premierement bien eſcouté, ny de la pouvoir conduire à une bonne & heureuſe fin, ſans l'avoir meurement compriſe en voſtre entendement. La verité eſt qu'elle ne s'apprend pas du premier coup : il y faut une longue pratique accompagnée d'un laborieux travail, & puis continuer ceſt exercice. Car tout ainſi que les voix & les inſtrumens d'un art, qui ne ſont exercitez, ſe diminuent & deviennent enrouez & diſcordans ; & au contraire, l'uſage les adoucit & accorde : auſſi un brave courage qui aura parfaictement appris la guerre, à faute d'exercice deviendra mol & effeminé ; lequel conſervé dans les exercices de la guerre, eſt fait plus adroit & courageux.

Pour bien apprendre & les lettres & la diſcipline militaire, ne prenez plaiſir à vous flater vous-meſmes, & vous trompant croire plus en vous qu'il n'y a : oſtez la preſomption, laquelle procede d'un amour de ſoy-meſme, qui fait que chacun penſe avoir ce qu'il deſire, encores qu'il n'en ſoit rien ; d'où iſſent toutes ſortes de fautes : car vous aymants vous-meſmes, vous eſtes de vous-meſmes aveuglez ; qui fait qu'avec voſtre œil malſain vous donnez jugement ſur les choſes bonnes & honneſtes, preſumants que les voſtres meritent d'eſtre preferées à toutes autres : & peut-on dire que ce preſomptueux cuider eſt l'un des plus grands vices qui puiſſe entrer en la teſte d'un jeune Gentil-homme. Car dés l'heure qu'il prend à deſdain un chacun, croyant n'avoir beſoin de perſonne, ou valoir beaucoup plus que ſes compagnons, dez-là peut-on dire qu'il eſt perdu : car Dieu delaiſſe ces enflez de gloire, & aprés les avoir abandonnez, il leur fait ſouffrir en la ruyne d'eux-meſmes, la peine de leur outrecuidée preſomption. Chaſtiez-vous de ce vice, ſi vous en eſtes entaché, par l'exemple de ceux qui ne vous ſont rien : faites voſtre profit de leur peine : tel chaſtiment eſt pour voſtre utilité : & croyez que la plus belle & plaiſante couverture de viſage & de corps que puiſſiez avoir, eſt une attrempée modeſtie, en toutes vos actions. Si en voſtre tout reluiſt une poſée contenance, c'eſt indice que l'entendement eſt de meſme.

Ayant banny cette vaine gloire, ſouvenez-vous que je vous nourris non dans le gyron des molles delices, qui charment & abaſtardiſſent les plus nobles eſprits, ains dans les exercices dignes d'un Gentil-homme. Gardez de ſervir & fleſchir aux mœurs corrompuës : car ſi par elles vous vous laiſſez abbatre & ſurmonter, ou bien que vous ayez les delices pour armes, voſtre courage maſle deviendra effeminé : & puis Dieu qui regarde & ſonde voſtre cœur juſques au vif, & les profondes penſées de voſtre eſprit, vous chaſtiera. Heureux celuy qui dort contre les chatoüillements des vices, & veille à ne faire rien indigne de ſa qualité, ains reluiſt és choſes qui rendent l'homme plus admirable aux hommes meſmes. Pour ne vous ſouiller point dans la fange des voluptez, ny abbaiſſer & endormir aux delices, il eſt expedient que vous fuyez la compagnie des meſchants : car neceſſairement il faut que converſant avec les vicieux, ou vous endurciez ou appreniez quelque mal : mais vivant avec les bons, vous imitez les choſes bonnes, & fuyez les vicieuſes.

Et parce que le blaſpheme par une mauvaiſe accouſtumance s'inſinuë aiſément parmy les gens de guerre, qui croyent que depuis qu'il y eſt une fois planté, il eſt de bien-ſeance de jurer ; je vous diray que c'eſt la plus grande faute, ou, pour mieux dire, la plus deteſtable qu'ils puiſſent commettre, non ſubject à aucun pardon : car il eſt ſi damnable, que Dieu donne la malediction à celuy qui prendra ſon nom en vain. Dieu n'en eſt ſeulement offencé, ains les oreilles de celuy qui eſcoute, bleſſées. Ceux qui pechent ordinairement, y ſont allechez ou par le profit, ou par le plaiſir : icy nulle rencontre ny de l'un ny de l'autre. Il faut donc que cela procede de ceſte vicieuſe couſtume, ou d'une malicieuſe nature. Si voſtre naturel vous pouſſoit à ce vice, corrigez-le de bonne heure. Pour la couſtume, cela depend de vous, de la prendre ou de la laiſſer. En ceſte balance, ſuivez la bonne voye, ſi vous ne voulez encourir l'indignation de Dieu ; & vous ſouvenez, qu'il n'y a rien plus aiſé, ny plus difficile que de s'abſtenir de jurer, à celuy qui a formé chez ſoy une habitude du bien ou du mal.

Je ſçay que parmy ceux qui ſont voſtre meſtier, il n'y a rien ſi facile que de prendre une querelle : mais gardez-vous, & l'un & l'autre, d'eſtre renom de querelleux. Tous apprehendent d'entrer en la compagnie d'un hargneux : car ne pouvants ſupporter ſon inſolence, il en faudroit venir aux mains : ce qu'il faut qu'un ſage Gentil-homme évite ſur tout. Ce n'eſt pas que ſi la querelle eſt entrepriſe, il ne la faille mener juſques au bout, & pluſtoſt perdre la vie que d'y laiſſer rien du ſien. Il vous ſera aiſé de fuïr les occaſions de querelles, quand voſtre bouche n'ira trop viſte en beſogne, c'eſt-à-dire, que vous ne picquerez & offenſerez aucun de paroles, & que vous ne veillerez ſur les vices d'autruy, que pour vous rendre plus ſages, en fuyant doucement ce pourquoy ils ſont en horreur & deſdain aux gens de bien.

Aprés les blaſphemes & querelles, il y a le jeu, qui apporte à qui que ce ſoit, un grief & nuiſible dommage. Si vous vous abſtenez de joüer, ce ſera une marque de grande ſageſſe : car l'on peut dire du jeu, comme du mal, qu'il n'eſt autre choſe qu'un defaut de bien, ainſi que j'en feray preſentement l'anatomie. Joüez, la perte quoyque petite, vous incommode plus ; que ne vous profite un grand gain. Si vous perdez, il faut retrancher équipage & deſpenſe. Si vous gaignez, vous l'augmentez, & en ceſt accroiſſement vous faictes des deſpenſes inutiles qui conſument voſtre gain à meſure qu'il vient : & à la fin, vous vous retrouvez auſſi riches qu'au commencement : & ſi d'avanture vous eſtes en perte, le jeu vous eſbloüit tellement, que vous ne doutez à yeux bandez d'hazarder le reſte de voſtre bien avec celuy de vos amys pour regagner, ſi vous pouvez, ce qui n'eſt plus à vous. Qu'arrive-t-il, ſi vous perdez au loin ? Ou vous vous rendez miſerables n'ayans moyen d'emprunter, ou vous affligez vos amys en leur empruntant ; eux, diſ-je, qui n'avoient aucun que pour leur fourniture. Outre la perte, quels malheurs ſortent du jeu ? Peu de perſonnes, ou point du tout, ſe rencontrent ſi ſages en leur perte, qu'ils n'eſchappent à eux-meſmes, & ſortent hors des gonds de la raiſon, en blaſphemant le nom de Dieu, trompant & pipant ; d'où ſortent les paroles offenſives, puis les querelles, & quelquefois les meurtres : & qui eſt encores le pis, c'eſt que le joüeur qui veut faire fortune prés d'un Roy, d'un Prince ou grand Seigneur, il conſume au jeu le temps qu'il devroit employer à faire ſa Cour : & s'il a pris quelque pied auprés de ſon maiſtre, un autre le debute, qui fait le cul de plomb. Adjouſtez à tout cecy, que depuis que vous y eſtes affriandez, vous y paſſez les nuicts entieres ſans dormir : veilles qui engendrent catharres, rheumes, fievres, maladies, gouttes, & puis la mort. Par tout ce diſcours, il faut conclure, que qui ayme le jeu, ne ſera jamais grande fortune, oüy bien qu'il ſe verra avec le temps reduict à une miſerable pauvreté, ayant plus veſcu qu'il ne penſoit. Le joüeur reſſemble au prodigue, il ne peut dire qu'il ait rien de propre ; ains, que ſur l'opinion qu'il a d'eſtre heritier de ſoy-meſme, il conſume & joüe tout ſon bien.

Après avoir chassé de vous tous ces vices, embrassez estroitement les bons preceptes que je vous donne, & que toutes vos pensées prennent leur addresse à la vertu, si vous desirez vous hausser en honneur, lequel il ne vous est possible d'avoir sans la vertu : pour laquelle cause les Romains avoient fait deux temples du tout conjoincts ensemble, l'un dedié à la Vertu, & l'autre à l'Honneur ; mais on ne pouvoit entrer en celuy d'Honneur, qu'on ne passast premierement par celuy de Vertu. Et tenez pour maxime, quoy que fassiez & disiez, que si vous n'edifiez sur la vertu & l'honneur, vous ne pouvez paroistre ou reluire, ains demeurerez estouffez parmy le commun populaire sans credit ny estime : mais ayant basty peu à peu & avec travail sur ces deux fondemens, ils vous donneront une bonne renommée, laquelle de peu de choses vous acquerra grande loüange. La reputation donne les moyens, & les moyens ne donnent pas la reputation.

Je ne vous parle point en ce lieu en quoy consiste l'estat de soldat, parce que je vous en ay fait un ample discours dans *l'Institution du Gentil-homme*, que vous retiendrez & practiquerez. A Dieu.

LETTRE V.

A Monsieur de Bonouvrier, Gouverneur pour le Roy à Mets, & Capitaine d'une Compagnie de gens de pied au Regiment des gardes.

L'Ordre que vous avez estably pour la conservation de la santé de vos soldats, est beau & loüable : & ne pense point qu'il y ait chose qui les excite tant à l'amour de leur Capitaine, que quand ils recognoissent le soin qu'il a d'aucun des siens n'ait faute de choses qui sont necessaires pour la vie, & qu'au fort d'une maladie ou blessure il les fait secourir de Medecins, Chirurgiens & Apothicaires : actions qui font que le Capitaine les a tousjours plus obeïssans. Car pour vous dire, le soldat qui voit son compagnon malade ou feru, sans ayde ny secours, se rend plus tiede aux coups, par l'apprehension qu'il a d'estre miserablement abandonné estant blessé : & au contraire, celuy qui voit qu'on a soin de son salut, a aussi soin de la gloire & service de son Capitaine. Ayant advisé à ce qui est de la santé, si souhaiteray-je que vous trouvassiez les moyens d'entretenir dans vostre garnison un Mathematicien, un tireur d'armes, un violon, un voltigeur, & un Escuyer, qui fussent entierement à vous, afin que là fust un seminaire où s'apprist non seulement la discipline militaire, mais pareillement les exercices dignes d'un Gentil-homme. Vous obligeriez trois personnes tout d'un coup, le Prince, les parens, & puis ceux qui apprennent. Quand vous auriez mis ceste escole sur pieds, vous rendriez une pepiniere de Gentils-hommes capables de servir un jour le Roy & son Estat. Il n'y a personnes qui meritent tant en un Royaume, comme font ceux qui sont curieux d'élever la jeunesse à la vertu : ils n'en sçauroient estre assez recompensez, pour le profit qui en vient au public. Et de fait, l'Empereur Alexandre Severe disoit que le Prince estoit grandement redevable à ceux qui faisoient bien leur devoir d'instruire les jeunes enfans, n'estimant point juste ny équitable que ceux qui avoient fait un si souverain bien pour la chose publique, estans retournez en l'estat privé, deussent manquer de chose du monde. Pleust à Dieu que nostre Roy fust un jour conseillé, d'ordonner en quatre ou cinq lieux des plus propres de la France, des Academies pour eslever sa Noblesse, afin qu'elle ne fust plus contraincte d'aller mendier la science chez les estrangers : cela estant, la despense il le faut que les peres & meres fassent pour envoyer leurs enfans aux pays estrangers, ne seroit si grande : les villes destinées à ces exercices s'en rendroient plus riches, l'argent ne se transporteroit hors de France ; & puis ceste jeunesse ne humeroit une humeur estrangere (contraire à nostre gaillardise) qui pourchasse quelquefois de grands malheurs à un Estat ; vingt mil escus suffiroient pour payer tous les maistres. Il y a bien de plus inutiles despenses, qui se font en ce Royaume, lesquelles ne paroistent comme feroit celle-cy, & seroit un moyen, quand les Maistres auroient atteint non la superficie ou premiere escorce & apparence, ains la perfection de chaque art, d'appeller à nous les Estrangers, qui nous rendroient ce que nous leur avons baillé. Anciennement les Romains, quelque braves & vaillants qu'ils fussent, pour apprendre à leur jeunesse les sciences & la civilité, les despaysoient & les envoyoient à Marseille. Si dés ce temps-là ils avoient ceste practique, pourquoy ne voudriez-vous pas que l'Italien, l'Alleman & l'Anglois, curieux d'apprendre nostre bien-seance & nostre langue plus appurée que jamais, & les exercices, ne se vinssent ranger dans nos escoles ? Si ces Accademies estoient dressées, il n'y a pere, qui ne saignast sa bource pour faire apprendre ces exercices à ses enfans ; la grande despense les retient. A Dieu.

LETTRE VI.

A Mr de Masuyer, Conseiller du Roy & Maistre des Requestes ordinaires de son Hostel.

Il discourt des moyens qu'il faut tenir pour accourcir les procez.

Voulez-vous sçavoir d'où naissent tant de procez en France ? Je vous diray. De la multitude des loix & coustumes, & du grand nombre d'hommes qui se meslent de la practique, lesquels mettent tout à sac & à sac, tirant en plusieurs sens l'interpretation des loix, au lieu de chercher leur pureté selon la vraye pensée de ceux qui les ont créées : mesme que le profit particulier a tellement prevalu en leur endroict, qu'ils l'ont offusquée de mille & mille volumes revestus de sophistiqueries, chicaneries, cavillations & tromperies, & reduict & mené par leurs subtiles inventions le juste à telle extremité, qu'ils l'ont rendu maniable comme cire.

La maladie d'une cité ne se peut mieux cognoistre que par le grand nombre des Medecins & Officiers qu'on y voit : les uns y nourrissent les maladies du corps ; les autres, celles de l'esprit : les uns abregent le fil de la vie des hommes par les medecines ; les autres, le fil des biens par les procez. En ces afflictions que peut-il arriver de bien à un Estat ? Tout ainsi que quand les Elemens s'accordent & unissent avec le corps, & que l'un ou tous se separent les uns des autres, il faut que ce corps se dissolve : de mesme quand les concitoyens d'un pays ne s'accordent en une esgale union, ains que les uns veulent avoir le bien des autres par procez, il arrive que les moindres maisons succombent, & les plus grandes sont affligées par les plus puissantes : de la ruyne de toutes lesquelles se bastit & compose celle du general : comme il se vit presque arriver du temps du Roy François premier, au procez du Connestable de Bourbon, lequel voyant son bien sequestré, fut reduit à tel desespoir, qu'il se jetta entre les mains

mains de Charles-Quint Empereur, & donna depuis ceste funeste bataille de Pavie, où le Roy fut prins prisonnier ; prison qui cousta si cher à la France, que les plus beaux membres en furent retranchez, sans compter l'excessive rançon qui fut payée pour le mettre en liberté. Et long-tems auparavant cela, le grand procez qui fut entre Robert d'Artois & sa tante pour le faict du Comté d'Artois, fut un acheminement des malheurs qui heurterent si miserablement la France. Car Philippes de Valois ayant adjugé le Comté à la tante, Robert eut recours à l'Anglois, qu'il amena par la main en ce Royaume, d'où sortirent après tant de miseres. Enfin l'on peut dire que de l'oppression du pauvre, naist le mescontentement, du mescontentement la haine contre le Prince, de la haine la revolte generale des subjects. Le Roy Ferdinand envoyant ses peuplades aux Indes, ne voulut qu'on y menast aucun Jurisconsulte, de crainte que les procez ne s'y glissassent, & puis provignassent en ce nouveau monde, qui eussent à chef de piece produit mille contrastes & debats, prognostics certains de la future ruine d'un Estat.

Pour arracher & mettre à sec ceste venimeuse racine de procés, de laquelle on fait foire & marchandise en ce Royaume, il n'y a point de plus seur remede que d'abolir par Edict du Roy toutes les loix qui se sont naturalisées chez nous, & esteindre les coustumes diverses du Royaume, de toutes lesquelles il en bastisse une commune à tout son peuple, pure, nette, claire & lucide, non subjecte à l'interpretation de ceste espaisse multitude d'Escrivains, ausquels il defendra de plus gloser la loy, & bannira tous ces anciens & nouveaux livres du commerce de ses subjects. Lors cet effrené nombre de personnes, qui se nourrit dans la poussiere des Escoles, pour vivre un jour de la folie & frenaisie de ses compatriotes, s'addonnera ou à la marchandise, ou accoustumera son courage aux armes, pour faire foisonner ce Royaume en richesses, & florir en grandeur, & par le temps ensevelir dans le cercueil d'oubliance ce nombre innombrable d'Officiers & procez.

Plusieurs me diront, que c'est chose qui ne se peut faire, sans alterer les esprits de ceux ausquels les coustumes donnent des advantages, & que de leur mescontentement pourroit sortir quelque sedition intestine. Je vous diray que Philippes le Long, & depuis luy Louys XI. voulurent introduire par toutes les terres de leur obeyssance, un poids & une mesure ; & encores Louys une seule coustume pour reprimer les Ronges-peuple des Practiciens, & les tromperies des Marchands : mais la mort les devança auparavant qu'ils y peussent atteindre.

Quand Solon fut estably en Athenes reformateur general des Loix & de tout l'Estat de la chose publique, avec auctorité & pouvoir de determiner les facultez que chacun devroit avoir, en retenant, confirmant ou cassant ce que bon luy sembleroit des Loix anciennes & ja receuës en usages, il en revoqua & annulla plusieurs, voulant entre autres que toutes debtes passées fussent abolies à l'advenir. Chose qui fut de prime-face de dure digestion à ceux qui avoient liberalement presté leur argent : toutesfois il en fallut passer par là ; d'autant que le plus grand nombre scelloit & confirmoit la Loy par sa volonté. Ainsi en peut user un Roy absolu en son Royaume, qui ne doit accommoder sa Loy au gré & volonté de quelques particuliers, ains la remuer en l'Estat qu'il est plus expedient : car il a assez de puissance pour r'asseoir & r'establir son Royaume en la forme qui est la meilleure. Mesurant donc le dommage que souffre le particulier en la reformation, avec l'utilité qu'en reçoit le general, il se trouvera qu'il n'y a nulle proportion de ce petit nombre au grand, & qu'en ceste balance il est plus à propos de preferer plusieurs à peu, mesme en une chose de soy juste & équitable, & qui ne regarde que le bien & repos d'une Monarchie.

Que vostre patience permette que je fasse icy un souhait digne vrayement d'un bon François. Pleust à Dieu que nous quittassions toute ceste chicane, pour songer seulement à ressusciter ceste ancienne vertu de nos vieux Gaulois, qui estoient reputez plus qu'hommes, & nais de tout poinct à la guerre : lesquels premiers nostre Hercule Gaulois franchirent les Alpes avec trois cens mille ames, où en la Gaule Cisalpine, qu'ils baptiserent de leur nom, ils bastirent Milan, Come, Bresce Veronne, Bergame, Trente, Vincence, & jusques à dix-sept belles villes, & encores Venise & de là l'Appennin, la gentille ville de Siennes, prindrent à plusieurs & diverses fois ceste grande & triomphante ville de Rome, bruslerent le Capitole, contraignirent ce peuple de payer une grande somme d'or pour racheter sa vie, & le taillerent en pieces à la journée d'Allia, si qu'ils nous craignoient avec tel effroy, que les Prestres perdoient le droict de leur exemption pour aller à la guerre quand elle estoit Gauloise, & le thresor que l'on gardoit exprés pour ceste seule guerre, ouvert ; car nos peres estonnoient autant comme ils faisoient trembler tout le reste du monde. Une partie de ces braves guerriers demeura en Italie, & l'autre passa & habita la Pannonie ; une bande se jetta en la Macedoine, une autre en la Grece, d'où ils prindrent le nom de Gallo-Grecs, passerent en Dardanie, s'impatroniserent de la Thrace, gaignerent Byzance, se rendirent l'Asie tributaire, & le Roy de Syrie : & tout ce qui estoit deçà le mont de Taurus, prés ou loing, obeyssant. En Espagne donnerent leur nom au Royaume de Galice, Arrangon appellé Cel-Tybere & Portugal, comme qui diroit le Port des Gaulois. La terre Gauloise s'estendoit depuis la mer extreme, qui est à Gades quant à l'Europe, selon le Septentrion, jusques en Orient au Palud Meotis, & de-là jusques à la mer Pontique. Ce flus de prosperité dura deux cens soixante ans, qu'ils regnerent en Orient en si grande foy, qu'ils estoient la force des guerres voisines. Car nuls des Roys de ceste Region-là, n'entreprenoit la guerre sans leur appuy, tellement estoit creuë la peur & la terreur de leur nom : ou tellement estoient heureuses leurs entreprises aux armes, qu'ils pensoient estre du tout impossible de pouvoir ou deffendre, ou recouvrer leur dignité sans leur force : & se frayans ainsi le chemin avec les armes, leur nom donna une telle frayeur, qu'il n'y avoit Roy qui n'acheptast la paix à deniers comptans, mesme que le Roy de Bithynie partagea son Royaume avec eux. Et ces mesmes Gaulois, se confians & aydans de la seule vertu militaire, gaignerent & tindrent par plus de cinq cens ans la plus-part de l'Europe, avant que les Romains s'y peussent ancrer ny estendre : mesme que ce grand Cesar ne vint jamais à chef d'eux que par eux-mesmes. Tout cela produit à nos vieux peres une loüange d'une interminable durée, que nous puisons non dans nos Archives, ains dans celles des peuples estrans qui les exercerent & leur force, & leur vertu, lesquels en canonisant leurs faits, exprimerent au vray leur naturel ardant, vehement & impetueux à la guerre, & toutesfois doux & benings envers ceux contre qui ils combattoient. J'adjouste que Pepin & Charlemagne se ressentans encores de ceste vieille vertu Gauloise, deffirent en Italie & l'impieté Arienne & la tyrannie Lombarde, laquelle ils remirent en sa pleine liberté. Je ne veux oublier les voyages d'Outre-mer de nos Princes Chrestiens, qui se croiserent tant de fois pour recouvrer le premier lieu & fondement de nostre Religion, où nostre Seigneur JESUS-CHRIST vint en proprieté. Nostre France est aujourd'huy capable de fournir une fourmiliere d'hommes, & plus qu'en ces vieux temps qu'elle estoit à demy deserte : car tirant de chaque ville ou bourg selon leur portée cinq ou six hommes, cela feroit trois cens mille soldats sans qu'il y paroist. Quand ces anciens Gaulois estoient une fois forpayez, ils vivoient aux despens & de leurs ennemis & des terres qu'ils se rendoient en propre par le droict des armes. Je voudrois que l'envie prinst à quelques-uns de nos Princes (soubs le bon plaisir du Roy) de vouloir revendiquer ce que nous avons possedé si longuement, & perdu pour avoir abandonné l'ordre & la raison. Adieu.

LETTRE VII.

A Monseigneur d'Espernon, Duc & Pair, Chevalier de l'Ordre du Roy, &c.

il presente le Gentilhomme.

J'Eusse pensé manquer au service que je vous dois, si estant sorty quelque fruict de mon esprit, je ne vous en eusse aussi-tost fait part, pour souffrir vostre equitable censure. Le subject que j'ay pris est riche, & faut que je confesse qu'il surpasse ma portée : c'est pourquoy vous ne le trouverez accomply de toutes ces graces ny de ceste naïfveté requise en chose de tel merite; ains un ample dessein (arrhes & marques d'une bonne volonté) de servir ma Patrie, & la noblesse pour la façonner & composer à la maniere de vivre de ses ancestres, afin que ceux qui s'attribuent une gloire de la vertu de leurs ayeuls, l'imitent & augmentent plustost que l'abastardir & mespriser. Je vous supplie de practiquer en mon livre, ce que fait le Soleil, qui darde ses rayons autant sur les petites plantes que sur les grandes : aussi que vous daigniez jetter les yeux dessus. Quand vous y prendrez quelque espece de contentement, je seray infiniment satisfait, & demeureray à couvert d'un tas de censeurs qui ne sçavent rien que reprendre : & puis cela m'enflera le courage d'entreprendre encore quelque autre ouvrage, duquel le public pourra profiter. Adieu.

LETTRE VIII.

A Monsieur du Harlay, Conseiller du Roy en ses Conseils d'Estat & Privé, & premier President au Parlement de Paris.

Suite.

VOstre absence de Stinx où je fus, & le retour en ma maison, sont cause que je n'ay esté le porteur de ces premiers fruicts de mon esprit, pour les vous presenter. Je crains que vous ne les trouviez rudes, pour avoir esté cultivez d'une main grossiere : mais afin de reparer ce defaut, je practiqueray ce que mettoit ce grand Apelles au dessoubs de ses Tableaux, quand il avoit employé le meilleur de son art à les rendre parfaicts : *Apelles faisoit ceste image:* voulant faire entendre qu'il n'avoit finy ses peinctures, jusques à ce qu'il les eust faict approcher au plus prés de la derniere ligne de perfection : aussi je mettray au pied de cet ouvrage, *Pasquier travailloit sur le subject du Gentilhomme*; c'est-à-dire, que je le remueray & elaboureray jusques à ce qu'il ait eu toutes ses façons; & lors j'espere qu'il vous sera agreable. En attendant, vous en userez comme des fruicts nouveaux, desquels la seule nouveauté plaist; suppliant vostre honneste courtoisie de les vouloir recevoir d'un favorable & gracieux accueil (quoyque de petite estime). C'est un essay & espreuve de ma bonne affection à vostre service, laquelle vous devez seulement considerer, & non la valeur. Adieu.

LETTRE IX.

A Madame la Comtesse de Hurtal.

Suite.

SAns que vous me liassiez de promesse lors que vous entendistes la lecture de quelques-uns de ces miens discours, je me fusse bien donné de garde d'estre si temeraire n'y outrecuidé, que de les vous presenter. Le goust de vostre esprit est si delicat, qu'il ne luy faut que viandes delicieuses pour luy donner du contentement. Ces discours ne sont de ceste trempe : c'est pourquoy je souhaitte qu'en leur lecture, il vous en arrive de mesme que quand vous vous mirez. Vous regardant dans le miroir, vous vous ressouvenez de vostre naïf; & le miroir osté, vous en perdez la memoire : ainsi ayant leu ce livre, mon desir est que vous entriez en une profonde lethargie, qui vous en fasse tout-à-fait perdre le ressouvenir. Au moins s'ils ne vous plaisent, prenez-vous-en à vous-mesme qui l'avez ainsi voulu : le blasme en est tout vostre. Adieu.

LETTRE X.

La Dame Comtesse de Hurtal, au sieur Pasquier.

Remerciement.

CE sont des fueilles de louange, des fleurs de gloire, & des fruicts d'honneur dans toute l'estendue de la France, par le riche present que vostre bel esprit a jetté dans le public. Il n'y a goust si delicat, qui trouvast à redire; ains au contraire, des regles & maximes pour bien vivre & mourir en Chrestien servant Dieu, son Roy, & son Estat. Je louë autant le tout, que j'estime les faits de vos promesses, de m'avoir envoyé l'un de vos livres, que j'ay receu par les mains de Rignolle, comme je m'en allois à Mathas. A mon retour, ma plume vous rendra des tesmoignages combien je m'honore de telles faveurs. D'en façonner un remerciement par la presente, ce sont de trop foibles recognoissances pour de si liberales obligations. Adieu.

LETTRE XI.

A Monsieur de Montagne, Seigneur de S. Genest, Conseiller du Roy & son Lieutenant general au Siege Presidial de Xainctes.

Il l'exhorte de monstrer son courage en son affliction.

JE plains vostre desconvenuë, & encores plus de ce que vous avez à faire à des personnes, qui penseroient leur contentement assouvy, moyennant que soubs la lame de leur ruyne, la vostre y fust ensevelie; enfin, que ce fust une victoire Cadméenne. Ne doutez point qu'ils ne se monstrent ingenieux à rechercher toutes sortes d'artifices pour mener vostre procez en une longueur sans bout. Premier que vous soyez reglez de Juges, ils vous tiendront sur ce poinct un an & demy, & plus, s'ils peuvent. Quand vous serez renvoyez en une Cour souveraine, ne pensez pas qu'ils viennent au joindre, que le plus tard qu'ils pourront; & pour faire apporter le procez, qu'ils n'obtiennent tant de delais qu'il leur sera possible : pour faire approcher les tesmoins aux fins d'estre confrontez, qu'ils ne rapportent exoines des Medecins, Apoticaires & Chirurgiens : & quand ce leur sera jeu forcé, qu'ils ne les facent venir un à un : & puis s'ils sentent le vent du bureau mauvais pour eux (comme il ne peut autrement) leurs recours sera à la fontaine de Justice ; ou soubs un faux donné à entendre bien paillié, defenses seront faites à la Cour de passer outre : ce qui vous remettra à vostre Croix-de-par-Dieu. Quand je dis que je plains vostre desconvenuë, je veux dire que j'ay un signalé desplaisir de vous voir le seul aujourd'huy de tous les Officiers sur ce grand Theatre de la France, la butte de mesdisance, vous qui avez esté en preud'homme, & de qui la conscience (laquelle est un ronge-verà ceux lesquels d'elle ont fait une forest de larcins, concussions & voleries) est nette & espurée des crimes faux que l'on vous a imposez. Je le sçay pource que je vous cognois dedans & dehors, & que j'ay leu vostre procez de bout en bout. Vous sans coulpe, ce vous est une gracieuse consolation, qui adoucit grandement vostre douleur. Il faut que je confesse que jusques icy vous aviez esté favorisé du vent de prosperité en la conduite de vostre vie ; qui n'estoit qu'un augure & presage certain d'un grand desastre suivant. Apres le doux, force est de gouster l'amer. Les grands calmes & les grandes prosperitez font plancher à une future & dangereuse tourmente. Le mal suit tousjours le bien, comme toute generation est suivie de corruption. Mais tout ainsi que vous ne vous estes laissé transporter à une trop haute prosperité, aussi ne vous devez-vous laisser emporter à une trop lasche adversité. Lors que vous ruminerez qu'il n'y a rien de durable au monde, vous ne sortirez jamais hors de vous pour mesaise qui vous arrive. Ne desesperez qu'au bout d'un grand nombre de traverses & entorses qu'aurez essayé, le bon-heur ne vous monte aussi haut qu'estes abbaissé, qu'il ne convertisse ceste grande destresse en plus de prosperité que vostre desplaisir n'a esté extreme. Tout ainsi que les arbres, apres qu'ils ont esté resepez, rajeunissent & rejettent nouveaux drageons, qui produisent de plus beau : ainsi celuy qui est confiné dans les estours de fortune, est pour mieux s'advancer. L'issuë des choses aspres & rudes fait cognoistre leur douceur. On espere apres la nuict le jour, aussi vient-il : apres un temps chargé de vents, nuës & pluyes, la clarté du Soleil, aussi paroist-elle : apres pleurs, tristesses & tourments, on se promet ris, liesses & resjouyssements, qui communément suivent. Ainsi apres que vous aurez esté accueilly de diverses disgraces, attendez une heureuse vie, qui ne vous peut eschapper : car il n'est chance qui ne tourne, ny temps qui ne muë. Si vous ne voyez si tost ce Soleil luisant, si est-ce que ce brouïllard estant dissipé, & ceste nuée d'afflictions estant escartée, vous vous retrouverez dans le cours de vostre premier vol. Cependant la louange sera toute vostre, quand accablé de miseres vous vous maintiendrez avez une asseurée contenance, & quand vous vous resoudrez qu'il n'y a si cruelle peine, si longue, ny si dure, de laquelle vous ne puissiez porter la charge ; parce que vous trouverez dequoy vous consoler ou en l'exemple des autres, ou en l'esperance que Dieu vous secourra. Et partant, ne vous laissez gourmander & fouler aux adversitez, ains monstrez en tout temps un mesme visage, pour estre un exemple aux autres d'un miroir de patience. Si dans l'adverse fortune vous rencontrez constant, nul ne vous pourra surmonter ny confondre. Le sage qui se sçait accommoder aux malheurs & aux afflictions, les rend plus douces & plus supportables qu'autrement elles ne seroient pas. Une affliction portée constamment & avec le contrepoids de la raison, nous entretient droicts & fermes. Pour le pouvoir bien faire, armez-vous de patience: elle est un pavois à l'espreuve de tous les coups que fortune vous pourroit tirer, les surcharges de laquelle ne peuvent briser ses barrieres. Qu'elle soit le bouclier de vostre innocence, le loyer de vostre attente, & le vray restaurant pour secourir & aider tous vos maux & malheurs. Pour relever de maladie un malade, il faut qu'il souffre patiemment son mal : de mesme, pour secourir toutes sortes de maux, la vraye medecine c'est la patience, mere de nos bonnes fortunes. Faites comme le cerf rusé, qui escoute les abbois des chiens ; & ne se soucie d'eux : comme le bon joüeur, lequel à son profit se sert du mauvais poinct : & le bon nautonnier, qui aux plus grandes tempestes sçait conduire son navire à bon port. Qu'en quelque part que les combats vous transportent, la palme soit avec vous. Formez & façonnez entierement vostre ame au moule de ceste vertu : car qui patiemment endure, n'a point de peur ; & qui a peur du mal, ne peut endurer patiemment. Elle vous fera gaigner ce que vous vous estes promis, & triompher d'eux, moyennant que vous perseveriez en une ferme demeure de ce dessein. Adieu.

LETTRE XII.

A Monsieur Pasquier mon pere, Conseiller & Advocat general pour le Roy en la Chambre des Comptes.

Il se resjouit d'une affaire qui luy a reüssy.

J'Ay pris un contentement extreme dans celuy que vous avez receu par l'honneur que vous rendirent Messieurs de la Direction. Je vous diray qu'ils devoient cela à vos longs labeurs, à vos merites, & à vostre grand aage. Je m'estois tousjours asseuré que du regne de celuy qui manioit le timon des affaires du vivant du feu Roy, vous ne viendriez jamais à chef de vostre entreprise ; mais que la chance venant à tourner, elle vous seroit (la chose estant juste de soy) d'aussi facile, qu'elle vous avoit esté de difficile execution. Il est vray qu'outre ceste facilité,

son contentement.
tentement.

je

je voy une faveur plus qu'extraordinaire, quand ils ont changé voſtre aſſignation ſur l'Eſpargne : ce qui eſt deu à voſtre reputation, laquelle donne touſiours les moyens, & non eux elle. Ce qui me ſemble de plus beau & naïf en ceſte action, c'eſt la concluſion non pourpenſée que vous priſtes en ce moment, ſur le favorable accueil duquel ces Meſſieurs vous traicterent, qui leur teſmoigna la vivacité & verdeur de voſtre eſprit nullement fleſtrie. Et pour vous dire, ceſte ſeule rencontre meritoit encores mieux que vous n'avez eu, bien qu'ils vous ayent donné plus que vous ne vous eſtiez jamais promis. Par l'eſchantillon de cet acte, vous recognoiſſez une bonne & preſente volonté que le public porte à voſtre vie paſſée, qui vous doibt faire vivre heureux & content en voſtre ſaine & gaillarde vieilleſſe, puis que vous jouyſſez ainſi de ſes fruicts. J'ay eſté voir le Duc d'Eſpernon à Xaintes à ſon retour de Gaſcongne, qui a fait prendre poſſeſſion au Comte de Candale ſon fils, de ſes gouvernemens d'Angoulmois, Saintonge, & Limouſin que le Roy luy accordez à ſurvivance. L'on luy a rendu toutes ſortes d'honneurs, qui doivent produire dans l'ame du pere & du fils, de merveilleux plaiſirs. Je les conduis juſques à Angouleſme, où je gouvernay le Duc d'Eſpernon ſur les affaires paſſées & preſentes de ceſt Eſtat, & aprés pluſieurs diſcours, il me dit que ſa reſolution eſtoit de s'en aller en Cour, pour trois ou quatre mois, & puis ſe confiner en ſa maiſon pour prier Dieu le reſte de ſes jours : toutesfois qu'il n'y avoit qu'un ſeul ſubject qui le peuſt faire ſortir de ceſte vie privée. S'il ſurvenoit des remuemens en ce Royaume, que lors il y apporteroit & ſa perſonne & ſon bien pour ſa conſervation. Je luy dis que ceſte cloſture de vie bornée à une honneſte & vertueuſe moderation luy ſeroit commune avec un Timoleon, un Diocletian, & Maximian, & de noſtre temps un Empereur Charles cinquieſme, qui ſe retira dans un Monaſtere en Eſpagne ; & auparavant luy, Amé, Duc de Savoye, qui laiſſa le monde & l'Eſtat Ducal pour ſe retirer à Ripaille, lieu plaiſant & delicieux aſſis ſur le Lac de Lozane, afin de mener une vie Eremitique. Je trouve que ſi volontairement il peut quitter ceſte grandeur de charges, pour embraſſer la tranquillité d'une vie ſolitaire, auparavant qu'il reſſente les aguets & aſſauts de fortune, c'eſt le plus beau placart, & s'il faut que je le die, la plus belle & heureuſe cloſture de vie de Seigneur, qui ait jamais eſté veuë ny leuë. Adieu.

LETTRE XIII.

A Monſieur de la Croix Maron, Capitaine d'une compagnie de gens de pied.

Le jugement qu'il fait de ſon fils avec les preceptes qu'il luy a donnez.

J'Ay veu mon fillol, qui m'a rendu vos lettres. Je l'ay haleiné deux fois depuis ſon arrivée. Je le trouve gentil perſonnage, & qui promet toutes choſes bonnes de ſoy. Et ce qui m'en fait encore mieux eſperer, c'eſt la bonne volonté de laquelle il fait fonds pour s'avancer. Je ne vy jamais homme qui aie eu la volonté, la patience & la perſeverance, que le temps ne l'ait produict tel qu'il a ſouhaité. Celuy qui a la volonté de parvenir, eſt deſja au milieu de la carriere. La ſeule volonté donne ouvertures à toutes nos belles, vertueuſes & genereuſes actions, de laquelle comme d'une fontaine derivent toutes nos œuvres. La patience giſt en une volontaire & continuelle ſouffrance, & la perſeverance en une perpetuelle conſtance & demeure ferme des deſſeins & reſolutions par nous priſnes avec bonne & meure conſideration : ce ſont les deux aiſles qui portent & enlevent noſtre entendement à ce que noſtre volonté a projecté. Voilà ce qui eſt de luy. Ce ſera maintenant à vous à joüer voſtre roole, & vous monſtrer celuy que vous avez touſiours fait pour ſa nourriture & avancement. Vous eſtes ſi bon pere, que je ſuis aſſeuré que vous contribuerez ſelon vos moyens à ce qui eſt de vos deux contentemens, pour luy frayer le chemin aux charges. J'ay recommandé à mon fillol, qu'il ſe rendiſt agreable à tous, le mieux qu'il pourra ; qu'il ſe monſtre doux, modeſte, reſpectueux & attrempé en toutes ſes façons de faire : que ſon parler ſoit ſage & diſcret, qui ſorte de ſa bouche avec telle adreſſe & dexterité, que l'on cognoiſſe que le taire ſoit autant ſien que le parler. Je me promets qu'ayant eſté nourry en ſi bonne eſcole, il gardera ces preceptes de point en point. J'euſſe penſé manquer à ce que je luy dois, ſi commençant à entrer dans le commerce du monde, je ne luy euſſe dit ce que je croy luy eſtre utile & profitable pour s'y maintenir. Je vous donne parole, que j'auray meſme ſoin de luy, que de l'un de mes enfans. J'y ſuis obligé. Adieu.

LETTRE XIV.

Du Sieur de la Croix Maron, au Sieur Paſquier.

Reſponſe à la precedente.

J'Ay receu voſtre Gentil-homme avec les deux mains, careſſé de toute mon affection, & veu avidement ce que je verray avec attention pour en recevoir les agreables fruicts que l'accord de ſa belle rencontre nous permet d'un gentil Cavallier. Sa naiſſance & ſon entregent ne démentiront point le merite de ſon pere : & ſervant de Phare à la jeuneſſe, luy fera éviter les abyſmes du vice pour choiſir les ſentiers de la vertu, digne object de noſtre vraye Nobleſſe. Et pource qu'il vous a pleu m'eſcrire de voſtre fillol, luy & moy ſommes eſtroictement obligez à voſtre courtoiſie ; l'un, par la continuation de voſtre bien-veillance ; l'autre, par l'eſtime que faites de ſes actions, & tous deux enſemble ſerons fidelement liez à l'honneur de voſtre ſervice : m'aſſeurant que s'il eſt tel que vous le figurez, ſon aurore ſera ſi bien aſſiſe, qu'une meſcognoiſſance ne le pourra ſaiſir pour donner à l'oubly, ce qu'il doit à voſtre merite ; & que participant de vos ſages conſeils, il recevra de la gloire, & ſes amis de la joye. Je ſuis naturellement aſſez porté au bien de ſon advancement, ayant la qualité de pere : mais la ſemonce de voſtre honneſteté me fera courre encores plus franchement en ceſte lice, afin que preſtant des aiſles à ſa volonté, il vole où les courages nobles aſpirent. Je ne ſuis pas ſi attaché aux moyens, que je n'ayme mieux meſpriſer la terre pour le voir percher où mon deſir tend, & où le mouvement de ſon inclination le ſemble élever : je ſeray auſſi bon pere en ſon endroict, comme vous le dépeignez remply de diſcretion envers les vertueux : & pour vous, vous uſerez du meſme pouvoir ſur moy, que voſtre vertu s'eſt acquiſe de tout temps. Adieu.

LETTRE XV.

A Monsieur de Bonnouvrier, Gouverneur pour le Roy à Mets.

Il loüe la façon de laquelle il se gouverne dans Mets.

JE vous ay de l'obligation infinie, pour la peine que vous avez prise de remonstrer à Gimeux mon fils, son devoir. Dieu veüille que vos remonstrances luy soient autant d'enseignemens pour quitter sa desbauche, & se rendre meilleur mesnager qu'il n'a esté. Quant à la loy que vous vous estes donnée au maniement de vostre gouvernement, je la trouve trés-belle. Vivez comme vous avez commencé, sans vous forvoyer ny détraquer de ceste resolution: je m'asseure que l'issuë n'en sçauroit estre que trés-bonne: elle est propre pour faire perdre pied à tous vos envieux. Qui veut bien mourir, il doit bien vivre, & continuer. Aussi qui veut tousjours tenir un peuple en son devoir, & l'avoir obeïssant, il faut bien commander & perseverer. La longue experience que vous avez des affaires, vous a appris que plusieurs Gouverneurs, (mesme de ceux qui vous ont devancé en vostre charge) ont mal finy, pour avoir abusé de leur pouvoir au dommage des subjects du Roy. Car il est bien difficile que quelqu'un ayant puissance de mal faire, vive justement, s'il n'est doüé d'une grande prud'hommie & longue addresse au mesnagement du courage des hommes. Quand vous penserez tousjours (ainsi que l'avez trés-bien practiqué jusques-icy) que tout Estat, grand ou petit, se maintient & conserve par amour, & au contraire se perd & dissipe par la violence d'un Gouverneur contre les subjects, & mal-veillance des subjects contre le Gouverneur; je tiens pour ferme & asseuré, que vostre fin sera semblable à vostre commencement, & vostre commencement à vostre fin. Si je ne faisois fonds de vostre amitié, je ne vous escrirois si librement. A Dieu.

LETTRE XVI.

A J. F. escolier, estudiant à Poictiers.

Il le prie d'en estre point mesdisant.

JE me suis esclaircy au vray, si le Pasquil estoit sorty de vostre trés-fonds: j'ay trouvé que cela n'estoit point: dont j'ay receu un aise indicible, pour le mescontentement que j'eusse pris de vous, s'il se fust trouvé vostre. Je vous prie (& tenez cela de moy) que vous ne ressembliez à ceux qui pour ne perdre une saillie gaillarde & piquante d'esprit, ou un mot denté & plein d'aiguillons, sans mettre aucun frein ny arrest à leur langue ou plume, ne doutent de le faire esclatter contre le meilleur de leurs amis, au peril de le perdre. Ce sera une sagesse de ne vous desgorger en mesdisance contre aucun, afin que par la volubilité d'une parole, ou legereté d'une plume bien affilée, vous ne tombiez en quelque malheur. Car sçachez que tous les traicts d'une mauvaise langue, ou d'une plume deschirante, ne peuvent en effect produire aucun bon fruict. Et tout ainsi que l'on voit une maison brusler d'une estincelle de feu, ainsi arrive-t'il d'une parole mordante un grand mal. Et quand l'envie vous en viendroit, entrez chez vous pour recognoistre, & examiner si vous estes pur & net des coups de bec ou de plume, desquels vous voudriez choquer un autre: lors vous prendrez le sujet de vous taire, & d'entrer en correction de vous-mesme: & le bien que recueillerez outre cela de ceste consideration, vous poussera à couvrir d'une excuse les fautes d'autruy. Desrober l'honneur de quelqu'un par le mesdire, enseigne que celuy qui mesdit, n'a jamais appris à bien dire. Pendant que vous estes à Poictiers pour estudier, acquerez ce que personne ne vous peut donner que vous-mesme, le sçavoir & la vertu: les Estrangers dependent de la liberalité d'une main estrangere, ceux-cy ne se puisent qu'en nostre fonds. Et faites que vos estudes ne ressemblent poinct aux cantharides, desquelles le propre est de succer le vermeil de la rose, & le convertir en venin: aussi que les bonnes lettres, que vous aurez humées, ne se convertissent en poison, je veux dire en mesdisance. A Dieu.

LETTRE XVII.

A Monsieur de Roissy, Conseiller du Roy en ses Conseils d'Estat & Privé, & Maistre des Requestes ordinaire de son Hostel.

Il le prie pour son frere de Bussy.

L'Amitié que vous m'avez tousjours particulierement portée, & de laquelle j'ay ressenty les effects aux occasions, m'a donné subject d'en faire fonds comme d'un riche thresor. Les fruicts de la terre se recueillent tous les ans, & ceux de l'amitié tous les jours. C'est pourquoy je vous fais maintenant une affectionnée priere pour mon frere de Bussy, que je tiens comme un autre moy-mesme, qui desire parvenir l'année prochaine à l'Eschevinage: ce qu'il ne veut entreprendre sans estre estayé de l'appuy & faveur du Lieutenant Civil vostre fils, lequel peut tout, ou beaucoup en ceste poursuite. Je vous reclame donc, & vous prie d'estre son Advocat & intercesseur envers luy. Quand mon frere aura vostre parole, il a tout, & franchement sondera le gay, qu'il s'asseure de passer sans danger, lequel il ne pourroit autrement gayer, qu'au hazard d'un perilleux naufrage. Si j'obtiens cela de vous (comme je me le promets) je ne sçay le moyen de recognoistre ceste veritable preuve de vostre bien-veüillance, ny quelle recompense satisfera à la faveur que j'auray receu de vous, sinon que pour un qui vous estoit estroictement lié, vous en aurez deux, qui de pareille affection & volonté aux occurrences vous tesmoigneront un humble service. A Dieu.

LETTRE XVIII.

A Monsieur de Sailly, Gentilhomme.

Il luy donne conseil sur le mariage.

Vous m'escrivez que ie vous mande ce qu'il me semble du mariage de vous & de celle que vous poursuivez. Ie diray que ie trouve vne grande tare en vostre aage au respect de la sienne. Lors qu'il y a moins de difference en l'aage, les affections se mortifient quasi en vn mesme temps, & sont les vouloirs & intentions plus semblables, que s'il y a si grande inegalité: & quand ceste amitié par la conformité des aages est bien liée, il n'y a faix si pesant, que l'amour de deux personnes bien vnies ne puisse doucement supporter. Prenez-la donc pareille à vous, ie veux dire d'aage, sans vous marier au gré de vos yeux; & considerez meurement si elle est conditionnée, de sorte que vous puissiez vivre auec elle. Vne mutuelle & conjugale amitié apporte vn heureux contentement, nouë les cœurs d'vn lien inseparable, & les cole & incorpore ensemble, ne plus ne moins que sont les greffes quand ils sont entez dans les arbres. Ce n'est pas qu'outre tout cela ie ne desire en mariage les choses necessaires sans lesquelles il est impossible de viure & bien viure. Car comme és arts determinez, il est necessaire y auoir instrumens propres pour faire leur œuure; ainsi arriue-t'il en l'œconomie du mariage, où il y doit auoir dequoy, pour estre & bien estre. Si tout ce que ie vous escris n'y est gardé, c'est vn difficile mets à cuire & digerer, & qui ressemble le lierre, qui atterre & ruïne ce qui le soustient & nourrit. A Dieu.

LETTRE XIX.

A Monsieur Pasquier mon pere, Conseiller & Aduocat general du Roy en sa Chambre des Comptes à Paris.

Il discourt & de la fortune & de la vieillesse de son pere.

I'Ay receu vostre lettre, par laquelle vous me depeignez au naïf, comme sur vn tableau, le fil de vostre vie. La verité est que chacun est le forgeron de son bien ou de son mal, & comme disoit quelqu'vn, *Mores cuique sui fingunt fortunam.* Vous par la facilité & fertilité de vostre entendement, douce vehemence, netteté & pureté de langage, auez basty la fortune en laquelle vous estes esleué, qu'auez mesnagée doucement, viuant pour vous & demeurant auec vous, sans faire de grandes & hautes entreprises. Vn petit esquif euite les flots d'vn orage trop impetueux.

L'Estat moyen est l'estat plus durable.
On voit des eaux le plat pays noyé,
Et les hauts monts ont le chef foudroyé.
Vn petit tertre est seur & agreable.

Tout ainsi que cinglant en pleine mer, le danger est plus grand d'y faire naufrage, que voguant terre à terre: aussi tombant d'vne haute fortune en vne mediocre, la cheute en est plus lourde, que quand vous venez à cheoir d'vne mediocre en vne plus basse: & en ce fracas, cettuy-cy peut asseurément dire comme faisoit le marinier ancien à Neptune en vne forte tempeste: ô Dieu, tu me sauueras si tu veux, tu me perdras si tu veux; mais si tiendray-ie tousiours droit mon timon. Et ce que ie trouue de plus beau en vostre vie, c'est la continuë en laquelle vous auez perseueré sans danger. Et tout ainsi que la racine transplantée seche le plus de fois: ainsi celuy qui change de diuerse forme de vie, vient souuent à rien. Dieu, apres cela, vous a donné des enfans, tous lesquels vous auez esleuez diuersement suiuant leurs naturels. L'aisné (apres vne longue demeure au Barreau, où il auoit acquis quelque nom) vous le rendistes Aduocat general en la Chambre des Comptes par vostre démission: moy, Maistre des Requestes de l'Hostel du Roy: Feu la Ferlandiere, Capitaine d'vne Compagnie de gens de pied au Regiment de Champagne: Bussy, Auditeur en la Chambre des Comptes, apres auoir longuement porté les armes pour le seruice de son Roy en d'honorables charges: & feu la Mirauderie mourut à la bresche de Meun, combattant vaillamment & pour sa Foy & pour son Roy. Depuis, vos enfans ont poursuiuy leurs fortunes, selon qu'il a pleu à Dieu les mettre à leur aise. Et faut que ie vous confesse, que tout ainsi que sa diuine bonté vous a conduict heureusement en ce calme de vie, aussi a-t'il voulu que vous en iouyssiez glorieusement iusques à vne extreme vieillesse. Et combien que nous soyons plus fragiles que verre, & que la vieillesse en viuant nous apporte vne nouuelle mort, qu'elle soit vn esgout de tous les maux precedents, que l'on y soit payé des excez de la ieunesse en tremblemens, gouttes, paralysies, grauelle, pierre, defaut de veuë, diminution d'ouïe, & de tous les termes l'vn apres l'autre, excepté du sentiment de la douleur, mesme qu'il n'y ait partie chez nous, que la mort ne prenne en gage, pour s'asseurer de nous, comme d'vne mauuaise paye, qui craint infiniment le terme; si est-ce toutesfois que Dieu vous a doüé d'vne si vigoureuse & droite vieillesse, que vous n'auez la teste croulée ny esbranlée: vos yeux sont vigoureux, desquels vous vsez sans lunettes: l'ouye prompte, la voix forte, la main bonne & asseurée, le pied ferme, le corps solide & plein de suc: ce grand aage n'a rebouché la subtilité de l'esprit. Vous n'auez point de tranchées & aiguillons d'estomach qui aigrissent les viandes; point de douleurs de gouttes, point de ressentiment de calcul: la mort n'est point auancée en vos membres: vous ne sçauez que c'est de l'ordure & déchet d'vne vieillesse caduque, rance, & desbrisée: elle ne se démet de son ancienne excellence: de maniere que personne ne s'esmerueille de vostre ancien aage, ains plustost de la substance de vostre sens, qui est raieunie en bonté; & de ceste belle & venerable vieillesse chenuë d'experience, soubs l'escorce de laquelle on retrouue la seue d'vne ieune plante. I'ay parlé de vostre veuë, qui est si aiguë & si subtile, que vous lisez auiourd'huy toutes sortes de lettres, grosses & petites, auec autant de facilité que vous faisiez en l'aage de vingt & cinq ans: chose contraire aux vieilles gens, qui voulans bien regarder vne chose, l'esloignent de l'œil, parce qu'ils ont la veuë trouble, grosse, & courte, c'est pourquoy elle a besoin d'estre aiguisée, & faut qu'entre leur œil & la chose qu'ils veulent regarder, il y ait quelque clarté pour ayder leur veuë, qui fait qu'ils esloignent d'eux, ce qu'ils veulent voir. Quant à vostre memoire, ie m'en estonne, parce que toutes choses nouuelles vous sont aussi presentes que les vieilles: qui est au rebours des autres vieillards, lesquels vieillissans, se souuiennent mieux de ce qu'ils ont fait en leur ieunesse, que de ce qu'ils ont n'agueres veu & manié; d'autant qu'ayant en leur ieunesse les sens parfaits & vigoureux, & la memoire forte, ils y ont engravé plus fermement les images des objects : mais en ce long aage les sens estans debilitez, la memoire aussi affoiblie ne retient pas si bien ce qu'on y loge. Enfin je puis dire que vous n'avez rien de vieux que l'aage. Car qui vit jamais vieillard, qui ne loüast le temps passé, & ne blasmast le present, chargeant le monde & les mœurs des hommes, de sa misere & de son chagrin ? Vous seul, vous souvenez d'avoir esté jeune, en mesurant les fautes d'autruy avec les vostres, & les vostres avec celles d'autruy ; qui fait que les fautes des jeunes gens ne sont trouveés si grandes que l'on les faict. Et comme on loüe un jeune homme ayant en soy quelques traicts d'un aage meur & sage : aussi estes-vous prisé retenant encores quelques traicts gaillards de jeunesse ; & loüé de dire librement vostre aage, sans ressembler à ces bons vieillards, qui se resjoüissent fort, quand ils se baillent, ou qu'on leur donne moins d'aage que ce qu'ils ont, pource que n'estant pas la vie de l'homme égale, ils s'imaginent que celuy qui semble le moins vieux, soit aussi plus esloigné de la mort. Une autre chose vous fait encores admirer : c'est que vous ne laissez par paresse & negligence sener & secher en vostre aage la gloire de vos faits, ains en produisant tousjours quelque nouvel œuvre, vous resveillez par vostre plume la grace des precedents, & la rendez de tant plus grande & asseurée.

Sophocle composa la fameuse Tragedie d'Oedipe en l'aage de quatre-vingts & quinze ans : Chrysippe à six vingts ans fit de tres-belles Comedies : & Isocrate à quatre-vingts seize ans escrivit son discours Panegyric : Gregoire de Nazianze à quatre-vingts dix ans, après avoir resigné son Evesché, s'adonna à chanter en vers la gloire de Dieu : & vous à quatre-vingts six ans, travaillez sans respit à ces belles Recherches de la France, à faire vers Latins & François, selon les occurrences, & en de beaux & rares discours en Theologie. Ce qui fait que la renommée & la gloire de vostre esprit vous promet un aage plus long, lequel ne s'envieillira jamais, ains se conservera tousjours jeune ; d'autant que ce dur & long sommeil, qui avec le temps assomme tous les humains, n'aura aucun pouvoir sur vostre honorable renom, encores qu'il ait clos vostre corps en un petit tombeau : car toutes ces belles œuvres que vous avez données au public, ont assez de force pour le garentir & affranchir de la mort, & se promettre de le faire vivre, sans que les orages ny tempestes, ny qu'une longue vieillesse les puisse abolir. C'est un beau gage que vous laissez à la posterité, lequel autant de temps que l'on honorera les lettres, autant de temps vous fera vivre en la compagnie des hommes les plus estimez, & survivre à vous-mesme, en naissant de vous après vostre mort. Car à la façon du Phœnix, vous trouvez vostre vie en vostre mort, & ruïnant vostre estre, posez les fondements d'un estre nouveau ; & jettez vousmesme la semence dont vous devez sortir. Et ce qui rend plus admirable vostre vieillesse, c'est qu'en vieillissant, vous ne donnez aucun repos ou rafraischissement à vostre entendement, ains apprenez tous les jours quelque chose, & que vous ne vous plaignez de longuement vivre, pource que n'avez aucune occasion de vous plaindre de vieillesse, puisque n'avez ny en vostre corps ny en vostre esprit, dequoy vous puissiez accuser, que l'importunité des ans & des rides.

Et en ce point, ce vous est une chose plaisante, d'estre long-temps avec vous, puisque vous vous estes rendu digne de vostre compagnie : comme une grande honte à celuy qui a beaucoup d'années, de n'avoir autre marque ny tesmoins de son aage, qu'une vieillesse obscure & sans reputation ; le bruict & la renommée duquel s'est ensevelie en mesme tombeau que son corps. Apres tout cela, rien ne vous peut estre plus delectable, que la conscience de vostre vie honnestement passée : rien ne pouvez-vous avoir plus agreable, que la memoire de vos vertueux faits, & d'avoir justement vescu. Cela vous contente en vous-mesme, & vous honore par dehors, & laisse une bonne renommée à vos enfans, & à ceux qui descendent d'eux ; & sur tout, une noble succession, riche de la gloire de vostre vertu. Pourquoy n'useray-je maintenant en vostre endroict des mesmes caresses, que fit un Lacedemonien vers le bon vieillard Diagoras ? Lequel avoit emporté d'autresfois le prix des jeux Olympiques, & si avoit veu couronner comme victorieux en ces mesmes jeux ses enfans, & les enfans de ses enfans, auquel il dit : meurs, toy maintenant, Diagoras ; car ja ne monteras-tu pas au ciel ? Et vous, n'avez-vous pas combattu avec vostre faconde sur ce grand theatre de la France, où vous avez remporté la victoire tant & tant de fois ? N'avez-vous pas esté suivy au mesme combat par vostre fils aisné, & depuis par vostre petit fils ? N'avez-vous pas sceu comme vos enfans & vos petits enfans ont combattu en champ de bataille, & donné courageusement aux assauts ? Que vous reste-t'il donc, quand il plaira à Dieu vous appeller, que le ciel, après avoir laissé un si bon nom ? Maintenant, je viendray au principal subject de vostre lettre, & vous diray, que ce que j'ay esté long à vous rendre responce, ç'a esté afin de pouvoir gaigner sur moy des raisons, qui me contentassent & payassent du consentement que je pourrois apporter au mariage dont vous m'escrivez. Mais tant plus je les balance, tant plus je les trouve de foible alloy, pour me faire perdre ma premiere opinion. Je suis fort content de la personne du Gentil-homme, qui est brave & galant, pour avoir faict une belle fortune, & posseder d'honnorables charges : mais il ne faut tant regarder les choses presentes, que nous ne pensions aux futures. Toutes ces charges dependent, comme je disois par mes dernieres, d'un vent de Cour, d'un changement de visage aux affaires, & de la misericorde d'une mort, qui embleroit sans ressource quatre mille livres de rente.

Il nous faut dresser & bastir nos affaires comme si nous devions tousjours vivre, & ainsi nous ne serons jamais surprins en la conduicte de nostre vie & des nostres. Il y a plus : donnant un honneste mariage & comptant à ma fille, il faut que le party soit avantageux pour elle en l'esloignant de moy, puis que pour la mettre à son ayse, je trouve à la marier prés de moy aussi, ou plus advantageusement. Adjoustez que doresnavant mes enfans se marieront en ce pays, lesquels liez d'une mutuelle amitié fraternelle, se maintiendront les uns les autres ; ce qu'ils ne pourroient faire esloignez. Voilà ma resolution, laquelle pesée vous contentera. Une fille ne perd rien pour attendre, vivant avec un chaste honneur entre-meslé d'une sage, posée & attrempée modestie. Celle qui s'est bornée à ceste forme de vie, a rencontré une bonne issuë au decours de sa vie. Je m'asseure que ma fille (avec le patron de ma sœur, qui luy est un beau miroir) vivant en ceste sorte, tost ou tard fera une bonne fin. A Dieu.

LETTRE XX.

A Monsieur d'Ambleville, Conseiller du Roy en ses Conseils d'Estat & Privé, &c.

Qu'il faut pardonner à ses ennemis.

Ceux qui vous ont rapporté que je favorisois les affaires de vos ennemis, ne sont aucunement mes amis, & ceste seule consideration les empesche de pouvoir bien juger de mes actions, & encores moins de mon intention. Quand il est question de faire un rapport, il faut que la preuve en soit claire comme le Soleil, ou au moins avoir des presomptions si concluantes, & qui de telle façon pressent, qu'on ne puisse aller au contraire. Je me promets

promets tant de ma conscience, que l'un & l'autre leur defaut. Quelque chose qu'ils ayent dict, je croy que vous n'avez pensé autre chose de moy, que ce que vous en avez tousjours veu. Il y a trop long-temps que vous me faites ce bien de m'aimer, pour embrasser aucune affaire contre vous. Je sçay aller & parler, Dieu mercy, il m'a donné du sens & de la discretion, pour en telle occasion que celle qui se presente, suivre ce qui est vrayement, & non pas apparence, juste. Je n'ay point accoustumé de prendre l'ombre pour le corps. Croyez, & prenez ma parole pour marque perpetuelle & fidelle tesmoin de mon intention, que j'ay tousjours eu le courage pur, net & candide en tous objects, & singulierement envers vous, que j'honore & respecte sans exception, ny reserve. Je vous conjure par l'amitié que m'avez tousjours portée, de prendre plaisir que je parle nettement & franchement de ceste affaire : car je croirois, en ne le faisant point, que vous ne tiendriez pas pour ce que je suis. L'offense qui vous a esté faite, est tresgrande, laquelle rien ne peut esgaler aprés la mort d'un pere, d'un enfant, ou d'un frere : le ressouvenir en demeure longuement gravé en toutes les parties de vousmesme. Mais je diray que c'est le propre d'un brave courage, comme le vostre, d'estre si à soy, qu'il soit tousjours en une mesme posture, pour guider de telle sorte ses affections, qu'il les ait tousjours en sa main, afin de pouvoir mespriser les injures. Car celuy est esloigné du vulgaire & eslevé plus haut, lequel contemne ceux qui luy font outrage. C'est ainsi que les Lions regardent les chiens abbayer contre eux sans se venger : c'est ainsi que les flots battent en vain un grand rocher. Jules Cesar se souvenoit de tout, fors des injures particulieres qui luy estoient faictes : & Valerian Empereur estoit si magnanime, qu'il n'oublioit jamais les services qu'on luy rendoit, & ne se souvenoit des injures qu'on luy faisoit. Le grand Duc de Guise qui mourut à Blois, quelque offense qu'il eut receuë, recourant à luy il la passoit par oubliance ; & puis les courtoisies & les caresses qu'il monstroit à celuy qui l'avoit offensé, estoient tesmoins veritables & asseurez qu'il avoit despoüillé toute aigreur & desir de ressentiment. Ce n'estoit pas un petit secret aux uns & aux autres pour acquerir & gaigner l'amitié des sages & des fols. Certainement c'est une grande vertu au Prince ou grand Seigneur, qui oublie les torts qu'il reçoit des petits, & souffre modestement les offenses que luy font ceux desquels il se pourroit bien venger. Il obtient sur soy une signalée victoire, quand se sentant injurié d'autruy, il reprime de telle façon la fureur de son courage, qu'il passe ceste injure par un profond oubly. Il n'y a oubliance plus genereuse, que celle des injures, comme le propre remede pour les guerir. Mais le malheur est tel, que la plusspart du temps un grand cœur ne peut souffrir ny endurer chose dont son honneur soit tant soit peu abastardy, s'il ne l'a liberalement amendée, ou demandé ou prins une droicte vengeance, sans peser que c'est une vertu heroïque de resister à ceste passion colerique, & une grande lascheté & pusillanimité que de se laisser vaincre à elle, & d'aller sans bride & sans frein parmy les vengeances. Quel acte plus seant & plein d'humanité à un Seigneur de marque & de merite, que de mespriser de se venger de ses ennemis qui luy sont inferieurs ? ou bien quelle plus genereuse & plus Chrestienne benignité, que d'avoir compassion de leur adversité ? Ce sont traicts qui ont beaucoup de puissance pour luy donner creance & confiance (quoyqu'il en air beaucoup) en tous demeslemens d'affaires. Adrian dit à Favorin Philosophe, qui le tenoit pour ennemy avant son Empire : te voilà eschapé ; c'estoit fait de toy si nous avions maille à departir & que nous feussions esgaux : à present que j'ay de l'advantage, je ne veux pas de querelle, ny faire paroir ce que j'ay de puissance, sinon à te faire bien. Et quand la teste de Pompée fut presentée à Cesar, il dit en se complaignant, que la victoire luy plaisoit, mais non pas la vengeance. Et comme Louys douziesme fut poussé à se venger de Louys de la Trimoüille, qui l'avoit desfaict & prins en la journée de Saint Aubin : un Roy de France, (dit-il) n'espouse point la querelle d'un Duc d'Orleans. Maintenant que vous estes appellé à ceste grande charge de Lieutenance generale d'Angoulmois, Saintonge, Aunis, ville & gouvernement de la Rochelle, c'est à vous de passer par une amnistie l'injure qui vous a esté faicte pendant que vous n'estiez que Seigneur d'Ambleville. Vous ne pouvez obtenir plus honorable gloire, que d'avoir esté offensé sans revange. Quel merite pensez-vous que ce vous sera en ceste grande puissance, pardonnant à vos ennemis, vous pouvant venger d'eux ? Celuy qui se venge quand il luy plaist, s'il ensevelit tout desir de vengeance sous le tombeau d'un eternel oubly, est loüé de sa douceur : & c'est le vray moyen d'avoir raison de ses ennemis, que de leur rendre le bien pour le mal, & les attirer par tel moyen à la cognoissance de leur faute. Representez-vous qu'autres sont les extremitez de la puissance, autres celles de l'honnesteté. Il ne faut pas regarder ce que vous pouvez, mais ce qui est bien-seant : & si vous vouliez autant que vous pouvez, il seroit meilleur que vous ne peussiez rien du tout. C'est un beau & grand pouvoir, à celuy qui a une pleniere puissance, de ne vouloir ou pouvoir faire du mal. Et si tout cela ne vous destourne de la vengeance, sçachez qu'il n'y a punition plus aigre contre vos ennemis, que de les laisser pour estre chastiez par leur triste repentir : ou que la plus injurieuse vengeance que vous puissiez prendre d'eux, est que vous pouvant venger, vous monstriez qu'ils ne sont dignes de vostre colere : car les faisant mourir, on diroit que vous fieriez en ceste peine de mort, comme à un pleige. Usez de pardon envers eux : ils sont contraincts par une violente necessité vous supplier d'avoir mercy d'eux, & les traitter par recompense non meritée, ains selon le besoin qu'ils en ont, pour leur donner la force de vous obeyr & servir. Croyez-moy en ceste action : si vous leur pardonnez, vous ferez cognoistre à un chacun, que d'autant que leur peché est grief, vostre bonté est extreme, qui vous tournera à grande loüange, & par cet acte plein d'une douce & courtoise humanité ils demeureront jamais eux & les leurs plus tenus à vous servir, que nuls autres, d'autant que vous estes leur aage plus proche & remis. Ariston oyant quelqu'un qui en devisant loüoit une sentence que souloit dire le Roy Cleomenes, quand on luy demandoit quel estoit l'office d'un bon Roy : Faire du bien à ses amis, disoit-il, & du mal à ses ennemis : & de combien seroit-il meilleur, respondit-il, de faire du bien à ses amis, & de ses ennemis en faire de bons amis ? Sentence qui estoit sortie de la bouche de ce grand homme de bien Socrates. Aprés toutes ces raisons, ce qui vous doit plus esmouvoir au pardon, c'est la reputation qu'avez acquise d'estre l'un des plus courtois Gentils-hommes de France. Voudriez-vous perdre ceste qualité, qui vous est si advenante, pour eux qui la sont mescogneus en vostre endroict ? S'ils vous avoient obligé par quelque signalé service, en leur rendant la pareille, ne Dieu, ne le monde ne vous en sçauroient gré : d'autant que vous ne rendriez que la chose que le droict & la raison vous enseignent. Mais les delivrants de la peine dans laquelle ils sont plongez, chacun dira que c'est vostre seule douce courtoisie qui vous a obligé de le faire, laquelle la force de quelque offense que ce soit n'a peu faire deschoir de son honneur. Encores veux-je devenir Theologien pour vous exciter à ce gracieux pardon, duquel ils sont dignes puisqu'ils confessent leur peché. Quand un pecheur cognoist sa faute, & la confesse comme il doit, Dieu luy pardonne, quoyqu'il ait grievement offensé. Quel loyer merite celuy qui imite Dieu, & pardonne à un autre, comme Dieu pardonne au pecheur ? Quiconque ne pardonne à autruy, follement & en vain demande pardon à Dieu : & puis il dit, si tu oys les prieres de celuy qui te supplie, j'escouteray les tiennes ; si tu as eu misericorde & compassion de ceux qui sont en peine & travail, j'auray pitié de toy ; mais si tu les regardes sans leur donner secours, je porteray mon cœur contre toy & te

jugeray

jugeray par tes loix. A cela j'adjouste que nostre Seigneur pendant en la Croix dit : Pardonne-leur, car ils ne sçavent ce qu'ils font. Et si tout cela ne vous suffit, oyez la mesme voix : Je dy que vous devez aymer vos ennemis, & faire bien à ceux qui vous ont hay. Et ailleurs : Laissez moy la vengeance, & je la rendray à temps. Davantage, que veulent dire ces paroles : Faictes bien à ceux qui vous haïssent, priez pour ceux qui vous persecutent, dictes bien de ceux qui detractent de vous, afin que vous soyez enfants de vostre pere qui est au Ciel? Plus belle est la chose, d'oublier une injure, que de se venger. Le plaisir de la vengeance est de peu de durée, au respect de la longueur de celuy du pardon : & de deux plaisirs celuy est à preferer, qui dure le plus.

Et quand tout ce que je vous ay deduict, n'auroit asséz de force pour vous persuader de prendre par un doux parler, recompense de vos ennemis, & vous comporter humainement en leur grace & faveur, sans estre violent & roide à executer une seule vengeance, croyez que je sçay ce qui vaut l'aulne de la Justice : elle se porte pour le pauvre & le petit rudement, & severement contre le riche & le grand Seigneur. Les Juges par une certaine foiblesse d'esprit croyent que la violence leur soit naturelle pour affliger, & ne se peuvent persuader qu'il entre en l'opinion d'un pauvre, ou de celuy qui est d'une foiblette condition, de les vouloir attaquer. Je sçay que vous ne serez jamais mis au rang de ceux qui veulent troubler le repos de vos inferieurs, ayant & vostre honneur & vostre conscience en trop grande recommandation. Toutesfois il est impossible de leur faire perdre ceste vaine, commune & erronée opinion, qui sera un obstacle qui empeschera de tirer la satisfaction que vous vous promettez. Pour ne tomber en ce desarroy, pardonnez, & ce pardon tenez-le à gain & honneur ; & la vengeance que prendriez, à charge ; faictes seulement que leur repentir soit le vray executeur de vostre vengeance ; lors ils tiendront la vie, leur bien & leur honneur à hommage de vous. Gardez sur tout d'en passer par la rigueur d'un arrest : vous aurez plus de contentement en pardonnant, que vostre desplaisir ne seroit grand n'obtenant l'Arrest qu'attendez. Oubliez toutes les injures passées, comme vous voulez que Dieu oublie vostre ingratitude à ne l'aimer ainsi que vous devez. Adieu.

LETTRE XXI.

A Monsieur de Fiebrun, Conseiller du Roy en ses Conseils d'Estat & Privé, & Seneschal en la Seneschaussée de Civray.

Il discourt sur la lettre qu'escrivit le Prince de Condé à la Royne Mere du Roy.

J'Ay leu & releu la lettre du Prince de Condé, pleine de zele au bien public. Je ne doute point que Dieu ne favorise ses intentions, s'il les conforme à ce qu'il escrit. Mais si elles sont seulement enduites du bien public, je m'asseure que le mesme Dieu, abysmera toutes ses esperances. Et à vray dire, je souhaitterois qu'il eust par une humble supplication remonstré à la Royne Mere en particulier les plaintes qu'il luy estale par sa lettre, laquelle paradventure y eust pourveu sur le champ avec luy, les autres Princes & Officiers de la Couronne. Chacun a eu crainte qu'à la suite de sa lettre les armes se souslevassent, ainsi que firent les Princes du temps du Roy Louys XI. soubs le nom du Bien-public : & de celuy de François II. soubs le voile de Religion : pretextes qui servirent d'advancement à nos longues & douloureuses miseres. Je me promets tant de sa debonnaireté & bien-veillance au bien de ceste Couronne, qu'il mettra en œuvre tous autres remedes pour reformer l'Estat, plustost que d'esmouvoir la guerre : car ce seroit d'une simple fievre tomber en une maladie chaude, & resmoigner qu'il seroit alteré du sang civil. Mais si d'adventure nous sommes portez aux armes, qu'il considere la suite. Gens de guerre autant d'un costé que d'autre seront espandus au milieu & aux quatre coins de la France, qui mettront à feu & à sang tout ce qui se rencontrera devant eux. Il est mal-aisé, voire impossible, de garder une bonne regle de vie parmy le desbordement, le desordre, & la dissolution des armes ; où le droict & la raison n'ont point de lieu. Nous verrons aussi-tost le laboureur laisser sa terre en friche, le Marchand abandonner son trafic, l'homme de robe longue devenir caymand, le Gentil-homme s'appauvrir de tout poinct : enfin ce sera un chaos & peslemesle de confusion, à la ruine & desolation de ce pauvre Royaume. Contre qui s'addresseront les imprecations execrables des vefves, orphelins, & autres pauvres miserables de tout sexe & aage, ruynez entierement ? Contre qui demanderont-ils à Dieu une rude vengeance de tant de sang innocent respandu, que contre luy qui aura escrit & publié la lettre, de laquelle, comme d'une vive source feront sorties toutes especes de maux ? Qu'il se contente de ce que la Royne Mere accordera sur les justes plaintes, sans rechercher l'assemblée des Estats que je compare aux peintures qui sont belles de loing & laides de prés : aussi les Estats en leur commencement nous promettent plusieurs belles & bonnes choses, mais à la queuë gist le venin : car d'eux ne proceda jamais que peu de bien, & beaucoup de mal. Aprés que toutes choses auront passé par la douceur (ainsi que je me promets) qu'il revienne en Cour : d'autant que les cœurs des uns & des autres s'esloignent de luy en s'esloignant d'eux : & puis plusieurs profitent de son absence, qui empietent l'authorité & le credit en faisant des amis & serviteurs à foison, desquels aux occasions ils sçavent tres-bien se prevaloir. Outre plus, qu'il se souvienne en quel desarroy ont laissé leurs affaires ses ayeul & pere, après s'estre volontairement retiré de la Cour. Ce sont exemples domestics, qui le doivent rendre sage. Qu'il retourne donc prés du Roy, s'il desire faire pour luy, les siens, & generalement pour tout le peuple. Le Roy est une fontaine, d'où derivent sans cesse biens & honneurs, qu'il distribue à ses subjects, ainsi que fait le foye le sang aux autres parties du corps. Adieu.

FIN DU PREMIER LIVRE.

LES LETTRES DE NICOLAS PASQUIER,
FILS D'ESTIENNE.
LIVRE SECOND.

AU LECTEUR.

TU trouveras de prime-face estrange que j'aye entrelassé parmy mes Lettres, celles de l'Abbesse de Fontevrault, du grand Prieur Copin, & des Religieuses de Tusson avec leur procez verbal, & l'Arrest du grand Conseil. Je te diray que prevoyant que l'on designoit la desunion des meilleurs membres de ce grand corps de Fontevrault pour en faire un Ordre Recolé ; je conseillay aux Religieuses de Tusson que l'on attaquoit les premieres, comme les plus fortes (lesquelles domptées, frayoient & applanissoient le chemin aux entrepreneurs, pour faire des autres Couvents à discretion) de se roidir fortement contre la volonté absoluë & irreguliere de leur Abbesse. De ce conseil j'en fus le moteur & directeur, que je conduis jusques à l'Arrest du grand Conseil, qui intervint sur l'appel comme d'abus, formé par les Religieuses de Tusson, des procedures des Peres Copin & Charpentier. J'en ay icy estallé toutes les pieces, afin qu'à l'advenir cest Arrest soit un retenail pour arrester tous les Superieurs, ou leurs Agens, qui se donnent loy entiere d'entreprendre toute superiorité, quelque juste ou injuste qu'elle soit, contre leurs inferieurs. Adieu.

+++

LETTRE I.
L'Abbesse de Fontevrault, à Cheres filles & bien-aymées Religieuses, la Prieure & Couvent de vostre Prieuré de Tusson.

Elle leur comman-de de ne proceder à l'eslection de Prieure.

CHeres filles & bien-aymées Religieuses : Ayant veu icy Monsieur Desreaux, je luy ay fait entendre ce qui est de nostre volonté touchant sa fille : c'est pourquoy je ne veux nullement que la receviez. Vous estes pour ceste heure assez grand nombre de Religieuses sans l'augmenter davantage ; taschez d'accroistre le nombre des vertus, & non des personnes, lesquelles ne la voyant practiquer si bien que la perfection de l'estat obligeroit, ne les peut exciter qu'à faire le mesme : ce qui vous condamneroit un jour devant Dieu. Je crois qu'avez esté adverties par cy-devant de nostre part, que je n'entends que passiez aux eslections de Prieure, que ne voyez quelqu'un de par nous qui vous informe de ce qui est de nostre volonté. Je m'asseure tant de vos obeyssances, que vous vous y conformerez, puis que pouvez croire qu'elles ne tendent toutes qu'à la plus grande gloire de Dieu, & au bien & advancement spirituel de vos ames, qui me sont toutes

toutes aussi cheres que la mienne propre, puis que j'en dois rendre compte à celuy qui me les a donné en charge, comme estant, Cheres filles & bien aymées Religieuses, A Vostre bonne mere Abbesse, Louyse de Bourbon. A Fontevrault, ce sixiesme Decembre mil six cens douze.

LETTRE II.

L'Abbesse de Fontevrault aux Religieuses de Tusson.

Suite.

Cheres filles & bien-aymées Religieuses, suivant la promesse que je vous ay faicte arrestant vostre election, de vous en envoyer quelqu'un de nostre part : j'ay creu n'en pouvoir choisir un plus capable de vous faire entendre nos volontez, que mon Pere Confesseur nostre Prieur, lequel s'en va vous trouver pour cest effect, encore que son absence nous soit à beaucoup d'incommodité, comme aussi ce voyage faict en si fascheuse saison ne manquera pas de luy en rapporter : mais le desir neantmoins qu'avons de vostre bien, nous faict mettre bas ces considerations, lesquelles vous doivent rendre attentives à ne rendre ses peines infructueuses. Resolvez-vous donques à faire ce qu'il vous dira, si desirez me contenter. Car autrement si y apportiez de la resistance, je n'aurois subject de l'estre de vous toutes, lesquelles n'ignorent pas sa suffisance, prudence & experience en la direction de telles affaires : aurez moins de difficulté à vous soubsmettre à ce qu'il ordonnera de nostre part, joinct que luy avons donné plein pouvoir de disposer de tout selon qu'il jugera le mieux, pour le bon restablissement de la regularité & entretien de la paix & union de vos ames, que devez desirer sur toutes choses. L'esperance que j'ay de vos soubmissions, suivant les asseurances que par cy-devant m'en avez données, fera que je ne vous en diray davantage, sinon que seray toute ma vie, Cheres filles & bien-aymées Religieuses, Vostre bonne Mere Abbesse, Louyse de Bourbon. A Fontevrault, ce 7. Janvier 1613.

LETTRE III.

Les Religieuses de Tusson, à Madame de Lavedan, Abbesse de Fontevrault.

Elles prient l'Abbesse de leur laisser leur election libre.

Nous sommes nées pour vous rendre une obeyssance pure & franche, en laquelle nous avons esté nourries & eslevées dés le bers, & esperons tant en la grace de Dieu, que nous vivrons & mourrons en ce poinct. Ce n'est point une obeyssance contrainte, ou forcée, ains une franchise de cœur & liberale volonté. Car ce qui se faict par amour, est plus ferme que ce qui se faict par violence. Nous nous la sommes proposée comme la guide & regle de toutes nos actions. C'est pourquoy nous vous supplions à jointes mains, les larmes coulantes aux yeux, & les genoux en terre, de vouloir ouïr nos dolentes plaintes & humbles remonstrances, lesquelles si vous trouvez justes, comme nous croyons qu'elles sont, vostre bonté maternelle nous conservera en nos droits anciens. Vous souhaitez & voulez que Sœur Barbe le Beau Religieuse de l'Encloistre, que vous avez nommée, soit Prieure de vostre Maison de Tusson. Nous confessons toutes, que vous estes nostre loy, nostre regle, voire l'autrice & l'ame d'icelle, la loy vive & animée : mais c'est une belle chose, qu'encores que vous soyez par-dessus de vous dire obeïssante à ceste loy, vos devancieres nous ont laissé l'election libre de Prieure de trois en trois ans ; & depuis nous avons de temps en temps sans aucune contrainte procedé à l'election d'une des Religieuses de Couvent, qui a esté trouvée plus propre en vie, mœurs, sagesse & doctrine, laquelle ayant accepté la charge, a tousjours esté par elles confirmée. Vous avez juré ceste loy : c'est pourquoy nous vous en demandons la confirmation.

La verité est que nostre regle permet, qu'au cas qu'il n'y ait aucune Religieuse capable pour exercer l'office, en ceste rencontre nous puissions eslire une Religieuse d'un autre Couvent. Mais nous vous asseurons que de toutes vos filles, qui sont en ceste maison il y en a plusieurs capables de l'exercice de ceste charge, & de jeunes qui promettent beaucoup. Voila nostre Statut, dans lequel celles qui ont passé devant nous depuis cinq cens ans en ça, & nous aussi avons vescu comme filles de bien & d'honneur, simples, chastes, & reformées. Vous ne voudriez souffrir que ceste tache demeurast imprimée en nous, que de vostre temps nostre election eust esté perduë : marque qui demeureroit comme une note d'infamie attachée à nous, & se perpetueroit en celles qui nous succederoient. C'est pourquoy nous vous supplions de nous vouloir maintenir en nostre election, conformément à nostre regle, & nous prierons Dieu pour vostre prosperité & grandeur en tout accroissement. Adieu.

LETTRE IV.

L'Abbesse de Fontevrault, à la Prieure & Couvent du Prieuré de Tusson.

Suite.

Cheres filles & bien-aymées Religieuses, Mr. de Minxe porteur de la presente n'a rien obmis conformément à vostre lettre, de nous representer tout ce qu'il a creu estre de vostre interest ; la croyance que j'ay que vous obeyrez promptement à l'ouverture qu'il vous representera, me fait surseoir de me plaindre de vous en ce qu'il semble par la vostre, que vous m'estimez moins portée que vous-mesmes à la conservation de vostre honneur, repos & toute sorte de bon-heur, temporel & spirituel. La responce que j'attends de vous, conforme à ce qu'il vous dira de nostre part, me fera differer jusques a-lors, de vous asseurer par paroles & effects, avec quelle singuliere affection & charité maternelle je cheris vostre bien, & vous preferveray beaucoup mieux que vous-mesmes de tout le mal que vous apprehendez : deposez donc ces ombrages, je vous prie, obeïssez & vous confiez à vostre bonne Mere. Que si vous ne le faites, ceste mesme affection en l'object de vostre mesme bien me portera à ne rien espargner pour vous remettre en vostre devoir, & vous faire cognoistre combien le droict est de nostre costé.

Et

& combien Dieu nous a donné d'amis pour le sçavoir deffendre. J'estime que vous ne me croyez pas moy ny nostre Prieur, si peu versez en la droicte intelligence de la regle & coustume de l'Ordre, que voulussiez rien commencer sans estre bien certains d'en pouvoir sortir, sans m'estendre plus amplement sur ce sujet. Je croy qu'en bref loüerez Dieu, & recueillerons fruicts abondans, moy, de vostre humble obeïssance, & vous de ma cordiale bienveillance, vous priant derechef croire que je n'ay pas choisi personne pour vous envoyer que je ne l'aye cogneuë digne, que pour icelle vous me remissiez quand vous l'aurez cogneuë. Arrestez-vous donc plustost à ce que je vous en dis, qu'aux faux rapports que vous en font concevoir mille vaines apprehensions. Ce faisant, je vous feray paroistre en effect ce que je suis: Cheres filles & bien aymées Religieuses, Vostre bonne Mere Abbesse trés-affectionnée Louyse de Bourbon, à Fontevrault, ce septiesme Fevrier 1613. Le sommaire de ma volonté est qu'auparavant vous permettre proceder à l'ellection, j'entends que ayez à m'envoyer la volonté de toutes, ou de la plus grande partie, comme vous serez resoluës d'eslire celle que je vous ay fait nommer par nostre Prieur, qui est Sœur Barbe le Beau. Et alors je vous concederay de proceder par voye d'ellection, ostant le nom de Commission.

Depuis ma lettre faite, je trouve bon & suis d'advis que mettiez toutes vos signatures entre les mains de Minxe; je m'en tiendray contente, & vous permets après proceder à l'ellection.

LETTRE V.

Le Pere Copin, grand Prieur de Fontevrault, au Pere Charpentier, Pere Spirituel des Religieuses de Tusson.

Il luy escrit sur l'ellection des Religieuses de Tusson.

PEre & amy, vous sçaurez, par M. de Minxe, la resolution de Madame, touchant une Prieure: Madame luy a fait entendre que resolument elle envoyera la bonne mere sœur Barbe le Beau pour Prieure; Monsieur de Minxe s'asseure que plusieurs des Religieuses suivront son advis, & les resoudra pour se rendre à la volonté de Madame. Si ainsi il advient & que ces Dames se soubsmettent au desir de nostre souveraine, & que vous voyez de consentement & soubmission bien asseurée pour l'ellection de la mere le Beau, vous pourrez assister & faire ellection; mais asseurez-vous de tout devant que vous y procediez: & s'il advenoit que vous vissiez qu'en cest acte les premieres ellisantes donnassent leur voix à autre qu'à la mere le Beau, protestez de nullité, & sortés promptement sans avoir autre discours avec les Dames. Et quand vous n'en verriez que deux des premieres qui ne suivissent pour la promesse qu'elles auroient faite de donner leur voix à ladite le Beau, ne passez pas outre & dites que tel progrez contraire à l'asseurance donnée pour la nomination de la susdite le Beau, est indigne d'estre admis, & que Madame y donnera ordre par son authorité. Quoy que ce soit; tenez-vous ferme & ne variez en ce fait; je m'asseure de vostre obeïssance & que vous observerez le tout, ainsi que Madame vous commande; Monsieur de Minxe vous fera sçavoir ce qu'il a promis à Madame. C'est qu'enfin il fera condescendre les repugnantes; que s'il ne peut, il ne faut point parler d'ellection. Et nous a asseuré qu'il ne voudroit en rien contrevenir aux discours qu'il a tenus à Madame & à moy: c'est un homme d'honneur, de suffisance & de grand merite. Je suis, Monsieur, vostre amy vrayement, F. C. Copin. Ce 8. Fevrier.

LETTRE VI.

La Dame Abbesse de Fontevrault, à Frere Pierre Charpentier, Confesseur du Prieuré de Tusson.

De mesme.

CHer & bien aymé Religieux, ayant veu de Minxe de la part de nos Religieuses de Tusson, affectionné qu'il est à leur bien & advantage, m'a promis faire tant qu'il les disposera à s'unir de volonté à faire selon la proposition de la mienne d'eslire Sœur Barbe le Beau: c'est pourquoy aussi-tost qu'elles lui auront baillé leurs signatures, comme je leur mande, je leur promets faire ellection de la susdite à laquelle vous assisterez. Et en cas que dans ladite ellection vous vissiez qu'elles changeassent de volonté, vous rompriez les suffrages sans passer outre, protestant ne vouloir outrepasser mon commandement, qui est que ne permettiez parachever ladite ellection si vous voyez que toutes ne s'unissent à nostre intention, qui suis, Cher & bien-aymé Religieux, Vostre bonne mere Abbesse LOUYSE DE BOURBON à Fontevrault, ce huictiesme Fevrier 1613.

LETTRE VII.

Procez verbal des Religieuses de Tusson.

NOus les Religieuses, Prieure & Couvent de Tusson, capitulairement assemblées en nostre Chapitre. Ce jourd'huy dixiesme de Decembre 1612. ayant receu lettres de Trés-reverende & trés-honorée Dame Madame de Fontevrault nostre Abbesse, escrite & dattée du sixiesme de ce mois, serions entrées en Chapitre pour en prendre communication, & par icelle aurions trouvé qu'elle nous fait defence de ne proceder à nostre ellection de Prieure, que premier elle n'ait envoyé quelqu'un de sa part pour nous faire entendre sa volonté sur ce subject: à quoy obeïssant aurions arresté qu'il ne seroit procedé à l'ellection que n'eussions entendu son intention. Et avenant le seiziesme de Janvier 1613. seroit arrivé en ceste maison de la part de nostre Abbesse Monsieur nostre Reverend Pere le grand Prieur de Fontevrault, qui nous auroit donné lettre de sa part escrite du septiesme de ce mois, par laquelle il nous mande & exhorte de faire ce qui nous sera dit par nostre Reverend Pere Prieur, lequel estant entré en nostre Monastere le Dimanche vingtiesme de mesme mois de Janvier, pour proceder à nostre ellection, nous auroit remonstré que l'intention & la volonté de Madame estoit que nous nommassions pour nostre Prieure la Mere sœur Barbe le Beau, demeurante à l'Encloistre: à quoy pour plus facilement parvenir, auroit premier que d'entrer en Chapitre, voulu persuader par vives raisons les unes & les autres de nommer sœur Barbe le Beau, usant encores de menaces & propos rigoureux pour intimider celles qui y contrarioient. De sorte que luy estant entré en Chapitre pour proceder à l'ellection, nous toutes y estant capitulairement assemblées, il luy auroit esté remonstré par la plus grande & saine partie, que nous ne pouvions condescendre à telle nomination, d'autant qu'elle estoit directement contre la regle, & qu'en ce faisant ce seroit nous faire perdre le droict & privilege de nostre ellection : mais que s'il luy plaisoit recueillir les voix selon les ceremonies en tel cas requises, nous nommerions celle qu'il plairoit à Dieu, par la voye de son Saint Esprit, nous suggerer. A quoy nostre Reverend Pere Prieur insistant au contraire, nous dit tout destroussement qu'il ne seroit procedé à aucune ellection, sinon en tant & par tant que la compagnie vouslust nommer & accepter pour Prieure nostre Mere sœur Barbe le Beau : que mesme il nous enjoignoit & commandoit sur peine d'inobedience d'en faire la nomination ; ce que nous n'aurions voulu faire demeurans & persistans en nos remonstrances premieres, & dit que cest acte seroit non une ellection, ains une force & violence directement faite contre nostre regle, ayant un notable interest en la conservation de nostre ellection, qui doit estre solennelle & canonique, & faite suivant la forme prescripte & ordonnée par les Statuts de la regle, y ayant, par la grace de Dieu, plusieurs Religieuses de la Compagnie, capables & suffisantes en esprit, vie, mœurs, pieté & devotion pour estre Prieure. De façon que les unes, jusques au nombre de dix seulement, par une conscience timorée, les autres par une simplicité, autres pour obeyr simplement au commandement de Madame, plustost que d'avoir voulu entrer en cognoissance du prejudice dommageable que tel procedé faisoit à la maison, auroient donné leurs seings en faveur de Madame, à nostre pere le grand Prieur, & la majeure partie de toute la Compagnie jusques au nombre de quatorze, auroient refusé de donner leurs seings & de consentir à telle nomination. Sur quoy, nostre Reverend Pere Prieur s'arresta sans vouloir passer outre, bien qu'il fust prié, requis & sommé à plusieurs & diverses fois de proceder à l'ellection, & nous y faire observer les formalitez accoustumées ; ce qu'il refusa, & se separant de la compagnie, commit en qualité de Prieure commisse pour exercer l'office de Prieure, nostre Mere, sœur Martin, qui au precedent avoit la charge, jusques à ce que par nostre Reverende Dame Abbesse en fust autrement ordonné. Et apres appella à luy celles qu'il avoit disposées à la volonté de Madame, lesquelles il fit signer dans une feuille de papier, sans que le reste de la compagnie voulust bailler ses seings : disans que ceste forme estoit contre la coustume, contre la regle & pleine d'abus : ce qu'ayant esté recogneu depuis par la plus-part de celles qui signerent, aurions toutes ensemblement envoyé lettres à Madame, par lesquelles luy faisons tres-humbles remonstrances afin que ceste compagnie demeurast libre en son ellection de laquelle nous aurions receu la responce par lettre du dix-huit du present mois de Fevrier, où elle nous mande, comme autresfois, qu'elle veut que nous nommions pour Prieure nostre Mere sœur Barbe le Beau ; ce que la compagnie auroit esté refusante de consentir & accorder. Au moyen de quoy, ce jourd'huy quatorziesme du mois de Fevrier 1613. aurions mandé en nostre parloir nostre Pere Confesseur frere Pierre Charpentier Religieux de Fontevrault, pour luy dire & declarer que voulions & entendions proceder à l'ellection d'une Prieure par la voix du Saint Esprit, selon la forme desirée & portée par nostre regle, lequel nous aurions prié, requis & sommé de se disposer pour entrer en Chapitre, d'autant que toute la compagnie s'estoit preparée ce matin envers Dieu pour cest effect. Lequel nous auroit dit & declaré avoir receu lettres de Madame & de Monsieur nostre Reverend Pere Prieur, escrites du huictiesme de ce mois, que le sieur de Minxe luy a renduës, par lesquelles luy est inhibé & defendu de l'authorité de Madame & du Reverend Pere Prieur de ne proceder à aucune ellection, sinon en cas que nous voulussions toutes nommer & recevoir pour Prieure, Mere, sœur Barbe le Beau, & que de ce nous en donnassions nos seings entre les mains du sieur de Minxe, ainsi qu'il est porté par la teneur de ses lettres. Auquel ayant derechef remonstré nos raisons premieres pour l'interest & le prejudice que nous recevrions en ceste nomination, aurions iceluy repliée tant qu'il estoit Religieux profés de l'Ordre, & par consequent obligé à la regle, d'entrer en Chapitre, pour nous voir nommer celle qu'il plairoit à Dieu & au Saint Esprit nous inspirer. Ce qu'ayant esté refusant de faire, l'aurions sommé par trois diverses fois, en presence de deux Notaires de la Cour de ce lieu, & d'entrer en Chapitre pour l'effect que dessus, lequel absolument en auroit fait refus, sinon aux conditions par luy alleguées, duquel refus & de tout ce que dessus nous aurions demandé acte aux Notaires qui nous auroit esté octroyé, & de ce que nous nous portions appellantes comme d'abus, de toutes les procedures faites par nostre Reverend Pere Prieur & nostre Pere Confesseur, en execution des ordonnances & commandemens de Madame, protestant de nous pourvoir en la Cour de Parlement, aux fins d'estre maintenuës & conservées aux privileges portez par nostre regle, ainsi que nous adviserons estre à faire par raison. Fait les jours & autres que dessus. Signé Martin Prieure, commise d'Arsac, Lucas, Couronneau, Corvion, Martin Massacré, Jay, Desseaux, Desgettons, Desnier, Pepin, Denouveau, Frottier, Dufossé, & de S. Laurent.

LETTRE VIII.

A Madame de Lavedan, Abbesse de Fontevrault.

Il l'exhorte à n'intenter point de procez contre ses Religieuses de Tusson

Ayant assemblé vos Religieuses de Tusson en leur parloir, je leur rapportay fidelement tout ce que je vous remonstray pour le bien de leur droict, & ce que vous me dites pour l'effacer, avec vostre resolution. Le P. Charpentier estoit present, qui vous rendra tesmoignage de ce que je dis & fis. Je les trouvay toutes resoluës à suivre plustost ce qui estoit de l'observance de leur regle, que de vostre volonté. Je m'obligeay à vous, ou de les laisser en l'opinion qu'elles estoient, d'en faire dire par Arrest pour la conservation de leurs droicts, ou de leur faire nommer pour Prieure (si je pouvois) celle que vous desiriez. Je n'ay peu venir à chef de ce dernier point : elles se sont arrestées de pied ferme dans le premier.

C'est à mon grand regret que je voy meshuy la naissance d'un procez entre vous & elles, qui trainera quant & soy une suite de longue estenduë, laquelle fera un chemin battu à plusieurs autres de vostre Ordre, qui suivront la trace de celles-cy. Le jugement d'un procez est si douteux, ainsi que l'évenement nous apprend, qu'il est à fuir comme un escueil : l'entreprenant, il faut balancer le profit & le dommage d'un poids égal ; & se rencontrant la perte outrepasser d'un long entreject le profit, c'est de nostre sagesse de nous retirer promptement de ce mauvais pas. Gaignant en ce procez, vous ne gaignez rien, & perdant vous perdez grandement : & elles perdant ne perdent rien, mais gaignant gaignent beaucoup. Il est quelquesfois plus seur en nos actions de faillir en ne faifant point une chofe, que de faillir en la faifant. C'eſt un malheur, que les Grands & Souverains en croyant un raval de leur authorité, donnent le plus de temps la cauſe à leur mal, quand ils veulent par une volonté abſoluë, que tout ce qu'ils diſent ou commandent ſoit executé, puis qu'ils l'ont dit ou commandé, ſans conſiderer que la fin qu'ils s'eſtoient promiſe, prend le plus ſouvent toute une autre face. De nos reſolutions il en faut prendre, quitter & laiſſer, comme nous jugeons l'apparence de bien ou de mal qui en peut naiſtre, ſans attendre une tardive repentance. Il faut penſer & conſiderer long-temps ce que vous avez à faire une ſeule fois, & aller peſamment & avec jugement en toutes les choſes eſquelles, aprés le fait, le repentir ne ſert de rien. En ſomme, qui ſe diſpoſe de faire une choſe d'importance, n'a aucun conſeil de plus grand poids que le tarder & loiſir, & eſtre difficile à ſe reſoudre en toutes ſes affaires. Souvenez-vous que Nature a merveilleuſement mal pourveu à noſtre entendement, en ce que ordinairement nous penſons plus aux choſes aprés qu'elles ſont faites, que non pas devant que de les faire. Je vous prie de croire que mieux vaut le mal cogneu, que le bien à cognoiſtre. Je veux dire, qu'il eſt plus ſeur pour voſtre authorité de demeurer dans ce mal (que vous baptizez de ce nom) où ſont plongées vos Religieuſes, que de rechercher un bien, qui indubitablement ſera voſtre mal. Paſſez, ſi vous m'en croyez, vos jours ſans rien innover, de crainte que remuant un mal bien giſant, vous ne l'empiriez. Prenez plaiſir pour un dernier motet que je vous ſerve icy d'une fable d'Eſope, non moins plaiſante que ſententieuſe. Le petit poiſſon prins à l'hameçon pria le peſcheur de le laiſſer aller, d'autant, diſoit-il, que n'agueres il eſtoit ſorty du ventre de ſa mere, & auſſi qu'il eſtoit ſi menu, qu'il ne pourroit de beaucoup ſervir à ſa table; luy promettant que devenu grand, il ſe rendroit à l'hameçon de ſon plein gré: le peſcheur dict, qu'il ne vouloit point laiſſer ſa proye certaine, tant fuſt-elle petite. Je ſçay bien ce que j'ay, dit-il, mais je ne ſçay ce que je dois avoir: je n'achete point l'eſpoir à prix d'argent. C'eſt pour vous dire que le certain vaut mieux que l'incertain, le preſent que l'advenir, combien qu'un petit profit perdu en ait amené pluſieurs fois un grand. Vous eſtes abſoluë en voſtre Ordre: conſervez-vous y: car il eſt à craindre, qu'un arreſt ne vous arreſte dans les bornes de voſtre regle: celuy eſt tenu pour ſage qui change à propos & retourne à ſoy, la faute eſtant encores en ſon commencement.

A quoy tout cecy? Pour vous dire, qu'il n'y a que de laiſſer le monſtier où il eſt, c'eſt à dire, les affaires au train qu'elles ſe rencontrent. Car je vous diray que la reformation eſt entiere en voſtre maiſon de Tuſſon. Il y a dix ou douze ans que par un reſte de guerre les entrées y eſtoient libres: la crainte qu'elles euſſent que vous y envoyaſſiez des Religieuſes pour y apporter la reformation, fit qu'elles rompirent le pas aux entrées, commencerent à dire ſervice aux heures canoniales, & depuis ont continué. Ainſi la peur qu'elles ont eu d'avoir une Prieure d'une main abſoluë (ce que vous ne pouvez toutesfois faire) a fait que d'elles-meſmes elles ont rapporté la reformation en ce qui reſtoit à reformer. Et tout ainſi qu'en pluſieurs malades l'apprehenſion d'une medecine fait les meſmes operations, qu'en ceux qui en effect la prennent; ou que quelques remedes ſalutaires ſans les gouſter & ſans les toucher profitent de la ſeule odeur: ainſi la crainte d'avoir une Prieure eſtrangere a remis toutes choſes dans l'ancienneté de la regle: & ce qui par non uſage s'eſtoit comme perdu, a eſté remis en œuvre. Prenez tout de diſcours comme de celuy qui ayme le repos & la paix en tout l'eſtat Eccleſiaſtic, & qui ne ſouhaite que d'y voir un bel ordre, comme je le voy aujourd'huy eſtably en ce lieu. Mes paroles en cet endroict, & ma bonne volonté ſeront teſmoins du deſir que j'avois de vous contenter en l'object qui ſe preſente, & ne rien faire qui puiſſe porter dommage à vos Religieuſes. Adieu.

LETTRE IX.

A Monſieur Copin, Grand Prieur de l'Ordre de Fontevrault.

Il luy monſtre que les Religieuſes de Tuſſon ſont bien fondées en leur appel comme d'abus.

JE penſerois faire faillite à l'amitié qui eſt entre vous & moy, ſi tenant le rang que vous faites, je ne vous diſois avec une franchiſe honneſte, ce qui me ſemble du procez que je vous prenez racine entre voſtre Abbeſſe, pour ne vouloir eſtre dédite en ſa puiſſance abſoluë, & ſes Religieuſes de Tuſſon pour conſerver l'eſlection d'une Prieure, qui leur eſt donnée par leur regle. Si j'ay quelque ſentiment aux affaires du monde, je vous diray que je crains qu'il ne ſe trouve extrémement douteux pour voſtre Abbeſſe, & qu'elle n'en ſorte pas quand ny comme elle voudra. Je le vous veux faire voir, afin que vous en donniez voſtre & ſain jugement. Le Statut porte que les Prieures des Monaſteres de l'Ordre de Fontevrault ſeront eſleuës de trois en trois ans par les Religieuſes de chaque Couvent, & apres preſentées à l'Abbeſſe pour eſtre confirmées. Voſtre Abbeſſe voyant que le triennal de celle qui eſtoit en charge de Prieure de Tuſſon, s'en alloit expiré, defendit à ſes Religieuſes de toucher à l'eſlection, qu'elles n'euſſent entendu plus particulierement ſa volonté.

Ses filles la different, pour teſmoignage d'une grande obeïſſance. Suivant ce deſſein, elle vous depute vers ſes Religieuſes, avec une lettre de creance, aſſeurée que pour ſon contentement elles feront ce que vous (qui eſtes ſon Pere Confeſſeur) leur dirés. Voſtre creance ouïe en plein Chapitre, qui eſtoit qu'elles nommaſſent Prieure ſœur Barbe le Beau, douze des Religieuſes furent d'advis de la mettre Prieure, deſquelles vous tiraſtes les ſeings, & quatorze toutes d'une voix vous requirent une libre eſlection. Je m'aſſeure que vous penſiez bien faire, leur remonſtrant la deſobeïſſance qu'elles rendoient à leur Abbeſſe à faute de nommer celle qu'elle vouloit; y entremeſlant auſſi les cenſures Eccleſiaſtiques, & quand vous rompiſtes l'aſſemblée ne pouvant venir à chef de ce que vous aviez entreprins. Auſſi-toſt que vous fuſtes party, huict de ces douze revenuës à elles, recogneurent n'avoir peſé combien ceſte procedure touchoit leur honneur: & de fait, elles, & les autres quatorze, firent tres-humbles remonſtrances & prieres à leur Abbeſſe, qu'il luy pleuſt leur laiſſer la liberté de leurs voix en l'eſlection de la Prieure, & ne les contraindre à violer le Statut, ou bien feindre une eſlection, en laquelle il n'y auroit aucune liberté ny volonté, & qu'elle pouvoit eſtre certaine que dans le Monaſtere il y en avoit de tres-capables pour les gouverner. Elle leur commande de ſe diſpoſer à faire ſa volonté, autrement qu'elle n'eſpargneroit rien pour les reduire à ce qui eſtoit de ſon intention, & leur faire recognoiſtre combien Dieu luy avoit donné d'amis. Et au bas de ſa lettre ſont ces mots: le ſommaire de ce que je veux, eſt, qu'auparavant de vous permettre de proceder à l'eſlection, que vous ayez à m'envoyer les voix de toutes, ou la plus grande partie, comme vous ſerez reſoluës d'eſlire celle que je vous ay faict nommer, qui eſt Sœur Barbe le Beau; & alors je vous concederay de proceder à l'eſlection, oſtant le nom de commiſſion. Derechef ſont eſcrits ces mots plus bas: depuis ma lettre faicte, je trouve bon & ſuis d'advis, que vous mettiez toutes vos ſignatures entre les mains de Monſieur de Minxe: je me tiendray contente & vous permettray apres de proceder à l'eſlection.

Cette

Cette lettre veuë & leuë, elles prierent le Pere Charpentier d'entrer en Chapitre pour faire leur élection: ce qu'il refuse, jusques à ce qu'elles eussent mis leurs seings entre mes mains. Je ne veux pas oublier ce poinct, que par les lettres de vostre Abbesse & les vostres, il est expressément commandé au Pere Charpentier, qu'ayant donné leurs seings, s'il voit qu'elles éleussent une autre que Sœur Barbe le Beau, dés là il rompe le Chapitre & proteste de nullité.

Voilà le fait representé au naïf. Je le veux maintenant remuer de tous costez, afin que puis après vous y interposiez vostre jugement. Toutes confessent d'avoir fait vœu d'obeïssance: toutes disent aussi qu'une partie du vœu gist en la conservation de leur regle, qui est une loy à laquelle l'Abbesse & ses Religieuses sont sont par serment solemnel obligées d'obeïr: toutes defendent leur regle, & en après leur honneur: defenses justes & naturelles: car les privant de l'élection, c'est leur oster & l'un & l'autre, qui sont si estroitement liez, qu'on ne sçauroit si peu faire bresche à l'un, que la tache n'en demeure à l'autre; qui seroit un tesmoignage infaillible, qu'elles auroient generalement failly en leur honneur. Enfin, toutes se promettent tant de la bonté de leur Superieure, que r'entrée dans soy-mesme qu'elle s'aimera pour n'avoir voulu si par une humble force permettre contre leur regle, vœu & serment, de donner suffrages à aucunes que par la voix du Saint Esprit.

Je vous veux maintenant monstrer qu'elles sont bien fondées en leur appel. Car qu'est-ce qu'élection, que la resolution libre que nous prenons en nous-mesmes de faire ou de ne faire pas une chose, après avoir examiné pour nostre devoir, l'honneur, l'utilité ou le dommage qui en peut sourdre? La liberté peut-elle estre, où il y a commandement? Si l'Abbesse de Fontevrault oblige ses Religieuses d'appeller à la charge de Prieure Sœur Barbe le Beau, est-ce élection? Non, c'est obligation. Si elle croit qu'elle puisse pourvoir de Prieure celle que bon luy semble, qu'est-il besoin d'assembler les Religieuses pour bailler leurs suffrages? Il faut qu'elle seule y nomme: car c'est se mocquer de la loy, quand on dit, Assemblez-vous en Chapitre, & élisez une telle. Pour demeurer en leur droict d'élection, elle n'a que de leur laisser une volonté libre pour choisir en leurs consciences celle qu'elles cognoistent de bonne vie, mœurs, & utile tant pour l'exemple que pour le mesnagement & œconomie de la maison.

Je vous prie d'examiner par le menu soubs quelsi, elle permet l'élection, en consignant, premier que d'entrer en Chapitre, leurs seings de nommer Sœur Barbe le Beau, & puis suivant ceste promesse la nommer: & outre il est par exprés enjoinct au P. Charpentier de rompre l'assemblée, si on en eslit une autre.

Il me semble que les choses passant de la façon, c'est violemment traicter avec des pauvres & simples Religieuses, qui n'ont que leur regle pour parer à tous ces coups. Car au Chapitre de l'office de Prieure, il est dit, qu'elles éliront une Prieure de trois ans en trois ans. Et plus bas: que l'office de Prieure vaquera, par élection de vostre congregation soit ordonnée celle que toute vostre Compagnie ordonnera, voire la plus grande partie croira estre plus propre. Ce Statut vous monstre-t'il pas, qu'il faut que ceste élection se fasse avec une liberté de suffrages, & qu'elles choisissent une Religieuse de leur Corps? Ce qui est entierement conforme aux saincts Decrets & à l'Ordonnance d'Orleans.

Y eut-il jamais un plus grand abus que celuy-cy, contraire à toutes les Constitutions Canoniques, par lesquelles nul ne doibt promettre de donner son suffrage, premier que d'entrer en Chapitre pour élire? Car les élisants se doivent purger par serment, qu'ils n'ont esté ny briguez, ny ne se sont obligez à élire aucun par priere ny par argent. Cela estant, comment peuvent les Religieuses élire soubs les conditions que l'on leur propose? Comment se peut soustenir ce qu'on desire d'elles? L'Abbesse de Fontevrault faict contre elle-mesme, quand elle enfreint la loy. C'est pourquoy ses filles ont un notable interest de ne luy rendre l'obeïssance en une desobeïssance qu'elle rend la premiere à la regle: & aussi qu'au Chapitre de la puissance de l'Abbesse, il est par exprés porté, que si l'Abbesse veut de ses Religieuses choses contraires au Statut, en ce cas il les affranchit de l'obeïssance. Direz-vous après tout cecy, qu'elles soient mal fondées en leur appel comme d'abus, veu tant d'abus? Elles ne veulent point d'autre juge que vous, asseurées de vostre preud'hommie.

Après avoir ainsi deduit le fait, je vous diray ce que je pense le meilleur pour estourdir ceste affaire. Je sçay que les Religieuses font une grande entreprise & de longue halene, heurtant en procez leur Abbesse riche d'amis & de biens; & que tout ainsi qu'une petite lumiere approchée d'une plus grande & vive clarté perd sa splendeur, ainsi leur bassesse presentée à la grandeur de leur Abbesse, pourra estre obscurcie. Toutesfois elles se reposent sur le tesmoignage de leur droicte conscience, & croyent que la necessité, mere d'invention, leur fournira assez de moyens pour debattre une si bonne & juste cause. Il est vray, premier que d'en venir à ceste extremité, qu'elles demandent la paix à leur Abbesse, & la supplient de mettre la main sur la conscience, pour juger si leur demande est équitable ou non. Faictes qu'elles n'en soient esconduites. Qu'y a-t-il plus doux, amiable & agreable que la paix, comme un air serein & tranquille au commencement d'une saison printaniere, où toutes choses rient & flattent? Si elle ne leur donne ceste tranquillité, il sera dit par tout qu'elle esmeut la tempeste sur la mer qu'elle navigue, & qu'elle trouble la bonace en son Ordre, qui n'est qu'une mesme mer, le mesme chemin & la mesme vaisseau dans lequel elle & ses Religieuses sont portées. C'est à elle maintenant à regarder de ne rompre point la corde pour l'avoir trop tendue, & qu'aux grandes affaires il en faut quitter & laisser, & quelquesfois fleschir, imitant le Soleil, qui ne tient pas tousjours sa route droicte, mais avec sa ligne oblique conserve toutes choses en une belle & douce temperature. Le temps present quasi d'une voix nous admoneste qu'il faut obvier en toute diligence aux perils éminents. Car je voy fans doute, que les unes & les autres vont entrer dans un chemin espineux à merveille, & que si Dieu n'y met la main & vous aussi, vostre Abbesse n'en sortira jamais bonne marchande. Elle est la fontaine commune d'où toutes les Religieuses puisent ce qui leur est necessaire: elle est la medecine publique de leur repos. Si elle qui est pour la tenir nette, jette du poison dedans, je veux dire, la discorde, d'où pourront ses filles à l'advenir attendre aucun salut? Si elle les troubles en leur repos, de quel costé se pourront-elles esperer? Faictes, je vous supplie, qu'elle ne se laisse point surprendre à des trompeuses esperances, & que pendant que ses Religieuses luy demandent la paix, elle ne les reduise au desespoir: car il est vray que je ne vy jamais filles plus resoluës (si elles n'ont la paix, qu'elles recherchent à cor & à cry) de defendre à bon escient ceste honneste liberté que la regle leur accorde. Car après avoir essayé les moyens doux, on peut legitimement repousser une violence injuste par une defense necessaire. Prenez en cet endroit le conseil d'Auguste pour luy donner. Comme quelques Courtisans flatteurs blasmassent en sa presence Caton de s'estre tué, voyant Jules Cesar Maistre de l'Empire; il leur dit, Stemus in hoc Catone; voulant dire qu'il ne faut jamais souhaitter le changement d'un Estat: parce qu'il n'y a rien de meilleur, que de demeurer ferme dans les choses anciennes sans les alterer. Aussi disoient les Anciens, *Nihil antiquius*, pour dire, *Nihil melius*. Ainsi, qu'elle permette que ses Religieuses vivent dans leur vieille regle, en laquelle elles ont esté nourries, & fait leur vœu de profession. Si elle ne le faict, & qu'elle veuille poursuivre sa premiere pointe sans en rien relascher, je prevoy qu'elle s'en va jetter dans un gouffre de procez, duquel elle se rapportera le fruict qu'elle espere. C'est mon advis, lequel, je croy, sera fortifié du vostre. Adieu.

LETTRE X.

Les Religieuses de Tusson, à Madame de Lavedan, Abbesse de Fontevrault.

Elles se plaignent de leur Advocat.

SI nous n'eussions creu en nos consciences que nommant Sœur Barbe le Beau pour Prieure, nous contrevenions de droict fil à l'election que nostre Sainct Pere nous a de tout temps accordée, & en laquelle celles qui vous ont precedée en vostre charge nous ont conservées, & que nostre honneur y estoit grandement blessé, nous n'eussions jamais eu la hardiesse d'entreprendre ce procez. C'a esté à nostre trés-grand regret, & en nostre corps defendant : car nous vous avons envoyé personnages de marque à diverses fois pour vous faire entendre nos trés-justes & trés-humbles remonstrances, & supplier vostre grandeur de nous laisser libres en nostre election. Ce qu'il nous a esté impossible de gaigner de vous. Maintenant nous ne sçaurions que pleurantes nous ne nous plaignions à vous, comme à nostre ancre du dernier respit, du sanglant plaidoyer que vostre Advocat a fait à vostre desceu en plein Consil, contre toute ceste Compagnie, que dans ce Couvent tout estoit plein de desordre, de confusion & d'abus ; la regle point observée, la closture point gardée, l'entrée indifferemment permise à hommes & femmes & à toutes heures, & plusieurs injures vilaines, qui offensent si avant nostre honneur, que si elles estoient veritables, il eust esté meilleur de les taire, que de les dire, pour empescher une diffamation generale de ceste maison. Ce que nous supportons tant plus impatiemment, que moins nous nous en sentons coulpables. Et toutesfois en ces tristes larmes nous nous éjouyssons, qu'un Commissaire ait esté deputé du grand Conseil, pour informer sur les lieux de ces faicts. En cette action (quoyque d'ailleurs pecheresses devant Dieu) nous marchons seurement, nous sentant exemptes de coulpe.

Celles qui se sentent coulpables, balancent tousjours en crainte. Comme la mauvaistié nous feroit timides & pusillanimes, ainsi nostre innocence nous rend sans peur, laquelle combien qu'elle ait esté obscurcie pour un temps par la mesdisance de tant de faux rapports, qui vous ont esté faicts, aussi esperons-nous que Dieu ne la laissera longuement oppressée de tant de calomnies, ains que pour le tort qu'on a faict à nostre renommée, il l'esclaircira par l'enqueste qu'en fera le Commissaire : & aprés, nous nous asseurons tant de vostre bonté maternelle, que vous ne souffrirez qu'en nostre innocence nous portions la peine du mauvais dessein de ceux qui ont protesté de ruyner ceste maison de fonds en comble, de bien, d'honneur & de reputation, & faire en sorte par leurs sourdes & industrieuses menées, qu'il n'y aura Prieure esleuë de ceste maison. D'une chose nous vous prions à joinctes mains, que si par l'enqueste, qui sera faite, vous apprenez la faulseté de tous ces faits & l'observation de la regle, vous estouffiez ce procez sans le laisser croistre davantage, & nous laissiez nostre election libre. En ceste dispute d'honneur & de l'entretien de nostre regle, nous nous promettons tant de vostre debonnaireté, que revenuë à vostre meilleur penser, vous jugerez que forcées la raison nous a jettées dans ce procez, & que nous laissant libres en nostre election, comme nous vous en supplions en toute humilité, vous nous rendrez aussi & les corps & les esprits sains & tranquilles, qui pendant ces mouvemens ne peuvent jouyr du repos desiré en nos charges : nous vous dirons en ce lieu que ne soyez plus toute puissante, si vous ne voulez quant & quant estre toute debonnaire ; ny nostre Superieure, si vous ne voulez estre toute pitoyable. Pourquoy nous avez-vous nommées vos filles, si vous ne voulez nous traicter comme mere ? Ayez pitié de nous, & puisque vostre misericorde est si grande, faite qu'elle retienne le bras de vostre vengeance, & que vostre ire finisse & meure avec nos pretendus pechez : cela nous croistra tant plus l'affection que nous avons de vouloir estre à jamais tenuës vos obeyssantes filles & Religieuses. Amen.

LETTRE XI.

Les Religieuses de Tusson, à Madame de Lavedan, Abbesse de Fontevrault.

Elles la supplient d'estre leur Juge.

NOus confessons que l'action qu'avons esmeuë, & qui depuis a esté poursuivie par vostre grandeur, n'estoit que pour arrester le cours impetueux de tant de maux & miseres desquelles nous estions menacées de tous costez, & conserver nostre droict d'election, lequel perdant, nous avons tousjours creu, comme nous croyons encores, que chacun penseroit qu'eussions forfaict en nostre honneur. Vostre Advocat plaidant la cause, nous a deschirées & deschiffrées sans honte, sans honneur, sans pieté & sans religion : enfin, qu'a-t'il dit? Nous ne voulons plus survivre à telles calomnies, en cas qu'elles vous laissassent quelque doubte & soupçon en l'ame ; Dieu nous envoye la mort en mesme temps, nous l'en prions toutes de bon cœur. En nostre malheur si nous sommes-nous esjouyes de ce qu'avez envoyé les Peres Visiteur & Bourfin. Nous pouvions esloigner ceste affaire par les recusations qu'eussions peu proposer contr'eux, & nous porter par appellantes de ce qu'avons esté traictées comme les plus criminelles du monde. Toutesfois appuyées & fortifiées de nostre innocence, nous avons passé par dessus tout, pour vous tesmoigner que nous desirons & voulons que nostre vie soit esclaircie par ceux mesmes desquels nous ne pouvions de prime face prendre grande asseurance. La preud'hommie du Commissaire est si cogneuë, qu'esperons qu'il vous fera voir clair en ceste affaire, & par les procedures qu'il a faites, vous apprenez que foyons innocentes, comme nous croyons que vous ferez. Nous vous supplions avec prieres trés-humbles de peser d'un poids esgal nos justes doleances, & rendre vous mesme la Justice que vous nous devez. Nous sommes vos pauvres filles deshonorées par tant d'imputations fausses. Redonnez-nous, s'il vous plaist, ce que vostre Advocat nous a voulu injustement oster. Vous avez interest d'avoir des filles d'honneur, & nous une bonne mere, qui nous garde d'oppression. Vostre accoustumée bonté est si grande, que vous ne souffrirez que nostre honneur demeure un seul brin engagé en ceste action : ce qui arrivera en nous laissant libres en nostre election. Et combien que nous eussions failly en maintenant nostre honneur, si ne le devez-vous trouver mauvais, puis que nous n'avons autre chose à conserver plus cherement que ce poinct-là : lequel perdu, faut dire que nous foyons toutes perduës. Nous vous conjurons donc de vouloir entrer en vous, & considerer que nous sommes de pauvres Religieuses, & vous une haute & puissante Dame, & qu'en ceste grandeur, la gloire vous sera plus grande

grande en nous pardonnant, qu'en exerçant contre nous toutes sortes de rigueurs. C'est un grand merite à qui pardonne quand il se peut venger. Ne donnez point tant à une pretenduë Justice, que vous ne laissiez quelque chose à vostre douce misericorde ; vertu que vous avez espanduë & exploitée sur tant d'autres de nos semblables, & de laquelle aussi nous attendons la meilleure partie de nostre justification. Toutes les plus belles actions qu'avez jamais faites, ne vous apporteront tant de gloire que sera celle-cy : car un grand Visiteur, un grand Prieur, plusieurs Prieures & Religieuses y pretendent part : mais la loüange de la misericorde que ceste Compagnie attend maintenant de vous, sera toute à vous. Par ceste douceur, vous estoufferez l'estonnement qui a saisi & conduit nostre esprit presque jusques à un desespoir. Le Pere Visiteur vous en dira davantage, comme tesmoin oculaire des pleurs que nous avons respandus ; lequel vous ouvrira, ainsi qu'il nous a promis, le moyen de rentrer en vos graces & nous permettre la liberté de nostre élection. Quoy faisant, ce sera augmenter le desir de vous rendre le trés-humble service que nous vous devons, & de prier Dieu pour vostre bien avec un zele fervent. A Dieu.

LETTRE XII.

Le sieur Pasquier, aux Dames Religieuses & Prieure de Tusson.

Il leur escrit ce qu'elles doivent faire sur l'execution de l'Arrest du grand Conseil.

Dieu vous a tesmoigné en l'action presente, qu'il exauce les prieres de toutes sortes de personnes, qui en adversité ont recours à luy. Encores que par sa saincte grace vous ayez obtenu telle victoire que vous pouviez esperer & pour le maintien de vostre ellection, & pour la conservation de vostre honneur, si ne devez-vous pas pour cela vous laisser emporter hors des limites de raison, ains demeurer dans vous-mesmes, & estre plus humbles que jamais. Car tout ainsi qu'un arbre tant plus il est chargé de fruicts, & tant plus tourne-t'il la face en bas : ainsi tant plus serez-vous chargées des fruicts d'une allegresse pour le bien qui vous est venu, & tant plus vous devez-vous abbaisser & humilier. Quand vous conduirez de la façon le cours de vostre vie, vous prospererez sans que Dieu vous abandonne. C'est pourquoy mon advis est, que vous envoyez à vostre Abbesse l'Arrest avec une belle lettre, que luy escrirez, pleine de submissions. Je m'asseure que procedant ainsi avec elle, vous en recevrez tel contentement que pouvez desirer. C'est tousjours vostre Superieure avec qui vous avez à vivre le reste de vos jours, laquelle revenant à elle, sera trés-aise d'avoir perdu son procez, & voudra mal à ceux qui l'ont portée à telle extremité de plaider ; puis recognoistra que le conseil que je luy donnai, estoit salutaire & profitable, prevoyant de loin ce que j'ay veu maintenant arriver. Priez du Fossé, qui sçait aller & parler, de faire le voyage, & s'il cognoist qu'aprés vos submissions on veuille faire breche & à vostre regle & à vostre Arrest, qu'il le fasse signifier à vostre Abbesse par un sergent, & puis procedez aussi-tost à vostre ellection. La lettre que luy escrirez, ne vous peut nuire : car vous estes des Religieuses qui par toutes inventions voulez entrer en grace avec elle. Si d'un plein saut vous procediez à vostre ellection, sans luy donner advis de ce qui s'est passé, on trouveroit ce proceder plein de superbe : & aussi que la signification est necessaire, au cas qu'elle vouslust donner quelque empeschement à l'execution de vostre Arrest. Voilà ce qu'il faut faire pour la conduite du dehors de vostre maison. Maintenant je vous parleray du dedans. C'est à vous à lire & relire vos regles, pour les observer à plomb & le plus estroitement que pourrez, afin que personne ne puisse avoir à l'advenir prise sur vous. Vous avez veu en ce miserable procez, que jusques aux moindres petites actions, qui ne ressentoient de soy aucun mal, on a tasché à les faire passer pour pechez mortels. Pensez que si doresnavant vous faictes chose qui ne se doive (ce que je sçay bien que ne ferez, pour estre trop vertueuses) l'on vous relevera rudement de vostre cheute. Voulez-vous bien faire & chrestiennement ? Reünissez à vous celles qui s'estoient separées de vostre troupeau. Je m'asseure qu'elles sont assez punies de voir que sans raison elles se sont bandées & contre leur regle & contre leur maison : elles portent la peine de leur faute quant & elles. Ce n'est pas assez d'avoir vescu jusques icy unies, il faut continuer : car perseverant, rien ne vous peut nuire : mais desunies, il ne sera rien impossible à ceux qui voudront entreprendre contre vostre maison. Je vous diray pour la closture de ceste lettre, que la Justice en vostre procez a eu le dessus de la faveur, & que vous devez bien prier Dieu pour tous vos Juges, mesmement pour du Tuyromé vostre Rapporteur, qui est un aussi homme de bien, que la terre en porte. Je ne veux estre oublié en vos prieres, ausquelles je me recommande. A Dieu.

LETTRE XIII.

A Monsieur Copin, Grand Prieur de l'Ordre de Fontevrault.

Il leur donne advis de ce qui est à faire sur l'execution de l'Arrest.

Vous cognoissez par effect, que le voyage que je fis vers vostre Abbesse pour empescher le procez que je voyois naistre entre elle & ses Religieuses de Tusson, ne tendoit qu'au bien & repos de l'Ordre. Et pleust à Dieu que j'eusse eu autant d'authorité sur ses opinions, comme avoient ses persuasions de ceux qui pour l'heure estoient prés d'elle, je m'asseure que la chose fust morte en sa naissance. Depuis je luy donnay par mes lettres un salutaire conseil, lequel n'eut non plus de poids envers elle que le premier. Quand quelque malheur est à arriver, Dieu nous bande de telle façon les yeux de l'entendement, que quoyque nous voyons nostre profit en un bon conseil, si le fuyons-nous. C'est une belle chose de ne se laisser jamais preoccuper en ses affaires particulieres & publiques. Estant arrivé à Paris, je tentay tous moyens pour estouffer ce procez : mais je ne peu rien gaigner de Gaultier. Et depuis par mon entremise, le procez estant prest à juger, d'Aligre Intendant en la maison de la Comtesse de Soissons, proposa une forme d'accord, que les Religieuses accepterent, quoyque desadvantageuse, laquelle Gaultier refusa. Je ne vy jamais refuser d'accord, que tost ou tard celuy à qui il a esté presenté ne s'en soit repenti, & quelquesfois plustost qu'il n'a voulu. Pour moy, j'ay tousjours estimé qu'en toutes nos actions il falloit plustost suivre ce qui est de la douceur, que de la rigueur : car la violence est ennemie de la droicte conduite des choses ; les moyens doux & gratieux sont tousjours les plus desirables, & souvent plus convenables, d'autant que par la douceur vous faictes & avec les bonnes graces de tous, ce que difficilement vous feriez par la rigueur.

Toutes

Toutes les affaires generalement de ce monde ne se conduisent pas tousjours de tel biais que nous voulons : car quelquefois nous ne considerons que le commencement, sans peser quelle en sera la fin ; d'où les choses prennent toute une autre issuë que nous ne nous estions promis. C'est le fait d'une sage personne de considerer la chose premier que de la dire, & plus diligemment encores la fin devant la chose.

A quel propos tout cecy ? Pour vous faire voir clairement, que ceux qui se sont meslez des affaires de l'Abbesse de Fontevrault au present subject (car pour elle je la mets hors de pair) ont voulu, sans penser au succez, bon ou mauvais, faire le procez à l'honneur & à l'innocence de ses filles, pour leur oster l'eslection de Prieure ; qui estoit, à bien dire, les priver d'une honneste liberté que leur regle leur accorde. La mere & les filles sont esgalement obligées à l'obeïssance de ce Statut, chacune s'est voüée sous ces conditions à Dieu. Il est donc maintenant question de rabiller leurs defauts. Le remede sera tel. Ses filles luy escriront une lettre pleine de soubmissions, ainsi que je me promets ; & luy envoyeront l'Arrest, premier que de l'executer, asseurées qu'elle en voudra l'execution, puis qu'il est donné pour conserver leur regle. La chose ainsi conduicte, c'est à elle de son costé à passer par oubliance tout ce qui s'est faict, & blasmer les bons esciens les auteurs de ceste poursuite, lesquels, comme le Soleil de Mars, peuvent esmouvoir les humeurs d'une affaire sans les pouvoir resoudre. Quand vous luy donnerez ce sage conseil, je me promets que ce grand Ordre de Fontevrault durera autant & plus qu'il n'a duré : mais si dedans cet Ordre l'on veut planter des nouveautez au desadvantage de la saincte ancienneté, & saper les fondemens de la regle en luy monstrant par voyes obliques la racine en haut, vous en verrez bien-tost le bouleversement. La force que l'on donne à la loy fondamentale d'un Estat, est sa perte ; comme le maintien est sa conservation. Une chose sans plus diray-je, que ceux qui font contenance de vouloir agrandir l'authorité de l'Abbesse de Fontevrault par volontez absoluës sur ses inferieures, la ruïnent sans ressource, en luy faisant croire que tout ce qu'elle veut ou peut, luy est licite, & que sa puissance n'est entiere, si elle ne peut tout sur toutes les Religieuses. Ce sera comme le lierre, lequel on pense ramper ou se coller contre la paroy pour la soustenir, & toutesfois au long aller il la ruïne : ou bien comme un qui mal entendu prend la charge de gouverner un navire, & puis survenant une tormente, il n'en eschape sain & sauf, pource qu'il n'a pas l'art à l'ayde duquel il se puisse sauver. J'ay tousjours parlé de ceste affaire nettement, & preveu (ainsi que vous sçavez) à quoy elle aboutiroit. C'est maintenant à vous à joüer vostre roole, & vous y porter fortement, en disant librement (vostre aage vous le permet) ce que vous en pensez. Si vous ne le faites, vous gastez tout. Paravanture que quelqu'un me dira, De quoy je me mesle ? Et je luy respondray, que faisant part & portion de l'Eglise, j'ay interest de voir que toutes choses y soient paisibles & unies. C'est comme au feu : chacun y doit courir pour estouffer ce pesle-mesle & desordre naissant, duquel le commencement est aysé à esteindre, mais estant bien espris, il est difficile de l'amortir. A Dieu.

LETTRE XIV.

Les Religieuses de Tusson, à Madame de Lavedan, Abbesse de Fontevrault.

Elles luy remonstrent leurs soubmissions & la supplient de permettre l'execution de l'Arrest.

Dieu nous est à tesmoin, si en ceste fascheuse procedure nous avons eu autre pensée, que la conservation de nostre eslection pour conserver nostre honneur, lesquels nous croyons si joincts & unis, que la perte de l'un attireroit quant &quant la perte de l'autre, & nous banniroit tout à une suitte de la face de vostre grandeur. L'evenement de ceste affaire est la preuve & vraye image de nostre intention & innocence. Vous sçavez par ceux que nous vous deputasmes qui porterent quatre de nos lettres, que nous n'avons jamais respiré que l'obeïssance qui vous est deuë (comme le comble de la perfection religieuse) & demandé une libre eslection, acquise par nostre regle. Despuis, nous priasmes le sieur de Minxe s'en allant à Paris, de moyenner que ceste affaire se pacifiast par la douceur. Et de fait, il s'aboucha avec Gaultier, auquel il fit toutes sortes d'ouvertures pour en sortir : mais n'ayant peu rien obtenir de luy, il eut recours à d'Aligre Intendant de la maison de la Comtesse de Soissons (le procez estant sur le bureau & prest à juger) qu'il pria & repria de terminer ceste action doucement, lequel proposa un accord, que nous acceptasmes, bien que desadvantageux, afin de vous faire voir l'envie que nous avions de sortir, avec vostre contentement, de ce procez : toutesfois Gaultier rompit tout pour avoir le present arrest, duquel nous avons sursis l'execution, jusques à ce que nous vous eussions donné l'advis, nous promettant tant de vostre bien-vueillance, que n'aurez desagreable qu'il soit executé, puis qu'il est conforme à nostre regle, que vous & nous avons jurée & voüée ; & aussi que tous nos déportemens vous sont fideles tesmoins que nous n'avons jamais eu autre but que d'accorder sans arrest, lequel a esté donné à l'instante poursuite de ceux qui se disoient avoir charge de vostre grandeur. En l'object qui se presente, nostre plus grand ennuy n'est autre, que quelques soubmissions que nous vous ayons renduës, il ne nous ait esté possible de gaigner vos bonnes graces, ny obtenir de vous nostre eslection libre, qui nous estoit si legitimement deuë par les loix divines & humaines. Ce qui n'a procedé que de ceux qui ont voulu triompher de nostre honneur & innocence, lesquels vous donnoient à entendre choses qui n'estoient & ne furent onques, & qui pour l'eau y apportoient le feu, pour la douceur la rigueur, voulant preferer une rude justice à la benigne misericorde qui vous est naturelle. Mais maintenant qu'estes esclaircie de tout, nous avons telle asseurance en vostre debonnaireté, que vous nous recevrez d'un favorable accueil, & oublierez tout le maltalent que pourriez avoir conceu contre nous en soustenant nostre bon droict, contre ces faux donné à entendre. Ce dont nous vous supplions en toute humilité, nous soubsmettant entierement à vostre obeïssance, comme à celle que Dieu a esleuë pour nostre Superieure, ne voulant rien que par vostre vouloir, asseurées qu'en nostre amour filiale nous ne recevrons que tout traictement digne d'une bonne & douce mere. A Dieu.

LETTRE XV.

Extraict des Regiſtres du grand Conſeil du Roy.

Arreſt du grand Conſeil.

ENtre les Religieuſes, Prieure & Couvent de Tuſſon membre dependant de l'Abbaye de Fontevrault, appellantes comme d'abus du refus & dény à elles fait par Frere Claude Copin Religieux dudit Fontevrault & grand Prieur, & Pierre Charpentier auſſi Religieux dudit Ordre & leur Confeſſeur audit Tuſſon, d'aſſiſter en leur Chapitre & proceder à l'eſlection d'une Prieure audit Couvent, & de ce qui s'en eſt enſuivy, & appellantes de la procedure faite au Couvent de Haultebruyere par le Commiſſaire depuré par le Conſeil, d'une part, & Dame Louyſe de Bourbon Abbeſſe & chef de tout l'Ordre dudit Couvent, & Religieuſes, intiméeauſdites appellations, d'autre. Veu par le Conſeil les eſcritures deſdites parties, procez verbal & requiſition faite par leſdites Religieuſes audit Chapitre du quatorzieſme Fevrier 1612. aux fins de proceder à l'eſlection d'une nouvelle Prieure, contenant le refus dudit Charpentier ſi elles ne veulent eſlire & nommer Sœur Barbe le Bean, Religieuſe demeurante à l'Encloiſtre pour Prieure ſuivant les lettres & commandement qu'il dit avoir de ladite Dame de Bourbon & dudit Copin, & dont leſdites Religieuſes ont appellé comme d'abus, Lettre miſſive de ladite Abbeſſe & dudit Copin audit Charpentier du huictieſme Fevrier audit an. Autre procez verbal deſdites Religieuſes du dixieſme Decembre 1612. de la procedure & refus dudit Copin, ſinon qu'en cas que leſdites Religieuſes vouluſſent eſlire pour Prieure ladite le Beau. Billet du vingtieſme Janvier 1613. des noms deſdites Religieuſes que l'on pretend avoir donné leurs voix à ladite le Beau pour eſtre Prieure. Lettres miſſives de ladite de Bourbon auſdites Religieuſes du ſixieſme Decembre 1612. ſeptieſme Janvier 1613. Autres lettres miſſives à ladite Dame de Fontevrault des 12. & 22. Janvier, & audit Copin du troiſieſme, meſme année. Autres procez verbaux du deuxieſme Mars 1613. & du refus fait par leſdites Religieuſes d'ouvrir la porte dudit Couvent à Frere Bernard Bourfin Religieux profés dudit Ordre, & à Nicolas Menard Secretaire dudit Fontevrault. Requeſte de ladite de Bourbon tendant à fin qu'il luy ſoit permis viſiter ledit Couvent & transferer d'iceluy en tel autre tel nombre de Religieuſes qu'elle verra bon eſtre à faire, du vingtneufvieſme Mars 1613. Arreſt dudit Conſeil du quatorzieſme May 1613. par lequel auparavant faire droict ſur ledit appel comme d'abus, & faiſant droict ſur la Requeſte de ladite de Bourbon, ayant eſgard aux concluſions du Procureur general du Roy, eſt ordonné que par le Commiſſaire depuré par ledit Conſeil, dont les parties conviendront, & en preſence de deux Peres de l'Ordre, le Prieuré de Tuſſon ſera viſité, & par ledit Commiſſaire informé des faits de rebellion & contravention à la regle par les Religieuſes dudit Prieuré, leſquels faits ladite de Bourbon mettra cachetez & ſeellez pardevant ledit Commiſſaire, pour ce fait, rapporté & communiqué au Procureur general du Roy, eſtre ordonné ce que de raiſon, & cependant, que la Prieure, qui y eſtoit adminiſtreroit comme elle faiſoit auparavant : procez verbal du Commiſſaire depuré par ledit Conſeil, qui a procedé à l'execution dudit Arreſt, du 27. Juin, jour & mois ſuivant 1613. Information par luy faite du 12. Juillet & autres jours audit an : leſdits faits mis pardevers luy par ladite de Bourbon. Procez verbal du Commiſſaire qui a procedé à l'information, fait au Couvent de Haultebruyere du 23. Novembre audit an : ladite information deſdits mois & an, dont eſt appel : reproches baillées par leſdites Religieuſes à l'encontre d'aucuns teſmoins oüys ſur leſdites informations : Obedience donnée à Sœur Jeanne d'Arſac par l'Abbeſſe de Fontevrault du dernier Mars 1605. contenant permiſſion de ſe transporter dudit Tuſſon au Prieuré de Gaine pour ſix mois : Arreſt dudit Conſeil prononcé en l'audience d'iceluy le 18. Mars an 1520. Autre Arreſt dudit Conſeil du 7. 1521. Autres Arreſts du 18. Novembre 1613. deuxieſme Janvier & vingt-ſeptieſme Fevrier 1614. Contredits deſdites parties : Forcluſions d'eſcrire & produire par ladite de Bourbon ſur ledit appel des procedures dudit Commiſſaire audit Couvent de Haultebruyere : Contredits deſdites parties : Concluſions du Procureur general du Roy ; & tout ce que par leſdites a eſté mis & produit devers ledit Conſeil : DICT A ESTÉ que le procez ſe peut juger ſans enquerir de la verité deſdits faits & reproches. Et faiſant droict ſur leſdites appellations, le Conſeil a declaré & declare que mal & abuſivement a eſté procedé par leſdits Copin & Charpentier ; a ordonné & ordonne qu'en la preſence du Pere Confeſſeur dudit Couvent ſera procedé par leſdites Religieuſes dudit Tuſſon à l'eſlection d'une Religieuſe pour eſtre Prieure en iceluy, en la forme & maniere accouſtumée, pour le procez verbal de ladite eſlection porté à ladite Abbeſſe de Fontevrault, eſtre par elle procedé à la confirmation de ladite Prieure, ſuivant & conformement à la regle & ſtatut dudit Ordre: & ſur l'appel des procedures dudit Commiſſaire, le Conſeil a mis & met les parties hors de Cour & de procez ſans dépens. Le preſent Arreſt a eſté mis au Greffe dudit Conſeil, monſtré au Procureur generál du Roy, & prononcé aux Procureurs deſdites parties, le cinquieſme jour de Mars. 1614. Signé, THIBLEMENT.

LETTRE XVI.

A Monſieur Granger, Conſeiller du Roy & Maiſtre des Requeſtes ordinaire de l'Hoſtel.

Il le prie de favoriſer ſon frere.

MOn Frere de Buſſi, qui a eſté nourry au College avec vous ſoubs la conduite de feu de Vege, pourſuit l'Eſchevinage en la preſente année. Il a quelques competiteurs. En telles affaires chacun a recours à ſes amis. Sur l'aſſeurance qu'il a, que vous me faites ce bien de m'aymer, & auſſi que je vous ay touſjours honoré pour je ne ſçay quoy de rencontre que j'ay trouvé ſymboliſer entre voſtre humeur & la mienne, il m'a prié de vous eſcrire, afin de l'aſſiſter en ceſte occaſion de voſtre faveur. Vous cognoiſſez noſtre famille, & paradventure avez vous ſceu qu'il a touſjours eſté fidele ſerviteur du Roy pour avoir porté les armes pour ſon ſervice pendant tous les derniers troubles en qualité de Capitaine en chef, & depuis bon citoyen (cela ſoit dit ſans varieté) qui ſeroient conſiderations leſquelles vous devroient eſmouvoir à faire ce qu'il demande, parce qu'en ce temps trouble & douteux vous avez beſoin de telles gens en voſtre ville, & qui ne reſſentent point ce vieil levain duquel ſont ſortis tant de maux. Je vous diray qu'il n'eſt point icy queſtion de juſtice : ſi cela marchoit, je ne vous en eſcrirois point, ſçachant que vous penchez touſjours du bon coſté. Il n'eſt queſtion que de voſtre voix, laquelle je vous prie de donner à mon frere, & comme escrivoit Agesilaüs à Idrieus pour un sien amy : si Nicias n'a point failly, delivre-le : s'il a failly, delivre-le pour l'amour de moy : mais comment que ce soit, delivre-le. Aussi si vous estes des Mandez, nommez mon frere, comme affectionné au bien public & service du Roy : au moins nommez-le pour l'amour de moy : mais en quelque façon qu'il en aille, nommez-le. Pour tout cela, si ne vous en escrirois-je avec la franchise que je fais, s'il n'estoit accompagné des parties que je vous l'ay portraict. Ce sera une obligation, que je vous auray, qui ne sera pas petite, de laquelle je me revencheray aux occurrences. A Dieu.

LETTRE XVII.

A Madamoiselle de ***

Il l'exhorte à bien vivre & fuir tant de superfluitez.

LA longue & ancienne amitié, de laquelle nous sommes liez, m'oblige de vous dire avec la libre franchise que nous avons vescu, qu'à ces jours de devotions il vous faut changer de tout point vostre forme de vie, & laisser ces defauts, ausquels vous vous estes laissée surprendre : car si vous ne le faites, il est impossible que fassiez jamais de bien. Comment croyez-vous bien faire en cet esgarement & aveuglement de vos amoureuses passions, où vous ne pensez que de complaire à ce terrestre & miserable corps, que vous parez avec autant de soin, que s'il avoit à tousjours estre ? Vos accoustremens rendent tesmoignage de l'incontinence de vostre ame. Ces tortillons de cheveux frisotez, ceste chaussure gentille, tous ces affiquets mignards diversement espars, ceste monstre de deux tetins rebondis & polis doivent vouloir qu'on cognoisse vos desirs secrets en secret. Allant ainsi vestuë, c'est mettre vostre pudicité à l'enquant. Ressouvenez-vous que vostre corps est caduc & corruptible, ce n'est qu'une masse & pourriture, une viande à vers, qui est venuë de terre, qui chemine sur terre, & qui enfin se resoudra en terre. Toutesfois & quantes qu'il vous passera par l'esprit, qu'il n'y a santé si pleine & entiere, qu'une petite maladie ne mette à bas : de mesme pourrez-vous dire, qu'il n'y a beauté, qui ne coule & passe, comme fait l'ombre, ou l'eau d'un torrent, ou une fleur printaniere, qui est incontinent flestrie, & que tout ce qui est comprins soubs la courtine & concavité des Cieux, n'est aucunement beauté, ains une pure vanité & corruption. C'est à vous à oster toutes ces superfluitez, & vous parer d'une bonne renommée. Quand vous serez chaste en vostre ame, pudique en vostre corps, sobre en parler & en vostre vivre, habillée simplement & modestement, que vous n'irez en aucun lieu suspect, que vous ne vous accompagnerez d'aucune personne diffamée, lors vostre honneur vous sera gardé en sa pureté, & serez aymée indifferemment de tous. Je ne vous dis rien, que l'executer ne soit aussi facile que le dire. Quand vous establirez encontre-vous une forte & dure loy pour toute vostre vie, qui bannisse de chez-vous ceste dissolution d'habits & ornemens exterieurs, la justice que vous ferez de vous-mesme, sera la medecine & guerison de vostre vanité. Ne cherissez donc plus tant ce corps : trop l'aymer, vous fait oublier Dieu. Pourquoy l'aymez-vous tant, puis que quand la trompette donnera pour desloger de ce monde, vous n'emporterez que le bien & le mal que vous aurez fait, avec un pauvre drap qui vous servira de couverture ? Je me promets tant de vostre bon naturel, qu'en ce temps de devotion, la saincte parole de Dieu vous touchera & esclairera des douces inspirations de son esprit, pour despoüiller ceste vieille, salle & ordede vie, & en prendre & vestir une belle, saincte & innocente. Ce qui vous sera aisé en embellissant vostre ame par bonnes & excellentes œuvres, comme par charité, humilité & pudicité, qui vous feront nommer la vraye escole de toute honnesteté, simplicité & saincteté. Et si tout cela ne vous touche au cœur, je vous dis que la vie de ce monde n'est une vie, ains une tourmente agitée de plusieurs vents d'affliction & de misere, qui nous assaillent d'heure en heure & de moment en moment ; & où Dieu, quand nous ne revenons à un amendement, desoche sur nous, par son juste courroux, le trait de sa divine justice. Pour fin, je vous exhorte que pour bien & heureusement vivre, vous ayez tousjours devant les yeux le memoire de la mort, qui est la vraye horloge du Chrestien ; & ainsi mourant, le jour de vostre mort vous sera la naissance d'un autre eternel & glorieux. A Dieu.

LETTRE XVIII.

A Monsieur Pasquier mon pere, Conseiller & Advocat general pour le Roy en sa Chambre des Comptes.

Il luy envoye les remonstrances qu'il a faites au Roy.

NE pensez pas qu'en ceste vie champestre, mon esprit soit en friche ou sejourne. Je le laboure & engraisse sans cesse, afin qu'il porte quelque fruict utile & profitable à ma patrie. Maintenant que l'on est sur la tenuë des Estats, j'ay à la haste matrasé grossierement ce crayon de la Reformation de l'Estat, que je vous envoye ; sur lequel je vous prie de jetter l'œil, pour considerer s'il merite de voir le jour : car selon le jugement que vous en donnerez, ou il prendra son vol droit vers le public, ou se resoudra de ne passer plusoutre. Ne m'estimez-pas de si peu d'esprit, que pour tous ces discours je pense que l'on apporte quelque bon réglement aux desordres qui courent par la France : le mal est esthiomene & en gangrene : au moins, ce m'est un contentement, que ceux qui tiennent le timon du gouvernement des affaires publiques, & ceux qui viendront apres nous, croyent qu'il y a eu des gens de bien en ce temps, qui ont cogneu la maladie du Royaume, laquelle ils n'ont voulu laisser sans remede. Et quand tout cela ne seroit point, je me contente autant donnant air à ma plume. Ce sont fruicts de vostre esprit, que je tiens hereditairement de vous, lesquels je prie à Dieu foisonner, s'ils se trouvent savoureux & delectables. La façon qu'ils attendent de vous, leur promet un grand avancement en leur maturité. A Dieu.

LETTRE XIX.
Remonstrance trés-humble au Roy.

SIRE,

Il represente les desordres de l'Estat & les remedes.

En la perte de nostre grand Henry vostre pere (que Dieu absolve) nous pensions estre tous perdus, & encores le croyions-nous mieux tombans soubs la minorité d'un Roy, laquelle cause ordinairement des alterations merveilleuses en un Estat. Car toutesfois & quantes que Dieu veut punir un peuple, il luy envoye un enfant, lequel n'ayant l'usage de la raison, ne peut avec une prudente discretion conduire son Royaume. Et pour dire le vray, c'est la plus sanglante & violente playe, que Dieu puisse donner en un pays, qu'un jeune Prince non nourri dans les affaires : car d'elle derivent tous autres maux, comme injustice, divisions, partialitez, guerres intestines pour le gouvernement, & plusieurs autres qu'elle est coustumiere d'affiler.

De cela il ne nous faut point chercher d'exemples estrangers, nous en avons de domestiques. Car Charles neufviesme monté en la Royauté en l'aage de douze ans, son Estat ressentit au dedans de soy toutes sortes de malheurs, soit de guerre, soit de peste, soit de famine qui furent en ce regne les plus communs fleaux de l'ire de Dieu.

Mais nous devons grandement loüer, de ce qu'en vostre minorité nous avons veu arriver le contraire de ce qui est toujours advenu en semblable occasion, cet Estat s'estant maintenu en une paix tranquille au milieu des orages, & cu des maladies, lesquels se sont appaisez par la providence divine, executée par la sage prudence de la Royne vostre mere, qui a obey au temps, & calé doucement la voile à la tempeste. Et tout ainsi que le corps humain est subject à maladies, les unes curables par bons medicaments, les autres incurables sans le hazard de la vie du malade, & pource l'expert Medecin luy conseille les endurer plustost que de se soubsmettre au danger de sa vie : aussi en ceste Monarchie y a eu des maladies, lesquelles par la sagesse de la Royne ont esté gueries, les autres ne se pouvant guerir qu'en hazardant le public. Quand elles sont survenuës, elle a creu estre plus salutaire de maintenir l'Estat comme il estoit, que par un remuëment violent le lancer au peril d'estre subverty. En quoy nous ne sçaurions trop la loüer pour de tant & de si grands bienfaits que la France a receus pendant sa Regence. Elle a tesmoigné par sa bonne & heureuse conduite, que ce n'est pas moindre gloire, honneur & renommée de bien entretenir le gouvernement politic d'un Royaume, par sages & prudents conseils que par armes belliqueuses. L'amour de l'Estat a esté la guide de ses actions ; c'est pourquoy Dieu a beny ses labeurs. L'aage present luy en a une obligation merveilleuse, qui laissera une trés-douce memoire à la posterité, de ce que par son ministere elle a affranchy ceste Couronne de tant de maux, dont les ressentimens eussent esté d'une longue durée.

Aprés ceste conduite en sa Regence, recognoissant les deffauts qui sont en la France, desquels pourroit naistre une maladie continué au corps de l'Estat, à sa poursuitte vous avez fait convoquer les trois Estats, afin de prendre advis de tout vostre peuple par ceux qui en sont deputez, quel moyen l'on peut avoir pour donner quelque bon remede à tant de malheurs qui nous talonnent, s'il n'y est bien-tost pourveu.

Les trois Estats ont esté instituez pour ramener toutes choses qui peuvent estre alterées en ce Royaume par la longueur & injure du temps, corruptelle des hommes, ambition & convoitise d'aucuns, & par l'insolence effrenée & felonnie des autres, & les remettre à leur premiere & entiere perfection. Ç'a esté la seule & vraye ressource qui s'est toujours recherchée à l'extremité de nos miseres, quoyque souvent il en ait esté abusé. Comme nous vismes arriver aux Estats qui se tindrent en la ville de Tours du temps du Roy Louys XI. Car les Princes ayant demandé la reformation sur les plaintes de la justice mal administrée, surcharge du peuple, mauvais ordre au gouvernement, les reformateurs, qui furent ordonnez pour le restablissement de l'ordre, convertirent le bien public en leur particulier, & eux seuls en profiterent : car chacun capitula pour soy ; & le salut du peuple, qui devoit marcher devant toutes choses, fut postposé aux interests privez. Je prie à Dieu que le contraire arrive en ceste celebre & honorable assemblée.

Le principal devoir & office de ceux qui reçoivent cet honneur d'estre employez par le choix & eslection qu'on fait d'eux, est, que toutes passions despoüillées & mises en arriere que la malice du temps peut avoir imprimées en nous, veüillons tous, de cœur & volonté unis, mettre vivement la main à l'œuvre, extirper les semences & racines des divisions, reformer les abus, & purger les mauvaises humeurs de cet Estat, captiver nos sens à la resolution commune de ce qui sera arresté, & rapporter tous nos conseils & desseins à sa seule restauration tant en son chef, qu'en tous ses membres, afin de le faire joüir de sa vigueur & disposition ancienne. Et pour l'accomplissement & execution des choses arrestées, y offrir & employer nos biens, & nostre vie, si besoin est. Quand nous y viendrons avec ceste ferme & saine intention de bien conseiller, & encores mieux observer & faire entretenir ce qui sera conclu, il n'en peut sortir qu'un doux, plaisant & agreable fruict à la France.

Et toutesfois je ne laisseray d'adresser mes humbles & devotes prieres à Dieu, pour le prier que les ordonnances qui s'arresteront en ceste compagnie, ne soient de belle monstre & petit rapport.

Vous ne sçavez rien des affaires de vostre Royaume que par les yeux de ceux qui vous approchent ; vous n'oyez que par leurs oreilles, & n'entendez que par leurs bouches ; enfin, vous ne les cognoissez qu'en ombre, & au travers d'une nuée, par le desguisement qu'on vous fait de toutes choses : tellement qu'il leur est aisé de vous faire croire ce qu'il leur plaist. C'est pourquoy ayant eu toujours les yeux ouverts & l'esprit continuellement tendu pour apprendre les causes & miseres de ce pauvre & desastré Royaume ; & les ayant à peu prés recogneues, je les vous mets maintenant sur le tapis, afin que vous ne soyez trompé & deceu en la cognoissance du faict qui vous peut estre desguisé, & qu'il y soit sainctement pourveu.

Il me faut deduire les plaintes de vostre peuple, desquelles je feray une anatomie, & puis à chacune je vous proposeray la medecine, qui ne sera plus puissante que ne comporte la qualité du mal : car il ne faut jamais guerir l'Estat avec des remedes des plus aigus & plus dommageables qui ne sont les maladies mesmes. Et comme il ne faut laisser un ulcere sans cure, un corps corrompu sans purgation, de mesme il ne faut laisser un Royaume pleine de mauvaises mœurs sans le purger & nettoyer.

Je sçay que mes conseils, quoyque grandement profitables, feront à l'abord trouvez un peu durs : toutesfois si me promets qu'en ceste douce aspreté deseespines que vous rencontrerez, vous y sçaurez recueillir des fleurs de trés-douce & trés-soüeve odeur, desquelles vous recevrez les premiers fruicts, & vos subjects en jouyront aprés vous abondamment.

La Justice fait regner les Roys, & contient le peuple en une ferme paix & tranquillité paisible, quand elle est distribuée à chacun avec une proportion égale. D'elle sortent quasi comme deux veines, la Pieté & l'Equité. Son chef & origine est en la premiere, pour rendre à Dieu l'honneur qui luy est convenablement deu, que nous appellons Religion : & en la seconde, est toute sa force & substance, pour rendre à un chacun ce qui est sien, pour garder le foible de l'oppression du puissant, & pour conserver aux grands leurs dignitez & richesses en seureté, à l'exaltation des bons, crainte & terreur des mauvais.

C'est elle qui est la fontaine de vertu, la Royne de tout le monde; & Jupiter, ainsi que disent les Poëtes, a la Déesse Themis, c'est-à-dire le droict & la Justice, assise à ses costez, pour dire que le Prince ne doit faire que ce qui est sainct, droict & juste. Aussi prenons-nous la difference du grand ou petit Roy, à la mesure de la Justice, comme à la mesure Royale. La vraye & solide gloire d'un Roy, est de soubsmettre sa hauteur & majesté à Justice. Il ne peut faire chose plus haute, plus Royale, ne plus Divine, outre-passant les vertus ordinaires, que de se conformer à Dieu le plus qu'il peut en l'administration de son Estat : estant, sans comparaison, l'acte de faire Justice, trop plus Royal, que toutes les autres actions qui luy peuvent estre communes avec d'autres.

Comme j'ay dit qu'il n'y a rien qui tant conserve & fasse prosperer un Roy & ses subjects, que la Justice bien administrée : aussi n'y a-t-il chose, d'où naissent tant de maux, que du mespris de l'on fait d'elle : car dés l'heure qu'un Roy pourvoit, soit aux benefices, soit aux offices, des personnes incapables, dés-là peut-on dire l'Estat decliner & courir à sa ruine.

D'où sont venuës tant de calamitez au faict de la Religion depuis cinquante-quatre ans en çà, que de l'injuste nomination, dispensation aux benefices & charges Ecclesiastiques, que les Roys vos predecesseurs ont cy-devant donné à toutes sortes de personnes indifferemment? S'ils eussent promeu aux dignitez Ecclesiastiques, gens sçavants, & bonnes mœurs & de bon exemple, qui eussent faict ce qu'ils conseillent, & que leur vie n'eust point discordé de leur parole, ains qu'ils eussent vescu comme ils parlent, jamais nous n'eussions veu l'erreur & l'abus pulluler parmy nous.

Qui sont ceux qui ont esté appellez aux Prelatures ? Gens ignorants. Il n'y a point plus grande cause de l'impieté, que l'ignorance : & où elle est, il n'y a cognoissance aucune de la verité : elle est la mere nourrice de l'erreur & de l'abus, qui tire aprés soy des miseres sans nombre, d'autant que l'on prend les choses bonnes pour mauvaises, & les mauvaises pour bonnes. La theriaque n'est point tant contraire au venin, que l'ignorance à la vraye Religion.

Nous sommes icy appellez pour vous representer la verité des choses : il la vous faut dire sans pallier. Depuis que les faveurs ont creé des Pasteurs sans soin ny suffisance, & que les biens de l'Eglise ont esté maniez à l'esgal du domaine des Seigneurs : que les Ecclesiastiques ont dressé leurs cœurs vers l'or & l'argent, que Nature avoit ensevely & plongé au fond des entrailles de la terre, plustost que de l'eslever aux choses qui sont encloses dans le Ciel : qu'ils se sont vantez d'estre disciples des Pescheurs, comme si pour ceste cause ils estoient saincts, s'ils ne sçavent rien; & qu'ils ont perdu par les richesses ce qui leur avoit esté acquis par la pauvreté : dés-là on a veu toute l'Europe pleine de divisions, & le monde assailly d'heresies & d'abus : d'où est venuë la coustume de trafiquer marchandise en l'Eglise; qui est si commune, qu'elle accompagne le general de la France, comme l'ombre faict le corps ? C'est aujourd'huy un meslange & pesle-mesle du bien Ecclesiastic avec nostre hoirie & succession.

Si nous n'appaisons l'ire de Dieu promptement, il est impossible que nous ne trebuchions & donnions du nés en terre. Pour le fleschir, c'est à vous, SIRE, de nommer aux Archevesches, Eveschez, Abbayes, & autres dignitez, qui despendent de vostre nomination, des gens de bien, recommandez en doctrine, Religion & aage, & contraindre tous les Prelats de veiller sur leur troupeau, & resider, suivant l'ordonnance, sans en dispenser aucuns; & combien qu'ils soient employez prés de vostre personne, si doivent-ils estre contraints, au moins d'y demeurer six mois de l'année.

Dés l'heure que vous nommerez gens de cette estoffe aux benefices, dés l'heure Dieu respandra sa benediction sur vous, de laquelle vous verrez incontinent les effects. Car venant à l'execution, ces dignes Prelats rempliront les benefices, qui sont à leur collation, d'hommes sçavants, de bonne vie, & capables de telles charges : lesquels seront suffisants pour destruire l'heresie, l'abus, & la corruption des mœurs, & par leur diligence & exemple feront un plus grand effort, que si vous y employez de fortes & puissantes armées : car le bien dire & l'exemple d'un Prelat peut mener à bien un peuple : parce qu'à toutes heures chacun a recours à luy pour ses fautes : si nous avons quelque doubteux scrupule, nous consultons avec luy : & quand il presche, nous l'oyons avec une merveilleuse attention, & en sacrifiant, nous le contemplons avec une grande reverence. C'est pourquoy nous pouvons dire, qu'il n'y a bon Prelat en son diocese, qui ne profite beaucoup plus, qu'un bon Capitaine : car la parole de Dieu, dont l'Escriture, est vivante & plus penetrante qu'un glaive tranchant des deux costez; elle est poignante comme des aiguillons, & semblable à des clous qui ont la pointe dressée en haut : elle ressemble à un maillet qui brise les pierres dures : c'est, dit le Prophete, une medecine plus salubre pour la guerison des ames, que ne sont les herbes & les cataplasmes au corps humain.

Encores souhaiterois-je une chose (& pense-je que ce soit le bien general de l'Eglise) que quand vous appelleriez un homme à une charge Ecclesiastique, ou qu'il y fust esleu suivant les Constitutions, qu'on y apportast un tel soin, que non content de la nomination ou eslection, on proposast outre ce en lieu public, le nom de celuy-là, pour estre un chacun receu à denoncer ce qu'il sçauroit digne de blasme & de reprehension en luy. A Rome, on n'osoit proposer ou publier une loy, que premierement elle n'eust esté attachée en lieux publics, où elle peust estre consideree & examinée de tout citoyen.

C'est une belle chose à un Souverain, quand il se propose d'imiter pour patron quelque Roy vertueux, ou bien est excité de ce faire par ceux qui l'approchent. Vous estes sorty du tige de ce grand sainct Louys, au modele duquel vous devez contretirer toutes vos actions, si vous desirez perpetuer en bien vostre nom à ceux qui vous survivront : suivant ses voyes, vous ne sçauriez jamais mal faire en la conduite de vostre vie. Quand quelque benefice tomboit à sa nomination, avant que d'y pourvoir il s'enqueroit avec un soin diligent de l'estat & condition de celuy qui le pourchassoit, pour sçavoir s'il estoit comblé de doctrine, & de bonne vie : encores ne le donnoit-il qu'avec un meur conseil des gens de bien qu'il tenoit prés de sa personne. Et entre autres enseignemens qu'il laissa par escrit à son fils, il l'exhorta de donner les benefices qui luy appartiendroient, à personnes bonnes & de nette vie.

Mais qu'a depuis produict ceste nomination & eslection aux benefices ? La Religion pretenduë reformée, qui s'est glissée dans le sein de cette France pendant l'ignorance de nos Prelats. Et pour ce que nous sommes sur ce discours, je vous diray que plusieurs se sont servis d'elle comme d'un outil propre à la ruine de ceste Couronne, qu'ils ont precipitée au fond de toutes calamitez par les guerres qu'ils ont esmeuës. C'est pourquoy je ne seray jamais d'advis que nous retombions dans ces troubles & confusions que nous avons veuës. Je vous discourrois tout au long ce qui est du malheur de la guerre, & du bien inestimable de la paix : mais quel plus beau commentaire, que le sentiment des maux passez, & les plaisirs & contentemens

tentemens presents, desquels nous jouyssons? La paix, quoyqu'injuste, est plus utile que la plus raisonnable guerre du monde. La guerre n'est aucunement le moyen de retirer les desvoyez de l'Eglise de leur faute: ainsi, que ce n'est pas sainement faict, de couper le membre malade, quand la maladie se peut guerir par autre remede, comme par purgations. Et tout ainsi que la pure Religion ne s'engrave point en nos cœurs par le fer & le feu, aussi peu la faulte & depravée se peut-elle effacer par tels moyens.

La seule maniere de planter & confirmer en nous la Religion, gist en la parole de Dieu enseignée & preschée en toute humilité & simplicité. Ceste façon par la splendeur de la verité reluist en nos esprits, & les esblouyst beaucoup plus que le glaive: car quelque resistance que nous faisions, elle nous attire à Dieu, & par une saincte foy & asseurance nous attache & conjoinct avec luy. Les Apostres guidez de ce biais, ont par tout le monde annoncé la Loy Chrestienne, qu'ils ont fait croire avec un merveilleux consentement de tous. C'est chose raisonnable, que chacun combatte de tout son pouvoir pour elle, non par les armes materielles, mais par la douceur & simplicité de doctrine. Les maladies de l'esprit se doivent guerir par le glaive spirituel, sans user du corporel. Ce qui nous fut tres-bien enseigné par nostre Saint Louys. Car comme le Pape voulut continuer la persecution contre les Albigeois, & que le Mareschal de la Foy (ainsi appellé pour estre chef de la guerre destinée à feu & à sang contre eux) s'apprestoit à nouvelle recherche pour en exterminer ce qui restoit, ce bon Roy ne le voulut souffrir, disant qu'il les falloit persuader par raison, & non contraindre par force.

Ceste Religion s'abolira avec le temps, quand vous ferez reformer les mœurs & abus des Ecclesiastiques, ainsi que nous avons remonstré, ferez resider les Pasteurs en leurs dioceses, & prescher; quand vous abolirez la venalité des benefices, ferez distribuer aux pauvres les biens de l'Eglise, desquels les Prelats seuls jouyssent: & reprenant l'origine & premiers commencements des establissements contenus dedans les saincts Conciles, Decrets & Constitutions de l'Eglise: comme il se fait & observe quand les ruisseaux sont troublez, pour puiser l'eau pure & bonne, on a de coustume d'en venir à la source. C'est le vray & seur chemin, & le plus court, sans rien hasarder.

Quand vous vous gouvernerez de la façon en la nomination des benefices, reformation & leur collation, & abolition de ceux de la Religion pretenduë reformée, ne doutez point que toutes choses ne vous rient, & que la France ne florisse en toutes sortes d'heurs.

Je viens maintenant à cet autre defaut, qui est en la Justice, lequel regarde la vente des Offices, & nommément de Judicature, qui se vendent au plus offrant & dernier encherisseur, sans considerer si les acheteurs en sont dignes & capables, ou non. Tellement qu'à l'heure que je parle, il y a plus d'officiers és bonnes villes de ce Royaume, que de Marchands, voire d'artisans. On procedoit anciennement par élection, aujourd'huy par vente, & avoit-on esgard à la preud'hommie, doctrine & experience de ceux qui estoient esleus. La coustume estoit, quand il vacquoit un office de Judicataire, soit aux Cours souveraines, Sieges Royaux, ou Justices inferieures, de faire élection de trois personnes idoines & capables pour l'exercice de l'office vacquant, & à l'un des trois le Roy conferoit l'Estat, sans qu'il desbourfast un seul denier: & en ce faisant, demeuroit la conscience du Roy deschargée & acquittée envers Dieu & le monde: & estoit par ce moyen pourveu aux offices, de gens convenables, ausquels on ostoit le moyen de mal faire, & ouvroit-on le chemin de se comporter modestement, en rendant la Justice à un chacun: là où depuis que l'on a commencé à les vendre, la porte a esté ouverte à toute injustice & iniquité: car de là est venuë l'impunité des crimes, & autres desordres que nous voyons tous les jours. Se faut-il esbahir, si la Justice est depravée, puis que celuy qui achete en gros, a accoustumé de vendre en detail.

Tome II.

Le premier de nos Roys, qui rendit les Estats de Judicature venaux, fut ce bon Roy Louys Douziesme, lequel, comme il estoit du tout addonné au soulagement de son peuple, il estima qu'il ne le pouvoir mieux soulager, que de mettre une taille sur l'ambition des plus riches en achetant les offices, ne s'advisant pas pour l'heure de la consequence: mais ayant recogneu le mal qui en naissoit, il s'en repentit: d'autant que par son ordonnance faicte en l'an 1498. il revoqua ceste vente d'offices. Toutesfois apres luy, François Premier à face ouverte se dispensa de les vendre, & à la suite ce grand desbord de vendre & acheter commença soubs Henry Second, qui a continué de mal en pis jusques à nous.

Qu'advient-il de la vente des Estats? De grands & signalez inconveniens. Premierement, que sans respect aucun de la vertu & suffisance de ceux qui pourchassent les dignitez, y parviennent avec argent, poussez d'un espoir de s'y enrichir: comme s'ils n'estoient ordonnez à autre fin, que pour y buriner & gaigner à tous hazards & à la grosse adventure. Et faut dire, que lors un Royaume est proche de sa ruyne, quand chacun mesure les choses par son profit seulement.

Que produist ceste vente d'estat? Une multitude d'officiers qui n'apportent qu'une confusion & interest pour le public; d'autant qu'ils vivent du sang du peuple, en retenant les parties longuement en procez, sur les incidents qui se forment ordinairement par les ruses des practiciens, & puis par les Arrests interlocutoires, qui se donnent premier que d'en venir aux definitifs; & les grandes surcharges des espices. Quoyque les Roys ayent creé des officiers nouveaux, si est-ce que les anciens ont tousjours trouvé leur compte, à la foule des pauvres plaidans: car les espices augmentent à mesure que les officiers croissent. Quand une pauvre partie a passé autour & au moulin, je veux dire par tous ces mange-peuples, il ne luy reste plus que le souffle. Adjoustez que vos finances sont en partie consommées en gages & appointements. C'est un signe évident d'un Estat corrompu, depuis que l'on y voit ce grand nombre d'officiers, comme quand on y voit beaucoup de Medecins: ceux-là sont nourris par la contention des hommes, & ceux-cy par leur oysiveté, friandise & gourmandise.

La Republique de Marseille fut un long-temps louëe & en admiration, pour l'equité de sa justice: mais depuis que le nombre des Magistrats creut jusques à six cens, elle ne fit que tomber en decadence. L'indice le plus certain de la perdition d'un Estat, est la multitude des loix; & la marque la plus veritable de la corruption des loix, c'est le nombre excessif d'officiers.

Je vous prie de considerer plus avant, que l'honneur, la vie & le bien sont les trois choses les plus cheres que nous possedions en ce monde. Entre les mains de qui sont-elles commises? Entre celles de personnes qui ne sont pas choisies par la recognoissance de leur merite, mais par la quantité de leur argent, les offices estant aujourd'huy vendus à l'enquant, comme il se fait de toutes les autres marchandises; tellement que ce n'est pas davantage d'integrité, mais plus de finance, qui faict en ceste profession la fortune des hommes.

Et pour ce qu'en la practique de cet abus la bonté de nos Roys adoucissoit quelquefois la condition des personnes de merite, donnant, ou pour le moins diminuant la taxe de leurs offices; ceux qui ont eu cy-devant le timon de l'Estat en main, pour brider leur liberalité, boucher toutes les ouvertures de bien, & estendre par tout leurs malheureux profits, ont trouvé invention d'en contracter, donnant à ferme ce droict annuel des officiers, où ils ont avec toute sorte d'inhumanité & excez gehenné l'ambition de ceux qui en ceste calamité publique ont esté si mal conseillez, que de se faire pourvoir aux offices de Judicature, desquels ils ont haussé le prix jusques à cinq & six fois plus qu'ils ne valoient auparavant ce beau Contract. C'est l'ordre qui s'est tenu & tient depuis quelques années pour remplir les Parlements & autres Jurisdictions de personnes capables & dignes de telles charges. Que peut-on esperer d'eux, voire des plus gens de bien, qui ayant baillé grande somme de deniers, & encores plus que tout leur bien ne vaut, ont besoin d'en tirer quelque interest pour sustenter eux & leur famille, & subvenir à leurs autres necessitez? Chacun regarde, j'ay tant baillé d'argent, il faut que mon estat me vaille tant: & sur ce pied, ils ne songent qu'au profit & au revenu de l'office, qu'ils proportionnent au prix qu'ils en ont payé, & à l'interest que leurs deniers leur rapporteroient les employant en rente, heritage, marchandise, ou à la banque. Voilà ce qui est de plus precieux, l'honneur, la vie, & les biens entre les mains de ceux qui veulent donner le plus d'argent. Malheur qui ne se peut accroistre, puis que la fortune des hommes y est exposée.

Mais passant plus outre que tout cela, je diray que vendre les offices de Judicature, c'est vendre la Justice, c'est vendre le Royaume, c'est vendre le sang des subjets, c'est vendre les loix, & oster les loyers de l'honneur, de vertu, de sçavoir, de pieté, de Religion: bref, c'est ouvrir la porte aux larcins, concussions, avarice, injustice, ignorance, impieté, & à tous autres vices. C'est faire comme le mauvais Chirurgien fait des playes, qu'il convertit en fistules pour y profiter davantage.

Je finiray ceste vente d'honneur par le prognostic de ce sage Caton, lequel entre tous les plus grands presages qu'il estima signifier la perte prochaine de la Republique Romaine, cettuy-cy en estoit un, que non par la vertu, mais par les menées & practiques, or & argent on obtenoit les honneurs. Et moy je dis que ce Royaume est en grand danger, où l'on ne met aucune difference entre le bon, le meschant & l'ignorant, & qu'il ne peut longuement subsister, puis que la vertu n'y est point honorée & recompensée, ny le vice puny. Et ce qui me le fait encores mieux juger, ce sont les maux que nous avons veu arriver en ceste France depuis que ceste venalité a esté ouverte, qui ont suivy & les personnes de nos Roys & le corps de leur Estat, que j'ayme mieux penser qu'exprimer.

La medecine propre à un abus si signalé, est, que vous revoquiez en premier lieu ce beau, ains plustost malheureux contract, qui a faict monter les offices à ce prodigieux, effroyable & enorme prix: & aprés, ceste venalité & multiplicité d'offices: & que de là en avant vous n'appelliez aux charges de Judicature, que gens suffisants, qui ayent une ame pure, & nette de tout vice: car par ce moyen ils jugeront plus sincerement, & cognoistront mieux la faute d'antruy, n'ayant ils n'y aura rien à reprendre en eux; & lors vostre Noblesse taschera en bien-faisant d'estre appellée aux estats, desquels elle est aujourd'huy de tout point forclose par leur grande cherté. Pleust à Dieu que ceux qui meritent les charges publiques, y fussent attirez & contraincts par voye de force! Ce seroit un fidele & veritable tesmoin que les offices seroient les loyers de la vertu, & non des biens & richesses.

Si ne veux-je passer soubs silence le grand desordre qui se voit aux estats des finances, tant aux offices à ce que officiers, soit aux grands gages qu'ils tirent de la substance du peuple. Il y a vingt-deux Generalitez en France, & soubs chaque Generalité sept ou huict Elections: autant de Generalitez, autant de dix ou douze Thresoriers: & autant d'Elections, autant de neuf ou dix Eleus, sans compter en l'un & en l'autre les petits Ministres qui servent au dessoubs d'eux, qui excedent de beaucoup ce nombre. Du tems de Charles VI. les trois Estats firent plainte des abus que ces officiers commettoient, & remonstrerent qu'il n'y avoit que deux Thresoriers anciennement, & que pour lors il y en avoit cinq; supplioient le Roy de reduire ce nombre à l'ancien. Si ces cinq faisoient tant de desordre, que peut-on esperer de trois mille & plus qui sont aujourd'huy espars comme peuplades par la France?

Voulez-vous bien faire, soit à la descharge de vostre conscience & de vos finances, soit au soulagement de vostre peuple, agrandissement & augmentation de vostre Royaume? A mesure que tant d'offices, soit de Judicature, soit de finances viendront à vaquer par mort ou par forfaicture, que les estats demeurent supprimez, jusques à ce qu'ils soient reduicts au nombre ancien & necessaire, sans esperance de les pouvoir jamais faire revivre pour quelque subject que ce soit.

Pendant que je suis sur les voyes de la Justice, je ne les veux perdre, que je ne vous aye remonstré une chose qui luy apporte tel trouble, que les parties en sont souvent appauvries, & reduites à une telle mendicité qu'elles sont contrainctes de quitter le fardeau pour la coustume, je veux dire leurs pretentions, pour les grands cousts qu'il leur convient faire. Ce sont les Evocations de propre mouvement, qui ne doivent estre permises que pour grandes & urgentes occasions, non pour le profit & interest d'aucuns particuliers qui abusent de vostre faveur, & font que vous abusiez de la Justice, & fassiez injustice à vos subjects. Pour divertir le cours de tant de malheurs, qui decoulent des Evocations de propre mouvement, je vous donneray le conseil que j'ay autresfois escrit en l'institution du Gentilhomme: Reduisez vostre puissance à la civilité de la loy, & n'ayez nuls mouvements aux affaires de la Justice, sinon ceux que vous emprunterez de la loy commune de vostre Royaume. C'est le seul & unique remede pour donner soulagement à vostre peuple, & à vous un repos de conscience, & pour dire en peu, vous vous garantirez de l'importunité des Grands. Ce qu'ayant cogneu Henry III. sagement ordonna en l'assemblée des Estats tenus à Blois, les Evocations de son propre mouvement nulles, de nul effect & valeur; & nonobstant icelles, vouloir estre passé outre à l'instruction & jugement des procez par les Cours dont ils avoient esté evoquez. Loy que tout Prince doit estroictement empraindre dans son cœur, comme celle en qui repose le bien, profit & tranquilité de ses subjets. Il sera à propos de renouveller ceste ordonnance, en luy donnant plus de force qu'elle n'en a eu cy-devant, & ordonner que les Cours de Parlement ne deferent à aucune Evocation, qu'elle ne soit fondée en l'ordonnance, quelque derogation qu'il y ait.

Il y a encores une autre forme d'Evocation des Jurisdictions ordinaires, plus dangereuse que la premiere: quand vous donnez des Commissaires extraordinaires pour faire faire le procez à quelqu'un: car il semble que ce sont gens triez, qui ne parlent, parlent & ordonnent que par l'organe de ceux qui sont cause de leur establissement. Comment peut estre la vie & le bien d'un pauvre criminel, asseuré entre les mains des Juges qui sont ses parties? Et de fait, le Prieur des Celestins de Marcoussi fit une belle responce au grand Roy François, qui s'enqueroit de luy, pourquoy le Seigneur des Essars, qui avoit esté inhumé dans leur Monastere? Quelqu'un illec present recita l'histoire, & comme le Duc de Bourgongne luy avoit fait trencher la teste. A ceste parole, le bon Prieur dit, que c'estoient Commissaires, qui avoient fait son procez, & non des Juges. Il est donc necessaire de fermer la porte à ces Commissaires extraordinaires, veu que chaque Province a son Parlement & ses Jurisdictions ordinaires establies pour rendre justice.

Il ne faut, à la suite de cecy, oublier l'impunité des crimes, qui a cours en ce Royaume, par la facilité des graces & abolitions que l'on a par le passé fait expedier: qui a fait que les personnes plus souvent & plus temerairement ont entrepris mesmes fautes, à la subversion de l'Estat: qui sont vrayes asseurances des vices qui ont cours en iceluy, & qui frayent le chemin à tous les autres meschants de commettre meurtres sans nombre, soubs esperance d'une abolition.

Un Roy ne se rend jamais facile à commander l'expedition des graces injustes & abolitions, que tost ou tard Dieu ne se mette de la partie, & qu'il ne le punisse pour avoir connivé à la punition d'assassins si odieux & execrables. Nostre grand Henry, le jour de devant sa triste malheur, poursuivi vivement par un des Grands de la Cour pour l'expedition de quelques lettres de justion en

consequence

consequence d'une abolition, luy dit en colere : Monsieur, Monsieur, j'ay fait ce que je pouvois, voulez-vous que je prenne les Juges à la gorge ? Ils feront ce qu'ils doivent. Et se tournant vers un Seigneur de marque, luy dit : les guerres m'ont contraint de faire expedier tant d'abolitions : maintenant que mon Royaume est pacifique, je suis resolu de faire garder les Ordonnances, & empescher qu'il ne soit expedié, ny grace, ny abolition contre la justice. Totilas, Roy des Goths, importuné de tous les Capitaines de son armée de pardonner à un vaillant Cavalier, qui avoit forcé une fille, leur dit, qu'autresfois estant sans comparaison plus forts que les Romains, ils avoient tousjours eu du pire, pource qu'ils ne rendoient bonne justice ; maintenant que Dieu avoit mis leurs fautes en oubly, il les faisoit prosperer, & faire choses surpassantes leurs forces ; c'est pourquoy il valoit mieux qu'en exerçant justice, ils entretinssent ce qui estoit subject à leur victoire, que d'estre cause de leur ruine en faisant injustice : ne se pouvant faire que celuy qui a fait quelque lasche tour, le puisse bien gouverner au combat, veu que par la condition de la vie d'un chacun, se gouverne la fortune de la guerre. Tellement que ce Cavalier fut puny de mort, & les biens donnez à la fille. Exemples que vous devez, SIRE, avoir tousjours devant vos yeux, afin de faire chastier les meschants pour maintenir & conserver les bons en leur affection, & leur accroistre le courage de bien faire : & pour empescher que ceux qui sont moins bons, ne declinent à tout mal ; & par les meschants qui demeurent impunis, ne soient les jeunes gens incitez à mal faire, qui à la façon de la cire, sont faciles à prendre toutes sortes de caracteres, & comme jeunes plantes se plient selon le vent. Bref, vous devez autant estre redouté des mauvais, comme vous devez estre aymé des bons.

J'ay parlé de l'Eglise & de la Justice ; maintenant je viens à la Noblesse. Anciennement, la recompense d'honneur d'un vieil Gentil-homme, qui à la pointe de la vertu s'estoit frayé le chemin au service de son Prince, alloit à un Gouvernement de ville, de Province, à une charge de Capitaine des Gardes, ou du corps, ou de quelqu'autre charge en la maison du Roy. A l'heure que je parle, l'on ne sçait que c'est que de ces loyers. Car ces Gouvernements, ces Offices & Charges, grandes & petites, se vendent, & se donnent au poids de la vertu, mais de l'argent. Vendre les Estats de la Cour, en faire une banque ouverte, c'est fermer la porte aux plus vertueux, lesquels ne peuvent plus monter aux degrez d'honneur. Et encores le pis est, que nous voyons toutes ses charges en commerce entre les Gentils-hommes, & les pactions permises à beaux deniers comptans, & les survivances données aux enfans. Que peut esperer un jeune Gentil-homme en bien servant auprés de son Roy, puis que toutes les places remplies ne peuvent tomber qu'és mains de ceux qui ont de l'argent ; le Roy n'ayant moyen de luy bien-faire, à cause qu'il s'est luy-mesme lié les mains ? Vous seul toutesfois pouvez empescher ce desordre, quand vous ordonnerez que doresnavant les seuls merites, la generosité, la vertu & la fidelité feront les Gouverneurs, Capitaines, & Officiers.

Un autre grand mal suit la Noblesse, laquelle, pour n'estre employée, est devenue toute faineante & abastardie. Anciennement, les Princes & grands Seigneurs avoient leurs compagnies d'Ordonnance entretenuës, qui avoit une place de Gens-d'Arme, qui une place d'Archer, selon que l'aage & les facultez estoient grandes. Aux garnisons, ils apprenoient toutes sortes d'exercices propres à un Gentil-homme, d'où sortoient, comme d'une fertile pepiniere, on braves Gens-d'Armes, ou vaillants Capitaines. A l'heure que je parle, ceste Noblesse est contrainte de croupir soubs les cendres, faute d'estre mise en œuvre. Pour ne la voir devant vos yeux entreprise d'une nonchalante fetardise, faites remettre sus ces compagnies d'Ordonnances ordonnées pour la deffense de la France. Les deniers du Taillon sont destinez pour cet usage, qui ne peuvent, ou ne doivent estre

divertis : & lors vostre Noblesse servira de terreur à vos voisins, voire aux contrées les plus esloignées.

Il me faut venir à ce qui fait grandement florir les Royaumes, j'entends les Marchands, le trafic desquels souloit apporter plusieurs commoditez, richesses, ornements, des pays estrangers : moyen tres-juste & accoustumé d'enrichir les villes ; desquels, comme de sources, les richesses decouloient par le plat pays, au benefice de toute espece de gens. Cet ordre n'a plus de vigueur : il est tellement abbatu, que la communication des pays estrangers & l'eschange des marchandises est rompu entre nous par l'abondance des tributs sur toutes sortes de marchandises, lesquels emportants quant & soy la plus grand'part du profit que souloient faire les Marchands, leur ostent le courage & la commodité de continuer leur commerce ordinaire. Et rapporte-l'on aussi ce defaut à ce grand nombre d'offices. Car le Marchand considerant le peu de gain, ou point du tout, qu'il fait en la marchandise ; le peu de compte & d'estime qu'on fait de luy dans le corps de l'Estat, porté d'une aveugle ambition, jette, sans recognoistre, ses enfans aux charges publiques : tellement que ceux qui souloient dans les villes & attirer les commoditez estrangeres, ont esleu une sorte de vie, qui consomme la substance de leurs Citoyens : car la maxime est tres-certaine, que là où est le grand nombre de Juges, là est l'abondance des procés, qui espuise les parties & les appauvrit.

Le moyen pour faire que la marchandise ait son plein cours, c'est de rendre les imposts moindres, & lors vous verrez les Marchands avec leurs marchandises aborder en ce Royaume de tous costez. Là où l'on sent le profit, là on y court comme au feu.

Il y a à la suitte, le commun peuple, sans les travaux duquel un seul de nous ne peut subsister avec honneur. Nous luy bantons la campagne, qui voyons de nos propres yeux comme il vit, nous pouvons avec une vraye cognoissance vous dire l'estat auquel il est de present.

Les grandes levées de deniers imposées sur luy depuis vingt & cinq, trente, ou quarante ans en çà, l'ont de tout point succé & espuisé. Il n'y a eu espece ny moyen de tirer argent, qu'on n'ait inventé ; afin que les Maltotiers s'enrichissent & s'enflassent, comme le dragon, du sang & substance des hommes.

Pour vous dire le vray, le peuple n'est plus, il est pery, il est sans substance & sans vie, s'il n'est deschargé de creuës & imposts. C'est un corps malade, qui a esté saigné jusques à defaillance de cœur ; il le faut laisser respirer & prendre la nourriture, puis on parlera de le resaigner ; mais ce sera selon le bras la saignée, comme l'on dit. Il ne le faut pas abandonner, il le faut conserver & remettre sus, mais peu à peu selon les forces naturelles. Car ce peuple vous peut maintenant dire ce que ceux d'Andros respondirent à Themistocles, qui leur demandoit ayde : Je vous amene, leur dit-il, deux grands Dieux pour vous conjurer, la Persuasion, & la Contraincte. Ils luy respondirent : Nous vous opposons deux grandes Deesses tres-fortes, la Pauvreté & l'Impuissance : Voulants dire, qu'on ne peut tirer du Subjet, que ce qui y est, & que d'exiger de luy jusques au dernier degré de sa substance, jusques au dernier souspir de sa vie, est errer manifestement aux maximes d'Estat. Il faut prendre de luy ce qu'il vous donne d'ordinaire, & dont il est ja assez chargé, & le laisser en repos de tant de charges extraordinaires que l'on luy demande journellement. Et si vous voulez qu'il vous ayme à bon escient, il faut que vous l'aymiez de mesme, & luy faire sentir par effect le fruict de vostre amour ; & recognoistre que Dieu vous a fait & créé pour le peuple, & non luy pour vous : il peut aucunement bien vivre & estre sans Roy, mais un Roy ne peut pas estre sans peuple.

Nous vous supplions qu'il ne soit frustré de l'espoir & attente qu'il a de ressentir les effects de vostre pieté & religion, & ne l'abandonner à la violence de la douleur des maux qui l'accablent, & que tant de pauvres ames miserables puissent cesser de crier au ciel les derniers abois de leur langueur, soubs le faix insupportable des tailles des creuës, & d'une infinité de nouveaux subsides, qu'il est contrainct de journellement supporter. Tout cela a atteinct son dernier periode, voire si avant, qu'il n'y a rien qui tant nous menace d'entiere & finale ruyne. Il est impossible en nature qu'un corps puisse long-temps porter tant d'évacuations sans mort.

Si ces plaintes & clameurs demeurent sans estre oüyes, il est à craindre qu'un mescontentement ne produise quelque mauvaise consequence à l'Estat par la diminution de la bien-veillance qui vous est deuë. Pourvoyez-y par vostre benigne prudence & bonté, en le soulageant & deschargeant de l'insupportable fardeau de tant de tailles, creuës & imposts : & ordonnez qu'après que la taille est imposée, on ne fasse plus de levées extraordinaires, soubs quelque pretexte que ce soit, à peine de la vie, quelques lettres qui en soient expediées. Faites que toutes nouvelles inventions soient entierement esteintes; imposts excessifs tant de fois redoublez sur le sel necessaire à la vie du peuple, abbatus : & que toutes autres sortes de mangeries, que les publiques sangsuës ont introduict en ce siecle, soient revoquées, afin que la posterité n'ait occasion de mesdire de vostre regne sur une souvenance si indigne, accompagnée de la ruyne de vos subjects. Quand vous les soulagerez, cela leur donnera du contentement; le contentement, de l'amour; l'amour, de l'obeïssance, qui est le fondement, forteresse & appuy de vostre Royaume & seureté de vostre Sceptre contre toute sorte d'ennemis.

Quand la necessité d'une guerre, ou autre juste cause, & extraordinaire vous forcera à imposer subsides nouveaux, que ce soit le plus retenuëment & rarement que vous pourrez, les employant à l'usage pour lequel ils auront esté levez ; en vous monstrant à vostre peuple bon mesnager & fidelle depositaire de ce bien. Sur tout, ne vous enrichissez des exactions tirées de luy : mais tenez sa richesse pour vostre plus beau thresor, & croyez que vous ferez de luy tout ce que vous voudrez, quand vostre volonté ne s'estendra qu'à ce que vous devez vouloir.

Toutes & quantesfois que vous conduirez de la façon le fil de vostre vie, elle se rendra semblable à celle de Saint Loys, & à celle de Louys XII. Le premier diminua les tailles & subsides imposez sur son peuple par ses predecesseurs, & mesnagea de telle sorte son domaine, qu'il y en avoit assez pour subvenir à ses grandes affaires, & pour donner aux pauvres, vefves & orphelins, & autres œuvres pies. Tant que l'autre vescut, il banda tous les nerfs de son esprit pour soulager ses subjects, & quelques levées d'hommes de pied & de cheval qu'il fist, si n'en foula-t'il jamais son peuple : mesme que luy ayant liberalement accordé une creuë de taille pour subvenir à ses affaires estrangeres & domestiques, il ayma mieux se reduire au petit pied pour le sauver d'oppression, que souffrir l'impost. Enfin, jamais peuple n'ayma tant son Roy, jamais subjects ne donnerent avec plus grand applaudissement à leur Souverain, que les François à cettuy-là cet heureux surnom de Sainct; & à cettuy-cy le glorieux surnom de Pere du peuple. Suivez leur trace, & faites que par la sage conduicte de vos actions, vous soyez le troisiesme Louys, qui ait en tout & par tout soulagé son peuple, & que ce qui s'est trouvé de race & vertueux en ces deux bons Roys, se rencontre uny & collé en vous.

Mais d'où sont sorties tant d'inventions nouvelles, soit de creations d'Officiers, soit d'impositions de deniers sur le peuple, soit de partis, que de ces Partisans courretiers & maquignons d'Edicts, & qui sont les vrays excrements de l'Estat ? Lesquels se coulent parmy tous les membres de ce Royaume, pour en attirer & succer le sang, & la moüelle des os. Ils veillent sans respit à leur profit, & considerent la necessité de despendre par excez & desordre : & puis inventent mille moyens de trouver argent à tort ou à droit : & pour en fournir promptement, on fait party de chaque invention avec ces espions de Cour, propres à telles affaires, & qui sçavent les moyens les plus prompts & tyranniques pour lever sur vostre peuple ce qui leur est baillé & accordé à tres-petit & vil prix, moyennant quelque avance de deniers qu'ils font pour le bon marché qu'on leur fait de cette mauvaise marchandise, qui ne duist qu'à telles gens naiz pour tourmenter vos subjects. C'est une vermine qui espuise vos finances, & mange vostre peuple jusques aux os. Nous voyons tous que ceste commodité de toucher quelque peu de deniers comptans, s'achepte avec de grands & dommageables interests : car elle ne sert qu'à achever de les ruyner du peu de bien qui leur reste; & les ruynant, alliene leurs volontez du service & obeïssance qu'ils vous doivent. Encores font davantage ces harpies : car combien qu'ils mangent vos biens & de vostre peuple devant vos propres yeux, si est-ce chose veritable, que ce qu'ils ne peuvent consommer par leurs subtiles & maudites inventions, ils en font un magazin de reserve, attendants de rencontrer le temps pour luy donner air.

Le meilleur & le plus utile pour nostre France est de desfricher nostre champ François de ces chardons si poignants. C'est abus de croire que parmy les pestes l'on puisse joüir d'une santé asseurée. Tous ces partis & Partisans sont la contagion de l'Estat, un ulcere public, & une semence si fertile de mal, que si vous en laissez la racine, vous en pouvez attendre des rameaux, dont l'ombre sera mortifere à toute ceste Monarchie.

Si l'arbre sans fruict a esté maudit & condamné au feu, à quelle fin sera reservé celuy qui porte tant de poisons, & duquel le suc est si mortel ? Ne souffrez que cette malheureuse plante soit tousjours arroussée des larmes publiques, & engraissée de la misere commune de vostre peuple. Reculez & escartez de vous ces frelons, qui succent le plus clair de son bien. C'est une rate dans vostre Estat, trop enflée à la langueur des autres membres, qu'il faut purger. Et puis que leur richesse gist en la pauvreté de vos subjects, practiquez ce qui fut mis en œuvre du temps de Philippes le Bel, & depuis soubs le regne de Louys XI. que les biens de ces ruyne-peuples soient publiquement confisquez, & eux dechassez du Royaume. Et puis retranchez à l'advenir toutes choses, lesquelles trouvées pour gaigner, sont endurées plus impatiemment que les tributs mesmes.

Outre ces monstres que je vous ay representez après le vif, il y en a encores un autre, qui avec le temps achevera de ruyner cet Estat, qui procede de la superfluité, qui y regorge en telle abondance, que c'est merveille de l'ouyr dire, voire de le penser. Elle n'est autre chose qu'un excez de despense en maisons, meubles, habits, or, argent, pierreries, train de serviteurs, & banquets. C'est elle qui ne met aucune difference ny distinction entre tous les ordres de ce Royaume : car le moindre veut aller à l'égal du plus grand. Si l'on jettoit les yeux sur la fin de toutes choses, ces superfluitez seroient bien-tost quittées. La frugalité anciennement estoit entretenuë, parce que chacun regardoit à se donner quelque mesure. Et pourroient les sages & les principaux, par l'exemple de leur modestie, servir de lumiere aux plus petits, de la ruyne desquels ils ont esté cause, en ce que n'estans pas aussi riches les uns que les autres, chacun a eu neantmoins du cœur également : car le Grand s'estant desbordé, le mediocre l'a voulu imiter en ce qu'il pouvoit : le plus petit en a voulu faire de mesme : ainsi la superfluité s'est respanduë par tout : il n'y a eu que les sages, qui s'en soient deffendus. Pour fournir à telles dissolutions, il a esté besoin de faire croistre & augmenter les gages & pensions des Officiers : aux Gentils-hommes, de demander aux Roys vos predecesseurs des dons immenses & insupportables; & à aucuns, de faire des exactions & pilleries sur le peuple; & aux autres, abuser de leurs charges, & en trouver, de quelque part qu'il vinst.

A tout ce mal, le souverain & salutaire remede est, que vous bailliez particulierement des bornes & limites de despense à un chacun, qu'ils ne puissent passer, les reduisant à une honneste raison, selon leur degré & dignité :

& qu'en ce desordre vous ordonniez tout le contraire de ce qui s'est practiqué par le passé. Que la soye soit defenduë à toutes especes de gens, sauf aux basteleurs & aux Courtisanes. Car de dire qu'il n'y aura que les Princes qui puissent porter du velours & de la trece d'or, & l'interdire au peuple, qu'est-ce autre chose, que mettre en credit ces vanitez-là, & faire croistre l'envie à un chacun d'en user ? Que les femmes, autres que publiques, ne pourront porter joyaux, perles, ny robbes ou autres vestemens enrichis de broderie, passement d'or & d'argent. Par ces exceptions honteuses, on divertira ingenieusement les hommes & les femmes de toutes ces vaines, delicieuses & somptueuses superfluitez.

Et d'autant qu'en tout ce discours je ne vous ay point parlé des blasphemateurs du nom de Dieu, des adulteres, homicides, assassins, voleurs, devins, enchanteurs, faulsaires, faiseurs de fausse monnoye, & de plusieurs autres crimes, qui sont commis par toute la France, lesquels avec le temps par la permission de Dieu tirent aprés soy la ruine d'un Estat ; je vous diray que l'ire divine va tardivement en la vengeance des crimes, mais elle recompense le delay par la gravité du supplice. Pour remedier à la perte future de vostre Couronne, naissante de tant de forfaits, faites que les loix cy-devant establies en vostre Royaume, soient religieusement gardées : car je vous puis dire, qu'il n'y a Monarchie, qui en ait de plus belles contre tous ces crimes, que la vostre, ny de plus mal observées. Tout ainsi que les peintures par une longueur de temps sont facilement effacées, si elles ne sont entretenuës par quelques traicts de pinceau : de mesme les ordonnances, quelques sainctes & bonnes qu'elles soient, sont mesprisées, si elles ne se mettent souvent en practique. La force de vos ordonnances consiste en l'execution.

Et d'autant que toutes les ouvertures que nous vous avons icy faites pour reformer vostre Estat, ne vous serviroient de rien, qui ne vous donneroit le moyen de payer vos debtes, racheter les rentes constituées & vostre domaine engagé, (car sans cela nous pourrions retomber dans les mesmes desordres où nous sommes aujourd'huy plongez ;) la premiere chose qu'il vous faut faire, c'est d'establir de bons Commissaires, qui rechercheront la nature de vos debtes, lesquels feront distinction des vrayes & legitimes, & de celles qui sont simulées & faulses, ensemble des rentes constituées ausquelles on a fait entrer des choses non justement deuës : & en ce cas, il n'y aura que les legitimes acquitées. Pareillement vostre domaine & autres revenus allienez par dons & bien-faits, seront remis à la Couronne sans aucune recompense : & l'alienation des choses baillées à prix d'argent actuellement desboursé pour les affaires du Roy & necessité du Royaume, sera esteinte par remboursement.

Pour donc acquiter vos debtes, racheter tant les rentes constituées, que vostre domaine, vous ordonnerez que de tous benefices vacants par quelque sorte de vacation que ce soit, seront les fruicts de l'année affectez à leur acquit, les frais neantmoins des provisions & prise de possessions, ensemble les devoirs & charges ordinaires, preallablement prises sur le revenu de ceste année. Et que tous les gages des Officiers supprimez par l'Edict qui sera creé, s'employeront à faire le mesme payement ; lesquels, le payement fait, demeureront esteints.

Voilà les remedes que je pense propre pour la guerison des defauts generaux de vostre Royaume. Chacun de nous est appellé en ce lieu pour y apporter son talent, & contribuer d'un commun vœu à ce qu'il jugera necessaire pour la manutention de vostre Estat. De moy, j'ay dit en ma conscience ce que j'en pensois. Et maintenant je vous suppliray, SIRE, en toute humilité, d'establir prés de vostre personne des Conseillers fideles & craignants Dieu, plus naiz & disposez à vostre service & à l'amour du repos de vostre peuple, que non pas à s'enrichir à tort ou à droict, & eslever leurs maisons à une grandeur sans bornes : & de ne traicter poinct vos subjects par nouveautez d'Edicts pernicieux, charge de nouveaux Officiers, ny par toute sorte de levées, que la malice des Partisans a peu excogiter pour rendre un pays du tout desolé. Et pour vous dire que vous establirez seurement la conduite de vos affaires, quand vous regnerez comme pere : & que soubs la crainte de Dieu vous userez de la substance de vostre peuple avec tant de moderation, que ce soit un entretenement commun de l'un & de l'autre, correspondant par une telle liaison, que l'obeissance rende tesmoignage que le commandement & la domination est aggreable. Pensez que ce que vous estes, vous l'estes par la grace de Dieu, & que vous aurez une fois à luy rendre compte de vostre charge. Aussi toute vostre intention doit estre de regner comme bon, juste & legitime Roy sur vos subjects, qu'il a mis soubs vostre conduicte : vous ne devez avoir autre fin que leur salut & prosperité ; nul si grand desir que de les voir unis & vivre en paix soubs vostre obeissance : voir vostre pauvre peuple deschargé & soulagé, vostre Royaume repurgé des abus qui y ont pris pied par l'injure du temps, & le bon ordre & discipline restablys en tous estats. A cela vous devez travailler jour & nuict, & y employer tous vos sens, vostre soin & vos labeurs, sans y espargner vostre sang & vostre vie : & lors toutes sortes de benedictions tomberont à foison en vostre personne, & vostre Royaume se comblera outrément de prosperitez. Et tiendrez pour maxime, que ceste Couronne ne se peut longuement entretenir en sa grandeur & estime, sinon par les mesmes vertus & moyens qu'elle s'est accreuë & conservée : car ainsi est-il ordonné par nature, que l'accroissement des choses & leur conservation se fasse par les mesmes causes & moyens qu'elles ont esté acquises.

FIN DU SECOND LIVRE.

LES LETTRES DE NICOLAS PASQUIER, FILS D'ESTIENNE.
LIVRE TROISIESME.

LETTRE I.
A Monsieur de la Pereuse, Gendarme de la compagnie d'ordonnances du Duc d'Espernon.

Il l'exhorte à ne craindre la mort.

ET quoy ? sera-t-il dit que vous craindrez la mort ? que cette crainte vous oste le cœur, laquelle voulant conserver vostre vie, la travaille & la perd ? Celuy s'approche fort de la nature d'un coüard, qui attend lafchement le dernier jour de sa vie. Croyez-moy, que la peine & le tourment à mourir eft moindre, que la crainte de la mort : car en la craignant, vous l'appellez, & cefte crainte eft une mort qui dure toufiours, laquelle pourfuit fans relafche celuy qui en a plus de peur. Comment vivrez-vous en repos, apprehendant ce que vous ne pouvez éviter ? Mais dites-moy, fi la mort eft autre chofe que la loy de nature, la rente & le devoir des mortels ? fi la vie ne vous a pas efté donnée foubs cefte condition, qu'il vous faut mourir ? Tout le monde ne va-t-il pas là, comme à une anchre de dernier refpit ? Penfez toufiours à la mort, & vous ne la craindrez jamais. Vous craignez la mort, & la craignant, vous mourrez autant de fois que la craignez. Quand vous ferez eftat de ne la craindre, vous vivrez autant de fois malgré elle. Je vous prie de me dire, pourquoy vous la craindriez, puis que la nature ne donne à pas un une vie éternelle ? Dés lors de la naiffance de chacun elle a affigné un certain jour pour fa fin. Nous fommes tous attachez à cefte neceffité, qu'il nous faut un jour mourir : elle eft des apparages de nature. Il ne la vous faut donc point craindre, puis que c'eft une chofe naturelle, & que pour mourir vous eftes nay. La regle en eft donnée à tous, approuvée & gardée de tous. Defprifez-la : car elle n'a autre amertume que la peur que l'on s'en baille : & quand elle fera fur le poinct de vous empieter, faictes provision d'une fermeté raffife & eftablie de longue-main ; lors vous l'accointerez d'un vifage ordinaire, & irez au-devant d'elle avec une conftance courageufe. Et pour la

A craindre moins, croyez que vous l'avez efprouvée avant que de naiftre : car c'eft une mort que de n'eftre point. Je pafféray bien plus outre : car je vous diray qu'en ce grand roulement de toutes chofes humaines, vous n'avez rien fi certain que la mort, qui eft feule en laquelle aucun n'eft jamais trompé, parce que voftre vie vous n'avez rien d'affeuré que la certitude & fon incertitude. Il eft certain qu'elle vous doibt venir ; il eft incertain d'où elle vous attend : c'eft à vous à l'attendre par tout : car en quelque lieu que vous foyez, elle vous fuit & va aprés vous, comme l'ombre de voftre corps, qui vous fuit, en quelque lieu que vous alliez. La vie & la mort font comme deux coureurs qui courent fort l'un contre l'autre, lefquels tantoft fe trouvent & rencontrent, d'autant qu'auffi-toft que l'homme eft né, il court naturellement à la mort : c'eft fa nature que d'eftre venu au monde pour mourir. C'eft le tribut & peage que voftre premier jour a promis de payer en voftre acquit & defcharge à la nature. Comment pouvez-vous refufer & denier ce qui appartient à la terre ? Comment pouvez-vous vaincre cefte neceffité qui vous fait mourir fans ceffe ? Car tous les jours quelque partie de voftre vie vous eft oftée : voire mefme qu'à mefure que vous croiffez, voftre vie décroift : vous n'entrez point un pas en voftre vie, que vous n'entriez un pas en la mort. Cefte vie n'eft qu'une mort ; elle eft comme une chandelle allumée : à mefure qu'elle efclaire, elle fe brufle : à mefure que vous vivez, vous mourez. Vivre & mourir en vous n'eft qu'un. Vous perdez l'enfance, puis la jeuneffe, & aprés l'adolefcence : tout ce qui s'eft paffé jufques au jour d'hier, eft perdu. Cejourd'huy mefme que vous vivez, fe départira avec la mort. Chaque jour vous approchez de voftre but, & n'eft heure, qui ne vous pouffe là où vous devez faire la cheute. Maintenant que je parle, une grande partie de voftre chemin eft faicte : car tout ce qui s'eft paffé de voftre vie, la mort le poffede. Vous n'avez jour qui n'y tende : mais le dernier

dernier y arrive. Vous y courez inceſſamment. Du commencement de voſtre naiſſance dépend voſtre fin. Tenez-vous pas de Dieu la vie à loüage, & la mort en heritage? ou bien la tenez-vous pas par emprunt de luy ? Puis qu'ainſi eſt qu'il vous l'a baillée en garde, qu'il la vous a preſtée ſur voſtre foy, quand il la vous redemande, vous ne vous en devez plaindre, ains luy rendre graces de ce que vous l'avez poſſedée. La mort eſt l'une des pieces de cet Univers, une piece de la vie du monde, une partie de vous-meſme, laquelle craignant & fuyant, vous fuyez & craignez ce qui eſt né & incorporé avec vous. Une choſe vous doit rendre fort content en la mort, quand vous conſiderez qu'elle rend tout le monde eſgal : ſi nous ne le ſommes quand nous naiſſons, au moins ſommes-nous quand nous mourons. Je confeſſe que les moyens par leſquels elle vient, ſont divers ; mais le poinct où ils finiſſent, n'eſt qu'un : il n'y a aucune mort plus grande l'une que l'autre : car elle a meſme meſure en toutes perſonnes, qui eſt de mettre fin à la vie. Et de faict, Louys XI. ayant interrogé un quidam de baſſe condition ſuivant la Cour, qui ne le recognoiſſoit point, combien il gaignoit? il luy reſpondit, qu'il gaignoit autant que le Roy, parce que tous deux vivoient aux deſpens de Dieu, & qu'au partir de ce monde ils n'emporteroient rien l'un plus que l'autre. Le Roy trouva ceſte parole dite ſi à propos, qu'il le fit ſon Valet de chambre. La vie eſt differente, mais la mort eſt commune. Je vous diray de plus, que vous ne devez apprehender la mort, qui eſt la fin de vos miſeres, & l'embouchure du port où vous ſerez à couvert de tous vents impetueux : le mal qu'il guerit, a promptement ſon remede. C'eſt la medecine de tous vos maux : elle eſt l'affranchiſſement de toutes vos douleurs, leſquelles ne paſſent plus outre que la mort. C'eſt elle qui vous remet en ceſte tranquillité & repos que vous eſtiez avant que de naiſtre. Si quelqu'un vouloit plaindre celuy qui eſt mort, il faut par meſme moyen qu'il plaigne celuy qui n'eſt point nay.

La mort ſert de conſolation contre toute eſpece d'affliction. Ce ne vous eſt pas une iſſuë de douleur & de mal, mais un acces à tout bien. Mieux vaut, dit Salomon, le jour de la mort, que celuy de la naiſſance. Et de faict, ce ſentencieux Epicure diſoit, qu'à l'inſtant meſme de noſtre mort, c'eſtoit le dernier & tout enſemble, le bien-heureux jour de noſtre vie. Puis que vous voyez le fruict que vous tirez de la mort, pourquoy ne ſerez-vous pas incité à un genereux meſpris de la vie, & avec un viſage gaillard & d'un œil riant ne contemnerez-vous pas la mort? Il n'y a rien ſi contraire à la vie, que la mort, & neantmoins qui meſpriſe ſa vie, meſpriſe auſſi ſa mort.

Apres avoir compté à part vous tant de biens que vous recevez de la mort, vous cognoiſtrez que ce vous ſera une tres-belle choſe, ſi vous apprenez à mourir ; & pour mourir une bonne fois, il faut mourir tous les jours en vous-meſme ; quoy faiſant, ce ſera vivre, & vous preparer comme à la fin de chaque jour à la fin de voſtre vie. Rafraiſchiſſez ſouvent en voſtre eſprit l'eſperance de la mort. Car celuy qui preſche de penſer ſouvent à la mort, preſche de penſer à la fin de tout bien : & qui apprend à mourir, deſapprend à ſervir, & eſt celuy-là au-deſſus de toute puiſſance, ou pour le moins hors de toute ſubjection, & ne penſera jamais rien de bas, ny ne deſirera jamais rien exceſſivement. Conduiſant voſtre vie de la façon, voſtre mort ſera à voſtre contentement, & vous vous ferez eſtimer d'un ſi franc & noble cœur, que chacun croira, que vous aimerez trop mieux mourir à honneur, pour eſtre priſé apres voſtre decez ; que fuïr la mort par un laſche & puſillanime courage, pour puis apres vivre en reproche.

Ce ne ſera de merveille, ſi apres avoir leu ce diſcours, vous eſtant homme de bien, avez ce courage. Car la vie de l'homme eſt un don de nature, commun à tous generalement ; mais avoir gloire apres la mort, n'eſt don de nature, ny d'homme, ains une choſe proprement appartenante à celuy qui fait ce bien à luy-meſme par ſes vertus & merites. C'eſt le chemin pour aller à la mort au plus haut degré d'honneur, où alla oncques homme, & qui ne doit eſtre fuy. Et quand tout cela ne ſuffira pour exciter à prendre la mort courageuſement, pourquoy ne vous reſoudrez-vous pas à la recevoir, puis que c'eſt choſe certaine qu'elle vous doit venir ? Car tombez malade d'une fievre, la matiere du ſang, en laquelle repoſe voſtre ame, ſe conſomme par la chaleur de la fievre, d'où procede que la ſource de la fontaine de toutes vos veines vient à faillir, laquelle rend les ruiſſeaux qui en derivent, ſecs & arides, & tous les membres froids ; & ainſi defaillants de ſubſtance, la mort vous arrive. Et quand elle ne vous attaqueroit de ce coſté-là, je vous dis qu'encores que le boire & le manger reparent la perte de voſtre ſubſtance, ſi faut-il mourir, d'autant que ce qui eſt remis par le boire & le manger eſtant une matiere eſtrangere, elle n'eſt pas ſi excellente, que ce qui eſt tout naturel. C'eſt pourquoy l'humide radical, qui s'entretient de la chaleur naturelle, comme faict la lumiere en la lampe par le moyen de l'huile, s'abaſtardiſſant avec le temps, & enfin ſe corrompant par l'alteration ordinaire qu'il reçoit de la viande, il faut neceſſité mourir, & que la matiere dont vous eſtes compoſé, ſe reſoude aux elements dont elle a eſté priſe. Je ne veux rien oublier de ce qui eſt eſpouventable en ce ſubject. Je ſçay que l'effroy de la mort ſurmonte de ſi loin l'imagination, qu'il n'y a quaſi reſolution ſi courageuſe, qui ne ſe perde quand on en vient là. Je ſçay que le mal gaigne le deſſus de la raiſon : que la vie eſt troublée par le ſoin de la mort, & la mort par le ſoin de la vie. Mais ruminant en vous-meſme, vous apprendrez que la preparation de la mort donne plus de tourment, que ne fait la ſouffrance. Car quand un homme eſt prés de la derniere ligne de ſa vie, qu'il tire aux derniers traicts de la mort, qu'il ſent ſes approches, qu'il ſouſtient les aſſauts qu'elle luy donne, qu'il endure les derniers abois, que la mort veut prendre le droict du corps, qu'il a l'ame ſur le bord des lévres, que les vers de la terre & la mort l'adjournent à tous moments du jour pour comparoiſtre devant la Juſtice Divine, afin de rendre ſon compte, & ne fait ſans plus qu'abboyer ſon ſepulchre ; en ce moment, quelle douleur peut-il ſouffrir, c'eſt-à-dire, en ce poinct auquel l'ame ſort du corps, qui eſt ſi court & ſi petit, qu'une ſi grande viſteſſe ne ſe peut cognoiſtre, tant que l'eſchappe viſtement à la vie, & que l'eſprit ſe deſrobe & s'envole ſoudainement ? Craindrez-vous une choſe qui paſſe ſi toſt ? C'eſt donc pas contre la mort qu'il vous faut preparer, c'eſt choſe trop momentanée. Il vous faut preparer contre les acheminements de la mort, laquelle n'eſt pas miſerable, mais le chemin d'y parvenir, c'eſt-à-dire, mourir par longue maladie & langueur, par pluſieurs coups d'eſpées ou d'harquebuſades, par gouttes, par briſement de teſte, ou de tous vos autres membres. Ces choſes-là ſont celles que vous devez craindre, non point d'autant qu'elles font mourir, mais parce qu'elles apportent grandes douleurs. Pour n'avoir aucune apprehenſion de tout cela, uſez toute voſtre vie de la premeditation à la mort : que tous vos propos tendent à cela, vos exercices & vos lectures : & lors vous cognoiſtrez le grand advantage que vous en rapporterez : car la practiquant & maniant ſouvent, vous vous rendrez la mort au long aller & privée de fon rire, & ſçaurez que les hommes s'affranchiſſent de cette ſorte ſeulement de ſa crainte : & que cette meditation n'eſt que liberté, ſeureté & tranquillité, qui fait que par une haute & invincible penſée on foule la douleur de la mort, & que l'on oppoſe non à la mort, mais à l'opinion conceuë d'elle, un meſpris, un cœur franc, une indifference, qui fait que vous ne craignez ce qu'il vous faut eſperer, ny ne ſouhaittez ce qu'il vous faut craindre. Toutesfois & quantes que vous viendrez en ce dernier periode de voſtre vie, monſtrez comme un abregé de vos vertus, & donnez des ſignes ſi aſſeurez de voſtre conſtance, qu'il n'y ait rien à redire ; que la mort ſoit le ſeul fidelle teſmoin & reſpondant de ce que vous avez profité ou non : & pour bien mourir, mourez tous les jours, afin que quand Dieu vous appellera, vous ayez donné ordre vostre conscience soit si bien espurée & disposée, que vous n'ayez lors affaire qu'avec vous-mesme. Faites comme le Cygne, lequel prevoyant ce qui est d'heureux & bon en la mort, meurt avec plaisir & en chantant. Ainsi faut-il que vous fassiez: car telle fin se nommera proprement commencement de vie, & verrez qu'il n'y a point plus grande consolation contre la mort, que la mort mesme, qui est un passage à une vie perpetuelle & heureuse. Adieu.

LETTRE II.

A Monsieur Pasquier mon pere, Conseiller du Roy & Advocat general en sa Chambre des Comptes.

Il loüe la lettre qu'il luy avoit escrite.

LA loüange de nous en nostre bouche est honteuse, & honorable quand nos actions ou nos escrits parlent pour nous, & tesmoignent par la force de leur vertu, ce que nous sommes. Car il n'est pas au pouvoir de l'envie ny de la mesdisance d'estouffer la clarté d'une belle & genereuse action, ny d'esteindre ce qui est de beau & de bon en nos escrits. Par vos lettres, en vous abbaissant, vous vous eslevez, & faisant semblant de ne tenir aucun compte de vous, vous en faictes une grande estime : car la pureté & inimitable polissure de vostre langage avec la tissure de tout le discours de vostre lettre, soit en la diction, soit en la sentence, est de telle efficace, qu'elle ne ressent rien d'un esprit vieux, ains d'un tout jeune. Aussi ne peut-il rien sortir de vous, qui n'ait atteint la derniere ligne de perfection. Si vous avez trouvé quelque chose de bon en mes dernieres, je ne suis point si arrogant que de me l'attribuer : je confesse librement le tenir de vous à foy & hommage. Comme les fruicts tiennent de la seve & de leur branche : ainsi si je sçay quelque chose, cela par le droit de nature est descendu de vous en moy par une certaine propagation. Si ce que j'ay faict, vous a esté agreable, j'espere que le Ciel me favorisera tant, que je continueray de bien en mieux : au moins si je ne le fay, la volonté m'en demeurera tousjours, qui est celle qui oblige, & non la langue. Au reste, mon cœur se formera, tant que je vivray, comme affamé de fils à pere, au patron de vostre vouloir, pour prendre toute impression de vous, afin d'estre tousjours vostre, vous suppliant de recevoir celle-cy comme l'image, ou plustost le gage bien asseuré de mes sinceres affections à vostre service, faisant continuellement vœux à Dieu pour vostre santé, lequel je prie de les rendre aussi heureux, qu'ils sont purs & nets. Adieu.

LETTRE III.

A Monsieur Masuyer, Conseiller d'Estat & Maistre des Requestes ordinaire de l'Hostel du Roy.

Il luy escrit le contentement qu'il a de faire une vie privée.

JE me suis confiné en ce lieu champestre, duquel je tire plus de contentement, que si j'approchois la Cour du plus grand Prince du monde. J'ay gaigné cet advantage sur moy, que rien ne me tourmente l'esprit. L'ambition, l'avarice, l'amour, ny la vengeance n'y ont aucun pouvoir, quoyque ces passions doucement-fortement chatoüillent nos esprits : je me trouve de ce costé-là insensible : chose qui apporte un merveilleux bien & repos, soit à la tranquillité de mon esprit, soit à la santé de mon corps. Je croy avoir livré une grande journée contre moy, quand en ce subject je me suis vaincu : car me vainquant, j'ay donné loy non seulement à moy, qui suis maintenant arbitre de mes volontez, mais aussi à ce qui m'a commandé. Sur toute chose, tant que l'on est en ce bas estre, il faut apprendre à estre maistre de soy, si l'on s'aime pour vivre, en mesurant ses passions & les chastiant, reglant le desbord de ses affections naturelles, & surmontant les cupiditez effrenées des folles apprehensions qui nous assiegent : car demeurant ainsi victorieux de soy en bonté d'esprit d'entendement, l'on juge que cela procede d'une reflexion sur soy-mesme, laquelle quand elle ne vient par l'aide d'object, mais seulement par propre vertu, tesmoigne une action qui ne peut tomber qu'en chose divine. O que ce seroit une belle chose de n'estre jamais Seigneur du vouloir, & moins de son desir ! pour ce que depuis qu'on faict ce que l'on veut & desire, l'on vient à faire ce qui ne se doit. M'estant ainsi rendu maistre de moy, j'ay trouvé moyen de me tirer de ce grand labyrinthe du monde, dans lequel j'ay recogneu, qu'en ceste diversité de tant de choses, il n'y a rien de massif & de ferme, & rien que vanité : que toutes ces choses ont par le dehors diverses façons de visages, mais au dedans une apparence imaginaire, une pompe & une fumée, une enfleure & vapeur. La fumée & la vanité ont cela de commun, qu'elles n'ont rien de solide, point de corps, point de prise. La Galerne, dit-on, attire à soy toutes les nuées, & la vanité assemble tout ce qui est de frivole & leger. De sorte que tant plus je feuillette & retourne les actions d'un chacun, d'autant plus se jettent devant mes yeux les vaines folies des choses mortelles en quelque affaire que ce soit : & recognoy en moy-mesme, que mes vanitez & mes plaisirs ne m'ont laissé qu'un triste ressouvenir, & des tourments insupportables d'en avoir abusé. Ce qui m'a fait rentrer dans moy, & par un solide discours de raison rendu vainqueur de toutes ces trompeuses imaginations. Ce que doit faire celuy qui ayme son ame, & qui ne vit seulement pour le corps. Car toutes ces vanitez s'evanouïssent comme un songe : elles passent comme une ombre, ou comme une nef porrée au travers des ondes de la mer, de laquelle on ne peut monstrer la marque du chemin, ou bien comme un oiseau qui vole au travers de l'air, duquel on ne peut recognoistre la trace, ny la voye du serpent sur le marbre. Si j'avois à conseiller mon amy sur ce subject, je luy donnerois de sains advis pour se retirer de la vanité des estats du monde, qui sont pleins de vents, dans l'exercice desquels on reçoit pour le fruict, la feuille ; pour le grain, la paille ; & pour la vraye felicité, l'ombre, avec des douleurs que le temps produict, qui à la façon de l'esteuf jettent une personne çà & là. Et luy monstrerois davantage par exemples qui se voyent tous les jours, qu'il n'y a beauté, vistesse, agilité, & autres bonnes parties & perfections du corps, qui legerement ne s'effacent, & sechent comme fleurs, mesme que les plus forts hommes du monde quelquesfois par une petite fievre sont abatus, & une grande beauté esteinte. Aussi n'y a-t'il jour si grand, qui n'ait son soir qui le suit : pour nous faire cognoistre que toutes les choses de ce monde viennent enfin

enfin en decadence & viande à vers, & qu'ils nous faut tous pourrir. Ce que sçachant très-bien ce grand Saladin, pour faire voir après sa mort combien il y a de vanité en la grandeur, commanda qu'un Heraut portast une chemise au bout d'une lance par toutes les villes de l'Asie, avec ceste exclamation : Saladin dompteur de l'Orient est mort, qui n'emporte qu'une chemise du fruict de toutes ses victoires. Pour vous tesmoigner que je suis aujourd'huy logé sur l'indifference, je vous en conteray un traict. Le Roy arrivé à Poictiers, aucuns de mes amis me voulurent mener voir la Cour, que j'escunduis, d'autant, leur dy-je, que je ne veois point des hommes contrefaits en leurs mœurs, façons de faire, & habits. Je vous diray en verité avec Salomon, qu'ayant essayé beaucoup de sortes de felicitez en ce monde, je n'y ay trouvé que vanité, travail, & rongement d'esprit. Je vous prie de croire que ce que je vous conte de moy, est histoire nullement ombragée d'hypocrisie. Je ne cherche aucune gloire dans le monde : Dieu mercy, auparavant que je m'en retirasse, j'y estois en honneur, comme vous sçavez. Je ne suis point du Diogene, qui foulant la tapisserie de Platon, luy dit : je trepigne aux pieds la vanité de Platon, & Platon d'un revers repartit : tu foules ma vanité avec ta vanité, Platon voulant dire que sous l'apparence d'un mespris des beaux ornements, il recherchoit honneur par le moyen de ceste feinte humilité, & qu'avec ce mespris simulé il se faisoit cognoistre ambitieux de gloire. Pour moy, j'appelle Dieu à tesmoin si toute mon ambition n'est bornée dans mes livres, & si mon souverain plaisir n'y repose, n'ayant autre desplaisir sinon que les jours & les heures sont trop courtes pour exercer mon esprit, qui, Dieu mercy, ne croupit point dans sa faineantise oisiveté. Combien que je suis esloigné des affaires publiques, si employe-je le meilleur de mes heures pour le public. Lors de ces premiers mouvements, je dressay un discours des remedes propres pour les appaiser, qui fut bien receu. A present qu'il y est question de l'assemblée des Estats pour reformer les desordres de cet Estat, j'en ay fait un autre, que j'espere vous faire voir, lequel j'ay donné à l'un des Deputez pour en faire son profit. Voilà comme j'ay ordonné l'œconomie de ma vie, depuis que je me suis banny des charges publiques. Je crains de vous avoir faict un discours ennuyeux de moy, je laisseray pour vous dire que je ne sçay quelle sera l'issuë des Estats : bien vous asseureray-je que ceux qui conduisent l'ordre de ceste affaire, y feront tout ce qu'ils souhaiteront, d'autant que les Deputez sont personnages triez & mendiez par eux, qui ne feront & ne parleront que par leur bouche : chose qui me m'en fait juger rien de bon ; & ce qui me le faict ainsi penser, c'est que ceste assemblée est bastie de Partisans, comme toutes les autres qui ont esté depuis soixante ans en çà, au sortir desquelles nous vismes aussi-tost la guerre semée par ce Royaume. Dieu veuille toutesfois que le tout tourne à sa gloire, à l'honneur de nostre Roy, & au profit de son peuple, quoyque la plus-part des esprits tende aux remuemens, & que ceste generale revolution des Astres, qui se fait en ceste année, ne nous pronostique que du mal. L'on dit que le Sage commande aux astres, lesquels ne produisent point necessairement leurs vertus és corps terrestres, mais seulement les inclinent ; & pour ce, une sage prudence accompagnée d'une bonne conduite, fera, s'il plaist à Dieu, que nous ne nous ressentirons aucunement de ces maux & malheurs ausquels nous sommes prests de tomber. Je prie ce Souverain, qu'il les veuille accoiser. J'espere premier que partiez de Poitiers, d'avoir l'honneur de vous voir en ceste maison, qui est toute vostre, où je vous conjure de vous rendre ceste semaine : vous y estes attendu en bonne devotion. A Dieu.

LETTRE IV.

A Monsieur de S. Germain, Chevalier, Seigneur de S. Germain Monroy & Comporté, & Conseiller du Roy en ses Conseils d'Estat & Privé.

Consolation sur la mort de son fils.

J'Ay sceu que la mort a pris vostre fils en la fleur de son aage, & sur le point de sa meilleure esperance : lors que par un certain provignement de luy en des enfans & nepveux il vous pouvoit faire renaistre, moyen propre pour reparer la mort avec la vie d'autruy, ainsi que la nature le permet : lors dy-je, que par quelques heureux succez il pouvoit atteindre à quelque immortalité de son nom, s'il ne fust mort. Ce qui l'a aresté de faire choses qui longuement peussent conserver sa memoire entre les hommes, perdant en peu d'années de vie plusieurs siecles de gloire. En ceste signalée & remarquable perte, vous avez esté veu & visité de vos amis, soit de leur presence, soit par leurs lettres, pour donner quelque respit & soulagement à vostre douleur. Pour moy, je viens des derniers, sçachant bien qu'il ne faut point aller au-devant de la douleur pendant qu'elle est encores fraische, ains que la consolation ne l'aigrisse. Car il n'y a rien de plus dangereux aux maladies, qu'une Medecine baillée avant le temps. Le apostemes pressées ou percées avant leur meureté s'envenimant davantage. La veuë se relasche à faute d'object pour agir, mais le rencontrant elle s'en aiguise beaucoup.

Les rayons du Soleil sont plus ardens, où la reverberation s'en fait. Enfin les adversitez ont tousjours leur aigreur, laquelle nous mord. J'ay attendu que la douleur ait rompu ses forces, & que s'estant adoucie par ce retardement, pour recevoir des remedes, elle se laissast manier. Je me doute qu'aussi-tost que la nouvelle de ce triste accident vous donna dans le cœur, une force de nature vous arracha les larmes maugré vous ; & que l'ame poussée de la douleur, comme elle esbranla tout le corps, elle remua aussi les yeux, l'humeur desquels elle espreint & chassa dehors. Il est impossible, quelque fermeté de laquelle vous fussiez remparé, qu'en ceste premiere secousse vous peussiez commander à vos yeux, qu'ils ne laschassent la bonde à une entrepriste de pleurs. Ce grand desbordement de larmes, que nous voyons d'ordinaire ruisseler en semblables occasions, est la marque & le vray gage de ce que l'on n'a pas desiré.

Ce seroit cruauté, & non pas vertu, que vous eussiez entendu la mort d'une personne qui vous estoit si proche, avec les mesmes yeux que vous la voyiez en vie, & de ne vous estre esmeu au premier sentiment de ceste dure separation. Les larmes eschapent maugré elles à ceux qui les veulent retenir ; en quoy ils allegent grandement l'ennuy qui leur serre le cœur. En ceste affliction degouttez, distillez, fondez, & versez pleurs avec si grande amertume & saisissement de cœur, que la parole, le sentiment & la force vous defaillent, & que vos yeux poussez de vostre cœur, comme les messagers de ce qu'il souffre, & les vrays truchemans des affections de vostre ame, rendent à la douleur ses justes & accoustumez tributs : que d'eux se fasse un flus & reflus de larmes, & leurs cataractes & ventailles s'ouvrent, afin qu'il en derive deux fontaines, desquelles se respandent leurs pleurs, qui coulent avec telle impetuosité, que les unes n'attendent point les autres, & qu'elles choyent contre-val vostre face pour estre continuellement baigné, ny plus ny moins que quand la neige se fond & dissoult : pour dire en un mot, rendez à la nature les larmes qui luy sont deuës. A la suitte, que ces souspirs, qui ne sont qu'une impetueuse

impetueuse saillie de la douleur contrainctement retenuë dedans vous, sortent du fonds de vostre poitrine; comme un estang ouvert qui desbonde flots sur flots, qu'ils interrompent & entrecoupent vos paroles de telle sorte que vous demeuriez muet & sans former un seul mot; qu'ils ne donnent lieu l'un à l'autre, & que de leur force & continuë vostre estomach en devienne pantois. Mais je souhaite qu'après avoir donné à nature ces premiers bouillons de larmes, qu'ils auront rendu leur escume, que ces chauds & cuisants souspirs auront avec une grande vehemence remué & agité tout le dedans de vostre corps, vous rentriez en vous-mesme, sans vous abandonner à la vanvole à la douleur; que vous cessiez ces larmes, & mettiez fin à ces souspirs: que vous vous donniez loy pour estre seigneur de vous-mesme, & commandiez à ce qui vous commande. Car nul ne merite mieux d'estre prisé, que celuy qui a gaigné toute puissance & authorité sur ses affections.

Ce qui est d'autant plus loüable, que peu sont ceux qui le fassent. Enfin resolvez-vous d'estre celuy mesme que vous estiez auparavant ce funeste accident. Aprés vous estre plainct & replainct, songez que ce qui est advenu à vostre fils, doit arriver à tous; que le tant regreter, il n'y a nulle apparence, puis qu'il y a si peu de distance entre luy qui est mort, & vous qui le plaignez. Vous le suivez à la trace; il s'est seulement avancé pour aller devant. Il faut plaindre de voir une chose faire, que vous ne sçaviez pas devoir advenir, ou pouvoir estre faite: mais si vous avez pensé que vostre fils ne deust pas mourir, vous vous estes vous-mesme trompé. Si vous vous plaignez qu'il est mort, c'est se plaindre qu'il a esté homme. Une mesme necessité tient tous les hommes attachez. Celuy qui a peu naistre, il luy est force de mourir. Ce vous sera un grand allegement, quand vous penserez, qu'il n'est rien survenu à vostre fils, que tous n'ayent souffert devant, & ne doivent souffrir après. C'est pourquoy il me semble que nature a voulu que ce qui estoit plus fascheux à supporter, fust commun à tout le monde, afin que l'égalité de la mort servist de consolation contre sa cruauté. Quelle nouveauté y a-t-il, de voir mourir vostre fils, de qui la vie n'estoit autre chose que le chemin à la mort? Nous sommes tous naiz pour cela. Quiconque entre en ceste vie, est destiné à la mort. Si vous vous plaignez de sa mort, accusez-en le temps & le moment qu'il naquit: car la mort luy fut ordonnée, au temps qu'il naissoit. Il vous fut donné avec ceste loy: ceste destinée le suivoit dés le ventre de sa mere. Mais vous me direz, que sur le plus beau de son aage, le fil de sa vie luy a esté coupé: que cet aage auquel il a esté pris, n'estoit encores meur: qu'il a esté desassaisonné & cueilly avant le temps. Je vous respons, qu'il a fait comme le marinier, qui a eu un vent frais en pouppe pour le conduire tost au port: qu'il a vescu autant qu'il devoit vivre, parce qu'il ne luy restoit aucun autre temps après celuy qu'il a fait sa retraicte de ce monde en l'autre. Celuy ne peut trop tost mourir, qui ne doit pas vivre plus longuement qu'il a vescu. La borne est plaintée à chacun, qui demeure tousjours au poinct où elle a esté mise. Il n'est pas mort avant son heure: ce qu'il a laissé du temps, n'est non plus sien que celuy qui s'est passé avant sa naissance. Là où sa vie est finie, elle y est toute. Il est arrivé où chacun s'achemine sans cesse. Sçavez-vous pas, que tous les actes de la Comedie du Monde se parfournissent en un an? que le branle des quatre saisons embrasse l'enfance, l'adolescence, la virilité & la vieillesse, joüant tousjours un mesme roole, & recommençans achevant? De mesme il a fait place aux autres, tout ainsi que les autres luy ont fait. Nous avons beau vivre, si ne rabatons-nous jamais rien du temps auquel nous avons à mourir. C'est à vous maintenant à finir vos cris, quand les choses mortelles ne se peuvent recouvrer par aucunes plaintes ny pleurs. C'est à vous d'arrester le cours de vostre tourment, si le destin immuable pour jamais ne se peut changer par aucune tristesse, & que la mort retienne ce qu'elle a pris. C'est à vous à laisser ces douleurs qui ne peuvent servir ny à vous, ny à celuy que vous plaignez. Conduisez-vous sagement en ceste action: que la violence ne vous transporte point, ny jette hors de la raison. Le patron du navire perd sa reputation, qui se laisse oster aux flots le gouvernail d'entre les mains, qui abandonne les voiles trop enflées du vent, & qui laisse aller le vaisseau à la mercy de l'orage & de la tempeste: au contraire, celuy est digne de loüange, encores bien que faisant naufrage la mer l'engloutisse, si tenant tousjours le timon, il s'efforce de resister aux vagues. De mesme si en ceste grande affliction vous vous laissez emporter à la tristesse, que la douleur soit entierement hors de mesure & de raison, qu'il n'y ait aucune bien-seance ny mediocrité en elle, ains qu'elle soit de tout point desbordée, vous ferez perdre à tous ceste bonne opinion qu'ils ont de longue main conceuë de vous, laquelle se conservera revenant à vous, & vous opposant avec une ferme & asseurée constance contre tant d'ennuis qui vous assiegent. Croyez qu'il n'y a rien plus bas & plus effeminé, que de se laisser consumer à la douleur. Quand après tout cecy, vous considererez la nature des choses terrestres, la varieté de la vie, & la fragilité de la generation humaine, vous supporterez plus doucement ceste contraire fortune: encores sera-t'elle de beaucoup adoucie, si vous avez appris que par contrainte vous devez soustenir les defauts de la nature, & supporter les advertitez où il n'y a point de remede; & si vous avez aussi preveu que telle chose pouvoit survenir. Celuy oste la force au mal present, qui prevoit de loin ce qui luy doit arriver. Au milieu de ces angoisseuses passions, si vous doit-ce estre une douce consolation que celle que vous apporte la souvenance de n'avoir rien oublié pour l'avancement de vostre fils dans le monde.

Si tant que Dieu vous en permit l'usage, vous en eussiez eu soin comme de la chose d'autruy, vostre ennuy n'eust esté d'une si longue durée. Encores sa mort ne vous troublera point, si aymant sa memoire, vous pensez que vous aymez un homme. Si tout cela ne peut bannir de chez vous ceste tristesse, je vous asseureray, que les jours consumeront vostre douleur, pour si opiniastre qu'elle soit. Combien que de jour & de nuict elle se resveille & s'eschaufe contre les remedes, si est-ce que le temps, qui a plus de pouvoir que nulle autre chose pour affoiblir la rage, luy fera perdre ses forces, & fera le seul reconfort de vos douloureux ennuis. En somme, il n'y a rien, qui plustost vous doive affranchir de toute douleur, que la fin qu'il a donné à sa vie. Il ne luy a rien importé de mourir plus tost ou plus tard: de bien ou de mal mourir, cela luy a importé de beaucoup: car en bien mourant comme il a fait, il est eschapé du danger de mal vivre; & le dernier jour de sa vie a esté le maistre jour, il a esté le juge de tous les autres; c'est luy qui a jugé de toutes ses années passées: à sa mort on a cogneu l'essay du fruict de ses voyages & estudes: là a-t'on veu que ses discours parloient & de la bouche & du cœur tout ensemble: & par sa mort, il a donné reputation en bien à toute sa vie, en tesmoignant qu'il estoit parvenu à la vraye sagesse, mourant avec autant d'asseurance qu'il estoit né. Il est de nostre vie comme d'une face: il ne sert de rien si elle a duré longuement, mais si elle a esté bien joüée. Il n'importe de rien en quel lieu nous mourions: mourons où nous voudrons, pensons seulement à bien sortir de ce monde, ainsi qu'a fait vostre fils, lequel a finy volontiers sa vie suivant le plein gré & la volonté de Dieu, en esperant, & non en craignant de mourir. Pour l'esperer, il attendoit certainement une meilleure vie après ceste-cy; & pour l'attendre, il craignoit Dieu, lequel qui bien crainct, ne crainct veritablement rien en ce monde, & espere tout en l'autre. Comme il estoit bien resolu en ces points, la mort ne luy a peu estre que douce & agreable, d'autant qu'il a sceu que par elle il entroit en un sejour de tout bien. Il a, par sa constance & confiance de sa foy, ravy la mort presente, comme le principe & commencement de la vie éternelle. Adieu.

LETTRE

LETTRE V.

A Monsieur Sizé, Principal du College d'Angoulesme.

Il luy escrit qu'il a quitté tout desir de vengeance.

Quand je vous fey mes plaintes, j'ourdissois tous les moyens de vengeance contre celuy qui m'avoit offensé injustement, & voulois faire à beau jeu beau retour, afin de descharger mon cœur, & luy donner quelque soulagement. Car qui offense à tort, donne occasion d'estre offensé avec raison. La colere me poignoit, aiguillonnoit & enflammoit de telle sorte, qu'il me sembloit ne pouvoir estre en repos, que je ne me fusse appaisé, saoulé & assouvy par ceste douce rigoureuse vengeance. Nul ne sçait combien elle est douce, ne avec combien d'ardeur on la desire, sinon celuy qui reçoit l'offense. Toutesfois revenu à moy, j'ay pensé que depuis que la raison cede à ceste convoitise, l'homme despouille-ce qu'il a d'humain pour vestir la nature farouche des bestes les plus brutes, afin de courir impetueusement vers le lieu où l'appetit desordonné de ses affections le guide; & que ce desir est le propre d'un cœur bas & vil: & au contraire, que ce seroit monstrer un honorable ressentiment, si je luy rendois le bien pour le mal, lequel bien seroit grand en le luy faisant ponte de mal. Et combien que ce me fust chose plaisante & gracieuse de joüir de ce doux fruict de vengeance; que neantmoins je devois croire l'avoir faite, si en me pouvant venger je luy pardonnois.

La plus belle partie de ceste passion est de pouvoir pardonner. Car il n'y a rien de plus genereux, que le mespris d'une offense. A quiconque viendra l'envie de se venger, qu'il donne du loisir à sa colere, du temps à son conseil, un frein à cet impetueux assaut: qu'il temporise tant soit peu, ceste cupidité cessera ou s'alentira. En une heure, la mer bouffie des vents & de la tempeste s'appaise. Plusieurs se sont repentis de s'estre vengez; nul d'avoir pardonné ou oublié une injure. Tout cela m'a fait ensevelir ce ressentiment d'injure soubs le tombeau d'un éternel oubly.

Ce dernier mets servira de feüille à mes plaintes; qu'une vengeance soudaine, prompte & presente au cœur d'un homme offensé est plus excusable, que celle qu'il couve au dedans de soy sans luy donner aucun loisir de vieillir. Vous m'excuserez à celuy duquel vous m'avez escrit, si je ne le voy; d'autant que nostre entre-veuë ne luy seroit que penible, & nostre pourparler nullement profitable, ne desirant estre ministre de la ruyne du repos de celuy qui n'en joüist que par moy: car j'estimerois que donnant quelque atteinte pour luy faire du mal, je ferois une playe à mon honneur, qui provigneroit long-temps. Si toutesfois il est attaqué par quelqu'autre batterie, il me trouvera aussi froid & paresseux à son secours, que j'ay esté cy-devant chaud & diligent à sa defence. Adieu.

LETTRE VI.

Le Sieur Masuyer, à Pasquier.

Il luy escrit qu'il se faut entremesler des charges publiques.

Je suis aux escoutes de vostre passage de jour à autre, incertain si le malheur de quelque maladie ne m'auroit envié le bon-heur de vostre presence, dont je suis allegé par l'advis du subject qui vous retient. J'ay receu de vous deux crayons: en l'un, je recognois au naturel ceux que j'ay sur les bras, ou plustost qui s'ennuyent de moy, lesquels pour le bien public je ne laisse en repos: en l'autre, honorant le progrez de vostre prudence. Et combien que vostre solitude soit fructueuse au public, si est-ce qu'il faut que vous recognoissiez qu'il y a difference entre celuy qui donne des preceptes & n'a le pouvoir de commander, & celuy qui expert en toutes choses, authorisant ses actions, censure celles d'autruy, leur ostant la liberté de mal faire.

Donc plein de bonne volonté, de conduite, & dans le chemin des prerogatives d'honneur, vous voulez vivre pour vous & à vous, contentant vostre genie. Je ne sçay si à bon droit on ne vous pourroit reputer le serviteur du public. En la vigueur de mes forces, parmy mes ennuis, où l'object des pertes du defunct Roy & de ma femme inopinées m'ont donné à cognoistre mon neant, & en attendre immobile l'heure, j'ay tasché à m'en donner satisfaction par quelque vigoureuse inquietude, à ne desirer rien pour moy, voire avec ceste vigoureuse ambition, que j'estimeray la Province heureuse à qui je sacrificeray mes ans: si est-ce que le bannis les honneurs & dignitez de chez moy; je les accueilleray non seulement, mais iray au-devant pour les rechercher par toutes voyes de bien-seance, pour ne leur refuser, que tombant entre mes mains, de prendre du soin & de la fatigue autant que la vigueur de mon corps en pourra porter: & quoyque destitué de toutes qualitez requises, je tiens que la carte blanche d'une pure & nette affection est animée au dessus de l'homme pour rendre à Dieu, au Roy & au public ce qui est requis par celuy qui dit, *Dilata os tuum, & adimplebo illud. Agitante taleiscimus illo.* Je viens à la gloire du faquin Italien, qui demandant l'aumosne dit, *Fate ben per voi fratelli.* Et croy que quand on m'aura honoré de quelque charge, on aura plus fait pour le public, que pour moy, qui ne les desire que pour le public. La difference a esté tousjours remarquée entre l'active & la contemplative: en ceste-cy, *In potentia tua possides animam tuam*: en l'autre, allegeant les bons & deprimant les meschants, *Lucraris animas illorum.* Jusques là y suis-je porté, que la pluspart du temps j'agis sans premier mobile, & me porte à cribler & ressasser tout ce que j'estime digne d'animadversion. Par ce moyen, celuy qui a forligné, reçoit la peine, ou du moins le deshonneur & la crainte: & ceste levée de bouclier envers les autres, opere que *Non extendant justi ad iniquitatem manus suas.* Il faut mourir sur les coffres, & tant que la vigueur de l'homme le peut porter, *non licet à statione discedere.* Encores je vous pardonnerois-je, si dans le gros des villes, si en quelque superiorité de chasteau d'où dependist une ville, bourg, ou village, je vous voyois tenir vos assises, commander à la baguette, & retenir à coups de baguerres la vigueur de quelque coq de parroisse, qui voulant faire le chef de party, mangeast ses concitoyens. Mais que ceste masle vertu soit extenuée & reduite en tel point, qu'au lieu de reluire, comme un fanal, aux lieux les plus eminents, elle soit cachée soubs un muid, c'est defouïr le talent de Dieu, si ne mettre à fruict tous les talens qui vous font prestez. Quoy! en ce temps où le nombre de ceux est si rare, *qui potuerunt prævaricari, & non sunt prævaricati.*

Ce neantmoins que ce choix m'agrée: car en ces fonctions je ne suis en mon élément, & me voyant quimpelé d'un harnois de justice, je me mocque de moy-mesme; & tant s'en faut que j'estime à comble de bonheur le progrez

progrez à plus, frotant ma robbe contre ceux que je voy d'un bien plus haut relief, je n'eſtimerois pas adjouſter une coudée à ma ſtature, ſi leur ſort m'eſtoit eſcheu. *Funes ceciderunt mihi in præclaris ; etenim hæreditas mea præclara eſt ; benedicam Dominum in omni tempore.* J'eſtime que l'ardeur de l'ambition, voire de toutes autres choſes temporelles eſt au deſſoubs du ſouhait de l'homme, & ne merite eſtre tirée en ligne de compte envers celuy qui rend ſes vœux à Dieu : & juſques à huy, j'ay eſtimé eſtre en meſpris de la divinité, d'y meſlanger les objects de nos deſirs terriens. Sur ce fondement, *Defecit caro mea & cor meum, Deus cordis mei, & pars mea Deus in æternum.* Je vivray donc dans le monde comme hors du monde, deſirant les honneurs non pour moy, mais pour ſervir, & grandement ſervir, ſi les commandemens m'en ſont donnez à département. Et là où je trouveray plus d'ingratitude & de meſcognoiſſance, c'eſt où je buteray, pourveu que j'eſpere d'y faire fruict à autruy : & puis que ceſte vie inſenſiblement nous eſchape, je la tourmenteray tant, que je n'auray regret de la laiſſer lors que je ſeray contraint de partir.

Je m'oublie, de vous debiter du cuyvre en eſchange de voſtre or. Je quitte ce diſcours pour prendre la plume à un eſtime que je voy manquer en tous vos œuvres, un traicté de la vengeance. Vous avez bonne main : il ſera bien receu de la poliſſeure de voſtre eſprit, afin que voſtre Gentil-homme tienne deſormais ſon eſpée au coſté pour ne luy faire voir le Soleil qu'à la neceſſité pour ſa religion, ſoit pour le ſervice de ſon Roy, & repute non ſeulement à manie, mais à abomination, de ſe batre à l'inſtant contre celuy qui l'aura regardé de travers, ou qui aura la mouſtache trop relevée à ſon gré. Je quitte ce papier pour vous livrer champ ſur l'autre, dont le fruict eſtant indicible, prendra ſa vigueur en vos ſens pour y faire des trophées.

Puis que je ſuis privé de vous avoir en ce lieu gouverné une veſprade ſelon mon attente, je paſſe ce ſoir à vous eſcrire la preſente, & deux petits eſcrits mal polis. Le ſubject en eſt ſi legal, qu'il n'a beſoin d'ornement, lequel comme une rude maſſe & informe prendra ſon luſtre & relief, ſi l'honnorez de voſtre plume. Adieu.

LETTRE VII.

Le Sieur Paſquier, au Sieur Maſuyer.

Il luy eſcrit qu'il ſe faut retirer des charges publiques aprés les avoir exercées

LE commencement & la fin de voſtre lettre ſeroient capables de me rendre glorieux, ſi je ne cognoiſſois la portée de ma plume ne pouvoir atteindre au bien-dire du diſcours de la vengeance que vous m'avez envoyé, pour eſtre ſi bien limé & poly, que l'on ne ſçauroit rien de mieux. Vous y avez mis la derniere main : c'eſt pourquoy il me ſeroit mal-ſeant d'y vouloir toucher aprés vous. Pour vous rendre ſatisfait de la demiſſion de mon eſtat de Maiſtre des Requeſtes, je vous diray que pendant vingt & huit ans que j'ay demeuré dans les magiſtratures, j'ay ſenty les aſpres pointures & aiguillons des peines qui leur ſont jointes, & ay appris, à mes deſpens, que l'occupation des affaires publiques n'eſt autre choſe que preferer un negoce remply de travail, à un doux & tres-joyeux repos, & abandonner le ſoin de ſoy-meſme pour embraſſer celuy d'autruy : davantage, que les dignitez ſont expoſées à tant d'ingratitudes & calomnies, qu'infinis ont eſté contraincts de dire, que les honneurs de l'adminiſtration publique n'eſtoient autre choſe que pompes funebres. Pour laquelle occaſion, le pere de Themiſtocle, voulant deſtourner ſon fils de ne s'entremettre du gouvernement public, luy alloit monſtrant au long du rivage de la mer les corps des vieilles galeres jettées çà & là ſans que l'on en fiſt plus de compte, luy diſant que tout ainſi jetton-on des Magiſtrats, quand ils ne pouvoient plus ſervir. Et de faict, Demoſthene eſtant en exil, alloit preſchant les jeunes hommes qui le viſitoient, ou qui ſe tenoient avec luy, que jamais ils ne s'empeſchaſſent du meſnagement de la choſe publique, les aſſeurant que ſi du commencement on luy euſt propoſé deux conditions, l'un pour aller à l'aſſemblée du peuple & monter en la tribune aux harangues, & l'autre pour aller à la mort certaine, & il euſt auſſi bien cogneu, comme il faiſoit lors, les maux qu'on eſt contraint d'endurer en s'entremettant des affaires d'Eſtat, les craintes, les envies, les calomnies & les travaux qu'il y a, il euſt pluſtoſt choiſi celuy qui conduiſoit à la mort. Je ne ſeray jamais de cet advis : car je tiens pour tout arreſté, que quelque mal qui nous puiſſe arriver des charges publiques, n'eſtant pas tant naiz pour nous que pour le public, il nous faut efforcer, pendant que nous reſpirons en ce monde, de conſumer en l'adminiſtration publique tout le temps que nous pouvons gaigner ſur nos privées & neceſſaires occupations : d'autant que j'eſtime que ce n'eſt moindre larcin & injure faicte à un Eſtat, de le fruſtrer du ſervice commun à luy deu par nature ſelon le don, grace & force receu par un chacun, que de ravir le bien qui appartient à un autre. La ſupreme & heroïque vertu eſt celle qui eſt employée pour le profit & ſalut de la choſe publique. Cela nous doit faire volontairement renoncer à nous-meſmes pour nous abandonner à procurer le bien public, ſelon les dons & graces par nous gratuitement receués de Dieu, leſquelles doivent eſtre auſſi par nous liberalement employées au bien commun. Ce que les membres meſmes de noſtre corps nous enſeignent aſſez, n'eſtant un ſeul d'iceux qui plus ne s'employe au bien de tout le corps en general, qu'au ſien particulier : chacun a ſon office, & neantmoins tous creez à une meſme fin, à ſçavoir à la conſervation generale du corps. Auſſi chacun de nous eſtant particulierement deſtiné à ſa maniere de vivre, eſt avec cela appellé à une vocation generale appartenante à l'union & conjonction de tous enſemblement, en laquelle il faut vivre, comme ſi nous eſtions nais pour tout le monde, & comme ſi tout le monde eſtoit nay pour nous. Car celuy ne peut heureuſement vivre, qui ne penſe qu'à ſoy. Il nous faut vivre pour le bien d'autruy, ſi nous voulons vivre pour le noſtre. Je ne veux pas toutesfois que ceſte regle ſoit ſi generale, qu'un Officier ne puiſſe juſtement quitter ſa charge, quand il eſt touché de quelque infirmité du corps ; ou par quelque autre empeſchement que ce ſoit, à luy ſurvenu : ou bien quand il voit une compagnie tellement depravée & corrompuë, que publiquement le vice y ſoit approuvé pour vertu, le menſonge pour verité, l'injuſtice pour juſtice : ou bien quand il a faict ſon plein devoir en ſa charge par pluſieurs années. C'eſt lors qu'il a ainſi longuement couru & trotté parmy le maniement des affaires du monde, qu'il s'y eſt porté en homme de bien, qu'il y a acquis une bonne & grande reputation : c'eſt, dy-je, à luy de gaigner l'ombre & le repos, & preferer à ſa dignité & à ſes eſperances une vie douce & pacifique : c'eſt à luy à ſe retirer avant que de paſſer fleur, avant que de fleſtrir, ou de tomber tout-à-faict ; pour puis aprés ne penſer à autre choſe, qu'à ce qui luy peut produire une tranquillité ſereine à l'embelliſſement de ſon ame, & meſme à la purger & nettoyer de ſes anciennes taches & laideurs. C'eſt, à la verité, une grande conſolation d'eſprit à un ſage Officier, qui a faict une retraicte volontaire des charges, que d'achever ſi peu de vie qui luy reſte, parmy les lettres en tout repos. Combien liſons-nous de grands perſonnages (en l'imitation deſquels nous ne ſçaurions qu'eſtre qu'eſtre honorez) qui ſe ſont mis à l'abry des affaires du monde, les ayant longuement maniées ſoit en temps de paix ou de guerre, ou en l'un ou en l'autre ſeulement? Cecilius Metellus quitta toutes charges, ſans depuis vouloir accepter ny la dignité de Dictateur, ny l'office de Conſul qu'on luy offroit, diſant qu'il vouloit manger en paix ce qu'avec grand travail il avoit acquis en guerre. Caton le Cenſeur, qui fut au parler prudent, en la converſation doux, à corriger ſevere, en preſens liberal, au manger ſobre, en ce qu'il promettoit certain, & avec ce en Iuſtice inexorable, laiſſa la Cour Romaine en l'aage de cinquante & cinq ans, pour ſe retirer à un petit village, appellé maintenant Puzol, où il paſſa le reſidu de ſes ans en repos, accompagné ſeulement de ſes livres : & comme un jour il eſtoit abſent, quelqu'un eſcrivit avec un charbon à la porte de ſa maiſonnette ; ô bien-heureux Caton, toy ſeul as choiſi la bonne façon de vivre. M. Curius choiſit la vie des champs aprés deux ſignalez triomphes, l'un des Samnites, & l'autre du Roy Pyrrhus, renonçant à pluſieurs threſors & richeſſes, croyant luy eſtre aſſez d'avoir en ſa jeuneſſe par ſes vertus vaincu pour la Republique ceux qui poſſedoient les richeſſes, & maintenant qu'en ſa vieilleſſe luy ſuffiſoit ſa poſſeſſion à bien & honneſtement vivre. Pompée avoit ordinairement ces paroles en la bouche : j'ay touſjours eu les principales charges en la choſe publique avant que j'euſſe eſperance de les avoir ; mais auſſi je les ay touſjours laiſſées, & m'en ſuis volontairement défait, avant qu'on l'eſperaſt ou penſaſt. Ptolomée, Roy d'Egypte, aprés avoir renoncé le Royaume à ſon fils, ſouloit dire qu'il ſentoit plus grand plaiſir de ſe voir pere d'un Roy, qu'il ne l'avoit eſprouvé de l'eſtre luy-meſme. Et Diocletian, aprés avoir gouverné l'Empire dix-huict ans, s'en démit de ſon franc vouloir, non pour autre raiſon, que pour quitter le bruict de la Republique, & jouïr du repos de ſa maiſon. Ce grand Amurates, Empereur des Turcs, aprés avoir gaigné ceſte heureuſe victoire contre le Roy Uladiſlaüs qu'il occit, laiſſa l'Empire pour vivre Moine de Mahomet, afin que fortune blandiſſante ne luy jouäſt quelque mauvais tour, dont peut-eſtre la gloire qu'il avoit conquiſe en ce combat, euſt eſté ternie & obſcurcie. Et de meſme temps, l'Empereur Charles V. en l'an 1555. ployant ſoubs le faix des affaires de ce monde, haraſſé des fatigues militaires, appella Philippes ſon fils, d'Angleterre à Bruxelles, entre les mains duquel il reſigna tous ſes Royaumes, enjoignant à tous ſes Eſtats & ſubjects de le recognoiſtre comme leur vray & legitime Roy. Auguſte Ceſar ſouhaitta de vivre en repos, & pria d'eſtre déſchargé du gouvernement public. Tous les propos qu'il tenoit d'ordinaire, tomboient touſjours là-deſſus ; qu'il eſperoit de ſe mettre en repos, & avec ceſte eſperance, pource qu'elle eſtoit douce, il ſoulageoit ſes travaux, diſant ſouvent, que quelque jour il vivroit à ſon aiſe. Au moins, le repos luy ſembloit une choſe ſi excellente, que n'en pouvant jouïr par effect, il eſtoit bien-aiſe d'en jouïr par opinion. Celuy qui voyoit que tout dépendoit de luy, qui donnoit à toutes nations & à tous les peuples la fortune qu'il luy plaiſoit, penſoit encores que ce jour luy apporteroit une grande joye & merveilleux contentement, auquel il pourroit ſe déſpoüiller de ceſte ſienne grandeur. Britannion avoit eſté appellé Empereur par les Gendarmes : Conſtantius, Empereur de Conſtantinople, alla au-devant de luy à main armée, & fut ſalüé ſeul Empereur par les gens de guerre. Britannion ſe ſentant trahy, ſe jetta aux pieds de l'Empereur, qui luy oſta la Couronne & le manteau de pourpre, en l'exhortant qu'il ſe tinſt comme homme privé, ſans avoir un nom chargé de tant de ſoucy, & luy ordonna ſon entretien ſur les revenus publics. Et comme Britannion fit ſa demeure en Pruſe, petite ville de Bithynie, Conſtantius luy eſcrivit, qu'il luy avoit procuré beaucoup de bien, l'ayant délivré de tant de ſolicitudes, du faix deſquelles il eſtoit accablé de jour en jour : en quoy il s'accuſoit de peu de ſageſſe, de n'avoir prins pour luy-meſme le bien qu'il luy

avoit departy. Caſſiodore, qui fut Precepteur de Theodoric Roy des Gots, puis créé Senateur, conſtitué Threſorier du ſacré Palais, & receu Conſeiller ordinaire, ordonné maiſtre & ſurintendant ſur tous les Offices de la Cour, pour le comble de ſes honneurs faict Patrice Romain, aprés toutes ces dignitez eſtably Conneſtable & Maiſtre de la Gendarmerie : ayant ainſi marché par tous ces degrez d'honneur, il quitta & abandonna toutes charges publiques, & ſe voüa du tout à Dieu pour ſe mettre Moine & Abbé d'un Monaſtere de Ravennes, lieu de ſa naiſſance, & renonçant à toutes diſciplines profanes, il s'addonna du tout à la ſaincte Eſcriture, & à la contemplation, & veſquit fort heureuſement juſques à l'aage de quatre-vingt dix ans, & davantage. N'avons-nous pas eu, de fraîche date, de Joyeuſe Gouverneur de Languedoc, Chevalier de l'Ordre du Roy, qui renonça volontairement à tous ces grands honneurs pour ſe rendre Cupucin ? lequel ſorty, par la permiſſion du Pape, de cette vie Monaſtique, ſe jetta derechef dans les grandeurs du Monde, & puis quitta la ceinture à toutes ces vaines folies pour reprendre ceſte meſme vie, dans laquelle il eſt mort à honneur ? Ce grand Preſident du Harlay, duquel nous ne ſçaurions aſſez loüer la vie & la memoire, aprés avoir pendant cinquante ans exercé l'eſtat de Conſeiller, de Preſident, & de premier Preſident en ce grand theatre du Parlement de Paris, s'eſt-il pas retiré en l'Abbaye de Chailly avec des Moines pour paſſer à coy ſi peu de jours qui luy reſtent, où il vit avec une ferme tranquillité & aſſeurance d'eſprit, ſans que rien le puiſſe eſbranler ? Je n'oublieray icy Eſtienne Paſquier mon pere (le nom duquel court par toute la France) qui en l'aage de ſoixante & quinze ans ſe démit volontairement de ſa charge d'Advocat General, en la Chambre des Comptes, en la perſonne de mon frere aiſné, lequel m'a ſouvent dit, que Dieu l'avoit ainſi permis pour ſon mieux : d'autant qu'il luy euſt eſté impoſſible de donner une perfection à ſes œuvres, quand comblé d'affaires, il employoit les heures pour le public ; & que maintenant eſloigné de tout ce qui le pouvoit divertir, il les conſumoit à l'eſtude de ſes doctes Recherches, de ſes Epigrammes ſubtils & aigus, & de ſes belles Miſſives. Que je vous paye encores de ce mot de Saturne, en Lucian : euſſe-je quitté les ſceptres & les couronnes (dit-il) ſi une vie privée n'eſtoit beaucoup plus heureuſe ? Appellez-vous tous ces grands perſonnages, déſerteurs du public ? Au patron de qui voulez-vous que nous formions noſtre vie, ſinon à l'exemplaire de ceux que nous voyons avoir donné une belle forme à tout le cours de leur vie ? Chacun de ceux a eſté entalenté de bien vivre, en faiſant bien à tous ; pour puis aprés bien mourir. J'avois touſjours veſcu en pleine mer ; maintenant j'ay plié voile, & me ſuis rendu au port pour venir mourir en terre ferme, & en attendant la mort, entrer en une bonaſſe de vie, vie pleine d'aſſurance, & exempte de tous orages de fortune. Je me ſuis banny des charges publiques, & de toutes les grandeurs qu'elles promettent, en me jettant loin de la vie du monde, pour embraſſer une vie ſolitaire, vie, dy-je, ſalutaire & heureuſe, qui me monſtre le chemin d'une vraye & aſſeurée gloire, & d'avoir en ma puiſſance ce que paraventure j'euſſe deſiré trop tard. Car en me retirant de ceſte vie pleine de grandeur & d'honneur, j'ay mis fin à ma ſervitude : j'ay oſté de deſſus ma teſte un lourd fardeau : je recognois que rien maintenant ne me peſe ſur les eſpaules : je vy à moy & ſuis privé en ma maiſon aux champs, où je ſens à la verité toutes choſes plus petites, mais qui ne me donnent que trop de contentement : car je reſſens en mon ame une merveilleuſe ſerenité, au lieu de ces tempeſtes & tourbillons que l'on ſent ordinairement dans leſſdites charges, que nulle modeſtie, ou nul repos de la vie ne peut éviter. Il faut que je vous die, que celuy qui cherche ſa ſepulture dans une charge, ou qui deſire de tout poinct y vieillir, vit comme s'il devoit touſjours vivre ; & craignant toutes choſes comme mortel, il les deſire comme immortel. Il ſe pourra faire, qu'il ſe reſoudra ayant atteint

teint une extrême vieilleffe d'abandonner les charges pour faire une vie coye : mais dites-moy, a-t'il un piege pour venir à ce grand aage ? Penfez-vous que Dieu permette que fon deffein aille comme il penfe ? C'eft une honte à celuy-là de garder les reliefs & reftes de fa vie, & ne refervet pour vivre fagement, que l'aage qui n'eft utile à aucune chofe. C'eft trop tard commencer à vivre, quand il faut partir. Eft-ce pas une pure fimpleffe de vouloir commencer à vivre en un temps, auquel peu de perfonnes parviennent ? Il faut que je vous die qu'en me defpoüillant des charges publiques, j'ay logé mon ame en un lieu hors d'efcalade, où elle fe deffend dans fa forrereffe, en voyant tomber à fes pieds tous les traicts qui luy font decochez par une contraire fortune, laquelle combien qu'elle ait les mains grandement longues, toutesfois elles ne fe trouvent affez fortes pour luy faire perdre cœur au milieu de toutes les fortes d'adverfitez qui peuvent arriver, contre lefquelles courageufement elle fe renforce, & luy tefmoigne par effect que la grandeffe de cœur ne confifte pas tant à parvenir à ce qu'on defire, comme à mefprifer & contemner ce que l'on aime le mieux. Pourquoy aprés tout cela, ne voulez-vous pas que je die comme ce Romain, qui fit graver fur fon tombeau, qu'il eftoit mort en l'aage de cinquante ans, mais qu'il n'en avoit vefcu que trois ? Qui eftoit le feul temps qu'il comptoit, depuis s'eftre retiré de cefte vie embaraffée dans les affaires du monde, qui ne luy avoit fait favourer aucun repos en fon efprit. Mais dites-moy en faine confcience, je ne veux point d'autre tefmoin ny d'autre juge que vous : quel plaifir y a-t'il d'eftre aujourd'huy employé dans une charge publique, puis que l'on donne pour de l'argent les dignitez aux hommes, & non pas les hommes aux dignitez ? Qui eft l'homme de bien qui fouhaite d'entrer pour de l'argent en un office ? Et s'il y entre en ce temps corrompu, à qui peut-il reffembler, finon aux fruicts venus hors de faifon ; lefquels tout ainfi que l'on voit volontiers en les prifant, fans toutesfois en ufer ; ainfi l'innocence ancienne eftant fortie hors d'ufage, & venant aprés fi long intervalle fe monftrer parmy les vices & les mœurs gaftées des Officiers, acquiert veritablement grande gloire & renom ; mais au demeurant, ne fe trouve pas fortable à mettre en œuvre, ny propre à employer aux affaires, pource que fa gravité & perfection de vertu, eft difproportionnée à la corruption du fiecle ? Auffi eft-il vray que le temps quelquefois ne permet pas à celuy qui reçoit un Office, de l'exercer en tel devoir & liberté qu'il eft requis. Qui eftoit l'occafion pour laquelle Caton regardant au bien public, diffuadoit fon fils de ne s'entremettre lors d'une confufion d'affaires, du gouvernement de la chofe publique : pour ce, difoit-il, que le faire ainfi qu'il appartiendroit à la dignité d'un fils de Caton, la qualité du temps & des affaires ne le permettroit pas. Je vous diray, premier que de mettre fin à cefte lettre, que je ne trouveray jamais bon ny beau, qu'un Officier, qui à plate coufture a quitté fon Office, vive feulement pour foy, fans s'entremefler du foin de la chofe publique. Il luy fera toufiours honorable d'enfeigner, foit de vive voix, foit de fon exemple, foit par beaux preceptes, les autres qui veulent monter au maniement des affaires publiques : car il eft bien-feant & loüable à celuy qui a ainfi fonné fa retraicte, de refpandre & les fleurs & le fruict de fes labeurs au profit du public & des particuliers qui veulent entreprendre le navigage, en les rendant toufiours les mefmes & femblables à eux-mefmes par tout le cours de leur vie, non feulement gens de bien par refolution & volonté, mais encores parvenus par habitude jufques à ce poinct, non de pouvoir bien faire feulement, mais de ne pouvoir que bien faire. Il eft autant profitable à un Eftat de rendre plufieurs capables & fuffifants pour le gouvernement politic, que fi on le faifoit foymefme bien. C'eft rendre au public un depoft avec une grande, jufte & loüable ufure, & fe tiftre une belle renommée, qui nous faict renaiftre aprés noftre mort. A Dieu.

LETTRE VIII.

A Louyfe & Sufanne Pafquiers fes filles.

Il donne des preceptes de bien vivre à fes filles.

Avec le laict & dés voftre tendre jeuneffe, je vous ay façonnées aux bonnes mœurs, afin que les femences de vertu bien jettées par cefte bonne nouriture, fiffent en vous un très-bon & ferme fondement : mais fur tout, je me fuis efforcé que la plante de l'amour & crainte de Dieu, creuft en vous pardeffus toutes les autres, pour eftre le gouvernail de voftre vie : car eftant bien cultivée, elle ne peut produire que fruicts qui vous conduiront à une fouveraine felicité. Aimez-le & le craignez de tout voftre cœur & voftre entendement, & mettez en luy fans referve vos penfées & voftre efpoir, d'autant que de luy, à luy & par luy font toutes chofes : & vous efforcez de le bien cognoiftre : car le cognoiffant, vous l'aimerés & craindrés. Vous n'en pouvés avoir la cognoiffance par la force des fens, ny par la vigueur de l'entendement, mais feulement avec un cœur net & purifié, & puis vous verrés toutes chofes belles en luy, & fans luy toutes laides. Sa cognoiffance, fon amour, & fa crainte font de fortes entraves pour vous retenir dans le bien. C'eft le pivot fur lequel chaque chofe fe tourne, & le cube immuable de l'efperance que vous devés avoir pour eftablir feurement l'eftat de la conduite d'une vie belle, faincte & heureufe. Et tout ainfi qu'un pilotis mal appuyé à la moindre ravine ou ragas d'eaux, eft emmené & bouleverfé fans deffus deffous, avec ce qu'il porte : ainfi toutes vos actions, fi elles ne font bien eftayées, jointes & unies à Dieu, au premier heurt d'une malencontrée fortune ne pourront fubfifter entieres fans eftre renverfées & demolies. Pour monter au plus haut degré de cet amour & de cefte crainte, nettoyés vos ames & vos confciences de tout vice, pource que Dieu n'a rien agreable que la pure & honnefte vie d'une fille de bien. Il fe mene chez vous, & jufques aux coins les plus cachez, & vous cognoift plus que vous ne vous cognoiffez vous-mefmes. Il vous permet d'eftre ce que vous voulez en ce monde : vous pouvez vous addonner au bien, ou degenerer au mal. Dieu, par le decret de fon ineffable fageffe, rend le bien pour le bien, & par une droite vengeance ne laiffe le mal impuny. Et tout ainfi que le foleil efpand fa lumiere, auffi bien fur les mefchans que fur les bons : femblablement Dieu eftend indifferemment fes graces fur toutes perfones, efperant par ce moyen les appeller à la vraye cognoiffance de leur falut : toutesfois recognoiffant une vieille & endurcie opiniaftreté, monftre combien il eft dur creancier aux mauvais payeurs, c'eft à dire, à ceux qui ne gardent fa loy : car aprés avoir attendu & ufé d'une grande patience, il fait fentir combien eft rude la pefanteur de fa main, & à craindre le jugement effroyable de fon jufte courroux. Si vous voulez profperer, recognoiffez en toute fimpleffe que vous ne poffedez aucune vertu de vous-mefmes, ains de fa feule liberalité, & que quand vous vous mefcognoiftrez, il vous oftera tout jugement pour vous precipiter au fonds d'une abyfme de malheurs. Pour n'en venir là, remerciez-le actuellement des graces de quoy a faictes, & eflargift de jour à autre : & l'exalrez, & priez que felon fon bon plaifir, il dreffe & convertiffe vos pas & vos paroles à voftre mieux : vous en recevrez une joye eternelle,

nelle, inestimable, tres-belle, tres-douce, desmesurée & totalement: car c'est luy qui est le commencement de toute bonne action & felicité, duquel derive non seulement vostre estre, mais aussi vostre bien estre, & sans l'aide duquel vous travaillez en vain. Reconciliez-vous à luy sans relasche, & le remerciez au meilleur escient que pourrez, en gardant de poinct en poinct ses commandements, qui vous seront quasi comme un havre fort, & rempart tres-asseuré pour vous deffendre des bourrasque d'une infinie contrarieté de pensées, desquelles la pluspart du temps estes assiegées & accablées; & ausquels retournant, recouvrerez une pure serenité. Je ne pense point de meilleur moyen pour gouverner seulement le frein de vos imaginations, quelques mauvaises qui vous tombent au cœur, que de recourir à Dieu, & vous determiner de suivre sa volonté, tant que vostre ame & vostre corps demeureront en leurs premiers accords, sans faire comme celuy qui se trouve malade, lequel appelle à soy le Medecin, non pas comme Ministre de Dieu, mais comme celuy de qui depend l'esperance de recouvrer la santé, & n'a honte de mettre en luy son espoir : ou comme l'autre qui se fie en sa prudence, l'autre en la faveur des Princes, & ne tiennent compte de penser à l'aide de celuy qui les peut aider, & qui leur a commandé de l'appeller. Appelle-moy, dit le Seigneur, au jour de la tribulation, & je te delivreray. Je desire de vous sans plus une chose, qu'incessamment vous le loüyez, l'honoriez, glorifiez, adoriez, suppliez, croyez, mettrez vostre entiere fiance en luy, le magnifiez, & le benissiez à toutes heures: car si vous n'estes ainsi inspirées de luy, vous ressemblerez aux terres froides & steriles, qui ne portent aucun fruict : sans ceste grace & benediction d'enhaut, toutes vos veilles & labeurs vous seront inutiles. Mais pour vous entretenir continuellement en cest' amour & crainte de Dieu, & vous exciter pendant le cours general de vostre vie à embrasser toutes choses belles & honnestes, choisissez, pour vous servir de patron, quelque vertueuse Dame, & principalement celle qu'aurez en plus grande admiration, & plustost apres l'avoir veu faire, qu'apres l'avoir ouy parler: car vous serez plus promptement instruites par l'exemple que par la parole : soudain les fleurs perissent, soudain l'air mauvais corrompt les violettes, le lis & le saffran: ainsi les paroles s'evanouissent & s'en vont à la vauvole : mais l'autre est d'un grand effect & efficace, voire celuy qui edifie merveilleusement, qui contraint cet aage glissant & volage à suivre ce qui est honneste : & a telle force, qu'il semble porter sur son front une image peinte de droicture, pour mesurer les actions d'un chacun au juste niveau de la raison, afin d'en tirer une instruction de bien vivre. Ne doutez point que l'exemple a plus de force pour esmouvoir & enseigner, que toutes les espreuves de raisons qui se sçauroient donner. Celuy-cy est accompagné de toutes ses circonstances, là où les raisons sont generales, tendant plus à fin de prouver & donner à entendre, & celuy-là à mettre en œuvre & executer ; d'autant qu'il ne monstre pas seulement comme il faut faire, mais aussi imprime l'affection de le vouloir faire, tant pour une inclination naturelle que chacune a d'imiter, que pour la beauté de la vertu, qui a telle force, que par tout où elle se voit, elle se fait desirer & aimer. O que vous serez infiniment aydées en vos mœurs, quand vous verrez tousjours bien faire ! car vous apprendrez plus facilement ce qu'il faut imiter, ou ce qu'il faut éviter. Et mettant en visiere ceste Dame, ayez-la tousjours devant vos yeux, comme si elle vous regardoit, & faisant toutes choses comme si elle vous voyoit. En vous baillant ce tesmoin qui ne vous abandonne jamais, une grande partie de vos fautes vous sera ostée. Craignez-la, & soubs son auctorité rendez vos actions secrettes plus sainctes. O que vous serez heureuses n'amandants point vos fautes qui se voyent par dehors, & corrigeants aussi vos pensées ! O que serez encores plus fortunées, quand vous honorerez tellement ceste Dame, qu'à sa seule souvenance, vous reglerez & ordonnerez vostre vie & vos

Tome II.

mœurs ! Ayant ainsi quelqu'une en reverence, croyez que vous serez bien-tost vous-mesmes reverées. Faites donc qu'à l'esquierre de ceste preude-femme, vous dressiez vos mœurs. Vous ne redresserez jamais une chose tortuë, qu'avec la regle. Quand vous vous mettrez pour butte de vostre vie, sa vie & ses façons de faire vous serviront de miroir & d'aiguillon pour vous instituer & former au moule de vertu. Ceste femme qui est par-dessus le commun, laquelle se monstre rare en vertu, & la lumiere de toutes les autres, lesquelles n'ont l'œil sur elle, que pour contretirer leurs mœurs au modele des siennes ; elle qui est l'idée & l'exemplaire de toute perfection, le parangon de toute chasteté & modestie, vous sera pour exemple, non pas comme un tableau attaché à la paroy pour en contenter seulement vos yeux ; mais bien comme une belle ame où la vostre se doit attacher & unir par un rapport & vive ressemblance de ses perfections, & pour vous servir de phare vous qui flottez parmy les bancs & escueils de ce monde. Et tout ainsi que l'aymant non seulement attire le fer à soy, mais en le touchant luy depart ceste vertu attractive, de laquelle il fait les mesmes effects que le propre aymant : ainsi ceste Dame par la douceur de ses mœurs se joignant en vous, vous donnera la force de vous pouvoir rendre telles dans les autres, qu'elle fera au dedans de vous. Et si par son imitation vous n'avez encore rangé vos façons de faire au droit fil de la raison, que vostre propre exemple, que la peine & le travail vous rendent advisées à l'advenir : ce qui sera de facile aisance, quand vous vous representerez souvent vos actions par forme d'examen, & vous ayderez de ce que vous aurez tres-bien fait, comme d'une regle pour le surplus de vostre vie, & commanderez à vous-mesmes de vous garder de cellesqui auront eu mauvaise issuë. C'est ainsi comme le marchand, & quiconque veut faire son profit, le pratique ordinairement, à l'imitation duquel vous viendrez tous les jours à compte des pertes & profits : le gain vous rendra gaillardes, vous ayant succedé profitablement : & quant au dommage, vous tascherez d'y remedier par un soin curieux & diligent. Et si tout cela n'est suffisant pour vous acconduire dans les choses bonnes, il n'y a rien qui doive tant vous chastier, que la faute en laquelle vous verrez une autre s'esgarer au peril de son honneur & de sa reputation : d'autant que comme chacun est aveugle en son fait propre, aussi estes-vous admonestées de vostre devoir par l'ulcere d'autruy, qui vous sert d'advis & prevoyance. Il est plus à propos de vous faire sages par la faute d'autruy, que de souffrir par vostre cheute. C'est devenir sçavantes avec grand plaisir & contentement. Mais sur tout, ne faites comme la pluspart des filles, qui mesprisent ce precepte, s'attendants au ressentiment de leurs propres fautes pour estre faites doctes ; lequel enseignement elles compensent au prix d'un dommage bien souvent irreparable : mesme qu'elles sont coustumieres de dire, que le Medecin qui n'a que la theorique, n'approche de celuy qui sera experimenté en plusieurs maladies. Pourveu que le vouliez seulement, vous pouvez beaucoup sçavoir sans souffrir, si estimez les pechez d'autruy comme vostres, & que fuyez leurs causes : car par ce moyen, vous vous acquerez la cognoissance autant asseurée, comme s'il vous estoit advenu de tomber en pareil peché. Et quand vous vivrez avec ce regime, ne doutez point que sans hazard vous exposerez vostre vie en veuë de tout le monde, pour servir de feu & de lampe ardente de l'honneur aux autres filles, qui de vous tireront exemple de bien vivre : car elles verront en vous les vertus de ceste Dame peintes si au naïf par une commune ressemblance, qu'en vos corps seuls elles recognoistront & l'une & l'autre. Pour vous exciter à vouloir de

Dddd bien

bien en mieux suivre vos voyes, c'est à vous de bailler une vive, gaye & haute couleur à vos actions. Ce que pourrez bien faire, si vous entrez en la cognoissance de vous-mesmes, qui n'est autre chose que faire preuve de la portée des forces & de vos corps & de vos esprits : chose bien-seante que cognoissiez les dons & graces qui vous sont trés-foncieres, & ce qui est en vous de parfait ou imparfait, afin d'estre enseignées (comme le premier fruict & traict de sagesse) à quelle vie vous devez vous exposer, & quel soin il faut employer pour acquerir la fin à laquelle vous avez esté destinées. Tastez-vous, & voyez tout ce que sentez de fort ou de foible en vostre nature. C'est la preuve & la touche avec laquelle devez esprouver toutes vos actions : c'est la mesure & la loy qui les doit ordonner : c'est la balance qui les doit accorder, pour faire que ne taschiez jamais de monter par-dessus vostre condition. Je m'asseure qu'en contemplant la nature, tant de vostre corps que de vostre ame, pour entendre que ce n'est rien de vostre estre, vous ne vous decognoistrez jamais ; ains, que ceste cognoissance de vous-mesmes, qui tesmoigne qu'estes entrées au compte avec la raison, formera vostre ame, disposera vostre vie, guidera de telle sorte vos actions, qu'elle vous monstrera ce qu'il faut suivre ou fuir, & tiendra le timon pour dresser la route que devez tenir en ce monde, afin que regardiez sans entrecesse devant vous, que n'ayez affaire qu'à vous controler en vous-mesmes, & faire une recherche veritable de toutes vos façons de faire pour vous mieux juger que nul autre ne sçauroit faire. Toutes choses mises à part, je vous prie, sans restiver, d'entrer en ceste cognoissance, laquelle de tant plus qu'elle est difficile, à cause qu'estes entretenuës de puissances & vertus diverses, qui ne se peuvent apprendre que par leurs operations ; aussi est-elle de tant plus utile & necessaire. Car dires-moy, à quoy vous servirois la science du mesnagement d'une maison, si vous ignorez d'un seul brin l'estat de vostre vie ? Quel profit vous apporteroit de vous mettre en queste des affaires du monde, si estes en défaut de vostre cognoissance ? Si vous faites marcher la raison derriere l'appetit, n'est-ce pas estre semblables à celuy qui bastit un œuvre sans fondement, lequel est subject à ruyne ? C'est à vous maintenant, qui vous cognoissez dehors & dedans, de donner tel poids à vos mœurs, qu'elles ne se rencontrent legeres, mousses, fades & aspres, ains si douces, qu'il n'y ait rien en elles à rebiner & rabiener. Tout ainsi que l'ambre tire la paille vers soy, la chysocolle l'or ; ainsi la douceur des vertueuses mœurs attire à soy la bien-veillance d'un chacun ; & leur niaiseté ou aspreté, le mespris ou la haine. O que ce vous sera une belle chose d'avoir une gravité de mœurs & de vie, & estre affables en vostre hantise. Ce sont riches parties, qui s'accordent merveilleusement bien en la composition d'une fille d'honneur. Qu'elles se monstrent soudain telles qu'elles sont, ainsi que fait la monnoye : & les purifiez pour les adresser toutes au pied de la vertu ; seront ainsi la signifiance de la beauté de vostre esprit, ainsi qu'est la fleur du fruict. Quand vous vous revestirez des choses les plus belles & purgerez vostre cœur de la semence des mauvaises, en plantant chez vous ces agreables surgeons de ses bonnes & loüables coustumes, lesquelles plaisent non seulement avec la bonté & beauté de leurs fruits, mais servent encores de marque & monstre d'une ame genereuse, elles vous honoreront beaucoup plus les exerçant, que les mettant à nonchaloir.

Et tout ainsi que le miroir ne rend aucune utilité pour estre enrichy de pierreries ou autres choses precieuses, s'il ne represente la forme qui luy est monstrée : de mesme vostre fruict sera nul, si vous ne tesmoignez par effect vostre vie & vos façons de faire semblables & accordantes à la nourriture qui vous a esté donnée dés vostre sous-age : desquelles vous ne pouvez mieux, ny plus à propos faire monstre, que par vostre chasteté, laquelle j'estime la plus recommendable chose que nature peut oncques donner aux filles : car s'il n'y avoit que ceste exterieure beauté au parement d'un tein clair & plaisant des yeux, du front, & du reste du visage, & ce qui est contemplé en la parfaite liaison de tous les autres membres, je serois d'advis que sans esgard de l'ame on égalast ce chef-d'œuvre de Dieu au reste des animaux, qui ont quelque singularité en leurs perfections. Mais nous qui sçavons appeller beau ce qui n'est point difforme, & cognoissons que la vraye beauté consiste plus en l'ame qu'en l'exterieur qui s'efface avec le temps, confessons aussi que la plus grande largesse que fit oncques nature à l'honneste sexe des filles, a esté la chasteté & contenance, qui est leur propre élement, hors duquel voulant vivre, elles seront serves, comme l'oyseau enfermé dans une cage, privé de la liberté de l'air, ou le poisson de l'eau, leur vray & naturel domicile : car venant à perdre ce fleuron, le reste d'elles est de si peu d'estime, qu'on n'en doit faire non plus de cas que d'une fleur fenée. La fille vierge & pudique ressemble la rose qui jointe au beau rosier ne reçoit dommage ny du bestail ny de l'injure du temps, & toutesfois si on l'est plutost ravie & ostée de sa verte branche & nourriture maternelle, qu'elle perd petit à petit la grace & beauté qui la faisoit desirer : semblablement la fille laissant cueillir la fleur de sa virginité, qu'elle doit tenir plus chere ne que son bien, ne que sa propre vie, altere du tout le prix qui la rendoit estimée.

Faites que vostre pudicité ne soit ebranlée ny violentée, ains demeure invaincue. Elle est la forteresse de vostre beauté, pour laquelle conserver, vous devez estre vierges en toutes vos actions, contenances & propos, sans que vostre langue fasse bruit de chasteté, & vostre corps monstre d'impudicité. C'est un beau verre de crystal aisé à rompre, & qui une fois brisé & cassé ne reçoit aucune soudure, mesme que des pieces l'on n'en peut profiter. Mettez en jeu, je vous prie, une diligente peine pour estre tousjours filles de bien. C'est un beau nom, qui vous rendra une perle d'honneur, de laquelle devez estre avares gardiennes : car depuis qu'une fille se met à l'espreuve, ou se donne en proye à l'amour, qu'elle descheoit de son honneur, ou en est tant soit peu ennemie, en forfaisant contre sa pudicité, de laquelle elle souffre estre despouillée ; celle-là dy-je, est la honte universelle & vitupere de toutes les autres : car rien de bon ne luy reste, sinon qu'elle devient esclave de soy-mesme. J'adjouste que les amours des hommes & de la desdaigner ayant fait une large & liberale prodigalité de ce qu'ils cherchoient le plus en elle. Aprés cela, la fille deshonorée a un long & fascheux repentir, qui la suit & accompagne par tout pour la reprendre & faire rougir en elle-mesme de sa trop grande legereté : ce qui la fait ressembler à un fruit manié, lequel se noircit & devient si laid, que puis aprés on a horreur de le servir sur les tables : aussi celle qui s'est mise en vente, qui s'est de tout point relaschée au vice, & qui tout-à-fait a laissé ravir la fleur de sa chasteté, est vilipendée, mesprisée & bannie de toute bonne compagnie.

Faites que les occasions ne puissent muer vostre chaste cœur. Car tout ainsi que l'or s'espreuve à la fournaise, aussi fait un cœur chaste au milieu des tentations & traverses de ce monde, où souvent se trouve plus fort & vertueux qu'ailleurs, & se refroidit tant plus il est assailly de son contraire. Le propre de vostre chasteté est de regir & gouverner vos affections, chasser de chez vous tous appetits desordonnez, & contrepoiser la luxure avec la raison, & en toutes choses estre constantes. Quand toutes vos actions seront ainsi guidées par les rayons de l'honneur, cela vous rendra vous-mesmes garands de vostre pudicité, & resisterez courageusement aux longues recherches de ceux qui vous poursuivront, lesquels tiendront enfin vostre invincible & immuable constance en si grande admiration, que vaincus ils luy feront hommage, en quelque degré d'honneur que fortune les puisse monter. Vous avez la clef de vostre honneur en vostre main, vous en estes maistresses : gardez de faire chose qui luy soit contraire, ny laisser la bride trop longue à vos affections : mais permettez que ceste froide force, qui

esteint

esteint l'ardeur de vos appetits, & qui bride le desir de voſtre concupiſcence, joüé ſon roole. C'eſt un grand fruict de la pudicité, que d'eſtre eſtimée pudique, & de ne tomber point en la fable du peuple. Auſſi eſt-ce à vous d'eſtudier que l'on n'imagine de vous, contre ce dont eſtes obligées à vous-meſmes.

Ce n'eſt pas aſſez d'eſtre ſans crime ; il faut qu'il n'y ait rien à redire ny mordre ſur vous. La chaſteté d'une fille eſt une choſe tendre & delicate, laquelle ſe fleſtrit au premier vent, comme une belle fleur que quelque peu de mauvais air corrompt. C'eſt à vous à travailler qu'elle ſoit voſtre trafic & voſtre gain, & ne permettre que ceſte prime fleur vous ſoit ravie, laquelle oſtée ne vous peut eſtre renduë. C'eſt un precieux threſor, lequel une fois perdu ne peut eſtre recouvré, & pour la garde & conſervation duquel toute fille de bon jugement & qui ayme la vertu, doit s'expoſer mille fois à la mort, ſi tant de vies luy eſtoient données, pluſtoſt que de laiſſer tacher ou ſoüiller ceſte pierre precieuſe avec laquelle ſa vie eſt vrayement vie : là où au contraire celle qui folement s'en laiſſe deſſaiſir, la perdant ſans honneſte titre, quoyqu'elle vive, ſi eſt-elle enſevelie en l'obſcurité de ce monde, d'autant quelle a perdu l'honneur qui la faiſoit marcher la teſte haute levée. Mais quelle choſe a la fille de bon, ny en quoy ſe peut-elle glorifier, voyant ſon honneur en doute & ſa reputation avilie par un renom de peu de chaſteté ? Comme ainſi ſoit que Dieu peut toutes choſes, ſi ne peut-il relever la virginité apres ſa ruyne & cheute. Il peut bien liberer la vierge de peine & punition, mais il ne peut pas couronner celle qui eſt corrompuë. Souvenez-vous que combien que chacun vous diſt fille de bien, & que ſceuſſiez ſeules le contraire, leur loüange augmenteroit voſtre honte, & vous rendroit en vous-meſmes plus confuſes.

Vous n'avez encores rien fait qui vous puiſſe rendre loüables, ſi avec la continuation de ce chaſte cœur vous ne produiſez le fruict que promet en vous ce commencement de preud'hominie. Soyez tant chaſtes de fait & de penſée, que vous ne laiſſiez de ſecond lieu apres vous à autres filles. Remparez-vous de voſtre virginale chaſteté, que je ſouhaite en vous eſtre inexpugnable, deſirant qu'ignoriez à jamais ce que je crains en une jeuneſſe gliſſante, ſingulierement là où l'age conſent avec le vice : & que marchiez avec la marque de cette innocente pureté & honte enfantine gravée ſur voſtre front, que demeuriez incorrompuës en voſtre premiere integrité. Choſe qui ſera aiſée, quand voſtre volonté n'aura jamais de priſe & de puiſſance ſur vous, & vous laiſſants commander ou meſurants voſtre plaiſir à la raiſon. Car c'eſt un miſerable threſor, qu'une fille pleine de volonté.

Faites donc que voſtre chaſteté ſoit la fleur & ornement de vos mœurs, l'honneur de voſtre corps & le fondement de voſtre ſainteté, & encores pour de bien en mieux la maintenir & conſerver pure, nette & entiere, ne croyez legerement aux paroles de ceux qui diſent vous aymer à cauſe de la beauté & vertu de vos eſprits : car vous vous appercevrez bientoſt qu'ils ne vous ayment que pour leur plaiſir & leur gloire, d'autant qu'ils ne prendroient une ſi longue peine, ſi leur particulier n'y eſtoit bien avant engagé : mais auſſi-toſt que les recognoiſtrez, aiguillonnées de voſtre propre honneſteté, vous les devez congedier ſans leur donner dés le commencement aucune occaſion d'eſperer. L'honneur duquel faites fonds, vous doit ſervir de guide en ceſte rencontre pour ne faillir : car il ſera comme un fort rempart qui vous conſervera entieres contre les aſſauts impudiques de ces pourſuivants, leſquels combatans voſtre pudique chaſteté, vous devez ſi genereuſement repouſſer, qu'empeſchiez qu'ils n'y faſſent breſche.

L'amour & la hardieſſe ſont en l'homme pour demander ; & la crainte & la chaſteté en la fille pour refuſer, qui eſt le plus beau leurre qu'il y ait en elle : ce qu'aiſément ferez, ne donnant facile accez à une jeuneſſe éventée, & penſant que ceſte hantiſe ordinaire vous eſt quelquesfois venduë avec telle uſure, que voudriez n'en avoir jamais eu le gouſt. L'on dit que la fille qui preſte ſi ſouvent & volontiers l'oreille au caquet de celuy qui s'efforce de corrompre ſa pudicité, eſt à demie vaincuë. Il ne faut gueres grande batterie pour gaigner la fortereſſe, le chef de laquelle demande à parlementer. Croyez que privauté eſt nourrice d'impudicité. Je ſçay qu'il y a des filles qui ſe contiennent ſagement au milieu d'une jeuneſſe folle.

Mais quoy ? L'experience en eſt fort difficile, & la premiere atteinte fort dangereuſe, parce qu'il ne faut qu'un moment pour pervertir l'eſprit d'une qui toute ſa vie aura clos l'oreille aux paroles de celuy qui luy aura fait offre de ſon ſervice.

Je paſſe bien plus outre, pour vous dire que quand l'oreille d'une jeune fille ſe laiſſe ſoudain chatoüiller, & ſe plaiſt à dire ou oüyr le mot, quoyque la chaſteté ne ſoit point intereſſée, ſi eſt-ce qu'elle donne ſubject à chacun d'en parler, peut-eſtre au deſavantage d'elle qui n'en peut mais.

Et voilà pourquoy il luy faut éviter non ſeulement l'effect d'une choſe mal faite, mais encores le ſoupçon, veu que le bon renom luy eſt autant requis que la vie honneſte. Ce n'eſt pas aſſez qu'elle ait le corps chaſte, ſi la parole ne s'y conforme, & ſon eſprit ne ſuit ce qui eſt de l'exterieur, & ſa hantiſe ne donne teſmoignage des conceptions de ſon ame. Car il eſt vray, qu'il n'y a choſe, tant bonne & ſalutaire ſoit-elle, qui ne puiſſe tourner au dommage de celle qui la reçoit. Et qu'il ne ſoit ainſi, les viandes ſaines à tout eſtomach eſtant gloutement avalées, engendrent telle indigeſtion & crudité, que ce qui eſtoit bon en ſoy, ſe convertit en mauvaiſes humeurs & corrompt le ſang le plus pur qui ſoit au corps de l'homme : de meſme la parole & la converſation, qui de ſoy eſt bonne, eſt renduë mauvaiſe par les trop grandes privautez que produit la blandiſſante importunité d'un amant.

Vous devez donc fuïr d'une ſoudaineté legere les approches de celuy qui aymera plus en vous la beauté exterieure, que celle qui fait reluire voſtre ame, & peint l'honneur vivement en voſtre face : & quand vous l'aurez une fois deſtourné, craignez plus que jamais de recevoir de celuy-là meſme nul propos d'amitié : d'autant qu'il y en a aſſez qui ſont tombées au danger qu'elles ont évité la premiere fois. Repreſentez-vous qu'amour a perdu les yeux, lequel aveugle de ſorte, que où l'on penſe le chemin fort ſeur, c'eſt à l'heure qu'il gliſſe le plus. Et ſoyez certaines, que ſerez d'autant plus filles de bien, que moins vous vous confierez en vous-meſmes, ſans oſer entendre les paroles vaines, ny recevoir les promeſſes feintes de celuy qui ne veille que pour vous ſurprendre.

Rien auſſi ne peut mieux vous contregarder contre toutes ſortes d'attaques encontre voſtre chaſteté, qu'une naturelle honte, qui vous ſervira de mors pour la tenir de court. Conſervez en vous & par vous ceſte plaiſante couverture de viſage : car en eſtant privées, il ne ſe trouveroit rien plus ord ny plus deteſtable que vous : pource que celle qui n'a honte de mal faire, & fait gloire de perdre ceſte modeſte vergongne, on deſeſpere de ſon ſalut, elle eſtant cent fois plus hardie à s'adonner au vice que l'homme. Que n'oſe entreprendre celle de laquelle l'eſprit eſt eſclave du vice ?

Les premiers eſſais en ſont difficiles, & en eſt ſon ame & ſa conſcience rongée d'un ver de repentance : mais depuis qu'elle eſt envieillie dans le peché, lequel s'eſt vivement enraciné dans ſon cœur, il luy eſt plus plaiſant & aiſé à executer, que la vertu n'eſt familiere à celle qui la ſuit. Si la honte s'eſloigne par une longue traiſnée de temps de devant vos yeux, voſtre aage plus meur nourry en impudence effrontée, ne verra plus rien qui la puiſſe faire rougir. Mais pour bien faire, des l'heure que le ſon de quelque impudique parole, ou le regret d'un deshonneſte déportement bleſſera voſtre ame, que nature arrouſe voſtre front d'une agreable rougeur : ce ſera recourir aux armes de voſtre ſang pour fortifier voſtre viſage, qui eſt la principale partie offenſée : vos joües aſſaillies de ceſte cefte vive & vermeille couleur denoteront un figne certain d'une fage & pofée moderation. La honte eft le teint de vertu, qui ne s'égare jamais de celle qui fe refpecte foy-mefme. Soyez naturellement honteufes, & lors vous ne ferez rien d'effronté : car vous hontoyant fans compte ny fans mefure, & logeant en vos efprits la honte de mal faire, avec la crainte d'en eftre reprifes, cefte difcrete & craintive vergongne vous deftournera de forfaire encontre voftre chafteté, combien que l'envie vous en vinft. Ce n'eft pas affez que vous vous contentiez de faire & accomplir toutes ces chofes bonnes, & generalement les autres qui regardent le compliment de vos actions, fi ne les mettez en œuvre avec une belle grace : car c'eft elle qui leur donne le fel, la pointe & l'affaifonnement, comme procedant d'une attrempée complexion, & fans laquelle toutes font mornes, fades, & fans gouft.

Ce gracieux entregent eft la chofe la plus defirable qui doive eftre en vous, comme un don de nature, lequel ne peut eftre gaigné par aucun artifice. Et tout ainfi que les viandes, quelque faines & falutaires qu'elles foient, ne donnent plaifir à celuy qui les mange, fi elles font fans faveur, ou fi l'odeur en eft mauvaife, ainfi eft-il des façons de faire d'une fille, lefquelles, eftant de foy bonnes, fi eft-ce qu'eftant lourdes & groffieres, donnent un certain dédain à celuy qui en eft abbreuvé, & toutesfois fi l'on les adoucift & apprefte avec cet appareil qu'on nomme bienfeance des chofes bien proportionnées en foy, elles fe rencontrent propres & gentiles. Et comme l'induftrieufe & courtoife façon de vivre a je ne fçay quelle force d'attirer le cœur & l'amitié des hommes avec lefquels nous converfons : au contraire les manieres dures, revefches & ruftiques engendrent au cœur d'un chacun un dédain par un bon & gaillard naturel. C'eft pourquoy fi vous avez la tefte & le col droit, un vifage arrefté, le regard doux & agreable, le mouvement du corps avenant, la démarche moderément lente, vous ferez toufjours jugées aymables. Mais fi faut-il qu'avec cefte beauté de corps, vous foyez d'un genil maintien, que voftre efprit foit vif, les façons de faire plaifantes, & la parole par commandement pour dextrement vous accommoder à toute forte de compagnie & l'entretenir gaillardement avec propos honneftes & appropriez au temps, au lieu, & à la qualité de la perfonne que gouvernez, fans monftrer aucune afféterie ny lourderie.

Les graces & beautez du corps & de l'efprit font les appannages de l'ornement de l'ame, qui portent en foy quelque ombre & image de fa perfection, d'autant qu'elles font prefuppofées eftre efclairs de fa fermeté & generofité, & eftre meuës & ordonnées comme elle eft habituée : car elles monftrent toufjours une je ne fçay quelle force cachée, qui contraint un chacun à l'aymer & fe plaire en un object fi bien rapporté. A tous vos geftes, actions & paroles, vous adjoufterez une mediocrité compofée de chofes contraires, difpofant vos mœurs felon celles qui vous avez à traiter ; avec les feveres, graves ; avec les joyeufes, gayes ; avec les mornes, agreables ; avec les facetieufes, plaifantes. En plantant ces bornes au mefnagement de voftre vie, fans les outrepaffer, vous vous baftiffez une memoire indeterminable, comme au revers, toute chofe qui paffe au-delà de fa mefure, fe defbordant de fes limites, n'a rien plus de durée, qu'un foleil trop chaud en hyver. Encores faut-il que foyez affeurées en voftre contenance, modeftes en vos geftes, & courtoifes en paroles, afin qu'en bonne grace n'en deviez rien à perfonne. Et combien qu'en tout cecy vous euffiez une paffable mediocrité, fi devez-vous faire qu'en voftre bienfeance il y ait une extremité tres-grande, laquelle vous rendra la lumiere, le prix & l'honneur des autres filles, la fleur de bonté, la fource & fontaine d'honnefteté, qui font autant de rets pour tirer un chacun à vous bien-veigner, & vous faire eftimer non moins pudiques, fages & humaines, que plaifantes, fubtiles & difcretes.

Outre cefte naïfve grace, je vous recommande fur tout d'eftre humbles & affables : car cefte douce humilité a cefte particuliere force, que de moderer & attremper vos affections & defirs demefurez, de refrener la hauteffe de voftre cœur, & vous apprendre à vous monftrer moindres que toutes les autres, combien que les efgaliez ou furmontiez en bonne grace, & gentileffe d'efprit ; de faire croire que pouvez moins que voftre pouvoir n'eft grand ; avoir une meffiance de vos forces, craindre toutes chofes qui font à craindre ; honorer & obeyr à ceux qui ont puiffance de vous commander ; qui font autant de proprietez pour defrober le cœur d'un chacun. Sa trempe eft de telle force, qu'elle rabat la pointe de ceux qui vous porteroient quelque fourd & fecret mal-talent, & vous donne toute affeurance contre leurs affauts. Je ne penfe rien de plus excellent en une fille, que l'humilité pour la rendre agreable devant la face de Dieu & des hommes. C'eft à vous à l'embraffer eftroitement, non celle qui eft fimulée, foit par les geftes, foit par la voix interrompuë des paroles ; ains qui eft effigiée par une pure & nette affection de cœur. Car c'eft autre chofe, avoir la vertu ; & autre, la femblance ; autre, fuivre l'ombre des chofes ; autre, la verité. Et tout ainfi que la feule beauté du corps efmeut les yeux & plaift à caufe d'une bienfeante proportion des membres, & ce pour ce feul refpect, que toutes les parties fe rapportent convenablement enfemble : ainfi cefte douce & fimple humilité, qui reluira en voftre vie, fera approuver voftre converfation bonne de celles avec qui vous vivrez, par l'ordre proprement arrangé en toutes vos façons de faire & difcours. A quoy joindrez une modeftie bien mefurée entre le trop & le peu, laquelle acquererez en craignant de faire ou dire chofe vilaine, ou mettant à chef quelque acte beau & honorable.

Et tout ainfi que le Pilote gouverne la navire ; de mefme la modeftie eft la guide & addreffe de toutes les actions vertueufes. Ce fera chofe fort loüable, quand en tout le proceder de voftre vie, vous uferez moderément & refervément, ayant une jeuneffe repofée & meure, qui aura efté reprimée par cefte fage attrempance, laquelle n'eft rien moins utile qu'honorable à cet aage leger & muable. Toutes chofes font vaines, fi cefte vertu modefte n'y affifte, laquelle fe doit monftrer en vos affections fi bien temperée, que vous les fçachiez renger & conduire par un moyen fubtil & ingenieux, fans vous laiffer tranfporter d'aucun trouble d'efprit, en vous gouvernant paifiblement, & endurant, ou à moins diffimulant les défauts des autres. Car vous qui converfez dans le monde, devez eftre comme plufieurs paffagers dans une navire agitée & tracaffée des ondes & des vents, en laquelle fi quelqu'un eft pouffé de roideur, fi frappé du pied ou du coude, fi arroufé d'eau, ou de vomiffement de fon voifin, il faut qu'il en donne le blafme au lieu & à la tempefte, non aux hommes, qui en ce temps-là ne peuvent faire autre chofe, d'autant qu'ils ne font à eux, ains à autruy. De mefme quand vous hantez les compagnies, fçachez que converfez avec des outrecuidées, l'infolence defquelles il vous faut fouffrir : avec des coleres, defquelles vous avez à endurer les injures : avec des envieufes, defquelles vous devez porter la mefdifance : entre des moqueufes, fouffrir leurs moqueries : entre filles peu polies, chofes mal-faictes : entre celles qui font propres à rien, ennuys & chofes mal ourdies en faicts & en dirs : entre celles qui font peu fages, fottifes : celles qui ont la pointe de l'efprit rebouchée & refoulée, chofes lourdes. Enfin il vous faut tout ouyr & tout voir fans rien dire, ou bien approuver le bien dit fans refuter aigrement le mal dit, & enfeigner pluftoft celle qui difpute, que de la vouloir vaincre : ce qui fera qu'en tout temps vous ferez admirées par cette belle fymmetrie & proportion qui fe rencontrera en tous vos deportemens.

portemens. De ceste modestie, principale maistresse de vos mœurs, naistra la courtoisie, laquelle doit tousiours couler de vostre main, comme un plaisant & gracieux ruisseau, qui contente & la soif & la veuë : elle vous rendra bien-venuë d'un chacun, quand la practiquerez : car il n'y a rien meilleur en vous, ny pour vous, qu'elle ; qui vous doit estre aussi familiere que toutes les autres vertus, comme le vray aymant des cœurs nobles & genereux, lequel a force de les lier & serrer avec un nœud d'obligation perpetuelle pour les astreindre à vous cherir & aymer.

Et tout ainsi que de la terre bien cultivée procedent & germent les herbes trés-precieuses, semblablement de la courtoisie derivent le desir & l'effect que nous avons de tesmoigner à tous une liberale & franche volonté de leur bien faire. C'est à vous à combattre sans cesse avec ceste honneste & gracieuse vertu, assaisonnant d'une gayeté de visage la gravité modeste de vos mœurs, afin d'en estre point surmontées en beneficence & bonté, ains que de debitrices de peu, vous vous fassiez creancieres de beaucoup. Je viens à vostre parler. Vous devez quitter la maistrise & la preeminence en la parlerie, pour ne vous faire croire du naturel de la Cigale, de laquelle le propre est de gazoüiller. Aussi que vous monstrant si prodigues en paroles, vous pourriez ressembler au Pelican, qui se tuë de son bec : de mesme vostre langue vous pourroit du tout nuire. Nous disons en commun proverbe, Trop grater cuit, trop parler nuit. Si voulez bien user de vostre langue, dites en temps & saison quelque chose de beau, avec telle dexterité, que celles avec qui hantez, cognoissent que la science est autant vostre que le parler, qui est un mouvement de l'intellect, auquel gist une bien-seance & gentillesse, laquelle donne signe evident de l'addresse de vostre esprit. Encores souhaitte-je qu'il ne sorte rien de vostre bouche sans avoir premierement formé en l'idée de vostre esprit ce que voulez dire : car lors vostre parler sera plustost un enfantement & fruict bien assaisonné, que chose sans advis & jugement : ce seront paroles nullement rompuës ny enlacées, ny suivies d'un ordre confus. Voulez-vous bien mesnager vostre reputation ? Que vostre parler symbolise avec vos personnes, & vos personnes avec vostre parler : car d'ordinaire la parole suit l'affection de l'ame, & l'affection de l'ame la parole. Il n'y a rien en vous, qui plus vous descouvre, qu'elle, ny qui vous tant vous fasse estimer ou blasmer, comme le plus certain & moins menteur miroir que portiez. Enfin je vous prie que vostre parole soit si douce & agreable, qu'elle promette vostre visage & vostre cœur estre de mesme, en apprenant à vous taire & parler par compas, sans laisser débonder de chez vous un flux de paroles. Bien parler, c'est parler peu, & respondre à propos. Gardant ces regles, vous ne vous rassasierez jamais de laisser de vous un bon nom ; ains en serez tousjours affamées. Car où vous en feriez peu de compte, il est necessaire que fissiez peu d'estat de la vertu, & par consequent que perdissiez vostre reputation, comme les fleurs trempées en l'eau perdent beaucoup de leur bonne odeur. Pour la vous acquerir & conserver, retirez-vous à main sauve de toute mauvaise compagnie, & fuyez celle qui la peut honnir, alterer, ou diffamer : car si il ne le faites, il seroit meilleur que vostre vie fust un cercueil, & que vivantes eussiez le nom de filles mortes. Vous sentez bon ne sentant rien : aussi estes-vous bien renommées, quand on ne parle point de vous : car lors vostre nom est sans tache, & en ceste obscurité les mesdisans ne peuvent donner aucune atteinte sur vostre vie, ny mesme le temps prodigue esventeur, qui ne laisse rien sans l'esclaircir. La renommée une fois tachée, jamais plus ne reprend sa premiere teinture. Vous devez en tout & par tout conspirer à l'augmentation d'elle par vos œuvres qui se verront : car les bonnes actions tirent necessairement aprés elles la loüange, l'honneur & la reputation pour celle qui les produit, comme font les vicieuses le blasme & la honte. L'on se prend d'ordinaire à ce que l'on voit. Vostre bon nom, est la reputation honorable qui s'engendre és cœurs des hommes ; tout ainsi qu'au contraire, vostre mauvais nom, c'est une desadvantageuse creance conceuë de vous en la fantaisie d'un chacun. Vous aurez autant de bon ou mauvais renom, qu'il y aura de bonne ou mauvaise opinion de vous en autruy. Gardez-vous d'estre comprises sous ce proverbe : Qui a le bruict de se lever matin, peut dormir la grasse matinée ; c'est-à-dire, que la bonne estime que l'on fait de vous, ne soit fondée sur le bruit, ains sur la verité : car il se voit des personnes que le commun tient pour sages, vaillants & ornez de beaucoup de vertus, qui n'ont rien que l'escorce si on les regarde & examine de prés. Vous n'en tomberez jamais là, ny ne souffrirez aucune playe ou tache en vostre reputation, si parlez sans cesse des choses bonnes, & faires celles qui sont honnestes & licites : ou bien si mettrez peine d'estre telles que voulez estre estimées, & que ne mesprisiez ce qu'on dit de vous, ains qu'ayez soin de l'opinion en laquelle serez tenuës. Le loüable nom ne vient temerairement en la bouche des hommes sans les œuvres : la renommée du bien ou du mal vous suivra comme la propre ombre du Soleil. De tout le discours de ceste lettre, vous pouvez tirer un plaisant, doux & savoureux fruit, lequel semé en un terroir digne de chose si sainte, produira semence telle qu'on doit esperer d'un germe si fecond. Recevez-le, je vous prie, avec telle facilité de bon visage, que d'un cœur net & franc je le vous donne pour en gouster à pleine bouche. Et tout ainsi qu'en la Musique, en la basse, qui est le fondement de toute l'harmonie, manque, tout le reste est en discord : de mesme si ces preceptes (qui vous doivent servir de loy) que je vous ay representez, viennent, ou partie d'eux à defaillir en vous, croyez qu'en un petit trait de temps vous ferez un perilleux & dommageable naufrage dans les propres ruines de vostre bonheur & reputation. A Dieu.

LETTRE IX.

A Louyse & Susanne Pasquiers, ses filles.

Il leur monstre les vices qu'elles doivent fuyr.

Par ma derniere je vous semonds de peindre en vostre ame la crainte de Dieu, & son amour, & autres vertus, comme les principales pieces propres à vous faire voir en vostre jour, & lesquelles vous faisant familiere compagnie, vous rendront aimées & cheries de tous. Par celle-cy je monstre aprés le vif, les vices que devez fuyr pour vous entretenir & maintenir en ceste perfection de mœurs laquelle vous a tousjours faict reluire, comme le diamant mis sur tein, qui luy donne le lustre & le feu qu'il doit avoir.

Je ne pense point qu'une folastre jeunesse se laisse plustost emporter, qu'au vent impetueux d'une outrecuidée presomption, conduite d'une trop bonne opinion qu'elle conçoit de soy par une maladie de l'ame, qui naist de la depravation du jugement : ou bien d'une affection inconsiderée dequoy elle se cherit, en se representant à soy-mesme autre qu'elle n'est, par une aveugle confidence pleine de vent & de vuide, qui n'a corps, prinse, ny durée, d'autant que guidée par l'indiscretion & improveyance de l'amitié qu'elle se porte, elle fait de soy tout son appuy, d'où derive, comme d'un tige de malheurs, toute malencontre. Car comme nous voyons toutes les extremitez des parties du corps humain devenir roides de froid quand la chaleur se retire au dedans ou par crainte, ou par colere, ou en un grand accez de fievre : de mesme nous appercevons les choses bonnes que nous possedons, se refroidir, lors que venons à nous retirer à nous tout nostre amour en le consumant chez nous. S'il y a de la flaterie de vostre part, en croyant plus de vous qu'il n'y a, ce fleau vous ostera la cognoissance de vous-mesmes, offusquera la prudence qui vous doit sagement conduire, & fera que vous vous estimerez beaucoup, & n'estimerez pas les autres assez. Et tout ainsi qu'au premier vent rude, l'arbre garny de branches grandes & larges, qui n'est sousstenu que de foibles racines, est jetté par terre, & celuy qui est pourveu de bonnes, fortes & profondes, resiste contre tous assauts venteurs, sans qu'aucune tempeste le puisse esbranler : pareillement si vous estes enflées du vent de folle monstre, sans estre maintenues d'aucun merite, & que seulement vouliez vous faire paroistre par une vaine gloire, il ne faudra qu'un vent leger pour vous abattre. Mais si vous fondez de vives & vigoureuses racines de vertu, nul orage, quelque violent qu'il soit, ne vous pourra accabler soubs le faix d'aspres & insupportables adversitez. C'est un grand defaut de nature de s'aimer par trop & se priser outre son merite & sa suffisance : lequel vice est plus commun à celle qui est nuë d'entendement, qu'à une qui l'aura bien timbré. Ne vous chatoüillez donc point en vostre pensée pour presumer ce qui ne vous appartient point : car croyants plus à ce qu'on dit de vous, estant faux, qu'en ce que sentez en vous-mesmes de vray, vous trouveriez enfin que ce ne seroit qu'un chant de Serene, qui vous endormiroit ; un Basilic, qui d'un seul regard vous feroit perir : & que la gloire, qui vous seroit donnée, seroit vaine, ou pour ce qui n'est pas en vous, ou pour ce qui est en vous, mais non pas à vous ; on pourroit que c'est en vous, & à vous, mais qui ne merite pas que vous vous en glorifiez. Tout cela vous arrestera de monter à une presomption plus grande que n'est vostre puissance : car

Qui plus haut monte qu'il ne doit,
De plus haut chet qu'il ne voudroit.

Dés l'heure que serez battuës de ceste maladie presomptueuse, tout vostre soin sera de faire valoir par vanteries, & quelquefois à faux tiltre. Vice qui est à fuir, si la necessité ne vous contraint d'esventer les choses que faites, lesquelles neantmoins il faut dire avec tant de modestie, qu'on ne puisse vous accuser d'estre glorieuses : car l'importunité des vanteries ravaleroit tout l'honneur qu'auriez acquis. La prudence des choses bien suivies, estant magnifiée, se tourne en imprudence & impudence. Sur tout n'estudiez avec un soin plein de peine & de travail d'esprit, pour descouvrir les actions, les secrets, les defectuositez, disgraces, taches & imperfections d'autruy : car telle curiosité ne prend sa naissance que de la malignité d'un coeur envieux. Dites-moy, qu'avez-vous besoin de sçavoir ou d'ouyr les choses que l'on tient closes & cachées? Cela peut plustost troubler ou perdre vostre esprit, que vous rendre meilleures. Et tout ainsi que le desir de sçavoir est loüable ; aussi vostre curiosité est grandement à reprendre, quand desirez de cognoistre les defauts de vos compagnes. C'est vice trop clairvoyant qui naist une sotte sagesse, quand à yeux ouverts vous voulez penetrer dans la vie de celles qui ne vous sont rien, & estre aveugles en la vostre propre. Passez plus outre. Telles fois vous employez vos sens attendant d'ouyr ce qui moins vous voulez, & toutesfois vous cherchez ce que ne voulez trouver. La responce de l'Egyptien fut gentille & dite bien à propos à celuy qui luy demandoit, que c'estoit, qu'il portoit envelopé? c'est afin que tu ne le sçaches pas, que je le tiens ainsi caché. Le remede contre ceste maladie curieuse remplie d'inanité, sera de n'ouyr ny voir ce qui ne vous appartient point. Car autrement vous entreriez bien-tost dans la mesdisance pour triompher de la vie des autres.

Mais tout ainsi que devez bannir de chez vous la presomption, les vanteries & la curiosité : aussi gardez-vous d'acquerir le bruict de mesdisantes : car vous seriez aussi-tost comparées à une puante cantharide, qui ne se jette que sur les plus beaux bleds, & les rosées les plus douces & suaves : de mesme vous n'infecteriez de vostre langue que les plus braves & nettes en reputation, desquelles blessant l'honneur par une piquante parole, la tache ny tard ny jamais ne se pourroit oster. Que le mesdire soit veritable ou faux, abstenez-vous-en : car dechirant quelqu'une par mensonge, elle est dite injure, parce qu'elle est fausse : & par la verité, elle est aussi appellée injure, d'autant qu'elle offense. De façon que l'on ne peut parler d'aucune ou sans mensonge, ou par des paroles injurieuses : & en ceste perplexité il est plus à propos que ne parliez point du tout ; autrement vous meriteriez d'estre poursuivies à cor & à cry, comme le fleau & la meurtriere de l'honneur d'une fille de bien. Pourquoy vous a nature donné deux oreilles, deux yeux, deux mains, deux pieds, & une seule langue, que pour signifier qu'à l'ouyr, au voir, au toucher, au marcher pouvez estre autant longues qu'il vous plaira, mais au parler les plus severes que pourrez ? Et la mesme nature vous permet de porter à descouvert toutes ces parties, fors la langue, qu'elle a environnée de maschoires, murée de dents, & close de levres, comme de forts remparts, afin que cognoissiez que n'avez partie en vous, qui ait besoin de si bonnes gardes que celle-là, pour ne la point lascher aux discours sans prendre advis de la raison. Voulez-vous bien faire que vostre langue n'aille plustost que vostre esprit ? Avant que de parler, pensez ce que voulez dire : car un mot dit, ne se peut plus revoquer, là où une premiere pensée se peut bien amender. Si desirez maintenir vostre ame pure, conservez vostre bouche & fermez les oreilles aux paroles mesdisantes : car tout ainsi que vous vous empeschez d'aller sur l'eau pour n'y estre noyées, de trop vous accoster du feu pour n'estre bruslées, & de manger mauvaises viandes pour n'en devenir malades : aussi devez prendre peine de ne mal parler de personne, & n'accoster & ouyr les langues mesdisantes, de peur de tomber au mesme vice duquel elles sont blasonnées.

Je ne trouveray toutesfois mauvaise en vous une vive, foudaine & courte repartie, reglée selon le lieu, le temps & la qualité de celles avec lesquelles converserez. Car tout ainsi que les estoilles, quand l'air est serein, font la beauté du Ciel ; & les fleurs ou en une saison printaniere, l'embellissement des prez : de mesme les aigües & plaisantes rencontres sont l'ornement d'une sage fille. Mais je souhaite que vos gausseries ne soient attachées, ains qu'elles mordent à la façon de la brebis, & non du chien : car autrement elles ne seroient plus rencontres, ains pures injures. Bien est vray qu'estant touchées ou morses en chien, vous ne serez jamais blasmées, si en repartant vous brandissez une parole de droit fil, qui n'attaque superficiellement à l'adventure, mais rende la playe si profonde, qu'elle emporte la piece. La responce prompte est plus belle en brocardant, que quand à garde faire vous attaquez quelqu'une de parole : l'une est estimée proceder d'une vivacité & gaillardise d'esprit ; l'autre, d'une longue premeditation. Sur tout, voulans railler, mesurez de telle façon vos forces, avec celle qu'attaquez, qu'elle ne vous rende muettes par une parole bien assise. Mais en tout ce que direz, ne vous donnez jamais loy d'enrichir vostre langage de mensonges pour ombrager ou alterer la face des choses ; d'autant que la menterie és paroles est quelque ombre de la passion de l'ame. Si vous mentez, l'on dira que la cause procede du manque d'entendement, entant que choisissez la pire chose du monde pour la meilleure. Ne vous perdez point en ce mal : car vous fourvoyant de la verité, vous faites qu'à force de mentir, une chose vraye est tenuë en doute, & qu'orès que disiez vray, on ne vous croit pas ; qui est la peine de vostre vice, que portez toujours avec vous. Tenez pour maxime, que la fille d'honneur ne doit jamais estre sans verité & chasteté. Il n'a oncques esté que celle qui est veritable, ne fust pudique ; & la
menteuse

menteuſe au contraire, peu chaſte : & comme diſoit quelqu'une, il n'eſt moins reprochable aux filles extraites debon lieu, d'eſtre menteuſes, qu'impudiques.

Encores ne veux-je oublier ce qui eſt de la bien-ſeance de voſtre corps, premier que de finir cette lettre. Il ne vous faut avoir un rire indiſcret & demeſuré : car celle qui ſe laiſſe aller ou abandonne à un ris immoderé, ou qui rit à tout bout de champ, monſtre un ſigne de legereté : mais celuy qui eſt arreſté, mignard, & attrayant, accompagné de honte, eſt permis; car il tient de la gravité & honneſteté, & de cette froideur raſſiſe, pleine d'une ſeverité fiere & magiſtrale, bien-ſéante à toute fille. Que voſtre rire ſoit donc modeſte, non eſclatant, ny avec la bouche du tout ouverte : qu'il ne ſoit de toute legere occaſion, ny du mal d'autruy. Monſtrez en riant une joyeuſeté d'eſprit & de viſage. Tout mouvement & diſpoſition de corps, qui ſe difforme de l'uſage naturel, ſemble laid. Et tout ainſi que vous vous devez abſtenir d'un ris à plein goſier, pour entretenir voſtre viſage en une belle aſſiete, auſſi devez-vous conſerver voſtre face en ſa pureté & netteté, ſans reſſembler celles qui journellement inventent nouvelles & eſtranges manieres de fards pour falſifier & contrefaire leur aage, & premier portraict naturel avec faux cheveux, pommades, eaux diſtilées, & autres tels deſguiſemens : car il n'eſt rien plus deshonneſte que de ſe montrer autre que l'on eſt : & ſe faict un mauvais jugement de celle qui cherche dehors eſtre loüée de ſa beauté.

Quoy que je die, je veux bien qu'ayez ſoin des choſes exterieures pour vous veſtir honorablement, non point d'habits ſi riches, mais proprement faits & accordants avec voſtre aage, au temps, au lieu, & à l'uſage de la plus-part. Car quand un habillement eſt convenable avec une nette & gentille naïveté, il teſmoigne quel eſt l'eſprit, d'autant que l'habit de dedans correſpond ordinairement à celuy de dehors. Une fille orde & ſale, a les ſens & l'eſprit de meſme. Et tout ainſi qu'en toutes choſes la beauté conſiſte en la proportion de toutes les parties bien rapportées entr'elles, & que la laideur dépend de la diſproportion & de leur mauvais compartiment : de meſme toutes les fois que ne proportionnerez vos veſtemens avec vous qui les portez, ils produiront une certaine inégalité autour de voſtre corps, qui fera qu'au lieu de vous rendre agreables, vous ſerez ennuyeuſes à celles qui vous verront.

Pour ne paſſer les termes d'honneſteté, ne deſirez paroiſtre avec l'excez d'un humble ou trop ſomptueux veſtement : car en l'un feriez paroiſtre une pure hypocriſie; en l'autre confeſſeriez une impudicité. Et ne vous attifez de ces attrayantes manieres, mais d'une belle preſence exterieure, gentille & advenante, qui vous ſoit naturelle & nullement contrainte. Si vous n'en eſtes douées, ſoyez parées de la vertu, la beauté de laquelle couvre les déformitez du corps, & donne vrai ſplendeur & majeſté au viſage d'une fille vertueuſe. Et craignant de ne me pouvoir eſtancher, ſi j'approfondiſſois toutes choſes par le menu, je dirayen peu de ſubſtance les choſes meilleures qui vous rendront de bonne miſe. Faites que voſtre jeuneſſe ſoit bonne & delectable. Quelle eſt la racine, tel eſt le fruict : quelle eſt la fontaine, tels ſont les ruiſſeaux : ainſi d'une belle & agreable jeuneſſe il n'en ſort qu'un bon fruict. Aſſubjettiſſez-vous à ces deux grands Maiſtres, au devoir & à l'honneur : l'un vous defendra de rien faire contre le gré de ceux qui ont la ſurintendance de vos mœurs : l'autre ne le pourra ſouffrir. Que voſtre cœur ne ſoit d'une dure trempe, que vous puiſſiez renoncer à voſtre propre volonté, pour prendre les fortes armes d'obeyſſance.

Ne vous faites maiſtreſſes de voſtre viſage, autrement il n'en faudroit attendre que feintiſe. Tout ce que l'on vous dira pour voſtre bien, prenez-le en bonne part, & ſupportez l'imperfection, ſoit de vos eſgales, ſoit de vos inferieures, en couvrant leurs fautes. Soyez promptes à loüer & tardives à reprendre. Par exercices ordinaires defendez-vous contre l'oiſiveté, pepiniere de tous maux. Gardez d'eſtre inſolentes : car où eſt l'inſolence ; là eſt l'inconſideration. Où eſt la legereté, il n'y a aucune cognoiſſance de vertu, ny point de jugement pour diſcerner les belles actions d'autruy, ny de gravité pour conſiderer & meſnager ce qui eſt convenable à ſoy-meſme. Penſez & repenſez que c'eſt une peine extreme à celle qui a mal fait, de cacher ſon vice; & toutesfois peine en vain : car faſſe ce qu'elle voudra, il eſt impoſſible de le cacher à elle-meſme.

Nul ne peut ſe cacher à ſoy-meſme. Et puis un peu de fiel rend amer beaucoup de miel. Une petite tache noire ſoüille un beau drap blanc. Auſſi un petit vice gaſte pluſieurs vertus. Adjouſtez qu'il n'y a rien plus certain, ny plus preſent à tout le mal que ſçauriez faire, que voſtre propre conſcience, laquelle parle ordinairement à vous, & repreſente, malgré qu'en ayez, le regiſtre de vos fautes les plus ſecretes ; elle en eſt l'accuſateur, le teſmoin, le juge, & le bourreau : vous n'en pouvez éviter les pourſuittes, les geſnes, & les tormens, qui vous font fremir d'alarmes. C'eſt un ver qui ne meurt jamais, lequel vous preſſe, atteint & mine vivement avec des élancemens qui vous bourrelent d'un perpetuel remors. Tant que voſtre ame eſt chatoüillée de quelque vice, voſtre conſcience ne vous laiſſe jamais en repos : elle eſt ſemblable au chancre qui rongnone nos corps : auſſi vous laiſſe-t'elle une repentance qui nous ronge, émeut & tormente ſans ceſſe. Enfin c'eſt un œil que Dieu a mis en l'homme, veillant ſur toutes les actions de ſa vie pour luy donner joye & contentement du bien qu'il a fait, & un vif reſſentiment au contraire quand il a mal fait.

Aprés tous ces beaux enſeignemens, je ne puis que vous exhorter à conduire de tel teneur le fil de voſtre vie, que vos façons de faire tendent touſjours au bien. A quoy devez eſtre excitées pour le devoir qu'avez à vous-meſmes, & puis en attendre ceſte belle recompenſe, qui ne peut faillir à toutes honorables actions, cachées qu'elles ſoient, & non pas meſme aux vertueuſes penſées. C'eſt le contentement qu'une ame bien reglée reçoit en ſoy-meſme, laquelle logée en une ferme & aſſeurée aſſiete, meſpriſe toutes choſes pour bien faire. Si vous n'allez au bien, accuſez-vous-en : car voſtre plus grand mal repoſé dans voſtre propre eſprit, qui ſçait reprendre ny corriger en ſoy, ce que condamnez en autre. O la belle choſe, que de moiſſonner l'honneur & le merite par le bien faire! Accouſtumez-vous à ceſte action : car l'accouſtumance rend toutes choſes plaiſantes, agreables & familieres : & puis vous ne pouvez avoir une plus honorable ſtatuë, que la memoire d'une glorieuſe & vertueuſe vie, laquelle vous rendrez d'une interminable durée, ſi ne preſumez de pouvoir celer à Dieu choſe que faſſiez : & que ne commettiez acte, lequel confeſſé ſoit vituperable.

Pour cloſture de cette lettre, je ne ſçache rien de plus ſeur pour vous maintenir dans le bien, que de faire une reveuë & amas chaque ſoir de toutes les fautes qu'avez faites le jour, ſans vous laiſſer gaigner en cet examen à la maladie flateuſe de vous-meſmes. Cenſurez-vous auſſi aigrement, que ſi eſtiez vos ennemis. Qui ſe juge, ne le ſera par autruy. Rendez-vous compte du temps paſſé inutilement perdu, du bien qu'avez laiſſé à faire, & du mal qu'avez fait. Regardez-vous pour ramener en vous-meſmes voſtre eſprit & voſtre volonté qui ſe conſomment ailleurs, afin que la raiſon, qui manie toutes les puiſſances de vos ames, par le moyen de je ne ſçay quels reſſorts, puiſſe moderer leur courſe, & veiller en toute ſaiſon ſur vos actions, en leur donnant certaine reigle, au deſir de laquelle elle puiſſe dreſſer tous vos déportements au bien. A Dieu.

LETTRE

LETTRE X.

A Monsieur des Ruaux, Conseiller & Advocat du Roy au Siege Presidial d'Angoulesme.

Il descrit l'histoire de Cosme de Roger Athée & sa fin. Theodore Cyrenien, & Evemere de Tegée estoient Atheistes.

JE ne pensois pas qu'il y eust parmy nous autres Chrestiens des Diagores & Protagores, qui ne creussent point de Dieu: mais Cosme de Roger Florentin de nation, Abbé de Saint Mahé en l'Evesché de Leon en Bretagne, appellé en Cour par la Mareschale d'Ancre & fait à sa poursuite pensionnaire du Roy, par brevet du 24. Aoust 1613. signé Louys, & plus bas, Lomenie, de trois mille livres par an, payables sur sa simple quittance, quoyqu'il ne fust couché sur l'estat, est mort Athée en ceste ville de Paris, le premier jour d'Avril 1615. agé de quatre-vingts ans. Je vous prie de permettre que je vous raconte l'histoire. Il fut malade trois mois. Son hoste voyant que ses forces abbaissoient, alla vers du Peirat Aumosnier du Roy, intime amy de Roger, qui pria Dom Claude de saint Bernard Feuillant, de l'aller admonester de son salut.

Ce bon Pere, curieux de traitter doucement ceste conscience revesche, ne peut, quelque precaution qu'il apportast, tirer de luy, sinon, que le temps estoit assez long pour mettre sa conscience en estat, & desireux de se developer de ses mains, feignit de vouloir dormir, & de là à une heure & plus revenant comme d'un profond somne, le Feuillant se represente à luy, lequel il pria de remettre la partie au lendemain: ce que ce bon Pere accorda, ne pouvant rien gaigner de cet obstiné. L'hoste jugeant que Roger diminuoit à veuë d'œil, alla querir le Vicaire de Saint Estienne du Mont, qui le voulut, à la façon accoustumée de l'Eglise, confesser: ce qu'il refusa de faire, disant que c'estoit un abus. Le Vicaire l'interrogea, s'il ne croyoit pas que nostre Seigneur Jesus-Christ eust enduré mort & passion en la Croix pour la salvation du genre humain? & si une croix, qu'il fit de deux petites bougies de cire, n'estoit pas la remembrance de celle en laquelle nostre-Seigneur avoit souffert pour nous? A l'une & à l'autre demande il ne respondit qu'un mot, Abus: voulant dire, à ce qu'il expliqua depuis, qu'il n'adjoustoit aucune foy aux paroles du Vicaire, & qu'ayant pratiqué toutes sortes de remedes propres à prolonger sa vie, il croyoit que l'ame defailloit avec le corps, & que sa vie se terminoit en un aneantissement privé de tout sentiment: vieille heresie, autrefois confonduë par Origene. Le Vicaire l'abandonne, & de là à quelques heures decede, infatué de ceste meschante & damnable opinion. Oyez ce qui se passa après sa mort, & le grand jugement de Dieu, qui ne laissa un tel crime impuny. Le Curé de Saint Estienne ne voulut permettre qu'il fust enterré en terre saincte, & à la fin de ceste vie ayant esté sceuë par l'Evesque, il ordonna qu'on le jettast à la voirie. Le Nonce du Pape contre toute raison en voulut prendre cognoissance pour le faire mettre en terre: mais l'hoste & ses domestiques, pour empescher toute dispute, adviserent entre eux de faire une fosse hors le faux-bourg de Saint Marceau, laquelle un meusnier vit fouïr du haut de son moulin; & sur l'opinion qu'il eut, que c'estoient assassins qui vouloient enterrer là quelque corps mort, il se donna la patience d'en voir l'issuë, & aussi-tost le denonça à la justice de Saint Marceau, qui le fit déterrer & exposer dans l'auditoire à la veuë d'un chacun pendant trois jours pour estre recogneu: durant lequel temps ce cadavre se puerefia, & aussi-tost le Juge le fit renterrer, & à quelques jours de là les chiens découvrirent la fosse, qui de leurs entrailles en firent la sepulture, & sur luy acharnez le dechirerent piece à piece, & mangerent son miserable corps, & laisserent les os trainez deçà & delà par les champs. Le lieu de sa charongne sera remarqué de perpetuelle detestation. Voilà la fin de ce monstre. Je puis dire, quelle la vie, telle la fin.

Il est mort un tres-meschant homme, Athée & grand Magicien, qui a esté puny selon son merite. En l'an 1574. il fut accusé avec Coconas & la Mole, (qui eurent la teste trenchée) d'avoir dressé une figure de cire vierge, pour faire mourir Charles IX. dont il fut torturé ordinairement & extraordinairement, & depuis tiré de la Bastille, où il estoit prisonnier, par la feuë Royne mere; & Henry troisiesme luy donna, à son retour de Polongne, l'Abbaye qu'il possedoit. Luy-mesme pendant nos derniers troubles fit une autre image de cire, contre laquelle il jetta plusieurs intusions de charmes & venins pour faire mourir nostre grand Henry; mais il ne peut atteindre à son fort, & le Roy par sa douce clemence luy pardonna, s'estant rendu maistre de la Bretagne.

Ce n'est pas le premier Athée que Florence a porté. Nous avons Mannes Grosso, & Lancas Orafo, Florentins, qui vivans firent profession de l'Atheïsme: & l'un d'eux mourant, fut curieux de se faire apporter l'image d'un Crucifix, auquel il se recommanda, mais non fait d'autre main que de celle du Donatel: & l'autre decedant se recommanda au plus puissant, soit qu'il fust Dieu, soit qu'il fust Diable, avec ces paroles, *Chi più può, più tiri.*

Je m'estonne comme ces hommes-là sont morts sans croire un Dieu: d'autant que s'ils eussent contemplé seulement cet ordre & continuation des œuvres divines, qui est en la nature, dés l'heure mesme ils pouvoient dire, que la principale cause & origine provenoit de cet eternel Esprit comme d'une tres-abondante source, & qu'il n'y avoit rien d'oysif en toute ceste université des choses, rien qui ait esté fait à la volée, fortuitement & en vain, & qu'en toutes plantes est infuse sa proprieté, & à chacun des animaux est attribuée sa propre & naturelle inclination: bref, que toutes les choses comprises soubs la concavité du ciel, sont garnies d'une certaine vertu naturelle à produire leur action peculiere, & qu'estant disposées chacune en leurs temps & lieux, font leurs offices & accomplissent leurs cours par une certaine admirable vicissitude. Et s'ils eussent jetté les yeux plus haut pour éplucher la nature de l'homme, ils apprenoient comme à la formation de l'enfant la force vitale de la semence exerce son office de moult industrieusement élabourer l'ouvrage, & peu à peu luy distinguer ses membres, & le rendre en sa forme accomplie: en maniere qu'és six premiers jours sont produits certains petits filets, & que les neuf jours suivans, les vaisseaux & veines du nombril fournissent le sang & l'esprit, dont premierement se forment les membres organiques, comme le foye, le cœur, la ratele, les poulmons & le cerveau, lesquels depuis le premier moment de la conception jusques au dix-huictiesme sont accomplis, & qu'au quarantiesme jour les parties estant formées, le fruit commence à prendre vie au moyen de l'ame raisonnable qui entre au ventre de la femme, laquelle parachevant l'œuvre, remplit de sa force les facultez & puissances naturelles. Et s'ils eussent consideré de plus, quand il est venu au monde, sa forme digne de regarder, toute propre & convenable aux mœurs de l'ame, son maintien droit & eslevé au ciel, sa facere gardant contremont, la proprieté de toutes ses parties, & de son total, la beauté de l'ame & la force de l'esprit, qui ne se peut par aucune raison ne jugement comprendre.

Il est impossible qu'ils n'eussent creu que le tout procedoit de ce grand Dieu, qui a voulu estre tenu en estime des hommes, en leur exhibant l'homme comme un patron de divinité: c'est-à-dire, que pour contempler chacun son esprit en soy, & par se cognoistre chacun soy-mesme,

mesme, il a voulu que nous fussions conduits à la cognoissance d'un si grand ouvrier. Enfin s'ils eussent retiré la dignité de nature vers sa source & origine, c'estoit pour voir clairement que l'homme a esté mis & presenté sur ce theatre du monde à cause de Dieu seul, afin qu'il s'éjoüist en luy, qu'il recogneust sa magnificence & liberalité, & se fiast & appuyast du tout en luy: & qu'en une si grande multitude & diversité de choses créées, non seulement la vertu de nature luy fust en admiration, mais aussi la grandeur de celuy duquel toutes choses sont procedées, & par la benignité duquel les œuvres de nature subsistent & sont conservées en estre. Je m'asseure que si ceste consideration eust esté par eux pesée, elle pouvoit eslever leur esprit, sans cela fiché en terre, & le conduire à la cognoissance de Dieu, lequel combien qu'il soit invisible, toutesfois par les choses créées, & ce monde basty en telle excellence & tant sagement gouverné peut estre veu & entendu. Car comme par la memoire des choses, & par la beauté de vertu nous cognoissons la force de l'ame, combien que des yeux corporels elle ne soit veuë: ainsi clairement nous voyons Dieu par ses œuvres, & efficacement en sentons la vertu & influence, ensorte qu'estant par tout respanduë, elle donne chaleur, & vie à chacune chose.

Je me contenteray de vous avoir discouru des choses inferieures, sans vous parler des superieures, comme de ce bel ordre qui s'entretient dans les Cieux, de ces intelligences motrices qui ont la force de pouvoir remuer avec une vitesse incomprehensible la masse celeste de ce grand corps du premier mobile, lequel tourne sans aucune entrecesse, & emporte avec soy par la rapidité de son mouvement tous les autres cieux, qui sont au dedans de son enceinte: du Soleil, qui nous envoye la diversité des saisons, selon le plus ou le moins qu'il s'approche ou recule de nous. Car celuy qui voudra tant soit peu mediter en ces œuvres surnaturelles, jugera que tout cela ne se peut faire que par la conduite de la divine Providence.

Après toutes les raisons que je vous viens d'escrire, & le souverain jugement que Dieu a donné contre Roger, je ne pense pas qu'il se trouve un Athée. Adieu.

LETTRE XI.

A Monsieur de Montaigne, Seigneur de S. Genest, Conseiller du Roy en ses Conseils d'Estat & Privé, President & Lieutenant general au siege Presidial de Xainctes.

Il monstre que les grandes eaux prognostiquent de grands mal-heurs en un Estat

IL y a trente & six ans qu'il ne s'est passé année que je n'aye fait voyage: mais il faut confesser que je n'eus oncques si mauvais temps qu'en ce dernier. Je partis de chez moy le 19. de Fevrier avec un beau temps & serain, & toutesfois vers le soir il neigea un peu & le lendemain aussi. Estimant que cela ne dureroit pas, je m'acheminay à Poictiers, où j'arrivay l'aprésdinée environ les quatre heures, à laquelle heure la neige commença de plus beau, qui dura deux jours entiers.

Le 21. je tiray le chemin de Chastelleraut, sur l'esperance que j'avois, qu'elle s'appaiseroit: le 22. nous arrivasmes au port de Pile avec la neige, le vent & le froid dans le visage. Quoyqu'elle eust cessé ce jour-là, si eusmes-nous bien du mal le lendemain: car elle se congela de sorte que les chevaux avoient une peine infinie à en tirer leurs jambes, & aussi qu'il nous fallut tracer le chemin, & aller à belle esme de païs: car de passer par l'ordinaire, nous en eussions eu en tels lieux pardessus nos testes. Je me trouvay deux ou trois fois dans la neige jusques aux aisselles: là plusieurs firent leur tombeau, qui moururent de froid. Malheureux qui se fait sage à les despens. C'est le dernier voyage que je feray jamais en pareil temps.

Je veux maintenant philosopher sur ceste grande quantité de neige, pour vous dire, que j'ay peur, qu'elle ne nous pronostique quelque mal extraordinaire. Il y a cinquante-un ou cinquante-deux ans qu'il tomba en mesme abondance à pareil jour que celuy-cy: aussi fut-elle un avant-coureur des mal-heurs qui tourmenterent la France pendant trente-huit ou quarante ans. L'année de devant la mort de nostre grand Henry, il y eut generalement par toute la France un grand débordement d'eaux, qui rompit digues, ponts & chaussées par toutes les rivieres de ce Royaume, & emporta plusieurs villages tous entiers. Aussi l'année d'emprez survint la funeste parricide du feu Roy. En l'an 1613. il tomba des eaux & de la gresle à foison, qui produirent la famine presque par toute la France: aussi vismes-nous, l'année suivante, les armes prinses, qui furent accoisées par la sage conduite de la Royne Regente. J'apprehende que ces neiges ne soient un advertissement de nostre malheur à venir: car, comme dit Moyse, je crains qu'en ces eaux trés-ameres Dieu ait assemblé ses maledictions. Et le Psalmiste: Feu, gresle, neige, vent de tourbillons font sa parole.

Et Salomon: Ils ont souffert persecution par eaux nouvelles & par gresles, & par pluyes. L'inondation des eaux n'advient jamais fortuitement, ains par une vengeance divine: quoyque l'on puisse attribuer à la nature l'accident des ravines d'eaux, neantmoins nous ne devons tant donner à la nature que nous ne recognoissions une Providence divine qui regit, qui modere & qui se sert des causes secondes, soit ou pour nous resveiller du sommeil de nos vices, ou bien pour nous chastier suivant nos demerites. Le tout repose en la main de Dieu. C'est à nous de le prier qu'il destourne son ire de dessus son peuple. Nous en avons plus grand besoin que jamais: car selon que sont disposées les affaires de cet Estat, je prevoy quelque grand mal futur prest à tomber sur ce Royaume. A Dieu.

FIN DU TROISIESME LIVRE.

LES LETTRES DE NICOLAS PASQUIER, FILS D'ESTIENNE.
LIVRE QUATRIESME.

LETTRE I.

A Monseigneur d'Espernon, Duc & Pair, Chevalier des Ordres du Roy, Colonel de l'Infanterie Françoise, Gouverneur pour le Roy és pays d'Angoulmois, Xaintonge, Aunis, ville & Gouvernement de la Rochelle, haut & bas Limousin, pays Metsain, Boutounois & Lochois.

Il l'exhorte de representer au Roy qu'il est besoin de secourir ses voisins contre l'Espagnol.

'EST un fol, direz-vous, qui vous escrit : mais pluftoft devez-vous dire, un homme, libre & franc, lequel defire vous reprefenter, comme fur un tableau, avec franchife, le piteux eftat & inevitable danger où s'en va courant ce Royaume, s'il n'y eft pourveu de prompts & feurs remedes. Quand je remuë chez moy le bouleverfement & pefle-mefle de cefte Couronne, fans qu'aucun s'efleve pour en dire franchement ce qui en eft, & que je voy la liberté oftée aux gens de bien d'ouvrir la bouche des affaires qui regardent fon maintien, je juge que c'eft un certain pronoftic de fa decadence. Celuy eft outrément malade & en grand peril de fa vie, qui au fort d'une fievre continuë ne reffent aucune douleur. De mefme je croy la France au fupreme degré de fa maladie, puifque le general ny le particulier n'apprehende ny fon mal prefent, ny celuy qui eft à venir.

J'ay mefuré mes forces avec le fubject que j'entreprens, lefquelles me femblent fort debiles; mais j'efpere que Dieu les rendra affez fortes, pour vous faire les ouvertures propres & utiles à fa confervation, lefquelles je m'affeure que (felon voftre accouftumée prudence) vous mettrez en œuvre, ayant & la creance & l'authorité que vous avez prés du Roy.

Depuis quelque temps, j'ay pratiqué uns & autres pour apprendre les affaires de ceft Eftat. Je ne vous puis rien celer : la chofe touche de trop prés noftre Roy, & fon Eftat ; chacun en fes communs devis ne parle que de la correfpondance qu'il y a du Marefchal d'Ancre avec le Roy d'Efpagne, qui fe promet de pouvoir feurement armer, fans eftre contrequarré ny empefché des forces Françoifes. Et de fait, auparavant cefte intelligence, il y avoit une telle liaifon entre les Princes Chreftiens, qu'il fembloit que tous euffent confpiré au bien & avancement de la Chreftienté : mais au mefme temps que le Marefchal s'eft uny au Roy d'Efpagne, fous deux beaux pretextes, l'Efpagnol a levé les armes en Allemagne & en Italie. En Allemagne il s'ayda du nom de l'Empereur, faifant entendre aux Princes par fes Ambaffadeurs, que l'armée qu'il dreffoit, n'eftoit que pour executer le ban donné contre la ville d'Aix, pouvoir avoir vingt ans & plus, & qu'auffi-toft qu'elle feroit remife fous l'obeïffance de l'Empire, il licencieroit fon armée. En Italie, le pretexte refpondit à fes penfées : car le Duc de Mantoüé mourant laiffa fa femme groffe, qu'il affifta de fes forces fa niepce contre l'heritier du Mantoüan jufques à ce qu'elle fuft accouchée d'une fille. Toutefois combien qu'il fe foit emparé d'Aix, & que fa niepce foit accouchée, fi n'a-t'il voulu rompre fes armées ; au contraire s'eft advancé en Allemagne, en Italie & en Piemont par la prinfe de plufieurs places, qu'il a fortifiées : & maintenant il fe refoult de depoffeder à plate coufture le Duc de Savoye fon beau-frere, foubs ombre de quelques mefcontentemens que de longue main il a conceus contre luy. Et ayant eu apprehenfion que quelque alliance qu'il y euft, le François fecourroit le Savoyard, dés l'heure il a remis tous fes differends entre les mains de noftre Roy, pour en paffer par où il ordonnera. Qui ne font que paroles fans effets, afin de gaigner temps, & retenir fes forces entieres pendant que naiftra l'occafion de son entente. En France, je voy une profonde bonace, suivie de banquets, festins, danses & balets, & l'or & l'argent que nostre grand Henry avoit avec tant de peine amoncelé pour secourir son Royaume aux necessitez, estre en partie consommé : que pour ceste année l'Espagne est sans fonds, l'argent ayant esté employé dés l'entrée de l'année : que les partialitez se nourrissoient entre les Princes & grands Seigneurs : que certains livres se publioient par les ennemis de l'Estat, de l'authorité du Pape sur le temporel de nos Roys, confirmée par une certaine conjuration de plusieurs Cutez, qui en leurs Confessions impriment ceste impie & damnable doctrine au cœur du simple populaire, contre la loy de Dieu & la liberté de nostre Eglise Gallicane. Avec tout cela, je remue à part moy le massacre fait au mois d'Octobre dernier par les Espagnols & Portugais, des François qui possedoient l'Isle de Marignan aux Indes Occidentales, qu'ils avoient conquise au peril de leur vie avec tant de peines & travaux, pour y planter nostre Religion Chrestienne, qui desja y avoit prins de grandes & profondes racines par l'entremise des Peres Capuchins, qu'ils ont chassez : les deffenses faites de secourir le Duc de Savoye : le commandement fait aux Gouverneurs des Provinces de tenir les passages fermez : avec la punition de quelques soldats qui furent pendus allants vers le Savoyard : & pour fin, le reculement des mariages, desquels je ne puis rien juger de bon, soit à cause de la mauvaise & triste reception faite de celuy qui est allé fraischement en Espagne, soit que depuis son retour l'on tienne caché ce qu'il a negocié.

Quand je repasse tout cecy, je fais des Commentaires dessus, disant qu'il y a cinq à six ans que le mescontentement forgé par l'Espagnol contre le Duc de Savoye, est nay : qu'il y a vingt ans & plus, qu'il pouvoit executer le ban contre la ville d'Aix en faveur de l'Empereur : que toutesfois il n'a faict ny l'un ny l'autre, quoyque les treves eussent esté accordées avec tous ceux contre qui il avoit guerre, sinon depuis la conclusion des mariages. Pour quelle raison a-t-il mis deux pieds aux deux bouts de ce Royaume, que sur l'opinion, que le Roy luy est si estroittement joint, que, quoy qu'il entreprenne, il ne remuëra ses armes contre luy ? Qui a destourné de venir aux mains avec ses voisins auparavant le pourparler de ces mariages, que la crainte du secours François, Allemand, Anglois, Savoyard, Flamand, & autres alliez, qui eussent aussi-tost esté à ses trousses ? Il est bon mesnager du temps, il ne veut perdre l'occasion de s'agrandir aux deux extremitez de la France, pour l'enclaver & borner, afin d'en rendre bon compte quand il verra le chemin luy estre fait & applany. O que le retardement de ces mariages nous coustera cher ! La mort de tant de François en l'Isle de Marignan en est derivée. Ceste Isle, & tout ce que nous possedions en ces contrées lointaines, en est soubs ceste ombre perdu. O que nous avons à prier Dieu, que pis ne nous arrive ! Car ceste tuerie & envahissement ne sont qu'une marque & eschantillon de la volonté & resolution Espagnolle. O que de regrets en la mort de nostre grand Henry, le seul nom duquel servoit d'espouvantail à tous ses ennemis ; qui n'eussent osé lever le sourcil de son vivant pour attaquer ou usurper le sien ! O que les partialitez & divisions des Princes & Seigneurs nous nuiront ! O que ces livres contraires à nostre vieille Theologie, produiront de mal à nos Roys ! O que le manque d'argent (nerf d'un Estat) profitera à nos ennemis ! Car qui empeschera maintenant, en ce chaos & confusion de toutes choses, l'Espagnol de se rendre maistre de tous les pays du Savoyard, d'une grande partie de l'Allemagne & de la Lorraine, puis qu'il a tiré les forces Françoises hors du pair ? Il ressemble au bon Jardinier, qui elague tous les rejettons d'alentour du tige de son arbre pour le rendre plus gros, afin que la vertu qui se respand par toutes ses branches, estant reduite & recueillie en un seul tige, produise avec le temps plus fortes branches & mieux chargées de fruict ; de mesme, l'Espagnol essarte & ruine toutes ces Principautez voisines, pour faire que les forces esparses en plusieurs, venans à se reünir avec les siennes, engendrent un espouvantement merveilleux à tous les autres Princes, quand l'opinion luy prendra de les conquerir, lesquels, au seul bruit de ses armes, tremblotans se reduiront soubs son joug.

De tout ce discours, je conclus en souspirant, que la voye est battuë au Roy d'Espagne, pour se rendre Seigneur de nos voisins, & que ce que toutes ses forces unies en un ne luy pouvoient donner, sa dexterité au mesnagement de ces mariages, nos partialitez, nostre manque d'argent, le mespris qu'on fait d'armer, luy offrent.

Qui doute de la perte du Savoyard, des Princes Allemands & du Lorrain, s'ils ne sont aidez du secours François ? Nos œuvres imitent nature. Comment seroit-il possible, ou seulement naturel, qu'une souche menuë portast une lourde & pesante branche ? Aussi que tous ces petits Princes soustinssent des forces plus grosses & plus fortes qu'ils ne sont ? Si par fortune ils obtiennent quelque advantage, il leur en prendra comme à ce pauvre arbre qui a les branches plus fournies que le tronc, sous le faix desquelles il ploye & travaille, en attendant l'heure que quelque vent le mette par terre : aussi eux à la premiere perte qu'ils feront, vous les verrez despoüillez de tous leurs rameaux, je veux dire de leurs terres & Seigneuries, tellement que le simple tronc demeurera seul, nud & esbranché.

Ceste alliance ne doit empescher le secours François. Car laissant brusler la maison attachée à la nostre sans la secourir, il n'en peut arriver que la ruine & consumption de toutes les deux : pareillement laissant prendre la Savoye & le Piedmont, une partie de l'Allemagne & la Lorraine, qui sont comme collez à la France, on n'en peut esperer que la desolation de ceste Couronne.

Nous jugeons des intentions d'autruy par leurs effects. Si le Roy d'Espagne est aprés à se rendre Maistre de tous les pays de son beau-frere, & des terres que l'Empereur son proche parent pretend estre siennes ; ne doutez nullement qu'il ne voudra joindre celles de son beau-fils aux siennes : car la mesme raison qu'il a d'attaquer son beau-frere & ses autres parens, combattra pour luy contre son beau-fils : que puis qu'il desire de violer toutes sortes de droits, il le veut faire pour regner.

C'est donc à vous à donner conseil au Roy, qu'il destourne ceste violence qui se faict contre ses voisins & alliez, laquelle tost ou tard s'estendra jusques à luy, comme un impetueux torrent qui desbordera furieusement contre son Royaume, lequel il ne peut arrester qu'en y opposant hastivement de bonnes & fortes digues. S'il ne le fait, qu'il commence à reputer son propre danger, le dommage d'autruy : car en la ruine de ses voisins, la sienne y est enclose.

Je vous veux monstrer, & par raisons, & par exemples, que le Roy est obligé de secourir ses voisins, qui sont à la veille de faire naufrage.

C'est une maxime d'Estat entre les Princes, que toutes les fois que l'un d'eux arme, les autres sont contraincts de faire le semblable, pour n'estre pris au despourveu : car celuy qui n'en a ainsi usé, a esté investy, & dessaisi tout à coup de ses pays. Et puis armant, il en naist un grand bien : car ils empeschent que le plus fort ne donne la loy au plus foible, lequel s'agrandiroit tellement du debris de tous ses debiles voisins, qu'aprés, s'attachant aux plus forts, il luy seroit aisé de les terrasser & culbuter sans dessus dessous.

Persuadez au Roy, que quelque alliance qu'il y ait entre luy & le Roy d'Espagne, il doit deffendre, comme son propre, le Duc de Savoye & les autres alliez ses voisins : mesme se mettre en front pour luy ouvrir la guerre, s'il ne borne ses hautes & superbes entreprises, dans les mesmes limites qu'elles estoient auparavant les accords des mariages. Quel mal à nostre Roy, s'il ne deffend ses voisins & alliez ? Il leur trenche le chemin pour ne le secourir quand il en aura necessité, puis qu'au besoin

beſoin il les abandonne, eux qui luy attouchent & de ſang, & par traicté, & par voiſinage. Faites-luy voir au doigt & à l'œil, qu'à faute d'armer, il perd ſes bons amis, pour gaigner l'amitié de celuy qu'il ne peut avoir qu'au poids de la deffaite de tous ſes voiſins & de la ſienne. Faites-luy prendre les choſes par le bon bout, afin qu'il choiſiſſe de deux maux le moindre. Le mal d'attendre l'Eſpagnol en ſon Royaume eſt plus grand, que de l'aller attaquer ſur les terres de ſes confederez. Qu'il ne faſſe point de neceſſité vertu : qu'il ne ſoit forcé de faire du bien par contrainte. En deliberant à plein, il apprendra que le meilleur luy eſt le plus ſeur, & qu'en ſecourant ſes voiſins, il rognera les aiſles Eſpagnolles à meſure qu'elles croiſtront, & divertira le cours de leurs projets par trenchées, auparavant qu'il ſoit trop violent. Ce ſera luy faucher (comme l'on dit) l'herbe ſoubs le pied, & arracher de ſes poings les armes dont il s'aide le plus. En ce faiſant, le Roy fait beaucoup pour ſes alliez, mais encores plus pour ſoy ; car il ſe met à couvert du voiſinage d'un grand Roy.

Il eſt temps qu'il ſe demaſque pour monſtrer quel il eſt : car ceux qui manient les affaires de la France pendant les jeunes ans du Roy, en baſtiſſant & leurs maiſons & leurs grandeurs, ne conſiderent pas que l'Eſpagnol édifie aux deux extremitez de ſon Royaume deux ponts, qui luy donnent l'entrée pour s'en rendre ſeigneur quand il voudra.

Ne doutez point que l'Eſpagnol n'attaque le Savoyard, & l'Alleman, tant pour les offenſer, que pour eſmouvoir & irriter les armes Françoiſes, & avoir occaſion de paſſer en France pour les combattre, lors qu'il aura remis ſes voiſins ſous ſon Empire. C'eſt un moyen par luy pratiqué, qui a quelque reſpect de la foy, pour faire ouverture de nouvelle guerre. Ne voulant mouvoir contre le Roy, avec lequel il eſt allié, il a eu une plus juſte couleur, de s'adreſſer aux amis de ſon allié, qu'à luy-meſme, croyant qu'il ſe voudra reſſentir des aſſauts qu'on leur livrera, & lors il a la fin de ſon deſir, qui eſt de luy mener guerre. Et ſi en ceſte occaſion le Roy teſmoignoit n'en avoir aucun reſſentiment, & qu'il ne ſe portaſt à défendre ceux qui luy viendroient eſtre recommandez, cela ſeroit ſuffiſant pour luy tollir la reputation, & rendre les deſſeins de l'Eſpagnol plus faciles. Vous ayant deduit ces raiſons, je viens aux exemples.

Ludovic Sforce Duc de Milan, craignant qu'Alphonſe Roy de Naples joigniſt ſes forces avec celles du Florentin pour le depoſſeder de ſon Eſtat, il appella Charles huictieſme en Italie, avec aſſeurance de luy ſoudoyer 500. hommes d'armes, & donner paſſage par ſes terres pour la conqueſte du Royaume de Naples, le Roy, premier que de paſſer en Italie, fit paix avec l'Empereur, le Roy & la Royne d'Eſpagne, & generalement avec tous ſes voiſins. Entrant en Italie, le Venitien ſe rend neutre, le Pape le reçoit comme le premier fils de l'Egliſe. Et le Duc conſiderant ce grand flus de proſperitez courir en la perſonne du Roy, rentra dans ſes premieres meſfiances, & creut que ce qu'Alphonce n'avoit peu executer contre luy, le Roy en pourroit venir à chef. Tout ainſi qu'il fut l'outil pour l'attirer en Italie, auſſi le voulut-il eſtre pour le forcer à repaſſer les Monts. Il pratiqua le Pape, l'Empereur, le Roy & la Royne d'Eſpagne, Ferdinand d'Arrangon, le Venitien & les autres Potentats d'Italie, tous leſquels ſe liguerent afin d'empeſcher que le Roy ne s'agrandiſt en ce pays-là à leur dommage. Le Pape promet d'uſer de ſes Cenſures Eccleſiaſtiques, & s'entremeſler les armes materielles : l'Empereur, les Roy & Royne d'Eſpagne aſſeurent de commencer la guerre en France : Ferdinand, d'entrer en la Calabre avec les compagnies Eſpagnolles qui eſtoient deſcenduës en Sicile : le Venitien, d'aſſaillir au meſme temps avec ſon armée de mer les lieux maritimes du Royaume ; & le Duc de Milan, de faire un effort pour recouvrer la cité d'Aſt. Le Roy voulant revenir en France, ces ligues luy livrent bataille, qu'il gaigna à Fornouë : mais elle ne fut ſi abſoluë, qu'ils ne ramaſſaſſent les tables de leur naufrage,

& que le lendemain de la bataille Ferdinand ne rentraſt dans Naples, le Venitien ne priſt au meſme temps la cité de Monopoli en Calabre, le Duc de Milan ne bloquaſt Novare. Enfin le Roy arrivé en France, n'emporta de toute ſa conqueſte d'Italie, que le ſeul deſplaiſir de s'y eſtre legerement acheminé : car il ne fut en ces quartiers-là qu'un eſclair, qui s'eſvanouyt auſſi-toſt qu'il fut veu.

L'Empereur Charles-Quint menant la guerre en Allemagne, Henry ſecond fut appellé par les Princes Allemans, & auſſi-toſt l'Empereur leur donna telle paix qu'ils deſirerent.

Pourquoy noſtre grand Henry, arbitre de la guerre & de la paix des Eſtrangers, qui ſçavoit manier l'une & l'autre en ſa ſaiſon, qui n'ignora jamais les regles propres pour conſerver un Eſtat, qui ne reçeut jamais la loy que de Dieu, de ſoy & de ſon eſpée, & qui la donnoit à chacun, dreſſa-t'il avant ſon decez ceſte puiſſante armée, compoſée & des ſiens & de ſes alliez, que pour ſecourir les Marquis de Brandebourg, & du Duc de Nieubourg contre l'Empereur, qui ſe vouloit par un droict de bien-ſeance emparer des Duchez de Juliers & de Cleves, afin qu'eſtant noſtre voiſin, il nous peuſt affliger ſelon ſes commoditez ? Pourquoy aprés ſa mort les advis de le ſecourir & de ne les ſecourir plus, ayant eſté longuement ballottez au Conſeil de noſtre Roy, preſente la Royne Regente ſa mere, ſa Majeſté envoya ceſte armée conduire par le feu Mareſchal de la Chaſtre, pour pourſuivre les pointes du feu Roy ? Ores que le ſens commun vouluſt, qu'en ce ſoubs-aage de noſtre Prince, & la Royne Regente ſa mere eſtant Princeſſe eſtrangere, chacun d'eux fiſt ceſſation d'armes, craignant pis, & qu'ils maintinſſent leurs grandeurs dedans une paix coye & tranquille. Qui empeſcha l'agrandiſſement de l'Empereur de ce coſté-là, & reſtablit ces Princes dans leurs ſeigneuries, que ceſte armée ? C'eſt une leçon que nous appriſmes de ce grand & invincible Roy, laquelle nous ſceumes fort bien de fraiſche datte mettre à effect aprés ſon treſpas : & nous douterons maintenant de l'executer ? L'affaire qui s'offre, ne nous touche-t'elle pas d'auſſi prés qu'elle faiſoit en ce temps-là ? Et quand je diray que comme plus proche, elle nous preſſe plus, je ne mentiray pas. Sommes-nous devenus baſtards ou aubains ? Non, nous ſommes les meſmes François qu'eſtions lors : noſtre cœur & noſtre courage ſe retrouve au meſme point qu'il eſtoit pour l'heure. Et cette ſeule conſideration, qui regarde tous les Eſtats, chacun en ſon endroit, me fait avec une honneſte liberté vous dire, ce que je penſe eſtre neceſſaire pour la conſervation de noſtre Royaume, à laquelle tout bon & fidelle François ſe doit porter.

A quel ſubject tout ce diſcours ? Pour vous faire voir que quand un Prince ſe veut agrandir de la ruine des petits, tous les voiſins s'uniſſent pour aller au-devant de cet élevement & grandeur, de crainte que montant à une puiſſance plus que commune, il domptaſt ſes autres voiſins les uns aprés les autres.

Toutes ces raiſons & exemples doivent mouvoir le Roy au ſecours de ſes alliez & voiſins. Choſe qui luy ſera plus honneſte & moins dangereuſe, que d'attendre le heurt en ſon Royaume : car il met ce ſecours au devant du coup au lieu de targe & eſcu, pour amollir ceſte furieuſe entrepriſe Eſpagnolle, & ſon outrageuſe avarice, laquelle ne ſe contente & aſſouviſt de tant de biens & honneurs qui luy viennent, qu'auſſi-toſt ſon ambition ſans fonds & ſans rive ne ſe porte à ſouhaitter de plus grands.

Si ne veux-je oublier de vous dire encore cecy, que ſi le Roy laiſſe prendre tant de champ à l'Eſpagnol, comme la Savoye & le Piedmont, il ne luy demeurera à attaquer le Pape, comme fit Charles-Quint ſon ayeul, le Venitien, les Ducs de Florence, de Mantouë & d'Urbin, qui ne luy pourront reſiſter, pour ce qu'ils ſeront aſſiegez d'un coſté du Royaume de Naples, de l'autre de ſes pays anciens & nouvellement conquis, & ainſi il ſe rendra toute l'Italie en proprieté : & aprés ne reſtera au Roy qu'un long repentir, qui luy apprendra que ſon

beau-

beau-pere pretendu eſt heritier des eſperances de ſon feu pere, lequel a ſi long-temps abayé ceſte Couronne.

S'il ne preſte l'oreille à ceſte haute & glorieuſe entrepriſe du ſecours de ſes voiſins, & qu'il ne ſe laiſſe perſuader par la volonté univerſelle de ſes ſubjets bien digerée, il n'eſt croyable qu'ils ſe vëuillent maintenir en condition qui ne leur ſera bonne & raiſonnable par plus long-temps que la neceſſité les y contraindra. Je vous ſupplie de croire que ſi ceux qui s'entremeſlent des affaires publiques ſous l'authorité du Roy, ne luy donnent un ſalutaire conſeil au ſubject qui ſe preſente, tout le mal tombera ſur eux, & que la volonté convertie en deſeſpoir, ouvrira le chemin avec une grande effuſion du ſang de ceux qui peu ſagement le veulent empeſcher.

Vous ayant parlé cy-deſſus des partialitez qui ſe fomentent entre les Princes & grands Seigneurs ſoubs l'opinion de quelques raiſons, qui de loin ont quelque vrayſemblance, & de prés ſont du tout eſloignées de verité; je vous aſſeure que c'eſt un trés-mauvais & trés-dangereux conſeil pour tenir la France ſous bride, lequel ſe doit deſraciner de l'entendement de ceux qui gouvernent. Car comment eſt-il poſſible que l'on entretienne deux partis en amitié, veu que de nature il eſt donné aux hommes de prendre party en toute choſe diviſée, & que l'une plaiſe plus que l'autre? Tellement qu'en ce choix ayant rendu l'une de ſes ligues malcontente, à la premiere guerre l'eſtranger ſçaura trés-bien recueillir les pieces de celle qui ſe ſera perduë, pour de nos propres forces, y adjouſtant les ſiennes, deſtruire & l'un & l'autre party. C'eſt une maxime, que par tout où il y a contrarieté, il faut que la corruption s'en enſuive.

Avant que de finir, vous croirez que je ſuis nay bon François, conſequemment deſireux de voir la France conſervée en ſa grandeur: l'amitié particuliere au Savoyard, ny pareillement inimitié que j'aye vouée à l'Eſpagnol, ne m'ont conduit à tous ces diſcours: je vous proteſte que je n'ay nulle amitié avec l'un, ny maltalent avec l'autre. Il n'y a que le devoir que je doibs à mon Roy, qui m'a fait rompre la glace, afin de vous eſcrire choſe tant importante pour la commodité du Savoyard, de tous les Eſtats generaux, & ſingulierement de celuy de la France, auquel je me ſuis donné de tout temps, & donne encores dés à preſent, & par eſpecial en la jeuneſſe de mon Prince, pendant laquelle, quelque majorité que l'on ait publiée de luy, ceux qui l'attouchent ne doivent permettre, que pour la commodité de leurs affaires, ils incommodent les ſiennes, auſquelles tous les gens de bien, de quelque qualité qu'ils ſoient, ont intereſt.

A face ouverte, je deſcouvre à mon Roy, ce qu'un autre couve dans ſa penſée ſans luy oſer dire. Si mon adviseſt eſloigné du commun, conſiderez non celuy qui l'a diſcouru, mais bien quel eſt le diſcours.

Je vous continueray en ce lieu ma premiere priere, qui eſt, que le Roy ſoit adviſé par voſtre bouche, de ce que je vous ay eſcrit. Et combien je ne vous aye dit choſe qui ne doive voir l'air; toutefois je crains grandement (ô malheur du temps) que ſi ceſte lettre paſſe par les mains du public, elle ne ſoit auſſi-toſt ſupprimée pour veuë, ores qu'il n'y ait rien au dedans d'elle, qui ne regarde le bien, avancement & grandeur de noſtre Roy & de ſon Eſtat.

Pour fermer ma lettre, je ne vous diray plus que ce mot: que quand quelque deſtruction ou autre griefve perte eſt ſurvenuë en un Royaume, ou quelque Republique, il a eſté predit long-temps devant par divers prodiges & preſages, ou par quelques perſonnes qui ont eſclaté par leurs paroles. Je ſeray celuy qui le premier apportera les nouvelles de la deſolation de la France, & les remedes pour ne la point voir perir & foudroyer. Car je prie Dieu, quand elle ſera preſte de ſa cheute, que je ſois enſevely dans ſes ruines, pour ne ſurvivre à de ſi grandes miſeres. Adieu.

LETTRE II.

A Monſieur Paſquier mon pere, Conſeiller du Roy & Advocat general en ſa Chambre des Comptes.

Il donne à ſon pere les moyens d'entretenir ſa vieilleſſe en bonne ſanté.

JE tiens le fils ingrat, que le pere a mis au monde, & bien dans le monde, qui ne s'efforce par toutes ſortes de moyens de recognoiſtre ces divers grands bien-faits, & lors meſmement qu'il le voit parvenu à ce grand aage. J'euſſe donc manqué au devoir de fils, ſi en ceſte vieilleſſe ſans exemple, ou vous vous retrouvez, je ne donnois les antidotes & remedes pour la conſerver longue & ſaine. Si les qualitez contraires, deſquelles vous eſtes compoſé, euſſent eſté bien unies, & que l'une ny l'autre n'euſt quitté de ſon droit, ains que ceſte alliance ſe fuſt touſjours maintenuë ſans guerre, il eſt certain que vous euſſiez veſcu autant de temps que ces bons vieux peres faiſoient en la naiſſance du monde. Mais la plus forte de ces qualitez donnant la loy à la plus foible, la chaleur naturelle & l'humidité radicale ſe diſſipant, & les excrements, s'engendrant ordinairement par le boire & le manger, vous ont conduit à ceſte vieilleſſe de 87. ans, qui s'appelle aux autres decrepite, & en vous gaillarde.

Permettez que je repreſente icy comme au jour ce qui eſt de voſtre vieilleſſe, quoyque j'en aye parlé par l'autre que je vous eſcrivois en l'an quatre-vingt-cinq de voſtre aage. Vous n'avez, Dieu mercy, ny douleur, ny langueur: toutes les actions de voſtre ame ne ſont affoiblies d'un ſeul poinct, & c'eſt la regle des Medecins, *que l'eſprit en ſes complexions ſuit la temperature du corps*. Car quand le corps eſt debile, l'eſprit a accouſtumé d'en eſtre aucunement plus aſſoupy & rebouché, à cauſe de je ne ſçay quelle ſympathie mutuelle qui eſt entre l'eſprit & le corps. Vos ſentimens ne ſont hebetez: voſtre memoire ne s'eſt perduë: voſtre jugement eſt auſſi bon que jamais: vous eſtes eſloigné du commun dire (dont nous devons tous loüer Dieu) que les vieillards r'enfantilent. Vos yeux n'ont perdu leur lumiere, nulle cataracte ne les couvre: nul tremblement en vos membres: il n'y a que voſtre corps qui eſt appeſanty, & vos jambes qui n'ont la meſme legereté & force qu'elles avoient. Cela n'empeſche que vous ne mangiez trés-bien, quoyque vous n'ayez que trois dents; que voſtre dormir ne reſſemble celuy d'un enfant: & que vous n'ayez la voix forte, &, ce qui eſt de meilleur, le cœur bon. De ſorte que je ne conſidere point le nombre de vos années pour dire que vous ſoyez vieil, ains ſeulement voſtre temperament, qui eſt encores tout jeune. Il y a des complexions qui vieilliſſent bien-toſt, & les autres plus tard. Vous eſtes du nombre de ces dernieres, d'autant que les ſanguins, du naturel deſquels vous eſtes, vieilliſſent fort tard: à cauſe de la chaleur & humidité qu'ils ont: & les melancholiques, qui ſont froids & ſecs, vieilliſſent pluſtoſt.

Or pour maintenir touſjours voſtre corps en l'eſtat qu'il eſt, diſpoſez de telle ſorte le reſte de voſtre vie, que l'accord & union de ces qualitez contraires, qu'on appelle temperature, ſoit bien entretenuë: que la chaleur & l'humidité, qui ſe diſſipent à toute heure, ſoient reparées; & les excrements, qui ſe retiennent ou ſe forment, ſoient chaſſez. Ce que vous obtiendrez avec un bon regime de vie. Premierement, ſi vous continuez à faire voſtre demeure en pareil air que celuy ou vous habitez il y a tant d'années: car l'air & la vie aux hommes ſont comme in-

ſepa-

separables, & de luy dépend toute la constitution des esprits, des humeurs & du corps, comme ayant la souveraine puissance sur la santé & sur la maladie. Et puis si vous usez temperément du boire & du manger qui sont necessaires pour reparer ce qui se perd de liquide & entretenir ce qui est de plus solide: & remarquez en l'administration de vostre viande la quantité, la qualité, & le moyen d'en user, sans vous en charger de beaucoup encores, que ce que vous en prendrez, soit de bon suc, de facile digestion & d'une matiere pure & nullement grossiere, & vous en nourrissez de peu, & souvent: & si beuvez de bon vin, qui vous reconfortera : il est le laict des vieilles gens, lequel eschauffe, anime & fortifie leurs courages : après, si vous continuez à dormir comme vous faites & ne veillez par trop, & usez du mouvement & repos avec discretion, en vous rendant libre de toute passion violente, qui peut tourmenter vostre ame; & vous esjoüyssant le plus que vous pourrez. Tout cela vous fera longuement & sainement vivre. Je sçay que la vieillesse approche plus de la maladie que de la santé, pour tant d'incommoditez qu'elle traisne quant & soy, & que ce que je vous ay deduit, peut grandement servir à la maintenir bonne: toutesfois quand vous cognoistrez parfaitement vostre naturel, vous acquerrez l'experience de ce qui vous sert ou nuit, pour devenir maistre & medecin de vous-mesme, qui sera l'accomplissement & perfection de l'œuvre. Prenez ces raisons comme de vostre fils, qui ne vise à autre but, que de pouvoir prolonger vos jours tant utiles & à vostre famille & à vostre patrie. Adieu.

LETTRE III.

A Monsieur Mangot, Conseiller du Roy en ses Conseils d'Estat & Privé, & Maistre des Requestes ordinaire de son Hostel.

Il monstre qu'il n'est derivé aucun fruict de l'assemblée des trois Estats.

L'On dit communément, qu'à force de mal aller, tout ira bien : & moy je diray, que tout ira de mal en pis, d'autant que ceux qui ont en main le gouvernail des affaires, s'estudient de les manier en telle sorte, qu'elles aillent sans dessus dessous. Avec tout cela, je ne voy que mescontentements des Grands, des moyens, & des petits. Souvenez-vous que des mescontentemens naissent les plaintes, des plaintes la haine, de la haine les conspirations, des conspirations la ruyne d'un Estat. Il faut que je confesse que j'y perds pied, & que je n'espere plus rien de bon ny de salutaire pour ce Royaume, lequel s'en va au premier occupant, si Dieu n'a pitié de nous.

A quoy a servy l'assemblée des Estats, qu'à donner un appuy ferme à ceux qui ont l'authorité ? Chacun se resjoüissoit de ceste convocation: moy seul à cor & à cry soustenois au milieu de tant de milliers d'hommes, qu'il ne les falloit point assembler. L'issuë m'en est maintenant un fidelle tesmoin. Si ce ne se fust point faite, l'on eust espargné deux millions & plus, qu'il faudra que tout le peuple paye aux députez, pour n'avoir rien fait que continuer & confirmer les mesmes desordres qui couroient par la France. Ils ont supplié le Roy d'oster la venalité des Offices, & par consequent revoquer la Paulete, & de faire faire le procez aux Financiers. Tant qu'ils ont esté presens, l'on leur a accordé & l'un & l'autre pour les contenter, afin qu'ils rapportassent en leurs Provinces la bien-veuillance à ceste Couronne, de ceux qui en ont la Surintendance, lesquels sous l'ombre du bas aage de nostre Roy, font ce qu'ils veulent. Ce n'est point luy qui manie : son aage ne porte pas qu'il sçache encores ce qui est bon & utile pour le bien & manutention de son Estat: chaque aage a sa sagesse.

Je vous monstreray ce que qu'ils ont accordé aux Députez, n'estoit qu'un amusoir : pource qu'ils ont mis toute pierre en œuvre depuis leur partement, pour faire que la Cour de Parlement, Chambre des Comptes & la Cour des Aydes demandassent la continuation de la Paulete, pour servir de feüille à couvrir l'envie de tout le peuple qui courra contr'eux, & la rejetter sur ces compagnies. La Cour fortement & sagement s'est roidie de ne faire point une requeste si incivile de chose si pestifere au Royaume. L'unziesme de ce mois, la Chambre des Comptes & la Cour des Aydes, contre la volonté de la pluspart de leurs collegues, l'ont esté demander au Roy, suscitez & sollicitez soubs main par les Gouverneurs d'Estat. Le Roy par son Arrest du treiziesme du present mois de May (ou plustost ceux qui manient le Royaume en ce foible aage du Roy) pour donner quelqu'ombre de contentement aux Estats Generaux de ceste Couronne, ordonne que la resolution prise & accordée pour la reduction des Offices tant de Judicature que de Finance au nombre porté par l'Ordonnance de Blois, la revocation du Droict annuel, & la defense de vendre les Offices, tiendra & aura lieu pour estre executé dans le premier jour de l'an 1618. à l'effect de quoy l'Edit sera fait & envoyé en tous les Parlemens & autres Cours de ce Royaume avant la fin de l'année 1617. pour y estre publié, afin qu'il soit après observé & executé, sans souffrir qu'il y soit contrevenu, & cependant jusques à ce temps-là veut que tous les Officiers tant de Judicature que de Finance, qui voudront payer le droit annuel pour joüir du benefice d'iceluy, y feront receus en faisant le payement pour l'année presente dans six sepmaines après la publication qui en sera faite en chacun bureau des Generalitez, & des deux années suivantes, dans le temps, aux conditions & selon qu'il estoit accoustumé du passé. Et d'autant que par les reglemens faits cy-devant, les Officiers ne pouvoient joüir du benefice entier du droict annuel jusques à ce qu'ils eussent continué le payement pendant deux ans, ordonne que ceux qui ne le payeront en ceste année & dans le temps prescrit, n'y soient plus receus és deux années restantes. Cet arrest est fondé sur les plaintes des Officiers, sur ce que le Roy ne peut diminuer les despenses, ny trouver fonds pour remplacer celuy de ses parties casuelles sans surcharger son peuple. Je vous prie de me dire, si toutes ces raisons ont seulement quelque apparence de raison, & si elles ne sont pas mises en jeu pour donner feüille & couleur à la perpetuation de ce droit ? Car le premier jour de Janvier 1618. les mesmes defauts seront en l'Estat, qui y sont aujourd'huy, puisque l'on n'establit aucun ordre pour donner quelque frein aux prodigalitez immenses qui y ont cours, lesquelles continuant, il faut de necessité & que la venalité des Offices & que la Paulete soient continuées. Il faudroit estre peu clair-voyant, qui ne cognoistroit que cet Arrest est un appenty à une prolongation de droit annuel. Car le Roy avoit resolu, sur les remonstrances des Députez, d'oster ces deux chancres, qui mangent l'Estat intensiblement, par Edit qu'il feroit executer incontinent & sans remise : & toutefois vous voyez la bresche faite à cette resolution deux mois après leur partement. Si en ce peu de temps l'on n'a douté de faire une si grande playe à cette tant saincte resolution, qui doute qu'après un si long entrejet de temps l'on ne fasse ouvertement & sans crainte, ce qui n'a esté fait qu'à tastons ? L'Edict de Blois est encores à executer pour la venalité des Offices, & nous voudrions que cettuy-cy, qui n'est encores nay, nous rapportast du fruict ? Ce seroit une chose contraire au mauvais ordre establi en cette France, où l'on y voit de belles Ordonnances sans effet. Je voy bien (Dieu veuille que je sois faux Prophete) que rien ne rompra ceste vente d'Offices & la Paulete, si elles ne se desfont de soy-mesme, j'entens par un souslevement general du peuple qui verra de jour à autre les Estats monter à un prix excessif & monstrueux : & lors pour le contenter & appaiser, on sera contrainct de les abolir ; mais jusques-là, il n'en faut esperer l'extinction. Ce sera la mesme chose que nous vismes survenir du temps de Henry troisiesme, qui fut contraint, voyant tous ses subjects eslevez contre luy, de revoquer tant de meschants & pernicieux Edits créés à leur foule & ruyne. Voulez-vous une plus claire cognoissance du manque d'argent, que par la derniere clause de cet Arrest, où, contre les anciens reglemens de ce droict annuel, l'on contrainct tous les Officiers de payer ceste année, s'ils veulent jouir du benefice des deux autres ? Nous conclurons, que la necessité, qui n'a point de loy, a donné lieu au restablissement de ceste Paulete, laquelle est derivée du mauvais mesnagement des deniers publics, qui sont dissipez avec telle profusion, qu'il y en a une telle disette, qu'aujourd'huy l'Espargne est sans fonds. Que pensez-vous que ces Messieurs sont aises, que par le ministere des Députez, l'invention de la recherche des Financiers leur ait esté ouverte ? Ils ne negligeront point cet advis : car au premier jour ils feront establir la Chambre de Justice ou Royale, & envoyeront des Commissaires par les Provinces commencer l'instruction des procez, qui ne sont qu'autant d'espouvantails & de leurres pour les faire condescendre à une composition de quatre ou cinq cens mille escus : & ainsi les Députez auront servy d'outil & de ministres pour faire trouver argent, qui sera employé comme l'autre.

Pleust-à-Dieu que ceste assemblée n'eust jamais esté faite : car elle n'a rapporté aucun bien au public, ains beaucoup de mal, d'autant que l'on y a remué des questions que nous avons tousjours tenuës en France pour indubitables, lesquelles on a rendu problematiques, par la malice de ceux qui tiennent les premieres charges en l'Eglise, au grand detriment de cet Estat. Et au sortir de ceste assemblée, on a failly d'imposer trente sols sur le minot de sel : ce qui eust esté executé, sans que la Cour des Aydes ne l'a voulu verifier. Presque toutes les tenuës des Estats ont enfanté leur impost, qui dure encores. Ce subside, disoit-on, estoit pour remplacer la perte que recevoit le Roy en la suppression de la venalité des Offices de la Paulete. Mais la verité est que s'il eust passé, & l'un & l'autre eussent demeuré. C'estoit autant de fonds pour le Roy, disent ces bons mesnagers d'Estat. O miserable invention, qu'un Roy s'enrichisse des despouilles de ses subjects ! sa richesse se trouvera tost ou tard sa pauvreté : car de la ruyne de son peuple dépend la sienne. Je vous prie de croire que la Paulete produira doresnavant quantité de faineants, de Moynes & de Religieuses : tous les aages passez n'en porterent jamais si grand nombre. Les peres curieux de maintenir leurs familles en dignité, qui ont quatre, cinq & six enfans, tant de plus que de moins, sçavent trés-bien qu'ils n'ont point des vingt-cinq mille escus pour employer à chacun de leurs enfans, soit en l'achapt d'Offices, soit aux mariages de leurs filles. C'est pourquoy ils seront contraincts ou de les rendre Moynes & Religieuses, ou bien de les laisser croupir dans une faineante oisiveté, pour en appeller un ou deux au plus, aux charges publiques, & ainsi de la ruyne des uns enrichir & agrandir les autres. En moins de deux mois nous avons veu, par la revocation de la Paulete, tous les Offices diminuer d'un tiers, & aller à telle diminution, que personne n'en vouloit. Je vous laisse à penser, si elle eust duré un an, si les Estats ne fussent pas revenus à leur premier prix, qui eust esté la bien-seance des peres pour avancer tous leurs enfans sans en laisser pas un derriere. Il ne nous faut point tant regarder nostre petit profit present, que ce qui est utile & honorable à l'advenir pour l'avancement des nostres. Quoyque les gens de bien ne soient ouys en ce temps miserable, si ne doivent-ils laisser pour cela de dire avec une belle honneste liberté ce qu'ils pensent des affaires, quelque malades qu'elles soient. Paraventure qu'une parole seule touchera le cœur de ces Messieurs, qui guidez de la Providence divine convertiront en bien leurs pensées obstinées & endurcies au mal de ceste pauvre France. Adieu.

LETTRE IV.

A Dessé & Gimeux ses enfans, escoliers de Belle-ville, Escuyer de la grande escurie du Roy, tenant Academie à Paris.

Il loüe la science de sçavoir bien mener un cheval à raison.

J'Employay deux ans & demy pour vous enseigner l'institution du Gentil-homme, que je dressay pour l'amour de vous autres : pendant lequel temps je vous fis apprendre, selon vos forces, à tirer des armes, à danser, les Mathematiques & la Musique. Comme je vous sentis assez forts pour porter la fatigue, je vous envoyay à Mets en garnison sous la conduite de Bonouvrier Lieutenant du Duc d'Espernon, Gouverneur de la place, qui est de l'un des bons Capitaines que nostre France ait enfanté, où l'un de vous demeura trois ans, & l'autre un an & demy, & le reste du temps dans le Regiment des gardes. Au sortir de là, je vous ay mis avec Belle-ville, l'un des meilleurs Escuyers de ce siecle, pour vous faire bons hommes de cheval, sous lequel il y a quinze mois que vous estes.

J'ay pensé estre à propos de vous faire icy une leçon pour vous exciter à embrasser estroictement ceste science, comme celle qui tient le premier lieu entre toutes les autres. Car je croy que celuy qui sçait amener un cheval à la raison, est digne & capable d'estre Gouverneur d'un Roy : ainsi que fut Carnavalet de Henry troisiesme, lors Monsieur en France, & est à present Pluvinel l'un des deux Gentils-hommes qui assistent par quartier Souveray Gouverneur du Roy. Si desirez vous rendre bons Cavaleristes, & avoir la pratique de bien dresser les chevaux qui vous servent soit à la carriere, soit à la guerre, apprenez avec une grande patience les regles de cet art, lesquelles puis apres pratiquant dextrement par un bon jugement vous forcerez avec un assidu travail leur naturel. Pour à quoy mieux parvenir, cherchez avec industrie & diligence de cognoistre leur nature & leurs forces, que vous sçaurez en les montant jeunes, & puis ayant recogneu & leurs complexions & leurs plus naturels mouvemens, tirez d'eux l'obeissance, que vous gaignerez par patience, invention, force, & bon jugement.

Le plus bel effet de ceste science, est celuy, qui peut avoir la volonté du cheval avec douceur, ou moins de violence. Il vous sera impossible de découvrir le secret de cet art, si vous n'y avez l'inclination, & que vous ne hantiez les meilleures escoles, pour apprendre de ceux qui l'entendent parfaictement. Car combien qu'avec le temps vous acquissiez quelque reputation parmy les Cavalerisses, si en devez-vous ainsi user pour atteindre au sommet de sa perfection. Je ne crains de vous, que ce que je voy en plusieurs, lesquels ayant monté à cheval trois ou quatre ans, s'estiment aussi sçavans que leurs maistres, qui y ont consommé toute leur jeunesse, moyen aage, & vieillesse : aussi, que vous soyez si presomptueux, qu'en ce peu de temps qu'il y a qu'estes à l'escole, vous pensiez & bien faire & sçavoir quelque chose. Je m'asseure que quand vous recognoistrez l'excellence

& grandeur de ceſte ſcience, vous confeſſerez, que vous eſtiez de tout point ignorans lors que vous penſiez eſtre les plus capables. Banniſſez donc de vous la preſomption, & croyez que pour y avoir vaqué quatre & cinq ans, vous ignorez ce qu'il en faut ſçavoir. Je ne dis pas que ſi voſtre inclination appuyée d'un bon jugement vous porte à embraſſer & aymer cet excellent & brave exercice, qu'en ce temps-là vous ne vous rendiez beaucoup plus capables, que d'autres, leſquels n'y contribueront ny la diligence, ny la volonté que vous faites ; qui ſont les deux points, ſur leſquels la baſe de ceſte ſcience eſt fondée, & leſquels voſtre maiſtre voyant eſtre empraints en vous, ne doutez qu'il ſe monſtrera liberal & affectionné à vous bien enſeigner les chaſtimens, les aydes & moyens pour bien entendre & mettre en œuvre les leçons qu'il vous a monſtrées.

Lors que prendrez gouſt en cet art, vous le trouverez ſi doux & attrayant, que vous abandonnerez tous les autres pour vous attacher entierement à cettuy-cy : d'autant qu'il vous donnera tant de contentement & de plaiſir, que vous vous moquerez d'avoir preſumé de ſçavoir une choſe, que tant plus vous l'approfondirez, & tant plus vous la rencontrerez haute, penible & difficile. Je me promets qu'à cette heure-là vous ne ferez plus d'eſtat que de ce qu'apprendrez de plus rare & plus certain, par la pratique qu'aurez des bonnes regles, & par le bon jugement que vous vous ſerez formé. Travaillez ſans ceſſe, liſez, interrogez & pratiquez les bonnes eſcoles. C'eſt pour atteindre au but de voſtre entente. Il n'y a point de plus ſeurs moyens. Adieu.

LETTRE V.

A Monſieur de la Gagnerie, Gentil-homme Limouſin.

Il redemande ſa parole.

PAr mes dernieres je vous redemanday la parole que je vous donnay pour l'affaire dont me parlaſtes. Vous m'eſcrivez que j'aye patience quelque entrejet de temps. Je vous diray qu'il ne ſe peut. Je ne ſers jamais mes amis à couvert (du nombre deſquels je vous tiens ;) je vis parmy eux avec une honneſte liberté, qui m'eſt hereditaire. C'eſt pourquoy je vous continuë ma premiere priere, d'autant qu'un Gentil-homme de mes amis m'a parlé de la meſme choſe, avec lequel je n'ay voulu traiter, que je ne fuſſe entierement à moy. Bien vous promettray-je, qu'en ceſte occaſion je ne ſuivray que le plus honneſte & utile : & toutainſi que de deux maux on eſlit le moindre, moy au contraire, de deux honneſtes & utiles, je ſuivray le plus honneſte & utile ; & s'ils ſont également honneſtes, je m'attacheray au plus utile : mais s'ils ſont égaux en honneſteté & utilité, je feray ce que Dieu me conſeillera : la nature & le devoir m'y obligent. Je m'aſſeure que vous jugerez ma requeſte civile & pleine d'équité. Adieu.

LETTRE VI.

A Monſieur Neſmond, Conſeiller du Roy en ſes Conſeils d'Eſtat & Privé, & Preſident au Parlement de Bourdeaux.

Il diſcourt des Regences des Roynes meres.

LA Royne mere du Roy, ſeant en ſon lict de Juſtice, a eſté declarée Regente par Arreſt de la Cour de Parlement pendant le ſoubs aage du Roy. Dieu veuille (& je le prie d'un cœur & ſincere) que ſon gouvernement en l'Eſtat ſoit meilleur & plus profitable, que n'a eſté celuy de toutes les autres Regentes, qui ont paſſé devant elle, leſquelles n'y apporterent que malheur, en allumant les guerres civiles pour s'entretenir en authorité pendant la diſcorde, ou bien forgeant en la teſte de nos Roys des croteſques de voyages, pendant leſquels elles retenoient un gouvernement abſolu : & ainſi nous portaſmes la peine des volontez ſans bornes de ces Regentes pour gouverner le tout à l'appetit des immoderées paſſions qui les pouvoit emporter, & du premier qui a eu la dexterité de ſe mettre par quelques ſervices en leurs bonnes graces.

Clotaire premier eut quatre enfans, Cherebert Roy de Paris, Chilperic Roy de Soiſſons, Gontran Roy d'Orleans & de Bourgogne, Sigebert Roy de Mets ou d'Auſtraſie. Chacun d'eux s'appelloit Roy de France, & commandoit ſouverainement aux terres de ſon obeïſſance. Sigebert laiſſa ſon ſucceſſeur en ſes Eſtats Childebert fils de luy & de Brunehaut ſa femme, fille d'Anathagilde Roy d'Eſpagne, lequel recueillit la ſucceſſion du Royaume d'Orleans & de Bourgongne par l'inſtitution qu'en fit Gontran ſon oncle. Childebert s'appercevant des pernicieux deſſeins de Brunehaut ſa mere, & y voulant apporter quelque ordre, elle l'empoiſonna dans un bain, pour mieux gouverner le Royaume, ſoubs pretexte de l'enfance de Theodebert & Thierry enfans de Childebert.

Le premier eut pour partage le Royaume d'Auſtraſie ; & le ſecond, celuy d'Orleans avec la Bourgongne. Brunehaut ſe tenoit à Mets avec l'aiſné, laquelle pouſſa ces deux jeunes Princes à pourſuivre Clotaire ſecond, qui perdirent la bataille avec une grande deffaite de leurs gens. Depuis, elle diviſa les deux freres, en trouvant touſjours loiſir pour vaquer à ſes débordées paillardiſes avec ſon Protade, lequel elle entretenoit au veu & ſceu de toute la Cour, & l'avançoit plus que du devoir & de ſon merite : car elle l'honoroit des principaux Eſtats du Royaume, deubs de tout droit à la Nobleſſe, & l'enrichiſſoit des tailles & exactions qu'elle impoſoit ſur le peuple : tellement qu'elle le fit Duc d'un Duché qu'elle achepta à purs deniers comptans. Theodebert voyant clairement les mauvais deportemens de ſon ayeule, la pria de ſe retirer en un Monaſtere, pour y mener une vie coye & y trouver un repos digne de ſon aage. Elle pleine de colere ſe retira chez Thierry, qu'elle trouva diſpoſé à mener guerre contre ſon frere. Lors elle les alluma l'un contre l'autre : ce qui fut cauſe de leur ruyne, à laquelle la ſienne fut attachée.

Ceſte femme, pour donner couleur à l'entrepriſe de Thierry contre Theodebert ſon frere, l'aſſeure que Theodebert eſtoit fils d'une concubine, & par conſequent qu'il pouvoit juſtement luy faire la guerre comme à un uſurpateur du bien qui eſtoit ſien. Thierry prend ceſte occaſion, & dreſſe une armée contre Theodebert, où Protade eſt employé aux principales charges, qui eſtoit allumette de guerre en ce jeune Prince. Les principaux Seigneurs de Bourgongne, aprés beaucoup de ſang reſpandu, conſeillent le Roy de traicter la paix avec ſon frere, lequel y eſtoit du tout diſpoſé : mais Protade ſe bande à l'encontre, comme eſtant la paix & concorde des deux freres capitale

tale ennemie de sa grandeur, qu'il pouvoit entretenir par la seule discorde : lesquels voyans qu'un si bon conseil estoit par luy seul retardé, le furent tuer d'un commun accord dedans sa tente, & puis firent tant par leurs remonstrances, que les deux freres s'accorderent.

La paix faite, Thierry prend à femme Membergue fille de Dateric Roy d'Espagne, laquelle il aymoit uniquement. Brunehaud jalouse de ceste belle amitié, craignant d'estre desauthorisée ou décreditée, fait tant par ses charmes, que Thierry ne peut habiter avec sa femme, laquelle il renvoye à Dateric, comme inhabile à porter enfans. Dateric se resout à la vengeance, & se plaint à Clotaire & Theodebert, lesquels joints en un se resolvent de luy faire la guerre à outrance. Brunehaud, qui prevoit la grande tempeste qui s'en alloit fondre sur Thierry & ses Estats, luy conseille fort à propos de chevir & composer avec Theodebert, & luy donner la carte blanche. Theodebert en cut les pays de Champagne, Touraine, Artois, & plusieurs autres terres : & ainsi ce grand orage fut destourné : car chacun se retira chez soy.

Depuis, Thierry par le mesme advis de Brunehaud, surprend Theodebert son frere au despourveu, avec tel avantage, que non seulement il recouvre tout ce qu'il luy avoit baillé, mais le chasse pareillement hors de son Royaume, comme bastard, taille en pieces toute la Noblesse qui suivoit son party, le renferme dedans Coulongne, n'en part qu'il n'en ait la teste, & amené ses enfans à Brunehaud, qui les fait tuer. Aprés ceste Tragedie, Thierry veut espouser la fille de Theodebert, qui estoit unique. Il pense que ce mariage luy soit licite, d'autant qu'il tenoit son pere pour bastard. Toutesfois Brunehaud, qui ne desiroit avoir de compagne en son absoluë authorité, le dissuade de ce mariage, sur ce qu'il ne luy estoit loisible d'espouser sa niepce. Thierry luy repliqua, qu'il ne la tenoit en ceste qualité, puisque Theodebert n'estoit son frere. Brunehaud, qui se vit prise par ces paroles, donna le boucon lent à Thierry, lequel mourut d'une longue dysenterie.

La voilà défaite de ses deux arriere-fils, & à peu dire, de toute la Noblesse des deux Royaumes : elle les veut maintenant gouverner, comme tutrice des bastards de Thierry, pour en forclore Clotaire de Paris, auquel ce Royaume de droit appartenoit. Elle s'appreste à la guerre, & envoye Vernate Maire du Palais d'Austrasie en Allemagne, duquel elle entre aprés en ombrage, & mande à Albon sien confident, de trouver moyen de le faire mourir. Il rompt les lettres lesquelles ayant leuës, ces pieces, qui furent recueillies & rapportées à Vernate, lequel par sa sagesse rompit tous les desseins de Brunehaud, en distrayant de son service les cœurs & les forces Allemandes en la faveur de Clotaire, & puis s'en retourna en Bourgongne, où par une sage dissimulation avec son authorité il gaigna tous les principaux pour Clotaire, puis mit entre ses mains les bastards de Thierry, & pour closture Brunehaut : à laquelle Clotaire fit faire & parfaire le procez par l'advis des plus notables personnages de ses Royaumes, lesquels par leur Arrest la condamnerent d'estre liée à la queuë d'une jument indomptée, & traisnée par pays raboteux pour y finir sa vie, où elle fut despecée piece à piece.

La Royne Blanche Espagnole, mere de sainct Louys, se comporta si sagement en sa Regence, que toutes les Roynes meres anciennement aprés le decez des Roys leurs marys vouloient estre nommées Roynes Blanches, par une honorable memoire tirée du bon gouvernement de ceste sage Princesse. Toutefois, quelque sagesse qu'il y eust, pour empescher que les Estats ne luy ostassent le gouvernement, mit en guerre les Catholiques contre les Albigeois, & à aucuns voulut faire accroire qu'ils s'entendoient avec eux. Ce fait, soubs ce pretexte elle se defit de plusieurs. Et comme le Roy son fils vint à estre grand, l'ayant tenu le plus bas qu'elle avoit peu, de crainte qu'il ne recogneust sa force & son authorité, l'envoya à la conqueste de la terre saincte, pour tousjours demeurer seule au gouvernement : d'où deriverent & sa prinse & la perte de tant de Chrestiens.

Si les Estats de ce Royaume n'eussent remedié d'heure à l'audace effrenée d'Isabeau de Bavieres femme de Charles sixiesme, & ne l'eussent renvoyée faire des jardins à Tours, elle n'eust pas degeneré du naturel des autres, comme elle monstroit en ses commencemens.

Madame de Beaujeu, luy estant par les Estats de Tours recommandé le soin de la personne du Roy Charles huictiesme son frere, voulut avancer sa main jusques au gouvernement, & entra en telle jalousie contre le Duc d'Orleans, depuis Louys douziesme, qu'elle le voulut faire prendre, auquel neantmoins tous les Grands du Royaume deferoient la Regence.

Et de fraische date, Louyse de Savoye, que le grand Roy François avoit laissée pour Regente, fut-elle pas cause de la perte du Duché de Milan acquis par le sang de tant de François, quand elle se fit bailler par Samblançay (qui pour ce fut executé à mort) les quatre cents mille escus que le Roy envoyoit à Lautrec General d'armée, par faute duquel payement, son armée s'estant desbandée, il fut contraint de tout abandonner ?

Que diray-je de Catherine de Medicis nostre derniere Regente, qui se proposa pour patron, Blanche en sa façon de gouverner ? Pour premier plan de sa Regence, ne fit-elle pas accroire que tous estoient de la Religion pretenduë reformée ? N'avança-t'elle pas aux dignitez, des personnes de petite estoffe, qu'elle enrichit tout à coup ? Et de crainte que les Grands de ce Royaume ne s'opposassent à cet excessif & monstrueux advancement, n'alluma-t'elle pas une guerre civile en ce Royaume, qui mit les freres, parens & voisins les uns contre les autres ? Ne fit-elle pas tant en peu de temps que la mort du Roy de Navarre premier Prince du sang arriva, à qui la Regence legitimement appartenoit, celle du Mareschal de S. André, du Cardinal de Chastillon, du Duc de Guise, du Connestable, de la Royne de Navarre, de l'Admiral ; & soubs ombre de mariage de sa propre fille, ne fut-elle pas autrice de la mort de tant de milliers de personnes de l'une & de l'autre Religion ? Car le soir tout tard de devant ceste funeste journée, elle alla se jetter aux pieds du Roy Charles son fils avec Monsieur, & demander justice de ceux de la Religion pretenduë reformée, qui avoient conspiré en leur mort, lequel à l'instant assembla son Conseil, où l'on arresta que l'on meneroit les mains basses contre tous ceux de ceste Religion ; ce qui fut executé le lendemain, dont le Roy depuis se prit à elle, jusques à l'en mal-mener. Tous ceux-là morts, il ne restoit prés d'elle, que ceux qu'elle avoit agrandis, qui gouvernans à leur appetit, introduisirent mille inventions de fouler le peuple, mirent toutes les Aydes de France entre les mains des peagers d'Italie, partirent ce Royaume entre leurs semblables, & furent enfin si presomptueux, se voyans supportez de ceste Princesse, qu'ils hairent les Princes du sang à mort, ausquels ils voulurent donner la loy. Depuis, elle renouvella la guerre entre les Catholiques & ceux de la Religion pretenduë reformée, craignant qu'ils ne se reünissent ensemble pour deffaire ces petites gens. Elle n'ayma jamais ny l'un ny l'autre party que pour la commodité de ses affaires, & afin de se maintenir seule au gouvernement de l'Estat pour le conduire à son appetit.

Auparavant que Charles mourust, elle envoya vers Dom Jean d'Austric, pour faire approcher son armée de mer de la Provence, afin que si Henry ne pouvoit venir de Poulongne, il demeurast Viceroy en France, luy promettant que s'il venoit à mourir, elle feroit tomber la Monarchie Françoise entre les mains du Roy d'Espagne. Ce qu'elle en faisoit, n'estoit que pour conserver son authorité. Comme elle vit Charles aux abois de la mort, & que le Roy de Poulongne ne pouvoit sitost se rendre en France, par quelque voye que ce fust elle voulut retenir le maniement des affaires : car d'assembler les Estats, comme c'est la coustume en une longue absence d'un Roy, ou d'une prison, pour y pourvoir ; elle s'en donna bien

bien garde, sçachant que selon le droit ils donneroient le gouvernement au Duc d'Alençon, comme plus proche Prince du sang. Et pour destourner ce coup, elle le diffama par ses calomnies, l'arresta prisonnier, & avec luy le Roy de Navarre; fit emprisonner Messieurs de Montmorancy &de Cossé, sous l'esperance qu'elle avoit de se saisir du Mareschal d'Anville mort ou vif, & pour les rendre tous odieux au general de la France, fit courir le bruict qu'ils avoient conspiré. Nous vismes depuis, la Ligue formée par elle: car soubs le pretexte de son appuy & de ses conseils, ce party se mit à l'essor, qui cuida foudroyer, bouleverser & abysmer cet Estat.

Voilà ce que j'ay peu recueillir de nos histoires, pour monstrer combien est dangereuse & de perilleuse consequence la Regence d'une femme. Il n'y a regle si generale, qui n'emporte avec soy son exception. Si la Royne Regente ne regarde que l'eslevation de nostre Roy, pour un jour bien gouverner son Royaume, qu'elle s'efforce de maintenir la concorde & union entre les Princes & grands Seigneurs, qu'elle s'estudie à soulager le peuple de tant d'impositions, qu'elle ne confere les benefices & offices qu'à gens dignes de telles charges, je m'asseure qu'elle fera bien, & que sa Regence aura tel succez que ses actions le promettront. Mais si d'avanture elle veut entretenir nostre Roy dans ses plaisirs, & le rendre tousjours enfant, qu'elle se nourrisse dans ceste prodigalité sans mesure du bien d'autruy envers personnes de neant, qu'elle gouverne tout sans le conseil des Princes & des grands par une desordonnée volonté; enfin, que toutes choses aillent à l'abandon, comme elles alloient du temps de toutes les autres Regentes; je me promets que ceux qui nous survivront, escriront aussi librement sa vie, qu'ont fait nos Historiographes la vie de celles que je vous ay representé. C'est un grand aiguillon à ceux qui ont l'ame dressée au bien, pour les exciter encores à mieux faire, de penser que toute la posterité sera abreuvée de leur mauvaise vie. Adieu.

LETTRE VII.

A Monseigneur de Sillery, Chancelier de France.

Il discourt de l'authorité du Roy & de l'obeïssance que ses subjects luy doivent naturellement.

IL y a quelques jours qu'un mien amy m'envoya la Harangue que fit le Cardinal du Perron de la part de la Chambre Ecclesiastique en celle du tiers Estat, sur l'article de la loy fondamentale de l'Estat: qu'il n'y a puissance en terre, quelle qu'elle soit, spirituelle ou temporelle, qui ait aucun droit sur la personne de nos Roys, ny dispenser leurs subjects du serment de fidelité & obeyssance qu'ils luy doivent, pour quelque cause ou pretexte que ce soit. Elle touche si au vif la personne de nos Roys & de leur Couronne, que je prevoy un schisme parmy nous, si son opinion est suivie. Je n'eusse jamais creu, que luy, qui n'a du bien & de l'honneur que de nos Roys, eust voulu planter au cœur de leurs subjects, les moyens de se revolter toutes les fois que la volonté leur en prendra: ou bien donner cet advantage au Pape, de pouvoir, quand il voudra, ruyner un Roy & son Royaume par une desreglée passion, appuyée de Censures Ecclesiastiques, pour accroistre un Estat à la decroissance de l'autre.

Il recognoist que Henry le Grand l'a porté à l'Episcopat, à l'Archiepiscopat, faict son grand Aumosnier, & donné les appointemens propres pour luy ayder à soustenir une partie de ses charges: tous lesquels bien-faicts nostre Roy a continué en sa personne. C'est en quoy je l'estime plus ingrat, de semer une opinion schismatique contre celuy de qui despend la continuation de sa grandeur, lequel en un clin d'œil le peut defaire & destruire, pour le rendre tel qu'il estoit auparavant toutes ces grandes dignitez. Ce n'est pas une petite entreprise, que de se joüer à son Maistre.

La verité est que l'aage de nostre Roy ne porte pas encores qu'il cognoisse le mal qu'il a ourdy contre luy & ses successeurs. Je m'asseure que comme il viendra à une cognoissance de soy-mesme, il court fortune d'estre logé au lieu où le fut autrefois le Cardinal Balué, de voir sa Harangue censurée par la Sorbonne, & condamnée au feu par Arrest de la Cour de Parlement. Dieu veuille que je sois Prophete, s'il ne se retracte entre cy & là: ce sera destourner l'orage qui tombera tost ou tard sur luy & sa Harangue.

Il propose, que les subjects du Prince devenu heretique, qui les veut contraindre en leurs consciences, peuvent estre absous du serment de fidelité par le Pape ou par le Concile.

C'est un trés-dangereux outil en matiere de Religion, devoir nostre saincte Escriture maniée par un habile homme, comme luy, au desadvantage de son sens & de son Roy. Il est capable de faire joüer à sa langue & le pour le contre dedans l'ignorance de la pluspart de nos Prelats: ainsi que cet Orateur Athenien, que les Romains en ceste consideration ne voulurent ouyr, quoyqu'il eust esté envoyé par les Atheniens vers eux: aussi falloit-il fermer la bouche au Cardinal du Perron dés l'entrée qu'il commença de haranguer. Il estoit le seul capable, comme il croit, pour estaller ceste dangereuse & pernicieuse proposition pour bonne: de laquelle ceux de la Religion pretenduë reformée profiteront grandement, si le Roy les veut r'appeler un jour au giron de l'Eglise. L'on a tousjours debatu contre eux, qu'ils devoient une pure & nuë obeyssance à leur Roy. Sont-ils pas maintenant en beau chemin pour franchir hardiment le pas de revolte contre leur Prince, si tant est qu'ils sont appuyez de l'authorité de ses raisons, qui combattrent pour eux? Je prie à Dieu, qu'il revienne à luy, qu'il r'entre dans soy-mesme, & recueille ses esprits pour estre celuy qu'il estoit autrefois, & que ceste grande clarté empourprée ne s'esbloüisse pour l'empescher de reprendre le bon chemin, duquel il s'est detraqué.

Je ne suis point Theologien: mais la verité est que lisant la saincte Escriture & l'Histoire, j'ay tellement appris ce qui regarde l'authorité de nos Roys, & ce qui est de la puissance des Papes, & leur progrez à ce haut degré où ils se voyent eslevez, qu'il me semble que toutes les raisons, qu'il a voulu debiter pour bonnes, sont sans raison. Je sçay que vous prendrez en bonne part tout ce que je diray, & que vous excuserez le zele que je porte à mon Roy & à son Estat, si je vous represente le profit que j'ay tiré de mes lectures, que je vous prie d'avoir aussi agreable, qu'il est utile pour la conservation de la dignité de nostre Roy, & empescher de tout point le souslevement de ses subjects.

Le principal devoir des Chrestiens gist en l'obeyssance qu'ils doivent rendre aux Roys & Princes que Dieu establis chefs sur eux. Et quiconque contrevient à ceste ordonnance, n'est digne de se dire Chrestien: car il se bande directement contre Dieu auteur de la dignité Royale. L'Ecriture saincte nous donne assez de resmoignage, que les Roys sont establis de Dieu, comme au Deuteronome, il dit à son peuple: Quand tu viendras en la terre que le Seigneur ton Dieu te donne, & que tu la possederas & y demeureras, & diras, Je mettray un Roy sur moy comme toutes les nations à l'entour de moy, lors tu constitueras sur toy le Roy que le Seigneur ton Dieu eslira du nombre de tes freres. Depuis cette loy au temps de Samuel, les Israëlites desirans user du privilege receu de Dieu, demanderent qu'un Roy les precedast, conduist

duiſt leurs guerres, defendiſt leurs pays, & les vengeaſt de leurs ennemis; ce que par commandement de Dieu leur fut accordé: voire meſme avec certain indice, Saül fut deſigné Roy, auquel ſucceda David choiſi ſelon le cœur de Dieu. Et ainſi perſevera long-temps ceſte dignité entre les Iſraëlites, juſques à ce que par leurs pechez elle fut aneantie & diſſipée. Ce que Dieu ordonna non ſeulement afin que le chef des hommes en ce monde demeuraſt plus parfait, moins vicieux, & la Seigneurie plus agreable & moins faſcheuſe aux ſubjects d'iceluy: mais auſſi pour faire voir au peuple, qu'il en eſtoit l'auteur, le donneur & le diſpenſateur, afin que pour ſon reſpect la perſonne de l'Oinct en fuſt plus ſaincte, la dignité plus venerable, & par meſme moyen exempte des paſſions, meſcontentemens, mutations, changemens, legeretez & volontez humaines, qu'il a voulu borner & ſerrer par les loix, eſtabliſſemens, principes & ſucceſſions plantées en chacun Eſtat par ſon ſainct Eſprit; par la force deſquelles eſtant celuy qui porte le ſceptre Royal en ſa main, aſſis en terre avec ſes Princes, demy-Dieu, Vicaire de la divine Majeſté, la volonté duquel eſt ſeule perpetuelle & inviolable, s'enſuive pareillement l'obligation du peuple envers les Roys & Princes Souverains plus eſtroite & perdurable que celle du mariage: parce qu'en la nomination & ſucceſſion de leurs Seigneurs, Dieu luy-meſme eſt intervenu comme principal autheur du contract.

Quelque captivité qui ſurvinſt au peuple des Hebrieux, quelques Roys, voire eſtrangers, qui leur commandaſſent, ils avoient touſjours en ſinguliere recommandation ceſte grandeur Royalle, inſtruits par les Prophetes d'obeïr, & prier pour les Roys, meſme Payens, puis que Dieu les leur avoit baillez pour Seigneurs durant leur captivité. Que penſez-vous que ceſte Harangue rendra de perſonnes douteuſes, qui ſe couvriront d'oreſnavant de la diverſité de Religion pour ſe pouvoir ſouſlever contre les Roys? Je vous veux monſtrer, que quoyque le Roy fuſt de contraire doctrine à la noſtre, pour cela on ne peut juſtement ſe revolter de luy. Je commenceray par Saül, premier Roy des Iſraëlites, pour de là deſcendre juſques à ceux qui regnoient du temps de noſtre Seigneur Jeſus-Chriſt. Il eſt certain que Saül pour avoir contrevenu au commandement de Dieu, pardonnant aux Amalechites, qu'il devoit mettre à ſac, fut abandonné au malin eſprit, qui de fois à autre le tourmentoit: toutefois il ne fut licite à homme vivant de ſes ſujets de ſe bander contre luy. David meſme, qui pretendoit à la Couronne, qui avoit receu tant d'injures de Saül, qui fut fugitif avec ſon pere & toute ſa race, meſme que Saül à cauſe de luy avoit fait malheureuſement mourir les Preſtres, & le rechercheit par tous les coins d'Iſraël, par les montagnes & deſerts pour le faire mourir: combien que Dieu luy euſt baillé le Roy ſon ennemy entre ſes mains en la foſſe d'Engaddi, au deſert de Ziph, lors qu'il emporta ſa lance avec ſon pot à l'eau, & qu'il coupa une autre fois un lopin de ſon manteau, ſi ne voulut-il attenter à ſa perſonne, croyant que celuy qui l'entreprendroit, ne ſeroit innocent devant la face Divine, veu qu'il eſtoit l'Oinct & ſacré de Dieu. Jeroboam Roy de Samarie, encores qu'il eut rejetté la Religion ancienne, ce neantmoins il n'y eut aucun Prophete, qui perſuadaſt à ſon peuple de luy faire la guerre: ſon fils mourut de maladie à cauſe de ſon peché, & la ruine de ſon Royaume predite fut executée non par ſes ſujets fauteurs de la loy de Dieu. Achab qui avoit introduit au Royaume d'Iſraël nouvelle Religion à la perſuaſion de Jeſabel fille du Roy des Sidoniens, eſtably les faux Prophetes, démoly les autels, mis à mort les gens de bien: toutefois Helie ne commanda jamais que le peuple ſe levaſt contre le Roy: & quoyque les Prophetes fuſſent tous fuitifs, & les gens de bien affligez de toutes parts, que Naboth le juſte euſt eſté occis par ſon commandement, ſi ne fut toutefois le Roy offenſé de nul d'eux. Ce grand Prophete n'enſeigna jamais qu'il falluſt faire la guerre à ſon Roy, ny qu'il fuſt permis de repouſſer la force par la force, ains qu'il fal-

loit à ſon exemple quitter le pays: les enfans des Prophetes, que l'on cherchoit, furent cachez dedans les cavernes, par la conduite d'Abdias. Iſaye, qui par l'ordonnance du Roy Manaſſès fut fendu d'une ſie par le milieu du corps: Jeremie, qui fut detenu priſonnier ſous Sedechias par les gouverneurs de la terre de Benjamin: les trois enfans, qui furent jettez en la fournaiſe par le commandement de Nabuchodonoſor Roy de Babylone: Daniel qui fut par deux fois jetté en la foſſe des Lions ſous des Roys Payens, jamais ne maudirent les Princes & Magiſtrats, ains donnoient telles ſentences contre les innocens. Nabuchodonoſor n'eſtoit-il pas d'une mauvaiſe & pernicieuſe opinion, puis qu'il deſmolit le Temple, renverſa l'Autel, pilla les vaiſſeaux ſacrez, mena captif le peuple d'Iſraël en Babylone, & contraignit pluſieurs d'adorer l'Idole qu'il avoit fait dreſſer? Et neantmoins le peuple ne conſpira jamais contre luy, ains Baruch ſcribe de Jeremie eſcrivit aux Juifs qui reſtoient en Jeruſalem, qu'ils priaſſent pour la vie de Nabuchodonoſor & de Balthaſar ſon fils. Nul des Prophetes, ſoubs quelque pretexté que ce ſoit, ne print jamais les armes contre ſon Prince, quoyqu'il fuſt d'autre Religion que la leur; ains eſtoient vagabonds par les montagnes & deſerts pour eſchaper la perſecution, & non pour eſmouvoir le peuple contre ſon Prince. Je ne veux pas nier que les anciens Prophetes ne ſe ſoient plaints des exactions des Princes, ſans prendre de là occaſion de leur faire guerre. Toute leur eſtude eſtoit de remonſtrer leurs fautes & les admoneſter des vengeances de Dieu, non d'irriter le peuple à prendre les armes contre eux. Et ne faut douter que ceux qui de leur temps commandoient, ne fuſſent grandement à reprendre. Pour ce, Iſaye au commencement de ſa Prophetie addreſſant ſa parole au peuple d'Iſraël : tes Princes, dit-il, ſont deſloyaux & compagnons des larrons: tous aiment les preſens, & ſuivent les retributions: ils ne font point de droit à l'orphelin, & la cauſe de la veufve ne parvient point juſques à eux. Pource voicy ce que dit le Dominateur, le Seigneur des armées, le fort d'Iſraël: ha je me conſoleray de mes adverſaires, & me vengeray de mes ennemis, & reſtitueray tes Juges comme ils ont eſté auparavant, & les Conſeillers comme ils ont eſté premierement: aprés cela on t'appellera Cité de Juſtice, ville fidele.

Ainſi predit ce bon Prophete la vengeance de Dieu contre les Princes, & le reſtabliſſement des bons Juges & Conſeillers, conſideré que les depravez eſtoient cauſe des maux advenus en Iſraël. Peu aprés: Mon peuple, dit-il, ceux qui te conduiſent, ceux-là te font errer, diſſipent le chemin de ton alleure. Le Seigneur eſt debout en jugement & aſſiſte pour juger les peuples. Le Seigneur entrera en jugement avec les anciens de ſon peuple & avec ſes Princes: car il dira, Vous avez gaſté ma vigne, & la rapine du pauvre eſt en vos maiſons. Au pareil, Ezechiel a aſſez taxé & teſmoigné les vices des Princes de ſon temps, diſant qu'ils eſtoient comme loups qui raviſſent la proye en eſpandant le ſang & perdant les ames, & s'addonnant à avarice. Il introduit Dieu parlant contre leurs exactions & impoſts, & qu'ils faſſent juſte balance. Amos les appelle, Vache de Baſan, outrageux aux indigens, & oppreſſans les pauvres. Michée repreſente noſtre Dieu leur reprochant qu'ils haïſſoient le bien, aimoient le mal, raviſſoient les peaux de deſſus le peuple, & leur chair de deſſus les os. Sophonie les appelle lions rugiſſants. Tous leſquels titres teſmoignent ſuffiſamment, que les Gouverneurs & Juges de leurs temps eſtoient grandement depravez. Toutefois nul des Prophetes n'a conſeillé de ſe mutiner contre ces Princes; ains pluſtoſt prier Dieu pour eux; & ſe ſont tous efforcez de les induire à penitence.

Je paſſeray maintenant aux exemples du Nouveau Teſtament, qui pont ceux qui nous doivent donner loy au fait qui ſe preſente, d'autant que les Empereurs eſtoient Payens du temps de noſtre Seigneur Jeſus-Chriſt, duquel les Papes ont pris leur pouvoir, qu'ils ne peuvent eſtendre plus au large, que celuy qu'il s'eſt attribué à luy meſme, & qu'il leur a laissé comme par un droict successif. C'est un mauvais pretexte à un sujet, qui pour se soustever contre son Roy, se targue de la diversité de Religion. Je vous veux monstrer maintenant, que quoyqu'il fust de diverse Religion à la nostre, pour cela on ne luy peut justement denoncer la guerre. S. Jean Baptiste precurseur de nostre Seigneur a-t'il jamais avancé quelque propos au prejudice d'Herode Roy de Galilée & Judée, ny contre les Romains, qui par force avoient deprimé la vraye liberté du peuple Israëlitique, iceluy rendu tributaire, ordonné gouverneurs à leur poste, fait choses telles à l'endroit du peuple de Dieu, qu'il se pouvoit plaindre & lamenter? A-t'il enseigné la revolte contre leur Empire? Les Pharisiens s'adresserent à luy pour conseil: il ne leur ouvrit jamais le moyen de se mutiner contr'eux. Aux gensdarmes qui vindrent à luy, il leur dit, qu'ils fussent contents de leurs gages. Jamais il ne mit en avant que les Romains ne peussent regner, ou bien qu'il fust permis d'armer à l'encontre d'eux. Jesus-Christ, au modelle duquel les Papes doivent former leurs puissances, a enseigné d'obeyr, payer tributs, & faire le reste du devoir aux Princes de ce monde, encore qu'ils fussent Payens & idolastres. A-t'il jamais presché, ou permis la revolte contre Cesar, combien qu'il fust Gentil? Tant s'en faut: qu'estant interrogé, s'il estoit permis de luy payer tribut, il respondit, Rendez à Cesar, ce qui est à Cesar, & à Dieu, ce qui est à Dieu. Luy-mesme n'a-t'il pas payé le tribut pour luy & S. Pierre, commandant de tirer du poisson une piece d'argent, pour s'acquitter de ce devoir? Encores que Jesus-Christ sceust le mauvais dessein de Pilate, si recognent-il qu'il avoit sa puissance d'enhaut. Aussi ne commanda jamais de forcer les Magistrats, ains enjoignit de tousjours leur obeyr. N'a-t'il pas dit, que sur la Chaire de Moyse estoient assis les Scribes & Pharisiens, & qu'il falloit faire tout ce qu'ils diroient, combien que leurs œuvres fussent contraires? Estant presenté devant Herode, a-t'il murmuré? Lors qu'on le lioit pour le presenter aux Juges tant Juifs que Payens, a-t'il pas defendu à S. Pierre d'user du glaive? Il pouvoit de sa seule parole les renverser, passer par le milieu d'eux, les abysmer: toutefois se rendant exemple aux siens, il a mieux aymé endurer conseillant s'enfuyr, qu'user de violence contre le Magistrat. Une autre fois voyant que ses Disciples commençoient à s'animer contre les Pharisiens, Laissez-les, dit-il, ils sont aveugles & conducteurs d'aveugles: les enseignant de s'armer de patience contre tels monstres, plustost que de violence. Il leur predit qu'ils seroient menez devant les Princes, Roys & Juges; mais il ne leur dit point qu'ils prennent pied au Royaume qu'ils entreront, à ce qu'ils puissent machiner la mort du Seigneur d'iceluy. Il ne leur a jamais conseillé apres l'entrée, de leur parole, avancer les plaintifs, puis les armes, puis les trahisons. Il n'a jamais tenu propos d'user de forces humaines au temps de sa passion; de piller l'autruy, à ceux qui avoient laissé leur propre; de s'advancer aux sieges de la terre, à ceux qui ne combattoient que pour le Ciel. Il leur a dit qu'ils seroient heureux, lors qu'ils endureroient persecution, lors qu'on les affligeroit, qu'on les chasseroit. Il n'a point adjousté, qu'ils seroient heureux quand ils auroient assassiné un Roy, saccagé un grand païs, butiné tout le bien des pauvres gens. Jamais les Apostres n'ont enseigné apres leur Maistre, autre doctrine: ils ont enduré la persecution des Tyrans, sans jamais s'estre rebellez contr'eux. Quand S. Pierre fut detenu prisonnier par le Roy Herode, les armes de l'Eglise estoient prieres & jeusnes pour sa delivrance. Et quand ce mesme Herode eut mis à mort S. Jaques frere de S. Jean, l'Eglise ne se mutina contre luy. S. Estienne fut lapidé, & pria Dieu pour ses persecuteurs, comme Jesus pria en la Croix pour ceux qui le tourmentoient. Aussi a-t'il enseigné que celuy qui respand le sang, est enfant du Diable, tels qu'estoient les Juifs suivans les desirs de leur pere: car, dit-il, vostre pere le Diable est homicide dés le commencement. Or d'autant que la lumiere & les tenebres, Christ & Belial, Dieu & le Diable sont dissemblables, d'autant nostre Seigneur donnoit à entendre que ses disciples devoient abhorrer le sang & le carnage. Ce que S. Paul a tesmoigné, se glorifiant, non aux armes temporelles, mais aux spirituelles, non aux grandeurs de ce monde, mais aux afflictions pour J. Christ, aux prisons, jeusnes, naufrages, haines, dangers du chemin & de voleurs, simulations de faux freres, & autres persecutions; asseuré que tels estoient les moyens par lesquels l'homme Chrestien estoit exalté. Et le mesme S. Paul enseigne son disciple Timothée de faire priere pour les Roys, Princes & Seigneurs, à ce que nous puissions vivre paisiblement, lesquels pour l'heure estoient Payens & idolastres. S. Pierre enjoint aux Eglises de faire le semblable, honorer les Roys, recognoistre qu'ils sont establis de Dieu, lequel a ordonné que toute personne soit assubjettie aux puissances superieures. Il ordonne qu'on luy obeïsse, advertit que quiconque leur resiste, contrevient à l'ordonnance de Dieu. Qui commandoit de son temps? Neron. Les Apostres ont-ils resisté par armes à sa tyrannie? Les Chrestiens se sont-ils mutinez contre luy? Non. S. Paul a reveré Agrippa & Felix: il a honoré le Tribun Lysias. Il n'a jamais levé les armes contre les Princes, depuis qu'il eut quitté celles qui premierement il portoit contre Jesus-Christ; de loup fut devenu agneau; de sanguinaire, doux & paisible; de seditieux & mutin, tranquille, obeïssant & traictable; & depuis qu'il eut prins le joug leger de nostre Sauveur.

Je passe bien plus outre: car quand Dieu pour nous affliger, nous donneroit un Roy d'autre religion que la nostre, qui nous persecutast; si est-ce que pour cela il ne nous est permis d'armer contre luy, ains faut fuir d'une cité en l'autre, d'un Royaume en un autre. Jesus-Christ nous a baillé ce commandement, que quand nous serons persecutez en une cité, nous fuyons en une autre. Et un peu apres, il dit que quand l'on verra l'abomination de la desolation, qui a esté predite par Daniel le Prophete, estre au sainct lieu, que lors ceux qui sont en Judée s'enfuyent aux montagnes, & celuy qui est sur sa maison ne descende point pour enlever quelque chose d'icelle; & qui est aux champs, qu'il ne retourne point pour emporter ses habillemens. Et pour ceste cause, quand on cherchoit Jesus-Christ, il n'a pas dédaigné de se cacher; & derechef quand on le persecutoit, il s'enfuit, & se retira à cause des menées qu'on brassoit contre luy. Et des qu'il fut fait homme, estant encores bien petit, Dieu commanda à Joseph par l'Ange qu'il se levast tout soudain, & prinst l'enfant & sa mere, & fuïst en Egypte, d'autant que Herode le devoit faire chercher pour le tuer. Depuis qu'il se fut monstré Dieu en rendant la main saine au manchot, les Pharisiens conspirerent sa mort, mais Jesus-Christ l'entendant bien, se retira de là. Et quand il eut ressuscité le Lazare, depuis ce jour là ils machinerent comment ils le pourroient mettre à mort: parquoy il ne cheminoit plus publiquement parmy les Juifs, mais s'en alla en une contrée deserte. Davantage, quand quelquefois il leur disoit: Avant qu'Abraham jamais fust fait, je suis: les Juifs prindrent des pierres pour le lapider: mais Jesus se cacha, & sortit du temple par le milieu d'eux, & ainsi eschapa. Quoyque Jesus-Christ fust Pasteur, Roy des Roys, si nasquit-il soubs la loy, & tant qu'il fut au monde, il s'y assujettit, voulut obeïr, estre jugé, comme l'un des autres, avec protestation, que le pouvoir de ce faire avoit esté donné d'en-haut. Ses disciples à son exemple s'escarterent à cause de la crainte des Juifs, se cachans eux-mesmes. Et S. Paul estant en Damas, quand le gouverneur de ce peuple le cherchoit, fut devalé par la muraille de la ville en une corbeille, & eschapa des mains de celuy qui le cherchoit.

Ceux qui font le contraire de ce que je vous viens de déduire, doivent mourir de honte, de ce qu'ils pensent & parlent choses contraires à celles que nostre Seigneur a fait & enseigné. Nostre Seigneur en vivant de la façon, enseignoit les autres à faire le mesme, & ce qui est escrit de luy selon l'humaine façon de Paris, est ainsi ordonné en commun pour le genre humain: car les Martyrs és persecutions se conservoient en s'enfuyant, & quand on les trouvoit, ils enduroient conſtamment le martyre. Ce n'eſt maintenant de merveille, ſi ceux qui ont rejetté ceſte maniere de vivre, abandonné la Religion Chreſtienne, embraſſé une opinion profane & contraire, ſe rendent rebelles à Dieu, à l'Egliſe & à leurs Princes. Il ne fut jamais trouvé choſe plus deteſtable, que de s'addreſſer à la perſonne de ſon Prince pour l'aſſaſſiner & maſſacrer, ou bien d'eſlever ſon peuple contre luy; d'autant qu'il eſt oinct & ſacré de Dieu, duquel il repreſente l'image, combien qu'il ſoit homme, & mortel comme les autres.

Vous voyez l'obeyſſance & reverence que noſtre Seigneur Jeſus-Chriſt, ſes Apoſtres & diſciples porterent aux Empereurs & Roys, voire payens & ethniques, recognoiſſans leur dignité venerable: encores qu'ils ne vouluſſent ſuivre leur Religion, ils avoient pour arreſté que le pretexte de Religion, quel qu'il fuſt, ne peut donner couleur à l'homme Chreſtien de ſe mutiner contre ſon Prince. Mieux vaut endurer & mourir, que de tuer, diſoit un ancien. De ſorte qu'encores qu'ils fuſſent affligez par les Princes, ſi aymoient-ils pluſtoſt mourir, que de guerroyer leur Prince.

De ce diſcours j'apprendray, que les vrays Chreſtiens ne contreviendront aux enſeignemens & exemples remarquez en toute l'Eſcriture ſaincte, leſquels conduits de l'eſprit de paix, ne penſeront de nuire à la perſonne de leur Roy, de quelque religion. Car qui regardera toutes choſes d'un œil ſain & droit, cognoiſtra que la religion ny autre cauſe n'eſt ſuffiſante pour faire retirer un ſujet de l'obeïſſance de ſon Prince naturel, ains qu'il faut prier ſans ceſſe pour luy, l'honorer, reverer, recognoiſtre qu'il eſt ſacré de Dieu & eſtably de luy; & que le ſeul moyen que les ſujets doivent tenir en telle occurrence, eſt d'y venir par remonſtrances, requerir l'aſſemblée des Eſtats, & rechercher toutes autres voyes raiſonnables, ſans ſe faire deſcharger par le Pape du ſe.ment de fidelité, qu'ils doivent à leur Prince, afin de lever les armes pour le contraindre & forcer en ſa religion, & l'aſſaſſiner, ſi l'occaſion s'y offre.

Tout ce que je vous ay depeint, eſt le plan de l'obeïſſance tirée de la ſaincte Eſcriture, que noſtre Seigneur a ordonné eſtre renduë aux Roys par S. Pierre & ſes ſucceſſeurs en l'Egliſe Romaine, leſquels pendant quatre cens quarante ans l'ont ainſi mis en œuvre, & ſcellé du ſang de leurs Martyrs. Maintenant je vous repreſenteray par le fil de l'hiſtoire, la voye qu'ils ont tenuë pour monter au faiſte de ceſte ſupreme & exceſſive grandeur de commander aux Empereurs, Roys & Princes: de laquelle toutefois nous ne ſommes garentis en France, mettant toujours au devant, comme un ſeur & fort bouclier, les libertez de noſtre Egliſe Gallicane, que nous tenons de Dieu en pleine proprieté.

Je proteſte que ce que je vous eſcris, n'eſt point pour offencer les Papes, que je recognois chefs de noſtre Egliſe, & tenir la place de ſainct Pierre: mais pour eſclaircir ceux qui vivent, & nos ſurvivans, juſques où ſe doit eſtendre leur puiſſance, & comme ils ſe ſont donnez, les 440. ans aprés la mort de noſtre Sauveur, toute loy & prerogative ſur les biens, Princes & Seigneurs terriens: en quoy ils ont teſmoigné plus de paſſion que de devotion.

Les peines, travaux, angoiſſes & martyres ſoufferts par ces bons premiers Peres, ont eſté les outils pour faire foiſonner & provigner noſtre Egliſe en toute pureté aux quatre coins & au milieu de la terre. L'ambition & l'avarice de leurs ſucceſſeurs, de-là en hors entremeſlans le ſpirituel & le temporel en la conduite de leurs actions, par une ſageſſe mondaine, ſe ſont eſlevez au-deſſus de toute puiſſance terrienne: ce qui a mis noſtre religion en tel penchant, qu'elle a eſté en branle de faire faillite, par le grand nombre des Peuples & Roys qui ſe ſont retirez & ſouſtraits de ſon obeïſſance. Adieu.

LETTRE VIII.

A Monſieur Paſquier, Seigneur de Buſſy, mon frere, Conſeiller du Roy & Auditeur en ſa Chambre des Comptes, & Eſchevin de la ville de Paris.

Il parle de la force ce & vertus des ſonges.

J'Ay receu vos lettres ce troiſieſme de Septembre 1615. de la mort de noſtre pere, ſurvenuë le 30. d'Aouſt, environ les deux heures aprés minuit. Je vous conteray une hiſtoire memorable ſur ce ſubject. L'an paſſé le 30. du meſme mois d'Aouſt, & de la meſme nuict, environ les cinq heures du matin, je ſongeay que j'eſtois auprés de noſtre pere, qui eſtoit couché dans ſon lict, duquel il ſe leva pour ſe mettre à genoux afin de prier Dieu: ce qu'il fit devotement, les mains jointes en haut, & les yeux eſlevez au Ciel ſa priere achevée, il changea de couleur, & tomba mort entre mes bras. En achevant ce ſonge, je me reſveillay tremblottant, & le contay à ma femme, & pour en avoir la memoire fraiſche, eſtant levé, je le redigeay par eſcrit. Je partis de Paris, comme vous ſçavez, le 9. du mois d'Aouſt, & arrivay chez moy le 16. je fus douze ou treize jours à aller deçà & delà pourvoir à mes affaires. Enfin m'eſtant rendu en ma maiſon, je rentray dans mon eſtude le 30. du meſme mois d'Aouſt, pour mettre mes papiers en ordre, qui eſtoient confus: les uns je rompis, les autres je mis à part. Ce ſonge me tomba entre les mains, que je garday. Conſiderez les deux rencontres en l'object qui ſe preſente, l'une, que j'ay veu la mort de noſtre pere un an jour pour jour, auparavant ſon decez, l'autre que le propre jour qu'il eſt mort j'aye recouvré ce papier, auquel je n'avois penſé depuis. Je ſçay que la pluſ-part des ſonges naiſſent de la debilitation de l'eſprit, qui produiſent l'imperfection de la fantaiſie la diverſité des ſubjets qu'il s'imagine avant que de prendre repos: ou bien du cerveau agité des fumées de la digeſtion de l'eſtomach, cauſée par la concoction de la viande laquelle ſe diſſout en vapeurs & nuées, & qui ſont eſlevées & portées au haut du cerveau, leſquelles rendant la teſte peſante, plongent la perſonne en un profond ſommeil pendant lequel les ſonges bizarres ſe forment. Les Medecins tiennent que ceux qui ſongent choſes faſcheuſes, à qui le ventre trop gorgé de viande & de vin. Ils engendrent encores en repoſant, telles choſes comme ſont celles auſquelles ſouvent l'on penſe, ou dont on parle: d'autant que l'impreſſion d'une grande crainte, ou le deſir des choſes, impriment le plus du temps en l'ame, le corps eſtant en ſon repos, les images de ce qui eſt aymé ou craint. Les ſonges ſont les reliques des penſées & ſoucis du jour. A tous ſonges il ne faut pas adjouſter grande foy, ainſi que le Levitique nous admoneſte, & l'Eccleſiaſtic les appelle vanitez: parce que l'imagination offuſque de la façon noſtre ame, comme nous voyons que ſont troublez les ſens exterieurs de ceux qui ſont en crainte, qui penſent voir des fantoſmes tous tels que la veuë exterieure, comme la crainte, a depeint en l'imagination. Et tout ainſi que le miroir ne peut repreſenter les ſimulacres des choſes objectées, ſi la poliſſure eſt offuſquée par l'haleine, ou un temps nebuleux: auſſi l'eſprit ne reçoit les formes de divination par ſonges, ſi l'ame n'eſt deſpouillée de toute affection humaine, d'amour, de haine, d'eſpoir, de crainte, de joye, de triſteſſe. Il faut que ceſte partie, qui eſt la plus divine, ſoit coye, pure & vuide de toutes paſſions foraines; qu'elle ſoit inſenſible aux affections, & que le corps ne ſoit troublé par les vapeurs & fumées des viandes precedentes, à cauſe de la ſympathie & liaiſon qui eſt entre eux deux indiſſoluble: autrement, ceſte force imaginative ne pourroit operer choſe en dormant, &

donner

donner signification de cefte cachée vigueur de l'ame espuisée des appetits charnels, lesquels assoupissent sans entrecesse le meilleur qui soit enclos en l'esprit. En ceste diversité de songes, nous apprenons le dire d'Heraclite veritable, rien par songes ne nous estre exposé : rien aussi ne nous estre celé.

Et pour moy, je fay grand estat des songes qui se presentent à nous le matin, aprés que l'esprit a pris un repos suffisant : car j'estime qu'il nous apporte des advertissemens certains de l'advenir ; ils gaignent le nom de verité. Ainsi que nous vismes arriver au Prince de Condé la nuict precedente la veille de la bataille de Dreux, lequel songea avoir donné trois batailles consecutives, obtenu la victoire, terrassé ses trois principaux ennemis, mais finalement blessé à mort, luy ayant tous trois entassez l'un sur l'autre, & luy par-dessus eux rendoit ainsi l'esprit. Et de faict, nous vismes ceste vision verifiée par la mort du Mareschal de Saint André en la bataille de Dreux, par celle du Duc de Guyse devant Orleans en l'année suivante, du Connestable de Montmorency ensuite à la journée de Saint Denys, & du Prince mesme en la desroute de Bacal. Nostre grand Henry, sept ou huict ans avant qu'il fust appellé à la Couronne, songea un matin qu'il estoit au-dessus d'une tour fort eslevée, toute penchante & preste à tomber, laquelle par son industrie & diligence fut redressée & mise au premier point qu'elle estoit. A son resveil, il raconte sa vision, qu'il expliqua estre un certain pronostic de sa promotion future à l'Estat, qu'il rencontreroit prest à estre bouleversé sens dessus dessous, & que neantmoins par sa force & vertu il luy donneroit un si bon ordre, qu'il le feroit renaistre & revivre par les bonnes & sainctes loix qu'il y establiroit. Vision qui fut depuis accomplie en son advenement à la Couronne, en son progrez, & en sa fin. Voilà des exemples domestiques, qui m'empeschent d'en aller puiser chez les estrangers, comme celuy d'Hecuba enceinte de l'enfant, qui fut depuis appellé Paris : ou bien celuy de Ciceron, qui songea qu'Octavius, depuis appellé Auguste Cesar, jeune garçonnet, seroit un jour appellé à l'Empire. Ce sont les songes ausquels il nous faut adjouster foy, du nombre desquels est le mien, qui fut fait le matin, comme un avant-coureur de la mort de nostre pere. Faites une anatomie de ce songe, vous apprenderez que tout ce qui est survenu en sa mort, a esté par moy preveu : qu'il ne seroit longuement malade, aussi ne l'a-t-il esté que dix heures : qu'il mourroit en bon Chrestien, comme il a fait : que tous les sens luy demeureroient sains & entiers jusques au dernier souspir de sa vie : ainsi est-il arrivé. Pour conclusion, sa mort a respondu à sa vie, laquelle tout ainsi qu'elle a jouy d'un grand calme pendant huitante-six ans, deux mois & vingt-trois jours ; aussi a esté sa mort douce, sans peine, travail ny douleur. Il avoit tousjours demandé à Dieu un esprit & entendement sain jusques au bout de sa vie, & une courte maladie, qui ne luy produisist des douleurs avec excez : priere qui a esté exaucée. Sa vie & sa mort nous apprennent à bien vivre pour bien mourir. Adieu.

LETTRE IX.

A Monsieur Pasquier mon pere, Conseiller du Roy & Advocat general en sa Chambre des Comptes à Paris.

Il escrit à son pere qu'il a leu ses Recherches & donné son jugement de ce qui luy en semble.

VOus voulez sçavoir quelle est mon estude : je le vous diray. J'ay en ces grands froids, leu vos Recherches de bout en bout. C'est un des beaux œuvres que cet aage ait enfanté, œuvre remply de grande lecture, erudition, doctrine, divinations, beaux advis aux grands & aux petits de toute condition, d'un langage pur, net & fluide, non enflé comme celuy de je ne sçay quels Escrivains de ce temps. Sur tout, je donne l'advantage aux trois premiers livres, qui ne peuvent recevoir de comparaison, pour estre matieres sur lesquelles nous ne marchions auparavant qu'à tastons : & ne donne moins de loüange au dernier, qu'aux trois autres suivans : nous sçavons parler, mais par luy nous apprenons pourquoy nous parlons bien ; & les trois autres sont pour donner en leur diversité, du contentement au lecteur. Vous avez baptizé fort à propos vostre livre du nom de Recherches, comme celuy qui comprend en soy un abysme de science recherchée avec une diligence exacte. Μᾶσις en Grec signifie Recherche, d'où les Muses ont pris leur etymologie, d'autant qu'elles sont la cause de toutes les disciplines, lesquelles nous n'apprenons que par une grande & soigneuse recherche. Vostre Pour-parler du Prince m'a grandement pleu, qui porte avec soy un langage mieux revestu ; & sur tout, le Politic, aux raisons duquel je voudrois que tous les Princes & Gouverneurs d'Estats se formassent pour les bien regir, sans embrasser, comme la pluspart font, celles du Curial. Voilà ce que j'ay fait cet hyver ; qui n'a pas esté une petite entreprise : car j'ay gousté goutte à goutte vos Recherches, afin que le goust m'en demeurast plus long-temps en l'esprit. Comme je receu vos lettres, j'estois infiniment travaillé de vostre santé par les songes fascheux que je faisois toutes les nuicts. J'ay esté tres-aise d'avoir plustost sceu vostre guerison que vostre maladie, & que Dieu par sa saincte grace vous ait preservé de ce dernier naufrage, dont je le loüe & remercie avec toutes sortes d'actions de graces, estimant tout le bon-heur de nostre famille reposer en la presence de ceste venerable vieillesse, qui fait son sejour chez vous. Depuis six semaines, nous n'avons eu que neiges, gresles & verglas, les plus grands qu'oncques l'on vit ; au moins, les vieux & anciens de huitante & de nonante ans rapportent qu'ils ne sentirent jamais un si rude hyver. Il y avoit douze ans que je n'avois fait estat de feu ; mais à ce coup il m'en a falu prendre l'air, soir, tard & matin. Je crains que ce mauvais & fascheux hyver ne nous soit en nostre Estat un acheminement à quelque grand mal futur. Adieu.

LETTRE X.

A Monsieur de Cheronnac, Gentil-homme Angoumoisin.

Il discourt du mal qui arriveroit à ceux de La Religion P. ref. s'ils prenoit les armes.

LE Roy a permis à ceux de la Religion pretenduë reformée de s'assembler à Grenoble, qui en font refus, sur quelque mesfiance qu'ils ont prise du Mareschal de l'Esdiguieres. Cela leur a donné subject de faire remonstrances au Roy, qui leur a donné Jargeau. Ce lieu les trouble davantage, d'autant qu'ils ne desirent que l'esloignement de la Cour pour n'estre divertis en leurs conseils. Il est resolu de ne leur bailler autre place. Pour moy, je croy qu'ils se donneront bien garde de choisir un lieu pour faire leur assemblée, autre que celuy que le Roy leur mes sous leur designera : car s'ils se donnoient ceste licence, ce seroit ouvertement enfreindre leur Edit, & donner à croire, qu'eux, qui ont tousjours voulu monstrer une liberale obeïssance, projettent une rebellion ouverte sans aucune cause legitime. Il est vray que je croy qu'en cet altercat, le Roy, pour ne mescontenter le Mareschal de l'Esdiguieres, pourra changer d'advis, & leur accorder Grenoble comme devant. Or pour vous dire ce que je pense de ceste assemblée, j'estime que la premiere chose qu'elle fera, ce sera de prejuger par une singuliere prudence, ce qu'elle peut obtenir selon la condition presente de l'Estat & la leur : se mesurera à ce qu'elle pourra, & non à ce qu'elle voudra : à ce qui se peut, & non à ce qu'elle estime luy estre deu. Car de prendre les armes, je ne puis imaginer qu'ils en entrent là, à cause des grands inconveniens qu'ils ne pourroient éviter. Premierement un desaveu de leurs Eglises, pour avoir conclu & arresté choses, sur lesquelles ils n'avoient pas seulement charge d'opiner : à la suitte, une des-union de leurs corps, parce qu'un grand nombre d'eux ne voudroit consentir à leur ruyne, lesquels le Roy laissant vivre sous les Edits, il les soustrait à ceux qui auront eslevé les armes : & en cet affoiblissement, il aura bon marché d'eux. Lesquels ruynez & perdus, il est grandement à craindre pour ceux qui resteront, que le Roy se voyant en si beau chemin, ne veuille poursuivre sa premiere pointe pour les chasser & extirper rés fond rés terre de son Estat. S'ils prennent tous les armes, que derivera-t-il de ce conseil ? Une ruyne tout à coup & en un jour, de deux cens Eglises & plus, qu'ils ont esparses par toutes les villes de la France, lesquelles, ils ne pourront jamais paraventure relever : ils verront en un clin d'œil defait ce qu'ils ont basty en soixante ans. Et lors tous les bons François les auront en detestation, comme personnes qui ne peuvent vivre en repos. Les Princes & Estats estrangers les condamneront, comme perturbateurs du repos public, qui courent sus au bas aage du Roy, tesmoignans qu'ils veulent tirer de l'utilité de toutes les playes du Royaume, & par-là affoiblir autant qu'ils pourront & ses conseils & ses forces. Mais je puis dire qu'il n'y a Estat en la Chrestienté sous un Prince de contraire religion, auquel elle soit entretenuë comme en ce Royaume. Ils preschent par tout : les Ministres sont entretenus en partie des Finances du Prince : villes de seureté leur sont accordées avec garnisons entretenues à ses despens : chambres mi-parties establies pour leur rendre Justice : agens accordez auprès du Roy : conseils particuliers soufferts par les Provinces : cercles tolerez : synodes permis : & assemblées generales octroyées de trois en trois ans pour aviser à leurs affaires Ecclesiastiques & politiques. Il n'est pas dit que rompans leur Edit, ils l'obtiendront jamais tel & si avantageux. Je m'asseure que s'ils parlent à ces vieux & anciens, qui ont tant de fois combattu pour obtenir l'Edit de Nantes, ils leur feront voir clairement combien de fois ils ont souspiré après ceste heureuse liberté dont ils jouïssent, laquelle ils leur conseilleront de garder, sans faire aucune breche à leur droit. Enfin quand ils considereront que leurs armes ne peuvent estre benistes, qu'entant que justes ; & qu'elles ne sont justes, qu'entant que necessaires ; je me persuade qu'ils ne quitteront point une liberté certaine, pour se repaistre d'une esperance mal-asseurée de quelque leger avantage. Ces raisons bien pesées par ceste assemblée, elle ne se detraquera du service du Roy, ains corrigera ses humeurs brusques, qu'elle retiendra dans le devoir de bons & pacifiques sujets & serviteurs du Roy, lequel lors leur accordera plus qu'ils ne s'estoient promis & ne pouvoient esperer par les voyes extremes, desquelles ils s'abstiendront, s'ils sont sages, si une juste necessité n'y porte les plus paisibles. Adieu.

LETTRE XI.

A Monsieur Loisel, Advocat en Parlement.

JE sçay l'amitié estroite jurée entre vous & feu mon pere. Je m'asseure que vous recevrez un singulier déplaisir en la nouvelle de sa mort. Je vous prie de prendre la patience, que je vous raconte tout ce qui se passa le jour du decez. Par ce discours, vous verrez qu'il a vescu tout ce qu'il pouvoit vivre, & qu'après avoir joüy d'une heureuse & remplie vieillesse, il a sans douleur, comme en songe, doucement finy ses jours, & lors que l'humeur radicale de tout point & tout à coup failly en luy. Le matin du 30. jour du mois d'Aoust, il mit la derniere main à l'œuvre, par lequel il monstre que le Pape ne peut deposer nos Roys, ny dispenser leurs sujets du serment de fidelité que naturellement ils leur doivent. Et puis dit au Gros, Precepteur de mes nepveux, illec present, qu'il avoit mis la derniere ligne de perfection à son traité, auquel il ne toucheroit plus. Et après plusieurs bons propos qu'il luy tint de la Poësie Latine & Françoise, il traça ces quatre vers :

Chacun de son decez est incertain de l'heure.
Je ne regrette point mes jeunes ans passez ;
Mais je les veux tousjours retenir amassez,
Ne voulant point du tout que ma jeunesse meure.

Il fit encores ces quatre autres vers de mesme subjet :

Bien que vieillard je voye ma vieillesse
S'acheminer peu à peu au trespas,
Si me plaist-il faire d'un autre pas
Dans mes vieux ans revivre ma jeunesse.

Il remua derechef ces quatre vers de ceste façon, qui monstre la fertilité de son esprit :

J'ay voulu dedans ma vieillesse
Faire renaistre ma jeunesse,
Mais par un plus heureux effort
Elle est renée dans ma mort.

Il fit, devant disner, quatre vers Latins, qui se sont brouillez parmi ses autres papiers escrits de sa main. Environ les onze heures, ouït, à son accoustumée, ses petits enfans, ausquels le Gros fit reciter leur leçon : & puis descendit en la sale pour disner. Il repeut mieux & avec plus d'appetit qu'il n'avoit fait les jours passez. Ayant achevé de disner, Garset son valet de Chambre luy ayda à remonter en sa chambre, & le coucha sur son petit lict pour reposer. De là à une heure, il se leva tout seul & print son bonnet quarré à cause de la grande chaleur, & se mit à corriger ses quatre vers Latins, puis s'en alla tout seul & sans baston, jusques à l'estude de mon frere de Bussy ; d'où revenant, s'escria en baaillant (comme il faisoit souvent) ô mon Dieu. Auquel cry, le Gros accourut, pensant qu'il se fust laissé tomber : & l'ayant apperceu, luy demanda, est-ce vous le Gros ? Ouy, dit-il, Monsieur. A l'instant, le Gros le prit par dessous les bras, & le remena dans sa chambre, où il commença à se plaindre d'un grand mal de costé, se recoucha sur son petit lict, & l'entretint de divers discours de la mort & du contentement qu'avoit un homme de bien, à mourir. De là à une demie heure, il commença derechef à se plaindre & fort tousser. Ce qu'entendant ma belle-sœur de Bussy, descendit en bas vers les deux à trois heures après midy, & s'enquit comment il se portoit ? Bien mal, dit-il, ma fille. Qui vous fait mal ? Repliqua-t'elle. Tout, respondit-il. Alors elle le pria de se mettre au lict : ce qu'il refusa,

parce

parce qu'estant dans son grand lict, la toux ne le quittoit point. S'enquit, si l'on avoit envoyé convier son fils aisné & toute sa famille pour venir le lendemain disner avec luy. Elle ayant respondu qu'il viendroit : M'en asseurez-vous ? dit-il. Ces propos finis, il l'entretint de l'amitié qu'il portoit à ses enfans, lesquels perdroient beaucoup en sa mort, & qu'il ne vivoit que pour l'amour d'eux. Ils ont un bon Maistre, dit-il, parlant du Gros ; c'est un honneste homme. Et entretint ma belle-sœur du bien & du mal qui estoit en tous les serviteurs & servantes de sa maison, sans en rien oublier : & addressant sa parole à Marguerite Pasquier ma fillole presente, luy dit, qu'elle n'estoit guieres sage, de ne jouër plus de l'Epinete. Et à l'instant se plaignit du mal extréme qu'il ressentoit en son espaule droite, duquel il avoit esté grandement affligé en sa jeunesse, jusques à en avoir esté enhuilé, disoit-il : & adjousta qu'il croyoit que ceste douleur mettroit fin à sa vie. Ce pour-parler achevé, se leva de dessus son petit lict, & s'assit en sa chaire pour collationner de pain & de vin ; & riant dit à ma belle-sœur, que son petit François, qui jouïssoit dans sa chambre, estoit un bon compagnon, & que tous deux ensemble ne gastoient guieres de pain. Ayant collationné, ma belle-sœur recogneut les doigts de sa main droite tous pers & extremement froids ; laquelle craignant que sa colique le prinst, ou quelque nouvel accident luy arrivast, le pria de se coucher. Ce qu'il luy accorda, pourveu que l'on luy fist bon feu pour le chauffer. Ses gens le deshabillerent, & chaufferent trois ou quatre linges coup sur coup, pour appaiser la douleur de son espaule. Le deshabillant, il dit en regardant le Gros, *Percutiam pastorem, & dispergentur oves:* estant au monde, ma presence retenoit toute ma famille en un ; mais quand j'en seray party, elle s'espandra deçà & delà. Puis se print à rire à Jean & Estienne Pasquiers ses petits-enfans comme ils entrerent dans sa chambre, ausquels il dit, qu'ils estoient bien aysés de ne dire point leur leçon ce soir-là : & ayant ainsi ry avec eux, demeura quelque temps sans parler, & tout d'un coup se leva tout seul de sa chaire, & profera ces mots : Tel a menty : il est cause de l'advancement de mes jours : l'affliction que j'en ay prise en mon esprit, me portera au tombeau. Il m'a accusé faussement d'avoir fait le Pasquil, à quoy je ne songeay jamais, ny d'offenser des maisons d'honneur : ma vie de ce costé-là est pure, nette & innocente. Comme il se fut longuement chauffé, en le couchant, le ralement de la mort le saisit, lequel ne l'empêcha ny de parler ny de cracher ; pria ma belle-sœur de ne l'abandonner point en son mal, qu'il estoit si grand, qu'il tendoit à la mort : aussi luy print-il une sueur fort froide, qui ruissela le long de son visage, & un vomissement violent, qu'il eut par deux fois. Ma belle-sœur voyant tous ces maux, apprehendant ce qui arriva, luy dit, qu'il seroit besoin d'avoir le Medecin & l'Apoticaire. Non, respondit-il, j'ay plus besoin du Curé Medecin de mon ame, que de celuy de mon corps : toutesfois vous pouvez appeller l'Apoticaire : lequel l'ayant veu, rapporta que si Dieu n'y mettoit la main, il ne vivroit pas encores deux heures. En ces entrefaites, le Curé arriva, de la presence duquel il tesmoigna un contentement indicible, soit en ses paroles, soit en ses actions. Permettez que j'use icy d'une digression. Son Curé, quatre ou cinq jours auparavant son decez, l'alla visiter en sa chambre, où il le trouva travaillant sur ses Epigrammes Latins, dont il se conjoüyt, soit de sa bonne santé, soit du bel employ de son esprit, & le conjura d'avoir agreable qu'il luy parlast, ceste fois pour toutes, franchement & avec la liberté convenable à un Curé, ne recherchant que le bien & l'asseurance du salut de son ame, & rien moins qu'à complaire aux Jesuites, qu'il ne vouloit aimer & cherir qu'avec une juste raison. Quoy protesté de la part du Curé, il le supplia au nom de Dieu, luy dire en bonne conscience, s'il esperoit pouvoir rendre bon compte de tous les escrits : que lors il le tiendroit content, & protestoit de là en avant de ne luy en parler jamais : & particulierement luy representa, qu'il avoit escrit dans son Catechisme des Jesuites, que leur secte estoit pire que le Macchiavellisme & le Lutheranisme : en quoy il craignoit grandement que l'Eglise ne fust offensée, laquelle avoit receu l'Ordre des Jesuites comme sainct & salutaire. Il luy respondit, qu'il n'avoit rien escrit contr'eux qu'avec raison, & que le temps & la posterité découvriroient le merite ou demerite de luy ou des Jesuites ; & qu'il leur en laissoit le jugement, comme à leur vray & naturel Juge. Et que quant au Macchiavellisme & Lutheranisme, ausquels il les avoit comparez, il vouloit dire, qu'ils troubloient toute l'œconomie & hierarchie ancienne de l'Eglise de France, entreprenant sur les Ordinaires, & deprimant leur ministere, jurisdiction & authorité le plus qu'ils pouvoient, adjoignans à leur Société autant de benefices qu'ils trouvoient leur estre propres. Au surplus, qu'il les honoroit & estimoit tous en particulier à cause de leur sçavoir. De laquelle explication fut infiniment satisfaict le Curé, ainsi qu'il appert par les lettres qu'il m'a escrites. Je vous laisse maintenant tout ce discours à part, pour vous dire, que le Curé arrivé, s'approcha de son lict pour l'exhorter à se resoudre à ce qui estoit de la volonté de Dieu ; lequel n'eut pas proferé sept ou huict paroles, que mon pere le prevint, croyant qu'il luy voulust ramentevoir les dernieres paroles où ils avoient fermé leur entreveuë, & luy dit, qu'il avoit leu & releu le lieu preallegué de son Catechisme, & meurement pensé & repensé à ce qu'il luy avoit dit ; mais que le tout avoit esté par luy bien digeré. Le Curé le pria de laisser tout cela pour se consoler en son mal, & se resoudre à la volonté de Dieu, qui ne l'abandonneroit point à son besoin, pourveu qu'il n'abandonnast le soin de sa personne & de son ame. Et apres avoir confessé ses pechez & demandé pardon à Dieu avec une pure & entiere repentance, il embrassa la Croix que le Curé luy presenta, protestant qu'il vouloit mourir en l'Eglise Catholique Apostolique & Romaine, en laquelle il avoit tousjours vescu : parole qu'il reitera par trois diverses fois. Apres sa confession, le Curé rapporta à mes freres sa belle resolution à la mort, qui l'avoit infiniment contenté ; lesquels luy demanderent, s'il ne seroit pas à propos qu'il fist ses Pasques. Leur ayant dit que rien ne pressoit, d'autant qu'il avoit un grand jugement & une grande memoire, sans avoir perdu aucun de ses sens, qui estoient aussi vigoureux, que s'il estoit en pleine santé : ce nonobstant ils luy remonstrerent, que son ralement alloit augmentant, & que le plustost qu'il pourroit recevoir son Createur, seroit le meilleur. Le Curé retourna vers luy, auquel il dit, qu'il ne desiroit autre chose en ce monde, pour s'en aller content en l'autre. A et quelque heure de là, le Curé luy apporta le Corps de nostre Seigneur, qu'il receut avec une devotion non commune. Il osta son bonnet de la teste, se souleva en haut sans ayde, & devant & apres pria Dieu les mains jointes, & les yeux tendus vers le Ciel ; puis donna sa benediction à ses enfans presens & absens, qu'il pria de vivre en gens de bien. Tout cela se passa depuis le matin, qu'il fut levé, jusques à dix & onze heures du soir, qu'il commanda à ses enfans d'aller souper, au retour duquel il les entretint de sa maladie, & n'ayant plus d'esperance de vivre, leur dit, qu'il avoit vescu un grand aage, & que maintenant il cognoissoit que son temps estoit ja parfaict, n'estant plus soustenu que des foibles esprits d'une languissante vie, sentant petit à petit sa chaleur naturelle defaillir : & pour tesmoignage de ce, monstroit ses mains froides comme la glace. Les conjura que quand ils luy auroient rendu les devoirs funeraux, & mis son corps en depost dans le sepulchre, ils entretinssent la mesme union qu'il avoit de son vivant nourrie entr'eux, & que se promettant cela d'eux, il mouroit content. Il adjousta, qu'il leur laissoit des biens à suffisance, s'ils estoient gens de bien, & que la plus belle succession qu'il avoit travaillé à leur laisser, non subjette à aucune rouille, estoit un riche nom de luy, duquel eux & les leurs profiteroient quelque jour sans y penser. Et jugeant combien la perte de sa presence leur seroit sensible, les pria de ne s'en ressentir, ny ne s'affliger de son départ, mais de retirer à leur possible tout sentiment de la chair & du sang envers luy pour supporter doucement ceste tant ennuyeuse separation : leur dit plus, qu'il recognoissoit que le monde n'estoit rien, que les richesses estoient de mesme estofe, les pompes de ce siecle qu'une fumée, nostre vie qu'un vent : ce qui le faisoit aller gayement ainsi plein de jours rechercher dans le Ciel la vie qui ne prend jamais fin, par l'accez de la mort, où il portoit avec joy tant seulement le bien qu'il avoit fait : que la mort le mettoit en seureté contre les maux, miseres, peines & travaux de ce monde. Environ une heure aprés minuict, Lætus, Medecin, le vint visiter, lequel, à son accoustumée, il entretint, soit du temps, soit de ses malades : & le Medecin l'ayant laissé assez longuement parler, luy demanda, comment il alloit de sa santé. Bien mal, respondit-il. Et ayant veu sa langue, se retira. Il recommença d'entretenir mes freres, les exhortant à la paix aprés sa mort, qui estoit celle, disoit-il, qui les maintiendroit envers tous & contre tous, au lieu que la desunion les ruineroit rés pied rés terre : les pria qu'en toutes leurs actions publiques & particulieres, ils se le proposassent pour patron, s'asseurant que tous leurs dits & gestes tendroient toujours au bien, qu'il s'estoit mis en bute dés son bas aage, comme celuy, qui, aprés nous estre devestus de toutes ces despouilles mortelles, nous fait revoler à ceste vie éternelle. Pendant ces douces, amiables & paternelles remonstrances, mes trois petits nepveux se presentans devant luy, il prit la main du petit François, & demanda à mon frere de Bussy leur pere, s'il leur avoit baillé sa benediction. Ayant respondu qu'ouy ; Dieu soit loüé, dit-il : Dieu les benisse, Dieu les rende gens de bien. En ce mesme temps, le Baron de Roussillon, & la Baronne sa femme envoyerent un de leurs hommes pour sçavoir comme il se portoit, auquel il fit responce en ces mots : mon amy, dites-leur que je me porte bien mal, mais que je les remercie de la souvenance qu'ils ont de moy, & que leur visite me servira d'une bonne medecine. Lætus jugea qu'il ne pouvoit eschapper de ceste maladie, toutesfois qu'il pourroit encores vivre vingt-quatre heures, admirant ce jugement, ceste memoire, & ceste prompte & non premeditée responce. Je ne veux rien oublier de toutes ces particularitez qui se sont passées, luy allant à la mort, pour vous monstrer que favorisé de Dieu d'extraordinaire, il a eu tous les sens verds jusques au dernier souspir de sa vie. Il prit à un demy quart d'heure l'un de l'autre par deux fois de la gelée, & un peu de vin arrousé de force eau, qu'il porta à la bouche sans aucun tremblement. Ma belle-sœur luy dit, qu'il se porteroit bien : mais branlant la teste, respondit, que son corps ressembloit à une mesche allumée, qui se meurt d'elle-mesme quand l'huile a failly : aussi que son corps manquant de ceste huile qui entretient la chaleur naturelle, il luy estoit de besoin qu'il rendist & payast à la nature le tribut qu'il luy devoit. Je sens les adjournemens de la mort (disoit-il) il ne faut en ma vieillesse qu'un souffle pour m'emporter. Comme il se vit à repos, il envoya tous ses enfans coucher, & dit à mon frere aisné, qu'il ne failloit le lendemain de venir disner chez luy avec toute sa famille. Tous ses enfans & serviteurs s'estans retirez, il demanda à Olivier, (qui l'avoit servy dix-sept ou dix-huict ans, & lequel s'estoit marié depuis huict ou dix mois) mon grand amy (ainsi l'appelloit-il) quelle heure est-il ? Et luy ayant dit, une heure & demie aprés minuict : que ne vous allez-vous coucher ? luy repliqua-t'il : il est tard, tous sont couchez. L'autre luy dit, qu'il ne bougeroit d'auprés de luy. Environ un demy quart d'heure aprés, il dit derechef à Olivier : mon grand amy, va te coucher, tu seras malade, je veux reposer. Olivier luy ayant reparty qu'il ne bougeroit de là, il demeura tant soit peu en repos, & puis s'escria, Seigneur mon Dieu veüilles par ta bonté infinie à moy pauvre miserable & repentant pecheur, le corps duquel ne tient plus en fief & hommage que de la terre, pardonner toutes mes fautes. O mon Dieu trés-misericordieux, pardonne-moy, quoyque je ne t'aye aymé de tout mon cœur. O Dieu tout puissant, je n'ay nul regret en ce grand aage d'abandonner ce monde plein de traverses. Je ne crains la mort, quoyque redoutable, à laquelle je me suis dés si long-temps preparé, comme le port où nous arrestons tous nos labeurs, la consommation de tous nos maux, la fin de nostre pelerinage. Je confesse que moy malheureux & abominable pecheur, je la devrois craindre ; mais je sçay que ta clemence & ta misericorde sont de si longue estenduë, que tu auras pitié de la fragilité de ta pauvre & vile creature, laquelle tu conduiras non selon ses merites, mais selon ta misericorde, à une vie eternelle. Pardonne-moy doncques, Seigneur mon Dieu, & reçois mon ame en ton Paradis, afin que je te puisse loüer en ta gloire éternellement, par nostre Seigneur Jesus-Christ. Ainsi soit-il.

Et ayant fait une petite pause, il s'escria derechef : mon Dieu aye pitié de moy par ton fils Jesus-Christ nostre Seigneur, & me reçoy en ton Paradis. Laquelle priere il n'eut si-tost achevé, que sentant l'effort de la dissolution de l'ame & du corps, pria Olivier de luy tenir les deux mains. Ce qu'il fit ; & se tournant sur le mesme temps tout seul sur le costé gauche, rendit l'ame à Dieu, sans peine, ny sans aucune action violente, que d'une larme qui luy vint à l'œil : encores porta-t'il les deux doigts de la main droicte sur ses deux yeux pour se les fermer : & se trouverent ses deux jambes en croix. Il ne luy fallut point fermer les yeux, ny composer ses membres à la mort : il fut cueilli par la mort d'une mort paisible. Voilà ce qui se passa le jour de son trespas, & la fin qu'il prit, que j'ay apprise de ma belle-sœur, du Curé, de mes freres, du Gros, & d'Olivier, qui ont esté presens à tout ce que je vous escris. Sa vie consistoit en la chaleur naturelle & en l'humeur radicale : ceste chaleur (comme qualité plus active) emporta en luy le dessus de l'humidité, qui est sa nourriture, laquelle à succession de temps la diminua & dissipa peu à peu par son action plus forte : & son humidité ainsi consumée ne peut plus entretenir sa chaleur, laquelle affoiblie, & delà en avant mal propre pour faire ses fonctions ordinaires, s'esteignit aussi-tost que l'humidité fut du tout espuisée, qui a esté le subject de sa mort. C'est une belle & honorable catastrophe de vie à celuy qui ayant longuement, sainement & joyeusement vescu, meurt l'esprit sain & les sens entiers. La bonne & grande vieillesse n'est donnée de Dieu, qu'à celuy seulement qui est homme de bien, dit ce grand Legislateur Moyse. Adieu.

LETTRE. XII.

A Monsieur de la Leigne, Conseiller du Roy, & Lieutenant general au siege Royal de S. Jean.

Il discourt du plaisir qu'il y a de vivre amis prés de sa personne. Je vous prie de leur escrire, afin qu'il soit mis en liberté. Jusques icy n'a point esté de paix.

Avereau nepveu de ma femme retournant de Paris en ces quartiers, a esté prins prisonnier par les Carabins du Prince de Condé. Il n'est pas que n'ayez des amis prés de sa personne. Je vous prie de leur escrire, afin qu'il soit mis en liberté. Jusques icy n'a point esté parlé de prendre prisonniers. Je m'asseure que l'ouverture ne se fera pas par un fils de famille : car si le Prince l'avoit fait, chacun croiroit que ses lettres & son Manifeste du bien public, qui courent par la France, ne seroient qu'un masque & couverture pour desguiser ses desseins. J'estime que vous estes des miens, desireux de la paix comme moy. Dieu par sa saincte grace nous la veüille donner en bref. Car si cet excez de fievre d'Estat dure long-temps, je prevoy en la peste-mesle en ceste France, qui ne se pourra demesler qu'avec sa ruine totale. Je n'avois jamais ressenty que valoit une douce liberté, qu'à present, que je sens les effects d'une dure servitude. Vivre comme nous faisons, pauvres de liberté, c'est mourir, & ainsi que nous vivions auparavant, c'estoit une belle & agreable vie. Il y a plus d'aqueft & de plaisir à vivre pauvrement en liberté parmy sa petite famille, que de supporter richement le joug d'une servitude. Que celuy est heureux qui vit comme il veut, & qui ne peut estre ny contraint, ny empesché, ny forcé en sa forme de vie, les mouvemens & desirs duquel ne peuvent estre destournez de leur cours ordinaire, enfin, qui peut toutes choses sur soy & qui est tout à soy-mesme.

A ce propos, comme plusieurs Philosophes viendrent trouver Alexandre au destroit de Corinthe, le seul Diogene n'en fit aucun compte : dequoy Alexandre s'esmerveillant le vint visiter comme il se chauffoit au Soleil, & luy demanda, s'il avoit affaire de quelque chose : que tu te retires, dit-il, un peu du Soleil. De laquelle response Alexandre fut si joyeux, qu'estant revenu à ses gens, il leur dit, qu'il voudroit estre Diogene, s'il n'estoit Alexandre. Il nous tesmoigna que vivre comme l'on veut, est la vraye liberté ; & le propre de la servitude, de ne vivre pas à sa mode. Travaillons donc pour cette brave liberté. C'est le prix du jeu. Celuy est libre, qui n'est esclave ny sujet à aucune chose, ny à la necessité, ny aux accidens de ce monde ; qui fait teste à la fortune, & le jour qu'on luy dit qu'elle a plus de pouvoir, monstre que c'est lors qu'elle en a le moins. Sans ceste liberté, il n'y a rien de beau, de bon, & de desirable en ce monde : laquelle je tiens à si haut prix, que pour thresor du monde, tant fust-il precieux, elle ne peut estre payée. Je sors hors de moy, quand je pense à la guerre & à ses motifs. Nous joüissions d'une paix pleniere, où toutes choses rioient : nous vivons maintenant une fascheuse guerre, où toutes choses pleurent. Une tyrannie, avec laquelle on traitte moderément ses sujets, m'est plus tolerable qu'une juste guerre. Dieu par sa saincte grace inspire un chacun à vouloir souhaitter le bien & soulagement de cet Estat ; & quand il sera une fois remis, que tous d'un commun concours l'entretiennent & maintiennent. Combien qu'en ce miserable temps je sois privé de vostre veuë, si vous veux-je prier que la longue absence n'apporte aucune tare ny dechet à nostre amitié. Adieu.

LETTRE XIII.

A Monsieur Pasquier mon nepveu, Gendarme de la compagnie de la Royne.

Il est d'advis de la paix.

JE vous remercie du soin qu'avez eu de me mander les nouvelles de la defaite fraischement faite par le Duc de Guise. Mais pour vous dire, quelque gain que fasse le Roy au desadvantage de ses ennemis, je ne m'en puis resjouyr, le dommage estant tout sien, parce que de quelque costé qu'arrive la perte, elle est tousjours de celuy du Roy, estant tous ses sujets. Il est plus utile à la France de tirer ceste guerre en longueur, sur l'esperance qu'il y a de moyenner une bonne & seure paix, que de venir à une bataille ouverte : car en l'estat où sont reduites nos affaires, c'est se joüer du danger du Royaume, & nos forces domestiques affoiblies, donner entrée à l'Estranger, qui aura bon marché de nous. J'attends la sortie & grande agonie d'esprit : elle ne viendra jamais si tost que je la desire. Quand vous serez las d'estre en l'armée, ma maison, qui est toute vostre, vous servira de rafraischissement. Adieu.

LETTRE XIV.

A Monsieur Tornebus, Conseiller en la Cour de Parlement de Paris.

D'où vient le langage enflé, l'affeté, & des moyens de bien parler François

VOus desirez sçavoir d'où vient que la pureté & naïfveté de nostre langue se perd ; & qu'au lieu d'elle se glissent parmy nous des mots ampoullez, une pompe & une enfleure de paroles, & encores un langage mignard & affecté. Tout cela s'engendre de la corruption des mœurs publiques, lesquelles les hommes imitent d'ordinaire en leur parler. Car si la discipline publique est corrompuë, si addonnée aux delices, ou à quelque autre vice, vous la connoistrez au desbordement du parler. Si les personnes sont superbes, vous verrez en vogue un parler plein de rodomontades : si effeminées, un parler mignard, affecté & dissolu.

Et tout ainsi que la folle despense des festins & des habits sont les signes d'une cité malade, pareillement la licence du langage monstre la hautaineté ou pusillanimité des hommes. C'est pourquoy & l'une & l'autre façon de parler ou d'escrire doit estre bannie de chez nous, pour estre plustost accompagnée de vent, que d'instruction & de profit, & les paroles qui en derivent, de faux alloy, la pluspart desquelles sont moussës, lasches, plates, & denuées de pointes.

Celuy qui veut esgaler ou conduire son langage à ceste rumeur extremement enflée, ne peut avoir lieu qu'il ne desplaise, d'autant que ce qui est contrefaict & forcé, ne peut longuement estre agreable : & de fait, on faisoit plus d'Estat du langage ordinaire de Tybere, que des Harangues qu'il avoit de long-temps premeditées, à cause de son stile qu'il rendoit obscur par mots trop affectez, enflez & curieusement recherchez. Tel parler ne se peut mieux comparer que aux Cyprés, qui sont grands & hauts, mais ne portent point de fruict : ou à celuy de Bonace Segestan, duquel parle S. Hierosme en l'une de ses Epistres, qui estoit le seul de Rome qui balançoit ses paroles creuses & boufies de vent comme vesies, remplies de caquet, rien d'erudition : c'estoit un langage sans puissance, encores qu'il fust enflé. Quant à celuy qui est mignard & affeté, qui n'est que pour complaire à l'ouye, & resjouir l'esprit, il ne peut durer ; comme il se vit en Gorgias Orateur, lequel envoyé par les Leontins vers les Atheniens, les ravit tellement par la nouveauté de son parler mignard & affeté, si qu'il fut en estime par eux : mais depuis ayans cogneu que ce n'estoient que vaines affeteries, & que ceste mignardise de parler tenoit de la lasciveté, commencerent à s'en lasser & mocquer. Je pense, & vous ne m'en dédirez point, que ceux qui se meslent d'escrire, doivent, outre ce que je vous viens de déduire, fuïr l'affectation de certains mots qui sont rares dans quelques Auteurs, lesquels ils repetent trop souvent chez eux, & font que ce qui tombe par fortune dans la plume de ces premiers, se fasse en eux à garde pensée. C'est, à le prendre proprement, suivre un vice pour exemple. Comme fit un Aruntius, qui avoit escrit l'histoire de Carthage, lequel fut entierement Sallustien, ainsi que rapporte Seneque. Il trouva dans Salluste, *Exer-*

citum argento fecit. Ceste parole fut si à son gré, qu'il la mit en toutes les pages de son livre. Sallufte dit, *Aquis hiemantibus*, & luy, *Hiemavit tempeſtas: Totus hiemavit annus: Hiemante Aquilone*. Et ainſi uſoit de pluſieurs phraſes & paroles dites par Sallufte une ſeuleſois, qui eſtoient continuelles en luy. Encores ſouhaiteray-je que nos Eſcrivains ſoient ſobres admirateurs des mots qui par une longue ancienneté ſe ſont roüillez, moiſis, ou du tout perdus, & fuyent, comme diſoit Augufte, les mots eſpaves en pareille diligence que les patrons des navires évitent un eſcueil en mer. Il eſt neantmoins quelquefois à propos de les rapporter ou ramener en uſage, pourveu que cela ſe faſſe au gré de l'oreille, laquelle eſt celle qui donne vogue aux paroles; ſi elles bleſſent ou troublent l'ouïe, ou bien qu'elles reſſentent par trop à la moiſiſſeure & au teland, il faut bien qu'ils ſe gardent d'en uſer. Je ne dis pas qu'il n'y ait des paroles vieilles, que l'on met en jeu quelquefois, qui plaiſent, d'autant que l'antiquité leur donne quelque autorité : ou bien parce qu'elles ont eſté delaiſſées, la nouveauté leur donne ſemblable grace, comme ſi elles n'avoient jamais eſté : mais en ceſte rencontre il en faut uſer temperément, & qu'elles ne ſoient trop frequentes, à cauſe qu'il n'y a rien ſi odieux que l'affectation de ces vieux mots, qu'une longue ancienneté a rendu communs comme morts, duquel vice fut reprins Sallufte par Aſinius Pollion. Aprés tout ce que je vous viens de deduire, je penſe que pour donner une naïve beauté à un langage bien agencé, ſans s'amuſer aprés ces Heurettes de beaux mots, il n'y faut rien d'affecté, d'affeté, de bas, ny de populaire : ains qu'il ſoit net, rond, uny, plein tiſſu, court, roide, nerveux, maſle, ſentencieux, plein de pointes qui piquent, avec des traits éveillez & hardis, qui ſerrent, preſſent, & poignent au viſ à bon eſcient : que ce ſoit une choſe maſſive, qui ſerve pour les mœurs & non point pour les oreilles; que ſoient paroles choiſies, & non pas recherchées d'une trop grande curioſité, leſquelles ſoient douces & formées & d'une ſuite qui ſente un eſprit modeſte & bien compoſé, & qu'il n'y ait rien d'eſcrit, qui ne porte coup & ſente ſon homme, & au travers duquel ſe cognoiſſe quelque ombre du naturel de celuy qui eſcrit. Qu'il ne ſe puiſſe en une ſi grande fertilité de choſes toutes égales, en tirer rien de choiſi en quelque lieu où l'on jette l'œil, & que l'on n'y voye rien qui ſe puiſſe cueillir par élite, ſinon entre choſes du tout pareilles : que l'ouvrage ſoit tellement noüé, qu'on n'en puiſſe rien demembrer ſans le démolir tout. Pour parvenir à ceſte perfection de bien parler ou bien eſcrire, il faut (à l'exemple de la ſoigneuſe mouſche à miel, laquelle voletant çà & là ſuccote le ſuc des fleurs, qu'elle range en rayons, puis le convertit en miel & en cire) lire toutes ſortes de livres, pour en ſuccer tout le bon & le beau, & faire un triage & amas de tous les plus beaux mots, phraſes, ſentences & comparaiſons, & avec le travail & la force de l'eſprit meſler enſemble toutes ces choſes, cueillies de divers endroits, & les reduire en un ſeul gouſt, afin qu'encores qu'on s'apperçoive d'où elles ont eſté priſes, ce neantmoins ſemblent eſtre de noſtre langue, qui au lieu où elles ont eſté amaſſées. Comme nous voyons que nature fait en noſtre corps : les viandes que nous mangeons, tandis qu'elles nagent ſur l'eſtomach, ce n'eſt que charge & peſanteur : mais aprés qu'elles ſont changées, alors ſe convertiſſent en ſuc & en ſang : ainſi en faut-il faire des choſes dont noſtre eſprit ſe nourrit, & ne permettre point que ce que nous avons ramaſſé demeure entier, afin que l'on ne le prenne point comme choſe étrangere, ains comme du tout noſtre, l'ayant bien digeré. Et tenez cela de moy, que la lecture ſans la plume, n'eſt qu'un dormir. Quiconque ne prendra ce chemin pour eſcrire, ſe rendra ſemblable aux ſtatuës de terre, leſquelles par le dehors ſont enduites de vermillon ou d'azur, & le dedans eſt jauſnaſtre, & le tout fort fragile : auſſi leurs eſcrits ſeront ſans force ny ſans corps. Encores veux-je que celuy qui eſcrit, avant qu'il mette ſon œuvre au jour, le lime de telle façon, qu'il ſoit retiſſu & racouſtré tout au long ſelon l'opinion, & le jugement qu'en feront ſes amis. Phidias, aprés avoir achevé l'image de Jupiter, la mit en ruë pour la faire voir, & ſelon que chacun le loüoit ou reprenoit, il corrigeoit ſes defauts au jugement du peuple, quoy qu'il ſceuſt trés-bien qu'il fuſt Phidias. Ainſi le doit faire celuy qui eſcrit, croyant qu'il ne faut pas meſpriſer le conſeil d'un grand nombre, d'autant que pluſieurs voyent touſjours mieux qu'un ſeul.

Ce que je vous diray maintenant, ne ſera que pour l'eſlevement & embelliſſement de noſtre langue, qui eſt aujourd'huy ſi fertile, que nous ſommes aſſez riches de noſtre fonds, pour n'eſtre redevables qu'à nous-meſmes, ſans aller rien mandier ou deſrober des autres langues : & tant plus nous la labourerons avec ſoin, & tant pluſtot égalera, ou peut-eſtre ſurpaſſera-t'elle toutes les autres en heureuſe abondance de mots & conceptions, ſi qu'elle ſe trouvera arrivée ſinon au ſommet de ſa perfection, à tout le moins au degré de pouvoir eſtre honorée des eſtrangers, comme propre à recevoir toutes ſciences, qui eſt ce qui donne la reputation à une langue, & qui fait qu'elle ſoit appriſe de divers peuples pour en avoir la cognoiſſance, leſquelles autrement ne ſe peuvent ſçavoir. Et c'eſt la cauſe pourquoy la langue Grecque & Latine, qui ja preſque ſont effacées en la bouche des hommes, demeurent vives & eternelles és eſcritures, & ſont en eſtime comme elles furent aux aages deſquels elles ont eſté familieres. Et ſi d'avanture nous n'avons des mots propres pour les ſciences que nous voulons traicter, nous en pouvons inventer, leſquels en leur naiſſance pourront eſtre durs, mais avec le temps ſe rendront doux : car la couſtume de bien parler ou de bien eſcrire procede des hommes d'eſprit, leſquels par leur doctrine & experience conviennent en un de recevoir les paroles qui leur ſemblent bonnes.

Ciceron compoſant ſes diſcours de Philoſophie, mit peine de rendre les paroles Grecques, qui ſont propres aux Philoſophes, par autres Latines, comme *Phantaſia*, c'eſt à dire Apprehenſion : *Catatheſis*, Conſentement : *Epoché*, Doute : *Catalepſis*, Comprehenſion : *Atomon*, Indiviſible : & pluſieurs autres ſemblables, qui furent receus, uſitez & entendus d'un chacun. Et ſi nous n'avions de parole propre, ou qu'elle ſe trouvaſt trop dure à l'oreille pour exprimer quelque choſe, nous le pouvons faire par un circuit de paroles, tout de la meſme façon, qu'en certain arreſt de Senateurs, comme on proferoit ce mot ἐμβλημα (ouvrage de marqueterie) Tybere fut d'avis qu'on changeaſt ce mot, comme eſtranger, & qu'on en cherchaſt un autre, qui fuſt nay à Rome; ou s'il ne s'en trouvoit point, que la choſe fuſt exprimée en pluſieurs mots.

Nous devons encores eſtre ſi jaloux de la decoration de noſtre langue, qu'il nous faut quitter toutes les autres pour ne parler qu'en la noſtre, & ſur tout les Ambaſſadeurs qui vont vers les Princes eſtrangers : ainſi que firent Caton le Cenſeur, & le Seigneur de Gyé eſtimé entre les plus ſages de ſon temps, leſquels eſtant Ambaſſadeurs l'un vers les Atheniens, & l'autre vers le Pape, honorerent tant leur langue, qu'ils n'en voulurent parler d'autre, combien qu'ils l'euſſent peu faire également & proprement. Quand chacun s'eſtudiera à bien dire & bien eſcrire en noſtre langue, nous la conduirons au dernier periode de ſa perfection. Adieu.

FIN DU QUATRIESME LIVRE.

LES LETTRES DE NICOLAS PASQUIER,
FILS D'ESTIENNE.
LIVRE CINQUIESME.

LETTRE I.
Remonstrances trés-humbles au Roy.

IRE,

Il conseille au Roy de donner la paix à ses subjets & luy ouvre les moyens de la rendre asseurée.

Je vous annonce, comme inspiré de quelque divin esprit prophetique, la prochaine ruyne de vostre Estat, si pour parvenir à une bonne & sainte paix, vous ne mettez en œuvre les remedes que je vous proposeray par ce discours; remedes qui ne serviront pas pour pallier la maladie, de laquelle est affligé vostre Royaume, mais pour l'oster de tout point.

Je supplie vostre Majesté de croire vostre fidel sujet, qui au hazard de sa vie vous predit à son grand regret, ce qu'il ne desire nullement voir, & lequel veut s'ensevelir dans le feu & les cendres de son païs, pour ne survivre à tant de malheurs. Je ne veux pas flater vos oreilles : car ce n'est ma coustume : j'ayme mieux mescontenter en disant la verité, que de complaire en disant des mensonges : & puis il me seroit impossible, quand je le voudrois, de fleschir, ny remettre rien de la franchise de mon parler, en l'estat dangereux où sont reduites les affaires.

Ne faites comme Sedechias & les autres Juifs transportez en Babylone pour estre serfs, qui se mocquerent de Jeremie predisant la captivité & destruction de Hierusalem : ny comme Priam, qui ne voulut croire Cassandre sa fille, pour destourner l'embrasement de la ville de Troye : ny comme les Romains, qui n'adjousterent foy aux predictions Sybillines, lesquels pour ne l'avoir fait, furent reduits au petit pied.

Les Princes qui veulent remuer un Estat, se couvrent le plus du temps de ceste couverture du bien public, pour desguiser une damnable & pernicieuse entreprise : & qui leur osteroit ce masque de l'utilité publique, on trouveroit que le plus juste nom duquel on le pourroit baptiser, seroit d'une invasion d'Estat, ou trahison. Et de fait, la pluf-

part d'eux usent des termes de paix, & de guerre, comme d'une monnoye, selon qu'il leur vient mieux à propos, non pour le devoir, ny pour la raison & justice, mais pour leur profit. Toutefois le Prince de Condé contre ceste regle, par tous ses Manifestes & lettres ne couche que de la reformation de vostre Estat, met le premier point d'honneur en ce qui est utile à son pays, & dit ne cognoistre autre justice, que celle qu'il pense devoir servir à son accroissement (l'issuë nous fera voir clairement ce qui en sera). Une entreprise que l'on hazarde pour la defense des loix & de la justice, doit estre pure, & nette de tout faux-semblant. Si son dessein n'est tel, Dieu abysmera tous ses conseils, comme il fit ceux des Princes qui s'esleverent contre Louys XI. Charles IX. & Henry III. Si au contraire il ne tend qu'au bien & restablissement de ce Royaume, Dieu favorisera ses intentions, quelques obstacles & revers que l'on y apporte.

Je vous veux faire toucher au doigt & à l'œil le commencement & le progrés de la maladie de vostre Estat, afin que vous ne pensiez point que je sois quelque imposteur.

L'an passé, le Prince de Condé se plaignit de ceux qui se sont emparez du gouvernement de la chose publique au prejudice des Princes & officiers de la Couronne, par l'advis desquels tout se fait & delibere : du prix excessif des Estats de Judicature : que l'Ecclesiastic n'est employé selon sa dignité aux charges publiques : que la Noblesse est ruynée par tailles & impositions de sel, & autres charges ; & le peuple surchargé de commissions nouvelles, qui ne tendent qu'à sa totale defaite. Pour rendre toutes ces choses dans le train ancien, il demanda l'assemblée des Estats. Jusques-là, toutes choses sont surfises, les armes mises bas, & les trois ordres de ce Royaume convoquez. Mais comment ? Ils sont briguez, triez & affidez par les Gouverneurs des Provinces, & ceux qui tiennent les premieres charges de ceste France, pour ne parler que par leur bouche. Et de fait, si quelqu'un se vouloit jetter à l'essor, pour representer au naïf les desordres qui se recognoissoient au gouvernement de vostre Estat, aussi-tost la

bouche

bouche luy eſtoit fermée, ou par la bourſe, ou par menaces qui l'arreſtoient tout court. Le profit qu'ont rapporté ces Eſtats, n'a eſté qu'un meſcontentement general de voſtre peuple, pour avoir eſté beaucoup promis, & rien tenu. Car voſtre Conſeil par ſon arreſt reſpite pour trois ans & la venalité des Offices, & le droit annuel, contre ce qui avoit eſté arreſté & publié au ſortir de l'aſſemblée. Comme je vis cet arreſt, & que de ceſte convocation d'Eſtats n'eſtoit ſortie aucune reformation, dés l'heure je jugeay bien que rien ne la pourroit produire, qu'un ſoulevement general du peuple, pour lequel contenter & appaiſer, on extermineroit ceſte monſtrueuſe venalité d'Offices, & reſpondroit-on ſes cayers ſelon ſon deſir. Et qu'il arriveroit comme à Henry troiſieſme, lequel voyant tous ſes ſujets eſlevez contre luy, fut contraint de revoquer tant de meſchans & mal-heureux Edits créés à leur foule & ruyne. Le Parlement à la ſuitte vous fait tres-humbles remonſtrances des deſordres qui courent voſtre Eſtat, & en marque les autheurs, deſquels il demande juſtice. Le Prince prend ces meſmes voyes, & vous ſupplie de donner quelque eſpece de contentement aux Eſtats, & faire droit ſur les remonſtrances de la Cour. Luy conſiderant que ceux qui manient les affaires de voſtre Eſtat ſe mocquoient pluſtoſt de ce qu'il propoſoit, que d'y donner quelque ordre; à l'exemple de Lycurge, (lequel n'eſtant ny Roy ny Magiſtrat, ains ſeulement citoyen privé, s'arma, pour monſtrer qu'il eſt malaiſé de reformer un gouvernement de choſe publique ſans force & ſans crainte, dont il faut uſer le plus ſobrement & le plus reſervément qu'il eſt poſſible) print les armes pour relever & reſoudre la France du mauvais gouvernement, ne plus ne moins que d'une longue maladie, & comme un bon Medecin, contenir l'Eſtat en eſtroite & reglée diete. Vous donnez vos lettres patentes, par leſquelles vous le declarez, & tous ceux qui l'aſſiſtent, criminels de leze-Majeſté. La Cour ordonne, premier que d'entrer en la verification de ces lettres, que remonſtrances vous feront faites, d'autant que l'on ne condamne jamais perſonne ſans l'ouïr. Vous dreſſez une forte armée pour l'opprimer. L'on vous perſuade qu'il ne pourra mettre trois hommes enſemble. Toutefois il a monſtré qu'il n'y a ennemy de ſi peu d'effet, ne de ſi peu de ſentiment, qui ne trouve touſjours invention pour nuire, qui n'eſchanguete, qui ne tente, qui ne ſonde toutes ſortes de moyens pour parvenir au but de ſon entrepriſe. Ce vous eſt un exemple pour ne meſpriſer jamais un ennemy: c'eſt une choſe dont on ſe repent toute ſa vie. Car il faut s'aſſeurer qu'aux Grands ne manquent jamais miniſtres pour executer leurs bonnes ou deſvoyées paſſions. Et tout ainſi que quand on jette une pierre dans la riviere, nous voyons que l'eau ſe retire en pluſieurs cercles, deſquels le premier eſt fort petit, le ſecond s'eſtend davantage, & les autres deviennent plus grands: de meſme, la guerre, qui en ſon commencement eſt petite, par la continuation & perſeverance devient grande & forte, meſmequand, pour la meſpriſer, on n'y met point d'empeſchement. Vous voyez que celle-cy, pour avoir prins traict de longue durée, voſtre Royaume eſt divisé en pluſieurs parts tout en un meſme temps, & mutiné en pluſieurs endroits contre ſoy-meſme. Car ceux de la Religion pretenduë reformée ſe ſont unis avec le Prince de Condé pour empeſcher la reception du Concile de Trente; deſtourner les inconveniens qui peuvent arriver en l'Eſtat de l'accompliſſement des alliances d'Eſpagne; pourſuivre la reformation & eſtabliſſement d'un bon Conſeil prés de voſtre perſonne, & d'un bon ordre aux affaires publiques ſuivant les remonſtrances de la Cour, & pourvoir à ce que ceux de la Religion pretenduëreformée jouïſſent entierement & par effet de l'Edit de Nantes.

Voilà les cauſes de la maladie de voſtre Eſtat, que j'ay peu recueillir, qui ont excité ces mouvemens preſens. Permettez que je vous déduiſe toutes les autres, qui peuvent, par la permiſſion divine, autant & plus eſtre les motifs de nos douloureuſes miſeres, que celles que je vous ay repreſentées.

La vente, achapt, & confidences des benefices qui ſont poſſedez par Gentils-hommes, gens de Juſtice, Marchands, femmes, & autres qui ne ſont de la qualité requiſe par les ſaints Decrets: l'ignorance de nos Prelats, leur avarice, la demeure des Juifs en ce Royaume, la magie, les blaſphemes execrables, les duels ſoufferts, ceſte innombrable multitude d'Officiers de Juſtice & de Finances, avec ce nombre infiny de ceux qui vivent ſous l'abry de leurs aiſles; la vente de tous les Offices de voſtre Maiſon, & des Gouvernemens, leſquels ſe perpetuent dans les familles par les ſurvivances qui ſont accordées aux enfans des Gouverneurs depuis la funeſte & plorable mort de noſtre grand Henry. Qui eſt le chemin pour rendre les uns Ducs, les autres Comtes & Marquis des Provinces qu'ils poſſedent: ainſi que firent ceux qui vivoient quand Hugues Capet vint à l'Eſtat. J'adjouſte la grande ſuperfluité, ſoit aux habits & vivres, & puis les uſures eſtroyables qui ſuccent voſtre peuple.

Tout ainſi que noſtre eſtomach eſtant bien reglé, demeure ſain; mais auſſi-toſt qu'il s'emplit outre l'ordinaire, eſt aſſailly de continuelles indigeſtions & cruditez, qui bruſlent & gaſtent les inteſtins & autres parties nobles, & engendrent la deſolation & perte du corps: de meſme quand en un Eſtat les loix anciennes ſont entretenuës en leur vigueur, il fleurit & ſe conſerve; mais dés l'heure qu'elles ſont violées & corrompuës, il dechet, & avec traite de temps entierement ſe perd.

Tout cela a engendré ceſte fatale reſolution d'affaires, qui a prefix & arreſté le but dernier de la liberté Françoiſe, les eſclats & ruynes de laquelle ſauteront une partie en Eſpagne, une partie en Angleterre, & quelque partie tombera dans la Flandre. Et le pis, voſtre pauvre & miſerable Royaume ne pourra voir ce bien s'il ne ruyne tout en un coup.

C'eſt choſe infaillible, que les Empires & Royaumes ont leur aage limité, & ne plus ne moins que les hommes ont leur naiſſance, accroiſt & fin par l'ordonnance de la volonté immuable de ce grand Monarque, lequel diſpoſe de cet Univers ainſi que bon luy ſemble, comme en eſtant le facteur, le ſouſtien & moderateur. Rien n'eſt exempt de changement: la terre, le ciel, le baſtiment de tout ce grand monde y eſt ſujet.

Il ne retiendra pas touſjours ce bel ordre qui s'y voit, quelque jour il ſortira de ſon cours accouſtumé. Car toutes choſes vont par temps certain & terminé; elles doivent naiſtre, & aprés, avoir fin. Tout ce qui ſe voit rouler deſſus nous, tout ce ſur quoy nous ſommes appuyez & ſouſtenus, comme ſur choſe tres-ferme & ſolide, s'aneantira & defaudra. Il n'y a rien qui n'ait ſa vieilleſſe. Nature fait deſcendre en un meſme lieu toutes ces choſes-là par eſpaces de temps inégaux: tout ce qui eſt, ne ſera plus, & ſi ne perira point, ains ſe diſſoudra: ainſi les Empires ſe tranſportent, les Royaumes ſe changent, les Republiques tombent, & les dominations periſſent. Ceux qui ſeigneurioient, ores ſervent; & ceux qui ſervoient, ores dominent. Par-là vous pouvez cognoiſtre que toutes choſes qui jadis ont eſté faites, ou ſe font à preſent, ſont ſubjettes à divers évenements & viciſſitudes. Nature reſſemble aucunement à la terre, laquelle aprés avoir eſté labourée quelque temps, ſe laſſe & ne produit plus que mauvaiſes herbes. Ainſi par ſucceſſion de temps ſe font certaines revolutions des Eſtats, pendant leſquelles toutes choſes viennent en vigueur; & elles finies, tombent en ruyne. Ou bien comme elles ſont venuës de bas en haut, ne pouvant plus paſſer outre, deſcendent, voire beaucoup plus fort qu'elles n'avoient monté auparavant.

Ainſi toutes choſes ſe changent à leur tour: elles ont leur ordre, & leur temps, lequel venu, faut qu'elles ſuccombent & s'en aillent à neant bon-gré mal-gré les conſeils & efforts humains. Encores arrive-t'il quelquefois, que ceſte fatalité, qui vient és mutations des Empires, ſoit avancée par les partialitez & guerres civiles qui y ont cours, leſquelles prennent leurs ſources des debordées convoitiſes des Grands, qui excitent un peuple à émouvoir la guerre contre ſon Prince; & les forces domeſtiques alangouries, ſuccedent les eſtrangeres, qui menent l'Empire

pire ou Royaume à sa derniere fin. Nous sommes à la veille de voir la France reduite à ce dernier point d'extremité, si Dieu par son ineffable bonté ne veut prolonger le temps, & changer ceste rude sentence en une douce & agreable paix, qu'il nous faut esperer de luy, quand nous le servirons avec un zele plein de devotion, & que nous changerons ceste meschante vie en une bonne.

Vous jugerez donc que pour la punition de tous ces défauts qui sont en l'Estat, Dieu a suscité ceste grosse & lourde guerre, afin que sa divine justice soit executée par l'injustice des hommes en tant d'actes d'inhumanité & cruauté commis & perpetrez contre tout vostre peuple, lesquels il me seroit moins penible de vous raconter, que agreable à vous de les escouter. Quel desplaisir, que vous vissiez de vos propres yeux, estrangler la liberté de vostre Royaume, le fouler aux pieds par vos propres Sujets, employer contre luy, ses armes mesmes? Que vous vissiez que ce brave peuple, qui s'estoit acquis la paix à l'ayde de nostre grand Henry par toutes les nations, qui avoit chassé la guerre hors de vos pays, lequel ne craignoit puissance qui fust sur la terre, fust maintenant assiegé dans vostre Royaume, & s'estonnast que de ses propres forces? Que vous vissiez qu'en ceste guerre & le vainqueur & le vaincu offensassent leur païs, parce que ce qui tourne à bien au victorieux, cede tousjours au dommage de la chose publique? Et tout ainsi que les parties saines ne sont point exemptes de la douleur de celles qui sont malades, & que les plus voisines se resentirent des ulceres prochains, ou bien quand le feu est allumé en divers endroits, engendre bien-tost un grand embrasement, d'autant que les flammes se hastent de se rassembler: de mesme que vous vissiez, qu'il estoit impossible, qu'estant la plus saine partie de vostre Royaume assiegée & battuë d'une guerre civile, les autres Provinces ne s'en ressentissent, & que le mal ne courust au-dedans d'elles? Que vous vissiez que ceste guerre intestine estoit au corps de vostre Estat ny plus ny moins qu'une superfluité de mauvaises humeurs, qui ne travaille point quelque partie de nostre corps plus doucement que les autres, ains qui va également par toutes les parties? Que c'estoit un chancre lequel ayant gaigné une fois les poulmons, ruyne incontinent tout le reste du corps? Que vous vissiez que tout ainsi que le ventre espuise nostre corps par sa vuidange, que nos forces se dissipent & se perdent par la sueur: de mesme qu'un Estat se consomme par ce violent orage de guerre civile, qui par tant de factions & partialitez mine, use, & met aux derniers abois un corps politic, quelque grand & puissant qu'il soit? Que vous vissiez vostre armée recreuë de tant de travaux, miseres & incommoditez; vostre Royaume tary de tant de vivres, vos sujets tombez en une necessité de l'abondance de toutes choses pour le vivre ordinaire, laquelle, comme un mauvais maistre, forme les affections & passions de la pluspart à l'Estat present?

Aprés toutes ces rencontres l'on vous conseille encores de vuider & decider ceste guerre par une bataille: trés-dangereux & trés-mauvais conseil; parce qu'il faut pourvoir à ce qu'on ne vienne jamais au hazard d'une journée, où l'on sent qu'il y a un grand doute ou apparent danger. Essayer la fortune, & mettre tout à l'adventure, l'issuë en est grandement à redouter. Ce n'est jamais sagement fait, de venir à un combat general, quand il y va du tout: car aprés l'avoir perdu, la pluspart du temps on ne peut trouver aucun remede ny ressource, & le cœur vient à faillir, sans oser combattre contre la mauvaise fortune, quoyqu'il demeure beaucoup de matiere d'avoir esperance aux armes. Pour estre invincible, il ne faut jamais que vous entrepreniez combat, dont la victoire ne soit en vostre volonté; autrement vous vous joüeriez du danger de vostre Estat. Qu'est-il besoin que vous tentiez la fortune aveugle & variable? Vous sçavez d'une faute commise en guerre, combien elle est irreparable: car és autres affaires si l'on s'oublie, cela se peut amender; mais aprés les fautes des combats, il n'est plus heure de les rabiller. Le succez des batailles est douteux, l'issuë des guerres est incertaine, & ne despend de nostre main, ains de celle de Dieu. L'ennemy se doit tousjours craindre & jamais mespriser ny desestimer. Si desirez vous esprouver avec vostre ennemy, vous mettez en danger & hasard le salut de vous & de vos affaires, qui regardent generalement le bien de vostre couronne: & qui rend le peril plus grand, c'est que la fleur des forces de vos ennemis sont tous Gentilshommes armez de la necessité, qui est l'extreme & la plus dangereuse arme: mesme quand vous les mettriez tous à l'espée, ce ne peut estre qu'avec vostre grande & remarquable perte, & le coust de la vie de tous vos sujets, tant d'un party que d'autre: la fin de ceste victoire ne peut estre que deplorable pour vous. Quand je voy la France si proche de son peril, je considere à quels termes la convoitise & l'opiniastreté des plus Grands conduit les forces de ce Royaume: car ce sont mesmes armes, ordonnances de batailles toutes semblables, enseignes communes, l'eslite de tant de vaillants hommes d'un mesme estat, & une si grosse puissance qui s'en va destruire elle-mesme; servant de notable exemple pour monstrer combien la nature de l'homme est aveuglément furieuse depuis qu'elle se laisse une fois transporter à quelque passion. Suivez en l'object qui se presente, le sage conseil de Caton, qui alla trouver Pompée pour luy donner advis de trainer la guerre en temporisant entre luy & Cesar, sans en venir à la bataille, esperant qu'il se pourroit faire appointement, & ne voulant point qu'on vinst aux mains là où il seroit force que l'une des parties se trouvant plus foible que l'autre fust mise au fil de l'espée. Aussi la defaitte de vos ennemis, la perte seroit toute vostre, pour estre tous vos sujets. De quelque costé qu'encline la victoire, vous demeurerez tousjours vaincu & battu; & quelque profit qu'il vous advienne, c'est tousjours vostre dommage, vostre perte, & vostre ruine. Toutes choses vous convient à faire la paix: l'injure & indisposition de la saison, & infinis mesaises qui vous assaudront. Vous avez à combattre non seulement contre les hommes, mais aussi le Ciel, la terre, les pluyes, les glaces & les neiges, temps qui de soy est incommode à toutes besongnes. Plusieurs Capitaines, par imprudence & faute d'experience, ont perdu de trés-belles armées, plus par les incommoditez des choses, que par le glaive ennemy. Et puis quel profit tirerez-vous de voir vos champs fumez des corps de vos sujets, la France toute teinte de sang domestic? Contentez-vous que nos campagnes sont desolées, nos femmes, nos enfans & nos foyers la proye malheureuse du soldat impiteux. Encores y en a-t'il qui sont laissez pour gages sur le champ, lesquels m'ont laissé heritier des larmes, ausquelles je ne puis commander, quand tant & tant de malheurs, peines, travaux & ennuis se presentent à mes yeux, qui ne peuvent voir l'object si miserable de la piteuse condition où sont reduites les affaires de vostre Royaume. Permettez cela à ma douleur, laquelle il est mal-aisé de temperer: elle me desrobe la crainte pour vous representer toutes choses aprés leur naturel. Vostre peuple se persuade que ce seul aspect lamentable des miseres de vos sujets est suffisant à vous esmouvoir de leur donner la paix: que ces fumées esparses de tant de villages bruslez & ruinez vous reveilleront pour arrester le cours d'un temps si calamiteux; & que la misere privée de vostre peuple ne vous esmeut, que si son affliction ne vous passionne, au moins que la necessité & desolation future de vostre Estat, qui s'en va la proye des Estrangers, le subject de leur fureur, & le dernier but de leur cruauté, vous rengera à ce point-là.

Qu'avez-vous donc à faire en ceste desolation commune, que d'imiter le patron à qui la tempeste a rompu & entr'ouvert les jointures de son navire, qui se remplit d'eau; lequel ne se courrouce contre les matelots, ny contre son vaisseau, ains va au-devant du mal, & empesche que l'eau n'y entre, & vuide celle qui est desja entrée, bouche les trous les plus apparens, resiste avec un continuel travail à ceux qui sont les plus cachez & qui prennent l'eau au fonds de l'ossec, & ne laisse jamais à travailler, quand il voit naistre tant d'eau, comme il en peut tirer dehors?

De mesme, en ceste calamité publique, en ceste agitation violente d'Estat, c'est à vous à assoupir de bonne heure l'impetuosité de ceste orageuse esmeute, en donnant du contentement à ceux qui ont les armes en la main, & contenant ceux qui flotent en doute, en leur baillant aux uns & aux autres la paix : car sans elle, il est bien malaisé d'arrester que le mal ne tire plus outre. Il faut tousjours redouter une guerre civile pour estre perilleuse, & ne craindre point une paix telle qu'elle soit. Ce fut le conseil que Ludovic Duc de Milan donna à Charles VII. qui envoya demander la paix au Duc de Bourgongne, de laquelle il se trouva tres-bien, quoyque desadvantageuse.

Quand vous penserez aux dangers, aux peines & calamitez où il vous convient entrer, plus grandes & plus griefves que jamais, si la paix ne se fait, si vous avez l'experience de la guerre, vous tremblerez de frayeur, y pensant seulement. Tout ainsi qu'aux fruicts l'arbre est cogneu, aussi se cognoist la guerre par ses fruicts : la convoitise se resveille, l'avarice croist, la Justice cher, la force & violence domine, la rapine regne, la paillardise est en liberté, les plus meschants ont l'authorité, les bons sont opprimez, l'innocence foulée, les femmes & filles violées, les païs gastez, les maisons bruslées, temples destruits, sepultures brisées, biens ravis, assassins commis, toute vertu bannie du milieu des hommes, le vice honoré, les loix mesprisées & enfreintes, le service de Dieu delaissé, l'estat de l'Eglise mocqué, la noblesse & le peuple contraints d'infinies charges & despenses, tout commerce empesché : bref, il n'y a calamité, ny espece de misere qui n'abonde au Royaume en temps de guerre. Ployant sous le faix de telles considerations, vostre peuple s'asseure que vous destournerez tous ces grands orages, ces foudres & tempestes, de peur qu'elles ne s'estendent plus au long & au large, & que vous vous trouvassiez surpris d'un autre plus dangereux poison, & d'un embrasement plus dommageable, si plus longuement ceste peste pulluloit en vostre Estat. Ce vous sera un grand heur, de vous voir deschargé d'un si lourd fardeau, comme sont les partialitez domestiques ; & un grand exploit de guerre, d'avoir coupé en peu d'heures la longue durée d'une guerre la plus diverse qui ait oncques esté auparavant en vostre Royaume. Il vous convient l'esteindre, de peur qu'une negligence ne soit cause de brasier, & que ne dressiez apres, vos plaintes sur un remede tardif. Bien souvent un ennemy negligé, d'un bas commencement augmente ses forces. Toutes choses suggerent moyens à la guerre. Les orages qui courent par la France, tout soudain cesseront, si vous appaisez la guerre ; comme les flots de la mer agitée, si vous en ostez la tormente, Si vous ne donnez la paix, vous vous rendez coulpable de tant de maux ; & aurez sans cesse devant les yeux vos sujets pour ennemis, jusqu'à ce que la faim importune, qui tout maistrise, vous ait aussi à la fin surmonté. Nature n'a point estably, qu'impossible soit de parvenir à une paix sans le sang & sans les armes. Sauvez des Reliques de tant de belles troupes Françoises, sans que la terre soit davantage inondée de leur sang. Couvrez la perte presente & future, ce flus & reflus de tant de miseres que le train des armes tire quant & soy, si vous n'en voulez faire une dure penitence, en vous rendant ennemis ceux qui vous peuvent d'ailleurs ou beaucoup nuire, ou beaucoup profiter. Et considerez la façon que nostre grand Henry vostre pere pratiqua pour appaiser ces mouvemens de guerre qu'il trouva, à son advenement à la Couronne, espandus par toute la France. Il n'eut aucune patience, que doucement il ne les eust acquoisez, pour regner seul & seurement. Pompée, qui ne voulut croire Caton, perdit & l'Estat & la vie. Ne faillir jamais en maniant de grandes affaires, est chose qui surpasse la nature de l'homme : mais se servir des fautes d'autruy pour son instruction, est le fait d'un personnage sage & vertueux. Il n'est point besoin de floter icy en divers conseils. La paix vous est necessaire, comme un insigne & grand chef-d'œuvre, par lequel vous relevez vostre Royaume endommagé, d'une notable atteinte. La necessité est la loy du temps : elle est quelquefois telle, qu'il faut jetter la marchandise dans la mer pour descharger le navire ; telle, qu'il faut enfoncer & ruiner la maison sur le feu. Aussi en la necessité presente, accordez tout, pour tout avoir. Faites la paix à telles conditions que le besoin & le temps peuvent porter.

C'est à moy maintenant à vous ouvrir les moyens de paix, qui vous la rendront bonne, longue, & seure. Faites remonter toutes choses à leur premiere source. Tant que les loix fondamentales de vostre Estat ont esté sainctement gardées, vostre Royaume n'a senty ny sçeu que c'estoit des partialitez intestines. Mais comme par la malice des hommes appuyée d'une longueur de temps, elles ont esté violées, dés l'heure a-t-on veu ces mouvemens de faction s'esveiller & courir toute la France. C'est donc à vous à ne plus laisser ramper tant de maux par vostre Estat, & ramener toutes choses dans le train de l'ancienneté.

La premiere chose, & la plus recommandable en vostre Royaume, & qui vous fera regner heureusement, c'est que vous nommiez aux Eveschez, & autres Prelatures qui dependent de vostre nomination, gens de bien, de bonne doctrine, de bonnes mœurs, & de bon exemple, pour bannir l'abus, l'erreur & l'heresie hors de l'Eglise. Le fer, ny le feu n'ont point tant d'effect pour forcer les consciences, comme l'exemple, qui attire à soy les personnes, veuillent ou non,

Voulez-vous encores empescher que vostre Royaume ne roule violemment dans le penchant de sa ruyne ? Restablissez la Justice en sa premiere dignité, en ostant la venalité des offices de Judicature, en y a cours en France que depuis cent ans ; laquelle abastardie, ce droit annuel se deperd, qui n'a esté estably que pour perdre chaque particulier par le prix monstrueux des offices. Les particuliers perdus, desquels est composé le general, faut que l'Estat se perde. Quand vous aurez donné ceste loy, le merite, la vertu & suffisance, & non l'argent, feront les Officiers. Et ne se parlera plus de ce faux profit que vous faites, lequel pour un escu que vous recevez, vous en fait perdre mille. Pensez que chaque particulier qui achete cherement, vend aussi à haut prix : il ne veut rien perdre sur sa marchandise : elle est au plus offrant & dernier encherisseur. Misere de la France ! qu'il faille que vous vendiez une chose que vous devez gratuitement donner. Si vous vendez, ceux qui achetent, impunément peuvent vendre, pour rendre la loy esgale entre le vendeur & l'acheteur.

Ces deux fautes ont miné cet Estat, & rendu nos Roys comptables & subjects à l'ire de Dieu.

Bannissez apres cela de vostre Royaume ces aspics de Partisans, desquels la morsure est tellement venimeuse, qu'elle est mortelle à vostre pauvre peuple. Tout ainsi que le sommeil oste la moitié de la vie de l'homme : aussi ces Partisans escumeurs du bien de chaque particulier, tirent, non la moitié, mais les trois quartes-parties du bien de vos sujets. Que cette race de vipere retourne dont elle est sortie, & lors nous verrons toutes ces meschantes Commissions creées à la foule du peuple, esteintes & assoupies. Tant que le feu dure, aussi fait la fumée : tant que ces harpyes & esponges auront vogue, vos sujets seront diversement affligez.

Pour empescher la succession hereditaire des Gouverneurs & Offices de vostre maison du pere au fils, du fils au petit-fils, & puis à l'arriere fils, ostez les survivances ; que les uns & les autres ne se vendent plus ; & au lieu que jusques icy tout s'est donné au prix de l'argent, que ce soit le loyer d'un Gentilhomme, qui par sa proüesse se sera acquis ce bien merité. Semblablement que les places de gensdarmes, desquelles les Capitaines font trafic & marchandise, ne soient plus en commerce, ains données à la Noblesse, pour empescher qu'elle ne croupisse dans les cendres.

Pour les blasphemes, duels, superfluitez, & autres vices qui courent par la France, en faisant revivre vos

Ordon-

Ordonnances, faires-les executer rigoureusement.

Ceux de voſtre Conſeil ſont la principale bute des troubles. Ie ne veux accuſer ny excuſer perſonne: mais ie croy que pour les appaiſer, ils devroient en ceſte occaſion imiter & Taneguy du Chaſtel, & Louvet Preſident, leſquels poſſederent longuement par deſſus tous les autres le Roy Charles VII. meſme qu'ils furent cauſe de la mort de Iean Duc de Bourgongne; & Taneguy abuſant de la facilité de ſon Maiſtre, tua en ſa preſence & en ſon Conſeil, le Sieur du Bueil de la maiſon de Sanſerre, qui lors avoit la meilleure part au Roy; dont les Princes & Seigneurs couronnez, la Royne de Sicile belle-mere du Roy; le Conneſtable de Richemont & autres Seigneurs de marque l'abandonnerent, qui fut cauſe que tous deux quitterent la partie; & ainſi ſe racointerent en Cour la Royne, le Conneſtable & les autres Seigneurs. Toutesfois de Gyac demeura Gouverneur du Roy, lequel deſplaiſant aux Grands, fut traitté plus rudement que les autres, parce qu'il fut pris & noyé par le Conneſtable. Ainſi ces Meſſieurs ſe devroient retirer chez eux, puis qu'ils ne ſont agreables ny aux Grands ny aux petits. Henry III. changea tout ſon Conſeil en 1588. pour contenter ſes ſujets. La France ſeroit miſerable, s'il n'y avoit que ceux qui ſont en charge, capables de gouverner l'Eſtat: ils ne ſont pas pour touſiours vivre: de façon qu'eux morts ou quelque jour diſgraciez (comme les amitiez des Grands vieilliſſent) il en faudra eſtablir d'autres en leurs places, qui ſont ceux leſquels maintenant par leur ſage conſeil peuvent manier les affaires de voſtre Eſtat.

Ce que je vous viens de propoſer, eſt pour bien adminiſtrer voſtre Royaume. Mais pour l'entretenir en une parfaicte paix & union, il eſt beſoin que vous honoriez tout premier vos Princes des charges qui leur ſont deuës, & que vous ne retranchiez rien de ce qui leur appartient: puis, que des Princes, vous alliez aux autres Seigneurs de degré en degré, & les maintenez en leurs prerogatives, & ainſi gratifiez chacun, ſelon le rang qu'il doit tenir, des dignitez de voſtre Royaume.

Vous bannirez d'eux & la haine & les meſcontentemens, qui avec le temps engendrent les guerres civiles. Car tout ainſi que pendant que l'air n'eſt point retenu, il coule doucement, & au contraire s'il ſe trouve aucun empeſchement qui l'offenſe, il devient furieux & rompt tout ce qui le retient. Tant que l'eau a ſon canal libre, elle eſtend & deſploye ſes ondes; mais quand les digues & levées la contraignent de ſe tenir ſerrée, ce retardement acquiert de la violence, & tant plus elle trouve d'empeſchement, tant plus elle amaſſe de forces; car toute ceſte eau qui ſurvient de derriere, & qui croiſt touſiours dans elle-meſme, lors qu'elle ne peut retenir ſa peſanteur, taſche par force de faire une ruine, & en ſe precipitant, elle eſchape avec tout ce qui luy eſtoit au devant. De meſme, les Princes & grands Seigneurs favoriſez de leur Roy, s'eſtudient de luy rendre toutes ſortes de ſervices; mais dés l'heure qu'ils ſe ſentent offenſez de luy, ils ſont retenus pour un temps en leur devoir, comme par une contrainte, jusqu'à lequel ils forment des amitiez eſtroites, font courir des bruits à la diminution de l'authorité du Roy, font ligues offenſives & defenſives, donnent ſourdement toutes ſortes d'obſtacles pour empeſcher que les affaires de l'Eſtat ne ſoient meſnagées qu'à ſon deſadvantage: que ceux qui ont bien ſervy ſoient meſcontentez, font courir livres pour affoiblir la grandeur du Prince & le rendre de mauvaiſe odeur envers ſon peuple: enfin il n'y a rien qu'ils ne tentent pour venir au-deſſus de leur attente. Et comme les choſes reüſſiſſent à leur ſouhait, alors comme un rapide & impetueux torrent, ils deſbondent toutes leurs forces pour perdre & ruiner l'Eſtat.

Ie tomberay maintenant ſur le Concile de Trente, dans lequel il faut conſiderer & la doctrine de noſtre foy, & la police nouvelle que l'on a voulu apporter & eſtablir au milieu de nous; dont l'ancienneté n'avoit jamais eſté repeuë. Ie puis dire que pour ce qui regarde noſtre foy, c'eſt un œuvre racourcy de tous les autres Conciles, que l'Egliſe approuve; & c'eſt pourquoy nous ne doutons point pour ce regard de l'embraſſer en France. Mais en ce qui touche la police & les Conſtitutions contraires aux anciennes libertez de noſtre Egliſe Gallicane, c'eſt à quoy ſe ſont heurtées toutes les Cours ſouveraines, qui n'ont voulu verifier le Concile, quelque pourſuitte qu'en ayent fait les Miniſtres du Pape. Ie vous repreſenteray en quoy ceſte police eſt toute nouvelle & non jamais veuë ny ſceuë en France.

Premierement, le Pape veut que la confirmation du Concile luy ſoit demandée: comme s'il avoit quelque authorité pardeſſus l'Egliſe repreſentée en la vraye & legitime aſſemblée du Concile, contre ce qui a eſté decreté aux Conciles de Conſtance & de Baſle.

Ce meſme Concile deffend au Magiſtrat Lay de prohiber au Iuge Eccleſiaſtique d'exercer la puiſſance des clefs: plus encores luy prohibe d'empeſcher l'execution d'icelles, dont il attribuë la cognoiſſance au Siege Eccleſiaſtic en dernier reſſort & ſans appel: quoy faiſant, il oſte les appellations comme d'abus; ſeul remede que les Roys vos predeceſſeurs ont practiqué pour contenir & arreſter que le Pape & les Eccleſiaſtiques n'entrepriſſent rien au prejudice des Saincts Canons & des droits du Roy, des ſtatuts, ordonnances, arreſts, & libertez de l'Egliſe Gallicane.

Ce Concile prive les Roys de leurs biens & honneurs, s'ils permettent les duels. Ordonne que les Canons, Conciles generaux, & autres ſanctions Apoſtoliques faites en faveur de l'Egliſe, ſoient obſervées d'un chacun, dont s'enſuit qu'il faudroit obſerver les Decretales, les Clementines, le Sexte, les Extravagantes, les regles de Chancellerie de la Cour de Rome, la Bulle *in cœnâ Domini*, & un autre gros livre de Bulles de divers Papes, dont la pluſpart n'eſt point receuë en France, ains ſont rejettez, comme contenans entrepriſe manifeſte ſur la Couronne, la juriſdiction laye, & libertez de noſtre Egliſe.

Le Concile veut que les Clercs tonſurez mariez ſoient ſubjects à la juriſdiction ordinaire des Eveſques. Ce qui diſtrairoit de la puiſſance du Roy une grande partie des François.

Le Concile ſouſmet les adulteres à la cognoiſſance du Iuge d'Egliſe, comme ſi ce n'eſtoit pas au Magiſtrat Politic de punir toutes ſortes de crimes. Il condamne en amende & excommunie ceux qui debitent livres reprouvez, le jugement deſquels il laiſſe à la diſcretion du Pape.

Il permet aux Eveſques de contraindre le peuple à nourrir les pauvres Preſtres, & les patrons des Egliſes Parrochiales de les dotter & rebaſtir, encores que par les anciens Capitulaires de nos premiers Roys, la refection des temples & nourriture des Preſtres ſe doivent prendre ſur le bien & revenu des Eccleſiaſtiques. Donne pouvoir aux Ordinaires de commuer la volonté des defuncts, qui auront laiſſé quelque legs teſtamentaire pour la deſcharge de leur ame: comme ſi l'Eveſque pouvoit eſtre moderateur de la diſpoſition de ceux qui n'ont penſé de le donner à autre intention, juſques ils ſont tenus de ſuivre par les anciennes loix. Veut que les Eveſques, comme delegez du Pape, ſoient executeurs des donations pies des defuncts; que ce ſoient eux qui viſitent les Hoſpitaux, les Colleges, les Confrairies des laïs, les Eſcoles & lieux de devotion, combien que le ſoin en appartienne aux perſonnes layes par nos loix Françoiſes; & l'execution des liberalitez du peuple envers l'Egliſe ſoit de l'office du Iuge lay en preſence de l'Eveſque, qui à ce doit eſtre appellé.

Le Concile excommunie les Roys qui prennent les fruicts des Benefices pour quelque occaſion que ce ſoit. Partant, ce ſeroit vous priver de voſtre droict de Regale, ancien fleuron de la Couronne. Permet aux Eveſques de priver des fruicts de leurs Benefices les Curez non reſidens en leurs Cures. Ordonne que les Clercs ſoient nourris de la fabrique des Egliſes: que les Eſcoles ſeront entretenuës de la meſme fabrique, des Colleges & Hoſpitaux.

Comme

Comme aussi tout le soin & charge des fabriques est attribué aux Evesques & autres Ecclesiastiques, Contraint les personnes layes par saisie de leurs biens & emprisonnement de leurs personnes, & ordonne qu'il sera procedé après l'an contre un contumax excommunié, comme contre un heretique. Permet aux Evesques de deposer les administrateurs du revenu des Hospitaux, encores qu'ils soient Laïques, tout ainsi qu'il attribué le soin des Hospitaux aux Ordinaires. En tous lesquels articles y a surprise manifeste contre le Roy & ses Officiers, d'autant que nous avons tousjours tenu en France, que le Pape & les Ecclesiastiques n'ont aucune Jurisdiction sur les Lais, sinon en cas qu'il s'agist des Saincts Sacremens, en choses pures sacrées. Et les armes seules qu'ils peuvent desployer pour l'execution de leur Jurisdiction, sont seulement les Censures Ecclesiastiques, mais nullement les peines oneraires, corporelles ou pecuniaires.

Ce Concile veut que le Pape puisse pourvoir au lieu & place des Evesques non residens. Ce qui ne se doit ny peut, sans l'authorité du Roy. Mesme le texte du Concile dit par exprés, que l'authorité du Prince n'est pas necessaire à l'ordination d'un Evesque. Permet aux Mendians de tenir du bien immeuble, contre leur nom & leur Institution. Commande aux Evesques de prononcer les Censures Ecclesiastiques du Pape : ce qui n'est jamais toleré en France. Car le Pape ne peut par nostre usage jetter aucune Censure, sinon en confirmant en cas d'appel les sentences des Ordinaires. Encores luy avons-nous laissé empieter la cognoissance des appellations de nos Evesques, contre l'ancienne liberté & droit de nostre Eglise Gallicane. Le Concile renvoye au Pape les accusations des Evesques, permet à Sa Saincteté d'evoquer à soy quelques instances, mesme luy donne licence de punir les Evesques en cas de non résidence. Finalement, il commet aux Evesques, comme deleguez du Pape, ce qui leur appartient en vertu de leur pouvoir ordinaire, privant en cela les Archevesques & Primats, des appellations qui leur appartiennent. A raison de quoy ceste clause contenuë és rescrits des Papes addressez aux Evesques de France, *Tanquam ab Apostolica sede delegati*, c'est-à-dire, *Comme deleguez du Sainct Siege*, a esté tousjours abusive par les Arrests de la Cour, toutes & quantes fois que par iceux il a commis à nos Evesques, comme Juges deleguez, ce qui est de leur jurisdiction ordinaire. Par le mesme Concile il est porté que les Evesques s'informeront de la suffisance des Notaires Apostoliques, Imperiaux, & Royaux, & les trouvans suffisans, ou qu'ils eussent commis fautes en leurs charges, ils les pourront destituer ou suspendre, selon l'exigence des cas, nonobstant oppositions où appellations quelconques & sans prejudice d'icelles.

Je vous ay déduit tout cecy piece à piece, pour vous monstrer combien la grandeur de vostre Majesté seroit diminuée & abbatuë, si le Concile estoit verifié en vos Cours souveraines, lequel au lieu de moyenner un ordre, apporteroit un desordre, & une Monarchie en n'est jamais veuë au milieu de la vostre. C'est pourquoy sagement nous ne l'avons voulu admettre en France, voyant tant de repugnances à nos anciennes libertez, & ainsi qu'en un trait de plume le Pape eust acquis plus d'authorité, qu'il n'a peu faire dés & depuis la fondation de nostre Christianisme. Vous croyrez donc aprés tout cela, que ceux qui poursuivent la verification de ce Concile, ne sont vrays François, ains bastards ou aubains, qui ne se soucient que pourra devenir & vostre grandeur & vostre Estat, pourveu qu'ils le soubsmettent à l'authorité du Pape. Et c'est pourquoi sagement vous n'innoverez rien à ce que n'ont voulu toucher tous vos Predecesseurs sages & politiques.

Il y a ceux de la Religion pretenduë reformée, qui se sont associez avec le Prince de Condé. Je m'asseure tant de leur devotion à vostre service, qu'ayans le libre exercice de leur religion, qu'estans appellez aux charges publiques selon leur Edit, & accoustumans leurs villes de seureté, ils mettront aussi-tost les armes bas, sans vouloir par une opiniastreté sans raison demeurer armez, pour perdre tant de grandes Eglises, qu'ils ont par toute la France, lesquelles en un clin d'œil demeureroient dissipées & égarées. Tout le travail, qu'eux & leurs Predecesseurs ont fair depuis 55. ans, seroit perdu & reviendroit à son commencement : & tesmoigneroient (refusans ce pourquoi ils ont tant combattu) qu'il ne s'agiroit point en ceste occasion, de la religion, ains qu'ils s'attacheroient à l'Estat : ce qu'ils n'ont jamais voulu que l'on creust, de crainte de perdre la creance qu'ils ont & parmy les François & parmi les Estrangers.

Quant à la demeure des Juifs en France, elle ne peut estre tolerée, en ayant esté chassez comme ennemys capitaux de nostre Christianisme, rudes usuriers, & outre souppçonnez d'avoir empoisonné tous les puits. Au moins, si l'on veut souffrir leur demeure en ce Royaume, il est à propos que pendant leur sejour, ils portent une rouëlle ou platine d'estain sur l'espaule, de la largeur du sceau du Roy, afin qu'ils soient recogneus d'avec les Chrestiens, ainsi qu'il a esté autrefois ordonné. Mais il sera tousjours meilleur de bannir ce peuple maudit de vostre Estat. Nous avons un memorable exemple de Sedechie Medecin Juif, qui empoisonna Charles le Chauve, son maistre, retournant d'Italie.

Voilà tous les moyens que j'ai pensé propres pour establir une bonne paix, qui sera seure & d'une interminable durée : car ne la faisant telle, la guerre n'est point esteinte & amortie, ains seulement endormie, laquelle s'esveillera au premier mescontentement. Mais cette belle reformation semée & plantée en vostre Estat, vos sujets & ceux qui nous survivront, la moissonneront fertilement avec loüanges si grandes, qu'elles vous feront renaistre aprés vostre mort : & encores serez estimé le plus heureux Roy qui ait onques esté, comme le Medecin lequel sans faire douleur, aura guery les maladies de son Estat.

Et pour moy, je me suis tousjours persuadé, que ceste reformation devoit arriver de vostre regne : car six mois auparavant la mort de nostre grand Henry, me tomberent entre mains deux pieces : l'une qu'il y a cent ans & plus qui fut faite par un homme d'Eglise de la ville de Teroüenne, de chacune des années depuis 1590. jusques en l'année 1613. & un Almanach qui fut fait pour l'année 1610. La prophetie de cet honneste homme porte en vers de ce temps-là, après avoir parlé de tous les Royaumes nos voisins :

Le coq mangera ses poussins :
Mais un fleuron de lys viendra
De corps & d'emendement sain,
Qui la Republique rendra
Reposante sur son coussin.

Le premier vers se rapporte à ceux qui manioient les affaires du temps du feu Roy, lesquels par Edits de nouvelle creation & autres damnables inventions succoient le sang du pauvre peuple : & les quatre derniers designent veritablement la reformation que tout vostre peuple attend de vous : je m'imaginois que lors des Estats, elle se feroit ; mais maintenant, je me la promets, aydé de ce que l'Almanach disoit, qu'au 14. de May ce ne seroient que cris & que pleurs, & qu'aprés cela il viendroit un jeune Prince, qui reformeroit cet Estat. Dieu vous en fasse la grace.

Je supplie en toute humilité vostre Majesté, de pardonner à vostre fidele & libre sujet, qui en une si perilleuse tourmente des affaires de vostre Royaume, a estimé lui estre plus honneste, sans estre prié, de parler pour le salut commun de l'Estat de son Roy, que de lui voir faire naufrage, sans dire mot.

LETTRE II.

A Monsieur de Roiſſy, Conſeiller du Roy en ſes Conſeils d'Eſtat & Privé.

Les divers bruits du mariage du Roy & ce qui luy en ſemble.

JE vous eſcrits ce que la plus-part des François diſent en diſcours du mariage du Roy avec l'Infante d'Eſpagne, qu'ils craignent qu'il ne ſoit le commencement, la continuation & la fin de nos malheurs : que l'Eſpagnol en l'accompliſſant ne ſoit proche du ſuccez de ſes deſſeins : que ce ne ſoit le plus grand effort qu'il euſt peu faire ſur la France ; ou un eſchec & mat qu'il luy veuille donner : enfin, que par lui la ruyne totale du Roy & de ſon Eſtat ne ſoit determinée. La crainte qu'ils en ont, leur fait dire. Car il ſemble, diſent-ils, que le Ciel & la terre ſe bandent contre ce mariage. Les armes ſont priſes par une grande partie des ſujets du Roy pour l'empeſcher. Madame eſt tombée malade de la petite verole à Poitiers : guerie qu'elle eſt, comme elle eſt ſur le point de parachever ſon voyage, la voilà retombée, & abandonnée des Medecins : elle revenuë en ſanté, le pilote du voyage eſt devenu tellement malade d'un endormiſſement, que l'on en eſpere pluſtoſt la mort que la vie. Ils ne peuvent juger quelle ſera l'iſſuë de ce mariage ; ſi ſçavent-ils bien & que le Catholique & celuy de la Religion pretenduë reformée diſent hautement, que ceſte alliance traiſne apres ſoy la ruyne de cet Eſtat, & que ce que cachement l'Eſpagnol a tramé juſques icy contre la France, il l'executera d'oreſnavant à huis ouvert. Un mal inevitable, à ce qu'ils croyent, nous arrivera, la perte de nos alliez, qui demeureront long-temps apres ſans eſtre ſollicitez de l'Eſpagnol pour prendre ſon alliance, leſquels ſelon l'occaſion tourneront avec lui leurs armes contre nous. Occaſion que l'on veut faire naiſtre : car le bruit court, que le mariage accomply, le Roy veut, qu'il n'y ait qu'une Religion en ſon Royaume : qui ſeroit mettre l'Eſpagnol & ſes alliez en beau champ. Mais je ne le puis penſer : car il renouvelleroit les guerres, qui nous ont penſé bouleverſer ſens deſſus deſſous, & s'affoibliroit ſoy-meſme en les ruynant. Ne trouvez eſtrange, ſi pluſieurs, ou preſque tous, apprehendent ce mariage : car ils croyent eſtre à la veille de voir le mal qui les avoiſine de ſi prés, qu'il eſt preſt de les endommager. Ce qui les fera (ſi Dieu ne deſtourne leur courage) tomber en un deſeſpoir, pour ſortir du malheur auquel chacun penſe devoir eſtre precipité. La peur a aſſez de force.

Je vous ay couché ce qui regarde le general de noſtre Eſtat, comme le plus precieux : maintenant je vous diray ce qu'ils alleguent pour le particulier de la perſonne de noſtre Roy, que c'eſt une belle choſe que de garder en mariage la loy de Nature : ils veulent dire que chacun ait ſon conſentement libre : car les divorces & mauvais meſnages, qui naiſſent en ceſte liaiſon, procedent de ce que les uns ſont mariez par les peres & meres, ſans qu'ils y apportent ce qui eſt du leur, pour juger leur bien, ou malheur futur : les autres y entrent ſans jugement & ſans cognoiſtre le naturel de celles avec qui ils ont à paſſer le reſte de leurs jours, d'où derivent les ſeparations : diſent plus, que quand noſtre Roy viendra en la cognoiſſance de ſoy-meſme, il ſe plaindra de ceux qui manient l'Eſtat, leſquels en ce ſous-aage auront procuré ceſte alliance, luy eſtant pour l'heure incapable des charges de mariage, & ayant la paix avec tous ſes voiſins.

Il croyra que la precipitation de ceſte alliance n'aura eſté que pour attacher à clous de diamans le gouvernement de ceux qui manient les affaires publiques, & retenir par devers eux l'authorité abſoluë, leſquels n'auront douté, pour s'affermir davantage, de paſſer contract de mariage avec conditions auſſi deſavantageuſes, qu'ils les pouvoient rendre avantageuſes avec une autre Princeſſe. Qui avança la mort de François ſecond, que le mariage precipité de Marie Stuart, fait hors d'aage, hors de ſaiſon, contre le premier advis de la Royne, contre le vouloir du Roy meſme, & au regret de tous les François ? Ils ne penſent point remede preſent remede pour deſtourner toutes les orages qui peuvent naiſtre de ce mariage, que d'appeller Dieu à noſtre ayde, lequel nous donnera par ſa grande liberalité ce que nous ſçaurions ſouhaiter. Et puis ils veulent que nous enſuivions le bon Medecin, qui conſidere longuement les cauſes des maladies, & apres y applique les remedes convenables, tellement qu'il voit preſque où elles doivent finir. Mais ils diſent que nous avons un avantage ſur lui : car quelquefois il ruë les malades devant que de cognoiſtre d'où vient le mal. Icy nous voyons ſans difficulté la cauſe de nos malheurs, ſi Dieu par ſon ineffable bonté n'en deſtourne les effets.

De façon qu'ils croyent que le plus ſalutaire conſeil que l'on peut donner à ces Meſſieurs, qui conduiſent l'orne de ce mariage, eſt, de le rompre, ou de le retarder. Car c'eſt une choſe tres-bonne, de changer d'advis, ſelon la diverſité des accidens qui ont beſoin d'autres remedes que ceux que l'on avoit ordonné. Le port eſt aſſuré à celuy qui ſe repent. Changeant de conſeil, on ne peut appeller une perſonne inconſtante, ſi le cas le requiert. Si par la rupture ou le retardement de ce mariage noſtre Eſtat eſtoit en peril, combien que noſtre Roy ne ſoit en aage, ſi ſont-ils d'advis qu'on paſſaſt outre, pour un bien de paix : mais n'y ayant aucun danger, ils eſtiment qu'au moins le retardement eſt plus expedient pour l'avancement : car cependant le Roy croiſtra, qui aura pleine liberté de choiſir une femme, ſans paſſer par la diſcretion d'autruy. Si ce mariage eſt le mal de la France, ils prient Dieu qu'on s'en retire de tout point, maintenant que l'on le peut, de crainte qu'on ne le puiſſe, quand on voudra.

C'eſt à mon tour, apres tous ces diſcours, à vous raconter le pronoſtic que je fis de toutes les rudes atteintes d'affliction deſquelles la France eſt aujourd'hui attaquée. Le jour que la ſolemnité des Nopces du Roy fut celebrée avec l'Infante d'Eſpagne, le Diacre chanta l'Evangile ſelon Saint Matthieu, de la parabole du Roy qui fit les nopces de ſon fils, auſquelles nul de ceux qu'il y convia ne voulut aſſiſter ; tellement qu'il en fit appeller d'autres avec leſquels il les accomplit. Apres la Meſſe, je dis à mon frere de Buſſy & autres de noſtre compagnie, que ceſte Evangile chantée de propos deliberé, ou ſans y penſer, nous pronoſtiquoit un eſlongnement des Princes & grands Seigneurs de la Cour, qui remueroient l'Eſtat & les volontez du peuple contre le Roy ſoubs le pretexte & de l'alliance d'Eſpagne & du petit aage du Roy : que neantmoins tous les obſtacles & traverſes qui ſe donneroient à ce Mariage, n'empeſcheroient qu'il ne fuſt conduict à ſa fin. Vous voyez maintenant ce que j'ay predit, veritable. Dieu veuille par ſa Sainéte grace deſtourner de nous tant de maux qui s'entreſuivent & ſe preſtent la main pour aller haſtivement à la ruyne de ce Royaume. Et vous diray ſainement ce que je penſe de ce mariage. Je juge des choſes futures & par les paſſees & par les preſentes, & encore par les exemples. Depuis que la paix fut jurée avec l'Eſpagnol, nous ne voyons point qu'il ſe ſoit remué, ſoit du vivant de noſtre grand Henry, ny pendant la minorité de noſtre Roy, où de primeface, les choſes les plus aſſeurées ne ſembloient eſtre guere aſſeurées. Quand il ne nous eſtoit rien, il n'a entrepris ſur nous ; à plus forte raiſon maintenant qu'il nous ſera doublement & ſi eſtroictement lié, il ne le voudra faire.

Je voudrois ſçavoir ſi tant d'Eſpagnoles qui ont eſté mariées avec nos Roys, apporterent quelque changement ou alteration à la face de l'Eſtat. Chilperic eſpouſa Galſonde ; Clotaire ſecond, Bertrande de laquelle naſquit Dagobert

Dagobert ; Charlemagne , Galiene; Louys le jeune, Constance ; Louys huitiesme, Blanche, de laquelle nasquit Sainct Louys ; Philippes le Hardy , Elizabeth ; le grand Roy François, Eleonor. Tous ces mariages unirent en un & les cœurs & les volontez & des François & des Espagnols. Pourquoy le semblable n'arrivera-t'il du mariage de nostre Roy, lequel s'est marié non pour son bien seulement, mais aussi pour celuy de ses sujets ? Je prie à Dieu de tout mon cœur qu'il le benisse en luy donnant lignee d'une interminable durée. C'est ce qu'une ame Françoise frappée à la vieille marque, peut desirer pour entretenir l'embonpoint de cet Estat. Adieu.

LETTRE III.

Madamoiselle de la Brangelie au Sieur Pasquier.

Elle demande des nouvelles de la maladie de sa bru.

SÇACHANT par experience la tendre & non comparable amour des peres & meres aux enfans, j'accompagne vostre douleur de la mienne sur le mesme subjet de la trés-rude maladie de ma bru vostre fille, de quoy je suis si peu consolée, à cause que les messagers de ceste triste nouvelle m'ont rapporté, qu'elle n'estoit du tout bien guerie. Je ne sçaurois me contenter que par le retour de cettuy que j'envoye expressément, avec priere que je vous fay de prendre la peine de m'escrire l'estat où elle est de present. Bon Dieu, qui m'as n'agueres tant visitée en la perte si déplorable de ma trés-chere & bien-aimée fille, ne permets que celle qu'il me sembloit que tu m'avois donnée en contreschange pour l'appuy de ma foible vieillesse, me defaille; & fais que le recit de sa bonne santé fasse revivre mon esperance! Je ... supplie de ne me laisser languir en une longue attente, les heures de laquelle je passeray en prieres pour le recouvrement de sa premiere santé. Adieu.

LETTRE IV.

A Madamoiselle de la Brangelie, vefue de feu Monsieur de la Brangelie, Gentil-homme de Perigort.

Il luy raconte l'estat de la maladie de sa bru.

VOSTRE bru se porte bien, Dieu-mercy. Je commence par là, pour ne vous tenir en suspens. La maladie a esté plus grande que je ne la vous sçaurois representer, laquelle on a combatuë avec beaucoup de peine & de remedes. Elle a esté atteinte de la fievre continuë pendant dix-sept jours, & d'une suffocation de matrice, qui a pensé l'emporter. Elle receut tous ses Sacremens & fut pleurée d'un chacun. Vous recognoissez la crainte qu'ont les peres pour leurs enfans par leurs propres affections. La nuict du Dimanche venant au Lundy, il se situa crise, qui emporta la fievre, & donna tréves à nostre deüil. Le lendemain, l'on la purgea fort benignement : purgation qui lui osta toutes ses douleurs: elle a recouvré le manger. Je ne vous raconte point les accidens qui survindrent pendant le furieux accez de son mal, lesquels pour un temps nous firent desesperer de sa santé. Dieu n'a voulu encores l'appeller à soy, afin qu'elle vous rendist le devoir d'amitié, de service & d'obeïssance qu'elle vous doit, & que vous l'aymassiez comme partie de vous: & aussi que vous vissiez renouveller, rajeunir, renaistre & revivre en elle & esjoüir aux jettons qui procederont de sa tige & de vostre fils. Je m'assure que vous recevrez d'elle tous les contentemens que vous vous estes promis, car je cognois son naturel & la nourriture qui lui a esté donnée. L'on dit que les enfans n'ayment jamais tant les peres & meres, qu'eux font leurs enfans, parce qu'amour s'avance tousjours & ne tourne oncques en arriere. Nonobstant ce dire, je vous respons que la regle faudra en elle, & que son amitié égalera celle d'une mere. Ne pensez pas qu'en ce point je me laisse aller à la chaude affection du sang : ses effects vous rendront certaine de mes paroles. Adieu.

LETTRE V.

A Monsieur d'Ars, Conseiller du Roy en ses Conseils d'Estat & Privé, & Maistre de Camp d'un Regiment François.

Que les trois Estats n'ont rapporté aucun profit au peuple : là se rapportent les remonstrances de la Cour faites au Roy sur les desordres de la France.

C'Est bien ce que je vous ay tousjours dit, que de l'assemblée des Estats ne deriveroit aucune reformation. L'on vous a repeu vous autres Deputez, tant qu'avez esté presens, de la revocation du Droit annuel, de la suppression de la venalité des Offices, & autres articles qui furent publiez. Vous n'avez pas eu le dos sitost tourné, que la necessité du Roy a fait tout revoquer, & remettre les choses dans le train qu'elles estoient auparavant la convocation des Estats. Lisez toutes les histoires, vous apprendrez par elles, que ces assemblées ont rapporté plus de mal au peuple, que de bien : car il en est tousjours sorty quelque imposts qui s'est perpetué jusques à nous. Il n'y a rien que le peuple deust tant craindre, comme estant le general refrain d'iceux, de tirer argent de luy. Aussi par elles ont tousjours creu les Finances du Roy, à la diminution de celles du peuple : de là sont procedez les Aydes & subsides, qui servoient pour ayder nos Roys au defroy des guerres qui se presentoient, puis les Tailles & autres imposts qui ont encores cours par la France. Je vous veux conter ce qui s'est passé depuis vostre partement de ceste ville. La Cour de Parlement, ou suscitée par les brigues & couvertes menées de quelques Grands, ou poussée de son propre mouvement (je ne vous puis asseurer lequel des deux, d'autant que les leçons en sont diverses) considerant les grands desordres qui ont cours par la France, le vingt-sixiesme du mois de Mars arresta, soubs le bon plaisir du Roy, que les Princes, Ducs, Pairs, & autres Officiers de la Couronne, qui ont seance & voix deliberative en la Cour, seroient invitez de s'y trouver, pour aviser sur les propositions qu'on feroit pour le profit du Roy, soulagement du peuple, & bien de l'Estat, afin puis aprés de representer au Roy les desordres qui s'augmentent & multiplient de jour en jour en toutes les parties de son Estat, pour en attendre le remede par le moyen de sa singuliere prudence. Car comme il faut que toute mala-

Tome II.   Hhhh ij   die

die prenne fin ou par la mort ou par la guerifon : ainfi eſt-il neceſſaire que les defordres, qui font les vrayes maladies des Eſtats, finiſſent ou par une ſubverſion entiere, ou par une reformation univerſelle. Je vous reduiray en ce lieu au petit pied toutes les remonſtrances qui furent faites le 21. May enſuivant.

Le premier article regarde la puiſſance du Roy, que les ennemis de l'Eſtat ont voulu à la face des Eſtats ſoubmettre à une domination eſtrangere, combien qu'il la tiennent nuëment & immediatement de Dieu. De façon que la Cour ſupplie le Roy d'ordonner, que les loix de tout temps eſtablies en ſon Royaume, & les Arreſts intervenus ſur icelles pour la ſeureté de ſa perſonne, ſeront renouvellées & executées, & ceux qui iront au contraire, ſeront declarez criminels de leze-Majeſté : Supplie S. M. de vouloir entretenir les anciennes alliances eſtrangeres, comme de là dependant la ſeureté de ſon Eſtat : & que ſon Conſeil ſoit baſty des Princes de ſon ſang, & autres Princes, & Officiers de la Couronne & anciens Conſeillers d'Eſtat, & en retrancher les perſonnes introduites non pour leurs merites, ains par la faveur de ceux qui veulent y avoir des creatures : que defenſes ſoient faites à toutes perſonnes, de quelle qualité qu'elles ſoient, de recevoir penſions, dons & appointemens de Princes Eſtrangers, des Princes, Seigneurs, Clergé, & autres communautez de cet Eſtat, ſous peine d'eſtre declarez criminels de leze-Majeſté : que les Officiers de la Couronne, Gouverneurs des Provinces & villes de ce Royaume ſoient maintenus en leur authorité, ſans pouvoir eſtre empeſchez en ce qui depend de leur fonction : qu'il ne ſoit à l'advenir baillé aucune ſurvivance des charges, Gouvernemens & Capitaineries des places fortes, comme eſtant le moyen de les rendre hereditaires, & de ne pouvoir gratifier ceux qui auront dignement ſervy : que les charges militaires, & autres offices de la maiſon du Roy ne ſoient plus venduës : ny les places frontieres commiſes és mains d'eſtrangers, ſi ce n'eſt que pour la conſideration de leurs ſignalez & recommandables ſervices il pleuſt au Roy y déroger : que la Religion Catholique, Apoſtolique & Romaine ſoit conſervée en ſon ancienne dignité & ſplendeur, ſans déroger aux Edits de pacification : que les droits, franchiſes, & libertez de l'Egliſe Gallicane ſoient conſervées : que les confidences des benefices, coadjutoreries, & reſerves ſoient revoquées & annullées : que les nouveaux Ordres de Religion ſoient reduits & reglez par les anciens Decrets, Conſtitutions canoniques, Capitulaires, Ordonnances des Roys & Arreſts du Parlement : qu'aux Archeveſchez, Eveſchez & Abbayes ne ſoit plus nommé & pourveu que des perſonnes de bonne famille, prudence, vertu & ſuffiſance, aagez au moins de trente ans, & qu'aucuns eſtrangers ne ſoient admis aux Prelatures & dignitez de l'Egliſe : qu'il ſoit informé contre Anabaptiſtes, Juifs, Magiciens, & empoiſonneurs, qui ſe ſont retirez dans la ville de Paris ſous l'abry de quelques Grands, pour eſtre punis ſelon la rigueur des ordonnances : que l'Univerſité de Paris ſoit reſtablie, à ce que la jeuneſſe ſoit inſtruite en l'ancienne pieté & doctrine Françoiſe, & leurs eſprits exempts de la corruption & artifice de ceux qui divertiſſent l'affection naturelle des ſujets du Roy, de leur patrie, & de leurs parens : que la juſtice ne ſoit plus forcée, & que ceux qui ont tiré du ſupplice un condamné par Arreſt, ſoient punis : que la cognoiſſance des affaires qui ſe traittent au Conſeil du Roy, ſoit reglée ſuyvant les Ordonnances : les Arreſts des Cours nullement caſſez ou ſurſis ſur Requeſtes : que les évocations ſoient reduites au cas des meſmes Ordonnances : que les lettres de grace, & abolitions ſoient addreſſées aux Juges naturels : que nulle commiſſion ſoit expediée pour juger ſouverainement, ſans paſſer par l'alambic de la Cour : que les Edits des duels ſoient obſervez : que les Arreſts du Conſeil ne ſoient plus changez : que les lettres de reſpit, l'appel de ban & de galeres ne ſoient expediées au prejudice des Ordonnances : qu'on ne faſſe indirectement revivre les offices morts de long temps : que tous droicts nouvellement introduits au ſceau tant des Cours ſouveraines, que Sieges Preſidiaux, ſoient defendus : que defenſes ſoient faites de contraindre les ſujets du Roy de prendre lettres pour droict de confirmation, & iceluy lever ſur autres, que ceux leſquels de tout temps y font contribuables : que les Conſeillers d'Eſtat ne s'allocient avec les partizans, ou fermiers des fermes du Roy, ou reçoivent d'eux penſions, dons & preſens, ny qu'ils obtiennent aucuns dons ou aſſignations ſur les deniers qui en procedent : que les Ordonnances & Arreſts intervenus contre les brelandiers, ſoient executez : que les Finances du Roy ſoient reglées, d'autant que le mauvais meſnage, la profuſion & prodigalité tire aprés ſoy de pernicieux effects : car elle cauſe la neceſſité, la neceſſité contraint de charger le peuple, la foule du peuple apporte les meſcontentemens, deſquels naiſſent les remuëmens & ſoulevemens des ſujets. Remonſtre que de grands rabais ont eſté accordez depuis la mort du feu Roy aux Partizans du ſel, aydes, des cinq groſſes fermes, & autres, montans à ſommes immenſes, pour à quoy parvenir ont eſté données grandes ſommes d'argent à diverſes perſonnes. Supplie le Roy, que les penſions ſoient reduites au meſme eſtat qu'elles eſtoient du temps du feu Roy, & celles accordées à aucuns Officiers revoquées : que les Finances ſoient gouvernées par peu de perſonnes : que defenſes ſoient faites d'executer aucuns Edicts, déclarations & commiſſions, ſans la verification des Cours ſouveraines ; & à toutes perſonnes de donner ni recevoir aucuns advis de nouvelles intentions qui tournent à la foule du peuple, & d'en faire aucuns partys : qu'il ſoit accordé une exacte recherche des malverſations commiſes aux Finances par ceux qui en ont eu le maniement & la diſpoſition : qu'on puiſſe repeter : les dons immenſes faicts à gens de peu de merite, dont ils ſe ſont agrandis aux deſpens du Roy & à la ruïne de ſes ſujets : qu'aucun tranſport ne ſe faſſe d'or & d'argent hors du Royaume : que la ſuperfluité des habits d'or & d'argent, perles & diamans ſoit retranchée, paſſemens de dentele de Flandres & de Milan, eſtoffes de la Chine, & autres que l'on apporte des extremitez de la terre, defenduës : & que defenſes ſoient faites aux particuliers d'avoir vaiſſelle d'or, cuvettes, baignoires, corbeilles & autres vaiſſeaux d'argent, juſques aux uſtenciles de feu & de cuiſine. La Cour repreſente que tous ces deſordres naiſſent de ceux, qui pour leur intereſt particulier ont deguiſé au Roy l'eſtat de ſes affaires, ſupprimé la verité par divers artifices, & abuſé de ſa bonté, facilité & indulgence : enfin ſa concluſion eſt, que le Roy lui permette d'informer de tous ces deſordres, pour lui en donner toute lumiere, afin d'y pourvoir, & remettre ſon Eſtat en ſon ancienne ſplendeur & reputation : proteſtant qu'au cas que ces remonſtrances, par les mauvais conſeils & artifices de ceux qui y ſont intereſſez, ne puiſſent avoir lieu & l'Arreſt executé, de nommer les auteurs de ces débauches, & faire voir en public leurs mauvais deportemens, afin d'y eſtre pourveu par le Roy. Lequel aprés qu'il eut eu lecture de ces remonſtrances, caſſa, revoqua & déclara nul l'arreſt de la Cour de Parlement, du vingt-ſixieſme Mars, & fit defenſes au Parlement de s'entremettre à l'advenir des affaires d'Eſtat, ſinon quand il lui ſera commandé : & afin que la memoire de ceſte entrepriſe ſoit du tout eſteinte, veut que l'arreſt & les remonſtrances ſoient biffées & oſtées des reglemens, & à cet effect, que le Greffier ſoit tenu de les rapporter au Roy incontinent aprés la ſignification qui lui ſera faite de cet Arreſt, ſe reſervant neantmoins de pourvoir au pluſtoſt & le plus favorablement qu'il pourra, aux plaintes & remonſtrances contenuës dans les cayers des Eſtats generaux, dont les Edicts ſeront envoyez aux Parlemens pour les verifier, & y faire les remonſtrances qu'ils jugeront en leur conſcience devoir eſtre utiles au public. Je n'ay pas trouvé bon que la Cour demandaſt qu'il fuſt informé de ce grand débris d'affaires, bien qu'elle le repreſentaſt nuëment. Car en demandant qu'il ſoit informé, elle s'eſt telle liée telement les mains, qu'elle ne peut plus eſtre Juge, ayant faict office de partie. C'eſtoit à ce grand & puiſſant corps de faire ſes remonſtran-

remonstrances de la façon que je propose. Nul n'estoit assez fort en France pour les representer. Ny l'Université de Paris, ny le Prevost des Marchands n'estoient, en ce temps miserable, capables de soustenir une telle querelle. Les personnes que l'on attaque sont trop relevées. En l'année 1413. les mesmes desordres, qui regnent aujourd'huy par la France, y avoient leur cours. L'Université de Paris assistée du Prevost des Marchands, vint remonstrer à la Cour de Parlement, qu'auparavant les Finances du Roy avoient esté mal gouvernées, & qu'elle avoit deputé certains personnages notables pour en faire remonstrances au Roy, suppliant la Cour de faire le semblable de son costé. A quoy le Parlement fist responce, que c'estoit à luy de faire justice à ceux qui la luy demandoient, & non de la requerir, & qu'il feroit chose indigne de soy, s'il se rendoit partie requerante, veu qu'il estoit Juge. Voilà comment la Cour se comporta pour lors. Je vous veux maintenant dire ce que je pense de tout cecy, & Dieu veuille que je sois faux Prophete. Quand je remüe en mon esprit les divers & funestes evenemens que produiront ces remonstrances, quoyque bonnes & salutaires, je ne pense pas estre assuré en France, & me croy frustré du doux fruict de mes esperances: car je prevoy que chacun bastira sur ce fondement des desseins de très-mauvaise & dangereuse estoffe. Je voy le Roy resolu par son arrest, de n'y faire aucun droict: d'un autre costé, les Princes & grands Seigneurs aheurtez de faire faire la reformation, par laquelle ils croyent devoir estre restablis en leurs charges & dignitez. De mesme qu'un navire qui n'a pas sa juste charge, est poussé de continuelles secousses, qui le jettent tantost d'un costé tantost de l'autre: ainsi les Princes, qui ne sont comblez des charges deuës à leurs merites, tourmentez du vent d'ambition, n'ont aucun repos qu'ils n'ayent les charges par eux meritées: lesquels je puis comparer à la mer, qui n'est jamais saoule d'eaux, bien qu'elle les engloutisse toutes: ou au feu qui devore & consume autant de bois qu'on luy en donne: car ces Princes & Grands, plus ils sont avancez dans les charges, plus ils desirent monter plus haut, sans pouvoir mettre aucun frein à leur ambitieux desir: d'où sourdent malheurs, qui traversent tellement le foible heur d'un Estat, que jamais il ne joüit d'une felicité asseurée: ce qui empesche qu'un peuple ne savoure les doux contentemens d'une tranquille paix. Nous sommes à la veille de voir mille & mille maux en ce Royaume; toutes choses y sont preparées: & comme la mer calme, si tost que le vent se leve, est en un instant troublée, & fait naistre des montagnes, où peu devant n'y avoit que des plaines: de mesme nostre France paisible, si tost que les esclairs de la guerre commenceront à s'y voir, elle sera troublée au milieu & aux quatre coins; les armes se prendront de toutes parts, qui bouleverseront cet Estat sens dessus dessous. Pleust à Dieu que la paix & la guerre ressemblassent à la chaleur & à l'humidité, lesquelles bien que comme qualitez ennemies combattent tousjours, unies pourtant par une discordante concorde font naistre tout ce qui se voit icy bas: mais le contraire arrive en la paix & en la guerre: car de l'une naissent les richesses, la Justice reluit, & rend un chacun en son repos: de l'autre procede la ruïne totale d'un Estat, par les rudes & continuelles bourasques qu'elle luy fait recevoir. Nous sçavons fort bien plaindre les miseres de la guerre souffertes par nos devanciers, sans nous en pouvoir servir, nous nous garder de pareil malheur. Quand j'y pense, mon esprit est agité des flots de mille diverses pensées, & ne sçait sur laquelle s'ancrer. Et croy pour moy, que c'est le miserable destin du monde, qui faict qu'on ne se peut promettre icy bas un plaisir asseuré, puis qu'il y a tousjours quelque affliction qui trouble nos esprits. Pour moy, quelque mal qui nous arrive (lequel nous ne pouvons eviter, car je prevoy la ruïne generale de la France, de laquelle elle ne se pourra relever, qu'avec une longue traitte de temps (si feray-je tousjours paroistre au milieu des miseres & calamitez de ma patrie, une libre & riche affection de la servir. Adieu.

LETTRE VI.

A Monsieur de Monac, Gentil-homme Xaintongeois.

Il monstre d'où naissent les mouvemens qui naissent pendant la minorité de nostre Roy.

NOs Escrivains d'aujourd'huy ne sont nullement creus, pour ce qu'ils escrivent d'une main partiale. Moy, pour faire croire à tous ce que je veux persuader, je ne blasme ny ne mesdis de personne. Quand vous aurez veu cette lettre, elle attend la vie ou la mort, de vostre sain jugement: si vous la trouvez bonne, elle vivra le jour: si mauvaise, elle demeurera ensevelie dans les tenebres qui luy serviront de tombeau.

Vous desirez sçavoir d'où naissent tous ces remüemens en France. Je le vous diray. Miserable est un peuple, qui tombe sous la minorité d'un Roy: car les Princes & Grands joüent en ce sous-aage tel roolle qu'il leur plaist, aux despens du Roy & de ses sujets. L'interposition du nom du Roy n'est que pour donner plus de feuille & de force à leur ambition, & servir de masque pour couvrir tous leurs desseins bons & mauvais, vray seminaire des guerres civiles. Nous sçavons l'histoire de ce qui se passa pendant le bas aage de Charles sixiesme, entre les Ducs d'Anjou, Berry, Bourgogne & Bourbon: & pendant celuy de Charles IX. entre ceux de la maison de Bourbon & de Guise: l'ambition effrenée desquels pensa faire perdre ce Royaume, si Dieu par son ineffable puissance ne l'eust relevé par des moyens à nous incogneus. Charles V. qui fut surnommé le Sage, pensant aller au-devant des calamitez qui peuvent sourdre du bas aage d'un Roy, ordonna qu'un Roy de France seroit estimé majeur en l'aage de quatorze ans, sans penser que les loix de nature sont immuables, quelque changement que nous pensions apporter par la loy civile, & qu'il est impossible que les actions d'un enfant ne ressentent tousjours l'enfant, quoy que l'on apporte pour suppléer le defaut de son aage. Aussi vit-on l'Estat de ces deux Charles éclipsé. Ce que je vous represente, est pour vous dire, que la chose n'est point nouvelle, de voir au petit aage de nostre Roy, les divisions qui couvent entre les Grands de son Royaume, & que chacun d'eux tasche à supplanter l'autre, aux despens de leur reputation, en se rendans maistres prés de la personne du Souverain, pour empieter le gouvernement de toutes les affaires. Depuis la mort de nostre grand Henry, il s'est formé deux partys en cette France. Le Prince de Condé s'est lié avec les Ducs de Longueville, du Mayne, de Boüillon, & de Sully: le Duc de Guise & sa famille avec le Duc d'Espernon & les siens. Chacun de son costé a apporté des artifices propres à s'emparer de l'authorité, & s'y maintenir prés de la personne du Roy. Ce party-cy a fait croire que le Prince vouloit donner atteinte à l'Estat, allant tous les jours au Conseil du Roy, à la Cour de Parlement, & se rendant populaire, pour se donner telle creance, qu'on estimast que toutes les affaires de la France aboutissoient en luy. Sur cela, fist sentir à la Royne mere, que tant plus elle abaisseroit ce Prince, tant plus elle s'esleveroit, & que connivant à son eslevement, ce seroit pourchasser l'abaissement de son authorité. Jalouse de la conserver, elle l'a reculé & du Conseil, & des affaires. Ce qui le desespera, les deux fois qu'il print les armes. La Royne ne vit que l'escorce des intentions de ce Prince: car ses actions nous ont fait voir, qu'elles ne devoient estre soupçonnées que tendre au bien, par l'issuë, qui ne regarde que la reformation de l'Estat. Jusques à huy, ce party-cy a tenu bon prés du Roy, & a esloigné ce Prince avec les siens, lequel l'a renvié contre le Duc d'Espernon, faisant courir le bruit, qu'il est auteur de la mort du feu Roy. Il touche le haut point. Le Duc d'Espernon s'est retiré en ses gouvernemens d'Angoumois, Xaintonge, & Limousin, qui est la chose que le Prince & son party a pourchassé à cor & à cry, pensant estre au-dessus du vent. Pour moy, je ne croy point que le Prince ait pensé à s'impatroniser de l'Estat, ny que le Duc d'Espernon ait pourchassé la mort de nostre grand Henry. Ce sont pures calomnies & imputations, capables toutesfois pour perdre un homme, quelque fort & puissant qu'il soit: d'autant que la calomnie a par trop d'authorité sur ceux qui croyent de leger: elle a une efficace merveilleuse, qui met dehors & ruë par terre tout droit jugement. Elle se doit fuyr comme une roche en mer, jaçoit qu'elle fust fausse; parce que la pluspart du monde ignore la verité, & se gouverne par opinion, comme nous le voyons en ces deux subjects. Je ne croiray jamais que le Prince ait pensé à se mettre la Couronne sur la teste: ou bien à tenir le premier rang, qui luy appartient, prés la personne du Roy. Ce qu'il a tesmoigné, quand la premiere fois il leva les armes, qu'il mit bas aussi tost qu'on luy eut accordé l'assemblée des Estats, qu'il demandoit pour reformer l'Estat: quand il rendit le Chasteau d'Amboise, ainsi qu'il avoit promis: maintenant, que les armes en la main il a demandé la paix avec la mesme reformation. Celuy qui a envie de se rendre absolu en un Estat, ne met jamais les armes bas, qu'il n'ait monté au sommet qu'il s'est proposé pour bute. Quant à la calomnie jettée contre le Duc d'Espernon, elle est pleine de fausseté & mensonge. Vous la jugerez telle, ayant ouy mes raisons, qui sont presomptions de droict & de faict, concluantes necessairement à son innocence, laquelle l'on a voulu flestrir par ceste imputation. Nous tenons le Duc d'Espernon pour un aussi sage, advisé & prudent seigneur, qu'il y en ait en France, lequel a conduit d'une telle teneur la fortune de sa vie, qu'il l'a tousjours maintenuë d'un poids esgal, quelque secousse ou attaque qu'elle ait receu. Jugera-t'on que luy, qui est accompagné de ceste prudente sagesse, ait voulu deposer son honneur, sa vie & son bien és mains d'un homme qu'il n'avoit jamais pratiqué, ny veu? d'un pauvre & mandiant, qui au premier traict de gehenne eust infailliblement accusé ceux qui l'eussent poussé ou persuadé à perpetrer ce parricide? Si le Duc d'Espernon eust tant soit peu consenty à la mort du feu Roy, eust-il empesché (comme il fit) sainct Michel de tuer le monstre de Ravaillac, auquel il cria que la mort de Ravaillac estoit la sienne? La seule consideration de sçavoir les complices, luy fit dire à sainct Michel, qu'il se guardast bien de le tuer. Car il n'y a personne, qui en ce lamentable accident ne fust porté à prendre une rude vengeance sur le champ, d'un si miserable forfait.

Ravaillac fut mené prisonnier à la conciergerie, où la Decoumant estoit detenuë prisonniere par son mary pour sa mauvaise vie. Puis qu'elle sçavoit ceste pretenduë machination, ne la devoit-elle pas declarer ou au Roy, ou à la Royne? Ne le devoit-elle pas relever quand Ravaillac vivoit, pour luy maintenir les tenans & aboutissans de la conjuration, sans attendre cinq ou six mois aprés le dire? A faute de l'avoir faict, n'est-elle pas criminelle de leze Majesté? Elle ne peut alleguer, qu'elle ne sceust la mort du Roy, & la prinse de Ravaillac, puis que ils étoient tous deux dans une mesme prison, & que chacun en estoit abreuvé. L'ignorance seroit trop grossiere à elle, qui en toute sorte de meschanceté est ingenieuse à merveille, comme elle l'a esté en la menée & conduite de ceste calomnie. Ravaillac fut gehenné extraordinairement par deux jours consecutifs, sans rien confesser que ce qu'il avoit dit. L'on luy couppe le poing, l'on le tenaille, l'on luy jette sur les playes du plomb, de poix-resine, avec de la cire: il est tiré à quatre che-vaux: enfin pendant trois heures & demie il meurt goutte à goutte. Interrogé jusques au dernier souspir de sa vie, de ses complices, & de ceux qui l'avoient excité à perpetrer ce parricide, sa derniere parole fut semblable à la premiere, & jamais n'accusa que soy-mesme, lequel fut pressé de ce faire (à ce qu'il dit) par les douleurs que le peuple sentoit, & par la Religion pretenduë reformée, qu'il maintenoit devoir estre extirpée de cet Estat. Ayant l'ame raffise, estant dans les tourmens de la gehenne & du supplice, il n'a jamais eu autre langage. Direz-vous maintenant que le Duc d'Espernon ait practiqué & gagné cet hydre pour commettre un tel coup? luy qui estoit tout nud, qui estoit sans moyens, qui n'avoit ne drap ne argent pour s'habiller, ny pour achetter le cousteau dont il tua le Roy, lequel il desroba dans un cabaret où il but, & qui avoit resolu, à faute d'argent (ainsi qu'il confessa) de s'en retourner le lendemain en son pays, si l'occasion de tuer le Roy ne se fust presentée ce jour-là.

Si le Duc d'Espernon l'eust sollicité de ce faire, eust-il manqué de moyens? eust-il esté vestu comme un belistre? eust-il esté sans manteau? Toutes choses luy defailloient, hors ceste damnable & meschante volonté d'executer ce parricide. Si le Duc d'Espernon eust trempé dans ceste sceleratesse, eust-il empesché la Royne Mere lors Regente, de faire mettre la Decoumant prisonniere dans la Bastille? l'eust-il poursuivie, presents le feu Duc du Maine, le Chancelier, Ville-Roy, & le President Jannin, de renvoyer ceste femme à la Cour de Parlement pour instruire ceste accusation? si ce crime l'eust touché, n'eust-il pas mieux aymé qu'elle fust demeurée cachée dans le fonds d'une Bastille, que veuë à la face de ceste grande Cour de Parlement: l'innocent va la teste levée par le monde.

Quelque tems avant le deceds du Roy, trois ou quatre de ses sujets inspirez luy annoncerent que Dieu estoit à la veille de laisser aller sa main rigoureuse contre luy. Les Astrologues predirent que les Astres conspiroient en sa mort: les Estrangers, huict jours avant ceste funeste mort, disoient en leurs communs devis, qu'il avoit esté tué, quoyque la chose ne fust arrivée. En ce moment qu'il fut tué, sa garde & tous ses Valets de pied l'abandonnerent.

Tirons de ces discours, comme d'un alambic, que tous ces Grands jouënt au boute-hors, & que chacun d'eux ne tend par ces fausses imputations, qu'à se rendre maistres de la personne du Roy, pour puis aprés commander à baguette, & faire leurs affaires au desavantage d'un chacun.

Pleust à Dieu qu'ils missent soubs les pieds toutes ces calomnies, sans se laisser emporter à une folle ambition: nous ne verrions en ceste France par ces tours & retours tant de malheurs qui courent à la foule & ruyne de tout le peuple.

Quant à moy, je l'impute à nos fautes & pechez, pour lesquels punir, Dieu veut prendre de nous une exemplaire vengeance. Ayons recours à luy: prions-le de bon cœur avec une ame contrite & devote. Je m'assure qu'il destournera le courage de tous ces Princes & Seigneurs, qu'il tient en sa main; & au lieu qu'ils ne pensent qu'à s'agrandir, en taschant de s'esloigner les uns les autres de la presence du Roy, ils se reüniront pour faire soulager le peuple, & revivre ceste police qui jusques à nous a perpetué cet Estat en ce bel ordre duquel nous l'avons veu cy-devant joüyr. Et quand les affaires de ceste France prendront la face que je desire, tout ainsi que je ne doute point que la concurrence au gouvernement des affaires n'ait souvent apporté de grands maux & encombres aux Monarchies, tant sont les empires choses mal compagnables, pleines de trahisons, deffiances, soupçons & jalousies: aussi diray-je avec une franchise d'esprit (car la patience m'eschappe) que c'est entre les meschants, lesquels s'estudient & travaillent plustost à vaincre l'un autre, qu'à surmonter les ennemis,

mis, & ne cherchent pas le bien & la gloire de leur maistre, mais leur propre gloire & richesse : s'ils sont gens de bien & de vertu, ils doivent avoir l'honneur & l'utilité publique du Roy & de la patrie en recommandation. Les beaux faicts, l'heur & la prosperité de l'un, ne doit estre qu'un aiguillon de la vertu à l'autre, par où il soit invité de mieux faire, non pour l'amour de soi, ny pour la haine de son compagnon, mais pour l'amour du Seigneur, auquel il desire ce bien. Adieu.

LETTRE VII.

A Monsieur Seguier, Conseiller du Roy en ses Conseils d'Estat & Privé, & President en sa Cour de Parlement de Paris.

Moyens pour reünir à l'Eglise Catholique Apostolique & Romaine la Religion pretenduë reformée.

C'Est un grand malheur, qu'en la diversité de Religions, en laquelle nous vivons, chacun de son costé fomente opiniastrement son opinion, au lieu de tenter les remedes pour les unir toutes deux en une. Quoy que les hommes soient de diverses opinions touchant la Medecine, la Philosophie, les loix, & toutes autres sciences, si ne laissent-ils de converser ensemble. Mais se trouvant differens en la Religion, ils deviennent incontinent ennemis. Ce qui arrive d'autant que le contraste de la Religion pretendue de beaucoup plus grand' efficace, lequel nous apporte consequence de vie ou de mort eternelle : & les autres sciences, en comparaison de ce, nous importent de peu. Il ne faut pas pour cela laisser de s'estudier à nous remettre tous dans une mesme Eglise : & pour mon particulier, je vous veux monstrer, que si chacun despouille la passion, il n'y a rien si aisé qu'à nous remettre bien en un : car tant que nous serons partialisez, il est impossible de vivre en paix. Je voudrois que ceux de la Religion pretenduë reformée considerassent que les commandemens de Dieu & de nostre Eglise ne tendent qu'à nous tirer d'ignorance & de l'amour du monde pour cognoistre Dieu, & le nous faire aimer de tout nostre cœur, nostre pensée, & nostre entendement, & nostre prochain comme nous-mesmes. Je voudrois plus, qu'ils pesassent combien l'institution des choses moyennes & commandemens particuliers apporte d'advancement & d'utilité pour attirer l'esprit de l'homme à la charité parfaicte tant envers Dieu, qu'envers le prochain : car sans cela les hommes ne peuvent eslever leurs esprits à la cognoissance & amour de Dieu. Et c'est en quoy nos bons vieux peres travaillerent grandement, lesquels divinement inspirez, ordonnerent des Temples, des assemblées, des ceremonies, certaines prieres & oraisons, firent mettre en plusieurs lieux des Croix, & beaucoup d'autres choses qui ne sont que pour apprendre à bien faire, & mespriser ce qui est de ce monde, aimer Dieu sur toutes choses, & nostre prochain comme nous-mesmes. En cela, je les prie de juger de l'utilité ou vanité de ces institutions particulieres, qui sont ordonnées en nostre Religion, c'est à sçavoir si elles sont propres ou non à nous faire desdaigner les pompes mondaines, pour mettre en Dieu nostre propre affection, & combien peu ou beaucoup s'avance en nous de jour en jour le mespris de ce monde, la cognoissance de Dieu, & nostre amour envers luy : car à ceste fin seule, nostre Religion est instituée. Pour bien entendre ce que je vous viens de dire, il faut faire difference des preceptes des choses qui sont necessaires, & des autres qui sont seulement utiles, & données pour émouvoir nostre esprit à son devoir. Car il y a des choses necessaires d'apprendre, & autres seulement utiles, selon la nature & complexion des apprentifs. Il y a des commandemens qu'il faut observer necessairement ; autres à discretion simplement, selon le temps, les humeurs, & autres circonstances. Il faut de necessité abandonner la luxure, l'avarice, l'ambition, & autres tels vices, pour ce qu'il est impossible de servir à deux maistres : avoir une cognoissance de Dieu parfaite, croire en ses paroles & promesses, croire la vie, sa mort, sa resurrection, afin de pouvoir esperer en luy : car si l'amour n'est entretenu d'esperance, il se perd incontinent. Davantage nous devons contempler ses œuvres, & ce qu'il a fait & enduré pour nous racheter de mort, & pour nous enseigner : car on ne peut croire en luy, ny l'aymer sur toutes choses, que par ces considerations. Et c'est pourquoy on estime necessaires plusieurs moyens qui servent à cet effect, comme l'assistance en l'Eglise, les predications, & les Sacremens : finalement, qu'il le faut aymer sur toutes choses, d'autant qu'il est nostre bien souverain, & que seulement par mutuel amour les choses s'unissent ensemble. Il y a plusieurs ceremonies, prieres, & autres choses, instituées comme utiles, & non comme du tout necessaires, & dont nous nous servons à discretion. Enfin le chemin de nostre salut a esté dressé avec tel ordre, mesme avec si grande facilité, que si nous le voulons suivre, & nous exercer principalement à l'action qui nous est commandée, il nous sera tres-facile d'acquerir le mespris des choses mondaines, & la charité qui nous est requise. Par succession de temps il est advenu, que par ignorance, ambition, avarice, ou autrement, de quelques ministres de l'Eglise, les enseignemens qui n'estoient donnez que par conseil, & pour émouvoir les hommes à leur devoir, se sont augmentez de plusieurs autres inutiles, & entremeslez avec les preceptes des choses necessaires, qui pour ceste occasion ont esté par aucuns trouvez intolerables. Et puis la negligence des Pasteurs a laissé le peuple idiot faire de luy-mesme plusieurs choses à sa fantaisie ; si que les abus peu à peu se sont glissez parmy nous en si grand nombre, qu'ils donnerent subject à plusieurs de les disputer, controoler & mespriser. Pour redresser ces defauts, je diray, que quand les Pasteurs n'auront autre but en enseignant, que de rendre les hommes plus charitables, & que le peuple n'aura en l'exercice de sa religion autre consideration que de devenir meilleur, nul ne pourra mettre division entre ceux qui seront si fort unis en telles choses. Que si nous eslevons ordinairement nostre esprit pardessus le sentiment corporel, pour considerer la fragilité des choses terrestres, afin de les contemner, & pour contempler les faits admirables de Dieu, afin de le cognoistre & l'aymer sur toutes choses, comme il nous est commandé, nous serons tous unis en une mesme action & volonté, & irons tous un mesme chemin, faisant choses semblables. J'estime que nous ne sommes point si differens, qu'il ne soit aisé de nous accorder, si nous le voulons. Car le different qui est des choses faciles à entendre, comme des images, & prieres des Saincts, & autres, est de facile accord, puis que l'usage en est libre. Et la dispute des choses difficiles, comme de la Justification, Predestination, Prescience, & autres telles matieres, n'appartient au peuple, qui n'est capable d'entendre ny la difficulté ny la solution. Le bon est pour le moins que nous sommes d'accord qu'il faut faire toutes bonnes œuvres, & croire & esperer en Dieu, & l'aymer sur toutes choses. Les differends qui naissent de ces disputes, ne doivent empescher les hommes de vivre en societé, & sous un mesme Ciel, & en un mesme temple, de faire le salut de leurs ames : car là ils peuvent apprendre ensemble à contemner toutes ces mondanitez, à cognoistre Dieu, & à l'aymer sur tout : en quoy gist toute la doctrine de nostre Religion. Car tout ce qui est à ce necessaire, comme les articles de la foy, les Sacremens,

mens, les commandemens de la loy, leur est presché & administré : dont ils sont d'accord, sinon en quelque particuliere intelligence.

Ce qui leur est enseigné davantage, comme la priere des Saincts & pour les trespassez, l'usage des images, les indulgences & autres choses, leur est donné seulement par conseil, & laissé libre à leur discretion. Car on ne dit pas que pour nostre salut il faut necessairement prier les Saincts & pour les trespassez, user d'images, & gagner les pardons, & qu'autrement nous serions damnez : mais il est seulement deffendu de prescher au contraire, pour obvier aux tumultes, scandales & seditions qui en pourroient advenir. Quant à l'addition des paroles, ou des ceremonies exterieures en certains Sacremens, & en autres choses, cela ne doit mouvoir aucun debat, moyennant qu'il n'y ait alteration du sens & de la vraye signification des choses. Il y a plus d'opiniastreté en la pluspart, que de raison : & sur ce, les Grands empoignans l'occasion de leur sang & de leur ruyne, saoulent leur ambition, leur avarice, & leur envie. Nous sommes tous d'accord, qu'il y a un seul Dieu, Createur de toutes choses : un Fils, qui nous a racheptez par sa mort & passion : un Saint Esprit, qui nous enseigne ce qui nous est necessaire. Nous croyons une Trinité, la resurrection de la chair, l'immortalité de l'ame, & le jugement des bons & des mauvais. Nous sommes en un, des commandemens de la loy, & qu'il ne se faut laisser gagner à l'orgueil, à la gloutonnie, avarice, luxure, courroux, envie, & à la paresse : qu'il faut croire & esperer en Dieu seul, & l'aymer sur toutes choses, & nostre prochain comme nous-mesmes : & que le plus grand & principal commandement, auquel les autres se rapportent, est ceste charité, qu'il faut pourtant acquerir durant ceste vie, comme estant la perfection de l'homme Chrestien. Il y a encores plusieurs autres articles desquels nous convenons. Mais quand nous ne croyrons autres choses, il me semble que nous aurons assez de quoy nous exercer (j'entens avec l'usage des Sacremens) pour devenir bons Religieux, & avoir un desboy des choses mondaines, & acquerir l'amour que devons à nostre Createur : puis qu'il n'est pas question en nostre Religion simplement de croire ou d'entendre, mais de faire : c'est-à-dire, aymer : & que nous ne devons pas debattre qui croira ou entendra plus de choses, mais à qui plus aymera son Createur : d'autant que tout ce que nous pouvons acquerir de croyance, de foy, & d'esperance, n'est bon que pour gaigner enfin la charité, qui est le but auquel tendent tous les preceptes de la Religion. Si la foy ne sert que pour aymer, il n'est ja besoin de nous bailler à croire multitude de choses, sinon à mesure que nous les pouvons digerer, & que nous nous en servons à la perfection de la charité. Comme si le Sacrement de la Saincte Eucharistie nous est ordonné pour avoir souvenance de la mort & passion de nostre Seigneur, & ceste souvenance nous doit servir pour nous émouvoir à ce que sa mort nous enseigne, qui est de mespriser à son exemple les honneurs, les biens, la vie, & les tormens, pour nous lier entierement à sa divinité : ne suffit-il de croyre que ce pain que nous voyons, est son vray corps, puis qu'il l'a dit, pour eslever pourtant nostre esprit par dessus nos sentimens, non à sçavoir davantage, mais à nous esmouvoir de sa mort & passion, à mespriser à son imitation toutes ces superfluitez qui sont dans le monde, pour l'honorer, adorer, & aymer de toute nostre puissance ? Les debats, qui se font par curiosité sur ceste matiere, me semblent inutiles au peuple, & souvent dommageables, quand à ceste occasion transportez de colere, de despit, & d'opiniastreté l'un contre l'autre, ils rendent cependant la mort & passion de nul effect. Ne suffit-il de croire simplement que c'est son corps, puis qu'il l'a dit, quand aussi-bien nous ne pouvons comprendre comment & en quelle sorte il devient tel ? Les uns disent que le corps n'est en l'Eucharistie, que spirituellement ; les autres, qu'il y est réellement : mais il est au peuple aussi malaisé de comprendre comment un corps peut estre spirituellement en quelque endroit, que comment une substance peut estre par paroles transformée en une autre. Il n'y a que quelque centaine d'années que ceste question s'est meue : auparavant, le peuple n'en oyoit rien dire, & ne laissoit pourtant de bien faire, ne recherchant point comment se fait le Sacrement, mais pourquoy il nous est institué. Il n'est aussi possible autrement que l'homme puisse faire ce qu'il doit, & parvenir à sa perfection, s'il n'entend à quelle bonne fin tend chacune instruction qu'on luy donne. Les Sacremens sont signes visibles des graces invisibles, qui nous sont données de Dieu, pour attirer nos esprits à la perfection requise à nostre salut. Pourtant ils nous sont instituez comme necessaires ; d'autant que nostre esprit par son imbecilité, durant ceste vie, ne peut monter aux choses sainctes & sacrées, sinon par le moyen des choses corporelles & sensibles : comme il ne peut comprendre les choses invisibles, que par le moyen de celles qui sont visibles, lesquelles sont ordonnées & servent de moyens pour le rendre saint, & parfait en foy, esperance & charité. De tout cecy nous apprendrons, que la chose principale à laquelle nous avons à nous mouvoir en l'usage des Sacremens, est de comprendre les graces qui nous sont invisiblement signifiées, presentées & conferées par le moyen des signes visibles & sensibles, lesquelles sont naistre, augmenter & parfaire l'amour que Dieu requiert en nous pour nous unir à sa divinité. L'usage des Sacremens, & la grace qui par eux nous est infuse, ne nous sont utiles que pour faire monter nos esprits par-dessus le sens corporel, & comprendre le bon exemple que Dieu a laissé, afin que par ce moyen nous l'aymions parfaitement. Je loüe beaucoup de l'estude des gens doctes, & la peine qu'ils prennent à penetrer de plus en plus en la cognoissance des grands mysteres du vieil & nouveau Testament, à bien entendre l'Apocalypse & les hautes conceptions de Saint Paul. Je loüe ce qu'ils disent, de la grace que Dieu a faite aux hommes, de la Trinité, Providence, Prescience, Predestination, & autres telles matieres, lesquelles surpassent l'entendement de ceux qui font autre profession que de la Theologie : mais il me semble qu'ils devroient reserver la communication de telles choses entr'eux, & n'enseigner au peuple que ce qu'il peut digerer, d'autant que l'indigestion de telles choses engendre des cruditez & incredulitez qui font souvent rejetter ce qu'on avoit de bon auparavant. Car il advient à plusieurs, que par vouloir trop sçavoir, ils apportent si grande confusion en leurs jugemens, de choses mal digerées, qu'ils ne sçavent & ne croyent plus rien. Si quelqu'un ne peut trouver bonnes les images, les jeusnes, les abstinences, la priere des Saincts, & pour les trespassez, le nombre des Sacremens, les ceremonies, les habits, & plusieurs autres choses, qui toutesfois sont approuvées en nostre Eglise, pourquoy se veut-il pourtant des-unir & separer de nous, comme s'il ne pouvoit jamais apprendre davantage que ce qu'il sçait, & qu'il ne deust jamais changer d'opinion, & quand mesme toutes choses necessaires à son salut luy sont données, preschées & administrées ? Attendu qu'on ne luy peut oster la liberté des prieres, & de penser ce qu'il luy plaist, & qu'on ne recherche personne, s'il ne presche au contraire, ou fait quelque scandale. Ceux qui veulent introduire quelque reformation d'abus, doivent bien estre soigneux de n'en produire davantage. Ils peuvent bien demeurer avec nous, quoyqu'il y ait des images, des ceremonies, veu qu'il n'y a rien qui les empesche de bien faire, de bien vivre, & de parvenir à la fin finale de la Religion Chrestienne, qui est d'aymer Dieu sur toutes choses, & son prochain comme soy-mesme. Consideré mesmement qu'il ne faut jamais esperer de voir une grande multitude de peuple sans abus, & grand nombre de Pasteurs & de Prestres, qu'il n'y en ait tousjours quelques-uns tachez d'ambition ou d'avarice.

Pour vivre donc unis, gardons ces regles. Premierement, que nous nous assujettissions à la coustume qui s'observe par tout le monde, de tenir pour resolu ce qui est

est trouvé bon en un Concile legitimement assemblé, par la plus grande partie : autrement, il n'y auroit jamais de resolution & d'accord en la Religion. Quand cela sera, il me semble, qu'il n'est pas impossible de reünir ceux qui estoient autrefois unis, & de mettre d'accord ceux qui ont mesmes esprits, & mesmes fondemens de Theologie. Je veux laisser aux Docteurs de composer entre eux les points qui sont en debat. Quant au peuple, il peut estre bien-tost guery de la maladie qui le tient : car il ne faut qu'à l'imitation des Medecins, guerir son mal par son contraire. Le mal de la division entre le peuple, est advenu pour deux occasions principales : l'une, que l'on a donné trop grand nombre d'institutions, mesme aucunes vaines & superfluës : l'autre, que la plus-part des hommes sont trop curieux de s'enquerir des choses à eux inutiles, & qui surpassent leur entendement, & non assez soigneux cependant d'apprendre ce qui leur est necessaire, & de s'exercer finalement à la cognoissance de Dieu, & à l'augmentation de leur charité jusques à certaine perfection. Il faudroit donc, pour souverain remede, qu'on fist d'oresnavant tout le contraire ; qui est trés-facile à faire : c'est à sçavoir, que les superieurs fussent fort soigneux d'avoir tousjours pour but devant les yeux la charité, pour y dresser & regler toutes les particulieres institutions : car une chose ne peut estre bien ordonnée, sinon lors qu'elle est droitement disposée vers sa derniere fin : & qu'ostant la grande multitude & superfluité des preceptes, ils laissent difference entre ceux qui sont de choses necessaires à nostre salut, & ceux qui sont donnez seulement par conseil, que l'on doit laisser pourtant à discretion. Aprés, que les inferieurs ne s'amusent d'oresnavant qu'à apprendre ce dont ils sont capables, & qui peut servir à leur but final, qui est la charité parfaite ; & qu'ils employent au demeurant toute la force & vivacité de leurs esprits à cet effect, non à choses inutiles & superfluës, comme ils ont accoustumé. Si nous nous gouvernons tous en ceste façon, je ne vois pas que puissions avoir faute de chose qui soit necessaire à nostre salut, & si voy les debats convertis en mutuelles affections pour s'ayder l'un l'autre à supporter les miseres de ce monde, & faire ensemble un mesme apprentissage, en un mesme voyage. Que si les Docteurs plus studieux que les autres, & plus curieux de sçavoir, tombent en debat, nous n'avons jà besoin de nous mesler de leurs disputes, qui surpassent aussi bien nostre capacité : & quand le peuple ne s'en meslera pas, ils s'accorderont facilement, & n'en adviendra pour le moins aucun trouble, guerre, ny sedition : & comme ils apprendront qu'il n'y a aucun inconvenient pour converser avec nous, quand nous croyons & enseignons non seulement ce qu'ils croyent & enseignent, mais encores davantage, & qu'en ce surplus seulement est quasi tout nostre different : s'il y a quelque interest ou dommage, il est à craindre pour nous, & non pour eux, qui ne sont contraints d'y croire.

Permettez moy que je puisse faire ce souhait, premier que de mettre fin à ma lettre ; que pleust à Dieu que ceux de la Religion pretenduë reformée, ne se fussent jamais separez de l'unité de l'Eglise Catholique, Apostolique & Romaine, qui a en soy pour arrhes asseurées & vrayes marques d'Eglise, & la parole de Dieu, & l'administration des Saincts Sacremens : laquelle combien qu'elle fust frappée de quelque vice en l'imperfection des mœurs, si est-ce que cela n'estoit suffisant pour les inciter à faire bande à part. Quel desordre y avoit-il en l'Eglise de Jerusalem du temps d'Isaye, Jeremie, & autres Prophetes ? Il y estoit si abondant, que le peuple, les Gouverneurs & les Prestres mirent la religion en nonchaloir, & les mœurs estoient le mesme mal. Pour tout cela, ces bons Prophetes n'abandonnerent le pourpris de l'Eglise, pour sacrifier à part ; mais croyant que Dieu y avoit establi sa parole & ordonné les ceremonies, ils l'adoroient d'un cœur pur & net avec tout le peuple. Du temps de Sainct Paul, la corruption ne se glissa pas seulement parmy les mœurs des Corinthiens, mais quant & quant en la doctrine, & luy ne se divisa pas d'eux, ains les avoüa pour Eglise de Dieu. Qui induisit les Prophetes, & Sainct Paul à demeurer en l'Eglise profanée des meschans, que l'affection qu'ils avoient de garder l'unité ? Ny Jesus-Christ, ny les Apostres ne furent divertis par la vie dissoluë du peuple d'adorer Dieu qu'au temple en commun, sçachant bien que celuy qui en saine conscience prie & communique au Sacrement avec les meschans, n'est point contaminé ny blessé par leur compagnie. Que Dieu voulust que ces exemples fussent tellement gravez au profond du cœur de ceux de la Religion pretenduë reformée, qu'ils se reduisissent à ne faire qu'une Eglise avec la Catholique, Apostolique & Romaine. Le general de la Chrestienté s'en porteroit mieux. Adieu.

LETTRE VIII.

A Monsieur de Vaudoré, Lieutenant de la Compagnie de Gendarmes du Roy.

Le desplaisir qu'il a eu de la mort de sa femme.

AU partir de vostre maison, je ne croyois pas trouver en la mienne un si funeste & pitoyable spectacle, comme celuy que j'y rencontray. Dieu m'a battu de diverses afflictions ; mais nulle ne m'a touché au vif, que la mort de ma femme vostre niepce. Ce sont douloureux espoinçonnemens, qui traversent le corps & l'ame d'un homme, quelque fort & puissant qu'il soit, capables de le terrasser. Le troisiéme d'Aoust, sur la minuit, elle accoucha d'une fille ; deux heures aprés, dit à la compagnie, que son heure estoit venuë qu'il luy falloit aller rendre compte à Dieu de sa vie : exhorta un chacun d'entrer en oraison, & de son costé fit une priere, qui tira tous les presens en admiration : puis tournant sa veuë vers nous, les voyans fondre en larmes, les consola sur le bien souverain qui luy arrivoit, abandonnant ceste estre mortel pour aller loger dans un éternel, où Dieu luy tendoit les bras pour la recevoir avec ses bien-heureux : les pria de n'envier point son heur : & puis continua sa priere : & se sentant approcher du but, donna sa benediction à ses enfans : conjura un mien amy de me dire, que je continuasse en eux la mesme amitié que je leur portois durant sa vie, qu'elle me pardonnoit, me priant de faire le semblable en son endroit. Aprés, elle recommença sa priere, puis dit, c'est fait de moy, il me faut mourir : & en ceste parole finit sa vie. Comme je vis ceste perte, je maudis le jour & l'heure de ma naissance, & souhaitay d'estre mort au sortir du ventre de ma mere. En ces paroles pleines de douleur, je me ressentois aucune ayde en moy pour moy, ains mon ame ennuyée de ma vie ne demandoit que la mort : car il me sembloit que les peines combattoient, & que l'ire de Dieu se multiplioit contre moy. Les afflictions & les miseres qui derivoient de ceste perte, m'esbranlerent de telle sorte, que mon corps & mes membres furent reduits comme à rien, & mon esprit attenué jusques-là, qu'il ne me restoit plus que le sepulchre. Quoy que l'on me dist que la vie de l'homme sur la terre estoit une perpetuelle bataille ; que c'estoit une chose certaine que l'on ne commence rien de meilleure heure, qu'à tirer à la mort, qu'elle fait son entrée à la vie, que c'est un continuel avoisinement au tombeau, que l'on s'y achemine par le menu, s'escoulant de jour à autre quelque portion de nostre vie, qu'en croissant elle décroist : que le temps & la raison estoient les deux uniques moyens pour souder & guerir ceste playe : que le temps estoit pour les simples, qui destituez d'une genereuse vigueur d'esprit, se laissent du tout emporter

porter à la violence du mal, n'esperant d'autre secours pour le divertir, que de voir alentir sa fureur par l'accoustumance qu'ils ont de souffrir : & au contraire que les natures plus fortes s'armant d'un sage discours, s'opposoient à la tyrannie que les adversitez veulent injustement usurper sur leur resolution. Resistance d'autant plus loüable, qu'elle apporte successivement beaucoup A plus de loüange, & plus encores de tranquilité d'esprit & d'utilité à ceux qui font estat de s'en prevaloir. Toutes ces considerations ne peuvent rien rabattre de ma douleur, ny donner frein à ma tristesse. Toutefois en ce labyrinthe d'ennuys, je me suis jetté entre les bras de Dieu, qui blesse & qui guerit, qui frappe, & les mains duquel rendent la santé. Adieu.

LETTRE IX.

A ma fille de la Brangelie.

Moyens pour paisiblement vivre en mariage

J'Ay receu vos deux lettres. Je suis grandement joyeux du plaisir que recevez en mariage. Tout mon souhait n'a jamais esté autre, que de vous voir aise & aisée. Mais tout ainsi que vostre belle-mere & vostre mary apportent ce qui est d'eux pour vostre contentement : aussi devez-vous contribuer ce que jugerez propre pour le leur. Quand chacun y apportera son talent, je me promets de vous autres un heureux mesnage. Il faut que la prudence engendre une vive affection reciproque de l'un envers l'autre. Je sçay qu'en mariage il est bien difficile (si les parties ne sont infiniment sages) d'estre sans quelques riotes, qui alterent les esprits : mais c'est à celuy qui a le tort de caler la voile à la tempeste sans s'opiniastrer. Deux cailloux hurtez l'un contre l'autre, rendent du feu. Supportez de vostre mary, luy de vous. Mais évitez du commencement toutes occasions de discord : car il est aisé que l'amitié, qui n'est encores bien jointe & collée, se desjoigne & desunisse. Et sur tout, ne faites & ne remuez rien dehors ny dedans la maison, que par son advis : il se faschera plustost de vous en le demandant, que vous ne vous ennuyrez en ne voulant rien faire que par son commandement. C'est le moyen, en obeïssant, d'apprendre à luy commander : je veux dire, que quand il recognoistra ceste humble obeïssance, il ne fera plus rien que ce que vous desirerez, & vous abandonnera la libre disposition de tout le mesnage. Tout se doit faire en vostre maison du consentement de vostre mary & de vous : mais il faut qu'il apparoisse tousjours que ce soit de la conduite, du conseil & de l'invention de vostre mary, quelque surintendance qu'il vous abandonne du mesnagement. Feuë vostre mere & moy demeurasmes cinq ans ensemble vivans de la façon : aussi n'eusmes-nous jamais une parole plus haute l'une que l'autre : le premier jour fut semblable au dernier, & le dernier au premier. Dieu vous fasse la grace, & je l'en prie, que vostre mary & vous puissiez aussi heureusement passer le reste de vos jours, qu'elle & moy le fismes avec toute felicité & patience. Sur tout, rendez vostre vie, vos mœurs & conditions conformes à celle de vostre mary, & n'ayez nulle propre & peculiere passion & affection que pour luy, qu'à ce qui le touche, soit en son entretien, soit en ses mœurs, soit en sa conversation, donnant ordre que vos façons de faire ne luy soient dures, fascheuses, ny ennuyeuses, ains plaisantes, agreables, & accordantes à tout ce qu'il voudra. Commencez à mesnager de bonne heure, afin que lors qu'il faudra entrer en despense, vous le puissiez faire. Les charges de mariage vont tous les jours en croissant. Et reluisez plustost en mœurs vertueuses, qu'en habits & autres superfluitez, qui trainent quant & soy la ruyne des maisons, quelque bien fondées qu'elles soient. Tenez de moy ces preceptes, que le long-temps m'a appris ; & m'aimez tousjours. Adieu.

LETTRE X.

A Monsieur Mangot, Conseiller du Roy en ses Conseils d'Estat & Privé, & premier President au Parlement de Bourdeaux.

Il le congratule sur l'Estat de premier President que le Roy luy a donné.

JE m'esjoüys de voir qu'en ce temps corrompu l'on fait triage des gens de bien pour estre constituez aux charges publiques. L'exemple qui s'est pratiqué en vostre personne, vous appellant à ceste grande dignité de premier President du Parlement de Bourdeaux, me fait juger quelque chose de bon du restablissement de l'Estat. Il est vray qu'une fleur ne fait pas le Printemps. Mais je prie Dieu que ce qui a esté commencé en vous, soit continué en la personne de ceux qui seront appellez aux Magistratures : car lors on verra le mal nay en France de la vente des Offices depuis six-vingts ans, estouffé & la Justice administrée en sa pureté. Comme le temps sera plus serein, je vous iray voir. Le present porteur est Lieutenant general de S. Jean, mon intime amy, & personnage de merite, lequel va rendre l'hommage qu'il vous doit. Aimez-le pour l'amour de luy & de moy. Adieu.

LETTRE XI.

*A Madamoiselle ***

Il luy fait des remonstrances sur ce qu'elle a forfait en son honneur

JE ne cele rien. Vous estes une pauvre & miserable pecheresse, obstinée en la poursuite de vostre forfait, qui mettez en oubly vostre origine, & les grands & signalez bienfaits derivez de ce grand Dieu, pour une detestable, briefve, fausse & vaine volupté, qui esbloüit les yeux de vostre entendement. Recognoissez franchement, que vous estes depossedée d'une grande dignité, estant plongée dans cet abominable peché. Car tout ainsi qu'auparavant l'avoir commis, vous estiez digne d'estre citoyenne du Ciel ; maintenant qu'estes de tout poinct possedée par luy, vous vous estes forbannie de ceste bienheurée habitation, & ne meritez de paroistre devant le moindre du monde. En perdant insensiblement l'amitié de Dieu, vous prenez celle de son ennemy. Pensez seulement quel est celuy dans l'esclavage duquel vous vous entravez par vostre peché ; lors il sera impossible que

l'embrasses

l'embraſſiez ou pourſuiviez ſeulement. J'impute ce défaut à voſtre vicieuſe nature, qui a le deſſus ſur vos ſens, laquelle vous fait perdre toute reſolution. N'ignorez point que, vous pechant, Dieu devienne voſtre ennemy, & le Diable voſtre maiſtre & ſeigneur. Pour vous rendre ce que devez eſtre, conſiderez meurement d'un coſté l'heur qui procede de l'un, & les malheurs qui naiſſent de l'autre : davantage, avec quelle bonté Dieu vous a creée, avec quelle miſericorde il vous a rachetée, avec quelle liberalité il vous a enrichie, avec quelle douceur & patience il attend voſtre converſion & repentance, & finalement, avec quel œil & avec quelle joye il vous recevra & careſſera eſtant vrayement convertie & faicte penitente. Croyez que tout ainſi que c'eſt un grand creve-cœur à une mere de jetter ſon enfant dans une fournaiſe ardente : ainſi eſt-il à Dieu, lors que la Juſtice le contraint de faire une telle punition contre une pechereſſe, que de l'envoyer en l'abyſme infernal, pour là ſouffrir les gehennes & les peines qui ſont ordonnées. Vous nourriſſant dans ce peché, c'eſt vous loger dans un puits fort profond, duquel ne ſortirez, combien que l'entrée en ſoit belle, & la deſcente facile & gliſſante, laquelle en montant eſt ſi rude, que vous ne pourrez vous A y arreſter ny tenir, eſtant impoſſible de ſe tirer de ce lieu, ſans le ſecours & faveur d'autruy. Peſez d'un autre coſté, le temps qu'il y a que le Diable fait ſon effort pour vous faire choir dans ſes rets, afin de vous traiſner avec ſoy au feu infernal, où toutes douleurs & miſeres ſe rencontrent. Pour ne tomber point dans les filets d'un ſi mauvais maiſtre, recourez à Dieu, par l'interceſſion de ce bon & doux Jeſus-Chriſt, avec l'aide duquel on ſort de peché : c'eſt luy qui baille confort & ayde vers la clarté de ſa lumiere, pour le fuyr, & monſtre le bien qu'il y a de ne le recevoir point, d'autant qu'il faut apres l'effacer avec extremes douleurs de l'ame, & grande abondance de larmes. Et qui eſt le pis, c'eſt qu'ordinairement le temps de penitence eſt ſi incertain, qu'il ne vous ſera paradventure octroyé, pour vous en rendre indigne. Avez-vous lettre d'aſſeurance d'avoir temps & lieu propre pour faire confeſſion, ſatisfaction & penitence de voſtre ſale & énorme peché, afin d'en obtenir miſericorde & grace telle que vous puiſſiez éviter l'ire de Dieu? C'eſt tout ce que je puis eſcrire, pour exciter une ame confite dans le mal, à faire banqueroute à ſon peché, pour embraſſer les choſes bonnes, ſainctes & vertueuſes. B A Dieu.

+++

LETTRE XII.

A Monſieur le Baron de Cauſe.

Il le conſole ſur la perte de ſon fils.

VOſtre fils eſt mort, ſur la pointe & prime-vere de ſa belle jeuneſſe, & lors qu'il promettoit le plus de ſoy. J'en ay porté un douloureux regret, pour ce qu'eſtant ſi bien nay, & naturellement compoſé à la vertu, ſon honneſteté, civilité, courtoiſie & ſçavoir, me l'avoient fait aimer. Voſtre angoiſſe en a eſté extreme. Il ne ſe peut faire autrement. Car ſes amis, qui n'eſtoient liez à luy que par un devoir d'amitié, ſe retrouvans veufs & orphelins de ſa douce & profitable converſation, en ont des reſſentimens tres-ſenſibles. Pourquoy vous, qui eſtes le pere, n'en aurez-vous des violens à outrance? Pourquoy ne ſerez-vous agité de diverſes inquietudes, qui toucheront voſtre eſprit au vif, en ce dommage irreparable? Pourquoy ne ſerez-vous outré de douleur? Vous eſtes pere, & en ceſte parole je comprens tout. Comme l'eſprit de l'homme en proſperité eſt prompt à s'éſlever; de meſme ſon rude fortunal de tourmente (ainſi qu'eſt cettuy-cy) eſt facile à s'abbaiſſer. Pour ayder à ceſte imperfection de nature, ſoyez armé de l'excellente vertu de patience : car ſi elle faut en vous, rien ne ſouſtiendra voſtre courage ferme & entier, ains il ſe tournera en une deſordonnée confuſion. Vous me direz que la perte eſt de ſi grand faix, & les douleurs ſi aſpres, qu'il n'y a cœur ſi vigoureux, qui ne fleſchiſt ou rompiſt tout à trac. Et moy je vous reſponds, qu'eſtant muny de ceſte conſtante patience, l'affliction, quelque vehemente qu'elle ſoit, n'empeſchera point de vous relever, à la façon du roſeau, qui ploye & obeyt à la force du vent, & à la parfin demeure droit.

Combien que vous euſſiez perdu coup à coup tous vos enfans (leſquels je prie Dieu de conſerver) que vous fuſſiez environné & accueilli d'une grande traiſnée de malheureux encombres, meſme ſans ordre d'en pouvoir ſortir, que les afflictions fuſſent ſi ſouvent recoupées, que l'une n'attendiſt pas l'autre ; cela ne vous doit eſtonner, ains devez mettre devant vos yeux la bonté & miſericorde de Dieu, qui bien ſouvent nous afflige pour noſtre grand bien & profit. L'amour de Dieu ſe cognoiſt en celuy qu'il viſite de divers fleaux, comme l'amour du pere quand il chaſtie ſon fils. C'eſt un certain pronoſtic de la ſanté deſeſperée d'un malade, quand le Medecin ceſſe de luy ordonner medecine: & lors que Dieu envoye à quelque perſonne toutes ſes aiſes ſans les aſſaiſonner d'adverſitez & diſetes, c'eſt une marque infaillible de C D ſa future decadence ou cheute ſoudaine. Ce vous a eſté un piteux & mal-plaiſant ſpectacle, que de voir mourir voſtre fils : ſi le faut-il endurer, d'autant que Dieu, qui liberalement l'a donné quand bon luy a ſemblé, l'a oſté quand il luy a pleu. La vertu de voſtre eſprit ſe doit fortifier au fort de ce deplorable accident, pour rompre & alentir l'impetuoſité du fil de ce tourment. Car comment vous reputera-t'on vertueux, ſi courageuſement vous ne combattez contre la difficulté des œuvres qui conduiſent à la vertu? Tout ainſi que l'or s'eſprouve à la fournaiſe : ainſi voſtre vertu patiente eſt cogneuë par les miſeres qui vous aſſaillent. Et comme la palme ne courbe, ny ne fleſchit jamais ſoubs la charge, ains ſe redreſſe contrement : de meſme vous ne devez vous laiſſer abbatre ſous la peſanteur de ceſte adverſité, ains fournir de preuve evidente, pour verifier que voſtre vertu ne peut eſtre outragée. Dieu eſtend d'ordinaire ſa faulx ſur celuy qu'il layme, pour le maintenir en ſon devoir, & apres le guerdonner ſelon ſon merite. Le malheur, qui eſt tombé ſur vous, ne procede que de Dieu, & ce qu'il en a fait, n'eſt que pour voſtre chaſtiment & amendement. Imitez en ceſte rencontre, le bon Job (baillé à tous ceux qui ſurvivront, en exemple de patience) lequel entre les ruynes de ſes belles maiſons, plein de groſſes & puantes roignes, ſur un fumier tout nud, ayant devant ſes yeux ſes enfans morts, ſes champs gaſtez, ſon beſtail ravy, & pour comble de ſes peines & meſaiſes oyant ſa femme, comme enragée, maudire les bonnes œuvres qu'il avoit faites, gardoit en ſon cœur une ſaincte patience, afin que Dieu luy luy envoyaſt telles tribulations qu'il luy plairoit, pourveu qu'il demeuraſt touſjours en ſa grace. Souvenez-vous que Dieu fait ſentir l'aſpreté & aiguillon de ſa verge ou pour noſtre amendement, ou pour un preſervatif & contregarde de peché : car noſtre nature eſt ſi prompte & encline au mal, qu'elle s'abandonne ayſément au peché, ſi le frein d'affliction ne la retient en bride. Les maladies, les pertes de biens ou d'enfans, & autres ſemblables ſont pour nous eſmouvoir à repentance de nos fautes: pour empeſcher que ne tombions en peché, & afin que monſtrions à tous un franc & vigoureux courage, preſt à ſouffrir tout ce qui decoule de ceſte divine bonté. Proſperité & adverſité, vie & mort, pauvreté & richeſſe, tout procede de Dieu, dit l'Eſcriture. Que ſçauriez-vous repliquer à cela, voyant la source de la mort de vostre fils? Vous ne sçavez pourquoy Dieu l'a osté de ce monde: peut-estre pour vous descharger de ces cuisans & avares soucis, aprés lesquels halettent la plusparts des peres, qui veulent laisser leurs enfans opulemment riches; afin que puissiez plus facilement vaquer à son service. Pourquoy vous tormentez-vous de sa mort, puis qu'il estoit mortel?

Quand on apporta à Anaxagoras la nouvelle de la mort de son fils unique, vous ne me contez rien de nouveau, dit-il, car je sçavois bien qu'estant sorty de moy, il devoit necessairement mourir; & le voyant trepassé, à quoy me serviroient mes pleurs & complaintes? Bienheureux est-il d'estre mort en bien. Ce n'est que l'amour de vous-mesme qui vous porte à le deplorer: car son interest au contraire vous oblige à vous resjouyr de sa felicité, & n'estre plus martyr de son ayse. Si vous espluchez par le menu le bien qui naist de ceste mort, vous trouverez subject de la porter doucement & plus patiemment que ne faites; car elle fait que Dieu vous regarde en pitié, & excite à quitter les fausses & deceptibles prosperitez de ce monde, pour entrer en la cognoissance de vous-mesme & de Dieu, laquelle dispose puis aprés vostre conscience à recevoir la grace divine. De l'adversité s'engendre la patience, de la patience la preud'hommie, de la preud'hommie l'esperance, de l'esperance une assurance qu'en faisant ce que nous devons, jamais Dieu ne nous laisse. Puis qu'il en va ainsi, resolvez-vous d'endurer avec constance vostre mal, qui est vostre bien. Le Chirurgien tranche la chair de l'homme & la cauterise pour luy donner guerison. Dieu nous afflige pour nous contenir en sa cognoissance & en son amour. Et tout ainsi qu'une pierre de plusieurs coups martelée, est renduë beaucoup plus propre pour soustenir le coin & faix d'une maison: ainsi celuy qui a experimenté plusieurs adversitez, est fait de plus en plus prudent és choses qui appartiennent à l'honneur de Dieu & bonne conduite de sa vie. Ne vous faschez donc, ny descouragez de ceste tant dure & griefve perte (mais eslevez vostre espoir en Dieu, & vous jettez en la franchise de sa mercy. Il est tousjours prest de soulager & aider ceux qui recourent à luy. Et dires comme Josaphat Roy de Juda, environné des Moabites & Iduméens: Seigneur, quand je suis en tel trouble, ne sçachant ce que je dois faire, mon seul refuge est de lever mes yeux & mon cœur à vous, en demandant vostre ayde & grace. Quand vous mettrez en œuvre ceste forme de vivre, nulle adventure ne vous pourra tant alterer, qu'elle vous fasse sortir hors des lices & bornes de la vraye & droicte raison: ains fournira occasion & matiere de monstrer vostre vertu, pour estre rebours & farouche contre les peines qui vous peuvent traverser, & de perseverer tousjours inviolablement en une mesme teneur de volonté, pour soustenir toute sorte de calamitez, quelque pesantes, tristes & douloureuses qu'elles soient. Adieu.

FIN DV CINQVIESME LIVRE.

LES LETTRES
DE NICOLAS PASQUIER,
FILS D'ESTIENNE.
LIVRE SIXIESME.

LETTRE I.

A Monseigneur de Souvray, Conseiller du Roy en ses Conseils d'Estat & Privé, Chevalier de ses Ordres, Capitaine de cinquante hommes d'armes de ses Ordonnances, son Lieutenant general au pays de Touraine, & Gouverneur du Roy.

Moyens pour bien instruire nostre Roy.

NOSTRE grand Henry vous choisit sage, prudent, & de grande experience, pour eslever la jeunesse de nostre Roy. Chose si necessaire & profitable à l'Estat, que s'il est nourry à la vertu, & qu'il succe, comme avec le laict de la nourrice, l'amour des loix & de la Police; son peuple n'en recevra que de riches contentemens. En contreschange, s'il est entretenu dans le vice, & qu'il lasche la bride à l'abandon à toute sensualité, ou bien qu'on luy apprenne à mesurer sa puissance & sa grandeur à la licence de commettre tout acte desbordé & vilain, & se laisser aller à la mercy de ses volontez absoluës; ses sujets n'en ressentiront que de douloureux & tristes mescontentemens. Sa nourriture estant un interest public, chaque particulier est obligé d'y contribuer du sien ce qu'il jugera à propos, & pour les mœurs, & pour le maniement de son Royaume. Ce n'est pas que vous ne sçachiez toutes les choses propres à son élevation au bien & generalement les moyens qu'il luy faut enseigner pour sagement conduire son Estat : mais vous devez recevoir en bonne part ce surcroist d'affection que nous portons naturellement à nostre Roy, & en profiter, si vous jugez que ces preceptes soient utiles pour le rendre exquis, singulier & admirable, tant en ses mœurs, qu'en matiere d'Estat & de gouvernement. Aprés ce beau triage qui a esté fait de vous pour gouverner sa personne, il faut luy donner un homme de lettres, de bonne & saincte vie, non flateur, ny partial pour l'endoctriner : quoyque je desire en luy plustost la bonté que la science. Ce n'est pas une petite entreprise, de dresser un Prince, qui ne re-

çoit correction que par la crainte de Dieu & sa propre conscience : si cela ne l'arreste, ses sujets vivent en grande detresse : c'est le seul frein qui le peut retenir en bride de mal faire, & le ramener dans le train de la raison.

On le doit tousjours sans aucun respit admonester d'aymer & craindre Dieu avec excez, s'il ne veut qu'il le punisse non seulement en l'autre vie; mais aussi bien en celle-cy, en luy procurant & envoyant malheurs sans nombre, changeant & alterant tellement son cœur & son entendement, que toutes ses affaires iront à tastons & à reculons.

Monstrez-luy que sa puissance & son execution derivent de Dieu, par la grace duquel il regne, & auquel il faudra qu'il rende compte de son administration, suivant laquelle il le jugera.

Exhortez-le souvent de soulager ses sujets, de reverer l'Eglise, rendre justice tant aux pauvres qu'aux riches, promouvoir & eslever les gens de bien aux charges, & d'entretenir par tous moyens la paix en son Royaume, en reculant la guerre au loin. Ces enseignemens s'imprimeront si fort en sa memoire, que tout le reste de ses jours il en profitera grandement : dont on cognoistra que c'est chose fort bonne & très-necessaire à un Roy, & utile à ses sujets, que la saincte nourriture en un aage tendre : car il s'en sent toute sa vie. La parfaite nourriture d'un jeune Prince luy donne une perfection de vertu en la continuation, progrez & consommation de son aage.

Quand il aura cet amour & crainte de Dieu gravée profondément au cœur, il fermera la barriere au vice, pour rendre ses mœurs belles & sa vie bien attrempée, afin que ses sujets sur le modele de la sienne forment la

leur.

leur. J'estime qu'il n'y a chose au monde qu'un Prince doive plus desirer, que d'estre en toutes vertus si accomply & parfait, que sa vie, ses œuvres, & la remembrance de ses faicts soient exemplaires & enseignement à un chacun des siens, & donnent loy à tout le reste des vivans pour les ensuivre.

Qu'il soit prudent: je veux dire qu'il s'acquiere un sens parfaict & clair entendement. Quand ceste vertu l'accompagnera, il aura un beau miroir, où il verra ses défauts, ce qui luy messied, & ce dont il peut estre blasmé & repris.

Voulez-vous qu'il ne faille jamais? qu'il soit juste, qu'il poise, balance, mesure & departe toutes choses selon l'équité, en donnant & rendant à chacun ce qu'il doit avoir, ou ce qu'il a desservy. C'est le seul & unique moyen de faire vivre son peuple en paix & le gouverner en toute felicité.

Qu'il apprenne de bonne heure de combien luy importe d'estre continent & moderé aux mouvemens de la chair, gourmandise, yvrognerie, convoitise, prise de biens des siens, & autres tels vices, qui traisnent apres soy la ruyne du corps & de l'ame, & la plus-part du temps, de son Estat.

Plantez-luy la magnanimité dans le cœur, qui pousse un Prince à estre vaillant, à n'estre espris ny de peur, ny de joye: car comme il est de nature sans peur au milieu du peril, aussi est-il moderé en sa prosperité, & ne fera jamais qu'actes vertueux & dignes de perpetuelle memoire. Rien ne l'estonnera. A mort mesme luy semblera petite peine à endurer pour acquerir l'honneur & un bon nom.

Qu'il se monstre facile à aborder pour donner audience tant au petit qu'au Grand. C'est pour le faire priser & aymer, & tirer un singulier profit: car entendant la verité nullement ombragée, & luy estant les choses representées en leur naïfveté, il fera des merveilles, qui contenteront luy & ses sujets. Aussi se voit-il à l'œil, que la plus-part de ceux qui approchent un Prince, luy desguisent la verité, tellement que le public en souffre beaucoup. Encores souhaitte-je qu'en ceste facilité, l'expedition soit prompte, & accompagnée d'un visage riant & d'une chere ouverte, d'autant que la longueur en un Prince qui a un peuple à gouverner, est mal-seante.

Qu'il fasse monstre de son pouvoir à bon escient contre ceux qui à tort & sans raison affligent les simples, foibles & petits. Car son vray office est de garder les bons de l'oppression & violence des meschans, & punir les mal-faicteurs, quelque grands & puissans qu'ils soient, sans que les prieres & importunitez de ses favoris puissent trouver place en son endroit. Sainct Louys (ancien tige de nostre Roy) à l'instante & chaude poursuitte des Grands de son Royaume, pardonna l'offense de mort à Enguerrand de Concy, qui avoit faict pendre trois jeunes Flamans pour avoir chassé aux Counils dans ses bois. Encores en luy pardonnant, si le condamna-t'il à fonder deux Chappelles, qui serviroient à prier Dieu pour l'ame de ces trois enfans, en dix mille livres parisis d'amende, dont fut basty l'Hostel-Dieu de Pontoise, le dortoir des Freres Prescheurs, & l'Eglise des Freres Mineurs de Paris, & aller en personne en la Terre saincte trois ans entiers faire la guerre contre les Sarrasins à ses propres cousts & despens. Grand exemple pour un Roy, qui doit la justice; qu'un Seigneur de telle marque & de si haut parage; lequel n'avoit pour parties des gens de compte ny d'estime, ains de basse estoffe, trouva à peine remede de sa vie. O la belle chose à un Roy, que de faire punir les malfaisans! Toutesfois il recognoistra qu'il tient icy-bas la place de Dieu, lequel regarde en pitié ceux qui ont mesfait; non pas que pour cela le Justice en doive estre retardée, que quand le faict est remissible. Car si Dieu usoit de sa rigueur, qui se pourroit sauver? Tout ainsi qu'il tient en longueur son jugement par pitié, aussi le Prince le doit faire pour bien & dignement regner. Mais sur tout, je souhaite qu'il évite la colere & la soudaineté en la punition des crimes. Plusieurs Princes se sont à loisir repentis des soudaines punitions, & jamais de celles qui se font faictes avec une meure deliberation.

Qu'il aime sur tout, la chose publique, & manie luy & son peuple par la loy de la raison. Je veux dire, qu'il gouverne si bien sa maison, ses Officiers, & conserve ses sujets en telle sorte, qu'ils ne soient aucunement foulez de divers impositions & malletotes, ny par les Partisans, qui en deux ou trois ans deviennent riches grossiers; qu'il soit liberal, en ne vivant & ne donnant que du sien, & qu'il se garde d'estre prodigue, ny par trop escharse: car il advient souvent du mal à celuy qui ne garde point de mesure. Qui donne tout, est reputé fol; qui retient tout, est reputé pour méchanique. La vertu gist au milieu, toute propre à un Prince, & qui le fait aymer. Le Prince recompense largement celuy qui l'aura bien servy. Le Prince est nud d'honneur, lequel oublie un service signalé. Qu'il s'occupe à vuider les grandes affaires de son Royaume. Qu'il soit tellement veritable en ses promesses, qu'il n'y ait celui qui ne s'arreste & asseure en ses paroles, qu'il gardera avec telle Religion, qu'on n'y trouve nul défaut: y manquant, son honneur est souillé, son regne obscurcy, lequel prend, avec trait de temps, une piteuse fin. Il doit plustost abandonner sa vie, que sa foy. Qu'il soit curieux que l'on parle bien de luy, quant à soy, & pour l'amour de soy, parce que cela luy est necessaire, & utile pour l'edification de ses sujets. Que pour ses advertisez il ne se contriste desordonnément ny facilement: enfin, que toutes ses œuvres tendent à la vertu. Quand il vivra de la façon, il ne regnera pas pour son utilité propre, mais à l'honneur de Dieu, & au profit de tout son peuple.

Remonstrez-luy sans aucune entrecesse que s'il desire la grace de Dieu, & la bien-vueillance de ses sujets, il doit choisir en tout son Royaume dix ou douze preud'hommes eslevez en entendement, pour le conseiller en toutes ses affaires: car plus clair voyent plusieurs qu'un seul.

Et quand il ne se conduira par l'avis de tels personnages, la necessité l'accablera, ses pays se diviseront, & feront pauvres & sans justice. Qu'il passe donc ses affaires par l'alambic de ces Messieurs. Tout Prince qui use de conseil, n'est jamais trompé, & peu souvent se fourvoye du chemin de la raison. Celuy durera peu, qui souffre qu'on luy remonstre les abus qui courent en son Estat. Et comme il doit procurer le profit de plusieurs, aussi est-il obligé de mesurer tous ses faits par le conseil de plusieurs. Qui ne le fera, succombera sous le faix. Tout ainsi que la crainte de Dieu retient le Prince d'abuser de son authorité; de mesme ce qui empesche ses Conseillers de se detraquer de leur devoir, c'est la crainte du Prince, qui les doit bien gager, afin qu'ils soient par là excitez à bien faire, & ne prendre dons & presens que de luy: car se rendant pensionnaires d'autres Princes, ou se laissant corrompre, la justice, ny les affaires du Roy ne se conduiroient avec droicture, ains avec toute injustice, à son dommage & son deshonneur, & de tout son Royaume.

Qu'il apprenne de bonne heure, que le principal nerf de son Estat, gist au maniement de ses Finances. Car apres le service qu'il doit rendre à Dieu, & la justice à ses sujets, il n'a rien plus necessaire, que d'entendre diligemment à la conduite de sa vie, en vivant de ses revenus & anciens domaines. C'est un grand mal, quand un Prince par ses folles despenses vend, donne & engage son domaine ou autres biens, ou qu'à l'occasion de ce, il taille son peuple. Il se doit garder de folles mises & mauvaises prises: c'est-à-dire, que ses deniers soient bien pris & bien mis. Il y a deux moyens pour dresser un thresor public: l'un, en conduisant avec bonne regle son domaine & ses fermes, sans faire tort à personne, & n'entreprenant guerre que par l'advis des Estats de son Royaume; car la guerre est un gouffre, qui consume toutes les Finances: l'autre est, d'assembler deniers par tailles, aydes, subventions, empirement de monnoyes, & toutes autres nouvelletez, qui ne regardent que la ruyne du peuple. La tierce lignée, ny mesme quelquefois la premiere, ne jouïra jamais d'un

thresor

thresor amassé par ceste voye tyrannique. Dieu permettra qu'il soit dissipé ou par dons, ou par guerre, ou mille autres moyens qu'il fera naistre. Pour n'en venir là, que le Roy se garde de bonne heure d'une infinité de plaisirs superflus, de legeres entreprises, des dons immenses qu'il est violenté de faire à ses mignons par leurs importunes demandes, afin que sous l'ombre de tels subjects il ne soit forcé de tyranniser son peuple, & que d'une honneste liberté il ne se laisse glisser en une licence effrenée. Le bien qui luy arrivera de ce thresor, fait de son escharse espargne, ne sera pas petit: car ses ennemis le redouteront; chacun souhaittera son alliance, & puis il aura tousjours gens en estat de le servir, soit en paix, soit en guerre, sans travailler ses sujets. Au contraire, s'il se retrouve sans thresor, la necessité le forcera de travailler son peuple de nouveaux imposts, de corrompre la Justice, & commettre plusieurs autres actes tyranniques, qui luy feront encourir la haine de Dieu & de son peuple, avec une trés-mauvaise renommée qui le suivra. Quand tous les ans il mettra en reserve le cinq ou sixiesme partie de son revenu, & que du residu il en dressera son Estat, il trouvera insensiblement son thresor fait. Qu'il se garde bien de mettre l'état de sa despense devant la recepte. Il doit, selon la grandeur de ses Finances, ordonner son Estat, & regarder que toutes choses soient si à propos departies, qu'elles se conduisent à la proportion de son revenu.

Pour plus asseurer sa couronne, que son Arsenal soit tousjours bien fourny d'artilleries, harnois de guerre, mousquets, picques, pertuisannes, halebardes, & autres armes propres à la guerre, pour s'en ayder en une prompte & soudaine affaire. En gardant ceste forme de vie, il espargnera ses sujets, desquels il se servira avec une volonté libre, aux grandes & urgentes necessitez. Car plus riche thresor est d'avoir un peuple riche, & son amitié, lequel à son besoin le secourra de bien, de corps, de cœur, & de tout ce que Dieu luy a presté. Le Roy est bien abusé, qui croit estre aymé de ses sujets, à qui contre leur gré il prend le bien; leur amitié est en la langue & és yeux, & la malvueillance au cœur, lesquels au besoin luy feront banqueroute & faillite.

Ce n'est pas assez qu'il ait fait bonne provision d'or, d'argent, & d'armes pour le soustien de son Estat: il luy faut outre cela dresser nombre de compagnies de Gendarmes & d'Infanterie, trés-utiles à la conservation du Royaume.

Tout ainsi que les bras & les mains sont necessaires au corps, lesquels à son ayde & commandement se meuvent; semblablement les gens de guerre doivent estre prests pour obeïr aux commandemens du Roy, sans espargner ny vie, ny corps, ny biens. Le Prince sans cavalerie & Infanterie n'a non plus de pouvoir, qu'un corps sans le secours des bras & des mains. Toute ceste Gendarmerie sert pour la conduite des guerres & des batailles, le maintien de l'Eglise, de la justice, & de son Estat. Pour faire que la gendarmerie soit d'eslite, que le Roy commande que les forts de corsage, & d'aage gaillard soient prins, ausquels l'on apprenne la discipline militaire: car plus valent dix mille soldats triez & choisis & bien disciplinez pour soustenir l'Estat, que quarantemille d'autres, lesquels servent pour adextrer & nourrir en ceste discipline ceux qui viennent après.

S'il veut plaire à Dieu qu'il n'entreprenne une guerre injuste, pleine d'ambition, de laquelle ses sujets seroient endommagez, lesquels Dieu luy a baillé sous sa protection pour les defendre de toute oppression. Rien ne peut tant grever son peuple, que la guerre, qui gaste & destruit tout. Si son voisin la veut exciter contre luy; premier que d'y entrer, qu'il envoye Ambassades le trouver, pour adviser aux remedes de tramer une bonne paix, avant que de tomber en l'extremité d'une guerre.

S'il voit qu'il n'y ait moyen d'en venir à un, c'est au Roy d'assembler les trois Estats de son Royaume, ausquels il remonstrera veritablement la source de leur dispute, & les priera de luy donner un bon & salutaire conseil, & franchement le servir, ayder de leur vie & de leur bien pour son honneur & sa reputation, ne voulant de sa part y rien espargner: les conjurera de peser à la juste balance le conseil qu'ils luy donneront, afin que leur deliberation soit honorable & de durée.

Quand il usera de conseil, il ne sera jamais blasmé ny repris de ceux qui le servent & secourent. Le chemin pour venir à la guerre, est aisé à trouver, & y est-on tantost arrivé; mais les issuës pour en saillir, sont dangereuses & difficiles. Ce sont là les voyes que le Roy tiendra avant que de venir à la guerre. Car s'il en entreprend une contre le droit & la raison, & qu'il ait le dessus de ses ennemis, il luy faudra un jour rendre compte à Dieu de la mort de tant de Noblesse, de gens d'Eglise, laboureurs, artisans & autres, qui auront esté tuez, assassinez, des femmes & filles violées, de tant de personnes mortes de faim, d'Eglises, Monasteres, Villes, Chasteaux & maisons démolies & bruslées, & de tant d'exactions & rançonnemens faits sur son peuple. Quel jugement peut attendre & esperer le Roy, qui aura donné par son imprudence la cause à tant de cruautez & miseres?

Je ne veux pas pour cela si aucun de ses sujets venoit à faire une sedition civile & attentat de nouvelleté au gouvernement de la chose publique sans vouloir entendre ne entrer en voye de justice, qu'il ne doive puissamment y resister pour garder son honneur & son authorité, & secourir son peuple avec la force: car lors il a raison de ne rien craindre, & de conduire la guerre si vertueusement, que la victoire en soit sienne, & la memoire à tousjours, pour monstrer qu'il est Prince curieux de garder son droit, & gaigner honneur & gloire. Ceste procedure est le moyen d'empescher tout le trafic des Grands, qui voudroient conduire sourdement, ou à huis ouvert, une orne à la ruyne & destruction de son Estat. Ce n'est pas le fort, de commencer la guerre; mais c'est le maistre, de bien & vertueusement mener son entreprise contre ses ennemis, y estre large, aspre, diligent, & tellement les haster, qu'ils n'ayent loisir de mettre le pied à terre, ny le recognoistre.

Le plus beau & sain conseil que vous luy puissiez donner pour entretenir ses sujets en union & concorde, c'est qu'il voyage par les Provinces de son Royaume, en s'enquerant diligemment du gouvernement de sa Noblesse, de la conduite de ses Officiers, & de leur reputation: si par leur dissimulation ou tolerance les Seigneurs de ses contrées gourmandent son peuple, afin de les punir selon l'exigence des cas. Deux choses font que les sujets ayment leur Prince, quand il le garde & conserve dans leurs anciens privileges; & punit ses Officiers & les Grands qui les vexent & travaillent outrément: car trop desplaist à un peuple qui est for-mené & traité d'autre façon que n'ont esté ses devanciers. Aussi souhaite-je par une mesme raison (chose qui le fera tousjours respecter & honorer) qu'il soustienne, garde & defende ses Officiers contre les Grands, qui seront si advantageux & outrecuidez, que de vouloir entreprendre contre leur authorité, au desadvantage de celle du Roy.

Je ne desire plus du Roy, qu'un choix de certaines personnes, ausquels il commande absolument de luy dire nettement ce qu'ils verront mal avenant à sa dignité, ou s'ils viennent parler de ses vices & imperfections, afin qu'il s'en corrige: chose qu'il doit prendre benignement & patiemment, puis que pour son bien il l'a ainsi voulu.

Outre tout ce que je vous ay déduit, il n'y a rien qui plus adresse nostre Roy à la vertu, que luy ramentevant souvent les exemples des loüables & vertueuses actions des Roys ses predecesseurs, entre lesquels je n'en voy point de plus accomply en son tout, pour luy estre donné en patron, que Louys douziesme, la gloire paradoxe duquel est demeurée imprimée en la fantaisie des hommes, & perpetuée jusques à nous, par le bon gouvernement que, dés l'entrée de son couronnement, il apporta au maniement de cet Estat. Car sans effusion de sang & sans perte de gens, il appaisa les troubles de ce Royaume, & aucuns de ses voisins il retira à luy par amitié & alliance, les autres reprima & rebouta par vertu & force ce d'armes, tellement qu'il garda ses sujets de toute oppression, & leur donna paix & repos : puis par bonnes & sainctes loix reforma la Justice & police de ce Royaume, diminua & rabattit d'abord les tailles & les subsides de la dixiesme partie, & après successivement jusques à la tierce : donna ensuite tel ordre, qu'il fit revivre la discipline militaire, qui estoit presque toute abastardie ; & pourvoyoit aux Offices de Judicature de gens sçavans & de bonne vie (non à l'appetit des Dames & de ses favoris) lesquels ils faisoit chercher à toute diligence par l'estenduë de son Estat, sans que le plus souvent ils en sceussent rien : de façon que tous ceux qui estoient appellez aux charges publiques, decoroient grandement leurs places, qui donna cœur & occasion à tous autres de se rendre sçavans & faire gens de bien, d'autant que sans ce ils ne voyoient aucun chemin ouvert pour estre pourveus à tels Offices par moyen d'amis & d'argent. Rememborez-luy la preud'hommie de ce bon Roy, qui garda sa promesse à toutes personnes, quelques meschantes & scelerates qu'elles eussent esté à leurs maistres. Comme il ne faillit en rien de ce qui avoit esté promis à Bernardin de Court, lequel luy rendit le chasteau de Milan. Recordez quant & quant la clemence dont il usa envers les Genevois, qui s'estoient revoltez de son service : de tous lesquels il n'en fit chastier que trois ; encores ce qu'il en fit, ce fut plus pour l'exemple & pour le scandale, que pour user de vengeance.

Ce qu'il tesmoigna à la vefve & aux enfans de Paul de Nouë (qui avoit esté si presomptueux que d'accepter le titre de Duc en icelle cité) à laquelle il remit tous les biens de son mary, tant pour son entretenement, que de ses enfans. Acte veritablement grand, d'avoir vaillamment & glorieusement vaincu, mais plus grand d'avoir pardonné : car l'un derive de force & de hardiesse ; & l'autre, d'attrempance & de bonté. Quand vous luy parlerez des Princes de son sang, monstrez-luy comme ce bon Roy les avançoit & honoroit en son Royaume : ainsi qu'il se vit en la personne du Duc Pierre de Bourbon, lequel pour sa bonté & vieillesse il revera tant qu'il vescut, comme son pere ; & d'autant que ce Duc n'avoit qu'une seule fille, qu'il falloit marier avec Charles de Bourbon Duc de Montpensier (qui depuis fut Connestable) pour maintenir sa maison en sa grandeur ; ce Roy non seulement en fut content, mais consentit liberalement que les Duchez de Bourbon & d'Auvergne, & autres terres qu'il pretendoit devoir retourner à la Couronne, demeurassent au Comte de Montpensier & aux siens : tenans à grande gloire que par son moyen & par sa liberalité la maison de Bourbon fust & demeurast plus grande & plus puissante que jamais n'avoit esté en

nul temps. Et au regard du Comte d'Angoulesme (qui fut depuis François premier) son nepveu & plus proche parent, il luy donna la Duché de Valois, & (qui est plus grande chose) sa fille unique en mariage. Le semblable fit des Ducs d'Alençon, des Comtes de Vendosme, de Foix, de Dunois & de Nevers, qui estoient tous jeunes, lesquels il tascha par tous moyens de bien faire nourrir & adextrer en tous actes vertueux, pour le grand desir qu'il avoit, qu'ils fussent gens de cœur & de vertu.

Ce n'est pas sans raison que je vous ay dit qu'il eslevoit ces Princes hautement dans son Royaume : car de les marier richement & avec de grandes Seigneuries hors de la France, c'estoit chose trop perilleuse pour cet Estat : car se voyant grands en richesses, & forts en hommes, ils se peuvent mescognoistre, & tourner leurs armes contre leur mere : ainsi que firent les Ducs de Bourgogne : car quelque sage & prudent que fust Charles cinquiesme, il fit Philippes son frere si grand & si puissant, que ses successeurs mirent cet Estat en tel desarroy & necessité, que jamais il ne fut en plus grande. Ce Roy bailla plustost à Philippes son frere, Dame Marguerite de Flandres, à femme, que de la prendre pour soy : en faveur duquel mariage, il luy donna la Duché de Bourgongne, & plusieurs autres terres & seigneuries, desquelles la maison de Bourgongne fut si rentorcée, ayant le Comté de Flandres, & les autres terres qui estoient du propre de ceste Dame, que le Duc Jean fils de Philippes osa entreprendre, au temps de Charles sixiesme, de faire tuer dans la ville de Paris son cousin germain le Duc Louys d'Orleans, frere de Charles sixiesme, & puis venir en personne en la presence du Roy, si bien accompagné, qu'il n'eust crainte d'estre offensé. Nos histoires sont pleines des maux & malheurs que produisit cette alliance estrangere, à la France, après que Jean fut tué, la mort duquel bouleversa ce Royaume sens dessus dessous, lequel se vit à la veille de se voir privé de son naturel Seigneur, pour estre commandé par une nation estrangere, si Dieu miraculeusement n'eust suscité des personnes propres pour son maintien & conservation.

Quand le Roy en la teneur de sa vie se conduira de la sorte que je vous ay escrit, sans rien mettre à nonchaloir, il tesmoignera n'estre novice, lors qu'il doit estre maistre : & aura occasion & matiere de monstrer sa vertu, avec une hautesse de conceptions, & une efficace de venir à bout de toutes ses entreprises, mesme de prendre tel visage & tel langage que le temps requerera. Qui sera un fer de vertu excellente & heroïque ramassée en soy, pour vouloir defendre les choses justes & raisonnables, & conduire toutes les autres au juste niveau de la raison. Adieu.

LETTRE II.

A Monsieur de Balanzac, Gentilhomme Xaintongeois, Lieutenant pour le Roy en la ville & chasteau de Parthenay.

Il discourt des miseres de la France pendant la minorité du Roy.

IL y a quelque malheur caché, qui talonne vos affaires : car vous diriez que le ciel & la terre conjurent contre elles. Vostre maladie y apporta le premier obstacle : depuis, ma sœur vostre femme empescha d'y donner atteinte : maintenant que nous estions en termes d'y mettre une fin, (le temps maistrier ayant reduit les volontez à ce point) la maladie publique nous en oste le moyen. Voyez combien de barrieres se presentent au-devant de vostre dessein. Pour parler en paroles prophetes, je croy que Dieu se met de la partie, pour vous exciter à un amendement de vie. Le trouble n'est point encore si eschaufé, que nous ne nous puissions bien rendre à Poitiers, ou en tel lieu que vous desirerez pour achever. Quant à moy, je seray tousjours prest : car nous n'avons rien de certain, en la fluctuante incertitude en laquelle nous vivons, que l'incertain. Si je mourois en

cet entre-temps de divisions, vos nepveux ne pourroient ce que je puis. S'il se presente quelque claire serenité au travers de ces émotions publiques, ne laissez envoler l'occasion, de crainte de retomber dans la mesme longueur, ou plustost langueur en laquelle nous nous retrouvons enveloppez. Je prie Dieu que les affaires de la France prennent un bon train : car j'apprehende que tant plus elles iront en avant, & tant plus elles se porteront au mal. Nous sommes à la veille (si Dieu ne nous regarde de son œil de pitié) de voir la mutation de l'Estat, ou son definement, ou un fort changement de main : car il a receu si grands eschecs depuis la deplorable mort de nostre grand Henry, que je doute qu'il ne soit malé. Les Royaumes ont leurs revolutions & entresuites, ainsi que les autres choses. Tout y tend, le commerce public des estats de Judicature, de la maison du Roy, des Benefices &

& des Evesques, que les Courtisans ont en proye, le desordre qui court par tous les ordres de la France, le grand faix duquel est surchargé sur le commun populaire, les Prescheurs qui servent de trompettes, nonces & avant-coureurs au milieu du peuple pour donner feuille & voye aux mauvais desseins des Grands, leurs divisions & inimitiez : à quoy j'adjouste le bas aage de nostre Roy, pendant lequel, ses Princes & grands Seigneurs abusans de sa foiblesse, se donnent tel jeu qu'ils veulent, & peuvent tout ce qu'ils veulent. Car chatoüillez, amorsez & envrez de la douceur de commander, ils se debordent en toute extremité de licence, jusqu'à s'oser attribuer plus qu'il n'appartient, & se laisser transporter desordonnément par tout où leur cupidité les meine : si qu'enfin agitez çà & là de divers desirs, ne peuvent imposer loy à leurs insatiables & desvoyées convoitises, lesquelles de plus en plus croissent tous les jours, & plus furieusement s'eslevent sans fin, pour licentieusement & à bride avalée imperer. Que de regret j'ay, de voir en combien de façons ces Grands, ennemis profez de ceste Monarchie, sont ingenieux à sa ruyne ! Il n'y a affection qu'ils n'exposent, ny cœur qu'ils ne desployent pour la destroubler de son repos, & la devouer à la calamité perpetuelle, l'estreindre, enserrer & entraver au joug de servitude, afin de s'affranchir par voyes obliques, sombres & couvertes, de l'ancienne obeïssance qu'ils doivent à leur Roy, lequel ils veulent desheriter de son Estat. Ils symbolisent tous en ceste volonté, & se prestent l'espaule pour l'eschantillonner à parcelles, & l'esmorssiler à pieces à leur profit, afin de retrouver leur grandeur dans ses despoüilles.

Voilà comment leur ambition inespuisable & sans frein, est montée en tel excez, que d'une esperance affamée ils partagent l'Estat, & introduisent une mer de guerres pour espuiser le Roy d'or & d'argent, & mettre tous ses thresors en desarroy. Je ne sçay quel relasche nous trouverons aux flots & reflots de tant de miseres que produist une guerre civile, des effets de laquelle derivent plusieurs & divers rejettons, jusques à ce que pour closture finale, l'Estat se trouve ou du tout changé, ou ruyné. Il n'y eut jamais guerre civile, qui n'ait enfanté un chaos, meslange, & dissolution generale de toutes choses : car lors miserablement un Royaume se donne en proye au feu & au fer, qui sont les avant-messagers de ses mauvaises aventures, qui durement l'assaillent de toutes parts, jusques à ce qu'ils luy ayent fait rendre les abois. Et après tant de heurts ainsi repliquez, il devient, comme un esparve, exposé à la mercy du premier occupant, qui luy apporte le dernier accomplissement de sa ruine.

Je ne cherche plus ceste vraye face d'Estat, que la France gardoit au temps de nostre Grand Henry, ains seulement un preparatif general de changement, un monde de miseres, & une longue traisnée de maux, qui dispense grands & petits en toute licence, par laquelle ils croyent la voye leur estre eslagüee à toute domination. La maladie de ce Royaume est desesperée & chronique ; si Dieu, par son ineffable puissance, n'ouvre les moyens pour tranquilliter ce meslange & desbauche de toutes choses. O que chacun de ces Grands vivroit bien, si le moins qu'il luy seroit possible, il vivoit à soy-mesme ! Nul ne vit plus abandonnément, que celuy qui vit à soy, & ne pense qu'à son profit. Je me resous pendant ces desbauchs, de temporiser à tous ces infortunes, pour vivre & mourir avec l'Estat. Adieu.

LETTRE III.

A Monsieur de S. Legier, Enseigne de la compagnie de Gendarmes du Duc d'Espernon.

Prison du Prince de Condé.

LOrs que j'eus l'honneur de vous voir à Congnac, nous parlasmes de la haute fortune, en laquelle n'agueres estoit eslevé le Prince de Condé, qui avoit avec une puissante & forte armée passé par le milieu de la France, & par maniere de dire, forcé tous les obstacles & digues qui s'estoient presentez à luy, fait une paix telle & si advantageuse qu'il pouvoit desirer & pour la grandeur de soy & des siens ; en suite de quoy, il s'estoit veu gouverneur de toute la France, & maintenant, qu'en un clin d'œil il se voyoit par une male fortune confiné dans une forte & serrée prison.

Je souhaiterois que ma plume peust produire des paroles de choix & de marque, pour vous rapporter au naïf, en subject de si riche estofe, l'histoire de la bonne & mauvaise fortune de ce Prince. Mais n'y pouvant atteindre, je me promets tant de vostre bien-veillance, que vous pardonnerez aisément à la rudesse & infertilité de mon esprit, ayant plus d'égard au desir que j'ay de servir le public, qu'à des paroles mal tissuës. En l'an 1595. nostre grand Henry receut le grand faix qu'il avoit sur les bras, sans avoir aucuns enfans qui peussent succeder à la Couronne après sa mort, depescha le feu Marquis de Pisany, l'un des plus attrempez personnages de ce siecle pour la conduite d'un jeune Prince, afin d'aller prendre le Prince de Condé dans la ville de Saint Jean d'Angely, lors aagé de sept ans, pour estre instruict en sa Cour. Le Roy donnant ceste charge au Marquis de Pisany, luy demanda, ce qu'il apprendroit à ce Prince ? A bien servir vostre Majesté (dit-il) vos enfans legitimes, & l'Estat tout ensemble. Quand toute la teneur de sa vie sera accompagnée (comme je le promets) de ce sainct enseignement, le fort boulevart, que nous aurons contre les advenuës & entreprises de tous les Grands de ce Royaume ! Le beau & grand rampart & propugnacle de la liberté Françoise qu'il sera au milieu de ses afflictions ! Arrivé qu'il est en Cour, ce bon Seigneur fléchit, forma, dirigea & conduisit sa vie à la reigle de l'obeyssance, qu'il avoit promise au Roy. Le Roy se maria avec la Royne mere, de laquelle il eut des enfans, & dés lors commencerent ses desfaveurs, qui continuèrent jusques en l'an 1609. que le Roy luy tint des paroles aigres & mordantes, qui ressentoient entierement leurs injures, lesquelles l'obligerent de quitter la France pour passer en Flandres luy cinq ou sixiesme, où ne trouvant en seureté, il se rendit à Milan, travesty avec des siens. La mort de nostre grand Henry survenüe, il reprend les brisées de la France, où il fut glorieusement receu & bien-veigné, soit du Roy, qui espandit sur luy la plenitude de sa grace & de ses richesses, soit generalement de toute la Cour. Toutes choses luy rioient. Il commence à se mesler bien avant des affaires, & recognoissant estre le premier Prince du sang, creut qu'une partie de l'authorité devoit resider en luy. La Royne mere lors Regente, le recula des affaires. Ce qui luy donna subject, avec ses Partisans, après un beau Manifeste, de prendre les armes pour demander l'assemblée des Estats, en laquelle il ne vit qu'un esclair de son esperance. Comme il se voit trompé de ce costé-là, il reprend avec les siens les armes à face ouverte, & dresse une grande armée, prodigue & du sang & de la vie de ses compatriotes ; laquelle ainsi qu'un furieux torrent, rompit toute barriere pour se faire voye par ce Royaume, qui fut pour lors exposé au-dessous de toutes affaires, & reduit par divers bauts à toute extremité de disette. Il demanda la paix, les armes en la main : la paix est faite telle & si advantageuse, que ce Prince & ses confederez pouvoient desirer. Le pretexte du commencement de ceste guerre ne regardoit que le bien public : mais la fin (ainsi qu'il arrive de tels desbauchs) n'a esté que

que le profit particulier de tous ces Messieurs. La paix faite, arrestée & concluë, ce Prince tomba malade d'une maladie, de laquelle les Medecins desesperoient. O le grand heur pour luy, si aprés une suite d'actes paradoxes, il fust mort en ce periode! La mort nous met les prosperitez en seureté. Quand il a recouvré la santé, le voilà en Cour, où il commence de gouverner toutes les affaires de l'Estat. Mais Dieu, qui dissipe en un instant, comme un estourbillon, toutes les pensées de quelque grand qu'il soit, fait avorter les siennes en sa naissance, il l'accule en tous ses desseins, & le fait florir & fenir quant & quant. Il a veu la chance du jeu tournée : car enfin il s'est trouvé lourche, lors qu'il pensoit estre maistre du tablier. Ayant attaché ses entreprises au temps, sans penser aux accidens inopinez de la volonté Divine, il s'est veu forclos & entierement dejetté de ceste grande esperance qu'il avoit embrassée du maniment de l'Estat : elle a esté comme un feu d'estoupe ; un espoir sans espoir de ressource. Remarquez quelle revolution. Un Prince monté à telle hautesse de grandeur, qu'il gouvernoit avec une puissance absoluë, & n'estoit dedit qu'en ce qu'il se vouloit estre, est en un tour de main reduit à l'estroit, & abandonné de tous les siens. Changement esmerveillable, & digne d'estre corné aux oreilles de nostre posterité, que celuy qui pensoit estre bien asseuré à sens humain, a pleinement, & comme à l'œil, cogneu toutes ses opinions renversées, & en tel desarroy qu'elles demeurent en friche, & sa fin aboutie à une malheureuse prison! Quand nous voyons quelque Prince ou grand Seigneur avoir le dessus du vent ; ou bien que favorisé de la fortune, il advance journellement ses affaires ; qu'on voit en luy un grand conflus de felicitez, desquelles il se laisse aveugler ; enfin que la faveur du Ciel se desbonde en luy : si nous ne voyons qu'il soit frappé d'un heurt de traverse ou malheureux revers, qui le fasse servir d'un pourtraict de calamité & misere, de rebut & bute de risée ; que les malheurs luy courent en foule, qu'il luy descende sus une influence celeste de toutes malencontres, qui sont autant de coups de l'ire de Dieu, & d'assauts de la Justice Divine, & qu'aprés avoir senty plusieurs & diverses secousses, le bon-heur luy fasse faillite, lors chacun dit que ce sont coups de fortune, laquelle est un vray jonc d'estang, le jouet de la bise, ou quelque girouette inconstante, qui fait la volonté des vents, pour faire prendre à un Prince ou Seigneur de marque divers plis. Mais je veux laisser ce mot de fortune (lequel par longue traisnée de temps s'est insinué parmy nous) pour donner le tour à Dieu, qui dés le commencement, selon sa providence sagesse, arreste ce qu'il doit faire, & puis execute, selon son pouvoir, tout ce qu'il a proposé. Les choses de ce monde se reglent par une entresuite, ou, pour mieux dire, par un éternel jugement de la volonté Divine, laquelle ne peut faillir en ce qui est par elle determiné. La prosperité & adversité découle de Dieu. Je diray donc que ceste providence suprême & premiere, a voulu que ce Prince sentist ce bien, & puis ce mal. D'en dire la raison, je ne puis, d'autant qu'elle m'est cachée, & incomprehensible à l'entendement humain, n'estant du tout point en sa puissance. Vous cognoissez par tout ce discours, qu'il n'y a rien si aisé à perdre un Prince, ou tel autre, quel qu'il soit, qu'un grand flot de bonne fortune, un plus & longue suite d'un heur absolu ; lequel couve ordinairement au dedans de soy un grand precipice, qui luy procure plus de tourment, que la joye n'a esté grande pendant qu'il estoit en vogue. Que de mal dans un aise bouillonnant, qui le rend forgeron de sa misere, pendant laquelle il peut d'un perpetuel pensement remascher & descouvrir en soy les effects de Dieu, pour apprendre à se contenir dans les bornes de son devoir! Considerez maintenant, combien Dieu mesprise ceux qui se sient plus en leurs forces & conseils, courans sans cesse aprés une fuyarde esperance des choses mondaines, qu'en la seule grace & toute-puissance. Il abaisse, quand il luy plaist, toute force & hautesse, & luy tourne tellement le sens à contrepoil, qu'il renverse & jette par terre ses inventions, & rend les entreprises vaines. Il en use comme des feüilles, lesquelles à la saison d'Automne il vent fait tomber, & le temps printannier en produit de nouvelles. Aussi les uns il fait perir, & les autres il commence à faire florir. J'adjousteray encores ce mot à ceste lettre, par forme de remplissage : quels peuple est ordinairement le jouet des Princes ; les Princes, celuy de Dieu. Ils sont procez au peuple ; le peuple, à eux, par les benedictions ou maledictions qu'il leur donne, sur lesquelles Dieu, le grand Juge de nous tous, interpose puis aprés, ses parties. Ils peuvent resister à toutes choses, excepté à ce souverain Maistre, qui à ce pouvoir de les forcer à luy ceder, quand il veut employer ses forces, contre lesquelles ils ne peuvent aller, ainsi que l'on apprend par le fil de ceste Histoire, que je voudrois estre profondement gravée au cœur de tous Princes & grands Seigneurs, afin que ce leur fust une leçon qui les rendist de tout poinct sages. Adieu.

LETTRE IV.

A Monsieur Pasquier, Seigneur de Bussy mon frere, Conseiller du Roy, & Auditeur en sa Chambre des Comptes à Paris.

Qu'il seroit necessaire aux Princes d'avoir des personnes qui leur disent la verité.

VOus avez sceu que ces deux grandes armées sont venuës fondre de la Picardie en nostre pays d'Angoumois. De dire le desordre qu'elles y ont apporté, il se peut plustost imaginer, que representer. Bien vous diray-je, qu'il n'y a sorte de mal & violence, qu'elles n'ayent commis. Le Duc de Nevers a esté l'entremeteur de la trefve, pour parvenir à une paix, qu'il a faict demander au Prince de Condé & ses associez. Le Roy leur a accordé que le pour-parler s'en fist en la ville de Loudun, où il a despesché ses Deputez. Je me promets que la fin de ceste guerre aboutira au profit particulier des Chefs, & que le pretexte pour lequel s'est faite la guerre, se tournera en fumée : car on n'a jamais veu ny leu une chose semblable ne soit passée de la façon. Je prie Dieu que le peuple, en ceste fievre continuë de guerre civile, puisse avoir quelque relasche : sans cela, il est en voye de fonds en comble. Je vous veux conter une histoire arrivée en la personne du Prince de Condé, & celle du Duc du Mayne pendant la Conference, qui est belle & digne d'estre sceuë. Et pleust à Dieu que les Roys & Princes eussent autour d'eux des personnes qui leur parlassent avec autant de liberté que fit un Chapellain de nostre Dame des Ardilliers au Prince de Condé & au Duc du Mayne. Pendant le pour-parler de paix, le Prince de Condé se vint promener à Fontevrault, accompagné du Duc du Mayne & de huict ou dix Gentils-hommes : le lendemain, ils firent leur voyage à nostre-Dame des Ardilliers, conduits par le Provost de Fontevrault ; où le Prince de Condé ayant ouy la Messe, s'enquit du Chapellain, si plusieurs du Prince de Condé venoient illec en pelerinage, & quels presens ils luy faisoient ? Lequel respondit, que le nombre des Pelerins qui abordoient là, estoit si grand, qu'il luy estoit impossible de juger ny dire d'où ils estoient. Le Prince l'interroge de ce que l'on disoit du Prince de Condé ? Qu'il est autheur (dit-il) des pilleries, voleries, rançonnemens, violemens, & generalement de tous les maux. qui se font jusques à huy perpetrez par la France, l'armée duquel ressemble à ces herbes qui ne viennent jamais bien qu'entre les ruines & demolitions : aussi croit-elle ne pouvoir croistre & profiter, qu'en voyant l'Estat sens dessus dessous.

fous. Ouy mais (dit le Prince) quand les siens vous donnent de l'argent, vous le prenez avec une aise indicible, sans regarder d'où il vient. Ils peuvent bien (dit le Prestre) donner peu, après qu'ils se sont gorgez & remplis à plain de la substance du pauvre peuple innocent du mal qu'il souffre, non que pour cela ils en soient quittes. Et le Prince poursuivant sa pointe, luy demande, quel bruit couroit du Duc du Mayne? Qu'il a bien-tost oublié les commandemens de feu son pere, qui mourant le chargea de ne servir jamais autre que le Roy, & que l'on n'eust onques creu, qu'il eust esté si mal advisé & de si peu de jugement que de suivre le party du Prince de Condé en ceste guerre, ce qui l'empescheroit à l'advenir d'estre aimé ny estimé des François. Lors & l'un & l'autre se prindrent à rire, & dit le Prince de Condé au Duc du Mayne : vous voyez ce qui se dit de vous. Ce qu'entendant le Chapellain, tourna visage, & disparut comme un esclair, sur la crainte qu'il eut de recevoir quelque desplaisir pour sa hardiesse & franchise de parler. Nous lisons d'Antiochus, qu'estant à la chasse, il poursuivit si vivement & longuement sa proye, qu'il se perdit de sa compagnie, tant qu'il fut contraint, à cause de la nuict qui le surprint, de se relancer seul dans le giste de pauvres païsans, où pendant le souper s'esmoya d'eux, de ce que l'on disoit du Roy : l'un desquels respondit, que c'estoit un Prince, qui ne vouloit prendre peine à faire ses affaires luy-mesme, s'en remettant entierement à ses mignons, qui estoient d'une tres-mauvaise & perverse conscience, & qu'il passoit quant & quant beaucoup d'affaires en nonchaloir, pour s'attacher par trop à la chasse. Sur l'heure il se repartit un seul mot, mais le lendemain habillé à la Royale, dit à tous les siens, qui l'avoient suivy à la trace jusques dedans ceste miserable bauge, que depuis qu'il les avoit pris premierement à son service, il n'avoit jamais ouy une seule parole veritable de foy, jusques à hier au soir que l'un de ces bonnes gens luy fit entendre à descouvert ce qui estoit & de la forme du gouvernement de son Estat, & de sa vie. Paroles qui l'exciterent à donner de là en avant du contentement à ses sujets, par le bel ordre qu'il establit, soit en la regle de sa vie, soit en l'administration de son Royaume. Il seroit besoin pour le bien & advancement d'un Estat, que les Roys & Princes eussent personnes affidées, qui leur discourussent nettement & sans fard ce qui se dit communément d'eux, afin qu'ils se reformassent du mal en bien, & du bien en mieux. Theopompus dit à un qui luy demandoit, comment un Roy pourroit seurement conserver son Estat? En donnant (respondit-il) à ses amis liberté de luy dire franchement la verité. Demaratus devisant un jour avec Orontes, qui parla brusquement à luy, quelqu'un, qui l'avoit ouy, luy dit, que Orontes s'estoit monstré extremement audacieux, & peu respectueux en son endroit : il dit qu'il n'avoit point failly envers luy, d'autant que ceux qui flattent & qui complaisent en tous leurs propos, ce sont ceux qui portent dommage, non pas ceux qui parlent rondement & librement. Et c'est pourquoy un Prince fait beaucoup de tort à ses sujets, pour ce qu'il a trop de ceux qui l'offensent par flatteries, & a faute de ceux qui luy disent la verité. Depuis les paroles du Chapellain, j'ay sçeu certainement que le Prince de Condé & ses associez sont resolus de faire la paix, à quelque prix que ce soit. Le Prince, qui par ses veritez ainsi mises en leur jour, sans plus se laisser aller à la mercy de ses plaisirs, revient à son mieux & second penser, ne se donnera de là en avant, en sorte quelconque, en proye à la discretion de ceux qui gouvernent son Estat, qu'il ne se reserve le dernier ressort de la cognoissance des choses, pour ne defaillir de garend à son peuple. Et vivant de la sorte, il ne fera jamais estorse à sa gloire ny à sa reputation, & ne sera en danger de faire un triste naufrage dans une mer de malheurs. Je souhaitterois outre tout cecy, qu'un Roy se mist à lire les histoires anciennes & modernes : car ce que ses mignons de Cour n'osent luy dire, il le rencontre escrit dans ces livres. Et de fait, Alphonse V. Roy d'Arragon souloit dire, qu'il n'avoit point de meilleurs Conseillers que les morts, signifiant par les morts les histoires, qui sans aucune flaterie ny aucun respect luy enseignoient clairement ce qu'il devoit faire en sa charge. Encores qu'un Prince voyage à son pelerinage de divers auteurs pour apprendre à bien vivre & bien policer son Estat, si doit-il, suivant ce qu'il a appris, approcher de luy un bon Conseil, duquel depend, comme d'un surgeon, son honneur & utilité, ou son infamie & ruine. Car le premier jugement & opinion que le peuple prend d'un Prince, de la suffisance & reputation de ceux qui sont de son Conseil, se monstrant ordinairement en son gouvernement, quel est le Conseil qu'on luy donne. Et ny plus ny moins qu'une source de fontaine estant corrompuë, ne se peut faire autrement, que toute l'eau qui en descoule, n'en soit fade & de mauvais goust : de mesme le Conseil d'un Prince estant corrompu & infecté, il advient tousjours que ce qui en despend, est injuste, inique & mauvais ; & sur cela est entée la ruine de son Estat. Comme j'achevois ceste lettre, un Gentilhomme mien amy, lequel vient de Loudun, m'est venu voir, qui m'a dit que certainement la paix estoit arrestée. Or tout ainsi que le commencement de ceste lettre a esté une hardie parole dite par un Chapellain, lorsque l'on commençoit à traitter la paix à Loudun ; de mesme la closture en sera par une belle & prompte rencontre de la Grange Petitiere Gentilhomme Poictevin. Après que la paix fut concluë, le Duc de Sully, Gouverneur de Poictou, au partir de la ville de Loudun, vint passer à Parthenay, ayant en sa compagnie le Duc de Rohan son gendre, le Comte de Candale, & plusieurs autres Seigneurs qui avoient suivy le party du Prince de Condé. Le lendemain de leur arrivée, ils s'allerent promener au-devant de l'Eglise de Nostre-Dame de la Coudre, qui est une vieille & ancienne Eglise bastie du temps de Constantin, sur le frontispice de laquelle est eslevé en bosse un Dieu le Pere, au-dessous duquel y a une Compagnie d'Anges, Archanges, & autres Saincts distinguez en cinq degrez, où tous ceux du cinquiesme degré eurent la teste fracassée au temps que l'on abbatit les Eglises. Le Duc de Sully dit : voilà la forme d'un grand Roy, parlant de Dieu le Pere. Le Duc de Rohan s'enquit pourquoy ceux du cinquiesme degré n'avoient point de teste? Sur le champ la Grange Petitiere respondit, que c'estoient Seigneurs qui avoient levé les armes contre leur Prince, ausquels pour ce subject il avoit fait trancher les testes, afin d'estre en exemple aux survivans de bien servir leur Roy, & que lors ceste pratique estoit en coustume, qui estoit maintenant venuë en nonchaloir, d'autant que la pluspart des grands & petits trafiquoient le service du Roy à son desadvantage, sans crainte de peril. A ceste parole, ils regarderent tous sans repartir. Adieu.

LETTRE V.

A Monsieur de Montigny, Capitaine d'une compagnie de gens de pied au Regiment des gardes du Roy.

Il descrit l'accident qui est arrivé à Gimeux son fils.

IL y a quatre jours que la Roche-Jaquelin & Perriniere Gentils-hommes du bas Poictou me vindrent voir: aprés plusieurs devis jettez d'une part & d'autre, soit de leur païs, soit du temps qui court, il fallut aller voir mes chevaux. Je commanday à Gimeux mon cadet de monter le bay; lequel aprés avoir assez longuement tenu sur le manege, contentant & celuy qui estoit dessus & les presens, la gourmette rompit, & aussi-tost le cheval print le mors avec les dents, & sa course vers l'escurie, qui n'estoit qu'à vingt pas de là. En ce peu de temps il n'eut le loisir ny de se precipiter à terre, ny d'oster les resnes hors du col du cheval pour le destourner; mais jugeant qu'il n'y avoit aucun moyen d'empescher que son cheval n'y entrast, comme il se vit la teste dans la porte, il se coucha tout de son long à la renverse sur la croupe, & sauta aussi-tost dans la mangeoire des chevaux, où son cheval le porta. Nous le jugeasmes mort croyans qu'à l'entrée il se froisseroit & romproit entierement & le corps & les jambes. Il faut dire la verité, que jusques à ce que nous l'eussions veu entrer sans se faire mal, nous demeurasmes muets & immobiles: nous le vismes mort, nous le vismes vif. Considerant en moy-mesme le perilleux danger qu'il avoit couru, je loüay & remerciay Dieu tout ensemble, de ce qu'il luy avoit conservé l'entendement sain, pour en telle necessité penser à ce qui estoit du salut de sa personne, & jugeay que Dieu le reservoit à quelque chose de bon. Le hazard estoit grand: car c'est tout ce que peut faire le cheval, que de sortir sellé; encores ay-je veu le pommeau de la selle cheoir dessus, & comme je me suis rencontré en mon jugement avec celuy que feu mon pere fit de luy quinze jours aprés sa naissance. Le lendemain de cet accident, ces Messieurs & moy allasmes à Cognac, d'où le jour d'aprés ils partirent pour prendre la route de leur païs, & moy je me mis à visiter un coffret, dans lequel je rencontray un coffret (qu'il y avoit vingt ans & plus que je n'avois veu ny manié) que j'ouvry: le premier papier qui me tomba entre les mains, ce fut une lettre que feu mon pere m'escrivoit sur sa naissance, de laquelle voicy les paroles: *Je suis trés-aise du nouveau fruict qui vous est survenu: vous l'avez fait appeller Pierre: Dieu veuille que sur ceste pierre soit quelque jour assise une partie des fondemens de vostre maison.* Je crois, ayant lû ceste lettre, que Dieu m'avoit fait cheoir dessus, pour me ressouvenir de ce qui s'estoit passé les jours de devant, afin qu'assemblant le tout, je fisse un jugement critic de sa fortune. Je ne sçay quelle elle sera, mais je vous puis dire, que jamais feu mon pere n'a fait de prognostic bon ou mauvais de fortune de personne, qu'elle ne se soit trouvée semblable à ce qu'il avoit predit. Vingt & cinq ans auparavant la mort d'un grand & sçavant personnage de la Cour de Parlement, il la previt telle qu'elle arriva. La bonne fortune de laquelle jouyt le Chancelier de Sillery, il la luy dit plus de trente ans auparavant qu'il montast à ceste haute dignité. Et un jour, devisant avec le grand Caton son pere, luy dit que son fils seroit indubitablement Chancelier: le pere respondit qu'il seroit encores plus; parole que mon pere ne peut expliquer pendant vingt-cinq ou trente ans: mais aprés la mort de nostre grand Henry, comme il vit qu'il gouvernoit la Justice, les Finances, & generalement tout ce qui estoit de l'Estat, il nous conta ceste histoire. Je luy ay veu asseurer la mort violente de deux grands Princes de ceste France, qui survint ainsi qu'il l'avoit dépeinte. Parlant du Mareschal d'Ancre, il disoit, qu'il seroit infailliblement tué. Je serois trop long à vous raconter pareils exemples. Je vous diray seulement, que je croy qu'en ce subject il avoit un esprit infus, si nous ne voulons dire que le long & ancien aage luy ayant donné la cognoissance de plusieurs & diverses choses, luy faisoit donner ces jugemens. C'est pourquoy je me promets que Gimeux (ayant les jugemens & de son ayeul & de son pere, qui si se sont rencontrez pareils, sans y penser, à vingt ans l'un de l'autre) fera, avec l'aide de Dieu, bon fruict. Par les accidens subits & inopinez, quelquefois les peres donnent jugement de la bonne fortune de leurs enfans, ainsi que fit Jean de Medicis de Cosme son fils, qui estoit encores à la mamelle. Retournant des champs avec quelques-uns de ses amis, vit à la fenestre de son Palais la nourrice qui le tenoit, à laquelle il commanda de le luy jetter: ce qu'elle fit, & fut par luy receu entre les bras tout à cheval, sans encourir autre mal que de la crainte qu'eut la pauvre nourrice le precipitant. Dés là, le pere dit à ses amis, que cet enfantelet seroit un jour grand, comme il fut: car il gouverna la Republique de Florence, & donna tel pied à ceux de sa famille, qui luy succederent dans l'Estat Florentin, que de simples Citoyens qu'ils estoient, ils s'en rendirent à la longue les Maistres. Je m'asseure que vous recevrez du contentement & du plaisir, entendant que Gimeux a évité ce hazardeux peril, lequel servira d'exemple à ceux qui montent ordinairement à cheval, pour ne se fier jamais à ces animaux-là, quelque bonne bouche qu'il ayent: car j'avois veu monter ce cheval cent & cent fois sans gourmette faisant des merveilles, & ceste fois sa bouche faillir d'estre cause de la mort de son Maistre. Il arrive quelquefois plus de mal en une heure, qu'il n'en survient en cent. Adieu.

LETTRE VI.

A Monsieur du Plessis, Mareschal de bataille de l'infanterie Françoise.

Desseins du Mareschal d'Ancre & le moyen de les destourner.

L'Amitié que je porte à ma patrie, est cause que je vous escris pour vous monstrer le mal qui paroist, & prend accroissement en nostre Estat par la prinse des armes, qui produira tost ou tard sa ruine, si le Mareschal d'Ancre auteur de ces malheurs n'est promptement confondu & destruit, lequel aubain pour donner plus de feuille à son dessein, se sert d'un titre specieux, de vouloir faire recognoistre le Roy par ses vrays & naturels sujets: comme si tous ces Princes & Seigneurs qui ont aujourd'huy les armes en main, les avoient pour autre subject, que pour le servir, se conserver, & donner quelque obstacle & destour aux ambitieux desseins de cet Estranger. L'honneur qu'il se promet de ceste hautaine entreprise, n'est le prix qu'il attend de la victoire, mais le contentement d'avoir mis bas & exterminé les Princes & Grands du Royaume, & usurpé toute l'authorité. S'il parvient à ce qu'il a projetté, (comme il en est au chemin) toute sorte de mal luy sera loisible, nulle seureté

seureté que pour ceux qui se seront rengez & jettez à l'abry de sa faveur & grandeur : nouveaux imposts, nouvelles daces seront imposées, à la charge & foule du peuple, pour assouvir ceste despense sans bornes : nouvelles ordonnances s'establiront à sa poursuite, non pour le bien public, mais pour son particulier. Le mal de nostre France naist de luy, lequel cessera, ensemble les occasions des partialitez qui courent, quand son orgueil & insupportable ambition sera reprimée & le cours de ses hautes & audacieuses entreprises arresté par tous les Princes, Seigneurs & Gouverneurs des Provinces, qui se doivent unir pour en purger la France : & le plustost qu'ils le feront, sera le meilleur : car tout ainsi qu'au corps humain si un membre (quelque dignité qu'il ait) prend trop de nourriture, il ne le peut faire qu'à la diminution des autres, lequel produit avec traite de temps la perte tant de luy, qui prend trop, que des autres, qui n'ont assez : de mesme un Grand lequel au desavantage de tous emporte les dignitez, charges & benefices d'un Estat, engendre tout à coup (par la haine publique, laquelle se nourrit contre luy) sa ruyne, celle des Grands & de l'Estat, tout ensemble. Je crains fort que le peuple par un commun concours, pour destourner les occasions du mal à venir, ne soit contraint de s'ayder de la faveur des armes, qui troublera entierement la tranquilité publique. Adieu.

LETTRE VII.

A Monsieur de Bussy mon frere, Conseiller du Roy, & Auditeur en sa Chambre des Comptes, & Eschevin de la ville de Paris.

Maladies extraordinaires dans les armées.

Qui me fit haster mon partement de Paris pour m'en venir en nostre pays, sinon l'advis certain que je receus, que ceux de la Religion pretenduë reformée estoient à la veille de prendre les armes, & que le Prince de Condé tournoit la teste de son armée pour les aller joindre ? Trois jours aprés mon arrivée, ils se sont mis aux champs : de là à six semaines, le Prince les a joincts, qui a esté suivy de prés par l'armée du Roy. Passe Poictiers, tous desordres ont esté permis tant à l'une qu'à l'autre armée, & ne faut point demander s'ils ont fait du mal, mais quel mal ils n'ont point fait. C'estoit un vray pais de conqueste, où toutes choses sont à l'abandon : car ils faisoient mestier & marchandise de violemens, rançonnemens, voleries & meurtres. Je vous laisse à penser les autres. Il s'est mis une maladie nouvelle dans les deux armées, qui les a ruynées l'une & l'autre.

Le mal leur prenoit en la teste : vous eussiez jugé qu'ils estoient furieux, & ne ressentans de prime-face leur mal, dansoient & sautoient, disans qu'ils n'estoient malades, & aprés s'estre bien pourmenez deçà & delà, on estoit contraint, à cause de leur grande foiblesse, de les coucher, d'où ils ne vouloient plus bouger, croyans, comme l'on vouloit faire lever, qu'ils estoient attachez les uns au chevet, les autres au lit. Ce mal a duré trois ou quatre mois, pendant lequel peu se sont sauvez. Entre toutes les especes de maladies qui peuvent travailler un corps humain, il n'y en a point de plus dangereuses que celles qui par leur vehemence se rendent insensibles, & alterent tellement la raison du malade, qu'il se pense bien sain.

Quoyque j'impute ceste maladie à un juste jugement de Dieu ; toutefois elle a pris tout nouvellement la naissance & consistence en la nature, & à la cause vray-semblable & croyable d'un tel desbauchement procede de la corruption particuliere qui est advenuë en ce païs, par les pluyes extraordinaires qui ont esté, & des repletions, qui pour l'abondance des viandes mangées fraischement tuées, ont engendré beaucoup de superfluitez mauvaises, les meslanges & entrelassures desquelles les unes avec les autres ont produit les alterations & changemens qui sont advenus en leurs corps.

Comme l'armée de sainct Louys en son voyage d'outre-mer, fut affligée d'une griefve & meschante maladie, qui la persecuta si fort, que la pluspart moururent. Elle estoit telle que ceux qui en estoient frappez, la chair de leurs jambes devenoit seche jusques à l'os, & le cuir devenoit tannelé de noir & de terre, & outre cela il leur venoit en la bouche un trés-grand mal, & ce qu'ils avoient mangé d'un poisson appellé Burbotes, la chair du quel se pourrissoit entre leurs gencives, dont il sortoit une puanteur si trés-grande, que l'on ne pouvoit approcher d'eux, & n'en eschapa gueres de ceste maladie, & le signe de la mort estoit, que le nez se prenoit à saigner, & lors on estoit bien asseuré de mourir en bref. Ceste maladie s'engendra de ce que l'armée pendant tout le Caresme avoit mangé de ces Burbotes, qui s'estoient nourries des corps qui se noyerent en deux batailles que le Roy gagna contre les Sarrazins au commencement de Caresme. Ces deux maladies cesserent aprés une grande mortalité. Et ne se faut point émerveiller si nous voyons venir en estre, quelque chose qui paravant n'ait point esté, ny aussi si elle vient puis aprés à defaillir : car la nature en est en la nature des corps, qui s'altere acquerant peu à peu une qualité toute autre, & une superfluité d'excremens toute differente qu'auparavant, qui luy fait prendre tantost une, & tantost une autre temperature.

Je ne veux pas oublier icy une sage replique que fit un Païsan Poitevin au Duc du Mayne son hoste, lequel ayant interrogé des motifs de la guerre, le Duc luy respondit, que c'estoit pour venger la mort de nostre grand Henry. Comment ? repliqua le Païsan ; ce sont donc nous autres laboureurs qui l'avons tué : car jusques icy la guerre ne s'est faite qu'au pauvre peuple qui habite la campagne. J'espere qu'aprés ces tourbillons de miseres & calamitez, nous aurons la paix. La pluye nous amene un temps doux & serein ; une dure & ruyneuse guerre, une bien-heureuse & ferme paix : & puis la fin de la guerre est la paix. Adieu.

LETTRE VIII.

A Monsieur de Lorme mon nepveu, Capitaine d'une compagnie de gens de pied.

En quoy consiste la charge d'un Capitaine de gens de pied.

J'Ay appris que vous estes monté à une charge de Capitaine de gens de pied, dont je me resjouïs, & espere qu'en icelle vous ferez preuve de vostre experience, monstrant que vous estes excellent ouvrier à prendre advantage sur l'ennemy, à vaillamment combattre en bataille rangée, & de sens rassis en soudaines rencontres, faire surprises avec une merveilleuse dexterité d'esprit, joüer des ruses & fausses esmorches aux ennemis, prendre advantage d'un lieu fort d'assiete pour loger ou combattre, à vous emparer de quelque advenuë ou passage,

sage, captiver le temps & la saison, contraindre l'ennemy au combat, vous garder d'y estre forcé, & en toutes façons eschapper d'un mauvais pas, assaillir ou deffendre une place : enfin à tesmoigner en toutes les factions, & de la prudence & de la vaillance : à n'entreprendre aucun combat, si vous doutez du succez, & vous donner bien garde de vous confier sur un Peut-estre. Un Peut-estre incertain ne vaut rien ; ouy bien s'il est avec toute seureté.

Quand vous serez commandé du Roy ou de vostre General, vous ne les devez refuser, encore que telle entreprise vous semble douteuse ; mais vous pouvez avec tout honneur luy remonstrer la difficulté que vous y recognoissez, afin que vostre superieur donne ordre à ce qui est necessaire ; s'il n'y remedie, vous aurez fait vostre devoir de vostre part, & serez sans blasme quand il vous succedera mal, pour la faute du remede dont vous aviez donné advis. Employez toute sorte d'artifice pour gaigner la bonne grace de vostre General, afin qu'il puisse avoir creance en vous. Sa bien-veillance est fort profitable & advantageuse. Pour rendre vostre compagnie bien disciplinée, choisissez les officiers routiers au fait de la guerre, qui soient capables de dresser, façonner & adextrer les soldats, lesquels autrement à un jour d'affaire feroient acquerir un deshonneur desservans le Roy, prenans l'espouvante ; ou ne sçachans par où il faut commencer, ny achever, ny mesme ce qu'il leur faudroit faire. Sur tout, prenez garde de ne donner les membres de vostre Compagnie à la priere d'autruy : car ceux que vous y appelleriez, ne vous seroient obligez, ains à celuy en la faveur duquel vous les auriez creés, & desquels aux occasions vous ne pourriez chevir, comme si de vous-mesme vous les aviez eslevez aux charges. En effect, la voye la plus honorable & la plus courte, c'est que vous avanciez ceux qui le meritent ; le Roy vous donne la Compagnie afin que vous la teniez en bon ordre & bien disciplinée, pour s'en servir au besoin : qu'elle soit armée & équipée de tout point, & que de fait & de parole vous traitiez bien vos soldats, & que vos Officiers fassent le semblable. Cela les excitera à bien faire : car rien ne les rebute tant, que de se voir gourmandez ou mal menez. Quand ils faudront, chastiez-les avec les armes, comme le plus honorable chastiment, & que l'on craint le plus. Sur tout, avisez bien que vos soldats ne se perdent dans le vice, & vivent sans religion : vous en devezavoir un soin merveilleux, pour ce que vous les tenez en vostre charge comme vostre propre famille. Conversant d'ordinaire avec eux, ils vous aymeront & respecteront davantage. Enseignez-les comme en une escole, parlant en vos communs devis du mestier de la guerre, comment il faut assaillir une place, la deffendre, dresser une bataille, faire une honorable retraite, des combats où vous vous estes rencontré, comme vous en estes sorty, de ceux faits par les grands Capitaines, & de toutes choses qui peuvent rendre les soldats meilleurs & plus adroits aux armes ; car ainsi ils apprendront ce qu'ils doivent faire. Quand vous aurez fait un logis, cheminant par la campagne, encores que vous n'y eussiez esté qu'une nuit, au sortir du logis assemblez vostre compagnie & luy faires faire alte pour entendre les plaintes de tous les hostes, ausquels vous ferez faire raison sur le champ, & puis prendrez un certificat du Curé & des Syndics comme l'on est content de vous.

Quand vous marcherez par les champs, que ce soit tousjours en ordre, d'autant que les soldats vont mieux ainsi, sans se pesle-mesler les uns dans les autres, estans tousjours prests de combattre aux occasions qui se peuvent presenter. Je souhaite que si vous tirez l'espée contre un de vos soldats pour quelque impudence ou autre chose mal faire, qui s'enfuye devant vous, que vous vous arrestiez là : car il seroit à craindre que se voyant vivement poursuivy, il ne mist la main à l'espée pour éviter le danger auquel il se verroit precipité : & ne le pouvant joindre, ne criez qu'on le tuë, (car vostre teste en respondroit) ouy bien qu'on le prenne. Pour conclusion, monstrez toutes vos actions un bon exemple à vos soldats, lequel parle de soy-mesme, & les excite à bien vivre & bien faire. Adieu.

LETTRE IX.

A Monsieur le Comte de Curson.

Il s'excuse de ce qu'il ne peut encores marier sa fille.

IL y aura Dimanche prochain un mois que je partis de Paris sans recevoir vos lettres, qui a esté le subject que vous n'en avez eu la responce. Hier au soir, comme j'arrivay à la Brangelie, la vostre me fut renduë. Je vous represenray sainement sur ce papier l'estat de mes affaires, comme à un Seigneur qui & en jugement & en capacité surpasse les autres d'un long entrejet. Elles sont de telle façon disposées, que je ne puis entendre de marier ma fille, d'autant qu'en accommodant le bien de mes enfans, je ne desire ressentir aucune incommodité au mien. L'amitié des enfans aux peres ne monte jamais, ains va tousjours en descendant. Leçon que j'ay apprise de feu mon pere, qui a vescu avec les siens de la sorte ; aussi pendant son grand aage s'en est-il bien trouvé. Davantage, quand je commence une affaire, j'y veux apporter la derniere ligne de perfection, pour puis apres dormir à teste reposée. Si maintenant je m'embarquois en quelque mariage, j'arriererois toutes mes affaires, & les mettrois en tel desarroy, qu'elles ne s'en releveroient jamais ; ce seroit un pesle-mesle de confusion, qui iroit sens dessus dessous. Jusques icy, Dieu mercy, j'ay vescu avec la reigle & le compas ; venant sur l'aage, vous me blasmeriez le premier, si je ne les y apportois encores. En tout ce que j'entreprens, j'ay devant les yeux deux preceptes anciens, qui s'entre-declarent l'un l'autre : cognoy-toy toy-mesme : &, Rien trop : lesquels se rapportent à nostre ame, nostre corps, nos biens, & generalement à tout ce qui entre dans le trafic & commerce du monde. Je cognois (ayant tousjours esté le miroir de moy-mesme) quelle est ma portée, & que si je voulois presentement marier ma fille, j'entreprendrois par trop, & plus que je ne puis. Feu mon pere a eu l'honneur d'estre aymé de vous, lequel a vescu (ainsi que vous sçavez) avec une franche liberté peculiere à luy, qu'il m'a laissée par succession, de laquelle maintenant je fais fonds en toutes mes actions, comme propre à moy, pour dire mon advis de toutes choses avec une honneste franchise : aussi vous le declare-je librement. Toutes ces raisons me dispenseront de pouvoir consentir à la priere que vous me faites pour celuy qui desire rechercher ma fille en mariage. Au reste, & pour le haut parage duquel vous estes sorty, & pour vos merites, je tesmoigneray aux occasions, que je souhaite vous servir avec toute affection és choses qui regarderont vostre particulier. Adieu.

LETTRE X.

A Monsieur Pasquier mon frere aisné, Conseiller du Roy, & son Advocat general en sa Chambre des Comptes.

Il luy remonstre qu'il faut qu'il commence à bien vivre.

JE ne puis vivre en repos, que je ne sçache de vos nouvelles, & de celles de mes nepveux. Je vous prie que ce messager ne vienne point les mains vuides. J'espere à ceste prime-vere vous aller voir pour vous dire le dernier adieu : car l'aage & le grand chemin m'empeschent de plus faire de longs voyages. Et puis il faut que la prophetie que nostre pere fit en mourant, s'accomplisse, qu'apres sa mort tous ses enfans seroient dispersez çà & là. L'ame prochaine de son issuë, est communément plus alaigre & delivrée de tout faix terrien, cures & soins mondains ; moins attachée au corps, sent & apprehende desjà son ciel, sa source & divine origine : pourtant advient souvent, que les hommes en ces temps, lieux & accidens-là, par une certaine prevoyance, qui surpasse l'ordinaire de nature humaine, predisent les choses advenir, *morientis vox sacra*. Il est temps que vous & moy fassions retraite pour mener une autre vie que celle que nous avons tenuë jusques icy : je veux dire, que nous consumions & resserrions toute superfluité affectée & trop curieusement recherchée : que nous ne nous laissions vaincre par la friandise des voluptez, ausquelles nous avons trop souvent ry : enfin, que reformions & accoustrions nostre vie, en la redressant, retournant & retirant du pis au mieux. Ce qui sera aisé à faire, quand nous nous oublierons nous-mesmes, & serons abattus & navrez de la recognoissance de nos fautes, que nous observerons à la rigueur. Celuy a beaucoup profité, qui a appris à se déplaire soy-mesme. Ce que j'en dis, c'est pour prevenir la vengeance de Dieu ; laquelle nous éviterons en desgorgeant tous nos pechez, & n'abandonnant plus desbordément la bride à nos affections. Descendons, je vous prie, sans nous flater en l'amour de nous-mesmes, à nous considerer, & ramenons nos consciences à un sentiment particulier de leurs fautes, sans plus nous laisser emporter à la douceur de nos vices. Un chacun le peut servir de tesmoin, quand il se veut regarder de droict œil.

C'est la regle pour former nostre vie à saincteté, & suivre comme de droicte ligne une observation entiere & consommée de la volonté de Dieu, qui veut que nous ne nous attachions plus aux delices terriennes, ains que nous les laissions espointer, émousser, & par maniere de dire, endormir. Quand nous deterrerons nostre ame, qui est ensevelie dans les plaisirs mondains, afin de la reduire à une sobrieté & en avoir la reigle de bon usage, nous apprendrons que c'est l'unique moyen qui donne relasche & repos à nos miseres. Je prie Dieu, que pour embrasser & continuer en ceste resolution, nous imposions volontairement quelque joug, loy & necessité à nostre liberté, qui ne nous laisse plus transporter desordonnément par tout où nostre convoitise nous meine. Ceste est la doctrine de Dieu, qui a enseigné ce qu'elle a voulu, & a voulu ce qui estoit de besoin. Vivant autrement, c'est nous tromper en nostre mal, & suivre une desbordée licence de mal faire, qui nous empeschera de prendre & recueillir une grande douceur & fruict de consolation, d'embrasser une simplicité innocente, une vie compassée à la regle de bien vivre, qui nous rendra tous-jours une purifiée temperature & bien composée & accordée constitution de l'ame, laquelle nous retirera comme d'une tourmente & tempeste, pour nous donner une vie reposée hors de peril.

Faisons donc banqueroute à ces voluptez, qui nous destournent à force de la droite voye, fuyons-les à pleines voiles, courons-leur sus, & ne nous laissons plus mener à ces delices bastardes & estrangeres, qui s'attachent à nostre corps, pour le jetter hors de son repos rassis. Ceste vie, à la verité, ne se dresse que petit à petit ; tout bellement, non pas à flot & tout à coup : Car il est bien difficile à l'ame qui a pris & imbu trop d'affection aux choses d'icy bas, & qui s'est attendrir d'amour envers ce corps, & comme par quelques charmes coliée & attachée à luy, de relascher ceste maniere de vie delicate & d'apprendre à l'amender & corriger par la raison, si elle ne fait divorce avec son propre vice, & qu'elle n'applanisse, sape & mine par le menu toutes ses passions qui ont en quelque surintendance sur elle, sans plus les laisser aller vaguer & nager à leur plaisir. Cela fait, c'est icy où nous jetterons l'ancre de nostre vie, pour nous opiniastrer à combattre contre ces voluptez, sans plus les appeter si furieusement, ny haleter plus apres si desesperement : le temps sera venu qu'il ne leur faudra plus faire l'amour, ains les tenir de court, comme languissantes aupres de nous : il n'en faudra plus resveiller ny ressusciter la memoire, laquelle dissout & fait fondre la raison, plier & courber nostre ame sous le faix d'ennuy, mesaise & tristesse : car pour en parler comme il faut, pendant que nous pensons regorger d'aise & de plaisir en ceste vie, il se rencontre que ce n'est qu'un appast & amorse de douleur. Encores vous diray-je cecy, que toutes-fois & quantes que nous ramenerons au droit fil de la raison les passions effarouchées de nostre ame, avec des raisons propres & familieres à la main, qui les syndiquent & reprennent aussi-tost comme elles commencent à s'émouvoir, lors nous prendrons de nous-mesmes exemple de mieux faire, reformerons & redresserons nostre vie en mieux, & mettrons hors de nostre ame tous ces rejertons & germes sauvages, assoupirons, reboucherons & attiedirons tous ces excessifs, furieux & forcez mouvemens des cupiditez, en les rendant tellement souples & obeïssans, amis & secondans toutes nos intentions, que nous asseoirons un beau fondement d'un grand calme de tranquillité chez nous. Jusques en l'aage où nous sommes arrivez, nous avons cinglé & navigué en grand danger ; la saison est venuë de nous mettre à l'abry, d'autant que nous avons le vent & marée contraire ; ayant pris port, nous n'aurons nulle angoisse d'esprit, ains serons reduits à une vie stable & pleine de repos ; rien ne distraira nostre esprit, mais vivrons proprement & veritablement à nous, & rencontrerons un relaschement & adoucissement de toutes passions, mesme leurs pointes totalement émoussées, & ces eslans d'une volonté démesurée & disproportionnée, abattus. Que direz-vous de moy, qui parle à cœur ouvert à mon aisné ? Je m'accuse le premier, pour ne vous excuser. La franchise de parler librement, est la propre voix & parole de l'amitié. Adieu.

LETTRE XI.

A Monsieur de Vaudoré, Lieutenant pour le Roy en la ville & chasteau de Parthenay.

Il s'excuse d'un voyage à cause de sa maladie.

JE pensois me rendre maistre de mon mal pour estre à Saint Maixant au jour dit ; mais il m'a de telle façon gaigné & gourmandé, qu'il m'a alité. Le lendemain que je vous laissay, je fus si outrément pressé de ceste maudite fievre, que je ne cuiday jamais joindre ma maison. Elle s'est convertie en tierce la plus violente que je ressentis oncques : car elle ne me donne aucun repos ny en la teste, ny en tous les membres. A l'heure que je vous escris, je l'attends de pied ferme pour luy faire une très-mauvaise chere. Excusez-moy si je ne me rends à l'assignation du dixiesme de ce mois, d'autant que quand je le voudrois, je ne pourrois, & vous prie que nous la remettions au trois de Novembre, auquel temps, s'il plaist à Dieu, je seray guery. Une personne comme moy, qui est bien avant sur l'aage declinant & qui attouche le vieil, lequel a esté frappé de sept violens accez de fievre, sans sçavoir ce qui pourra arriver du reste, n'est si-tost remis comme un jeune homme qui en la fleur de son aage peut tout : à celuy-là un mois est plus, qu'un jour à cettuy-cy. S'il vous arrive quelque accident, pour lequel vous ne pussiez vous trouver à Saint Maixant, vous m'en donnerez advis, & moy j'en feray le semblable. Il vaut mieux temporiser au mal, qu'en se precipitant succomber sous luy. Pensant m'avancer, je me reculerois à bon escient, ainsi que j'ay fait de fraische date en mon dernier voyage, lequel je voudrois estre à faire, d'autant que j'en serois & meilleur & mieux. Vostre niepce de la Brangelie accoucha heureusement, Dieu mercy, d'un beau garçon, le jour de Saint Michel. Vostre nepveu de Desse, qui estoit guery quand je partis, est retombé malade par sa faute, & vostre nepveu de Gimeux, lequel estoit à l'extremité, se porte aussi-bien qu'il faisoit auparavant sa maladie. Adieu.

LETTRE XII.

A Dessé & Gimeux mes enfans.

Le profit que l'on tire de voyager.

JE louë grandement le desir que vous avez de voir, apprendre, cognoistre & visiter les pays estrangers. C'est la plus belle hantise que vous sçauriez faire, laquelle donne plus grande reputation aux hommes, que quand ils s'entretiennent casaniers & reclus au dedans de leurs maisons. Ce ne vous sera pas assez que de voir les parois, il faut chercher à faire emplette de la sagesse & contempler les plus belles singularitez qui sont en chaque ville, & tout ce qui peut estre digne d'estre veu, tant de loix & sainctes ordonnances, tant d'excellents personnages, leurs mœurs, leur vie, & leur police pour naturaliser dans vous ces vertus estrangeres, & retourner en vostre patrie pleins d'usage & de raison. Il n'y a point de honte d'apprendre & de prendre de l'autruy ce qui est meilleur pour se l'approprier : lors vous aurez la recompense de vostre voyage, & la fin de vostre souhait. C'est apprendre dans le livre du monde toute la sagesse & l'experience qui vous peuvent non seulement rendre utiles à vous-mesmes, mais très-necessaires au bien de vostre païs, & au service du Roy. Sur tout, voyageans ne voyagez avec vous-mesmes. Je veux dire, que ce n'est point le païs ny la peregrination qui change les hommes, ains leurs bonnes mœurs & coustumes de bien vivre : il faut changer d'entendement & non pas d'air. Ne faites comme la pluspart de nos François, lesquels retournez d'Italie ne rapportent qu'une certaine gravité Italienne, qui dure trois ou quatre mois, avec quelques mots Italiens qu'ils entrelassent parmi leur langue maternelle, pour dire qu'ils y ont esté ; & puis tout d'un coup retournent à leur premier vomissement, c'est-à-dire, à leur ancienne façon de vivre. Vous avez esté long-temps dans ce petit monde racourcy de Paris, pour vous nourrir à la lumiere & commerce du monde, & rendre capables de monter à cheval, tirer des armes, voltiger, manier la pique, & autres exercices dignes de personnes de vostre qualité. Je me promets que vous vous efforcerez, en cet entrejet de temps que vous avez à sejourner en Italie, d'atteindre à la perfection de ces exercices. Vous avez assez d'aage pour cognoistre ce qui vous y mene, & que ce n'est pour perdre inutilement en vain ny le temps, ny l'aage, ny l'argent, qui ne se peuvent recouvrer une fois passez & consumez. Adieu.

LETTRE XIII.

A Monsieur Pasquier mon nepveu, Gendarme de la compagnie de la Royne mere.

Le bien & le mal que l'on retrouve en mariage.

VOus me priez par les vostres, de vous donner advis, si devez vous marier ou non. J'ay protesté de ne bailler jamais conseil en affaire de si grand poids ; pour ce que se trouvant bien (ce qui arrive peu souvent, ou point du tout) l'on se louë de l'entremetteur du mariage ; mais aussi rencontrant mal (qui est le plus commun) il n'y a sorte de malediction, laquelle ne se respande contre luy. Pleust à Dieu (dit-on) qu'il n'eust jamais esté, que je ne l'eusse oncques cogneu ny veu, qu'il eust esté bien endormy, & toutes telles paroles qui peuvent tomber en la bouche d'une ame ulcerée de tant de peines quelles ressent en mariage. Ces considerations m'empeschent de dire ouy, ou non : mais representant icy au vif le bien & le mal qui sont enclos au dedans le pourprix du mariage, vous prendrez conseil de vostre teste, & si vous y recevez du bien, vous n'aurez d'obligation qu'à vous seul ; si du mal, la plainte en sera toute vostre. Quand un mariage est accomply en toutes ses parties, il n'est heur semblable à celuy-là, ny qui puisse esgaler à l'aise qui en procede, d'autant que de luy derive l'accomplissement & le comble du contentement de tous les plaisirs que l'homme peut desirer. Et semble en ceste rencontre que la femme soit un don du Ciel, qui luy ait esté divinement envoyé pour son soulagement : car nous voyons que leur amour unit tellement leurs cœurs & leurs esprits par une mutuelle bien-veuillance, qu'ils semblent estre

trans-

transformez en un, & de deux n'estre faicts qu'un, par transformation d'affections. Quel plus parfait plaisir peut recevoir l'homme, sujet à tant de miseres, desquelles sa vie est ordinairement enveloppée, que de communiquer franchement avec sa moitié, loyale thresoriere de ses plus privez secrets? Voulez-vous chose plus belle en mariage, que de vous voir revivre en vos enfans, & la nature pourvoir à la reparation & entretien de l'humain lignage? Tout ainsi que le jardinier est peu estimé, quand il se contente de cultiver seulement les arbres plantez par ceux qui l'ont devancé, sans en planter de nouveaux pour servir à ceux qui viendront apres luy: aussi l'homme n'est en bonne estime, qui ne travaille à laisser des enfans, pour rendre à la posterité ce qu'il a receu de ses ancestres. Je puis dire trois & quatre fois heureux ceux qui sont unis ensemble par l'estroit lien de mariage, sans estre desjoints par noises & debats: car par-là on parvient au sommet de la perfection de la joye que l'on peut souhaitter en ce monde. Pourquoy ne se mariera-t'on point, puis que Dieu a institué & ordonné le mariage, que la nature le desire, la raison le suade, les loix divines & humaines le loüent & commandent, l'honnesteté y incite, la necessité nous contraint, le consentement de toutes nations l'approuve? Bien est vray qu'il n'y a estat, tant excellent soit-il, qui ne traisne, quant & soy ses incommoditez & traverses. En mariage, il n'y a malheur comparable à celuy qui s'y reçoit, quand on est lié à une femme dissemblable de mœurs & de conditions. Celuy est mal nay, qui est mal marié. Considerez de prés les espines qui s'y retrouvent parmy les roses, vous y rencontrerez pour un plaisir tost passé, mille douleurs qui sont d'une durée interminable. Car si la femme est desreglée, ou les enfans mal nourris, lors ceste douceur se convertit en amertume. Tout ainsi qu'il n'y a rien qui se puisse accomparer en delices au mariage doux & paisible; aussi quand il est autre, c'est la chose la plus miserable, le joug le plus intolerable, que l'on sçauroit imaginer: c'est une pure servitude, indigne d'un homme franc, qui est contrainct de s'asservir à la femme, legere en sa langue, piquante, outrecuidée & execrable en sa malignité, dangereuse en sa fureur, & dissimulée en ses feintes larmes. Celuy qui se marie, se prepare à de grands ennuis: car espousant une femme pauvre, ce luy est une charge non petite, de la nourrir & entretenir: si riche, une tempeste & un tourment sans fin, avec un reproche ordinaire de ses richesses: si belle, accorte & gaillarde, une peine infinie à contregarder son honneur: & comme la richesse & haut lignage rend la femme superbe, aussi la beauté la rend suspecte: si laide & de mauvaise grace, quel regret, de se voir jour & nuict, accompagné d'un monstre naturel, sans y pouvoir donner remede? Si riche & avaricieuse, il n'aura rien que par ses mains; & le plus souvent, pour avoir patience, force luy sera de quitter la terre pour le cens: si simple & faute de soin, le faix general du mesnage tombera sur luy: si rusée & de bon esprit, elle voudra tout gouverner & entreprendre l'authorité entiere, & pensant avoir espousé une compagne esgale, il aura espousé une maistresse fascheuse, laquelle s'il veut reformer, ou luy serrer la bride, lors elle usera de quelque tour de souplesse, afin d'avoir moyen d'entretenir ses accoustumées façons de faire: si suspecte tant peu que ce soit d'impudicité, quelle garde luy baillera-t'il, quand telle femme ne peut estre gardée, d'autant qu'il est trop difficile de garder ce que plusieurs aiment. Mais, qui pis est, sa misere sera si grande, qu'il luy faudra endurer de sa femme, quelle qu'elle soit: lequel mal il ne cognoistra, qu'il ne soit en mesnage: car,

soit laide, glorieuse, superbe, ou autrement vicieuse, il la faut souffrir. Et non seulement les femmes rendent le mariage malheureux, quand elles sont d'un mauvais naturel; mais aussi les enfans, quand ils degenerent & forlignent de leurs ancestres: tellement que mieux vaudroit mourir sans enfans, que de les laisser vicieux. En leur jeune nourriture, il y a une peine infinie: quand ils sont grandelets, ce n'est que travail & soucy, pour l'incertitude en laquelle est un pere & une mere de sçavoir à quoy ils tourneront leur esprit fréle, tendre & delicat. S'ils sont mal-vivans, ce sont regrets: s'ils sont bons, c'est un soin qui jamais ne desempare la crainte qu'on a qu'ils changent, ou qu'ils meurent, ou qu'il leur advienne quelque desastrée fortune. S'il y en a plusieurs, les soucis redoublent, & la desprayée nature des uns efface & abolit la joye qu'on peut recevoir des autres. Tout cela bien espluché, plusieurs recognoissent que c'est un benefice qui vient de Dieu, que de n'avoir point d'enfans, ou de les perdre avant que de les voir perdus; & que c'est un grand bien incogneu, que de ne gouster point de ce doux fiel. Et de fait, Auguste ayant une fille impudique, souhaittoit d'estre sans enfans. Quel plus celebre conseil vous puis-je rapporter sur le mariage, que celuy que Socrate donna à un certain personnage, que se mariant ou ne se mariant point, il s'en repentiroit: car en l'un, il s'assujettissoit à une femme, & de libre devenoit serf: en l'autre, il n'auroit aucun soulagement en ses adversitez, mesme seroit privé de tout plaisir. Saint Hierosme escrivant contre Jovinian, dit que le Philosophe Theophraste a fait un elegant livre; à sçavoir, si l'homme sage se doit marier? Et apres avoir amplement devisé, si la femme est belle, douce, vertueuse, prudente, bien conditionnée & d'honneste famille, conclut que le sage se peut marier: mais par apres considerant que jamais, ou rarement, toutes ces choses se retrouvoient és femmes, comme s'il se desdisoit, est d'avis que l'homme sage ne se doit marier, & qu'il doit estre plustost à soy-mesme qu'à une femme. Saint Paul: és-tu lié à une femme? ne cherche point de separation: és-tu delivré de femme? ne cherche point de femme. Et ce bon-homme Mitio Terentian:

Ce dont fortune est de moy plus prisée,
C'est que je n'eus oncques femme espousée.

Et un autre bon Vieillard en ceste mesme Comedie:

Depuis que j'eus femme & enfans aussi,
Oncques je n'eus que travail & soucy.

Pour conclure ce discours, je vous estalleray icy l'advis de Marc-Aurele, lequel pressé par quelques siens amis de marier sa fille, leur respondit, que si tout le conseil des sages qui furent jamais, estoit fondu en une fournaise, il ne seroit toutes-fois suffisant pour donner un bon advis au fait d'un mariage, & que celuy qui se veut marier doit estre en son secret, & y penser bien profondement, comme en chose où il y va de tout son bien, vie, honneur, bonne renommée & repos de sa propre personne. Tout ainsi qu'il est en vous de monter sur mer si bon vous semble, toutesfois il n'est plus en vostre puissance d'eschapper le peril lorsque vous cinglez en pleine mer: aussi est-il en vous, de vous marier, ou de vivre sans femme: mais depuis que vous vous serez rangé soubs ce joug, il en faudra porter patiemment, bon gré mal gré, toutes les incommoditez, angoisses, douloureuses & griefves fascheries. Adieu.

LETTRE XIV.

A Monsieur de Bussy mon frere, Conseiller du Roy, & Auditeur en sa Chambre des Comptes.

Prosperitez de Mangot, avec un discours des des Gar. des Seaux.

Quand je receus vos lettres, qui portent comme Mangot en moins d'un an a esté Maistre des Requestes, premier President de Bourdeaux, premier Secretaire d'Estat, & enfin Garde des Seaux, je leûs la benediction qu'Isaac donna à son fils Jacob, laquelle me fit aussi-tost revenir en memoire celle que son pere luy donna & à ses enfans, que je tiens de feu ma belle-sœur sa sœur. Car tout ainsi qu'Isaac benissant son fils Jacob, pria Dieu qu'il le fist fructifier, afin qu'il creust en congregation de peuples, la semence duquel depuis multiplia comme la poudre de la terre en Occident, Orient, Septentrion & Midy : de mesme, son pere donna diverses benedictions à ses enfans, & luy commanda particulierement de recevoir & escrire son testament : & après, mettant les mains sur sa teste, pria Dieu qu'il le fist prosperer en honneurs, en biens, & multiplier en enfans; & n'oublia rien pour le combler de toutes sortes de benedictions, avec ces dernieres paroles : *Et tu Claudi suscitabis semen meum, & claram reddes familiam meam.* Benediction qui a son cours : car sa maison fourmille d'enfans, regorge de biens, & luy est monté degré par degré jusques à la plus haute dignité qui soit en ce Royaume pour l'homme de robbe longue, en laquelle aboutissent toutes les affaires generalement de la France, comme le ressort qui les fait toutes jouer, d'autant que le Roy ne parle que par la cire : & pour le dire en un mot, les enfans, les honneurs & les richesses sont entrées en foule chez luy. Lisez toutes les histoires Françoises, vous ne trouverez point qu'il y en ait jamais eu un seul qui ait passé par ces destroirs en ce moment de temps. C'est un flus de dignitez, qui court en luy pour accomplir la benediction du pere, qui estoit grand Advocat, preud'homme, sçavant, ingenieux, & subtil. Je ne veux pas dire qu'il fust le premier de son temps; mais j'ay tousjours ouy tenir à feu nostre pere, qu'il n'avoit point de second, & ne trouvant son pareil, vesquit sans pair.

Quand Philippes Roy de Macedoine, receut en un mesme jour la nouvelle du gain qu'il avoit faict du prix de la course des chariots à quatre chevaux, en la solemnité des jeux Olympiques, la deffaite des Dardaniens par Parmenion, & la naissance de son fils Alexandre, il esleva ses mains vers le Ciel, priant la Fortune de luy envoyer en contreschange de tant de biens, quelque mediocre adversité, sçachant bien qu'elle porte tousjours envie aux grandes felicitez. Et moy n'ignorant l'instabilité & le peu d'arrest qu'il y a és choses du monde, je prie Dieu, qu'il la conserve en ceste grande hauteur, en allaisonnant toutesfois ces heureuses prosperitez de quelque petit malheur, qui retienne cet esprit dans les bornes de la raison, de crainte que s'élevant par trop, il se laisse emporter à l'essor d'une vanité qui le perde.

Comme les choses trop sensibles gastent les sens : aussi la fortune trop bonne corrompt les esprits, & les fait tellement mesconter, qu'ils ne peuvent endurer le bien qui se presente trop grand. Si ce sage Roy d'Egypte vivoit, il quitteroit son amitié, comme il fit celle de Polycrates Roy Samien, pour ce qu'il estoit si heureux, que quelque chose qu'il peust faire, il ne pouvoit sçavoir que c'estoit d'un triste ennuy ; si bien qu'il sembloit que tout fust pour luy complaire : & n'eut autre raison pour renoncer à son amitié, sinon, qu'il estoit impossible que cet heur entier ne fust suivy d'une cheute prochaine, à laquelle Dieu le gardoit. De mesme, je crains que ceste grande prosperité ne soit talonnée de quelque triste malheur, duquel je prie Dieu de bon cœur le contregarder : maintenant que tout luy rit & arrive à souhait, c'est lors qu'il doit plus craindre & penser à luy, tenir ses affections en bride, compoſer ſes actions par raiſon. Philoſophant ſur ce grand flot de bien-heureux, qui l'ont ſuivy juſques icy, j'ay creu que s'il ſe fuſt bien conſeillé à ſoy-meſme, il eust arresté sa fortune dans l'estat de premier President de Bourdeaux. Car balançant les traverses qui accompagnent d'ordinaire & l'estat de Garde des Seaux, & celuy de premier President, je trouve qu'il n'y a Garde des Seaux, qui n'ait fait un vif naufrage, d'autant que c'est une dignité viagere, dependante de la legere & inconstante opinion d'une maistresse, ou d'un favory d'un Prince, ou de celle mesme du Roy, les amitiez duquel à la longue vieillissent. Quant au premier President, il demeure ferme, soustenu d'un grand Corps, qui le faict subsister. Nous n'avons que Liſet, qui fut depoſſedé par l'injuſte & rude violence de ceux qui gouvernoient en la minorité du Roy : encores ce fut avec une digne & profitable recompenſe.

Le Garde des Seaux, s'il veut longuement vivre en ceſte charge, il luy faut paſſer toutes les volontez d'un Prince, de quelque qualité qu'elles ſoient, pour bonnes : au lieu qu'un premier Preſident y reſiſte doucement, fortement avec tout un Parlement par ſes tres-humbles remonſtrances : le Garde des Seaux porte ſeul le fardeau de la mordante envie, laquelle un premier Preſident jette ſur ſa compagnie : enfin le Garde des Seaux eſt expoſé à la mercy des langues meſdiſantes des Courtiſans, deſquelles eſt à couvert le premier Preſident, par le moyen de ce grand Parlement, qui ſouffre & endure tout. J'entendois quelquefois feu noſtre pere, diſcourir ſur ce ſubject, mais il eſtoit pour le premier Preſident, & tenoit bien le Garde des Seaux pour la plus importante charge de l'Eſtat, mais la plus muable, dans laquelle il n'avoit jamais veu vieillir ny mourir une perſonne : & commençoit par ce qu'il avoit veu dés ſa tendre jeuneſſe, laiſſant là ceux qui avoient paſſé devant.

Je ne me ſouviens pas de ceux qui tindrent les Seaux du vivant de du Prat & du Bourg, cela s'eſt eſcoulé de ma memoire ; mais de là deſcendoit à Poyet, ſucceſſeur de du Bourg, qui vit en ſon temps trois Gardes des Seaux, Monthelon, Airant, & Olivier, lequel monta à l'Eſtat de Chancelier, par la condamnation de Poyet : & me diſoit comme Olivier fut relegué en ſa maiſon, & les Seaux baillez à Bertrandi, auquel ils furent depuis oſtez & redonnez à Olivier, & après ſa mort luy ſucceda ce grand de l'Hoſpital, qui eſtoit, à ce que diſoit feu noſtre pere, d'une conſtance impaſſible, & d'une fermeté inflexible, que Dieu avoit miſes en luy pour une medecine du temps malade & affligé, auquel il eſtoit venu : qu'il ne vouloit point ſembler juſte, mais l'eſtre : que de luy naiſſoient ſages conſeils, où tout honneur & bien abondoit pour l'Eſtat : qu'eſtant venu en un temps, où l'innocence ancienne eſtoit ja de longue main ſortie hors d'uſage, & ſe monſtrant après un ſi long intervalle parmy les vies corrompues & gaſtées, cela avoit apporté grand luſtre à ſa gloire & renommée : ainſi que deux contraires par une reſpective oppoſition, apparoiſſent mieux l'un pour l'autre. Et paſſant outre, diſoit, qu'on ne pouvoir nier, que ceſte temperance & netteté de mains, par laquelle il avoit rendu ſa place imprenable par argent, & ceſte droicture qui avoit empreint en luy un vif amour des choſes bonnes & honneſtes, & une horreur des laides & mauvaiſes, par leſquelles meſme il s'eſtoit fortifié contre la haine & la faveur, ne fuſſent ſuffiſantes de le faire tenir au rang des plus juſtes & vertueux qui ayent jamais eſté, ayant entre tant de meſchants que noſtre ſiecle

siecle avoit produit tout en un coup, bien osé estre bon.

Il ne se pouvoit estancher de bien dire de ce grand & sainct personnage, au patron & modele duquel il desiroit que tous les Chanceliers & Gardes des Seaux moulassent leur forme de vie. Il est violenté de rendre les Sceaux, qui sont donnez à Morvilliers, qui à quelques années de là s'en desmit à Birague, lequel de son vivant les vit bailler à Chiverny, & le mesme Chiverny à Montelon, lequel par une superstitieuse opinion les remit entre les mains du Roy, qui pour la necessité du temps rappella Chiverny, lequel mourut à la veille que le Roy les luy vouloit oster pour les donner à Bellieure, qui estoit le plus homme de bien que je vis jamais dans le Conseil du Roy : car il ne vouloit que choses bonnes, justes & honnestes : mais enfin il n'eut pas meilleur marché que les autres : car il vit Sillery Garde des Seaux, duquel quand feu nostre pere parloit, Vous voyez (disoit-il) ce grand feu d'amitié que le Roy luy porte (parlant de nostre grand Henry) vous verrez que tel le supplantera, auquel l'on ne pense pas.

Aussi qui eust songé à appeller du Vair de Provence pour luy bailler les Sceaux ? Eussiez-vous estimé qu'il eust esté si tost depossedé de ceste charge pour estre donnée à Mangot ? Pour moy, je croy qu'il adviendra de luy comme des autres, mesmement au temps auquel nous vivons, où il n'y a rien si certain que l'incertain, & qu'il se faut asseurer que tout est mal asseuré & douteux. Pensez-vous que sa condition soit meilleure que celle du Vair, qui a esté renvoyé pour avoir bien faict ? Luy qui a bien vescu & les actions duquel j'ay tousjours veu tendre au bien, ne peut en ce temps ingrat, rude & muable, esperer meilleur traictement. Et de faict, pesant meurement & sagement les destours de fortune, ou plustost l'inconstance legere & muable des Grands, a supplié la Royne mere de prier le Roy de le descharger de ce grand fardeau, afin de se retirer en sa maison : acte digne de sa probité ; car il est le seul, qui monté à ceste haute & grande dignité, a voulu librement de soy-mesme & sans aucune force la quitter. Dieu veüille par sa saincte grace conduire sans aucune entre-cesse sa fortune de bien en mieux ; mais la felicité humaine est frêle, glissante, & de briève durée. Adieu.

LETTRE XV.

A Monsieur Cerveau, Visiteur de l'Ordre de Fonteurault.

Moyens de reformer des Religieux ou Religieuses.

PAssant à Tusson, vous me fistes entendre le sainct & loüable dessein de vostre Abbesse, qui desiroit reparer toutes les maisons de son Ordre, de leur cheute, & bannir de chez elles ce meslange & desbauche de toutes choses qui a pris diverses faces par la longue succession de temps, pour leur donner leur premier plan. Ce que je loüay grandement. Et sur les difficultez que vous me fistes, pour faire que ceste religieuse intention ne tombast friche, je vous promis de travailler aux moyens qu'il luy faudroit tenir, pour faire esclorre ceste tant haute & bien-heurée entreprise ; ne croyant point ses Monasteres outrez de tant d'incurables atteintes, ny tant au dessous de toutes affaires, qu'elle ne trouve remede à leurs desbauts. Une reformation n'est mal-aisée à faire, à qui la desire & puis, il n'y a rien qui serve tant à la guerison d'un mal, que de le bien entendre. Ce luy sera un honneur de l'entreprendre, mais plus encores de l'executer. Car ne doutez point qu'attendant de rasseoir & restablir son Ordre en la forme qui est la meilleure, elle la fera accepter à la longue à toutes ses Religieuses.

Quand elle fondera ceste affaire jusques au vif ; qu'elle préviendra les inconveniens, & enjambera sur les choses futures par un rapport & discours de celles qui se sont passées, asseurez-vous que dès sa premiere démarche elle atteindra au comble de ses attentes. Je sçay fort bien que vouloir reformer une compagnie, est plus que l'establir ou créer tout de nouveau : car en l'establissement toutes choses rient, & rien ne resiste à qui on ne la manie, moule & façonne à son plaisir : mais la voulant reformer, renouveller, refondre, ramener & remettre en sa premiere & naïfve dignité, on a à combattre & forcer la coulpe, la peine, & encores la volonté corrompuë. Les choses mal-faictes & de long-temps passées, sont trop plus aisées à reprendre qu'à amender : ce seroit un grand soulagement à nostre imbecillité, si elles estoient reparées de pareille vistesse qu'elles sont destruites. Son Ordre a esté basty sur les fondemens d'une bonne & saincte regle, laquelle a esté alterée & pervertie par l'injure du temps, qui faict que tout va à l'empire, & est venu en telle agonie & extremité de desordre, que son usage est tellement émoussé & abastardy par la feneantise de ses Religieuses, qu'il est quasi reduit à un perpetuel nonchaloir. C'est de son devoir d'empescher que ceste dissolution ne luy donne un definement, & le dernier & entier accomplissement de sa ruyne : car en ce grand chaos & meslange de confusion, qui est arrivé à telle extremité de grandeur, je crains (si j'ay quelque ronge & ressentiment des choses) qu'il ne couve en soy toute la mutation de ses Couvens, qui n'esclorra pas tout à coup, ains par traite de temps, selon que les occasions enseigneront à ceux qui veillent, de choisir leur apoint. Tout ainsi qu'au corps humain on voit à la longue son commencement, progrez, entretenement & declinaison sans que nous nous en appercevions, estant en cecy nostre vie ny plus ny moins que l'aiguille d'une horloge, laquelle nous ne voyons point cheminer, & ayant cheminé nous ne la cognoissons : de mesme, nous voyons la naissance d'un Ordre, son avancement, sa force de sa vigueur, & sa cheute sans la voir, qu'après qu'elle est survenue. Ce n'est plus à elle de temporiser à ce desordre & le laisser Huctuer sans aucun soin à la mercy de tous vents : c'est à elle à luy faire teste à face ouverte : ce sera un coup d'apprentissage & de chef-d'œuvre tout ensemble pour la reduire en meilleur train ; & desire qu'elle se dispense en toute licence, & se donne toute liberté contre ceste licence pour empescher qu'à perte de veuë l'abus n'y provigne plus. En bien commençant, elle aura la moitié de l'accomplissement de son œuvre, & n'y a personne qui ne se fasse espaule à son beau dessein : pour moy, je ne luy feray faillire en ceste loüable occasion ; & sçauroit desirer d'un meilleur enclin que je fais, la remise de toutes ses Religieuses en bien.

Je me promets que la chance ne luy sera rebourse ny traversiere, ains qu'elle aura le dessus de ses pensées, en ourdissant ceste nouvelle trame suivant les advis que l'on luy donne. Ce remuement & ceste nouvelleté faite à propos, peut exterminer & desraciner tous ces grands pesle-mesles qui se rencontrent parmy ses Couvens. Et pour parler plus veritablement, elle peust oster le desreglement qui a introduit tout le mal, pour les remettre en leur propre & ancien estat, les relever & ressoudre de la tyrannie du vice, ne plus ne moins que d'une longue maladie. Qu'elle donne seulement air à son entreprise, & la poursuive à toute pointe : elle raquoisera toutes choses en un clin d'œil : car la premiere glace rompuë, il est impossible de dire, combien en peu de jours ses affaires reüssiront à souhait. Mais il luy faut prendre l'heure aux cheveux : car en vain elle rappelleroit la sourde occasion, lors qu'elle seroit absente, & s'en faut servir selon que le temps en presente l'avantage. Il ne luy est

est pas de besoin de travailler à ceste reformation avec une puissance vaine, assoupie & oisive, mais pleine d'efficace & d'action; & encores la luy faut-il poursuivre avec une obstination endurcie, & n'y rien faire negligemment, à l'estourdie, ny imprudemment, ains utilement & à bonne fin; & lors les choses luy succederont heureusement & honorablement.

Sur tout, je prie Dieu qu'elle ne gauchisse point en ceste saincte action, & ne la laisse froidement ralentir, ains persevere immuablement en une mesme teneur de volonté. Le faisant, elle retirera ses Religieuses de ceste vieille corruptelle de mœurs, & de ceste vie pleine de libertinage, pour les mettre dans le chemin d'une vraye & asseurée liberté, qui regarde le ciel. Et tout ainsi que le laboureur prend un singulier plaisir, quand le champ non ingrat respond à son desir: aussi elle recevra un riche & parfait contentement, les voyant touchées & pointes de la cognoissance de leur faute, incontinent s'eslever à mont de ceste bassesse pour se tourner & convertir à Dieu. Mais en ceste reformation, je ne souhaite nullement que vostre Abbesse se donne en proye à la discretion de ceux qui gouvernent sous son authorité, qu'elle ne se reserve le dernier ressort de la cognoissance des choses. L'œil que le sage maistre a sur les siens, fait que ses affaires prennent bon trait, & que chacun se tient en son endroit sur pieds. Vous sçavez que depuis que la Religion Chrestienne fut plantée par nostre Seigneur Jesus-Christ, l'ordre donné par nos bons vieux Peres pour son maintien, est allé de bien en mal & de mal en pis, mesme que les autheurs des nouveaux Ordres, qui avoient estably de si belles & sainctes reigles, donnoient un tel pied à la Religion, que nul ne se fust jamais destourné du bon chemin, les suivant sans aucun excez. La maladie qui est aujourd'huy parmy ses Religieuses, derive de ce qu'elles sont entrées en Religion sous une regle qu'elles n'observent nullement. Mais le moyen de les forcer volontairement à son entretien, est de la faire remonter, renouveller & ramener vers son principe: tout ainsi qu'il se fait & observe quand les ruisseaux sont troublez, pour puiser l'eau pure & bonne, l'on a de coustume de venir à la source. Ce renouvellement & ceste réduction vers son premier estre, se fait par la sagesse & prudence de celles qui se voyent difformées, lesquelles touchées d'une inspiration divine, sans aucune force ny contraincte, ains d'une pure & franche volonté, se rangent sous le faix de leur regle. Car tout ainsi qu'en un corps naturellement malade le commencement & mutation de recouvrement de santé ne luy vient pas des membres gastez, ny des parties malades, mais quand la temperature des forts, sains & entiers est si puissante, qu'elle chasse ce qui est en tout le ceste du corps contre la nature: de mesme la reformation ne vient jamais de celles qui trempent dans le vice, ains de celles qui chatouillées, excitées & piquées de l'exemple de bien vivre, ne tendent qu'à mener une vie innocente, austere & nouvelle, qui regarde entierement le ciel. Et comme l'on dit que toute chose s'esteint & se perd par son contraire; ainsi celles qui vivent sainctement, reduisent par leur exemple celles qui vivent licentieusement. Pour faire que ceste reformation continué, il y faut adjouster l'authorité & parole d'un Religieux, la parole & l'exemple duquel produisent les mesmes effets & enseignements que la regle. Je desire qu'il soit personnage de grand poids & singuliere recommandation, le pouvoir duquel puisse tourner, lier, estreindre & captiver les consciences des Religieuses, tyranniser leurs volontez par son bien dire. La voix vive a je ne sçay quoy d'énergie cachée dedans soy, qui raisonne plus fort transmise de la bouche aux oreilles, laquelle fortifiée & munie de vives raisons, amorse, & conduit au bien faire. Il emportera sur elles tel credit, que de trafiquer leurs esprits, gaigner leurs cœurs, & leur succer & desrober les ames par l'oreille, les resveiller, les assouplir, les roidir, eschaufer & tantost refroidir, ny plus ny moins que sa langue les veillera. Ceste parole est la seule magie par laquelle l'ame est conduite & regie, qui émeut le courage, les voluntez & les affections au bien.

Ce bon Pere ne fera pas cela tout à coup: mais tout ainsi que ceux qui ont longuement demeuré en tenebres, ne peuvent soudainement supporter ny endurer la lumiere des rayons du Soleil, s'ils ne sont premierement accoustumez par les petits à quelque clarté bastarde, dont la lueur soit moins vive, tant qu'ils le puissent regarder sans douleur: ainsi il doit faire sa reformation non point avec une rigueur trop aspre, mais par bon & doux moyen, en remonstrant plus qu'en menaçant. Il doit traiter ces ames foibles comme les estomacs debiles, ausquels on soustrait les viandes dures, qui sont bonnes aux estomacs forts & sains. Il ne faut pas qu'il soit trop indulgent, ny connivent envers elles, ny aussi qu'il leur soit trop rude & les foule aux pieds quand elles ont failly: car l'un seroit autant comme s'esjouïr de leur faute; & l'autre, faillir avec elles. Il usera d'une reprehension & correction modeste, qui tesmoigne le soin de leur bien, & le desplaisir de leur faute. S'il rencontroit quelques esprits aspres & revesches, qu'il luy fust impossible de rompre de droict fil, il y usera de destour pour retarder & ralentir insensiblement le cours de leur vie, & amener & reduire ces ames malades en une mesme égalité & consonnance de volontez que les saines. Tout ainsi que les maladies du corps, qui se sont acharnées sur nous à longs traits, si vous les pensez guerir en un moment, c'est perdre par un mesme moyen & le patient & la maladie: de mesme celles qui seront endurcies de long-temps au mal, pour amollir, plier & ramener leurs consciences à un sentiment particulier de leurs vices, il faudra rompre & abbatre leurs efforts par les petits, en leur annonçant en toute liberté de bouche leur faute, de crainte de les perdre tout-à-fait. C'est le conseil de l'Apostre: reprens-les (dit-il) avec toute authorité, argue, tance & exhorte pour remettre les desvoyez & seduits, au bon chemin. Les remedes doivent avoir une analogie & proportion avec les maux & les malades. Je m'imagine par le discours que je vous viens de faire, que mettant en œuvre ces conseils, qui regardent la reformation de vostre Ordre, il n'y a une seule Religieuse, qui n'espouse hardiment la forme de vie proposée pour moissonner ces douces-aspres remonstrances semées & jettées dans leurs ames, & se reconcilier de leurs fautes avec Dieu, regarder d'un juste œil leurs vies, leurs mœurs, leurs propos & leurs pensées.

Avec tout cela, il ne sera pas hors de propos que pour l'advenir vostre Abbesse dresse deux pepinieres, l'une de Religieuses, & l'autre de Religieux, qu'elle transportera selon les occasions pour en faire des peuplades aux Couvents les plus difficiles à reduire. Je voy un grand defaut parmy tous les monasteres, lesquels sont veufs & dénuez de Religieux du vieil estoc de ces anciens Peres. Il est quelquesfois necessaire que les desordres arrivent en nos Religions, afin qu'elles viennent quasi de nouveau à renaistre, & en renaissant prennent une nouvelle force & vertu avec l'observation & entretien de leur regle, qui commençoit à s'en aller en mesus. C'est un fouët qui vient de la main de Dieu bien à point pour faire reprendre ces premieres loix sur lesquelles estoient bastis tous ces Ordres de Religion, & pour leur faire cognoistre que non seulement il les faut maintenir, mais davantage estimer ceux qui veulent entrer en la reformation. Les Ordres se remettent & conservent que suivant les mesmes maximes avec lesquelles ils ont esté fondez. Si les moyens que je vous ay representez, se pratiquent souvent, il s'ensuivra de necessité, que nous ne verrons plus de corruption dans les Religions: mais dés l'heure qu'ils deviendront plus rares & moustés, les corruptions s'y glisseront & multiplieront à foison. Si ces renouvellemens ne se fussent faits en nostre Religion, & qu'elle n'eust esté retirée vers sa source de temps en temps par tant de saints personnages, qui ont fondé tous ces beaux & nouveaux Ordres, la Religion seroit maintenant esteinte. Mais par leur pauvreté & par l'imitation de la vie de nostre Seigneur Jesus-Christ, ils en ont remis & replanté l'effigie expresse és cœurs

cœurs des hommes, qui n'en avoient que l'ombre seulement. Ceste renaissance de regle à laquelle la coustume & l'obeïssance doivent estre mariez, a maintenu & maintiendra nostre Religion, en l'entretien de laquelle il faut demeurer obstiné : car aussi-tost que l'on laschera la bride au desbordement, les vices s'y couleront, lesquels croissans, il adviendra sans doute, ou qu'il les faudra corriger avec un grand desordre, ou que ces Ordres viendront à se resoudre en rien. Le profit qui naistra du rengendrement de la regle, formera, sinon en toutes, au-moins en la plus grande & saine partie des Religieuses, une habitude de mœurs, qui semblera, au long aller, un estre en elles empreint par la disposition de leur nature, lequel les rendra promptes & disposées à supporter le fardeau de leur Statut, jalouses, zelées, devotes & religieuses protectrices d'iceluy : lesquelles serviront aux autres d'un parfaict exemplaire de vie entierement reformée, pour se façonner & rompreà ensuivre leur saincteté. Car comme elles verront ces bonnes & sainctes Religieuses s'estre de tout point resignées à Dieu, luy avoir soubmis les affections de leur cœur pour les dompter & estre sans tourment d'esprit ny croix d'entendement, je me promets tant d'elles, qu'elles mouleront leurs vies sur le patron & formulaire de la leur, desquelles possedant le titre & charge, s'efforceront d'en emprunter aussi le merite : ce qui leur acquerra une facilité de mœurs & une simplicité ronde, une grande équanimité & tranquilité d'esprit, quiles privera de ceste aspreté & malaisance de mœurs ; & leur fera ravaller & desestimer leur condition passée, & se reputer heureuses jusques à une pasmoison d'esbahissement. Elles recognoistront que la longue accoustumance, sans s'en appercevoir, apporte une habitude de ne pouvoir plus pecher, & embellit les mœurs d'innocence, pour peu que la raison y donne la main. Quand toutes les Religieuses auront ainsi reformé & redressé leur vie en mieux, lors par une façon d'humble presomption se mocqueront d'elles-mesmes: qui sera le comble & couronnement de leur felicité : elles demanderont compte de leur vie à elles-mesmes, se reprendront elles-mesmes, & informeront contre elles-mesmes, pour puis après revivifier de plus en plus dans elles-mesmes les vrayes racines de leur regle. Adieu.

LETTRE XVI.

A Monsieur de Montagnes Conseiller du Roy & Lieutenant general en Xaintonge.

La fortune du Mareschal d'Ancre & sa mort.

OYez comme Dieu se joüe des Grands, par le discours de la naissance, du progrés & du couronnement de la fortune du Mareschal d'Ancre.

- - - - - - - *Celsa mentis ab arce*
Despicit errantes, humanaque gaudia ridet.

Il estoit Gentil-homme Florentin de nation, de la famille *de i Concini*, lequel vint en France avec la Royne mere ; premier qu'il partist, un sien amy luy demanda qu'il, y alloit faire : ou mourir, ou fortune, respondit-il. Quand il fut question de dresser sa maison, luy seul fit les Officiers à sa main. Nostre grand Henry recognoissant le naturel de ce personnage, ou ambitieux, ou que par un esprit prophetique il prevenoit qu'il produiroit une longue traisnée de tristes & malencontreux malheurs en son Estat, le voulut renvoyer à plusieurs fois en Italie : mais luy sage & habile esquiva ces coups. Et pour mieux s'ancrer en la maison de la Royne, rechercha en mariage la Signora Alienor, qui commandoit absolument aux opinions de sa maistresse. Le mariage consommé, le voilà si haut en bride & insolent pour sa grande prosperité, qu'il vint à avoir prinse avec Dom Jean de Medecis frere naturel de la Royne mere qui se retira à Florence, ne pouvant souffrir ses superbes insolences. Un jour, la Cour passant par la galerie des Merciers, les Huissiers au devant d'elle, l'un des Presidens luy osta son chapeau de dessus sa teste, parce qu'il fut le seul qui impudemment & imprudemment ne le salüa point. Une autre fois, il entra arrogamment tout esperonné dans la sale du Palais, où il fut desesperonné par les Clercs, desquels à quelque heure de là il fit une espaisse & prodigue jonchée de blessez : action qui desplut grandement au Roy.

Aprés que nostre grand Henry fut traistreusement assassiné & ravaillardisé, Concine se trouva en plein drap, & pour s'avancer aux plus hautes dignitez de cet Estat & pour s'enrichir tout ensemble. Il ne mit guieres à se demasquer & monstrer à plein quel il estoit, & quelle ambition il couvoit en son esprit : car huit ou dix jours aprés ceste soudaine & deplorable mort, il fit conferer l'Abbaye de Marmonstier au frere de sa femme, qui ne sçavoit ny A, ny B, & depuis le fit monter à l'Archipiscopat de Tours, & le combla, outre tout cela , d'un grand revenu en bien d'Eglise. La mere du grand Duc de Florence luy donna advis de manier & conduire sa fortune terre à terre, & de s'eslever par compas, pour en oster l'envie ; autrement, qu'il seroit accablé du faix de sa propre grandeur : luy, respondit, que tant qu'il auroit le vent en pouppe, il vogueroit en pleine mer : elle rescrivit, que c'estoit pour promptement s'eslever & enrichir, mais que c'estoit aussi pour n'estre hors des dangers de faire un triste, piteux & subit naufrage : sa replique fut, qu'il vouloit apprendre jusques où la fortune pouvoit porter un homme, croyant qu'elle ne luy osast jamais faillir. Vic, Gouverneur de Calais, mourut assez subitement dans la ville de Paris : aussi-tost le gouvernement luy est donné, duquel toutesfois il ne fut pourveu, à cause de la vertueuse & forte remonstrance que fit le President Janin à la Royne lors Regente, du mescontentement general qu'en recevroient les François. La Royne bien conseillée, en pourveut Requien. Il est naturalisé & fait en ce mesme temps Marquis d'Ancre. Trigny, Gouverneur de la ville & citadelle d'Amiens, decede à Paris.

Il n'a pas si-tost les yeux clos, que voilà Concine & Lieutenant pour le Roy en Picardie, & Gouverneur de la Citadelle d'Amiens, de laquelle il print pompeusement possession. Il achepte l'Estat de premier Gentilhomme de la Chambre du Roy, puis le gouvernement de Peronne, Mondidier Roye ; establit des Conseillers d'Estat ; acquit la Baronnie de Lesigny. A quelques jours de là, il est creé Mareschal par la mort de Laverdin. C'estoit un flux de prosperitez, d'où nasquirent tous les mescontentemens & des Princes & des Grands de la France, qui unanimement prindrent les armes, sous le pretexte toutesfois du bien public, lesquelles en un clin d'œil furent mises bas. Comme l'envie de commander va tousjours en croissant, le Mareschal d'Ancre voyant que le Duc de Longue-ville luy estoit en Picardie une espine dans le pied, se resolut de le faire tuër d'une harquebusade en se baignant, & d'autant que Prouville Sergent Major de la citadelle d'Amiens en avoit eu quelque vent, il le fit assassiner par Alphonse Italien, de crainte qu'il ne decouvrist ce pernicieux dessein : & quand la vefve en demande justice, elle luy est deniée & estouffée par son imperieuse absoluë & redoutable puissance. Les armes furent reprises pour éloigner de la Cour le Chancellier, le Mareschal d'Ancre, & les autres qui gouvernoient l'Estat. La paix est arrestée & concluë ; les seaux sont ostez au Chancelier & donnez à du Vair premier President d'Aix, plusieurs Conseillers d'Estat licentiez pour se retirer en leurs maisons. Il est seul qui se remet bien avec le Prince de Condé, lequel luy donne parole de le porter à yeux bandez

envers

envers & contre tous. Il est fait Lieutenant de Roy en Normandie soubs la Royne mere, moyennant qu'il quitte & la Lieutenance de Picardie, & la Citadelle d'Amiens és mains du Duc de Montbazon. Il s'empare de la ville & Chasteau de Caën, de Quillebœuf, & du Pont de l'Arche ; pratique à prix d'argent les Gouverneurs de Diepe & du Havre de Grace, pour luy rendre leurs places, & designe de rebastir le fort de saincte Catherine pour tenir Rouën en bride. Comme il faisoit conduire d'Amiens à Peronne le plus beau & le meilleur qu'il avoit, le Duc de Longue-ville s'en empare, & quant & quant de Peronne.

Il somme chaudement le Prince de sa promesse, qui luy dit, qu'il ne pouvoit rien faire contre le Duc de Longue-ville son parent, & que le plus seur pour luy estoit de se retirer de la Cour. Sur ceste responce, il ne s'endort point, mais persuade la Royne mere de se saisir du Prince, qui travailloit pour s'emparer de ceste grande & absoluë authorité dont elle jouïssoit, laquelle jalouse de s'y maintenir & conserver, le fait arrester, & à quelques jours de là, nuitamment conduire en la Bastille, où le Marquis de Temines fut ordonné pour sa garde. Le Mareschal d'Ancre jugeant autruy par soy-mesme, apprehenda que Temines donnast la clef des champs au Prince, qui en une necessité luy serviroit d'un seur gage pour faire sa paix. Losiere fils de Temines fut, sous une fausse amorse, que Savion le demandoit, tiré hors la Bastille, & comme il y voulut rentrer, l'on le paya d'une defense du Roy ; & le frere du Mareschal en fut le gardien.

Maintenant nouveaux desseins. Le Mareschal craignant quelque revers de ceste mobile & douteuse fortune, se voulut asseurer d'une bonne place, pour s'y blotir, s'il estoit forcé de se retirer de la Cour. Il eut pendant quatre ou cinq mois deux mille pionniers à Quillebœuf, à dix sols par jour chacun, qui nuit & jour travailloient à remuer terre & à l'agrandir de moitié. En ce peu de temps, il la mit en telle defense, qu'elle estoit capable de soustenir une armée Royale devant, un an entier. Il tira de l'Arsenac vingt ou vingt-cinq pieces de canon avec les munitions, qu'il y fit conduire. Cela ne fut qu'un premier coup d'essay : car en aprés fortifiant son dessein de plus en plus, il fait nouveau mesnage à la Cour. Il desappointe le Roy (s'il m'est permis d'ainsi le dire) de toute son authorité. Il cuidoit tenir du Roy en parage & parier avec luy. Villeroy Secretaire d'Estat, qui n'estoit de ses partisans, & qui n'avoit approuvé la prise du Prince, est destitué de sa charge, qui est donnée à Mangot, celle du President Janin, de Surintendant des finances, à Barbin sa creature. Du Vair se trouve revesche à ne vouloir sceller ses lettres de Duc & Pair, un acquit patent, pour la guerre qu'il avoit menée en Picardie pendant le sejour du Roy à Bourdeaux, une abolition pour un Gentilhomme qui estoit de sa suite, & les lettres patentes par lesquelles le Roy vouloit que le Duc de Nevers fust declaré criminel de leze-Majesté sans aucune forme de Justice ; aussi les seaux luy sont ostez & donnez à Mangot, & la charge de Mangot à l'Evesque de Luſson. Pendant mon sejour à Paris, je vy Mangot à la veille de perdre les seaux, pour avoir rendu justice en une action qui touchoit le Mareschal d'Ancre, laquelle il perdit. Jugez la force de l'esprit de ce personnage ; il a tout à sa devotion & pouvoit dire que les ressorts de la France estoient entierement à l'ancre. Quand il se vit si haut monté, que chacun trembloit sous sa main, amis, ennemis, Officiers & privez, & qu'il emportoit toute chose de haute lutte : lors il commença sur les arrhes de son credit à se rendre le ressort general des affaires, & tout disposer à sa guise. Il estoit la porte pour entrer aux honneurs, disposoit des benefices & des gouvernemens, distribuoit les pensions, estoit arbitre & dispensateur de toutes les graces & abolitions, jusques à donner la vie ou la mort aux sujets du Roy, selon qu'il luy plaisoit en faire accorder ou refuser les remissions, ordonnoit de l'espargne, decernoit la guerre & la paix, recevoit & deleguoit les Ambassadeurs, faisoit la loy & la cassoit : toute la France passoit par sa seule volonté. Il ne fut point si mal advisé, qu'en ceste grande prosperité il ne pensast à ce qui estoit de la seureté de sa personne.

Il avoit dix Gentils-hommes ses pensionnaires, à mille livres chacun, qui l'accompagnoient par tout où il alloit, & douze soldats habillez en laquais, portans de grandes espées, qui environnoient son carosse, pour empescher que l'on n'entreprist contre sa personne : car d'ainsi l'assaillir, il croyoit que ce n'eust esté qu'avancer le peril qui en pouvoit advenir, & en luy voulant oster la puissance, la luy augmenter. Il avoit une compagnie de cent Gendarmes, une de deux cents chevaux legers, un Regiment, ses gardes, & ses places garnies de gens de guerre, & tout payé à point nommé sans perdre un seul jour. Aussi le pouvoit-il bien faire, disposant des finances à discretion ; mesme de cet innombrable thresor, que nostre grand Henry avoit avec tant de travail & si religieusement mis en conserve dans la Bastille pour subvenir aux necessitez urgentes de la France, lequel il eschantillonna grandement.

Aprés l'establissement de sa grandeur & de la seureté de sa personne, il ne pensa point de plus asseuré moyen pour s'y maintenir & conserver, que de mettre dans la France une calamiteuse necessité de guerroyer, & la couvrir & noyer de gens de guerre, pour se venger à feu & à sang de tous les Princes & Grands du Royaume, qu'il vouloit bien à faict domter & tenir soubs pieds. S'estant ainsi livré à la mercy de ce cruel dessein, il employa tout son soucy à trouver quelque moyen expedient pour executer les esperances affamées : & afin d'y parvenir, voicy la trame qu'il ourdit.

Aprés la prise du Prince, les Ducs de Vendosme, de Nevers, du Mayne, de Boüillon, & autres Seigneurs se retirerent de la Cour en leurs Gouvernemens, lesquels il fait rappeller prés du Roy. Eux craignans de choir au mesme danger, auquel estoit tombé le Prince, s'excuserent sur ce que le Roy n'estoit en pleine liberté, qui ne parloit que par la bouche du Mareschal d'Ancre, protestans de ne se separer jamais du service que naturellement ils luy devoient, ains d'y porter leurs vies, & leurs biens quand il seroit à soy. Il prend ces justes & legitimes excuses pour crime de leze-Majesté, & sans forme ny figure de procez, ils sont declarez criminels de leze-Majesté : & aussi-tost faict dresser trois armées, l'une conduite par le Duc de Guise, pour saisir du Duc du Nevers : l'autre par le Comte d'Auvergne, pour prendre les Ducs du Mayne, de Vendosme, & autres Seigneurs qui tenoient des places en Picardie : & la troisiesme par le Mareschal de Montigny, pour s'emparer de Nevers & autres villes de ce pays-là : resolu, aprés ceste besongne faite, d'unir ces trois armées pour aller assieger & prendre le Duc de Boüillon dans Sedan : & puis s'il fust resté quelque Grand en France, qui eust voulu bransler, de l'aller attaquer à vive force, pour le reduire au petit pied. Il pensoit tout à un coup aggravanter, foudroyer & mettre à sac tous ces Princes & grands Seigneurs. Cet homme ne nourrissoit point chez soy de petites entreprises. Cinq sepmaines avant sa mort, il mena en l'armée du Comte d'Auvergne six mille hommes de pied, dont il y en avoit trois à quatre mille que Liegeois que Walons commandez par le Marquis de Mony, & huict cens chevaux lestes & bien esquipez, qu'il promit au Roy, par la lettre qu'il luy escrivit, de deffrayer à ses despens pendant six mois. Aussi-tost il arrive à Paris, glorieux, & alla descendre au Louvre, accompagné de cent ou six vingts Gentilshommes bien conche, où vindrent Mangot, Luſson, & Barbin, qui tindrent Conseil avec la Royne, duquel le Roy se voulut approcher pour entendre dequoy l'on parloit : mais la Royne s'avançant, le pria de s'aller esbattre : traict duquel il receut un merveilleux mescontentement. Pendant son sejour de Paris, qui fut de trois sepmaines, ou environ, la nourrice du Roy, avec toute sa famille, s'empara de la Cour, pour avoir esté gagnée par luy. Et voyant entrer Luynes dans le Louvre suivy de dix-huict ou vingt Gentils-

Gentilshommes, dit qu'il luy rongneroit la queuë. Il approchoit & esloignoit du Roy ceux qu'il vouloit. Aussi l'assiegeoit-il de telle façon, qu'il n'y avoit advenuë à son service que par son moyen. Pour donner un pied plus ferme au gouvernement qu'il designoit, il envoya en l'armée conduite par le Duc de Guise, les Compagnies de gendarmes du Roy, de chevaux legers & seize de ses gardes, & n'en retint que quatre, desquelles il pensoit disposer aux occasions, avec la sienne des chevaux legers commandée par Hoquincourt. Encores de ces quatre à quelques jours de là en commanda trois pour aller trouver le Duc de Guise: mais Mangot & Lusson luy monstrerent par le menu l'inconvenient qui arriveroit esloignant toutes les gardes de la personne du Roy, ausquels destroussement il dit, qu'ils estoient peu entendus & clair-voyans aux affaires. Eux vont trouver la Royne mere, pour luy remonstrer en quels termes ils en estoient demeurez avec le Mareschal, qui s'y trouva, & laquelle estant tombée de leur advis, il luy dit, qu'elle ny eux ne voyoient goute en l'ordre & conduite de ceste action. Mais s'appercevant des larmes coulantes des yeux de la Royne, après plusieurs propos promenez d'une bouche à l'autre, demeura longuement pensif, & puis, comme s'il eust esté inspiré de plus haut, dit: Pardieu, Madame, vous avez raison & eux aussi; mais c'est sans sçavoir pourquoy; car esloignant ces trois Compagnies, Vitry, qui est un meschant garniment, demeureroit saisi de toute la force du Louvre, & aussi-tost elles furent contre-mandées. Estant sur le poinct de son partement pour s'en retourner en Normandie dresser nouvelles troupes, & appeller les trouppes estrangeres pour mener en l'armée du Roy ainsi qu'il avoit desja fait, luy & sa femme eurent un grand contraste, parce qu'il vouloit la guerre, & elle la paix: & après plusieurs & divers propos ballottez de Si & de Non, la femme dit avec une furieuse & menaçante colere, *Al despetto tuo iò farò la pace*: & quelqu'un luy entendit dire, qu'elle craignoit que la fortune donnast à son mary le hurt d'une aspre & douloureuse traverse, d'autant qu'il y avoit un grand orage, qui estoit sur le poinct d'esclatter & fondre sur sa teste, si nous n'avions la paix: & dit à la Royne mere: Madame, vous favorisez ce fou (parlant de son mary) en ses desseins; mais souvenez-vous qu'il se perdra, & en se perdant, il vous perdra, & moy quant & quant. Son advis estoit, que son mary & elle se retirassent hors de France, parce qu'elle n'y voyoit point de seureté pour eux. L'ambition, qui luy avoit sapé, miné & rongé l'esprit, desdaigna de recevoir aucun appareil de raison. Toutes fois qu'un homme se donne en proye à l'ambition, sa raison devient tellement malade & aveugle en sa faute, que captivée par les affections, elle ne peut appaiser ses ambitieuses esperances. Il s'achemine en Normandie: à trois lieuës de Paris, il est accueilly par sa compagnie de chevaux legers & ses gardes. De là à sept ou huict jours, le pont dressé sur la riviere d'Aisne, fut rompu & brisé par une grande ravine d'eaux, & les troupes du Mareschal d'Ancre posées à sa garde, foudroyées par le canon tiré de Soissons, & taillées en pieces par le Duc du Mayne, à la veuë du Comte d'Auvergne, qui ne les peut secourir. Deux jours après, il se jette en avant pour-parler de paix: le Mareschal est au mesme temps rappellé de Normandie à Paris, où il arriva le Jeudy, mal-content de ces ouvertures de paix, desquelles il voulut rompre le cours. Entrant dans Paris, il dit au Marquis de Mony, que plusieurs faisoient courir le bruict, qu'il ne passeroit point le vingt-quatriesme du mois: de quoy il se mocqua, disant que c'estoient affronteurs qui luy vouloient baisler l'espouvante; mais qu'il estoit sans crainte, ayant reduit les Princes au poinct de ne se pouvoir relever de leur chute visible; & qu'il n'y avoit aucune apparence que telle chose peust estre vraye, se portant mieux que jamais, & estant d'ordinaire assisté des meilleures espées de France: & que si la chose avoit à estre, il falloit qu'elle arrivast par un effect de Dieu, non preveu des hommes. Tel pense estre bien asseuré en sens humain, lequel en un clin d'œil voit toutes ses opinions renversées. Fut-il jamais une liaison de plus heureuse fortune? Voicy maintenant un changement estrange & inesperé de celuy qui pensoit tenir le haut de l'heur, & avoir attaché sa fortune à cloux de diamant, sur qui les yeux de tous estoient tournez, pour la grandeur & l'heureux succez de ses affaires: qui avoit la vogue de credit & tenoit tout sous sa main & en obeïssance: qui donnoit voye à son ambition, comme la bonde luy estant pleinement ouverte: enfin, de celuy de qui la prosperité estoit montée à une si grande hauteur, qu'il abusoit de sa puissance & de son authorité. Estre heureux plus que de raison, est occasion de devenir malheureux à celuy qui en ses desirs & en ses esperances se promet plus qu'il ne doit. C'est pourquoy il luy estoit bien difficile, voire du tout impossible, de traverser la tourmente de ceste vie sans un mortel naufrage. Et tout ainsi que l'extreme en-bon-point est fort dangereux, & les corps qui sont parvenus jusques à une supreme vigueur de bon portement, n'y peuvent demeurer, ains panchent incontinent & inclinent vers l'opposite: aussi à ceux à qui la fortune a mis le bon-heur à l'abandon, & qui ont eschelé le plus haut de sa rouë, ce leur est une contrainte forcée de retourner en bas: car tout ce qui est en sa perfection de vigueur, est subjecté à mutation soudaine; & encores plustost, quand une puissance & licence haute est bastie sur une base, qui n'est pas bien dressée à plomb, ny mise au niveau, laquelle panche & verse en sa ruyne avec elle, comme estoit celle du Mareschal d'Ancre, qui n'estoit appuyé que de luy-mesme: nuls parens, nuls alliez; ains seulement des amis de la fortune l'estayoient, qui aussi-tost luy tournerent le dos, qu'ils virent qu'elle luy livroit nouvelle chance: chose legerement venuë, legerement dechet; comme les arbres plus hastifs portent fruict de moindre garde & de plus courte durée, que ceux qui cultivez en droite saison reçoivent leur meureté par la chaleur du soleil; ainsi ceste haute pompe qui monte soudainement, tresbuche en un moment; les choses violentes passent incontinent; l'esclair, le tonnerre, les bouraisques esvanouissent tout à coup. Voyez maintenant comment les opinions outrecuidées, vaines, & enflées de celuy qui est comblé de toute grandeur, sont en un clin d'œil bouleversées: comment il est forclos en un vire-main, de ceste grande esperance qu'il avoit par plusieurs trafiques & menées embrassée: & comment enfin il aboutit à une miserable fin. Voicy tous ses grands desseins avortez, ceste souveraine puissance deffaite & fracassée; voicy la mort qui moissonne toutes ses trompeuses, feintes & adulterées esperances; vous le verrez fleury & flestry en une mesme heure, tous ses honneurs atterrez; il sera l'exemple d'un avorton de fortune, qui souffre en sa desconfiture la parpaye de toutes ses insolences. Le Roy, par un meur conseil soigneusement propensé & seurement digeré, considerant son Royaume floter en danger, & branler fort inegalement, comme en une vaste mer agitée de fort aspre & violente tourmente, l'a secouru ainsi que le sage timonier, qui jettant du cœur masle & viril la derniere ancre sacrée de son commandement absolu contre le Mareschal d'Ancre, qu'il a chastié opportunement, utilement, & ainsi qu'il appartenoit: car tout à coup il a renversé ses orgueilleuses & superbes entreprises, sevré, & tiré son Empire hors d'enfance, pour mettre son Royaume à l'abry & à l'ancre. Le vingt-quatriesme de ce mois d'Avril, entrant dans le Louvre sur les neuf à dix heures du matin, accompagné de soixante ou quatre-vingts Gentilshommes, il est recueilli par Vitry Capitaine du corps, accompagné de quinze ou seize ordinaires du Roy, & suivy de plusieurs Archers: lequel luy dit, (comme il lisoit une lettre que Travail luy avoit baillée à garde indice) que le Roy luy avoit commandé de se saisir de sa personne. *Amy*, dit-il, mettant la main sur la garde de son espée. A laquelle contenance, il fut assailly & chargé d'une main hardie, avec si grand flot de pistoletades & de coups d'espée, qu'il tomba mort sur le champ. Brunvilliers, Capitaine de ses gardes, seul tira l'espée; mais il fut aussi-tost saisi, & les autres se sauverent qui çà qui là. Il fut exposé le long du jour à la veuë de tout le monde, trempant & baignant dans son sang, & la nuict ensevely dans un meschant drap, & enterré dans sainct Germain de l'Auxerrois soubs les orgues, sans aucune pompe funebre. Le lendemain, son cadavre est deterré, & faict la proye & le pillage de tout un menu populaire, qui s'unit & s'accorda pour en prendre une morte vengeance, & sévir par toutes sortes de cruautez contre luy. Ceste tourbe confuse de gens ramassez de toutes pieces, le traisne nud par la ville (criant, Voicy l'ennemy du Roy & de son Estat, mort) jusques au pont-neuf, où les laquais des deffuncts Hurtevant Gentilhomme Normand, & Stuart Escossois (qui avoient eu les testes tranchées cinq ou six semaines auparavant, à l'instante poursuite du Mareschal) le pendent par les pieds à l'une des potences qu'il avoit fait dresser aux carrefours de la ville: & aprés qu'il fut dependu, qui luy coupa le nez, qui les oreilles, qui les doigts, qui luy detailla les bras, qui luy arracha les yeux, qui luy trancha la teste, qui luy donnerent cinq cents coups d'espées avec mille opprobres & improperes redoublez: & puis il est traisné par toute la ville & fauxbourgs, & rependu à une autre de ses potences, aprés avoir esté foüetté & fait amende honorable par un truchement qui parloit pour luy. Comme tous ces traittemens luy ont esté donnez, un demy bras est jetté à la voirie à Montfaucon, l'autre dans l'eau; & ce qui restoit, rosti & bruslé çà & là. Considerez, je vous prie, comment celuy qui estoit le matin triomphant & eslevé de ce grand flot de bonnes fortunes, & qui estoit soustenu du vent de tant de faveurs qu'il recevoit sans aucune entre-cesse, est tué, enterré, deterré, traisné, pendu, dependu, foüetté, rependu, desmembré, deschiré, émorssillé, jetté à l'eau, rosty, bruslé, & puis reduit en cendres, qui sont jettées au vent. Les dangers mortels ordinairement accompagnent une grande prosperité; j'estime que ceste mort produira un ensevelissement de tous les maux de ceste France, qui prenoient leurs vies par sa vie. C'estoit un Ver que nous nourrissions dans nostre sein, qui a la longue eust consumé cest Estat. Nous pouvons dire qu'en ceste action, nostre Roy, jeune comme il est, a prins une fermeté de resolution saine & rassise, laquelle Dieu a rectifiée, reglée & conduite; & que s'il n'en eust ainsi usé, l'on eust creu que luy, qui a la charge & le soin de l'essain raisonnable & civil de ses sujets, fust demeuré insensible & impassible, sans sentir aucune passion du mal public. C'est un vray coup du ciel, Dieu, par sa providence, a fait que les choses inferieures fussent gouvernées par les superieures. Par une loy necessaire de Nature, l'Astrologue cognoissant les choses, marie par vertus esmerveillables le Ciel avec la terre, & ces choses inferieures avec les superieures. Claude Morel en son Almanach de cest année, au mois d'Avril, a preveu que les Astres conjuroient la defaite du Mareschal d'Ancre.

Secret cognoist, changement perilleux,
Secretement conspirer factions:
Pluye, grands vents, playe par orgueilleux:
Par des grands pestiferes actions.

Et dans le texte il dit, que quelque Grand bien haut eslevé en grande dignité, se trouvant bien ravalé, & voyant la poursuite injurieuse de la fortune adverse, ne pourra bonnement vivre, & aura grande occasion de dire,

Quid me fœlicem toties jactatis amici?
Qui cecidit, stabili non erat ille gradu.

Et plus bas: on verra icy des subjects, catastrophes, & effroyables commutations de ceux qui, se pensans estre en prosperité, seront reduits en un piteux estat: pour un plaisir, mille douleurs. Quelques mois auparavant sa mort, un Astrologue luy dit qu'il seroit crier par tous les sujets du Roy, Vive le Roy; & s'attachant à l'escorce & surface de ceste parole, bastit sur elle ceste grande entreprise de la ruine generale de tous les Princes & Seigneurs de la France. Aussi arriva-t-il comme l'Astrologue avoit prophetisé: car tout le Royaume, par un commun concours, a crié, Vive le Roy, de sa mort. Par ceste mort, nostre Roy a levé l'ancre, mis la voile au vent, & s'est eslargi en pleine mer: je veux dire qu'il s'est tiré de servitude pour mettre luy & les siens en une pleine & desirée liberté. Il estoit le seul qui le pouvoit deffaire à coup: car si un autre l'eust pensé, il augmentoit la force du Mareschal, & celuy qui l'entreprenoit, hastoit son malheur. Le Roy profitera grandement de cet accident, d'autant que tous ces enflez & bouffis d'arrogance, qui n'ont autre object en l'entendement que de germer de trés-dangereux & funestes conseils pour s'agrandir aux despens de leur Maistre & de son Estat, considereront avec le plomb & la regle de la raison, les dangers où ils se jettent, les voulans ensuivre, & penseront que Dieu, qui a tousjours l'œil ouvert à toutes nos necessitez, par une souveraine & singuliere bonté, justice, sagesse, & droiture, a ordonné ceste mort, pour estre en exemple aux remueurs d'Estat. Quelquefois je remué chez moy les fortunes d'uns & autres Grands, desquelles je tire des consequences du bien ou du mal qui leur doit arriver. Discourant de celle du Mareschal d'Ancre, je jugeois par les maux qui s'entresuivoient & se prestoient la main, qu'il y avoit des tristes avant-coureurs qui prognostiquoient infailliblement que la fortune luy devoit tout à coup faillir: l'abandonnement qu'il fit de la Citadelle d'Amiens, qui fut la source de sa decadence & cheute future; l'eslevement du peuple de Paris, qui complota de l'aller tuer dans le Louvre, pour avoir faict battre par les siens à coups de bastons l'un de leurs bourgeois: la delivrance que luy-mesme fit de ses gens, qui furent pendus à sa veuë sans les avoir peu sauver: la ruine & demolition qui se fit de sa maison rez pied rez terre, qui dura huict jours entiers: la mort de sa fille aisnée, de laquelle il pensoit faire espaule à l'appuy de sa fortune, la mariant en une puissante famille: la perte de ses impreciables meubles, qu'il faisoit conduire d'Amiens à Peronne: la revolte des habitans de Peronne, qui se rendirent au Duc de Longueville: l'inimitié publique des Princes & Grands de ce Royaume, & generalement de tout le peuple, les benedictions ou maledictions duquel sont autant de benedictions ou maledictions envers Dieu: sa voix est comparée à celle de Dieu: car nous voyons communément, que de l'opinion universelle d'un peuple sortent de merveilleux prognostics, & semble par là, qu'il y ait en luy quelque vertu secrette & cachée, qui luy fasse sentir de loin le bien & le mal à venir des plus grands: le presentiment & prevoyance de sa femme, du peu que devoit vivre son mary sans la paix; la mauvaise intelligence qui estoit entre luy & elle; la deffaite de ses troupes devant Soissons; le bruict qui couroit par la France qu'il avoit failly d'estre tué; & l'autre, qu'il ne passeroit point le vingt-quatriesme de ce mois: & pour conclusion, que sa femme le pressoit à cor & à cry de se retirer en Normandie dés son arrivée à Paris, jugeant que quelque malheureux & miserable desastre talonnoit prochainement la ruine & de sa vie & de sa fortune. Quant à luy qui avoit les yeux de l'entendement sillez par le concours de tant d'heureuses felicitez, ne peut juger, observer ny prevoir, qu'il luy descendroit & courroit sus une influence celeste de tous malheurs, qui luy preparoient une tempeste prochaine à soudre & naistre dedans sa propre personne. Quand nostre malheur nous adjourne, il nous bande les yeux pour ne le voir, & nous attache les mains pour n'y remedier; mesme se sert de nous contre nous-mesmes pour son execution. Pleust à Dieu qu'il fust entré seulement en la cognoissance de soy-mesme, & où il estoit il y a cent ans, & où il devoit estre d'icy à pareil temps, & de quoy luy profiteroient toutes ces vanitez, qui le rendoient si audacieux & insupportable: il ne se fust laissé vaincre & emporter

porter à ceste folle & vaine ambition, ains eust appris qu'il n'y a rien tant desplaisant à Dieu, ne qui plus incite & provoque son courroux, que ce trouble d'esprit, lequel produit en nous un desir de naturellement apparoir plus grands que les autres ; ainsi qu'il nous fait voir clairement en la personne du Mareschal d'Ancre, lequel il a de plein coup degradé & despoüillé de vie, d'honneur & de biens. L'ambition des outrecuidez ne demeure jamais impunie : car Dieu abbaisse tousjours ceux qui se haussent par trop : il monstre la force & puissance de son bras à exalter les humbles & confondre les fiers & orgueilleux, en rebouschant & attiedissant leurs convoitises, desreglez & insatiables desirs. Jettez vos yeux sur les mysteres de Dieu, & comme, quand il veut, il fait esvanoüyr en fumée tous les conseils que ces Grands pensent avoir bastis à chaux & à sable. Les faicts de Dieu vainquent nostre jugement, lesquels jugeans en son infiny pouvoir, justifient toutes ses œuvres en les faisant. Le Gentilhomme Florentin, qui inesperément & contre son attente monte en une haute fortune, ne garde jamais de moyenne voye pour s'y maintenir, ainsi que vous apprend le discours que j'ay fait de celle du Mareschal d'Ancre. Je vous produiray encores deux exemples de deux Gentilshommes de mesme nation, qui perirent miserablement. Girardesque yvre & endormy des faveurs de fortune, demanda, en un banquet qu'il faisoit à ses amis, s'ils pensoient qu'au reste d'Italie il y eust homme si heureux que luy, ne pensant point que rien deffaillist au comble de sa felicité. A quoy un de la compagnie respondit, que l'humilité & la modestie luy manquoient pour s'entretenir en la grace de Dieu, le courroux & jugement duquel ne pouvoient estre loin de luy & de sa famille. Ce qu'il experimenta incontinent après : car les bannis, qui avoient esté chassez de la ville par entremise, y estant secrettement retournez, prindrent luy, sa femme & ses enfants qu'ils firent mourir de faim dans une tour, à la veuë de tout le peuple. Pierre d'Albizi estimé & craint sur tous ses citoyens, au milieu d'un banquet, qu'il faisoit à ses amis, un sien amy, pour le rendre humble & sage en sa grandeur, le menaçant de l'inconstance & volubilité de fortune, luy envoya dedans une tasse d'argent, un clou caché soubs des confitures ; lequel veu de toute la compagnie, l'un d'eux luy dit, qu'avec ce clou il devoit arrester la roüe de fortune, laquelle l'ayant conduit jusques à la cime, le devoit par sa revolution renverser & abbatre. Interpretation qui fut confirmée par l'évenement de sa ruïne, condamnation & execution honteuse de sa mort. Je ne veux oublier en ce lieu, la fable de la tortuë, pour enseigner aux Grands, qu'il ne faut pas trop élever, & qu'il n'y a rien plus salutaire aux hommes que la modestie. Car elle mescontentant de traisner tousjours son ventre, pria l'Aigle de la porter en l'air, qui l'enleva si haut qu'elle, ne pensant plus à la terre, ny au peril où elle se trouvoit, tomba & se froissa entierement : enseignant aux Grands par sa mort, qu'il leur vaut mieux se contenter d'une moyenne fortune avec la grace de Dieu, qu'en l'offençant, tascher par une audacieuse outrecuidance d'escheler le Ciel, pour en pourchasser une plus grande. Les Poëtes, qui ont souvent en leurs fictions enveloppé & couvert comme d'une nuée la verité des choses, és fables d'Icare & Phaëton, qui furent foudroyez, n'ont voulu monstrer autre chose, sinon que la fin de toute ambition est ordinairement malheureuse.

Si le Mareschal d'Ancre eust tousjours eu la memoire presente de sa fin, cela estoit suffisant pour l'humilier, & le contenir dans les bornes de la modestie : luy-mesme eust detesté son ambition, & sa cupidité, d'appeter tant d'honneurs, de biens & de terre, veu qu'à la longueur & largeur, l'homme en contient si peu. Ceste histoire servira de miroir, dans lequel tous les Grands, qui sont frappez outrément de ceste ambition, contempleront que le seul moyen de se maintenir, est de se fier en Dieu, & par humilité retenir leurs esprits en son obeïssance, sans se laisser emporter à l'essor d'une ambitieuse volonté de devenir si grands, forts & puissants, qu'ils ne puissent estre esteints ny deffaicts par ceux-mesmes qui les ont creés.

Une modeste & naïfve humilité est la principale partie, & quasi le tout de la vie humaine, ou pour le moins elle en est l'ame, le cœur & le sang. Laissant là tout ce discours à part, je vous diray que nous loüons volontiers & largement le proceder qu'a tenu le Roy contre le Mareschal d'Ancre, pour avoir esté bien entrepris, conduit & executé : mais pour cela, nous ne devons laisser de prier Dieu, que le Roy en sa puissance absoluë & authorité souveraine qui n'est point limitée, tienne mesure, & que Dieu luy regle & dirige sa volonté, la gardant de se desborder & vaguer en licence effrenée, d'autant que ce n'est pas vraye grandeur, que de pouvoir tout ce que l'on veut, mais bien de vouloir tout ce que l'on doit. Je ne vous dis pas cecy sans raison : car combien que je sçache que cette mort soit de celles qui par la loy devancent les accusations : si est-ce que le vice, en un aage boüillant, prenant sa course legere par la carriere de la puissance, pousse & pressé toute violente passion, faisant qu'une colere devient aussi-tost meurtre ; un amour, adultere ou rapt ; une avarice, confiscation : qu'une parole n'est pas plustost achevée, que celuy qui est tombé en soupçon, perit ; & celuy qui est calomnié, est perdu. Et puis à l'endroit des Roys & des Princes, les punitions la pluspart du temps precedent les imputations ; & les condamnations, les preuves : lesquels quand ils sont une fois amorsez à tels meurtres, ne se contiennent jamais dans les limites qu'il faut. A ce que nostre Roy ne tombe plus en l'extremité où il est tombé pour le Mareschal d'Ancre, prions Dieu qu'il l'inspire, à ce qu'il veille & garde de ne laisser monter en authorité celuy qui puisse nuire à son Estat. Nous verrons maintenant une nouvelle face d'affaires, avec les approches d'une bonne paix, où toutes choses s'assoupiront & tranquilliteront à petit bruit. Adieu.

LETTRE XVII.

A Monsieur ***

Il exhorte son amy à prendre patiemment les afflictions que Dieu luy envoye.

Quand je considere que depuis quatre ans les gouttes vous ont pour un temps tourmenté à outrance : qu'il y a deux ou trois ans que vostre genouil se disloqua par la cheute que vous & vostre cheval fistes dans un fossé : que l'an passé vostre maison fut pillée & ravagée à vostre veuë ; & que sur l'heure que vous pouviez empescher ce desordre, la maladie vous alita : que vostre genereux & gentil poulain s'est miserablement tué : qu'une grande affaire a pensé tomber sur vostre famille, laquelle sagement vous avez destournée : que de fraische date vostre escurie & vos chevaux faillirent d'estre nuitamment bruslez : & qu'à la suite de toutes ces traverses, le foudre du ciel a couru le haut, le milieu & le bas de vostre logis : je croy fermement que Dieu heurte à vostre porte pour vous esveiller d'un assoupy & lethargique endormissement qui vous tient, afin que vous fassiez une reveuë de vostre vie, pour l'amender. J'estime grandement toutes ces desconvenuës, quoyque griefves, fascheuses & effroyables, d'autant que c'est un aspre & dangereux courroux, quand Dieu ne se courrouce point contre un pecheur : dont est Ezechiel est prononcé : Jerusalem, je ne me courrouceray plus, mon zele s'est retiré de toy. Le Seigneur chastie celuy qu'il avoüe & ayme : le pere n'enseigne & ne punit que celuy qu'il affectionne : le maistre ne ne corrige que le disciple qu'il voit doüé d'un bel esprit: le Medecin desespere du salut de son malade, quand il l'abandonne. Quoyque Dieu n'entre point en colere contre un abominable & impudent pecheur, si ne laisse-t'il pas de porter quant & soy sa punition: car en remaschant le vice en soy-mesme, assaisonné d'une volupté mignarde, sole, lascive, brutale & desbordée, il la rencontrera destituée d'esperance & pleine de frayeurs, de regrets, d'une souvenance fascheuse du passé, de soupçons de l'advenir, & de deffiance pour le present, qui sont les premiers eslans d'une justice divine, laquelle le punit assez ne le punissant point.

Et combien qu'il ne soit point frapé sur son punissable messait, il paye assez la peine deuë à son forfait, non en fin après long-temps, mais par plus long-temps, & n'est pas finalement puny après qu'il est envieilli, ains en vieillit en estant toute sa vie puny. Ces afflictions douloureuses, dont Dieu vous a persecuté, ne regardent que le changement de vostre mauvaise vie en une bonne & innocente. Car si soudain eust esté fait coulpable, vous eussiez receu vostre peine finale, & que le juste jugement de vostre demerite eust esté d'un prim-saut executé, vous estiez perdu de fonds en comble, sans moyen de vous pouvoir plus remettre ny relever: mais parce que pouvez revenir, Dieu attend pour voir si vous vous redresserez. Ceste sursseance & ceste attente est deuë, non par vos œuvres, qui ne vous ont rien acquis que de la peine, mais par la liberté naturelle qu'avez de vous pouvoir changer & corriger.

Si bien & par le menu vous pesez le chastiement que Dieu vous a envoyé de temps en temps, vous apprendrez que par sa naïsve, douce & liberale bonté il a differé & sursis l'execution de son juste jugement, afin de vous donner des instructions salutaires pour le changement & conduite de vostre vie. Il ne veut pas vostre perte: car il vous semont par son amiable & benigne douceur à repentance, & retient vostre negligente paresse & vos fautes en quelque souffrance. Tout ainsi que le Medecin laisse largement fluer une playe, qu'il pourroit faire fermer d'abord, afin que les humeurs venimeuses sortent, lesquelles renfermées ou dans les veines, ou dans le coffre, produiroient non beaucoup de mal, mais la mort: de mesme Dieu vous excite longuement à penitence, pour vous faire revenir à recognoissance de vostre mal, dans lequel autrement vous vous perdriez sans ressource. Il envoye des avant-coureurs, differe, sait, espouvente, & menace. Il n'est pas comme nous, qui bastillons une maison avec beaucoup de temps, & la ruynons en peu: il la met en dart avec une diligence esmerveillable; & la voulant ruiner, c'est une grande lenteur: car pour ne la faire pas, il met toutes inventions en œuvre; & n'en vient là, qu'il n'y soit forcé par l'obstinée impenitence d'un pecheur.

Il est bien vray qu'après qu'il aura usé d'une longue patience en attendant ceste transformation de mal en bien, vous voyant endurcy & du tout obstiné, il prendra de vous très-dure vengeance: & d'autant que plus tard, d'autant plus griefvement vous rendra-t'il le loyer de vostre offense. Tant plus sa justice tarde, & tant plus roidement descoche-t'elle aussi. Fouillez & remuez le fonds de vostre conscience à bon escient; rentrez dans vous-mesme, il sera facile de trouver la source de ces fleaux, qu'aisément vous destournerez, faisant penitence, aumosnes, jeusnes, & frequentant souvent le sainct Sacrement. Prenez cet advis de vostre bon, vieux & ancien amy, qui ne desire que bien & bon-heur & à vous & à toute vostre famille. Adieu.

LETTRE XVIII.

Le Sieur . . . . au Sieur Pasquier.

Il raconte d'où luy sont advenuës tant d'infortunes.

UN peché confessé est à demy pardonné. Je recognois que j'ay aymé le jeu autant que personne du monde; & que perdant, je blasphemois grandement le nom de Dieu. Après plusieurs pertes & blasphemes, revenant à moy, je me mis en une profonde priere dans mon cabinet, laquelle ne fut si tost achevée, que je me sentis inspiré de faire ceste promesse à Dieu par escrit dont voicy les mots: *Je promets & jure à mon Dieu, mon Createur de me contenir pour l'advenir en toute modestie, me retirer du jeu des cartes & des dez, & de ne plus blasphemer son sainct Nom: supplie sa divine Majesté me faire la grace de m'inspirer à bien observer ses saincts commandemens, & que par mes bonnes œuvres je puisse acquerir le Royaume de Paradis, auquel me conduise le Pere, le Fils & le S. Esprit. Ce vingt & quatriesme Decembre, 1612. signé*........ Laquelle je renfermay dans un livre. Pendant cinq ou six mois, j'observay estroitement la loy que je m'estois donnée: mais après je me laissay aller aux prieres de nostre Lieutenant de Roy, & oubliant ceste authentique obligation, que j'avois passé en si bonne forme, je me remets à joüer & blasphemer comme devant: & dés l'heure, je commençay à ressentir diverses afflictions, soit en mon corps, soit en mon bien, que j'attribuois (sans regarder plus haut) tantost à l'indisposition de ma personne, tantost au malheur du temps. Il n'y a que ce dernier coup de tonnerre, qui m'a fait ouvrir l'oreille pour me faire croire que Dieu estoit sur le point de m'envoyer quelque rude chastiment: lequel le 27. de Juillet, 1617. je priay humblement & devotement avec un zele ardent, dans mon cabinet, de destourner son ire de moy. Au sortir, je prens, sans y penser, le livre dans lequel estoit enclose la promesse, que je n'avois veuë ny maniée depuis l'avoir escrite, mesme que je ne pensois pas l'avoir faite; & l'ayant veuë & leuë, un fremissement me saisit generalement tout le corps, & tombay presque en pasmoison. Cet accident me fit juger, que toutes les malencontres desquelles Dieu m'avoit visité depuis quatre ans & demy en-çà, derivoient de ce que j'avois faussé ma foy si solemnellement donnée & jurée: & dés l'heure, je reconfirmay avec protestation de ne retomber plus en ceste faute: laquelle pour mieux seeller, j'y mis le seau de confession avec celuy du S. Sacrement. Et afin de vous rendre certain que ce que je vous dis, est la mesme verité, c'est que le foudre tomba dans un cabinet enchassé dans la muraille où l'on renfermoit d'ordinaire les cartes, lesquelles furent entierement esparpillées, bruslées & consumées, & un bas de chausses, qui estoit tout joignant, fut tant soit peu grillé en un endroit sans recevoir autre dommage. J'espere que Dieu aura d'oresnavant pitié de moy, & que par la vertu de son S. Esprit il me touchera si vivement, que renonçant & à moy-mesme & à mes propres affections, je formeray ma vie au moule de sa loy. Au moins, depuis la forme de vie que je me suis prescripte, je ressens en mon ame un doux & gratieux repos, au lieu qu'auparavant j'y ressentois du trouble pour tant de griefves adversitez souffertes. Je vous remercie de vostre bon & salutaire advis, que j'observeray religieusement, lequel j'attribuë à vostre fidele & cordiale amitié. Adieu.

FIN DU SIXIESME LIVRE.

LES LETTRES DE NICOLAS PASQUIER, FILS D'ESTIENNE.
LIVRE SEPTIESME.

LETTRE I.

A Monsieur de Montagne, Seigneur de S. Genest & la Valée, Conseiller du Roy & Lieutenant general au siege Presidial de Xaintes.

Il loüe la richesse de la langue Françoise.

JE me souviens des discours qui se tindrent il y a quelque temps chez vous, des langues Françoise, Grecque & Latine: mais cela n'empeschera pas que je ne sois tousjours pour ma langue maternelle contre la Grecque & Latine, trouvant ceux-là foiblement experts, qui preferent les estrangeres à nostre domestique. Nostre langage est tellement enrichy par certaines belles figures & fleurs de Rhetorique, qu'il nous a fait estimer faconds entre toutes les autres nations. Quand Pompone Mela parle des mœurs des François, *Habent*, (dit-il) *tamen & facundiam*; & Juvenal:

Gallia causidicos docuit facunda Britannos.

Les François ont eu ce beau parler accomply de toute grace, qui a monstré sa parfaite vigueur en toute saison. Considerez le temps que nostre Hercule Gaulois tiroit aprés soy un nombre innombrable de peuple attaché par les oreilles avec une chaisne qui tenoit à sa langue, tant la langue a certaine accointance aux oreilles: c'estoit que par les boüillons de sa douce-grave faconde, son beau parler, par ses raisons aiguës, & penetrantes, ses paroles legeres & empennées, il transportoit les courages & volontés du peuple du temps, le ployant, tournant & virant à son plaisir sous le doux vent de sa langue. Nostre langage a si grande efficace, qu'il persuade plus tost & mieux que le Latin ny le Grec. Les Grecs & les Latins l'avoüent, quand ils disent que Hercule estoit Gaulois, non pas Grec ny Latin. Le haut & docte saint parler des Druides n'estoit-il pas en vogue en Italie, en Grece & autres nations estrangeres: Sainct Hierosme escrivant à Rustique, luy dit qu'aprés ses estudes és Gaules esquelles toutes sciences florissoient, sa mere l'envoya à Rome desirant faire que la gravité du langage Romain assaisonnast l'abondance & splendeur du Gaulois.

Il faut confesser qu'en nostre langue nous avons le A parler rondement, parfaitement & amplement, en comprenant beaucoup de sens en peu de paroles. Feu mon pere vous a tesmoigné qu'elle n'est aucunement souffreteuse, quand il rendoit toutes sortes de vers Latins en François, vers pour vers, avec la mesme grace & naïfveté que le Latin. Aussi avoit-il atteint une consommée & entiere perfection de nostre langue; permettez que je die cela de luy, aprés plusieurs qui ne luy estoient rien. Je me souviens que pour apprendre à differemment parler François, il vouloit que l'on lust les plus excellents Poëtes, Orateurs, & ceux qui ont bien escrit en prose, soit l'histoire ou autre discours, sans oublier les vieux Romans, de tous lesquels il falloit amasser, trier & choisir les plus belles paroles, phrases, sentences & comparaisons, pour aux occasions les transformer en nous: voulant dire que ce que nous ramassons par la lecture, nous le digererions bien, afin que nostre plume par aprés le B remist, joignist & unist ensemble pour le rendre nostre; seul moyen d'embellir & meubler nostre langue de ces riches despoüilles, & en oster la disette de laquelle les autres langues se ressentent; enfin, que ce fust comme un ouvrage de marqueterie, duquel les pieces, tant petites que grandes, de diverses couleurs appliquées les unes avec les autres, rendent & font un œuvre trés-bel & parfait. Il faut (disoit-il) faire comme l'abeille, qui enrichit sa maison de fleurs, embrassant tantost une fleur, tantost une autre, sans suivre une trace erre de pré en pré, de jardin en jardin: ainsi un bon esprit esponçonné de bien escrire, doit moissonner les fleurs de toutes parts, errant de tous costez, & trafiquer avec toutes sortes de langues, pour en rapporter à nostre vulgaire tout ce qu'il trouvera digne d'y estre approprié. Il haïssoit sur tout ceux qui en parlant ou escrivant, se plaisent en ces mots estranges, boufis & enflez ampoullement, en ces metaphores prises de loin, ces phrases inusitées, & autres paroles de faux alloy, me disant souvent, que nous estions miserables, veu la richesse de nostre langue, que ceux qui estoient devant nous, ne se soient estudiez de traiter les sciences en icelle, sans aller mandier & prendre quasi

Tome II.   Mmmm ij

quasi furtivement des Grecs & des Latins la science que nous voulons sçavoir, ne jugeans pas que nostre langue se pouvoit aussi facilement regler & mettre en bon ordre, que la Grecque, en laquelle il y a cinq diversitez de langage, par la langue Attique, la Dorique, l'Æolique, l'Ionique, & la commune, qui ont certaines differences entre elles en declinaisons de noms, en conjugaisons de verbes, en orthographe, en accens, & en prononciation. Et blasmant à bon escient nos escrivains François, qui se meslent d'escrire en Grec & en Latin, disoit d'eux ce que Juvenal disoit des Latins qui escrivoient en Grec:

...... omnia Gracè,
Cùm sit derius multò nescire Latinè.

Caton se mocqua d'Aulus Albinus, pource que luy Romain escrivit une histoire en Grec, au commencement de laquelle pria qu'on luy pardonnast s'il erroit au langage Grec. Et Ciceron en quelque lieu respondant à ceux qui desprisoient les choses escrites en Latin, aimant mieux les lire en Grec, dit que la langue Latine non seulement n'estoit pauvre, mais l'estimoit plus riche que la Grecque.

Aussi sembloit-il à mon pere qu'il estoit plus beau, à un François, d'escrire en sa langue, que grecaniser, latiniser, ou asservir sa plume sous une parole aulbaine, tant pour la seureté de son langage, que pour decorer sa nation & ameliorer sa langue, qui est belle & bonne & gratieuse, quand elle est bien nettement couchée, laquelle encores à force d'escrire s'accre & affine. Laissons là la Grecque & la Latine; estudions seulement d'accroistre & abonir la nostre, qui court aujourd'huy par toute l'Europe; trouvons mots nouveaux, courts, doux, charnus & nerveux, bien recherchez & eslabourez: faisons renaistre & refusciter ceux qui ont esté dés-piéça delaissez, rappellons-les; lesquels remis en usage, auront plus de grace & de goust, pour estre sortis de nostre ancien estoc, que ceux que nous avons empruntez des nations estrangeres. Si d'aventure nous n'en avions pour exprimer ce que nous voulons traiter, ou representer, lors transplantons chez nous, adoptons & naturalisons les estrangers les plus propres & mieux sonnants aux oreilles. L'usage & le temps qui apportent & emportent beaucoup de mots vieux & nouveaux, les feront vivre & revivre. Tout cela anime nos escrits & leur donne la naïfveté qu'il faut. Adieu.

LETTRE II.

A Monsieur de R.

Il exhorte son amy à ne voir plus une Dame qu'il frequentoit.

JE m'accuserois devant Dieu & devant le monde, si estant ce que nous sommes, je ne parlois franchement de la vie que vous menez avec la Damoiselle laquelle vous voyez d'une privauté par trop familiere. Les dernieres nouvelles (comme est l'ordinaire) en sont venuës aux oreilles du mary, lequel voyant son honneur blessé & sa renommée endommagée jusques au vif, qu'il pensoit que vous deussiez choyer & défendre envers & contre tous, n'attend que son appoint pour se venger durement de ceste offence domestique : ce qui vous doit rendre provide à recueillir en vous l'advenement des choses futures par le sage regard des miserables malheurs qui sont passez és personnes de ceux qui faisoient une pareille vie à la vostre. Celuy est en grand danger, qui ayant l'œil ouvert, ne voit goutte en son propre fait. Pour mieux vous bailler la chose à l'œil, je diray qu'il n'y a que de vostre vie, & que c'est un homme offencé, qui se peut venger sur vous sans juge : aussi ne doutez point qu'il ne vous surprenne chaudement à pied levé, lors qu'en serez le moins adverty. La loy luy promet toute impunité, ayant estimé ce peché souverainement meschant, d'autant que par des enfans estrangers & adulterins vous emblez le vray bien des naturels & legitimes. Nous disons que le peché n'est rien fors carence de bien : si y a-t'il qui outrepassent les autres en mal, du nombre desquels est l'adultere, vice le plus abominable & infame que l'on sçauroit commettre, qui doit estre corrigé & puny sans le tolerer par convulvence ny autrement : car il est escrit en l'ancien Testament, que des paillardises deriva le deluge universel, mesme que Dieu ruyna cinq Citez par pluye, par feu & par souffre : que Siché, la maison d'Emor, & presque toute la lignée de Benjamin furent destruites & ruinées, les Chananéens défaits, vingt & quatre mille hommes tuez, & douze Princes pendus. Hieremie tesmoigne que les adulteres furent cause de la destruction de Hierusalem par les Assyriens. N'est-il pas dit, que les enfans des adulteres seront en confusion, & que la semence de la couche souillée sera exterminée?
Considerez les jugemens donnez contre ces adulteres : croyez-vous pas que c'est le mesme Dieu qui domine aujourd'huy, lequel est aussi puissant contre vous, qu'il fut jadis contre ces peuples ruynez? S'il se taist pour quelque temps, si pense-t'il à la paye & au tribut qu'il luy faut rendre. La tardité & longue souffrance de ses jugemens ne décoche que plus roidement contre l'obstiné & impenitent pecheur. Toutes ces raisons & exemples vous doivent rendre sage pour édifier une vie toute autre que celle qu'avez dressée jusques icy, en refrenant ces desirs charnels par une moderation de conseil prinse de vous-mesme, lesquels reglerez ainsi de jour en jour & d'heure en autre consecutivement à tousjours & jamais, si vous ne voulez que je vous croye desert, nud, & desherité d'esprit. En tout ce discours j'ay parlé comme Chrestien : maintenant, je deviendray naturaliste pour representer les raisons naturelles qui vous doivent destourner de la paillardise. Il n'y a rien plus contraire à la santé, ny qui plus abrege la vie, & rende l'humeur radicale (de laquelle la vie est entretenuë) impure & aquatique: comme quand l'on corrompt le vin y meslant trop d'eau, de sorte qu'il sent plus l'eau que sa naturelle liqueur : aussi est-il vray, qu'il n'y a rien qui tant conforte l'estomach, que ceste abstinence venerienne. Les Medecins tiennent que le corps est plus debilité d'une seule congression venerique, qui produit une dissolution manifeste de tout le corps, que s'il avoit perdu quarante foisautant de son sang, d'autant qu'il est privé de son propre & naturel aliment. Et de fait, Clinias Pythagorique interrogé du temps qu'il estoit à propos d'user de ce plaisir? Quand tu voudras (dit-il) t'exposer à un évident peril de ta santé. Hipocrate desirant former le Medecin accomply en toutes ses parties, veut qu'il s'abstienne des femmes. Lors que vous ne nourrirez plus vostre chair en ces mignardes & molles delices, mais qu'userez d'une ferme domination de raison contre ces impetueux mouvemens, en ramassant vos esprits occupez és choses mondaines, comme reduit à vous-mesme, je me vanteray d'avoir fait en vostre personne une pleine & parfaite cure, l'ayant tirée d'une vie qui ne pouvoit luy acquerir que misere, laquelle eust creu avec les ans, & se fust enforcée contre vous, la vertu de vostre aage s'affoiblissant & tournant vers le déclin. Adieu.

LETTRE III.

A Deffé & Gimeux mes enfans.

Preceptes qu'il donne à ses enfans allans à la Cour.

VOus sçavez & l'un & l'autre qu'il y a quatorze ans & plus, que je vous envoyay à Paris apprendre les exercices propres à vostre aage: de là à Mets, faire le mestier de soldat, & encores à Paris pour monter à cheval; où ayant fait cet exercice deux ans, les armes se prenant en France, vous suivistes l'armée du Roy, laquelle licenciée, vous vous vinstes rafraischir chez moy. Et ne craignant rien tant que de vous voir accaignarder au logis en une paresse molle & engourdie (dure marastre d'une gaillarde jeunesse) je vous permis le voyage d'Italie pour continuer vos exercices, afin que voyans & pratiquans divers maistres, vous y pussiez exceller. Je n'ay jamais desiré que traisnassiez prés de moy une vie sans honneur, sans grandeur, & sans envie d'estre cogneus; enfin, qu'enfermassiez vostre gloire dans le pourpris de ma maison. La façon que j'ay tenuë en vostre eslevation, n'a pas esté pour faire qu'en la fleur de vos aages, une musardie ou chetiveté de cœur vous tinst les mains ployées, & que fussiez agravez, refroidis & glacez du tout par paresse, ains afin d'estre actifs, diligens & indomptez au travail, & que tout le cours de vostre vie allast au gré de la peine, & employassiez si peu qu'avez à vivre, à la trafique d'honneur.

Je hais mortellement un feneant moisi d'oisiveté, qui croupit dans le sejour, fraudant en son foyer l'usufruict du plus beau de ses ans. Je vous ay tousjours conseillé de despendre vostre aage en l'exercice des armes, des chevaux, de la guerre, des combats, & que toute vie active fust vostre jeu. Vous sçavez si je ne vous ay pas appris à ne faire non plus d'estat d'une mort honorable, que d'une vie penible. La vertu veut l'action du cœur & de la main, & que l'on se bande sans aucune entrecoupe au labeur. L'exercice ravigore la force du corps & de l'esprit, & puis l'honneur s'achete aux despens de la peine, qui se nourrit par la hardiesse & un bon courage. Quand vous serez espoints d'un desir d'acquerir de la loüange, vous aymerez mieux vivre peu en perdant ceste lumiere, que de mener une vie casaniere, sans gloire. Maintenant qu'estes sur vostre retour d'Italie, je ne veux point, comme ces peres abusez, ou plustost assotez, que veniez me voir, mais qu'alliez droit à la Cour, d'où despend, en le meritant, vostre advancement soit au bien, soit aux charges. Je prie Dieu qu'il veüille bien-heurer vostre voyage, & que vous y mainteniez bien vostre entrée: car qui bien commence, avance de beaucoup son courage entrepris. Si le commencement à vostre advenement en est bon, la fin suivra le commencement. Allant faire là une vie nouvelle, apprenez à vous mesurer, cognoistre & commander, comme les seuls & uniques moyens de ne se laisser emporter à une folle presomption, qui naist d'une opinion vaine, de laquelle s'engendre le cuider; du cuider, l'orgueil, lequel outrepassant en puissance la raison, accueille diverse varieté de malheurs sur celuy qui s'en repaist. Bannissez de chez vous cet orgueil enflé, desdaigneux & superbe, & le détrempez en humblesse, laquelle affine de sa trempe, le plus terrestre & lourd de nos esprits. Je souhaite toutesfois qu'il s'esleve en vostre pensée un soin fecond de vouloir estre plus que le commun: ce qui sera aisé, quand par une sage addresse & un conseil exquis, vous vous modelerez sur le compas & parfait exemple des plus vertueux: desquels vous observerez diligemment les plus rares & exquises vertus, & icelles comme greffes enterez en vous: en ressemblant aussi à l'industrieuse abeille, laquelle tire profit de toutes les fleurs sur lesquelles elle vollete: aussi que profiterez de toutes les actions vertueuses de ceux que vous vous mettrez en butte pour imiter. Chacun est artisan de sa fortune.

Pour bien fonder la vostre, poussez-la pied à pied, & l'arrestez dans les ceps de la vertu. La vertu est un appuy ferme & certain, qui deffie les malheurs, & apprend à chercher l'honneur. Si vous ne l'esleviez par mesure, il seroit à craindre qu'elle n'avortast en sa naissance, à la façon des fleurs d'Avril, qui ne vivent qu'un jour. Sur tout, ne souffrez qu'on vous emble l'honneur, mesme qu'on l'entame tant soit peu: car dés l'heure, l'on feroit estat de vous comme des personnes de neant. Et ny plus ny moins que le bon veneur recognoist aux voyes la grandeur du cerf: aussi à l'essay & repart de vos paroles & de vos effets, l'on recognoistra à quoy vous tenez. En ce subject ne coüardez de crainte, mais soyez sourds aux dangers; ramassez, redoublez & acerez vos courages d'une masle vigueur pour prostituer vos vies sous l'espreuve d'une espée, combatant pair à pair à dure outrance, afin de monstrer vostre vertu aux rais du jour. Que là toutesfois la raison preside à vos courages, & que vos sens demeurent entiers entre les grands doutes: soyez constants & hardis en ces fortunes pressées, magnanimes au peril, prompts d'esprit & de main: forcez le danger par la vertu: c'est le temps qu'il faut prodiguer vos vies pour ratifier leurs actes par une vie pleine de gloire. D'une belle vie derive une belle mort. En quelque lieu que vous mouriez, pourveu que ce soit au lict d'honneur, il ne vous en doit chaloir: car aussi bien faut-il tousjours rendre l'hommage à la mort, laquelle est douce, d'autant plus qu'elle est brefve. Le mourir est commun à la nature, mais le bien & vertueusement mourir propre à un courageux. Vostre vie m'est grandement chere, mais vostre mort plus agreable quand elle est à honneur. La vie de l'homme est un don de nature auquel tous generalement participent; mais avoir gloire aprés sa mort, n'est don de nature ny d'homme, mais une chose proprement appartenante à celuy qui se faict ce bien à soy-mesme par sa vertu & son merite.

Encores vous diray-je ce mot digne d'un pere qui n'a autre object en l'esprit, que de voir ses enfans, entrans dans le commerce du monde, vivre avec honneur: que si voulez entreprendre chose d'un rare & non vulgaire exemple, il faut coucher à yeux bandez de vostre vie, & luy faire courir le douteux hazard de fortune: car si n'entrez en un desdain de la mort, non seulement vous ne ferez rien qui vaille, mais mettrez à descouvert vostre honneur. Du mespris de la mort, procedent les plus braves & hardis exploicts des hommes genereux; redoutez tousjours plus une honteuse vie, qu'une belle mort. Meslangeant de la sorte & vostre vie, & vostre mort, vous aurez toutes choses en outre-passe de vaillance, & lors ceste demesurée proüesse vous rendra la fleur & la merveille de tous les vaillans. Souvenez-vous qu'il n'y a rien qui tant arreste vos fortunes, que de vous laisser gagner à l'amour: en le souffrant, vostre raison sera tellement captivée par les affections aveugles & desordonnées, qu'elle n'y pourra plus resister. Ce sont vos vrays ennemis jurez, qui sont au dedans de vous-mesmes, desquels pour vous defanger, je vous conseille de leur donner une mortelle entorse, si ne voulez qu'ils vous perdent à fait, & fassent sentir aprés un court plaisir, un trés-long repentir. Je sçay qu'en vostre aage bouillant, vous sentez en vos ames des combats inégaux, & qu'au lieu que la raison devroit avoir la surintendance chez vous, vos sens sifflent, bruyent, grondent, s'eslevent & tintamarrent comme une tempeste orageuse, ressemblants à un torrent bouillonnant, qui court à bruyantes ondées d'une trace neufve parmi les plaines, outrageant, renversant, bouleversant & entraisnant tout ce qu'il rencontre. Mais pour rasserener leur ardeur & oster le tan ou soüilleure de ce vice de vostre ame, que vostre raison soit clair-voyante en sa faute, pour mouler vostre esprit au bien, en balançant d'un sage discours le bien & le mal qui acconsuit ceux lesquels fuyent ou suivent ceste lascive volupté, par l'exemple desquels vous serez conseillez pour vostre mieux. A vostre arrivée à la Cour, ne vous flattez de vaines esperances, qui ne sont que hains, amorces & appas, qui transformeroient vostre aise en rien. Et si d'adventure ce que vous avez attendu pour vostre advancement, ne vient si tost, & que vous perdiez plusieurs jours à tirer le temps, enfin qu'il ait manqué de foy & failly à vous rapporter pour quelques années le fruict que vous esperiez, pour cela ne marchez d'un pied foible & recreu en vostre entreprinse, ny ne vous deviez de vostre chemin. Il faut semer pour recüeillir. Ayant consommé à la Cour tout d'une tire dix années de vos ans, une heure recompensera & soulagera le faix de vos peines, en vous rendant une rente d'honneur bien revenante. C'est ceste constance & perseverance qui fait joüyr à plein souhait, des choses attenduës. En tout ce que je vous escris, je ne vous impose point au dos une charge inégale. Remaschez seulement ces preceptes, par lesquels je veux pousser dans vostre cœur un aiguillon mordant, qui presse & reschauffe vostre courage à la vertu, & lesquels mettans en œuvre, ne vous lairront jamais veufs d'honneur. Aprés vous avoir porté dans l'œil & pris tant de peine pour vous eslever, ne faites comme le champ ingrat, qui en se démentant, trompe la semence : de mesme ne me trompez en l'esperance que j'ay de vous voir un jour en honneur & credit prés du Roy. Adieu.

LETTRE IV.

A Monsieur Raoul, Conseiller du Roy en ses Conseils d'Estat & Privé, & Evesque de Xaintes.

Il l'exhorte à reformer son Diocese, & ouvre les moyens de reduire ceux de la Religion P. R. à l'Eglise Catholique Apostolique & Romaine.

JE m'esjoüys grandement, quand les nouvelles me vindrent que vostre predecesseur, par un sain & arresté jugement, vous choisit au milieu de tant d'autres, pour luy succeder en ceste grande charge d'Evesque. Il avoit veu & cogneu la trempe de vostre vie, sur le compas de laquelle chacun se pourroit façonner au bien, & que vous seriez comme le livre dans lequel les Ecclesiastiques & le peuple prendroient enseignements de vie & amendement de mœurs. Je vous promets que vostre premier soin sera de desempestrer vostre Diocese de l'ignorance de tant de Prestres volans & sans tiltres, & de peu à peu eslever l'esprit de vos Ecclesiastiques à la contemplation des choses celestes & divines, & loger és maisons de Dieu veufves & orphelines, des personnes recommandées en doctrine, mœurs, religion & aage, qui restabliront ceste primeraine saincteté qui estoit en l'Eglise. Je vous puis asseurer, & vous le pouvez aussi bien sçavoir & mieux que moy, que la plupart du peuple, comme un desert, demeure sans pasture & Pasteur, & encores la vie & actions de ceux qui sont sur les lieux, contredisent à leurs semblants, lesquels commettent choses totalement à eux contraires, voire avilissent la dignité de leur profession, mettants l'honneur de Dieu à desdain. C'est à vous (comme en ayant la charge, & pour la descharge de vostre conscience) de procurer en tout vostre Diocese, que par les Eglises le peuple soit exhorté à faire son devoir envers Dieu, se convertir à luy, estre en continuelles prieres & oraisons, & contraindre le Clergé & Religieux, de vivre en bonne regle & reformation de mœurs, afin que leurs prieres soient plus plaisantes & agreables à Dieu pour gaigner sa saincte grace, & parvenir à un repos par bon ordre. Il n'y aura rien qui dispose tant un chacun à la pieté, ny qui ramene plustost leurs consciences à un sentiment particulier de leurs vices, que quand on vous verra faire ce que vous conseillerez, & vostre vie ne desaccorder point d'avec vostre parole : car si l'on remarquoit que vous eussiez fait le contraire de ce que vous dites, vostre creance se perdroit plat & court parmy le peuple. Il faut que vous viviez comme vous parlez, & le parler comme vous vivez. Cette forme de vie est de merveilleuse efficace pour persuader : encores le peuple aime mieux les exemples que les paroles, d'autant que le parler est facile, & l'accomplir difficile. Pour tenir un chacun en cervelle, & venir à une bonne & loüable fin de tout ce que je vous ay deduit, n'abandonnez point vostre troupeau, & vous retirez tousjours avec luy : vostre seule presence, en bien faisant sans parler, les forcera d'obeyr. Mais sur tout, en la teneur de vostre vie, fuyez la Cour, comme ce bon frere Hugues Cordelier grand Predicateur, lequel esconduit le Roy S. Louys, qui le vouloit retenir prés de sa personne, & hardiment luy dit, qu'il ne demeureroit jamais en la compagnie d'un Roy, & que s'il le pressoit par trop, il iroit en un autre lieu, où Dieu l'auroit plus agreable qu'auprés de sa Majesté. Il croyoit qu'un homme d'Eglise ne peut bonnement faire son salut au milieu de tant de bombances & delicieux plaisirs.

Permettez que je me plaigne du desordre qui par une longue traisnee de temps s'est insinué par la France en la promotion de la plupart des Prelats, qui gorgez & remplis de richesses, gourmandent le pain de Dieu, perdent par leur avarice, ce qui a esté acquis par un obstiné pauvreté, & lesquels au lieu d'empescher par la predication que la Religion pretenduë reformée ne pullule & rampe plus avant, se plongent, aisent, & baignent dans le monde, se desbordent en superfluitez, en vanitez, en delices, & toutes especes de dissolutions, rien ne leur estant à gré, que ce qui sent la corruption du temps present, trafiquans marchandise ouverte en l'Eglise, & font profession d'ignorance, laquelle ils tiennent seule pour saincteté : leur doctrine est aujourd'huy une chose mon poure n en faire un examen. Ces grosses & pesantes Mitres ont affoibly leur cerveau, & pour estre trop gras des biens de ce monde, ne peuvent recevoir l'influence des celestes pour les départir à ceux qui les cherchent. L'Eglise gemit & deteste la promotion de ces indignes Prelats, pour ce que & le service de Dieu & un Royaume tost ou tard en sentent & leur debilitation, & leur dommage. Le nostre en pourroit dire de lamentables nouvelles, quand au milieu & entrailles d'elle & de toutes ses autres parties, la Religion pretenduë reformée s'est élevée & engendrée des abus, que ces invenerables Prelats ont fait naistre en l'Eglise par leur sale avarice, qui ronge & consume leur cœur ; par leur brutale ignorance, qui les rend mocquez & contemptibles ; & leur maudite ambition qui les aveugle : toutes lesquelles choses ont excité ceux de la Religion pretenduë reformée en se soustrayant du sein de l'Eglise, d'entreprendre contre l'usage & droict Ecclesiastic, d'où sont derivez tous nos tristes malheurs ; en quoy veritablement ils ont failly, d'autant qu'il leur falloit hayr les vices & aymer les personnes, souhaiter leur conversion, remonstrer & reprendre doucement, sans schismatiser & troubler non seulement l'ordre hierarchique de l'Eglise, mais generalement tout le corps politic de la France. Il n'y a Diocese en ce Royaume, où la Religion pretenduë reformée ait tant provigné qu'au vostre. Qui tient, que pour la ruiner, il y faut apporter les armes : qui, un Concile : qui, la Predication avec un bon & sainct exemple. Je ne seray point d'advis de remettre l'Eglise en son entier par les armes.

Aprés qu'une Religion neufve, paradoxe & bastarde,

a pris

a pris de longues & profondes racines dans le cœur des personnes, elles s'y attachent tellement, que tant plus on y adjouſte de remedes de dehors pour les empeſcher de croiſtre, tant plus font d'effort pour les conſerver contre les puiſſances terriennes. Ces faux germes d'opinions, qui ſe ſont formez dans leur eſprit ſous quelque eſpece de verité, ne ſe peuvent perdre par autre façon, qu'en leur repreſentant la meſme verité : car quant aux Edicts, menaces & efforts violens, ils peuvent travailler les corps, mais non pas les eſprits, juſques auſquels les tourmens ne peuvent atteindre. Qui peut mieux juger de l'inutilité des armes en ce qui regarde la Religion, que ce que nous avons veu par le paſſé? Elles ſont un moyen, non de reünir l'Egliſe, mais de la ruiner ; non d'inſtruire & convertir, mais de deſtruire & ſubvertir. Et comme rien en ce monde ne peut faire mal, qu'il n'en ſouffre ſa part, la ruine d'un party couſtera celle de l'autre ; l'extermination de la Religion pretenduë reformée, quelque bon marché qu'on en eſperè, ſera la confuſion & deſolation generale de l'Eſtat. Il n'eſt expedient de retourner à la guerre, de laquelle les meilleurs ſuccez ſont autant dangereux & nuiſibles que les mauvais. Mais qu'a-t'on rapporté de la guerre, qu'un atheïſme & meſpris de l'une & l'autre Religion? L'experience du paſſé & les malheurs de nos derniers troubles, dont la playe eſt toute ſaignante, ne nous ont que trop ſuffiſamment enſeigné que Dieu eſt le ſeul Roy des eſprits, & que la Religion ne ſe plante point dans les cœurs par les armes ; elle veut eſtre perſuadée, & non pas commandée. Et la vraye doctrine ne ſe pouvant bien preſcher que dans la paix, noſtre Seigneur la fit par tout le monde à ſa naiſſance. Je tomberois ayſement en l'opinion de ceux qui ſont d'advis du Concile, ſans la crainte que j'ay que l'on die que ce ne ſeroit rien moins que revoquer en doute, ou pluſtoſt eſbranler les fondemens de noſtre Religion confirmée, outre l'expreſſe parole de Dieu, qui en eſt la nourrice, par une ſi longue & continuë ſuitte d'années ; mais J'eſtime, quoy que l'on parle, qu'il eſt plus louable, pour reconcilier à noſtre Religion la pretenduë reformée, d'aſſembler un Concile, que de hazarder une bataille ; perdre une Conference de propos, que de reſpandre tant de ſang en vain. Les anciens Peres ne refuſerent d'oüyr les Arriens en toutes leurs diſputes avec toute liberté, & puis les condamnerent. La Religion pretenduë reformée eſt une opinion : toute opinion a ſon ſiege en la teſte ; elle eſt une image fauſſe de raiſon, qui ne peut s'effacer que par la preſence de la raiſon. En un Concile, l'opinion cedera à la ſcience, l'ombre à la lumiere, la ſemblance fauſſe à la verité.

La Religion Catholique n'eſt point ſi obſcure, que la verité ne ſe puiſſe eſclaircir en un Concile : elle a ſes maximes trés-certaines, ſes principes ſtables, ſes conſequences inviolables. La meſme raiſon qui demeſle les difficultez des Loix, les peut demeſler en la Theologie, & d'autant mieux, que c'eſt la Loy de Dieu, qui ne reçoit point de contrarieté ; au lieu que les loix paſſiſſent ſouvent ou de l'inégalité des Legiſlateurs entr'eux, ou d'un ſeul à ſoy-meſme : & ſeroit faire tort en ſomme à ceſte vraye lumiere, de croire qu'elle ne peut eſclairer ny eſclaircir les hommes, ayant encores l'interpretation des ſaincts Conciles & des Peres. Mais pour moy, j'eſtime que le vray, unique & ſeul moyen de ramener au port de ſalut ces perſonnes, qui ont fait un vif naufrage en la Foy, eſt, de mener une ſaincte vie, leur monſtrer un bon exemple, & travailler nuict & jour par la Predication de la parole Divine & par ſaintes & charitables admonitions à les reünir avec le troupeau du Seigneur : car ſans doute, lors que l'on fera retentir la voix de Dieu & germer ſon Evangile par tout voſtre Dioceſe, & que d'ailleurs on fera voir la pieté, le zele, & la devotion florir dans l'Egliſe Catholique, & qu'on y verra la charité dignement exercée ; ſans doute, ceux de la Religion pretenduë reformée, aheurtez à ces rances erreurs, ſeront forcez d'une douce & agreable force d'y accourir en foule, comme au havre aſſuré de la verité, où ça conſiſte le ſalut des Chreſtiens. La Religion ne peut ſouffrir de violence : où la Foy perd ſa liberté, elle perd auſſi ſon merite : car Dieu ne demande que gaigner le cœur, & non pas le ravir : il veut traire à ſoy par douceur, & non pas fortraire par rigueur. Il faut donc enſeigner benignement, & non forſablement ceux de la Religion pretenduë reformée, à craindre & aimer Dieu. Jeſus-Chriſt n'entra pas au monde avec le glaive, mais par ſes œuvres & par la parole confirmée de miracles il acquit à ſoy ſa ſaincte Egliſe. Quand vous vivrez, & tout voſtre Clergé de la façon avec eux, c'eſt vrayement les battre en ruine & les reclamer à la bonne voye. Je prie à Dieu que vous puiſſiez empouper voſtre navire d'un vent heureux pour la conduire au gré de Dieu & de toute l'Egliſe : ce ſera l'entelechie & le couronnement de l'œuvre, qui vous rendra une mont-joye d'honneur. Vous avez pour patron & exemple les Apoſtres, deſquels poſſedant le tiltre & la charge, je m'aſſure que vous vous efforcerez d'en emprunter auſſi le merite, & que chatoüillé de voſtre mieux, ceſte affection de cultiver noſtre Religion avec une diligente activité, rongera ſans ceſſe voſtre eſprit. Adieu.

LETTRE V.

A Madame de S. Germain, vefve de feu Meſſire   de Poulignac, Seigneur de S. Germain de Clan, vivant Conſeiller du Roy en ſes Conſeils d'Eſtat & Privé.

Conſolation ſur la mort de ſon mary.

VOus avez perdu voſtre mary, qui eſtoit un perſonnage de grand poids & ſinguliere recommandation, d'un eſprit prompt & raſſis, admirable en belles pointes, lequel poſſedoit une ame calme, tranquille & bonace, germant, avec une netteté de conſcience ſans aucune entrecreſſe, ſages conſeils pour le bien, profit & advantage de la choſe publique. Qui eſt la plus belle remarqued'honneur, qu'on luy peut bailler, comme le comble de toute vraye & ſolide loüange, laquelle le fait revivre en la bouche de tous aprés ſa mort. Maintenant qu'il eſt arrivé aux extrêmes confins de ceſte vie, Dieu a prins de luy le cens, la rente & le tribut qu'il luy devoit : en quoy je le tiens trés-heureux, pour avoir tourné court le dos à l'abord des malheurs. Nous avons ceſte vie à loüage ou par forme de preſt, ou, pour parler plus efficacement, en depoſt forcé & contraint, laquelle il nous faut rendre toutefois & quantes qu'elle nous eſt redemandée. Tout ainſi que nous voyons au mois de May la roſe ſur l'eſpine eſtre au matin un bouton, ſur le midy s'eſclore, & ſur le ſoir mourir : ainſi un jour eſt noſtre naiſſance & noſtre treſpas. Il ne peut point reſpirer contre la mort, à laquelle en naiſſant nous nous ſommes engagez. Noſtre vie eſt ſemblable à l'ombre ou à la fumée : ce n'eſt qu'un point de temps, un moment, un rien, comme vous avez veu en la perſonne de voſtre mary, qui eſt allé ſurgir au bord pour atteindre le port aſſeuré de ſon beau, clair & luiſant jour, lequel l'a fait heureux citoyen du Ciel. Vous eſtes ſeule que j'en plains aprés ſon treſpas : car eſtant demeurée vefve & orpheline de ſa douce & agreable preſence (combien qu'il vous euſt laiſſé en oſtage ſes premieres & plus ſinceres affections) ſa mort encores avec cela a moiſſonné tout voſtre bien & contentement, quand elle a comblé voſtre cœur de triſteſſe, decoupé, entre-rompu, & ſincopé voſtre parole, & quand vous meſme avez laſché
les

les refnes aux poignantes morfures d'un piteux & lamentable dueil, qui fait printaner & reverdir en vous les travaux, les tourments, les peines, douleurs & miferes, qui fe font rendus vos hoftes ordinaires. A quoy j'adjoufte les combats inégaux que vous fentez au fonds de voftre ame, qui rongent, poinçonnent & liment le meilleur de vous d'un ennuy non mourant, lequel rend voftre corps debile, voftre ame toute molle, vos fens eftloüys, & voftre entendement fens deffus deffous. Tout ainfi qu'on ne fçauroit faire demeurer coy un courroux, ny commander auffi à un extreme dueil qu'il fe taife: il faut qu'il ait fon cours; quoyqu'il fuft le plus beau de n'affervir fon efprit fous luy, ains de l'affubjettir deffous fon efprit, & reprimer, faper & miner dés l'abord cet ebloüyffement d'ennuy qui fe laiffe trop aller. En cette deplorable perte, vous avez donné vogue aux pleurs, alambiquant vos yeux en fontaines, defferrant & desbondant de voftre eftomach ces chauds & cuifans foufpirs, aufquels vous n'avez donné ny trefves ny fejour: car pleurs deffus pleurs, foufpirs deffus foufpirs font fortis en foule de chez vous, vrais meffagers & truchemens de voftre forte douleur, laquelle l'on a penfée intraitable, defefperée & chronique, pour vous avoir fait perdre & repos & repas, & parole & haleine, venir la fueur au front, l'eftomach pantois, mefme que vous n'avez eu artere, nerf, tendon, ny veine, qui n'ait travaillé à l'abord de cet afpre, amer & perçant accez, lequel a teint & atteint voftre cœur de toute angoiffeufe deftreffe. Je ne vous confeille pas d'arrefter tout à coup ce roide & premier cours de voftre dueil, ny addoucir la douleur qui vous force; elle eft rebelle, alors qu'elle eft gehennée: trop s'aigrit un grand mal, qu'on veut trop toft ofter. Mais quand voftre eftomach aura tiré force foufpirs, voftre bouche force cris, & vos yeux force pleurs; lors, que voftre raifon ne flechiffe plus au choc de cefte dure detreffe, ains arrefte ce venteux, orageux & pluvieux dueil, & rappelle tous vos efprits pour faire refte à ces eflans, tenfions & roidiffements de douleur, afin de la rebouter; qui eft le feul & fingulier moyen pour donner & refpit & repos à voftre ennuy. Il faut confeffer, que c'eft un grand foulagement, que de pouvoir donner air à fon affliction. Ny plus, ny moins qu'un feu enfevely dans les cendres vivifie d'autant plus fa chaleur: ainfi une douleur celée s'augmente de plus en plus. Mais celuy qui lamente, deplore & regrette fon trifte dommage avec les larmes qu'il efpand, avec ces longs & douloureux foufpirs qu'il pouffe du profond de fes entrailles, jette hors auffi une bonne partie de fa langoureufe trifteffe. En la mort de voftre mary, vous avez efté combattuë de tant de profondes & mortelles angoiffes, que fi foudain les larmes n'euffent detrempé & les foufpirs efventé cefte vive & ardente fournaife, en bref vous euffiez efté cendroyée.

Les pleurs, les cris, & les foufpirs font les vrays foufpiraux pour éventer le cœur. Si vous diray-je en paffant, que le douloir & fe fentir frapée au vif pour la perte d'un mary, eft une douleur qui derive de caufe naturelle, & n'eft ce premier & fenfible mouvement au pouvoir d'une femme, quoyque conftante & refoluë: mais auffi fe laiffer emporter hors mefure à cefte piquante douleur, & augmenter fon dueil à l'infiny, eft contre nature. Le temps eft venu qu'il faut recueillir le meilleur de vous, pour donner paix à vous-mefme, en balançant d'un jufte poids, fi tous tant que nous vivons en ce mortel eftre, fommes autre chofe, qu'une terre animée, une ombre vivante, le fubjeét de mal & d'encombre, fi les malheurs ne font pas nos compagnons ordinaires, fi nous ne fommes pas la bute d'infortune, & affubjectis à un monde de peines, mefme fi toute noftre vie n'eft pas une fouffrance de croix perpetuelle, & fi Dieu ne nous fait pas traifner une vie accablée de travaux, aprés nous avoir batus & rebatus d'ennuys, & envoyé, par maniere de dire, une mer de pures miferes pour nous tourmenter, affliger & debrifer de mille & mille fleaux redoublez coup fur coup, afin que nous foyons poinéts & touchez de la cognoiffance de noftre malheur, qui nous faffe fans deflay eflever les yeux vers le Ciel, & venir pour le moins en quelque cognoiffance de fa divine bonté. Confiderant que la dure feparation de voftre mary découle de la main de Dieu, vous la recevrez d'un cœur paifible & non ingrat, afin de ne refifter au commandement de celuy auquel vous vous eftes une fois remife. En l'endurant patiemment, vous ne fuccombez point à la neceffité, mais acquiefcez à voftre bien. Faites, je vous prie, comme l'abeille, qui tire du thym le plus penetrant, le plus fec miel. Auffi des plus mauvais & fafcheux accidents tirez-en quelque chofe de propre & utile pour vous, & reffemblez à ces hauts monts, qui nuit & jour batus s'affermiffent: de mefme, ne vous rendez & foibliffez aux adverfitez, ny à ces eftourbillons violents, qui font treffuer voftre ame d'ahan. Cuifez, digerez, rompez & froiffez ce mal, fans vous laiffer dompter à fa rigueur; ne ployez foubs luy, mais comme ferme & conftante furmontez-le d'un courage indompté, roidiffez-vous robuftement contre luy, portez-le avec une équanimité & patience armée d'une conftance & fermeté obftinée: prenez vigueur en voftre propre malheur, & oftez le defplaifir que vous avez de la mort de voftre feconde moitié: auffi bien la mort n'entend point ces langoureufes complaintes, ny vos pleurs ny vos foufpirs ne la peuvent plus faire renaiftre. En ne rebouchant point à cefte advertie, vous en viendrez à chef. C'eft un grand fecret, de fçavoir tirer commodité de fon incommodité, & s'endurcir contre fon propre malheur.

Si tout ce que je vous ay deduit, ne peut fervir pour mettre fin à voftre dueil, je vous diray, que la maladie aura fa declinaifon avec le temps lequel l'enfevelira dans le tombeau d'oubliance. Il n'y a rude amertume, en la fouffrant, qui par trait de temps ne foit douce. La reffource de ceux qui ne fe peuvent refoudre, eft, de dreffer un rempart imprenable à la douleur, bafty du temps & de la perfeverance, lefquels luy apportent une remife, qui la diffoult. Ayant eu du loifir pour rentrer en vous, je m'affeure que ce que vous donneriez à la longueur du temps, vous l'accorderez dés cefte heure à la raifon. C'eft trouver un relafche aux mefaifes qui vous environnent, & une reffource d'affliction pour en tirer quelque honnefte ayde & gracieux fupport. Et fi tout cela ne vous profite pour combattre & vaincre cefte douleur, ou vous feuvrir à fait d'elle, le dernier & fouverain remede fera, de refigner le timon de voftre ame és mains de Dieu, & vous armer d'un perpetuel contentement de toutes chofes, & pour profperité ou mefadventure quelconque ne changer jamais de vifage, ains regarder & l'un & l'autre à yeux ouverts. Hé qui vous fera aifé d'obtenir de Dieu, quand vous luy demanderez les chofes meilleures, & vous difpoferez à en attendre de pires, & vous fervirez de toutes, en oftant de chacune ce qui y pourroit eftre de trop. Recevez, je vous prie, cefte lettre confolatoire d'un vifage ferein, vray fymbole & tefmoignage de ma fincere affection à vous honnorer & fervir. Adieu.

LETTRE VI.

A Monsieur Favereau mon nepveu, Conseiller du Roy en la Cour des Aydes.

Il monstre comme un Juge doit vivre en sa charge.

JE me suis grandement resjoüy de vostre promotion en l'office de Conseiller aux Generaux : c'est un appenty (si Dieu vous preste vie) pour monter à une magistrature plus relevée. Je croy vous devoir faire icy une leçon, de la forme que devez doresnavant tenir en la conduite de vostre vie, laquelle vous recevrez de celuy, qui dés vostre sous-aage, a fait espaule pour vous eslever jusques au sommet qu'avez atteint. L'on dit que les honneurs monstrent les mœurs, c'est-à-dire que les vertus & les vices, que l'obscurité de la vie privée ayde à cacher, se font voir à clair en une dignité publique, comme au miroir les graces ou laideurs du visage. Chacun s'estudiera maintenant d'espelucher avec une curieuse diligence non-seulement le gros de vos actions, mais jusques à vos moindres petites façons de faire. Ce qui vous doit exciter de faire paroistre en l'exercice de vostre charge vos seules vertus estofées d'honneur, & vos vices de telle façon estoufez qu'ils ne voyent plus le jour : d'autant qu'en ceste premiere rencontre telles que se trouveront vos actions, elles donneront de vous une bonne ou mauvaise impression, qui se perpetuera jusques à la fin de vos jours : & quoyque vouluissiez donner au changement nouveau au maniement de vostre vie, ceste premiere opinion, qu'on aura prise de vous, ne se perdra ny effacera, la marque ou cicatrice demeurant vivement empreinte & gravée au cœur de tous. Ce n'est pas assez de vous contenter d'avoir le titre & l'honneur de Magistrat ; vostre parole, vostre sens & vostre cœur doivent estre purs & nets de tout fard & de tout artifice, pour rendre sincerement une droite justice. Chose aisée, ayant tout ce qui les peut rendre bons, avec vous. De quoy est-il besoin pour former vostre parole, vostre sens & vostre cœur au bien ? De vostre seule volonté. Gaignez ce point-là sur vous, que tel qu'aurez proposé d'estre, vous le soyez jusques au dernier periode de vostre vie, (je veux dire, homme de bien.) Ceste arrestée resolution vous rendra posé, droict, & entier en toutes vos actions, qui ne tendront dez-là en avant qu'à rendre le depost de la justice avec une grande, juste & loüable usure. La dignité de Juge souverain, est belle, venerable & utile, pourveu qu'elle soit nivelée au pied de la justice & de la raison : car si elle n'est bien dressée à plomb, elle attire & envelope au dedans de soy la ruyne & des biens & de l'honneur, & quelquesfois de la personne de celuy qui n'en a sceu ou voulu bien user. Faites vostre entrée au maniement de vostre charge par tous honorables & glorieux commencemens, & par une honneste modestie suivez la trace de vos vieux & anciens collegues, qui par leur vertu & preud'hommie ont acquis creance & reputation dans vostre compagnie. Ce vous sera un rempart asseuré contre les vents & les tourmentes qui travaillent ordinairement l'esprit des nouveaux venus, pour ne se voir encor dans les affaires aussi sçavant que ceux lesquels les devancent d'une longue ancienneté en leurs charges. Et quelque question qui se traite au dedans de vostre conclave, maniez si dextrement le fait & avec telle prudence, que vous sçachiez bien faire consequence des choses par conjecture & rapport des unes aux autres, & puis rapportez-en si bien les raisons à la nature & au merite de la chose, que vostre jugement ne puisse pancher ny branler sur un subject divers & mal poly, ains sur ce qui se trouvera droictement & justement fait au niveau.

Le jugement sain & entier ne s'affoiblit, esgare, ny esbranle jamais, quand il est confirmé, asseuré & arresté sur l'authorité de la raison. Gardez de vous exercer à soustenir par paroles fardées & curieusement recherchées, les choses qui ne sont ny veritables ny justes. Ce seroit employer vostre industrie à tromper vous-mesme ou attruy : l'un derive d'un cerveau desvoyé, qui est perclus de son sens & de sa raison ; l'autre, d'une ame perverse. Vous accoustumant à cecy, c'est donner à vostre esprit une trempe molle, qui luy ouvre les oreilles & le jugement aux ruses, aux fourbes & aux tromperies. Que c'est un dangereux outil en Justice, qu'un Juge meschant & sçavant tout ensemble ; lequel pour faire injustice, desguise la mauvaise volonté par l'entrelasseure des choses injustes, ausquelles il fait prendre le visage des justes ! Je ne pense pas qu'il y ait peste plus contagieuse & dommageable en une compagnie, comme celuy, lequel, en trompant, contrefait l'homme de bien. J'ay ouy conter à feu mon pere, d'un Conseiller de la Cour de Parlement de Paris, sçavant & meschant à outrance, qui esmeu, poussé & mené au mal, faisoit par ses raisons ingenieuses & vray-semblables passer tous les Conseillers de sa Chambre en son advis, lesquels aprés un long traict de temps se voyant maniez & menez comme par le nez, conspirerent tous en une mesme volonté, de n'estre jamais de son opinion. Luy recognoissant que d'un guet à pens ils estoient, en tous les procez qu'il rapportoit, de contraire advis au sien, pourpensa par une nouvelle ruse & contrebatterie, d'opiner contre celuy, en faveur duquel il vouloit faire, asseuré que ses compagnons seroient pour luy, & ainsi obtenoit gain de ce qu'il desiroit. Mais quelle fut la catastrophe de la vie de ce malheureux corrompu, aprés estre monté à l'Estat de President aux Enquestes ; miserable : car comme le Parlement instruisoit son procez sur l'imputation d'inceste faite par son propre nepveu, jugeant qu'il ne pouvoit eviter la peine de son forfait, pour fuir la honte du monde & une punition exemplaire, il se fit mourir en prison. Jugement de Dieu qui courra contre ceux qui vivront de son air. Fuyez de loin, comme un escueil, ceste forme de vie, & vous rendez sage par sa fin.

Quand il sera question de juger du bien ou la vie d'autruy, qu'il n'y ait faveur qui vous puisse retenir, ny interest qui vous puisse corrompre, ny authorité qui vous puisse intimider : enfin ne vous rendez maniable à la volonté d'autruy pour estrangler une verité. Lors que j'estois en charge publique, je ne recevois autre desplaisir que de me voir recommander le bon droit d'une cause, parce que de mon gré je sçavois devoir faire les choses que je cognoissois estre justes & raisonnables. Les Areopagites donnoient l'audience la nuict, & escoutement les raisons des plaideurs, sans les voir. Pleust à Dieu que ceste pratique fust encores en usage : rien n'empescheroit que les Juges ne rendissent une droite justice. Mais puis que le malheur du temps veut que chaque plaideur fasse entendre de vive voix son droict ; quand l'un d'eux vous deduira par le menu ses raisons, prestez-luy une benigne & favorable audience, & sans interrompre le fil de son discours : c'est un doux soulagement à ces esprits malades de plaideurie, que de pouvoir dire tout de son lez & de son long ce qu'ils veulent : & aprés les avoir ouïs à plein, sans vous ouvrir, dites-leur simplement, que vous ferez justice. Ne vous laissez jamais amolir ny plier aux prieres de vostre amy, qui vous priera de faire autre chose que ce que vous devez en vostre office, & l'esconduisez de prime-face, ainsi que fit Themistocle Simonides, qui l'avoit prié d'une chose irraisonnable. Tu ne serois pas bon musicien, dit Themistocle, si tu chantois contre les regles de musique, ny moy bon Gouverneur de la ville, si je commettois rien au revers de la loy. Vostre tante & moy vous avons nourry dés l'aage de dix à unze ans, afin qu'estant appelé à un estat de Judicature, re, vous vefcuſſiez en preud'homme, & monſtraſſiez tousjours une ame ſaine & lavée de toute humeur vicieuſe.

Je vous exhorte encores de buter droict à ce poinct, pour ne tomber point de voſtre honneur, que vous devez garder à heritage. Car il y a un grand mal, qui court aujourd'huy contre beaucoup de Juges, deſquels l'on dit, que l'or & l'argent qui les a créez, les entretient, & qu'auſſi-toſt qu'ils ſont venus en honneur, ils ont renverſé le vray honneur, eſtant de Juges devenus marchands trafiqueurs, leſquels ne s'enquerans du droict des parties, mais combien elles poſſedent de biens, ont teſmoigné une affection portant marque d'une nature extremement laſche & ſordide. Empeſchez que l'on ne parle de vous en ceſte mauvaiſe bouche, & pour vous garentir de ce blaſme infame, fortifiez-vous d'un fort inexpugnable, qui vous rende imprenable & incorromptable par or ny par argent. Que voſtre ame ne ſe laiſſe prendre aux preſents, qu'elle n'halete aprés l'or ny l'argent, & que voſtre main, en ce temps que l'avarice eſt extremement eſchauffée, ne s'eſtende ſur le gain. Et faites que ceſte qualité vous ſoit propre & peculiere, de vous eſtre tousjours honneſtement porté en voſtre eſtat, ſans avoir eſté vaincu ny corrompu aux preſens corruptibles, importunes prieres, ou choſes illicites. Les Thebains peignoient en leurs Palais, les Juges ſans mains, & ce Roy d'Egypte, ſans mains & les yeux bandez, voulant ſignifier, qu'ils ne ſe doivent laiſſer ſurprendre d'aucune affection, ny ſe laiſſer gaigner à l'avarice. Et c'eſt ce que Pericles dit à Sophocle, qu'il faloit qu'un Præteur euſt non-ſeulement les mains nettes de dons, mais auſſi les yeux libres de regards amoureux. Je ne veux pas pour tout cela que vous ayez une guerre mortelle contre les preſens, & que vous ſoyez exempt de pouvoir prendre, ce qui ne ſe peut avec honneur refuſer : bien devez-vous eſtimer ord & ſale d'en recevoir pour vous enrichir. Mais eſtant queſtion de finir nouveau non encores veu, ou autre choſe ſemblable, dont il ne revient rien particulierement à voſtre profit, vous ne le devez point rejetter. Combien que pour mon particulier je n'eſtime point deshonneſte de prendre ces choſes, toutesfois ſi penſe-je plus à propos de n'en recevoir point du tout, qui eſt une excellence de vertu, laquelle monſtre qu'elle ne veut rien accepter, encores que juſtement & ſans offenſe elle le peut faire. Et combien que la neceſſité induiſe ſouvent un Juge à commettre choſe & contre ſon honneur & contre ſa conſcience, ſi vous croy-je ſi bien né, qu'au milieu de voſtre plus grande diſette (ſi le malheur vous reduiſoit à ce point) vous monſtrerez tousjours les vrais effets de la bonté & rare ſingularité de la gentilleſſe de voſtre maſle courage, en le rendant invaincu aux preſens, leſquels lors en un glorieux deſdain vous meſpriſerez, comme un maiſtre que s'acquierent les preneurs, auquel il leur eſt force forcée d'obeïr. Je ne penſe point que le malheureux & corrompu miniſtre de juſtice trouve jamais aucune ſeure retraite & paiſible repos parmy les gliſſantes, avares & iniques richeſſes, d'autant qu'il n'a jamais paix avec les loix : meſme que ſa propre conſcience fait contre luy l'office de perpetuel bourreau. Ayez tousjours devant les yeux ceſte parole ancienne de laquelle uſoit le Heraut au temple de la Déeſſe Horta, le peuple eſtant aſſemblé & le Pontife reveſtu, *hoc age*, c'eſt-à-dire que vous teniez voſtre eſprit bandé & arreſté pour toute ſorte de veneration rendre ſincerement & équitablement la juſtice. Avant que de mettre le couronnement à tout ce diſcours, je vous diray plus que ce mot pour vous entretenir & maintenir dans les choſes bonnes, & empeſcher que voſtre renommée ne vienne en danger. Que vous ſoyez droit de cœur, froid, repoſé, conſtant & arreſté dans le vray ſentier de la juſtice, pour illec embraſſer & eſtreindre puiſſamment ce qui eſt juſte. C'eſt renger voſtre vie au droict point, & comme à une reigle unique de toute action. Enfin ſouvenez-vous que de tous les threſors, richeſſes, dons, faveurs, proſperitez, plaiſirs, authoritez, grandeurs & puiſſances qu'aurez & poſſederez en ceſte vie, vous n'emporterez, mourant, rien plus que le ſeul temps qu'aurez ſceu bien, juſtement, vertueuſement & religieuſement deſpendre. Adieu.

LETTRE VII.

A Monſieur Blanchard, Seigneur de la Loiardie, Conſeiller du Roy & Lieutenant particulier au Siege Preſidial de Xaintes.

Il loüe la vie des champs.

Vous eſtes en branſle ſi vous quitterez la ville pour habiter les champs. Je me promets qu'il ſera aiſé de vous reſoudre ayant pris le gouſt & la faveur de ceſte lettre, dans laquelle je fileray de point en point & raconteray par le menu, le bien, le plaiſir & le contentement qu'il y a à ruſtiquer. Ceſte vie a telle vigueur pour émouvoir, qu'elle attire, delecte & émeut juſques à ravir meſme l'eſprit, & vueillons ou non, elle poingt & pique ſi vivement, qu'elle ſe ſerre au dedans de nous avec telle force & efficace, que l'on diroit qu'il y ait quelque proprieté divine à nous y retenir. Là l'on ne met point ſon eſtude à aſſembler richeſſe du ſang & de la ſueur d'autruy, ny à attirer deçà & delà à tort & à travers tout ce qu'il eſt poſſible pour remplir ſon avarice, ou deſpendre en une ſuperfluité outrageuſe; l'on y conſume, reſſerre, & retranche tout vain appareil d'abondance, d'autant que les choſes s'y ordonnent par meſure, par nombre & par poids; la frugalité accouſtume le corps à ſe contenter facilement de peu, & ainſi appetant peu, on ne peut avoir faute de beaucoup. L'on y fait gloire de la ſobrieté & de l'eſpargne à l'encontre des delices & de la ſuperfluité, & met-on en honneur la ſimplicité & la modeſtie, qui fait que chacun demeure dans les bornes d'innocence. L'on y vit ſans enflure d'orgueil, l'on y eſt deſpeſtré de ceſte ambition deſmeſurée & ſans frein, & de ceſte ſole convoitiſe d'honneur. Rien ne détrouble noſtre eſprit de ſon tranquille repos; il eſt de telle façon à delivre, que nulle ſollicitude le faſche ou moleſte, ains édente le ſoucy, qui le pourroit mordre. Les richeſſes, la puiſſance, ny les honneurs par l'apparence du bien & clarté qu'elles demonſtrent avoir, n'eſbloüiſſent noſtre veuë, ny ne nous envyrent par leur douceur. Heureux vrayement celuy qui a fait ſa retraite aux champs, s'il ſçait cognoiſtre ſon bien d'heure. Il eſt expoſé loin des flots & des tempeſtes publiques, & ne ſe repaiſt des blandiſſantes careſſes ny des favorables accueils que les Grands debitent pour argent comptant. Il vit loin de la fange & du bruit : & quoyque l'on mene aux champs une vie coye & tranquille, ſi l'on choiſiſt-on pour cela l'ombre & le loiſir : car le laboureur mene une vie ſans repos, courbant ſans aucune entreceſſe ſon dos au travail, & ſollicitant d'an en an la terre par aſſiduës inſtances & ſemences de ſes charruës pour avoir part aux amples threſors qu'elle tire plantureuſement & prodigalement du fonds de ſes entrailles. Il faut confeſſer que ceſte vie paſſe d'un long entrejet toutes les autres, pour eſtre ſortie & ordonnée de la bouche de Dieu, quand il dit au premier homme : tu mangeras ton pain en la ſueur de ta face. Auſſi d'elle s'acquierent les vrayes, pures & nettes richeſſes, qui contentent, eſjouïſſent & ſouſtiennent le genre humain par leur bien, utilité & nourriſſement. Nos premiers peres & depuis, pluſieurs grands & relevez perſonnages ne forlignans de leur premiere trace, attirez par l'amorſante & gracieuſe douceur de ceſte vie, prindrent la route des champs

champs comme un port asseuré de leurs travaux, pour y passer ce qui leur restoit de vie avec les herbes & le laict, & ce que fournit la basse cour, viandes viles & petites, mais innocentes. Qui sera celuy lequel avec tant de grands & saints personnages pensera chose layde, de prendre le soc & la charruë, pour cultiver la terre? C'est une sainte simplicité née avec la nature, à laquelle la necessité contraint de nous attacher pour vivre avec un calme de tranquillité, qui ne s'esbranle jamais : l'exemple d'autruy nous y attire, & de tant plus facilement, qu'il sort de bon & illustre lieu. Pourquoy ne choisirons-nous pas ceste forme de vie profitable à tous, & ne portant dommage à aucun ? Celuy qui l'exerce, ne peut bien faire pour luy, qu'il ne face pour un autre. Un ancien disoit, que l'homme ne doit point tascher de devenir Dieu, qui a des terres & possessions, lesquelles luy fournissent & donnent choses necessaires pour la vie. Il loüoit ceste vie, pource que la vie contente de peu en asseurance, luy plaisoit. Mais outre tout ce que j'ay déduit, je vous diray, que tous les autres labeurs, tant utiles soient-ils, tous les arts & mestiers avec tous leurs outils, ne sont à comparer à ceste rustication, qui seule par son art commande à la nature : qui fait que la terre n'est jamais avaricieuse, laquelle rend sans aucune envie à son maistre, ce qu'il luy a baillé, avec une usure redoublée : qui d'infertile rend un terroir fecond & plantureux : qui admirablement transforme par une adoption & liaison indissoluble l'arbre enté en un nouveau fruict, beau, plaisant & savoureux : qui tire du bestail mille & mille commoditez, pour la nourriture & entretien des grands, des moyens, & des petits : qui nous donne le doux & delicieux miel, lequel nous fait voir la prodigieuse merveille dont nature a formé l'industrieuse & soigneuse abeille. Pour vous dire en un mot, elle est le pivot & la base, qui soustient la vie humaine : laquelle est accompagnée d'honneur, de profit & de plaisir. Honorez-la, elle vous profitera, & le profit vous produira du plaisir. Remirez en ce lieu la merveille de Dieu. La terre, les arbres & autres plantes s'esjoüissent, & chargent les fleurs, la verdure & les fruits, & en après, comme morts sont despoüillez de toute ceste riche beauté, puis par une certaine entresuitte, qui se renouvelle d'an en an & lors qu'il retourne en soy, leur visage se rajeunit, renaist & rebourgeonne par un bel esmail fleuronné. Vous me pourrez dire, qu'on n'est aux champs mondanisé comme aux villes, & qu'il n'y a nul trafique avec les beaux esprits, qui nous contraint de tenir nostre sçavoir reclus & en friche.

A cela je vous respondray, que nous avons nos livres qui sont nos hostes muets, lesquels ne nous importunent jamais : ce sont hostes estrangers, qui logent sans parler, avec lesquels l'on desaigrit son soucy, & empeschent quant & quant que nous ne mettions le temps à nonchaloir. Pour moy, ayant veu, essayé & gousté pendant trente ans le commerce du monde, & discouru sur toute ceste ronde machine, après un long divorce de toutes choses en moy-mesme, je me suis composé à ceste vie, comme la plus heureuse & innocente, laquelle je cheris, ayme, & idolastre, d'autant que d'elle m'est derivée une pepiniere d'heurs, qui me font mener une vie douce, assaisonnée d'une honneste attrempance, laquelle n'a autre but que de me faire vivre en une heureuse liberté sans alteration de ma conscience, & qui me rend franc d'avarice, pur d'ambition & libre de toute passion humaine, en ne me laissant autre soin, que de m'estudier à ce que ma terre desserre de son ventre ses riches biens, pour secourir & soulager mes necessitez. Un temps a esté que je n'avois que l'ombre de ce bien ; mais maintenant j'en ay l'effigie expresse imprimée au cœur, qui arrache & chasse loin de moy toutes ces foles affections, ces plaisirs mondains & autres delicieux plaisirs, qui m'avoient autrefois entestez. En ce flux de contentement, j'ay rencontré toutes choses petites, lesquelles suffisent toutesfois à me remplir. Il vaut mieux avoir satieté par le peu, que la defaillance par le beaucoup. Celuy qui ne desire point beaucoup de choses, le peu luy semble beaucoup. Et quand l'on ne souhaite rien hors de son pouvoir, & que l'on vit content du sien, ores qu'il soit petit, c'est fortune prospere. Adieu.

LETTRE VIII.

A Monsieur ***

ET bien, vous n'avez pas pris le loisir d'escouter vostre conscience, & d'entrer à bon escient en l'examen de vous-mesme pour cognoistre vos fautes. Dieu vous a assez adverty, instruit, menacé, chastié & pressé, afin de ne vous perdre point. C'est à vous de tirer de tant d'afflictions, mesme de celle qui vous est de fraische datte arrivée, une solide instruction, qui serve au repos de vostre conscience. Quand vous reculerez à chercher les moyens de vous acquitter envers Dieu, de l'amendement qu'il requiert en vostre personne, il vous en prendra tout ainsi qu'à ceux qui empruntent de l'argent à haut interest, lesquels par leur fetarde paresse negligeant de payer aux termes escheus, à la fin se trouvent accablez de debtes, lesquelles obstacient & empeschent qu'ils ne puissent jamais se relever de leur ruyne. Vous aussi fuyant de faire vostre devoir quand l'occasion vous y semond, à faute de la suivre, à la parfin vous la perdrez, & avec elle la volonté de plus entendre à faire ce que vous devez. Celuy qui a avallé une poison, tant qu'il la retient dans son estomach, elle ne cesse de gagner & enjamber par les muscles sur la chaleur & force naturelle, jusques à ce qu'elle l'ait de tout poinct esteinte. En cas pareil, si le peché croupit long-temps en vostre ame, il s'estendra ne plus ne moins qu'un venin, & ne s'arrestera qu'il n'ait atteint la source de vostre vie, laquelle il assaudra & surmontera peu à peu, jusques à ce qu'il l'ait entierement amortie. C'est à vous d'y pourvoir suivant le conseil qu'on donne és maladies corporelles, d'obvier à leurs commencemens, estouffer le peché en sa naissance. Ne vous esmerveillez si Dieu vous fait sentir les effects de son courroux, par les adversitez qu'il vous envoye. Il est redoutable en ses vengeances & jugemens : son ire est furieuse, terrible & espouventable : c'est un feu, qui par sa vehemence consume, perd & extermine tout ce qu'il rencontre. Bien est vray qu'il est lent & tardif à se courroucer, mais ain son courroux en est d'autant plus à craindre. Ainsi que le feu est plus ardent & actif, en une matiere où il est lentement & avec difficulté espris : aussi est l'ire, qui tombe en une nature grave & constante, de tant plus dangereuse, qu'elle est plus difficile à esmouvoir. Je croyois que ma premiere lettre vous eust remis au bon chemin : mais je crois qu'estes ensevely dans un profond sommeil, duquel vous ne pouvez estre esveillé pour sentir & gouster les raisons qui vous doivent exciter à amendement, ou que vous estes du tout sourd pour ne les pouvoir oüir, si, pour mieux parler, je ne dis que vous soyez desja mort & sans aucun sentiment. Regardez qu'il ne vous arrive comme à ceux qui sont atteints d'une fievre hectique, laquelle en sa naissance, lors qu'on y peut remedier facilement, est difficile à cognoistre ; & quand elle s'est enracinée & fortifiée, alors l'on la cognoist aisément, & c'est lors qu'il est mal-aisé, voire du tout impossible de la guerir : de mesme quand vous pouvez destourner sans peine le jugement de Dieu par une vraye repen-

repentance, & autres moyens qui vous font prefens, alors vous n'y penfez nullement, & quand bon-gré mal-gré vous eftes contraint, en fentant fon execution, de le recognoiftre, c'eft à l'heure qu'il n'y a plus de moyen de rompre fon cours. Je vous diray, que Dieu avec fa patience lente a fupporté & couvert doucement toutes vos imperfections, & combien que vous ayez les mœurs & complexions autant fafcheufes & eftranges qu'il fe puiffe dire, toutesfois il ne demande & ne procure nullement le divorce de luy & de vous, ains eft toujours conftant de fon cofté, & ne veut point retirer fon amitié du lieu où il l'a une fois mife. Mais s'il recognoift en vous une opiniaftreté obftinée, & que ne donniez lieu ny aux menaces ny aux biens par lefquels il vous veut attirer, ny aux maux & punitions par lefquelles il vous veut contraindre de revenir à luy, le danger eft qu'il ne fe départe de vous: & cela advenant, vous eftes perdu fans aucune efperance de reffource. Je ne m'eftonne nullement s'il redouble coup fur coup l'horreur de fa vengeance contre vous, d'autant que je voy que fes chaftimens, qui vous doivent donner quelque fentiment pour retourner à luy, ne font que pour vous endurcir & obftiner au mal davantage, ne plus ne moins que le fer, qui au fraper devient plus dur & plus folide. Ne vous plaignez plus, s'il vous envoye de grandes afflictions, & fi à l'advenir il vous menace encores de plus grandes, mefmes qu'il eflance fur vous fon foudre.

Mais recognoiffez en vos maux fa mifericorde & bonté infinie, qui fait qu'il vous traite fi doucement, & que fa Juftice foit retenuë & empefchée de vous deftruire & exterminer à fait. Il y a long-temps que vous fuffiez du tout perdu, fi auffi-toft que l'avez merité, il euft eftendu la force de fon bras pour vous punir felon vos defertes. Sa douceur, pitié & clemence d'un cofté, & de l'autre, la cognoiffance qu'il a de voftre infirmité, font les caufes des remifes & refpits que vous avez eu fi long-temps de voftre perte irrecouvrable. Mais il y a grande apparence qu'il ne veut plus prolonger, & que fi vous n'allez haftivement au repentir, l'amas & referve que vous avez fait de fon ire, fe refpandra tout à coup fur vous. Ne prenez plus de delais, de crainte qu'aprés tant de défauts, qui ont efté obtenus fur vous, vous ne foyez à la fin contumax. Penfez qu'il ne vous refte plus guere de temps, & que pour cefte raifon il le faut avec une promptitude foudaine employer, & n'attendre pas (à la façon des prodigues) qu'il foit tout defpendu & confumé pour en eftre bon mefnager & difpenfateur : pource que fi vous laiffez paffer l'occafion, vous eftes en peril de vous voir court & plat defconfir, ne vous eftant rien refté que vous puiffiez plus mefnager. Un chacun voit voftre ruine ; vous feul ne le pouvez voir : & tout ce malheur ne derive que de l'ire de Dieu, & fon ire de vos pechez. Mais fi vous venez à le confeffer, & prenez une ferme refolution d'amendement de vie, Dieu n'eft point tellement courroucé, qu'il ne s'appaife incontinent. Cognoiffez donc vos pechez, fentez-les, haïffez voftre mauvaife vie, feparez-vous du mal, haftez-vous d'une prompte & fubite haftiveté d'aller au devant de l'ire de Dieu, priez-le, fiez-vous en luy, & vous experimenterez que là où le peché a abondé, la grace y abonde encores plus. Adieu.

LETTRE IX.

A Monfieur d'Amboife, Confeiller du Roy en fes Confeils d'Eftat & Privé, & Maiftre des Requeftes ordinaire de fon Hoftel.

Contre ceux qui mettent en lumiere des livres fades & fans gouft.

JE blafme à bon efcient ces efcrivaffeurs de livres, qui amorfez d'un vain honneur, bruflent d'un avare foucy que leur nom ne tombe fous la mort, fi que flatants leurs efprits de cefte vaine efperance, enfantent d'un faux germe des livres abortifs, qui forcent leur naiffance, lefquels derivants d'humeurs cruës flotantes au deffus de leur entendement, fe diffolvent & exhalent fans aucun fentiment. Tout ainfi que ce qui n'eft point appetiffant, va nageant & errant dedans le corps, fans trouver qui le reçoive: ainfi eft-il de ces livres pleins de difcours adulterez, lefquels, aprés s'eftre traifnez fans ordre ny compas parmy le monde, fe desfont : voire que dés leur naiffance ils tirent aux derniers fanglots & battements de la mort : tellement que la plufpart de leurs auteurs en voyent le definiement, ou pour mieux dire, l'entier aneantiffement, comme des avortons, qui voyent en mefme temps & leur jour & leur nuit. Je ne les puis mieux comparer qu'à ces quintelfentiers, qui transforment leurs efperances en rien, & eux toutes & efcrits en une chofe qui n'eft d'aucune durée. Nous pourrons dire de leurs livres, ce que Socrate difoit de ceux d'Anaxagoras, qu'ils font vains & inutiles : & pour eftre vuides de fens & de fubftance, j'adjoufte, qu'ils meritent de refte en pied un traict de plume : fi mieux on ne les vouloit plus doucement traitter, en leur donnant argent pour fe taire, fuivant l'exemple du grand Alexandre, qui ufa de femblable liberalité en l'endroit de Cherile Poëte ignorant. Je voudrois qu'en leur ignorance ils imitaffent ce mefme Socrate, qui ne voulut jamais rediger par efcrits fes beaux & doctes difcours, eftimant (difoit-il) plus l'efcorce ou le papier, que ce qu'il pouvoit efcrire : ou bien ce brave Poëte Theocrite, qui ne vouloit mettre fes riches vers en lumiere, d'autant qu'il ne les pouvoit faire comme il euft bien voulu; & comme il les pourroit faire, il ne les vouloit publier. Il eft pardonnable à ceux qui façonnent d'une main induftrieufe & penible des livres artiftement élabourez, s'ils font efpris d'un gain d'honneur, & fi chatouïllez de ce noble defir ils fouhaittent de fe furvivre & d'avoir vie en leur mort. Car, à dire vray, ceux-cy ne mettent leurs efcrits au jour, qu'aprés avoir regardé à plein fonds s'ils font de telle trempe, qu'ils foient d'une interminable durée; & non pour rien foudainement, impetueufement & à l'eftourdie, comme ces premiers, qui par un devoyement d'efprit mettent à tort & à droict leur premiere penfée à la mercy du courant du temps, quoyqu'elle n'ait ny fonds ni rive. Platon ne mit fes œuvres en lumiere, que fur l'arriere-faifon. Apollonius party de Rhodes, fejourna fi long-temps en Egypte, qu'il rendit fes livres trés-parfaicts, aprés les avoir tirez d'une lourde & rude maffe. Petrarque demeura neuf ans avant que de publier fes efcrits. Feu mon pere ne mit au jour fes doctes & laborieufes Recherches de la France, que vingt-cinq ans aprés les avoir bien & meurement digerées. Les arbres tardifs demeurent vifs plus long-temps. Les fleurs toft efpanoüyes, toft s'evanoüyffent. Ce qui prend inopinément naiffance, meurt auffi-toft qu'il eft nay ; & la chofe qui reçoit fon ply à longs traits, reçoit auffi fa fin par mefme progrez. Les œuvres de ceux-là meurent comme un feu d'eftouppes, lefquels font entombez avec leurs corps, leurs vies, & leurs noms: au lieu que les œuvres de ceux-cy, tant plus les années s'enfuyent, & plus leur renommée demeure opiniaftre fur les ans : ce font rejettons, lefquels leurs noms regerment & renaiffent pour furvivre à eux-mefmes: ils font veritablement mariez à la Jeuneffe, je veux dire, à l'immortalité, & defpitent le temps & la mort. D'orefnavant les uns feront deftournez par le non-prix que l'on fait de leurs livres, de ne plus mettre, à la premiere boutée, la main à la plume ; & les autres y feront excitez par le riche & imperiffable bien qui

LETTRE X.

A Monsieur Pasquier mon frere, Seigneur de Bussy, Conseiller du Roy, & Auditeur en sa Chambre des Comptes.

La vie & la fin du Mareschal de Biron.

JE vous veux representer & la vie & la fin du Mareschal de Biron, qui estoit un vray foudre de guerre, la gresle & le degast de l'ennemy, & qui allant au combat guerroyoit d'un front hardy, portant la peur, la tempeste & l'orage quant & soy. Il estoit vaillant, prompt à la main, & heureux aux executions militaires, esquelles il eut la meilleure part pendant tous les derniers troubles. Nature luy avoit donné à plein desir ceste vaillance, & la prudence & la fortune également en main, pour estre le Phœnix & l'outrepasse de tous les guerriers de son temps. De façon que je puis dire, qu'il avoit une proüesse accompagnée d'un sage bon-heur, & un sage bon-heur en tous ses faits guidé d'une inestimable proüesse. Mesme que recognoissant sa puissance és perils, sans se soucier des traverses qui se pouvoient offrir en chemin, il ne doutoit de se soubmettre d'un cœur masle & viril hazardeusement aux dangers, desquels il sortoit tout couvert & soüillé de sang & de poudre, sans que l'on le vist jamais defaillir au combat, ny estre espris de peur. Sa ferme & constante vertu s'esprouvoit dans ses extremes dangers, le sens luy demeuroit sain & rassis entre les grands doutes. Il avoit ce qui est requis en un chef de guerre, une teste bien faicte, & le cœur bien assis, celle-là pour commander, cestuy-cy pour executer. Estoit-il question d'un jour d'assault ou de bataille, l'on le voyoit recherchir en son esprit tout ce qui peut aider pour aller à une certaine & claire victoire, tellement qu'il prenoit si bien la force du vent à son aide, qu'il mettoit l'ennemy soubs le vent, & afin de venir au combat, donnoit ordre à toutes les choses necessaires sans prendre repos ny jour ny nuict, allant de bataillon en bataillon, des Colonels aux Capitaines, des Capitaines aux soldats, à tous lesquels il donnoit leçon, le lieu & les moyens de bien combattre : & puis ayant rangé chacun en son devoir, & fait ce qui appartient à un chef d'armée, il les haranguoit pour les animer ou à la bataille ou à l'assaut, qui ne se pouvoit finir, disoit-il, sans que par la victoire, ou par la mort honorable. Et lors l'on voyoit Colonels, Capitaines & soldats ne trouver rien de trop chaud, estrange, ny difficile, ains courir hastivement avant & arriere, pour executer ce qui appartenoit à l'art de la guerre. Par ses actes paradoxes, il s'estoit tellement ceinct, revestu, chargé & couronné d'honneur, de gloire & de renom, que l'on ne parloit que de ses proüesses, & estoit estimé si parfaict guerrier, qu'on croyoit que le patron en seroit rompu par sa mort, & ne laisseroit pour exemple aux survivants sinon d'imiter le vol de son nom, & que n'ayant point de pareil, il ne pouvoit sembler qu'à un, qui estoit à soy-mesme. Voicy maintenant tout un autre revers. Le Roy avoit quelques ombrages des voyages que la Fin avoit fait en Italie, & ayant advis certain de la mauvaise intelligence qui estoit entre luy & le Mareschal, il escrit à la Fin, de venir trouver, lequel ne voulut entreprendre le voyage, que premier il ne l'eust fait sçavoir au Mareschal, lequel luy mande qu'il le pouvoit faire sans parler. La Fin vint trouver le Roy à Fontainebleau, auquel il fit entendre que Picoté avoit fait plusieurs voyages en Espagne & en Flandres pour le Mareschal ; que quant à luy, il estoit allé negotier la nuict, par le commandement du Mareschal, avec le Duc de Savoye lors de son sejour à la Cour : que le Mareschal n'avoit rien oublié pour conserver le Duc & ruyner la personne du Roy & son armée pendant qu'il estoit en Savoye ; qu'il avoit envoyé instruction au Duc par Renazé, des forces du Roy, du moyen de les deffaire, des defauts qui se trouvoient en ses places, avec lesquelles le chemin qu'il falloit tenir pour les defendre : qu'il luy donna advis au gouverneur du fort de saincte Catherine, de faire promptement pallissades hors de la ville, d'autant que Vitry avoit offert de l'escalader en plein jour ; de pointer les pieces, & dresser une embuscade de Cavaliers à la faveur du fossé, asseuré que le Roy iroit le lendemain recognoistre la place, lequel il meneroit si avant, qu'il ne pourroit prendre la mort, ou sa prise : que depuis il avoit fait voyages à S. Claude, Milan, Turin, Pavie, Some, & en Suisse, où il avoit conferé avec le Duc de Savoye, Roncas son Secretaire, le Comte de Fuentes, l'Admiral d'Aragon, & Alphonse Casal Docteur Agent d'Espagne en Suisse, pour adviser aux seuretez que l'on pourroit prendre les uns des autres, avec charge mesme de conclure : que les causes du traicté estoient, que l'on promettoit au Mareschal, la belle-sœur du Roy d'Espagne, ou sa niepce de Savoye en mariage, la Lieutenance par toutes les armées, dix-huict cens mille escus pour la guerre de France, le Duché de Bourgogne en proprieté soubs l'hommage d'Espagne, & luy asseuroit le bouleversement de tous les Ordres & Estats de France, & de rendre ce Royaume électif à la nomination des Pairs. Avec ceste deposition, la Fin mit entre les mains du Roy plusieurs chiffres, lettres & memoires escrits de la main du Mareschal, justificatifs de ce qu'il avoit dit. Quand le Roy à tout cela par devers luy, son Conseil l'asseure que le Mareschal meritoit la mort. Il luy mande par Escure de le venir trouver à Poictiers, lequel s'en excuse sous le pretexte de l'ouverture des Estats de Bourgogne, & d'une armée Espagnole, qui devoit passer au pont de Gresin.

Le Roy, pendant son voyage de Poictou, est adverty de tous costez du mescontentement general de son peuple à cause de la Pancarte, & que les Princes & Grands du Royaume prenoient ceste occasion pour se souslever & symboliser en un à la ruine de son Estat. De faict, le Roy demanda à l'un des principaux Officiers de sa Couronne, s'il n'estoit pas de ceux qui vouloient remuer contre son service ? Lequel avec une franche liberté luy respondit, qu'il y avoit grand subject de mescontentement, de ce qu'un seul commandoit à tous les Estats de ce Royaume, & que donnant ordre à ce point, toute la deliberation des Princes & Seigneurs seroit aisée à appaiser, ne respirans tous que le service de sa Majesté. Lors le Roy luy dit, que s'il ne tenoit qu'à cela, il les rendroit tous contents. Le Roy se delibere de prevenir ceste maladie d'Estat par la prinse du Mareschal, en laquelle il n'a besongné à demy ; car à la commencé & achevé, & fait que tous ces grands desseins des Princes & Seigneurs qui estoient prests à esclore, soient tournez en fumée. En matiere d'Estat, il faut qu'un Prince en une pleine & certaine asseurance de tout, craigne tout. Le Roy sagement se donne bien garde de remuer rien, & du mescontentement de son peuple, & generalement de tous les Princes & Grands de son Royaume ; mais s'attaque droictement au Mareschal, qu'il croyoit l'un des principaux Chefs, non sur ce mescontentement,

tentement, mais sur l'imputation de la Fin, asseuré que le prenant de ce biais, tous les autres luy failliroient de garand. Le Roy renvoye Escure vers le Mareschal, & y adjouste le President Janin : Escure, pour dire que s'il ne venoit, le Roy l'iroit querir : le President Janin pour l'asseurer de sa bonne volonté, & que s'il ne l'alloit trouver, il s'accusoit plus soy-mesme, que tout ce que d'autres pourroient dire. Le Mareschal arrive à Fontainebleau, auquel le Roy dit, qu'il avoit eu advis de quelque mauvaise intention qu'il avoit contre son Estat, ce qui produiroit en sa personne un long repentir, s'il ne luy descouvroit la pure & entiere verité. Le Mareschal respondit, qu'il n'estoit venu pour se justifier, mais pour descouvrir ses accusateurs, & que n'ayant offensé, il n'avoit besoin de pardon. L'apresdinée du mesme jour le Roy le conjure de dire la verité, & que luy seul prendroit cognoissance de son affaire. Il soustint que tout ce que l'on disoit de luy, estoit faux. Le Comte de Soissons par le commandement du Roy l'exhorte de declarer au Roy la verité, & qu'il falloit craindre son indignation, & rechercher sa clemence, l'ayant offensé. La responce fut que l'on n'auroit autre parole, que celle qu'il avoit dite au Roy, & se plaignit du doute que l'on avoit de son asseurée fidelité, approuvée par tant & tant de signalez services qu'il avoit rendus à la Couronne. Le Roy parla encores longuement à luy le lendemain, duquel il tira comme devant : & l'apresdinée son Conseil l'asseurant que par les loix il meritoit la mort, le Roy dit pour ne le point perdre, je le veux encores sonder. Et ordonna à Vitry & Pralin de se tenir prests pour executer ce qu'il commanderoit.

Le soir le Mareschal joüa à la Prime avec la Royne. Le Roy sur la minuit rompit le jeu, & pria le Mareschal ce coup pour tous de luy donner ce contentement, qu'il sceust par sa bouche ce dont à son grand regret il n'estoit que trop esclaircy, l'asseurant de sa grace & bonté, quelque chose qu'il eust commis & contre sa personne & contre son Estat ; que s'il le confessoit ingenuëment, il le couvriroit du manteau de sa protection, & l'oublieroit pour jamais. Mais il ne peut tirer autre chose, que ce qu'il dit à son arrivée, le suppliant de luy dire ses ennemis pour en demander justice, ou pour se la faire soy-mesme. Ce que le Roy refusa, en disant, Et bien, Mareschal, je voy bien que je n'apprendray rien de vous : le Comte d'Auvergne m'en pourra esclaircir au vray. Le Roy sort, & commande à Vitry de se saisir du Mareschal, & à Pralin du Comte d'Auvergne, & puis rentra dans sa chambre & commanda à tous de se retirer, & dit au Mareschal, Adieu Baron de Biron, vous sçavez ce que je vous ay dit. Au sortir de la chambre du Roy, Vitry se saisit du Mareschal, qui veut joüer des repentailles, & parler au Roy : mais Vitry luy dit, qu'il estoit retiré. Le Comte au mesme temps est arresté par Pralin. Le lendemain le Roy se resout de leur faire faire leur procez, sauf la grace, à qui il le voudroit departir. Ils sont conduits par eau en la Bastille. Le Roy decerne ses lettres patentes à la Cour de Parlement pour faire instruire & juger le procez du Mareschal, suivant lesquelles il est fait & parfait : la Fin confrontée (la deposition duquel portoit la mesme chose que je vous ay deduite cy-dessus) il est sommé de donner reproches contre luy, autrement qu'il n'y seroit plus receu, suivant l'Ordonnance ; il declare, qu'il le tenoit pour Gentilhomme d'honneur, son amy & son parent. Sa deposition estant leuë, que ne dit-il point contre la Fin ? Que c'estoit un bougre, un faiseur de fausse monnoye, un sorcier, & qui avoit une image de cire parlante. Renazé luy est semblablement confronté, qui soustint d'avoir par son commandement fait les voyages contenus en la deposition de la Fin, & porté les advis aux Capitaines commandans dans les places du Duc de Savoye assiegées. Les chiffres, lettres & memoires sont representez par les Commissaires, contenans les desfauts de l'armée du Roy, que sa Noblesse ne seroit plus que quinze jours en l'armée, que le Roy estoit sans argent, & contraint d'aller recevoir la Royne, avec plusieurs autres advis, qu'il advoüa & recogneut. Ce ne furent lors qu'invectives contre la Fin. Il est appellé lors du jugement du procez devant Messieurs de la Cour, où estant interrogé, il dit, qu'il n'avoit jamais eu de communication avec Picoté, que pour la reddition du Seurre lors qu'il estoit son prisonnier en la Franche-Comté : qu'il n'avoit traicté avec le Duc de Savoye estant à Paris, d'autant qu'il n'arriva à la Cour que quinze jours aprés l'arrivée du Duc, & la Fin n'y vint encores qu'à quinze jours de là, ainsi que le Roy s'en peut ressouvenir : quant au mariage de la troisiesme fille du Duc de Savoye, il dit au Roy que Roncas luy en avoit parlé, & qu'il n'y avoit pensé depuis qu'il sceut par la Force, que le Roy n'avoit ce mariage agreable : que d'intelligence avec le Duc il n'en avoit eu, pour ce que le Roy luy ayant commandé de l'accompagner, il le supplia de l'en dispenser, voyant qu'il faudroit bien tost venir aux mains, & que d'avoir eu intelligence avec luy pendant la guerre, il y avoit encores moins d'apparence, ayant pris Bourg quasi contre la volonté du Roy sans autre assistance que de ceux qui estoient ordinairement prés de sa personne : mesme que de quarante convois, qui vouloient entrer dans Bourg, il en avoit desfait trente-sept, & les trois restans y seroient entrez pendant son absence : que s'il eust eu quelque mauvais dessein & contre le Roy & contre la France, il n'eust au simple & premier commandement du Roy remis Bourg entre les mains de Boëssé : que d'avoir donné advis au Gouverneur du fort de saincte Catherine, cela estoit contre tout sens naturel, d'autant qu'il destourna le Roy d'aller recognoistre la place, ayant offert d'en apporter le lendemain le plan, & le prendre avec cinq cens arquebusiers qu'il meneroit le premier à l'assaut.

Pour le regard des voyages que la Fin dit avoir faits en Italie, recognoist que pendant deux mois & demy, que la Fin a esté prés de luy, il a ouy parler & escrire, mais que de la mesme main qu'il escrivoit, il avoit si longuement bien servy & le Roy & l'Estat, que cela pouvoit tesmoigner qu'il n'estoit sans aucun mauvais dessein : d'ailleurs, que le Roy luy avoit pardonné ceste action à Lyon, presens Villeroy & Sillery, aprés avoir recogneu, que l'ay ant esconduit de la citadelle de Bourg, il avoit esté capable de tout oüir, de tout dire, & de tout faire ; mais que la colere ne l'emporta jamais si avant, qu'il eust pensé mal faire à son Prince. Il supplia la Cour de se souvenir, que s'il avoit mal parlé, il avoit neantmoins bien fait ; que les paroles tesmoignoient une ame irritée, qui n'avoient rien produit de mauvais ; & ses effets un coeur genereux, qui l'avoient tousjours poussé à rendre tant de signalez services si utilement à cet Estat. Arrest est intervenu, par lequel il a esté condamné de perdre la teste. Le Chancelier alla à la Bastille luy demander l'Ordre, & le Baston. Il jura par sa damnation éternelle son innocence de tout ce dont il estoit condamné, disant que ses parens ne devoient jamais rougir de sa mort, n'ayant oncques commis acte contre le service que sa naissance l'obligeoit vers son Prince. Quoy (disoit-il) ne fera-t'on point le procez à la Fin sur la bougrie, fausse monnoye, magie & sorcelerie ? Il m'a dit avoir fait une image de cire, qui avoit dit, *Rex peribis, & sicut cera liquescit, morieris* : il est vray par le Dieu vivant, par ma part de Paradis : ce meschant & desloyal m'a perdu, & perd ma vie pour sauver la sienne. Le Chancelier luy permit de tester soubs le bon plaisir du Roy. Il pria de n'estre point lié : ce qu'on luy accorda. Voisin luy leut son arrest, lequel de grace fut executé dans la Bastille. Allant à la mort, l'on eust dit qu'il alloit ou à quelque combat, ou à quelque assaut : car toutes ses actions, ses paroles & son marcher ne ressentoient que son guerrier : mesme qu'estant monté sur l'eschafaut, il dit au bourreau, despeche, despeche. Voilà le couronnement de la vie de ce grand Capitaine qui a esté cause luy-mesme de sa mort. S'il eust liberalement dit au Roy tout ce qui estoit de toutes ses entreprises, sur la parole du pardon que le Roy luy donnoit, noir, il euſt évité ceſte mort deſaſtrée : mais ſon malheur fut, que le Roy ne le peut jamais plier. Il devoit adviſer à deux & trois veuës qu'il ne faut point courroucer les fées, & qu'à un ſujet l'œil obſcur de ſon Prince eſt la choſe la plus à craindre & la moins ſouhaitable. Un Grand ne doit ſouffrir, qu'à toute extremité, qu'on luy faſſe ſon procez, quelque innocence qu'il penſe reſider en luy. Alcibiade eſtant rappellé de la Sicile par les Atheniens qui luy vouloient faire ſon procez, il ſe cacha, diſant, que qui eſt accuſé de crime capital, eſt un ſot de chercher ſon abſolution quand il s'en peut fuyr. Et comme quelqu'un luy dit, comment, ne te fies-tu pas à ton pays, de te juger? Non pas (dit-il) à ma propre mere, de peur qu'elle ne jettaſt ſans y penſer, la febve noire au lieu de jetter la blanche. Eſtant adverty que luy & ſes compagnons avoient eſté condamnez à la mort, monſtrons-leur (dit-il) que nous ſommes vivans : & ſe retirant vers les Lacedemoniens, ſuſcita la guerre appellée Decelique. Henry troiſieſme voulut que le procez fuſt fait au feu Mareſchal de Montmorency priſonnier à la Baſtille : par Arreſt de la Cour noſtre feu pere luy eſt départy pour conſeil, qui luy donna advis d'empeſcher par une longueur affectée, que l'on ne travaillaſt à la faction de ſon procez, d'autant que quand un Roy ſe meſle de la partie contre un Seigneur, les pechez veniels ſont reputez mortels, à quoy il ſe reſolut, quoyqu'il deſiraſt auparavant, appuyé ſur ſon innocence, que l'on travaillaſt à ſon procez. Ceſte longueur le tira hors de priſon & heureuſement & honorablement.

Le Roy, au meſme temps qu'il print le Mareſchal de Biron, manda le Mareſchal de Bouillon, qui au lieu de prendre le chemin de la Cour, print celuy d'Allemagne : non qu'il creuſt qu'on le peuſt attaquer en ſon innocence, mais il ne voulut rien tenter, ains ſouhaita que le temps luy donnaſt ce que depuis il apporta. La meſme mort qui eſt arrivée au Mareſchal de Biron, luy eſt commune avec beaucoup d'autres grands Capitaines. Alexandre fit mourir Philotas, qui l'avoit dignement & fidelement ſervy en toutes ſes conqueſtes, & à la ſuite ce belliqueux Parmenion ſon pere : Ptolomée Euſenides, qu'il avoit monté ſi haut, qu'il ne luy pouvoit rien donner : Acimenides Roy de Grece Pannonian : Hyrodes Roy des Parthes Surena pour l'envie qu'il portoit à ſa gloire : Adrian Amponiac : Severe Plautian, Commode Cleander, Conſtance Hortenſe : Valentinien Ætius apres l'avoir bien ſervy és Gaules : Bajazet Acomat Baſcha grand Capitaine, diſant que la trop grande reputation du ſerviteur apportoit trop de ſoupçon & de crainte au maiſtre : Sultan Soliman Hibrahim Baſcha, qu'il avoit preſque égalé en authorité à la ſienne : & de fraiſche date, la Royne d'Angleterre le Comte d'Eſſex, qui gouvernoit & la paix & la guerre d'Angleterre. Mais d'où eſt née la miſerable fin de tous ces grands Capitaines ? De l'ambition & orgueil (bourreaux de la vie humaine) qui les rendirent partiaux & convoiteux des choſes nouvelles : car emoncelans dedans leurs fantaiſies mille & mille deſſeins, entretenoient, nourriſſoient & alaictoient des Royaumes en leur cœur. Ces ames affamées de grandeur, perdirent le ſens & la raiſon en logeant leur ennemy au dedans d'eux-meſmes, qui les empeſcha de pouvoir plus mettre de frein & de moyen à leurs penſées. Comme un grand Capitaine ſe ſent eſlevé ſi haut, chatouillé par le flux de ſes flateuſes felicitez, bien & le plus ſouvent s'oublie, de ſorte qu'aveuglé, ravy & tranſporté de tant de bonnes fortunes, il avale les reſnes de ſes deſirs à l'abandon, qui l'emportent ſi loin, que ſe laiſſant ainſi aller à la deſbordée, ſort aiſément des gonds de ſoy-meſme, & ſe promettant en ſes vaines eſperances plus qu'il ne doit, il oſe tout, pour tout avoir, ou tout perdre. L'ambition ne ſe loge point és natures baſſes, foibles & pareſſeuſes, mais es ames fortes, actives & vigoureuſes, ainſi qu'eſtoient celles de tous ces grands perſonnages, leſquels ayant par leur valeur gaigné ſa confiance & vogue parmy la gendarmerie, elle les enlevoit ſi haut par ſes loüanges, qu'elle rendoit leur impetuoſité bien mal-aiſée à retenir, manier & regir. Ceſte bienvueillance des gens de guerre leur eſtoit comme un vent fort & gaillard en poupe, qui les pouſſoit à toute entremiſe de gouvernement, ſi qu'enragez d'une convoitiſe de dominer, cinglioient à tire d'aile là où leurs opinions incertaines, deſreglées & empennées de trompeuſes eſperances par trop deſordonnément les emportoient. De façon que ſe laiſſans ainſi aller à la mercy de leurs convoiteux & inſatiables deſirs, ſans leur pouvoir preſcrire un terme limité, ſe deſborderent en une fiere & outrageuſe inſolence impatiente de corrivaux, qui les faiſoit joüer à quitte ou à double, & ne reſpirer que rebellion & aviliſſement de la majeſté de leurs Princes, & chercher les moyens pour s'affranchir par voyes ſombres & couvertes de l'ancienne obeïſſance qu'ils leur devoient. Mais qu'arriva-t'il d'eux ? Comme de ces petits torrents, qui groſſiſſent en un moment, courent impetueuſement & ſoudainement & auſſi-toſt retournent en leur néant. Auſſi tous ces grands Capitaines eſlevez par leur Prince, ont eſté reduits à leur petit pied & juſte meſure. Jamais ne ſe vit un ſi grand confluz de bonnes fortunes, qu'en leurs perſonnes du commencement, & jamais Seigneurs montez à ces hauts degrez ne furent touchez d'un ſi malheureux revers qu'eux : c'eſt une cloſture miſerable & de leur penible vie, de leurs eſpoirs ſans eſpoir. A peine ſe trouve grand Seigneur eſtre arrivé en extremité de credit envers ſon Prince, qui n'ait failly ſoubs le faix de ſes deſſeins : car comme il a creu juſques au degré d'extremité, taſchant de paſſer outre, tout à coup a decliné, & tourné à une decadence, de laquelle il n'a peu ſe relever, couronnant ſa vie comblée de grandeur, d'une faſcheuſe & tragique fin, qui a abouty le plus du temps ou à un malheureux eſchafaut, ou à une mort violente. Adieu.

LETTRE XI.

A Monſieur de Montagne, Seigneur de S. Geneſt & la Valée, Conſeiller du Roy & Lieutenant general au Siege Preſidial de Xaintes.

Le ſoin qu'avoit ſon pere de polir & repolir ſes œuvres.

VOus avez raiſon de dire que le livre des Recherches de la France de feu mon pere eſt un ouvrage plein, ſolide, bien élaboré, & eſcrit d'un haut ſens, avec un beau & fluide langage, lequel il a enrichy de mots propres & épithetes non oiſifs, orné de graves ſentences, jugemens fermes & reſolus, & varié de toutes ſortes de couleurs, & qu'en la tiſſure de ſes paroles il n'y a de l'élevé, ny de l'enflé, du bas ny du fade, mais que le ſtile eſt tellement poly & contemperé en ſoy-meſme, qu'eſtant promené par pluſieurs humeurs & diverſes paſſions, il s'accommode à toutes perſonnes, & neantmoins ſemble touſjours eſtre un meſme, & retenir ſemblance en ſoy-meſme en mots communs & familiers & qui ſont tous les jours en uſage : & que cela monſtre combien la dexterité & gentilleſſe de langage proportionnée & ſortable à toute nature, à tout eſtat & à tout aage, peut pour ravir & gaigner toute oreille, quand elle rend le lecteur comme ſpectateur des meſmes paſſions, d'eſtonnement, d'eſbahiſſement & d'agonie, que font les choſes meſmes, quand on les voit faire à l'œil. Je ne m'eſtonne point que vous trouviez ſes Recherches ſi bien travaillées. La correction eſt la partie la plus belle de nos eſcrits : ſon office eſt d'adjouſter, diminuer, ou changer à loiſir, ce que ceſte premiere impetuoſité & ardeur d'eſcrire n'avoit permis

mis de faire. Pourtant est-il necessaire, afin que nos escrits, comme enfans nouveaux nez, ne nous flatent, les remettre à part, les revoir souvent, & à la maniere de l'ours, à force de lecher, leur donner forme & façon de membres. Les Peintres contemplent à plusieurs fois par intervalles de temps leurs ouvrages avant que les tenir pour achevez, d'autant qu'en esloignant ainsi leurs yeux d'iceux, & puis les ramenant souvent pour en juger, ils s'en rendent comme nouveaux juges & plus propres à toucher jusqu'aux moindres & plus particulieres fautes, lesquelles la continuation & accoustumance de voir ordinairement une chose, nous couvre & cache. Aussi mon pere, pour faire atteindre à ses escrits une parfaite & entiere maturité, les polissoit & repolissoit à longues pauses, & sans precipiter d'un bouïllonnant desir sa besogne entreprise, d'autant mille & mille fois passoit & repassoit l'œil sur eux, en se hastant lentement: & ainsi les lisant & relisant, prenoit conseil avec soy-mesme, des mots, des termes bien ou mal conceus, des sentences, histoires & generalement de toute l'œconomie de son œuvre. Il me disoit souvent, qu'il concevoit ses œuvres en peine & les enfantoit en liesse, & que s'ils se trouvoient beaux & bons, soit par ceux qui vivent, ou par l'incorruptible & non envieuse posterité, il en falloit donner la loüange à son long & penible travail: rien n'est imprenable au labeur, d'autant que le temps & la continuité viennent à bout de toutes choses. Il avoit ceste coustume de ne mettre point ses livres au jour, sans prendre langue & conseil de son amy, duquel il enduroit la censure rigoureuse,

& qu'il y passast sa soigneuse & patiente lime. Qui veut renaistre de soy-mesme, ralumer sa vie esteinte, & tirer son nom hors d'oubly par le benefice de ses escrits, doit longuement demeurer en sa chambre, & comme mort à soy-mesme suër & trembler maintesfois, endurer la faim, la soif, & les longues veilles. Car ce que nous escrivons, ne reçoit sa fine trempe & parfaite polisseure tout à coup & d'une mesme main, mais par succession de longues années, y conferant tousjours quelque portion de nostre industrie, nous parvenons au point de l'excellence. Il nous faut tistre & retistre d'un tour laborieux la toile de nos livres, & tenir tousjours les yeux collez sur eux. Et à ceux qui blasmeroient ceste longueur, l'on peut respondre ce que Zeuxis fit à quelques-uns, qui l'accusoient de ce qu'il estoit long à faire les peintures: je confesse, dit-il, que je demeure voirement long-temps à peindre, mais aussi est-ce pour long-temps. Ou bien ce qu'Euripide dit à Alcestis composeur de tragedies: car se plaignant qu'à grand travail il avoit en trois jours achevé simplement trois vers, & au contraire Alcestis se glorifioit qu'en un jour, il en achevoit cent: les tiens, dit Euripide, ne dureront que trois jours, & les miens se perpetueront à jamais. Ceux qui se sont excitez au soustenement & relevement de leurs vies & de leurs renoms, suivront la trace de ceux qui avec une peine excessive produisent des livres escrits briefvement, simplement & d'un riche, facond & masle parler, qui est l'outil propre pour s'opposer à la rigueur & du temps & de la mort. Adieu.

+++

LETTRE XII.

A Monsieur Pasquier mon frere, Seigneur de Bussy, Conseiller du Roy, & Auditeur en sa Chambre des Comptes.

Il enseigne le chemin qu'il faut tenir pour l'instruction des enfans.

J'Ay appris par les vostres, que vous estiez sur le point de faire instruire mes nepveux aux bonnes lettres. S'il m'est permis de deviner, ils promettent, à leurs façons de faire, quelque chose de bon. Vous voulez estre du tout pere, & qu'ils soient vrayement vos enfans, non tant par effigie, traits & lineamens du visage, que par apparence d'un bon & vertueux naturel. Je loüe, que vous ne permettez que leur petit aage se passe sans nul fruit d'instruction. Tout naturel devient plus excellent, meilleur & plus sage, estant d'heure instruit aux sciences: & le leur principalement le deviendra, quand dés le commencement il aura esté mieux adressé que les autres. Je vous dis vrayement pere, ayant un soin entier d'eux. Qui enseigne ses enfans, doublement les engendre. La jeunesse mal pensée & instruite, rend les hommes vicieux. Le Laboureur ente le tendre sauvageon sans attendre que sa force endurcisse, prenant garde, pendant qu'il est encores ployable, qu'il ne prenne quelque mauvais tour; son industrie ayde à nature, & tant plus la chose est faite de saison, tant mieux elle s'en porte. Ainsi la principale & plus grande partie d'un enfant est l'instruction: c'est le chef & le comble de la felicité humaine. La fontaine de toute vertu est ceste diligente & bonne education, qui rend l'esprit exercé & idoine aux disciplines. Nature est de grande efficace, mais l'instruction la surmonte. Vous ne pouvez donner à vos enfans la chose, qui est par dessus toutes excellente, qu'en les faisant instruire és sciences (& en ce nulle diligence semble trop hastive) par lesquelles les choses qui sont tres-bonnes, s'acquierent. Je ne sçaurois assez priser vostre dessein, quand vous ne laissez à vos enfans seulement dequoy vivre, mais aussi dequoy bien vivre: car tant plus ils auront de biens, & tant plus ils auront besoin d'estre aydez des sciences. Tant plus est grande la navire, tant plus elle desire un sage patron.

J'estime celuy faire beaucoup plus, qui donne le bien vivre, que qui donne le vivre simplement. Les enfans sont peu tenus aux peres qui les ont mis au monde sans les faire instruire à bien vivre. Ce ne sont que demy-peres, ou plustost parastres, qui pourvoyans aux corps seulement avec une largesse extreme, ne pensent à faire polir leurs esprits de nulles honnestes & liberales disciplines. Ce grand, sage, & preux Capitaine Bayard, interrogé quels biens devoit laisser un pere à ses enfans? La vertu & la sagesse, dit-il, qui ne craignent ny pluye, ny vent, ny tempeste, ny force d'homme, ny justice humaine. A quoy il adjoustoit, que le pere devoit avoir pareil soin de ses enfans, qu'un Jardinier de son jardin, qu'il cultive, ensemence & orne de bonnes plantes. Vous faites bien de donner à mes nepveux un bon ply pendant qu'ils sont d'un esprit tout nouveau, pur & net. A peine peut-il dire combien ont d'importance en toute la vie les premiers commencemens de l'enfance; ny combien rend l'enfant dur & immaniable, une molle nourriture, qui se nomme indulgente, revestuë d'une grande liberté. Il faut manier la cire pendant qu'elle est molle; mettre l'argille en œuvre, qui est encores moite; abreuver de bonnes liqueurs le vaisseau pendant qu'il est neuf; teindre le drap tandis qu'il vient tout blanc du foullon, & qu'il n'est souïllé d'aucunes tasches. Nature vous oblige à les bien instruire. Si vous ne les nourrissiez à la vertu, vous feriez tort à vous-mesme: car par vostre negligence vous vous appresteriez la chose la plus nuisible que l'on vous pourroit desirer, une tristesse, un des-honneur, une vieillesse avant le temps, & enfin la mort. En combien de calamitez & destresses, les enfans mal nourris ont-ils jetté souventesfois leurs peres? Vous en cognoissez plusieurs que je tais. Pendant que l'esprit de vos enfans est vuide & nud de tous vices, le chemin que vous prenez, empeschera qu'il ne devienne plein de ronces & espines: & pour parvenir à leur parfaite instruction, vous prendrez un precepteur doüé de bonnes mœurs & faciles, & accomply d'une doctrine non commune, auquel vous baillerez vos enfans comme au nourricier de leur tendre esprit, afin qu'avec le laict ils hument la douce liqueur des lettres. Ce seroit feroit mal à propos d'efprouver en eux, fi celuy que vous leur baillez, eft fçavant, & s'il eft de bonne vie ou non. Es autres chofes je le vous pardonnerois ; mais en cet object je veux que vous foyez un Argus. En la guerre il ne faut point faillir deux fois ; icy il n'eft permis de pecher ne faillir feulement une fois. Que je die cecy comme en paffant, qu'il y a plufieurs peres, lefquels ont l'entendement fi renverfé, que par un courage mecanique & avare, ils donnent plus de gages au moindre de leurs ferviteurs, qu'au maiftre de leurs enfans, & ne craignent de faire des depenfes exceffives en banquets, chaffes, paillardifes, & autres inventions propres à defpendre, mais font entierement retenus en la chofe pour l'amour de laquelle la chicheté ne fe peut excufer. Ils cherchent l'ignorance à bon marché. Je me promets que vous n'oublierez aucune defpenfe pour les faire inftruire : car efpargnant en ce fubject, ne feroit efpargné, ains un manquement de fens. Vous les baillerez à un maiftre efleu entre plufieurs, approuvé par le rapport de chafcun, & efprouvé en plufieurs fortes. Le choix fe doit faire diligemment pour une fois. Je condamne la domination de plufieurs, & felon le vieil proverbe des Grecs, la multitude des Empereurs a detruict Carie ; & changer fouvent de Medecin, a engendré la mort à plufieurs. Il n'eft rien plus dommageable à un enfant, que de muer fouvent de precepteur : car c'eft tiftre & detiftre la toile de Penelope, l'enfant eft tous les jours à recommencer. Quand vous aurez baillé vos enfans à un tel pedagogue, je ne veux pas pour cela que voftre foin ceffe, ains que vous ayez encore l'œil & fur luy & fur eux, fans vous en defcharger entierement : car rien ne rend le cheval en bon point, que l'œil de fon maiftre, & nul amendement rend le champ plus fertile que la trace des pas du Seigneur : ainfi fera-t'il & du precepteur & de vos enfans, qui jetteront abondamment en bon fruict, voftre œil eftant prefent & fouvent fur eux. Quand il eft queftion de planter une vigne, le laboureur doit diligemment cognoiftre la portée du terroir. Ainfi eftant queftion de l'inftruction de mes nepveux, jeunes comme ils font, le precepteur doit avec une foigneufe diligence recognoiftre l'inclination naturelle, pour les avancer, retarder, ou employer à quoi ils feront propres : à la façon de Platon, qui avoit accouftumé, premier que d'enfeigner les fciences à un enfant, de fonder jufques au vif à quoy il eftoit plus enclin, & le fentant propre aux lettres, il le retenoit en fon Academie ; fi d'un autre cofté il le voyoit impropre à l'eftude, il le renvoyoit à fes parens, afin qu'ils l'adextraffent à quelqu'autre exercice utile à fervir le public.

Les uns font nez aux fciences, les autres ont un cœur guerrier, autres une autre vocation ; & chacun, felon que porte fon naturel, a eftudes diverfes : ils y font ravis d'une fi grande violence, que par mil moyens ils n'en peuvent eftre deftournez ; & penfe, quant à moy, que nul d'eux ne doit eftre forcé en fa nature, laquelle prenans pour guide, ils ne peuvent faillir. C'eft à quoy doit fuer le maiftre, pour s'appercevoir d'heure, fi mes nepveux ayment les lettres, ou quelque autre exercice, pource qu'ils comprendront très-facilement ce à quoy nature les a difpofez.

Et tout ainfi que le navigage eft plus aifé quand le chaud & le vent font à gré, pareillement ils feront plus facilement inftruits aux chofes aufquelles leur efprit incline. S'ils s'adonnent aux lettres, il faudra que leur maiftre trompe leur petit aage par quelques defguifements & flateries, attendu qu'ils ne peuvent encores entendre combien de fruit & de plaifir leur appotteront les bonnes lettres. La douceur & affabilité de leur maiftre fera cecy en partie, & en partie fon efprit & induftrie, avec laquelle il inventera diverfes façons, par lefquelles il leur rendra les lettres joyeufes & defirables, en les gardant de cognoiftre la labeur qui y eft. Car il ne feroit rien plus mauvais, que fi les mœurs de leur precepteur faifoient qu'ils commençaffent à haïr l'eftude, devant qu'ils peuffent entendre pourquoy on la doit aymer.

Le premier degré pour apprendre, eft l'amour vers leur precepteur : car par fucceffion de temps il fe fera qu'ils auront auparavant commencé à aymer les lettres pour l'amour de leur maiftre, & puis après ils aymeront leur maiftre à caufe d'elles. Son premier foin fera de mettre peine d'eftre aymé d'eux petit à petit, tellement qu'il s'en enfuive non une crainte, mais une liberale reverence, qui aura plus de poids & d'efficace que la crainte. Il ne faudra pas qu'il les menace beaucoup : car il leur feroit perdre le cœur ; & tout ce qu'ils auroient de vigueur & de bon naturel, feroit rebuté par une crainte qui les rendroit lafches. Je ne penfe rien plus nuifant à un enfant, que l'accouftumer au battre, lequel par fon énormité & defraifon fait que la bonne nature devient intraitable, &, toute defcouragée, fe tourne en defefpoir. La medecine baillée autrement qu'elle ne doit, rengrege pluftoft la maladie, qu'elle n'allege. Je fouhaite que leur precepteur ait & la loüange & la honte, comme deux aiguillons, pour exciter leurs efprits à bien apprendre. La honte leur fervira de crainte d'un jufte vitupere, & la loüange les nourrira encores de bien en mieux dans les lettres. Qu'il loüé en prefence ceux qui meritent d'eftre loüez, & blafme ceux qui font vituperables, en leur mettant au-devant des yeux le portraict de ceux qui par les fciences fe font acquis richeffes, dignitez & authoritez avec une interminable gloire : & l'exemple de ceux aufquels les mauvaifes mœurs & l'efprit n'eftant orné de nulle fcience, a engendré deshonneur, defprifement, pauvreté, avec toutes fortes de malheurs.

Et fi toutes ces admonitions, prieres, jaloufie d'honneur, honte, loüange, & exemples ne profitent, le chaftiment de la verge interviendra, lequel ne fervant de rien, une honte piquante & reffentant au vif l'honneur les pourra toucher. Et fi tout cela ne profitoit, je fuis d'advis de laiffer ceft efprit defefperé & perdu, à caufe du temps qui fe confumeroit après luy fans efperance de le pouvoir recouvrer. J'ay requis la douceur & facilité en ce Precepteur ; mais d'autant qu'en toute befongne l'amour ofte grande partie de la difficulté, & que le femblable prend plaifir avec fon femblable, je defire qu'il s'enfantille aucunement avec mes nepveux, pour eftre aymé d'eux encores enfans : & que ce foit un homme en fleur d'aage, qu'ils n'ayent point en horreur, & à qui ne foit penible de joüer tous perfonnages, & s'accorder à tout.

Tel homme fera, en formant leur efprit, ce que les meres & nourrices font en dreffant le corps de leurs enfantelets, lefquelles pour leur apprendre les mots, accommodent leur parler à leur begayement, les apprennent à manger, à marcher ; puis par les menus, les eflevent à chofes plus folides & plus fermes. Ainfi les efprits jeunes de mes nepveux, après les avoir goutte à goutte & comme par jeu, endoctrinez, ils s'accouftumeront à plus grandes eftudes fans reffentir aucune laffeté : d'autant que ces petites alluvions tromperont tellement le fentiment de leur labeur, qu'ils ne fentiront point que chacun jour adjoufte au fardeau de leur efprit.

Que ce Precepteur ne demande point que mes nepveux foient incontinent vieux, mefurant la force de leur efprit à celle du fien : car encores qu'ils ne refpondent à fon attente, il fe fouviendra qu'il a efté de leur aage, & comme cela, il en paffera beaucoup par connivence. S'il faifoit autrement, il voudroit que ceux qui ne font que naiftre, commençaffent au point auquel un homme entier & parfait doit à la fin parvenir. Ce feroit mettre le haut de l'arbre au lieu où doit eftre la racine. Le commencement de leur eftude doit eftre des chofes les plus prochaines de la nature de leur aage, comme les fables des Poëtes, les Apologues d'Efope, les Bucoliques, la Comedie, les fentences briefves & plaifantes des Sages, où par quelque naturel plaifir ils font invitez, & lefquelles chatoüillent tellement leurs oreilles par la beauté, ris & joyeufeté des fables, qui contiennent en foy & la mocquerie, & ce qui eft principal en la Philofophie morale, qu'ils apprendront tout cela en joüant avec les mots & les termes bien tissus. Choses joyeuses & plaisantes conviennent à l'enfance. Mais il faut que le Maistre en enseignant ces choses ne soit trop pressant, ne trop severe, ains assidu & continuel, plustost que trop chargeant. La continuation ne nuit point, si elle est moderée & assaisonnée de diversité & joyeuseté. Quand il distribuëra de la façon ces choses, ils n'auront aucune imagination que ce soit labeur, mais estimeront que tout est fait par esbat, en leur baillant la couleur & le desguisement de jeu. L'estude maniée legerement, donne du plaisir & du contentement: mais si elle est trop souvent & trop pres traictée en ce sous-aage, elle est desagreable. Pour leur faire paroistre que les lettres sont douces, le Maistre par sa dexterité ostera une bonne partie de l'ennuy qui y peut estre, en entremeslant quelques doux attraits de flatterie, d'emulation, ou quelque promesse de loyer, ou bien donnant la loüange à celuy qui fera le mieux: cela les rendra attentifs & alegres pour se surmonter l'un l'autre. Il y a és enfans un desir de vaincre, specialement en ceux qui sont d'un esprit esveillé & d'une nature gaye & jolie. Mais je ne veux pas qu'il donne tellement gaigné au vainqueur, comme s'il devoit tousjours vaincre, mais faut laisser au vaincu quelque esperance de recouvrer son honneur avec diligence. Par ce procedé, il nourrira une petite guerre entre eux utile à leur advancement.

Quant est de leur memoire, le Maistre, la rendra bonne & fertile en la cultivant souvent, & leur fera retenir en repetant une mesme chose plusieurs fois: comme quand il leur baillera aujourd'huy une leçon, demain ils la diront assez mal: ce jour-là il en baillera une autre qu'ils diront le lendemain assez mal avec leur premiere qu'ils rediront mieux, & continuëra de leur faire repeter tous les jours ces leçons pendant un an: il n'y a pas à dire par cœur pour une heure ou une heure & demie de tout ce qu'ils auront appris. Et d'autant qu'il seroit trop ennuyeux tant au Maistre qu'à mes nepveux d'en tant ouyr & d'en tant dire par cœur, tous les jours, il distribuëra au bout de l'an toutes ces leçons en deux, trois, ou quatre parties, & chaque jour ils en diront une avec la leçon nouvelle, & ainsi recommenceront & continuëront.

Par ceste assiduité & continuation d'apprendre par cœur, sera le moyen d'avoir bonne memoire & retenir longuement ce que l'on a appris. Quand tout ce que je vous ay escrit aura esté mis en œuvre par le Maistre, mes nepveux croistront d'aage & de sçavoir, & lors ils ne trouveront plus la voye des lettres trop aspre ny roide, ains facile, plaine & unie: & à l'heure l'entrée leur sera ouverte à l'Histoire, à la Philosophie, Jurisprudence, Mathematiques, & toutes autres sciences, desquelles ils pourront acquerir la perfection en s'y arrestant & perseverant constamment sans faire aucune éclypse. Il n'y a science de laquelle leur esprit ne soit capable, s'il s'y attache instamment par continuelles instructions & exercices. Car qu'est-il que leur esprit ne puisse comprendre, moyennant qu'il soit aidé, ainsi que nous voyons les gros fardeaux estre eslevez par engins, lesquels par nulles forces ne se pourroient remuer. C'est ce que j'avois à vous escrire pour l'instruction de mes nepveux, ausquels je souhaite le mesme bien qu'à mes propres enfans. Que je vous die encores ce mot pour vous exciter à les continuer aux estudes, que toute la felicité humaine gist principalement en la nature, en la raison & en l'exercice: que la Nature est une inclination, qui est mise dedans eux, vers les choses honnestes: la Raison, une doctrine qui consiste en admonitions & preceptes: & en l'Exercice est l'usage de ceste habitude que nature a donnée, & qui a par la raison esté augmentée & accreuë. Que ce n'est donc pas assez que de naistre, pour acquerir sagesse, s'ils n'ont les preceptes & enseignemens des sciences (qui sont comme les yeux de l'esprit) pour sçavoir ce qu'il leur est besoin de faire ou de laisser: & tout cela n'est encore rien, s'ils n'ont l'usage & la practique de ces sciences, qui leur enseignent plus en un an, que ne feroit l'experience (tant fust-elle grande) en trente, & si leur enseignent-elles seurement.

Plus de gens deviennent malheureux que prudens en esprouvant. Que la prudence est malheureuse, quand le Nautonnier apprend l'art de naviguer par frequens naufrages, & quand le Prince par les maux de la chose publique apprend à faire l'office de Prince. La façon de ceste prudence couste trop, quand apres avoir esté frappé du mal, on est à la parfin sage. Celuy apprend à trop grand & cher coust, qui en faillant apprend à ne point faillir. Adieu.

LETTRE XIII.

A luy-mesme.

Il monstre que l'on peut estre longues sans necessans manger.

Vous ne voulez pas croire l'histoire de ceste fille de la ville de Confolent, qui a demeuré quatorze ans sans boire ny manger; ny celle d'une autre du bourg de Montalambert en Poictou, qui a esté 7. ans sans manger, laquelle beuvoit environ une pinte d'eau tous les jours, & au bout de sept ans reprint le manger. Cela n'est point sans exemple, ny sans raison. Plutarque nous rapporte que Philinus nourrit un Zoroastes lequel ne mangea ny ne beut toute sa vie autre chose que du laict: que la nourrice d'un Timon en la Cilicie se retiroit à part deux mois tous les ans sans boire ny manger, ny donner aucune apparence de vie, sinon qu'elle respiroit: qu'il y a au Indes sans bouche, qui ne boivent ny mangent, dont ils sont appellez Astomes, lesquels vivent de l'odeur de certains parfums qu'ils font brusler. Theophraste escrit d'un nommé Penin, qui tout le temps de sa vie ne mangea, ny ne beut autre chose que de l'eau. Joubert en ses erreurs populaires, raconte plusieurs exemples, auquel je vous renvoye. Feu nostre pere en quelque lieu de ses Recherches rapporte que sous le regne de Louys le Debonnaire il y eut une fille qui s'abstint de manger pendant douze mois. Ce qui n'arrive seulement aux personnes, mais aux bestes. Les serpens vivent durant l'Hyver dans leurs tasnieres sans aucune nourriture. Aux lirons & limaçons cachez en terre ou dans leurs creux, le dormir sert au lieu de mangeaille. Les Cameleons & les Ours vivent plusieurs mois sans manger. Les Cigales vivent en l'air & de la rosée.

Pour prouver maintenant que cela est, je vous en diray les raisons, que je tiens des Medecins. La vie n'est autre chose que la persistence de la chaleur naturelle en l'humeur radicale, & l'extinction d'icelle, est la mort. De là vient que ceux qui ont le plus de ceste humeur, vivent le plus longuement, & qu'il faut plus d'aliment à ceux qui ont plus de chaleur, & en faut peu à ceux qui en ont moins. Ainsi à un petit feu suffit peu de bois pour l'entretenir, & en faut grande quantité pour un grand feu. C'est pourquoy les vieilles gens endurent fort aisément le jeusne; & cela se fait non seulement pour ce qu'ils ont beaucoup d'excremens humides, mais aussi d'autant que la chaleur, qui est la cause de ce que l'humidité se consomme, est fort foible & petite: & je tiens que c'est la premiere cause de l'abstinence: & il faut croire qu'elle arrive tousjours non seulement aux vieilles gens; mais encores à ceux qui par disposition naturelle & par leur forme de vivre sont froids & humides. La seconde cause est l'abondance d'une certaine humeur
superflue

superfluë & pituiteuse, laquelle succedant au lieu de l'aliment, retarde la chaleur naturelle & empesche qu'elle ne brusle & consomme l'humeur radicale. Et ceste humeur que je dis, n'est pas quelque excrement inutile, mais bien par succession de temps se cuit & digere, & devient bon & propre pour nourrir le corps. Que si ceste humeur froide & pituiteuse est non seulement en tres-grande quantité, mais encores participe d'une certaine nature visqueuse, gluante & tenace, il se dissipe & deperd fort peu de la chaleur naturelle, laquelle aussi n'est gueres forte ny aspre.

Je vous en puis dire une troisiesme cause, sçavoir est l'habitude du corps espaisse, qui n'est pas de petite consideration ny de peu d'effect en cecy : car estant telle, elle laisse peu escouler de ceste humidité, & par consequent il n'est besoin d'y en remettre & remplacer que fort peu.

Nous en pouvons icy rapporter deux causes : l'une au dehors, qui nous environne ; l'autre au dedans, la chaleur naturelle ; qui ont fort peu de force & d'efficace pour aider & advancer la digestion & dissolution és corps de ceux qui s'abstiennent ainsi de boire & manger. Je me promets maintenant que vous croirez l'Histoire de ces deux filles estre veritable, & telle que je la vous escrivis. Adieu.

LETTRE XIV.

A luy-mesme.

Contre les Plagiaires.

EN lisant les discours que vous m'envoyastes l'autre jour, je tombay sur un intitulé, *Tres-humble remonstrance au Tres-Chrestien Roy de France & de Navarre Louys XIII. pour l'union des Princes, Pairs, Ducs & Officiers de la Couronne, punition de ses sujets rebelles, establissement d'un bon & asseuré repos en son Royaume, au contentement de sa Majesté & soulagement de son peuple.* Dés la premiere page, je trouvay que c'estoient les mesmes discours desquels j'usay en mes Remonstrances que je fis à la Royne mere lors Regente en France, pour la conservation de l'Estat pendant la minorité du Roy. Continuant de lire, je voy que c'estoient toutes mes Remonstrances copiées mot pour mot, toutesfois qu'il avoit changé l'ordre des Chapitres : car aucuns qui estoient à la fin, il les avoit mis devant, & ceux de devant derriere, & les autres entrelacez avec quelques histoires de son creu. Je vous diray que je ne sentis jamais un mal plus poignant. La jalousie d'esprit est grandement violente. Quand je consideray ce grand larcin, que ne dy-je point ! Les larrons changent les marques des choses qu'ils emblent. Aussi celuy-là en changeant l'ordre des discours de mes Remonstrances a pensé qu'ils estoient siens. Arrachez-luy les plumes qu'il a empruntées de moy, ou plustost brigandées, il se trouvera sans Remonstrances. Quiconque soit celuy-là, il est de ceux qui ostant, changeant, & adjoustant un mot, croyent avoir fait propres à eux les conceptions d'autruy. Pleust à Dieu qu'on procedast contre ces plagiaires, à la façon que fit Ptolomée contre ceux qui aux jeux dediez aux Muses, n'avoient recité que les œuvres d'autruy, ou plustost comme il estoit ordonné par la loy Flavie. Adieu.

LETTRE XV.

A luy-mesme.

Paix arrestée à Loudun & les conditions.

ENfin la Conference de Loudun est rompuë, après avoir esté arresté, qu'il se fera une recherche exacte de ceux qui ont participé au detestable parricide du feu Roy : que le Decret du Concile de Constance contre ceux qui osent attenter à la sacrée personne des Roys, sera publié par tous les Dioceses de ce Royaume : que l'authorité de l'Eglise Gallicane sera conservée, sans qu'il soit entrepris sur ses droicts, franchises & libertez : que ce qui a esté fait par le Clergé pour la publication du Concile de Trente sans l'authorité du Roy, sera reparé : que ceux qui ont esté depossedez de l'exercice de leurs charges contre les loix du Royaume, seront remis & restablis pour en joüyr par eux suivant leurs provisions : que les Cours Souveraines du Royaume seront maintenuës en leur libre & entiere fonction, & la Noblesse en ses anciens droicts, privileges & immunitez : qu'il sera pourveu dans certain temps prefix & limité aux cayers des Estats Generaux : que les estrangers ne seront admis aux charges publiques de ce Royaume : que la Gendarmerie sera reglée suivant les vieilles Ordonnances ; & que les deniers du Taillon ne seront employez à autre usage, qu'au payement de la Gendarmerie : que les Conseils du Roy seront reformez, & l'excez des dons & pensions retranché : que le droict annuel sera esteint, & la venalité des Estats tant de la Couronne, maison du Roy, charges militaires, Gouvernements des Provinces, que de tous offices de Judicature & Finances abolie, ausquels sera pourveu gratuitement : que les survivances & reserves seront ostées, & le peuple soulagé & deschargé pour quelques années, de partie du payement des Tailles : que les anciennes alliances seront entretenuës. Voilà ce qui regarde la reformation generale du Royaume, belle en papier ; mais voicy où a abbouty la Conference.

Le Prince de Condé a pour ses frais de la guerre huict cens mille livres, lesquelles l'on luy asseure sur le Domaine du Roy, en sa Duché de Berry, duquel il joüyra jusques au plein & entier payement : le Mareschal de Bouïllon recevra d'oresnavant le Taillon, qui est le revenu de la Connestablie & Mareschaussée de France, pour le dispenser ainsi qu'il est porté par les Ordonnances : le Duc de Longueville demeurera paisible possesseur de son Gouvernement de Picardie : & le Mareschal d'Ancre quittera la Citadelle d'Amiens és mains du Duc de Montbazon : le Duc du Mayne sera Lieutenant de Monsieur en la ville de Paris, & Isle de France.

Je n'ay jamais leu ny veu de guerre entreprise pour le bien public, qu'en effect le profit particulier n'y ait esté à bon escient entrelacé. Adieu.

LETTRE XVI.

A Monsieur de la Cheverie, grand Archidiacre de l'Evesché de Xaintes.

Que nous pouvons vaincre la malignité des influences celestes.

Vous m'escrivez, que nous ne pouvons éviter la malignité des influences celestes. Permettez que je vous die, que nous la pouvons vaincre par une forte & ferme constance. Feu mon pere fit dresser par Archidame grand Astrologue, l'horoscope de mes freres & de moy. Un jour entrant dans son estude, je rencontray ces nativitez. Je fus curieux de lire la mienne, qui me denotoit pour aymer à bon escient la Chymie : ce que j'ay mieux recogneu, grandissant : car j'ay eu toutes sortes d'envies d'entrer en la cognoissance de ceste science, mesme que j'ay esté sollicité d'y prester l'oreille, par ceux qui y avoient atteint quelque perfection : mais aussi-tost j'en estois destourné par la mesme raison & sagesse que fut Socrate de la paillardise & autres vices ausquels il estoit naturellement enclin. Car revenant à moy, je me roidissois contre ces astres, & ainsi je m'en suis garenty. Je croy que l'homme sage, prudent & vertueux peut estre tout autre, quant aux mœurs, que les signes de luy ne demonstrent : non pas pour cela qu'il corrompt les signes & demonstrations des influences mauvaises qui sont sur luy : mais ces signes ont seulement seigneurie & domination sur ceux esquels ils sont pour avoir naturellement ce qu'ils signifient & demonstrent. C'est pourquoy l'on dit que la pluspart des hommes ensuivent leurs inclinations naturelles à vices, d'autant qu'ils ne sont pas sages ny prudents, comme ils devroient estre, & si n'usent pas de la vertu de leur entendement, mais ensuivent la sensualité, & par ainsi les influences celestes esmeuvent les complexions de la façon qu'elles les trouvent obeyssantes.

Je diray donc, que les Astres peuvent bien incliner, mais non pas forcer, contraindre ny assujettir tout-à-faict nos ames à quelque necessité invincible.

Plusieurs blasment ceste science sur ce que sa cognoissance est envelopée d'une si grande obscurité, que combien que l'on y peut aprés un long-temps comprendre quelque chose, cela semble si peu pour l'usage & conduite de la vie humaine, qu'il vaudroit beaucoup mieux employer son travail en choses plus utiles aux hommes. Encores la condamnent-ils comme contraire à nostre Religion, pour ce que c'est vouloir trop curieusement s'enquerir des choses que Dieu s'est voulu particulierement reserver. Toutesfois pour son soustenement, autres disent, que la difficulté est d'ordinaire la compagne des choses belles & honnestes ; & que Dieu n'a pas voulu, que ce qui estoit beau, fust à l'abandon d'un chacun, de crainte que son lustre, sa dignité & son excellence ne fust diminuée & enlaidie par l'attouchement des ignorans: & qu'il est sans aucun doute, que la nature des corps celestes se peut sonder & penetrer. Car si ainsi est que par longue & diligente observation l'on acquiert la cognoissance de ce qui est sujet à vivre & à mourir, qui se change perpetuellement pour n'avoir rien de stable & permanent ; combien plustost des choses, lesquelles exemptes de toute mutation retiennent & gardent de toute eternité mesme cours ? Et tiennent avec ce grand Philosophe, que tout ce qui est au-dessous de la Lune, se regit & gouverne par les superieurs, & que tout le commencement & fin des choses, & tout mouvement qui est icy-bas, dépend de celuy de là-haut : mesme que les Arts, qui sont estimez estre fort necessaires au genre humain, sont imparfaicts sans ceste science: que l'on ne peut dire un bon Medecin, ignorant des choses celestes : & que l'hazardeuse navigation, & l'innocente agriculture ne se peuvent entreprendre & entendre sans leur cognoissance: que le Ciel n'a point esté casuellement enrichy de tant de corps, sans que par la providence de Dieu sortissent de leur mouvement, influence & lumiere, infinis effects, qui fussent signes moyennant lesquels il fust loisible prejuger quelque chose de futur, en l'estat des hommes, des Royaumes, de la Religion, & police d'iceux: que ce sont les vrais oracles & advertissements de Dieu, qui exhorte les hommes à penitence, ainsi que nostre Seigneur Jesus-Christ nous admoneste dans Sainct Luc, qu'aprés avoir esté advertis & menacez par les signes du Ciel, nous recourions à luy en toute humilité & compunction de cœur. Pour interposer mon jugement, je diray, que s'enquerir & informer de la cognoissance des choses qui doivent advenir, par les aspects des corps celestes, cela est vain, abusif, superstitieux, & condamné par l'Eglise ; d'autant que les choses futures sont causées du Ciel par une necessité. Mais s'enquerir & informer de la cognoissance des inclinations ou des hommes, ou des autres choses corporelles, lesquelles excedent la faculté de nostre nature, c'est un acte qui n'est mauvais, vituperable, ny defendu, pource que telles inclinations sont les effects des corps celestes. Or s'efforcer de cognoistre les effects des causes naturelles par icelles, il n'y a danger ny mal aucun. Adieu.

LETTRE XVII.

A Monsieur de la Roche Posay, Conseiller du Roy en ses Conseils d'Estat & Privé, & Evesque de Poictiers.

Discours des Cometes.

Que j'apprehende les effects de ceste longue Comete ! Les cheveux me herissent en la teste, quand je pense à eux : car elle ne nous promet, si nous croyons aux Astronomes, que discordes, guerres, batailles, grande effusion de sang, inondation d'eaux, glaces, gresles, neiges, secheresses, excessives chaleurs, destruction des plantes & des fruicts, corruption d'air, maladies, peste, famine : que les Roys mettront plusieurs Grands à mort, & les autres deprimeront & abaisseront de leurs dignitez: eslevation de peuple contre quelque favory du Prince : plusieurs desobeyssances contre le Roy: mort de quelque Grand. Et la raison de ces accidents derive de ce que ceste Comete, qui a la teste en bas & la queuë tournée en haut de couleur rougeastre; est selon la vertu de la planette de Mars, qui domine sur elle, laquelle a ses significations propres, qu'elle luy distribue par sa comparaison. Car toutes choses qui sont engendrées & corrompuës, conviennent avec la vertu de l'une des planettes : tellement que la planette qui a regard sur aucune chose inferieure, fait ceste chose avoir œuvre & efficace correspondante à elle. Comme quand la vertu d'aucune planette a domination & seigneurie sur le regime & gouvernement du monde inferieur, elle convertit les vapeurs en sa nature, & s'accorde la fortune & la couleur de la Comete, en signification, avec la nature de la complexion de ceste planette. Il n'y aura que le climat, sur lequel a paru ceste Comete, qui se ressente de ces maux ; les autres parties du monde en seront exemptes. Tout ainsi que la pluye d'un mesme jour nuist & profite diversement à la diversité des herbes, plantes & animaux, & que l'ordre de la nature est tel, que le mal de l'un est causé du bien de l'autre : de mesme les Cometes apportent à qui bien, & à qui mal : comme nous vismes en l'an 1573. par toute l'Europe une Comete qui estoit au premier degré ou environ du Mouron de la neufviesme sphere, qui estoit en tiers aspect de l'horoscope de Henry troisiesme, lors Duc d'Anjou, laquelle demonstra clairement les deux Couronnes de Poulongne & de France, qu'il eut bien-tost après. Car sa Comete en sa neufviesme maison du Ciel, demonstroit evidemment que d'un païs estrange luy seroit apporté une Couronne d'un grand Empire : & d'autant que la mesme Comete estoit dans le signe de sa dixiesme maison, il fut aisé à juger, qu'elle en apporteroit bien-tost après une plus grande. De façon qu'il eut le bien de ceste Comete, & le Roy Charles neufviesme le mal. Et en 1577. une autre Comete se trouvoit en l'horoscope de Dom. Jean d'Astrie, & en la sixiesme maison de Monsieur frere de Henry troisiesme, laquelle s'approchant en tiers aspect de Mercure & du Soleil de sa nativité menaçoit Dom Jean de la mort ; & Monsieur, de quelques difficultez au commencement de son voyage de Flandres ; mais enfin une heureuse effecture de Prince & Souverain Seigneur de toute la Flandre, comme la chose suivit ; mais elle ne fut de durée, d'autant qu'il ne se peut conserver la bienveillance de ce peuple, qui l'avoit comme mené par la main à ceste grande & haute dignité, lequel il voulut tromper. Voilà comment les effects des Cometes profitent aux uns & nuisent aux autres, selon la disposition qu'elles ont acquise de la diversité de leur principe.

Le peuple se trouvera grandement estonné, de ce que ceste Comete a duré environ trois mois, & croira que les accidens en seront & plus grands & plus violens : mais la raison de la longue ou briefve durée des Cometes est naturelle, la matiere desquelles est composée de vapeurs grosses, seches & espaisses, eslevées de terre jusques à la sphere du feu, lesquelles estant plus ou moins enflammées ; leur matiere est de leger ou lentement (pour raison de la continuelle adustion) consommée & reduite à neant : & ainsi durent les Cometes selon l'espaississement ou tenuité de la matiere. Du temps de Chilperic, une Comete, qui avoit le rayon en forme de glaive, dura un an ; comme aussi celle de laquelle parle Josephe, qui estoit de semblable façon.

C'est à vous en vostre Diocese, & à chacun des Prelats en leur destroit, d'exciter le peuple à la devotion pour prier Dieu qu'il nous delivre de ces abboyantes & effroyables tempestes, & qu'il destourne & renverse tout ce que le Ciel encline : ce que je m'asseure qu'il obtiendra, quand d'un cœur profondement devot & contrit il aura recours vers ceste Majesté divine toute bonne, toute misericordieuse & pitoyable, qui ne demande que la conversion & amendement du desvoyé pecheur. Adieu.

LETTRE XVIII.

A Monsieur de Monthelon, Conseiller du Roy en ses Conseils d'Estat & Privé, & Intendant de la Justice à Lyon.

Il escrit ce qu'il luy semble de la fortune du Mareschal d'Ancre

VOus pensez la fortune du Mareschal d'Ancre attachée à cloux de diamants : & moy je la croy fort tremblante & ancrée au port de sa ruyne. Car s'il est permis par les actions passées & les presentes de juger du bon ou mauvais succez qui luy doit arriver, je vous diray, qu'il ne peut attendre qu'un sinistre malheur, qui l'avoisine. Representez-vous que par son entremise Monthabene fut rappellé aussi-tost qu'il eut eut en estocade un Gentil-homme contre l'Edict des duels, qui n'estoit que publié : rappellez en vostre memoire le rapt fait par Fiesque : crimes qu'il a fait aussi-tost abolir, qu'ils ont esté cogneus : & puis de fraische date, qu'il a fait poignarder Prouville Sergent Major d'Amiens par Alphonse Italien en sortant de la citadelle. Estimez-vous que Dieu laisse impunis ces assassinats, soit en la personne de celuy qui les a commandez, soit de ceux qui les ont executez ? Tost ou tard nous en verrons la punition. Mais quand je voy qu'il a fait paroistre tout à coup ses somptueuses magnificences, une fiere audace, des violentes entreprises, les fausses vanitez, une folle & ardente ambition, ses superbes & magnifiques acquisitions, son grand jeu, ses achapts de Gouvernemens, d'Offices, les transports excessifs de l'argent de France, qu'il a fait sans contredit & sans peril decouler dans les banques de Florence, Genes, Venise, Luques, Strasbourg, Ausbourg, & d'Anvers, ses meubles, qui sont d'argent jusques aux chesnets, & autres ustensiles de cuisine : je conclus infailliblement, que la hauteur de son bon-heur ne servira que pour d'autant plus le rendre sensible aux maux, & le faire tomber de plus haut, afin que par son dommage il serve de patron pour contenir un chacun dans les limites de son devoir. Et après quand je considere que pour se maintenir en ceste absoluë forme de vie, il a sapé & miné les fondemens & arcs-boutants de l'Estat, en soustrayant par ses tyranniques maximes l'authorité des Princes du sang & des principaux Officiers de la Couronne, & le ministere principal des affaires du Royaume, afin qu'en leur ostant la cognoissance du mauvais gouvernement qu'il fait, il leur oste aussi le moyen de s'y opposer, & qu'il croit ne pouvoir avoir un establissement asseuré, que par le desordre & la confusion, tout cela me fait dire, que ce ne luy est qu'un surcroist & achevement de malencontre. Il s'est rendu ennemy juré des ames saines, entieres, droites, & à la vieille marque, qui ayment l'Estat, contre lesquels il n'espargne ny violence ny fraude pour les ravaller & rendre au petit pied. S'il eust esté sagement conseillé, il devoit contenir son pouvoir souverain en quelque moderation, & user de sa fortune plus temperément, en faisant qu'une habile discretion empeschast qu'en effect l'on cogneust si-tost les points extremes de sa puissance & de sa faveur. Ces moyens eussent estoufé les jalousies de la Cour auparavant qu'elles eussent esté nées, & empesché que le peuple n'eust esperé & recherché resjouïssance en sa perte. Par l'assemblage de toutes ces actions, je juge que vous le verrez dans peu de jours (quelque prudence humaine & precaution qu'il apporte à sa conservation) aux abois d'une roüante fortune. De vous estaller icy les moyens, je ne puis, pour ce que je ne les sçay pas : mais nous verrons clairement la punition de celuy, qui chastie les Grands sa fureur, s'eslancer sur sa teste, pour le faire demeurer du guet sous la pesanteur du faix de tant d'inesperées & desmesurées grandeurs.

L'orage, en la plus belle esperance du calme, pousse & s'esleve souvent contre nostre opinion : aussi il plaira à l'inconstance du temps de luy faire payer à usure par de rudes atteintes d'affliction l'interest de ce grand aise duquel elle l'a fait jouïr, en voyant en un moment une lamentable decadence de son authorité, sa gloire esteinte, sa grandeur ravallée, & son bon-heur changé. Sa fortune venuë si hastivement, contribuera beaucoup à sa cheute. Adieu.

LES LETTRES DE NICOLAS PASQUIER, FILS D'ESTIENNE.
LIVRE HUICTIESME.

LETTRE I.

A Monseigneur d'Espernon, Duc & Pair, Chevalier des Ordres du Roy, Colonel de l'infanterie Françoise, Gouverneur pour le Roy és pays d'Angoumois, Xaintonge, Aunis, ville & Gouvernement de la Rochelle, haut & bas Limousin, Loches, pays Boulonnois & Mezain.

Il luy remonstre les malheurs que produisent les mouvemens en un Estat.

Ermettez que poussé d'une naïfve & sincere affection, je parle à cœur ouvert, & ce que je diray, sera non moins juste & legitime, selon Dieu & selon les hommes, qu'à vous necessaire. On cele aux Grands ce que l'on devroit leur faire recognoistre, & ceux en un Estat qui se tiennent, ne leur parlent que selon ce qu'ils croyent estre de leur passion, & non comme il seroit de besoing pour le bien de leur service. Mais quant à moy, j'estime que l'on n'est pas moins coupable envers celuy que l'on honore & respecte, de luy cacher un bon & salutaire conseil, que si l'on l'offensoit en sa personne. L'aage m'ayant meury quelque peu le jugement dans l'experience des choses passées, me fera parler à fonds de l'affaire qui se presente, & vous monstrer par des raisons poignantes & moüelleuses, en son plein, les malheurs qui nous avoisinent en ces païs, lesquels se pourront estendre par toutes les veines du corps de cet Estat. Pardonnez si en ceste lettre, je me laisse emporter à un excez d'affection que je porte à la France; la vive apprehension que j'ay des maux qui la menacent, me fait prendre l'essor, d'autant qu'elle ne peut estre esbranlée, que l'authorité du Roy n'en reçoive un signalé dechet, & le peuple une extreme ruyne. La Royne mere est sortie de Blois, qui s'est renduë à Loches, laquelle, à son instante priere, vous avez conduite en la ville d'Angoulesme; elle a escrit au Roy le subject de sa sortie, avec le desir qu'elle a de l'esclaircir des desordres qui courent son Estat. Pour faire ses remonstrances, elle s'appuye de la plus-part des Grands de ce Royaume. On donnera à ceste entreprise tel visage que l'on voudra; mais c'est droictement heurter ceste Monarchie, &

à donner jour & naissance à un dessein qui conduira sa paix & son repos à ses derniers jours. Car elle est une gangreine en l'Estat, & un fondement de la perte des Grands: je dis des Grands, parce que les sainctes affections de nostre Roy estant troublées, ceux qui les doivent seconder, il ne leur en peut arriver qu'un revers. Ce pretexte du bien public est d'une trés-belle entrée, & l'issuë trés-dangereuse, l'advenir estant incertain. Si les Grands d'un esprit meur regardoient la fin de leurs entreprises, & pouvoient recognoistre où elles aboutiront, il est hors de doute que toutes leurs deliberations arriveroient à un port asseuré: mais leurs volontez estant guidées d'autant d'incertitude que les affaires sont variables, l'issuë n'en peut estre couronnée que d'une douteuse fin. C'est pourquoy ceux qui sont estimez bien sages, s'arrestent plustost à ce qui est present, qu'à l'esperance du bien advenir. Les Princes & Grands qui ont voulu ruineusement esbranler les affaires de leur Roy, & mettre son Estat aux flux & reflux des miseres, se sont aydez du pretexte du bien public, comme la forge où tous les ressorts des malheurs d'un Royaume prennent leur trempe. J'advouë que quand un desordre en un Empire est arrivé à son supreme degré, le sujet pour cela peut reprendre son Prince; mais pour le reprendre, il ne doit avoir que les trés-humbles prieres: le bien & la grandeur d'une Monarchie ne consistant qu'au respect du sujet au Souverain. C'est à ceux principalement qui sont eslevez aux charges d'honneur, d'avoir l'esprit sur pied, la main sur l'œuvre, & l'ame toute sur le bien de la chose publique, pour la redresser en son plein naturel, & luy redonner la forme & les mesures qu'elle doit avoir. Mais pour la mettre en son point, ils doivent prendre le remede dans la prudence, & non dans les armes: car il vaut beaucoup mieux tolerer quelque desordre

desordre en paix, qu'en apporter infinis, sans édification, en une guerre civile, qui perd & consume tout, pesle-meslant le bien avec le mal, & le mal avec le bien. L'Estat qu'on veut purger par ceste fascheuse medecine du bien public, ressemble au corps naturel, où il y a danger de mettre la fievre, en voulant nettoyer par une purgation ses mauvaises humeurs : ou à un bastiment dont une piece remuée esbranle tout l'edifice. Je vous representeray en ce lieu les effects qu'a produit ce pretexte soit du temps de Louys XI. soit de celuy de Henry III. & de fraische date soubs le regne de nostre Roy. Une guerre intestine (fleau le plus funeste de la vengeance divine) qui fut un espouvantable chaos, où les esclairs & les foudres de la misere, des fuites, des oppressions, des supplices, du desespoir de la mort, des assassinats, parricides, sacrileges, violemens & d'un ravissant deluge de maux bruyoient & tournoyent avec gemissemens, blasphemes, insolences & mespris des loix divines & humaines : les maux s'y entresuivoient & prestoient la main. Pensez-vous que nous ayons meilleur marché venant à ces remonstrances ? Nullement : car chacun arme de son costé ; le Roy a fait des recreües & nouvelles levées de gens de pied & de cheval, sortir le canon de l'arsenac avec ses munitions & donné le rendez-vous à son armée. La Royne mere, le Cardinal de Guyse, vous, le Duc de Bouïllon, le Marquis de la Valette & l'Admiral armez. Tout cela n'est que nous relancer en l'horreur de nos ruyneuses divisions, de la confusion, du trouble, du meurtre, du sang & du carnage plus que jamais, & exposer ce Royaume à un second peril beaucoup plus dangereux que le premier. A peine avons-nous essuyé nos larmes du naufrage de nos dernieres calamitez publiques, que nous voilà sur le point d'entendre les pleurs, les souspirs & voix mourantes du peuple, pour le mesme mal qui nous pressoit soubs le faux gage du bien public : dans lequel ne se rencontra qu'un mal tout public & universel, & au lieu d'une reformation imaginaire, des calamitez presentes. Quand je regarde dans le miroir des derniers troubles, le miserable desarroy où estoit reduit ce Royaume, je tremble & fremis de peur, mon esprit se perd en l'imagination de ceste effroyable guerre (mere & pepiniere de tous malencontres) qui comme un torrent rapide, ravage tout ce qu'elle rencontre sur son passage, emporte le bien & l'honneur des familles, fait des champs & des campagnes habitées, des deserts & des solitudes, ne pardonne en ces chauds & cruels bouïllons, ny à Dieu ny aux hommes, donne entrée à toute sorte de violence, redouble le mal par l'impunité de tous outrageux excez, qui rend languoreusement souspirer les gens de bien : voyant devant eux la destruction de leur patrie, la grandeur & gloire de ce Royaume en compromis entre deux armées Françoises, dont la defaite & la victoire regarde esgalement le bouleversement des François, qui sont tous hommes du Roy, si que les trophées ne peuvent estre desplorablement enrichies des mesmes armes, du mesme sang & mesmes enseignes, à la honte & au dommage commun des vainqueurs & des vaincus. Je touche veritablement les aspres, dures & cruelles calamitez qui menacent ce Royaume ou de sa ruyne, ou d'une durée non moins ruyneuse : sa recheute est grandement à apprehender : car comme nostre corps qui apres une languissante maladie commence à reprendre son embonpoint, au moindre violent effort peut recidiver, d'autant qu'ainsi que les forces branslent & chancellent encores, aussi facilement il s'esmeut & retombe en son premier mal : de mesme ce grand Royaume qui se ressent aucunement de ses esmotions, par ce redoublement du mal present, peut retomber de son bon-heur en son dernier malheur, si la main favorable de Dieu n'en retient le branle. La France reposoit soubs le calme & la bonasse, qui avoit succedé à la tourmente, dans laquelle les vents de nos divisions intestines la faisoient n'aguieres perilleusement flotter, quand la nouvelle a couru de la sortie de la Royne mere, & des remonstrances, qu'elle desiroit faire pour le bien de l'Estat. Chacun en a apprehendé les effects, ayant encores un vif & frais ressentiment des violentes secousses de ces mouvemens derniers, appuyez sur ce soing contrefait du peuple, qui a esté converty en une simple discution des interests privez, & ce qui regardoit son soulagement, mis sous le pied. Vous avez tousjours eu l'ame frappée à la vieille marque, genereuse, capable & droite, qui n'avez forligné (quelque party qui se soit basty en France contre l'Estat) de la loyale fidelité qu'un bon & fidel sujet doit à son Roy, ny fait banqueroute à vostre devoir, ny embruny l'Estat de vostre nom, jamais saly vostre front, chargé vostre honneur, ny terny vostre gloire de blasme d'avoir oncques ourdy aucune trame contre le service du Roy : ains avez cet advantage d'estre chenu & vieilly par les longues veilles qu'avez si souvent passées, pour peser & considerer à diverses reprises les affaires plus serieuses & importantes à l'Estat, & avoir piloté ce Royaume au courant de tant de douloureux fleaux, pour le mettre en une douce, seure & pacifique tranquilité, & enfin de vous estre monstré par tout tousjours homme, je veux dire agissant, servant, bien faisant & contribuant vostre talent à la grandeur du Roy & de son Royaume pour le relever & retirer de l'esclavage des ennemis de son bien, de sa gloire & de son repos. Ainsi que c'est une trop grande lascheté, quelque forte tempeste qui arrive, de perdre tellement le cœur, qu'au lieu d'essayer tous moyens pour éviter le naufrage, on quitte le timon. C'est aussi une plus sage & arrestée resolution à vous qui estes affectionné au bien & advancement de l'Estat, de ne relascher aucunement, ains de resserrer & vous opposer fortement aux accidens qui luy peuvent engendrer ou alteration, ou une entiere subversion : comme en ceste éclypse de fortune qui va à l'Estat, vous devez monstrer une marque de la vivacité de vostre esprit, de vostre jugement solide & de la clarté de vostre entendement par un bon, sage, meur & sein conseil, qui soit reglé au compas de ceste Monarchie. Car si vous vous portiez autrement, & que fissiez les choses à la legere, vous en sentiriez le repentir ensuite : ou bien si vous vous laissiez emporter à un violent conseil, vous le verriez riant de prime-face, & l'execution & l'evenement triste & fascheux. Les conseils inconsiderez enlacent souvent en de grands dangers & ceux qui les inventent, & ceux qui les favorisent : au lieu que ce qui est meurement & pesamment consideré, est d'une interminable & honorable durée. Aydé de ce prudent conseil, vous arresterez le cours de ces malignes influences preparées pour troubler ce Royaume, si vous conseillez à la Royne mere de se soubmettre de tout point à la discretion & volonté du Roy, pour aller demeurer où il luy plaira ordonner, lequel elle priera par la ferme, sincere & indissoluble amitié, qui est à la mere au fils & du fils à la mere, d'oublier tout le maltalent qu'il porteroit à ceux qui l'ont assistée, pour ce que s'il y a du mal d'estre sortie de Blois, il est né d'elle & par elle, nulle autre n'ayant part en sa perilleuse sortie qu'elle-mesme. Si ce moyen n'opere, conseillez-la d'aller au devant du Roy pour avec humbles supplications, larmes redoublées & toutes sortes de soubmissions attendrir sa bouïllonnante colere, & destourner la fureur de ses armes. Ce conseil entre egaux ne se pourroit digerer, mais du sujet à son Prince, il sera trouvé bon & tres-necessaire ; car l'on ne luy sçauroit trop rendre d'honneur, & puis c'est pour desgager ceux qui liberalement se sont engagez en une querelle qui ne les touchoit : lesquels autrement ne se peuvent tirer de peine, s'ils ne s'abandonnent ou à une retraite hors de la France, ou à une perte de vie, de biens & d'honneurs. Mesnageant de ce biais ceste affaire, vous faites un coup d'Estat à vostre gloire, qui vous fera gouster de l'aise & le fruict digne de vos labeurs, en tant de grandes & honorables charges, que vous possedez non à titre de la fortune, ains comme salaire de vostre incomparable

vertu.

vertu. Agiſſez, je vous prie, puiſſamment en cet objeét; car vous y portant mollement, je prevoy voſtre fortune, qui vous a eſté ſi longuement riante, tirer aux abois de ſa prochaine ruyne, d'autant que vous vous verrez la butte où ſe fraperont tous les coups de la colere du Roy, lequel vous fera porter la malencherc du funeſte cendroyement de ſon Royaume, pour y avoir à preſent (ainſi qu'il croit) fomenté, deſiré, procuré & allumé le feu de la guerre. Ce qui fera tourner en un inſtant le grand calme ſous le devoir dont jouïſſez, en un terrible orage, pour entrer en la ſervitude qu'eſprouvent ceux qui commandent aux guerres civiles, laquelle, aprés vous eſtre expoſé à un monde de hazards, vous fera rompre ſoubs la peſanteur du faix. Car vous verrez tantoſt un Prince, tantoſt un Seigneur, tantoſt un Capitaine de place ou de campagne, & quelquefois des creatures qu'aurez eſlevées dés le bers, qui ont receu de vous le pouls & le mouvement de leur fortune: meſme des villes entieres ſe ranger ſous le devoir qu'elles doivent naturellement au Roy. Et ne ſçay ſi tel duquel faites le plus de fonds, n'a point desja fait le fault, ſe contentant que ſoyez embarqué dans ceſte haute entrepriſe, pour vous y voir perir. Vous verrez davantage, que l'Eccleſiaſtic, la Nobleſſe & le peuple de vos gouvernemens, qui, par l'effroyable crainte de voir manger, ruyner & diſſiper leur bien au ſoldat impiteux, courbent maintenant ſoubs le joug de voſtre volonté, retourneront au ſervice du Roy auſſi-toſt qu'ils en verront la preſence: car ils diſent qu'ils ne ſont François deſnaturez, & que leur ſervice envers le Roy & l'Eſtat ne porte aucune tache de reproche, imputans à une débauche d'eſprit, & à une ſyncope de raiſon de s'eſlever contre ſon Roy. Et ſi vous voulez que je parle avec la franchiſe née avec moy, je vous diray que ce peuple a beaucoup moins d'amour vers vous que de crainte, d'autant que la plus-part ne vous cherchent pas pour avoir du bien, mais pour éviter le mal que vous leur pourriez faire. Tout cela ne fait juger qu'au milieu de vos magaſins d'armes, poudres, canons, bleds, vins & argent, vous demeurerez auſſi ſeul, que vous vous eſtes veu bien accompagné couchant du nom du Roy. Vous avez mis en un coup de neceſſité, tout voſtre appuy & aſſeurance en la ville d'Angouleſme, qu'avez fortifiée & munie des choſes neceſſaires ſoit pour defendre ſoit pour attaquer. Une forrereſſe, pour inexpugnable qu'elle ſoit, ne vous mettra à couvert contre l'indignation du Roy. Le feu Conneſtable de Bourbon ſe retira dans ſon chaſteau de Chantelle ſur les marches d'Auvergne, qu'il avoit fortifié, garny de gens de guerre, vivres & munitions pour 3. ans penſant luy eſtre un ſeur & ferme rampart contre les forces & avenuës du grand Roy François: mais ſe voyant aſſiegé, ſortit une belle nuit avec Pomperant, qui faiſoit le maiſtre, & luy le valet, & trouvant tous les paſſages clos, fut contraint d'aller connillant çà & là, non la

part où il deſiroit, ains où il peut, juſques à ce qu'enfin il ſe rendit dans Mantoüé, & ſon Chaſteau prins, tous ſes precieux meubles qui eſtoient ſans prix, furent envoyez au Roy. Je prie à Dieu que vous n'en veniez à ceſte extremité; mais je vous voy à la veille d'eſtre attaqué par une forte armée, qui vous emportera ou deforce, ou par longueur de ſiege. Il n'y a place, quelque bien remparée & munie qu'elle ſoit, qui à la longue puiſſe reſiſter à une groſſe & puiſſante armée, ſi elle n'eſt rafraiſchie d'hommes, de vivres & munitions: pour autant que ceux qui reſtent de la longueur du ſiege, s'ennuyent des grandes charges & courvees, qui departies à pluſieurs, tombent en leur perſonne, & les vivres, munitions & commoditez, qui conſiſtent en infinies menuës beſongnes pour la deffence d'une place, non ſeulement diminuent, mais faillent du tout. Conſiderez de quel coſté vous pouvez eſtre ſecouru; les forces ſont en Languedoc, au païs Mézain, aux Ardennes & en Picardie. Quelle apparence ya-t'il qu'elles vous puiſſent joindre? Je n'y en voy point, car le Roy laiſſe des armées en ces contrées-là, qui feront teſte à toutes ces forces.

Quant à l'eſtranger, eſtimez-vous qu'il veüille entrer en France ſans avoir une ſeure place de retraiéte? Aux premiers troubles, les Anglois eurent pour gage le Havre de Grace; & aux mouvemens de la ligue, les Eſpagnols, la Fere & Blavet. Le conſeil que je vous donne, eſt l'unique moyen pour ſe tirer de ce mauvais pas, lequel la Royne mere doit recevoir de meſme main que je le vous eſcris, comme le ſeul ſalut de ceux qui l'ont ſervie en ceſte occaſion. Tout mon deſir ne tend qu'à vous voir developer de ce faſcheux labyrinthe dans lequel eſtes entré à la bonne foy. Ce qu'eſperant, je diray ce mot par forme de rempliſſage & hors d'œuvre: que les richeſſes & les honneurs pour leſquels ambitionnent l'on remuë les Eſtats, ſont pierres treſles, deſpoüilles du temps & fourrage de la mort: & que ceux qui ne preſtent une favorable oreille aux lamentables plaintes d'un peuple have, deſolé & deffait, s'engagent aux coups de la Juſtice Divine, qui foudroye & boulverſe leurs deſſeins d'un traiét, d'un tour, d'un clein & d'un moment de ſa puiſſance. Et tout ainſi que les hautes montaignes ſont les plus expoſées aux foudres & aux tonnerres: de meſme les grands qui ſemblent eſtre les mieux affermis, ſont ſujets à de grands & ſoudains changemens. C'eſt pourquoy vous qui eſtes haut & puiſſant en l'Eſtat, devez conſiderer l'inconſtance & l'inſtabilité des choſes du monde, afin de ne vous meſcognoiſtre jamais en voſtre felicité, ains vous humiliant tenir toutes les grandeurs de la terre comme la fleur des champs, qui ſe ſeche & fanit: la vie des Grands, ainſi que celle des moindres hommes, eſtant ſi incertaine, qu'ils doivent vivre avec autant d'innocence & de pureté, que ſi chaque jour en devoit eſtre le dernier periode. La memoire des choſes paſſées eſt la prudence de ce qui eſt à advenir. Adieu.

LETTRE II.

A Monſieur de Richelieu, Conſeiller du Roy en ſes Conſeils d'Eſtat & Privé, & Eveſque de Luſſon.

Il loüe la Regence de la Royne mere du Roy, & declare les maux qui naiſtront en conſequence de ſes remonſtrances, ſi elle n'y donne ordre.

IL nous faut liberalement advoüer que la France, ſoit en général, ſoit en particulier, a des obligations infinies à la Royne mere, pour avoir eu un ſoin extreme de la nourriture & eſlevation de noſtre Roy au bien, & des choſes qui ſont à l'advantage de ſon Eſtat, lequel par ſa ſeule & toute admirable ſageſſe, elle a ſi bien gouverné, que l'on peut publier & vanter à pleine bouche ſa regence la plus heureuſe qui ait jamais eſté: ayant accomply ce à quoy la conduite de tous les autres ſiecles n'a peu atteindre. Car pendant qu'elle a manié les reſnes de cet Eſtat, il n'a eſté troublé d'aucuns tourbillons de guerre civile; ce qui eſtoit grandement à craindre, aprés l'inopinée & deplorable mort de noſtre grand Henry: d'autant qu'à l'heure de ſon treſpas toute la Chreſtienté avoit les armes en main, & une grande partie de ce Royaume ennuyée d'un long & paiſible repos, ne demandoit qu'un peſle-meſle de deſordre, pour retrouver ſon aggrandiſſement & dans la confuſion & dans la miſere publique. Mais elle par ſes ſages-meurs conſeils, ſans coup ferir, diſſipa tous les nuages groſſis par l'amas de diverſes ſurabondantes humeurs, qui menaçoient ceſte Monarchie d'une foudroyante & impetueuſe tempeſte. Le premier remede qu'elle apporta à ce grand eſtonnement, ce fut d'unir tous les cœurs & les affections des ſujets

sujets du Roy, afin que par vn mesme dessein ils conspiraßent tous au maintien & de la paix & du repos, auquel ce brave, genereux & magnanime Prince avoit laissé son Empire. Et encores pour les contenir en ce devoir, elle sceut obliger les Grands par toutes sortes de liberalitez, ausquels elle donna pensions, afin qu'en les despensant prés de la personne du Roy & de la sienne, elle les retinst à la Cour. Et pour contenter generalement le peuple, revoqua 40. Edicts qui alloient à l'augmentation des Finances du Roy, & decroissement de celles de ses sujets. Si qu'elle a grandement travaillé, peiné & sué pendant la Regence, en maintenant la paix dans vn Estat flottant & sur les divisions, & sur les mescontentemens: & encores pendant le sous-aage d'vn Roy, où les traverses & les orages surmontent la prudence des plus habiles: ayant mesnagé de la sorte toute la teneur de ceste administration, nous la pouvons à bon droit appeler Blanche, puis qu'elle a esté la Déesse tutelaire de ce Royaume, dans lequel elle n'a aimé qu'vne paix tranquille comme le ciment le plus tenant & le plus ferme de la durée d'vn Estat. Nostre grand Henry l'avoit acquise par sa valeur: elle, par vne prevoyante sagesse, en vivant sans repos pour le repos commun, l'a sceu conserver, avec des succez si conformes à nos desirs, que nostre forme de vie n'a point esté autre soubs sa Regence, qu'elle estoit soubs le feu Roy. Pourquoy aprés tous ces mesnages & deportemens ne dirons-nous pas, que nous avons veu l'excez de son entier & ardent zele envers toute la France, deriver de la pureté d'vne droite conscience, plustost illuminée d'vne inspiration divine, que guidée par vne prudence humaine? Le Roy fait capable de manier le timon de son Royaume, a remercié la Royne sa Mere de ses laborieuses peines, & eu pour agreable, qu'aprés ces grands & penibles labeurs, elle se reposast dans la ville de Blois, le centre, le cœur & le nombril de la France, & autrefois le sejour de nos Roys. Elle, aprés deux ans, s'est retirée de la Ville de Blois en celle d'Angoulesme, & escrit au Roy qu'elle s'estoit mise en vne pleine liberté, pour luy faire voir & entendre les desordres qui s'estoient glissez dans son Estat, par le mauvais mesnagement de ceux qui le possedent, lesquels artificieusement avoyent fermé l'entrée de sa Cour à ceux qui venoient de sa part pour les luy descouvrir. Vous estes si prudent aux affaires du monde, que d'vn prim-saut vous cognoissez où elles doivent aboutir. En voicy vne qui tire quant & soy vne longue traisnée de malencontreux malheurs. Ie vous prie de ne vous rendre insensible au jugement de ceste presente maladie d'Estat, qui est grande & mortelle, d'autant qu'elle porte en ce pays nos jouts visiblement à leur derniere ruine. Elle desire vne ame non-seulement vuide & espurée de passion, mais pleine de cognoissance, comme est la vostre, pour en dire, non à petit semblant, ains rondement & sans flatterie, avec la vive force de raisons si plombantes raisons, vostre advis à la Royne mere, & qui d'vn courage eslevé par dessus toutes craintes se roidisse pour le soustenir, puis qu'il est question de la conservation de si belles & fertiles Provinces & de tant de personnes de marque & de merite & de service. Permettez que je die sainement ce qu'il m'en semble. Ie n'y apporteray, non plus qu'en mes autres actions, aucune desbordée, ains vne vive affection pour le bien & repos de ces pays & du reste du Royaume. Si vous trouvez mes raisons justes & utiles, vous en vserez comme des vostres, quoyque je sçache qu'elles vous sont presentées par vostre loin-voyant esprit; cela despend de vostre sage-grave discretion. Ie souhaiterois que la Royne Mere fust à entreprendre son voyage d'Angoulesme & ses remonstrances: le temps & l'vsage font cognoistre les bons & mauvais conseils. Ie crains qu'en ceste grande & douteuse entreprise, elle s'y soit embarquée sans boussole.

Car les plus clair-voyans, qui ne sont aigris ny preoccupez d'aucune passion en leur opinion, trouvent ce dessein d'vne dangereuse suite, par les maux qui en naistront, desquels nous commençons à ressentir les effets en ces pays. Le subject de ses remonstrances va contre ceux qui s'authorisent de la faveur de nostre Roy. Il n'a jamais esté que les favoris des Princes n'ayent servy de butte à ceux qui ont voulu remuer vn Estat, pour decocher contr'eux tous leurs mescontentemens. Ce n'est point au subjet de regarder de mauvais œil la munificence que le Roy exerce envers vn Seigneur, ou simple Gentilhomme qu'il comble & de biens & d'honneurs. Quel a esté le siecle, où le Souverain n'en ait enlevé & agrandy de sa main quelqu'vn? Les Roys semblent au Soleil, les subjects à la Lune, qui se monstre ores grande, tantost petite, ores en quartier, tantost en plain, ores claire, tantost obscure, selon que le Soleil luy départ sa lumiere: & les Roys eslevent tantost vn de leurs subjets & puis l'abbaissent, le rendent grand & puis petit, selon qu'ils estendent sur eux, ou en retirent la clarté de leur faveur. C'est en quoy leur puissance souveraine reluit, d'eslever ceux qui sont abbaissez, & abbaisser ceux qui sont eslevez. De quoy se plaint la Royne mere? de la mesme chose dont on croiroit pendant sa Regence, quand chacun abbayoit aprés les faveurs, charges & biens du Mareschal d'Ancre, qu'elle avoit rendu si grand, si fort & si puissant en l'Estat, que personne n'a eu la force de le desfaire que le Roy mesme. Belle en apparence est la proposition d'esloigner les favoris d'vn Roy de sa Cour, qui s'enflent du bien de la chose publique, & laide en effect, douce à l'entrée, & amere à la gouster, salutaire à l'exterieur & funeste au dedans. Ce pretexte a servy souvent de rets, de piege & de fausse & allechante amorce, pour surprendre la foible simplicité du peuple, lequel recognoist, revenu à son meilleur penser, que la guerre qui se fait pour ceste occasion, est vne esperance comme d'allegement, & se fin l'advancement des chefs, à la ruyne de ceux qui tiennent la faveur en main, & à luy vne misere insupportable. Car de penser esloigner les favoris d'vn Prince par la licence des armes, c'est courir à la ruyne de l'Estat, & atiser le feu par le feu.

Le remede est mille fois pire que la maladie: car par luy, l'on voit vn Royaume baigné dans son propre sang, & les villes, bourgs & bourgades pleines de desolations & pauvretez parsemées de divisions contre le Roy, & d'irreverence, voire d'Atheïsme envers Dieu. Considerez que nous apporte la proposition de ces remonstrances, en ce moment de temps qu'il y a que la Royne mere est arrivée en Angoulesme.

Le Roy dresse vne grande armée pour venir attaquer son hoste jusques dedans son propre foyer, afin de l'accabler, terrasser & abbattre tout à plat. Elle arme de son côté. Nous sommes à la veille de voir les deux armées courir & branqueter ces deux contrées, qui commençoient à recouvrer, aprés tant de perilleuses secousses & convulsions, leur vigueur & beauté premiere, ce qui les faisoit dormir à l'aise & à l'ombre de la paix, laquelle avoit enchanté la souvenance griefve de leurs travaux passez. Mais maintenant je prevoy qu'elles serviront d'vn eschafaut tout public & sanglant, sur lequel tous les actes de ceste grande tragedie se joüeront; qu'elles seront comme vn miroir, ou vne peinture vive de la misere, l'object de la compassion; que là, toutes choses seront exposées au fer & au trenchant, au feu & au carnage, qui les rendront sur le penchant de leur ruyne, prestes à devenir paralitiques, sans pouls, sans mouvement & sans vie, enfin aux derniers traicts de leur mort.

Que dira-t'on d'elle qui a si dignement manié timon de cest Estat, pendant sa Regence, sinon qu'elle a fait voir par sa conduite admirable que la bonne fortune d'vn Royaume est fille de la prudence & des sages conseils; que maintenant elle nous veuille plonger dans vne guerre civile, aspre, cruelle & affreuse, entremeslée de feu & de flamme & d'outrage, de sang, de rage & d'horreur, où le mal y est tout certain & present, & laquelle est la derniere piece de toutes les calamitez: vne maladie d'Estat languissante & incurable, où ce que l'on gaigne est autant de perdu, & ce que l'on pense avoir ruiné, ruine celuy-là mesme qui croit estre au dessus du vent, d'autant que les deux parties perdent tousjours & nul ne gaine: & le Roy, de quelque côté que le sort tombe, perd ses sujets

sujets & ruïne ses villes, enfin toutes choses se tournent en anarchie & confusion? Priez-la, conjurez-la (elle seule le peut,) de dissiper tous ces nuages de troubles & de tempeste qui vont menaçant de naufrage ces desolées Provinces, afin que tant de pauvres ames miserables puissent cesser de crier au Ciel les derniers abois de leur langueur sous le faix insupportable de tant de peines qu'il leur faudra endurer : qu'elle ne soit aveugle à leurs tristes larmes, à leurs cris espouventables, à leurs pitoyables regrets, heurlemens effroyables, & ne se rende inexorable à leurs tres-humbles prieres. Je me promets, qu'elle qui a tousjours tenu ses actions en une profonde innocence, qui a vescu en toute rondeur & qui s'est bonnement trompée, frappée d'un vif ressentiment de tant de douloureux travaux que souffre & souffrira ce pauvre peuple, se laissera ployer : la nature l'a si glorieusement appennée par un amas & assemblage de tant de vertus pures, nettes & de si haute marque, qu'elle ne les voudra tacher par ceste rude violence, ennemie de son naturel de l'ordre & de la droicte conduicte des choses que elle a de temps en temps si cherement conservée : elle ne voudra que l'on la tienne pour partiale & convoiteuse des choses nouvelles. Toutefois si depuis son partement de la Cour, elle a eu quelque mescontentement, en ceste chaleur elle a peu donner air à sa douleur & se laisser emporter aux roides flots d'un violent conseil ; mais recueillant ses esprits, & considerant que ceux qui se sont eslevez contre l'authorité du Roy, n'en ont jamais remporté que confusion, honte & reproche, de quelque pretexte qu'ils ayent sçeu masquer ou desguiser leur intention : elle prejugera qu'il est necessaire de plustost prevenir le mal, que de l'attendre & recevoir, & qu'en telles affaires les moyens doux & gracieux sont tousjours les plus desirables & souvent les plus convenables. Que pleust à Dieu que ce dessein eust esté plustost estouffé que conceu : mais depuis qu'il est esclos, faictes & par vostre main & par vostre moyen (ce sera une belle saillie d'honneur à vous) qu'elle s'en retire quand elle le peut, de peur qu'elle ne le puisse quand elle le voudra, & que par sa prudence ces orages se puissent calmer, en rejettant tous ces insalutaires conseils qui ne peuvent qu'affoiblir l'Estat, & mettre d'ailleurs l'authorité du Roy en compromis. Le zele qu'elle apportera à maintenir inviolable le pouvoir du Roy, est la vraye estaye du sien propre, & marchant à un autre pied elle s'irrite contre soy-mesme, & deschire ses propres entrailles. Quand toutes ces raisons seroient mortes, qu'elle fasse que les choses mesmes l'instruisent, qu'elle voye à plein & à fonds ce qu'elle a avancé depuis le commencement de ces mouvemens, & où ses affaires sont reduites. Vous verrez tout à coup, si elle ne coupe la racine à tous ces surcroits de ruïne & de malencontre, que peu de personnes se rangeront de son bord : d'autant que son entreprise viendra à faire eau & couler à fonds. Puis une langueur la tiendra en lesse, la douleur la suivra de prés, les regrets ne la laisseront point, une crainte tremblante la saisira : bref, toutes choses luy nuiront nuict & jour. O que d'ennuis sans repos la tourmenteront ! qui entreromperont le fruict de sa douce vie. Mais avec tout cela elle amoncellera l'ire de Dieu sur soy, & attirera quant à soy la vengeance, qui luy fera vivement sentir la pointure & l'estorce de tous les brigandages publics, violemens, massacres, cruautez, abominations qui se commettront, & generalement de tous les maux que produit la guerre, dont elle sera l'autrice. Pour destourner ces orageux tourbillons prests à tomber sur ces Provinces, (il n'est pas dit que beaucoup d'autres de la France ne s'en ressentent,) qu'elle mette son Conseil à droicte ligne, & lors elle resignera le timon de sa volonté és mains du Roy, pour en disposer à discretion : il est si sage, qu'en ceste occasion il ne voudra que les choses bonnes & justes ; sa seule foy qu'elle aura en ostage, luy doit servir d'une confiante asseurance : car il a appris avec le laict, que le Prince qui rompt sa foy, ne trouve point de foy. C'est le seul & unique moyen pour nous faire moissonner une longue tranquillité. Ce que je vous diray maintenant, ne regarde point la Royne mere, ains ceux qui l'ont assistée. C'est une chose dangereuse qu'un Prince irrité : il est un feu devorant ; un sujet, quelque grand & puissant qu'il soit, difficilement se peut mettre à l'abry du courroux de son Roy. A l'eschantillon vous jugez la piece, les premieres desmarches d'un jeune Prince, servent de prejugez pour la suite de l'aage, & aux executions des entreprises communément la premiere action sert comme de premier mobile pour donner le branle aux suivantes. Nous avons appris, & le courage & le jugement de nostre Roy en ce grand & tout public exemple qu'il mit en œuvre il y a deux ans, & que le tort que l'on fait à un Prince en sa foible jeunesse, ne s'oublie jamais. Le Roy Charles IX. excusant la S. Barthelemy (journée malheureuse & detestable pour la reputation Françoise) disoit n'avoir peu autrement punir les affronts faits à sa jeunesse, quand ceux de la Relig. Pre. Ref. le voulurent prendre à Meaux. Leçon qui doit contenir les Grands d'un Estat dans les bornes de l'obeïssance, qu'ils doivent naturellement au Roy de quelque aage qu'il soit, sans se desborder au desavantage de sa tendre jeunesse ; & si d'adventure l'un d'eux se laisse emporter à l'essor contre son service, il doit, revenu à soy, rendre tant de complimens, qu'il efface & desracine de fonds en comble de l'esprit du Roy ceste mauvaise impression ; autrement tout peril conspireroit en son naufrage, & seroit d'adventure s'il ne laissoit à ce jeu-là la teste pour gage. Adieu.

LETTRE III.

A Monsieur de Montagne, Seigneur de S. Genest & la Valée, Conseiller du Roy & Lieutenant general au Siege Presidial de Xaintes.

Consolation sur la mort de sa femme.

MOn absence est le subjet que je n'ay peu contribuer, comme vos autres amys, pour adoucir les plus aigres & plus amers ressentimens des mes-aises que vous avez recceüs en la perte de vostre chere moitié. Mais d'autant que de ceste sensible douleur, il est impossible qu'il ne vous en reste encores en l'esprit de vifs espoinçonnemens ; j'ay pensé à mon retour, qu'il estoit du devoir de nostre amitié d'apporter quelques linimens au soulagement de vos tristes & languissantes complaintes à mesure qu'elles renouvelleront. A ceste rude touche d'adversité, vostre ame a esté entreprinse d'une douloureuse & insupportable angoisse : si que je croy qu'il ne s'est peu rien adjouster aux extremes & pressants ennuis, dans lesquels vous vous estes veu plongé : pour la pointe desquels rabattre & émousser, il faut une puissante force. C'est pourquoy en ceste vive & plus cuisante chaleur de l'accés de vostre tristesse, j'accorde & pardonne tout à la foiblesse humaine, sçachant veritablement le parfait contentement que ce vous estoit d'estre mary de la femme que pleurez, laquelle l'accomplissement de ses perfections vous rendoyent plus aimable. Je ne blasmeray jamais ces begayemens, ces souspirs interrompus, ces vives larmes de vostre affliction toute fraische, la bonde desquelles qui voudroit retenir, sembleroit qu'il voulust arrester un ravissant & desbordé torrent. Mais je desire aussi qu'aprés un long escoulement de pleurs, aprés avoir donné passage aux afflictions naturelles & à ce juste regret, qui a touché vostre ame jusques au vif, enfin aprés avoir representé té vostre dueil selon le degré de vos interests, que vous vous donniez de la patience (quiconque le veut, le peut) laquelle à pied de plomb gaignera le dessus sur la douleur. Donnez-la vous, puisque vostre repos en despend, car après avoir meurement consideré, vous trouverez qu'ainsi le devez faire, ne luy estant rien arrivé, qui ne soit commun à tous : si que ce vous seroit une grande faute de faire de la cause de son bonheur la matiere de vostre tourment. Quelle douce joye vous doit-ce estre, de la voir affranchie de tous maux ; de ne la voir plus entravée dans les ceps des incommoditez & revolutions ordinaires de ceste vie ; de ne la voir plus abandonnée aux bancs & escueils perilleux de ceste mermonde bouillonnante de tant de griefves & malheureuses peines ? Souvent entre la plus heureuse & la plus deplorable condition d'une personne, il ne se leve ou couche qu'un Soleil. La fortune la plus prospere a ses reflus. Il n'y a rien de constant en ce monde ; ce qui est de plus ferme, croule, & ce qu'il y a de plus durable, finit. La vie que nous roulons çà bas, est enveloppée d'ennuis sans relasche, traversée de peines sans remede, entrecoupée de malheurs sans fin. Passant par vostre esprit ces considerations, vous cognoistrez que la mort qui a despoüillé vostre femme de ceste fresle & chetive vie, sur laquelle la nature & la fortune exercent leurs rigoureuses & impericules tyrannies, ne luy a pas tant fait de mal de l'avoir privée de je ne sçay quels faux & passagers plaisirs, qui trompent ceux qui s'y amusent, qu'elle luy a fait de bien de l'avoir à plein delivrée de toutes sortes de calamitez & abysmans encombres. Ne la plaignez plus de ce qu'elle a peu vescu, c'est vous affliger de ce qu'elle a peu enduré. La plus longue vie, n'est ce que plus longue & lamentable trainée de miseres. Et puis nul ne meurt avant son terme : car la nature ne l'ayant limité à aucun, peut, quand bon luy semble, redemander ce qu'elle luy a presté. Raison qui vous doit faire mesnager chaque heure de vostre vie, comme si ce devoit estre la derniere. Quittez toutes ces vaines plaintes, & d'un cœur masle & genereux faites teste à ce mal. Car qu'a fait vostre femme qu'abandonner une miserable vie, un flo-flotant sejour, pour en embrasser un calme & bien-heureux ? La mort n'est qu'une planche pour passer à un meilleur estre. Je ne pense pas qu'il luy peut arriver rien de plus souhaitable, que d'estre retirée de bonne heure de ce monde, comme d'une mer pleine de tourmentes & d'orages, à un port certain & asseuré de la terre au Ciel. D'où s'ensuit qu'autant de fois que la pleurerez, autant de fois la pleurerez-vous de ce qu'elle est passée par un heureux eschange de la tristesse au plaisir, de la peine au respos, & en un mot de toutes sortes d'insupportables calamitez à un comble de bonheur. Ce qui vous doit faire tenir vostre ame en assiete asseurée & affermir vostre courage contre ces foiblesses, sans plus lamenter d'estre privé du contentement de ne la voir plus, ny de tirer d'elle les fruicts savoureux du soulagement que sa douce & agreable presence vous faisoit gouster. Car ce ne seroit plus elle que plaindreriez, ains vous-mesme & vostre interest. Ce qui seroit entierement esloigné du devoir d'une vraye, sincere & cordiale amitié. Elle vous a seulement devancé, afin que la suiviez. Tous les pas que vous faites, en vous desrobant tous les jours à vous-mesme, s'acheminent vers elle. Et encores que ne bougiez d'une place, le temps qui ne s'arreste jamais, vous approche du lieu où elle est, par un mouvement imperceptible. Voulez-vous commander à vostre douleur, & passer à plein pied sur cette affliction, pour emporter de vous sur vous-mesme une triomphante victoire, pensez que vostre famille a esté choquée du mesme heurt, qui en renverse tous les jours tant d'autres, a fait : & que n'aviez de vostre femme, non plus que de tous les autres biens, qu'une jouïssance incertaine, passagere & precaire. Toutes ces raisons sont la vraye pierre de touche, pour vous faire cognoistre la pure verité de ce que je vous escris, lesquelles vous representant profondement en l'esprit, il ne peut rester aucune ressource à vostre ennuy, ains une vertueuse force, qui vous fera soustenir ceste charge, quelque grande, esclatante, estrange & sauvage qu'elle soit, d'une constance exemplaire, laquelle vous destournera de tout point de plus vous abandonner au dueil, ny aux regrets, & vous encouragera & affermira à mieux, vous accoustumera & endurcira à tout, vous rendra resolu, determiné & invincible contre tous accidens. Et quand vous ne vous resoudrez de suivre mon advis, dites-moy si ces longs & obstinez regrets, si ces tristes & decoulans pleurs, qui gaignent pied à pied sur vous une authorité & puissance absolüe, vous peuvent rendre ce que la mort vous a osté. C'est chose indigne & de la dignité de vostre charge, & de la gloire de vostre nom de vous ramollir, relascher & donner de la sorte, comme en proye, à la douleur. Si vous faites plus de plaintes de ce que la mort a ravy vostre femme, je diray une fois pour toutes que vous voulez que ce qui n'est point en vostre puissance, y soit, & que ce qui est à autruy, devienne vostre, & davantage que c'est prendre à partie ceste sagesse & providence eternelle, de la benigne & gratieuse main de laquelle sort & decoule tout ce qui se fait en ce monde, laquelle agit tout pour vostre mieux, combien que n'en comprenies, ny les raisons, ny les moyens. Consolez-vous donc en vostre perte, & croyez que descendant d'où elle dérive, elle ne peut estre, quoyque le sens vueille persuader au contraire, que grandement necessaire, utile & profitable. Acceptez, dit l'Ecclesiaste, en bonne part les choses au visage & au goust qu'elles se presentent à vous du jour à la journée ; le demeurant estant hors de vostre cognoissance. Les plaisirs ne sont point purs & sans alliage de tristesse. Adieu.

LETTRE IV.

A Deffé & Gimeux mes enfans.

Il exhorte ses enfans à fuir les despenses superflues.

Quelque bien que je vous puisse presentement donner, ou laisser après mon trespas, si vous ne mesurez vostre despence par raison, & n'establissez un ordre au gouvernement de vos maisons, il sera impossible que ne soyez pressez & importunez de la necessité. Mais avec cet ordre bien ordonné (qui est le pere & l'asseurance de toutes choses & qui fait que le peu suffit où l'abondance ne sçauroit quasi fournir) vostre despense, quelque mediocre qu'elle soit, sera de plus grand esclat qu'une grande qui se fait à l'adventure & confusement. Pour y loger une seure & prudente conduite, pesez par le menu quel est vostre revenu, & en quoy il consiste, si c'est en seigneuries, terres labourables, vignes, prez, bois, estangs ou rentes constituées, ou en toutes ces choses ensemble, d'autant que c'est le pivot sur lequel vous devez bastir & asseoir le dessein & le fondement de vostre mise. Et sçachant au vray que peut monter vostre revenu, il faut prefire un but de despence qui monte moins que vostre recepte, ou à tout le moins qu'elle ne l'excede point ; car si elle l'outrepasse, vous serez contraints de faire d'une main l'autre, & d'aller aux emprunts, qui vous rendront grandement incommodez, & à la fin ruynez. C'est un grand manque de jugement de ne pouvoir esgaler la recepte à la mise, & d'anticiper, par une outrageuse despence, sur son revenu : & un trait d'une providente sagesse, quand on fait courir sa recepte & sa despence tout d'un mesme pied, & que l'une ne devance point l'autre. Ceux qui jouïssent d'un grand fonds, ne sont pas pour cela riches, si en despendant ils ne se sçavent reigler pour ne despendre plus que ne monte leur bien. Despendre tout & n'avoir rien de reserve, est jouer à tout perdre. Je ne veux toutesfois que vostre mesnage ressente sa taquaine ou tenante meguaniquete; faites-le seulement marcher avec le compas & la mesure. Honneste & loüable est l'espargne, qui nous fait éviter les despences folles & superfluës, & nous donne une adresse pour user moderément de nostre bien.

C'est la meilleure rente courante que vous puissiez avoir, que de vous tenir clos & serrez en vos despences. Toute espargne en maniere de mesnage, est d'un revenu incroyable, & bien loing par dessus les autres revenus. Il peut toutesfois arriver des subjects lesquels, quoy que fassiez, vous contraindront de despendre extraordinairement, comme s'il vous faut aller aux armées, à la Cour, ou accompagner quelque Grand : là ne devez espargner, ains vous entretenir en bon & honorable equipage & accommoder vostre despence au temps & aux occasions, à la charge que quand elle cessera, vous trouviez moyen de la remplacer par emprunts que ferez sur vous-mesmes, en estressissant & reserrant vostre vivre ordinaire, reiglant vos habits, vostre train, determinant de combien de personnes il sera composé, de combien de chevaux, & ordonnant de l'appointement de vos serviteurs. Reglement que vous garderez à moins de bruit qu'il sera possible. Et lors vous cognoistrez à veuë d'œil toutes choses fructifier chez vous abondamment, & que vostre espargne vous sera un grand fonds de reserve : & faisant le contraire, vos maisons estre proche de leur cheute, & vous prests à tomber en une pauvreté sans defense : car le pas de la despense d'une folle jeunesse se doit clorre par necessité. Tenez-vous doncques simples, estroits & sobres en vostre despense, & gardez que la dissolution, en se destachant, ne se donne chez vous une pleine & entiere liberté, d'autant que le tout viendroit à une surabondance & excez de desordre & confusion. Et aussi que l'on n'a jamais veu durer la despence qui a excedé toute borne & mesure de raison.

La fin miserable de plusieurs familles le nous fait voir, qui ont failly sur leur premiere fleur pour avoir follement consommé, dissipé & reduit en fumée avec des superfluitez demesurées tout le bien que leurs devanciers avec une mesnagere œconomie leur avoient acquis.

Vous avez des exemples domestiques qui vous doivent faire marcher avec retenuë & toujours l'œil alerte.

O qu'heureux est celuy tres-prudent & bien sage,
Qui au peril d'autruy fait son apprentissage!

Si vous aymez vostre honneur, & craignez un injurieux reproche, supportez la faim, le froid, le chaud, la peine & generalement toutes sortes de mes-aises plustost que d'estre tenus au nombre de ceux qui par leurs desordonnées despenses sont forcez de defaillir à leur foy & promesse : ce qui ne vous arrivera jamais, quand vous tiendrez vostre volonté endebtée à vostre promesse. Au moins si le bien n'est suffisant pour vous, soyez suffisans pour le bien. Et croyez que les richesses & grands revenus sont bien quelque chose, le mesnagement qu'on en fait, bien davantage, mais que l'ordre est plus que tout. Bref, que c'est luy qui combat pour entretenir longuement & le nom des familles & leurs maisons en leur entier. Adieu.

LETTRE V.

A Monseigneur du Vair, Garde des Seaux de France.

Il luy represente les defauts de cet Estat & les remedes.

LEs Estats naissent, fleurissent & sanissent par leur aage. Nostre France est parvenuë à une extreme vieillesse, laquelle l'a fait tellement malade, alangourie & abbatuë en soy-mesme, qu'elle sent le mal & present & pressant qui la rend flottante, chancellante, & tirant aux derniers traits de la mort. Ce mal s'est fait par la contribution & communication particuliere de chacune de ses parties corrompuës en leurs mœurs, en leurs polices & en leurs loix mesmes, ausquelles il y a telle correspondance, qu'elles semblent non seulement entrelassées, mais plustost entrées & enclavées les unes dans les autres, tant leur estre corrompu despend l'une de l'autre. Comme il faut que toute maladie prenne fin ou par la mort ou par la guerison, ainsi est-il necessaire que les desordres qui sont les vrayes maladies des Estats, finissent ou par une subversion entiere de l'Estat ou par une reformation universelle. Les Estats sont des corps qui ont leurs humeurs peccantes & leurs maladies comme les corps humains ; les uns & les autres ne se peuvent maintenir en santé que par un bon regime de vie, duquel se forme l'ordre & le bon temperament de toutes les parties ; les regles de ce regime consistent à faire rendre aux loix ce qui leur est deu, lesquelles sont en France en tel nonchaloir, que des-là derivent tous les maux & miseres que nous voyons y foysonner de jour à autre. Tout ainsi que ces anciens malades, pour l'Estat deploré de leur santé estoient exposez en public à la veuë de tout le monde, au soulagement desquels il estoit permis à un chacun d'apporter ce que l'art, l'experience & son bon sens naturel luy suggeroit de salutaire ; de mesme les maladies de nostre France sont mises au jour, afin que chaque particulier s'esvertuë selon sa portée à qui mieux mieux, par une loüable emulation, à bien & utilement servir la chose publicque par les singuliers & profitables remedes qu'il donnera. Par celle-cy, je vous estaleray ses corruptions principales, & les remedes que vous examinerez avec un plein jugement, pour les faire rondement & non pas à demy entendre au Roy. Et le pere & le fils vous appellerent diversement chacun en leur temps pour ministre du restablissement & de la Provence & de l'ordre & des affaires de ce Royaume, lesquelles vous devez en ceste consideration redresser en leur plein pouvoir, afin de leur redonner la forme & les mesures qu'elles doivent avoir. C'est rendre au Roy & au public, pour la descharge de vostre devoir, un effort signalé du soing que vous avez de sa grandeur. Le travail en est grand, mais la vertu paroist en la difficulté. Entreprenez hardiment sa restauration, vous l'executerez plus heureusement : là bandant tous les nerfs de vostre entendement, l'on vous nommera l'arc-boutant, l'appuy & le soustien de ceste Monarchie. Ceste action vous presente une riche moisson de gloire, laquelle cultivée de vostre main, il semblera que ce Royaume ne vive & respire que par vostre esprit. A quoy vous aydera grandement la ferme & resoluë volonté du Roy au bien de son Estat, qui veut le mettre à couvert de tant de malheurs pour luy redonner son embonpoint ancien. Je vous deduiray donc les desordres qui touchent au vif ce Royaume, la source desquels procede premierement de la mauvaise institution de la jeunesse, soit au mestier de la guerre, soit au fait de la police, qui est la chose que le Roy doit avoir en plus grande recommandation, d'autant que la principale force qui sert pour rendre un Royaume heureux, doit estre empreinte par la nourriture, és mœurs de tendre aage pour y demeurer à jamais inviolable : car de là despend le bien, la ruyne ou decadance d'un Royaume ; une institution bien encommencée continuë tousjours amandant, pour ce que la bonne nourriture rend la nature bonne, & la bonne nature par telle institution est renduë meilleure ; selon que chacun est eslevé & nourry, telle est aussi sa vie à l'advenir. La nature fait apte cette jeunesse ; & la nourriture, education & coustume a telle efficace, qu'elle tient en sa main ses mœurs

& luy fait avec le laict succer l'amour des loix & de la police, si qu'elle sçait qu'elle doit faire & fuir quand l'aage meur permet qu'elle soit appellée au maniement soit de la guerre, soit des affaires de la chose publique. La Noblesse est aujourd'huy abastardie d'une nonchalante paresse pour n'estre employée ny à la guerre ny dans les compagnies des ordonnances, ainsi qu'elle estoit anciennement : conseillez au Roy d'establir cinq Academies en France aux lieux les plus propres pour l'instruire aux exercices militaires, à monter à cheval, tirer des armes, jouer de la picque, apprendre les mathematiques & généralement tout ce qui sert au mestier de la guerre : 60000. livres suffiront pour les gages. Que de despences inutiles se font, qu'il seroit plus à propos d'employer à un si bon & loüable effect, & de relever les compagnies d'ordonnances qui seront remplies de ceste brave & genereuse Noblesse ! Quant à ce qui est de l'instruction de la jeunesse aux lettres, il seroit de besoin qu'il n'y eust qu'une Université en France, comme nous avons veu de nostre temps qu'il n'y avoit que Paris où abordoient de tous les costez de la France & des quatre coings du monde trente ou quarante mille escholiers. De ce grand nombre de Colleges espandus par tout ce Royaume, ne sort qu'une fourmiliere d'aprentifs presomptueux, qui affoiblissent le commerce de la marchandise, la culture & mesnagerie des champs, les mestiers & mesme les forces du Royaume. Ostez à un Royaume & le trafic & le labourage qui l'alaictent, & les forces qui le maintiennent en sa grandeur, c'est le conduire comme par la main à sa ruyne : ne plus ne moins que s'il y avoit en un corps une partie qui tirast toute la substance & l'aliment à soy, les autres secheroient d'une defaillante langueur : de mesme s'il y a des personnes qui devorent tout en un Estat, & que les autres cessent par impuissance de fournir à leur entretenement, la desolation est inévitable. Le public a notable interest que les fils entretienne le mestier de son pere, auquel il se rendra plus parfait par un long & laborieux exercice. Ceste commodité de Colleges fait que le laboureur quitte sa charruë, l'artysan son mestier pour estudier ; & quand ils ont employé un grand temps aux estudes, les voila arrestez & accroupis dans une fetarde paresse. Comme je sollicitois un jour à ce grand homme de bien le Chancelier de Believre de me sceller des lettres pour establir un College à Xaintes, il me dit en me les baillant, qu'il n'y avoit que trop de Colleges en France qui trafiquoient quant & soy sa perte, & que le meilleur pour l'Estat seroit que le Roy abolist tous ces petits Colleges & les reduisist tous en l'Université de Paris. Après avoir parlé de l'institution de la jeunesse, je parleray de l'ordre Ecclesiastic, premier membre de l'Estat, duquel sort une grande partie de nos maux : car les beneficiers sont aujourd'huy vrais corratiers & marchands des benefices, qui en font un trafic public en pesle-meslant confusément la terre avec le ciel, & le ciel avec la terre, au lieu de sevrer leurs affections des delices terrestres pour les eslever entierement vers Dieu & jurer un divorce irreconciliable au peché. Ce qui naist de ce que le Roy nomme aux Eveschez & & Abbayes, des Custodinos en faveur des Princes & Seigneurs, au lieu de nommer des personnages de bonne vie & capables d'enseigner & de leur exemple & de leur doctrine. Et s'ils sont dignes de ces dignitez, le Roy reserve une pension à quelque courtisan, & de là naissent en l'Eglise comme d'une pepiniere & l'abus & l'erreur, de quoy il rendra un jour compte avec une usure redoublée à ce grand Roy des Roys qui n'espargne personne en ses jugemens. Donnez-luy conseil de nommer aux benefices personnes suffisantes d'une pure, auster & innocente vie, qui monstrent un bon exemple par tout, d'oster ces pensions qui destournent les Prelats de dignement s'acquitter de leur charge, & de retrancher plat & court les coadjutoreries qui rendent les benefices hereditaires dans les familles, & d'ordonner que les beneficiers feront actuelle residance dans leurs benefices, autrement que leur revenu sera affecté aux pauvres sans remission. Le Roy se conduisant de la sorte en la nomination des beneficiers, l'on verra dans peu d'années & l'abus & l'erreur deracinez de l'Eglise, qui est le seul & unique moyen d'en venir à bout ; car la force y perd sa force. Il me faut apres cela tomber dans les charges militaires, celles de la maison du Roy, de Judicature & des Finances qui sont ravies à l'honneur, à la vertu, à la capacité, & exposées au commerce de l'argent sans faire distinction des personnes du plus ou du moins de merite : d'où arrivera, ou que la souveraineté fera mourir ceste venalité d'offices, ou que ceste venalité perdra la souveraineté. Car le seur establissement d'un Estat gist en la dispensation des honneurs, charges & dignitez, comme sa ruyne en la venalité. Dieu veüille que nostre Roy inspiré de plus haut, fasse que les honneurs & recompenses de la valeur, des merites & de la vertu, ne soient plus mis à l'encan au plus offrant & dernier encherisseur, ainsi que quelque vile denrée, ains que ce soient gens choisis ausquels il departe les dignitez avec un excez d'honneur, & retranche quant & quant du corps de son Estat ceste superfluité d'officiers qui n'est qu'une redondance d'humeurs, crasses & visqueuses, d'où s'engendrent tant de defauts en son Royaume. Ce que le Roy peut aisément faire sans offenser ny les grands ny les petits, quand il supprimera les offices vacans par mort, jusques à ce qu'ils soient reduits à l'ancien nombre ; encore faut-il qu'il esteigne, pour le soulagement de son peuple, les gages de ces offices qui ne seront plus en estre. Voicy maintenant la superfluité des tables, d'habits & des trains, qui est une maladie d'Estat douloureuse, violente & deplorable, laquelle rejette de plus hautes branches que devant, d'autant que le Prince tranche du Roy, le Seigneur du Prince, le Gentilhomme du Seigneur, le Bourgeois du Gentilhomme, le simple Artisan du Bourgeois, ce qui s'engendre de ce que tous n'estans pas aussi riches les uns que les autres, ont neantmoins du cœur également, & ce grand courage se rencontre le bouleversement des familles particulieres, lesquelles ruinées, s'ensuit la desolation entiere de l'Estat. Et pour avec plus de facilité courir à leur ruyne, recourent aux Estrangers, qui leur vendent les draps de soye, d'or & d'argent à haut prix. Au lieu que si nous estions sages, nous nous habillerions de nos laines, de nos soyes & de nos manufactures. Et pour ce qui est de la delicatesse de la bouche, cherchent les especeries, sucres & autres drogues en Levant, au lieu d'user de celles qui croissent & naissent en nostre France, & quant aux trains, ils vont querir des chevaux en Espagne, au Royaume de Naples, Barbarie & Allemagne, comme si les nostres de Gascogne, Poictou, Limousin, Auvergne & plusieurs autres contrées n'en portoient pas d'aussi bons, mesme de meilleurs que ces païs estrangers. Le Roy peut estranger ce flux de profusion qui n'est qu'un vers'-estat, quand il fera de fortes & estroittes defenses sur peine de confiscation & de grosses amendes d'apporter des denrées estrangeres en France. Nous pouvons nous passer & des habits & des drogues & des chevaux de nos voisins, avec cet advantage qu'ils ne se peuvent passer des mannes qui croissent chez nous : l'Espagne a besoin de nos bleds ; l'Angleterre & la Flandre de nos vins, de nos sels, de nos pasteils, de nos toilles, de nos cordes & de nos cidres qui ne se cueillent qu'abondamment en France, laquelle est la vraye mere portiere de tout ce qui est necessaire pour l'entretien de la vie de l'homme. Le Roy peut user d'une belle police pour monter sa Noblesse, quand par Edit il contraindra chaque Abbé, Prieur ou autre Beneficier qui aura le lieu commode de dresser des haras. Il n'y a Gentilhomme qui ne soit tres-aise d'en avoir un, pour monter à vil prix & soy & ses voisins. Voicy un des souverains defauts de l'Estat auquel il faut que vous travailliez fortement, c'est la grande charge du peuple qui est prest d'estre abysmé sous le faix de tant de maletotes, si qu'il court le penchant de sa ruyne, ne respirant plus rien qu'une lamentable fin. Car il est le miserable object de tous les excez qui se peuvent imaginer. De façon que si le Roy n'est touché au vif de son oppressée ruyne, des cris qu'il rend sous l'esprainte de tant de subsides, & ne se laisse aller aux tristes accens de ses voix esplorées, pour retrancher tant d'imposts par le pied, & le soulager, oster & relever des peines où il est reduit, il demeurera sans ressource accablé. Et encores qu'il en soit reduit là, si est-ce que le Roy sagement conseillé doit considerer que le peuple est le plus puissant membre de son Estat & le plus utile, duquel dépend le vivre, la guerre & la paix de ce Royaume : comme nous vismes du temps de Henry III. quand toutes les Provinces en un vire-main se rebellerent contre luy, il ne faut qu'un Prince mal content pour esmouvoir ce peuple mal content. Le Roy le soulageant des choses qui le pressent, il n'a rien à craindre; mais le surchargeant, il doit avoir peur de tout. Le Roy pour le soulager doit commencer le retranchement par luy-mesme, puis continuer par tous les ordres de son Royaume & en oster les superfluitez, & puis sur le pied de la diminution diminuer la recepte. L'invention de seize années pour reünir son domaine à la Couronne, estoit belle, & loüable; pleust-il à Dieu qu'elle eust continué. Anciennement le domaine estoit suffisant pour l'entretenement des despenses des Roys ses predecesseurs, & lors s'il leur survenoit quelque guerre, & le cœur de leurs sujets & la bourse leur estoit pleinement ouverte. Si ne veux-je oublier que ce dernier aage nous a esclos à la ruyne du Roy & du peuple une fourmiliere de partizans, vrais hommes de contrebande & escumeurs des Finances du Roy, qui d'un appetit forcené & desreiglé, par leurs nouvelles inventions espreignent & tirent la derniere goutte de la substance du peuple de laquelle ils s'engraissent; ils sont une pernicieuse gangrene qui gaigne petit à petit le corps politic pour le consumer de tout point, ou pour mieux dire, un cancer affamé qui ronge & devore insensiblement sa plus saine nourriture. Ils rendent le Roy tellement necessiteux, qu'il est forcé d'imposer sur son peuple nouvelles surcharges & si pesantes qu'ils le contraindront de quitter le fardeau pour la coustume. Conseillez au Roy de bannir ces sangsuës de son Estat pour aller demeurer avec les estrangers, desquels ils ont appris à succer le sang de son peuple, afin que le Roy & le peuple demeurent plus honorablement riches. Le Roy enrichissant ainsi son peuple il s'enrichit grandement, & ne possede pas seulement leurs affections & benedictions, ains tous leurs biens desquels il puisera autant qu'il luy plaira, quand il en aura besoin. Quoy faisant, il thesaurise une double immortalité, l'une au ciel à son esprit, & l'autre en la terre à sa gloire, qui le feront survivre eternellement après sa mort dans les cœurs des survivans & de ceux qui naistront après eux. Et quant à vous, pour avoir apporté en ceste reformation une ame forte & imployable, une vertu vive, masle & obstinée, un courage eslevé dessus toutes craintes, & n'avoir rien oublié de ce qui doit servir pour donner pleine fermeté à l'Estat, vous recevrez une mont-joye d'honneur. Adieu.

LETTRE VI.

A Monsieur de Bussy mon frere, Conseiller du Roy, & Auditeur en sa Chambre des Comptes.

Monstre les effects d'une joye.

QUand la nouvelle me vint de vostre venuë & de ma sœur vostre femme en ce païs, le plaisir que je receus d'une si forte joye de vous pouvoir recevoir chez moy à mains renversées, me fit sentir un monde d'eslans, qui me donnerent comme en proye à la resjouyssance, à laquelle je me laissay trop aller : car estant en sa pleine force, & si faut que je le die, desbordée, en ce bouïllon de ceste grande esmotion, quoyque je monstrasse une chere gaye & deliberée, une allegresse de visage, d'esprit & un ravissement non pareil, elle fit perdre à ma langue la force de son action, elle me serra l'haleine, estoupa mes conduits & mit mes esprits presque dehors, qui rendirent mon cœur si affoibly, que ne pouvant supporter ce violent effort, il fut presque abandonné de toutes les vertus sensitives, lesquelles furent tellement dilatées, que les parties interieures refroidies par une trop grande diffusion de la chaleur naturelle, je faillis de perdre la vie. Tout ainsi que l'huile versée dans une lampe, entretient & conserve la flamme; & y estant par trop & tout à coup infuse, l'esteint : de mesme la joye moderée fortifie & conforte, nourrit & delecte nostre cœur; mais une extreme & soudaine l'estouffe, ou bien comme le sang s'enfuit aux parties interieures du corps par une espouvantable frayeur, qui par son abondance & soudaineté contraint, reserre, debilite, destruit, ruine & suffoque les esprits vitaux : de mesme une joye desmesurée abandonne à pur & à plein les parties interieures & plus nobles, pour soudain s'escouler aux exterieures, dont s'ensuit la dissolution du corps & de l'ame, ainsi qu'il arriva à Diagorras Rhodiot & Chilon Philosophe, qui moururent d'une joye riante; car sçachans que leurs enfans avoient gaigné le prix aux jeux Olympiques, ils sentirent une telle esmotion de rate, qu'ils étouffent de rire.

Et une Romaine ayant ouy dire que son fils avoit esté tué en bataille rangée, supporta la chose plus constamment, que lors qu'elle le vit sain revenant de la guerre : car la joye immoderée luy estoupa tellement les arteres & poulmons, qu'en l'embrassant elle mourut. Et ces deux autres Romaines estant en grande solicitude pour le salut de leurs enfans, qui estoient en l'armée conduite par Flaminius, laquelle fust deffaitte par Hannibal au lac Trasimene, moururent soudainement pour la grande joye qu'elles eurent les voyans saufs contre leur opinion : Filistion Poëte Comique, Denys le Tyran & la femme de celuy qui avoit esté prins par les Mores, de laquelle parle le Courtisan, lisant la lettre de son mary, qui luy mandoit qu'il seroit le lendemain avec elle, se laisserent transporter à des eslancemens d'une joye si extraordinaire, qu'ils en perdirent la vie sur le champ. J'ay pensé à la façon de ceux-cy achepter cherement la joye que j'eus lisant les vostres, car mon contentement fut si hors de mesure, que je ne peus le moderer ny contenir, & peu s'en fallut qu'il ne me mist au peril mortel de ma vie, & mon ame en ce mouvement impetueux, hors des gonds de la raison. Nous en serions mieux, si avec ces Philosophes nous croyions que la joye n'est point tant naturellement plantée en l'homme que receuë par opinion, & pour ceste cause qu'on la peut radicalement extirper, si la fausse opinion du bien & du mal en est ostée. Car celuy qui sera insensible du bien & au mal, ne sautera, ny ne s'esgayera de joye : aussi n'aura-t'il le cœur sincopé, ny son corps ne demeurera sans action, ains sera tousjours luy-mesme, ne se laissera surprendre ny transporter à la joye ny à la tristesse, quelque grande & renforcée qu'elle soit. Quoy qu'il arrive, je vous attends avec une joye planiere pour vous recevoir à bras ouverts. Adieu.

LETTRE VII.

A Monsieur Sizé, Curé de la Parroisse de Gimeux.

Il monstre que la traduction est un labeur ingrat.

J'Ay leu vostre traduction de l'Anatomie de Du Laurens, qui est toute belle & bien à mon goust, pour avoir contrefait au naturel les vrays lineamens de vostre autheur. Plusieurs estiment que les traductions sont de plus grand travail, que de loüange, d'autant que le truchement d'un autheur est attaché au sens de celuy qu'il traduit & retenu entre certaines bornes qu'il ne peut passer. Il n'est pas comme celuy qui compose de soy-mesme, lequel se peut estendre selon la grandeur de ses conceptions, & donner tel vol à sa plume que bon luy semble. Et remarquent encores que le traducteur ne tire pas grand fruict de son labeur, d'autant que les traductions des meilleurs Escrivains ne se sont perpetuées dans une longue posterité, comme celles de Ciceron, de l'œconomie de Xenophon & de plusieurs livres de Platon qui ne se voyent plus. Car combien qu'il les eust diferemment traduits en sa langue, si a-t'on mieux aymé recourir aux autheurs qui ont escrit en la leur avec beaucoup d'efficace & d'elegance, que d'user de la traduction laborieuse de ce grand Orateur. Quant à moy, je ne sçaurois que je ne loüe hautement ceux qui traduisent les bons autheurs Grecs & Latins en la nostre, laquelle ils enrichissent grandement en rendant les phrases Grecques & Latines, les Sentences & comparaisons toutes nostres, & inventans des mots, tous neufs, bien sonnants aux oreilles, & nous faisant outre cela participer aux richesses estrangeres par lesquelles nous apprenons tout ce qui a jamais esté escrit de remarquable en l'ancienneté.

Mais avec ce bien que nous recevons d'un Traducteur, je desire qu'il s'asserve à l'invention & disposition de l'Autheur qu'il entreprend, sans s'assujettir en sa traduction à l'imiter mot pour mot, autrement cela seroit sans grace : d'autant que les langues ne sont jamais semblables en phrases; les conceptions sont bien communes, mais les mots & manieres de parler sont particulieres à chaque nation. Il gardera, en traduisant, la proprieté & le naïf de sa langue, sans se lier à celle de son Autheur ; ses phrases seront douces, ses termes propres, ses propos bien liez, les sentences & les comparaisons agencées à la Françoise. Je n'en voy point de nostre temps qui puisse si dignement traduire un Auteur qui a meslé avec la matiere le facond bien dire, comme vous qui estes second en mots & phrases, & qui pouvez rendre fidellement le sens d'un Autheur avec cette bonne grace qui vous est familiere. Adieu.

LETTRE VIII.

A Monsieur de la Roche-Veron, Docteur en Theologie.

Il n'approuve les disputes que l'on fait avec ceux de la Rel. Pret. Ref.

JE suis bien marry que je ne puis me trouver à vostre Conference de Marennes. Vous sçavez que j'ay esté aux abois de la mort; pour me remettre de ceste longue maladie, il faut un grand temps: ces deux derniers jours j'ay eu la fievre & l'attens encores aujourd'huy, qui est une legitime excuse pour ne pouvoir estre des vostres. Encores faut-il que je vous die, que j'ay veu plusieurs Conferences faites en France entre nos Theologiens & les Ministres; mais je n'en ay veu aucune qui ait produit aucune edification; car chacun opiniastrement aheurté à son opinion, gagne de son costé, & nul ne perd.

Qu'engendra la dispute de l'Evesque de Pamieres avec Arnolot Ministre demeurant à Lombés du temps des Vaudois, qu'une naissance de ceste Religion nouvelle parmy les villes circonvoisines, laquelle depuis s'espandit par toutes les veines de cest Estat, & de là sauta aux Royaumes voisins? Quel bien rapporta le Colloque de Poissy à l'advantage de nostre Religion? Nul. La dispute de Vigor & de Saincte-Foy, contre d'Espina & Desrosiers ne fut-elle pas sans fruict? La Conference qui se fit à Fontainebleau devant le grand Henry, entre le Cardinal du Peron & le Plessis-Mornay, ne fut-elle pas de pareil effect? Et de fraische datte n'avez-vous pas senty ce que je dis estre veritable, en celle qu'avez fait à Taillebourg avec les Ministres? Celle qu'allez faire à Marennes, ne sera pas de plus grand profit. Les opinions sont des folies que la contestation accroist; la Controverse est la fertile pepiniere des doutes qu'elle fait naistre és esprits qui n'y auront jamais pensé, plus ingenieuse à construire qu'à destruire les nouveautez. Disputer la Foy, c'est la convertir en opinion, & mettre en doute ce qui doit estre indubitable.

Ce n'est pas par où il faut reclamer à la bonne voye, des personnes attachées à une vieille erreur: le vray, unique & seul moyen est de mener une saincte vie: leur monstrer un bon exemple, les prescher avec une fervente devotion, & par sainctes & charitables remonstrances, s'efforcer par une douce force de les reünir au giron de l'Eglise Catholique : car lorsque l'on fera retentir en icelle la voix de Dieu, & que d'ailleurs l'on y fera florir la pieté, le zele & la devotion, & que la charité y sera dignement exercée, sans doute ceux de la Religion pretendué reformée seront forcez doucement fortement d'y accourir, comme au port asseuré de la verité, & où consiste le salut des Chrestiens. Si j'ay l'honneur de vous voir ceans à vostre retour de Marennes, nous en parlerons amplement. Adieu.

LETTRE IX.

A Messieurs de Vaudoré, & des Roches, mes nepveux.

Consolation sur la mort de leur pere.

VOus recevez en la perte de feu vostre pere, mon bon & cher frere, un dommage irreparable, comme font tous ses amis qui le regrettent à bon escient: mort, à la verité, qui aigrement vous afflige. Toutesfois quand vous considererez que tant d'afflictions l'avoient accueilly en sa personne, lesquelles s'estoient entassées les unes sur les autres, pour luy faire piteusement traisner sa vie en une mortelle & languissante douleur ; vous ne vous donnerez

donnerez en proye ny au dueil, ny au tourment, ains croirez qu'il est bien-heureux de s'estre mis à couvert de tant de miseres qui le travailloient sans aucune entrecesse. En ceste affliction presente, ce que vous avez à faire, c'est de vous remettre bien avec vostre mere (je sçay que vous n'avez jamais desiré autre chose, & croy que quant à elle, elle vous a tousjours aymez) & rechercher sans respit les occasions que cela se fasse. Tous vos amis y doivent contribuer, & puis traicter avec elle doucement les affaires, & par la voye d'amis en sortir. Car si vous ne suivez ce chemin, c'est vous rendre & les uns & les autres miserables.

Pour moy, en ce que vous jugerez que je seray utile & capable de vous y servir, je m'y employeray de toute mon affection, ne desirant que de voir la paix entre personnes si proches, comme sont la mere & les enfans. Quand elle y sera, Dieu logera au milieu de vous autres.

Si vous ne suivez mon conseil, je diray que Dieu s'esloigne de vostre famille pour l'affliger & terrasser : prenez cest advis de celuy qui a tousjours aymé l'advancement de vostre maison, & de la voir florissante en toute prosperité & grandeur. Adieu.

LETTRE X.

A Monsieur de Bussy mon frere, Conseiller du Roy, & Auditeur en sa Chambre des Comptes.

Que nous avons des jours heureux & malheureux.

QUoyqu'en toutes mes actions je ne sois touché d'aucune superstition, si vous diray-je qu'au cours de ma vie j'ay observé que toutes les grandes affaires que j'eus jamais, m'ont heureusement succedé le jour de Vendredy. Ce jour-là je partis pour aller à Rome, où j'arrivay à pareil jour ; je fus receu par la Cour de Parlement Lieutenant general à Congnac, Maistre des Requestes, gaignay un grand procez contre Beliard, qui avoit duré plus de quatre ans, fus fiancé & espousé avec ma premiere femme, & depuis fiancé & remarié. Ce jour-là m'estoit si fatalement heureux, que je n'y perdy jamais. Je repute entre mes heurs quand feu nostre pere arriva à Congnac un Vendredy 1591. & vous à Tuslon 1618. Si j'ay eu quelque grand voyage à faire, il a tousjours esté ce jour-là, & si par cas fortuit je voulois partir un autre, affaires sur affaires me survenoient qui traisnoyent mon partement jusques-là. Ce que je vous compte, est histoire.

Les autres jours de la sepmaine ne m'ont point esté heureux, quoyque je ne me puisse plaindre de grandes disgraces; mais le Dimanche m'a esté sur tous infortuné, auquel 1567. je fus prisonnier allant trouver le Roy au siege de la Fere, & mené en Flandres, & j'ay failly de me noyer à cinq diverses fois; combien qu'en ce malheur j'aye eu un heur favorable de Dieu, de m'avoir en ces cas soudains & inopinez, conservé le jugement sain & entier, qui a esté cause de ma salvation. De tout ce discours, je puis dire que ma vie j'ay eu un jour heureux, & l'autre malheureux. Les Romains avoient leurs jours heureux & malheureux : les uns qu'ils appelloient jours bataillables, *Dies præliares*, d'autant qu'il estoit loisible à ces jours-là d'envoyer un cartel de deffi à l'ennemy, & l'attaquer à vive force : les autres jours noirs, *Dies atri*, ausquels ils n'eussent jamais envoyé deffier l'ennemy, entre lesquels estoit le 18. Aoust, marqué pour avoir esté deffaites les armées Romaines à Cremera par les Veiens, & à Allia par nos vieux Peres. Toutesfois Luculle ne fit pas grand estat de ces jours infaustes; car comme le sixiesme d'Octobre il voulut livrer bataille à Tigranes, un Capitaine l'advertit de ne combattre point ce jour-là, estimé par les Romains, malencontreux, pour ce qu'à pareil jour Cæpion avoit esté defaict en bataille rangée avec toute son armée par les Cimbres, il respondit qu'il le rendroit heureux pour les Romains, & de fait gaigna la bataille. Tous les grands Capitaines ne regardent guieres aux jours, ains à l'advantage qu'ils peuvent prendre sur l'ennemy. Alexandre s'acheminant en Asie, se mocqua de ces craintifs superstitieux : car comme quelques-uns des siens luy dissent qu'il falloit regarder à l'observance des mois, d'autant que les Roys de Macedoine n'avoient jamais accoustumé de mettre leur armée aux champs le mois de Juin, il leur dit qu'il y remedieroit bien, commandant qu'on l'appellast le second May. Du temps de Neron, la ville de Rome fut à demy bruslée à semblable jour que les Gaulois la bruslerent aprés l'avoir prise. Auguste Cesar observoit certains jours comme infortunez, si que le jour des Nones, il ne commençoit aucune affaire d'importance. Les Grecs observoient & les mois & les jours heureux & malheureux. Les Beotiens gaignerent deux trés-glorieuses victoires, le cinq de Juin, celle de Leuctres & celle de Geraste, qui remirent les Grecs en pleine liberté. Les Perses furent deffaits par eux au mois d'Aoust, en la journée de Marathon, en celle de Platées & auprés de Mycale, en celle d'Arbeles; & les Atheniens gaignerent la bataille navale prés de l'Isle de Naxos, sous la conduite de Chabrias, environ la pleine Lune du mois d'Aoust, & le vingt celle de Salamine. Aussi le mois de Juillet leur fut malheureux, car le 7e jour ils furent deffait par Antipater en la bataille de Cranon, & paravant avoient esté battus au mesme mois prés la ville de Cheronnée par Philippes, & le mesme jour, au mesme mois, en la mesme année, ceux qui estoient passez en Italie avec le Roy Archidamus, y furent tous taillez en pieces. Tiphaine femme de Bertrand du Guesclin, inspirée de la grace de Dieu, luy apprit les jours heureux pour combattre, de quoy il se mocqua; mais depuis il trouva la parole de sa femme veritable, quand il fut pris en la bataille d'Alroy par le Comte de Montfort, & encores en celle de Nadres en Espagne par le Prince de Gales. Car comme il vit & la perte des batailles & sa prison, il luy souvint de sa femme qui luy avoit enchargé de ne combattre en quelque maniere que ce fust qu'aux jours qu'elle luy avoit denommez.

En France, si nous prenons garde, tous nos mouvemens depuis soixante ans ont presque commencé & finy au mois de Mars. Le jour de Pentecoste fut le bien-heureux de Henry III. ayant à ce jour-là, & sur les trois heures aprés midy esté esleu & publié Roy de Pologne au pays, luy estant en France, & par la revolution d'un an aprés suivant à pareil jour de Pentecoste & pareille heure succedé au Royaume de France estant en Pologne; pour ceste cause il institua l'Ordre des Chevaliers du sainct Esprit. Et ce qui est encore remarquable en son Histoire, c'est que le treize Fevrier mil cinq cens septante-quatre, il fut couronné Roy de Pologne, & le mesme jour & mois mil cinq cens septante-cinq, Roy de France à Rheims. Antoine de Bourbon fut marié avec Jeanne d'Albret, pere & mere de nostre grand Henry, le vingt d'Octobre mil cinq cens quarante-huit, lequel à mesme jour gaigna la bataille de Coutras. Le quatorze de Mars mil cinq cens nonante, il gaigna deux grandes batailles qui advancerent grandement ses affaires, celle d'Yvry, & une autre en Auvergne; mais le quatorziesme de May mil six cens dix, il fut traistreusement assassiné ; le treiziesme Decembre mil cinq cens cinquante-trois, il nasquit, & à pareil jour (si nous ostons les dix jours) le Duc de Guise fut tué qui luy eust esté (s'il eust vescu) un grand
obstacle

obstacle venant à la Royauté. Henry II. permit le trentiesme Juin mil cinq cens quarante-neuf, le combat entre Jarnac & la Chastaigneraye, & le mesme jour mil cinq cens cinquante-neuf, il fut tué d'un coup de lance par Mongommery, comme si Dieu eust voulu expier en sa personne ceste malheureuse permission de combattre à outrance pair à pair en camp clos : celuy qui permet ou commande un crime, est en pareille coulpe que celuy qui l'execute. Belle leçon pour nostre Roy, afin qu'il croye que ne punissant point ces furieux, horribles & obstinez combats d'un à un, Dieu tost ou tard en fera retomber la punition sur luy. Pour closture de ceste lettre, je vous diray que le jour de sainct Mathias fut si fortuné à l'Empereur Charles-Quint, que ce jour-là il nasquit, print le grand Roy François prisonnier, fut créé Roy des Romains, sacré Empereur, & luy nasquit Philippes son fils. Lisez toutes les Histoires, vous n'en trouverez une pareille. Ce mesme Empereur arriva à sainct Laurens en Provence le vingt-cinquiesme Juillet, jour de sainct Jaques, qui fut le jour mesme que l'année precedente il avoit prins terre en Affrique, lequel magnifioit l'heureux & fortuné augure du jour de son arrivée en France, disant que son voyage estoit miraculeusement conduit par le vouloir de Dieu, dispensateur & arbitre des choses humaines, & comme à pareil jour il avoit chassé le Turc d'Argers, qu'ainsi seroit-il le Roy avec la mesme addresse & faveur de Dieu, puisqu'ils estoient arrivez en France à mesme jour & sous mesme chef ; mais l'issuë & la grande pourvoyance du Roy luy rendirent ce jour-là malheureux. Adieu.

LETTRE XI.

A Monsieur d'Ars, Conseiller du Roy en ses Conseils d'Estat & Privé, & Maistre de Camp d'un Regiment François.

Consolation sur les afflictions qui luy sont survenuës.

DIeu vous a battu coup à coup de rudes & impetueuses secousses d'adversité, quand il vous a osté vostre fils, puis vostre femme, en aprés vostre frere, & de fraische date le second de vos enfans. Voyant tomber sur vous les maux en foule, je croyois que Dieu ne voulust vous donner ny paix ny pause, afin que fussiez comme un blanc, où chacun traict de malheur s'addressast. Se voir renaistre à ses miseres, les voir redoubler, voire renforcer, est une affliction grande ; mais les attendre de longue main, l'on trouve & leur rigueur & leur aigreur moindre & plus douce. Car se preparer contre toutes sortes de malheurs, c'est saisir les armes propres pour se deffendre quand ils surviennent : prevoir comme desja venu tout ce qui peut advenir, oste la force au mal present. Un Philosophe respondit à celuy qui luy annonça la mort de son fils, qu'il l'avoit engendré mortel, voulant dire que les desfortunes nous pressent moins, lesquelles nous prevoyons devoir necessairement advenir. Quand Dieu vous a affligé d'une calamité & puis d'une autre, c'a esté pour vous donner loisir de craindre ce que deviez endurer, & vous rendre ferme & asseuré contre vos propres malheurs. Les maux que l'on n'attend point, donnent un violent effort par leur inopinée nouveauté. Pour dire vray, rien ne vous pouvoit arriver à l'impourveu, si de bonne heure vous eussiez jetté vostre entendement sur toutes les choses bonnes & mauvaises qui peuvent survenir. Que c'est chose loüable de souffrir avec un visage riant une adversité, & prendre tout ce qui advient, comme si l'on avoit voulu qu'il advinst, sçachant veritablement que c'est la volonté de Dieu ; cela amolit sa violence : je n'eusse jamais creu que ceste derniere desconvenuë vous eust affligé comme les premieres : car nature voyant à combien d'afflictions nous estions nais, elle trouva leur accoustumance, laquelle les nous rendir en peu de temps familieres. Les continuelles endurcissent ceux qu'elles tourmentent souvent. Mais ceste grande opiniastreté à les deplorer, derive de ce que vous ne vous les estes jamais representées avant qu'elles soyent advenuës, & que pendant qu'en estiez exempt, celles d'autruy ne vous ont peu faire cognoistre qu'elles sont communes à tous. Vous avez estimé que vostre vie se devoit passer sans sentir en l'ame aucune pointe d'adversité, ne jugeant pas qu'elle est une partie de la condition humaine, laquelle il faut porter avec le contre-poids de la raison.

Souvenez-vous que Dieu oste & retranche tousjours quelque chose des trop grandes & excessives prosperitez humaines, en diversifiant & entre-meslant la vie de l'homme du bien & du mal, afin qu'il n'y en ait aucun qui la passe entierement pure & nette de tous malheurs. Si aprés cela vous vouliez rendre les abois à toutes ces afflictions, ce ne seroit pas fait sagement. Car il vous faut prendre vigueur de vos propres malheurs, & resoudre que quand ils viennent à vous essayer, de les deffier, leur faire teste, & les combattre sans vous rendre à eux : d'autant que celuy qui succombe soubs leur faix, se laisse vaincre par sa propre lascheté. Ne flechissez pour tout, quelque mal qui vous survienne ; monstrez au dehors n'en sentir passion aucune, & que marchez sans aucune peur contre luy, vous tenant droit au milieu de ses plus rudes traverses. La belle chose, que vostre ame soit tousjours esgale sans s'eslever ny abbaisser pour quelque bien ou mal qui luy arrive !

La constance est un rampart contre la foiblesse & l'imbecilité humaine qu'on ne peut forcer, de laquelle celuy qui s'arme, demeure invincible durant le siege de ceste vie : car il se defend de ses propres armes, rien ne tombant sur son ame qui la puisse non pas troubler, mais seulement esbranler. Estant muny de ceste forte vertu, vous pouvez vous presenter, comme un rocher au milieu de la mer, que les flots & la tempeste battent continuellement : lequel ils ne peuvent manger ny miner, pour estre assailly & heurté d'une foudroyante violence, laquelle vous vaincrez par vostre indomptable fermeté.

Supportez doucement tous ces aspres tourments, & obeyssez à ce qu'il faut par necessité souffrir, avec ceste equanimité qui fait demeurer les personnes resoluës, unes en prosperité & adversité. Et croyez qu'il vous est plus honorable de mourir dans le detroit des afflictions, qu'avec impatience souffrir le mal que Dieu vous envoye. Adieu.

LETTRE XII.
A luy-mesme.

Il donne son jugement de la ligue qui s'est formée en l'an 1610.

LE Roy a armé, voyant ses voisins armer, & resolu de ne mettre plus les armes basses, soit pour empescher que l'estranger n'entreprenne sur son Royaume, soit pour attaquer ceux de ses sujets, qui s'esleveront contre luy. Sur ceste resolution, plusieurs Princes & Seigneurs apprehendans que ceste armée ne fust un appenty de la ruine, & de leurs biens, & de leurs vies, se sont unis en un corps pour leur propre seureté, & afin d'amoindrir la planiere puissance de ceux qui manient absoluëment à leur entier profit le timon des affaires de cest Estat: en l'orne de laquelle entreprise ils ont tenté, non les plus justes & legitimes moyens, mais ceux qui leur ont semblé les plus asseurez.

Vous desirez que je vous mande ce que je pense de la naissance, progrez & decadence de ceste Ligue. Quoyque toutes les raisons que je sçaurois deduire, vous soient presentes, si est-ce que je vous en diray mon opinion, & pour vous contenter, & pour satisfaire à nostre longue amitié, & au service que je vous ay voüé. J'estime qu'il n'y a rien plus malheureux & abominable en un Royaume, comme les auteurs des Ligues, factions & conjurations, qui sont les vrays nourriciers de toutes sortes de maux, miseres & calamitez, puis qu'ils ostent au peuple le sens & le sang en le faisant abboyer à la faim. Leur faute fut trouvée de si dangereuse consequence par les Legislateurs, qu'ils ne peurent imaginer de peine assez griefve contre les criminels & convaincus de tel crime, d'autant qu'ils detournent les cœurs de la foy & obeyssance que les sujets doivent naturellement à leur Roy, d'où derive le bouleversement des Empires, la fin de l'Estat Royal, & la cheute des Republiques.

Une Ligue est tellement pernicieuse, & contraire à la souveraineté, que l'on croit qu'il n'est pas au pouvoir du Roy, quoyqu'absolu, d'en advoüer une entre ses sujets, sans se despouiller de son titre souverain, ny loisible au sujet d'y entrer sans estre declaré traistre à son pays, rebelle à la couronne, & indigne de tous honneurs, franchises & privileges: voilà le jugement que je fais de ceux qui se liguent contre leur Roy.

Je vous veux maintenant faire voir plainement, & de droite veuë & par raisons & par exemples, que ceste ligue & en son progrez & en sa fin enfantera d'elle-mesme sa defaite. Ces Princes & Seigneurs qui sont d'eux-mesmes chacun par soy foibles, ont jugé se pouvoir conserver estans liez & unis ensemble, & que desunis leur perte est inevitable: ne plus ne moins que és corps des animaux les parties vivent, se nourrissent & prennent esprit de vie, par la liaison qu'elles ont les unes avec les autres, & soudain qu'elles sont separées n'ayant où prendre leur nourriture, se corrompent & pourrissent. Mais il est impossible, quelque precaution qu'ils y apportent, que la division ne se loge parmy eux, & à sa suitte leur ruine, (quoyque tous en la source de ceste ligue n'ayent eu autre but que leur conservation:) car tous croyent devoir esgaller leur compagnon, soit en force, soit en authorité, ou bien pour les charges qu'ils tiennent dans l'Estat, ou bien pour ce que l'aage les a rendus routiers & entendus au mestier de la guerre. Et ceste seule consideration aydée d'une vaine & convoiteuse ambition, produira que chacun d'eux voudra tenir la surintendance du commandement, & deslà, voilà la division née. A-t'on jamais veu ligue ferme & asseurée, bastie avec ceux qui se croyent esgaux? Nullement: car estans pareils en force, ils ont rompu la ligue toutes les fois qu'ils ont veu pouvoir faire leur advantage. Et ce qui les poussoit encores mieux à ce faire, c'est qu'en ces compagnies ramassées de plusieurs pieces, ce qui plaisoit à l'un, desplaisoit à l'autre; ce qui estoit profitable à l'un, estoit dommageable à l'autre, si qu'en ceste mauvaise intelligence, quand ils avoient prins un conseil meur, deliberé & resolu, qui requeroit une prompte & soudaine execution, la contrarieté des opinions apportoit une lente diligence qui reduisoit leur entreprise, quoyque advantageusement entreprise, à rien. La diligence donne les victoires, & plus souvent que la force: l'experience ne nous rend-t'elle pas sages, que és ligues des choses generalles peu de particuliers en prennent le soing, lesquels pendant qu'ils se ressentent aux provisions des uns des autres, se retrouvent combatus de la disette de toutes choses: une ligue en son commencement est espouvantable; mais son premier effort soustenu, elle s'affoiblit par les raisons que j'ay desduites, & puis se deffait d'elle-mesme estre forcée des forces ennemies. A quoy aide beaucoup, de ce que plusieurs (quoyque engagez en ceste querelle) desirent avant que de se joindre au gros, de vous jouër le premier jeu pour recognoistre qui aura ou du bon ou du pire, afin ou de quitter ou de suivre ce party, ainsi que nous le vismes pratiquer en ce dernier mouvement où tous ceux qui s'estoient engagez & de parole & par escrit, abandonnerent celuy qui seul leva les armes. Et ce qui me fait encores mieux croire que ceste ligue se perdra, c'est que les auteurs tenans divers gouvernemens esloignez les uns des autres, ne se pourront secourir estans diversement attaquez chacun en sa Province par les Seigneurs mesmes des Provinces appuyez des forces que le Roy leur envoyera, en attendant qu'il amene une grosse & forte armée avec laquelle (les trouvans ainsi separez,) il luy sera aisé de les reduire les uns aprés les autres soubs le joug de sa domination. Je vous veux monstrer que ceste ligue sera d'une petite durée. Celle qui s'esleva contre Henry troisiesme, se resolut sur ce qu'il n'avoit aucuns heritiers sortis de luy, & la France estoit pour l'heure reduite à un tel chaos d'affaires que toutes choses y estoient confusément pesle-meslées, & puis fut pretexée de la Religion, de la vengeance & de la conservation d'une grande & illustre famille, de laquelle les principaux chefs estoient abbatus, & ce qui en restoit, à la veille de courir la mesme fortune.

Toutes ces considerations aprés la mort de Henry troisiesme n'eurent ny assez de force, ny assez de vigueur pour retenir toute ceste famille en un, & empescher que les cousins n'abandonnassent les cousins; les nepveux, les oncles, les oncles, les nepveux; le frere, ses freres; les freres, le frere, si qu'en ceste desunion chacun ne pensant qu'à son advancement soit au bien, soit aux charges, le chemin fust ouvert à nostre grand Henry, (en contentant chacun d'eux en detail,) pour reduire ses sujets en son obeïssance & rompre ceste effroyable & detestable ligue qui avoit failly de bouleverser le Royaume sens dessus dessous. Ceste-cy n'est appuyée dessus de si forts & favorables pretexes comme estoit celle-là; elle n'a pour base que le mescontentement de ces Princes & Seigneurs, qui n'ont autre desir que d'aborder la personne du Roy, & en esloigner ceux de la faveur, afin de faire leurs affaires & manier la France à leur plaisir. Car quant à ce qui est du Royaume, toutes choses y marchent avec l'ordre qui est necessaire pour maintenir un Estat en bonne paix: les gens de guerre sont payez de leur solde, les Officiers de leurs gages, le peuple de ses rentes, le Gentilhomme vit sans alarmes en sa maison, le citoyen doucement avec sa famille, le marchand vigilant trafique & librement & hazardeusement, l'artisan gaigne sans contrerolle sa vie à la sueur de ses bras, & l'actif & mesnager laboureur sollicite sans crainte, de ses innocentes mains la terre laquelle nous fournit avec usure redoublée les commoditez de la vie

humaine

humaine en nous ouvrant & son sein & son laict. Et ce qui est plus fort que tout cela, nostre Roy est soustenu de ses proches, & à la veille, avec l'ayde de Dieu, de s'immortaliser en ce mortel estre par la propagation de soy en plusieurs de ses semblables. Toutes ces raisons me font juger que ceste ligue ne sera qu'un mauvais vent, qui portera toutesfois un triste & prejudiciable dommage au peuple, laquelle puis après se resoudra en rien. Comment Loüis XI. destruit-il la ligue des Princes & Grands de son Royaume? En contentant le Comte de Charolois.

Quand le Roy pesera ces vives raisons & ces exemples domestiques, & considerera que ceux qui se liguent regardent plus leur profit particulier que celuy du commun, il mettra hors d'interest un ou deux des principaux qui seront incontinent appaisez, desunis & ostez de la compagnie, laquelle puis après se dissipera d'elle-mesme, ou au moins la reduira-t'il aisément à son neant. Et d'autant qu'il est à craindre qu'au premier mescontentement ces Princes & Seigneurs ne renouvellent une nouvelle ligue & rendent par elle le mal incurable, que l'on avoit pensé curable, le Roy doit en ceste occurrence user de nouveaux & plus violens remedes. Periandre en tel subject donna advis à Thrasibule, & Tarquin le Superbe à Sexte son fils, de couper les plus hauts espics de leur champ, voulant dire qu'il n'estoit pas besoin de laisser croistre les hommes par dessus les autres. Conseil que executa Ferdinand en la personne de ce grand Gonsalve, lequel ayant reduit le Royaume de Naples sous la domination de son maistre, & mis à fin plusieurs braves, hautes & perilleuses entreprises, qui estoient toutes tournées à son profit, fut neantmoins par luy despoüillé de toutes ses charges & reduit à une vie privée, de peur qu'une outrecuidée presomption ne le portast à troubler ses Estats. Belle leçon pour nos Roys, lesquels ne doivent tant authoriser un Grand, qu'ils ne puissent, quand bon leur semblera, reprendre à eux l'authorité qu'ils aura euë. Les pouvoirs extraordinaires & continuels chatoüillent quelquesfois & invitent à retenir de force ou d'artifice ce qui a esté octroyé de grace ; la douceur du commandement estant un leurre puissant aux esprits ambitieux pour entreprendre. Quand le Roy mettra en œuvre cet advis non pas mollement & avec froideur, mais puissamment & resoluëment, il apprendra à ceux qui entreprennent plus que leur mesure, qu'ils se precipitent en de grands & calamiteux malheurs, lesquels traisnent quant & eux de fonds en comble leur ruyne.

Et si opiniastrement ils s'efforçoient de faire revivre ce monstre ruine-Estat dans son Royaume, il les doit lors poursuivre à vent & à voile jusques à ce qu'il en ait purgé & nettoyé la France, laquelle il garantira en leur mort. Pleust à Dieu que ces Grands devinssent sages par les punitions exemplaires qu'ils ont veu depuis trente ans en çà tomber en la personne de ceux qui temerairement voulurent remuer l'Estat pour tout gaigner ou tout perdre, & creussent qu'il leur en pend autant à l'œil : car les Princes n'oublient & ne pardonnent jamais les offenses de leurs sujets pour desquels se vanger ils choisissent à point l'opportunité. O que heureux est celuy qui mesnage sagement sa charge sans entreprendre plus qu'il ne doit, lequel peut donner en vieillissant une asseurée & paisible assiette à sa vie ! O que malheureux est celuy qui n'a jamais assez, ains qui court sans aucune entrecesse, d'un contentement à l'autre, auquel il en prend comme à ceux qui ayans le vent à souhait ne cessent de faire voile jusques à ce qu'ils soient perdus ! Adieu.

LETTRE XIII.

A luy-mesme.

Ce que peuvent esperer les remueurs d'Estats.

PAr ma derniere je vous ay escrit où je croy qu'aboutira ceste ligue; maintenant je vous feray voir l'attente que peuvent esperer tous remueurs d'Estats par l'histoire du Connestable sainct Paul, que je represente ray par celle-cy tout à nud : je prie à Dieu que ceste lettre tombe entre leurs mains & que de sa lecture ils en soyent faits & plus sages & plus desireux de servir le Roy. Le Comte de sainct Paul estoit grand d'extraction, bien apparenté, riche en biens, possesseur de fortes places, beaufrere du Roy, lequel se ligua avec le Comte de Charolois & les autres Princes & Grands de ce Royaume soubs le pretexte du bien public.

Il mena au Comte de Charolois trois cens hommes d'armes, & quatre mille Archers bien équipez & le jour de la bataille de Montlhery conduisant l'advant-garde combatit vaillamment. Par le traité de paix le Roy luy donna l'Estat de Connestable. Voicy l'une de ses premieres demarches faite au deceu du Roy: le Comte de Charolois fait Duc de Bourgogne assiege Dinan ville du Liege, auquel le Connestable meine des forces sans la permission du Roy. Après ceste équipée il se reconcilie avec le Roy, qui par ses caresses & bienfaits le rendit si sien qu'il ne fit plus d'estat du Duc comme il souloit, ce qui denoüa & refroidit grandement leur amitié. Il estoit puissant en l'Estat ; le Roy luy entretenoit quatre cens hommes d'armes, desquels il estoit & le Commissaire & le Controlleur ; luy donnoit 45000. florins de pension, souffroit qu'il prinst un escu pour pipe de vin qui passoit parmy ses limites pour aller en Flandres ou en Hainaut, & possedoit Han, Bohain & autres places fortes. Il se delibera de nourrir la guerre entre le Roy & le Duc afin de maintenir seurement ses Estats, & empescher que le Roy ne se brouillast parmy les Grands de son Royaume s'il estoit en repos. Pour y parvenir, promet au Roy de se rendre maistre de sainct Quentin toutes les fois qu'il voudroit, & quant aux autres villes assises sur la riviere de Somme, plusieurs Seigneurs promirent de les faire rebeller à son premier commandement. Le Connestable se saisit de sainct Quentin, Amiens se revolte. Le Duc arme pour les recouvrer & prie le Connestable de ne faire du pis qu'il pourroit: sa response fut qu'il luy rendroit sainct Quentin s'il se jetteroit de son party s'il bailloit sa fille en mariage au Duc de Guyenne, de laquelle le Duc fut si offensé, qu'il en redoubla sa haine. Il met le siege devant Amiens, le Connestable se jette dedans avec 1400. hommes d'armes, 4000. francs-Archers & tous les Grands du Royaume. La paix se fait entre le Roy & le Duc, lesquels recognoissant le seul Connestable les entretenoit en guerre & en crainte par le moyen de leur discord, le Roy l'abandonna au Duc avec toutes les terres & seigneuries pour en user à discretion. Toutesfois ce coup fut rompu par la mort du Duc de Guyenne. Si ne laisserent ces deux Princes à quelque temps de là de conspirer en sa ruine & reprendre leurs premieres ires ; & pour cet effet envoyerent leurs Ambassadeurs à Bouvines, où les seelles de sa ruine furent donnez, contenans que le Connestable pour les raisons qu'ils deduisoient estoit declaré ennemy & criminel vers les deux Princes, qui promettoient & juroient l'un à l'autre, que le premier des deux qui s'en saisiroit, le feroit mourir dans huict jours après, ou le delivreroit à son compagnon pour en faire à son plaisir, & qu'à son de trompe il seroit declaré leur ennemy, & tous ceux qui le serviroient, porteroient faveur, ou ayde ; & le Roy donnoit au Duc les meubles du Connestable qui se trouveroient en son Royaume, toutes les Seigneuries mouvantes du Duc, & quant & quant S. Quentin, Han & Bohain, & prometoient de l'assieger à jour dit dedans Han. Le Connestable qui eut advis de ce traicté, fait entendre au Roy que le Duc le vouloit attirer à son service; la crainte qu'en eut le Roy, fit rompre ce pourparler, & les seellez que les Ambassadeurs s'estoient ja donnez furent rendus. D'un autre costé pour gaigner les bonnes graces du Duc, il le prie d'envoyer gens de guerre pour luy rendre S. Quentin, lesquels s'estant approchez à deux & trois diverses fois pour entrer dans la ville, s'en retournerent sans rien faire. Depuis ces Princes teprindrent leur premiere trame. Quand Dieu veut punir un Grand, il luy envoye plusieurs malheurs qui se tiennent comme par la main, lesquels sont autant d'avant-coureurs de sa malencontreuse & desastrée infortune : le frere du Connestable Gouverneur d'Arras & son fils Gouverneur de Bourgongne furent faits prisonniers du Roy, sa femme sœur de la Royne deceda; celle-cy prés du Roy & ceux-là prés du Duc, luy servoient d'un secourable appuy; ses principaux serviteurs, comme Mony, Genly & autres l'abandonnerent & luy entra en mesfiance de ses gens-d'armes. Le Roy le manda, il fit difficulté d'y aller qu'il n'eust fait serment sur la croix de S. Loup d'Angers, de ne luy faire ou permettre qu'il receust aucun mal en sa personne, lequel il ne voulut passer, ains tout autre serment. Pendant ces entrefaites, le Roy d'Angleterre entra en France à la semonce du Duc: le Connestable, voyant le danger inevitable de sa vie, envoya un seellé au Duc (Voyez comme Dieu le priva tout-à-fait de son entendement) par lequel il promit de le servir, & secourir le Roy d'Angleterre avec tous leurs amis & alliez envers tous & contre tous, sans en nul excepter : & escrit au Roy d'Angleterre lettre de creance par le Duc, qu'il luy mettroit S. Quentin & autres places entre les mains. Le Roy adverty de ce mesnagement, fait tresves pour neuf ans avec le Roy d'Angleterre, auquel le Connestable escrivoit que le Roy le tromperoit & qu'il prinst Eu & sainct Valery, & qu'avant deux mois il le rendroit bien logé, offrant de luy prester cinquante mil escus; offres que l'Anglois refusa, & deslors il se fit tout pour perdu : car il avoit advis asseuré que le Roy & le Duc continuoient l'entreprise de se saisir de sa personne. Mais pour divertir ce dessein, il escrit au Roy; que s'il vouloit, il disposeroit le Duc à tailler en pieces le Roy d'Angleterre & toute sa bande, à quoy le Roy ne voulut prester l'oreille, ains luy manda qu'il avoit besoin d'une telle teste que la sienne, pour remedier aux grandes affaires qui l'assiegeoient (il ne vouloit point le corps, mais seulement la teste.) Et aussi-tost le Roy fit entendre à l'Anglois le projet du Connestable, qui envoya au Roy les deux lettres qu'il luy avoit escrites, avec les paroles de creance, lesquelles portoient quant & soy la condamnation. Le Roy au mesme temps conclud la trefve pour neuf ans avec le Duc, & tous deux jurerent deslors la mort du Connestable, ainsi qu'elle avoit esté resoluë à Bouvines. Luy sçachant veritablement cet arresté, propose tantost d'achepter une place forte en Allemagne pour s'y retirer, afin d'éviter cet impetueux orage prest à tomber sur sa personne, tantost de tenir bon dans son chasteau de Han qu'il avoit fortifié, garny d'hommes, de vivres & de munitions de guerre, pour en une necessité forcée luy servir d'une asseurée retraite. En ceste perplexité, il se resolut tout à coup d'aller trouver le Duc sur son saufconduit, & estant arrivé à Mons en Hainaut, le Duc commanda qu'il fust arresté, & de là mené à Peronne, & livré avec tous les seellez let-

tres qu'il luy avoit escrites, à ceux qui avoient charge du Roy, lesquels le conduisirent jusques dedans Paris, où le Roy le fit mettre entre les mains de sa Cour de Parlement, laquelle par son arrest le condamna à avoir la teste trenchée, & ses biens confisquez : arrest qui fut executé en tous ses points. Voilà la parpaye que receut ce premier Officier de la Couronne, de ses desloyales infidelitez, par une punition prompte, exemplaire & visible, lequel mené d'une vaine & aveuglée ambition, & d'une pernicieuse & rongearde avarice, fomenta la guerre entre trois grands Princes, lesquels il abusoit de ses promesses sans promesses, pour se maintenir en sa charge, & conserver les profits que le Roy luy avoit accordez, deux desquels l'ayant abandonné au premier occupant, par une juste punition divine il perdit aussi-tost le sens : ou bien que toutes choses se font craintivement, quand on est contraint de se resoudre au milieu d'une affaire. Car quand il fut question de prendre party, il choisit le pire. Le plus seur pour luy estoit de vuider le Royaume : & le plus glorieux, que toute son esperance fust au peril, qu'il n'esperast de retraite & de salut que sur la valeur & generosité & n'eust qu'un courage sourd aux dangers pour s'ensevelir en ceste necessité au lict d'honneur. Au lieu d'embrasser l'un de ces partys, comme il se vit aux abois de sa proche ruyne, il eut le pouls foible, inegal & l'œil trouble. Car pressé du ressentiment de tant de maux qu'il avoit pourchassé à ces Princes, sa conscience luy donna tant d'assauts renforcez, voire redoublez, que son ame douteuse flotante entre le si & le non, le fit resoudre d'aller vers le Duc : resolution qui partit pour lors d'un cœur lasche & remis, laquelle le fit le jouet & la proye du temps. Dieu se voulut jouer de luy, ainsi qu'il s'estoit joué de ces Princes, afin qu'il sentist qu'il ne faut jamais heurter son Roy, & que celuy qui le fait, c'est d'adventure si à ce jeu-là il ne laisse sa teste pour gage. Ceste peine est un appennage inseparable de son mesfait. S'il eust usé de son bon sens & jugement naturel, de l'experience & maniement des affaires, d'une estude & consideration des choses passées, il pouvoit des actions d'autruy tirer des instructions pour ne pointer ses actions contre le service du Roy, ny se desmentir de la fidele loyauté qu'il luy devoit, & lors le Roy n'eust pensé à l'atterrer (comme il fit) en ses biens, en ses honneurs & en sa vie. Que nos Princes & grands Seigneurs seront sages de faire leur profit des adventures du Connestable, pour s'en prevaloir aux leurs, & malheureux s'ils reçoivent advis de leurs propres malheurs! Car estre fait sage par la faute d'autruy, est plus à propos, que de souffrir par sa cheute. C'est estre enseigné avec un grand contentement. S'ils considerent qu'ils sont tous sujets du Roy, auquel ils doivent naturellement le respect, la fidelité & l'obeïssance, & qu'il est tres-certain que sa substance & la leur sont si estroictement liées en la participation du bien & du mal, que de sa grandeur despend leur repos, & de sa foiblesse leur totale ruyne, pour une licentieuse authorité que prendroient ses ennemis, je m'asseure qu'ils ne se desvoyront jamais de son service, ains l'embrasseront si estroictement (quelque mescontentement qu'ils puissent avoir) que le Roy en recevra un signalé plaisir, & eux des biens inestimables. C'est au sujet d'oublier ses services, & au Prince de s'en souvenir. Adieu.

LETTRE XIV.

A luy-mesme.

D'où naissent les mouvemens en un LA plus-part des Grands qui gouvernerent & les Roys & leurs Estats, se voyans estre en l'agonie & comme au dernier periode de leur felicité par l'estouffement de leur authorité, le raval de leur grandeur & le changement de leur bonheur, dresserent un monde de desseins pour rechercher leur repos dans les miseres publiques : & pensans ne pouvoir mieux subsister que par le trouble, bastirent un magazin de malcontens, pour esbranler ruyneu- *Estat & le remede pour les estouffer,* ruyneufement les affaires de leur Prince, & fous telle quelle couleur s'obftinans & roidiffans à fa ruyne, enfanterent un effain de malheurs, fans confiderer que toutes chofes ont leur periode, & qu'eftans montées au comble de leur grandeur, elles ne tendent plus qu'à leur defaite: peine, à laquelle les loix de la Providence divine les affujettirent. Le foleil eftant eflevé au plus haut point du jour, fes rayons commencent à s'affoiblir & fa clarté diminuë à mefure qu'il s'approche de fon occident, où nous en perdons l'entiere jouïffance: la lune s'eftant toute reveftuë de lumiere, elles'en voit auffi-toft defpoüillée foit par fon decours, foit par fes eclypfes: les plantes parvenuës à une jufte grandeur fe fechent infenfiblement, & les fleurs s'eftant efpanoüyes autant quelles peuvent, tombent: la grandeur des Empires a fes bornes qu'elle ne peut outrepaffer: la bonne fortune des Grands a auffi fes limites, lefquels comme ils font advancez jufques au plus haut degré de leur felicité, ne peuvent par là en avant qu'attendre leur cheute, laquelle leur a efté, de fiecle en fiecle, comme fatale: car combien qu'ils eftimaffent eftre au-deffus du malheur, ils eurent pluftoft veu, que preveu, leur terraffement.

Les fortunes les plus eflevées font fubjectes à un flux continuel de change & rechange. Mais en ce grand abcez de fortune leur mal fur fi grand qu'ils ne peurent ny ouyr, ny goufter de ferviteurs qui leur diffent librement & avec une vigoureufe hauteffe de cœur ce qui regardoit le bien de leurs affaires, dont l'ignorance leur caufa des pertes irreparables. Qui eftoit le vray temps qu'ils devoient plus aymer le parler libre d'un ferviteur fage & difcret, que le difcours emmiellé d'un flateur, lequel ne leur difoit jamais ce qu'ils eftoient, mais beaucoup plus ce qu'ils n'eftoient pas. A quelle fin vous fais-je ce difcours? Pour venir aux Grands de ce Royaume, qui par le paffe manient les refnes de cet Eftat, lefquels eftans fur leur foleil couchant, defireux neantmoins de fe maintenir en leurs dignitez, ont pris les armes fous le pretexte des defordres que produifent en l'Eftat ceux qui le gouvernent: fçachant & le rang & le poids que tenez prés des principaux & voftre libre & non flateufe façon de vivre, je vous ay efcrit ce confeil (lequel vous leur donnerez fi le trouvez à propos) que je croy eftre falutaire pour le bien de leurs affaires. J'accorde qu'il y a des defordres dans l'Eftat; pour cela il ne faut lever les armes, & fe font de mauvaifes arres d'un loüable deffein & des remedes pires que le mal. Ce n'eft pas le jufte moyen que les fujets doivent tenir pour recourir au Roy, c'eft rendre leur plainte de mauvaife odeur, & trouver toft ou tard leur perte dans ce pretexte. Quand des fujets veulent donner la loy & mefure à leur Prince, ce n'eft autre chofe que de le contraindre de vouloir ce qu'il ne veut pas.

Il n'y a rien fi fenfible aux fens d'un Roy, que quand fes fujets veulent mettre frein à fa volonté. Ces Grands quoyqu'ils fe foient armez, fi doivent-ils laiffer ce pretexte imaginaire des defordres, pour recevoir la paix, laquelle eft la fin de toute guerre; il leur vaut beaucoup mieux trouver dans le commencement des affaires, que de rechercher le hazard & les peines exceffives de la guerre, qui autrement s'acquereroit à leur defadvantage. Il leur a efté facile de commencer ces mouvemens, & leur fera mal-aifé de les efteindre avec honneur & profit, s'ils ne prennent le contrepied de leurs deffeins, & ne reçoivent la paix toute telle que le Roy leur voudra donner: car s'ils n'en paffent par là, je prevoy qu'une longue & utile repentance fera le falaire de leur haftiveté.

Il faut qu'ils fe laiffent tromper, baiffent la tefte, prefent au coup, cedent à la neceffité pour fortir d'une ruineufe affaire: & leur eft plus utile d'ainfi s'accorder, que d'attendre le debris & fracas d'une totale ruine. L'evidente utilité & la preffante neceffité font fuffifantes pour leur perfuader de choifir pluftoft l'obeïffance avec la feureté, que la defobeïffance avec le danger: car le peril eft qu'en s'opiniaftrant par trop à ne vouloir rien relafcher de leur opinion, ils donnent occafion au Roy d'en venir à la voye de toute rigueur, lequel eft deliberé (s'ils ne fuivent ce confeil) de les traitter à outrance, en leur denonçant guerre mortelle à feu & à fang, & les mener par force d'armes, fans efperance de refpit, jufques à une entiere defconfiture. Les tumultes & defordres n'apportent gueres de danger qu'à ceux qui les font. Quand le Roy s'arreftera du tout & de penfée & de volonté à la guerre, leur affaire eft reduite au dernier hazard; car toute fon armée fe viendra defcharger, ainfi que quelque gros amas d'efpaiffes nuées, deffus les Provinces de leurs gouvernemens, & lors tout ce qu'ils pourront faire, ce fera de fe retirer, comme à garand, dans leurs fortes places, où eftans renfermez, ils ne fe pourront garantir qu'à la longue le Roy ne les matte & desherite de leurs gouvernemens, fans rien hazarder, d'autant que leurs fondemens font trop frefles pour s'appuyer de leurs propres forces, & que les groffes trouppes qu'ils nourriront dans leurs murailles, les defferont autant quel'armée du Roy. Pour eviter tous ces triftes & malencontreux malheurs, qu'ils fe contentent de l'Edict du Roy, fous lequel & par lequel ils auront feureté & de leurs fortunes & de leurs vies. Aprés vous avoir defduit le confeil que je penfe propre pour appaifer ces mouvemens, fi vous veux-je efcrire ce qu'ils engendrent en la perfonne de noftre Roy: fon apprentiffage aux armes: d'un mal naift fouvent un bien. L'experience du Medecin s'acquiert dans les maladies; celle du Roy dans les maux de fon Eftat, dont les caufes luy eftant cogneuës, il veut y apporter les remedes convenables, tant pour les guerir, que pour empefcher leur recheute. Ce qui l'a desja fait refoudre à s'oppofer de tout fon pouvoir à ces torrens de confufion qui entraifneroient fon Eftat quant & eux. Comme les pilotes font emportez au travers des efcueils par la violence d'une bourrafque de mer & s'y perdent, auffi font les Princes & Grands dans les defordres des Eftats, fi de bonne heure ils n'en deftournent l'orage. Il eft refolu pour ce coup de recevoir à bras ouverts les autheurs de ces troubles, de qui le falut & la confervation luy eft auffi agreable que la ruine defplaifante; mais à l'advenir, il a juré d'appliquer le fer & les remedes plus violens aux parties gaftées du corps politic, pour fauver le corps de ruine & deftruction. Ce qui luy fera aifé de faire, maintenant qu'il eft fait homme: car il portera des labeurs plus que d'homme, en courant aux divers feux du Royaume. Et tout ainfi que les morfures venimeufes veulent le fer & le feu au commencement, aufquelles fi l'on fe prend trop tard, le mal devient incurable: de mefme le Roy croit que s'il laiffoit prendre pied aux revoltes de quelques fiens fujets, fans en couper la racine en fa fource, le mal viendroit par deffus le remede. Voilà ce que j'avois à vous mander pour le dernier mets de ces mouvemens. A quoy j'adjoufteray que jamais fujets ne fe font rebellez contre leur Prince, combien que pour un temps ils ayent eu le vent en poupe, qu'ils n'ayent prins une malheureufe fin. Il ne faut jamais exciter fon Roy à courroux, & principalement pendant fa jeuneffe, d'autant que le plus fouvent il devient tel que l'humeur de fes fujets le rend, & que le malheur du temps le forme. Il faut que ceux qui ont levé les armes, ayent recours dorefnavant au Roy, comme à la derniere anchre de leur falut, & repaient leur faute par toutes fortes de fervices, en refignant & leur courage & leur efpée au repos du Royaume: quand leurs actions butteront là, cela donnera un grand effort à relever leur grandeur. Ceux qui font les chofes follement, & à l'adventure, n'en rapportent que perte & dommage; & ceux qui y pourvoyent d'un fens arrefté, en viennent à bout, & pluftoft & plus aifément, & avec grand advantage. Les plus fages confeils font les plus honorables. Adieu.

LETTRE XV.

A Monsieur de Bussy mon frere, Conseiller du Roy & Auditeur en sa Chambre des Comptes.

Sa resolution à la mort.

JE loüe Dieu qu'avez plustost sceu les nouvelles de ma guerison, que de ma maladie ; car je sçay l'ennuy que vous eussiez receu, & encores essoignez comme nous sommes : mon mal fut si present & si pressant, que je le puis dire sans pair ; il me fit disposer de tout point à la mort. Je me confessay, fis mes Pasques, & tout le devoir d'un bon Chrestien : cependant j'envoyay querir ma femme & mes enfans absens pour leur dire le dernier Adieu, & donner ma benediction. Quand ils furent arrivez, je priay ma femme de les aymer, & leur commanday de l'aymer, servir & honnorer. Combien que je voulusse monstrer de la constance en ceste action, si est-ce que quand je vins à prier ma femme de ne rien demander à mes enfans apres ma mort, les larmes me vinrent aux yeux, & fus quelque temps sans parler. J'advoüe qu'il y eut de l'humanité en ce premier mouvement, apprehendant qu'elle les tourmentast, mais sa reponce mit mon ame en une juste assiette. Aprés ce pour-parler, un de mes amis me dit, qu'il me falloit resoudre à la mort, & la prendre avec une agreable patience. Quoy, dy-je lors, pensez-vous que je craigne la mort, laquelle je me suis renduë comme ma familiere hostesse depuis plusieurs années ? au-devant de laquelle je marche hardiment, mesme pour la heurter, s'il est besoin ? Pensez-vous que j'aye peur d'une chose que je ne puis éviter, & laquelle est par-dessus & au-dela de toute puissance ? Ne sçay-je pas que la separation de mon corps & de mon ame rend à chaque partie de sa nature ce qui luy est propre, le corps à la terre, & l'ame au Ciel ? Ne sçay-je pas que aprés la mort, toutes choses retournent d'où elles sont sorties ? Que mon corps & mon ame ne sont point de telle façon attachez l'un à l'autre qu'ils ne se desunient quand il plaist à Dieu ? Que ma vie est peu de chose, mais grande son mespris ? L'ayant tousjours mesprisée, c'est ce qui me fait maintenant mespriser ma mort. Ma mort, luy dis-je, n'a point de gloire en soy ; mais mourant constamment, ce me sera une action glorieuse. Si je pouvois me desempestrer de la mort, ou bien qu'il n'y eust aucune vie aprés la mort, je la craindrois ; mais me voyant sur le sueil de mon repos, je l'embrasse d'un cœur gay, d'autant que je meurs pour espouser une vie saincte & heureuse. Pressé du mal, je fis une pause, & à quelque temps de là je continuay de dire à ce mien amy, comme je me resjoüyssois de bien mourir, parce que je mourois pour mieux vivre. J'ay tousjours creu, disois-je, que telle que sera ma vie, telle sera ma mort ; ce qui m'a fait sans relasche estudier à bien vivre, afin que je peusse bien mourir, mesme souvent desunir mon esprit d'avec mon corps, pour, en m'accoustumant à mourir, estre mort en vivant ; estimant chose miserable de ne sçavoir pas mourir, & heureuse d'estre tousjours disposé comme devant mourir. La mort ne tient rang de peine à qui la sçait vaincre, & celuy ne la sçait pas craindre qui sçait mourir. Depuis ces paroles resoluës ainsi dites, personne ne me parla plus de la mort. Dieu me fasse ceste grace que je puisse perseverer le reste de mes jours en ceste ferme resolution. Adieu.

LETTRE XVI.

A luy-mesme.

Advis que les armes se doivent prendre, & ce qui est necessaire que le Roy fasse.

COgnoissant veritablement l'eminent peril dans lequel la France s'en va tomber, je me penserois ennemy de l'Estat, si je ne vous donnois advis que le quinze du mois de Juillet, l'on verra estendart ondoyer aux quatre coins & au milieu de ce Royaume : & que les Chefs cependant avec leurs Capitaines qui arrestent un monde de soldats : empeschent la voicture des deniers des receptes particulieres en celles des generales, afin de s'en emparer prenant leurs armes : & que plusieurs Princes & Seigneurs sont resolus de quitter la Cour, pour se joindre aux factions qui se forment en l'Estat. C'est au Roy de penser ce qu'il a à faire pour le salut de son Royaume, & prendre un conseil meur & deliberé, auquel il adjouste une soudaine execution, d'autant qu'il n'y a rien plus contraire au temps, que le temps mesme. Quoyqu'il semble que l'Ecclesiastic, la Noblesse & le peuple promettent une prochaine rebellion, si vous puis-je asseurer certainement, qu'il n'y a aucun d'eux qui ne souspire saliberté opprimée par la rigoureuse violence des Gouverneurs, le joug desquels ils secoüeront, estans soutenus de la presence du Roy, qui doit empoigner & employer ceste occasion, comme l'ame de la guerison du mal courant, laquelle s'il laisse fuir, en vain l'implorera-t'il aprés : l'occasion bien suivie produit de merveilleux effects, & en la perdant, souvent on perd tout. Que le Roy monte à cheval, qu'il se monstre à la teste de son armée, & par une prompte vitesse amende la vieille & premiere faute, sans demeurer au milieu du chemin ; car se resoudre à demy, est se perdre tout entier. S'il veut affermir la tranquilité de son Royaume, & asseurer sans danger la base de son authorité, il luy faut demesler la grandeur de ce peril par le peril ; s'il ne le fait, la France s'en va reduite à son dernier point, car la rebellion est inévitable, & la desolation certaine.

Le Roy mettant en œuvre cest advis, je vous responds, à la peine de ma vie, que nulles armes en France ne se trouveront assez fortes ny puissantes pour luy monstrer visage, & qu'aisement il temperera & esmoussera les pointes de ces humeurs visqueuses, lesquelles se sont desviées de l'ordre que la raison leur traçoit, pour s'esgarer dans un labyrinthe confus de seditions.

C'est le plus honnorable & le plus seur party auquel il se puisse resoudre, qui le mettra à l'abry des revoltes ; car s'il attend que les forces de ces humeurs soient unies ensemble, il est à craindre qu'il n'en ait pas si bon marché comme maintenant qu'elles ne sont encores jointes.

Quand le pouvoir de plusieurs est uny en un, le gouvernement, au lieu d'affoiblir, s'augmente, parce que l'obeyssance est plus grande, les resolutions plus faciles, & les executions mieux effectuées. Ses premieres armes se portans heureusement, tout luy cedera, chaque Gouverneur viendra les genoux en terre demander pardon, & rendre l'obeyssance que naturellement il luy doit. Mais s'il attend dans Paris, ou au milieu de son Royaume, il verra dans peu de jours son Estat servir d'espave au Prince le premier occupant, & ses fideles sujets, qui n'ont trempé dans ces mouvemens, forcez de se lier & reünir avec ses ennemis, par l'apprehension qu'ils auront

de

de voir ruïner & leurs personnes, & leurs biens. Qu'il suive en pareil subject l'exemple de Philippe Auguste, pendant le regne duquel les Cotheraux du pays de Berry, envieux & marris de ce que le seigneur de Coucy, & le Comte de Clermont gouvernoient paisiblement le Roy, se liguerent avec les maisons de Flandres, de Hainaut, de Champagne, de Sancerre, les Comtes de Beaujeu, de Châlon sur Saone, & une grande partie de la Noblesse, contre tous lesquels le Roy alla puissamment armé, si qu'il en deffrirne partie, & poursuivant sa pointe, reduit la reste de telle sorte soubs sa main, qu'il en fit faire Justice. Je vous escris ce que je pense qu'il faut faire pour desfricher ces malheureuses semences de divisions, lesquelles veulent plustost une hastive diligence, qu'une puissante force. Adieu.

LETTRE XVII.

A luy-mesme.

Comme le Roy a dissipé par sa diligence les mouvemens qui commençoient à naistre dans son Estat.

SUr les derniers advis que le Roy receut que son Royaume estoit à la veille d'estre agité & esbranlé par les foudroyantes tempestes d'une guerre intestine, lesquelles l'eussent mis en feu, en sang & en cendre, par une meure & prevoyante deliberation, il porta la main, l'esprit & le courage pour faire qu'il ne vescust & respirast que par luy: tellement que picqué d'une vertu guerriere, il alla assaillir le chef, qui estoit, à bien parler, trencher la vie dans le vif. Ce qu'il entreprit hardiment, & executa plus heureusement, donnant à toutes choses tel ply qu'il voulut. En quoy il fit beaucoup plus seurement de prevenir & repousser le mal avec vigoureux courage, que de l'attendre & recevoir avec une lente patience. Il apprit par luy-mesme, que la diligence produit de grands, esclatans & excellens effects, laquelle vainc toutes les difficultez que la longueur d'une guerre douteuse & incertaine met au-devant, & qu'il se faut prevaloir des occasions que le temps & la fortune favorablement presentent. Par les discours du voyage du Roy de quatre mois, que je representeray icy sans art ny fard, vous jugerez que la guerre a esté le vray champ de sa gloire, ayant estanché les torrens d'une guerre civile toute preparée, rué par terre, à la premiere secousse du vent de ses armes, ses racines tendrellettes & jeunes, & rompu à ses pieds (comme à un rude rocher) les flots escumeux de ces Grands irritez, qui bruyoient de loing le submergement de cest Estat. Le sept du mois de Juillet, le Roy partit de Paris pour aller à Rouen, accompagné seulement de trente Gentilshommes, d'une partie de ses compagnies de gendarmes & chevaux legers, de son regiment des Gardes composé pour lors de deux mille hommes & de mille cinq cens Suisses. Sur la nouvelle qu'il receut à Magny que les habitans de Caën estoient resolus de ne se desvoyer de son service, quoyque le Grand Prieur eust establi dans le Chasteau un Capitaine à sa devotion, il depescha le Mareschal de Praslin & Crequy avec dix compagnies des Gardes, qui avec une diligence admirable arriverent à Caën, où les habitans aussi-tost crierent d'une grande allegresse, Vive le Roy, & se barricaderent contre le Chasteau. Le Duc de Longueville, partit hastivement de Rouen, sçachant la venuë du Roy, qui asseura par sa presence la ville, & n'ayant là sejourné qu'un jour, il arriva à Caën, où le troisiesme jour le Chasteau se rendit. Ceste place reduite en son obeyssance, toute la Noblesse Normande qui estoit engagée dans ce party, luy vint faire hommage. Le lendemain d'aprés, il eut advis que envoyant des forces à Alençon, les habitans gaigneroient une porte contre Belin qui avoit dedans quelques gens de guerre. Crequy est commandé d'y aller avec dix compagnies des Gardes, & les Carabins du Roy : Belin sentant approcher ces forces, partit nuitamment avec les siens, ne laissant que un seul Exempt de la Royne mere dans le Chasteau, où Crequy logea quelques gens de pied. Ceux du Mans envoyerent demander secours qui leur fut aussi-tost envoyé. Le Roy au partir de Caën, mit en son obeyssance Dreux, Verneüil, Vandosme & la Ferté-Bernard. L'armée que commandoit Bassompierre en Champagne, le joignit à l'Aigle, qui de là se rendit au Mans. La Royne mere advertie de son arrivée, se retira à Angers, laissant les Ducs de Vandosme & de Nemours avec quelques troupes pour deffendre la Flesche. Mais voyez de quelle vertu & efficace est la presence ou le nom d'un Roy : un boucher du Mans arriva à la Flesche qui annonça que les Mareschaux des logis du Roy se suivoyent de prés pour faire ses logis, (ce qui n'estoit point d'autant qu'il alla coucher à Suze) une peur panique fit desloger à grand haste toutes ces troupes ennemies, lesquelles se retirerent à Angers. Le lendemain, le Roy fit une reveuë generale de son armée, qui se trouva de quatorze mille hommes de pied & mille chevaux. De la Suze, il s'achemina à la maison du Vergier ; & le jour d'aprés, Crequy eut son departement dans les fauxbourgs du Pont de Sé, avec dix compagnies des Gardes, dix du regiment de Picardie & autant de celuy de Champagne : en attendant qu'il se logeast, le Roy demeura en bataille avec son armée. Crequy arriva dans la prairie du Pont de Sé, où l'ennemy parut en bel ordre ; luy à sa veuë dressa quinze bataillons de ses troupes, sur lesquels l'ennemy tira nombre de coups de canon sans effect.

Le Roy envoya de renfort à Crequy les compagnies de chevaux legers des Ducs & Chevalier de Vandosme, avec celle des Carabins d'Arnaud, & deux coulevrines, lesquelles il mit sur sa main gauche, & sans marchander alla droit à l'ennemy. Lors une allegresse, un desir ardent de combattre se jetta és cœurs de tous, qui fermerent les yeux aux perils, au travers desquels ils se fourrerent teste baissée pour venir à coup esprouvé & au combat. Les Capitaines & soldats tous bien deliberez & d'un mesme accord apporterent une main prompte & un courage hardy, pour charger, attaquer & choquer de front, à dos & en flanc l'ennemy, lequel, ayant senty les furieux assauts & impetueuses bourrasques des forces Royales, se mit à la fuite comme à son garand. Un Capitaine fuit depuis le Pont de Sé, jusques à la maison de la Crossonniere qui est à deux lieuës de là, où il mourut en arrivant : un autre fut trouvé fuyant jusques vers Chinon, distant de quinze lieuës de là. La peur n'a ny mords ny bride qui la puisse retenir ; si une fois elle est esbranlée, elle n'escoute ny priere ny commandement qu'on luy puisse faire. L'ennemy se jetta dans son retranchement d'où il fit une grande salve de mousquetades, mais les coulevrines ayant tiré & porté rudement contre luy, il abandonna la place, & lors ceux du Roy le poursuivirent vivement, & rendans feu & flamme firent sur le Pont une grande jonchée de morts. Il n'y avoit mousquetade qui ne portast, coup d'espée ou de picque qui ne fust bien employé, si qu'il fust combatu, battu, abbatu, tué & mis en pleine & entiere desconfiture, mesme qu'ils entrerent tous amis & ennemis pesle-mesle dans la ville, où ceux du Roy se rendirent maistres. Ceste vigoureuse hardiesse qui surabondoit & regorgeoit en eux, n'avoit besoin de coup d'esperon, pour monstrer qu'ils n'estoient chiches ny avaricieux de leurs vies. Ceux du Chasteau se rendirent sur la minuict. Et le lendemain, le Roy alla camper à une lieuë d'Angers. Le Regiment de Picardie eut commandement de se loger à des maisons proches des fauxbourgs de la ville ; qui donna une telle espouvante te à l'ennemy barricadé dans le fauxbourg, qu'il quitta & fauxbourg & barricades, mesme qu'un Capitaine fut si esperdu de la peur, qu'il alla courant armé de toutes pieces dans le cabinet de la Royne mere luy dire que les fauxbourgs estoient prins, laquelle ne luy dit autre chose : vous avez peur, mon Gentilhomme, vous estes trop bien armé pour apporter ces nouvelles. Le Duc de Bellegarde l'asseura que cela n'estoit point, & depescha vers le Roy, pour le supplier de faire donner un autre departement à ce Regiment. L'Evesque de Luisson alla trouver le Roy, qui signa les articles de paix, lesquels Crequy porta signer à la Royne mere, l'armée de laquelle fut licenciée & mandé & commandé aux Ducs du Mayne & d'Espernon de desarmer ; ce qu'ils firent sans delay. La Royne mere vint voir le Roy à Brissac, où elle fut deux jours : aprés cette entre-veuë, le Roy tira droict à Poictiers, & la Royne mere à Angers. Tous les Chefs de ce party-là sont venus trouver le Roy, les uns à Brissac, les autres à Poictiers, les autres sur le chemin de Poictiers à Bordeaux, & les autres ailleurs, où tous, le genoüil en terre, luy demanderent pardon. Il despoüilla toute aigreur & desir de ressentiment de tant d'offences qu'il avoit receu d'eux, & assujectit la vengeance à la raison, laquelle pouvoit eslancer son ame hors des bornes de la mesme raison, sans qu'il creust devoir acquerir plus d'honneur à conserver qu'à destruire, espargner qu'à espandre le sang de ses sujets. Ceste clemence est en luy un caractere d'une saincte ame, & une victoire sur la victoire qu'il gaigna, laquelle le mit sur le courant d'une interminable reputation, qui est la moisson de gloire, que le Ciel luy presente. Signalé & digne exemple de la posterité, & d'autant plus admirable qu'il est rare. Le Roy laissa partie de son armée en Poictou, & mena l'autre avec luy. Il changea le Gouverneur & la garnison de Blaye ; à Bordeaux, desposa les Jurats, & en establir d'autres ; fit mettre entre les mains de la Cour de Parlement Argilmont Gouverneur de Caumont & Fronsac, qui eut la teste tranchée, pour avoir prins les deniers du Roy : envoya vers le Parlement de Pau pour verifier son Edict du restablissement des Ecclesiastics en leurs biens ; ce qu'ayant refusé, il s'achemina en Bearn avec son Regiment des Gardes & fit suivre son armée ; là toutes les clefs des Villes luy furent apportées ; changea le Gouverneur & la garnison de la ville de Navarrein ; mit garnison dans toutes les villes, hors celle de Pau ; restablit la Religion Catholicque en toutes les parties du Bearn. Ayant calmé, fondu & dissipé tous ces nuages de trouble & de tempeste, qui menaçoient de naufrage ce grand vaisseau de France, se retira à Paris, le septiesme de Novembre, en la mesme année. Nous pouvons neantmoins dire de nostre Roy qu'il est vray nourisson de Mars, endurcy & infatigable au travail des armes, de hardy courage & esprouvé & aguerry à tous les hazards les plus dangereux, lequel combat de loüange, d'excellence & de renommée avec la memoire trés-glorieuse de Henry le Grand, son pere, comme le rejetton & la plante en laquelle reborgeonne & regenere sa valeur. L'on le croyoit mort ; non, il ne l'est pas, il est ressuscité en la personne du Roy son fils, lequel en cette grande jeunesse couve un sens tout chenu ; car & son esprit & son courage devancent le cours de ses ans. Ce qui a mis sa gloire à un estage de grandeur si redoutable, qu'il manie la paix & la guerre à discretion. Outre tout cela, la nature l'a si glorieusement appennagé de tant de grandeurs & de vertus particulieres & de si haute marque, que toutes les actions de sa vie ne sont que merveilles : il est invincible, devant lequel nul n'ose comparoistre que pour faire joug : un Mars qui tonne, qui foudroye, qui vainc par tout ; il est la terreur & l'honneur des armes, & neantmoins l'arc-boutant de la paix, le boulevert des loix, & par-dessus tout cela, le miroüer de bonté, le patron de debonnaireté & Justice, la pieté duquel marche du pair avec sa valeur.

Il a une vivacité d'esprit nompareille, un jugement solide, une clarté d'entendement, enfin un ame enrichie de mille & mille vertus, l'amas & assemblage de toutes lesquelles le rend incomparable : mesme qu'elles ont fait par une forte liaison d'affection & de courage par tout esgal & tousjours victorieux, qu'il a travaillé au salut de son Estat, lequel il a rendu debout, sain & sauve, & sa fortune en son entier, lorsqu'il sembloit estre la proye de ses ennemis, qui le fait dire le seul & seur rempart de ce Royaume. Adieu.

FIN DU HUICTIESME LIVRE.

LES LETTRES DE NICOLAS PASQUIER,
FILS D'ESTIENNE.
LIVRE NEUFVIESME.

LETTRE I.

A Monsieur de Montaigne, Seigneur de Sainct Genest, Conseiller du Roy en ses Conseils d'Estat & Privé, President & Lieutenant general au siege Presidial de Xainctes.

D'où naissent ces mouvemens contre ceux de la Rel. P. R.

Ous desirez que je vous escrive d'où derivent ces mouvemens : je le feray ; mais il en faut tirer l'origine de loing. La Royne Jeanne ayeule de nostre Roy en 1569. bannit la Religion Catholique, Apostolique & Romaine de son pays de Bearn : & l'année suivante, à la requeste des Estats Generaux, ordonna que les biens Ecclesiastics seroient regis par un Conseil Ecclesiastic, de leur Religion, qui auroit la direction des deniers provenans du revenu, pour estre employez aux gages des Officiers, entretenement des garnisons, pensions des Ministres, College, seminaire, pauvres, & autres œuvres pies. Ceste police se perpetua jusques au temps que nostre grand Henry vint à l'Estat, lequel, à la requisition des mesmes Estats, supprima ce Conseil, & reünit ce bien à son Domaine, pour estre de là en avant regy & gouverné par ses Receveurs, & distribué par le Thresorier general de la maison de Navarre, ainsi qu'il avoit accoustumé.

En 1599. la Religion Catholique, Apostolique & Romaine fut restablie en Bearn en quatre ou cinq endroicts, & les Evesques & Ecclesiastics remis en leurs charges par Edict du feu Roy, verifié au Parlement de Pau, à l'entretien desquels il pourveut, en attendant qu'il les eust restablis en leurs biens.

En 1608. il bailla par autre Edict, verifié au mesme Parlement & executé, main-levée aux Evesques d'Ax, Aire, Tarbe, leurs Chapitres & Curez, aux Abbez de Sainct Pé & Pontaut, Prieur de Saint Lezé & Chapitre du Sainct Esprit de Bayonne, de tous les biens qu'ils avoient en Bearn.

En mille six cens seize, les Evesques & autres Ecclesiastics Bearnois demanderent que la Religion Catholique, Apostolique & Romaine fust generalement restablie par tout le pays avec main-levée de leurs biens. Les Bearnois empescherent & l'un & l'autre, d'autant que la Royne Jeanne, pour crime de rebellion, confisqua leur bien & l'incorpora à son Domaine il y a cinquante ans & partant prescript, qu'elle en aliena il y a quarantehuict ans une partie à plusieurs, qui l'ont vendu, changé, partagé, revendu, rechangé & repartagé, si qui le voudroit aujourd'huy retirer, troubleroit toutes les familles.

A cela, les Ecclesiastics respondoient que la rebellion ne tomboit qu'en la personne de ceux qui l'avoient commise, lesquels n'estans que simples usufruictiers & depositaires du bien Ecclesiastic, par leur mort il retournoit à ceux qui succedoient en leurs charges, innocens de ce crime: que les Ecclesiastics devoient rentrer dans le bien aliené, en dédommageant les detempteurs, des sommes principales desbourcées, augmentations, reparations & autres ameliorations, ainsi qu'il a esté pratiqué & ordonné en toutes alienations faites du bien Ecclesiastic : & que quant à la prescription, elle ne pouvoit courir contre les possesseurs de quinze cens ans, qui par force avoient esté depossedez, & de leurs charges & de leurs biens.

Adjoustoient qu'ils ne devoient estre de pire condition que les Estrangers, qui par Edict du feu Roy furent restablis en leurs biens situez en Bearn, & que quant à leurs parties, elles devoient avoir la bouche close, entant que le Roy les dédommageoit sur son domaine de pareil revenu qu'estoit le leur.

Le Roy ayant ouy & les uns & les autres en leurs raisons, par son Edict de 1617. restablir la Religion en tout le Bearn, & donna aux Ecclesiastics pleine mainlevée de leurs biens. Et pour oster toute plainte aux Bearnois, par deux autres Edicts ordonna que la somme de de 78000. livres, à quoy se monte par chacun an le revenu du bien Ecclesiastic, seroit prinse tant sur le domaine de Bearn, que des Vicomtez & Baronnies de Foix & autres lieux, pour estre distribuez en la mesme façon qu'estoient les deniers Ecclesiastics, sans qu'à l'advenir ils peussent estre troublez en la jouïssance. Comme l'on veut verifier ces Edicts; pour l'empescher, plusieurs mutineries populaires s'eslevent à diverses fois, ou veritables, ou feintes. La Cour prend de là occasion de dire, qu'il n'y a lieu de proceder à la verification, & que le Roy sera tres-humblement supplié de laisser les affaires en l'estat qu'elles estoient. Le Roy en Juillet & Septembre 1620. decerne ses lettres & jussion pour la verification. La Force, Gouverneur du pays, & Casau, premier President du Parlement, l'assurerent que ces Edicts seroient verifiez; il sejourne en ceste attente dix jours à Preignac, où deux Conseillers luy vindrent remonstrer qu'une sedition populaire & du dehors & du dedans de la ville, avoit empesché la verification. Il leur commanda de se retirer, & partit le lendemain pour aller à Pau. A Grenade, l'Advocat General lui presenta la verification, où la Force se trouva à garde faite, & l'un & l'autre representerent tout ce qui se pouvoit imaginer de fascheux en ce voyage, pour le destourner; mais il tira droict à Pau, de là à Navarrein, establir & un nouveau Gouverneur & une nouvelle garnison, & puis retourna à Pau, où il convoqua l'assemblée des Estats, en laquelle les Evesques & Abbez reprindrent leur ancien rang, supprima les Parsans Capitaines de la Gendarmerie du pays, reünit la Couronne de Navarre & la Principauté de Bearn à celle de France, & ordonna que les Parlemens de Navarre & de Bearn ne seroient doresnavant qu'un seul composé de trois Presidens & vingt-deux Conseillers, tant de l'une que de l'autre religion.

Si les interests couverts de quelques particuliers n'eussent point joüé en cette affaire, jamais le Bearn n'eust changé de face. Le Roy n'avoit aucune volonté d'y aller; il ne demandoit que la seule verification de ses Edicts, laquelle ces particuliers pensoient, par leurs emotions populaires, rendre vaine & illusoire. Les mutineries des Bearnois, les parolles hautaines qu'ils publioient à descouvert, les menées qu'ils pratiquoient en toutes les assemblées de ceux de la Religion pretenduë reformée pour leur prester main forte, violenterent le Roy & d'y aller & de s'asseurer du païs. Voilà en peu de mots l'affaire de Bearn dépeinte en son naturel. De là, comme d'une vive source, sourdent les mouvemens qui courent par la France. Le Roy vient d'estouffer une guerre à la naissance; en voicy une autre qui succede en son lieu; d'une partialité destruicte, en renaist une autre. Je vous ay raconté l'establissement nouveau qu'a fait le Roy en Bearn, lequel il a peu faire comme souverain, mesmement les villes n'ayant esté données pour seureté à ceux de la Religion pretenduë reformée. Toutesfois ceux qui font profession de ceste religion en France, croyent leurs interests si connexes, unis & collez à ceux des Bearnois, qu'ils ont fait une assemblée generalle à la Rochelle, avec promesse d'executer de poinct en poinct, & ric à ric ses commandemens: laquelle ne se separera, que le Roy n'ait reintegré le Bearn au mesme estat qu'il estoit quand il y entra. Le Roy, pour l'empescher & dissiper, fait proceder par les voyes de justice, puis tente les voyes douces, & enfin y vient à main armée. Nonobstant tout cela, elle s'est resoluë d'executer son dessein à toute risque, d'autant qu'elle se void tellement ancrée dans le cœur de l'Estar, qu'elle croit que le temps & la vicissitude des affaires du monde lui accroistra l'envie d'y prendre plus de port. Elle fait graver un seau, avec ces mots, pour Christ, Roy & le Peuple, sous lequel elle commande par leurs Villes de seureté de fortifier; fait une collecte de deniers par leurs Eglises; enjoint à la Force de prendre les armes en Bearn, à Pardaillan de le secourir: nomme le Duc de la Trimouille Gouverneur d'Angoumois & Xaintonge; Chastillon, de Languedoc; la Force, de Perigort; Soubize, pour soustenir le Siege de Sainct Jean d'Angely, & General des gens de guerre de Poictou, d'Anjou & Touraine; delivre commissions pour lever gens de guerre en Languedoc, Dauphiné, Provence & autres Provinces; depute un Gentil-homme pour aller chercher du secours en Angleterre; pourvoit à la charge du Duc de la Trimoüille qui a embrassé le service du Roy, le Marquis de Chasteauneuf; dresse une Admirauté, declare criminels de leze-assemblée ceux de leur Religion qui en ceste occasion ne leveront les armes, avec protestation de les prendre prisonniers, faire payer rançon & raser leurs maisons de fonds en comble, & donne commissions pour fondre canons, lever deniers, foin, paille & avoine sur le peuple, joüir des biens Ecclesiastics & des fermes & receptes du Roy; ses advis font Arrests, ses dicts Edicts, & ses voix des loix; elle a suivy son propre sens; & sans penser aux choses advenir, n'a regardé que les presentes. Je crains que ceste folle entreprise ne pourra recevoir remede que hors de sa saison, & que si Dieu n'y met la main, la paix ne se fera qu'en robes noires. Le Roy ayant meurement pesé, que tout cela estoit bastir insensiblement un Estat nouveau dans le sien, il ne l'a peu souffrir, parce que ses sujets s'y accommoderoient avec le temps, ainsi qu'ils s'accoustument à des vices qu'ils ont eu auparavant en horreur & dont ils blasmoient l'antiquité qui les a soufferts. A en parler rondement, cet Estat formé de l'Estat, est un prodige en France; c'est felonie qu'une poignée de sujets donne la loy & mesure à leur Prince, entraversent sa puissance, mettent frein à sa volonté, bornent & estressissent son authorité supreme. Il ne s'est point veu que la revolte ne punisse & deshonnore son maistre.

Le Roy desireux de perdre & confondre cet Estat nouvellement né, a commencé de declarer qu'il prend en sa protection ceux de la Religion pretenduë reformée, & qu'il veut entretenir ses Edicts de Pacification, & punir exemplairement les rebelles, afin que chacun se rende sage de leur peine. Et puis s'achemine en Poictou, où toutes les villes de seureté luy ont esté ouvertes, sans y avoir apporté aucun changement. Premier que de vouloir attaquer Sainct Jean, il a tasché de gaigner ce peuple & remedier par douceur au soulagement de ces nouvelletez, mesme par un excés de charité & de zele invité doucement ces devoyez à leur propre bien, qui est un tesmoignage ample & certain qu'il est grandement avare du sang de ses sujets. Mais les ayant veus unis & resserrez en leur obstinée opiniastrise, il a jugé qu'un mal flaté, s'irrite davantage, & qu'une playe à moitié guerie, negligée, se rend incurable: ainsi qu'ayant commencé de guerir son Estat, s'il demeuroit à la moitié du chemin sans l'asseurer & maintenir par sa hardiesse & magnanimité, il apprendroit à ses despens que le poison de sedition semé dans les entrailles d'iceluy, gagneroit par le menu de veine en veine jusqu'aux parties nobles. Il est arrivé devant Sainct Jean à enseigne deployée, arresté de tout & de pensée & de volonté à faire preuve d'une ferme constance, d'un travail opiniastre, d'un soing infatigable, & d'une teneure pour ne jamais decliner, qu'il n'ait rompu, boulversé, terrassé, consumé & poudroyé cet Estat nouveau, & ses villes rebelles: car s'il n'en usoit de la sorte, l'on croiroit qu'il auroit l'apprehension toute esmoussée, laquelle se rendroit insensible aux revoltes de ses sujets. Et combien qu'il fust entierement resolu à ce que je vous escrits, si a-t'il voulu faire un dernier essay, pour le monstrer plus opiniastre à sauver ces assiegez, qu'ils ne sont à se perdre; car ayant longuement temporizé à leurs fautes, pour monstrer qu'il ne veut pour rien la perte de ses sujets, que la France se baigne dans son sang, & tesmoigner qu'il a tousjours la main tenduë pour les retirer, les bras ouverts pour les recevoir, il envoya son Heraut d'armes sommer Soubize de luy rendre la ville de Saint Jean, lequel en fit refus. Ils devoient prendre ce temps pour se remettre avec le Roy, plustost que de sentir leur ruyne. Car je voy leur salut desesperé & leur perdition presente inévitable & toute asseurée, & que où la douceur ne les a pû ramener,

mener, la force le fera. J'estime que le chemin qu'ils tiennent, fera tost ou tard perdre la liberté à leur party, & paradventure les biens & la patrie, car ils ne peuvent estre garands de leur dessein : Demades partizan d'Alexandre disoit aux Atheniens, qui s'opposoient à la vanité de ce jeune Prince empeschoient qu'il ne fust receu au nombre des Dieux, non sans danger d'estre accablez de sa puissance : gardez qu'en voulant deffendre le ciel, vous ne perdiez la terre. Aussi pourrois-je dire à ces assiegez, qu'en voulant deffendre la ville de Saint Jean contre le Roy, ils gardent de risquer en mesme temps & le spirituel & le temporel, comme firent les Juifs, qui postposans, pour la crainte des Romains, ce qui estoit de leur conscience à l'interest terrestre, perdirent par un juste jugement de Dieu, l'Estat pour l'amour duquel ils avoient hazardé leur Religion. Je vous diray maintenant qu'il arrivera de ces assiegez, comme d'un malade qui est d'une robuste complexion, lequel conteste opiniastrement avec la maladie & soustient l'assaut quelque temps, tenant la victoire suspenduë ; toutes-fois le naturel devenu foible & debile ne pouvant supporter un si long siege, est contraint de se rendre à la discretion de la maladie, laquelle le livre à la mort. Ainsi ils tiendront quelques sepmaines contre l'armée du Roy, & enfin il faudra qu'ils cedent, en danger toutesfois que le mal ne devienne tel, qu'ils ne puissent resister aux remdes. Car d'attendre du secours des Allemans, c'est folie : ils sont si abbatus, las & recreus de tant de pertes, qu'ils ont eux-mesmes besoin de secours : des Suisses, les pensions annuelles que le Roy leur donne, les lient par trop estroitement à luy : & puis il n'y a que l'argent qui les fasse marcher : des Hollandois, ils sont aux mains avec l'Espagnol : de l'Anglois, ce Prince n'approuve les desobeissances des sujets, asseuré que qui sous quelque pretexte que ce soit s'esleve contre son Roy, il sera tousjours appareillé de luy en faire le semblable aux occasions, estant mal-aisé que celuy que la nature ne peut retenir, la fortune le puisse faire. Et puis il sçait que celuy qui deffend les rebelles, apprend à ses sujets à se revolter. Il ne prendra jamais la protection de ceux en la ruyne desquels il n'est point interessé. Et quand tous ces estrangers donneroient secours, il leur faudroit advancer trois ou quatre monstres, & bailler de bons & solvables Marchands dans leur pays qui s'obligeassent du payement de leur solde pour le surplus du temps qu'ils sejourneroient en ce Royaume. Ils voudroient aussi des villes d'ostages pour faciliter leur retraite, & un Prince ou Grand qui les receust sur la frontiere avec une forte armée, pour les conduire aux lieux où le besoin seroit : car de se mettre seuls au hazard de traverser la France, c'est à quoy ils ne se resoudroient jamais, d'autant que le peril seroit par trop dangereux pour eux. Quels moyens ont ceux de la Religion pretenduë reformée de satisfaire à tous ces points ? Nuls. Ce zele ardent & ancien, qui faisoit affronter leurs armées à celles du Roy, livrer batailles, & le lendemain d'une desconfiture se represenrer pour recombattre, est esteint. Car tout ce peuple qui couroit à la nouveauté, est en partie mort, & en partie a repris ses anciennes voyes. Ils n'ont plus de Roy de Navarre, de Princes de Condé, d'Admiral, de Dandelot & tant d'autres qui soustenoient puissamment ce party. Adjoustez à tout cecy, que l'estranger ne met pas aisément le pied en ce Royaume, sçachant veritablement que tost ou tard les François s'accordent avec leur Roy, qui tous unis tournent leurs armes contre luy, pour en delivrer la France. Ce grand Connestable Anne de Montmorency dit, après la reprise du Havre de Grace, que les François estoient si soigneux du profit de leur Roy & de l'honneur du pays de leur naissance, qu'un peu de concorde assoupissoit aisément leurs inimitiez passées faisans contre les estrangers lesquels ils un peu auparavant ils eussent deffendus jusques au dernier soupir de leurs vies. Les exemples domesticques nous en rendent & sages & sçavans. Aux premiers troubles, l'Anglois fut appellé par ceux de la Religion pretenduë reformée, auquel ils donnerent le Havre de Grace en ostage ; la paix faite, le deux partys se joignirent pour le chasser. L'Espagnol nous tenoit cinq ou six places ; ceux de la ligue se rendirent à nostre grand Henry, puis ayderent à le jetter dehors. Que puis-je faire en ceste asseurée constance du Roy, & opiniastre obstination des assiegez ; sinon prier Dieu que ceux-cy recourent à la misericorde du Roy, vray asyle des affligez : & que le Roy touché encores de la compassion de leurs miseres, preste la main pour les relever de leur cheute, estanche son ire, & donne lieu à sa misericorde ? La plus seure & la plus severe vengeance au Prince à l'endroit de ses sujets, est l'oubliance des injures : que l'issuë des troubles est excellente, quand la paix se fait en pardonnant ! Car quoyque la rigueur luy soit quelquefois necessaire pour executer ses volontez, si n'en doit-il jamais venir à l'entiere & absoluë, ains l'assaisonner de douceur. Nostre Roy a une clemence & bonté incomparable, née avec luy, à pardonner à tous ceux qui l'ont offensé sans aucun ressentiment ou demonstration de vengeance : laquelle me fait croire que ces assiegez revenans à eux, il leur pardonnera : car s'il les reduisoit à n'esperer point de pardon, il verroit que ceux sont grandement à craindre qui remettent toute la ressource de leur salut en l'effort de leur valeur & generosité, qui ne sont rien que par la necessité, laquelle sert d'un grand esguillon à la vaillance : que qui sont despourveus d'esperance de bien, ne craignent aussi le mal : que les grandes miseres donnent un courage sourd à tous les dangers, & de dire & faire librement toutes choses, & de mourir hardiment & volontiers. Je reviens à l'assemblée. Quiconques en furent les premiers autheurs, ne digererent jamais bien l'affaire, ains par une foiblesse & facilité d'esprit, ou par une pure & pourpensée malice, se laisserent emporter aux premieres impressions des Bearnois, qui ont donné lieu à l'assemblée. S'ils eussent consideré que les Bearnois n'ont jamais esté comprins dans les Edits de Pacification, ny les villes de leur pays données pour seureté à ceux de leur Religion, ils pouvoient le juger, que le Roy a peu changer les garnisons, le Gouverneur, & establir tel ordre que bon luy a semblé dans les villes pour leur seureté : & qu'ainsi ceste assemblée estoit mal fondée de s'assembler sans la permission du Prince pour un subject sur lequel elle n'a que voir. Je vous prie d'adviser au fruit qu'elle a produit. Tout ainsi qu'on ne sent rien des mauvaises humeurs qui sont esparses parmy le corps tandis qu'il est sain, mais aussi-tost que quelque partie est mal, toute la douleur s'y ramasse : de mesme est-il de ceux de la Religion pretenduë reformée : tandis que la paix a esté, l'on n'a cogneu ny leur division, ny leur foiblesse ; & aussi-tost que la guerre a commencé, & l'une & l'autre ont paruës. Les prompts remedes pour eux contre ces mouvemens estoient les plus utiles, d'autant qu'aux choses dangereuses, il n'y a rien de plus pernicieux que la longueur des deliberations. Ils se devoient arrester à la reputation conservée par tant d'années ; car la mettant à l'espreuve ainsi qu'ils ont fait, le defaut de leurs moyens s'est recogneu, qui est perdre tout. Si ceste assemblée eust examiné, sondé & cherché sans passion les causes, motifs & ressorts d'une tant importante entreprise, & jusques où elle alloit, jamais elle n'eust porté les affaires aux extremitez de la guerre : car par là elle expose leur Religion au danger d'un perilleux naufrage, & au hazard d'exhereder les leurs du benefice de ces tant solennels Edicts, tutellaires de leur repos. Elle met à l'enchere leurs vies, leurs biens & leur liberté : prodigue leur sang de gayeté de cœur & sans aucune necessité. Le jeu de la fortune est si hazardeux, que c'est une grande simplesse de coucher contre ce qui est peu & incertain, le beaucoup & tout asseuré. La prudence humaine est une dangereuse guide és affaires du monde, si la Justice & la pieté ne vont devant. Que ceste assemblée eust fait sagement, de prendre la trempe d'une meilleure opinion, en preferant l'obeïssance avec seureté, à la revolte avec dommage, & les choses certaines, & de long-temps acquises, aux choses nouvelles & douteuses ! Tout est, en ce monde, si incertain & muable,

muable, que c'est par fois constance de changer de resolution. Aux dernieres & trés-dangereuses extremitez où il n'y a plus que tenir, comme à celle-cy, il faut baisser la teste, prester au coup, ceder à la necessité : car il y a danger qu'en s'opiniastrant par trop à ne rien relascher de sa premiere opinion, l'on donne occasion à la violence de fouler tout aux pieds. L'on repute une folle & vaine affection de vouloir ce que l'on ne peut, & quelquesfois à qui veut tout avoir, rien ne demeure. Il faut se mesurer à ce que l'on peut, & non à ce que l'on veut, ny à ce que l'on estime estre deu : car celuy qui veut avoir plus qu'il ne peut & ne doit, bronche souvent dés l'entrée de sa vaine entreprise. L'assemblée veut le Bearn, & vous voyez qu'il ne se peut, ny ne se doit. Il ne s'agist point icy du fait de religion, laquelle chacun possede à plein & sans trouble, ains de l'obeïssance (nourrice de paix & de repos) duë au Roy, donné de Dieu pour le representer icy-bas comme image vivante de sa divinité, lequel veut ramener ses sujets devoyez de leur devoir dans le rond de l'obeïssance, & dissoudre, rabattre & reprimer l'insolence de cet estat nouveau, avant qu'il devienne incorrigible par impunité & perseverance. Quand il fera rendre les derniers abois à ceste assemblée, je veux dire, demander pardon, la fera separer & cassera ceux qui a esté par elle fait & ordonné, il relevera la magnanimité de son Empire au plus haut point d'honneur. Le zele qu'apporte nostre Roy à maintenir inviolable l'authorité Royalle, est le vray soustien de la sienne. J'ay dit qu'en ce mouvement, il ne s'agist point du fait de religion, ains de l'obeïssance; ce qui est trés-veritable. Car si le Roy eust voulu faire la guerre à la Religion, eust-il fait rendre Leytoure? Eust-il envoyé le Prince de Condé tant de fois au Parlement pour faire recevoir leurs deux Conseillers? Les eust-il fait recevoir? Eust-il restably leur Religion dans Clermont de Lodeüe? Leur eust-il continué la possession des villes de seureté pour quatre ans, l'entretien de leurs garnisons & Ministres? Eust-il fait prendre à Tours par authorité de justice cinq, qui enleverent des prisons les incendiaires de leur Temple? Eust-il fait delivrer 18000. livres des deniers de son Espargne pour le restablir? Se fust-il pas emparé de toutes les villes de Poitou qui luy ont esté ouvertes? Eust-il pas changé les Gouverneurs de Chastelleraut, Niort, saincte Foy, Royan & autres villes? Il les a tous cheris & embrassez pour n'avoir trempé en ces conspirations. S'il eust designé de leur denoncer la guerre, fust-il pas venu à main armée en ces païs? Eust-il pas dressé une armée navale pour bloquer la Rochelle du costé de la mer? Il partit de son Louvre avec sa Maison, croyant que toutes les villes luy deussent estre ouvertes. Quand il arriva devant S. Jean, il n'avoit ny canon, ny poudres, ny boulets, ny gens de guerre; il a decerné commissions aux uns & aux autres pour dresser des Regimens, a mandé le Duc d'Espernon & les trouppes qui estoient en Gascongne. Tout cela fait voir à l'œil que son intention n'estoit de les attaquer? Eust-il fait une declaration qu'il prend en sa protection ceux de la Religion pretenduë reformée qui ne prendront les armes? Eust-il protesté de vouloir continuer l'entretien des Edicts de Pacification? Qui obligeoit nostre Roy à faire tout cela pour le general & particulier de leur Religion, s'il n'en eust point eu de volonté? Ne pouvoit-il pas ordonner d'un primsaut par Edict que chacun eust à estre de la Religion Catholique, Apostolique & Romaine, ou à vuider le Royaume dans certain temps. Il en avoit le pouvoir, s'il en eust eu le vouloir : mais sa volonté n'a point secondé sa puissance, pour ce que c'eust esté aller directement contre ses Edicts de Pacification. Le Duc de Lesdiguieres venu en Cour, & informé des sinceres intentions du Roy, eust-il mandé à l'assemblée qu'il estoit d'advis qu'elle se separast, & que la paix de la guerre estoit pleinement entre ses mains; que ne se separant point nous estions aux armes, se separant nous avions la paix toute asseurée; que c'estoit là le but de l'obeïssance auquel le Roy tendoit? Qui leur fait la guerre soubs la banniere du Roy, que le Duc de Lesdiguieres, qui la veut faire obeïr? S'il y al-

loit du poinct de Religion, il ne se fust jamais rangé prés du Roy. Pourquoy nostre grand Henry octroya-t-il ses assemblées generales de toutes les Provinces à ceux de la Religion pretenduë reformée de temps en temps sous sa permission, que pour establir un ordre parmy eux, par lequel ils peussent representer leurs plaintes, sur les griefs qui leur seroient faicts? Tout ce que je vous ay raconté qu'a fait l'assemblée, sont-ce plaintes, ou actes de souveraineté? Est-ce pas desheriter le Roy de son authorité? Jugez; pour moy, je n'y rapporte aucune passion, Dieu m'en est tesmoin; mais il n'y a François si perclus & orphelin de sens & de raison, de quelque Religion qu'il soit, qui puisse approuver ces actions. Dés l'heure que je vis qu'à l'assemblée de Saumur ils dresserent des Conseils en chaque Province, (que nostre grand Henry ne voulut pendant son regne leur accorder, quelque instance qu'ils en fissent) pour deliberer de leurs affaires, recevoir les advis, les debiter, assembler les deputez de leurs Eglises, convoquer les Provinces circonvoisines jusques à trois, & au fort d'une grande & importante affaire les appeller toutes, (assemblées, qu'ils appelerent depuis du nom de cercles & demy-cercles,) avoir esgard sur les villes de seureté, Gouverneurs, Capitaines, garnisons, leurs payemens, les distribuer, sçavoir aux Capitaines un tiers, aux Lieutenans, Enseignes & soldats un tiers, & l'autre tiers l'employer aux affaires communes de la cause ; avoir soin des fortifications, artilleries, magazins des bleds, poudres, mesches, armes & autres munitions perissables, & de les changer, accorder les proces, querelles & autres differents qui seroient ou naistroient entre ceux de leur Religion, & se voir tous les ans en certain temps & lieux, où ils feroient trouver à point nommé un personnage de chaque Conseil, afin d'entretenir la correspondance estroite qui doit estre entr'eux, renouveller le commun ressentiment de leurs interests, & s'instruire de la condition des uns des autres, & ordonner au departir de ceste assemblée un des Conseils qui donneroit le jour esleu pour l'année suivante, lequel auroit esgard à choisir le lieu où ceste rencontre se pourroit faire à petit bruict & avec moindre esclat : je dis lors à plusieurs personnes de qualité de leur Religion, qu'ils bastissoient une Republique dans nostre Monarchie, laquelle tost ou tard produiroit leur ruyne, d'autant que le Roy, venu en aage de maturité, leur feroit la guerre pour renverser sens dessus dessous ceste forme nouvelle de gouvernement. Je voy le commencement de ma Prophetie s'accomplir ; je prie Dieu que ceste divine Majesté sensible à nos maux, pitoyable à nos douleurs & aux rudes secousses d'afflictions de ce Royaume, prenne la conduite & le mesnage de nostre repos. Si j'estois capable de donner advis à ceste assemblée, je luy dirois que tout remuement est dangereux, duquel derive plutost mal que bien ; il engendre des maux tous certains & presens pour un bien advenir & incertain : & que le conseil de la paix, sans une grande necessité & evidente utilité au contraire, est tousjours le plus seur, comme celuy duquel les inconveniens & hazards sont moindres. J'en voulois demeurer là ; mais je ne puis m'estancher, sans vous dire que je blasme grandement ceux qui se sont eslevez contre le Roy, sçachant qu'il demandoit seulement l'obeïssance : & excuse les autres qui se sont laissez emporter au courant de ce mouvement par la persuasion qu'on leur a jettée dans l'ame, que le Roy s'attachoit à la Religion. Je sçay & par les raisons que je vous ay desduites & de certaine science, que le Roy a appris de tant d'Edicts faits par quatre Roys ses predecesseurs, meurement balotez en leurs Conseils, qu'en matiere de religion il ne faut forcer les consciences lesquelles violentées s'enflamment outre mesure. La Religion est un puissant charme pour enfler les courages. L'experience leur enseigna que pour exterminer ceux de la Religion pretenduë reformée, il ne falloit user ny de fer ny de feu, lesquels irritent plutost, qu'ils ne guerissent : car ils virent que ce peuple ne rabatit rien de son ardeur, quelque tourment, punition & supplice qu'on exerçast contre luy; mais au contraire, de tant plus s'endurcit

durcit & opiniaſtra à ſouffrir & à oſer dauantage : s'eſtant acquis une certaine indolence, & endurciſſement aux coups, à force de les endurer. Pour moy, j'ay tenu, tiens & tiendray pour reigle infaillible, que quand une Religion (laquelle eſt une lepre en l'ame, qui ne guerit point de main d'homme) bourgeonne dedans le monde, l'on doit laiſſer les conſciences pleinement libres ; car auſſi-bien le ſeroient-elles au dedans, quand on les violenteroit au dehors : il ne ſe faut prendre ny au corps ny aux biens, ains à l'eſprit, la maladie duquel giſt en la raiſon, qu'il eſt beſoin de combattre & guerir par la raiſon, aſſaiſonnée & d'un exemple de bonne vie & de douceur, & de patience : par elle, auec le temps, la verité diſſipe l'erreur, comme le Soleil un nuage. En attendant la cryſe naturelle de ceſte maladie d'eſprit, & que Dieu deſploye ſa derniere main, nous le prierons de zele & d'affection, que le Roy demeure ferme & reſolu en l'opinion qu'il a de laiſſer un chacun en liberté de conſcience ; & qu'il ſo garde d'aigrir le mal par la violence d'aucune évacuation, de laquelle nous verrions, au grand regret de tous les François frappez à la vieille marque, ſortir les maux file à file, & un malheur preſſer l'autre. Adieu.

LETTRE II.

A luy-meſme.

Le malheur qui peut arriver des confiſcations que le Roy donne pendant la guerre.

JE prevoy qu'il naiſtra de grands malheurs des confiſcations que le Roy donne, tant des biens des Bourgeois de la Rochelle, S. Jean & autres places, que de ceux qui s'y ſont retirez : & de la forme du ſerment qu'on tire des perſonnes de la Religion pretenduë reformée qui n'ont bougé de leurs foyers : du premier poinct deriuera que le meſme traitement que receuront les biens donnez par le Roy, ceux des Catholiques en doiuent attendre le pareil : car en matiere de guerre ciuile, le droit de repreſaille court & pour la vie & pour le bien. Vous me direz que les ennemis du Roy n'eſtans maiſtres de la campagne, ne pourront leuer les fruicts. Je le vous aduoué; mais ils les laiſſeront amaſſer, battre & ſerrer, & puis iepieront une nuict en laquelle ils les enleueront, & bruſleront ce qu'ils ne pourront emmener, & en danger de faire pis, de tuer les Receueurs. Le plus ſeur eſtoit, auant que de venir aux confiſcations, de prendre la Rochelle, S. Jean & Pons, & puis confiſquer. Je me ſouuiens que le Mareſchal de S. André demanda la confiſcation de la Commune, Gentilhomme de ceſte Religion, lequel à la bataille de Dreux tomba entre les mains de la Commune, qui l'ayant recogneu, luy donna un coup de piſtolet dans la teſte. Belle & memorable leçon pour ces demandeurs de confiſcations, & l'attente qu'ils peuuent eſperer. Quant au ſerment, je vous diray que ſur la declaration du Roy, pluſieurs ſont demeurez chez eux, viuans ſous la Foy publique des Edicts de Pacification ; maintenant on leur fait jurer le ſeruice du Roy, comme s'ils n'eſtoient pas ſes ſeruiteurs & ſujets, renoncer & deſadvouër l'aſſemblée de la Rochelle, les Conſeils des Prouinces abregez, Cercles & autres qui ſe tiennent ſans la permiſſion du Roy, & promettre de s'oppoſer aux reſolutions qui y ſeront priſes. Ceſte forme altere & les eſprits & les volontez d'un grand nombre ; car ne jurant point, ils ſont declarez criminels de leze Majeſté ; & jurans, ceux de la Religion pretenduë reformée les traiteront en ennemis. De cela il en arriue un inconuenient notable : c'eſt que tels, auparauant ce ſerment, demeuroient coys & à repos dans leurs maiſons, leſquels la force de ce ſerment a forcez de ſe retirer dans les villes ennemies, qui fortifient autant ce party. Penſez-vous que ce ſerment leur faſſe changer de volonté enuers les leurs ? Nullement. Ils ne s'obligent point par ce ſerment ſans equiuoquation ou ſoubs-entente. Ils diront, *juraui linguâ, mentem injuratam habeo* : ou bien que vous auez leur ſeing, & ceux-là leur volonté. Il euſt eſté meilleur de les laiſſer paiſibles en leurs maiſons, les veillants neantmoins ſourdement, afin qu'ils n'entrepriſſent rien contre le ſeruice du Roy. Car ſi vous demandez à la pluſpart d'eux que c'eſt des Conſeils, Cercles, demy Cercles, ils vous diront qu'ils ne ſçauent. Auſſi eſt-il vray que peu ont appris, juſques où s'eſtend leur pouuoir. Sans venir à ce ſerment, le Roy deuoit faire un Edict, par lequel il aboliſt ces Conſeils, & deffendiſt eſtroitement à ces Conſeillers de s'aſſembler ſur peine d'eſtre declarez criminels de leze Majeſté. Voilà le vray chemin qu'il falloit tenir pour arreſter & abbattre tout-à-faict ces Conſeils. Et encores euſt-il eſté plus à propos de le faire apres la priſe de ces villes. Aux grandes & importantes affaires de l'Eſtat, il faut executer, & puis ordonner. Ces Conſeils eſteints, il ne ſe parlera plus de Cercles ny demy Cercles, d'autant qu'ils deſpendent entierement des Conſeils, qui peuuent aſſembler quand ils jugent ſe deuoir faire. Je ſuis obligé par l'ancienne amitié qui eſt entre vous & moy, de vous mander cecy, afin que vous qui eſtes Juge & Commiſſaire en ceſte partie, rabatiez les coups ſelon voſtre ſage prudence. Adieu.

LETTRE III.

A luy-meſme.

Reddition de la ville de Sainct Jean.

JE vous ay voulu chaudement eſcrire ces bonnes nouuelles, que vingt-ſix jours après l'arriuée du Roy deuant ſainct Jean, les aſſiegez ont eu recours à ſa miſericorde, comme à la derniere anchre de ſalut, lequel leur a pardonné, après auoir juré de faire banqueroute pour jamais à toute traine qui s'ourdiroit contre ſon ſeruice. Le Roy a donné ſon pardon, touché au vif de l'oppreſſée ruïne des aſſiegez, qu'il voyoit aux abois de la mort : & ayant recogneu que tout ce qu'il pourroit recueillir de la priſe de ceſte ville ne ſeroit que lamentable, que tous eſtoient ſes hommes, que le ſang qu'il reſpandroit ſortiroit entierement des veines du corps de ſon Eſtat, & qu'il ne pourroit que s'affoiblir & perdre en gagnant. En ceſte action, il s'eſt contenté d'arreſter l'impetueux flux de l'ambition d'aucuns, & reſerrer les autres dans leur deuoir. La gloire & magnanimité d'un grand Roy conſiſte plus à pardonner ſe pouuant vanger, qu'à nuire & offenſer, ayant pouuoir de le faire. Le Roy a ſagement entrepris & le ſiege & la priſe de ceſte place ; s'il ne l'euſt fait, ſon Royaume s'en alloit penchant à ſa ruïne par le rabaiſſement de ſon authorité. Ne plus ne moins que la force du corps decline à meſure que la chaleur naturelle va decroiſſant : ainſi la vigueur de l'Eſtat s'abaſtardit, au prix que la puiſſance du Roy diminuë. Ce que nous auons veu arriuer depuis un mois, apprend, que qui veut auoir la paix en une Monarchie, doit eſtre touſjours preparé à la guerre ; & que qui eſt paré pour faire la guerre, peut auoir la paix & la guerre quand il veut. La priſe de ſainct Jean & ſon razement

razement ramenera à l'obeyssance du Roy, sans coup ferir, les villes de Pont, Bergerac, Saincte-Foy, Casteljaloux, Thonins & plusieurs autres; mesme sera cause de dissiper tous les broüillards & tempestes qui sembloient menacer la France d'une perte prochaine, & de forcer l'assemblée, authrice de tant de maux, de se separer & demander pardon. Sa mutine opiniastrise a fait recevoir à ceux de la Religion pretenduë reformée un heurt & offensif & dommageable, qu'ils ne pourront de long-temps guerir. Elle experimente maintenant par la red- dition de sainct Jean, combien Dieu mesprise ceux qui se sient en plus en leurs forces & conseils, courans sans cesse aprés une fuyarde esperance des choses imaginaires, je veux dire du pays de Bearn, qu'en sa seule grace & toute-puissance.

Nous verrons doresnavant le Roy absoluëment obéy, & qu'il ne se fera plus d'assemblée en son Royaume sans sa permission; au moins s'il s'en fait, je me promets qu'à son premier mandement, elle se defera. Adieu.

LETTRE IV.

A Monsieur de Reau, Gentilhomme d'Angoumoisin.

Contre les duels & le moyen de les abolir.

IL s'est fait en Perigort un combat de trois contre trois, franc & heureux; tous six se trouverent au rendez-vous, à jour nommé, avec l'espée seule, sans laquais: là ils attacherent leurs chevaux à la haye, rompirent cartels, lettres & billets, se visiterent, à cent pas les uns des autres mirent pourpoint bas, l'espée à la main & commencerent à chamailler tous à la fois. Comme les autheurs de la querelle se furent tirez nombre d'estoquades, ils vindrent aux prinses & se terrasserent l'un tantost dessus, l'autre tantost dessous; ceste vire-voulte se fit à plusieurs fois; enfin s'estans relevez sur les genous en s'entretenans, l'un pria son ennemy que trois fois qu'ils allassent separer leurs amis, qui se chargeoient vivement & de prés; ce qu'il luy accorda; deux des seconds se separerent voyant leurs amis accourir aux deux autres, qui ne laissoient de se battre, tant estoient-ils acharnez à se mesfaire. Considerez comment tous ces Gentilshommes vont, & avec une froide patience au combat, & avec une gran chaleur à la mort. Quelle furie, quelle rage, de dire que ceste desbordée passion de combattre un à un pour ce faux & malheureux point d'honneur, ne se puisse perdre par la terreur des peines, ny par les hazards de la vie! la privation mesme certaine du salut de l'ame ne peut desmouvoir les Gentilshommes d'une phrenesie si enragée: il semble qu'ils ayent leur vie à contre-cœur; car ils courent à bride abbatuë aux perils de la mort, appellans du jugement des Edicts du Roy à la pointe de leurs espées pour s'appointer. Leur naturelle valeur degenere en une detestable brutalité. Ce n'est pas honneur ce qu'ils appellent honneur, ny courage ce qu'ils appellent courage; c'est un rien, un pur vent d'honneur & apparence de courage. Quant à moy, je croy qu'en ces combats, il y a plus d'ambition, couverte d'une hypocrisie de l'espée, que de vaillance. La vaillance est proprement une trempe acerée d'un esprit judicieux par tout esgal & uniforme, qui se donne le loisir de recognoistre les perils sans se troubler, & les mesprise ou surmonte pour quelque brave dessein, digne de servir son Roy, ou sa patrie.

Mais icy, la reputation de combattre teste à teste, n'est que vanité, laquelle engage la Noblesse à cest erreur d'esprit malade, d'esperer acquerir de la gloire en se combattant à outrance, détaillant, entre-tuant & se prestant l'un à l'autre à plus cruë usure.

Hazarder son honneur, son ame; s'ensevelir & enterrer en sa vie pour un faux gage d'honneur, est-ce pas une furieuse manie? Je prie Dieu que le Roy apporte une extreme rigueur pour arrester le cours de ces duels, & que cependant il fasse executer ses Edicts tant contre les grands que les petits, sans en rien relascher pour quelque priere ou cause que l'on luy puisse representer; paradventure que ce qui s'est imprimé dans l'esprit du Gentilhomme par l'opinion du faux honneur & long usage, s'effacera par les mesmes voyes. Toutesfois j'apprehende, par l'experience que j'en ay, que les Edicts du Roy n'ayent assez de force pour desraciner ceste folle opinion de combatre seul à main à main, & qu'elle ne se puisse abolir qu'en permettant les combats avec cognoissance de cause. C'est une maladie d'Estat desesperée, à laquelle il est meilleur de remedier de ceste façon, que point du tout: les grandes & dangereuses maladies se guerissent par des remedes hazardeux.

Il faut en ces malheureux combats d'homme à homme, faire comme la nature, laquelle des espines fait sortir des roses; ou bien ensuivre l'abeille qui du thim, herbe puante, fait le miel; les sages ordinairement tirent profit du mal, & voit-on que d'une meschante cause s'ensuit un bon effect.

Aussi verrons-nous que le Roy accordant deux ou trois combats, sous tel si, que le vaincu sera degradé de Noblesse, & sa posterité, perdra son bien, & vif ou mort sera pendu par les pieds, que ceste permission arrestera le cours de tous les autres, comme il arriva en Piedmont du temps du Mareschal de Brissac, lequel ne trouva plus prompt ny plus propre moyen pour en couper la racine, que d'en accorder un à outrance sur le pont de la riviere qui passe à Thurin, où le vaincu fut jetté à l'eau. Depuis, tous les François furent grandement sages. Et d'autant qu'ils avoient esté desireux de venir aux mains pour quelques legers subjects, autant fuyoient-ils les querelles. Je m'assure qu'il s'en trouvera peu de ces vaillants combattants, si le Roy tient ceste route; car il ne faut pas prendre pied sur les combats qui se font tous les jours, d'autant que chacun pense qu'en gaignant temps, il sortira de ce mauvais pas, ou par un accord, ou que par la faveur de ses amis il obtiendra grace du Roy sous le pretexte imaginaire d'une rencontre. Nous n'avons veu punir un tout seul de ceux qui sont sortis sains des combats, encores qu'ils ayent tué. Quoyque j'improuve les duels, si destaye-je encores plus ceux qui employent les seconds, estant une action honteuse de vouloir proteger & defendre son honneur par autre valeur que la sienne. Adieu.

LETTRE V.

A Madamoiselle * * *

Consolation sur la mort de son mary.

CHose estrange, qu'en un mois vous ayez esprouvé une si longue traisnée de malheurs: le bien de feu vostre mary est confisqué, vous mise hors de sa maison, trois jours aprés il est tué d'une mousquetade, la confiscation de son bien reconfirmée, son sang rejaillissant encores, & vous ayant les yeux tous baignez de larmes. Ces

Ces grands heurts de miseres coup à coup redoublez, vous font gouster une aspre, amere & perçante douleur, si qu'il semble que soyez la butte où chacun traict de malheurs s'addresse, & que Dieu, par la renaissance de tant de maux, veüille que vous meniez une vie accablée d'ennuis, qui vous fassent cruelle guerre pour ronger, poinçonner & livrer & vostre cœur & vostre corps.

Ces adversitez sont rudes à digerer, à vous qui n'avez par le passé gousté aucune atteinte d'affliction, ains seulement la face d'une fortune riante : la memoire des biens passez aigrit le sentiment des maux presens. Toutesfois en vous representant que tout le bon-heur de ce monde ne tient à rien, qu'en un clein d'œil l'on voit renverser ce que l'on y croit de plus ferme & stable, qu'il n'y a rien de si muable & inconstant que la felicité humaine, laquelle l'on voit croistre & decroistre à tous momens, sans qu'on se puisse promettre rien d'asseuré : je me fais accroire que vous monstrerez une ame genereuse, qui prendra d'une patiente équanimité ces traverses decoulantes de cette divine & ineffable bonté, lesquelles portant constamment & avec le contre-poids de la raison, vous entretiendront droicte & ferme.

La salutaire medecine pour appaiser tant d'afflictions, qui vous ont abordé en foule, c'est de recourir à la memoire de vostre vie passée, & espelucher par le menu si vous avez commis quelque peché digne d'un tel chastiment. Ne vous penser coulpable, est un souverain bien pour oster le sentiment de vos adversitez : mais vous sentir entachée de quelque faute, le profitable remede pour effacer la pointe des maux qui en derivent, est de croire que Dieu vous corrige & touche, non pas pour vous perdre, ains pour vous exciter à bien faire, & revenir à quelque recognoissance de sa toute-puissante misericorde.

Cecy vous fera quant & quant soustenir d'une sage constance le faix du mal, quelque pesant qu'il soit, si vous pensez estre née à la condition de toutes les autres personnes, pour avoir en partage soucis, travaux, tristesses, tourmens, & ne cesser d'estre miserable qu'en mourant. Voulez-vous rendre opiniastrement constante en vostre affliction, vous endurcir contre vostre propre malheur, & tirer vigueur de vostre misere, tenez certainement que Dieu n'use point de legere experience, quand il esprouve les siens, lesquels il exerce assez rudement, jusques à les reduire souventesfois en toutes extremes necessitez, les y laissant longuement devant que de leur donner goust & saveur de sa douceur.

Vous voir pressée de trouble & tourment jusques à defaillir, est un tres-poignant aiguillon pour retourner à Dieu, lequel vous affranchira de tant d'infortunes, quand d'un cœur franc vous ferez tout ce qui se peut pour destourner ce que vous ne voudriez pas voir, & luy demanderez les choses meilleures, vous disposant neantmoins à en attendre d'autres, & à vous servir de toutes, en ostant de chacunes ce qui pourroit estre de trop. Cela vous apprend qu'il n'y a rien de si grand au malheur, qu'il n'y ait encores quelque chose de plus grand en vostre ame pour le surmonter, ny adversité si deplorable en qui un esprit bien assis, comme le vostre, ne trouve quelque soulas.

Souvent une calamité a donné entrée à quelque heureuse prosperité. Reconfortez-vous, & avec une resolution forte, esperez qu'aprés avoir esté entreprise de tant de tristes & fascheux desplaisirs, Dieu, en appaisant le courant de tant de peines, donnera paix & pause à vos pitoyables adversitez. Adieu.

LETTRE VI.

A Monsieur Favereau mon nepveu, Conseiller du Roy en la Cour des Aydes.

Il l'exhorte à porter patiemment les afflictions que Dieu luy envoye.

VOus avez eu la jambe cassée, une grande maladie en suitte, & puis vostre fils aisné est mort. Tous ces maux qui en foule vous ont assailly, sont exploicts de la Justice Divine que devez recevoir doucement en patience, & les embrasser comme gage & instrument du soin, de l'amour & providence de Dieu, pour en faire vostre profit. Prenez-les d'un visage masle, accueillez-les d'un cœur hors de branfle, roidissez-vous contre leur choc, & avec une vive resolution affrontez-les sans trouble, courez-leur sus & les combattez : car ce sont lices pour exciter vostre vertu.

Quand vous maintiendrez de la sorte vostre ame en ceste fine trempe sans changer de démarche, vous sentirez vostre goust froid & mousse à ces afflictions pressantes, & les pointes de leur aigre douleur rabattuës : mesmes apprendrez que Dieu vous veut exercer sans vous abandonner & compasser de telle façon vos infortunes avec vos forces, que vous demeuriez tousjours victorieux.

Il vous a jusques icy comblé de biens & de bonne fortune : souvenez-vous qu'il nous vend tous les biens qu'il envoye, je veux dire qu'il ne nous en donne aucun pur, que nous ne l'acheptions au poids de quelque mal. Ces adversitez sont les alimens de la vraye & vive vertu & autant de belles leçons pour vous allier à Dieu. Quand je sçauray qu'à ces rudes touches d'afflictions vostre ame sera demeurée ferme & entiere en son assiette & en son discours sans alteration, que le cœur, la force & la vertu vous feront revenuës au double, je vous publieray à l'espreuve de tous accidens. Chose aisée à mettre en œuvre, quand vous userez de ceste droicte & équable fermeté d'ame, par laquelle elle ne s'esleve pour prosperité, ny s'abbaisse pour adversité aucune. Adieu.

LETTRE VII.

A Monsieur Pavillon, Advocat en la Cour de Parlement de Paris.

Quel est nostre vray pays.

MA resolution est d'aller passer le reste de ma vie avec mon seul & unique frere de Bussy ; je ne suis appellé à cela par un ravissement d'amour envers le lieu de ma naissance ; car ce nom de païs n'a autre force & vertu que celle qui luy a esté donnée par l'opinion des hommes, & par la conformité des mœurs qui est entre luy & moy. La plus-part tiennent que la nature leur a donné une certaine affection incognuë vers le pays de leur naissance, qui vit en eux & ne vieillit jamais. Et tout ainsi que l'aymant, que le Marinier porte tantost où le soleil se leve, tantost où il se couche, ne perd jamais la vertu occulte dont il regarde sa tramontane : ainsi celuy qui sort de son païs, ores qu'il s'en esloigne, voire souvent s'habitué en une terre estrangere, neantmoins ce naturel mal-gré, qui incline son ame à aymer son païs, le retient tousjours.

Quant à moy, je tiens la vraye patrie, celle en laquelle on vit bien. A ceste occasion, je puis dire également

ment mon païs estre par tout, d'autant qu'en quelque lieu que j'aille, j'ay tousjours avec moy le vray bien, c'est à sçavoir une indolence d'esprit qui rend ma vie bien-heureuse. Anaxagoras, vieil & voisin de la mort fut exhorté par ses amys de se faire porter en son païs afin d'y rendre le tribut deu à nature. Quoy (dit-il) la voye qui conduit l'ame à l'autre vie n'est-elle pas semblable par tout? Hercule interrrogé s'il estoit Argive ou Thebain, respondit que toute la Grece estoit son païs, & Socrate s'advoüa Citoyen de tout le monde. Jamais sage ne fit aucune estime de recognoistre aucune cité pour son païs: aussi est-il vray que tous païs nous doivent estre bons, moyennant que nous y ayons dequoy nous contenter. Toute la terre n'est qu'une seule cité de laquelle l'homme est Bourgeois passager en quelque climat qu'il habite.

Je seray grandement content, si Dieu me fait la grace de vivre & mourir avec mon frere que j'ayme comme un autre moy-mesme. Vous me direz que je retiens en ma forme de vie quelques traicts de celle de ces Philosophes du temps passé. Je vous diray que je ne sçay quels ils ont esté; mais la verité est que je vous depeints apres le naturel, quel je suis, & l'affection que l'on doit porter au lieu de sa naissance. Pour l'affaire que vous me recommandez & nostre ancienne amitié de quarantehuict ou quarante-neuf ans, & le merite de la chose, feront que je m'y employray de toute mon affection, afin que vous en puissiez tirer quelque contentement. Adieu.

LETTRE VIII.

A Monsieur de Sainct Leger, Enseigne de la Compagnie de Gendarmes du Duc d'Espernon.

D'où procedent tant de maux qui arrivent à ceux de la Rel. pret. ref. & qu'il est necessaire de faire la paix.

ET bien vous desirez que je vous escrive ce que je pense de ces mouvemens. Je ne seray pas de vostre advis; car vous vous attachez entierement aux extremitez, & moy à une moyenne voye: chacun sera libre en son opinion par le droit de la liberté Françoise, & toutes-fois je me promets que nos opinions seront diversement ballotées & embrassées selon les mœurs des personnes qui liront ceste lettre, pour ce que vous & moy tendons à une mesme fin, qui est d'avoir la paix, mais par divers moyens: vous par la guerre, & moy par un bon accord, pour n'avoir point de guerre.

Le Roy a faict voir jusques au fonds de son cœur la sincerité de son intention, & qu'il n'a esté touché d'aucun desir d'attaquer ceux de la Religion pretenduë reformée, ains que la seule consideration publique l'a emporté, comme n'ayant autre object que l'obeïssance, laquelle est la nourrice de paix & du repos. Ceste union de l'obeïssance du sujet avec le commandement du Prince, est une liaison qui entretient en estre & grandeur, ce grand corps commun de ce Royaume, qui deschoira aussi-tost que ce lien se dissoudra & rompra: car la desobeïssance est l'affoiblissement de toute puissance, la ruine des maisons & familles, la perte des villes, Principautez & Monarchies. En l'occasion de ces nouvelletez, il a mis en œuvre toutes sortes de circonspections, crainte & prudence, premier que d'en venir aux armes, pour ne mettre les choses au dernier peril: car il sçait qu'un Prince ne doit jamais user de force, que quand les remedes ne peuvent rien gaigner envers les personnes incapables de raison, afin d'opposer des armes legitimes contre l'injurieuse passion des sujets revoltez. Ceste consideration l'a obligé, apres avoir essayé les moyens plus doux, comme chef du corps politic, d'appliquer le fer & le feu au moindres parties gastées du corps pour le sauver de ruyne & destruction. Le Roy ramassant toutes les assemblées passées par eux faites sans sa permission, avec la presente: la patience luy a eschappé, ou, pour mieux parler, leur presomption l'a attachée du cœur du Roy, qui s'est lasché la bride pour en avoir la vengeance, en demantelant à certes & tout à bon leurs villes de seureté, quand elles soustiennent l'effort de ses armes. Tout ainsi que le foudre ne brise que ce qui luy resiste & ne fait point de mal à ce qui obeït à son coup: aussi nostre Roy ne fait sentir sa rigueur qu'aux villes qui ne veulent rendre l'obeïssance qu'elles luy doivent, laissant vivre celles qui sont pacifiques doucement au repos de leurs consciences. Il n'y a rien dont le sentiment soit si vif à un Prince, que quand les sujets se destournent de l'obeïssance naturelle qu'ils luy doivent. Le Roy en ce mouvement a voulu faire le Roy, pour conserver ce qui est de sa dignité: car s'il eust negligé, dissimulé, & passé par connivence la tenuë de ceste assemblée, avec le refus qu'on luy a fait de l'ouverture de ses villes, il attrayoit à soy plusieurs autres entreprises qui touchoient son authorité, & au lieu qu'il eust creu, en le contentant, destourner la guerre, en amoindrissant la reputation de sa force & vertu, il les animoit contre luy. Il faut advoüer que Dieu conduit nostre Roy par la main à des victoires entieres, pour donner entrée à un Regne pacifique. Il a choisi toutes choses en leur temps, & evité toute precipitation ennemie de sagesse & marastre de toute bonne action. C'est le tour d'un sage Prince de prendre les choses à leur point, bien mesnager les commoditez, se prevaloir du temps & des moyens, qui luy ont livré plus belle chance qu'il ne s'estoit promis. Il sçavoit qui a temps à propos & le perd, trop tard le recouvre; les Grands de ceste Religion se sont retirez prés de sa personne; les villes se sont renduës en flotte, & celles qui n'ont voulu & ne veulent obeïr, il les a rangées & range à luy tout d'un tenant, sans espargner ny pardonner à peine quelconque, en mariant la main à l'esprit, & le conseil à l'execution. Je croy que Dieu a armé tellement son bras de force & de puissance, qu'ils demeureront enfin accablez en leurs desseins par la perte de leurs villes de seureté & l'aneantissement de leurs conseils: & ce qu'ils avoient souhaité pour la conservation de leurs vies, & establiy pour l'appuy, maintien & perpetuation du plan de l'Estat par eux basty dans l'Estat, seront cause de les precipiter en une profonde fondriere de desolation & misere, qui les exposera à l'incertitude d'un fort douteux evenement. C'est la fatalité des choses humaines, subjecte à un flux continuel de change & rechange. Un corps qui a atteint une parfaicte santé, tombe enfin en quelque maladie: de mesme eux qui estoient au dessus de toute prosperité, se voyent descheus tout à plat, ayants plus-tost veu que preveu la cheute de tant de villes. Les fortunes les plus eslevées panchent tousjours du costé de leur ruyne. Il n'y a rien si familier en la nature, que de voir les choses prendre fin de mesme proportion & conduite qu'elles ont prins leurs commencemens, & progrez. Tous Estats ont leurs aages, nuances & periodes: toutes plantes germent, poussent, bourgeonnent & fructifient, puis se seichent, fanent & pourrissent: ainsi nous avons veu la naissance de leur Estat, son advancement & à present nous le voyons sur son declin. Leur Estat simbolise en cecy avec le corps humain, lequel bien qu'il rende l'ame en certain temps, toutesfois ce definement advient par les humeurs peccantes qu'il a de longue main amassées en luy: le semblable se rencontre quant & quant en leur Estat, lequel ayant du commencement eu promotions favorables, vient maintenant à deffaillir par certains accidens desquels on peut infailliblement

liblement presagier sa fin par demonstrations politiques. Pendant la foiblesse du sous-aage du Roy, ils se donnerent tel jeu qu'ils voulurent, disans, que leur religion avoit atteint l'aage de majorité, & que le temps estoit venu qu'elle devoit hausser son courage : & qu'ayant fait souche, elle s'estoit tellement accreditée dans l'Estat, qu'elle pouvoit demander partage comme fille legitime ; les Grands & Gouverneurs des villes, qui sont les arcs-boutans de la grandeur de leur Estat, leur ont defailly de garands, & leur des-union & rebellion a produit la ruyne de tant de villes. Il n'y a rien si naturel que de voir les choses se assoudre par l'affoiblissement de ce dont elles estoient liées. Nous prenons nostre naissance, nourriture & croissance par nostre chaleur naturelle, laquelle à mesure qu'elle diminuë, aussi defaillent les ressorts de nos corps jusques à leurs derniers periodes : aussi ostez-leur les villes de seureté & les conseils, ils sont à l'agonie & comme au dernier periode de leurs felicitez.

Tout le mal qu'ils ressentent, leur est derivé d'une dereiglée passion, laquelle semblable au verre peint, leur a fait trouver les choses de la couleur qu'ils se le sont imaginées : car se jugeant trés-forts pour se soustenir d'eux-mesmes & de leur propre poids, ils ont creu leurs armes assez puissantes pour empescher & eslongner celles du Roy. Au lieu que si touchez du repentir de leur faute, ils eussent pensez aux moyens de se reünir avec le Roy, plutost que de sentir leur perte, ils eschappoient à ces premiers maux, sans le danger de tomber encores en de plus grands. C'estoit éviter ce violent assaut de maladie qui les attaque & serre de prés.

Que ne se contentoient-ils de vivre & seurement & honorablement en une bonace & tranquillité d'esprit, sans s'exposer miserablement en bute aux rigueurs des armes du Roy, & envelopper leur Estat en une infinité de maux incurables ? Que n'ont-ils souffert doucement l'establissement fait par le Roy en Bearn, sans rien remuer ? Que n'ont-ils plié, cedé, fait joug & obey volontairement de gré à gré, gauchy au danger, calé la voile à la fortune qu'ils ne pouvoient soustenir, employé toutes inventions pour estouffer de bonne heure ces mouvemens en leur naissance & remuer toutes choses pour destourner cet accident, au moins esmousser sa pointe & amortir son coup ? Il estoit beaucoup plus seur d'aller au devant du mal, que de l'attendre. Le beau trafic qu'il n'eust esté à eux de perdre peu, pour gaigner beaucoup ; de prendre une paix telle que le Roy leur eust voulu donner, pour éviter une perilleuse guerre ; demander pardon, pluftost que de tomber dans les miseres où ils se voyent reduits ; se consigner d'un franc cœur en la volonté du Roy, pluftost que de se voir incertains de ce qu'ils doivent faire ! Au lieu d'embrasser ces sages & salutaires advis, ils composerent une assemblée de plusieurs pieces diversement rapportées, à laquelle ils donnerent une absoluë authorité de ne prendre loy que de soy-mesme, & promirent de luy obeir de tout point. Elle se flattant en ses pensées & ne voulant rien demordre de son opinion, d'un prim'-abord ne respira que rebellion & avilissement de la Majesté Royale, & se laissant emporter à de violens conseils, delivra commissions pour fortifier places, lever deniers sur le peuple, assembler gens de guerre, & deputer Agens vers les Princes estrangers pour introduire l'estranger en France. Elle enyvrée & saisie d'une opinion prejugée, s'eslargit & eslancea plus qu'elle ne devoit, en s'engageant à des affections desreiglées, dans lesquelles s'y flattant & nourrissant s'y endurcit tellement qu'elle entassa mal sur mal.

Ceste assemblée a monstré à bon escient qu'elle a l'apprehension toute esmoussée, une stupidité & insensibilité à ne sentir & apprehender les choses, qui tesmoigne qu'elle est foiblement experte, deserte & nuë d'esprit, & que la plus-part sont jeunes novices, peu encores pratics aux affaires d'Estat. Le chemin qu'elle a prins, est grandement devoyable, d'autant qu'elle a jetté la semence des maux qui germent & croissent comme fortes plantes, & attisé un feu qu'elle ne peut esteindre, si qu'elle est seule authrice & fautrice de s'obstiner & roidir à la ruyne de leur Estat. Si elle eust porté en l'ame se cognoistre soy-mesme, jamais elle ne se fust laissé emporter aux persuasions des agens Bearnois, ny bandée à ne rien relascher de sa resolution, ny veu advenir que voulant tout avoir, elle se mettoit au danger de tout perdre. Le temps & l'usage luy font voir les bons & mauvais conseils, & que l'advis de tenir & continuer l'assemblée ne partit oncques de bonne main. Si l'on ne se fust point hasté à l'assembler, mais que l'on eust bien pensé où tomboit l'affaire, & quel danger il en pouvoit survenir, tout fust venu à bien. Au moins voulans faire ceste assemblée, ils devoient choisir des hommes trés-avisez & rompus aux affaires du monde, vuides de passions & pleins de cognoissance, qui fissent avec une pensée profonde & retirée un juste & droit examen de ce qui estoit de bon à faire, qui pesassent, balançassent & fondassent avec un plein jugement les raisons & contre-raisons de toutes parts, le poids & merite d'icelles, & qui fissent de necessité vertu, profit de l'affliction, qui jugeassent que d'autant plus que ce mal s'estendroit plus loing, d'autant seroit-il plus dangereux : enfin qui prinssent conseil selon la forme de l'heure presente : car où la necessité est, il ne sert de rien de consulter.

Tels personnages se fussent accommodez à tout ; l'on les eust trouvez souples & maniables ; qui eussent sçeu tantost se monter & bander : tantost se ravaller & relascher, & se garder de s'enfermer dans le malheur ; lesquels voyans ceste grande tempeste preste à tomber sur leur Estat, eussent fait place à cest orage, gaigné le premier port, comme un nocher batru de la tourmente qui luy a froissé mast, voile & gouvernail, vaincu des flots, sans combattre à l'encontre, se sauve au premier port qu'il trouve : eussent temporisé à ceste infortune, fait profit de leur propre dommage & prevenu ces malheurs par un sage conseil pour en éviter de plus grands.

Un bon estomach change toute sorte de mets en parfait aliment ; des esprits bien faits font profit de toutes sortes d'advis à leur advantage. C'est une belle mesnagerie & premier traict de prudence, de tirer du mal le bien, manier si dextrement ses affaires, & leur sçavoir donner si à propos le vent & le biais, que du malheur on s'en puisse prevaloir & faire sa condition meilleure. Rien n'a peu appeller ceux de la Religion pretenduë reformée à en passer par là, les assemblées passées tenuës contre la volonté du Roy : les conseils par eux establis sans son authorité, la bonne opinion qu'ils ont eu d'estre le plus uny, puissant & renforcé party qui fust en France, leur a fait prendre l'essor pour se laisser emporter à un fascheux vent qui les a perdus, lequel les a jettez dans des pensées vagues & esgarées sans ordre ny fin certaine, ny vraye ellection.

Ceste affection inconsiderée dequoy ils se font cheris, laquelle les a representez à eux-mesmes autres qu'ils ne sont, les a reduits au point où ils se retrouvent : car mettant leurs conjectures à bien haut prix, ils se sont par trop estimez & n'ont assez prisé les forces du Roy. L'on dit qu'une injure premiere impunément receuë, en appelle une seconde ; ceste seconde, une troisiesme ; le propre des Princes est d'aller tousjours en croissant. Ils ont tant fait d'assemblées contre la volonté du Roy, qu'il a pardonnées, tant d'entreprises qu'il a tolerées, que cela a fait monter à ceste excessive outre-cuidance, que d'establir un Estat souverain dans son Estat. Que c'est un mauvais maistre que la presomption ! laquelle se laisse tousjours guider à l'indiscretion & improvoyance, comme en ceste action ils se sont tellement endormis & flattez en leur presomption qu'elle leur a osté l'advis de prevoir & se pourvoir contre le danger auquel ils sont tombez. Elle a abastardy, esteint & ensevely leur premiere vertu, qui leur a fait

souffrir

souffrir les disgraces & tristes défaveurs d'une longue paix. Les Ministres bastissans sur ceste presomption, ont donné grand lieu à la revolte; car esguisans & leurs langues & leurs esprits par des mouvemens eslevez, & les appasts d'une vive, forte & masle faconde, remplie de mille belles saillies d'esprit, ont manié & contourné ce peuple, auquel ils prescherent les choses comme elles servent, & non comme elles sont, si qu'ils gaignerent telle puissance sur les ames, que tout ce qu'ils voulurent ils le peurent, ils le assouplirent, & ores les roidirent, les eschaufferent, refroidirent, les exciterent à une colere, tantost à une compassion, ny plus ny moins que leurs langues les veillerent: & ainsi trafiquans & leurs esprits & leurs mœurs, mirent les passions de l'ame en usage. Qu'a d'efficace une riche éloquence qui sort de la voix diserte d'un ministre avec termes bien conceus, pour lier la conscience d'un peuple! lequel se rend souple à recevoir toute sorte d'impressions, de celuy qui a succé son ame par l'oreille. Jusques icy, le trenchant de leurs langues a plus fait de mal, que le fer & l'acier de leurs Capitaines & soldats; ils ont esté les herauts du soulevement des armes, & les trompettes au milieu du peuple pour donner feüille à tous ces mauvais desseins, sous le faux gage de Religion; leur Evangile a esté le sang, le fer, le feu, au lieu de prier pour la paix, au lieu de prier (dis-je) pour les desvoyez; ce n'est à eux de prescher le sang, ains de déplorer & d'en plorer. Que ceux de la Religion pretenduë reformée eussent fait sagement de ne se laisser emporter par les ardentes, vifves & belles paroles de leurs Ministres! Comme un Maçon expert ne doit pour rien que ce soit enrichir son bastiment de ruineux lierre, d'autant que c'est le lier avec ce qui le peut abbattre: aussi ne devoient-ils permettre que les Ministres s'entremeslassent des affaires politiques, quelque couleur de Religion qu'ils y apportassent, quelque salut de leur Religion qu'ils proposassent, parceque c'estoit procurer leur ruyne. Luther en Alemagne remua avec une si estrange varieté d'accidens tout ce peuple, qu'il pensa en un moment luy faire perdre les droicts de l'Empire & son ancienne liberté. En 1563. les Ministres Desmeranges, Pierius & Chamdieu s'opposerent, au nom de 69. autres Ministres, aux conditions de la paix que le Prince de Condé leur proposa, declarans que ny la Royne mere, ny le Prince ne pouvoient les y obliger. Ce que voyant ce Prince, ne les admit plus au Conseil, ains la seule Noblesse, avec laquelle il demeura d'accord des articles de la paix. Si ce peuple eslançoit son ame vers Dieu, il cognoistroit qu'il est justement courroucé contre luy, & qu'il luy a tourné l'entendement à contrepoil, qu'il le tourmente de divers assauts, le presse de prés, le moleste, trouble & estonne. Car comme il a osé pretendre de voler plus haut qu'il ne luy appartenoit, il a voulu qu'on le vist descendre, & en rien precipité avec une plus grande ruyne, que sa grandeur pretenduë n'avoit de gloire & haussement. Il a voulu que par cest exemple l'on vist, comme, quand il veut, il fait esvanouir en fumée les conseils que l'on pense avoir bastis à chaux & à sable, & le peu d'estat qu'il fait de ceux qui se fient plus en la force de leurs bras, qu'en sa toute-puissance. Dieu a voulu quant & quant que tant plus le Roy s'est monstré doux, & peuple se soit davantage roidy, croyant que ce fust une timide pusillanimité, qui le meust d'ainsi en user, au lieu que c'estoit le seul & unique remede de le tenir en union & reputation d'estre grandement fort.

Et pour exercer sur luy un estat admirable de son effroyable puissance, il luy a bandé les yeux, estoupé & oreilles & sens, afin que son coup fust plustost receu que veu. Je conclus par tout ce discours, que la main de Dieu est sur luy, & que sa fureur a mis en œuvre ce fleau de persecution pour le rendre sage. C'est à luy, pour arrester le cours de la vengeance divine, & se mettre à l'abry de la misere qui le travaille, de se convertir à Dieu de tout son cœur en jeusnes, en pleurs & en regrets; car il est clement & pitoyable, tardif à ire & qui se repent de l'affliction. Qu'il revienne à Dieu de tout son entendement & de toute sa force; qu'il le cherche pendant qu'il le peut trouver soubs la guide de nostre Sauveur; qu'il l'appelle à son secours avant qu'il soit plus eslongné de luy, c'est à sçavoir avant que sa ruyne soit du tout arrestée; qu'il le prie, qu'il rentre en luy, y demeure & tellement y regne, qu'il soit redressé au droit chemin. En tenant ceste voye, il trouvera toute sorte de pitié & de misericorde en celuy qui le peut & veut ayder; comme au contraire il rencontrera toute rigueur & vengeance, s'il ne previent sa fureur. Ainsi l'a-t'il promis par son Prophete Hieremie, quand il dit; vous estes en ma main, comme la terre qui est la puissance du Potier. Quand je seray irrité d'un peuple & d'un Royaume, je proposeray de le vouloir desraciner, destruire & dissiper: mais si ce peuple fait penitence & retourne vers moy, je me desisteray de la vengeance que j'en voulois faire. Cela le doit rendre certain que de tous les maux & afflictions qui luy surviendront, son arrogante presomption en aura esté cause, & l'obstination de n'avoir voulu recourir à ce remede. Aprés tout ce discours, il me semble que je vous voy dire que l'assemblée & ceux qui luy adherent, s'estans declarez à descouvert ce qu'ils sont, le Roy les ayant rappellez par plusieurs fois & les cognoissant contumax, endurcis & obstinez en leurs mauvais desseins, n'a peu moins faire que de les declarer desobéissans, rebelles & criminels de leze-Majesté. Et quant au cours de ce remuement, qui considerera comme toutes choses sont reüssies au souhait du Roy, cognoistra & confessera que Dieu est le vray defenseur, protecteur & vengeur des injures qui luy sont faites. Vous me direz davantage que vous n'eussiez jamais esté d'advis que le Roy eust captivé sa grandeur pour se demettre jusques là, que d'envoyer vers l'assemblée pour tascher de la retirer, offrant de l'embrasser & recueillir, si elle avoit recours à sa misericorde: qu'il ne faut jamais faire de paix avec un rebelle; & que le mot de paix ne s'usurpe que quand il est question de composer & terminer un different entre Princes & voisins égaux, sans qu'il s'approprie au sujet revolté contre son Prince. Je vous voy adjouster que ceste rebellion est le vray chancre de l'Estat qui ne se peut guerir par douceur, ains prend par elle sa nourriture, vigueur & accroissement: la soufrance, tolerance & connivence de laquelle est la seule cause de la perte & désolation d'un Estat; c'est pourquoy vous croyez qu'il est necessaire de la retrancher par le glaive, à la façon de l'expert Chirurgien, qui ayant à traicter un patient navré à mort, n'y espargne ny le cautere ny le rasoir: qu'és grandes rebellions la douceur est trés-pernicieuse & reputée à une pusillanime lascheté & défaillance de cœur.

Que le Roy faisant la paix, il n'en peut rapporter autre fruict, qu'un grand mespris & raval de son authorité, une perpetuelle crainte de nouvelles entreprises contre son Estat, & à l'assemblée un accroissement & confirmation de ses mauvaises intentions, un respit de le rafraischir & fortifier, dresser & bien asseurer ses practiques pour leur donner un pied ferme, & de penser d'autres moyens afin de parvenir au but où elle aspire. Vostre conclusion sera que le Roy a à moitié de l'œuvre achevé, puis qu'il a bien commencé. Qu'il doit oster les villes de seureté, qui aux premiers mouvemens servoient à tous les mal-gisans de fort, reduire à neant cest Estat aristocratic, & reünir les chambres my-parties dans les corps des Parlemens, pour vivre dorenavant soubs la foy du Roy, qui ne souffrira jamais qu'il leur soit mesfait ny mesdit: d'autant qu'il ne voudroit blesser mortellement sa blanche renommée, sçachant bien que le Prince qui rompt sa foy, ne trouve plus de foy, & que la memoire des Roys reste aprés leur mort pour revivre ou en honte, ou en gloire, ainsi qu'ils auront vescu. Je diray à mon tour que jusques icy n'a esté qu'un grand flot de bonnes fortunes en la personne de nostre Roy,

des

des exploits paradoxes, & de vrays chefs-d'œuvres. Y eut-il jamais, je ne diray pas des flus, mais torrens d'heurs, à un clein d'œil tels que ceux-cy? Le Roy a esté un vray orage qui a cassé, froissé, tonné, bruy & destruy les forces qu'il a rencontrées. Maintenant qu'il a le vent en pouppe & la marée, il doit garder que ceste grande felicité ne luy tourne le dos: l'ardeur de sa prompte & bouillante jeunesse, son magnanime & hardy courage & l'heureux succez du passé, & la fiance qu'il a que tout doit encores mieux succeder, ne le doivent porter à ce point que de vouloir ruiner rez pied rez terre ceux de la Religion pretenduë reformée.

Un Prince, pour estre tousjours tel qu'il doit, faut qu'il se souvienne que la felicité est de pouvoir tout ce que l'on veut, aussi est-ce sa vraye grandeur de vouloir tout ce que l'on doit. Le plus grand malheur qui luy puisse arriver, c'est de croire qu'il luy est loisible tout ce qu'il luy plaist. Je sçay veritablement que le Roy ne vouloit s'aheurter à avoir de force ses villes, ains qu'il taschoit de gaigner ce peuple amiablement, & remedier par douceur au soulagement de ces nouvelletez, & qu'ayant tenté & failly ceste voye, il s'est deliberé de maintenir & asseurer ses affaires par hardiesse & magnanimité, croyant que s'ils le sentoient flechir à ce commencement tant peu que ce fust, ils luy courroient sus. A present qu'il les a reduits au petit pied & à une juste mesure, c'est à luy de bien user de ses victoires, sans se laisser emporter ny au parler, ny au fait mesme, ny à aucune vaine esperance; car depuis que ceste erreur d'opinion entre au cerveau d'un Roy, elle luy fait passer toutes bornes de raison, & plusieurs fois perdre un bien certain par l'espoir d'un plus grand encores incertain. Quand la fortune rit & que tout arrive à souhait, c'est lors que l'on doit craindre & penser à soy, tenir ses affections en bride & les composer par raison.

Ceux de la Religion pr. ref. recognoissent leur faute, que la presumption les a portez à faire ce qu'ils ont fait, & que pour s'estre desbordez & avoir quitté de faire leur devoir en peu de chose, ils ont esté plus hardis, estans soufferts, d'attenter les plus grandes. Le pardon est appareillé à toutes fautes, quand le pecheur se tourne vers la clemence du Prince. Ils ont recours à sa misericorde, & un vif ressentiment de leur faute. Il est tousjours temps à ceux qui sont sages de faire leur profit des fautes passées & dextrement les r'habiller. C'est assez qu'ils cognoissent que le Roy les entreprenant, il le peut rendre sans defense & exposer à toute fortune, comme la nef dejettée par tempeste de mer qui va la voile basse où le vent & les vagues la chassent.

Le Roy fera prudemment de leur donner la paix avec conditions honnestes, sans attendre la faire apres qu'une ville luy aura longuement resisté. Ayant un cours d'heurs si advantageux, il ne se doit exposer au danger de les perdre sans esperance d'autres plus grands. Alexandre avoit conquis l'Orient, quand les Tyriens envoyerent leurs Ambassadeurs luy offrir toute obeïssance, avec trés-humbles prieres que luy ny les siens n'entrassent en leur ville; il les renvoya sans responce, & ayant soustenu quatre mois le siege, ce grand conquerant s'apperceut qu'une seule ville effaçoit tous ses hauts faicts d'armes, ce qui luy fit tenter la voye d'accord & luy octroyer ce que devant ils avoient requis & luy refusé: eux enorgueillis de ceste recherche & du long siege, ne voulurent accepter ces offres, ains firent mourir ses Ambassadeurs; ce qui esmeut de telle façon sa colere, qu'il y mit le tout pour le tout, & les print de vive force, où partie fut mise à l'espée & l'autre à l'esclavage. Les Atheniens pour la perte qu'ils firent à Delos, & puis à Amphipolis, se repentirent de n'avoir fait la paix incontinent apres qu'ils obtindrent la victoire de Pile. La paix doit venir du Roy qui a tous les advantages pardevers luy, laquelle il vaut mieux qu'il accorde de bonne heure, que de voir le fracas d'une totale ruine. J'ay dit qu'il doit bailler des conditions honnestes par la paix, d'autant qu'elle ne peut estre longue, quand elle n'a ses racines fondées dans l'amour de l'Estat. Je prie à Dieu que le Roy embrasse à fonds le conseil de ce grand Connestable Montmorency, lequel mourant & pour sa foy & pour son Roy, exhortoit la Royne mere Catherine de Medicis à faire la paix avec ce peuple, quoyque le Roy fust victorieux, luy disant que les plus courtes folies estoient les meilleures, & qu'un Estat, quelque fort & puissant qu'il fust, n'avoit point de petits ennemis, fondant son advis sur la memoire des choses passées, & l'espouvantement des presentes, & des perils à venir. Je croy que là doit fondre ceste affaire & prendre fin. Quand le Roy leur donnera la paix, ils se porteront doresnavant & plus justement & avec plus d'esgalité qu'ils n'ont fait, & formeront toutes leurs actions sur l'obeïssance. Outre toutes ces considerations, le Roy doit estre meu à faire la paix par la peine qu'une guerre civile apporte aux Princes, Grands, moyens & petits, par la sterile disette de misere & de pauvreté qu'elle produit à son Royaume, par le sang des François dans lequel la France mesme se baigne, par son mal qui est tout certain, present & pressant, par la perte commune, d'autant que vaincre & estre vaincu tourne indifferemment au dommage du Roy, la douce & liberale bonté duquel redressera le bris de ce piteux naufrage, & rasseoira la tourmente esmeuë, adoucira, temperera & ramenera à peu prés les extremitez à la mediocrité, qui est la vraye œuvre de vertu. S'il ne le fait apres avoir remis tant de villes en sa subjection, il est à craindre que le vaincu par un miserable desespoir n'ait recours à l'Estranger, comme il a esté autrefois, qui venant au secours, recognoistra les lieux, les villes, les passages par où il pourra esperer plus ou moins d'advantage en assaillant, pour tascher de se rendre maistre de la Royaume. L'une des plus grandes sagesses qui soit en l'art militaire, c'est de ne pousser son ennemy au desespoir. Il fait dangereux assaillir ceux à qui vous avez osté tout autre moyen d'eschapper que par les armes; la necessité est une violente maistresse d'escolle; nous avons en France des personnes aussi genereuses que celles qui respondirent à l'Ambassadeur de celuy qui les envoyoit menacer d'une generale ruine: dictes-luy que nous ne le craignons point, puis qu'il ne sçauroit empescher de mourir avec honneur, en defendant nos murailles. Je finiray par ce mot, qu'il n'est raisonnable de juger les choses par les effets, parce que souventefois les affaires conduites par bon conseil, ne reüssissent à bonne fin, & le contraire arrive aux choses executées par mauvais advis, lequel n'est loüé pour autre consideration que pour donner courage de faillir. Le Roy s'estoit resolu d'attaquer les villes de seureté de ceux de la Religion Pretenduë Reformée; sage & sain conseil, qui luy a mal reüssy: & par un advis contraire il a esté violenté de les assieger, ce qui luy a succedé si heureusement, qu'en trois ou quatre mois, il s'est presque rendu maistre de toutes leurs places ou de force ou d'amitié.

Le Pape & le Roy d'Espagne se sont conjoüis avec luy de ceste grande felicité par leur Nonce & Ambassadeur, l'exhortant à poursuivre sa pointe. Et c'est ce qui me fait craindre que le Roy se laissant emporter à ces flateuses conjoüyssances, ne voye dans peu de temps son Royaume reduire à trés-mauvais party, & si voulez que je le die, au dernier hazard de sa prochaine ruine. Adieu.

LETTRE IX.

A Monsieur de la Chevrie, grand Archidiacre de l'Eglise de Xaintes.

Il exhorte son amy à venir changer d'air en sa maison.

VOus m'avez tant de fois promis de venir changer d'air en ma maison sans me le tenir, que j'en desespere maintenant: mais pour vous exciter à le faire, je veux representer icy les commoditez profitables qui vous en viendront. Là vous serez esloigné du bruit de la ville & deschargé des affaires, pour jouyr du doux, gracieux & innocent repos des champs, & retiré d'un air contraint, pour vous voir dans un qui sera vague, sain & bien temperé. L'air a une intendance sur nos corps, sans la presence & entremise duquel rien ne se fait en la personne de l'homme. Un corps peut vivre quelques jours sans boire, manger, ne dormir, mais il ne peut estre sans respirer. Par la respiration l'air des champs attiré au cœur refrigere les esprits vitaux & la chaleur naturelle, puis à son partement les espure de leurs superfluitez. Que s'il y penetre puant & rance, comme dans vostre ville, és maisons sont recluses & pressées, il corrompt les esprits, altere la chaleur naturelle & rend le corps paresseux, d'où se germent les douloureuses gouttes & autres violentes & languissantes maladies.

Cest air libre, clair & net fortifiera, subtilisera & esclaircira vos esprits & vostre sang, esgayera vostre ame & fera une digestion prompte, qui sans doute donnera un grand soulagement à tous vos maux, s'il ne les emporte du tout.

Resolvez-vous donc, au bien que recevrez de ce bon air, de partir & venir sans delay: là nous laisserons les affaires à part, & bannirons toute sorte de melancholie, pour ne parler que de rire & faire bonne chere, qui est un souverain remede pour donner relasche au mal qui vous travaille. Jamais personne ne viendra ceans qui y soit receu de si bon œil comme vous. Il n'y a que la chere gaye de l'hoste, je vous responds qu'elle sera entiere, ce sera le banquet d'un mien amy.

Terge manus, mensa benedic, adjunge sodales,
Non memores, subeunt fercula, vina, joci.

En attendant vostre venuë, je vous prieray de m'aymer tousjours. Adieu.

LETTRE X.

A Monsieur de Montaigne, Seigneur de S. Genest, Conseiller du Roy en ses Conseils d'Estat & Privé, President & Lieutenant general au siege Presidial de Xainctes.

Qu'il est necessaire de faire la paix & toutesfois il blasme grandement l'assemblée de la Rochelle.

JE vous ay cy-devant escrit d'un prophete discours (permettez que j'use de ces paroles après vous) ce qui seroit du siege de sainct Jean, de sa prinse, capitulation & des choses qui se feroient en suite, lesquelles ayant preveuës long-temps devant qu'elles arrivassent, il semble que j'aye penetré dans le fonds des affaires. Je vous diray maintenant qu'il seroit à propos de mettre fin à ces mouvemens, lesquels il est besoin de plustost appaiser aujourd'huy que demain, quoyque nous voyons toutes choses succeder heureusement à nostre Roy, & que ses armes soient fondées & sur la justice & sur la necessité; car il ne faut qu'une ville seule pour arrester le cours de ses glorieuses victoires. Sa bonté a esté si grande, que devant que de venir aux armes, il a tasché, par tous moyens les plus gratieux dont il s'est peu adviser, d'attirer l'assemblée à son devoir, & empescher par amiables voyes le cours de sa mauvaise intention, n'ayant voulu mettre les armes en œuvre, que, lors qu'il a veu que sa douceur l'animoit davantage. Son principal dessein a esté de conserver son Royaume, non de le ruiner; aymant mieux avec la tardité & longueur tenter de la reünir à soy, qu'en se hastant, procurer une lamentable decadence à la France. Quand les estrangers, & ceux de leur Religion, qui sont sans passion, entendront ce procedé, ils ne recevront les plaintes de l'assemblée, voyans à plein que le Roy fait la guerre pour estre obéy, & que pour s'estre assemblez contre sa volonté, tous les malheurs qui courent ce Royaume, en sont desbordez. Car, pour en parler à cœur ouvert, qu'est-ce que l'assemblée, qu'une faction de plusieurs particuliers qui n'ont voulu user de la paix, pour alterer le repos public? Je m'estois tousjours resjouy de ce que chacun vivoit & seurement & en une desirée liberté sans aucun trouble en sa Religion: mais à present, j'ay un grand desplaisir de voir l'assemblée ne tendre qu'à une seditieuse rebellion, pour destourner les volontez des sujets du Roy, de la foy & obeïssance qu'ils luy doivent.

En public, elle met en avant le pretexte de Religion, le fait prescher par les Ministres, qui avec une grande facilité & de langue & d'esprit, d'une feconde & relevée faconde le persuadent à un peuple inconsideré, leger & souple à recevoir toutes sortes d'impressions: en secret, elle bastit le principal appuy de son Estat sur les armes. La plus grande part de ceux de leur Religion detestoit ce dessein, d'autant que chacun, par la douce benignité du Roy, jouyssoit d'une paix entiere; les Edicts estoient entretenus en tous leurs poincts; ceux qui le meritoient, estoient eslevez aux charges de la Couronne, & premieres de la Justice, & possedoient un si grand heur en leurs Eglises, que toute felicité y abondoit.

Quand les Anciens voulurent dire que les Eglises Chrestiennes estoient affligées, ils noterent qu'il ne leur estoit permis de prescher, ny convoquer Synodes. Au contraire, quand ils y remarquerent une grande tranquillité, ils dirent que les presches & Synodes y estoient ordinaires. Eux ont jouy & jouyssent encores de ceste liberté, seureté & frequence de Synodes & de presches, dont l'antiquité n'en a eu de plus grande. Aussi le Roy s'est entierement estudié de conserver la paix, & s'y est gouverné avec telle prudence, qu'il a rendu le cours des deux Religions si tranquille, qu'une chose qui sembloit du tout impossible, il l'a faite facile: mesme qu'en ce temps trouble, l'exercice de leur Religion est aussi libre qu'il estoit au temps le plus calme. Le Roy a fait son entrée dans plusieurs des villes de seureté, qu'il a laissées au mesme estat qu'il les a trouvées. Mais quant à celles qui luy ont refusé les portes, les unes il a reduites en bourgs, les autres sont demeurées au mesme estre qu'elles estoient, mettant seulement par terre les fortifications. Toutes ces villes sont deschevës pour s'estre renduës complices des factions de l'assemblée, & efforcées de poursuivre hostilement le Roy & les siens. Je vous veux dire pourquoy l'assemblée n'a voulu entretenir la paix, pour jetter les premiers fondemens de sa souveraineté. Elle a fait un thresor public, estably un Chancelier, forgé des Seaux, nommé des Secretaires, des Ambassadeurs

bassadeurs pour aller vers les Rois & Princes estrangers, des Thresoriers, des Gouverneurs, Capitaines, Colonels, dressé des Regimens, une armée navalle, & toutes choses qui servent à maintenir une souveraineté en son entier; & pour la conserver, elle a fait la guerre: quoyque les mieux censez de leur party fussent d'advis de ne l'entreprendre, que quand on les forceroit en leur Religion, ou revoqueroit l'Edict de Pacification, si ne voulut-elle les entendre en leurs raisons. Rien ne l'a pressée & travaillée, que ceste bonace de laquelle chacun jouyssoit paisiblement, qui l'empeschoit de faire la souveraine. Que c'eust esté grandement son advantage d'avoir accordé sa separation, qu'elle ne peut tost ou tard refuser! mais c'est le propre des Estats foibles d'estre mal resolus, & ne faire jamais bien si ce n'est par force. De dire que leur Edict ait esté violé, ce n'estoit à elle de le corriger par la voye de fait, ains par celle de Justice, & la demander à un Prince qui est entierement enclin à la rendre. Au lieu de le faire, elle s'est imaginée que le Roy mesme l'avoit enfraint, se rendant le Bearn paisible, quoyqu'au temps qu'il le fit, il ne fust ny uny à la Couronne, ny compris soubs l'Edict de Pacification: & sur cela elle l'a menacé de feu, de foudre & de la destruction de son Royaume; elle a couru sus aux armes & entrepris choses par dessus l'Edict, afin qu'en usurpant ceste domination, sa souveraineté demeurast entiere, & la liberté de leurs Eglises prist accroissement. Quoyque ce fust chose digne de la modestie Chrestienne de se contenir dans les bornes de l'Edict: car attentant contre & par dessus l'Edict, elle se rendoit indigne du benefice d'iceluy, comme infractrice des conventions particulieres que le general de leur party a fait avec le Roy, & aussi comme ayant violé le contract general par lequel tous les hommes sont abstraints d'obeyr aux Roys. Du temps de Valentinian, l'Eglise d'Alexandrie ayant voulu insolemment passer par dessus la liberté qui luy estoit permise, fut si abbaissée, qu'on contraignit les Chrestiens de sacrifier aux Idoles des Payens. La liberté fut donnée anciennement aux Chrestiens sous ceste condition, qu'ils vivroient paisiblement sans rien entreprendre contre les loix, & quand ils commencerent à les despriser, alors les Edicts faits en leur faveur, furent abolis, & eux reduits soubs le joug de servitude. Representez-vous l'entreprise de l'assemblée; elle a fait la souveraine, attaqué le Roy d'injures, l'a accusé publiquement d'injustice, s'est liguée avec les Estrangers à son dommage & de son Royaume, & appresté quant au feu, la ruine & le sac d'iceluy. Comment pourra le Roy digerer ces offences atroces & piquantes, qui touchent & sa personne & son Estat? Jadis les Eglises Chrestiennes furent privées de leur liberté; & endurerent persecution pour des legers soubçons de conjuration: que poura-t'il advenir à l'assemblée, & aux Eglises de leur Religion qui manient les armes soubs son adveu? Je l'eusse preschée toute sage, si elle eust consideré comme ceux de la Religion Pretenduë Reformée vescurent en toute seureté & liberté tant qu'ils joüyrent de la paix, au lieu qu'en temps de guerre ils furent odieux au Roy & au peuple, chassez de leurs maisons, privez de leurs biens, en perpetuelle frayeur, crainte & doute de leurs vies, tourmentez par le peuple, pillez & quelquefois tuez, & en toutes batailles, fors une, battus. La longue paix luy a fait oublier ces maux, y voulant encores retomber, quoyqu'elle sçache que les belles levées de bouclier que leurs devanciers firent, n'ayent prins la fin qu'ils s'imaginerent, ains ruiné, bouleversé, & pesle-meslé la France sens dessus dessous. Le meilleur & plus salutaire conseil que l'assemblée & ceux qui se sont unis à elle, puissent prendre, c'est de recouvrer la paix, non par armes, mais par obeyssance, par patience & par prieres, d'aller au Roy à genoux le cœur abbaissé pour appaiser sa colere, sans se plus efforcer de remettre sus leurs desseins soubs pretexte de Religion, lequel ils ne peuvent avoir. Toutes ces entreprises de guerre ne tendent qu'à aigrir de plus le Roy, & à le contraindre de tourner son ire en une haine irreconciliable contre le corps de leur Religion.

Depuis qu'en France l'on ouvrit le chemin à Jesus-Christ par l'espée, tout y fut rempli de sang, de cruauté, tristesse & misere. Il leur faut laisser ceste voye pour suivre celle de ces bons vieux Peres, & lors le Roy les relevera de ceste longue traisnée de malheurs, qui les talonne. Car c'est à luy, après avoir gagné tant de villes, & reduit ceux de la Religion pretenduë Reformée à un miserable point, qu'ils ont un extreme besoin de sa misericorde, de ne les accabler par sa force, ains doit mieux aimer vaincre par sa clemence leurs cœurs desja abbattus par ses victoires que de les ruiner, leur donner la paix, oublier toutes les choses passées, leur remettre les crimes qu'ils ont commis, & les recevoir en son giron, pour le desir qu'il doit avoir de les attirer à soy par douceur, & de les conserver comme ses sujets.

Ce sera une obligation estroite qu'ils luy auront, pour n'attenter jamais aucune nouvelleté en son Estat, & une crainte qui les retiendra dans la modestie, ayant veu qu'il a prins en quatre mois tant de villes, & que s'il eust voulu passer outre, il pouvoit prendre & ruiner de fonds en comble toutes les autres: car il n'y a point de ville si bien munie & fortifiée, qui pied à pied ne le force; la continuation est invincible, par la longueur de laquelle, le temps mine, consomme, donne toutes choses & les rend à leur point, estant le plus seur & le plus certain secours que sçauroient avoir ceux qui en sçavent attendre & choisir l'opportunité, & au contraire le plus dangereux ennemy que puissent avoir ceux qui font les choses avec precipitation. Adieu.

LETTRE XI.

A luy-mesme.

Qu'il ne faut forcer personne en sa Religion.

CEux de la Religion pretenduë reformée apprehendent que le Roy, ayant mis soubs sa main toutes leurs villes de seureté, ne les force ou en leurs consciences, ou de sortir de son Royaume. Je ne croiray jamais qu'il en vienne à ces extremitez après tant d'Edicts & Declarations. Et quand tout cela cesseroit, puis que la volonté distingue le malefice, comment les jugeroit-on criminels de les punir, eux qui pensent bien faire en tenant l'opinion qui leur a esté imprimée en l'esprit dés leur basse jeunesse, laquelle ils croyent estre la pure verité? Car quel argument plus certain pour monstrer qu'ils le croyent, sinon qu'ils meurent obstinez en ceste creance? Ce seroit donc conscience bien grande de les condamner pour une Religion qu'ils tiennent la vraye Foy. Les Chrestiens ne condamnerent jamais un Payen à mort, pour ne croire point l'Evangile. Aucun de nous n'a esté fait Chrestien dés sa naissance; si ainsi estoit que pour n'estre point Chrestien, on fust punissable, si-tost que l'homme seroit nay, il seroit puny de mort. Le Christianisme est un accident à l'homme, consequemment il est besoin qu'il reçoive la foy, laquelle se reçoit par la persuasion, non par force ou contrainte, & ceste persuasion vient de la grace de Dieu, non par la persuasion de l'homme seulement: il ne peut avoir la foy si Dieu n'y opere. Donc si la foy ne se plante point par contrainte, mais volontairement & de plein gré, est-il raisonnable de punir celuy qui ne se peut persuader que ce que l'on luy presche soit la vraye Religion? Quand noſtre Seigneur Jeſus-Chriſt charge ſes Apoſtres & Diſciples d'annoncer l'Evangile; il ne leur commande point de forcer ou contraindre perſonne. Il n'y a point de merite à faire une choſe par force. L'opinion eſt libre;& combien que l'on puiſſe forcer un homme de faire choſe contre ſa volonté, toutesfois il n'eſt pas poſſible de le contraindre de croire ce qu'il ne croit point. Adjouſtez maintenant que ce ſeroit une injuſtice de condamner un homme pour avoir ignoré la vraye intelligence de l'Evangile, laquelle il ne peut avoir ſans la grace ſpeciale de Dieu. L'on ne peut contraindre ny le Payen, ny le Juif de recevoir le Baptesme, qui ne ſe reçoit qu'en croyant; ce ſeroit eſtre baptisé au corps, non en l'eſprit. Et de les chaſtier là-deſſus, l'on perdroit l'ame avec le corps. L'ignorance en ce ſubject ſemble eſtre excuſable; car noſtre Seigneur eſtant preſt à rendre l'ame, excuſe ceux qui le crucifioient, diſant: pardonne-leur mon pere, car ils ne ſçavent ce qu'ils font. Il eſt eſcrit que du cœur derivent les adulteres, les larcins, les homicides & les autres pechez: ſi la volonté n'eſt point de mal faire, on ne le peut imputer à peché: car le peché eſt d'une malice pourpenſée & deliberée, non quand on eſt deceu & trompé. Or eſt-il que l'hereſie eſt une erreur : or ſi l'on parle contre ſa conſcience, c'eſt bien une menterie, ou impoſture, non une hereſie; d'autant que l'hereſie eſt de croire, & que qui tient une propoſition heretique ne la croyant point, il ment à ſon eſcient; mais il n'eſt pas heretique pour ce qu'il ne la croit pas. Si c'eſt erreur qu'il ſouſtient, il eſt trompé & deceu: or celuy qui erre ne conſent point, & ſi le conſentement n'y eſt, il n'y a point de peché. C'eſt pourquoy pluſieurs ont fait conſcience d'aſſiſter aux jugemens de mort, pour condamner des perſonnes ignorantes, qui penſoient bien faire en ſouſtenant leur erreur, & eſtoient d'advis que l'on les catechiſaſt & inſtruiſiſt,ainſi que noſtre Seigneur commanda,diſant à ſes Apoſtres qu'il les feroit peſcheurs des hommes; c'eſt-à-dire qu'ils convertiroient les infideles & meſcroyans à la foy par leurs predications & bons exemples. Que ſi nos Prelats faiſoient leur devoir d'annoncer la parolle de Dieu, & reformaſſent leurs mœurs; inſtruiſans leur troupeau, tant par exemple de bonne vie, que par vives remonſtrances; il ſeroit aiſé de les gaigner. Mais d'y proceder par autre chemin, c'eſt temps perdu. Car l'on a veu par experience, que tant que l'on a penſé abolir leur Religion par ſupplices de mort, de tant plus leur nombre s'eſt accreu, ſe voyant conſtamment mourir pour le maintien de leur opinion, ainſi que jadis le ſang des Martyrs eſtoit la ſemence des Chreſtiens. Auſſi de les bannir de ce Royaume, ce n'eſt pas guerir la playe, car pour ceſtans hors d'icy, ils en gaſteront d'autres, qui eſt auſſi grand dommage que s'ils en infectoient des noſtres: d'autant que le Chriſtianiſme eſt un meſme Royaume, & que devant Dieu il n'y a point de diſtinction du Juif & du Grec; & puis le nombre de ceux de la Religion pretenduë reformée eſt ſi grand, que de les exterminer, ce ſeroit entreprendre l'impoſſible; & quand le Roy le voudroit, (ce qui ne tombera jamais en ſon ame,) il ſe trouveroit le Roy des cendres, & non des François. On les a condamnez en feu; pour cela ils n'ont point ceſſé, mais ſe ſont multipliez de plus en plus, & faits ſi forts & ſi puiſſans, qu'ils ont oſé lever les armes contre nos Roys, livrer batailles, ſe ſaiſir de leurs villes, capituler avec luy, s'allier & confederer aux Princes de leur Religion, qui leur fourniſſoient argent & gens à leur beſoin, tellement qu'il a fallu faire de neceſſité vertu, & authoriſer par Edicts de pacification leur Religion pour les empeſcher de prendre les armes. Que ſi pour faire ceſſer ceſte Religion, on ſe fuſt mis à reformer les abus des Eccleſiaſtiques, les faire reſider en leurs Dioceſes, preſcher, empeſcher la pluralité, ou pluſtoſt venalité des benefices, diſtribuer aux Pauvres les biens de l'Egliſe, que les Prelats prennent ſeuls à leur uſage, c'euſt eſté un plus court chemin, & ne doit-on jamais eſperer, que ceſte Religion ceſſe tant que ces abus regneront en noſtre Egliſe. D'y aller par armes, c'eſt hazarder la vie des Sujets du Roy, pour faire vivre les Beneficiers à leurs aiſes, & joüir paiſiblement du revenu dont ils abuſent au grand ſcandale de tous. Eſt-il pas dit qu'il faut qu'il y ait des hereſies, afin que ceux qui ſont eſprouvez, ſoient manifeſtez? C'eſt donc temps perdu que de s'y acharner par ſupplices; il y faut venir par moyens plus doux & gracieux, eſpargnant le ſang de noſtre prochain. Prions Dieu, qui ſeul preſide à nos actions, qui eſt ſeul Medecin des ames, de les rappeller à ſon troupeau, les reduire au bon chemin dont ils ſe ſont deſvoyez. Suivans le conſeil de ce Juif, qui dit, que ſi ceſte doctrine eſtoit de Dieu, elle devoit demeurer; ſi elle n'eſtoit de Dieu, elle prendroit fin d'elle-meſme, ainſi que nous avons veu les hereſies Arriennes, Macedoniennes, Neſtorianes & autres eſtre diſparuës avec le temps. Ceſte opinion eſt favoriſée par noſtre Seigneur, quand il dit: ſi ton frere t'a offenſé, fay-luy remonſtrance à part; s'il ne te veut oüir, dis-le à l'Egliſe; s'il n'en veut croire l'Egliſe, qu'il te ſoit comme Ethnique & Publicain. Il ne dit pas que l'on le faſſe mourir, ou banniſſe; mais que l'on le fuye. S. Paul : fuyez l'homme heretique apres que pour la premiere & ſeconde fois vous l'aurez repris de ſa faute. Les maladies d'eſprit ſe gueriſſent par le glaive ſpirituel, & non par le corporel.

Par les Edicts de pacification, il a eſté permis de vivre en ceſte Religion, de s'y faire baptiſer, que l'on y ait prins ſon inſtruction, que l'on ait preſché ceſte doctrine par authorité du Roy pendant cinquante ou ſoixante ans: & qui pourroit apres ce long-temps en ſaine conſcience condamner à mort ceux qui tiennent la Religion que l'on a preſchée pour bonne publiquement en aſſemblées licites & permiſes par le Prince? La plus-part de ceux qui tiennent ceſte opinion, ſont naiz depuis que ceſte foy ſe preſche, ſont baptiſez en ceſte erreur, n'ont jamais ouy parler à leurs miniſtres en leurs preſches, de l'Egliſe Catholique, ſinon comme d'une Egliſe pleine d'abus. De penſer maintenant leur faire gouſter noſtre Religion, dont on les a tant degouſtez, il n'y a apparence. Es choſes douteuſes, c'eſt bien le plus ſeur d'embraſſer l'opinion la plus douce. Les Juifs, encores qu'ils fuſſent le peuple de Dieu, toutesfois ils ſouffroient des hereſies parmy eux, les Eſſeneens, Phariſeans, Sadduceans & les Philoſophes Judeans. Voilà, comme je penſe, qu'il faut laiſſer vivre ce peuple, juſques à ce que Dieu l'ait touché & inſpiré, pour s'unir avec nous. Il n'eſt pas dit cependant que l'on ne puiſſe remuer & jetter en avant les moyens de mettre bien celuy de la Religion pretenduë reformée avec le Catholique, & apres les avoir remuez diverſement en mon eſprit, je n'en ay point trouvé de meilleur que celuy dont uſerent les Atheniens en pareil cas. Que ſi telle douceur & bonté pouvoit entrer en nos eſprits, j'eſpererois que facilement on ſe pourroit accorder du tout. Comme les Atheniens euſſent envoyé prendre conſeil d'Apollon de la Religion qu'ils devoient tenir, l'Oracle leur reſpondit, celle que leurs anceſtres avoient accouſtumé de tenir. Eux, non contens de telle reſponſe, renvoyerent vers l'Oracle pour luy remonſtrer que leurs devanciers avoient ſouvent changé de couſtume, & qu'ils eſtoient en doute à laquelle ils ſe devoient arreſter : à la meilleure, dit-il. J'eſtime qu'on en doit faire autant pour le regard de la Religion de Noſtre Seigneur Jeſus-Chriſt, de laquelle il faut bannir l'avarice, la convoitiſe du gain, la couſtume de trafiquer marchandiſe en l'Egliſe, qui y ont apporté un grand changement, corruption & depravation, & puis elle ſe reduira à tel eſtat, qu'on y recognoiſtra ceſte ſincerité, chaſteté, integrité & ſainceté qui reluiſoit en l'ancienne & primitive Egliſe. Quand cela ſera executé, je veux que pour les accorder ils prennent des Juges non ſuſpects leſquels ſont hors de tout reproche; je dis Jeſus-Chriſt, ſes Apoſtres & les Docteurs & Martyrs des cinq premiers ſiecles les plus proches du temps des Apoſtres. Des eſcrits de tels perſonnages, l'on apprendra quelle eſt l'entiere & pure doctrine Chreſtienne, & les ceremonies anciennes receuës en la primitive Egliſe, afin que ſe reglant ſelon icelle, chacun ſoit aſſeuré en ſa

conſcience

conscience de n'estre esgaré, mais bien de marcher seulement comme sous la conduite de ceux qui de tout ce qu'ils ont fait & ordonné en l'Eglise, ont pour garand nostre Sauveur Jesus-Christ. Je croy que voilà le vray moyen de s'accorder & reünir. Partant, il faut prier A Dieu chacun en son endroit, de tout son cœur, qu'il luy plaise nous en faire la grace, afin que sentans tous une mesme chose en Jesus-Christ nostre Redempteur, nous conspirions sainctement à l'avancement de sa gloire & édification de son Eglise. Adieu.

LETTRE XII.

A Monsieur Raoul, Conseiller du Roy en ses Conseils d'Estat & Privé, & Evesque de Xaintes.

Il luy monstre le bien qui est arrivé à son frere en mourant.

DIeu a sonné la retraite à vostre frere, mon bon & ancien amy, auquel il a obéy avec allegresse, croyant qu'il l'a renvoyé des mes-aises de ce monde, au repos supernel. Ce jour dernier de sa retraitte de la terre au Ciel, est le premier de son aise. Dieu qui par tant d'indices luy a certifié son amour, ne l'a pas creé, provigné & regeneré, afin qu'ayant souffert tant de peines, il cheust de mal en pis, si la mort estoit mal. La mort a esté le port pour le mettre à l'abry des orages de ce monde, ausquels il estoit exposé.

Les Thraces, pour ceste occasion, enterroient avec allegresse les morts dont ils avoient tristement pleuré la naissance; & Socrate, sur le point d'expirer, voüa un coq au Dieu Æsculape Medecin, comme si mourir fust guerir. Vostre frere s'est librement separé d'avec son corps & pris la mort gayement, en quoy consiste la vie du sage. S'estant delivré de ses liens, il a cinglé droit dans le Ciel, où il vit à bon escient, non comme çà-bas il vivotoit, ou bien plustost flottoit entre la vie & la mort, assiegé de toutes les affaires du païs, n'ayant nul repos que celuy qu'il prenoit dans le travail, affligé des gouttes, du calcul, des douleurs de teste & de tant d'autres maux, qu'il pouvoit dire que depuis quarante ans il n'avoit pas eu un jour de bon.

Quel heur à luy, de se voir deschargé de toutes ces passions qui suivent les affaires, & guery de toutes ses maladies, pour estre maintenant occupé à la claire contemplation de ceste divine bonté, dont icy-bas nos esprits sont esperduëment amoureux. Quand vous considererez sa felicité, vous mettrez soubs pied toutes ces vanitez, toutes ces pensées molasses & avec une magnanimité de courage contemnerez ce monde pour aller chercher le Ciel & rendre le depost de vostre vie au Seigneur & proprietaire d'icelle, afin de recueillir le fruict du bien que vous aurez fait, ainsi que l'a pratiqué vostre frere. Adieu.

LETTRE XIII.

A Monsieur de S. Leger, Enseigne de la Compagnie de Gendarmes du Duc d'Espernon.

Que le Roy doit donner la paix à ceux de la Rel. pr. ref.

APrés que le Roy eut prins tant de villes, & pour la derniere celle de Cleirac, je vous manday que je pensois qu'il estoit à propos qu'il donnast la paix à ses sujets de la Religion pretenduë reformée, qui s'estoient rendus souples, humbles & maniables par ses promptes & diligentes conquestes. Toutesfois il resolut d'attaquer la ville de Montauban, où il y a trois mois qu'il est, sans avoir rien avancé; je croy qu'il y demeurera jusques au prin-temps pour recommencer de plus beau. Je suis François frappé à la vieille marque, qui reçois un desplaisir extreme de ce que chacun en ses communs devis tient que le Roy monstrera une grande foiblesse s'il ne prend Montauban, laquelle haussera le cœur à ceux de la Religion pretenduë reformée, pour entreprendre contre son Royaume; parolles qu'ils laissent aller à la vanvole, sans considerer, qu'à la guerre il faut balancer l'honneur & le profit d'un mesme poids, & suivre ce qui est plus apparent pour le bien & utilité du general.

Qu'un Roy ne doit jamais pour le desir d'un honneur, ny par la crainte d'un blasme imaginaire, faire rien au dommage, ou manquer à l'utilité de son peuple, ains en toutes choses se gouverner selon la raison, & non selon l'opinion. Nul ne revoque en doute que si le Roy desploye ses forces contre ceste ville, qu'il ne la prenne. Si ce n'est en six mois, ce sera en un, deux ou trois ans. La longueur du temps & la patience reduisent toutes choses à leur point: qui peut attendre, tout vient à bien. Qui ne sçait qu'en ce long siege se perdront Princes, Seigneurs, Gentils-hommes, Capitaines & Soldats, en la perte desquels la France recevra un notable dommage? Le Roy peut destourner ceste triste perte, en donnant la paix à ceux de Montauban. C'est un exemple qui ne sera sans exemple. Nous en avons un domestic, au moule duquel, pleust à Dieu que nostre Roy se formast. Charles Neufviesme, premier que d'attaquer les Rochelois, envoya vers eux ce grand Capitaine la Nouë pour les asseurer qu'il entretiendroit leurs privileges en tous leurs points, pourveu que Biron entrast avec sa compagnie dans leur ville, & garde suffisante pour le Chasteau & les tours de la chaisne & du garrot; offres qu'ils refuserent, croyans qu'ils imposeroient sur eux un joug de servitude duquel ils ne pourroient jamais se desliér. La Nouë fait entendre au Roy leur resolution, lequel depescha son armée commandée par Monsieur pour assieger leur ville: pendant sept ou huict mois, plusieurs sorties & combats se firent, plusieurs mines jouërent & assauts se donnerent, qui produisirent la mort de grand nombre de François tant de l'un que de l'autre party. Pendant toutes ces sorties, combats & assauts, plusieurs pour-parlers de paix se jetterent en avant, les articles de laquelle enfin s'accorderent par Monsieur, les Princes & Grands de l'armée soubs le bon plaisir du Roy, qui par l'advis de la Royne Mere, des Cardinaux de Lorraine & de Guyse, du Chancelier de Birague, de Morvilliers, Lansac, Limoges, Foix, Thou, Seguier, Hennequin, Chiverny, Mande & Roissy, octroya par son Edict à ceux de la Rochelle, Montauban & Nismes: que la memoire des choses passées à l'occasion des troubles, demeureroit esteinte & assoupie, comme de choses non advenuës: que l'exercice de leur Religion leur estoit permis dans leurs villes: qu'ils joüyroient de leurs privileges anciens & nouveaux, esquels ils seroient maintenus & conservez sans aucune garnison, & que dans leurs villes ne seroient bastis forts, ny citadelles, que de leur consentement. A quel propos vous ay-je representé le nom de ceux par le conseil desquels se fit la paix, que pour vous monstrer que c'estoient personnages pleins d'experience aux affaires d'Estat, qui par la memoire des choses passées jugeoient de celles qui estoient à l'advenir: qui jugeoient, dy-je, qu'un Roy doit considerer que la

guerre

guerre civile est l'escueïl & le bris des plus puissants Estats : qu'en ses victoires il ne peut que s'affoiblir, & perdre mesme en gaignant : qu'en une guerre estrangere, il trouve honneur & profit ; mais qu'en la domestique, toute la perte est sienne : que tout ainsi que les branches n'ont plus de vie, le tronc de l'arbre estant porté par terre ; de mesme, en une guerre civile la vigueur du chef de l'Estat se debilitant, l'on voyoit les parties nobles du corps se reduire à une piteuse condition, pour le peu de respect que leur rendoient les peuples, affriandez au libertinage & à la desobeïssance, chose qui leur faisoit apprehender une lamentable decadence de l'authorité Royale : qu'en un Royaume les moindres esmotions estoient grandement à craindre, lequel estoit comme un corps naturel où il y a danger de mettre la fievre en voulant purger les mauvaises humeurs, ou comme un bastiment dont une piece remuée esbranle quelquefois tout l'édifice, voire cause la ruine entiere : qu'il estoit trés-aisé d'arrester ou de destourner les fleuves à leur source, lesquels enflez du grand amas des eaux, bouleversent aprés ce qui ose resister à leur violence : aussi qu'un Roy pouvoit, en un commencement de guerre, rasserener la tourmente de son Royaume par un doux calme de reünion ; & que ne le faisant, la guerre consommeroit ses forces, couvriroit son Royaume de cendres, & espuiseroit ses Finances, les plus fermes estançons de son Estat : enfin que c'estoit au Roy à apporter un bon ordre à ces desordres, & à ces maux des salutaires conseils, qui appaisassent ses orages par une tranquillité publique, & donnassent un affermissement à son authorité ; une force à son sceptre en l'amour de ses sujets ; & à son nom, un glorieux nom de sage & pere de peuple. Voylà les motifs qui esmeurent ces grands hommes d'Estat à conseiller la paix à leur Roy. Pourquoy en pareil subject ne donnerons-nous pas conseil à nostre Roy pour ceux de Montauban, qui ont esté portez à soustenir les armes par la crainte qu'ils ont euë d'estre forcez en leur Religion, & d'avoir une Citadelle dans leur ville ? Il n'y a rien si sensible aux hommes, que quand ils croyent que l'on les veut forcer en leurs consciences, ou priver de leur liberté. Ces deux poincts leur preparent le chemin à toutes choses extrémes : de là naissent les desespoirs, qui dispensent les sujets de leur affection & les affranchissent de toute crainte. Ils balancent entre l'obeïssance & la rebellion ; & en ce doute, mettent aisément en nonchaloir l'obeïssance qu'ils doivent au Prince. Que le Roy sera sainctement conseillé, s'il suit le conseil de ces Nestors, qui ont tenu de leur temps & dehors & dedans le Royaume, les premieres charges de l'Estat ! Tout ainsi que le Pilote, selon les divers vents, & accidents, tourne & vire ores çà ores là son gouvernail, ce qu'il faict pour ne commettre des fautes perilleuses s'il le tenoit tousjours d'une sorte : aussi le Roy, selon les diverses circonstances & varietez qui arrivent à tout moment és affaires humaines, ne doit tenir une mesme forme, ains suivre celle qui est la plus utile pour son peuple. Quand il verra dans le miroir des derniers troubles, le piteux Estat où estoit reduit ce Royaume, il apprendra que la ruine de ceux de la Religion pretenduë reformée ne se peut jetter en moule, qu'elle n'attire celle des Catholiques. Si l'on veut guerir tout à coup les maladies du corps qui se sont acharnées sur nous à petits traicts, c'est, par un mesme moyen, perdre & le patient & la maladie : ainsi si le Roy veut purger & oster la Religion pretenduë reformée tout à coup de son Royaume, qui s'est coulée dans toutes les veines du corps de son Estat depuis soixante & deux ou trois ans en çà, il verra & l'une & l'autre Religion perduë. Henry III. en la harangue qu'il fit au Parlement, aux Ecclesiastics & aux Parisiens qu'il avoit assemblez en 1585. en son Louvre : il eust mieux vallu me croire (dit-il) j'ay grand peur qu'en voulant perdre le presche, nous ne hazardions fort la Messe. Il vaudroit mieux faire la paix, encores ne sçay-je pas s'ils la voudront recevoir à nostre heure. Toutes ces raisons doivent exciter nostre Roy à calmer les flots qui veulent engloutir son Royaume & reduire la discorde à sa derniere fin. Disons, malediction d'enhaut sur ceux qui fomentent, desirent, procurent & allument une guerre intestine, de laquelle se forment les mescontentemens des peuples, leurs soulevemens, leurs desobeïssances & en suite la ruyne & desolation des Empires & l'entiere dissolution des œuvres les plus parfaites. Pardonnez à ma naïfve & grossiere liberté. Adieu.

LETTRE XIV.

A Monsieur de Montaigne, Seigneur de S. Genest, Conseiller du Roy en ses Conseils d'Estat & Privé, President & Lieutenant general au siege Presidial de Xaintes.

Que chacun en ce monde de parti cipe de la lune.

IL est vray que nous participons tous de la lune, c'est-à-dire, que nous sommes fous en la chose où nous appliquons nostre fantaisie entiere : comme celuy qui aymé desmesurément un plaisir lequel s'escoule plustost que le penser ; comme un autre qui est affligé d'une insatiable avarice, auquel tout est peu & le peu rien : un autre qui pour estre battu d'une miserable ambition, n'a point de jour arresté, & son mal renaissant à chaque moment, ayant pensé estre grand, il se trouve qu'il n'embrasse que du vent : un autre qui se fonde sur des vaines & trompeuses esperances : un autre qui n'a plaisir qu'à bastir & estre bien vestu, à voyager, à estre à la Cour ; un autre qui se met tout à plaider ; un autre à faire bonne chere, estre suivy de valets.

Concluons que chacun a un quartier de lune dans la teste. Pour moy je n'en suis pas exempt ; car j'ayme à outrance & les chevaux & les livres ; je loge les chevaux avec les livres, & les livres avec les chevaux. Mais Xenophanes estoit tout lunatique, qui disoit le circuit de la lune estre plusgrand dix-huit fois que la terre, & qu'en sa concavité il y avoit un autre monde qui vivoit à nostre façon. Pourquoy appellons-nous un homme fou, lunarique ? Parce que la lune reluit tantost sur la terre avec un plein visage, tantost avec un racourcy ; elle est inconstante & variable, & tousjours dissemblable à ce que n'agueres elle estoit : aussi un fou ne demeure jamais en un estre stable. Mais je laisseray la raillerie à part, pour passer plus outre, & vous dire que toutes choses humaines animées & inanimées se gouvernent par la providence de la lune, lesquelles par ses mouvemens sont diminuées & augmentées selon qu'elle croist & diminuë.

Je commenceray par ce grand element, quand la lune est pleine & nouvelle, y a-t-il pas plein flux de mer ? Quand elle est au quartier, le flux est-il pas bas & à chacun jour ne se retarde-t-il pas de trois quarts d'heures ? Au declin & decroissement, toutes sortes de coquilles sont-elles pas fort extenuées de leur substance & presque comme vuides, & sur le plein le tout n'est-il pas au contraire ? Les animaux, les plantes & tous les elemens sentent-ils pas en ce temps-là un merveilleux changement de sang, des humeurs & des moüelles ? Les femmes ont-elles pas une manifeste sympathie avec elle, lesquelles ont leurs temps en chaque lune une fois, les jeunes quand elle croist en lumiere, & les autres selon leur aage proportionné & rapporté à celuy de la Lune ? Quant aux animaux, l'Escarbot au definement de la Lune forme-t-il pas une boulette de fiente de bœuf laquelle il enterre, & ayant demeuré vingt-huict jours, au renouvellement de la la Lune, ne trouve-t'il pas un escarboton formé, animé, né, & renouvellé avec elle ? La fourmis ne cesse-t'elle pas de travailler lors qu'elle est sans lumiere; & quand elle est au plein, ne travaille-t'elle pas sans aucune entrecesse ? Les yeux des chats ne se changent-ils pas selon ses changemens ? Et aux chevaux la maladie des yeux ne croist-elle pas, ou decroist avec elle ? La Panthere n'a-t'elle pas sur sa cuisse une marque representant le croissant de la Lune, laquelle s'augmente & diminuë tout ainsi que fait la Lune ? Ses cornes se courbent-elles pas & penchent peu à peu tout ainsi qu'elle decroist, & se relevent-elles pas aussi peu à peu ainsi qu'elle croist ? L'Elephant recognoist-il pas les renouvellemens, & signamment le Croissant, quand il rompt des rameaux de certains arbres qu'il esleve en l'air, & retournant sa face vers elle, les esbranle comme s'il les luy vouloit offrir ? Aux jours du renouvellement de la Lune, les animaux n'adjoustent ou diminuent-ils pas quelque chose à leur voix, excepté le Lyon ? Les oyseaux de proye sont-ils pas plus legers environ la pleine Lune ? Y a-t'il pas en Egypte un poisson appellé Physe, le foye duquel croist & decroist avec la Lune ? Son corps est-il pas gresle & maigre quand il n'y a point de Lune, & gros & gras quand elle est au plein ? Les plantes s'accordent-elles pas aussi avec elle ? Les graines que l'on veut semer, doivent-elles pas estre jettées en terre quand elle croist ? Et tout ce qu'on veut cueillir, doit-il pas estre fait quand elle decroist ? Les herbes sont-elles pas de beaucoup plus grande efficace lors qu'elle croist, qu'au decours & definement d'icelle ? La Lune n'a-t'elle pas une grande puissance sur les maladies, puis que l'on voit leur allegement & rengregement, mutation & changement soit en bien ou en mal A se manifester communément le quatriesme jour, 7. 11. 14. & 28. entrant dans le 29. si tant durent les maladies ? Ces jours-là ne sont-ils pas tant indicatifs & denonciateurs, que critiques & juges du progrés & estat du malade & maladie ? Les Medecins ne tiennent-ils pas que ces jours ne peuvent avoir telle autorité de prerogative d'ailleurs que de la Lune ? Disons donc que le cours de la Lune, adjoustant celuy du Soleil avec leurs divers changemens, temperent tout ce grand Palais basty pour la demeure des hommes. Les terres sont nourries, ouvertes & relaschées de la chaleur du Soleil, & la Lune par sa tiedeur penetre dans les fruicts, lesquels elle meine à une parfaite meurisson. Le Soleil fait ses operations durant le jour, & la Lune durant la nuict, auquel temps elle ramolit & humecte les matieres de ce bas monde, afin que plus facilement elles puissent recevoir les actions vitales & operations formelles du Soleil, lors qu'il les vient par son decoulement, radiation & influence à disperser & particulierement distribuer selon le merite & capacité d'une chacune. De là vient que le Soleil & la Lune sont appellez les deux yeux du monde, penetrans, vivifians, esclairans sur toutes les choses de l'air, de l'eau & de la terre : les deux organes & principaux instrumens de tout l'univers, au son & harmonie desquels toutes creatures tant raisonnables que desraisonnables se resveillent, esjoüyssent & prennent vigueur & force : deux grands Monarques qui ont authorité sur toutes les choses qui sont en ce monde, lumieres & flambeaux du jour & de la nuict, par une grande singularité & particulier privilege. Il faut que je laisse ce discours; car la passion des chevaux & des livres me reprend. Adieu.

FIN DU NEUFVIESME LIVRE.

LES LETTRES DE NICOLAS PASQUIER,
FILS D'ESTIENNE.
LIVRE DIXIESME.

LETTRE I.
A Monsieur Froger, Docteur en Theologie, Chanoine de la Saincte Chappelle de Paris, & Curé de S. Nicolas du Chardonnet.

Il le prie de luy escrire la façon de la mort de son pere.

E m'asseure que quelques-uns des Jesuites feront courir divers bruits au desadvantage de la memoire de mon pere, maintenant qu'il est mort ; d'autant qu'il plaida en 1564. pour l'Université de Paris contre leur Ordre, où il predit de leur Compagnie plusieurs choses auparavant qu'elles arrivassent : & depuis composa le Catechisme ou Examen de leur doctrine, qui descouvre ce qu'il avoit prognostiqué trente-huit ans auparavant : & pour ce qu'ils veulent par toutes sortes d'artifices effacer ce qu'il a veritablement escrit, ils desirent faire croire à ceux qui ne l'ont cogneu, qu'il estoit Huguenot, afin qu'ils n'y adjoustent foy, combien qu'il ait esté Catholique, Apostolique & Romain en sa naissance, en sa vie & en sa mort. Nul ne sçait mieux que vous, qui avez gouverné sa conscience un si long-temps, quel il a esté pendant le cours de sa vie, & jusques à ce dernier periode de la séparation de son ame & de son corps. C'est pourquoy je vous prie, comme son Curé, de m'escrire au long le pour-parler que vous eustes ensemble quatre ou cinq jours avant son trespas, & le jour qu'il mourut, afin que vostre lettre face mentir ceux qui voudront parler de luy autrement que selon la verité. Adieu.

LETTRE II.
Le Sieur Froger, au Sieur Pasquier.

Mort d'Estienne Pasquier.

Voyez la lettre de sa mort sup. f. 93. 94.

POur satisfaire à vostre priere, je redigeray par escrit les propos que nous eusmes feu vostre pere & moy, quatre ou cinq jours auparavant son decez, & encores lors qu'il fut atteint du mal dont il mourut. Je commenceray à vous dire que la premiere fois je le trouvay à son accoustumée, en sa chambre sur la composition de plusieurs beaux disticques Latins, de quoy me conjoüyssant & de sa bonne santé, je le priay d'avoir agreable que je luy parlasse encore une fois franchement & avec liberté, & comme son Curé, qui ne recherchoit & n'avoit jamais recherché que le bien & l'asseurance du salut de son ame, & rien moins qu'à complaire aux Jesuites, que je ne voulois aymer & cherir qu'avec raison. Quoy protesté de ma part, je le suppliay au nom de Dieu de me dire en bonne conscience s'il esperoit de pouvoir rendre à Dieu bon compte de toutes ses œuvres, & luy faire alloüer toutes ses raisons, que lors je me tiendrois content sans plus en parler. Et particulierement je luy representay qu'il avoit escrit, que la secte des Jesuites estoit pire que le Machiavelisme & le Lutheranisme, en quoy je craignois fort qu'il n'eust fait injure à l'Eglise Catholique, nostre saincte Mere, qui avoit receu l'Ordre des Jesuites comme sainct & salutaire. Il me respondit qu'il n'avoit rien escrit contr'eux qu'avec fondement & raison, & que le temps & la posterité descouvriroit le merite ou demerite de luy ou des Jesuites, à laquelle il laissoit le jugement. Quant au Machiavelisme & Lutheranisme ausquels il les avoit comparez, qu'il entendoit par qu'ils troubloient toute l'œconomie & hierarchie ancienne de toute l'Eglise, entreprenans sur les Ordinaires, & rendans

dans leur ministere, jurisdiction & authorité aneantie, & adjoignants à leur Societé autant qu'ils pouvoient de benefices. Au surplus, qu'il les honoroit tous en particulier, *nomine literario* ; en quoy je recogneus que ce venerable vieillard n'entendoit imputer la malignité & impieté soubs-entenduë sous les deux termes de sa comparaison, dont je fus grandement consolé & satisfait, & tiray une consequence de tous les autres propos couchez en quelque autre part que ce fust de ses livres, par l'usage desquels, je certifie à tout le monde, comme son Curé, qui par la grace de Dieu ay eu une pleniere cognoissance de sa conscience, qu'il n'a voulu ny pretendu offenser, autant qu'ils seroient peut-estre offensifs. Et de fait, il me souvient qu'une fois en ma presence, il promit au Pere Gontery, que si jamais il faisoit reimprimer ses œuvres, & qu'il parlast d'eux, il n'useroit plus de ce mot de secte, ains de Compagnie. Aprés ce petit colloque, je le priay d'y repenser à loisir, & luy donnay le bon soir. A la seconde fois que je l'entretins, qui fut au temps de son mal, comme je m'approchay de son lict pour l'exhorter, je n'eus pas lasché trois ou quatre paroles qu'il me prevint, & croyant que je luy voulusse r'entamer le discours où nous estions demeurez lors de sa santé, il me dit qu'il avoit veu le lieu susmentionné de son Cathe-

A chisme, & pensé à ce que je luy en avoit dit, mais qu'il n'y avoit rien que bien digeré & entendu au sens qu'il m'avoit expliqué. Sur quoy ne le voulant importuner, à cause du mal qui le pressoit, je le consolay, le priant de se resigner de tout point à la volonté de Dieu, qui ne l'abandonneroit à son besoin ; pourveu quant & quant qu'il n'abandonnast le soin & de sa personne & de son ame, & partant je le priay d'embrasser ceste petite Croix que Nostre Seigneur luy faisoit porter, & que par le merite & Passion de Nostre Seigneur Jesus-Christ, il luy demandast pardon de ses pechez, & eust une bonne & entiere repentance.

Je luy demanday encores s'il n'estoit pas penitent de toutes ses fautes, & s'il ne vouloit pas mourir enfant tres-obeyssant de l'Eglise Catholique Apostolique & Romaine & recevoir de nous l'absolution de ses pechez, lesquelles demandes je reiteray à trois diverses fois, & m'ayant tousjours respondu qu'il le vouloit ainsi que je luy avois proposé : aprés s'estre devotement confessé, je luy donnay l'absolution ; puis le communiay avec une ardente & profonde devotion de sa part, & ayant beny tous ses enfans presens & absens, il deceda en bonne & heureuse paix par la bonté & misericorde de nostre
B Dieu. Adieu. De Paris ce 5e d'Octobre 1615.

LETTRE III.

A Monsieur de Raymond, Abbé de la Frenade.

Il monstre le mespris qu'il faut faire d'un livre plein d'injures.

J'Ay receu vostre lettre par laquelle j'apprends le desplaisir que vous prenez de ce qu'un Autheur sans nom ait escrit des impietez abominables & pleinement faussetez contre la memoire de mon pere. Je vous diray que j'ay leu le libelle diffamatoire de ce nouveau rechercheur, lequel je trouve chargé de la plus part des vices qu'il luy impose calomnieusement, de façon que l'on luy peut dire, *Væ tibi, qui malè arguendo, maledicis.*

De respondre à ce livre, ce seroit une œuvre sans fin, & faire comme ceux qui tirent à la scie, lesquels se la poussent & repoussent continuellement. Vous sçavez ce que disoit un Ancien de ces sortes d'escrits, *spreta exolescunt.* C'est un livre qui sera aussi-tost estouffé, que nay ; vous ne le verrez jamais engravé au cedre. Il falloit que ce Maistre Escrivain vuidast ses noires, recuites & tres-malignes humeurs, autrement il fust crevé. Le meilleur donc sera de ne prendre autre vengeance de luy que celle du desdain & du mespris de sa plume & de son esprit. Une vie relevée pardessus l'ordinaire est tousjours heurtée de telles gens, qui portent aisément & leur cœur & leurs mains au mal, lesquels ayans franchy les barrieres d'impudence, il n'y a plus de bride pour les retenir, il faut qu'ils aillent au pair de leur vouloir. Mais le bon en cela, est, qu'une solide renommée, comme celle que mon pere a laissée, ne peut estre atteinte ny esbranlée par un si petit & foible nain. Asseurez-vous que le silence en ceste rencontre operera plus que toutes les responses qu'on sçauroit faire, parce que dans cinq ou six mois la memoire de ce livre demeurera tellement esteinte, qu'il ne s'en parlera non plus que s'il n'avoit jamais esté. Le remuëment qu'a fait mon frere de Bussy contre l'Imprimeur, luy a donné la vogue ; car D

dés là, plusieurs creurent que c'estoit un livre de poids ; lesquels curieux en meublerent leurs Bibliotheques. Mais ayans conferé les passages des Recherches avec les Chapitres de ce nouveau libelle par lesquels ils sont reprins, recognurent la fourbe de cest imposteur, de laquelle aux occasions ils rendirent tesmoignage, de sorte que le bruict qu'avoit acquis ce livre, s'est, à l'heure que je vous escris, destruit par sa lecture.

Qui s'opiniastreroit à faire un livre à l'encontre & le mettre au jour, le feroit revivre long-temps aprés sa mort. J'ay escrit doucement mon advis à l'Autheur de ce libelle, je prie Dieu qu'il le rende sage ; mais je crains que ce soit à tard, car il y a long-temps qu'il est, ce qu'il est, & tellement abandonné de Dieu, qu'il entre aisément en ceste rage canine, qui le fait mordre & devorer tout ce qu'il rencontre. Je ne croy pas qu'il puisse jamais changer. La truye a cela de propre, qu'elle se replonge dans sa premiere fange. Comme j'achevois celle-cy, un mien amy m'envoya ces Vers, desquels je vous feray part.

Ad G. J.

Latra quantùm vis, omnemque effunde furorem ;
Latratu nullo gloria vera ruet.

In eundem.

Quamlibet oblatret rabidi fera lingua molossi,
Paschasio meritos numquam subducet honores,
Inconcussa viri stabunt monumenta per ævum.

Je vous remercie de vos tant honnestes offres. Adieu.

LETTRE IV.

Au Jesuite, Autheur du Libelle diffamatoire, intitulé les Recherches des Recherches.

Il remonstre à ce Jesuite qu'il ne devoit escrire contre la memoire de son Pere.

TU as du loisir à revendre, puis que tu te mets à regratter les œuvres d'autruy. Tu ne t'es pas souuenu de ce beau & riche precepte, espargne le temps. Si tu eusse aimé Dieu d'une integrité & rondeur de cœur, tu ne te fusses sans fin & sans mesure desbordé & desbordé par ton libelle contre la memoire de mon Pere, que tu as escrit avec non moindre chaleur que de vengeance. Ton esprit fecond & fertile en abondance d'injures, ressemble aux mauvais estomachs, qui vomissent ce qu'ils ne peuvent digerer; tu as fait comme la mouche cantharide, qui succe son venin du lieu mesme d'où l'Abeille tire son miel. Et ainsi en choisissant, à la façon des Sophistes, par cy par là de ses œuvres quelques tronsons & lambeaux de paroles, attachez de leur contexte, tu les fais lire separément hors de leur subject, & de leur cause, & de ce qui precede, suit, & lie toute l'intelligence du discours, pour leur faire recevoir le visage que bon te semble. Et ainsi gehennant ses paroles & les destournant de leur sens naturel, quoyque clair & coulant : il ne se peut faire qu'elles ne soient desfleurées, foulées & renuersées : à la façon des demy vers de Virgile, desquels on fit des pieces rapportées d'impudicité, bien qu'il n'y ait rien de si pudic que les vers de ce Poëte.

Je croyois que ceste vieille dent d'inimitié que les Jesuites luy portoient, fust ostée par sa mort : mais j'ay cogneu, quand tu as rafraichy & r'entamé ceste vieille playe, qu'il y a une guerre nouée irreconciliablement contre sa memoire : qui tesmoigne en toy un defaut de jugement, qui est la piece maistresse qui doit agir, dominer & faire tout, une sterilité de sagesse, un courage lasche ; car celuy qui l'a grand, ne venge les offenses qui luy sont faictes, lesquelles negligeant, il ne sent point. La vengeance est confession de douleur, laquelle ne possede qu'un esprit bas, foible & plat, qui ne pardonne qu'au temps qu'il se venge. Quant à moy, je foule aux pieds son mesdire indiscret : il n'y a rien de si victorieux qu'une insensibilité courageuse aux injures.

Si ton ame eust esté entiere, saine droicte & clair-voyante en elle-mesme, tu devois entrer en ton dedans, pour juger le profit que tu devois attendre de ton libelle. Le laboureur s'asseure de cueillir l'esperance du champ qu'il cultive. Mais tu ne dois rien esperer de ton travail, à cause de ce grand desbordement d'injures, lesquelles ayant semé au vent, ne produiront que du vent. Aussi que l'integrité de laquelle mon pere estoit plein, rebouche la pointe de tes mesdisances ; sa vie descouvre tes calomnies, & l'honneur dont il a joüy, te rend tout couvert de honte. Que l'on retranche de ton libelle les impietez, faussetez, lieux tronquez, injures, contes boufonnesques, & autres choses fades, insipides & languides : il sera have, desfiguré & descharné par sa propre necessité, & demeurera comme une ruche sans rayons & sans miel, tronc aride, dont on ne fera point de compte. Je te dis bien plus, qu'il n'y a rien dedans qui puisse contenter un esprit fort.

En le composant, le peché & la peine sont nais tout à coup chez toy : le peché, ce sont tant & tant d'impietez & injures : la peine, c'est que l'enfant de ton esprit ne parviendra jamais à un parfait automne & entiere maturité. Il sera le joüet & la proye du temps, lequel comme juge veritable & équitable, l'a desja condamné. Il verra en un instant & son jour & sa nuict ; il sera comme une fleur puante, qu'un seul moment fait fleurir & flestrir ; un vent, une fumée, un ombrage & moins que rien ; un esclair qui est aussi-tost amorty qu'allumé ; un champignon qui croist & ternit en une nuict. Cet enfant avorton du temps, se rencontre plein de discours vains, & vuides de sens, ausquels il n'y a point de prinse, rien qui esveille l'esprit, rien qui le chatouille & anime, choses qui aydent grandement à le descreriter de la part qu'il pretendoit à la posterité. Ce qui a esté engendré en trois mois, ne peut estre de longue durée : les arbres tardifs demeurent vifs plus long temps, & les fleurs tost espanoüies, tost s'esvanoüissent : davantage, ce genie qui conduit un livre à l'immortalité, ce naif qui le fait vivre, n'est point au tien ; tout y manque ; un amas de paroles de choix, un exquise recherche de belles pointes, ces riches traits que l'on desire de la langue Françoise, ces graves & moüelleuses sentences composées & serrées en certain nombre de paroles, qui sont le suc & la vigueur de l'œuvre, un discours arraisonné, ferme & solide, où tout est bien joint & compassé. Encores en eusse-je fais estat, quoyque mesdisant, (car je loüe volontiers & largement les choses bien faites) s'il eust esté meublé de riches paroles, nerveux, plein de bonnes raisons & d'un langage masle, trempé de certaine efficace & vivacité, d'autant qu'il servîroit pour doucement polir & desficher le sauvagin de nostre langue. Mais au lieu de l'embellir de la sorte, tu l'as remply d'impietez & d'injures, & escrit d'un mesme air & en semblable stile que tu avois fait ton banquet des Sages, & ton Rabelais reformé, de la lecture desquels je fus desgousté par ce grand flot d'injures, qui se rencontrent dedans ; si qu'il semble que le premier & le second ne soient qu'un projet du troisiesme. Chefs-d'œuvres en matiere d'injures, ausquels personne non plus qu'au Tableau d'Appelles, mais d'une façon bien differente, n'oseroit apporter la derniere main.

Je souhaiterois que tu eusses ou pensé à parler de mon Pere avec plus de sobrieté, ou à remuer pendant sa vie toute sorte de pierres, pour avoir raison de luy, sans laisser croupir ta vengeance cinq ou six ans aprés sa mort, qui estoit un assez long-temps pour cuire & digerer ta colere. Tu as voulu faire bresche à sa memoire & la jetter hors de son repos : & pour cuider avoir le dessus de tes pensées, tu as prins ton advantage sa mort, & differé ta vengeance, croyant avoir le temps meur & opportun, comme si la cause eust esté deserte & delaissée, pour vaincre à ton aise & sans coup ferir ; car tu craignois, pendant qu'il vivoit, de venir à toute espreuve & au combat, à cause de ses rudes reparties : tu sçavois qu'il avoit l'esprit & la plume en main, pour se ressentir d'un outrage, & qu'il n'eust jamais ny l'un ny l'autre en espargne, qu'il n'eust recüeilli les tiens d'une main hardie, pour les toucher & poindre jusques au vif, leur faire sentir ses vifves atteintes & sonder jusques à leur premiere assiette : tu as fait voir ta tendre & lasche foiblesse, une ame d'une trempe molle, en attendant sa mort. Qui refuse la lice, accuse son defaut ; un guerrier genereux combat à l'ouvert, & fait force au besoin.

Tout ainsi que le veneur recognoist aux voyes la grandeur du Cerf, de mesme de tes libelles on recueille le fonds de ta conscience : ta plume est le truchement de ce qu'il y a de bon ou de mauvais en ton ame ; nos escrits simbolisent ordinairement avec nos mœurs, & nos œuvres sont l'image de nostre esprit, & le miroüer de nostre cœur. Je ne veux point te flater ny prester par art des graces que tu n'as pas, ny couvrir, comme un bon peintre, par ombre, ton defaut ; ton visage qui est une ame racourcie, démonstre, comme font tes libelles, dans lesquels tu es tiré tout de ton long au naturel, que tu as une merveilleuse gaillardise de cerveau,

veau, qui te rend les sens esgarez, l'entendement & la raison desvoyez à la plus haute touche, un grand desreiglement d'esprit (dans lequel tout s'aigrit, comme font les viandes dans l'estomac gasté) qui a tellement enraciné la médisance en toy, qu'elle s'y voit formée & comme naturalisée. Chose qui t'a produit l'envie de mettre au jour tes libelles. Ta condition d'Ecclesiastic vouloit que tu misses un caveson à tes calomnies, que tu évitasses ces moyens reprouvez, illicites, bastards & desnaturez, sans te jetter à belles injures, d'une impetuosité desbordée, & contre les œuvres de mon pere & contre sa personne, & celle de ses enfans, qui oncques ne te donnerent occasion de prise pour s'attaquer à eux. Au temps de ce bon Empereur Adrian, tu eusses esté condamné à la mort, ou envoyé aux baleates.

Je laisse à part tous ces convices, pour te dire en Chrestien, que quand je voy tes libelles remplis d'un flus & reflus d'injures, cela me fait asseurément croire que tu n'as commerce avec le Ciel que des yeux, ayant fait il y a long-temps divorce avec Dieu : car si tu estois teint de la moindre Sainteté, tu ne prostituerois laschement ta plume à tant de mesdisances, ains exercerois envers ton prochain tout devoir d'amitié, & mettrois en œuvre ceste charité, qui n'est qu'une reverberation de la pieté, ou amour de Dieu sur ton prochain, une reflexion de ta veuë sur son image, une conjonction de l'homme à l'homme.

Le devoir d'un Chrestien, est, de soulager la necessité d'un pauvre par son abondance, ne le traiter par trop grande rigueur, mais user d'une gravité temperée avec douceur & facilité, ne blesser sa renommée, car la bonne reputation est plus precieuse que thresor quelconque. On ne fait moindre tort à l'homme de luy oster, que de le despouiller de son propre bien. Qui se laisse aller à la médisance, decline de tout point de la sincerité Chrestienne. Se plaire en ce peché de mesdire & s'y endormir, est un lourd mespris de Dieu. Si tu le vouloirs reprendre, il falloit que ce fust comme les loix, qui punissant, sont meuës d'équité, non de colere : ou comme les Medecins, qui, tous autres remedes cessans, retranchent ou cauterisent le membre gasté, mais sans emotion ny alteration : de mesme, en ta liberté de reprendre, tu devois oster ce qui estoit de trop vehement & de trop crud, & le temperer d'une affection amiable, user d'une reprehension douce & paternelle, laquelle ne fust point pour rompre & aigrir un pecheur, ains pour ramener sa conscience à un sentiment particulier de sa faute, & encores falloit-il que cela se fist avec une personne vivante. Voilà veritablement le train que tu devois tenir. Mais il t'estoir bien difficile, voire impossible à toy que je recognois par ton libelle estre un vray pedant, qui as un deboit & rebut de toutes les choses bonnes, qui as un esprit indigeste & cacochisme lequel par une incivile importunité chocque tout ce qui n'est pas selon son goust.

Mon pere a donné le poulx & le mouvement à nostre histoire Françoise, laquelle il a recherchée dans son berceau, & mise en tel ordre, que tous ceux qui ont escrit depuis luy, l'ont avec prefaces d'honneur allegué & suivy en ses opinions. Toy seul tasches d'abbattre & terrasser ses Recherches & les fouler aux pieds. Sois continuellement aux escoutes, faisant le guet pour les mordre, egratigner du bec & de l'ongle, labourer avec toutes sortes de vilaines paroles, & les assaillir durement de toutes parts & d'une obstination deliberée : tes vains efforts n'empescheront qu'elles ne se maintiennent & guarantissent puissamment contre l'eschec que tu leur voudrois donner. Tu ressembleras aux chiens lesquels de nuict abboyent la lune qui luit, sans la pouvoir mordre. Et tout ainsi que les ombres courtes n'amoindrissent les corps qui les produisent : de mesme les mesdisances que tu chantes contre ses Recherches, n'abaisseront ny ravalleront la vogue qu'elles ont gaignée.

Il y a soixante & neuf ans qu'il commença d'exposer ses œuvres à l'essay & à l'espreuve de tout un public, comme une monnoye de fin alloy, qui ne craint point

la pierre de touche. Quelle meilleure touche de verité, que ce long-temps qui approche d'un siecle, duquel ils n'ont senty la lime ny la corruption, que la vicissitude des choses & la suite des ans apporte à tout ce que l'on voit icy bas ? Dieu a arrousé & meury son labeur, qui le fera vivre malgré ton libelle ; ses Recherches sont à l'espreuve de tes calomnies ; ce sont rochers contre l'orage de tes mesdisances ; elles sont une pierre de scandale, & comme un heurt contre lequel elles s'achoperont. Les plus furieuses marées s'applatissent à la rencontre des escueils ; de mesme, tes libelles qui ne sont que torrens d'injures, se perdront contre ses Recherches.

Quoyque tu ayes descouvert les ulceres ou les orages de ton esprit, en t'eslançant par trop licencieusement sur quelque parcelle de ses œuvres ; que tu ayes eu dessein de battre en ruyne son honneur, & par tes mesdisances voulu faire naufrage à sa renommée : tout cela ne le fera deschoir de ceste grande & fameuse reputation qu'il s'acquit en vivant : l'on a tousjours veu que ses actions ont esté telles, que de quelque costé qu'elles ayent esté veuës, elles ont monstré une face pleine & égale en toutes leurs parties, lesquelles germerent & produisirent en luy une vraye vertu : qu'il avoit une ame revestuë de pieté, une ame à la vieille marque, qui se soustenoit de soy-mesme & de son propre poids : qu'il avoit une liberté & vivacité d'esprit genereuse, forte & nompareille : un jugement solide, exquis & prompt en toutes occurrences d'affaires : l'on a tousjours veu qu'il roidissoit son courage, affermissoit son ame, l'endurcissoit & acroit pour le soustien de la chose publique ; ce qui l'a d'autant fait aymer en sa vie, que regretter en sa mort : qu'en toute la teneur de sa vie, il a eu une ferme integrité, qui a maintenu & maintient sa memoire : qu'il estoit d'une conversation douce & enrichie de graces & diverses perfections : que sa plume, sa langue & son jugement alloient du pair : que pour avoir cheminé d'un droit pied en sa vie, parlé vigoureusement & d'une trés-grande hautesse de cœur, & escrit franchement les choses comme elles estoient, Henry troisiesme le choisit pour estre son Advocat general en sa Chambre des Comptes. La reputation de sa vertu & de sa prudence ont prins de si profondes racines, & donné de si fortes preuves de la candeur & naïveté de ses mœurs & de sa preud'hommie, qu'elle vaincra les calomnieuses mesdisances de toy, qui es descendu de l'estoc de ces vieux Gots, habitans du lieu de ta naissance, lesquels se rendirent arbitres des vies & Couronnes de leurs Roys. Et tout ainsi que les plantes retiennent tousjours & rapportent par tout la temperature de l'air, & la saveur du sol & territoire où elles vivent : de mesme ceste coustume meschante & maudite s'est donnée de main en main par une certaine propagation de pere en fils, jusques en la personne de l'un de tes proches, sorty de ce vieil Gothique, qui executa ce meschant & damnable parricide contre nostre Henry le Grand. Un des parens duquel & de tes proches, aussi avoit cinquante ans auparavant tué, devant Orleans, le Duc de Guyse. Race abominable née pour assassiner les grands Princes. Dieu veuille arracher & de ton esprit & de ta volonté une si detestable coustume : & que tu n'encherisses sur eux un si meschant, maudit & malheureux forfait. Doresnavant ne songes plus à attaquer les Manes & cendres paternelles, mais plustost d'imiter ces Payens qui rendirent à leurs propres ennemis decedez le mesme devoir qu'ils eussent fait à leurs plus intimes amis. Hannibal ayant entendu que Marcellus avoit esté tué en la bataille, y accourut, & ayant consideré la taille de son corps & les traicts de son visage, demeura long-temps pensif sans qu'il luy eschappast une seule parole insolente, ny monstrast en sa face une chere gaye, quoyqu'il eust grande occasion de l'avoir, estant venu à chef d'un si aspre & dangereux ennemy : mais de crainte que son corps ne receust quelque offence, le fit (selon la coustume) brusler avec toute sorte d'honneur, & mettre les cendres dans un vase d'argent qu'il envoya à son fils avec une couronne d'or que luy-mesme mit dessus. Pyrrhus fut assommé

Tttt iij   à l'assaut

à l'assaut de la ville d'Argos, par une femme qui jetta une tuille du haut de sa maison, la teste duquel Alcinoüs porta à Antigonus son pere, qui le chassa à coup de baston hors de sa presence, l'appellant inhumain meurtrier, & se couvrant les yeux du bout de son manteau, pleura, puis fit inhumer le corps à la Royale. Alexandre le Grand rencontrant le corps de Darius fraischement tué, le couvrit de son manteau Royal & l'ensevelit de ses propres mains, & quant & quant fit attacher celuy qui l'avoit tué, à deux arbres courbez l'un contre l'autre, lesquels laissant retourner à leur naturel, chacun en emporta sa piece.

Charles Duc de Bourgogne ayant esté tué en la bataille de Neuville, son corps fut trouvé nud, gisant parmy les morts, lequel le Duc de Lorraine fit laver, nettoyer & mener à Nancy, où il luy fit dresser une Chapelle ardente dans laquelle on le mit reposer, & y alla vestu de dueil prier Dieu qu'il luy pleust recevoir son ame en Paradis, quoy qu'en vivant il luy eust fait du mal sans fin, & aprés que les services furent faits, il le fit enterrer avec une magnificence, qui ne ressentoit rien de l'ennemy. Voilà des Payens & un Chrestien vrayement charitables à leurs propres ennemis, lesquels leur ayant fait la guerre à outrance, considerent aprés leur mort l'instabilité des choses humaines, & contemplent avec compassion la puissance qu'ont les causes occultes & divines par dessus l'imbecilité humaine, qui fait que l'un ne se peut resjouir de la mort de son ennemy, que l'autre pleure son infortune, l'autre l'ensevelit de ses propres mains, & ce dernier prie Dieu pour son ame, & luy rend toutes sortes de devoirs funeraux.

Ces exemples te devroient, par un discours sagement balancé, exciter à bien vouloir à ton ennemy, à bien parler de luy estant mort, & à prier Dieu pour le salut de son ame, sans te monstrer si austere, roide & entier Aristarque à critiquer, reprendre & corriger les escrits d'un homme mort, & à rechercher du mal où il n'y en à point. Paravanture que tu viendras à quelque sentiment de ta faute: si tu ne le fais, l'on dira que tu te laisses emporter à la mercy de tes opinions, par une folle & presomptueuse amitié que tu porte à tes libelles, & qu'il n'est pas en ta puissance de refrener la partie desraisonnable & passible de ton ame, pour la rendre sujette & obeissante à la raison, ny d'assaisonner la pointe de tous tes discours d'une sage modestie, qui leur donneroit le goust & la saveur. Si ceux de ta compagnie souffrent & permettent plus ces mesdisances, je suis d'advis que comme les anciens pourtrayoient sur les porches & entrées de leurs Temples des sphynx pour dire que toute leur Theologie contenoit, soubs paroles enigmatiques & couvertes, les secrets de sapience: de mesme eux mettent, par une façon mystique, un Momus sur le frontispice des portes de leurs Colleges, pour dire que ce sont escoles instruites, faites & formées à la medisance.

Je te diray que j'apprehende, comme bon Catholique, Apostolique & Romain, de voir ravaller & desestimer par ton mesdire la condition Ecclesiastique & que tu ne portes la folle enchere de ton peché. Et afin que cela n'arrive, fais de moment en moment une exacte reveuë de tes fautes, afin qu'un repentir & une syndereze de tes pechez appelle Dieu sans aucune entre-cesse à ton secours: & je te conseille de plus, de te r'accorder avec ceste divine bonté par confession de bouche, par contrition de cœur, par peines de corps, par œuvres de charité, & que tu te relegue au pain & à l'eau, en faisant le dueil au sac & à la cendre. Lors l'on verra ceste force & vigueur que tu as eu de mal parler, esteinte & assoupie, pour regler & former ta vie à saincteté, qui engendrera en toy une entiere integrité, une pure simplicité de cœur, une conscience craintive & tremblante de peur, vuide & nette de tous ces convices, & en ton ame au lieu d'une ruchée de mesdisances, produira un essain de vertus, qui feront que tes actions seront un enseignement aux autres pour leur donner loy de bien ensuivre. Reçoy de moy ceste douce, benigne & chrestienne remonstrance, comme symbole & tesmoignage de mon affection sincere, qui pour l'amour de Dieu oublie les offences qui me sont faites. Et te souviennes toutesfois, que l'insolence arrache souvent la patience du cœur des plus doux. Adieu.

LETTRE V.

A luy-mesme.

Response au libelle diffamatoire intitulé les recherches des recherches

JE t'escrivis l'autre jour au hazard, n'estant pas asseuré que ce fust toy qui eusses composé ce gros bobulaire, intitulé les Recherches des Recherches, contre la memoire de feu mon Pere. Depuis j'ay eu advis certain par l'un des tiens, que c'est toy-mesme. Je m'estonnay d'abord, pour ce que je ne croyois pas que tu te fusses de tout point abandonné à la mesdisance, toy qui t'advoües pere de ceste grande compagnie de Jesus: toy pere, dy-je, qui dois estre attrempé & avoir une ferme domination de raison contre les impetueux mouvemens de l'esprit, és choses qui ne sont ny honnestes, ny licites: estre discret & moderé pour garder par tout & en toutes choses, ce qui est bien seant: toy, qui dois avoir, comme un calme serenement tranquille, au fonds clair & net la partie imaginative & passive de ton ame totalement applanie & regie avec le plomb & la reigle des choses justes: toy, de qui tous les escrits doivent participer de la douce gravité condigne à un Pere, sans les entrecouper ny enchevestrer de propos fades, bas & indignes: toy Pere (dy-je) qui dois avoir un esprit revestu de saincteté, de mœurs, de grace & de vertu, qui dois estre le miroir de toy-mesme, & resigner à Dieu les affections de ton cœur pour les manier à sa volonté. Toutesfois ayant leu ton libelle, & consideré que tu avois oublié toute modestie, & que par une imprudence, ou impudence, ou par quelque maligne volonté, ou par tous les trois ensemble, tu t'estois precipité en une licence desbordée de mesdite, je jugeay que tu estois capable de passer par-dessus les devoirs d'un Chrestien: & dés-là je conclus que tu ne pouvois rien faire & sainement & sainctement. Et de fait, pour couvrir ta mauvaise façon de faire, tu n'as à garde faite monstré ton nom au jour à face descouverte, pensant par son recelement, soubs ombre d'un teint blesme, passe & descharné, pouvoir continuellement hypocryser devant le monde, une austerité superficielle de vie, & mettre en œuvre ta devotion bastarde, qui tient plus de la superstition, que de la vraye devotion.

Et combien que tu ayes oublié ton nom, si est-ce que chatouïllé de l'amour de toy-mesme, tu fis publier par tes Suppots, de boutique en boutique, de maison en maison, l'excellence de ton libelle. Tu fis, que chaque Regent commanda à ses disciples de l'avoir en leurs estudes, de la lecture duquel ils profiteroient plus que de celle de Ciceron, Prince de tous les Autheurs anciens. Voylà un fresle appuy de ta vaine esperance.

C'est artifice ne le rendra d'une longue durée; il est sans fonds & sans rive, & ce qu'il traicte, n'est pas seulement froid, mais sans saveur; si que tu le verras heritier de toy-mesme, & luy passera comme la rosée du matin, ou sera comme le monde ainsi qu'est le feu dedans l'estouppe, ou comme un sommeil & songe trompeur d'une nuict: les locustes, pestes des arbres & de leurs fruicts, vivent fort peu; ainsi ces libelles diffamatoires, ennemis jurez des gens de bien, meurent en naissant. Que ton cœur

cœur conçoive, que ta main produise quatre mille volumes sur le subject de la mesdisance comme fit Dydimus sur la Grammaire, les tiens mourront ainsi que firent les siens, & ne restera de toy à la posterité, comme de luy, que le nom. Tu ressembleras à un corps étique, qui plus mange, plus amaigrit ; plus tu composeras de libelles de ceste estoffe, & moins seront-ils prisez. Tu devois estouffer, dés leur naissance, ces avortons, ou fils contrefaits de ton cerveau. Qui croy-tu qui se donne le loisir de lire un libelle remply & pesle-meslé de calomnies ? Chacun veut profiter de ses lectures.

Quelle utilité peut-on tirer du tien, que des injures ? Ce n'est pas ce qu'une ame bien assise demande ; elle veut une science solide, qui luy serve aux occasions. Et voyla qui fait juger que ton libelle abandonné & mesprisé de tous, retournera à son neant, quelque artifice que tu apportes pour le faire vivre : & si tu peux devenir sage, tu ne te mettras jamais à composer des libelles ; car tu dois estimer plus le papier, que ce que tu escriras dessus.

Je ne veux point estriver avec toy par paroles mordantes. Je craindrois qu'il t'arrivast comme au pauvre Lycambe, qui se pendit se voyant diffamé par les vers d'Archiloch. Mais je desire parler serieusement, & comme de Chrestien à Chrestien, afin de t'admonester derechef qu'à l'advenir tu laisses le tac & la souïlleure de ces paroles injurieuses ; que tu rabaisses de tout point ceste volonté de mesdire, qui te domine, dessous le joug de la raison, qui doit te guider à bien dire, & presider comme maistresse sur tes sens, pour former ton ame aux bonnes mœurs, ton esprit à un sage gouvernement, & ta plume à tistre un ouvrage plein, laquelle il te sera tousjours plus seant de tenir en souffrance, que de l'employer à des pures & impures mesdisances ; car tout ainsi que la terre qui a donné des vapeurs à la region superieure de l'air, par l'attraction qui est faite des rayons du Soleil, se voit quelquesfois battuë & foudroyée des orages dont elle a fourny la matiere ; de mesme, ton esprit & ta plume qui ont dit & escrit tant d'impietez & d'injures, bailleront quelque jour subject pour te perdre & ruyner de fonds en comble.

Tu as mis toutes tes pensées venimeuses à l'essor par ton libelle, qui fait cognoistre que de longue main tu nourissois des rancunes sourdes contre mon Pere, lequel tu as attaqué dans le tombeau, sa funerale maison : ta fureur est allée soubs terre pour le deterrer, & puis livrer guerre à son ombre & la combattre. Si ce crime est souverainement malheureux, meschant & maudit, je le laisse à juger à toute personne qui a la cervelle bien faicte : s'aigrir contre un corps sans vie, & auquel il n'y a plus de sentiment, est-ce pas une cruauté barbaresque, qui ne differe en rien aux chiens lesquels courent contre les pierres qu'on leur ruë & y monstrent leur furie, laissant cependant passer celuy qui leur a faict l'offence ? Y a-t-il signe au monde qui demonstre plustost un esprit vilain & effeminé, que quand il despouille un mort, & qu'il pense le corps estre son ennemy ? Veu que partant de ce monde, il ne laisse qu'un rien, pour arrhes de son depart.

C'est pourquoy je tiens que c'est une temeraire folie d'affliger l'ombre d'un mort, estimant le corps n'estre que l'ombre de ce qui est proprement l'homme. Il faut s'adresser aux vivans, & non s'acharner sur les morts, estant chose inique de mesdire d'un qui n'est plus au monde.

Quelle plus grande facilité y a-t-il que de combattre celuy qui n'a moyen de se deffendre ? Ou quelle plus extreme manie que de penser faire mal à un mort, lequel ne sent aucune passion ou attaque en chose que l'on luy fasse ? Quant à moy, je diray hautement que tu as une ame lasche, rude & vile, de te prendre à ce qui n'est plus. C'est un vray signe & symptome d'une frenesie toute formée : & toutesfois je me veux persuader qu'en si tu eusse remasché le discours de ceste affaire, que tu te fusses peu à peu rendu chez toy-mesme & arresté là, sans que ta plume eust passé les limites du stile d'un vray & naturel escrivain, de crainte ou d'estre condamné d'effrontée impudence, ou jugé de n'estre pas bien au dedans de toy-mesme dressé à plomb ; mais pensant & repensant à ta presomptueuse vanité, & à ton esprit malade de ses fantaisies, j'ay creu que tu t'es attaché à sa memoire, pour chercher & gaigner de la gloire en son nom, à la façon de Timée, lequel desireux de surmonter Thucydide en vivacité d'éloquence, & faire trouver Philisteignorant, s'eslança en son histoire tout à travers, de ce que les autres avoient richement descrit, & se mit à deschiffrer les batailles tant de mer que de terre, & les harangues que l'un & l'autre avoyent le plus disertement escrites, là où tant s'en fallut qu'il vinst au pair & à l'égal d'eux, qu'au contraire il se fit cognoistre & peu sçavant, & de peu de jugement.

Aussi toy qui as fait les Recherches des Recherches, parlé, crié & corné à tuë teste contre ses œuvres, mis hors de ton esprit tous ces rejettons & germes sauvages qui y ont prins racine : pour cela tu n'as que peint au vray le vif & clair de tes brutales façons de faire, qui te font tout à plat declarer artisan des injures, & tel que je t'ay pourtraict par mon autre lettre.

Devant que d'entrer au fonds de la matiere, permets que je me plaigne aux Peres Jesuites eux-mesmes. A vostre priere, un Seigneur de marque qui tient grand lieu en cest Estat, assisté de l'un de vos Peres, & aprés luy quelques Docteurs de la Sorbonne, conjurerent mon Pere de ne plus escrire contre vous autres, avec paroles qu'ils luy donnerent pour gage de la vostre, que vous ne remueriez jamais rien contre luy, ny ses œuvres. Sur ceste asseurance, qu'il tenoit pour vraye & certaine, il se laissa liberalement aller à leur priere, & dés là creut-on vostre vieille querelle avoir rendu les derniers abois. Mais vostre promesse se trouve maintenant equivoquée & baillée avec soubs-entente, qu'aucun Jesuite n'escriroit contre luy, qui employast son nom sur le frontispice de son livre. Car en voicy un lequel a fait ce beau & magnifique libelle des Recherches des Recherches, qui ne sont que rapsodies qu'il a escumées d'uns & autres, & tirées depuis de ses lieux communs, faisans sont comme des saulces à toutes viandes, ou les emplastres & medicamens des empiriques propres à toutes sortes de blessures & maladies.

Je vous demande si en bonne & saine conscience ses enfans ne sont pas obligez de mettre en lumiere & les Philippiques qu'il avoit dressées contre vous, que ces Messieurs empescherent de voir le jour, & ce Catechisme traduit en Latin, afin qu'il coure les Nations estrangeres ? Vous estes les agresseurs, & ses enfans obligez de defendre la memoire de leur pere. D'alleguer que pour un qui a failly, il n'est pas raisonnable qu'un general patisse, bon si vous ne contribuiez point à la faute. Mais vostre obeïssance aveugle est de si grande efficace, qu'il n'y a aucun d'entre vous qui osast faire imprimer un livre, sans que vostre General l'eust veu, ou ses quatre assistans, ou autres par luy commis.

Et de fait, quand il fut question de mettre ce libelle sur la presse, il y eut diversité d'advis entre vous autres, les uns de le supprimer, les autres de luy faire voir le jour, & ce contraste, les jeunes l'emporterent pardessus les anciens. Chose de mauvais exemple, quand la jeunesse pense estre plus sage que la vieillesse. Il me souvient que mon Pere ne trouva digne de sa colere le Jesuite de Doüay, qui print le nom supposé de la Font, lequel avoit dressé quelques notes sur ses Recherches avec une epitaphe horrible & barbare.

Pour ceste cause, il jugea que puisque vostre corps avoit consenty à la publication de ce libelle, il estoit raisonnable qu'il s'attachast à luy.

Voilà qui donna subject à son Catechisme. Ne sommes-nous pas dans ces termes ? Ce que nous ferons, sera-ce pas par une pressante necessité ? Vous avez toleré la publication de ce libelle, pour flestrir d'infamie perpetuelle & son nom & sa reputation, si ce qu'a dit ce Jesuite n'avoit esté par luy & faussement & calomnieusement escrit.

escrit. Pour repousser ceste offence, l'obligation filiale ne nous contraint-elle pas de faire voir la lumiere à ses Philippiques & à son Catechisme latin? S'il y a du blasme & du mal en ceste procedure, vous en estes & les autheurs & fauteurs, pour n'avoir arresté le cours d'une teste legere, & telle tenuë par vostre compagnie.

J'ay jetté cest avant-propos afin que ceux qui liront ceste lettre, apprennent que si vous sentez blessez & des Philipiques & du Catechisme, qu'ils l'imputent à la faute qu'avez faite de consentir à la ternisseure de sa memoire contre vostre promesse donnée, consignée & jurée és mains de ces grands personnages. Car quoyque ce Jesuite die, qu'il estoit marry qu'il n'avoit plus de vie, pour pouvoir persecuter les Jesuites, il ne se trouvera en aucun lieu de ses œuvres, qu'il ait rien remué contre vous depuis qu'il bailla sa parole, ains vous excusa de la mort de nostre grand Henry, quoyque le Pere d'Aubigny eust confessé le parricide.

Je viens maintenant au fait. Tu t'accuses de mesdisance, impertinence, ignorance, libertinage & de gloire, desquels vices tu as composé cinq gros libelles. Je laisse à juger l'impertinence, l'ignorance & la gloire à ceux qui ont leu ses œuvres, & se donneront la patience de rapporter & conferer les passages entiers avec ceux que tu en as tiré & tronqué par la belle moitié, lesquels leur feront cognoistre la verité de tes malignes imputations. Mais quant à la mesdisance & au libertinage, d'autant que ce sont les hauts points, je t'en veux esclaircir, asseuré, que quand tu mettras ta passion à part, & que tu ne te ressouviendras qu'il a plaidé & escrit contre ton ordre, tu composeras des libelles tous differents de ceux que tu as desgorgez contre sa memoire, à la façon de Sthesicore qui composa des vers tous contraires à ceux qu'il avoit faits contre Helene, qu'il appella sa Palinodie. La medisance regarde nos Roys, le libertinage l'estat de sa Religion. Je traiteray premierement ce qui est de nos Roys, & puis je viendray au second chef. Le fait va à Clovis, Charlemagne, Louys XI. & Henry III.

Paradoxe esmerveillable, que tu entreprenne la defense de nos Roys, toy qui es leur ennemy profez, & encores celuy qui a le premier dignement & fortement defendu & leur honneur & les libertez de nostre Eglise Gallicane. Fol. 52. tu luy improperé qu'il a revoqué en doute la Religion de Clovis, quand il a dit au chap. 7. du 3. livre de ses Recherches: *Par adventure que Clovis & sa Posterité, depuis ce grand coup ainsi jetté, se contenterent de leur Baptesme, ou bien s'ils continuerent en leur Christianisme, ce fut pour la crainte des censures de Rome.* Si tu veux que je te fasse voir clair, entends ce qui precede & suit ce passage & sa resolution portée par le 10. chapitre du mesme livre. Il dit au 7. chapitre que Clovis ayant gaigné la journée de Tolbiac, receut avec tous les siens le sainct Sacrement de Baptesme, de sainct Remy Evesque de Rheims, sans l'aller mandier à Rome, & que paradventure luy & sa posterité se contenterent de ce Baptesme; il adjouste une alternative, ou bien s'ils continuerent en leur Christianisme, ce fut pour la crainte des censures de Rome. Il est entierement de la premiere opinion & rejette ceste seconde, par ce qu'il dit apres, qu'on ne verra en toutes nos Histoires que jamais le Pape ait interposé son authorité contre les Roys de nostre premiere lignée: ce qu'il confirme au 10. chapitre. *Il est certain* (dit-il) *que soubs la premiere famille de nos Roys depuis le Baptesme de Clovis, ces grands Princes vesquirent à la Catholique, sans crainte toutesfois des censures de Rome.* Enfin son opinion est que Clovis & sa posterité s'estans rendus Chrestiens, creurent qu'ils pouvoient continuer en leur Christianisme sans recourir à Rome, ni sans crainte de ses Censures, à faute d'y aller chercher le sainct caractere de Baptesme. Opinion qui a esté confirmée par l'Arrest de la Cour du 29. Decembre 1594. donné contre Jean Chastel Escolier nourry & eslevé dans ta maison. Car ayant soustenu au procez, que nostre grand Henry n'estoit en l'Eglise jusques à ce qu'il eust l'approbation du Pape; ces propos furent declarez scandaleux, seditieux, contraires à la parole de Dieu & condamnez comme heretiques par les saincts Decrets. Je te prie de ne prendre advantage sur ce que nostre grand Henry deputa l'Evesque d'Evreux vers sa Saincteté; car ce qu'il en fit, ne fut point par obligation, ains par une surabondance de devotion religieuse, & pour oster toute occasion aux remueurs d'Estat, qui ne demandoient que ce pretexte pour prolonger la guerre afin de s'emparer du Royaume. Philipes le Bel n'envoya jamais demander absolution de l'excommunication de Boniface VIII. au Pape Benoist X. son successeur. Tu veux faire croire par un mensonge aposté, qu'au 1. chapitre du 5. livre des Recherches qu'il escrit que Clovis estoit Arian dés son Baptesme. Les mots par toy alleguez te desmentent: car apres avoir un peu parlé de la Religion en laquelle pouvoit avoir esté nourrie Clothilde aupres de ses pere, mere & oncles Arrians, enfin il croit qu'elle estoit Chrestienne Catholique, & que Clovis ayant faict un vœu de se reduire au sein de nostre Eglise, il choisit pour parrain & instructeur de sa conscience, Sainct Remy Prelat tres-Catholique, entre tous les Prelats de la Gaule, & adjouste que sur ce pied de Religion Catholique, il seroit mal-aisé de dire combien il se donna d'advantages, luy ayant esté pretexte de guerroyer le Bourguignon, puis le Visigot, pour extirper l'Arianisme de la Gaule. Fol. 58. il appelle (dis-tu) Clovis bastard; lis Gregoire de Tours, Aymoinus, Othon de Frisigen & Sigibert, tu apprendras d'eux, qu'il est certain que Childeric acquit le nom d'ingrat envers Basin Roy de Turinge, duquel il avoit esté hoste pendant son exil, parce que l'on dict que sa femme il vint d'elle-mesme trouver; ses autres disent qu'il l'enleva & emmena en France, de laquelle il eut Clovis. Quel nom donneras-tu à celuy qui est engendré de ce mariage? Il n'y a rien escrit qu'apres tous les autres Historiens, lesquels il faut que tu reprennes, & non luy.

Il n'asseure l'histoire ou fable des amours de Charlemagne ny veritable ny fausse, laquelle il a tirée d'une lettre de Petrarque qu'il escrivit à Jean Colonne Romain, auquel il rend compte d'un voyage qu'il fit en France, & en Allemagne, & entre autres choses raconte qu'il a veu escrit aux Registres anciens, qui sont dans les Archives de l'Eglise d'Aix la Chapelle, un conte approchant de la fable: que cest Empereur aima si esperdunement une Dame, qu'il negligea & le bien de son Estat & de sa reputation, n'ayant autre but que de servir ceste nouvelle Maistresse, laquelle estant allée de vie à trespas, la fureur amoureuse ne fut neantmoins esteinte; car il se retrouva si passionné de ce Cadavre, qu'il perdoit & repos & repas pres de luy, sans vouloir ouyr ny Ambassadeurs, ny permettre l'entrée de sa chambre à ses plus particuliers favoris. Ce que considerant l'Archevesque de Cologne, grand preud'homme, eut recours à Dieu avec prieres, larmes, aumosnes, & jeusnes, à ce qu'il pleust à la divine bonté, delivrer ce grand Empereur de ceste fureur si violemment dereglée; & en celebrant la Messe, une voix luy revela le subject de sa maladie cachée sous la langue de ce Cadavre, où il trouva une pierre enchassée en un petit anneau qu'il arracha. L'Empereur estant illec arrivé, commanda que l'on l'enterrast, & dés la mesme heure se lia à l'Archevesque d'une si ferme & forte amitié, que rien ne le pouvoit deslier d'avec luy. Ce sage Prelat craignant que ce caractere ne tombast entre autres mains que les siennes, le jetta dans le plus creux des marests du lieu d'Aix, afin de perdre ce qui perdoit ce Prince. Mais l'Empereur à l'instant cherit de telle façon ce marescage, qu'il y establit son principal sejour, le fit le chef de l'Empire, y bastit un riche & superbe Palais, une belle Eglise, & là finit ses jours & y fut enterré, mesme fit une loy que la couronne & les autres enseignes de l'Empire Romain seroient à tousjours conservées au thresor de ceste Eglise. Pleust à Dieu que les Princes tinssent ceste fable ou histoire pour veritable; ils ne se laisseroient si legerement emporter à ces enchanteurs, deceptifs & insensez amours, ains jugeroient qu'il y a tousjours du malin esprit meslé, qui excite à amour celuy qui n'a souvent recours à Dieu. Cecy ou feint, ou veritable, n'est point sans exemple. Une Dame possedoit Henry second par la force d'une bague qu'elle luy donna, laquelle il portoit au doigt. Le Roy estant tombé malade, la Duchesse de Nemours, de laquelle j'ay appris cette histoire, qui l'estoit venuë visiter, fut priée par la Royne de la tirer du doigt du Roy; ce qu'elle fit, & s'estant retirée avec la bague, le Roy commanda à l'Huissier de ne laisser entrer personne dans sa chambre; ceste Dame s'y presente une & deux fois, l'entrée luy est refusée; croyant quelque alteration, elle se represente pour la troisiesme fois, & la porte luy estant deniée, elle ne laissa d'y entrer & alla droict au lict du Roy, où voyant qu'il n'avoit sa bague, luy demanda ce qu'il en avoit fait, & ayant dit que la Duchesse de Nemours l'avoit emportée, elle la renvoya querir sous le nom du Roy, & la remit en son doigt, & les amours continuerent comme devant. N'avons-nous pas un bel exemple de ces charmes dans la vie de S. Hylarion, descrite par S. Hierosme, d'un jeune garçon de la ville de Gaza, qui s'achemina en la ville de Memphis apprendre la Magie pour joüir d'une fille? lequel à son retour mit sous l'entrée de la porte de la maison de ceste fille des paroles estranges gravées dedans une lame d'airain, qui engendrerent en elle un si violent amour, que sans aucune entrecesse elle avoit cest amoureux à la bouche. Combien de pareils exemples te pourrois-je amener pour confirmer les amours de Charlemagne, que j'obmets à garde faire? Appelle-tu ceste histoire, ou fable, ou mesdisance? C'est un riche exemple pour rendre sages beaucoup d'autres Princes. Il a outragé la memoire de Louys XI. (dis-tu) en ce qu'il a escrit qu'il faisoit des fadaises & sottises, lesquelles tu as prises du nom d'humeurs joviales, qui eussent esté plus seantes en quelque Seigneur privé, comme quand il fit faire la musique des pourceaux à l'Abbé de Baigne. Tu accuses mon Pere, & tu ne te vois pas convaincu de ce que tu luy improperes? Ne le reprends s'il a lasché quelques paroles libres contre ce Roy. Il ne se souvient pas avec quelle liberté les meilleurs Historiens tant de l'histoire Grecque que Romaine, ont representé les vices des anciens Princes, Roys & Empereurs, & s'il s'en rencontre qui les ayent espargnez, c'est qu'ils ont escrit leur histoire pendant la vie de ceux dont ils escrivoient. Empescheras-tu un homme, lisant l'histoire, d'y remarquer la diversité des humeurs des Princes, pour s'en servir à propos en parlant ou escrivant, comme il a fait de la conscience & de la Religion de ce Roy? Si cela est, il faut condamner toute l'histoire. Mais dy-moy, je te prie, qu'a rapporté mon Pere dans la lettre qu'il adresse à Tiard, que la quintessence des vertus & des vices de ce Prince, qu'il a tirée, comme d'un alambic, des histoires de Philippes de Commines, de la Mesdisante & de Claude Seissel; sur lesquels il discourt, & puis interpose son jugement du bien & du mal qu'il receut en la naissance, au progrez & à la fin de son regne; exemple qui peut servir à tous Princes pour bien vivre afin d'heureusement mourir? Confere ce qu'il a dit, avec ce que ces Historiographes ont escrit, tu trouveras qu'il n'a rien contribué du sien que l'œconomie & le jugement qu'il fait de ceste histoire. Seissel escrit que comme on eut dressé une Oraison expresse à sainct Eutrope pour luy recommander & son corps & son ame, il fit oster ce mot de l'ame, disant que c'estoit assez que le Sainct luy fist recouvrer la santé du corps, sans l'importuner de tant de choses.

Reprends ces Historiographes desquels mon Pere n'est que le truchement, & ne t'amuse à invectiver satyriquement contre luy. Le mesdire est honteux en la personne d'un homme d'Eglise, qui doit faire paroistre en toutes ses actions les effets d'une meure & consideree prudence, qui le pousse à bien faire & bien dire, afin qu'il serve de patron sur le moule duquel chacun se puisse former. Car quelle penitence peux-tu donner à celuy qui se confesseroit à toy d'avoir mesdit, ou composé quelque libelle, veu que tu es entaché du mesme crime dont il s'accuseroit?

Il a fait six Vers Latins sur le despit qu'il eut qu'Henry III. se faisoit enseigner la langue Latine par Doron, au lieu d'arrester le cours des guerres intestines qui rognonnoient & perdoient son Royaume. Par cest Epigramme (de laquelle tu as faussement retranché les deux premiers Vers pour l'approprier à ta maligne imputation) il prophetisa la catastrophe de la vie de ce Prince long temps devant qu'elle arrivast:

Gallia cum passim civilibus occidit armis,
Et cinere obruitur semisepulta suo.
Grammaticam exercet medius Rex noster in aula;
Dicere jamque potest, vir generosus. Amo.
Declinare cupit, vere declinat, & ille
Rex bis qui fuerat, fit modò grammaticus.

Declinare cupit, verè declinat: aussi vismes-nous qu'il vint à un tel declin, que ses sujets se revolterent contre luy, & finalement le firent malheureusement tuer. Cela n'est-ce pas bien decliner & finir miserablement? Si le Roy eust leu ces six Vers, ils estoient suffisants de luy faire embrasser à bon escien le timon du gouvernement de son Estat, & de corriger ce qu'il eust cogneu que son peuple ne trouvoit digne de luy. Au lieu de blasmer ceste Epigramme, tu devois haut-loüer ceste belle saillie d'esprit, remplie d'enthousiasme. Je veux que tu sçaches que le tesmoignage de sa probité & preud'hommie luy donna le courage & la hardiesse de dire aux Roys & Princes & de bouche & par escrit les choses comme elles estoient, sans leur donner divers visages.

Je viens au second chef qui regarde sa Religion. Sçaches qu'il a esté baptisé, nourry & eslevé en la Religion Catholique, Apostolique & Romaine, en laquelle il a vescu pendant le cours de son grand aage, & y est mort. Qui le sçait mieux que son Curé, duquel tu as honnorablement parlé en trois ou quatre endroits de ton libelle? Si tu l'eusses veu, il t'eust esclaircy de sa Religion; car il sçavoit le fonds de sa conscience pour l'avoir tous les ans & confessé & communié, aux quatre festes annuelles, & mesme le jour de sa mort administré le Sainct Sacremens. Il t'eust plus dit, qu'estant prest à recevoir le corps de nostre Seigneur, il dit hautement: Je t'adore ô Pain de Vie, salut du monde, ame de mon ame, son aliment & sa plus salutaire nourriture; je te prie que je sois transformé en toy, & toy en moy; je te consacre mon cœur, mon corps & mon ame, que je te donne & livre pour en faire selon ta bonne & saincte volonté.

Il t'eust aussi appris qu'apres avoir esté confessé & communié, il declara en la face de luy & de tout le peuple qu'il n'avoit jamais embrassé autre Religion que la Catholique, Apostolique & Romaine, en laquelle il vouloit mourir, comme il avoit vescu. C'est luy qui est le vray tesmoin & Juge de sa Religion, que tu devois alleguer pour te faire croire. Tout ainsi qu'il avoit creu que la chose la plus utile, la plus profitable & la plus honneste & plus necessaire estoit celle de bien vivre, & que conformement à ceste proposition il eust tenu ses actions en une profonde innocence, pendant qu'il joüissoit d'une heureuse & remplie vieillesse: aussi est-il mort apres avoir receu les Saincts Sacremens de l'Eglise, l'esprit net, sain & entier, jusques là, qu'estant sur le point d'expirer, il fit à Dieu une devote & profonde priere, laquelle achevant, il se sentit finir, & afin que l'on ne luy vist faire en ce poinct aucune mauvaise action, il se tourna de l'autre costé de son lict, & se ferma les yeux de deux de ses doigts, que l'on y trouva comme colez. Le lendemain de sa mort, son corps fut honnorablement conduit par le Curé de S. Nicolas du Chardonnet, jusques au devant de la porte de l'Eglise de Sainct Severin, & là rendu entre les mains du Curé de la Paroisse, qui le fit enterrer dans la Chappelle de saincte Barbe (sepultures de ses ancestres) avec les ceremonies accoustumées. Celuy-là ne l'eust conduit, cestuy-cy ne l'eust receu, ny fait enterrer, s'il eust esté autre que Catholique, Apostolique & Romain. Et suivant son ordonnance de derniere volonté, les enfans firent dire & celebrer en sa Chappelle une Messe par chacun jour pendant le cours d'un an pour la salvation

salvation de son ame, & appliquer dans la muraille & son effigie & son Epitaphe. Et outre, payeront trente livres qu'il avoit legué à la fabrique de l'Eglise. Si tu ne me veux croire, au moins adjousteras-tu foy au Certificat du Curé de sainct Nicolas du Chardonnet, & à l'extrait des Registres des mortuaires & sepultures faictes en l'Eglise parochiale de sainct Severin à Paris, par le Curé & Archiprestre d'icelle.

Certificat du Curé de Sainct Nicolas du Chardonnet.

Ego Doctor Regens in almâ & sacrâ Theologiæ Facultate Parisiensi, Socius Sorbonicus, & parochus immeritus licet Ecclesiæ Parrochialis S. Nicolai è Cardineto, Accademiæ Parisiensis, fidem facio eâque statâ spondeo Magistrum Stephanum Paschasium, Regi à Consiliis, ejusdemque in suprema Rationum Camera Advocatum, parœcianum quondam nostrum in fide orthodoxa sanctæ matris Ecclesiæ Catholicæ, Apostolicæ & Romanæ diem obijsse extremum. Nam etiam super lectum doloris sui quo acutissimè percellebat & ex quo desivit, divinâ ope adjutus apud me parœcum suum auricularem instituit confessionem, & absolvi, & sacri Dominici Corporis Viatico refeci & communivi. Postquam iterum me postulatus respondit & obtestatus est velle se mori filium sanctæ Romanæ Ecclesiæ obsequentissimum. In quorum omnium stabilimen & robur adhibitâ syngraphe meâ subsignavi Domi nostræ apud Cardinetum S. Nicolai, decimo kal. Decembris, Anno salutis cIɔ. Iɔ. xxi. Ainsi signé,

FROGER.

Extraict des Registres des mortuaires & sepultures faictes en l'Eglise Parrochiale de S. Severin à Paris.

L'An 1615. le 30. Aoust sur les sept heures du soir, Monsieur le Curé de S. Nicolas du Chardonner, presenta le corps de feu Maistre Estienne Pasquier, en son vivant Conseiller du Roy, & Advocat general en sa Chambre des Comptes à Paris, pour estre enterré en la sepulture de ses ancestres, suivant son testament & derniere volonté, lequel il asseura avoir receu les Sacremens & estre mort bon Catholique. Monsieur le Curé de S. Severin assisté de tous les Prestres de sa Parroisse, le receut, après avoir chanté Vespres des Morts, le corps fut porté & inhumé en la Chapelle de saincte Barbe, & le 3. de Septembre un des Prestres habituez commença l'annuel en sa Chapelle le mesme jour. Il avoit legué dix escus à l'œuvre, qui ont esté baillez & receus par Messieurs les Marguilliers: collationné à l'original par moy soubsigné Prestre Docteur en Theologie, Curé & Archiprestre de S. Severin, ce 13. Decembre 1621. Ainsi signé,

DE HEU.

Juges maintenant en gros de luy par la maistresse fin de ses actions. Veux-tu un plus asseuré tesmoignage de la felicité de son ame, que par la connoissance que tu as maintenant, qu'elle est partie de ce monde en la grace de son Dieu? Après cela, pourquoy ne diray-je pas que tu es un detestable imposteur (excuse si cette parole m'eschappe) de dire & publier son fils estant à l'agonie de la mort, pour se consoler en Jesus-Christ, il se fit lire tantost les consolations de Seneque, tantost le Phædon de Platon, au lieu de se confesser, & comme on luy parla de pardonner & se reconcilier, il respondit que tout cela n'estoit qu'une foiblesse d'esprit, & que parlant de sa Puce, de sa Main, de ses Jeux amoureux, & en semblables discours spirituels (ce sont ses propres mots) il rendit sainctement & chrestiennement son ame au Createur. Ce mensonge prodigieux forgé par un Athée ou Libertin, où tous les deux ensemble, ne pouvoit sortir d'autre fabrique que de la tienne; car tu as une ame à tout prix & à toutes couleurs, qui te fait prendre tel visage que tu veux; ayant dit cela, j'ay tout dit.

Pourquoy as-tu lasché ces maudits, malheureux & blasphemants propos, indignes, soit en la bouche, soit en la plume d'un Chrestien, que pour faire croire qu'il estoit sans Dieu & sans Religion? afin que ceux qui vivent & qui viendront après nous detestassent & sa memoire & ses œuvres, & qu'ils n'adjoustassent aucune foy à ce qu'il a veritablement escrit de ceux de la Compagnie de Jesus?

Ce dernier poinct est le blanc auquel visent toutes tes pensées. Car si tu pouvois faire par tes menées, qu'on le tinst pour estre de la Religion pretenduë reformée, tu penserois avoir le dessus de ton desir: d'autant que ceux de ceste Religion estans leurs ennemis profez, tu estimes qu'ils ne seront nullement creus de ce qu'ils diront ou escriront à l'encontre d'eux. Mais tu juges mal, quand tu escris tu tenoit ceste opinion, pour ce que si tes imaginations fantastiques avoient lieu, il faudroit aussi conclure que l'Evesque de Paris, la Sorbonne, les Curez, l'Université & tant d'autres parties jusques au nombre de dix, eussent esté de ceste Religion nouvelle, pour ce qu'ils les ont censurez, presenté requestes à ce qu'ils ne fussent immatriculez au corps de l'Université, & fait plaider à trois diverses fois choses que je tais pour quelques particulieres considerations. Ce grand Parlement ne pourroit quant & quant éviter ce blasme, qui prononça ce memorable Arrest de leur bannissement. En cela, toutes choses combattent contre toy, leur vie, leurs œuvres & la devotion avec laquelle ils ont embrassé & embrassent la Religion Catholique, Apostolique, Romaine. Chasse donc de ta teste ceste vaine & fausse creance, que qui n'est Jesuite, est de la Religion pretenduë reformée, & croy que qui est vrayement Catholique, Apostolique, Romain, n'est point Jesuite. Je t'ay monstré clairement que mon Pere n'embrassa jamais autre Religion que la Catholique, Apostolique & Romaine, & si tu en veux estre plus à plein esclaircy, lis les livres, tu apprendras qu'il estoit de ceste Religion: & que quand il a parlé du sainct Siege, ç'a esté avec tout honneur & reverence. Aussi quand les Papes ont entrepris sur le temporel de nos Roys, il l'a dit avec une honneste liberté. La seule lecture de la Preface du troisiesme livre des Recherches jusques au septiesme Chapitre inclus, fait bien cognoistre le respect & la croyance qu'il portoit au sainct Siege, & les textes exprès de saincts Autheurs qu'il alleguez justifient ta calomnieuse imposture: ses Icons, le quatriesme de ses Epigrammes, & la lettre escrite à de Sillery President, au troisiesme livre de ses Lettres, tesmoignent l'honneur qu'il portoit au Pape, aux Docteurs de nostre Eglise, & à la Sorbonne.

Luy as-tu pas imposé d'avoir dit que sainct Cyprian & sainct Hierosme n'ont recogneu autre Souveraineté ny préeminence au sainct Siege de Rome, que toute telle & pareille qu'est celle des Evesques, & qu'il ont dit que les moindres Evesques sont autant en leurs Dioceses, que le Pape dans le sien? Faulseté signalée; car voicy ses propres mots:

Combien que sainct Cyprian Evesque d'Affrique recogneust avec tout honneur & respect Cornelian Evesque de Rome superieur de toute l'Eglise, & qu'à ceste occasion luy & quarante & un Evesques l'eussent supplié par lettres de trouver bon que l'on admist à la Communion de l'Eglise ceux qui par crainte des tourmens s'en estoient distraits, mais estoient revenus à penitence.

Et qu'en un autre endroit escrivant au mesme Pape, il confesse que la Chaire de sainct Pierre est l'Eglise principale dont estoit yssuë l'unité Sacerdotale: toutesfois en la mesme Epistre dit que Felicissime Affriquain s'estoit venu justifier à Rome au prejudice de l'Eglise d'Affrique, dont il estoit justiciable, & par lesquels il avoit esté excommunié. Les paroles qui regardent sainct Hierosme, les voicy: pareille resolution trouvons-nous dans sainct Hierosme,

Hierosme, escrivant à Evagre, quand il dit que le moindre Evesque estoit aussi grand dedans ses fins & limites que le plus grand de la Chrestienté. Et toutesfois il ne faut douter qu'il n'estimast la Chaire de sainct Pierre estre la premiere de toute l'Eglise, ainsi que nous recueillons par exprés de l'Epistre qu'il escrit à Damase Pape. Bannissons (disoit-il) de nous l'envie de ceste puissance de Rome, eslongnons-nous de l'ambition: j'ay maintenant affaire avec le successeur d'un pescheur, disciple de la Croix.

Quant à moy, ne me representant autre premier que Jesus-Christ, je fais vœu de Communion perpetuelle avec vostre Saincteté, je veux dire avec la Chaire de sainct Pierre. Je sçay & veux recognoistre que sur ceste pierre l'Eglise de Dieu est bastie, & que quiconque mangera l'Agneau Paschal hors ceste maison, sera excommunié; car aussi s'il advient que pendant le deluge, aucun soit mis hors l'Arche de Noé, il est noyé.

Tous lesquels passages nous enseignent avec quelle devotion ces bons vieux Peres embrasserent la grandeur de l'Evesque de Rome, entre tous les autres: toutesfois avec ceste condition qu'il ne pouvoit rien entreprendre sur les autres Evesques. Luy as-tu pas encores imposé qu'il a voulu prouver que les Gaules se sont passées du sainct Siege, comme ayans eu de plus grands personnages que les Papes ? Voicy ses propres mots: & ce qui de plus en plus authorisa nostre Eglise Gallicane, fut que, selon la diversité des temps, elle produisit des Prelats, qui pour leur saincteté furent grandement respectez de toute la Chrestienté; puis les nomme. Et discourant au mesme livre, chap. 1. de la preseance du sainct siege de Rome, il monstre ce qui se pratiquoit du commencement de nostre Eglise, & qu'on ne donnoit l'Ordre de Prestrise qu'à ceux qui devoient avoir charge d'ames & consequemment quelque titre. Et neantmoins quand il considere que la quantité des Prestres, la pluspart ignorants, sont une espece de honte à l'Eglise, il blasme le desbord qu'il y a eu en la distribution de cet Ordre à toutes sortes de personnes, laquelle il dit estre derivée de l'avarice des Evesques. De ce discours, tu fais une induction, accompagnée de ces beaux contes ordinaires, qu'il voudroit qu'il n'y eust autres Prestres que les Curez. Et quand ton induction seroit vraye (ce qui n'est pas) quelle conclusion ? Il ne s'en fera aucune qui luy puisse tourner à blasme.

Tu le reprends d'avoir dit au vingt-sixiesme chapitre du troisiesme livre, qu'en ce temps la Papauté estoit infiniement affligée par le schisme, & toute la Chrestienté par la Papauté, & de ces paroles tu en fais une proposition schismatique. Sçaches qu'en tout ce chapitre il continuë à parler du schisme qu'avoit produit la translation du sainct Siege en Avignon, & qu'il monstre qu'autant de fois que la Papauté avoit esté troublée, aussi l'avoit esté la France, & que l'heresie de Jean Hus s'estoit introduite dans ce schisme, laquelle par le Concile de Constance fut condamnée avec la memoire de Wiclef.

Enfin il remarque que la Papauté qui estoit travaillée par ce schisme, travailloit aussi toute la Chrestienté par les diverses constitutions & censures des Papes, & par la faveur qu'ils portoient à uns & autres Princes contre tout droit, & au ravalement mesme de la dignité du sainct Siege, pour leur manutention particuliere. Et monstrant le profit de ce Concile, il dit que pendant que la Papauté se mesnageoit ainsi mal, toute l'Eglise universelle prit la cause du Pape en main & la soustint courageusement & contre l'heresie & contre l'erreur. En quoy se voit que tout est à l'honneur du sainct Siege. S'il y a du blasme, il est en la personne des Papes, & non en la dignité du lieu qu'ils tenoient. Voicy une autre proposition schismatique que tu formes sur ce qu'il dit, au vingt-cinquiesme chapitre du troisiesme livre de ses Recherches, que la transposition du sainct Siege de Rome en Avignon apporta plusieurs calamitez, & en cela tu fais cognoistre que tu n'as pas entendu son intention, laquelle a esté de faire paroistre, qu'il ne plaisoit pas à Dieu que ceste translation se fist,

Tome II.

puisque luy-mesme l'avoit en sainct Pierre establie à Rome; & sur les maux qui en vindrent, lesquels il remarque, tu en forme des propositions schismatiques. Quiconque lira ce chapitre, verra que ce n'est qu'une simple narration de l'histoire, & non des propositions.

Ce sont deux propositions schismatiques (dis-tu) fol. 799. art. 16. & 22. quand il a couché dans ses Recherches, que nous avons tousjours opposé nos privileges & libertez de nostre Eglise Gallicane contre les entreprises & abus de la Cour de Rome; & quand il a dit que nos Roys, nos Prelats, & nos Cours de Parlemens ont tousjours fait teste à l'Eglise de Rome. Elles sont veritablement schismatiques pour toy, qui tiens toutes propositions contraires à nos libertez & aux loix de nostre Estat. Tous les jours, nous mettons en œuvre ces propositions, que tu nommes schismatiques, quand à Rome l'on entreprend sur les droits, authoritez & jurisdiction de nos Roys; quand il y a contravention aux saincts Decrets, aux Ordonnances, Arrests & jugemens Royaux. Les Roys, tant pour la manutention de leur Royaume, de leur dignité Royale, que des franchises, libertez & immunitez de l'Eglise Gallicane, du soulagement, bien & repos de leurs peuples, ont presté l'oreille à leur clameur, lorsqu'ils ont crié, liberté.

Et quand les Papes ont entreprins de vouloir excommunier nos Roys & donner en proye leur Royaume au premier occupant, nous avons rebatu telles entreprises par la force & vertu de nos libertez. Innocent Troisiesme voulut attaquer Phillippes Auguste, Prince tres-belliqueux, contre lequel ayant decoché les pointes de son foudre, ce Prince, ny ses sujets n'en firent aucun compte, & appella de luy au futur Concile, & cependant les Eglises de France se maintindrent fermes sous la police de leurs Prelats. La bulle de Boniface huictiesme qui voulut excommunier Philippes le Bel, mettre son Royaume en interdit, & le donner à l'Empereur Albert, fut publiquement bruslée en l'assemblée des Estats tenuë à Paris; les messagers pilorisez, & Boniface enfin prins prisonnier par ce grand Nogaret, où il mourut miserablement. Celle de Benoist XI. du temps de Charles VI. fut lacerée, & ceux qui l'avoient apportée, firent amende honorable, puis vestus d'une tunique de toile peinte, furent pilorisez & eschaffaudez. Et auparavant, l'Eglise Gallicane, du regne de Charles le Chauve, manda au Pape que s'il venoit excommunier leur Roy, luy mesme s'en retourneroit excommunié. Tu sçais la devise de Louys XII. fit mettre sur les revers de la monnoye qu'il fit battre, lors que le Pape Jule second entreprit de l'excommunier, & de donner une pleniere remission de tous pechez à ceux qui tueroyent un François. Et comme l'assemblée de l'Eglise Gallicane tenuë en l'an 1510. en la ville de Tours arresta que le Roy se pouvoit licitement soustraire de reconnoistre ce Pape pour la tuition & deffence de ses droits temporels. La Bulle de Sixte V. decernée contre Henry III. fut bruslée par Arrest du Parlement de Roüen seant à Caën. Et celle de Gregoire XIV. contre Henry le Grand, fut aussi bruslée & par Arrest du Parlement seant à Tours, & par celuy de la Chambre souveraine establie à Châlons. Voilà le plan des libertez de nostre Eglise Gallicane. Tu ne devois, à face eshontée, parler de la sorte contre nos libertez, pour advantager le Pape, au desadvantage de nostre Roy & de son Royaume. Ce n'est pas estre bon Catholique, Apostolique & Romain de donner tout au Pape, pour appauvrir nostre Roy & son Royaume. Nous faisons mieux; nous n'ostons rien au Pape, & conservons ce qui est de la dignité du Roy & de son Royaume; nous luy deferons, comme au chef de l'Eglise, les honneurs & prerogatives qui luy appartiennent, & conservons neantmoins ce Royaume de telle façon, que les Papes n'y acquierent par usance & longue possession plus de droit qu'ils ont eu jusques à present. Desapprens ceste doctrine tant dommageable à nostre Roy & à son Royaume, & croy pour vray aphorisme de nostre Estat, que nos Roys ne possedent leur Couronne que de Dieu, lesquels sont si purement souverains,

Vuuu ij qu'ils

qu'ils ne recognoissent, en ce qui est de la puissance temporelle, autre que luy. C'est ce que l'Eglise Gallicane tient pour maxime infaillible & indubitable, non par privilege ou liberté particuliere, mais par droict commun conforme à la parole de Dieu, à l'ancienne police de l'Eglise universelle & aux decrets des Conciles œcumeniques. Fol. 750. en une inscription que tu adresse à mon Pere, tu maintiens qu'il a combattu tres-asprement ceste toute-puissance temporelle du Pape, quand tu dis : O MNIPOTENTIÆ PONTIFICIÆ IMPUGNATORI ACERRIMO, &c.

Il est vray qu'il l'a faict : mais aussi a-t'il recogneu sa souveraine puissance, pour ce qui regarde le spirituel. Sa creance a esté, comme est celle de tous les vrays François, que le Pape n'a aucune cognoissance sur ce qui est du temporel du Roy & de son Estat. Il faut donc conclure, que telles paroles se rapportent à ceste puissance temporelle, puisqu'il advoüe la spirituelle. De façon que (toy nouveau Theologien) tu nous viens estaller sur ce grand theatre de la France, une doctrine (de laquelle nos devanciers ne voulurent jamais ouïr parler) meschante, maudite & malheureuse, qui ruyne de tout point les libertez de nostre Eglise Gallicane, rabaisse la grandeur de nos Roys, & tire ses sujets de leur obeïssance. Ta theologie est toute contraire à la saincte Escriture ; car tu n'y trouveras point, que Dieu attribué aux successeurs de sainct Pierre, la puissance temporelle sur les Roys & leur Couronne, ains seulement la spirituelle. Tu y liras que Jesus-Christ luy oste la temporelle, quand il enseigne à ses Disciples & Apostres l'incompatibilité qui est entre ces deux puissances. Il pouvoit tout, & neantmoins il a refusé ceste puissance temporelle, & advoüé que son Royaume n'estoit point de ce monde, s'estant assujetty aux puissances terrestres, lorsque luy & la Vierge sa mere se firent enroller, au commandement d'Auguste : lorsqu'il paya le tribut à Cesar : lorsqu'il fut prié de juger du different de deux freres ; qui m'a ordonné & establi vostre juge ? (dit-il) : lorsque mourant il veut mourir, non par la fureur des Juifs, ains par l'authorité de Cesar, ou de son Lieutenant. L'exemple de nostre-Seigneur est suffisant pour condamner ceste puissance temporelle, que tu veux attribuer au souverain Pontife sur nos Roys & leur Royaume. J'adjouste que nostre-Seigneur dit : les Roys dominent sur les nations, mais vous ne ferez pas ainsi. Le Pape n'a autre droit que celuy de sainct Pierre & de ses successeurs, lequel Jesus-Christ borne par ce passage.

Et sainct Pierre retranche tout-à-fait ceste domination temporelle & la condamne, quand il prie les anciens de paistre le troupeau de Jesus-Christ, non point comme ayant seigneurie sur le peuple esleu du Seigneur, mais pour estre exemple du troupeau. Aussi est-il vray que sainct Pierre avoit receu seulement de nostre-Seigneur les clefs des Cieux, lesquelles il a resigné à ses successeurs. Quant à sainct Paul, il dit : personne qui bataille pour Dieu, ne s'empesche aux affaires seculieres, afin qu'il plaise à celuy qui l'a esleu pour batailler. Il sçavoit que ces deux puissances ne pouvoient compatir ensemblement. Ce que les Papes des quatre ou cinq premiers siecles avoient retenu des Apostres, ne pindrent jamais la domination temporelle sur les Royaumes. De tout ce discours, l'on tire que Jesus-Christ, ses Apostres, Disciples & les Papes des quatre ou cinq premiers siecles ne penserent jamais à s'emparer de la puissance temporelle sur les Roys & leurs Couronnes. Qui est la doctrine que mon Pere a escrite, soustenuë & defenduë contre ces nouvelles Viperes (comme toy) qui en naissant veulent faire mourir leur mere.

Tu as donc grand tort de le reprendre pour avoir faict une action si louäble, honneste & utile & à son Roy & à sa patrie. Ce n'est pas en France que tu nous dois debiter ceste marchandise ; passe les Monts, elle y sera bien receuë ; car tournant le revers de la medaille, l'on y verra ceste inscription gravée, AUTHORITATIS REGIÆ EVERSORI PERTINACISSIMO. Ce sont gens de ta portée que l'on y demande, qui ne desirent

que le raval de la puissance des Roys, pour aggrandir celle de nostre sainct Pere. Je n'en veux pas demeurer là ; car je te diray que pour avoir publié en France ceste fausse & erronnée doctrine, tu t'és rendu plus coulpable & punissable que Jean Tanquerel & Florentin Jacob Augustin, Bacheliers en Theologie ; le premier pour avoir proposé en ses disputes, Papam spiritualem & secularem habere potestatem : & omnes fideles subjectos continendo, principes suis præceptis rebelles, regno & dignitatibus privari posse, fust par Arrest de la Cour du deuxiesme jour de Decembre 1561. dit, qu'en l'absence de Tanquerel qui s'estoit evadé, le Bedeau de la Faculté de Theologie declareroit en pleine Sorbonne, en presence du Doyen & de tous les Docteurs, que telle proposition leur desplaisoit & qu'elle avoit esté indiscretement & inconsiderement tenuë & disputée, & qu'il estoit certain du contraire : ce qui fut executé par le premier President de Thou, le Procureur general Bourdin le requerrant en personne ; le second pour avoir composé, dressé & fait imprimer des Theses où il soustenoit qu'il ne falloit point douter que les choses spirituelles & temporelles ne procedassent du Pape, d'autant qu'il avoit sur tous les hommes, de quelque condition qu'ils fussent, une puissance spirituelle & temporelle, lesquels estoient tenus de luy assister comme les membres au chef. Et par une autre, il maintenoit que la maison Ecclesiastique avoit la puissance d'un double glaive, laquelle bailloit aux Roys & Magistrats la puissance du glaive temporel pour la deffence des bons & la punition des meschans. La Cour de Parlement declara par son Arrest du dix-neuf Juin 1595. ces deux articles faux, schismatiques, contraires à la parole de Dieu, saincts Decrets, constitutions canoniques & loix du Royaume, tendans à rebellion & perturbateurs du repos public, & le condamna de dire nuë teste & à genoux dans la grande sale de Sorbonne, presens les Doyen, Syndic, Docteurs, Licentiers & Bacheliers, que temerairement il avoit composé ses positions pour estre disputées & par luy soustenuës en son acte de grand Ordinaire, dont il se repentoit & en demandoit à Dieu pardon, au Roy & à Justice. Ce qui fut executé, & les positions rompuës & lacerées.

Tu tiens que si la Cour de Rome entreprent contre nos libertez, qu'il n'est pas permis de s'y opposer ; car tu reputes celuy pour schismatique, qui dit que l'on a tousjours opposé les privileges de l'Eglise Gallicane contre les entreprises & abus de la Cour de Rome. Tanquerel pour avoir nié qu'il peust, le corps de la Sorbonne le souffrit ; Jacob, pour n'avoir eu qu'intention de le faire, en fit amende honorable. Toy qui as escrit & publié ton libelle à la face de toute la France, contenant ceste malheureuse doctrine, que merite ta Compagnie qui en a toleré la publication, & toy qui l'as composé ? Je le laisse à juger à une Cour Souveraine.

C'est icy où tu le veux rendre de tout point odieux, sans esperance de pardon, quoyque de soy la chose fust pardonnable. Car celuy qui a failly & qui vient à une recognoissance, Dieu luy pardonne. Mais quant à toy, tu ne sçais que c'est de pardonner. Mon pere escrivant ses Recherches, tint l'opinion commune de Jeanne dite la Papesse, de laquelle il se retracta dans ses lettres. Cependant tu dis folio 745. 748. & 749. qu'il a couché dans ses Recherches Jeanne Anglesche & sur cela qu'ont possedé le Saint Siege ; taisant & sa retractation & les raisons qu'il allegue, pour monstrer que ceste Jeanne est une pure Chimere, que ne luy improperes-tu point ? Tu lui dresse fol. 750. une inscription la plus impie qui fut jamais veuë ny leuë : & sans ta qualité d'Ecclesiastic, que j'honore & respecte sur toutes les choses du monde, je dirois que ceste piece est sortie d'un esprit vrayement Athée, & qui est ennemy juré de nostre Roy & de son Estat. Je la veux icy rapporter afin que chacun juge à l'œil de la verité :

Stephano Paschasio vero stoicorum Deo, sine manibus, fronte & capite (quæ sunt per allegoriam dicta) Vespertilioni religionis oculatissimo, omnipotentiæ Pontificiæ impugnatori acerrimo, Joannæ Papissæ assertori invidicissimo, Romani

Romani capitolii destructori robustissimo, Anseri clamosissimo, Brenno sui sæculi fortissimo, nostrarum partium patrono fidelissimo, suarum sinoni vigilantissimo, Calvino Papistæ neutri neutrissimo, rerum Gallicarum scrutatori scrutario, recularum, nugarum, sordium fossori indomito, laudum suarum historico indefatigabili, scriptori nugacissimo, in juventa versificatori non inepto, in virili ætate patrono picacissimo, fori gracco gracculissimo, in senecta grammatico intolerabili, viro ubique maledico, qui neque hoc, neque illud fuit. Respub. gebennensis, neque hoc neque illud posuit, neque Cenotaphium neque monumentum, neque alterutrum, neque utrumque, neque utrumlibet. Neque de ære suo, neque non suo, neque suo, neque non suo, sed Tapantioni Tapanda; ΟΥΔΕΝΙ ΟΔΤΕΝ Vanitanti Vanitantium, Vanitatem Vanitatum orbis cymbolo Crepitaculum. D. D. D.

Je reviens à l'opinion de ceste Jeanne, qui a esté un erreur, lequel a couru longuement parmy la Chrestienté, auquel mon pere s'estoit laissé tomber aprés tous ceux qui l'avoient devancé. Il n'y a gueres d'Historiographes qui ayent descrit la vie des Papes, lesquels n'ayent parlé de ceste Jeanne dans leur histoire, de façon que mon pere à failly avec tous ceux-là. Mais comme Dieu luy eust dessillé les yeux de l'esprit, aussi-bien qu'à tous nos modernes, il combattit & terrassa cest erreur dans la lettre qu'il escrit à Turnebus au douziesme livre de ses missives, où il monstre par vives raisons que c'est une pure imposture de dire & croire que ceste Jeanne ait esté. Puis que la chose passoit de la sorte, devois-tu faire ce grand brouhala? En devois-tu seulement parler?

Tu eusse esté marry de dire la verité; car la disant, tu ne te fusses monstré fecond en injures, & fait voir au jour ceste detestable inscription, laquelle il t'eust esté plus seant d'estouffer en sa naissance, que de luy faire voir le jour, d'autant qu'elle est suffisante de faire perdre à plusieurs la creance qu'ils ont de la saincteté, pureté & netteté de ceux de la Compagnie de Jesus, quand ils verront qu'une piece si abominable & devant Dieu & devant le monde, est sortie de l'un de leurs Peres, qui est Prestre, Docteur en Theologie & Predicateur. Quant à moy, j'estime un prodige, qu'un homme de ta qualité enfante de telles ordures, pleines de termes sales, horribles & indignes & de la voix & de la plume d'un Ecclesiastique, & encores d'un qui se dit de la Compagnie de Jesus.

Ton libelle est si remply de faussetez, que nous appellons en droit *in quittendo*, que je croy qu'il n'y a section qui ne porte la sienne. J'en produiray icy quelques-unes, par adventure auras-tu honte de toy-mesme, avec un remords de conscience, d'avoir si injustement blasphemé & contre la memoire & les œuvres d'un mort.

Tu luy reproches qu'il a advancé ceste proposition pire qu'heretique, sçavoir que ceux qui entreprindrent les voyages de la Terre-Saincte par contenance, y gaignerent; mais qui s'y porterent par devotion, y perdirent. Tu n'adjouste pas l'explication qui suit en ces termes: j'appelle user par dessein, ceux qui trouverent bons ces voyages, mais les laisserent faire à d'autres, ou bien y allerent seulement par contenance; & puis donne les exemples. Et en un autre, tu ne fais parler des croisades autrement qu'il n'a fait au quatorziesme chapitre du troisiesme, & vingt-cinquiesme chapitre de son sixiesme livre de ses Recherches, lequel aprés avoir haut-loüé leur institution, se plaint de que les Papes exerçans ininitricz particulieres contre quelques Princes Souverains, lors qu'ils s'en voulurent vanger ils les excommunierent, puis à faute d'absolution les declarerent heretiques, & à la suite firent souvent tromper des croisades contre eux, comme s'ils eussent esté infidelles, afin que les autres Princes Chrestiens s'emparassent de leurs Royaumes, & puis il fait voir les grands deniers qui se levoient sous ce pretexte de croisade, que les Papes distribuoient à leurs favoris, sans les employer à l'usage auquel ils estoient destinez. En tous ces deux chapitres, il raconte simplement l'histoire sur laquelle tu formes des propositions schismatiques, comme chimeres en l'air.

Tu fais icy un grand bruit, quand tu allegues qu'au cinquante-cinquiesme chapitre du huictiesme livre il met le Huguenot & le Papiste en paralelle, & que ces deux sectes ont causé l'entiere desolation du Royaume; ses mots sont tels: Le semblable s'est presque pratiqué de nostre temps en ceste France, quand les courtisans se cuidans mocquer voulurent appeller Huguenots, ceux qui adheroient à l'opinion de Calvin. Introduisans des sectes d'hommes entre nous, l'un Papiste & l'autre Huguenot, & que tout homme d'entendement pouvoit pronostiquer, lors que ils furent premierement mis en usage, ne pouvoir apporter qu'une entiere desolation du Royaume. Appelle-tu cela mettre le Catholique & le Huguenot en paralelle? & quand il rapporte le temps que ces mots de Papiste & Huguenot furent inventez & par qui; mots de faction, qui pronostiquoient qu'un mal futur à la France, comme des Guelphes & des Gibellins en Italie, de la rose blanche & rouge en Angleterre, des Armignacs & Bourguignons en France. Quand nous voulons parler d'un hipocrite, nous le nommons papelard; pour cela diras-tu que les Catholiques, Apostoliques & Romains, soient papelards? Nullement. De mesme, ceux tant de l'une que de l'autre Religion qui souhaitent une guerre civile, sont appellez, les uns Papistes, & les autres Huguenots. Pour cela nommeras-tu un Catholique, Papiste? Point du tout. Ce sont mots funestes, enfantez dans la misere des troubles, qui denotent ceux lesquels dans une guerre intestine veulent tout-à-fait bouleverser nostre Estat. Et de fait, dans ce mesme chapitre, il dit qu'au milieu de nous se formerent deux partis contraires, le Huguenot & le Papiste, qui est l'explication de ton mot de secte.

Je parleray maintenant de la chose qui a donné subject à ton libelle, & sans laquelle tu n'eusse jamais mis la main à la plume. Tu és celuy d'entre les Jesuites duquel tu parles, qui se devoit eslever pour grabeller & faire une reveuë generale sur ses Recherches, & œuvres. Il a trouvé (dis-tu) ce qu'il ne luy cherchoit pas, c'est-à-dire, toy, qui ne luy celles point ses fautes. Tu parles en homme de bon sens, addressant toutes tes reprehensions à un mort. Est-il pas bien en estat de te respondre? Que tu n'avois garde de son vivant d'entreprendre de tondre le lyon! quoyque ce que tu as faussement blasmé de ses œuvres, fust imprimé trente ans avant son decez. Quelle excuse peux-tu alleguer, qui t'ait empesché d'escrire contre luy, qu'une lasche & craintive pusillanimité? Tu apprehendois que les tiens (à la plume de fer (ainsi la nommes-tu) cruelle & pesante contre ses ennemis. Le plaidoyé qu'il fit en l'an 1564. pour l'Université de Paris contre les Jesuites, qui ne faisoient que naistre, & le Catechisme ou examen de leur doctrine imprimé en 1602. t'ont piqué: voulois-tu qu'il refusast de plaider la cause de l'Université, qui l'avoit alaité, nourry & eslevé aux bonnes lettres? S'il n'eust fait son devoir, chacun l'eust tenu pour un vray prevaricateur? Quant au Catechisme, a-t-il pas fait de repousser une injure, que tout le corps des Jesuites luy vouloit imputer soubs le nom supposé de la Font? Ils ont apprins qu'il n'estoit insensible aux offenses, & qu'il sçavoit rendre avec usure quand on luy prestoit. Tu le blasmes de ce qu'il a appellé les Jesuites brigans, impudens, assassins, larrons publics, ausquels, sans s'espargner, il a voulu ravir l'honneur, les mettans en paralelle avec les Lutheriens, mesme de ce qu'il le vante que long-temps devant que le mal arrivast, il predit tous les malheurs qu'ils produisent en cet Estat, eux qui sont, comme tu dis, bons Catholics, bonnes gens sçavans, fleaux des heretiques, Lutheriens & Calvinistes, qui attirent à eux (ainsi que tu dis qu'il leur a esté reproché) les plus excellens esprits des jeunes gens. Quand il a parlé de la sorte, croy qu'il l'a puisé des propres livres de ceux de ta Compagnie, & tiré des procez faits aux parricides, qui ont attenté aux personnes sacrées des Princes, & de la censure de la Sorbonne donnée en l'an 1554. & de tant & tant d'actions qui sont arrivées en suite, soit en ce Royaume, soit en Portugal, Arragon, Suede,

Suede, Boheme, Angleterre, Flandres, Bavieres, Hongrie & la Transilvanie. Lis à teste reposée ce qu'il a escrit, tu apprendras qu'il ne dit rien qu'il n'appuye de pressantes, pertinentes, & preignantes raisons. Et le Catechisme (que tu dis estre un perpetuel coq à l'asne, & un ramas, ou si tu l'ose dire, une galimatfée de propositions ridicules, desliées, & extravagantes, qui te font ressouvenir (belle & inimitable comparaison , qui est toute tienne & de laquelle tu ne dois rien à personne) d'une centaine d'escrevisses toutes vifves & ramassées dans un bassin) est une forte & puissante piece qui touche ton Ordre jusques au vif. Tous ceux qui ont escrit jusques icy, ne l'ont qu'effleuré ; mais quant à luy, il l'a approfondy & sondé jusques dans le vif. Tu as l'entendement ou renversé , ou lethargique, quand tu parles de son Cathechisme de la sorte. J'y recognois une belle économie gardée. Là il descrit le plan de ta Compagnie, les estudes d'Ignace de Loyola, le temps que luy & ses compagnons se presenterent au Pape Paul troisiesme , comme il les refusa , & depuis les approuva ; comment ils s'insinuerent en France, & quelles ils furent censurez en l'an 1554. par la Faculté de Theologie de Paris ; le Decret que donna l'Eglise Gallicane contr'eux en l'assemblée tenuë à Poissy ; la Requeste qu'ils presenterent au Parlement pour estre immatriculez dans l'Université de Paris ; combien de parties leur firent teste ; du nom de la Compagnie de Jesus prins par eux ; pourquoy ils se font appeller Jesuites ; les impietez de Postel Jesuite ; les visions fabuleuses d'Ignace de Loyola, & fables miraculeuses de Xavier , & quelques propositions Machiavellistes pour donner vogue à leur Compagnie.

Au second livre, il traicte de l'incompatibilité qui est entre l'Eglise Gallicane & ceux de ta Compagnie ; que les Papes authorisans le Jesuite sur son premier advenement , n'eurent opinion qu'il peust ou deust habituer en France ; qu'il ne leur doit estre permis d'enseigner toute sorte de Jeunesse pour le mal qu'en peut sortir ; comme il s'enrichit de la despouille de ses Novices; que sa liberalité est captieuse en l'institution de la Jeunesse à la ruine de l'Université de Paris ; des vœux du Jesuite, leur practique, de celuy de Mission, d'obeissance aveugle, &c.

Au troisième livre, il discourt de plusieurs assassinats contre les Roys & Princes, ausquels le Jesuite a trempé; qu'il a esté autheur de la Ligue en 1585. de l'Arrest donné contre l'Ordre des Jesuites ; que leur secte n'est pas moins prejudiciable à nostre Eglise que la Lutherienne, & de plusieurs autres matieres qui seroient par trop longues à desduire.

Appelle-tu tous ces discours une galimafrée ? Dy plustost, qu'autant de Chapitres , ce sont autant de coups de poignards contre ceux de ton Ordre ; & le Pere Richeaume sceut bien dire , que de tous les livres qui avoient esté faicts contr'eux , cestuy-cy avoit emporté la piece. Tu n'es pas esloigné de cest advis , quand tu dis , qu'il devoit faire un commandement absolu à ses enfans de le supprimer. S'il estoit tel que tu le figures , qu'estoit-il besoin, par une Jussion expresse, d'en faire perdre la memoire ? Car avec le temps il fust mort de luy-mesme. Ceux de ta Compagnie se doivent rendre sages par cest exemple ; quand je dis sages , c'est qu'ils n'attaquent jamais un personnage qui a dequoy se deffendre. Sans le livre de la Font , le Catechisme n'eust esté enfanté. Encores si en ses mesdisances , il n'y eust eu qu'une gentillesse & pointe d'esprit, & non pas une malignité excessivement affectée, il n'en eust fait que rire.

Tu as tort de l'accuser d'avoir mal parlé des S. Ignace de Loyola & S. Xavier ; car lors que le Cathechisme vit le jour, ils n'estoient ny beatifiez ny sanctifiez ; il n'y a que deux jours qu'ils le sont.

Quant au miracle de Saint Romain , il l'a hautement loüé au 42. chap. du 9. livre des Recherches. Bien est vray que discourant de ce miracle , il s'estonne que Gregoire de Tours & tous les Historiens , mesme ceux qui particulierement ont escrit les miracles de ce Sainct, n'en parlent point , ny aussi le grand Cardinal Baronius ; & plus bas , dit , qu'il y a beaucoup de faux miracles & supposez ausquels il ne faut adjouster foy : jà à Dieu ne plaise (escrit-il) que j'estime cestuy-cy estre tel ; & ailleurs, je veux avec toute humilité croire le miracle pour tres-veritable, tout ainsi que le Clergé de Roüen. Appelles-tu cela parler mal des Saincts.

Tu veux maintenant faire croire fol. 717. & 723. qu'il ne croit point aux Predicateurs , d'autant qu'au 3. & 38. chap. du 6. livr. il a appelé Jean Petit , caphard, lequel soustint publiquement le meurtre commis en la personne du Duc d'Orleans par le Duc de Bourgongne, & le blasme davantage d'avoir dit que ce Duc se servoit pour Capitaine de ses cruautez , du bourreau ; & qu'il avoit des prescheurs à gage, lesquels ayant une langue venale pendant le trouble & pesle-mesle d'un Estat, il tient pour Machiavelistes ; & de là tu dis qu'il parle indifferemment contre tous les Predicateurs , & que d'eux, & du bourreau il fait un parallele. Ce qui est faux en l'un & l'autre , & bien loing de son intention ; car il s'estonne qu'il se trouvast des gens de ceste condition si meschans , qui favorisassent de si cruels desseins. Tu ne pouvois mieux faire paroistre l'interieur de ton ame, qu'en l'accusant de ne croire point aux Predicateurs: car il est vray qu'il deteste ceux qui par leur bien dire font trouver un meurtre bon, lequel est de soy abominable & devant Dieu & devant les hommes; qui de leurs chaires publiques font un toxin de sedition; qui par leurs Predications persuadent d'attenter à la vie des Roys : qui par une langue venale souftrayent les subjets de l'obeissance qu'ils doivent naturellement à leur Prince. Autant qu'il a eu en abomination ces seditieux & Machiavellistes Predicateurs , autant les as-tu en delices, pour le rapport & conformité de mœurs & d'opinions qu'il y a entr'eux & toy. Tu n'avois garde d'en parler mal, pour ce que c'eust esté t'attaccher à Commolet ton compagnon d'armes, qui desploya en ses Sermons tous artifices pour estouffer la syndereste, attacher le respect de l'ame & le devoir envers le Prince, qui prescha dans Paris que l'on verroit dans peu de jours un coup du Ciel, puis-ce (dit-il) d'un Aod , sur l'esperance qu'il avoit que Barriere sorty de sa maison tueroit nostre grand Henry lors tres-Catholique. A Guignard , qui fit amende honorable , fut pendu & bruslé pour avoir escrit qu'il estoit loisible de tuer nostre grand Henry , lequel ayant pris ce texte en une predication : Toute race bastarde sera desracinée & jettée au feu : prescha que ce texte s'entendoit du Bearnois, ainsi parloit-il du Roy, qui seroit desracinée & jetté au feu. Quant au parallele, nulle mention dans ces deux chapitres. Il dit bien fol. 451. que Capeluche bourreau se rendit chef d'une esmotion populaire , lequel accompagné de la populace, tua tous les prisonniers, qui avoient favorisé le party Armignac ; mais que le Parlement le condamna par son Arrest à la mort, lequel fut executé. Appelle-tu cela parallele ? Donne telle fueille à tes faussetez que tu voudras, demeure partizan du mensonge, si faut-il que la verité tienne le dessus, laquelle se cognoist par la lecture de ces deux chapitres.

J'ay satisfaict aux deux points & de la mesdisance & de la Religion, & pensois en demeurer là. Mais j'ay pensé qu'il te falloit donner quelque contentement en t'esclaircissant des matieres qu'il a traitté en ses recherches. Car tu luy reproche que son livre portant un tiltre haut, fastueux & relevé , neantmoins qu'il n'est autre chose à traitter que des ravauderies pedantesques, villageoises & recherches de l'Hospital , au lieu d'escrire de la Loy salique , de l'origine & progrés des Parlemens, des fondations des Eveschez , des Chancellers , des exploits memorables de nos ancestres. Je te veux monstrer comme tu es un impudent menteur & fripponnier tout ensemble. Tu advoües d'avoir leu ses Recherches fueillet par fueillet ; puisque cela est, tu sçavois bien que dans son premier livre il a discouru doctement & à plein, des Gaulois & de leurs gestes, de l'extraction des François, de leur entrée & progrés és Gaules, de celuy des Gots , Bourguignons, Bretons.

Bretons-Gaulois, de la Gascongne, du Languedoc, des Roys que l'on tient avoir regné sur les François auparavant Pharamon: dans le second, de l'origine des Parlemens, Chambre des Comptes, Grand Conseil de l'assemblée des trois Estats, des Thresoriers generaux, Maire du Palais, Connestable, Chancelier, Ducs, Comtes, Baillifs, Prevosts, Vicomtes & Viguiers des Terres tenuës en Franc-alleud, du ban & attiereban, des hommes d'armes, des armoiries de France, du droict d'aisnesse, appannages, de la Loy Salique, & des Regences des Roynes meres: dans le troisiesme, de la preseance du S. Siege de Rome, du Pape, des Cardinaux, des privileges & libertez de nostre Eglise Gallicane, des remedes que nos Roys apporterent pour leur manutention, des graces expectatives, mandats & indults, de quelques schismes arrivez en l'Eglise, de quelle vertu l'Eglise Gallicane proceda pour les exterminer, des Universitez, de la puissance qu'ont nos Roys sur la discipline & mœurs du Clergé, des appellations comme d'abus, du Concile de Trente, des regales, des oblats, des dixmes infeodées; je serois par trop long, si je voulois rapporter icy toutes les autres matieres qui regardent les affaires de nostre France; qui les voudra sçavoir, les verra dans le livre. Que peux-tu maintenant respondre à ce faux, vilain & prodigieux mensonge? Car te voilà convaincu. Il ne faut que voir son livre, & le tien pour te condamner, ce sont les tiltres de ta condamnation.

Tous ces discours sont-ce ravauderies pedantesques & villageoises, ou recherches de l'Hospital? Tu les requerois tels de luy; seras-tu maintenant satisfaict? Quoyque tu die que tu ayes leu ses recherches, fueiller par fueillet, si ne le puis-je croire; car je ne pense pas un homme si effronté de vouloir asseurer une chose n'estre pas, qui est reellement & de fait; j'estime que tu t'es servy du labeur d'autruy, & que sur leurs memoires que tu as ajancezz, tu t'es laissé ainsi abuser, qui est un grand défaut à toy. Car ceux qui te sçauront jamais, ne t'excuseront jamais, ains t'accuseront d'estre un malicieux calomniateur.

Il n'y a que le huictiesme livre sur lequel tu t'es à plein escarmouché; là tu as jetté tous tes dards &, si j'ose dire, tout ton venin. Il contient plusieurs mots & proverbes desquels nous usons en nos communs devis, sans sçavoir leur origine. Les aucuns tu improuves, les autres tu renvies par tes Commentaires. La responce à ce que tu puis dire, fut faicte par mon pere; car prevoyant que quelque rude, severe & impertinent Pedant s'attacheroit particulierement à ce livre, dit en ces mots, *& parce que* je me doute qu'il se pourra rencontrer lecteur, qui pour estre ou trop stoïque, ou trop delicat d'esprit, trouvera subject de se mescontenter de ce livre, auquel j'ay discouru quelques particularitez qui luy sembleront trop basses, je le prie de prendre en payement ces huict vers:

Si dedans ce livre j'accueille
Quelque discours foible ou petit,
Qui ne soit à ton appetit,
Le foible sert aux bons de fenille.
Je veux contenter le Lecteur,
Mais aussi veux-je bien qu'il sçache,
Qu'en luy voulant plaire, je tasche
De ne mescontenter l'Autheur.

Si tu n'es content de ceste responce, j'y joindray ce qu'il escrivit contre un certain Zoïle au 4. livre de ses Epigrammes; pour ce que tu es en autre luy-mesme:

Ad latras, rabidoque miser nos dente lacessis,
Quique aliquid scribunt, hoc nihil esse putas.
Dentibus authores & cum corroseris omnes,
Ipse nihil scribis, num potes esse aliquid?
Invidiam hanc veteres quondam dixere caninam,
Cùm noceas aliis, nec tibi proficias.
Nil ego sum, tu qui mordes, & Zoile latras,
Esse aliquid jam te dico: quid ergo? canem.

Je suis marry de ce que tu le reprends d'avoir usé des mots de pleuvir, criminaux, voisiné; & pris la liberté de composer ces mots, quintoyer, pour estre compté le cinquiesme, fievre-quintaine, pour une fievre qui reprend de cinq jours en cinq jours; & mis en œuvre ces metaphores, si les oreilles me begayent, confit en sentences, en toute scelaratesse, transplanter un passage, religieux de mesme paste, pour d'un mesme ordre: & de ce que tu le dis incult & grossier en sa langue maternelle, à cause qu'en quelques endroits de ses œuvres, au lieu de dire son pere, nostre sottise, vos biens, il a dit le pere de luy, la sottise de nous, les biens de vous. Encores l'accuse-tu d'avoir parlé en praticien, quand escrivant à Airaut Lieutenant Criminel d'Angers, il luy mande qu'il sous-signe avec luy, pour dire qu'il s'accorde à son advis. Il n'y a François, qui ait la moindre teinture des lettres, lequel ne s'estudie d'enrichir sa langue maternelle, soit en phrases, soit de mots nouveaux; luy, en escrivant, a fait ce qu'il a peu pour l'embellir. De ton costé, tu as fait le semblable; car tu as usé par-cy, par-là dans ton libelle, de phrases nouvelles, & forge des mots, esquels tu excelle & superlatife.

Voicy tes phrases, par le bouchon de vostre livre, pour dire par l'intitulation, enfler le ventre de ses recherches, pour grossir, le grand usurier des yeux de mesdisance, embraser les égratigneures de l'Eglise, pour en faire des chancres & gangrenes, aterrer sa reputation, & l'immoler honteusement sur l'Autel de la contumelie, vieilles charognes de calomnies, qu'il trouve dans les esgouts de son papier journal, creuser dans les fumiers de ces vieux Romans, embeguiné d'une cause pour chargé, raffiner l'honneur dans l'alambic de leurs imaginations, il a si bien enseigné son jargon à ceux qui se sont abbreuvez de son esprit, tirer quelques brocards & lardons d'atheïsme, ses œuvres ne contiennent que viperes venimeuses d'erreurs, libertinages, moucherons bourdonnans d'injures & medisances, ou fourmis rampantes de conceptions basses & triviales, discourir à l'aveugle: voicy tes mots nouveaux, nevritique pour nephritique, une combinaison d'escrivains, oculer, preconiser, preconiseur, parodier, parodiant, mot auquel tu as voulu donner grand vogue en usant de luy deux fois en une page, & encores une fois à une ou deux pages de-là, peste amphibie, excellent amphibie d'esprit, jube de Lyon, combination.

Ne croy pas que je te veuille reprendre ny en tes phrases, ny en tes mots nouveaux: j'approuve tout, bon & mauvais, quand je cognoy que l'on le fait avec intention de meubler nostre langue. Je diray, si tu veux, que tes phrases sont belles & tes mots nouveaux bien sonnants aux oreilles, mesme propres pour embellir un discours. Mais il est vray que la vogue des mots & des phrases despend du temps: il leur donnera par advanture cours, aussi les peut-il condamner. Je ne veux pas oublier que tu escris assez souvent, comme si tu avois esté nourry dans la poussiere de la chicane, quand tu uses de ce mot, ledit Roy Robert, il donna au susdit personnage. Ceste parole de (dit) ne se practique qu'en practique. Je n'ay pas remarqué cecy pour syndiquer, ains pour t'admonester que tu devois faire le semblable en la personne de mon pere, sans le mordre, deschirer & desmembrer par calomnieuses invectives. Use de ses phrases & de ses mots, si tu les trouves bons; s'ils ne sont à ton goust, laisse les là; je te proteste une je feray le semblable des tiens. C'est comme il faut vivre, & non pas declamer à belles injures, comme tu as faict. Les ames bien faites ne gousteront jamais ce procedé. Encores que tu ayes improuvé ce mot, confit, transplanter, lis Montaignes, du Vair, Charron, Calvin, qui tous ont bien parlé François; là tu verras qu'ils ont usé de ces mots en la mesme signification que luy.

Quand il a parlé de Calvin, tu devois mettre comme au cinquante-cinquiesme chapitre du huictiesme livre de ses Recherches, il improuve sa Religion, sans l'accuser qu'il l'a loüé de ce que nostre langue Françoise luy est grandement redevable, pour l'avoir enrichie d'une infinité

nité de beaux, & à la mienne volonté, dit mon pere, que c'euſt eſté en meilleur ſubjeƈt. Tu as oublié ceſte ſuitte, afin de faire quadrer tes fauſſetez à tes imputations. Dans la meſme ſection, fol. 733. tu eſcris qu'il a mis en parallele ſaint Bernard avec Abaillard: choſe fauſſe & tronquée par la belle moitié. Voicy ſes mots que tu as rapportez.

Sainƈt Bernard, (dis-je,) qui ſe fit ennemy formel d'Abaillard ; tu t'arreſte là, & ray ceſte ſuitte, qui eſt au chapitre huiƈtieſme du neuvieſme livre des Recherches pour quelques propoſitions erronées qu'il ſouſtenoit. Il eſt vray que couchant les paſſages tous de leur long, tu n'euſſe eu matiere d'epiloguer & diſcourir à perte de veuë. Luy veux-tu pas faire croire quant à quoy il a choqué lourdement la reputation de ſainƈt Gregoire? En taiſant, qu'il l'a hautement loué de pieté, ſainƈteté & d'erudition, & qu'il l'a appellé ce grand ſainƈt homme, folio 185. de ſes Recherches?

En voicy une autre de meſme alloy, quand tu luy improperes qu'au quatorzieſme chapitre de ſon ſeptieſme livre, il ſe vante d'avoir faiƈt honte à l'antiquité. Ses paroles ſont telles : & ſuis cependant tres-glorieux, que non ſeulement nos François ayent de noſtre temps faiƈt ſur ce ſubjeƈt honte à l'ancienneté. S'il me falloit icy inſerer tous les paſſages que tu as fauſſement tronquez, je n'aurois jamais faiƈt; car autant de Sections, autant de fauſſetez. Choſe qui n'eſt nullement belle en la plume d'un Pere Jeſuite, de qui toutes les parolles devroient eſtre comme oracles veritables.

Aprés t'avoir fait voir tant & tant de fauſſetez, je te veux pareillement repreſenter, comme dans un tableau, une partie des injures que tu as laſchées contre ſa memoire. Tu l'appelles meſdiſant, impertinent, ignorant, libertin glorieux, *monachorum omnium urticam*. Tu le blaſme d'eſtre gay en ſa vieilleſſe, d'avoir en ce grand aage reliné & poly ſes ouvrages de jeuneſſe, d'avoir une liberté huguenotte. Tu as mis dans ton libelle l'abominable tombeau de l'Aretin, avec une proportion de luy à mon pere ; le nommes, en te moquant, bon François, meilleur Catholique, tres-bon Parroiſſien, excellentiſſime Marguillier de ſainƈt Nicolas ; tu le dis meſdiſant des meſdiſans, libertin, inepte, impie, reſveur, ſentir le fagot, & n'avoir jamais eſté bon Catholique. Tu luy reproches qu'il ne fouille que dans les Autheurs ſoupçonnez d'hereſie, que libertinage ou d'atheïſme ; qu'il eſt deſpourveu de ſens & de jugement, de Religion, de bon naturel, de franchiſe ; qu'il faiƈt des livres pleins de contes & ſottiſes ; qu'il a une plume libertine ; qu'il eſt grammairien & grimault par excellence, Maiſtre Pedant, pedantriffique, pedantiſſiant, pedantiſſié, qu'une humeur pedantiſſique le predomine ; qu'il eſt appellé bon homme par les petits enfans de ſa Parroiſſe ; qu'il laſche des paroles indignes d'un bon François & d'un paſſable Catholique ; qu'il eſt effronté, Advocat licentieux, Vieillard hargneux, Poëte libertin, gros Chreſtien, mauvais François, inſolent, libertin qui ſignifie un Huguenot & demy, bon gallant, affamé de meſdiſance ; qu'il faiƈt le veau ; qu'il n'y a honte dans ſon viſage, ny diſcretion dans ſes levres ; qu'il eſt enragé, tutelaire des Huguenots, cyclope, heritier de l'eſprit de Porphyre, Lucian & Evagrius ; qu'il a un ſtile barbare, & un diſcours à faire rire les mouches & à dormir debout ; qu'il eſt un meſchant homme, Aſſaſſin, lequel immortaliſe ſon nom parmy les plus indignes calomniateurs que le diable ait engendré ; gourmand, Polipheme en meſdiſance, qu'il meſdit impunément des choſes ſainƈtes & prophanes, des vivants & des morts, de Dieu & des hommes ; qu'il eſt un eſprit d'eſcarbot, inſolent. Tu luy donnes un deſmenty, & parlant à luy, tu dis, phy le vilain. Tu luy imputes qu'il eſt ennemy des Ordres Religieux & Huguenot, ingenieux à trouver des ſoupleſſes & revirades contre l'honneur de l'Egliſe, impertinent & importun à outrance, grand en impertinences, grand en vanteries, grand en libertinage, grand en meſdiſances, bavard; qu'il noircit & ravalle par ſa plume les perſonnes relevées; qu'il compoſe des vers libertins & indignes de ſon aage ; qu'il prie Dieu à la franche marguerite ; qu'il eſt bon Gaulois ; qu'il a un defaut de jugement tres-familier. Tu dis que la poſterité luy façonnera une couronne de chardons, donnera un bonnet verd, & pour monument un paillier ; qu'il ſera compté parmy les grands & ſignalez reſveurs de noſtre ſiecle, tenu par nos deſcendans pour un tres-impertinent & ridicule reſveur ; que les veritez qu'il dit ſont belles, mais qu'il les gaſte en les diſant.

Tu le blaſme de legereté, de variation en ſes humeurs & opinions ; que ſes lettres ſont meſdiſances & detractions, qu'il n'a leu Virgile que comme les grimaux le liſent ; que ce bon vieux Gaulois a une pure & franche ignorance, qu'il a l'eſprit de reculons, qu'il eſt fort inculte & groſſier en ſa langue maternelle, Theologien ſurané, chauve-ſouris, ignorant malitieux & plein de venin, Juriſconſulte grimelin, Theologien critique, Hiſtorien libertin, Marguiller Huguenot, rechercheur de niaiſeries, leƈteur de Clopinel, panegyriſte de Margot, preconiſeur de Patroüillet, admirateur de Patelin, Maiſtre Eſtienne impertinent, enfant libertin, mal morigené, meſchant, fort Huguenot ; que ſon eſprit eſt ſemblable à deux meſchants Miniſtres, l'un appellé Stanckarius, & l'autre Luther ; qu'il n'a point d'ignorance que puniſſable & dangereuſe à l'Eſtat & à l'Egliſe ; qu'il eſt inepte & ridicule, ignorant Poëte ; que luy & Battus ſont alliez ; qu'il ramaſſe toutes les œuvres qu'il rencontre contre l'Egliſe ; qu'il eſt libertin & partant Huguenot, Athée, Heretique, Politique & qui n'eſt point Catholique ; que toutes les marques de libertin ſe trouvent en toutes les pages de ſes eſcrits, leſquels reſſentent l'impieté ; qu'il eſt libertin, & toutesfois qu'il n'eſt ny Catholique ny Huguenot ; qu'il aſſiſte à la Meſſe laquelle il ne croit point ; qu'il eſt une peſte amphybie, un excellent amphybie d'eſprit ; qu'il ne croit point aux Predicateurs ; que ſes propoſitions ſont libertines, erronées, impies ; qu'il eſt mauvais Advocat du Roy ; qu'il s'accorde aux mauvais Miniſtres ; qu'il a un eſprit ſchiſmatique ; qu'il eſt pire qu'un Huguenot, qu'il defere plus de croyance aux Autheurs Heretiques qu'aux Catholiques ; qu'entre les ſchiſmatiques, il eſt le plus ardent & paſſionné de tous ; qu'il a appris par hantiſe le jargon des Miniſtres ; que Luther & Calvin ont trouvé un troiſieſme partiſan auſſi meſchant qu'eux, (ſçavoir Paſquier,) par un libertinage pire ; qu'il eſt traiſtre domeſtique, libertin de conſcience ; qu'il outrage comme frere deſnaturé ; qu'il eſt venimeux en ſes inventions ; qu'il a l'eſprit ſanguinairement joyeux ; qu'il n'a autre but ny deſſein que de ravir l'honneur de l'Egliſe Catholique, & ſouiller l'eſcarlate des Prelats ; qu'il eſt profane & mocqueur de Religion, franc Huguenot, mocqueur des choſes ſainƈtes ; qu'il a fait de l'oiſon, qu'il va faire du veau ; qu'il a la mine ſauvage, les ſourcils eſpais & renfrongnez, la barbe malfaiƈte ; qu'il ne fit jamais gaigner mil eſcus aux Barbiers pour luy relever ou friſer la mouſtache ; qu'il eſt Advocat inepte, extravagant, plein de vanité ; que le temps viendra que les enfans ſe mocqueront de luy, & que pour dire un vantart, un glorieux, un bavard, un ridicule, on fera un proverbe de ſon nom ; qu'il fait envers la Dame renommée le meſme qu'un Sibilot faiſoit envers ſa Julia ; que ſes livres ſont de la nature du Calepin, du Deſpautere & des Rudimens, qui ne meritent d'eſtre citez, leſquels ſe doivent dire Recherches de l'Hoſpital & non de la France ; ſes Epigrammes ſont petits fatras ; qu'il eſt inepte, ridicule, ſot, roulade frenetique, qu'il a une ſottiſe inſuportable ; que quand il eſcrit contre ſes ennemis, il a la plume de fer, cruelle, peſante, roüilleuſe ; ſa plume eſt l'outil de ſa ruine à la poſterité ; qu'il eſt depourveu de ſens ; qu'il fait gloire de ſa honte ; le but de ſes leƈtures eſt d'apprendre des bouffonneries, niaiſeries, blaſphemes, impietez, ſottiſes, qu'il ne fut jamais eſcrivain plus glorieux, ny un eſprit plus fecond & varié en termes ridicules & locutions de gloire ; que ſes œuvres ne contiennent que viperes venimeuſes

meuſes, erreurs, libertinages, mouſcherons bourdonnans d'injures & meſdiſances, ou des fourmis rampantes de conceptions baſſes & triuiales, ou des feſtins de grimauderies; qu'il eſt ordinairement de meſme aduis que les Miniſtres ſes bons amis. Que *ignorauit vitia ſua & amauit*, qu'il idolaſtre ſes conceptions.

Bon Dieu! Comment as-tu peu amonceller ceſte Iliade de calomniateurs & énormes, injures? Tes paroles ſont ſi outrageuſes, qu'il n'y a qu'une paſſion furieuſe & aueugle qui en puiſſe faire naiſtre de ſemblables dans la bouche la plus licentieuſe qui ſoit au monde. Elle eſt un vray eſgouſt & cloaque de toutes ſaletez & ordures.

Il falloit que ton eſprit gros d'vne rage mordante enfantaſt ce fruict, qui eſt la vraye image des conceptions injurieuſes dont ton meſme eſprit. Elles ſont toutes en toy & toy en elles. Si j'euſſe employé toutes les autres qui ſont eſparſes en toutes les pages de ton libelle, ma lettre ſe fuſt trouuée auſſi groſſe que luy.

J'ay fait ce ſimple recueil, afin que par cet eſchantillon chacun juge de la piece, je veux dire de ton libelle, qui eſt vne anatomie de toutes les parties de ton ame, pour ce qu'il n'y a affection ny paſſion en toy, laquelle n'y ſoit repreſentée comme en vn miroüer; là ſont pourtraictes au vif toutes les impietez, injures & maledictions deſquelles elle eſt remplie, voire juſques aux eſmotions confuſes, deſquelles tu es accouſtumé d'eſtre agité. Tout ainſi que le laboureur qui veut recueillir quantité de fruict, ſeme de la main & ne verſe pas du ſac, il eſpand le grain & non pas le reſpand: de meſme eſcriuant ton libelle, tu deuois eſtre auare en injures & non pas prodigue ſans diſcretion & ſans meſure. L'exceſſive meſdiſance eſt vn foible moyen pour s'acquerir de la bien-veillance; elle meſcontente plus qu'elle ne profite, par le fruict malin, acre, fade, aigre & amer qu'elle produit.

J'ay proteſté, dés le commencement de ma lettre, de ne debattre auec toy par paroles injurieuſes, combien que je ferois bien à mon contentement & à ton deshonneur tel bris de toy que tu merite. Mais je te diray que toutes ces fauſſes calomnies & injures ne peuuent offencer ſa memoire, puis qu'elles ſont dites par vn Jeſuite. Le Jeſuite qui veut parler de Paſquier, porte ſon reproche quant à ſoy. Et tout ce qu'il peut dire de mal contre luy, ſont autant de fletriſſeures honorables & marques glorieuſes de ſon zele inimitable à la conſeruation de l'Eſtat, de ſes priuileges & libertez. Tu le ſçauois tres-bien, quand de guet-à-pens tu as celé ton nom, penſant par là donner vogue & creance à tes injures & fauſſetez. Quoy-que tu ayes accumulé injures ſur injures pour outrager ſon honneur, ſi ne s'en ſentiroit-il point offencé, ny piqué ſur le vif, quand il vivroit. Il diroit, comme fit Lyſander à celuy qui l'injurioit à outrance; dy touſjours, mon petit amy, dy touſjours; n'oublie rien, ſi tu peux aucunement deſcharger ton cœur des maux dont tu te monſtres plein. Ou comme Caton, lequel en plaidant vne cauſe, dit à Lentule qui luy auoit craché au viſage: je teſmoigneray par tout le monde que ceux ſe trompent qui diſent que tu n'as point de bouche. De meſme il publieroit que ceux s'abuſent qui eſtiment que tu n'as ny l'eſprit, ny la plume meſdiſante & mordante. Pendant ſa vie, il t'euſt meſpriſé de la ſorte qu'il fit la Font, auquel il ne daigna reſpondre, croyant que la plus belle vengeance qu'il pouuoit prendre, eſtoit de ne faire compte ny de luy, ny de ſes notes. Il auoit ceſte hauteſſe de cœur, que de tenir en nonchaloir les gens de ton eſtoffe, & de croire que c'eſtoit vne maladie d'eſprit, de craindre vne injure qui en decoulaſt. Il eſtoit ſi à ſoy, qu'il demeuroit touſjours en vn meſme poinct, gouuernant de telle ſorte ſes affections qu'il les auoit en ſa main & en pouuoir, faiſant cependant croire qu'il n'en auoit point du tout. Et en ceſte forme de vie, il eſtimoit que perſonne ne nous pouuoit offencer, ſi nous ne nous offenſions nous-meſmes; car celuy qui ſçait ſa conſcience nette, ne peut receuoir aucune offence; au contraire, elle retourne contre celuy qui l'a faite. Toy qui as decoché tant d'injures pour l'offencer, ne s'en prenant point, tu en euſſes perdu le fruict, leſquelles ſoit viuant, ſoit mort n'auront autre pouuoir contre ſa vertu, que celle que les brouillards ont contre la force du ſoleil.

Si faut-il que je te die, que pour ce que tu as eſcrit contre ſa memoire, quoyque fauſſement, tu és aucunement excuſable; car toy qui ne pardonnes jamais, en la qualité que tu portes, tu le tenois pour ton ennemy profez, combien qu'il creuſt auant ſon treſpas n'auoir rien à deſmeſler auec les tiens, à cauſe de la parole ſi ſolemnellement donnée. Mais d'auoir, comme tu as fait, mal parlé de Dieu, de Jeſus-Chriſt, de la ſaincte Vierge, des Euangeliſtes, des Saincts Docteurs, des Curez & Preſtres, de la vie Monaſtique & du Pape, & mis en auant pluſieurs autres impietez, cela ne ſe peut pardonner. Quelle ſuitte penſe-tu que cela ait? Noſtre Religion en eſt offencée, ta compagnie en ſera blaſmée & ton General le premier; nos aduerſaires en triompheront à noſtre grand deſaduantage. Quelle priſe ils auront & ſur ton Ordre & ſur nous autres Catholics, de nourrir parmy nous vn impie! Pleuſt à Dieu que tu fuſſes bien endormy, quand tu mis ces impietez à la veuë de tout vn monde; tu auois certainement mis lors & ton eſprit & ton jugement en ſequeſtre. Je reçois vn extreme & faſcheux deſplaiſir, quand je penſe qu'il me les faut icy traiter à part & ſeparement les vnes aprés les autres. Si je n'y eſtois obligé, de crainte d'encourir le blaſme d'vn malicieux calomniateur, j'en fuſſe demeuré là, meſme que ſi j'euſſe peu cachement ou les arracher de ton libelle, ou couurir ou pallier en quelque ſorte, mon honneur ſauue, cela ſe fuſt fait; car je hais mortellement le ſcandale & ce qui offence noſtre Religion: c'eſt ce qui afflige & pourmene mon eſprit d'vne façon qui n'eſt point laſche. Mais quoy que je faſſe, je ne puis empeſcher qu'elles ne ſe voyent, ſoit icy, ſoit dans ton libelle. Que tu és blaſmable d'auoir mieux aymé le ruyner de reputation, en penſant renuerſer celle de mon Pere, que de te tenir coy, en viuant paiſiblement au repos de ta conſcience! Dés l'entrée de ton libelle, tu nous produits vne énorme impieté, adreſſant ta lettre à Maiſtre Eſtienne Paſquier, *La part où il ſera*. Toy qui te dis Chreſtien, Preſtre & Confrere de ceſte grande ſocieté de Jeſus, doutes-tu que celuy qui a fait tous les jours de ſa vie profeſſion publique de la Relig. Cath. Apoſt. & Rom. participé à ces Feſtes annuelles aux ſacrez miſteres de l'Egliſe, qui eſt expiré, touché d'vne vraye repentance de ſes pechez, aprés s'eſtre confeſſé & communié, ſoit ailleurs qu'auec les bien-heureux? Ceſte ame qui a ainſi veſcu, n'eſt-elle pas entierement diſpoſée pour les cieux? Sçaches vne fois pour toutes qu'il eſt mort de la mort des juſtes, & que comme tel il a eſté recueilli là-haut au ciel par ce tres-fidele depoſitaire de nos ames Jeſus-Chriſt. Aprés cela, quelle malice noire eſt-ce à toy d'ignorer le chemin qu'il a tenu au départ de ceſte vie? Si tu deſpoüilles toute inimitié, tu effaceras quant & quant ces termes ſi mal appliquez à vn mort, *La part où il ſera*, paroles propres en la plume d'vn prophane. Tu continuës ton impieté par les antitheſes & oppoſitions que tu fais de Paſquier de Corbie & de mon Pere, quand par tes imaginations fantaſtiques, fol. 33. tu fais depuis l'an 880. juſques en 1615. qu'il nous fut oſté, ou il encores Paſquier de Corbie au chemin de la vie éternelle; car tu aſſeures qu'ils ne ſe ſont rencontrez par les chemins. Et quoy, toy Theologien, ou as-tu appris que nos ames vaguent çà & là ſi long-temps, deuant que de ſurgir à ce bien-heureux port? Les Anges porterent l'ame du Lazare en vn moment au ſein d'Abraham. Quand elles ſortent de ceſte priſon, elles vont receuoir le jugement de vie ou de mort. Que tu es blaſmable, de publier ceſte doctrine impie!

Tu crois fol. 201. que ſi Charlemagne eſtoit en meſme lieu que mon Pere, ou s'ils ſe rencontroient en l'autre monde, qu'il auroit du reſſentiment de ce qu'il luy a donné pour ſuiuans & compagnons, des Clercs de Greffes, des Paumiers & Bonnetiers. Au 8. chapitre du 4. liure livre de ſes Recherches, il a parlé de quelques Ordonnances de Charlemagne, faites pour obvier aux fraudes que l'on pratiquoit en France ſous le pretexte des clericatures; aux chapitres qui ſuivent & juſques au 15. il diſcourt de pluſieurs matieres leſquelles regardent la police; aprés cela, il nous donne l'origine des jeux de paumes & des bonnets ronds. Quel mal en cela? Nul. Cependant tu nous eſtales ſous le nom de cet Empereur, une impieté de reſſentiment, qu'ont les Saincts dans le ciel, des offences qui leur ſont faites ſur la terre. Impieté intolerable, de leur attribuer dans l'eſtat de la gloire, les impreſſions malicieuſes des paſſions humaines. Ne ſçais-tu pas que là-haut l'on jouït d'une paix ſans trouble, d'une felicité ſans meſure; que l'on y reſpire ſans envie; que le ſeul amour de Dieu poſſede leurs affections; que la charité qui y eſt en ſa perfection, ne leur permet l'exercice vicieux d'aucune paſſion? Ne ſçais-tu pas qu'ils ſont en une perpetuelle contemplation de ceſte divine eſſence, dans laquelle ils voyent toutes choſes avec des yeux d'amour, & rien qui ſoit contraire à la perfection du repos de leur beatitude, comme ſeroit ce reſſentiment pretendu? Qu'ils n'ont qu'un object qui remplit leurs entendemens, contente tous leurs deſirs, & où Dieu eſt toutes choſes en tous? Il y a touſjours quelques-uns de ta Compagnie qui dogmatiſent; Poſtel preſchoit ſa mere Jeanne qui eſtoit venuë (à ce qu'il diſoit) ſauver le genre feminin. Carles Jeſuite de Dijon ſouſtint qu'il falloit oſter de la priere que noſtre Seigneur Jeſus-Chriſt laiſſa à ſon Egliſe: *Ta volonté ſoit faite en la terre comme au ciel.* Suarés tenoit que la Vierge Marie eſtoit née en peché originel, & qu'envoyant ſa confeſſion par eſcrit au Preſtre, il pouvoit abſoudre par lettre: propoſitions jugées heretiques par le Pape, qui par Arreſt voulut condamner ſes livres à eſtre bruſlez, & l'euſſent eſté ſans la promeſſe que ton General luy fit, qu'à la premiere édition il les feroit oſter. Et toy, tu tiens que les ames courent les chemins long temps devant que de monter au ciel: & que les Saincts ſe reſſentent dans le ciel, des offences qui leur ſont faites en ce monde.

Tu ne te contente pas de nous debiter une nouvelle doctrine, ſi tu n'y entremeſle l'Atheïſme de trois Poëtes, de qui tu nous rapportes fol. 648. les epitaphes, leſquels perdus, par le long temps qu'il y a qu'ils ſont compoſez, tu fais revivre.

I. EPITAPHE.

Icy giſt l'Aretin, Poëte de Florence, qui a meſdit de tout le monde fors que de Dieu, & encores il s'excuſe en diſant, je ne le cognois pas.

II. EPITAPHE.

J'ay veſcu ſans ſoucy & je meure ſans regret,
Perſonne ne me plaint & je ne plains perſonne:
Pour le lieu ou je vois, c'eſt un trop grand ſecret,
Je le laiſſe à vuider à Meſſieurs de Sorbonne.

III. EPITAPHE.

J'ay veſcu ſans nul penſement,
Me laiſſant aller doucement
A la bonne loy naturelle,
Et ſi m'eſtonne fort pourquoy
La mort oſa ſonger en moy,
Qui ne ſongeay jamais en elle.

L'Aretin ne cognoiſt point de Dieu; l'autre par moquerie du Paradis & de l'enfer, laiſſe la deciſion du lieu où il va partant de ce monde (ce qu'il appelle grand ſecret) à Meſſieurs de la Sorbonne; & le dernier ne ſongea jamais à la mort, ignorant volontaire de ſa freſle condition, & de ce qu'il eſt ordonné à tous humains de mourir une fois. Bonnes pieces d'eſprit, dignes de memoire racontes-tu: ouy, d'un eſprit abandonné de Dieu, auquel il euſt eſté bon de n'avoir jamais eſté créé. Tu n'en devois groſſir ton livre, ains paſſer la pierre de ponce par-deſſus pour en perdre le ſouvenir. Eſt-ce ainſi que tu enſeignes les peuples & par tes Confeſſions & par tes Sermons? Que tu meſnages leurs conſciences? O pie-mie lubrique, de couler par eſcrit des traicts à ne cognoiſtre point Dieu, les lieux où nous allons aprés noſtre treſpas, & à ne ſonger point à la mort! Car qui ne ſçait combien les exemples ſont puiſſans ſoit en bien, ſoit en mal?

Icy les cheveux me heriſſent en la teſte, tous les ſens me fremiſſent, quand je penſe qu'il me faut eſtaler la mocquerie que tu fais de la paſſion de noſtre Seigneur Jeſus-Chriſt, & de ſes ſainctes larmes & de ſon image: de la paſſion, quand ton libertin, fol. 54. ayant au long repreſenté les miſteres d'icelle, fit pleurer le peuple à chaudes larmes le jour du Vendredy abſolu, puis leur dit: ne pleurez pas bonnes gens, car paradventure n'eſt-il pas vray: des larmes, que le ſentiment de l'ire de Dieu, armé d'horreur & de fureur à l'encontre de nos pechez, que noſtre Seigneur Jeſus-Chriſt a prins ſur ſoy, comme pleige & reſpondant, luy a arrachées, auſſi bien que le ſang deſcoulant de ſon corps en terre: cependant comme ſi c'eſtoit une fable, tu nous les expoſes à mocquerie, mettant en avant, fol. 485. le ſouhait d'un Allemand lequel beuvant en Italie du vin appellé, *Lachrima Chriſti,* dit en ſoupirant: *O Bone Chriſte, quare non etiam in patria mea lachrimatus es!* A cecy tu adjouſtes fol. 268. qu'un Empereur mettoit en ſon Oratoire l'image de Jeſus-Chriſt au milieu de celle de la Deeſſe Venus & de Priape. Rapports honteux, pleins de pudeur, indignes de la lumiere, à quoy bons, que pour expoſer en riſée ce qui eſt des myſteres de noſtre foy? Il te falloit cacher ces ordures, les enſevelir ſans en faire trophée. Ne crains-tu point la vengeance de Dieu, deshonorant ſon fils par des contes ſi eshontez & malins? Ne crains-tu point qu'il convertiſſe ſa patience en fureur? Et quoy que diront nos adverſaires, qu'un Jeſuite parle de la ſorte, les voilà en beau champ. Ayant parlé du fils, tu as voulu folio 128. & 129. parler de la mere & meſler les choſes prophanes avec les ſainctes & ſacrées. A Rouen, le jour de la Conception Noſtre-Dame, les plus beaux eſprits viennent compoſer chants royaux à l'honneur de la Vierge, & parmy ces graves & ſerieux poemes tu nous repais d'un quidan qui fit ce vers: un grand pandart tel que je pourrois eſtre. Devois-tu rapporter ce vers qui eſt fait en deriſion & mocquerie; toy qui ne dois rechercher que l'aſſemblage des choſes ſainctes? N'eſt-ce pas encores eſpouventablement blaſphemer contre la ſaincte & ſacrée Vierge, quand fol. 416. & 417. ſous le nom de ton Anglois, tu l'appelles charongne, quoyque nous tenions en l'Egliſe pour choſe arreſtée qu'elle a eſté receuë dans le ciel avec ſon propre corps? De quelle édification eſt ton étimologie? Que tu euſſe mieux fait de dormir, que d'exercer ton eſprit à de ſi vaines, frivoles & inutiles curioſitez!

A la ſuitte, tu n'as pas voulu oublier les Evangeliſtes. Tous ceux qui ſe ſont meſlez de lucianiſer en ce temps, ne ſont allez juſques là, que d'attribuer le nom d'Evangeliſte à autres, qu'à ceux à qui par excellence il a eſté transferé aprés la mort de noſtre Seigneur Jeſus-Chriſt. Toy paſſant par-deſſus à face eshontée, tu as donné fol. 715. ce nom d'Evangeliſte à Rabelais, Marot, Clopinel & Patelin. Et quoy, il te ſera permis de te mocquer impunément de nos Evangeliſtes?

Voicy les ſaincts Peres qui viennent ſur le rang, deſquels tu as effleuré les eſcrits, pour des choſes ſainctes, qui ne regardent que l'amour de Dieu, en dreſſer fol. 760. un poëme laſcif, duquel la teneur eſt telle:

Sainct Auguſtin inſtruiſant une Dame,
Dit que l'amour eſt l'ame de noſtre ame.
S. Bernard fait une longue homelie
Où il beniſt tous les cœurs qu'amour lie.
Et S. Ambroiſe en fait une autre expreſſe,

Où il maudit ceux qui sont sans maistresse.
Et de Lyra là-dessus nous raconte,
Que qui plus ayme, & plus haut au ciel monte.
Et dit bien plus le Docteur Seraphique,
Que qui point n'ayme, est pire qu'heretique, &c.

Toy, Jesuite, as-tu osé parler de la sorte contre les saincts Peres? leur faire croire chose où ils ne pensent jamais? & encores pour donner feuillé à tes vers, tu les attribuë faussement à Marot, quoyque tu en sois le Pere. Tu n'estois pas satisfait d'avoir ainsi traicté ces bons, vieux & saincts Peres de l'Eglise; tu l'as voulu renvier fol. 604. quand tu dis que tous les Autheurs leus par mon pere, sont ou schismatiques, ou heretiques fourrez. Lis les Recherches d'un bout à l'autre, tu trouveras qu'il ne s'est servy que des authoritez & textes de Tertulian, de S. Cyprian, S. Augustin, S. Hierosme, S. Irenée, S. Chrisostome & autres Docteurs approuvez de l'Eglise, & qu'il n'a allegué aucun de nos anciens & nouveaux heresiarques. Cependant voilà pas de belles qualitez que tu attribuës à tous ces saincts Personnages?

Tu n'as rien voulu oublier qui ne passast par le fil de ta plume. Tu nous scandalise & la vie Monastique & les Ecclesiastics, & parles du Pape comme si c'estoit la personne la plus injuste qui fust au monde : la vie monastique, quand fol. 229. tu nous veux persuader qu'on ne peuple les Monasteres que de gens de sac & de corde, sous pretexte du conte d'un Advocat Huguenot, que tu nous debites pour argent comptant : les Ecclesiastics, depositaires des secrets de nos ames, quand fol. 833. & 835. tu les publies trompeurs & extremement nonchalans en l'execution de leurs charges, & que tu leur impute d'avoir passé en la Messe des obseques de feu mon pere, plusieurs choses par un *fidelium*, c'est-à-dire de s'estre legerement acquitez du service qu'ils luy devoient par obligation. Tu les devois espargner; car aprés toy, que ne diront nos adversaires d'eux?

Quant au Pape, tu nous le figure, fol. 828. sans justice & plein de sang : car tu escris que s'il y eust eu un des enfans de mon pere à Rome, qui se fust presenté pour baiser les pieds de sa Saincteté, qu'il luy eust donné un pourpoint de pierre de taille, comme il fit à l'Abbé du Bois, (exemple qui seroit mieux teu que dit) pour se venger de l'offence, (que tu dis faussement) que mon pere à faite aux Papes. C'est mal presumer à toy, de la sincerité & justice du S. Pere; il y a deux de ses enfans & quatre sortis d'eux, qui ont demeuré six ou sept ans à Rome, lesquels baiserent les pieds de sa Saincteté & y furent cheris des grands, moyens & petits, tant pour la recommandation des vertus du pere & ayeul, que pour leurs merites. Mais dy-moy, où est la loy humaine qui permette de punir les offenses des peres en la personne des enfans? Où as-tu veu faire au Pape telles tyranniques injustices? Ce sont personnages qui sont appellez à ces hautes dignitez, pleins d'ans, d'experience, & de sagesse & de prudence, qui ne font rien qu'avec le compas de la raison. Tes discours seroient meilleurs & plus seants en la plume de nos adversaires qu'en la tienne, lesquels n'ont autre but que de diffamer la reputation de sa Saincteté. Quand tu en parleras doresnavant, que ce soit avec tout honneur & reverence, & n'aye de luy une si sinistre opinion.

Aprés avoir mal parlé de Dieu, de Jesus-Christ, de la saincte Vierge, des Evangelistes, des saincts Peres, de la vie Monastique, des Ecclesiastics & du Pape, tu travailles à faire damner les hommes, par tes malins & trompeurs enchantemens. Mon pere, au 27.e chapitre du quatriesme livre des Recherches, dit, que les Advocats anciennement rapportoient au commencement de leurs plaidoyers un passage de la saincte Escriture, comme fit Pierre de Congneres Advocat general, lequel plaidant contre les Ecclesiastics pour les droits du Roy, dit, *Reddite quæ sunt Cæsaris, Cæsari.* Et toy pour une chose dite à propos, tu nous couches des textes de la saincte Escriture pour empescher que le vin ne se tourne dans les ca-

ves, que les arbres ne s'escoulent & perdent leurs fruicts, que les esperviers & plus fuyards oyseaux ne prennent l'essor, que les serpens & crapaux n'entrent dans les jardins. Textes qui ne sont qu'autant de damnables instructions aux esprits curieux, qui sont portez à l'essay de ces sorcelleries. Par tes enseignemens scandaleux, les precipites-tu pas en des charmes & conjurations qui les perdront eternellement? J'ay teu expressément les textes que tu allegues, que j'ayme mieux qu'ils aillent chercher chez toy, que de les puiser chez moy.

Quelles paroles piquantes & outrageuses sont-ce celles-cy, fol. 146. qui descoulent de ta plume? Si le diable incarné venoit pour faire une levée de soldats, il auroit tout le party Huguenot, & puis tu les qualifies calomniateurs les plus indignes que le diable engendra jamais, & là-dessus tu dis, fol. 151. que parmy de si miserables creatures, mon pere a immortalisé son nom. Quelle hantise a-t'il jamais eu avec le Huguenot? Nulle : auparavant qu'il fust partie de luy en France, une partie de ses œuvres avoit desja veu le jour; & quand il a discouru de ce party dans ses Recherches, ses Lettres & son Catechisme, ç'a esté comme de celuy par l'outil duquel la France a failly d'estre renversée sens dessus dessous. Tu le recognois ainsi, quand fol. 123. tu dis qu'il a tres-mal parlé des Calvinistes & Lutheriens en mille & mille lieux de ses livres, de ses Recherches & Epistres. Son dessein n'a jamais esté autre que de donner son labeur au public, aussi en a-t'il receu un los d'une ferme durée.

Ce qui te fait de la façon parler de luy, c'est qu'il a d'une bouche prophete descouvert dés la naissance de ta Compagnie, les choses lesquelles se sont rencontrées veritables, & monstré au doigt & à l'œil, comme plusieurs des tiens ont persuadé d'attenter à la vie de plusieurs Roys & Princes. Pour effacer ceste tache, tu nous contes que tu as veu escrit dans la Bibliotheque de Bourdeaux, les collections ramassées des Concils Espagnols par l'un des Peres de ta Société, qui monstrent le sentiment de ton Ordre entierement contraire à ce que l'on dit que les Jesuites sont assassins des Roys, d'autant que par l'extrait du dernier Canon du Concile sixiesme de Tolede, il declare excommunié celuy qui attentera en quelque façon à la personne du Prince. Mais que responds-tu à la doctrine de Sa, de Mariana, Ribadeneira, Suarés, Bellarmin, Scribanus, Molina, Lessius, Baccanus, Heissius, Greterus, & de tant d'autres qui enseignent qu'il est permis de tuer les Roys, soubs pretexte qu'ils sont tyrans? Que dis-tu de ce que les livres d'aucuns de ceux-là, ont esté par Arrests des Cours souveraines, condamnez au feu & executez, pour avoir soustenu ceste doctrine bonne? Que dis-tu de Barriere, qui fut conseillé dans Lyon par Majorius Jesuite, de tuer nostre grand Henry, & depuis dans Paris fut confessé & communié par Varade, Recteur du College des Jesuites, lequel aprés luy remonstra que s'il le pouvoit assassiner, il seroit œuvre meritoire? Que la crainte qu'il pouvoit avoir d'y perdre la vie, ne le devoit demouvoir de passer outre; qu'il y seroit assisté de la mesme faveur speciale de Dieu, que fut Judith qui tua Holoferne & retourna faine & sauve vers les siens. Et Aod qui tua Eglon, Roy des Moabites d'un cousteau, sans recevoir aucun mal? Qu'à ces exemples, il devoit faire se coup, afin qu'il peust, comme eux, aller droit au ciel. Que dis-tu de Chastel instruit dés son bas aage dans tes Colleges, qui se hazarda de luy donner un coup de cousteau dans le visage, croyant le porter dans l'estomach? Que dis-tu des procez faits à Campian, Parry, Culan, Williame, Yorte & Squirre, qui voulurent en divers temps & separément tuer la Royne Elizabeth d'Angleterre, par la persuasion de Holt, Creswelle, Parson & Walepole Jesuites? Que dis-tu de l'entreprise de Garnet Jesuite contre le Roy Jacques d'Angleterre à present regnant, lequel avec ses complices resolut de faire jouër la fougade, ausquels Gerard Jesuite fit faire serment sur le Saint Sacrement de tenir le tout secret? Catesby l'un des conjurez fut-il pas esclaircy & resolu par Garnet, sur le doute des innocens

innocens qui peririoient avec le Roy, ses Princes & les Grands d'Angleterre ; que puis qu'il y avoit plus de gain d'une part, que de perte de l'autre, il estoit loisible de les perdre tous, comme à la prise d'une ville, ou autre place ? La solution de Garnet ne fit-elle pas resoudre Catesby, à l'execution de ceste entreprise, & Caresby tous les conjurez, en les asseurant que le fait estoit licite ? Garnet ne pria-t'il pas Dieu pour un bon & heureux succez de ce grand affaire ? L'entreprise descouverte, Garnet & les conjurez ne furent-ils pas mis à mort par Arrest ?

Que dis-tu de l'execution de tant d'autres qui ont attenté aux vies des Roys & Princes, par les persuasions des Jesuites ? Tout cela est contraire à tes collections escrites à la main, & cependant, fol. 154. tu demandes à Dieu, qu'il t'efface de son livre de vie, si tu changes une seule syllabe de l'Epiphoneme escrit en bas de ce Canon. Tu appelles Dieu à tesmoin sur ton ame, de la sincerité que tu apportes en ceste allegation, & veux estre damné si tu en gauchis ou alteres tant soit peu les termes. Qui t'oblige à ce grand serment ? Quelqu'un impugne-t'il ton Canon de faux ? És-tu pressé de le faire valoir au hazard de ton ame ? Je veux croire que tu as quelque sens naturel. Juge auquel l'on croira le plustost, ou à ce que tu nous asseures, toy qui n'es cogneu dans le monde, qui es sans nom, sans poids, sans merite, sans authorité & sans probité : ou à ce que nous voyons escrit dans les œuvres de ceux de ta Compagnie, qui sont en une grande & singuliere recommandation parmy eux, & à ce que nous avons veu mettre en œuvre par tant de personnes dressées & gaignées par les tiens ? Sçaches que nous jugeons sur pieces authentiques, & non sur des extraicts, lesquels tu nous veux faire valoir par tes execrables sermens ; l'on pipe les enfans avec paroles & promesses, & trompe-t'on les hommes avec sermens solemnels. Que penses-tu le desplaisir que j'ay, de voir, que toy Ecclesiastic, sois le subject de ce qu'il m'ait fallu faire renaistre tous ces exemples, que le temps avoit rendus comme morts, pour avoir voulu par injures deschirer & mettre en pieces la renommée de mon Pere ? Je m'asseure que les bien-censez de la Compagnie m'excuseront, venans à peser à part eux, qu'une juste deffense m'a contraint de le faire, pour destourner & abbattre les mesdisantes calomnies, que, par une haine implacable, tu luy as imputé.

Ton inimitié est grande contre luy, puis que tu attendois fol. 170. de le voir crever comme un Cerbere, pour avoir trop mangé. Quelle furie infernale te possede ! le sang & l'horreur sont tes delices ; tu ne luy souhaite que malheur & malencontre, bien esloigné du commandement de celuy de la Compagnie duquel tu te nommes. Aymez (dit-il) vos ennemis, faictes bien à ceux qui vous haïssent, benissez ceux qui vous maudissent, & priez pour ceux qui vous outragent. S'il me falloit rapporter en ce lieu toutes les autres impietez, desquelles ton livre est farcy, je n'aurois jamais fait ; je me contente de celles-cy, pour faire voir quel tu es & dedans & dehors.

Je cognoy bien que je passe les bornes d'une lettre ; mais il m'a esté necessaire de te monstrer que mon Pere parlant de nos Roys, a suivy le fil de l'Histoire, & qu'il a vescu & est mort Catholic, Apostolic & Romain. Car sur ces deux points principaux, comme sur un ferme pivot, tu appuyes tes fondemens, pour asseurer qu'il n'a pour recompense de ses œuvres, que la malediction de la posterité & nul honneur ny profit ; & ailleurs, que sa plume est l'outil de sa ruine à ceux qui viendront aprés nous. Tu as forgé & l'un & l'autre dans ta teste legere. Hors ceux de ta caballe, je n'en sçache point qui n'honore & n'embrasse sa memoire, laquelle est si bien venue dans le monde, que depuis sa mort, ses Recherches ont esté coup sur coup imprimées en divers caracteres & volumes, ses Lettres & Epigrammes pareillement imprimées, & son Catechisme ou Examen de la doctrine des Jesuites, traduit en langue Latine, qui est à la veille de voir le jour. Voilà l'honneur qu'il reçoit aprés sa mort, si un mort en peut joüyr.

Que j'emprunte icy ta comparaison, qui te convient, soit d'effect, soit de nom ; ceste seule consideration fait que j'en use, car il faut rendre à chacun le sien. Tout ainsi (dis-tu) que l'on entre dans un pré avec divers desseins, la fille pour y cueillir des fleurs, l'asne des chardons, le pourceau de l'ordure ; de mesme quand tu te mets sur la lecture de ses œuvres, c'est pour faire comme le pourceau, ou la nuisible chenille, qui convertit le suc des fleurs en poison. Pourquoy ne te compareray-je pas à la puante cantharide, qui ne se jette que sur les plus beaux bleds & les roses les plus suaves ? Puis que tu n'infecte de tes venimeuses injures, que ceste candide reputation, qui survit & de luy & de ses œuvres ? Malheur à toy (dit le Prophete) qui convertis les bonnes liqueurs en venin, & les douceurs en amertumes. Tes effects sont si foibles & si petits, qu'ils ne pourront rien alterer ny de la renommée qu'il a laissée en mourant, ny de la creance que tes livres se sont acquis dans le monde. Je ne te diray que ce mot, que *SUS cùm sis, cùm Minerva contendis*, ou bien que *siliter longè catuli olent ac SUES*.

Lisant le huictiesme livre des Epigrammes de mon Pere, j'en tiray celle-cy qu'il fit *in Zoilum*, laquelle je t'envoye, tant pour le rapport de ton nom, avec l'un de ces animaux, que pour la convenance de ton humeur avec tous les autres.

IN ZOÏLUM.

Frendet Aper, Lupus ipse Ululat, Rugiuntque Leones,
Mugit, & immani gutture Taurus biat.
Passio cuique sua est, latrat Canis, astuat Hircus,
Et rudit in mediis tardus Asellus agris.
Sed (portentum ingens !) nostris SUS grunnit in Oris :
Qui Brutorum omnes format in ore sonos.
Frendet enim, atque Ululat, Rugit, Immugitque Latratque,
Æstuat, utque Asinus sæpe per arva Rudit.
Huic Aper atque Lupus pater est, materque Leæna,
Illi oculus Tauri, densque Canina micat.
Barba Hircina, Asininque aures; quis tale videndo
Prodigium, informem diceret esse SUEM ?
Omne animal pereat : SUS dummodò in orbe superstit,
Credo ego Brutorum posse manere Genus.

Il est tantost temps que je sonne la retraicte ; mais avant que de me retirer, j'estime qu'il est à propos que ceux qui sont & seront aprés nous, sçachent ton Adieu, avec le tombeau que ton compagnon la Font luy dresse, lesquels je coucheray en ce lieu tout de leur lay & de leur long, afin qu'ils voyent les horribles, damnables, maudites & abominables impietez sorties de deux Peres Jesuites, que je dirois (sans la qualité qu'ils portent) les plus insignes & remarquables Athées que nostre siecle ait porté.

ADIEU DU JESUITE SANS NOM, *fol. 983.*

Adieu Maistre Pasquier, adieu à qui je vous recommande pour vous faire recognoistre vos fautes, puis que les hommes ny peuvent rien. Adieu Recherches impertinentes, libertines & schismatiques. Adieu Poësies impudiques & mesdisantes. Adieu Lettres glorieuses, lettres sans lettres, lettres de vanité. Adieu Catechisme bouffon & ridicule. Adieu Monophile sans cervelle. Adieu puce mordante. Adieu main de Scevole. Adieu plume sanglante. Adieu plaidoyez sans loix. Adieu Advocat sans conscience. Adieu homme sans humanité. Adieu Chrestien sans Religion. Adieu Vieillard sans sagesse. Adieu Thersite en laideur de vos imperfections. Adieu Narcisse en amour de vous-mesme. Adieu capital ennemy du sainct Siege de Rome. Adieu fils desnaturé de l'Eglise, qui publiez & augmentez les opprobres pretendus de vostre mere. Adieu jusques au jour qui revelera vos meschantes intentions. Adieu jusques à ce moment qui contre-balantrebalancera les ans, les jours, les heures & les momens de vostre vie. Adieu jusques à ce jugement qui jugera de vos injustices. Adieu jusques à ce clein d'œil qui vous fera ouvrir les yeux à vos fautes passées. Adieu jusques au son de ceste trompette effroyable qui vous fera cognoistre par experience, que c'est que Tintamarre. Adieu jusques à ceste Tragedie qui censurera vos farces & bouffonneries. Adieu jusques à cest examen rigoureux qui recherchera vos Recherches. Adieu jusques à ces coups de tonnerre, qui vous enseveliront soubs d'autres montagnes, que dans vostre Parnasse. Adieu jusques à ceste sentence severe qui sera bien d'autre nature que les sentences de vos Romans. Adieu jusques à cest esclat qui vous fera bien trouver vos mains tant renommées, & cachées soubs la frange d'une loy. Adieu jusques à ces grands jours qui seront bien d'autre nature que ceux de Poictiers, ausquels on ne songera plus aux puces ny aux vers, si ce n'est à des vers immortels pour vous mordre le cœur. Adieu jusques à ce grand parlement, auquel vous ne plaiderez plus pour l'Université, mais pour vous-mesme. Adieu jusques alors, & si n'avez fait penitence à vostre mort, adieu pour tout jamais.

ADIEU remply d'horreur, de fureur & de barbarie. Quelle passion demesurée ? Quelle vengeance ? Quelles flesches empoisonnées contre un cadavre, contre des os & des cendres ? L'on n'y lit que pointes injurieuses, que calomnies diffamatoires, que traits mordants, qu'un amas de paroles pourries & infectes : rien finalement qu'un adieu, jusques à ce grand & dernier jour de la restauration de toutes choses. Jour auquel les livres seront ouverts, & les ulceres de nos consciences manifestez : là il nous faudra tous comparoistre pour recevoir en nostre corps selon le bien ou le mal que nous aurons fait. Et lors tu te trouveras bien esloigné de ton compte, quand tu verras celuy duquel tu as faussement mesdit, compté entre les enfans de Dieu, son heritage estre entre les saincts : & toy au contraire chassé honteusement, comme chien hors de la cité des enfans de Dieu, criant aux montagnes : tombez sur moy, montagnes couvrez-moy & me cachez de devant la face de celuy qui est assis sur son Throsne. Tes paroles sont trop outrageuses, ta langue trop injurieuse, ta plume pleine de menterie, & tes actions desordonnément desbordées, pour n'encourir point un si horrible & immuable arrest. Escoute ta condamnation descoulante de la bouche de Dieu : qui dira à son frere la moindre parole injurieuse, sera coupable de la gehenne du feu.

TOMBEAU DE LA FONT JESUITE, fait contre Pasquier.

Or qu'il vive encores joyeusement, & qu'il escrive & resve encores s'il veut contre les Jesuites ; il restera en saison dessus ses vieux jours ; qu'il resve jusques à ce que quelqu'un, ou de ceste compagnie, ou s'ils le desdaignent, quelque autre pour le Public, fasse une generale reveuë sur ce qu'il a mis en lumiere & un recueil de ses ignorances, resveries, asneries, malignitez, heresies & Machiavelismes pour luy dresser un tombeau de funeste memoire, où il soit encoffré vif, où les Corbeaux & Vautours viennent de cent lieuës à l'odeur, où les hommes n'osent approcher de cent pas, sans boucher le nez pour la puanteur, où les ronces & les orties croissent, où les viperes & basiliques nichent, où les chats-huans & butors chantent, afin que par un tel monument, ceux qui vivent à present & vivront aux siecles futurs, sçachent que les Jesuites ont eu pour un insigne persecuteur & calomniateur, un insigne menteur, & un capital ennemy de la vertu, & que tous les calomniateurs apprennent aux despens d'un orgueilleux ignorant, de mieux penser ce qu'ils disent & escrivent contre les Ordres Religieux, & ne scandaliser si effrontément par leurs escrits diffamatoires & blasphematoires la saincte Eglise de Dieu.

Est-il possible que la façon d'un tel tombeau ait peu sortir de l'esprit d'un Chrestien, quelque capitale & mortelle inimitié qu'il portast à un autre ? Necessairement

Ce Jesuite a esté nourry & eslevé parmy les Cannibales, Lestrigons & Antropophages qui croyent que c'est pieté de se manger les uns les autres, & engraissent leurs ennemis pour en faire des gorges chaudes, quand ils celebrent leurs plus somptueux & plus magnifiques banquets, desquels ayant humé à longs traicts ceste vicieuse humeur, il nous l'estalle maintenant sur ce grand tapis de la France, comme quelque piece rare, digne veritablement de son esprit & de son courage. Vous avez, & l'un & l'autre, dit ce qu'avez voulu ; oyez ce que vous ne voulez pas. Ces deux pieces barbares, execrables & impies par-delà l'impieté, ne pouvoient tomber ny en l'esprit, ny en la plume de personnes que de vous autres Peres deshumanisez, qui avez mis hors de vous tout sentiment de pieté, & qui estes abandonnez de Dieu jusques au dernier point, d'autant qu'il y a chez vous un amas & une conserve de plusieurs vices infames, lesquels n'y sont point coulez de dehors, ains y ont leurs sources originaires saillantes, lesquelles vostre desnaturée volonté, abondante & riche de passions furieuses, pousse en avant. Et tout ainsi que l'estain gaste & corrompt les metaux avec lesquels on l'allie, & les rend faciles à estre rompus : de mesme vous meslant avec ceux de la Compagnie de Jesus, vous les perdrez & gasterez par le venin de vos conceptions.

Je ne sçay comment ils vous souffrent dans leurs Maisons, aprés avoir veu & leu ces deux pieces contraires de tout point à ce qui est du devoir charitable d'un Ecclesiastic. Je reviens à moy ; en la Compagnie de Jesus, Judas y fut souffert. Pouvez-vous prendre maintenant le nom de Religieux de la Compagnie de Jesus ? Non, mais celuy de Religieux de la compagnie du diable. Car qui aura la moindre brin de Religion, ne souhaitteta à son ennemy juré telles & semblables maledictions. Vous avez tous deux des chambres de meditations dans vos testes, où se forgent vos paroles diffamatoires, faussetez, impietez, atheismes, contes bouffonnesques & maudissons, desquelles vous les tirez pour les placarder dans vos libelles. Toutesfois cela n'empeschera que le renom de ses Recherches & de ses autres Livres, n'ait pour fin, la fin de plusieurs siecles ; & quoyqu'il soit mort, que sa mort ne soit un mourir vivant, qui luy donne vie aprés sa mort : il vivra pour ne mourir plus.

Je proteste en ce lieu, que je ne veux point user à l'encontre de toy, de ces imprecations foudroyantes, qui te font propres, ny d'un semblable Adieu que tu luy donnes. Mais je prieray Dieu de cœur & d'affection, qu'il change & ton esprit & ton ame de mal en bien : & qu'il regle tes desreglées imaginations d'une raison bien reglée, afin que tu ne couves & couvres soubs une face plombée un cœur de Tygre, & des ongles de Lyon ; qu'il desracine de toy ceste grande passion qui t'a troublé l'esprit, & tiré tes sens hors de leur siege ; qu'il te fasse rentrer dedans toy & reprendre ceste charité chrestienne, de laquelle tu t'es despoüillé, qu'il arrache de ton ame ceste vaine creance, que pour accuser d'impieté un homme de bien, cela soit une monstre de pieté. Que si mon pere, selon ton jugement, a failly, qu'il t'inspire à ce que tu en donnes advis doucement & sans bruit à ses enfans, afin que s'il y a de la faute, ils la puissent reparer. Ils sçavent qu'il estoit homme ; s'ils l'ignoroient, ils ne seroient pas hommes. Asseures-toy qu'ils ne feront jamais d'effort contre la verité. L'on embrasse celuy qui reprend fraternellement son prochain, & l'on fuit celuy qui par aigres mesdisances l'attaque & en sa reputation & en sa conscience. Tu vois comme je traitte avec toy chrestiennement. Je prie & reprie Dieu de tout mon cœur, mon entendement & ma pensée, que tu apprennes à le craindre, & ne le mespriser, à aimer ton prochain comme toy-mesme, à ne l'offenser, & à contenir ta langue dans ses limites, sans souffrir qu'elle en sorte pour le mordre de paroles injurieuses. Quand tu ne suivras ces saincts preceptes, je te diray, que telle faute ne se veut, ny doit, ny peut passer par connivence. Car lors chacun a interest, pour le bien de ta charge Ecclesiastique, de te remettre dans le bon chemin, quand tu t'en es destourné. Voilà le mal que

que je te defire pour la recompenſe de ton impie, faux & injurieux libelle. Mais il faut confeſſer que c'eſt un malheur grandement deplorable en un Eſtat, quand l'on voit les gens d'Egliſe, au lieu de ſervir d'exemple, de bien dire & bien faire à tout un peuple, qu'il faille que ce meſme peuple leur monſtre ce qu'ils doivent dire & faire. J'ay meilleure eſperance de toy, & me promets que doreſnavant, par une entiere recognoiſſance de tes fautes paſſées, tu calmeras ces mouvemens & paſſions deſreglées, qui t'ont pouſſé à calomnier ſi injurieuſement la memoire de mon Pere. Adieu.

LETTRE VI.

A Monſieur * * *

Il reprend ſon amy de ce qu'il a executé une entrepriſe ſans prendre conſeil de luy.

Vous ne m'avez communiqué voſtre deſſein, (dites-vous,) d'autant qu'il y a des choſes où il ne faut prendre conſeil que de ſoy-meſme. Ceſte parole me fit ſentir de vives & rudes eſpreintes au-dedans de moy. Car un conſeil bouillant & temeraire, eſt riant de prime face & l'execution triſte ; & baloté par une teſte chenuë, lequel a l'experience des affaires du monde, eſt d'ordinaire mis à droite ligne. Que la prudence humaine eſt une dangereuſe guide en nos actions, ſi la juſtice & la pie ne marchent devant ! Pleuſt à Dieu avoir ſceu voſtre deſſein, qui eſt un eſſay d'armes, lequel n'eſt pas ſeulement à fer eſmoulu, mais à corps perdu : j'euſſe couru au devant, pour avec une ferme & arreſtée reſolution le combatre, l'eſtouffer & couler à fonds, & vous prier de vous en retirer quand vous le pouviez, de peur que vous ne le puſſiez, quand vous le voudriez. Les entrepriſes douceuſes ſont accompagnées de dures traverſes, enveloppées d'ennuis ſans relaſche, traverſées d'incommoditez ſans remede, & ſuivies d'une longue & lamentable trainée de calamitez. Ceſte action ſera la criſe de voſtre bonne ou mauvaiſe fortune, mais pluſtoſt de la derniere. Dieu veüille que je ſois faux Prophete. J'euſſe ſouhaité qu'en donnant leur & naiſſance à ceſte perilleuſe action, s'il vous faut eſtre miſerable, qu'il n'y euſt point eu de crime attaché à voſtre miſere ; au moins les deſconvenuës qui vous pourront arriver, ne ſeroient attirées ſur vous par vos fautes. Que penſez-vous qu'enfanter l'execution de voſtre entrepriſe ? Un eſſain de malheurs, qui plongeront & vous & ceux qui vous favoriſent, dans de triſtes & profondes douleurs. Il ſemble que vous ayez couru à bride perduë à voſtre ruyne, pour venir faire en ce Pays un miſerable naufrage. Le danger eſt à plomb ſur vous. Vous eſtimez avoir pris pied & terre ferme chez ceſte Damoiſelle. Je vous parleray rondement & non pas à demy. Vous avez joüé à quitte & à double, & fait un coup de deſeſperé. Je crains, contre voſtre attente, que vous ne ſerviez de ſpectacle d'une triſte miſere. Si vous fuſſiez entré en vous-meſme, pour examiner le commencement, le progrez & l'iſſuë de ceſte affaire, que vous l'euſſiez regardée à tous viſages ; que vous vous fuſſiez guetté, taſté, ſondé ſans jamais vous abandonner, enfin que vous euſſiez touſjours eſté chez vous pour eſtre foy à vous-meſme : vous ne fuſſiez oncques venu, à une longue & inutile repentance, dans laquelle vous eſtes ſur le point d'entrer. Il ne falloit pas que voſtre bal allaſt ſi avant, que le repentir s'en puſt enſuivre : il y a des fautes qui ne ſe peuvent faire qu'une fois. Il eſtoit beſoin de vous meſurer à ce que vous pouviez, & non à ce que vous vouliez, à ce qui ſe pouvoit, & non à ce que vous eſtimiez vous eſtre deu. A qui croyez-vous avoir à faire ? à une femme qui mettra tout le but de ſes penſées à vous deffaire rez pied rez terre. Elle nourrira une vengeance ſecrette au-dedans de ſoy, en attendant ſon à-point, pour vous denoncer une guerre mortelle à feu & à ſang, qui vous mettra aux abois d'une triſte & lamentable ruyne. Là doit fondre ceſte affaire & prendre fin. Une femme a plus beſoin d'outil propre pour executer ce qu'elle veut, que pour l'encourager à faire & entreprendre. Que de douleurs & de croix d'eſprit je reſſens au dedans de moy, qui rendent mes ſens tous entrepris, quand je penſe aux continuels ſoucis & craintes qui vous traverſeront doreſnavant l'eſprit ! Lors que je me repreſente la grande ſuite des maux incurables preſts à vous accueillir & accabler, ils me font avoir une ſenſible compaſſion de voſtre affliction future. Qui examinera voſtre affaire ſincerement & de bonne foy, vous dira, ſans rien flater ny deſguiſer, que ceſte action eſt une temerité denuée de toute prudence, qui vous fera trainner une vie languiſſante en toute miſere, & courir le grand train vers voſtre irrecouvrable perte. Le proverbe Eſpagnol eſt veritable, qui dit, *guarda me Dios de my*, c'eſt-à-dire, que l'homme n'a point de plus grand ennemy que ſoy-meſme : auſſi n'en avez-vous eu un plus dangereux que vous-meſme. L'ambition & le deregle deſir d'avoir des richeſſes ont ſervy comme de racine à produire ce deſſein, & fomenter le mal qui vous aviendra. Ce contentement imaginaire de vous voir au comble de voſtre aiſe, plein de biens, vous a jetté hors des gonds de la raiſon, empoiſonné le cœur, charmé l'entendement, lequel portera touſjours la repentance quant à ſoy.

Il ne falloit laſcher la bride à vos paſſions, ny laiſſer floter & rafloter ça & là voſtre eſprit ſur de vaines, douteuſes & flateuſes eſperances, qui ne ſont que le branſle d'une onde, un ſonge, une ombre, un vent de peu de tenuë ; mais vous laiſſer gouverner par un eſprit de droiture & de prudence. Je m'aſſeure que quand vous avez fait ceſte entrepriſe, vous avez mis Dieu au dernier chapitre de voſtre memoire : car auſſi-toſt que voſtre eſprit a eſté preoccupé d'une fiance mondaine, il eſt tombé quant & quant en un oubly de ceſte divine bonté. Le temps, pere de verité, vous apprendra ſi avez bien ou mal fait. Pour ſortir de l'embarras de ceſte affaire, les moyens ſurordinaires & plus divins qu'humains ſeront neceſſaires. Adieu.

LETTRE VII.

A Monſieur D. G.

Qu'il ne faut jamais meſdire.

NE dites jamais mal de perſonne ; car le meſdire deſrobe l'honneur d'autruy, & enſeigne que vous n'avez jamais appris à bien dire, que vous eſtes une contre-reſiſtance à la hantiſe du monde, le fleau des gens de bien. C'eſt pourquoy, ſi vous eſtes ſage, vous celerez ce qui eſt de mal en celuy duquel vous voulez parler, afin que pluſieurs ne ſçachent ce que vous ſeul ſçavez. Il appartient qu'à une ame foible & laſche de meſdire, & à celle qui eſt forte & genereuſe de croire qu'en faiſant eſtat de loüer celuy qu'il croit homme de bien, & ſe taiſant de l'autre, il apprend à celuy qui a quelque ſentiment, qu'il ne l'a pas en eſtime. Si vous voulez que voſtre

tre mesdire ne fasse jamais bresche à vostre ame, reduisez voſtre parler à la raiſon. Imprimant ceſte vertu en vous, vous eſvitez les grands maux qui ſuivent le trop parler, entierement contraire à la nature, qui n'a ordonné qu'une bouche, deux oreilles & deux yeux, pour dire qu'il faut deux fois plus voir & oüyr que parler. Quand l'envie de meſdire de quelqu'un vous prendra, entrez premierement en cognoiſſance de vos imperfections & examinez de prés voſtre conſcience, pource que ſi vous la trouvez ſoüillée de plus grands vices, que ne ſont ceux que vous blaſmez en la perſonne de quelqu'un, vous prendrez le ſubject de vous taire, de vous monvoir à pitié de ceux qui ſont tombez en faute & de vous corriger vous-meſme. La modeſtie laquelle vous retirerez de ceſte conſideration, vous pouſſera encores à couvrir d'une excuſe les fautes d'autruy. Vous vous gardez d'aller ſur l'eau, de crainte d'eſtre noyé ; de trop vous accoſter du feu, pour n'en eſtre bruſlé ; manger de mauvaiſes viandes, pour n'en devenir malade ; de monter en lieu haut & dangereux, pour n'en choir point ; de ne cheminer en lieu gliſſant & pierreux, pour ne choper; d'un mauvais air, de l'ardeur du ſoleil, du ſerein, pour eviter les rhumes & catharres ; & toutesfois vous ne prenez pas la peine de vous garder de meſdire & mettre un frein & arreſt à voſtre langue ? Fleſtrir l'innocence, ſe deſborder en meſdiſance contre quelqu'un, le bleſſer juſques au cœur & au ſang par la pointure de voſtre piquante, venimeuſe & ſerpentine langue, c'eſt meurtrir voſtre ame par ce peché. Qui veut garder l'ame, garde la bouche. Apprenez qu'il ne faut jamais piquer ny injurier perſonne, pour obvier à ce qu'en diſant tout ce qu'il vous plaiſt, vous n'oyez, pour la revenche, choſe qui vous deſplaiſe. Adieu.

LETTRE VIII.

A Monſieur Paſquier, Seigneur de Buſſy, mon frere, Conſeiller du Roy, & Auditeur en ſa Chambre des Comptes.

Il ſe conſole ſur la mort de ſon fils de Gimeux.

JE viens au devant de la conſolation, que je recevray par vos lettres, de la mort de mon fils de Gimeux voſtre nepveu. Juſques icy, j'ay porté d'un viſage maſle & eſgal les afflictions que Dieu m'a envoyées, & me ſuis reſolu de ſupporter celle-cy conſtamment, comme l'ayant preveuë de longue main. Car je ſçavois qu'il eſtoit la butte d'un coup de balle, d'eſpée ou des maladies qui courent les armées. Toutesfois je vous confeſſeray que ſa mort d'un prim'abord me fut grandement ſenſible, comme une douleur ſans pair : mais rentrant auſſi-toſt au dedans de moy, ſans attendre la medecine du temps, qui efface telle triſteſſe, Dieu, auquel j'eus recours, me donna en un inſtant la fermeté de ſouffrir ceſte affliction avec une conſtante patience. Je me repreſentay n'y avoir rien de nouveau en ſa mort, d'autant que ſa vie eſtoit un acheminement à la mort : que la mort eſt une neceſſité égale & inexorable : que nous, ſi nous conſiderons la miſere de ce monde, eſt un affranchiſſement & prompte recepte à tous maux, un port & un couvert contre toutes les tempeſtes de noſtre vie : qu'il n'y avoit maiſon exempte de tel accident : qu'il n'eſtoit pas poſſible que mes larmes, ny mes cris le peuſſent relever du tombeau : qu'il faut endurer doucement le mal auquel la prudence humaine ne peut remedier. Avec toutes ces raiſons, je penſay que j'avois rendu mon fils à Dieu, qu'il m'avoit preſté & redemandé. Et conſideray de plus la mort de tant d'hommes ſurvenuë depuis ſix mois que la guerre a commencé, tellement que s'il euſt encores reſté quelque temps, qu'au bout il luy falloit partir. Tout cela me fit eſtimer qu'eſtant mort, il avoit veſcu tout le temps qu'il luy eſtoit de beſoin.

Quant à moy, repenſant au mal courant de la France, je croy ceux bien-heureux qui n'ont point d'enfans, & ceux-là vrayement moins mal-heureux leſquels les ont perdus. Car l'Eſtat eſt en tel branſle, ſi dans peu de jours nous n'avons la paix, que chacun ſe devroit reſjoüir de mourir avant que d'en voir la cheute, en laquelle nous perdrons tout, fors la miſere qui ne nous quittera qu'au tombeau. Quelques ames foibles me blaſmeront de ce que j'ay prins moy-meſme la conſolation que je devois attendre d'autruy. Je voudrois qu'ils me diſſent à quoy m'euſſent ſervy toutes ces plaintes : de dire, que je ne cuidoye pas que Dieu euſt doüé mon fils de tant de belles vertus pour l'oſter de ce monde en la prime-vere de ſon aage : que je l'avois eſlevé pour le repos & ſoulas de ma vieilleſſe : que ſa vie eſtoit l'eſpoir de la mienne, que j'ay fait une peine ſans reconfort, que je vivois en luy, & que luy mort, je ne pouvois plus vivre qu'avec douleur & un deſir perpetuel de mourir.

Qu'euſſent teſmoigné toutes ces paroles plaintives, qu'une laſche puſillanimité ? Pourquoy en nos adverſitez n'aurons-nous pas la meſme force de ces Anciens, tant priſée, auſquels eſtant rapportée la mort de leurs enfans, diſoient ſimplement, qu'ils les avoient engendrez mortels ? Ceux-là trouvent ces infortunes griefves & faſcheuſes, qui ne penſerent jamais à tels accidens. Permettez que je vous die (parole qui ſera trouvée paradvanture ſonner mal en la bouche d'un pere) que voyant eſtimer mon fils une des merveilles de la jeuneſſe de ſon temps, pour avoir parfaitement en main les exercices propres à un Gentil-homme, pour avoir une vieille ſageſſe en ceſt aage jeune, un eſprit vif, un entendement net, une memoire heureuſe, une vaillance ſans artifice, compoſée d'un franc & hardy courage, qui ne marchandoit point à entrer dans les hazards, pour s'enſevelir au lict d'honneur : ces loüanges me firent ſouvent juger qu'il n'eſtoit pas pour longuement vivre : car ce qui eſt venu à ſon plus haut degré, eſt bien prés de ſa fin : les fruicts qui meuriſſent de bonne heure, n'attendent point l'arriere ſaiſon. Je prie Dieu qu'il ne permette que je fleſchiſſe ou rabaiſſe rien de la grandeur & hauteſſe de mon courage, ny pour ma perte, ny pour quelque triſte malheur qui me ſurvienne, ains qu'il me faſſe la grace que je puiſſe regarder reſolu toutes les diverſes faces des afflictions humaines, pour les ſouſtenir d'un front hardy, imitant en cecy ces ames fortes, qu'une grande reſolution met à l'abry de tous orages. Ce n'eſt pas peu d'honneur, quand on ne peut éviter le mal, de ſe reſoudre courageuſement à la ſouffrance. Adieu.

LETTRE IX.

A Monsieur D. B. Gentilhomme Xaintongeois.

Il reprend son amy des excessives despenses qu'il fait.

SI vous continuez de mettre librement & à large main tout par escuelle, je vous voy dans peu de temps semblable à ces prodigues, qui consomment & le leur & celuy de l'autruy. Vous vous sentirez aller doucement à vostre ruine, & vostre desbauche estre la perte de vostre bien. Et quand vous n'aurez plus rien, vous ressemblerez justement à un beau Palais, qui est à la veille de s'en aller sens dessus dessous, duquel un chacun se tire loin. La Noblesse privée de richesse, est comme l'Aigle qui n'a point d'aisles, sans lesquels il est impossible qu'elle s'esleve au Ciel, comme la nature l'y pousse. Ce sera une grande prudence, quand vous prevoirez & pourvoirez à ne despendre qu'à l'esgal de vos facultez, & que balancerez vos rentes au poids de ce que vous despendez, en vous ressertant des despences inutiles & superfluës. Vous profitez quand vous espargnez, d'autant que vostre espargne vous est un fonds de reserve, de laquelle naist un souverain bien; car vous ne tombez jamais en ceste extremité, qu'il vous faille passer par les mains d'autruy. La bouche, le jeu & la paillardise sont les causes principales de vostre perte, qui comme fournaises ardentes devorent tout. Vous serez reputé miserable de despendre & respandre le vostre pour assouvir vos appetits insensez & desraisonnables. Tous ces desirs & delices durent peu, & les dommages de la bource, sont d'une durée sans fin. L'argent est le sang de l'homme; quiconque se prive de ses moyens, il s'oste quant & quant la vie. Observez, je vous prie, les déportemens des autres; & à leurs despens, apprenez comme il faut vivre: des dommages d'autruy, voyez ce que devez fuir. Tirez les vrays joyaux & perles precieuses de la bouë vile de plusieurs actions humaines, pour en profiter; lors vous prendrez un ply que vous garderez jusques au tombeau, & vous rendrez espargnant & abstinent en toute extremité. La sobrieté rend l'homme sain, elle est la fille de l'espargne. Si vous voulez parvenir, ne vous endormez point en faisant vos affaires; car le temps ne demande point de temps, & ne faites rien par personnes interposées, ayant chacun fait mieux ses affaires de par soy, que par autruy. Souvenez-vous que l'on possede autant que l'on travaille; les moyens se font d'eux-mesmes; mais le moyen de les acquerir gist à mettre la main à l'œuvre. L'industrie sert la plupart du temps d'argent: si vous n'avez cure de vos affaires, c'est-à-dire, qu'avez envie de vous faire enroller en la confrairie de ceux qui sont accablez de miseres en leur vieillesse. Le gain & l'espargne sont les poles, les deux fins, le subject & le but de tout bon mesnage. Adieu.

LETTRE X.

A Monsieur de Montaigne, Seigneur de S. Genest, Conseiller du Roy en ses Conseils d'Estat & Privé, President & Lieutenant general au siege Presidial de Xainctes.

Moyens pour empescher les partialitez qui naissent des Religions.

C'EST chose pleine d'une pitoyable commiseration, de voir un Royaume partialisé en diverses Religions, & encores le peuples s'entre-tuer pour une cause si saincte: je vous en diray au long la raison par celle-cy. Il n'y a nation au monde qui n'ait quelque forme de Religion, fondée sur la providence divine, & sur l'immortalité de l'ame, pour le temps futur, auquel chacun attend de recevoir selon la vie qu'il aura menée. Et combien que la plupart des hommes ignorent la vraye maniere d'adorer Dieu, tous neantmoins viennent à ce poinct qu'on le doit honnorer, prier & craindre. Mais d'autant qu'ils sont espars par l'un & l'autre Hemisphere, ne s'entr'entendans ny communiquans aucunement ensemble, ils n'ont peu vivre en mesme Religion sous un Dieu & un Pasteur, un troupeau & une foy, ains ont receu diverses loix qu'ils reputent divines, croyans en icelles consister leur salut. Par là, tous tendent à mesme fin, à sçavoir de recognoistre Dieu Pere commun & autheur de tous biens, n'esperent rien que par sa grace, n'attendent salut que par sa misericorde, & croyent qu'il ne faut faire tort à autruy. Il est vray que quand l'on vient à condamner leurs Religions bastardes, un chacun d'eux perd l'humanité, tournant la dilection tant recommandée en toutes Religions, en inimitié plus que mortelle, de laquelle naissent guerres, qui traisnent quant & elles mille & mille maux, pendant lesquelles ils pensent faire sacrifice agreable à Dieu, que de defaire & destruire leurs prochains. Il n'y a passion si furieuse que celle qui derive de la Religion; elle nous prive de nos sens, de nostre jugement & entendement; car tous estiment adorer Dieu en la meilleure forme.

Tres-heureux sont les Chrestiens ausquels Dieu a baillé la vraye & pure Religion, lequel nous donna son fils Jesus-Christ au temps ordonné de la redemption, qui descendit du Ciel en terre, vestit l'espece humaine, nasquit de la Vierge Marie, & sortit de son ventre, homme visible & Dieu adorable, promis par la loy & les Prophetes, pour restituer les croyans à luy en leur pureté & innocence ancienne, corrompuë par la forfaiture du premier homme: qui institua les Apostres conduits par la vertu du sainct Esprit, lesquels annoncerent son Evangile au monde, en monstrant & enseignant la voye de salut, l'adoration d'un seul Dieu & l'invocation de Jesus-Christ. A eux succederent les Martyrs, Docteurs & Evesques qui maintindrent de temps en temps la parole de Dieu contre les menaces, fureurs, feux & autres tourmens des Grands de la terre. L'Eglise Chrestienne ayant prins ce sainct commencement dés le temps de nostre Seigneur Jesus-Christ, s'espandit presque par toutes les parties de la terre habitable. Mais comme il n'y a rien si sainct, qu'estant manié par les hommes, ne soit, avec le temps, corrompu: aussi par leur malice, avarice, ambition, ignorance & nonchaloir, les erreurs s'engendrerent parmy nous: avec ce que l'Escriture saincte nous ayant esté donnée en Hebreu & en Grec, fut traduite en toutes langues: traductions qui rapporterent plusieurs fausses intelligences & contraires expositions, lesquelles produirent des manieres reprouvées de prier & prescher. Tout ainsi qu'au corps humain s'amassent avec un long trait de temps plusieurs superfluitez qu'il faut purger, de crainte qu'elles n'engendrent des maladies, qui le menent au tombeau: de mesme, en la Religion naissent, par succession de temps, abus & erreurs qui la pervertissent, s'ils ne sont souvent corrigez & reformez. Car les ordres premiers sont peu à peu delaissez ou changez, les loix enfreintes & les mœurs corrompuës, s'il n'est possible de les redresser qu'en les renouvellant souvent & les reduisant à leur premiere integrité: & tant plus on demeure à le faire, tant plus y a de danger en la correction, d'autant que l'on ne remuë rien en ce subject qu'il n'y survienne des mescontentemens, puis des seditions, & pour catastrophe, des guerres. Il n'y a chose qui mette si-tost les hommes aux mains, que quand les uns perseverent és traditions & coustumes de leurs devanciers, & que les autres s'ingerent avec une opiniastre obstination, de les reprouver, soustenans que celles qu'ils proposent, quoy-que diverses, sont meilleures. A raison de quoy, Jesus-Christ preschant, disoit qu'il n'estoit pas venu apporter la paix, mais l'espée & le feu, & que par ce moyen le fils seroit divisé du pere, la fille de la mere, & que les plus proches parens s'entrelaisseroient. Toutes nouvelletez en l'Estat sont à fuir, & celle de la Religion principalement, comme la plus dangereuse. Ce que recognoissans les sages mondains, y resisterent tousjours, pour ce qu'ils estimerent que le changement de la Religion rapportoit quant & quant celuy de l'Estat. Telle fut l'opinion de plusieurs sur la decadence de l'Empire Romain, lorsqu'il devint Chrestien, qui attribuerent la cause de sa ruyne au delaissement de l'ancienne religion, en laquelle il avoit esté eslevé, accreu & maintenu longuement. Pour revenir à mon propos, la devotion Chrestienne estant refroidie, & les Concils discontinuez, par lesquels la religion estoit preservée en sa pureté, les abus, les sectes, superstitions, fausses doctrines & generalement la corruption s'y logea de telle façon, qu'elle perdit grandement de sa premiere reputation: puis plusieurs heretiques mirent en avant des opinions scandaleuses, qui touchoient les principaux articles de la foy, tellement qu'ils partialiserent tout le monde; d'où vint que l'Eglise se divisa, & perdit sa vraye discipline. Ce que plusieurs attribuerent à l'instabilité des choses humaines, qui de leur nature ne demeurent jamais en mesme estat. Autres plus curieux le rapportent à l'influence des astres, pour ce qu'environ

temps Luther en Saxe, Techel Cuselbas & le Sophy Ismael en Perse, & autres en toutes les parties du monde s'ingererent de remuer les vieilles & anciennes ceremonies des religions, pour en planter & semer de nouvelles. Quant à moy, je ne suis ny de l'une ny de l'autre opinion. Car, pour ce qui regarde nostre Religion; j'en donne la cause à la paresse & ignorance de la pluspart des Prelats, lesquels gorgez de biens n'eurent soin ny de leurs charges, ny de leurs troupeaux. Reste à vous dire le remede pour retenir la Chrestienté en une union perdurable: j'estime celuy-cy estre le souverain, quand il n'y aura qu'une Religion. Car le peuple estant lié par là, nous ne verrons plus de ces dommageables & seditieuses partialitez. Comme en cest univers plusieurs & dissemblables mouvemens sont entretenus par le mouvement celeste, & toutes les causes par la premiere: és animaux tous les membres du corps differents en offices sont accordez par l'ame: de mesme la Religion bien unie, maintient les Estats en une profonde paix: au lieu que divisée, l'on les voit aller en une piteuse & lamentable decadence, qui cause leur ruyne entiere. Pour empescher telles partialitez naissantes de la diversité des Religions, le meilleur est d'aller au-devant, & reduire au plustost le desordre qui en semble estre le subject, en ordre & meilleure forme, & faire remonter les choses à leur source: car il seroit à craindre qu'estans enracinées, on ne les peust arracher qu'avec la perte entiere de l'Estat. Tant plus les divisions croissent, & tant plus elles empirent, mesmes qu'elles ne cessent jamais que la partie la plus puissante n'ait vaincu la plus foible: ou que l'Estranger, sous couleur de secourir l'une, ne soit fait Seigneur des deux, renversant la police ancienne du païs, & abaissant les plus grands, pour transferer toute l'authorité & à luy & aux siens, & asseurer la seigneuriale domination qu'il a usurpée sur de miserables seditieux, aveuglez de leurs haines obstinées. Adieu.

FIN DU DIXIESME LIVRE.

TABLE

Des choses plus memorables contenuës en ces vingt-deux Livres de Lettres.

A.

Ages des troubles de la France. 265. A.
Aages (selon la diversité de nos) il est bienséant que nous représentions divers personnages. 157. A.
Abbayes de Saint Denis & de Saint Germain des Prez, d'où exemptées de la jurisdiction des Ordinaires. 362. B.
Abbaye de S. Julian de Tours, preparée pour la Cour de Parlement. 388. C.
Abbaye de S. Magloire à Paris, fondée par Hugues Capet. 416. A.
Abbé de Sainte Genevieve refugié à Melun. 455. A. B.
Abeilles (Royaume des). 257. D. & suivans.
Abeilles vivent & mangent en commun. 258. A. B. maison du Roy des Abeilles plus surhaussée que les autres, & en forme de Palais. ibid. A.
Abeilles plus anciennes assistent leur Roy comme pour conseil. ibid. B.
Abeilles ont soin de leurs malades. ibid. jettent les corps morts hors de leur demeure. ibid. leur Roy étant mort, elles en portent deüil. ibid. C. se font la guerre les unes contre les autres. ibid. le Roy des Abeilles n'a point d'aiguillon. ibid. B.
Abeilles seules entre les bestes ont un Roy. 554. A.
Abeilles seules s'arment les unes contre les autres. ibid.
Abolition generale obtenuë par la fin de tous ses forfaits. 512. A.
Abondance (de l') du cœur la bouche parle. 620. C.
Abstinence du peché est un vray jeusne. 614. C. D.
Abstinence observée par les anciens Chrestiens. 616. A. B.
Accord fait entre Messieurs le Prince de Condé & de Guise. 83. B.
Accoustumance fait trouver les choses bonnes ou mauvaises. 555. A.
Accueïl fait au Roy Henry III. arrivant à Paris. 306. A.
Acheminement au siege d'Orleans. 103. A.
Acheminement au siege de la Rochelle. 135. D.
Achilles ne pouvoit estre occis que par le talon. 472. C.
Actions du Prince ne doivent estre jugées par le sujet. 342. A. B.
Adieu, mot dont nous usons en François prenans congé de bouche. 2. A.
Admiral se joinct à l'Anglois, duquel il reçoit argent. 103. B.
Admiral escrit un Manifeste touchant le meurtre commis en la personne de Monsieur de Guise. 108. B. il est declaré innocent de la mort de Monsieur de Guise. 110. C. en quel estat il fut trouvé par le Seigneur de Thord 117. C. il est vaincu par le Duc d'Anjou. 131. B. est occis à Paris. 133. A. sa vie & ses déportemens. 134. A.
Admiral de Coligny pourquoy tué aux massacres. 369. C.
Admirauté donnée à Monsieur de la Valette. 386. B.
Admiration de quel effect est au jeune homme. 231. A.
Advantages faits aux masles pour les fiefs. 553. A. B.
Advertissemens divers donnez par les amis de Monsieur de Guise, & par luy mesprisez. 369. B.
Advis donnez au Mareschal de Biron par ses amis. 505. C.
Advocats & Procureurs du Roy pourquoy specialement appel-

A.

lez gens du Roy. 325. C. D.
Advocat en quels sujects de causes se doit principalement addonner. 142. A. B. l'estat d'Advocat est meilleur & plus seur qu'un office de judicature. 181. D. & suivans.
Advocat (jeune) doit avec toute submission se rendre Auditeur. 231. A.
Advocat quel doit estre. ibid.
Advocat (la premiere piece de l') est d'estre preud'homme. ibid. B. C.
Advocat doit estre courtois & modeste. 232. A.
Advocat plaidant est anciennement excusable en ses passions. ibid. B.
Advocats (quatre grands) appellez aux grands Estats pour leurs vertus. 184. C. D.
Advocats & Officiers de judicature doivent estre licentiez en Droict. 579. C.
Advocat appellé par les anciens Romains Orateur. 653. B.
Adulteres furent cause de perdre l'Estat Romain. 237. B.
Afrique a produit des plus grands Docteurs de l'Eglise. 9. A.
Agathocles parvenu au Royaume de Sicile par sa meschanceté. 189. B.
Agesilaüs surpris par quelque sien amy, faisant l'enfant avec ses enfans, le pria de suspendre le jugement de ce qu'il avoit veu, jusques à ce qu'il fust pere. 52. B.
Agnes Sorelle appellée par les Annales la belle Agnes 68. D.
Aigremont (Monsieur d') recommandé par Monsieur le premier President. 246. B. C.
Aiguille de Virgile relevée par le Pape Paul Sixte V. 408. A.
Aigremont ruinez par Guy de Mont-fort. 266. C.
Albiqui Lieutenant General de l'armée Savoyarde. 502. C.
Alciat a escrit en Latin des Epistres. 3. A.
Alexandre souhaittoit, apres avoir subjugué une partie de l'univers, en subjuguer d'autres. 11. A.
Alexandre (la vie d') escrite en vers de douze syllabes. 47. B.
Alexandre receut grand heur d'estre mort jeune. 189. C.
Alexandre le Grand ne vouloit estre representé en peinture que par Apelles ou Lysippe. 296. C.
Alexandre se rend soldat pour animer les siens, & prend Tyr. 464. C.
Alexandre le Grand ne vouloit estre peint que par Apelles, ny en bosse que par Lysippe. 480. A.
Alexius Gouverneur pris & noyé. 399. C.
Alienation du bien de l'Eglise. 108. C.
Alienation perpetuelle du Domaine au denier trente, fors des Duchez & Comtez. 364. A.
Alienation du bien, deffenduë à des sortes de gens. 538. A.
Allegations reprouvées par l'Autheur. 191. D. & d'où vient ceste nouvelle forme d'éloquence qui gist en icelles. ibid. & 192. C.
Allegories tres belles sur l'histoire d'Astrée. 524. A.
Allemagne soustraicte en partie de l'obeïssance du Saint Siege. 609. B.
Allemand parlant Latin est mal-aisément entendu du François. 58. A. B.
Allemands appellerent le Roy à leur secours contre l'Empereur. 17. A.
Allemands implorent le secours François, & pourquoy. 449. A.
Allusion

Table des Matieres.

Allusion du nom d'Urfé à Orphée. 532. A.
Almanach de Billy prognosticant plusieurs malheurs l'an 1588. 369. A.
Alphenus Varus, sage Senateur de Rome. 177. A.
Altercats entre le Roy & Monsieur de Guise. 371. C. & suivans.
Amant avant la joüissance n'est jamais asseuré. 15. C.
Amant ne peut estre si asseuré qu'il reçoive un parfait contentement. 16. C.
Ambition plus forte que l'amour. 10. D. & suivans.
Ambition si elle se trouve aux bestes. 257. A.
Ambition ordinaire compagne des Grands. 341. B.
Ambition & dissimulation, principaux outils des Princes. ibid. D.
Ambition diverse de Cesar & Sertorius. 434. A.
Amiens assiegé par le Roy. 463. D. & suivans.
Amiens estimée imprenable. 474. B.
Amitié entre les bestes. 254. C.
Amitié grande du Duc de Nemours envers ses serviteurs. 534. C.
Amour n'est jamais sans crainte. 16. C.
Amour des peres envers leurs enfans, quelle suite porte avec soy. 171. A.
Amour desmesuré du Roy Henry troisiesme & sans cause. 416. D. 417. A.
Amours des peres envers leurs enfans doit estre reglé. ibid.
Amulius Roy d'Albe fut tué par Romulus & Remus ses nepveux. 233. B.
Amurath prit les villes de Philippopoli & Andrinopoli. 259. B. chassa l'Empereur Paleologue. ibid.
An soixante-trois de nostre aage est climactric. 416. C.
Anagrammes François. 216. B. C. D. & suivans.
Anagramme sur le nom du Roy. 478. A.
Anagramme du Mareschal de Biron qui le trompe. 505. C. D.
Anagramme sur Estienne Pasquier. 530. C.
Anagramme sur le nom du feu Roy. 599. C.
Anagramme bouffonesque de Nicolas Denisot. 654. A.
Ancestres pourquoy ne voulurent avoir pleine creance au Droict de Rome. 582. A.
Anciens François par l'espace de deux cens ans comptoient leurs ans par la mort de S. Martin. 390. D.
Anciennetè des Coustumes en France. 577. B.
Andelot (d') delaissé à Orleans pour y commander. 104. A.
Andronic Comnene Empereur addonné aux Magiciens. 395. A.
Andronic se presente à l'Empereur la chaisne au col pour luy demander pardon. 398. A.
Andronic traicté avec plusieurs opprobres par le peuple. 403. A. on luy creve les yeux. ibid. est traisné en triomphe par ignominie. ibid. est pendu par les pieds, & ses parties honteuses couppées. 404. A.
Ange Theodore, jeune Seigneur, tué par Andronic. 401. C. D.
Anges servans à la Pucelle d'Orleans. 645. C.
Angleterre soustraicte de l'obeïssance du Pape. 609. B.
Anglois chassez de France du temps de Charles VII. 11. B.
Anglois attirez en France par le Duc de Bourgongne. 269. B.
Anglois maistres d'une partie de la France. ibid.
Anglois Eschevin de Paris, premier conducteur de la reddition de la ville au Roy. 458. C.
Anglois chassez de la France par la Pucelle. 645. C.
Angoulesme (Bons offices prestez à nos Roys par les Citoyens d'). 149. C. privileges octroyez à ceux d'Angoulesme. 150. A.
Angoulesme (calamitez que la ville d') a souffertes pendant nos troubles. 151. C. D.
Angoulesme, receptacle des ancestres de nostre Roy. 155. A.
Anguerrant de Marigny eut un honteuse. 189. B.
Animadversions de Paul & Ulpian. 565. C.
Animaux (sçavoir si les autres) sont participans de la raison. 251. C.
Animaux (combien les autres) abondent en prudence. 253. D.
Animaux plus contens que l'homme. 255. A.
Animaux (sçavoir si les autres) sont sociables en leurs especes. 256. A.
Animaux tous sociables en leurs especes. 551. A. B. ne s'efforcent point de détruire leur espece. ibid. C.
Animaux Medecins d'eux-mesmes en leurs maladies. 584. C.
Anjou (Duc d') Lieutenant General de France. 125. B.
Anne du Bourg Conseiller au Parlement, executé pour la Religion. 551. A.
Anne de Montmorency, fait Connestable. 522. A.
Annibal Carthaginien, vaincu par le jeune Scipion. 131. A.
Annibal sentit grand malheur par la longueur de sa vie. 189. C.
Antioche Roy de Macedoine prend à sa solde les Gallogrecs. 19. C.
Antiochus malade d'amour. 587. D. & suiv. sa maladie comment cogneuë. ibid.
Antiquailles de Rome à quoy nous doivent servir. 172. A.
Antiques enseignent en un mot. 545. C.
Anthoine Caraccioli extraict de la famille de Melphes Evesque de Troye. 88. C. & suivans.
Anthoine Fontanon Advocat en la Cour de Parlement. 222. B.
Antonius Augustinus Archevesque a fait un livre des Loix de Rome. 569. A. B.
Aoust, mois fatal pour nos troubles. 159. A.
Aphorismes solemnels d'Hyppocrate & de Paracelse differents & contraires. 585. D. & suivans.
Appanage du Duché d'Anjou a cest heur de produire des Roys. 137. C.
Apologie de la main. 206. B. C.
Appellations des Sentences du Pape au Concile. 592. C.
Appius Claudius abusant de son authorité decemvirale. 237. C.
Apollon favorisa tousjours le party Troyen. 207. C.
Apprendre les choses par cœur, d'où vient ce mot. 250. B.
Aquaviva General des Jesuites. 634. C.
Araigne ne tend ses filets qu'aux mouches. 551. C.
Archevesque de Lyon fait prisonnier à Blois. 358. A. intercession du Baron de Luz son nepveu. ibid.
Archevesque (harangue de l') de Bourges pour le Clergé aux Estats de Blois. 375. C.
Arbres (sçavoir si les) ont quelques estincelles de sens. 252. A.
Ardivilliers (le Seigneur d') a escrit des Poësies. 19. A.
Argent caché, trouvé chez Molan. 382. A.
Ariosto Autheur Italien de grand bruit. 8. A.
Ariovist venu au secours des Sequanois, s'empara du plus beau territoire. 268. C.
Aristides devant le peuple d'Athenes s'opposa au conseil de Themistocles. 108. A. & suivans.
Aristote, grand personnage. 6. A. pour la plus grand' part traduit en nostre vulgaire. 37. B. & suiv. sa sentence. 44. A.
Armaignac, valet de Chambre du Roy, porte les nouvelles à Tours de la victoire d'Ivry. 426. B. C.
Armée contre les Huguenots en nombre de six. 467. C. s'esvanoüissent en fumée. ibid.
Armée Turquesque au secours du Roy François contre Charles V. Empereur sous la conduite de Barberousse. 522. B.
Armée dissipée pour leur lascheté, au sort & hazard d'un chacun. 546. A.
Armée navale dressée par le Roy d'Espagne pour envahir l'Angleterre. 632. C. son entreprise réüssit à néant. ibid.
Armes plus en vogue que les lettres au commencement des Monarchies. 10. A.
Armes prises à Paris, à la sollicitation de quelques Prescheurs seditieux. 379. C.
Arrest donné en faveur du Prince de Condé demandeur en declaration d'innocence. 83. B.
Arrests tenus la veille des Roys en la maison de l'Autheur. 35. A.
Arrests des Cours de Parlement recueillis pour plusieurs. 578. C. ne doivent estre reputez pour loy partoute la France. ibid.
Arrests prononcez és surveilles des festes solemnelles en robbe rouge. ibid. D.
Arrest contre les Jesuites. 632. C.
Arrianisme quand entra en l'Eglise, & combien de temps a regné. 564. C.
Arrianisme produisoit quelquesfois des gens plus doctes que les Catholiques. 635. D. & suivans.
Arrivée des Reistres en France, & leur deffaite. 303. C. D.
Art ancien n'a rien. 653. A.
Asclepiades ne vouloit estre tenu pour Medecin, si on le voyoit jamais malade ou mourir d'une maladie. 590. A. comme il mourut. ibid.
Assassin commis en la personne de son ennemy, s'il est excusable, double opinion. 108. A.
Assassins des Roys conseillez par les Jesuites. 594. A.
Assassinat du Prince d'Orange au Pays-Bas. 374. C.
Assemblée premiere qui fut faite la resolution de prendre les armes pour la Religion. 78. D.
Assemblée à Vaugirard village prés Paris. 79. A.
Assemblée des Estats dans Orleans. 83. C.
Assemblée à Fontainebleau sur la police de la France. 80. B.
Assemblées des Calvinistes à Paris devant le College du Plessis. 450. A.
Asseurance n'y a aucune en amour, il faut estre avaricieux de son honneur. 232. B.
Astres prédisoient le malheur de Monsieur de Guise. 368. C. D.
Astrologues trompent le Mareschal de Biron. 505. C.
Asyle Basti par Romulus. 234. A.
Aubencour Picard donne advis à Monsieur de Guise de l'entreprise qu'on avoit sur luy. 367. A.
Avenelles (des) Advocat descouvre la conjuration. 79. B. & suivans.
Averrhoës Medecin Arabe ordonna de saigner des petits enfans. 586. A.
Augures de Rome. 252. B.
Auguste haranguant ses soldats, les appelle ses compagnons. 177. A. empesché par ses domestiques d'estre heureux. 189. C. & suiv.

Auguste fait mourir tous ceux qu'il estimoit luy devoir nuire, sans esgard à aucune amitié ny autre respect. 488. C.
Auguste avoit deffendu de respondre du Droict sans sa permission. 566. B.
Augustin (Sainct) Docteur Africain trés-sçavant. 9. A. son livre de la Cité de Dieu, traduit en nostre langue vulgaire. 37. B.
Augustin (Saint) Pelagien, fort grand Evesque & Docteur. 306. C. D.
Aumale (d') porté par terre & fort froissé. 101. C.
Aumale (Monsieur d') Gouverneur de Paris pendant l'absence de Monsieur de Guise. 359. A.
Ausone, Poëte Bourdelois. 663. B.
Autheurs non suspects qui ont tenu l'histoire de la Papesse Jeanne pour vraye. 353. C.
Authorité des Seize à Paris, esteinte par la penderie de quatre d'eux. 458. A.
Authorité du Parlement restablie. ibid. & suivans.
Auvergnacs pourquoy se licencioient extraordinairement. 176. C. D.

B.

BAchelier en Theologie condamné. 89. A. & suivans.
Baif fort sçavant, mal né à la Poësie. 653. A.
Bailly & Prevost d'Orleans mis prisonnier. 81. B.
Baings ordonnez en certains mois és maladies desesperées & chroniques. 177. B.
Balaam predisant aux autres leur fortune, ne voyoit pas la sienne. 306. C.
Balde, Docteur Italien. 579. C.
Balde desment souvent Barthole son maistre, voire soy-mesme. 582. C.
Baltazar de Chastillon, celebre Autheur Italien. 8. A.
Baptesme & Eucharistie, principaux mysteres de l'Eglise. 613. B.
Barbarie par quel moyen s'est logée entre nous par plusieurs centaines d'ans. 9. A.
Barberousse General des Galeres du Grand Seigneur. 189. B.
Bardes manioient la Theologie & Philosophie des Gaulois. 20. C. D.
Barenton Exempt des Gardes du Roy. 510. C.
Baron des Adrets commet toutes sortes de cruautez contre les Catholiques. 100. C.
Baron de Lux pris pour confident par le Mareschal de Biron. 503. B. C.
Baron de Lux descouvre au Roy la trahison de Biron. 512. C.
Barricades faites à Paris, & leur commencement, aprés une infinité de maux. 333. C.
Barricades appellées aux Estats journée heureuse. 362. C.
Barriere sollicité par le Recteur des Jesuites de tuer le Roy. 631. B.
Basilides tuë son fils aisné, Roy de Moscovie. 310. B. sa fin miserable. ibid. C.
Basilius sorti de fort bas lieu, & dont on ne sçavoit l'origine, fait Empereur, y regne fort heureusement. 405. C.
Basle, ville en Suisse. 590. A.
Bassompierre, principal Capitaine de la Ligue. 366. A. se sauve des Estats de Blois. 368. A.
Bastille (la) saisie. 336. D. & suivans.
Bastille demandée par Monsieur de Mayenne. 489. B. luy est rendue. 490. A.
Bastiment fait en l'Eglise Sainct Denis par trente ans, pour servir de tombeau à la Royne mere & à ses enfans 377. 378. D. & suivans.
Bataille de Dreux. 101. C. D. & suivans. 412. C.
Bataille Saint Denis donnée la veille S. Martin. 1567. 122. B. 412. C.
Bataille de Moncontour. 410. C.
Bayonne, ville fatale à l'Estat. 110. C.
Bellay (du) Poëte François excellent. 11. D.
Belle-garde Maistre de la garderobe du Roy. 383. A.
Bellievre (Monsieur de) renvoyé par le Roy en sa maison. 357. A.
Bellisaire chassa les Goths de l'Italie, & les Vandales de l'Afrique. 545. C.
Bellovese conducteur des Gaulois en Italie. 19. C.
Bembe a escrit des lettres en Latin. 30. A.
Benedictions du peuple sont prieres. 289. B.
Benedictions des Peres à leurs enfans, en quoy consistent. 291. D. & suivans.
Benefices donnez à Princes, Gentils-hommes & Capitaines, quelquesfois à des femmes. 447. B.
Beneficiers ne doivent jouïr que d'un Benefice, suivant le Concile de Trente. 362. B. & suiv.
Benjamin Dautan fournit les cordes pour pendre le President Brisson. 486. A.

Benjamin Dautan Geolier pris. 491. C. est condamné à estre pendu. 492. A. est executé. ibid.
Bentivoles chassez de Bologne qu'ils avoient usurpée. 546. C.
Berenger Comte de Provence, Poëte excellent. 39. B.
Bergere representée en l'Astrée, est l'histoire de la jeunesse du Sieur d'Urfé. 531. C. D.
Bernard, Advocat au Parlement de Dijon, harangue à la rupture des Estats pour le tiers-Estat. 376. C.
Bestes brutes plus favorisées de nature que l'homme. 249. A.
Bestes mises au rang des Dieux par quelques peuples. 252. B.
Bestes non ingrates. 253. B.
Bestes capables de honte & pudeur. ibid. C. & suivans.
Bestes s'entendent assez entre-elles par leur voix. 259. C.
Bible traduite en nostre vulgaire. 37. B.
Bibliotheque de Monsieur de la Croix du Mans. 237. C. & suiv.
Bibliotheque des Jesuites, vendue au plus offrant & dernier encherisseur. 632. A.
Biens d'Eglise alienez jusques à trois millions de livres. 108. C.
Bienfaicts engravez comme dans la cire. 476. A.
Bienséance du Poëte; plus penible que de l'Orateur. 65. B. C.
Bienveillance des subjects, vray subside du Prince. 337. C.
Bigarrures, livres de Monsieur Tabourot. 212. D. & suivans.
Bile pourquoy est attirée par la rheubarbe. 586. A.
Bisance depuis appellée Constantinople. 20. C.
Blanc signé de Busi à quoy tendoit. 496. B.
Blavet forteresse inexpugnable en Bretaigne. 475. B.
Blois mise en la protection du Duc d'Espernon. 389. A. & suivans.
Bocace, Autheur Italien, bien renommé. 8. A.
Bologne, Aumosnier du Roy Henry III. 411. A.
Bon pour luy, dire du President de Thou. 578. C.
Bononie a escrit des lettres en Latin. 30. A.
Borbonius, Professeur du Roy és Lettres Grecques en l'Université de Paris, & excellent Poëte Latin. 595. B.
Botal, Medecin Piedmontois, employoit la saignée en toutes sortes de maladies. 586. A. reprouvé par la Faculté de Medecine. ibid. B.
Bouchage (Monsieur du) Capucin. 357. A.
Bouiesse, Gouverneur de la Citadelle de Bourg. 502. B.
Bourbon met le siége devant Rome. 20. C.
Bourdillon Mareschal de France & Gouverneur de Piedmont. 149. B.
Bourg (du) Conseiller au Parlement, bruslé. 77. D.
Bourg (M. du) Capitaine de la Bastille 459. A. la rend avec une capitulation fort honorable. ibid. B.
Bourgeoisie de Rome, donnée à Montaigne. 518. C.
Bourgoin, Prieur des Jacobins, sollicite Jacques Clement à tuer le Roy. 409. A. & suiv.
Bourgoigne promise à l'Empereur par le Traité de Madric. 149. A.
Bourguignons, quand & pourquoy ils chassoient leur Roy de leur Royaume. 33. C.
Boyer, Advocat, guery par la malvoisie. 589. A.
Brennon, conducteur des Gaulois en Italie. 19. C.
Bresil, & les mœurs des Bresiliens. 55. B.
Bresse conquestée en moins de rien par le Mareschal de Biron. 50. D. & suivans. à quel dessein. 502. A.
Bretagne (la Grande) apprenoit à orner son langage sur nostre patron. 5. C.
Bretagne bandée contre le Roy. 381. A.
Bretagne unie à la Couronne. 447. A.
Bretagne renduë au Roy par Monsieur de Mercœur. 475. A.
Breton Advocat pendu & estranglé pour avoir inconsiderément escrit. 285. D. & suivans.
Breves (Monsieur de) Ambassadeur en Levant. 529. A.
Brigard accusé de trahison par la Ligue. 481. A. absous ibid. & 495. C.
Brigard insperément cause des troubles & de les arrester. 497. D. & suivans.
Brigues en l'eslection des Papes. 407. C.
Brissac, Mareschal de France, Lieutenant dedans Paris. 100. A.
Brissac (Monsieur de) esleu par la Noblesse pour presider aux Estats. 359. A.
Brisson (Monsieur) Autheur des formules des Romains. 221. A. il dresse le Code Henry par le commandement du Roy. 22. A.
Brosse (la) vieil Capitaine, tué. 102. B.
Bruslard, Procureur General du Roy, s'oppose aux requestes des Jesuites. 112. A.
Bruslard, premier President au Parlement de Dijon. 625. A.
Brusse Gentil-homme Escossois, nourry & instruict au College des Jesuites. 632. C. est fait Thresorier par le Roy d'Espagne. ibid. refuse argent aux Jesuites qui s'en vengent. ibid.
Brutus jugea son fils à mort, & fut spectateur de son supplice. 258. B.
Bulle d'Or de l'Empereur que contenoit. 397. C. est livrée à Andronic.

Andronic. *ibid.*
Bulle du Pape lacerée, & bruslée en plein marché. 430. B.
Bussy le Clerc, Gouverneur de la Bastille. 359. A.
Bussy & Clerc, mots fataux à la France. 379. C.
But qu'ont devant les yeux ceux qui bastissent les loix. 552. B.

C.

C, Latin, combien diversement se prononce. 61. C. D.
Cager pere & fils pourquoy pendus. 452. C.
Caigord, Jesuite Auvergnac, le plus brave solliciteur qui jamais ait esté. 630. B.
Caius, anagramme de Cujas. 567. B.
Caius, du temps d'Adrian, prononce contre les peres prejudiciants par leurs testamens à leurs enfans. 571. C.
Calais reprise par Monsieur de Guise. 75. B.
Calomnie est à craindre sur toutes choses en tous grands jours. 178. C.
Calvin en quel temps & par quels commencemens jetta la premiere semence de ses nouvelles opinions. 449. C.
Camillus chastia la trahison du pedagogue des enfans des Faleriens. 108. A. il eut le milieu de sa fortune traversiere. 189. C.
Capellian ennemy des Empereurs Gordians. 573. A.
Capitaine Normant accoste & saisit le President Brisson. 485. B.
Capitaines & Lieutenans esleus à Paris en chasque dizaine. 100. A.
Capitaines (vieux) qui ont couru grande fortune, doivent craindre de s'aheurter aux jeunes. 119. C.
Capitaine doit estre sobre, doux & affable. 290. A. ne doit estre blasphemateur. *ibid.*
Capitaines desapointez à Paris, & quelles gens mis en leurs places. 347. C.
Capitaine ne doit laisser ses enfans riches de larcin fait sur les soldats. 520 C. D.
Capitaine que doit faire, estant assiegé d'un danger. 522. C. ne doit prendre temerairement la fuite, sans avoir fait premierement toute sorte de resistance. 523. A. doit estre accoustumé à la peine. 522. C.
Capiton & Labeon appointez contraires au fait de la Jurisprudence. 580. B. C.
Caprice de Jean-Baptiste Gello. 6. D.
Caracalla detesté par toute l'ancienneté. 571. C. honoré par le Senat du nom d'Antonin. *ibid.* D. quelles loix il a faites. 574. A. emporte le prix de cruauté. *ibid.* C. prive son pere de l'Empire, & fait mourir les Medecins. *ibid.* D. fait mourir son frere Geta & Papinian, pour n'avoir voulu excuser son parricide. *ibid.* A. espouse sa belle-mere. 575. A.
Carafe, nepveu du Pape Paule, Theatin, est de Capitaine, fait Cardinal. 73. B.
Caramanie anciennement appellée Cilicie. 395. B.
Cardinal de Guise, esleu par le Clergé pour presider aux Estats. 359. A.
Cardinal de Lorraine constitué Souverain après le Roy. 27. A. porte la parole au College de Poissy. 87. A. presche à Nostre-Dame, & à Saint Germain de l'Auxerrois. 100. A.
Cardinal de Tournon fait que les Jesuites sont receus en forme de Société & College tant seulement. 112. B.
Cardinal de Bourbon desjà vieil pretend à la Couronne, bien que le Roy fust jeune. 329. C.
Cardinal de Bourbon arresté prisonnier à Blois. 368. A.
Cardinal de Guise fait prisonnier à Blois. *ibid.* est dagué dans la prison par quatre soldats. *ibid.* B. son corps & celuy de Monsieur de Guise son frere bruslé de nuict & pourquoy. *ibid.*
Cardinal de Vendosme. 381. B.
Cardinal d'Est soustient le party François. 407. C.
Cardinal de Farnese soustient le party d'Espagne. *ibid.*
Cardinal Caraffe auparavant soldat, envoyé en France. 449. C. D.
Cardinal d'Austriche au secours d'Amiens. 473. D. & suiv.
Carloman & Louys le Fayneant appellez bastards pour avoir esté engendrez du mariage de Louys le Begue fait sans le consentement du Roy Charles le Chauve son pere. 52. A. & suivans.
Carneades envoyé des Atheniens Ambassadeur en la ville de Rome. 219. A.
Carte blanche envoyée au Roy par Monsieur de Mercœur. 474. C. D.
Cartel de deffi. 7. C.
Cassiodore a escrit des Epistres. 1. A.
Cassius & Proculus chefs de party contraire au fait de la Jurisprudence. 580. C.
Catechisme & examen de la doctrine des Jesuites fait par l'Autheur. 594. A. 650. A.
Catherine Reyne de France supplie le Roy de se deporter de la jouste. 78. A. & suivans.

Catherine (la) libelle diffamatoire contre la Reyne mere. 378. C.
Catholiques comment divisez. 330. B.
Catholiques vrays François sont ennemis des Jesuites. 637. B.
Caton le vieil n'apprit le Grec que sur son deuenir. 7. A.
Caton redoutoit autant que Pompée vinst au-dessus de Cesar, comme Cesar de Pompée. 97. B. & suivans.
Caton pourquoy érigea l'Estat de Preteur de Rome. 182. C. & suivans.
Caton le vieil accusé cinquante fois, & autant absous 283. B. & suiv. est grandement honoré par Tite-Live. *ibid.* d'où appellé Censeur. 284. A.
Caton pourquoy crioit contre les Medecins Grecs. 586. C. fit un livre pour luy & sa famille. *ibid.*
Catulle Poëte naturel. 652. B.
Cause entre l'Université & les Jesuites traitée en Parlement. 111. A.
Cause, mot entre les Huguenots pour leur entreprise. 128. B.
Causes solemnelles & toutes publiques plaidées par Pasquier. 197. B.
Cause principale des malheurs de la France sous Henry III. 339. A.
Ceinture est quittée par celuy qui fait cession de biens. 70. C.
Censure à Rome, de quelle authorité. 284. A.
Centaure monstre my-parti de l'homme & du cheval. 547. A.
Centeniers constituez par le Roy dans la ville de Paris. 117. B.
Centuries de Nostradamus predisans les barricades. 368. D. 369. A.
Cerebelle domicile de la memoire. 583. A.
Cesar Borgia & son pere empoisonnez. 236. A.
Chacun est naturellement idolatre de son esprit. 646. C.
Chambre des Comptes à Bourges du temps de Charles VII. 388. B.
Chambre des Comptes avoit jadis cognoissance sur le fait des Monnoyes. 432. A.
Chambre Royale supprimée. 300. B.
Champaigne toute ligueuse. 381. B.
Champignon naist en une nuict, & perit en une nuict. 292. B.
Chance changée en peu de temps. *ibid.*
Chancelier de Chiverny renvoyé en sa maison par le Roy Henry III. 357. A.
Chancelier de l'Hospital dissuade la prise des armes. 453. A.
Chancelier de l'Hospital loüé pour sa retraicte. 338. C.
Chancelier de Birague tres-cruel à ceux qui se desvoyoient au devoir de l'Estat. 560. A. conseilla la Saint Barthelemy. *ibid.* estoit fort subject aux gouttes. *ibid.*
Changement de la volonté du Roy de Navarre contre les Huguenots, & pourquoy. 93. C.
Changemens merveilleux à la Cour. 357. A.
Changement de mœurs de Henry III. estant arrivé à la Couronne, luy change sa fortune. 413. A. & suivans.
Changement de Religion grandement à craindre. 447. B.
Chant des cignes, prognostic fatal de leur mort. 377. A.
Chapelles basties à S. Denys pour la sepulture de Henry II. & des siens. 416. B.
Chappelet de la Ligue, livre manuscript. 486. C.
Chapperon pour bonnet. 69. C. chapperonner pour bonnetter. *ibid.* D. & deux testes en un chapperon. *ibid.*
Charenton, lieu où s'assemblent ceux de la Religion pour faire leur exercice. 602. B.
Charge de Ville-mory. 303. C.
Charité entre les animaux. 252. B. & suivans.
Charites d'Ausone. 664. B. appellées par les Romains, Graces. *ibid.* C.
Charlemagne Empereur de Rome. 20. C.
Charlemagne fort docte. 39. A.
Charles Monsieur contrainct se contenter de la Guyenne, au lieu de la Normandie. 149. A.
Charles cinquiesme, Empereur, mit le siege devant Mets. 17. B. sur ses vieux jours choisir une vie solitaire. 73. A. fut contraint se retirer de devant Mets. 137. A. il ceda à la fortune de Henry deuxiesme. 129. C.
Charles V. arma contre ses subjects à cause de l'heresie de Luther. 449. A.
Charles V. Empereur se despoüille de tous ses Estats pour le Roy Philippe son fils. *ibid.* C.
Charles Comte d'Anjou, Roy de la Poüille & Sicile. 137. C. 138. C.
Charles cinquiesme Roy de France prenoit les villes en se jouant de sa plume. 34. B. fit tomber l'Evesché de Lisieux à Nicole Oresme pour recompense de ses labeurs. 38. A.
Charles neufviesme visité par sa sœur la Reyne d'Espagne. 110. C. harassé de la faim & de la longue traicte, se retire à Paris. 118. C.
Charles IX. a fait plus de beaux Edits qu'aucun Roy qui l'ait devancé. 576. B. par l'entremise de l'Autheur. *ibid.*

Table des Matieres.

Charles de Marilhac Archevesque de Vienne. 83. C. D.
Chartier faict Président par M. de Mayenne. 460. D. s'excuse du Palais. 462. A.
Chartreux voüent le silence avec la solitude. 669. C.
Chasse, exercice propre au guerrier pendant une paix. 639. A. doit estre incogneu aux personnes Ecclesiastiques. ibid.
Chasteau de Montmelian, place inexpugnable, pris par le Roy. 547. C. 548. A.
Chastel, disciple des Jesuites, attente contre la personne du Roy. 631. C. puny d'une mort trés-griefve. ibid.
Chasteté doit accompagner Mars. 521. A.
Chef de l'homme, divisé en trois ventricules. 583. A.
Chemise sanglante de Cesar, representée par Marc-Anthoine au peuple Romain, le fit esmouvoir & soulever contre les meurtriers. 374. C.
Cher (riviere du) proche Tours. 429. A.
Cherif, que signifie. 606. C.
Chevaliers de l'Ordre de S. Michel, creez par François second, & la cause. 79. C.
Chevaliers du S. Esprit, instituez par nostre Roy. 160. A.
Chevelure longue, signalée remarque de la Royauté en nos premiers Roys. 416. A.
Chien (le) se rend aisément intelligible entre nous. 260. A.
Chilperic, petit-fils de Clovis, escrivit plusieurs livres en vers Latins. 39. A.
Chiromancie. 209. B.
Chirurgie, d'où dite. 211. A.
Chorente, belle & fertile riviere. 422.
Choses remarquables arrivées au mois d'Aoust de l'an 1591. 430. B.
Chrestiens espandus par la Natolie, & leur sainte vie. 624. A.
Chrysippe successeur d'Hyppocrate, combattit sa doctrine. 584. C. fut en grande estime parmy les siens. ibid.
Ciceron a escrit des Epistres. 1. A. il ne fut détourné d'escrire en sa langue. 5. A.
Ciceron appellé grand Orateur. 294. B.
Ciceron s'est rendu admirable entre les Grecs. 6. A. monta par sa vertu aux grands Estats. 189. B. disoit de sa langue tout ce que contrefaisoit Roscius de ses gestes. 209. B.
Ciceron plaidoit pour & contre. 647. B. C.
Cicongneaux nourrissent leurs peres & meres affaisiez de vieillesse. 252. C.
Cierges ordonnez tous les ans à M. Pasquier, & pourquoy. 630. C.
Cimbalum mundi, composé par Bonaventure du Perier. 213. B.
Cimon Athenien, par les instructions de Socrate, parvint au degré de Philosophie. 36. B.
Cincinnats pour la diversité aimoient la vie champestre. 32. B.
Cinges de Rabelais. 11. C.
Cinges qui veulent à fausses enseignes paroistre grands aux despens des œuvres d'autruy. 271.
Cinq cens filles violées avec leurs meres à la prise d'Alclerande. 307. B.
Cinq Chanceliers tirez du corps de la Chambre des Comptes. 392. A.
Cipierre, Gouverneur d'Orleans. 451. B.
Circé forciere. 204. B.
Circé de Jean Baptiste Gello. 6. D.
Citadelle erigée à Orleans & à Lyon. 109. C. leur invention plus pernicieuse que profitable à l'Estat. 121. A.
Citadelle de Bourg, prise par le Roy. 547. C.
Citadelles pourquoy basties. 448. B. n'estoient dedans les villes. ibid.
Clairmont, Siege Episcopal d'Auvergne. 184. B.
Claude Seyssel Evesque de Marseille a fait plusieurs beaux Livres. 66. C.
Claude de Seissel Archevesque de Thurin. 478. A.
Claude l'Archer, Conseiller au Parlement, pris & mené au petit Chastelet. 486. B.
Claude Chauvreux, Conseiller en Parlement, degradé, fait amende honorable, & aprés avoir esté mis au pilory, fleurdelisé au front & pourquoy. 542. A.
Clemence admirable du Roy. 512. A.
Cleopas, un des pelerins d'Emaüs. 622. A.
Clergé subject sans exception à son Diocesain du temps de la primitive Eglise. 362. A.
Clocher de l'Eglise Saint Magloire foudroyé. 416. B.
Clodio Tolomei grandement estimé pour ses Epistres. 30. B.
Closture de nos lettres Françoises. 2. A.
Clovis premier Roy de France Chrestien, avoit, aprés Dieu, toute sa confiance en S. Martin. 390. C.
Code est un pesle mesle des Ordonnances des Empereurs. 573. B.
Code traduit en vieil langage François. 37. A.
Code Henry, contenant les Ordonnances de France. 122. A.
Codicilles pourquoy introduicts. 570. A. d'où eurent leur commencement. ibid. C. D.

Cœur (le) est la derniere partie qui meurt. 582. C. est aussi la premiere qui a pris vie en nous. ibid.
Coleric fort aisé à appaiser. 177. B.
Coleriques ne doivent estre mariez ensemble. 14. A.
College des Dormans, autrement de Beauvais. 24. A.
Colloque de Poissy de grand parade & peu d'effect. 87. A.
Colonies qui estoient envoyées par les Gaulois à la conqueste de nouveaux pays. 241. B.
Combat de Jarnac & la Chastaigneraye. 77. B. C.
Commencement des lettres de nos ancestres. 22. B.
Commencemens aspres & fascheux produisent une fin trésdouce. 21. C.
Commencement dans Paris de la ruine des Huguenots. 89. C.
Commencement des troubles de la Flandre. 115. A.
Commencemens & progrés de la Ligue. 285. A.
Commentaires de Jules Cesar. 520. B.
Commentaires de Montluc, combien sont exacts. ibid.
Commodité (tirer) de ses incommoditez, est belle chose. 275. A.
Communautez de France dispensées de la Jurisdiction de l'Evesque, par Conciles Provinciaux & authorité du Pape. 362. B.
Communauté de biens en la Republique de Platon. 552. C.
Communion pourquoy faite par l'Eglise le jour de Pasques, & par J. C. le Jeudy. 612. C.
Comte de Brissac harangue elegamment pour la Noblesse aux Estats de Blois. 375. C.
Comte de Soissons pris en Bretagne. 393. B.
Comte de Dunois reüni à la Couronne de France, ce qui restoit entre les mains des Anglois. 646. A.
Concile general clos & arresté par la diligence de Monsieur le Cardinal de Lorraine. 108. C.
Conciles, s'ils sont utiles & necessaires pour la reconciliation des deux Religions qui sont en France. 77. A.
Concile general de Latran, ce qu'il ordonna. 590. C. D.
Conclusions de l'Advocat du Roy, n'estans suivies, ce luy est une grande honte. 360. C.
Concordat fait entre le Pape Leon X. & le Roy François Premier. 610. C.
Confederation du Roy François Premier avec conjuration contre l'Estat est mal-aisément menée à fin. 79. A.
Conjuration contre le Président Brisson. 481. B.
Conjurez pour tuer le Roy. 380. B.
Connestable de Saint Pol commandoit & gourmandoit deux grands Princes par ses intelligences. 374. D. est decapité en Greve par Arrest de la Cour de Parlement. 375. A.
Connestable de Richemont du regne de Charles septiesme. 459. C.
Connestable de Montmorency tué en la journée S. Denys, aagé de soixante & dix-sept ans. 558. A.
Connestable de Luxembourg du temps du Roy Louys XI. condamné à la mort. 67. C.
Connestable deffait par le Duc de Savoye. 129. A. 130. B. arrivé à Paris, ce qu'il y fait. 96. C. Connestable chef principal de l'armée par le Roy - pris à la bataille de Dreux & blessé. 101. C. il eut le milieu de sa fortune traversiere. 189. C.
Connivence des Juges du pays. 179. B.
Conseillers de la Cour de Parlement mis en prison. 77. B.
Conseillers de Parlement deleguez par les Provinces pour faire executer l'Edit de pacification. 106. C.
Conseil que l'Autheur a suivy en ses actions. 196. A.
Conseils des Princes, rendus illusoires en ce nouveau remuement de Religion. 93. C.
Conseil establi à Paris par Monsieur de Guise, & qui en furent les chefs. 345. C.
Conseils de M. de Guise. 371. A.
Conseil des Quarante establys à Paris, par Monsieur de Mayenne. 381. B. 382. A.
Conseil des Seize pourquoy ainsi nommé. 494. D.
Conseil des Dix à quel dessein estably. 496. B.
Conseillers mis en la Bastille pour avoir soustenu l'opinion Calvinienne. 450. C.
Conseils des Jurisconsultes. 582. A.
Conseil de Diogenes le Cynique. 682. C.
Consentement des peres & meres selon le Droict n'est requis aux mariages des enfans, sinon par honneur, & non par necessité. 52. B.
Consentement seul est suffisant pour la perfection du mariage. 53. B.
Consolation dans la longueur du temps, est un fidel remede. 420. C.
Constantin le Grand ce que fit aprés la conclusion du Concile de Nice. 86. B.
Constantinople prise par nos Baudoüins Comtes de Flandres. 20. C.

Constitutions

Table des Matieres.

Conſtitutions nouvelles de Juſtinian, ouvrage de Tribonian. 581. A.
Conſtitutions faites par Ignace de Loyola, publiées par ſon ſucceſſeur. 633. B.
Conſubſtantiation du Lutherien. 618. A.
Conſultations des Juriſconſultes envoyées aux Juges, toutes ſignées. 563. D.
Contarein a eſcrit des Lettres en Latin. 30. A.
Contemnement fait mettre à nonchaloir tout le plaiſir. 16. B.
Contentement que peuvent recevoir deux Amans qui ſont aſſeurez l'un de l'autre. 13. C. D.
Contention entre la Cour de Parlement, & la Cour des Generaux des Aydes ſur la publication d'un Edit. 86. A.
Contents cauſes de beaucoup de maux. 339. A. B.
Contracts doivent eſtre ſignez des parties & teſmoins, à peine de nullité. 577. C. D.
Contracts des François, differens de ceux des Romains. 223. B.
Contremine de Monſieur de Guiſe contre le Roy. 359. A.
Converſion du Roy, creuë feinte & ſimulée. 445. B.
Coq & ſa Monarchie. 257. B.
Corbeau Romain & ſon hiſtoire admirable. 259. A.
Corbeau, ſoldat ligueur, ayde à l'évaſion de Monſieur de Guiſe. 429. B.
Corbeil aſſiegé par le Prince de Condé. 101. A.
Cordes apportées à Monſieur de Guiſe en du linge blanc. 428. C.
Corneille prononçant des propos entiers, & apprenant tous les jours quelque choſe de nouveau. 259. A.
Corps du Preſident Briſſon, de Larcher & Tardif Conſeillers, expoſez en Greve avec des eſcriteaux. 487. A.
Corps Bruſlez entre les Romains. 374. A.
Corps de la Reyne mere mis en un cercueil de plomb. 377. C. n'eſt bien embauſmé. ibid. eſt enterré de nuit en pleine terre. ibid.
Corſeque & Montalcin rendus aux Genevois. 450. B.
Coſm: en Grec que ſignifie. 655. B.
Coups merveilleux du Ciel, qui aggrandirent la Religion nouvelle. 454. A.
Courage du Mareſchal de Biron. 510. B.
Cour (la) de nos Roys n'eſt le ſejour & abord des mieux diſans. 45. B.
Couronne de Conſtantin dont on avoit couſtume de couronner les Empereurs. 396. B.
Cours Souveraines peuvent modifier les Ordonnances. 579. B. C.
Cours Souveraines de trois manieres en France. 345. A.
Couſtumes, quelles tyrannies produiſent en nos eſprits. 155. D.
Couſtumes de Paris, reformées par Monſieur le premier Preſident. 185. A.
Couſtumes particulieres défaillant, ne faut recourir au Droict commun des Romains. 225. C. mais aux plus proches. ibid.
Couſtumes des Romains, miſes au catalogue du Droict non eſcrit. 575. C.
Couſtumes de France, enregiſtrées aux Greffes des Bailliages, Seneſchauſſées & Cours Souveraines. ibid.
Couſtumes entre toutes les nations. 577. B.
Couſtumes de Paris, reformées, & avec quelle procedure. 578. A.
Creance de M. de Guiſe entre les Catholiques. 453. A.
Crœſus mené à la raiſon par un jeune Roy Cyrus. 129. C.
Croiſade que ſignifie. 608. A.
Croix de la Sainte Chapelle deſrobée. 416. B.
Cruauté de Baſilides Roy des Moſcovites. 307. A.
Cruauté plus que barbare envers des priſonniers. ibid. C.
Cueilly, Curé de Saint Germain de l'Auxerrois, loüé la memoire des pendus, & blaſme M. de Mayenne. 491. A. eſt baffoüé en Sorbonne. ibid. B.
Cujas, docte Juriſconſulte. 37. A.
Cujas repris par Hottoman. 567. C. ſe deffend. ibid. outrepaſſe de beaucoup Hottoman. 568. C.
Curé de S. Jacques de la Boucherie, ſeditieux Ligueur. 482. A.
Cnitus pourquoy aimoit la vie ruſtique. 32. B.
Cuſtodi-nos & œconomes. 610. B.
Cyprian (Saint) Docteur Africain très-ſçavant. 9. A. fut premierement Payen & Magicien. 306. C. fait Docteur & Eveſque. ibid. D.

D.

Daces extraordinaires, refrain de la danſe des troubles. 476. B. C.
Dames loüées & ſolemniſées par les vers des Poëtes. 198. C.
Darius vaincu par Alexandre, n'ayant encore 28 ou 29 ans. 129. C.
Danel, Blondel & Roſeau pendus & pourquoy. 491. A. leur épitaphe. ibid. C.

Deciſions de Papinian tenuës pour loix. 565. B.
Decret de Sorbonne contre Henry III. 379. B.
Declaration & aſſociation eſcrite par les Huguenots. 97. B. C.
Declinaiſon de l'Empire Romain d'où vint. 328. B.
Défauts qui ſe peuvent remarquer en noſtre Droict François. 226. C.
Democrite le rieur, grand Philoſophe. 526. C.
Demoſthenes attribuoit les 1. 2. & 3. parties à l'action. 209. B.
Demoſthene habillé à la Françoiſe. 441. A.
Demoſthene grand Orateur, combien que toutes choſes y ſemblaſſent repugner. 651. B. 652. C.
Deniers de la Croiſade mal deſpenſez. 608. A.
Denis (Saint) ſepulchre ancien de nos Roys. 416. B.
Denis le tyran de Sicile ſe fait Pedant. 375. B.
Deploration de la mort de Henry le Grand. 595. C.
Déportemens des François pendant la courte paix de 1568. 125. C.
Députez aux Eſtats à la devotion de Monſieur de Guiſe. 359. A.
Députez d'Orleans ſupplient le Roy de faire raſer la citadelle de leur ville. 365. B.
Députez aux Eſtats de Blois, cauſe de la mort de Monſieur de Guiſe. 372. C.
Deſbauche furieuſe des Pariſiens eſvanoüie en un clin d'œil. 378. A.
Deſordre à la guerre vient touſjours plus de la queuë, que de la teſte. 522. B.
Deſordre arrivé au faict des Abbayes. 610. A.
Deſordres introduicts en France à cauſe de l'authorité abſoluë du Roy en ſes Edits. 346. A.
D'Eſpernon (Monſieur) aſſiegé dans Angouleſme. 386. C. miraculeuſement garenty par des degrez rompus à poinct nommé. ibid. ſe deffend vingt-quatre heures ſans boire ny manger. ibid. accuſé aux Eſtats de Blois. ibid. refuſe de rendre les villes qu'il tenoit. 387. A. ſa reſponſe au Sieur Miron envoyé de la part du Roy. ibid. leve des gens de guerre, & s'accorde avec Monſieur de Guiſe. ibid. B.
D'Eſpeſſe (Monſieur) deffenſeur des Libertez de l'Egliſe Gallicane. 359. B.
Deſreiglement de la Ligue aprés la mort de la Reyne mere. 379. B.
Dialogues ſont fort propres pour communiquer nos conceptions. 31. A.
Dict notable du Roy en la journée de Coutras. 426. B.
Dicts notables de Henry le Grand. 599. C.
Dict notable de l'Empereur Juſtinian. 537. B.
Dict notable du Preſident de Thou. 578. C.
Dieu ayant puny ſes ſubjects par la ſceleratesſe d'un Prince, il punit aprés le Prince. 236. C.
Dieu faict le procez aux Roys. ibid. C.
Dieux pourquoy figurez par les Payens avec pieds de laine, & les bras de fer. ibid.
Difference entre celuy qui enſeigne par livres, ou qui harangue en public. 193. C.
Difference entre le Droict François & Romain. 221. A.
Difference entre les Courtiſans & le peuple. 344. C.
Difference d'entre les Grands & les petits. 528. A.
Difference d'entre l'Advocat & le Poëte. 653. B.
Differend d'entre les deux Papes de Rome & d'Avignon, jugé au Concile de Conſtance. 593. B.
Difficultez faites par le Parlement de Paris à la reception de l'Edict de Janvier. 92. B.
Dignité ne nous doit pas tant honorer, que nous la devons honorer. 431. C.
Diligence admirable du premier Preſident. 185. A.
Diogene, pour n'eſtre oiſeux, rouloit ſon tonneau. 27. C. 28. A.
Dire de Demaratus au Roy Xerxes. 579. B.
Dire de Socrates. 620. C.
Diſcipline publique en grande recommandation dans Rome. 238. B.
Diſcipline guerriere entre les beſtes. 253. B.
Diſcipline à celuy qui commande, ſurpaſſe la vaillance. 290. A.
Diſcours gaillard ſur les paſſions d'amour. 157. C. & ſuivans.
Diſcours du Roy ſur l'execution de Monſieur de Guiſe. 370. A. B.
Diſcours & conſiderations ſur la fin des Eſtats. 375. B. C.
Diſſimulations eſtranges entre les François. 329. B.
Diſtique de l'Autheur, de ſon tableau. 206. B.
Diverſité des loix provient de la diverſité des mœurs. 554. A.
Diverſité de nos anciennes loix avec le Droict des Romains, d'où vient. 225. A.
Diviſions de la France ſous diverſité de noms partiaux. 154. A. B.
D'O (Monſieur) favoriſé & deſfavoriſé du Roy. 385. B. ſe retira à Can dont il eſtoit Gouverneur. ibid. grand joüeur. ibid.

est Intendant des Finances. ibid.
Doctrinal aux Princes. 406. B.
Doctrine d'Aristote censurée par Ramus. 805. D. & suivans.
Domaine de la Couronne Sacro-Sainct. 147. B.
Donation faite par Maistre Charles du Moulin à son frere, infirmée par Arrest de la Cour de Parlement. 315. A. B.
Dons immenses perdent l'Estat. 427. A.
Doron enseignoit la Grammaire & langue Latine à Henry III. qui le fit Conseiller au Grand Conseil. 560. C.
Doüaire coustumier propre aux enfans. 226. C.
Dragut Reis General des galeres du Grand Seigneur. 189. B.
Droict public doit estre preferé au particulier. 522. B.
Droict commun de la Toscane gist en quatre poincts & quels. 576. C.
Droict des Romains appellé communément Droict Escrit. 579. B.
Droict Romain, en combien de temps fut compilé par les deleguez de Justinian. 580. D. 581. A.
Droict Romain est un leurre pour apprivoiser les Plaideurs & nourrir les opiniastres en leurs opiniastretez. 582. A.
Druydes manioient la Theologie & Philosophie des Gaulois. 20. C. D.
Duc d'Aumale fait Gouverneur de Paris. 379. B. confirmé en plein Parlement. ibid.
Duc de Feria sort de Paris. 472. B.
Duc de Savoye vient en France pour le fait du Marquisat de Saluße. 501. C. promet sa troisiesme fille au Mareschal de Biron. ibid.
Ducs & Comtes, tant de la France que de l'Italie, d'où se sont faicts. 270. A.
Duels (és) à qui appartient le choix du champ & des Armes. 248. B.

E.

Eaux medecinales de France. 340. C.
Edict pour mettre ordre contre les Heretiques qui pulluloient en la France. 77. D. & suivans.
Edict de l'imposition de cinq sols pour muy. 86. B.
Edict du 25 Juillet 1561. sur la souffrance de la Religion nouvelle. 85. B.
Edict de Janvier de l'an 1561. 91. A.
Edict de pacification de l'an 1562. 106. C.
Edict (premier) sur l'alienation du bien de l'Eglise. 108. C.
Edict des Mariages, pourquoi publié à la Cour de Parlement. 49. A.
Edict de la subvention des Procés. 109. A. B.
Edict de pacification en Mars 1598. 126. B.
Edict des consignations des procés que l'on vouloit renouveller. 194. A.
Edict de pacification fait en Juillet 1585. 273. B.
Edicts à la foule du peuple supprimez. ibid.
Edict de Juillet contre les Huguenots, publié en Parlement. 299. C.
Edict contenant la suppression de trente-sept autres. 338. A.
Edict supprimant tous les Contens. ibid.
Edict publié pour le general de la France. 376. C.
Edicts Bursaux venus de la Reyne mere. 379. A.
Edict pour les navires jettées à bord par la mer. 402. B.
Edicts Bursaux, causes de la subversion generale de l'Estat. 379. B.
Edict de Janvier, favorable aux Huguenots. 452. B.
Edict d'abolition & celui du restablissement des Officiers sont publiez. 460. B.
Edict d'Union publié excite de plus grands brasiers. 467. A.
Effects miraculeux de Dieu, recogneus par la Medecine. 589. B.
Eglise reduite en la famille de Noé au temps du Deluge. 390. A.
Eglise de Dieu, quelle. ibid.
Eglise des filles repenties & tout leur enclos, prise par la Reyne mere par permission du Pape. 416. A.
Eglise n'use de main-mise sur les corps. 540. A.
Eglise Gallicane fille aisnée de l'Eglise. 592. a. a tousjours la premiere combattu pour la Religion. ibid.
Eglises peuvent estre faites aux maisons par Prieres & Oraisons. 621. A.
Eglise a tousjours son Chef principal, qui est Jesus-Christ, & la grace des Sacremens. 353. C.
Elephant & le coq semblent avoir quelque instinct de Religion. 252. A. & suivans.
Elephants & leur Republique. 256. D. & suivans.
Elephant ayant appris à escrire en Grec. 259. A.
Elephants dansant sur les cordes, & escrimans aux theastres publics. ibid. B.
Elephants recordent leur leçon de nuict de ce qu'on leur apprend de jour, afin de n'estre battus par leurs maistres. ibid.
Elie & Elisée premiers instituteurs des Moynes. 298. C.

Elizabeth fille aisnée du Roy Henry second, mariée à Philippe par Procureur. 75. C.
Elizabeth Reyne d'Espagne, fille de la Reyne mere. 378. C. meurt d'une mort funeste. ibid. D.
Elizabeth appellée par commun sobriquet Brehaigne. 611. A.
Eloges & rares vertus de la Reyne mere. 378. A.
Eloges de Henry le Grand par Monsieur Pasquier. 465. B.
Eloquence Françoise. 439. C.
Eloquence grandement descheüe du temps de Tacite. 294. C. pourquoy plus familiere aux Romains qu'à nous. 295. A.
Emanuel Comnene preferé à son aisné à l'Empire. 396. C.
Embrion prend nourriture du sang menstrual de la femme. 582. C. & suiv.
Empereur qui alloit de nuict desguisé és maisons publiques pour entendre ce que l'on disoit de luy. 561. B.
Empereurs qui premiers donnerent authorité aux Loix 574. A.
Empereurs se sont aymez à Paris. 276. C.
Empire de Rome transporté par Constantin en la ville de Bysance. 20. C.
Enfans de Monsieur le President de Thou. 188. B.
Enfant mineur d'ans ne peut aliener son bien sans l'authorité de son tuteur. 51. C.
Enfans ne se peuvent votier en Religion sans l'exprez consentement des peres & meres. 298. B.
Enfans ne doivent controller leurs parens au maniement de leurs biens. 537. A.
Enfants ingrats & mal agissants à l'endroict de leurs parens, peuvent estre par eux exhéredez. ibid. A. B.
Enfans de Sophocle firent appeller leur pere en Justice. 649. B.
Ennemis des Jesuistes ne sont tous Huguenots. 637. B. 641. B.
Ennodius a escrit des Epistres. 1. A.
Entreprise de Montargis double. 304. C.
Entreprise d'Amboise descouverte. 451. A.
Entretenement d'un Estat a tousjours besoin de finances. 364. A.
Epaminondas pourveu du plus vil Estat des Thebains. 431. C.
Epigramme sur la guerre de Savoye pour le Marquisat de Saluße. 548. B. C.
Epigramme sur les diverses saignées du Chancelier de Biragüe. 560. B.
Epigrammes de Maistre Anthoine Mornac. 107. A.
Epigrammes Latins de l'Autheur, dediez à Monsieur le premier President. 195. A.
Epistres escrites par grands personnages. 30. A. & suivans.
Epistres amoureuses mises en lumiere par l'Autheur sans l'inscription de son nom. 157. A.
Epistres d'Erasme III. son jugement touchant les Epistres. 30. A.
Epitaphe de Monsieur de Joyeuse. 304. A.
Epitaphe de Monsieur de Guise. 374. B.
Epitaphe du Mareschal de Biron. 499. C.
Epitaphe de Biron par Pasquier en vers Latins, contenant la verité de son histoire. 511. C.
Epitaphe de la Mole convenant à ses mœurs. 559. B. C.
Epitaphe du Roy Henry le Grand. 600. A. B.
Erection des Sieges Presidiaux de Clairmont & Beauvais, l'an 1582. 194. B. C.
Escarmouche d'Aumale. 468. D.
Eschevins de Paris detenus prisonniers à Blois. 368. A.
Eschile tué au milieu des champs, d'une tortuë. 34. C.
Escholes Grecques & Latines necessaires. 6. B.
Escholes en Athenes & quelles. 354. B.
Escosse ne recognoist le Siege Romain. 609. B.
Esclaves tousjours suspects aux anciens. 546. A.
Escriture est comme l'image de la parole. 65. A.
Escrire par livres exprez contre les œuvres d'autruy, c'est une chose pedantesque. 243. C.
Escrits des Jurisconsultes sont comme truchemens des loix. 566. B.
Esculape pourquoy deifié aprés sa mort. 590. B.
Escusson d'Adam quel & la raison. 550. A.
Edmond Auger & Maldonat, doctes Jesuites. 112. C.
Especes des creatures s'estudient à leur conservation. 551. B.
Espée fatale envoyée par le Pape Theatin au Roy, l'incitant à recouvrer le Royaume de Naples. 449. C. D.
Esprit infatigable de Monsieur le premier President aux affaires du Palais. 187. C.
Esprit Romain pour celuy qu'on appelle maintenant en Cour, homme determiné. 237. A. B.
Esprit s'il consiste au cœur ou au cerveau. 250. A.
Esprits sont faits à la semblance & image de Dieu. 33. B.
Essais de Montaigne, appellez chefs-d'œuvre. 517. C. est un autre Seneque en François. ibid.
Estat de premier President de Paris, de quelle estoffe & grandeur. 182. A.
Estats tenus à Orleans. 83. C.
Estats quels fruicts apportent en France. 84. C. D.

Estats

Estats se doivent envier par un homme de bien en temps calamiteux. 181. B.
Estat de France de quels ordres est composé. 343. A.
Estats (les Députez des) assignez à Blois. 357. A.
Estat d'Advocat du Roy, grandement onereux. 360. C.
Estats d'Orleans proclamez. 451. A.
Estat de France comparé au corps humain. 478. C.
Estats de Judicature à l'enchere. 542. A.
Estat, religion & meurtre, meslez ensemble par les Jesuites. 594. B. 607. A.
Estonnement du Roy après la mort de Monsieur de Guise. 381. B.
Estrangers que nous appellons à nostre secours, se font enfin maistres de nous. 268. C.
Estude de Monsieur le premier President. 187. B.
Ethniques semblent avoir appris des bestes les premiers rudimens de la Religion. 255. C.
Evangelistes pourquoy sautent depuis la nativité de Jesus-Christ jusques aux predications de Saint Jean. 614. B.
Evangile de Saint Jean est comme un supplément des autres. 612. A.
Evesques appellez Orateurs des Roys. 294. B.
Evesque de Nomogarde indignement traitté par Basilides après le festin. 308. B.
Evocations du propre mouvement des Princes, de quel dangereux effect sont, & comme elles ont pris leur ply par la France. 155. A. B.
Evocations & abolitions à craindre en matiere de Grands Jours. 180. A.
Euphrosine mere de l'Empereur Isaac Comnene, occise par Andronic. 401. B.
Eurydice retirée des enfers par Orphée. 532. A.
Excellence des Essais de Montaigne. 518. B.
Excuses des Parisiens au Roy sur le subject des barricades. 335. C.
Exercice à porte ouverte de la nouvelle Religion. 87. B.
Exhortation de Monsieur Pasquier aux François. 411. A. B. & suivans.
Exhortation du Roy Henry IV. en la bataille d'Ivry. 425. B.

F.

Fable de la Papesse Jeanne pourquoy inventée. 356. A.
Fable plaisante sur la creation de l'homme & de la femme. 524. D. 525. A.
Fabricius renvoya à Pirrhus son Medecin. 108. A.
Faceties de Bonaventure du Perier. 213. A.
Faction d'Amboise, premiere enfance de nos troubles. 627. C.
Faculté de Théologie de Paris ne se lassa jamais de faire teste à ses ennemis. 592. A.
Faim fausse de bon goust. 528. A.
Falcidice, pour quelle raison introduite. 569. C. en quoy consistoit. 570. A.
Falcidius, Tribun du Peuple. 569. D.
Fanfares de langage, propres à qui. 5. B.
Fantosme apparu à Jules Cesar, ayant passé le Rubicon pour s'impatroniser de l'Estat. 318. B.
Fatalité qui s'est trouvée en nos troubles. 133. B. C.
Fauchet (Monsieur) docte homme en nostre siecle. 239. C.
Faveurs des Roys sont passageres. 513. A.
Favoris du Roy Henry III. ont eu du malheur en leurs vies & en leurs morts. 416. C. D.
Fautes en guerre ne sont doubles. 394. A.
Faute grande d'avoir rompu la paix de 68. ou de n'avoir mieux executé la rupture. 127. A.
Fautes que les Advocats commettent au Barreau, meslans les deux Droicts ensemble. 224. C. D.
Fautes commises par le Prince de Condé au commencement des troubles. 96. C.
Fautes grandes faites par les grands hommes. 182. B.
Fautes imputées à Monsieur le premier President. 190. B.
Fautes de la vieillesse. 195. A.
Fautes des Chefs pourquoy traisnent quant & soy une longue queuë. 289. B. 290. A.
Fautes faites aux barricades, tant de la part du Roy, que de Monsieur de Guise. 335. A.
Femme doit ployer sous le mary. 14. A.
Femmes sont foibles de corps & d'entendement. 53. C.
Femme perd beaucoup plus que son doüaire, quand elle fait perte de son honneur. 56. A.
Femmes ont plus de commandement sur les Princes, que nuls autres. 35. C.
Femmes à Rome en la perpetuelle tutelle des hommes. 226. D.
Femme qui n'a ses fleurs, est incapable d'avoir d'enfants. 582. D.
Ferdinand Roy des Romains. 18. C.

Fernel, docte Medecin François. 583. A. a fait un Livre intitulé la Medecine. ibid.
Fertilité du Pays de Congnac en toute abondance de biens. 421. C. 422. B.
Feste de Pasque, la plus grande & solemnelle de l'Eglise. 616. D.
Feu des troubles de 61. allumé generalement par la France. 97. B. C.
Feuardent Savoyard, Predicateur seditieux. 456. A. & suiv.
Fiebvres gueries au plat pays par certaines herbes pilées & appliquées aux poignets. 587. A.
Fiebvre quintaine de cinq en cinq jours, cogneuë par Hyppocrate, non par Galien. 627. B.
Fiebvre quarte pourquoy souhaittée entre les François pour grand maudisson. 263. B.
Fiertre de Saint Romain. 199. B.
Filles repenties logées par la Reyne mere en l'Abbaye Sainct Magloire. 416. A.
Fin miserable de Basilide. 310. B. C.
Fin (la) choisi pour principal confident du Mareschal de Biron. 501. B.
Finances, principaux nerfs de la chose publique. 424. A.
Flandre, pays fatal à n'estre remis sous l'obéïssance des François. 117. A.
Fleurs de Rhetorique appellées par quelques-uns desguisemens de verité. 9. C.
Fleurs de nos esprits surpassent celles des saisons. 196. A.
Fleury (M. de) Rapporteur du procez de Monsieur de Biron. 507. C. D.
Foix (Monsieur de) Archevesque de Tholose. 173. C.
Fols qui s'estimoient estre grands Monarques. 528. A.
Force cachée en toutes les choses créées. 677. C.
Force de l'éloquence de Ciceron envers Cesar. 314. C.
Forces (les) croissent par l'object. 36. A.
Forme de vers ésquels l'Escho est representé. 214. C.
Formulaire d'Arrest de Monsieur le premier President. 187. C.
Fortune de Monsieur d'Espernon estrange. 383. B. C. en un coup renversée, & sagement redressée. ibid. C.
Fortune heureuse du Roy Henry III. estant encore Duc d'Anjou. 130. C.
Fortune (belle) du Roy Henry III. en sa jeunesse, fort fascheuse sur l'advancement de son aage. 412. B.
Fortune admirable de Monsieur le premier President de tous sens. 189. B.
Fortune (bonne) de l'Autheur, contrebalancée par la mauvaise. 273. C. D.
Fortunes des hommes illustres, diverses. 189. B. & suivans.
Fourmis enterrent celles qui sont mortes. 252. C.
Fourmis (Republique des). 257. C.
Foy de Gentil-homme, serment de François Premier. 604. B.
Franc Discoureur, livre contre les Jesuites. 640. B.
France anciennement appellée Gaule, & les habitans Gaulois & Galates. 5. B. 534. A.
François second succede à son pere. 450. C. marié à Marie Stuart Reyne d'Escosse. ibid. il meurt. 451. D.
François, c'est-à-dire, franc & libre. 3. C.
François (le) ne se peut en beaucoup de choses rapporter au Latin. ibid.
François (le) n'a telle varieté de mots que le Romain & le Grec, & la cause. 4. C.
François (les) s'emparent de nos Gaules. 10. B. C.
François & son naturel. 75. A.
François curieux de nouvelles de sa nature. 21. C.
François Premier du nom, Poëte excellent. 42. B. blessé en la teste par le Sieur de Lorges. 77. A.
François insolent de sa nature. 289. A.
François du commencement sont plus chauds & forts que les hommes, & au long aller plus froids & foibles que les femmes. 470. C.
François impatient. 523. A.
François I. & Charles V. briguent l'Empire. 607. D.
François I. restaurateur des bonnes Lettres. 656. B.
Frontispices de nos Lettres Françoises. 2. A.
Frugalité requise en un Chef de guerre. 520. D.
Fruict de l'heresie, quel. 593. C.
Feüilles de figuier, armoiries de nostre premier Pere. 550. A.
Furieux ne pouvoit par la seule loy de nature, administrer ny aliener son bien. 538. A.
Fuir sans sçavoir qui chasse, est honteux & indigne d'un bon cœur. 523. A. B.

G.

G En Latin, prononcé diversement. 63. A.
G, transformé en V, familier au François. 664. C.
Gabaston & Rouge-aureille menent par trouppes prisonniers

Table des Matieres.

les Catholiques. 90. C.
Gabafton Chevalier du Guet à Paris. ibid. favorife les Proteftans. ibid. vaillant de fa perfonne. ibid. B.
Galere Maximian & Conftance Empereurs. 92.
Galien, grand patron des Medecins. 581. C. ignoroit l'anatomie du corps humain. ibid. D. anatomifoit des finges. ibid.
Gallipoli occupée fur les Chreftiens par Orcan Roy des Turcs. 269. B.
Gallogrecs iffus de l'ancienne fource des Gaulois. 19. C.
Garde des harquebufiers François, introduitte prés la perfonne du Roy. 79. C.
Garde d'une place ne doit eftre commife à un qui quitte fon Prince. 521. C.
Gafcon naturellement foldat. 519. C.
Gafcons & Efpagnols venus au fecours des Catholiques. 101. A.
Gafcongne logée en un arriere-coin de la France. 519. A.
Gaft (le) fait Gouverneur du Chafteau d'Amboife. 382. C.
Gaft (Marquis du) deffait par Monfieur d'Anguien. 129. D.
Gaule toufjours éloquente. 5. B.
Gaule Cifalpine, quelle partie eft-ce d'Italie. 19. C.
Gaule (la) ne fut jamais defgarnie de fçavans perfonnages. 20. C.
Gaule du temps de Jules Cefar divifée en certaines Provinces diftinctes de langage & de mœurs. 577. B.
Gaulois fe fubjuguerent eux-mefmes. 19. D.
Gaulois (Chefs des) faits Senateurs par Jules Cefar. 20. C.
Gaulois mefpriferent de mettre leurs conceptions par efcrit. 21. A.
Gaulois au commencement plus forts qu'hommes, mais à la longue plus foibles que femmes. 227. B.
Gaulois fous la conduite de Brennus prirent Rome. 241. A.
Gaulois avoient toute puiffance de vie & de mort fur leurs enfants. 300. A.
Generaux des Monnoyes inftallez par les Maiftres des Comptes. 433. A.
Generofité du Roy Henry IV. 425. A.
Geneve pepiniere de nouveaux Miniftres. 452. B.
Genevieve (Saincte) tutelaire de Paris. 455. A. B.
Genius Archipreftre d'Amour. 31. A.
Gens du Roy quels. 325. C. D.
Gens-d'armes durant les troubles fe donnent plus de Joy & d'authorité que leurs Capitaines. 177. A.
Geofroy de Thory, Autheur entre nous. 215. C.
Germain (Saint) premier Confeffeur du Roy, confole la Reyne mere malade. 377. C.
Germanie florit à prefent en toutes fortes de Difciplines. 9. B.
Geta tué par fon frere. 575. A.
Givry tué à la bataille de Dreux. 101. C.
Glicia Dictateur Romain. 567. B.
Gots chaffez de l'Italie par Belliffaire. 545. C. D.
Gouverneurs des Provinces comme petits Princes. 414. A.
Gouverneurs jadis feulement fur les frontieres. 448. A
Gouvernement de Corbeil donné à Monfieur de Briffac, & pourquoy. 461. A.
Gouvernement de Lyon donné à l'Archevefque. 456. A.
Gouvernement de Bourg refufé au Marefchal de Biron, & pourquoy. 502. B.
Grammairiens fe font aprés que les langues font parvenuës à leur perfection. 65. A.
Grammairiens comme les Cenfeurs avoient la charge fur les livres que l'on divulgoit. 66. A. B.
Grammont remuë toute la Guyenne. 95. C.
Grand (le) & Pietre, Medecins de Paris, morts. 245. C.
Grandeur de Monfieur d'Efpernon. 385. C.
Grands comme doivent eftre chaftiez. 178. A.
Grands jours de Clairmont en Auvergne. 175. C.
Grands (és) jours la calomnie eft à craindre, & les évocations & abolitions. 178. C. D.
Grands jours de Poictiers. 672. A. B.
Grands jours d'Auvergne. ibid. A.
Grece farcie d'une infinité de grands Autheurs. 5. B.
Grece reduite fous la puiffance des Romains par Titus Quintius. 540. A. B.
Grecs faifoient profeffion de liberté. 554. B.
Grecs, tout ainfi que les Romains, brufloient les corps des morts. 155. C.
Groffier, de battelier fait bon foldat & brave Capitaine. 458. B.
Gruës (republiques des). 257. A.
Guelfes & Gibelins, factions dans l'Italie. 80. C. 270. B.
Guerifon procede plus fouvent du hazard & de la force de la nature, que de la Medecine. 588. C.
Guerre immortelle propofée contre les Heretiques. 363. B.
Guerre eft comme un jeu de dez. 393. B.
Guerres civiles envoyées de Dieu pour chaftier les Republiques. 448. D. & fuivans.

Guerres pour la Religion. 449. A.
Guerre de la plume, autant redoutable que des armes. 479. B. 480. A.
Guerre en Allemagne & en France pour le fait de la Religion. 609. B.
Guerres civiles dangereufes, & mefme pour la Religion. 97. A.
Guerres civiles plus aiguës & dangereufes que nulles autres. ibid.
Guerres (le Royaume grandement affligé de) civiles fous Charles III. & VI. 267. B.
Guerres (combien de maux produifent les) civiles. 267. D. 268. A.
Guerres civiles apportent la fubverfion de l'Eftat. ibid. B.
Guerre civile moins tolerable qu'une tyrannie en temps de paix. 270. C.
Guerres civiles ont toufjours de longues queuës. 264. D. 265. A.
Guerres civiles ont fait grand tort à la ville de Paris. 278. D.
Guerre violente contre l'Efpagne, l'an 558. 82. C.
Guet perpetuel de foixante archers à gages, eftably à Paris à foixante livres par an. 90. B.
Guillaume Cretin du regne du Roy François. 239. A. B.
Guillaume de Lory floriffoit fous Philippe Augufte. 38. A.
Guillaume Banchery, Rapporteur aux Enqueftes, pourquoy privé de fon Eftat. 541. C.
Guife (Monfieur de) deftiné Lieutenant du Roy en Italie. 73. B. eft auffi Lieutenant General à Mets. 17. A.
Guife (beaux fuccez de Monfieur de). 76. A.
Guife (Monfieur de) retourne en Cour, ligué avec le Conneftable & Marefchal de Saint André. 95. B.
Guife (Monfieur de) bleffé à mort par Poltrot. 104. C.
Guife (loüanges & blafmes de Monfieur de). 105. A.
Guife (Madame de) demande juftice de l'affaffin commis en feu fon mary. 107. B.
Guife (Monfieur de) entre en difpute avec le Roy, de fon Eftat de Lieutenant General, & de la ville d'Orleans. 365. A. B.
Guife (Monfieur de) grand guerrier & Capitaine, & Prince infiniment genereux. 367. C. vouloit eftablir fa grandeur aux Eftats de Blois. ibid.
Guife (Meffieurs de) pere & fils ont beaucoup de rapport de l'un à l'autre. 373. C.
Guife (Monfieur de) baillé en garde à Rouvré. 427. C. prifonnier au Chafteau de Tours. ibid. comment il fe fauve. 429. A.
Guife (Meffieurs de) d'où empieterent l'authorité en Cour. 450. D.
Guy de Montfort faifoit la Guerre aux Albigeois à caufe de l'herefie. 266. C.
Guy de Lufignan. 268. D.
Guyenne promotrice d'un nouveau trouble. 503. D. 504. A.

H.

HAbert, principal Secretaire de Biron, tient fa bouche en la gehenne ordinaire & extraordinaire. 512. A. defcouvre tout par le bon vifage du Roy. ibid.
Habitans de Poictiers fe donnent au Roy, & demandent d'eftre traictez comme ceux de Tours, à quoy ils font receus. 392. B. changent de refolution & pourquoy. ibid. C.
Habitude de l'air produit quand & foy les efprits plus doux & plus hagards. 178.
Habitudes du corps & de l'efprit fympathifent enfemble. 581. B.
Haine commune de tous encontre les Jefuites. 631. C.
Hali difciple de Mahomet. 606. C.
Hali fe fait Roy de la plus grande partie de l'Afrique. ibid.
Harangue du Roy à l'entrée des Eftats. 360. A.
Harangues publiques faites au Roy pour clorre l'affemblée des Eftats de Blois. 375. C.
Harangues accompareés au champ des Cygnes. 377. A.
Harangue de Caffius. 544. C.
Harangues funebres faites au Parlement au decez d'un Confeiller. 245. D.
Harangues de Monfieur le premier Prefident, des Seigneurs qui eftoient morts. 246. B.
Harangues funebres faictes en l'honneur de ceux qui ne l'ont merité, perdent le Palais. 247. A.
Harlay (Monfieur de) Prefident aux grands jours de Poictiers. 180. B.
Haro de Normandie. 659. C.
Harquebufes combien pernicieufes. 521. B.
Havre (le) de Grace livré aux Anglois pour gage & affeurance. 101. B.
Hazard (le) fervit de difcours aux Huguenots fans y penfer. 128. A.
Hazard du temps quelquefois non moins fage que la prudence. 645. A.
Heliogabale furnommé Antonin. 572. C. fut le dernier des Antonins.

Table des Matieres.

tonins. *ibid.* C. D.
Hellespont, maintenant le Bras Saint George. 269. A.
Henry II. declaré Protecteur de la liberté Germanique. 449. B.
Henry II. fatalement tué. 75. C. 450. C.
Henry III. s'amuse à la Grammaire au plus fort de ses affaires. 560. C.
Henry III. enclin à la liberalité. 338. C.
Henry III. sentit en six mois deux effects du tout contraires à Paris. 342. C.
Heraclite le Pleurart, grand Philosophe. 526. B.
Herbes, leurs proprietez & vertus par qui descriptes. 34. B. C.
Heresie ne se doit exterminer par les armes. 266. C.
Heresie est en nos ames, ce qu'un chancre est dans nos corps. 609. A.
Heritier n'a nulle reprimende ou esgard sur la veufve du defunct. 54. D.
Heurs arrivez à Philippe Roy de Macedone quant & la naissance de son fils Alexandre. 650. B.
Hierosme Cardan avoit prognostiqué au Roy Henry le malheur qui luy devoit advenir. 78. A.
Histoire du Roy Louys XI. appellée mesdisante. 65. C.
Histoire des barricades, & comme le Roy Henry III. sortit de Paris. 331. A.
Histoires de la Papesse Jeanne. 349. C.
Hystoriographes des Jesuites, quels. 637. C.
Holofernes assassiné par Judith. 108. A.
Homar se fait Roy de la Perse & autres pays circonvoisins. 606. C.
Homme n'est establi en ce monde que pour la conservation de l'humaine societé. 32. C.
Homme est à l'homme un Dieu. 209. A. l'homme à l'homme un loup. *ibid.*
Homme determiné, mot inepte qui s'est aujourd'huy insinué entre les Courtizans. 237. B.
Homme formé tout d'un coup en tous ses membres à la conception & la raison. 582. C.
Honneur que c'est. 431. A.
Honneur combien touche. *ibid.*
Honneur de l'espée & de la lettre. *ibid.*
Honneur d'un homme de bien en dispute de tout le monde. 523. A. B.
Honneur est l'ame des bons esprits & cœurs genereux. 31. D. 32. C.
Hospital (de l') Chancelier dissuade de prendre les armes. 98. A. est tousjours different en opinions de Monsieur de Thou premier President. 187. B.
Hottoman fait Advocat du Roy par la Ligue. 461. A.
Hottoman Professeur du Roy à Paris, refute l'opinion de Cujas sur la Loy *Glicia*. 567. C. 569. A.
Huguenot, mot trop malheureusement familier en France. 637. A.
Huguenots pourquoy appellez au commencement Huguenaux. 80. A. deffences sur peine de la hart de n'appeller aucun homme Huguenot. 81. A.
Huguenots portans les armes, declarez rebelles & criminels de leze-Majesté. 100. C. D.
Huguenots (aux) toutes choses rioient soudain aprés la mort du Duc de Guise. 107. C.
Huguenots (toutes choses se tournent au desavantage des) contre leur opinion. 117. A. B.
Huguenots (lors que les) penserent estre au-dessous de toutes choses, les affaires leur reüssirent à souhait en l'an 1568. 127. B.
Hugues Capet, premier de la troisiesme lignée de nos Roys. 416. A.
Hugues Danel, sergent, se saisit de la personne du President Brisson. 485. C. & suivans.
Hyenes (des) admirable nature. 260. B.
Hypocrates a escrit des Epistres. 1. A.
Hypocrates redonna la vie à la Medecine. 584. C. 589. C. & suivans.
Hypocrisie trés-grande en matiere des armes. 128. B.

I.

Jacobins Inquisiteurs de la Foy, & pourquoy appellez Freres Prescheurs. 266. C. & suiv.
Jacques Cœur & sa fortune. 67. C. & suiv. causes pour lesquelles il fut condamné. 68. Arrests de la Cour contre luy. 69. C. & suiv. ses enfans. *ibid.* composition d'iceux avec le Roy Charles VII. 70. B.
Jacques Peletier a escrit de l'ortographe Françoise. 55. C.
Jacques Clement Jacobin avoit esté soldat. 409. A. tuë le Roy Henry III. d'un coup de cousteau. 410. A. est à l'instant tué, & son pere mort tiré à quatre chevaux, puis brullé. *ibid.*
Jacques Jacquet Eschevin de Lyon, principal Autheur de la

reddition de la ville. 456. B. 457. A.
Jalousies en la Cour, à cause de la grandeur de Monsieur d'Espernon. 386. A.
Icare precipité du haut en bas. 196. A.
Jean-Baptiste Gello a escrit plusieurs livres pleins de bonne Philosophie. 6. D.
Jean Clopinet dit de Mehun, estoit sous le regne de Saint Louys. 38. A.
Jean le Maire de quels escrits il se fit riche. 47. A. & suivans.
Jean de Nivellet, Poëte François. *ibid.* B.
Jean-Anthoine Baïf a escrit de l'ortographe Françoise. 55. C.
Jean de Hans Minime, fait teste aux Ministres. 89. A. mené prisonnier au Roy. *ibid.* B.
Jean Polevin, Maistre de la Chambre des Comptes, general & Souverain Maistre des Monnoyes. 432. C.
Jean Chastel nourry aux escolles des Jesuites. 472. C. blessé le Roy à la bouche. *ibid.* D.
Jean Roseau, executeur de la Haute-Justice, pend le President Brisson. 485. D. 486. A. B.
Jean Tardif, Conseiller au Presidial, pendu & pourquoy. 486. D.
Jean (Saint) survescut de long-temps tous les Apostres. 611. D. attaignit l'Empire de Trajan. *ibid.*
Jeanne de la Marche tuée dans son lict, & pourquoy. 561. B. Epitaphe sur sa mort. *ibid.* C.
Jeanne la Pucelle envoyée de Dieu en France. 643. D. ses miracles. 645. B. recognoist le Roy qui luy estoit incogneu. *ibid.* pourquoy appellée la Pucelle. *ibid.* est bruslée à Roüen. 146. A. est morte martyre. *ibid.*
Jeanne la Pucelle delivra la France des Anglois. 11. B.
Jeanne Papesse fort docte entre ses condisciples. 350. C. faite Pape, & combien de temps y regne. *ibid.* comme morte. *ibid.* D. à Sienne. 351. A.
Jesuites par qui instituez, approuvez & soustenus. 111. A. leur institution, leur progrez & leur ordre. *ibid.* B. leur vœu. *ibid.*
Jesuites recognoissent le Pape par dessus toutes les Puissances terriennes, voire par dessus le Concile general & universel de l'Eglise. *ibid.* C. presentent leur requeste à la Cour de Parlement, pour estre leur Ordre authorisé. 112. B.
Jesuites censurez par la Sorbonne. 112. renvoyez par la Cour de Parlement au Colloque de Poissy. *ibid.*
Jesuites receus au Colloque de Poissy en forme de Societé & College tant seulement. *ibid.*
Jesuites receus à la charge de prendre autre titre que de Jesuites, & sous quelles autres charges. *ibid.*
Jesuites (Bulles des) cassées par la Cour de Parlement. *ibid.*
Jesuites presentent requeste au Recteur de l'Université, afin d'estre unis & incorporez au corps. *ibid.* C. leur requeste refusée par le Recteur. *ibid.* D.
Jesuites plaident contre le Recteur de l'Université. 113. A.
Jesuites composez de deux manieres de gens. *ibid.* A. B.
Jesuites grands ennemis des Huguenots. 114. B.
Jesuites ne doivent avoir l'honneur seuls de soustenir le parti de l'Eglise contre les Heretiques. 591. A.
Jesuites armez contre Henry III. Prince trés-Catholic. 594. B.
Jesuites mieux ils font, plus sont à craindre. *ibid.*
Jesuites sont exterminez de la Republique de Venise. 595. A.
Jesuites, appellez Jesuistes. 628. C. comme prennent pied dans Paris. *ibid.*
Jesuites autheurs & promoteurs des troubles. 631. B.
Jesuites ne parlent jamais bien qu'en mesdisant. 682. C.
Jesus-Christ usa plus souvent de poisson aux actes solemnels. 615. A.
Jeunesse du Prince, fort dangereuse en un Estat. 449. A.
Jeunesse de Charles VII. continuellement affligée de guerres. 478. A.
Jeusne est une ordonnance divine. 613. C. D.
Ignace, Gentil-homme Navarrois, Jesuite 111. A. avoit tout le temps de sa vie porté les armes. *ibid.* fut blessé au siege de Pampelune. *ibid.* comme s'advisa de se faire Jesuite. *ibid.* A. B.
Ignace de Loyola, Gentil-homme, Autheur de l'Ordre de la Societé de Jesus. 591. A.
Images renversées par ceux de la Religion en l'Eglise Saint Medard. 90. C.
Imaginations logées en la partie devanciere de la teste. 583. A.
Importance de la prise de la ville d'Amiens. 463. C. & suiv.
Incommoditez à ceux qui demeurent à Paris. 536. B.
Indiens mangeoient leurs peres & meres decedez. 155. D.
Informations par Tourbes se font de l'authorité du Parlement seulement. 578. A.
Ingenu, Gouverneur de Pannonie, vaincu par l'Empereur Galien. 393. A.
Ingratitude d'Andronic envers ses bien-faicteurs. 400. B.
Injures particulieres dissimulées par Henry III. non celles fai-

Tome II. Zzzz ij tes

tes à l'Estat. 411. C.
Injures ordinairement engravées avec le burin dans nos ames. 475. D. 476. A.
Instincts generaux en l'homme & en tous autres animaux. 552. A. B.
Institution de l'Ordre des Chevaliers du Saint Esprit. 160. A. & suivans.
Instrumens militaires sont aujourd'hui changez. 3. C.
Intellect, amusoir de l'ambition de l'homme. 584. C.
Inventeurs se perpetuent, non les traducteurs. 37. C.
Inventions mal-aisées à supprimer. 220. A.
Inventions diverses & gentilles sur la Main. 207. D. 208. A.
Jodelle se fiant trop à son naturel, mesprisoit les livres. 653. A.
Joinville, tombeau ancien de Messieurs de Guise. 104. D.
Jovial gayement amoureux. 15. A.
Joüissance d'amour est accompagnée de beaucoup de tintoins. 16. B. C.
Jour de la conversion de Henry IV. à la Religion Catholique, & où. 469. D.
Jour Saint Martin dedié pour taster les vins nouveaux. 657. B.
Journée de Chasteau-neuf, où fut occis Monsieur le Prince de Condé. 130. C. 412. C.
Journée de Moncontour où l'Admiral fut blessé, & quatorze mille des siens tuez. 129. B. 412. C.
Journée de Coutras. 426. B.
Journée de S. Quentin, desastrée pour nous. 75. B. 450. A.
Journée de Fontaine-Françoise. 473. B.
Journée des Suisses. 621.
Journée d'Azincour. 645. D.
Journée de Saint Medard. 90. C.
Jours & mois qui ont esté fatalement heureux ou malheureux à uns & autres. 159. A.
Ismaël represente le Vieil Testament; & Isaac, le Nouveau. 533. B.
Italie, tombeau des François, & pourquoy. 74. A.
Italie se doit voir sobrement. 261. A.
Italiens (mœurs des) difficiles à estre menagées. 262. A.
Italien fait profession de vengeance. 177. C.
Italiens redevables à nostre France de leur Poësie. 39. B.
Item, mot de pratique. 516. B.
Jubilé pourquoy ouvert. 655. B.
Judas entre les Apostres. 541. C.
Judas gardien de la bourse. 613. A.
Juges mis à mort pour ne vouloir juger à la volonté d'Andronic. 400. C.
Juge peut accommoder les loix au cas qui se presente à juger. 579. A.
Juge subalterne doit juger selon les Ordonnances. ibid.
Jugemens de Dieu, admirables. 454. A.
Jugemens des amours de Ronsard. 537. C.
Jugement de Monsieur Pasquier sur l'histoire de la Papesse Jeanne. 352. A. B.
Jugement (grand) & grande memoire ne s'accompagnent pas souvent. 222. A.
Juif qui se fit Chrestien pour manger du lard. 203. A. 204. A.
Jules Cesar ne fut subjugateur de nos Gaules. 19. D. comme il rendit toutes les Gaules tributaires au peuple de Rome. ibid.
Jules Cesar mis à mort au milieu des affaires publiques. 76. C.
Jules Cesar assassiné par Cassius & Brutus. 108. A.
Jules Cesar tué en plein Senat. 373. D. & suiv. il souhaitoit se mourir violemment. 574. A.
Julien Empereur sejourna six mois à Paris. 277. A.
Juret (Monsieur) a escrit des vers sur la Main. 212. C.
Jurisconsultes rendoient droict, devant le temps d'Auguste, sans authorité du Prince. 563. C.
Jurisconsultes quand eurent plus de vogue. 580. B.
Jurisprudence bigarrée en pattialité, & sous qui. 564. C.
Jurisprudence cerebrine. 579. C.
Justice de Dieu executée par les hommes. 405. B.
Justice restablie à Paris, sans rien changer ny alterer. 459. B.
Justice ne peut estre ouye au milieu des sons des armes. 177. D.
Justice (la) couste plus en France que nulle autre marchandise. 129.
Justice entre les animaux. 253. C.
Justice barbare, mais juste. 308. C.

L.

Laboureur (le) traisne avec sa charruë, tout le malheur du temps quant & soy. 34. A.
Lactance Africain tres-éloquent. 9. A.
Langage vulgaire propre à coucher ses conceptions. 3. A.
Langage vulgaire changé de cent en cent ans. 293. B.
Langages ne se rapportent les uns aux autres. ibid. C.
Languedoc, langue de Got. 269. C.
Langue (la) est de grande efficace en nous, de telle que la main. 210. C.
Langue Grecque n'estoit cogneuë aux François. 275. C.
Langues (les) pourquoy s'apprennent. 6.
Larchant, Capitaine des Gardes, adverty de l'entreprise contre Monsieur de Guise. 367. A. ce qu'il respond à Monsieur de Guise. ibid.
Larmes de l'Auteur sur la mort de sa femme. 419. C.
Latin (le) est cogneu & entendu de tout le monde. 4. B.
Latin (le) n'est prononcé d'aucune nation en son naïf. 61. C.
Launay, autrefois Ministre, se fait Catholic, & un des principaux Ligueux. 481. B. & suiv. sa proposition. 482. B. 483. C.
Laurent de Medicis, restaurateur des bonnes lettres en Italie. 656. A.
Laurier qui estoit dans Rome, prognostic de la grandeur & ruine de la posterité d'Auguste. 154. C.
Leçon de l'Autheur à son fils. 129.
Lecture assiduelle d'un Livre est une penible servitude. 556. C.
Legat creature du Parmesan brigue contre le Roy. 469. D.
Legionnaires instituez par le Roy François Premier. 522. B.
Leon IV. Pape, combien haut de cœur. 352. B.
Leon X. Pape, principal instrument du divorce de l'Eglise. 607. A.
Lepre, maladie notoirement incurable, guerie par Paracelse. 590. A. B.
Lettres de Chancellerie comment expediées. 379. C.
Lettres de gens de marque exposées au public. 1. A.
Lettres (les) n'ont pas tant de vogue à l'establissement des Monarchies que les armes. 10. A.
Lettres de nos anciens comment se commençoient. 22. C.
Lettres bien dictées en Latin. 29. A. B.
Lettres d'un Juif admonestant le Roy Henry de se garder du combat d'homme à homme. 78. A.
Lettres humaines de Monsieur le premier President, jointes avec la Loy. 186. A. B.
Libelles (les) que l'on fait courir au commencement des troubles, sont les seminaires de nos ruines. 263. D. 264. C.
Libelles diffamatoires en vogue. 380. B.
Liberté de l'Allemagne recouverte par le moyen du Roy. 17. A.
Librairie du grand Roy François establie à Fontainebleau. 37. B.
Lycurgue pourquoy se bannit à jamais de son pays par un exil volontaire. 36. C.
Ligue bien nommée Saincte. 421. C.
Ligueraç Capitaine de la Ligue. 366. A.
Ligueurs signalez avoient la clef des champs plustost que la prison. 461. B.
Lieu, origine & premiers commencemens de la Papesse Jeanne. 349. C. & suivans.
Limosin compris au nouveau trouble. 504. C.
Lions & Ours nourris par le Roy. 415. A. pourquoy tuez. ibid.
Lionne (subtilité de la) pour couvrir son impudicité envers le lion. 254. C.
Lis (Monsieur du) Conseiller & Advocat General du Roy en la Cour des Aydes. 643. C. sa genealogie. ibid. extrait de la famille de Jeanne la Pucelle. ibid. D.
Litterature n'est pas comme la tyrannie. 31. A. & suivans.
Livres des Arriens mieux bastis & plus doctes que les Catholics. 267. A.
Livres d'histoires doivent estre mis en lumiere aprés la mort des Historiens. 445. C. D.
Livre de Monsieur le Duc de Nevers. 486. C.
Livres contre les Jesuites pourchassans leur restablissement en France. 639. C.
Logis (trois) du Roy dans Paris. 278. B.
Loix (les) reçoivent polisure par le temps. 156. B.
Loix observées tant en Egypte que Sparte. 129.
Loix (les) descouvrent l'infirmité de nostre raison. 256. B.
Loix (diversité de) entre les hommes. ibid.
Loix (les) se sont changé de mesme pays. ibid.
Loix (multitude des) signifie la corruption d'une Republique. ibid. C.
Loix ame de la Republique. 345. B.
Loix en France ne peuvent obliger, qu'elles ne soient verifiées à la Cour de Parlement. 327. A.
Loix anciennes sont de meilleure trempe que les nouvelles. 544. C.
Loix du pays doivent tousjours estre estimées les meilleures. 554. B.
Loix portoient quelquefois le surnom des Legislateurs. 568. A.
Loix comment devoient estre faictes pour obliger. 576. C.
Loix de Caligula pourquoy escrites en menuë lettre, & mises en lieu sombre. ibid.
Loix données afin de tenir les opinions des Juges en bride. 579. A.
Longueil a escrit des lettres en Latin. 30. A.
Lorges blessa le Roy François en la teste. 77. A.
Loüanges de Mesdames des Roches mere & fille. 165. B. C.

Loüanges

Loüanges du Sieur d'Urfé. 531. B.
Loüanges fortans de nos bouches ont mauvaife haleine. 557. D.
Louchard & trois autres des feize, pendus. 490. D.
Louvre bafti par feu Monfieur de Claigny à l'antique. 192. C.
Louys le Gros par la rencontre d'un pourceau, tombant de fon cheval, fe rompit le col. 76. C.
Louys neufviefme mis au Calendrier des Bien-heureux. 39. B.
Louys Unziefme, fommaire recueil de fes mœurs. 65. C. Jugement de Dieu qui tomba fur le Roy Louys Unziefme. 68. A.
Louys Douziefme pourquoy appellé Pere du peuple. 344. D. 646. A. pourquoy appellé Tacquin. 344. D.
Louys (Saint) pourquoy canonifé. 656. B.
Loy, que c'eft. 404. B.
Loy de legitime d'où a pris fon origine. 569. B. pourquoy introduite. ibid.
Loy de l'Empereur Conftantin prohibant de difputer de la Foy, & par fpecial de la Trinité. 266. A.
Loy de Charlemagne pour les Religieux. 298. C. D.
Loy Salique eft du Droict naturel. 553. A.
Loy Glicia en faveur de la legitime des enfans. 567. B.
Loy concernant la legitime des enfans combien fignalée. 568. C.
Loy des troubles permettant à chacun de difpofer par fon teftament de tous fes biens. ibid.
Loy Falcidie, pour quelle raifon introduite. 569. C.
Loy generale du Prince efface toutes les Couftumes. 577. B.
Loy quoyque rude, eft neantmoins Loy. 579. A.
Loyre mal gifante, fubjecte à fe desborder. 422. B.
Lucius Quintius, homme confulaire, interdit du Senat par Caton le Cenfeur. 540. A. & fuivans.
Lucreffe par fa mort fut caufe de l'extirpation de la tyrannie des Roys à Rome. 237. C.
Luculle fit retraitte à fa fortune. 664. B.
Lutetia, d'où ainfi dite la ville de Paris. 275. B.
Lyon (à) on faifoit des declamations tous les ans. 5. B. & fuivans.
Lyon, embouchure de toutes nouvelles. 21. B.
Lyon rendu au Roy. 456. B. 457. A. 472. A.
Lyonnois, Forefts, & Beaujolois, du party de la Ligue. 381. A.

M.

MAchiavel, & fon Livre de l'Inftitution du Prince, digne du feu. 231. D.
Magiftrat ne doit recevoir la loy de celuy qui ne l'a qu'à la fuffifance. 564. A.
Magnanimité de certaines beftes. 253. A.
Magnanimité des Romains a efté enfevelie avec leur Republique. 289. B. & fuivans.
Mahomet quand introduifit fa fecte. 605. C.
Main (la) eft un outil en nous qui produit du bien & du mal en extremité. 209. A.
Main (la) par fes geftes nous reprefente toutes les paffions de nos ames. ibid. C.
Main (la) produit effects émerveillables, mefme aux chofes fpirituelles. ibid. C.
Maine, Touraine & Anjou, érigez en Gouvernement. 82. A.
Maires du Palais comment s'impatronifèrent de l'Eftat. 121. B. C.
Mairie de Bourdeaux donnée à Montagne. 518. C.
Maifons anciennement à bon marché, eft un argument du malheur qui eftoit lors. 280. A.
Maifon bien reglée eft un vray Monaftere. 299. A.
Maiftre (chacun veut eftre) pendant une guerre civile. 177. A.
Malade a plus d'obligation à la nature qu'à l'art de Medecine. 590. C.
Maladie de Pybrac, & l'inutile vifite des Medecins. 588. C. fa guerifon. 589. A.
Maladies envoyées de Dieu, & gueries par luy feul. 677. A.
Maladies de longue guerifon. ibid.
Maledictions des peres à leurs enfans en quoy confiftent. 292. A.
Malheur ne peut eftre fuy, l'heure eftant venuë. 133. A.
Malheur particulier des Roys. 337. C.
Malheur de Monfieur de Guife prédit communément. 369. A.
Malheurs en quoy eftimez pour grands crimes. 412. D.
Malvoifie donne guerifon aux fieurs Boyer & Pybrac. 589. A.
Mammée mere de l'Empereur Alexandre. 572. D. & fuivans.
Manifeftes permis aux Cenfeurs de Rome. 540. B.
Manifeftes permis aux Cenfeurs contre les uns & les autres. 284. B. 285. A.
Manifefte de la Ligue. 286. C.
Manlius pourquoy condamna fon fils à mort. 238. B.
Manœuvres & Manufacture prennent leur appellation de la main. 211. A.
Marc Anthoine fut vaincu par le jeune Octavien. 130. B. & fuivans.

Marcel Intendant des Finances. 367. B. eft depefché à Paris. 368. B.
Marchands d'Orleans fourniffoient argent pour la conjuration d'Amboife. 81. A.
Marefchal (le) de S. André tué. 102. B.
Marefchal (le) de Hes a amené des Reiftres au Prince de Condé. 101. A.
Marefchal d'Aumont a advis du deffein du Roy contre Monfieur de Guife. 366. D. & fuiv. met la main aux armes. 367. B.
Marguerite Royne de Navarre, fœur du Roy François I. 664. C. efcrivit en Poëfie & Profe. ibid. D. Livre par elle fait, intitulé la Marguerite des Marguerites. ibid.
Marguerite de France, fille du Roy François I. 665. B. mariée avec Emanuel Duc de Savoye & Prince de Piedmont. ibid. loüée par les premiers Poëtes de la France. ibid.
Marguerite de Vallois, fille du Roy Henry II. 665. A. fe retire en Auvergne. ibid. fait donation à nos Roys de tous fes biens. ibid. oyoit trois Meffes le jour. ibid. C. communioit trois fois la femaine. ibid. grande aumofniere. ibid. pendant fon difner avoit quatre hommes doctes qui l'entretenoient de queftions. ibid. D. & fuivans.
Marguerite fœur du Roy Henry II. mariée au Duc de Savoye. 76. A.
Mariage (quel) va tousjours de bien en mieux. 13. C.
Mariage du jeune Rohan avec la Brabançon, fait à Argenteuil. 88. A.
Mariages des enfans felon la loy de Dieu bornez par la volonté bien reglée d'un pere. 51. C.
Mariage des enfans nul, felon les Payens, s'il n'eftoit authorifé du pere. ibid. D.
Mariages des enfans fans l'authorité paternelle, appellez par les Docteurs de l'Eglife, paillardifes. 52. A.
Mariages faits par amourettes ne font fuivis d'un reciproque contentement. 434. B. & fuivans.
Mariages celebres. 450. B.
Mariages des François en quoy different de ceux des Romains. 223. B.
Mariages de la fille aifnée du Roy avec le Roy Philippe & de la fœur avec le Duc de Savoye. 76. B.
Marianus Socinus, Profeffeur à Bologne, de quelle authorité il fut. 566. B.
Marie de Jars, fille par alliance du Sieur de Montagne. 518. D. traverfe prefque toute la France pour le vifiter & cognoiftre de face. 519. A. 520. A.
Marié, comment peut accufer fa femme d'adultere. 53. C. D.
Marion Advocat General au Parlement de Paris. 632. A.
Marius eftonne par fa conftance celuy qui le devoit tuer. 509. A. B.
Marquis de Canillac tué à Saint Oüin. 393. A.
Marquifat de Saluffe pris par le Duc de Savoye. 362. D. 363. A.
Mars mois fans troubles. 159. A.
Marteau Prevoft des Marchands de Paris, arrefté prifonnier aux Eftats de Blois. 368. A. comment fauvé. ibid. B.
Marthe (Saincte) Lieutenant particulier de Poictiers, député au Roy. 392. B.
Martin Luther, Religieux de l'Ordre de Saint Auguftin, prefche contre la Croifade du Pape Leon. 608. B. s'attaque au Pape. ibid C.
Martin Mefnard, Poëte de gentil efprit. 218. B.
Marfeille où l'on executoit la haute Juftice avec un glaive enroüillé. 62. A.
Marfeille, le rendez-vous de la jeuneffe Romaine pour eftudier. 354. B.
Mary par une prérogative de fon fexe ne fe doit roidir contre les opinions de fa femme. 14. A. B.
Mafque de la Religion & du bien public, fort commode pour les Grands. 343. C.
Maffacre des Huguenots n'a eftouffé leur party. 374. C.
Mafurius Sabinus difciple de Capiton. 580. B.
Matignon (M. de) entre le premier à Paris. 458. C.
Maudiffons du peuple fouventes-fois exaucez. 477. C.
Maximes de la Reyne mere pour fe maintenir en grandeur. 379. A.
Mayenne (Monfieur de) fait Lieutenant General de l'Eftat & Couronne de France. 381. A. & fuiv. s'affeure de toute les villes de fon Gouvernement de Bourgongne. ibid. prefte ferment au Parlement pour fa Lieutenance. ibid.
Mazere Gentil-homme pris & execute à Amboife. 80. A.
Meaux reduite au fervice du Roy. 446. B.
Medailles faites par le Duc de Savoye aprés avoir ufurpé le Marquifat. 547. A.
Medaille faite par le Roy fur fa victoire. 548. A.
Medecines comment fe prenoient anciennement. 175. C.
Medecines que nature a diverfement apprifes aux animaux. 255. B.
Medecine (l'homme penfe eftre tplus fage que la nature en la). ibid. Zzzz iij Medecine

Medecins de nostre temps en quoy semblent faillir.	48. B.
Medecins estoient appellez anciennement Physiciens en France.	581. C.
Medecins souvent medicamentent une partie pour l'autre.	584. B.
Medecins estoient anciennement Chirurgiens & Apothicaires.	587. A. & suivans, comme doivent considerer leurs maladies. ibid. B. comme visitent leurs maladies. 588. A.
Medecin pourquoy doit estre honoré.	590. B.
Medecin doit en premier lieu soigner à l'ame, puis au corps.	ibid. D.
Medecines ameres de difficile prise causent de grandes tranchées avant qu'on cognoisse leurs operations.	441. D.
Medecine, art fort incertain.	581. D.
Medecine combien de fois renversée, & par qui.	584. C.
Medecine introduite pour tromper les bourses des riches & de ceux qui veulent estre trompez.	588. B.
Medecine, selon les Payens, estoit de l'invention de leurs Dieux.	590. B.
Medicamens doivent estre employez selon la temperature des corps.	555. B.
Mediocrité mere de vertu.	478. C.
Meditations sur l'Histoire des quatre Evangelistes faites par M. Pasquier.	611. A.
Medor, soldat couché entre les morts en pleine campagne, receut guerison par la belle Angelique.	586. D.
Melancholic tardivement bannit le courroux de sa fantaisie.	177. B.
Melancholiques subjects aux hemorrhoïdes. 392. C. naturellement ingenieux.	ibid.
Melphe ostée aux parens du Pape Paule Theatin.	73. A. B.
Mendians vont deux à deux.	427. A.
Mercœur (Monsieur de) dernier Chef qui tint pour la Ligue.	474. C.
Mercure figuré par les anciens pour le Dieu des larrons.	650. C.
Mercure mis avec les autres metaux, sert infiniment pour les assouplir.	283. A.
Mercure se dissipe à faute de subject.	284. B.
Mercuriale tenuë au Parlement devant le Roy Henry sur la punition des Heretiques.	77. A.
Mercuriale tenuë en peu d'estime.	284. A.
Mercuriale comparée à la Censure de l'ancienne Rome.	ibid. A.
Mescontentement de l'amour est l'assaisonnement du plaisir.	16. D.
Mescontentement des Princes & Seigneurs Catholiques.	88. B.
Mesnage heureux de Monsieur le premier President.	188. A.
Messala privé de jugement, & doüé de grande memoire,	583. B.
Messieurs du Grand Conseil emprisonnez à Vendosme.	387. C.
Metelan Chancelier d'Escosse. 632. C. sa mort achetée par un Jesuite.	ibid. D. 633. A.
Mets, Toul, & Verdun mises sous la protection du Roy Henry.	17. A.
Michel (Saint) Ange tutelaire de la France.	655. A.
Microcosme dit par les anciens, qui est le petit monde.	527. B.
Minime mené prisonnier au Roy, retourne dans Paris avec triomphe.	89. B.
Minos Roy de Crete, Juge des ames damnées.	208. B.
Miracle de Cana en Galilée, premier que Jesus-Christ ait fait.	618. B.
Miracle des cinq pains & deux poissons, figure du S. Sacrement de l'Autel.	613. A.
Miracles de la Pucelle d'Orleans.	645. B.
Mithridat de Monsieur Pasquier pour se conserver en santé, quel.	554. C.
Mocquerie contre ceux qui sont en leurs maisons à rien faire.	276. A.
Moderation doit estre en toutes choses.	523. B.
Modifications que les François apportent au Droict Romain.	579. C.
Moitoyen, d'où vient ce mot.	59. C.
Mœurs des conjoincts par mariage.	13. C. 14. B.
Mœurs de Monsieur le premier President de Thou.	186. B.
Moines & Nonnains contrainçts de retourner en leurs Monasteres, ou vuider la France.	109. A.
Mois certains ordonnez pour les baings naturels.	177. C.
Molé estably par la Ligue Procureur General du Parlement.	460. C.
Mole (la) decapité en Greve.	559. B.
Monarchie de France.	146. A.
Monarchies s'establissent au commencement par les armes, non par les Lettres.	10. A.
Monarchies (aux) les subjects se composent à la volonté de leur Roy.	ibid. B.
Monarchies prennent leurs commencemens par les armes, & fins par les Lettres.	517. C.
Monde que c'est selon Salomon.	526. B.

Monophile, livre de l'Auteur, fait, luy estant fort jeune.	7. B. & 197. A.
Monsieur frere du Roy, un second Roy. 414. B. ne veut recevoir l'Ordre du Saint Esprit.	ibid.
Montberon, quatriesme fils du Connestable, tué.	101. C.
Montbrun & Mouvant font plusieurs grands exploicts d'armes en Dauphiné.	100. C.
Montferrant Siege des tailles.	184. B.
Montgommery, Capitaine des Gardes, tua le Roy Henry.	76. C.
Montgommery remuë toute la Normandie.	95. C.
Montgommery s'empare de Danfron, Saint Lo & Carentan. 413. A. est pris par le Sieur de Matignon. ibid. decapité & pourquoy.	ibid.
Montpensier (Monsieur de) ameine du secours au Roy.	425. A.
Monsieur de Morsan President aux grands jours de Troye.	206. A.
Monsieur de Brissac, jeune Seigneur & brave Capitaine.	189. A.
Monsieur de Joyeuse deffaict à Coutras avec beaucoup de Noblesse.	301. D.
Monsieur d'Espernon fait Admiral & Gouverneur de Normandie.	303. A. & suivans.
Monsieur de Guise arrivé à Paris. 331. C. sa responce au Roy.	ibid.
Monsieur de Guise comment recueilly à Paris.	ibid.
Monsieur de Guise faict Lieutenant General pour le fait des armes.	346. C. D.
Mort lamentable du bon Roy Henry II.	75. C.
Mort du petit Roy François.	81. C.
Mort de Monsieur de Guise.	103. B.
Mort de Monsieur le Prince de Condé.	127. D.
Mort de l'Admiral de Chastillon.	133. A.
Mort honorable de Monsieur le Connestable.	122. D.
Mort de Monsieur de Joyeuse.	303. A.
Morts de quelques Seigneurs de robbe longue, qui advinrent en l'an 1584.	245. B.
Mort de Monsieur de Guise, comparée à celle de Cesar.	ibid.
Mort de plusieurs Grands qui tombent à desseins du tout contraires.	374. B.
Mort de Jules Cesar, ouverture de grandes guerres. 374. A. introduisit le triumvirat.	ibid.
Mort de la Reyne d'Escosse, mort d'Estat.	375. A.
Mort de la Reyne mere la veille des Roys. 377. A. B. advancée par la mort de Monsieur de Guise.	ibid. B.
Mort du Connestable de Montmorency.	412. B.
Mort de Monsieur frere du Roy, pretexte aux Ligueurs.	414. B.
Mort du Sieur de Chastillon en son lict.	430. B.
Mort du Sieur de Montagne.	518. C.
Mort de Monsieur le Cardinal de Guise avec son frere aux Estats tenus à Blois.	367. C. 368. B.
Mort magnanime du Duc de Nemours.	533. C.
Mort inopinée d'Henry le Grand, pepiniere de maux à la France.	595. B.
Mort de l'Empereur Maximilian.	607. C.
Mort de Selin.	ibid. D. 608. A.
Mort tres-certaine, & l'heure d'icelle incertaine.	621. B.
Mot de Ligue abhorré en toute republique.	467. B.
Mots empruntez des estrangers & faicts François. 46. B. & suiv.	
Mot de gueux entre les factieux de Flandre.	115. B.
Mots qui ne peuvent estre traduits.	294. B.
Motif du Plaidoyer fait en l'an 1576. pour le pays d'Angoulesme.	141. B.
Motifs pour lesquels le Roy de Navarre changea d'opinion contre les Huguenots.	94. C. D.
Moulins bruslez vers la porte Saint Denis par les Huguenots.	118. C.
Mourir au lict d'honneur.	431. B.
Moyen de vivre bien-heureux en ce monde.	527. A.
Moyens pour restablir l'Eglise.	610. A.
Moynes de Saint Magloire, transferez à Saint Jacques du Haut-Pas.	416. B.
Moyse prie Dieu, les bras eslevez au Ciel.	210. A.
Multiplicité d'offices combien pernicieuse à l'Estat.	328. B.
Multitude effrenée d'Officiers est une desolation generale de l'Estat.	ibid.
Musa Medecin renversa la doctrine d'Asclepiades. 584. C. D. comme guerit Auguste.	ibid. & 185. B.
Mysteres qu'il y a de particuliers en l'Evangile de Saint Jean. 612. A. ceux qu'il a obmis. ibid. B. pourquoy.	ibid.

N.

Naissance de Henry IV. & mort de Monsieur de Guise à mesme jour. 468. A.
Naissance de Luther du temps des Jesuites. 591. A. avoit esté Moyne. ibid.

Nativité

Table des Matieres.

Nativité de Noftre-Seigneur pourquoy n'a efté touchée par Saint Jean. 611. A. B.
Nativité de Theodore, fils de l'Autheur. 41. C.
Nativité du petit Roy François. 81. D.
Nature nous doit eftre propofée pour feule & principale butte de nos actions. 32. C.
Nature douce de Monfieur le premier Prefident. 186. B.
Nature depravée par la cheute d'Adam, n'eft autre chofe qu'opinion. 553. B. C. 554. A.
Nature fans art eft quelque chofe, non tout. 653. A.
Naturel du Mercure. 539. A.
Naturel opere plus en la Poëfie que l'art. 653. A.
Naturel de l'Autheur. 245. A.
Nemours (Monfieur de) deux fois prifonnier. 534. C. évadé par deux fois. ibid.
Neron, dernier de la famille d'Augufte Cefar. 254. D. à fa mort, le laurier planté par la femme d'Augufte, mourut. ibid.
Neron defire rencontrer quelqu'un qui le maffacre, pour mettre fin à fes miferes. 236. D. 237. A.
Nerva efcholier du Jurifconfulte Labeon. 580. B.
Nevers (Monfieur de) envoyé à Rome pour faire à Sa Sainteté les fubmiffions de Sa Majefté. 445. B.
Nevers (Duc de) tué à la bataille de Dreux. 101. C.
Nevol Secretaire d'Eftat. 367. B.
Nice, principale ville de Bithynie. 399. fe rend à Andronic. 401. B. C.
Nicetas Hiftorien, un des premiers Seigneurs de Conftantinople. 403. B.
Nicolas que fignifie en Grec. 655. B.
Nicole Orefme, brave traducteur, fut du temps de Charles V. 38. A.
Nigonius de trés-grande memoire fans beaucoup de jugement. 583. B.
Nobleffe plus modefte aux Eftats que nuls autres. 362. D.
Nobleffe de France fur une pointille d'honneur fait eftat de perdre la vie. 52. B. C.
Nœud Gordien couppé par Alexandre le Grand. 49. A.
Nom de Roy, detefté & abhorré à Paris. 379. B.
Nom de Dieu en plufieurs langues, compofé de quatre lettres. 446. A.
Nombre de treize à table fatal à quelqu'un. 416. C.
Nombre des hommes qu'avoit le Roy en la bataille d'Ivry, & celuy de l'ennemy. 426. B.
Nominations des Evefchez & Abbayes oftées au Roy par le Concile de Trente. 362. A.
Nomogarde traictée avec d'eftranges cruautez. 307. D.
Normandie donnée autrefois en Gouvernement aux fils aifnez de France. 386. A.
Normands grands guerriers. 663. C. ont affiegé trois fois Paris. ibid.
Noftre-Dame apparue à Jeanne la Pucelle. 644. C.
Novalitez introduites en France à l'occafion des troubles. 131. C.
Noüe (la) maifon de plaifance proche de Blois. 365. B.
Noüe (Monfieur de la) tué en Bretaigne. 430. B.
Nouveauté eft de perilleufe confequence & de dangereux effect. 590. C.
Nouvelles bonnes ou mauvaifes tyrannifent ordinairement nos efprits. 554. C.
Nouvelles croiffent en la Salle du Palais, & pourquoy. 175. A.
Nouvelles (aux) premieres d'une bonne fortune eft mal-aifé de ne fe perdre. 181. B.
Numitor fpolié de l'Eftat d'Albe par Amulius 233. B. C.

O.

OBeïffance, principal facrifice que Dieu defire de nous. 420. B.
Obeïffance du foldat. 521. A.
Obeïffance avengle voilée au Pape par les Jefuites. 593. C. 595. A.
Obit annuel de Monfieur de Guife, celebré tous les ans en Noftre Dame de Paris. 104. D.
Obfeques du Conneftable. 123. A.
Obfeques de Monfieur le premier Prefident. 188. D.
Obfeques de Monfieur de Joyeufe. 306. B.
Obfeques de la Reyne mere celebrées. 377. C.
Obfeques faites du Marefchal de Biron, en l'Eglife de Saint Paul. 511. A.
Occafion du maffacre des Innocents. 611. C.
Ocieux (de n'eftre moins) que quand l'on eft ocieux, vieille rencontre. 275. A.
Ode de l'Autheur fur la Main. 204. C.
Officiers nouveaux eftablis au lieu des anciens. 357. B.
Officiers nouveaux nuifibles. 415. C.

Officier doit dire la verité à fon Prince. 327. C.
Officiers eftablis par la ligue. 460. C.
Officiers eftablis aux monnoyes, preftoient le ferment à la Chambre des Comptes. 432. B.
Officiers de judicature doivent eftre Docteurs en Droict. 579. C. avant qu'eftre receus en charge publique, font interrogez fur le Droict Romain. ibid.
Olivier de Cliffon affafiné par le Seigneur de Craon. 178. C.
Opinions des hommes renverfées ineperément. 83. A.
Opinion de Machiavel de la fceleratefle condamnée par Tite-Live. 236. B. C.
Opinion fille baftarde de la raifon & paffion. 251. A. B.
Opinions qui doivent entrer és efprits de ceux qui fe veulent marier. 13. A. & fuivans.
Opinions (combien les) des hommes font difficiles à contenter. 281. A. B.
Opinions des fages doivent eftre pefées, non comptées. 389. C.
Opinion de M. Pafquier fur la reformation des loix. 582. A.
Opinions diverfes des Medecins touchant le regime de vivre. 585. B. C.
Opinions diverfes des Medecins fur les faignées. 586. A. B.
Opinion du Catholique au Saint Sacrement de l'Autel. 618. A.
Opinion des fages mondains. 591. A.
Optat Docteur Africain trés-éloquent. 9. A.
Oracles anciens trompoient les hommes par un mot à deux ententes. 43. B.
Orateur du tout voilé & entenif à la furprife du peuple. 5. B.
Orateur fe fait, & le Poëte naift. 651. B.
Orateur eftoit d'autre qualité à Rome, qu'Advocat entre nous. 294. C.
Oratoire en foy-mefme eft une belle retraicte. 418. B.
Orcan Roy des Turcs, appellé par Jean Paleologue à fon fecours. 269. A.
Ordinateur & gouverneur general des monnoyes. 432. C.
Ordonnances d'amour. 35. A.
Ordonnances n'obligent en France, qu'elles n'ayent été verifiées aux Cours Souveraines. 576. D.
Ordonnances du Roy fi elles peuvent ou doivent eftre eftenduës ou moderées par les Juges felon les rencontres particulieres qui femblent leur donner advis. 579. D.
Ordre de l'Eftat perverti. 448. A.
Ordre de S. Michel d'où venu à mefpris. ibid.
Ordre nouvel de Chevalerie voué au Saint Efprit. 160. A. 448. A.
Ordres des Seigneurs qui prindrent le party du Roy. 471. A. B. tous embraffez & gratifiez par luy. ibid.
Ordre tenu par le Roy en la conduite des troubles arrivez à Limoges. 505. A. B. 506. A. B.
Ordre des Chevaliers de Saint Michel pourquoy inftitué par le Roy Louys XI. 655. B.
Orgueil extraordinaire eft puni de Dieu par dix mille moyens. 513. A.
Orgueil & prefomption de l'homme. 260. B.
Origine de la Ligue, & fes effects. 285. C. D. & 286. A. B.
Origine des Seize. 494. C. D.
Orleans veut remuer, & fous quel voile. 365. A. n'eftoit comprife entre les villes de feureté accordées par l'Edict d'Union. ibid.
Orleans conteftée eftre ville de feureté. 366. A. demeure à la Ligue. ibid. A.
Orleans delivré du fiege par M. de Mayenne. 381. A.
Orleans ville prefque expofée au milieu du Royaume. 81. A.
Orleans furprife par le Prince de Condé. 96. C.
Orleans prife en l'an 1567. par le Seigneur de la Noüe. 144. C.
Ormes anciens avec une grande fuite d'années, prennent fin en peu de temps. 177. B.
Orphée Muficien excellent. 31. C.
Ortographe ancienne eft la meilleure & la plus certaine. 8. A. ne fe faut efloigner d'icelle ayfément. 61. A.
Outre plus de moitié de jufte prix, comment doit eftre jugée. 580. A. comment pratiquée en France. ibid.
Ouverture des Eftats de Blois. 359. A.
Ouvertures des Parlemens faites à la fefte Saint Martin. 391. A.
Oyes (Republique des) fauvages. 257. B.

P.

PAcification faite avec la Ligue. 361. A.
Paix faite avec l'Efpagnol. 76. A.
Paix des Financiers. 300. B.
Paix entre le Roy & Monfieur de Guife. 299. B.
Paix combien difficile à faire. 341. A.
Paix faite par Henry III. qu'il appelloit fa paix. 413. C.
Paix de l'an 1557. fondement de noftre ruine. ibid. D.
Paix honteufe de l'Empereur Jovinian avec le Roy de Perfe. 450. B. defcriée par toute l'antiquité. ibid.

Paix

Table des Matieres.

Paix entre le Roy de France & celuy d'Espagne. 475. A.
Paix concluë à Lyon entre le Roy & le Duc de Savoye, par l'entremise du Pape Clement VIII. 503. A.
Paix de Vervins. 547. B.
Palais n'est le sejour des mieux disans de la France. 45. B. C.
Palais chomme par hazard lors de la mort du premier President. 189. A.
Palais pourquoy basty par la Reyne mere en la Parroisse S. Eustache. 377. C.
Palais fermé. 487. B.
Palatin de Russie comment mocqué & mis à mort. 309. B.
Pancharte cause des mescontentemens. 504. D. est abolie. 506. A.
Papauté, principal joyau de l'Eglise. 608. B.
Papes du commencement de fort basse condition. 405. C.
Papes chefs des autres Pasteurs chacun à part, mais non assemblez en gros. 593. B.
Papes sont par-dessus le Concile, suivant la doctrine des Jesuites, & peuvent de leur volonté transferer les Royaumes d'une main à autre. 593. B.
Pape de Rome, declaré Chef de l'Eglise Universelle contre le Constantinopolitain. 605. B. C.
Papinian preferé à tous les autres Jurisconsultes. 565. A. B.
Papinian mis à mort par le commandement de Caracalla, & pourquoy. 575. A.
Papiste & Huguenot, mots de faction introduicts entre nous. 80. A.
Parabole de l'enfant prodigue. 418. A.
Paracelse, & sa Medecine toute contraire aux principes d'Hyppocrate & Galien. 585. A.
Paradis promis par les Jesuites aux meurtriers des Roys. 631. B.
Paradoxes plus hardis que ceux de Ciceron. 44. C.
Paralleles de Monsieur de Guise & de l'Admiral. 373. A. B.
Pardon fait par le Roy aux Seigneurs de la Ligue. 368. A.
Pardon du Roy au College des Jesuites fauteurs de la rebellion. 461. B.
Parenté de Ravaillac, meschante & perverse. 597. A.
Parents du Mareschal de Biron. 499. B.
Paris departi en seize quartiers. 494. C.
Paris ville Metropolitaine de la France. 663. A.
Paris sejour des Roys depuis le regne de Clovis. 277. A. 663. C, a esté trois fois assiegée par les Normans. 663. C. contient trois villes, trois Cours Souveraines, & trois grandes maisons. ibid. C. D.
Paris assiégé par le Prince de Condé. 101. A.
Paris le Troyen n'a pas esté fondateur de la ville de Paris. 275. B.
Paris pourquoy porte un Navire en ses armoiries. 276. C.
Paris pourquoy ainsi nommé. ibid.
Paris n'a jamais peu estre vaincu de ses ennemis. 277. B. C.
Paris tombeau à ses ennemis. ibid. C.
Paris grandement opulente sous le regne de Charles V. 279. A.
Paris en grande souffrette par le moyen des guerres civiles. ibid. C.
Paris comme s'est remis sus. 280. A.
Paris est un raccourcissement de toute l'Italie au petit pied. ibid. C.
Paris occupé par l'Anglois l'espace de dix-huit ans. 269. B.
Parisiens mis en route devant Senlis. 393. A.
Parlement de Paris, fait regner nos Roys. 146. B.
Parlement de Paris comment establi. ibid.
Parlement establi au Palais. ibid. Loix émologuées au Parlement pour avoir force. ibid.
Parlement mené en triomphe depuis le Palais jusques à la Bastille, par Buffi le Clerc & ses complices. 379. C.
Parlement & Chambre des Comptes establis à Tours. 388. C.
Parlement ouvert à Tours. ibid. D.
Parlement tenu à Poictiers du temps de Charles VII. 459. B. & suivans.
Parler Latin devant les Clercs. 432. A.
Paroles dernieres du Mareschal de Biron. 511. A.
Paroles de la Reyne d'Angleterre. 512. B. C.
Parole hardie du Chancelier de Birague. 542. A.
Parricides des Jesuites & attentats qu'ils font sur les vies des Princes Souverains & de leurs Estats. 640. B.
Partage egal des biens en la Republique de Lycurgue. 552. C. D.
Parties de la teste comment disposées, des facultez qui y sont logées. 583. A.
Partisans, vermine de l'Estat. ibid.
Partisans generations de viperes & maudite vermine en France. 329. A. 339. A.
Pasque Dieu, serment du Roy Louys XI. 604. B.
Pasquier (M.) haut-loüé par le Jesuite Contery. 149. B. & suivans.
Passions tant du corps que de l'esprit troublent nostre raison. 250. A.

Patriarche, lieu où les Huguenots de Paris faisoient leur exercice. 90. B. & suivans.
Paul de Foix, Ambassadeur pour le Roy à Rome, mort. 245. B.
Paul Theatin, introducteur de l'Ordre des Theatins, est appellé à la Papauté. 73. A.
Paul troisiesme salué par Pasquin, venant à la Papauté. 530. A.
Pauvreté n'est entre nous que celle que nous y faisons nous-mesmes. 527. B.
Pays (amour de nostre) ne nous retient point tant que des nostres. 247. C.
Pays aux sages est partout. ibid.
Pays-Bas soustraits de l'obeïssance du Pape. 609. B.
Pechez cause & source de nos malheurs. 466. C.
Pelican se fait mourir pour donner guerison à ses petits. 252. C.
Penard Exempt des Gardes. 418. C.
Penitence tournée en cruauté. 309. A.
Pentecoste jour fatal à nostre Roy. 160. A.
Peres proposent de leurs enfans, & leurs enfans en disposent. 171. A.
Peres & meres envers leurs enfans sont les vrayes images de Dieu sur la terre. 410. B.
Peres ne doivent estre sous la curatelle de leurs enfans. 537. A.
Perigueux surprise par Langoran. 144. D.
Permission aux Ecclesiastiques de revendre leurs terres les moins incommodes. 108. C.
Perseverance du Parlement contre l'Edict de 1561. 92. C. & suivans.
Perte d'Annibal & de Pompée d'où proceda. 394. A.
Pesche de S. Pierre. 615. B.
Petrarque a mandié de nous les premiers traicts de sa Poësie. 5. C. a acquis la vogue pour avoir emprunté plusieurs paroles de diverses contrées. 46. C.
Peuple doit obeïssance au Roy, & le Roy luy doit bon traitement. 344. A.
Peuple accablé de tailles, taillon, aydes & subsides. 423. B.
Peuple ressemble à la mer. 504. C.
Peuple veut estre conduit par douceur & support, au contraire des Grands. 505. A.
Peuple fait la plus grande partie de l'Estat. 512. D.
Peurs se logent fort ayséement aux testes des plaideurs. 672. A.
Philippe second appellé Dieu-donné, Auguste, & le Conquerant. 663. B.
Philippe de Macedoine au milieu de ses festins fut mis à mort. 76. C.
Philippe Roy d'Espagne met le siege devant la ville de Saint Quentin. 75. A.
Philippe de Commines a escrit la vie de Louys XI. 66. C.
Philosophe, nom adapté maintenant aux tireurs de quint'essence. 12. B.
Philosophie (la) fournit plusieurs discours. 31. A.
Phormion vouloit faire leçon de l'Art militaire à Hannibal. 423. C.
Physique, Politiques & Ethiques d'Aristote, traduits en François. 38. A.
Pibrac President, l'une des lumieres de nostre siecle. 193. B.
Picardie prend le party de la Ligue. 381. A.
Picoté Guespin refugié au Pays-Bas, premiere cause du malheur du Mareschal de Biron. 501. A.
Picus Mirirandula a escrit des Epistres en Latin. 3. C.
Piece d'or en l'honneur de Bellissaire. 545. D. 546. C.
Pieras Sylvestre, Jacobin, en quels termes respond à Luther en faveur du Pape. 609. A.
Pierre Barriere sollicité par quatre Moynes de Lyon pour assassiner Henry IV. 455. A. est pris & executé à Melun. ibid. & 471. C. D. 472. C.
Pierre Cogneres Advocat du Roy. 208. B.
Pierre Guenois a mis nos Ordonnances en ordre plus raccourcy. 222. B. 223. A.
Pierre Paschal, homme qui se faisoit valoir par les plumes d'autruy. 237. C. D. 238. C.
Pierre de S. Cloct, Poëte François. 47. B.
Pithou (Monsieur) a escrit un traicté des Comtes de Champagne. 197. A.
Pithou choisi par le Roy pour son Procureur General. 460. A.
Places prises par les Huguenots. 365. A.
Plaideurs de Normandie. 421. A.
Plaidoyé pour Milon, fait en François par l'Autheur. 442. A.
Plaidoyé de M. Pasquier, imprimé & vendu publiquement. 631. A.
Plaidoyé pour la ville d'Angoulesme, fait en Parlement le 4. Fevrier 1576. 141. B. & suiv.
Plaisirs & desplaisirs prennent en nous leur origine d'une mesme source. 33. B.

Platon

Platon a escrit des Epistres. 1. A.
Plessis-Mornay (Monsieur du) ameine du secours au Roy. 425. A.
Pline second a escrit des Epistres. 1. A. fut grand Orateur en son temps & fit des Epigrammes. 198. B.
Plumes servent aux doctes gens de glaive. 28. C.
PLUS OUTRE, devise de l'Empereur. 19. A.
Poëme fait à Poictiers sur la Puce. 193. D.
Poësie de M. Pasquier. 647. D.
Poëte n'acquiert reputation que par sa plume. 653. B.
Poëte doit seulement vouër sa plume en la celebration de ceux qui le meritent. 12. D.
Poëtes discourans le mieux de l'amour, sont ceux qui sont moins attaints de sa maladie. 7. D.
Poëtes qui ont mis la main à la Puce. 194. A.
Poëtes qui ont celebré leurs amours. 198. B. C.
Poinct d'honneur dont la Noblesse Françoise fait estat. 261. C.
Poinctes d'honneur servent beaucoup à la guerre. 522. A.
Poictiers remis és mains du Roy. 100. C.
Pole a escrit des Lettres en Latin. 30. A.
Polemon addonné à ses plaisirs, fut du tout converti par Xenocrates. 6. C.
Police que tint le feu Duc de Guise dans la ville de Mets. 17. A.
Police que Monsieur le premier President apporta aux Audiences. 185. C. D.
Police entre les Abeilles contre les faineans. 253. C.
Polices nouvelles par la France pour asseurer l'Estat du Roy. 109. C.
Politian a escrit des Epistres en Latin. 3. A.
Politics estimez pires que Huguenots. 467. B.
Politics qui. 494. C.
Pollion avoit commandement sur ses heures. 29. B.
Pollion recognoissoit en Tite-Live quelque chose de son Padoüan. 57. A.
Pollion n'avoit autresfois fait le Padoüan de Tite-Live. 517. A.
Pologne (Royaume de) deferé à nostre Roy estant lors Duc d'Anjou. 138. B.
Poltrot natif d'Aubeterre. 103. C.
Poltrot tué Monsieur de Guise. 453. B.
Poltrot estant esperdu aprés le coup, fut pris. 104. C.
Polycrates Samien se disoit l'heureux des heureux. 189. B.
Pompée que fit aprés avoir deffait Sertorius. 86. B.
Pompée fit mal de quitter Rome pour la laisser à son ennemy. 96. C.
Pompée vaincu par Jules Cesar. 130. B. & suivans.
Pompée sentit grand malheur par la longueur de sa vie. 189. C.
Pompée le Grand, trompé par un mot à deux ententes. 377. C. est assasiné au mont Cassius. ibid.
Pomponius, grand Jurisconsulte. 563. C.
Populace, beste sans bride. 342. A.
Porus pris par Alexandre, ce que luy dit. 178. B.
Poule d'Esope, qui tous les jours faisoit un œuf d'or. 423. A.
Pourtraict de l'Autheur. 206. C.
Pragmatique Sanction supprimée par le Pape Leon X. 609. C. & suiv. estoit un nerf tres-fort de la discipline Ecclesiastique. ibid.
Predicateurs fort hardis à reprendre le Roy. 364. C.
Predicateurs allumettes des troubles & divisions de la France. 412. A.
Predictions du Diable sortent effect envers les meschants. 406. A.
Predictions de la Pucelle d'Orleans, devant ses Juges. 645. C.
Premices du Royauté de Henry III. mal digerées. 413. A.
Premier President de Paris prisonnier de la Bastille. 380. C.
Premier President de Bretagne pris par le Duc de Mercœur. ibid.
Premier President de Roüen eschappé par la fuitte. ibid.
Premiers Presidents desastrés. ibid.
Premiers Presches de Martin Luther. 608. B. & suivans.
Preparatifs pour l'Edict de Janvier 1561. 91. A.
Preparatifs du Roy contre les Huguenots, tournez à neant. 301. B.
Presches descouverts dans la ville de Paris le jour S. Laurent 1557. 75. B.
Presches des Ministres hors les murs de la ville de Paris. 88. A.
Presches des Huguenots commencent de provigner impunément par la France. 87. C.
Presches des Huguenots, retranchez. 109. C.
Prerogative des vieillards. 648. C.
Present fait par la ville de Roüen à M. d'Espernon, d'une Fortune argentée, avec une belle devise. 385. D.
President Brisson mené au Chastelet. 485. B.
President Brisson lié avec la robbe du Palais, & son chapperon sur l'espaule. 486. A. ne peut avoir relasche d'achever un livre de Droict encommencé. ibid. B. en quelle façon est estranglé. ibid.

President de Harlay mené prisonnier à la Bastille. 495. B.
President Jeannin envoyé au Mareschal de Biron. 505. C.
Presidents de la Grand'Chambre obtindrent de Charles VI. de corriger & oster tous les Conseillers mal gisans en leurs Charges. 541. B.
Preteur fideicommissaire créé pour l'accomplissement des fideicommis. 570. A.
Pretexte de la Ligue. 414. C.
Pretextes divers pris par les Princes. 98. A. B.
Prieres de Sainte Monique reduisirent S. Augustin son fils au giron de l'Eglise. 418. B.
Prieres de quarante-heures dites par les Eglises pour la couche de la Reyne. 655. A. & suivans.
Primauté donnée par Jesus-Christ à Saint Pierre entre ses freres. 618. A.
Prince de Condé mandé en Cour. 81. A.
Prince de Condé estant arrivé en Cour, est constitué prisonnier. 82. A.
Prince de Condé declaré innocent. 83. B.
Prince de Condé promet de surprendre le Roy. 118. B.
Prince de Condé vuide la ville de Paris & se retire à Meaux. 95. C.
Prince de Condé est tué. 127. D.
Prince sage reduit sa puissance absoluë sous la civilité de la Loy. 36. C.
Prince mineur doit tout craindre pendant une guerre civile. 97. A. & suiv.
Prince (le) est enfin puny de Dieu pour ses meschancetez. 233. A.
Principes divers entre les Philosophes. 251. B.
Prise du Roy François I. devant Pavie. 521. C.
Prise des Roys meine aprés soy la ruine de l'Estat. ibid.
Prisonniers de marque detenus par le Roy. 381. D. 382. B. conduits par le Roy mesme à Amboise. ibid. C.
Privilege des vieilles gens. 8. C.
Privilege de la fierte de S. Romain à Roüen. 199. B.
Privilege ancien des Clercs. 203. B.
Privilege des Bourgeois de Paris. 277. B.
Privilege des Poëtes. 647. C.
Privileges octroyez par Philippes de Valois à la Chambre des Comptes. 392. A.
Procedure tenuë en la mort de M. de Guise & du Cardinal son frere. 365. C.
Procedure observée en la cueïllette des deniers de la Croisade. 608. A. & suivans.
Procession generale dans Tours, lorsque la bataille d'Ivry commença. 426. B. & suiv.
Procession generale faite pour l'accouchement de la Reyne. 655. B.
Procession faite en l'Eglise S. Barthelemy, & pourquoy. 89. C.
Procez encommencé à faire au Prince de Condé. 82. A.
Procez fait au Prince de Condé. 451. C.
Procureurs (multiplicité des) nuisible au public. 190. B.
Prodigue ne pouvoit administrer ni vendre son bien. 538. A.
Profit qui nous reviendroit si toutes les disciplines estoient redigées en nostre langage. 6. C.
Prognostic vray & premier des malheurs qui depuis sont advenus en la France. 80. C.
Progrez de la Ligue, & comment elle print son accroist tout d'un coup. 345. C.
Promotion belle & heureuse à l'Estat de premier President. 179. C.
Prononciation ancienne est la meilleure & la plus seure. 57. B. & suivans.
Prononciation Latine n'est observée de nulle nation, comme faisoient les Romains. 61. C.
Prononciation & valeur de Lettres. 62. C.
Propheties de la Pucelle d'Orleans. 645. D.
Proportion (selon la) des progrez, toutes choses prennent fin. 177. D.
Proposition soustenuë par un Bachelier de Theologie. 89. A.
Propositions diverses entre les Seigneurs de la Cour du Roy & de Parlement. 191.
Propositions des Ecclesiastiques, pour la manutention du Concile de Trente. 361. B. & suiv.
Propositions notables transplantées du Droict Romain en France. 579. B. & suivans.
Protagore, par la lecture d'Antisthene devint sobre & honneste. 6. C.
Protestation de Henry IV. pour le fait de sa Religion. 469. B.
Protestation des Princes & Seigneurs Catholiques. 97. C.
Proverbe : Pour un poinct Martin perdit son asne. 217. C. D.
Provinces entieres quittent le party du Roy. 380. D. 381. A.
Prudence remarquable de M. de Mayenne. 496. C.
Psychiques croyoient que c'estoit un abus en matiere de jeusnes, d'user de distinction de chair ou poisson. 614. D. 615. A. refutez

refutez par Tertullian. *ibid.*
Ptolomée Roy d'Egypte demande secours aux Romains contre ses subjects. 183. B.
Pudicité de la femme est le seul moyen par lequel elle demeure forte. 53. C.
Pucelles affronteuses qui se firent prescher par Paris, comme estant envoyées des Cieux. 11. B. C.
Puissance absoluë doit estre rejettée par un Prince. 478. C.
Puissance de vie & de mort des peres sur les enfans. 569. B.
Pulce de Catherine des Roches. 162. C. D.
Pulce d'Estienne Pasquier. 164. A. & suiv.
Punition des Grands comment se doit faire. 178. A.
Punition de Dieu sur les peres qui ayment desordonnément quelques-uns de leurs enfans. 417. B. C.
Punition de Dieu sur la France, & pourquoy 449. B.
Punitions exemplaires au Parlement. 541. C. D.
Pureté de la langue Françoise où il la faut chercher. 45. A. & suivans.
Purgations cessent en la femme quand elle est enceinte. 582. D.
Pygmées d'où créez. 525. A.
Pyrrhoniens Philosophes trouvoient à redire en tout. 566. A.
Pyrrhus Roy des Epirotes, tué d'une tuille. 34. C.
Pythagoras ne mangeoit d'aucunes especes d'animaux. 615. C.

Q.

Qualitez du Roy Henry III. tant de l'ame que du corps, belles & rares. 411. C.
Quarante Gentils hommes passez par le fil de l'espée. 402. A.
Quaresme (qui dit-on autheur du) 616. B. il estoit enjoint au Clergé, non au peuple, d'observer le Quaresme. *ibid.* pourquoy institué devant la feste de Pasques. *ibid.* C. & 617. A.
Quarte legitime en quel temps commença. 572. B.
Quatre-mesnage, gaste-menage. 276. A.
Quels furent cause du malheur de Henry III. 337. C.
Querelle d'Allemand dressée par Monsieur de Guise au Roy. 371. C. D.
Querelles & deffiances entre deux freres. 403. C.
Quinquailliers de quel art & de quel artifice ils usent au soin de leur marchandise. 4. A.

R.

Raimont Comte de Tholose, Poëte excellent. 39. B.
Raison (discours sur la) dont l'homme s'advantage sur les bestes. 249. A. B.
Raison (la correspondance qu'il y a de nostre) avec nos passions. 251. A.
Raison folle de l'homme, cause de tous nos malheurs. *ibid.* B.
Ramage Gascon. 517. A.
Ramus loué Paracelse. 590. A.
Ramus a escrit une Grammaire Françoise. 55. C.
Rapt fait aux peres, que c'est. 50. A.
Rebuffe fut le premier des nostres qui reduisit nos Ordonnances en quelque ordre. 222. B.
Rebus par qui premierement mis en lumiere. 215. C.
Receptes pratiquées pour les guerisons, anciennement affichées au temple d'Esculape. 587. A.
Recherches de Pasquier, fort exactes. 532. B.
Recherche des Universitez. 649. B.
Recherches de la France, entreprise de grand labeur. 38. C.
Recheute en toutes personnes est plus à craindre que la maladie mesme. 670. C.
Reciproque devoir du Prince & des subjects. 504. C.
Recit de l'estat des troubles de 77. 119. D. & suiv. 120. D. 121. A.
Reconciliation de la Maison de Guise avec celle de l'Admiral. 110. C.
Reddition de quatre villes en Piedmont par Henry III. cause en partie de son malheur. 413. A.
Reductions des tailles demandées par le Tiers-Estat. 363. B.
Reduction de Paris esmerveillable & quelles antitheses y concoururent. 472. A. avec combien de modestie & de bon ordre. *ibid.* B.
Reduction des Coustumes par Monsieur le premier President de Thou. 185. A.
Regence donnée à la Reyne mere & au Roy de Navarre. 85. B.
Regilian se trouvant en un souper en compagnie, est jugé digne de la Royauté en riant. 394. C. est contrainct d'accepter l'Empire. 395. A.
Regiment des Gardes establi, & à quel dessein. 451. B.
Regiomonte faiseur d'Almanachs & predictions. 331. B.
Regle à observer pour les Roys. 343. C.
Regle notable qui doit estre observée en l'amitié. 532. C.
Regle generale des Religieux. 593. B.
Regrez en matiere beneficiale où a lieu. 156. A.
Regularité ancienne changée en commande. 610. A.

Reistres deffaits par Monsieur de Guise. 303. B. C. & suivans.
Religieux laïcs appellez bouteculs. 406. C.
Religieux quels doivent estre. 292. C.
Religion ancienne ne doit aysément estre remuée. 92. A.
Religion, fondement de toute Republique bien ordonnée. 147. A.
Religion ancienne ne doit estre changée, mais il faut corriger les abus. 266. A.
Religion fraternise avec la Justice. 389. D. sont deux pilliers de toute la Republique. *ibid.*
Religion des Courtisans. 447. D.
Religion nouvelle s'establit avec plus de pied lorsqu'on la vouloit abattre. 452. B.
Religion Chrestienne quand commença d'estre exercée à l'ouvert. 580. B.
Religion ancienne ne doit estre changée pour les abus de quelques Prestres. 590. C.
Religion prise en deux façons. 593. A. & suivans. Religion est l'ame de la Republique. *ibid.* B. remuëment de Religion est quelque remuement de l'Estat.
Religion Lutherienne, en se defendant, s'arma contre l'Empereur Charlequint, & contre Charles IX. 594. B.
Reliques de Saint Martin à Tours. 390. C.
Remarques sur la fortune du Pape Sixte V. 405. C. & suivans.
Remarques notables sur la mort & vie de Biron. 512. C.
Remedes empruntez des Arabes. 585. A.
Remede tel quel porté au malade desesperé, vaut mieux que de l'abandonner. 589. B.
Remedes de nostre santé, logez és arbres, herbes, és vegetatives & sensitives. 677. A.
Remonstrance du Roy Henry III. à ses plus familiers avant l'execution de M. de Guise, & du Cardinal. 366. C.
Remonstrance de Monsieur Pasquier à l'ouverture de la Chambre des Comptes à Tours en Avril 1589. 389. B. C.
Remonstrance à M. de Mayenne. 497. B.
Remonstrance de ceux de Guyenne au Roy. 506. A.
Remonstrances du Chancelier de l'Hospital aux deputez de la Cour de Parlement de Paris. 92. B.
Remonstrances de Monsieur Loysel à l'ouverture de la séance d'Agen. 191. B.
Remonstrance de Monsieur Pasquier en l'assemblée de ville. *ibid.*
Remus tué par son frere. 234. A.
Renaudie est directeur de l'entreprise faire contre le Roy. 79. A.
Renazé laquais de la Fin. 502. C. est mis en prison par le Mareschal de Biron. 503. B. luy est confronté. 507. A. & suivans.
Renazé lasché de prison par le Savoyard & Espagnol, afin de perdre le Mareschal de Biron. *ibid.* C.
Rencheute fort à craindre, sur tout au vieillard. 555. C.
Rencontres sur les affaires du Roy & de la Ligue. 385. A.
René de Virague, Chancelier de France. 245. B.
Rentes constituées sur les decimes. 122. A.
Repliques & dupliques des plaidoyers refrenées par le premier President de Thou. 186. A.
Repos grand d'esprit est quand on vit en repos avec sa femme. 14. B.
Reprendre nos anciens erremens. 48. A.
Representation en ligne directe & collaterale. 185. A.
Republique (trois especes de), & d'une quatriesme qui participe des deux ou des trois. 145. C.
Republiques de plusieurs bestes. 256. D.
Republiques de trois manieres. 552. C.
Requeste des parents du Mareschal de Biron & la response du Roy. 507. A.
Requeste pour & au nom des Protestans de France, presentée par l'Admiral. 80. B. C.
Requestes presentées au Roy par les Protestans, afin qu'il fust permis faire une Eglise separée de la nostre. 85. B.
Resolution folle de ceux qui reduisent l'air de la France à celuy des Romains. 223. A.
Resolution admirable des Romains. 237. C.
Resolution genereuse des femmes de Vendosme. 307. C.
Respect que portoient les Apostres à S. Pierre. 613. B.
Restriction sur l'exercice de la Religion nouvelle. 109. A.
Resurrection du Lazare, vraye pourtraicture de la nostre. 612. B.
Retour de Fortune estrange. 452. C.
Retraicte faite à propos n'est de moindre gloire qu'un combat. 463. 464. B.
Retraicte des affaires heureuses. 531. B.
Retraicte des Reistres. 305. B.
Revolte generale des Parisiens le propre jour de Noël. 379. B.
Reyne (la) mere adjoustoit grande foy aux devins. 377. B. est trompée sur le mot de Saint Germain. *ibid.* B.
Rhea renduë nonnain voilée, comment inceste. 233. C.
Rhubarbe pourquoy purge la bile. 586. A.

Rians

Table des Matieres.

Riant (Monsieur) Advocat du Roy. 184. C.
Richelieu, Grand Prevost, se saisit en la Salle du Tiers-Estat, des amis de Monsieur de Guise. 367. C. 368. A.
Richeome Provincial des Jesuites. 632. B.
Richesses & grandeurs, principales bourrelles de nos ames. 526. C.
Billy Gouverneur d'Amboise. 382. B.
Riom ou Moulins, ancien sejour des grands jours au pays d'Auvergne & de Bourbonnois. 179. B.
Riom Presidial d'Auvergne. 184. B.
Ris (Monsieur de) premier President en Bretagne. 368. B.
Robert (M.) honneur de l'Université d'Orleans. 580. C.
Roches (Mesdames des) mere & fille, honneurs de la ville de Poictiers. 161. A.
Roche (Monsieur de la) sur-Yon, Gouverneur de Paris. 90. C.
Rochelois tendent à la division. 504. A.
Rodomontade de Gascon. 519. C.
Romans, vrayes images des mœurs anciennes. 586. C. D.
Romant de la Rose & ses Autheurs. 38. A.
Rome generale des autres Provinces. 577. C.
Rome saccagée & ruinée par les Gaulois. 19. C.
Rome en un clin d'œil se mettoit en armes à la moindre rumeur de guerre de la part des Gaulois. ibid.
Rome entre les autres Republiques est infiniment solemnisée par nos ancestres. 145. D.
Rome separée en deux demeures. 353. A.
Romain (le) nous devance en quelques particularitez du Droict. 226. C.
Romains studieux de l'embellissement de leur langue. 6. A.
Romant d'Amadis fait François par le Seigneur des Essars. 11. C.
Romains n'ont esté superieurs aux anciens Gaulois. 19. B.
Romains n'orthographioient comme ils prononçoient. 57. C.
Romains desconfits par les Gaulois à un jour prés que les trois cens Fabiens estoient passez au fil de l'espée. 159. B.
Romains anciens estoient plus lascifs en leurs Epigrammes, que n'ont esté ceux qui leur ont succedé. 198. C.
Romains feignans de prendre en main le faict de leurs alliez, s'en faisoient maistres. 241. C.
Romains combien redoutoient la descente des Gaulois en Italie. 244. A.
Romulus fut tué par les Patrices & Senateurs qu'il avoit instituez. 233. B.
Ronsard & Pasquier ont esté amis en leur vivant. 12. C.
Ronsard prophetise du Roy. 478. B.
Roscius Comedien à Rome du temps de Ciceron. 5. B.
Roüen prise d'assaut par le conseil de Monsieur de Guise. 101. A.
Roüen prise par les Huguenots, mais assiegée & reprise. 453. A.
Rouge-aureille, Prevost des Mareschaux de l'Isle de France. 89. B.
Rouvray, Lieutenant des Gardes du Roy. 389. A.
Roy (le) chef & protecteur de l'Eglise Gallicane. 361. C.
Roy (le) en danger, si Monsieur de Mayenne eust poursuivy sa pointe. 383. A.
Roy (le) en grande perplexité. 384. B.
Roy (le) seul doit avoir des Gardes en France. 447. C.
Roy de Navarre fait Lieutenant General du Roy par toute la France. 452. A.
Roy de Navarre & Prince de Condé, mandez venir en Cour. 81. C.
Roy de Navarre quitte la Religion nouvelle. 452. C. tué devant Roüen. 101. A. 453. A.
Roy d'Espagne a porté plus de Couronnes Royales qu'aucun Roy Chrestien. 475. C.
Roys de France obéissent à leurs Edicts, estant verifiez. 577. A.
Roy de France tenu pour trés-Chrestien de toute ancienneté. 591. B. 592. A.
Roys de France qui furent studieux & amateurs de la Poësie. 39. A. & suivans.
Roys de France portent en leurs images la main de Justice, & pourquoy. 148. C.
Roys obligez envers Dieu de rendre la justice à leurs subjects. 157. C.
Roys de Rome parvenus à leurs Estats par mal-engin. 233. C.
Roys d'Egypte desquels on permettoit au peuple d'honorer ou accuser la memoire selon leurs merites ou demerites. 247. A.
Roys de France de la troisiesme lignée ont lié leur fortune avec celle de Paris. 277. A. & suivans.
Roys doivent estre plustost avaricieux que liberaux. 344. C.
Royaume d'Angleterre peut tomber en quenoüille. 553. A.
Reyne mere empeschée à pacifier les troubles. 99. A.
Reyne d'Angleterre montre au Mareschal de Biron plusieurs testes de Grands executez en son Royaume, signamment celle du Comte d'Essex. 511. C.
Rufec (Monsieur de) Gouverneur du pays d'Angoulmois. 141. C.

Tome II.

Ruines publiques par la France sous le pretexte de la Religion. 99. C.

S.

S Employée par les Romains pour signification de Salut. 30. B.
Sabines ravies par les Romains. 234. B.
Sacre du Roy Charles, miraculeux, sous la conduite de la Pucelle. 645. B.
Sadolet a escrit des lettres en Latin. 30. A.
Sagesse & hardiesse sont choses compatibles. 289. A.
Sagesse & magnanimité remarquée en l'évasion de Monsieur de Guise. 430. A.
Saignée avant quatorze ans aux enfans, deffenduë anciennement. 586. A.
Saimblancard mere du Mareschal de Biron. 499. B.
Saint Denis, ville prochaine de Paris, surprise par les Huguenots. 118. C.
Saint Medard, Eglise és fauxbourgs de Paris, rompuë par les Huguenots. 90. C.
Saint Matthias jour favorable à l'Empereur Charles V. 159. B.
Saint Romain delivre de prison les criminels & malfaicteurs. 199. B.
Sainte Croix, ancienne & venerable Eglise d'Orleans, rasée à fleur de terre. 121. B.
Saladin Soudan d'Egypte, occupa tout le Royaume de Hierusalem. 269. A.
Salcede tiré à quatre chevaux, & pourquoy. 285. D.
Sale (la) Gentil homme Auvergnac, donne advis à Monsieur de Guise de l'entreprise qu'on avoit sur sa personne. 367. A.
Salomon, grand Philosophe. 526. B.
Sang des François espargné par le Roy. 426. A.
Sang transformé en laict à l'issuë de la grossesse de la femme. 583. A.
Sathan representé par les Peintres, habillé en Moine. 412. A. pourquoy. ibid.
Saturnien mene l'amour avec crainte. 15. A.
Saumur donnée au Roy de Navarre. 391. C.
Sauvages comme traictent un prisonnier de guerre. 476. B. le mangent. ibid.
Saveuse deffaict par Monsieur de Chastillon. 393. B.
Savoye & Piedmont possedez par les François. 447. A. rendus à leur Duc. 450. A.
Savoye prise par le Roy comme en un clin d'œil. 547. C.
Sçavoir pedantesque, & sçavoir courtisan. 271. C.
Scevola celebre Jurisconsulte. 564. B.
Sciences & disciplines changent de domicile, ainsi que les Monarchies. 9. A.
Scipion mit à fin le fort de la guerre des Africains encontre les Romains. 131. B. il fit retourner Hannibal de l'Italie. 75. A. sentit un grand malheur par la longueur de sa vie. 189. C.
Schisme entre le Catholic & le Lutherien. 593. C.
Schisme entre les douze Apostres, & les autres Disciples en presence de Jesus-Christ. 617. D.
Scorpion par son huile garentit du mal par luy procuré. 9. D. 10. C.
Scribanius Recteur des Jesuites à Anvers. 638. C. fait Provincial, & pourquoy. ibid.
Scrutin des voix, bruslé par le commandement de la Reyne mere. 85. B.
Sceaux ostez au Cardinal Bertrand. 77. C.
Secours envoyé au Roy à son besoin, par Monsieur d'Espernon. 387. C. D.
Secours des Pays-Bas pour la Ligue. 423. D.
Secours arrivé au Roy fort à propos. 595. A.
Secrets des Jesuites descouverts par la vente de leurs Livres. 632. A. & suivans.
Secte Lutherienne contre le S. Siege, & une autre pour luy. 606. D.
Secte Lutherienne en haine de la Croisade. 607. A.
Sedition à S. Medard, & quelle insolence. 452. B.
Seguier (Monsieur) Advocat du Roy. 184. C.
Seigneur a droict de suite contre son homme de corps. 198. D. 199. A.
Seigneur haut justicier peut vendiquer son subject, se voulant distraire de sa jurisdiction. ibid.
Selim empiete l'Empire d'Orient sur son pere & son frere, & ses conquestes. 607. B.
Semestre remarquable en l'Estat. 394. B.
Semiramis Reyne des Assyriens. 351. C.
Senateurs Romains interdits du Senat par Caton le Censeur. 540. A. & suivans.
Senatusconsultes estoient comme Loix. 578. B.
Senede mere d'Heliogabale. 572. C. & suivans.
Seneque desdaigné pour son trop de sentences. 454. C.
Seneque Philosophe Payen faisoit abstinence de la chair. 615. C.

Aaaaa ij Seneque

Table des Matieres.

Seneque pourquoy ne se lit par tant de gens que Plutarque? 282. A.
Sens de Monsieur le President de Thou. 187. B.
Sens dessus dessous, d'où vient ceste maniere de parler. 62. B.
Sentence digne d'un pere à la mort pour le fait de la succession. 404. B.
Sentence contre le President Brisson. 484. C.
Sentences notables de Michel de Montagne. 517. C. & suiv.
Sentence notable de S. Augustin sur le Poëte Perse. 556. B.
Septimius Severus, Empereur & grand guerrier, n'avoit Dieu, Religion, ny conscience. 574. C.
Sepulchre & tombeau de Louys XI. demoly à Clery par les Huguenots. 99. C.
Serment de l'Union renouvellé. 359. A. 483. A. & suiv.
Serment presté au Parlement par le Duc d'Aumale pour le Gouvernement de Paris. 379. B.
Serment de Messieurs du Parlement. 460. B.
Sertorius Capitaine general en Espagne. 434. B. aimoit mieux estre le dernier à Rome, que le premier en Espagne. ibid.
Service des Dames est la premiere planche pour parvenir aux grands lieux. 35. C.
Servin (M.) pourvû par le Roy Henry III. d'Office d'Advocat du Roy. 388. D.
Serviteurs tous executez à mort, quand l'un avoit tué leur maistre. 544. C.
Servius Tullus tué par Tarquin l'orgueilleux. 233. B.
Severité trop cruelle de Galien. 394. C.
Severité trop grande des peres envers leurs enfans, le plus souvent les perd. 418. B.
Sexte Pompée eut Auguste & Marc-Anthoine en sa devotion dedans ses navires. 108. A.
Sibilet (Monsieur) donna les premieres instructions de la Poësie Françoise à Pasquier. 197. C.
Sidonius a escrit des Epistres. 1. A.
Sidonius seul entre les Latins fait mention des vers retrogrades. 214. A.
Siege devant Paris par les Huguenots. 101. A. & suiv.
Siege de la Rochelle, & quel progrez & evenement il eut. 137. B.
Siege de Mets soustenu par M. de Guise tué par Poltrot, contre l'Empereur Charles V. 373. C.
Siege de Poictiers soustenu par Monsieur de Guise tué à Blois, contre l'Admiral. ibid. C.
Siege de Meulan opiniastre par la Ligue durant six semaines. 423. D. 424. C.
Siege Romain, chef universel de l'Eglise Catholique. 592. A.
Simples soldats aisez à estre trompez. 522. B.
Simples descrits par Pline, Dioscoride & Matthiole. 34. C.
Sindicat entre les Procureurs. 186. B.
Singes d'où creez. 525. A.
Singes pourquoy demeurez sans queuë. ibid.
Singeries de Cour. 418. B.
Singeries aux femmes sont toutes leurs singularitez. 524. C.
Sixte V. Pape garde les pourceaux pour son premier mestier. 406. B.
Sixte V. se rend Cordelier, où il est serf. ibid. est fait Procureur du General de l'Ordre. ibid. D. puis General en son absence. ibid. D. est fait Evesque, puis Cardinal. 407. A. est creé Pape. ibid. D.
Sobriquet que nos anciens donnoient aux Roys de France, s'ils avoient mal fait durant leurs vies. 247. 248. A.
Soleil adoré par les Payens sous divers noms de Dieux. 255. C.
Soleil levant adoré plustost que le couchant. 430. B.
Solon & Platon ont escrit des Livres d'amour. 200. A.
Songe du Roy Henry III. 415. A.
Songes appellez oracles. 558. A.
Sonnet de l'Auteur. 201. A. & suivans.
Sophy que signifie. 606. C.
Sors Virgilianes. 42. C.
Sortie du Roy hors de Paris, & comment. 334. C.
Soubize commande en la ville de Lyon sous l'authorité du Prince. 103. C.
Souhait de Martial. 555. C. & suivans.
Statues de Charles VII. & de Jeanne la Pucelle sur le pont d'Orleans. 645. A. pourquoy mises sur le pont. ibid.
Strossy & son armée, deffaict. 379. A.
Stuart Escossois blesse M. le Connestable. 122. B.
Style soldatesque de Montluc. 519. C.
Subjects s'il peut par remonstrances quelquefois s'opposer aux commandemens de son Prince. 148. B.
Subsides pourquoy trouvez. 344. B.
Subventions aux affaires de la Saincte Union. 379. D.
Superieurs des Jesuites, grands sages-mondains. 594. B.
Superiorité de l'Eglise Œcumenique adjugée au Pontife Romain par l'Empereur Phocas. 605. B. C.
Suppression des offices revoquée, & tous estats remis sus. 521. C. D.

Surprise de place. 522. C. D.
Symmache a escrit des Epistres. 1. A.

T.

T En Latin prononcé diversement. 63. B.
Tableau de la Magdelaine donné à Pasquier. 441. B. & suivans.
Tacite Historien ne doit estre leu, & pourquoy. 543. B.
Tanaquil femme de Tarquin, nourrie en la science de deviner. 235. B.
Tarius prononce sentence de relegation contre son fils. 569. C.
Tarquin le vieil assassiné par les menées d'Ancus Martius. 235. A.
Taverny homme de robbe longue, tué combattant vaillamment. 133. C. D.
Tel refuse qui apres muse, proverbe. 673. C.
Temperie du ciel si elle rend les gens plus ou moins doctes. 9. A.
Temple de Nostre-Dame de Paris, la Sainte Chapelle & le Palais bastis à la moderne. 192. B.
Temple de l'honneur & de la vertu pourquoy bastis joignans l'un l'autre. 431. B.
Temples du Patriarche & de Popincour ruinez. 452. B.
Temps remarquez aux Loix Romaines. 563. C. & suivans.
Termes deffait par le Duc de Savoye. 130. B.
Termes Gascons. 517. A. & suiv.
Terres neufves pourquoy ainsi appellées. 55. B. les mœurs des habitans d'icelles. ibid.
Tertullien escrivain d'Afrique tres-sçavant. 9. A. censuré pour son zele ardent envers Dieu & son Eglise. 190. B.
Testament & succession des François different de ceux des Romains. 223. C. D.
Testament sans institution d'heritier est nul. 569. C.
Tester à quatorze ans. 226. A.
Thebains solemnisoient le troisiesme jour de Juin. 159. B.
Themistocles demande qu'on luy enseigne plustost l'art d'oublier, que l'art de memoire. 475. D. 476. A.
Theodore de Beze, Ministre, & ce qu'il dit au Colloque de Poissy. 618. A.
Theologiens pourquoy assemblez au College de Sorbonne. 379. B.
Theophraste, grand personnage. 6. A.
Thessale intervertit tout l'ordre ancien de la Medecine par nouveaux preceptes, avec reputation admirable de tout le peuple. 585. A. combattu par Galien. ibid.
Thibaut Comte de Champagne, excellent Poëte. 39. C.
Tholosains se font appellez mondains. 43. C.
Thou (Monsieur de) prisonnier à la Bastille. 495. B.
Thou (de) President mandé pour faire le procez au Prince de Condé. 82. A. sa vie & sa mort. 183. C. il ne sçavoit que c'estoit de hair. 187. A.
Thraseas, second Caton de son temps. 142. A.
Threforerie de S. Martin accommodée pour la Chambre des Comptes. 388. C.
Thresoreries de France estoient anciennement du corps de la Chambre des Comptes. 434. A.
Tiart aggregé avec les sieurs de Ronsard & du Bellay. 7. B.
Tibere Empereur abhorra les langues estrangeres. 6. A.
Trois ordres par lesquels se soustient la France. 663. C.
Tigresse combien soigneuse & amoureuse de ses petits. 252. C.
Tionville reprise par Monsieur de Guise. 76. A.
Tite-Live traduit en nostre vulgaire. 37. B.
Titus Empereur ne passoit aucune journée sans bien faire à quelqu'un de ses subjects. 402. B.
Tombeau de la Reyne mere. 330. A.
Tombeau de Messire Anne de Montmorency Pair & Connestable de France. 123. B. & suiv.
Touraine, jardin de la France. 421. C.
Tourbe de Docteurs & de Livres sur l'explication du Droict Romain, qui y apporterent plus d'obscurité que de lumiere. 581. A.
Tournelles, maison démolie, & pourquoy. 663. D. 664. B.
Tournelles (Hostel des) fatal à la ruine de France. ibid. B.
Tournois en la ruë Saint Anthoine devant les Tournelles. 278. C.
Tours, le Mans, Angers & Saumur remis és mains du Roy. 100. C.
Tours, apres plusieurs contrastes, demeure au Roy. 388. B.
Tours choisie pour siege du Parlement & de la Chambre des Comptes. ibid. C.
Tours troublé à la vuë du Baron de la Chastre. 427. C.
Touvre petite riviere pavée de truites, tapissée de cygnes, & bordée d'écrevisses. 421. B.
Traduction, labeur miserable, ingrat & esclave. 441. B.
Traduction d'une langue en autre, difficile & penible. 37. B.
Traict hardy d'Alcibiades envers sa femme. 299. A.
Traict

Traict de souplesse fort subtilement joüé par Monsieur de Guise. 418. D.
Traictez du mespris de la gloire, faicts par Autheurs qui l'ambitionnent. 439. D.
Traicts sages & recommandables de la Ligue. 457. A.
Tresves entre le Roy & le Roy de Navarre. 391. C.
Tresve advantageuse au Roy. 470. C. est enfin jurée. ibid.
Tresve conclue entre le Roy & Monsieur son frere par l'entremise de la Reyne. 139. A.
Tribonian, grand Jurisconsulte. 563. B. & suivans.
Tribulations & fascheries d'où procedent. 16. C. & suivans.
Tribuns conservateurs du peuple. 145. D. 146. A.
Triumvirat introduict par la mort de Jules Cesar. 374. B.
Trois Seigneurs fort aymez du Roy Henry III. & diversement disgraciez. 385. A.
Trois especes de biens entre nous. 431. A.
Trois Livres promis par l'Autheur. 648. D.
Trois diverses lignées des Rois de France & les conquestes de chacune. 345. A. 663. C.
Trois Religions exercées au Levant. 595. A.
Trois grands innovateurs au siecle. 605. C.
Troisiesme race de nos Roys a plus fait d'estat de la justice que de la force. 345. B.
Trop, fort à craindre aux Grands. 528. B.
Trouble d'Amboise. 79. B.
Trouppes dispersées par la ville de Paris. 333. A.
Tumultus, mot Latin, ce qu'il signifie. 241. C.
Turcs n'ont cessé qu'ils ne se soient emparez de tout l'Empire de Grece. 269. A.
Turcs appellez chiens. 287. B.
Tutelles & curatelles des François, differentes de celles des Romains. 223. C.
Tyr pris par Alexandre le Grand. 464. C.
Tyrannie des Seize abolie par la mort de quatre. 496. C.
Tyrannie pendant une paix est plus à desirer que de tomber en la misericorde d'une guerre civile. 270. C.

V.

Voyelle comment se prononçoit anciennement dans Rome, 63. A.
Vale, mot de celuy qui en Latin prend congé. 2. A.
Valla a escrit en Latin des Epistres. 3. C.
Vallois peut estre dit Gaulois. 664. C.
Vandales chassez de l'Afrique & par qui. 545. C. D.
Vanité, maladie generale & incurable. 526. C.
Vesve faisant folie de son corps, ne perd son doüaire. 54. B. & suiv.
Vesves en quels cas subjectes à la peine. 54. B. & suiv.
Vendosmois est fertile en Orateurs & Poëtes. 9. C.
Vendredy fatal à nostre France. 498. B.
Vengeance non moins douce en l'offensé que l'amour en l'amoureux. 341. A.
Venise gouvernée par un bon nombre de gens d'honneur qu'ils appellent magnifiques. 146. A.
Verification du Concile de Trente demandée aux Estats de Blois. 359. C.
Verifications des Ordonnances comment modifiées. 577. A.
Verité souvent descouverte sous l'escorce d'une fable. 523. B.
Verité cachée par l'ignorance de nostre raison. 251. B.
Verité sur toutes choses deuë au Prince. 338. B.
Vers Alexandrins d'où ainsi dits. 47. B.
Vers retrogrades François. 213. B.
Vers rapportez. 215. B.
Vers ascendans. 218. B.
Vers presque sous mesmes mots rapportez. ibid. A.
Vers de Monsieur le Grand Prieur. 220. B.
Vers prognostics de plusieurs malheurs qui arriverent l'an 1583. 331. B. C.
Vers de Nostradamus prognostiquans la mort de M. de Guise. 369. A.
Vers sur la mort de Biron. B.

Versoris Advocat des Jesuites. 630. B.
Vertus & vices de chasque nation sont hereditaires. 9. A.
Vexation du peuple enfin punie de Dieu. 513. B.
Victoire de la bataille de Dreux à qui doit estre attribuée. 102. C. D.
Victoires obtenuës jadis par les Gaulois en Italie. 19. C.
Victoire de Senlis. 393. B.
Victoire veut estre poursuivie. 394. A.
Victoires douteuses. 412. B.
Victoire miraculeuse du Roy à Ivry. 423. C.
Victoire obtenuë en la bataille de Coutras. 426. C.
Victoire de Dieppe. 468. C.
Vidame de Chartres mis prisonnier en la Bastille. 79. C.
Vie des villes est à preferer à celle des champs. 31. B.
Vie solitaire est malheureuse. 32. C. D.
Vie & déportemens de l'Admiral. 134. A.
Vie & déportemens de Monsieur de Guise. 135. B. C.
Vie & mort tres-belle de Monsieur le premier President de Thou. 183. C.
Vie de Montagne pareille à ses escrits. 518. B. C. & suivans.
Vierges à quel temps doivent estre mariées. 673. D. 674. A.
Vieillards seuls promeus à la Papauté. 354. C.
Vigilance doit estre grande en un Capitaine. 522. C. D.
Villageois gueris par leur patience. 588. A.
Villes quittent le party du Roy. 380. C. D.
Ville des Prusiens pillée par Andronic. 401. C.
Villes non renduës, ains vendues au Roy, sans les livrer. 448. B.
Villes renduës à l'Espagnol. 450. B.
Villes de Piedmont & de Savoye renduës par la paix. 76. A.
Villes renduës au Roy Philippe. ibid.
Villes prises d'elles-mesmes en faveur des Huguenots. 99. C.
Villes données en garde à ceux de la Religion & à leurs associez Catholiques. 139. A.
Villes prises & occupées par les Huguenots, voisines d'Angoulesme. 150. A.
Ville de seureté. 347. A.
Vin deffendu aux malades. 585. C.
Virgile lisoit les œuvres d'Ennius pour s'en servir. 38. B.
Virginius tua sa fille innocente, afin qu'elle ne fust violée. 237. B.
Visage (bon) d'un Roy combien il importe envers la Noblesse de France. 121. B.
Vive Dieu, mot du guet en l'armée du Roy. 425. B.
Union de l'Eglise a de tout temps dependu de la chaire Sainct Pierre. 266. B.
Universitez pourquoy establies en France. 579. C.
Voix du peuple est voix de Dieu. 320. A.
Voleurs sur les champs, desguisez en soldats. 421. B.
Voyage de M. de Guise en Italie, à la semonce du Pape Paul Theatin. 74. B.
Voyage du petit Roy François à Orleans, en deliberation d'exterminer l'heresie. 81. A.
Voyage du Roy Charles IX. par la France. 109. B.
Voyes du Cerf. 47. C.
Voisin, Greffier, lit l'Arrest de mort donné contre le Mareschal de Biron. 510. C.
Wittemberg, ville du Pays de Saxe. 608. B.
Vulgaire propre pour exprimer nos conceptions. 3. A.

X.

Xenophon, grand personnage. 6. A.
Xenophon a escrit la vie de Cyrus pour servir d'exemple. 66. C.
Xeté mere de l'Empereur Alexius. 400. A. condamnée en prison à vivre au pain & à l'eau. ibid. C.

Z.

Zele des Jesuites par leurs Livres & par leurs presches. 593. B. C.

Fin de la Table des Matieres du Tome second.

Contraste insuffisant

NF Z 43-120-14

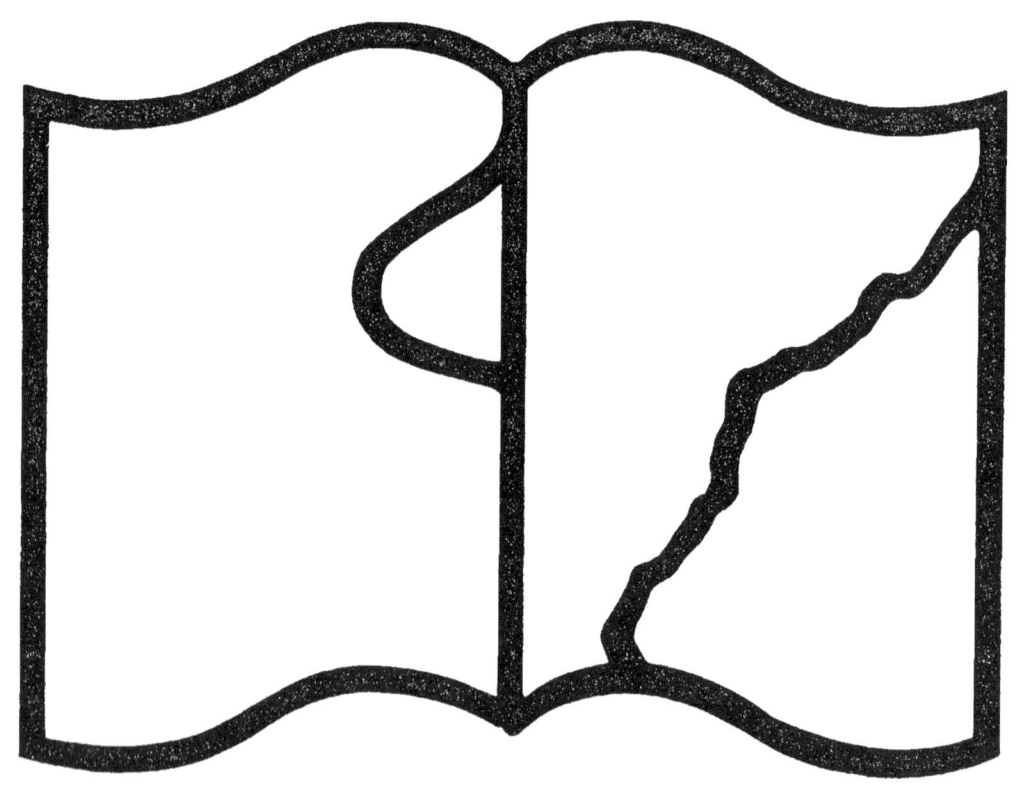

Texte détérioré — reliure défectueuse

NF Z 43-120-11

www.ingramcontent.com/pod-product-compliance
Lightning Source LLC
Chambersburg PA
CBHW070603020526
44112CB00049B/1255